U0857741

中國石刻藝術編年史

金中題

严峻卷

先秦两汉魏晋南北朝

向以鲜　著

東方出版中心
中国出版集团

图书在版编目(CIP)数据

中国石刻艺术编年史 / 向以鲜著. —上海：东方出版中心，2015. 12
ISBN 978－7－5473－0872－1

Ⅰ. ①中…　Ⅱ. ①向…　Ⅲ. ①石刻—编年史—中国
Ⅳ. ①K877. 4

中国版本图书馆 CIP 数据核字(2015)第 238105 号

作　　者　向以鲜

责任编辑　戎礼平

装帧设计　一步设计

内封题签　金　申

责任印制　周　勇

中国石刻艺术编年史

出版发行：中国出版集团 东方出版中心
地　　址：上海市仙霞路 345 号
电　　话：021－62417400
邮政编码：200336
经　　销：全国新华书店
印　　刷：上海中华商务联合印刷有限公司
开　　本：889×1194 毫米　1/16
字　　数：2 200 千
印　　张：84. 5
印　　数：0，001—2，000 册
版　　次：2015 年 12 月第 1 版第 1 次印刷
ISBN 978－7－5473－0872－1
定　　价：598. 00 元(全套三卷)

作者简介

向以鲜,1963年生于四川万源,学者、诗人。1983年毕业于重庆西南师大,同年考入天津南开大学,师从王达津教授攻读古典文学,毕业后就职于四川大学古籍所至今。参与主持中国首家大型民间专题博物馆——四川省鹿野苑石刻艺术博物馆。著译有《超越江湖的诗人》、《中国历代职官辞典》、《中国文化探秘·宋元篇》、《唐诗弥撒曲》等专著及《后村先生大全集》校订本(诗词部分);长年投身于《全宋文》、《宋集珍本丛刊》、《儒藏》、《巴蜀全书》等大型文献编纂工作;先后在《文艺研究》、《人民日报》等多家权威刊物及媒体上,发表关于古代石刻文化及诗文研究的专业论文数十篇。

总　目

凡　例

按史家陆侃如先生之意见，研究艺术或文学史，可分为三个步骤：一为朴学，二为史学，三为美学。编年史之作，虽属史学范畴，但其中多牵涉考订工作，又与审美流变相关联，实兼朴学、史学与美学之短长。

一、本书以编年体形式演绎中国石刻艺术之璀璨历程，凡三卷：严峻卷（先秦两汉魏晋南北朝）、理想卷（隋唐五代）、愉悦卷（两宋辽金西夏元明清）。

二、各卷根据石刻艺术演变之不同历史阶段再划分为若干编。各编前冠以该历史段落之石刻艺术发展引论。

三、编年内容重点包括：与石刻艺术相关之重要历史事件（政治、宗教、文化、艺术等）；雕塑家或刻工生平事迹；重要石刻艺术作品之系年、流传及影响等。

四、以公历纪年，以农历纪月日。

五、不知准确年月而略知大致年代者，附于相关年月之后。

六、编年体例分为提示、叙录和文献三部分。

七、尽量采用简洁之语体文，一些众所周知之史实，则直接陈述，或只标明基本出处。

八、参考文献，民国以前者，标明朝代、作者、书名及卷次；民国以后则直接标明作者、书名及卷次；新中国成立后著述，一律只标明作者和书名；外国著述则标明国别、作者及书名。多人合著者，一般只标明第一著者。期刊论文，一律标明作者、论文题目、期刊名称及年代期号。

九、关于插图，除部分为作者所拍摄之外，多取材于王子云、金申、胡文和、李凇及《中国石窟雕塑全集》、《中国美术全集》等相关著述，文中不再一一注明，在此一并致谢。

序　一

刘长久

我与向以鲜先生相识已近二十年，我比他年长十余岁。他在四川大学古籍整理研究所供职，除参加古籍整理和教学外，他的新诗写得很不错，在中国当代诗人中颇有名气。20世纪末，他与钟鸣先生（也是一位有名的诗人）一起主持四川鹿野苑石刻艺术博物馆的管理工作，先后任过副馆长及学术顾问。这也让他有机会大量接触中国古代石刻艺术，在多年的实践中积累了丰富的经验。加之几年前他参与吕澎先生（当代知名美术史家）策划的一个石刻艺术主题公园项目，使得以鲜先生有机会更为系统深入地去搜集整理浩繁的中国历代石刻艺术资料，进而萌发撰写一部《中国石刻艺术编年史》的想法。历经六个寒暑，以鲜先生精心结撰的编年史终于杀青。近来，他请我为之作序，令我惊叹。大著以编年体形式，分为三卷，洋洋洒洒百多万字，条分缕析，资料翔实，史论结合，文字清新，富有文采，可谓填补了该项学术之空白。此书的问世，于研究中国石刻艺术以及美术考古等具有重要参考价值。

石刻，广义指以石质材料为载体用金属刀具在石上雕刻文字和图像者，如摩崖、碑碣、墓志、塔铭、经幢、造像题记、画像石、经版、地券、建筑物上之铭刻、石阙、石雕造像（单体、陵墓、石窟寺等）；狭义则仅指在石上镌刻之文字，如摩崖、碑碣等上之铭文、题记。向以鲜先生所著《中国石刻艺术编年史》即广义之石刻。

中国石刻艺术历史悠久，至少可以上溯到新石器时代。这个时代已经发明了农业和畜牧并开始定居生活，由于磨制石器的广泛使用，原始先民在实践中逐渐懂得实用与审美的结合，即对生产工具和生活器皿不仅仅限于实用功能，而且融入了制作者质朴的原始审美感受。如工具、武器（以石为主要材料）外表的美观化，用于装饰的玉、石雕刻，为中国石刻艺术的诞生开了先河。

商周时期的玉石雕刻，以及秦汉时期的陵墓雕刻，如西汉霍去病墓石雕群、东汉之石阙、石棺、画像石、画像砖、俑像等，显示出上古时期石刻艺术之兴盛。

当印度佛教传入中土后，随之而输入的佛教造像艺术，极大地刺激了中国传统雕刻艺术的发展。一种全新的形式——石窟寺雕刻(包括摩崖石刻造像)，南北朝时期迅速在北方、中原和南方展开，以云冈、龙门、麦积山、南京、成都等为代表的南北朝佛教造像，不失为中国早期石刻艺术的典型。

隋唐时期，由于佛教中国化的形成，促使中国石刻艺术进入鼎盛时期。造像之风遍及大江南北。在此影响下，道教造像也得到了前所未有的发展。与此同时，寺观石刻、陵墓石刻、建筑石刻等也极为繁荣。可以说唐代是中国石刻艺术的高峰期。

唐末五代，由于社会动乱，政治和文化中心向南转移，致使北方、中原地区石刻由盛而衰。相对稳定的长江流域和南方之石刻却犹如落日余晖，仍闪烁出耀眼的光焰。

两宋时期，以“理学”为代表的新儒学的崛起，给当时的社会各个方面都带来了很大影响，致使中国石刻艺术日渐世俗化，即便是以仙佛神像为题材内容的石刻作品，也毫不例外地把天国的神降到了人间。诸如重庆大足以及四川安岳等石窟中的宋代佛、菩萨形象，世俗化尤浓，充溢着极强的民间生活气息。流散在民间的单体石刻除大肚弥勒、送子观音、财神、寿星等外，表现民间生活的题材也越来越多。

元明清时期的石刻，从总体上看已逐渐式微，但藏传佛教石刻在印度、尼泊尔、汉地的影响下，出现了上升趋势。尽管汉地的石刻已衰落，然而民俗石刻和建筑石刻却格外兴盛，如牌坊、戏楼、会馆等建筑装饰石刻，以《三国演义》、《水浒传》及戏曲故事、“二十四孝”等题材的石刻相当精美。

一部中国石刻艺术史，诉说着历史的沧桑，透露出东方艺术的神韵，放射出中华文明的无际光芒。我相信，读者定能从向以鲜先生的大著中获益良多。

2014 年 10 月 10 日

成都百花潭四川省社会科学院

序　二

吕　澎

也许是偶然的一次机会，促使诗人兼学者的向以鲜决定书写这部皇皇巨著《中国石刻艺术编年史》。不过，既然他对石刻艺术早已有了多年的关怀与研究，完成这部美术史专门著作也是可以想象的。

在本书的“凡例”中，作者交代说：

按史家陆侃如先生之意见，研究文学或艺术，可分为三个步骤：一是朴学者，二是史学者，三是美学者。编年史之作，虽属史学范畴，但其中多牵涉考订工作，又与审美流变相关联，实兼朴学、史学与美学之短长。

这表明从一开始，作者的研究是在基于已经受到西方学术一百多年影响的中国史学的基础上进行的。“朴学”为中国传统学术方法，因其对材料文献的考辨与审定而多少与西方早期美术史学的“鉴定”(connoisseurship)与“鉴赏”接近，两者基于经验出发，不求义理或者理念的探索，也就是说具有对对象物理层面特征的考据、鉴别与研究的实证倾向。“史学”一词虽然古老(大致出现于东晋十六国时期)，但是到了晚清，史学的传统含义已经转化为西方学术的概念，梁启超在《中国历史研究法》一书中这样表述：“史者何？记述人类社会赓续活动之体相，校其总成绩，求得其因果关系，以为现代一般人活动之资鉴者也。”这样的态度已属西方史学体系，因为梁氏希望通过历史写作穷尽过往的意义。“美学”纯粹为外来词，鲍姆加通在1735年出版的博士论文《对诗的哲学沉思》(*Meditations philosphicae de nonnvillis, ad poema pertinentibus*)中首次使用Aeshetica，以后，Aeshetica这个词为日本人翻译为“美学”，最后由留日的中国知识分子比如王国维带来中国。然而，我们知道，不同文明背景的文化艺术现象有着不同的出发点和观看世界的不同视角，使用西方学术的术语来研究中国石刻的历史是否得当，这是需要深思熟虑的事情。一套语言系统的呈现关系着是否对应它要呈现的那个文明的逻辑，具体说来，中国古人对石刻的动机、方法以及目的有不同的表述——尽管往往轻蔑论及，即便涉及巫术、宗教和帝王纪念的石刻——欧洲雕塑同样大量为这类题材——也有其相应的语言习惯。简单地说，中国石刻与开始于希腊的欧洲雕塑发展有不同的文化背景与文明逻辑，因此，如何使用已经远离传统中国文辞的新词（实为西方的词汇）来描述、分析、判断中国石刻的历史沿革与演变就成为作者首先面临的挑战。

在涉及中国石刻艺术的研究中，早有梁思成完成的一部《中国雕塑史》，但是，他在方法论上显然接续着西方教育赋予的知识与逻辑。众所周知，中国古代社会没有留下将不同朝代石刻作为历史课题进行研究的著作，正如梁思成注意到且本书作者提醒到的：

我国言艺术者，每以书画并提。好古之士，间或兼谈金石，而其对金石之观念，仍以书法为主。故殷周铜器，其市价每以字之多寡而定；其有字者，价每数十倍于无字者，其形式之美丑，购者多忽略之。此金钱之价格，虽不足以作艺术评判之标准，然而一般人对于金石之看法，固已可见矣。乾隆为清代收藏最富之帝王，然其所致亦多书画及铜器，未尝有真正之雕塑物也。至于普通玩碑帖者，多注意碑文字体，鲜有注意及碑之其他部分者；虽碑板收藏极博之人，若询以碑之其他部分，鲜能以对。盖历来社会一般观念，均以雕刻作为雕虫小技，士大夫不道也。

这种情况与绘画历史的研究状况非常相似：古代有大量涉及画家、书法家以及技法的画论，却没有今天（现代）意义上的历史叙述，直到 20 世纪初，才开始有了像姜丹书、陈师曾、滕固以至傅抱石、潘天寿等人的中国绘画史著作，可是，他们都在不同程度上接受着西方史学观念与方法的影响——尽管是通过日本学者的思想和著述。

今天来看，石刻艺术史当然属于美术史的范畴，尽管西方的“美术史”（history of arts）这个概念是在 18 世纪才出现的，18 世纪初英国的收藏家约拿单·理查森（Jonathan Richardson）就使用了 history of arts 这个词汇，之后，温克尔曼（Johhann Joachim Winckelmann）于 1764 年出版的书名就是 *Geschichte der Kunst im Alterthums*，但是，作为一个学科体系（雕塑的历史包含其中，与绘画和建筑共同构成美术史的研究对象），美术史在 19 世纪中叶的欧洲已经非常坚实地被确定下来。也正是在这样的西方学科体系的影响下，晚清以降，中国的学者才开始了他们对美术（艺术）发展史的现代学术研究。

作者面临的第二个挑战更具冒险性，他将黑格尔的艺术发展三段式表述——严峻、理想和愉悦（象征、古典、浪漫）——用于对中国石刻发展的不同朝代。这表明，作者希望通过这三个美学概念来统领文献与历史的结构。历史学家特别清楚，利用一个词（更不用说来自西方的词汇）去概括一段历史、风格以及趣味，将冒勉为其难、牵强附会的巨大风险，《中国石刻艺术编年史》的作者将一个德国人的概念用于中国石刻艺术史的研究体例，这是需要有充分的资料与文献占有以及高度的分析力、归纳力与判断力才能够驾驭的。他用“严峻”去概说秦汉、用“理想”去囊括隋唐、用“愉悦”包举元明清，这样的体例结构一定会让谨小慎微的学者大吃一惊。但是，我们不妨这样理解：既然我们不能、也不应该躲过西方学术的成果，那么，大胆地将其融入中国问题的学术研究也许是顺理成章的。这样做的可能性是找寻出东西方之间精神上的同一性，这于认识人类文化创造精神的共性也许会有很好的说明。事实上，作者有丰富的中国文献知识背景，他甚至在史学方法上终究接受的是中国传统史学的指引。不过，他在“缘起”中介绍了中国传统史学的“编年体”与“纪传体”之后声明：为了避免“编年体”的“琐屑之疾”与“纪传体”的“空疏甚至概念化”：

本书在写作上采用描述阐释与历史钩沉相结合的方法，试图将部分纪传体的长处巧妙糅合进编年史的写作之中。或者如章学诚在谈及纪事本末时所说的那样：文省于纪传，事豁于编年。

也即是，作者充分利用了传统史学的方法，他试图让西方的美学概念在中国的史学经纬中产生作用，而不是让西方的美学概念引导中国石刻艺术的历史形状。同时，作者也充分注意到了社会学意义上的历史描述，就像他在“凡例”中强调的：

编年内容重点包括：与石刻艺术相关之重要历史事件（政治、宗教、文化、艺术等）；雕塑家或刻工生平事迹；重要石刻艺术作品之系年、流传及影响等。

在这样的方法下，社会语境、人物传记以及作品分析的确可以融为一体。显然，正如前面已经提示到的，作者企图将朴学（主要是一种求实的经验主义态度）、史学和美学方法结合起来，以便让读者对从古至今（先秦至晚清）石刻艺术的变化有一个全面而生动的认识与理解。读者希望获得真实，因此，考辨与分析是必需的；读者想了解石刻产生、演变的原因与结果，历史的叙述就成为一个有效的方法；当然，读者也需要理解那些不同时期石刻的形式逻辑与精神含义，风格分析与美学阐释就成为他们获得趣味与欣赏的路径。在综合方法的运用下，“编年史”就不会仅仅限于枯燥的文献报告，或者缺乏历史上下文的艺术分析。就像作者说的那样：“由于传统的石刻学学者将主要目光聚集于碑刻或墓志等文字石刻方面，石刻学又延伸至书法史领域。而我们这里的石刻艺术，既强调石刻的历史文献价值，同时，也对石刻的艺术性予以高度关注。因此，对大量的传统石刻学家较少留意的具有绘画或雕塑审美意味的石刻艺术品（如宗教造像及碑坊塔柱幢等），亦将予以大量考录。”

向以鲜也是一位诗人，这决定了他能够在描述与分析石刻的时候轻松地利用文学与诗歌的叙事手段，来帮助读者理解、分析与欣赏石刻艺术——显然，“石刻艺术”这个概念的确可以使用了，因为，正是由于有了历史的叙述，人们可以理解不同时期的石刻所遭遇的问题，以至发现其历史的合理性；也正是由于有了风格的分析，人们可以了解不同时期石刻的含义、表现与趣味知识，获得精神上的享受，而文学的手法则滋润着历史的感性与风景——说到底，历史终究不过是一种诗学。

知识的目的是获得自由，学术的目的同样如此，在石刻艺术史著作不多的情况下，作者能够顾及在历史、学术和艺术分析之间的叙述平衡，并通过一个完整有序的编年体例呈现出来，以便我们对曾经的人文世界又有新的认识和感受。这样的工作只有那些对知识孜孜不倦，对专业承担责任，对写作充满激情的学者才能够完成，尤其是在今天这样一个物欲横流、知识贬值、人文衰落、信仰崩溃的时代，作者还能够如此夜以继日，持之以恒，奋笔著述，最后完成这样一部具有填空意义的美术史专门著作，实为值得钦佩和学习，其学术成果将为后来研究石刻艺术史的学者提供不可多得的范例。

是为序。

2014年9月4日

中国美院

缘起：雕刻在石头上的岁月（自序）

按照黑格尔在《美学》中的表述，一切艺术的发展脉络，都可以简略地划分为三个阶段：严峻、理想和愉悦。在黑格尔看来，各种艺术类型，作为整体来看，会形成一种进化过程，即由象征型经过古典型然后达到浪漫型的发展过程，每一门艺术都要经过开始、进展、完成和终结，经过抽苗、开花和枯谢。

中国古代的雕塑艺术（尤其是石刻艺术）的发展史，也同样可以用这三个大的段落来进行划分，其典型时代则为：秦汉（严峻）、隋唐（理想）、明清（愉悦）。

黑格尔认为，人类早期的艺术大多体现出严峻的风格特征：这种严峻的风格是美的较高度的抽象化，它依靠重大的题旨，大刀阔斧地把它表现出来，鄙视隽妙和秀美，让主题占统治地位，不肯在次要的细节上下功夫。只满足于事物本身的巨大效果，在形体结构方面缺少细节上的变化。落实到中国石刻艺术方面，我们只要看看汉代霍去病墓前那些具有纪念碑意义的石刻作品，比如著名的马踏匈奴，就可以明白黑格尔对于严峻风格的描述，具有相当的普适性。在这件作品中，无论是挺立的胜利者（骏马）还是蜷缩惊恐的失败者（匈奴），我们都看不到精细的细节刻画，代之而起的是一种不留斧凿痕迹的、浑然天成的点画与勾勒，于简洁概括中彰显出雄强朴茂的峻拔气势。

严峻时期的艺术，对简朴的追求达到了惊人的高度，由简朴而达成的刚健之美，常常令后来者叹为观止。在中国早期石刻艺术，甚至是在商周时代的石刻艺术中，我们就能看到这样的杰作。比如在商代晚期的妇好墓中出土、现藏于中国历史博物馆的那件被称为司辛石牛的石刻便是如此，虽然那件白色大理石刻体量很小，却小中见大，给人以一种威武强悍的感觉：牛的造型为前肢跪地，后肢向前屈伏，短尾下垂，昂首露齿，在写实的基础上，牛的身体上又遍饰充满想象力的兽面和卷云纹饰，于庄重肃穆之中更添几分神秘色彩。

而理想风格的艺术，其所表现出来的纯美风格，介乎对事物只作扼要的表现和尽量呈现出愉悦的因素风格之间。黑格尔认为这是艺术发展到成熟阶段所形成的美的状态：我们可以把这种理想的风格称之为寓最高度的生动性于优美静穆的雄伟之中的风格，就像它在斐底阿斯和荷马的作品中所令人惊赞的那样。这种生动性在每一点上都可以见出，无论是在形状上、曲折上、运动上和组成部分上，一切都是有意义的和富于表情的，一切都是活泼和发挥效力的。从这种真正的生动性里，我们还可以感觉到一股秀美的气息周流于全部作品里。这种秀美是一种转身面向观众和听众的姿态，这是严峻的风格所没有的。美的自由的艺术在外在形式方面是漫不经心的，不让它显出任何思索、目的和意图，而在每一点表现和曲折上只显出整体的理念和灵魂。

唐代的石刻艺术，几乎可以说是对黑格尔所阐述的这种理想风格艺术的完美图解。无论是瑰丽奇伟的龙门石窟还是唐代十八帝陵石刻，都无一例外地体现着理想时期的艺术风格：寓最高度的生动性于优美静穆的雄伟之中。艺术史家王子云在《中国雕塑艺术史》中论述昭陵六骏时提出：这六匹骏马的表现形式是三匹站立，三匹奔驰，都是体态矫健，雄劲圆肥，明显地刻画出唐代统治者所喜用的西域马的典型。如其中之一的“飒露紫”，是表现马在战阵上受了箭伤，由随将邱行恭为之拔出箭矢的顷刻。唐代杰出的雕刻匠师在处理这一题材时，体会到马因拔出箭矢所感到的疼痛和紧张，表现出却步后退，但又不失为雄强的战马应有的骄矜气质，因而创造出这一生动卓越的形象。另一匹名马“拳毛䯄”（腿部残损），表现出虽因在战阵中身受九箭，疲惫中正在走动，却仍然显得神态自若而具有刚毅之气。整个形体的比例合度，好像雕刻者是面对这匹名马雕出的。很显然，理想时代的艺术作品，对于传神写照的细节刻画和把握，在优美静穆之中所传达的强劲的生命律动，是严峻时代的艺术所不具备的。

由理想而至愉悦（黑格尔同时使用了 angenehm 和 gefällig，朱光潜在翻译黑格尔《美学》时，译为“愉快”），几乎是一件顺理成章的事情。黑格尔的判断是：理想的风格如果从秀美朝外在现象方面再前进一步，它就会转变为愉快的或取悦于人的风格。愉悦时代的作品，其细节是作为装饰、穿插和陪衬而放进作品中去的，实际上是在投合欣赏者的主观趣味。愉悦的艺术由于更多的是考虑欣赏者或接受者的趣味，因而在很大程度上会失去艺术家本人的风格和个性，从而呈现一种媚世甚至媚俗的倾向。黑格尔举例说：比如那些单独的小型造像，珍宝、腮帮上的小酒窝，珍贵的首饰，微笑，服装的形形色色的褶纹，动人的颜色和形状，奇特的难能可贵的然而并不显得勉强的姿势，如此等等，这些组成部分单凭它们本身就使人愉快。这个时候，对于细节的过分强调已近于烦琐，虽然堪称巧夺天工，但却少了鲜活的气韵，少了来自造化深处的神秘与感动。中国明清时期的石刻艺术，已基本脱离了汉唐时代的博大与壮丽，转而走向精致与繁缛，在装饰化、工艺化、文人化的强力驱使之下，将愉悦的石刻艺术推向新的境界。

愉悦时期的艺术，其艺术诉求已从精神的崇高转而为感官的愉悦，是一种接近衰朽的艺术：过分的精致代替了艺术的本真，过分的娴熟技艺代替了艺术的原创力。正如孙振华在《中国美术史图像手册》中所指出的那样：明前期，石雕工艺继承唐宋遗韵，刀法细腻流畅，造型比例适宜；后期趋向精雕细镂，线条细腻繁丽，但气势略减。建筑石雕装饰在传统民居建筑中也得到普及，起初多为仿木架结构，后来逐渐形成自己的风格。石雕工艺在民间主要应用于民居住宅、祠堂、庙宇、牌坊、亭、塔、桥、墓等建筑局部和构件上，如门楣、抱鼓石、台基、石柱、柱础、拴马石、栏杆、望柱等部位。这些与人们日常生活相辅相成的石刻艺术，虽然没有严峻或理想时期的石刻艺术那样震撼人心，但也于寻常琐碎之中多了几分亲切，多了几分浓郁的生活气息。

在中国传统史学范畴中，通常以两种方式来记录、描述或阐释纷繁复杂的历史现象：一是纪传体，以《史记》、《汉书》等为其代表；一是编年体，以《左传》、《资治通鉴》等为其翘楚。而在西方的史学研究领域，实际上也可大体划分为上述两大类型，前者有希罗多德的《历史》，后者则以塔西佗《编年史》最负盛名。

这两种史学撰写方式，与哲学上两种研究方法即归纳法和演绎法是相对应的。纪传体的方法更接近于归纳法，而编年体的方法则主要是运用演绎法，两种方法相互依存又相互对立。史学的研究或写作，也同样存在着这种对立又依存的困惑：过分依赖于建立在归纳法基础上的纪传体，可能会流于空疏甚至概念化；而源于演绎思维的编年体，又可能因只见细节忽略整体而显得零乱。如何将两者进行优势互补，一直是史学研究者的难题之一。

清代史学家章学诚在其名著《文史通义》中指出，在编年体与纪传体之外，还有一种历史书写方法，就是纪事本末体。章氏对纪事本末甚为称许，所谓“文省于纪传，事豁于编年，决断去取，体圆用神”。实际上，纪事本末是将编年体与纪传体二者有机地结合在一起，各擅所能，相得益彰。

就当下中国学术研究的状态而言，我们欠缺的不是以归纳法而形成的众多概论、通论、泛论等纪传体学术成果，欠缺的恰恰是以严谨细致见长的编年体文献研究。造成这种情形的原因是多方面的，最显在的原因当然是：前者犹如宋儒治经，颇省力气；而后者则更像乾嘉朴学，需要耗费大量时间和精力。事实上，即使在中国传统史学格局中，也是前者占据大半壁江山，《四库全书总目》对此总结说：“司马迁改编年为纪传，荀悦又改纪传为编年。刘知幾深通史法，而《史通》分叙六家，统归二体，则编年、纪传均正史也。其不列为正史者，以班、马旧裁，历朝继作。编年一体，则或有或无，不能使时代相续。故姑置焉，无他义也。”

研究中国古代石刻的各类著述并不鲜见，雕塑史以至建筑史书中亦有关于石刻的专章、专节予以讨论。但是迄今为止，尚没有一部关于中国古代石刻艺术的编年史出现，这不能不说是一个颇令人遗憾的学术空白。

大约在2008年的夏天，中国美院的吕澎教授邀我一同主持一座规模宏大的艺术史主题公园。基于这个天赐的良机，我得以有机会较为系统地深入学习和了解中国古代浩大宏丽的石刻艺术。在这场美的历险之中，撰写一部《中国石刻艺术编年史》(以下简称《编年史》)的愿望或梦想，随着事情的不断推进而变得越来越强烈。

于是，在漫长的文献梳理过程中，《编年史》之梦渐渐有了雏形。阿根廷智者博尔赫斯在《圆形废墟》中曾这样描绘一个梦想者的艰辛：为了使梦想工作得以重新开始，他等待着满月的到来。到来之后，他利用下午的时间去河里沐浴净身，还礼拜了天上的神灵，念过了一个强大无比的名字的标准音节，然后睡觉。他几乎立刻做起梦来，伴随而至的是一颗心脏的跳动。他梦见一个温暖的、隐蔽的、活生生的它，石榴色，只有拳头般大小，埋在人体之内，还没有面孔、不分性别。一连十四个夜晚，他小心翼翼地用爱去梦见它，看到它一天比一天清晰。他并不碰它，而只是看着它，观察它，或许还偶用目光纠正着它。他从不同的距离、不同的角度察看它、培养它。到了第十四个夜晚，他用食指轻轻地触摸了一下它的肺动脉，然后又从里到外触摸了整个心脏。检查的结果使他满意。他有意停了一夜梦，而后重新拿起那颗心脏，叫了下一颗星宿的名字，开始从事另一主要器官的梦见。不到一年，他已经看到了骨架和眼皮。无数头发也许是最难梦见的。终于，他有了一个完整的人，一个不能站立、不会说话、双目紧闭的小伙子。夜复一夜，他梦见他沉睡不醒……梦想就是从无到有，从小到大，从粗疏到精致，从艰难到希望。这本《编年史》的出现，再次印证了博尔赫斯的预言。

如前所述，由于迄今为止仍未有一部系统的石刻艺术编年史刊世，这本《编年史》的写作初衷之一便是试图为弥补这个学术空白而尽绵薄之力。在写作方法上，我们遵从时间的主宰，循着历史的脉络，沿着岁月流逝的踪迹，一年年、一月月甚至一天天地去梳理与石刻艺术发展相关的历史事件、人物及作品。但是为了规避编年史的易流于琐屑之疾，本书在写作上采用描述阐释与历史钩沉相结合的方法，试图将部分纪传体的长处巧妙糅进编年史的写作之中。或者如章学诚在谈及纪事本末时所说的那样：文省于纪传，事豁于编年。

一个大胆且比较容易让人理解的方式是：将漫长的中国石刻艺术发展史分为三大卷：严峻卷(先秦两汉魏晋南北朝)；理想卷(隋唐五代)；愉悦卷(两宋辽金西夏元明清)。每卷之下分为数编，各编之下撰写类似通论的引论文字予以提纲挈领地介绍。朝代之下按年编纂，年下辖月，月下辖日。年月为经，人物、事件及作品等为纬，次序分明。这样做的好处是：既能给人以整体的概念性认识，又能让人真切地触摸到历史的质地或肌理。为了达成上述目的，在语言表述方面，我们将改变传统编年史较为呆板的文风，尽量采用简洁明畅的语体文风格，同时为了保证学术的公正与准确性，重要的论述，均标明文献来源。

岁月就是一棵巨大的根深叶茂的树，王朝的更替，年月的变迁，石刻艺术的波诡云谲，让这棵参天之树时而生机勃勃，时而秋风萧瑟。岁月之树会老吗？如果岁月也会老去，人又何以堪？

所谓石刻，广义地讲，凡以石头为载体，通过人的劳动加工而成的产品或作品，均可称之为石刻。它包括：石器时代人们利用各种石头制作的生产工具和生活用具等；进入文明时代人们用石头加工的各种建筑构件；以石头为对象，加工的各种艺术品；以石头为载体镌刻的文字材料等。我们将本书称之为"中国石刻艺术编年史"，而不直接称为"中国石刻编年史"，个中因由在于：本书的主旨，除了关注传统的"石刻"，还要关注"石刻艺术"。在传统学术语境里，石刻学自宋以后，便与商周青铜器研究一起，合称金石学，石刻学即金石学之分支。从某种意义上来看，传统的石刻学基本上可以划入小学(文字学)范畴，属于语言文字考古学或历史文献学。诚如梁思成在《中国雕塑史》所言："我国言艺术者，每以书画并提。好古之士，间或兼谈金石，而其对金石之观念，仍以书法为主。故殷周铜器，其市价每以字之多寡而定；其有字者，价每数十倍于无字者，其形式之美丑，购者多忽略之。此金钱之价格，虽不足以作艺术评判之标准，然而一般人对于金石之看法，固已可见矣。乾隆为清代收藏最富之帝王，然其所致亦多书画及铜器，未尝有真正之雕塑物也。至于普通玩碑帖者，多注意碑文字体，鲜有注意及碑之其他部分者；虽碑板收藏极博之人，若询以碑之其他部分，鲜能以对。盖历来社会一般观念，均以雕刻作为雕虫小技，士大夫不道也。"又由于传统的石刻学学者将主要目光聚集于碑刻或墓志等文字石刻方面，石刻学又延伸至书法史领域。而我们这里的石刻艺术，既强调石刻的历史文献价值，同时，也对石刻的艺术性予以高度关注。因此，对大量的传统石刻学家较少留意的具有绘画或雕塑审美意味的石刻艺术品(如宗教造像及碑坊塔柱幢等)，亦将予以大量考录。

《编年史》将以时间为经，以人物、事件及作品等为纬，较为准确翔实地编织出中国石刻艺术发展的真实历史场景。《编年史》主要涉及下述方面的内容：首先是与石刻（有时也会牵涉其他种类的艺术形式）艺术史发展相关的历史人物，因为任何历史均是人的历史，人永远是历史的主人。这些历史人物，包括石刻艺术家或工匠（刻工）以及相关文人作家或统治者等，他们的言行、生平事迹及重要作品产生背景等，都是我们要着力表述的内容。其次是与石刻艺术相关的政治、经济甚至军事方面，尤其是哲学、宗教、学术、思想文化等历史事件或现象，亦是本书十分感兴趣的内容之一。第三，当然会尽量把各个年代的重要石刻艺术作品进行系年考录，这更是一项费时劳心的基础性工作，但也是极有学术价值的工作。

我们期望《编年史》是这样一部书：它是亲切的，而不是古板的，是表情安详地娓娓道来，而不是刻板地说教；它是严谨的，它的论断或叙事都有相关的参考文献作为支撑；它是实用的，以时间为经，以人物、事件及作品等为纬，加上附录的检索工具，使之具有强烈的工具书色彩；它是全新的，之前没有人系统做过，我们来做了，希望为后来的探访者辟出一条蹊径；它是图文并茂的，满足当下读图时代的需求，全书配置近300幅黑白或彩色图片资料，这些图像所显示的石刻艺术品，在中国石刻艺术史以至在整个中国雕塑或造型艺术史上，均占据着至为重要的地位。

期望归期望，最终能否达成，还需要时间的检验。写作的过程也就是一个做梦的过程，一旦完成写作，梦也就做完了。而完成的那个梦，它是有生命的，并且有其自身的命运逻辑。博尔赫斯在讲述那样神奇的梦时写道：于是，在这个做梦人的梦中，被梦人醒了过来。它一旦醒来，就开始了自己的生命历程。雕刻在石头上的岁月，亦有其自行流逝的轨迹。德国学者温克尔曼这样充满诗意地表达过艺术的产生过程：就像海的深处永远停留在静寂里，智慧伸手给艺术而将超俗的心灵吹进艺术的形象。

好吧，让我们把超俗的心灵吹进石刻艺术史吧。

2014年10月
四川大学

先秦编

引论

可以毫不夸张地说：人类的文明，是从石头开始的。没有石头的文明，也就没有人类的文明。正如梁思成在《中国雕塑史》中所言："盖在先民穴居野处之时，必先凿石为器，以谋生存；其后既有居室，乃作绘事，故雕塑之术，实始于石器时代，艺术之最古者也。"

人类与石头之间，有着深刻且复杂的关联。在人类的童年时代，石头曾是我们最亲密的伴侣和最重要的工具。石头作为人类早期主要谋生工具的历史，至少在100万年前即已开始。那些来自大自然的石头，有着坚硬的质地，它能替代脆弱的生命记录下印迹，保存住人们曾经的所思所想所为。

石头是构成我们生活的这颗精美绝伦星球的主要成分，如果将地球比喻成一个人，石头就是他的强大骨骼，并且占据陆地地表面积的四分之三。这些石头主要包括火成岩、沉积岩和变质岩。地质学者告诉我们，中国的沉积岩数量庞大，占到接近80%的地表面积，可以说俯仰即石。

人类与石头的物质关联，首先表现于居住方面。我们的祖先最初的居所就是岩洞。从人类有意识地选择岩洞或岩穴作为栖居之所的那一刻开始，人类就与石头产生了文化学意义上的联系。在这些天然的坚固的家中，早期的人类找到了从未有过的安全感：在这儿，人类可以避免风霜雨雪的侵害，更可以有效抵御虎豹熊罴的掠食。

在居住之外，人类与石头的关联还表现在获取食物方面：人类获取食物时，对石头有着强烈的依赖性。以石头作为生产工具的使用，最开始可能是随机的甚至是无意识的，但人们很快发现这种身边随手可得的坚硬之物，和其他物体（如树枝）相比较，具有不可替代的优越性。于是人们开始有意识地使用石头，并广泛运用于采集狩猎过程之中：投掷石头可以击落高悬于枝头的果实，用石头敲砸可以帮助人们打开美味但坚固的果壳，紧握锋利的石头，还可以刺杀凶猛的野兽。从那一刻，从人类刻意地对石头进行利用和改造的那一刻开始，石头被赋予了文明的印记。

实际上，也就是从那一刻开始，石头就再也没有离开过我们。即使是进入高度发达的文明时代，石头依然扮演着不可或缺的角色：迄今为止，世界上任何一座伟大的建筑，都离不开石头的精彩表现。无论是古埃及的神殿，还是印度的泰姬陵，抑或中国的故宫，无一例外。这一方面体现出石头在材料上的永恒属性，另一方面，其中仍然延续了人类对石头的古老眷恋与回忆。

由于石头深入且广泛地介入了人类的生活之中，因此也不可避免地进入人类的精神层面。人类对石头的精神依托，主要表现在宗教和艺术方面。人类精神领域是一片广袤又神秘的领域，这儿为宗教的产生提供了无限的可能性。德国著名心理学家和哲学家威廉·冯特在其构造主义心理学名著《生理心理学原理》中指出，宗教观念起源于原始人的恐惧情绪，尤其人类对死亡和疾病的强烈恐惧和无助——这样的情绪时至今日，也依然缠绕着我们。冯特说："在原始阶段，最倾向于产生巫术和魔鬼观念的现象是那些涉及人类自身，以及会引起恐惧的东西。而在这里,死亡和疾病是最重要的原因。确实,暴风雨、日食或者其他自然现象也会偶尔和巫术观念联系在一起,这些自然现象越不寻常,越令人惊骇,就越能激发巫术观念。但原始神话经常性反复出现的特征,来源于现实生活中亲身经历的事情,来源于害怕和恐惧。”宗教于恐惧与祈求中产生,比人或动物的肉体生命更坚硬也更长久的石头,自然而然地成为人们寄予宗教情感的对象。因此,在所有遗存下来的宗教场所,几乎都是用石头雕刻建筑而成。在众多的古代艺术作品中,我们很难将宗教和石头分离开来,它们完美地融合在一起,形成壮丽夺目的人文景观。法国诗人瓦雷里在其著名的诗章《海滨墓园》中这样描绘着石头的美丽与哲思:“充满了无形的火焰,紧闭,圣洁,/这是献给光明的一片土地,/高架起一柱柱火炬,我喜欢这地点,/这里是金石交织,树影憧憧,/多少块大理石颤抖。”石头与人类共谱的交响诗,正如这样一丛丛圣洁的火焰,照耀着我们,从蛮荒走向文明,从黑暗走向光明,从短暂走向永恒,从脆弱走向强大。

从历史教科书上,我们也能清楚知晓石头与人类文明交响的历史有多么久远:人类早期的历史都是用石器来命名的。旧石器时代(约 250 万年前—约 1 万年前),是以使用打制石器为标志的人类物质文化发展阶段。这个时代在地质上,则属于上新世晚期更新世。通常又将旧石器时代分为早、中、晚三期。早期如北方周口店的北京人文化,中期如山西丁村文化,晚期如山顶洞遗址、宁夏灵武县的水洞沟文化。水洞沟文化是典型的石叶文化,距今 38 000 年或 34 000 年,与同时期欧洲的莫斯特文化、奥瑞纳文化有着微妙的关联:早在 30 000 多年前,欧亚大陆已展开了艰辛的文化交融活动。学术界认为,水洞沟文化是迄今为止中西方文化交流最东的驿站。

可以这样认为,在人类所有的艺术形式中,没有哪一种能比石刻艺术更为古老。石刻的历史可以一直追溯到旧石器时代。石刻的历史是艺术的历史,也是人类自身的历史。

随着人们开始打磨石质工具的时代开始,新石器时代宣告来临。新石器时代始于距今 10 000 至 8 000 年前的人类原始(母系)氏族的繁荣时期,结束时间从距今 5 000 多年至 2 000 多年不等。新石器时代的典型特征是:人们学会制造和使用磨制石器。浙江宁波的河姆渡遗址、西安半坡遗址、山东大汶口遗址、河南新郑的裴李岗文化等,都是具有代表性的新石器文化。出于生产或审美的需要,人们认真打磨着各种石器。这些经过人的心与手精心打磨的石器,显然已具有艺术作品的意义。其中相当一部分石器,已完全接近我们今天所说的石刻或石刻艺术了(早期的石刻艺术应该还包括人们用石质工具在岩石上刻画的岩画)。比如裴李岗文化出土的那套石磨盘磨棒,虽然是典型的生产生活用具,但却具有相当高的审美价值,可以说它已是一件美丽的艺术作品。这套用砂岩加工而成的研磨工具,其外观类似今天的鞋底状几何形,显然是经过精心设计而成的,造型整饬严谨。要完成这样一件石刻作品,即使在今天也并非易事,略有不慎就会前功尽弃。这里面涉及石刻加工过程中的诸种工艺手段,如选料、敲击、成型、切割、打磨、修饰等。这件石刻作品之所以迥别于同时代其他石器,是因为它具有强烈的设计感和形式感,寓人类审美意识于实用工具之中。因而,这样的石刻加工工作,显然具有双重性质:它既是物质的、实用的,同时又是精神的、审美的。

上面提及的石刻岩画(不包括绘画岩画),也是早期的石刻艺术之一。阴山岩画中有相当一部分作品属于新石器时代作品。生活于古代北方或西北的中国游牧族群,其所创作的岩画艺术,大多属于凿刻岩画,阴山岩画是这类岩画的源头之一。一直影响深远的线刻和黑影表现手法(如汉代画像石),在这些早期石刻岩画中均得到了朴素的表达。

随着考古发掘的发展,也相继出土了一些新石器时代的石刻雕塑作品。比如在辽宁东沟后洼,就曾发现几件小型的滑石圆雕人首作品,虽然小巧,但却能显示工匠高超的技艺,其刀工朴拙,气韵生动,已达到相当高的艺术水准。在大溪文化出土的浮雕人面,则是一件更为人们所熟知的石刻作品,这个石质人面，不仅造型神秘，而且打磨光洁细腻，带有巫术的力量。新石器时代的工匠，他们在选料时更钟爱各类质地坚硬的玉石，因此我们在红山文化和良渚文化中，都可以看到大量做工精致的玉雕作品。在古人眼中，玉与石并无本质区别，按东汉许慎的解释：玉就是石之美者。

在谈及人类早期石刻艺术时，还有一种石器艺术值得一提，那就是巨石建筑。巨石建筑出现于旧石器时代晚期，人们将没有经过加工过的天然巨石，堆砌在一起，形成一种特定的空间结构。在原始人心目中，这儿可能是神灵的栖居之所，因此常常得到部落的膜拜。巨石建筑先于欧亚草原盛行，然后向东流传至东亚大陆。在辽宁海城，迄今仍可见古老的石棚，但是这种石棚的石板，已经经过人力的强力加工，它们被雕切成较为工整的几何形状，以之修筑而成的石棚，成为当时有声望者的墓室。这样的石砌墓室，对后世的中国陵墓文化产生了直接且深远的影响。显然，人们企图用石头来超越死亡，以期于不朽。

从考古发掘来看，三代的夏文明，迄今仍然存着诸多争议，河南偃师的二里头文化，是否属夏代也还没有定论。二里头之后，是河南郑州的二里冈文化。二里岗文化属于商代早中期的文化。在二里岗文化中，并没有发现石刻作品，大量出现的是各种陶塑作品，说明当时的陶艺达到了相当成熟的程度。

石刻艺术的精彩呈现，一直到殷墟文化时期，我们才再次被深深吸引。殷墟文化中除众所周知的青铜器之外，出现精美的石刻作品并非偶然，这与当时冶炼技术的高度发达，从而导致石刻工具的迅速改进密不可分。

商代石刻艺术，我们在本书序言中曾提及司辛石牛，还有著名的石鸮。殷商时代，人们普遍信仰万物有灵的原始巫祝观，在这种观念下，一些神奇的动物，自然也成了商人崇拜的对象。河南安阳侯家庄出土的石鸮，其造型凶悍，鸟身同司辛石牛一样布满线刻纹饰。给人印象深刻者是鸟尖利的喙和突出的眼睛，准确表达了猛禽之猛性。将线刻与圆雕手法有机结合，写实中带有强烈的图案装饰色彩，是商代石刻艺术的一个创新之举，之前从没有出现过。这种综合石刻手法，对汉魏隋唐的石刻艺术均有重大影响，比如我们在南朝巨型瑞兽（天禄辟邪）石刻身上，就能清楚地看到这样的表现手法，庞大的石兽身躯之上，就常常有线刻的飞卷的云翼隐现其间。

在大量的动物石刻之外，还涌现了一批人物雕像，比如出自安阳侯家庄1004号大墓的石人残像，殷墟妇好墓的玉跪人等。其人物刻画准确细致，服饰及发型历历可识，具有融写实与夸张于一体的雕塑风格。

周代的石刻艺术，与商代相比，反而进入一个相对低潮的时期。周承殷制，周代的玉器与石雕工艺，依然没有严格的区分，很多玉石作品，均是在一个作坊，甚至是同一个人完成的。在西周的众多玉质礼器之中，我们今天依然能看见部分石雕作品。整个西周时代，我们都很难发现优秀的石雕作品。造成这种情形的原因，有学者认为与周人的禁欲态度有关。

到了春秋战国，石刻艺术所受到的来自周礼束缚的长久压抑再次得到释放。虽然按照儒家正统看来，这时已是礼崩乐坏之际，然而从进步的角度来看，旧制度的改变是必然的历史趋势，因而石刻艺术的重获新生势不可当。有时候，动荡不安的时局也会给艺术创造带来意想不到的活力。这个时候，不仅出现了石质乐器（如石质编磬），并且还首次规模性出现了石刻文字艺术作品。将文字与石刻艺术结合在一起，这是中国石刻艺术史上的一次了不起的事件：陕西凤翔发现的秦襄公时代的十个文字石鼓，具有里程碑式的文化价值。

从考古成果来看，战国时期的秦人曾采用石雕艺术作为建筑的装饰物，比如，在陕西凤翔秦雍都的宫室陵园遗址之中，就曾发现过两件小型石俑。根据成书于初唐的《三辅旧事》记载，战国时期秦昭王在兴建咸阳横桥时，曾下令让工匠雕刻石牛和石人，用以镇水祈福。战国时期，人们为了免遭水患，从王室到地方政府，均十分重视兴修水利，并且流行石兽镇水。2013年1月，四川成都天府广场工地上，曾出土一件砂岩质地的长达 3 米多的大型石犀，这个石犀被考古专家初步断定与李冰治水相关，并断代为汉代作品。然而根据我的观察，这件石犀可能是战国中晚期作品，那硕大的略显粗笨的形体以及威武中不失憨态可掬的表情，都体现了一种早期大型石雕的特征。如果这个推断成立的话，这个红色石犀应该是迄今为止所发现的中国石刻艺术史上最早的大型圆雕艺术作品。

王子云在撰写《中国雕塑艺术史》时曾回忆道：1979 年中央美术学院美术史系与广州美术学院理论教研组合编《中国美术史教材提纲》，在战国美术小结中曾提到以下一个值得注意的问题，即："无论是绘画、雕塑或者是装饰纹样，都很重视形象的富有旋律的强烈运动感，从运动中表现出对象的强大生命力和不平凡的气势。"对于这一种特殊的造型，凡是从事于先秦、汉、晋美术史研究或美术考古等，都必然特别注意到这一时期的艺术，尤其是工艺装饰中的动物形象，多表现为奋激飞动的问题。东汉王逸《楚辞章句》为屈原《天问》作序中说"楚有先王之庙及公卿祠堂，图画天地，山川神灵，琦玮谲诡，及古贤圣，怪物行事"。从这一描述中，人们不难想象壁画所绘出的各种物象的谲诡怪异和变幻纷扰的动态。再证以现今能见到的一些工艺装饰雕刻，如中山国墓葬出土的翼兽、虎咬鹿器座和龙凤方案以及云南滇族的铜饰片或易县燕国的残砖雕刻等，几无一不表现为强烈的动态。王子云接着分析说：艺术是时代社会意识和生活现实的具体反映，这种强烈的运动感的产生，当然是与社会意识密切相连的。战国时期也包括秦代末期，是一个政治上群雄割据、思想上百家争鸣、社会秩序激烈动荡的动乱时代，同时也是新兴势力上升、富有生气的时代。作为反映时代意识和时代精神的艺术，必然要反映激烈动荡和生气勃勃的社会现实，以致在形象艺术上形成强烈运动或奋激飞动的表现形式。这样的飞动之美，我们在此一时期的石雕艺术中尚未有充分的发现，究其原因，一则因为战国石雕艺术目前的发现十分稀少，二则可能与人们对石刻艺术的认知有一定关联：石刻所追求的美是一种沉静、庄重和永恒之美。

约 130 万年前—1 万年前　旧石器时代

［提示］　宁夏水洞沟文化达成了人类历史上第一次东西方文明的交会。

［叙录］　在旧石器时代中期，中国云南的元谋猿人、陕西的蓝田猿人、北京的周口店猿人等，已开始打制粗糙的石质工具。后来的山西丁村人、湖北长阳人以及在广东韶关发现的马坝人，对于石质工具的使用渐渐熟稔，打制方法进一步完善。3 万多年前的宁夏水洞沟文化，属于旧石器时代晚期的代表，其所打制的石叶工具，与欧洲同时期的莫斯特文化、奥瑞纳文化等之间，有着千丝万缕的联系。一些学者指出，水洞沟的石叶文化，显示着早期的人类已跨过茫茫的欧亚大草原，达成了人类历史上第一次东西方文明的交会。接着出现的北京山顶洞人、内蒙古河套人、四川资阳人、广西柳江人，已呈现初步的磨制石质（还包括部分骨质）工具，当时的人们还学会了在石珠贝壳等物体上钻孔穿连，以之作为身上的装饰物。实际上，审美的意识于此早已埋下种子。

［文献］　范文澜《中国通史简编》，翦伯赞《中国史纲要》，高星《水洞沟 2003—2007 年度考古发掘与研究报告》，王幼平《石器研究：旧石器时代考古方法初探》，王子云《中国雕塑艺术史》。

约 6000 年前后　新石器时代

［提示］　河北邯郸磁山文化石雕人像，四川大溪文化双面石雕人像。

［叙录］　此时期的人类文明，已由母系氏族向父系氏族过渡。在新石器时代较早期，河北邯郸武安出现了农业文明颇为先进的磁山文化，约出现于公元前 5 000 多年前，与裴李岗文化一起，成为华北地区新石器时代早期重要文化代表，并且出现了表情神秘夸张的石刻人像（图 1）。

新石器时代的典型代表文化，还有稍晚于磁山文化的河南的仰韶文化、浙江的河姆渡文化、湖北的屈家岭文化、山东的大汶口文化、四川的大溪文化等。人们已能熟练磨制各式石质工具，并可雕磨异常坚硬的玉石、骨牙等。从打击石器到磨制石器，这是人类所经历的一场巨大的工具变革，人类的哲学及审美意识，在这种艰辛而漫长的打磨过程中，得到不断地升华和提炼。

四川大溪文化出土的大溪石雕人面像（图 2），是这一时期的重要作品，现藏于四川省博物院。这件新石器时代的石刻作品，1959 年出土于四川巫山大溪。人面像高 6 厘米、宽 3.6 厘米、厚 1.2 厘米。人面像在一块磨制的椭圆形火山灰岩上雕刻而成：在一片薄薄的石块上，通过正反两面里外减地雕刻的手法，用凸起的粗线条勾勒出人面的轮廓以及眼、鼻、嘴等部位。两面人像外形大体相似，但神情却完全不同：一面的脸形略长，表情显得十分惊恐；另一面的表情则显示出从容不迫的样子。何以形成这样独特的双面人像，它所蕴含的意义何在，尚未有令人信服的解释。或者，它是一个祭祀者的双面内心及表情的描绘。

［文献］　何介钧《试论大溪文化》，王幼平《石器研究：旧石器时代考古方法初探》，王子云《中国雕塑艺术史》，刘兴珍等《中国古代雕塑图典》。

约 5 000 年前　新石器时代

［提示］　辽宁后洼遗址小型石雕，良渚文化玉器。

［叙录］　新石器时代中晚期，辽宁东沟县后洼遗址小型石雕值得我们注意。1989 年许玉林等人首次披露了在辽宁省东沟县后洼遗址中曾出土一批小型的距今 5 000 年左右的石刻艺术品，石雕中尺寸最大的仅 6 厘米高，最小的甫及 1 厘米左右。石雕作品以动物雕塑（如猪、虎、鱼、鹰、鸟、蝉等）为主，也有少量的人像作品。考古学者推断这批细小的石雕用途，很可能是当时人们随身携带的吉祥物，也可能是

图1 石雕人首 新石器时代(河北磁山文化) 河北邯郸市博物馆藏

一些氏族崇拜的图腾。我认为也不排除是孩童的玩偶或配饰之属。

差不多在同时或略后的浙江(浙江余杭县反山12号墓)、江苏地区(如江苏武进县寺墩3号墓)的良渚文化遗址中,也发现了规模可观的由玉石制作的礼仪祭祀之物,如祭天的苍璧,礼地的黄琮、兵器戚钺以及代表权力的杖首等。良渚文化玉器上面,常常雕刻着精致兽面或抽象的神秘花纹。这些玉器加工可能采用的是一种被后世称之砣工的工具(以旋转的木轮加上解玉沙磨制),从某种意义来看,这是人类最早使用的具有机械文明特色的玉石加工工具。

［文献］ 赵超《石刻史话》、杨伯达《杨伯达说玉器》,许玉林等《辽宁东沟县后洼遗址发掘概要》(《文物》1989年第12期)。

图 2　双面石雕人面像　新石器时代(大溪文化)　四川省博物院藏

约 4 000 年前　新石器时代晚期

［提示］　湖北石家河六合玉雕人头像、内蒙古三星他拉玉龙、甘肃鸳鸯池石雕人面像、江苏将军崖石刻星图。

［叙录］　新石器时代晚期的代表文化，有山东龙山文化、甘肃齐家文化和马家窑文化、湖北石家河文化、浙江良渚文化、内蒙古辽宁红山文化等。此时，人们已经掌握相当成熟的多种雕凿磨制石器、玉器、骨器的技术，并在人像和人体雕塑等方面获得了长足进步。其中具有雕塑意义的石刻艺术(包括玉器)较著名者有：1981 年湖北钟祥六合出土的湖北石家河文化六合玉雕人头像，现藏于荆州博物馆，高 3.7 厘米，头像随物造型，在玉料外形基础上雕凿出头部及五官，刀法简洁有力，结构清楚，打磨细腻，极有装饰意趣。

1971 年内蒙古翁牛特旗三星他拉村出土了一件被称为三星他拉玉龙的文物，属红山文化遗物，现藏于内蒙古自治区博物馆。玉龙高 26 厘米。龙体曲如弓弦，劲健有力，龙的口目颌须均用细线阴刻，引人注目的则是龙颈浮雕的向后飞扬的长鬃，与弓形龙身的运动方向相反，形成一种强大的张力。龙体磨光，中穿小孔。造型古朴大气，充满想象力。

1973 年出土于甘肃永昌的马厂类型遗物鸳鸯池石雕人面像(图 3)，长 3.8 厘米、宽 2.5 厘米，现藏于甘肃省博物馆。这件石刻所采用的材料是比较少见的白云石。值得注意的是古代工匠别出心裁地采用镶嵌技法，用黑白胶质物贴嵌白色骨珠而形成人面的口、鼻及双目。

1980 年，在江苏连云港市将军崖岩画中，发现一组距今约 4 000 年的将军崖石刻星图，这是目前我国发现的最早的星图。其中最长的一条星图高 6 米多，自上而下地刻在崖坡上，乍一望去，真如星河坠落一般壮观。在星图中，可以看见月亮、太阳和北斗

图3 石雕镶嵌人面像 新石器时代(马家窑文化马厂类型) 甘肃省博物馆藏

星座。特别是那三个排成三角形的太阳，有学者认为，这样的排列，可能与古代用土圭观测日影来确定冬至、夏至的天象记录行为相关。

［文献］ 荆州博物馆《石家河文化玉器》，连云港市重点文物保护研究所《石上墨韵——连云港石刻拓片精选》，赵超《石刻史话》，杨伯达《杨伯达说玉器》，刘兴珍等《中国古代雕塑图典》。

公元前13世纪　商代后期

［提示］ 河南妇好墓戴冠跪坐石人像，司辛石牛，双身玉人像，妇好玉像，侯家庄虎首人身虎爪石像，侯家庄石鸮，侯家庄对尾双伏石兽，侯家庄石簋，福建仙字潭摩崖石刻，江西广昌古源石刻，朝鲜锦山摩崖。

［叙录］ 商代后期建都于殷(今河南安阳)。由于冶炼技术的不断成熟，致使雕刻工具得到空前的发展，石雕技艺亦随之发生巨大变化，迎来了石刻艺术的一个小高峰。1976年河南安阳出土的白石妇好墓戴冠跪坐石人像(图4)，给人印象深刻，现藏于中国历史博物馆。这件石人像高9.5厘米，双手抚膝跪坐，脸颊尖长，额颧高凸，嘴唇肥厚，一望即知是蒙古人种。发辫后梳盘头，以圆箍束发。人像裸身赤足，仅腹部悬垂“蔽膝”。神态谦卑，极具写实功底。另一件同墓出土的司辛石牛(图5)，现藏于中国历史博物馆。考虑到妇好的庙号名“辛”，这件石牛应该是妇好所崇奉的神物。学界认为，妇好是商王武丁的配偶，庙号“辛”，可能死于武丁晚期。妇好下葬的年代约在公元前13世纪末期至公元前12世纪前期。此墓为20世纪20年代殷墟考古发掘以来，唯一一座未被盗掘的殷代王室墓。墓中随葬器物近2 000件，数量和品种之多均是空前的。

妇好墓还有几件石刻作品值得一提，如双身玉人像，高12.5厘米、厚0.9厘米，为青玉双面雕，人像为立像，现藏中国历史博物馆。奇妙之处在于：一面男像一面女像，男像双手置胯间，女像双手按于小腹。角状发髻，凸目扇耳，宽眉耸肩，屈膝向内。根据现存人像足下之短榫来看，这件人像应该是插嵌配件。还有一对妇好玉像，也藏于中国历史博物馆中。两件玉像颜色各异：深褐色者略大，长6.5厘米、高3.3厘米；黄褐色者略小，长6厘米、高3厘米。皆长鼻大耳，肢粗体圆，遍饰云纹和节状纹，造型淳朴可爱。

差不多同时期的石刻作品，还有20世纪30年代出土于安阳的圆雕侯家庄虎首人身虎爪石像，现藏于中国台湾“中央研究院”历史语言研究所。这件石像尺寸较大，高36.2厘米、宽20.4厘米，石质为白色黄斑大理石。猛虎昂首利齿，而身躯则呈扶膝跪坐姿态，满饰夔龙图案。造型夸张而拟人化，应该是用以驱鬼辟邪的神灵。其背部有上下连通的条状凹槽，可能是建筑装饰雕刻配件。同地出土的白色大理石鸮鸟，也藏于中国台湾“中央研究院”历史语言研究所之中。其体量在当时也算是较大的石刻艺术了，高33.6厘米、宽24.8厘米。带冠角，头背雕饰鳞纹，腹爪部分则雕饰兽面图案。其表现手法与同时期的青铜器颇有相通之处，风格沉稳凝重。另一件白色大理石对尾双伏石兽，仍藏于中国台湾“中央研究院”历史语言研究所。从形制上来看，应该是此际最为硕大者：长84.7厘米、宽41.2厘米、厚12.7厘米。双兽背向卧伏，通饰夔龙纹样。整体呈扁平状，但其扁平的躯体并没有削弱整体的立体效果，反而增添了几分雄壮之气。石雕底部有两条凹槽，当为建筑石刻辅件。

有一件特别值得一提的石刻：在侯家庄的发掘中，出土过一件残石簋(古代的一种餐具)，在簋的耳部刻有细小的文字，这是迄今可以确认的现存最早的石刻文字，其意义重大，距今大约3 200年。之后，要等数百年，我们才能再次看到文字石刻作品。

商代石刻艺术，除上述的考古成果之外，还有一些未经严格考古确认的商代石刻遗迹。如认为是商末周初距今约3 000年的仙字潭摩崖石刻即是。仙字潭位于福建漳州九龙江流域的华安县沙建乡苦田村附近，此地两山夹峙，在潭北岸距水面1米以上、

图 4　石跪人　商代后期　中国历史博物馆藏

东西 20 米左右的石壁范围内，自东向西分布着大片摩崖石刻。所刻似画非画，似字非字，似神仙所为，因而此潭以“仙字潭”相称。仙字潭摩崖石刻早在唐代就有人发现，在明人何乔远所著《闽书》中，曾提及唐人张读《宣室志》中有关仙字潭石刻的记载，其拓本还得到了唐大文学家韩愈的重视，并对其文字进行了释读。仙字潭摩崖石刻大字半米见方，小字仅 10 厘米左右，奇形怪状。或认为是“古篆”，或认为是“籀文”，或认为是“爨文”“苗文”“越文”或“畲文”者，还有认为是“图腾图语”或“图像文字”者。论者持论各异，但大多同意仙字潭摩崖刻石其产生的时代约在商末周初，距今约 3 000 年左右。此地岩石硬度在摩氏 5 至 6 度间，如果没有锐利的金属工具是无法镌刻的，《仙字潭摩崖石刻》应是青铜时代的石刻作品。在仙字潭摩崖对岸的龟山上，近年也发现了商周时期的印纹硬陶和留有金属痕迹的砺石，因此摩崖石刻为商末周初少数民族的原始象形文字的可能性较大。

1993 年初，在江西广昌县赤水镇古源村，发现一处面积达 400 平方米的摩崖石刻：广昌古源石刻“天书”。这些古文字符号雕刻在古源村后龙山乌黑坚硬的岩石上，符号有勾、勒、纵、横，雕刻漕沟粗而深入。经江西省博物馆馆长彭适凡教授等专家勘查鉴定，认为此古文字符号堪称一部石刻“天书”，对于揭示我国的古文字演变具有较大的文化价值。

其他如朝鲜庆尚道的锦山摩崖，有人认为是商箕子所书，朝鲜人则相传为《秦徐寿题名》。清人赵之谦认为其说均不可信，其刻石荒怪不类文字，疑是石裂之纹。清叶昌炽认为：“箕子就封之文，出于罗丽，半由附会，于古无征。”因此锦山摩崖现大多认为是后人伪作。

［文献］　明何乔远《闽书》卷二九，清赵之谦《补环宇访碑录》，清叶昌炽《语石》卷一，黄仲琴《汰溪古文》，梁思永等《中国考古报告集：侯家庄》，金其祯《中国碑文化》，赵超《石刻史话》。

公元前 976 年—前 922 年　周穆王时代

［提示］　甘肃白草坡玉人像，河北坛山刻石，传说旃檀佛像进入中国。

［叙录］　1967 年和 1972 年，在甘肃灵台白草坡先后出土了两件玉人像，学界称为白草坡玉人像，现藏甘肃省博物馆：一件为白玉雕像，高 17.6 厘米，裸身直立男子，发髻呈旋转之形，头顶有兽首装饰，双耳带孔，双手作捧腹之状，双足并拢向前如铲，可能原为插嵌饰件。玉像头大身细，而膝关节显得宽大突出，与头部相呼应。另一件较小，仅高 7.9 厘米。黄玉质地，人像站立状，高冠宽额巨目。似穿袍服，没有雕刻出四肢形状。身有四条纹道交错，形似捆绑。其胸前钻有一小孔，显示原为佩饰之用。两件玉像产生的时代约在西周早期，很有可能是公元前

图5 司辛石牛 商代后期 中国历史博物馆藏

10 世纪穆王时代的作品。

传说为周穆王时代的石刻艺术遗迹尚有以下数处：一是坛山刻石，其石原在河北赞皇县坛山之上，上刻篆书“吉日癸巳”四字，笔力十分遒劲，传为周穆王时所刻。北宋仁宗皇祐五年(1053)，刘庄令石工凿取其字，珍藏于州衙，后移入私宅。今赞皇县孔庙中尚存有南宋重刻本。学者认为其书法风格近似唐代的李阳冰，是否即出于李之手亦未可知。宋金石学家赵明诚评此石说：“案穆王时所用皆古文、蝌蚪书，此字笔画反类小篆。又《穆天子传》、《史记》诸书皆不载，以此疑其非是。”显然，此石刻并非穆王时所刻，而系后人伪刻。弇山刻石也被传为穆王时代石刻。南朝梁刘勰在《文心雕龙》中便提及这件著名的石刻：“周穆纪迹于弇山之石，秦始刻铭于峄山之巅，此碑之所始也。”弇山在现在的甘肃省，又名崦嵫山。据战国古书《穆天子传》载：“天子遂驱，升于弇山，乃纪丌迹于弇山之石，而树之槐，眉曰：西王母之山。”同样的记载见于《山海经》(西山经)中。但是这件频频见诸文献的神奇刻石，既无原石留存，也无拓本传世，因此是否是穆王时所刻，成了一桩悬案。

还有一件无法证明的造像传说，亦与周穆王相关：周穆王八年(公元前 994 年)，旃檀佛像进入中国。金申谈及此事时说：佛经和史传云释迦上天宫中为母说法三月不归，优填王思念成疾，于是派神通工匠上天以牛头旃檀木摹刻了释迦的等身真容而返。附会此典故的佛像在印度和西域、中原及江南地区广为流传。元代程矩夫有《旃檀佛像记》，历数此像从周穆王八年从西土至龟兹、凉州、长安、江南(扬州长乐寺、金陵长干寺)、中原(宋东京开宝寺永安院、启圣禅院)，最后抵燕京(北京宏仁寺)等，凡 2 307 年之经历，多依《集神州三宝感通录》、《佛祖统纪》、《佛祖通载》等编纂而成，史实颇费考证。

[文献] 战国《穆天子传》，《山海经》卷二，梁刘勰《文心雕龙》(诔碑)，宋赵明诚《金石录》卷一三，吴

时茂《锦绣赞皇》，金其祯《中国碑文化》，金申《佛教美术丛考》。

公元前8世纪　春秋

［提示］　河北滦平营坊村兽首石人像。

［叙录］　周王室定都洛阳之后，各诸侯国则沿黄河下游及长江以北各地纷纷建立自己的领地。西周及春秋时代的雕刻艺术，相比于商代晚期而言，总的来说出现了停滞的倾向，且流传下来的石刻艺术极为稀少，考古方面也无重大收获。由于当时的青铜器雕铸技术已达圆熟状态，或许工匠们的注意力已全部转移至青铜器上面，因而忽略了石刻艺术的制作。

1979年，在河北滦平营坊村出土了一件石灰岩质地的营坊村兽首石人像，属夏家店上层文化，通高9厘米，现藏于河北滦平县文物保护管理所。内蒙古的夏家店上层文化于1960年发现，其时代约在公元前8世纪至公元前3世纪之青铜文化时期。这件人像头部造型颇为奇特，和现在的鳄鱼或巨蜥十分相似，阔嘴张鼻，鼓目立发，人形裸蹲，两膝分开而两足并拢，双手托腮，双肘支膝。背刻脊沟，腹刻斜纹。从其诡异的造型来看，这件石雕当为原始巫祝所用神物。

［文献］　赵超《石刻史话》，刘兴珍等《中国古代雕塑图典》，赵志厚《河北省滦平县营坊村出土兽面石人》(《文物》1985年第2期)，李零《入山与出塞》。

公元前607年　晋灵公十四年

［提示］　晋灵公卒，其冢室甚宏丽，四角以石为攫兽。

［叙录］　据《左传》和后来南朝葛洪所著之《西京杂记》所载，鲁宣公二年(晋灵公十四年)，晋灵公卒，其冢室甚宏丽，四角以石为攫兽。晋灵公是晋襄公之子，姓姬名夷皋。其即位时(公元前620年)年虽尚幼，却甚好声色。及长，宠任屠岸贾，甚为无道。灵公十四年，赵穿率200名甲士攻灵公于桃园，晋灵公死于赵氏刀剑之下。《西京杂记》记载，早在春秋战国之时，即有贵族于墓内雕置男女侍卫及使女石像者。并说晋灵公冢室甚宏丽，四角以石为攫兽，并雕男女石人40余，皆侍立捧烛。又说，哀王冢内置石床，左右各有石妇人20，悉皆侍立，或作执巾栉之像，或作捧盘盂之形。王子云认为，这些虽属文字记述，必当有其事实根据。而这种风习，两汉和隋、唐各代也必有所因袭。果如此，则中国古代的雕塑史尚有待于未来的地下发掘作出大量的补充。

［文献］　《左传》(鲁宣公二年)，南朝葛洪《西京杂记》，王子云《中国雕塑艺术史》。

公元前551年—前479年　孔子时代

［提示］　孔子论玉，孔子辨识古物“羵羊”，陈愍公问孔子石砮，西狩获麟，河南传说孔子书比干墓碑题字，江苏丹阳市延陵镇季札墓碑。

［叙录］　孔子(公元前551年—前479年)所代表的儒家思想文化，对后世的石刻艺术影响深远，从石刻艺术的内容到形式，无处不见儒家的影子。别的不说，单单是曲阜孔庙所保存下来的数量庞大的石刻艺术，就足以让人叹为观止了。从现存的文献来看，孔子本人并没有直接谈论石刻艺术。但是孔子却谈论过玉——在孔子那个时代，玉石是没有严格区分的——因此，谈玉也相当于谈石。在《礼记·聘礼》中便有这样一段记录：“子贡问于孔子曰：敢问君子贵玉而贱碈者，何也？为玉之寡而碈之多与？孔子曰：非为碈之多，故贱之也，玉之寡，故贵之也。夫昔者，君子比德于玉焉，温润而泽，仁也；缜密以栗，知也；廉而不刿，义也；垂之如队，礼也；叩之，其声清越以长，其终诎然，乐也；瑕不揜瑜，瑜不揜瑕，忠也；孚尹旁达，信也；气如白虹，天也；精神见于山川，地也；圭璋特达，德也；天下莫不贵者，道也。诗云：言念君子，温其如玉。故君子贵之也。”孔子此论

一出，自此以后，中国的玉文化的道德与哲学基调，便再没有越雷池半步了。

有几件事情，可能表明孔子与石刻艺术有些关联：公元前505年，也就是周敬王十五年(鲁定公五年)，孔子辨识古物“羵羊”。据文献记载：季桓子在这一年，偶然从井中挖出了一只土罐子，罐子里面居然有一只羊。季桓子觉得十分奇怪，便派人询问于博学的孔子。孔子看了后说，木石中的怪物叫夔、蝄蜽，水中怪物叫龙、罔象，土中的怪物叫羵羊。孔子在此明确提及了木与石。在另一处记载中，还提到孔子识大骨的事，那大骨极有可能就是远古生物(如恐龙)化石。什么是羵羊？有学者认为羵羊即古人所说的聚肉、视肉或肉芝，实即马勃一类的菌类。季桓子穿井之地，就在季孙氏的封地，即今山东费县上冶镇古城村，在其地，现在还保留着季桓子井的遗迹。古井早已枯干淤没，但还有两通石碑诉说着旧事：一为乾隆年间费县知县骆大俊所立“季桓子井”四字石碑；一为嘉庆年间督粮道孙星衍、费县知县郭志青合立之“季桓子得羵羊之井”八字石碑。

而于公元前491年(陈愍公十一年)发生的陈愍公问孔子石砮事件，则首次将孔子与石刻艺术联系在一起：一只中箭的老鹰坠落于陈侯的院子里。陈愍公不解，便派人向孔子请教。孔子查看了箭头，判断是北方肃慎氏之箭。肃慎氏善造箭，在武王伐商时，肃慎氏就曾向周武王进献楛矢和石砮，武王十分喜欢，还特地让人刻铭于箭“肃慎国进贡之箭”，作为礼物送给长女，武王长女将箭随嫁至陈国的虞胡公。孔子的识见和记忆真是惊人，陈愍公果然在旧府里看到了相同的箭。石砮与人类早期的掷石狩猎的传统相关联，从广义的角度而言，也属于石刻艺术雏形之一种。蒋伯潜则认为这则故事不可信：“肃慎去陈绝远，隼既贯楛矢，似不能飞至陈死。此与羵羊及防风氏骨之对，同为流俗艳称孔子博物之故。”

公元前481年，就是周敬王三十九年(鲁哀公十四年)，这年春发生的西狩获麟一直为人们所乐道：叔孙氏的驭者钮商猎获了一只神奇的兽，大家都不认识是一只什么兽。叔孙氏心中有些害怕不吉利，便将此兽赐给了管理山林之人。此事传到了孔子耳中，孔子前往观之，一眼就认出了，那兽是一只名叫麒麟的仁兽。麒麟为中国古代四大祥瑞之一，加上孔子的故事，又与后来来自西域的猛兽狮子相结合，从此成为此后数千年间风行不竭的重要石刻题材。

在河南省汲县，有一块四字隶书墓碑，传说是孔子书比干墓碑题字，明人赵崡曾著录。但大多数人认为此石并非孔子所书，而是后人伪刻，一个十分明显的破绽在于：隶书在秦汉始有，孔子的时代何来隶书？宋代词人兼书家秦观认为，此刻石题字当出自唐人手笔。清代石刻学者叶昌炽亦持否定态度。

延陵镇季札墓碑，又称十字碑，也与孔子相关。碑现在仍在江苏省丹阳市南门外延陵镇季子庙中。季札深得孔子推崇，现在有学者甚至提出北孔南季的说法。他是吴王寿梦的第四个儿子。寿梦传位于长子诸樊，诸樊欲以兄弟传国，后季札不受位，把王权让给了余昧的儿子僚。季札封地延陵，故称延陵季子。后人为纪念这位高洁之士而立庙奉祀，据记载一共建了三座庙，现唯存南庙，庙后有季子墓。这块墓碑立于南庙前，篆刻“呜呼有吴延陵君子之墓”十个径尺大字，故又称《十字碑》。碑原石久失，后来屡有翻刻之作。唐代玄宗曾命大书家殷仲容重摹。大历十四年(779)润州刺史萧定摹刻上石，吴郡大理司直张从申为之跋，可惜这块碑后来也已毁失。现在所能看见的圆首碑是明正德六年(1511)六月重刻的，碑高245厘米、宽107厘米；此碑书法相传为孔子所书，显系附会之说，有学者指出，原碑只有“呜呼有吴君子”六字为古篆，而“延陵之墓”四字为方篆，可能是汉人篡入者。此刻最早为宋人董逌所著录。清人王澍在此跋此碑时说：“此十字必非孔子作，然篆法敦古，即非孔子，亦不是汉以后人书。”

［文献］ 春秋鲁左丘明《春秋左氏传》(哀公十

四年)，战国公羊高《春秋公羊经传》(哀公十四年)，汉司马迁《史记》卷四七，汉刘向《说苑》卷一八，《礼记》(聘礼)，三国吴韦昭注《国语》(鲁语下)，宋董逌《广川书跋》卷三，赵崡《石墨镌华》卷一，清王澍《虚舟题跋》，蒋伯潜《诸子通考》，徐敏《季札：孔子推崇的圣人》。

公元前5世纪 战国

［提示］ 河北平山县中山国河光刻石，河北雕龙六博石棋盘，山东邹县峄山古刻。

［叙录］ 石刻艺术在经历了差不多数百年沉寂之后，到了战国，终于再次绽放光芒。中山国河光刻石是其中极为重要的一件石刻，又名守丘刻石或公乘得守丘刻石，这件刻石发现于民国初年，地点在河北省平山县中山国墓地，以天然河卵石刻成。刻石原在河北平山县三汲村田野，后被村人运到家中，当成了凳子使用。20世纪70年代，河北省文物考古队发现后移至发掘队。经专家考证，刻石为周朝中山国(公元前8世纪—前296年)遗物，为中山国工监管鱼池和守陵者所竖。内容是中山国监管王室园林渔猎者和守卫陵墓者，向后人提示，表明这里自那时便已是陵墓区域，请行人注意。显然，这件刻石也有兼作界石的作用。刻石通高90厘米、宽50厘米、厚40厘米，上刻古篆两行，每字寸余，计有20字(一说为19字)。其文为："监罾尤亡(囿)臣公乘得守丘丌(其)臼(旧)牺(将)曼敢谒后东(仿)贤者"，书法风格近于东周铜器铭文。中山国地处北方，其文化既有中原之气，又有北狄之风。河光刻石的刻写风神，即兼有北方之古朴和中原之平静，结体宽厚，自有章法。虽刻于石，却有青铜铭文的韵味。这件刻石，应该是继商代晚期那件残石簋之后，被考古界所认可的第二件早期文字石刻。

1974年在河北平山中山王陪葬墓出土了一件战国中晚期的石刻雕龙六博石棋盘，现藏于河北省文物研究所。棋盘长44.9厘米、宽40.1厘米。这件石刻的工艺在之前没有出现过：它是由两块黄褐色石板拼合而成的。上面雕刻的是一种称为"六博"的古代博戏图：共十二棋，六白六黑，两人分执黑白棋对博。石刻棋盘表面镶以涡纹边饰，并浅浮雕龙、虎和兽面图案。虎居四角，兽面居中。龙形变化多样，或一首双身，或相互纠缠。布局华丽而规整，复杂而有序。

20世纪50年代，刘子衡等人在山东邹县峄山盘龙洞内发现《峄山古刻》，石上刻有三行十分古奥的文字，共计22个字。这三行字为何时所刻，刘子衡、王献唐等认为是战国刻石。经过近年来学者的认真考证，认为此刻石没有古刻气息，也没有证据表明系先秦刻石。

［文献］ 王献唐《双行精舍书跋辑存》，金其祯《中国碑文化》，赵超《石刻史话》，刘兴珍等《中国古代雕塑图典》，刘子衡《峄山古刻》(《文物》1957年第9期)，河北省文物管理处编《河北省平山县战国中山王墓出土文物展览简介》。

公元前456年 周贞定王十三年

［提示］ 湖南《岣嵝碑》。

［叙录］ 有一块来历不是十分清晰的石碑名叫《岣嵝碑》，被认为是此时所刻。此碑又称《祝融峰铭》，因为最初系于湖南衡山祝融峰(衡山古名岣嵝山)而得其名。《岣嵝碑》来历神秘，民间甚至流传其是雷击时从天上落下来的，也叫霹雳石。石上刻有77个神秘字符，不同于甲金文，也不像蝌蚪文。后世有附会为大禹治水登衡山岣嵝峰而刻下的纪事碑文，故又称之为"禹碑"、"夏碑"、"神禹碑"、"禹王碑"等。关于《岣嵝碑》的记载，最早见于唐人韩愈的《岣嵝山》(载《全唐诗》)诗："岣嵝山尖神禹碑，字青石赤形模奇。蝌蚪拳身薤倒披，鸾飘凤泊拏虎螭。事严迹秘鬼莫窥，道人独上偶见之。我来咨嗟涕涟洏，千搜万索何处有，森森绿树猿猱悲。"从诗中得知，韩愈并未亲见岣嵝碑，而是从一个道士口中听说的。另

一位唐代诗人刘禹锡虽然也没有看到石碑，也写下了《送李策秀才还湖南，因寄幕中亲故兼简衡州吕八郎中》诗，诗中对《岣嵝碑》赞美有加："尝闻祝融峰，上有神禹铭，古石琅玕姿，秘文螭虎形。"南宋嘉定五年(1212 年)，四川人何致竟在衡山找到了《岣嵝碑》，并"手摹其字以传"，又将所临摹之碑文拓刻于岳麓书院中。慕名者纷纷前来拓制，拓本广传，长沙、昆明、成都等 20 余地，都出现摹刻的《岣嵝碑》。

明嘉靖十一年(1532)，四川学者杨慎得到了一本《岣嵝碑》的拓本，并写下《禹碑歌》，诗序中说："碧泉张子得墨本(《岣嵝碑》)于楚，持以贶予，予抚卷而叹曰：嗟乎！韩公所谓事严迹秘者信夫？不然何三千余年而完整无泐如此，何昔之晦，何今之显？晦者何？或翳之；显者何？或启之。天寿珍物神饫，吾嗜不必以生世太晚为恨也。"杨慎认为此碑为夏禹治水遗迹。清代大学者朱彝尊也曾在著述中对此碑进行过讨论。杨慎的推论并未获得共识，顾炎武即认为此碑为后人伪造无疑。清代石刻学者王昶在《金石萃编》中指出："此碑自南宋始出，故欧(阳修)、赵(明诚)皆不录，后来考据家如杨慎、杨时乔、安如山、郎瑛诸人深信不疑，余皆斥为伪物，今亦究无确证。"叶昌炽则认为"《祝融峰铭》实道家之秘文"，叶氏观点得到了鲁迅的认同。近年来浙江学者曹锦炎认为《岣嵝碑》可能是越国刻石，具体年代为继承王位的朱勾于公元前 456 年所刻，内容为祭祀南岳衡山之祀辞。

［文献］ 宋陈田夫《南岳总胜集》，明杨慎《升庵文集》卷二四，《全唐诗》卷三三八，清王昶《金石萃编》卷二，鲁迅《门外文谈》，李聪明《岣嵝碑的书法艺术》，金其祯《中国碑文化》，曹锦炎《鸟虫书通考》。

公元前 444 年　周贞定王二十五年

［提示］ 传说鲁班刻《九州岛之图》。

［叙录］ 这一年，中国历史上第一个平民工匠鲁班离世。鲁班姓公输名般，般通班，鲁国人。鲁班大约生于周敬王十三年(公元前 507 年)，卒于周贞定王二十五年(公元前 444 年)，其生活的时代正处于春秋末到战国初年。鲁班出身工匠世家，也是中国早期屈指可数的几位大发明家之一。事迹见诸明黄一正、明罗颀及魏晋谯周撰清章宗源所辑之典籍中，一些木石加工工具及器械如曲尺(矩或鲁班尺)、墨斗、刨子、钻子、凿子、铲子等相传均为鲁班所发明。据《述异记》记载，公输般曾雕刻完成了中国历史上最早的石刻地图(其实连云港石刻星图应该才是最早的)，地点在河南洛阳石宝山岩上，名为《九州岛之图》，据说地图在南北朝时仍可看见，现在早已没有踪影了，因而也无从得知其真假。通常而言，后人伪作的可能性更大一些。

［文献］ 南朝任昉《述异记》，明黄一正辑《事物绀珠》，明罗颀《物原》，晋谯周撰清章宗源辑《古史考》，金其祯《中国碑文化》。

公元前 374 年　秦献公十一年

［提示］ 中国第一古物《石鼓文》。

［叙录］ 在春秋战国的石刻艺术中，最著名者莫过于《石鼓文》了。《石鼓文》的出现、消失和幸存，充满戏剧色彩，其命运和自唐代以来的中国社会变迁相始终，令人扼腕。清叶昌炽称其"非李斯以下所能作，自是成周古刻，海内石刻，当奉此为鼻祖"。它是中国现存时代最早规模最大的文字刻石，被世人称之为"刻石之祖"。以其文字刻鼓形石上而获石鼓文之名。全套共由 10 只青黑色花岗岩石鼓组成，四围浑圆，中间略侈，底平顶溜。十鼓高度不等，直径约在 60 厘米左右。十鼓上各以籀文(大篆)环刻十首四言韵文，每首十八九句不等，每鼓约刻 70 字，十鼓总计刻字在 650 至 700 字之间。十鼓文字到唐时已损毁严重，到了宋代，据欧阳修所见，十鼓仅存 465 字。时至今日十鼓磨损更甚，其中一鼓字迹已全部不存，另九鼓所存字迹仅 270 多字。

《石鼓文》出土于在唐代初年的陕西雍县(陈仓

县，今陕西凤翔县）南 10 公里处的三畤原。唐人多有著录，如张怀瓘记载说：《石鼓文》盖叙（周）宣王畋猎之所作，在陈仓县。并赞其书法“体象卓然，殊今异古。落落珠玉，飘飘缨组。仓颉之嗣，小篆之祖。以名称书，遗迹石鼓”，“石鼓”之名即此始，别称为《陈仓十碣》、《陈仓刻石》。又由于人们认为所刻十诗系记述秦君游猎之事，唐人窦臮称之为《猎碣》。唐宪宗元和年间（806—820），名相李吉甫对石鼓之事进行过较为翔实的记录。《石鼓文》发现之后并未引起人们高度重视，多年“散弃于野”。后来由于虞世南、褚遂良、欧阳询等大书家以及大诗人杜甫、韩愈、韦应物等竞相吟作激赏，《石鼓文》始显于世，韩愈视《石鼓文》为“至宝”，曾欲“荐诸太庙”（见《全唐诗》）。元和十五年（820），才由郑庆将十鼓置于凤翔夫子庙中。

根据南宋郑樵等记载，十只石鼓在宋金时多次遭逢厄运。宋仁宗亲政期间，耀州知府司马池知凤翔府时，在民间搜求散失的石鼓，终于找回了九只石鼓，并安置于凤翔府学。皇祐四年（1052）向传师又找到了在唐宪宗时就已遗失的另一只石鼓。虽然找到这只石鼓时，其顶端已被凿成米臼，但十只鼓终于得以再次团聚！大诗人梅尧臣曾为此写下《读永叔集古录》庆贺。大观元年（1107），徽宗将十鼓移入东京（开封）辟雍（太学）中，之后又移入保和殿，徽宗酷爱古物，对石鼓珍若拱璧，竟以黄金填字。可是，徽宗万万没有想到，正是他对石鼓的这份深爱，差不多彻底毁了十鼓。至“靖康之变”（1126 年），石鼓被金兵一同掠往北方。元人虞集在《石鼓序略》对此事作了记录：“金人得汴梁奇玩，悉辇之燕京，不知（石鼓）为何物，但见其以金涂字，必贵物也，亦在北徙之列，置之王宣抚家。”金人将石鼓掠运至燕京（北京）之后，把字上的黄金剔刮下来后就弃之不顾了。后来被埋入王宣抚家园之“泥土草莱”中，这或许是不幸中之一小幸也。

虞集重获《石鼓文》后，置于国子监大成殿门内，“左右壁下各五枚，为砖坛以承之，为疏棂而扃铺之”。此后十鼓就一直在国子监（即北京孔庙）大成殿安置，这一放就是 600 多年。乾隆皇帝对《石鼓文》珍爱倍常，特地命工匠仿制了十只石鼓，并依样摹刻原石鼓上的诗文，安置于国子监中，允人椎拓，以广其传。

抗战前夕，为了保护《石鼓文》免遭侵害，在原故宫博物院院长马衡等爱国志士的保护下，《石鼓文》辗转南迁至四川峨眉山，抗战结束后，石鼓又由峨眉迁运至南京。新中国成立后，十鼓运回北京，现陈列于故宫博物院之归箭亭内。

据唐诗人韦应物的《石鼓歌》所写：“今人濡纸脱其文，既击既扫白黑分”，可知唐代即有石鼓的拓本。现在能看到的拓本，以宁波天一阁所藏北宋拓本为最佳。明代无锡人安国，以毕生心力耗银万两，收藏有宋元时代十种《石鼓文》精拓本，其书斋亦以“十鼓斋”命名。其中尤以“先锋”、“中权”、“后劲”三种宋拓本弥为珍贵。后人以引三种宋拓本相互补校，得 501 字，已大致可窥《石鼓文》全貌。安国的努力，为后来人释读《石鼓文》提供了宝贵基础。安国所藏拓本，目前全部存于日本。郭沫若留日期间见到了“先锋本”照片，并据之写成《石鼓文研究》一书。

《石鼓文》的具体刻制年代，目前学界仍有不同推断。唐人多认为是周文王或周宣王时刻石，宋人有认为是周成王西周时秦人所刻，金人有认为是北朝宇文周时所刻。清武亿认为是汉代所刻；清俞正燮认为是北魏太平真君时所刻。诸说之中，尤以宋人郑樵的西周秦人之论最有影响。郑樵以石鼓文之“蒸”等字多见于秦斤秦权上，据此确定其时代。近代以来对石鼓断代研究基本是在郑樵的基础上进行的，晚清震钧认为石鼓是秦文公东猎时（公元前 736 年）所刻，罗振玉、马叙伦认为刻于秦文公时，马衡认为是秦穆公始霸西戎天子致贺时所刻，郭沫若认为是东周初年之物，刻于秦襄公八年（公元前 770 年）。唐兰从铭刻发展、文学史发展、新语汇应用、字形发展、书法发展等方面进行了深入考证，推定石鼓为秦献公十一年（公元前 374 年）所刻。我们此处姑从唐兰之说。《石鼓文》所刻内容，学者们的意见比较一致：为君王游猎之事。郭沫若甚至还释出了《石鼓文》的文字内容。《石鼓文》的发现，对中国早期历史和文化艺术而言均是一件重大的事件，故康有为称其是“中国第一古物”，“书法家第一法则”。

［文献］ 唐张怀瓘《书断》，唐李吉甫《元和郡县图志》卷二，宋欧阳修《集古录跋尾》卷一，宋董逌《广川书跋》卷二，清彭定求等《全唐诗》卷一九四、卷三四〇，清康有为《广艺舟双楫》卷二，清震钧《石鼓文集注》，郭沫若《石鼓文研究》，唐兰《石鼓年代考》（《故宫博物院院刊》1958年第1期），张彦生《善本碑帖录》。

公元前328年—前311年 周显王四十一年至周赧王四年

［提示］ 战争石刻文献《诅楚文》。

［叙录］ 战国中期秦国刻石《诅楚文》，是此时期较为重要的石刻艺术，其内容是秦王诅咒楚王，祈神克楚收复边地。此石刻产生年代尚无定论，较为通行的看法是：《诅楚文》当为周显王四十一年（公元前328年）至周赧王四年（公元前311年）时秦惠文王所刻。刻石共由三块组成，至宋代始发现。其中一块在仁宗嘉祐年间（1056—1063）发现于陕西凤翔开元寺，称为“巫咸文”，苏轼曾在《凤翔八观》诗中咏吟过此事。全石共326字（其中有34个字完全磨灭），徽宗时归此石于御府中。第二块石刻发现于英宗治平年间（1064—1067），一农人在朝那湫（甘肃平凉）耕地时掘得，称之为“大沈厥湫文”，共刻318字。厥湫即湫渊，甘肃境内的一座水潭，也就是朝那湫。据《史记》（封禅书）记载，秦国在这里祭祀朝那水神。第三块石刻由河南宋城蔡挺所得，后藏于洛阳刘忱手中，称为“亚驼文”，共刻325字，亚驼即滹沱河。可惜后来这三块原石在宋代全部遗失，现在看到的均为后人重新摹写。据郭沫若考证，其一、二两块确系战国秦、楚两国交战时秦国诅咒楚国的檄文刻石，第三块则伪刻，是宋代人仿照巫咸文和大沈厥湫文而伪造。郭沫若之说得到多数学者认可，事实上，宋刻本《绛帖》、《汝帖》也只收了前两石。

《诅楚文》首先追述了前代秦穆公和楚成王之间的世代友好关系。然后笔锋一转，历数楚王熊相所犯下的各种罪状，诅咒他对秦国的侵犯。而且向天神起誓，秦国军民一定会同仇敌忾奋起反击，并会得到神灵的护佑，使秦军克胜楚国。其内容与形式，均与在河南温县、山西侯马等地出土的战国盟书大体相同。其文要在祭祀神灵的活动中大声诵读，仪式结束后，则将文书投入河水之中，或者埋入土中，以求神灵护佑。整个仪式，具有战前动员和激励将士气势的作用。

［文献］ 汉司马迁《史记》卷二八，宋苏轼《苏轼诗集》卷三，郭沫若《石鼓文研究诅楚文考释》，赵超《石刻史话》。

公元前265年 周赧王五十年

［提示］ 公孙龙坚白论，首次将石头与哲学联系在一起。

［叙录］ 赵平原君门客公孙龙是六国时知名辩士。这个满脑子奇思妙想的人，对色彩似乎比较敏感，尤其是对白色甚为偏爱。他的两个重大命题均与白色相关：其一是白马非马论，其二就是坚白论了。公孙龙坚白论，虽然谈的是玄学，但却直接与石头相关：一块既坚且白的石头，在公孙龙看来，人们面对这块白色石头时，并不能同时掌握它的颜色和硬度：人的双目只能见其白，而人的双手也只能拊其坚。在中国文化史上，这是第一次把石头引入哲学思考的领域。公孙龙所讨论的这块白石头，应该就是石刻工匠十分钟爱的白色大理石（汉白玉），这是中国石刻艺术最为重要的载体之一。

公孙龙提出坚白论的具体时间，今天已无从考证，这里姑系于白马非马论前后。根据《公孙龙子》书上所说“龙与孔穿会赵平原君家”的记载，我们可以推知，坚白论是公孙龙在赵平原君家做门客时提出来的。公孙龙于赵惠文王十六年(公元前283年)已经到了赵国，于赵孝成王十年(公元前256年)因受邹衍反驳而失去影响力。因此公孙龙与孔穿的辩论，绝不会晚于孝成王十年。

[文献] 战国公孙龙《公孙龙子》，秦孔鲋等《孔丛子》，杨俊光《公孙龙子蠡测》。

秦汉编

引论

短暂而辉煌的秦朝，虽然目前并没有发现令人震撼的石刻艺术，但从文献记载中我们知道，秦人对石刻艺术并不陌生，他们在建筑陵殿或兴修水利工程时，常常会让能工巧匠雕刻石人石兽（如石牛石犀等），以作辟邪祈祥之用。唐代大诗人杜甫在《石犀行》中写道："君不见秦时蜀太守，刻石立作三犀牛。自古虽有厌胜法，天生江水向东流。蜀人矜夸一千载，泛溢不近张仪楼。今年灌口损户口，此事或恐为神羞。终藉堤防出众力，高拥木石当清秋。先王作法皆正道，鬼怪何得参人谋。嗟尔三犀不经济，缺讹只与长川逝。但见元气常调和，自免洪涛恣凋瘵。安得壮士提天纲，再平水土犀奔茫。"四川成都天府广场工地曾出土了一件先秦巨型石犀，考古学者认为是汉代之物，个人更倾向于是战国晚期或秦朝所作。那头长达 3 米多的红色砂岩石犀，会不会是杜甫所写的这三头石犀之一呢？

如果我们联想到始皇帝那覆压 300 余里、长桥卧波复道行空的阿房宫，不知有多少瑰奇绝伦的石雕纵横其间！西汉政治家陆贾在《新语》中描绘阿房宫时说：始皇骄奢靡丽，好作高台榭、广宫室，则天下豪富制屋宅者，莫不仿之，设房闱、备厩库、缮雕琢刻画之好，博玄黄琦玮之色，以乱制度。此处所谓"缮雕琢刻画之好，博玄黄琦玮之色"，其中之重头戏，必离不开石刻艺术。

秦朝对中国石刻艺术之影响，主要体现在两个方面：一是开帝王生前即兴建大型寿陵之先河。根据《史记》等文献记载来看，秦始皇甫一登基，即在骊山之麓为自己修建寿陵，依山为陵，墓内极尽奢华，以水银为江河百川，以珠玉为三山五岳，墓室之内更有绚丽的天象壁，那一定是一幅幅令人眼花缭乱的天文图。由于其工程太过浩大，以至于到始皇驾崩时陵墓也还没有完工，其子胡亥将此工程继续完善，整个工程前后历时十几年方才竣工。生前建陵与生后建陵之重要区别在于：生前建陵，因值其权势如日中天之际，朝野无不景仰服从，故可倾全国之力而为之，其规模之大，规格之高，均是生后建陵所不能比拟的。自始皇首开此风，后来帝王纷纷效仿，生前即开建雄伟陵墓，并由此而形成风景壮观之中国帝王陵墓石刻艺术。还有一点特别值得注意，据唐人封演《封氏闻见记》所载："秦汉以来，帝王陵前有石麒麟、石辟邪、石象、石马之属，人臣墓前有石羊、石虎、石人、石柱之属，皆以表饰坟垄，如生前之象仪卫耳。"虽然目前考古方面还不能完全证明秦朝陵墓便有如此规模的石像出现，但可以肯定的是：西汉霍去病墓前大型石刻作品的出现，绝非汉武帝的一时心血来潮之想，而是受到秦朝陵墓石刻的影响或启示之作。

秦朝对中国石刻艺术的第二个重大贡献在于书法石刻方面：秦始皇数次东巡封禅，均在泰山等地留下纪念刻石。这些刻石的书法则是中国古代有明确记载的名臣兼大书法家李斯亲自手书，其意义之深，影响之巨，后之来者罕有出其右者。

到了汉代，其石刻成就，在中国古代石刻艺术史上，可以称为第一个真正的高峰，迎来了全方位的石刻艺术繁荣景象。如同郑振铎提出的那样，汉代艺术"第一次具体地呈现出中国古代艺术的伟大传统”。日本学者永田英正在其所著《汉代石刻概说》中认为：中国刻石的兴盛是汉代以后的事情，因此，汉代的石刻是原点，甚至称之为古典也不过分。梁思成在《中国雕塑史》中说：“汉族文化至六朝始受佛教影响。秦汉之世，实为华夏文化将告一大段落之期。上承三代之盛，下启六朝之端，其在历史上盖一极重要之关键也。先秦雕塑遗物，既罕且贵，今日学子之能见者，不过若干铜器及极少数之玉器耳。其在雕塑史上实只为一段绪言。及乎两汉，遗物渐丰。时值天下一统，承平盛世，民有余力以营居室陵墓，日常生活亦渐安适，其遗迹在在皆有，而今日治雕塑史者亦较感其易，不若三代之难考也。”确实，相较之前而言，两汉（尤其是东汉）在石刻艺术方面，留下了大量实物，让后来的研究者有迹可循。

汉代石刻艺术尤其是在陵墓石刻艺术方面（以霍墓纪念性雕塑石刻、各地气象壮观的汉阙以及题材纷繁的汉画像石为代表），所取得的成就令后人瞩目。汉代石刻完全突破之前的石刻大多偏于造型细小的局限，出现众多巍峨而立的大型石刻作品，鲁迅对此赞叹道：唯汉人石刻，气魄深沉雄大！

西汉石刻艺术，虽然传世不多，但因为有了霍去病墓前的那些大型的石刻艺术，西汉的石刻已足以笑傲石刻历史的江湖。雕塑史家王子云评价道：西汉工匠为了纪念霍去病的战功而表现当时匈奴住地祁连山的特定环境，雕出了一些撼人心魄的人和兽。在形象刻画上，不但着重主题的表现，并从写实出发，着重于精神动态和典型形象、性格的描写。在形体结构上，掌握了大的体与面的关系，运用简练概括的手法，表达出不同对象的形象特征。西汉大型石刻，除霍墓石刻之外，在陕西城固还有西汉博望侯张骞墓前的一对石虎，其雕刻年代大约在元鼎年间（公元前 116 年—前 110 年）。

从历史的自然延续规律来看，西汉上接秦朝，秦朝在石刻艺术上的主要贡献之一即于文字石刻的巨大成就。但颇令人费解者在于：从现存的文献和文物来看，西汉却几乎没有留下几件像样的文字石刻。是不是今天的考古发掘力度不够，或者西汉的文字石刻早已失传了呢？看来情形也并非如此。至少，这样的情形早在宋代便已如此。因此，北宋大作家兼金石学家欧阳修在《集古录》中就这样说道：碑文始于东汉，欲求西汉之碑碣，终不可得。而在北宋另一金石大家赵明诚那儿，情形也好不到哪儿去，他穷其一生博收石刻，手中也仅有两三件西汉刻石而已（上谷府卿坟坛、祝其卿坟坛等）。有学者进行过统计，目前所能确认的西汉文字石刻，一共仅有十余件：霍去病墓石刻字两件，群臣上寿刻石，鲁北陛石题字，广陵中殿石题字四件，巴州民杨量买山记，五凤刻石，鹿孝禹刻石，祝其卿坟坛，上谷府卿坟坛，莱子侯刻石和冯孺人葬志。造成西汉刻石稀有的原因，估计与西汉社会重农抑商、独尊儒术的社会气氛相关。

据典籍记载，汉武帝也曾封禅泰山，模仿秦始皇的作为而竖了一块刻石：石高二丈一尺，刻之曰：事天以礼，立身以义，事父以孝，成民以仁。四海之内，莫不为郡县。四夷八蛮，咸来贡职。与天无极，人民蕃息，天禄永得。（《后汉书·祭祀志》引应劭《风俗通》）这件刻石很早就被毁坏了。赵超分析说：从文辞看来，这更像是祷祝而不是颂功。社会上不流行铭颂功德的做法，因此缺乏这种文辞，主要为歌功颂德而制作的纪念性石刻自然没有产生的条件。所以西汉的文字石刻大多局限于实用范围内，成为中国石刻兴起前黎明时的寂静。

东汉石刻留存下来的数量比较众多，主要是墓祠墓室装饰浮雕（画像石）和汉阙建筑石刻。这些石刻作品的内容可谓千姿百态，从人们日常起居、衣食住行、饮酒作乐、生产劳作、杂技百戏到历史故事、神话传说无一不备。翻开东汉石刻艺术，犹如翻开一本卷帙浩大的东汉时代的百科图典。历史学家翦伯赞在《秦汉史》序中如此评价汉画像石：除了古人的遗物以外，再没有一种史料比绘画雕刻更能反映出历史上的社会之具体的形象。同时，在中国历史上，也再没有一个时代能比汉代更好地在石板上刻出当时现实生活的形式和流行的故事。这些石刻画像假如把它们有系统地搜集起来，几乎可以成为一部绣像的汉代史。

在石刻艺术手法上，汉代石雕基本上已完成了各雕刻技法的实践。根据宋人李诫在《营造法式》中的总结，古代石刻通常所使用的技法有八种：(1) 混作(圆雕)；(2) 半混(圆雕仅备三面，另一面贴地)；(3) 剔地起突(高浮雕去地)；(4) 压地隐起(低浮雕去地)；(5) 减地平钑(线刻，稍去地)；(6) 实雕(浮雕，不去地)；(7) 平钑(线刻不去地)；(8) 素平(无花纹)。上述八种技法，在汉代的石刻艺术中，均有卓越的体现。

金维诺在《中国古代佛雕：佛造像样式与风格》中指出：雕塑艺术在汉代已经达到很高的水平。虽然在不同地区还有着不同风格的差异，甚至在表现技巧上还显示着发展不平衡的状况，有些比较细致、写实，有些比较粗犷、朴拙。但是总起来看，当时的一些具有代表性的作品，已经透过概括的朴实的形象，深刻地表现了对象的神情，从而揭示了当时社会生活的某些侧面。即使表现技巧还受着时代发展的一定限制，在对象外部的描摹上某些方面还有意无意地进行简略的处理，但是那种捕捉对象内在因素的敏感和表现力的丰富，已经超越了技术的限制，孕育、形成着中国雕塑艺术的优秀传统。质朴、淳厚、深刻而内在的雄伟风格，一直影响着后代的雕塑艺术。金先生这儿虽然谈的是汉代雕塑门类，但移之于汉代石刻，同样是较为中肯的评价。

东汉石刻艺术对中国石刻艺术的影响，还有一端，那就是在此时，后来几乎占据中国石刻艺术大半江山的佛教造像艺术，已露出神秘的曙光。早期的中国雕塑史研究者梁思成亦已注意到这一现象：佛像虽于明帝时传入中国，然而未即传播，东汉之世，可称其最初潜伏期。至桓帝笃信浮屠；延熹八年，于宫中铸老子及佛像，设华盖之座，奏郊天之乐，亲祀于濯龙宫。此中国佛像之始也。按佛教原非礼拜偶像之教。佛灭度后甚久，尚无礼拜佛像之风。虽有塔庙讲堂等建筑，然塔则以纳舍利子，庙则以安塔。建筑中有画雕佛传及本行图，然其观念非如后之佛像也。明帝梦金人而遣蔡愔等至天竺求经，愔等得佛经及佛画像，并竺法兰及迦叶摩腾二比丘还洛阳。然此非塑像也。明帝以后，至公元后 1 世纪(汉和帝时)犍陀罗古建筑中始见佛像雕刻，是为造像之始，盖深受希腊影响者也。此后三四百年间，犍陀罗佛像传世者甚多。而中国受犍陀罗美术影响尤重也。

佛教艺术史学者温玉成曾著文提出下述理论：东汉人以神仙为原型，结合对佛教的理解，创作了一种被称为仙佛模式的新题材新样式，此种模式一直延续至 3 世纪末叶，才被以犍陀罗模式为主的佛教图像所取代。早期的仙佛模式常常将老子与浮图并祀，如：洛阳市孟津县出土东汉永元五年(93 年)的“老子浮图镜”；山东省沂南画像石墓中室八角擎天石柱南面的“老子入夷狄为浮图像”；江苏省连云港孔望山的摩崖 1 号及 2 号像即老子与浮图像。

江苏省连云港的孔望山并不太高，高约百米。传说孔子曾登此眺望东海，故名孔望山。山南峭崖上，雕刻着 100 多个人物摩崖造像，高者有 1.5 米，小者仅 10 厘米。这批造像的雕刻时代，学界普遍认为系东汉晚期作品。虽然明清时代即有人注意这些摩崖石刻，但并没有在社会上引起人们的广泛关注。直到 20 世纪 80 年代，它才进入人们的公共视野：当时中国历史博物馆研究员史树青前往考察时，首次指出孔望山造像中包含有佛教内容。如其中一人深目高鼻，顶有高肉髻，圆领长衣，显非中土人物。尤其重要者是这个人物右手平举，五指并拢，掌心向外，是典型的佛教施无畏印手势。孔望山摩崖造像中还刻有一位结跏趺坐的佛陀，这种佛教坐姿在纯汉族画像石中绝不可能看见。这批摩崖造像中还有一组“涅槃图”群像，共刻了 50 多个人物。还有一组是佛本生故事“萨缍那王子舍身饲虎”的石刻，画面一个人仰卧，尖顶冠帽赤裸上身，一虎头刻于上方。这两组带故事情节的群像石刻，可能是中国最早的佛传和佛本生石刻艺术作品。这些摩崖石刻，也再一次证明了文献记载的东汉时佛教已流行中原的事实，并从此拉开了中国佛教石刻造像艺术的大幕。

公元前221年　始皇帝二十六年

［提示］　秦始皇统一中国，始建寿陵。

［叙录］　人类一直做着长生不老的梦，知其不可为而为之的一种权且之计或者说变通之计，就是中国人的"事死如生"的做法。人们相信，灵魂是不灭的，一个人生前过着什么样的生活，死后也一定会过着那样的生活。

帝王权倾天下，他们希望死后过着生前的生活的愿望比平民来得更强烈，也更不可思议。秦始皇为了达到长生不老的目的，采取了两个方面的行动：一个充满冒险精神，一个较为切实可行。前者便是派航海家徐福东渡，去寻找缥缈的海上仙山；后者便是大兴土木兴建寿陵。秦始皇渴望长生的想法是如此强烈，以至于刚刚一登上帝位，就在骊山之麓开始寿陵工程。始皇手中拥有广阔的疆域：西涉流沙，南尽北户，东有东海，北过大夏。控御四海的秦始皇，可以想象其未来的地下皇宫规模何其浩大：依山为陵，在墓内以水银为江河百川，以珠玉为三山五岳。寿陵工程直到他驾崩时也还没有完全建成，最后还是始皇的儿子胡亥来完成的。

［文献］　汉司马迁《史记》卷六，翦伯赞《秦汉史》。

公元前220年　始皇帝二十七年

［提示］　秦始皇开始东巡刻石活动。

［叙录］　秦朝石刻艺术上的重大贡献在于书法石刻的成就。秦朝刻石，在形制上与先秦刻石（如石鼓文）相比，已发生了重大变化。尽管这些文字石刻今天我们仍称之为刻石，但无论是其刻石内容还是形式，都与后来的石碑十分接近，因此始皇刻石，人们又称之为碣。这个现象表明，秦朝刻石，应该是中国石碑的一个重要源头。秦始皇一统中国之后，建立了一个空前强大的集权国家。始皇为了巩固泱泱大国，自始皇帝二十七年（公元前220年）开始，多次巡视天下。始皇每到一处，均立石刻铭，以颂扬其盖世丰功。始皇刻石活动，虽然有着明确的政治目的，由于在形制和书法上均迥异于前朝，因而有其独特的文化艺术价值。

［文献］　汉司马迁《史记》卷六，赵超《石刻史话》，金其祯《中国碑文化》。

公元前219年　始皇帝二十八年

［提示］　始皇东巡，《峄山刻石》，《泰山刻石》，《琅邪台刻石》。

［叙录］　《峄山刻石》又称《峄山碑》，刻立于始皇帝二十八年（公元前219年），始皇东巡登山东邹县峄山之时，丞相李斯等为颂秦德而树立。邹县乃鲁国故地孟子故里，是中国的文化高地之一，始皇认为必须在精神上占领，碑文仍为李斯所书小篆。《峄山刻石》是始皇东巡所刻的第一块石刻。司马迁记载说：二十八年，始皇东行郡县，上邹峄山。立石，与诸生议，刻石颂秦德，议封禅望祭山川之事。《峄山刻石》后来在北魏郦道元《水经注》中有著录，显然是郦道元亲眼所见。目前能见到的最早记有此碑原文者是南唐徐铉摹本，宋代淳化四年（993）郑文宝重刻徐氏摹本（《长安本》），摹本前为始皇诏，系四言韵文144字；碑末有二世诏，全文见清人王昶著录：石高八尺八寸，广四尺三寸。两面刻石，一为9行，一为6行，行15字，后刻淳化四年郑跋。唐人封演曾记载，《峄山刻石》原石一直竖于峄山之上，后来被魏太武帝曹操让人推倒了。由于慕名前往摹拓者络绎不绝，使当地"人吏转益劳弊"，就在刻石下面堆上柴草，一把火烧了，从此残缺无法摹写。但是这种暴力行为并没有阻挡人们对于此石刻的狂热情绪，前来索拓片者依然众多，官府不得已便"宰取旧文，勒于石碑之上，只成数片，置之县廨，需则拓取"。自此，"人间有《峄山碑》，皆新刻之碑也"。正如杜甫在《李潮八分小篆歌》中所言："峄山之碑野火焚，枣木传刻肥失真。"

现在所见的《长安本》，在很大程度上还是保存了原刻书法风貌的，因此弥足珍贵。宋人朱文长说："自阳冰之后，篆法中绝，而铉于危难之间，能存其法，虽骨力稍歉，然亦精熟奇绝。"《长安本》摹刻本之《峄山刻石》，现藏于西安碑林中。此外，还有一块以《长安本》摹本而仿刻的元代《峄山刻石》，现藏于山东邹县孟庙启圣殿中，邹县本为宋张文仲元祐八年(1093)覆刻，元至正二十五年(1365)刘之美据张文仲刻本重刻于邹县。

东巡峄山之后，始皇此年又封禅泰山刻石纪功。封禅的本义，如果按照齐鲁儒生博士所说的那种封禅仪式，其目的是尊外物而抑己欲。这样的仪式显然不是始皇所要的，始皇要的是唯我独尊的强权仪式。管仲曾言，封禅之礼出于传说中的无怀氏，后有70余王皆封禅泰山，遂成为易姓而王者告祭天地之盛典。唐人张守节说："易姓而王，致太平，必封泰山，禅梁父，荷天命以为王，使理群生，告太平于天，报群神之功。"封禅的具体做法，张守节也进行了解释：在泰山之上筑土为坛以祭天，报天之功，所以叫做封。又在泰山下小山上除地，报地之功，所以叫做禅。

《泰山刻石》亦称《封泰山碑》、《泰山篆》。此刻石于始皇帝二十八年(公元前219年)，始皇东巡登泰山所刻，由丞相李斯等歌颂秦德而造立。据清人王昶记载，石高四尺五寸，广一尺四寸，字径凡二寸五分，四面刻字，自西而北而东而南，小篆均为李斯书始皇诏，南面则为秦二世元年(公元前209年)诏及从臣姓名。司马迁详载有碑文，宋人欧阳修也有著录。

宋代赵明诚和陈思在书中均记录河间刘跂(字斯立)亲访此石的事：大观二年(1108)春天，刘跂亲至泰山绝顶(刻石原在岳顶玉女池上)，见碑四面有字，乃模以归。文虽残缺，然首尾完具，不可识者无几，于是秦篆字体复传世间。在北宋晚期仍基本可读的《泰山刻石》，到了元代就大部分毁坏了，元代的拓本仅存50字，到了明代又只剩29个字了，残石被移至碧霞元君祠。乾隆五年(1740年)元君祠遇火灾，残石惨毁。嘉庆二十年(1815年)蒋因培在玉女池偶然寻得残石两块，上面还残存10字。至宣统二年(1910)罗正钧建亭保护之时，仅残存9字。现在仅余9字的《泰山刻石》残石，珍藏于泰安岱庙之中。

《泰山刻石》传世拓本以安国藏北宋拓本最为珍贵，上面保存了165字，拓片现藏于日本。上海艺苑真赏社、日本二玄社《书迹名品丛刊》有影印本行世。《泰山刻石》虽然有部分学者(如方苞、欧阳辅泰等)认为人们所见可能并非原石而是翻刻本，但学者大多认为此论没有充分证据。此刻石以李斯所书小篆闻名于世，人称"玉箸篆"，是小篆中的经典作品，在中国书法艺术史上，享有崇高地位。现在有多种影印本行世。

同年，始皇东游海上，作琅邪台立石刻颂秦德。赵超描述道：秦始皇登上泰山，在泰山上立石，刻辞颂功。在铭文中，他要求臣民遵规守法，使天下安定，让秦代代相承，"化及无穷"。这也是秦代刻石中反复宣传的要旨。然后，他继续东行，到了今山东半岛东端的烟台、黄县一带，在芝罘立石。再向南到了琅邪。秦始皇非常喜欢这个地方，在此住了三个月，在琅邪山上修建了多层高台，起名琅邪台，并且立石颂德。这就是琅邪台刻石，它是秦代刻石中铭文最长，可能形制也最宏大的一件。史书上说始皇祠名山大川，祭八神，筑琅邪台，立石刻，颂秦德，明得意。这里所说的八神，应该是东夷土著原始自然神(如日神)崇拜。据郦道元记载，琅邪台共有三层，层高三丈，上级平敞，方二百余步，广五里，刊石立碑，纪秦功德。琅邪台地势得天独厚，三面环海，后人便在台上修建了海神祠，《琅邪台刻石》即在海神祠的西南角。刻石据阮元记载：石高丈五尺，下宽六尺，中宽五尺，上宽三尺，顶宽二尺三寸。南北厚二尺五寸。差不多有五米高，堪称石刻艺术史上的巨制了。据宋代陈思记载，熙宁年间(1068—1077)苏轼任高密太守，曾派安徽庐江人文勋摹拓刻石。其时原石上所刻始皇诏已磨损无存，只剩二世元年(公元前209年)加刻之辞和从臣题名。后西面中裂寸许，泰州人宫樊让人熔铁束之以保护刻石。至光绪年间(1875—1908),铁箍断蚀,《琅邪台刻石》就此碎裂沉于大海波涛之中。民国十三年(1924)山东诸城王景祥觅得碎石,勉强粘合,置于县署,后又移至民众教育馆,新中国成立后又移至山东省博物馆,现藏于中国历史博物馆。现在看到的刻石已无当年的壮观,高仅129厘米、宽67.5厘米、厚37厘米,仅西面13行86字清晰。这块命途多舛的秦朝刻石,虽然残破,但却是人们认为最为可信的一种秦代刻石。清人杨守敬跋此石赞叹说:"嬴秦之迹,唯此巍然,虽磨泐甚,而古厚之气自在,信为无上神品。"琅邪刻石铭文是这样写的:"古之帝者,地不过千里,诸侯各守其封域,或朝或否,相侵暴乱,残伐不止,犹刻金石,以自为纪。古之五帝三王,知教不同,法度不明,假威鬼神,以欺远方,实不称名,故不久长。其身未殁,诸侯倍叛,法令不行。今皇帝并一海内,以为郡县,天下和平。昭明宗庙,体道行德,尊号大成。群臣相与诵皇帝功德,刻于金石,以为表经。"这段铭文不仅表达石刻艺术与政治的紧密关系,同时也表明:刻石纪功的历史,实际上早在先秦时代的诸侯各国,便已开始了,只是留传下来的还没有被我们发现,或者早已残损,埋没于荒芜之中。

[文献] 战国韩非著陈奇猷释《韩非子集释》,汉司马迁《史记》卷六,汉班固《汉书》卷二五,唐孔颖达正义《尚书正义》,宋赵明诚《金石录》卷一三,宋司马光《资治通鉴》卷七,宋朱文长《墨池编》,宋陈思《宝刻丛编》卷一,王昶《金石萃编》卷四,清阮元《山左金石志》卷七,清杨守敬《评碑记》,金其祯《中国碑文化》,刘正成《中国书法鉴赏大辞典》,崇善、周志高编著《秦汉石刻的篆书》,《秦铭刻文字选》,《篆隶》,《中国美术全集》,台湾影印本《泰山琅琊台刻石》。

公元前218年　始皇帝二十九年

[提示] 芝罘刻石。

[叙录] 始皇琅邪台刻石纪功的次年,也就是始皇帝二十九年(公元前218年),始皇再次东巡登芝罘山(山东省烟台市北芝罘半岛)时,于此留下《芝罘刻石》,又称《东观刻石》。丞相李斯写下了四言韵文,亲书小篆刻石。但是奇怪的是,这块刻石并没有在当年竖立,而是差不多十年之后,于秦二世元年(公元前209年)才竖立于芝罘山。到了后来原石亡失,北宋欧阳修也才看见21字。根据赵明诚的记载:秦始皇登芝罘山,一共刻了两碑,两碑到他那时都已磨灭,独二世诏20余字仅存,后人凿石取置郡廨。宋人这次破坏行为所带来的后果是:之后下落不明,芝罘刻石再无踪影。现在我们仅能从宋代《汝帖》中看到部分摹刻残字。

[文献] 汉司马迁《史记》卷六,宋欧阳修《集古录跋尾》卷一,赵明诚《金石录》卷一三,宋王采《汝帖》卷二。

公元前215年　始皇帝三十二年

[提示] 始皇再次东巡求仙刻碣于石门。

[叙录] 秦始皇是年再次东巡,至碣石(河北省昌黎县西北),信方士长生之说,诏卢生等入海寻求传说中的仙人羡门、高誓等,并刻碣于石门。《碣石门刻石》亦称《碣石颂》,李斯小篆。由于原石刻早已不存,《碣石门刻石》是立石还是摩崖,学者们意见尚不统一。梁披云认为是"立"石。马衡则认为:秦刻石中唯碣石一刻、曰刻碣石门,不云立石,疑即摩崖。我们认为,认真体味《史记》(秦始皇本纪)原文之意,觉得马衡"摩崖"一说更为妥切一些。清嘉庆二十一年(1816),福建巡抚王绍兰委嘱钱泳,让他以南唐徐铉奉敕临抚双钩本,将碣石刻石全文重刻,置于镇江焦山碑林中。但笔力不逮,文意也多有与《史记》不相符合者。

《碣石门刻石》早在北宋时期就已完全损毁,所以在当时的金石典籍如《集古录》或《金石录》中就没有任何著录。此种现象形成的原因,可能与黄河改道相关。郦道元《水经注》(河水五)记载说:以汉武帝元光二年(公元前133年),河又徙东郡,更注渤海,是以汉司空掾王璜言曰:碣石在海中,盖沦于海水也。昔燕齐辽旷,分置营州,今城届海滨,海水北侵,城垂沦半。王璜之言,信而有证,碣石入海,非无证矣。郦道元认为,碣石刻石,可能早在汉代就已流落入海中。或许,在某一个神奇的时候,这块刻石又会重出人间,如同《琅邪台刻石》,亦未可知也。

[文献] 汉司马迁《史记》卷六,北魏郦道元《水经注》卷五,宋司马光《资治通鉴》卷七,清梁玉绳《史记志疑》卷五,梁披云主编《中国书法大辞典》,马衡《凡将斋金石丛稿》,赵超《石刻史话》。

公元前211年 始皇帝三十六年

[提示] 东郡陨石石刻。

[叙录] 司马迁《史记》(秦始皇本纪)记录了一则天象:始皇帝三十六年(公元前211年),一颗流星坠落到东郡地区。由于始皇的强权治国受到了百姓的反抗,人们为了表达对始皇的不满,便悄悄在陨石上刻写了七个字:始皇帝死而地分。此事传到秦宫,满朝皆惊,以为这是天降不祥之兆。这可能是有记载的最早用天外陨石来惩戒统治者的例子了,陨石来自天外,但从它偶然坠落大地那一瞬开始,就刻上了人类的痕迹。

[文献] 汉司马迁《史记》卷六,赵超《石刻史话》。

公元前210年 始皇帝三十七年

[提示] 祀舜祭禹刻石,《会稽刻石》。

[叙录] 秦始皇的某些行为在今天看来似乎充满矛盾性:他一边焚书坑儒,一边又严格按照儒家祀典的规矩,去祀舜祭禹刻石。实际上,这种大棒加胡萝卜的政治手腕,对于巩固其统治显然是必需的,表现了始皇灵活务实的治国方略。这年十月始皇出游,左丞相李斯和少子胡亥相从。十一月,行至湖北云梦大泽,始皇望祀虞舜于九嶷山。然后南下会稽,又祭礼了圣人大禹。在会稽山,始皇还刻石竖碑,以歌颂秦德。郦道元记载:秦始皇登会稽山,刻石纪功,尚存山侧。孙畅之《述书》云:丞相李斯所篆也。

《会稽刻石》原石立于绍兴东南的会稽山上,《史记》中可看到刻石全文。东汉袁康在其著述中还记载了《会稽刻石》的形制和大小:始皇帝三十七年东游之会稽,以正月甲戌到大越,留舍都亭。取钱塘浙江岑石,石长丈四尺,南北面广尺六,西面广尺六寸。刻丈六于越东山上,其道九曲,去县二十一里。这表明始皇刻石,均是就地采取附近高大坚硬的优质石料,作为刻石纪功的载体。这儿所谓的岑石,意思是高而坚锐的山石。楚辞刘向《九叹》中便有这样的句子:“揄扬涤汤,漂流陨往,触岑石兮。”王逸注释说:“岑,锐也。”唐代开元年间的张守节还记录说此刻石的小篆字径有四寸大小,画如小指,圆镌。证明《会稽刻石》在开元时依然存在。后来便遭劫难,我们在北宋金石著录中均没有找到此刻石的踪影,可以推知此刻石至少在北宋时就已经残毁不存了。到了元代,刻石的拓本出现,元代至正元年(1341),推官申屠驷从家藏中找到《会稽刻石》旧拓本,重新摹刻上石,置于绍兴学宫之中。明人都穆在著述中对申屠驷所重刻的《会稽刻石》甚为推崇:“观其字画与《峄山碑》绝类,岂亦出徐鼎臣、郑文宝之所摹而申屠氏赏藏之欤。”可惜到了清代康熙年间,申刻本的《会稽刻石》再遭磨损。好在申刻本还有拓本流传,至乾隆五十五年(1790),绍兴知府李亨以申刻旧拓为摹本,让钱泳(梅溪)重刻上石,并获得金石书法名家翁方纲、阮元等人的题跋。申摹《会稽刻石》虽然去原石书法神韵稍远,但刀法谨严,体势端庄,仍体现了铁线篆的部分真容。

[文献] 汉司马迁《史记》卷六,汉王逸《楚辞章句》,汉袁康所《越绝书》卷八,北魏郦道元《水经注》卷四〇,唐张守节《史记正义》,宋司马光《资治通鉴》卷七,明都穆《金薤琳琅》卷二。

公元前221年—前210年
始皇帝二十六年至三十七年

［提示］ 始皇时代的佛教传说：释利防传佛及阿育王塔，青齐之地的佛寺及佛像。

［叙录］ 始皇时代除了立石刻铭记功之外，在传说中还与佛教造像艺术有些关联。初唐时人法琳在其所写《破邪论》中曾记录始皇与外国佛教徒的故事：当时有外国沙门名叫释利防等18位贤者来到中国，他们带来了佛经，希望以此来感化始皇。但是始皇根本听不进释利防等人的劝说，便把释利防等人给囚禁起来。这时佛陀显灵，当天晚上，一身高达一丈六尺的护法金刚到来，直接破开牢狱，将释利防等人救出。这个神迹让秦始皇十分惊怖，于是稽首向释利防等人致谢。这则释利防传佛的真实性，学者们认为附会的可能性较大。但也有部分学者觉得是可能的，有一定的历史基础，并非空穴来风。实际上秦始皇所处的时代和印度阿育王在位之时大致相同。阿育王(Ashoka)音译为阿输迦，意译则为无忧，所以又称无忧王，约公元前304年至前232年人。阿育王是印度孔雀王朝第三代君主，频头娑罗王之子，他是印度历史上最为人们所称颂的伟大君王。阿育王热爱佛教，曾广泛向世界弘佛，并派出大批佛教使者前往世界各国，根据文献记载，最远的使者曾到达埃及和希腊。

自始皇统一六国后，其所建立的中国迅速成为东方世界最为强大的国度，其影响力遍及亚洲地区，在这样的情形下，阿育王的传教使者来到中国，是完全可能的。而从交通来看，早在后来张骞出使西域之前的战国时代，西域和中原的文化与商业往来，即已在民间展开。文献中还记载说，在印度阿育王时代，还派人在中国各地建造佛塔，其中最著名者当数陕西扶风的法门寺。扶风法门寺在北周以前就叫阿育王寺，寺中的佛塔则称为阿育王塔。这样的称谓，应该是来源于较为可信的历史事实的。今天，我们在法门寺中，还能见到唐代大历十三年(778年)《大唐圣朝无忧王寺大圣真身宝塔碑铭》，上面记录着：大圣真身宝塔者，□摩伽王之系孙阿育王之首建也……(后略)或曰华夏之中有五印，扶风得其一也。

中国的阿育王佛塔，并不仅见于陕西扶风，在其他地方也有。根据记载，在山东青齐之地，甚至早在阿育王时代就已经有了佛寺。青齐之地阿育王佛寺及佛像的说法，目前还没有得到考古上的证明，但学者引述梁代慧皎编著的《高僧传》中之佛图澄传，认为此说确有一定的真实性："石虎于临漳修治旧塔，少承露盘。澄曰：临淄城内有古阿育王塔，地中有承露盘及佛像，其上林木茂盛，可掘取之。即图画予使，依言掘取，果得盘、像。"此事在唐代高僧道宣所著中也有记述。佛教艺术史学者温玉成指出：值得重视的是，在鲁南的滕州、胶南、邹城等地出土的东汉晚期至三国时代的画像砖或石刻中，都有佛教图像。

［文献］ 南梁慧皎《高僧传》卷九，唐法琳《破邪论》，李淞《陕西古代佛教美术》，唐道宣《集神州三宝感通录》，温玉成《中国佛教与考古》。

公元前208年　秦二世二年

［提示］ 第一个石刻书丹名家李斯卒。

［叙录］ 李斯(公元前284—前208年)字通古，楚国上蔡(今河南上蔡县)人。这位荀子的高足，是中国石刻艺术史上第一个身居高位的大书法家，对后世产生过深远影响。进入秦朝后，从客卿、廷尉一直做到丞相，并且辅佐秦始皇安邦定国。始皇的数次东巡，刻石纪功，均由李斯亲笔小篆书丹，将书法与石刻和政治完美结合，为后世立下典范。可惜没有得其善终，秦二世二年(公元前208年)为赵高所诬陷，竟被腰斩于咸阳！李斯世称"小篆之祖"，汉代许慎说：李斯取史籀大篆，或颇省改，所谓小篆者也。西晋人卫恒在其《四体书势》中也持相同观点：秦时李斯号为工篆，诸山及铜人铭皆斯所书。唐张怀瓘

将李斯的小篆列为“神品”，李斯的大篆列为“妙品”，并在《书断》中充满激情地评价李斯的石刻书法说：“李君创法，神虑精微，铁为肢体，虬作骖𬴂，江海渺漫，山岳峨巍，长风万里，鸾凤于飞。”“画如铁石，字若飞动，作楷隶之祖，为不易之法。”清人杨守敬《激素飞清阁评碑记》更是将李斯所书之碑推为“无上神品”，于此，已足见李斯石刻书法之魅力。可以这样认为，虽然后世仍代有石刻书法名家涌现，但若以历史贡献及影响而言，尤其是在篆书一域中，再也没有可以超越李斯者。

［文献］　汉司马迁《史记》卷二八，汉许慎《说文解字》，唐房玄龄《晋书》卷三六，唐张怀瓘《书断》，明杨守敬《激素飞清阁评碑记》。

公元前 196 年　汉高祖十一年

［提示］　高祖凯旋归故乡，《汉高帝手敕碑》。

［叙录］　刘邦以多支部属军队或盟军战胜了项羽，为了防止这些军队首领对自己政权的侵害，刘邦登位后，便将这些让他担心的军人首领赐封为王，使其各居一方，再伺机削弱甚至消灭之。当然，刘邦这样的企图，并非做得滴水不漏，甚至还遇到军人的本能抵抗。比如，在高祖十一年(公元前 196 年)，淮南王英布就起兵反汉。英布勇猛善战，节节取胜，刘邦被迫亲征，他一出马，迅速击溃叛军，并杀死了英布。凯旋途中，刘邦衣锦回到故乡江苏沛县。刘邦召集了父老乡亲一同狂欢十多天。一日酒酣耳热之际，刘邦击筑，且歌且舞，这首歌就是著名的《大风歌》。现在仍可在江苏沛县汉高祖大风歌碑亭中，看见《汉高帝手敕碑》，这是目前存世最早的帝王诏书碑。此碑所刻内容，是高祖刘邦征伐淮南时，因中流矢回到家乡养病时所作敕令，内容是刘邦教子勤学的训示，碑原文约 200 字。这对于草莽出身的刘邦而言，确实算是难能可贵的事。

［文献］　汉班固《汉书》卷一，庄华平《沛县志》。

公元前 172 年　汉文帝八年

［提示］　夏侯婴卒，马刨出石棺，马冢。

［叙录］　西晋张华曾记载了一个传说故事：西汉功臣滕公夏侯婴离世之后，为之送葬的仪队行至洛阳城门外时，灵车马匹忽然停止不前，焦急地以蹄刨地，且嘶鸣之声甚为悲伤。人们觉得颇为奇怪，结果在马蹄刨开的土坑中再向下深掘，居然掘出一大石棺。石棺上刻写着一行字迹：“佳城郁郁，三千年见白日，于嗟滕公居此室。”人们认为这是天意，便将夏侯婴葬于此地，世称马冢。这个刻字石棺，很可能是当时的术士事先制作好的，故意玄而为之说。不过这个故事也说明：西汉时代已经开始用石刻来标志墓葬。后来陆续出土的西汉石刻文物也证明了这一点。

［文献］　西晋张华《博物志》，赵超《石刻史话》。

公元前 158 年　后元六年

［提示］　八月二十四日，群臣上寿刻石。

［叙录］　本来，以历史发展的自然延续而言，秦朝已开创书法石刻的先河，至西汉则应该奔腾其波澜，拓宽其流域，为后世留下惊艳的石刻书法艺术。可是事实却并非如此，西汉的石刻书法留下者寥若晨星，而且在成就上也完全不能和秦朝相比肩。

《群臣上寿刻石》是现在能看到的屈指可数的西汉石刻之一。此刻又称《朱山石刻》，是现存能看到的西汉刻石中年代最早者。这件记录当时祝寿活动的记事石刻，由道光年间(1821—1850)广平知府杨兆璜发现于河北永平县(河北卢龙县)的朱山之上。

根据清人赵之谦考定，此石刻立于汉文帝后元六年(公元前 158 年)八月。近人徐森玉曾撰《西汉石刻文字初探》，所持观点与赵氏略同。清人陆增祥记载说，此石高五尺二寸五分，广六寸。字径三寸许。石上篆书一行 15 字：“赵廿二年八月丙寅群臣上酬此石北。”在刻石的左右侧还有北魏与唐人题字，由此可知此刻石早于北魏时即曾为人所关注。清人刘位坦考证赵二十二年，系指赵王刘遂之年，也就是汉文帝后元六年，这一年八月二十四日正值丙寅。这件篆书石刻，已表现出不同于秦篆的趋势：已由秦篆之长形变为方形，甚至已有隶书笔意。康有为称其“古茂雄深，得秦相笔意”。后世有翻刻本和影印本。

［文献］　清赵之谦《补寰宇访碑录》，清陆增祥《八琼室金石补正》卷二，清张德容《二铭草堂金石聚》，清刘位坦《叠书龛遗稿》，清康有为《广艺舟双楫》卷二，崇善等《秦汉石刻的篆书》，《中国美术全集》(书法篆刻编)。

公元前149年　汉景帝中元元年　鲁六年

［提示］　九月，鲁六年《北陛石碣》。

［叙录］　西汉景帝中元元年(鲁六年)，刻立了一块隶书石刻《北陛石碣》，又称《北陛石题字》，为曲阜发现最早的一块汉代石刻，1942年出土于古鲁国太庙遗址(曲阜城东周公庙附近)，现藏于孔庙(汉魏碑刻博物馆北屋)，碑高95厘米、宽42厘米、厚19厘米。石上共刻两行字：“鲁六年九月所造北陛”和“六五乙”。从刻石内容，可知此石碣应为鲁国灵光殿殿堂基石。这件西汉刻石，其书体已显示西汉景帝中元年间篆隶杂用的书法风尚。灵光殿是西汉闻名于世的伟大建筑之一，一直到东汉时代仍能见其雄奇之势。东汉王延寿在其《鲁灵光殿赋》中状其“连阁承宫，驰道周环，阳榭外望，高楼飞观”。西汉初年，曲阜曾两置鲁国：一为高祖将张敖之子张偃封于此地，一为景帝程姬之子鲁恭(共)王刘余封地。北陛石当为刘氏鲁国六年(景帝中元元年)兴建宫殿时所刻。据说刘余喜建宫室，并欲拆孔子旧宅以建王府，但是当他开拆孔子旧居时，空中竟传来钟磬琴瑟之声。天上之音让鲁恭王心中顿生敬意，工程就此打住，并偶然从孔子住宅夹壁中获得秦朝时人们为逃避焚书厄运而隐藏的古文经书。谁也没有想到，这无意间的发现，后来竟形成中国学术史上的重要考据学派。

［文献］　汉司马迁《史记》卷一七，柯昌泗《汉晋石刻略录》，骆承烈《曲阜碑文录》，赵超《石刻史话》。

公元前139年　建元二年

［提示］　武帝始建茂陵，石麒麟。

［叙录］　汉武帝即位次年，就开始效仿当年秦始皇在骊山修建的做法，兴师动众，大兴土木，在兴平县为自己修建茂陵，一共持续50余年方告完工。可以想象茂陵建筑之宏丽，墓内葬品之丰厚，文献记载说：“金钱财物、鸟兽鱼鳖、牛马虎豹生禽，凡百九十物，尽瘗藏之。”金代赵秉文在吟咏茂陵时写道：“渭水桥边不见人，摩挲高冢卧麒麟。千秋万古功名骨，化作咸阳原上尘。”据此可以推知，至少在金代，茂陵还有巍峨的石兽(麒麟)可供诗人“摩挲”，可惜现在这只石刻麒麟早已湮灭无踪了。

［文献］　汉班固《汉书》卷七二，金赵秉文《闲闲老人滏水文集》，陈朝云《南北宋陵》。

公元前138年　建元三年

［提示］　张骞出使西域。

［叙录］　张骞(约公元前164—前114年)字子文，陕西汉中郡城固人。雄才大略的汉武帝希望联合大月氏共同击溃强大的匈奴，于是就派遣张骞作为使者，于此年出陇西经匈奴，不幸被匈奴俘获长达十余年。历经艰难后逃脱，西行至大宛，经康居，终于抵达大月氏。但是大月氏并不想与匈奴为敌，联合作战的计划无法实现。张骞至大夏，在那儿待了一年多才踏上归途，为免于被匈奴人发现，改从南道潜行，不料还是未能摆脱匈奴人的眼睛，再次被拘留一年有余。一直到元朔三年(公元前126年)，因匈

奴内乱，张骞才得以逃回汉朝。张骞这次出使西域，可谓历经坎坷，前后共历时 13 年。七年后，张骞再次出使西域，在大夏时，他从当地人中口上得知了在南方还有一条更为古老的对外通道：蜀身毒道。张骞的凿空西域之行，是中国文化史的重大事件。在中国文化交通史上，后之来者，可能只有郑和可以与之相比。

中华文明很早以来就有向西方探索的历史。传说中的周穆王西征，会见西王母之事，可能就是对周人到达中亚地区与当地部落首领接触的带有神话色彩的记录。张骞两次出使西域，不仅把中国文化带到了沿途各国，同时也将西域各国的文化，包括多种物产带回了中原。《汉书》记载说，自汉武帝以来，来自西方的“明珠、文甲、通犀、翠羽”等珍宝充满宫中，皇家园囿中则饲养着来自异国的各种禽兽（如狮子、大象、鸵鸟以及名马）。一时之间“殊方异物，四面而至”。

近人苏雪林论及穆王西征一事时说：“《穆天子传》不但言昆仑，言西王母，即与昆仑有关之河水、赤水、黑水、洋水、悬圃、群玉之山，亦无不有之。此书自古以来，皆以为伪，四库且以入之小说类。然至近代乃大引学者注意，中外皆有人研究。顾实先生著《穆天子传西征讲疏》数十万言，证明穆天子西见西王母皆为事实，穆天子游辙所至，且全欧洲。顾氏本地理学名家，其书萃半生精力为之，用力至劬，一切《穆传》研究中，当首屈一指。笔者见《穆传》文古字奇，穆王行程，亦历历可指，亦颇疑其系古代人一种西行实录，至升昆仑见西王母云云，则疑为战国人根据外国传入地理书如《山海经》之属所增饰者。穆王之西征动机，或亦为往见西王母。其游踪之远，则恐未必如顾实先生之所考。且得见西王母与否，则更未可知。盖笔者认西王母乃西亚最受崇拜之女神易士塔儿(Ishtar)也，既为神矣，是乌得见？顾易士塔儿亦曾与巴比伦古代著名女王西美腊美斯(Semiramis)相混合，神虚无而人实在，则又宜若可见焉。但此女王之时代为纪元前 2 000 年左右，穆王之在位则为纪元前 1001 年至 947 年。时代相差千年之久，两人会晤，实无可能，则穆王见西王母，又羌无根据矣。或曰西亚女王以西美腊美斯名者固不止一人，庸讵知穆王所见者非一与穆王同时代之西美腊美斯耶？或里海一带国家之女王，钦慕西美腊美斯之为人，以其名自名，周穆王误以为西王母耶？且西亚人好以神灵名字与己私名混合为一名，其例数见不鲜。或者中亚一带国家有女王以金星神易士塔儿为己名。中国人固习知易士塔儿为西王母，则误以穆王所会晤者为真西王母矣。曰是亦非不可能之事，但皆须细考而后能定，今则宁从阙疑。”

张骞出使西域，对于中国石刻艺术而言，同样是一件了不起的事件。他不仅为石刻艺术带来了更为广阔生动的雕刻对象，而且还带来了西亚各国精湛的石刻理念和技法。石刻学者赵超提出：在这些开始与汉朝密切交往的国家内，大多具有悠久的石刻历史，擅长雕刻技艺。这种文化习俗不可能不受到汉民族的重视。《汉书・西域传》中还着重记录了罽宾等国的人民擅长雕刻石料，修建宫室的特点，正说明中亚、西亚的石刻技艺引起了汉民族的浓厚兴趣。特别耐人寻味的是：中国石刻的大量出现正是在西汉后期开始的，而汉代碑石、摩崖、画像石等石刻形制，都与远远早于汉代的中亚、西亚乃至北非古代石刻有着惊人的相似之处，例如汉碑的圭首、圆首、上部用图案装饰、表面精工磨制，摩崖的表面修整出碑形等特点，在中国汉以前的文物中是无法见到的。

［文献］ 汉司马迁《史记》卷一二三，汉班固《汉书》卷九六，苏雪林《昆仑之谜》(《屈赋论丛》)，赵超《石刻史话》。

公元前 122 年　元狩元年

［提示］ 发现蜀身毒道。

［叙录］ 元狩元年，博望侯张骞出使大夏(Tokhgra、Tochari，现位于阿富汗境内)归来，说他在大夏时曾见到蜀布、邛竹、杖，甚为奇怪，便询问当地人，大夏人说是从东南身毒国(印度)来的，身毒国又

是从中国西南蜀地商人那儿贩来的。由此张骞知道在打通西北对外交通要道之前，远在西南腹地的四川，早已有一条连通中国与身毒的交通之路。张骞认为西南这条通道十分重要：因盛言大夏在汉西南，慕中国，患匈奴隔其道，诚通蜀，身毒国道便近，有利无害。汉武帝觉得颇为在理，于是便有了派王然于、柏始昌、吕越人等向西南夷进发的故事。这条现被称为南方丝绸之路的蜀身毒道，在石刻艺术史上亦具重要意义：今天，一些早期佛教石刻作品，如乐山麻浩崖墓石刻坐佛，出现于四川，或许与这条通道紧密相关。

［文献］ 汉司马迁《史记》卷一二三、卷一一六，张焯《云冈石窟编年史》，赵超《石刻史话》。

公元前121年　元狩二年

［提示］ 霍去病得休屠王祭天金人。

［叙录］ 司马迁记载：这年春天，天才军事家骠骑将军霍去病带领万骑出陇西，过焉支山（又称燕支山、胭脂山、大黄山，在今甘肃永昌县西、山丹县东南，绵延于祁连山和龙首山之间）千余里，击匈奴，得胡首虏万八千余级，破得休屠王祭天金人。这个休屠王用以祭天的金人是什么，一直是中国文化中的一个悬案。一些人认为与佛教无关（如唐代皮日休），也有人认为金人就是金铜佛像，唐人司马贞即持此观点。北齐人魏收则记录此金人被带回到甘泉宫中，金人尺寸很大，高约丈余。汉武帝对之并不祭祀，只是烧香礼拜而已。范晔认为这是“佛道流行之渐”。金人偶像崇拜，虽与石刻艺术不直接相关，但间接关系却是十分值得注意的。中国早期的石刻造像监本，除了来源于手绘粉本之外，更多则来源于各种形制的相对石刻而言便于携带和传承的金铜佛像。自从张骞凿通西域以后，中西方便展开了日益频繁的经济文化交流，于此时声闻佛法，应是情理中之事。史书上并没有明确说张骞与佛教的关系，但是我们在敦煌莫高窟第323窟北壁中层的西侧，现在仍能看到画有张骞出使西域求法的盛唐壁画，画面上有：汉武帝到甘泉宫拜佛像、汉武帝送别张骞和张骞等到达大夏国场景（城内有寺塔，城外有二比丘作迎候状）。这幅壁画表明，至少唐代人就认为张骞与佛教已有关联。

［文献］ 汉司马迁《史记》卷一一〇，汉班固《后汉书》卷八九，北齐魏收《魏书》卷一一四，唐司马贞《史记索隐》，宋李昉等《文苑英华》卷三七七，张焯《云冈石窟编年史》，李凇《陕西古代佛教美术》。

公元前120年　元狩三年

［提示］ 陕西牵牛织女石像。

［叙录］ 在极为稀少的西汉石刻中，花岗岩质的牵牛织女石像是令人瞩目的，它们是目前中国石刻艺术史上所见最早的大型人物圆雕石像。牵牛织女石像位于陕西长安常家庄村北，牵牛石像高258厘米，织女石像略小，高228厘米。汉武帝元狩三年（公元前120年），在上林苑开凿昆明池。以“左牵牛而右织女”（汉班固《西都赋》）石像，分置于池水的东西两岸，象征昆明池水浩大如同天河（池周围四十里，广三百三十二顷），昆明池至宋以后即湮没。立于东岸的牵牛石像（图6），身着交襟长衣，短发阔脸，束带跽坐。牵牛右臂屈肘上举，宛若扬鞭赶牛。现藏于长安草堂寺。西岸所立的织女像（图7），身着右衽交襟长衣，袖手跽坐，颈部有老裂痕，脸部重修，左臂及后背剥蚀较重，现藏于陕西长安斗门镇棉绒加工厂。

［文献］ 汉班固《汉书》卷六，汤池《西汉石雕牵牛织女辨》（《文物》1979年第2期），刘兴珍等《中国古代雕塑图典》。

公元前114年　元鼎三年

［提示］ 张骞卒，墓前有石兽一对。

［叙录］ 这一年，西汉最著名的文化交流活动

图 6 西汉昆明池牵牛石像出土时情形 陕西长安草堂寺

图7 织女石像 西汉元狩三年(公元前120年) 陕西西安

家博望侯张骞去世，葬于陕西城固，墓前15米处雕置大型石兽一对，虽然风蚀严重，仍可想见当年雄姿。这对石兽是除霍墓石刻之外的两件西汉大型动物石刻，另外，墓前还有石碑三通。正中者为清乾隆四十一年(1776年)陕西巡抚毕沅隶书雕刻的“汉博望侯张公骞墓”八大字；左侧一碑为光绪五年(1879)城固知县胡瀛涛撰题的《汉博望侯墓碑记》，右侧一碑刻张氏后裔诸名。民国二十八年(1939)西北联合大学还立有一块《增修汉博望侯张公墓道碑记》。

［文献］ 汉司马迁《史记》一二三，汉班固《汉书》卷九六，王子云《中国雕塑艺术史》，林通雁《西汉张骞墓大型石翼兽探考》(《汉中师院学报》哲社版1986年第2期)。

公元前117年　元狩六年

［提示］ 霍去病墓石像群雕。

［叙录］ 西汉茂陵遗址陪冢之一的霍去病墓，距茂陵东约1公里，是所有研究中国古代石刻艺术史者必去朝拜的圣地。《史记》载：霍去病元狩六年卒。汉武帝十分悲伤，发属国玄甲军阵，自长安至茂陵，为冢象祁连山。祁连山是将军一生征战之地，又是匈奴人“水草肥美，六畜蕃息”的放牧之地。汉武帝知道，一个真正的将军，他所渴望的就是眺望自己曾经叱咤风云的战场。因此，汉武帝让工匠们用坚硬的岩石，雕刻出熊、虎、牛、马或人物等形象，让这些石雕的生命或蛰伏或昂首于山峦之上，以强调霍去病墓“祁连山”意象的真实气氛。

霍去病墓石像群雕的雕刻手法十分古朴，常常采用随物赋形略加雕刻的方式，体现了西汉石刻工匠高度概括的艺术造型能力，并以娴熟的圆雕、浅浮雕、线刻等多种石刻手法，达成一种罕见的大气磅礴的粗犷美感。这组群雕大小共16件，由马踏匈奴、石虎、石象、卧牛、卧象、野猪、蟾、鱼、怪兽吞羊、野人抱熊等组成。石雕群中，最引人注目者当然是骏马了。汉武帝曾吟颂过《天马歌》：

> 太一贡兮天马下。沾赤汗兮沫流赭。
> 骋容与兮跇万里。今安匹兮龙为友。

马在古代的政治与军事生活中扮演着重要的角色。霍去病墓前这群大型石雕中，有三件石马：马踏匈奴(图8)、跃马(图9)和卧马。最著名的是那件举世闻名的马踏匈奴。据唐人封演在《封氏闻见记》中记载：秦汉以来，帝王陵前有石麒麟、石辟邪、石象、石马之属；人臣墓前有石羊、石虎、石人、石柱之属；皆以表饰坟垄，如生前之象仪卫耳。如前文所述，目前考古文物方面还不能完全证明秦朝陵墓便有如此规模的石像生出现，但可以肯定的是：西汉霍去病墓前大型石刻作品的出现，绝非汉武帝的一时心血来潮之想，而是受到秦朝陵墓石刻的影响或启示之作。

黑格尔认为，人类早期的艺术大多体现出严峻的风格特征：这种严峻的风格是美的较高度的抽象化，它依靠重大的题旨，大刀阔斧地把它表现出来，鄙视隽妙和秀美，让主题占统治地位，不肯在次要的细节上下功夫。只满足于事物本身的巨大效果，在形体结构方面缺少细节上的变化。霍去病墓前这件具有纪念碑意义的石刻马踏匈奴，竟以极其完美的存在，回应着黑格尔的美学描述：在这幅作品中，无论是挺立的胜利者(骏马)还是蜷缩惊恐的失败者(匈奴)，我们都看不到精细的细节刻画，浑然天成的点画与勾勒，于简洁概括中彰显出雄强朴茂的夺人气势。

马踏匈奴是中国石刻艺术史上的一座丰碑，这种具有纪念碑式的石雕，在中国古代并不多见，它或许受到来自西方雕塑艺术的影响，比如古埃及、古希腊或亚述。冯贺军曾指出：中国古代陵墓石刻起源于何时，迄今无定论。李济推测安阳殷墟出土的跪坐人像可能与后世石像生有某种渊源关系。《西京杂记》数处载有相关内容，称晋灵公冢有石人男女40余，五柞宫青梧观有石麒麟等，但《西京杂记》成书较晚，内容尚需推敲。西汉霍去病墓石雕是目前所知最早的石像生实物资料。

图 8　马踏匈奴　西汉元狩六年(公元前 117 年)　陕西霍去病墓

图 9 跃马 西汉元狩六年(公元前 117 年) 陕西霍去病墓

1957年，陕西考古学者还意外在霍去病墓石刻中，发现了两块刻有文字的石刻：一块小篆写有“左司空”3字，另一条则是隶书“平原乐陵宿伯牙霍巨孟”10字。西汉沿袭秦制，设有少府，主要管理皇室建筑和器物制作等事宜。少府属官有左、右司空。汉代设有平原郡乐陵县，即今之山东乐陵市一带。宿伯牙、霍巨孟是少府管理的石刻工匠，他俩均来自山东乐陵。中国古代官造之物，自周代以降即有规定，物勒工名以责其成，用现在的话说是，实行严格的实名责任制。霍墓这块隶书石刻，是我们目前所见最早的隶书石刻，已基本脱尽篆意，只是还未完全形成汉隶明显的波磔笔法。

在马年到来之际，笔者重返马踏匈奴石刻面前，写下一首《马年谭马》的诗作，中有这样的句子，以向伟大的霍将军致敬：属于马的岁月/何处寻马踏匈奴的踪迹/在你喋血万仞的青春与烽火面前/世间所有的璀璨日子都成灰/少年心事指点漫道重关/以月色敲碎祁连山的岩石/以天才和无畏/拓宽帝国的疆域/马放南山　苍茫大地之上/痛心的青骢猝然绝尘/一个种族关于英雄的塑造/就此封刀　后来的子孙/即使是昭陵六骏/白蹄滚落清晨的紫露　/也只是你的外传和闲笔吧！

［文献］　汉司马迁《史记》卷一一一，清孙诒让《周礼正义》(考工记)，王子云《中国雕塑艺术史》，刘兴珍等《中国古代雕塑图典》，赵超《石刻史话》，冯贺军《故宫博物院藏品大系》(雕塑编)，杨璐《霍去病墓石刻研究》(西北大学中国古代史2012年硕士论文)。

公元前110年　元封元年

［提示］　四月，汉武帝封禅泰山，《汉武帝泰山玉皇顶无字碑》。

［叙录］　我们发现，汉武帝内心其实是十分崇拜秦始皇的，他有很多政治行为都是在刻意模仿始皇大帝。前面提及的修寿陵，汉承秦制等都是如此。又比如这一年的四月，汉武帝封禅泰山等。司马迁记载说：武帝东上泰山，泰山之草木叶未生，乃令人上石立之泰山巅。

武帝这次所立之石刻，现在仍较为完整地保留着，即著名的屹立于泰山之巅的《汉武帝泰山玉皇顶无字碑》。这件“无字碑”，是目前所知年代最早的一块。碑高600厘米、宽120厘米、厚90厘米，碑顶戴帽，碑石坚硬光洁，虽无字，却甚有气势。此无字碑历史上有各种称谓，清人聂鈫记载，此碑或称石表，或称神主石，或称碑函，或称镇石等。还有人认为此碑为秦始皇所竖立，如明人张铨、谢肇淛等即认同这样的看法。后来大学者顾炎武经过对此石的考证后，则否定此碑由秦始皇所立之说：“岳顶无字碑世传为秦始皇立，按秦碑在玉女池上，李斯篆书，高不过四五尺，而铭文并二世诏书咸具，不当又立此碑也。考之宋以前亦无此说。因取史记反复读之，知为汉武帝所立也。”1961年初夏，郭沫若对玉皇顶的这块无字碑进行了认真考察，并赋《登泰山观日出未遂》一诗：“夙兴观日出，星月存中天。飞雾岭头急，稠云海上旋。晨曦光晦若，东辟石巍然。摩抚碑无字，同思汉武年。”从诗中亦可得知，郭沫若也认为此碑系汉武帝所立。

［文献］　汉司马迁《史记》卷二八，汉班固《汉书》卷六，宋司马光《资治通鉴》卷二十、卷一五九，清顾炎武《日知录》卷三一，清聂鈫《泰山道里记》，金其祯《中国碑文化》。

公元前109年　元封二年

［提示］　刘之遴献龟兹僧侣澡罐一口。

［叙录］　对于古物的热爱，在很多时候来自人的天性。怀念和追忆，是我们精神生活之重要组成部分。唐人姚思廉《梁书》记录的西汉人刘之遴便是这样一个人，他好古爱奇，在荆州聚古器数十百种。后来他又献古器四种于东宫。其中第三种是一口外国澡灌(澡罐)，从上面的铭文“元封二年龟兹国献”来看，显然是龟兹国进献于中国的东西。澡罐并非

寻常人家所使用的罐子，而是佛教僧侣的专属生活用器，常以贵重金属如金、银、铜等材料精心制作而成。有学者指出，从这条记载来看，刘之遴献龟兹僧侣澡灌一口似乎已显示早在西汉之时，佛教已传入新疆地区。此事虽与石刻艺术无甚关系，但由于系早期佛教史料，故仍记录于此。

［文献］ 唐姚思廉《梁书》卷四〇，张焯《云冈石窟编年史》。

公元前80年—前74年　元凤年间

［提示］ 沂水鲍宅山凤凰画像石。

［叙录］ 汉代画像石大量出现于东汉时期的山东、江苏、四川、河南、陕西等地。就目前的出土资料来看，山东是最早出现画像石的地方。在山东沂水所发现的沂水鲍宅山凤凰画像石，雕刻于西汉昭帝元凤年间，是现在所知年代最早的汉代画像石。说明汉代画像石至迟在西汉晚期，已渐趋成熟。

［文献］ 蒋英炬《关于"鲍宅山凤凰画像"的考察与管理》(《文物》1997年第8期)，赵超《石刻史话》。

公元前68年　地节二年

［提示］ 正月，《杨量买山地记》。

［叙录］ 从有明确纪年的汉代刻石来看，四川地区也是最早出现汉代石刻的地区之一。这块《杨量买山地记》又称为《巴州民杨量买山地刻石》，刻制于汉宣帝地节二年(公元前68年)正月(也有说八月或十月者)，清道光十二年(1832)出土于巴县江口乡武庙后园村，至咸丰十年(1860)毁于火灾。据清人陆增祥记载，石高一尺九寸三分，广二尺，上刻隶书五行二十七字："地节二年□月巴州民杨量买山值钱千百作业□子孙永保其毋替。"从中可知这件石刻具有地界标识作用，显示西汉百姓可用钱物购买土地作为私产的经济活动。这是一块来自西汉民间草根的石刻作品，虽然书刻草率，毫无雕饰，书法在篆隶之间，却别有一种生动的来自底层的民间气息。清代金石学者方朔认为此石刻，"其字结构浑朴，波磔劲拔，意在篆隶之间，与《五凤二年刻石》不相上下"，但也有学者(如赵之谦、罗振玉等)认为是后人伪刻。但如将此石刻书法与马王堆帛书等相比较，可以断定《杨量买山地记》刻石确为西汉遗物，并非是后人的伪刻。

［文献］ 清陆增祥《八琼室金石补正》卷二，清方朔《枕经堂金石书画题跋》卷二，高文《四川历代碑刻》，赵超《石刻史话》，刘兴珍等《中国古代雕塑图典》。

公元前56年　五凤二年

［提示］ 六月四日，五凤刻石。是年，广陵中殿石刻，王陵塞石。

［叙录］ 曲阜孔庙的《五凤刻石》亦称《鲁孝王泮池刻石》、《鲁孝王刻石》、《五凤二年刻石》，具体刻制时间在汉宣帝五凤二年(公元前56年)六月四日。金章宗明昌二年(1191)高德裔奉诏重修孔庙时，工匠偶然在鲁灵光殿基西南的太子钓鱼池掘取池石时发现此刻石，现仍保存于孔庙中。刻石高39厘米、宽75厘米、厚42厘米，上刻隶书三行："五凤二年"、"鲁州四年六月四日成"。石左侧刻高德裔行书跋语。此石当为建筑构件之横卧石基，应为鲁孝王筑宫遗物。刻石书写比较随意，估计为建筑工匠所刻，篆隶夹杂。既有隶势，亦有籀法，在西汉书法石刻中有重要意义。清人孙退谷认为此石刻字形朴质，必为西汉之物。方朔对此石颇为赞赏："无一字不浑成高古，以视东汉诸碑，有如登泰岱而观徂崃诸峰，直足俯视睥睨也。"北京图书馆、故宫博物院均藏有明拓本，后世有翻刻本。上海书画出版社《篆隶》、《中国美术全集》中有影印本。

和鲁北陛石刻年代等相近者，还有四件广陵中殿石刻，其中只有两件字迹可以识读，一件刻有"中殿第廿八”五字，另一件只有“第百册”三字，显然是工程记录的石刻。四件石刻均由清代学者阮元所发现，嘉庆十一年(1806)，阮元在今江苏省扬州市江都区甘泉山惠照寺石陛下发现此四件石刻，后移至山东孟庙保存。甘泉山是西汉广陵厉王刘胥的陵墓所在，当地人把此地称为琉璃王坟，阮元认为当系刘厉王之讹称，刻石应该就是广陵王宫殿的建筑石材。刘胥死于五凤四年，四件石刻文字与五凤刻石的风格十分相近，姑系年于此。

此外，1970年，在曲阜城南9公里的九龙山上之西汉鲁王墓群中，出土了一件石刻《王陵塞石》。根据《汉书》记载，西汉时刘姓鲁王自鲁恭王刘余起至鲁文王止，共五代君王历时150年。《王陵塞石》刻制于甘露四年。塞石即墓道封门石，其中一块塞石上刻有“王陵塞石广四尺二寸”9字，石长92.5厘米、宽47厘米、高229厘米。另外几石分别刻有“得于文”、“党”、“纪国”、“问”等人名和“尺八寸”、“一尺八寸”、“一尺九寸”、“二尺九寸半”等字样。各石阴刻书法篆中带隶，刻写随意，应是建筑工匠所为。没有确切年代，亦姑系于此年。

［文献］ 汉班固《汉书》卷一四，清孙退谷《庚子消夏记》卷五，清方朔《枕经堂金石书画题跋》卷二，清冯云鹏等《金石索》卷一，清翁方纲《两汉金石记》卷七，清钱大昕《潜研堂金石跋尾》卷一，清王昶《金石萃编》卷五，清冯邦玉辑《汉碑录文》卷上，清孙星衍《寰宇访碑录》卷一，清阮元《山左金石志》卷七，《中国美术全集》(书法篆刻编)，赵超《石刻史话》。

公元前26年 河平三年

［提示］ 八月，山东《东安汉里刻石》。河平三年，山东《麃孝禹碑》。

［叙录］ 1931年，在山东曲阜城东韩家铺一座汉墓内出土了14件汉代画像石，世称《东安汉里刻石》，又称《安汉里禺石》或《曲阜汉墓画像题字》，现藏孔庙碑林。画像石上分别刻青龙、白虎、朱雀、玄武、壁虎等浅浮雕动物图案和击鼓、奏乐、起舞、弈棋等人物图案。还有两件汉篆文字石刻，其中一件长250厘米、高85厘米、厚27厘米，上刻“山鲁市东安汉里禺石也”10字。另一件文字刻石在出土后即遗佚，拓本极为少见。谢刚主藏有初出土拓本，上有“河平三年八月丁□汉里禺堨”12字，由此可知此批汉代石刻雕刻于汉成帝河平三年。东安汉里文字刻石，是目前仅见的墓志式西汉墓石刻字，开启后世墓志之先河。近人罗福颐云：“此东安汉里刻石，近年出土山左，书法高古，有西京遗韵。”

清同治九年(1870)泰州宫本昂与宫昱、任城刘恩瀛在山东平邑访得《麃孝禹碑》，亦称《麃孝禹刻石》。此碑旧藏于章钰家，后归南海李山农等，今藏山东省博物馆。碑上隶书两行“河平三年八月丁亥”及“平邑侯里麃孝禹”共15字，后有宫本昂等题跋。康有为等学者认为是伪刻，但并无确切证据。学界认为此碑是我国目前出土最早的一块汉代具墓碑形制的石刻，石高约145厘米，宽约45厘米，圆首长方形，与后世墓碑相类。石面画出直线界格，左上角线刻一只仙鹤。关于此石刻的用途，或说为石阙，或说是神道额，较为通行的说法是立于墓前的碑表。

［文献］ 汉司马迁《史记》卷一一六，汉班固《后汉书》卷八六，林河《中国巫傩史》，［美］王静芬《中国碑刻》，日本《书道全集》(中国系列)，《北京图书馆藏中国历代拓本汇编》第1册(以下简称《拓本汇编》)，赵超《石刻史话》，刘正成《中国书法鉴赏大辞典》。

公元前2年 元寿元年

［提示］ 伊存口授《浮图经》、四川《蚕崖碑》、山东《褭盗刻石》。

［叙录］ 这年有一件无论是在中国历史、佛教史还是中国石刻艺术史上均可称为重大事件者，即大月氏使者伊存口授《浮图经》于博士弟子景卢，这是有明确史载的佛教传入中国之始。大月氏征服大夏(今阿富汗)，进入印度，崇尚佛教，并且成为佛法

向东传播的重要驿站。大月氏至迟在公元前1世纪前后即已开始广泛信仰佛教，到了迦腻色迦王朝之时，佛教获得空前发展。贵霜王朝是联结中亚丝路的文化枢纽，地处印度、中国与中西亚文化的十字路口。在佛教传播史上，具有不可替代的地位。

伊存口授佛经之事，最早见于南朝宋裴松之《三国志》注引之中：浮屠太子也，父亲叫屑头邪(Suddhodana)，母云(Maya)。浮屠身黄色服饰，发如青丝，曾梦白象而怀孕，及生，太子从母左胁生出，刚一落地就能自行七步。昔汉哀帝元寿元年，博士弟子景卢从大月氏王使伊存口受《浮图经》。这个记载与后来的佛传故事基本是相吻合的。

台湾学者李玉珉对于此一段史实，做了如下总结：佛教发源于印度，经历数百年的发展，先传至帕米尔高原以西的大月氏、安息、罽宾，次及丝路沿线的疏勒、龟兹、于阗、高昌，然后传入中国。佛教传入中国的年代，众说纷纭，莫衷一是。其中以《魏略》(西戎传)的记载较为信实。可见，西汉(公元前206—公元8年)末年，中国已知佛法。只是当时佛教初传，翻译的经典有限，信奉的人也不多，佛教对我国文化还未产生太大的影响。

也就是在这年(哀帝建平五年即元寿元年)，西南腹地的成都平原，一块称为《蚕崖碑》或《建平郫县碑》的隶书石刻被雕刻而成。这块石刻早在宋代就在洪适的书中得到著录。原碑在永康军紫坪铺(都江堰市境内)，今已不存，仅有邓少琴拓摹本传世。

大约在本年，在山东还有一块名叫《禳盗刻石》或叫《金乡西郭庄刻石》、《鱼山刻石》的石灰岩石刻，于1983年发现于山东省金乡县胡集乡西郭庄村鱼山。石长195厘米、高35厘米、厚23.5厘米，共刻文字138字，行间有阴刻竖线界分隔。刻石应为墓门上槛石，出土后破碎成数块。现分别保存于济宁市博物馆和金乡县文管所中。其书法为古隶体带篆意。以其古朴之风，可初步推断刻石年代当早于《莱子侯刻石》。

［文献］ 晋陈寿《三国志》卷三十，北齐魏收《魏书》卷一一四，邓少琴《益部汉隶集录》，李玉珉《中国佛教美术史》，金其祯《中国碑文化》。

公元7年 居摄二年

［提示］ 二月，孔庙《祝其卿坟坛》。三月，孔庙《上谷府卿坟坛》。是年，汉中《仙人唐公房碑》。

［叙录］ 《祝其卿坟坛》和《上谷府卿坟坛》，二石合称《居摄两坟坛刻石》或《孔林坟坛刻石》、《孔子墓前石坛刻文》，原石先置孔子墓前，后移孔庙。损坏较重，可辨识者少。居摄二石发现较早，在宋人赵明诚书中即已著录。其中一石长69厘米、宽38厘米、高31厘米，篆刻“上谷府卿坟坛居摄二年三月造”(赵明诚记为三月，王昶、马子云记为二月，当从赵)。另一石长99厘米、宽50厘米、高25厘米，篆刻“祝其卿坟坛居摄二年二月造”。所谓坟坛即置于墓前之祭坛，类似神主牌位，是墓碑的早期形式。《礼记》记载了孔子的说法：在能望见墓的地方设置坟坛，后人可依时祭祀。此处之“祝其”、“上谷”均为地名而非人名。二石墓主当为孔子后裔。康有为评价二石书法“茂密”，徐树钧则认为“篆画古劲”，可见二石在书法上的造诣甚高。后世有翻刻本和影印本。

圆首方座的《仙人唐公房碑》，原碑在汉中城固县，现藏于西安碑林。碑高202厘米、宽67厘米。碑额篆书“仙人唐君之碑”，碑文则隶书，太半文字漫漶难识。碑文记述说，居摄二年，唐公房因善行而得到仙人李八百所赐丹经秘方，服药仙去，家里的鸡犬都跟着升了天，唯独没有带走的是一只恶鼠。此碑不仅有碑穿，且有碑晕，为人们研究碑刻之演变提供了宝贵实物。

［文献］ 汉郑玄注、唐孔颖达等正义《礼记正义》(祭法)，宋赵明诚《金石录》卷一四，金孔元措《祖庭广记》卷一一，清王昶《金石萃编》卷五，清康有为《广艺舟双楫》卷二，清徐树钧《宝鸭斋题跋》卷上，清冯云鹏等《金石索》卷一，清翁方纲《两汉金石记》卷七，清钱大昕《潜研堂金石跋尾》卷一，清冯邦玉辑

《汉碑录文》卷上，《山东通志》卷九、卷一五〇，清孙星衍《寰宇访碑录》卷一，清张德容《二铭草堂金石聚》卷一，清洪颐煊《平津馆读碑记》卷一，清阮元《山左金石志》卷七，马子云《碑贴鉴定》，赵超《石刻史话》，骆承烈《曲阜碑文录》，崇善、周志高编著《秦汉石刻的篆书》，《中国美术全集》(书法篆刻编)。

公元 16 年　天凤三年

［提示］　二月十三日，山东《莱子侯刻石》。是年，佛教进入像法时期。

［叙录］　新莽时期留下来的石刻并不多，《莱子侯刻石》便是其中之一。亦称《莱子侯封田刻石》、《莱子侯封冢记》、《天凤刻石》、《莱子侯赡族戒石》，刻制于新莽天凤三年二月十三日。据方志记载，此石原在邹县卧虎山前，由王仲磊在乾隆五十七年(1792)时发现。嘉庆二十二年(1817)秋，滕县孝廉颜逢甲等移入邹县孟庙启圣殿内。据清陆增祥记载：去边纹，高汉尺一尺五寸三分，广二尺二寸七分。隶书七行，行五字共三十五字。右侧刻颜逢甲等题记三行。后世有翻刻本。

莱子侯刻石的功能类似地界刻石。近似一块方形石材，刻工在石面画出竖界格。铭文为：“始建国天凤三年二月十三日，莱子侯为支人为封，使者子食等用百余人。后子孙毋坏败。”从中可知记录了莱子侯为宗人封土之事。封有封禅、封墓、封域等多种用法。在先秦至汉代，很多时候“封”就是地界之意：在地界边缘上掘沟，并在旁边堆土种树。莱子侯刻石，即记录了汉代的一次分田产、立封界的经济活动。“后子孙毋坏败”与巴州杨量买山刻石中之“示子孙永保其毋替”一样，表达了视土地田产为永久私产的愿望。显然，自古以来，人们对土地有着强烈的眷恋情结，在人们心目中，只有土地才是真正可以恒久拥有者。这块石刻在书法艺术上也取得了成就：方朔评此刻说“以篆为隶，结构简劲，意味古雅”，“虽不能如孔庙五凤二年刻石之高超浑古，要亦遥相辉映。为西汉隶书之佳品”。杨守敬也认为：“是刻苍劲简质，汉隶之存者为最古，亦为最高。”《莱子侯刻石》堪称西汉刻石中之佼佼者，1983 年被评为国家一级文物。

是年，历史大约进入佛灭度后的第二个 500 年，佛教进入像法时期。张焯指出：所谓像法，即以佛像传法。释迦牟尼涅槃后的第一个 500 年，是印度佛教的无像期，阿育王以来，一般用释迦牟尼的说法宝座、足迹，以及圣树、佛塔、石柱、莲花、法轮、大象、雄狮、鹿、马等形象来表示佛的存在。从公元 1 世纪开始，佛像大约首先在贵霜王朝的政治中心犍陀罗地区(都城布路沙布罗，即富楼沙，今白沙瓦)诞生，形成了带有浓郁的希腊雕塑风格的犍陀罗佛像艺术，许多古希腊的神摇身变为佛教的神(如女神埃西，变成诃利帝母，即鬼子母，传入中国为观音菩萨)，希腊的神庙、墓葬雕刻形式也被佛教文化所利用。其犍陀罗佛像艺术，具有印度河上游山区寒地特征。几乎同时，恒河上游地区，在古印度传统造像基础上，形成了具有热带地域特征的马土拉(旧译为秣菟罗)佛像艺术。到 4 世纪后的印度笈多王朝，上述两种艺术进一步融合，突出表现为“湿衣法”的笈多式佛像艺术。

［文献］　清陆增祥《八琼室金石补正》卷二，清方朔《枕经堂金石书画题跋》卷二，清杨守敬《激素飞清阁评碑记》，刘正成《中国书法鉴赏大辞典》，赵超《石刻史话》，《书法丛刊》第九辑，《篆隶》下，《中国美术全集》(书法篆刻编)，张焯《云冈石窟编年史》。

公元 18 年　天凤五年

［提示］　十月十七日，河南《冯孺人葬志》。

［叙录］　《冯孺人葬志》发现于 20 世纪 70 年代的河南唐河县。它并非一块如后世所形成的那种独立葬志，而是在一块画像石上镌刻了一段铭文：“郁平大尹冯孺人，始建国天凤五年十月十七日癸巳葬。千岁不发。”虽然形制上不同于后世之墓志，但其重

要意义，正如赵超所说：它表明当时社会上已经形成了在墓中留下文字，标志墓所的习俗。后代绵延千余年的墓志铭石刻，就是在这种习俗的推动下不断发展演化所致。

［文献］ 黄运甫等《唐河汉郁平大尹冯君孺人画像石墓》(《考古学报》1980 年第 2 期)，赵超《石刻史话》，赵超《中国古代石刻的存留状况(一)》(《文物春秋》1989 年创刊号)。

公元 36 年　建武十二年

［提示］ 四川《李业阙》。

［叙录］ 李业阙位于四川梓潼县南门外李节士祠内，20 世纪 60 年代移祠外建亭保护，现在仅存阙身，其形如同碑碣，高 250 厘米、宽 100 厘米，上面隶刻“汉侍御史李公之阙”八字，下部刻有题记，记载了清道光年间(1821—1850)梓潼知县周树棠发现此阙及移置祠内之经过。梓潼人李业，汉平帝元始中(公元 1—5 年)举明经，除为郎，新莽时举孝廉方正，为李业所拒绝。公孙述据蜀，欲征李业为博士，仍遭坚拒，后被公孙述所鸩杀。建武十二年公孙述倒台，汉室特建石阙以旌表其忠烈。李业阙为现存汉阙中年代最早者，也是最早有纪年的一块东汉石刻。

［文献］ 汉班固《后汉书》卷八一，高文《四川历代碑刻》、《中国汉阙》，孙华等《梓潼诸阙考述》(《四川文物》1988 年第 3 期)。

公元 52 年　建武二十八年

［提示］ 五月，浙江《三老讳字忌日碑》。

［叙录］ 刻于东汉光武帝建武二十八年五月的《三老讳字忌日碑》，亦称《三老讳字忌日记》、《三老讳字忌日刻石》，出土于清咸丰二年(1852)五月的浙江余姚客星山下。原石立于祠堂之内，上面记载三老夫妇祖孙讳字、忌日等。清人陆增祥记载，其碑石高三尺七寸，广一尺七寸五分，全碑共 217 字。“三老”为汉代掌管文化之官衔，碑文表明此石刻系该“三老”第七孙“邯”所立。原碑在咸丰十一年(1861年)曾被太平天国起义军用作灶石，幸未严重毁坏。20 世纪 20 年代转移至上海，为陈渭泉所得。碑刻书体介于隶篆之间，书风醇厚。日本人曾欲重金购买，浙江人姚昱和沈宝昌得知后，与同里丁辅之等人募款八千金买下，使此碑得藏于中国，今藏杭州西泠印社。清李葆恂评云：“此刻书势屈蟠生动，于诸汉隶中最有笔法可寻。”清顾燮光称赞其“书体浑穆，如锥画沙”。后世有翻刻本。西泠印社有影印本。

［文献］ 清陆增祥《八琼室金石补正》卷三，清李葆恂《三邕翠墨簃题跋》，清顾燮光《梦碧簃石言》，刘正成《中国书法鉴赏大辞典》，《书法丛刊》(第九辑)，《中国美术全集》(书法篆刻编)。

公元 57 年　中元二年

［提示］ 六月，四川《尊楗阁刻石》。

［叙录］ 根据文献记载，四川摩崖《尊楗阁刻石》，又称《何君阁道碑》、《何君尊楗阁刻石》。尊楗阁原建于严道(荥经县)。据释文可知：尊楗阁为蜀郡太守平陵何君遣掾临邛时所造，尊楗阁十分雄伟，高达 55 丈，用功 1198 日，于中元二年六月完成。《尊楗阁刻石》发现于宋绍兴二十一年(1151)，洪适书中曾有著录，称其字法方劲，古意有余，如瞻冠章甫而衣缝掖者，使人起敬不暇。虽败笔成冢，未易窥其藩篱也。尊楗阁在清代犹存，至民国始毁。民国《荥经县志》上说，荥经举人汪元藻在撰写《重修何君阁道碑跋》时就称原刻石久已失传。汪氏便请成都书法家沈鹤子以《金石索》为临摹本，刻碑立于原荥经中学内。后来，邓少琴又据沈氏临本作双钩图录。

就在人们都以为再也无缘见到这块刻石原刻真容之时，2004 年 3 月 14 日，荥经的两位小学老师(刘太锦、牟建)竟意外发现了尊楗阁刻石的原刻！它仍清晰地呈现于荥经县烈士乡冯家村的山崖之上。据报道：这块摩崖石刻镌刻于高约350厘米、宽约150厘米的页岩自然断面上，上面岩石呈伞状向前伸出，形如屋顶，有效地保护了刻石免遭日晒雨淋。刻石四周随字体变化凿成一不规则梯形，高65厘米、上宽73厘米、下宽76厘米，全文共52字，排列7行，随字形简繁，任意结体，每行7字、9字不等。其铭曰："蜀郡太守平陵何君，遣掾临邛舒鲔，将徒治道，造尊楗阁，袤五十五丈，用功千一百九十八日。"

［文献］ 宋洪适《隶释》卷四，明陶宗仪撰、清孙星衍编《古刻丛钞》，清冯云鹏等《金石索》卷一，清叶奕苞《金石录补》卷二，民国《荥经县志》，邓少琴《益部汉隶集录》，高文《四川历代碑刻》，高俊刚《〈何君尊楗阁刻石〉考释——兼论西南丝路牦牛道荥经段路线走向》（《四川文物》2005年第1期），《雅安日报》（2007年5月20日）。

公元58年 永平元年

［提示］ 明帝于原陵举行"元会仪"。

［叙录］ 至东汉明帝时代，以朝祭为主的陵寝制度业已确立。每年元旦都要举行"元会仪"：公卿百官、皇亲国戚以四方来朝者集会于朝廷，举行朝贺皇帝仪式。据说光武帝死后，葬于原陵，明帝在这一年即位登基举行"元会仪"之后，随即亲率公卿百官至原陵再次举行"元会仪"，向陵寝"神坐"进行朝祭仪式，各郡地方官吏还要向"神坐"禀告粮食价格、风俗善恶等事宜，"庶几先帝魂神闻之"。如此一来，"元会仪"就成了"上陵礼"。其意义则在于：陵寝祭礼凌驾于宗庙之上，这显然是对古代礼制文化的一次重大改革。为了适应这一变革，帝王陵寝的建筑则需要进行相应扩张建造，这种变化对后世的帝陵建筑石刻艺术产生重大影响。

［文献］ 汉班固《后汉书》卷一五，陈安利《唐十八陵》。

公元63年 永平六年

［提示］ 陕西《汉鄐君开通褒斜道摩崖》。

［叙录］ 汉明帝永平六年，发生在陕西汉中褒城北石门崖壁之上的雕刻事件，再一次将古代石刻艺术与古代交通文化紧密地联结在一起。这儿的褒谷口，有段修建于2 000多年前的穿山隧道，这是目前所知世界上最早的能通车辆的人工隧道：连通关中与巴蜀的褒斜道石门。在石门峭壁上和石门之中，刊刻了自汉代至明清以来约40种摩崖题刻，包括有汉刻八品在内的"石门十三品"等，广受世人称颂。

在《鄐君开通褒斜道摩崖》中记录了汉中太守鄐君耗时三年之久，使用广汉、蜀郡和巴郡的刑徒达2 700人开通褒斜道的经过。上面还详细记录了工程所耗用的粮食、金钱、材料等。如此看来，这位鄐君不仅是一位重视交通的有为官员，而且也是一位行为清廉的官员。

《汉鄐君开通褒斜道摩崖》，又称《汉中太守巨鹿部君褒斜道碑》，民间称为《大开通》。这块石刻也是现存东汉摩崖石刻中时代较早者，1971年因兴建褒水大坝而将之凿移至汉中博物馆中保存。清人王昶记载：石横广一丈二寸，宽前段三尺二寸五分，中段四尺五寸，后段五尺五寸。隶书十六行，行五至十一字不等。现存97字，字径9—16厘米不等。此摩崖早年为苔藓所封，至南宋绍熙五年（1194）三月，方为南郑县令晏袤所发现，并刻长篇题记于石旁。但此后再次遮掩，直至清乾隆年间，才为时任陕西巡抚的金石学家毕沅重新搜得，拓本方始传世。此摩崖与《石门颂》、《西狭颂》、《鄐阁颂》等并称为东汉名刻，开启汉隶放逸之先河。

［文献］ 清毕沅《关中金石志》卷一，清王昶《金石萃编》卷五，清翁方纲《两汉金石志》卷一三，赵超《石刻史话》，刘正成《中国书法鉴赏大辞典》，欧广勇编撰《中国历代书艺概览》，《中国美术全集》（书法篆刻编），日本《书道全集》（中国系列），《拓本汇编》第1册。

公元64年 永平七年

［提示］ 明帝梦金人遣使求佛，于开阳城门上作佛像。

［叙录］ 是年，汉明帝做了一个影响中国文化的梦，他梦见了一个神奇的浑身散发金色光芒的人。群臣认为这个梦中人不是别人，而是来自异域的佛陀。于是明帝就派遣使者蔡愔、秦景、王导等18人远至天竺国求取佛经，此后遂有沙门在中原讲经传佛。此事在《后汉书》李贤注引袁宏《汉纪》中记载甚详："浮屠，佛也，西域天竺国有佛道焉。佛者，汉言觉也，将以觉悟群生也。其教以修善慈心为主，不杀生，专务清静。其精者为沙门。沙门，汉言息也，盖息意去欲而归于无为。又以为人死精神不灭，随复受形，生时善恶皆有报应，故贵行善修道，以真炼精神，以至无生而得为佛也。佛长丈六尺，黄金色，项中佩日月光，变化无方，无所不入，而大济群生。初，明帝梦见金人长大，项有日月光，以问群臣。或曰：西方有神，其名曰佛。陛下所梦，得无是乎？于是遣使天竺，问其道术而图其形像焉。"

虽然汉哀帝元寿元年（公元前2年）也曾遣博士弟子景卢从大月氏王使伊存受《浮屠经》，但其后之影响并不强烈。直至此时明帝求佛，才使佛教学说渐兴于中原，并在之后慢慢形成声势浩大的宗教运动。

明帝梦金人遣使求佛，这件事情还说明一个历史事实：至迟在东汉时期，中国已开始图画佛像。所画者主要是佛陀，或者为优填王作释迦像。三国初年牟子曾说，永平求法后，"于洛阳城西雍门外起佛寺，于其壁画千乘万骑绕塔三匝。又于南宫清凉台及开阳城门上作佛像。明帝存时，预修寿陵曰显节，亦于其上作佛图像"。

温玉成对牟子所记开阳城门上作佛像予以肯定：开阳门是东汉都城洛阳城南城墙上东头第一门。自曹魏、西晋至北魏，此门名称未改（《洛阳伽蓝记》序）。门的地理方位属东南，依谶纬学说，朱雀在巳位，属东南方。洛阳烧沟第1023号东汉早期墓葬出土的五灵纹铜镜上，青龙在寅（东北）、朱雀在巳（东南）、麒麟在未（西南西）、白虎在申（西南）、玄武在亥（西北）。这与汉代祭祀五帝时的坛位相一致（孙机说）。把佛像安排在巳位的作法，解开了一系列谜底：山东沂南画像石墓把佛像置于南方，青海省平安县画像砖佛教造像中出现了朱雀，汉至三国的铜镜上把佛像与朱雀（人多指为夔凤纹）联造等等，皆本乎此。而于显节陵上作佛像，更开始了丧葬制度的新变化。

关于明帝求法一事的具体时间，史籍上的记载多有出入：魏收先是说西汉哀帝元寿元年，博士弟子景卢受大月氏王使伊存口授《浮屠经》。之后又说东汉明帝遣博士弟子秦景等使于天竺，写浮屠遗范。翦伯赞认为：一种宗教，从它的传播到它获得人民的信仰，需要经过相当长的时间。特别是一种外国宗教，还要经过翻译的过程，才能传达其教义于人民之中，因而需要更长久的时间，才能成为人民之信仰。同时，人民信仰以后，异国的政府不见得马上就予以承认，进而至于支持，这期间，也需要一个相当的时间。因此之故，佛教之最初传入中国，我们便不能不追溯到西汉之季。佛教之最初传入中国的边境塔里木盆地一带，应上溯到秦汉之际。佛教之进入中国的本土，显然于汉武帝在西域设置行政机构以后。佛教经典之引起中国士大夫的注意，是在汉哀帝时。

［文献］ 汉班固《后汉书》卷四二、一一八，三国牟子《理惑论》，北齐魏收《魏书》卷一一四，唐释智升《开元释教录》卷一，《资治通鉴》卷四五，《高僧传》卷一，《开元释教录》卷一，翦伯赞《秦汉史》，任继愈主编《中国佛教史》，李淞《长安艺术与宗教文明》，张焯《云冈石窟编年史》，温玉成《中国佛教与考古》，孙机《几种汉代的图案纹饰》（《文物》，1982年第3期）。

公元65年 永平八年

［提示］ 楚王刘英喜黄老尚佛学。

［叙录］ 楚王刘英似乎对一切神秘之学均充满强烈兴趣：黄老及佛学都是他所喜欢的学问。刘英的喜好与研究，受到汉明帝的直接支持。楚王刘英在建武十五年(39)即封为楚公(西汉楚国都在彭城，即今江苏徐州市)，十七年(41)进爵为王，二十八年(52)就国。永平十四年(71)因与方士作妖书谋反事发，自杀。楚王刘英是中国正史中最早的有明确记载的佛教信仰第一人。两汉之世，佛教以依附黄老而后行，可谓聪明的权宜之计。北魏郦道元曾记载：彭城县北有阿育王寺，或言楚王刘英所造。在《后汉书》的记载中，还有一点值得注意者：汉明帝下令将楚王刘英献纳赎罪的缣绢退回，以供养优婆塞和沙门，这显示汉明帝已对佛教采取比较包容的态度。明帝遣使往西域求法，各书记载多不载年月，注年月者，又各执一词。因此有学者认为此说不尽可靠。梁启超即说：汉明求法说，最初见于西晋道士王浮之《老子化胡经》，其文荒谬，张冠李戴，纯属伪造；佛教初入中华，非由陆路，乃由海路，其最初的根据地，不在京洛，而在江淮。

［文献］ 南朝宋范晔《后汉书》卷四二，北魏郦道元《水经注》卷二三，宋司马光《资治通鉴》卷四五，清梁启超《饮冰室文集》卷五九，张焯《云冈石窟编年史》，李玉珉《中国佛教美术史》。

公元 67 年　永平十年

［提示］ 迦叶摩腾竺法兰译《四十二章经》，白马寺。

［叙录］ 中印度人迦叶摩腾，又作摄摩腾、竺叶摩腾、竺摩腾，略称“摩腾”，精通大小乘佛经。汉明帝遣使者至印度求佛法，迦叶摩腾与竺法兰应明帝使者邀请来到中国洛阳。两人一同完成中国最早的汉译佛经《四十二章经》。此经内容所阐述者为早期小乘佛教的基本教义。现在所见重要版本有宋初蜀刻本，收入《高丽藏》中。

李玉珉认为：东汉明帝夜梦金人，于永平年中(58—75)，派遣蔡愔、秦景等远赴天竺求法，后偕大月氏沙门迦叶摩腾与竺法兰，赍优填王倚像，白马驮经同返洛阳，自此，我国始有佛像。后来，汉明帝又为这两位天竺僧人，于洛阳兴建白马寺，乃中国创寺的肇端。而学者的研究又指出，永平求法实为穿凿附会之说，故这则明帝时始有佛像和创寺的说法，并不足信。可是，东汉时为了满足西域来华胡商与僧侣宗教信仰的需求，我国已有佛寺的存在和佛像的制作，却又是毋庸置疑的事实。

［文献］ 东汉迦叶摩腾与竺法兰译《四十二章经》，南梁慧皎《高僧传》卷一，南朝僧祐《出三藏记集》卷二，唐释智升《开元释教录》卷一，李玉珉《中国佛教美术史》。

公元 68 年　永平十一年

［提示］ 始建洛阳白马寺。

［叙录］ 汉明帝派使臣从印度请来了迦叶摩腾与竺法兰两位高僧，由于之前汉朝并没有专门接待佛教僧侣的地方，于是就暂时让两人居住于鸿胪寺。鸿胪寺是在典客及典属国基础上设置的，西汉已有此机构，主要负责处理外事及少数民族事务、执掌宾客朝会礼仪等。自张骞凿空西域之后，汉室与外国文化的交流日益频繁，因此鸿胪寺的建立势所必然。但是把两位以国家名义延请来的高僧安排于这样一个人员较为庞杂的地方，并非长久之计，也不利于高僧们清净佛事及译经活动。于是，在次年，也就是永平十一年，明帝专门开辟了一处馆舍(洛城雍门西)，让迦叶摩腾与竺法兰移居其中。为了纪念白马驮经的艰辛(郦道元记载说榆榄盛经，白马负图)，便将此地称之为白马寺。后来佛教的庙宇都称做寺，显然这儿的寺，就是源于鸿胪寺。清人王士祯说：今九卿自大理、太常已下官署皆名曰寺，沿东汉之旧也。鸿胪寺本以待四裔宾客，明帝时摩腾、竺法兰自西域以白马驮经至洛，故舍于鸿胪寺。今之白马寺，即汉鸿胪寺旧址，后遂以名浮屠之宫，非偶同也。白马寺称

为“中华第一古刹”，是我国第一所佛教寺院。现在白马寺中还遗存有宋、元、明、清历代刻立的记载白马寺史的碑刻。寺前尚有一对青石马，则雕刻于宋代。石马形体伟壮，姿态庄重，造型写实，刻工极其简洁明快。

［文献］ 北齐魏收《魏书》卷一一四，北魏郦道元《水经注》卷一六，清王士祯《香祖笔记》卷一一，刘兴珍等《中国古代雕塑图典》，徐金星《关于洛阳白马寺的几个问题》(《中原文物》1996年第4期)。

公元75年　永平十八年

［提示］ 汉明帝崩，起祇洹于陵上。

［叙录］ 根据北魏杨衒之的记载，中国历史上于皇陵设置专门的佛教寺院，最早由东汉明帝开其先河。《洛阳伽蓝记》说：汉明帝起祇洹于陵上。从此以后，普通百姓人家，也效仿明帝的做法，有的便在坟冢之上雕绘浮图以象征寺院。目前并未发现汉代的实物证据，能看到的最早实例，是北魏为文明太后冯氏在永固陵前建造的“思远浮屠”，现藏于山西大同市博物馆。

［文献］ 北魏杨衒之《洛阳伽蓝记》卷四，陈朝云《南北宋陵》，山西省文物工作委员会《大同方山北魏永固陵》(《文物》1978年第7期)。

公元81年　建初六年

［提示］ 十月三日，山东《司马长元石门题字》。

［叙录］ 清末发现的隶书《司马长元石门题字》，刻于此年十月三日。原石在山东文登崮头集村，作石阙形，共两石，分列东西。西石13字，东石9字。共22字。早期拓本少见，因乡人惑于风水之说，拓之輙阻。康有为称其书法为“以篆笔作隶者”。

［文献］ 清康有为《广艺舟双楫》卷二，刘正成《中国书法鉴赏大辞典》。

公元83年　建初八年

［提示］ 八月，山东肥城王次刻张氏墓画像石。

［叙录］ 东汉人王次，以擅长刻画像石而传名，也是目前可确知的早期石刻工匠之一。王次传世作品为《张氏墓画像石》，共二石，现仍在山东肥城栾镇村。《张氏墓画像石》其中一石在藻井东面盖顶石板之上，画面共分为三层：上层为攻战图，中层为建筑、舞蹈和音乐，左右端各有一阙，右阙下部刻有“建初八年八月成，孝子张文思哭父而礼，石直三千，王次作家则昌”等26字。下层为墓主人燕居图，有侍吏、马和树。全石阴线雕刻，部分画面略有下凹。刻工线条精细准确，形象生动，其雕刻风格与孝堂山画像石接近。汉代画像石中带有纪年者极为稀少，因此，《张氏墓画像石》具有重要的断代标本意义。

［文献］ 刘兴珍等《中国古代雕塑图典》，［日］永田英正《汉代石刻集成》(本文篇)。

公元85年　元和二年

［提示］ 正月六日，山东莒南孙氏阙。

［叙录］ 现藏于山东省莒南县文化馆的山东莒南孙氏阙，出土于1965年春天的莒南县北部东兰墩村。据高文记载：孙氏阙有顶二石，阙身一石，其左侧阴刻有“元和二年正月六日孙仲阳□升父物故行□□礼□作石阙贾直万五千”铭文。阙身三侧均刻有画像。正面浮雕，减地凸起，平面四周有栏边，环为三层，自上下分成四栏。阙身右侧浮雕分上下三栏，第一栏刻一长尾四脚兽，头向上身侧立。第二栏为穿壁纹。第三栏为人首蛇身像。从石阙铭文及发现情形看，为孙氏墓前的墓道阙，倾倒后有意识埋藏起来的。可能就是孙仲阳为其父所建的墓道双阙之西阙。其建筑形状为一座梯形阙身、方形双檐屋顶单阙。

［文献］ 高文《中国汉阙》，刘心健等《山东莒南发现汉代石阙》（《文物》1965 年第 5 期），李向民编《中国艺术市场趣话》。

公元 86 年 元和三年

［提示］ 山东平邑皇圣卿双阙。

［叙录］ 建于东汉元和三年的山东平邑皇圣卿双阙原在山东平邑县城北八埠顶，20 世纪 30 年代迁至平邑县城，50 年代特建屋予以保护。此阙发现较早，在宋代赵明诚《金石录》中即有著录。双阙除阙身边框划为五格外，形制与功曹阙基本相同。阙身刻浮雕车骑、兵卫、射猎、燕乐等图。光绪《费县志》记载说，皇圣卿阙铭记刻在西阙正面第四格内，隶书，大约一寸，可识者仅第一第二两行："南武阳平邑皇圣卿冢之大门卿以元和三年"。南武阳县属泰山郡，皇圣卿的事迹，现已无可考。

［文献］ 清田士懿《山左汉魏六朝贞石目》，清李敬修《费县志》卷一四，高文《中国汉阙》。

公元 87 年 章和元年

［提示］ 二月十六日，山东平邑功曹阙西阙。狮子传入中国。

［叙录］ 山东平邑功曹阙西阙原在山东平邑县城北八埠顶，20 世纪 30 年代迁至平邑县城。原本为双阙，现仅存西阙。高文记载：西阙由灰青石四层筑成，总高 210 厘米（不包括阙基）、面宽 72 厘米、厚 59 厘米，接近方形。周围边框凸线隐起，内框由水平凸线划为四格。上雕人像、车骑、禽兽、铭记等，因石质风化，多已漫漶。阙身上面砌一石，高 41 厘米，雕为上下两层，上层挑出阙身少许，四角各镌斗拱一朵，阙顶刻成四注式瓦顶，底部刻檐椽一排，此种形制为北方汉阙所独有。西阙铭记刻在阙身正面第四格内，隶书九行，字体较皇圣卿阙微小。章和元年紧接元和四年之后，是刘炟的年号。当时诸州设功曹书佐，郡设功曹史，县设功曹，均掌事选举劳绩，此阙仅题功曹，当是县吏无疑。不过阙主的姓名已无法查考。

狮子传入中国。狮子这种猛兽自古以来就是人类恐惧和膜拜的对象。从古埃及到希腊到亚述王朝或印度，都可以看到狮子的雄姿。但是，没有哪一个国度的人，可以超过像中国人这样对狮子的热爱和敬畏的了。就目前所知，狮子传入中国的记载，最早始见于汉代班固《汉书》（西域传）。班固记载说：东汉章和元年，大月氏与安息国各遣使来贡狮子。在我国最早的辞书《尔雅》中，已可见狮子之影子：狻麑（狮子）如虎猫，食虎豹也。甚至在更早的《穆天子传》中，也有"狻猊日走五百里"的记载。作为百兽之王的狮子，后来又由于佛教的影响（佛教喻释迦牟尼为无畏狮子或人中狮子），狮子迅速获得与龙、凤、麒麟等中国传统瑞兽同等尊崇地位，各种造型风格的狮子雕塑，尤其是石雕狮子，频频出现于佛教造像、皇宫陵墓、官府庄园乃至寻常百姓家中。或镇宅辟邪、或宗教护法、或礼乐吉庆、或建筑装饰等等，无处不有狮子。

［文献］ 汉班固《汉书》卷九六，晋郭璞注《尔雅》卷十，明黄省曾《兽经》，王子云《中国雕塑史》，高文《中国汉阙》。

公元 89 年 永元元年

［提示］ 七月，班固作《封燕然山铭》。

［叙录］ 《后汉书》（窦宪列传）载：窦宪、耿秉登燕然山，去塞三千余里，刻石勒功，纪汉威德，令班固作铭。班固在《后汉书》的《封燕然山铭》铭文序言中说：永元元年秋七月，车骑将军窦宪和执金吾耿秉，出兵朔方。天子的王师，军校如苍鹰，将士胜龙虎。战车疾驰，辎重满路，铁甲耀日，红旗蔽空。于是登高阙，下鸡鹿，经荒野，过沙漠，万里寂静，野无遗寇。于是统一区宇，举旗凯旋，越过涿邪山，跨过安侯河，登上燕然山。上以泄高帝、文帝的宿仇，光宗耀祖；

下以稳固后代，拓宽疆域，震扬大汉威史。一劳永逸，暂时费事而永获安宁。于是封山刻石，铭记至德。班固同时还专门撰写有《窦将军北征颂》，以称颂窦宪的盖世功勋。勒铭燕山，后来成为无数欲建功立业的中国人的楷模，是充满豪情壮志的经典象征。

［文献］ 汉班固《后汉书》卷二三，宋司马光《资治通鉴》卷四七，孙亭玉《论班固的铭》（《文学遗产》2008年第4期）。

公元91年 永元三年

［提示］ 新疆《汉平夷碑》。

［叙录］ 刻制于东汉和帝永元三年的《汉平夷碑》，1957年发现于新疆哈密巴里坤松树塘村北，现存巴里坤县文化馆内，系新中国成立后新疆境内发现的唯一的汉代石碑和西域汉碑中年代最早且有碑额的刻石。又称《汉任尚碑》，高130厘米，最宽为54厘米，由一块上窄下宽的天然石碣刻就，磨泐较多，目前尚存70字，而可辨识者仅20多字，除第一行开始"惟汉永元三"和第二行起首"任尚"等字外，余均读不成句。此碑是继清雍正七年（1729）发现《裴岑纪功碑》、道光十五年（1835）发现《沙南侯碑》、光绪五年（1879）发现《刘平国颂》之后，在新疆发现的第四块汉碑。碑刻字体介乎篆隶之间，有篆书之曲折圆转，又略带隶书之钩挑波磔。刀法开张，朴拙浩然气势，令人动容。

［文献］ 李举纲等《新疆汉碑述略》（《碑林集刊》1996年），刘正成《中国书法鉴赏大辞典》，黄适远《西域史话——丝绸古道哈密》。

公元92年 永元四年

［提示］ 河南偃师《袁安碑》。

［叙录］ 东汉和帝永元四年（92）刻立的《袁安碑》，全称《汉司徒袁安碑》，明以前即出土。碑高153厘米，宽约74厘米，碑正中刻有碑穿。明代万历二十六年（1598）三月移置入河南偃师县辛家村牛王庙内，被当作供案。因碑阳朝下，故无人知是汉碑。20世纪20年代末，牛王庙改为辛村小学，一学生钻至案底纳凉，偶见石上刻有文字，即告知村人，随即有拓片行世，《袁安碑》从此而广受重视，后移碑于偃师县教育局。民国27年（1938），偃师豪绅组织文物保管委员会，以保护为名将碑劫去。1961年，《袁安碑》又为该县书记马达发现于缑氏区一社院之内，现藏于河南省博物馆中。根据郦道元《水经注》记载："（彭）城内有汉司徒袁安、魏中郎将徐庶等数碑，并列植于街右，咸曾为楚相也。"由此可知，《袁安碑》最初在彭城（今江苏徐州市），不知是何人何时移至洛阳。此碑由于拓损较少，故字迹有如新刻，与《袁敞碑》如出一人之手。有极个别学者如清代欧阳辅认为是伪造，但绝大多数学者并不支持这种说法。《袁安碑》虽然下部残损，仍然是汉代传世篆书碑刻中最为完整者之一。书法结体宽博，厚重雄茂，实为汉篆难得佳构。

《袁安碑》原来应该是一件开料规矩的长方形石材，其中部有碑穿，碑石形制，已在《麃孝禹刻石》的基础上向碑刻走了一大步。马衡提出：汉碑上的穿，以及穿周围的晕纹，都是模仿下葬用的辘轳碑座，后来人们在下葬用的碑座上刻字纪念，就逐渐形成了汉碑。赵超追问：木碑在先秦时期就已经在使用，为什么到了东汉才刻上字改成石碑？为什么石碑的形状、安放位置都与木碑不一样？实际上，汉碑在东汉大量产生并有了固定形状这个现实是多种原因促成的。最主要的原因可能是：世人标识亲族墓葬的风俗习惯在礼制的发展下逐渐普及，经济发展带来的厚葬之风大为盛行，以及西亚北非等外来文化影响的传入等。

［文献］ 北魏郦道元《水经注》卷二三，清欧阳辅《集古求真》，容庚《古石刻零拾》，赵超《石刻史话》，刘正成《中国书法鉴赏大辞典》，《篆隶》（上），《中国美术全集》（书法篆刻编）。

公元96年 永元八年

［提示］ 云南昭通《孟孝琚碑》，陕西绥德杨孟元墓画像石。

［叙录］ 清光绪二十七年(1901)九月出土的《孟孝琚碑》，亦称《孟广宋碑》、《孟旋残碑》，出土地点在云南昭通城南十里白泥井马氏舍旁。两个月后移置昭通凤池书院，现存昭通第三中学。碑的上截残损，碑后刻有光绪三十二年(1906)黄膺题记。关于此碑的刻立时间，诸家各执一词：罗振玉、袁丕钧考为西汉成帝河平四年(公元前25年)或汉光武建武十二年(36)所刻，晚清金石学者由云龙又认为此碑刻立于东汉桓帝永寿二年(156)。高文认为：虽公元前25年、公元36年、156年这三个年份都是“丙申”年，但十月皆无“癸卯”，唯东汉和帝永元八年(96)即是“丙申”年，该年十月一日又为“癸卯”，故此碑刻立之年应定为永元八年(96)，此说甚是。由云龙甚为称颂此碑：“滇中石刻，两爨(《爨龙颜》碑、《爨宝子》碑)已为边方生色，更得此碑，距今殆千八百余年，又驾两爨而上之，足以征滇省文化输入之早。”

同年，西北的陕西绥德，还出现了一件有明确纪年的东汉画像石：杨孟元墓画像石，又称《杨孟元画像石墓题记》，此碑1982年出土。题记结字方正，长短大小轻重各有不同布局，规矩中出变化。

［文献］ 由云龙《定庵题跋》，高文《汉碑集释》，李贵龙等《陕西古代美术经典：绥德汉代画像石》。

公元100年 永元十二年

［提示］ 四月八日，陕西绥德王得元墓画像石。

［叙录］ 1953年出土的王得元墓画像石是另一块有明确纪年的东汉画像石，同样出自绥德(保育小学内，即原西山寺故址)，比杨孟元墓画像石晚了四年，现藏于中国历史博物馆。此次一共出土了26块画像石，其中一块刻有“永元十二年四月八日王德元室宅”字样。墓分前后二室和左右耳室。其门框、门楣和门扇上均满刻浮雕，有刻绘西王母、羽人、玉兔捣药、青龙、玄武等神话祥瑞者，有描写墓主人生前各种富贵生活者，有表现农牧业生产活动如牛耕、放牧和作物丰收等生活气息浓郁场景者，内容丰富多姿，堪称刻于石头之上的汉代风俗画卷。画面构图将神话传说与现实生活、神和人、动物和植物、天象和纹饰等巧妙组合在一起，繁而有序，装饰化与写实性融为一体，构思匠心独运。其雕刻技法为减地平钑，简洁流畅，实为画像石中之难得上品。

［文献］ 王逊《中国美术史》，刘兴珍等《中国古代雕塑图典》，吴佩英《陕北东汉画像石研究》(上海大学美术学院2013年博士论文)。

公元105年 元兴元年

［提示］ 十月，北京幽州书佐秦君神道阙。是年，四川王稚子阙。

［叙录］ 是年，在东汉石刻艺术史上较为重要。十月，山东东汉雕刻家石巨宜完成了北京幽州书佐秦君神道阙大形石刻艺术。秦君神道阙于1964年6月在北京西郊石景山区上庄村东因采石工程而出土，共发现有汉代石表、石柱、石柱础、石阙顶等。其中石柱两件：尺寸略有差异，通高225厘米，柱上端周长108—111厘米，下端周长127厘米，底座圆柄高25厘米，周长92—96厘米，柱额四面作长方形，长48厘米、宽43厘米。同时出土者还有石柱额下两侧石立虎等石刻作品。立虎前肢攀附额石，矫健而充满动感。在石础、石表等建筑构件上，还分别雕刻着鸟兽、人物以及莲瓣纹、菱形纹、三角纹等纹饰，极富装饰意味。两石柱之一上刻有“永元十七年四月，卯令改元为元兴元年。其十月，鲁工石巨宜造”字样。因为有了这段石刻文字，证实了石巨宜为中国早期石刻艺术家之一。从这个记载来看，石巨宜至少是这个石刻工程的重要工匠，甚至有可能是此工程的主持者。另一石柱上刻武士与朱雀，左侧龙，

右上刻“乌还哺母”四字，下刻小字七行。因此幽州书佐秦君神道阙又称《乌还哺母等字残石》，它们不仅是北京地区所发现年代最早之刻石，也是目前所见最为完整的汉代神道刻石。原存于北京市文物工作队，后移藏北京白塔寺石刻博物馆中。石阙上隶书阳刻3行10字“汉幽州书佐秦君之神道”，左右两阙同文。阙下三石柱上各有刻字多处。还有石宝顶一、方形石础一、神道石柱顶六、浮雕双人一等。

高文认为：这批石刻是东汉元兴元年为一个秦姓的书佐所建之神道阙，据残存构件推测，可能是阙前的两个墓表，墓表后由母阙子阙组成。石柱所雕的朱雀，与四川渠县冯焕阙、沈府君阙、王家坪无铭阙的朱雀大体相似，与山东汉琅邪相刘君墓表及晋故巴郡察孝骑都尉枳杨府君神道阙亦接近。

这年在南方的四川新都弥牟镇，还完成了名叫王稚子阙的石刻作品。《王稚子阙》全称《汉兖州刺史雒阳令(涣)稚子阙》，早在宋代就已被著录，如赵明诚、洪适等曾对此进行考证，认为是汉王涣墓前的东西双石阙。洪适记录颇详：成都新都县有涣墓，此墓前之双石阙，其上各刻车马之状，一则二人乘马，一则二人乘车挽之者橐佗也。又说：阙之两角有斗拱，上镌童儿，又作重屋，四壁刻人物、车马之类，亦有漫灭者，有“先置”二字在石阙南面，“稚”字在北面，“子”字在东面，“洛阳”二字在左阙西面。王涣在《后汉书》中有记载：涣字稚子，元兴元年卒。

王稚子阙的西阙隶刻“汉故先灵侍御史河内县令王君稚子阙”16字，明代时稚子阙字有损泐，清雍正九年(1731)东阙石沉没沟中。东阙隶刻“汉故兖州刺史雒阳令王君稚子阙”14字，到宋代尚完好无损，后来只有8字可识。清乾隆五十一年(1786)，在申兆定所摹《裴岑纪功碑》两侧翻刻了东阙文。现在王稚子阙原石已毁。王稚子阙书法劲健古朴，翁方纲称其“法度劲古，过于钟、梁”。康有为亦谓：若东汉分书，莫古于《王稚子阙》。

高文说，在王稚子坟前，以前还有《新都读碑图》，原嵌在王稚子坟前，19世纪50年代散失，碑被打碎，不知去向。现四川新都县文物管理所、四川省文物商店各存拓片一张。读碑图中下部刻一汉阙，上书“汉故兖州刺史雒阳令王君稚子之阙”。阙前站立三人，右为雪堂和尚，左为邓质，中为王懿荣。阙后刻树木、山水等景物，阙和山水树木之上方左右刻题跋七。清末王懿荣之父王祖源署成绵龙茂道，邓质为其幕僚，邓又与王懿荣同年，与新繁县龙藏寺方丈雪堂同乡，故懿荣入蜀省父，邓质、雪堂邀其同游读碑，刻此读碑图。

［文献］ 汉班固《后汉书》卷七六，宋赵明诚《金石录》卷一四，宋洪适《隶释》卷一三，清常明等《四川通志》卷五八，清李调元《蜀碑记补》，清翁方纲《两汉金石记》卷一四，刘兴珍等《中国古代雕塑图典》，刘正成《中国书法鉴赏大辞典》，高文《中国汉阙》、《四川历代碑刻》、《东汉碑刻的隶书》，《中国美术全集》(书法篆刻编)。

公元113年　永初七年

［提示］ 山东《食堂画像戴氏父母卒日记》。山东济宁两城山墓祠浮雕。

［叙录］ 汉代普通乡民刻石以祭祖先，通常行文刻画均十分简朴。这块出自滕县的《食堂画像戴氏父母卒日记》的石刻，兼具画像与文字，可惜原石不知去向。近人王壮弘谓：一石在国内，一石在日本。另外，端方也曾著录此刻石，称其为《戴氏画像题字》，两旁纪其父母年寿并卒年月日，中为画像。近人徐崇立曾得朱拓本，谓其刻画尤精。

山东济宁两城山墓祠浮雕，也在此年雕建完成。根据王子云所述，两城山墓祠石刻艺术，对南阳画像石产生过直接影响：南阳汉墓浮雕，整个作风形式颇接近于山东两城山墓祠刻石。由于它多在凹地刻出阴线条，使整体造型显得特别粗犷有力，但不及两城山刻石的平整细致。同时南阳浮雕在题材上除有少数乐舞百戏和历史神话故事外，大量的是狩猎、斗兽一类的描写，这些豪放而激动的场面，正适宜于用粗犷不羁的线条来表达。

［文献］ 清端方《匋斋藏石记》卷一，王壮弘《历代碑刻外流考》，王子云《中国雕塑艺术史》。

公元 117 年　元初四年

［提示］ 河北《祀三公山碑》。河南《袁敞碑》。

［叙录］ 东汉安帝元初四年，对于石刻艺术史而言，是值得我们记住的。这一年，有两块重要的碑刻诞生：《祀三公山碑》和《袁敞碑》。

《祀三公山碑》全称为《汉常相冯君祀三公山碑》，人们通常略称为《大三公山碑》。据王昶记载，碑高六尺九寸五分，广二尺五寸。元代出自黄金家族的乃贤曾访得此碑，后不知去向，至清乾隆三十九年(1774)，当时的元氏县令王治岐在元氏县城外偶然访得。今存元氏县西北封龙山下。碑文所述，乃为冯君到任后，祈祷三公神灵保佑国泰民安农业丰收等内容。美国学者王静芬描述道：此碑记载了河北地区常山国相冯君任职时，此地遭遇旱灾饥荒，冯君在三公山神庙祈雨，最终喜获甘霖，万物复苏的故事。翁方纲以碑文之首“(缺一字)初四年”进行考证，断为东汉安帝元初四年，此说为后世所接受。碑文书风在篆隶之间，故清方朔说：“仅能作隶者，不能为此书也，仅能作篆者，亦不能为此书也，必得二体兼通，乃能一家独擅。”

还有一点值得注意者：此碑记载了刻工姓名：宋高。清人永珞等曾说：“汉代诸碑多不着撰人书人，刻工尤不显名氏。”程章灿更进一步指出：宋高是目前可知的最早在刻石上署名的刻工。现在看来，这个说法显然是不太准确的，早在西汉霍墓石刻中，就已经出现了刻工名字。

《袁敞碑》全称《汉司徒袁敞碑》，20 世纪 20 年代初出土于河南偃师，曾为罗振玉所收藏，现藏于辽宁省博物馆。此碑石上下皆断缺，现存 10 行字，共有 70 余字。袁敞系东汉和帝时司徒袁安(卒于永安四年)的儿子。碑的形制与《袁安碑》一致，带有碑穿。碑文书法为篆书，宽博瘦硬，书风与《袁安碑》十分相近，应该出自一人之手。有学者由此推断：《袁安碑》非袁落葬时所刻立，而是在袁敞葬时，于元初四年同时刻立者。《袁敞碑》中华书局有影印本。

［文献］ 清王昶《金石萃编》卷六，清永珞等《四库全书总目》卷八六，曾毅公《石刻考工录》，程章灿《石刻刻工研究》，［美］王静芬《中国碑刻》，日本《书道全集》(中国系列)，《拓本汇编》第 1 册，《中国美术全集》(书法篆刻编)，《书法丛刊》第 9 辑，刘正成《中国书法鉴赏大辞典》。

公元 118 年　元初五年

［提示］ 二月，山东《郯令景君阙铭》。四月，河南登封泰室、少室阙及阙铭。

［叙录］ 山东《郯令景君阙铭》出自山东济州任城县南，雕刻于是年二月。原本为双阙，阙早损毁，一阙上刻“郯令景君阙铭”，在宋人洪适书中有著录。

此年比较重要的石刻事件是河南登封的泰(通“太”)室、少室阙(完成时间略晚)及阙铭。河南登封泰室阙，位于河南登封市东中岳庙前，距庙门 500 米许，石阙为汉安帝元初五年时的阳城长吕常所建。登封在汉代称嵩高县，据《汉书》记载，早在汉武帝时就置有泰室少室山庙。泰室阙为汉代泰室山庙前神道阙，与少室阙、启母阙并称嵩山三阙，其中以泰室双阙保存得最为完好。据高文记录：泰室阙高 392 厘米，两阙东西相距 675 厘米。阙身用长方石块垒砌而成，上部用巨石雕成四阿顶。西阙南面阙身有篆书题额，残存“中岳泰室阳城”六字；北面刻铭文中有“元初五年四月阳城□长左冯翊万年吕常始造作此石阙”句，可以确定其雕刻时间。阙身四面用减地平雕的技法，雕刻有人物、车骑出行、马技、舞剑、龙、虎、玄武、象、羊头、斗鸡、犬逐兔、蟾蜍、猫头鹰、建筑物、常青树等画像 50 余幅，是研究汉代风俗习惯和社会生活的珍贵资料。

隶书《泰室石阙铭》又称《嵩山泰室石阙铭》、《中岳泰室石阙铭》。王昶记载泰室西阙铭高一尺三寸，广四尺六寸五分。存 28 行，行 9 字，第 3 行 10 字。额阳文篆书“中岳泰室阳城□□□”九字，北京故宫博物院藏有明拓本。泰室东阙完成时间晚至安帝延光四年三月，隶书铭文约 46 行，每行 12 字。名为《颍州太守杨君泰室阙铭》。《泰室石阙铭》书法雄健，体势周正，何绍基称其“瘦劲似吉金，东京碑中自有此一派，最为高古”。

河南登封少室阙在登封市嵩山少室山下之邢家铺村，距县城约五公里。建筑雕刻时间约在东汉元初五年至延光二年之间，是汉代启母涂山氏之妹、少室少姨庙前的神道阙。分为东西双阙。阙高约 400 厘米、宽 200 厘米、厚 70 厘米，两阙间相隔约 800 厘米。少室双阙保存状态略次，尤其是阙顶损毁较重。西阙北面刻有双线勾勒之篆题“少室神道之阙”6 字，南面隶书铭文及题名，但大部分已剥落难识。东阙北面有题名，题名中提及“阴林”、“夏效”、“张诗”、“严寿”等人名。相同的人名也见于泰室阙或启母阙，以此可知三阙建立的时间大体相同。阙身刻有图像多幅，有车骑出行、马戏、驯象、月宫、猎鹿、斗鸡、铺首衔环和共命鸟、龙、虎、犀、犬、蟾、兔、鱼、角抵、人物等。高文描绘所刻马戏图：两匹四蹄腾空奔驰的骏马，前一匹马鞍上有一头挽双丫髻的少女，穿紧身衣裤倒立，后一匹马上有一女子长袖舒展随风飘扬，人体自然后倾，显示出奔马的迅跑和马戏的惊险技艺。

少室双阙也有阙铭：《嵩山少室石阙铭》，又称《中岳少室神道石阙铭》，石上无刊刻年月，清王澍考证为东汉安帝延光二年(123)颍川太守朱宏所造刻，东阙铭隶书四行，每行六字。西阙铭据王昶记载为铭高一尺三寸，广五尺五寸，篆书，存二十二行，每行四字。清人郭尚先认为：汉篆传者，《三公山碑》、《开母石阙》并此而三，唯此最佳，犹有二十九字碑《泰山刻石》余势。

［文献］ 汉班固《汉书》卷二八，宋洪适《隶释》卷六，清王昶《金石萃编》卷六，王澍《虚舟题跋》，清郭尚先《芳坚馆题跋》，高文《中国汉阙》、《汉碑集释》，刘正成《中国书法鉴赏大辞典》，《中国美术全集》(书法篆刻编)。

公元 122 年　延光元年

［提示］ 十一月十五日，重庆《索恩村崖墓题记》。四川《冯焕阙》。

［叙录］ 如前所述，四川在汉代石刻艺术中占据重要地位。是年有两件石刻作品，均来自四川重庆地区。其一是《索恩村崖墓题记》，于 1987 年文物普查时发现，地点在綦江县(今重庆市綦江区)扶欢乡索恩村崖墓之内。题记共 4 行，题刻高 75 厘米，宽 40 厘米。上刻有：“延光元年十一月十五日，王子羊苍……闵宗作石冢百姓明知也。”

《冯焕阙》位于四川省渠县北土溪赵家坪。据范晔记载，冯焕为东汉安帝时人，字平侯，宕渠(治今渠县土溪)人。曾随班固北伐匈奴，骁勇多智，为燕然大捷作出贡献。延光元年初，冯焕奉令征讨句骊王叛兵，克获其胜。朝中奸臣忌妒冯焕功高于世，伪作玺书以诬陷冯焕，赐以欧刀(刑刀)，冯焕含冤下狱。事发之后，虽为冯焕之子冯绲力证其清白，无奈冯焕已屈死狱中。汉安帝赐钱十万以示安抚，封冯绲为郎中，并在其宕渠县治刻立神道阙。冯焕阙原来有东西双阙，现在仅东阙犹屹立于世，1961 年国务院批准冯焕阙为第一批全国重点文物保护单位。高文记载：冯焕阙高 438 厘米，由阙基、阙身、坊子层、介石、斗拱层、阙顶六部分组成，是一座完整的仿木结构建筑。阙基之上矗立着用青砂石做成的阙身，楼部由三层大石块叠就。第一层刻纵横相交的坊子。第二层石块为介石，较薄，四面平直，上面布满浅浮雕方胜纹图案。第三层石块向上斜挑出，呈倒梯形，四角刻斗拱，两侧为曲拱，皆为“一斗二升”，富有装饰性。拱眼壁上正面雕青龙，背面刻玄武，线刻，细腻生动，刀法简练。最上面为阙顶，仿双层檐，庑殿式，筒瓦，瓦当雕草叶纹。冯焕阙正面刻铭文“故尚书侍郎河南京令豫州幽州刺史冯使君神道”12 字隶书。

铭文下为浅浮雕饕餮图。此阙当建于延光元年或后一年。史载，同年曾立有冯焕碑一通，后世发现时已为残碑，刻文为冯焕墓志。《隶释》云："汉冯焕残碑阴，诸曹史及帐下司马、武刚司马十余人，其间有贯颍川汝南陈国者，皆豫州旧部也。"可知冯焕阙为其部属兴建。《渠县志》记载：清道光二十九年(1849)，渠县邑侯王椿源曾建亭保护，并有碑记，但今已不存。

冯焕阙雕刻精致简约，造型生动大气，独具一格，融石刻与建筑之美于一体。有拓本传世，陆增祥说拓本高汉尺九尺六寸，宽九寸，字径三四寸不等。清康有为称其书体"布白疏，磔笔长，隶中之草也"。

［文献］ 汉班固《后汉书》卷三八，清陆增祥《八琼室金石补正》卷三，清康有为《广艺舟双楫》卷二，高文《中国汉阙》，胡海帆编《秦汉刻石文字要目》。

公元 123 年　延光二年

［提示］ 二月，朱宠造开(启)母庙石阙。三月，《少室石阙铭》。

［叙录］《少室石阙铭》前面已经述及，也称《嵩山少室石阙铭》、《中岳少室石阙铭》。在河南登封县嵩山南麓的万岁峰下邢家铺。王昶记少室阙篆书铭刻高一尺三寸，广五尺五寸。嵩山另一件重要石刻是朱宠造开(启)母庙石阙及阙铭。开母庙石阙较少室阙时间约早一个月，在是年二月由太守京兆朱宠刻立。

启母阙北面大约半里地就是启母石。启母石在《淮南子》中有如下记载："禹治鸿水通轘辕山，化为熊。谓涂山氏曰：欲饷，闻鼓声乃来。禹跳石，误中鼓，涂山氏往，见禹方作熊，惭而去。至嵩高山下，化为石。方生启。禹曰：归我子。石破北方而生启。"看来石头生人的神话原型十分古老，是人类石头崇拜的重要母题之一。启母石为世人所重视，汉武帝曾到中岳见夏后启母石，极有可能当时就建立了祭祀启母的祠庙。此阙为启母庙神道阙，因避讳汉景帝刘启之讳，改名开母庙、开母阙。阙下部还刻有东汉熹平四年(175)中郎将堂溪典的隶书《堂溪典嵩山请雨铭》。启母阙顶部基本毁失掉，阙身所刻画像亦多残损，可识者有宴饮、驯象、斗鸡、猎兔、虎逐鹿、马、骆驼、幻术、骑马出行、太阳神、月宫、大禹化熊、郭巨埋儿等。

启母阙上有小篆铭文，铭文记述夏禹及其父鲧治水事迹。启母或开母庙石阙铭又称《嵩山开母庙西石阙铭并题名》，据王昶记载说阙铭二栏，各高一尺八寸五分，广八尺九寸五分。《开母庙石阙铭》其字书法与《少室石阙铭》完全相同，似为同一人所书。康有为赞其字体"雄劲古雅"、"茂密浑劲"、"篆书科律"。北京故宫博物院藏有明拓本。

［文献］ 汉刘安《淮南子》，清王昶《金石萃编》卷六，清康有为《广艺舟双楫》卷二，高文《中国汉阙》、《汉碑集释》，刘正成《中国书法鉴赏大辞典》、《中国美术全集》(书法篆刻编)、《秦汉石刻的篆书》。

公元 125 年　延光四年

［提示］ 五月十日，重庆摇钱树佛像。八月，山东《延光残碑》。是年，云南《昆明界石碑》。

［叙录］ 出土于重庆丰都县的摇钱树佛像，虽与石刻无直接联系，但由于汉代佛像十分少见，且对后世佛教造像有重要影响，故仍在此特别提及。2001 年在丰都县镇江镇槽房沟第九号砖室墓中，出土了一件青铜摇钱树树干，长仅 5 厘米，其上可清楚看见铸有高发髻袒右袈裟右手施无畏印的佛像。在灰陶覆斗的摇钱树座侧面，阴刻隶书"延光四年五月十日作"9 字。这件摇钱树佛像，是我国有明确纪年的早期佛像之一，现藏重庆中国三峡博物馆。摇钱神树在川渝地区多见，表达了人们对于财富与长生升天的强烈愿望。此时的佛像还没有取得独立的宗教意义，而是与西王母、东王公或神兽一起，成为人们祈求神灵护佑的对象之一。

费泳对此佛像有如次的分析，较为准确：汉魏、西晋佛教艺术，以现有实物资料看，主要集中在南方长江流域，此间佛像已大量出现。地点主要分布于四川、湖北、安徽、江苏、浙江等地及周边地区，发生时间顺长江而下，呈现由早趋晚的态势。同期北方佛像遗迹极为罕见，且尚未出现佛像。四川是汉魏时期佛教造像出土较多的地区，主要有崖墓门楣、摇钱树、画像砖。较早的东汉延光四年佛像为铜质摇钱树的一部分，惜造像残，佛顶作束发肉髻，右手施无畏印，左手残。由造像颈部下方的横向弧线衣纹，可以推知该佛着通肩式袈裟，且右侧衣缘敷搭于左肩。披着右袒式袈裟的佛像，其袒露胸部与颈部是连为一体的，不会出现横向弧线。由于佛像左手残，对于该手印无法作具体判断，但可以明确的是其左前臂上抬与后臂呈 90°，在秣菟罗和犍陀罗地区，佛右手施无畏印时，左手若上举，通常为手握衣角。进一步的认识，需借助更完整的图像资料。

山东诸城的隶书《延光残碑》，是年八月刻立，又称《延光四年残碑》、《都官是吾残碑》、《是吾残碑》。漫漶较甚，存约 401 字，有竖界文。石碑于清康熙六十年(1721)在诸城超然台故址出土，乾隆三十九年(1774)移置诸诚县内堂东垣，民国元年(1912)又移置县学宫，现藏于诸城博物馆。方朔记载其碑高三尺，广四寸，字径二寸。

同年，远在南方的昆明也有一块石刻《昆明界石碑》，1956 年 4 月发现于云南省昆明市南郊塔密村，碑文隶书 6 行，漫漶较为严重，碑文可辨者仅 30 余字。

［文献］ 清方朔《枕经堂金石书画题跋》卷二，胡海帆编《秦汉刻石文字要目》，《中国美术全集》(书法篆刻编)，费泳《汉唐佛教造像艺术史》。

公元 122—125 年　延光年间

［提示］ 四川沈府君阙。

［叙录］ 位于四川渠县城北 30 余公里的汉碑乡汉亭村燕家场之四川沈府君阙，是汉阙中唯一双阙幸存者，殊为难得，约建于东汉延光年间。两阙东西相距 20 余米，阙高 484 厘米。据高文记载：东阙内侧雕刻着青龙浮雕，利吻紧咬玉环下之绶带，挣扎上仰，奋欲腾云。西阙之内为白虎浮雕，隆准短身，四足五爪，尾长而刚健，口亦紧咬玉环绶带，跃跃欲奔。阙周遍布反映汉代社会生产、生活的人物、动物和作物的浮雕，如独轮车、农商贸易、猎射、戏兔以及牛、羊、马诸畜和果树、水草等等。西阙铭文“汉新丰令交趾都尉沈府君神道”。其中之“沈”字肆意运笔之飘逸淋漓，为世罕见。沈府君阙，造型古朴，雕刻精巧，状物逼真，形态生动，不仅是造型艺术中的又一珍品，而且是研究汉代生产、生活、建筑、交通工具及书法、雕塑、绘画艺术难得的实物资料。沈府君阙历代皆修亭竖碑，至今阙旁仍有清道光二十八年(1848)渠县邑侯王椿源题《沈府君神道碑亭记》。认真观察石阙上所雕刻诸形象，皆可感受其奋发矫厉，活跃生动的气势。尤可注意者，在其中一幅射猎场面中，竟然可见两人裸体登场，这在古代石刻艺术中颇为罕见。

［文献］ 高文《中国汉阙》，侯忠明《渠县汉阙之沈府君阙研究三题》(《达县师范高等专科学校学报》2003 年第 3 期)，刘兴珍等《中国古代雕塑图典》。

公元 137 年　永和二年

［提示］ 八月，新疆《裴岑纪功碑》。

［叙录］ 刻制于东汉顺帝永和二年的石碣《裴岑纪功碑》，全称《汉敦煌太守裴岑纪功碑》。清人阮元、翁方纲等均曾著录此碑。是年八月，敦煌太守裴岑率郡兵 3 000 人，诛杀匈奴呼衍王，克获全胜，于是建立祠堂并刻石以纪其功。原碑在新疆巴里坤哈萨克自治县城西博格达山口的人石子。此碑高四尺二寸，广一尺八寸五分(据王昶所记)，上尖下宽，远望如石人，故名其地为人石子。此碑最早于清雍正七年(1729)为时任大将军的岳铭琪发现后，移置于将军府中保存。雍正十三年((1735)

又移置于巴里坤城西北关帝庙前，现收藏于新疆博物馆中。清乾隆二十三年（1758）裘日修偶得碑拓本，此碑始广为世人所知。清方朔称其文笔叙事古雅，字在篆隶之间，雄劲生辣，真有率三千人擒王俘众气象。

博格达山口附近，出了好几件东汉石刻艺术品，除此碑之外，还有东汉永元五年（93）的《任尚碑》和永和五年（140）的《焕彩沟碑》等东汉石刻，赵超认为：它们都是刻在一块单独的天然石块上，按照石刻的形制分类，应该叫做“碣”。后世翻刻本甚多，如新疆巴里坤刘氏本、山东济宁顾氏本、西安申兆定本等。

［文献］ 清阮元《关中金石记》卷一，清翁方纲《两汉金石记》卷一四，清王昶《金石萃编》卷七，清方朔《枕经堂金石书画题跋》卷二，日本《书道全集》（中国系列），《拓本汇编》第 1 册，邓实等《神州国光集》，《中国美术全集》（书法篆刻编）。

公元 139 年　永和四年

［提示］ 二月，重庆《七孔子崖墓题记》。是年，崔瑗作《河间相张平子碑》。

［叙录］ 这年二月，在重庆綦江县福林乡七孔子崖墓中，雕刻有隶书《七孔子崖墓题记》，在二号崖墓后壁刻着六个字：“永和四年二月。”题记高 38 厘米、宽 14 厘米。另外在六、七号崖墓门楣上还刻画着人物等图案。这批崖墓于 1987 年文物普查时发现。

范晔记载说，崔瑗在 62 岁时，也就是永和四年，为好友张衡（平子）书写了《河间相张平子碑》。徐公持认为：崔、张二人生前为挚友，皆有才情，而且互相了解，彼此欣赏。张衡先已逝世，可见崔瑗伤痛之甚！此文对亡友作高度赞美、评价，亦寄托了崔瑗的哀思。篇中有“数术穷天地，制作侔造化”二句，形容张衡神奇、杰出的学术科技成就，是古今公认的对张衡最准确的评价。又有“天泯斯道，世丧斯文”等语，说出全篇的主题：张衡虽逝，而其道德文章将永存天地间。

［文献］ 汉班固《后汉书》卷五二、卷五九，高文《四川历代碑刻》，徐公持《东汉文坛点将录（五）：“世禅雕龙”的崔氏世家》（《文史知识》2012 年第 6 期）。

公元 140 年　永和五年

［提示］ 新疆《沙南侯获碑》。山东孙仲乔造石羊。

［叙录］ 刻于永和五年的隶书《沙南侯获碑》，又称为《沙南侯碑》、《伊吾司马侯猗题字》，侯获可能是云中郡沙南县的一个官员，现仅残存 20 多字。原刻石在新疆镇西焕彩沟，清道光十五年（1835）萨湘舲经途经镇西（哈密一带）过焕彩沟，发现此刻，将刻石拓了下来。陆增祥记载其石高五尺七寸，广二尺九寸，字径四寸许。杨守敬认为此碑隶法亦参差不齐，方子东（方朔）推为遒古瑰丽。

出土于山东临沂石羊岭之孙仲乔造石羊一对，雕刻于永和五年，现藏于故宫博物院。高近 1 米，在羊的胸前分别镌刻着“孝子徐侯”、“永和五年”、“西郭记子丁次渔孙仲乔所作羊”等文字。二者联系考察，孙仲乔应为石刻工匠，即石羊的具体雕刻者，而出资人就是徐侯。在古代汉语中，“祥”、“羊”为通用字，因此人们在墓前置石羊，意在祈求“吉祥”。这对圆雕石羊，仍然沿袭了西汉霍墓石刻的技法，在原石自然本有的形态基础上，雕出大体外形轮廓，然后在最能展现对象特征的部位（如羊角、羊腿等）进行强调与夸张。造型简练，纹饰富有装饰性。冯贺军认为：两汉时期，石羊一般多立于大臣墓前，《水经注》（湍水篇）记汉安邑长尹俭墓“南有石碣二枚，石柱西南有二石羊，中平四年立”。它是墓主身份、地位的象征，同时也是汉代孝道伦理观念的体现。由于一般石像生很少刻有纪年，所以此件石羊成为判断同一时期作品的标尺，在中国陵墓雕刻史上占有非常重要的地位。

［文献］ 清陆增祥《八琼室金石补正》卷四，清杨守敬《激素飞清阁评碑记》，邓实等《神州国光集》，刘正成《中国书法鉴赏大辞典》，刘兴珍等《中国古代雕塑图典》，［美］王静芬《中国碑刻》，日本《书道全集》（中国系列），《拓本汇编》第1册，冯贺军《故宫博物院藏品大系》（雕塑编）。

公元142年　汉安元年

［提示］ 四月十八日，简阳《汉逍遥山石窟题字》。东汉碑刻大书家崔瑗卒。

［叙录］ 四川简阳市东逍遥山崖壁上刻有《汉逍遥山石窟题字》，所刻为隶书13字“汉安元年四月一十八日会仙友”，是对一次山中访友的记录。该题字又名《汉安仙集字》。据高文说，此刻石于宋代景德间即为人发现。石高二尺七寸，宽二尺四寸，共13字。两旁正书为后人所题“东汉仙集，留题洞天”8字，清乾隆五十一年（1786）申兆定摹本刻于《裴岑碑》之阴，现在西安碑林。此刻石极为珍贵，损毁于“文革”之中。

是年，东汉碑刻大书家崔瑗卒，张怀瓘称其“文章盖世，善章草，点画之间，莫不调畅，伯英祖述之，其骨力精熟过之也”。

［文献］ 汉班固《后汉书》卷五二，唐张怀瓘《书断》，高文《四川历代碑刻》。

公元144年　汉安三年　建康元年

［提示］ 汉安三年二月，山东《宋伯望分界刻石》。建康元年八月十九日，山东《文叔阳食堂画像题字》。约此时，“大乘教”首次允许将佛陀画成人形。

［叙录］ 刻制于东汉汉安三年二月隶书《宋伯望分界刻石》，清代光绪二十九年（1903）发现于山东莒县西孟庄庙。此刻石又名《莒州汉安三年刻石》、《定界碑》，碑文四面环刻，尚存近300字，部分字迹漫漶。刻石用途从碑文可知，是当时人们购买田地时刻石记界的石刻。

这年顺帝刘保驾崩，其子年仅2岁的冲帝刘炳嗣位，改元建康元年。其年八月所刻制的《文叔阳食堂画像题字》，清道光十三年（1833）出土于山东鱼台凫阳山。马子云、施安昌称此刻石曾为当地（山东鱼台）马铁桥所藏，以后归端方。民国初其子售予法国人，在法国博物馆。陆增祥记载其石高一尺四寸，广一尺五寸弱，字径六分。方朔称其隶兼篆体，笔法精隐处亦不在武氏祠堂题字之下。

大约在此时，“大乘教”首次允许将佛陀画成人形。张焯认为：约于此时，印度贵霜王朝强盛，并在其第三代王迦腻色迦（134—156）即位后达到鼎盛，领土扩张到恒河流域。迦腻色迦是继孔雀王朝阿育王之后，极力推广佛教的又一位国王。在他的支持下，佛教僧侣于迦湿弥罗城举行第四次佛藏结集。罽宾遂为大乘佛教的发源地，犍陀罗（今阿富汗东部、巴基斯坦北部）变成了佛教信徒们的真正圣地。佛教中比较开放和进步的一个教派“大乘教”在犍陀罗的流行，首次允许将佛陀画成人形。佛教的突然自由化，推动了犍陀罗佛教艺术向鼎盛方向发展。

［文献］ 清陆增祥《八琼室金石补正》卷四，清方朔《枕经堂金石书画题跋》卷二，马子云等《碑帖鉴定》，张焯《云冈石窟编年史》。

公元147年　建和元年

［提示］ 二月，山东《武斑碑》。三月四日，山东孙宗造石狮子。是年，孟孚、李弟卯造武氏祠石阙，卫改刻武梁祠碑。《武梁祠画像题字》。太尉李固葬陕西南郑，墓前有护墓石兽。支楼迦谶译佛经。

［叙录］ 山东嘉祥武氏祠阙位于山东嘉祥县武翟山（一作武宅山，旧称紫云山）下，距县城15公里。东汉桓帝建和元年二月刻制完成的《武斑碑》，原石在今山东省嘉祥县紫云山。碑额隶书“故敦煌长史

武君之碑”9字，碑文隶书。碑末刻有“纪伯允书”4字，纪伯允是我国所见最早的书碑者。此碑发现较早，宋人欧阳修、赵明诚、洪适等均有著录。清乾隆五十一年(1786)书画家黄易访得此碑后，始广为人知。翁方纲认为此碑“笔飞气若熊虎诠，参差中寓欹侧势，意思邈尔淡似闲”。三月四日，孙宗造石狮子。孟孚、李弟卯造武氏祠石阙，卫改刻武梁祠碑。高文记载说：据武氏祠内石阙铭文记载，东汉末年，嘉祥武氏世代为官。桓帝建和元年，其后世子孙始在墓前建武氏祠堂，其由几个祠堂组成，精工细作，数十年乃成。在武氏祠内，石刻包括石阙、石狮、墓碑、画像等。宋代欧阳修、赵明诚等均有著录，可知此项石刻最晚在宋代即已发现。后历经洪水漫淤，石刻废圮，埋没地下。清乾隆五十一年(1786)，金石学家黄易亲赴嘉祥，详加查勘并发掘、搜集，得画像石刻20余块，次年翁方纲特为捐资建屋保存。后又陆续发现多块。除流散国外二石及运存济宁二石外，现尚有石阙、石狮各一对，石碑2块，画像石43块，隶书题记约1 069字。画像石内容丰富，取材广泛，雕刻精良，造型生动。据洪适《隶释》所载《从事武梁碑》称：武氏子孙“躬修子道，竭家所有，选择名石，南山之阳，擢取妙好，色无斑黄。良匠卫改，雕文刻画，罗列成行，摅骋伎巧，委蛇有章，垂示后嗣，万世不亡”。显然这个卫改，是当时山东一带著名的石刻艺术家，不仅是此碑的雕刻者，整个武梁祠的石刻艺术工程，他也应该是主要工匠之一。

武梁祠的一对石狮，则由另外一位著名工匠孙宗于是年三月四日雕刻完成(图10)。石狮原来埋没于武氏家族墓地，1962年发掘出土。石狮高124厘米、长145厘米、宽40厘米，东西相距645厘米。双狮足立石座，形象如虎似狮，昂首张口，气势雄强。东石狮后右足残，前右足踏按一幼兽。西石狮缺前两足及后右足，后左足亦残损。据阙铭记载，这对孙宗所造石狮，值钱四万，换算成现在的货币，那是相当昂贵的了。武梁祠双阙工程则是由工匠孟孚和李弟卯两人合作完成，值钱十五万，内容有周公辅成王以及车马出行图、持戟人、执彗人物、四神图像、楼阁、奇禽怪兽等。浮雕为单层次结构，平面减地手法，神态生动活泼。雕刻家李弟卯除刻此双阙外，又刻绥宗、景兴、开明、宣张、含和等墓画像石及墓前石阙画像，其石刻工艺精美绝伦。现代学者巫鸿对武梁祠石刻艺术曾展开过精湛的研究。

隶刻《武梁祠画像题字》又名《武梁祠画像题签》，无刻石年月，宋人有著录(如赵明诚、洪适等)。马子云说，刻石先为轩辕华藏，后归端方，民国初为某外国人购去。在王壮弘的著述中，还记录了几件散落的汉武梁祠画像石：楚将等字残石、汉武梁画像孔子何馈等字残石、汉武梁祠画像钩骑四人等字残石、汉武梁祠画像杲陶等字残石。以上四石现藏瑞典博物院。汉武梁祠画像颜淑等字残石，一说在法国，一说在瑞典。

建和元年，太尉李固葬陕西南郑，墓前有护墓石兽。据范晔《李固传》记载：李固(94—147)字子坚，汉中南郑人，是司徒李郃的儿子。王子云说，他于20世纪40年代末前往南郑调查李固墓(在城固县柳林镇李固庙村)，仅见一石兽残躯被弃置于荒野之中。现在墓前有南宋孝宗乾道六年(1170)时任城固县令阎苍舒所刻立的石碑，上书“汉忠臣太尉李公神道碑”。还有一通隶书“汉太尉李公固墓”碑，系清乾隆四十一年(1776)陕西巡抚毕沅所书。

同年，支楼迦谶译佛经。支楼迦谶又作支娄迦谶、支谶，本为月支国人，桓帝初年到洛阳，译《般若道行经》、《首楞严经》等14部佛经。任继愈说：在中国第一次把大乘般若学传进汉地的僧人是支娄迦谶。

［文献］　南朝宋范晔《后汉书》卷六一，南梁慧皎编《高僧传》卷一，宋欧阳修《集古录跋尾》卷二，宋赵明诚《金石录》卷一四，宋洪适《隶释》卷六，清翁方纲《两汉金石记》卷一五，王壮弘《历代碑刻外流考》，曾毅公《石刻考工录》，任继愈《中国佛教史》，马子云等《碑帖鉴定》，刘兴珍等《中国古代雕塑图典》，高文《中国汉阙》，王子云《中国雕塑艺术史》，巫鸿《武梁

祠——中国古代画像艺术的思想性》。

公元148年 建和二年

［提示］ 十月，陕西《石门颂》。是年，安清译佛经。

［叙录］ 汉代摩崖石刻《石门颂》全称《司隶校尉犍为杨君颂》，又称《杨孟文颂》，桓帝建和二年十月刻制，原刻在陕西汉中褒城县褒斜谷古石门隧道西壁之上。王昶记载其石高九尺九寸，广七尺七寸，额题"故司隶校尉犍为杨君颂"10字。碑文计有622字，1967年因在石门修建大型水库，将包括《石门颂》在内的"石门十三品"摩崖刻石凿出，四年后迁至汉中市博物馆收藏。《石门颂》发现较早，在北魏郦道元著作中就已提及。刻石为时任汉中太守的王升，为颂扬同乡（犍为武阳）先哲杨孟文当年修复重新开通石门、褒斜道之功绩而作。杨守敬称其行笔如野鹤闲鸥，飘飘欲仙，六朝疏秀一派皆从此出。清张祖翼跋此碑云：三百年来习汉碑者不知凡几，竟无人学《石门颂》者，盖其雄厚奔放之气，胆怯者不敢学，力弱者不能学。台湾大众书局、上海书画出版社、北京文物出版社均有影印本。

同年，来自安息国的太子安清译佛经。安清，字世高，幼颂佛经，又通汉学，蜚声西域。汉桓初到中原，通习华语，译出佛经39部。

［文献］ 北魏郦道元《水经注》卷二八，南梁慧皎编《高僧传》卷一，清王昶《金石萃编》卷八，清杨守敬《激素飞清阁评碑记》，清张祖翼《汉碑范》、《旧拓石门颂》。

公元151年 元嘉元年

［提示］ 八月二十四日，山东画像题记。是年，《缪宇墓石》。邯郸淳20岁作《曹娥碑》。

［叙录］ 是年八月二十四日刻立的《画像题记》，1973年5月出土于山东苍山县城西城前村南北朝墓葬中。在一批画像石中，有题记者二石。一隶书，有竖界格，内容为元嘉元年八月二十日立。近年在徐州邳县青龙山麓的东汉缪宇墓中所出土的一方东汉墓志《缪宇墓石》，刻制于本年。为汉末遗物，其状近碑。赵超认为，这个现象说明东汉时盛行的墓碑对墓志的产生起过重要的影响。

据范晔记载，会稽上虞（今浙江绍兴市东）人曹娥以孝名闻。14岁时，其父亲在江上迎水神时意外溺死，曹娥悲恸不已，投江而死。邯郸淳为之作《曹娥碑》（又称《度倚曹娥诔词》，简称《曹娥诔词》），以彰孝道。元嘉元年，上虞县令度尚为表彰曹娥之孝，为其竖立石碑。度尚的弟子邯郸淳，字子礼，其时甫及弱冠，颇有异才。度尚先让魏朗作《曹娥碑》，文成未出。饮宴之中，度尚让邯郸淳也写一篇《曹娥碑》，邯郸淳操笔而成，无所点定。魏朗自叹不如，便把先前所写的碑文草稿毁掉了。又据郦道元记载：《曹娥碑》在长江之南，碑文作者邯郸淳是县令度尚的外甥。

唐代李贤在为《后汉书》作注时引《会稽典录》：后来蔡邕为《曹娥碑》题八字："黄绢幼妇，外孙齑臼。"此八字即是镌刻于《曹娥碑》碑阴的一条隐语。据《曹娥庙碑志》所载，此隐语是蔡邕于汉献帝兴平二年（195）所题写。这条隐语又因《三国演义》中曹操谋士杨修的解释而妇孺皆知：黄绢，色丝也，于字为绝；幼妇，少女也，于字为妙；外孙，女子也，于字为好；齑臼，受辛也，于字为辞，所谓"绝妙好辞"也。罗贯中的描述，显然来源于南朝宋人刘义庆在《世说新语》中的记载。在刘义庆笔下，对于此条隐语的破解，成了曹操和杨修之间一场微妙又危险的智力游戏，也开启了我国文义字谜之先河，世称"曹娥谜格"或"曹娥谜"。清顾禄考灯谜二十四格，认为曹娥格为最古。

但是"曹娥谜"是否为蔡邕所书，曹操和杨修的解谜对白究竟存不存在，目前学者仍有争议。否定其说者举出两个疑点：第一，董卓被诛后，蔡邕为王允所捕，于初平三年（192）死于狱中，因此蔡邕不可能于死后三年再题写《曹娥碑》的隐语。第二，《曹娥

图 10 石狮 东汉建和元年(147) 山东嘉祥文物管理所藏

碑》存浙江上虞，汉时属会稽郡，而曹操赤壁大败，一生也未越过长江，因此他也不可能看到这块谜语碑。罗贯中在创作小说时显然是意识到了这儿的一些不合历史的因素，因而对此进行了巧妙修正：曹操和杨修是在潼关附近的蓝田，也就是蔡邕故居中看到《曹娥碑》的“碑文图轴”，而并不是在会稽上虞观看《曹娥碑》原石碑。

近人刘国桢则认为：东汉末年有两个同名同姓的蔡邕，一个是“终隐不仕”的上虞人，一个是“终仕不隐”的陈留人，即汉中郎蔡邕。题《曹娥碑》的是上虞蔡邕，而不是陈留蔡邕。梁元帝萧绎的《古今同姓名录》、明代余寅的《同姓名录》和清代刘崇华的《历代同姓名》等也都持这一见解。

《曹娥碑》原碑及蔡邕书法早已佚失。现有传为王羲之或晋贤书写的绢本《孝女曹娥碑》墨迹，存辽宁省博物馆。文徵明赞其书法古雅纯质，不失右军笔意。康熙皇帝对之推崇有加，谓其清圆秀劲，众美兼备，古来楷法之精，未有与之匹者。清人张廷济也认为曹娥碑纤劲清丽，赵子昂、虞伯生皆推为正书第一。

［文献］ 南朝宋范晔《后汉书》卷一一四，南朝

宋刘义庆《世说新语》(捷悟)，北魏郦道元《水经注》卷四十，明罗贯中《三国演义》第七一回，清顾禄《清嘉录》，清张廷济《清仪阁题跋》，刘国桢《古今同姓名大辞典》，刘正成《中国书法鉴赏大辞典》，赵超《石刻史话》。

公元153年 永兴元年

［提示］ 夏，蔡邕22岁，作《琅邪王傅蔡朗碑》。六月，山东《乙瑛碑》。

［叙录］ 东汉大书家蔡邕为蔡朗作《琅邪王傅蔡朗碑》。碑中有“(蔡朗)年五十八，永兴六年夏卒”之语，永兴年号一共只有两年，因此这儿的“六年”应该是“元年”的讹误。蔡邕传世的书法作品极为少见，据说，现在在湖南江华县勾挂岭西岩洞，上刻高达140厘米的楷书“秦岩”两个大字，就是出自蔡邕手笔。西岩洞可容数千人，相传为秦人避难之处。

刻制于永兴元年六月的隶书《乙瑛碑》，是这一年最重要的石刻作品。《乙瑛碑》原在曲阜同文门，后移至孔庙东庑碑廊，为孔庙东汉碑中最早的一幢，简称《孔碑》，全称《汉鲁相乙瑛置百石卒史碑》、《汉鲁相请置百石卒吏碑》，王昶记载碑高七尺八寸五分，广三尺七寸。碑文所述为当时鲁相乙瑛因孔子19世孙孔麟廉反映孔庙礼器之事，特向朝廷上书，请求在孔庙中设置百石卒史一人，以专门掌管礼器和祭祀之职。桓帝准奏，诏选“年四十以上，通一经之人”充任。在请求过程中，乙瑛任鲁相秩满，继任者复以此事上于朝廷，后终获准。自此，曲阜孔庙首次有了由朝廷核准设置的专职官员，无疑是一件大事，故立碑纪念。《乙瑛碑》碑阴末刻有北宋楷书一行：后汉钟太尉书，嘉祐七年张稚圭按图题记。若依此说，则此碑为东汉钟繇所书，但学者们认为此说并不可信。明人赵崡率先提出质疑，钟繇生于桓帝元嘉元年(151)，此碑刻于桓帝永兴元年(153)，钟繇才虚岁三岁。此碑虽非钟繇所书，但是书法造诣仍然十分高妙，翁方纲称其“骨肉匀适，情文流畅”，包世臣誉其“有云鹤海鸥之态”。清人何绍基评：“横翔捷出，开后来锈刻一门，然肃穆之气自在。”

［文献］ 南朝宋范晔《后汉书》卷六十，宋欧阳修《集古录跋尾》卷三，宋赵明诚《金石录》卷一五，宋洪适《隶释》卷一，明赵崡《石墨镌华》卷一，清王昶《金石萃编》卷九，清翁方纲《两汉金石记》，清钱大昕《潜研堂金石跋尾》卷一，清孔继汾《阙里文献考》卷三三，清孙星衍《寰宇访碑录》卷一，清洪颐煊《平津馆读碑记》卷一，清包世臣《艺舟双楫》卷五，清何绍基《东洲草堂金石跋》，清严可均《全后汉文》卷七五，刘正成《中国书法鉴赏大辞典》，［美］王静芬《中国石碑》，赵超《石刻史话》，骆承烈《曲阜碑文录》，刘刚《湖湘碑刻》，日本《书道全集》(中国系列)，《拓本汇编》第1册。

公元156年 永寿二年

［提示］ 五月，蔡邕作《玄文先生李休碑》。九月，孔庙《韩勅造礼器碑》。

［叙录］ 这年五月，玄文先生李休卒，蔡邕为之作《玄文先生李休碑》。九月，孔庙刻立《韩勅造礼器碑》，简称《礼器碑》，全称《汉鲁相韩勅造孔庙礼器碑》，又称《修孔子庙器碑》、《鲁相韩勅复颜氏繇发碑》、《韩明府孔子庙碑》。王昶记其碑高七尺一寸，广三尺二寸。碑文所述内容为：鲁相韩勅(字叔节)修葺孔庙、制造礼器等活动，并豁免孔母颜氏、孔妻亓官氏族裔差役。由此可知，自汉武帝罢黜百家，独尊儒术以来，到桓帝刻立《礼器碑》时，儒家思想已占有至高无上的统治地位。此碑最早为北魏郦道元所注意，有宋以降诸家著录始多。碑阴及碑两侧刻了70个各级官吏和平民的姓名籍贯，以及他们捐钱的数额，实际上就是一份详尽的捐赀名单，所捐之钱从一百到三千不等。中有远至河南、江浙等地捐赀者。可以看出各地官僚、士大夫拥戴孔子之甚。此碑书法成就极高，郭尚先认为：汉人书以《韩勅造礼器碑》

为第一。

［文献］ 南朝宋范晔《后汉书》卷六十，北魏郦道元注、杨守敬注疏《水经注疏》卷一五，唐欧阳询《艺文类聚》卷三七，宋欧阳修《集古录》卷二，宋赵明诚《金石录》卷一五，宋洪适《隶释》卷一，清王昶《金石萃编》卷九，清郭尚先《芳坚馆题跋》，清钱大昕《潜研堂金石跋尾》卷一，清翁方纲《两汉金石记》卷上，清孔继汾《阙里文献考》卷三十三，清阮元《山左金石志》卷八，清孙星衍《寰宇访碑录》卷一，骆承烈《曲阜碑文录》，［美］王静芬《中国石碑》，赵超《石刻史话》，刘正成《中国书法鉴赏大辞典》，日本《书道全集》（中国系列），《拓本汇编》第1册，《篆隶》（中），《中国美术全集》（书法篆刻编）。

公元157年 永寿三年

［提示］ 山东《汉鲁相韩勑后碑》、山东宋山村画像石题记。

［叙录］ 《汉鲁相韩勑后碑》原碑已失，据传立于东汉桓帝永寿三年，最早见于南宋人娄机所著《汉隶字原》中，称碑在兖州，曲阜属兖州，具体地点应该就在曲阜。后来在宫衍兴编著的《济宁全汉碑》中有记录。

赵超指出：在画像石中虽然是以图画为主，但也发现过一些文字刻铭，一种是题榜，就是在画中人物的身边刻上他的名字，或者在一幅画面上刻上故事的名称，山东嘉祥武氏祠画像等处就有这种文字；另一种是单独的题记，有些类似墓志铭，记录了墓主的生卒年代和建墓时间，有些是记录墓中画像石的画像内容，例如山东嘉祥县宋山村出土的东汉永寿三年宋山村画像石题记，有490个字，是画像石题记中最长的一篇。它记录的画像石的图画内容及在墓中的分布情况，对于研究汉代画像石有重要价值。

［文献］ 宋娄机《汉隶字原》，宫衍兴《济宁全汉碑》，骆承烈《曲阜碑文录》，赵超《石刻史话》。

公元158年 永寿四年 延熹元年

［提示］ 永寿四年六月十七日，重庆《永寿四年题记》。八月，新疆《刘平国治路颂摩崖》。延熹元年四月，山东《郑固碑》。延熹元年，孔庙《藏堂题记》。

［叙录］ 两行隶书之《永寿四年题记》原刻在重庆沙坪坝重庆大学工学院崖前崖墓内，于1939年发现，邓少琴有著录。所刻内容为：永寿四年六月十七日昭作此冢。

是年八月刻立的隶书《刘平国治路颂摩崖》，全称《龟兹左将军刘平国摩崖》，又名《刘平国颂》、《刘平国治关亭诵》、《龟兹刻石》。原刻在新疆天山南麓阿克苏属赛里木城东北大山岩壁间（一说在拜城东北喀拉克达格沟门岩壁上）。此摩崖竖刻八行，每行字数多少大小不等，碑文所颂东汉龟兹国的左将军刘平国是龟兹人，他与家人从汉族人孟伯山等一起率众来此断山石作孔，建道路筑亭隧。赵超引述马雍考证，认为这些亭隧是为了防御北匈奴向天山以南侵袭的警报系统，说明东汉时，这一带边防的守卫措施是很严密的。此刻石虽然历经1 800多年，字迹大多漫漶，但仍可见出书者功力之老道，笔力之强劲。

桓帝延熹元年四月刻立的汉隶《郑固碑》，全称《汉郎中郑固碑》，原碑在山东济宁县署明伦堂东壁。碑在宋时即已磨泐不清，至清代初年时仅存上段250余字。雍正六年（1728），李鹍又得碑下角一段，计20余字。乾隆四十三年（1778），李东淇等又得中段60余字，三段合计约300字。书法风格近于《乙瑛碑》，结体扁阔。杨守敬称“是碑古健雅洁，在汉隶亦称杰作，尤少积气，《礼器》之亚也”。

隶书《藏堂题记》刻制于桓帝延熹元年，“藏堂”即逝者所居。1968年曲阜徐家村出土，后移存孔庙大成殿前。石高103厘米、宽22厘米，厚薄不一。题记共67字。字体方整浑厚。

［文献］ 清杨守敬《激素飞青阁平碑记》，邓实等《神州国光集》，邓少琴《益部汉隶集录》，《中国美

术集》(书法篆刻编),高文《四川历代碑刻》,《拓本汇编》第1册,骆承烈《曲阜碑文录》。

公元160年　延熹三年

［提示］　河南《楚相孙叔敖碑》。

［叙录］　宋代洪适著录有桓帝延熹三年的《楚相孙叔敖碑》,由其家乡河南固始县令段光所刻立,碑文上说孙叔敖有三子,分居三地:长子居食邑固始(寝丘,今河南固始县一带),少子居楚都郢城江陵(今湖北荆州市),中子居住地不详(因碑文残损)。据族谱文献记载,至东汉时,孙叔敖后裔孙武伯曾任渤海太守之职。武伯有二子:长子字伯尉,少子字仲尉。伯尉有一子六孙,仲尉有二子,其中一子也有六孙。叔敖子孙中"不仕学治产"者,颇擅经营工商行业,其主要活动区域约在今河南南部与湖北一带。

［文献］　宋洪适《隶释》卷二一,李学勤《中华姓氏谱》,徐少华《孙叔敖故里封地考述——兼论〈楚相孙叔敖碑〉的真伪与文本时代》(《江汉考古》2008年第2期)。

公元162　延熹五年

［提示］　西安《仓颉庙碑》。

［叙录］　这个传说中的造字者黄帝的史官仓颉,在陕西白水县东北约三十公里处,有着自己专有的祭庙,《仓颉庙碑》就在其中。此碑宋人赵明诚、陈思曾著录。清钱大昕考证说:其地于汉为衙县。清人冯翼也说:其地有仓颉冢在利阳亭,坟高六丈。《仓颉庙碑》是当时衙县县令孙羡奉刘明府之命,为纪颂仓颉的造字功绩,刻立于东汉延熹五年(一说熹平六年)者。此碑现藏于西安碑林中。碑的形制为圭首带穿,王昶记为碑高六尺一寸,广六尺。碑阳、碑阴及碑两侧所刻文字磨泐严重,可识读者不多。书风秀丽,极具汉碑韵味。

［文献］　宋赵明诚《金石录》卷一六,宋陈思《宝刻丛编》卷二十,清钱大昕《潜研堂金石文跋尾》卷一,清孙冯翼辑《皇览》,清王昶《金石萃编》卷十,刘正成《中国书法鉴赏大辞典》。

公元164年　延熹七年

［提示］　七月,山东《泰山都尉孔宙碑》。十月,河北《封龙山颂》。

［叙录］　延熹七年,有两件重要石刻问世:一件是七月山东孔庙的《汉泰山都尉孔宙碑》,简称《孔宙碑》,另一件则是十月河北元氏县的《封龙山颂》,亦称《封龙山碑》。据王昶记载,《孔宙碑》竖七尺三寸,广四尺。碑现存山东曲阜孔庙同文门东侧,圆首碑额阳文篆题"汉泰山都尉孔君之碑",额上带穿。碑阳隶书,碑阴额阳篆书"门牛故吏名",下列隶书题记,共刻62名捐建者姓名。孔宙字季将,系孔融之父、孔彪之兄、孔子第19世孙,历官泰山都尉等职。此碑系孔宙门生故吏在其身后勒铭其功之所为。该碑最早为欧阳修所著录,康有为认为《孔宙》、《曹全》是一家眷属,皆以风神逸宕胜。

元氏县的《封龙山颂》为祀颂封龙山山神而刻立,为元氏知县刘宝楠发现于清道光二十七年(1847)十一月,后移置城内文清书院东厢,惜为运工凿断为三截。据清陆增祥记载:碑高六尺七寸四分,广三尺八寸五分,字径二寸余。无碑额,首行书有"元氏封龙山之颂",与《石门颂》等风格相近。杨守敬称其书风雄伟劲健,《鲁峻碑》尚不及也。汉隶气魄之大,无逾于此。

［文献］　宋欧阳修《集古录》卷二,宋赵明诚《金石录》卷一五,宋洪适《隶释》卷七,清陆增祥《八琼室金石补正》卷四,清翁方纲《两汉金石记》卷六,清康有为《广艺舟双楫》卷二,清钱大昕《潜研堂金石跋尾》卷一,清王昶《金石萃编》卷一一,清孔继汾《阙里文献考》卷三五,清孙星衍《寰宇访碑录》卷一,清阮元《山左金石志》卷八,清杨守敬《激素飞清阁评碑

记》，清张德容《二铭草堂金石聚》卷六，骆承烈《曲阜碑文录》，高文《汉碑集释》，《中国美术全集》(书法篆刻编)，《书法丛刊》第五辑，《篆隶》(中)。

公元165年　延熹八年

［提示］　四月二十九日，陕西《西岳华山庙碑》。五月，蔡邕作《太尉杨秉碑》。八月，桓帝遣人祠王子乔竖玄石铭表。十月，四川《柏树林崖墓延熹题记》。十一月，天津《鲜于璜碑》。复遣中常侍至苦县祠老子，边韶作《老子铭》。

［叙录］　延熹八年，与石刻艺术史相关、可书者较多。四月二十九日，《西岳华山庙碑》刻成于陕西华阴西岳庙中。隶书《华山庙碑》全称《汉西岳华山庙碑》，据清王昶记载：碑高七尺七寸，广三尺六寸。碑额篆书"西岳华山庙碑"。原石毁于明嘉靖三十四年(1555)的关中大地震(一说碑为县令修西岳庙石门时碎之为砌石)。1995年4月，在清理西岳庙地基时，出土了《华山庙碑》的残石大小共30块，上刻字计462字，碑文所记乃述帝王祭祀天地山岳以降时雨之事。《华山庙碑》传世拓本约有四种：一为河南长垣王文荪旧藏宋拓商丘宋荦《长垣本》，传民国间流入日本中村不折家；二为明初陕西东云驹藏，复归华阴王宏撰藏拓本《华阴本》，现藏北京故宫博物院；三为四明丰道生旧藏，又归宁波天一阁范氏之《四明本》；四为清初马日路、马日琯兄弟之宋拓《玲珑山馆本》，后归顺德李文田，又称《李文田本》，现藏香港中文大学。以港藏《玲珑山馆本》最为人们所称道。《华山庙碑》碑文末行刻有"郭香察书"四字，这表示书碑者为郭香察。但是唐人徐浩在《古迹记》中则认为书碑者是蔡邕，此处之"察书"，意思是"检查校对"者为郭香。后来的宋人洪适，清代顾炎武、翁方纲等人均持徐浩之说。也有反对徐说者，如明人赵崡即提出质疑，认为书丹者就是郭香察，启功认同赵说。据曾毅公记载，《华山庙碑》的刻工为邯郸公修(颍川)、苏张，延熹八年四月二十九日同刻西岳华山庙碑。

是年五月，蔡邕因杨秉卒，为之作《太尉杨秉碑》。八月，桓帝遣人祠王子乔竖玄石铭表。王子乔是道教传说中所信奉的著名仙人之一，汉桓帝为之建祠，说明桓帝也梦想得仙人的护佑。郦道元曾引用《王子乔碑》上面的记载说：王子乔是上世的真人。是年十月十日，四川綦江县中峰乡柏树林崖墓内刻成隶书《柏树林崖墓延熹题记》，于1987年文物普查时发现，共2行，每行20字，题记四周刻有边框，高55厘米、宽18厘米。

十一月，石刻艺术重器天津的《鲜于璜碑》登场。此碑全称《汉雁门太守鲜于璜碑》，高242厘米、宽83厘米、厚12厘米。20世纪70年代出土于天津武清县高村乡兰城村村东苏家坟，现珍藏于天津市历史博物馆。圭首带穿，长方覆斗座，碑阳篆额，两旁线刻龙虎，碑阴额刻朱雀，凑刀洗练流畅，为汉碑所见之孤例。鲜于璜(44—125)字伯谦，官至雁门郡(今山西代县西北)太守。此碑刻立之年已是鲜于璜离世40年之后，系其子孙为颂其德而竖立，碑文为长篇四言韵文，行文十分典雅。全碑共有827字，是新中国成立以来所发现的最完整、字又最多的汉碑。碑文还反映出东汉政权与北方乌桓等民族之间的文化交往情况。在书法上，《鲜于璜碑》古拙大方，已开六朝楷书之先河。

据《后汉书》(孝桓帝纪)记载，这年十一月，复遣中常侍至苦县祠老子。晚清王先谦也记载说：桓帝建老子庙于苦县之赖乡，同时又画孔子像于壁上，又立孔子碑于像前。这表明桓帝既想崇儒，又不想薄老。桓帝的这个想法，我们从边韶作《老子铭》一事也可看出端倪来，事见《后汉书》(文苑列传)。

［文献］　南朝宋范晔《后汉书》卷七、卷八十，北魏郦道元《水经注》卷二三，明赵崡《石墨镌华》卷一，清阮元《汉延熹西岳华山碑考》，清王昶《金石萃编》卷一一，清顾炎武《金石文字记》卷一，清严可均《全后汉文》卷六二、卷七五，清王先谦《后汉书集解》卷七，秦更年《汉延熹华山庙碑续考》，启功《启功丛

稿》,曾毅公《石刻考工录》,高文《四川历代碑刻》,刘正成《中国书法鉴赏大辞典》,日本《书道全集》(中国系列),《中国美术全集》(书法篆刻编),《拓本汇编》第1册。

公元166年　延熹九年

［提示］　蔡邕作《荆州刺史度尚碑》。桓帝亲祠老子于濯龙。后桓帝好神,数祀浮图、老子。河南宗资墓石刻天禄、辟邪。

［叙录］　据范晔记载:是年蔡邕35岁,十分赏识他的度尚离世,蔡邕为之作《荆州刺史度尚碑》。桓帝既好仙事,又喜佛教,使中常侍至苦县祠老子。范晔《后汉书》(祭祀志中)载:延熹九年,桓弟又亲祠老子于濯龙(洛阳城西宫苑)。以华美的织物(文罽)为坛,饰淳金扣器,设华盖之坐,以郊天乐。《后汉书》(桓帝纪)亦载:前史称桓帝好音乐,善琴笙。饰芳林而考(作)濯龙之宫,设华盖以祠浮屠、老子。从汉明帝梦见西域金人,到桓帝数祀浮屠、老子,老百姓对来自异国的佛教开始渐渐熟悉和热爱起来。

河南南阳宗资墓石刻天禄、辟邪(图11)。这对石兽是东汉晚期重要的石刻圆雕作品,现藏于河南南阳汉画像馆,其膊上刻有铭文,明确标示二兽为“天禄”和“辟邪”。《后汉书》(党锢传序)载:宗资字叔都,是南阳安众(今河南邓州市)人,宗资曾出任汝南太守,为人谦逊,将政声推美于属下。石兽没有留下具体的制作时间,当作于延熹九年之后。石兽高109厘米、长165厘米,躯体瘦长强劲,胁生双翼,昂首耸腰,周饰卷云纹,作势欲飞。这对石兽,对于后世如南朝陵墓石刻,有着直接启迪作用。二兽最早见记于范晔所撰《后汉书》(灵帝纪):“邓州南阳县北有宗资碑,旁有两石兽,镌其膊,一曰天禄,一曰辟邪。”宋代欧阳修、沈括等均对此石兽有著录。值得注意者:这类带翅膀的似乎是纯东方纯中国式的翼兽构想,其实并非中国本土所固有,而是来自遥远的西方,其原型可以远溯至古埃及的斯芬克司(Sphinx)、格里芬(gryphon)或亚述王朝的拉马苏(lamassu),至中国南朝,翼兽石刻发展至巅峰状态。

［文献］　南朝宋范晔《后汉书》卷七、卷八、卷三八、卷六七、卷九八,南梁慧皎编《高僧传》卷一三,刘兴珍等《中国古代雕塑图典》,章孔畅《南朝陵墓石刻渊源与研究》。

公元147—167年　桓帝年间

［提示］　鲁王墓前石人。

［叙录］　这对东汉鲁王墓前石人,原石位于山东曲阜张曲村鲁王墓。至清乾隆五十九年(1794)始移至孔庙西边的矍相圃,新中国成立后直接移入孔庙之中。石人一件高254厘米,戴冠佩剑,胸前阴刻篆书“汉故乐安太守庶麃君亭长”,以此推之,当为汉时乐安太守墓刻石像。另一件高220厘米,胸前阴刻篆书“府门之卒”四字。乐安于东汉永元七年(95)改为乐安国,至质帝本初元年(146)才以乐安为郡。因此,可以初步推断这对石人的雕制年代当为桓帝年间。虽然长年风蚀,磨泐甚多,但仍可见出其雕刻风格朴拙简洁,为汉代所特有。

［文献］　南朝宋范晔《后汉书》卷一九,刘兴珍等《中国古代雕塑图典》。

公元168年　建宁元年

［提示］　五月,山东《张寿碑》。九月,山西《建宁残碑》,山东《衡方碑》。建宁元年,《汉司空孔扶碑》。四川涪州广汉令王君神道。蜀郡陈壹雕凿李冰等三石人置于江中以测水位。

［叙录］　雕刻于建宁元年五月的隶书《张寿碑》,全称《汉竹邑侯相张寿碑》,又名《张仲吾碑》。碑主张寿字仲吾,通经学。原刻在山东城武(成武县)古文亭山。宋人欧阳修、赵明诚等即有著录。明

图11 辟邪 东汉后期(宗资墓) 河南南阳汉画像馆藏

时被人改断为碑座，幸存上半段。清乾隆五十六年(1791)知县林绍龙访得此碑，刻题记嵌于碑穿处。王昶记上段残石高二尺九寸，广三尺六寸五分。清人孙承泽曾藏有全拓本，惜失传。杨守敬论其书法“开北魏楷书先路，要自古雅”。方朔跋此碑说：“字体遒紧方整，起笔作势皆可法，与《武荣碑》额相似，汉隶中妙品也。”

是年九月，有两件碑刻作品：一件是山西的隶书《建宁残碑》，现藏于运城地区博物馆；一件是山东的《衡方碑》，现藏于山东泰安岱庙炳灵门。1976年，《建宁残碑》出土于山西临猗县城关翟村，碑面尺寸为高67厘米、宽43厘米、厚28厘米。碑文残存6行50字。其刊刻年代与《乙瑛碑》相近，离《史晨碑》仅有一年，因此其碑刻风格较为接近，工整儒雅、从容清健。圆首隶书《衡方碑》全称《汉故卫卿衡府君之碑》，又称《卫尉卿衡方碑》，原碑在山东汶上县西南郭家楼前。清雍正八年(1730)为汶水泛滥所陷仆，邑人郭承锡等又重新竖立。碑高275厘米、宽108厘米。碑主衡方字兴祖，官至京兆尹，颇有政声。此碑为衡方门生朱登等所立，以颂衡方之德。朱登还可能就是这方名碑的书丹者，他是山东平原乐陵人，善隶书，宋代洪适和近人俞剑华皆持此观点。《衡方碑》之汉隶凝重而少波磔。杨守敬评价说，其碑“古健丰腴，北齐人书多从此出”。唐代大书家颜真卿及后来之伊秉绶、吴昌硕、齐白石等，获益于此碑甚多。目前所见最早的拓本为明拓本，后来还有翻刻本传世。

图12 李冰石像 东汉建宁元年(168) 四川都江堰

刻立于是年之《汉司空孔扶碑》，原碑现已不存。据孔元措记载，碑原在孔林中。洪适记载说：“其文上一半皆已沦缺，仅存其下九行，多者十有四字。”建碑为鲁相史晨，他到此拜谒先圣坟冢，所以雕刻了此碑。

据赵明诚和娄机记载说，在四川涪州绵竹还有广汉令王君神道，此石刻早已不存。而在四川另外一地，却出现了极为重要的石刻雕塑事件：蜀郡陈壹雕凿李冰等三石人置于江中以测水位(图12)。成都平原西部的都江堰，为战国秦昭王时李冰任蜀郡太守时所修建，是迄今仍利民一方的大型古代水利工程。没有都江堰，就没有天府之国。李冰在蜀人心目中，已具神格地位，所以在东汉建宁元年，蜀郡陈壹就雕凿李冰等三石人置于江中，以测水位高低。20世纪70年代中叶淘修古堰时，在鱼嘴外江中，发现了陈壹所雕三石人中之李冰圆雕石像，灰白色砂岩凿就，现置于都江堰伏龙观大殿中。石像高290厘米，双目微启，面呈笑意，冠冕长袍，拱手置胸前。像底有石榫，之前应该有石座以便固定。有内填红绿米色隶书题刻三行，中行字刻于石像衣襟，表明石像为李冰。左行字刻于石像左袖上，记载石刻制作年代为建宁元年闰月，右行刻在石像右袖上：尹龙长陈壹造三神石人。石像雕凿刀法简约概括，雄茂朴拙，为中国早期少见的几件大型人物石刻圆雕重要作品之一，可以并题者唯西汉昆明池的牛郎织女而已。

［文献］　宋欧阳修《集古录跋尾》卷三，宋赵明诚《金石录》卷一，宋洪适《隶续》卷一一，宋娄机《汉隶字原》，清方朔《枕经堂金石书画题跋》卷三，俞剑华《中国美术家人名辞典》，刘正成《中国书法鉴赏大辞典》，刘兴珍等《中国古代雕塑图典》，《书法丛刊》第4辑，《中国美术全集》（书法篆刻编），骆承烈《曲阜碑文录》，高文《中国汉阙》，《四川历代碑刻》，四川省灌县文教局《都江堰出土东汉李冰石像》（《文物》1974年第7期）。

公元169年　建宁二年

［提示］　三月，山东《史晨奏祀飨庙碑》（前碑）。四月，山东《史晨奏祀飨庙碑》（后碑）。四川《柳敏碑》。

［叙录］　三月，刻成隶书《史晨奏祀飨庙碑》（前碑），亦称《鲁相史晨祀孔子奏疏》、《鲁相史晨祀孔子庙碑》，欧阳修有著录。此碑为双面刻，现位于孔庙汉魏碑刻博物馆北屋，此为阳面（现面南者），即俗称之《史晨前碑》，内容为记载祭祀孔子的奏章。王昶记载说碑高七尺，广三尺四寸。大约16年前（永兴元年）就刻有《孔庙请置百石卒史碑》，要求朝廷为孔庙祭祀增加财物，此处碑文又说史晨到官，秋飨无出酒脯，显示孔子地位在不断提高。此碑前后书风相同，当出自同一人之手（有人认即蔡邕所书）。清人王澍认为学隶书者应从学此碑始，以正其趋。

四月，刻成隶书《史晨奏祀飨庙碑》（后碑，现面北），全称《鲁相史晨飨孔子庙碑》，俗称《史晨后碑》，高广尺寸同前碑，内容为记述飨孔的盛况。《史晨碑》系当时“庙堂巨制”，因此无论其形制或书刻，均达一流水准。明人郭宗昌认为其“分法复尔雅超逸，可为百代模楷，亦非后世可及”。北京图书馆藏明拓本，为目前所见最早的拓本。

《柳敏碑》全称《汉孝廉柳敏碑》，原在四川黔江县官廨。宋人洪适有著录。柳敏于东汉本初元年（146年）为郡守所举，不幸而死。在他死后23年，县令赵台念其墓无碑，故立石纪念，时在灵帝建宁二年。这件碑的额刻朱雀，碑座刻玄武，其制在汉碑中并不多见。

［文献］　宋欧阳修《集古录》卷二，宋赵明诚《金石录》卷一六，宋洪适《隶释》卷一，明郭宗昌《金石史》，清王昶《金石萃编》卷一三，清王澍《虚舟题跋》，清翁方纲《两汉金石记》卷上，清钱大昕《潜研堂金石跋尾》卷一，清孙星衍《寰宇访碑录》卷一，清阮元《山左金石志》卷八，骆承烈《曲阜碑文录》，《中国美术全集》（书法篆刻编），日本《书道全集》（中国系列），《拓本汇编》第1册，高文《中国汉阙》。

公元170年　建宁三年

［提示］　三月，河南《许阿瞿画像石题记》。六月，四川《夏承碑》。

［叙录］　赵超认为，画像石题记是画像的一种附属品存在。河南南阳出土的东汉建宁三年《许阿瞿画像石题记》，上面记录了这样的内容：建宁三年三月，多么悲痛啊，年仅5岁的孩子许阿瞿死了。这是较早在石刻中，对一个幼小生命表达敬意的艺术行为。此种画像石题记较少见，将石刻文字引入了地下墓室之中，与后世之墓志功能十分相近。

是年六月刻立的四川《夏承碑》，全称《汉北海淳丁长夏承碑》，亦称《夏仲兖碑》，原碑于宋哲宗元祐年间（1086—1094）淘河时出土于四川资州（四川资中县），刚出土时碑石十分完整，后渐损泐仆倒。据明人秦民悦记载，时为广平知府的他在成化十五年（1479）发现此碑，其时碑之下半截百余字已为人剜剔。秦氏便在府治后堂之东隅建爱古轩，移碑其中予以保存。明嘉靖二十三年(1544),此碑又为筑城工匠所毁(或说毁于地震),次年,同为广平知府的唐曜,也是一个爱古之士,便取成化拓本重刻于漳川书院(紫山书院)中,现在这个重刻石碑保存于河北永年县。重刻碑高259厘米、宽125厘米,碑额篆书“北海淳于长夏承碑”。碑文则为隶书,其书风十分奇特,“体参篆籀而兼开正楷之法”,有着强烈的装饰色彩,在汉代碑刻中实为孤例。此碑书者,元人王恽不知所据何由,说就是大书家蔡邕。唐曜在重刻此碑时,径直就在碑末刻上了“蔡伯喈书”四字。由于原碑早已毁坏,故其碑的原拓本则分外为人所珍惜。现在可见到的最好的原石拓本是华氏真赏斋本,后归李春湖,有翁方纲跋文(有正书局影印)。明王世贞跋此碑说:其隶法时时有篆籀笔,与钟梁诸公小异而骨气洞达,精彩飞动,疑非中郎不能也。

[文献]　元王恽《秋涧集》卷七一,清胡景桂等《广平府志》卷三五,明王世贞《弇州山人四部稿》卷一三四,欧广勇编商承祚校订《中国历代书艺概览》,赵超《石刻史话》,刘正成《中国书法鉴赏大辞典》。

公元171年　建宁四年

[提示]　正月,蔡邕作《郭泰碑》。六月十三日,甘肃《西狭颂》。七月,山东《博陵太守孔彪碑》、《杨叔恭残碑》。

[叙录]　正月,大书家蔡邕书就《郭泰碑》,最早为北魏郦道元所著录:在介休县故城东有郭林宗、宋子浚两碑。郭泰字林宗,山西介休人,辟司徒,举太尉,以疾辞。蔡邕(伯喈)对自己所写的《郭泰碑》十分自信,曾对友人卢植(子干)、马日磾(翁叔)说:吾为天下碑文多矣,皆有惭容,唯郭有道(泰)无愧于色矣!足见伯喈对此碑的重视。

刻制于六月十三日的摩崖石刻隶书《西狭颂》,全称《汉武都太守汉阳河阳李翕西狭颂》,又称《李翕颂》。原刻在甘肃成县天井山鱼窍峡崖壁之上。王昶记载说,此摩崖在《五瑞图》后,高八尺八寸,广六尺。年月后题名高二尺七寸五分,广二尺三寸五分。刻石上端有“惠安西表”阴刻四字篆书,故有时又称之为《惠安西表》或《惠安西表摩崖》,也有俗称《黄龙碑》者。此刻石由正文、《五瑞图》、题名题记三部分组成。刻石右侧岩壁之上雕刻有黄龙、白鹿、嘉禾、甘露、木连理,这就是著名的《黾池五瑞图》,此图在宋人洪适著述中即著录。赵超描绘道:甘肃省成县的天井山下,两峰对峙,夹抱着一潭深水,潭左侧的崖壁上凿出碑形平面,刻写着《西狭颂》。特别引人注目的是《五瑞图》,图上黄龙腾空飞舞,白鹿引颈长鸣,嘉禾丰美,甘露普降,连理树郁郁葱葱。这是东汉时最为推崇的瑞兆,用来表现天下太平兴旺。《西狭颂》的碑文内容,是颂扬武郡太守李翕奉敕修建西狭中道之事。武都郡的西狭是通往巴蜀之重要通道,阁道十分狭窄,车骑难以畅往,“过者创楚,惴惴其栗”,太守李翕于乃亲自督视,在获得朝廷准许后,下令属官李瑾、仇审等率徒凿石清障,“减高就坤,平夷正曲”,终于让西狭成为“四方无雍”、“可以夜涉”的一方坦道。此刻石书法成就极高,清人徐树钧赞其疏散俊逸,如风吹仙袂飘飘云中,非复可以寻常蹊径者,在汉隶中别饶意趣。

洪适考证说,在《西狭颂》题名中,第十人为“从史位下辨仇靖字汉德书文”。从史位是官职名,下辨是地名(今甘肃成县西),应该就是撰文及书丹者仇靖(字汉德)的籍地。一个旁证是:据宋代娄机记载,在成州的《天井碑》侧,“武都承吕国”以下题名,亦为仇靖所书。说明这个仇靖确实擅长石刻书法。今北京图书馆藏有珍贵的明拓本。

七月,孔庙刻立隶书《博陵太守孔彪碑》。现存汉魏碑刻博物馆北屋,据王昶记载:碑高一丈四寸、广三尺五寸。骆承烈描述说:额下有穿,穿下有文,两旁晕起于圭首之半,至篆处则没其文。碑主孔彪字符上,是孔子第19代孙,与孔宙为兄弟。碑文多韵文,清秀飘逸,可与《曹全碑》相媲美。此碑宋人多有著录,存世最好的拓本为罗氏明拓本,今存于北京故宫博物院,有正书局、艺苑真赏社均有质量上乘的影印本行世。同一月中,还是在山东,刻立有隶书

《杨叔恭碑》，因为有残，又称之为《杨叔恭残碑》，全称《汉洗州刺史杨叔恭残碑》。此碑清嘉庆二十一年(1816)在山东巨野昌邑集出土。曾归马邦玉、端方、周进等人所藏。漫漶较多，可辨识者寥寥，今藏北京故宫博物院。据陆增祥记载：碑存高一尺五寸一分，广一尺七寸五分，字径一寸三四分。侧广八寸。后世有翻刻本。康有为称此刻石端整古秀，其碑侧纵肆，恣意尤远，皆顽伯所自出也。

［文献］　晋袁宏《后汉记》，北魏郦道元《水经注》卷六，宋赵明诚《金石录》卷一六，宋洪适《隶释》卷八，宋娄机《汉隶字源》，清王昶《金石萃编》卷一四，清徐树钧《宝鸭斋题跋》卷上，清岑建功《舆地纪胜补阙》，清方若《增补校碑随笔》，清孙星衍《寰宇访碑录》卷一，清阮元《山左金石志》卷八，清陆增祥《八琼室金石补正》卷四，清周进《居贞草堂汉晋石影》，清康有为《广艺舟双楫》卷二，清端方《匋斋藏石记》卷二，唐晓军《甘肃古代石刻艺术》，《中国美术全集》(书法篆刻编)，骆承烈《曲阜碑文录》。

公元172年　建宁五年

［提示］　二月，陕西《李翕郙阁颂》。

［叙录］　刻于二月的隶书《李翕郙阁颂》，简称《郙阁颂》，全名为《汉李翕析里桥郙阁颂》，此颂与前述之《西狭颂》、《石门颂》合称为东汉摩崖三颂，位于陕西略阳西北栈道中的白崖上，王昶记载摩崖高七尺，广五尺五寸。所刻内容为赞颂武都太守李翕修治略阳旧栈道中郙阁析里桥之功绩。近代书法家祝嘉认为：《石门颂》巧多于拙，《西狭颂》巧拙各半，《郙阁颂》则纯用拙，形拙而神巧。《郙阁颂》颂末题有“从史位□□□□字汉德为此颂”，“故吏下辨□□□子长书此颂”。以此可知《郙阁颂》的作者是《西狭颂》同一人仇靖，而书丹者，宋代欧阳修和清代顾南原均认为即仇绋(子长)，其籍也在下辨，与仇靖为本家。《郙阁颂》的书艺向为人所推崇，康有为说：吾尝爱《郙阁颂》体法茂密，得秦相(李斯)笔意。

［文献］　宋欧阳修《集古录跋尾》卷三，宋洪适《隶释》卷四，清王昶《金石萃编》卷一〇，清顾南原《隶辨》，清康有为《广艺舟双楫》卷二，祝嘉《书学论集》，欧广勇编、商承祚校订《中国书艺概览》，《中国美术全集》(书法篆刻编)。

公元173年　熹平二年

［提示］　二月，陕西《杨淮表记》。四月，山东《鲁峻碑》。十月十八日，重庆《熹平二年题记》。十一月，山东《孔庙残碑》。

［叙录］　二月刻成的《杨淮表记》，全称《司隶校尉杨淮从事下邳相弼表记》，又称《司隶校尉杨淮表记》、《卞玉过石门颂表记》。原刻在陕西汉中褒城镇东北褒斜谷古石门隧道西壁之上，现移置汉中市博物馆。此刻石于南宋绍兴年间(1131—1162)始被发现(娄机所记)，王昶记载此摩崖高八尺三寸，宽二尺二寸。刻石主人为杨淮、杨弼兄弟，其父系在《石门颂》中出现过的司隶校尉杨孟文。此表记乃杨氏兄弟的老乡卞玉于熹平二年二月过石门时看见《石门颂》，被杨家业绩感动而刻石纪之。方朔认为：《石门颂》与表记虽然相距26年，而书法朴茂如一，古拙疏逸则更胜。

四月，山东济宁刻成《鲁峻碑》。此碑全称《汉故司隶校尉忠惠父鲁君碑》，又名《鲁忠惠碑》。石碑原在山东金乡县焦氏山南鲁峻墓前，后移入任城孔庙，现存山东济宁市铁塔寺汉碑群。欧阳修曾著录，王昶记载碑高一丈一尺五寸，广四尺五寸。碑主鲁峻字仲严，山阳(金乡县西北)昌邑人，官至书骑校尉，卒于熹平元年，此碑为其门生于商、马萌等人于次年四月为鲁峻而立。明郭宗昌赞其“书法峭峻古雅，第小开魏入堂室，然自是汉格”。杨守敬称其书法“丰腴雄伟。唐明皇、徐季海亦从此出，而肥浓太甚，无此气韵矣”。由于《鲁峻碑》书法高妙，宋人郑樵将其推断为蔡邕所书，但赵明诚对此即提出质疑，认为并无证据显示此碑为蔡氏所书。

十月十八日，重庆刻成隶书《熹平二年题记》。原刻在重庆沙坪坝重庆大学工学院崖前崖墓内，内容为：熹平二年十月十八日造此冢。

十一月山东刻成隶书《孔庙残碑》，又称《熹平断碑》。据阮元记载：乾隆五十八年(1793)十月，阮元按试曲阜时，济宁官员黄易(小松)告知阮元，说他在曲阜东关外访得一残石。阮元即令人掘出，运至试院。细审其刻，字迹完整者有73字。此残碑现存汉魏碑刻博物馆北屋，据骆承烈记载：碑高69厘米、宽79厘米、厚21厘米，上部呈斜状。左侧有翁方纲正书题记、阮元行书跋。方朔称其字亦淳密跌宕。

［文献］ 宋欧阳修《集古录跋尾》卷三，宋郑樵《通志》卷二〇，宋赵明诚《金石录》卷一六，宋娄机《汉隶字源》，明郭宗昌《金石史》卷上，清王昶《金石萃编》卷一五，清方朔《枕经堂金石书画题跋》卷三，清杨守敬《激素飞清阁评碑记》，清孙星衍《寰宇访碑录》卷一，毕沅《山左金石志》卷八，欧广勇编、商承祚校订《中国书艺概览》，《中国美术全集》(书法篆刻编)，骆承烈《曲阜碑文录》，邓少琴《益部汉隶集录》，高文《四川历代碑刻》。

公元174年　熹平三年

［提示］ 正月，湖北《娄寿碑》。四月二十日，甘肃摩崖《耿勋表》。十一月，广西《桂阳太守周府君碑》。熹平三年，山东《营陵置社碑》。是年，李巡请刻“五经”于石。

［叙录］ 熹平三年，在中国石刻艺术史上至为重要，因为在这一年，发生了一件影响深远的石刻事件：李巡请求刻立《熹平石经》。此事由宦者李巡率先发起倡议，唐人陆德明记载说，李巡是汝南人，后汉中黄门。唐魏徵等《隋书》(经籍志一)载有李巡其时已散佚的三卷本《尔雅注》，清代朱彝尊辑有《李氏尔雅注》一书。范晔《后汉书》(宦者列传)写道：当时有五个人品好学问高的宦者：济阴丁肃、下邳徐衍、南阳郭耽、汝阳李巡、北海赵佑。其时诸博士试甲乙科为了追逐名义，争第高下，甚至有人向兰台(汉代皇家图书馆)行贿改定漆书经字，以便与其私文引述相符合。这样一来，致使儒家经书文字十分混乱。李巡乃向灵帝上书，请求与诸儒共刻“五经”文于石。灵帝于次年三月下诏，让当时最为著名的大书家蔡邕等人负责刊正所刻文字内容。赵超谈及石经雕刻史时说：在文献中记载着，中国最早的石经是西汉平帝时王莽让甄丰摹刻的，但是从来没有发现过有关实物。现存最早的石刻儒家经典还是《熹平石经》。根据《后汉书》等有关记载，东汉学者蔡邕由于当时社会上流传的经典中文字错谬很多，给学人造成贻误，就和五官中郎将堂溪典、光禄大夫杨赐、谏议大夫马日磾等人一起上奏，请求审定六经文字。赵超此处一说，也没有大的错误，只是不小心抹杀了李巡的首倡之功。

除李巡请求明帝下诏刻立皇家标准的石刻“五经”之外，这一年还有几件石刻值得提及。正月刻立的《娄寿碑》，全称《汉玄儒先生娄寿碑》，碑额篆书“玄儒娄先生碑”，碑阴隶书题名。据欧阳修说，石碑原存于光化军乾德县(今湖北襄阳市光化县)。但此碑到了明中叶就已失去，下落不明。现有宋拓本传世(明嘉靖时无锡真赏斋主人华夏所藏)，缺首数页，拓本上有明丰道生等多人题跋。丰道生跋云：“此刻与《礼器》、《张迁》等碑笔法相似。”杨守敬也说：或以之比《礼器》、《曹全》，谓之“三绝”。

四月二十日，在甘肃西狭东段峡谷，刻成摩崖隶书《耿勋表》。据唐晓军记载：此摩崖西距《西狭颂》摩崖约1公里，摩崖壁面高宽230厘米，总计454字，题额隶书“汉武都太守耿勋表”。石刻记述东汉武都郡太守耿勋的出身、家世、籍属与美德，歌颂其布施仁政，施惠于民的政绩。崖壁上泉水长年经流，大部分文字已被水锈覆盖。《耿勋表》在宋人著述中多有著录，南宋洪适还对耿氏家族进行了考证，认为耿勋可谓能世其家者。

据洪适《隶释》记载，这年十一月，南阳工匠王迁(字子强)雕刻完成了《桂阳太守周府君碑》。清代蜀中才子李调元做官广西时，对此碑进行了著录：旧志碑跋云《欧文右桂阳周府君碑》。按《韶州图经》载《桂阳太守周府君碑》，其庙在乐昌县西武溪上。武溪惊湍激石数百里。昔马援南征，其门人袁寄生善吹笛，援为作歌和之，名曰《武溪深》。周使君开此溪，合湞水。桂阳人为立庙刻石。又云，碑在庙中，郭苍文。今碑文磨灭。府君字君光，而名已讹缺不可辨。《图经》亦不著其名，《后汉书》又无传，不知为何人也。《南丰集》云：熙宁间某从知韶州，王之材求得此本，并以书来曰：按《曲江图经》，周府君名昕字君光，则永叔未之详也。又有碑阴，列故吏工师官号姓名。之材并模以来，永叔亦未之得也。

美国学者王静芬在其著作中还提及是年所刻的另一件石碑：山东常乐县《营陵置社碑》。碑上记载了营陵的首领建造神社一座，用以祭祀土地神。今北京图书馆藏有拓本。

［文献］　南朝宋范晔《后汉书》卷七八，唐陆德明《经典释文》，唐魏徵等《隋书》卷三二，宋欧阳修《集古录跋尾》卷三，宋洪适《隶续》卷四、卷一一，清杨守敬《激素飞清阁评碑记》，清李调元《南越笔记》，赵超《石刻史话》，刘正成《中国书法鉴赏大辞典》，唐晓军《甘肃古代石刻艺术》，高天佑《西狭摩崖石刻群研究》，［美］王静芬《中国石碑》，《拓本汇编》第1册。

公元175年　熹平四年

［提示］　三月，诏刻《熹平石经》。十一月，荥阳《韩仁铭》。是年，河南《嵩高山请雨铭》。郦道元记载界石。始造浮图(佛塔)。

［叙录］　上一年由宦官兼学者的李巡首倡刻立“五经”于石，以纠正儒家经典在流传过程中所产生的各种讹误，这在当时应是一件十分浩大的国家文化工程。灵帝于本年三月下诏，让蔡邕及诸儒校正“五经”文字，由蔡邕等人亲自丹书隶体，刻石立太学门外，这就是闻名于世的《熹平石经》，亦称《汉石经》。范晔在《后汉书》(蔡邕列传)描述历经数年刻成之盛况：及碑始立，其观视及摹写者，车乘日千余辆，填塞街陌。唐人李贤在为范书作注时，转引杨龙骧《洛阳记》：太学在洛城南开阳门外(洛阳城南15公里洛水南岸的朱圪挡村)，讲堂长十丈，广二丈。堂前置《石经》四部。本碑凡46枚，西行，《尚书》、《周易》、《公羊传》16碑存，12碑毁。南行，《札记》15碑悉崩坏。东行，《论语》3碑，2碑毁。《礼记》碑上有谏议大夫马日磾、议郎蔡邕名。李贤在为《儒林列传》作注时又说：碑立太学门外，瓦屋覆之，四面栏障，开门于南，河南郡设吏卒以监视保护石经。所刻立的《石经》，其形制类似于石碑，高一丈许，广四尺，骈罗相接。新中国成立以来，在对洛阳汉魏故城的考古发掘中，清理出东汉辟雍遗址，并探查了洛阳太学遗址，一部分在辟雍北面，其东西约200米，南北长约100米，规模可谓壮观。在此附近发现过石经残片，这儿应该就是东汉太学讲堂所在。

《熹平石经》究竟刻了“五经”还是“六经”、“七经”、“八经”，各家持论不一，对此，清人曾朴有较为详细的考证，认为应该是“五经”，而之所以造成诸说的原因有三：一是不知汉石经有初刻补刻之别，二是不知邕等传有实数并数之异，三是不知汉魏所称《礼记》即《仪礼》。现代学者则多从“七经”之说，包括《周易》、《尚书》、《鲁诗》、《仪礼》、《春秋》、《公羊》、《论语》等七种儒家经籍。

《熹平石经》前后历时九年之久，自熹平四年开始，一直到灵帝光和六年(183)才完成。石经共由46石(一说48石)构成，各石高一丈许，宽四尺，双面刻字，共刻有20多万字。王国维撰有《魏石经考》一文，经其考证，认为石经每座碑上刻有碑文35行左右，每行约75个字，碑的两面共刻经5 250字左右。碑文每10个字约相当于汉“建初尺”一尺。碑的下面有碑座，整座碑高一丈左右，宽四尺，用现代量度衡量，大约高3米，宽1米多。

《熹平石经》自刻成后，经历短暂的风光之后，不久就迎来灰暗的日子。赵超指出：宋人郑樵就说，石经在东汉末年的战乱中被火烧毁了。王昶又引用另外两种不同的说法：一说洛阳石经在晋朝还保存完好，到了北魏时，被前后两任洛州刺史冯熙、常夫拆去修建佛寺,大部分都毁坏了。另一说称北齐时把汉石经迁到邺城,运到黄河边上,遇到河岸崩塌,大半碑石被埋入河中。隋代开皇年间,又从邺城把剩余的石经运至长安,但不久隋朝便灭亡,这些石经亦废弃不存。《隋书》(经籍志、刘焯传)记载,北周大象元年(579),先将残存的石经从邺城运到洛阳,隋开皇六年(586)再将它们运往长安。赵超认为后一说法比较可信,因为在唐初,魏徵曾收集过残余的石经碑石,但那时石经已十不存一了。《汉石经》残石颇受唐朝珍重,藏拓本于御府,钤以"开元"小印,与法书名画等同藏于楼。

自唐宋以降,《汉石经》残块时有出土。宋人董逌说:唐造防秋馆时,穿地多得石经。洪适亦曾收录有其所见《汉石经》残石。后世出土的残石经,存字最多者达数百字,少者则只有一二字。自20世纪以来,在洛阳、西安等地又相继出土了一些石经残石。20世纪20年代初,在洛阳故城太学遗址出土100余块石经残石,马衡的《汉石经集存》中,则可见到大小残石经500余块,其中最大一块为出土于洛阳的《周易》上段双面刻残石,现藏上海博物馆。后来同地又出土了《周易》下段,现藏于陕西省博物馆。《周易》上下段石经残石,应该是目前所见《汉石经》残石中保存最完整者,殊为珍罕。石经残片,亦有部分流出境外者,据梁披云说,部分《熹平石经》残石即为日本中村不折氏书道博物馆所藏。

根据对《熹平石经》残片及文献记载,我们可以得知刊刻《石经》这项浩大工程,从工艺流程来看,至少可分为校定文字、书丹上石、工匠镌刻三个主要步骤,主其事者除蔡邕之外,还有堂溪典、杨赐、马日磾、左立、孙表、赵绒、刘弘、张文、苏陵、傅桢等20余人。虽然石经的书法成于众手,但其书法成就仍然代表了东汉最高水平。对于此,马衡作出如此评价:其为汉隶成熟期官方"庙堂巨制"的代表作,总体上来讲属方整平正这一流派,然而,石经书丹工程巨大,并非由蔡邕一人完成,而是由多人书写,由于各人书风不一,水平不一,"以书石之多人,致体势之互异",书碑者虽不是蔡邕一人,但也都是当时的一流国手,因此,其各碑之书法都相当高妙。《熹平石经》影印本以徐森玉本、罗振玉本最为精致。有一点值得一提,《熹平石经》书丹者文献及残石经上均有迹可寻,但对于最终完成此项工程起着决定性作用的石刻工匠,很难找到什么有价值的线索,这显然与古代士大夫对于技艺工匠的歧视有关。在浩茫的典籍中,我们只找到了一条雕刻石经的工匠名字,他叫陈兴,负责《论语》石经的雕刻工作。这条记录,出自范晔《后汉书》(孝灵帝纪)。

十一月,河南荥阳刻成隶书《韩仁铭》,全称《汉循吏故闻熹长韩仁铭》。此碑出土于金哀宗正大五年(1228)河南荥阳,为县令李天翼(辅之)所发现,移入荥阳县署,20世纪20年代中期迁入荥阳第六中学保存。据王昶记载:碑存上截高六尺五寸,广三尺八寸。碑文记述颂扬循吏韩仁政绩,后有赵秉文、李献能跋文。此碑最早为清康熙年间金石学者刘太乙所著录。康有为称其书法"以疏秀胜,殆蔡有邻之祖"。

一同参与蔡邕书刻石经工程的堂溪典,在此年书作《嵩高山请雨铭》,此铭曾被误称《季度铭》。原刻于河南登封《开母庙西阙铭》之下。陆增祥记载说铭刻中有界道,广五尺四寸,字径二寸许。方朔称其字体扁方、笔法劲健,如《熹平石经》残字。

美国学者王静芬提及,碑碣有时也有使用于划分边界的情形:北魏官员郦道元在《水经注》中记载了用作分界线的石块,称为"界石",其中一块时间即为是年(175)。郦道元还记录了一件事,浮图(又称"浮屠"、"佛图",指佛塔,梵名窣堵波、窣堵婆、塔婆)之始。他说在襄乡一带有一座浮图,汳水径其南,汉熹平中,某君所立,死因葬之。其弟刻石竖碑,以旌厥德。隧前有狮子、天鹿。累砖作百达柱八所。荒芜颓毁,凋落略尽。汳水是汴水下游,故道在河南开封东北。清人俞樾据此推断说:熹平为汉灵帝年号,中国之有浮图当始见于此。所说的累砖作百达柱八所,岂即浮图之古制乎?但是北魏杨衒之《洛阳伽蓝记》就说汉明帝建白马寺,佛教开始流行,明帝崩,起只洹于陵上。自此之后,百姓冢上,或作浮图。张焯认为：坟上立塔，应是古印度传统；最初的塔婆，即藏佛舍利于函，覆土为丘，丘上立刹。西域葬法，大约直接师承印度，《洛阳伽蓝记》上记载，阗国民死者以火焚烧，收骨葬之，上起浮图。但是这儿的坟塔，似乎规模较小，而郦道元所记载的襄乡浮图，与狮子天鹿等瑞兽相配，累砖作百达柱，显然其规模与形制，已与明帝时之坟塔，不可同日而语。张焯接着说：古印度的窣堵波，是在一个台子上，建覆钵形（半圆球形）的坟，坟顶立一根尖刹。梁思成、林徽因、刘敦桢《云冈石窟中所表现的北魏建筑》一文说："中国楼阁向上递减，顶上加一个窣堵波，便为中国式的木塔。所以，塔虽是佛教象征意义最重要的建筑物，传到中土，却中国化了，变成了中印合璧的规模；而在全个结构及外观上，中国成分实又占得多。如果《后汉书·陶谦传》所记载的，不是虚欺，此种木塔，在东汉末期，恐怕已经布下种子了。"此就木塔而言，是正确的。但是，楼阁式的佛塔，并不创始于中国。东晋《法显传》记：弗楼沙国有佛钵，昔月氏王来伐此国，欲取佛钵，象车俱载不动，遂于其地起塔及僧伽蓝。《艺文类聚》也说："佛钵在大月氏国，一名佛律婆越国，是天子之都也。起浮图，浮图高四丈，七层，四壁里有金银佛像，像悉如人高。钵处中央，在第二层上，作金络络钵，锁悬钵。钵是石也，其色青。"该塔为七层方塔。

［文献］　南朝宋范晔《后汉书》卷八、卷六十、卷七九，北魏郦道元《水经注》卷二三，北魏杨衒之《洛阳伽蓝记》卷四，宋董逌《广川书跋》卷五，宋洪适《隶释》卷一四，宋郑樵《通志》，清曾朴《补后汉书艺文志并考》卷四，清王昶《金石萃编》卷一七，清陆增祥《八琼室金石补正》卷五，清刘太乙《金石续录》，王国维《观堂集林》卷二十，徐森玉《汉石经集存》，罗振玉《汉熹平石经残字集录》，清康有为《广艺舟双楫》卷二，清方朔《枕经堂金石书画题跋》，清俞樾《茶香室丛钞》卷一三，马衡《汉石经集存》，《凡将斋金石丛稿》卷六，梁披云《中国书法大辞典》，《篆隶》（下），《书法丛刊》第九辑，《中国美术全集》（书法篆刻编），刘正成《中国书法鉴赏大辞典》，［美］王静芬《中国石碑》，张焯《云冈石窟编年史》。

公元177年　熹平六年

［提示］　四月，河南《尹宙碑》。

［叙录］　刻立于是年四月的隶书《尹宙碑》，全称《汉豫州从事尹宙碑》。此碑于元代仁宗皇庆元年（1312）正月间，发现于河南洧川（今河南长葛县），时鄢陵县达鲁花赤阿八赤为修孔庙而四处寻找精良石材，偶然发现此碑，随后移至鄢陵孔庙（今县立第二中学），后没入土中。至明万历年间（1573—1619）洧水泛滥，河岸崩塌，使此碑再次出现于世间，重置于鄢陵孔庙。王昶记载碑高八尺一寸，广三尺九寸。碑额篆书"汉豫州从事尹公铭"，尚存"从"、"铭"两字，有碑穿。碑阴刻有元仁宗皇庆三年（1314）题记。康有为赞曰："《尹宙》风华艳逸，与《韩勑》、《杨孟文》、《曹全碑阴》同家，皆汉分中妙品。"

［文献］　清王昶《金石萃编》卷一七，清康有为《广艺舟双楫》卷二，刘正成《中国书法鉴赏大辞典》，《书法丛刊》第九辑，《中国美术全集》（书法篆刻编）。

公元179年　光和二年

［提示］　正月，卫觊作《西岳华山亭碑》。十月，蔡邕作《太尉陈球碑》。十二月，卫觊作《复华下民租田□算状碑》。《樊毅修华岳碑》。竺佛朔译佛经。

［叙录］　据清人严可均辑录《后汉文》载，是年正月，大书家卫觊作《西岳华山亭碑》。可惜原碑早已不存，今天只能读到其文字了。同年十月，蔡邕作《太尉陈球碑》。范晔《后汉书》（孝灵帝纪）载，永乐少府陈球于光和二年谋诛宦者，事泄，皆下狱死。蔡碑即当作于此时，原碑早佚。十二月，卫觊作《复华下民租田□算状碑》，原碑不存。刻立于本年的《樊毅修华岳碑》，最早宋人洪适所著录。洪适还对樊毅进行了考证，认为樊毅是樊丹的后裔。

光和二年，竺佛朔译佛经。天竺僧人竺佛朔来到中国，并从事译经工作。任继愈说："东汉末年，大乘佛教般若学已传入中国内地。大月氏僧支谶和印度僧竺佛朔（见南梁慧皎所记）在灵帝光和二年译出《般若道行经》（也称《小品般若》）十卷。三国吴支谦又把此经改译为《大明度无极经》十卷。尽管如此，般若学说并没广泛流行，它的广泛流行是在魏晋玄学兴起之后；而且，它正是依附于玄学才得到巨大发展的。"

［文献］ 南朝宋范晔《后汉书》卷八，南梁慧皎编《高僧传》卷一，宋洪适《隶释》卷二，清严可均《全后汉文》卷二八，任继愈《中国佛教史》。

公元 180 年　光和三年

［提示］ 十一月，青海《三老赵宽碑》。

［叙录］ 刻立于十一月的隶书《三老赵宽碑》，又称《三老椽赵宽碑》，俗称《赵宽碑》，20 世纪 40 年代出土于青海乐都县老鸦城西的白崖子，出土后搬运时断为两截，碑文字迹多次受损，可辨者 600 余字。此碑一度曾为马步芳所有，后移藏青海省图书馆，50 年代图书馆火难，此碑毁碎。石碑最早为张维所著录，碑主赵宽，字伯然，金城郡浩亹（今甘肃碾伯县东）人，是一代名将赵充国孙子，曾随军破西羌，官至以德服众的文化闲吏三老椽。赵宽是桓帝元嘉二年（152 年）离世的，则知此碑是在赵宽死后 28 年的十一月，由其叔子赵潢刻立。碑文上详细记载了赵宽的世系，这在汉碑中并不多见。

［文献］ 张维《陇右金石录》卷一，刘正成《中国书法鉴赏大辞典》，《中国美术全集》（书法篆刻编），沈年润《释东汉三老赵宽碑》（《文物》1964 年第 5 期）。

公元 181 年　光和四年

［提示］ 正月，四川《昭觉好谷乡石表》。三月二日，重庆《七拱嘴崖墓题记》。四月，元氏县《三公山碑》。十月，江苏《校官碑》。

［叙录］ 正月，远在四川西边的西昌昭觉县好谷乡，有了一件重要石刻作品问世：《昭觉好谷乡石表》。上面共刻隶书 400 余字，记载越嶲郡任命苏士县有秩（汉代乡长）冯佑为邛都县安斯乡有秩之事，以及免除上诸、安斯二乡赋役等内容。其命令是以"五曹诏书"的形式，由劝农督邮书掾李仁下达，石表即为邛都县安斯乡十四里丁众所立。石表于 20 世纪 80 年代被发现。据高文记载，同时发现的还有石阙残石 10 块，石狮残足 10 块，石表、石阙均在早年塌毁，其附近有汉墓群，因为当地彝族习惯，认为有浮雕之刻石为不祥之物，所以刚出土不久，石表、石阙又埋入土中，发现后移至昭觉县文化馆内，石表高 162 厘米、宽 625 厘米、侧宽 42 厘米，已断为两截。石阙构件上面雕刻着斗拱、瓦垄、麒麟、凤凰等图案。

三月二日，在重庆綦江县文龙乡七拱嘴崖墓中，刻有《七拱嘴崖墓题记》。所刻内容为：光和四年三月二日平路元立作冢万五千。高文记载说，此题于 1987 年文物普查时发现，位于七号崖墓中，上面还有线刻和浮雕鸟兽、阙、龙等图案。

四月，河北元氏县刻立隶书《三公山碑》，俗称《小三公山碑》，简称《无极山碑》。于清道光二十七年（1847）移置元氏文清书院东厢房中保存，碑上文字已漫漶难读。陆增祥记载：碑高五尺八寸，广三尺四寸，字径一寸二三分，共残存三四百字。杨守敬称其"字已细瘦，笔意不复可寻，而劲健之气自在"。

江苏溧阳的圭首《校官碑》，刻立于十月间，全称《汉溧阳长潘乾校宫碑》，又称《校官潘乾碑》。此碑发现较早，在南宋绍兴十一年（1141），时为溧水县尉的喻仲远在溧阳城遗址中发现此碑。新中国成立后移碑于南京博物院收藏。碑主潘乾为灵帝光和年间溧阳县令，曾召集流亡者来溧阳拓荒，兴办学校，其政绩甚为人们所称道。下属县丞赵勋及左、右尉董并、程阳等人，为颂扬潘乾功德，特为他立此石碑。碑损泐甚重，已难识读。碑高 148 厘米、宽 76 厘米、厚 22.5 厘米。方朔称其书法方正淳古，有西京篆初变隶风范。

［文献］　宋洪适《隶释》卷三，清沈涛《常山贞石志》卷一，清陆增祥《八琼室金石补正》卷六，清汪鋆《十二砚斋金石过眼录》卷二，清杨守敬《激素飞清阁评碑记》，清方朔《枕经堂金石书画题跋》卷三，高文《中国汉阙》，《四川历代碑刻》，刘正成《中国书法鉴赏大辞典》。

公元 183 年　光和六年

［提示］　四月，山东平度《王舍人碑》。十二月二十一日，山东东平《张表造虎函刻石》。是年，河北元氏《白石神君碑》。

［叙录］　刻立于光和六年四月的《王舍人碑》，1982 年出土于郑道昭天柱山摩崖刻石所在地，即山东平度县侯家村西山坡汉墓集葬区。出土时碑身断裂。残高 110 厘米、宽 78 厘米、厚 21 厘米。碑额阴文篆书“汉舍人□王君之□”，碑下截文字隶书，共存 180 余字，字多剥蚀。《王舍人碑》书风结体严整、朴茂而峭拔，为汉隶难得之作。

十二月二十一日刻立的隶书《张表造虎函刻石》，简称《虎函刻字》，光绪三十四年(1908)出土于山东东平，现藏山东济南图书馆。《虎函刻字》与《白石神君碑》及《三老赵宽碑》三碑年代相去很近，书风亦近，有可能是同一人所书。

河北元氏县的隶书《白石神君碑》，刻立于本年。碑原在河北元氏苏庄本庙，后移元氏县学。王昶记载碑高五尺四寸五分，广三尺三寸。碑额阳文篆书“白石神君碑”五字。此碑在宋人洪适书中即有著录，洪适认为可能是后人伪作：此碑虽布置整齐，略无纤毫汉字气骨，全与魏晋间碑相若，虽有光和纪年，或后人用旧文再刻者。但是清代钱大昕则认为：观其字体方整，已开黄初之先。汉隶遒逸之格，至此小变，是为汉刻无疑。《白石神君碑》记载了常山相冯巡、元氏县令王翊立碑纪念白石的神功。王静芬认为：白石为一座山峰的名称，又是山神的象征，是护佑之神。石碑证明了祈求富饶的祭仪的延续和崇拜山神的活动，部分山神是土地神的变异。白石作为山神的化身，让人回忆起古代用石头作为神灵的象征物。又据曾毅公考察，此碑刻工（石师）名叫王明。

［文献］　宋洪适《隶释》卷三，清王昶《金石萃编》卷一七，清钱大昕《潜研堂金石文字跋尾》卷一，于书亭《新出土的汉王舍人碑》(《中国书法》1985 年第 3 期)，曾毅公《石刻考工录》，《中国美术全集》(书法篆刻编)，刘正成《中国书法鉴赏大辞典》，［美］王静芬《中国石碑》，日本《书道全集》(中国系列)，《中国美术全集》(书法篆刻编)。

公元 185 年　中平二年

［提示］　十月，蔡邕图画赤泉侯杨喜五世将相形象，作《太尉杨赐碑》、《赤泉侯五世像赞》，陕西合阳《曹全碑》。

［叙录］　十月，蔡邕作《太尉杨赐碑》、《赤泉侯五世像赞》。蔡邕是公认的大书家，但同时他也是大画家，后一点却极少为人所提及。唐人张彦远《历代名画记》以赵岐、刘裒、蔡邕、张衡并列，并说：今人不复知有蔡画矣。据严可均《全后汉文》注中说：汉灵帝曾诏蔡邕图画赤泉侯杨喜五世将相形象于省中，又诏蔡邕为之写作画赞。严可均认为这条记载不太可信：蔡邕初平三年(192)见杀，在献帝朝仅三年，此三年间，献帝幼弱，董卓擅权，杨彪因与其迁都之议相左而免三公之位，当无图画其像之可能。

十月，东汉王敞等人为合阳令曹全纪功颂德刻立《曹全碑》，全称《汉合阳令曹全碑》，又称《曹景完碑》。曹全是西汉名臣曹参后人，曾任掌管西域事务之戊部司马，率领军队征讨不肯臣服的疏勒王和德，并且将和德俘虏，战功卓著。此碑于明万历年间初出土，地点在陕西合阳旧城莘里村，后移合阳县孔庙，现于西安碑林保存。碑高 253 厘米、宽 123 厘米。《曹全碑》为汉隶圆笔杰作，藏头护尾，中锋用笔，清人孙承泽称其“字法遒秀，逸致翩翩，与《礼器碑》前后辉映，汉石中之至宝也”。方朔则认为其“上接《石鼓》，帝通章草，下开魏、齐、周、隋及欧、褚诸家楷法，实为千古书家一大关键”。山东滕县有翻刻本，北京故宫博物院藏明拓本。

［文献］ 唐张彦远《历代名画记》卷四，清严可均《全后汉文》卷七四，清孙承泽《庚子消夏记》卷五，清方朔《枕经堂金石书画题跋》卷三，日本《书道全集》（中国系列），《拓本汇编》第1册，赵超《石刻史话》，刘正成《中国书法鉴赏大辞典》，《中国美术全集》（书法篆刻编）。

公元186年　中平三年

［提示］ 二月，山东《张迁碑》。

［叙录］ 刻立于二月的隶书《张迁碑》，全称《汉故谷城长荡阴令张君表颂》，又称为《张迁表》。石碑于明万历年间发现，原碑在山东东平县南旧州学内，后移置泰安岱庙。此碑为当时山东谷城县（东阿）官吏韦萌等人为其前任县令、时已转任河南省汤阴县令的张迁而竖立的功德碑。石碑通高314厘米、宽106厘米。碑额篆书“汉故谷城长荡阴令张君表颂”。最早为明人都穆所著录，碑文中有后人加刻及错刻字，顾炎武曾疑为伪刻，程章灿也颇疑此碑不是汉刻，但并未获公认，明人王世贞认为其书不能工，而典雅饶古趣，终非永嘉以后可及。此碑刻有石工（石师）孙兴名字。其碑四面雕刻蟠螭，圭首锐处两鹊相对，刻工极妙，叶昌炽说：“此亦汉画之至精也。”现存最早拓本为北京故宫博物院所藏明拓本，杭州等地有翻刻本。

［文献］ 明都穆《金薤琳琅》卷六，清顾炎武《金石文字记》卷一，清叶昌炽《语石》卷三，程章灿《读〈张迁碑〉志疑》（《文献》2008年第2期），刘正成《中国书法鉴赏大辞典》，《篆隶》（中），《中国美术全集》（书法篆刻编）。

公元168—189年　灵帝时期

［提示］ 师宜官书《耿球碑》。张昶书《华岳庙祠堂碑》。

［叙录］ 师宜官是东汉灵帝时河南南阳人，根据晋人卫恒（《四体书势》）、唐人张怀瓘等人记载，《耿球碑》为其所书。张怀瓘说：灵帝喜好书法，征天下工书于鸿都门，至数百人，八分称宜官为最，大则一字径丈，小乃方寸千言。这表明，师宜官大小字均十分擅长，又有记载说，师宜官亦好饮酒，常“书其壁以售之”，“观者云集”，师宜官就让观其书法者帮他支付酒钱，待付了酒钱，他便将墙上的字铲去。“后为袁术将命巨鹿。《耿球碑》术所立，是宜官书也。”惜《耿球碑》早佚，连拓片也未传下一片。南朝梁袁昂《古今书评》说，师宜官的书法“如鹏羽未息，翩翩自逝”。宋人陈槱也说：其大径寻，细不容发，迫而察之，心乱目眩。

东汉桓、灵时敦煌酒泉（今甘肃酒泉市）人张昶，字文舒，是东汉大书家“草圣”张芝的季弟，官至黄门侍郎，善隶书，工八分，尤长于章草，书风与其兄相近，人称“亚圣”。根据范晔等记载，《华岳庙祠堂碑》即张旭作文并书。唐人李嗣真说：“文舒《西岳碑》，但觉妍冶，殊无骨气。”传为王羲之所作《笔势传》上记载说，王羲之曾于从兄洽处见张昶《华岳碑》，始知学卫夫人书，徒费年月耳。遂改本师，仍于众碑学习焉。如果此记载是真的，那说明张昶的《华岳庙祠堂碑》的书法成就应该是很高的。因其碑早佚，到底情形如何，已无从考证。

［文献］ 南朝宋范晔《后汉书》卷六五，唐张怀瓘《书断》，宋陈槱《负暄野录》卷下。

公元192年　初平三年

［提示］ 笮融起浮图寺，或以为佛教造像之始。蔡邕因董卓事，下狱死。

［叙录］ 献帝初平三年，乍一看来似乎与石刻史并无多少直接关联，实则不然。这一年内，至少有

两件事与石刻艺术有着重要关系。其一，大约于是年前后，笮融起浮图寺，此事被很多学者看作是为佛教造像之发端。

关于笮融起浮图寺的具体年代现在尚无法确考，据范晔《后汉书》(刘虞公孙瓒陶谦列传)载，兴平元年(194)陶谦病死，笮融为陶谦督广陵等三郡运粮，起浮屠寺必在此前。刘汝霖将笮融起浮图寺一事系于初平三年，兹姑从之。

虽然前已数次提及佛教造像，但现代学者通常认为比较可靠的关于中国造像之始，是西晋陈寿《三国志》(刘繇传)对汉末笮融崇佛的记录：丹阳笮融在徐州大起浮图祠，该祠下为重楼，上有铜盘九重，阁道可容三千余人。其中安奉一尊佛像，以铜为人，黄金涂身，衣以锦采。很明显，这儿的佛教造像就是后世之铸铜鎏金佛像，俗称金铜佛像。李凇说：现存东汉时期比较可靠的佛教造像，是四川乐山麻浩崖墓享堂石枋上的高浮雕佛坐像，该墓虽无纪年，但附近风格相同的崖墓中有顺帝永和(136—141)和桓帝延熹(158—167)纪年铭刻，当为同期产物(也有学者认为乐山麻浩崖墓的佛像晚至蜀汉时期)。不过乐山的佛像两旁没有出现胁侍菩萨。相似的另一例是山东沂南汉墓线刻画，墓中石柱上端刻有项光的形象，一说为项光童子，不过解释为菩萨像亦无不可。李玉珉进一步引证实例：1986年在四川什邡县采集了一件东汉晚期画像残砖佛塔(四川省博物馆藏)，顶有三重华盖(又称铜盘或相轮)。这块画像砖上塔的形式与《三国志》(刘繇傅)记述完全吻合，是我国现存最早的佛教建筑文物资料。这座楼阁塔的样式与天竺佛塔窣堵波的结构大相径庭，显示东汉末年，有些佛寺的建筑已经脱离印度、西域原型的拘囿，建立民族风貌。更早的石刻佛像的例子，是1980年在江苏省连云港市附近发现的孔望山摩崖造像。只不过那些摩崖佛像作品依山石形势而随势而雕刻，同时与宴饮、舞乐等世俗题材并相存在，其中存在的宗教意图有多少，尚难值得进一步追究。

论及中国早期佛教造像，都必然要谈及四川乐山麻浩崖墓享堂石枋上的高浮雕佛坐像。这件浮雕佛像的造型特征为：结跏趺坐，束发肉髻，着通肩式袈裟，左手握衣角，右手施无畏印。从图像学的角度来看，它的原型一定来源于印度等地。费泳后来在白沙瓦附近桑杰金德里(Shah-ji-Kidheri)的出土物找到了它的母型：一件刻有迦腻色伽(Kanishka)名字的青铜舍利容器顶盖上，铸有一尊坐佛，鉴于容器内所装为迦腻色伽圣骨，该像的建造年代应在迦腻色伽去世后不久。这尊佛像，对解释中国汉魏时期佛像造型特征具有特殊意义。该佛的一系列特征，包括肉髻、姿态及佛衣褶皱的表现等，可视为四川汉魏时期此类造像的原型。佛呈结跏趺坐，着通肩式袈裟，左手握衣角，右手施无畏印，作束发肉髻。从这尊像的衣着，可以看出来自秣菟罗和犍陀罗造像的共同影响。与乐山麻浩崖墓相似的佛像，还见于乐山柿子湾崖墓。崖墓中两尊坐佛双膝之间的佛衣，依稀显现由两侧向中间汇集的特征。四川彭山夹江东汉崖墓出土的钱树础上一尊坐佛，顶作束发肉髻，左手残，右手施无畏印，衣褶对称，袈裟经双肘阻隔呈弧形下垂，并覆盖结跏趺坐的双足，由对称的凹刻线衣纹处理方式，可以看出四川地区东汉年间佛像与秣菟罗佛像的渊源。值得注意的是这尊坐佛左右各侍立一人，俞伟超推断两侧侍立为大势至和观世音菩萨，并认为这是中国最早的一佛二菩萨像。虽有学者提出不同看法，但由于这两尊立像漫漶难以辨识，将其视为中国佛教造像中最早出现的胁侍组合造像似较妥当。以现有实物资料看，汉魏时期四川地区的佛像特征可概括为：佛着通肩式袈裟，身体躯干部分的佛衣褶皱表现为较深的凹刻线，并呈对称弧形状下垂。伴随佛衣的这一特征，佛的姿态通常为结跏趺坐，左手握衣角，右手施无畏印。仅就佛衣特征看，四川这一时期的佛像当源自秣菟罗贵霜地区造像，但顶作束发肉髻，又不见于秣菟罗。这些综合特征，可以在印度迦腻色伽舍利容器上的坐佛找到源头。且四川地区佛之坐姿及手部姿态均与其吻合，唯一不同的是舍利容器上坐佛佛衣下缘呈水平状，而四川佛衣下缘呈弧形，在犍陀罗晚期及秣菟罗贵霜迦腻色伽之后的造像中均能见到。由于犍陀罗佛衣胸部衣襞不作对称表现，四川地区该类佛像来源的解释为：以侧重迦腻色伽舍利容器上的佛像样式为主，并融合了秣菟罗贵霜迦腻色伽之后部分佛衣塑造样式。迦腻色伽在位按公元 78 年至 120 年计，中土已有最早纪年造像为公元 125 年，因此，在迦腻色伽后不久，佛像即传入中土。

这年发生的另外一件大事是：蔡邕因董卓事，下狱死。一代大才子、大书家、大碑刻家蔡邕之死，范晔《后汉书》(蔡邕列传)述之甚详。其因董卓而被司徒王允下于狱中，虽经多人求情而仍不能获救，最后屈死于狱中，时年 61 岁。士绅诸儒莫不流涕，北海大儒郑玄闻而叹息道：汉世之事，谁与正之！人们为了纪念这位伟大的艺术家，在兖州、陈留等地，民间有很多人都用画蔡邕肖像来表达怀念与颂扬之情。

［文献］ 晋陈寿《三国志》卷四九，南朝宋范晔《后汉书》卷六十、卷七三，刘汝霖《汉晋学术编年》卷六，费泳《汉唐佛教造像艺术史》，李玉珉《中国佛教美术史》，李淞《长安艺术与宗教文明》。

公元 190—196 年　初平、兴平年间

［提示］ 四川绵阳《平阳府君阙》。

［叙录］ 据高文记载，在四川绵阳市东北 4 公里处的芙蓉溪仙人桥，有一座汉代南北双阙，即平阳府君阙(图 13)。两阙相距 26 米多，北阙高 435 厘米、南阙高 453 厘米。《四川通志》载：阙题据清代绵州才子李调元记录为“汉平杨府君叔神道”8 字，由于风雨剥蚀，现仅存“汉平”2 字，“府”字隐约可见。后来县志误将“杨”写成“阳”，1939 年，古建筑学家梁思成在考察和测绘绵阳汉阙时，依方志所录，约定俗

图 13　平阳府君阙　东汉初平兴平年间(190—195)　1914 年法国考古学家谢阁兰摄于四川绵阳

成，将此阙命名为“平阳府君阙”。阙为东汉初平、兴平年间建造。上部浮雕人物，如弹琴、车马、狩猎等图案，下部四角刻力士像，姿态雄伟。阙盖四角刻青龙、白虎、朱雀、玄武。檐上有执竿托鹰人物、有中箭野鹿、有猎人搏兽图、天马、狮子等，情景生动，是汉代庄园生活的写照和缩影。南朝梁大通三年（529年），阙身部分雕刻被铲去，重刻了小佛造像多龛，每龛有佛像三躯、五躯不等，并刻造像题记数则（图14）。造像周围还线刻一些佛教图画。此阙现为全国重点文物保护单位。1990年对双阙进行了维修，将双阙从原址上抬高，从汉阙中发现汉代五铢铜钱。

1914年，法国考古学家谢阁兰（一译为色伽兰，Victor Segalen）曾对平阳府君阙进行过考察，推此阙为复杂石阙中最具代表性者，并称阙上梁大通三年佛教石刻造像是四川唯一独存的梁代佛教造像，是研究佛教宝贵的实物资料（当然现在看来此论已失偏颇了）。平阳府君阙，双阙连同子母阙均俱保存基本完整，为目前全汉阙中阙体最大、结构保存最完整者。

［文献］［法］谢阁兰《中国西部考古记》，梁思成《中国建筑史》，高文《中国汉阙》。

公元205年　建安十年

［提示］　三月，四川《樊敏碑》、《樊敏阙》。魏武帝禁立碑。

［叙录］　建安十年，两件石刻事件颇为重要：一是在四川雕刻完成了著名的《樊敏碑》、《樊敏阙》，二是魏武帝出台了重要政策：禁立石碑。这两件事情发生在同一年时，其中隐秘的历史信息，颇堪玩味。

三月刻立的《樊敏碑》、《樊敏阙》原石都在四川雅安芦山县城南的石马坝，系汉巴郡太守樊敏的墓前石刻艺术品。陆增祥记载：碑连额高一丈五尺，碑文高六尺二寸六分，广五尺二寸四分。额高四尺二寸四分。圭首龟趺（王静芬认为这是目前所知最早的龙首龟趺），额雕双螭交曲环拱带穿，篆刻“汉故领

图14　平阳府君阙南朝佛像局部

图 15 樊敏阙 东汉建安十年(205) 四川雅安

校巴郡太守樊府君碑”双行12字。碑身阳面刻文为八分隶书，共刻500多字，部分字迹已磨泐。碑阴额仍刻双螭，拱内刻有凤凰。碑阴上段为北宋芦山县令丘常于崇宁元年(1102)三月隶书跋文，记录发现和竖立《樊敏碑》经过。碑阴下段则镌刻南宋芦山县令程勤于绍兴二十九年(1159)所写楷书书跋，内容仍为记叙其发现经过。

《樊敏碑》全称《汉巴郡太守樊敏碑》，原碑文内容，主要叙录樊敏家族世系源流，同时还记录了东汉当时社会动荡情形等史事，尤其是樊敏与青衣羌族交往关系，对于研究汉代蜀地少数民族文化具有重要价值。此碑最早为北宋赵明诚所著录，后来的金石学者都十分重视，并且对之进行了认真考释。法国学者谢阁兰也曾对樊敏碑阙进行考察。又据曾毅公考证，雕刻《樊敏碑》的工匠是刘武良和刘盛，他们在建安十年三月上旬刻成此碑。清代学者孙承泽说他曾收到一本完整的拓本，题额及镌书人刘武良名俱全。此碑曾一度失其所在，清道光年间又再次访得，因此有人说重出者可能是重刻而非原石。但此说大多数学者均持否定态度。孙承泽称此碑“书法遒劲古逸”。康有为亦谓其书风十分“华艳”。

据高文记载，《樊敏阙》为扶壁式双阙(图15)，由九层方形巨石叠砌，石料为雅安地区多见的红砂石。左阙通高510厘米、宽225厘米、厚92厘米，全阙由座壁、斗拱层、檐、顶等五部分组成，顶脊正中雕镂一雄鹰，嘴衔绶带。阙檐为汉代出檐式筒瓦建筑造型，刻有瓦当，檐下斗拱层刻线浮雕“龙生十子”神话故事图像。左阙左侧有耳阙，斗拱层中刻西王母图像。樊敏墓前有石兽二具。

是年，另外一件与石刻相关的大事就是：魏武帝禁立碑。南梁沈约《宋书》(礼志)载：汉以后，天下送死奢靡，多作石室、石兽、碑铭等物。建安十年，魏武帝以天下凋敝，下令不得厚葬，又禁立碑。唐人封演说：秦汉以来，帝王陵前有石麒麟、石辟邪、石象、石马之属，人臣墓前有石羊、石虎、石人、石柱之属，皆所以表饰坟垄，如生前之(象)仪卫耳。后汉太尉杨震葬日，有大鸟之祥，因立石鸟象于墓。墓前碑碣，未详所起，前汉碑甚少，后汉蔡邕、崔瑗之徒多为人立碑。魏晋以后，其流寖盛。隋制：五品以上立碑，螭首龟趺，趺上不得过四尺。

张焯说：碑原本是宫、寺门前用以识日影及拴牲口的竖石。自秦始皇刻石纪功，中国碑碣风气大开。至东汉桓、灵之际，达到高峰。石刻墓碑成为述德纪事、标志墓地、颂扬死者休烈的一种礼俗。汉碑的形制基本上分为碑首、碑身、碑座三个部分，而首分平首(齐首)、圆首、圭首(上小下大)三种基本形制，中央多有穿孔。在此基础上，形成了螭首、碑身、龟座(鳌座)这种后世标准的碑制。

魏武帝禁立石碑之事，对石刻艺术影响甚深，其最直接的影响在于，受到此禁令的约束，人们采取了一种变通的方式来纪念逝者：将刻有逝者生平的文字石刻(后来又加上精美的线刻纹饰)深埋于墓穴之中。于是，发端于东汉的墓志石刻，在此后形成石刻艺术之一大宗。

［文献］ 南梁沈约《宋书》卷一五，唐封演《封氏闻见记》卷六，宋赵明诚《金石录》卷一八，宋洪适《隶释》卷一一，清孙承泽《庚子消夏记》卷五，康有为《广艺舟双楫》卷二，清陆增祥《八琼室金石补正》卷六，高文《中国汉阙》，曾毅公《石刻考工录》，［法］谢阁兰等《中国考古调查团图录》第1册、［美］王静芬《中国石碑》，刘正成《中国书法鉴赏大辞典》，张焯《云冈石窟编年史》。

公元209年　建安十四年

［提示］ 四川《高颐阙》。

［叙录］ 建安十四年的石刻艺术，仍由四川唱主角。高颐阙位于雅安市城东北的姚桥，民间称之为高孝廉墓。高颐阙为东西双阙，相距约十米，东阙残损，西阙则较为完整(图16)。阙前有二石兽，阙侧有清人何绍基写于咸丰六年(1856)的《书高君碑》一通。西阙“高君字贯光”，清人刘喜海认为应为“高君字贯方”，“光”字为宋人补刻。高文记载：西阙题“汉故益州太守阴平都尉武阳令北府丞举孝廉高君

图 16 高颐阙 东汉建安十四年(209) 四川雅安

字贯光”。东阙题“汉故益州太守武阳令上计史举孝廉诸部从事高君字贯方”。阙高6米，阙用5层石块堆砌而成，阙顶为重檐，四阿顶式，筒瓦，背中刻一雄鹰，口衔绶带。枋子和斗拱间，平面浮雕人物故事，转角斗拱各雕一角神。今南北两面正中各雕刻一饕餮，其中一口衔鱼，一口衔蛇。第五层的石块上，四周车马相接，手执棨戟，排列而行。还刻有“季扎挂剑”、执鼓者、人兽相斗和九尾狐、三足乌、龙、虎、朱雀、马、牛、羊、猿猴等。阙上的雕刻，造型优美，形象生动，刻工精良，保存完好，为汉阙精品。二阙间为高君颂碑，乃从高孝廉祠迁此。碑首半圆形，镌蟠龙，碑座方形，刻二龙相向，龙尾绕于座后纠结。碑铭文隐约可见，是记载高颐阙建造年代的历史物证，高颐阙主阙东面横额壁板上雕刻有“师旷鼓琴”像(图17)。高颐阙北面有高颐墓，墓碑碑文：“汉孝廉高颐墓”。

高颐墓前的一对石兽(辟邪)，高110厘米、长190厘米(图18)。均系整块红砂石雕成，虎首狮身，背生双翼，昂首挺胸，前腿向前跨出，步履沉雄。日人关卫分析此对石兽时说：在中国四川雅安县高颐的墓前，有一对石狮，虽有若干已经磨灭的部分，但仍可得窥全豹。姿态豪壮，体躯和四肢的权衡亦极相称，其胸的两侧则刻有翼的形状，但这是常见于西方艺术中的，或许是受到那特别继承了希腊艺术的安息国艺术的影响吧。东汉的献帝据说极好胡风，结果波斯方面的艺术也被罗致到手，其作风想亦传播于四川地方去过。

［文献］　清刘喜海《三巴金石苑》，［美］王静芬《中国石碑》，刘兴珍等《中国古代雕塑图典》，高文《中国汉阙》，［法］谢阁兰等《中国考古调查团图录》第1册，［日］关卫《西方美术东渐史》。

公元212年　建安十七年

［提示］　四川芦山无铭阙及王晖石棺。

图17　高颐阙主阙东面横额壁板“师旷鼓琴”　四川雅安

图 18 高颐墓石辟邪 东汉建安十四年(209) 四川雅安

[叙录] 四川雅安芦山是汉代蜀身毒道(南丝绸之路)的重要通道,因而也成为遗存汉代石刻较为丰富的地域之一。芦山沫东乡石羊上村无铭阙,高文记载,现在阙已残毁,仅存阙顶,宽 110 厘米、长 85 厘米、高 70 厘米,斗拱层高 30 厘米。阙附近有石兽两只,其一头部为独角,古称“獬”,另一只头部为双卷角,古称“天禄”。均有双重翅,矫健雄伟。王晖石棺亦在其近侧约百米处出土(图 19)。王晖石棺前当头有铭文。此无铭阙亦可能为此时之物,1986 年迁至四川芦山东汉石刻馆中。

王晖石棺的具体出土时间在 1942 年春天,甫一问世即受到学界广泛重视,它是继 1937 年金毓黻、常任侠等发掘出土重庆石棺后,国内出土的又一东汉有明确纪年的石棺。石棺为红砂岩石质,是东汉上计史王晖的墓棺。石棺通长 250 厘米、宽 83 厘米、高 101 厘米。棺体及棺盖均为整石雕造,棺盖及四壁均有浮雕图像,共有 5 幅图像:棺首刻饕餮衔环,兽口衔环,兽爪抚环。棺头刻制双门,左门紧闭,隶刻“故上计史王晖伯昭以建安拾六岁在辛卯九月下旬卒其拾七年六月甲戌葬呜呼哀哉”共 35 字,实兼墓志功能;右门半启,一挽髻仙童半露其身,右手抚门,似盼主人归来。

王晖石棺比较奇特之处还在于,此一仙童衣下露足,足胫上着甲,其更为深远的神话学内涵值得进一步探究。首见于此的朱门半启题材,到了宋代,受到人们广泛的追捧,尤其是在巴蜀一带的墓室中,几乎成为一个必须表现的内容。如 1969 年四川荥经出土的东汉石棺上,就有类似的门童形象出现(图 20)。石棺左右壁则分刻虬龙与螭龙,弥满筋力,似穿空而去。后刻蛇缠龟身的玄武图像。王晖石棺的浮雕技艺在东汉石刻艺术中属于巅峰之作,

图 19　王晖石棺　饕餮及仙童启门　东汉建安十七年(212)　四川雅安

1942 年,郭沫若见到王晖石棺拓片之后,激动之余,挥毫写下《咏王晖石棺》诗作:“西蜀由来多名工,芦山僻地竟尔雄!”美学家王朝闻则誉之为“汉魂”。

［文献］　高文《中国汉阙》,周日琏《郭沫若与王晖石棺画像研究》(《四川文物》1993 年第 6 期)。

公元 217 年　建安二十二年

［提示］　鲁肃卒,后人立墓碑楹联碑。

图 20 东汉石棺(荥经)门童 1969 年四川荥经出土

[叙录] 鲁肃在陈寿著作中有传,字子敬,临淮东城(今安徽定远县)人。鲁肃是汉末东吴知名将军,眼光高远,曾为孙权提出鼎足江东的战略建议,深受孙权赏识,在周瑜离世后领兵守陆口、索荆州,虽未毕功,而功勋仍堪称卓著。鲁肃死时年仅 46 岁,吴主孙权为鲁肃发丧,蜀相诸葛亮为之发哀。鲁肃墓位于湖南岳阳楼东南 1 公里许(据说鲁肃墓还有一处在江苏镇江),墓碑上刻有"东吴太傅墓"。墓侧刻立楹联碑:"扶帝烛曹奸,所见在荀彧上;侍吴亲汉胄,此心与武侯同。"

[文献] 晋陈寿《三国志》卷五四,何光岳《岳阳三国名人古墓考》(《云梦学刊》1986 年第 1 期)。

公元 218 年 建安二十三年

[提示] 曹操再次禁碑。

［叙录］　曹操在十三年前，也就是建安十年时，就曾下令禁立石碑。这次再次针对他自己所建的寿陵下令，不竖石碑不作大墓。曹操说：古之葬者必居瘠薄之地，其西门豹西原上为寿陵，因高为基，不树不封。

［文献］　晋陈寿《三国志》卷一。

公元 219 年　建安二十四年

［提示］　曹操“衮雪”刻石。

［叙录］　开凿于东汉永平年间的陕西褒斜栈道，是连接我国古代西北和西南交通的重要通道，所开辟的石门也是世上最早的人工交通隧道。缘于此，历代名士或过客在石门崖壁上雕刻了众多题记，其中有一块刻有“衮雪”两字的题刻，传为曹操书写，也是目前较为人们所认可的仅存于世的曹操手迹。1971 年因修建石门水库而移置入汉中市博物馆中。刻石宽 148 厘米、高 67 厘米。据史书记载，建安二十三年，刘备率师夺取在建安二十年被曹操占领的重镇汉中，曹操率军进驻长安以驰援汉中。次年，也就是建安二十四正月，刘备老将黄忠斩曹操大将夏侯渊于定军山。曹操立即率军由长安经褒斜道南下，与刘备争夺汉中。刘备以持久战术据险防守，曹操不得已退驻褒谷口。其时天气渐热，逃兵日增。曹操进退两难之际，只好以山水暂释焦虑。见褒河水自石门激石拍岸，浪花如雪，欣然以隶书题壁“衮雪”两个大字，并在左侧落款隶书“魏王”两小字，让工匠镌刻于褒河水中的巨石之上。裴松之注《三国志》说，曹操善草书。但从“衮雪”两字来看，曹操的隶书造诣也已十分高妙。清代罗秀书说：“昔人比魏武为狮子，言其性之好动也。今观其书如此，如见其人矣！”

［文献］　晋陈寿《三国志》卷一，金其祯《中国碑文化》，郭鹏《〈褒谷古迹辑略〉校注》，贯井正《字如其人：“衮雪”应为曹操所书》（《北京教育学院学报》2002 年第 1 期）。

魏晋南北朝编

引论

中国石刻艺术史，至秦汉尤其是两汉时期，迎来了真正意义上的第一次高峰。此一时期，无论是文字石刻（摩崖及碑刻）还是线刻浮雕（汉画像石）或大型人物及动物圆雕，均取得了空前成就，一些艺术修养卓著的宫廷名臣（如李斯、蔡邕等）也以强有力的方式介入到石刻艺术创作之中，从而为推动石刻艺术向更为成熟的方向发展打下了坚实的基础。同时，佛教造像在此一时期随着帝王的推崇而渐露端倪，出现了如江苏连云港及四川乐山麻浩崖等早期佛教石刻图像。此一时期之石刻艺术，门类众多，品类齐全，刀法雄奇，总的艺术风貌沿着黑格尔所说的“严峻”象征之路披荆斩棘，开启魏晋南北朝石刻艺术的辉煌之门。

魏晋南北朝时期的石刻艺术，将严峻之风格演绎到极致。三国两晋延两汉余绫，承前启后，至南北朝而终成波澜壮阔之势。无论是壮丽瑰奇的北朝石窟造像还是雄霸一方的南朝帝陵石雕，无论是佛菩萨天人还是神兽瑞禽，无论是来自犍陀罗的希腊风还是出自本土的褒衣博带，都呈现一种大刀阔斧、悲悯众生的高贵气质。

此一时期的石刻艺术，最值得一提的当然是两大类，佛教石刻造像和陵墓石刻艺术。自东汉灭亡到隋统一的数百年间，中国社会战乱频繁，人生的苦旅迫使人们必须寻找精神的避难所，于是自汉代传入中国的佛教便获得滋生蔓延的土壤，佛教石刻艺术（单体及石窟造像）亦应运而生。据文献记载，东汉明帝时期就产生了佛教艺术雏形，进入魏晋时期，佛教艺术的创作已成为信史，佛教的造像艺术也逐渐成为中国古代石刻艺术的主要表现形式之一。至南北朝时期的石刻艺术，则形成了中国石刻艺术史上第二个高峰时代。

佛教造像，如果仅从文献记载来看，最早当出现在寺院之中。陈寿曾记载笮融建浮图祠的故事以及更早的汉明帝夜梦金人，这些记载似乎表明，最初的佛教造像应该是金铜佛像。但是目前的实物遗存并不支持这样的推断：无论是连云港摩崖中的佛教造像还是乐山麻浩崖佛像浮雕，都是石刻作品。造成此种现象的原因或者是因为，金铜与石刻相较而言，可能更容易风化损毁一些。

由于佛教的广泛流布，佛经的不断译介，随丝绸之路不断传入中土的雕塑观念及技法，开始成为中国石刻艺术工匠纷纷效仿的经典，中国文化史上最重要的中西文化交流于此得以顺利展开。《魏书》（释老志）曾记载说：太安初（456 年）有师子国（今斯里兰卡）胡沙门浮陀难提等五人奉佛像三到京都。皆云各历西域诸国，外国诸王相承，咸遣工匠摹写其容，莫能及难提所造者，去十余步，视之炳然，转近转微。从这则记载可以看出，来自异域的佛像雕刻技法及透视理论，在当时的中国工匠眼中，颇具有一种特殊魅力。

佛教石窟寺造像和置于普通寺院或住宅中的单体供养石像，既有崇拜者尊重佛教仪轨而形成的严格诠释，也有艺术家或工匠个人内心的个性理解。北朝石窟中最著名的是山西大同云冈石窟、河南龙门早期石窟以及南北响堂山石窟等。此时期的石窟造像艺术，更多地受到来自印度的犍陀罗艺术的深刻影响，以云冈石窟尤其是昙曜五窟最具代表性。石窟艺术之外，单体供养佛教石造像艺术，在此时期也得到前所未有的发展，并形成三大造像中心：一为山东青州龙兴寺（石灰岩）石刻，一为河北修德寺（汉白玉）石刻，一为成都万佛寺（红砂岩）石刻。

但是，这并不是说，此一时期的中国石刻工匠仅仅成了异域石刻艺术的简单效仿者。王子云在《中国雕塑史》中即指出：特别值得注意的是，这一时期的佛教造像，由早期受犍陀罗等外来影响的表现手法，逐渐发展演变为中国化和民族化的乡土风格。似乎可以说，两晋、南北朝的佛教雕塑艺术，是大量汲取了宗教的营养，揭开了中国雕塑艺术新的一页，而又能从宗教的局限中逐渐解放出来，并逐步走向表现现实生活的道路。同时，它引进了许多外来的因素使中国雕塑艺术产生了新貌，而又能消化、融会，以异军突起的崭新风格，纳入了中国雕塑艺术的优秀传统。王子云还进一步谈及具体的表现技法，两晋、南北朝的佛教雕塑，是继承着前代的传统而又有新的创造。特别突出的成就是浮雕，它已从前代常见的接近于平面的绘画形式，发展成为完整而丰美的浮雕（包括低浮雕与高浮雕）。这在中国雕塑发展史上是一个很大的突破。而且这些浮雕和圆雕、刻线，往往在同一作品中互相结合，用来共同表现主题，使主题达到鲜明的效果。我们在云冈或龙门早期的石雕中，都可见到这种实例。

总的来说，南北朝的佛教均十分兴盛，但是南北朝形成的佛教信仰及艺术形态却完全不同，基本格局是：北朝重石窟，南朝多寺院。造成此种情形的原因固有多种，但较有说服力的解释是：北朝佛教重实修，故多石窟；南朝佛教重义理，故多寺院。南朝石窟或摩崖，仅存南京栖霞山及浙江新昌等处，就是这罕有的一二处也因人为毁损，现在也已难见当年之风采。但是在单体石刻造像方面，因为成都万佛寺旧址出土了一大批红砂岩南朝造像，以其纤华细腻的雕刻风格，终为南朝石刻艺术挽回一缕璀璨的光芒。

南北朝时代的佛教石刻艺术，以政治区划而形成明确的南北分野。北方佛教石刻艺术，主要受到由西域经河西走廊而达于内陆的佛教传播线路影响。其在途经的鄯善、于阗、龟兹等地所形成的佛教造像艺术，亦随之而传至中原，并与汉地艺术融合，形成北朝佛教石刻艺术风格，其中尤以带有浓郁犍陀罗风格的凉州佛教艺术影响最为深远。我们可以在北魏云冈石窟的造像中，清楚地看到凉州风格。

北魏造像以佛陀释迦和弥勒及观世音菩萨为主要膜拜对象，在凉州工匠的影响下，形成风格独具的以云冈和龙门早期造像为代表的北魏样式。北魏之后的东魏造像，更增加了释迦多宝并坐像和思惟菩萨像等新题材，造型方面出现了身形颀长、衣饰简洁飘动的雕刻风格。北齐造像在题材上有一个明显的特征，就是在此一时期，创作了众多双身石像，如双思惟菩萨像、双释迦像、双观世音像、双菩萨像等等。特别是双思惟菩萨像，极有特色，在北齐之前几乎没有。与北魏深受犍陀罗熏陶之凉州影响不同，北齐佛教石刻更多地受到印度笈多风格的影响，薄衣贴体，衣纹疏简之极，有时甚至没有衣纹，已近于萨尔纳特的裸衣风格。

东魏至北齐石刻艺术之嬗变，温玉成在《中国佛教与考古》中提出，东魏以降，渐有“山东样式”之成立：在人物造型上，粗颈高挺，身躯雄浑；在装饰纹样上，则在主尊足部两侧刻出“倒悬的龙”，或称之为“盘龙”。概作俯首衔莲，四爪（每爪三趾），身尾向上作S形弯转之状。造像组合多为一佛二菩萨，很少有二弟子出现。北齐时代，“山东样式”有了多样性的变化。突出表现是薄衣透体及衣纹简练，佛着U形领袈裟，菩萨则有布满周身的网状璎珞。此等变化的原因，一则是南朝梁武帝奉请天竺佛像的影响，二则是葱岭东西诸胡和天竺僧众的影响，三则是高齐反对北魏“汉化政策”的影响。

西魏和北周的佛教石刻艺术，从气质来看，更多地承袭了北魏遗风。其古拙粗放之处，亦与东魏或北齐有着明显的不同。当然，彼此之间，也是有着微妙的联系。金维诺在其所著《中国古代佛雕：佛造像样式与风格》中认为：北齐在雕塑上的这种变化，与北周造像面型渐趋丰颐、衣纹渐趋简洁是相一致的。这一方面说明不同地区在相同时间的某些共同趋势，另一方面也说明政治上的分割，并不能阻止艺术上的相互影响。北朝的这种变革和相互渗透，与南朝当时在艺术风格上的某些变化也有密切联系。梁代“张家样”在雕塑和绘画上的变革，就是这种南北艺术共同发展趋势的先兆。这种变化既有文化交流所带来的影响，但更重要的是现实生活与人民欣赏趣味给予艺术家的激励。时代的风貌、地区的特色、艺术家的独特风格交织在一起，形成了雕塑艺术丰富多彩的不同成就。

与北朝佛教石刻之辉煌成就形成对比的是南朝佛教石刻，除了后来在成都万佛寺出土了一批南朝石刻之外，再加上南京栖霞山及浙江新昌等地一些残毁石刻，就再难见到南朝佛教石刻艺术的真容了。南朝佛教由于过分纠结于对佛教义理的探求而忽略了实践修为，因此对远离尘世的石窟艺术较少关注，倒是对共处于城市生活中的寺院情有独钟。因为在这样的建筑中，僧侣或信士们，可以很方便地译经、注疏、谈义理、究玄学。据记载，仅仅是在东晋年间，就修建寺院达 1 700 多座。至梁代，寺院竟有 2 800 多座。难怪唐人杜牧会说：南朝四百八十寺，多少楼台烟雨中。这些寺院中，从成都万佛寺的出土情形来看，应该可以推断，其他南朝寺院也应该有着数量不少的石刻艺术作品存在，我们期待更多的考古发现带来南朝石刻的惊喜。

讨论南北朝时期的造型艺术尤其是石刻艺术时，有几位艺术家的创作风格值得关注，并整整影响了中国佛教造像数百年：其一是东晋的戴逵、戴颙父子，他们是当时的塑绘名家，在佛像方面的主要贡献是“改梵为夏”，即将来自印度的佛教造像进行本土化的改造。其二是南朝宋人画家陆探微，其所作人物形象以“秀骨清像”取胜，成为一时佛教造像的楷模，秀骨清像不只是代表人物形象上的清癯瘦朗，而更在于其形神方面的高远洁净。这种起自江南风物的审美趣味，一旦注入佛教造像，迅速成为人们心目中超越尘俗的典范。其三是梁代艺术家张僧繇，他所创作的佛像走了一条与陆探微完全相反的路子：其佛教人物开脸以圆润丰满见长，被时人誉为“张家样”。张家样的画风一直绵延至唐代，直接继承其风格的则是被称作为“周家样”的唐人周昉。可惜张僧繇的作品没有一幅传承下来，因此我们对“张家样”的认识也仅仅来自文献的记载。唐人张怀瓘《画断》称“像人之美，张得其肉”，宋代米芾《画史》也说张僧繇“画女像面短而艳”。张僧繇的佛教造像艺术风格，在今天还能否看到实物呢？有学者给出了答案：成都万佛寺南朝石刻中，有相当一部分作品，体现了“张家样”的广泛影响。关于此点，金维诺具体分析说：清光绪八年(1882)，成都万佛寺首次出土百余件石刻造像，其中南朝宋元嘉二年(425)造像碑背面浮雕经变，是出土造像中年代最早而且极为精美的一件，对于了解南朝经变的发展以及山水画的成就有重要价值。现藏四川省博物馆的南梁普通三年(522)康胜造释迦像，雕刻精细，形象丰腴，仪容端严。南梁中大通五年(533)释迦立佛龛、南梁大同三年(537)佛立像、南梁太清二年(548)观音立像，都具有相同的时代特色。另外，四川省博物馆藏茂县出土的南齐永明元年(483)石造像，一面为弥勒佛结跏趺坐像，高肉髻，作说法印，着宽博大衣，胸垂内衣结带，衣裾满遮台座；另一面为无量寿佛立像，衣着、手印同前，双足踏圆台。造像的形象塑造和服饰样式都显示出南朝造像的独特风格，是佛像在民族化过程中具有代表性的典范。从这件造像也可以看出褒衣博带式的装束实际在南朝已经出现。有了梁代佛教造像实物，对艺术家张僧繇在佛教造像上所创造的“张家样”实际面貌及内涵方能有所体会。梁代美术在宋、齐基础上有所变革，“张家样”则被视为进一步民族化的典范。自东晋至齐、梁，长江流域地区佛教造像自成体系，并与北朝有着密切的交流关系。这些实物，对于探讨北魏以后在造像上的变革与南朝艺术的联系，提供了直观参考。

按照费泳在《汉唐佛教造像艺术史》中提出的观点，南北朝的佛教传播及影响线路是不尽相同的，但彼此又相互交叉着，渗透着：北方丝路古道，在早期佛教艺术东传过程中，的确起过积极的作用，时间主要在东汉至北魏早期。此后，在南北朝大部分时间内，西域线传入势头减弱，转而出现逆向的、由东向西的播动轨迹。从中土大环境看，造像传播呈现由长江流域向黄河流域(包括西北)辐射和渗透的状态，这一现象与域外传入路径的改变有关。5世纪中期，西域传入线，已渐趋为南方海路传入线所取代。佛教艺术由印度传入之初，似有南北不同的传入途径，长江流域出土于3世纪前后的大量佛教遗迹，昭示了早期佛教艺术在中国的传播，分别存在北方丝路古道及南方长江流域，由西向东两支系脉，而非单一的北方线路。同期，北方多吸收了贵霜犍陀罗风格，南方则多受贵霜秣菟罗风格影响。这个分析是十分有见地的。

第四个重要人物是北齐的曹仲达，这位来自西域的以善塑梵像而闻名的艺术家，其"曹家样"塑造的形象被认为"其体稠叠，而衣服紧窄"，这显然更多地受到印度马土腊衣湿衣风格的影响。曹仲达的艺术风格与"其势圆转，而衣服飘举"的吴道子形成对比，并称之为"吴带当风，曹衣出水"。"曹家样"的形成对北齐石刻艺术风格产生直接影响，曲阳修德寺出土的白石造像以及青州龙兴寺出土的北齐石灰岩造像，都为我们探究"曹家样"的具体风貌提供了宝贵的艺术实物。

陵墓石刻艺术方面，在两晋、南北朝的历史中，王子云认为：虽然在数量及类别上，都不能和佛教雕塑并称，但也有其承前启后的艺术价值，并且充分反映了时代精神和民族气派。如现存的南朝陵墓石兽雕刻，在类别和造型上，继承了两汉的传统并且为唐代更加盛行的陵墓兽类雕刻树立了典范。在形象神态方面，也特别体现了由古朴走向成熟阶段的一种生动、泼辣的时代风格，那种雄强博大不可一世的气概，也反映了我国古代在兽类雕刻上的卓越成就。

北朝的帝陵石雕基本没有遗存下来，人们仅在洛阳邙山上发现了文官雕像残石。此外，在北魏永固陵墓室中也存有浮雕群像。但与南朝雄伟的帝陵石刻相比，北朝的陵墓石刻就显得单薄得多了。

南朝帝陵石刻艺术，是此一类型石刻艺术的杰出代表。值得我们留意的在于：石刻艺术在接受来自外来文化影响方面，如果要追溯历史，陵墓石刻尤其是陵墓大型瑞兽石刻受到西方文化的启迪或影响的时间，可能要比佛教石刻艺术更为久远。在汉武帝为爱将霍去病墓前雕刻大型石刻作品之时，已经可以从中隐约观察到外来文化的影子；而到了南朝时代，在雕造帝陵石刻时，一群威风八面、昂首天外的带翼神兽，更把外来文化的因素与中国本土的文化紧密融合在一起，从而创造了堪称惊心动魄的石刻巨制。南朝帝陵石刻群雕，与两汉相较，风格样式发生了明显变化，其中的代表作当数萧景墓前石辟邪。萧景辟邪在众多的南朝翼兽中是最为人所知晓的，自20世纪80年代以来，它曾作为南京城市的标志出现在各种公共场所。南朝翼兽的原型可以远溯至古埃及的格里芬(gryphon)或亚述王朝的拉马苏(lamassu)，在古代中西方文化交流史上留下了壮丽的一笔。

公元220年　汉献帝建安二十五年
延康元年　魏文帝黄初元年

［提示］　河南《受禅表》、《上尊号奏》。山东孔庙《孔羡碑》。

［叙录］　建安二十五年，是不平凡的一年：一个堪称伟大的王朝在此时走完其最后的历程。这年正月，东汉魏王、一代枭雄曹操去世，他的儿子曹丕继承其王位。更重要的事件发生在是年十月：东汉献帝刘协被迫禅皇位于曹丕。至此，立国196年的东汉王朝宣告结束，一个大一统的中国再次走向分裂的局面。曹丕自河南许县迁都洛阳，国号魏，史称曹魏。群雄割据的三国时代正式粉墨登场。

曹丕继承魏王后，通过实行"九品中正制"等措施，扫除门阀士族的强大阻力，并通过让相国华歆、太尉贾诩、御史大夫王朗等百官上《上尊号奏》，为灭汉造势，最终以魏文帝取代了汉献帝。这年十月，在曹丕的授意之下，魏国功臣将曹丕代汉立魏之事写成《受禅表》，勒石纪功。接着又将先前华歆等人所撰之《上尊号奏》也刻成石碑。

隶书《受禅表》又称《受禅碑》，碑通高323厘米、宽102厘米、厚32厘米。碑文所载为公卿大臣劝说曹丕袭尧舜禅让之例，受禅即帝位以顺上天之意。

《上尊号奏》亦为隶书，全称《公卿将军上尊号奏》，也称《劝进碑》、《百官劝进表》、《上尊号碑》。立碑年月不明，顾炎武考为黄初元年刻立。王昶记载：碑高八尺七寸，广七尺。传世最早拓本为北京故宫博物院藏元末明初拓本，后世有翻刻本。翁方纲认为"二碑《上尊号奏》、《受禅表》实为一人手书，盖纯取方整，开唐隶之渐矣"。

《受禅表》与《上尊号奏》两碑均在河南许昌临颍繁城镇的汉献帝庙（原为魏文帝庙）内，自唐宋以来，两碑便有"三绝碑"之称（如唐人刘禹锡、颜真卿，宋人欧阳修、娄机等）：传为司空王朗撰文、尚书梁鹄书丹、侍中钟繇镌字，但也有认为《受禅表》书碑者可能是卫觊者（如康有为、黄绍箕）：卫觊一作卫覬，字伯儒，三国时魏国河东安邑（今山西夏县）人。魏受禅后拜卫觊为侍中，累官至尚书仆射。少有才学，工古文与草书，陈寿为之作传。康有为说："于时卫敬侯出，古文实与邯郸齐名，笔迹精熟。今《受禅表》遗笔独存，鸱视虎顾，雄伟冠时。"康有为认为《受禅表》出自卫觊手笔，除了书法本身的造诣之外，还有另一重要理由则是：与卫觊同时代的三国魏人闻人牟准在其所撰的《卫敬侯碑》中，就说《受禅表》是卫觊所书。

撰文、书丹及刻工姓名虽有一些争议，但均有迹可寻，这在汉末三国时之碑刻中并不常见。《四库全书总目》在为朱珪《名迹录》作提要时甚至说："汉代诸碑多不著撰人、书人，刻工尤不显名氏，自魏《受禅碑》邯郸淳撰文，梁鹄书，钟繇刻字，是为士大夫自镌之始。"但是四库馆臣此论与事实并不相符合。清人叶奕苞对此提出质疑：汉碑书撰人姓名多不著，而造碑之人时附碑末，如《石经论语》石工陈兴，《三公山碑》石师刘元存，《无极山碑》石师（阙），《白石神君碑》石师王明，《孔耽碑》治石师同县朱适、朱祖，《武氏石阙》石工孟季弟卯，《绥民校尉熊君碑》碑师春陵程福，《巴郡太守樊敏碑》石工刘盛息懆书，《李翕郁阁颂》石师南（阙）字成民。盖汉人立碑，刻镂精工，有费至十五万者。《（武）梁碑》后云："孝子孝孙，躬修子道，竭家所有，选择名石，南山之阳，擢取妙好，色无斑黄。良匠卫改（人名），雕文刻画，罗列成行，摅骋伎巧，委蛇有章。"可见当时郑重，故石师必欲自炫其技而贻名于后也。程章灿认为，由于原刻文字模糊，辨识困难，叶氏所录刻工名与《石刻考工录》及其他金石学者不尽相同。

刻立于黄初元年的山东曲阜孔庙隶书《孔羡碑》，亦称《魏鲁孔子庙碑》、《孔羡修孔庙碑》、《封孔羡碑》，现存孔庙汉魏碑刻博物馆北屋。王昶记载：碑高六尺二寸，广三尺五寸五分，碑额篆书"鲁孔子庙之碑"。碑文所述为关于赐封孔子第二十一世孙孔羡为鲁县百户宗圣侯奉祀孔子、扩修孔庙、设置百石卒史、庙外作屋宇以接纳四方学者等诏文。宋人洪适对此碑有著录，并称："魏隶可珍者四碑，此为之冠，甚有《石经论语》笔法。”历史上留下来的关于三国时代的石刻作品非常罕见，赵超称近代以来除去魏三体石经残石外，尚未发现过这一时期的新石刻材料，因此这块碑就显得极为珍贵。有人(宋人张稚圭在此碑末所刻题记)认为它是曹植撰文、梁鹄书丹的，但是没有确凿证据。北京故宫博物院藏有明拓本。

据唐人张怀瓘记载，梁鹄字孟皇，汉末魏初时安定郡乌氏(今甘肃平凉市)人。少好书，是大书家师宜官(汉灵帝时《耿求碑》书者)的学生。师宜官善小字，而梁鹄则善大书，以善八分而知名。梁鹄所书碑，除《孔羡碑》之外，也有传说《受禅表》、《大飨碑》(严可均则认为此碑为卫觊撰文并书)等亦出其手者。

《孔羡碑》碑文为大诗人曹植所撰，其文辞极尽典雅。书丹者勿论是否为梁鹄，均不能掩其高妙成就。其所表现出的“龙威虎震，剑拔弩张”(梁武帝评语)之势，以及上承两汉、下开北魏的独特地位，均使此碑具有不可替代之历史价值。

[文献] 晋陈寿《三国志》卷二一，唐张怀瓘《书断》，宋欧阳修《集古录跋尾》卷二，宋赵明诚《金石录》卷二十，宋洪适《隶释》卷一九，清娄机《汉隶字源》，清顾炎武《金石文字记》，清王昶《金石萃编》卷二三，清康有为《广艺舟双楫》卷二、卷三，清黄绍箕《广艺舟双楫评语》，清叶奕苞《金石录补》卷二七，清严可均《全三国文》卷二八，清翁方纲《两汉金石记》卷一八，清孙星衍《寰宇访碑录》卷一，清阮元《山左金石志》卷八，柏杨《中国历史年表》，程章灿《石刻刻工研究》，赵超《石刻史话》，刘正成《中国书法鉴赏大辞典》，骆承烈《曲阜碑文录》，《中国美术全集》(书法篆刻编)，日本《书道全集》(中国系列)，《拓木汇编》第2册。

公元221年　魏文帝黄初二年

[提示] 邯郸淳或补《三体石经》，寻卒，年约九十。

[叙录] 根据陈寿、卫恒、郦道元、江式及张怀瓘等人的相关记载：黄初二年，邯郸淳或补《三体石经》，寻卒，年约九十(132—221)。裴松之在为陈寿《三国志》作注时曾引《魏略》，中有“黄初元年之后”语，学者据以认为，邯郸淳补刻《石经》之事，当在此年。邯郸淳此时已年届九十，疑其补《石经》不久之后即辞世。人书俱老，可以想象其书丹风采。

邯郸淳一名竺，字子叔(一作子淑、子社)，颍川(今河南禹县)人，也有说是河南陈留人的。博学多才，魏文帝黄初年间官博士给事中，篆楷隶均工，善苍雅虫篆，尤精古文。魏初时古文多已失传，幸有邯郸淳而得以薪传。北魏江式说：淳博闻古艺，建《三字石经》于汉碑之西，其文蔚焕，三体复宣。也有人不认同这种说法，如梁披云即认为：《石经》以古文、小篆、隶书三休蝉联书之。昔人皆谓邯郸淳书，不尽然。但是为什么不尽然，梁披云也未说出个依据来。

[文献] 晋陈寿《三国志》卷一三，晋卫恒《四体书势》，北魏郦道元《水经注》卷一六，北魏江式《论书表》，唐张怀瓘《书断》，梁披云《中国书法大辞典》。

公元222年　魏黄初三年　吴黄武元年

[提示] 黄初三年，曹丕下诏毁高陵祭殿。吴黄武元年，支谦居东吴，译《维摩经》等佛经数部。

[叙录] 魏武帝曹操葬于高陵(邺城西边)后，依照东汉礼制应该立陵上祭殿。据唐人修《晋书》所载：至黄初三年，魏文帝曹丕下诏，说古不墓祭，皆设于庙，以此为理由，毁掉高陵祭殿，使车马还厩，衣服藏府。曹丕为何要毁掉父亲陵墓的祭祀殿宇、废弃陵寝制度呢？陈安利认为：主要原因是怕将来政权交替之后陵墓被发掘。又据陈寿《三国志》记载：魏文帝在毁高陵祭殿的同时，也在为他自已修筑寿陵(首阳陵)，并下诏：因山为体，无为封树，无立寝殿，造园邑，通神道。如此一来，即使将来易代之后，人

们也找不到具体的陵墓处所。这个魏文帝，在其内心深处，是相当缺乏安全感啊。

而在这一年，江南的生活似乎要优雅得多。一代高僧支谦居东吴，译《维摩经》等佛经数部。出生于河南的支谦又名越，字恭明。初游洛邑，受学于支谶的高足支亮。支谦为避战乱而来到江南，得孙权召见，颇受礼遇，拜为博士。吴黄武元年（222 年）开始译经工作，至建兴中已译出《维摩经》、《大般泥洹经》、《法句经》等 49 部经典，译文辞旨文雅。支谦还修习大乘学问，并译出大乘经典《道行般若经》等。支谦的译经活动，对于江南佛教的传播与修为，具有重大意义。在人们的常识中，江南的佛学兴起，始于 21 年后的康僧会至建业修筑建初寺。事实上，支谦才是真正的江南佛学早期的传播者。

［文献］ 晋陈寿《三国志》卷二，南梁慧皎编《高僧传》卷一，唐释神清《北山录》卷四，唐房玄龄等《晋书》卷二十，陈安利《唐十八陵》。

公元 223 年　魏黄初四年

［提示］ 六月二十四日，龙门始有石铭。国人约于此时始依佛戒剃发为僧。

［叙录］ 据郦道元《水经注》记载：这年六月大雨，伊洛水溢。在洛阳伊阙左壁上，人们刻有记录这次大水泛滥的水文石铭："黄初四年六月二十四日辛巳，大水出，举高四丈五尺，齐此以下。"郦道元说他当时还见石文尚存，此铭今亡。在龙门石壁上雕刻石铭，虽然与佛教无关，却说明这儿具有良好的雕刻条件，龙门雕刻史，应该从这一年算起。

唐魏徵等《隋书》说：魏黄初中，中国人始依佛戒，剃发为僧。这儿只说是在黄初中，并没有具体说是黄初哪一年。张焯将此事系年于此，姑从之。《高僧传》又引著作郎王度的话说：往汉明感梦，初传其道。唯听西域人得立寺都邑，以奉其神；其汉人皆不得出家。魏承汉制，亦循前轨。

［文献］ 北魏郦道元《水经注》卷七，唐魏徵等《隋书》卷三五，南梁慧皎《高僧传》卷九，李文生主编《龙门石窟志》，张焯《云冈石窟编年史》。

公元 224 年　魏黄初五年

［提示］ 陕西《黄初残碑》。

［叙录］ 刻立于是年的隶书《黄初残碑》，又叫《合阳十三字》。于清乾隆初年出土于陕西合阳。共有残石 4 块。据刘正成记载：一块 4 行共 13 字，一块 2 行共 4 字，一块 3 行共 12 字，一块 2 行 6 字。石出土后曾归合阳许、康二氏。现已不知其所在。有初拓本和摹刻本传世。清人叶奕苞赞其书法"高妙醇朴，书体酷似《酸枣令》，他碑未及也"。清人朱枫亦说其书法绝类汉人，与《曹全碑》相似。《酸枣令》即《刘熊碑》，全称《汉酸枣令刘熊碑》，又称《刘孟阳碑》。无年月。原石久佚，原本稀少，赵明诚、洪适有著录。清人刘鹗藏有拓本（现藏北京中国历史博物馆），其上段 15 行，行 12 字，下段 23 行，行 15—17 字不等。1915 年顾燮光在河南又访得一残石，存碑阴 8 行，计 63 字。顾氏为此特撰《刘熊碑考》，其石现藏河南延津县文化馆。

［文献］ 宋赵明诚《金石录》卷一九，宋洪适《隶释》卷五，清叶奕苞《金石录补》，清朱枫《雍州金石记》，顾燮光《顾氏金石舆地丛书》，刘正成《中国书法鉴赏大辞典》，《中国美术全集》（书法篆刻编）。

公元 230 年　魏太和四年

［提示］ 二月，魏刻《典论》。书碑名家钟繇卒。

［叙录］ 魏文帝曹丕所撰《典论》共有五卷，不仅是难得的社会学文献，也是中国文艺批评史上著名的文论。其中所提出的"文以气为主"、"诗赋欲丽"的见识，均对后世文艺创作及文学思想产生重大影响，并对形成魏晋南北朝的"文学的自觉时代"发挥着思想启蒙作用。就在这年二月，曹丕诏将此论刻于石碑（又有记载说是魏明帝曹睿下诏刻立者），

置庙门之外及太学,与石经并立,永示来世。看来魏文帝还是很有野心的,他希望自己的著述可以与儒家经典一同长久传承下去。为陈寿《三国志》作注的南朝宋人裴松之曾从征过洛阳时,还在洛阳太学见到《典论》石碑。

这一年,曹魏大书家钟繇卒。钟繇(151—230)字元常,颍川长社(今河南长葛市)人。汉献帝时初举孝廉,官至尚书仆射,魏建国后加授太傅,世有钟太傅之称。颍川钟氏是汉魏时期的一个煊赫家族。祖父钟皓、父亲钟迪和叔父钟敷均为一时名士。钟繇楷隶兼擅,对楷书定型贡献犹巨。可惜几乎没有作品流传下来,相传隶书《上尊号碑》为其所手书。钟繇著述已佚,仅少数文章可在严可均辑文中读到。

[文献] 魏曹丕《典论》,晋陈寿《三国志》卷三、卷四、卷一三、卷二二,清严可均《全三国文》卷二四,章培恒等《中国文学史》。

公元 231 年　魏太和五年

[提示] 约于此年刻立《曹真残碑》。

[叙录] 隶书《曹真残碑》全称《魏镇西将军上军大将军曹真残碑并阴》,又称为《都督雍凉魏刻碑》。碑上所刻年月已磨泐。根据曹真卒于太和五年推断,此碑当在曹真去世后刻立。石碑于清道光二十三年(1843)出土于西安城郊,后运到北京,曾为端方所有,现藏于北京故宫博物院。石碑上下部均佚,现仅残存其中部。陆增祥记载碑广汉尺四尺一,字径一寸九分,有方界格。杨守敬对其书法评价甚高:至其隶法上承《百石卒史》,下开《王基碑》,唐代韩、梁、卢、蔡皆脱于此。

[文献] 清陆增祥《八琼室金石补正》卷八,清杨守敬《壬癸金石跋》,清端方《匋斋藏石记》卷三,刘正成《中国书法鉴赏大辞典》,《篆隶》(下),《中国美术全集》(书法篆刻编)。

公元 235 年　魏青龙三年

[提示] 正月,山东任城《范式碑》。魏明帝曾欲坏洛阳宫西佛图,后于宫东作周阁百间。

[叙录] 刻立于是年正月的山东任城县《范式碑》,全称《庐江太守范式碑》,又名《范巨卿碑》,后移入济宁州学。此碑在宋人赵明诚、洪适著述中有著录,宋以后碑断埋没入土中,至清乾隆年间碑额、碑文残石始出土,今残碑藏于济宁铁塔寺汉碑群内。王昶记载,残碑高三尺,宽二尺一寸,碑额篆书“故庐江太守范府君之碑”。

碑主范式在《后汉书》中有载:范式字巨卿,山东山阳金乡人,官至庐江太守。此碑为范式歿后县令薛某及乡人为其刻立的德政石碑。唐人李嗣真赞其书法“风华艳丽,古今冠绝”。清人洪颐煊也认为其成就在《上尊号碑》、《受禅表》、《孔羡碑》等“黄初三碑”之上。据刘正成说,清人黄易藏有石佚前的宋拓本,共计 200 余字,为黄氏所藏汉碑五种之一,现存北京故宫博物院。

同年,魏明帝曾欲毁坏洛阳宫西浮图,后作周阁百间。据《魏书》(释老志)记载,魏明帝曾欲毁坏洛阳宫西面的浮图以修殿阁。这时走来一个外国沙门,在明帝面前显出神功:金盘盛水,置于殿前,以佛舍利投之于水,乃有五色光起。明帝惊叹:自非灵异,怎么可以做到?明帝命人在浮图故处,凿为濛汜池,种芙蓉于中。之后,明帝便改在洛阳宫东边,为作周阁百间。

对于中国古代寺院之建筑制度,日本学者伊东忠太指出:后汉始创建佛寺之建筑,即与今日中国各地普通佛寺相同,即与中国之宫殿、官衙同工异曲。只佛教之教义,勤行之法式,与佛像奉安之施设,内外之宗教的庄严等,为中国国民所不知者,则模仿印度。盖除用西域式外,别无他法。中国最初之伽蓝,决非佛刹伽蓝之新式建筑,实以旧式宫殿、官衙充佛寺之用者。张焯认为:魏明帝所建“周阁百间”之寺,应与中国后世寺院格局一致。北朝寺院的样式,如平城方山思远寺、洛阳永宁寺，是方形或长方形院落，开南门或四墙开门；院内居中方台，台上立一方塔，北为大殿，东、南、西僧房。然而，古代犍陀罗寺院的样式，与中土不同，主要是塔、殿与僧舍分院。《中亚文明史》中讲："犍陀罗寺庙的基本成分是一个庭院，或者一系列露天的庭院，四周围绕着僧侣居住的小室，或者是置放供奉物的壁龛。与庭院相连的，通常是大殿、食堂，一侧为方丈禅室，另一侧为主窣堵波，四周绕以大小各异的供奉窣堵波。犍陀罗的寺院设施一律使用菱形石建造法，是为贵霜时期的典型石工技术。墙的整个表面都涂上厚层石灰泥。屋顶主要呈拱形，门窗或者为横式结构，或者使用翅托。至公元1至2世纪，这种寺院建筑风格业已出现，并且成为整个北印度的定式。"唐道世在书中则较为详细地记载了古代的寺院建筑格局：初起僧伽蓝时，先规度地。将作塔处，不得在南，不得在西，应在东，应在北，不侵佛地、僧地。应在西在南作僧房。佛塔，高显处作。塔院内不得浣染、晒衣、唾地。得为佛塔四面作龛，作狮子、鸟兽、种种彩画，内悬幡盖。得为佛塔四面造种种园林、花果，是中出花，应供养塔。佛言：亦得作支提。有舍利者，名塔；无舍利者，名支提。如佛生处、得道处、转法轮处、佛泥洹处，得作菩萨像、辟支佛像、佛脚迹处。此诸支提，得安佛华盖供养。若供养中，上者供养佛塔，下者供养支提。

［文献］ 南朝宋范晔《后汉书》卷八一，唐李嗣真《书后品》，北齐魏收《魏书》卷一一四，唐道世《诸经要集》卷三，宋赵明诚《金石录》卷二十，宋洪适《隶释》卷一九，清王昶《金石萃编》卷二四，清洪颐煊《平津馆读碑记》卷二，《中国美术全集》(书法篆刻编)，刘正成《中国书法鉴赏大辞典》，张焯《云冈石窟编年史》，［日］伊东忠太《中国建筑史》。

公元241年 魏正始二年 吴赤乌四年

［提示］ 魏立《正始石经》、康僧会初达建业、阚泽论三教。

［叙录］ 景初三年(239)，魏明帝曹睿驾崩，其侄曹芳嗣位，并由司马懿与大将军曹爽辅政。两年后的正始二年，发生了一件让人们记住这位魏齐王曹芳的石刻事件：刻立《正始石经》。因为这套石经同《熹平石经》只用隶书刻写不同，而是采用古文、篆书和隶书三种字体书刻于石，故又称《三体石经》或《三字石经》。三种字体的排列方式有两种：一是古文在上，小篆居中，隶书在下的一字竖排，称"一字式"；另一种是古文在上，小篆和隶书并排写在下面的品字形排列，人称为"品字式"。《熹平石经》在经历战乱尤其是遭逢董卓之乱后，宫阙及宗庙焚毁，石经亦零落破败。曹魏为了张扬儒学，教化风气，于是决定在这一年重新刻立石经。赵超分析说：经过多年战乱后，曹魏平定了北方，形成较安定的社会局面，自然就把恢复教化的事提到日程上来。魏文帝黄初元年，又在洛阳恢复了太学。这时修复的太学仍然是东汉太学的旧址，所以《三国志》(魏书王肃传)注中记录的当时修补汉石经碑石的工程，就是和修复太学同时进行的。到了正始二年，魏国又新刻了一批石经，也竖立在太学讲堂的西侧。这次刻写的经典有《尚书》和《春秋》两种，可能是汉石经中这两种经典损坏得最严重，所以加以补充。

此次所刻立的具体经典为《尚书》、《春秋》及《左传》。石经的刊刻年代，刘汝霖定为始刻于正始六年。但是据田野撰文称：1957年6月在西安市青年路，曾出土魏石经残石，上刻有"始二年三"等字样，由此可知这套石经刻立时间不会晚于正始二年。《三体石经》在后来如郦道元及唐人房玄龄等人著述中均有提及，在《隋书》(经籍志)及《三国志》(魏书刘劭传)、《资治通鉴》中还记载有《三字石经尚书》九卷、《三字石经春秋》三卷。

近代著名学者王国维十分重视魏石经，曾专门撰写《魏石经考》及《魏正始石经残石考》等文，对魏石经所用典籍版本、文字书丹者等，做了十分翔实的考证。后来又有很多学者如陈海波、罗振玉、章太炎、马衡、王志平以及中国台湾学者如邱德修、吕振端等人，均对魏石经作了更进一步的探究，成绩斐然。

历史上以石刻方式刊刻儒家经典的事情，颇具规模者前后约有七次，但是以三体书刻石经者唯此。《正始石经》刻成之后，与《熹平石经》残存之石经南北排列，相向并立于洛阳城南开阳门外太学讲堂两侧。魏石经每块碑长 267 厘米、宽 133 厘米，尺寸与汉石经大体相当。马衡对汉魏石经做过大量的收集与研究工作，并根据陆续出土的石经残断，推断魏石经一共刻了 28 座碑石。碑石被制成平顶长方形，每块碑刻写的字数、行数并不完全一样，大致在每行 60 字，每面 33 行左右。以此计算，每座碑约刻写经文 4 000 字。马衡的这些推断，被后来出土残石证实是正确的。

魏石经的命运也比汉石经好不到哪儿去，在丧乱和迁徙之中，石经不断败裂，至唐代魏徵时代已难见其踪影，仅仅收到十几段残石，藏于秘书监中。其后，虽在洛阳及长安等地历代时有出土，但已难窥全貌。张彦生在《善本碑帖录》中，对魏石经出土收藏情况言之甚详。刘正成说有部分魏石经残石藏于日本京都藤井氏。《正始石经》系朝廷为统一古文经籍字体而刊刻的官方文本，书写法度规范，不逾绳墨。王献唐评价说：《正始》隶书一体，上接《熹平》，下开两晋，篆则修整峭劲，周折合符，与新莽星文，同为汉篆正规。故以书学而论，盱衡隶体，当以《熹平》称尊，研索篆章，更以《正始》为上，如骖靳并驾，各无轩轾。

这一年，在东吴是赤乌四年，前面已提及的名僧康僧会初达建业（今江苏南京市）。据记载，吴主孙权因舍利感应，特为之建塔立寺，其寺名建初寺，是有记载的南方第一座佛教寺院。在这座寺院中，僧会坚持译经工作以弘扬佛法，现在还能读到他当年翻译的《六度集经》、《道品经》等。又为《安般守意经》、《法镜经》、《道树经》等作注、撰写序文。僧会巧妙地将中国老庄玄学与佛学相结合，让中国南方士人产生强烈的亲切感。同时，康僧会还在建初寺中“设像行道”，也就是说康僧会在寺院中进行了佛教造像工程，其中是否有石刻佛像，尚不得而知。康僧会至建业及江南始有寺院一事，被很多人认为是江南佛法兴起的开始，但其说为汤用彤所否定。

金维诺将此事定于赤乌十年（取南梁慧皎之说）：江南佛法，首先传自洛阳。东汉末年，中原战乱，北人多有南徙。安息僧人安世高于灵帝末年，振锡江南，随机说法，游踪及于庐山、广州、会稽。献帝之末，世称天下博知的“三支”之一，月氏人支谦与乡人数十避乱奔吴，吴主孙权拜为博士，入侍东宫，译经释难，从黄武到建兴年间，共译出《大阿弥陀经》、《瑞应本起经》等佛典数十部，吴地初闻佛法。吴赤乌十年，康居沙门康僧会由交址“初达建业，营立茅茨，设像行道，吴主孙权为之立塔建寺”。南梁慧皎说吴地“以始有佛寺，故号建初寺，因名其地为佛陀里，由是江左大法遂兴”。传说画家曹不兴因见康僧会带来的“西国佛画，仪范写之”，吴地自此始开佛像绘造的风气。江南佛教的兴起则与洛阳结下不解之缘，建业遂继洛阳之后成为江南佛教一大都会。

吴主孙权虽然为康僧会建立了江南第一座寺院，但其内心深处，对佛教仍心存诸多疑虑。这可以从本年发生的阚泽论三教看出端倪来。阚泽在陈寿著作中有传，字德润，会稽山阴（今浙江绍兴市）人。阚泽仕于吴，拜为太子太傅。阚泽通儒典，善佛经，曾舍宅为寺，即四明慈溪的德润寺（名普济）。是年，孙权向阚泽询问佛教诸事，阚泽还回答了孙权关于佛儒道之优劣问题，从中可以看出，阚评的本意当然是推尊佛法的。

［文献］ 晋陈寿《三国志》卷二一、卷五三，北魏郦道元《水经注》卷一六，南梁慧皎编《高僧传》卷一，唐房玄龄《隋书》卷三二，唐释道宣《广弘明集》卷一、卷一四，唐释道宣《集古今佛道论衡》卷甲、《集神州三宝感通录》卷上，唐释法琳《破邪论》卷上，唐智升《续集古今佛道论衡》卷一，唐释神清《北山录》，唐靖迈《古今译经图纪》卷一，《资治通鉴》卷五七、卷一二三，元刘谧《三教平心论》卷下，王国维《观堂集林》卷

二十，《王国维遗书》卷六，孙海波《魏三字石经集录》，罗振玉《罗雪堂先生全集》（《魏正始石经残石跋》），章太炎《章太炎全集》（七），马衡《凡斋金石丛编》，王献唐《汉魏石经残字叙》（北平《华北日报图书副刊》第 28 至 30 期），邱德修《魏石经古文释形考述》，吕振端《魏三体石经残字集征》，王志平《中国学术史》，柏杨《中国历史年表》，刘汝霖《汉晋学术编年》，田野《魏三体石经在长安出土》（《文物参考资料》1957 年第 9 期），汤用彤《汉魏两晋南北朝佛教史》上册，金维诺《中国古代佛雕：佛造像样式与风格》，张彦生《善本碑帖录》，刘正成《中国书法鉴赏大辞典》，赵超《石刻史话》。

公元 242 年　魏正始三年

［提示］ 吉林《丸都山毋丘俭纪功刻石》。

［叙录］ 刻于此年的隶书《丸都山毋丘俭纪功刻石》，又称《高句丽刻石》。清光绪三十二年（1906）邑令吴光国在吉林集安县西北板石岭发现，当时刻石已断为两段。今则只有左上方一角尚存，共有 47 字。这件刻石用笔方正，对北魏书风之形成有一定影响。

［文献］ 刘正成《中国书法鉴赏大辞典》，赵红梅《毋丘俭纪功碑文补遗——以王国维〈魏毋丘俭丸都山纪功石刻跋〉为中心考察》（《北方论丛》2010 年第 6 期）。

公元 250 年　魏嘉平二年

［提示］ 佛教戒律入华之始。

［叙录］ 佛教自汉代传入中国之后，佛教典籍之经、律、论三藏随之亦先后进入中国。其中，最早传入的是经、论两部分，戒律部分则要晚一些。南梁慧皎说，昙柯迦罗于嘉平中来到洛阳古都，看见中国僧众虽然剃除了胡须和头发、身着缦衣（礼忏衣），但是却并没有持守戒律。于是昙柯迦罗发誓要在中国弘传律法，遂于嘉平二年译出《僧祇戒心》一卷，并敦请十位印度高僧立羯磨法（羯磨为梵语音译，意即“业”，是授戒、说戒、忏罪以及各种僧事之办理），于是首开以十大僧侣传戒的先例。这说明至迟在曹魏时期，中国已有佛教戒律的传译工作展开，通常被人们确认为是佛教戒律入华之始。

［文献］ 南梁慧皎《高僧传》卷一，北齐魏收《魏书》卷一一四，隋费长房《历代三宝记》卷五，元念常《佛祖历代通载》卷五。

公元 251 年　蜀汉延熙十四年

［提示］ 四川梓潼贾公阙（邓芝阙）。

［叙录］ 位于四川梓潼县城南的四川梓潼贾公阙，为汉代双阙，两阙相距 17 米，风化剥蚀严重，雕刻已无从辨认。其形制与绵阳平阳府君阙相似。刘喜海曾引宋乾道题字，疑为贾夜宇阙。但高文引述《梓潼县志》记载：“蜀汉邓芝墓，在县西南五里，有二石阙。芝高阳人，在蜀为车骑将军。”其述方位距离适与此阙相当，故当为蜀汉邓芝墓阙。邓芝在《三国志》中有传，字伯苗，汉族，义阳新野（今河南新野县）人，三国时期蜀汉重要朝臣。蜀汉延熙十四年病逝，官至车骑将军。

［文献］ 晋陈寿《三国志》卷四五，清刘喜海《三巴金石苑》，高文《中国汉阙》，孙华等《梓潼诸阙考述》（《四川文物》1988 年第 3 期）。

公元 259 年　魏甘露四年

［提示］ 嵇康别孙登，赵至于洛阳遇嵇康抄写石经。

［叙录］ 这一年，36 岁的嵇康告别孙登。嵇康在《晋书》（隐逸列传）中有传：嵇康跟从世外高人孙登游历三年，问其所图，终不答，康每叹息。将别时嵇康问道：孙先生还是没有话说吗？孙登说：你认

识火吗？火生而有光，而不用其光，果在于用光；人生而有才，而不用其才，而果在于用才。故用光在乎得薪，所以保其耀；用才在乎识真，所以全其年。而你现在是有才学但却没有识见，恐怕很难有所作为。康不能用，果遭非命。从这则记载可以推断：嵇康于甘露元年从孙登游，满了三年，则当在甘露四年。嵇康与孙登的故事，充满着人生玄学精神。

这一年，颇有才华的少年赵至甫满 14 岁，他到洛阳游太学时，遇见嵇康正在那儿认真抄写石经。《晋书》(赵至传)载：嵇康抄写石经，少年赵至在旁边观察良久，便询问抄经人的姓名。嵇康觉得眼前这个少年颇有意思，便将自己的名字说了出来，从此赵至便和嵇康成了忘年交。嵇康称其“卿头小而锐，童子白黑分明，有白起之风矣”。

［文献］　《晋书》卷九二、卷九四，程峰《孙登与阮籍、嵇康关系的几个问题》(《河南理工大学学报》社科版 2010 年第 4 期)。

公元 260 年　魏甘露五年

［提示］　朱士行西行求佛法。

［叙录］　朱士行是颍川(今河南禹县)人。南朝僧祐在《出三藏记集》中为之作传。士行自出家以后，专务经典，在洛川讲《般若道行经》，但觉得汉灵帝时竺佛朔所译之《般若道行经》译理未尽，文意隐质。于是士行在魏甘露五年，西行取经：“发迹雍川，西涉流沙。既至于阗，果写得正品梵书胡本九十章，六十万余言，遣弟子弗如檀、晋言法饶凡十人，送经胡本还洛阳。”但是这位汉地高僧从这次踏上西行求经之路后，便再也没有回到故土，最终客死他乡。他所求得的佛教经典，全是由他的弟子带回中土的。朱士行被称为汉地西行求法第一人，同时，他在于阗国(今新疆和田县)求得《大品般若》等经典，开中国汉地义学之先河。佛教从印度西北传到安息国、大月氏国及康居国，然后东逾葱岭传入中国西北一带。大约在公元前 1 世纪左右，佛教即进入西域于阗国，于阗因而成为佛教传入中国之枢纽与重镇。

［文献］　南梁僧祐《出三藏记集》卷一三，南梁慧皎《高僧传》卷四，费泳《汉唐佛教造像艺术史》。

公元 261 年　魏景元二年

［提示］　四月，河南《王基碑》。

［叙录］　隶书《王基碑》，全称《东武侯王基碑》。出土于清乾隆年间的洛阳北安驾沟村，后移置洛阳城中明德中学。王昶记其碑高四尺五寸，广四尺，刻立于魏景元二年四月。据赵超说，此碑只有中间一段有刻成的字。据记载，它出土时上、下两截都留有用朱砂书写的碑文，看来是在刻碑时没有刻完便出了什么变故，所以上、下都没有刻字。通过它，可以了解古代刻碑的全部工艺。可惜的是朱笔写的字在出土后不久便被抹掉了。北京故宫博物院藏初拓本末行后有清光绪八年(1882)杜梦麟跋字样。

［文献］　清王昶《金石萃编》卷二四，《拓本汇编》第 2 册，程章灿《石刻刻工研究》，赵超《石刻史话》，刘正成《中国书法鉴赏大辞典》，《中国美术全集》(书法篆刻编)。

公元 262 年　吴永安五年

［提示］　武昌莲溪寺彭卢墓出土铜饰镂刻菩萨立像。

［叙录］　在湖北武昌莲溪寺校尉彭卢墓出土的一件杏叶形鎏金铜饰片，系由两块铜片重叠而成。同时出土的还有一件三国吴永安五年的地券，因此这件铜片的制作时间不会晚于此年。这件仅几厘米大小的铜片之所以引人注目就在于其正面镂刻有一立于莲台之上的菩萨像，高髻带项光，天衣下着长裙，莲台两侧还各有莲花一朵。李玉珉认为：这件金铜饰片上的立像，应是我国现存最古的菩萨像遗例。同墓还出土了一批受佛教影响的陶俑，均踞坐，头戴

尖帽或圆形平顶帽，眉间有白毫，双手交叠于腹前，类似禅定模样。检视三国时期四川和江浙两地区的佛教文物，我们发现蜀汉的佛像皆为手施无畏印的坐佛，佛像无座，不饰莲瓣；而孙吴的佛像则多作手结禅定印的坐佛，且佛下皆有莲台，两地的图像系统泾渭分明。费泳指出：鉴于后来造像表现中，出现将佛衣和菩萨装混合的着装方式，因此需对这身造像的衣着加以认识。在犍陀罗地区，可以看到此类菩萨装束的原型。《犍陀罗佛教艺术》作者约翰·马歇尔认为，犍陀罗菩萨出现在晚期造像中。犍陀罗菩萨像亦顶作束发肉髻，饰项光，着裙，与佛不同的是戴有项饰、臂钏、手镯、帔帛，裸上身。在秣菟罗菩萨像与佛像没有区别，佛像往往被冠以菩萨名。

武昌发现莲溪寺铜饰镂刻菩萨立像这样的佛像艺术并非没有缘由。根据清光绪《武昌县志》(寺观)记载，早在汉建安二十五年(220)孙权就在武昌作寺院，并建有两座佛塔。至献帝末年，一代高僧支谦至武昌，并从事佛教经典翻译工作。之后天竺僧侣维祇难和竺律炎两人在吴黄武三年(222)又来到武昌弘佛。因此汤用彤说：南方的译经活动开始于武昌，大盛于建业。

［文献］ 汤用彤《汉魏两晋南北朝佛教史》、［英］约翰·马歇尔(J. Marshall)《犍陀罗佛教艺术》，李玉珉《中国佛教美术史》，费泳《汉唐佛教造像艺术史》。

公元 263 年　魏景元四年

［提示］ 十二月，陕西汉中《李苞开通阁道记》。

［叙录］ 魏晋之际虽然不提倡竖立石碑，但歌颂功德的石刻作品还是偶尔一见。刻于景元四年十二月的褒斜道石门摩崖隶书《李苞开通阁道记》即是一例，此刻又称《荡寇将军李苞题名》、《荡寇将军李苞开阁道碑》。王昶记载：摩崖高五尺九寸，广五尺六寸。梁启超论其书法时说：《石门铭》飞逸奇浑，分行疏宕，翩翩欲仙，源出《石门颂》、《孔宙》等碑。清代金石学者毕沅、钱大昕等均曾著录。刻石记录了荡寇将军浮亭侯李苞修筑褒斜道一事。可惜由于崩塌毁坏，现在只留下 16 个残字，后移置于汉中市博物馆中。

［文献］ 清王昶《金石萃编》卷二四，清毕沅《关中金石志》卷一，清钱大昕《潜研堂金石文跋尾》卷二，清康有为《广艺舟双楫》卷四，赵超《石刻史话》，刘正成《中国书法鉴赏大辞典》，《中国美术全集》(书法篆刻编)。

公元 265 年　吴甘露元年　西晋泰始元年

［提示］ 吴甘露元年，吴主孙皓议毁僧寺。晋泰始元年，竺法护自西域还洛阳。

［叙录］ 吴末帝孙皓即位，下令欲遍毁神祠，其中涉及众多佛教寺院。此事被名僧康僧会阻止，并劝孙皓信奉佛教，推行“孝慈”、“仁德”之道。由于孙皓性情凶残粗暴，难以理解佛教妙义，康僧会因材施教，“唯叙报应近事，以开其心”。

是年，在西晋则为泰始元年，竺法护自西域还洛阳。祖籍月支的竺法护音译为昙摩罗刹、竺昙摩罗刹、昙摩罗察，是西晋最著名的佛经翻译家。竺法护世居敦煌一带，8 岁即出家为僧，随师竺高座至西域，遍学其音义文字。泰始元年，竺法护带着大量胡本佛经来到洛阳，后至长安青龙寺从事译经工作，共译出佛经达近 160 部。所译多为大乘经典，如“般若”类之《光赞般若经》，“华严”类之《渐备一切智德经》，“法华”类之《正法华经》，“涅槃”类之《方等般泥洹经》。

［文献］ 《高僧传》卷一，隋费长房《历代三宝记》卷六，唐释道宣《广弘明集》卷二五，宋释志磐《佛祖统纪》卷三五，元念常《佛祖历代通载》卷六。

公元 266 年　泰始二年

［提示］ 五月十五日，荀勖造佛菩萨像。

［叙录］　北魏杨衒之记载：在洛阳宜寿里，其地有一处住宅，是苞信县令段晖的私宅。在其宅中，常常能听到奇妙的钟声从地底下传出，还偶尔能见到五色光明，照于堂宇。段晖觉得十分神异，于是沿着光芒所出的地方向下挖掘，竟然得到了一件高约三尺的金铜佛像一躯，同时出土的还有两件菩萨造像。佛座上刻有铭文："晋太始二年五月十五日，侍中、中书监荀勖造。"当时有人就告诉段晖，这儿以前是荀勖的旧宅。段晖遂舍宅为光明寺。

［文献］　北魏杨衒之《洛阳伽蓝记》卷一。

公元270年　泰始六年

［提示］　二月，山东掖县《郛休碑》。五月，陕西汉中《潘宗伯造桥格题字摩崖》。

［叙录］　曹魏的禁碑令至晋代仍在发挥作用，因此有晋一朝，传世的石刻作品十分少见。刻立于是年二月的《郛休碑》，全称《明威将军南乡太守郛休碑》，此碑则是难得的晋代石刻之一，出土于清道光十九年（1839）的山东省掖县，曾归端方、柯昌泗所藏，现藏于北京故宫博物院。陆增祥记载碑高七尺、广二尺八寸，字径八分。额篆书16字"晋故明威将军南乡太守郛府君侯之碑"。其书法隶中含楷，近于《谷朗碑》，在书史上颇为重要。康有为说："如《郛休》、《爨宝子》二碑，朴厚古茂，奇姿百出，与魏碑之《灵庙》（北魏太安二年河南《中岳嵩高灵庙碑》）、《鞠彦云》（北魏正光四年山东黄县《鞠彦云墓志》），皆在隶、楷之间，可以考见变体源流。"

五月，还有一件晋人石刻，即原在陕西汉中褒斜石门南崖上的《潘宗伯造桥格题字摩崖》。原刻久佚，拓本亦少见，也有人认为原刻还在，只是在崖壁高处不易发现，后有翻刻本传世。

［文献］　清陆增祥《八琼室金石补正》卷九，清端方《匋斋藏石记》卷四，清柯昌泗《汉晋石刻略录》，清康有为《广艺舟双楫》卷三，刘正成《中国书法鉴赏大辞典》，赵超《石刻史话》。

公元272年　吴凤凰元年　西晋泰始八年

［提示］　吴凤凰元年四月，湖南耒阳《谷朗碑》。晋泰始八年十二月，山东任城《孙夫人碑》。

［叙录］　刻于三国吴末凤凰元年四月的《谷朗碑》，以青石雕刻而成，全称《吴九真太守谷朗碑》，是东吴九真太守谷朗墓碑。九真郡在今越南顺化以北地区，由于谷朗是耒阳人，死后遂归葬家乡。原碑在湖南耒阳县，后移县北杜甫祠（刘刚则说在蔡侯祠）。

此碑最早为北宋欧阳修所著录，清人陆增祥记载：碑高汉尺四尺六寸五分，广三尺四寸八分，字径寸许，碑额正书"吴故九真太守谷府君之碑"。碑西侧有谷起风等人题刻。清初时题刻完好，可惜后来此碑经过剜改，损失了原刻神韵。北京故宫博物院藏有明拓本。此碑书法亦楷亦隶，介乎隶、楷之间。

西晋泰始八年十二月刻立的《孙夫人碑》，全称《晋任城太守羊君夫人孙氏碑》，亦称《任城太守孙夫人碑》，清代学者桂馥推定此碑刻于西晋泰始八年（272），其说被学界广为接受。此碑发现于乾隆五十八年（1793）的山东任城新甫山下，移至新泰县学中保存，20世纪60年代中期，又移入泰安岱庙汉柏院中。碑通高245厘米、宽95厘米。碑额隶书"晋任城太守夫人孙氏之碑"。碑阴刻有嘉庆二年（1797年）泰安知府金棨等题跋。此碑为西晋隶书代表作之一，赵超认为此碑书体瘦硬刚劲，唐代大书法家欧阳询在其作品《房彦谦碑》中便显示出《任城太守孙夫人碑》一派书体的影响。包世臣称其"西晋分书，《孙夫人碑》是《孔羡》法嗣，用笔沉着不减，而体稍疏隽"。

［文献］　宋欧阳修《集古录跋尾》卷四，清陆增祥《八琼室金石补正》卷八，清包世臣《艺舟双楫》卷五，刘正成《中国书法鉴赏大辞典》，赵超《石刻史话》，刘刚《湖湘碑刻》，《中国美术全集》（书法篆刻编）。

公元 274 年　泰始十年

［提示］ 甘肃唐述窟(炳灵寺)。

［叙录］ 据唐释道世记载说：晋初河州有唐述谷寺，在今河州西北五十里，度风林津，登长夷岭，南望名积石山，即《禹贡》导河之极地。其地风光绝美，众峰竞出，各有异势，或如宝塔，或如层楼。松柏映岩，丹青饰岫。让人不得不佩服造化神功的伟大。由此向南行二十里，便可看见一条山谷。人们在谷间凿山构室，接梁通水。并筑有佛教寺院，绕寺华果，蔬菜充满。在山谷之南有石门滨于河上，上面镌刻着这样一行文字：晋太始年之所立也。而在寺东谷中，有一天寺，穷讨处所，略无定止。常闻钟声，又有异僧。所以人们称此山谷名为唐述，唐述是羌语所说的鬼神之意。所以古今诸人入积石者，每逢仙圣，行往恍惚，现寺现僧。东北岭上，出于醴泉，甜而且白，服者不老。

张焯系此事于泰始十年，并认为，这儿的唐述谷，实际上就是炳灵寺，在今甘肃临夏回族自治州永靖县黄河北岸。郦道元说唐述山有唐述窟，即今炳灵寺 169 窟。在此窟内，现在还存有大量十六国西秦时期的刻石造像与壁画、墨书，特别是西秦乞伏炽磐建弘元年(420)的墨书造像题记，为全国石窟中现存最早的题记。

［文献］ 北魏郦道元《水经注》卷二，唐释道世《法苑珠林》卷三九，张焯《云冈石窟编年史》。

公元 275 年　泰始十一年

［提示］ 甘肃敦煌《乐生碑》。

［叙录］ 1944 年，考古学者夏鼐随西北科学考察团赴甘肃进行考古工作，夏鼐在阅读了张维《陇右金石录》一书之后，专门写下了《〈陇右金石录〉补正》一文(收入《向达先生纪念论文集》中)。夏鼐虽以考古发掘见长，但是对于碑碣吉金，亦十分注意收罗，其所录金石文献，自汉迄明，内容丰富。在其《补正》文中，夏鼐提及与阎文儒在敦煌大方盘城掘得西晋泰始十一年《乐生碑》。据李文伟统计，整个敦煌文献中，由于地理原因，石碑文献极为稀少，一共只有 14 件，而石碑现在仍然还保存下来者又仅仅只有 7 件，这件《乐生碑》便是其中之一种。

［文献］ 阎文儒等编《向达先生纪念论文集》，唐晓军《甘肃古代石刻艺术》，李明伟《敦煌文学中“敦煌文”的研究和分类评价》(《敦煌研究》1995 年第 6 期)。

公元 276 年　吴天玺元年

［提示］ 江苏宜兴《禅国山碑》，江苏江宁《天发神谶碑》，江苏句容《葛府君碑》、《吴国山刻石》。

［叙录］ 东吴石刻艺术存世作品并不多见，因此天玺元年这一年，对于东吴之石刻而言，具有非常特殊的意义：有几件举足轻重的石刻作品均雕刻完成于此年。篆刻于是年的《禅国山碑》，又称《封禅国山碑》、《天纪碑》，因其碑石圆如鼓形(东西宽阔南北狭长)，四面环刻，俗称《囤碑》。原碑发现于江苏宜兴董山之上，人们有时也称之为《董碑》。碑通高 235 厘米，最宽周围达 323 厘米，在近乎椭圆形的石面上，刻字由东北开始，绕东南西三面一圈复归于北。

当此之时，司马氏取曹魏而立晋朝，势力如日中天。而东吴末帝孙皓残暴无能，政局动荡不安，孙皓为巩固其摇摇欲坠的政权，只得祈求上天的祥瑞和保佑。陈寿记载：天玺元年，鄱阳传言，历阳山一块石头上，呈现出天生的石纹文字，内容为：“楚九州渚，吴九州都，扬州士，作天子，四世治，太平始。”又在吴兴阳羡(今江苏宜兴市)的山上发现有空石，长十余丈，名曰石室。孙皓将这些地方官吏忽悠的所谓“大瑞”视为救命稻草，马上派遣司徒董朝，兼太常周处至阳羡县，封禅国山，举行隆重的封禅大典，并在山上刻立《禅国山碑》。碑文中列举了龙、凤、龟、麒、青猊、白虎、丹鸾、嘉禾、甘露等多达 100 余种瑞祥兆头。比较吊诡的一件事情是：《禅国山碑》在罗述众多“祥瑞”时，还记录了曾经发生的地震灾难，因此《禅国山碑》也成为我国目前所知最早的一块地震文献石碑。

《禅国山碑》的书丹者有说是吴中大书家苏建者，也有说是皇象写的，其笔意在秦篆汉隶之间。又据曾毅公著录，此碑刻工为殷政、何赦。程章灿考证说：这是“刻工”一词最早的用例。

刻立于是年的另外一件更为神秘的东吴石碑是《天发神谶碑》。此碑又称《吴孙皓纪功碑》、《天玺碑》，人们一般略称之为《三段碑》、《三击碑》（宋前已断折为三段）。从名字即可推知此碑的大体内容，即所谓天降符瑞之类。据陈寿记载，吴郡开通临平湖得一石函，中有小白石刻“上作皇帝”4字，孙皓以为祥瑞，因改元天玺，勒石纪功。王静芬调侃道：此碑包含着政治象征意义，碑文显示了吴君动用天命来证明其有权统治；具有讽刺性的是，石碑竖立后4年，吴国就灭亡了。

天玺石碑原立于江宁（今江苏南京市）天禧寺。其碑著录甚早，在南朝宋人山谦之的著作即有叙及，唐人许嵩也曾谈到此碑，之后便湮没无闻。直至北宋元祐六年（1091），时任转运副使的胡宗师才再次发现此碑，其时石碑已不知是何人自江宁移到了江宁府南禧门外。胡宗师甚为珍惜此碑，移碑入漕台，特筑“筹思亭”，后又将碑移入府学中，供学人观摹。明嘉靖年间石碑再次移入县学中（明德堂后尊经阁）。《天玺碑》形状为一圆幢形石碑。至清嘉庆十年（1805）三月，此碑为毛藻印刷《玉海》时失火焚毁。现在能看见的最早拓本为北京故宫博物院藏宋拓本。

《天发神谶碑》颇受学界重视，清代罗振玉、吴玉搢和汪照等学者先后对此碑进行过细致考证。其书法怪异神秘，方笔作篆，前所未有。书丹者有说是皇象，也有说是苏建，迄今没有定论。有学者认为此碑书写样式与敦煌文书中之道家符篆文字颇为相似。清方朔《枕经堂金石书画题跋》说：予观其书，方折盘旋以隶笔而行篆体，戈长钊利中实乃弓燥手柔。张怀瓘以沉着痛快目之，良不虚也。此碑的刻工朱某，在碑中自称“九江巧工”，程章灿认为：这表明刻工对本身技艺充满自信，而传世《天发神谶碑》书迹之精美，也足以证明此人技艺之精熟。

另一块三国吴碑是《葛府君碑》，全称《衡阳太守葛府君碑》，又称《葛祚碑》、《衡阳太守葛祚碑》等。此碑刻立年月已磨泐，准确年代不详，兹姑系年于此。原石碑在江苏句容。据元人陆友仁记载：在句容县西五里石门村，有一名叫《吴故衡阳太守葛府君之碑》仆于田野中。至元三年（1266）正月，童邱戚光始属友人樊楷与县之好事者观之。以其石理甚粗，文皆漫灭，可模者只有碑额上12个字了！后无人提及。直至清乾隆年间，才为金石学家孙星衍所访得，此碑始有拓本流传。王昶记载，其碑高一尺八寸五分，宽一尺二寸五分。碑文已不存一字，只有碑额“吴故衡阳郡太守葛府君之碑”三行12字，与元陆代所记相同。在书体方面，《葛府君碑》比《谷朗碑》向楷书方向进化得更多，基本上看不见汉隶的八分姿态，因此有人认为此碑是迄今所见最早的楷书碑。康有为推之为“正书鼻祖”。

［文献］　晋陈寿《三国志》卷四八，南朝宋山谦之《丹阳记》，唐许嵩《建康实录》，元陆友仁《砚北杂志》卷上，清王昶《金石粹编》卷二四，清方朔《枕经堂金石书画题跋》卷三，清吴玉搢《天发神谶碑考》，清汪照《天发神谶续考》，清罗振玉《天发神谶碑补考》，清康有为《广艺舟双楫》卷三，曾毅公《石刻考工录》，程章灿《石刻刻工研究》，王同顺《镇江古代石刻及焦山碑林书法研究》，刘正成《中国书法鉴赏大辞典》，赵超《石刻史话》，日本《书道全集》（中国系列），《篆隶》（下），张彦生《善本碑帖录》，《中国美术全集》（书法篆刻编）。

公元278年　咸宁四年

［提示］　十月，立《皇帝三临辟雍碑》于太学。诏禁石兽碑表。

［叙录］ 20世纪30年代初，于洛阳东郊偃师县大郊村北出土了一件重要石碑：刻于西晋咸宁四年十月的太学《皇帝三临辟雍碑》。此碑在刘承干著述中有著录，全称《大晋龙兴皇帝三临辟雍皇太子再莅盛德隆熙颂》，又称《龙兴皇帝三临辟雍碑》、《晋辟雍碑》。大郊村在西晋时正是太学遗址所在地。螭首碑额，上面隶刻"大晋龙兴皇帝三临辟雍皇太子又再莅之盛德隆熙之碑"。赵超对此碑进行了详细记载：碑用一整块石料刻成，插置在覆斗形的碑座上，全高322厘米，碑首两侧刻有蟠龙，碑身上用八分体隶书书写1 500多字的长篇碑文。文中介绍晋武帝司马炎和皇太子司马衷亲临辟雍视察的情况，并且追述司马氏的建业历史，记录晋武帝兴办太学、注重教育的种种措施，特别是在碑阴刻写了400多名学官、博士、礼生、弟子的姓名籍贯，这些人来自15个州、70多个县，加深了人们对西晋初年的教育状况的认识。司马昭之子司马炎在篡夺帝位后，为巩固统治，一边大封宗室，一边笼络文士。他三次带着皇太子亲临辟雍(太学)视察，并将此事刻碑，以表示其对文教的高度重视。余嘉锡曾撰有《晋辟雍碑考证》专文，并对此碑书法成就给予肯定：其字画挺劲朴茂，有《上尊号奏》、《受禅表》遗意，与《曹质》、《王其》等碑尤为相近而稍逊其厚重，唐人分体即从此出。罗振玉甚至认为此碑堪称传世晋碑之冠。

曹魏政权虽然被司马氏篡夺，但当年曹操定下的禁碑规矩还在发挥作用。就在这一年，司马炎再次诏禁石兽碑表。张焯分析说：汉以后，天下送死奢靡，多作石室、石兽、碑铭等物。建安十年，曹操以天下凋敝，下令不得厚葬，又禁立碑。魏高贵乡公甘露二年，大将军参军太原王伦卒，伦兄俊作《表德论》，以述伦遗美，云"祗畏王典，不得为铭，乃撰录行事，就刊于墓之阴云尔"。此则碑禁尚严也，此后复弛替。到了晋武帝咸宁四年，据沈约《宋书》(礼志二)记载，晋武帝再下诏："此石兽碑表，既私褒美，兴长虚伪，伤财害人，莫大于此。一禁断之。其犯者虽会赦令，皆当毁坏。"魏晋之时，由于薄葬禁碑，墓碑随之亦变通转入地下，至南北朝时期，墓志形制亦发生变化，改竖碑为方形石志，并在其上附有石盖，这种带石盖的墓志铭至隋唐发展至高峰。

［文献］ 南梁沈约《宋书》卷一五，刘承干《希古楼金石萃编》卷九，余嘉锡《余嘉锡论学杂著》，刘正成《中国书法鉴赏大辞典》，张焯《云冈石窟编年史》，赵超《石刻史话》，《中国美术全集》(书法篆刻编)。

公元281年　太康二年

［提示］ 越州东出鄮县塔。

［叙录］ 据唐释道宣记载：西晋太康二年，在越州以东370里的地方，出现了一座名叫鄮县塔的小佛塔。这座塔的神奇之处在于：它不是用人力修造出来的，而是因沙门慧达(刘萨诃)的感化从地下冒出来的。佛塔高仅一尺四寸，广七寸，上面有露盘五层，色青似石而非石。塔的四周雕镂着各种神异图案。后来梁武帝获得此塔，十分珍宝，专门造木塔以笼护之。现在看来，这个传说可能是真的，只不过这件小佛塔并非是凭空从地下冒出，而是在更早的时期刻造的，后来湮没于地下，被慧达重新发现而已，这个推测在道世的书中可以得到印证。鄮县历史悠久，秦时置县，治所在今浙江宁波鄞州区以东，鄮山之北。鄮县塔，按照南梁慧皎的说法，是阿育王遗址，东晋慧达曾在此修立龛砌。

道宣此处的记载有些混乱，鄮县塔是怎么一下子扯到一两百年后的梁武帝，也没有一个明确的交待。另一位唐代僧侣学者道世在《法苑珠林》中也记载有此事：晋太康二年，有并州离石人刘萨诃(慧达)者，生在田家，弋猎为业。有一次刘萨诃重病将死，昏迷中梦见一梵僧对他说：你因打猎杀生太多，罪孽深重，应入地狱，吾悲悯你是无知而为，且放你一条生路。现今洛下、齐城、丹阳、会稽等地都有古塔以及浮江石像，这些塔都是阿育王所造。你现在可以勤求这些佛塔，虔诚礼忏，便可得免此苦。刘萨诃既醒之后，改革前习，出家学道，更名慧达，并按照那个梵僧的教导向南方寻找佛塔。慧达到了会稽，海畔山泽，处处求觅，莫识其绪，悲塞烦冤，投造无地。但就在此时，奇迹出现了：忽于中夜闻土下钟声，即迁记其处，刺木为刹。三日间，忽有宝塔及舍利从地涌出，灵塔的相状，倒是和道宣所载完全一致，道世明确说其塔似西域于阗国（今新疆和田县）所造：面开窗子，四周天铃。中悬铜磬，每有钟声，疑此磬也。绕塔身上，并是诸佛、菩萨、金刚、圣僧杂类等像。状极微细，瞬目注睛，乃有百千像现。面目手足咸具备。可谓神功圣迹，非人智所及。道世亲见其塔时，已在大木塔内。张焯认为：这件鄮县塔，与现今存世的凉州、高昌石塔相近似，又与《高僧传》所载“龟兹国细镂杂变石像”制工相仿佛。

常青说，公元前 2 世纪，印度阿育王为弘扬佛教，曾造 84 000 佛舍利塔，至今印度残留着可确认为阿育王所造的塔有山奇第一塔和巴基斯坦塔克希拉的达摩拉吉卡大塔以及斯瓦特的布卡拉塔。这些塔均为覆钵式，顶部有平头和相轮，下有台座，围以栏楯。金申引述日人安藤更生之说认为：此种塔的样式影响深远，在犍陀罗石雕上和我国早期佛塔上都可看到它的变形样式。我国以阿育王典故所造之塔可见唐道宣所记，慧达在其地建寺，即今天的浙江宁波鄮山阿育王寺，寺内舍利殿中当年还供奉着据传因刘萨诃觐礼而涌现的阿育王所造之塔。这座阿育王塔也几度转移，唐会昌毁佛之际，移往越州官库，宣宗时又移往越州开元寺，后又移回阿育王寺。五代吴越贞明二年(916)，吴越王钱镠又将此塔迎往杭州罗汉寺。北宋太平兴国三年(978)，吴越王钱弘俶降宋，翌年僧统赞宁又奉此塔移往东京（今河南开封市），此后便下落不明。宋释志磐还记载说，钱弘俶还仿此典故也制造了 84 000 金铜塔，世称吴越王塔；塔身涂金，又称金涂塔；还因塔内藏有《宝箧印陀罗尼心咒经》，也有称为宝箧印塔者（出土证明此说不虚）。

赵州出阿育王塔一事，实际上与江南的政治经济和文化均有关系。费泳分析说：六朝之初，吴境扬州最为富庶，其中尤以三吴及会稽最为突出，吴之军国所需大都仰赖吴会地区供应，两晋之际，会稽为北方大族聚居地，发达的地方经济为文化发展提供了依托。会稽郡东临海，沿海的宁波阿育王寺据载建于晋太康二年，天童寺建于晋永康年间，东晋时期佛像雕塑大家戴逵及其子戴颙也隐居于剡。这里素有“东南佛国”之称。早在郦道元书中就记载了相传为楚王英所造的阿育王塔。南梁慧皎在记载慧达发现鄮县塔的同时，还记载：东晋咸和年间，丹阳尹高悝于张侯桥浦里，掘得阿育王金像，供于长干寺。同书另一处载：晋太元十九年(394)二月八日，忽有一像现于城北，光相冲天，时白马寺僧众，先往迎接，不能令动。高僧释昙翼乃往祇礼，并对众人说：这是阿育王像来到我长沙寺啊。费泳据此论断：南方为阿育王造像在东晋年间就已流行，阿育王寺及塔的建筑要更早些。

［文献］　北魏郦道元《水经注》卷二三，南梁慧皎《高僧传》卷五、卷一三，唐释道宣《广弘明集》卷一五，唐道世《法苑珠林》卷三八，宋释志磐《佛祖统纪》卷四三，张焯《云冈石窟编年史》，常青《中国古塔的艺术历程》，费泳《汉唐佛教造像艺术史》，金申《佛教美术丛考》，赵超《石刻史话》。

公元 284 年　太康五年

［提示］　九月，浙江《杨绍买冢地莂》。

［叙录］　刻制于这年九月的正书《杨绍买冢地莂》，又称《杨绍买地莂》。于明万历元年(1573 年)出土于浙江地区。刻石形似破竹之陶瓦形。出土后曾归柳元穀、章钰、粤东温氏等人收藏。后来原石遗失，仅有拓本传世，此刻在清人钱大昕、杜春生、吴士鉴、罗振玉等人著述中均有著录。刻字 6 行，行 6—14 字不等。共有 65 字。

［文献］　钱大昕《潜研堂金石跋尾》卷二，清杜春生《越中金石记》卷一，吴士鉴《九钟精舍金石跋尾乙编》，清罗振玉《两浙佚金佚石》，刘正成《中国书法鉴赏大辞典》。

公元286年 太康七年

［提示］ 竺法护首译《法华经》。

［叙录］ 竺法护在本年首次翻译《法华经》，此经对后来之佛教石刻造像产生了巨大影响。费泳指出：在云冈一期造像中尚不见释迦、多宝佛并坐像，北魏此类像较早见于台北历史博物馆藏天安元年(466)曹天度造塔上，及藏于美国旧金山亚洲美术博物馆的延兴二年(472)二佛并坐铜像，云冈在第二期(465—494)造像中广为流行，并延续至第三期造像，长盛不衰，这也是龙门、巩县石窟造像的常见形式。而在南方栖霞山的释迦、多宝佛并坐像约出在齐永明年间(483—493)，成都地区较早见于西安路南梁大同十一年(545)造像碑，风格与栖霞山相似。从时间上看，北方出现这一形式造像要早于南朝。但在这类造像的着衣方面，北朝多为半披式袈裟，南朝多褒衣博带佛衣，南北似呈现各自独立发展的态势。

释迦、多宝佛并坐取自《法华经》(宝塔品第十一)，讲述多宝佛邀请释迦佛入坐，并敦请释迦佛为其演说《法华经》一事。《法华经》于西晋太康七年为竺法护首译，十六国时期，后秦弘始八年为鸠摩罗什译成，《法华经》连同《般若经》《大般泥洹经》是构成魏晋南北朝佛教思想的经典支柱，陈隋之际，《法华经》成为天台宗据以立说的根本经典。此经传至南朝，刘宋时期竺道生为其作疏，名《妙法莲华经疏》，对后世影响较大，齐竟陵王萧子良、宰相王俭招名僧学人讲《法华经》，并为之注疏。建康(今江苏南京市)、成都地区出现的释迦、多宝佛当与南朝流行《法华经》有关。

［文献］《高僧传》卷一，费泳《汉唐佛教造像艺术史》。

公元289年 太康十年

［提示］ 三月十九日，河南汲县《齐太公吕望表》。

［叙录］ 八年前也就是太康二年，在北方中原的汲县(今河南卫辉市)，发生了一次重大的文物事件：有人盗掘了汲县境内的一座大冢。这座大墓或说是战国魏襄王的墓，或说是魏安釐王的墓。人们从已经盗掘过的墓室里清理出几十车盗墓贼没看上眼的竹简文书。晋武帝让人把这些竹简交给秘书省整理过后，编纂成汲冢竹书，其中有著名的《竹书纪年》、《穆天子传》等，共75篇。其后，为纪念此事，在汲县刻立了碑石，称之《齐太公吕望表》，竖碑撰文者为齐太公后裔范阳县令卢无忌。此碑最早为赵明诚所著录，后又为宋人陈思及清人顾炎武、朱彝尊等人著录。《吕望表》的刻立时间为太康十年三月十九日，碑文内容即记载太康二年在汲冢发现竹书的经过，其中《周志》部分，记录着周文王与吕尚奇遇之事。卢无忌为颂扬吕望功德，于恢复太公旧祠而刻竖此碑。碑额隶书“齐太公吕望表”六字，碑文有竖行界格，碑阴则漫漶难识。石碑原在河南汲县太公庙内。至明代已断裂为两段，移置入府治保藏，但后来又直裂成四段残石。再后来，残石不知去向。至清代乾隆年间，金石学家黄易先后访得该碑残石两段，嘉庆时移置汲县县学。王昶记载石连额高五尺四寸、广三尺二寸，有明拓本传世。此碑书体承汉碑遗风，结体端秀。钱大昕称其“字画颇古雅”，“姿致天成”。

［文献］ 清钱大昕《潜研堂金石跋尾》卷二，朱彝尊《金石文字跋尾》卷三，顾炎武《金石文字记》卷二，清王昶《金石萃编》卷二五，张彦生《善本碑帖录》，《中国美术全集》(书法篆刻编)。

公元291年 永平元年

［提示］ 二月，河南偃师《百虫将军显灵碑》。是年，居士竺叔兰译《放光般若经》，裴颜奏刻石写经，洛阳《菅氏夫人墓碑》。

［叙录］ 二月，刻立《百虫将军显灵碑》。郦道元记载洛水时说：在河南偃师九山之上有一座《百虫

将军显灵碑》。碑文内容记载民间百姓关于“百虫将军信仰”的来龙去脉,并说这位被称为“百虫将军”的神灵,其世俗的名字叫伊益(字颓敳),他不是别人,正是帝高阳的第二个儿子伯益,因为伯益可以驱除各种害虫,所以被民间崇奉为百虫将军。此碑对于研究民间信仰及风俗,具有重要的文献价值。

同年,本为天竺人、后随父避难至河南的居士竺叔兰,博八音,通梵汉,颇受河南尹乐广的赏识。竺叔兰与另一好古多学的西域道士无罗叉相友善,二人便在陈留郡水南寺从事译经工作。无罗叉手中有当年朱士行弟子从于阗带来的梵本《般若经》,竺叔兰便将之译为汉文,并以经中第一品《放光品》作为译经经名,称之为《放光般若经》(所译仅为此经十六回中之第二回)。此经之前已有竺法护的译本,名为《光赞般若》。两种译本各有千秋,深受当时士族喜爱,影响甚巨。后来的名僧如十六国后秦鸠摩罗什、唐代玄奘也有重译本,称为《大般若经》。竺叔兰同时还译出《首楞严经》20 卷,《异毗摩罗诘经》3 卷。上述事迹在南梁僧祐的著述中叙录颇详。

《晋书》(裴頠传)提到了裴頠奏刻石写经一事:时天下暂宁,裴頠奏修国学、刻石写经。頠通博德闻,兼明医术,同时还对度量等工具提出改革意见,但都没有得到重用。河南尹乐广曾与裴頠清言,欲以理服之,而裴頠辞论丰博,广笑而不言。当时士人对裴頠十分钦佩,称之为言谈之林薮。

墓志石刻的演变过程,在魏晋时曾与墓碑融合,出现一种兼具墓碑和墓志特征的碑形墓志。刻于是年的《菅氏夫人墓碑》,又称《徐君夫人菅氏之墓碑》,现藏于西安碑林。此刻石便是这种介于碑碣与墓志间的小型圆首墓碑,高 59 厘米、宽 25 厘米。此块碑形墓志为 20 世纪 30 年代出土,地点在洛阳北门外的后坑村,碑阳并阴均刻有文字。碑额隶刻“晋待诏中郎将徐君夫人菅氏之墓碑”,带三晕线,下端则刻为粗略的螭首,隐约可见汉碑的影子。碑文隶书,内容为述逝者之行状及葬地年月及铭文等事宜。

［文献］ 北魏郦道元《水经注》卷一五,南梁僧祐《出三藏记集》卷七,《晋书》卷三五,陕西省博物馆编《西安碑林书法艺术》。

公元 295 年　元康五年

［提示］ 龙门西山有石铭。

［叙录］ 郦道元《水经注》在谈洛水伊水时提到,龙门西山有石铭:永康五年,河南府君循着大禹治水的轨迹,委派都邮辛曜、新城县令王琨、部监作掾董猗、李褒等带领民众斩岸开石,平通伊阙。由此可见,早在魏、晋时,伊阙两崖壁上已有石刻题记(之前已有黄初四年的龙门石铭)。《水经注》记载为永康五年,清代学者杨守敬指出,永康仅二年即改元永宁,因此应该是元康五年之笔误,此说甚是。

［文献］ 北魏郦道元注、清杨守敬疏《水经注疏》卷一五,李文生主编《龙门石窟志》。

公元 296 年　元康六年

［提示］ 新疆吐峪沟石窟《诸佛要集经》抄本残卷。

［叙录］ 古代高昌(今新疆吐鲁番东南哈拉和卓),在中国中西商贸及文化交流方面居于重要地位,它是西域丝绸之路北道的起点。佛教何时传入高昌,马、班正史都没有明确记载。从考古发现来看,高昌地区最早有确切纪年的佛教实物,是于 20 世纪初由日本大谷探险队所发现的《诸佛要集经》抄本残卷,地点在吐峪沟石窟。这卷佛经抄写于西晋元康六年,是敦煌高僧竺法护组织翻译的。以此可知,高昌之地至迟在西晋元康年间已有佛教信徒。费泳引证道安《摩诃钵罗密经抄序》说,至迟在前秦建元十八年(382)佛教已成为车师前部时代的国教。5 世纪,高昌郡统治者大都倡导佛教,并将佛教带向鼎盛,至 13 世纪中叶蒙古统治者为夺皇位,发生窝阔台海都叛乱,高昌佛教步向衰落,到 15 世纪中叶终被伊斯兰教取代。高昌地区现存佛寺遗迹,主要

有吐峪沟、雅尔湖、柏孜克里克、胜金口和七康湖石窟，其中开创年代较早的有吐峪沟和雅尔湖石窟。吐峪沟石窟创建年代，洞窟内不见文字记载。20世纪初德国人勒柯克(Albert von Le Coq)在吐峪沟石窟区内发现北凉流亡政权沮渠安周纪年已丑(449)的供养经卷，同期，在高昌古城内宫出土《沮渠安周造寺碑》一通。对41窟碳-14测定数据显示，在5世纪，吐峪沟第40、41、44等早期石窟的发生时间一般定为北凉时期。第38窟等中心柱窟，时代相对要晚，约在6世纪，为麴氏王朝遗存，吐峪沟石窟发展延续至9世纪以后的回鹘王朝时期。

后来的北方早期佛教造像石窟艺术(如云冈)，直接的影响来自凉州，而高昌佛教及其艺术趣味(当然还包括龟兹)，应该对凉州产生过深刻影响。

［文献］ 费泳《汉唐佛教造像艺术史》，［德］勒柯克《新疆地下文化宝藏》。

公元298年　元康八年

［提示］ 洛阳《徐义墓志》。

［叙录］ 1953年，河南省文化局文物工作队第二队在洛阳出土了一件刻于元康八年的墓志石刻，名为《徐义墓志》。这是一件典型的碑形墓志，首题“晋贾皇后乳母美人徐氏之铭”。志文颇长，约近千言，这在墓志中较为少见，志末还刊刻有颂辞。赵超认为：东汉时埋在墓中的石刻墓志罕见，大概是因为当时可以在地面上大修陵园，大竖墓碑，不必在墓室中另作表记。晋代以后，在墓中埋设墓志的现象才逐渐增多，逐渐形成了一种固定的礼制。其原因在于晋代禁碑的法令措施比较严格。国家法令与社会习俗在这里产生了尖锐的矛盾，折中的方法是把墓碑缩小，采用墓中石刻的形式埋入墓中。早期墓志中很多都与墓碑外形相似，并且竖立在墓中棺椁前面。这正是模仿墓碑的确证。

［文献］ 河南省文化局文物工作队第二队《洛阳晋墓的发掘》(《考古学报》1957年第1期)，赵超《石刻史话》。

公元299年　元康九年

［提示］ 帛远讲佛经于长安。道士王浮撰《老子化胡经》。

［叙录］ 据南梁慧皎记载，帛远又名帛法祖，姓万氏，河内(今河南沁阳市)人。少年时即心向佛教。才思俊彻，日诵经八九千言。研味诸经，妙入幽微。同时，他对世俗所习典籍也十分通晓。帛远在长安造筑精舍，以讲习为业，一时之间，僧俗来此听讲者近千人。帛远精通胡汉语言，在讲经之余还翻译《方等》部大乘经典、若干《阿含》部小乘经典以及《弟子本》、《五部僧》等佛经，并注解了《首楞严》以及《无量破魔陀罗尼》等密教典籍。晋惠帝末年，法祖与镇关中太宰河间王颙有过交往，颙虚心敬重，待以师友之礼。刘汝霖亦据此认为：按《晋书》河间王颙以是年为镇西将军镇关中，则西府之建，当在此时。故志帛法祖事于此年。

是年还有一件事值得一提，同时也与帛法祖相关：道士王浮撰《老子化胡经》。此事虽然与石刻看似相去甚远，实则颇有关联：在后来的道教石刻造像中可看见清晰的佛教样式和格局，其源头早在此时，甚至可在此经中看出头绪：自从佛教传入中国形成强大影响之后，道教就一直在与之对抗中进行诸多模仿，尤其是石刻造像艺术方面，表现得至为充分。

道士王浮与佛教争锋，但是常被名僧帛法祖所屈服。王浮十分恼怒，愤然撰写出《老子化胡经》。道士目的明确，就是要证明一个道理：道在佛先，道教地位在佛教之上。此经一出，佛道更加聚讼不已。王浮说老子出关到了天竺国，教化胡王为浮屠。胡王不信，老子大显神功，胡王臣伏悔过，自髡自剪以示谢罪。老子愍其愚昧，皆令头陀乞食，以制凶顽之心；赭服偏衣，用挫强梁之性；割毁形貌，示为髡劓之身；禁约妻房，绝其悖逆之种。老子后来化为佛身，于是开创了天竺佛教。近人王维城、黄华节对老子化胡之事做过详细考证。《化胡经》最先为一卷，后被纂增至十卷（晁公武、马端临等著录），敦煌唐写本有此经十卷本残卷。

［文献］　南梁慧皎《高僧传》卷一，南梁僧祐《出三藏记集》卷一五，唐释道宣《广弘明集》卷五、卷九、卷一三，唐道世《法苑珠林》卷五七，宋晁公武《郡斋读书志》卷一六，宋马端临《文献通考》卷二二四，刘汝霖《汉晋学术编年》卷七，王维诚《老子化胡说考证》（《国学季刊》卷四第 2 号），黄华节《老子化胡经的公案》（《海潮音》第 17 卷第 6 期）。

公元 300 年　永康元年

［提示］　四月，河南偃师《左菜墓志》。十一月，河南洛阳《张朗碑》。

［叙录］　刻于本年四月的隶书《左菜墓志》，20 世纪 30 年代出土于河南省偃师县西蔡庄村，曾归张钫和于右任等收藏，现藏于陕西省博物馆。这件墓志规格甚小，志石背面记左氏父兄及其兄子承祠贵人的姓名。墓主左菜是文学家左思的妹妹，《晋书》有传，载云："菜少好学善缀文，名亚于思，武帝闻而纳之。"这块墓志书法雄劲，上承汉魏之遗绪，下启六朝之先河，晋朝墓志中论书法之美，首推此《左菜墓志》。想必出自名家，不然怎么当得了后妃之位、左思妹妹之名！

十一月刻立隶书《张朗碑》。1916 年在洛阳东北后营村出土。宽 53 厘米、高 27 厘米。1919 年为日商购去，归东京太仓集古馆所存，1924 年日本大地震时，碑破碎焚毁。原石拓本稀见。世有伪刻本，赵万里有著录。

［文献］　唐房玄龄等《晋书》卷三一，徐传武《〈左菜墓志〉及其价值》（《文献》1996 年第 2 期），赵万里《汉魏南北朝墓志集释》，刘正成《中国书法鉴赏大辞典》。

公元 301 年　永宁元年

［提示］　潘尼为潘岳作碑碣。洛阳《韩府君神道阙》。

［叙录］　《晋书》（潘尼传）载：潘尼，字正叔，荥阳中牟（今河南城关镇）人，以文学知名，是潘岳的侄儿，少有才，人称"两潘"。赵王司马伦篡位后，奸臣孙秀当权，忠良之士皆罹祸酷。潘尼借病归故里。齐王司马冏起兵伐赵王，到了许昌，潘尼前往拜见齐王，为齐王所信用，任参军兼管书记。赵王乱平后被封为安昌公。潘岳卒于永康元年，潘尼为叔父作《给事黄门侍郎潘君碑》、《潘岳碣》，清人严可均将上述二文系于此年。

隶书《韩府君神道阙》，又称《韩府君碑额》、《韩寿墓碣》，无刻制年月，清代江苏长洲学者王颂蔚考证，定为西晋永宁元年所刻。出土于河南洛阳，道光年间洛阳令马恕移入存古阁。陆增祥记载：石高一尺五寸，宽一尺，额题"□故散骑常侍骠骑将军南阳堵阳韩府君墓神道"。

［文献］　唐房玄龄等《晋书》卷五五，严可均《全晋文》卷九五，清陆增祥《八琼室金石补茁正》卷九，清王颂蔚《写礼庼读碑记》，刘正成《中国书法鉴赏大辞典》。

公元 305 年　西晋永兴二年　鲜卑拓跋禄官十一年

［提示］　卫操为桓帝拓跋猗㐌树碑于大邗城。

［叙录］　卫操在《魏书》中有传，字德元，原籍代郡（今河北蔚县）人。其高祖卫暠迁至河东安邑，子孙遂为安邑（今山西运城市盐湖区）人。缘于此，他跟随东晋卫瓘时，曾多次出使代国。代国始祖神元皇帝拓跋力微辞世后，卫操与侄儿卫雄等十余人归附于代，并劝说桓帝拓跋猗㐌、穆帝拓跋猗卢招纳晋国人。卫操深受桓帝重用，任卫为辅相。桓帝拓跋猗㐌死后，卫操在大邗城南为其树立石碑，碑文称拓

跋氏为轩辕苗裔。

大邗城在肆州秀容郡肆卢县(今山西忻州市)。史书记载说：在100多年后的皇兴初年(467),雍州别驾雁门段荣还在大邗掘得卫操所树石碑。碑文有“年三十有九,以永兴二年六月二十四日,寝疾薨殂。背弃华殿,云中名都”、“刊石纪功,图像存形”。张焯据此推断：知拓跋鲜卑当时的丧葬,树碑立传,绘画遗容,已效仿汉人墓制。

［文献］ 北齐魏收《魏书》卷一、卷二三、卷一〇六,张焯《云冈石窟编年史》。

公元310年　永嘉四年

［提示］ 佛图澄至洛阳。殷济建司马迁石室墓。

［叙录］ 据南梁慧皎及唐道世等人的记载,佛图澄本姓帛,少年出家,诵数百万言,善解文意。虽未习儒典,但是他与儒士论辩,却能若合符节,无人胜过他。佛图澄还到过罽宾(今克什米尔一带)求学。罽宾为汉地向西求法必游之地,同时也是小乘佛学的重地,禅律都很流行。

佛图澄于永嘉四年来到洛阳,由深信佛法的将领郭力引见于石勒。他知道此时不能和石勒讲大道理,于是以预知吉凶等道术获取石勒信任。此法果然奏效,被石勒尊为大和尚。石虎继位,对佛图澄尊敬有加。佛图澄传播佛教,利用道术行事,“善诵神咒,能役使鬼物。以麻油燕脂涂掌,千里外事彻见掌中”,又能“听铃声以言事,无不效验”,种种神异,在乱世中十分受追捧,史家认为佛图澄是中国佛教密宗的早期传播者。

这一年,殷济建司马迁石室墓。一代史学家司马迁因替李陵辩解而遭受残酷的腐刑。出狱之后,司马迁发愤著述,终成旷世巨著《史记》。据《水经注疏》载,西晋永嘉四年,夏阳(今陕西韩城市南)太守殷济为了纪念这位伟大的历史学家,在夏阳境内为其建造一座纪念性石室墓,以供人们怀念与敬仰。

［文献］ 南梁慧皎《高僧传》卷九,唐道世《法苑珠林》卷六一,北魏郦道元注、清杨守敬疏《水经注疏》卷四。

公元313年　西晋建兴元年
鲜卑拓跋猗卢六年

［提示］ 西晋建兴元年,吴郡石像浮江。洛中有佛图42所。鲜卑拓跋猗卢六年,筑新平城。

［叙录］ 唐道世在《法苑珠琳》中载有西晋吴郡石像浮江缘。说是在西晋愍帝建兴元年,吴郡吴县的松江渎口,有很多渔民聚集在一起,遥见海中有二人浮现,渔民疑为海神。这时信仰佛教的吴县居士朱膺听闻此事,沐浴焚香之后,便同东灵寺的僧尼以及信士数人来到渎口,向江上稽首礼敬,于是风平浪静,浮现于江面的两个人影随着波浪慢慢靠近江岸,渐近渐明,人们这才看清是两件石像,欲将石像打捞上岸,轻轻一拉,石像竟然飘然而起,石像有七尺之高。人们惊奇之余,便将两件石像供奉于通玄寺中。在石像的背部,刻有铭文,显示二佛一名维卫佛,一名迦叶佛。虽不知刻于何时,但书迹分明。一个来自西域名叫释法开的沙门告诉人们,佛经上说,东方有二石像及阿育王塔,有供养礼觐者,可以去除积罪。另外还有传说,有天竺沙门12人送佛像至吴郡,佛像置于水上居然可以不没不沉。以状奏闻,下敕听留吴郡。道世还记载说,南齐永明七年(489年),又有瑞石浮海入吴境,朱法让获得后,献给了齐武帝萧赜。武帝将之供奉于禅灵寺中,同时又命令著名石匠雷卑石雕造释迦文佛坐像,在皇帝的监督下,雷卑石极尽镌琢才华。这个朱法让不是别人,正是朱膺的曾孙。

《魏书》(释老志)记载,在北方的洛阳城,自从建立白马寺以来,盛饰佛图,画迹甚妙,为四方佛寺所效仿。凡宫塔制度,都依照天竺旧状而修筑,从一级至三、五、七、九不等。至西晋建兴元年前后,洛中有佛图42所。张焯说,关于中国魏晋以来的塔,魏收讲得很清楚，就是在古印度的窣堵波之下，加以汉式的重楼。现存云冈石窟内的各级塔雕，正是印度佛塔走向中国化的最初样式。洛阳城中这些佛塔寺院，到《洛阳伽蓝记》时，尽皆湮灭。

这一年，鲜卑拓跋猗卢六年，远在代北之地，拓跋鲜卑正在大兴土木：筑新平城。当时拓跋以盛乐(今内蒙古和林格尔县)为北都，修故平城(今山西大同市)以为南都。拓跋帝登平城西山，观望地势，乃更南百里，于㶟水(桑干河)之阳黄瓜堆(在今应县、怀仁、山阴三县交界处)堆筑新平城，晋人谓之小平城。

［文献］ 北齐魏收《魏书》卷一、卷一一四，北魏杨衒之《洛阳伽蓝记》，唐道世《法苑珠琳》卷二十、卷二一，金申《佛教美术丛考》，张焯《云冈石窟编年史》。

公元 314 年　建兴二年

［提示］ 敦煌村坞相属多有塔寺。

［叙录］ 张轨字士彦，雍州(今陕西宝鸡市)人，是西汉常山王张耳的 17 世裔孙。张轨西晋时任凉州牧，同时也是前凉政权的实际建立者。《魏书》记载说，凉州自张轨后，世信佛教。其地接西域，敦煌村坞相属多有塔寺。西晋愍帝封张轨为太尉、西平公、凉州牧。张轨在建兴二年五月卒，其子张寔继任。

［文献］ 北齐魏收《魏书》卷一一四，张焯《云冈石窟编年史》。

公元 317 年　代王郁律元年

［提示］ 拓跋郁律立位，姿质雄壮。云冈石窟佛像广额高鼻、大耳长眉。

［叙录］ 北齐史家魏收记载：这一年十六国代国拓跋郁律立位，是为平文皇帝。郁律是思帝拓跋弗的儿子，长得一表人才，姿质雄壮，甚有威略。关于鲜卑人的相貌，《魏书》本纪称北魏道武帝拓跋珪“目有光曜，广颡大耳”，颡，额也。《神元平文诸帝子孙传》谓拓跋佗、拓跋丕、尉元等“皆容貌壮伟，腰带十围，大耳秀眉，须鬓斑白，百僚观瞻，莫不祗耸。唯苟颓小为短劣，姿望亦不远之”。宋人王谠在《唐语林》中也说：邵炅鼻高，萧嵩须多，并类鲜卑。张焯认为：云冈石窟佛像广额高鼻、大耳长眉，虽具有西方人种特点及雕刻风格，但与鲜卑人亦相近似。

［文献］ 北齐魏收《魏书》卷一，宋王谠《唐语林》卷五，张焯《云冈石窟编年史》。

公元 318 年　大兴元年

［提示］ 东晋元帝司马睿始解碑禁。

［叙录］ 晋朝取魏国而代之，仍然实行禁竖碑表的政策。赵超说，碑表解禁一事，一直到了东晋元帝的大兴元年，才有官员上奏：有人为其前任长官顾荣办丧事，请求为其立碑。晋元帝下诏特准。这样一来，禁止立碑的法令便逐渐不起作用了，人们都偷偷立碑。到了晋安帝义熙年间，尚书祠部郎中裴松之又提议禁碑，这才刹了一下立碑的风气，但不久后东晋也寿终正寝了。宋人赵与时对魏晋碑禁一事进行了考证，并认为即使在禁碑之际，也时有例外。沈约《宋书》(礼志)说：汉建安十年，曹操以天下凋敝，下令不得厚葬，又禁立碑。魏高贵乡公甘露二年，大将军参军太原王伦卒，伦兄俊作《表德论》以述伦遗美，祇畏王典，不得为铭，乃撰录《行事》就刊于墓之阴。此则碑禁尚严也。此后复弛替。按《集古》、《金石》、《隶释》、《隶续》诸书，益州太守《高颐碑》立于建安十四年，绥民校尉《熊君碑》立于建安二十一年，横海将军《吕君碑》立于魏文帝黄初二年，庐江太守《范式碑》立于明帝青龙三年，皆在魏武下令之后，甘露之前。唯巴郡太守《樊敏碑》立于建安十年三月，是月或未下令。沈约又谓晋武帝咸宁四年诏，石兽、碑、表既私褒美，兴长虚伪，伤财害人，莫大于此，一禁断之。其犯者虽会赦，皆当毁坏。至元帝大兴元

年听立顾荣碑，禁遂渐弛。义熙中裴松之复议禁断。太康四年，《郑烈碑》距咸宁之诏方五载。此后云南《太守碑》、《彭祈碑》、《陈先生碑》、《裴权碑》之类，续续不绝。这应该是由于虽有禁碑令，但并不完全尽绝之故吧。

［文献］ 宋赵与时《宾退录》卷七、赵超《石刻史话》、李蔚然《东晋帝陵有无石刻考》（《东南文化》1987年第3期）。

公元319年 大兴二年

［提示］ 九月十一日，四川剑阁县道教摩崖造像。

［叙录］ 在四川剑阁碗泉乡一带，保存着多处道教石刻造像。据胡文和、蔡运生等记载，其中规模较大的有两处，一处是在碗泉乡泉水村二组老君庙道教石刻。造像是在长420厘米、宽300厘米、高300厘米多的一露天大石上，共有石龛三层11龛，造像20尊。左起第一龛有三尊神像，主像高66厘米，左右各尊高64厘米。另一龛高、宽均36厘米，两神像中一像头绾高髻，一像头戴道冠。两像均坐莲台，莲台下有高台，台下卧有两石兽。两侍从站立左右。其他各龛神像头部都被损坏。大石右下角刻有道教弟子雕凿时间："大兴二年岁九月十一日弟子□造。"县志上有记载，此石刻原在老君庙大殿正中，大殿为三重，现只剩旧址痕迹。另一处道教造像位于碗泉村五组老君崖，与老君庙属同一座山。老君崖现存道教摩崖造像六龛共20尊，保护较完好，并用彩色涂绘。

［文献］ 胡文和《中国道教石刻艺术史》，蔡运生《剑阁县的道教摩崖造像》（《四川文物》1996年第4期）。

公元322年 汉(前赵)光初五年

［提示］ 佛图澄造释迦像碑

［叙录］ 唐人封演在书中记载说：在河北内丘县西的古中丘城，有寺院和石碑，石佛立于十六国汉前赵光初五年。这件中古丘城寺碑即佛图澄造释迦像碑，宋人赵明诚有著录。此碑是佛教造像碑，而不是一般的寺院文字石碑。赵超说，造像碑吸收了中国石刻中的传统碑造型，也有一部分采用四方塔柱的外形。在碑身上凿刻小型的佛龛，雕刻佛像，有些碑上还刻有供养人的画像。大部分造像碑上都刻有铭文，内容是造像人的姓名、籍贯、官职、造像的原因以及对佛教的颂词等。造像碑在中原产生的时间，比石窟传入的时间早一些。现在见于著录最早的造像碑是宋代《金石录》上记载的汉光初五年佛图澄造释迦像碑。在新疆曾经出土一件北凉时期的沮渠安固造像碑，雕饰十分精美，后被德国人盗运到柏林博物馆。现在国内所保存的大多为北魏至北周时期的遗物。

中国佛教造像碑之名，早期并无固定称谓，有称之为"碑像"者，也有称之为"像碑"者，最早使用"造像碑"者，见于《金石录》一书中。中国佛教造像碑形式纷披复杂，依考古学者杨泓的论断，略可分为两大类别：一是"扁体碑形造像碑"，可简称之为扁体造像碑；一是"四面体柱状造像碑"，可简称之四面造像碑。前一种造像碑来源于中国汉代已经定形之三段式石碑（碑首、碑身、碑趺），后一类四面造像碑，则来源于印度佛教石刻艺术。如：印度阿育王石柱（Stambha）、支提（Chaitya）窟石柱、印度萨尔那特出土的四相图与八相图石雕等。有部分学者认为，四面造像碑就是支提窟石柱（中心塔柱）的直接移植。扁体造像碑的形成时间要早于四面造像碑，在3世纪末的凉州时代已经出现，后者则晚至5世纪初之长安一带。

［文献］ 唐封演《封氏闻见记》卷八，宋赵明诚《金石录》卷二十，赵超《石刻史话》，杨泓《造像碑》（《中国大百科全书》考古卷），［美］王静芬《中国石碑》。

公元323年 太宁元年

［提示］ 两块引发《兰亭序》真伪论战的墓志：

《谢鲲墓志》、《王兴之夫妇墓志》。

［叙录］ 20世纪60年代中期，在书法界发生了一场交锋激烈的论战：围绕着王羲之《兰亭序》的真伪问题，正反双方互不相让，唇枪舌剑，十分热闹。论战的起因来自此际出土的两块晋代墓志：《谢鲲墓志》和《王兴之夫妇墓志》。这两块墓志的刻制时间并不在同一年，但因为都牵涉到王羲之的书法，所以在此一并述及。

《谢鲲墓志》全称《豫章内史谢鲲墓志》。墓主谢鲲为东晋初年的名士，唐人房玄龄等《晋书》有传，这合墓志刻于东晋太宁元年十一月廿八日，1964年9月出土于南京中华门外戚家山古墓中，墓志石为长条形花岗岩，长60厘米、宽19.5厘米、厚11厘米，隶书4行，出土时残损4字，书风近于曹魏时代的隶书。《王兴之夫妇墓志》的刻制时间要晚18年，刻于晋成帝咸康七年(341)，1965年1月出土于南京燕子矶人台山。志石为长方形，长37.3厘米、宽28.5厘米、厚1.1厘米，出土时保存完好。志石两面刻文，行间有细线方格，双面共刻200余字。书体方正严整，隶意已少，楷法初现，近于南朝《爨宝子碑》。墓主王兴之为王彬之子，王彬在《晋书》中有传，其次兄王旷即王羲之父亲。

在清代碑学研究中，有人对《兰亭序》的真伪产生疑问，其中代表人物为岭南大书家李文田，李文田曾为长白端方所收藏的《定武兰亭》写题跋，跋文中李文田否定《兰亭序》为王羲之所写。郭沫若本来就对《兰亭序》心存疑虑，在读了李跋之后，更加深了怀疑。郭沫若后来相继看到《谢鲲墓志》和《王兴之夫妇墓志》后，更加肯定了心中的疑问。郭沫若的理由是：王羲之的书体应与王、谢两墓志的书体相近。因为，《谢鲲墓志》的书刻年代仅早于王羲之书《兰亭序》30年，《王兴之夫妇墓志》书刻年代仅早于王羲之书《兰亭序》十来年。最重要的是，王兴之还与王羲之是叔伯兄弟。

郭沫若在1965年3月撰成专文，明确赞同李文田的观点，同时提出：根据王、谢墓志的书体，可知东晋书风并不是现在《兰亭序》传本所呈现的楷行书样子，应该带有更多的隶书笔意；其二，《世说新语》上虽然有关于王羲之《兰亭集序》的记载，但十分简略，且未谈及书法，只说别人把它与《金谷诗序》相提并论，王羲之本人也以能敌石崇而自喜，刘孝标注文引王羲之序文，但标为《临河序》，文字也有很大出入。所以《兰亭序》从文字到书法，都是出于后人的伪托。作伪者不是别人，正是王羲之七世孙、陈隋时代著名的书法家大和尚智永，而世传冯承素的《兰亭序》摹本，就是智永伪托的原迹。郭沫若此论一出，赞同者甚多，其中不乏学界名家，如启功、宗白华、徐森玉、赵万里等。但反对郭沫若观点的也大有人在，其中以南京学者、书法家高二适最具代表性。高二适在《光明日报》刊发专文驳斥郭沫若之说，一同响应者还有商承祚、严北溟、章士钊等。这场以书法艺术为中心，牵涉史学、社会学等多门学科的纯学术论战在新中国成立以来实属少见，论战双方都表现出了严肃客观的学术素养。

据王炳毅回忆，当年高二适向郭沫若挑战，曾受到友人劝阻，但是高二适治学严谨，为人耿介，重操守，不顾友人劝告，请他早年的业师章士钊把文稿转呈毛泽东主席过目，以求得到公正对待。毛主席在日理万机的情况下，饶有兴趣地关注这场学术争论，他特为此写信给有关部门负责人，表示应当允许争论，允许不同看法存在。这样，高二适的文章才得以于1965年6月刊登在《光明日报》"文史哲"版，又一次引起文史学界乃至广大文史爱好者的关注。两个月后，《文物》杂志又影印发表了毛主席的信和高二适的文章(近年有文章披露毛泽东当年实际上赞同郭沫若的观点，而高二适未因卷入论争而招祸实乃一大幸事)。郭沫若保持了一个时期的沉默。1972年，郭沫若又在《文物》杂志刊发《新疆出土的晋人写本"三国志"残卷》，此文中旧话重提，再一次用不少篇幅谈及《兰亭序》帖，仍认为这幅千古名帖必定是假的。那时正值"文革"时期，人们噤若寒蝉。但高二适仍不服气，又在南京家中写出《"兰亭序"帖真伪之再驳议》，欲继续争鸣，却无法刊登。一年后，他又完成一本《“兰亭序”帖论辩》，共11万字。但是此时中国的社会已发生巨变，高二适的灼见，再也没有得到公正的发布。这场关于《兰亭序》真伪的大讨论，应该是研究中国当代学术思想演变的一个重要案例，引人深思。

今天看来，高二适的意见可能更多地为学人所接受。事实上，早在东汉晚期，民间即已有初步的楷行书方式出现。20世纪70年代，在安徽亳县曾出土了300多块曹操宗室墓砖，其刻制年代为东汉桓帝延熹七年(164)到汉灵帝建宁三年(170)，上面所刻字体三分之二就是楷行书。

2003年秋，南京博物馆考古人员在北郊象山发掘了三座六朝时期东晋豪门王氏家族墓葬，出土一批以往东晋墓中从未发现的文物珍品。最重要者是出土了三块极有艺术价值的墓志，为《兰亭序》书法真伪的大论争提供了新佐证。王炳毅撰文称：这三座王氏家族墓葬位于南京象山南侧山坡，墓石距地表约10米。三座墓中均有墓志出土，可知八号墓主为东晋丹阳令、骑都尉王仚之。九号墓主为东晋振威将军王建之。其中王仚之是大书法家王羲之的堂兄弟。王仚之墓志共有88字，隶书体带楷意。王建之墓志为隶书体带篆意。据考古专家介绍：象山乃东晋初年尚书仆射王彬家族墓地。王彬为王羲之的叔父。王仚之、王建之墓志的出土对深入研究探索六朝书法及中国书法的演变有着重要意义，客观上支持了高二适的基本论点。近些年来，围绕“兰亭序”帖的真伪问题还时有人撰文争鸣，似乎肯定“兰亭序”帖是书圣王羲之真迹的看法占上风。1998年于南京北郊郭家山发现的王羲之同时代的东晋名臣高崧墓志，其隶楷书体已引起书法界一些人士的关注，王仚之、王建之墓志的出土更进一步说明了问题。

［文献］ 唐房玄龄等《晋书》卷四九，郭沫若《由王谢墓志的出土论到兰亭序的真伪》(《文物》1965年第6期)，高二适《兰亭序的真伪驳议》(《光明日报》1965年7月23日)，郭沫若等《兰亭论辩》，王炳毅《王仚之墓志与〈兰亭序〉真伪之争》(《收藏快报》2008年7月29日)。

公元338年　后赵建武四年

［提示］ 八月二十日，铜佛像。

［叙录］ 铸造于十六国后赵建武四年八月二十日的这件铜佛像，通高39.7厘米，虽然材质是铜鎏金的，但是由于它是目前所能见到的最早的有确切纪年的佛像，因此在佛教造像艺术史方面显得尤为重要，对石刻佛像而言，亦有相当的影响力。此像原出土地不明，现存于美国旧金山亚洲艺术馆，束发肉髻，宽额大眼，通肩大衣，施禅定印，趺坐于方形台座上，衣褶呈U形阶梯状重叠，具典型的犍陀罗风格。造像题记竖刻于佛座背面，部分已磨蚀难读，从中可知应为一天竺比丘“图慕道德”而造此佛像。台座正面带有边框，上面线刻云气纹饰。值得注意者是正面有分布均匀的三小孔，金申指出：结合其他佛像分析，此位置两侧大概嵌有二狮子，中间部分当年应嵌有水瓶花叶或汉式博山炉。

李玉珉认为，铸于是年的铜佛像，虽然头、手比例稍大，和身躯不太相称，然而重要的是它已凸显了中国风味：此佛额际宽平，发丝梳理整齐。长目杏眼，眉眼疏朗，鼻翼宽，鼻梁低，面形和五官特征均已中国化。衣饰以身体中心为轴，呈U形层层布排，左右对称，整齐规律，躯体结构抽象概括，均与3世纪末西域色彩浓厚的造像大异其趣。整体而言，此像的制作已脱离印度和中亚美术原型的束缚，将外来的佛教图像和汉民族的艺术传统互相结合，孕育出独特的风格面貌。

十六国之后赵羯族石勒灭汉(前赵)，建都襄国(今河北邢台市)为后赵，后迁邺(今河北临漳县)。后赵统治者石勒、石虎均十分崇信佛教，因此这件佛像的出现并非偶然。

［文献］ 张焯《云冈石窟编年史》，李玉珉《中国佛教美术史》，金申《佛教美术丛考》、《中国历代纪年

佛像图典》，刘建华《北魏泰常五年弥勒铜佛像及相关问题的探讨》(《宿白先生八秩华诞纪念文集》)。

公元344年 建元二年

［提示］ 十一月，孙绰作《司空庾冰碑》。

［叙录］ 庾冰在《晋书》中有传，卒于建元二年，年49岁。庾冰天性清慎，常以俭约自居。庾冰卒后，当时书碑名家孙绰为其撰《司空庾冰碑》。孙绰字兴公，中都(今山西平遥县)人，是孙楚的孙子。少以文才见称，当时的显赫家族如温、王、郗、庾等诸君之薨，必须得让孙绰来撰写碑文，然后才能刊石。可见其在书碑方面的影响力。孙绰曾任临海章安令，《天台山赋》便是在那儿写成的。孙绰广为世人所知，还有一个原因：他是曾参加王羲之兰亭修禊的名士之一。

［文献］ 唐房玄龄等《晋书》卷八、卷五六、卷七三，清严可均《全晋文》卷六二。

公元347年 永和三年

［提示］ 戴逵约于此时作《郑玄碑》。王羲之“振衣濯足”摩崖石刻。浙江《独笔鹅字碑》。

［叙录］ 《晋书》(戴逵传)载：戴逵在少年时代，突发奇想，用鸡蛋清掺和白色碎瓦屑，对石碑表面进行打底处理，然后再在上面书写著名的《郑玄碑》，并且亲自镌刻，词丽器妙，时人莫不惊叹。这件事情的准确年代史书上没有记载，只是说戴逵总角之时。永和三年戴逵方15岁，姑系年于此。

这一年，在安徽还有王羲之“振衣濯足”摩崖石刻。王羲之字逸少，东晋琅琊临沂(今山东临沂市)人，后迁居山阴(今浙江绍兴市)。此石刻具体位于安徽和县城南的西梁山崖壁之上。西梁山下临长江，与当涂县东梁山隔江而峙，犹如天然门户，世称天门山。据说王羲之于东晋永和三年游览此山，并题书“振衣濯足”四个大字，至今其字的摩崖石刻犹历历可辨。是年，因为时任扬州刺使的友人殷浩邀请，王羲之离开京城建康(今江苏南京市)，遍游胜迹。夏天，羲之来到历阳，在历阳太守袁耽陪伴下，浏览天门山。至西梁山矶头，见波涛拍岸，濯足江水之中，心旷神怡，挥毫写下此四字。太守袁耽即令工匠在王羲之濯足的矶头崖上精心勒石，以纪念这次胜游之事。

传说王羲之的书法成就，与他观察白鹅的行为而受到艺术启发相关。清代学人包世臣题诗说：“全身精力到毫端，定台先将两足安。悟入鹅群行水势，方知五指力齐难。”王羲之喜爱白鹅是出了名的，以至会上演“黄庭换鹅”的雅剧。李白咏叹道：“山阴道士如相见，应写黄庭换白鹅。”迄今，浙江天台山国清寺内尚藏有一块独笔“鹅”石碑，相传出自王羲之手书，被称为《独笔鹅字碑》。但是现在我们看到的这块石碑，已非王羲之原迹了，只有半边是王羲之留下的笔迹，而整个“鹅”字则是由晚清天台书法家曹抡选(寿人)用七载工夫，苦心临习王羲之书法然后重新摹刻而成。此碑王羲之书于何时没有记载，姑系年于此。

［文献］ 唐房玄龄等《晋书》卷八〇、卷九十四，唐张怀瓘《书断》，丁天魁《国清寺志》，金其祯《中国碑文化》。

公元348年 永和四年

［提示］ 戴逵约于此时师事范宣、娶范宣侄女。

［叙录］ 戴逵师事范宣、娶范宣侄女一事在《晋书》(戴逵传)中有记载：戴逵性不乐当世，常以琴书自娱。曾向豫章高士范宣学习，范宣十分赏识这个学生，于是便将自己侄女嫁给了他。《世说新语》上还说：戴逵向范宣学习时，视范所为而为，范读书亦读书，范抄书亦抄书。但有一样是范宣不太做的而戴逵却特别喜欢做的事：唯独好画，范以为无用，不宜劳思于此。戴乃画《南都赋》图；范宣看了大为赞叹，甚以为有益，于是范宣也开始重拾绘画工作。可见这对师生，是相互影响的，老师开明，学生亦有主

见。此事没有明确年代记载，这年戴逵刚22岁，姑系年于此。

［文献］ 唐房玄龄等《晋书》卷九四，《世说新语》（巧艺）。

公元351年 东晋永和七年 前秦皇始元年

［提示］ 东晋永和七年，支道林与王羲之论《庄子·逍遥游》。前秦皇始元年，竺僧朗东入泰山，带来七国赠佛像。

［叙录］ 《世说新语》载：王羲之任会稽内史时，名僧支道林（河南陈留人）也在那一带。孙兴公对王羲之说：支道林拔新领异，胸怀所及，乃自佳，你想不想见见这位高人？但是王羲之本自有一股隽气，也没有怎么把这事放在心里。后来孙兴公和支道林一起来到王羲之的地方，王羲之仍很清高，不和支道林说一句话，支道林坐了一会儿就打算离开。王羲之正要出门，车马都已备好。这时支道林上前对王羲之说道：君未可去，贫道与君小语。因论《庄子·逍遥游》。支作数千言，才藻新奇，花烂映发。王羲之完全被眼前这个人所折服，遂披襟解带流连不能已。

是年，十六国前秦则为皇始元年，神僧佛图澄的弟子竺僧朗东入泰山，在金舆谷建立寺院传播佛教，这位来自天竺的僧朗，应该可以称为山东佛教实际上的开创者。竺僧朗东入泰山，带来七国赠佛像。竺僧朗的所作所为，对佛教造像艺术有着重大意义。对此，佛教考古学者温玉成详细分析说：众所周知，僧朗是迦湿弥罗国高僧佛图澄的弟子。在后赵的短短34年间，佛图澄及弟子们共建寺院达893所。僧朗与僧湛、僧意于苻坚皇始元年（351）移居泰山金舆谷后，闻风而造者百余人。前秦主苻坚、后秦主姚兴、后燕主慕容垂、南燕主慕容德、东晋孝武帝司马曜、北魏主拓跋珪等人，皆钦重僧朗，送书致物，不一而足。据《续高僧传》（僧意传）可知，在朗公住过的精舍中，有七国赠送的金铜佛像，即高丽像、相国像、胡国像、女国像、吴国像、昆仑像、岱京像。这里的高丽即高句丽，吴国即东晋，岱京即北魏，应无疑义。“相国”则在今辽宁省鞍山市正西35公里处，属汉代辽隧县（见《水经注》卷一四小辽水条云：县即高句丽相之国也。）魏隋间高僧灵裕，还为之写过《像赞》。唐代道宣说，这批造像，至唐初犹存。灵裕主要生活在东魏、北齐时代，可知在东魏、北齐时代，“七国佛像”仍广受重视。七国中的“昆仑国”，在今缅甸克伦邦一带，其佛像之制，似属印度秣菟罗系统，则青州工匠欲取秣菟罗式风格，可就近参考之。

［文献］ 南朝宋刘义庆《世说新语》（文学），《高僧传》卷四，温玉成《中国佛教与考古》。

公元353年 东晋永和九年 前凉建兴四十一年

［提示］ 东晋永和九年，东晋石佛像。前凉建兴四十一年，始开莫高窟。

［叙录］ 一件刻有纪年铭文的东晋汉白玉石雕佛像，为1958年大连民间藏家左杰峰所捐赠，现藏于旅顺博物馆。石高40.3厘米、宽21.8厘米、厚14.5厘米。据刘兴珍描述：造像中间主佛肉髻高耸，蓄螺形发髻，耳垂硕大，额有白毫，稍损。着通肩大衣，厚薄适中，结跏趺坐于莲花须弥座上，左手置于膝腿间，右手端在胸侧，手持宝珠，神情威严。主佛有两胁侍，左侧为文殊菩萨，右侧为普贤菩萨，皆头戴宝冠，身着袈裟，两串璎珞逾肩垂膝前。文殊左手按胸，右臂下垂，手持莲枝；普贤双手捧莲蕾于胸前。底座正面雕一香熏，四周有花叶簇围。两侧各雕一狮，以前腿支撑身躯，筋肌强健，雄壮威武。底座左侧刻有文字，文中称石佛为“玉璧”，造像主为“税绾柱国府□曹”。整件作品线条流畅，刀法刚柔相济。雕像表面已形成黑色的侵蚀层。但是，关于这件石刻作品之真伪，笔者持保留态度，无论从形制还是风格方面来看，当非东晋所为。

十六国前凉建兴四十一年，始开莫高窟。这条记载来自巴黎藏《敦煌遗书》、敦煌出土的《沙州城土镜》,上面说敦煌建窟的时间在东晋穆帝永和九年,也就是前凉建兴四十一年。但是通常人们认为敦煌开窟的时间,依据唐代所刻立的《李克让重修莫高窟佛龛碑》所载,为前秦建元二年(366),则比此晚了13年之久。碑文上说僧人乐僔路经此山,忽见金光四起,如现万佛,乐僔觉得此地吉祥,便在岩壁上开凿洞窟。此后法良禅师等人在此续修禅窟,当时称之为“漠高窟”。

[文献] 刘兴珍等《中国古代雕塑图典》,《沙州城土镜》,李并成《〈沙州城土镜〉之地理调查与考释》(《敦煌学辑刊》1990年第2期)。

公元354年 永和十年

[提示] 释慧远赴恒山就道安出家。

[叙录] 一代名僧慧远在此年刚满21岁,正是青春好时光。慧远欲渡江东,向高士范宣学习,一同隐居。慧远又听说太行恒山的高僧道安学养深厚,便辞别范宣,赴恒山就道安出家,削发为僧。当慧远听到道安讲授《般若经》时,感叹地说道:儒道九流,皆糠粃耳。慧远在晚年写给好友刘遗民(程之)的信中说道:“每寻畴昔,游心世典,以为当年之华苑也。及见《老》、《庄》,便悟名教是应变之虚谈耳。以今而观,则知沉冥之趣,岂得不以佛理为先?”于是“简绝常务,专心空门”。慧远后至庐山东林寺建立莲社,专修净土,堪称净土宗开宗之人,故净土宗又称莲宗。净土宗对中国石刻艺术,尤其是佛教石刻艺术有着重要影响。

[文献] 南梁慧皎《高僧传》卷六,南朝宋刘义庆《世说新语》(文学),唐释神清《北山录》卷四,清严可均《全晋文》卷一六一。

公元355年 东晋永和十一年 前凉太始元年

[提示] 东晋永和十一年十月,谢尚制石磬。十六国前凉太始元年,始建唐述寺(炳灵寺石窟)。

[叙录] 《晋书》和《宋书》都有关于谢尚制石磬的记载:这年冬天十月,豫州刺史谢尚督并、冀、幽三州诸军事、镇西将军。谢尚字仁祖,史书有传。他是豫章太守谢鲲的儿子、太傅谢安的从兄。谢尚通音律、工舞蹈、长书法、喜清谈,是当时的大文人。谢尚对于音乐的教化作用十分重视,由于当时庾翼、桓温等人专事军旅,因此乐器被锁在朝廷府库之中,长年不用,很多都朽坏了。而五胡乱华,大部分乐工都被胡人掳走,直到后来胡人势力衰落,那些邺下乐工,才有一部分来到江南。酷爱音乐的谢尚便将这些乐工召集起来,并打制包括石磬在内的各种乐器。史书上说:“江表有钟石之乐,自尚始也。”具体采石制磬的地方是在牛渚,也就是安徽马鞍山采石矶。

北魏郦道元曾记载:河峡崖旁有二窟,其中一窟称为唐述窟,高四十丈。另一窟在此往西的二里处,有时亮窟,高百丈,广二十丈,深三十丈。这里的唐述窟和时亮窟就是现在的甘肃永靖的炳灵寺,唐述窟即羌语的鬼窟之意,20世纪50年代冯国瑞经过实地考证,确认唐述窟即为现在炳灵寺的上寺,时亮窟为炳灵寺的下寺。唐道世《法苑珠林》(抱罕临河唐谷仙寺)有载:南有石门,滨于河上,镌其文曰:“晋太始年所立也。”由此可知,唐述窟的开窟时间在前凉太始年间(355—362年)。阎文儒说,据甘肃博物馆张宝玺等人的调查,在炳灵寺西秦乞伏炽磐“建弘元年”(420年)题记之下,确有一层壁画,推想这一层壁画开创时间必在建弘以前。

[文献] 北魏郦道元《水经注》卷五,唐房玄龄等《晋书》卷八、卷七九,南梁沈约《宋书》卷一九,唐魏徵等《隋书》卷一五,唐道世《法苑珠林》卷五二,冯国瑞《炳灵寺石窟勘察记》(《文物参考资料》1953年第1期),阎文儒《中国石窟艺术总论》。

公元356年 东晋永和十二年

[提示] 道安至襄阳造寺造像。

［叙录］ 东晋名僧道安至襄阳造寺造像一事，费泳给予了如下评价：湖北省境内武昌和襄阳，在南北朝时期的佛教地位不可忽视。襄阳地处由江陵北上的必经之地，东晋时期，道安为避北方石氏之乱，南投东晋治下的襄阳，建檀溪寺，铸铜质丈六佛像，前秦苻坚遣使送其外国金箔倚坐佛，高七尺，又送金坐像，结珠弥勒像，金缕绣像、织成像各一尊。道安抵达襄阳约公元356年，至公元379年被前秦军队掳送长安，在襄阳居住达15年，这也是道安一生从事佛教活动的重要时期，对后世影响重大。由于安公的影响力，襄阳自晋世就有相当规模的造像，并与北方有佛教往来。

［文献］ 南梁慧皎《高僧传》卷五，费泳《汉唐佛教造像艺术史》。

公元345—356年　永和年间

［提示］ 开创浙江新昌千佛岩。

［叙录］ 南朝佛教石刻艺术本不如北朝发达，目前能看到的南朝石刻，除成都万佛寺、南京栖霞寺等地之外，就只有浙江境内还有零星的几处了。浙江南朝佛像主要集中在新昌县内，其地位于天台、四明、会稽山脉交会之处，并有天姥、石城等名山点缀其间。石城山(南明山)中有两座佛教石窟，即石城寺和千佛岩，为十分珍贵的南朝佛教石刻艺术遗迹。

石城山千佛岩(千佛禅院)，位于石城寺的西北方向，千佛岩的具体开凿时间在东晋永和年间，与高寿僧人昙光(286—396)来石城山创建隐岳寺(石城寺)处于同一时期，来自河北的名僧于法兰就在此时的石城山创建元化寺，元化寺就是千佛禅院的前身。此事见于南梁刘勰所撰《梁建安王造剡山石城寺石像碑》一文：昙光比丘，与晋世于兰(于法兰)同时并学。兰以慧解驰声，光以禅味消影(大乘般若)。光说苦谛，神奉崖窟(小乘苦修)，遂结伽蓝，是名隐岳(石城寺)；兰公创寺，号曰元化。

在东晋时代，在会稽剡山地区云集了众多名士和高僧大德，风云际会，成为全国佛教与人文重镇。其时，在此地有三个重要的佛教学术团体颇为引人注目：一是以竺道潜为代表的会稽山僧团，一是以支道林为代表的沃洲僧团。此外还有一个比较特别的僧团，则是以于法兰为代表的元化寺僧团。荷兰学者许理和在著述中写道：公元4世纪，剡山还有一个士大夫佛教中心，它和竺道潜、支道林为中心的僧团有所不同，甚至有些抵触，却也与有教养的世俗阶层有密切的关系。这个中心在元化寺，由高阳(河北北部)于法兰及其弟子于法开、于道邃创建于公元4世纪初。

元化寺的开窟造像，约始于南齐永明中(483—493年)，据南宋人施宿及明人田琯等的记载：千佛岩石窟寺齐永明中建，会昌灭佛，寺废。五代后晋开运三年(946)，知县赵仁爽重建，名千佛禅院。宋大中祥符(1008—1016)改七宝院。明洪武十五年(1382年)，复名千佛院。千佛岩削壁如墙，由四座互为连通的岩洞组成，龛像雕凿于中间两窟中。

［文献］ 南梁慧皎《高僧传》卷四，唐欧阳询等《艺文类聚》卷七六，宋孔延之《会稽掇英总集》卷一六，宋施宿等《嘉泰会稽志》，明田琯《万历新昌县志》卷一二，汤用彤《汉魏两晋南北朝佛教史》，［荷兰］许理和《佛教征服中国——佛教在中国中古早期的传播与适应》，费泳《汉唐佛教造像艺术史》。

公元358年　前秦永兴二年

［提示］ 鸠摩罗什年十二，其母携还龟兹，其国佛寺甚多，修饰至丽：王宫雕镂，立佛形象，与寺无异。

［叙录］ 南梁僧祐记载说，鸠摩罗什年十二，其母携还龟兹。及还龟兹，名盖诸国。时龟兹僧众一万余人，疑非凡夫，咸推而敬之，莫敢居上。张焯引宿白之说，认为鸠摩罗什就是在十六国前秦苻坚的永兴二年回到龟兹的。古龟兹国，又名拘夷国，在今新疆库车、拜城一带，境内有克孜尔等石窟多处。

《出三藏记集》记：晋简文帝(371—372)时，沙门释僧纯于西域拘夷国得胡本《比丘尼大戒》。同书所载《比丘尼戒本所出本末序》记岁在己卯译为华文，上面说龟兹国“寺甚多，修饰至丽：王宫雕镂，立佛形象，与寺无异”。宿白指出：古龟兹国是历史上佛教最盛地之一，西汉时人口八万多，此时不过十余万。克孜尔石窟位于佛教东渐的关键地点，始凿于3世纪，早于新疆以东现存最早的洞窟。其初期的大像窟和大立佛，与云冈昙曜五窟中第16、18窟立佛有一定的因承关系；新中国成立后，在大同城东和城北方山等北魏佛寺遗址中，发现了大批北魏塑像，风格与古龟兹、焉耆地方发现的残塑极为相似。

［文献］　南梁僧祐《出三藏记集》卷二、卷一四，宿白《新疆拜城克孜尔石窟部分洞窟的类型与年代等问题的初步探索》(《龟兹文化研究》第三辑)，张焯《云冈石窟编年史》。

公元364年　兴宁二年

［提示］　支道林于瓦官寺与道人辩答，还东山。慧力于瓦官寺造多宝石塔。顾恺之于瓦官寺画维摩诘一躯。瓦官寺藏师子国玉像。晋宋年间中土造像多由师子国传入，齐梁年间转由扶南国传入。

［叙录］　对于名僧支道林于瓦官寺与道人辩答，还东山一事，《世说新语》及《高僧传》做了如下记载：有北来道人好才理，与林公(支遁)相遇于瓦官寺(瓦棺寺)，讲《小品》。于时竺法深、孙兴公悉共听。此道人语，屡设疑难，林公辩答清析，辞气俱爽。此道人每辄摧屈。孙兴公问竺法深道：上人当是逆风家，向来何以都不言？竺法深笑而不答。支道林说：白旃檀非不馥，焉能逆风？竺法深得解此义，夷然不屑。支道林在京师淹留了将近三年，乃还东山，上书告辞。朝廷下诏同意，并赐给丰厚资给，一时名流前来送行。既而收迹剡山，毕命林泽。张可礼引述《建康实录》的记载，说是年造瓦官寺。如此说来，支道林与道人在瓦官寺论答时，其寺则刚建立不久，在当时还是一座新寺，可能很多工程还没有完全落成。

唐人慧祥在《弘赞法华传》中记载，沙门慧力约在东晋兴宁二年时，于建康(今江苏南京市)瓦官寺建造多宝石塔。文献记载中较早的塔则是阿育王塔。现在能看到的最早的实物石塔则是甘肃省博物馆等地收藏的十余件北凉石塔。

是年在建康瓦官寺，还有一件重大的艺术事件发生：顾恺之于瓦官寺画维摩诘一躯。唐人张彦远《历代名画记》(京师寺记)说：兴宁中，瓦棺寺初置，僧众设会，请朝贤鸣刹注疏(撞钟并写上所施舍的钱数)，其时士大夫的最高叫价没有超过十万者。顾恺之来到寺院，直接开价百万。大家都知道顾恺之向来贫穷，这回肯定是说大话了。瓦官寺的僧人倒是当了真，就应了顾恺之的要求，并且在瓦官寺北小殿清扫了一面整洁的墙面。顾恺之于是闭户谢客，大约花费了一个多月的时间，就在壁上绘成了维摩诘一躯。工毕，将欲点眸子，恺之对寺僧说：第一日观者请施十万，第二日可五万，第三日随缘吧。当寺僧打开关闭一个多月的屋子门窗时，但见精光四溢，朗照一寺。前来拜佛施喜的信士络绎不绝，很多人被绘画感动得流泪。很快，就得到了百万香火钱。据说，恺之所绘维摩诘像“目若将视，眉如忽颦，无言而似言，鬓不动而似动”，显然是一件气韵流动的佳构。此像又有“清羸示病之容，隐几忘言之状”，李玉珉认为：《维摩诘经》里能言善道的印度居士，在顾氏的笔下，摇身一变，成为中土的清谈名士，这种“清风秀骨”的造型，俨然是东晋文人风度的体现，这种形象对我国维摩诘像的造型影响深远。

顾恺之字长康，师西晋卫协，卫协师孙吴曹不兴，三人皆以佛画闻名一世。顾恺之与刘宋的陆探微、萧梁的张僧繇，都是名闻江左的绘画巨匠，对后世之佛教造像艺术影响至为深远。张彦远说：“大象人风骨，张亚于顾、陆也；张得其肉，陆得其骨，顾得其神；神妙亡方，以顾为最。”《晋书》(文苑传)谓顾恺之：“尤善丹青，图写特妙，谢安深重之，以为有苍生以来未之有也。恺之每画人成，或数年不点目精。人问其故，答曰：四体妍蚩，本无阙少于妙处，传神写照,正在阿堵中。”张焯对此解释说:画佛不点眸子,与雕佛不开眼珠,应是秦汉陶俑制作遗法。云冈石窟造像如此,盖待彩绘以传神也。

李凇认为顾恺之在瓦官寺绘维摩诘一事,应该是中国艺术史上最著名的早期南方画菩萨的例子。维摩诘图像所依佛典为《维摩诘所说经》,通常与文殊师利菩萨一起组成《问疾图》。顾恺之的这幅壁画,可认为是史籍记载中有具体名称的最早菩萨图像。南朝的佛画记载中,有具体菩萨名称的,多是文殊与维摩诘,如南朝宋陆探微画有《降灵文殊像》(《宣和画谱》卷一)、同朝袁倩画有《维摩诘变》一卷(张彦远《历代名画记》卷六)、梁元帝画有《师利像》(张彦远上引书卷七)、梁朝张僧繇画有《维摩诘并二菩萨》(同前书)。自此可以看出南方菩萨图像的流行趋势之一斑。从现存的图像实物方面看,北方在十六国至北朝时期较多出现的菩萨图像依次为:弥勒菩萨、观世音菩萨、维摩诘经变、思惟菩萨(或太子)、供养菩萨和胁侍菩萨共六类。北朝造像所依据的佛典,主要是《法华经》、《弥勒上生经》、《维摩诘所说经》等。南北朝是中国大分裂的时期,菩萨图像题材方面的差异,与两地的文化背景有直接关系。诚如汤用彤所言:南方自永嘉南渡以来,继承三国以来之学风。迨至宋初,士大夫仍尊玄谈,南统偏尚义理,不脱二玄之轨范,佛义与玄学之同流,继承魏晋之风,为南统之特征。北方重在宗教行为,下接隋唐以后之宗派。朝廷上下之奉佛,仍首在建功德,求福田饶益。故造像立寺,穷土木之力,为北朝佛法之特征。

又据唐人李延寿记载,在瓦官寺中还珍藏着一件师子国(今斯里兰卡)所献玉像。晋义熙初,师子国始遣使献玉像,经十载乃至。像高四尺二寸,玉色洁润,形制殊特,殆非人工。此像历晋、宋在瓦官寺,先有征士戴安道手制佛像五躯,及顾长康《维摩画图》,世人号之三绝。费泳认为:从史书记载看,晋宋年间中土造像多由师子国传入,齐梁年间转由扶南国传入。刘宋元嘉五年(428),师子国国王刹利摩诃“托四道人遣二白衣送牙台像以为信誓”。东晋法显持经像东还,其出发地也是在师子国。此后,有关南朝与南海诸国的造像往来的记载则以扶南国(包括今柬埔寨以及老挝南部、越南南部和泰国东南部地区)为多:齐永明二年(484)扶南国献金镂龙王坐像一躯,白檀像一躯,牙塔二躯。梁天监二年(503年)扶南国跋摩复遣使送珊瑚佛像。十八年,复遣使送天竺旃檀瑞像。梁大同五年(539),复遣使献生犀,又言其国有佛发,长一丈二尺,诏遣沙门释云宝随使往迎之。大同三年八月高祖改造阿育王寺塔,出旧塔下舍利及佛爪发,大同五年即让使者迎取扶南国敬献的佛发。此种情形,费泳认为与来华僧人国籍的转变相一致。记载中南线佛教及造像输出国的变化值得关注,这就是由印度向师子国,进而向扶南的转移。究其原因,五世纪末天竺僧人来华减少,当与印度佛教趋于衰落有关。有学者认为,佛教在公元三世纪的印度,已失去了自己的宗教精神。

［文献］ 南朝宋刘义庆《世说新语》(文学),南梁慧皎《高僧传》卷四,唐许嵩《建康实录》卷八,唐惠详《弘赞法华传》,唐张彦远《历代名画记》卷五、卷六,唐房玄龄等《晋书》卷九二,唐李延寿《南史》卷七八,张可礼《东晋文艺系年》,李玉珉《中国佛教美术史》,费泳《汉唐佛教造像艺术史》,李凇《长安艺术与宗教文明》,张焯《云冈石窟编年史》。

公元365年　兴宁三年

［提示］ 中原高僧道安率徒南下。

［叙录］ 魏晋时期尤其是五胡乱华时代,北方多战乱,僧人南渡传教者十分普遍。在此潮流中,东晋兴宁三年,中原高僧道安率徒南下。费泳分析说,道安的南下,使中国当时北方最大的僧团流向了南方。东晋义熙十三年(417),刘裕攻入长安,聚集在鸠摩罗什周围的僧侣除去徐州,大多南下扬都。北魏太延五年(439),北魏拓跋焘进军姑臧,经书什物皆被焚荡,凉州僧众流入宋境者甚多。太平真君七年(446),拓跋焘下“灭佛法诏”,迫使魏境沙门大批

南逃。这样，散布于全国的僧人，陆续都聚集于江南，此外，晋宋建康旧有以佛陀跋陀罗、求那跋陀罗为首的译经集团，由此南朝佛教进入了高度发展的阶段。

［文献］ 南梁慧皎《高僧传》卷五，费泳《汉唐佛教造像艺术史》。

公元 366 年　东晋太和元年　前秦建元二年

［提示］ 东晋太和元年闰四月，名僧支遁卒。前秦建元二年，开凿敦煌莫高窟。

［叙录］ 东晋太和元年闰四月，声震江南的名僧支遁圆寂于剡县石城山，时年 53 岁。支遁字道林，本姓关氏，陈留(今河南开封市南)人，或谓河东林虑(今河南林县)人。家世事佛，25 岁出家。支遁与晋王室颇为接近，深受玄学影响，好谈玄理。曾对《逍遥篇》进行注解，能拔理于郭(象)、向(秀)之外，时人称“支理”。与支遁交往者皆一时名流，如谢安、孙绰、殷浩、袁弘、王羲之、谢朗等。佛学方面，支遁强调“即色义”，认为万法皆因缘而起，本无自性，故虽色实空。汤用彤认为：自佛教入中国后，由汉至前魏，名士罕有推重佛教者。尊敬僧人，更未之闻。西晋阮庾与孝龙为友，而东晋名士崇奉林公(支遁)，可谓空前。此其故不在当时佛法兴隆。实则当代名僧，既理趣符《老》《庄》，风神类谈客。而“支子特秀，领握玄标，大业冲粹，神风清萧”，故名士乐与往还也。

敦煌地理位置十分独特，它处于甘肃省西部、“丝绸之路”北中南三道交会之处，与酒泉、张掖、武威等均为河西走廊要镇。敦煌不仅是佛教文化交流的要津，也是中国文化与外来文化(包括伊斯兰文化、印度文化、波斯文化、希腊文化等)交流的融汇高地。开凿敦煌莫高窟的具体时间，一说始于前凉建兴四十一年(353)，另一说则始于前秦苻坚建元二年，学界较为通行的说法是认同后者，依据来源于唐代武周圣历元年(698)李怀让(一作李克让)《重修莫高窟佛龛碑》，此碑发现于莫高窟 332 窟。碑文上说：建元二年，一个喜欢云游的名叫乐僔的和尚，在经过敦煌东南 25 里之三危山时，突然被眼前的情景惊呆了：只见空中金光四射，如千佛降临。乐僔知道，这一定是佛的昭示：此处是佛法播撒的胜地。乐僔便在敦煌东南的鸣沙山麓，架空镌岩，大造龛像，开凿了第一龛石窟。加上后继者法良禅师及沮渠蒙逊等人的努力，敦煌渐渐成为我国最早兴建且规模最大的石窟。

［文献］ 南梁慧皎《高僧传》卷四，汤用彤《汉魏两晋南北朝佛教史》，李怀让《重修莫高窟佛龛碑》(敦煌文物研究所《敦煌研究》1983 年试刊号第 2 期)。

公元 367 年　前秦建元三年

［提示］ 六月，陕西《邓太尉祠碑》。

［叙录］ 六月，十六国前秦马翊护军郑能进刻立隶书《邓太尉祠碑》，全称《魏故太尉邓艾祠碑》，又称《郑宏道修邓太尉祠记》、《冯翊护军郑能进修邓太尉祠铭》、《修邓艾祠碑》，一般则简称之为《邓太尉祠碑》、《邓艾祠碑》。石碑原在陕西蒲城东北阿村邓公祠内。圭首带穿，清陆增祥记载碑高三尺三寸，广二尺，字径寸许分。碑文虽为隶书，已带楷意。此碑为研究前秦时冯翊护军所辖的少数部族关系及关中地区少数民族聚居状况提供重要实物文献。目前仅发现前秦碑刻两通，此碑之外，尚有《广武将军》碑。赵超分析说：在东晋王朝避居江南时，北方大地战乱不断，匈奴、氐、羌、鲜卑等各民族建立的小国各霸一方，反复征杀。在这样动荡的社会条件下显然不可能有大量财力去刻制纪念性的石刻。现在能够见到的十六国时期石刻只有寥寥儿种，比较著名的有前秦建元三年(367)《冯翊护军郑能远修邓太尉祠铭》、建元四年(368)《广武将军□产碑》、后秦弘始四年(402)《辽东太守略阳吕宪墓表》以及北凉《主客长史阴尚宿捐建道场记》等。这些都是在地面上竖立的碑石，至于十六国时的墓志则极少有所发现。而且

这些碑石都是在陕西以西的西北地区发现的。这可能反映了西北一带在当时比起中原来要相对安定一些。

［文献］ 清陆增祥《八琼室金石补正》卷十，刘正成《中国书法鉴赏大辞典》，赵超《石刻史话》，《中国美术全集》(魏晋南北朝书法)。

公元 368 年　前秦建元四年

［提示］ 十月，《广武将军张产碑》。

［叙录］ 十六国前秦碑刻作品，目前仅见两件，除了前提及的《邓太尉祠碑》之外，就是这件刻于前秦建元四年十月的隶书《广武将军张产碑》了。此碑又称《广武将军碑》、《广武将军张产碑并阴侧》、《立界山祠碑并阴侧》，有时简称《张产碑》。石碑通高 174 厘米、宽 73 厘米，圭形碑首，碑额隶书“立界山石祠”5 字。石碑最早为清人毕沅所著录，后来毛凤岐等人亦有著录。原在陕西白水县史官村仓颉庙中，清乾隆初年曾一度遗失，至 20 世纪 20 年代，在拆出仓颉庙前的影壁时再次复得此碑。20 世纪 70 年代初，移置入西安碑林珍藏。人们之所以称此碑为《广武将军碑》，取其碑文首行有“广武将军”一语。此碑实有两大基本功能：一则为广武将军纪功，二则立界(和另外两个军事单位即冯翊护军和抚夷护军之间的协商，划分领土界线)。碑阳叙录广武将军的出身家世和政绩以及官名疆界等。碑阴及两侧则分别刻写竖立此碑的来自多个民族部将的姓名。石碑已磨泐，刘正成称有乾隆前拓本，苏州张德生有翻刻本。此碑的刻工颇为神妙，给人感觉好像是刻工直接以刀为笔，直接刻画而没有依照书丹的方式亦步亦趋，用康有为跋此碑时的话说：似流沙坠简。于右任曾专门写有《广武将军复出歌》：“慕容文重庾开府，道家像贵姚伯多，增以广武真三绝。”

王静芬分析了此碑发现地与多民族之关系：石碑在陕西中部的白水县被发现，这一地区在公元 3 世纪之前是许多游牧部落集中的地方。马长寿在他有关此碑所载姓名的研究中指出，大约有 16 个姓氏属于游牧民族，包括匈奴、氐和羌族。这些部族的一支后来建立了后秦政权。陕西及山西地区 6 世纪的佛教碑刻展现了供养人身份在很大程度上的种族混合。这块 4 世纪的界石表明，这些少数民族的迁居者已采用了中国竖石的习俗，来标志领土的分界线，从而声明他们政治、社会和军事的身份，其后他们更采用佛教碑刻来表明他们的宗教信仰。

［文献］ 清毕沅《关中金石记》卷一，清毛凤岐《关中金石文字存逸考》卷十，方若《校碑随笔》，张彦生《善本碑帖录》，马长寿《碑铭所见前秦至隋初的关中部族》，刘正成《中国书法鉴赏大辞典》，［美］王静芬《中国石碑》，《中国美术全集》(魏晋南北朝书法)。

公元 371—372 年　东晋咸安中

［提示］ 谢公塘。

［叙录］ 唐代大书家颜真卿曾写有《题谢公塘碑阴》一文，此文见载于《全唐文》。文中说：太保谢公(安)，东晋咸和中(326—334)，因为吴兴地区的山水十分清远宜人，请求到吴郡做官。谢安到了吴兴，在郡西至长城县开通水陆交通，筑有著名的水利工程，人称谢公塘。及迁去郡，人们为了怀思谢安的功德，便刻石立碑。石碑在唐天宝末年的安史之乱中，由于群盗四起，碑志亡佚。颜真卿对此深为怆然，借旧史遗文，敬刊息石。

但是，这儿有一个时间上的问题，估计是颜真卿一时弄错了：他说谢安是“咸和中”来到吴郡，这显然不对，因为谢安生于东晋太兴元年(320)，此时年尚幼，不可能到吴兴做太守。因此笔者认为应该是东晋“咸安中”，此时谢安至少已年过半百，也才当得了谢公之称谓。后来笔者在陆鼎言、王旭强的文章中果然看到了这样的记载：咸安年间(371—372)吴兴太守谢安在城西开谢塘，在长兴县南筑官塘，又名谢公塘。据称，这个谢公塘深有 30 多米，地下泉水窜出，甘甜清冽。

谢安为东晋名士宰相，其兴修水利造福一方百姓之雅事，后世很多文人十分钦慕。宋人胡仔写道：颜鲁公《题谢公塘碑阴》云：太保谢公，东晋咸和中，以吴兴山水清远，求典此郡。故东坡《将之湖州戏赠莘老诗》云：亦知谢公到郡久，应怪杜牧寻春迟。鬓丝只好对禅榻，湖亭不用张水嬉。

［文献］ 唐房玄龄等《晋书》卷七九，董诰等《全唐文》卷三三八，宋胡仔《苕溪渔隐丛话后集》卷一五，陆鼎言、王旭强《湖州入湖溇港和塘浦（溇港）圩田系统的研究》（《湖州入湖溇港和塘浦（溇港）圩田系统的研究成果资料汇编》2005年）。

公元371年 咸安元年

［提示］ 阿育王第四女所造佛像的奇特因缘。

［叙录］ 之前，我们在西晋建兴元年（313），就曾提到吴郡曾出现二石佛（维卫佛和迦叶佛）浮江一事。石佛浮江的事迹在敦煌莫高窟初唐第323窟中的壁画《合浦石佛浮江图》中有着精彩直观的表现。石佛浮江看似荒诞不经，实际上应该是佛教从海路传入中国、发生于合浦（汉代属交州）的一段传奇折射。合浦位于现广西北部湾东北岸一带，早在汉代即成为中国海上丝绸之路的始发地，一直是佛教海路传入中国的重镇。在合浦汉墓考古发掘中，已发现陶制胡俑，这从一个侧面印证了佛教南传海上通道，至迟在汉末即已形成。壁画中所绘之城池，即合浦，也就是交州城。壁画表现的情景是：人们在合浦海域发现了佛光和石佛，欲将石佛装至船舱中，立于岸江的一众僧俗正在向佛礼拜。画面左侧所画，则是建兴元年石佛浮江之事：吴县人朱膺和东林寺僧雇船载石佛去通玄寺的场面，这显然是一个具有分镜头闪回意义的场景。据温玉成说，在福建省永泰县名山石室的摩崖造像中，也刻有“石佛浮江”的故事。

阎文儒对敦煌这段壁画进行了较为细致的描述：莫高窟第323窟南壁的一幅迎佛图，已被劫去了一部分。该窟两壁连续画出三宝感通故事。由北壁西端张骞使西域始，连续而东，与东壁门北、门南相连，转到南壁由东到西。根据画面及残存的题记，尚能辨别出的有以下几种：其一，汉武帝得祭天金人使张骞通西域图；其二，康僧会说服吴王感应图；其三，佛图澄灭幽州四门火图；其四，东壁门两侧的故事画因题记不清，无法辨别是什么感应故事，与其相连接的南壁东部尚能识出；其五，吴郡石像浮江感应图：画面上画出一只大船，运来两尊像，参加迎佛的人，有步行者、乘牛者以及比丘等各色人物。船的东上角，画出二佛并立像，表示出系从船上移下的样子。这幅画有三块题记：一是“石佛浮江，天下希瑞……”；二是“……遂静迎送向通玄寺供养，迄至于今”；三是“第一维卫佛，第二迦叶佛，其像现在□□供养”。

可惜壁画中的彩船，在20世纪20年代被美国人华尔纳用胶布盗剥，现保存于哈佛大学赛克勒博物馆中。

差不多半个世纪后，我们再次涉及这一神秘事件。石佛浮江的传奇，到了东晋时代，出现的频率更多，这与东晋海上佛教传播更为频繁的事实是相符合的。著名的“东晋杨都金像出渚故事”即在此时形成：据唐人姚思廉、李延寿等在史籍中记载，东晋成帝咸和年中（326—334），丹阳县令高悝往还王宫，路经张侯桥时，常见水中有金光数尺浮现，即派人到水中寻得一尊来自西域所造鎏金佛像，佛像的背光和趺座俱已缺失。不久，临海县渔民张系世在海上又发现一件红铜莲花佛座，张系世将佛座打捞出水，返海将佛座送到官府中。临海道台觉得这是吉兆，以此事禀报于皇上晋成帝，晋成帝让人把佛座置于之前丹阳县令高悝打捞上来的那件金像之下——结果令人称奇：这件来自海上的铜莲花佛座，竟然和张侯桥下的金铜佛像天衣无缝地接合在一起，于是被供奉于金陵的长干寺中。佛座配上，就差背光了，故事还没有完。又过了几十年，直至东晋咸安元年（371），在南海交州合浦县，一个名叫董宗之的采珠人，见海底有金光射出水面，董宗之便潜至海底，捞到一具佛像的圆形背光。东晋简文帝想到成帝时接合佛座一事，便让人把这件背光安置在长干寺中的金铜佛像上。不可思议的是：背光与金佛不仅尺寸和色泽相符，就连相互联结的榫孔也完全一致！据记载：金铜佛像的莲花台刻有梵文，为阿育王第四女所造。

这件出自西域的金铜佛像的聚散离合，充满不可思议的传奇经历，此一段浩渺的因缘，其间蕴含了多少慈悲与念力啊。

［文献］ 唐姚思廉《梁书》卷五四，唐李延寿《南史》卷七八，常任侠《海上丝路与文化交流》，黄启臣主编《广东海上丝绸之路史》，阎文儒《中国石窟艺术总论》，温玉成《中国佛教与考古》。

公元372年　咸安二年

［提示］ 释顺道送佛像及经文至高句丽。

［叙录］ 据高丽佛教学者一然及觉训等人的记载，在高句丽第17代国王小兽林王即位二年的夏六月，即东晋咸安二年，前秦为建元八年，苻坚派遣使者兼佛教徒释顺道送佛像以及经文至高句丽，其君臣以“会遇之礼”迎于省门，并创肖门寺（以省门为寺，讹为肖门），即现在的兴国寺。金申有著录，史称“顺道肇丽”。又“四年甲戌”（即孝武宁康二年，374年），又有阿道自晋而来。翌年，高句丽又为其创伊弗寺以安置阿道。

［文献］ ［高丽］一然《三国遗事》卷三，［高丽］觉训《海东高僧传》，金申《佛教美术丛考》。

公元373年　宁康元年

［提示］ 释道安建襄阳檀溪寺铸丈六佛像。

［叙录］ 东晋宁康元年，释道安创建湖北襄阳檀溪寺，是在清河张殷宅的基础上改建的。寺院规模宏伟，中有五层高塔一座，房舍400间，居当时襄阳诸寺院之冠。释道安在此率徒传佛，考校佛教经籍。不久又从梁州刺史杨弘忠那儿得到捐赠的铜材一万斤，道安便以此铸造了一件丈六佛像（《法苑珠林》记载此事为宁康三年四月八日，所造佛为无量寿佛）。因此当时人们又称此寺为金德寺。十六国前秦苻坚敬仰道安大名，又遣使送外国金箔倚像，高七尺，又金坐像、结珠弥勒像、金缕绣像、织成像各一。道安十分珍惜，每讲会法聚，辄罗列尊像，布置幢幡，珠佩叠晖，烟华乱发。当时的达官贵人，莫不肃然起敬。有一外国铜像，形制古异，时众不甚恭重。道安说：像形相致佳，但髻形未称。令弟子炉治其髻，既而光焰焕炳，耀满一堂。详视髻中，见一舍利，众咸愧服。于此可见，道安不仅佛学造诣精深，还深通佛教造像艺术。也可以想象，当年由道安督造的那件丈六佛像是多么精彩！可惜历史没有留给后人赏鉴的机会：100多年后，至齐东昏侯时（499—500），梁武帝引军东下，西平王萧伟留守襄阳，把道安所造之铜佛像毁掉，用以铸造成钱币。

［文献］ 南梁慧皎《高僧传》卷五，唐道世《法苑珠林》卷二一，张焯《云冈石窟编年史》。

公元374年　宁康二年

［提示］ 释道安撰成《综理众经目录》。

［叙录］ 关于释道安撰成《综理众经目录》一事之重要性，姚名达、许辉等人作了这样的评价：魏晋以来佛经篇目繁杂凌乱，亟待整理，多数经典无明确译者姓名和译著时间，许多佛经仅为零散片断，首尾亦不完整，还混杂着很多伪作与来历不明者。加之译者“或善胡而质晋；或善晋而未备胡”，难以准确把握经义。鉴于此，道安撰成此目录，史称“安录”。此目录共校理出六类佛经：一是“经论本录”，即按译者年代顺序收录内容完整且译文优秀的译经；二是“失译经录”，即失去译者姓名的译经；三是“异经录”，收录不同地区的佛经译本；四是“古异经录”，收录古代

翻译的佛经；五是“疑经录”，专收难辨真伪的佛经；六为“注经、杂经录”，主要收道安自注各经。这是对东汉以来中土流传佛经的一次比较彻底的清理，“安诚无愧为佛录开山祖矣”。后来僧祐的《出三藏记集》就是在此基础上完成的，遗憾的是此目录现已佚。

［文献］ 南梁僧祐《出三藏记集》卷五，姚名达《中国目录学史》，许辉等主编《六朝文化》。

公元 376 年 前秦建元十二年

［提示］ 前秦建元十二年，甘肃《武威梁舒墓表》。涉公入川。

［叙录］ 十六国前秦建元十二年，刻立《武威梁舒墓表》，据钟长发、宁笃学记载：墓表于 1975 年甘肃武威赵家磨村出土。其形制为上圆下方，高 37 厘米、宽 26.5 厘米、厚 5 厘米。下部承以长方形覆莲石座，浅浮雕莲花纹饰，二重尖角莲瓣。墓表额部篆书“墓表”二字，表文分 9 行，每行 8 字。墓表主人梁舒为“中郎中督护公国中尉晋昌太守”。所谓墓表其实就是小型的墓碑，出现于汉魏之际，其功能与神道碑相同，清王芑孙认为：表与神道异名同物。唐晓军说，十六国时期，流行此种小型墓碑。

众所周知，地处西南内陆的四川，自古即为中国佛教重地，早在东汉晚期，乐山麻浩崖墓即出现石刻浮雕坐佛形象。但是，佛法究竟什么时候传入四川，学界迄今仍无明确说法。一种颇为流行的认识是：涉公入川，标志着佛教正式传入巴蜀大地。温玉成认为：虽然佛法何时入川迄无明证，不过，绵阳、彭山及乐山发现的大约属于三国至西晋时代的佛教文物，暗示了从陕西沿“金牛道”入川的迹象。有人认为这些是从“滇缅道”入川者，并不可信。佛教史上记载的第一位入川的高僧，是西域人涉公（？—380）。他在公元 376 年（前秦建元十二年、东晋太元元年）以前入蜀中修炼；此后入长安，深得苻坚敬信。东晋、南朝初期，四川已有毗诃罗窟。高昌僧人法绪入蜀中，“常处石室中，且禅且诵”。凉州僧法成入川，“隐居岩穴，习禅为务”。涉公应该是较早进入四川弘佛的有记载的高僧，相信在涉公之前，也应该还有不少僧人入川传法，只是没有文献记载下来而已。

［文献］ 清王芑孙《碑版文广例》卷九，钟长发等《武威金沙公社出土前秦建元十二年墓表》（《文物》1981 年第 2 期），唐晓军《甘肃古代石刻艺术》，温玉成《中国佛教与考古》。

公元 377 年 太元二年

［提示］ 甘肃程段儿造石塔。

［叙录］ 金申记载：程段儿造石塔（图 21），铭文上说是十六国前凉“太缘二年岁在丙子”造，石灰岩，高 43 厘米、底径 12 厘米，20 世纪 60 年代出土于甘肃酒泉，现藏于酒泉博物馆。但是这儿年号有问题，历史上前凉并无太缘年号。因此金申认为：当为东晋孝武帝太元（376—396）之年号，缘与元互用故。据《晋书》十六国之前凉用东晋年号，然铭文中干支亦误，太元二年干支当为丁丑，元年则为丙子。干支虽误，亦属常事。从塔龛内佛像看，其交脚弥勒与敦煌 275 窟十六国交脚弥勒风格亦相近。

［文献］ 金申《中国历代纪年佛像图典》，殷光明《北凉石塔述论》（《敦煌学辑刊》1998 年第 1 期）。

公元 380 年 前秦建元十六年

［提示］ 道安与竺僧朗泰山金舆谷之会。

［叙录］ 名僧竺僧朗于十六国前秦皇始元年（351）隐居泰山，在金舆谷琨瑞山中设立修行精舍。因为朗公的到来，这片清宁的山谷也变得热闹起来，慕名前往学法者多达百余人，并且还受到各个信奉佛教的政治头面人物如前秦苻坚、后秦姚兴、燕主慕

图21 程段儿石塔 东晋太元二年(377)
甘肃酒泉博物馆藏

容德等的钦敬。朗公所在的金舆谷也被人们称之朗公谷,最终,这儿也成了朗公最后的归宿。朗公在世之时,大约在前秦建元十六七年(东晋太元五六年),名僧道安来到此谷,与朗公相见,共同论道佛理,这便是著名的金舆谷之会。汤用彤说:太元四年冬昙摩侍译戒本讫,安公(道安)为之作序。太元七年后安译极忙,此会应在太元五六年时。

[文献] 南梁慧皎《高僧传》卷五,汤用彤《汉魏两晋南北朝佛教史》。

公元381年 东晋太元六年 前秦建元十七年

[提示] 东晋太元六年正月,晋孝武帝立精舍于殿内。慧远至寻阳立龙泉精舍。前秦建元十七年,前秦苻坚嘱吕光获求鸠摩罗什。

[叙录] 晋孝武帝立精舍于殿内一事见《晋书》(孝武帝纪)记载:太元六年春正月,晋孝武帝司马曜初奉佛法,立精舍于殿内,并且招引一群僧人住在里面。

同年,高僧慧远至寻阳,立龙泉精舍。慧远来到庐山,见此地开旷,可以息心,于是决定在此停留下来,之后,中国最著名的净土宗在此形成。

名僧鸠摩罗什声名远播于西域和东土。十六国前秦建元十七年,苻坚派大将吕光率兵七万西征。吕光此行除了讨伐敌国龟兹之外,还有另一重要任务,有人甚至认为只有这个重要任务才是苻坚真正发起此次战争的目的:苻坚告诉吕光:西域高僧鸠摩罗什深解法相,善识阴阳,为后学宗师,朕十分想念他啊!如果你此次攻克了龟兹,一定要把罗什给我请回来啊!从苻坚嘱吕光获求鸠摩罗什这则记载可知,前秦对佛学的狂热已经达到了无以复加的地步。但是,鸠摩罗什到达长安的历程是如此艰难而又漫长:建元二十年(384),吕光果然获得了鸠摩罗什,但未能将鸠摩罗什送到长安。因为这时前秦因淝水之战失利,朝廷发生了变故,罗什不得已和吕光(后凉)一起在凉州滞留了下来。17年后,也就是直到后秦姚兴弘始三年(401),一代名僧鸠摩罗什才被迎入长安城中。

[文献] 南梁慧皎《高僧传》卷二,晋佚名《莲社高贤传》,唐房玄龄等《晋书》卷九,季羡林《鸠摩罗什时代及其前后龟兹和焉耆两地的佛教信仰》(《孔子研究》2005年第6期)。

公元383年 太元八年

[提示] 雕塑家戴逵与名僧慧远的书信来往。

［叙录］ 大约在这一年，唐人释道宣记载，雕塑家戴逵晚年给居住在庐山的名僧慧远写了三封书信：《与远法师书》、《重与远法师书》、《答远法师书》。三书的具体写作时间无法详考，张可礼分析说：慧远于太元三年别道安东下，则《与远法师书》等均作于太元三年后。又《与远法师书》中有"是以自少束脩，至于白首，行不负于所知，言不伤于物类"等句，盖书当作于戴逵晚期。姑一并系于此年。而慧远也是十分看重戴逵的，他回复给戴逵的书信，现传下两封：《答戴处士书》、《与戴处士书》。雕塑家戴逵与名僧慧远的书信来往，这样的事件在中国古代文献中被明确记载下来的并不是很多，这主要是因为古代雕塑家大多为民间工匠，故垂名青史者鲜见。

［文献］ 唐释道宣《广弘明集》卷二十，张可礼《东晋文艺系年》。

公元 385 年　东晋太元十年　前秦太安元年

［提示］ 东晋太元十年，谢安无字墓碑。前秦太安元年二月八日，名僧释道安卒。鸠摩罗什至凉州。

［叙录］ 汉武帝的《泰山玉皇顶无字碑》是中国最早的无字碑，之后的数百年间，很少再见到无字碑。直到东晋时期，才又出现了一块无字碑，这就是东晋名臣谢安无字墓碑，谢安在晋孝武帝太元十年去世，碑当刻立于此年。谢安本是陈郡阳夏(今河南太康县)人，后流寓江东，终成举足轻重的时代风云人物。据记载，谢安下葬时，在其墓前竖立了一块无字石碑。何以功勋盖世的谢安墓碑上没有刻一字？清代梁绍壬认为：淝水之战，谢安功高盖主，难以用文字进行表达。还有传说是谢安临终前认为，当时没有人可以胜任为其撰写碑文的任务，所以成了无字碑。金其祯认为，主要还是要从政治上来找原因：当时司马道子执掌国家大权，非皇族的谢安功高位重，受到司马氏的强烈嫉妒和排斥，在这种情况下为他写碑文，如果歌颂赞扬他的丰功伟绩，必遭司马氏之忌恨，难免受到连累，乃至遭遇不测，而如果昧着良心说话，不颂扬他的丰功伟绩，乃至贬斥他，则有悖于历史事实，也愧对谢安在天之灵。为褒既难，贬又不该，故无人肯去做这样的两难文章，于是乎，就只得"不着一字"，立一空碑了事。

十六国前秦太安元年二月，名僧释道安卒。道安(312—385)是佛图澄的弟子，俗姓卫，常山扶柳卫氏，东晋佛教学者和佛教僧团领袖，本无宗代表人物之一。汤用彤评价道安说："释道安之德望功绩，及其在佛教上之建树，比之同时之竺法深、支道林，固精神犹若常在也。"是年的二月八日，其时道安方斋毕，无疾而终，葬于长安城内五级寺中。在道安离世的这一年，另一高僧鸠摩罗什随苻坚的大将吕光一同到了甘肃凉州。因姚氏已取代苻秦，政治格局完全发生了变化，鸠摩罗什和吕光也只得在此滞留下来。

［文献］ 南梁慧皎《高僧传》卷二、卷五，《太平广记》卷八九，南朝宋刘义庆《世说新语》，清严可均《全晋文》卷一三四，清梁绍壬《两般秋雨盦随笔》，汤用彤《汉魏两晋南北朝佛教史》，方立天《魏晋南北朝佛教论丛》，金其祯《无字碑探溯辨疑》(《东南大学学报》2005 年第 2 期)。

公元 386 年　太元十一年

［提示］ 释慧远入住东林寺。

［叙录］ 东晋太元六年(381)，慧远在庐山建立龙泉精舍。据唐人李邕所撰《东林寺碑并序》说，当时，居于西林寺的慧永禅师向江州刺史桓伊建议，为慧远建立寺院，地点与慧永的西林寺相去不远，取名"东林寺"。经过几年的努力，东林寺终于在太元十一年(一说太元九年)落成。慧远被请入东林寺中。释慧远入住东林寺，在佛教史上颇为重要，标志着慧远作为名僧生涯的真正开始。从此以往，前后达三十余载，慧远在此弘法，再也没有离开过庐山一步。慧远弟子如云，其中不乏如慧观、僧济、法安、昙邕、

道祖、僧迁等名流。慧远还请来罽宾名僧伽提婆、佛陀跋多罗等到庐山来弘法译经。以慧远为灵魂人物而形成的庐山僧团声名远播，由于慧远的努力，庐山成为当时的佛教文化中心，其影响力几不亚于鸠摩罗什主持的长安佛教。

［文献］ 南梁僧祐《出三藏记集》卷三，宋陈舜俞《庐山记》卷五，《全唐文》卷二六四。

公元 390 年 北魏登国五年

［提示］ 三月三日，徐常乐敬造弥勒像一躯。

［叙录］ 徐常乐敬造弥勒像一躯，此像见于清代大藏家端方所著《陶斋吉金录》中。其发愿文为：登国五年三月三日，佛弟子徐常乐为合家大小，敬造弥勒像一区供养。张焯称该小铜佛高四寸八分，是目前所知最早的北魏民间造像。这件造像，在日人大村西崖名著《支那美术史雕塑篇》中也有提及。

［文献］ 清端方《陶斋吉金录》卷八，［日］大村西崖《支那美术史雕塑篇》，张焯《云冈石窟编年史》。

公元 394 年 后秦皇初元年

［提示］ 后秦皇初元年，创建麦积山石窟。

［叙录］ 大约在十六国后秦皇初元年，西北甘肃地区有件重要的石刻艺术事件出现：创建麦积山石窟。麦积山位于甘肃东南部的天水境内，天水旧为雍州，至秦则为陇西郡，西晋时归秦州，一直是丝绸之路上的交通重镇。其地西通陇右河西，东控关中，南近巴蜀。雄踞此地的麦积山石窟，其开凿年代，费泳引南宋祝穆《方舆览胜》记载说：麦积山在天水县东百里，状如麦积，为秦地林泉之冠，上有姚秦所建寺。后秦姚兴凿山而修，千龛万像，转崖为阁，乃秦州胜境。由此可知，麦积山石窟创建于后秦的第二代君主姚兴统治时期，其主持者很可能就是姚兴本人，姚兴在位 22 年(394—415)，此间麦积山凿窟造像已有相当规模。姚兴信佛多有记载，后秦姚兴弘始三年(401)兵伐后凉，延请时任后凉最高军政顾问的名僧鸠摩罗什到长安，待以国师之礼，使沙门 800 余人在长安与之译经，并亲率群臣聆听罗什讲经。秦地佛事在姚兴及罗什的参与下，达到了前所未有的高度。东晋、十六国时期中土南方有以慧远为代表的庐山僧团，与北方以鸠摩罗什为代表的长安僧团遥相呼应，共同将佛经翻译和佛学研究推向高峰。时麦积山由姚兴弟姚嵩镇守，此人对佛学极为专注，应该是兴建麦积山石窟的实际支持者。后秦长安成为佛经和佛学中心，而麦积山则成为佛教艺术的中心。

［文献］ 唐房玄龄等《晋书》卷七五，宋祝穆《方舆览胜》卷六九，费泳《汉唐佛教造像艺术史》。

公元 396 年 太元二十一年

［提示］ 释昙始(惠始)往辽东传布佛教。戴逵卒，曾造无量寿木像迎至山阴灵宝寺。

［叙录］ 颇有神异的关中人释昙始(又名惠始)，俗姓张。昙始生有奇相，双足十分白皙，甚至比脸还白，所以人们称之为白足和尚。昙始在东晋太元二十一年带着几十部佛教经律，踏上东行征途，前往辽东弘佛。陈景富对此评价说，昙始此行的意义在于：高句丽不仅于此时接受了佛法，而且第一次有了较多的佛教经律典籍。昙始大约在辽东传播佛教近十年后，一直到义熙初(405)才回到关中，后来又前往北魏都城，其学识为北魏道武帝所器重。昙始事迹在《魏书》及唐释道宣、唐释神清、元念常所著书中均有记载。

这一年，大雕塑家、来自谯郡铚县(安徽宿县境)的戴逵将走到人生的尽头了。他曾造无量寿木像迎至山阴灵宝寺。唐张彦远记载说：戴逵既巧思，又善铸佛像及雕刻，曾造无量寿木像，高丈六，并菩萨。逵以古制朴拙，不足动心，乃潜坐帷中，密听众论，所听褒贬，辄加详研。积思三年，刻像乃成，迎至山阴灵宝寺。戴逵中年时，画行像甚精妙，庾道季（庾亮子和）见了说道：神犹太俗，盖卿世情未尽耳！戴逵回答说：那就只有上古高人务光可免卿此语啊！庾和说这话的意思，大概是认为戴逵所画佛像，不够庄严威风。但是戴逵自有其独到的艺术见解，于是巧妙给予反驳。从庾和的批评中，我们可以推知，戴逵这些佛像作品，很有生活气息，充满人情世味。

这件耗费了艺术家三年心血的木雕无量寿佛及胁侍三尊，被迎请入山阴灵宝寺后，唐代道世记载，前来敬观的道俗人士，皆发菩提心。高平郗超在礼觐木佛时撮香发誓说：若使有常，复睹圣颜。如其无常，愿会弥勒。话刚说完，他手中的香竟自动燃烧起来，芳烟直上，其气联云，余熏葳蕤，溢于衢路；凡预闻见，皆心喜遍身。这件木佛夜晚会发出灿烂金光，以至于附近的人们有时会误以为寺院失火了。

也就在这一年，大雕塑家戴逵终于走完他为雕塑而来的一生。戴逵的生卒年，金维诺进行了推断，较有说服力：戴逵与画家顾恺之同时，而年龄略长。东晋太元十二年（387）六月，孝武帝“束帛”聘戴逵为“散骑常侍国子博士”，戴逵避而不就。会稽内史上疏称：戴逵“且年垂耳顺，常抱羸疾”，说明387年戴逵已年约60，由此可知戴逵约生于咸和元年（326）。据《晋书》本传和《历代名画记》，戴逵卒于太元二十一年（396），“年在耆老”。戴逵晚年长期住在会稽的剡县，他在建康（南京）瓦官寺作的佛像五躯，和顾恺之的维摩诘壁画、师子国的玉像，被当时赞为“瓦官寺三绝”。

戴逵还为世人奉献了另一件珍宝，那就是他的儿子戴颙（377—441）。金维诺认为：戴逵的气质与才能也直接影响了他的儿子，戴颙像父亲一样具有艺术才能。戴颙年轻的时候，就常常参加雕造工作，帮助父亲塑造和思考。因此，在雕塑艺术上，同父亲一样负有盛名。唐人评论称：“二戴像制，历代独步。”戴颙在制作巨型佛像上拥有丰富的经验，对于佛像的造型以及形象各部分的相互关系，有着深刻的理解与独特的见解。元嘉初年，他看到吴郡绍灵寺的丈六释迦金像过于古朴，于是“治像手面，威相若真，自肩以上，短旧六寸，足跖之下，削除一寸”，结果使形象更加完好。宋世子在瓦官寺铸丈六金像，像成而恨面瘦，工匠都没有办法来修改，求教于戴颙。戴颙指出，金像的毛病并不是真的面颊太瘦，而是臂胛太肥。工匠照他的意见修改，佛像头身果然相称。因此，当时的人都叹服其艺术修养，咸称“巧思通神”、“天机神巧”。费泳认为二戴像制，显示出戴氏父子已创立了一种新的中国式的佛教造像模式，也是有关汉地佛像民族化进程首次见诸记载的重要事件。唐人李绰称改梵为夏的这一变革始于戴颙。这可以理解为：新像制实为戴逵开创，并由戴颙进一步完善定型。新像制所及应不只限于佛像，还有胁侍菩萨。

李玉珉论述戴逵之艺术贡献时说：除了绘画之外，戴逵也擅长铸造及雕刻佛像，更是夹苎像的创始人。道世在《法苑珠林》中谈到我国早期佛教雕塑的发展，曾说：“西方像制，流式中夏，虽依经镕铸，各务髣髴，名士奇匠，竞心展力，而精分密数，未有殊绝。”而戴逵却“机思通赡，巧拟造化”，创造出与众不同的作品。他所雕造的会稽灵宝寺无量寿佛及胁侍三尊像，更为人们推崇备至。他能拜众为师，虚心接受观众的批评，广泛提炼听取各方意见，不断地修正自己的作品，并丰富自己的创造力，所以他雕铸的佛像与当时流行的西方式样迥然不同，符合江东人士品味。无怪乎初道宣见到三尊像时，赞叹道：振代迄今，所未曾有也。

戴逵终身不仕，是真正的隐者。他不仅擅绘长塑，文章也写得好，可惜大都已佚。清人严可均《全晋文》辑有戴逵之《放达为非道论》、《竹林七贤论》、《释疑论》等文。

［文献］　唐房玄龄等《晋书》卷九四，北齐魏收《魏书》卷一一四，唐释道宣《广弘明集》卷二，唐释神清《北山录》卷三，唐张彦远《历代名画记》卷五，唐道世《法苑珠林》卷一六，唐李绰《尚书故实》，唐许嵩《建康实录》，元念常《佛祖历代通载》卷八，清严可均《全晋文》卷一三七，陈景富《中韩佛教关系一千年》，

金维诺《中国古代佛雕：佛造像样式与风格》，李玉珉《中国佛教美术史》。

公元397年　东晋隆安元年　北凉神玺元年

［提示］　东晋隆安元年，小乘僧伽提婆到达建康。北凉神玺元年，沮渠蒙逊开凿凉州石窟。

［叙录］　来自北印度罽宾的僧伽提婆在梁慧皎著作中有传，意译为众天。僧伽提婆佛学修养深厚，精通三藏，常诵《三法度论》，对《阿毗昙心》理解尤为深透。僧伽提婆在苻秦建元年间(365—384)到达长安。后来又到庐山，师事慧远，成为慧远僧团的重要异国力量。东晋隆安元年，僧伽提婆到达建康(南京)，由于其博学多识，颇受东晋王公名士的尊敬。至建康的当年冬天，僧伽提婆与沙门僧伽罗叉一同翻译大部头的《中阿含经》共60卷，并重译校改《增一阿含经》51卷。僧伽提婆的佛经翻译技艺娴熟，解义精妙，对江南佛学的弘扬发挥过重要作用。

道世在《法苑珠林》中，对十六国北凉开凿凉州石窟一事进行了较为详细的记载：北凉武宣王沮渠蒙逊(366—433)于东晋安帝隆安元年时开凿凉州石崖塑瑞像。沮渠蒙逊据有凉州30余载，在陇西五凉中是最为久盛者。由于沮渠蒙逊专崇福业，认为国城寺塔不能永固，说不定哪天帝宫就会突逢煨烬。如果饰以金宝，又可能被人毁盗。沮渠蒙逊遍寻山宇之内可以建筑长久之业的地方，终于在凉州城南百里处找到了一片胜境。这儿连崖绵亘，东西不测。沮渠蒙逊决定就在其地开造窟龛，安设诸佛菩萨。由于特殊的地质原因，或用石雕，或以泥塑，千变万化。修成之后，前来礼敬的信士们，无不感到惊心动魄。其所雕塑的各种佛像，栩栩如生，仿佛真人在其中行走顾盼一般。同样的记载也见于唐释道宣《集神州三宝感通录》一书中。

道宣所称"凉州石窟"具体在什么地方，目前学界观点还不一致。有认为是今甘肃张掖市南50余公里的金塔寺，有人认为即武威天梯山，也有人认为应包括河西地区张掖金塔寺、酒泉文殊山及玉门昌马等石窟遗址。凉州石窟的开凿时间，金维诺认为大约在北凉神玺元年(397)至北凉永安十年(410)沮渠蒙逊迁姑臧(今甘肃武威市)以前。沮渠蒙逊是张掖临松卢水(今甘肃张掖市南)匈奴人，开凿佛窟于故里，与当时的情况也是相符的。石窟的建制，显示了早期中心柱窟的初期特点。费泳指出：北凉之前的四凉均无国家出资建窟造像的记载，凉州石窟主要指北凉所为。对石窟地点的认识虽不尽同，但有一点可以确立，这些石窟或非道宣所指，却也开凿于北凉时期。宿白"凉州模式"的提出，正是建立在对这些北凉佛教遗迹的综合考察之上。张焯认为凉州石窟就是现在的天梯山石窟，在甘肃武威市南50公里的张义堡黄羊水库东北侧，红砂岩，石质疏松，风化如末状。现存早期的北凉壁画，系经变胡像，印度风格浓郁，1959年移迁至甘肃省博物馆。沮渠蒙逊，东晋隆安元年，凉州牧段业署为张掖太守；北魏天兴四年(401)，起兵杀段业，自称凉州牧；北魏永兴四年(412)，克姑臧而居，称河西王，改元玄始。凉州石窟建设在此后(412—429)。唐道世在《法苑珠林》中记载说：北凉河西王蒙逊为母造丈六石像在于山寺，素所敬重。

费泳指出，5世纪中叶，北凉流亡政权的统治者沮渠安周还在新疆的高昌故城内大兴土木，建寺造佛，长达五年之久。北凉统治者热衷于佛事活动，自然助长了该国造像和凿窟的风气。因此，现存十六国的佛教遗物与遗迹中，北凉的文物最多。北凉佛教以禅法著称，禅僧多在水边崖际开凿窟室，修习禅观，所以开凿石窟的风气隆盛，如今在甘肃武威天梯山即有北凉石窟的发现。武威天梯山石窟位于武威城南约100公里的祁连山境内，现存石窟十余座，其中第1窟和第4窟的年代最早，平面都呈方形，石窟内部雕一塔柱，连接窟顶与地面(中心塔柱窟或塔庙窟)。

［文献］　南梁慧皎《高僧传》卷一，唐释智升《开元释教录》卷一三、卷一五，唐道世《法苑珠林》卷二

一，唐释道宣《集神州三宝感通录》卷中，金维诺《中国古代佛雕：佛造像样式与风格》，费泳《汉唐佛教造像艺术史》。

公元398年　东晋隆安二年　北魏天兴元年

［提示］　东晋隆安二年，桓玄奏请沙汰佛僧。北魏天兴元年正月，徙山东六州民吏及徒何等杂夷百工伎巧10万余口，以实京师。七月，迁都平城始营宫室。诏建佛寺塔殿。道武帝实施汉化教育。

［叙录］　这年，重要的与石刻艺术相关的事件都发生在北方。宋人释志磐记载：东晋安帝在权臣桓玄（桓温之子）的建议下，下令清理佛僧。庐山名僧慧远知道桓玄奏请沙汰佛僧之事一旦推行，将对佛教事业带来灭顶之灾，于是向安帝上书，要求取消这个诏令。慧远的影响力确实很大，安帝也只好停止沙汰佛僧的工作。

在北方，迅速崛起的鲜卑拓跋正展开政治、经济、文化以及军事上的一系列变革，一个强大的北魏帝国呼之欲出。北齐魏收《魏书》（太祖纪）载，天兴元年春正月，徙山东六州民吏及徒何等杂夷36万，百工伎巧10万余口，以实京师。显然，北魏创业者要开始大兴土木了。来自漠北的鲜卑人本身并不擅长营造之事，手工业也不发达。于是他们采用大规模移民的方式，将山东及辽东等地的百姓，尤其是有一定技艺的工匠迁徙过来，为其在平城（今山西大同市）营建都城雕造佛像而做足准备。为了让移民们安居乐业，北魏还给了他们田地。《魏书》（食货志）又载：既定中山，分徙吏民及徒何种人、工伎巧10万余家以充京师，各给耕牛，计口授田。天兴初，制定京邑，东至代郡，西及善无，南极阴馆，北尽参合，为畿内之田。其外四方四维置八部帅以监之，劝课农耕，量校收入，以为殿最。李玉珉分析此一移民事件在艺术史上的影响时说：北魏鲜卑族拓跋氏为一游牧民族，原住在大兴安岭附近，本不信佛，后与中原和后赵交通，始知佛法。登国元年（386年），拓跋珪称代王于盛乐（今内蒙古和林格尔县）。自此，国势渐强，版图日增。天兴元年（398）拓跋珪迁都平城，改国号为魏，是为太祖道武帝。同年，道武帝徙太行山东六州的吏民、百工伎巧10万余人以充京师，自然也吸收了这一地区所流传的佛图澄和道安系的佛教。道武帝好览佛经，礼敬沙门，任沙门法果为道人统，绾摄全国僧徒。法果常说："太祖明叙好道，即是当今如来，沙门宜应尽礼。"这种"皇帝即如来"的说法，奠定了佛教为北魏国教的理论基础。

天兴元年七月，北魏正式从盛乐迁都。魏收《魏书》（太祖纪）有载：秋七月，迁都平城，始营宫室，建宗庙，立社稷。日本学者水野清一和长广敏雄曾较为详细地描述了平城的地理位置，以及之后在平城附近的云冈（武州山）开凿石窟的良好地质条件：秦始皇为了防御北方的匈奴，开始修筑长城时，据说是西起临洮，东迄辽东。现在的长城是西起甘肃的尽头敦煌，东至山海关的海滨。从山海关沿着长城西行，在接近居庸关处，长城就分成内外两层了。一是从独石口、张家口通向阴山之上，向西走去；一是朝着小五台山南下，从涞源通向北岳恒山之南，经雁门关，又向偏关、河曲走去，最后合而为一，进入鄂尔多斯。把外长城和内长城隔开的长形地带，正好是那中间的高地，海拔1 000米，为桑干河流域的地沟带。南北有巍峨的大山排列，其中是黄土堆积物。东有怀来、宣化盆地，西有大同、朔县盆地。大同的府城位于大同盆地的中心，从北京的铁路算起，有383公里。蒙古高原是第三纪喷出的玄武岩熔岩的高地，而边缘的群山却是经过古生代、中生代积累起来的石灰岩和砂岩。这些超过300米的砂岩、页岩，在它的积累层里，也包含着一些大同的名产石灰层。还有，它的最上层正是我们所说的云冈石佛的雕刻所在。

北魏道武帝拓跋珪在兴建都城的同时，就开始诏建佛寺塔殿。这一年，在平城开建五级佛塔，构建讲堂、禅堂。北魏的崇佛政治活动，从此拉开序幕。《魏书》（释老志）记载：北魏天兴元年，道武帝下诏：佛法之兴，其由来很远，佛法济世益民的功德，涵盖了生与死。佛法的神迹和留下的仪轨，都是可以依凭的。因此，我命令有司，在我们新建的都城中为佛教信仰者修整宫舍，使其有居住之所。于是，北魏官吏在平城建造了雄伟的五级浮图、耆阇崛山及须弥山殿，加以彩绘装饰。又专门修建讲经堂、禅修堂及沙门座。所有的建筑，都十分华丽庄严。

张焯解释说：耆阇崛山，梵名，即灵鹫山，亦称灵山、鹫岭、鹫峰。在古印度王舍城（今印度哈尔邦底赖雅）东北，因山顶形似鹫而得名，相传释迦牟尼在此说法多年。唐蓝谷沙门慧祥《弘赞法华传》载："耆阇崛山，唐言鹫头，亦云鹫峰。接北之阳，孤标特起；既栖鹫鸟，又类高台；空翠相映，浓淡分色。如来御世，垂五十年，多居此山，广说妙法，即说此经之处也。故经云：常在灵鹫山，及余诸住处。佛在世时，频婆娑罗王为闻法故，兴发人徒，自山麓至峰岭，跨谷凌岩，编石为阶，广十余步，长五六里。中路有二小塔，一名下乘，即王此徒行以进；一名退凡，即简凡人，不令同往。其山顶，东西长，南北狭，临崖西垂。现有砖舍，高广奇制，东辟其户，如来在昔居中说法。今作说法之像，量等佛身。"可见，道武帝此寺依据《法华经》而建。须弥山，义译为妙高、妙光、安明、积善。佛经曰南赡部等四大洲之中心，有须弥山，在大海之中，顶上为帝释天所居。这座规模庞大的寺院结构是怎么样的，典籍中并没有更为详细的记载，张焯引述《晋书》（姚兴载记上）及宋敏求《长安志》相关文献，认为：姚兴长安佛寺，有塔（浮图）、台（波若台）、山（须弥山）；道武帝平城佛寺，与之颇为相似，有塔（五级佛图）、山（耆阇崛山）、殿（须弥山殿），另外建有讲堂、禅堂、沙门座，构成了系列完整的大型寺院建筑。道武帝所建此寺，盖即文成帝时的"五级大寺"。

拓跋珪确实是一位有雄才大略的统治者，据《魏书》（儒林传序、官氏志）所载，他在兴建都城宫殿时不忘为宗教营造奢华空间，因为他知道信仰的力量不可估量。同时，道武帝还施行了另一个对于维护其政治而言更为重大的国策：汉化教育！北魏建国之初，道武帝就下诏，要求北魏官员以儒家经典为本，并设立太学机构，置儒学五经博士，生员多达1 000余人。次年又增至3 000人。之后命乐师习舞，向先圣先师举行释菜大礼，以此展开汉化教育行动。

［文献］ 北齐魏收《魏书》卷二、卷八四、卷一一〇、卷一一三、卷一一四，宋释志磐《佛祖统纪》卷三六，张焯《云冈石窟编年史》，［日］水野清一等《云冈石窟序言》（《北朝研究》1995年第2期）。

公元399年　东晋隆安三年　北魏天兴二年

［提示］ 东晋隆安三年十月十一日，重庆《晋枳杨府君阙》。释法显西行求佛法。北魏天兴二年，道武帝起建鹿苑。

［叙录］ 阙这种中国特有的石刻建筑形式，在汉末即走向尾声。但是在东晋隆安三年十月，重庆巴县又刻立了《晋枳杨府君阙》，比较少见。此阙又称《晋故巴郡察孝骑都尉枳杨府君之神道》。高文记载：晋枳杨府君阙，原在四川巴县洛碛乡，早年已毁，仅留有拓本传世。赵熙有跋。阙铭七行，36字。陆增祥记载石高一尺一寸，广一尺三寸七分。字径一寸二分。阙铭内容为："晋故巴郡察李骑都尉枳杨府君之神道。君讳阳字世明，涪陵太守之曾孙，隆安三年岁在己亥十月十一日立。"刘正成说，此阙清末在四川巴县出土，曾归姚觐元、端方等人，拓本现藏北京故宫博物院铭刻馆。康有为评价其书法：《枳杨府君》茂重，为元常正脉，亦体出《谷朗》者，诚非常之瑰宝。

同年，大和尚法显西行求法。法显姓龚，平阳武阳（山西襄垣县）人。梁慧皎记载，法显3岁就出家，弱冠受大戒，志行明敏，仪轨整肃。法显在长安时，觉得佛教律藏典籍十分残缺，于是发大愿，矢志西行寻求真法。隆安三年，法显与同道慧景、道整、慧应、慧嵬等，从长安出发，西渡流沙，前往印度寻求佛教真经。此次艰难的西行，历时长达15年，途经30多个国度。直至义熙八年（412），法显带着多部佛经方才回到祖国，次年，也就是义熙九年（413）到达建康。

法显并非中国西行求法第一人，早在三国魏甘露五年(260)，河南朱士行就曾西行求法，但是朱士行本人没能回到中土，其所求佛经是由其随行弟子带回来的。因此，法显可称为中国西行求法并亲自携经归华的第一位高僧。

在这年北方的早春二月，北魏道武帝起建鹿苑。《魏书》(太祖纪)载：二月，以所获高车众起鹿苑，南因台阴，北距长城，东包自登，属之西山，广轮数十里。凿渠引武川水注之苑中，疏为三沟，分流宫城内外。张焯解释说：鹿苑即鹿野苑，传为释迦牟尼成道并初次说法处。在古印度波罗奈国，今印度北方邦贝拿勒斯西北约七公里处。近代发掘出孔雀王朝所建昙曼克塔、阿育王石柱，笈多王朝的乔堪袛塔等遗址。北魏道武帝初起鹿苑，不知是否有附会佛国之意？但后来献文帝于苑之西山建鹿野苑石窟，高允作《鹿苑赋》，皆取此意。

值得注意的是，鲜卑人修建这座佛陀初转法轮的鹿苑时，起用的工匠来自高车。高车本居于漠北，春秋时称赤狄，因其“车轮高大，辐数至多”而有高车之名。汉人又称为“丁零”，北朝称为高车，漠北称为“敕勒”。关于道武帝俘获高车人之事，《魏书》(高车传)作了记录：太祖道武帝自牛川南引，大校猎，以高车为围，骑徒遮列，周七百余里，聚杂兽于其中。因驱至平城，即以高车众起鹿苑。显然，道武帝打猎不是目的，掳掠高车人来都城修建工程浩大的鹿野苑才是目的。

［文献］　南梁慧皎《高僧传》卷三，《魏书》卷二、卷一〇三，清陆增祥《八琼室金石补正》卷九，清康有为《广艺舟双楫》卷三，高文《四川历代碑刻》，张焯《云冈石窟编年史》，刘正成《中国书法鉴赏大辞典》，《中国美术全集》(魏晋南北朝书法)。

公元400年　后秦弘始二年　南燕建平元年

［提示］　后秦弘始二年，法显西行求经至鄯善。南燕建平元年，僧朗曾以二县租税之财广兴佛事。

［叙录］　后秦弘始二年，法显西行求经至鄯善。鄯善为佛教沃地，弘教历史悠久。费泳说：鄯善原名楼兰，汉武帝时楼兰归服汉朝，元凤四年(公元前77年)改楼兰为鄯善。早期佛教遗址主要有楼兰遗址、米兰佛寺遗址及尼雅遗址。20世纪初，斯坦因三次中亚考古期间，于尼雅、楼兰遗址掘获大量3至4世纪佉卢文木简和汉简，遂使鄯善文化得以重现于世。佉卢文是贵霜王朝通行文字，其发现表明在3至4世纪以前，西来文化已影响鄯善。佛教何时传入该地史籍无载，据对楼兰佛教遗址文物考证，一般认为鄯善在3世纪中期已有佛教。法显于弘始二年西行至鄯善时，当地佛教盛行，俗人及沙门尽行天竺佛法。5世纪末鄯善为丁零国所破，国人散尽。北魏神龟元年(518)，宋云一行西行至鄯善，时已被吐谷浑所吞，不见佛教流传的痕迹，鄯善地区佛教艺术消亡的时间当不晚于五世纪末。

本年在南燕为建平元年，僧朗曾以二县租税之财广兴佛事。温玉成论及此事时说，南燕主慕容德，听信尚书潘聪及泰山高僧僧朗的建议，定都于广固城，大约就在这一年。慕容氏“钦朗名行，假号齐东王，给以二县租税。朗让王而取租税，为兴福业”。这就是说，在南燕国时代，僧朗曾以二县租税之财，广兴佛事。但是，迄今为止，尚未找到相关的史料。据《高僧传》称：支昙兰，青州人，蔬食乐禅，诵经三十万言。晋太元中，游剡。此人生卒为公元338年至420年，若他20岁出家为僧，当在357年，则此时青州即有佛寺。

［文献］　南梁慧皎《高僧传》卷五、卷一一，唐房玄龄等《晋书》卷一二七，费泳《汉唐佛教造像艺术史》，温玉成《中国佛教与考古》。

公元401年　后秦弘始三年

［提示］　十二月二十日，鸠摩罗什被迎至长安开始浩大的译经工程。姚兴在长安起造浮图、立波若台，居中作须弥山。

［叙录］ 是年十二月二十日，历经艰辛的名僧、58岁的鸠摩罗什（秦名为童寿）告别滞留了17年之久的凉州城，来到后秦都城长安，后秦主姚兴十分敬重罗什，以国师之礼待之。为了表达敬意，姚兴不让罗什住僧房，而特别为之建立逍遥园，园中还有使女10人。鸠摩罗什开始浩大的译经工程，其译经事业，在姚兴的扶持下，变得轰轰烈烈，参与译经者多达数千人，其规模之浩大，史上罕有。有所谓四圣、八俊、十哲之称，其中不乏如僧肇、道融、道生、慧观等名僧加盟，甚至连道安的高足僧敬、昙景（昙影）、僧导等也投奔于罗什手下。

费泳回顾了龟兹佛教对于中土的影响，特别提到了两个来自龟兹的僧人，一个是佛图澄，一个就是鸠摩罗什。龟兹背倚天山，南临塔克拉玛干沙漠，地处丝路北道中心位置。大月氏、安息、康居以及印度诸国与中国间的往来，多由北道进行，龟兹遂成为必经之地，其佛教文化在西域史上地位显赫。自东汉立白霸为龟兹王以来，汉文史籍将西域白（帛）姓都归为龟兹。晋永嘉四年（310），来自西域的佛图澄本姓帛，当为龟兹人，经他推动，佛教首次在中国受到国家庇护，在中国北方发展到前所未有的高度。佛图澄之后，对汉地佛教发展作出重大贡献的龟兹人首推鸠摩罗什，他于后秦弘始三年至长安，开始了大规模译经及组织僧团的活动，其门下弟子遍及大江南北，所译佛经成为我国佛教学派藉以开宗立说的基本经典。西域僧人向内地送经弘法，至鸠摩罗什达到顶峰。在佛教艺术方面，龟兹以其特殊的地理条件，所建寺院形式和于阗、鄯善等地不尽相同。除部分寺院为平地垒砌外，大多是在山地峭壁上开凿石窟。龟兹石窟主要集中在拜城和库车两地，其中拜城有克孜尔、台台尔、温巴什等，库车有库木吐拉、克孜尔尕哈、玛扎伯哈、森木赛姆等。这些石窟中又以克孜尔石窟最为典型，其石窟数量为236个，约占龟兹石窟总数近二分之一。

李淞指出：后秦姚兴十分引人注目的一个创造是对佛寺建筑和造像的设计。当时他在长安兴建佛寺，据宋人宋敏求记载：“起造浮图于永贵里，立波若台，居中作须弥山，四面有崇岩峻壁，珍禽异兽，林木极精奇。仙人、佛像俱有，人所未闻，皆以为希奇。”鸠摩罗什来自龟兹，当地十分盛行佛教造像和壁画，从今之克孜尔石窟可见一斑。姚兴所造的佛寺建筑，很可能是在鸠摩罗什直接指导下并参照了汉地的文化习俗而建造的。内容上有仙人和佛像并存，也应是佛教刚传入中国内地不久时特有的现象。今之遗存如内蒙古和林格尔汉墓壁画、山东沂南画像石墓石柱浮雕等，便是实例。这是将中国汉代以来的神仙思想和西方昆仑山的传说与佛教思想相结合的产物。在形式上很可能是涂彩的壁塑和立体雕塑的结合，可惜没能流传下来，我们只能从现存的北朝造像、龟兹壁画和汉代墓室艺术中去想象这个使当时人“皆以为希奇”的文化混合体。

后秦姚兴这样的有台（波若）、有山（须弥）、有仙人、有佛像的宗教建筑样式，和北魏在平城修建的五级大寺比较接近，前后相距的时间也只有几年，它们极有可能来自共同的蓝本。

［文献］ 南梁僧祐《出三藏记集》卷一四，隋费长房《历代三宝记》卷八，唐释道宣《续高僧传》卷四，《神僧传》卷二，宋宋敏求《长安志》卷五，李淞《陕西古代佛教美术》，费泳《汉唐佛教造像艺术史》。

公元402年　东晋元兴元年　后秦弘始四年

［提示］ 东晋元兴元年七月，释慧远等结白莲社。后秦弘始四年十二月，辽东《吕宪墓表》。

［叙录］ 元兴元年七月，即将迎来古稀之年的庐山慧远和尚与东林寺僧、居士刘遗民、宗炳、雷次宗等共123人，在东林寺内般若云台精舍无量寿佛（阿弥陀佛）像前建斋立誓，刘遗民著《发愿文》，众人一心发愿往生西方净土。这个著名的僧团便是后世称之为白莲社的宗教组织，慧远为净土宗开宗立派之人，故净土宗又称莲宗。

后秦弘始四年的十二月，刻立辽东太守《吕宪墓表》。石初归渭南赵乾生，后归端方及王绪祖，清人陆增祥有著录。此石后售与日人江藤涛雄氏，旋船载东去，后归日本书道博物馆，原石及拓本颇珍罕。

［文献］ 南梁慧皎《高僧传》卷六，梁僧祐《出三藏记集》卷三、卷一五，宋陈舜俞《庐山记》卷三，元念常《佛祖历代通载》卷七，清严可均《全晋文》卷一四二，清陆增祥《八琼室金石补正》卷十，梁披云主编《中国书法大辞典》，路远《后秦〈吕他墓表〉与〈吕宪墓表〉》(《文博》2001 年第 2 期)。

公元 404 年　后秦姚兴弘始六年

［提示］ 释智猛等往天竺求佛法。

［叙录］ 南梁僧祐和南梁慧皎在著述中均记载这一年，释智猛等往天竺求佛法之事。智猛为京兆新丰(今陕西西安市临潼区)人，他一直希望有机会去天竺求法。他和竺道嵩、昙纂等一行人越葱岭，至罽宾(今克什米尔西部)、迦维罗卫(今尼泊尔南)、华氏城(今印度巴连弗)，最远到达中印度等地寻求佛法。中途有数人打了退堂鼓，折志而返，有四人客死异乡。差不多 20 年后，至南朝宋元嘉元年(424)回到凉州时，一行求法的人仅有智猛和昙纂两人回来。智猛在凉州译出得自华氏城的《大泥洹经》20 卷。之后智猛越过秦岭，来到蜀地弘道，并撰写了《游行外国传》(亡佚)，成都也成了智猛最后的归宿地。

［文献］ 南梁慧皎《高僧传》卷三，南梁僧祐《出三藏记集》卷一五。

公元 405 年　东晋义熙元年　后秦弘始七年

［提示］ 东晋义熙元年四月，云南曲靖《爨宝子碑》。顾恺之约卒于是年。师子国献玉像置建康瓦官寺。刁逵夜梦造像。后秦弘始七年正月，姚兴以鸠摩罗什为国师，大营塔寺。

［叙录］ 云南虽然地处边陲，但在石刻艺术史方面，却有其独特的地位，有不少石刻作品举足轻重。刻立于这年四月的《爨宝子碑》，即是其中之一，与《爨龙颜碑》一同争辉，被世人并称“二爨”，向以“南碑瑰宝”而闻名。《爨宝子碑》全称《晋振威将军建宁太守爨宝子碑》，又称为“小爨”(尺寸略比《爨龙颜碑》小)，清人陆增祥、罗振玉等均曾著录。此碑于清乾隆四十三年(1778)在云南南宁(今曲靖市)城南扬旗田出土，其地为猡猡族祖先爨氏世居。爨氏是“南中大姓”之一，原来是楚国令尹子文的后裔，三国时迁到四川，又从四川进入云南。建宁、晋宁两郡就是爨氏管辖的中心地区。清咸丰初，云南知府邓尔恒在纂修南宁志时，博采地方金石，移此碑入县城武侯祠中。现在，石碑保存于曲靖县第一中学“爨碑亭”。碑首半圆形，通高 183 厘米、宽 68 厘米。碑额正书“晋故振威将军建宁太守爨府君之墓”，碑阳正文近 400 字，下列职官题名。碑末行题署“大亨四年岁在乙巳四月上恂(旬)立”。据《晋书》等史料所载，大亨年号在东晋曾出现过，时间较短，只有几个月时间，是篡权丞相桓玄所断改的年号，时间在东晋元兴元年(402)，不久桓玄兵败被杀，年号恢复为元兴元年。到了碑中所说的“乙巳年(405)”，桓玄早亡，东晋安帝也改元义熙。但是由于爨氏远在处地，信息难通，不知城头早换大王旗，还在沿用过时的大亨年号。

《爨宝子碑》书风介乎在隶楷之间，尚未受到“二王”影响，还体现出较为纯正的汉魏气息。清人汪鋆赞其“碑书朴拙，古气盎然”。赵超认为，这是中原地区先进的文化对边远各地产生巨大的影响所致。中原地区的汉人也曾向四方迁徙，在各地传播汉族文物制度，教授汉字，使得边远地区也留存下了珍贵的古代汉字石刻。云南地区远在东汉时就有摩崖题记出现，《爨宝子碑》就是这种文化交流的重要见证。

在江南，伟大的艺术家顾恺之约卒于是年。顾恺之(约 344—约 405)字长康，小字虎头，晋陵无锡(今江苏无锡市)人。恺之成名早，20 岁前后就在建康瓦官寺绘制病维摩诘像，广为世人所称颂。顾恺之为艺术而生，以“才绝、画绝、痴绝”行世，成就为时人所不及。在绘画方面以人物(神佛居多)见长,强调以“迁想妙得”,以“点睛”而传神。顾恺之与南朝宋陆探微并称“顾陆”,其“密体”画风,迥别于南朝梁张僧繇和唐人吴道子所代表的“疏体”。顾恺之还是中国绘画史上第一个著有画论的艺术家,其绘画论著尚存者有《论画》、《魏晋胜流画赞》和《画云台山记》等。其余所著《启蒙记》三卷等均已散佚。

是年,师子国献玉像置建康瓦官寺。此事不知发生在顾恺之去世之前还是去世之后,文献只说是在东晋义熙初年。师子国即今斯里兰卡,其所献玉像,据唐代史学家杜佑记载:高四尺二寸,玉色特异,制作精美,置入建康瓦官寺中,与顾恺之所绘维摩诘像、戴逵的五躯手制佛像并称瓦官寺“三绝”。至齐东昏侯萧宝卷时,遂毁玉像,前截臂,次取身,为嬖妾潘贵妃做钗钏,真是一个败家子儿。

道世《法苑珠林》还记载了一则故事:刁逵夜梦造像。据说在东晋义熙元年,有一林邑(越南中部)人,他曾有一佛舍利,每到了斋日就会发光。一个叫慧邃的和尚听说后,同广州刺史刁逵一同前去观赏,敬其光相,就想把舍利请走。未等到慧邃发言,那舍利就自行分为了两颗。这时刁逵也想请一颗,那舍利又自行分为了三颗。刁逵请回来后,有感于佛陀的神力,跑到长干寺去,希望照着寺中的佛像再造出一尊佛像来。但是这事受到了长干寺僧的反对,刁逵无功而返。刁逵走后,寺主晚上做了一个梦,梦见有一个人身高数丈,对他说:佛像贵在宣传引导人心向善,怎么会吝啬呢?于是长干寺僧告诉刁逵,可以来取模造像。既成,刁逵将从林邑人那儿获得的舍利镶于佛像发髻中。于是,整座佛像也变得金光闪耀起来。

后秦弘始七年正月,姚兴以鸠摩罗什为国师,大营塔寺。《资治通鉴》载:是年春正月,秦王姚兴以鸠摩罗什为国师,奉之如神,亲率群臣及沙门听罗什讲佛经,又命罗什翻译西域《经》、《论》300余卷,大营塔寺,沙门坐禅者常以千数。公卿以下皆奉佛,由是州郡化之,事佛者十室而九。此处所谓坐禅,张焯解释说,坐禅,指修习禅定,因多取跏趺坐式,故名。禅法(不同于后世禅宗)兴自北方,佛驮跋陀与鸠摩罗什各行其道,然南梁慧皎归宗北朝,唐道宣追踪江左。但是,修禅须静,山栖穴处,苦想岩壑,是西域禅法的传统。北朝石窟寺的兴盛,颇由于禅。

[文献] 唐房玄龄等《晋书》卷九二,唐道世《法苑珠林》卷四十,唐张彦远《历代名画记》卷五,唐杜佑《通典》卷一九三,《太平广记》卷二一〇,《资治通鉴》卷一一四,清陆增祥《八琼室金石补正》卷九,清罗振玉《雪堂金石文字跋尾》卷二,清汪鋆《十二砚斋金石过眼录》卷三,清严可均《全晋文》卷一三五,张焯《云冈石窟编年史》,费泳《汉唐佛教造像艺术史》,赵超《石刻史话》,俞剑华等编《顾恺之研究资料》,《中国美术全集》(魏晋南北朝书法)。

公元407年 东晋义熙三年 南燕太上三年

[提示] 东晋义熙三年,重庆《灵石社日记》。南燕太上三年,南燕呼延氏造麦积山第76窟。

[叙录] 东晋义熙三年题刻的《灵石社日记》,又称《重庆灵石》、《重庆丰年碑》。石刻在重庆朝天门沙嘴外的江石之上,其地为长江与嘉陵江的交汇处。其石以此题刻被人称为“灵石”,“灵石”出水则兆丰年,又称作“丰年石”。“灵石”上共题刻15段,多为唐人题刻,年代最早者为东汉光武帝时(25—27年)所刻,最晚者有题刻于乾隆十九年(1754年)者。是重要的长江及嘉陵江水文石刻文献,比涪陵白鹤梁题刻早数百年。

凿刻于南燕慕容超太上三年的呼延氏南燕造麦积山第76窟,据金维诺说,因其地势高峻,曾有勘察团未能攀上此窟,只好从望远镜里观看,人们看到其中有一佛二菩萨造像,定为魏窟,是个1米见方的小窟,除主尊佛像与左右壁二菩萨外,壁上部有菩萨一周,壁下部尚有影塑供养人数身。窟顶壁画飞天犹翠丽如新。在主尊方形佛座前面书有铭记,上层只有墨线栏格,已不见字迹(或者重修时尚未来得及题铭)。在中央剥蚀部分露出底层铭记二行:南燕主安都侯□□□国姬□□□后□造。如此，可以大致推知，这一龛佛像的造像主为南燕主安都侯妻呼延氏。南燕太上三年(407年)慕容超遣使迎母妻归国，其妻呼延氏在行将东归之际，命人造像还愿，按当时情况，亦属情理之中。所以，后秦佛教胜地麦积山出现南燕主安都侯妻室造像铭，实非偶然。南燕王慕容超有安都侯封号亦可补史籍之未详。

［文献］ 张勋燎《重庆朝天门"丰年碑"的几段唐代长江枯水石刻题记》(油印资料)，金维诺《中国古代佛雕：佛造像样式与风格》。

公元410年　东晋义熙六年　北魏永兴二年

［提示］ 北魏永兴二年，太宗践位，建立图像。

［叙录］ 北齐魏收《魏书》(释老志)载：太宗践位，遵太祖之业，亦好黄老，又崇佛法，京邑四方，建立图像，仍令沙门敷导民俗。这个太宗就是北魏明元帝拓跋嗣(392—423)。《魏书》(释老志)又载：天兴元年下诏敕有司于京城始作五级佛图。陈垣认为：太宗践位，始于京邑四方，建立图像。说京城五级佛图，则郊西石窟寺，必非建于太祖之世。说京邑四方建立图像，则谓郊西石窟寺建于太宗神瑞之世，亦非绝无影响。然未有确切不疑之据。还有一则故事，也可间接证明太宗明元帝时佛教造像之流行。《太平广记》(报应类)引《冥祥记》记载：有个叫刘度的平原聊城人，其乡里千余家都信奉佛法，造立形象，供养僧尼。在北魏太宗明元帝时，聊城县却常有逃亡者。明元帝大怒，欲尽灭一城。聊城民众十分恐惧。刘度从容斋洁，率领众人向观世音祈祷平定。不一会儿，明元帝看见有物从空中落下，并且围绕明元帝所在屋柱旋转。明元帝惊视，原来是一部经书《观世音经》。明元帝十分欢喜，于是减省刑戮，聊城民众也得以免除灾害。

［文献］ 北齐魏收《魏书》卷一一四，宋李昉等《太平广记》卷一一〇，陈垣《记大同武州山石窟寺》(《东方杂志》第16卷第2、3号)。

公元411年　东晋义熙七年
北凉永安十一年　北魏永兴三年

［提示］ 东晋义熙七年，谢灵运上庐山见释慧远。裴松之作《请禁私碑表》。沮渠蒙逊始凿天梯山石窟。

［叙录］ 东晋义熙七年，大诗人谢灵运游至庐山，拜见名僧慧远，为慧远所心服，于是就在靠近东林寺的地方筑台，开凿水池，种植白莲。据说谢灵运曾请求加入白莲社，但是慧远没有同意，估计这是莲社中人为了抬高自己的地位而编造出来的故事。汤用彤认为：晋安帝义熙元年五月，刘毅为豫州刺史，镇姑熟，爱才好士，当世名流莫不辐辏。谢灵运当亦经延致(刘毅与其叔祖谢鲲交结)。义熙七年四月，刘毅兼江州刺史，命其亲将赵恢领千兵守寻阳。康乐(谢灵运)或于此时亦到寻阳，并入山见远公(慧远)。康乐如未于七年到寻阳，此次当随刘毅道出江州。刘毅在此调度军兵，当稍逗留。康乐因得游山见远公。《高僧传》说，陈郡谢灵运负才傲俗，少所推崇，及与慧远一相见，肃然心服，事当在此时。

南梁沈约《宋书》(裴松之传)记载：裴松之作《请禁私碑表》：裴松之入为尚书祠部郎。松之以世立私碑，有乖事实，上表请禁私碑。《宋书》(礼志二)又载：汉以后，天下送死奢靡，多作石室石兽碑铭等物。义熙中，尚书祠部郎裴松之又议禁断。但是，此处只说在义熙中，没有说更为具体的时间，兹姑系年于此。

沮渠蒙逊迁都姑臧(今甘肃武威市)，始凿天梯山石窟。东晋义熙七年，沮渠蒙逊攻克南凉，迁都姑臧，称河西王，北凉佛教中心也随之东移。金维诺说，在今武威城南约100公里，开凿在祁连山境内的天梯山石窟，据石窟考古所获材料分析，最早的洞窟应该是在蒙逊迁都以后开凿的，又经北魏、唐、宋以下各代续凿和重修，现存窟龛13个，保存较完好的8个。第4窟内残存的壁画，主要是一佛二菩萨及千佛像，其中的供养菩萨像在绘画风格上与金塔寺菩萨画像相去不远，大致可推定为北凉时作品。河西保存的上述早期佛教石窟遗迹，看来主要是北凉时期的。根据这些遗迹，对照文献记载，“凉州石窟”实际上是指北凉时开凿的石窟，其中雕塑和绘画的佛像图样则直接受到西域的影响。《宋书》载，沮渠蒙逊统一河西五凉之后，“鄯善王比龙入朝，西域三十六国皆臣贡献”西域的佛教经本和图像遂经僧人东来而传入凉州，凉州的佛教艺术也因之而对周边地区产生影响。

李凇记载了一件现藏于西安市文物考古研究所的砂石弥勒造像，北魏永兴三年造。佛龛下中有一香熏，两边各有二位供养人。此石佛在王长启的文章中也曾提及。

［文献］ 南梁沈约《宋书》卷一五、卷六四、卷九八，宋释志磐《佛祖统纪》卷二六，汤用彤《汉魏两晋南北朝佛教史》，刘正成《中国书法鉴赏大辞典》，金维诺《中国古代佛雕：佛造像样式与风格》，李凇《长安艺术与宗教文明》，王长启《西安出土的北魏佛教造像与风格特征》(西安碑林博物馆编《碑林集刊》第六期)。

公元412年　东晋义熙八年　北凉玄始元年　西秦永康元年

［提示］ 东晋义熙八年五月一日，慧远营筑佛影台。法显从青州登陆，居留一年整理佛经，影响青州佛教造像艺术。北凉玄始元年，建凉州石窟。西秦永康元年，西秦乞伏炽盘迁都枹罕(临夏)，炳灵寺石窟兴盛。

［叙录］ 南梁慧皎在为慧远作传时提到：慧远听说天竺有佛影，是佛陀当年征服感化毒龙所留下来的影子，具体在北天竺月氏国那竭呵城南、古仙人石室中。慧远常常对此欣感交怀，立志想亲眼瞻睹佛影。这时正好来了一个西域道士，向慧远叙录了佛影的光相。慧远于是背山临流，营筑佛影台龛室，妙算画工，淡彩图写佛影，色疑积空，望似烟雾。晖相炳炯，佛影若隐而显。慧远为佛影台撰写《万佛影铭并序》一文，时间在晋义熙八年五月一日，共立此台，拟像本山，因即以寄诚。虽成由人匠，而功无所加。此铭具体刻石时间可能要迟至次年，才最终得以完成。

实际的情形是：慧远知西国有佛影，直至佛陀跋陀罗及法显等人到来，慧远才从这些高僧的口中得知佛影的形象，并以此为据，在庐山东林寺建造大佛，并亲自为佛像作了铭文，铭文全文载于道宣著述中。铭文说佛影在“西那伽诃罗国南山古仙石室中。渡流沙，从径道，去此一万五千八百五十里”。这儿的西那伽诃罗国，应该就是唐代高僧玄奘法师在《大唐西域记》中所描述的那揭罗曷国：那揭罗曷国东西六百余里，南北二百五六十里，山周四境，悬隔危险。国大都城周二十余里。无大君长主令，役属迦毕试国。丰谷稼，多花果。气序温暑，风俗淳质。据耀川引述现代学者考证，该国属于北印度之古国，在今日阿富汗境内之喀布尔河流域。该国自公元前后至13世纪间，文化隆盛，尤其在贵霜王朝时，佛教甚为普及。佛影就是在该国南边的一个山洞中，西行求法的很多中国僧人都曾到此处巡礼，法显、智猛等都见过此佛影的形象。玄奘法师说，佛影所在的山洞本来是瞿波罗龙王所住之窟，后如来降伏此龙，因而在洞中留下了佛影。玄奘是这样讲述的：龙王本是一个牧牛人，每天要向国王贡献奶酪。但因为他未能及时向大王进献，便遭到责罚。于是他便怀恨在心，并带着这种瞋恨心，买了香花来供养塔庙，并发愿要投生为恶龙，报复国王。发愿后，他便撞石而死。果然投生为一条恶龙，居住在山洞中。此龙刚要出洞去迫害国王以报昔日被责骂之仇，佛陀便知道了他的心境，遂以神通从中印度来至此处。龙王见到佛陀之相好光明，毒心自然熄灭，并从佛受戒，永不杀生。龙王请求佛陀常住此窟，以受其供养。但佛陀因要示现灭度，不可久停，故留下佛影，供龙王及后来诸人朝拜，因为佛影具有慈善之容，见者自然离瞋恨等烦恼，而生起慈悲之心。因此，虽从昔以来，历经多劫之变迁，但此佛影仍存，随瞻仰者之诚心而现其形象。据《大唐大慈恩寺三藏法师传》记载，玄奘法师初到该洞时，亦不见佛影，但法师虔心不改，诵经礼拜，终于感得佛影显现：自誓若不见世尊影，终不移此地。如是更二百余拜，遂一窟大明，见如来影皎然在壁，如开云雾忽睹金山，妙相熙融，神姿晃昱，瞻仰庆跃，不知所譬。佛身及袈裟并赤黄色，自膝以上相好极明，华座以下稍似微昧，膝左右及背后菩萨、圣僧等影亦皆具有。

当佛影台建成后，庐山的道俗从此便有了信仰上的皈依之处，艺术于宗教的伟大传播与感动能力，于此可见一端。

南梁慧皎记载：东晋义熙八年，到印度取经的高僧法显，亲自携带众多梵文经卷从海外归来。其回国时走的是海路，登陆地点在山东青州长广郡牢山(今青岛崂山)，并且在青州居住了一年多时间，法显在崂山整理佛经，传播佛教。法显对于山东尤其是青州地区的佛教兴盛发挥过重大作用。甚至可以这样认为：青州龙兴寺所出土的大批佛教造像石刻艺术，也与法显从青州登陆，居留一年整理佛经等有着隐秘的内在关联。温玉成认为：往西天求法的高僧法显，于公元412年泛海回归至青州长广郡牢山南岸，长广郡太守李嶷敬信佛法，迎接经像，归至郡治。佛陀跋陀罗也曾经交趾航行至青州东莱郡登陆，再西上长安，会鸠摩罗什。学术史实亦证明5世纪初，青州信仰佛教之广泛。费泳则论析了法显登陆青州时，正值二戴像制形成影响之际：东晋僧人法显游历师子国(今斯里兰卡)，于义熙七年(411)动身乘船返回，其随船带有大量经像，原计划目的地是南方广州，后因途遇狂风暴雨，于义熙八年(412)漂泊至青州长广郡，时青州已入东晋版图。这则记载，发生时间正值二戴像制形成之际，可见在南方，创新和引进同时并存。其中引进造像的时间处于印度笈多时期，时秣菟罗和萨尔那特两种风格正盛，此类风格的造像对中土均应产生影响。

费泳在讨论南朝及海路对青州造像的影响时认为：南朝造像北上影响青州的传播路线，有两条，其一由广陵(扬州)经彭城至青州，很可能与当时法显南下路线吻合，即由建康至广陵(扬州)沿陆路或运河至彭城(徐州)，再由彭城取道青州。另一条是走下邳(宿迁)至青州。北齐后主、幼主为避战事取道青州，即以青州作为南逃入陈的中转站，可见由建康至青州存在较便利的交通路线。青州地区东面临海，并有良港，其造像除受来自南朝的影响外，是否也有海路的影响？5世纪初，天竺高僧佛陀跋陀罗由陆路渡葱岭至交趾，再由交趾乘船北上至青州东莱，随后西行长安与鸠摩罗什会面，这是一次目的明确的航行。公元411年，法显由师子国启程回国，原计划目的地是广州，途中两遇风暴，最后漂泊至青州长广郡牢山南岸，兖、青二州刺史刘道嶙请法显于此住了"一冬一夏"，后法显南下和已在建康的佛陀跋陀罗会面。法显东还，随身携带许多经像，并在所经之地筑寺造像。并且青州地区石刻衣纹的表现手法，与印度萨尔那特式造像非常相似，这样看来佛像艺术由海路对青州施以影响不容忽视。

北凉玄始元年，建凉州石窟。凉州石窟具体所指，学界尚有争议，一部分学者认为就是现在的武威天梯山石窟。天梯山位于武威市东南约40公里处，由于其地山势险峻，如登天梯，故有是名。北凉沮渠蒙逊由张掖迁都至姑臧(今甘肃武威市)，天梯山开始了大事修凿佛像的历史。费泳指出，以天梯山为代表的凉州石窟，其壁画人物体格雄健挺拔，面相丰圆，双目大而细长，双眉细长弯曲，佛像多作波浪纹或磨光肉髻，着通肩或半披式袈裟。菩萨多束高发髻，长发披肩，袒露上身，戴项圈和臂。飞天形体写实性强，袒露上身，下着大裙，露双足，躯干与双腿呈九十度，人物绘制通常以土红或白色平涂出基本形状，用较重颜色勾勒轮廓，再用鲜艳浓厚的色彩涂其衣裙和帔帛，并参用晕染方法增强立体感，绘制手法和人物特征均与新疆龟兹地区早期石窟壁画有一定渊源关系。

西秦永康元年，西秦乞伏炽盘迁都枹罕(今甘肃临夏州)。由于接近西秦都城，炳灵寺石窟西秦窟龛的创建获得了空前的繁荣景象。著名的第169窟即郦道元所载之唐述窟，就是在此后不久所开凿的。

［文献］ 南梁慧皎《高僧传》卷六，《水经注》卷二，唐释道宣《广弘明集》卷一五，唐玄奘《大唐西域记》卷二，《全晋文》卷一六二，费泳《汉唐佛教造像艺术史》，温玉成《中国佛教与考古》，章巽校注《法显传校注》，耀川《〈佛影铭〉与东林大佛》（《弘化》2011 年第 6 期）。

公元 413 年 义熙九年

［提示］ 四月，鸠摩罗什卒。九月，谢灵运作《佛影铭》。是年，释法显回到建业。

［叙录］ 四月，名僧鸠摩罗什卒。鸠摩罗什汉译即为“童寿”之意，祖籍天竺，父亲后来迁至龟兹，罗什即生于龟兹。同年，大诗人谢灵运升为秘书丞，后因事被免除。上一年释慧远在庐山筑佛影台，谢灵运与慧远是旧友，慧远请谢灵运为佛影台作铭文，谢灵运欣然答应，其所作《佛影铭》，现在还可读到。温玉成说，庐山慧远于义熙八年五月（412）命人背山临流，营筑龛室，绘佛“光相”，次年（413）九月著《佛影铭》刊于石壁。又派弟子道秉至建康，请谢灵运著《佛影铭》，亦刊于石壁之上。这应是中国南方最早的造像窟。

是年，释法显回到建业。法显自东晋隆安三年（399 年）西行求法，从海路回国，在青州待了一年，至此时方回到建业，历时共 14 年，行程达 2 万公里，经历 30 多个国家。14 年前从长安城出发，沿河西走廊一路向西进发，出玉门，经鄯善（今新疆若羌县）、坞夷（今焉耆）、于阗（今和田县）、葱岭、小雪山而到达天竺（今印度）。又从师子国（今斯里兰卡）始发，经尼科巴群岛，经南海，欲从广州登陆，由于海风吹拂，漂流过台湾海峡，北上青州。青州长广郡（今山东即墨市）太守李嶷于次年（义熙九年）派人护送即将年届八旬的法显返回建业。法显归国后撰成《佛国记》（又名《法显传》）一书，是《大唐西域记》之前中国最著名的海外见闻记录之一。

［文献］ 南梁僧祐《出三藏记集》卷一四、卷一五，《高僧传》卷三，《宋书》卷六七，《神僧传》卷二，《广弘明集》卷一六，清严可均《全宋文》卷三三，岑仲勉《法显西行年谱》、《法显西行年一谱订补》，谢巍《中国历代人物年谱考录》，温玉成《中国佛教与考古》。

公元 414 年 东晋义熙十年 北魏神瑞元年 后秦弘始十六年

［提示］ 东晋义熙十年，释僧肇卒。吉林集安《好太王碑》。陕西《司马芳残碑》。北魏神瑞元年，兴建大寺，恒安郊西大谷石壁皆凿为窟（云冈石窟）。后秦弘始十六年，王易造道像。

［叙录］ 东晋义熙十年，释僧肇卒。作为鸠摩罗什的四大弟子之一的僧肇（384—414）本来是京兆人，家贫以佣书为业。后鸠摩罗什到达姑臧，僧肇也来到此地，追随罗什为师长达十余年。

是年（高句丽长寿王二年），在吉林集安刻立了著名的四面环刻隶书碑文《好太王碑》。此碑全称《高丽好太王碑》，又称《广开土境平安好太王陵碑》。石碑在集安市城东太王乡大碑街。集安在汉代属于辽东郡，当年，臣属于汉朝的高句丽王朝曾在此地建立王都（丸都城）。高句丽第十九代王谈德东征西讨，领有鸭绿江两岸及汉江以北的广大领地。可惜谈德早逝，继位者长寿王追谥为“国冈上广开土境平安好太王”，在谈德墓东侧竖立功德碑。石碑为不规整的天然方形柱岩石，通高 639 厘米，碑座周长达 629 厘米，重达 37 吨，规模十分宏伟。碑文总计约 1 775 个字，每个字约 15 厘米见方，记叙高句丽建国之神话传说、王位传承、谈德功绩以及为太王陵忠心守墓烟户来由等。此碑清代光绪之前并不知名，直至光绪二年（1876），怀仁县县吏关月山于荒野之中发现，拓本流传到京师，《好太王碑》才为世人所知。此碑在叶昌炽的《语石》中有著录，《好太王碑》书风，正如清人荣禧所说：楷法甫有二三，篆隶仍存六七，正与晋世化隶为楷，将变未多之顷，如出一辙。康有为亦称：若高丽故城之刻，新罗巡狩之碑，启自远夷，来从外国，然其高美，已冠古今。

这块碑在书法史上具有重要地位，由于晋朝一直实行碑禁政策，因此留下的晋碑十分少见。唐代《白孔六帖》记载着一则故事：大书家欧阳询出使高丽回程中，曾于荒草中见到晋代书法家索靖的草书碑。欧阳询爱不释手，竟然在石碑旁边睡了三天，由此可以想象那碑的书法是多么精妙！

还有一块不能确定具体时间的东晋石碑《司马芳残碑》，全称《司隶校尉京兆尹司马芳残碑》。残碑系 1952 年陕西西安市整修下水道发现，具体地点在西大街广济街口，现存西安碑林。石碑仅存上半段，残高 106 厘米、残宽 98 厘米。碑额篆书"汉故司隶校尉京兆尹司马君之碑颂"，碑文隶书。此碑早在《水经注》中就被著录，郦道元称之《汉京兆司马文豫碑》，石碑原在长安故城，后被移入西安城内。残碑首行"君讳芳字文豫，河内"等字样，知碑主为司马懿之父司马芳。碑额题字中的"汉故司隶校尉京兆尹"，说的是司马芳身前的官职和身份，非代表刻立石碑年代，因此不能以此断为汉碑。碑阴中即刻有"晋故扶风王六世孙宁远将军乐陵侯"等字样，可知此碑为晋扶风王司马骏六世孙为其先贤司马芳而竖立。因此，刻立此碑的具体时间虽因残断而不可确考，但属于东晋石刻殆无疑虑。石碑书体在隶楷之间，体兼篆隶和章草风格。

唐释道宣《大唐内典录》(后魏元氏翻传佛经录)载：元氏之先，北代云中虏也，世为豪杰。改号神瑞元年，出据朔州东三百里筑城立邑，号为恒安之都。生知信佛，兴建大寺。恒安郊西大谷石壁，皆凿为窟(云冈石窟)，高余十丈，东西三十里，栉比相连，其数众矣。谷东石碑见在，纪其功绩。其碑略云：自魏国所统赀赋，并成石龛。故其规度宏远，所以神功逾久而不朽。陈垣认为：魏太祖天兴元年(398)始自云中徙都平城，即今大同县，所谓恒安之都也。《魏书》(释老志)明谓文成复法以后昙曜白帝所凿。魏收北齐人，《魏书》著于北齐天保元年(550)，去后魏之世至近，去昙曜开山之岁，亦不过百年，其言至为可据。《大唐内典录》撰于麟德元年(664)，云"谷东石碑见在"，此碑当即释道宣撰《续高僧传》时所见之碑。碑称魏国，并言神功久而不朽，则疑非魏碑，或齐隋以后之碑也。惜乎今不可得见。张焯对陈垣此论加以按语说，援庵(陈垣)怀疑道宣所言碑刻非魏碑，是今人读史的一种理解。但也可有另一种认识，即"自魏国所统赀赋，并成石龛"句，属道宣对碑文的简述；"故其规度宏远，所以神功逾久而不朽也"句，是道宣的感叹。道宣明确说是魏碑，应该不妄。《后魏元氏翻传佛经录》记载拓跋世系及史实，错谬颇多，但认定云冈石窟开凿于神瑞元年，且为碑石所记。此说后为曹衍《大金西京武州山重修大石窟寺碑》所传承，以至明清方志悉云"始于神瑞，终乎正光"五年，开凿历时 111 年。

李淞记载了据称雕刻于后秦弘始十六年的王易造道像，现藏美国芝加哥费尔德博物馆，馆藏编号为 121420。造像正面略为长方形，左上部略有残，现高 52 厘米。正面造像三尊，中为坐像，头戴道冠，腰束宽带，着交领长袍，与北朝一般道像无异。左右各一戴高冠的世俗穿扮者。三像均在座上，座下有二卧狮。正面与背后均有刻文，前面为像主家人姓名，后面有像主及年号，像主为下邳县令京兆王易，但对年号的解释似乎一直存在问题，大致有三种说法：后秦弘始十六年(414)、北魏正始三年(506 年)、北周保定四年(564)，相距 150 年。从造像的样式和风格看，后一种北周说即可排除，而与陕西临潼博物馆藏正始二年《冯神育造道像》比较，风格也差距较大，所以李淞觉得后秦之说更可取，而该馆工作人员用电子邮件发给李淞的 1910 年入馆记录亦为"背面铭文为公元 414 年"。若此说能够成立，则是现存最早的道教造像，比陕西铜川市耀州区药王山博物馆的《魏文朗造像碑》还早十年。

［文献］　南梁慧皎《高僧传》卷六，南梁僧祐《出三藏记集》卷三、卷八、卷九、卷一一，隋费长房《历代三宝记》卷八，唐释道宣《大唐内典录》卷三，唐释道宣《广弘明集》卷二三，唐白居易等《白孔六帖》，清康有为《广艺舟双楫》卷三，陈垣《记大同武州山石窟

寺》(《东方杂志》第16卷2—3号),李凇《长安艺术与宗教文明》,张焯《云冈石窟编年史》,刘正成《中国书法鉴赏大辞典》,金其祯《中国碑文化》,赵超《石刻史话》,《中国美术全集》(魏晋南北朝书法)。

公元415年　义熙十一年

［提示］　法显创全西式龙华寺,置天竺二石。

［叙录］　郦道元《水经注》载:泗水西有龙华寺,是沙门释法显远出西域,浮海东还,持龙华图,首创此制。法流中夏,自法显始也。其所持天竺二石,仍在南陆东基堪中,其石尚光洁可爱。法显不仅带回中土诸多佛教梵文经典,还特意从天竺带回了两块石头,法显之用心弘佛,可谓良苦。龙华寺,郦道元记在彭城(今江苏徐州市)东北。清人俞樾在《茶香室丛钞》中认为:据此,则今中国佛寺形制,皆法西域龙华图。此龙华寺,实中国第一佛寺矣。张焯按:准确说,应是中国第一座全西式的佛寺。

［文献］　北魏郦道元《水经注》卷二五,清俞樾《茶香室丛钞》卷一三,张焯《云冈石窟编年史》。

公元416年　东晋义熙十二年
北凉玄始五年

［提示］　东晋义熙十二年八月六日,释慧远卒。谢灵运作《庐山慧远法师诔并序》,又为慧远作碑铭。北凉玄始五年三月,北凉张穆作《玄石神图赋》。

［叙录］　义熙十二年八月六日,出自雁门楼烦(今山西代县)的名僧慧远卒于庐山东林寺中,享年83岁。慧远是道安弟子中最著名者,曾追随道安习佛长达25年。后至庐山结莲社,修行弘佛,终老其地。慧远去世后,谢灵运十分悲伤,为其撰《庐山慧远法师诔并序》,又为慧远作碑铭。文中对慧远极尽赞美之辞:道存一致,故异化同晖;德合理妙,故殊方齐致。昔释安公振玄风于关右,法师嗣沫流于江左,闻风而说,四海同归。尔乃怀仁山林,隐居求志,于是众僧云集,勤修净行,同法餐风,栖迟道门,可谓五百之季,仰绍舍卫之风,庐山之畠,俯传灵鹫之旨,洋洋乎未曾闻也。

在北方的北凉玄始五年三月,张穆作《玄石神图赋》。据《晋书》记载:北凉武宣王沮渠蒙逊一边率部西祀金山,同时遣沮渠广宗率骑兵一万,袭击居住于张掖删丹县金山之西的乌啼虏,大捷而还。蒙逊西至苕藋(今甘肃张掖市东),又遣前将军沮渠成都带领将骑五千袭卑和虏,蒙逊率中军三万驰援,卑和虏率众迎降。沮渠蒙逊继续向西挺进,到达盐池,在那儿沮渠蒙逊祭祀了西王母寺。寺中有《玄石神图》,沮渠蒙逊命中书侍郎张穆作赋,并刻铭之寺前。

［文献］　南梁慧皎《高僧传》卷六,南梁僧祐《出三藏记集》卷一五,唐房玄龄等《晋书》卷一二九,北魏崔鸿《十六国春秋》卷九四,唐释道宣《广弘明集》卷二三,宋释志磐《佛祖统纪》卷二六,《神僧传》卷二,清严可均《全晋文》卷三三。

公元417年　东晋义熙十三年
西凉嘉兴元年

［提示］　东晋义熙十三年,名僧玄高入驻麦积山习禅弘法。西凉嘉兴元年,四川蒲江张仁忠许七忠碑刻。

后秦主姚兴死后,政权在是年为东晋所灭,天水一带亦遭晋军屠城。据费泳记载,此间有名僧玄高入驻麦积山习禅弘法。玄高在南梁慧皎《高僧传》中有传:释玄高,受戒后专精禅律。闻关中有佛陀跋陀禅师在石羊寺弘法,玄高前往从师。旬日之中,妙通禅法。玄高于是杖策西秦,隐居于麦积山中。前来求学佛理者多达百余人,崇其义训,禀其禅道。时有长安沙门释昙弘,也是秦地高僧,同隐于此山中,与玄高相会,两人成为交情很好的道友。玄高在麦积山是否开凿石窟未见记载。

西凉嘉兴元年,在今四川蒲江县龙拖湾的摩崖石刻中,刻有“张仁忠嘉兴元年许七忠□”造像题记。龙拖湾摩崖位于蒲江县城东5公里的鹤山镇蒲砚村古佛山西麓。现存东晋至南宋造像共10龛。在山崖之上,有一方半圆碑帽浮雕云纹的摩崖碑刻,高130厘米、宽60厘米。何志国载,碑身竖刻文字3行:“张仁忠”、“嘉兴元年”、“许七忠”。这应该是西凉向东晋遣使朝贡时,使臣张仁忠、许七忠等经过此地时刻留的碑刻。

[文献] 南梁慧皎《高僧传》卷一一,费泳《汉唐佛教造像艺术史》,何志国《略论四川早期佛教造像》(《东南文化》1992年第5期)。

公元419年 北魏泰常四年

[提示] 北魏“道人统”释法果卒。

[叙录] 据《魏书》(释老志)记载,法果是赵郡(今河北赵县)人,年届不惑才出家为僧,但因其戒行精至,开演法籍,声名远闻。北魏道武帝以礼征召法果至平城,委以“道人统”之要职,总管北魏僧徒事务。法果担任此职一直到明元帝继位后,可谓两朝佛界元老。明元帝也十分崇奉佛教,京邑四方,建立图像。明元帝欲再以辅国、宜城子、忠信侯、安成公等头衔封赐法果,但都被法果所推辞。明元皇帝最后还是勉强把“僧统”一职加赐给了法果。是年,道人统法果卒,年83岁,明元帝三临其丧,足见法果在北魏之崇高地位。

[文献] 北齐魏收《魏书》卷一一四。

公元420年 西秦建弘元年 北魏泰常五年

[提示] 西秦建弘元年三月二十四,炳灵寺石窟第169窟造像题记。北魏泰常五年五月五日,《刘惠造弥勒佛像》。是年,《王同信造像碑》。

[叙录] 西秦建弘元年,最重要的艺术事件是甘肃炳灵寺石窟第169窟造像题记。此处题记是十六国时期唯一有明确纪年的洞窟题记,对于考订十六国的佛像雕造具有标准意义。金维诺认为:炳灵寺建弘元年造像,造型典丽、色彩精致,为十六国时期佳制,并且保存十分完好,对于了解这一时期的雕造水平,具有重要价值。把它和同窟壁画与这一地区差不多同时期的作品作一排比,可以大体了解十六国时期佛教艺术的发展面貌。1962年甘肃省考古队清理炳灵寺石窟,登上最上层的第169窟,发现了西秦建弘元年造像龛,获得有力的依据,肯定河西确有早于云冈昙曜五窟的造像,并且能够以之比较而认出其前后的作品。炳灵寺第169窟第六号龛主尊为彩塑一佛二菩萨。在大势至菩萨左前方有长约500字的造像题记。结尾署:“建弘元年岁在玄枵三月廿四日造”。在造像题记有二列供养人,上列第一身为“□国大禅师昙摩毗之像”、第二身为“比丘道融之像”。昙摩毗为外国禅师,其名见于南梁慧皎《高僧传》(玄高传)。供养人题记与史传相印证,可知昙摩毗在乞伏时始入西秦宣讲禅道,当地僧徒禀承者并不多。建弘元年在此修三圣龛时,随昙摩毗题名的有道融、慧普等比丘。玄高从麦积山率众来从昙摩毗受法。不久,昙摩毗即离此西返。乞伏炽盘子乞伏暮末在《宋书》(夷貊传)作茂蔓,河南王世子曼即指茂蔓。玄高和徒众300居于河北山舍,学徒玄绍学究诸禅,后入堂术山蝉蜕而逝。河南王乞伏炽盘听从秦地高僧昙弘意见,遣使迎玄高出山,崇为国师,以后,玄高西游凉州,受到沮渠蒙逊的礼遇。李玉珉也指出:第169窟6号龛的主尊为彩塑一佛二菩萨,主尊坐佛身着右袒式僧祇支,外罩袈裟,手结定印,正身端坐于覆莲座上。佛像额方颊丰,长眉杏目,唇厚嘴阔,鼻梁挺,鼻翼宽,神情威严。两肩厚实,上身短硕,流露出北方游牧民族雄健的气魄。两侧的胁侍菩萨较为秀美,嘴角含笑,身躯纤瘦,胸肌起伏柔软。此三尊的衣叙均以阴刻手法为之,布排自然。佛的右上方墨书云“无量寿佛”,其南侧菩萨旁墨书“□观世音菩萨”,北侧菩萨旁墨书“得大势至菩萨”,这组无量寿佛三尊像是我国现存西方三圣造像中最早的遗例。在大势至菩萨的上方,绘有两排

坐佛，每尊坐佛旁有墨书题名，标明为十方佛。

值得注意的是这儿主佛的服饰，尤其是僧祇支。英国学者马歇尔将犍陀罗佛教艺术分为早期阶段（公元 1 世纪末至 140 年）和晚期阶段（140—230 年）。犍陀罗地区晚期作品中出现了右袒式袈裟，可能受到来自秣菟罗的影响，费泳认为：此时佛像内着僧祇支，这一新的着装样式尚不见印度其他地区。在中国较早的纪年造像，甘肃永靖县炳灵寺第 169 窟西秦建弘元年 6 号龛无量寿佛，即着僧祇支。已有资料显示，犍陀罗地区较早将戒律中用于沙门穿着的僧祇支表现于佛像中。戒律中佛所不用的两件沙门衣着：裙和僧祇支，均已出现在了古印度佛像中，进而影响到中国佛像的衣着表现。后秦政权灭亡之后，秦陇一带取而代之的是鲜卑人乞伏氏建立的西秦。随着乞伏炽槃的东征西讨，西秦版图不断扩大，后秦时期麦积山的佛教中心地位也转移至西秦都城枹罕（今甘肃临夏州）附近的炳灵寺。

这年北魏佛像艺术乏善可陈，在纪念宿白先生八秩华诞的文集中载有泰常五年五月五日《刘惠造弥勒佛像》。张焯称该佛像通高 10.8 厘米，1975 年河北隆化县乡民山中取石时，在岩缝中发现，现存隆化县博物馆。铭记在圆背光的背面，发愿文为：李翟平用铜四斤。泰常五年五月五日，佛弟子刘惠造弥勒佛像。又据温玉成说，泰常五年还有一件名为《王同信造像碑》的石刻，应出土于渭北地区，现藏于美国芝加哥自然博物馆。

［文献］ 金维诺《中国古代佛雕：佛造像样式与风格》，［英］马歇尔《犍陀罗佛教艺术》，费泳《汉唐佛教造像艺术史》，李玉珉《中国佛教美术史》，张焯《云冈石窟编年史》，《宿白先生八秩华诞纪念文集》，温玉成《中国佛教与考古》。

公元 421 年　南朝宋永初二年 北凉玄始十年

［提示］ 南朝宋永初二年十一月，南京《晋恭帝玄宫石碣》。北凉玄始十年，北凉攻陷敦煌，佛教艺术经历浩劫。

［叙录］ 隶书《晋恭帝玄宫石碣》，全称《东晋恭帝玄宫刻石》，3 行共 26 字。20 世纪 60 年代初出土于南京富贵山麓，石碣刻于南朝宋永初二年（421），是东晋末代皇帝晋恭帝玄宫的石碣。此碣的出土地，证实富平即晋恭帝冲平陵所在地。东晋另外四个皇帝陵墓葬在蒋山之阳，恭帝石碣为此提供了寻找的重要线索。

北凉玄始十年，北凉攻陷敦煌，西凉灭亡。费泳说，北凉沮渠氏攻打敦煌的战役进行得十分残酷，据房玄龄记载，沮渠蒙逊“以水灌城”，继而“屠其城”，因此，敦煌旧有佛教艺术历经了一次空前浩劫。时河西地区佛教艺术中心转至北凉都城姑臧（今甘肃武威市），敦煌佛教造像的再度兴起是在北朝时期。

［文献］ 唐房玄龄等《晋书》卷八七，刘正成《中国书法鉴赏大辞典》，费泳《汉唐佛教造像艺术史》。

公元 422 年　南朝宋永初三年

［提示］ 释法显约卒于是年。宋武帝刘裕卒。完成初宁陵神道石刻。

［叙录］ 宋武帝永初三年，据南梁僧祐记载，西行求法归来的释法显约卒于是年。法显俗姓龚，山西武阳（今临汾市）人。同年还有另一个重要人物离世：宋武帝刘裕。刘裕（363—422）字德舆，小字寄奴，祖籍彭城（今江苏徐州市），东晋时迁居京口（今江苏镇江市）。东晋恭帝元熙二年（420），刘裕取代晋朝称帝，国号宋，史称刘宋以区别于后世之赵宋，改元永初。尚俭约，实行“庚戌（364）土断”。谥武，庙号高祖。

是年，完成初宁陵神道石刻。初宁陵是刘宋朝创建者宋武帝刘裕皇陵，地点在今江苏南京市麒麟门外之麒麟铺。根据梁沈约和唐代李善的记载，自元嘉以来，每年正月，宋文帝的舆驾都要到初宁陵进行拜谒。举行陵礼需要在陵园中修建高大的寝殿等建筑,由此可知初宁陵当初的规模是比较宏大的。由于历代兵燹与自然的破坏,现在初宁陵早已无复彼时的风光,仅有陵前神道旁的两只孤独的石兽(天禄和麒麟)诉说着过往的辉煌。已经残缺的天禄(双角已毁)居神道东侧,张口瞋目,昂首阔胸,指爪扣地,双翼呈鳞翎状,卷曲勾云,装饰意味浓烈。麒麟(独角残断)在神道的西侧,四足残失。头略后仰,胁生双翼。这对石兽在造型及气质方面充满古朴与雄厚,让人联想到汉代著名的霍墓石雕。据徐湖平等人的实地考察:天禄与麒麟二兽之间原距54.5米,1956年9月维修时移动,现相距23.4米,方向未变。东兽头已残,当年整修时,于四足部位各置一方形石墩,修复后身长296厘米、身高290厘米(连石墩),有须,双翼前作鳞羽、后为长翎,通体毵毵。西兽四足已失,身长318厘米、高278厘米,体态与东兽对称。独角角尖已损,额部已残,尾巴无存。

[文献] 南梁僧祐《出三藏记集》卷一五,南梁沈约《宋书》卷一、卷一五,唐李善注《文选》卷二三,徐湖平主编《南朝陵墓雕刻艺术》。

公元423年 北魏泰常八年

[提示] 四月,明元帝至洛阳观石经。

[叙录] 四月,北魏明元帝至洛阳观石经。明元帝所观览的石经应该是魏正始石经而不是汉熹平石经,其时,魏石经估计也已残毁不全了。明元帝在政治理念上承袭道武帝的传统,强调儒学的重要性,进一步推行汉化教育。明元帝博学多才,据北齐魏收及唐代李延寿等的记载,他还在刘向所撰《新序》、《说苑》的基础上,撰成《新集》30篇,采集经史,该洽古义,以纠正刘向的疏漏。

[文献] 北齐魏收《魏书》卷三、卷一一四,唐李延寿《北史》卷一。

公元424年 北魏始光元年
南朝宋元嘉元年 大夏赫连勃勃真兴六年

[提示] 北魏始光元年四月八日,舆诸佛像(行像)。创立伽蓝为招提之号。陕西《魏文朗佛道造像碑》。南朝宋元嘉元年,罽宾昙摩蜜多至建康,译《观无量佛经》《观普贤菩萨行法经》等。大夏赫连勃勃真兴六年,大夏石马。

[叙录] 《魏书》(释老志)载:是年四月八日,舆诸佛像(行像),行于广衢,明元帝亲御门楼,临观散花,以致礼敬。此处所谓舆诸佛像行于广衢的描述,是我国历史上较早关于佛诞日浴佛行像风俗的记载。众所周知,佛教信士一直以来对佛菩萨的诞日十分重视,各种佛教重要节庆,实际上都是由各个佛菩萨的生日作为核心而构成。比如:四月初八佛诞节是佛陀释迦牟尼的诞辰,正月初一是弥勒的诞日,二月十九是观音菩萨的诞日,二月二十一是普贤菩萨的诞日,三月十六是准提菩萨的诞日,四月初四是文殊菩萨的诞日,七月三十是地藏菩萨的诞日,九月三十是药师佛的诞口,十一月十七是阿弥陀佛的诞日。

据南梁民俗学者宗懔记载,早在南北朝时期,人们即有在佛诞日浴佛的风俗:四月八日,以五色香水浴佛,共作龙华会。佛诞日将佛像进行香水洗浴之后,便要举行行像活动。所谓行像,即用装饰华丽的宝车载着佛像,在城市街衢等人群众多的地方进行巡行,后来人们俗称为晒佛。这种行像风俗起源于印度,唐玄奘在《大唐西域记》中就记载了他在天竺所见行像场景:大城西门外,路左右各有立佛像,高九十余尺。于此像前,建五年一大会处。每岁秋分数十日间,举国僧徒皆来会集。上自君王,下至士庶,捐废俗务,奉持斋戒,受经听法,竭日忘疲。诸僧伽蓝庄严佛像,莹以珍宝,饰之锦绮,载诸辇舆,谓之行像,动以千数,云集会所。常以月十五日晦日,国王大臣谋议国事,访及高僧,然后宣布。从中可知,印度的行像规模十分壮观,数量以千计!

张焯引述东晋法显《佛国记》，上面也记载了两例浴佛行像的例子：其一，到于阗（今新疆和田县），法显等欲观行像，停三月日。其国中有四大僧伽蓝，不数小者。从四月一日，城里便扫洒道路，庄严巷陌。其城门上，张大帏幕，事事严饰，王及夫人、采女皆住其中。瞿摩帝僧是大乘学，王所敬重，最先行像。离城三四里，作四轮像车，高三丈余，状如行殿，七宝庄校，悬缯幡盖。像立车中，二菩萨侍，作诸天侍从，皆以金银雕莹，悬于虚空。像去门百步，王脱天冠，易着新衣，徒跣持花香，翼从出城迎像。头面礼足，散花烧香。像入城时，门楼上夫人、采女遥散众花，纷纷而下。如是庄严供具，车车各异。一僧伽蓝，则一日行像。自月一日为始，至十四日行像乃讫。其二，到摩竭提国巴连弗邑。巴连弗邑是阿育王所治城，城中王宫殿皆鬼使神作，累石起墙阙，雕文刻镂非世所造，今故现在。凡诸中国，唯此国城邑为大，民人富盛，竞行仁义。年年常以建卯月八日行像，作四轮车，缚竹作五层；有承擅枢戟高二丈许，其状如塔，以白氎缠上，然后彩画作诸天形象，以金银琉璃庄挍，其上悬缯幡盖；四边作龛，皆有坐佛，菩萨立侍。可有二十车，车车庄严各异。当此日，境内道俗皆集，作倡伎乐，华香供养。婆罗门子来请佛，佛次第入城。入城内再宿，通夜然灯，伎乐供养。国国皆尔。摩竭提国，为中印度国家，是王舍城所在；建卯，即农历二月。张焯按：行像之俗，当为纪念释迦诞生，摩竭提在二月八日，于阗、北魏在四月八日，后代竟成公案。鲜花礼佛，古印度盛行。北魏行像散花，乃西域旧式，俗成盖久。而此时南朝，亦有四月八日请佛之俗。《宋书》(隐逸传)有相关记载。

宋人赞宁《大宋僧史略》载：北魏太武皇帝始光元年，创立伽蓝，为招提之号。张焯解释说，伽蓝为梵名，全称僧伽蓝摩，意译众园。本指修建僧舍的园地，后转为众僧所居佛寺的总称。招提，即四方之意，谓四方之僧为招提僧，四方僧之施物为招提僧物，四方僧之住处为招提僧坊，遂为寺院的异称。然观唐宋之时，寺院、招提、兰若有所区别；后二者，司马光、胡三省谓为山野、私造之寺。唐《艺文类聚》(内典上)录谢灵运《石壁立招提精舍诗》，从诗中可见，招提确为山野之寺。《宋书》(谢灵运传)录其《山居赋》，谢灵运其自注：鹿苑，说《四真谛》处。灵鹫山，说《般若》、《法华》处。坚固林，说泥洹处。菴罗园，说不思议处。今旁林艺园制苑，仿佛在昔，依然托想，虽绤容缅邈，哀音若存也。招提，谓僧不能常住者，可持作坐处也，所谓息肩。

《魏书》(释老志)载：北魏世祖崇奉天师，显扬新法，宣布天下，道业大行。遂起天师道场于京城之东南，重坛五层，遵其新经之制。北魏统治者虽然崇敬佛教，但是对起自中国本土的道教亦十分重视之。因此，雕刻于北魏始光元年的著名道教石刻《魏文朗佛道造像碑》的出现亦在情理之中。这件石刻于1934年发掘于陕西漆河(图22)。碑的形制为长方形，石碑的尺寸，据陕西省铜川市耀州区药王山博物馆记载：高131厘米、宽66—73厘米、厚29.5—31厘米，现藏于陕西铜川市耀州区药王山博物馆。胡文和认为，公元四至五世纪，北方中国虽处于五胡十六国的动乱年代，但由于有正规组织的佛教僧团活动，寺院兴起，造像蓬勃发展。佛教僧团活动和制式造像的产生，对道教起到刺激和启发作用，并为其造像提供了范本。这一年，北地郡(今陕西铜川市)魏文朗造"佛道像"碑始开中国道教造像之先河。魏氏碑阳上部主龛中，道像在右，佛像在左，道像和佛像的区别只是服饰相异。发愿文中仅说"造佛道像一伛(躯)"。其与"佛"并列，可能就是寇谦之改革天师道后所尊立的教祖"太上老君"。

这件造像碑的制作年代，目前学界还有一些争议。王静芬提出：这件佛道造像碑所发现之地的漆河，是自南面流经陕西铜川市耀州区的两条主要河流之一，另一条是沮河。两条河顺流而下合并在一起，最终汇入黄河的支流泾河。碑为矩形石灰岩，上部略呈锥形。顶部的卯眼说明它最初配有碑首。正反两面上方均刻有大型的像龛，两侧面则是小型像龛。其他纹饰雕刻在表面周围。铭文和供养人像在石碑四面的下方。因而此碑具有北方造像碑的标准特征。此碑是5世纪早期的孤例，耀县地区的造像

图 22 魏文朗佛道造像碑 北魏始光元年(424) 陕西铜川市耀州区药王山博物馆藏

图 23　大夏石马　赫连勃勃真兴六年(424)　西安碑林博物馆藏

碑大部分出现于490年以后——与此同时出现的还有山西和河南的佛教造像碑。大多数学者支持石碑纪年5世纪早期说，但是近来也有异义。尽管石碑的纪年问题还没有解决，但是它作为最早的和最能引人注目的佛道造像碑之一的可靠性或重要性是没有疑问的。魏文朗碑是大众虔诚信仰的表达，不同于佛学中心长安所达到的较高层次的宗教教义。它确定了早期中古佛教艺术的大原则：植根于大众信仰和保守的宗教机构，其视觉艺术的表现也经常会远远滞后于宗教理论的发展。不过，它是这个时代宗教热情的反映。佛教和道教元素在此达到了极好的平衡，展示了两种宗教之间激烈的对话。

此碑的发现，在中国石刻艺术史上意义重大，李凇称其为陕西已知最早的造像碑，也是中国已知最早的佛教和道教混合造像碑。

同年，在南方还是一如既往地强化着佛学义理的研究以及佛教经典的翻译工作：罽宾昙摩蜜多至建康(今江苏南京市)，译《观无量佛经》《观普贤菩萨行法经》等。费泳称，晋末宋初南方禅法极盛，以罽宾之禅为主。中国禅法始于汉安世高，吴康僧会亦特别注重，其“设像行道”开建康佛教造像之先河。佛陀跋陀罗以禅律驰名当时，其弟子慧观作《不净观经序》，宝云作《观无量寿经》，均弘定业，罽宾昙摩蜜多深谙禅法，元嘉元年到达建康(今江苏南京市)，译有《观无量佛经》《观普贤菩萨行法经》等禅法要籍，沮渠京声曾在于阗从罽宾佛大先受禅，于宋初至建康，译有《观弥勒上生经》《治禅病秘要经》。南朝造像重无量寿佛，刘宋畺良耶舍译《观无量经》更被归入“净土三大部”。无量寿佛与弥勒佛在南朝造像中的流行，与南朝前期相关禅法的兴盛有关。

这一年在大夏则为赫连勃勃真兴六年，大夏出现了唯一一件有明确纪年且保存至今(现藏于西安碑林博物馆)的石刻艺术瑰宝《大夏石马》(图23)。据刘兴珍等人的记载，石马原置于陕西长安查家寨，即长安故城遗址附近。是否为陵墓前仪卫，现已不可考。石马长225厘米、高200厘米。马作伫立状态，前腿挺立，后腿微屈，形体劲健雄壮。前后两腿间未凿空，以增加稳定性，堪称匠心独运。整体造型写实，大块面结构处理，转折处稍加斧凿，不斤斤于细部刻画，风格质朴粗犷。马前腿间刻有赫连勃勃真兴六年(424年)题记。

［文献］ 北齐魏收《魏书》卷一一四，南梁宗懔《荆楚岁时记》，唐玄奘《大唐西域记》卷一，宋赞宁《大宋僧史略》卷上，宋吴曾《能改斋漫录》卷四，张焯《云冈石窟编年史》，费泳《汉唐佛教造像艺术史》，李凇《长安艺术与宗教文明》，《陕西古代佛教美术》，刘兴珍等《中国古代雕塑图典》，［美］王静芬《中国石碑》，罗宏才《中国佛道造像碑研究》，胡文和《中国道教石刻艺术史》，陕西省耀县博物馆等合编《北朝佛道造像碑精选》。

公元425年　南朝宋元嘉二年 北魏始光二年

［提示］ 南朝宋元嘉二年，戴颙、宗炳恬静自处。四川成都《万佛寺净土变浮雕》。北魏始光二年，寇谦之议建大道坛庙。洛阳《靳英墓志》。

［叙录］ 这一年比较重要的与石刻艺术相关者主要在南方上演。沈约《宋书》(隐逸列传)说：太祖元嘉二年下诏：新除通直散骑侍郎戴颙、太子舍人宗炳，并志托丘园，自求衡荜，恬静之操，久而不渝，颙可国子博士，炳可通直散骑侍郎。这次下诏的结果同十二年前一样：东晋义熙十四年(418)，朝廷征戴颙为散骑侍郎，被戴所拒绝。这一次，名士宗炳也加入了拒绝的队伍。其实无论是国子博士也好，散骑侍郎也罢，都是一些闲散的文职，甚至是一些徒具象征意义的荣光。朝廷在赐予这些官衔时，也只不过是表示一下礼贤下士的姿态而已。

远在中国西部的四川成都，于元嘉二年完成了闻名于世的《万佛寺净土变浮雕》。这件镌记为“元嘉二年”所造的红砂岩浮雕作品，早年已流入法国。

此碑于清光绪八年(1882)被发现。清代学者王懿荣《天壤阁杂记》作了著录，并称在那次所出土的万佛寺石刻中，有三件石刻均带有铭文，这件浮雕即其中之一。美国学者王静芬分析道：当时王懿荣为成都长官，这批石刻出土后，王懿荣还建造了一座名为小万佛寺的小寺院来储藏这些雕刻品，后寺院倒塌，雕刻品也散失殆尽，但是显然具有铭文的三件没有丢失，因为王懿荣在此之前就已经将它们转移别处。元嘉年间的石碑据说由他的后人卖掉了，仅有少量拓片保存下来。20 世纪早期，拓片曾出版，作为"汉画浮雕"而流传。根据拓片右边铭文，1958 年的图录声称此拓片来自元嘉纪年的造像碑。但不能被确证，因为有纪年的铭文从未和拓片一起出版过。1969 年，日本学者长广敏雄出版了关于此碑最早的重要研究，断定其为南朝佛教艺术的精良之作。这件浮雕的上部虽然已经残损，但所遗留下的细节已足够显示一座跨越莲池的桥梁——这是最早表现净土图像的关键元素。

浮雕上所刻具体内容，中国学者杨泓从拓片所见分析，从上开始，浮雕栏显示的是：佛从站立在娑罗树（sala tree 无忧树）下的摩耶夫人的右胁下出生；一位占星家根据刚出生的佛陀站立时有光环，预言他将成为觉悟者；母马领着小马康特迦（Kanthaka），小马驮着悉达多太子离开宫殿寻求觉悟之道；悉达多太子在树下沉思冥想。第五栏还未被识别出来。而刘志远、李静杰等人则认为所刻内容并非经变故事，而是降魔图、鹿野苑初转法轮以及佛陀收优楼迦罗迦叶时所现神通等。日本学者吉村怜则认为很可能是在描绘普门品经变的故事，上半部是在表现观音救水难的情节。李玉珉说，这件浮雕的情节众多，每一情节以山石、树木分隔，人物在袋状的空间中，生动地传达经典旨趣。毫无疑问，我国佛教图像历经各代美术家的努力，至刘宋时期，又向前跨进了一大步，奠定我国变相图像发展的基石。

除了浮雕故事引人探究之外，这件浮雕石刻还有一些图像值得注意。比如在这块石刻中出现的人们常见的飞天图像。费泳称这种南式飞天形象对北朝飞天产生过重要影响：代表凉州模式造像风格的酒泉文殊山千佛洞，窟顶绕中心塔柱处绘有飞天与伎乐天，具体表现上，以红线或墨线勾勒轮廓，再用鲜艳浓厚的色彩涂其衣裙和帔帛，并参用晕染方法增强立体感，与早期新疆龟兹地区石窟飞天造型有一定渊源关系。飞天形体写实性强，躯干与双腿呈 90°。类似的飞天还见于炳灵寺第 169 窟西秦壁画，宿白认为时间约为凉州模式的晚期。南北朝时期，北方的这种写实造型的飞天，特别是在孝文帝改制后逐渐消失，代之以南式飞天造型。总体来看，飘扬夸张的天衣及图案化的莲花形外观，是南朝飞天的最大特征，造型飘逸，刻画上注重线条的流畅，与顾恺之《洛神赋图》风格相近。南朝现有飞天的最早实物资料是成都万佛寺宋元嘉二年经变石刻拓片上的飞天造型，身体由双膝处向后弯曲，小腿及足部均被天衣掩去，天衣被处理成莲花状。吉村怜分析，南朝的这类天人像通常与"莲花"及"变化生"同时表现，以此寓示由"莲花"向"变化生"到"天人"的轮回过程。在栖霞寺窟的飞天旁，同时出现有这种莲花造型。与川地类似的飞天造型还见于南齐 494 年建的江苏丹阳胡桥墓及河南邓县彩色画像砖墓，三地飞天造型相似，均由双膝处向后弯曲。北方在孝文帝改制后，吸收南朝典章制度，南式造像北上，同时北上影响的就有这种飞天造型。在北魏后期至东、西魏，南式天人像风行北方各石窟。约在公元 494 年前后，南式天人造型开始发生变化，以成都西安路齐永明八年法海造像及龙门莲花洞飞天造型为代表，造型在前期基础上，逐渐趋向由腹部开始向后弯曲，这可视为飞天由双膝转向由腹部弯曲的过渡形式。至 6 世纪初，南式飞天造型进一步演化，形体由腹部向后弯曲已成定式，如巩县第 3 窟，敦煌第 285 窟及常州戚家村墓的天人像。莲花形外观及足部的掩去仍是其主要风格特征。南式天人像影响范围较大，北至天龙山、龙门、巩县，西北经麦积山至敦煌。隋唐时期，这种南式天人像开始消失，代之而起的飞天减弱了装饰性，更趋于写实表现，双足得以刻画，有向早期北方飞天样式回归的趋向。并且，飞天形体多由胸部开始向后转折，呈现"积丽丰肥"的民族风格特征。飞天图像是中印两国佛教造像的共有特征。在印度，从拉姆加山、巴尔胡特及山奇的雕刻上，都可见到飞天的形象，多只表现一条腿的运动，以增加飘逸性，这种表现方式较多见于青州的背屏造像。在天衣向身后飞展及形体动势方面，可以看到南式飞天对印度飞天样式的吸收。

再比如龙。南朝造像中，龙很少出现，但是在这片浮雕中出现了龙的身影，费泳甚至认为这是南朝石刻的一个关于龙的孤例。这条龙可能也对北方造像中频繁出现的龙产生过影响：这件造像碑中的龙形图案，较完好地印有龙身前半段，一足由腹部伸出，一足曲折于身后，身形同于顾恺之《洛神赋图》中的独龙，可以看出其间的一脉性。龙的造型在北方佛教造像中较多，云冈、敦煌、龙门、麦积山及青州的北魏造像中均有出现，时间多为武帝灭佛之后，时间晚于成都，将龙用于佛教造像南朝较早。麦积山、青州均出现龙首朝下，身形与成都造像一致。麦积山以第133窟第16号碑双龙龛梁中的龙首为代表，时间为北魏晚期。青州此类造型极为普遍，较早的如北魏太昌元年(532年)比丘尼惠照造弥勒佛像。上述两地，龙在佛教造像中的运用，与成都地区应有渊源。

在北方，北魏始光二年，寇谦之议建大道坛庙。据北魏郦道元《水经注》记载，在漯水左边有大道坛庙，是始光二年少室山的道士寇谦之(365—448)建议修造的。诸岳的庙碑，大都也是他所部署设立。庙阶有三层，四周有栏槛，上层庙阶上面用木料制成圆基，使木料互相勾连支撑，再用木板铺在上面，栏槛与阶石承接转角处，也作圆形，格局好像明堂正殿，专室之中有四扇门，室内有神像宝座，座右放着玉磬。皇帝亲临时，在这灵坛上接受上天传授的神秘符箓，并尊之为天师，让他宣扬道教教义，权重当时。此事在宋赞宁《大宋僧史略》中也有记录。

刻制于始光二年的《靳英墓志》，洛阳市文物工作队在20世纪90年代初曾公布过，志石形制规范，呈正方形，首题“魏故靳府君墓铭”。

［文献］ 北魏郦道元《水经注》卷一三，南梁沈约《宋书》卷九三，宋赞宁《大宋僧史略》卷中，清王懿荣《韵石斋笔记、天壤阁杂记》，刘廷璧《成都万佛寺石刻造像》(《成都文物》1987年第1期)，罗宏才《中国佛道造像碑研究》，［美］王静芬《中国石碑》，［日］长广敏雄《六朝時代美術の研究》(增补版)，［日］吉村怜《天人诞生图研究》，杨泓《南朝的佛本行故事雕刻》(《现代佛学》1964年第6期)，李静杰《我是怎样辨识两尊古代佛像内容的》(《佛教文化》1997年第2期)，刘志远等《成都万佛寺石刻艺术》，李玉珉《中国佛教美术史》，费泳《汉唐佛教造像艺术史》，洛阳市文物工作队《洛阳出土历代墓志辑绳》。

公元426年　北凉承阳二年
北凉玄始十五年

［提示］ 北凉承阳二年十月五日，甘肃《酒泉马德惠石塔》。北凉玄始十五年，甘肃《敦煌□吉德石塔》。

［叙录］ 塔(梵文 stupe)的音译为“窣堵波”。在印度，早期的窣堵波又起源于陵墓，藏纳圣骨之地。佛教将此种建筑形式移植为安置佛陀舍利之所。北凉佛风浓郁，正如唐释道宣《广弘明集》记载的那样，“国寺极壮，穷海陆之财，造者弗吝金碧，殚生民之力”。现在，我国发现的早期佛教石塔，基本上都是北凉时期所遗留下来的。据殷光明等人的统计，北凉石塔共有14座，其中在甘肃境内的北凉石塔就达12座。唐晓军描述这些石塔造型，都是由八角形塔基、圆柱形塔身、覆钵形塔肩、塔颈、相轮、塔盖六个部分组成。塔基下多有榫头，说明塔基下原有塔座。其雕刻内容则为：八面形塔基上每面有一浮雕或线刻像，每像上方刻八卦符号，圆柱形塔身刻造塔施主的发愿文和《增一阿含经》中一段经文。覆钵形塔肩周开八个圆拱形龛，龛内浮雕或线刻七佛一菩萨，肩上部饰覆莲瓣。再上为短塔颈，颈上为一至七层相轮，各塔层数不同，均为单数。最上为半球形宝盖。这批石塔纪最早的是《酒泉马德惠石

塔》，雕造于北凉承阳二年十月五日。残高 34 厘米、底径 16 厘米，出土于酒泉石佛湾子，现存甘肃省博物馆。塔顶残，塔身覆钵八龛像，浮雕七坐佛一弥勒菩萨。八角形塔基线刻神人八身，各配八卦符号。塔上刻《长阿含经》部分经文和发愿文。此处之承阳年号，诸史不载，实为北凉武宣王沮渠蒙逊曾使用的年号，只用了三年(425—427)。唐晓军还记载了另一件雕刻于此年的《敦煌□吉德石塔》：残高 36 厘米、底径 18.7 厘米，存敦煌市博物馆。塔顶残佚，塔身覆钵线刻结跏趺坐佛六身，立菩萨像一身，分别有题名。塔身圆柱刻经文，并线刻佛像一身，佛像题名"第一维□□"。塔身覆钵线刻七像。塔基八面刻发愿文。

［文献］ 唐释道宣《广弘明集》卷七，唐晓军《甘肃古代石刻艺术》，殷光明《北凉石塔研究》。

公元 428 年　北凉承玄元年

［提示］ 四月十四日，《酒泉高善穆石塔》。

［叙录］ 雕刻于北凉承玄元年四月十四日的青石《酒泉高善穆石塔》，全称为《高善穆为父母报恩立此释迦文尼得道塔》，底部有榫头，塔由宝顶、相轮、塔头、覆钵、经柱、基柱等六个部分组成。围柱周边用隶楷经文体刻经文与发愿文 36 行，行 6—10 字不等。刘正成认为上面所刻经文书体介于隶楷之间，与毁于第二次世界大战的《北凉沮渠安周造像碑》及敦煌北朝书体酷似。据唐晓军记载，塔高 44.6 厘米、底径 15.2 厘米，1969 年 9 月，出土于酒泉石佛湾东北(一说为酒泉市专署街南巷)，现保存于甘肃省博物馆中。塔顶七重相轮，顶端宝盖上刻北斗七星，塔肩列八龛像，高浮雕刻七佛一弥勒菩萨。塔腹刻经文和发愿文，塔基线刻神王八身，身侧各配八卦符号。塔上刻《长阿含经》部分经文和发愿文。费泳指出，十六国时期弥勒信仰自西北陆路传入中国，其间在北凉、北魏出现弥勒菩萨造像，甘肃酒泉北凉承玄元年造《高善穆石塔》，塔上雕有过去七佛与弥勒菩萨龛像，为现存纪年最早的弥勒菩萨形象。中国对弥勒的表现通常有菩萨和佛两种形式，分别表现弥勒上生于兜率宫说法和下生于龙华树下成道。菩萨形象常以交脚方式单独塑造，或者与七佛并置，这在北凉石塔及云冈、龙门造像中多见。其成佛形象常以单尊或三佛形式出现。汉地最早的三佛造像见于炳灵寺第 169 窟，其中的第 1、4、7、9、14、16、21 号龛均为三佛，贺世哲先生考其应为竖三世，即过去、现在、未来三世佛，其中有未来佛弥勒，这样十六国时期北方对弥勒的身份表现已是菩萨、佛兼有。需要指出的是：费泳这儿所说的此件石塔上出现的弥勒像，并非是现存纪年最早的弥勒像，雕造于两年前的承阳二年的《马德惠石塔》上，已出现了弥勒像。

［文献］ 唐晓军《甘肃古代石刻艺术》，王毅《北凉石塔》(《文物资料丛刊》1977 年第 1 期)，贺世哲《关于十六国北朝时期的三世佛与三佛造像诸问题》(《敦煌研究》1992 年第 4 期)，费泳《汉唐佛教造像艺术史》，刘正成《中国书法鉴赏大辞典》。

公元 429 年　北凉承玄二年　大夏胜光二年

［提示］ 北凉承玄二年二月二十八日，甘肃《酒泉田弘石塔》。北凉沮渠蒙逊下令毁塔寺，斥逐道人。大夏胜光二年正月一日，中书舍人施文造像一区。

［叙录］ 雕刻于北凉承玄二年二月二十八日的青石《酒泉田弘石塔》，上面刻有"田弘为父母君王报恩立此塔"的题记。刘正成认为其塔形与制作风格和高善穆塔相同，只是更显深厚、粗犷。唐晓军记载其残高 41 厘米、底径 21 厘米，酒泉石佛湾出土，现存甘肃省博物馆。塔顶残，塔肩残存三龛像，皆佛像，均禅定印，着通肩袈裟。塔腹刻经文和发愿文。塔基线刻神王，现残存六身，侧刻八卦符号。

同年，沮渠蒙逊下令毁塔寺，斥逐道人。唐释道世《法苑珠林》载：北凉承玄二年，沮渠蒙逊的世子沮渠兴国，在征战西秦时被擒获，后来又为乱军所斩杀,沮渠蒙逊实在找不到发泄的地方,于是迁怒于佛教,认为佛教所宣扬的因果关系并非像说的那样,“事物无应”,便“下令毁塔寺,斥逐道人”。后来蒙逊虽有所悔悟“招集诸僧还复本业”,但是,正如费泳所说:凉州石窟遭受人为破坏,最早也许就来自沮渠蒙逊本人。

大夏胜光二年正月一日之铜鎏金坐像《中书舍人施文造像一区(躯)》,高19厘米,金申有著录,发愿文为:胜光二年己巳春正月朔日,中书舍人施文为合家平安,造像一区。胜光是大夏国匈奴赫连定据平凉时的年号。公元407年匈奴赫连勃勃称天王大单于,国号夏,建都统万城(今内蒙古鄂尔多斯市),418年一度夺取长安即称帝,431年为吐谷浑所灭。此像是灭国前二年所造,现藏于日本大阪市立美术馆中。像座下铸四足,与像身连为一体,这种做法较为少见。十六国佛像绝大多数是佛像与四足分铸,然后套接在一起的。张焯认为其风格与后赵建武四年(338年)的铜像多有类似之处,只是方座台变为四足方座,方座上旁卧二狮子,也属犍陀罗佛像常见构图。

[文献] 唐释道世《法苑珠林》卷一三,唐晓军《甘肃古代石刻艺术》,张焯《云冈石窟编年史》,金申《中国历代纪年佛像图典》、《佛教美术丛考》,费泳《汉唐佛教造像艺术史》,刘正成《中国书法鉴赏大辞典》。

公元430年　南朝宋元嘉七年 北魏神䴥三年

[提示] 南朝宋元嘉七年,竺道生重返庐山讲坛。《大涅槃经》传至建业。北魏神䴥三年,宋周宗窃取彭城北寺水晶佛像。

[叙录] 竺道生(355—434)曾于东晋隆安年间至庐山师从慧远,时间长达七年。后又北上长安,追随鸠摩罗什。道生曾提出著名的“一阐提皆有佛性”理论,争论很多。道生至东吴虎丘山,相传曾为众石讲经,道生论及一阐提皆有佛性之时,众石皆为之点头。这个“生公说法,顽石点头”的典故一直流传于后世,广为人们所称道。道生在元嘉七年重返庐山讲坛,颇为山中僧众所“敬服”。

是年,《大涅槃经》传至建业。大乘五大部经之一的《大涅槃经》一共有40卷,全经13品,是佛陀即将涅槃时向众人所说法事,经中主要阐述了佛身常住不灭以及众生皆有佛性乃至一阐提皆成佛等教义,这与竺道生的提法如出一辙。《大涅槃经》最初在中国北方传播,到此时才传至南方建业。南方佛教学者长于义理研究,释慧严、慧观和谢灵运等人又在《泥洹》的基础上对此经增加品目,共成36卷25品,此本被世人称为《南本涅槃经》,13品者则称为北本。

唐释道世《法苑珠林》还记载了北魏神䴥三年宋周宗窃取彭城北寺水晶佛像一事。广陵肥如人宋周宗于是年随刘彦之北伐。王师失利,与同邑六人逃窜。在彭城(今江苏徐州市)北边,遇一空寺,里面没有僧徒。寺中有一座水晶佛像,宋宗周等人便窃取出寺院,售给村民以换取果腹食物。乱世之中,佛像被盗毁的事情屡有发生,同书中还载有宋琰所供养的观世音金像一躯险些被百姓拿来铸成钱币一事。

[文献] 南梁慧皎《高僧传》卷七,南梁僧祐《出三藏记集》卷一五,宋陈舜愈《庐山记》卷三,唐道世《法苑珠林》卷一七、卷七九,张焯《云冈石窟编年史》。

公元431年　南朝宋元嘉八年

[提示] 道汪入蜀,后即崖镌像。

[叙录] 南朝宋元嘉八年,道汪(？—465)入蜀,后即崖镌像。南梁慧皎记载,道汪是刘宋时长乐人,庐山慧远的弟子。大约在此年入蜀,在蜀中化行民众,誉满朝野,功德甚大。据说,有人在峡谷中的石岸,看见神光夜发。南朝宋大明中(457—464年),益州刺史刘思考请求道汪于神光散发之处修建寺院。道汪于是就山崖之上镌刻佛像,在险峻之处修

建禅室，人们经过其下，举首瞻仰，心中顿生清净之心。慧皎在这儿只说了道汪在江峡中镌崖建室，并没有具体说在哪儿。学者推断道汪曾至重庆地区弘法。其造寺、刻像的地点，应该在重庆沿长江两岸一带。温玉成说，四川省现存最早的造像窟，多在广元。广元恰扼“金牛道”入川之咽喉。但是，有关四川造像窟最早的记载，是道汪于江峡某处“即崖镌像，因险立室”，时间在公元 457 年至 464 年之间，这比云冈“昙曜五窟”还早些。道汪从慧远学净土，后欲投玄高学禅法，路值吐谷浑之难（指吐谷浑收西秦地、擒赫连定之事，时在公元 431 年），遂不果行，旋于成都。后王景茂请道汪居武担寺，以为“僧主”，奉始元年，卒于住所。唯道汪于江峡中造像地点，未能详指。《水经注》(江水)云：长江东望峡东有平都县（今重庆市丰都县），“县有天师治，兼建佛寺，甚清灵。县有市肆，四月一会”。不知道汪造像是否即在此处，《高僧传》(玄畅传)云：玄畅河西金城人，少投玄高为弟子。又随玄高至平城（439 年，今山西大同市）。北魏灭佛，于 455 年达于扬州，后迁憩荆州长少寺（478 年），乃飞舟远举，西适成都；初址大石寺，乃手画作金刚密迹等十六神像。至升明三年（479 年），又游西界，观睹岷岭，乃于岷山郡北部广阳县界见齐后山（约今四川茂县），遂有终焉之志，立齐兴寺而卒。考古调查表明：广元千佛崖有南北朝时石窟两个。最早的第 72 号窟与天水麦积山的造像十分接近（阎文儒《中国石窟艺术总论》）。茂县出土了齐永明元年（483 年）无量寿佛坐像及弥勒佛立像之造像碑。

［文献］ 南梁慧皎《高僧传》卷七，温玉成《中国佛教与考古》，段玉明《晋唐巴蜀佛教义学述论》(《世界宗教研究》2011 年第 3 期)。

公元 434 年　北凉缘禾三年

［提示］ 甘肃《酒泉白双苴石塔》。

［叙录］ 雕刻于北凉缘禾三年的《酒泉白双苴石塔》，唐晓军记载，残高 46 厘米、底径 21 厘米，出土于酒泉石佛湾，现存于中国历史博物馆。塔顶残佚，塔身分上下二层凿龛像，上层八龛像中，六龛像为着通肩袈裟禅定像，右旋第七龛像着双领衣，第八龛为弥勒菩萨龛像。下层八龛中，右旋第一龛为右舒相思维菩萨。第四身佛像着双领衣，余六龛像均为着通肩袈裟禅定像。塔基刻经文和发愿文。

［文献］ 唐晓军《甘肃古代石刻艺术》。

公元 435 年　北凉缘禾四年　北魏太延元年　宋元嘉十二年

［提示］ 北凉缘禾四年，甘肃《敦煌索阿后石塔》。北魏太延元年八月，粟特国遣使朝献。是年，立庙于恒岳、华岳、嵩岳。刻《大代华岳庙碑》。宋元嘉十二年，萧摹之请欲铸铜像及造塔寺者须上报。宋颁布禁铜令。

［叙录］ 雕凿于北凉缘禾四年的《敦煌索阿后石塔》，唐晓军载，石塔残高 16.9 厘米、底径约 8.4 厘米，现为美国克利夫兰艺术博物馆所收藏。塔顶残佚，塔身覆钵周开八个尖楣圆拱形龛，雕七佛一弥勒菩萨。塔身圆柱刻经文和发愿文。塔基刻八神王，每像上刻八卦符号，唯第三像侧有“天神王”三字。塔身刻发愿文和经文共 37 行。北凉缘禾年号，据侯灿考证，曾为沮渠牧犍所使用，但在史籍中没有记载。

北魏太延元年八月，粟特国遣使朝献，此事见载于《魏书》(世祖纪上)。粟特人带来的中亚文明，对中古时代的中国文化产生过多方面的影响，在石刻艺术方面，充满异国情调的粟特文化也曾留下深深的印迹。张焯说，粟特即粟弋，中亚细亚古国。居阿姆河、锡尔河之间，主要经营农牧业，属伊朗语族。《北史》(西域传)载：“粟特国，在葱岭之西，古之奄蔡，一名温那沙。居于大泽，在康居西北，去代一万六千里。先是，匈奴杀其王而有其国，至王忽倪，已三世矣。其国商人先多诣凉土贩货，及魏克姑臧，悉见虏。文成初，粟特王遣使请赎之，诏听焉。自后无使朝献。"文成，《魏书》(西域传)作"高祖"。按文成、献文、孝文本纪中，俱有粟特朝贡的记载，宣武本纪始无。两书相校，盖均有脱误。事实上，粟特俘虏被赎，应在文成帝时；粟特绝使，在孝文帝之后。

《魏书》(礼志一)又载：太延元年，立庙于恒岳、华岳、嵩岳。并且分别在上述三岳之上各置侍祀 90 人，岁时祈祷水旱。据曾毅公考证：太延元年，荔非薄非、荔非车肩等三人同刻《大代华岳庙碑》。此碑原石早已不存，但是早在宋代欧阳修的儿子欧阳棐《集古录目》以及赵明诚书中均有著录，上面说此碑不着撰人名氏，后魏镇西将军略阳公侍郎刘元明书，太延中改立新庙，以道士奉祠，春祈秋报，有大事则告。碑以太延五年(439)五月立。这样来看，此碑是在刻好之后，过了几年才竖立起来的。此碑拓本有正书局曾影印行世。

是年在南朝宋为元嘉十二年，萧摹之请欲铸铜像及造塔寺者须报乃得为之。《宋书》及《资治通鉴》均载有刘宋丹阳尹萧摹之上言：佛化被于中国，已历四代(汉、魏、晋、宋)，形象塔寺，所在千数。但是最近以来，人情浮躁，不以精诚为至上，竞相奢侈，材竹铜彩，耗费无数！请从现在起，凡是想要铸造铜像及建立塔寺的人，必须向上面汇报，得到许可后才能施行。宋朝下诏认可萧摹之的建议。罗宏才认为此条史料虽系言南朝之事，唯在南北通使、北敬于南的特殊历史时期，施之于北朝，亦足适合。参见《北齐书》(杜弼传)：江东专事衣冠礼乐，中原士大夫望之，以为正朔所在。李玉珉也指出，宋初，佛教徒不但积极重修颓圮的旧寺，更竞相营建新构，铸造铜佛，以夸尚炫耀。元嘉十二年，丹阳尹萧摹之见寺院豪奢，所以上奏朝廷，希望政府整肃佛教，严格管理寺院的营建和佛像的铸造。足见当时的佛教建筑与雕刻的数量十分可观。实际上，刘宋皇室也热衷于佛教造像活动，大明四年(460)，路昭皇太后造普贤来仪圣像、宋孝武帝造无量寿金像、宋明帝造丈八金像、陈太妃又造法轮寺与宣福寺的涅槃像等。不过，令人遗憾的是，目前所存的刘宋佛教文物寥寥无几，如今只能从这些作品和文献上来一探刘宋佛教艺术的究竟。

估计是在萧摹之上书的影响下，宋朝为限制滥用铜材建造佛像及塔寺等，颁布禁铜令。费泳认为，东晋南方佛教造像，汉至西晋流行于民间的墓室造像为金铜造像取代，建寺造像的规模已为社稷所不容，导致刘宋元嘉十二年禁铜令的颁布。但是这个禁令似乎收效甚微，《南齐书》载(高帝本纪)：刘宋大明、泰始以来，相承奢侈，百姓成俗，至是又上表禁民间华伪杂物。其中即有"不得辄铸金铜为像"。可见宋齐年间，南方金铜佛像不仅为僧人用以行像传教，百姓也乐于铸造供养，并成为民俗传布深广。以皇室资助的栖霞山及浙江宝相寺大佛，规模巨大，与民间流行的金铜佛同为南朝佛教造像之主要形式。

[文献] 北齐魏收《魏书》卷四、卷一〇八，南梁沈约《宋书》卷九七，宋欧阳棐《集古录目》卷三，宋赵明诚《金石录》卷二，宋司马光《资治通鉴》卷一二二，曾毅公《石刻考工录》，唐晓军《甘肃古代石刻艺术》，费泳《汉唐佛教造像艺术史》，张焯《云冈石窟编年史》，李玉珉《中国佛教美术史》，罗宏才《中国佛道造像碑研究》，侯灿《北凉缘禾年号考》(《新疆社会科学》1981 年创刊号)。

公元 436 年 北凉太缘二年 北魏太延二年

[提示] 北凉太缘二年，甘肃《酒泉程段儿石塔》。北魏太延二年十二月，河南《中岳嵩高灵庙碑》。

[叙录] 雕刻于北凉太缘二年的《酒泉程段儿石塔》，唐晓军记载塔高 42.8 厘米、底径 12 厘米，1969 年出土于酒泉石佛湾子东北，现存酒泉市博物馆。佛顶七重相轮，宝盖宽大。塔身覆钵雕八龛像，其中右旋第一、三、七龛佛像着交领袈裟，第二、四、六龛佛像着通肩袈裟，第八龛弥勒菩萨龛像。塔身刻经文和发愿文，塔基刻八神王。

河南《中岳嵩高灵庙碑》在陆增祥《八琼室金石补正》中有著录，其刻立时间定于太安二年(456)。

据殷宪考订，此碑当刻立于北魏太延二年十二月。从碑阴文可知，《中岳嵩高灵庙碑》的书丹者是洛州行职王吐久万。张焯认为：其中，由平城前往的画匠、石匠、材匠负责相关事宜，对于我们理解云冈石窟的开凿，颇有启发。

［文献］ 清陆增祥《八琼室金石补正》卷一二，唐晓军《甘肃古代石刻艺术》，殷宪《从嵩高灵庙碑阴文字所见创立时间、书丹人及其他》（《艺谭》第三辑），张焯《云冈石窟编年史》。

公元 437 年 北魏太延三年 南朝宋元嘉十四年

［提示］ 北魏太延三年，河北《太武帝东巡之碑》。南朝宋元嘉十四年五月一日，《韩谦造金铜坐佛像》。

［叙录］ 刻立于北魏太延三年的《太武帝东巡之碑》，最早见载于北魏郦道元《水经注》一书中，称之为《御射碑》。泰常八年（423），太武帝拓跋焘继位后，鲜卑族所建立的北魏政权通过文治武功，统一了黄河流域的广阔领域。北魏太延元年（435）十一月，太武帝拓跋焘在结束对河北诸州的巡视之后返回都城平城，行至定州徐水河谷时，兴致甚好，向众人演示其盘马弯弓的神射技艺，博得一片喝彩。郦道元说，定州府为纪念太武帝射箭一事，特地在徐水岸边竖立了三座石碑，其中之一碑即这座《御射碑》。此碑于民国初年在河北易县猫儿洼发现。据罗新、李泉汇两人的调查，三碑具体竖立的地点则在河北易县狼牙山镇口头村东侧漕河（古徐水）河谷。并且还获得了《御射碑》的碑座和碑身残石，为研究东巡碑提供了新的第一手资料。另外两碑则早已下落不明。《御射碑》碑额篆刻阳文“皇帝东巡之碑”，碑文记述太武帝东巡恒山，北行而归，经易州御射示威于群臣之事。碑刻书风峻拔，楷中带隶，书法成就颇高。宋人乐史在《太平寰宇记》中也曾言及此碑。此后再也没有人提到这块《御射碑》了，直到 20 世纪 30 年代中期，金石学者徐森玉才在河北易县觅得此碑，并拓制了多份拓本带回北平，次年傅增湘、周肇祥再次前往摹拓，东巡碑于是广为人知。罗新称这些拓本都仅拓碑阳文字，不及碑阴，而郦道元称“碑阴皆列树碑官名”，文字之繁多，当逾于碑阳。可能当时石碑已风化严重，碑阴文字漫漶难识，致使徐森玉等无法拓取获得。

南朝宋元嘉十四年五月一日，刻造《韩谦造金铜坐佛像》。由于南朝造像比较少，此造像在南朝造像中又有明确纪年，应该具有标准器价值，因此这件韩谦造像虽为金铜，在此仍然要予以叙及。此造像金申进行了著录，现藏于日本东京永青文库，原为长白端方旧藏，题为“宋韩谦造像”，并绘有线图。佛像通高 29.2 厘米，束发式肉髻，着通肩大衣，胸前及大襟部衣纹成 U 字形，双手作禅定印，趺坐于方形叠涩四足台座上，身背后为火焰纹大光背，台座侧有铭文：“元嘉十四年岁在丑郦朔五月一日，弟子韩谦敬造佛像，愿令亡父母、姨子、兄弟值遇诸佛，常与三宝共会。”这尊像在端方收藏前，出处不明，是南朝造像中有铭文可证的最早的单尊金铜佛像，属南朝金铜造像的开山之作，如日人松原三郎所说，具有南朝佛像可靠标准器的地位，这在佛教美术史上似已成定论。但是金申接着提出：巧合的是山东莒县文物管理处从废品收购站征集到一尊元嘉二十一年（444）款的佛坐像，其样式与端方旧藏元嘉像完全一样，只不过没有鎏金，铭文亦有出入：“元嘉二十一年岁在甲申三月二十一日弟子皇甫员敬造佛像，愿令亡父母、姨子、兄弟值遇诸佛，常与三宝共会。”金申认同日人矢代幸雄的观点，从光背、台座、铭文等方面考察，推测端方藏像可能是伪作，而作伪者可能是离莒县不远处维县的金石学家和收藏家陈介祺。目前这种认识尚不为学界所普遍认同，张焯认为该像风格接近于后赵建武四年（338）、大夏胜光二年（429）两像，只是更为精美。比较北魏早期和云冈石窟早期造像，则显得清秀、俊丽。

［文献］ 北魏郦道元《水经注》卷一一，宋乐史

《太平寰宇记》卷六七，清端方《陶斋吉金录》卷五，罗新等《北魏太武帝东巡碑的新发现》(《中国国家博物馆馆刊》2011年第9期)，罗新《跋北魏太武帝东巡碑》(《北大史学》第11辑)，[日]大村西崖《支那美术史雕塑篇》，金申《佛教美术丛考》，[日]矢代幸雄《刘宋元嘉年间的金铜佛》(《美术研究》昭和16年第1号)，张焯《云冈石窟编年史》。

公元439年　北魏太延五年 南朝宋元嘉十六年

[提示]　北魏太延五年，灭北凉，沙门佛事皆俱东。北魏统一河西，石窟汉化。南朝宋元嘉十六年，龙华寺道矫造夹苎弥勒佛倚像一躯。

[叙录]　这一年与石刻艺术相关的事件大多发生在北魏。北齐魏收《魏书》(世祖纪、释老志)载：太延五年冬十月，车驾东还，将五万多家凉州居民迁至京师平城(今山西大同市)。又载：是年北魏灭北凉，徙其国人于平城，沙门佛事皆俱东，重心全部向东边转移，象教(佛教)越来越发达，以至于到平城的僧人太多，北魏统治者不得不下诏，罢除50岁以下没有太高资历的僧人。

北魏为何在灭了北凉后，要将大批的凉州百姓迁到平城来呢？北魏统治者当然有他们自己的算盘。北魏做这样的事并非头一遭，41年前，也就是北魏天兴元年(398年)，他们就曾大规模地将山东六州民吏及徒何等杂夷36万，百工伎巧10万余口，迁至平城来。值得注意的是，北魏的移民政策中，对于僧侣及工匠是有特别倾斜的。而北凉由于独特的地理位置以及沮渠蒙逊等人对于佛教的提倡，不仅佛学兴盛，是当时北方的佛教重地，高僧云集，而且还培养了一大批佛教造像艺术工匠，这些僧人和工匠对于北魏来说，都是宝贵的资源(如后面将提到的凉州名人刘昞，就在特别惠顾之列)。

张焯回顾前凉历史说，西晋建兴二年(314)，晋愍帝封张轨为太尉、西平公、凉州牧。太元二十二年(345年)，前凉张骏分设沙州，领敦煌郡。河西是佛教自西域来华的要道，西晋初竺法护即在敦煌译经；道安《凉土异经录》列59部79卷，足见河西佛教之盛、之早。后来，凉州刺史张天锡邀西域僧译经；至沮渠蒙逊领有凉土，凉州继前秦、姚秦长安后，更为译经中心。北魏灭了北凉后，凉州姑臧(今甘肃武威市)守城的3 000僧人，都在东迁之例。张焯认为，除中途逃脱、死亡者外，大部分应到达代都，从此成为北魏平城时代佛教事业的主体，以及云冈石窟开凿的骨干力量。北魏灭北凉，结束了中国北方五胡十六国分裂割据的局面。北凉亡，则北魏国境直接西域，中西文化交流之路向东延伸到平城。从太武帝遣使西域(435)到孝文帝迁都洛阳(494年)，以平城为东端的丝绸之路，运行了整整60年。大同多有西域风格的北魏文物出土，其中不乏精美的金银器和玻璃制品，往往来自中亚以西地区。至若云冈石窟中所体现的外来文化艺术风格，今天的研究者多以为追踪凉州敦煌模式，此论有一定道理。然而，通过凉州僧传这一间接方式之外，直接来自中亚、印度、西亚艺术的影响，亦不可忽视。

金维诺认为，北魏鲜卑拓跋氏崛起于北方，早期文化受到西域和凉州的深刻影响。公元439年，太武帝拓跋焘灭凉，俘掠凉州僧徒3 000人及宗族吏民3万户迁平城，形成"沙门佛事皆俱束，像教弥增"的局面。曾在麦积山习禅、后游凉土的高僧玄高以及后来主持开凿云冈石窟的昙曜，也因此来到平城。太平真君七年(446)，又徙长安工巧2 000家于京师，平城一时遂成北方佛教中心。拓跋焘灭法，北魏佛事稍歇。但文成帝拓跋浚即位后，佛法再兴，兴光元年(454)，又"勅有司于五级大寺内为太祖以下五帝铸释迦立像五，各长一丈六尺，都用赤金二十五万斤"(《魏书·释老志》)。文成帝本人还仿拟"皇帝即佛"的故实，命按他的身材雕刻石佛，像成之后，颜面足部皆有黑斑，与拓跋浚暗合。此后平城大规模兴建佛寺，公元466年，献文帝起永宁寺，构七级浮屠，高三百尺。皇兴中，又造三级石塔，高十丈。到孝文帝拓跋宏太和元年(477)，平城寺院新旧已达100

所、僧尼1 000余人。四方州郡寺院多达6 478所，僧尼77 258人。而云冈石窟的开造，更是效法五级大寺规模，遂成北朝佛教史上的重要事件。赵超甚至认为北魏佛教直接来源于北凉，是佛教东渐的第二站。

直到今天，我们还依稀能看到凉州工匠们在平城的佛教艺术创作中所留下的痕迹。阎文儒说，甘肃地区（十六国时五凉），由敦煌莫高窟到永靖炳灵寺，再南到天水麦积崖。其早期造像、壁画的题材与风格，完全是相同的。北魏太武帝拓跋焘太延五年（439）统一河西以后，僧侣与信徒们许多人东迁平城。云冈早期的第16至第20窟，以及第7、8窟，造像的题材和风格，与河西、天水等地区早期造像的风格相同，说明石窟艺术沿着由西而东的路线在发展。

北魏在统一河西后，石窟汉化的倾向十分明显。阎文儒对此予以分析说，天山南麓的石窟艺术，从今天遗存的石窟来看，虽然有许多作品表现得还不够深刻，但是，在吸收印度、犍陀罗、中原汉族的艺术风格的同时，也体现了西北少数民族自己的民族形式。石窟艺术东入玉门关以后，尽管题材还是印度、犍陀罗的，但在中国内地工匠的创造下，却充分体现了内地人们的生活与艺术技巧。尤其在北魏于太延五年（439）统一河西，继其以后的太和年间为解决阶级矛盾、民族矛盾而采用鲜卑汉化政策以后，石窟艺术也经历了一个汉化的过程（亦即佛教艺术的汉化过程），从而成为中华民族不可磨灭的最宝贵的艺术遗产之一。

本年在南方的刘宋，有一件佛教造像作品可以提及：龙华寺道矫造夹苎弥勒佛倚像一躯。南梁释宝亮在《名僧传钞》中记载，道矫是南朝宋僧。本为高陆（陕西高陵）人，后入住龙华寺，蔬食禅诵，夙性清约。为了开发信悟，在这年同建康信士朱舛孙共起佛殿三间，造夹苎弥勒像一躯，高一丈六尺。道矫寿延很高，活到93岁才圆寂。将传统夹苎工艺用于佛像制作的为东晋雕塑大师戴逵所首创，唐释法琳《辩证论》就曾记载，戴逵为招提寺“手制五夹苎像，并像好无比”。唐道世《法苑珠林》也载有戴逵子戴颙造会稽龙华寺弥勒佛像一事。南方自支遁（道林）撰《弥勒赞》后，弥勒信仰始盛于南朝。弥勒信仰于二三世纪时在印度北部及西北部较为流行，在中国则晚得多，自西晋竺法护翻译了《弥勒成佛经》、《佛说弥勒下生经》等净土经典后始渐为人所知。4至5世纪时，这些弥勒经典和《妙法莲华经》一道，成为中国弥勒信仰的核心经典。

［文献］ 北齐魏收《魏书》卷四、卷一一四，南梁释宝亮《名僧传钞》，唐释法琳《辩证论》卷三，唐道世《法苑珠林》卷一六，张焯《云冈石窟编年史》，费泳《汉唐佛教造像艺术史》，金维诺《中国古代佛雕：佛造像样式与风格》，赵超《石刻史话》，李玉珉《中国佛教美术史》，阎文儒《中国石窟艺术总论》。

公元440年　北魏太平真君元年

［提示］ 三月，《合邑义道继等造像》。六月，《朱怛造石佛像一躯》。刘昞至凉州韭谷窟（今甘肃张掖马蹄寺石窟）。

［叙录］ 雕刻于太平真君元年三月的《合邑义道继等造像》，据罗振玉说，此石造像有题记，楷书，石藏于美国克利夫兰特美术博物馆。王壮弘在为方若的《校碑随笔》作校补时也著录了这件造像。

刘建华在纪念宿白先生八秩华诞时撰文，文中发布了雕造于太平真君元年六月的《朱怛造石佛像一躯》之发愿文，中有“愿母见世□□，寿命延长，将来之世，龙华树下，一时受法”等语，可知为弥勒造像。张焯称此石像为结跏趺坐佛像，灰砂岩质，通高24厘米，1958年河北正定县文物保管所征集。磨光素髻，面相长圆，细眉细眼，长耳垂肩，着通肩大衣，背光为圆拱形，正面浅浮雕火焰纹、忍冬纹和莲瓣纹，背面为发愿文。

北齐魏收为刘昞作传时提到：敦煌人刘昞，字延明，在北魏平凉州后，士民东迁，夙闻其名，拜乐平王从事中郎。北魏世祖拓跋焘下诏，年龄70岁以上的人就让他们继续留在凉州本乡，并且留下一子扶养老人。刘昞这时也老了，在平城待了一年余，因思念家乡而返，刘昞至凉州西四百里韭谷窟，遇疾而卒。《魏书》(刘昞传)校勘记：按《晋书》(郭玛传)云："隐于临松薤谷，凿石窟而居。""薤"即"韭"、"韮"，临松在凉州西，敦煌东，刘昞死地当即郭踽隐居之处。这儿的韭谷窟，学者通常认为就是今甘肃张掖西南裕固族自治县的文殊山马蹄寺石窟。

拓跋焘平北凉之后，迁凉州居民东入平城，并非一次就完成了迁移工作，不久即经历了再次迁徙。《魏书》(刘昞传)就说刘昞的儿子"并迁代京，后分属诸州，为城民"。张焯认为这批凉州民的最终归宿，情况应是多种多样的。其中大部分"屈沉兵伍"，但是，不少士人还是逐渐摆脱了奴役身份。如：太和十四年，李冲奏擢刘昞一子为郢州云阳令；正光中，太保崔光奏免刘昞孙三家。至于献文帝以后的平齐民，迁徙、处境类似。

［文献］ 北齐魏收《魏书》卷五二，清罗振玉《海外贞珉录》，清方若著王壮弘校补《增补校碑随笔》，张焯《云冈石窟编年史》，《宿白先生八秩华诞纪念文集》。

公元441年 北魏太平真君二年
南朝宋元嘉十八年

［提示］ 北魏太平真君二年正月十五日，云冈张君造铜佛像一躯。南朝宋元嘉十八年，颜延之撰《王球石志》。

［叙录］ 据张焯记载，在云冈石窟文物研究所中，藏有一尊立佛铜像，菩萨状，站四足方座覆盆之上。火焰纹大背光，光焰背后刻铭记。铭文为："大魏太平真君二年正月十五日，弟子张君四人，一为合门大小居家平安，貮造佛像一躯供养。"金申认定为伪品。

南朝宋元嘉十八年，颜延之撰《王球石志》。此事见载于《南齐书》(礼志)：宋元嘉中，颜延之作《王球石志》，素族无碑策，故以纪德。《宋书》有王球本传，王球卒于元嘉十八年，延之为之撰石志，当在此年。

［文献］ 南梁萧子显《南齐书》卷九，南梁沈约《宋书》卷五八，张焯《云冈石窟编年史》。

公元442年 北魏太平真君三年

［提示］ 正月十八日，山东《定州常山鲍纂造石浮图》。五月三日，《石造半思惟菩萨像》。

［叙录］ 雕刻于北魏太平真君三年正月十八日的砂岩《定州常山鲍纂造石浮图》，亦称《永昌王常侍定州常山鲍纂为亡父母造石浮图记》，清端方曾著录。石浮图清末出土于山东，出土时已残，仅存扁四方体的浮图台座(石塔基座)，金申载石高10厘米、阔28.2厘米。初为诸城王绪祖所得，又归长白端方，后流入日本，现藏于东京书道博物馆，1915年，日人大村西崖在《支那美术史篇雕塑篇》中曾谈及此石刻，并录有《鲍纂造石塔基座铭》。从铭文(发愿文)中还可知道，这座石浮图还刻有《大涅槃经》一部。现存基座正面雕刻人举摩尼，两旁各有一狮、一天人，背面为铭文，左右侧面为供养人。张焯按：鲍纂在平城节衣缩食而造此石浮图，应为武州山砂岩所成。同时，也说明当时武州山已开山取石，用于佛事建设。这一塔基是现今存世的有纪年的佛雕中最早的砂岩石刻。从此开始，到云冈昙曜五窟开凿不足20年间，现存散落各地的有纪年的石佛若干尊，有一共同点：即都是砂岩，雕刻风格也都与云冈石窟早期造像相近。而此石浮图与天安元年(466)朔州崇福寺九层千佛石塔，都明确记为平城所造，不能不使人得出如此结论：乃北魏武州山及其石窟寺开凿的产物。否则，无以解释为什么都出现在凉州僧人被徙平城之后，为什么其与云冈风格、凉州风格相似，为什么偏偏都是砂岩？开山刻石，作为产品销售，在印度马土拉地区早有历史，已为先例。而北魏在平城建都，皇宫、市里大规模建设，建筑石材、民用器具的需求，拉动了武州山采石业、石雕业的发展，各地工

匠、僧侣特别是凉州3 000僧人的到达，佛教的兴盛，必然促成平城石刻佛像、佛塔的出现，同时也就成为这批半奴隶性质的凉州僧侣谋生的一条途径。而此时北中国具备上述条件的砂岩产区，大约只有平城。

《石造半思惟菩萨像》刻制于本年五月三日，仍然是砂岩，所造主像为思惟菩萨，高40厘米，现为日本私人所收藏。发愿文内容为：太平真君三年五月三日为亡母王造像一躯。《金申趣谈古代佛像》中写道：半跏思惟菩萨像是广泛流行于犍陀罗、中国、朝鲜半岛和日本的菩萨形的造像样式，姿势是右腿搭于左腿上，右手支颐作思惟状。此种样式在佛教美术史上最早可追溯到犍陀罗的佛教雕刻上。通常认为这是表现释迦成佛前，身为悉达太子时在苦思人生哲理乃至开悟的情形。通常有三种形式：太子于阎浮树下，见农人翻土时，众鸟争食土中虫蚁，心生悲悯，而起思惟；净饭王为阻太子出家之念，连日宴饮作乐，太子见诸宫女疲惫酣眠之丑态，而起思惟；太子离城出家，至苦行林，告别爱马犍陟，而起思惟。

中国所见的思惟像，多属上述第三类。自5世纪中叶北魏时代，已有半跏思惟像的独立像。其中最古者就是这件为亡母王氏所造的石刻半跏趺像。该石像衣裳密着于身，颇富写实性。可能是当时与西域诸国来往频仍，因而受到西方影响所致。5世纪后半叶陆续开凿的云冈石窟，其第六、第七、第八等洞亦发现有此类造像。同时期另有金铜佛像的制作，其中，也有半跏思惟像的浮雕，尤以北魏太和十六年(492)所造，深具云冈后期的特色。此外，位于当时东西交通枢纽的西安，也有此类佛像。早在五胡时代，此地即为鸠摩罗什的教化中心，故所造思惟像，体态厚重，呈现高尚的风貌。东魏至北齐期间，则有为数不少的白玉半跏思惟像的雕造。

［文献］ 清端方《陶斋藏石记》卷六，金申《海外及港台藏历代佛像珍品纪年图鉴》、《中国历代纪年佛像图典》、《金申趣谈古代佛像》，［日］大村西崖《支那美术史篇雕塑篇》，张焯《云冈石窟编年史》，刘正成《中国书法鉴赏大辞典》。

公元443年　北魏太平真君四年 南朝宋元嘉二十年

［提示］ 北魏太平真君四年七月二十五日，刻《嘎仙洞拓跋氏祭祖铭文》于壁。太武帝至恒山之阳，诏有司刊石勒铭。南朝宋元嘉二十年，居士宗炳卒。

［叙录］ 《魏书》(世祖纪、礼志一)和《资治通鉴》，都记载了这样一件事情：乌洛侯国使者在朝拜北魏时说，乌洛侯的西北一山谷中，有拓跋鲜卑族的祖先生活的旧墟(遗址)，那儿还有保存完好的祖庙，当时的人民经常去祈祷，而且十分灵验。于是太武帝便派遣中书侍郎李敞前往远在4 000里之外的鲜卑石室，告祭天地，以皇祖、先妣相配，前且在石壁上刻写祝文。

鲜卑石室究竟在什么地方，史料上并没有说，只说离北魏都城平城2 000多公里，在乌洛侯国的西北。乌洛侯国在《魏书》中有传，其民冬则穿地为室，夏则随原阜畜牧，并且种植谷麦。其俗绳发，皮革以珠为饰。好射猎，乐有箜篌，木槽革面而施九弦。由此可见，北魏时的乌洛侯国(唐时称乌洛浑国或乌洛护)，是游牧农兼有的小国家，国人能歌善乐，极富艺术天赋。但是说来说去，这个神秘的乌洛侯国还是不知道在哪儿。要找到鲜卑石室在什么地方，就必须找到乌洛侯国的具体所在。或者说：找到了鲜卑石室，也就基本可以说找到了乌洛侯国。

1980年7月30日，呼伦贝尔盟文物工作站的工作人员米文平，在黑龙江省大兴安岭南麓、鄂伦春自治旗首府阿里河镇西北约10公里处的大兴安岭顶巅一个天然石洞里，找到了传说中的鲜卑祖庙石室。在这个被当地人相传为仙人洞的名为嘎仙洞的洞中，米文平找到了一件石表，还在距洞口15米处的两侧石壁上，发现了太平真君四年北魏太武帝派遣李敞前往其地“告祭天地，以皇祖先”而刊刻的祝文，全文共19行201字。《嘎仙洞拓跋氏祭祖铭文》的发现，终于揭开鲜卑拓跋部发祥地究竟在何处的谜底，并且也为确立乌洛侯国所在地提供了可靠线索。乌洛侯国当在嘎仙洞东南，即嫩江中游今齐齐哈尔西部一带。唐代称乌洛侯为乌洛浑，今天的蒙古语“乌拉”为山、“浑”为人，合起来就是“山里人”。蒙古语系由东胡后裔鲜卑、室韦等语发展而来，分布在今齐齐哈尔以西到大兴安岭山地一带。

赵超称这件祭祖铭文是近年发现的最重要的北魏摩崖石刻。祝文书法古朴质拙，书体介于隶书与楷书之间，字体大小不一，鲜卑民族的早期历史依靠这件摩崖得以证实，是中国少数民族考古的重要遗址。

这一年在南方，著名艺术家居士宗炳卒。宗炳(375—443)字少文，南阳涅阳(今河南邓县)人。宗炳曾至庐山拜见释慧远，考释佛学经典文义。后隐居江陵，自称居士。朝廷多次征召，均为其所拒绝。所游历之处，皆绘图摹影，悬挂于室，曾对人说：“抚琴动操，欲令群山皆响。”其广为世人所称道者是其传世名作《画山水序》。

［文献］　南梁沈约《宋书》卷九三，《魏书》卷四、卷一〇〇、卷一〇八，唐李延寿《南史》卷七五，唐释道宣《广弘明集》，《高僧传》卷六、卷七、卷八，《资治通鉴》卷一二四，赵超《石刻史话》，金其祯《中国碑文化》，米文平《鲜卑石室寻访记》，干志耿等《乌洛侯与黑龙江历史地理诸问题》(《求是学刊》1981年第4期)，郑英德《乌洛侯地理位置再探》(《黑龙江文物丛刊》1983年第1期)，刘伟冬《“张素远暎”——读宗炳山水画论》(《美苑》2012年第4期)。

公元444年　北魏太平真君五年

［提示］　二月八日，河北《朱业微石造像》。二月，北魏太武帝下诏禁绝私养沙门巫觋。八月十二日，《鱼阳耿氏造弥勒尊像》。九月十五日，玄高死于狱中。武州山已有开窟坐禅的佛寺建设。

［叙录］　雕造于这年二月八日的《朱业微石造像》，是北魏早期较为著名的一件石刻艺术作品。所刻发愿文也保留得较为完整，河北蔚县博物馆的刘建华曾全文刊载，张焯又再次进行了辨识：“二月八日”后两字模糊不清，按《二十四史朔闰表》应为“癸酉”。现存蔚县博物馆，黄褐色细砂岩，通高60.5厘米。佛陀禅定结跏趺坐，水波纹发髻，面相长圆，细目长眉，白毫深窝，鼻梁挺直，大耳垂肩，嘴略大，双下颏。慈祥和蔼，微显笑意。斜披袈裟，衣纹流畅、线条道劲。圆拱状大背光，曾涂朱红色；外周环忍冬纹；中环两重化佛，通肩大衣，结跏趺坐；内环火焰纹，托起圆形项光。主佛两侧，高冠菩萨各一。张焯认为，整体给人感觉，近似于云冈第20窟大佛，而气宇轩昂不能及。显著的区别在于：发髻不同，脸庞方圆、眉线直弯差异。石佛背面，中央为须弥座式三层塔；两侧各一菩提树，拱抱塔顶；下座部刻铭发愿文。该佛1982年发现于蔚县黄梅乡榆涧村原石峰寺，而蔚州当地不产砂岩，疑由北魏平城武州山请至。王静芬还进一步分析了此件造像巨大的背光、底座图像构成以及中亚艺术对于云冈石刻艺术的影响：此像背光被分成几个圆，雕刻火焰小佛。外缘为叶形轴。佛身两侧各立一人，一手高举，身份不明，但让人想起早期印度梵天和因陀罗的形象。底座表现了侍立于香炉两旁的四个供养人形象；更多的供养人形象在底座侧面。底座前方两侧呈象头形。佛像健壮而宽大的身躯、袈裟的样式、背光的纹样和整体构成都和5世纪70年代的云冈早期佛像相似。标准的云冈模式特征是斜披在胸前的平行衣纹边缘的褶皱。衣纹的阶梯状排列和在克孜尔石窟壁画中所见处理衣纹褶皱的手法相似。云冈石窟和克孜尔石窟都存在圆形联珠纹，进一步肯定了中亚艺术的影响。由于北魏接近丝绸之路，这些影响经由贸易带到中国。例如，公元5世纪的萨珊银币在一座北魏塔基中被发现，纪年为481年，地点为河北定县。因此云冈佛像模式承袭河北风格，又注入了中亚的外来元素。

是年二月，北魏太武帝下诏禁绝私养沙门巫觋。

太武帝斥责佛教为“西戎虚诞，妄生妖孽”，加上“愚民无识，信惑妖邪”，为害更盛。拓跋焘为了“一齐政化，布淳德于天下”，于是下诏：“自王公以下至于庶人，有私养沙门、师巫及金银工巧之人在其家者，皆遣诣官曹，不得容匿。限今年二月十五日，过期不出，师巫、沙门身死，主人门诛。”太武帝这个诏令相当严厉，遭到了来自太子拓跋晃等人的强烈反对，太子多次上表，陈情杀戮佛门太过泛滥，太武帝根本听不进去，再次下诏，怪罪佛教带来社会混乱：“代经乱祸，天罚亟行，生民死尽，五服之内，鞠为丘墟，千里萧条，不见人迹，皆由于此。”姜亮夫指出：“自六朝以来，寺僧多有依附权贵及地方恶霸，以图巩固或扩张其寺院势力之谋，此中盖有政治经济等原因。其大者乃形成叛乱、荒淫、盗窃诸现象。吾人试结合南朝之所谓‘家僧’，唐时之所谓‘门徒’，不难知之。此一事实，为研究佛教与中土政治社会经济诸端所必须注意之一大事。而‘私养’之名，最早见于史者，实始于此。”

太武帝下达了如此严酷的禁佛令，但是，这并没有完全制止民间的崇佛行为。完成于是年八月十二日的《鱼阳耿氏造弥勒尊像》，便是一个例子。其发愿文为台湾学者李玉珉所著录：“太平真君五年，岁在甲申，八月十二日，鱼阳人松居耿崇妻名阳□、耿云、耿镇、耿照卫，为父母□儿，造弥勒尊像，东华化生，一会说法，得无生法忍。”这是一件鎏金铜佛立像，张焯称其高为29厘米，现藏于意大利罗马。该像面容较菀申造像更为丰满，身着袒右袈裟，手相、莲座、座床等相同。立像的体形、气度，与云冈石窟早期造像相近。

政治是会死人的。据南梁慧皎记载，这年九月十五日，释玄高卒，时年43岁。玄高是崇道的太武帝拓跋焘与奉佛的太子拓跋晃宫廷斗争的牺牲品。玄高死于狱中，同时遇害的还有慧崇法师。玄高被杀的事情，当时他弟子们还不知情。其夜三更，忽见有金光绕玄高之前住处的塔三匝，还入禅窟中。其弟子听见光中有人说“吾已逝矣”，这时诸弟子方知他们的师傅已经走了，于是哀号痛绝。然后迎尸于城南旷野，沐浴迁殡。张焯分析说，北魏玄高事迹，盖玄畅南渡后所述，南梁慧皎选入《高僧传》。玄高被诛“于平城之东隅”的当天，其弟子不知，说明他们习禅的寺院不在城内。禅窟，即高允《鹿苑赋》“凿仙窟以居禅”所指，是僧人坐禅的石窟，不同于一般寺院的禅房。禅房，则修建在寺院静处。《水经注》（淄水）：“阳水东径故七级寺禅房南，水北则长庑遍驾，迴阁承阿，林之际，则绳坐疏班，锡钵闲设。所谓修修释子，眇眇禅栖者也。”这种林间禅房，与禅窟属于两种样式的建筑。禅窟，往往仅容一人安坐，今天的云冈石窟、鹿野苑石窟，犹有遗窟。值得重视的是，这条记载表明，当时平城山中已有开凿禅窟、建立塔寺的情况。从大同市现存石窟遗址分布看，俱在西山，武州川（十里河）谷有焦山、吴官屯、鲁班窑、云冈、晋华宫、青磁窑等，山北有鹿野苑石窟（献文帝建）。玄高习禅的石窟、塔庙，应在武州山。由此反映出：在太武灭法之前，武州山已有开窟坐禅的佛寺建设。

［文献］ 北齐魏收《魏书》卷四，南梁慧皎《高僧传》卷一一，姜亮夫《莫高窟年表》，张焯《云冈石窟编年史》，夏鼐《总述中国出土的萨珊朝银币》（《考古学报》1974年第1期），［美］王静芬《中国石碑》，刘建华《河北蔚县北魏太平真君五年朱业徽石造像》（《考古》1989年第9期），李玉珉《河北早期的佛教造像》（1994年台北《故宫学术季刊》第11卷4期）。

公元445年　北凉承平三年

［提示］ 新疆《沮渠安周造像》，释玄畅于成都手画作金刚密迹等十六神像。

［叙录］ 清代光绪末年出土于新疆的《沮渠安周造像》，又称为《沮渠安周功德记》，阎文儒称此碑为弥勒像碑，刻立于北凉承平三年。据马子云、施安昌说，此碑出土后未及捶拓即为德国人所获得，现藏于柏林国家博物馆中。光绪三十一年（1905）端方奉使考察欧洲，于柏林得见到此碑，端方亲自手拓而

归。拓本后为李钦(介如)所得,并以此命名书斋为“北凉碑馆”。据说此造像碑原石在二战中被毁,则端方拓本已成世上孤本。20世纪70年代中期,李钦的孙子将拓本捐出,现藏于中国历史博物馆。此碑书风颇类启功所说的“隶真的化合体”,奇峭劲拔,隶中带真,十分难得。罗宏才则记载此碑高135.2厘米、宽85.5厘米。1902年至1903年德国人格轮威德尔(Albert Gruenwedel)发现于吐鲁番寺院遗址(也有说是勒·柯克von Le Coq发现),曾藏德国民族学博物馆,罗振玉在其《西陲石刻录》中录有铭文。北魏太武帝拓跋焘灭北凉后,一部分凉州僧徒及宗族吏民东迁平城,凉州的佛教图像轨范也随之带到北方及中原地区。同时,北凉文化也因沮渠安周西迁高昌,而将凉州佛教样式向西移置,从而带动本来佛教艺术已很繁荣的高昌地区。金维诺说,在吐鲁番吐峪沟石窟遗址中曾发现了署名为“大凉王大沮渠安周所供养”的《佛说菩萨经》手抄本残卷,以及此碑的发现,足以证明沮渠氏对吐鲁番地区的佛教有着直接的影响。

是年,释玄畅于成都手画作金刚密迹等十六神像。释玄畅,姓赵,河西金城人,在《高僧传》中有传。传中说:释玄畅在迄宋之季年,飞舟远举,西适成都。初止大石寺,乃手画作金刚密迹等十六神像。张焯说玄畅精通鸠摩罗什《三论》,得关中之盛学;讲释《华严经》,肇南学之始;刊正《念佛三昧经》,显禅学之根底;画金刚密迹神像,亦佛教早期禅僧之基本功。观玄畅学业与南朝之尊礼,则知玄高道术。诚如《高僧传》所谓:“玄高法师禅慧兼举”。由此,玄高在平城及武州山的作为,亦可推想。今人或谓:北僧重禅业,略义理。考诸玄高、玄畅、昙曜等人生平,未必如此。究其原因,盖因北朝无系统的僧人传记,而由南人撰写的佛史,对于北方高僧固有许多不明与偏见。

[文献] 南梁慧皎《高僧传》卷八,清罗振玉《西陲石刻录》,阎文儒《中国石窟艺术总论》,启功《古代字体论稿》,马子云等《碑帖鉴定》,刘正成《中国书法鉴赏大辞典》,罗宏才《中国佛道造像碑研究——以关中地区为考察中心》,张焯《云冈石窟编年史》,金维诺《中国古代佛雕:佛造像样式与风格》,《书法丛刊》第二辑。

公元446年 北魏太平真君七年

[提示] 三月,北魏太武帝诏令灭佛。沙门昙曜誓守佛法。惠始冢上立石精舍图其形象。麦积山“仇池镇”供养人墨书。

[叙录] 北魏太武帝拓跋焘最初也是敬信佛教的,后来受到道士寇谦之的影响,开始对道教之清静无为和神仙学说产生兴趣,渐渐钟情于道术而远离了佛教。司徒崔浩也是坚定的道教信徒,他常于武帝面前诋毁佛教,更使拓跋焘对佛教产生了恶感。其时卢水胡人盖吴起兵谋反,一时关中骚动,拓跋焘亲领大军西伐盖吴。当太武帝行军至长安一佛寺中,偶然从佛寺内发现藏有大量弓矢矛盾等兵器,太武帝大怒,认为这是寺院与盖吴通谋造反的证据,于是立即下命诛杀全寺僧人。在没收寺院财产时,又发现院中有大量酿酒器具及州郡牧守富人所寄藏的物质,数以万计。还在寺院窟室中,发现私藏有用以行淫乱的几名妇女。面对种种乱象,一向非难佛教的司徒崔浩奏请拓跋焘沙汰佛教,太武帝准其所奏。三月,北魏太武帝诏令灭佛,令各州坑杀僧人,毁弃佛像。夏四月,毁邺城五层佛塔。先尽诛长安僧众,焚毁经像,并通令全国,依照长安处置办法行之。由此,一场中国文化史上最为酷烈的毁佛运动拉开序幕。实际上,早在两年前的太平真君五年,名僧玄高和慧崇遇害,已经预示着更大的风暴即将来临。这次灭佛运动,主要内容为:诛杀和驱逐僧人(包括部分佛教艺术工匠)、焚毁佛经、佛像和寺院塔庙。张焯指出,太武帝在灭佛诏中,禁“造形象、泥人、铜人”,虽应包括石刻佛像,但未明确指出,说明当时石佛的雕造不是主流,石窟建设也尚未盛行。平城武周山,此前或有玄高等来自凉州禅僧坐禅的简易禅

窟及寺院，却绝对不能与后来雕饰奇伟、华丽的石窟寺同日而语。中国历史上大规模的石窟开凿，始于云冈石窟建设，以后风行大江南北近千年。其原因，既是受到当时西方佛教石窟造像的影响，更是针对太武灭法事件的一种变本加厉的反动。

太武帝发起的这场灭佛运动所带来的灾难性后果，在今天仍可窥见一斑。费泳认为，麦积山十六国时期完整的石窟壁画和塑像已无存在，后秦石窟遗存只是依稀可辨，这应与北魏太武帝灭佛有关。十六国后期，关陇的长安和河西的凉州，先后成为北方佛教中心，佛教思想在甘肃地区影响深入广泛，北魏太武帝统一中国北方，面临选择何种文化巩固其政权统治的方略问题。太武帝在进攻凉州过程中，面对当地强大的护法民众，采取了焚荡佛籍的手段，并将凉州民众3万余家迁往京师，其中有名僧玄高、师贤、昙曜等，却未能达到消除凉、秦佛教影响的目的。同时沙门免役、免租，也为国情所不容。于此太武帝打出"除伪定真，复羲农之治"的口号，于太平真君七年下令灭法。文献记载了这次灭佛是极为残忍和彻底的，《魏书》(释老志)："有司宣告征镇诸军、刺史，诸有佛图形象及胡经，尽皆击破焚烧，沙门无少长悉坑之。"麦积山作为秦地造像中心，其塑像和壁画当为武帝重点清除对象之一。因此，麦积山十六国时期的造像或已不复存在了，今存早期造像为北魏文成帝复法之后所为。

《魏书》(释老志)记载，虽然太武帝施行了残酷的毁佛政策，但是仍然有勇敢的佛教信徒挺身而出，其中就有著名的沙门昙曜誓守佛法，不欲还俗。太子拓跋晃亲加劝谕，至于再三，昙曜仍不改其志。昙曜密持法服器物，一刻也没有离身，人们听说后都十分敬重这个以死守卫佛法的僧人。在当时，很多僧人为了免除一死，纷纷还俗，而昙曜此举，以性命相搏，确实是需要极大勇气的。他后来之所以能在平城造就一番惊天动地的佛教石刻艺术工程(云冈昙曜五窟)，有其深沉的人性根基所在。令人惊奇的是，昙曜此举，虽然显得义无反顾，但却最终让他逃过了拓跋焘的诛杀，其间消息，委实值得思索。或许，那个出面数次劝说他的太子拓跋晃在其中发挥了重要作用吧。

《魏书》(释老志)及《高僧传》又载：北魏世祖拓跋焘在平定胡夏赫连昌(赫连勃勃第三子)时，获得沙门惠始，带回平城。释惠始俗姓张，清河人，在长安拜见鸠摩罗什，观习经典。太延中，临终于八角寺，斋洁端坐，僧徒满侧，凝泊而绝。停尸十余日，坐既不改，容色如一，举世神异。遂瘗寺内。至太平真君年间，按当时政策规定，城内不得留瘗，迁葬于南郊之外。这时惠始已死了十年。开殡之后，见惠始遗体俨然如新，一点也没有倾坏。送葬队伍达6 000余人，莫不感恸。中书监高允为其作传，颂其德迹。惠始冢上，立石精舍，图其形象。经毁法时，犹自全立。在惠始坟上建立石精舍，并且将惠始的形象雕刻(估计是浮雕或线刻)于精舍之上。而且此时正值拓跋焘毁佛运动之前后，可能吗？有些不可思议。张焯按：始光三年冬十一月，太武初伐赫连昌，攻统万城不下，遂分兵四掠，徙其民万余家而归。中途徙民多死，次年春正月至平城，存者十才六七。惠始因"潜遁山泽，修头陀之行"，大约在这次徙民之中。惠始居平城十年，作为直接受教于鸠摩罗什、感受姚兴后秦长安译经盛事的高德禅僧，对代都佛教发展有显著影响。关于惠始在太平真君年间之事，南朝梁慧皎道听途说，语出无凭。

关于麦积山"仇池镇"供养人墨书。费泳说，麦积山自后秦姚兴凿山而修，始有千龛万像之胜境，之后造像多毁于北魏太武帝灭法，现存遗迹均造于文成帝复法之后。麦积山现存学界公认较早开凿的石窟为74窟和78窟。在1965年对麦积山石窟的一次清理中，由78窟台基底层，剥出18身供养人像，并在墨书题记申明确为"仇池镇"人所为。经考，仇池镇系太平真君七年(446)设置，此时正值太武帝灭法之时，不会有开窟造像之举。这些供养人像应为仇池镇人作于文成帝复法(452年)之后。

［文献］ 北齐魏收《魏书》卷四、卷一一四，南梁慧皎《高僧传》卷十，唐道世《法苑珠林》卷七九，唐李

延寿《北史》卷二，《资治通鉴》卷一二四，元念常《佛祖历代通载》卷八，费泳《汉唐佛教造像艺术史》，张焯《云冈石窟编年史》，李玉珉《中国佛教美术史》。

公元448年　北魏太平真君九年　南朝宋元嘉二十五年

［提示］　北魏太平真君九年，道士兼书碑名家寇谦之卒。南朝宋元嘉二十五年七月二十三日，成都万佛寺《晋丰县□熊造无量寿石像》。

［叙录］　来自北魏上谷（一说昌平）的著名天师道道士寇谦之，字辅真。据元人赵道一记载，约生于东晋哀帝兴宁三年（365），卒于北魏太武帝太平真君九年（448）。寇谦之在道教史上与南朝陆修静、陶弘景等人齐名，是北魏太武帝拓跋焘最信任的道士。从某种意义上说，太武帝之前所发动的那场声势浩大的灭佛运动，与寇谦之是脱不了干系的。文献记载说寇谦之长道术、善书法，《大代华岳庙碑》、《嵩高灵庙碑》等名碑的书、文均出自其手。康有为称寇谦之书法“奇古莫如寇谦之”。张光宾则认为上述两碑并非为寇谦之所书，而是他的弟子所为，因为刻立《大代华岳庙碑》（北魏太安二年）时，寇谦之早已去世。

雕刻于南朝宋元嘉二十五年七月二十三日的《晋丰县□熊造无量寿石像》，是南方现存较早的阿弥陀佛造像。此造像刻有题记，被称为《□熊造像记》或《晋丰县□熊造像》。刘正成称造像为清光绪年间金石学者王懿荣得之于成都西关万佛寺。光绪二十六年（1900）归长白端方，民国六年（1917）又归王懿荣之子王汉辅。今藏于天津博物馆中，题记为正书。南方无量寿佛（阿弥陀佛）造像，除这件造像外，较早者还有一件同样来自四川的南齐永明元年（483）《茂县无量寿弥勒像碑》，在其背面立佛龛的右上角也刻有榜题“无量寿佛”，左右条石侧面还分别雕菩萨一尊。关于无量寿佛与胁侍菩萨的描述，最早出现于曹魏嘉平四年（252年）由康僧铠翻译的《佛说无量寿经》中。后来在南朝宋畺良耶舍所译的《观无量经》中，则十分具体地描绘了无量寿佛与观世音、大势至胁侍菩萨的组合。费泳据此认为，四川茂汶无量寿佛左右两石条侧面菩萨应为观音和大势至，并且这也是目前所见南方最早的观音菩萨、大势至菩萨造像。

［文献］　元赵道一《历世仙体道通鉴》，清康有为《广艺舟双楫》卷四，清端方《匋斋藏石记》卷五，刘正成《中国书法鉴赏大辞典》，张光宾《中华书法史》，费泳《汉唐佛教造像艺术史》。

公元450年　北魏太平真君十一年

［提示］　六月，崔浩与《国书碑》之狱。

［叙录］　崔浩（？—450）在《魏书》中有传，字伯渊，小名桃简，清河郡武城（河北清河县）人。崔浩出生于北朝第一高门大姓清河崔氏，是书法家崔宏（玄伯）长子。崔浩为北魏三朝元老（道武、明元、太武帝），官至司徒，长韬略，对促进北魏统一北方发挥过重要作用。但是就是这样一位重臣，却被太武帝拓跋焘在太平真君十一年诛杀。崔浩何以被杀，学界意见不一。陈寅恪等人认为是由于佛道之争，以及由于崔浩内心亲近南方看不起（讥讪）北方胡人所致。崔浩被杀还与一件石刻紧密相关，崔浩与《国书碑》之狱，北齐魏收在写《魏书》（崔浩传）时作了记载：太平真君十一年六月诛崔浩，并且同时诛杀了清河崔氏一族以及同崔氏有姻亲关系的范阳卢氏、太原郭氏、河东柳氏。当初，著作令史闵湛、郄标等立石铭刊《国记》（国史），崔浩尽述国事，备而不典。而这件石铭安置于人来人往的衢路之上，影响很大，人们争相传说。所谓备而不典，意思是说崔浩所写的魏国历史虽然完备，但是却没有遵从典章制度。说得直白点，就是没有完全执行太武帝拓跋焘的意见，该写的则写，不该写的就不能写。崔浩要秉笔直书，付出的代价就是生命。

崔浩撰修国史之事，始于太武帝神䴥二年（429）。

本传中说：初，北魏太祖拓跋珪诏尚书郎邓渊著《国记》十余卷，编年次事，体例未成。逮于北魏太宗拓跋嗣，《国记》废而不述。至世祖太武帝拓跋焘神䴥二年，又诏集文人学者撰录国书，崔浩和他的弟弟崔览及高谠、邓颖、晁继、范亨、黄辅等共同参与《国书》的写作，众人一起完成《国书》30卷。拓跋焘修《国书》的目的很明确，就是要为北魏历朝帝王歌功颂德："国家积德，著在图史，当享万亿。"但是写成的30卷中，并没有拓跋焘自己的丰功伟绩记录，这显然不成。于是他又诏崔浩续写《国书》，崔浩又同高允、张伟等续成前记。写作时对于太武帝的损益褒贬、折中润色等事关重大的政治原则，均由崔浩全权掌握。续修的《国书》完成后，一向讨好崔浩的赵郡郄标谄事崔浩，建议摹仿前朝雕刻儒家石经故事，刻立石铭，刊载《国书》，崔浩觉得这个主意不错，就同意了——这套《国书碑》最终为崔浩等人引来杀身之祸。拓跋焘为何要诛杀崔浩，显然是因为石碑中披露了他认为不应该被百姓知道的事情。

历史学家周一良曾撰文讨论崔浩之死：《魏书》因为避讳甚多，所以无从得见其中真相。《魏书》(崔鸿传)载崔鸿撰《十六国春秋》，但他却不敢公开自己的著述，直到后来借伯父崔光势力，才公开发表。《十六国春秋》只存节本，难窥全豹。然崔鸿之书，唐时尚存，唐人修《晋书》载记部分，实多本于崔鸿之书。从《晋书》载记，以及南朝诸史，可窥国史之狱真相。《晋书》(苻坚载记)与《魏书》记载前秦苻坚派军攻打北魏前身代国，完全不同。载记云，鲜卑拓跋部昭成帝什翼犍战败，其子翼圭缚父请降，结果，苻坚命令什翼犍在太学学礼，认为翼圭执父不孝，迁之于蜀。如果这些事情崔浩也刊刻于石碑之上，可以想见拓跋焘的感受了。周一良还认为，北魏开国之主道武帝拓跋珪，并非如《太祖道武帝本纪》所说的那样是什翼犍的孙子，而是什翼犍的儿子。什翼犍之子献明帝卒，什翼犍娶自己新寡的儿媳妇贺后，生道武帝。这可是有点乱伦了，这事儿如果也照实写下刻于石碑之上，尤其正值太武帝极力推行汉化政策之时，拓跋焘当然会龙颜震怒而大开杀戒了。

［文献］ 北齐魏收《魏书》卷三五，陈寅恪《金明馆丛稿初编》，周一良《魏晋南北朝史札记》。

公元451年　北魏太平真君十二年
北魏正平元年　南朝宋元嘉二十八年

［提示］ 北魏太平真君十二年，开凿徐州云龙山兴化寺大石佛。《敦煌岷州庙石塔》。南朝宋元嘉二十八年，《刘国之造弥勒佛铜像》。

［叙录］ 梁萧子显《南齐书》(魏虏传)说："佛狸(拓跋焘小字)已来，稍僭华典，胡风国俗，杂相揉乱。……初，佛狸讨羯胡于长安，杀道人且尽。及元嘉南寇，获道人，以铁笼盛之。后佛狸感恶疾，自是敬畏佛教，立塔寺浮图。"这段记载说明，虽然太武帝拓跋焘并不喜欢佛教，但是由于自己身体原因，还是对佛教产生了敬畏之心，并且建立了塔寺浮图。一个事实可以证明拓跋焘在灭佛几年之后，政策已出现松动。姜亮夫在《莫高窟年表》指出，徐州云龙山兴化寺大石佛开凿于是年。有宋人苏辙《魏佛狸歌》为证："魏佛狸，饮泗水，黄金甲身铁马箠，睥睨山川俯画地，画作西方佛名字。卷舒三军如使指，奔驰万夫凿山觜。云中孤月妙无比，青莲湛然俯下视，击钲卷旆抽行营，北徐府中军吏喜。度僧筑室依云烟，俯窥城郭众山底。兴亡一瞬五百年，细草荒榛没孤垒。"另，宋人贺铸在《和张谋甫游石佛山诗》序中也说："《南北史彭城图经》：魏太平真君十一年南侵，至瓜步，筑宫驻跸，声欲渡江。明年春，旋师渡淮，复留连徐方，再旬始北去，在彭城南五里，因山镵佛，高十丈许。"徐州云龙山，在《新唐书》及新旧《五代史》中均称作"石佛山"。张焯记载其大佛为半身坐像，高三丈二尺。既然苏辙说"画作西方佛名字"，则当为阿弥陀佛。

阎文儒则认为云龙山石窟是在这年六月改元正平之后才开凿的。具体地点在徐州城南不到2公里，现名兴化寺，云龙山东岩凿有大石佛，又名石佛山。《太平寰宇记》也有记载，彭城县有"石佛井，在县南五里石佛山顶”。传说是北魏太武帝(拓跋焘)正平元年(451年)南侵时在彭城开凿的。现在大佛的两侧仍保存有72个佛龛。其中有:孝文帝(拓跋宏)太和十年(486)七月,唐玄宗(李隆基)开元二十二年(734)五月,肃宗(李亨)乾元三年(760)四月,宪宗(李纯)元和十三年(818),宋徽宗(赵佶)政和七年(1117)等时代的造像题记。由此可证开窟年代起于北魏,终于北宋,一直到明清两代还续造有石佛殿,妆銮北魏时雕造的石佛。

雕凿于北凉时期的《敦煌岷州庙石塔》,并无具体刻制年代,姑且系年于此。据唐晓军记载,石塔残高96厘米、直径48厘米,现存于敦煌研究院中。塔顶残,塔身覆钵八龛佛中现残存五龛,右旋第一、三龛全毁;第四、六龛佛着通肩袈裟;第五、七龛佛着交领袈裟;皆作禅定印,佛头部残损;第八龛弥勒菩萨龛像,亦头残。各龛间隙雕供养人,现存三身;有比丘和着交领袍服的男供养人。塔身圆柱刻婆罗谜文和汉文两种文字的经文。觉民居士和印度学者戈哈理教授命名为“婆罗谜文经幢”,幢上的经文和另一残石幢上的经文都是《缘起经》(*Pratiyasamutpadasutra*),它和印度那烂陀寺院砖刻经一样,敦煌经幢比那烂陀砖刻早,相当于北魏太平真君前后。

这一年在南朝,有件铸造于元嘉二十八年的《刘国之造弥勒佛铜像》,略可一说。这件铜鎏金坐像高29厘米,现藏于美国弗利尔美术馆。金申对此件造像不看好,主要仍是光背的形制过分瘦削,台座和衣饰等各方面的疑点与元嘉十四年造像大同小异,光背后字迹浮浅,很可能是伪作。费泳似乎觉得这件作品的真赝并没有问题,并认为栖霞山在二期造像后期,主尊出现了倚坐说法佛,应为弥勒佛,传世宋元嘉二十八年(451)刘国之造弥勒佛像,为南方现存最早的弥勒佛像,四川茂汶造像碑正面镌刻即为弥勒佛坐像,浙江新昌宝相寺大佛也为弥勒佛,有关南方造弥勒佛像记载,起于东晋年间,法显于义熙八年(412)东返至青州,持天竺龙华图,首创龙华寺,法显随后南下建康。南方弥勒佛造像也可由海路传入。

[文献] 梁萧子显《南齐书》卷五七,宋乐史《太平寰宇记》卷一五,姜亮夫《莫高窟年表》,阎文儒《中国石窟艺术总论》,张寄庵《徐州云龙山石佛介绍》(《文物参考资料》1956年第3期),金申《佛像真赝辨别》,费泳《汉唐佛教造像艺术史》,唐晓军《甘肃古代石刻艺术》,张焯《云冈石窟编年史》。

公元452年 北魏兴安元年

[提示] 十二月,北魏文成帝拓跋濬令恢复佛教,雕造兴安石像。

[叙录] 差不多在两年前,太武帝诛杀了三朝重臣崔浩。虽然毁法灭佛的事件还在继续发生,但从允许开凿徐州云龙山石窟来看,拓跋焘似已对禁佛政策有放开迹象。但是,真正的佛教解禁政策,直到北魏兴安元年太子拓跋濬执政(文成帝)时才得以施行。据《魏书》(释老志)及《资治通鉴》文献等记载,文成帝下诏说:“况释迦如来功济大千,惠流尘境。等生死者叹其达观,览文义者贵其妙明,助王政之禁律,益仁智之善性,排斥群邪,开演正觉。”同时拓跋濬也不忘为世祖太武帝开脱毁佛之过,称太武帝所为是由于“有司失旨,一切禁断”所致。于是,文成帝拓跋濬下令恢复佛教:诸州郡县人群众多处,各建浮图一区;市民有愿意出家者,不问长幼,只要道行无嫌秽,尽听出家。文成帝此诏一出,天下承风,朝不及夕。往时所毁图寺佛像经论等,迅速得到修复重显。文成帝还亲自为沙门师贤等五人祝发,并委任师贤为道人统。汤用彤指出:文成帝即位,年只十二,而作此巨大之兴革,除受其父(拓跋晃)奉佛虔至的影响外,必其左右大臣及接近的僧人所主张。张焯认为,北魏文成帝复法,标志着中国佛教进入一个新的高潮。其特征之一,便是北朝造像之风盛行。清人王昶在《附北朝造像诸碑总论》中说:造像立碑,始于北魏,迄于唐之中叶。大抵所造者,释迦、弥陀、弥勒及观音、势至为多。或刻山崖,或刻碑石,或造石窟,或造佛龛,或造浮图。其初不过刻石,其后或

施以金涂彩绘，其形模之大小、广狭，制作之精粗不等。造像或称一区，或称一堪，其后乃称一铺。造像必有记（记后或有铭颂），记后题名。因此汤用彤说，北朝造像，类用石质。南朝帝王凿石造像，似无所闻。即民间亦不多。即此亦可见风土之殊异。

文成帝复法，其中有一个比较关键的佛教人物，那就是之前提到过的那个以死相搏的昙曜（昙曜于复法次年到达平城）。李玉珉说文成帝继位，立即宣布恢复佛法，并先后任命来自凉州的沙门师贤和昙曜为沙门统，积极复兴佛教。献文帝即位后，继续奉行文成帝的复佛政策。于是毁佛之际所秘藏的佛教经像一一取出，还俗的沙门也纷纷重披袈裟。复佛以后，佛教空前发展，繁荣的程度大大超出毁佛以前。金维诺写道，公元452年，文成帝拓跋濬认为佛教能“助王政之禁律，益仁智之善性”，实际上是企图利用儒佛结合以巩固政权。他命沙门统昙曜在平城西武州塞开窟造像，“雕饰奇伟，冠于一世”，兴光元年（454）又于五级大寺“铸释迦立像五，各长一丈六尺，都用赤金二十五万斤”。其子拓跋弘天安元年（466）“起永宁寺，构七级佛图，高三百余尺，基架博敞，为天下第一。又于天宫寺造释迦立像，高四十三尺，用赤金十万斤，黄金六百斤。皇兴中，又构三级石佛图，榱栋楣楹，上下重结，大小皆石，高十丈，镇固巧密，为京华壮观”。到太和元年（477年），京都城内寺院100多所，僧尼2 000多。地方寺院有6 478所，僧尼多至77 258人。在这期间，麦积山开窟修龛也盛况空前，现存第70、71、80、90、100、128、148、144、143、156、115、114、155等窟都可能兴建于此时。

文成帝复法活动中，有一个比较重要的石刻造像措施，就是将皇帝即如来的观念表现在造像艺术活动之中，并在兴安元年下诏，依据自己的形貌在平城雕造石像，即著名的文成帝兴安石像。《魏书》（释老志）记载：是年诏有司为石像，令如帝身。既成，颜上足下，各有黑石，冥同帝体上下黑子，论者以为纯诚所感。这样的巧合，可能是人为刻意安排出现的。大同市的陆屹峰曾发现云冈第13窟交脚弥勒大像的右脚面有两颗绛红石如拳，疑是文成帝兴安石像。但本尊面部因为后代包泥彩绘所覆，未能验实。张焯分析大同地区的石质说：北魏平城武州山石窟寺，唐人认为拓跋嗣神瑞元年始建；南梁慧皎《高僧传》记太武帝太平真君五年玄高所居塔寺有“禅窟”，而近年大同以及周围地区发现的墓志、石佛、石塔等，证实了武州山削山营窟，早在昙曜造五大窟之前已有行动。联系史记与现今考古发现，北魏平城建筑所用，有砂岩、青石（火山岩）、缁石、文石、云母，而后四种岩石中包含黑色石核的可能性甚微。武州山砂岩属于侏罗纪沉积岩，易于雕琢，且以黄色或浅红色为主调，夹层中有赤色、黄色、青色、豆青色泥沙岩，偶有其他杂质，如石核包含其中。粗砂岩，多用于北魏建筑材料及墓葬用品；细沙岩、泥沙岩，多用来雕刻精细的墓碑、棺床、石砚、小佛像等。兴安石像，应是一尊单独的帝王像，以砂岩雕刻最为可能。

［文献］　北齐魏收《魏书》卷五、卷一一四，清王昶《金石萃编》卷三九，汤用彤《汉魏两晋南北朝佛教史》，金维诺《中国古代佛雕：佛造像样式与风格》，李玉珉《中国佛教美术史》，张焯《云冈石窟编年史》。

公元453年　北魏兴安二年

［提示］　二月，穿天渊池获一石铭。昙曜于京城西武州塞开窟五所（昙曜五窟）。僧亮至长安，关中大法更兴。

［叙录］　北齐魏收在《魏书》（高宗纪、皇后传）中都记载：兴安二年二月，动用平城百姓5 000人之众，挖掘天渊池（约在今山西大同市北）。在挖池过程中，民工获一石铭，石铭上说是北魏桓帝拓跋猗㐌葬母封氏之地。前来观看的人，远近多达20余万人。有司上报，文成帝命令将石铭藏之太庙。

兴安二年最重要的石刻艺术事件，当然还是由名僧昙曜来组织的：昙曜于京城西武州塞开窟五所（昙曜五窟）。《魏书》（释老志）记载说：高僧昙曜自中山（太武毁佛时昙曜逃河北定州一带避难）被命赴京，文成帝奉以师礼。昙曜到达平城时，正值文成帝拓跋濬出行，相见于路，文成帝的御马竟然奇迹般地上前衔住昙曜的衣裳。平城百姓传为佳话，以为良马识人。昙曜知道他施展才华的时代来了，便向文成帝请求，允许他在平城西边的武州塞上，凿山石壁，开窟五所，镌建佛像各一。高者七十尺，次六十尺，雕饰奇伟，冠于一世。这就是著名的今天还保存完好的昙曜五窟（云冈石窟编号 16—20 窟）。关于武州山石窟开凿的动机和指导思想，日本学者关野贞、常盘大定认为：昙曜请求文成帝开凿石窟五所，是为太祖以下五帝而设，毋庸置疑。这样，五窟就含有五帝灵庙的意义。由此可知，既有昙曜的付法藏精神（吉迦夜和昙曜曾译《付法藏因缘传》），也有魏王室忏悔及追孝的动机，这样的因缘凑合，产生了千古的佛教艺术。而造像的指导思想，至少与佛传以及法华、维摩、金光明、无量寿、弥勒等诸大乘经卷有关，具有华严思想。

昙曜之请之所以能得到文成帝的认可，陈垣还从拓跋族与石刻之历史渊源方面分析说，武州塞之石窟，始凿于昙曜，是时佛法初复，图像大兴，西域画像，接踵而至。魏之先世，本有凿石为庙之风（见《魏书》礼志），佛教又重偶像，故能致此奇伟。

关于昙曜五窟造型所本，除了前面所说的为太祖以下五帝而设，取像方面估计同兴安石像一样，令如帝身。宋释道诚在《释氏要览》中说：宣律师（唐人道宣）云："造像梵相，宋齐间，皆唇厚、鼻隆、目长、颐丰，挺然丈夫之相。"观云冈之佛，斯言信然。实际上这儿的唇厚、鼻隆、目长、颐丰等，正是北魏鲜卑贵族的典型体貌特征。除此之外，其真正的粉本，则来自凉州样式。姜亮夫在《莫高窟年表》对此分析道：云冈造型艺术，与敦煌风格气韵，皆显为嫡系宗亲。其面相、手法、印相及佛与菩萨身躯庄严，皆与印度相类，而不全同。盖其粉本得之凉州。而经变图传，则渗入中土固有成分极多。即属佛教事物中，亦有为印度本土所无。如尖圆搏风之像龛、弥陀之坐势、飞天等。余疑为依仿经文，杂以中土故习，而自为结构之说，在此更得一证明。凡此等情实，皆与敦煌全同。诚如张焯所言，中国的石窟寺建设，以北魏平城武州山石窟最为宏大壮伟。云冈的开凿，上承西域、凉州石窟营造模式，下启遍布全国各地的石窟寺建设，开创一个新时代。

关于云冈石窟的开窟时间，历史上有两种说法。阎文儒对此进行了考证，其说广为学界所接受：云冈石窟在大同城西 16 公里武州川峡谷北岸，东西绵延约 1 公里。云冈开窟的时间，据文献记载有两种：其一，《魏书》（释老志）记载；其二，据金皇统七年（1147）曹衍撰的《大金西京武州山重修大石窟寺碑》记载。前者所记是《魏书》根据当时史实，认为云冈开凿的年代当在和平年中。金曹衍撰的碑文，是照抄《大唐内典录》、《元氏翻传佛经录》中的序言。神瑞元年，是拓跋嗣（明元帝）纪年，既不是道武帝（拓跋珪）的纪年，也不是东晋孝武帝（司马曜）的太元元年（376）。神瑞元年正当东晋安帝（司马德宗）义熙十年（414），比太元元年晚 39 年。神瑞元年，是指建筑平城而说的，曹衍未细加考察，就用了这材料，不能作为根据。《魏书》（释老志）所谓"复法之明年"，究竟指哪一年？这也得从该书中去寻找，据《魏书》（高宗纪）云：兴安元年十有二月，乙卯初复法。兴安元年是公元 452 年，次年复佛法，当然是兴安二年，兴安二年早于和平初近八九年。因而《昙曜传》中说："和平年北台昭玄统，绥辑僧众，妙得其一，住恒安石窟通乐寺，即魏帝之所造也。"由此可知，开窟应在兴安二年。

如果说昙曜在平城复法中产生重要作用，那么，另一个名叫僧亮的僧人，则为关中复法之关键人物。南梁慧皎《高僧传》载：僧周的弟子僧亮姓李，长安人。初，永昌王（太宗拓跋嗣之子拓跋健）招募僧人前往长安，没有人敢应邀，都认为佛法初兴，疑有不测。僧亮说："像运寄人，正在今日。若被诛剪，自身当之；如其获全，则道有更振之期。"于是僧亮义无反顾地随使来到长安。僧亮还未到达，永昌王和民众扫洒街巷，列室迎候。僧亮到达长安城，永昌王亲自前往迎接，接足致敬。僧亮于是为永昌王及百姓陈诫祸福，训示因果。言约理诣，和而且切。听者悲喜，各不自胜。于是修复故寺，延请沙门。关中大法更兴,僧亮贡献的力量不少。

［文献］ 北齐魏收《魏书》卷五、卷一三,南梁慧皎《高僧传》卷一一,宋释道诚《释氏要览》卷二,姜亮夫《莫高窟年表》,阎文儒《中国石窟艺术总论》、《敦煌史地杂考》(《文物参考资料》第2卷第2期),陈垣《记大同武州山石窟寺》(《东方杂志》第16卷2、3号),［日］关野贞等《山西云冈》(《北朝研究》1990年下半年刊),张焯《云冈石窟编年史》。

公元454年 北魏兴光元年

［提示］ 正月二十六日,山西《平国侯韩弩真妻碑》。秋,为太祖以下五帝铸释迦立像五尊。

［叙录］ 雕刻于北魏兴光元年正月二十六日的《平国侯韩弩真妻碑》,题记中有"幽州范阳郡方城县民、平远将军、平国侯韩弩真故妻王亿变"等语,故又称《王亿变碑》,为大同民间藏家所藏。据张焯称,此碑并座,武州山黄色细砂岩,20世纪90年代出土于大同城南智家堡一带北魏墓地。碑高44厘米、宽24厘米、厚5.5厘米。上部圆弧部雕双鸟交颈戏珠。碑文隶书。

同年秋天,为太祖以下五帝铸释迦立像五尊。魏收《魏书》(释老志)载:秋,敕有司于五级大寺内,为太祖以下五帝(道武、明元、太武、景穆、文成)铸释迦立像五,各长一丈六尺,共计赤金二十五万斤。五级大寺,盖即道武帝天兴元年(398)在平城所建"五级浮屠"。"赤金"就是我们现在所说的红铜。

［文献］ 北齐魏收《魏书》卷一一四,张焯《云冈石窟编年史》。

公元455年 北魏太安元年

［提示］ 二月,《张永造石佛坐像》。师子国邪奢遗多、浮陀难提等五人奉三尊佛像至平城。

［叙录］ 雕刻于北魏太安元年二月的砂岩《张永造石佛坐像》,金申著录,高35.5厘米,现藏于日本京都藤井有邻馆。石像衣纹呈扁平状突起,上刻阴线与敦煌石窟中十六国佛像和中亚地区此期佛像手法相同。光背后浮雕为"舍身饲虎"和"睒子本生"的故事内容。此造像在中国的原出土地不明,日人水野清一的《中国雕刻》中曾有介绍。从发愿文可知:石像为张氏家族集资雕刻供养。台座正面为三个火焰形龛楣的小龛,正中为释迦、多宝二佛并坐,两侧为二禅定佛及四位供养人,台座两侧为二狮子。光背呈大椭圆形,纹饰分为五层,外缘为卷草纹,依次为千佛、飞天、千佛、供养天人,佛像两侧又有二半跏思惟菩萨。早期的铜、石佛像经北魏太平真君七年(446)灭佛运动,所见甚稀,此像系文成帝拓跋濬即位后,于兴安元年(452)宣布恢复佛法后不久所造,故极为重要。中国的早期佛像主要接受的是犍陀罗影响,张永造像早于云冈初期雕像就出现了螺发(单尊所见最早者),是个值得注意的现象,说明我国5世纪左右的佛像同时接受了犍陀罗造像和马土腊造像两种因素。张永造像台座的正面开小龛,内有释迦多宝二佛并坐,此题材在单尊石雕上出现是目前所见最早者。云冈石窟中的二佛并坐像在昙曜五窟中即已出现,但多见于云冈第二期太和年间(477—499)。张焯指出此石像的二佛并坐题材,典出于《法华经》(宝塔品),大约是佛教进入中土的新创造。此像应该是北魏武州山石刻,但此年六月始改元太安,题记中作"乙酉"、"二月",使人疑伪。李玉珉则认为,文成帝复兴佛法,民间的造像活动也日益活跃。这件石造像的主佛肉髻高大,面相丰圆,身躯壮实。内着右袒式僧祇支,外穿袒右肩的袈裟,衣裾一角搭覆于右肩之上,与云冈20窟坐佛的袈裟样式相同。衣纹阳刻,在左肩和左臂也出现Y字形衣褶,表现手法与太平真君四年的立佛一致。头光和身光由化佛、飞天和忍冬纹组成,繁复华丽。

魏收《魏书》(释老志)载:太安初,有师子国(今斯里兰卡)胡沙门邪奢遗多、浮陀难提等五人,奉三尊佛像至平城。五人都说他们历经西域诸国,见佛影迹及肉髻,外国诸王相承,咸遣工匠,摹写其容,浮陀难提所制造的这三件佛像是其中最好的，去十余步，视之炳然，转近转微。又有沙勒胡沙门，赴京师平城致佛钵并画像迹。《梁书》(海南诸国传)中，载有师子国于东晋义熙初始遣献玉像之事。陈垣在《记大同武州山石窟寺》中说：武州诸像，未识是否为难提等五人所造，然至今石质剥落，间有影迹模糊，近而即之，一若无有，远而睇之，神态宛在者，正与所谓“远视炳然，转近转微”之说相合，则真足代表5世纪东方美术之一斑。以此看来，云冈石窟造像，不仅直接受来自凉州样式的影响，也受到来自师子国(今斯里兰卡)佛像艺术的启发。

张焯进一步分析道，云冈石窟的开凿，研究者多以为追踪凉州模式。然而，我们目前在河西早期石窟中，并没有发现与云冈完全相同的佛教造像或造型。通常说，云冈艺术具有浓郁的外来文化因素。然而，考察中亚的犍陀罗、印度的马土拉造像，与云冈石窟的艺术风格存有较大差异。在云冈的雕刻形象图案中，虽然可以找到古印度、希腊、罗马以及西亚萨珊波斯的某些风格，但大量运用的却是中国传统的雕刻技艺和表达方式。那么，到底云冈艺术之源何在？张焯认为主要源头在新疆。云冈石窟开凿之时，凉州寺院已属凋零，且其形制为平城的凉州僧众所熟知，艺术创新的源泉，似乎又重新回到了曾为凉州效仿过的新疆地区。关于这一点，从《魏书》中记载西域国家使节的频繁往来可见端倪，西域源源而来的新的艺术造型，不断丰富着云冈意匠的创作灵感。虽然新疆古代佛教艺术不以石雕为主，但大量存在于塔里木盆地南北沿路古国的佛寺遗迹，出土了异彩纷呈的泥塑和壁画，展现出不同于中土文化的艺术特色。而在那些佛塑中，我们可以直接感觉到云冈造像的影子。特别是近年在大同出土的北魏佛塔塑像，从制作方法到造型样式，无不表现为新疆泥塑的翻版。对此，我们将方山思远浮屠及城北出土的悬挂式低温黄陶佛像，与新疆遗像进行对比，即可得到启示。显然，《魏书》(释老志)记载师子国、沙勒国胡僧相继将西域画本带至平城的故事，虽作为特例而言，却已表明云冈石窟与中亚、新疆像制的直接师承关系。

［文献］　北齐魏收《魏书》卷一一四，南梁慧皎《高僧传》卷六，唐姚思廉《梁书》卷五四，陈垣《记大同武州山石窟寺》(《东方杂志》第16卷2—3号)，刘兴珍等《中国古代雕塑图典》，李玉珉《中国佛教美术史》，金申《中国历代纪年佛像图典》、《海外及港台藏历代佛像珍品纪年图鉴》，《佛教美术丛考》，［日］水野清一《中国雕刻》，张焯《云冈石窟编年史》。

公元456年　北魏太安二年

［提示］　河南《中岳嵩高灵庙碑》。

［叙录］　刻立于太安二年的《中岳嵩高灵庙碑》，又称《嵩高灵庙碑》或《寇君碑》，石碑现存河南登封县嵩山中岳庙。清陆增祥有著录(并载此碑刻碑工匠为田平城)，碑高213厘米、宽100厘米。碑首带穿，碑额篆书阳文“中岳嵩高灵庙之碑”八字，碑阳正书。石碑的中间部分剥落严重。碑阴泐毁更甚。此碑和已佚之《大代华岳庙碑》，相传均出自名道寇谦之手。书风楷中带隶，清康有为对此碑碑阴书法尤为推崇，视为神品，称其“高美”，“《灵庙碑阴》如浑金璞玉，宝采难名”。

［文献］　清陆增祥《八琼室金石补正》卷一二，清康有为《广艺舟双楫》卷四，刘正成《中国书法鉴赏大辞典》。

公元457年　北魏太安三年

［提示］　正月，粟特、于阗国各遣使朝贡。九月二十三日，《宋德兴造石佛坐像》。

［叙录］　《魏书》(高宗纪)载：太安三年正月，粟特、于阗国各遣使朝贡。云冈石窟接受西来文化的影响，已是不争的事实。最早介绍云冈石窟的日本学者伊东忠太即认为：文成帝即位，隆兴佛教，石窟寺之工程，亦当再继续。是时，波斯、嚈哒、于阗等来

贡，足证萨珊艺术之东渐。周一良认可这种观点：伊东忠太氏谓北魏雕刻艺术之受于于阗，于阗夙为葱岭以东佛教最盛之国。而于阗文化之受犍陀罗、迦湿弥罗影响者，已有定论。《魏书》（释老志）记，胡僧来魏者甚多，赵万里氏集《冢墓遗文》，卷二第廿二有魏帝先朝故于夫人墓志，乃于阗国王女之为文成帝妃者，云冈石佛即始建于文成帝之世，其间消息已可窥。

这年九月二十三日，在华北地区还有一件传世的《宋德兴造石佛坐像》（图 24）。这件作品风格与太安元年二月所造之《张永造石佛坐像》颇为相近，也是砂岩质地，但背光为尖楣，佛座供养像不同。背面上部雕释迦牟尼“腋下出生”、“九龙灌浴”本生故事二则，下部为发愿铭文。金申、刘兴珍等人有著录。像高 41.5 厘米。佛像双手作禅定印，螺发趺坐。着袒右肩式大衣。衣纹凸起，尾端分叉如燕尾，是北魏初期佛像的典型衣纹样式。大莲瓣形背光上刻千佛及飞天，两侧为二菩萨。值得注意的是此期佛像多为磨光肉髻或犍陀罗式的波浪纹发髻，螺发极少。此像年代略早于云冈 20 窟大佛（图 25）两三年，现为日本私人所收藏。主佛同张永造像一样亦为螺发，日人松原三郎认为这并非偶然现象，此造像与张永造像虽然出土地不明，但从各方面风格分析，此像与敦煌早期雕塑及云冈第 20 窟大佛仍属同一系统。

［文献］ 北齐魏收《魏书》卷五，［日］伊东忠太《支那山西云冈の石仏寺》（1906 年发表），［日］松原三郎《中国佛教雕刻史论》，周一良《云冈石佛小记》（《考古社刊》1936 年第 4 期），金申《佛教美术丛考》、《中国历代纪年佛像图典》，刘兴珍等《中国古代雕塑图典》。

公元 458 年　南朝宋大明二年

［提示］ 七月，宋孝武帝诏令沙汰佛徒。九月，云南刻立《爨龙颜碑》。

［叙录］ 南朝这些年的石刻乏善可陈，到了南朝宋孝武帝的大明二年，终于出了一件石刻重器。先说这年七月，《广弘明集》和《宋书》中都记载说，羌人高阁谋反，事发后被杀。这件事情牵连到僧人昙标，宋孝武帝斥责佛教讹乱，僧人混杂，败坏风俗，下诏对佛教精加沙汰，如再有违犯者，严加惩处。若非戒行精苦者，一并还俗。宋孝武帝所下的这个沙汰佛徒诏令，比起之前北魏太武帝的毁佛政策来，言辞看似严厉，实际的威力则温和得多了，而且后来也没有能够得到有效施行。

九月，云南刻立《爨龙颜碑》。此碑全称《宋故龙骧将军护镇蛮校尉宁州刺史邛都县侯爨龙颜碑》，具体地点在云南陆凉州蔡家堡爨君墓前，碑现存于贞元堡小学。《爨龙颜碑》在元人李京、明人周弘祖等人的著述中均有著录。至清道光六年（1826），时任云贵总督的金石学者阮元在云南陆良县东南的贞元堡处获得此碑，阮元知道此碑的意义，亲撰题跋说：“此碑文体书法，皆汉晋正传，求之北地，亦不可多得，乃云南第一古石。”第二年，知州邱均思为此碑而修筑护碑亭，阮福（阮元之子）收录碑文于《滇南古金石录》中。石碑高 338 厘米、宽 146 厘米、厚 25 厘米。圆首碑额楷书，碑阳、碑阴均楷书，碑末刻有清人阮元、邱均思及杨佩均题跋三则。

53 年前，也就是东晋义熙元年（405），云南曲靖刻立了著名的《爨宝子碑》。此二碑为人们称为“二爨”，因《爨龙颜碑》的形制大于《爨宝子碑》，俗称“大爨”。其书法朴拙，颇具隶篆遗风。清人范寿铭评价说：“此碑与《嵩高灵庙碑》同时所竖，南北两碑，遥遥耸峙，淳朴之气则《灵庙》为胜，隽逸之姿则《爨碑》为长。盖由分入隶之始，开六朝、唐、宋、元无数法门。魏晋以来，此两碑实书家之鼻祖也。”此碑撰文为爨道庆，据曾毅公考证，刻工则为杜苌子（匠碑、府主簿益州），其刀法之传神，令人赞叹。

清代石刻学者叶昌炽在描述此碑时说：《爨龙颜碑》，穿上蟠龙，穿左、右日月，各径五寸，日中刻踆乌，月中刻蟾蜍。罗宏才从民俗学角度对此予以解读：对日月凤鸟的崇拜在中土地区有着悠久的传统与历史。汉代碑石、墓葬中常常可见到这类题材。墓

图 24　宋德兴造石佛坐像　北魏太安三年(457)　日本私人收藏

葬示例如山东长清孝堂山祠堂汉画像石、20 世纪 70 年代初以及 1976 年 5 月先后发掘的湖南长沙马王堆汉墓与山东临沂金雀山九号汉墓所发现的帛画等。

［文献］ 南梁沈约《宋书》卷七九，唐释道宣《广弘明集》卷六，元李京《云南志略》，明周弘祖《古今书刻》卷下，清阮福《滇南古金石录》，清范寿铭《循园金石文字跋尾》，叶昌炽撰、柯昌泗评《语石·语石异同评》卷三，曾毅公《石刻考工录》，刘正成《中国书法鉴赏大辞典》，罗宏才《中国佛道造像碑研究——以关中地区为考察中心》，信立祥《汉代画像石综合研究》，《拓本汇编》(2)，《中国美术全集》(魏晋南北朝书法)。

公元 460 年　北魏和平元年

［提示］ 释昙曜奏请设置僧祇户。

［叙录］ 前面已经谈及昙曜在文成帝复法的次年(兴安二年)返回平城，并主持开凿云冈五窟事宜。同时昙曜又奏请将战争中所掳民户，凡每年输谷 60 斛者，准许他们成为僧祇户，以其财富来弘兴佛院。又与天竺僧人常那邪舍等，译出新经 14 部。至和平三年(462)译出《付法藏因缘传》及《净度三昧经》等。周一良在《云冈石佛小记》中说："惟昙曜在兴安二年见帝后即开窟，抑为沙门统之后始建斯议，不可晓。要之，石窟之始开也，在兴安二年(453)至和平元年(460)之八年间，据唐人圆照《贞元新定释教目录》，和平三年昙曜已在石窟寺译经，是时必已有开凿完成者矣。"张焯按：云冈石窟的开凿时间，目前学术界盛行和平元年说，甚为不妥。陈垣《记大同武州山石窟寺》讲：《魏书》(释老志)明谓文成复法以后，昙曜白帝所凿。魏收，北齐人。其言至为可据。魏收的文字记载，采用的是插入追叙的写法，先讲昙曜就任沙门统，后补其复法归来之事。陈述得很清楚：兴安二年(453)昙曜被诏回京，后来拜为帝师，遂建议开

图 25　云冈 20 窟外景　北魏和平年间(460—471)　山西大同

凿武州山石窟。他根本没有说，我们今天也无法认定和平元年开凿。从昙曜回京到出任僧统，历时八年，正值崔浩国史碑案以后，北魏废置史官期间，大约魏收也不知道是在哪一年，所以只好采取了这种巧妙的回旋式记述法（参见前文兴安二年相关内容）。

关于僧祇户的设置，张焯认为，依常理推测，僧祇户、粟之设，与武州山佛事工程浩大，需要为僧侣、工匠供应粮食有关；佛图户之设，应为侍候高僧、提供杂役。由此看来，这条记载反应的时间、对象，恐怕不是一次诏令就可解决的。另外，"诸民"中，包括凉州徙民，如《魏书》（释老志）所载"凉州军户赵苟之等二百家"。僧祇，译曰"众"，即比丘、比丘尼之大众也。佛图户，即寺户。按照《唐律疏议》记载，寺院、道观有两种贱民，一是"部曲"，二是"奴婢"。部曲，原为汉代军队编制，魏晋南北朝时转化为豪门大族家兵的称谓，其身份介于编户齐民与奴婢之间，正与北魏凉州、青齐等被俘配役的所谓"军户"、"隶户"地位相当。唐代寺观的部曲，应该就是由北魏僧祇户演变而来。奴婢，即北魏的佛图户、寺户、净人，由官奴转赐而来。净人，早年西域寺院中即有。昙曜奏请设置僧祇户之事，在佛教史甚为重要，此种新兴的寺院经济，在政治、经济上享受治外法权。姜亮夫称：自此寺院产业人口脱离政治而独立，颇与印度佛教团体之僧园民相似，更益以僧律之独立，于是寺院俨然为一独立王国矣。在佛教宣教上虽为一大胜利之措施，而与政治上之斗争，至数次毁法，亦此一举措有以激之使然。

［文献］ 北齐魏收《魏书》卷一一四，唐长孙无忌等《唐律疏议》卷六，唐释圆照《贞元新定释教目录》卷九，姜亮夫《莫高窟年表》，周一良《云冈石佛小记》（《考古社刊》1936 年第 4 期），张焯《云冈石窟编年史》。

公元 461 年　北魏和平二年

［提示］ 三月，文成帝在灵丘南刊石勒铭《皇帝南巡之颂》。

［叙录］ 北魏帝王一向尚武，常以能骑善射折服众人。北魏太延三年（437），太武帝拓跋焘在定州徐水河畔就曾以精湛的射技让群臣汗颜，并留下了著名的《御射碑》。拓跋焘的子孙们也不甘示弱，在《魏书》（高宗纪）中就记载：这年三月，文成帝经灵丘南，有山高 400 余丈，诏群官仰射山峰，无能逾者。帝弯弧发矢，出山 30 余丈，过山南 220 步，遂刊石勒铭。具体在什么地方，没有详记。《水经注》说："滱水出代郡灵丘县高氏山。即沤夷之水。出县西北高氏山。其水东南流，山上有石铭，题言冀州北界，故世谓之石铭陉也。溏水自县南流入峡，谓之隘门。设隘于峡，以讥禁行旅。历南山，高峰隐天，深溪埒谷。其水沿涧西转，迳御射台南。台在北阜上，台南有御射石碑。南则秀嶂分霄，层崖刺天，积石之峻，壁立直上。车驾沿溯，每出是所游艺焉。"此处之滱水即现在的唐河。这件青石大碑《皇帝南巡之颂》，现仍存于灵丘县觉山寺中，已断裂成数块。据学者们推算，文成帝拓跋濬射箭的高度达到 430 余丈，可能是史上最高的一次。魏晋一丈约合今天 240 厘米，以此推算，文成帝射箭高度应在千米上下。

［文献］ 北魏郦道元《水经注》卷一一，北齐魏收《魏书》卷五，张庆捷《北魏文成帝〈南巡碑〉碑文考证》（《考古》1998 年第 4 期）。

公元 462 年　北魏和平三年　南朝宋大明六年

［提示］ 北魏和平三年，昙曜于北台石窟寺集诸僧众译经。南朝宋大明六年九月，令沙门致敬王者。

［叙录］ 隋费长房《历代三宝记》载：北魏和平三年，昙曜于北台石窟寺集诸僧众译经。此北台石窟寺，唐人称通乐寺（见《广弘明集》、《续高僧传》），汤用彤和日人关野贞等据此认为，和平三年前石窟寺已有完工的部分。关野贞和常盘氏说：昙曜的付

法藏精神，由隋代的灵裕完整地继承下来，灵裕开的宝山石窟，在其内壁刻有世尊寂灭后传法圣师二十四祖像，就是按《付法藏传》二十四祖刻的，灵裕以后尚有许多继承者。唐释智升在《开元释教录》中则说："沙门释昙曜以魏和平年中任北台昭玄统，绥缉僧众，妙得其心；住恒安石窟通乐寺，即魏帝之所造也，去恒安西北三十里，武周山北面石崖就而镌之，建立佛寺，名曰灵岩。龛之大者，举高二十余丈，可受三千许人。面别镌像，穷诸巧丽，龛别异状，骇动人神。栉比相连三十余里。东头僧寺，恒供千人。碑碣见存，未卒陈委。太武孙文成帝立，即起塔寺，搜访经典。毁法七载，三宝还兴。昙曜慨前陵废，欣今重复，以和平三年，故于北台石窟集诸德僧，对天竺沙门译《吉义》等经三部，流通后贤，意存无绝。"张焯认为，昙曜平城译经是继鸠摩罗什长安译经、昙无谶凉州译经之后的又一盛举。而此时南朝译业低迷，《出三藏记集》卷14《求那毗地传第十》云："自大明以后，译经殆绝。"南方僧学，转趋义理、史传。

《资治通鉴》载，是年九月，南朝帝王为了树立自己的绝对权威，下令沙门致敬王者。东晋时代的庾冰（季坚）和桓玄（敬道）就曾提请过沙门应向皇帝致敬一事，但未能得到执行。和平三年，有司上奏，认为历史上儒、墨、名、法诸派皆能"崇亲严上"，只有外来的佛教，其信徒虽然"谦卑自牧"、"忠虔为道"，但是"简礼二亲（父母）"，这样的行为显然"反经提传"。因此，佛教也应依本土风俗，行"礼敬之容"。宋孝武帝采纳这个建议，于是年九月，制令沙门致敬王者。这个命令同样没能完全施行，废帝即位后即告结束。

［文献］ 隋费长房《历代三宝记》卷九，唐释智升《开元释教录》卷六，宋司马光《资治通鉴》卷一二九，汤用彤《汉魏两晋南北朝佛教史》，［日］关野贞等《山西云冈》（《北朝研究》1990年半年刊），张焯《云冈石窟编年史》。

公元463年　南朝宋大明七年

［提示］ 二月十五日，四川成都《清泰造佛像一躯》。

［叙录］ 此件石刻佛像，发现于成都地区。题记内容为：大明七年二月十五日，佛弟子清泰为三世自父母众生一切，造佛像一躯。佛弟子王天进供养。

［文献］ 刘志远等《成都万佛寺石刻艺术》。

公元464年　北魏和平五年

［提示］ 十二月，吐呼罗国遣使朝献。山东《刘怀民墓志》。

［叙录］ 魏收《魏书》（高宗纪）载：是年十二月，吐呼罗国遣使朝献。这儿的吐呼罗国又称吐火罗国，《新唐书》（西域传下）中即有："吐火罗，或曰土豁罗，曰睹货逻，元魏谓吐呼罗者。居葱岭西，乌浒河之南，古大夏地。"吐火罗其地，大约在今阿富汗北部地区。张焯称吐火罗为中亚细亚古国，当即巴克特里亚或大夏。其地多绘画艺术家，《太平广记》引《唐画断》：唐尉迟乙僧，吐火罗国胡人也。贞观初，其国王以丹青巧妙，荐之阙下。云其国尚有兄甲僧，未有见其画踪。其画功德、人物、花草，皆是外国之象；无中华礼乐、威仪之德。乙僧所作佛画，小则用笔紧劲，如屈铁盘丝；大则洒落奔放，用色沉着，"堆起绢素，而不隐指"。画史称其画法为"凹凸画"（透视效果）。张焯认为，由此西僧画风，可以推想云冈石窟的异域特色及其由来。

刻制于北魏和平五年的《刘怀民墓志》，在山东益都出土（杨守敬谓其出土于山东历城）。部分学者（如清人刘承干等）认为这合墓志是最早的具有完整形式的墓志。当然这个认识为最新的考古发现所否定，如《南阳王王妃墓志》，即比此墓志早了足足150年。清人法伟堂《益都县图志》（金石志）著录此志全文，其书体在隶楷之间。光绪十四年（1888）为王懿荣购藏，后归端方、又转天津曹健亭，今石不明所在。原石初拓本曾为罗振玉辑入《六朝墓志菁英》，后来赵万里又辑入《汉魏南北朝墓志集释》。

赵超分析墓志这种特殊文体及石刻种类时说，

南北朝隋唐时期的墓志铭都写得十分华丽，叙录死者祖先世系和本人官职的部分用散文，歌颂其功绩及品德的部分用当时流行的骈体文，最后往往附有四言(或七言)诗，称为“铭”。整篇墓志对仗工整，用词铺陈，音韵和谐，可以说是一种文化艺术品。所以当时的很多大文学家如庾信等人都为别人撰写过大量墓志铭。可见墓志这种石刻在中国大地上已经迅速流行开了。这个时候的墓志形状也有了明显的改变，从南到北墓志都制作成一块正方形的扁平石材，在平面上刻写铭文。进一步发展的墓志就制作上下两块石材，上面一块为墓志盖，一般刻成四周斜收的覆斗形(考古学上也称作盝顶形)，中部刻写墓志的名称，四周的侧壁上常雕刻出种种精致花纹。下面一块则是志身，在上面刻写铭文，一些考究的墓志会在志身的四面侧壁上也刻出花饰纹样来。这样上下两块石材合在一起，从外形上看来，很像当时人们日常使用的漆木盒子。由于盒是当时墓葬中常见的殉葬品，有些墓还用陶土烧成的盒或石块雕刻的盒作为明器，所以墓志改为这种外形很可能是受到盒等墓中明器的启示。盒式墓志的形状流行开后，就成了千多年来中国墓志的主要形制，始终没有大的改变。

［文献］ 北齐魏收《魏书》卷五，宋宋祈等《新唐书》卷二二一，宋李昉等《太平广记》卷三一一，清刘承干《希古楼金石萃编》卷十，清法伟堂《益都县图志》卷二六，清杨守敬《壬癸金石跋》，清端方《匋斋藏石记》卷五，清罗振玉《六朝墓志菁英》、《雪堂金石文字跋尾》卷二，赵万里《汉魏南北朝墓志集释》，张焯《云冈石窟编年史》，刘正成《中国书法鉴赏大辞典》，赵超《石刻史话》，《中国美术全集》(魏晋南北朝书法)。

公元465年　北魏和平六年
南朝宋永光元年

［提示］ 北魏和平六年，陇西王源贺作《祇洹精舍图偈》。河北易县《交脚弥勒菩萨残像》。南朝宋永光元年，陆探微艺术生涯约始于此时。

［叙录］ 《魏书》(赵柔传)载：“陇西王源贺采佛经幽旨，作《祇洹精舍图偈》六卷，柔为之注解，咸得理衷，为当时俊僧所钦味焉。”源贺本名秃发破羌，后改姓源，又改名贺，鲜卑语名贺豆跋，又称贺头拔。父秃发傉檀，曾据姑臧，自署河西王(末代南凉王)。明元帝拓跋嗣时，傉檀为沮渠蒙逊、乞伏炽磐破灭，源贺奔北魏。张焯称，源贺在太武帝时，任殿中尚书，统领禁兵。文成帝太安二年(456)，封陇西王，后出为冀州刺史。献文帝天安元年(466)征拜太尉，后与高允、刁雍等被尊为国老。孝文帝太和三年(479)死，享年73岁。赵柔，河西金城人，沮渠牧犍金部郎，凉平入魏。文成帝即位，拜为著作郎，后来出任河内太守。

20世纪90年代后期，在河北易县出土了一批石刻作品，其中有件北魏和平六年的《交脚弥勒菩萨残像》，据金申记载，仅存腹部及双腿，残高48厘米、宽38厘米，坐于覆莲座上，座左侧尚残存一卧狮。造像的双腿凸显，裙紧裹腿部。衣纹呈双棱的凸起状，从腿侧看纹线分二叉如燕尾。腹部有裙腰外翻如垂幕形，正中有下垂的裙带呈放射状，边缘折叠如折带形。像背后仅存的光背下部，有浮雕人物及题记。其上部边沿尚可见人物双脚，旁有莲蕾数朵。从北魏早期石造像同类光背后浮雕内容推断，应是表现太子诞生时，上下左右各行七步，步步生莲的画面。最下部残存发愿文数十字，从铭文中可知是一地方官吏于和平六年为父母祈福的造像。在横栏以下左侧仅存四位天人像。右侧为一帐内一人持麈尾跪坐于榻上，旁有二侍者。据北魏浮雕和壁画推断，应是维摩诘与文殊论道场面，惜维摩诘对面的文殊部分已失。北魏早期单尊石像光背后多浮雕释迦诞生的佛传故事以及舍身饲虎、睒子孝养等本生故事。只有易县出土的交脚弥勒像表现有维摩诘与文殊说法论道的画面，是目前已知的单石造像上表现此典故最早之例。在铜造像上最早出现此题材的是太和元年(477)阳氏造铜佛坐像的光背后浮雕，维摩诘持羽扇坐榻上,位置在画面左侧,与一般常见位置右侧构图不同。易县交脚菩萨像雕于和平六年,恰当云冈第16—20窟大佛雕造之时,从其衣纹样式上可看出,这种双棱线衣纹装饰性极强,它可以追溯到犍陀罗石雕起伏深刻的衣褶。在犍陀罗晚期的造像上可以清楚地看到与此极为近似的衣纹组织形式,如现藏拉合尔博物馆的石佛坐像腿部衣纹,即呈现这种"S"形分布。此种衣纹的样式曾广泛流行于我国华北、西北乃至中亚地区,从中或可看出5世纪佛教艺术流传的脉络。尤其是河北地区早期的佛像样式与千里之遥的河西地区石窟造像样式呈高度一致性,与宿白先生称谓的"云冈模式"有着极密切的关联。

在南朝的刘宋,一个重要的艺术家大约在此时登场:陆探微艺术生涯约始于此时。李玉珉认为,在佛教绘画方面,刘宋最具代表性的人物就是陆探微(活动于465—472),谢赫称赞他的画说:"画有六法,自古作者,鲜能备之,唯陆探微及卫协备之矣。"张怀瓘又云:"顾(恺之)、陆(探微)及张僧孙,评者各重其一,皆为当矣,陆公参灵酌妙,动与神会,笔迹劲利,如锥刀焉,秀骨清像,似觉生动,令人懔懔若对神明,虽妙极象中,而思不融乎墨外。夫象人风骨,张亚于顾、陆也。张得其肉,陆得其骨,顾得其神。"由此看来,陆氏释教人物的特色为造型清瘦,用笔有力,形神兼备。隋唐时,仍见陆探微的"阿难维摩图"、"十弟子像"以及"天安寺惠明板像"等佛画的流传,北宋宣和内府也有陆氏的"降灵文殊像"、"净名居士像"等画作的收藏,可见陆探微佛画的艺术成就受到历代收藏家的肯定。

[文献]　北齐魏收《魏书》卷五二,金申《佛教美术丛考》,张洪印等《河北易县发现一批石造像》(《文物》1997年第7期),宿白《云冈实力的集聚和"云冈模式"的形成与发展》(《中国石窟·云冈石窟》第一卷),张焯《云冈石窟编年史》,李玉珉《中国佛教美术史》。

公元466年　北魏天安元年

[提示]　四月八日,《冯受受造佛坐像》。山西《曹天度造九层千佛石塔》。兴造石窟寺。

[叙录]　北魏天安元年四月八日所出之《冯受受造佛坐像》,金申著录为砂岩,高28.7厘米,现藏于日本大阪市立美术馆。佛结跏趺坐,右手施无畏印,左手持衣角,衣纹隆起厚重,磨光肉髻,是典型的北魏初期云冈样式,与云冈20窟大佛极为相似。

同年所造之《曹天度造九层千佛石塔》(图26),又称《代王城千佛石塔》,砂岩质地,金申、杨泓等人

图26　曹天度造九层千佛石塔塔身　北魏天安元年(466)　台北历史博物馆藏

记载，塔高 155 厘米，塔刹残高 49.5 厘米。石塔原存山西朔州崇福寺弥陀殿，现身首异处，不能合璧：塔身现藏于台北历史博物馆，塔刹现存山西省博物馆。所刻铭文，史树青有释文，从塔座铭文可知，此塔是献文帝拓跋弘宫中的小官曹天度为祈求国家太平，耗尽资财雕造而成。张焯认为此塔应是云冈石窟开凿时的副产品，出自北魏工匠之手，四方形，殿宇式层楼，形制大体如第 6 窟中心塔柱，四角亦为小佛龛塔柱，底层、塔刹各有坐佛和二佛并座龛。发愿文中，唯“皇太子”，时未降生。另，河北蔚县博物馆新近发现一幢残损的北魏九级砂岩佛塔，与此塔大同小异，但没有铭文。此塔在塔刹、塔身和基座上雕有小佛像 1 349 尊，是名副其实的千佛石塔。由塔座、塔身和塔刹三部分组成。在刹柱四面，雕有佛龛，并配置有二佛并坐像，顶上有覆钵和合掌人物，再上为相轮。中间是两层楼阁，在每层的四个转角处都刻有一个负重交脚菩萨。楼阁上部雕有九道相轮及摩尼宝珠。整个塔刹为印度式窣堵波的缩型。塔体平面呈方形，仿木构九层楼阁式，第一至七层为一石，八、九层为另一石，楼阁四面皆雕有斗拱和塔檐，塔身造千佛，周围空间则布满小佛坐像，最下层四面中间都雕有一龛，龛内雕有一尊较大的主佛像交脚菩萨像、二佛并坐像及左右胁侍佛两尊、坐佛一体，龛的外部是五排坐佛。佛像大小不等，神态各异。台座正面有面向博山炉的二僧合掌，左右有两头狮子相对，上有半圆形莲花浮雕。在台座左右侧面，右侧为男子、左侧为女子各一体。整座佛像塔工艺精湛，把中国古代建筑艺术和印度佛塔艺术融为一体，创造了我国现存最早的楼阁式佛塔。该塔与云冈石窟的浮雕方形楼阁式塔相较，不论雕造形制还是佛像内容，都有着惊人的相似之处和密切的关系。如与第 5 窟的五层出檐方塔极为相似，属云冈石窟一期晚段、二期早段。

此塔所以造成身首分裂的局面，则源于日本侵华战争。据日本学者水野清一及长广敏雄记载，此塔在日本侵华的 1938 至 1939 年间，两人均亲自前往考察由日本驻大同黑田部队所保管的这件九层石塔。黄河长撰文称，此塔完整资料在日本出版的下中弥三郎《世界美术全集》中有收录。资料证实，当石塔在劫运日本装箱时，朔县一志士冒着生命危险将塔刹暗自藏回家中。新中国成立后，这位志士将塔刹献给国家，交回崇福寺，而塔身当初被运往日本东京博物馆。第二次世界大战后返还给了当时的中国政府，存放于南京博物院，尔后又运往台湾。

金人曹衍在《大金西京武州山重修大石窟寺碑》中引《云中图》说：天安元年兴造石窟寺。张焯称《云中图》一书，今不见著录。北宋《太平寰宇记》引隋《冀州图》云：“古平城，在白登台南三里有水焉。其城，东西八里，南北九里。”云中在今内蒙古托克托一带，《云中图》，成书于唐代的可能性较大。金代曹衍“献文天安元年革，兴造石窟寺”，所指不甚明确，大致与北魏高允《鹿苑赋》“暨我皇之继统，追鹿野之在昔，于是命匠选工，刊兹西岭，注诚端思，仰模神影，即灵崖以构宇”的记载相吻合，意谓献文帝时武州山石窟曾搭建阁楼，改为寺院。遗憾的是，现今考古虽可证明昙曜五窟前有过北魏木构窟檐，却不能肯定是献文时代所为。

［文献］ 宋乐史《太平寰宇记》卷四九，金申《中国历代纪年佛像图典》、《海外及港台藏历代佛像珍品纪年图鉴》，史树青《北魏曹天度造千佛石塔》(《文物》1980 年第 1 期)，韩有富《北魏曹天度造千佛石塔刹》(《文物》1980 年第 7 期)，［日］下中弥三郎《世界美术全集》(B 第 7 卷中国古代 1)，黄河长《在中国艺术史上占有一席之地的北魏九层石塔》(台北《历史博物馆馆刊》1979 年 12 期)，杨泓《汉唐美术考古和佛教艺术》，刘兴珍等《中国古代雕塑图典》、《中国美术全集》(建筑艺术编)，罗宏才《中国佛道造像碑研究——以关中地区为考察中心》，张焯《云冈石窟编年史》。

公元 467 年　北魏天安二年、皇兴元年

［提示］ 八月，北魏献文帝拓跋弘行幸武州山

石窟寺。起永宁寺，构七级佛图，高三百余尺；于天宫寺造释迦立像，高四十三尺。

［叙录］《魏书》(显祖纪)载：是年秋天八月，北魏献文帝拓跋弘行幸武州山石窟寺(云冈石窟)。陈垣认为这是史记魏帝幸石窟寺的最早记录，前此闻幸武州山，未闻幸石窟寺。唯自皇兴元年以后，则帝幸石窟寺，凡七八次，或岁一幸，或间岁一幸。未知史有阙文否？盖常有《魏书》纪者，《北史》无之。抑有奇者，诸帝之幸石窟寺，多在幼冲之年，其殆太后所挟与俱往者乎？不可得知。张焯按：这是史书中首次记载北魏皇帝视察云冈石窟，日本学者疑为“昙曜五窟”开光建成的标志。八年之后的延兴五年(475)，孝文帝第一次幸武州山，太和元年(477)，祈雨武州山，四年、六年、七年，幸武州山石窟寺，凡孝文帝六次巡视，大约无不与石窟工程进展有关。

《魏书》(释老志)载：皇兴元年，高祖孝文帝拓跋宏诞载(出生)。于时起永宁寺，构七级佛图，高三百余尺，基架博敞，为天下第一。又于天宫寺造释迦立像，高四十三尺，用赤金(红铜或黄铜)十万斤，黄金六百斤。明人张钦在《正德大同府志》的《寺观》中记载：南堂寺，在府城东南，又号永宁寺，后魏建。内有金玉像，高一丈八尺，外有九级浮屠，高九十余丈。上刹复高十丈，铃铎声闻十里。张焯说明代的南堂寺，盖辽代在北魏永宁寺基址上重建，元初刘祁《归潜志》谓“云中城阙，浮图如锥”者，刘秉忠曾住，清初已废。

《水经注》(漯水)也记载：如浑西水又南径皇舅寺西，其寺为太师冯熙(冯太后兄)所造，寺中有五层浮屠，其神图像，皆合青石为之，加以金、银、火齐众彩之上，炜炜有精光。又南径永宁寺七级浮屠西，其制甚妙，做工举世无双。

［文献］北魏郦道元《水经注》卷一三，北齐魏收《魏书》卷六、卷一一四，明张钦《正德大同府志》卷四，陈垣《记大同武州山石窟寺》(《东方杂志》第16卷2—3号)，张焯《云冈石窟编年史》。

公元469年　北魏皇兴三年

［提示］山东《赵琚造弥勒像》。构三级石浮屠。青齐入魏之前，不见石雕。

［叙录］雕造于皇兴三年的《赵琚造弥勒像》，全称《定州中山郡赵琚为亡父母亡兄造弥勒像》。有题记，梁披云记载为正书6行，行12字。清同治年间山东黄县出土。旧在黄县城隍庙佛室内，后归黄县富商“丁百万”丁树贞(金石学家潍县陈介祺之友)，刻有同治十年丁德群题识。康有为称其书法，上为分书之别子，下为奂楷之鼻祖者，列为“高品下”。

《魏书》(释老志)载：皇兴中，构三级石浮屠。榱栋楣楹，上下重结，大小皆石，高十丈。镇固巧密，为京华壮观。这儿并没有具体说是在皇兴哪一年，兹依张焯姑且系此年。《水经注》(澡水)云：如浑东水(名御河)，水右有三层浮屠，真容鹫架，悉结石也。装制丽质，亦尽美善也。

张焯按：《魏书》、《水经注》对平城建筑物用石的记载，往往说明其来源或颜色，而此石塔则不言石质，疑用开凿云冈石窟所出石料砌制。大同武州山的石质为砂岩，方山以北为青色玄武岩，今遗存所见云冈山顶塔基、方山思远寺石刻、明堂辟雍石材，以及北魏石雕用具、冥器、建筑装饰构件多矣，俱云冈砂石。

温玉成认为，青齐入魏之前，不见石雕。公元469年山东青齐入北魏之前，其地造像同于江表，仅闻铜木，不见石雕。入魏以后，青齐石刻造像则晚于青齐以西的北魏地区石刻造像，约八九十年之久。现知北魏最早的佛教石造像，是泰常五年(420年)的《王同信造像碑》，现藏于美国芝加哥自然博物馆，应出土于渭北地区。山东省最早的佛教石刻造像，是皇兴三年(469)黄县出土的《赵琚造弥勒像》，现藏山东省博物馆，二者相差仅49年。实际上，在北魏泰常五年五月五日，还有一件《刘惠造弥勒佛像》，本书之前已经述及。

［文献］　北魏郦道元《水经注》卷一三，北齐魏收《魏书》卷一一四，清康有为《广艺舟双楫》，梁披云《中国书法大辞典》，张焯《云冈石窟编年史》，温玉成《中国佛教与考古》。

公元470年　北魏皇兴四年

［提示］　十二月，献文帝拓跋弘幸鹿野苑石窟寺。

［叙录］　《魏书》(显祖纪)载：皇兴四年十二月，献文帝拓跋弘幸鹿野苑石窟寺。鹿野苑是释迦牟尼佛成道初转法轮处。东汉迦叶摩腾、竺法兰译《四十二章经》中说：世尊成道已，住大禅定，降诸魔道，于鹿野苑中，转四谛法轮，度憍陈如等五人而证道果。张焯按：北魏鹿野苑石窟寺，在今山西大同市西北小石子村西、大沙沟上游。循河湾西行进山1公里多，沟北有大石崖，崖壁凿有洞窟11个，东西长约30米，中央为礼佛窟，两侧各五个坐禅窟。主窟平面呈马蹄形，两旁各为侍从菩萨，正中雕佛像一尊，端坐、右袒，头部、两手残缺，但双肩宽厚，气宇轩昂。窟外两侧各一力士雕像，漫漶不清。整体雕造风格与云冈昙曜五窟近似。鹿野苑石窟的开凿时间，应该在皇兴初年，献文帝此番临幸，盖为竣工巡礼。

［文献］　北齐魏收《魏书》卷六，张焯《云冈石窟编年史》。

公元471年　北魏皇兴五年

［提示］　六月，《清信女□知法造像》。八月，献文帝禅位建鹿野浮图于御北苑中之西山。陕西《石交脚弥勒像》。武威徙民施钱以绢写经，送归凉土。

［叙录］　雕刻于北魏皇兴五年六月的《清信女□知法造像》，有题记，梁披云记载，题记为正书，8行，行8字。3—6行剥损10余字。原石旧在天津，曾归长白端方，现已不知下落。是年在陕西还雕刻了一件《石交脚弥勒像》(图27)，新中国成立前咸阳兴平出土，现藏于陕西省博物馆。据金申、刘兴珍、李淞等人记载，石像高86.9厘米、宽55厘米。正面雕交脚弥勒佛，坐于双层台座上，佛之双足由一天人托举，应是帝释天擎弥勒双足从兜率天宫降生，出自义净译本《佛说弥勒下生成佛经》的描写："当尔降生时，千眼帝释主，躬自擎菩萨，欣逢两足尊。"台座四周浮雕伎乐天和供养人，部分已漫漶不清。佛双手合十，面带微笑，慈祥大度。头戴宝冠，着圆领袈裟，衣褶密集，造型和服饰皆为北朝前期特征。背光呈莲瓣形，上有火焰及化佛浮雕，层层排列，精细工谨。造像碑背面为铲地平雕，于莲瓣形石面上，分格满刻各种图像，有佛传故事乘象入胎、山中苦修、排除妖魔诱惑、终成正果等。其造型概括，线条流畅，颇具汉画像石风格。王静芬分析说，此像高浮雕的雕刻风格、紧贴身体的衣纹，还有托住弥勒双足的印度吉祥天女(当为帝释天)，都保留着丰富的印度元素，碑阴用浅浮雕所刻的健硕形象和敦煌5世纪壁画中所看到的形象相似。李玉珉则认为这件弥勒佛交脚坐像，双颊丰圆，下颔饱满，两耳垂肩，身躯粗壮，衣纹绸密，是一件典型的陕西作品。

《魏书》(释老志)载，北魏献文帝拓跋弘有逸世之心，笃信佛道，欲禅位于太子宏，因大臣力劝而止。在位六年，于是年八月禅位。诏书自谓"希心玄古，志存淡泊"。后移居于北苑崇光宫，览习佛教典籍。建鹿野寺于苑中之西山，在崇光宫右十里。僧房禅堂，禅僧居其中。郦道元载，又径宁光宫东(延兴三年改崇光宫为宁光宫)，献文帝之为太上皇所居故宫。宫之东次下，有两石柱，是石虎邺城东门石桥柱，为后赵建武中所造，以其石作工妙，徙之于此。柱侧悉镂云烟，上作蟠螭，甚有形势，信为工巧。张焯按：宁光宫，大致在今山西大同城北大沙沟北白马城新村一带。《南齐书》又说献文帝拓跋弘禅位于孝文帝拓跋宏后，黄冠素服，持戒诵经，居石窟寺。《资治通鉴》亦载：献文帝拓跋弘徙居崇光宫，采椽不斫，土阶而已。崇光宫在北苑中，又建鹿野浮屠于苑中之西山，与禅僧居其中。胡三省注解说：释氏相传，以为尸迦国波罗奈城东北十里许有鹿野苑，本辟支

图 27　石交脚弥勒像　北魏皇兴五年(471)　陕西省博物馆藏

佛住此，常有野鹿，故以名苑。今仿西国而建浮图也。盖因代都鹿苑之旧名，附合西国鹿野之事，而建此浮屠。

是年，武威徙民施钱以绢写经，送归凉土。此事见载于敦煌遗书《金光明经》卷二，张焯按：此乃武威徙民施钱，以绢写经，送归凉土之事。可见，当时佛教自东向西的回流与逆向影响。

［文献］ 北齐魏收《魏书》卷四二，《水经注》卷一三，《南齐书》卷五七，《敦煌遗书》P4506，《资治通鉴》卷一三三，清端方《陶斋藏石记》卷六，金申《中国历代纪年佛像图典》，［美］王静芬《中国石碑》，李凇《陕西古代佛教美术》，李玉珉《中国佛教美术史》，梁披云主编《中国书法大辞典》，刘正成《中国书法鉴赏大辞典》，《中国美术全集》（魏晋南北朝雕塑），张焯《云冈石窟编年史》。

公元 472 年　北魏延兴二年

［提示］ 四月六日，《黄□相造坐佛碑像》。四月，诏有司与沙门统昙曜令东平造像送达平城。八月十日，《张伯和造佛坐像》。十月，山西《申洪之墓铭》。《石交脚弥勒像》。始建山西交城玄中寺。

［叙录］ 雕刻于这年四月六日的砂岩《黄□相造坐佛碑像》，高 39.5 厘米，有发愿文，日本书道博物馆藏。金申著录，佛像置于火焰状龛楣的龛中，上又覆以汉式屋顶，殊为别致。从发愿文可知，此佛碑像为东郡（今河南滑县）黄卢头之子黄□相为其父祈福所造，而且当时一共造了 170 尊佛像，留下来的这件只是其中之一。黄卢头在文成帝和平二年的《皇帝南巡之颂》出现过。《魏书》（高宗纪）载：和平二年五月癸未，诏南部尚书黄卢头、李敷等考课诸州。张焯按：北魏平城时代，在首都平城（今山西大同市）先后设立国子太学、中书学，孝文帝太和中改为国子学，公卿子弟多由中书学生而后入仕。中书学中，大约有算、纪等若干科，因有算术学生（算生）、纪书学生（纪生）等。黄卢头死因不明，其子黄□相，为中书学生，为父造像祈福，数量众多。张焯推断其所造 170 尊佛像，应在云冈石窟中；而以此碑像，作为纪念碑，设若如此，则北魏武州山石窟允许民间造像的时间已经提前。此坐佛碑像，整体作汉式屋形，龛像居中，十分新颖，大约属于云冈石窟开凿中的新款式。

此件石刻从形制上来看应该属于四面柱状造像碑，而且是这种石刻艺术形制的最早现存实物。唐晓军指出，四方形柱状碑继承了北魏石窟中心塔柱的造型，并在碑体上端施以仿木结构的屋顶为碑首。四面的宽度大致相同，均有雕刻，有的下有碑座，上有仿木构建筑的碑顶。这种碑首既具防止雨水浸蚀佛像的功能，又具极强的装饰效果。正面雕造像龛，其他各面雕佛传故事，或刻供养人像、造像题记等。这种造像碑与北魏时期的塔节式造像碑一样，多置放于大型寺院的重要位置，成为寺院的装饰性建筑。

《魏书》（释老志）载，这年夏天四月，在济州东平郡（今山东郓城县西北），出现一个奇迹：那儿有一件佛像发出光辉，变成金光灿灿的颜色。于是下诏，让有司与沙门统昙曜令东平造像送达平城，使道俗咸睹实相之容，普告天下，皆使闻知。温玉成认为这个东平造像被请入平城的故事，显示山东佛像北魏时在全国有着重要影响力。此时应是云冈“昙曜五窟”部分完工之际，故“东平造像”对云冈二期造像可能也会产生一定的影响。从此事件中可看出，当时北魏都城平城的佛像，不仅在当地大量雕造，而且也在其他地方寻觅制造精良的佛像调运于都城。张焯还说，北魏平城时代，还有南朝妙像运送于平城者。《续高僧传》附道宣言论，就记载北魏孝文帝将徐州吴苍鹰供养的佛像请入北台。

完成于这年八月十日的《张伯和造佛坐像》，砂岩，高 33.5 厘米，现藏于日本大和文华馆。正面为一佛二菩萨，底座双狮双人供养释迦、多宝龛。背面浅雕七佛、太子降生等故事画四幅，张焯认为应是云冈石窟制造。

刻制于是年十月的《申洪之墓铭》，仍为砂岩质地，新中国成立前出土，现藏大同市博物馆中。石高 60 厘米、宽 49 厘米，四边凸框。北魏平城时期的墓志十分少见，因此这块墓志颇为珍贵。殷宪对此志进行了较为全面的考证，墓志叙录了墓主人申洪之的郡望、家世、行状以及下葬时间、地点。从中可知申洪之的籍贯为魏郡魏县（今河南安阳市附近），其曾祖申钟曾任前赵司徒。申洪之少年时与其兄乾之一道归魏。后来在太子身边做一种名为东宫莫堤（鲜卑语）的官。

美国纽约华裔藏家陈哲敬收藏有一件雕刻于延兴二年的《石交脚弥勒像》，金申、刘兴珍等也曾予以著录，砂岩，高 41.5 厘米。碑正面刻弥勒菩萨交脚坐像，双耳垂肩，双手捧物。袈裟裹身，衣纹做出水式。面相方圆，双目微合，双唇紧闭，表现出慈悲为怀、普度众生的主题。因石质风化，雕刻表面损残，漫漶不清，但形象风仪气度犹存。背光外缘刻火焰纹，内缘纹饰已模糊难辨。碑的背面浮雕分为三层：上层刻八相成道，中层刻本生故事，下层刻舍身饲虎故事。雕刻风格粗犷厚重，惜多漫漶。

同年，始建山西交城玄中寺。在山西交城县西北的石壁山中，有座佛教净土宗名刹，名叫玄中寺，始建于延兴二年，四年之后落成（承明元年）。北魏时，净土名僧昙鸾（于北魏永安年间得天竺僧人菩提流支度化）深受孝文帝礼敬，称之“神鸾”，晚年即住持于玄中寺。至隋唐因道绰、善导的驻锡而使该寺成为与西安灵威坛、洛阳会善坛齐名的佛教三大戒坛之一。刘兴珍等还著录有北魏北齐时的石刻《玄中寺造像》一件。玄中寺又名石壁寺，现存建筑除明代重建的天王殿和牌楼门外，多为清代重建。殿阁内置木雕、泥塑、铁铸佛像 70 余尊，多为后世所作。保存年代最早的造像有两尊。其一为北魏延昌四年(515)造像，已残，上刻浮雕供养人与铭文。人物形象简括，刀法朴拙。其二为北齐河清三年(564)四面千佛造像，除上端正中一龛内坐佛体形稍大外，余皆为小龛坐佛，横竖排列整齐。形象表现不求谨严，意会即止，而神采天然，刻工质朴粗犷。在玄中寺中，现在还保存着一件雕刻于北魏延兴四年(474 年)的造像碑，这件《北魏延兴玄中寺造像碑》，是目前寺中纪年最早的石刻艺术。

［文献］ 北齐魏收《魏书》卷五、卷一一四，唐释道宣《续高僧传》卷三十，金申《中国历代纪年佛像图典》、《海外及港台藏历代佛像珍品纪年图鉴》，张焯《云冈石窟编年史》，唐晓军《甘肃古代石刻艺术》，殷宪《北魏早期平城墓铭析》(《北朝研究》1999 年第 1 辑)，刘兴珍等《中国古代雕塑图典》，［美］陈哲敬《中国古佛雕》，温玉成《中国佛教与考古》。

公元 473 年　南朝宋元徽元年

［提示］ 邵硕卒。此前，四川已有行像制度。

［叙录］ 温玉成考察四川的“行像”制度，认为至迟在南朝宋时已风行成都。《高僧传》(邵硕传)记载：邵硕始康人，半路出家。其相丑拙，恍忽如狂。小儿好追而弄之。出入行往，不择昼夜，游历益部诸县及往蛮中劝善。至四月八日，成都行像，邵硕于众人中，匍匐作狮子形。邵硕在南朝宋元徽元年(473)卒于岷山通云寺。

［文献］ 南梁慧皎《高僧传》卷十，温玉成《中国佛教与考古》。

公元 475 年　北魏延兴五年

［提示］ 五月，孝文帝拓跋宏幸武州山。北魏高允作《鹿苑赋》。

［叙录］《魏书》(高祖纪)载：是年五月，孝文帝拓跋宏幸武州山。陈垣分析，此只言幸武州山而未言幸石窟寺，然以前后书法例之则当然幸石窟寺。

大约在这一年，北魏高允作《鹿苑赋》，此赋见载于《广弘明集》中，真实而富有诗意地记述了献文帝时平城郊苑的佛事情况。张焯认为兴建东方鹿苑，是当时人的理想与时尚，亦泛指山水佛场。据《魏书》(高闾传)载，北魏当年，高闾曾作《鹿苑颂》，惜后世未传。高允，字伯恭，出生于冀州勃海郡蓨县（今河北景县）一个汉族名门家庭。少年为僧，后历仕太武以下五帝，久掌机密，博学谦和，代都后学奉为儒宗。高允的《鹿苑赋》，记载鹿苑佛事建设的成就，赞颂鲜卑拓跋氏走出蛮荒、偃武修文、兴佛从善伟业。

关于《鹿苑赋》的写作时间，张焯分析说，从“禅储宫以正位，受太上之尊号”句看，指的是献文禅位给其子孝文帝之事，由此可以框定在延兴年间。进一步推敲，大致为延兴五年(475)。理由之一，赋中之“绝鹰犬之驰逐”，系指《魏书》(释老志)所记孝文帝因田鹰获鸳鸯之事，于延兴五年四月下诏禁断鸷鸟，不得畜养。此即赋中所谓“纵生生以延福”的内容。理由之二，《魏书》(高祖纪)说延兴五年五月孝文帝幸武州山。武州山，即今云冈石窟所在，北魏当年称为“武州山石窟佛寺”或“灵岩寺”。这是《魏书》中对皇帝游幸云冈的第二条记载，高允的《鹿苑赋》大约正是此番随皇帝巡视云冈石窟后创作并上呈。

［文献］ 北齐魏收《魏书》卷七、卷五四，唐释道宣《广弘明集》卷二九，陈垣《记大同武州山石窟寺》(《东方杂志》第16卷第2—3号)，张焯《云冈石窟编年史》。

公元476年 北魏延兴六年 承明元年

［提示］ 九月，宕昌贡朱砂等。《释迦佛坐像》。

［叙录］ 《魏书》(高祖纪上、宕昌传)中，载有宕昌(甘肃陇南)在这年九月向北魏进贡朱砂、雌黄、白石胆各一百斤等事。张焯按：大同地区不闻有朱砂之产，然北魏墓葬出土石刻、陶俑上多有朱砂彩绘。仔细观察云冈石窟内雕像，往往可见，且有的红底色被辽金明清彩绘覆盖。同时，发现不少佛像的面部、胸部贴着金箔。大约在佛像上贴金、彩绘，在白毫处镶嵌珠宝，是北魏当年的习惯做法。这种“金装佛像”的做法，出自佛经，始于西域。梁僧旻、唱宝等《经律异相》卷六引《观佛三昧经》：“佛告阿难，持我语遍告弟子。我灭度后，造佛形像，相好具足，亦作无量化佛。及画佛迹以微妙彩，及颇梨珠安白毫处，令人见之心生欢喜。”

金申著录有雕刻于此年的《释迦佛坐像》，高73厘米，现藏于美国波士顿美术馆。佛像作禅定，旋涡状发髻，衣纹隆起，中刻阴线，此种衣纹刻法，仍是承袭了犍陀罗衣纹的特点，多流行于中亚和十六国地区。或谓之“凉州式样”的特征之一。

［文献］ 北齐魏收《魏书》卷七、卷一〇一，金申《中国历代纪年佛像图典》，《海外及港台藏历代佛像珍品纪年图鉴》，张焯《云冈石窟编年史》。

公元477年 北魏太和元年

［提示］ 三月，北魏孝文帝命与僧徒论佛义。五月，车驾祈雨于武州山。宋绍祖墓仿宫殿型砂岩石板椁。

［叙录］ 《魏书》(释老志)载，北魏孝文帝大力倡佛。建立规模宏大的永宁寺后，于太和元年亲临永宁寺，设会听讲，命中、秘二省与僧徒讨论佛教教义。又下诏在鸠摩罗什的常住寺建三级浮屠，并访其后继者。汤用彤说，于佛义有研求提倡者，“北魏终当推孝文帝”。《魏书》(高祖纪上)说，这年五月，孝文帝车驾祈雨于武州山，俄而澍雨大洽。陈垣认为这时孝文帝年11岁，祈雨未必至石窟寺，然车驾至武周山，则必经石窟寺。今石佛寺左侧，尚有一龙王庙，可能是古之遗制。张焯按：石佛寺是元明以后的称谓，即今第5、6窟及其前面的僧院。龙王庙，清代建(已毁)，在其东沟旁。1938年，日人水野清一等调查云冈石窟，曾对沟北、沟西南寺院遗址进行过小规模的发掘，清理出辽代兽面瓦当和羽纹板瓦滴水等物。1987年，云冈石窟研究所赵曙光等，对龙王沟西侧的石窟及窟前地面清理发掘，清出房屋基址三座，地炕基址一处，长方形蓄水池一个。出土有辽代兽面瓦当、莲花瓦当、羽纹滴水、条纹滴水、瓷枕、瓷碗(外底墨书行体“石寺”二字)、鸡腿坛等多件，发现北宋景德元宝、天禧通宝和辽代太平通宝铜钱各一枚，澄泥砚两件(小砚完整，砚底凹印款识“嘉制”；大砚残半，砚底凹印款识“西京仁和坊”)。窟前阁楼与

僧房，基本可以断定为辽代建筑，辽末焚毁。

在山西省博物院中，藏有《宋绍祖墓铭砖》，从上面所刻铭文得知，幽州刺史、敦煌公、敦煌郡宋绍祖卒于太和元年。宋绍祖砖墓，位于大同城东大同大学(原雁北师院)院内，是继司马金龙墓之后发现的又一重要墓葬。在170多件随葬品中，以仿宫殿型砂岩石板椁最为独特。张焯说，这样的石椁建筑，外观类似于云冈第9、10和12窟(1974年的抢险加固工程，发现第12窟列柱上方有石雕脊饰、瓦垄等残迹，说明北魏当年这两处宫殿外形的石窟，大约都曾造作仿木构式的石雕窟檐)，显系北魏平城宫殿建设与石窟寺建设的折射与影响。石椁顶板仿瓦垄间，阴刻"太和元年，五十人用公(工)三千，盐豉卅斛"。墓内，大量的骑兵、武士、胡人、男、女、驼、马、驴、猪、犬、镇墓兽、牛车等陶俑，组成了气势雄壮的队列。

［文献］ 北齐魏收《魏书》卷七、卷一一四，汤用彤《汉魏两晋南北朝佛教史》，陈垣《记大同武州山石窟寺》(《东方杂志》第16卷第2—3号)，张焯《云冈石窟编年史》。

公元479年 北魏太和三年 南齐建元元年

［提示］ 北魏太和三年六月，起文石室、灵泉殿于方山。八月，孝文帝幸方山，起思远佛寺。冯熙废毁《三字石经》，建佛图精舍。南齐建元元年，宣帝萧承之永安陵神道石刻。

［叙录］ 在大同城北的方山(西寺梁山)一带，是文成文明皇后冯氏营建的包括永固陵、永固石室、思远灵园、斋堂、石阙、灵泉殿、灵泉池以及石窟寺、御路等在内的庞大陵园。《魏书》(高祖纪上)载：这年六月，起文石室、灵泉殿于方山。所谓起文石室，即建永固石室，并立碑于石室之庭。《水经注》(漯水)中就曾提及方山岭上有文明太皇太后陵。陵之东北，有高祖陵。二陵之南，有永固堂。庙前镌石为碑兽，碑石至佳。左右列柏，四周迷禽暗日。院外西侧，有思远灵图。图之西，有斋堂。

《魏书》又载，是年八月，孝文帝幸方山，起思远佛寺。据同书《阉官传》所载，方山工程的指挥者叫王遇(庆时)，王遇性巧，善于营建。北都方山灵泉道俗居宇及文明太后陵庙，洛京东郊马射坛殿，修广文昭太后墓园，太极殿及东西两堂、内外诸门制度，都是王遇监作。此外还有一个名叫孟鸾(龙儿)的阉人，则是王遇监理工程的得力助手。据胡平等文称，北魏平城思远寺坐落于方山南麓坡阶地上，基址呈长方形，四边用火山浮石堆砌，南北长88.2米，东西宽57.5米。中央突起长方形基座，南北45.8米，东西34.2米，高2.5米；玄武岩条石包边，中间三合土夯实，铺砖，为实心体回廊式塔基。塔基南北11.8米，东西13.5米，高1.2米，呈覆斗状。遗址从南往北，依次为山门、回廊形方塔、佛堂(面阔七间)。出土有菩萨、飞天影塑像，"富贵万岁"、"忠贤永贵"、"化生童子"灰陶瓦当，以及条砖、方砖、扇形砖等。张焯说他曾在胡平办公室看到那些黄色的贴塑残像，大概是用黄土掺合白土和泥模拓，相当坚硬。这显然与犍陀罗石膏、灰泥像法东传有关，而其造像风格，与新疆各地、内蒙古白灵淖城、辽宁朝阳北塔(思燕浮屠)出土的影塑基本相同，较云冈石窟同期雕像更显异域气息。

本年，冯熙废毁《三字石经》，建浮屠精舍。冯熙是冯太后(文明太后)的哥哥，在《魏书》(外戚传上)中有载：冯熙字晋昌，长乐信都人。洛阳虽经破乱，而旧《三字石经》宛然犹在，至冯熙与常伯夫相继为州，废毁分用，大至颓落。冯熙为政不能仁厚，而信佛法，自出家财，在诸州镇建浮屠精舍，合七十二处，写一十六部一切经。延致名德沙门，日与讲论，精勤不倦，所费亦不少。而在诸州营塔寺多在高山秀阜，伤杀人牛。有沙门劝止，冯熙说："成就后，人唯见佛图，焉知杀人牛也。"由此可见，这个冯熙从内心深处，就不是一个一心向佛行善的人。

同年在南朝则为南齐建元元年，雕制完成大型的宣帝萧承之永安陵神道石刻。萧承之(384—447)，字嗣伯，南兰陵人(今丹阳)。齐高帝萧道成父。才力过人，为汉中太守，出为南泰山太守，封兴县五等男。建元元年追尊为宣皇帝,葬永安陵。据徐湖平等人调查,永安陵神道石刻位于江苏省丹阳市胡桥镇狮子湾,坐北朝南,陵冢无存。陵前存石兽一对,二兽之间相距26米。东兽雌性,身长295厘米、高275厘米、颈高140厘米,体围275厘米,昂首垂身,双角已残,颔下鬈须垂于胸前。翼面前作卷云纹,中有细鳞,后为长翎。身上满布卷曲长毛,长尾曳地。足四爪,前足之下攫一小兽。西兽头已不存,体态与东兽大致相当。

［文献］ 北魏郦道元《水经注》卷一三,北齐魏收《魏书》卷七、卷八三、卷九四,胡平等《大同思远佛寺遗址考古发掘成绩斐然》(《中国文物报》2004年10月1日),张焯《云冈石窟编年史》,徐湖平主编《南朝陵墓雕刻艺术》。

公元480年 北魏太和四年

［提示］ 八月,孝文帝幸武州石窟寺。石祇洹舍并诸窟室,比丘尼所居。辽宁朝阳"思燕浮图"。

［叙录］ 云冈石窟建成规模之后,北魏帝王经常驾临。《魏书》(高祖纪)载:太和四年八月,孝文帝幸武州石窟寺。《水经注》(漯水)载:武州川水东南流,水侧有石祇洹舍并诸窟室,比丘尼所居。其水又东转灵岩南。凿石开山,因岩结构,真容巨壮,世法所稀。山堂水殿,烟寺相望,林渊锦镜,缀目新眺。于此可见云冈石窟当年规模之壮丽。郦道元对平城的记述,截止于迁都之前,当记于太和15年以前。武周山石窟寺的盛况,为郦道元所亲眼目睹,最为可靠。正如陈垣所说:《水经注》撰于后魏太和之世,去石窟寺之建,不过四五十年。其所记载,至可信据。据《魏书》,则昙曜所凿者只五所,而此已口"山堂水殿,烟寺相望",可知昙曜开山以后,凿者甚众,皆在郦道元注《水经》以前,而不尽在齐、隋以后。又曰"林渊锦镜,缀目新眺",则当年景色,美丽可想。武州川水自西北来,先经石祇洹舍,则今石佛寺以西诸窟,必有比丘尼所居之遗迹,惜不能指其处。其水东转所径之处为灵岩,是灵岩者本地名,有称石窟寺为灵岩寺者,寺因地得名。

而今,这个尼寺遗址也已找到了。此处的祇洹舍,一般简称为"祇洹"或"祇园",全称即"祇树给孤独园"、"胜林给孤独园"、"祇洹精舍"等。传说当年释迦牟尼成道后,憍萨罗国的给孤独长者,以大量黄金购置舍卫城南波斯匿王太子祇陀之花园,建筑精舍,请释迦说法,祇陀太子亦奉献园内树木,故以两人名字命名。佛陀释迦牟尼在园中说法长达20多年,其在佛学史上堪与舍卫城之竹林精舍相比肩。民国十九年,中央研究院史语所赵邦彦考察云冈时写道:郦道元所言尼寺,当在今姑子庙地方,在云冈之西七里。姑子庙之石舍窟室,因川水之冲刷,久已毁灭;唯河岸石壁,尚有残像,足为昔日尼寺之证。又云冈渡水而西小山上,尚有二窟,高约丈余,四壁刻佛像数十。相传昔日云冈造像工人聚居此处,开窟凿佛,自为功德;故其地名鲁班窑。张焯按:姑子庙,今名吴官屯石窟;云冈西二里隔河处,是鲁班窑石窟。吴官屯石窟,坐北朝南,东西约200米,俱小型龛像,新中国成立前被盗凿严重。现存造像,清瘦削肩,与云冈主窟造像不似一种类型。王逊说,风格上与云岗第11窟外侧诸像及龙门的北魏造像相同,应该都是北魏末期的作品。鲁班窑石窟,坐西朝东,有窟室三所,最南一窟,前壁坍塌,土石填满,故而只见二窟。二窟石质欠佳,多夹层、裂缝,俱千佛雕,无大佛雕。窟外壁留有建造阁楼的遗孔,窟前地势较高,也较平敞,有明显的建筑物基址。无论就《水经注》记载分析,还是从遗迹考察,属于北魏尼寺的可能性更大。2002年,张焯差人将中窟扑地的一尊无头菩萨像搬运回研究所。此像应为北魏开凿云冈石窟的副产品;颈部有凿孔,盖后代曾修复安装过佛头。

2004年,辽宁省文物考古研究所在朝阳北大街西侧发现十六国时期三燕故都龙城宫城遗址。当时龙城作为三燕(前燕、后燕、北燕)都城,是东北亚地区政治、经济、文化中心。而北魏冯太后在龙城宫殿基址之上所建立之"思燕浮图"北塔(北燕天王冯跋孙女冯氏为怀念北燕国而建)，在当时堪称文化标志性建筑。学者认为“思燕浮图”的空间结构表明，以塔近于寺院中心的布局，是佛寺由西方的塔在中心，到塔殿并立，再到以佛殿为中心这一演变过程中关键的一环，是佛教东传的重要实证。而东西方以辽河流域为枢纽进行的交流，一直延续到辽代。遍布辽宁大地的辽塔包含不少来自西方的佛教题材，辽墓出土的大量琥珀饰件，其原料产自波罗的海，并由中亚输入，从而形成一条延续数世纪的草原丝绸之路。

据温玉成说，辽宁省朝阳市在清理“思燕浮图”(480年前后)塔基时，在东南角基座处还发现有石雕武士像，董高认为是唐代之作。但只要比较一下庆阳北石窟第165窟门外两侧的武士像即可知北塔的武士像应即是当年造“思燕浮图”时代所作，绝非唐代所作，二者大体相似，只是第165窟的武士不再持武器而已，因它晚于北塔武士约20年。不戴头盔、不持武器的武士(后称“力士”)，在龙门魏窟中大量出现。

［文献］ 北魏郦道元《水经注》卷一三，北齐魏收《魏书》卷七，宋司马光《资治通鉴》卷一三五，赵邦彦《调查云冈造像小记》(《中央研究院历史语言研究所集刊》第一本)，王逊《云冈一带勘察记》(1951年《雁北文物勘查团报告》)，陈垣《记大同武州山石窟寺》(《东方杂志》第16卷2、3号)，张焯《云冈石窟编年史》，温玉成《中国佛教与考古》，董高《朝阳北塔·思燕浮图基址考》(《辽海文物学刊》1991年第2期)，甘肃省文物工作队《庆阳北石窟寺》(文物出版社1985年版)，辽宁省文物考古研究所《朝阳北塔：考古发掘与维修工程报告》。

公元481年　北魏太和五年　南齐建元三年

［提示］ 北魏太和五年四月，孝文帝行幸方山，建永固石室并立碑。五月二十八日，《北魏定县石函》。北台石窟寺主僧明道人逃逸奔山。南朝齐建元三年，徐州义学影响云冈石窟晚期佛像样式。彭城宋王寺有丈八金像，南风北渐。

［叙录］ 《魏书》(高祖纪上)载：是年四月，孝文帝行幸方山，建永固石室并立碑。从同书《皇后传》可知，这次孝文帝是和文明皇后冯氏一起游历方山的，而且皇后对方山一带的风物十分喜欢，顾瞻川阜，有终焉之志。孝文帝诏有司营建寿陵于方山，又起永固石室，将终为清庙。太和五年起作，八年而成，刊石立碑，颂太后功德。冯氏之陵，《水经注》有记载，方山南岭上有文明太皇太后陵，其间散布着大量精美的石刻艺术。

是年，在河北定县还刻立有纪念北魏帝后东巡的石函。1966年，河北省文化局文物工作队，在定县城内东北隅发现了《北魏定县石函》，函盖刻铭文。从铭文中可知，石函刻于太和五年五月，孝文帝东巡，次天山、幸唐陂，命有司在定州东门造五级浮屠，至五月二十八日，塔始落成。

北魏时期，虽然佛教盛行，但是佛教内部争斗从未停止过。太和五年沙门法秀于平城举事，卷入者除平民之外，亦有官僚大族。其中最著名的当数30多年之后的法庆大乘教起义。在唐道宣的《续高僧传》中记载，北魏的僧明道人，为北台石窟寺主，被怀疑有叛乱之心，于是收数百僧，互系缚之，僧明为魁首，以绳急缠，从头至足，天一亮就斩决。僧明感到十分恐怖，一心念观音。到了半夜，觉得身上的绳子略有松动，觉得这是观音显灵，于是继续潜心祷告。拂晓时分，身上的绳子全部断开。既因得脱，逃逸奔山。明旦，狱监来觅不见，唯有断绳在地，知为神力所加。即以奏闻，帝信道人不反，遂一时释放。张焯按：北台石窟寺主僧明道人逃逸奔山之事，疑为太和五年平城法秀事件中的插曲。

南梁慧皎《高僧传》载有释僧渊之事，道渊本姓赵，颍川(今河南禹州市)人。出家之后，专攻佛义。初游徐邦(徐州)，止白塔寺，从僧嵩受《成实论》(古印度诃梨跋摩著)、《毗昙》(即《阿毗昙》，印度法胜撰《阿毗昙心》，达摩多罗撰《杂阿毗昙心》)。学未三年，功逾十载，慧解之声，驰于遐迩。道渊风姿宏伟，腰带十围，神气清远，含吐洒落。隐士刘因之，舍所住山，给为精舍。道渊弟子慧记兼通数论，道登善《涅槃》、《法华》，并为北魏孝文帝元宏所重，驰名魏国。道渊卒于南齐建元三年（北魏太和五年），春秋六十有八。从这条记载中，我们可以清楚得知：徐州义学对北魏影响甚多。徐州（彭城）居黄淮间南北交通要冲。张焯认为，东晋末年，刘裕北征长安，姚秦溃败，关中学僧东下徐淮，鸠摩罗什弟子道融、僧嵩等宣教彭城，僧导住锡寿春（安徽寿县西南），徐淮义理佛学遂盛。汤用彤谓：“徐州为东方义学之渊薮。”昙度、道登、惠纪等徐州义学高僧，太和中讲法平城，作匠京缁，斯继玄高、师贤、昙曜等凉州禅门高僧之后，代都佛教的一大转变，亦南北佛教的一大交流。云冈石窟的晚期佛像样式，不能不受徐州义学影响。

《高僧传》又载：彭城（徐州）宋王寺有丈八金像，乃宋车骑、徐州刺史王仲德所造，光相之工，江左称最。此像十分灵应，州境或应有灾祟，及僧尼不道者，金像则流汗。汗之多少，则显示祸患之大小。南朝宋泰始初，彭城北归，北魏打算迁走金像。引至万夫，竟不能致。时房帅兰陵公攻陷此营，获诸沙门。于是尽执二州道人，幽系囹里。金像此时流汗，甚至将整个大殿都打湿了。时梁王谅（太武帝之孙、徐州刺史元嘉）镇守彭城，亲往像所，使人拭之，汗水随出，莫能停止。梁王烧香礼拜，专心发誓：众僧无罪，弟子自当营护，不使罹祸。若幽诚有感，愿拭汗即止。于是白手拭之，随拭即燥。梁王具表其事，诸僧皆见原免。

彭城有一位书画家值得注意，唐张彦远在《历代名画记》中说：刘瑱，字士温，彭城人。少聪慧，多才艺，工书画。饮酒至数斗，画嫔嫱当代第一。官至吏部郎。谢赫云：用意绵密，画体简细，笔力因弱，制置单省，妇人最佳，但纤削过差，翻为失真。然玩之详熟，甚有姿态。刘瑱在《南史》中有传，传中称其少有行业，文藻、篆隶、丹青并为当世所称。时有荥阳毛惠远善画马和妇人，并为当世第一。瑱仕齐，历尚书吏部郎，义兴太守。刘瑱画风略与刘宋朝臣陆探微之“秀骨清像”相近。张焯认为北魏太和改制后，云冈石窟中出现的体形修长、姿态俏丽的菩萨形象，应是这种南风北渐的反映。

［文献］ 北魏郦道元《水经注》卷一三，北齐魏收《魏书》卷七、卷一三，南梁慧皎《高僧传》卷八、卷一三，唐释道宣《续高僧传》卷二六，唐李延寿《南史》卷三九，唐张彦远《历代名画记》卷七，汤用彤《汉魏两晋南北朝佛教史》，张焯《云冈石窟编年史》，河北省文化局文物工作队《河北定县出土北魏石函》（《考古》1966 年第 5 期）。

公元 483 年　北魏太和七年　南齐永明元年

［提示］ 北魏太和七年八月三十日，山西《邑义信士女云冈造像》。八月，《法宗造像》。十月，山东历城《崔承宗造像》。太和七年，始凿龙门古阳洞。南齐永明元年七月十五日，四川《茂县无量寿弥勒像碑》。四川南朝造像对麦积山等地区的影响。

［叙录］ 公元 483 年于中国石刻艺术史而言，是值得铭记的一年。这一年在南北方均有重要的石刻事件发生。先说北朝，北魏太和七年八月三十日，雕刻成《邑义信士女云冈造像》。这年秋天，邑义信士男女共 54 人在云冈石窟第 11 窟东壁上层南侧造像 95 区（躯），这是迄今所知云冈石窟最早的纪年铭刻。其造像题记最早为日人水野清一、长广敏雄所著录，名为《邑义信士女等五十四人造石庙形像九十五区及诸菩萨记》。张焯说该题记于孝文帝巡视云冈工程整整四个月后出现，恐非偶然。大约是石窟寺开凿对民间开禁的标志。据厉寿田在 20 世纪 30 年代撰文，称此造像是民国六年邑人古钦明在接引佛洞中发现者（即中部第 7 大窟）。碑在左壁前方，距地高约四丈。流行拓片甚少，偶有所见，亦模糊不清，难以卒读，故传抄者愈传愈讹。云冈第 11 窟是现存北魏造像记最多的洞窟，题刻时间在太和七年至二十年之间。

王静芬指出，云冈早期石窟，包括昙曜五窟，第 5

至10窟这些成对的石窟，都是由皇家出资修凿的。第11窟时间约在470至490年之间，稍晚于成对的石窟，在这个洞窟中我们逐渐发现可能有私人性质的佛像捐赠人。信仰社团的参与是赞助人队伍扩大的明证，尽管在这个例子中供养人的服饰表明他们可能是鲜卑贵族和贵妇。发愿文内容强调爱国主义，表明佛教作为北魏国教的特质。此外，佛教团体是集体组织，成员们能够集合他们的资源来赞助大型工程。水野清一和长广敏雄识别出“九十五躯石庙形像”即铭文上方的佛像，在顶部为布幔图案划分出界线。主尊像在中心柱上被分为四部分来雕刻；最顶上为弥勒三尊；中间两个独立的佛龛各有一身坐佛；下面是释迦牟尼和多宝佛，龛缘刻过去七佛；底部为三尊菩萨坐像，通过铭文分别释读为文殊菩萨、大势至菩萨和观音菩萨。两边的小坐佛总共87尊。加上中心柱上的八尊主像，共有95尊佛和菩萨像。

北魏太和七年八月所刻之《法宗造像》，全称《邑师法宗造像》，有题记，梁披云、刘正成等著录。题记为25行，行14—16字不等。首行是“邑师法宗”4字。另有3行，每行5字，余每行各6字，字略大。是年十月所刻之《崔承宗造像》，全称《齐州历城崔承宗为亡父母造释迦像》，出土于山东历城。递归贵池刘氏双忽雷阁、山东图书馆，有翻刻木。

这年在北方发生的最为重要的石刻事件是：始凿龙门古阳洞。从此，在洛阳龙门，拉开了中国石刻艺术史上最为激动人心的序幕。洛阳龙门石窟，最早开凿者为古阳洞，古阳洞由天然溶洞改营成石窟寺，从现存的《孙秋生等造像记》(太和七年)可以推知，最晚在这一年中，龙门石窟已由民间自动发起开凿工程。

关于古阳洞的开创年代，一般依据丘穆陵亮夫人造像铭年月，定为太和十九年(495)。金维诺认为，从修造的规模来看，这些大龛的修造时间比丘穆陵亮夫人龛长得多，有可能它们的动工或筹建实际上更早，因此占据了壁面的主要位置。这些大龛虽是不同的施主出资修造，但是它们显然是在修窟时按计划统一安排的，或者正是这些主要佛龛的修造者共同出资开凿了古阳洞。孙秋生等造像铭所记，由太和七年到景明三年约20年时间，不能单纯理解为开凿一龛的时间。如果佛龛造讫是景明三年，那么太和七年就是开始造龛的年代。所以古阳洞的开凿应该是在太和七年，或之前。阎文儒亦持此种观点，根据古阳洞孙秋生等的造像题记，古阳洞创于北魏孝文帝元宏太和七年。以造像风格论，也是以这个龛为早。由此可知龙门开凿是北魏迁洛阳之前。

龙门北魏时期的洞窟基本上都集中在西山(古阳洞、宾阳洞、莲花洞、魏字洞、石窟寺等)。古阳洞四壁佛龛大多刻有“造像铭”，是龙门中保存造像铭最多的一个石窟。其发愿造像者多为北魏贵族，其中有长乐王丘穆陵亮夫人铭记，有比丘慧成(孝文帝堂兄弟)，将军杨大眼等造像铭，但也有佛龛为下层官吏或平民百姓所雕造。

无可置疑，是年南朝最值得关注的石刻艺术，是七月十五日由西凉曹比丘释玄嵩在四川茂县雕造的红砂岩无量寿当来弥勒成佛二世尊像，一般称为《茂县无量寿弥勒像碑》。1920年四川茂县出土，现藏于四川省博物馆。像碑有完整的正书造像题记，据高文载，造像左侧还有跋文一行“时镇主性庄丘北部尔值□福愿□□”；右侧跋文二行“诸行无常是生灭法：生灭无已象灭为乐”。铭文中之“西凉曹比丘释玄嵩”，西凉是以敦煌、酒泉地区为中心的短暂存在的政权。西凉和附近的北凉都和西南有许多交通及联系。此处“西凉曹”应指僧人玄嵩曾在先前的西凉国所担任的行政官职。萧齐取代刘宋之后，皇室对于佛教及造像的热情依然不减。如齐高帝萧道成“手写法华，口诵般若，四月八日铸金像”，齐明帝萧鸾也曾“写一切经，造千金像”。因此即使远在四川的茂县，也会出现如此动人的造像碑，显然并非孤立事件。

此造像碑1935年由四川军阀盗走，被分割成数块，企图走私海外，虽然最后没有成行，但已卖掉其中的造像部分。因此造像碑已非完璧，袁曙光后来为此造像碑绘制了拼对复原位置图。现存石高118

厘米、宽50厘米，从复原图可推测，原石为矩形，高约170厘米、宽73厘米、厚21厘米。碑阳和碑阴浅浮雕一尊佛像，王静芬判断碑阳为无量寿佛立像，碑阴为弥勒坐像。碑首大部分已缺失；残留的部分露出龛中的小佛像。两侧有更多的小佛像，连同立姿菩萨和山中禅窟里的小像（其中之一为禅定的僧人，另有一立佛，其余部分模糊难辨）。两侧铭文尽管简洁，但它阐明了《大般涅槃经》的核心原则，即万物无常，而涅槃就是"常、乐、我、净"。李玉珉描绘此碑说，碑的正反两面原开长方形的大龛，然因曾遭破坏，龛的结构已荡然无存。一面为一尊结跏趺坐佛，肉髻甚高，额宽脸方，眼细而长，形貌温雅，方肩平胸，身体结构不明。这尊佛像的衣褶断面作平阶梯状。佛不再穿印度通肩式袈裟，而着褒衣博带的汉式袍服，双领下垂，胸前有一结带，仿佛南朝文士一般。胸前垂落的衣褶层叠而下，呈弧线平行排列，悬垂在台座上的衣纹繁复，布排整齐对称，富装饰趣味。衣叙线条挺劲，在立体的雕刻中，又增添了一分线性的趣味。依据像侧的题名，知道这是一尊弥勒佛。背面没有雕铺完工的立佛，则是无量寿佛。

这件造像碑广泛受到研究中国图像史的学者关注，其正反两面所雕佛像，均着褒衣博带式佛衣，佛的面容体态则显示典型的南朝审美风格（秀骨清像）。费泳指出，这一风格的造像在南北朝呈跨地域传播，并对中国佛像表现持续影响至唐以后。该造像碑也是学界公认的此类风格的最早纪年造像，其制造年代上距戴颙去世仅42年，且风格定型成熟，道世言"二戴像制历代独步"，其影响力应不限晋宋。吉村怜在《论龙门样式起源南朝》中认为褒衣博带式佛像即为戴逵所创是有一定道理的。晋宋年间，出现在中土南方的"二戴像制"，是一次针对外来造像进行的民族化变革，是适应本土审美需求的创举。

费泳具体分析了南朝尤其是四川造像对北方是如何产生影响的：麦积山北魏晚期出现的褒衣博带式佛衣，在坐佛裳悬座部分，出现了类同南朝萧齐年间裳悬座中的两个尖状下垂物，第133窟第三号龛主尊即为此样。这一特征不见于云冈及龙门造像，北方较早的这一表现样式的佛像，为出土于西安市郊藏于西安碑林博物馆景明二年(501)的四面石造像。而裳悬座的这一特征，较早则是出现在四川茂汶齐永明元年造像碑上。由成都北上经绵阳、广元到汉中（金牛道），西北可达麦积山，东北经褒斜道可至西安。北魏晚期在麦积山和长安地区出现的褒衣博带式佛衣，表面看是对云冈、龙门此类佛衣的呼应，实质上，具体风格的来源应为南朝成都地区。杨泓很早就在《试论南北朝前期佛像服饰的主要变化》一文中提出四川对麦积山造像的影响，"在麦积山，由于当时关陇地区和四川等地交往密切，作通肩式服饰的塑像，从面型到衣纹等各方面，就与南朝元嘉鎏金造像更为肖似"。麦积山与南朝造像的相似性还体现在佛的袈裟层数未超过两层，裙为一层，而未出现龙门的三层袈裟、两层裙样式。并在褒衣博带式佛衣发展、演变方面，与成都为代表的南朝造像保持一致。

此外，这件造像碑上所表现的衣襞覆坛的裳悬座、外展式衣纹（吉村怜所谓"鱼鳍状衣纹"）、X形披帛等，均在南方建康（栖霞山）和成都地区出现，其时间均较北方为早，这意味着这些图像模式最终传到了北方，并在北方造像系统中留下踪影。费泳认为，以四川南朝时期造像的整体风格变化看，是与栖霞山造像保持一致的。由川地汉至北周造像风格来看，早期造像直接受到来自印度的影响，而在南北朝时期的风格变化则主要源自建康。

［文献］　北齐魏收《魏书》卷七，［日］水野清一等《云冈金石录》，厉寿田《云冈石窟源流考》（《大同市志通讯》1986年3、4期合刊），阎文儒《中国石窟艺术总论》，金维诺《中国古代佛雕：佛造像样式与风格》，梁披云《中国书法大辞典》，刘正成《中国书法鉴赏大辞典》，高文《四川历代碑刻》，张焯《云冈石窟编年史》，［美］王静芬《中国石碑》，李玉珉《中国佛教美术史》，费泳《汉唐佛教造像艺术史》，袁曙光《四川茂县南齐永明造像碑及有关问题》（《文物》1992年第2期）。

公元484年　北魏太和八年　南齐永明二年

［提示］　北魏太和八年七月，孝文帝巡游方山、石窟寺。十一月十六日，山西《司空瑯琊康王墓表》。四件《伎乐人物龙纹柱础》。云冈石窟九窟造像。南齐永明二年十一月十六日，释玄畅卒，临川献王立碑，汝南周颙制文。始凿栖霞山千佛崖无量寿佛。《孔子问礼图碑》。

［叙录］　这年七月，孝文帝巡游方山、石窟寺。张焯指出，中华书局本《魏书》未将“方山”与“石窟寺”点开，读者遂以为北魏平城有“方山石窟寺”。然方山古今无石窟遗迹或记载。陈垣《记大同武州山石窟寺》云：“自是年以后，直至太和十八年迁洛以前，十年之间，不复见帝幸石窟寺。”

十一月十六日，山西大同刻成碑形墓志《司空瑯琊康王墓表》，1965年出土于大同城东石家寨村西南北魏司马金龙墓门处(同时出土者还有《司马金龙墓志铭》)，又称《司马金龙墓表》，现藏大同市博物馆。墓表高64厘米、宽46厘米、厚10.5厘米，篆额带碑座。据张焯记载，上述两件石刻石质，俱为青色玄武岩，不同于目前大同市出土的其他砂岩碑，大约与方山陵寝工程有关。然墓中出土的石棺床、石柱础等，则是武州山细砂岩，而且雕工较石窟更为精细。尤其值得注意的是，随葬的男女俑的面相，往往酷似云冈石窟中部窟群的佛、菩萨。相同情况，也见于宋绍祖墓出土的部分陶俑和模制陶人，面相近似云冈第20窟大佛。再有，大同方山、城北、城东寺院遗址发现的模制菩萨泥塑，展现出接近云冈造像、仿佛新疆泥塑的风格特点。这些不能不令人深思。日人水野清一和长广敏雄说：3世纪中叶或4世纪中叶之后，犍陀罗艺术表现为：一方面石刻风格的程式化及其衰退，另一方面白膏泥作品的生动与富于变化。因此，大同、朝阳、内蒙古等地出土的北魏泥塑佛像，应是西域佛塑的东传再造；而这种西域像法，也是云冈雕刻创作的模本之一。至于太和年间的平城陶俑，则直接效仿了云冈佛像。

司马金龙墓还出土了刻于太和八年的四件《伎乐人物龙纹柱础》，现藏于山西省博物馆。柱础为细砂石质，通高16.5厘米、底宽32厘米。柱础共分两层，中间凿有柱孔。刘兴珍详细描绘了柱础的结构及形式，其上层呈覆盆状，沿柱孔顶部刻莲瓣一周，周外浮雕复瓣莲花纹，围绕莲纹刻高浮雕虬龙四条，皆昂首引颈，腾越飞动，若回翔苍穹。下层为方形座，四边满刻忍冬纹和云纹。其中两件座端面四隅各圆雕一伎乐童子，四童子形貌相类，皆圆颅丰颐，头顶留一撮短发，上身袒裸，穿短裤，帔帛周身环绕。童子或踞坐，或半蹲，或盘膝而坐，或双手握觱篥吹奏，或挎鼓扬掌敲击，或弹奏琵琶，或徒手跷脚起舞，姿态不一，皆稚顽可爱。另两件座上四隅无圆雕童子，但于座边忍冬纹间浮雕伎乐童子，皆作舞蹈姿态。四柱础除个别童子残损外，其余保存尚好，刻工精致，线条匀称流利，若九曲回荡，生动自然。

金人曹衍在《金碑》中载：他当时还看见两件云冈石窟寺中遗刻：一在护国寺，大而不全，无年月可考。一在崇福寺，小而完整，从碑文中可知是宕昌公钳耳庆时主持开凿云冈(第9、10窟)时所镌，太和八年始建，十三年毕。这个钳耳庆时，就是冯太后宠宦王遇(字庆时)。阎文儒说，这说明当时统治集团中的大官僚们也在开窟。新疆拜城克孜尔早期石窟，多是武士装的供养人像，这些供养人像虽无文字记录，但是以服装形式来看，可能是龟兹国贵族官僚们的供养像。以此推断，这些石窟亦可能是官僚所开凿。王遇所建，在《水经注》中就有记载：太和中阉人宕昌公钳耳庆时，立祇洹舍于东皋(约在今文瀛湖畔)。椽瓦梁栋，台壁棂陛，尊容圣像，及床坐轩帐，悉为青石。图制可观，唯列壁合石，疏而不密。庭中有祇洹碑，碑题大篆，但字写得不是太好。宿白推测，辽金护国寺、崇福寺分别就是现今云冈石窟第7、8双窟和第9、10双窟。张焯则认为护国寺即今第1、2双窟。

由此，人们推知，云冈石窟九窟造像，当开窟于太和八年。刘兴珍等人描述第9窟构局，此窟与第10窟为一组双窟，分前后两室，主尊为释迦牟尼，前室门拱两柱上雕有千佛。西壁满雕佛龛及飞天，手擎莲花。后室明窗西侧雕普贤骑象，周有伎乐天环绕，有的手执琵琶，有的吹笛，妙造自然。后室明窗东侧雕一菩萨坐于莲花上，其下二供养菩萨作跪姿。明窗顶部为莲花，四周有飞天围绕，飘逸潇洒，神气飞动。第10窟主像出现了新组合，壁面布置了较多的释迦多宝对坐像。窟分前、后室，前室北壁满雕佛龛造像及佛本生故事，上部乐伎均雕刻在栏杆之后，姿态各异，或弹奏琵琶、筝、竖箜篌，或吹奏竿篥、排箫，或击腰鼓等，潇洒出尘，天然入妙。窟顶飞天头部有背光，腰束长裙，双足外露。双臂飘带飞舞，若翱翔天际。后室南壁雕有释迦降魔成道的佛传故事，门拱图案亦精美异常。

南齐永明二年十一月十六日，释玄畅卒，临川献王（萧映）立碑，汝南周颐制文。此事见载于《高僧传》及《神僧传》中。玄畅本姓赵氏，河西金城（今甘肃兰州市西）人。玄畅本在凉州和平城一带弘法，在北魏太武帝灭佛之际，于太平真君六年(445)逃往南方避难。

南齐永明二年，还有一件重大的石刻事件是，始凿栖霞山千佛崖无量寿佛。这是南朝大型石窟雕造之始，至建武四年完成。栖霞山千佛崖位于栖霞山纱帽峰到虎山峰之山崖上。为南齐隐士明僧绍（《南齐书》有传）舍宅入寺（栖霞精舍）后所雕刻。明僧绍尝梦见栖霞西峰石壁间，有如来光芒四射，便欲在此岩壁上雕凿佛像，尚未动工，明僧绍即去世。明僧绍的宏愿由其子临沂令明仲璋来实现，与法度禅师和建康名僧僧祐（佛像设计者）一道，于南齐永明二年在西峰石壁上开始了这项雕凿工程（栖霞寺千佛崖开创年代，阎文儒引述《南史》明僧绍传、《高僧传》及宋张敦颐记创寺年代，记为南齐永明七年），最先雕刻的就是无量寿佛，并修建了无量殿（三圣殿）。所刻无量寿佛像通高近四丈，胁侍菩萨观音和大势至菩萨各高三丈三尺，整体造形雄浑而又秀美，法相庄严。千佛崖的雕刻工作并未有就此停止，齐梁间皇室贵族一直在此开凿佛像，前后约20多年，形成南方罕有的摩崖石窟群。造像设计人释僧祐“性巧思，能目准心计，及匠人依标，尺寸无爽，故光宅、摄山大像、剡县石佛等，并请祐经始，准画仪则”（南梁慧皎《高僧传》卷十一）。因而摄山千佛岩，应是南朝最美的石刻造像艺术，在整个长江流域，南朝石窟保存至今者唯此一处。

李玉珉分析指出，南朝佛教发展与北方着重禅观有所不同，以义理研究为主，因而江南佛寺以兴建巨构为主，少凿石窟，较重要的南朝石窟遗迹，现在仅知建康摄山和剡溪石城山几处而已，上述两处石窟造像均为南朝僧祐设计，僧祐是一位学养造诣甚高的南朝高僧。他所经始的光宅和摄山大像、剡县石佛，其中光宅大像今已不存，而剡溪石城山的石佛又全部敷泥贴金，原状已掩，唯独从摄山的造像中还可以管窥僧祐的巧思。建康摄山遗迹，即今南京栖霞山千佛岩，其中，规模较大、造像尚可窥识南朝形制者，只有毗连的大龛和次大龛两龛而已。大龛人称“三圣殿”，平面略横椭圆形，无前壁，龛顶前部坍毁，现存明代补砌砖顶和重檐砖石门壁。龛内沿壁雕出石坛，坛正中铺禅定坐佛，坛前方两侧各雕一胁侍菩萨立像。学者推测这组造像可能即是唐上元三年(676年)《摄山栖霞寺明征君碑》所说的摄山无量寿佛三尊像，若然，它们的开凿年代应在永明二年至永元二年之间(484—500)。次龛的年代应与三圣殿相近，平面也作横椭圆形，无前壁，龛内凿门形石坛，坛正面雕释迦、多宝二佛并坐像，两侧各立一尊临侍菩萨。这两龛的佛、菩萨像大部分经过后代改装，已失南朝原貌，唯二龛坐佛台座上垂落的衣纹，和次大龛胁菩萨的身躯衣饰部分，仍为南朝原作。栖霞山南朝造像的线条较四川永明造像更为流利柔畅，而菩萨像的天衣帔帛自两肩垂落，衣裾略向外扬；其中之一的天衣在小腹前交叉，并系一圆环，这种形式应开萧梁与北魏晚期菩萨服饰的先河。

刻于南齐永明二年的《孔子问礼图碑》，现存南京夫子庙大门内西侧，系从南京市政府大院（原民国考试院）移迁而来。此石为1932年戴季陶（民国考试院院长）在洛阳古董市场上所购得，石碑为青石质地，长68厘米、高43厘米。上面描绘孔子怀着“兴国安邦、济世访贤”的理想，从曲阜出发前往周王城洛阳考察典章制度、途中拜访老子获取周礼经典的场景。戴季陶将石碑还回南京，次年命人凿碑镶嵌《孔子问礼图碑》，并造碑亭，置于考试院大门内。

［文献］ 南梁慧皎《高僧传》卷八、卷十一，北魏郦道元《水经注》卷十三，南梁萧子显《南齐书》卷五四，明朱棣《神僧传》卷三，［日］水野清一等《云冈石窟中的西方风格》(《北朝研究》1994 年第 2、3 期)，宿白《〈大金西京武州山重修大石窟寺碑〉校注》(《北京大学学报·人文科学》1956 年第 3 期)，阎文儒《中国石窟艺术总论》，李玉珉《中国佛教美术史》，刘兴珍等《中国古代雕塑图典》，张焯《云冈石窟编年史》，魏正瑾等《南京栖霞山南朝石窟考古概要》(《石窟寺研究》2011 年第 2 辑)。

公元 486 年　北魏太和十年　南齐永明四年

［提示］ 北魏太和十年四月，诏令天下以汉服作为官服，深刻影响石刻造像艺术。如浑东水(御河)累石结岸，郭南结两石桥。南齐永明四年，始凿剡溪弥勒大佛。

［叙录］ 《魏书》(高祖纪下)载：是年四月，始制五等公服。孝文帝初以法服御辇，祀于西郊。八月，给尚书五等品爵以上朱衣、玉珮、大小组绶。实际上，这种诏令天下以汉服作为官服的政策，是孝文帝一直以来想做的事。孝文帝是一个极其聪明的帝王，他知道要让他的国家长治久安，就必须从文化上认同更为强大和悠久的汉族文化。而这种从官方服饰上开始的带有强制色彩的汉化政策，则具有立竿见影的示范作用。《隋书》(礼仪志六)中即说：“自晋左迁，中原礼仪多缺。后魏天兴六年，诏有司始制冠冕，各依品秩，以示等差，然未能皆得旧制。至太和中，方考故实，正定前谬，更造衣冠，尚不能周洽。及至熙平二年，太傅、清河王怿、黄门侍郎韦廷祥等，奏定五时朝服，准汉故事，五郊衣帻，各如方色焉。”孝文帝官服改制，始议于太和五年，至太和十八年基本完成。前后历时十多年，其间也遭受到北魏贵族的抵抗，如《资治通鉴》所说：魏主欲变易旧风，诏禁士民胡服，国人多不悦。即使到了太和十九年迁新都于洛阳，仍然有北魏妇人冠帽而着小襦袄者。张焯分析说，至于旧都平城，新旧服饰当更混杂。这些变化，必定在云冈石窟中反映出来。李玉珉认为，在这种汉化服饰政策的影响下，5 世纪末，北魏已出现了穿着宽袍大袖汉式服装的佛像。迁都洛阳以后，孝文帝一方面大规模地推行汉化政策，另一面又接二连三地攻伐南齐，积极吸收南朝文化。6 世纪初，褒衣博带已成为北魏佛像服式的主流，南朝文士的秀骨清像也成为当时佛教人物的典型。

这种汉化政策在石刻艺术上的影响是深刻可见的。北魏造像的大规模风格转变，即发生在孝文帝改制以后。孝文帝之所以迁都于洛阳，其重要目的即在于迅速而强有力地推进鲜卑族与汉民族在政治、经济、文化上的广泛交流与互渗，从而巩固其统治地位。在此浓郁汉风的推动下，如同费泳所提出的那样，盛行于南朝的秀骨清像、褒衣博带式造像风格此间得以北上，5 世纪末至 6 世纪中期，北朝造像的南式化进程正是以出现褒衣博带式佛像为标志。褒衣博带式佛像有很强的程式感，佛像面目清秀，脸形方瘦，佛内衣着僧祇支，胸腹部系有带结，佛右手施无畏印，左手施与愿印，外披对襟袈裟，右领襟敷搭至左肘。佛衣表现厚重，衣纹转折多为凸棱形起伏，立佛佛衣下摆呈八字形外展，以示飘逸之感，坐佛佛衣呈三瓣式裳悬座。这种特征明显的南式风格造像，也影响到了麦积山。

《水经注》(漯水)载：如浑东水(御河)“自北苑南出，历京城内。河干两湄，太和十年累石结岸。夹塘之上，杂树交荫。郭南结两石桥，横水为梁”。如浑东水北魏时穿越平城东部。2004 年，御河公园建设，在东关御河大桥南约 45 米处，掘出大量金元明清“兴云桥”玄武岩石构件。张焯将东桥头华表等散件运回云冈，同时发现遗址中，有几块北魏砖及砂岩。太和十年平城进行河岸工程，以及筹划明堂、辟雍建设，直接反映出武州山、方山采石量的巨大，似乎表明云冈凿山开窟又掀高潮。

南齐永明四年，由石城山名僧僧护主持，始凿剡溪弥勒大佛(图 28)。这个浩大的石刻工程，耗时 30 年(僧护之后是僧淑)。阎文儒说，在浙江新昌城西南二点五公里南明山的宝相寺内，有就崖凿成约 30 米高的大像。据南梁慧皎《高僧传》(僧护传)记载，原始营建的是“拟弥勒千尺之容”，后经过历代修建，以风格论，似应是明代改妆后的形象。费泳写道，僧护在建石城寺时，雕造了弥勒大佛，据刘勰撰《梁建安王造剡山石城寺石像碑》载僧护：削成青壁，当于前蛎，天诱其衷，神启其虑，心画目准，愿造弥勒。敬拟千尺，故坐形十丈。克勤心力，允集劝助，疏凿积年，仅成面璞。同碑另记：初护公所镌，失在浮浅。可知僧护所雕大佛近似浮雕效果。建武五年(498 年)僧护去世，大佛造像一度搁浅。僧淑到石城继续了僧护的事业，但因“运属齐末，资力莫由，未获成遂”。至梁天监十二年(513)，大佛雕凿再次开工，由京城定林寺僧祐专主像事。

剡溪弥勒大佛(新昌石城弥勒大佛)的后期造像设计者为僧祐，之前的南京栖霞山千佛崖的无量寿佛也是他设计的。剡县石佛的雕造，由于资力不足，一直未能完成。后来始丰(天台)令陆咸任满回乡途经新昌时，夜宿剡溪，遇暴雨，陆咸忽梦三道人相告，称如能将剡县僧护所造石像完工，建安王(萧伟)的腿疾即可痊愈。陆咸还都后遗忘此梦，竟在建康城遇一道人，追问其剡溪梦。陆咸随即报告建安王萧伟，萧伟即命僧祐专职负责建造剡县大佛事宜。僧祐来到剡溪，对石佛雕造进行了大刀阔斧的修正，铲入五丈，更施顶髻，坐躯高五丈，立形十丈，龛前架三层台，又造门阁殿堂，并立众基业，以充供养。从天监十二年(513)始，历时三年至十五年春完成。剡溪弥勒大佛造成之后，过了三年，一代名僧兼著名的石刻工程专家僧祐圆寂，剡溪弥勒大佛也成了僧祐的最后杰作。

金申还提及一个图像学上颇为重要的符号卐(译、读并代称为“万”)字纹，此纹从文献记载来看，最早即出现于剡溪弥勒大佛胸前：佛教艺术上常见的卐字纹，其起源甚为古老，早在佛教诞生之前即已出现，广见于古代非洲和亚洲。卐字也是释迦佛的三十二相之一，《华严经》六十五(八十卷本)嘱累品云“胸标卐字，七处平满”。在鸠摩罗什译《大般若经》中没有将其列入三十二相，而是列于八十种好的第八十好。文献上所载胸表万字的佛像，最早可见于《高僧传》(释僧护传)，记南梁僧祐造剡溪大佛时(天监十五年)，“夜中忽当万字处，色赤而隆起，今像胸万字处犹不施金镈而赤色在焉”。“镈”字《法苑诛林》作“薄”，即金箔。可知当年大佛遍体施金箔，胸前万字不施金箔而呈红色。此像即今尚在的浙江新昌宝相寺大佛，千余年来历经粉饰，旧貌已失，万字已不可见。在佛像上目前最早出现的卐字纹是龙门石窟北魏开凿的古阳洞北壁第 234 龛陆浑县功曹魏灵藏等造像。此像是太和末至景明年间所造，佛双手作禅定印，袒右肩大衣，结跏趺坐，可注意到其胸前有火焰宝珠纹，宝珠中心有一“卐”字。又南壁第 66 龛比丘法生造像，是比丘法生为孝文帝并北海王母子所造像龛的主佛(景明四年)，也是禅定坐佛，胸前也有同样的宝珠纹，中心位置也可见“卐”字。

［文献］ 北魏郦道元《水经注》卷一三，南梁慧皎《高僧传》卷一一、卷一三，北齐魏收《魏书》卷七，《隋书》卷一一，北宋司马光《资治通鉴》卷一三九，阎文儒《中国石窟艺术总论》，李玉珉《中国佛教美术史》，费泳《汉唐佛教造像艺术史》，张焯《云冈石窟编年史》，金申《佛教美术丛考》。

公元 487 年　北魏太和十一年 南齐永明五年

［提示］ 北魏太和十一年，北魏刺绣从平城传至敦煌。南齐永明五年九月四日，江苏《刘岱墓志》。

［叙录］ 敦煌学者樊锦诗撰文称，1965 年 3 月，为配合莫高窟加固工程，在第 125 窟、126 窟前清理发掘中，发现古代刺绣品残块若干。经过初步整理、

图 28 护法像 南齐永明四年(486) 浙江新昌千佛岩大岩洞

拼对，对其内容已大致了解。其中有一件绣有“太和十一年……广安王慧安”发愿文的绣佛残件，绣品带忍冬纹边饰，这些北魏刺绣应该是从平城一带被人带到敦煌来的。张焯指出，关于北魏佛幡的制造与供奉，是当时的社会风俗。《洛阳伽蓝记》中就曾记载：北魏末宋云、惠生西行至捍么城(汉扜弥国，今新疆于田县克里雅城)，见其南大寺“悬彩幡盖亦有万计，魏国之幡过半矣。幅上隶书云：太和十九年、景明二年、延昌二年。唯有一幅，观其年号，是姚秦时幡”。可见文化的交流从来就不是单向的，而是双向和多元的，当北魏平城广泛接受来自西域文化影响的同时，北魏自身所创造的辉煌文化也在以其强有力的方式回馈着这些地区。

在南方，南齐永明五年九月四日刻成青石楷书《刘岱墓志》，全称为《齐故监余杭县刘府君墓志铭》，1969年出土于镇江句容县袁巷公社小龙口，现藏于江苏镇江市博物馆中。据王同顺和陆九皋等人记载，此志完整如初，高65厘米、宽55厘米、厚7厘米，志铭全文为361字。虽然近年来陆续出土著了一些南朝墓志，但相对北朝而言，南朝墓志还是要少见得多。刘岱字子乔，南徐州东莞郡莒县(今江苏常州市)人。曾任山阴令，犯太守事，左迁尚书札，白衣监余杭县，卒于南齐永明五年五月，享年54岁。刘岱在《南齐书》中无传。墓志中有关刘岱传略，可补《南齐书》之遗佚。

［文献］　北魏杨衒之《洛阳伽蓝记》卷五，樊锦诗《新发现的北魏刺绣》(《文物》1972年第2期)，张焯《云冈石窟编年史》，王同顺《镇江古代石刻及焦山碑林书法研究》，陆九皋《刘岱墓志简述》(《文物》1977年第6期)，刘正成《中国书法鉴赏大辞典》，《中国美术全集》(魏晋南北朝书法)。

公元488年　北魏太和十二年
南齐永明六年

［提示］　北魏太和十二年七月一日，陕西《晖福寺碑》。甘肃《成丑儿造像碑》。南齐永明六年，浙江《吴郡敬造维卫尊佛》。

［叙录］　刻立于北魏太和十二年七月一日的《晖福寺碑》，全称《大代宕昌公晖福寺碑》，又称《造三级浮图碑》，现藏于西安碑林。清人汪鋆、毛凤岐等曾著录。在李润镇北寺村(陕西澄城县东南15公里处)建成晖福寺，特立此碑以作纪念。石碑高294厘米、宽90厘米，蟠首带穿方座，篆题“大代宕昌公晖福寺碑”九大字。碑身上方下收，形制颇为独特。因忌于风俗，拓制较少，此碑得以较为完整保存下来。碑文正书，碑阴镌刻撰文者和刻工名字：“秘书傅恩□制文，钜鹿苏□(定州巨鹿石匠)刊文”。此碑书法拙茂，康有为列为“妙品”，称其“书法高简，为丰厚茂密之宗，隶楷之极则”。出身于冯翊李润羌酋大姓的宦官宕昌公王遇(钳耳庆时)，我们前面已经述及此人(方山工程总监)。其所为目的，一是为文明太后和孝文皇帝祈福，二是为自己和父母兄弟消灾弥难。《晖福寺碑》的碑阴刻有许多羌族等少数民族的姓氏，为我们研究当时少数民族的宗教信仰提供了重要实物资料。

李淞说，长安在魏晋十六国时是北方佛教的中心，虽然至北魏时由于政治、文化中心先后移到平城和洛阳，但长安特殊的地理位置和悠久的文化传统使其仍为佛教文化的重镇。后秦姚兴时曾在长安建造波若台，其中的壁塑和佛像使当时人皆以为稀奇。这些能工巧匠制作佛像的技术当时必定名扬塞北关外。北魏建都平城以后，从全国各地尤其是从甘肃平凉和长安移徙了大批能工巧匠至平城。可以想象2 000家工巧到平城后对云冈石窟的营建所起的积极作用。孝文帝时兼任将作大匠、掌营建宫室之事的王遇，是世居关中冯翊的羌族豪族，据称其“性巧，强于部分”。这位为皇室营造了重要工程的关中人，晚年在家乡建造了著名的晖福寺三级浮屠，《宕昌公晖福寺碑》即记载了这项功德。

1999年5月，在甘肃宁县城内一佛教遗址窖藏中，出土了近90件石刻造像，形制相近者较多，尺寸大小也基本一致，小的约40厘米，大的50—60厘米，应系同一时期下层供养人为礼佛祈福而置入寺院供养的雕刻作品。罗宏才认为这样的礼佛石刻，与家族或结社邑子合力雕凿的模拟石窟寺中心塔柱的四面体柱状造像碑有着一定的差别，具有较强的单元个体独立性、依附性与滞后性。在这批石刻中，其中一件有明确雕刻纪年，即太和十二年《成丑儿造像碑》，碑高60厘米，从发愿文可知，成丑儿一家就造了14件佛像石刻。据甘肃省宁县博物馆考古人员和唐晓军等人描述，此碑中心开一大龛，尖拱形龛楣，楣端刻二龙并二小佛。龛内造一佛二菩萨，佛肉髻高大，着双领下垂大衣，结跏趺坐，通身布满密集的衣纹。碑下缘浮雕供养人七身，左四身男供养人均头裹巾帻，着窄袖短袍，腰束带。右三身女供养人上衣下裙，系鲜卑族改制前的服饰。

在南方的萧齐，这一年(永明六年)也有一件石刻作品：《吴郡敬造维卫尊佛》，蒋明明称之为《齐永明六年纪年石佛造像》，现藏于绍兴市文物管理处。维卫佛是过去七佛之一。吴郡的维卫佛渡海而来的故事我们前面已经有过讨论(西晋建兴元年吴郡石佛浮江)。这件石刻造像在宋人施宿、清代阮元、陆增祥及杜春生等人的著述中均有著录。但金申认为此像不尽符合南朝规制，题记中的相关内容历来亦有不同观点，颇有必要加以辨证。陆增祥引述《嘉泰会稽志》说：石佛妙相寺，唐大和九年造，会昌废。晋天福中，僧行钦于废寺前水中得石佛，遂重建。如此说来，很可能即是五代的僧人行钦附会吴郡石佛典故而雕造了此佛，又加刻了伪永明年款，谎称得之于水中。金申从这件造像的髻珠、铭文及造像风格推断此造像为明代作品：这件石佛本身的造型，与南朝造像风格全然不合；低平的肉髻、柔媚的五官和世俗味道的表情，即使放到五代也感觉技法平庸，甚至宋元时代杭州飞来峰的石雕佛像也是刀法犀利，造型冷峻，而此像的圆软风格几与明代佛像近似。即便此像确是行钦当年摹刻的那一尊，也说不定因脸部磨蚀严重在明代又重新修改过。当然也有学者如费泳并不认为这件石刻是后人伪作，费泳还将此佛的螺发作为中国南传佛教接受印度中部地区秣菟罗造像影响、齐梁年间在浙江和成都地区广为流行并北上影响青州的重要证据：北方流行螺发是在东魏以后，即6世纪中期，栖霞山一期造像即有螺发，当为南朝螺发之发端。

［文献］ 宋施宿等《嘉泰会稽志》，清汪鋆《十二砚斋金石过眼录》卷五，清毛凤岐《关中金石文字存逸考》卷八，清阮元《两浙金石志》，清杜春生《越中金石记》，清陆增祥《八琼室金石补正》卷十，清康有为《广艺舟双楫》卷四，曾毅公《石刻考工录》，李凇《陕西古代佛教美术》，张焯《云冈石窟编年史》，罗宏才《中国佛道造像碑研究——以关中地区为考察中心》，张宝玺《甘肃佛教造像石刻》，唐晓军《甘肃古代石刻艺术》，甘肃省宁县博物馆《甘肃宁县出土北朝石造像》(《文物》2005年第1期)，蒋明明《齐永明六年纪年石佛造像》(《东南文化》1992年第3、4期)，金申《佛教美术丛考》，费泳《汉唐佛教造像艺术史》。

公元489年 北魏太和十三年
南齐永明七年

［提示］ 太和十三年七月廿二日，云冈第11窟外东侧壁《太和十三年造像记》。九月十九日，第17窟《惠定造释迦多宝弥勒像三区》。钳耳庆时主持开凿云冈第9、10窟。河北《定州赵氏一族造定光佛立像》。南齐永明七年，雷卑石作释迦牟尼坐像。

［叙录］ 在日人水野清一、长广敏雄所著之《云冈金石录》中，著录有云冈第11窟外东侧壁的《太和十三年造像记》：“太和十三年七月廿二日，□□敬造。”宿白指出：该龛下方镌刻铭记中的时代是太和十三年。此后，服饰繁缛、造型清秀成为时尚，风行北魏领域。张焯认为这与太和改制及徐州高僧北上，南方画风传入平城有关。

九月十九日，云冈石窟《惠定造释迦多宝弥勒像三区》。在《云冈金石录》上记载，第17洞明窗东侧有《比丘尼惠定造释迦多宝弥勒像记》。其窟为北魏文成帝最初开凿的“昙曜五窟”之一。宿白校注金人曹衍之《大金西京武州山重修大石窟寺碑》时考证，在太和十三年，石刻工程监理者钳耳庆时（王遇）主持开凿云冈第9、10窟。

这一年，在河北定州还有一件被称为《定州赵氏一族造定光佛立像》的石刻（图29），金申有著录：砂岩，高约370厘米，现藏于美国大都会美术馆。造像铭文刻于光背侧面（太和十三年）和光背背面（太和十九年）。两个不同的年代显示，此造像初刻于太和十三年，至太和十九年又有补刻。

雷卑石为南朝著名石刻工匠，据唐释道宣记载，在南齐永明七年有瑞石从海上飘至江南，朱法让将其献给齐武帝萧赜。这时萧赜刚建成七宝塔，大臣认为这是天意的巧合。于是武帝命雷卑等匠人以此石造释迦牟尼坐像。石像带身光和底座，通高六尺五寸。可惜这件石刻早已不存，现在只能依据文献描述，知其“尽镌琢之奇，极金艧之巧”。显然，雕刻完成之后，还进行了敷彩贴金。沈约为之撰写《瑞石像铭并序》，赞叹道：乃诏名工，是镌是琢，灵相瑞毕，焕同神造。

［文献］ 北齐魏收《魏书》卷七，唐释道宣《广弘明集》卷一六，［日］水野清一等《云冈金石录》，宿白《中国石窟寺研究》、《〈大金西京武州山重修大石窟寺碑〉校注》（《北京大学学报·人文科学》1956年第3期），张焯《云冈石窟编年史》，金申《海外及港台藏历代佛像珍品纪年图鉴》，刘兴珍等《中国古代雕塑图典》。

公元490年 北魏太和十四年 南齐永明八年

［提示］ 北魏太和十四年十月，葬文明太皇太后于永固陵。南齐永明八年，四川《成都法海造弥勒石像》。

［叙录］ 《魏书》（高祖纪下）载：是年九月太皇太后冯氏崩，十月葬文明太皇太后于永固陵。据张焯说，该墓于1976年在大同市博物馆清理墓室时发现，曾多次被盗。墓壁留有“大金正隆”、“大定”等白灰书写的字迹，甬道南端石券门西门框还有墨书题记：兴严方僧怀备到此。陵中出土的砂岩石刻有捧莲蕾童子、孔雀浮雕、虎头门墩、武士俑残件等。同时出土的还有铜簪、铜马腿、铁箭镞、铁矛头等，以及山上散布的各样瓦当、文石残片等，现存于大同市博物馆。

南朝的成都，进入石刻造像的小高潮。雕刻于南齐永明八年的《成都法海造弥勒石像》，张肖马、雷玉华、袁曙光、霍巍以及李裕群等学人均曾予以介绍。费泳在分析成都这件石刻上的护法狮子造型时说，成都西安路永明八年法海造像和商业街齐建武二年（495）释法明造像，坐佛两侧均雕有狮子上举一爪。栖霞山上第90窟坛基下方正面出现两狮相对上举一爪的造型，时间应在栖霞山二期。北方狮子上举一爪较早之例为龙门古阳洞杜永安造无量寿佛龛及古阳洞赵阿欢等35人造弥勒像龛，均刻有两狮相背上举一爪，建造时间约在493至528年之间，并且狮子上举一爪在孝文帝改制以后的龙门造像中较为盛行。从时间上看，成都这类造像出现较北朝要早，却与建康相近。

［文献］ 北齐魏收《魏书》卷七，张肖马等《成都市商业街南朝石刻造像》，霍巍《四川大学博物馆收藏的两尊南朝石刻造像》，袁曙光《四川省博物馆藏万佛寺石刻造像整理简报》（以上三文均见于《文物》2001年第10期），李裕群《试论成都地区出土的南朝佛教石造像》（《文物》2000年第2期），张焯《云冈石窟编年史》，金申《佛教美术丛考》，费泳《汉唐佛教造像艺术史》。

公元491年 北魏太和十五年 南齐永明九年

［提示］ 北魏太和十五年正月，北魏改从水德，颜色尚黑。四月，建筑及雕塑家蒋少游经始明堂，改

图 29 定州赵氏一族造定光佛立像 北魏太和十三年(489) 美国大都会美术馆藏

营太庙。七月，谒永固陵规建寿陵。八月，移道坛于桑乾之阴，改名为崇虚寺。冬，明堂、太庙成。始建山西玄空寺。南齐永明九年，柳世隆卒，墓工图墓。

［叙录］《魏书》(礼志一)载：太和十五年正月，长乐王穆亮等言：臣等受敕共议中书监高闾、秘书丞李彪等二人所议皇魏行次。今欲从李彪等所议，宜承晋为水德。孝文帝下诏：越近承远，情所未安。然考次推时，颇亦难继。朝贤所议，岂朕能有违夺。便可依为水德，祖申腊辰。从这年开始，北魏改从水德，颜色尚黑。张焯引《南齐书》(魏虏传)讲平城宫，自太武至献文，世增雕饰，并设削泥采，画金刚力士。胡俗尚水，又规画黑龙相盘绕，以为厌胜。由此可知北魏尚黑，恐久已成俗。

这年四月，《魏书》(高祖纪下)载：经始明堂，改营太庙。同书之《蒋少游传》又载：平城将营太庙、太极殿，遣北魏建筑家和雕塑家蒋少游乘传诣洛，量准魏晋基址。

《南齐书》(魏虏传)载：太和十五年(永明九年)，遣使李道固(彪)、蒋少游报使。蒋少游是安乐(今山东博兴县)人。虏宫室制度，皆从其出。少游有机巧，密令观京师宫殿楷式。清河崔元祖对世祖说：蒋少游是他的外甥，特有公输之思。宋世陷虏，处以大匠之官。今为副使，必欲模范宫阙。岂可令毡乡之鄙，取象天宫？臣谓且留少游，令使主反命。世祖以非和通意，不许。

《魏书》(高祖纪下)载：秋七月谒永固陵，规建寿陵。《魏书》(文成文明皇后冯氏传)又载：初，高祖孝于太后，于永固陵东北里余，豫营寿宫，有终焉瞻望之志。及迁洛阳，乃自表瀍西以为山园之所，而方山虚宫至今犹存，号曰“万年堂”。张焯按：万年堂即方山孝文帝虚冢，封土小于永固陵。1974 年大同市博物馆发掘墓室，仅清理出佩剑武士石雕一尊。

八月，移道坛于桑乾之阴，改名为崇虚寺。《魏书》(释老志)载：太和十五年秋，孝文帝下诏：“夫至道无形，虚寂为主。自有汉以后，置立坛祠，先朝以其至顺可归，用立寺宇。昔京城之内，居舍尚希。今者里宅栉比，人神猥凑，非所以祇崇至法，清敬神道。可移于都南桑乾之阴，岳山之阳，永置其所。给户五十，以供斋祀之用，仍名为崇虚寺。”崇虚寺在今山西山阴县岱岳村，岳山，即黄瓜阜。张焯按：大道坛庙迁离平城，标志着道教正式退出北魏政治舞台。

这年冬天，明堂、太庙成，迁七庙神主于新庙、迁社于内城之西。《水经注》上记载：如浑东水流出南郭，又南径藉田及药圃西、明堂东。明堂上圆下方，四周十二堂九室，而不为重隅也。室外柱内绮井之下，施机轮，饰缥碧，仰象天状，画北辰，列宿象，盖天也。每月随斗所建之辰，转应天道，此之异古也。加灵台于其上，下则引水为辟雍。水侧，结石为塘，事准古制，是太和中之所经建。《隋书》(宇文恺传)也有这样的记录：后魏于北台城南造圆墙，在壁水外，门在水内迥立，不与墙相连。其堂上九室，三三相重，不依古制，室间通巷，违舛处多。其室皆用凿累，极成褊陋。北魏洛京明堂不同于平城。《洛阳伽蓝记》(城南大统寺)载：寺东有灵台一所，基址虽颓，犹高五丈余，即是汉光武帝所立者。灵台东辟雍，是魏武所立者。至正光中，造明堂于辟雍之西南，上圆下方，八窗四闼。汝南王复造砖浮图于灵台之上。《魏书》(儒林列传)又载：太和中，改中书学为国子学，建明堂辟雍，尊三老五更，又开皇子之学。及迁都洛邑，诏立国子太学、四门小学。高祖钦明稽古，笃好坟典，坐舆据鞍，不忘讲道。刘芳、李彪诸人以经书进，崔光、邢峦之徒以文史达，其余涉猎典章，关历词翰，莫不縻以好爵，动贻赏眷。于是斯文郁然，比隆周汉。张焯按：北魏平城的明堂遗址，在今大同市东南柳航里。1995 年秋发现，进行了局部发掘。明堂外环辟雍，为 20 米左右宽的圆环形水渠，水渠石坝，由云冈砂岩石条错缝砌列而成；内缘直径 255—259 米；内缘的东、西、南、北，各有一个夯土台突入水渠，平面呈“凸”字形，盖四门的基础。辟雍内的陆地中央，有一个厚两米多，边长 42 米的正方形夯土台，是明堂、灵台的基址。当年的建筑物被火烧毁，在烧土层中，出土了一些硕大的黑灰色磨光板瓦、筒瓦和兽面瓦当。

同年在山西浑源县，始建玄空寺。玄空寺又名悬空寺，距大同市约60多公里，因其如同悬挂于北岳恒山金龙峡西侧翠屏峰之崖壁间，故得此名。张焯称在今云冈西的焦山，南临武州川水（十里河），山阳斩崖开窟，明清号曰悬空寺、焦山寺。20世纪50年代，王逊对此寺作了考察记录：山坡上有庙一组，依山势叠次而上，上下共四层。第一层正中泰山庙，是三个横窟。每窟三门，内塑三像，已经毁坏，或无头或断手。门外西侧有建修泰山庙碑碣，明万历三十二年四月吉日立。庙东山坡旁有十二座道士寿塔，所记的年日最早是清康熙四十三年，最迟是道光二十三年。又距离稍远处有一孤立的寿塔，文字漫漶，似乎时代较早。第二层正中河神庙二间，像已全毁。东西壁都有道教题材的彩画。西壁间有二人作蒙古装束。最后有比丘像，并且有"万历□□年创建修理"的题记。殿东有修建白衣观音庙的残碑，立于万历三十四年，撰文者署名为"钦赐守备大同高山城地方都指挥陈国策"。第二层观音殿外东西山坡石壁上都有石窟，西石窟中塑二菩萨。东窟较大，方形，横宽390厘米，纵深305厘米。内塑释迦大坐像，高440厘米。窟外西壁上有两个小龛，内有坐像，都已风化不清。自第二层东行折北上山小路旁，又有一小窟，内系多宝、释迦二佛并坐。坐像风化损坏太甚，能辨其轮廓，而已不能欣赏其风格。第三层有平顶长方一大窟，横宽660厘米，纵深670厘米，内塑道教像。两壁有画，比较粗糙。窟顶装绘红黑二色相间的云纹。窟西外侧依岩壁堆砌砖石，刨开以后可见砖仿木构明代式样的龛门。再上有一小窟，横宽230厘米，纵深270厘米，塑像和绘画都已残破。山顶矗立三层六面砖塔，有砖梯上下，砖塔形式较奇特。最上层高与宽不依从第一、二层的比例。宽度不够，而高度超过。所以最上层显得较高耸细长，整个建筑远处望见，像海滨的灯塔。焦山南坡的这一组庙宇和石窟，按时代也许可以分作这样三期：明、辽金和北魏。木构建筑部分和壁画、塑像以及各种装绘都是明代风格。道释不分正是明代的风气。第二层东大窟就坐佛像法，可推断为辽金故物。各庙正殿之为石窟，大概都是利用旧窟改建的。否则，没有理由凿为第一层和第二层那样不合规制的殿堂。当然，辽金旧窟也可能有因袭北魏的旧窟。

永明九年，南朝音乐家柳世隆卒，墓工图墓。柳世隆字彦绪，《南史》有传。世隆少有风器，好读书，善弹琴，"涉猎文史，吐音圆润"，世称"马槊第一，清谈第二，弹琴第三"，可谓文武兼备的人才。世隆晓数术，于倪塘（镇江附近）创墓，与宾客践履，十往五往，常坐一处。及卒，墓工图墓，正取其坐处焉。所著《龟经秘要》二卷，行于世。所谓墓工图墓，就是在世隆的墓室中，工匠们把他生前的形象图绘于墓壁之上。

［文献］ 北魏杨衒之《洛阳伽蓝记》卷三、北齐魏收《魏书》卷七、卷八四、卷一〇八、卷一一四，南梁萧子显《南齐书》卷五七，唐李延寿《南史》卷三八，唐魏徵等《隋书》卷六八，脱脱等《辽史》卷九，王逊《云岗一带勘察记》（1951年《雁北文物勘查团报告》），张焯《云冈石窟编年史》。

公元492年 魏太和十六年 南齐永明十年

［提示］ 北魏太和十六年，甘肃《郭元庆造太子思惟像》。南齐永明十年，萧嶷薨，沈约婉拒撰写碑文。

［叙录］ 雕刻完成于北魏太和十六年的砂岩《郭元庆造太子思惟像》（图30），有发愿文，高33厘米，现藏于日本大阪市立美术馆。这件石刻的形制为梯形龛像式（多为叠石而成石塔的一部分）表现释迦太子离家出走到山林中修行，思索人生真谛的场景。太子一手支颐，一腿跷起，作半跏趺思惟姿式。跪伏的白马则是太子爱骑犍陟，旁边为侍从，正是释迦出家惜别犍陟的经典情景。从发愿文可知，石像为甘肃灵台（阴密县）所雕。金申在分析太子半跏趺思惟像的来源时说，这种菩萨形的造像样式广泛流行于犍陀罗、中国、朝鲜半岛和日本，其右脚搭于左

图 30 郭元庆造太子思惟像 北魏太和十六年(492) 日本大阪市立美术馆藏

腿上，右手支颐作思惟状。最早可追溯到犍陀罗的佛教雕刻，通常认为这是表现释迦成佛前，身为悉达太子时，苦思人生哲理乃至开悟的情形。例如著名的“树下观耕”、“订婚”、“决意出家”等犍陀罗佛教石雕上都取这种形式，在犍陀罗佛教雕刻上被津津乐道地加以表现。由于犍陀罗艺术深受地中海沿岸希腊、罗马文化的影响，思惟像甚至应远溯至欧洲的雕刻。在公元前后数世纪欧洲石棺和墓碑的雕刻上，那种以手支颐，一腿屈拢，表现人类苦思与无奈甚至是悲痛的雕刻并不乏见。这种表现人类深刻反思的思惟像也极为东亚佛教圈所喜闻乐见，例如云冈石窟第 6 窟“决意出家”中的悉达太子坐在妃子的床边，即作半跏趺思惟状。在石窟以及单尊石像上，更多的是表现悉达太子作半跏趺思惟状与面前蹲伏的爱马告别的情景，如郭元庆所造这件思惟太子像。

梁萧子显《南齐书》载：南齐武帝永明十年，豫章王萧嶷薨，沈约婉拒撰写碑文。乐蔼(蔚远)和沈约此时有书信往来，从中可知，竖立石碑纪念是十分重大之事，所撰碑文必须文采华美，同时又要言而有实，不能空洞无物。显然，沈约在当时已是书写这方面文辞的大家。萧嶷死后，曾辅佐萧嶷的乐蔼请沈约撰写碑文，却遭到了沈约的婉言拒绝。其原因是沈约不希望卷入齐武帝萧赜、文惠太子萧长懋与豫章王萧嶷之间微妙的政治漩涡中。而现在我们所看到的沈约所作《齐丞相豫章文献王碑》，则撰写于建元年间，其时太子与武帝均已作古，此时沈约也就少了顾忌。

豫章王萧嶷的墓，有人说就在南京江宁区江宁镇建中村方旗庙。这儿有一座失名墓，还残存着神道石刻石兽一对，东西对列。东兽躯体后半已失，残长 150 厘米、高 228 厘米、颈高 110 厘米、体围 277 厘米；西兽雌性，身长 257 厘米、高 204 厘米、颈高 80 厘米、体围 258 厘米。两兽昂首吐舌，头有鬣毛，腹侧双翼，前端为鱼鳞纹，后为五根翎毛，左足前迈，长尾及地。关于墓主人，徐湖平等人通过实物考察，否定了此为萧嶷墓一说：根据风格判断，石兽当为梁、陈之物。

［文献］ 南梁萧子显《南齐书》卷二二，金申《中国历代纪年佛像图典》、《佛教美术丛考》，刘兴珍等《中国古代雕塑图典》，刘跃进《永明文学研究》，徐湖平主编《南朝陵墓雕刻艺术》。

公元 493 年　魏太和十七年 南齐永明十一年

［提示］ 北魏太和十七年五月，孝文帝与任城王讨论迁都洛阳事宜。八月，车驾至肆州。九月，孝文帝至洛阳观石经。十二月十一日，龙门王元祥始造弥勒像一龛。孙秋生、刘起祖等 200 人始造像一龛。南齐永明十一年十一月，浙江《吕超静墓志》。武帝萧赜卒，景安陵神道石刻。

［叙录］ 这年五月，孝文帝元宏与任城王拓跋澄讨论迁都洛阳事宜。这个拓跋澄（字道镇），是孝文帝的堂叔，在政治态度上比较开放，不恋鲜卑旧制旧俗，属于支持孝文帝汉化政策的改革派。孝文帝曾称赞说：若非任城，朕事业堪忧。《资治通鉴》载：这一年，平城地寒，六月雨雪，风沙常起，将迁都洛阳。于是孝文帝单独会见拓跋澄说：今日之举（迁都之事），诚为不易。但国家兴自朔土，徙居平城；此乃用武之地，非可文治。今将移风易俗，其道诚难。我希望因此迁宅中原，卿以为何如？拓跋澄回答：陛下欲卜宅中土以经略四海，此周汉所以兴隆的原因。孝文帝又说：北人习常变故，必将惊扰，这个怎么应对呢？拓跋澄说：非常之事，故非常人之所及。陛下断自圣心，彼亦何所能为！孝文帝听了拓跋澄的回答，坚定了迁都的决心，并对拓跋澄说：任城王，你是我的汉代张良啊！

《魏书》（高祖纪下）：太和十七年八月，车驾发京师，南伐，步骑百余万。车驾至肆州，百姓年龄 70 以上的，赐爵一级。孝文帝在正式迁都之前，决定先以威武之师震慑中原，南攻萧齐，所谓文治武功，缺一不可。在孝文帝大军所经过的山西肆州，有著名的五台山。张焯说，肆州五台山佛寺建设即始于孝文帝时期。《续高僧传》载：五台山中台最高，所望诸山并下，上有大泉名曰太华。傍有二塔，后诸小石塔，动有百千，相传是孝文帝从北恒安至此所立，石上人马大迹，俨然如初。同书又载：昔元魏孝文，尝于中台东南下三十里大孚灵鹫，置大布寺，帝曾游止。具奉圣仪，前种华园，地方二顷，夏中发艳，状同铺锦，光彩昱耀，乱人心目。但是五台山佛寺之建设，具体始于孝文帝哪一年，并没有明确记载，或许就是在这一年南征经过五台山时开始的。

这年九月，孝文帝至洛阳诣故太学观石经。此时洛阳的石经（熹平石经和正始石经）已经毁损很多，孝文帝前去观看石经，是一种政治姿态，表现他对于汉文化的敬重和向往。

其时，洛阳龙门石窟的雕凿工作也早已展开（太和七年，即已开凿古阳洞）。孝文帝迁都工程应该视为他整个汉化工程重要组成部分之一，因此他的迁都设想并非一时心血来潮，而是早有谋划。而洛阳龙门石窟在没有迁都之前即已开始规模化雕刻，显然也得到了孝文帝的强力扶持。这年十二月十一日,北海王元祥在古阳洞北壁始造交脚弥勒像一龛,一般称为《北海王元祥为母子平安造弥勒像》。北海王元祥是献文帝第七子,和孝文帝是同父异母的兄弟。从此龛题记得知,直至太和二十二年(498年)九月二十三日才讫工。此造像题记书法十分精妙,为著名的龙门二十品之一。康有为说,靡逸则有《元祥造像》、《优填王》。题记记录了元祥随孝文帝南伐迁都至洛阳的史事。其时元祥在伊阙外与母子相别,伊川立愿,为母子平安而开龛造像,前后历时数年。该造像龛位于古阳洞北壁长乐王丘穆灵亮夫人尉迟造像龛的上方。龛高138厘米、宽102厘米、深17厘米。龛内主佛弥勒两侧为双手合十的胁侍菩萨,龛楣为圆拱形,内刻持花绳天人15位。

是年,在龙门还有一个石刻工程也开始实施:孙秋生、刘起祖等200人于古阳洞南壁始造像一龛,从题记知道,像龛直至景明三年(502)五月廿七日讫工,前后历时近十年。此龛题记称为《孙秋生造像记》,孟广达撰文,萧显庆正书,字体方险劲,也是龙门二十品之一,位于古阳洞南壁。造像龛在古阳南壁第二层,龛高254厘米、宽154厘米、深60厘米。龛楣上刻飞天,下刻11佛,龛侧两立柱素面八棱,力士托举莲柱头。龛内主佛跏趺坐,左右胁侍观音与大势至菩萨,头光则以莲花、13尊坐佛、12身飞天和火焰构成。龛座中间刻绕龙香炉,两侧刻胡跪供养人及对狮。题记中的新城县,在今河南伊川县城南平等乡古城村,隋文帝曾改新城县为"伊阙县"。

南齐永明十一年十一月,浙江绍兴刻成《吕超静墓志》。此志又称《吕超墓志》,于民国五年(1916)在浙江绍兴螭阳出土,断裂为三。曾归邑人顾氏。正书,残泐过多。可辨者17行,行19字。原石"超"字之下"静"字残画可辨。这件石刻墓志曾得到鲁迅的重视,他于1918年6月1日曾专门撰写《新出土吕超墓志铭考证》。后来,鲁迅在日记上说,他于1923年6月8日和1924年8月22日,分别购得《吕超静墓志》拓本。可见,鲁迅十分珍惜这件石刻。

在南方,本年最重要的事件当是齐武帝萧赜卒,雕造景安陵神道石刻。齐武帝萧赜字宣远,小字龙儿,高帝萧道成长子。建元四年(482)即位后,重视文学、教育,立国学,崇信佛教,不喜游宴、雕绮之事,临终嘱丧礼从简,不得烦民。在位十一年,谥武,庙号世祖。据徐湖平记载武帝萧赜景安陵位于江苏省丹阳市云阳镇田家村(原建山乡前艾庙),陵南向,已平。陵前石兽一对,二兽之间相距68米。东兽双角,雄性,身长315厘米、高280厘米、颈高155厘米、体围300厘米,长颈细腰,胸部突出,全身作"S"形,造型、纹饰以及神情动态,与永安陵独角兽相仿。西兽独角,雄性,四足已失,身长270厘米、残高220厘米、颈高140厘米、体围251厘米,形体略小于东兽,风化剥蚀相当严重。

［文献］ 北齐魏收《魏书》卷七,唐释道宣《续高僧传》卷二〇、卷二七,宋司马光《资治通鉴》卷一三八,清康有为《广艺舟双楫》卷三,鲁迅《新出土吕超墓志铭考证》(《北京大学日刊》第171号),张焯《云冈石窟编年史》,李文生主编《龙门石窟志》,刘正成《中国书法鉴赏大辞典》,日本《书道全集》,徐湖平主编《南朝陵墓雕刻艺术》。

公元494年　北魏太和十八年
南齐建武元年

［提示］ 太和十八年四月八日,《尹受国造释迦文佛坐像》。十一月,车驾至洛阳。河南《吊比干文》。陕西《慧辩造像记》。南齐建武元年,雕造景帝萧道生修安陵神道石刻。废帝萧昭业卒,烂石垅失名墓神道石刻。废帝萧昭文卒,水经山失名墓神道石刻。

［叙录］ 刻造于太和十八年的砂岩《尹受国造释迦文佛坐像》(图31),高54厘米,现藏于美国纳尔逊美术馆,是北魏太和造像中的杰作。金申对此件石刻进行了细致赏析,太和时期的佛像普遍极为精美,形体端庄,雕镂既细致又不失雄健之风。出土地不明,光背后有发愿文。此像为高肉髻,浅水波状发

纹、宽额，面形丰瘦适中。袒右肩式大衣，衣领作折带纹，左手持大衣一角，右手作施无畏印，趺坐于束腰四方台座上。束腰中部为二供养人持供物，二蛟龙衔供盘，盘中有供物。两侧为二狮子。莲瓣形火焰纹大光背，外缘为火焰纹，内缘有坐佛，正中部为火焰及莲花。整体观之，此像造型端庄凝重，纹饰精美，光背比例舒展。与此尊造像形式相似的有多尊太和年间的金铜佛像，如原为日本新田氏旧藏太和元年(477)阳氏造释迦佛坐像、美国哈佛大学福格艺术馆藏太和八年(484)杨僧昌造佛坐像、内蒙古博物馆藏太和八年(484)比丘僧安造佛坐像、首都博物馆藏大代某年铜佛坐像。上述几尊虽为铜佛坐像，然均为同一格式，即都是释迦佛说法像，袒右肩式大衣，衣领为折带纹，内着僧祇支，束腰形四足方座，方座上饰卷草纹及供养人，束腰部有二狮子。大莲瓣形火焰纹光背。这都是太和期间佛坐像的流行样式。此种样式溯源，仍应推太安元年(455)张永造像为发端，历经和平年间至太和年间而达到顶峰。太和以后，此种刚健雄浑的佛像样式逐渐淡出。

《魏书》(高祖纪)载：这年十一月，车驾至洛阳。这代表着北魏孝文帝正式拉开将都城从平城迁往洛阳的序幕。这在中国历史上是一件大事，也是中国石刻艺术史上的一件大事。

孝文帝迁都洛阳以后，云冈石窟大规模的开凿工程基本结束，而洛阳龙门的石刻工程则方兴未艾。正如费泳所言，北魏于太和十八年迁都洛阳后，云冈规模宏大的石窟开凿陷于停滞，造像中心由云冈转向了龙门。云冈第三期造像已由皇家转为私人、民间，许多是北魏保守势力所为，新建石窟规模较小，遍布云冈各处。云冈石窟佛教造像中，大规模的佛衣样式的转变尤其值得关注，一期造像以第18、19、20窟主尊为代表，多盛行“半披式”佛衣，这是对十六国时期凉州地区同类佛衣样式的承袭。至第二期，以第5、6窟为代表，为“褒衣博带式”佛衣所取代，应是同期南朝造像对北方施以影响的结果。法国学者勒内·格鲁塞在名著《草原帝国》中写道：拓跋弘(献文帝)是一位佛教徒，其子拓跋宏(后改“拓跋”姓为“元”，称元宏，孝文帝)在成年之后对佛教也表示出同样的感情，在佛教的影响下，他采用了一部较人道的法规。494年，他把都城从热河的平城迁到洛阳，由此完成了拓跋人的中国化，正是在这一时期，在他的发起下，洛阳南部的龙门佛教石窟开始动工。但是，拓跋人在毫无保留地采用中国文化和佛教信仰时，失去了他们突厥祖先所具有的坚韧和英勇的品质。

是年十一月，河南汲县比干庙刻成《吊比干文》，全称为《孝文皇帝吊比干墓文》，原石早佚。现在我们看到的汲县比干庙的《吊比干文》，是在宋哲宗元祐五年(1090)由吴处厚重刻的。此刻最早为宋人赵明诚、欧阳棐等所著录。王昶记载石碑高七尺七寸，广四尺一寸，碑额篆题“皇帝吊殷比干文”。碑文书法在隶楷之间，有嬗变之美。康有为认为此碑书法“若阳朔之山，以瘦峭甲天下”，列为“高品上”，在书法史则“上为汉分之别子，下为真书之鼻祖者也”。比干(商王帝乙胞弟，商纣王叔父)是中国历史上最具悲剧色彩的以死谏君的忠臣。这年在河南卫辉比干墓兴建比干庙，相传北魏抚军大将军崔浩亲自撰写了《吊比干文》，并在庙中刻立此碑。这个传说有点儿不靠谱，崔浩早在北魏太平真君十一年(450年)，即因《国书碑》而被杀。而《吊比干文》则刻成于太和十八年，其时，崔浩已作古40多年。

同年，在陕西则雕刻了《慧辩造像记》，全称《比丘尼慧辩造像记》，有造像题记，正书6行，行7—9字。梁披云等曾著录。

南齐建武元年，则似乎一直被死亡的阴影所笼罩着。首先是为萧道生雕造修安陵神道石刻。萧道生字孝伯，高帝萧道成兄，明帝萧鸾父。仕宋为奉朝请，卒于宋世。建元初追封始安王，谥贞。建武元年追尊为景皇帝，葬修安陵。修安陵位于江苏省丹阳市胡桥镇仙塘湾，陵南向，于1965年8月发掘，墓室有砖画。徐湖平等调查记录，陵前有石兽一对，均为雄性，二兽之间相距33.4米。东兽身长300厘米、高275厘米、颈高154厘米、体围252厘米，双角残

图 31　尹受国造释迦文佛坐像　北魏太和十八年(494)　美国纳尔逊美术馆藏

断;西兽身长290厘米、高242厘米、颈高138厘米、体围240厘米,独角,满缀鳞纹。两兽胸突腰耸,瞠目张口,足趾四爪,蹯下均有小兽,长尾曳地,双翼雕有卷云纹、细鳞和长翎,并缀小花,颌下长须呈蔓草状。接着是废帝萧昭业卒,雕造烂石垅失名墓神道石刻。萧昭业字元尚,小字法身,齐武帝长孙、文惠太子萧长懋长子,初封南郡王,永明十一年(493)因父死,被立为皇太孙。武帝死,即位后,生活糜烂,政权则由辅政大臣萧鸾控制。在位不及一年,即为尚书令萧鸾所杀,废为郁林王。江苏省丹阳市后巷镇原建山乡烂石垅,有一失名古墓遗迹,一般认为即废帝萧昭业陵墓。墓已平,存有石狮一对,南北相向对列,南狮已碎成数块,北狮尚存。北狮身长158厘米、高154厘米、颈高75厘米、体围170厘米,作蹲踞状,头上昂,张口吐舌,两肩有翼,方柱形尾巴向上翘举,附于背上。萧昭业死后,他的弟弟萧昭文被萧鸾立为帝,改元延兴。在位仅四月,又被权臣萧鸾杀害。废帝萧昭文卒,雕造水经山失名墓神道石刻一事也发生在此年中。水经山神道石刻位于江苏省丹阳市埤城镇水经山,一般认为是后废帝萧昭文陵墓。墓已平,墓前有石狮二,南北相向对列,均为公兽。南狮身长185厘米、高145厘米、颈高65厘米、体围162厘米;北狮身长200厘米、高151厘米、颈高73厘米、体围165厘米。两兽作蹲踞状,体长颈短,动势对称,双翼短小,身无纹饰,尾失,足四爪。

[文献] 北齐魏收《魏书》卷七、卷三五,唐李延寿《北史》卷二一,宋赵明诚《金石录》卷二一,宋欧阳棐《集古录目》卷三,清王昶《金石萃编》卷二七,清康有为《广艺舟双楫》卷四,[日]松原三郎《中国佛教雕刻史论》,金申《中国历代纪年佛像图典》、《海外及港台藏历代佛像珍品纪年图鉴》,[法]勒内·格鲁塞《草原帝国》,费泳《汉唐佛教造像艺术史》,梁披云《中国书法大辞典》,刘正成《中国书法鉴赏大辞典》,徐湖平主编《南朝陵墓雕刻艺术》。

公元495年 北魏太和十九年 南齐建武二年

[提示] 北魏太和十九年四月二十八日,云冈《妻周氏为亡夫造释迦文佛弥勒二躯》。四月,北魏孝文帝亲祠孔子庙。九月,六宫及文武尽迁洛阳。十一月,尉迟于古阳洞造弥勒像一龛。云冈第38窟外壁上部《吴氏造像造窟记》。西域沙门跋陀居少林寺。南齐建武二年,成都刻成《观音成佛像》。

[叙录] 雕刻于北魏太和十九年四月二十八日的《妻周氏为亡夫造释迦文佛弥勒二躯》,位于云冈第11洞明窗东侧,其题记最早为日人水野清一和长广敏雄著录,张焯指出,著录中之"常山太守田文虎"应为田文彪,《魏书》(节义传)中有载。

《魏书》(高祖纪)载,这年四月,孝文帝东行至鲁城(曲阜),亲祠孔子庙。次日下诏拜孔氏后裔四人,颜渊后裔二人为官。令选孔氏宗嗣一人嗣为崇圣侯,封邑一百户。诏令兖州为孔子起园柏、修坟垅、建碑铭。孝文帝的这些崇儒之举,是其汉化政策的具体内容。孝文帝知道,汉化的本质在于对汉文化的认同和归依。同书又载,这年九月,六宫及文武尽迁洛阳。孝文帝于太和十七年经始洛京(洛阳都城),两年后洛阳初见成效,便将六宫及百官从平城迁移到洛阳,正式宣告迁都成功。

北魏迁都洛阳,把孝文帝的汉化政策推向一个新的转折点。阎文儒分析北魏汉化政策在石窟上的反映时说,北魏太和年中(486—499),鲜卑统治集团为了加速北魏政权的封建化过程,实行了汉化政策。反映到石窟艺术上,以云冈、龙门为中心,无论何种形象,都采取了汉族形式的衣饰。由北魏首都平城、洛阳向外发展,西至秦陇、河西各石窟,南至巴蜀,东北至营州(义县万佛堂),东南至青、徐(云门山与驼山)都受到了影响。这是中国石窟艺术发展历程中的一大变化。根据这样的发展道路,全国最大的石窟群,如莫高窟、麦积崖、炳灵寺、寺沟等石窟北朝中期后的造像,完全可以说受到云冈、龙门造像的影响。北朝末期，四川广元千佛崖第72窟的佛、菩萨等造像，与甘肃天水麦积崖中晚期的造像风格完全相同，因此可以说，四川地区早期的石窟造像受到麦积崖、炳灵寺石窟造像的影响。

迁都洛阳两个月后的十一月，长乐王丘穆亮夫人尉迟于古阳洞北壁为亡息造弥勒像一龛，此龛通常称为《尉迟氏为牛橛造弥勒菩萨像龛》。王静芬描述龛内雕刻弥勒菩萨，交脚坐于狮子座上，印度财富之神吉祥天女承托其足。弥勒两侧各高浮雕胁侍菩萨一身。背光刻有浅浮雕，由数圈同心圆组成，内雕莲花、化佛和飞天，外缘是程式化的火焰纹。佛龛顶部为半圆形，由持花供养弥勒的飞天组成。光环下另有一对飞天，在此之下有三位供养人像。供养人的鲜卑服饰风格类似云冈所见。左边为妇女形象，身穿长裙，手持莲花蓓蕾，虔心供养。右边则为男供养人，身着束腰外衣，同样手持莲花蓓蕾，后有侍者相伴。横披于弥勒左肩的披巾呈现出明显的云冈模式，褶皱平行斜向。同样，装饰身光和佛龛的纹样也是典型的云冈风格。丘穆为鲜卑姓氏，尉迟氏则是早期拓跋部落形成时加入联盟的部落，夫妇均来自北魏贵族。此尊弥勒像是为死去的家庭成员而供养的。其造像题记全称为《长乐王丘穆陵亮夫人尉迟为亡息牛橛造像》，简称为牛橛、长乐王、尉迟，龙门二十品之一。蟠龙碑首，碑座人狮各一，平面。李文生记载，碑通高65厘米、宽33厘米。文7行，满行16字。康有为则称其“体方笔厚”，列为“能品上”。

北魏迁都洛阳后，平城的石窟造像虽然跌入低谷，但是也并没有完全终止。现在云冈第38窟外壁上部的《吴氏造像造窟记》，即是一个证明。该造像题记为横长方形，据张焯说，刻碑的大石块约1958年掉落，1975年重归原位。由于碑的西边漫漶、风化，所以无法确定其年代。1929年底，历史语言研究所赵邦彦来云冈，所撰《调查云冈造像小记》中曾明确记述：“太和十九年碑——碑在第四十三洞口外左方。记文甚长，惜风雨剥蚀，文字漫漶。”其所谓43洞，是以今第20窟为第25洞以西的第18个洞窟，正是今天的第38窟，非此碑莫属。同年秋九月，古物保管委员会常惠来云冈调查佛头被盗事件，其报告中，也提及此碑。只是常氏将今第20窟编为第22洞，以西第18窟定在今第39窟，称为“塔窑洞”。常惠说：“太和十九年碑在此洞外，约于民国十年左右发现者，字迹模糊，未有拓片。”今第39窟外东侧，所知只此一碑。

是年，西域沙门跋陀居少林寺。魏收《魏书》(释老志)载：“西域沙门名跋陀(又名佛陀、僧伽佛陀)，有道业，深为高祖(北魏孝文帝元宏)所敬信。诏于少室山阴，立少林寺而居之，公给衣供。”唐人道宣《续高僧传》载：佛陀禅师，本天竺人。温玉成说，这个来自印度的僧人，他出家后，一面学习禅观，一面结伴漫游各国。他甚至西行至拂林国(东罗马拜占庭帝国)，又沿丝绸之路，直奔北魏首都平城。张焯按：佛陀在平城“别设禅林，凿石为龛，结徒定念”之地，必今云冈沟诸处石窟之一，而青磁窑石窟最有可能。显然，这个深受孝文帝敬重的高僧跋陀，在北魏迁都洛阳之后，也随即从云冈来到了少林寺居住。唐人张彦远还载，在唐代的少林寺房门上有画神，就是迦佛陀的遗迹。据史载，跋陀先是来到洛阳城，孝文帝为他在洛阳建了寺院，但是跋陀性好幽独，于是孝文帝又于嵩岳少室山下为其建少林寺。因此，少林寺是由孝文帝所创立，而跋陀则是少林寺第一位住持，其弟子中最有名的是慧光和僧稠等人。

按照常理来看，跋陀先居洛阳，不太喜欢，孝文帝又在嵩山少室为其营建少林寺，这个建筑工程不可能几个月就能完成，因此，跋陀至建成之少林寺居住，应该不是这一年的事情。温玉成即认为，少林寺始建于北魏孝文帝太和二十年(496)。

南齐建武二年，在成都刻成《观音成佛像》。1990年6月，四川成都市商业街16号院地表下两米深处，发现九件南朝石刻造像。据张肖马、雷玉华等撰文称，其中两件有明确纪年，一件即为这件建武二年的《观音成佛像》，另一件为南朝梁天监十年(511)石刻造像。这些造像都有背屏式莲瓣形大背光，题材主要有一佛二菩萨、一佛四菩萨、一佛四菩萨二力士及浮雕四弟子，另外还见双身佛像。造像的题材、雕刻技法和风格与过去发现的成都万佛寺造像、西安路造像相同，应是受南朝建康佛教造像样式影响的产物。这件《观音成佛像》也是背屏式造像，正面一佛二菩萨，已成佛的观音结跏趺坐于亚字形长方台座上，磨光馒头状肉髻，双领下垂式袈裟悬于座前形成三层式悬裳座，内着僧祇支胸前系带打结，结带垂于袈裟外。头后饰莲花，项光残，项光上残存三尊浅刻的化佛。二菩萨赤脚立于圆台上，发髻双分，披帛于腹前呈W状交叉于腹前，百褶长裙上有一飘带自右向左斜飘于前。佛座两侧各雕一狮。背面座以上分两部分，上部刻一菩萨交脚坐于房形龛中，菩萨薄衣贴体，裙摆悬于座前，下部刻造像铭文。

［文献］ 北齐魏收《魏书》卷七、卷八七、卷一一四，唐张彦远《历代名画记》卷七，唐道宣《续高僧传》卷一六，清康有为《广艺舟双楫》卷五，［日］水野清一等《云冈金石录》，厉寿田《云岗石窟寺源流考》，阎文儒《中国石窟艺术总论》，［美］王静芬《中国石碑》，李文生主编《龙门石窟志》，刘正成《中国书法鉴赏大辞典》，温玉成《中国佛教与考古》，张焯《云冈石窟编年史》，张肖马等《成都市商业街南朝石刻造像》(《文物》2001年第10期)。

公元496年　北魏太和二十年

［提示］ 五月，云冈第11窟《太和二十年弟子造像》。七月，云冈第11窟西壁《太和二十年七月记》。八月二日，洛阳《元桢墓志》。九月四日，陕西《姚伯多造像》。陕西《扈氏一族造佛坐像》。龙门《一弗为亡夫张元祖造像》。河北《桓氏一族供养石佛立像》。

［叙录］ 五月，在云冈第11窟西壁有《太和二十年弟子造像》，同年七月，又有《太和二十年七月记》。由此可知，虽然平城再不是北魏政治中心，但是零星的小规模造像还断断续续地存在着。

刻制于这年八月二日的《元桢墓志》，全称《南安王元桢墓志》，是目前所见北魏墓志中年代最早者，1926年在河南洛阳芒山东唐寺门出土，为三原于右任所收藏，现藏于西安碑林。志石为正方形，长宽67厘米，志文正书，笔法峻健。志主元桢之生平，在《资治通鉴》等史籍中有载，曾官使持节镇北大将军相州刺史南安王，于太和十三年被削夺官爵，卒于太和二十年。志石所载内容，可弥补纠正史载错漏。赵万里、刘正成等有著录。

九月四日完成的道教造像《姚伯多造像》，是中国石刻艺术史上的名品，又称《姚文迁造像》或《姚伯多造皇老君文石像碑》(图32)，1913年存于耀县文正书院(耀县西街小学)，后为邑人雷天一所得。1936年迁入耀县碑林，1955年迁入耀县文化馆，1971年迁至耀县药王山博物馆。据胡文和考察，此造像碑的形制为长方形，残高137厘米、宽70—72厘米、厚30厘米。右隅残损。姚氏造像碑上的“皇老君文”应该是指碑阳龛中主像的身份。但这个徽号不见于早期道典中，也不见于《魏书》(释老志)所载寇谦之创立的诸多道教尊神。这一徽号颇有研究价值。“皇老君文”的“皇”作何理解？据段注《尚书大传》：“燧人为燧皇，伏羲为羲皇，神农为农皇，始王天下，是大君也，故号之曰皇。”《说文》(王部)：“皇，大也”，即“皇”与“大”通。又，《史记》(秦始皇本纪)中有“追尊庄襄王为太上皇。”因此“皇老君文”中的“皇老君”即指“太上老君”，为李耳。姚碑发愿文中有“非高何以可宗，李耳和生”。“皇老君文”的“文”又是从佛教造像移植来的。现存比姚氏碑制作年代更早的北魏时代的佛像，如宋德兴太安三年(457)石佛像，阳氏太和元年(477)鎏金铜佛像，比丘僧安太和八年(484)释迦坐像，其铭文中都明确指出所造像的身份是“释迦文佛”。这就不难理解，“皇老君文”的由来，这是当时的道民把儒家对中国远古帝王的称谓、道教教主老子的徽号以及北魏时期民间对佛的尊称加以综合而成的。

图 32 姚伯多造皇老君文石像碑 北魏太和二十年(496) 陕西铜川市耀州区药王山博物馆藏

自从北魏太平真君七年(446年)魏武帝下诏废佛毁像后,道教造像也受到一定影响,70多年后,才有北地郡道民姚伯多兄弟雕造“皇老君文”石像碑。罗宏才称此碑四面体柱状碑。顶、座佚,碑身上、下有榫迹,下部残缺。正视长方形,略有收分。四面造像,正、背面有长篇发愿文。两侧上部有供养人题名,下各有发愿文。这件造像碑的书法比较独特,题记中别字较多,点画随意增减,时有漏刻。因此有学者推断,此碑很可能未经书丹,直接由刻工凑刀刻成。但是这并不影响其书法成就,为于右任所标举的“三绝”碑之一(另两件为《广武将军碑》、《慕容思碑》)。同年在陕西,还有一件称为《扈氏一族造佛坐像》的石灰岩石刻,有发愿文,金申著录,高35厘米、宽34厘米,现藏陕西省博物馆。

是年,在龙门石窟,刻有《一弗为亡夫张元祖造像》。此造像有题记,为龙门二十品之一,简称一弗、乙弗。位于古阳洞北壁,平面。李文生测得题记高11厘米、宽31厘米。文10行,满行3字。康有为称其书法“沉着劲重为一体”。

约在此年,河北刻成砂岩《桓氏一族供养石佛立像》。石高363.6厘米,据说原为河北涿县永乐村东禅寺供养,现藏于日本大仓集古馆。碑身有桓姓供养人名。此像形制宏丽,金申著录,像背刻有“清信士桓俭之侍佛时”、“桓□□为父母菩萨一区侍佛”、“清信士桓保胜侍佛”等。发愿人多为桓姓,可知为桓氏宗族集资供养之佛像。据《魏书》(官氏志),桓姓,是乌丸(又作乌桓)族内附于魏后改称的姓。乌丸为东胡族支,魏建国前亦将诸方杂姓总谓之乌丸。可推测河北涿县永乐村一带当年是北方游牧民族定居的村落。此像造型颇为古朴,高肉髻,浅水波状发纹;眉高挑、杏眼,尚有十六国时佛像的脸型及五官特征。通肩式大衣,大衣紧贴躯干。双腿极凸显,大衣成湿衣塌陷状。膝关节刻意凸起成圆球形。小腿部露出内着的裙,边缘如重叠的水波纹,裙摆向两侧飘出。此像直观甚为古朴,故国外有学者认为系十六国北燕之物,但若与太和二十三年比丘僧欣造像相比较,即可看出二者的相近之处,尤其是双腿凸起、膝部成球形以及大衣塌陷的处理手法极为相似。又从光背看,光背纹饰分为五层,中心为莲花,依次为千佛、联珠和柿蒂纹,外缘为火焰纹,最上端为禅定佛与飞天,其光背纹饰与云冈第20窟大佛多有近似之处。再者,乌桓改姓桓应是北魏太和二十年(496年)下诏改鲜卑及所统部落复姓而改姓桓的,故此像应作于太和二十年之后不久。

[文献] 宋司马光《资治通鉴》卷一三六,清康有为《广艺舟双楫》卷四,[日]水野清一等《云冈金石录》,赵万里《汉魏南北朝墓志集释》,李文生主编《龙门石窟志》,胡文和《中国道教石刻艺术史》,罗宏才《中国佛道造像碑研究——以关中地区为考察中心》,刘正成《中国书法鉴赏大辞典》,金申《中国历代纪年佛像图典》,《佛教美术丛考》。

公元497年 北魏太和二十一年 南齐建武四年

[提示] 北魏太和二十一年三月二十三日,《侯颢造释迦坐像》。五月,诏为鸠摩罗什建三级浮图。南齐建武四年,到洽睹世方乱,筑室岩阿隐居。金王陈失名陵神道石刻(萧鸾兴安陵)。

[叙录] 北魏太和二十一年三月二十三日,刻成砂岩《侯颢造释迦坐像》,有发愿文。高36厘米,现藏于日本,日人所著《龙泉集芳》中有著录。张焯认为此造像主佛与云冈第11—13窟外壁龛的“秀骨清像”十分接近。

名僧鸠摩罗什卒于后秦弘始十五年(413年),距太和二十一年已整整84年。这年五月,诏为罗什建三级浮图。此事见载于魏收之《魏书》(释老志):孝文帝诏书上说:鸠摩罗什法师可谓神出五才、志入四行者。今常住寺,犹有遗地,钦悦修踪,情深遐远,可于旧堂所,为建三级浮屠。又见逼昏虐,为道殄躯,既暂同俗字,应有子胤,可推访以闻,当加叙接。由此可以想见,当年的鸠摩罗什之影响是何等深远。

南齐建武四年,彭城(今江苏徐州市)名人到洽睹世方乱，筑室岩阿隐居。到洽在《梁书》中有传：谢朓后为吏部，到洽去职，谢朓欲荐之，洽睹世方乱，深相拒绝。除晋安王国左常侍，不就，遂筑室岩阿，幽居者积岁。乐安任昉有知人之鉴，与到洽兄沼、溉并善。尝访到洽于田舍，见之感叹说：此子日下无双。遂申拜亲之礼。

同年，南朝刻造金王陈失名陵神道石刻（萧鸾兴安陵）。此失名陵南向，位于江苏丹阳市后巷镇金王陈，旧说系齐废帝东昏侯萧宝卷陵墓，日本京都大学教授曾布川宽定为齐明帝萧鸾兴安陵。萧鸾字景栖，小字玄度，高帝的侄子，萧道生之子。少孤，由高帝抚育成长，恩过诸子。齐武帝时，为尚书左仆射、右卫将军。受遗诏辅政，494年连续废杀郁林王、海陵王，自立为帝，改元建武。鸾性猜忌，信道术，他在位之时（共五年），高帝、武帝子孙几被斩杀殆尽，完全忘记了当初的亲情和养育之恩，可见其为人之残暴。徐湖平等考察载，此失名陵（兴安陵）于1968年发掘。神道存有石兽一对，均为雄性，两兽之间相距32米。东兽双角，身长238厘米、高225厘米、颈高120厘米、体围200厘米，头部残，失去三足；西兽独角，身长213厘米、高190厘米、颈高105厘米、体围165厘米，吻部及左后足已失。

［文献］ 唐姚思廉《梁书》卷二七，唐释道宣《续高僧传》卷二六，［日］曾布川宽《六朝帝陵——以石兽和砖画为中心》，［日］日本东京古董店龙泉堂编《龙泉集芳》，金申《中国历代纪年佛像图典》，张焯《云冈石窟编年史》，徐湖平主编《南朝陵墓雕刻艺术》。

公元498年 北魏太和二十二年

［提示］ 二月十日，龙门《清信士佛弟子高楚造弥勒像》。九月十四日，龙门《始平公造像》。太和年间龙门《解伯达造像》。孝文帝时代，山西造立《佛光寺祖师石塔》。

［叙录］ 二月十日，龙门古阳洞南壁刻造了《清信士佛弟子高楚造弥勒像》，并有造像题记，文9行，满行9字。书法精美，曾被选入“龙门三十品”（在二十品之外增加了十品）之一。时经训、关百益在《伊阙魏刻百品》中也曾著录。九月十四日，龙门古阳洞北壁窟门处刻成《始平公造像》（图33），亦有楷书造像题记，全称《比丘慧成为亡父洛川刺史始平公造像记》，简称《始平公》，亦是“龙门二十品”之一，更是“龙门四品”之一。题记有方界格，蟠龙碑首，覆斗状座、平面。石高75厘米、宽39厘米，颇为奇特者是题记的文字与界格均为阳刻，实为稀见。国家图书馆藏有清人胡鼻山旧拓本，胡氏清咸丰九年（1859年）在拓本上撰写题跋，称其“字形大小如星散天，体势顾盼如鱼戏水，方笔雄健，允为北碑第一”。

罗宏才认为，造像碑（含造像）中出现书者题名的实例较为罕见，叶昌炽、柯昌泗更断言此举“隋以前所未有也”。因此有关这一方面的专题研究亦无人涉猎，仅见零星辑录举动。搜检相关资料，知华人德在《六朝书法》一书中推及造像，辑录有龙门太和二十二年比丘慧成为亡父始平公造像记（旧称《始平公造像记》），景明三年（502）孙秋生、刘起祖200人等造像记两种。此外，罗宏才在调查关中地区造像碑时，亦发现三种：一为北魏永熙二年（533）北雍州宜君郡黄堡县邑主俊蒙文姬、党姬娥合邑子31人等造像碑，另一为永安三年（530）李黑城等人造像碑，再一为仪凤三年（678）曹凤抟妻党氏等29人造像碑。另《语石·语石异同评》卷三辑录唐天宝十三年（754年）高乾式造像碑一条，称“造碑人檀如洛。书人、撰人、造碑人及年月，并在碑侧”。又《语石·语石异同评》卷五辑录唐先天二年（713）山西安邑大像邑碑一条，谓“撰文人周公隐，段习礼书”。四川绵阳西山观玉女泉边25号龛天尊、老君并坐说法龛造像亦镌刻有唐咸通十二年（871）“专主社务兼书人景好古”铭记一条。华人德认为龙门太和廿二年（498）“比丘慧成造像记”与北魏“魏灵藏、薛法绍造像记”，察其书体，应为同人所书刻。罗宏才认为书者应为如刘汉东所论及“佣匠”一类的人物。

北魏太和年间（477—499），龙门古阳洞北壁刻成《解伯达造像》,有正书题记,全称《司马解伯达造像记》,“龙门二十名品”之一。14 行,行 3—5 字不等。石高 12 厘米、宽 34 厘米。此造像具体刻造年代不详,只知刻于太和年间,姑系年于此。此外,修建于孝文帝时代(471—499)的山西砖结构《佛光寺祖师石塔》,为目前仅存的两座北魏石塔之一,高 8 米左右,现仍屹立于山西省五台县东北佛光山佛光寺内。该塔系创建佛光寺的初祖禅师墓塔,形制为六角叠涩密檐楼阁式二层塔。

［文献］ 时经训等《伊阙魏刻百品》,罗宏才《中国佛道造像碑研究——以关中地区为考察中心》,华人德《六朝书法》,刘汉东《魏晋南北朝的雇佣劳动者》(《中国史研究》1990 年第 4 期),刘正成《中国书法鉴赏大辞典》,李文生主编《龙门石窟志》。

公元 499 年 北魏太和二十三年

［提示］ 正月,洛阳《元简墓志》。三月十六日,咸阳《石造道教二面像碑》。四月一日,陕西《刘文朗道教造像碑》。四月八日,辽宁义县万佛堂《元景造像》。九月,洛阳《元弼墓志》。十二月九日,北京《比丘僧欣造弥勒三尊立像》。北京《车儿营石佛立像》。酒泉《曹天护造像塔》。

［叙录］ 是年正月,洛阳刻成《元简墓志》,此志全称《太保齐郡王元简墓志》,1926 年在河南洛阳城西北高沟出土,曾为三原于右任所藏,后移存陕西省博物馆,现藏西安碑林。石长 73 厘米、宽 33 厘米,惜右后段已经残失。志文楷书,志盖篆书,书法峻健端严。元简字叔亮,洛阳里人,是北魏文成帝拓跋濬的第四子,出身显贵。是年正月卒,同年三月葬于河南氓山,元简在《魏书》中有传。在正月刻成此志后,同年九月洛阳又刻成《元弼墓志》,全称《魏故元咨议墓志铭》。志文正书。20 行,行 20 字。正方形,边长约 60 厘米。其出土时间也是 1926 年,出土地点则为河南洛阳南陈庄张羊村。出土后为于右任所珍藏,现存西安碑林,赵万里有著录。

雕造于是年三月十六日的咸阳《石造道教二面像碑》,又称《男官傅某造道像》,胡文和著录说,石通高 65.3 厘米。现藏于美国芝加哥自然史博物馆。石左侧上部刻有一尊坐像,下部则刻着四尊供养人。石右侧面刻发愿文,发愿文中显示,造石像者来自石安县,石安县在北魏时期隶属雍州咸阳郡,今属陕西泾阳县。李淞查阅自然史博物馆原始记录,得知此像出土于长安西南约 5 公里的晾经寺旧址。有美国学者认为,铭文中的“男官”是道教主祭的头衔,从造像的样式上也可证实其道教属性。相同的道像还有河南偃师出土北齐天统元年(565)《姜纂造老君像》,像主姜纂亦自称男官。

四月一日,陕西耀县药王山刻成圭形单面雕刻造《刘文朗道教造像碑》,现藏耀县药王山博物馆。胡文和称此碑原藏耀县文化馆,但是在《陕西耀县的碑林与石窟》、《耀县药王山的道教遗像碑》等著作中,都未提及并论述这通造像碑。碑的下部已残缺。残高 68 厘米、宽 49—53 厘米、厚 15—20 厘米。李淞有著录,正面开一龛,龛内道像三尊,中间为老君坐像,头戴道冠,双手持扇子胸前,有头光。左右各一侍者,均持笏于胸前。龛下线刻有博山炉。下为发愿文,刻文之顺序颇为特殊,先由碑之左侧向中间读,开始为“太和廿三年岁次”,然后由中间至两边读供养人姓名,即中间博山炉下为“门师刘万”,其左为“道民刘文朗”等,其右为“兄道民刘文智”等。碑两侧均有供养人姓名,从中可以看出,这件造像碑是刘文朗兄弟二人及家人所造,其中有门师和道士数人,多为刘姓。

是年四月八日,远在东北的辽宁义县万佛堂西区第五窟内南壁刻成《元景造像》,有题记,称《元景造像题记》。阎文儒在描述万佛堂时写道:在义县城北 7.5 公里大凌河北岸的山坡上,有万佛堂石窟窟群,分为东西两区:西区有十个窟,东区有七个窟。除少数窟顶护法像未风化外,龛内造像大都已风化,或者经后人改造。西区第 1 窟中心柱上龛外的雕像,第 5 窟营州刺史元景碑上所雕屋形龛,东区第 6 窟的坐佛像,窟外南壁上的力士和紧那罗等像,是北

图 33 龙门古阳洞始平公造像 北魏太和二十二年(498)

朝第二期造像风格。至于西区第5窟太和二十三年营州刺史元景的造像碑，东区第四窟景明三年“尉(慰)喻奚、丹使”韩贞的题记，又是万佛堂开创石窟的最早记录。万佛山又称福山，属砂岩质地，石窟为北魏晚期开凿，张焯认为其窟形、造像均模仿云冈石窟，明显属于云冈艺术风格之流亚，可能是东徙工匠所为。今遗北魏造窟题记两方，《元景造像题记》即其一。据考证，元景系明元帝之曾孙、孝文帝之族叔祖，时任营州(朝阳)刺史。该窟系元景为孝文帝祈福而建，而窟室规模、造像特点，又与毗邻的第6窟相近，疑是双窟。第6窟主尊为交脚弥勒，其波状发髻与云冈第16窟和第6窟主佛相似，其面相、服饰与云冈第7、8窟交脚弥勒相似。碑文中，发愿明元帝神栖常住，令人颇多遐思。张焯甚至怀疑第6窟交脚弥勒是依明元帝形象而雕造的。

同年十二月九日，雕造完成石灰岩质地的《比丘僧欣造弥勒三尊立像》(图34)，有工书发愿文，石高94.6厘米，据说出自北京房山，现藏于美国克利夫兰美术馆。此造像在端方、日人大村西崖及松原三郎的著述中均有著录。金申认为此像是北魏中晚期有代表性的石坐像，主佛高肉髻，上有浅水波纹，通肩式大衣，右手施无畏印，左手叉腰，持大衣一角。双

图 34 比丘僧欣造弥勒三尊立像 北魏太和二十三年(499) 美国克里夫兰美术馆藏

腿凸显，大衣下露出内着之裙，如重叠的水波状。此种衣纹组织结构和排列分布，还是从犍陀罗佛像衣纹演化而来的。但犍陀罗造像衣纹立体感很强，较为写实，质感厚重，腿部也是自然隆起。而僧欣造像大衣有如湿衣，呈出水之状，尤其是双腿膝部，极力雕琢凸显，可见作者是有范本依据并特意强调这种出水特征的。虽然此像的犍陀罗痕迹浓厚，但这种出水式大衣的处理手法应看到其中有马土腊的薄透大衣样式的因素。尤其是膝盖极力雕琢成球形，与马土腊造像颇有相似之处。这种凸显膝盖的表现方式，在新疆的克孜尔石窟、甘肃的金塔寺石窟等处多尊5世纪前后的泥塑上都能看到，一般在佛像稍屈的右腿上这种球形膝盖有着浓厚的马土腊以及西北印度雕像的因素，并且在中亚地区和甘肃一带一度是匠人们刻意表现的细节，也可说是个带有西部地区佛像特点的外来信息或符号，在河北响堂石窟的北齐石雕立像甚至山东青州出土的某些北齐像上都可看到这一根深蒂固的特有手法。

《车儿营石佛立像》也在这年雕成于北京海淀区车儿营村。此造像为石灰岩加彩，高165厘米。这样有气势的佛立像，当年应该是供奉于佛寺之中的宝物。金申认为此造像袈裟的样式较为别致，而且主佛螺发在太和时代亦不多见。

在西北地区的甘肃酒泉，是年则雕造了《曹天护造像塔》，现藏于酒泉市博物馆。《魏书》(释老志)载：北魏灭北凉后，徙其国人于京邑，沙门佛事皆俱东。唐晓军分析北魏时期造像塔的形式时说，此时造像塔已发生变化，窣堵波式造像塔被楼阁式造像塔所代替，而且出现了专门用于供养的塔式造像碑，塔式造像碑无塔基和塔刹，可数节叠放，成为寺院中固定的具有纪念碑意义的标志性建筑物。甘肃现存众多的供养造像塔，确有纪年的以酒泉“曹天护塔”最早。据陈炳应描述，石塔为平面方形，塔身三层，下有基座，上有塔刹，塔刹和塔檐、基座均有部分残缺，残高38厘米、宽16厘米。塔座方形，四面刻造塔人发愿铭文。塔身雕刻题材有一佛、释迦、多宝并坐，佛传故事有“诞生”、“九龙浴太子”、“苦修”等。

［文献］ 北齐魏收《魏书》卷二〇、卷一一四，清端方《陶斋藏石记》卷六，［日］大村西崖《支那美术史雕塑篇》，［日］松原三郎《中国佛教雕刻史论》、赵万里《汉魏南北朝墓志集释》，毫洒《北魏皇家墓志选编》，陈垣《道家金石略》，阎文儒《中国石窟艺术总论》，李凇《长安艺术与宗教文明》，刘正成《中国书法鉴赏大辞典》，胡文和《中国道教石刻艺术史》，金申《中国历代纪年佛像图典》，《海外及港台藏历代佛像珍品纪年图鉴》，《佛教美术丛考》，张焯《云冈石窟编年史》，唐晓军《甘肃古代石刻艺术》，陈炳应《北魏曹天护造方石塔》(《文物》1988年第3期)。

公元500年　北魏景明元年

［提示］ 四月一日，《牛伯阳造石佛坐像》。八月十八日，陕西《杨阿绍道教造像碑》。八月三十日，陕西《杨缦黑道教造像碑》。陕西《景明元年造道像》。宣武帝诏于伊阙造石窟，始造龙门宾阳三洞。陕西黄陵县香坊石窟。

［叙录］ 公元499年，雄才大略的北魏孝文帝元宏离世，其子元恪继位，是为宣武帝，次年改元景明。北魏景明元年是石刻艺术的丰饶之年，年内雕刻完成了众多石刻名品，北魏迁都至洛阳后的大规模皇家石窟开凿工程(宾阳三洞)也在本年如火如荼展开。

四月一日刻成石灰岩《牛伯阳造石佛坐像》(图35)。现藏于日本大阪市立美术馆。题记刻于台座正面，石高164.8厘米、宽79厘米。主佛刻涡髻，褒衣博带式，手施无畏与愿印。石像背部浮雕坐佛与飞天等。

八月十八日，陕西耀县刻成《杨阿绍道教造像碑》。1936年出土，今藏耀县药王山博物馆。题记中称为杨阿妃碑。石璋如疑“杨阿妃”应为“杨阿绍”，学界多从之。陕西省耀县博物馆等在合编《北朝佛道教造像碑精选》时即作“杨阿绍”碑。石碑为长方形。下部略有残损。残高100厘米、宽54—50厘米、厚31厘米。此造像碑为单面造像，上部开一龛，内造道像三尊，中间老君头戴道冠，有束腰带，衣似佛之通肩衣，右手上举亦似佛。左右二立侍。李凇称三像较为粗糙，其下部为发愿文。

八月三十日，还是在陕西耀县，雕刻完成《杨缦黑道教造像碑》，又称《杨楞黑造像碑》。胡文和根据所拍照片辨认，“楞”字偏旁为“丝”，右边为“曼”字。现藏耀县药王山博物馆，仍为单面造像，上部并列二龛，均为道像三尊，中间坐像戴道冠，左右各一立侍。碑的形制为不规则长方形，石高90厘米、宽81厘米、厚23厘米。此碑1936年出土，还与一位民国地方官员密切相关：时任耀县保安大队副大队长（俗称保卫团副团长）的雷天一嗜古成癖，他在民国十四年（1925）防守耀县期间，常游走于古寺庙及坟园间，所见碑志甚多，雷氏希望能将那些零散的碑志集中起来保存，可是不久他就被调到别处。民国二十二年（1933）雷氏再次调回耀县，得以有机会重续旧梦。民国二十五年（1936）七月，值山洪暴发，漆、沮二河中冲出十几件石刻造像，加上他在柳林镇河中所发现的八九件石刻以及之前已藏有的19件石刻，已属可观。雷氏于这年十月，将所得数十件碑志移至民众公园保存。雷氏此举，颇获良评，惜在中央古物保管委员会的褒奖尚未到达时，雷天一即已去世——让我们记住这位民国时期为中国石刻艺术呕心沥血的下层官员吧。

李凇还著录了一件藏于芝加哥费尔德博物馆的单尊坐像《景明元年造道像》，其馆藏品编号为121390，石高25.5厘米，主像戴道冠，无长须，右手执扇（麈尾），明显为北魏至隋代的老君形式，但下部的发愿文却是“景明□年岁次庚辰镇国将军元□□所生父母造佛一区”。庚辰即景明元年（500年）。从造像本身看，面部虽经残坏后又被补刻，但整体未失北朝后期之风范，且无长须之道像亦见于正始二年（505）《冯神育造像碑》，与铭文所称之景明庚辰并无大异，但此时关中道像已盛，佛、道之像明显不同，道像主一般自称“道民”，造像或无名或称老君、太上，为何此像主元某竟然不知自己所造像的性质，指道为佛，令人费解。

北魏宣武帝元恪继位后，仍然延续其父的汉化政策，并在这年下诏于伊阙开造石窟，闻名于世的皇家石刻工程龙门宾阳三洞即开工于此际。《魏书》（释老志）中载：宣武帝诏令大长秋卿白整，准代京灵岩寺石窟，依照平城（云冈石窟）样式，于洛阳南伊阙山为高祖（元宏）、文昭皇太后（高氏）营造石窟二所。永平年间，中尹刘腾又奏请为世宗（元恪）再造石窟一所，共计三所。日人伊东忠太推测，平城灵岩寺可能是昙曜五窟形成的寺院（灵岩寺）。而龙门的三所石窟仿照云冈旧制雕造伊阙灵岩寺（宾阳洞），其中的中洞、南洞分别为孝文帝与文昭后之窟，北洞则为宣武帝之窟。郦道元曾称工程“高甍架峰”。甍义为屋脊。高甍架峰，即如云冈第3窟、青磁窑石窟，崖缘壁顶铲出一线平面，上搭阁楼屋顶的北魏遗制。宾阳三洞的规模浩大，从景明元年（500）至正光四年（523），张舜徽引魏收统计数据，共用工80余万人。陈垣认为龙门的工程已不能和云冈相比：景明在迁洛之后，去复法之岁，约50年。则伊阙石窟后于武州石窟，亦约50年。从景明元年至正光四年，其间24年，仅造窟三所，已废工如此；武州石窟，奚止三所，则其工程之巨可知。

这项工程之所以耗时24年之久，一则因为工程量巨大，另外的原因则在于中间出现停工现象。费泳分析说，北魏景明初及永平中开造的宾阳三洞，除中洞在孝明帝在位初基本告竣外，宾阳南北两洞工程暂告搁浅，其工程直至隋唐才得以延续。南北两洞营造在北魏的停滞应与宣武帝死后发生于宫廷的一次政变有关，时主持宾阳北洞营建的宦官刘腾卷入了这一事件。北魏为防后党乱政，仿照汉武帝杀钩弋夫人稳定朝政的方式，凡王妃所生男孩，一旦被立为太子，其母将被赐死。宣武帝废除了这一制度，对胡妃并未赐死，宣武帝死后，年幼的孝明继位，其生母胡妃被尊为太后，临朝摄政，刘腾因曾经保护胡氏有功而受到重用。后刘腾发起宫廷政变，废胡太后于宣殿，将其软禁数年。刘腾死后，胡太后返政，毁其坟墓以作报复。宾阳南北两洞工程也因受刘腾

图 35 牛伯阳造石佛坐像 北魏景明元年(500) 日本大阪市立美术馆藏

事件牵连而中途被废。

金维诺认为宾阳三洞中，北魏时已完成的中洞最为卓著，此洞有计划的布局和出色的技巧，使它成为这一期石窟中的重要代表作。第三层是有名的《帝后供养像》（或称《帝后礼佛图》）（图36），这两幅浮雕，一边雕造着皇帝及其侍从，一边雕造的是皇后及宫女。根据记载，这应该就是北魏孝文帝及其后妃的供养像。这两幅作品，可以作为了解当时绘画艺术的重要参考，它们还代表了当时生活风俗画的发展水平。但是，这两幅杰出的古代艺术品，却被盗出国外。皇帝供养像现藏于美国纽约大都会艺术博物馆，皇后供养像现藏于美国堪萨斯城纳尔逊艺术馆。

陕西黄陵县香坊石窟位于黄陵县双龙乡香坊村东北1公里处的陈家山崖壁下，据李凇说，香坊石窟共有三个窟和一处摩崖造像。一号窟下距沮水河面三米，河水从窟下流过，只能从河对面观看，难以上攀，因此，石窟保存状态是陕北北魏石窟中最好的一处。石窟为方形平顶，这是陕北北朝石窟中最常见的一种窟形。洞窟的高、深、宽均为120厘米。窟正壁为坐佛像，通高90厘米，着通肩衣，衣领处有莲瓣花纹，戴有花冠，两脚作交叉状，但仅露出右脚。座为双狮。从图像特征看，应是弥勒菩萨。香坊石窟的开凿年代，一号窟中供养人形象与关中一些造像碑十分相似，大约在公元500年左右，即太和迁洛不久。摩崖大佛的年代要晚些，从造像风格看，可能晚至北周。供养人中的盖姓和似先姓，均为北方少数民族。而盖姓是匈奴族卢水胡的族姓，北魏时定居于陕北沮河流域，来自甘肃。早先北魏太武帝曾镇压卢水胡人的起义。因此，香坊石窟附近应是他们

图36 帝后礼佛图浮雕 北魏景明元年（500） 美国堪萨斯城纳尔逊艺术馆藏

居住的一个主要地点。而二号窟的刘姓供养人却似乎是汉族，李凇认为，这个现象反映了当时汉族与少数民族共同崇奉佛教而又各自开窟供养的事实。

［文献］　北魏郦道元《水经注》卷一五，北齐魏收《魏书》卷一一四，陈垣《记大同武州山石窟寺》（《东方杂志》第16卷第2、3号），石璋如《陕西耀县的碑林与石窟》，《北朝佛道教造像碑精选》，刘兴珍等《中国古代雕塑图典》，金申《海外及港台藏历代佛像珍品纪年图鉴》、《中国历代纪年佛像图典》，胡文和《中国道教石刻艺术史》，李凇《长安艺术与宗教文明》，［日］伊东忠太《中国建筑史》，张舜徽《中国史学名著题解》，刘正成《中国书法鉴赏大辞典》，金维诺《中国古代佛雕：佛造像样式与风格》，费泳《汉唐佛教造像艺术史》，李文生主编《龙门石窟志》。

公元501年　北魏景明二年　南齐永元三年

［提示］　北魏景明二年二月，洛阳《任城王妃李氏墓志》。七月，洛阳《元羽墓志》。八月二日，龙门《马庆安造像》。九月三日，龙门《郑长猷造像》。陕西《田僧敬造四面石佛坐像》。约南齐永元三年，谢赫论绘画六法。

［叙录］　北魏景明二年二月，洛阳刻成正书《任城王妃李氏墓志》，此志全称《魏雍州刺史任城王妃李氏墓志铭》，又叫《元澄妃李氏墓志》。1932年出土于河南洛阳柿园村，今存陕西西安碑林。志文13行，行14字。正方形，高宽约49厘米，赵万里有著录。七月尚刻有洛阳《元羽墓志》，其志全称《侍中司徒公广陵王墓志铭》，亦为正书。13行，行15字，50厘米见方。1918年出土于河南洛阳南陈庄，现藏北京历史博物馆，赵万里有著录。

北魏迁都洛阳后，龙门石窟的开凿得到国家扶持，皇室及达官贵人纷纷前往捐造佛像。这年八月二日，龙门古阳洞即刻成《马庆安造像》，并有正书造像题记，题记书法入选龙门五十品。龙门五十品名目的提出，据李文生考证，最早见于曾任河南洛阳县知事的曾炳章所著的《洛阳县龙门魏造像题记五十品目录表》。以后又出现增删本，增入部分东魏、北齐及隋唐题记而成别本。日人中野勇次郎在其所著《龙门造像题记》也录有龙门五十品名目。同年九月三日，在古阳洞洞口上方南侧刻成之《郑长猷造像》龛及题记，更为人们所熟知，其题记全称《云阳伯郑长猷为亡父等造像记》，简称云阳伯、郑长猷，龙门二十品之一。康有为称其书法“波磔极意骏厉，犹是隶笔。”华人德记载，题记位于佛龛右侧，高50厘米、宽35厘米，上面记录了景明二年郑长猷为亡父、母皇甫、亡儿士龙以及其妾陈玉女为亡母徐，各造弥勒像。郑长猷所造这组佛龛共六龛，均为圆券形浅龛，分上、中、下三排，每排两龛，尺寸大小不一。楣拱内刻卷草葡萄纹饰，龛内主尊为交脚弥，现已残损，左右则侍立二胁侍菩萨。

景明二年所雕造的石灰岩《田僧敬造四面石佛坐像》，又称《田僧敬造像》或《景明造像》，接近正方体，高60厘米、宽56厘米、厚50厘米（图37）。1949年出土于西安郊区查家寨，形制为造像塔式造像，1953年移置西安碑林博物馆，现藏于陕西省博物馆。王静芬认为，到6世纪早期，中国的佛教艺术品的制作广泛流行，长安关中地区更是已发展起具有区域性特色的雕刻风格（如日人松原三郎提出所谓鄜县风格）。长安地区出土的纪年为5世纪后期至6世纪早期的佛教雕刻证明了一种与众不同的地方风格，这种风格强调实足的线性，并有几何形趋势。这座在家信徒（田僧）为其死去的父亲捐造的立方体石浮图（stupa）颇能代表此风格：立方体的塔身每一面均开浅龛，龛内刻佛像，由菩萨胁侍，四周有多身小佛像围绕。衣纹褶皱表现为曲线式样，和身体的高低起伏完美地结合在一起。整体的效果是自然而有节奏的线条，增加了造像的立体感，并提示了衣纹的动向。从6世纪开始，特别是在长安周围地区，佛教信徒开始大量制作造像碑。李凇特别提到这件石造像的第四面颇为特别，其佛座下左右角各刻一位礼佛袈裟的信徒，作跪拜状。龛下的托座力士旁各有一天神，右天神为裸身雷公，四周绕一圈小圆形鼓，

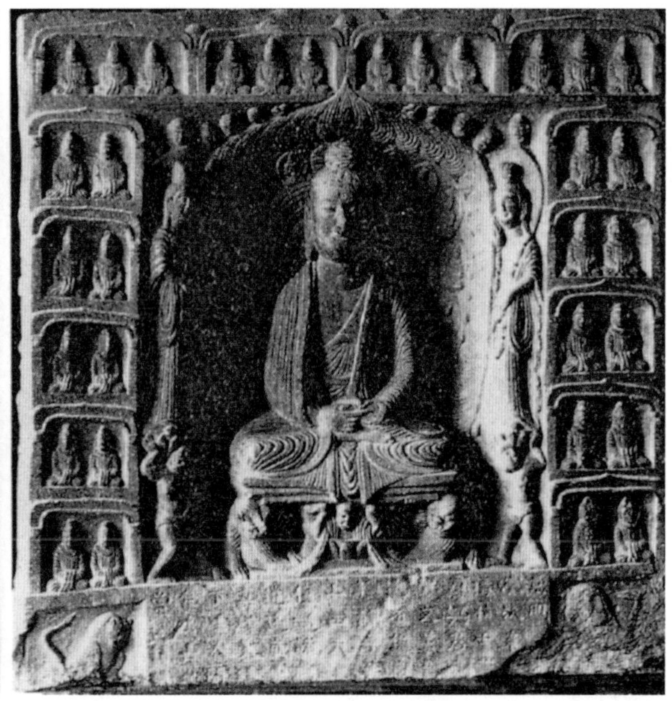

图 37 田僧敬造四面石佛坐像 北魏景明二年(501) 陕西省博物馆藏

雷公作击鼓状。左天神亦裸,扛一风袋作吹气状,为风伯。这是在汉代画像石上经常出现的形象,也被借用来表现佛的天国。景明年间时逢北魏孝文帝迁都洛阳之后不久,北魏的中心南移也给长安的佛教带来新的发展机遇。此时长安的佛教造像骤然增多,此件造像的技巧高超,刻造刀法简练明快而准确,将犍陀罗和中亚的艺术风格与当地的审美趣味十分巧妙地结合起来。

此年南朝的石刻基本上没有作品流传下来,石刻的风光全被北方抢走。南朝齐肖像画家和绘画理论家谢赫曾在《古画品录》(严可均辑)中提出著名的绘画六法:气韵生功、用笔骨法、应物象形、赋彩随类、位置经营、传移模写。这些绘画理论,对中国造像艺术,包括石刻艺术产生过深刻启示。但是谢赫的生平资料很少,他的艺术活动主要是在萧齐时代,姑且系年于此。

[文献] 清康有为《广艺舟双楫》卷二,清严可均辑《全齐文》卷二五,赵万里《汉魏南北朝墓志集释》,[日]松原三郎《中国佛教雕刻史论》,[日]中野勇次郎《龙门造像题记》,华人德《分析〈郑长猷造像记〉的刊刻及北魏龙门造像记的先书后刻问题》(江苏省文史研究馆编《馆员文存:江苏省文史研究馆建馆五十周年纪念文集》),张焯《云冈石窟编年史》,金申《中国历代纪年佛像图典》,李淞《陕西古代佛教美术》,罗宏才《中国佛道造像碑研究——以关中地区为考察中心》,李文生主编《龙门石窟志》,刘正成《中国书法鉴赏大辞典》,《中国美术全集》(魏晋南北朝雕塑)。

公元 502 年 北魏景明三年 梁天监元年

[提示] 北魏景明三年五月二十七日,龙门《孙秋生刘起祖二百人等造像》。五月三十日,龙门《高树解伯都三十二人等造像》、《比丘惠感为亡父母造像》、《赵双哲造像》。六月二十三日,龙门《尹爱姜等造像》。八月十八日,龙门《广川王祖母太妃侯为亡夫贺兰汗造像》。九月十五日,麦积山第 115 窟《墨书题铭》。十一月,河北《刘未等四人造像》。陕西《刘宝生造像》。辽宁《韩贞与吕安辰等七十四人造窟》并记。梁天监元年,文帝萧顺之建陵神道石刻、梁桂阳简王萧融墓神道石刻及墓志,张僧繇艺术生

涯约始于此际。褚谓作诗讽北魏大臣服饰。

［叙录］ 与上一年南方石刻相对沉寂相比，本年的石刻艺术呈现南北竞放异彩的局面。还是先说北方。本年率先登场的石刻重器是北魏景明三年五月二十七日，在龙门古阳洞南壁雕刻的《孙秋生刘起祖二百人等造像》及题记（王静芬称之为《孙道务卫白犊等合邑二百人造像记》）（图 38）。这件造像佛龛雕凿于南壁顶层，略呈方形，高 153 厘米、宽 50 厘米，内雕释迦牟尼佛坐像，佛像两侧各有一身胁侍菩萨。佛像袈裟褶皱逐渐变平，线条平行僵直。王静芬认为其披肩边缘的褶皱斜向，特征和云冈模式有着联系。背光的数圈同心环内雕刻有莲花、佛像、飞天和火焰等图案。佛龛之上另有一排小佛像。佛龛左边为碑铭，通高 104 厘米，上有一对交龙纹，这是和碑刻有关的庄严象征。碑为圭首，碑题为“邑子像”，说明佛像由邑社成员捐赠。碑题两边是两位主要捐资者或邑组织领导者的姓名及官衔。右边记邑主孙道务，其官职为中散大夫、荥阳太守。荥阳位于洛阳城东面，汉初就是邻近东都的重要地区。左边记卫白犊，其官职为宁远将军、中散大夫、颍川太守、安城令。颍川即今郑州，也位于洛阳东面，即使在今天也是重要的交通枢纽。此碑铭文也首次记录了撰文者和书写者的姓名（署孟广达文，萧显庆书），反映出对文学和书法这两种艺术形式和艺术家身份的确认。此碑造像题记为龙门二十品之一，在书法史上

图 38 龙门古阳洞孙秋生刘起祖二百人等造像龛 北魏景明三年(502)

图 39 麦积山第 115 窟左壁胁侍菩萨 北魏景明三年(502)

具有重要地位。康有为说：庄茂则有若《孙秋生》、《长乐王》，沉着劲重为一体。

五月三十日，在龙门古阳洞北壁，同时有三拨人雕刻完成了各自的石刻艺术作品，这也从一个侧面反映了当时龙门石窟的热闹场景：一件是《高树解伯都三十二人等造像》及题记，一件是《比丘惠感为亡父母造像》及题记，还有一件是《赵双哲造像》及题记。高树造像位于古阳洞北壁"牛橛"西侧，其造像题记亦为二十名品之一。惠感造像位于古阳洞北壁"杨大眼"西侧，其题记亦为龙门二十品之一，康有为认为，《惠感》波磔极意峻厉，犹是隶笔。赵双哲造像位于古阳洞北壁第三层，题记则为龙门五十品之一。与此造像相邻者还有一件雕刻于六月二十三日的《尹爱姜等造像》，其题记亦曾归入龙门五十品中。同年八月十八日，在古阳洞顶部所雕造的《广川王祖母太妃侯为亡夫贺兰汗造像》，为龙门著名石刻，其题记位列龙门二十品之十一，康有为赞颂说，《广川王造像》，如白门伎乐，装束美丽。

九月十五日，甘肃麦积山第115窟题写的《墨书题铭》，虽然与石刻无直接关系，但由于此时正值麦积山造像的鼎盛时期，又有明确纪年（麦积山唯一保存纪年的铭文），对于造像断代具重要意义，故一并在此述及。金维诺指出，麦积山第115窟布局与第76窟相近，正壁主尊结跏趺坐于方形座上，左右两壁各一菩萨立于莲台上，佛座前有墨书铭记："唯大代景明三年九月十五日，台遣上邦镇司□张元伯稽首，常住三宝。今在此麦积山□□，愿子□养大愿是见佛。"铭记书于表层白色灰浆之上，实为重修之题铭，因此窟中造像与壁画形制均较古，不类景明年间雕造（图39）。费泳也认为其佛像仍遵循旧制，还没有显出较大的变化。麦积山佛衣出现褒衣博带装，要迟至北魏晚期，这与远离当时政治中心有关。

十一月《刘未等四人造像》及题记，据梁披云等人说，原在河北房山石佛寺，曾归长白端方所有。其题记为正书，石断为二，记在下半。李静杰等人认为，此件造像值得一提的是其背屏顶部已趋于尖长，袈裟摆端向外扬飘，显然已进一步受到云冈石窟太和末期或龙门石窟初期造像因素的影响，主佛所着胸前结节的对领式袈裟尚不见于其他地方。

景明三年的《刘宝生造像》，又称《刘宝生造无量寿佛像》，长安附周出土，1952年林丛捐赠，现藏西安碑林。像高108厘米，主佛为交脚弥勒，涡发大耳，鼻直眼长，双手置胸前作禅定印，交脚坐姿，衣褶并行且密集，舟形宝珠背光刻七佛，边饰火焰带。两侧侍立合掌胁侍菩萨。佛座两旁浮雕刘宝生夫妇持绶带、茎莲供养礼佛形象，楷书题记为：清信士刘宝生、清信女王媚美，为三女英洛敬造石弥勒像一躯并有奉上。

同年在东北辽宁义县万佛堂，刻成《韩贞与吕安辰等七十四人造窟》并记。其造窟题记民间称《慰喻契丹碑》或《慰喻契丹使韩贞等造窟题记》。题记存于万佛堂石窟东区第五窟，没有螭首与边框，字迹颇为潦草。上面明确地记载了韩贞与吕安辰等军中行伍74人共同造窟之事。

在南方，政治格局已发生巨变：南齐和帝萧宝融自江陵还都建康，至姑孰（今安徽当涂），让位于梁王萧衍，南齐宣告灭亡，萧衍称帝，是为梁武帝，国号梁，史称南梁。梁天监元年，萧衍一登帝位，立即追尊其父亲萧顺之为文皇帝，并修建皇陵建陵（图40）。萧顺之建陵神道石刻，今位于江苏省丹阳市云阳镇原荆林乡三城巷。据徐湖平等考察，今陵前存有石兽、方形石础、神道柱、石龟趺座各一对。石兽均为公兽。南兽独角已失，上颚亦残，四足尽失。北兽双角亦失。二兽脊通贯首尾连珠纹，颔下长须蔓卷，垂至胸际；双翼微翘，翼面雕卷云纹、细鳞、长翎及五瓣小花。方形石础一对，位于石兽与神道柱之间，边缘有榫眼，础上结构已失。神道柱一对，柱础上圆下方，浮雕环状螭龙一对，口含珠，双角、四足、修尾；柱表作隐陷直刳棱纹，柱头有浮雕莲花纹圆盖，盖上圆雕小辟邪，盖下为长方形柱额，石额文字为正书顺读，一为反书逆读，其文曰："太祖文皇之神道"。石龟趺座一对，碑无存，仅具龟趺。

反书又称反左书，即反书反刻，据南朝梁代书法家庾元威在《记书》中说：反左书是大同中东宫学士孔敬通所创。元人郑杓列之为13种隶书之一体。据王同顺讲，这对神道石柱以前有人误认为是南朝宋太祖文皇帝刘义隆之神道石柱，至清朝同治八年(1869)为杨葆光所重新发现，后经莫友芝整理并刻跋，方知为萧顺之神道。“反左书”是一个特定时期内带有特殊意义的一种书体。

美国华人学者巫鸿在《中国古代艺术和建筑中的纪念性》中曾对南朝梁代神道石刻的反书现象给予了文化学上的解释：透明的石头。在南梁帝陵七座皇陵的前面，成对的石柱刻有成对的铭文，每对铭文中总有一件是反书。其中一例反书铭文，不是从右写到左，而是从左写到右，每一字都像镜子里的反字。巫鸿认为，如果石头是透明的，我们从石头的背面去读，那么这篇碑文就毫无异常。因此巫鸿提出，这种反书是从死者的视角来书写的，为的是使吊谒者一见之下，就被它深深打动，马上联想到这一视角：对于那些感受过这种“心理错觉”的吊谒者来说，他们对铭文正反关系的发现强烈地暗示出生与死的鲜明对照。

是年，在南京还雕造完成梁桂阳简王萧融墓神道石刻。萧融是武帝萧衍的亲弟。齐永元三年(501)，其兄萧懿以功高被东昏侯萧宝卷毒杀，萧融

图40　梁文帝萧顺之建陵南麒麟　南梁天监元年(502)　江苏丹阳

随即亦遇害。梁武帝萧衍即位后，追封萧融为散骑常侍、抚军大将军、桂阳郡王，谥简。萧融墓神道石刻位于南京市栖霞区南京炼油厂子弟中学，墓已平，现存石兽两只及石柱残件等（图41、图42）。石兽东北、西南相对，东北侧石兽为雌性，长330厘米、高246厘米。西南侧石兽为雄性，原已毁，现已修复，长384厘米。两兽作前迈状，张口昂首，长舌垂胸，头有鬣毛；腹侧双翼，前部饰鱼鳞纹，后部饰五根翎毛长尾曳地。此外，1980年，南京太平门外甘家巷还出土了刻于南朝梁天监元年任昉正书《桂阳王萧融墓志》，罗宗真称这合墓志是新中国成立以来所发现最为完整的梁代墓志。

梁天监元年，南朝大画家张僧繇艺术生涯约始于此年。张僧繇是南朝影响最为广泛的知名艺术家之一。李玉珉认为张僧繇的艺术活动主要集中在天监年间（502—519）。梁武帝下敕营建的佛寺壁画，大多出自张氏之手。唐代张彦远推崇顾恺之、陆探微、张僧繇、吴道子为画中的“正经”。李嗣真也称张

图41　梁桂阳简王萧融墓东辟邪　南梁天监元年（502）　江苏南京

图42 梁桂阳简王萧融墓西辟邪 南梁天监元年(502) 江苏南京

僧繇的作品与顾恺之和陆探微一样,同为上品,并且说张氏之画,“骨法奇伟,师模宏远,岂惟六法精备,实亦万类皆妙。千变万化,诡状殊形。经诸目,运诸掌,得之心,应之手”。由此想见,张僧繇的佛释画也当出神入化,形神兼备。可惜张僧繇的画迹无一幸存,因此我们也只有根据画史资料,来勾勒他的绘书面貌。张怀瓘说:“象人之妙,张(僧繇)得其肉”。宋米芾在《画史》中也指出,张僧繇的人物“面短而艳”。因此李玉珉分析说,张僧繇的人物造型必定一改顾、陆的秀骨清像的作风,而以丰腴取胜,此正与当时的雕塑造型相呼应。张僧繇绘画的另一特色,是凹凸法的使用。《建康实录》提到,建康的一乘寺,“寺门遍画凹凸花,代称张僧繇手迹,其花乃天竺遗法,朱及青线所成,远望眼晕,如凹凸,就视即平,世咸异。久之,乃名凹凸寺”。显然,张憎繇重视色彩的运用,与传统以线条为主的绘画风格大异其趣。他又使用天竺的凹凸法，由淡渐浓地层层晕染，表现物体的立体感。事实上，张僧繇并不是历史上最早使用天竺法作画的画家，但他却成功地吸收西域的画法，孕育出他独特的个人风格，世称“张家样”（其子张善果和张儒童亦善绘画）。

天监元年，褚谓作诗讽北魏大臣服饰。从总体上来看，北魏胡服汉化应该在太和年间即已告完成，但是要改变一个民族的服饰风俗，是一件极为艰辛的事情，会受到来自各方的反弹。费泳指出，北魏胡服汉化过程并不顺利，孝文帝的服饰改革是由上而下的，其汉化进程并不彻底，唐李延寿《南史》（褚谓传）就记载：梁武帝天监元年逃入北魏的褚谓（由于担心被南梁所杀，南齐鄱阳王萧宝寅、江州刺史陈伯之等先后避难入北魏），看到北魏大臣服饰时作诗嘲讽道：“帽上着笼冠，裤上着朱衣。不知是今是，不知非昔非。”显然，北朝服饰汉化尚不完整，显得有些不伦不类。至北魏孝明帝再次对服制进行改革，服装进一步趋向博大，在杨衒之的著作中，就记录了梁使臣陈庆之讲到北魏末年到洛阳的感受时说：“羽仪服式，悉如魏法，江表士庶，竞相模楷，褒衣博带被及秣陵。”由此可以看出，直至北魏末期，其服饰汉化的成果才被南朝士人所认同。

［文献］ 北魏杨衒之《洛阳伽蓝记》卷二，唐李延寿《南史》卷六一，清康有为《广艺舟双楫》卷三、卷四，元郑杓《衍极》卷二，曹汛《万佛堂石窟两方北魏题记中的若干问题》（《文物》1980 年第 6 期），［美］王静芬《中国石碑》，李文生主编《龙门石窟志》，金维诺《中国古代佛雕：佛造像样式与风格》，胡海帆《记出自北京房山的两种北魏石刻造像——〈比丘僧欣造像〉与〈刘未等四人造像〉考述》（《纪念西安碑林 920 周年华诞国际学术研讨会论文集》），李静杰等《早期单体石佛区域性分析》（《故宫博物院院刊》1998 年第 2 期），李凇《陕西古代佛教美术》，罗宏才《中国佛道造像碑研究——以关中地区为考察中心》，王同顺《镇江古代石刻及焦山碑林书法研究》，梁披云《中国书法大辞典》，刘正成《中国书法鉴赏大辞典》，李玉珉《中国佛教美术史》，费泳《汉唐佛教造像艺术史》、巫鸿《中国古代艺术和建筑中的纪念性》，徐湖平主编《南朝陵墓雕刻艺术》，罗宗真《南京新出土梁代墓志评述》（《文物》1981 年第 12 期）。

公元 503 年　北魏景明四年

［提示］ 北魏景明四年四月六日，云冈《昙媚造像碑记》。四月，河北《刘雄合三百人造像》、甘肃《禅佛寺造像塔》等。八月五日，龙门《马振拜等三十四人为皇帝造像》。十二月一日，《比丘法生为孝文皇帝并北海王母子造释迦佛像龛》。《沙弥法生造龛碑》。

［叙录］ 雕刻于北魏景明四年四月六日的云冈《昙媚造像碑记》，为方形石碑，据张焯著录，石碑高 30 厘米、宽 29 厘米、厚 6 厘米，石质为豆青色细砂岩（云冈砂岩夹层），1956 年，云冈石窟保养所在整修第 20 窟前早年崩塌的乱石时出土。大约原镶于尼姑昙媚造像龛旁的石窟壁面，后随前壁坍塌埋入地下。另外，1992 年进行窟前地面发掘中，在第 20 窟前偏东出土北魏砂岩莲花钵两个，其中一个底部刻有“妙兴西北方主”六字。

是年四月，河北刻成《刘雄合三百人造像》，其题记全称《幽州范阳郡涿县当陌村高伏德像生刘雄合三百人造像》，亦称《高伏德等三百人造像记》。正书 17 行，行 24 字。原在河北涿县西城门洞，民国九年（1920）袁励杰移置县署，后曹锟移保定光园，今不知所在。梁披云、刘正成等有著录。同年四月，在甘肃平凉市（泾州）雕造《禅佛寺造像塔》等一批石刻。据唐晓军说，平凉市禅佛寺先后出土石造像塔、碑残件 40 余件，其中北魏景明四年造像塔是纪年最早的一件，造像塔为四面龛像，皆为一佛二菩萨。龛下有铭刻，正面为：“景明四年，太岁在癸未，太阴在巳，大将军在午，白虎在寅，清龙在子四月癸”。右面、背面、左面文多残。平凉市博物馆原馆长刘玉林回忆说，这批石刻是他在 1983 年春天偶然发现的，当时他到崆峒区四十里铺镇潘原古城调查，在曹湾子庙底下村的学校附近发现了这批禅佛寺石刻造像残件。经初步整理观察，发现有景明四年、延昌三年和神龟二年纪年的造像各一件。造像内容有一佛二菩萨、释伽多宝佛并坐、说法、思惟菩萨，还有乘象入胎、树下诞生、摩顶授计、叠罗汉等佛传故事。龛楣上还有昆仑奴、飞天、双狮供宝、龙等图案。

八月五日，龙门古阳洞顶部近窟门处刻成《马振拜等三十四人为皇帝造像》，此造像题记简称《马振拜》，为“龙门二十品”之一，螭首平面，上窄下宽，通高55厘米，文九行，满行15字。碑右肩以下残，碑面略有漫漶。十二月一日，龙门古阳洞南壁窟门内侧第三层刻成《比丘法生为孝文皇帝并北海王母子造释迦佛像龛》(图43)，题记简称《法生》，亦为“龙门二十品”之一，题记两侧有礼佛图浮雕各一幅。阎文儒描述说，龛的下面有供养人行列，东边有高冠大履、褒衣博带的北海元伏荣像(造像题记与《魏书》俱作“元祥”，伏荣可能是别名)、执伞盖的侍从像。后面有他弟弟元善意和元宝意像，宝意还是未加冠而作双髻的少年。西边造像不够清楚，可能是北海王母及其妃，执伞盖的侍从等群像。以衣冠判断，应是属于贵族开凿。王静芬分析此像龛时说：身着汉装的鲜卑皇室供养人，位于僧人法生供养的雕像底座。喀布尔博物馆中有一件犍陀罗浮雕作品，台座正中浮雕弥勒菩萨，两侧是贵霜供养人。然而，这种印度模式在北朝的石窟，从敦煌到云冈发展成为一种固定的对称式。在云冈石窟第11窟的例子中，两组对称的供养人为正面像，稍稍朝向中间。他们独特的着装表明供养人为鲜卑贵族男子和妇女。男女都头戴高耸的头饰。男子穿束腰外衣、裤子和靴子；妇女穿短上衣、长褶裙。僧人在世俗供养人之前。相同的供养人表现模式在龙门得到延续。当然，此处鲜卑皇室供养人的装束已经转变为汉族贵族们的打扮，长而飘拂的衣袍呈现线性模式。这种服装方面的变化，是孝文帝文化改革和游牧民族采用汉族文化和习俗的结果。

金维诺还提及一件远在甘肃麦积山的《沙弥法生造龛碑》，残高45厘米、宽38厘米。造像龛记中的法生，是否洛阳龙门石窟景明四年比丘法生造像记中的法生，日本学者町田甲一认为是同一人。金先生持否定态度，这块法生碑是第109窟旧物，此窟可能建于无年号的西魏废帝、恭帝时，此际法生尚为沙弥，显然不会是景明年间在龙门石窟为皇帝和皇室造功德的比丘法生了。

［文献］ 阎文儒《中国石窟艺术总论》，金维诺《中国古代佛雕：佛造像样式与风格》，张焯《云冈石窟编年史》，唐晓军《甘肃古代石刻艺术》，梁披云《中国书法大辞典》，刘正成《中国书法鉴赏大辞典》，李文生主编《龙门石窟志》、《中国石窟·龙门石窟》第1册，［美］王静芬《中国石碑》，刘玉林《搜佛记——潘原古城调查及禅佛寺造像收集追忆》(《平凉日报》2010年4月12日)。

公元504年　北魏正始元年　南梁天监三年

［提示］ 北魏正始元年正月七日，河南《法雅与宗那邑等造九级浮图碑》。二月八日，《孟□姬造释迦佛坐像》。三月，河北《高洛周七十人造像》。四月，大同《封和突墓志铭》。八月，云冈《佛弟子惠奴造像》。十一月三日，龙门《比丘道仙造像》。十一月四日，龙门《高思乡等造像》。南梁天监三年四月，梁武帝亲制《舍道事佛文》。成都《法海造无量寿佛背屏石像》。

［叙录］ 北魏正始元年正月七日，河南刻成《法雅与宗那邑等造九级浮图碑》，此碑全称《比丘法雅与宗那邑等一千人为孝文皇帝造九级浮图碑》，张彦生称之为《北魏一千人造九级浮图碑》。碑文正书，分为两截雕刻，上截文字磨泐较多。下截于民国七年(1918)为金石学者顾燮光所发现并著录，文字保存较完整。在下截右边刻有隋开皇五年(585)游妙所刊的《杨法贵移碑记》。石碑原在河南汲县北周家湾田间，后来移置入城内县前街图书馆内。可惜在“文革”中被人砸碎，现已荡然无存。据徐玉立说，河南省新乡市博物馆藏有1921年后拓本，高198厘米、宽89厘米。首为弧形，阴文篆书“上为孝文皇帝

造九级一躯”。碑阴题名能辨认者均为杨姓，这表明该碑是居住在汲郡杨城的杨姓家族称赞孝文帝迁都、并因孝文帝之“盛德”而造的九级浮图碑，显然北魏的迁都洛阳，得到了汉族百姓的认可。

二月八日，据金申著录，还刻有一件砂岩质地的《孟□姬造释迦佛坐像》(图 44)，坐像高 109 厘米，现藏于日本大阪市立美术馆。这年三月，河北涿县刻有《高洛周七十人造像》并题记，全称《涿县当陌村头维那高洛周七十人等造释迦像》，现藏于法国巴黎博物院。梁披云等曾著录：石刻中间为佛像，文字为正

图 43　比丘法生为孝文皇帝并北海王母子造释迦佛像龛　北魏景明四年(503)

图44 孟□姬造释迦佛坐像 北魏正始元年(504) 日本大阪市立美术馆藏

书，刻于四周，12 行，行 3—7 字不等。左右皆刻题名。出土后曾归长白端方、诸城王绪祖等人。

四月，大同刻成《封和突墓志铭》。1981 年秋天，此志出土于大同城西十里河出山口（小站村花圪塔台）。墓志主人封和突之封氏，张焯讲，是拓跋鲜卑“贲氏”之改姓。墓志为碑碣形式，带碑座，黑青色石灰岩质，高 42 厘米、宽 33 厘米、厚 8.3 厘米。铭文所记墓葬地为“武周界”，一则表明汉代以来的武州县（左云县），此时改写作“武周”；二则证实北魏武州山石窟寺，当时属于武州县境。同时出土的还有珍贵的波斯萨珊王朝鎏金圈足银盘，直径 18 厘米、通高 4.1 厘米。该盘内环线刻纹三道，中央雕为凸纹狩猎图，居中为深目高鼻、络腮长髯男子，圆帽缀珠，脑后飘带，耳悬垂珠，颈戴连珠项链。我们在讨论北魏太平真君五年(444)之《朱业微石造像》时已涉及此事，这说明当时北魏与中亚文化的交流颇为频繁，萨珊王朝的文化亦对北魏的艺术，包括石刻艺术产生过重要影响。

前面已经指出过，虽然北魏都城迁都离开平城，平城造像进入低谷，但是零星的、小规模的民间造像还是时有发生。比如这年八月，在云冈第 27B 洞东壁就曾刻有《佛弟子惠奴造像》，其造像题记最早为日人水野清一等所著录。

十一月三日，龙门古阳洞刻《比丘道仙造像》，其题记曾被时经训和关百益列入《伊阙魏刻百品》，高 7—11 厘米、宽 28 厘米，文正书，11 行，满行 7 字。刘正成对此石刻评价道：这是一块简单得令人实在难以产生保护欲望的残缺刻石。但在这不起眼的躯体里却埋伏着距今 1 000 余年的北魏《比丘道仙造像》的题记。仅此，作为文物概念的覆盖，就足以使它步入华丽的殿堂。在刻成道仙造像的次日，古阳洞北壁上层即刻造了另一件造像《高思乡等造像》。其题记高 85.3 厘米、宽 11 厘米，龙门五十品之一。

是年四月，梁武帝亲制《舍道事佛文》。梁武帝萧衍是个较为复杂的人，一方面，他对萧齐皇室下手残忍，另一方面却又雅好文艺，精通佛道。据唐人释道宣、法琳和元人念常等的记载，在萧衍即位的第三年，他正式宣布舍道归佛。四月八日，萧衍亲率僧俗 2 万人，在重云殿亲制《舍道事佛文》，誓归佛教。发愿文中称道教为“邪法”，呼吁公卿百官、侯王宗族，要反伪就真，舍邪入正。同时，在本第造光宅寺，铸金铜佛像奉祀。三天后，宣布“惟佛一道，是于正道”。佛教自此在梁朝取得国教地位。日人关卫说，梁武帝崇拜佛教是有名的，他建立许多寺院，有时则亲上法座而讲佛典，有时则设无遮大会而自己献身，并以巨万黄金替臣民赎罪，为供养佛而把那些黄金散出，或则自己连酒肉都断绝，而常常持斋（梁武帝于天监十年公布《断酒肉文》，坚持素食，人称“皇帝菩萨”）。武帝不仅信奉佛教，且或从西域输入佛教艺术，或派人到印度摹写祇园精舍的绘画，要之，这于中国的绘画艺术也有很大的影响。梁代的张僧繇，于佛画素称能手，但由他创出的所谓没骨皴，却是从印度的画法蜕化来的。当时曾营造了许多佛寺，并描了许多壁画，但只有记载，而无遗物。张僧繇曾于建康（今江苏南京市）的一乘寺描绘了一个匾额，其绘画是以朱及青绿描的，想是施了欧风的阴影法，受了西方艺术的影响，在南朝艺术的文化中，大概都是带浮华、幽雅、艳丽趣味的。李玉珉分析南朝佛教之盛况说，南朝上自帝王，下至庶民，无不倾心佛教，佛教已经深入社会的各个层面。据说，刘宋就有寺院 1 913 所，萧齐有寺院 2 015 所，萧梁有寺院 2 846所，陈代有寺院 1 232 所。每所寺院必定供奉佛像，让信众观想或礼拜，也必然以各种佛释壁画庄严佛寺，由此不难想象，南朝佛教美术的活动必然昌隆。可惜，现存的南朝佛教美术作品数量稀少，虽然不足以反映当时佛教美术盛况，但从有限的遗存文物中，仍可以管窥南朝佛教美术的杰出成就。

南梁天监三年，在四川成都亦有造像活动。其中一件有明确纪年的是《法海造无量寿佛背屏石像》。背屏主尊为无量寿佛（阿弥陀佛），头残，侧立头戴高宝冠的胁侍菩萨。费泳说这是萧梁时期较早所见的高宝冠服饰。

［文献］ 唐释道宣《集古今佛道论衡》卷甲，唐

图 45 尚齐等八十人造佛立像 北魏正始二年(505) 美国圣路易斯美术馆藏

法琳《辩正论》卷八，元念常《佛祖历代通载》卷九，顾燮光《河朔新碑目》，张彦生《善本碑帖录》，徐玉立《北魏〈一千人为孝文帝造九级一躯〉碑及相关的几个问题》(《文博》1993年第3期)，金申《海外及港台藏历代佛像珍品纪年图鉴》，[日] 水野清一等《云冈金石录》，进经训等《伊阙魏刻百品》，张焯《云冈石窟编年史》，梁披云《中国书法大辞典》，刘正成《中国书法鉴赏大辞典》，李文生主编《龙门石窟志》，[日] 关卫《西方美术东渐史》，李玉珉《中国佛教美术史》，费泳《汉唐佛教造像艺术史》，金维诺《早期寺观造像》(《中国寺观雕塑全集》第1卷)。

公元505年　北魏正始二年

［提示］　正月十二日，龙门《清信佛弟子敦为皇帝七世父母造像》。正月三十日，龙门《杨安族造释迦像》。四月十五日，龙门《王史平吴等造像》。九月二十六日，陕西《冯神育道教造像碑》。《冯苌造道像》。十一月十一日，河南《尚齐等八十人造佛立像》。

［叙录］　是年正月十二日，龙门古阳洞刻成《清信佛弟子敦为皇帝七世父母造像》并题记，同月三十日刻成《杨安族造释迦像》及题记。四月十五日，又于古阳洞北壁第二层刻成《王史平吴等造像》，其题记正书，称《王史平吴共合曹人造像记》，龙门五十品之一，清陆增祥载：石高二尺六寸八分，广二寸四分。

九月二十六日，在陕西雕刻成道教石刻名品《冯神育道教造像碑》。此碑又称《冯神育同邑二百人造像碑》，武树善称此碑为《邑子冯神等二百二十人造像》。石高150厘米、宽70厘米、厚35厘米，四面造像。每面各开一龛，均为道像。李凇说，石碑正面龛为三尊，坐像面相已残，无长须，头顶并非佛之肉髻，似戴有道冠，身穿宽边道袍，右手举于胸部，头旁刻有四字“此是太上”。左右各一立侍，均戴道冠。龛楣有二交龙。龛下图像为四层供养人，均为男像，着宽袖短衣与粗长裤。此碑为清光绪三十年(1904)陕籍举人富平张扶万发现于临潼栎阳镇，1918年知事阮贞豫移至临潼县署，后又移至华清池，今藏西安市临潼区博物馆。罗宏才认为这是一件佛道混合造像碑，在道像龛下有供养人图像并题名。背面为单尊道像，高凸碑面。正面供养人多为男性；背面供养人多为女性。像碑正面主龛左侧刻有“泥阳县傅永洛造”题名，罗宏才认为，这个“傅永洛”其人，亦当与荔非道酋等人的身份地位大致相同(雍州北地郡云阳县民荔非道酋在此十五年后雕造有《晏僧定等六十七人造像碑》)，应为受合力雕凿造像碑邑子群体的雇请，离乡背井至北地郡泥阳县属内从事雕造“像师”或“石师”一类的人物造像碑。李凇还论及现藏芝加哥费尔德博物馆的《冯苌造道像》，其馆藏编号为121385，高79.5厘米，正面有一大龛，造主尊像，中央老君戴道冠，着道袍，腰束带，左右有侍者。背面下半为众多供养者姓名，上为阴刻三尊像，中央坐者题铭为“元气太上”，左右立者分别题铭为“张陵先生”和“尹先生”，显现出与关中楼观道的直接关系。芝加哥费尔德博物馆这件《冯苌造道像》虽无年号，但从风格样式看亦在北魏正始年间左右，亦为冯氏家族造，两件道像的主尊又都题为“太上”，应有密切的联系。

十一月十一日，河南刻成石灰岩质地的《尚齐等八十人造佛立像》(图45)，又称《石造三尊佛立像》。此碑形制宏伟，高188厘米，现藏于美国圣路易斯美术馆。据金申著录，此像为河南汲郡汲县崇礼乡的尚姓一族发愿所造佛像。石像为一佛二菩萨，主尊着褒衣博带式大衣，敞胸处可见一阴刻“卐”字(这是单尊石佛像上出现佛胸卐字较早的例子)，造像面相清瘦，体型修长，是典型的所谓河南派的佛像风格。关于佛教卐符号，我们在谈论浙江剡溪弥勒大佛时曾提及此事，从文献记载来看，剡溪弥勒大佛的胸前即刻卐字。金申说目前所见最早的佛像卐字纹是龙门石窟北魏太和末至景明年间所开凿的古阳洞北壁第234龛陆浑县功曹魏灵藏等造像。尽管在北魏时佛胸前已经出现了万字，但直到唐武则天以前，万字的读音和写法仍不规范，上述龙门石窟古阳洞魏灵藏等造像胸前作“卍”字，而正始二年尚姓造佛立像、青州北齐倚坐像、安阳大留圣窟石佛坐像以及炳灵寺隋代佛坐像均作“卐”字，可见此字的写法并不统一，卍和卐是通用的。并且从目前的发现来看，卍形，以河南地区的佛像上所见为多。丁福保说，这个字的正式写法和读音是武则天在长寿三年(694)下令正式在佛经中制卐字，读音为万，意为吉祥万德之所集。

［文献］ 清陆增祥《八琼室金石补正》卷一三，武树善《陕西金石志》卷六，丁福保《佛学大辞典》，胡文和《中国道教石刻艺术史》，罗宏才《中国佛道造像碑研究——以关中地区为考察中心》，李凇《长安艺术与宗教文明》，金申《海外及港台藏历代佛像珍品纪年图鉴》，李文生主编《龙门石窟志》。

公元506年　北魏正始三年

［提示］ 三月十九日，龙门《赏法端造像》。龙门《杨大眼造像龛》。龙门《魏灵藏造像》。

［叙录］ 是年三月十九日，龙门古阳洞北壁上层刻《赏法端造像》，其题记称为《北魏冗从仆射长秋承祀允造像记》，旧称《北魏宫内作大监赏法端造释迦像记》，高31.2厘米、宽56.8厘米，正书，列入“龙门五十品”中，时经训、关百益又列入伊阙魏刻百品。

龙门古阳洞内还有一件名品，世称《杨大眼造像龛》，位于古阳洞北壁第二层大龛东起第三龛，右邻魏灵藏造像龛。大眼造像龛高253厘米、宽142厘米。尖拱形龛楣，楣心刻庑殿顶殿堂，殿脊刻金翅鸟，殿内刻释迦佛坐像。殿下有盘龙对绕，外侧刻骑象、虎仙人。龛内主佛释迦结跏趺坐，持禅定印，两侧有胁侍菩萨，主尊及胁侍均饰火焰背光。楷书造像记在龛右侧，全称《辅国将军杨大眼为孝文皇帝造像题记》，略称《杨大眼》，为“龙门四品”(另三品为《始平公》、《孙秋生》、《魏灵藏》)及“龙门二十品”之一。题刻石高126厘米、宽42厘米，螭首长方座，正面刻五小龛，额刻“邑子像”三字，题记内容为歌颂杨大眼一生的显赫战功。北魏名将杨大眼在《魏书》中有传(南朝人形容其眼大如车轮)，曾因屡建战功，被封为平东将军、辅国将军、武卫将军，并担任过荆州刺史等要职。正始三年夏秋之际，大眼南征凯旋途经龙门时，发愿为孝文皇帝元宏造像。由此可以推断，此造像及题记，其刻造年月当在正始三年或稍后。张光宾认为杨大眼刻碑时间当为北魏宣武帝景明年间(500—503)，显然推断有误。康有为列此碑为“能品上”，称其书法“若少年偏将，气雄力健”，实为“峻健丰伟之宗”。

龙门古阳洞北壁的《魏灵藏造像》，亦以其楷书造像题记而闻名，为“龙门四品”之一。题记全称《魏灵藏薛法绍造像题记》，简称《魏灵藏》。题记中也没有刊刻年月，额题“魏灵藏薛法绍释迦像”九字。其书法与《杨大眼》、《始平公》属同一风格，其刊刻时间当与《杨大眼》相近，但书风更趋严谨规范。康有为称叹其书法：雄强厚密，导源《受禅》，殆卫氏嫡派。唯笔力雄绝，寡能承其绪者。又说：若《杨大眼》、《魏灵藏》诸造像，巨刃挥天，无不以险劲为主。

［文献］ 北齐魏收《魏书》卷七三，清康有为《广艺舟双楫》卷四，时经训等《伊阙魏刻百品》，刘景龙等《龙门石窟总录》卷九，李文生主编《龙门石窟志》，张光宾《中华书法史》，刘正成《中国书法鉴赏大辞典》。

公元507年　北魏正始四年

［提示］ 二月中，龙门《安定王元燮为亡祖等造像》。三月二十七日，青州《法想造弥勒三尊像》。三月，洛阳《元鉴墓志》、《元思墓志》、《奚智墓志》。四月，龙门《护军府吏鲁众造像》。甘肃《吕太元造像碑》。

［叙录］ 是年二月中，龙门古阳洞南壁最上层里侧刻成《安定王元燮为亡祖等造像》。其造像题记全称《安定王元燮为亡祖等造像记》，简称《元燮》，“龙门二十品”之一，位于一屋形龛下，平面。两侧有礼佛图浮雕各一幅。题记高24厘米、宽38厘米。碑面左端有裂缝一道，所幸未毁及字。康有为称

"《元燮造像》如长戟修矛，盘马自喜"。元燮为太武帝拓跋焘重孙，安定王元休次子。孝文帝南征洛阳时，元休随军为大司马，翌年病故。宣武帝时元燮袭父位为安定王，卒于延昌四年(515)。这件造像及题记，是元燮为亡祖母太妃、亡父、亡母及其在世家人祈福所造。题记两侧各浮雕供养人。本年四月，在古阳洞还刻有《护军府吏鲁众造像》，其题记正书，二行，行12—13字不等。行末有年款"正始四年四月"六字。

三月二十七日，在山东青州雕成《法想造弥勒三尊像》，通高153厘米，金维诺描述，主佛内着僧祇支，外披通肩袈裟，裙裾外移，手作施无畏、与愿印。赤足立于莲台，圆形莲瓣项光，外饰卷草纹一周。两侧为二胁侍；菩萨束发垂缯，莲瓣项光，帔帛交于腹前，裙带微微外展；主尊和胁侍间有翔龙吐出莲茎、莲台，胁侍即立于吐出之莲台上。三尊像上为四飞天伎乐、二飞天捧塔供养。主尊所立莲台两侧二狮，下为方座，座前为铭记，座左为太子比武，座右为伎乐，座后为四供养人。座前方铭记两侧各一菩萨立像。在西北地区的甘肃平凉，据唐晓军说，也在是年刻成《吕太元造像碑》，造型为一佛二菩萨(参见景明四年平凉禅佛寺石刻)。

同年三月，在洛阳几乎同时刻成三方墓志：《元鉴墓志》、《元思墓志》、《奚智墓志》。赵万里均有著录：《元鉴墓志》全称《大代大魏武昌王墓志铭》，正书19行，行19字。长40.3厘米、宽45.8厘米。1926年河南洛阳前海资村出土。曾归三原于右任，现藏陕西西安碑林。元思墓志，正书18行，行17字。长59.4厘米、宽61.5厘米。1916年河南洛阳徐家沟出土，曾归德化李盛铎。奚智的墓志形如小碑。正书14行，行17字。高56.5厘米、宽39.3厘米。1926年河南洛阳城北田沟南岭出土。曾归三原于右任，现藏陕西西安碑林。

［文献］　清康有为《广艺舟双楫》卷四，赵万里《汉魏南北朝墓志集释》，金维诺《中国古代佛雕：佛造像样式与风格》，李文生主编《龙门石窟志》，梁披云《中国书法大辞典》，刘正成《中国书法鉴赏大辞典》，唐晓军《甘肃古代石刻艺术》。

公元508年　北魏正始五年　北魏永平元年　南梁天监七年

［提示］　北魏正始五年四月二日，龙门《阙□关功曹敦光造像》。□月廿一日，《石造三尊佛像》。永平元年九月十六日，龙门《马生辛造像》。十一月，始造河南博爱县青天河摩崖石刻。约在此际，河南《荆山造丈六珉玉像一尊》。南梁天监七年，《碑英》倡议者梁元帝萧绎生。

［叙录］　北魏正始五年四月二日，龙门古阳洞刻成《阙□关功曹敦光造像》，其造像题记为时经训、关百益列入伊阙魏刻百品。高8—15厘米、宽22厘米。文9行，满行13字。是年某月(应在三月之前)二十一日，刻成砂岩《石造三尊佛像》(图46)，造像地点不详，据金申著录，石高55厘米，现藏于日本东京书道博物馆。其佛像已呈汉化，唯正面袈裟前襟部分之平行U形衣纹，仍依稀见有犍陀罗佛像痕迹。公元508年三月，北魏宣武帝元恪改元元康，同年八月又改元永平。永平元年九月十六日，龙门古阳洞刻成《马生辛造像》，其题记亦为伊阙魏刻百品之一，高4—11厘米、宽16.5厘米。文8行，满行6字。

永平元年十一月，始造河南博爱县青天河摩崖石刻。据河南博爱县委宣传部及首都师范大学李福顺等相关文章介绍，博爱县地处河南西北部、太行山南麓，丹河、沁河从其西、南注入黄河，20世纪中叶在丹河修筑青天河水库。青天河水库上游即丹河大峡谷，上溯两公里处，可见一钟形山峰之巅有一突兀小峰，形似人首，颇类天然大佛，人称石佛山。20世纪80年代，一牧羊人在石佛山距河面80米处峭壁上，偶然发现中国最早的北魏摩崖线刻男相观音石刻。现在这块石刻已列入国务院第六批全国重点文物保护单位。这处摩崖石刻是在一个天然的石龛里，线刻出一尊观世音菩萨像。为司州太守罗建等人所雕

图 46 石造三尊佛像 北魏正始五年(508) 日本书道博物馆藏

刻，主尊两侧则刻有400余字题记：在北魏永平元年十一月，两位将军统领四千兵丁修建丹道，修至此处，因地势险要，工程进展艰难，遂在此天然石龛中凿造菩萨仙容一尊、刊刻佛经及文告（启）各一篇。这件线刻观音菩萨刀法劲挺，线条充满动感，菩萨身形修长，面呈男相，头戴宝冠，天衣飘飘，足踏莲花，双手亦持莲，侧首凝视，极尽悲悯之态。所刻经文为《妙法莲花经普门品第二十四》。碑文略带隶意，犀利隽秀，为北魏精品。这件石刻也是迄今为止所发现的中国最早的摩崖刻经作品。国家文物局古建专家组组长罗哲文考察时说：产生于1 500年前的青天河北魏摩崖石刻，是非常珍贵的遗产。像这样面积大、文字多、保存完好、历史久远且图文并茂的线刻，在全国实属罕见，确实引人入胜。石刻的线条、轮廓、字体都是纯正的北魏风格。其最大的价值在于准确、真实地记录了当时修筑古丹道的情况，从而成为研究北魏历史的一个窗口。

约在此际，河南刻《荆山造丈六珉玉像一尊》。据魏收《魏书》（释老志）载：世宗（宣武皇帝元恪）即位，永平元年秋下诏：如果僧人犯罪，仍依俗断。次年冬，沙门统惠深又上言，诸州、镇、郡维那、上坐、寺主，各令戒律自修，咸依内禁。先于恒农荆山（河南省灵宝县阌乡南）造珉玉丈六像一。永平三年冬，迎置于洛滨之报德寺，世宗躬观致敬。《史记》（封禅书）载：黄帝开采首山铜矿，铸鼎于荆山之下。从此这座山就在中国历史上出名了，韩愈有诗写道："荆山已去华山来，日照潼关四扇开。"一丈六这个尺度，在古代佛教造像中曾被累次提及：如南朝宋元嘉十六年（439年）《龙华寺道矫造夹苎弥勒佛倚像一躯》，高一丈六尺。又比如，北魏兴光元年（454年）于平城五级大寺铸释迦立像五，各长一丈六尺。

南梁天监七年，《碑英》倡议者梁元帝萧绎生。《碑英》是中国历史上第一部碑文化著作，是由梁元帝萧绎敕令儒臣编撰。据《南史》和《历代名画记》等典籍记载，萧绎是梁武帝第七子、简文帝之弟，生于天监七年。萧绎博览群书，工书善画，自画宣尼像为之赞而书之，时人谓之三绝。萧绎藏书14万卷，《碑英》即是其敕命儒臣汇集南朝梁以前历代著名碑刻文字而编撰的一部著作，共120卷，是迄今所知我国历史上最早之碑刻文字汇集。可惜《碑英》早佚，今天已无法想见其原貌了。据载，在都城江陵被西魏攻陷时，萧绎曾下令焚烧古今图书14万卷，《碑英》或即毁于这场灾难之中。

［文献］　汉司马迁《史记》卷二八，北齐魏收《魏书》卷一一四，唐李延寿《南史》卷六，唐张彦远《历代名画记》卷七，金申《中国历代纪年佛像图典》，《海外及港台藏历代佛像珍品纪年图鉴》，张焯《云冈石窟编年史》，关百益、时经训等《伊阙魏刻百品》，李文生主编《龙门石窟志》，李福顺《河南发现北魏摩崖石刻》（《中华文化画报》2002年第5期），博爱县委宣传部《北魏摩崖石刻/丹道/石佛滩》（《中华文化画报》2002年第5期）。

公元509年　北魏宣武帝永平二年　南梁天监八年

［提示］　北魏永平二年正月三十日，陕西《石门铭》。四月二十五日，龙门《比丘尼法文法隆等造像》。四月，《比丘法□造交脚弥勒石像》。十一月七日，《成愿德合家造像碑》。十一月，宣武帝于式乾殿为诸僧朝臣讲《维摩诘经》。山西长治南涅水造像石塔及《胡保兴造像》。始凿甘肃北石窟寺。西安《石造释迦坐像》。西安《石雕道像》。南梁天监八年，僧祐完成光宅寺造丈八铜像，后完成剡县石佛。高祖萧衍欲封禅泰山，许懋以为不可。

［叙录］　雕刻于北魏永平二年正月三十日的陕西汉中褒斜楷书《石门铭》，亦称《王远石门铭摩崖》，在欧阳修、王昶及近人赵万里的著作中均有著录。北魏宣武帝正始元年（504），汉中归北魏，宣武帝诏命梁、秦二州刺史羊祉，循着原褒斜旧道开凿扩建通途，工程正始四年（507）动工。所刻《石门铭》即为纪念此事而作，以之赞颂羊祉、贾三德等奉诏修复废置的褒斜道，并拓宽石门的功绩。原石在褒城石门东

壁，高175厘米、宽215厘米，康有为将此铭与《爨龙颜碑》、《灵庙碑阴》一起列为中国碑刻三大“神品”之一。后因兴建褒水大坝，凿移入汉中市博物馆。从铭文可知，《石门铭》的书丹者为王远、刻工为武阿仁（河南郡□阳县石师）。

龙门古阳洞北壁第二层的《比丘尼法文法隆等造像》，刻成于是年四月二十五日。其题记《比丘尼法隆等造像记》为“龙门五十品”之一。正书12行，行7字，末行2字。在此造像记中，刘正成认为其书法却见出另外一种方整，它的笔画及外形均趋向于外向的齐整，用笔的方折亦给我们带来一种富于野逸的质朴，从而现出它的可爱之处。

同年四月，雕造成石灰岩质地的《比丘法□造交脚弥勒石像》。石高66厘米，今藏于法国巴黎集美博物馆。刘兴珍描述说，这件比丘造交脚弥勒，是表现弥勒于兜率天宫中憩坐的情景。弥勒头戴天冠，袒胸，肩搭帔帛，下着薄柔透体长裙。身躯修长，宽肩细腰，右臂屈肘扬掌，左臂自然下垂。曲眉秀目，形貌娟丽，神态温慎清雅，和悦慈祥。刻工疏爽明秀，刀法洗练传神。

据张燕、赵景普载，同年十一月七日，在陕西雕刻成《成愿德合家造像碑》。1972年，此碑在陕西长武县马寨乡司家河村出土，现藏于长武县昭仁寺博物馆中。这件佛教造像碑为砂岩造像，存下半部，残高21厘米、宽24厘米。从残存三尊一铺造像观察，罗宏才推断应为一交脚弥勒与二胁侍组合。龛下为二狮，再下忍冬纹边框内减地刻一层六供养人，均正视而立。自中部分为两组，每组三人。左组男像，皆戴帽笼手，上着窄袖短襦下着长裤；右组女像，亦笼手梳髻，着短襦长裙。两组供养人中刻有发愿文。其造像碑风格与供养人服饰，均与甘肃泾川禅佛寺出土的北魏造像相同。

同年十一月，北魏宣武帝于式乾殿为诸僧朝臣讲《维摩诘经》。此事见载于《魏书》、《资治通鉴》及宋人释志磐的著作中。时魏主专尚释氏，不事经籍，中书侍郎河东裴延隽对此颇有异议，上疏以为：汉光武、魏武帝虽在戎马之间，未尝废书，先帝迁都行师，手不释卷，良以学问多益，不可暂辍故。陛下升法座，亲讲大觉，凡在瞻听，尘蔽俱开。然五经治世之模楷，应务之所先，伏愿经书互览，孔释兼存，则内外俱周，真俗斯畅。当时佛教在洛阳十分兴盛，沙门之外，还有从西域来的外国僧侣3 000多人，宣武帝专门为这些人别立永明寺千余间，让他们住在其中。又有南阳处士冯亮，其人多有巧思，宣武帝让冯亮与河南尹甄琛、沙门统僧暹在嵩山形胜之地建立闲居寺，其寺极尽岩壑土木之美。由于朝廷的大力提倡，北魏佛风益炽，由是远近承风，到了延昌年间，州郡共有佛寺竟然达到13 000余座。

1959年，山西长治沁县南涅水村，发掘出土千余件石刻，这些石刻年代最早者为北魏太和元年（477）所刻，最晚至北宋天圣年间，历时六朝500多年。这批石刻现保存于二郎山石刻馆中。南涅水石刻分为碑刻、造像石塔、单体造像三种类型。南涅水造像石塔多为正方形和锥形，据李峰说，每组由五至七块石刻垒成塔形，石刻四面雕有佛龛，龛内则刻有佛像、菩萨、僧侣和力士（图47）。龙首佛龛较常见，龙首取势多端，有垂首者，有昂首者，有平视者，有怒飞者，有吐雾者，有衔玉者。南涅水石刻造像群，深受云岗的影响，又因地制宜、就地取材、凿石成像成塔，大小随形（高者过3米，低者1米多），极有地区风色。其中一件名为《胡保兴造像》的石刻，雕造于永平二年十一月，其石为方柱形，四面均于中上部凿佛龛，佛龛为平圆拱形，龛楣呈尖拱状。龛下部则刻发愿文。龛内造像分别为一佛、一佛二菩萨、二佛、一交脚弥勒菩萨。主佛高肉髻、着通肩衣，佛结跏趺坐，施禅定印。

永平二年，始凿甘肃北石窟寺。庆阳石窟造像由南北两个石窟组成，两窟相距45公里。南石窟寺位于甘肃泾川泾河北岸，北石窟寺位于庆阳西峰镇西南25公里蒲河和茹河交汇处覆钟山西麓。阎文儒说，甘肃庆阳北石窟寺窟龛开凿于南北长约110米的红砂崖上，计有窟龛267个。开创时间，以第165窟的造像来看，与北朝第二期的风格相同（图48）。这与《镇原县志》所记北魏元恪（宣武帝）永平

图 47　山西南涅石刻文物馆造像塔一隅　北魏宣武帝永平二年(公元 509)

二年泾州刺史奚康生所开凿的时代是相吻合的。金维诺指出，北石窟寺现存宋代残碑称“泾州节度史奚侯创置”，乾隆六十年《重修石窟寺诸神庙碑记》，亦称“元魏永平二年泾原节度使奚侯建”。《魏书》中有奚康生传，奚侯不见记载，或是奚康生别名。南北两窟大约先后建于永平二三年间，形制亦大体相同，可能均为奚康生在任时所建。

李凇认为北石窟寺第165窟窟门二天王可能经过后人的改刻：北石窟寺中最大的洞窟门口，两边各立一天王，天王高达6米，十分罕见。二天王有些残破，但大体可看出均身着铠甲，有圆形头光，身边各刻有一只大虎。北面天王头戴圆形尖顶盔，双手交叉于腹部。南面天王头部似力士，腹部向前凸出（与窟内立佛相同）。不过，二天王的铠甲形制十分可疑，与唐代至宋金时期的铠甲相似，使人对其年代产生疑虑。但是，从二像（及二虎）的位置与第165窟的关系看，它又应是最初的原始设计。虽然天王（守门神）配虎的造像组合在北魏罕见，但可以在犍陀罗艺术中找到实例，且四周的小龛也是北朝风格，应开凿于二天王像完成之后，因此，可初步推定二天王是经后代改刻的北魏原作。若此论成立，则这二尊天王像就不仅是北魏最大的天王像，而且还是现存大型天王像中最早者。

北魏永平二年所雕刻的单体石灰岩石刻《石造释迦坐像》（图49），李凇载，石高65.5厘米、宽38厘

图48　北石窟寺第165窟前壁窟门左侧帝释天　北魏永平二年(509)

图 49 石造释迦坐像 北魏永平二年(509) 陕西历史博物馆藏

米，1974年出土于西安市西关王家巷，现藏于陕西历史博物馆。主佛涡髻发型，袒右肩式袈裟，边缘饰折带纹，双耳垂肩，结禅定印，坐于束腰方形佛座上。大舟形光背饰火焰、飞天、化佛和莲花。佛之左右各立一胁侍菩萨，菩萨手捧宝珠，立于莲花座上，其中右菩萨左手举一麈尾，似为佛像作拂尘状。金申认为其总体格局与技法仍未脱出云冈第20窟大佛影响。光背后面浮雕释迦佛传故事，雕刻精美。

金申、胡文和、罗宏才、李凇等还著录一件刻于永平二年的砂岩《石雕道像》(图50)，石高51.5厘米，传为日本明治年代，由早崎梗吉氏得自于陕西鄜县石泓寺，现藏于日本永青文库。铭中文有“道民”二字，知为道教背屏式三尊造像(但松原三郎认为，该遗像石上的三尊造像难以被断定为道像)。坐像之发式似佛之肉髻，穿对领，内饰串珠项链，双手相合于胸部。倚坐于双(龙)座，左右各立一胁侍。背光为火焰，内有二飞天(仙)。从风格分析应是松原三郎所谓的陕西鄜县造像系统。

南梁天监八年，僧祐完成光宅寺造丈八铜像，后完成剡县石佛。南朝齐、梁时著名僧人艺术家僧祐，俗姓俞，祖籍彭城下邳(今江苏睢宁县)，父辈居建康(今江苏南京市)。僧祐14岁时即出家为僧，先后师事高僧法达、法颖，精于戒律学，齐竟陵文宣王萧子良每请他讲律，听众常达七八百人。同时僧祐还“造立经藏，搜校卷轴”，开创佛寺搜藏佛教文献之先河，为此编著有《出三藏记集》、《弘明集》等佛学名著，并长期参加营建寺庙和铸造佛像工作。梁武帝时僧祐“专任像事”，当时光宅寺造丈八铜像，四铸不得，至梁天监八年请僧祐主持才得以完成。又曾修造摄山石窟大佛及剡县石佛。摄山大佛在今江苏南京栖霞寺，齐永明七年(489)创建，后经僧祐参与完成。剡县石佛在今浙江新昌宝相寺，坐躯高五丈，多年不能修成，后经僧祐重定形制，凿深佛龛，更施顶髻及身相，方始造成。

约在是年，梁高祖萧衍欲封禅泰山，许懋以为不可。《梁书》(许懋传)载：时有请封会稽禅国山者，高祖萧衍雅好礼，因集儒学之士，草封禅仪，将欲行。许懋以为不可，因建议说：臣案舜幸岱宗，是为巡狩。夫封禅者，不出正经，专信纬候之书，这是很错误的。汪春泓按：本传叙录此事件之后，接着有天监十年云云，说明此事件发生在天监十年之前。许懋关于封禅的看法，近乎刘勰《文心雕龙》(正纬)篇的观点。姑系年于此。

［文献］ 北齐魏收《魏书》卷八、卷七三、卷一一四，唐姚思廉《梁书》卷四十，宋司马光《资治通鉴》卷一四七，宋欧阳修《集古录跋尾》卷四，宋释志磐《佛祖统记》卷三八，清康有为《广艺舟双楫》卷四，清王昶《金石萃编》卷二七，赵万里《汉魏南北朝墓志集释》，［日］松原三郎《中国佛教雕刻史论》，阎文儒《中国石窟艺术总论》，曾毅公《石刻考工录》，李文生主编《龙门石窟志》，罗宏才《中国佛道造像碑研究——以关中地区为考察中心》，张燕等《陕西长武县出土一批佛教造像碑》(《文物》1987年第3期)，李峰《山西南涅水“造像塔”的样式与形制》(《美术大观》2010年第5期)，张焯《云冈石窟编年史》，金申《中国历代纪年佛像图典》、《海外及港台藏历代佛像珍品纪年图鉴》，胡文和《中国道教石刻艺术史》，李凇《长安艺术与宗教文明》、《陕西古代佛教美术》，刘兴珍等《中国古代雕塑图典》，汪春泓《中国文学编年史·两晋南北朝卷》。

公元510年　北魏永平三年

［提示］ 四月四日，龙门《比丘尼法行造像》。四月十四日，甘肃庆阳泾川南石窟寺。七月十五日，陕西《雷花头造石佛坐像》。十一月二十九日，龙门《比丘尼惠智造释迦像一躯》。郑道昭出任光州刺史，始造云峰山、天柱山摩崖石刻。

［叙录］ 雕刻于是年四月四日、龙门古阳洞北壁第二层之《比丘尼法行造像》，其题记称为《比丘尼法行造像记》，“龙门五十品”之一，高16.4厘米、宽23.1厘米。正书8行，行8字，末行4字。刘正成描

图 50　石雕道像　北魏永平二年(509)　日本永青文库藏

图 51 雷花头造石佛坐像 北魏永平三年(510) 日本大阪市立美术馆藏

述道：在这块略带残缺的碑记中，很难牵强地把它划归于源隶流楷的书体。但它在笔画的锻炼上，却分明而又模糊地向我们诉说它所具有的各种书体特征。偶尔横出的粗划，弯曲拱动的斜撇，三角形的起迄，的确显示出它是众多书体的集合。

在距甘肃庆阳覆钟山西麓的北石窟40多公里远的泾川泾河北岸，是年四月十四日，开凿泾川南石窟寺（第一窟），其创建者应该还是北魏泾州刺史奚康生。金维诺分析说，在北魏皇室崇信佛教、兴修寺院石窟的同时，各地官吏士绅也大肆修建窟寺，陇东的北石窟寺和南石窟寺就是这一时期的产物。北石窟寺与泾川南石窟寺，分别在临泾城南北。泾川县文化馆藏有《南石窟寺之碑》，从碑记中可知南石窟寺建成于本年四月十四日。南石窟寺（现编为第一窟）高11米、宽18米、深13.2米，方门明窗。周壁台基上造立佛七尊，北壁三尊，南北各二尊，身侧各二胁侍菩萨。前壁门两侧各有弥勒菩萨一身。窟顶北、东、西坡浮雕佛传故事，窟顶南披浮雕舍身饲虎，均有残损。窟门外为二力士，经后代修补。南北石窟寺均以七佛与交脚弥勒为主尊，既反映了当时的佛教信仰，也显示了凉州和平城两方面在造像上所给予的影响，而造像比例均较壮硕丰短，具有地方特色。

是年七月十五日，陕西刻成砂岩《雷花头造石佛坐像》一尊（图51）。石高40.8厘米，现藏于日本大阪市立美术馆。金申认为此种佛像衣纹绵密，平行排列，应是陕西鄜县一带的独特样式。十一月二十九日，龙门刻成《比丘尼惠智造释迦像一躯》，有题记，文四行，满行22字。宫大中曾介绍"龙门三十品"，这件惠智造像记即为其中之一。宫大中说他于20世纪80年代初曾见一"龙门三十品"集拓本，作品大多为古阳洞和莲花洞内小件作品，其中有些显系未经书丹而由刻工直接操刀刻就，书体风格粗犷、率真，并呈现出任意布置、面貌多变、拙朴有力的特点。

是年，郑道昭出任光州刺史，始凿云峰山、天柱山摩崖石刻。赵超载，山东平度市有云峰山和天柱山摩崖石刻。这两座山及大基山、玲珑山位于莱州湾以东，相距约25公里，山势不高，但奇峰峭石变幻无穷。在山中突兀岩石的侧面，刻有北魏至北齐的题铭42处，另有东汉刻石一处。这些刻石大多由郑道昭及其子郑述祖等人题写，所以也称《郑道昭石刻》。郑道昭在是年出任光州刺史，官署设在莱州。其三子郑述祖在北齐河清三年（564）也曾担任光州刺史。他们在公余经常出游，登山临水，吟诗镌石。留在云峰山的有《郑文公下碑》、《论经书诗》、《观海童诗》、《咏飞仙室诗》、《重登云峰山记》和《云峰之山题字》等11处题字。在天柱山及福禄山的摩崖有《郑文公上碑》、《天柱山铭》、《东堪石室铭》、《姚保显造塔记》及4处题字。在大基山刻有《仙坛诗》及11处题字。玲珑山上原立有《百峰山诗》碑，但已残毁，所余的上半截辗转流传在外，现在由故宫博物院保存。此外，玲珑山上还留有4处题字，其中《游槃》和青州百峰的《白驹谷》题字每个字直径达一尺多，十分壮观。

［文献］ 北齐魏收《魏书》卷一一四，阎文儒《中国石窟艺术总论》，金维诺《中国古代佛雕：佛造像样式与风格》，刘正成《中国书法鉴赏大辞典》，金申《海外及港台藏历代佛像珍品纪年图鉴》、《中国历代纪年佛像图典》，李文生主编《龙门石窟志》，宫大中《面貌多变的龙门三十品》（《书法报》1986年4月9日），赵超《石刻史话》。

公元511年　北魏永平四年　南梁天监十年

［提示］ 北魏永平四年三月八日，《姚氏造佛坐像》。十月十六日，龙门《王氏古阳洞浮雕供养人像》。十月十六日，龙门《元燮造弥勒像》。永平四年，山东《郑文公碑》。南梁天监十年，成都《王叔子造像》、南传檀像。

［叙录］ 北魏永平四年三月八日，刻成石灰岩《姚氏造佛坐像》。石高30.2厘米，现藏美国弗利尔美术馆。发愿文称：永平四年三月八日造讫。姚羔□造像，愿禅定像主姚社奴、寺主比丘法聪。是年十

月十六日，龙门古阳洞刻成《王氏古阳洞浮雕供养人像》(图 52)。石灰岩质，高 24 厘米、宽 46.7 厘米。后被人从古阳洞石壁剥离贩至日本，现藏于大阪市立美术馆。从发愿文中可知，此浮雕供养人像主要为王氏兄弟造像。在同一天(十月十六日)，龙门古阳洞北壁第二层刻成《元燮造弥勒像》，全称《华州刺史安定王元燮造弥勒像》及北壁所刻像龛，仅留 11 身浮雕供养人像。元燮是北魏太武帝重孙，安定王元休次子，正始四年(507)曾在古阳洞南壁为其亡祖等雕刻造像。时隔四年，再次为其祖先妙镌弥勒灵像。其造像题记列入"龙门五十品"之一。

永平四年，山东刻成《郑文公碑》，此碑亦称《郑羲碑》，全称《魏故中书令秘书监使持节督兖州诸军事安东将军兖州刺史南阳文公郑君之碑》。《郑文公碑》为摩崖石碑，北魏光州刺史郑道昭所书刻，内容为记述其父亲郑羲的功德。此碑共有两处(上、下碑)，碑文略同。上碑在山东平度县天柱山，字迹较下碑为小。由于天柱山石质不佳，郑道昭后来又在山东掖县云峰山之东寒洞山上重新镌刻摩崖碑文。下碑石高 340 厘米、宽 465 厘米，碑额正书"荥阳郑文公下碑"，碑文楷书共 1 244 字，碑后刻宋政和三年(1113 年)秦岘等正书题名四行。下碑石质坚硬，保存较好，流传甚广，通常说的《郑文公碑》即指下碑。此碑最初为宋赵明诚所访得，被推为魏碑之冠。清叶昌炽《语石》认为：郑道昭云峰山上、下碑，唐初欧、虞、褚、薛诸家皆在笼罩之内，不独北朝书第一人，自有真书以来一人而已。

南梁天监年间，成都的石刻艺术出现繁荣景象。天监十年，成都刻成青石质《王叔子造像》。主尊为立像，衣着及二胁侍菩萨风格与我们前面提到的法海造像一致。费泳指出，王叔子造像已为高髻螺发，这是四川地区现存最早有纪年的螺发佛像，高宝冠及螺发，为四川二期造像的特征，其菩萨造型，仍延续了一期造像中的 X 形披帛，不见璎珞，可视为二期造像的早期形式，二期上限应定在萧梁初年。依现有资料看，浙江地区螺发的出现要比四川地区早，剡地与建康的佛教造像在题材和造型选择上审美取向更为一致。由万佛寺唐佛肉髻趋于低缓来看，四川地区南朝佛头螺发应由高向低演化，现藏四川省博物馆诸多螺发佛头，其肉髻有高低之分，将其按高低之序排列，可发现肉髻较高者脸型较长，肉髻较低者，脸型也较丰圆，可以看出由"秀骨清像"向"面短而艳"的转变，正发生在四川二期造像即萧梁时期。

是年，南传檀像之事，金申曾有论及。佛经和史传都说，释迦上天宫中为母说法三月不归，优填王思念成疾，于是派神通工匠上天以牛头旃檀木摹刻了释迦的等身真容而返。附会此典故的佛像在印度和西域、中原及江南地区广为流传。唐人道宣、元人陶宗仪、程矩夫和清人英廉等都曾记录南传檀像之事。梁武帝天监元年曾梦檀像入国，决胜将军郝骞、谢文华等 80 人具状祈请，由郝骞等到印度请回第二像(第二次临摹品)。郝骞等备历艰难，渡大海，涉风波，终于在天监十年(511 年)到达扬州，太清三年(549 年)帝崩，又被迎至江陵等。此像是未经龟兹和中原，直接由印度入江南的檀像，即所谓南传檀像。

［文献］ 唐释道宣《集神州三宝感通录》卷二，宋赵明诚《金石录》卷二一，元陶宗仪《南村辍耕录》卷一七，程矩夫《雪楼集》卷九，清叶昌炽《语石》，清英廉《日下旧闻考》卷五十，金申《中国历代纪年佛像图典》、《海外及港台藏历代佛像珍品纪年图鉴》、《佛教美术丛考》，罗宏才《中国佛道造像碑研究——以关中地区为考察中心》，李文生主编《龙门石窟志》，刘正成《中国书法鉴赏大辞典》，费泳《汉唐佛教造像艺术史》，李裕群《试论成都地区出土的南朝佛教石造像》(《文物》2000 年第 2 期)。

公元 512 年　北魏永平五年　北魏延昌元年

［提示］ 北魏永平五年，郑道昭书摩崖《进山告示》。河南《李雅造佛像》。北魏延昌元年四月，京师及并、朔、相、冀、定、瀛六州地震。七月十五日，陕西《朱奇兄弟像碑》。十一月四日，龙门《刘洛真兄弟造像》。十一月，洛阳《元飏妻王氏墓志》。十一月廿八

日,《石佛坐像》。西域僧昙摩罗建法云寺,摹写真容,似丈六之见鹿苑。

［叙录］ 北魏永平五年,郑道昭书于山东莱州大基山“道士谷”摩崖石刻《进山告示》,是目前所知中国最早的护林碑。大基山也是元代“全真七子”之一丘处机建观修炼之地,故世称道士谷。在道士谷口崖壁上,时任光州刺史的郑道昭书刻了著名的《进山告示》,碑文中说:荥阳郑道昭在大基山扫石置五处仙坛,其松林草木有能侍奉者,世贵吉昌,慎勿侵犯。碑文笔力雄劲,刀刻如新斩。

刘兴珍曾提及河南少林寺《李雅造佛像》的石刻:据唐天宝十四年(755 年)所立嵩山《少林寺神王师子记》碑称,普光堂内一佛、二菩萨、迦叶、阿难及门外二金刚、二神王、二师(狮)子,奇妙无双。传系博士姓李名雅,永平年间所造。菩萨仪容绝佳,阿难、迦叶相貌肃然虔恭,门外二金刚形象非凡,二狮子有喜、怒之神态,为能工巧匠所不可及。可惜此铺造像连同普光堂建筑物今已荡然无存。由此知李雅是北魏时代技艺超群的石刻艺术大师,其具体雕造年月不知,兹姑且系年于此。

按照北魏传统,立太子时即杀其母。是年,北魏宣武帝元恪立其子元诩为太子,始废除此制,没有杀死胡贵嫔。是年四月,太子元诩登位,是为孝明帝,北魏由永平改元延昌,《魏书》(灵征志上)载:其年四月,京师及并、朔、相、冀、定、瀛六州地震。恒州之繁时、桑干、灵丘,肆州之秀容、雁门地震陷裂,山崩泉涌,死 5 310 人,伤 2 722 人,牛马杂畜死伤者三千

图 52 王氏古阳洞浮雕供养人像 北魏永平四年(511) 龙门古阳洞

余。张焯说，这是大同地区历史上发生的最大地震，《山西地震目录》记为震级7.5，烈度10度，破坏面纵长180公里。1993年，云冈石窟文物研究所进行窟前发掘，发现第20窟露天大佛的座前被用砂岩石条改砌为石台及台阶，石墙采用北魏传统的错缝垒砌法。据此推测，该窟的顶部及前壁在这次地震中崩塌。1995年发掘大同城东南的北魏明堂、辟雍遗址，发现辟雍砂岩错缝砌筑的池壁倾斜，亦断定为这场地震所致。

北魏延昌元年七月十五日，陕西刻成《朱奇兄弟像碑》，又称《朱双炽造像碑》。罗宏才认为是佛道混合四面造像碑。其顶、座均佚，碑高136厘米、宽52厘米、厚25厘米。李淞载，其碑正面主龛内造佛像三尊，龛楣上又有一尊小坐佛，左右飞天共四身。龛外左右下方有婆薮仙与鹿头梵志。龛下正中有香炉，左右各立一比丘，左边比丘有题记“门师比丘昙海”，外为二狮。胡文和描述了另外一面造像，其圆拱龛内所刻坐者即为道像，头戴道冠，下有▽形须髯，身着V形领道服，右手执麈尾扇。该道像肩、颈细长，为秀骨清相风。碑侧刻一道像，像侧刻文“道像主奉朝请宁时将军朱安”，像另一侧刻“妻孙老女”。从这通造像碑四面的文字看，这是朱奇兄弟三人及家眷为父母造石像，三兄弟为华山太守朱奇、帐内都督朱山埠、将军朱安兴。1950年，该碑出土于陕西省华县瓜坡支家村，现藏于西安碑林博物馆。

是年十一月四日，龙门古阳洞北壁第一层刻成正书《刘洛真兄弟造像》，其题记高17.6厘米、宽59.6厘米，11行，行8—10字不等，为“龙门五十品”之一。同年十一月，洛阳还雕刻了《元飏妻王氏墓志》，全称《持节冠军将军左中郎将元飏妻王夫人墓志》，志石长46.5厘米、宽40.7厘米，志文正书。据梁披云说，该墓志在清宣统二年(1910年)时与《元飏墓志》一起出土于河南洛阳张羊村西北，民国年间被毗陵董氏售与日本人太仓喜八郎，藏日本太仓集古馆。后于1924年毁于日本大地震，日本兴文社辑入《增订寰宇贞石图》。该志书法用笔方圆兼备，秀润而挺拔，结体潇散而富有风神。

十一月二十八日，雕成《石佛坐像》，又称《邑子一百人共造石像一区》。此石刻金申有著录，石高152厘米，现藏于日本香雪美术馆。此像与魏孝明帝(516—528)时所造龙门莲花洞内释迦佛龛多有共同之处。

约在此际，西域僧昙摩罗建法云寺，摹写真容，似丈六之见鹿苑。《洛阳伽蓝记》载：法云寺，西域乌场国胡沙门昙摩罗所立，在宝光寺西，隔墙并门。摩罗聪慧利根，学穷释氏，至中国，即晓魏言隶书，凡所闻见，无不通解。所以道俗贵贱，都很敬佩他。作祇洹(寺)一所，工制甚精。佛殿僧房，皆为胡饰，丹素炫彩，金玉垂辉。摹写真容，仿佛鹿苑的丈六大佛；神光壮丽，又如同双林护法金刚。伽蓝之内，花果蔚茂，芳草蔓合，嘉木被庭。京师沙门好胡法者，皆就摩罗受持之。西域所赍舍利骨及佛牙、经像，皆在此寺。这显然是一座十分地道的天竺式寺院建筑，张焯说史籍上记载的由西僧所建西式寺院甚少，姑录赘此年。

［文献］ 北魏杨衒之《洛阳伽蓝记》卷四，北齐魏收《魏书》卷一一二，刘兴珍等《中国古代雕塑图典》，胡文和《中国道教石刻艺术史》，罗宏才《中国佛道造像碑研究——以关中地区为考察中心》，李淞《长安艺术与宗教文明》、《陕西古代佛教美术》，李文生主编《龙门石窟志》，梁披云《中国书法大辞典》、刘正成《中国书法鉴赏大辞典》，金申《中国历代纪年佛像图典》、《海外及港台藏历代佛像珍品纪年图鉴》，张焯《云冈石窟编年史》。

公元513年　北魏延昌二年
南梁天监十二年

［提示］ 北魏延昌二年三月二十九日，《张相队造天尊石像》。三月，洛阳《元演墓志》。六月十五日，甘肃永靖炳灵寺《曹子元造像窟》。十一月二十八日，《邑子一百人共造石像一区》。南梁天监十二年，僧祐再次雕凿新昌大佛。

［叙录］　相比北朝造像的热闹而言，南朝则通常显得寂静得多，但是这一年，也就是公元 513 年，南朝也有重要的石刻事件发生。

北魏延昌二年三月二十九日，北朝刻成道教石刻《张相队造天尊石像》。李淞著录，此造像高二尺三寸（胡文和说高约 67 厘米），广一尺四寸（约 36 厘米），据称原在泾阳，实物不知藏于何处，题记至晚在清代已抄录（王昶及日人大村西崖）。从拓片上看，为背屏式三尊造像，坐像头戴道冠，右手执扇，左手斜插于右手下，束腰带。左右各一立侍，背屏为火焰纹边缘，有二龙相交。主像下有香炉，其左右题供养人姓名，分为三处："道士张相队一心、相妻姚桃姬、相妻郑□□"。香炉下方的正面有发愿文："延昌二年岁在癸巳三月乙卯朔廿九癸未，相为眷属造天尊一区。愿大小□从心。息男胡女、息男舍□、息女罗朱、胡妻杨兴女"。

三月在洛阳所刻之《元演墓志》，全称《维皇魏故卫尉少卿谥镇远将军梁州刺史元君墓志铭》。志文正书，18 行，行 23 字，石略呈方形。清末出土于河南洛阳城北张羊村。曾归义州李氏。此志书法颇为著名，曾为罗振玉、赵万里所著录。梁启超在《碑帖跋》中说，其结体极峭紧，而用笔拙处，反似有斧凿痕。

是年六月十五日，甘肃永靖炳灵寺开凿有名的第 126 窟，亦即《曹子元造像窟》，其题记刻于炳灵寺石窟中部第 126 窟门外顶端。题记为正书，高 47 厘米、宽 58 厘米，共 10 行，每行 8 字。据阎文儒和王万青说，题记为 1951 年炳灵寺石窟勘察团冯国瑞等人首次发现，已剥蚀大半，字迹模糊。题记内容为：大代延昌二年，岁次癸巳六月甲申朔十五日戊戌，大夏郡武阳部郡本国中政曹子元造窟一区，仰为皇帝陛下、群僚百官、士众人民、七世父母、所生父母、六亲眷属，超生西方，妙乐回生，含生之类，普同福（祚）。大夏郡在今甘肃和政、广河一带及临夏以西一部分地方。由曹子元出资修造的这座造像窟，共雕有 115 尊佛菩萨，造像十分精美华丽（图 53）。此窟正壁为释迦多宝二佛，均高 204 厘米，结半跏趺坐于方座上，侧立胁侍菩萨。释迦长颈瘦颜，肉髻低平，双手施无畏与愿印。内着僧祇支，外着双领下垂袈裟，阴刻直平阶梯式衣纹。多宝与释迦造型相同，唯右臂向外微微举向释迦佛，左手于胸前下垂。主尊与菩萨均嘴角略微上扬，秀骨清像，庄严中透出人间性情。

十一月二十八日，还刻有《邑子一百人共造石像一区》（图 54），此造像现藏于日本香雪美术馆。为一佛二菩萨三尊背屏造像，残彩犹存。

是年在南梁为天监十二年，所发生的最重要的石刻事件当然是僧祐再次雕凿新昌大佛。

《高僧传》载，新昌大佛雕凿再次开工，由京城定林寺僧祐专任像事，并得到梁武帝及建安王萧伟的支持。刘勰所撰《梁建安王造剡山石城寺石像碑》说：疏凿积年，仅成面璞。此外则硕树朦胧，巨藤交梗。后原燎及岗，林焚见石，有自然相光，正环像上，两际圆满，高焰峰锐，势超匠楷，功逾琢磨，法俗咸竦心惊观，佥曰冥造，非今朝也。费泳认为，僧护造像只着手于佛的面部，而佛身其他部位，是取山体自然之势，未经人工雕琢，并且其面部雕造，在僧祐看来，也是"失在浮浅"。《刘勰碑》载，僧护"愿造弥勒，敬拟千尺，故坐形十丈"，其坐像高度与僧祐造像"像身坐高五丈"也不一致，由文中"冠彩虹霓"一语，疑僧护当年所造弥勒为菩萨身，头戴冠，两腿呈交脚状。《高僧传》记僧祐改造大像：椎凿响于霞上，剖石洒乎云表，命世之壮观，旷代之鸿作。乃铲入五丈，更施顶髻，及身相克成。由此可知，僧祐的改造工程浩大，并且造像因素也不同于僧护，其一，将浮雕式头像改为全身式圆雕；其二，改造弥勒头顶；其三，将原像坐高十丈，改为坐高五丈。据《刘勰碑》记，至天监十五年（516），雕造装饰完毕，像身坐高五丈，若立形足至顶十丈，圆光四丈，座轮一丈五尺，从地随龛光焰通高十丈。以齐梁时一尺约合今 24 厘米计算，则此佛像坐高五丈约合 12 米。1991 年实测大像：身总高（颈到趺座）7.75 米，头高（包括螺髻）4.39 米，两项合计坐佛高 12.14 米，与刘勰所记基本相符。碑中另记从地随龛光焰通高十丈，应指合坛基、佛高及光焰的总高度。据新昌《大佛寺志》副主编陈载阳

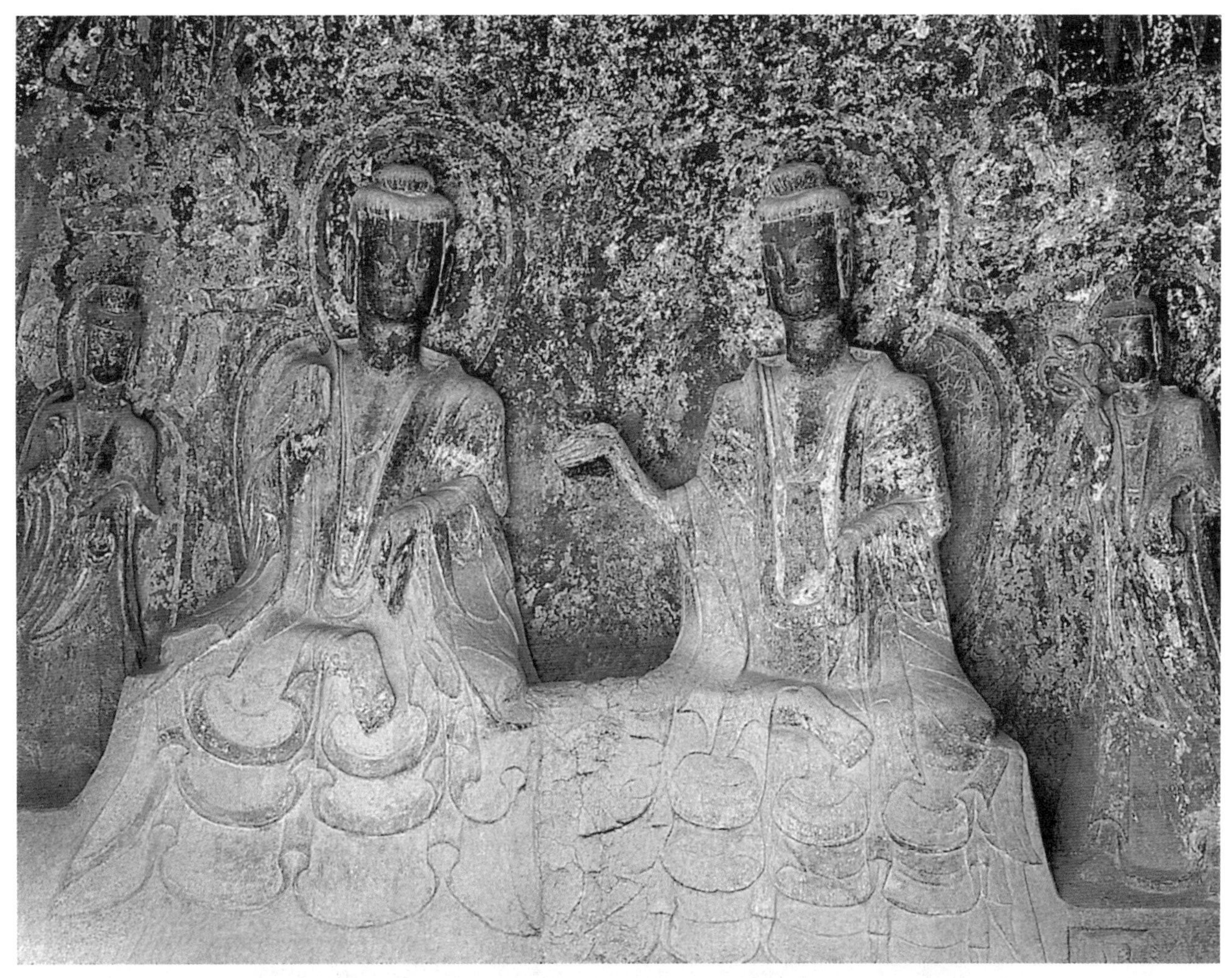

图 53 炳灵寺第 126 窟释迦多宝佛 北魏延昌二年(513)

说,寺内地面下挖约一米尚存旧时地面。现坛基高 1.91 米,若加地下 1 米,合计旧时坛基高为 2.91 米,约合齐梁时一丈二尺,与碑中“座轮一丈五尺”相近。若加上实际坐像高度及火焰高度,当与刘勰所记“通高十丈”相去不远。

[文献] 南梁慧皎《高僧传》卷一三,清王昶辑《金石萃编》卷二七,清罗振玉《雪堂金石文字跋尾》卷二、《芒洛冢墓遗文四编》卷上,清梁启超《碑帖跋》,[日]大村西崖《中国美术史雕塑篇》,赵万里《汉魏南北朝墓志集释》,阎文儒、王万青《炳灵寺石窟》,王万青《炳灵寺石窟摩崖碑刻题记考释》(《敦煌学辑刊》1989 年第 1 期),刘正成《中国书法鉴赏大辞典》,胡文和《中国道教石刻艺术史》,罗宏才《中国佛道造像碑研究——以关中地区为考察中心》,唐晓军《甘肃古代石刻艺术》,李凇《长安艺术与宗教文明》,费泳《汉唐佛教造像艺术史》。

公元 514 年 北魏延昌三年 南梁天监十三年

[提示] 北魏延昌三年三月七日,陕西《张乱国道教造像碑》。四川广元《释迦文佛石像一躯》。《石交脚菩萨像》。南梁天监十三年十二月,四川《鄱阳王萧恢题名》。江苏镇江《瘗鹤铭》。

[叙录] 北魏延昌三年三月七日所雕刻的《张乱国道教造像碑》,1934 年出土于陕西耀县漆河,现藏耀州区药王山博物馆。碑形制为长方形,胡文和测得其石高 126 厘米、宽 54—59 厘米、厚 26—27 厘米。

图 54 邑子一百人共造石像一区 北魏延昌二年(513) 日本香雪美术馆藏

左下角残损，碑右侧刻发愿文。此碑为双面（正背面）造像，李淞描述，碑正面中间开一龛，内造三尊道像，中央老君穿交领道袍，束腰带，戴道冠，右手握扇上举。左右二立侍。龛楣为二交龙，上部有四飞天及二龙，龛之左右为供养人父母像，主龛之下中间为双狮托举博山炉，左右为供养人骑马像，分别题“张乱国”、“张定香”（图 55）。碑阴上部亦开一龛，内为道教三尊像如前。龛楣为火焰纹，龛左右各一供养人。

延昌三年，四川广元造《释迦文佛石像一躯》。按费泳说法，成都在萧齐年间的一期造像中盛行三瓣式裳悬座。在川北广元，1983 年曾出土有延昌三年造像题记“释迦文佛”造像碑（梁秦显明寺比丘惠楞与平都寺比丘僧政等在四川广元造释迦文佛石像一躯），主尊为结跏趺坐，施无畏与愿印，佛衣为褒衣博带式，三瓣式裳悬座。同时出现的另一件背屏式造像，主尊也为三瓣式下垂佛衣，与延昌三年像同，应为北魏晚期遗物。麦积山三瓣式裳悬较早见于北魏太和改制以后的第 121 窟佛弟子像，这以后至北魏晚期麦积山佛造像形式，有许多与四川茂汶造像完全相同，麦积山三瓣式裳悬时间上要迟于南朝。云冈、龙门及巩县石窟则不见此风，多为外展水平下垂式佛衣，可见北方因地域的不同，对南朝造像的吸收具有选择性。通过三瓣式佛衣的南北流布，可以看出由成都经广元到麦积山，存在一条佛教造像传播路线。

日本静冈县热海市的救世热海美术馆（MOA 美术馆）中还藏有一件雕刻于延昌三年的砂岩《石交脚菩萨像》，金申著录，石高 32 厘米，衣纹平行绵密，与西北地方佛像相同，当亦为其地所制作。佛像宝缯已不向两侧飞扬，而是向两侧平行展开再下垂。

南梁天监十三年十二月，四川刻正书《鄱阳王萧

图 55　张乱国道教造像碑（碑阳中部双狮）　北魏延昌三年（514）　陕西铜川市耀州区药王山博物馆藏

恢题名》。高文说，此题记在四川奉节县巫峡山中。高48厘米、宽62厘米。所刻内容为：天监十三年十二月，鄱阳王任益州军府，五万人从此过，故记之。题记后面还刻有宋人两则跋语，一为《郑子思等题名》：嘉定九年花朝前七日，同郡郑子思为拂麈于六百九十八年之后，同游王成巽、赵锦夫侍行，德显夫麟。一为《田某题名》：元祐八年十二月廿七日田□□游此记之。

大约在南梁天监十三年，一个书法家或道士所豢养的仙鹤死去。这本来并非什么大不了的事，但是，由于鹤的主人太喜欢这只充满清逸之气的鹤了，他便悲伤地将鹤埋葬入土，并为此刻写了纪念文字。于是，在南方的石壁上，最重要的石刻楷书作品《瘞鹤铭》卓然问世。《瘞鹤铭》石刻原来刻于江苏镇江焦山西麓崖壁上，题署华阳真逸撰、上皇山樵书，但是这两个别号到底是谁，迄今仍众说纷纭。铭刻早在唐代就有人关注，唐人孙处元在《润州图经》中认为此铭为东晋大书家王羲之所书(欧阳修引述)，宋代苏舜钦、黄庭坚也持此种观点，如苏舜钦在诗中即说："山阴不见换鹅经，京口空传瘞鹤铭。"欧阳修则认为是唐代书法家顾况所书(顾况曾号华阳子)，也有人认为可能出自唐人王瓒或颜真卿、皮日休之手。目前关于此铭的书者，较为通行的说法则是由北宋太学博士李石所提出的南梁隐士陶弘景(号华阳隐居)。刘正成书法辞典引述宋人黄长睿考证，《瘞鹤铭》书刻于梁天监十三年。原刻在镇江焦山西麓石壁上，宋代遭遇雷击，崖石崩落于长江之中，铭石碎裂成五六块。南宋淳熙年间，碎石被取出一块，上面刻有20多字。清康熙五十二年(1713)，苏州太守陈鹏年请人自江中取出余下四块移置焦山西南观音庵，将五石粘合为一，共存88字，砌入定慧寺墙壁间保存。清同治七年(1868)，江中又出一石，上刻有"也迺石旌"4字。今残石尚存30余字，陈列于镇江焦山宝墨轩碑亭中。北京图书馆藏何绍基旧藏宋拓本(欧阳修曾记录说，在宋代即有人伺水落时模而传之)。此铭著录者甚多，如赵明诚、顾炎武、王昶等人均在著作中叙及。《瘞鹤铭》在书法史上可谓赫赫有名，与北方汉中《石门铭》并称为"天下二铭"，其书体兼众妙，楷中带隶行意趣，承秦汉启隋唐，影响之深远，南方书法石刻无出其右。黄庭坚赞叹说：大字无过《瘞鹤铭》者，《瘞鹤铭》大字之祖。近人朱剑心更是认为《瘞鹤铭》为南朝第一，如天际真人，蝉蜕尘滓，书中之仙。

据金其祯、王同顺等人载，1937年"七七事变"发生后，日军逼近镇江。焦山定慧寺监院雪烦法师预见如镇江沦陷，日军必到定慧寺抢夺《瘞鹤铭》碑石。雪烦和方丈德竣一起，将伽蓝殿中《瘞鹤铭》移藏于大雄宝殿后面一偏僻处，以乱瓦碎砖遮蔽。后日军至焦山定慧寺搜寻《瘞鹤铭》碑石，并对雪烦百般威胁利诱，雪烦和寺僧们则对谓《瘞鹤铭》碑已为国民党军队拆走。日军军官松本特地从南京乘汽艇赶至镇江，在焦山遍寻而不得，又反复审问拷打雪烦法师，将锋利的军刀架于雪烦脖颈，雪烦不为所动，毫无惧色，松本最后亦空手而回。1945年抗战胜利后，雪烦法师才将埋藏八年之久的《瘞鹤铭》重新掘出。这块稀世石刻瑰宝《瘞鹤铭》，本为埋鹤而刻，没有想到在战火中自己成了掩埋对象，真是世事变幻，令人唏嘘。

［文献］ 宋欧阳修《集古录跋尾》卷十，宋赵明诚《金石录》卷三十，宋李石《续博物志》卷八，宋董逌《广川书跋》卷六，清顾炎武《金石文字记》卷二，王昶《金石萃编》卷二六，朱剑心《金石学》，胡文和《中国道教石刻艺术史》，李凇《长安艺术与宗教文明》，费泳《汉唐佛教造像艺术史》，金申《中国历代纪年佛像图典》，金其祯《中国碑文化》，王同顺《镇江古代石刻及焦山碑林书法研究》，刘正成《中国书法鉴赏大辞典》，高文等《四川历代碑刻》、《中国美术全集》(魏晋南北朝书法)。

公元515年　北魏延昌四年

［提示］ 二月二日，龙门《白□生造像》。四月五日，陕西《盖氏等造道教三尊石像》。四月，《太阳县令焦采造像》。六月七日，《石造三尊像》。六月廿

日,《比丘尼□双造观音三尊像》。七月,陕西麟游县《彭进佛教造像碑》。石刻书法名家郑道昭卒。甘肃炳灵寺《陈雷子题记》。

[叙录] 是年的重要石刻多在北方。这年二月二日,龙门刻成《白□生造像》,其正书题记列入伊阙魏刻百品中,高12厘米、宽7厘米。文5行,满行11字。刘正成说,佛教在魏晋南北朝之际受到举国的狂热推崇,数以万计的碑刻造像为这种狂热提供了可靠的证据。此碑的残缺及蚀刻,使我们无暇也毋庸顾及其书写的内容,仅仅从这质朴的镌刻和信笔的走向,就足可看出此造像的可爱。那歪斜的走向、错落的字距、毫不犹疑的刻画,都足以令那些做作的书法自惭。

四月五日,雕成砂岩背屏式《盖氏等造道教三尊石像》,王静芬直接称此造像为《老子三尊像》。此石像金申、胡文和与李凇均有著录。石高44厘米,现藏于日本大阪市立美术馆。松原三郎认为:这通造像石是道佛融合的典型代表作。李凇描述说,石坐像头戴道冠,唇上及下颏蓄须,右手执扇,左手抚右足,束腰带。左右各一立侍,右立侍侧身捧一钵。背屏边缘有连环涡旋纹,下有二交龙,龙下有二团花。下部为高大方座,其中间为香炉,左有男女供养人各一。左侧刻有年号"延昌四年四月五日",右侧及背面无字。此像出处不详,从风格和供养人姓氏看应在陕西。供养人均为盖姓,这是北魏时期居住在渭北至黄陵、宜君一带的卢水胡族。其族本起源于甘肃张掖郡临松山下的卢水之滨,其祖原为匈奴。东汉末年已有卢水胡东迁至关中,驻于冯翊、北地二郡之间,北魏时其分布中心在杏城一带(属黄陵)。太平真君六年该地爆发两次反魏运动,其首领为盖吴,并由此引发了第一次灭佛运动。今黄陵县香坊石窟(北魏)、宜君福地水库石窟(西魏大统元年)、旬邑县黑牛窝石窟(西魏大统五年),以及彬县白显景造像(隋开皇三年)、临潼下元三年造像碑(隋开皇四年)中,都有盖氏供养人题名。

雕刻于是年四月的砂岩《太阳县令焦采造像》,又称《太阳县令焦采造道教二尊并坐像》或《延昌四年双坐道像》,石高28.3厘米,清罗振玉及今人金申、胡文和与李凇等均曾著录,其石现藏于美国马萨诸塞州波士顿博物馆,馆藏编号1910.10.311。该碑有造像题记,刻造像背面。主尊为双坐像,均戴高冠,蓄长须垂直手,着双领下垂长袍,衣踞垂至座下,左手平放,右手竖举于胸前。二像之后,又以浅浮雕形式刻三立侍者,侍者均戴高冠,双手笼于袖,着长袍。顶部为尖拱形,下部左右角各刻一蹲狮。后有北魏"延昌四年"铭。

日本还藏有一件雕刻于是年六月七日的砂岩《石造三尊像》,石高24厘米。金申认为此造像与永平三年(510)雷花头造像风格相类,应为西北一带所制。日本大阪市立美术馆所藏之黄花石《比丘尼□双造观音三尊像》,则雕刻于这年六月廿日,石高34.5厘米。

是年七月,陕西麟游县所雕刻的砂岩《彭进佛教造像碑》为扁平四面体,正视为梯形。据罗宏才及麟游县地方志编纂委员会所著录,石高81厘米、宽31厘米、下厚18厘米、上厚13.5厘米。民国初年发现于麟游县丈八乡,1936年,为人盗卖至岐山县益店镇,旋被该县保安大队副队长阎立三派人追回。现存麟游县博物馆。正、背两面开龛造像,左、右两侧面有发愿文及供养人图像、题名。此造像碑位于麟游县城西南16公里处的九成宫镇永安村东川寺摩崖造像龛的一号龛,从造像风格看,应属北魏晚期。

是年,书碑名家郑道昭卒。郑道昭在《魏书》中有传,其生年不详,卒于是年,字僖伯,号中岳先生,北朝北魏荥阳(今河南荥阳市)人。近人祝嘉称郑道昭为"北方书圣"。先后官光州刺史、青州刺史,后入秘书监。北魏宣武帝永平年间,郑道昭官光州(今山东掖县)刺史时,曾游历境内云峰大基山(在今山东掖县)、天柱山(在今山东平度县)、百峰山(在今山东益都县),先后题诗书碑于崖石上达40余处,最为著名者有《郑文公下碑》、《天柱山题字》和《论经书诗》等名刻。郑道昭生前曾欲修补洛阳石经而上表,称"城南太学,汉魏石经,丘墟残毁,藜藿芜秽,游儿牧竖，为之叹息”。但未得到重视。

甘肃炳灵寺《陈雷子题记》，见于第169窟三号龛佛像西侧：大代延昌四年（515年）鄯善镇铠曹掾智南郡书斡陈雷子等诣窟□□。据唐人李吉甫载：后魏以西平郡为鄯善镇，孝昌二年（526年）改镇立鄯州。鄯州治所在今青海省乐都县（鄯善镇非鄯善城，鄯善城即鄯善国都伊循城，位于今新疆若羌县米兰遗址）。炳灵寺地处丝路东段五条干道之一的羌中道要冲，李并成、马燕云撰文说，羌中道东接由兰州或河州西行的丝路大道，从炳灵寺附近渡黄河，取道湟水谷地继续西行，经乐都、西宁等地，翻越日月山（赤岭），经青海湖北岸或南岸，穿过柴达木盆地，复越阿尔金山噶斯山口可直达若羌，接西域南道。早在张骞凿空返回时即曾取行该道。魏晋北朝时沿途为吐谷浑居地，故又称其为吐谷浑道。

［文献］　北齐魏收《魏书》卷五六，唐李吉甫《元和郡县图志》卷三九，清罗振玉《海外贞珉录》，时经训等《伊阙魏刻百品》，［日］松原三郎《中国佛教雕刻史论》，祝嘉《书学论集》，［美］王静芬《中国石碑》，金申《中国历代纪年佛像图典》、《海外及港台藏历代佛像珍品纪年图鉴》，胡文和《中国道教石刻艺术史》，李凇《长安艺术与宗教文明》，罗宏才《中国佛道造像碑研究——以关中地区为考察中心》，北大考古专业等《慈善寺与麟溪桥：佛教造像窟龛调查研究报告》，麟游县地方志编纂委员会编《麟游县志》，李并成等《炳灵寺石窟与丝绸之路东段五条干道》（《敦煌研究》2010年第2期）。

公元516年　北魏熙平元年
南梁天监十五年

［提示］　北魏熙平元年七月十五日，山东《定州中山张灵宾兄弟造弥勒石像》。《佛坐像》。胡太后立永宁寺、石窟寺。建龙门香山寺。南梁天监十五年，《天监十五石井栏题字》。剡县大佛始成。

［叙录］　雕刻于北魏熙平元年七月十五日的石灰岩彩绘镀金《定州中山张灵宾兄弟造弥勒石像》（图56），金申著录高279.4厘米，现藏于美国宾西法尼亚大学考古学与人类学博物馆。王静芬称此石刻出自山东，并说，古阳洞北壁和南壁凹龛内众多的弥勒像表明对弥勒的强烈信仰，确认弥勒崇拜在中国从5世纪最后25年到6世纪最初25年达到高峰。弥勒佛的造像也极为流行，但通常以独立造像表现。就图像而言，弥勒佛实际上和释迦牟尼佛难以辨别；只能从铭文来确认两者的身份。弥勒来到娑婆世界作为救世主的一面和承诺乌托邦式的理想国，或多或少地解释了其信仰的流行。5和6世纪是弥勒信仰在中国的形成时期。弥勒的不同角色——释迦牟尼的继承者、菩萨、兜率天宫中的教主和导师、救世主、在娑婆世界已成正觉的佛陀——都能在这一时期的中国佛教艺术中找到具体表现。大乘佛教净土崇拜的影响也为弥勒信仰添加了新的维度，因为弥勒的住所（先是兜率天宫，后是翅头末城）在通俗的信仰中越来越多地被解释为净土。美国波士顿美术馆还藏有一件雕刻于是年的砂岩《佛坐像》，金申著录，石高约120厘米。

北魏有两个著名的太后，一个是帮助孝文帝完成太和改制的冯太后，一个就是孝明帝生母胡太后。这两个太后都钟情于修建佛教寺院，并前后在平城和洛阳建造永宁寺。这年，在北方较重要的石刻事件就是胡太后立永宁寺、石窟寺以及修建龙门香山寺。唐人释道宣在《续高僧传》中说，辅佐幼主孝明帝的胡太后（宣武帝充华）立永宁寺，在宫前间阖门南御道之东，极为壮丽。杨衒之载，寺成之后，诏中书舍人常景制永宁寺碑文。《资治通鉴》又载：胡太后又作石窟寺于伊阙口，极土木之美。其中最著名的是永宁寺，魏收《魏书》（释老志）载：熙平中，胡太后于城内太社西起永宁寺，亲率百僚，表基立刹。佛图九层，高四十余丈，其诸费用，不可胜计。永宁寺的规模，在郦道元《水经注》中是这样描绘的：永宁寺，熙平中始创也，作九层浮图，浮图下基方十四丈。自金露盘下至地，四十九丈。取法代都七级而

图 56 定州中山张灵宾兄弟造弥勒石像 北魏熙平元年(516) 美国宾夕法尼亚大学博物馆藏

又高广之。虽二京之盛，五都之富，利刹灵图，未有若斯之构。按《释法显行传》，西国有爵离浮图，其高与此相状，东都、西域俱为庄妙矣。《魏书》(皇后传、术艺传)说：胡太后性聪悟，多才艺，略得佛经大义。其时豫州人柳俭、殿中将军关文备、郭安兴并机巧。负责洛中制造永宁寺九层佛图的工匠，就是郭安兴。《洛阳伽蓝记》也对胡太后所筑之永宁寺作了记录，称其："殚土木之功，穷造形之巧。佛事精妙，不可思议。绣柱金铺，骇人心目。"

中国社科院考古研究所曾发布关于北魏永宁寺塔基的发掘简报，说在土坯包砌的方形实心体的南、东、西三面壁上，各保存着五座弧形的壁龛遗迹，这种壁龛的设置在两柱之间，宽 180 厘米、进深 20—30 厘米，是用土坯垒砌出来的，联系遗迹中出土大量泥塑佛像，参考石窟艺术中的塔柱雕刻，可以判断这些壁龛应是供奉佛像的位置。

同年，建龙门香山寺。李文生说，香山寺遗址在香山南麓，今洛阳轴承厂龙门疗养院一带(非今龙门东山香山寺)。据宋代陈振孙《白居易年谱》载，香山寺在龙门山，北魏熙平元年建。至唐代垂拱三年(687)时，此地为日照三藏的墓地，并于其侧建立佛寺。天授元年(690)武则天称帝后，由梁王武三思奏请正式立为香山寺。当时，香山寺"危楼切汉，飞阁凌云，石像七龛，浮图八角"。唐文宗大和六年(832)，白居易又重修香山寺，并撰写《修香山寺记》一文，自此寺名大振。会昌六年(846)白居易去世，家人遵嘱葬于香山寺附近如满师塔之侧。北宋时，香山寺依然完好存在，欧阳修、蔡襄、宋敏之、晁冲之均有登游歌咏之诗传世。金代元好问、周昂也有咏香山寺诗。由此可知，香山寺之毁废，当在金元之际。

刻于南朝梁天监十五年的楷书《天监十五石井栏题字》，又称《天监井栏题字》，亦称《井阑文》、《井床残字》，清人王昶等曾著录，马子云、梁披云等人说原石为日本京都藤井氏所藏(曾归长白端方、诸城王绪祖)，现藏于日本藤井有邻馆。清乾隆五十四年(1789)，孙星衍在镇江句容访得南梁天监井栏，上刻铭文 35 字："梁天监十五年，太岁丙申，皇帝愍商旅之渴乏，乃诏茅山道士□□永若作井及亭十五□。"清人杨震方称其"书法沉毅中含逸致之状，极似《瘗鹤铭》"。王同顺也认为此井栏题字与《瘗鹤铭》的书风"极似"，二者题刻的时间仅相距二年。因此也有人(如陈世华)认为井栏铭文为陶弘景所书。

天监十五年，剡县大佛始成。剡县石佛在今浙江新昌宝相寺，寺在城南 2 公里石城山。南梁慧皎《高僧传》(梁剡石城山释僧护)记录三个了不起的僧人(僧护、僧淑和僧祐)前后花数十年时间完成剡溪弥勒大佛之事，直接而生动地再现了南北朝石窟寺建设的艰辛过程和艺术雕刻样式。金维诺认为，像这样身高百尺的大佛，在当时南北方是很少见的，而从各部分的尺度比例来看，显然能看出僧祐制作这一佛像"准画仪则"的才能。由于佛身高大，为了适应观众向上仰视的效果，头部尺寸较大；虽是雕凿的坐像，但又同时考虑到了起立时的尺度、各部如何相称。这一巨型石佛仍然保存在宝相寺内，虽经历代不断重新妆銮，仍然可以见到原像之仿佛。费泳说，《摄山栖霞寺明征君碑》记梁临川王萧宏在天监十五年又造无量寿像一躯，并"参差四注，周以乌翅之房；迢迟千寻，饰以鱼鳞之瓦"，碑文记此大佛像被置于四注瓦顶的精舍中，疑置于栖霞寺内，现藏于栖霞寺正殿左侧佛龛内佛像头部，宿白疑为萧宏所造无量寿佛的遗迹。

［文献］ 北魏郦道元《水经注》卷一六，北魏杨衒之《洛阳伽蓝记》卷一、卷三，北齐魏收《魏书》卷一三、卷九一、卷一一四，南梁慧皎《高僧传》卷一三，唐释道宣《续高僧传》卷一，宋司马光《资治通鉴》卷一四八，清王昶《金石萃编》卷二六，清杨震方《碑帖叙录》，中国社会科学院考古研究所《北魏永宁寺塔基发掘简报》(《考古》1981 年第 3 期)，金申《中国历代纪年佛像图典》、《海外及港台藏历代佛像珍品纪年图鉴》，［美］王静芬《中国石碑》，费泳《汉唐佛教造像艺术史》、金维诺《中国古代佛雕：佛造像样式与风

格》,李文生主编《龙门石窟志》,王同顺《镇江古代石刻及焦山碑林书法研究》,刘正成《中国书法鉴赏大辞典》,梁披云《中国书法大辞典》,马子云等《碑帖鉴定》,陈世华《〈瘗鹤铭〉天监井栏与陶弘景书法》(《书法研究》1985 年第 4 期)。

公元 517 年 北魏熙平二年 南梁天监十六年

［提示］ 北魏熙平二年四月,胡太后幸伊阙石窟寺(古阳洞)。五月二十三日,陕西富平佛道《邑子六十人造像碑》。七月二十日,《齐郡王元祐造弥勒像一龛》。始凿巩县石窟寺。约于此际开凿河南水泉石窟。南梁天监十六年十二月八日,成都《陈庆之造铜观音铭》。江苏《天监十六石井栏题字》。

［叙录］ 北魏熙平二年四月,胡太后幸伊阙石窟寺(古阳洞)。在胡太后心目中,冯太后的身影一直存在。胡太后依照当年冯太后在平城所建的永宁寺,在洛阳再建永宁寺。就像冯太后常幸云冈石窟一样,胡太后也会常去龙门石窟观光礼佛。《魏书》(肃宗纪)载:是年四月,胡太后驾幸伊阙石窟寺,即日还宫。陈垣说:伊阙石窟寺,建于孝文迁洛之后。《洛阳伽蓝记》说:京南关口有石窟寺、灵岩寺,缘武州山石窟寺得名。自显祖(献文帝拓跋弘)皇兴元年(467),始幸武州石窟寺,至肃宗熙平二年,始幸伊阙石窟寺,其间适五十年,则二寺创建之先后,可概见。张焯按:伊阙石窟寺,即今龙门之古阳洞;灵岩寺,即今宾阳洞。

五月二十三日,陕西富平雕造佛道石灰岩质地《邑子六十人造像碑》。李凇、罗宏才等著录,此碑为长方形,四面造像,为佛、道混合造像碑。石高 203 厘米、宽 81.5 厘米、厚 41 厘米。1960 年由富平县小学运至西安,现藏于西安碑林博物馆。碑阴碑阳各为佛、道,两侧亦各为佛、道,平均分配(道在正面、左面,佛在背面、右面)。石碑道像一面造道像三尊龛,老君头戴道冠,长须在下分为三绺(西魏以后较流行),右手举扇,身着对领衣,束腰带,衣裾垂至龛下。左右各一立侍,均戴高道冠。龛楣为屋顶形,左右各一根高大的立柱,以示天宫。屋檐下又垂挂帷帐,屋檐上正中有一仙人骑瑞羊,羊口出瑞气。左右角则又各有一瑞兽。龛左侧外又有一小屋,内悬磬与钟,又站立一戴高冠的道士,题"邑师李元安"。老君之床座两外侧各有一瑞兽,似虎有翼,上骑一胡人,高鼻深目,戴小尖帽。下半部为供养人,共六层。佛教徒以比丘和弟子称,道教徒以道士和邑师称,一般供养人则统称邑子,不分佛、道。从姓名来看,此碑是一块吕氏家族为主的造像碑,而家族中佛、道信徒都有。造像的风格比较特别,佛、道像的头部十分颀长,佛龛为火焰纹,道龛为屋形,但道像的样式与佛像十分接近。供养人形象清瘦,当是北魏迁都洛阳后受南朝文化影响所致。此碑尺寸高大、保存较好且有建造年号,为关中造像碑之精品。在形式和风格上,与前几年延昌年间造像相比,道像之胡须变大、手中之扇变大、衣裾下垂至龛下、脸形变长和体形变瘦,具有典型的转折意义。

在胡太后幸石窟寺后的当年七月,征虏将军、泾州刺史元祐刻《齐郡王元祐造弥勒像一龛》于古阳洞南壁最上层西端,两侧各有一造像龛。其正书题记称《元祐造像记》或《齐郡王元祐造像记》,题记高、宽均 38 厘米,为"龙门二十品"之一。元祐出身显贵,是文成帝拓跋濬之孙,齐郡王元简之子,孝文帝的堂兄弟。元简去世后,元祐袭封齐郡王,官至泾州刺史。元祐卒于神龟二年(519),时年仅 32 岁。元祐墓志(《持节督泾州诸军事征虏将军泾州刺史齐郡王墓志铭》)称其"锐志儒门,游入文苑,访道忘食,从义遗忧",因此有学者推断,这篇题记可能为元祐亲自撰书,其文辞颇为典雅。

是年,始造巩县石窟寺。北魏皇室迁都洛阳后,除在龙门大肆开凿佛像,还在京畿之外建寺开窟,其中最有名的则是河南巩县石窟寺(希玄寺)的营建。金维诺讲,据唐高宗龙朔二年(662)《后魏故孝文帝故希玄寺碑》及明弘治七年(1491)《重修大力山石窟十方净土禅寺记》所述石窟寺的沿革,知巩县石窟大体创建于魏孝明帝熙平二年，至孝武帝永熙末年(534)北魏分裂时止，共开窟五所。洞窟形制平面为方形，第1至第4窟中心设方形刹心，方柱四面开龛造像，平棋窟顶上浮雕飞天伎乐及莲花图案。造像内容及风格与龙门北魏石窟基本相同。第1、第2、第4窟前壁均有帝后礼佛图浮雕，分上下三层排列，前有僧尼引导，后为帝后冠盖及其侍从，人物众多，场面壮观，雕造细腻微妙，是长卷式浮雕礼佛图发展得很完善的作品。窟内四壁下层和中心柱用高浮雕手法雕刻十神王、伎乐和怪兽，图像较龙门宾阳洞更有变化。费泳指出，巩县所出现的风格变化值得关注：主要体现在佛的身躯和面相与龙门有所不同，更趋于粗短和丰圆，造像少了庄严肃穆的氛围，更趋人性化。北方造像由“秀骨清像”向“面短而艳”的大规模风格转变约发生在6世纪中期，同时还伴随着佛衣由厚重外展转向轻薄内敛，褒衣博带佛装也发生演变。巩县石窟虽然在佛装上承袭龙门，但佛像的形体变化，预示着北朝造像又一次风格转变的来临，在以后的响堂山、天龙山等石窟中，这一变化将有显著体现。

在开凿巩县石窟前后，北魏名僧比丘昙覆还在河南偃师开窟造像，即水泉石窟。水泉石窟位于偃师县寇店乡水泉村南沙河东岸万安山断壁之上，其地依山面水，坐东向西。石窟呈拱形，共刻大小佛龛400余个。开凿年代从北魏延至北宋，窟内正中刻主佛两尊并列，左佛通高5米，右佛残高3米。在洞窟外南侧崖壁上方，刻有摩崖碑记，是目前所见唯一记载北魏洛阳地区造像历程的碑记。其文字漫漶严重，刘景龙、赵会军共释读出432字。碑文中说，水泉石窟(昙覆造像)是在“皇运徙居，爵伦更迭”之际、因欲“归山自静”而开凿。据此可推断，昙覆造像当在孝武帝至孝明帝期间。其具体时间不得而知，姑且系年于此。

南梁天监十六年十二月八日，南朝最著名的充满传奇色彩的军事将领陈庆之(《梁书》有传)，在成都刻制《陈庆之造铜观音铭》。其铭文为：“大梁天监十六年岁在丁酉十二月初八日，佛弟子陈庆之敬造观音铜像一区，上为七世父母同生佛国，一切眷属，咸同斯福。”据高文著录，像铭高20厘米、宽13厘米，铭文4行，行11字，正书。原为成都外西万佛寺供养品，今下落不详，铭文刻在像背中心。

差不多在孙星衍发现《天监十五石井栏题字》的200年后，20世纪80年代初，又在江苏句容茅山玉晨观发现了梁《天监十六石井栏题字》，铭文内容为：“此是晋世真人许长史旧井，天监十四年更开治，十六年安阑。”题字书风和梁天监十五年刻的井栏以及《瘗鹤铭》颇为相似。茅山主峰在句容县境内，为道教名山。据元人刘大彬载：东晋杨羲、许谧等相继在茅山玉晨观建馆修道，之后陶弘景在此重新建朱阳馆。北宋祥符初年，始改名为玉晨观并沿用至今。题记中的“许长史”即东晋人许谧(曾官护军长史)。王同顺引明弘治《句县志》(玉晨观)载：“许长史井在茅山玉晨观内，尚书徐铉有铭，赵世炎有诗。许谧是茅山道教上清派的创始人之一，也是陶弘景的嫡派宗师。陶弘景隐茅山后，曾在山内几经迁徙，于天监十四年冬徙来此馆。”上清派陶弘景对许谧极为尊崇，天监十五年，陶弘景还为许长史刻立《上清真人许长史旧馆坛碑》，并于次年为纪念许长史，又于宅旁“许长史旧井”上“安阑”，井栏铭文为陶弘景所书。如此看来，书法风格与此井栏极为相近的《瘗鹤铭》，其书丹极有可能出自陶弘景之手。

［文献］ 北齐魏收《魏书》卷九，唐姚思廉《梁书》卷三二，元刘大彬《茅山志》卷一七，陈垣《记大同武州山石窟寺》(《东方杂志》第16卷2、3号)，张焯《云冈石窟编年史》，李凇《长安艺术与宗教文明》、《陕西古代佛教美术》，罗宏才《中国佛道造像碑研究——以关中地区为考察中心》，李文生主编《龙门石窟志》，刘正成《中国书法鉴赏大辞典》，金维诺《中国古代佛雕：佛造像样式与风格》，费泳《汉唐佛教造像艺术史》，高文等《四川历代碑刻》，王同顺《镇江古代石刻及焦山碑林书法研究》，刘景龙等《偃师水泉石窟》。

公元518年 北魏熙平三年 北魏神龟元年 南梁天监十七年

［提示］ 北魏熙平三年，陕西富平《周家窑造像碑》。神龟元年三月，山东《孙宝憘造像》。六月十五日，龙门《杜安迁等廿三人造像》。十一月，胡太后遣使者宋云与比丘惠生往西域求佛经。冬，任城王澄奏请限制佛寺，未几，京邑第舍略为寺。陕西洛川县《刘文朗造像碑》。陕西《张安世佛道教造像碑》。神龟元年，崔光上奏修补洛阳石经。甘肃平凉《禅佛寺石造像塔》。山西《石造佛碑像》。南梁天监十七年五月二十六日，石刻艺术家僧祐卒，刘勰为撰碑文。《梁安成康王萧秀墓神道石刻》。

［叙录］ 雕造于北魏熙平三年的佛教造像碑《周家窑造像碑》为石灰岩质地，《陕西文物地图集》有著录，罗宏才说，其顶、座均佚。高57厘米、宽33厘米，正、左、右三面造像，每面浮雕造像各一尊，背面刊熙平三年及发愿文。

北魏熙平三年二月，孝明帝元诩改元神龟。神龟元年三月，山东青州刻成《孙宝憘造像》。其题记全称《青州高阳郡安次县人孙宝憘造像》。陆增祥载：石高七寸五分，广二尺七寸七分。题为正书11行，行3—14字不等。据梁披云说，石原在山东乐安北翠柳庄，后归济南山东图书馆。

六月十五日，龙门古阳洞南壁第一层雕造《杜安迁等廿三人造像》，题记全称《杜安迁等二十三人造像》，亦称《惠畅造像》，“龙门五十品”之一。陆增祥载：石高七寸一分，广一尺六寸。

神龟元年十一月，胡太后遣使者宋云与比丘惠生往西域求佛经。此事见载于《资治通鉴》(梁纪四)中，杨衒之所记则与《通鉴》相同。但北齐魏收《魏书》(释老传)则说：熙平元年，诏遣沙门惠生使西域，采诸经律。正光三年冬，还京师。所得经论一百七十部，行于世。

是年冬，任城王澄奏请限制佛寺，未几，京邑第舍略为寺。《魏书》载：胡太后锐于缮兴，在京师则起永宁、太上公等佛寺，功费不少，外州各造五级佛图。又数为一切斋会，施物动至万计。百姓疲于土木之功，金银之价为之踊上，削夺百官事力，费损库藏，兼曲赉左右，日有数千。在此种情形下，于神龟元年冬，骁勇善战的任城王拓跋澄上奏：故都城制，城内唯拟一永宁寺地，郭内唯拟尼寺一所，余悉城郭之外。奏可，未几，天下丧乱，加以河阴之酷，朝士死者，其家多舍居宅，以施僧尼，京邑第舍略为寺，前日禁令不复行。

罗宏才著录有雕刻于神龟元年的洛川县《刘文朗造像碑》。刘文朗于太和二十三年(499)四月一日，在陕西耀县刻有《刘文朗道教造像碑》单面造像(残高68厘米)。事隔19年后，刘文朗再造此件四面体柱状佛像碑，其碑顶、座均佚。石高220厘米、上宽86厘米、下宽87厘米、上厚20厘米、下厚25厘米。碑的正面上部正中辟佛龛，雕一佛二菩萨，后有巨大火焰式背屏，主尊下摆遮覆须弥座，呈锐角对称左右分两组外撇，龛外左右两侧各雕持莲供养人各一，莲花肥大，莲茎弯曲。主龛下中部雕香炉，香炉下对称雕庑殿顶两座，内各雕佛跏趺坐于须弥座上。再下供养人题名、图像两排，图像高大。背面上刻13排千佛，每排14龛，龛皆坐佛一尊。下部正中辟拱形龛，龛楣饰倒龙，龛内雕一佛二菩萨。主尊下摆遮覆佛座，呈锐角对称左右分两组外撇，右侧锐角尖锐尤甚。龛左右刻力士各一。龛下香炉，两侧走狮、训狮人及胡跪供养人，皆减地凹刻，自由散漫。左侧面上部雕五层楼阁式佛塔，每层中刻坐佛一尊，塔刹饰巾幡，每层檐角悬挂金铎一只。塔下供养人题名，左右刻侍女击钟与世俗生活等。右侧面高浮雕四组忍冬连珠纹条带，条带中间部位自上而下依次雕饰四尊坐佛。依供养人题名，知碑主刘文朗时任“东秦州敷城令”。

另外一件道教石刻《张安世佛道教造像碑》，雕造于神龟年间(518—520)。1934年出土于北寺原(俗称柏树塬)，现藏于陕西铜川市耀州区药王山博物馆，石高162厘米、宽42—70厘米、厚22—21厘米。

据胡文和说,《陕西耀县的碑林与石窟》文中称为《张世安碑》,时代为"神龟元年"(518年);20余年后该碑的时代已变成"神龟年间",当系该碑的纪年文字已被磨泐;《北朝佛道教造像碑精选》也将该碑时代定为"神龟年间"。石碑上小下大略呈梯形,双面造像,各有上下二龛,龛中各有一尊坐像,但四像的头部均已残。正面,上龛龛楣为二交龙,坐像似为佛,下龛坐像似为道。

在叙及东汉及三国石刻时,我们说到了洛阳《熹平石经》和《正始石经》,但是几百年过去了,这些石经在经历战火、政治变局和风蚀之后,早已残毁漫漶。有鉴于此,神龟元年,曾在孝文帝时和秘书丞李彪一起参修国史的崔光上奏修补洛阳石经。据《资治通鉴》和《魏书》崔光本传载,崔光在奏书中说,洛阳石经已经"焚荒污毁","经石弥减,文字增缺",对石经现状"痛心疾首,拊膺扼腕",请求朝廷修补洛阳石经,并委一国子博士专主其事。此请获到认可,国子博士李郁与助教韩神固、刘燮等负责勘校石经,但此事最终因胡太后而废置。

唐晓军载,在1983年发现的那批平凉禅佛寺石刻中,有雕刻于神龟元年的平凉《禅佛寺石造像塔》,石高35厘米、宽26厘米,正、背面龛造一坐佛二菩萨,右面龛造释迦多宝佛,左面龛造一立佛二菩萨。金申著录有刻于是年的《石造佛碑像》,高162厘米,出土于山西潞安县,现藏于南京博物馆。

在石城寺石佛(新昌大佛)工程完成后两年,也就是南朝梁天监十七年五月二十六日,石刻艺术家僧祐卒,刘勰为僧祐撰碑文。据南梁慧皎记载:僧祐是年五月廿六日卒于建初寺,春秋七十有四。因窆于开善路西,定林之旧墓。弟子正度立碑颂德,东莞刘勰制文。金维诺说,僧祐自幼出家,一生致力于寺院的修建和经典的搜校。由于长期亲自参加营建和铸造,他积累了极为丰富的经验,成为当时享有盛名的建筑、雕塑设计家。光宅寺的大型无量寿金铜佛像出自僧祐之手,这一"丈八金像"在宋明帝时曾"四铸不成"。到南梁天监八年,在沙门法悦和智清的委托下,僧祐才主持完成了铸造这一大型铜佛的工作。这一体现僧祐才智的铜造像没有留存下来,但是差不多与此同时,经僧祐修造的石造像却遗存至今,那就是剡县(新昌)石佛。

此外,还有南京栖霞寺(齐永明七年处士名僧绍舍宅创建)摄山大佛,僧绍之子临沂令中璋与释法度在西峰石壁建造无量寿佛并二菩萨,也是由僧祐"经始","准画仪则"的作品。佛身连座高四丈,二菩萨高三丈多。刘勰所撰碑文为《梁建安王造剡山石城寺石像碑》,是应僧祐生前所邀而作,费泳指出,碑文明确大佛为石佛。唐末道宣《集神州三宝感通录》所记石城大佛亦为石像,与《刘勰碑》一致。石城大佛由石像变为石胎泥塑像,应在唐末以后。

是年春天,梁武帝之弟萧秀去世,雕造完成《梁安成康王萧秀墓神道石刻》。生前曾值岁饥,以私财赡百姓,济活甚多。萧秀性喜学术,搜集经记,曾招学士刘孝标撰《类苑》。萧秀去世后,据《梁书》(安成康王秀传)说,当时高才如王僧孺、陆倕、刘孝绰、裴子野等,均为其各撰制碑文。梁安成康王萧秀墓神道石刻,位于南京市栖霞区甘家巷小学。墓南向,为1974年发掘。徐湖平考察,其墓前石刻依次为:石兽二、前碑二、神道柱二、后碑二。石兽均为雄性。二兽之间相距18米。昂首伸舌。头有鬣,翼作三翎,足五爪,通体长毛卷曲如蔓。东狮身长335厘米、高295厘米。西狮身长307厘米、高302厘米。前石碑二,西碑已佚,仅存龟趺。东碑损左侧一角,高435厘米、宽140厘米,碑文已漫漶。下为龟趺座。神道石柱二,东柱已佚,仅存西柱,西柱柱面作隐陷直刳棱纹,柱围212厘米,顶上圆盖及小兽脱落,柱上部饰绳龙纹。后石碑二,保存尚完好。圭形,圆首,额有穿,碑首螭纹极华美。下为龟趺座。西碑高410厘米、宽150厘米;东碑高415厘米、宽113厘米。碑文已经灭失,唯西碑碑阴人名尚存,半已剥蚀。

[文献] 北魏杨衒之《洛阳伽蓝记》卷四、卷五,北齐魏收《魏书》卷一九、卷六七、卷一一四,南梁慧皎《高僧传》卷一一,《梁书》卷二二,宋司马光《资治

通鉴》卷一四八，清陆增祥《八琼室金石补正》卷一五，国家文物局主编《陕西文物地图集》，李文生主编《龙门石窟志》，梁披云《中国书法大辞典》，刘正成《中国书法鉴赏大辞典》，罗宏才《中国佛道造像碑研究——以关中地区为考察中心》，唐晓军《甘肃古代石刻艺术》，金申《中国历代纪年佛像图典》，徐湖平主编《南朝陵墓雕刻艺术》，金维诺《中国古代佛雕：佛造像样式与风格》，费泳《汉唐佛教造像艺术史》。

公元 519 年　北魏神龟二年
南梁天监十八年

［提示］　北魏神龟二年六月，山东《贾使君碑》。七月二十日，陕西《王守令造像碑》。九月，《崔懃造像》、《马光仁造像》。十一月，陕西《邑子七十人等造像碑》。龙门《杜永安造无量寿佛龛》。河南鸿庆寺石窟。南梁天监十八年，刘潜制《雍州平等金像碑》。

［叙录］　北魏神龟二年六月，山东刻立《贾使君碑》，此碑全称《兖州刺史贾思伯碑》。贾思伯，《魏书》有本传，字士休，山东寿光县人。曾任山东兖州刺史，此碑即为其离开兖州时，当地吏民为他竖立的德政碑。碑通高 215 厘米、宽 84 厘米、厚 40 厘米（王昶记为高六尺五寸、广三尺四寸），螭首额题正书"魏兖州贾使君之碑"八字。石碑书法浑厚整饬，体势接近《张猛龙碑》（康有为说《张猛龙碑》为正体变态之宗《贾思伯碑》辅之）。杨守敬在《学书迩言》称其"淳古遒厚，虽剥蚀过甚，而所存完字皆为至宝"。据骆承烈载，《贾使君碑》原立于山东兖州府学，后数度被湮没。北宋绍圣年间，此碑被兖州民间一庖舍（伙房）用作肉案，绍圣三年（1096）被来兖州做地方官的太原人温益访得后重立。温益为了铭刻寻碑过程，竟然磨去碑阴原有题名。此后此碑再度埋没，直至元至正十二年（1352）才为县尹苏若思发现后重立，并在碑阴刻上重立题记。清康熙年间兖州知府金一凤将此碑由露天移入室内，并在碑侧刻移碑题记。1950 年，此碑被移至曲阜孔庙大成殿东庑。

七月二十日，在陕西雕成道教名品《王守令造像碑》，又称《邑老田清等造像》，四面造像，清嘉庆三年（1798）出土于临潼县栎阳镇，现藏于陕西临潼博物馆。武树善、罗宏才、胡文和、李淞等人均有著录。石高 176 厘米、宽 74 厘米、厚 25 厘米。刻于石碑下部的发愿文，中有"镇王守令等，同年□□□。有愿天必从，生死□□□"。这里的"镇王守令"的称谓，同北魏时流行对地方长官的称谓如"州郡令长"、"郡守令长"、"牧守令长"等相似，为浓缩当时地方军事行政长官名称的一种综合称谓，非指人名。此碑与正始二年（505）《冯神育等二百人造像碑》、神龟二年（519）《刘田氏等邑子七十人等造像碑》同出一地，合称"三道士碑"。陕籍学者张扶万《在山草堂日记》手稿（藏陕西省政协文史办资料室）、毛昌杰《君子馆日记》（民国西安石印本）和侯鸿鉴的《西秦旅行记》，均详细记录了此碑的发现经过。李淞认为此碑为佛、道教混合造像碑。碑阳主龛内造像三尊，中为老君坐像，面相已残，但仍可看出戴道冠、蓄长须。左手持扇于胸部（而不是通常的右手），右手下垂。穿对襟道袍，长袖垂至龛外。其座为二兽（似佛之双狮座），其一为龙，另一似辟邪或虎，旁有一仙禽。龛内左右各一立侍，持笏。龛楣为二交龙，左右上角各一飞仙。三道士碑中的另一件《邑子七十人等造像碑》，雕刻于同年十一月。1918 年前发现，宋伯鲁、武树善著录此碑时，曾据初拓本定为《道民刘道生等七十人造像碑》。其造像题记全称《道民刘道生等七十人造像》，梁披云有著录：正书，计 10 行，行 19 字。刘正成称其题记规模宏大，首尾一致，是作者苦心经营的佳作。作者选择劲峭的方笔作为作品构成的基调，第一笔毫不苟且，十分精刻和准确。

九月，刻成《崔懃造像》，曾归潍县陈氏（介祺）。其题记为正书 18 行，行 4—10 字不等。陆增祥载石高一尺一寸、广一尺七寸五分。同月，还刻成《马光仁造像》，据刘正成说，此石于 1933 年前发现后运至上海，仅拓十数份，即被售于海外，现藏何国不详。

其造像题记为正书，正面二层，下层刻姓氏 7 列，列 6、8、10、12 行不等。阴面刻像，二侧刻文字。

书法漫不经心，如同孩童习作。

是年，龙门古阳洞刻成《杜永安造无量寿佛龛》。这龛造像比较有趣的是，其主尊阿弥陀佛（无量寿佛）的胁侍弟子是阿难和迦叶（他们本是释迦的弟子）。李淞认为这种现象是一种不严格合乎经典但在实际造像中普遍存在的图像配置现象。初唐韩氏洞、盛唐徐怿洞，二弟子夹侍阿弥陀佛已是十分普遍。莫高窟第335窟垂拱二年（686）壁画题记有："敬造阿弥陀、二菩萨兼阿难、迦叶像一铺。"这说明，阿弥陀佛的这二弟子就是释迦佛的二弟子。或许《无量寿经》卷下的一段话可作为间接依据：佛告阿难，汝起更整衣服，合掌恭敬，礼无量寿佛。于是阿难起整衣服，正身西面，恭敬合掌，五体投地，礼无量寿佛。言：世尊，愿见彼佛安乐国土，及诸菩萨、声闻大众。

约于此际（520—528）开凿河南鸿庆寺石窟。鸿庆石窟位于河南渑池义马矿区石佛村，因其附近有著名的鸿庆寺，故名。刘兴珍等人记载，此为一小型石窟群，山崖系砂质，且地势较低。经多年风雨剥蚀，窟室及造像残损漫漶，现仅存六窟，完好者四窟。一窟中心塔柱雕刻剥蚀，后壁浮雕降魔变图；上有十余个恶魔手持利器径直逼向佛。东西两壁则浮雕佛传故事。三窟后壁刻一佛、二弟子、二菩萨及飞天、莲花等。四窟西壁浮雕佛传故事。太子思惟像为半跏趺坐，后衬高大菩提树。太子右手支颐，马跪其前，吻足告别，旁有九名礼佛人，情状生动。东壁浮雕佛传故事。北壁浮雕规模最大，宽5.9米，高3米，分三部分，中为降魔变浮雕，左右各为一浮雕帷幔龛，立一佛及弟子、菩萨等。四窟浮雕构图为单层次立面布局，结构谨严，形体块面转折刀法明晰，风格粗犷。窟内全部为浮雕而无圆雕，这在石窟雕刻中较少见。

南梁天监十八年，刘潜制《雍州平等金像碑》。刘潜在《梁书》中有传，传中说敕令刘潜撰制《雍州平等金像碑》，文甚宏丽。汪春泓按，《梁书》本传说，始兴王萧憺于天监十四年迁镇右将军，十八年，征为中抚将军，所以刘潜制《雍州平等金像碑》，当在本年。

［文献］　北齐魏收《魏书》卷七二，《梁书》卷四一，清杨守敬《学书迩言》，清康有为《广艺舟双楫》卷四，清钱大昕《潜研堂金石跋尾》卷一，清陆增祥《八琼室金石补正》卷一五，清王昶《金石萃编》卷三八，清孙星衍《寰宇访碑录》卷一，清洪颐煊《平津馆读碑记》卷二，清阮元《山左金石志》卷九，骆承烈《石头上的家文献——曲阜碑文录》，胡文和《中国道教石刻艺术史》，罗宏才《中国佛道造像碑研究——以关中地区为考察中心》，宋伯鲁等《续修陕西通志》卷一四〇，武树善《陕西金石志》卷六，梁披云《中国书法大辞典》，刘正成《中国书法鉴赏大辞典》，李淞《长安艺术与宗教文明》、《陕西古代佛教美术》，汪春泓《中国文学编年史·两晋南北朝卷》，刘兴珍等《中国古代雕塑图典》。

公元520年　北魏神龟三年　北魏正光元年　南梁普通元年

［提示］　北魏神龟三年二月三日，陕西《晏僧定等六十七人造像碑》。二月二十日，龙门《比丘尼慈香慧政造像》。三月，洛阳《元晖墓志》。四月八日，陕西《锜石珍（锜双胡）道教造像碑》。四月十三日，河南《翟蛮造弥勒像碑》。四月二十日，河南《端氏县吕氏一族造佛碑像》。五月七日，山西《李僧智王阿全合邑造四面像碑》。六月十日，《魏裕造佛碑像》。九月，印度高僧菩提达摩初抵南海。十月，《杨要光造像》。《后魏神龟造碑像》。陕西《夫蒙文庆造像碑》。北魏正光元年正月，陕西泾阳《雍光里邑子造像碑》。七月十五日，河南宜阳石窟。八月二十七日，河北《曹市奴等造弥勒佛二胁侍菩萨像》。十月，河南《司马昞墓志》。十一月八日，山东《背光式佛菩萨三尊像》。河北《王女仁父母造佛坐像》。是年，甘肃《圣容寺瑞像》。孝明帝令佛道论辩于殿庭。南梁普通元年，《永阳昭王萧敷墓志》、《永阳敬太妃王氏墓志》。

［叙录］　这一年亦是石刻艺术的丰获之年，尤

其是在西北一带，石刻名品辈出。北魏神龟三年二月三日，陕西刻成佛教砂岩造像《晏僧定等六十七人造像碑》，又作《盖氏造像碑》，约在20世纪80年代中期发现，原存永寿县泔水东、泾水西永泰乡车村，现藏于永寿县文化馆。据陈根远、罗小幸、罗宏才、金宪镛等著录：石高162厘米、上宽63厘米、下宽65厘米、上厚14厘米、下厚16厘米。扁平碑体，螭首已残，身首合体，无榫卯。碑趺正、背皆有文字。正面碑额中部开龛造像。其供养人姓氏中有盖、似先、车、彭、孙、刘等姓氏。以盖、似先、车三姓为最。其中"似先"一姓为辽东扶余种，盖姓当为卢水胡，车姓为祖源高车匈奴之后裔，刘姓亦为匈奴余种之一。他们同居白土县东乡一带，共奉佛教，显示了这一地区民族机体结构以及民族融合的进程与态势。该碑正面碑铭中有：雍州北地郡云阳县民荔非道酋造千佛石像一伛（躯），四面细好铭一伛（躯），精舍一区，侍杂果七十余口。此处荔非道酋当为雍州北地郡云阳县"像师"，受雇至"师主"晏僧定主持的泾州新平郡白土县东乡三原里某一寺院，为该寺院雕凿并建筑了"千佛石像一伛（躯），四面细好铭一伛（躯），精舍一区（躯）"等。

在洛阳龙门石窟，是年二月二十日，刻成《比丘尼慈香慧政造像》，其题记简称《慈香》，"龙门二十品"之一（二十品中唯一不在古阳洞者），位于慈香窟内主佛佛座右侧之石狮右侧。横向内凹呈弧状。据李文生说，石高宽均38厘米，文10行，满行11字。费泳以此推断，龙门慈香洞窟约建于孝明帝神龟三年，此洞窟是一座平面近于方形的三壁环坛式洞窟，高约170厘米、宽约200厘米、深约220厘米，窟顶呈穹隆形，中心刻莲花，外围环绕六身供养天人。正壁佛基上造一铺五尊像，主尊结跏趺坐，着褒衣博带佛衣，施禅定印，衣襞覆坛呈外展式下垂。两侧胁侍二弟子、二菩萨，立于坛基上，佛坛正面两端各刻一狮。北壁造像也置于坛基上，组合与正壁相同。南壁佛坛上一铺五尊像，主尊为弥勒菩萨，交脚坐于佛坛上。

同年三月，在洛阳刻成的北魏墓志名作《元晖墓志》，全称《魏故使持节侍中都督中外诸军事司空公领雍州刺史文宪公墓志铭》，赵万里有著录。志石长宽约67厘米，志文正书31行，每行31字。1926年，此志出土于河南洛阳陈凹村（一说1924年出土于河南洛阳北邙山），出土后为三原于右任所藏，先运至北京，1935年由杨虎城代携至西安，现藏于西安碑林。墓主元晖为北魏皇室成员、魏昭帝六世孙，在《魏书》和《北史》均有传。据载，元晖为官贪婪，"聚敛无极"，人称"饿虎将军"。而此志为尊者违，多谀美之辞，与史实形成强烈对比。除减底阳刻青龙、白虎、朱雀、玄武四神之外，还刻有舒卷自如的云纹，构图高超，雕刻精美，是志石中纹饰最为迷人的作品。

四月八日，陕西刻成《锜石珍（锜双胡）道教造像碑》，又称《锜氏合邑廿人造像碑》、《锜双胡造像碑》。据胡文和与李凇著录，1913年，此碑于耀县文正书院（耀县西街小学）出土（一说为漆河），现藏于耀县药王山博物馆。石碑呈圭状，上小下大略呈梯形，高127厘米、宽44—63厘米、厚22—27厘米。石碑四面开龛造像，均为道像。正面上部开一龛，内造道像三尊，中为老君坐像，头戴道冠，颔下有长须，衣似佛之通肩衣，束腰带，两手下置，左右各一立侍。龛楣为二交龙，龛左右有日月圆轮，其中分别有三足乌和蟾蜍。此碑发愿文中未列主要供养人姓名，仅称合邑二十人造，但从碑身供养人位置看，牵头者应是锜石珍。碑中掺杂了许多佛教内容，如图像有双树、象，文字有三宝、六趣等，造像之时间为四月八日，为释迦牟尼诞辰日，通常是佛教造像之署日。据初步统计，北朝造像多集中在二月八日、四月八日和七月十五日这三天，而又以四月八日最多。

在陕西耀县锜石珍雕刻道像碑之后的五天（四月十三日），大约在河南某地，又雕刻完成砂岩（一说石灰岩）刻名作《翟蛮造弥勒像碑》。金申、王静芬著录：石高124.8厘米、宽70厘米，河南出土，曾归端方所有，现藏于日本京都国立博物馆。其平整的碑首刻有交龙纹饰，大型的弥勒菩萨龛占据碑阳的中央位置。其整体结构和石窟寺中的佛龛完全相同，譬如古阳洞南壁精彩的弥勒像龛。弥勒交脚坐在狮子座上，双足被印度土地神（Bhumidevi）托住。形象是一位慈祥的菩萨，双手分别作施无畏印和与愿印，两侧各立一身胁侍菩萨。狮子旁边站着两位凶神恶煞般的力士（lokapalas），根据铭文可以识别他们的身份，右边是“金刚力士”，左边是“护塔善神”。其造像正书题记，全称《翟蛮为亡父母落难弟造弥勒像》。

是年四月乃石刻之月。四月二十日，河南南阳又雕成红砂岩《端氏县吕氏一族造佛碑像》。石高125厘米，现藏于瑞士瑞特保格博物馆。碑正面有邑子贾氏、邑子吕氏多人姓名，金申说，建兴郡为魏置，当在河南南阳一带。造像衣纹平行绵密，碑各面浮雕十分精美。王静芬则称此碑为《吕黑成等合邑造像碑》，出自陕西或山西南部。由爱德华·冯德·海特（Eduard von der Heydt）捐赠。此碑由一个邑社团体集资建造。碑首平整，碑阳中心位置为浅龛及佛陀三尊。上面有三排小型佛像，顶部为一对交龙和一对凤鸟。佛陀下方是以香炉供养的情景，两位供养人在亭阁内，他们的侍从手持华盖。亭阁上是双鹿。碑阴顶部的浅龛中雕刻一身坐佛，伴有四身飞天。上面是一对交龙，连同一对凤鸟、一头鹿和另外一只颇似老虎的动物。造像碑雕刻的几何形特征非常明显，如覆盖在底座上佛陀长袍平直的锯齿形折痕，及碑阴佛两侧飞天衣纹的平行线。飞天弯曲的姿势强调对称性和图案化，与自然的姿态相违背。此外，凤鸟、鹿和虎——这些动物都是魏文朗碑上具有道教意味的象征符号——在这个例子中被完全吸收入佛教神祇的系统。

五月七日，在山西雕成传世名作佛碑像《李僧智王阿全合邑造四面像碑》，石高173.4厘米，现藏英国维多利亚·阿尔伯特博物馆。王静芬说此碑为质地松软的浅灰色砂岩，正反两面顶部都饰有一对交龙。石碑中间曾被切断，后修复。此碑曾由乔治·尤摩弗帕勒斯（George Eumorfopoulos）收藏，其铭文内容较多，汉学家颜慈（Walter Perceval Yelts）对此进行了详细分析，其内容包括捐赠造像碑的时间、用语言和图像来阐释佛教学说的原因、佛教信仰的起源及其救世的允诺、捐资制作该碑的信仰团体的两位领导者姓名（李僧智王阿全），并记载他们挑选良材雇用巧匠、石碑竖立的场所及目的、邑义成员的集体誓愿、造像颂词和悲叹信徒与佛的远离，声称石碑的供养人通过塑造佛的形象，使佛教教义获得再生。这儿所表现的敬畏石头并相信其神圣品质是中国和印度传统所共有的。道家弟子以石头为象征但喜爱未经雕琢的石的自然品质。儒家弟子使用装饰过的称为“碑”的石头来表达道德、文化和政治理想。三种传统都将石头比作世俗的或神圣的统治权。《道德经》中，“无名之璞”代表道家有关统治权和国家管理方面的观点。作为统治者的象征，璞玉无名，因为“道”也无名。在儒家对君子的崇拜中，碑是礼仪用具，为统治者树立必须遵守的德行榜样，此象征形式和士阶层相关。对佛教徒而言，有着“相”的佛像象征神圣的君权——因大士（mahapurusa）指宇宙的君主。因此，三种不同的意识形态——儒家、道家和佛教——在统治权方面观点的集中丰富了石碑的象征意义。铭文提到选用的石头可以与西方昆仑山的石头相比，昆仑山是道教仙山，而且是汉代最重要的神仙人物之一西王母居住的地方。道教和佛教都关心死后的生活，佛教徒借用了道教有关死后居所的术语，来表示佛教生死轮回的领域，通常称为“天”或“西天”。在很多例子中，皈依佛教者竖立佛教造像碑来纪念死去的亲人。佛教信仰于是和本土的丧葬和不朽祭仪混合起来。因此，除了采用儒家纪念物的碑以外，佛教造像碑也是佛教与道家或道教及儒家对话，在信仰上和实践上相结合的例子。根据铭文可知，此碑竖立在村落前面主要的交叉路口上，因而过路人不管是僧侣还是俗人，都可以从石碑所雕刻的神圣图像获得精神熏染。

雕刻于六月十日的砂岩《魏裕造佛碑像》，金申著录，石高42厘米，现藏于日本人原美术馆。刘兴珍说，其碑为圭首形制，上部浮雕交龙，正中为释迦趺坐像，四周为小千佛。纹线多用平行密集排列的形式，即日本学者松原三郎所说的鄜县式佛像，多出自陕西鄜县，与汉代的画像石刻手法有共同之处。此像的地方特色明显，为西北地区佛像的标准作品。

这年九月，印度高僧菩提达摩初抵南海。据宋人契嵩记载，名僧菩提达摩生于南印度，本名菩提多罗，后改名达摩，意为“通大”。达摩精通大乘佛法，从印度出发，经过三年航行，在是年九月抵达南海广州。达摩的到来，受到刺史萧昂的礼迎，并表奏朝廷。梁武帝即遣使者前往广州迎接。达摩十一月至建业，但与梁武帝相谈并不默契，于是渡江北上至嵩山少林寺。达摩说他是印度禅宗第28代祖，被中土尊为禅宗初祖。

十月，刻成《杨要光造像》，其正书造像记全称《杨要光等三百三十人造像》，阳面刻像，阴面刻记，梁披云曾著录。又据欧阳修《集古录跋尾》载，是年还刻有《后魏神龟造碑像》。罗宏才据曹永斌著录，神龟三年陕西耀县还刻有《夫蒙文庆造像碑》。

北魏正光元年正月，陕西泾阳刻成青石质《雍光里邑子造像碑》。石高206厘米、宽70厘米、厚25厘米。罗宏才著录，此碑于1999年7月发现，原在泾阳县城关先锋村，现存泾阳县城太壶寺文管所。形制为螭首，身首合体，无榫卯，座已佚。四面皆有文字，上部正中各开一龛造像。碑为四面设龛造像，龛下皆有题名，计有咸阳郡事王子悦、咸阳郡丞周天宝、石安令孔贤等郡县官员与城乡邑子395人，均为男性。

七月十五日，始凿河南宜阳石窟。龙门石窟的大规模皇室石窟，其开窟造像的工匠当然都是当时手艺最好的匠人(归将作大匠管理)。但是这些技艺超群的工匠及其弟子，也有失手之时，因此他们需要有一个可以实习或试手的地方。学者们推断，这个地方，就是河南宜阳石窟。因此石窟位于宜阳县城东虎头山麓虎头寺，又称虎头寺石窟。这一石窟造像的最早开凿年代是在此年七月。据贺玉萍说，北魏建都洛阳后，人们在宜阳因势就形，开凿石窟。石窟由东北而西南，山崖呈弧形，石刻面积达300多平方米。在石窟的北面，其石壁上镌有两方碑碣，高210厘米、宽100厘米。在碑碣西南凿有石窟一处，窟深620厘米、高270厘米、宽225厘米。石窟之内刻有七佛，主尊释迦高180厘米。石窟南面峭壁，高近十米，状若屋檐，上刻造佛像近千尊小佛像。千佛间还雕有佛龛，佛龛下面刻铭文，中有“大魏正光元年七月十五日”，准确地记录了此窟开凿时间，颇为难得。

八月二十七日，河北曲阳刻成《曹市奴等造弥勒佛二胁侍菩萨像》，此石像现藏于北京故宫博物院。据胡国强著录：残高46.8厘米。主尊佛身着褒衣博带式袈裟，三角形隐起衣纹，下摆外侈。胁侍菩萨头戴宝冠，宝缯平伸下折，与同时期金铜佛造像的菩萨宝缯样式基本相同。基座镂空呈趺床状，背面刻发愿文。同年在河北曲阳所造之《王女仁父母造佛坐像》(图57)，亦藏于北京故宫博物院。胡国强著录，石像残高89.5厘米。主尊佛头部残缺，佛身披双层褒衣博带式袈裟，样式为右侧衣角从胸前垂下，搭在左臂上。内着僧祇支，上束帛带。肩部衣纹呈三角形，裙摆两层呈回曲样。手施无畏与愿印，善跏趺坐于束腰须弥座上。背屏上部残，下缘平直，正面雕刻火焰纹，背面刻发愿文。从文中可知，此造像雕刻于正光元年，23年后的武定元年(543年)九月八日，王氏后人补刻发愿文。

十月，河南刻成《司马昞墓志》，全称《魏故持节左将军平州刺史宜阳子司马使君墓志铭》。此志清乾隆二十年(1755)在河南孟县葛村与《司马绍墓志》、《司马景和妻孟敬训墓志》、《司马昇墓志》同时出土，合称“四司马墓志”。出土后初归张大士，后为孟县县令周洵携去，又为长白端方所得，今佚。原石拓本绝少。清代乾隆年间冯敏昌在修《孟县志》时著录此志，称“其文颇高简有法，而书迹尤超妙入神，盖魏晋以来书家所仅见者”。

十一月八日，山东临朐刻造滑石质地《背光式佛菩萨三尊像》，张总等曾有著录。石高51厘米，造像石质呈青绿色，形制为一铺三身像，是临朐明道寺舍利塔地宫所出纪年造像中最早的一件。主尊溜肩、含胸、凸腹，着北魏晚期传统的褒衣博带装，跣足立于长方形台座上。左右胁侍菩萨在主尊的衬托下，显得特别瘦小，帔帛于身后系大蝴蝶结的造型在古青州地区造像中颇为罕见。两胁侍菩萨亦立于长方

图 57 王女仁父母造佛坐像 北魏正光元年(520) 北京故宫博物院藏

形台座上，胁侍长裙曳地，足尖露于裙外。该三尊像的莲瓣形背光不见雕饰，造像背面刻有发愿文。文中有“大魏正光年十一月辛未朔□八日”，并没有明确说是正光几年，干支中的辛未十一月正是正光元年，此年七月由神龟改元为正光，所以此像可比定为正光元年之作。从铭文中可以推知，此石像像主当为临朐宋氏。

正光元年，甘肃永昌雕造《圣容寺瑞像》。圣容寺在今甘肃省永昌县（古属凉州番和）城关镇金川西村（御谷山）。圣容寺又称瑞像寺，因为寺中有件充满传奇的石雕佛像而得名：石像的佛身雕刻于北魏正光元年，而佛首则完成于37年后的北周元年(557)。根据唐人道宣等人的记载得知，北魏武帝太延元年(435)，前往印度的刘萨诃行至凉州番和县，东望御山，曾预言此山当裂现瑞像。80多年后，到了北魏正光元年，人们果见一尊端严佛像显现于岩壁之间，身高一丈八尺，但是瑞像只有身体没有头部。到了北周元年，人们在100公里之外的凉州城东七里涧发现了与瑞像相匹配的佛首（甚至有传说此佛首来自天竺）。于是，瑞像终得圆满。现在，仍可看见瑞像石雕的身躯挺立于石壁上，像高440厘米。其佛首则存在县文化馆中，高67厘米，螺髻低平，颐方鼻隆，眼睑微垂。敦煌研究院的孙修身对瑞像考证用力甚多，认为其造像风格呈现出浓厚的印度色彩。1979年5月，在永昌县城东北角老城墙下挖出巨大唐代立碑，被孙修身等人称为《凉州御山石佛瑞像因缘记碑》，碑上记载了瑞像的神奇故事。在敦煌莫高窟壁画中（第98窟五代壁画《李师仁入山射鹿》和第72窟壁画《御容山无头大佛像》），古代画家还生动形象地再现了刘萨诃的瑞像预言：正光元年，一位名叫李师仁的猎人在御山峡谷中追杀一只麋鹿，为僧人所劝止。李师仁自此皈依佛门，感动天地，御山南面岩石中突然现出一尊与山崖浑然一体的一丈八尺高的无首石佛。

是年，孝明帝亲政，大赦天下，并令佛道论辩于殿庭。据唐人道宣、元人念常等记载，时有融觉寺僧人昙谟最与清通观道士姜斌分别代表道、佛参与辩论。姜斌引《老子开天经》，称佛为老子侍者。昙谟最则引《周书异记》、《汉法本内传》等，谓佛生于老子之前。孝明帝认为姜斌所论无宗旨，宣令下席。又诏令议论姜斌所引《老子开天经》之真伪，于是魏收等上奏道说：老子只著五千文，余无言说。臣等所议，姜斌罪当惑众。孝明帝拟对姜斌处以极刑，为菩提流支所谏止，发配徙马邑（山西朔州）。

公元520年这一年，北朝涌现了诸多石刻上品，而南朝则显得颇为寂寥。只有两件刻于南梁普通元年的墓志聊可一说：《永阳昭王萧敷墓志》和《永阳敬太妃王氏墓志》。如同赵超所述，南方发现的南朝墓志一向不多，除去历代破坏的原因外，可能与南方地下潮湿，蚀泐得比较严重有关，有些南朝墓中出土的墓志石上甚至已经没有一个完整的文字。传世作品中，南梁普通元年《永阳昭王萧敷墓志》和《永阳敬太妃王氏墓志》是罕见的完整材料，书体精美，深得世人赞誉。可惜原石已佚，现在只有一件珍贵的宋拓本收藏在上海博物馆内。其中之《萧敷妃王氏墓志》，全称《梁永阳昭王敬太妃王氏墓志》，刻于这年十一月。上博曾将此拓本同《萧敷墓志》合装一册刊行，志文均正书，书法颇为精致。

［文献］ 唐释道宣《广弘明集》卷一，唐道宣《续高僧传》卷二三，宋契嵩《传法正宗记》卷五，宋欧阳修《集古录跋尾》卷四，元念常《佛祖历代通载》卷九，清端方《陶斋藏石记》卷六，清冯敏昌《乾隆孟县志》，陈根远等《三秦碑刻英华》，金宪镛等《陕西发现的高句丽人、新罗人遗迹》（《考古与文物》1990年第6期），李文生主编《龙门石窟志》，赵万里《汉魏南北朝墓志集释》，费泳《汉唐佛教造像艺术史》，胡文和《中国道教石刻艺术史》，李凇《长安艺术与宗教文明》，金申《中国历代纪年佛像图典》、《海外及港台藏历代佛像珍品纪年图鉴》，［美］王静芬《中国石碑》，刘兴珍等《中国古代雕塑图典》，罗宏才《中国佛道造像碑研究——以关中地区为考察中心》，曹永斌《药王山石刻重勘纪略》，张总等《临朐佛教造像艺术》，胡国强主编《故事收藏：你应该知道的200件曲阳造像》，

贺玉萍《虎头寺义邑造像的文化特征及其他》(《洛阳师范学院学报》2008年第6期),孙修身《古凉州番禾县调查记》(《西北民族文丛》1983年第3期),赵超《石刻史话》,刘正成《中国书法鉴赏大辞典》、《中国美术全集》(魏晋南北朝书法)。

公元521年　北魏正光二年　南梁普通二年

[提示]　北魏正光二年四月一日,陕西《举家二十人造道像石》。四月八日,《法藏等造佛碑像》。四月,《马苗仁造像》。九月十三日,陕西《侯家村造佛像碑》。《佛说法坐像》。陕西《锜麻仁道教造像碑》。龙门石窟莲花洞。济南黄石崖石窟造像。南梁普通二年,萧洽受敕撰《当涂堰碑》。

[叙录]　北魏正光二年四月一日,陕西雕造砂岩《举家二十人造道像石》,此造像为罗振玉和大村西崖所著录,现藏日本黑田氏。胡文和载,其石呈圭形,约高47厘米。造像石基座上部背景为桃形,正中开一尖拱龛,龛顶有交蟠二龙,龙头向着左右方。龛中主像头戴道冠,脸形修长,双耳齐亭垂肩。身着对襟宽袖大袍,腰束勒帛,右手执麈尾,左手抚于上翻的右足掌上,造像石下端刻题记铭文。同年四月八日佛诞日,西北某地刻成砂岩《法藏等造佛碑像》。金申著录,石70锜、宽34.2厘米,现藏美国弗利尔美术馆。砂岩略带红色,与西北一带所产类似。四月,尚有《马苗仁造像》。据梁披云说,原石于1913年前发现,后运至上海,当时"仅拓十数份,石即售诸海外"。

北魏正光二年九月十三日,陕西刻成《侯家村造佛像碑》。圭首方座,碑身残为两段。罗宏才及扶风县文物志编纂委员会都有著录,石碑高160厘米、宽86厘米、厚33厘米。原在扶风县法门镇三驾村北,1985年移至扶风县博物馆。碑正面上部刻十层坐佛,下雕一立佛。造像衣纹呈直平阶梯状。立佛下刻供养人图像、题名。右下侧碑铭有"九月十三日纪念"等字,俗称"千佛碑"。金申还著录有一件雕刻于正光二年的《佛说法坐像》,石灰岩质,高226厘米,现藏美国辛辛那提美术馆。

北魏正光二年,陕西富平刻成石灰岩《锜麻仁道教造像碑》。在上一年,锜石珍和锜双胡就曾雕造道像石刻,显然锜氏一家对道教十分敬仰(北周还有锜氏家族道教造像碑)。1913年,此件造像碑发现于文正书院(耀县西街小学),现藏陕西耀县博物馆。碑为长方形,胡文和载,石高157厘米、宽77—78厘米、厚16厘米。原残断为三节。此碑纪年已残泐不清。但武树善曾录有此碑,记为"大代正光二年"。从造像题记可知,此碑是由锜麻仁及其家族的129位成员集资所雕造。王静芬描述说,碑阳仅有一龛,龛内坐像以修长的、程式化的风格表现。这位道教的神祇头戴高冠,身着汉服,长有胡须。他的袍服垂过宝座。静止的尊像和龛上充满动感的交龙成一对比。日和月的象征图形在佛龛两侧——三足乌居右,蟾蜍居左——这肯定了造像碑的道教题材。石碑表面其他位置是许多排线刻修长的供养人像。姓名表明他们是主要供养人锜麻仁家族,"锜"是羌族人常见的姓氏。所以这通造像碑是一个游牧部族为道教信徒和资助人的例子。在耀县道教和佛道造像碑群中,有相当数量的一批是由游牧人赞助。因为道教的仪式包含着萨满教的巫术仪轨,因此道教在这些游牧民族中很容易受到信奉,统治者经常宣称他们既是道教也是佛教的保护者。游牧民族对佛教和道教的资助进一步促进了本土和外来传统的融合。李凇说,锜麻仁之父锜元伯,曾任华山太守一职,而华山正是北魏至唐代的道教重地,其对泾渭流域的影响力不可低估。

龙门石窟莲花洞为北魏孝明帝正光二年以前开凿。李凇说,在莲花洞右壁下层有一较大龛,主像为结跏趺坐佛及二弟子二菩萨,龛外左侧为一天王(武士),着铠甲(其鳞片清晰可见,肩有革带与背后相连),下着裤,足穿靴,头戴高冠,右半身已残,但还可看出左手持有长棍状兵器(戟)。龛外右侧与之相对像已残,看不出是否有铠甲。这种穿铠甲和长靴的武士像在龙门石窟的北朝造像中十分罕见,邻近小龛相同位置均为力士，且在尺度上略为矮小。而在山东，济南黄石崖石窟造像活动也于此际开始。阎文儒载，黄石崖在济南城南千佛山的后面。沿山向东到东峪口，从口内可望见东南谷中开元寺摩崖大佛像的头部。由峪口南转而西1公里，就是峭壁天成的黄石崖窟壁。窟群西北向，有四五个小龛，最东的窟沿天然石洞开凿，有许多佛和菩萨形象。小龛下有题记，最早的是北魏正光二年，最晚的是东魏兴和二年(540)。但从造像的风格看，其时代应在北魏末期，再从大窟东的一小龛造像看，又系初唐风格。

南梁普通二年，萧洽受敕撰《当涂堰碑》。此事见载于《梁书》(萧介传附萧洽传)：普通二年，萧洽迁散骑常侍，出为招远将军、临海太守。为政清平，不尚威猛，民俗便之。还拜司徒左长史，又敕撰《当涂堰碑》，辞亦赡丽。

［文献］ 唐姚思廉《梁书》卷四一，清罗振玉《海外贞珉录》，［日］大村西崖《中国美术史雕塑篇》，国家文物局主编《陕西文物地图集》(下)，扶风县文物志编纂委员会《扶风县文物志》，武树善《陕西金石志》卷六，阎文儒《中国石窟艺术总论》，金申《中国历代纪年佛像图典》、《海外及港台藏历代佛像珍品纪年图鉴》，梁披云《中国书法大辞典》，刘正成《中国书法鉴赏大辞典》，李凇《长安艺术与宗教文明》，罗宏才《中国佛道造像碑研究——以关中地区为考察中心》，［美］王静芬《中国石碑》，胡文和《中国道教石刻艺术史》。

公元522年　北魏正光三年　南梁普通三年

［提示］ 北魏正光三年正月，山东孔庙《张猛龙碑》。七月十七日，龙门《比丘慧荣造像》、《王永安造像》、《杨道苌造像》。八月，《元悦造塔记》。冬，沙门惠生得经论170部。《李迴伯造佛坐像》。陕西《茹氏一百人造像碑》。洛阳《冯邕妻元氏墓志》。南梁普通三年十一月八日，梁始兴忠武王萧憺墓神道石刻。改造阿育王寺塔。司马达至日本置佛像。

［叙录］ 北魏正光三年正月，山东刻立北魏名碑《张猛龙碑》，简称《清颂碑》，全称《鲁郡太守张府君清颂碑》，碑高280厘米、宽123厘米，现藏山东曲阜孔庙汉魏碑刻博物馆。碑额楷书“魏鲁郡太守张府君清颂之碑”，碑阳碑阴亦楷书。碑文内容为颂扬鲁郡太守张猛龙德行，尤其是他兴办学校之功德。在北魏狂热崇佛之际，张猛龙能静心尽力尊师兴学，实在值得颂扬。赵超称此碑为魏碑中最著名者，其书法用笔方正强劲，完全摆脱了隶书的局限，开隋唐楷书之先河，是楷书发展成熟的一个显著标志。最奇特的是它的碑额、碑阴、碑阳三部分采用了三种不同的书写风格(有学者认为书丹者并非一人，碑阴所刻人名，有些可能更是来自赞助者随手签名)。碑额严谨端正，碑阳恭楷挺秀，碑阴则潇洒恣意，三者形成完美的统一，极富艺术价值。清代著名书法家包世臣曾大加赞扬，影响深远。杨守敬称其书法整炼方折，碑阴则流宕奇特。书法潇洒古淡，奇正相生，六代所以高出唐人者以此。康有为列《张猛龙碑》为精品上，赞叹说：如周公制礼，事事皆美善。

七月十七日同一天，龙门火烧洞内刻成《比丘慧荣造像》、《王永安造像》和《杨道苌造像》，三处造像均有题记。八月刻成《元悦造塔记》，全称《侍中太尉公汝南王元悦修塔记》。梁披云著录，塔记为正书22行，行17字，有方界格。石断为二，前段首数行磨泐。末署“太尉省事令史曲元宾造”。另有一石存15行，行15字，与此石文不同。

是年冬天，沙门惠生得经论170部。此事魏收及杨衒之均有记载：熙平元年(516)，诏遣沙门惠生使西域，采诸经律(大乘)。正光三年冬，还京师。所得经论170部，行于世。法国汉学家沙畹说：缘当时之乌苌、乾陀罗(犍陀罗)为大乘教之中心。因辛头河(印度河)北突厥种族之影响，以纯粹佛说与乌苌国灿烂的魔术相参合，复益之以伊兰(今巴基斯坦首都伊斯兰堡)之传说，连同晚代希腊造像之若干解释，于是构成一种与恒河沿岸原始佛教关系甚远的神学。因其成分复杂，似较旧说为优，乃名之为大乘，而与真正佛教之小乘对立。大乘说成立虽晚，然其自负为佛教之正统，亦不下于小乘，为取信于信徒，特在辛头河流域创建许多佛迹：中印度有四大塔，北印度亦有四大塔（见《佛国记》）；伽耶城有佛影，那竭城亦有佛影；那竭国界醯罗城有佛顶骨，弗楼沙国有佛钵（并见《佛国记》、《西域记》）。于是印度佛教圣地有二：一在辛头河流域，一在恒河流域。中夏巡礼之僧俗多先历辛头河，后赴恒河。

北魏正光三年刻有砂岩《李迥伯造佛坐像》，金申著录，石高 35.5 厘米，现藏日本大原美术馆。同年，陕西刻成四面佛道造像碑《茹氏一百人造像碑》。石高 132 厘米、宽 72 厘米、厚 19 厘米。据李淞载，此碑已断为两截，出处不详，1949 年由前陕西省历史博物馆移交西安碑林。正面为道龛，龛内坐像一尊，头戴道冠，额中有白毫，束腰带，右手持扇于胸前。龛楣为连枝花草，上饰小屋顶，左右二飞仙。二角有日轮与月轮，分别有三足乌和蟾蜍，顶部为四交龙。龛左右上方为三鸟，一为鹤一似凤。鸟下为供养人，披帛外扬，其一持香炉。下有二狮。碑下部中央有香炉，左右有供养人，再下为两层供养人像。碑左侧上部开一小龛，龛内造一道像。碑阴为佛面，上部开一龛，龛内造像三尊，主像头戴花冠，着对领衣，束腰带，双手抚于膝，双腿作倚坐状，双足各踏一花，中间有披帛下垂，座为双象。左右各一胁侍菩萨，各立束腰座。下部为发愿文。这是以茹姓的少数民族为主与汉族同造的合邑造像。双象座可能与北朝时期传入中国内地的祆教艺术有某种间接联系，如塔吉克斯坦的片吉肯特（Pendjikent）出土的持乐器的祆教大神（Adhvagh）陶塑像（现藏俄罗斯圣彼得堡艾尔米塔什博物馆），座式亦为双头象，作于 6 世纪，相当于中国的北魏至隋代。

正光三年刻于洛阳的《冯邕妻元氏墓志》，全称《辅国将军长乐冯邕妻元氏墓志》，是一方十名著名的石刻艺术，不仅书法精美，而且线刻纹饰令人眼花缭乱，在北朝墓志中可谓独领风骚。据施安昌和赵超著录，此志 1926 年出土于洛阳城西东陡沟村西。志座四缘和志盖刻满纹饰，有神像 18 尊及名称，瑰丽而精整。此志石出土后曾归洛阳郭玉堂，后为固始许光宇藏。未几即流失海外，先由日本人购去，后又转售美国，现藏美国波士顿博物馆，国内拓本极其稀少。1933 年关百益《河南金石志图正编》将此志精印刊出，并称："冯氏联婚帝室，富丽一时。此志华美亦超越一切。花边上神兽魏中屡见而不知其由来。今一一注其名称，有裨考古不尠。"1956 年，赵万里也著录了冯志。盖、志四缘均雕奇禽异兽，志盖中部线刻一云龙盘绕俯仰莲，四角为四怪兽并其名：攫天、唅噏、拓仰、拓远。四杀分别线刻二跑兽和云纹。志四侧分别线刻怪兽，兽旁均刻其名，前侧为挟石、发走、攫天、啮石四兽名；后侧为挠撮、掣电、欢喜、寿福四兽名；左侧为回光、捔远、长舌三兽名；右侧为乌攫、礔电、攫撮三兽名。除攫天两见其名外，志、盖兽名共为 18，施安昌认为这些异兽应与波斯拜火教有关。赵超说此志整个装饰图案排布匀称，疏密适宜，线条灵动飞逸，气势不凡，生动地表现了神仙境界的幻秘色彩。这些墓志纹饰和洛阳地区北魏墓中出土的石棺纹饰同样出色，反映了当时高超的石雕艺术水平。北魏墓中石棺的四周刻有多种图案和故事画面，如 1977 年在洛阳上窑村出土的画像石棺，在棺身和底座的四周刻有四像、神兽纹样和乘龙升仙的图案，空隙处刻上云气、花草等纹饰，亦是一件精美的艺术品。

南梁普通三年十一月八日，雕造完成梁始兴忠武王萧憺墓神道石刻。萧憺（478—522），字僧达，南兰陵人，梁武帝弟。武帝天监初，封始兴郡王，为荆州刺史。励精为治，广辟屯田。民有讼者，决于俄顷。天监九年（510）任益州刺史，开立学校，劝课就业。性谦，降意接士，为时所称，卒谥忠武。宋人陈思，清人王昶、缪荃孙，今人曾毅公等均著录，南梁普通三年十一月八日，邵元明（吴兴）刻成始兴忠武王碑坊阁字。同日，房贤明（丹阳）刻始兴忠武王萧憺碑，明确记录了刻造石工籍贯与姓名，殊为可贵。始兴忠武王萧憺墓神道石刻，位于南京市栖霞区栖霞镇甘家巷西，徐湖平等调查，现存石刻两种五件。其中石兽两只，张口伸舌作伫立状，东西相对，相距 20 米。西兽仅存后胯部，长 170 厘米、高 101 厘米。东兽雄性，头已残，身长 378 厘米、高 292 厘米；腹侧双翼，前部雕饰似浪花，后部饰翎毛 5 根，身雕勾云纹；长尾及地。东兽腹下另有小兽两只，一身长 125 厘米、高 114 厘米；另一身长 114 厘米、高 105 厘米，造型与神道石兽相似。西碑已失，仅存龟趺座；东碑完好，于 1957 年建亭保护。碑高 445 厘米、宽 160 厘米、厚 33 厘米，龟趺座长 146 厘米、宽 160 厘米、高 115 厘米。圆首带穿，碑顶饰交龙纹，额题“梁故侍中司徒骠骑将军始兴忠武王之碑”；碑文为东海徐勉撰、吴兴家贝义渊书，郜元上石。此碑全称《梁始兴忠武王萧憺墓碑铭》，又称《始兴忠武王碑》、《贝义渊萧憺碑》。碑阳楷书计 3 000 余字，今多漫漶，可辨识者 2 500 余字，是目前南京地面所见文字保存最多的一块南朝碑刻，亦为我国保存最完好的南朝碑刻。此碑书法由于出自大书法家之手，广为人们所推崇。王昶有著录，清人莫友芝认为，此碑“与北魏诸刻比，格韵相等，而稍朗润，盖南北书大同而小异，上承钟王，下开欧褚，皆在此碑”。康有为更将此碑推为南碑、魏碑“十六宗”之一。

南梁普通三年，改造阿育王寺塔。据费泳说，南朝的萧梁年间，是改造阿育王寺塔、造阿育王像的又一高峰。如唐人道世载：梁武帝于普通三年，于会稽鄮县（旧有阿育王塔处）建木浮图、堂殿、房廊，周环备满，号阿育王寺。《梁书》（海南诸国传）中，也记载大同三年（537）八月高祖改造阿育王寺塔，出旧塔下舍利及佛爪发。僧伽婆罗于天监十一年（512）在建康译《阿育王经》，初翻日，“帝躬自笔受”。由上述记载可知，阿育王信仰在浙江阿育王寺、建康长干寺、荆州长沙寺及成都均有之，南方长江沿线流行较为普遍。四川出现的诸多阿育王像，当得力于梁武帝的积极推动。其较明显的外来特征，应与当时南海诸国与南朝频繁的佛教往来有关。

同年，司马达至日本置佛像。司马达事迹，见载于《扶桑纪略》、《元亨释书》等书中（孙玉良编《渤海史料全编》），司马达一作司马达等或司马达止，南朝梁人。南梁普通三年东渡日本，在大和（日本奈良）高市郡坂田原建草庵，安置佛像，为日本佛教造像的奠基者之一。刘兴珍说，在他的造像影响下，形成了日本雕塑主要派别——安作派。司马达之子多须奈，曾发愿立寺造佛。后在高市郡南渊建坂田寺，立丈六佛像及胁侍菩萨像，至多须奈之子止利法师（全名司马鞍作首止利）才完成。司马鞍作首止利，简称鞍作止利、鞍作鸟或止利佛师，于公元 606 年完成日本法兴寺本尊丈六金铜佛（俗称飞鸟大佛），公元 622 年又完成法隆寺金堂本尊释迦三尊金铜像，其造像风格属于中国北魏佛雕。

［文献］ 北魏杨衒之《洛阳伽蓝记》卷五，北齐魏收《魏书》卷一一四，唐道世《法苑珠林》卷三八，《梁书》卷五四，宋陈思《宝刻丛编》卷一五，清钱大昕《潜研堂金石跋尾》卷二，清孙星衍《寰宇访碑录》卷一，清洪颐煊《平津馆读碑记》卷二，清阮元《山左金石志》卷九，清杨守敬《学书迩言》、《激素飞清阁评碑记》，康有为《广艺舟双楫》卷四，清缪荃孙《江苏金石志》卷二，清莫友芝《宋元旧本经眼录》（附录），清王昶《金石萃编》卷二六，［法］沙畹《宋云行纪笺注》（冯承钧译），关百益《河南金石志图正编》，骆承烈《石头上的家文献——曲阜碑文录》，赵万里《汉晋南北朝墓志集释》，施安昌《北魏冯邕妻元氏墓志纹饰考》（《故宫博物院院刊》1997 年第 2 期），李文生主编《龙门石窟志》，李凇《长安艺术与宗教文明》，曾毅公《石刻考工录》，徐湖平主编《南朝陵墓雕刻艺术》，赵超《石刻史话》，梁披云《中国书法大辞典》，刘正成《中国书法鉴赏大辞典》，费泳《汉唐佛教造像艺术史》，刘兴珍等《中国古代雕塑图典》、《中国美术全集》（魏晋南北朝书法），孙玉良编《渤海史料全编》。

公元 523 年　北魏正光四年　南梁普通四年

［提示］ 北魏正光四年正月二十六日，龙门《比丘尼法险造像》。二月，山东《马鸣寺碑》、洛阳《常季繁墓志》。六月，龙门宾阳中洞竣工，山东《高贞碑》。

七月九日，陕西《三县邑子二百五十人造像碑》。七月二十六日，陕西《师篆生佛道教造像碑》。七月二十九日，山东《法义兄弟姊妹造石窟像》。九月九日，龙门魏字洞《比丘尼法照造弥勒像》。十二月，《陶申仪造佛像碑》。正光四年，龙门《优婆夷李造无量寿龛》。河南《法义赵买德卅人等造像》。云冈《大茹茹造像记》。南梁普通四年三月八日，成都《康胜造石佛碑像》。梁吴平忠侯萧景墓神道石刻。

［叙录］ 北魏正光四年正月二十六日，刻于龙门古阳洞北壁第一层的《比丘尼法险造像》，其题记为“龙门五十品”之一，据李文生载，石高 11.2 厘米、宽 31.5 厘米。是年二月，山东刻立《马鸣寺碑》，全称《马鸣寺根法师碑》。石碑原在山东省乐安县大王桥，现藏山东石刻艺术博物馆。刘正成说，石碑在咸丰、同治年间曾断裂为三。清人陆增祥载，石高四尺九寸，广二尺七寸。碑额阳文楷书“魏故根法师之墓碑”8 字，额上另刻有阴文楷书“马鸣寺”三字。碑阳亦楷书，康有为称此碑书风，已开苏（轼）派。杨守敬亦说：魏碑多隶体，而亦多寒瘦气。求其神韵之佳者极少，此碑独跌宕风流，尚在《萧憺碑》之上。梁启超对此碑更是赞叹不已：支道林爱蓄马，或问之，曰吾赏其神俊，吾生平酷嗜根法寺碑，亦如此。

同月，在山东刻出石刻神品的同时，河南所刻的一方正书墓志《常季繁墓志》，也以别样的风采为世人所瞩目。此志全称《魏故齐郡王妃常氏墓志铭》，又称《元祐妃常季繁墓志》，志石长宽约 63 厘米。石于清宣统二年（1910）出土于河南洛阳高沟村，后被毗陵董康售于日人太仓喜八郎，藏于太仓集古馆。1924 年毁于日本大地震，尚存残石。赵万里著录此碑说：常季繁志书法秀媚无二。此志还有一个特殊现象颇为人所关注（近人王壮弘等注意到）：志文前半部分镌刻极为精美，刀工流畅传神。但后半部分（第 15 行起）则刀法粗率，显系另一人所刻。同样的情况在《元晖墓志》、《侯刚墓志》中也曾出现过。这样的情形，估计是师傅与徒弟换手而造成的。正如曾毅公说：魏墓志中的侯刚、常季繁二志，聚优劣两刻手，展示在一方石板上。这两方墓志，所书写的文字，均出于名家之手，但占全石四分之一的左上角一部分，和其余四分之三部分，字迹的优劣，实有天壤之别。显然是更换了刻工。程章灿曾以今存这两方墓志的拓本核校，可证曾氏所言不谬：左上角已刻成，发现刻工不佳，因之更换了技术较高的刻手。

六月，龙门宾阳中洞竣工。龙门宾阳洞有三洞（中洞、北洞、南洞）位于龙门西山北部，以中洞为代表。中洞在北魏时称灵岩寺，明清以后才改称宾阳洞，相传为据道教吕喦之字（洞宾）和号（纯阳子）而命名，也有认为是取自“寻为宾阳盖寅宾日出之义”，即朝阳或向阳之意。此洞开工于景明元年（500 年），竣工于正光四年（523）六月，历时长达 24 年，其间用工 80 万个。三洞的全部工程到此并未结束，其南北两洞直至隋唐才告完成。据《释老志》载，此窟系宣武帝元恪为其父母孝文帝拓跋宏、文昭皇太后（高昭容）做功德而造建。窟深 980 厘米、宽 1 110 厘米、高 930 厘米，其规格为龙门石窟第二大窟（仅次于奉先寺）。据刘兴珍载，宾阳中洞两侧屋形龛内各有一高浮雕护法力士，南侧残毁，北侧尚存。力士躯体袒裸，怒目蹙眉，左手持金刚杵，右臂屈于胸前，五指伸张，神情威严。洞口过道南北两侧各有一供养天和供养菩萨浮雕，下为神异形象浮雕。窟内主尊为释迦牟尼，结跏趺坐于须弥座上，高 840 厘米，面相略长，鼻翼丰满，嘴角上翘，呈微笑状。身躯伟岸，着褒衣博带式袈裟。左为弟子迦叶，立于莲台上，神态老成持重；右为弟子阿难，活泼开朗。另有文殊、普贤二菩萨各持法器，立于莲台上。南北二壁各有一佛、二菩萨，本尊座前左右各有一蹲狮。窟内除 11 尊大像外，崖壁上满布头光、背光，间以影雕千佛。穹隆顶中部为一重瓣莲花藻井，四周为八个伎乐天和两个供养天，弹筝鼓乐，气氛和谐欢乐。窟口内壁崖面有上下四层浮雕，最上层是“维摩变”，第二层是“舍生行善”本生故事，第三层是帝后礼佛图，最下层是十神王像。全洞雕刻布局完整，敷色艳丽。11 尊大像艺术风格雄健朴实，礼佛图则精细入微。作品中尤见线刻运用之妙，衣褶层层叠叠，于整齐中又有变化，体现出我国雕塑艺术的独特风貌。特别是主尊身着褒衣博带的冕服式服装，显示出佛教艺术进一步民族化的趋势。

龙门宾阳北洞槛门刻双龙，温玉成认为当刻成于正光四年间。在窟室门槛部位刻二龙，首先见于此，辍工于本年。此后的龙门窟龛，皆采用矫首连体二龙，作为龛楣装饰，未见置于主尊下方两侧者。而美国纽约大都会博物馆收藏的一件北魏永熙三年(534)的三尊像中，也在主尊足部两侧出现“倒悬的龙”，据传出自陕西华阴县。但陕西省尚无其他例证，故学者们(如李静杰等)怀疑它出自山东。

六月，山东刻立《高贞碑》，全称《魏故龙骧将军营州刺史高使君懿侯碑铭》。嘉庆十一年(1806)，石碑出土于山东德州卫河第三屯，随即移入德州学官保藏。碑高206.4厘米、宽71.6厘米。碑额阳文篆书“魏故营州刺史懿侯高君文碑”16字，碑阳楷书。书风近于《张猛龙碑》，清人徐树钧说：北魏书字淆乱已甚，恶劣亦劳亦甚。独此碑刚健中正，树欧褚之先声，当为北魏善书。今之习北魏者，亦当以此为矩。

七月九日所刻成的陕西耀县《三县邑子二百五十人造像碑》，俗称《青龙魏碑》，碑高220厘米。据曹永斌、罗宏才著录，此碑为简抽庑殿顶、方座，四面造像。除南面开并列两龛外，余三面皆开一龛，四面龛下皆有供养人题名。碑原在耀县北石乡青龙村路边，1980年移入耀县药王山碑林。

七月二十六日，陕西刻立石灰岩《师篆生佛道教造像碑》(图58)，又称《师氏七十一人造像碑》，是一块十分著名的石刻作品。由碑首及碑身两部分组成，据赵康民和张燕说，此碑于1981年春天出土于临潼附近徐阳乡邓王村，后移入临潼县博物馆保存。碑高219厘米、宽77厘米、厚28厘米。王静芬叙录此碑时说，碑首为浅浮雕交龙纹，碑阳具有佛教内容——主龛是一佛三尊，周围是千佛——碑阴主龛刻道教三尊像。和许多耀县造像碑一样，造像的雕凿简单，为平面线性的风格。很显然道教团体和佛教邑义社团的组织相似，由管理者和官员(有些头衔明确是道教团体的)、具体尊像或仪式的出资者及普通成员组成。僧侣和道士、佛教徒和道教徒的并置，使造像碑显得非常特别。供养人虽然被编入一个有着等级结构的宗教团体，但是他们大多来自师氏家族。此碑的供养人头戴像冠一样的帽子，有胡须，手持笏板，与其他佛教造像碑所见的供养人像不同。此碑和耀县的道教造像碑一样，似乎是自觉地尝试建立道教诸神和供养人的视觉身份，和佛教的那些有所区别。

三天之后，也就是七月二十九日，山东历城黄石崖刻造《法义兄弟姊妹造石窟像》，有正书题记，梁披云、荆三林等著录。题记中的“法义兄弟姊妹”，并不一定有血缘关系，当为共同信佛的结义者，为“邑义”或“法社”组织成员。此处题名以妇女为主，颇值得关注。此题记附近尚有一处北魏孝昌三年(527)的《法义兄弟一百余人造像记》，则男姓居多，中有“各抽家财，于历山之阴敬造石窟，雕刊灵象”等语，可以想象这些虔诚的来自平民阶层的信仰者，要建成一龛石刻，对他们来说，是一件极慎重亦极艰难的事。

九月九日，在龙门魏字洞刻造《比丘尼法照造弥勒像》，并有题记。依此题记，可大致推断魏字洞当开凿于此际。魏字洞为平面呈横长方形的三壁三龛石窟，高约430厘米、宽约570厘米、深约435厘米。费泳描绘说，窟顶浮雕莲花，外围刻飞天两身，其间饰有忍冬及流云纹。窟内正壁及南、北壁各开一大龛，正壁坛基上造一铺五尊像，佛着褒衣博带佛装，外披“半披式”袈裟，结跏趺坐，衣襞覆坛，左右胁侍二弟子、二菩萨，佛衣襞两侧各塑一护法狮子，两狮背向而立，作回首状，并上举一爪。北壁中央刻一盈拱帷幕大龛，周围刻有小龛，主龛内坛基上刻一铺五尊像，为一佛二弟子二菩萨，佛着褒衣博带装，龛外两侧各雕一力士立像。南壁大龛与北壁相同。出现于慈香洞的三壁环坛式洞窟及魏字洞的三壁三龛式洞窟，代表了龙门造像第二阶段的新特征，这在云冈第三期造像中也有所表现，可以看出两地间的密切交流。

这年最后一个月，还刻有名为《陶申仪造佛像碑》，金申有著录，砂岩四面像，石高62厘米，现藏于日本。

图 58　师蒙生佛道教造像碑　北魏正光四年(523)　陕西临潼博物馆藏

图 59 康胜造石佛碑像 南梁普通四年(523) 四川省博物院藏

同年，龙门魏字洞刻有《优婆夷李造无量寿龛》。通常而言，龙门造像龛楣刻七尊佛，如前面提及的古阳洞神龟二年(519)《杜安迁等廿三人造像》，龛楣即刻有七佛(和同期释迦像完全一样)，二弟子立于龛内，二菩萨立于龛外，坐佛为禅定印。但是这李姓优婆夷(梵文 Upasika，在家信佛女子)所造像龛，龛楣刻佛为五佛，颇为特别。

同年，河南偃师造《法义赵买德卅人等造像》，又可称为《法义卅人等造像碑》。最初名为《翟兴祖造像碑》或《北魏正光四年翟兴祖等人造像碑》(见李献奇文)，罗宏才认为此名不妥，当系随意径取龛下第一组右侧一组第二供养人"维那翟兴祖"所致。1984年，此碑于河南省偃师县南蔡庄宋湾村发现，这块石灰岩四面造像碑高110厘米、宽39厘米、厚11厘米，碑形制呈长方形。造像分别以高浮雕和线刻形式雕造像龛及主尊、佛传故事和施主形象。碑正面上部为主龛，中间为造像题记。其书法苍劲而富变化，刀工娴熟而沉稳。

北魏迁都洛阳后，云冈石窟的造像活动跌入低谷，但断断续续仍有小规模的开凿行动。刻于正光四年云冈第18洞门口西侧的《大茹茹造像记》，即是这种造像行为所形成的作品之一。此题记最初为罗振玉和日人水野清一、长广敏雄所著录，民国年间，白志谦也曾注意到这件石记题记，称其时可辨者，已不足20字。今人周伟洲亦曾撰专文讨论此题记。张焯按：大茹茹，乃柔然族人自称。此题记可以肯定为柔然可汗阿那瓌所留。正光元年(520)，在种族内讧中，刚刚被立为可汗十天的阿那瓌战败，将弟乙居伐轻骑南走归国(《魏书·蠕蠕传》)。第二年，孝明帝效仿汉宣帝立匈奴呼韩邪单于故事，封阿那瓌为蠕蠕王，派兵送还塞北。正光四年二月，阿那瓌劫持北道行台元孚，南向剽掠，至平城，乃听孚还。魏遣尚书令李崇帅骑十万击之。阿那瓌闻之，驱良民二千、公私马牛羊数十万北遁。阿那瓌大约到过平城三次，前两次是逃奔洛阳、回藩漠北途经，当时他尚未选立可敦(即可贺敦、皇后)；正光四年耀兵平城，游览武州山石窟并留题记的可能性最大。柔然信佛，南梁慧皎《高僧传》载：释法瑗，姓辛，陇西人，辛毗之后。长兄源明，仕伪魏为大尚书；第二兄法爱，亦为沙门，解经论兼数术，为芮芮国师，俸以三千户。

南梁普通四年三月八日，成都所雕刻的《康胜造石佛碑像》(图59)，又称《康胜造释迦文像造像碑》，虽然上端略残缺，但仍是石刻史上的名作。残高35.8厘米、宽30.3厘米，1954年于成都西门外万佛寺出土，现藏于四川省博物院。金申认为四川省为西南佛教艺术发达中心地区，其地佛像比例优美，衣着薄而飘逸，佛像的民族化程度较北方为高。袁曙光著录此造像碑时说，碑像正面主像为释迦牟尼佛，立于莲花座上，下有二狮及六伎乐天。佛之左右侍众有四菩萨四弟子，下方有二天王，左天王菩萨装，跣足，右手托一方形塔。右天王持一长棒形物，颈系大披风，着靴，有护领和腰带。二天王均有头光，立于莲花座上，座下各一托座药叉。造像之两侧又各有一天王，天王半跏坐于药叉之上，有圆形头光，衣着同前右天王，头戴宝冠，颔有须，披巾系于胸前，右侧天王双手合十，左侧天王左手捧盂于胸前。两天王后侧各有一拄杵力士。造像碑背面为浅浮雕的供佛图与求医图，下部刻有发愿文。李凇认为这是一件极有价值的造像碑，托塔的形象一般被看作是北方毗沙门天王，虽然此处的托塔者着菩萨装，但其位置和托塔的形式都是毗沙门天王的特征。如果考虑到两侧面的天王只是四天王的形式还不是平行的关系，或可看作是稍后四天王标准形式之前的形成阶段。但是无论如何，它似乎都是目前所知中国有绝对年代的最早一例。相对而言，北方的铠甲守护形象更接近一般意义上的守门神。像这样的介于力士、神王和天王之间的较为含糊的护法形象，在四川出土的造像中还有一些，如在成都万佛寺出土的造像中，还有梁武帝普通六年(525)的释迦造像、中大通四年(532)的释迦造像、中大通五年(533)的释迦造像、大同三年(537)的观世音菩萨造像。

李玉珉则从造像艺术特质与成就方面，对这件石刻作品给予了高度评价：全作构图复杂，但布局井然有序。在雕刻技法上,主尊释迦佛的高浮雕最为突出,依次为菩萨等主要胁侍,再其次为台座上的伎乐,背光上的故事浮雕则最佳,主从分明。背光正反两面的浮雕,继承四川汉画像砖的艺术传统,制作精美。释迦佛两颊丰润,双肩削斜,形象清俊,好似南朝的文士一般。全作人物身躯浑圆,衣服质地柔软,衣下身体的结构隐约可见。佛所穿的垂领袈裟和菩萨天衣衣裾略向外扬,作波状起伏,具装饰效果。胁侍菩萨头戴宝冠,冠缯垂肩。内着袒露右肩的僧祇支,外披半袖天衣,长裙曳地。瓔珞于腹前交叉,装饰华丽。胁侍比丘与外侧的胁侍菩萨以及天王皆略转身,面向主尊,表现动势。尤其是台座上的伎乐天,或抬足,或扭腰,姿态生动。这种活泼的表现不见于其他地区,是四川造像的一大特点。

费泳同时还指出,康胜造像还有两点值得注意:一是胁侍菩萨身上的X形穗状瓔珞(最早见于南京栖霞山第19窟,时间早于北方),与北方流行的X形披帛穿璧不同。二是出现的主尊胁侍力士(级别低于天王),在南方造像中也是目前所见最早者,但比北方要晚。北方龙门石窟古阳洞南北侧壁底层龛像中出现一佛、二弟子、二菩萨、二力士组合,时间约在正始二年(505)前后。现大部分学者认可成都南朝造像源自建康(今江苏南京市)的观点。南朝造像以建康为中心,北至山东青州,西沿长江流域至成都,并北上至麦积山,形成一条南式环形佛装造像带。在造像组合上,栖霞山一期多为一佛二菩萨,二期较早仍延续这一形制,至二期末南齐永元元年(499)以前,栖霞山造像组合出现了一铺5身及一铺11身的多尊组合,且栖霞山二期下第4窟多身组合均为立姿。成都地区南齐年间一期造像也是一铺三身像,主尊多为坐姿,至萧梁二期造像,组合数量增多,且多为立姿,与建康演变相同,成都地区纪年最早的这铺11身康胜造像,晚栖霞山20余年。这种佛作立姿的多身组合像,在同期北方并不盛行,成都此风当源自建康。

南梁普通四年,还有一个重要的石刻工程,即雕刻完成梁吴平忠侯萧景墓神道石刻。萧景(477—523)是梁武帝叔父萧崇之之子,梁武帝的堂弟。萧衍代齐建梁,封萧景为吴平忠侯。萧景勤于政事,颇负政名,受梁武帝器重。普通四年,萧景卒于郢州治所江夏郡城(今湖北武汉市武昌区),时年47岁,谥曰忠。初葬于江夏,后迁葬建康。

萧景墓东侧有只巨大的石辟邪(图60),现仍屹立于南京栖霞区栖霞镇十月村的农田之中,在植物疯长的季节,枝叶扶疏的庄稼常常会将石兽的肢体部分遮掩起来——这情景不仅没有破坏它的美感,反而更增添了石兽的威严与野性,这只仿佛昂首天外的神性之物,正以此种原生态的方式睥睨着大地与众生。

萧景墓前的石辟邪,本来是东西相对的两件,彼此相距约20余米。西边的辟邪为雌兽,在20世纪50年代中期曾发掘出地表,终因破碎严重而无法修复,出于对历史的尊重而重新埋入地下。东侧的这只雄辟邪虽然较为幸运,一直没有被湮没,但也曾断为几段,1957年夏,由南京市文物保管委员会组织专家进行了抢救性修复,除臀部略有残损之外,基本上完整地保存了原物的神形。东兽为雄性,身长380厘米、高350厘米。这只石辟邪在众多南朝石兽中,是最为著名的一只,也是最为雄壮威猛的一只。石兽高昂头颅,巨口长舌,鬣毛后卷,粗硕孔武的四足呈欲行始止的运动状态。石兽的两腹,均胁生六翎大翼,并与雄俊宽阔的胸前勾云纹饰相呼应:那不可一世的神情,仿佛始从天际归来,抑或是正欲踏云而去。

萧景辟邪自20世纪80年代以来,曾作为南京城市的标志出现在各种公共场所。这类带翅膀的翼兽原型,可以远溯至古埃及的斯芬克斯(Sphinx)、格里芬(gryphon)或亚述王朝的拉马苏(lamassu),南朝翼兽堪称中西方古代文化交流史上所留下的最为壮丽奇诡的一笔。

萧景墓石刻,除这只著名的石兽之外,还保存着一件神道石柱(西柱),徐湖平等记载,石柱通高650厘米。柱头为覆莲形圆盖,其上立有小兽;柱表饰24道隐陷直刳棱纹,额矩形,上镌"梁故侍中抚将军开府仪同三司吴平忠侯萧公之神道",楷体反书,侧面

图60　梁吴平忠侯萧景墓东辟邪　梁普通四年(523)　江苏南京

线刻“礼佛童子”图案，额下饰浮雕力士像；柱础高98厘米，上圆下方，上饰衔珠双螭，下为方形基座，柱围245厘米，四侧刻神怪纹饰。赵超认为南朝陵墓的神道石柱具有极为精美的艺术特色，比起东汉的神道柱来既大气又华丽。神道柱的外表纹饰，过去的研究者都认为它是模仿希腊式建筑中的瓜棱形圆柱，这样的石柱在雅典神庙等古代遗址中随处可见，从而把它看作一种中西文化交流的证据。但是近来有的学者提出神道柱的纹饰是模仿中国古代用竹、木制作的“柏历”外形，与希腊圆柱不相干。柏历是用细木棍捆成的圆柱，外面再捆一层破开的竹竿。神道柱下部的直棱，正是这些竹竿的外形，上部的细圆柱纹，是细木棍的外形。拦腰的粗绳纹也是柏历上捆缚用绳的再现。柏历是古代丧葬时使用的陈设仪仗品，类似后代为丧事专搭的牌楼。这种高大的石柱的原型，即使是来源于柏历，也与受到外来文化影响并不矛盾，如同那只带翼神兽一样，它既是中国的，又是东西方文明交汇的产物。

［文献］ 北齐魏收《魏书》卷一一四，清陆增祥《八琼室金石补正》卷一五，清康有为《广艺舟双楫》卷四，清杨守敬《激素飞清阁评碑记》，清梁启超《碑帖跋》，清方若著、王壮弘校补《增补校碑随笔》，清徐树钧《宝鸭斋题跋》卷上，清罗振玉《石交录》卷三，赵万里《汉魏南北朝墓志集释》，［日］水野清一等《云冈金石录》，李文生主编《龙门石窟志》，张焯《云冈石窟编年史》，梁披云《中国书法大辞典》，刘正成《中国书法鉴赏大辞典》，曾毅公《石刻考工录》，程章灿《石刻刻工研究》，罗宏才《中国佛道造像碑研究——以关中地区为考察中心》，曹永斌《药王山石刻重勘纪略》，胡文和《中国道教石刻艺术史》，张燕《北朝佛道造像碑精选》，赵康民《陕西临潼的北朝造像碑》（《文物》1985年第4期），荆三林《济南近郊北魏隋唐造像》（《文物》1955年第9期），李凇《长安艺术与宗教文明》、《陕西古代佛教美术》，［美］王静芬《中国石碑》，李献奇《北魏正光四年翟兴祖等人造像碑》（《中原文物》1985年第2期），白志谦《大同云冈石窟寺记》，周伟洲《关于云岗石窟的（茹茹）造像铭记》（《西北大学学报》1983年第1期），袁曙光《四川省博物馆藏万佛寺石刻造像整理简报》（《文物》2001年第10期），费泳《汉唐佛教造像艺术史》，金申《中国历代纪年佛像图典》，温玉成《中国佛教与考古》，李静杰《石佛选粹》，刘兴珍等《中国古代雕塑图典》，李玉珉《中国佛教美术史》，赵超《石刻史话》，徐湖平主编《南朝陵墓雕刻艺术》。

公元524年　北魏正光五年

［提示］ 三月，云冈《为亡夫侍中造像》、《李覆宗造像》，河南《杜文庆等造开宫像》。五月七日，洛阳《比丘尼统慈庆墓志》。五月，洛阳《刘根造像》。七月十五日，陕西《仇臣生造像碑》。八月八日，河北《白石邸苟生造观音菩萨立像》。八月十一日，山东《新城成买寺造像》。

［叙录］ 是年三月，在云冈第四洞南壁刻有《为亡夫侍中造像》，这是云冈石窟纪年最晚的一处造像。其题记最初为日人水野清一、长广敏雄所著录。金人曹衍在《金碑》中即提及石窟内石刻题记有正光五年者，张焯认为就是指的这件造像。是年三月，沃野镇（今内蒙古五原县东北）破六韩拔陵（匈奴族人）聚众反魏，北镇兵乱；七月官军失利，大都督李崇退兵平城，旧京骚然，武州山石窟工程终止。

是年三月，还有两件石刻，均为梁披云所著录：一是《李覆宗造像》，其题记为正书，3行，行15字，曾归长白端方所有。另一件是河南辉县的《杜文庆等造开宫像》，又称《张法隆造像》，题记亦为正书，18行，行10字，佛像左右皆题名。石像原在河南辉县姬家寨玉皇庙。1919年为人窃去。罗振玉曾跋此像说：此志近世出土洛阳，书体遒美清逸，为魏志中之上品，志末具撰书人名，亦为所见魏志中之仅见。近人陈汉章在《缀学堂河朔碑刻跋尾》中亦曾著录。

五月七日，洛阳所刻制的《比丘尼统慈庆墓志》，全称《魏故比丘尼统慈庆墓志铭》，由常景撰文，李宁民书丹。正书，26 行，行 26 字。长、宽 65 厘米。1923 年，于洛阳城东山岭头村出土，曾归上虞罗振玉。1945 年石毁，毁后石仅存右上角残石两小块，现藏于辽宁博物馆，赵万里有著录。

五月，雕造于洛阳的《刘根造像》，石长 144 厘米、高 37.5 厘米、厚 14 厘米，现藏河南博物馆。像碑中部线刻释迦说法图，左右分别刻造像题名和题记。题名中的侯刚、乞伏宝等人于《魏书》有传。其正书题记全称《刘根三十一人造像记》。梁披云有著录，像前记 19 行，行 17 字。题名 17 行，前 4 行直行，后作 4 列。清光绪间洛阳城东韩旗屯村西出土，归开封郑清湖，民国年间郑禾农摹刻于辉县。顾氏金佳石好楼（杭州顾燮光）有整纸石印。刘正成认为《刘根造像记》在北魏的泱泱碑刻中是熠熠闪光的，它与大多数北魏碑刻迥然不同的是文雅脱俗、精致细腻的风格。

七月十五日，陕西石刻作品《仇臣生造像碑》，为长方形制，胡文和著录，石残高 100 厘米、宽 42—43 厘米、厚 16—19 厘米，现存药王山第一碑廊。原碑顶部缺损，残存形象手的形状和姿势颇似道像，但所着大衣颇似佛像的袈裟，所以该碑的属性较难确定，暂拟归类佛道教造像碑。但从铭文中的“信心三宝”来看，是佛教造像碑的可能性较大。

八月八日，河北曲阳刻造的《白石邸苟生造观音菩萨立像》，胡国强著录，石高 28.6 厘米。观音头戴三叶方形冠，脸形较瘦，发辫垂肩。帔帛顺体侧下垂至膝部，再上折缠臂下垂。肩部饰圆卡，系垂带两条。舟形身光饰浅浮雕火焰纹等图案，底边向内切悬空。跣足立宝装莲圆座上。长方形基座四面刻发愿文：“武光五年八月八日邸苟生敬造观音一区（躯），上为皇家永隆，后为七世父母、已身眷属、法界沧生，同齐斯泽，□□待佛时。”“武光”当是宣武帝正光年的略称。

八月十一日，在山东青州高阳郡所刻之《新城成买寺造像》，原石在山东临淄大夫店，清人陆增祥有著录，其题记全称《青州高阳郡新城县成买寺主道充等一百人造像》，内容为：“大魏正光五年岁次甲辰八月己卯朔十一日己丑，青州高阳郡新城县成买寺主道充，率化刹邑道侣、法义兄弟姊妹一百人，敬造弥勒尊像一躯。一切群人，咸同福庆。”温玉成说，这儿的“寺主”是彼时寺院“三纲”（寺主、首座、维那）之一。该造像记下题名之首，是“□福寺比丘慧兴”。此或即“胜福寺”，今称广福寺，在青州市南劈头山东麓。

［文献］　清陆增祥《八琼室金石补正》卷一六，陈汉章《缀学堂河朔碑刻跋尾》，［日］水野清一等《云冈金石录》，张焯《云冈石窟编年史》，赵万里《汉魏南北朝墓志集释》，梁披云《中国书法大辞典》，刘正成《中国书法鉴赏大辞典》，胡文和《中国道教石刻艺术史》，胡国强主编《故事收藏：你应该知道的 200 件曲阳造像》，温玉成《中国佛教与考古》，金申《佛教美术丛考》，谭婵雪《印沙、脱佛、脱塔》（《敦煌研究》1989 年第 1 期）。

公元 525 年　北魏正光六年　孝昌元年　梁武帝普通六年

［提示］　北魏正光六年三月二十日，山东《曹望憘造像》。四月，山东《贾智渊妻张宝珠造像》。正光年间，河南《荥阳大海寺弥勒像碑》，陕西《千佛碑》。孝昌元年二月，《田寿造像》。东阳王元荣出任瓜州刺史，为敦煌雕塑带来汉风。始凿河南西沃石窟。正光年间，《石佛碑像》，陕西《杜龙祖等邑子造像碑》。梁武帝普通六年，四川成都造《释迦像一躯》。

［叙录］　雕刻于北魏正光六年三月二十日的山东石灰岩《曹望憘造像》，是一块广为人知的造像名碑，石高 50.8 厘米。据马子云、施安昌说，原石埋没于山东临淄县桐林庄一居民墙壁间，至清同治、光绪年间方掘得，初为陈介祺所藏。1921 年，陈介祺之子经上海来远公司之手，将此石售予法国巴黎博物馆，现藏美国宾夕法尼亚大学博物馆。其正书造像题记为金石学名作，全称《襄威将军柏仁令齐州魏郡魏县曹望憘造像》，笔法峻雅，刀刻入微，在北魏造像中堪

称书画刻俱佳的代表作品。主尊佛像已佚，仅存石像方座，座前侧和左右两侧三面刻浮雕画像（减地阳刻上加阴线），分别为礼佛人、侍者、马、牛车、狮子等，后侧刻造像记。此石刻虽残，却为阮元、汪鋆及大村西崖所著录。金申认为其所刻图案可与龙门宾阳洞《帝后礼佛图》和古阳洞北壁《贵妇礼佛图》并美。

刻于四月的《贾智渊妻张宝珠造像》，有正书题记，梁披云曾著录，11行，行8字。另有题名10行，字皆小。1918年冬出土，归山东益都县立图书馆。同年所刻的石灰岩《石佛立像》，金申著录，石高205厘米，现藏于瑞士瑞特保格博物馆。

刻于正光六年的灰色石灰石质《荥阳大海寺弥勒像碑》是河南石刻名作，为北魏时当地邑社185人所捐赠。1976年出土于河南荥阳大海寺，现藏于河南郑州市博物馆。石高135厘米、宽98厘米、厚44厘米。王静芬详细地描述了此碑情状：碑阴有代表中国石碑特征的交龙，底部的插座说明碑身原放在座上。戴高冠的弥勒菩萨雕刻在深凹的佛龛中，像后的背光浅浮雕雕刻着舞动的飞天和火焰纹。弟子、菩萨和力士侍立于两侧，其上方是维摩诘和文殊辩难的小场景。龛顶半椭圆形；外缘类似木构建筑中的屋梁，末端是一对反顾的龙首。柱子上的柱头是束起的芦苇，混合了印度和古典的纹样。上方龛楣以浅浮雕雕刻过去七佛，强调弥勒将来成佛的角色。两个莲花蓓蕾中的化生童子位于两边。碑阴上方分为五小龛，皆属佛教题材。从右边起分别是刚出生的佛被九头蛇王（naga）清洗；狮子座上的立佛；释迦牟尼和多宝佛；狮子座上的思惟菩萨；三小孩献土予佛。下方有铭文，但大部分已被侵蚀。供养人像分多行填满了剩余的表面；共计有190多位供养人像，和铭文中记载的数目近似。荥阳碑上的飞天以浅浮雕来表现，雕刻者完全认识到图案与和谐的审美价值。雕刻外轮廓的技法模式，如鼻子或披肩的褶皱，似乎强调了本土传统中书法的一笔。荥阳大海寺碑精美的雕刻品质，令人想起龙门莲花洞和公元520年左右的宾阳洞风格，后者由国家开凿，显示了国家支持的艺术中心对邻近地区的影响。

现藏于西安碑林的《千佛碑》，本雕凿于北魏正光年间，因碑侧有北周“武成二年（560）四月邑子皇甫景元等人”题名，故高廷法在《咸宁县志》（《金石考上》）引王昶、孙星衍等文献记载，误作“皇甫景元等造千佛碑”。罗宏才载，是碑在民国初年被重新发现，其间内蕴，宋联奎《苏庵杂志》有记：“长安寺观，辛亥后率多拆毁。东关有圆通观音寺，为元至正时所建，至是亦毁。寺有碑记，凡五百五十余字，碑之阴刻佛像百余尊，委榛莽间，将取作修渠之用。余惜其为数百年古物，乃移之高楼村北极宫内。”至是碑移至碑林时间，则在20世纪40年代初长安曹仲谦任陕西省历史博物馆馆长之时。罗宏才认为是碑定名“千佛造像碑”较妥，其雕凿时代亦当在北魏正光年间（520—525），理由有二：一是碑正面碑首减底盘龙浮雕手法、两侧六螭下垂形式、日月轮以及莲花图案的布局方式以及敷搭式袈裟并下裳遮覆龛下且略有开张等风格，为关中地区北魏晚期造像典型风格特征，与临潼区博物馆北魏正光四年（523）《师氏七十一人造像碑》风格较为接近。二是碑背面自上而下满雕多层大、小规范之小佛龛，其内各雕坐佛一尊，意在“千佛”，当称“千佛碑”。

是年北魏由正光改元孝昌，孝昌元年二月，刻成《田寿造像》，所造主尊为弥勒像，其题记全称《征东将军田寿为亡父母康延造弥勒像》，梁披云有著录，正书7行，行6字，题名6行。曾为清端方所有，并跋道：“观上截佛像左右题名六行，实系古刻。此记七行，字体既不类，且镌刻新旧迹亦判然不同。疑此处原本无字或字已漫漶，伧父遂刻此以售伪耳。”端方怀疑题记可能为后人伪刻。

此处，有两件刻造于北魏正光年间（520—525）的石刻，一并在此叙录。一件为金申所著录之砂岩《石佛碑像》，石高70.5厘米、宽63.5厘米，现藏于美国纳尔逊艺术陈列馆。造像释迦佛居中，两侧为二菩萨，其小矮人应为婆薮仙人。尖拱上方为蓝毗尼园释迦诞生故事，帝释梵天为之洗浴，天人歌舞，最下方为供养人行列。另一件为陕西道教造像《杜龙祖等邑子造像碑》，罗宏才著录，石高197厘米、宽71厘米、厚27厘米。螭首碑，身首连体，座趺后配。现藏于西安碑林。碑刻时代，李淞断为隋唐间物，罗宏才则认为应在北魏正光年间，其理由是：碑之主尊面相、髯须、羽扇形制及道袍下摆遮覆床坐之状，分别可与泾阳太壹寺正光元年（520）《雍光里邑子造像碑》、药王山碑林正光二年（521）《锜麻仁合家大小一百廿九人造像碑》、正光四年（523）《师氏合宗邑子七十一人造像碑》等相关图像信息对接比较。其次，碑首螭龙清癯修长，骨肉健劲，多施直、平、斜削、减地等刀法，螭龙盘屈紧缩，不甚高凸，主体图像附周留有大片空隙。倒龙吻部显见开启，露紧闭之牙，为北魏晚期风格，与正光元年《雍光里邑子造像碑》、正光二年（521）《锜麻仁合家大小一百廿九人造像碑》、正光四年《合宗邑子七十一人造像碑》等造像碑风格相近，不类隋初碑石螭龙已趋浑圆强壮，躯体高暴，多施圆刀、半圆刀等雕法以及体量庞硕、盘屈环绕几无空隙之状。日本神塚淑子在《六朝时代的道教造像》一文中，也有同样的感受，惜其虽已经注意到该碑时代属于北魏，但却未最后确定具体年代。

孝昌元年，东阳王元荣出任瓜州刺史，为敦煌雕塑带来汉风。北魏文成帝拓跋濬复佛之后，敦煌开窟造像活动变得活跃起来。李玉珉称，自此迄北魏末，在敦煌南区的第一、二层，相继开凿了第259、254、257、260、263、487等11个窟洞，是为北魏第二期洞窟。这些北魏第二期的洞窟又可以分为前后两期。早期的塑像和壁画人物，肩宽胸厚，身躯粗壮，菩萨像身披天衣，斜披络腋，下着羊肠裙；晚期胸扁臂细，身躯有拉长的趋势，同时还出现了中原式的帔帛在腹前交叉的菩萨装样式，和身着汉式服装的轻盈飞天塑像。武则天圣历元年（698）《李君修莫高窟佛龛碑》载："乐僔、法良发其宗，建平、东阳弘其迹"，北魏晚期敦煌艺术风格的改变应和孝昌元年左右东阳王元荣出任瓜州刺史有关。元荣崇信佛教，来自洛阳，任职瓜州期间，写经、造像无数。他的到来无庸置疑地将北魏晚期中原地区流行佛教造像风格带到敦煌，对地处偏远的敦煌美术注入了新的活力。

李君碑中提到的建平公，即指于义出任瓜州刺史之事（558—578）。于义在未至瓜州以前，为邵州刺史，活动于洛阳、关中一带，出任瓜州刺史后，很自然地也会将其熟悉且流行于中原的佛教图像带到敦煌。费泳认为，敦煌以其中西交通门户的地位及政治、经济、文化的背景，一直受到北魏统治者的重视，在其统治的93年中，曾于此设敦煌镇，作为控制河西走廊西端及打通西域的军事要塞。北魏末在敦煌设置瓜州，委派宗室亲王担任刺史管理地方事务，北魏分裂后，占据敦煌的西魏、北周政权仍延续这一建制，瓜州刺史东阳公元荣及建平公于义还直接参与了莫高窟的修建（有学者认为诸如第285、428窟这类规模较大、制作精良的洞窟也许就是他们参与兴建的）。战略地位的抬升，使敦煌成为继姑臧后河西地区最为重要的佛教中心，佛教艺术也再一次趋于繁荣。

北魏孝昌元年，始凿河南新安县西沃石窟。据温玉成撰文称，西沃石窟是洛阳市文物普查队（温玉成、冯永泉、张立、崔红旗等）于1984年8月28日发现并勘查的。西沃乡位于河南省新安县正北40公里黄河南岸，西沃石窟即开凿于西沃乡东约1公里黄河南岸的垂直峭壁间。背靠青要山，面临黄河，上距岸边公路约7米，下临黄河水面亦约7米。西沃石窟分东西两区，相距15米。东区仅一摩崖立佛，形体宏伟，神情静穆。第1号窟内刻有题记，中有"建功孝昌之始，郊就建义之初"，由此可知西沃石窟始凿于孝昌元年，第1号窟由200多个邑子集资修建，完工于孝昌四年（528）四月，第2号窟则完工于普泰元年（531），此时，北魏渐渐走向灭亡。西沃石窟后因修建小浪底水库，石窟整体搬迁至千唐志斋博物馆保存。此处石窟是北魏开凿的末代石窟，显然，它也无法挽回一个王朝的覆亡。

梁武帝普通六年，在四川成都刻《造释迦石像一躯》。此像据雷玉华记载，出土于成都外北铁路工地，刻有造像题记：普通六年岁次乙巳□月八日，佛弟子□宜□□□为过去□□□□敬造释迦石像一躯。

［文献］　清阮元《山左金石志》卷九，清汪鋆《十二砚斋金石过眼录》卷六，清端方《匋斋藏石记》卷七，大村西崖《支那美术史雕塑篇》，马子云等《碑帖鉴定》，宋联奎《苏庵杂志》卷二，金申《中国历代纪年佛像图典》、《海外及港台藏历代佛像珍品纪年图鉴》，梁披云主编《中国书法大辞典》，［美］王静芬《中国石碑》，李玉珉《中国佛教美术史》，费泳《汉唐佛教造像艺术史》，高廷法《咸宁县志》卷十二，罗宏才《中国佛道造像碑研究——以关中地区为考察中心》，雷玉华《成都地区南朝佛教造像研究》（成都文物考古研究所《成都考古研究》），温玉成《河南新安县西沃石窟》（《考古》1986年第2期）。

公元526年　北魏孝昌二年　南梁普通七年

［提示］　北魏孝昌二年正月，河南《元宁造像》。二月三十日，《道士郭法洛等造像》。三月，《王永寿造弥勒像》。八月，孝明帝幸南石窟寺（龙门石窟）。九月二十三日，《比丘昙兴造释迦三尊石像》。九月，山东《元氏法义三十五人造像》。十一月，《释迦多宝二佛并坐像》。陕西《上官信造弥勒石像》。延昌至孝昌年间，陕西《夏侯僧□佛道教造像碑》、《李天宝佛道教造像碑》、西安《楼台观四面道像碑》、陕西《田良宽道（佛）造像碑》、陕西《王市保造天尊像碑》、陕西《杜氏造道像碑》、陕西《四面像碑》、《石造道教二面像石》，酒泉南山文殊山石窟约始建于此际。南梁普通七年，梁临川靖惠王萧宏墓神道石刻、梁鄱阳忠烈王萧恢墓神道石刻。

［叙录］　南北朝时代的石刻重器，主要还是集中于北朝，南朝相比而言，虽时有佳品呈现，但总的而言，还是要沉寂得多，本年也不例外。刻于北魏孝昌二年正月的《元宁造像》，清人王昶及近人梁披云著录，其正书题记全称《荥阳太守元宁造像记》，16行、行7字。原石在河南荥阳西门外二仙洞，现藏于美国旧金山亚洲艺术博物馆。

二月三十日，刻成《道士郭法洛等造像》，从题记可知此石刻为道士郭法洛、李道仕、杨回寿等人捐造，梁披云、胡文和、毛明远等有著录。原石不知去向，北京图书馆藏有造像碑拓片。梁披云还著录了一件刻于这年三月的《王永寿造弥勒像》，造像题记为正书6行，行6字，旧藏广州图书馆。

《魏书》（肃宗纪）载：北魏孝昌二年八月，孝明帝幸南石窟寺，即日还宫。陈垣说："谓伊阙石窟寺为南石窟寺，则武州石窟寺为北石窟寺也。"张焯按：今洛阳龙门石窟，北魏称"伊阙石窟寺"、"南石窟寺"、伊阙"灵岩"。今云冈石窟，《魏书》称"武州山石窟寺"、"代京灵岩寺石窟"，隋唐称"恒安石窟"、"北台石窟寺"。恒安为北齐所立镇名；北台即北魏尚书台或行台，犹言北朝廷。

九月二十三日所刻造的黄花石《比丘昙兴造释迦三尊石像》，金申著录，石高59.4厘米，现藏于日本藤田美术馆。铭文中有"敬造释迦玉像二区"之语，说明黄花石是一种石质接近玉石的珍贵石材。

九月，在山东历城黄石崖刻成《元氏法义三十五人造像》，其正书题记全称《帝主元氏法义三十五人造弥勒像》。记三行，首行15字，次行17字，三行13字，后题名10行。梁披云称旧拓石尚完好，今已残缺，只余题名一小块。

十一月刻成砂岩质地的《释迦多宝二佛并坐像》，石高33.8厘米，松原三郎曾著录。

孝昌二年，陕西刻成《上官信造弥勒石像》，全称《开府仪同三司散骑常侍上官信造弥勒石像》，出土于西安市青龙寺遗址。发愿文说"采南山白石，造弥勒相（像）一区（躯）"，翟春玲认为此南山当为地近长安之终南山。罗宏才说，随着雕凿工具的逐步改进，坚硬致密的材质成为造像的理想选择。如正光前后，可能由于雕凿工具的改革进步，石灰岩石质明显增加。大约自孝昌以后，开始出现南山白石材质造像碑，西魏之际，又开始出现汉白玉材质造像碑，石灰岩石质更为普遍。北周时期，汉白玉材质造像碑已遽尔达到鼎盛。按照金申的考证，陕西的白石或汉白玉石像，应该多来源于荆山（今河南禹县）、金山

图 61 梁靖惠王萧宏墓东辟邪 南梁普通七年(526) 江苏南京

(今河南南阳市)及河北曲阳黄山(环山洪山)等地。

还有几件大约刻造于延昌至孝昌年间的石刻,附系于此。青石《夏侯僧□佛道教造像碑》和《李天宝佛道教造像碑》,胡文和有著录,两碑均保存于陕西耀县药王山博物馆。夏侯僧碑上端略呈圭状,石高 153 厘米、宽 56—77 厘米、厚 22 厘米。李天宝碑上部亦略呈圭状,顶部残缺,石高 130 厘米、宽 66—75 厘米、厚 27 厘米。韩伟、阴志毅称此碑为《三十七人造像碑》,并认为:以此碑之遗像特征,征诸耀县正光五年碑(应指仇臣生碑),多有雷同之处,因此,这种遗像风格变化应在正光(520—524)前后。砂岩质地的西安《楼台观四面道像碑》的刻造时代亦当在此际,胡文和著录,石高约 60 厘米。日人大村西崖在《中国美术史雕塑篇》中载:西安楼台观旧藏有四面

图 62　梁鄱阳忠烈王萧恢墓东辟邪　南梁普通七年(526)　江苏南京

道像碑，砂石，高一尺七寸六分，四面各三尊，早崎君藏。其雕刻模式、技法，颇似齐萧宝夤隆绪元年（527年）天尊像（当指《王阿善造像》）。《田良宽道（佛）造像碑》，现藏于西安碑林博物馆，刻造时间略同，碑为四面造像，胡文和著录，佛道各占一，碑阳、侧面各开一层形龛，上为双凤衔祥云。碑阳龛中像头戴笄冠，身着V形领道服，腰部系宽带。右手执麈尾，左手抚腿。龛下刻供养人。居中间上方的为“田良”、“邑师田阳仁”。《王市保造天尊像碑》，现藏陕西耀县药王山博物馆，造像纪年缺，胡文和疑为延昌至孝昌年间作品。碑呈圭状，石高161厘米、宽45.5—49厘米、厚22—36厘米，碑为单面造像。根据该造像石的雕刻风格，初步可以判定雕刻于北魏正始至延昌年间（504—515），但更可能是在延昌年间（512—515）。《杜氏造道像碑》雕刻时代亦在延昌至孝昌年间，现藏西安碑林博物馆。此碑碑阳、碑阴、碑侧开有10龛，碑阳11龛（分为五排），余三面已损坏。各龛中主像为趺坐的道像，戴道冠，身着V形领道服，颏下有▽形长须，其五官造型已完全脱离佛像的模式。刻文仅存“箓生杜龙祖、龙妻彭”，另外的像主有“马氏”、“公孙氏”、“胡氏”。现存西安碑林博物馆的《四面像碑》，缺纪年铭，胡文和疑为永平至孝昌年间（508—527）所作，碑略呈圭形，顶部有榫头，高145厘米。碑的两侧开有小龛造像，右侧的铭文中有“邑子四十五人建立石”。还有一件名为《石造道教二面像石》的石刻，雕刻时间亦约在永平至孝昌年间，造像石顶部呈拱形，下为长方形，现藏美国芝加哥自然史博物馆。

酒泉南山文殊山石窟约始建于此际。阎文儒载：在酒泉城南约15公里，由酒泉城南行约6公里戈壁中，再南行出壁约4公里，即文殊山。石窟开凿在前山和后山两处。前山有千佛洞、万佛洞、太子寺；后山有古佛洞、千佛洞、观音洞。前后山之间，还有六七个小窟。开凿的时间，约在十六国，元明两代仍有修建。但据刻于元泰定三年（1326）的《有元重修文殊寺碑铭》，上面记载说文殊山古迹至其时已有八百年历史。由此上推，石窟约始建于北魏正光、孝昌年间。

南朝此年的石刻艺术，虽总的来说无法和北魏的成就相比，但完成于普通七年两处神道石刻，还是自有其特立之处。其一是梁临川靖惠王萧宏墓神道石刻（图61），石质为石灰岩，位于南京栖霞区仙林大学城应天学院东南侧，墓北向，已平。萧宏（473—526），字宣达，梁武帝弟。天监元年（502年）封临川郡王。性贪吝，领扬州刺史20余年，家有库室百间，积钱三亿余。豫章王萧综作《钱愚论》讥之。武帝以宏为兄弟私亲，且无政治野心，皆不罪责，官至太尉。据徐湖平调查，墓前存石兽、神道柱、碑各二，东西相向对列。西石兽已毁，仅存东兽，雄性，身长330厘米、高286厘米。西神道石柱通高552厘米，顶端圆盖及小兽已失，柱表作28楞隐陷直刳棱纹；石额尚存，题为“梁故假黄钺侍中大将军扬州牧临川靖惠王之神道”，柱额两侧雕龙凤、莲花纹，上下两端各饰负重力士像；柱座高106厘米，上圆下方，上方为双螭，高55厘米，下为方形基座，边长180厘米，高53厘米，四周饰神怪图案，已模糊不清。东柱原损坏严重，后修复，顶端莲花形圆盖尚存，石额已失，造型与西柱相仿。东石碑已毁，只具龟趺座。西碑完好，圭形圆首，额有一穿孔，下为龟趺座。碑文已漫漶，碑身两侧各分八格，自上而下刻有浮雕神怪、朱雀、羽人、青龙等纹样，碑顶饰双龙纹。王静芬认为，神兽在6世纪早期的丧葬艺术中开始出现，作为镇墓兽并用来避邪。例如萧宏碑是一组石质纪念建筑的一部分，这些神兽源自中国本土有关自然神的信仰，其形象也大量存于当时的文学作品中。这些神兽在6世纪最初20年内同时在北方和南方出现，并且同时在丧葬和佛教的语境中存在。许多学者都指出，佛教在中国首先和丧葬祭仪相互影响。

刻造于同年的梁鄱阳忠烈王萧恢墓神道石刻（图62），位于南京栖霞区栖霞镇甘家巷西，墓南向，已平。萧恢（476—526），字弘达，梁武帝弟。入梁封鄱阳郡王，官至荆州刺史。轻财好施，凡历四州，俸禄随而散之。徐湖平载，萧恢墓前存石兽一对，雄性，东西对列，间距19.6米。东兽身长335厘米、高

315厘米，西兽身长346厘米、高317厘米。二兽均作前迈伫立状，昂首张口，长舌及胸，头有鬣，双翼饰翎羽，长尾垂地。

［文献］ 北齐魏收《魏书》卷九，清王昶《金石萃编》卷二九，陈垣《记大同武州山石窟寺》（《东方杂志》第16卷2、3号），梁披云主编《中国书法大辞典》，胡文和《中国道教石刻艺术史》，毛远明《汉魏六朝碑刻校注》，张焯《云冈石窟编年史》，金申《中国历代纪年佛像图典》、《海外及港台藏历代佛像珍品纪年图鉴》、《佛教美术丛考续编》，［日］松原三郎《中国佛教雕刻史论》，罗宏才《中国佛道造像碑研究——以关中地区为考察中心》，翟春玲《陕西青龙寺佛教造像碑》（《考古》1992年第7期），韩伟等《耀县药王山的佛道混合遗像碑》（《考古与文物》1984年第5期），阎文儒《中国石窟艺术总论》，徐湖平主编《南朝陵墓雕刻艺术》，［美］王静芬《中国石碑》。

公元527年 北魏孝昌三年 齐隆绪元年 南梁大通元年

［提示］ 北魏孝昌三年正月十五日，龙门《清信女黄法僧为亡妣造无量寿像》。二月，山东《皆公寺比丘道休造像》。四月八日，陕西《庞双佛道教造像碑》、龙门《宋景妃造像》。四月二十一日，河北《白石张买德造佛坐像》。五月，《苏胡仁等造像》。七月二十日，山东《比丘僧庆造佛像》。七月，山东《法义兄弟一百余人造像》。八月，山东《临邛县邑仪六十人造如来像》。九月，山东《法义九十人造砖塔记》。九月，河南《蒋伯□造像》、龙门《杨丰生为父杨嵩造像》。九月十九日，皇甫度开凿龙门石窟寺完工。十一月，陕西《刘玉墓志》。北魏孝昌三年，《刘平周残石》、山东《东营张淡石佛立像》、《李氏造四面石佛像》。郦道元卒。齐隆绪元年十一月二十五日，《王阿善造像》。南梁大通元年三月，梁武帝往同泰寺舍身为寺奴。成都《敬猷母子造像残石》。

［叙录］ 北魏孝昌三年，又是一个石刻艺术丰硕之年。这年正月十五日，龙门莲花洞北壁刻成《清信女黄法僧为亡妣造无量寿像》，其题记位于北壁第十龛右边小龛。高14.9厘米、宽23.9厘米，“龙门五十品”之一。二月，在山东刻成《皆公寺比丘道休造像》，题记为正书，梁披云曾著录。清人陆增祥载石高一尺五寸，广五尺四寸，并描述说：佛坐莲台，茎直承盘，一人两手仰托，跪而戴于首。右一人左手持盂，右手作弹指状。左一人合掌。旁有两狮，蹲列左右。北魏孝昌三年正月立寺，二月造像。原石在山东乐安西南杨赵社皆公寺，皆公寺已废圮，石像已严重残损，于1983年移置入山东石刻艺术博物馆珍藏。

四月八日，陕西刻成石灰岩《庞双佛道教造像碑》，胡文和、罗宏才、李凇等有著录。1962年由代王乡张买村移于临潼市博物馆。石高150厘米、宽64厘米、厚24厘米，顶部略呈圭形，类汉碑形式。座佚，下有榫。扁平四面体碑，每面各开一龛，正、右侧面为道像，背面及左侧面为佛像。正面龛外右侧刻大字隶书“（造）太上老君一躯”。下雕六层供养人图像，每层均分左右两组排列，旁各题名，多庞姓。最下有发愿文，记载诸邑子是年四月八日建太上道君石像一躯。同一天（佛诞日），龙门莲花洞北壁第二层还刻成《宋景妃造像》（图63），其正书题记龙门五十品一，梁披云、李文生等载：石高14.8厘米、宽47厘米。刘正成赏鉴时说：北魏孝昌三年的作品很多，彼此特色不一。《宋景妃造像记》虽属楷书，但整件作品轨迹不一。前三、四行可称为楷，作者入手时思绪平稳，运笔速度缓慢，每一笔都很沉着，似乎在作缓缓的、不慌不忙的散步，这种现象是自然的。如唐代颜真卿的《祭侄稿》，开始的一、二行也是缓慢稳重的，这是因为借助书法这种手段来抒发情感才到达“过门”阶段，心扉尚未启开。而从第五行起，我们却愿意将其作为行书来看待，行笔明显快多了，可以看出其中匆忙前行的痕迹，那种因加快而没有完成的笔画，都以粗糙而浮现，这就是一个笔画还未完成就丢下而续下一笔，结果顾此失彼。但行书意味却因此浓厚，字不相连却有一气贯下之感。

图 63　龙门莲花洞宋景妃龛　北魏孝昌三年(527)

图 64　白石张买德造佛坐像　北魏孝昌三年(527)　北京故宫博物院藏

四月二十一日，河北曲阳刻成《白石张买德造佛坐像》(图 64)。胡国强著录此像，石高 25.4 厘米。佛肉髻有残，前额下凹，脸瘦长，下颌内收。身着褒衣博带式袈裟，赭色画僧祇支。双手相叠，掌心向内，结跏趺坐，右足压左腿。束腰长方形须弥座，右后两面刻发愿文。此佛像自铭观世音玉像，故也有学者称此像为观世音佛像。

五月，在龙门莲花洞南壁中层外侧刻成之《苏胡仁等造像》，其正书题记中之北魏正光八年，梁披云说即孝昌三年。题记共四行，首次二行各 14 字，三行 12 字，四行 18 字。题名两列，列九行。

七月二十日，山东临朐刻成单尊佛立像《比丘僧庆造佛像》。张总等记载，石高 34 厘米。这件造像特点是在主尊右侧背光上残留有线刻画像，惜画像较模糊，类似主尊旁侧刻画像的情况较少见。佛像雕刻手法平直，在明道寺地宫出土的造像中，这种质地较软的青绿色或黄褐色滑石造像占有一定的比例，其中三尊式占绝大多数，亦有少量的圆雕造像。滑石像一般形体较小，绝大多数雕刻工艺较粗糙，且多有发愿文题记，有题记者又多有年号，时间跨度大。所以这类造像虽然工艺稍粗糙一些，但因有明确的纪年，其式样特征成为我们对其他造像进行鉴定的标尺，就这类造像的工艺、尺度、铭文等综合考察，其像主多为中下层民众，为我们了解北朝至隋代中下层民众造像的情况提供了重要的实物资料。

七月，在山东历城县黄石崖刻成《法义兄弟一百余人造像》，有造像题记，梁披云有著录：正书 11 行，行 11 字。末题名六行。八月，山东临淄刻成《临邛县邑仪六十人造如来像》，正书题记八行，行 37 字，题名作九列。九月，山东青州府博兴县刻成正书《法义九十人造砖塔记》，出土之后，曾归黄县丁树桢(干圃)所有。同月，河南刻成《蒋伯□造像》，梁披云著录其题记，正书 32 行，行 18 字。原石旧在河南延津东北 40 里蒋村区清寺中，民国八年被窃，不知所踪。龙门山老君洞的《杨丰生为父杨嵩造像》也刻立于此月，题记由袁翻撰文、王寔书丹，梁披云著录，正书 31 行，行可见 18 字。下处漫漶，侧题名五行，额阳文正书，存九残字。

九月十九日，太尉皇甫度开凿龙门石窟寺完工。皇甫公窟(石窟寺)位于龙门西山南部，由皇甫度(胡太后舅父)开凿而得名。窟外南侧刻有摩崖石碑《太尉公皇甫公石窟碑》一通，刻于是年九月十九日。洞外依岩雕刻庑殿式屋顶，窟楣拱内刻有七佛，两侧则分刻飞天(图 65)。窟内正壁佛坛刻有一铺七尊像，主佛为结跏趺座像，像高 318 厘米，两侧胁侍刻有二立弟子、二立菩萨，佛坛两侧各刻一身思惟菩萨舒相坐像。

十一月，刻成正书《刘玉墓志》，全称《魏故咸阳太守刘府君墓志铭》。石长 51 厘米、高 54 厘米。这是西安出土的一件十分著名的墓志，曾为汪鋆、徐树钧、梁披云所著录。出土后曾归川沙沈钧初、海丰吴式芬。清光绪十八年(1892)毁于火。清人徐树钧称字体古逸，别有意致。康有为也认为：奇古则有若《刘玉》、《皇甫驎》。

北魏孝昌三年的《刘平周残石》，梁披云有著录，正书四面刻：一面 13 行，行 12—14 字不等；一面 14 行，行存 15 字。一侧 5 行，前二行，行存 2 字，第三行 6 字，第四行 2 字，第五行 4 字。一侧 7 行，行存 15 字。这件石刻为近代收藏鉴赏名家朱文钧(1882—1937)捐赠于故宫博物院，书法极好，故虽残损，仍颇受人们重视。金申还提及一件刻造于是年的山东《东营张淡石佛立像》，石高 254 厘米，现藏于东营市博物馆。

另一件名为《李氏造四面石佛像》的砂岩造像，石高 44 厘米，金申载此像藏于日本大原美术馆，为四面石像，当为石塔或石幢之一部分。

孝昌三年，北魏最著名的地理学家郦道元卒。郦道元(约 469—527)字善长，他是青州刺史郦范之子，范阳涿州(今河北涿州市)人。历任尚书主客郎、侍御史、辅国将军、东荆州刺史等，《魏书》中有传。我们在前文中多次提及郦道元，在其传世名著《水经注》中，真实记载了他在考察历史地理文化时，所见闻到的石刻史迹，其中大部分已湮没或残损，为我们了解和研究早期石刻艺术提供了宝贵文献资料。

公元527年，雍州刺史萧宝夤(齐明帝萧鸾第六子)据州谋反，自号齐，年号隆绪。隆绪只短暂地存在过，因此，隆绪元年十一月二十五日所造、现藏中国历史博物馆之青灰色砂石《王阿善造像》，堪称硕果仅存的隆绪石刻造像珍宝。最早为石夫著录，刘兴珍载，石高27.8厘米、宽27.5厘米。正面刻两位道者并坐像，服饰、姿态相类。头戴道冠，着通肩广袖道袍，两臂弯曲置于胸前。右手扬掌，五指朝上。左手五指下垂。广额削颐，眉宇清秀，作凝神沉思状。二像身后侍立三身道教女官，皆戴道冠，着广袖道袍，袖手而立。背面浮雕图像分为上、下两层，上层刻牛车一辆，一童子于牛侧作驱牛状，车后紧随一妇人。下层左右对称刻一人骑马，身后各有一侍者高举伞盖。刻工朴实无华，物类其形，妙造自然。李淞认为此件道像的主尊的座为骑象座，二玉皇之座各为一象，两端各露出一象头。此二象一直被认为是二狮。

南梁大通元年三月，64岁的梁武帝往同泰寺舍身为寺奴。此事在《梁书》及唐释道宣、元人念常等著述中均有明载：一向佞佛的梁武帝萧衍，多次舍身事佛。所谓舍身，有两层含意：一是自愿入寺为僧众执役服务；二是捐舍资财于寺庙。这年三月，萧衍首次舍身同泰寺(建成于普通年间)，四天后被大臣赎回宫中。此后，萧衍分别于中大通元年(529)、中大同元年(546)和太清元年(547)舍身同泰寺，累计时间为37天，赎金“钱一亿万”。

大通元年，敬猷母子在四川成都万佛寺造佛像一躯，名《敬猷母子造像残石》。高文和雷玉华有记载：石高37厘米、宽23厘米，有正书题记，共五行，行字不等。成都外西万佛寺出土，曾归云南大关收藏家唐少坡(唐鸿昌)所得，今不详所在。

［文献］ 北齐魏收《魏书》卷八九，《梁书》卷三，唐释道宣《续高僧传》卷一，元念常《佛祖历代通载》卷九，清陆增祥《八琼室金石补正》卷一六，清汪鋆《十二砚斋金石过眼录》卷五，清徐树钧《宝鸭斋题跋》卷上，康有为《广艺舟双楫》卷三，李文生主编《龙门石窟志》，胡文和《中国道教石刻艺术史》，罗宏才《中国佛道造像碑研究——以关中地区为考察中心》，李凇《长安艺术与宗教文明》，梁披云主编《中国书法大辞典》，刘正成《中国书法鉴赏大辞典》，胡国强主编《故事收藏：你应该知道的200件曲阳造像》，张总等《临朐佛教造像艺术》，赵万里《汉魏南北朝墓志集释》，朱文钧《欧斋石墨题跋》，金申《中国历代纪年佛像图典》、《佛教美术丛考》，石夫《介绍两件北朝道教石遗像》(《文物》1961年第1期)，刘兴珍等《中国古代雕塑图典》。

公元528年　北魏建义元年　永安元年　真王五年

［提示］ 北魏建义元年五月，山东《王僧欢造像》。六月二十八日，《合邑七十人造佛碑像》。六月，山东《道勇造弥勒像》。永安元年十一月六日，《石佛坐像》。十一月十五日，陕西或甘肃《高神婆一族造碑像》。熙平至武泰年间，陕西《吴洪檦造天尊像碑》、龙门莲花洞造像、龙门《古阳洞礼佛图》、龙门六狮洞《护法狮子像》。真王五年正月八日，河北《白石杨天仁等造弥勒佛坐像》。真王五年，河北《白石王起同造观世音菩萨立像》。

［叙录］ 公元528年，于北魏一朝而言，可谓血雨腥风：胡太后杀死亲生子孝明帝元诩、立出生方三个月的婴儿元钊为帝，悍臣尔朱荣立长乐王元子攸为孝庄帝、沉胡后及元钊入黄河、诱杀百官于河阴(今河南孟津县)等。即使是在如此动荡不安的时局之下，造像活动仍未停止。或许，唯有宗教艺术才能带给人们片刻的宁静。

北魏建义元年五月，山东所刻《王僧欢造像》，有正书题记，梁披云著录，5行，行16、17字不等，原石在山东历城黄石崖。六月二十八日所刻造的石灰岩《合邑七十人造佛碑像》，石高190厘米，现藏美国大都会博物馆。此件石刻在瑞典著名汉学家喜龙仁的著作中也有著录。此石刻另有一“天宝二年”补刻题记，金申按：此天宝二年应系天保二年。六月所刻之《道勇造弥勒像》，其正书题记全称《青州齐郡临菖县

图 65 龙门皇甫公窟菩提树与比丘 北魏孝昌三年(527)

扬□寺比□□□道勇造弥勒四面像》，梁披云著录，题记共 13 行，行约 8 字，漫漶颇甚，曾归长白端方。

是年，北魏改元永安元年。十一月六日所刻之砂岩《石佛坐像》，据金申说，传为西安出土，现藏法国巴黎居美博物馆。十一月十五日，在陕西或甘肃地区，刻成石灰岩《高神婆一族造碑像》，全称《宁远将军高神婆一族造弥勒佛像》，罗振玉在《海外贞珉录》中最早著录，现不知所踪。石高 58 厘米、宽 41 厘米、厚 22 厘米。金申认为此碑像与龙门古阳洞北壁上之屋形龛大致同期，其为孝文帝至孝明帝时期(494—528)开凿。其佛像大衣下部密集重叠，所谓悬裳式衣纹是此期的流行手法。王静芬称此碑为《高法隆等造四面像碑》：由高氏兄弟四人于 528 年捐资雕刻，其线条绵密化和图案化的倾向得到淋漓尽致的表现。佛、菩萨、亭阁式围栏中的僧人以及下面的供养人，看起来都被藏匿在他们衣袍的式样中——锯齿形折痕、下垂的衣饰波浪般的式样、交叉的阴影线设计或是平行的衣褶。佛龛上面，叶形饰物和飞动的形象是轴放射状设计的构成因素。碑阴记录了高氏家族四位(三位已经去世)杰出成员及其官职，他们中的三位曾在甘肃和陕西担任武职，因此可以肯定此碑来源于这一地区。

下述几件石刻造像，约刻造于北魏熙平至武泰年间(516—528)。《吴洪檦造天尊像碑》没有纪年，胡文和根据碑的装饰和碑中形象造型分析，应造于北魏晚期熙平至武泰年间。此造像碑正面呈圭状，顶部有榫头。石高150厘米、宽55—66厘米、厚24—27厘米，现藏于陕西耀县药王山博物馆。龙门石窟的莲花洞造像，刘兴珍曾著录，此窟造像位于龙门西山中部，建造于孝明帝时期，窟高610厘米、深960厘米、宽615厘米，平面作长方形，窟顶略为平圆。因藻井内有一精美的高浮雕大莲花装饰，故名莲花洞。主像为圆雕释迦牟尼倚立像，着褒衣博带式袈裟。两弟子为浅浮雕，两侧胁侍菩萨为圆雕倚立像。弟子形象中以迦叶造像最佳，头部微向左侧，手握锡杖(禅杖)，身披袒右袈裟。满面皱纹，高鼻深目，瘦骨嶙峋，神情虔诚而坚毅。雕造于孝明帝时期的浮雕《古阳洞礼佛图》，位于古阳洞北壁列龛第一、二层之间。画面高21厘米、宽53厘米，描绘在比丘尼导引下的贵族妇女礼佛行列。最前为一身披袈裟的比丘尼，随后有二贵族妇女，身着曳地长裙，一人手捧熏炉，一人手提香袋，缓缓而行。其后为侍女，或双手擎宝盖，或拱手依次前行。画面无道具和衬景，但在整齐谨严的行列中，笼罩着肃穆的气氛。人物神情虔诚，贵妇衣饰华丽，形体高大。侍女形容拘谨，形体瘦小，于宗教的神秘色彩中渗透出封建等级观念。同时，处理手法上也表现出远近层次的透视关系。画面人物躯体修长，正是南朝“秀骨清像”的画风。雕刻技法为物象外铲地。物象本身除以高低凸凹塑造形体和衣褶外，还用阴线表现起伏变化较小的衣纹。刘兴珍讲，这是汉代画像石雕刻的传统技法，甚为珍贵。龙门六狮洞的《护法狮子像》，位于古阳洞外北侧。洞高185厘米，亦为孝明帝时期所雕凿。主尊为三世佛，三尊像座的立面各有浮雕护法狮一对，一雄一雌，皆作蹲踞式。后肢伏卧，前肢上扬，挺颈举尾，昂首张口，形貌奋发矫厉。刻工疏爽明快，形体概括，具有装饰色彩。线条陶洗舒展，流使自如。另一处龙门造像药方洞造像，位于龙门石窟西山南部，始凿于北魏孝明帝时期，历北齐及唐均有施工，主像于北齐年间完成。洞高410厘米、深430厘米、宽360厘米。本尊释迦牟尼结跏趺坐于高台座上，着褒衣博带式袈裟，衣褶层叠下垂，袒胸，形体粗壮厚实。西侧置二弟子、二菩萨像及二狮。洞口外两侧雕二护法力士，雄强壮硕。窟楣上方正中刻二金刚力士，肩负盘龙碑首石碑一座。洞口两侧各刻一仰覆莲六角华柱，雕饰精美，在变化中求完整统一。洞口过道两侧刻有北齐时药方计120方，故名药方洞。

北魏边民高车族杜洛周(? —528)，又称吐斤洛周，为北魏柔玄镇(今内蒙古兴和县)人，曾在上谷(今北京延庆)聚众起义，改年号真王(高欢、尉景等归附)，真王五年(528)二月，杜洛周被葛荣击杀。在杜洛周即将走完人生旅途的真王五年，河北曲阳刻成了两件石刻，迄今仍藏于北京故宫中。一件是这年正月八日刻成的《白石杨天仁等造弥勒佛坐像》，胡国强著录，佛头部残缺，高33厘米。佛身披双层袈裟，领口低垂，内着僧祇支系博带。左手施与愿印，右手残，结跏趺坐于须弥座上。袈裟悬垂座前呈“羊肠回曲”纹，分为四层，分别表现上衣和下衣的前后下摆。背屏正面外围浮雕火焰纹，内饰齿轮样莲瓣，长方形基座背面刻发愿文。另一件刻于真王五年的《白石王起同造观世音菩萨立像》，石高29.5厘米。观世音头戴三叶方梁冠，发髻中分向后绾于冠内，发辫垂于肩。头圆雕，脑后有石柱与头光相连，脸形瘦长，下颌内收。观世音右手上举，左手持桃形玉环。帔帛两端在膝部呈双弧形相交，反折至双臂垂下。菩萨下身着长裙，裙褶简括流畅，略向外撇。赤足立圆形单瓣莲座上。舟形背屏正面刻双线为界，外刻火焰纹，内雕莲瓣圆形头光和齿轮状莲瓣身光。背面线刻女供养人像，双手合十，肩部饰圆形卡，放在三束鬈曲长发之上，腰挎帔帛，身穿长裙，足蹬云头履。长方形基座，右后两面刻发愿文。

［文献］ 清端方《匋斋藏石记》卷七，清罗振玉《海外贞珉录》，梁披云主编《中国书法大辞典》，［瑞典］喜龙仁《5至14世纪的中国雕刻》，金申《中国历代纪年佛像图典》、《海外及港台藏历代佛像珍品纪年图鉴》，［美］王静芬《中国石碑》，胡文和《中国道教石刻艺术史》，刘兴珍等《中国古代雕塑图典》，胡国强主编《故事收藏：你应该知道的200件曲阳造像》。

公元529年 北魏永安二年 南梁大通三年 南梁中大通元年

［提示］ 北魏永安二年二月四日，山东《韩小华造弥勒像》。二月五日，《杜延和关阿娥合邑造像碑》。二月，山东《背光式佛菩萨三尊像》。四月，洛阳《苟景墓志》。十一月，《李文迁等造像》。永安二年，山东《背光式佛单尊像》、北魏石棺墨书、杨元慎为陈庆之解病。南梁大通三年，四川绵阳平阳府君阙上补刻佛像及菩萨像，梁南康简王萧绩墓神道石刻。南梁中大通元年，四川成都《道猷母子造释迦像》。

［叙录］ 北魏永安二年二月四日，山东青州所刻造的石灰岩质的《韩小华造弥勒像》，在青州造像中属于年代较早者。青州市博物馆有著录，碑高55厘米、宽51厘米、厚10厘米。造像刻三尊像，均跣足立于覆莲座上。本尊弥勒高螺髻，眉目清秀，手施无畏、与愿印，内着僧祇支，外着褒衣博带式袈裟。二胁侍冠饰均残，前额梳留三圆形发饰，帔帛从双肩垂下，至腿部上卷到肘间后再飘然下垂。碑顶部为方形圆角，碑上部浅线刻三尊化佛，为圆形头光、结跏趺坐。背光后部雕手执日、月二天神。下部为长方基座，基座左右刻“乐丑儿供养”、“韩小花(华)供养”，各有一浅线刻的跪姿供养人。中为二尊护法狮子。造像左侧，刻有题记四行。一天之后，即二月五日所刻造的《杜延和关阿娥合邑造像碑》，又称《五十人等造佛碑像》，也是石刻艺术史上十分著名的作品，仍为石灰岩质，石高183厘米，现藏美国波士顿美术馆。金申觉得此造像与《合邑七十人造佛碑像》的形式及细部手法极为相近，似为同一刻工所为。王静芬认为这件作品是佛教造像碑在比例上接近宏伟纪念碑的一个早期例子：高度程式化的蛟龙、构图上的严格对称、雕刻平面化以及外观的雄伟都是其特征。铭文记载道，共约50名邑社成员捐资竖立了这块造像碑，这个数字和碑上描绘的供养人像的数目大致相符。其中的“开明主”是“开明像主”(雕像点睛圣化仪式的施主)的简称。铭文中的“扶像”、“采像”或“采像幢”的确切含义不太清楚；“扶”的意思是“支持、支撑”，“采”是“选择”，“像”是“偶像、雕像”，“幢”是“柱”、“碑”或“幢幡”。扶像主、采像主和采像幢主很可能都是在与佛寺造像及造像碑本身有关的仪式中所扮演的具体角色。他们作为供养人也被刻画在相关的重要位置：一个在碑阳的左下方，其他在侧面。大斋主被列在碑阳的右下方。王静芬特别强调这件造像的雕刻手法，其强烈的平雕风格令人想起汉代石刻艺术传统。尤其是供养人像显示出汉代石刻车马出行图中侧面像的运用，与众不同之处还在于出现了杂技场景：在主龛下方香炉两侧是组杂耍艺人，每组五人，一个坐在另一个肩部，堆叠成柱状。碑两侧边也有杂技场景，包括踩高跷和翻筋斗，并有观看者。一边杂技场景下还描绘了和中国丧葬艺术有关的神兽。为何佛教造像碑上会表现杂技表演？在汉代画像艺术中，杂技表演，连同音乐和舞蹈，是“宴乐”场景的一部分，通常出现在丧葬艺术中。一方面，这块碑上杂技场景的出现是对佛教彼岸世界的一个中国式的解释，是和死后的享乐生活有关的娱乐表演。另一方面，当时的文献也提到杂技和其他娱乐艺人，经常是中亚或印度人，在佛教仪式和节日中进行表演。杨衒之在描述北魏都城洛阳长秋寺举行行像活动时写道：四月四日，此像常出，辟邪师子导引其前。吞刀吐火，腾骧一面；彩幢上索，诡谲不常。奇伎异服，冠于都市。像停之处，观者如堵，迭相践跃，常有死人。

北魏永安二年二月，山东临朐刻成《背光式佛菩萨三尊像》，张总等著录，石残高24厘米。造像为青绿色滑石质地，原为背光式三尊立像，现仅存本尊与右胁侍。本尊与右胁侍菩萨面部有修复所留的孔眼：北魏晚期作品，造像服饰明显变薄，肩部已无凸棱纹，主尊偏右下垂的鱼鳞状衣纹也较平滑，主尊与胁侍仍站立于方形台座上，胁侍菩萨的形体已变大，造像背面题刻有发愿文。

四月，洛阳刻成之《苟景墓志》，全称《冀州刺史苟景墓志》，1928年出土于河南洛阳东陡沟村，曾归于右任鸳鸯七志斋所藏，现藏于西安碑林。志石呈正方形，边长为68厘米，志文27行，每行26字，书法秀整。刘正成有著录，称其最具特色处在于志盖所刻精细花纹。志盖中减底阳刻“魏故仪同苟使君墓铭”篆书9字，上刻对称两迦陵频伽手持莲花，下刻对称翼牛，翼兔各一，中为火珠形宝供，左右两侧各刻对称镇墓神兽一对，均间刻云纹。

十一月所刻之《李文迁等造像》，有正书题记，梁披云著录，题字及题名八处，行字不一。山东临朐之石灰石《背光式佛单尊像》刻于永安二年，张总等载石高41厘米。佛像作北魏少见的宽肩造型，且衣饰显得较轻薄，在崇尚褒衣博带式厚重佛衣的北魏晚期，显得较为独特。在佛像椭圆形背光外还有一线刻菩萨(线刻画像常刻于背光背面)，亦较少见，衣裙下部大幅度外撇的早期特点还是较为明显。佛像所立圆台两侧伏卧两狮，圆台下连长方形台座，台座正面刻有功德施主人名、造像背光背面残留铭文，从造像风格及背部的残留干支铭文“己酉”看，造像年代当在北魏孝庄帝永安二年(529)。

永安二年，北魏石棺墨书。张焯说，2002年大同城西南魏辛庄，曾出土一长方形石函，黄色泥岩，内装骨灰渣。石盖内敷刷白土底色，上有墨书56字(殷宪有著录)。这种葬法，不同于汉族传统，盖北方少数民族的汉化葬法。按《北齐书》(文宣纪)：天保三年(552)，“帝亲讨库莫奚于代郡”。库莫奚，其先东部鲜卑宇文之别种，北魏时游牧于今内蒙古赤峰市一带。代郡即今大同市，隋开皇五年南移代州至今山西代县。《隋书》(北狄传)：契丹之先，与库莫奚异种而同类。父母死而悲哭者，以为不壮，但以其尸置于山树之上，经三年之后，乃收其骨而焚之。张焯怀疑，墓主蒋氏为库莫奚化的汉人。

这一年，杨元慎为陈庆之解病。据杨衒之载：永安二年，萧衍遣陈庆之送北海(元颢)入洛阳，僭帝位，庆之为侍中。后数日，庆之遇病，心上急痛，访人解治。杨元慎自云能解。庆之遂凭元慎，元慎即口含水喷向庆之道：吴人之鬼，住居建康(今江苏南京市)，小作冠帽，短制衣裳。自呼阿侬，语则阿傍。急急速去，还尔丹阳。庆之伏枕答道：杨君受辱太深。自此后，吴儿更不敢解语。张焯说，北魏永安元年(528)“河阴之变”后，北海王元颢投奔梁朝，梁武帝萧衍命陈庆之率兵护送北还。明年(529)，梁军一路克捷，元颢称帝；五月，遂入洛阳。两个月后，尔朱荣挥师南下，庆之兵败，元颢被杀。这儿所述的张景仁宴请庆之，以及杨元慎为庆之解梦驱邪的故事，就发生在梁军入洛期间。元慎所谓“吴人之鬼，住居建康，小作冠帽，短制衣裳”，虽系侮辱性咒语，却真实地反映出了南人的衣装特征。正与刘昶“布衣皂冠”穿着相仿佛。后来，庆之回到建康，一时成为吴中英雄，受到梁武帝的褒奖。中大通二年，任司州刺史，成为京畿地区的行政长官。由于他钦重北人，仪仗、服式效仿北魏洛阳朝臣，于是江左官绅争相模仿，褒衣博带，风行江南。今天的云冈石窟研究者，往往用“褒衣博带”形容孝文帝太和后期造像的袍式佛装，且视为云冈佛像中国化、世俗化的一种标志，更以为系江南风尚北渐，或颇值得商榷。其实，袍式服装，非仅古代中国独有，西域中亚也有。唐杜佑《通典》所录杜环《经行记》谓8世纪的苫国(在今叙利亚境内)，“人多魁梧，衣服宽大，有似儒服”。

南梁大通三年，四川绵阳平阳府君阙上补刻佛像及菩萨像。平阳府君阙建造于东汉初平、兴平年间(190—196)，高文有著录。最早对此阙进行考察的是法国汉学家色伽兰(谢阁兰，Victor Segalen)，他在1914年见到此阙时，推此阙为复杂石阙中最具代表性者，并称阙上梁大通三年所刻佛教石刻造像

图 66　梁南康简王萧绩墓神道石刻全景　南梁大通三年(529)　江苏句容市石兽乡石兽村

图 67 梁南康简王萧绩墓东辟邪 梁大通三年(529) 江苏句容市石兽乡石兽村

是四川唯一独存的梁代佛教造像。估计那个时候，谢阁兰还没有注意到成都万佛寺的南朝石刻吧。

同年，刻造完成南朝大型石刻工程梁南康简王萧绩墓神道石刻。萧绩(505—529)为梁武帝子。天监八年赐封萧绩为南康郡王，有政声，官至安右将军。萧绩墓神道石刻位于江苏省句容市石兽乡石兽村(图 66)。墓南向，已平。徐湖平载，墓前石刻有石狮、神道柱各二。东石兽为雌性，身长 385 厘米、高 340 厘米(图 67)。西石兽为雄性，身长 375 厘米、高 333 厘米。石兽胸突腰耸，作伫立状，翼前为鳞羽，后为长翎，胸前长毛卷曲，长尾垂地前伸，足五爪。东神道柱完好，西柱顶端圆盖及小兽残失前半。柱础为环伏的双螭座，螭龙衔珠交尾。柱表作 24 楞隐陷刳棱纹，柱围 281 厘米。石额矩形，正书题额“梁故侍中中军将军开府仪同三司南康简王之神道”，东额正书顺读，西额正书逆读。

南梁改元中大通元年。是年，在成都安浦寺(即万佛寺)刻有《道猷母子造释迦像》，也称《鄱阳王世子造像》，石高近 2 米，现藏四川省博物馆。有正书题记 12 行，行字不等。主尊赤脚站立于方形座上，佛头、双手皆已不存,背后有一通铭文。据《南史》(梁宗室传)所载,鄱阳王萧恢(梁武帝第九弟)于普通七年(526)秋九月卒于荆州刺史任上,其世子萧范赴益州出任刺史,从建康出发至荆州时,正值鄱阳王辞世,遂暂居荆州服丧。三年后赴任成都,这件释迦牟尼造像当为萧范在成都任上所造。袁曙光认为,古时"景焕"与"昭明"是通假字,这儿的景焕可能就是以文才著世的昭明太子萧统。费泳提请我们注意,这尊像身着"褒衣博带演化式"佛衣,由于造像时间距其离京西来不久,其造像摹本有可能来自建康。刘兴珍也说,此佛身着通肩式袈裟,面相方圆,表情和悦,衣纹等距离呈U形分布,仍有印度马土腊雕像遗风。刀工流畅,技法熟练,是研究南朝雕刻风格和中印文化交流的珍贵作品。

[文献] 北魏杨衒之《洛阳伽蓝记》卷二,[法]色伽兰《中国西部考古记》,青州市博物馆《青州龙兴寺佛教造像艺术》,金申《中国历代纪年佛像图典》,[美]王静芬《中国石碑》,张总等《临朐佛教造像艺术》,殷宪《北魏石棺墨书"四耶耶骨"》(《书法丛刊》2005年第3期),梁披云主编《中国书法大辞典》,刘正成《中国书法鉴赏大辞典》,张焯《云冈石窟编年史》,徐湖平主编《南朝陵墓雕刻艺术》,高文《中国汉阙》,费泳《汉唐佛教造像艺术史》,刘兴珍等《中国古代雕塑图典》,袁曙光《成都万佛寺出土的梁代石刻造像》(《四川文物》1991年第3期)。

公元530年 北魏永安三年

[提示] 五月十三日,山东《贾淑姿造佛三尊像》。五月,山东《张神远造像》。七月,河南《慧双造像》。陕西《李黑城造像碑》。

[叙录] 据张总等著录,刻造于永安三年五月十三日的山东临朐《贾淑姿造佛三尊像》,为石灰石质,石高54.5厘米。在总体构思上与永安二年《韩小华造像》相似,在佛、菩萨的服装与头后莲花装饰方面也大体相同。但在服装的细部刻画上已经开始简化,很少在服装表面刻衣纹,体型也较韩小华造像明显丰满。最令人瞩目的是面部,已经基本看不到北魏传统的秀骨清象特征。因此,对于研究北魏以后丰满造像在中国的发展,是很珍贵的实物资料。

五月山东所造《张神远造像》,有正书题记,梁披云著录,17行,行四字。旧在山东临淄城西北施福寺,曾归潍县陈介祺所藏。七月刻成《慧双造像》,正书题记16行,行20字。文下题名11行,像旁有小字题名四行。额阳文篆书九字。梁披云说,原石在河南武陟林村崇宁寺,后移城内东街吴公祠马神庙内。

永安三年,在陕西雕刻了一件颇为知名的石灰石造像碑,罗宏才称之为《北原里十人造像碑》者(发愿文中有"北华州敷城郡敷县土石□□乡北原里十人造像"),靳之林则称之为《李黑城造像碑》者(前列供养人有"被旨假征虏板授敷城太守李黑城"题名),出土于陕西洛川土基镇鄜城村寺庙遗址。石高160厘米、宽51厘米、厚17厘米。王静芬描述道,碑阳龙首浅龛内刻一佛三尊像,碑阴无纹饰。碑上所载赞助人及其官衔的清单颇有兴味,上排罗列11位不同头衔的李姓将军名字。其行政职位包括地方长官(如冯翊郡、北地郡太守),以及石碑发现地所属管区和军事驻地的首领(如县令、堡主)。下面两排记录了行政管理人员的职位,有功曹和主簿。供养人的姓名显示,他们大部分来自李氏家族,仅少数来自王氏和杨氏家族。这些赞助者的军事背景证明了陕西是不同族群之间争夺的地区。持续的战争也对文治产生影响。整个北朝时期武职与文职的混合相当普遍;即使是文官也有荣誉性的武官头衔。与此相应,军事领袖成为当地精英,拥有汉代士阶层的地位。在李黑城碑上,他们以佛教造像赞助者的身份出现,被视为当地显要人物。

[文献] 青州市博物馆《青州龙兴寺佛教造像艺术》,梁披云主编《中国书法大辞典》、[美]王静芬《中国石碑》,罗宏才《中国佛道造像碑研究——以关中地区为考察中心》,靳之林《延安地区发现一批佛教造像碑》(《考古与文物》1984年第5期)。

公元531年　北魏建明二年　北魏普泰元年　南梁中大通三年

［提示］ 北魏建明二年正月，陕西《朱辅伯合家造像碑》。二月二十七日，宁夏《金神房造像碑》。是年，山东《背光式佛菩萨三尊像》。普泰元年五月三日，陕西《乾县邑子一百人释迦造像碑》。五月，《石佛碑像》。七月三日，陕西《朱法曜造像碑》。八月，《梁海造像》。十月，山西《张黑女墓志》。普泰年间，山东《背光式佛菩萨三尊像》。约南朝梁中大通三年，太平村失名墓神道石刻。

［叙录］ 北魏建明二年正月，陕西刻成《朱辅伯合家造像碑》，李域峥、罗宏才、李淞等均有著录，碑高180厘米、宽85厘米、厚19厘米，1959年出土于陕西省华县金惠乡支家村，现藏于西安碑林博物馆。螭首长方额，四面造像。两侧上下各雕一小龛，内各雕佛一尊。主体造像则在碑之正、背面。其中正面九龛，自上而下分上、中、下三层布置。最上层龛在碑额。龛上尖拱火焰楣，龛楣左右线刻飞天。龛内雕倚坐式弥勒与二侍者。中层之中凿大龛，内雕一佛二菩萨。两侧各凿一小龛。一侧龛内雕菩萨；另一侧龛内造像头戴冠，着右衽交襟衣，当为文殊维摩诘图像。第三层对称雕两大尖拱龛，龛内均雕一坐佛二菩萨。两大尖拱龛外左侧上下复雕两大龛，内为手施禅定印的坐佛。背面从上至下，亦布置上、中、下三层龛。上层龛在碑额，有两龛。第二层龛依《法华经》第11品《见宝塔品》，经云："尔时大众具二如来，在七宝塔中师子座上结跏趺坐。"雕结跏趺坐释迦、多宝佛并坐像，释迦居左，多宝居右均施禅定印相。第三层一大龛，内一佛二菩萨。其外小龛雕坐佛。所有造像均清癯细长，多用减底刻雕技法，风格颇类似龙门同期造像。发愿文称："华山之阳，得清玉石一方。"其所得之石地在华山南麓，亦与华山郡治附近相去不远。所谓"清玉石"者，实际为火成岩。

金申还著录有一件刻于建明二年二月二十七日的砂岩《金神房造像碑》，石高48厘米、宽20.8厘米、厚5.5厘米。据石磊说，这件石刻系1981年宁夏固原县新集公社新集大队所收集的石刻作品，现藏固原博物馆。碑像上部为释迦多宝二佛并坐，下部似为观音菩萨，碑左侧至背部刻有铭文。造型及雕刻手法古朴，为西北民间作品。王静芬分析说，这些造像的脸形略方，轮廓清晰，其风格接近邻近的陕西地区。人像对称的特有风格使得造像碑焕发出一种乡土气息。此碑具纪念碑的传统功能，碑侧和碑阴的铭文记载了捐赠活动，并确定供养人是金神房。金氏原籍山西北部的晋州，该地是北魏政治权力的中心。"金"是匈奴人汉化的姓氏，说明供养人有可能来自匈奴部落，这一部落加入了建立北魏政权的鲜卑联盟。因为游牧政权的部落组织和对军事的强调，鲜卑联盟内的精英经常享有贵族的身份。显然此碑的供养人拥有显赫的军事生涯，其头衔包括使持节、假征西将军、镇军将军、西征都督等，以及贵族封衔安戎县开国子。安戎位于今青海省的东部地区。通过记载官职等级和头衔来赞颂个人杰出的功业，这是汉代以来中国传统石碑固有的风俗。

建明二年，山东临朐所刻之《背光式佛菩萨三尊像》，张总有著录，石高27厘米。一铺三身像，雕刻稍显粗陋，从中可以看出造像施主为中下层民众。造像质地为黄白色滑石，这种石质硬度很小，雕刻起来省时省力，这也是下层百姓选用滑石制作佛像的主要原因。主尊膝部以下衣裙为多重衣褶，呈羊肠状下垂，衣裙下摆外撇。两胁侍菩萨均头戴高冠，膝部以下衣褶亦呈羊肠状下垂，衣裙下摆外撇。

这年北魏由建明改元普泰元年，五月三日在陕西刻造佛教《乾县邑子一百人释迦造像碑》，为石灰岩质地的四面体柱状，罗宏才、李淞著录，1949年前出土，1953年移入西安碑林。碑顶、座均佚，碑高120厘米，宽、深均约为50厘米，为长方体。四面造像，正面有帐幔屋形龛，内雕一佛二菩萨，龛楣帐幔精细华丽，龛下有四层小坐佛。刻有碑铭，记录有详细的刻碑时间。

另一件刻于普泰元年五月的砂岩《石佛碑像》，

高132厘米，现藏于日本大阪市立美术馆。罗宏才和林保尧均认为，这件造像人物躯体清癯瘦削之风、书体遒劲规整之态与《刘文朗造像碑》正面对称双庑殿建筑、并碑侧蔓草装饰中精心嵌入的粗犷繁丽之带火焰式背屏坐佛及《合邑六十人造像碑》灵活包镶之千佛布局等，均明显挟带河洛遗风。其遗风原点，或当与南来的“东秦州敷城令”刘文朗一类的郡县官吏及南来僧侣等宗教文化传播者的不懈传导相关。其中刘文朗造像碑正面下部对称双庑殿建筑图像在敦煌北魏第275窟等载体上可以清晰窥见。刘兴珍亦称此石像古朴凝重，刀法有力。

七月三日，陕西刻成佛教《朱法曜造像碑》。碑顶、座均佚。碑高132厘米、宽50厘米、厚16厘米。1959年华县瓜坡镇金惠乡支家村出土，现存西安碑林博物馆。罗宏才著录，为四面造像，每面辟龛，龛皆尖桃拱形。正面除上部坐佛外，下部中间辟上下大龛雕一佛二菩萨三尊，大龛两侧小龛内雕释迦、多宝并坐；背面及左、右两侧小龛内均雕坐佛。四面龛下皆有供养人图像与题名。碑铭记谓朱氏等邑子于“普泰元年(531年)六月十五日”、“七月十三日”两次雕就佛教造像事。依碑之图像程式，似先雕正、背及一侧面，再雕另一侧面。《朱黑奴造像碑》刻造于普泰元年，亦出土于陕西华县支家村。李域峥、罗宏才有著录，碑高180厘米、上宽38厘米、下宽57厘米、厚22厘米，现藏西安碑林博物馆。为四面造像，依自然石形雕凿而成，上部呈弯曲状，正视略呈不规则梯形。每面皆开龛，龛位布局自由率意。龛两侧并下部有供养人图像与题名。共计雕大小佛、菩萨近百尊。同年八月所刻之《梁海造像》，有正书题记，梁披云著录，题记14行，除首行与末二行各12字外，余皆行9字。像上横书“弥勒像”3字。像旁题名2行，字略小。

十月，山西刻制的《张黑女墓志》，也是墓志中的名作。此志全称《魏故南阳太守张府君墓志》，亦称《张玄墓志》，墓主张玄字黑女，南阳白水人，志中有“葬于蒲板城”之语，蒲板城在今山西省永济市境，志石当出土于其地。原石早已不存，现仅有清代何绍基于道光年间所获原石拓片传世。志文为楷书，共367字。何绍基称赞此碑说：遒厚精古，未有可比肩《黑女》者。沈曾植亦称其书法系“中岳、北岳二《灵庙碑》之苗裔”。有正书局刊有民国珂罗版何氏拓本《南阳张黑女墓志》。

普泰年间(531—532)，山东临朐刻造之《背光式佛菩萨三尊像》，张总著录，残高28.9厘米，是临朐明道寺地宫出土佛像中纪铭最早的一件有龙形图纹的造像，青绿色滑石质地，龙已由从胁侍菩萨所站莲台的正下方向主尊莲台位置靠拢，造像莲瓣形顶部还出现了飞龙与飞天，飞龙虽头部残损，但仍可辨识出飞龙口衔的花草枝蔓在主尊头后所形成的项光，以及主尊身后近似椭圆形的背光、由飞龙口衔的花草枝蔓盘绕而形成项光的构图样式，在古青州等地北魏晚期造像中不乏其例，是北魏晚期造像的特点之一。

是年在南朝梁为中大通三年，约在此际，刻有太平村失名墓神道石刻。此处的墓神道石刻，位于南京市栖霞区燕子矶镇太平村太子凹，墓已平，现存石兽一件，于1984年10月26日出土，后迁至南京博物院。据徐湖平载，石兽头部略残，尾巴已失，通长175厘米、宽50厘米、高145厘米，腹饰双翼，右腿前迈。由于风化严重，浑身纹饰全无。关于墓主人，一说为梁昭明太子萧统。萧统于531年去世后，葬安宁陵。考察石兽的体型特征，其规格与皇太子的礼制颇有出入(同时期的王墓神道石兽多在三米以上，侯墓神道石兽最小的也在两米以上)，不及王、侯的礼遇。从雕塑风格上说，此神道石兽与侯村失名墓神道石兽颇为相似。故将此神道石刻定在梁末、陈初之间。

［文献］ 沈曾植《海日楼札丛》，李域峥《陕西古代石刻艺术》，罗宏才《中国佛道造像碑研究——以关中地区为考察中心》，李凇《陕西古代佛教美术》，金申《中国历代纪年佛像图典》，［美］王静芬《中国石碑》，石磊《北魏建明二年造像碑》(《考古与文物》2002年第1期)，张总等《临朐佛教造像艺术》，林保尧《法华造像研究——嘉登博物馆藏东魏武定元年

石造释迦像考》，刘兴珍等《中国古代雕塑图典》，梁披云主编《中国书法大辞典》，徐湖平主编《南朝陵墓雕刻艺术》。

公元532年　北魏普泰二年 南梁中大通四年

［提示］ 北魏普泰二年三月十五日，《杨阿真造佛碑像》。四月二十四日，龙门《路僧妙造像》。普泰二年，《范国仁等造弥勒尊像》、山西《薛凤规造像碑》、《巨始光造像碑》。太昌元年六月七日，《道民樊奴子造像碑》。九月八日，山东《比丘尼惠照造弥勒三尊像》。南梁中大通四年八月一日，四川《比丘释僧镇造释迦石像》。

［叙录］ 北魏普泰二年三月十五日所造之石灰岩《杨阿真造佛碑像》，金申著录，石高77厘米，现藏于美国旧金山亚洲艺术馆。有正书题记，2行，首行20字，次行10字。题名三列，首列3行，次列5行，三列3行。梁披云说，原石曾归长白端方所有。四月二十四日，龙门药方洞内刻成《路僧妙造像》，清王昶载，刻高四寸，广一尺八分。其正书题记全称《路僧妙为亡夫造像记》，为“龙门五十品”之一，原石曾归徐积余。普泰二年《范国仁等造弥勒尊像》，拓本收藏于北图，发愿文为：“建造弥勒尊像一躯，上为皇帝陛下，州郡令长，七世父母，下及来生眷属，善友知识，同斯福庆。”

据称，20世纪20年代初，有古董商获得两座大型造像碑，一为北魏《薛凤规造像碑》，一为西魏《巨始光造像碑》。在二碑即将偷运出境时被查获，拨交当时的历史博物馆筹备处(今中国历史博物馆前身)收藏。周铮对此二碑进行过考察：《巨始光造像碑》碑石原应在今山西稷山县。《薛凤规造像碑》不仅形制与前者十分类似，而且二碑均有少见的巨姓和行姓题名。如《巨始光碑》有巨天祖、巨解愁、巨令携、巨银妃、巨洪妃、行阿胜、行庆和，《薛凤规造像碑》则有巨归欢、巨常洛、巨弟、巨遵、行撤提、行延庆、行法欢、行思怀、行僧显。更为重要的是：二碑均有尹虎子的题名，《巨始光造像碑》为“唯那高谅令尹虎子”，《薛凤规造像碑》为“都唯那尹虎子”。《巨始光造像碑》建于西魏大统六年(540)，《薛凤规造像碑》建于北魏普泰二年(532)，其间仅有八年之差，故二碑之尹虎子当为一人。据上述种种描述可知：二碑同属一个地区，因此《薛凤规造像碑》无疑也建于山西稷山县。

北魏太昌元年六月七日的《道民樊奴子造像碑》，造像题记中有“樊奴子体四非”、“北雍州北地郡高乡东响北鲁川佛弟子”、“道师张道洛”、“道民樊奴子”，北图藏有造像碑拓片。

九月八日，山东所刻石灰岩《比丘尼惠照造弥勒三尊像》，青州市博物馆和金维诺有著录，石高51厘米。佛与菩萨的身体已残，但仍可看出其中典型的秀骨清象风格，服装也是传统的北魏样式——褒衣博带装等。主佛身后有圆形的头光与椭圆背光，在头光的内匝是浮雕圆形莲花，最外匝为波状连续的忍冬纹带。菩萨头后为圆形素面头光。三像的上部有四身当空飞舞的飞天，动作潇洒，表情喜悦。飞天的中央是一条舞龙，龙的上方有一用荷叶与莲花承托着的化佛。整体构思精巧、和谐，动静相融。从题记可知，主尊为佛教未来世界的弥勒佛，应是弥勒下生人间的形象。

南梁中大通四年八月一日，益州新都县繁东乡(今四川成都市新都区新繁镇)刻造《比丘释僧镇造释迦石像》，为比丘释僧镇所造。高文载此石像的正书造像铭，石高27厘米、宽50厘米，11行，行字不等。清光绪中叶新繁县三会院出土，现藏重庆市博物馆。李柏华说，此造像为背屏式，但上部已残毁，主尊为立佛，两旁有胁侍菩萨、弟子、力士等。造像背面分上、下二层，上层刻有供养人两列(左五尊右六尊)，下层为发愿文。

［文献］ 清王昶《金石萃编》卷二九，清端方《匋斋藏石记》卷七，《拓本汇编》第5册，金申《海外及港台藏历代佛像珍品纪年图鉴》，梁披云主编《中国书

法大辞典》，李文生主编《龙门石窟志》，周铮《北魏薛凤规造像碑考》(《文物》1990 年第 8 期)，罗宏才《中国佛道造像碑研究——以关中地区为考察中心》，胡文和《中国道教石刻艺术史》，青州市博物馆《青州龙兴寺佛教造像艺术》，金维诺《中国古代佛雕：佛造像样式与风格》，高文等《四川历代碑刻》，李柏华《试论南朝梁代佛像的几个特征》(《中原文物》2004 年第 3 期)。

公元 533 年　北魏永熙二年
南梁中大通五年

［提示］　北魏永熙二年正月，孝武帝元修车驾幸崧高石窟灵岩寺。二月十五日，《解保明造佛碑像》。三月一日，龙门《刘景和造像》。三月，河南《吴屯为亡妻郭僧造释迦石像》。四月八日，《赵氏一族造佛立像》。九月，《贾景等七人造玉像》。十月十六日，河北《赵曹生造观音立像》。永熙二年，《夫蒙氏合邑三十一人造像碑》。南梁中大通五年，南平元襄王萧伟墓神道石刻、四川成都《上官□光造释迦立像龛》、四川《彭州龙兴寺造释迦像》。

［叙录］　《魏书》(帝纪)载：北魏永熙二年正月，孝武帝元修车驾幸崧高石窟灵岩寺。陈垣说，这儿的崧高石窟灵岩寺，即伊阙石窟寺，由武州石窟寺得名。张焯指出：崧高石窟当在嵩山，即今水泉石窟，援庵先生(陈垣)误；且佛氏以宝山出像，即谓“灵岩”，非必援引武州山石窟寺之例。该寺之建，亦在迁洛以后。《魏书》(皇后传)记载：灵太后幸嵩高山，夫人、九嫔、公主已下从者数百人，升于顶中。

二月十五日刻成石灰岩质《解保明造佛碑像》，金申著录，石高 112 厘米、宽 37 厘米、厚 28 厘米，现藏美国纽约大都会博物馆。题记作“永兴二年”，当为“永熙二年”，干支不误。刘兴珍叙录时说，此像为龙形龛佛坐像，其流传经过不详。佛龛顶部高浮雕四条巨龙，龙身两端皆作龙首，呈伏卧状，高踞佛像上方，最外一条延伸至佛两侧，形成拱门。此种形式常见于敦煌、云冈、龙门等石窟的早期洞窟中。四龙率性雕成，无精细刻凿。龙首形貌各异，亦见匠心。本尊结跏趺坐，双手拱于腹前，有别于一般佛印。袈裟衣纹简括，为北魏盛期样式。佛相丰满圆润，广额宽颐，神情端庄慈祥。台座线刻供养人像两排，皆手捧香炉，且有侍者随从，分别执旗、伞及扇。石碑左右两侧亦刻供养人若干，上端碑侧又线刻菩萨两尊，皆戴宝冠，并有头光。惜线刻多有磨损，碑文字迹模糊。

三月一日，龙门莲花洞刻造《刘景和造像》，有题记，李文生著录，石高 32 厘米、宽 18.8 厘米，为“龙门五十品”之一。梁披云还著录有一件刻于是年三月的《吴屯为亡妻郭僧造释迦石像》，其正书题记存 17 行，行 5 字，石藏河南开封博物馆。同年佛诞日(四月八日)，还刻有石灰岩质《赵氏一族造佛立像》(图 68)，金申著录，石高 170 厘米，现藏于美国旧金山亚洲艺术馆。九月所刻之《贾景等七人造玉像》，曾归王绪祖、姚贵昉所有。有正书题记，梁披云著录。

十月十六日，河北曲阳造白色大理石《赵曹生造观音立像》。此像金申和胡国强均有著录，石高 34.5 厘米，曲阳县出土，现藏于北京故宫博物院。曲阳石雕自北魏以来，其传统技法延续至今不绝，当地所产白石，石质细密，可充分发挥石雕技艺(发愿文中称造观音玉像)。杨伯达认为此地佛像风格受印度 4 至 6 世纪笈多王朝马土腊式佛像特别是萨尔那特佛像影响，均是大衣极薄，刻纹浅显而简略，至北齐而此特征最为明显，且一直影响到隋唐。这件观音造像，头戴方形梁冠，脸颊丰满，五官清秀。发辫下垂，双肩各饰圆形发卡，两条系带从胸前飘下。右手上举握莲蕾，左手下垂持玉环。帔帛覆肩，两端在膝前交叉后，分别反折向上穿过左右肘垂下。下着裙，跣足立宝装莲圆座上。背光浮雕火焰纹等图案。此外，马长寿还著录一件刻于永熙二年的《夫蒙氏合邑三十一人造像碑》。

南梁中大通五年，刻造完成南平元襄王萧伟墓神道石刻。萧伟(476—533)字文达，梁武帝弟。入梁，封建安王，改封南平郡王。晚年崇信佛理，尤精玄学。萧伟墓神道石刻位于南京市栖霞区尧化镇仙新路侧，墓已平。徐湖平载，1979年出土东西相对的神道石柱两个，相隔约五米。西柱残存柱座、柱身、柱盖和柱额，柱额上尚能辨认出“梁故侍中中抚”六字；东柱残存柱身、柱座等。两石柱柱身均作隐陷直刳棱纹，直径60厘米，柱座保存较好，上为双螭，高42厘米，口内衔珠，有翼双足，头上有角。双螭中间为一圆台，圆台中为一方形榫孔，双螭之下为方形基座。其造型与其他南朝陵墓石柱相似。

南梁中大通五年，成都万佛寺刻造《上官□光造释迦立像龛》(图69)。此像1937年四川成都万佛寺遗址出土，现藏于四川省博物院。刘兴珍载，石刻上部残缺，主尊释迦佛头部已失，两旁为二菩萨、二弟子、二天王、二力士、二狮子，构图紧凑饱满。下方一排十余位比丘，雕刻技法纯熟，体态生动。主体人物采用圆雕和高浮雕，下方比丘则以浮雕表现，衣纹等细部为阴线刻，多种技法结合，使石刻高低错落富于变化。石刻背面为浅浮雕供养人群像，皆高冠广袖，应为南朝贵族服饰。同年，蜀地刻《彭州龙兴寺造释迦像》一件，1994年8月，该造像出土于四川彭州北郊龙兴寺塔地宫。同时出土的共有数十件石刻雕像，其中六件有纪年。这件背屏式释迦造像是纪年最早者(最晚至唐开元二十五年)，现藏彭州市佛教协会。据雷玉华、丁武明等记载：此释迦造像上部残，正面一佛、四菩萨、四弟子、二力士，佛头残，着双领下垂式袈裟立于覆莲圆台上，袈裟在前面形成六道平行圆弧纹，下摆微向两侧飘起。四菩萨均头戴宝冠，悬饰缯带，肩腹部挂满璎珞，璎珞交叉于腹前。二力士立于象背上，有圆形头光，披帛在腹前交叉打结。佛座侧二狮护卫，二狮带项饰，旁边各靠一驯狮人。佛座及狮子前一地神托博山炉居中，两侧各立六个供养弟子。背面上部刻树下礼佛图，下刻造像铭文，铭文两侧各立一拄长棒力士。

［文献］ 北齐魏收《魏书》卷一一，陈垣《记大同武州山石窟寺》(《东方杂志》第16卷2、3号)，金申《中国历代纪年佛像图典》、《海外及港台藏历代佛像珍品纪年图鉴》，刘兴珍等《中国古代雕塑图典》，李文生主编《龙门石窟志》，梁披云主编《中国书法大辞典》，胡国强主编《故事收藏：你应该知道的200件曲阳造像》，杨伯达《瘗埋石佛的研究》，马长寿《碑铭所见前秦至隋初的关中部族》，徐湖平主编《南朝陵墓雕刻艺术》，雷玉华等《四川彭州龙兴寺出土石造像》(《文物》2003年第9期)。

公元534年　北魏永熙三年　东魏天平元年

［提示］ 北魏永熙三年二月，永宁寺浮图为火所焚。四月，山东《法义兄弟二百人等造像》。五月，《李晏为亡息罗睺造天宫像》。六月，《韩显祖等造塔像记》。八月七日，《道民吴□迫造道教龛像石》。永熙三年，《石造三尊像》、山西《赵照金造释迦坐像》。十月，高欢立孝静帝迁都于邺，佛教中心随之转移。北魏灭亡后不久，龙门偶有小龛雕造。东魏天平元年四月，《僧惠等造弥勒像》。十一月三日，山西《赠代郡太守程哲造像碑》。东魏天平元年，山东《兴国寺佛立像》。法上改造沙门衣着。

［叙录］ 公元534年，雄踞北方长达170年(386—557)的北魏王朝即将走到尽头。这年正月，北魏关西大都督侯莫、陈悦诱杀贺拔岳。四月，夏州刺史宇文泰击斩侯莫、陈悦，继任关中大行台。七月，北魏孝武帝元修自洛阳西奔宇文泰(后为宇文泰所杀)。八月，元修入长安，授宇文泰为大将军。十月，高欢至洛阳，立清河王(元亶)世子元善见(孝文帝拓跋宏曾孙)为帝，是为静帝，自洛阳迁都邺城(河北临漳)，史称东魏。史载元善见美容仪，力能挟石狮子以逾墙，射无不中。从容沉雅，有孝文风。

北魏永熙三年二月，据杨衒之记载，永宁寺浮图为火所焚，或三月不绝。乱世之中，再伟大的建筑，都有可能毁于人祸。我们知道，洛阳永宁寺是北魏与冯太后齐名的胡太后所建。胡太后辅佐孝明帝元诩专权之间，广建佛寺，大兴佛事。其时全国寺院多达30 000余所，仅洛阳城内外就有1 300多所寺院。

图 68 赵氏一族造佛立像 北魏永熙二年(533) 美国旧金山亚洲艺术馆藏

这些寺院中，以胡太后的永宁寺最为宏丽。寺中有高达百丈（加上金刹）的九级浮塔，百里之外即可望见。塔身饰有 120 个金铃，风动铃响，声闻十里之外。寺中僧房楼观数量达到 1 000 多间，极尽壮丽。永宁寺四门中，南门三层门楼高 30 丈，紫气辉煌。因此，这座北魏著名的皇家寺院永宁寺，被西域名僧菩提达摩赞叹为举世仅有。但就是这样的一座堪称伟大的宗教建筑，仍免不了战乱的摧残。焚烧永宁寺的大火，从永熙三年的二月，一直燃烧到五月，经三月而不灭，可以想见当年的惨烈场面。永宁寺的遗址位于今天洛阳白马寺东、郑洛公路之侧。据杜玉生载，考古人员在对永宁寺塔基遗址发掘时得知：文献记载中的那座九级木塔，原是建在一座百米见方的夯土地基上，塔基亦呈正方形，长宽各为 38.2 米，残高 2.2 米，内有夯土，四壁筑以青石。

一个王朝即将倾覆的厄运，也未能阻止人们对于宗教艺术的热爱：在洛阳永宁寺尚在熊熊大火之中渐趋毁灭之时，还有四月的《法义兄弟二百人等造像》，有正书题记，梁披云曾著录，14 行，行 13 字，像旁佛名 1 行 6 字，题名四列，曾归长白端方所有。张

图 69　上官□光造释迦立像龛（正面）　南梁中大通五年（533）　四川省博物院藏

总曾指出此件造像背光上刻有龙，下方佛与菩萨之间又出现两个龙头。而当佛菩萨之间的双龙进一步舒展身躯之时，上方之龙却消失了，飞天所奉变成了塔。五月的《李晏为亡息罗睺造天宫像》，全称《佛弟子魏昌开国公李晏为亡息罗睺造天宫像》，又称作《河间王公主李夫人造浮图刊石》。有正书题记 16 行，行 10 字。《韩显祖等造塔像记》刻于是年六月，全称《须弥塔主韩显祖造塔像记》。正书 9 行，行 11 字。题名 12 行，首行 2 列，次行在像下 1 列。余各 3 行。清陆增祥载：石高七寸六分，广一尺七寸三分。梁披云说，此石曾归长白端方，后有翻刻本。胡文和著录有一件刻于是年八月七日的《道民吴□迫造道教龛像石》，高 38.1 厘米，顶部像似一弹丸，在顶部下面排列两圈覆莲瓣，碑阳的左边残损。四面造像。在龛的右门楣上竖刻造像题记，龛左门楣已损毁，估计原来也应刻有文字。

北魏永熙三年的石灰岩质《石造三尊像》（图 70），高95.1厘米，现藏于美国华盛顿弗利尔美术馆。喜龙仁认为这件石刻原出陕西省华阴县，金申则认为是山东所造。金申说，此佛像体躯短胖，衣纹较浅，已与东魏风格相似。金维诺、刘兴珍等均对此件石刻有著录。造像背光已残损，主尊释迦佛像，为波状纹发髻，内着僧祇支，外披大衣，右手施无畏印，左手与愿印。面相略长，广额方颐，眉宇舒展清秀，平目远望，神态慈悲普被。左右各立一胁侍菩萨，服饰、姿态相类。头戴宝冠，冠侧飘带垂拂，袒上身，胸饰璎珞，肩披帔帛，腰束羊肠长裙，手持法器，赤足踏于莲台上。一侧菩萨面部残损。另一侧菩萨面相丰圆，神情怡和。三像整体造型庄重浑厚，刻工疏阔大雅，大块大面，衣褶以浅浮雕及阴线刻表现，已出现北魏向东魏丰满圆润过渡的雕刻风格。同年出现的《赵照佥造释迦坐像》，1954 年出土于山西平遥显庆寺，现藏山西博物馆，像高 54 厘米。石像为磨光肉髻，无螺发，面容和悦，双手施无畏、与愿印，跏趺坐在方座上。大衣下部作水波纹状，富有装饰性，为北魏末年代表性的作品。

北魏永熙三年十月，高欢立孝静帝迁都于邺（今河北临漳县），佛教中心随之转移。费泳指出，北魏政权在经历尔朱荣的“河阴之乱”后，走向解体，丞相高欢于永熙三年逼走孝武帝元修，改立孝静帝元善见，迁都于邺，开始了东魏以及后来的北齐历史。中原佛教中心由洛阳转向了邺都，当时聚集了如菩提流支、勒那摩提、慧光、道宠、法上等一代名僧，佛学流派也逐渐形成，为唐代佛教宗派的确立作了理论体系上的准备。唐代华严宗、禅宗、净土宗、律宗等都源自这一地区。另据载，北齐时都下建寺约 4 000 所，僧尼约 8 万人，全国有僧尼 200 万人，都城建寺数量已超过北魏末年的洛阳及当时的南朝，其中皇室立寺有 43 所。

是年，北魏灭亡，正如费泳所说，洛阳沦为东、西魏高欢与宇文泰势力相争的战场，其间龙门偶有小龛雕造，北朝造像中心分别转向了西魏的麦积山、炳灵寺、敦煌及响堂山、天龙山，龙门造窟的再度兴起是在 7 世纪中期以后的李唐太宗、高宗之世。

梁披云著录有一件刻于东魏天平元年四月的《僧惠等造弥勒像》，有隶书题记 8 行，行 5—6 字不等。此时更为著名的石刻作品，是一件刻立于天平元年十一月三日的山西长治县的灰色石灰岩《赠代郡太守程哲造像碑》（图 71），简称《程哲碑》，于清光绪年间发现于长治袁家漏村，原立于长治县东呈村，后移太原傅青主祠，现藏于山西省博物馆。1925 年 2 月，陈万里等西行考古时，也记录了此碑。碑高 135 厘米、宽 68 厘米。碑文记述上党长子程哲（字子贤）身世及品行事迹等。碑刻文字精小工整，笔力苍劲。王静芬描述说，碑首作简单的圆形（罗宏才则称之为螭首式有碑额扁体碑形造像碑），碑阳刻一佛龛，内有浮雕坐佛，两侧线刻四弟子，龛外还有两身菩萨。佛龛上方线刻着云端的飞天、莲花和火焰。强调动感和向上延伸的线条，为北魏晚期的风格。佛龛下方两旁刻一对狮子。供养人像在正下方，持华盖的侍从显示他们高贵的社会地位。构图整体呈现佛教界的层级，居于中间的是佛陀，超然而庄严。和通常的发愿铭文不同，此碑碑阴所载铭文是关于死者程哲的墓志铭。换句话说，这块石碑是装饰了佛教雕像的墓碑。

图70 石造三尊像 北魏永熙三年(534) 美国弗利尔美术馆藏

图71 赠代郡太守程哲造像碑 东魏天平元年(534) 山西省博物馆藏

图 72　兴国寺佛立像　东魏天平元年(534)　山东博兴县

东魏天平元年所雕造的大型石刻作品《兴国寺佛立像》(图72),又称《兴国寺丈八佛》。据明景泰元年(1450)《重修兴国寺记》碑文及刘兴珍雕塑辞典和济南市考古研究所编《济南考古》等文献记载,山东兴国寺俗称丈八佛,今位于山东省滨州市博兴县城东南10公里处的丈八佛村(原寨高村),寺院始建于东魏天平元年,因寺内供奉着一尊丈八石佛而得名。虽历经北齐天保、唐天宝、金天眷元贞、明成化万历崇祯、清道光之重修,最终仍毁于清末,仅存石佛。丈八石佛造像,今位于博兴县湖滨镇丈八佛村北兴国寺遗址,造像露立于天。石像为青石质圆雕立佛,通高710厘米、像高560厘米。释迦肉髻高突、方面大耳,身着褒衣博带式通肩袈裟,僧祇支交于胸前结带。双手施无畏与愿印,跣足立于覆莲座上。莲座正面中间浮雕力士、博山炉、迦娄罗图像。正面两侧及左、右刻四组共刻供养人26位。

同一年,法上改造沙门衣着。法上在唐释道宣的《续高僧传》中有传,法上年届40岁游化怀卫,为魏大将军高澄奏入在邺。掌僧录,所部僧尼200余万。费泳说,从相关记载显示,法上在东魏被高澄招入任统师之初,东魏境内僧俗通混,无甚区别。法上“一知纲统,制样别行”,遂改变这一局面,而使僧俗衣着有别。北方沙门着装何时放弃律典规制而与世俗通混尚不可知,这一现象,与佛像褒衣博带式袈裟均具有强烈的世俗化特征。法上在扭转沙门衣着的同时,是否直接参与佛像衣着的设计尚无证据,但可以明确的是,与法上对沙门衣着变革相呼应,佛像作敷搭双肩下垂式佛衣得到了推广。其间出现的外层袈裟右袒式为法上所创亦有可能。由《续高僧传》中对法上衣着的描述来看,他向以田相袈裟为宗,其五条袈裟(安陀会)及僧祇支均是布材,为依律从事。传中记载了法上终年86岁,逝于北周大象二年(580年),据此他40岁游化怀州等地应是东魏建国元年,孝静帝天平元年(534年),其改造沙门衣着可能始于是年。

[文献] 北魏杨衒之《洛阳伽蓝记》卷一,唐释道宣《续高僧传》卷八,端方《匋斋藏石记》卷七,清陆增祥《八琼室金石补正》卷一六,柏杨《中国历史年表》,杜玉生《北魏永宁寺塔基发掘简报》(《考古》1981年第3期),金申《中国历代纪年佛像图典》、《海外及港台藏历代佛像珍品纪年图鉴》,刘兴珍等《中国古代雕塑图典》,梁披云《中国书法大辞典》,金维诺《中国古代佛雕:佛造像样式与风格》,张总等《临朐佛教造像艺术》,胡文和《中国道教石刻艺术史》,费泳《汉唐佛教造像艺术史》,[美]王静芬《中国石碑》,陈万里《西行日记·北京大学研究所国学门实地调查报告》,罗宏才《中国佛道造像碑研究——以关中地区为考察中心》,济南市考古研究所编《济南考古》。

公元535年 东魏天平二年 西魏大统元年 南梁大同元年

[提示] 东魏天平二年二月七日,开凿河南新密香峪寺石窟。三月二十三日,《佛碑像》。五月,河南《僧受为亡师造像》。十月二十六日,《张白奴造石弥勒立像》。十一月,河南《司马昇墓志》。是年,河南《坐佛七尊像》。河南《嵩阳寺伦统碑》。西魏大统元年四月,《白实造中兴寺石像碑》。七月九日,王洛生等开凿中国最早有道教造像的石窟陕西福地水库石窟。西魏大统元年,陕西《刘天宝造天尊像碑》、陕西《诸邑子等造像碑》、陕西《王慎宗车枕洛造四面像》。南梁大同元年,湖南南朝摩崖石刻。

[叙录] 东魏天平二年二月七日,开凿河南新密香峪寺石窟。香峪寺位于新密尖山乡凤凰山景区。北依凤凰岭,南临凤凰大峡谷,从绥水上游至下游依次有上中下三座香峪寺。据杨超杰等记载,建寺时间最早的是上香峪寺,始建于东魏,现存山门、大殿、方丈院,另有东魏和清代的题记塔铭等。密县文物管理委员会于1977年10月至12月曾对全县文物进行普查,于县城西北38里的尖山公社国公岭大队上香峪寺,发现东魏天平二年造像石龛。石龛位

于上香峪寺北一里许半山腰，坐北向南，在石灰岩上凿成，百姓俗称“佛洞”。窟高198厘米、上宽180厘米、下宽228厘米、深130厘米。龛内有造像八尊，本尊为卢舍那佛，左右为阿难、迦叶及二菩萨、二力士雕像。本尊上方另刻一小佛像，其上有石刻造像题记一方，显示此龛为沙门慧隐于是年的敬造。佛龛雕刻细致，龛下部为浮雕莲花座，佛像均立于莲花座上。佛像头部多有损毁，唯一小佛像较为完整。佛龛前为一断崖，崖左下方有一泉，泉顶石崖下另有石刻造像一尊。

东魏天平二年三月廿三日的砂岩《佛碑像》，金申著录，石高86.4厘米，现藏英国大英博物馆。五月，在河南巩县石窟寺刻造《僧受为亡师造像》，其正书题记梁披云有著录，五行，行四至八字不等。十月二十六日，刻成石灰岩《张白奴造石弥勒立像》，全称《高阳郡张白奴等造弥勒佛立像》，高179厘米，现藏日本京都藤井有邻馆。金维诺说，石立像主尊面部含笑，褒衣博带，立于覆瓣莲台，手施无畏与愿印，裙裾趋于平面化，翻转的衣褶也渐趋平缓；两侧浅雕菩萨立于连茎莲花台上，肩部和裙摆仍微外扬；背屏上部为翔龙和六伎乐天，碑座刻铭。

刻制于是年十一月的《司马昇墓志》，是乾隆二十年（1755）河南孟县葛村出土的“四司马墓志”之一，全称《大魏故南秦州刺史司马使君之墓志铭》，志石为正方形，边长为51.5厘米，志文正书。嘉庆年间志石为县令冯敏昌所得，冯氏在志末刻有其观志题款。后又为刘铁云、端方、王绪祖等收藏，据说其石现在日本。康有为称赞说：“《司马昇》如三日新妇，虽体态媚丽，而容止羞涩。”武进陶氏有珂罗版影印初拓本，赵万里曾著录。

东魏天平二年的石灰岩《坐佛七尊像》（图73），石高105厘米、宽84厘米、厚18厘米，郑州二中出土，现藏于河南省博物馆。金申认为此像与天平三年像（现藏于瑞士瑞特保格博物馆）构图和形象完全一致，高度亦相同，估计当年为同一组雕刻而后分散（后金申推断郑州二中出土的造像是赝品）。李凇认为其形制也与四川出土的《康胜释迦立像造像碑》略同，中央为坐佛，左右各一弟子、菩萨和力士，下有二狮。力士穿裲裆（背心），束发，一腿略抬，跣足。这种穿裲裆的力士实际上介于力士与甲胄天王之间，麦积山第121、126窟塑像亦有，可知此时陇东、郑州皆有同类造像。

罗宏才引述清康熙五十五年（1716年）景日眕的《说嵩》，称河南登封嵩阳书院之刻于东魏天平二年的《嵩阳寺伦统碑》为“释教造碑之始”，从前文可知，其说当谬。嵩阳寺碑高305厘米、宽110厘米、厚26厘米。碑首六螭盘绕，龙爪扭结成拱形佛龛，龛内浮雕佛像。碑正面上半部雕刻释迦佛主尊，周围小佛像环绕。下半部隶书《中岳嵩阳寺碑铭序》，碑文900余字，记录生禅师开辟嵩阳寺、建殿筑塔的功德及造像经过。石碑背面分12层，共刻小千佛94尊。

嵩山一直是北朝坐禅胜地，故嵩阳寺碑文中说：有大德沙门生禅师，建造伽蓝，筑立塔殿，虔礼禅寂，六时靡辍。关于北朝石窟与坐禅的关系，前已提及。宿白早在20世纪60年代即对此进行了透彻分析：晋末以来，禅法最盛的首先是长安。前秦的道安、后秦的鸠摩罗什在长安传禅法，跟着罗什坐禅的不下千人。沮渠豪逊灭西凉，得昙无谶，其老师是白头禅师，昙无谶的好多徒弟都是禅师，有名的有张掖的道世。沮渠京声和智严还曾到西域学习禅法，回来以后翻译了不少禅经。沮渠灭后，京声到南朝传禅。长安之下，就是凉州，京声就是在凉州传禅的高僧。在许多禅僧之中，智猛入川，而最有名的是玄高。有名的麦积山就是玄高所创。据文献记载，他常领着百多人在麦积山坐禅，其中得法者11人，创炳灵寺的玄绍就是其中之一，开凿大同石窟的高僧昙曜，就是玄高的弟子，在《高僧传》中附于《玄高传》。这一切都足以说明凉州禅法在当时佛教界的地位，也说明禅与石窟的关系。凡是开凿有石窟的地方，都是坐禅的地方；凡是坐禅，都与凉州有关。因为坐禅不能自学，需要有高僧指导，否则就不能“正观”而成为“邪观”——得病。沮渠京声为了治这种“病”而专程去西域取经，得《治禅病秘要法》而还。凉州情况如此，敦煌石窟与东方有关也就不难理解。北魏毁佛

图 73　坐佛七尊像　东魏天平二年(535)　河南省博物馆藏

前和毁佛后的石窟都和坐禅有关。孝文帝迁都洛阳以前，嵩山就成为坐禅的地方。因此，龙门石窟在洛阳出现也不难理解。北魏末年，坐禅更盛，胡太后常请坐禅僧百多人来宫中供养。东魏迁邺，附近也成为禅那所在地。西魏的麦积崖亦为坐禅地，北周时，僧实主持坐禅。

虽然北魏政权一分为二，但两地石刻艺术活动并未就此完全断裂，彼此间依然存在着相互影响。当然政权的独立也会促使两地的石刻造像风格演绎出各自的独特风格，也是情理中事。西魏大统元年四月的《白实造中兴寺石像碑》，有造像正书题记，梁披云著录，25行，行20字，刻有直界。下题名二列，列35行，字数不等。原石下落不明。碑刻书风瘦硬，险仄之中饶有气韵，与东魏题刻之丰美趣味不同。

西魏大统元年七月九日，王洛生等开凿福地水库石窟。最先对福地石窟进行考察的是靳之林，1978至1982年间，于延安地区工作时考察了当地许多石窟，包括福地石窟。接着李凇对福地石窟进行了进一步实地调查：福地水库石窟原位于宜君县福地水库中心小岛，20世纪90年代已被砸毁，造像数块运回县文化馆仓库。窟宽180厘米、窟高150厘米、窟深130厘米，四面造像，前壁在20世纪80年代以前已不存，正壁造像，左右分为三部分：中间为佛龛、龛左为长篇发愿文、龛右为像主像。佛龛中央为坐佛，佛结跏趺坐，额有白毫，顶有肉髻。左右各立一胁侍菩萨。李凇考察时，见龛左发愿文有数百字之多，已风化严重，其中年代隐约可辨："大代大统元年岁次乙卯七月九日。"可惜当时未能尽可能多地抄录文字。佛龛右侧为像主像，上下可分为三组：中层为像主夫妇坐像，旁刻有"王洛生坐"四字。下层为像主骑马像，刻有"像主抚军将军石保合王洛生乘马时"、"妻贺兰"。上层为动物：兔、鹤、蟾蜍、鹳衔一蛇、鸡。右壁为道教，主龛为尖拱形，中间为太上老君坐像，其头部在20世纪80年代被盗。老君双腿盘坐，右手持羽扇置于腹前。束发并戴道冠，有络腮胡须。左右各立一夹侍真人，双手持笏于胸前。龛下左角刻一供养者，面前有一博山炉。龛沿之上刻有十个半身正面像。十像之上刻有七身伎乐飞仙，各持乐器。主龛之右的图像有双坐像龛，下有二男二女像，二男裸，作角抵状。二女并肩而立。最下为三位供养人像，即"道士吕清黑"、"道民功曹孟永兴"、"妻白颜容"。主龛之左有些残损，有单坐像龛，龛下为供养人像，有"化主孟真莲"等。最下层有"香火"、"典录"数字。从现存状态看，该石窟显示为一个经过统一安排的整体，应属一次性完成。这是目前所知中国最早的有道教造像的石窟，也是最早的佛道混合石窟。福地石窟现已不复存在，宜君县文物管理部门已将它从原地砸下，运回县城，可惜大部分已难以复原。福地石窟，像主是石保县县令王洛生及该县诸部门官吏，供养者中有汉族和不同少数民族，显示出石窟开凿者的官方身份和明晰的政治意图。其图像在内容配置和造型方面都显现出一种将佛教、道教和民间传统观念相混合的色彩，并以形式上的同一性弥补甚至掩蔽义理上的分歧。刘兴珍认为此窟造像面相清癯，眉目疏朗，而刀法朴拙，少有修饰，是陕北地区极为珍贵的早期石窟艺术佳作。

《刘天宝造天尊像碑》未见年号，现藏耀县药王山博物馆。石高70厘米、宽45厘米，厚23厘米。据耀生载，题记有"年太岁乙卯""清信民刘天宝、刘道孙兄弟""敬造天尊 ·区"等，由此可推测此碑刻造于大统元年(是年岁次乙卯)。李凇注意到文中"天尊"一词，不为关中北朝造像碑常见，常见的除"老君"、"太上老君"等明确名称外，大多为模糊的"石像"一名。天尊与老君属南北不同的道教系统。同年所造的佛教造像碑《诸邑子等造像碑》，又称《毛遐造像碑》，毛遐其人《北史》有传。石高137厘米，四面体柱状，顶、座均佚。单面开龛造像，龛下有发愿文。1930年出土于耀县县城沮河川，先存县城松禅寺，1955年迁入耀县文化馆，1971年迁至耀县药王山碑林。罗宏才认为这件造像的邑子多为刘姓，可能属于匈奴。《王慎宗车枕洛造四面像》也刻造于大统元年。有正书造像题记，刻于石像两旁，有残阙，15行，行字不一。梁披云说原石旧在陕西，曾归山东诸城刘喜海。

是年在南梁为大同元年，石刻方面没有什么重要事件或作品出现。刘刚记载，在湖南永兴县碧塘乡湘洲村侍郎组有一处南朝摩崖石刻，其上下两端已残损，上面阴刻14竖列文字，磨蚀严重，略可辨者有“将军桂阳”、“刘轧”、“见于”、“出守频”、“实有心”、“中大通七年”（实际上此年南梁已改元大同）等等。一石刻左上方有部分阴刻仰莲，应和石刻同为一体，但大部分造像图案已被毁去。这是目前在湖南发现的唯一一处有明确纪年的南朝摩崖石刻。

［文献］ 唐李延寿《北史》卷四九，清康有为《广艺舟双楫》卷四，宿白《敦煌七讲》，金申《中国历代纪年佛像图典》、《海外及港台藏历代佛像珍品纪年图鉴》，刘兴珍等《中国古代雕塑图典》，梁披云主编《中国书法大辞典》，赵万里《汉魏南北朝墓志集释》，金维诺《中国古代佛雕：佛造像样式与风格》，罗宏才《中国佛道造像碑研究——以关中地区为考察中心》，杨超杰《洛阳周围小石窟全录》，靳之林《延安石窟艺术》、《陕北发现一批北朝石窟和摩崖造像》（《文物》1989年第4期），耀生《耀县石刻文字略志》（《考古》1965年第3期），刘刚《湖湘碑刻》。

公元536年　东魏天平三年　西魏大统二年　南梁大同二年

［提示］ 东魏天平三年正月朔，河南刻《王方略须弥塔记》。正月二十三日，《残石佛碑像》。正月，山东《孔僧时等造弥勒像》。二月，河南《王僧墓志》。三月十六日，山东《邢长振造释迦像》。五月十五日，龙门《比丘尼昙会阿容造像》。五月，河北《高盛碑》。六月三日，山东《尼智明造佛三尊像》。八月十日，《三尊佛坐像》。十月五日，菩提达摩卒。十二月三日，河北《白石昙晏等造佛立像》。十二月，《李慧珍造像》。是年，山西《王天扶等造像碑》。西魏大统二年，甘肃《秦安造像塔》。南梁大同二年，陶弘景卒。

［叙录］ 东魏天平三年正月朔，河南刻《王方略须弥塔记》，又称《王方略造像记》，原刻在河南偃师县古圣寺。清王昶载：石高广一尺三寸五分。正书12行，行12字，后题名八人。其8—11行上中间有龛穴长5字许。梁披云有著录，刻字采用依格填字的书写方式，一格一字，互不相夺，刘正成说，此碑文字虽纳入格中，但每个字在格中的位置大小、势态都各有不同，忽高忽低，忽左忽右，忽大忽小，忽斜忽正，奂率不拘，略无定式。又据曾毅公考证，此石刻的刻工为曹和。

现藏于瑞士瑞特保格博物馆的石灰岩《残石佛碑像》，刻造于东魏天平三年正月二十三日，金申和李淞等均有著录，又称《邑子百人造释迦像》，石高103厘米。主尊着褒衣博带式大衣，双手施无畏与愿印，趺坐于束腰方台座，大衣下部衣褶密簇，垂搭于台座前，两侧为二弟子、二菩萨、二金刚力士，台座两侧为二狮子，像背后刻铭文。无独有偶，河南省博物馆也收藏了天平二年《坐佛七尊像》（见前），高105厘米，此像无论布局、构图、诸尊的衣饰、手印、持物等，均与瑞士像极为近似，甚至左上角的同一位置均缺损一块，何其相似乃尔！二者只有年号相差一年。金申曾将此二像收入《中国历代纪年图典》，以为是相互关联的一组石雕。近来金申又细察这两尊石佛像，两者相较，认为可明显看出河南像尽管大形似存古意，却极不耐推敲；其诸尊造型绵软臃肿，佛、菩萨的手脚表现稚拙，衣纹柔弱松散，刀工笨拙无力，无论是造型和刀法都与北朝刚健雄浑的石雕不可同日而语，而此石像是1962年郑州二中操场出土的。两者相较，可明显看出河南像是以瑞士像为蓝本亦步亦趋摹仿而来的，故构图、人物安排乃至残损部分都相同，可惜的是石工技术拙劣，即便是仿制品也是功夫不到家。李淞也认为瑞士藏的这件雕刻水平显然比郑州二中的要高许多，如果我们将穿裲裆的力士看作是不太规范的特例，似乎可以认为，水平更高一些的工匠其作品也更规范。

正月山东之《孔僧时等造弥勒像》，全称《青州齐郡广川县孔僧时兄弟□人为亡父母造弥勒像》。正书造像题记13行，行5—7字不等。原石曾归端方、王绪祖。这年二月刻制的《王僧墓志》，全称《维大魏天平三年岁欢丙辰二月壬申朔十三日甲申故龙骧将军谏议大夫赠假节督沧州诸军事征虏将军沧州刺史王侩墓志》。志文正书25行，行25字，侧题“沧州刺史王僧墓志铭”5字。石呈方形，长宽49.8厘米。此志于清道光二十二年(1842)河南沧县南王寺镇出土，曾归沧州王国均、张权所藏，赵万里有著录。康有为称此志书法浑古过甚，后世寡传，唯鲁公差有其意耳。三月十六日的石灰石质贴金彩绘《邢长振造释迦像》(图74)，高137.7厘米。青州市博物馆和金维诺均有著录，此像为三尊像，主尊项光为莲瓣纹，身光为彩绘，上有六飞天伎乐，二飞天托塔，刻有造碑铭。

北魏解体后，造像中心转移至邺城，但龙门造像并未完全中断。这年五月十五日，即在龙门古阳洞北壁二层造有《比丘尼昙会阿容造像》，其题记为“龙门五十品”之一，据李文生和梁披云载，题记全称《比丘尼昙会阿容造像》，正书12行，行2—6字不等。

五月，河北刻立《高盛碑》，此碑全称《侍中黄铁大师录倚书事文懿公高盛碑》，清人罗振玉著录。正书30行，行25字。有方界格。额阳文篆书“魏侍中黄铁大师录筒书事文懿高公碑”4行，行4字。清光绪二十五年(1899)河北磁县出土，置磁县县府。

六月三日，山东青州刻成《尼智明造佛三尊像》(图75)，青州市博物馆著录为石灰石制质，像高83厘米、宽66厘米，厚9.5厘米。造像为三尊像，本尊螺形高髻，面相较长，眼微睁，嘴上翘，呈微笑状。内着僧祇支，外着褒衣博带袈裟，袈裟下摆略向外侈，跣足立于覆莲台上。双手已佚。本尊头后有由浅刻莲瓣和同心圆等组成的头光，外有彩绘忍冬花环；背光为椭圆形，亦由浅刻的莲瓣、条纹组成外侧彩绘忍冬花纹带。二胁侍圆形头光，冠饰均残，额前留三发辫，冠缯垂至肩部。内穿对襟衫，帔帛从双肩下垂，再向上卷至肘间，然后下垂，长裙系于上腹部，下摆略向外侈，一胁侍手持莲蕾和桃形饰件，一胁侍手持莲蕾，提净瓶，均跣足立于覆莲台上。造像上部刻火焰纹，顶部残，仅存左右两尊结跏趺坐于覆莲座上的化佛。造像彩绘保存完好。本尊面部贴金，黑发，大红袈裟。胁侍黑发、红唇、红蓝绿三色长裙。造像两侧绘制有僧尼形象，现保留有四尊，每侧二尊，高20厘米，双手拱手胸前。造像下部有长66厘米、宽17厘米的长条形基座，基座上刻有题记。题记中的张河间寺，温玉成认为显然为一尼寺，但不详其所在。金申还著录有一件刻于是年八月十日的《三尊佛坐像》，石灰岩，高60.5厘米，现藏日本大阪市立美术馆。

东魏天平三年十月五日，一代名僧菩提达摩卒。达摩(Bodhidharma)生年不详，出生于南印度，据杨衒之和道宣等人记载，达摩于普通元年(一说大通元年)自海路至广州，至金陵与梁武帝不契，北上洛阳，于少林寺面壁九年，修习禅定。其所修“二入(理入行入)四行”的禅法，被称为壁观法门。禅法宗旨乃大乘空宗，主张体用一如，为中国禅宗初祖。其弟子中最负盛名者有慧可、道育、昙琳等。

十二月三日，河北曲阳的《白石昙晏等造佛立像》，胡国强著录，残高65.2厘米。佛头部残缺，施无畏与愿印。内着僧祇支，束带，外披双层袈裟，雕凸起三角装饰衣纹。膝部以下衣纹折边分为四层，分别表现袈裟和长裙下摆，赤足立于圆形莲座上。背屏外层浮雕火焰纹，内层齿轮样莲瓣装饰头光和身光，长方形基座背后刻发愿文。同年十二月之《李慧珍造像》，其年月题名刻于八瓣莲花上，梁披云说，原石曾归长白端方所藏。

东魏天平三年，山西沁源刻成《王天扶等造像碑》。此碑山西省考古研究所有著录，1958年，在沁源县东南柏木乡南百米处的寺庙废墟中被发现，一同出土石刻共有20多件。碑的形制为首身一体，通高169厘米、上宽68厘米、下宽74厘米、厚27厘米，碑额双螭，中间雕佛龛、佛菩萨及力士。下栏为正书碑文18行，共193字。内容为记载造像情况、造像时间及祈福诸事。碑刻书法刚劲淳朴，雄浑古穆，东魏方笔魏楷之佳品。

图 74　邢长振造释迦像　东魏天平三年(536)　山东青州博物馆藏

图 75　尼智明造佛三尊像　东魏天平三年(536)　山东青州博物馆藏

西魏大统二年，甘肃刻成《秦安造像塔》，唐晓军载，此造像塔三层（塔顶刹柱已失，现存覆钵塔身及刹座）楼阁式出檐方塔，高 170 厘米，底边长 32 厘米。塔身每层每面开龛，内雕一佛二菩萨或一佛二弟子二菩萨。塔座四面浮雕供养人及造像发愿文，造像有佛、弟子、菩萨、交脚弥勒、涅槃像，佛本生故事有“舍身饲虎”等。

这一年在南朝为梁大同二年，南朝最著名道家、药学家和石刻书法家陶弘景卒。陶弘景（456—536）字通明，号华阳居士，丹阳秣陵（今江苏南京市）人。前文叙录焦山《瘗鹤铭》时就曾谈到陶弘景，《瘗鹤铭》和《天监井栏》的书丹者极有可能就是他。陶弘景在著述中曾称其祖父陶隆善写行书，其父陶贞宝因袭祖艺，善隶书，书体以羊欣、萧思话为法。《南史》本传记载：弘景四五岁，恒以荻为笔，画灰中学书，工草隶。

［文献］ 北魏杨衒之《洛阳伽蓝记》卷一，南梁陶弘景《华阳陶隐居集》，唐释道宣《续高僧传》卷一六，唐李延寿《南史》卷七六，清王昶《金石萃编》卷三十，端方《匋斋藏石记》卷八，清康有为《广艺舟双楫》卷四，清罗振玉《雪堂金文文字跋尾》卷三，赵万里《汉魏南北朝墓志集释》，金申《中国历代纪年佛像图典》、《海外及港台藏历代佛像珍品纪年图鉴》、《佛教美术丛考》，李凇《长安艺术与宗教文明》，曾毅公《石刻考工录》，梁披云主编《中国书法大辞典》，刘正成《中国书法鉴赏大辞典》，青州市博物馆《青州龙兴寺佛教造像艺术》，金维诺《中国古代佛雕：佛造像样式与风格》，李文生主编《龙门石窟志》，温玉成《中国佛教与考古》，胡国强主编《故事收藏：你应该知道的200 件曲阳造像》，山西省考古研究所《山西碑碣》，唐晓军《甘肃古代石刻艺术》，王同顺《镇江古代石刻及焦山碑林书法研究》。

公元 537 年　东魏天平四年　西魏大统三年　南梁大同三年

［提示］ 东魏天平四年正月，山东《石佛立像》。三月二十八日，河北《朝阳村人造佛坐像》。九月，《刘悁为亡兄造像》。闰九月，山东《张僧安造像》。十二月，山东《刘双周造像》。是年，开凿山东济南龙洞石窟、山东《道玉严怀安造弥勒三尊像》。西魏大统三年七月，陕西《高远造像碑》。是年，陕西《焦伏安造像》。南梁大同三年，四川《侯朗造立佛像》。

［叙录］ 东西魏时期，总的来说，东魏造像活动要比西魏活跃得多。山东以青州为代表的造像此时可谓异军突起，涌现了大量重要的石刻艺术作品。东魏天平四年正月的石灰岩《石佛立像》，又称《惠晖合众造像》，全称《比丘惠晖合众造释迦像》，有正书题记。大村西崖、梁披云、金维诺和金申等均有著录。石高 46 厘米、宽 28.5 厘米。曾归长白端方、武进徐氏，20 世纪初关野贞自山东曲阜搜集，现藏日本东京大学文学部。这件释迦立像，左右为二弟子立于出茎莲台，其上有二坐佛；背屏上部为二翔龙。另一件刻于是年十二月五日的石灰岩《元宁造石佛三尊立像》，又称《高平王元宁为亡妻造释迦佛立像》，高 77.5 厘米，现藏于美国克利夫兰博物馆。主佛褒衣博带立于莲台，项光外一周莲茎莲叶，左右菩萨立于莲叶托出之莲台，莲茎上连至项光；背光外火焰纹。金维诺认为这两件造像均可能出自青州地区。

东魏天平四年三月二十八日河北曲阳的《朝阳村人造佛坐像》，全称《白石朝阳村卅人造释迦佛坐像》，杨伯达著录，为白色大理石质，高 49.5 厘米（胡国强测为 50.2 厘米），现藏于故宫博物院。主佛脸形瘦长，肉髻光素，禅定印，双手掌心向内，结跏趺坐。身着双层袈裟，领口低垂，内露僧祇支，系帛带，衣摆悬垂须弥座前，长方形基座右后左三面刻发愿文。

九月所刻《刘悁为亡兄造像》，全称《宁朔将军□州长□刘悁为亡兄直阁造观世音像》，有正书题记，6 行，行 10—11 字不等，梁披云说，曾归长白端方。闰九月的《张僧安造像》，其正书题记共 7 行，行 7 字。旧存山东寿光，曾归泰安宫氏。十二月，山东青州刻成《刘双周造像》，全称《青州北海郡都昌县人刘双周造像》。其正书题记 12 行，行 8—12 字不等。后题名，残存二列。刘正成认为，背景的独特使得这件造像的书法，在结体用笔上现出区别魏碑造像扁平的尖硬特点，也远距隶体的明显波折。似乎经过多方锻炼而达到的老成，就足以证明了它的先行性。值得指出的是，它与汉魏及写经的楷书距离较大，而近唐楷。

东魏天平四年，开凿山东济南龙洞石窟。据阎文儒记载，济南东南18公里的龙洞，是天然石窟，人们在此凿出十余个佛龛。根据题记，最早的造像是东魏天平四年，一直延续到隋大业三年(607)以至元仁宗延祐五年(1318)。同一时间，山东惠民刻成《道玉严怀安造弥勒三尊像》。这件造像张建国、朱学山和金维诺均有著录，石像通高126厘米、宽86厘米、厚7.2厘米。舟形背光，上部残，主尊面部亦残损，有浮雕式圆形项光，颈细溜肩，手施无畏与愿印，体形修长。上身内着僧祇支，外着褒衣博带式袈裟，下着长裙，胸前打结，薄衣透体，衣裙两端翼角外展，跣足立于覆莲台上。背光后面通体磨光，刻有发愿文。1997年，山东省惠民县出土17件北朝佛教石造像，这件三尊像为其中之一。

西魏同东魏的石刻比较起来，虽时有精品出现，但相对要冷清一些。大统三年七月，陕西所刻造的石灰岩佛教造像碑《高远造像碑》，是西魏石刻名作之一。罗宏才、李淞等著录，碑高89厘米、宽83厘米。扁平四面体，为一残断造像碑，上半截已佚。正、左、右三面造像。正面雕佛、菩萨、雄狮及供养人车骑出行图等，旁有题名。原在富平县连城小学，1960年移入西安碑林。残半，下部有榫迹，原状似为梯形。李淞认为此造像碑比较特殊，不仅造型十分精致，构图安排也不同于其他碑。从榜题可以看出，这是频阳县令高远及家眷于西魏大统三年所造。频阳，以县在频水之南而得名，故城在今陕西富平县东北，西魏时为京畿重地，现有西魏文帝永陵及北周文帝成陵。此造像碑中将高远及家眷刻作千佛状，每人一龛，龛上又刻有大树，以示其坐禅环境，这种形式少见于造像碑。

北魏分裂为东西二魏后，石刻造像中心也分为东西两个阵营，东魏以邺城和山东为主，西魏则以陕西为主。砂岩质的《焦伏安造像》，雕刻于西魏大统三年，据王麟昌、魏益寿和北京大学考古专业记载，此造像为单面造像，1986年出土于陕西麟游县两亭乡水磨沟村。石高52厘米、下宽41.5厘米、上宽35.5厘米、厚5厘米，现藏麟游县博物馆。碑阳下半正中开浅龛，龛上饰尖顶忍冬拱形龛楣，忍冬为三束钩卷花叶形。龛柱头钩卷，龛内浮雕坐佛一尊，肉髻光滑。龛外图案为剔底浅平雕。龛两侧为二弟子，龛上残存五层通栏千佛造像，每层10—14尊不等，均为结跏趺坐佛，不露手足，袈裟呈“V”形领。佛龛下有一块长方形的题记：“岁次丁巳平西府/开府主簿焦伏安造像。”题记中“丁巳”纪年，在北朝有两个年号均为丁巳，一为北魏太和元年(477)，二为西魏大统三年(537)。根据目前发现的陕西碑石资料比较，可知北魏太和十九年(495年)迁洛以前的造像应是一种很古朴的风格，佛像多为偏袒式或通肩式袈裟，衣裙不覆佛座，菩萨多为半裸装，飞天的帔帛呈“U”形，不露足。但北魏晚期至西魏，佛像的风格与北魏早期相比就发生了很大的变化，造像变得清秀，身体瘦长，袈裟的样式多是双肩下垂的形式，且衣裙很长覆在佛座上，搭于龛外。因此可以肯定此碑不可能是太和元年的北魏早期碑石，而应为西魏大统三年刻碑。

南朝这段时间的石刻造像，不仅不能同东魏相比，也无法和西魏相比。除了远在西南的蜀地成都尚有一些造像活动之外，其他地方几乎处于停滞状态。刻造于南梁大同三年的《侯朗造立佛像》，为背屏式造像，四川成都万佛寺出土，现藏四川博物院(费泳误记为重庆市博物馆)。雕有双立佛四菩萨五弟子二力士组合。金申认为其风格秀逸，技法纯熟，与北方黄河流域之厚朴粗壮风格自不相类。

[**文献**] 清端方《匋斋藏石记》卷八，[日]大村西崖《支那美术史雕塑篇》，金申《中国历代纪年佛像图典》、《海外及港台藏历代佛像珍品纪年图鉴》，杨伯达《瘗埋石佛的研究》，金维诺《中国古代佛雕：佛

造像样式与风格》，梁披云主编《中国书法大辞典》，刘正成《中国书法鉴赏大辞典》，胡国强主编《故事收藏：你应该知道的200件曲阳造像》，阎文儒《中国石窟艺术总论》，罗宏才《中国佛道造像碑研究——以关中地区为考察中心》，李淞《陕西古代佛教美术》，北京大学考古专业等编著《慈善寺与麟溪桥：佛教造像窟龛调查研究报告》，王麟昌等《麟游县出土两方北朝石佛造像》(《文博》1992年第3期)，费泳《汉唐佛教造像艺术史》，张建国等《山东惠民出土一批北朝佛教造像》(《文物》1999年第6期)。

公元538年　东魏元象元年　西魏大统四年

［提示］　东魏元象元年四月八日，《薛安颢造交脚菩萨像》。四月，《法仪赵法祚造像》。五月，《柳昭造像》。六月，《张敬造石柱颂》。八月，《僧愍造像》。九月，山西《凝禅寺碑》。十二月二十四日，河北《定州刺史李宪墓志》。西魏大统四年四月，《比丘僧荣造像》。六月六日，龙门《党屈蜀造像》。六月八日，陕西《法超道俗邑子四十五人等造像碑》。是年，陕西《刘始造像石》、陕西《僧□演造像碑》。文皇后乙弗氏出家为尼，造麦积山第127窟。敦煌第285窟墨书题记。

［叙录］　东魏元象元年四月八日，这一天是佛诞日，也是造像活动最频繁的日子。黄花石质(发愿文中称为玉像)的《薛安颢造交脚菩萨像》即雕刻于是日。石高66.5厘米，现藏日本京都藤井有邻馆。佛像上方为释迦、多宝二佛并坐，周有飞天簇拥，左右为胁侍菩萨、弟子，下为负重狮子、托举侏儒。整体构图紧凑，纹饰华美，刀法流畅，造型生动。金申和金维诺均认为，东西魏乃至北齐、北周，石佛像中有一支多受印度笈多王朝(4—7世纪)马土腊佛像特别是萨尔那特地方制作佛像影响，佛像肩部宽圆，四肢明显，而穿着物很浅薄，衣纹亦不重过分立体刻划，此佛像躯体突显、不重衣纹的立体表现，即具此风格。

下面几件刻造于这年四月至九月的石刻造像，均为梁披云所著录。《法仪赵法祚造像》刻于元象元年四月，又称为《法仪等六十人造释迦像》。正书题记上题名4行，行2—3字。下记9行，行6字。曾归端方、王绪祖。五月的《柳昭造像》，其题记全称《柳昭为女夫刘还远亡妻车绿支造观世音像记》。正书9行，行字数不等，曾归端方。六月的《张敬造石柱颂》，题记正书21行，行7字。有方界格，上题名八人。曾归王绪祖，后世有翻刻本。八月刻《僧愍造像》，全称《比丘尼侩愔为亡父母造白玉像》。正书题记6行，第二行6字，余行4字，曾归端方。九月所刻立的山西《凝禅寺碑》，又称《红林渡佛堪记》，全称《维那道渊张法乐率邑义七十人造像》。造像记为正书，记9行，行约存11字。题名五列，兼有大字题名，行次不齐。原碑在山西平定，康有为评价此碑书风为峻整畅元。

元象元年十二月二十四日刻制的河北《定州刺史李宪墓志》，全称《魏故使持节侍中都督定冀相殷四州诸军事骠骑大将军定州刺史尚书令仪同三司文静李公墓志铭》。清同治十年(1871)七月直隶赵州(今河北赵县)出土，现藏赵县文保所。志石无盖，长91厘米、宽93厘米，左下角残缺。这件墓志全文共1 855字，所刻文字之多，目前仅次于《唐魏博节度使何弘敬墓志》。

前文曾言及相比于东魏石刻造像活动而言，西魏略显冷清。但是在西魏大统四年的这一年，西魏的石刻却明显活跃起来。是否与这年西魏丞相宇文泰与东魏交战的邙山(今河南洛阳市西北)之捷有关，尚无直接证据。

大统四年四月的《比丘僧荣造像》，梁披云有著录，正书9行，行5—8字不等。同年六月六日，寂寞的龙门石窟又出现了《党屈蜀造像》，在党屈蜀洞中刻有造像题记，李文生和王振国等曾著录。党屈蜀洞为中型洞窟，位于龙门西山南部药方洞上方的崖壁上，立面极陡，不易攀登。清代和民国时期，国内外的一些学者多从金石学的角度，对该洞的造像题记著录过数条，但出现了与其他洞窟相混的现象。

王振国曾专程调查该洞，洞窟的基本概况为：党屈蜀洞坐西向东，窟口外壁面崩毁，未留任何窟楣雕刻及其他雕饰痕迹。圆拱形窟门，高170厘米，宽126厘米，门洞两壁均有不同程度的崩坏，下部略宽，厚度74厘米。窟内平面近似于椭圆形，穹窿顶（接近券顶），高252厘米、宽296厘米、进深250厘米。后壁凿坛，坛上造一佛二弟子二菩萨五尊主像。六月八日，陕西的石灰岩《法超道俗邑子四十五人等造像碑》，为四面体柱状的佛教造像碑，罗宏才著录。其顶、座已佚。造像集中在正、左、右三面，背面有题名。四面均辟一圆拱形龛。正面大龛一佛二菩萨。背面交脚弥勒，两侧侍者各一。发愿文在右侧龛下。齐、仇、符、吕、卫、刘等姓。齐、仇姓为最，多羌、氐。原在富平县城郊，今存富平文管所。碑体雄大，雕凿精细，供养人图像修长隽秀。邑师、比丘众多。正面最下层铭记中有“比丘法超开佛眼、比丘法总开眉间白毫”的记载，说明此碑在雕成日曾举行隆重法事。

大统四年，陕西另外一件青石作品《刘始造像石》，1934年出土于耀县漆河，先存县城松禅寺，1955年迁入耀县文化馆，1971年迁至耀县药王山碑林，现存陕西耀县药王山博物馆，胡文和、罗宏才均著录，为四面造像，顶部有损毁，高52厘米、宽47厘米、厚19厘米。顶、座佚，正、背面各一龛，内造像三尊。左侧面龛内雕大势至菩萨，右侧面龛内雕弥勒。同年陕西所造的《僧□演造像碑》，为石灰岩佛教造像碑，四面体柱状体，顶、座佚。三面造像，每面各开一龛，内各一佛二菩萨，其中右侧龛内主尊为交脚弥勒，龛外有供养人图像与题名。原碑在长安县，现下落不详，剥蚀漫漶严重。清孙星衍、王昶等曾著录，旧著称高五尺余，正面广二尺四寸。

西魏大统四年，文皇后乙弗氏出家为尼，造麦积山第127窟。据宋靖康元年(1126)的《秦州雄武军陇城县第六保瑞应寺再葬佛舍利碑记》（现藏麦积山文物库房）载：昔西魏大统元年，再修崖阁，重兴寺宇。金维诺讲，这说明西魏初年麦积山仍在兴修寺宇，佛事不衰。特别是大统四年文帝文皇后乙弗氏出家为尼，徙居秦州，依子秦州刺史武都王元戊之际，当为极盛时期。魏世宫闱佛法颇盛，出家为尼者自孝文皇后冯氏姊妹，继有宣武皇后高氏、孝明皇后胡氏。所居瑶光寺，据杨衒之记载：“讲殿尼房五百余间，绮疏连亘，户牖相通。珍木香草，不可胜言……椒房嫔御，学道之所，掖庭美人，并在其中。亦有名族处女，性爱道场，落发辞亲，来仪此寺，屏珍丽之饰，服修道之衣。投心八正，归诚一乘。”乙弗氏因为政治上的原因出家为尼，侍婢尚有数十人。而文帝恩好不忘，后密令养发，有追还之意。作为太子和地方官吏秦州刺史武都王元戊的母亲，不会不为之兴建寺宇。第127窟规模宏伟富丽，非一般家族财力物力所能及。此窟建于西魏初年，且壁画七佛之侍从中有落发女尼形象，当为尼寺，似是为乙弗氏所建者。第127窟正壁主尊石造像背浮雕飞天，姿态生动，似随乐音翱翔于天宇；佛作说法之相，仪容庄严，广袖悬裳，纹饰富于韵律；菩萨端严秀丽，恬静感人。此龛无疑是麦积山造像中的珍品。乙弗氏在《北史》中有传，金维诺称她是一个悲剧性人物，史籍上说她美容仪，少言笑，性好节俭，蔬食故衣，“珠玉罗绮绝于服玩。又仁恕不为嫉妒之心，帝益重之。生男女十二人，多早夭，唯太子及武都王戊存焉”。虽位至帝后，终因西魏欲结好柔然，另纳郁久闾氏为后，乙弗氏被迫出家为尼。到大统六年，文帝之举未能满足柔然的愿望，柔然于是年举兵渡河，逼迫西魏，扬言这场战役要置乙弗氏死地而后终。

无能的文帝企图以乙弗氏之死来换取边境的安宁，遂强迫乙弗氏自尽，时年31岁，死后，在麦积崖凿龛而葬，名寂陵，俗称魏后墓。这种在石窟中埋柩或停放尸身的洞窟，也称“瘗窟”，中国北方石窟中凿龛而葬的以此窟为早，其后响堂山北齐窟及龙门唐窟都有沿用。寂陵即现编为第43窟，鸱吻飞檐，石柱合廊。此窟虽因后来移葬永陵而废置，犹存建筑遗迹，与第127窟均为西魏时期窟龛之典型。第43窟现有一宋代泥塑坐佛五尊像，龛后另凿一后室，平面梯形，适于用作墓室，李玉珉推测可能即是史家所载乙弗氏初葬的寂陵。可惜窟内的西魏塑像和壁画都经后代重修，已不是本来面目。在费泳看来，乙弗氏为元宝炬原配爱妻，情义深重，表面虽废除发配，却旧情不忘，将乙弗氏徙居秦州，实出于保护和藏匿，并有爱子相伴，足见用心良苦。

大统四年的敦煌第285窟墨书题记，虽非石刻，由于刻记年代较早，对于造像断代具有重要参考价值，因此也有必要述及。写于敦煌第285窟北壁的墨书题记共两则，分别为大统四和五年所题写，是敦煌现存最早有明确纪年的洞窟。李玉珉描述说，该窟由前室与主室两部分组合而成，前室经过历代重修，原貌已失，不过主室保存完好。正中有一方形低坛，西壁凿三个圆券龛，中间一龛较大，内塑善跏倚坐佛三尊像，左右两龛较小，各有一尊禅定比丘塑像，南北两壁各开四个禅室。覆斗顶的藻井为莲瓣井心，四披画摩尼宝珠、飞天和羽人、伏羲、女娲、飞廉等图像，下部沿窟绘30余位在山林禅窟中禅修的僧人。可见，此窟是一座设计井然的禅窟，其规模比北凉时期的268窟更为宏敞，内容也更为丰富，是我国禅窟研究史中最重要的石窟之一。费泳说，第285窟也是被学界视作莫高窟出现褒衣博带式佛衣的标尺窟，自此而后的莫高窟北朝佛像衣着多被褒衣博带式取代。第285窟的壁画和雕塑，较好地呈现了褒衣博带及其演化式两款佛衣的表现方式。位于窟内北壁上方的一排佛像壁画，多数均着褒衣博带式袈裟，从其裳悬座中出现的两个尖状下垂衣物，可以判定风格源自南朝。该窟主尊着褒衣博带演化式佛衣，佛像内着僧祇支，胸系带结，外着两层袈裟，最外层袈裟右领襟敷搭左臂及左肩。

［文献］　北魏杨衒之《洛阳伽蓝记》卷一，唐李延寿《北史》卷一三，清端方《匋斋藏石记》卷八，清康有为《广艺舟双楫》卷四，清孙星衍《寰宇访碑录》卷二，清王昶《金石萃编》卷三二，金申《中国历代纪年佛像图典》，刘兴珍等《中国古代雕塑图典》，梁披云主编《中国书法大辞典》，李文生主编《龙门石窟志》，王振国《龙门党屈蜀洞及其相关问题》(《中原文物》1993年第4期)，罗宏才《中国佛道造像碑研究——以关中地区为考察中心》，胡文和《中国道教石刻艺术史》，金维诺《中国古代佛雕：佛造像样式与风格》，李玉珉《中国佛教美术史》，费泳《汉唐佛教造像艺术史》。

公元539年　东魏元象二年　兴和元年　西魏大统五年

［提示］　东魏元象二年正月一日，河北《惠照造思惟菩萨像》。三月，山东《姚敬遵造像》、山东《乞伏锐造像》。八月十三日，河北《白石董定姜造观音立像》。东魏兴和元年，河北《白石道起造思惟菩萨像》。西魏大统五年正月十七日，陕西旬邑县黑牛窝石窟。十月，陕西《曹续生造像碑》。大统五年，陕西《焦法显造像碑》。

［叙录］　东魏元象二年正月一日，河北曲阳雕成白色大理石《惠照造思惟菩萨像》。像高46.5厘米，现藏故宫博物院。杨伯达、金申及胡国强等有著录。菩萨头戴三叶方形梁冠，宝缯上飘，瘦长脸，圆形头光。右臂弯曲向上，持长茎莲蕾，左手抚足。上身裸露前倾，身体呈条状，略显柔弱。帔帛覆肩，裙摆双层外侈，浮雕竖道纹褶。半跏趺坐束藤筌蹄座上，左足踩圆形莲座，基座后面刻发愿文。

三月，山东历城千佛山刻造的《姚敬遵造像》，全称《假伏波将军魏郡丞姚敬遵造弥勒像》。正书题记12行，行7字。清陆增祥载石高六寸，广一尺二寸。同时同地的《乞伏锐造像》，全称《车骑将军左光禄大夫齐州长史镇城大都督挺开国男乞伏锐造弥勒像》。其正书题记12行，行6字。陆增祥载石高七寸五分，广一尺二寸。

八月十三日，河北曲阳的《白石董定姜造观音立像》，像高28.5厘米，现藏于故宫博物院。胡国强著录，观音头戴方形梁冠，发髻绾冠内，发辫垂肩。脸形瘦小，面含微笑。上身袒裸，佩戴项饰，肩部圆形卡系飘带。帔帛两端在膝部交叉，上折缠双臂垂下。右手抬起握莲蕾，左手置于胯部。立圆形莲座上，背屏刻圆形头光，内雕莲瓣，外饰火焰纹。方形基座，右后左三面刻发愿文。

是年东魏改元兴和。胡国强还著录有一件刻造于兴和元年的《白石道起造思惟菩萨像》，曲阳出土，石像残高 41.2 厘米，现藏于故宫博物院。菩萨头戴三叶带梁花蔓冠，宝缯垂肩。肩挎帔帛，两端顺腋下飘垂至座。右臂弯曲向上，左手握裙角，方圆形裙摆。左舒相半跏坐，左腿刻双钩阴线衣纹。束藤筌蹄座下，平铺圆形莲座，上雕刻圆形小莲台供菩萨左足踩踏，基座后刻发愿文。

西魏大统五年正月十七日，开凿陕西旬邑县黑牛窝石窟。李淞著录，该石窟位于马栏镇下游不远的黑牛窝村附近，在河岸相距数百米的上、下游各有一些石窟，可统称为黑牛窝石窟。因在路旁水边，人毁水浸，破坏严重。石窟均为平顶方形，面积在 3—4 平方米左右，窟内均已无像，也没有造像及壁画痕迹。有一窟门外上方刻有下垂帷幕，帷幕之上刻有发愿文，其文字漫漶严重，难以连句，唯文尾署有“大统五年岁次己未正月”、“十七日庚午造，比丘昙方、比丘法涌、清信士盖阿□法佛”。由此可知黑牛窝石窟是僧人昙方等人及卢水胡族盖氏，于西魏大统五年所造。

大统五年十月，陕西刻造石灰岩质佛教造像碑《曹续生造像碑》，梁披云、罗宏才等著录。碑形为四面体柱状，正视略呈长方形，顶、座佚。四面造像。每面各开一龛，内造佛像三尊。龛下有曹姓供养人题名。原在何出不详，现存富平县杜村镇莲湖书院。刻造于大统五年的陕西《焦法显造像碑》，仍为石灰岩佛教造像碑。四面体柱状，罗宏才著录，碑高 142 厘米、宽 76 厘米、厚 43 厘米，顶、座佚。四面造像。每面各开一龛，内皆造佛像三尊。龛下有供养人题名。原在何处不详，现存富平县杜村镇莲湖书院。

［文献］　清陆增祥《八琼室金石补正》卷一八，杨伯达《瘗埋石佛的研究》，金申《中国历代纪年佛像图典》，胡国强主编《故事收藏：你应该知道的 200 件曲阳造像》，梁披云主编《中国书法大辞典》，李淞《陕西古代佛教美术》，罗宏才《中国佛道造像碑研究——以关中地区为考察中心》。

公元 540 年　东魏兴和二年　西魏大统六年

［提示］　东魏兴和二年正月，山西《刘懿墓志》。二月二十三日，河北《白石邱广寿造思惟菩萨像》。二月，河南《廉富造像》。四月八日，《僧颙造石三尊像》。四月十五日，河北《白石静□造观音立像》。是年，山东《郗盖袟铭》，山西《释迦坐像》，河南《敬使君碑》、《程荣等造佛石像》。西魏大统六年七月十五日，陕西《吉长命造像碑》、龙门《始平县开国伯韩道人造像》。是年，山西《巨始光造像碑》、陕西《黄门侍郎造像碑》。

［叙录］　刻于东魏兴和二年正月的山西《刘懿墓志》，全称《魏故使节侍中骠骑大将军太保太尉公禄尚书事都督冀定瀛殷并凉汾晋建陕肆十一州诸军事冀州刺史陕肆二州大中正第一酋长敷城县开国公刘君墓志铭》，正书 32 行，行 33 字，清嘉道年间山西忻州西九原冈出土，曾归邑人焦氏、太谷温氏，顾燮光金石佳好楼有整纸影印本传世。赵万里、刘正成等有著录，志呈方形，长宽均 57.8 厘米。康有为称《刘懿》书风秾华丽美，并祖钟风。

兴和二年二月二十三日，河北曲阳的《白石邱广寿造思惟菩萨像》（图 76），像高 59 厘米，现藏于北京故宫博物院，胡国强著录。菩萨头戴三叶方形梁冠，宝缯上飘，长脸，圆形头光。上身条状，裸露前倾。右手握长茎莲蕾，食指支颐，左手抚足。裙摆双层外侈，上面雕刻竖道纹褶。腿部阴刻弧形单线衣纹，半跏趺坐束藤筌蹄座上，左足踩圆形莲座，基座后面刻发愿文。二月，河南的《廉富造像》，全称《廉富率道俗等造像》。有方界格正书题记，存 31 行，行 22 字，像顶篆书 6 行，行 5 字，阴与两侧刻佛像佛号。梁披云说，原石在河南汲县西廉堰村观音堂。四月八日，佛诞日所刻造的《僧颙造石三尊像》，石灰岩质，像高 30 厘米，为日人收藏，松原三郎曾著录。四

图 76 白石邱广寿造思惟菩萨像 东魏兴和二年(540) 北京故宫博物院藏

月十五日，河北曲阳的《白石静□造观音立像》，高31.8厘米，现藏故宫博物院，胡国强著录。观音头戴方形梁冠，发髻绾于冠内，发辫垂肩。上身袒裸，佩戴项饰，肩饰系带圆卡。帔帛两端在膝部交叉，上折缠双臂垂下。右手抬起握莲蕾，左手持桃形玉环。基座比例偏大，圆形像座雕刻单莲瓣，方形基座右后两面刻发愿文。

刻于兴和二年的山东《郄盖袟铭》，全称《兴和二年闰月二十一日齐州太原郡祝阿县安东将军前山茌县命郄盖袟铭》，清末山东福山出土。赵万里著录，正书5行，行7字，铭后4行。界格如新，平滑无迹。1954年山西晋源城西北出土的《释迦坐像》，亦是兴和二年刻造的作品。刘兴珍著录，像高41厘米，释迦佛结跏趺坐于方座上，褒衣博带，大衣下部长垂至台座，双手施无畏、与愿印。佛座上浮雕二蹲狮，中间为一摩尼火珠。雕刻技法以圆雕、浮雕、阴线刻相结合，多有变化，起伏转折生动，具有浓郁的装饰趣味。

兴和二年所刻立的河南《敬使君碑》，又称《敬使君显儁碑》、《禅静寺刹前铭》或《敬显儁修禅静寺碑》，此碑是为颂扬永安侯敬使君显儁营造禅静寺之功德而立。清乾隆三年(1738)出土于河南长葛县辘轳湾，为时任知县的许莲峰移置入陉山书院。碑阳楷书，共计1 300余字，保存较好，仅缺10余字。碑阴刻捐碑者姓氏，中间刻乾隆十四年(1749)沈青崖跋文。此碑标题与众不同，首行题“禅静寺刹前铭”，铭下空一格再题“敬使君碑”。一碑两题，在现存古碑中绝无仅有。

刻成于兴和二年的《程荣等造佛石像》，原为河南造像，现藏于上海博物馆。主尊为弥勒佛像，佛首高髻丰颜，硕颈阔肩，神情宁静。内着僧祇支，外披袈裟，衣纹自然流畅。右手施无畏印，侧立胁侍菩萨，身姿曼妙，天衣飘飘。左胁侍双手捧宝珠，右胁侍双手合十，神态端庄。莲瓣形背屏，主尊头光高浮雕莲花，外圈浅刻火焰纹，主尊与胁侍者间刻有觉悟菩提树。背光顶端细刻佛塔，侧绕飞天，这是弥勒出场的重要特征。矩形座的正面下部，雕刻有一对护法狮子及博山炉。费泳指出，东魏前期仍存在少数穿褒衣博带式佛衣，但主要流行圆领下垂，右领襟敷搭左肩的佛衣，领两侧引出衣带打结，有的带端下垂，有的掩入领内。其衣纹绉褶由肩部向下垂展，两道褶纹间相距较宽，断面形成宽平的阶梯状，服饰贴体，佛造像有的上身无衣纹，腹下衣纹为偏右侧垂鳞纹，长裙曳地，衣裙下摆外撇较北魏时期明显收敛。整体衣纹稀疏，服饰仍显厚重，有的衣纹为阶梯式刻法。

西魏大统六年七月十五日，陕西雕造的石灰岩佛教造像碑《吉长命造像碑》，正视略呈长方形，螭首座趺。罗宏才著录，石高47厘米、宽37厘米、厚10厘米。原在临潼县栎阳镇，1983年迁入临潼县博物馆(今西安市临潼区博物馆)。正面上部开一圆拱龛，内雕弥勒佛与二胁侍。龛楣雕对螭及忍冬纹。龛两侧上下各有二供养人，旁题名为像主祖、父、叔父及像本人。龛下雕二狮对炉，背面刻发愿文。左、右侧为像主祖母、母亲并兄弟题名、图像。正面刻男性供养人，背面刻女性供养人，按尊卑排序，为探讨造像碑四面位置提供了依据。同一天(七月十五日)，在龙门唐字洞刻造《始平县开国伯韩道人造像》，李文生著录。

还是七月十五日，西魏统治区内的稷山(北魏太和十八年迁都前属东雍州正平郡，后归隶司州)，由前平阳令、高凉令巨始光等人发起，刻成一件著名的佛教造像碑刻，即同年山西所刻西魏《巨始光造像碑》，全称《安平县开国男巨始光等造释迦五尊像碑》，原石在山西稷山县。1921年前后出土，后为古董商窃得，欲与《薛凤规造像碑》一同运出国境，被海关查获，拨交北平历史博物馆筹备处收藏，新中国成立后此碑护以板罩保存，现藏于北京故宫博物院。张宝玺、周铮等对此碑均有著录。像碑四面雕刻，通高225厘米、宽100厘米、厚30厘米。原碑座早已缺失，现有座为后配。圆顶碑首，周缘各雕一巨龙。巨龙之下，正面、背面均为尖拱龛，龛檐中央均雕一狮首(或饕餮)。正龛内为多宝佛与释迦佛并坐说法像，两像左、右各有一胁侍菩萨。两旁龛柱题字，左为左相多保(宝)佛塔证有法华经;右为右相释迦佛说法华经。龛柱之外,各有题榜,左为左相当阳佛主杨志宽为亡父一心侍佛,右为右相当阳佛主杨仕、弟伯通、业仁。背面龛内为文殊师利与维摩诘并坐说法像,均坐于忍冬之上。两像的左、右亦各有一胁侍菩萨。两旁龛柱的题字,左为文殊师利说法时,右为维摩诘□大□利□时。龛柱之外亦各有题榜。碑身正面上半部为一尖拱龛,龛楣上端有二龙相托,二龙尾部集于龛楣中央,形成一个狮首。龛内雕结跏趺坐的佛像。佛左右雕胁侍菩萨各一尊。

西魏大统六年,陕西的《黄门侍郎造像碑》,为石灰岩佛教造像碑,罗宏才著录,碑高 83 厘米、宽 43 厘米、厚 33 厘米,顶、座已佚。1963 年出土于耀县南门西侧城墙下,先藏耀县文化馆,1971 年迁至耀县药王山碑林。

[文献] 清康有为《广艺舟双楫》卷四,[日]松原三郎《中国佛教雕刻史论》,赵万里《汉魏南北朝墓志集释》,梁披云主编《中国书法大辞典》,刘正成《中国书法鉴赏大辞典》,胡国强主编《故事收藏:你应该知道的 200 件曲阳造像》,刘兴珍等《中国古代雕塑图典》《东魏敬使君碑》(历代名帖自学选本),罗宏才《中国佛道造像碑研究——以关中地区为考察中心》,李文生主编《龙门石窟志》,费泳《汉唐佛教造像艺术史》,张宝玺《甘肃佛教造像石刻》,周铮《西魏巨始光造像碑考释》(《中国历史博物馆馆刊》1985 年第 7 期),金申《中国历代纪年佛像图典》。

公元 541 年　东魏兴和三年　南梁大同七年

[提示] 东魏兴和三年正月二十三日,河北《乐零秀造观音立像》。三月,《胡伯乐玉枕铭》。四月,河北《道山造像》、江苏《朱虎牙造像》。六月,山西《邢生造像》。八月二十九日,河北《白石赵道成造释迦多宝佛像》。十月,《员光造像》。十一月二十五日,河北《白石李晦等造弥勒佛立像》。十二月,山东《李仲璇修孔子庙碑》。是年,河南《吕升欢造像》。南梁大同七年六月十三日,四川《萧纪造弥勒像》。

[叙录] 东魏兴和三年正月二十三日,河北曲阳《乐零秀造观音立像》,杨伯达、金申著录高 44.5 厘米(胡国强著录为 27 厘米),白色大理石质,现藏于北京故宫博物院。菩萨头戴圆形三叶冠,发髻绾于冠内,发辫垂肩。方形脸,眼睛较长,嘴角内收含笑。右手握莲蕾贴在胸前,左手持桃形玉环置于腰部。上身袒裸,佩戴项饰,肩部圆形发卡系两条垂带。帔帛两端穿璧交叉后,又折回原侧肘臂垂下。背屏背后装饰插屏座,莲座仅前边雕刻半圈莲瓣。方形基座,右后左三面刻发愿文。

三月的《胡伯乐玉枕铭》,铭文正书,5 行,行 1—9 字不等。宽 12.2 厘米、长 16.8 厘米。赵万里、梁披云著录辑入。哈佛燕京拓片记作《汲胡伯乐送终玉枕铭记》。四月所刻《道山造像》,全称《比丘僧道山造观世音像》。正书题记刻于佛座正面及两侧,正面文 6 行,两侧文各 4 行,行 4 字。曾归端方所藏,清陆增祥载:石竖二寸五分,面广四寸五分。梁披云说,原石在河北正定,曾归长白端方。江苏《朱虎牙造像》也刻于是年四月,全称《东魏固安县令朱虎牙造像》。正书题名 15 行,行 2—9 字。原石在直隶州城废寺中,清同治间檀施寺僧迎归供养,后置江苏常熟静圃之青林堂。

六月山西的《邢生造像》,造像题记正书 5 行,行 4—8 字不等,梁披云著录,原石在山西盂县。

八月二十九日,河北曲阳《白石赵道成造释迦多宝佛像》,胡国强著录,残高 20 厘米。二佛长圆脸,发髻光素,肉髻较高,均施无畏与愿印。身披双层袈裟,领口较低,内着僧祇支,上束帛带。结跏趺坐,右足压左腿上。袈裟裙摆悬垂须弥座前,基座前右后三面刻发愿文。十月的《员光造像》,全称《比丘员光造像》。题记正书 5 行,行 14—27 字不等,后题名 38 人。

十一月二十五日,河北曲阳再刻《白石李晦等造弥勒佛立像》,残高 44.6 厘米。胡国强著录,主尊弥勒着佛装，光素肉髻，眼窝微凹，嘴角内收，面带微笑，相貌慈祥。内着僧祇支，外披双领下垂式袈裟，束帛带用双线勾勒衣纹。施无畏与愿印，赤足立圆形莲座上，莲座仅前部雕刻宝装莲瓣。背屏正面浮雕圆形莲瓣头光，背面插屏座呈半圆形。长方形基座右后两面刻发愿文。

十二月，山东东曲刻立《李仲璇修孔子庙碑》，又称《鲁孔子庙碑》，现存曲阜孔庙同文门西侧。此碑自宋代以来即被多位金石学家如欧阳修、钱大昕、孙星衍、王昶和阮元等所著录。碑额篆书《鲁孔子庙之碑》，书丹者为任城人王长儒（碑侧刻有“内□书任城王长儒书碑”），其书风，杂大小篆、分隶于楷书之中。康有为称赞说，“超逸莫如王长儒”。骆承烈分析说，此碑为兖州丞令士民颂李仲璇修孔庙事，而非李仲璇修庙自立之碑。《魏书》本传曾记李仲璇“以孔子庙墙宇颇有颓毁，遂修改焉”，此碑则详细记述了此次修庙的经过。兴和三年的《吕升欢造像》，原石在河南汲县汲城村镇国寺，梁披云著录，其造像题记正书6行，行10字；题名七列，首列8行，二列11行；三、四列25行；五至七列31行。

南梁大同七年六月十三日，四川成都兴国寺（万佛寺）刻《萧纪造弥勒像》，造像铭文正书，从中可知，此弥勒像为武陵王萧纪为亡父母敬造，供养于兴国寺。石高37厘米，宽27厘米。高文载，此像于1902年成都外西万佛寺耘田出土，今不详所在。

［文献］ 宋欧阳修《集古录》卷四，清端方《匋斋藏石记》卷八，清钱大昕《潜研堂金石跋尾》卷二，清王昶《金石萃编》卷三一，清孙星衍《寰宇访碑录》卷二，清阮元《山左金石志》卷九，清陆增祥《八琼室金石补正》卷一九，清康有为《广艺舟双楫》卷四，杨伯达《瘗埋石佛的研究》，金申《中国历代纪年佛像图典》，胡国强主编《故事收藏：你应该知道的200件曲阳造像》，赵万里《汉魏南北朝墓志集释》，梁披云主编《中国书法大辞典》，骆承烈《石头上的家文献——曲阜碑文录》，高文《四川历代碑刻》。

公元542年　东魏兴和四年　西魏大统八年

［提示］ 东魏兴和四年五月十五日，河北《白石邸月光造观世音立像》。五月，《菀贵妻造像》。十月，河南《李显族造像》。十一月五日，《大吴村比丘静颐等造佛立像》。西魏大统八年，《杨□爱造三尊石佛坐像》、《扈郑兴造三佛像》。

［叙录］ 东魏兴和四年五月十五日，河北曲阳《白石邸月光造观世音立像》，高26.8厘米。胡国强著录，观音头戴方形梁冠，发髻绾于冠内，发辫系圆形发卡垂肩。上身袒裸，佩戴项饰。帔帛两端在膝部交叉，上折缠双臂垂下。右手抬起握莲蕾，左手在下，持桃形玉环。背屏刻同心圆头光，外饰火焰纹。圆形像座雕刻宝装莲瓣，方形基座，右后左三面刻发愿文。

五月的《菀贵妻造像》，有正书题记10行，行4—6字不等。同年十月所刻的河南《李显族造像》，全称《长乐太守李次李显族百余人造像》，亦称《李氏合邑造佛像碑颂》。正书题记25行，行34字；后题名2行，上像左右各1行，阴侧均有题名。梁披云说，石像于清光绪末年在河南滑县河滨出土，移城内高等小学（一说在河北正定）。

十一月五日，《大吴村比丘静颐等造佛立像》，石灰岩质地，高135.5厘米，现藏于瑞士瑞特保格博物馆。金申认为，东魏的佛像优秀者虽亦可见，然普遍佛碑雕刻精美。其上用汉代以来的阴刻手法刻供养人、车马舆服、飞天等，极为细腻，颇有可令人驻足细赏者。

西魏大统八年的《杨□爱造三尊石佛坐像》，亦称《杨子受造释迦坐像》，黄花石质（罗宏才说黄花石仅在陕西西魏至隋代造像可见），高23.5厘米，现藏日本大阪市立美术馆。造像风格方面，继承了北魏末期标准的佛像样式。

善业泥虽为泥制，但与小型佛教石刻之间，彼此亦有相当影响，故此处略微提及。金申说，善业泥即小型模压而成的泥制浮雕佛像，多见于唐代所造，因一些唐代佛砖背后有“大唐善业泥，压得真如妙色身”诸字而得名，凡是这种小型泥模佛像也都可统称为善业泥像。迄今所知有明确纪年最早的泥像为西魏大统八年(542)《扈郑兴造三佛像》。又谭婵雪还提及一件出土于咸阳张底湾北周独孤信墓的一躯“脱佛”，也应该属于善业泥之类。

［文献］ 胡国强主编《故事收藏：你应该知道的200件曲阳造像》，梁披云主编《中国书法大辞典》，金申《海外及港台藏历代佛像珍品纪年图鉴》，李淞《陕西古代佛教美术》，谭婵雪《印沙、脱佛、脱塔》(《敦煌研究》1989年第1期)。

公元543年 东魏武定元年

［提示］ 正月，《邑义八十六人造像》。四月十五日，山东《刘天恩造背光式佛菩萨三尊像》。四月，河北《高归彦造像》。五月十二日，河北《白石杨迴洛造观音立像》。五月十五日，河南《骆子宽等七十人造释迦像》。五月，《曹□身造像》。七月，河南《道俗九十人造像》、河北《李次明为亡儿造像》。八月，河南《李道赞率邑义五百余人造像》。十二月，《王旦树为亡弟妇造像》。是年，山东《佛塔与飞天》。

［叙录］ 东魏在权臣高欢的辅佐下，与西魏分庭抗礼，社会获得了暂时的安宁。加之孝静帝元善见与高欢均十分信仰佛教，因此东魏的佛教造像艺术十分繁荣。武定元年这一年，出现了大量的石刻艺术，其中不乏传世名刻。而西魏这一年，居然没有一件可以叙录的石刻作品。东魏武定元年正月的《邑义八十六人造像》，全称《比丘道观邑义八十六人造白玉像》，有正书题记4行，行10字。梁披云说，原碑曾归端方所有。四月十五日，山东临朐雕成《刘天恩造背光式佛菩萨三尊像》。张总等著录，这铺背光式造像为一佛二菩萨三尊立像。主尊与两胁侍躯体显得特别修长，主尊仍着双领下垂式佛衣，衣饰略显厚重，大衣明显变短，仅及膝部偏下部位。佛裙突显，裙下摆略外撇，双足暴露得较明显。东魏武定元年逾北魏已有十余年的时间，造像仍一定程度地保留有北魏传统的秀骨清像遗风。本尊与两胁侍之间雕有龙，龙躯特别瘦小，呈“S”形倒置，昂首、屈体、尾巴弯曲上扬，口衔莲秆引出两胁侍菩萨所站立的台座。造像铭文刻石像背面。四月，河北的《高归彦造像》，全称《高归彦造白玉释迦像》。有方界格正书题记27行，行7字。梁披云著录，民国十年(1921)河北定县料敌塔前出土，后移众春园中。此刻字迹完整，笔道清晰，似新发于硎，造像中极为罕见。五月十二日，刻于河北曲阳的《白石杨迴洛造观音立像》，石高47厘米。胡国强著录，主尊观音菩萨方形脸，头戴三叶花蔓冠，身披长璎珞，背屏后面彩绘思惟菩萨像。长方形基座正面雕童子托博山炉和二护法狮，右后两面刻发愿文。

是年五月十五日所刻造的石灰岩质《骆子宽等七十人造释迦像》(图77)，又名《骆子宽造石佛立像》，当出自河南，是一件东魏石刻传世名品。像高135厘米、宽62厘米、厚31厘米，现藏于美国波士顿市嘎特那(Isabella Stewart Gardner，又译为加德纳或嘉登)美术馆，早年即为罗振玉和日人大村西崖所著录。其发愿文为：唯大魏武定元年岁次癸亥五月庚寅朔十五日甲辰，夫圣觉凝渊，非形像无以视其真；是以清信士佛弟子骆子宽等七十人，仰为皇帝陛下、七世见存、敬造释迦石像一区(躯)。愿使法界众生，息心归无，功兼物我，舍著两躯，有无名一，乘实驾权，十方思运矣。比丘尼僧志、邑老程伯宜(邑子姓名略)。这件造像虽然尺寸不算太大，但造型端庄，衣纹流畅，是中国石刻艺术中的上乘之作。在碑座背面及两侧浮雕有10尊神王像，均有神王名字榜题。这是目前所知唯一雕刻有各种神王名称的造像碑，由此可作为推知他处神王名字的珍贵标尺，如龙门宾阳洞、巩县石窟、响堂山石窟等处窟内神王均赖以定名。金申对神王的来龙去脉进行了梳理，从北魏晚期开始，在石窟中和单身佛造像台座上出现了成组的神王像，数量从数尊到数十尊不等，著名的如龙门石窟宾阳中洞、巩县石窟、响堂石窟、安阳宝山

图 77 骆子宽等七十人造释迦像 东魏武定元年(543) 美国波士顿市嘎特那美术馆藏

小南海石窟、太原天龙山石窟等。西北地区宁夏须弥山石窟中也发现有数尊。石窟中的神王一般分布于洞内四壁基部和中心方柱台座四周，单尊石造像上一般多雕于台座四周。骆子宽造像其台座两侧及背面浮雕十尊神王像榜题为：狮子神王、鸟神王、象神王、珠神王、风神王、龙神王、河神王、山神王、树神王、火神王。“神王”之名最早见于吴月支优婆塞支谦译《佛说长者音悦经》，佛教中除天龙八部为佛的护法外，自然界一切有生物、无生物及自然现象也都是佛的护法，均由神王统领。神王遍布自然界万物之中，但地神、风神、火神、树神、水神（海神）等十神王仍是诸神王的基本骨干。我国树神王构图框架的形成似乎受到了印度丰饶女神（女夜叉）立于树下的形象的暗示，但作为树神时自然呈男性。印度那种肉感强烈的裸体女夜叉形象不符合中国的国情，除新疆地区的早期石窟壁画外，十六国及北魏时甘肃及华北的石窟中独见男夜叉活跃在壁画、雕塑上。神王形象主要集中出现于河南、河北和山西地区，究其原因，盖由于这些地区自古以来就是汉文化发达地区，汉农业民族早就有杂祀鬼神的传统。山神、树精、河伯、水怪、雷公、电母、风神、雨师等自然崇拜早在佛教传入前即已根深蒂固。当佛教传入，佛经中对各神王的记载，特别是佛陀跋陀罗译《华严经》等在中原地区的传播，使这些地方对塑造神王更加有兴趣。这些神王均为汉式衣装，也可说是中国杂祀鬼神思想下的产物，然而若深入追根溯源，有些神王的原始形态与印度的神祇特别是印度男女夜叉造型上似有着蛛丝马迹的关联。

王静芬认为骆子宽造像，不同于北魏后期体态修长的风格，体现为这一时期佛身发展为圆柱形静态的形式，拥有庄严的风姿。只是衣物的褶皱还保留着北魏早期自然流畅和极富装饰性的风格。柱状体量和对表面细节的关注相互影响，使得一种典型特征在其他北齐雕像中进一步发展起来。台北学者林保尧曾撰长文研究此件造像，认为此尊石像虽光背顶部有些欠损，然整体五尊造像的构成，仍是清晰可辨。尤以石像正面台座上的造像铭记，不仅明示出石像的造立年代，而且还付予有关的成立经纬，实是一尊极富探讨价值的稀有作例。关于这件石像的流传过程，林氏记载：1913 年时为戈路波（Victor Goloubew）收藏之后，二度易手，即波士顿的加德纳（J. L. Gardner）女士及伊莎贝拉加德纳美术馆所收藏。罗宏才称赞林氏文章在严谨、缜密的思维理念指导下，以骆子宽造释迦像五尊像为中心，广泛收集大量文献资料以及海内外所藏佛道造像资料，立足整体互动观照的尊像组合结构研究——即尊像的整体结构论以及尊像结构组合对应的时代信仰研究——即造像的信仰表现论两个基点，采取图像学与文献学相互对应参照的尊像造作研究方法，通过对造像刊饰（造像铭记）、造像画饰（造像表现）的整体结构析释以及残损造像的整体复原求解，缜密细腻地深入到以上三大问题所包含的诸如造像记文的用语及其结构释析、造像题名的像主尊像的构成体式及其图式释析、造像题名的左右二相菩萨的构成体式、释迦五尊与左右二相的图像构成及其成立基础、二佛并坐与二观音的图像构成及其成立基础等问题，虽主题剖析旨在围绕一尊造像层层展开、节节深入，但其严谨缜密的思维理念与客观睿智的研究手法以及具有独创性的造像整体结构之透析观察意识仍令人茅塞顿开、耳目一新，我们完全可以从其中感悟到诸多进窥造像碑内蕴要旨的方法与理念。

是年五月的《曹□身造像》全称《青行士香火都督曹□身造像》，梁披云著录，其正书题记 5 行，行 10 字；题名 6 行，行 8—10 字不等。《中国书法大辞典》著录。刘正成说，清阮元在《山左金石记》中认为《石经峪金刚经》作于公元 550 至 559 年之间，尽管此说不一定可靠，但与镌于 543 年的《曹□身造像》相比较，旨趣有相近之处。但从观赏价值来看，二者却大不一样。《金刚经》一向被认为雄浑古穆，气势宏大，而《曹》碑却非如此。总的来说，此碑有厚重、质朴、古拙的特点，倘能“敛心为阴，展笔为阳”，又何尝不能更上层楼。七月刻成两件石刻，一是河南的《道俗九十人造像》，一是河北的《李次明为亡儿造像》，全称《李次明为亡儿李那延造观世音白玉像》。梁披云均有著录。道俗像清人陆增祥载，石高二尺九寸，广二尺四寸五分。分五层：上三层刻画像，第四层刻造像记，下层刻画像。有正书记 23 行，行 8 字。右侧题名六列，列 3 行；左侧题名五列，列 3 行。记左右题名共 11 行，记上佛经故事十二榜。原石旧在河南沁阳县西北 15 里北孔村社庙，也有正书题记 9 行，行 1—6 字不等。石像还刻有宋元丰元年(1078)二月二十三日来高才、马良等题记。原石后在河北枣强县，曾归山东王绪祖。

石灰岩质的《李道赞率邑义五百余人造像》，全称《武猛从事汲郡山阳李道赞率邑义五百余人造像》历时近十年才完成，始造于北魏永熙三年(534)，直至武定元年八月才竣工，可以想象其间所经历的艰辛。石像现藏美国纽约大都会博物馆。这件石刻艺术的宏伟之作，高达 308 厘米，梁披云、金申等著录。石像原出河南淇县北 35 里浮山封崇寺，民国初年由顾燮光发现。民国十八年(1929)被军阀截为二段，运往北京，后售给美国人。此佛碑虽为浮雕，然多层雕镂，运用减地和阴阳多种刻法，使画面极富立体感与变化。碑首为佛及供养人，婆薮仙人很为生动。下部为维摩诘与文殊对坐斗法，碑背有千佛。碑座四面刻山神王、树神王、风神王、珠神王等八位神王。此碑内容丰富，雕镂精美，是佛教雕刻史上的名品。

十二月的《王旦树为亡弟妇造像》，据梁披云讲，此石 1931 年前发现，后运至上海，当时仅拓十余份，原石即流出国外，现藏何处不详。有正书题记，存 80 余字。阴刻姓氏五列，列 12、13 行不等；一侧刻姓氏二列，列 6 行；另一侧刻姓氏五列，列 8 行。张总等还著录刻于是年的残刻，称之为《佛塔与飞天》，残高 68 厘米、宽 30 厘米，出土于山东省临朐县明道寺。背光顶部雕有佛塔的造像，占有一定的数量，但多数没有纪年，而该造像是临朐造像中唯一一件有明确纪年的造像。塔为单层塔，上有稍显高大的覆钵，塔体粗矮，向外的两面有阴线刻拱形塔窗，塔上覆钵顶部立一高刹杆，杆上环相轮。围绕覆钵周围，塔的每个边棱上方亦立有刹杆，塔底两侧各有一飞天托塔。明道寺造像浮雕佛塔中，绕覆钵立有刹杆的布局，在古青州地区较为少见。

［文献］　清端方《匋斋藏石记》卷九，清罗振玉《海外贞珉录》，清陆增祥《八琼室金石补正》卷一九，［日］大村西崖《支那美术史雕塑篇》，梁披云主编《中国书法大辞典》，刘正成《中国书法鉴赏大辞典》，金申《中国历代纪年佛像图典》、《海外及港台藏历代佛像珍品纪年图鉴》、《佛教美术丛考》，张总等《临朐佛教造像艺术》，林保尧《法华造像研究——嘉登博物馆藏东魏武定元年石造释迦像考》，胡国强主编《故事收藏：你应该知道的 200 件曲阳造像》，［美］王静芬《中国石碑》，罗宏才《中国佛道造像碑研究——以关中地区为考察中心》。

公元 544 年　东魏武定二年　西魏大统十年　南梁大同十年

［提示］　东魏武定二年二月，山东《王贰郎绾率法义三百人等造石像》。三月一日，河南《李洪滨造三尊佛立像》。四月十二日，《永□寺尼僧造石思惟菩萨像》。十月二十日，河北《戎爱洛造白玉思惟菩萨像》。十二月十四日，山东《青州广福寺刘世明造像》。十二月，山东《王双虎等造像》。是年，河北《石思惟菩萨像》、河北《苏丰洛造菩萨立像》、山东济南历城四门塔。西魏大统十年，陕西《邑子廿七人造像》、陕西《定光佛立像》。南梁大同十年，南京新渝宽侯萧暎墓神道石刻。

［叙录］　东魏武定二年二月山东所刻之《王贰郎绾率法义三百人等造石像》，有正书题记 7 行，行 36—39 字不等，题名 11 列，列 17 行。上像右有 3 行，左有 7 行。梁披云著录，石像原在山东潍县西南乡，曾归长白端方。其发愿文中有“倒龙花琰”的记载，倒龙为北朝碑首螭龙盘旋的通俗说法。三月一日，河南的石灰岩《李洪滨造三尊佛立像》，又名《邑子李洪演造像颂》，像高 92.5 厘米，石像原在河南省获嘉县南15公里法云寺，现藏于英国维多利亚·阿尔

图 78　戎爱洛造白玉思惟菩萨像　东魏武定二年(544)　日本东京书道博物馆藏

图 79 济南四门塔内北侧石佛 东魏武定二年(544)

伯特博物馆。清人王昶、毕沅及日人大村西崖均著录其发愿文。金申认为此像为低缓肉髻,体态凝重,为典型东魏造像特征。唯大衣内着僧祇支为左衽式,较为少见。四月十二日所刻之《永□寺尼僧造石思惟菩萨像》,白色大理石质,像高 48.3 厘米,现藏美国大都会美术馆。

武定二年十月二十日的《戎爱洛造白玉思惟菩萨像》(图 78),石高 54 厘米,亦是一件石刻名作,白色大理石质地,刘兴珍认为当出自于河北曲阳一带,现藏于日本东京书道博物馆。菩萨头戴宝冠,宝缯长垂,袒上身,项饰璎珞,肩披帔帛,绕双臂垂拂体侧座下。腰束长裙,裙缘垂至台座。面相清俊,长眉秀目,微俯首,作沉思状。半跏趺坐,右手支颐,肘撑右膝,左手抚膝。桃形头光处刻卷草纹饰,莲台下置方形座,立面浮雕双狮。刻工清圆秀朗,转折流畅,刀法明快,自然舒展。金申指出,北齐时曲阳地区流行雕刻半跏思惟像,有的在发愿文中不具指佛名,而仅仅根据石质称为“玉像”或“白玉思惟像”,是太子像还是弥勒像,则需具体分析而定。除了太子像和弥勒像外,还有题为龙树思惟像的,只是较为罕见。龙树为印度二三世纪大乘佛教中观学派创始人,曾在雪山修行,后入龙宫得法。但这里的龙树,应指的是造像上两棵虬龙形树,表现弥勒在龙华树下说法,并非龙树其人,此点已为松原三郎、张总所指出。

十二月十四日刻造的山东《青州广福寺刘世明造像》。温玉成载,广福寺遗址在青州市南 10 公里之劈头山东麓,今属云峡河乡后寺村西阜。明代成化十二年(1476)四月所立的《重修广福寺记碑》云:“寺始建无考。惟旧石志,有大魏武定二年蒙诏板补齐郡太守刘世明敬造佛像,为国王帝主祈福之说。”刘世明造像,清代犹存。段松龄《益都金石记》收有录文:“大魏武定二年岁次甲子十二月辛亥十四日甲子,前蒙诏板补齐郡太守刘世明敬造石像,为国王帝主、师僧父母、居家眷属,咸同斯福。”同书还载有东魏胜福寺造像题名者崔氏十余人。刘世明,附见于《魏书》(刘芳传)。刘世明于武定二年还在造像,则传记云卒于兴和三年(541)者大误。又刘世明晚年“蒙诏板补齐郡太守”,传记亦失载。

十二月的山东《王双虎等造像》,正书题记 7 行,行 13 字,题名六列。梁披云著录,原石在山东东阿。武定二年所刻造的河北大理石《石思惟菩萨像》,像高 55 厘米,现藏于美国大都会博物馆。金申认为当出自河北曲阳,东魏北齐时代,这一带制作了大量的大理石思惟菩萨像,其背景当与弥勒净土思想流行有关。武定二年的大理石造《苏丰洛造菩萨立像》,高 35.7 厘米,河北曲阳出土,现藏于北京故宫博物院。杨伯达、胡国强、金申均著录此像。菩萨圆形脸,头戴三叶宝冠,圆形发卡将两侧发辫固定于肩并卷曲垂下,两条束带垂至体侧。袒胸佩戴项饰,挎穿璧式帔帛。右手上举持莲蕾,左手下垂握玉环。下身着裙,跣足立圆形莲座上。光素背屏,背面有半圆形插座。长方形基座,后左两面刻发愿文。

刻造于东魏武定二年的山东济南历城四门塔造像(图 79),王朝闻、段文杰主编《中国石窟雕塑全集》中载:门塔造像位于塔心柱南北侧,高 151 厘米(不包括后配座高度)。造像位于塔心柱南侧,螺髻,面颊长圆清秀,眉间刻白毫相,身躯较扁平,结跏趺坐,双手作禅定印状。着双领下垂袈裟,内着僧祇支,右胁下斜去的衣裙搭敷在左臂上,右肩垂下的吊带以纽扣系挂内层衣角。此像座原有题记,原石于清末被古董商盗走,售于端方,现存该造像须弥座束腰正面的题记是根据拓本所摹刻。

西魏大统十年陕西砂岩《邑子廿七人造像碑》,罗宏才著录为扁平碑体佛教造像碑。石高二尺四寸,广一尺五寸。上截刻记 12 行,行 17—19 字不等。下截刻题名 2 行。主龛左侧尊位刻有“邑师比丘僧誉”题名,有康、支、袁、张、贺、刘、韩、魏等姓。除康、支为西域胡姓外,余为汉族。原碑旧在咸宁县南关(今陕西西安老城东南郊)社祭台村石佛寺(唐青龙寺),已佚。同年刻造的《定光佛立像》,据李凇说,这是陕西现存最早有纪年的大立佛,原出自祭台村,像背后有长篇发愿文(武树善载),今存西安碑林博物馆,可惜上半身不知去向,仅留下半身和佛座。佛座为较为扁平的覆莲,造型比较简练。

南梁大同十年，南京刻造成新渝宽侯萧暎墓神道石刻。萧暎墓位于南京市栖霞区栖霞镇新合村董家边。墓南向，已平。徐湖平载，墓前仅存神道西侧石柱一根，柱身下半已陷土中，残高 34.4 厘米，柱头圆盖及小兽已失，柱面作楞隐陷直刳棱纹，额镌“梁故侍中(仁威)将军新渝宽(侯)之神道”，额下有浮雕一组，中为一力士以手承额，左右各一人蹲踞，也作举手承额状。萧暎字文明，起家淮南太守，武帝普通二年(521 年)封广信县侯，后改封新渝县侯，为吴兴太守、北徐州刺史，卒谥宽。

［文献］ 北齐魏收《魏书》卷五五，清毕沅《中州金石记》卷一，清王昶《金石萃编》卷三一，清端方《匋斋藏石记》卷九，清段松苓《益都金石志》卷一、［日］大村西崖《支那美术史雕塑篇》，武树善《陕西金石志》卷六，张总《石雕佛教造像三种》(《段文杰敦煌研究五十年纪念文集》)，梁披云主编《中国书法大辞典》，刘兴珍等《中国古代雕塑图典》，金申《中国历代纪年佛像图典》、《海外及港台藏历代佛像珍品纪年图鉴》，温玉成《中国佛教与考古》，杨伯达《瘗埋石佛的研究》，胡国强主编《故事收藏：你应该知道的200 件曲阳造像》，王朝闻、段文杰主编《中国石窟雕塑全集》，罗宏才《中国佛道造像碑研究——以关中地区为考察中心》，李淞《陕西古代佛教美术》，徐湖平主编《南朝陵墓雕刻艺术》。

公元 545 年　东魏武定三年　西魏大统十一年　南梁大同十一年

［提示］ 东魏武定三年三月十八日，河北《白石邱金龙造思惟菩萨像》。四月十五日，河南《报德寺七佛碑像》。五月二十三日，《比丘道和造观音立像》。七月十三日，《慧法等造菩萨三尊立像》。十月五日，河北《白石郭元宾造菩萨立像》。十月十五日，山东《诸城士继叔造释迦三尊石像》。十一月十日，龙门《比丘昙静造释迦像》。十一月，《昙详造像》。是年，山西《郭妙姿造释迦坐像》。西魏大统十一年，陕西《佛弟子四十人等释迦造像碑》。南梁大同十一年，始建绍兴禹庙、四川《张元造释迦多宝像》。

［叙录］ 东魏武定三年三月十八日河北《白石邱金龙造思惟菩萨像》，出土于河北曲阳，现藏于北京故宫博物院，残高 23.5 厘米。胡国强著录，造像上身残缺，左手握衣角，裙摆浮雕回曲竖道纹褶。腿部双钩阴线，左舒相坐束藤筌蹄座上，座下平铺圆形莲花，左脚踏突起小莲台上。基座正面雕刻化生童子托博山炉、护法狮和比丘像，右后两面刻发愿文。

刻造于武定三年四月十五日的河南洛阳《报德寺七佛碑像》(图 80)，又称《洛州报德寺造像碑》或《报德寺玉像七佛颂碑记》，简称《七佛颂》，石灰岩质，残高 208 厘米，为日本私人藏家所收藏。石像早期为杨守敬、端方、日人大村西崖和松原三郎等名家著录，后来梁披云、金申等亦曾著录。《七佛颂》碑文隶书，碑额阳文篆书 3 行 9 字：“魏报德玉像七佛颂碑。”两侧皆题名，石断为三段。此碑前面刻像，后面刻颂，似居于碑阴位置，为碑之创例。五月二十三日刻造的大理石加彩《比丘道和造观音立像》，高 45 厘米，也藏于日本大阪市立美术馆。七月十三日的《慧法等造菩萨三尊立像》，亦为日本香雪美术馆所藏，高 105 厘米，金申著录。

十月五日刻于山东的《白石郭元宾造菩萨立像》，出土于河北曲阳，现藏于故宫博物院，胡国强著录，像高 47.5 厘米。菩萨头戴三叶花蔓冠，内着僧祇支，肩挎穿璧式帔帛，右手上举持莲蕾，左手下垂握玉环。赤足立圆座上，圆座周围满刻莲瓣。长方形基座正面雕童子托博山炉和二护法狮，后面刻发愿文。十月十五日，山东《诸城士继叔造释迦三尊石像》，金维诺著录时说，石像上有飞天，下部有翔龙口吐莲台，二菩萨立于其上。造像铭文为：大魏武定三年岁次乙丑，十月丙午朔，十五日庚申，清信弟子士继叔，敬造释迦石像一躯，愿居家眷属咸同斯福。

洛阳龙门很久未见有造像活动了。武定三年十一月十日，龙门古阳洞终于出现了《比丘昙静造释迦像》。其造像题记为时经训、关百益收入伊阙魏刻百品中，李文生著录，石高 8 厘米、宽 20 厘米，文 7 行，

图80 报德寺七佛碑像 东魏武定三年(545) 日本私人藏

满行4字。十一月的《昙详造像》，有正书题记，梁披云著录，题记9行，行5—6字不等。有旧拓本，末行“佛闻”二字未与石泐连。

武定三年，山西刻造《郭妙姿造释迦坐像》。在太原市文物考古研究所编著的《晋阳古城》中，对此造像进行了著录。1954年出土于太原市华塔村，高41厘米。主尊释迦身微前倾，结跏趺方坐之上。大衣宽博疏朗，衣裙覆布座前。座下刻对狮和博山炉。刀法简洁，达到东魏造像的高妙境界。

西魏大统十一年，陕西刻成佛教造像碑《佛弟子四十人等释迦造像碑》。1983年出土于陕西省西安市古青龙寺遗址东塔院遗址，现藏于青龙寺遗址保管所。翟春玲、罗宏才等著录，石碑为扁平碑体，顶、座佚，碑身左上、右下部均残，石高68厘米、宽40厘米、厚16厘米。四面造像，每面辟帐幕圆角长方形龛。正面龛内一释迦佛、二弟子、二菩萨。

南梁大同十一年，始建绍兴禹庙。禹庙在绍兴市东南六公里、禹陵的右侧。清人王元臣所纂修的康熙《会稽县志》(祠礼志下)载：大禹寺，在县南一十二里，禹陵之左，梁大同十一年建，自唐以来为名刹。南梁之后，禹庙屡经兴废，现存的大殿为20世纪30年代重建。在禹庙碑廊中，今藏有唐以后历代碑刻60余块，是研究古代水文历史的珍贵资料。

同一年，在西部的四川成都，刻成《张元造释迦多宝像》。据雷玉华、颜劲松载，1995年5月，在成都市西安路拓宽工程施工中发现了一批石刻造像，这批造像出土于西安路中段东侧的一个灰坑中，这件有明确纪年的张元造像即为其中之一。费泳指出，麦积山褒衣博带演化式佛衣的发生时间约在北周明帝元年(557)至武帝建德三年(574)灭佛之前。其中以第141窟二佛及第22窟正壁主尊为代表，第141窟正壁和左壁主尊，均着褒衣博带演化式佛衣，前者右领襟敷搭左臂和左肩，胸系带结，后者领口向上略有收紧，掩去了内着的僧祇支和带饰，第22窟主尊亦为此式。成都地区较早的这类样式为西安路大同十一年张元造像。

［文献］ 清杨守敬《环宇贞石图》，清端方《陶斋藏石记》卷九，清王元臣《会稽县志》卷十六，［日］大村西崖《支那美术史雕塑篇》，［日］松原三郎《中国佛教雕刻史研究》，金申《中国历代纪年佛像图典》、《海外及港台藏历代佛像珍品纪年图鉴》，胡国强主编《故事收藏：你应该知道的200件曲阳造像》，梁披云主编《中国书法大辞典》，进经训等《伊阙魏刻百品》，李文生主编《龙门石窟志》，太原市文物考古研究所编《晋阳古城》，翟春玲《陕西青龙寺佛教造像碑》(《考古》1992年第7期)，罗宏才《中国佛道造像碑研究——以关中地区为考察中心》，雷玉华等《成都市西安路南朝石刻造像清理简报》(《文物》1998年第11期)，费泳《汉唐佛教造像艺术史》。

公元546年　东魏武定四年
西魏大统十二年　南梁中大同元年

［提示］ 东魏武定四年二月八日，河南《比丘道颖等造佛立像》。二月，《惠超造像》。四月八日，道凭法师创建河南宝山寺与大留圣窟。八月，东魏移洛阳汉石经于邺。十月八日，山东《诸城夏侯丰珞造弥勒像》。是年，河北《白石惠朗造释迦多宝佛像》、陈元康荐祖埏作并州《定国寺碑》、山东《乐天佑廿人等造塔记残石》。西魏大统十二年二月，甘肃《权早郎造像碑》。八月三日，陕西《洛川法龙等合邑六十人造像碑》。十一月，《杜照贤等造像》。南梁中大同元年二月，四川《吴氏泰造光明佛一尊》。十一月五日，《比丘释慧影造佛坐像》。中大同元年，南京梁建安敏侯萧正立墓神道石刻，张库村失名墓神道石刻约建于此际。

［叙录］ 公元546年，石刻艺术收获甚丰，无论东西魏或南朝，均有佳构出现。东魏武定四年二月八日河南刻成的石灰岩《比丘道颖等造佛立像》，全称《怀州栖贤寺比丘道颖僧柬等造释迦佛像》，亦为石刻名作，罗振玉、日人大村西崖和瑞典学者希莱均有著录。金申载，立像为石灰岩质，高128厘米，现

藏于美国宾夕法尼亚大学博物馆，怀州即今河南省沁阳市。同年二月的《惠超造像》，全称《比丘尼惠超造像》，梁披云著录，像高不盈尺。有正书题记 6 行，行8 字，右侧题名 1 行 10 字。

这年四月八日佛诞日，道凭法师创建河南宝山寺与大留圣窟。河南省古代建筑保护研究所载：灵泉寺位于安阳县西南 30 公里的宝山东南麓。为南北朝、隋、唐时期北方的著名佛寺，素有“河朔第一古刹”之称。东魏道凭法师于武定四年在宝山创建了宝山寺与大留圣窟。灵泉寺石窟及摩崖中，最大的石窟是大住窟和大留圣窟。大留圣窟位于岚峰山东侧。窟门西向，据《宋绍圣元年僧德殊建灵裕祖塔并碑文》记载，其窟为东魏武定四年由道凭法师创造。窟进深 415 厘米、面阔 330 厘米、高 350 厘米。窟内有平面呈马蹄形的佛座，座脚浮雕有形态雄健有力、手执各种器物的神王一组。佛座之上南、北、中三面各雕坐佛一尊（费泳认为正壁是卢舍那佛、北壁是阿弥陀佛、南壁是弥勒佛，北朝三佛造像中出现阿弥陀佛像首见于大留圣窟），皆躯体雄浑高大。佛头部虽皆残缺，但从身躯形象仍能看出其光洁柔美的高超技艺，佛身后皆有火焰背光，胸前镌刻“卍”字样。刘兴珍等记载，道凭俗姓韩，平恩（今河北丘县）人，他也是北朝佛教史上地论学的著名论师。《宝山灵泉寺创建石桥屡功记》碑云：武定四年与张岫同造安阳宝山大留圣窟南无日光石佛像。据《高僧传》称：释道凭 12 岁出家投贵乡邵寺，天保十年（559 年）三月十日卒于邺城西南宝山寺。张岫是石刻工匠，据《安阳县志》称：武定四年，张岫与道凭法师同造安阳宝山大留圣窟南无日光石佛像。大留圣窟题字：道凭法师造南无日光佛，同石作匠人张岫到此造作。

李玉珉指出，过去大部分的学者都认为大留圣窟是道凭法师于武定四年所开凿的石窟。不过，1921 年日人常盘大定考察时，发现记载道凭之事的方碑嵌置于灵泉寺大雄宝殿前一座残殿的废壁中，并不在大留圣窟附近，所以此碑并不能作为大留圣窟是东魏窟的证据。李玉珉说，今观大留圣窟的三尊坐佛，身躯圆浑，胸部微鼓，袈裟贴体，衣纹作阴刻双线，疏朗流畅，袈裟衣裾波动，并来自佛座悬落，这些皆与北齐造像一致。另外，此三尊坐佛的背光华丽，流动的火焰纹烘托着数尊莲台坐佛，头光浮雕莲瓣图案，样式与上海博物馆藏的北齐白石坐佛十分相似。佛坛上的神王像身躯圆鼓丰实，又和北齐武平五年（574 年）水峪寺石窟的神王仿佛。因此，李玉珉认为大留圣窟应为一座北齐的洞窟。

武定四年八月，移洛阳汉石经于邺（今河北临漳县）。此事见载于《魏书》（孝静帝纪）。其时洛阳石经已很荒废，移去邺城的也已不完整，不过是表示对儒学的重视而已。

十月八日，山东刻成《诸城夏侯丰珞造弥勒像》。金维诺载，诸城出土的这件夏侯丰珞造弥勒像，在弥勒和胁侍间两侧各有一翔龙，侧身张口，亦以莲茎连接莲台。三尊像上部属化佛与四飞天。造像铭文为：大魏武定四年岁次丙寅，十月庚午朔，八日丁丑，清信佛士弟子夏侯丰珞、赵显明、邑仪兄弟二十余人等，敬造弥勒石像一躯，仰焉皇家、师僧、父母、亡遇见存居家眷属、一切众生，愿成正觉，有形之类，咸同斯福。

是年，河北的《白石惠朗造释迦多宝佛像》刻成，残高 26.5 厘米。胡国强著录，二佛长圆脸，肉髻有残，均施无畏与愿印。结跏趺坐，身披褒衣博带式袈裟，其裙摆悬垂须弥座前。基座背面刻发愿文：“武定四年比丘惠朗为闵兴福造多宝供养。”

《北齐书》（祖埏传）载：陈元康荐祖埏作并州《定国寺碑》文：会并州定国寺新成，神武（高欢）对陈元康、温子升说：昔作《芒山寺碑》文，时称妙绝，今《定国寺碑》当使谁作词？陈元康因荐祖珽才学，并解鲜卑语，乃给笔札，让他在狱中起草。二日内成，其文甚丽。高欢以其工而且速，特恕不问，然犹免官，散参相府。汪春泓说，这儿所谓昔作《莽山寺碑》，系指为武定元年芒山之战所作碑文。又高欢死于武定五年，则其事当在元年之后，五年之前。今姑且系于是年。武定四年所刻造的山东《乐天佑廿人等造塔记残石》，全称《兖州泰山郡牟县上桷村维那主乐天佑廿人等造塔记残石》。有正书题记 13 行，行 1—14

字不等。梁披云著录，曾归长白端方所藏。

西魏大统十二年二月，在甘肃刻立的《权旱郎造像碑》，碑高181厘米。螭首、圆拱形碑额。罗宏才、张宝玺、唐晓军等著录，此碑身首合体，无榫卯，座佚。正背两面开龛造像，背面下部有发愿文。出土时地不详，现藏于甘肃省博物馆。权旱郎造像碑碑额顶部正中螭身间刻有“饕餮”图案，“饕餮”是中国传统中的凶兽，先秦时期常出现于青铜器上。《吕氏春秋》(先识览)记：“周鼎著饕餮，有首无身，食人未咽，害及其身，以言抱更也。”先秦后广泛出现在墓葬之中，用于驱鬼逐疫。汉代画像石墓门上，常成对出现。中国历史博物馆藏河南邓县学庄村南朝画像砖墓出土门券壁画顶部所绘“饕餮”形象与造像碑上的“饕餮”图案更为相像(参见罗宗真文)。由此可知，造像碑中所出现的“饕餮”图案，当是对墓葬习俗的传承与模仿，此两者之间应存在一定的共性。在陕西秦州、同州等地区，也有模仿汉画像石、墓葬壁画等艺术形式，在碑额顶部或碑身上部(多在龛楣)正中雕凿有驱鬼逐疫的饕餮图案。如西安碑林北魏《田良宽等四十五人造像碑》正面龛楣庑殿顶中心、陕西白水新出北周末隋初《郎安达等邑子造像碑》侧面顶部等部位，都可以见及。

大统十二年八月三日，陕西刻立《洛川法龙等合邑六十人造像碑》。原在洛川县上基镇鄜城村，现存洛川县民俗博物馆。此碑最早为靳之林所披露，称之为《西魏大统十二年法龙造像碑》。据罗宏才载，这件砂岩扁平四面体碑为佛教造像碑，其顶、座已佚，正视略呈长方形。碑高230厘米、宽66厘米、厚20厘米。正、左、右三面造像。正面尖拱形大龛，内雕一佛二菩萨二弟子。大龛下为发愿文及供养人题名。发愿文记“大统十二年八月三日”，“合邑六十人”造像事。左右两侧上下各开三龛，内均雕坐佛一尊。这年十一月的《杜照贤等造像》，有正书题记两列共13行，行7—15字不等。上题名一列13人，下题名两列，列13行。右有记年1行，梁披云著录称，题记系从西魏《杜鲁清妻等十八人造像》移刻于此。《杜贤明刻石》有数种，此为其一。

四川成都的《吴氏泰造光明佛一尊》刻成于南梁武帝中大同元年二月。据雷玉华载，这件光明石佛像出土于成都府河，上面刻有“中大同元年二月□六日。邑子吴氏泰造光明佛一尊供养，邑子王善、马中、尹大、田甲立”的题记。这是一件杂密石造像，李巳生指出，四川地区杂密造像起步稍晚，出自成都、新都、绵阳、茂汶一带，元嘉至北周的多件造像中，数件疑与杂密有关。例如：绵阳东汉平阳府君阙被铲去图像又重新刻上的观音龛及这件邑子吴氏泰造光明佛即是。佛典称毘卢遮那佛为真言教之教主。梵音毘卢遮那者，是日之别名，即除暗遍明之义。

上海博物馆藏有一件刻造于南梁中大同元年十一月五日的著名的《比丘释慧影造佛坐像》(图81)，又称《释慧影造一铺三尊像》，石灰岩、石质镀金，像高34.2厘米。李玉珉认为释慧影造像极可能是一件江南的遗物，这三尊像的主佛结跏趺坐于须弥座上，顶有小螺发，额方颊丰，眉眼细长，双眼微闭，神情静谧祥和。上身较长，内穿右袒式僧祇支，外着通肩式袈裟，最外层又披一件垂领大衣。衣纹柔软，流畅波动，布排大体对称。两侧的胁侍菩萨双手合十，嘴角向上，满面笑意。除了发饰扎带外，不佩璎珞，衣纹简括。小腹微鼓。主佛与胁侍菩萨之间，阴刻二胁侍弟子，转头向佛。背光上方有一铺佛说法图，两侧众弟子倾心聆听，下有山形图案，全以线刻表现。台座上的双狮，举足摆首，姿态活泼生动。全作由各种不同层次的浮雕和线刻组织而成，构图严谨，诚为梁代的代表之作，弥足珍贵。王静芬则分析这件造像的视觉雕刻手法，主尊后背光上部线刻另一铺三尊像，两侧的随侍呈倒V字形排列。地上的坐垫直交汇聚在中轴上。试图用山脉和水波纹构造自然环境，但是场景完全是平面的，并没有构造出三维空间的效果。正如中国本土的习俗影响中国的佛教艺术一般，佛教图像也反过来影响中国的绘画传统。巫鸿在有关汉代艺术的研究中指出，佛像传入中国可能激发了中国人以正面像表现西王母等祭拜对象的创作思路；先前，中国的艺术家惯以侧面像表现人物。6世纪直交汇聚透视图的实验也可能是受了佛

图81 比丘释慧影造佛坐像 南梁中大同元年(546) 上海博物馆藏

教尊像模式的影响，其特征是正面描绘、向心性和对称性。刘兴珍也说，这件造像的雕刻手法粗犷简朴，人物神情端庄肃穆，形体趋于丰润壮硕，与北魏秀骨清像的风格已有所不同。

南梁中大同元年，南京刻造梁建安敏侯萧正立墓神道石刻。萧正立墓神道石刻位于南京市江宁大学城江苏省海事职业技术学院内(原淳化镇刘家边村)，墓东向，已平。徐湖平载，现存石刻四件，石兽一对，南北相对，之间相距 19.2 米。南兽雌性，身长 220 厘米、高 200 厘米；北兽雄性，身长 215 厘米、高 200 厘米。两兽昂首张口，长舌垂胸。腹侧饰双翼，翼前部为鱼鳞纹，后为四根翎毛，胸前饰勾云纹。神道柱一对，已严重风化，柱头圆盖及小兽已无存，柱表作隐陷直刳棱纹，南柱高 345 厘米、围 174 厘米。北柱高 344 厘米、围 184 厘米。柱额呈矩形，刻"梁故侍中左卫将军建安敏侯之神道"，两额文字相同，所读方向相反。萧正立，字公山，南兰陵人。萧宏子。初封罗平侯，以母宠立为世子。宏卒，表求让兄，梁武帝嘉之，改封建安县侯。官至丹阳尹。卒谥敏。萧正立生卒年不详，兹以其父萧宏卒年下推 20 年，姑且系于此。南京的张库村失名墓神道石刻，位于南京市栖霞区仙林大学城应天学院西，北距萧宏墓神道石刻 500 米。徐湖平载，现存石柱一对，相距约 11.15 米。北侧石柱仅存柱座，高 30 厘米，上圆下方，上为双螭，张口衔珠，头上双角，有翼，足五爪，抵首交尾，脊隆突；下为方形基座，边长 120 厘米、高 36 厘米。座下有一块奠基石。柱座中间有一近似正方形的榫孔，长 43 厘米、宽 40 厘米、深 30 厘米。南侧石柱，形制同北侧柱座，柱身断为两截，横卧田中。柱身上半截长 67 厘米，下半截长 69 厘米。柱身上刻隐陷直刳棱纹。下为方形基座，边长 117 厘米、高 35 厘米。该墓主一说为萧宏次子萧正义。萧正义，字公威，初封平乐侯，位太常卿、南徐州刺史。梁武帝赴朱方，正义修廨宇，广道路，旁施栏楣。翌日帝至，遂通小舆，帝得登北固楼。悦甚，赐正义束帛，后为东扬州刺史。后其帝萧正立上表让为嗣，旋即萧宏临川王位。萧正义生卒年亦不详，兹以其父萧宏卒年下推 20 年，姑且系于此。

［文献］ 北齐魏收《魏书》卷一二，南梁慧皎《高僧传》卷十，唐李百药《北齐书》卷三九，清端方《匋斋藏石记》卷九，清罗振玉《海外贞珉录》，清贵泰等《安阳县志・金石志》卷一，［日］大村西崖《支那美术史雕塑篇》，［瑞典］希莱《中国佛像艺术》，金申《中国历代纪年佛像图典》、《海外及港台藏历代佛像珍品纪年图鉴》，梁披云主编《中国书法大辞典》，河南省古代建筑保护研究所《宝山灵泉寺》，温玉成《中国佛教与考古》，李玉珉《中国佛教美术史》，费泳《汉唐佛教造像艺术史》，巫鸿《礼仪中的美术——巫鸿中国古代美术史文编》，刘兴珍等《中国古代雕塑图典》，汪春泓《中国文学编年史・两晋南北朝卷》，金维诺《中国古代佛雕：佛造像样式与风格》，胡国强主编《故事收藏：你应该知道的200件曲阳造像》，罗宏才《中国佛道造像碑研究——以关中地区为考察中心》，张宝玺《甘肃佛教造像石刻》，唐晓军《甘肃古代石刻艺术》，罗宗真《魏晋南北朝文化》，靳之林《延安地区发现一批佛教造像碑》(《考古与文物》1984 年第 5 期)，［美］王静芬《中国石碑》，雷玉华《成都地区南朝佛教造像研究》(成都文物考古研究所《成都考古研究》)，李巳生《川密造像艺术初探》(黎方银主编《2005 年重庆大足石刻国际学术研讨会论文集》)，徐湖平主编《南朝陵墓雕刻艺术》。

公元 547 年　东魏武定五年
西魏大统十三年

［提示］ 东魏武定五年正月，《道请为亡父母造像》。二月，河北《丰乐造像》。四月八日，山西《并州乐平郡石艾县邑仪王法现廿四人造像》。六月二十四日，河北《白石赵宗贵造菩萨立像》。七月二日，河北《高门村人造二佛并坐像》。七月，河南《王惠略造灵塔记》、《王盖周一百卅四人造像》、《朱舍舍宅造寺记》。八月，纳齐献武王柩于鼓山石窟(响堂山石窟)佛寺之旁。是年，河北《白石邸显造思惟菩萨像》、江

苏《楚州造像》。杨衒之至洛阳见其颓坏而撰《洛阳伽蓝记》。西魏大统十三年九月一日,《僧悦造佛碑像》。九月,《隙种姜等造四面像》。十一月,河南《杜照贤造像》。《杜鲁清妻等十八人造像》。是年,《佛像碑》。

［叙录］ 是年,东西魏的石刻几乎达到分庭抗礼的地步。东魏武定五年正月所刻的《道请为亡父母造像》,全称《比丘僧道请为亡父母造像》,亦称《惠诠等造像记》。有正书造像题记,梁披云著录。题记20行,行5、6字不等,两侧有题名,曾归长白端方。二月河北的《丰乐造像》,全称《丰乐七帚二寺邑义人等造白玉龙树思惟像》。其正书题记15行,行5字,有方界格。后题名18行,行8字。梁披云说,原石旧在河北定县众春园。武定五年四月八日,刻于山西的《并州乐平郡石艾县邑仪王法现廿四人造像》。曾毅公载,此石像为穆映清(石笔)、刘同和、赵义林同刻。程章灿指出,这儿的穆映清等人自称"石笔",从这一题署中可以看出,刻工有意通过石上刻字有如纸上行笔的比喻,突出镌刻与书法之间的联系。

六月二十四日刻于河北的《白石赵宗贵造菩萨立像》,出土于河北曲阳,现藏于北京故宫博物院,像高38厘米,胡国强著录。主尊菩萨头戴宝冠,帔帛挎肩,两端在腹前结纽下垂,再上折缠臂飘下,赤足立圆形莲座上。长方形基座,后左两面刻发愿文。刻于同年七月二日的河北白石《高门村人造二佛并坐像》,亦出土于河北曲阳,高44.5厘米,杨伯达、胡国强著录。二佛样式相同,均是光素头髻,长方脸庞,施无畏与愿印,结跏趺坐,右脚压在左腿上。身着褒衣博带袈裟,衣纹刻双线,下摆呈羊肠回曲样悬垂束腰须弥座前。莲瓣形背屏,背面下方刻发愿文,高门村人包括张同柱、张银瓮、张腾等。七月,河南刻《王惠略造灵塔记》,全称《王惠略合邑五十人等造灵塔记》。正书11行,行14字。后题名三列,列17行。梁披云著录,原石藏于今河南图书馆。同月(七月)的《王盖周一百卅四人造像》,梁披云著录,有正书题记8行,行8字。后题名二列:上列存14行,下列存16行。背题名二列,上列18行,下列1行。像旁另有题名1行。《朱舍舍宅造寺记》,全称《朱舍为亡父母舍宅造寺记》,也刻于是年七月,正书13行,行9字。曾归端方、朱氏所有。

武定五年八月,纳齐献武王柩于鼓山石窟(响堂山石窟)佛寺之旁。《资治通鉴》载:是年八月,虚葬齐献武王(高欢)于漳水之西,潜凿成安鼓山石窟佛寺之旁为穴,纳其柩而塞之,杀其群匠。及齐之亡也,一匠之子知之,发石取金而逃。若依此载,高欢死于武定五年,实葬于成安鼓山石窟中,这显示在高欢生前的东魏,鼓山已有石窟寺。张焯按:鼓山石窟佛寺,即今河北邯郸市峰峰区响堂山石窟。有南、北响堂和小响堂(水峪寺)三处,共16窟。北响堂石窟,北齐文宣帝高洋开凿;南响堂石窟,北齐天统元年(565)灵化寺僧慧义创建,权臣高阿那肱出资。响堂山石窟的北齐造像,头大肩宽,衣纹较薄,雕刻较浅,艺术高度不及同时代的晋阳天龙山石窟,更与北魏大异。面相也由云冈、龙门的挺拔秀美,变为厚重敦实。金维诺认为,文献碑刻有关响堂石窟的开凿,其说不一,但都与高欢父子有关。一说是渤海王高澄凿窟葬其父高欢于此;另一说认为是齐文宣帝高洋所创。唐代沙门道宣《续高僧传》称:仁寿下敕,令置塔于磁州之石窟寺,寺即齐文宣之所立。大窟像背文宣陵藏中诸雕刻,骇动人鬼。文中不仅明确说磁州石窟寺为高洋所立,而且似说高洋的墓在大窟像背。类似的说法见金代正隆四年(1159年)《常乐寺重修三世佛殿碑》(李玉珉解释说,北响堂山石窟的山脚下有一寺,名为常乐,故北响堂山石窟旧称"常乐寺石窟")。碑文称:文宣常自邺诣晋阳,往来山下,故起离宫,以备巡幸。于此山腹见数百圣僧行道,遂开三石室,刻诸尊仪(毕沅载)。北响堂现存九窟,第3、4、6窟为同一时期的洞窟,据第3窟外壁唐邕刻经题记中"起天统四年(568年)三月一日,尽武平三年(572年)岁次壬辰五月二十八日"的文字推断,北响堂石窟初创于北齐高洋父子,第三窟(刻经洞)、第4窟(释迦洞)和第7窟(大佛洞)有可能就是金正隆碑所说的高洋三石室(费泳亦持此观点),其他六窟为隋、唐以后凿造。南响堂石窟有七窟，均为北齐时开凿，分布在鼓山西南麓的两层断崖上，上层二窟，下层五窟。在南、北响堂石窟群中，另有小响堂石窟，又称水浴寺石窟，位于峰峰矿区寺后坡村。

武定五年，河北曲阳刻造《白石邸显造思惟菩萨像》，残高30.8厘米，胡国强著录。菩萨瘦长脸，头戴三叶花蔓冠。条状身体前倾，肩挎帔帛，帔帛顺腋下垂至基座。半跏趺坐，左手抱右足踝。肩与腿部为双钩阴刻衣褶，膝部出现阴刻重圈纹。平铺在束藤筌蹄座下，圆形莲座上设有一个小莲台，左足踩踏其上。镂空龙缠树背屏，龙首托化生童子。基座前面浮雕博山炉、护法狮和力士像，后面刻发愿文。罗宏才还著录一件刻于东魏武定五年的《楚州造像》，现藏淮安市楚州区博物馆。造像发愿文称："敬白十方诸佛，一切圣贤，窃惟人生无常，财非己有，咸共割舍，仰为皇帝陛下、州牧守令、己身眷属，敬造佛像一躯。"

东魏武定五年，杨衒之至洛阳见其颓坏而撰《洛阳伽蓝记》。杨衒之史书无传，其姓或作阳、羊，曾为魏抚军府司马，他于武定五年重览洛阳，见一片荒凉破败景象：城郭崩溃，宫室倾覆，寺观灰烬，庙塔丘墟，墙被蒿艾，巷罗荆棘。衒之不由感慨良多，遂以伽蓝(佛寺)兴废变迁为题，撰成名著《洛阳伽蓝记》五卷(书首署"魏抚军府司马杨衒之撰")，书中自述永安中(528—529)衒之时为奉朝请，武定五年，衒之因行役重览洛阳而著是书。书中除重点记载寺庙兴废外，还涉及政治、人物、风俗、地理、传闻，以及苑囿建筑，外夷风俗等内容，与贾思勰《齐民要术》、郦道元《水经注》并列为北朝时期三大杰作。

刻造于西魏大统十三年九月一日的黄花石质《僧悦造佛碑像》，高71厘米，现藏于日本东京书道博物馆。刘兴珍著录说，佛碑正面为龙首，正中为释迦说法像，高肉髻，内着僧祇支，外披通肩袈裟，衣缘覆及台座。广额收颐，眉宇清秀，神态和悦。两侧为菩萨、弟子，上方端坐五佛。碑背下方为二佛并坐像，上方为交脚弥勒像。雕刻技法采用浮雕与阴线刻结合，构图饱满，刻琢精致。碑侧有发愿文。九月之《隙种姜等造四面像》，梁披云著录，有正书题记16行，行7字。后题名五列，列18行，上像旁题名20处。十一月之《杜照贤造像》，其造像题记称为《杜照贤杜慧进等十三人造像记》，原石在河南禹县，上半为像，下半为题记。刘正成说，西魏传世碑刻极少，《杜照贤造像记》是其中艺术价值最高的一种。此碑书法以隶为主，同时又兼具楷、篆、行、草诸种笔意，将中国古代书法艺术创作中倡导的"整体俱入"的艺术风格表现得淋漓尽致。《杜鲁清妻等十八人造像》也刻于是年十一月，梁披云著录，其正书题记六行，行5—22字不等。西魏大统十三年所刻的石灰岩《佛像碑》，金申著录，高171厘米，现藏美国旧金山亚洲艺术馆。发愿文多损，唯见邑子、维那等姓名。

［文献］ 北魏杨衒之《洛阳伽蓝记》书首，隋费长房《历代三宝记》卷九，唐道宣《续高僧传》卷二六，唐道世《法苑珠林》卷一〇〇，宋司马光《资治通鉴》卷一六〇，清端方《匋斋藏石记》卷九，清毕沅《中州金石记》卷五，梁披云主编《中国书法大辞典》，刘正成《中国书法鉴赏大辞典》，曾毅公《石刻考工录》，程章灿《石刻刻工研究》，杨伯达《瘗埋石佛的研究》，胡国强主编《故事收藏：你应该知道的200件曲阳造像》，张焯《云冈石窟编年史》，金维诺《中国古代佛雕：佛造像样式与风格》，李玉珉《中国佛教美术史》，费泳《汉唐佛教造像艺术史》，罗宏才《中国佛道造像碑研究——以关中地区为考察中心》，范祥雍《洛阳伽蓝记校注》，金申《中国历代纪年佛像图典》，《海外及港台藏历代佛像珍品纪年图鉴》，刘兴珍等《中国古代雕塑图典》。

公元548年　东魏武定六年 西魏大统十四年　南梁太清二年

［提示］ 东魏武定六年五月，《唐小虎造重像残石》、《道深昙愍等造像》。九月，河南《邑主造石像碑》。十月，河北《元延明妃冯氏墓志》。西魏大统十

四年四月八日，山西《蔡氏造太上老君像碑》。四月二十一日，陕西《辛延智佛道教造像碑》。是年，陕西《似先欢等邑子造像碑》、山西垣曲县宋村重兴寺遗址《造像基座》、山西《比丘昙灵等造石佛立像》。南梁太清二年，四川《菩萨和眷属造像》。云南巍山南朝风格造像。

［叙录］ 东魏武定六年五月，刻造《唐小虎造重像残石》，梁披云著录，其正书题记 23 行，行 4 字，四周有题名，曾归长白端方。《道深县愍等造像》也刻于是年五月，全称《像主道深昙愍道俗四人等造弥勒像》。其正书题记有 27 字，石曾归长白端方。九月河南的《邑主造石像碑》，梁披云说，原石在河南偃师汤王庙。其题记正书 28 行，行 20 字。十月河北所刻的《元延明妃冯氏墓志》，又称《安丰王妃冯氏墓志》，全称《魏故使持节侍中太保特进都督雍华岐三州诸军事大将军雍州刺史安丰王冯氏墓志铭》。志石略呈方形，长 67 厘米、宽 68.5 厘米。出土于河北磁县，曾归河南安阳金石保管所，志文以北魏墓志中鲜用的隶书刻写，有较高的书法价值。

西魏大统十四年四月八日，山西刻造《蔡氏造太上老君像碑》。四月八日这一天是传统的雕造佛教石刻的高峰时间，但是山西芮城出土的这件蔡氏造像却是一件道教造像，这从一个侧面反映了佛教对于道教的深刻影响。此像为多家所著录，早期著录的有钱大昕、阮元、大村西崖和陈垣，后来有胡文和、罗宏才等。

大统十四年四月二十一日陕西的石灰岩质《辛延智佛道教造像碑》，又称《邑子七十人造像碑》。胡文和、罗宏才、李淞等载，像碑于 1927 年出土，为雷天一藏品。1936 年雷氏捐赠耀县（今陕西铜川市耀州区）碑林，1955 年迁入耀县文化馆，1971 年迁至耀县药王山碑林。长方形制，略有收分，碑高 113 厘米、宽 44—40 厘米、厚 24—23 厘米。最下层刻一排六位供养人像，供养人像头戴漆纱笼冠，身着大圆领宽袖长袍，足着圆头舄。刻有发愿文及题名。此碑顶、座已佚，四面造像，每面上部皆开一龛。正面、龛内三尊道像，背面龛内主尊似佛，侍者却似道教中人。两侧面皆佛像。辛氏者，曾见于淳化县夕阳乡于寨村出土《北周保定五年石造像》（现藏于该县文化馆），可知该姓氏分布在漆河流域与马栏山一带。

大统十四年陕西刻造的佛教造像碑《似先欢等邑子造像碑》，又称《西峪造像碑》，亦为石灰岩扁平碑体，罗宏才著录。螭首及座已佚，碑身中部斜断为二，碑高 104 厘米、宽 50 厘米、厚 15 厘米。四面造像，正面上部辟一圆拱形龛，内雕一佛二菩萨。主尊结跏趺坐，施与愿无畏印，下裳悬座且呈阶梯状。题名以卢水胡似先、盖姓为最，散布在渭北永寿、淳化、旬邑、耀县、黄陵一带。碑于 1978 年发现，原在黄陵县双龙公社（双龙乡）西峪村。发愿文残泐，可辨“大统十四年岁在戊辰廿三日乙酉”等字样。

王睿、吕辑书载，西魏大统十四年山西刻造的《造像基座》，山西垣曲县宋村重兴寺遗址出土，石座右侧面上雕有交脚弥勒菩萨像。温玉成说，在东魏、北齐时代，山东省没有交脚弥勒石造像。而在西魏、北周地区，则仍保留有北魏以来的交脚弥勒像。重兴寺遗址发现的这件造像座的交脚弥勒即是一例。同年所造的山西《比丘昙灵等造石佛立像》，现藏山西省博物馆。刘兴珍载，像高 330 厘米，释迦佛立于覆莲座上，手施无畏与愿印，面相丰满，发髻部分略显低矮，作浅波浪形。这是残留的犍陀罗式佛像的风格，而胸部凹陷，腹部凸出，则是西魏造像的普遍规律。外轮廓起伏平缓，袈裟衣纹有浓郁的装饰性，整体造型凝重简练。费泳认为西魏的佛教造像，在石窟以外的作品颇为稀见，而这件西魏晚期石窟外造像堪称其中的精品。虽然此像与东魏的作品一样，衣服下摆不再作锐角状地向外张扬，衣纹也采阴刻双线表示，线条流畅，可是此像脸圆颊丰，颈粗肩厚，身躯饱满，雄浑壮硕，与东魏潇洒秀美的风格壁垒分明。

南梁太清二年，四川成都万佛寺造观世音菩萨一躯，称为《菩萨和眷属造像》（图 82），又称《比丘法爱为亡兄造像》，王静芬等著录。铭记中的“中大同三年”，实为“太清二年”。红砂岩质，像高 44 厘米、宽37厘米、厚15.5厘米，现藏于四川省博物院。刘兴珍说，这件造像在这样一个狭窄的空间中，工匠却雕凿出了观音、四比丘、四菩萨、二明王、二狮及狮奴、二象及象奴，最下面排列着八个伎乐，背屏上还浮雕着飞天与佛传故事，象征着寺庙的殿堂背景，如此一来，小小的佛龛便构成了一个完整的佛国胜境。

关于云南巍山南朝风格造像。通常人们觉得，云南佛教的兴盛是在南诏时期（约7—9世纪）。费泳则认为，1990年4月在云南大理白族自治州巍山县出土的一批佛教石造像，其风格显示，似乎在南北朝或更早的时间，云南已开始大规模兴造佛像。这批造像风格不尽相同，应属不同时代的遗物，总计约180余件，造像体量不大，多为高20—40厘米，鉴于造像多有残损，出土地点邻采石场，且造像多为未完成的作品，或可认为是一处专事佛教造像的作坊。其中一件观音胁侍菩萨背屏造像，作一铺七身像，主

图82　菩萨和眷属造像　南梁中大同三年（实为南梁太清二年548年）　四川省博物院藏

尊观音、胁侍菩萨及力士造型，皆与梁中大同三年（548）观音造像龛相似，主尊下方的两尊护法狮子造型也是四川南朝背屏造像的常式。与此相似的菩萨造像还有数尊，皆呈南朝造像由秀骨清像向面短而艳风格转型时期的特征，明显受到汉地以四川为代表的南朝造像的影响。

［文献］ 清端方《匋斋藏石记》卷九，清钱大昕《潜研堂金石文跋尾》卷三，清阮元《山右石刻丛编》卷一，［日］大村西崖《中国美术史雕塑篇》，陈垣《道家金石略》，梁披云主编《中国书法大辞典》，胡文和《中国道教石刻艺术史》，罗宏才《中国佛道造像碑研究——以关中地区为考察中心》，李凇《长安艺术与宗教文明》，温玉成《中国佛教与考古》，王睿、吕辑书《山西垣曲县宋村发现西魏造像基座》（《文物》1994年第7期），李玉珉《中国佛教美术史》，费泳《汉唐佛教造像艺术史》，刘兴珍等《中国古代雕塑图典》，［美］王静芬《中国石碑》。

公元549年 东魏武定七年 西魏大统十五年 南梁太清三年

［提示］ 东魏武定七年正月，《张伏安妻阿胡造像》。三月，《畅市寺尼惠遵造像》。四月，山东《王光造像》。四月，河南《于府君义桥石像碑》。七月十七日，河北《白石马仵兴造观世音立像》。十一月，《永安郡安襄县榆株岭道俗等造像》。十二月，河北《张保洛刘袭薛光炽等造像》。是年，《东魏造石像记》、河北《永固寺尼造汉白玉半跏趺坐弥勒像》。西魏大统十五年，陕西《大统魏碑》、陕西《夫蒙洪贵造像碑》、陕西《法寿造像碑》。南梁太清三年七月八日，四川《丁文乱造释迦双身坐像》。南梁太清三年，武帝萧衍修陵神道石刻。

［叙录］ 梁披云著录有数件东魏武定七年的石刻作品：正月的《张伏安妻阿胡造像》，全称《张伏安妻阿胡为亡夫亡儿遵业造像》。题记正书12行，行字数不等，曾归长白端方。三月刻造的《畅市寺尼惠遵造像》，造像记正书7行，行9—11字不等，亦曾归长白端方。

四月山东的《王光造像》，亦有正书题记10行、行7字，下题名一列12行，旧在山东潍县。同月河南刻立的《于府君义桥石像碑》，全称《武德于府君等造义桥石像之碑》，又名《武德郡沁水石桥记》，是为纪念怀州（今河南沁阳市）长史于子建与杨膺寺等众寺所修建义桥之事而“运石立碑敬镌图像”。碑形如造像碑，碑额开龛刻佛，碑身之阴阳及侧面刻满纪铭文字和近300人姓名。清王昶载：连额高七尺五寸，宽三尺三寸。碑文正书，石有花边，额正书“武德于府君等义桥石像之记”四行，行三字，分列像之左右。石碑于清乾隆年间，在河南沁阳出土，旧在河南沁阳武格寨汤帝庙。

河北曲阳由于盛产优质的白色大理石，又地近东魏邺城，因此自东魏至北齐间，已成为北朝的单体造像重镇。东魏武定七年七月十七日刻于河北曲阳的《白石马仵兴造观世音立像》，高36.8厘米。胡国强著录，观音头戴三叶宝冠，长圆脸，眉骨中间阴刻细线，五官雕凿较为简单。内着僧祇支，胸前佩戴项饰，肩挎穿璧式帔帛。右手上举持莲蕾，左手下垂握玉环。僧祇支长裙上装饰双刻阴线。背屏光素，背面饰半圆形插座，长方形基座四面刻发愿文。

东魏武定七年十一月的《永安郡安襄县榆株岭道俗等造像》，梁披云著录，题记正书8行，行23字。题名四列，上像旁亦有题名。十二月的《张保洛刘袭薛光炽等造像》，清人王昶载：宽一尺四寸，四面刻。梁披云著录引张廷济云，旧在沧州，汾阳田儿携石至京师。曾归山西张鹗拳。欧阳修《集古录跋尾》载：右《东魏造石像记》，其碑云大魏武定七年岁次己巳。武定，孝静年号。武定七年岁当己巳，与此碑合。但此碑究竟所指是哪一件，或是否已失传，则未可知。王巧莲、刘友恒和温玉成还载有刻于东魏武定七年的河北《永固寺尼造汉白玉半跏趺坐弥勒像》，汉白玉质，为河北永固寺尼所造。

西魏大统十五年刻于陕西的石灰岩质佛教造像碑《大统魏碑》，罗宏才载，碑体扁平，有方座，高115

厘米(含座)、宽35厘米、厚20厘米、座高42厘米。原立置于铜官县(今陕西铜川市)城大成街小学(今铜川市一中),后迁入西安碑林。同年陕西所造的石灰岩《夫蒙洪贵造像碑》亦为佛教造像碑,原在耀县西古村古庙内,1981年迁至耀县药王山碑林。顶座已佚,四面体柱状,正视略呈长方形,高100厘米、宽37厘米、厚27厘米。四面造像,每面各开一龛。正、背面龛内造像三尊,为一佛二菩萨组合;左右侧龛内各有立像一尊,右侧下部有发愿文。四面龛下各有供养人题名及图像。夫蒙、钳耳等姓,均西羌豪族。罗宏才说,碑铭中像主夫蒙洪贵母为钳耳昭男,祖母钳耳僧,可知夫蒙、钳耳两大西羌姓氏长期通婚。碑铭又有像主父任"北雍州仓曹"一职,亦罕见。西魏大统十五年的石灰岩佛教造像碑《法寿造像碑》,扁平四面体,顶、座亦佚,高110厘米、宽48厘米、厚25厘米。原在耀县韩古庄村古寺内,现存铜川市耀州区博物馆。四面造像,每面各开一尖拱龛,正、背、左、右龛内依次为一佛二弟子二菩萨、一交脚弥勒与二胁侍菩萨、弥勒立佛与胁侍菩萨。火焰式龛楣饰忍冬纹,龛下分别刻供养人题名与图像。

南梁太清三年七月八日,四川成都刻《丁文乱造释迦双身坐像》。高文、霍巍、金申、费泳均著录此像,有正书造像题记。石像于清代光绪中叶,在新繁县三会院出土,现藏于重庆市博物馆。这件石像的仰莲座,其莲瓣为双层,叶片十分丰肥。

南梁太清三年,刻造武帝萧衍修陵神道石刻。修陵位于今江苏省丹阳市云阳镇三城巷,在文帝建陵之北。陵东向,已平。徐湖平载,陵前仅存雄性石兽一只,立于神道北侧,南向。身长315厘米、高218厘米,昂首挺胸作前进状,双角顺颅顶后伏,两角中部起节;颔下长须卷曲,垂于胸际。双翼雕饰,前为螺纹,后为翎羽。通体毵毵如蔓,足五爪,踏下有小兽。萧衍(464—549)字叔达,小字练儿。齐末封梁王,旋废齐和帝自立,改国号梁,改元天监。即位后重儒兴学,改定"百家谱",设谤木,断贡献,政甚可观。信奉佛教,大建寺院,并多次舍身同泰寺。中大同二年(547),接纳东魏叛将侯景归降,旋又许东魏求和,景疑作乱,京都陷,饥困而死。在位48年,尊武皇帝,庙号高祖,葬修陵。武帝擅文学、精乐律、长书法,明人辑有《梁武帝御制集》。

[文献] 宋欧阳修《集古录跋尾》卷四,清端方《匋斋藏石记》卷九,清王昶《金石萃编》卷三一,梁披云主编《中国书法大辞典》,胡国强主编《故事收藏:你应该知道的200件曲阳造像》,温玉成《中国佛教与考古》,王巧莲等《正定收藏的部分北朝石造像》(《文物》1998年第5期),罗宏才《中国佛道造像碑研究——以关中地区为考察中心》,徐湖平主编《南朝陵墓雕刻艺术》,费泳《汉唐佛教造像艺术史》,金申《佛教美术丛考》,高文等《四川历代碑刻》,霍巍《四川大学博物馆收藏的两尊南朝石刻造像》(《文物》2001年第10期)。

公元550年　东魏武定八年　北齐天保元年　西魏大统十六年

[提示] 东魏武定八年二月,山西《关胜诵德碑》。二月,《刘台显造像》、河南《杜文雅杜英等四十人造像》。三月,河南《吕安胜等三十人造像记》。四月,河南《吕望碑》。五月,《李僧元等造像》。武定八年,僧尼大众二百万,其寺三万余。武定年间,《沙门志朗造释迦佛碑像》。东魏末,始凿天龙山石窟。北齐天保元年二月八日,河北《白石侯市迁造菩萨立像》。六月五日,河北《白石邸进造菩萨立像》。六月二十四日,河北《白石韩妙动造观音菩萨立像》。十月,《张伯龙兄弟造像》。十一月,《张恩业造像》。天保元年,《石佛立像》、《王信天造卢舍那石像》、方法师等始凿宝山灵泉寺善应龟盖山石窟(小南海石窟)。西魏大统十六年,陕西《岐法起等造佛石像》。西魏大统年间,《佛碑像》。

[叙录] 公元550年,东魏虽然行将就木,但是石刻造像活动并未就此没落。梁披云即著录了数件刻造于此际的东魏石刻作品。武定八年二月,山西刻立的《关胜诵德碑》,全称《冀州刺史关胜诵德碑》,

又称《关德显记德碑》。碑文正书，额亦正书“魏故冀州刺史关显颂德之碑文永记”4行15字，碑阴有题名，旧在山西平定北四十里千亩坪。二月的《刘台显造像》，全称《刘台显为亡父母造像》。造像题记正书7行，行3—5字不等，曾归长白端方。同月刻造的《杜文雅杜英等四十人造像》，造像题记正书12行，行19字。东面像侧各一行，下八列。西面像侧各一行，下7行四列。北面像侧各一行，下刻《高王经》一卷12行，行23字，四列。石不明所在，或云在河南禹县。三月河南的《吕安胜等三十人造像记》，其造像题记亦为正书21行，行31字。上像右题名1行，左题名3行。另题名三列，上下列13行，三列6行，石旧在河南汲县廉堰村观音堂。四月河南刻立的《吕望碑》，全称《修太公吕望祠碑》，原石在河南汲县太公庙。碑高196.4厘米、宽106.6厘米。碑阳、碑阴均楷书，碑侧有题名。书法古拙，为魏碑中的上佳之作。书石者穆子容字山行，少时即好学，无所不览。东魏孝静帝武定年间官汲郡太守，齐受禅后，官至司农卿。清人毕沅评价说：此碑书法方正，笔力透露，为颜真卿蓝本，齐刻石文字，无能比其工者。五月的《李僧元等造像》，六面刻文，正书。记二面共12行，行8字。上像旁题名二列，后题名2行，一面7行。一侧题名二列，列1行；一侧题名五列，上三列各1行，四列12行，五列3行。一面题名二列，列各1行；一面三列，一列1行，二三列各9行。上党郡龙山寺《沙门志朗造释迦佛碑像》，刻造于东魏武定年间(543—550年)。金申著录为石灰岩质，高69厘米，现藏美国弗利尔美术馆。

东魏武定八年，僧尼大众200万，其寺3万余。东魏佛事之盛，胜于前朝。魏收《魏书》(释老志)载：“正光已后，天下多虞，工役尤甚，于是所在编民，相与入道，假慕沙门，实避调役，猥滥之极，自中国之有佛法，未之有也。略而计之，僧尼大众二百万矣，其寺三万有余。流弊不归，一至于此，识者所以叹息也。”

山西太原西南的天龙山石窟始凿于东魏末年，石窟位于天龙山东西两峰崖壁，历东魏、北齐至隋唐各代，共凿27窟：东峰八窟，西峰13窟，山北3窟，寺西南3窟。据李裕群等学者研究，东峰第1、2、3窟开窟年代较早，当在东魏晚期。高欢父子均在此开凿石窟，唐代李渊父子亦在晋阳起家，使晋阳石窟建造达到高潮。

公元550年五月，文宣帝高洋取东魏而代之以大齐，建元天保，建都邺城(今河北临漳县)，史称北齐或后齐。此后，河北曲阳的白石造像进入高峰时期。天保元年二月八日河北的《白石侯市迁造菩萨立像》即为其地所造，像高22.5厘米。菩萨头戴花蔓冠，宝缯扎成扇形花结，下垂至肩。内着僧祇支，肩挎穿璧式帔帛，偏衫两端顺体侧垂至基座。背屏背面雕花形插屏座，基座三面刻发愿文。六月五日河北的《白石邸进造菩萨立像》，亦为曲阳造，像高27.3厘米。菩萨头戴花蔓冠，身披结纽式帔帛。背屏顶部较尖，底部两侧向内紧收。基座后左两面刻发愿文。六月二十四日河北的《白石韩妙动造观音菩萨立像》，又称《韩氏造观音立像》，像高26.5厘米，河北曲阳出土，高26.7厘米。菩萨头戴花蔓冠，身披穿璧式帔帛。圆座前后满雕莲瓣，长方形基座后左两面刻发愿文。上述三像均藏北京故宫博物院，杨伯达、金申和胡国强有著录。

天保元年十月的《张伯龙兄弟造像》和十一月的《张恩业造像》，梁披云有著录。张伯龙造像，清陆增祥载：高一尺，广六寸五分。有正书题记8行，行11字。右题名3人，左题名30人，曾归诸城尹彭寿。张恩业造像亦有正书题记6行，行9—13字不等。后题名两列，一列4行，一列3行。

刻于天保元年的《石佛立像》为较为少见的黑石灰岩质，高164厘米，现藏德国法兰克福奥曼工艺美术博物馆。金申说，此像面相清瘦，大衣飘逸，阶梯状的隆起衣纹，仍有北魏晚期造像特点。光背线刻图案正上方为弥勒，两侧为二菩萨，线刻极为生动流畅。罗宏才著录有刻于天保元年的《王信天造卢舍那石像》，造像铭文中有“建造卢舍那石像一躯，上为皇帝陛下、州郡令长、师僧、父母、居家眷属，一切众生，咸同斯福”(侯旭东载)发愿文辞，罗宏才认为，这必当是结社邑子共同愿望的自然流露。

天保元年,方法师等始凿宝山灵泉寺善应龟盖山石窟(小南海石窟)。据河南省古代建筑保护研究所考察,善应龟盖山石窟位于宝山灵泉寺东南5公里的龟盖山南麓。现存三窟,均系北齐天保年间开凿。三窟造像虽规模不大,但形制风格极其古雅,三石窟从西至东依次排列,互不相连,各成一体。中窟位于西窟南40米处,保存最为完整,进深134厘米、面阔119厘米、高178厘米,平面呈方形,面积为1.6平方米。窟顶为覆斗式藻井,饰莲花图案。北壁刻一佛二菩萨,佛身后雕火焰背光,周围并镌伎乐六个,姿态飘洒生动。两侧还镌刻佛名数段。东西壁各镌胁侍菩萨立像三尊,其间浅刻手执莲枝的三个小型菩萨,为佛献花。东壁上方还刻有弥勒说法图案,三壁有简短隶书题记12处。窟门两旁刻护法天王像,门额上方及其左侧,削平岩石镌刻"方法师镂石板经记",其中提到北齐名僧僧稠名字。门洞右侧刻《华严经偈赞》和《大般涅槃经·圣行品》,均为隶书,具有很高的佛学研究价值。从以上经文和石刻题记,可知此石窟是灵山寺的方法师在北齐天保元年为著名高僧稠禅师开凿的(李玉珉由此推断,小南海石窟很可能是一座僧稠的禅修窟)。

西魏大统十六年,陕西刻造漆金《岐法起等造佛石像》,现藏于上海博物馆。西魏后期,雕刻风格出现转变:佛像的清秀为丰硕所替代。关中地区出土的这件岐法起等造石像,可视为这种转变的代表作品。正龛内主尊方颐广额,圆肩硕体,双手作禅定印,结跏趺坐于须弥座上。佛身着双领下垂大衣,下摆覆于座前,襞纹繁复。背龛为一佛二弟子二菩萨,下刻护法狮,形象均壮硕敦厚。这显示至大统十六年,宇文泰提倡的"尚质"文风政策,已获得普遍认可。

[文献] 北齐魏收《魏书》卷一一四,清端方《匋斋藏石记》卷九,清毕沅《中州金石记》卷一,清陆增祥《八琼室金石补正》卷一九,梁披云主编《中国书法大辞典》,金申《中国历代纪年佛像图典》、《海外及港台藏历代佛像珍品纪年图鉴》,杨伯达《埋石佛的研究》,李裕群《天龙山石窟分期研究》(《考古学报》1992年第1期),胡国强主编《故事收藏:你应该知道的200件曲阳造像》,侯旭东《5、6世纪北方民众佛教信仰》,罗宏才《中国佛道造像碑研究——以关中地区为考察中心》,河南省古代建筑保护研究所《宝山灵泉寺》,李玉珉《中国佛教美术史》。

公元551年　北齐天保二年
西魏大统十七年　南梁大宝二年

[提示] 北齐天保二年三月二十二日,河北《白石邸赦兴造菩萨立像》。三月,河南《比丘法定造像》、河南《崔实先造像》。四月十八日,河北《王祖世敬造思惟玉像》。四月二十五日,河北《白石乐妙香造思惟菩萨像》。四月,河南《惠凤造像》、《比丘惠感造像》、河南《沙弥道荣造像》、河南《比丘法训造像》。五月一日,河北《白石张双卧造弥勒菩萨坐像》。七月二十九日,河北《白石苏老虎等造观世音菩萨立像》。九月,《郑敬美造像》。是年,河北《半跏思惟像》、河南《坐佛九尊碑像》、山东临朐县崔芬墓。郑述祖往寻郑道昭刻石遗迹。西魏大统十七年三月五日,陕西《艾殷造四面佛碑像》。七月二十三日,山西《合宗并诸乡秀士等造佛碑像》。大统十七年,西魏立兽。大统年间,山西《佛碑像》。南梁太清五年(天正元年)九月三十日,成都万佛寺《阿育王像》。南梁大宝二年三月三日,章景刻无量寿佛于平阳府君阙,是年,简文帝萧纲庄陵神道石刻。

[叙录] 公元551年的石刻艺术,几乎是河北(曲阳)和河南的天下,很多作品均出自上述两地。北齐天保二年三月二十二日,河北曲阳之《白石邸赦兴造菩萨立像》,现藏于故宫博物院,像高32.5厘米。胡国强著录,菩萨头戴花蔓冠,身披帔帛,佩戴圆璧璎珞。右手上举持莲蕾,左手下垂提桃形玉环。背屏光素,背面雕人形背屏插座。长方形基座正面雕化生童子托博山炉和护法狮,其他三面刻发愿文。下述数件白石作品,均出自曲阳一地。四月十八日,

刻于河北的《王祖世敬造思惟玉像》，金申著录，白色大理石加彩，像高58厘米，现藏于美国旧金山亚洲艺术馆。四月二十五日，刻于河北的《白石乐妙香造思惟菩萨像》，像高59厘米，现藏于北京故宫博物院，胡国强著录，菩萨圆脸尖颔，三叶花蔓冠较高，圆形头光。佩戴项饰，披帔帛，两端垂至基座。半跏趺坐，左足踏圆形突起莲台，基座后面刻发愿文。五月一日，刻于河北的《白石张双卧造弥勒菩萨坐像》，亦为北京故宫博物院藏，胡国强著录。像高46.5厘米，弥勒菩萨头戴三叶花蔓冠，双肩饰圆形发卡，身披结纽式帔帛，披衫两端下垂至基座。右手持莲蕾，左手施与愿印，交脚而坐，有二童子擎托双足，基座右后两面刻发愿文。七月二十九日，刻于河北的《白石苏老虎等造观世音菩萨立像》，现藏北京故宫博物院，像高55.5厘米，胡国强著录。主尊菩萨圆形脸庞，头戴三叶冠。身披左右双弧形帔帛，佩戴穿璧璎珞，赤足立圆形莲座上。莲座两侧出长茎莲台，上立胁侍弟子。背屏插座呈桃形。基座前面雕刻化生童子托博山炉和护法狮，其他三面刻发愿文。收藏于美国旧金山亚洲艺术馆中的《半跏思惟像》，刻于北齐天保二年，大理石质，像高57.8厘米，金申认为当亦为曲阳所产。二双树下思惟菩萨、双树枝纤缠而成光背状，正中为一单层宝塔，此种石造像是北齐时曲阳地区流行的一种程式化样式。

北齐天保二年三月，河南巩县石窟寺刻《比丘法定造像》、《崔实先造像》；四月，巩县石窟寺刻《惠凤造像》、《比丘惠感造像》、《沙弥道荣造像》和《比丘法训造像》。九月的《郑敬羡造像》，曾归长白端方。上述七像均有正书题记，为梁披云所著录。

石灰岩质的《坐佛九尊碑像》，刻于天保二年，像高98厘米，现藏于美国宾夕法尼亚大学博物馆。龙碑首上凹一龛，为文殊、维摩诘对坐论道，火焰形龛楣上雕伎乐天人，一胡人跳胡旋舞，正中为释迦佛，两侧为迦叶、阿难二弟子、二菩萨、二供善人、二比丘。下部正中为香炉、二狮子、二童子。碑侧浮雕"婆罗门施舍"等佛经故事。金申认为此碑据风格判断应出自河南，内容丰富、雕镂技法多样，实为北齐碑像精品。

北齐天保二年，山东临朐县冶源镇海浮山南坡刻造北齐威烈将军崔芬墓。据山东省文物考古研究所、临朐县博物馆的发掘报告，墓内出土墓志及彩绘陶俑等多件，甬道两侧及墓室内壁的彩绘壁画颇为珍贵。画面壮阔，线条豪放，敷彩艳丽，为北朝壁画上乘之作。墓志约一米见方，上刻667字，书法刚健质朴，现藏临朐县博物馆。李凇指出，在其墓室壁画中，一个有意思的情节值得注意：甬道左右各有一武士壁画，武士披铠戴胄，顶上饰两鹖尾，腰束击革，按剑张拳，周围绘山石树云。在壁画之底层的石面上，原刻有不着铠甲的门吏各一身，戴小冠，足登笏头履，双手合抱，拄剑于胸部。这显然是北朝时期更为传统和常见的图像，但被铠甲武士壁画所覆盖。这似乎告诉我们，铠甲武士是更为流行的新图像。

天保二年，郑述祖往寻郑道昭刻石遗迹。《北齐书》(郑述祖传)载：郑述祖父为官于光州，于城南小山起斋亭，刻石为记。述祖时年九岁。及述祖为兖州刺史，往寻旧迹，得一破石，有铭云："中岳先生郑道昭之白云堂"。述祖对之呜咽，悲动群僚。

西魏大统十七年三月五日，陕西的《艾殷造四面佛碑像》，又名《艾殷造定光释迦弥勒普贤四躯像》或《安次县开国男艾殷造像》，黄花石质，像高33厘米，大村西崖著录，现藏于日本京都大学文学部。李凇说，弥勒菩萨的图像在北朝晚期出现了一种倚坐式，此为较早一例。有学者(如水野清一)认为，公元6世纪后期的倚坐菩萨像一般可辨属弥勒。

七月二十三日山西的石灰岩《合宗并诸乡秀士等造佛碑像》，又称《宁氏家族造像碑》，此碑体制雄伟，像高329厘米、宽83.8厘米，现藏美国芝加哥美术馆。王静芬指出，这是一个由山西同一家族的几组供养人赞助、有着多重佛龛的造像碑。碑阳有五龛，碑阴有六龛，每个龛下面有供养人像和姓名。碑阴显示的主要供养人显然是这个家族的女性成员。金申还著录有一件刻于西魏大统年间(535—551年)、山西省芮城县所出的《佛碑像》，石灰岩质，高249厘米、宽87厘米，现藏于美国纳尔逊美术馆。

西魏大统十七年，于陕西富平县何家村刻造西魏文帝元宝炬永陵前石兽(图 83)。这件颇为罕见的西魏立兽圆雕，长高达 2 米多，昂首张口露齿，十分有气势。

四川成都《阿育王像》一共出土了八件阿育王石像(七件出土于万佛寺，五件残躯二件头像)，另一件为 1995 年成都市考古队在西安路石刻窖藏发现，刻造于太清五年(天正元年)九月三十日。据张肖马、雷玉华、袁曙光、霍巍、李裕群等人的描述，这些人像身着通肩袈裟，左手握着袈裟一角，头顶有硕大的束发状肉髻，留八字胡须，眼睛圆睁，带有浓烈的异域之风。所谓阿育王像，其实是古印度孔雀王朝阿育王造释迦牟尼像的简称，早在东晋年间便已在中国出现，南北朝、隋唐更是王室、僧侣信奉的神偶，又以长干寺的阿育王像最为著名。传说此像是五位西域僧人从天竺古国获得，后因战乱神秘消失，东晋咸和年间，丹阳伊高悝见张侯桥下有异光，派人下水寻找，消失的阿育王像这才重见天日。后来，这尊阿育王像辗转为陈文帝所得，元嘉年间，沿海兵乱，陈文帝向阿育王祈祷国运昌盛，据说阿育王发出道道神光，陈朝军队果然一举荡平叛军。西蜀大地阿育王像的历史，或许也早在东晋即已开始。《释氏蒙求》记载：昙翼学通三藏，为世推称，后游蜀郡，刺史毛剧倚重之，忽获得阿育王瑞像一躯，日夕供养，其像每遇饥荒之时，辄见泪落如雨，似哭泣之状。一个有趣的现象是，阿育王像虽在史书中频频出现，造像在中国却极为罕见，仅龙门石窟唐子洞、简惠洞，敦煌莫高窟第 323 窟中偶有发现，考古发掘的阿育王像迄今只在成都出土。自晋代以来，在中国大地上时常自现、每每以奇异光芒提醒世人的阿育王像，常被视为祥瑞之兆。

梁大宝二年三月三日，章景刻无量寿佛于平阳府君阙。雷玉华载，章景为梁主至尊在四川绵阳平阳府君板上造无量寿佛依碑石像一躯。

梁大宝二年，简文帝萧纲庄陵神道石刻。萧纲庄陵位于江苏省丹阳市云阳镇三城巷，武帝萧衍修陵之北。徐湖平载，陵前存双角石兽前半躯，头大颈短，张口瞠目，胡须下垂至胸前，双翼上扬，根部鳞纹凸起，前端翎毛上卷，刻画繁缛。萧纲(503—551)字世缵，小字六通，梁武帝第三子。中大通三年(531)昭明太子萧统死，继立为皇太子。太清末，侯景攻破建康，武帝死，萧纲即位。大宝二年(551)为侯景所杀，追尊简文皇帝，庙号太宗。萧纲幼好诗文，为太子时，结交文人徐陵、庾肩吾等，以薄艳见长，擅长“宫体诗”。明人辑有《梁简文帝集》。

［文献］ 唐李百药《北齐书》卷二九，清端方《匋斋藏石记》卷九，［日］大村西崖《支那美术史雕塑篇》，［日］水野清一《中国的佛教美术》，胡国强主编《故事收藏：你应该知道的 200 件曲阳造像》，梁披云主编《中国书法大辞典》，金申《中国历代纪年佛像图典》、《海外及港台藏历代佛像珍品纪年图鉴》，李凇《长安艺术与宗教文明》，山东省文物考古研究所、临朐县博物馆《山东临朐北齐崔芬壁画墓》(《文物》2002 年第 4 期)，罗宏才《中国佛道造像碑研究——以关中地区为考察中心》，［美］王静芬《中国石碑》，李裕群《试论成都地区出土的南朝佛教石造像》(《文物》2000 年第 2 期)，徐湖平主编《南朝陵墓雕刻艺术》，雷玉华《成都地区南朝佛教造像研究》(成都文物考古研究所《成都考古研究》)。

公元 552 年　北齐天保三年

［提示］ 二月，河南《壬景炽造像》。三月十五日，河北《白石宝副造思惟菩萨像》。三月，《张世保等人造塔记》、山东《背光式三尊像》。四月八日，山东《诸城济本造像》。四月十一日，《佛龛像》。七月十五日，河北《赵氏造弥勒坐像》、山西《魏蛮造石菩萨立像》。七月，《牛景悦造石浮图记》。八月，河南《僧严等造像》。北响堂寺建成。

［叙录］ 这一年的石刻作品，完全是北齐的天下。北齐天保三年二月，河南《壬景炽造像》，梁披云著录，有正书题记，泐存 28 行，行 10 余字，题名二

图 83　立兽　西魏大统十七年(551)　陕西省博物馆藏

列。旧在河南武陟十九里余会村念定寺。三月十五日，河北的《白石宝副造思惟菩萨像》，现藏北京故宫博物院，胡国强著录，残高46.5厘米。菩萨圆形脸，头戴花蔓冠，半跏趺坐，左足踏圆形突起莲台，两侧菩提树以及胁侍大部分残缺。基座前面雕刻化生童子托博山炉、护法狮和力士像，右面刻发愿文。刻于是年三月的《张世保等人造塔记》，有正书题记，上记20行，行7字。下题名，像前二列，上列5行，下列4行。像后三列，上列8行，下二列，列各9行。梁披云说，石曾归丹徒刘鹗。同月（三月）之《背光式三尊像》刻成于山东临朐。像高40厘米，为青绿色滑石质。张总说，虽然造像背光背面题记为天保三年，但主尊与两胁侍仍着十分厚重的佛衣，不过佛衣下摆垂直。需要指出的是，该三尊像莲瓣形背光顶部，人字形两侧飞天位置，雕有化生“童子”或化生“飞天”的化生过程，莲瓣形顶部浮雕一坐姿小化佛，化佛下部背光两侧各浮雕化生童子二尊，右侧下部化生童子由莲花中心露出头部，而其上的化生童子已露出一点颈部，依次转至左侧下部的化生童子颈部完全露出。化佛和化佛下部两侧化生童子之间由莲秆、叶片相连，背光背部题记铭文。

四月八日的山东《诸城济本造像》，有造像记铭文。温玉成分析说，这件造像记称，有僧官济本，系“青胶二州沙门都”，即“沙门都维那”的省称。他曾“伥德二京，光莅两蕃”，应是一代高僧，惜僧史失载。北齐的“二京”指国都邺城（今河北临漳县）及下都晋阳（山西省太原市）。而济本曾传法的“两蕃”，则不详其所指。似是周边的两个小国，其游方年代应在东魏时代。温玉成统计陆增祥所载，陆氏收录有诸城佛教造像题记18段，可见该地早有佛教石造像的出土。

天保三年四月十一日的《佛龛像》，金申著录为黄花石质，像高14.4厘米，原日本龙泉堂旧藏。七月十五日所造的河北曲阳白色大理石质《赵氏造弥勒坐像》，现藏于日本仓敷市大原美术馆，高70.9厘米。此佛背面基座及两侧浮雕八尊神像王，金申说，这是北齐佛座常用的手法。刘兴珍描述道：弥勒双足下垂倚坐（善跏趺坐），手施无畏与愿印。两侧为二菩萨、二弟子。台座正面为水瓶及两侧的供养人，台座背面和两侧雕八位神王。背光镂空，雕飞天及阿育王式塔。整体构图紧凑，比例适度，技法纯熟。同日（七月十五日）所刻造的石灰岩《魏蛮造石菩萨立像》则是件十分知名的石刻名品，高达340厘米，刻有长篇发愿文，文词典丽，金申著录，据传原出山西，现藏于日本东京国立博物馆。梁披云著录的《牛景悦造石浮图记》亦刻于这年七月，全称《牛景悦为亡人李景仲造石浮图记》，正书14行，行12字。

八月的《僧严等造像》，全称《比丘尼僧严清信女宋洛等造像》。造像题记为三面刻。正书13行，行7字。左右二面各题名一列15行。梁披云说，石在河南辉县。

天保三年，北响堂寺建成。据唐释道宣《续高僧传》载，北齐天保二年（551），应北齐文宣帝高洋之召，释僧稠入邺城弘法。天保三年（552），文宣帝在邺城西南40公里龙山之阳为构精舍名云门寺，请以居之，兼为石窟大寺（北响堂石窟）主两任纲位。由此可知，北响堂石窟至晚须在天保三年（552年）基本竣工，方可成为僧稠活动之所。

［文献］　唐释道宣《续高僧传》卷一六，清陆增祥《八琼室金石补正》卷二二，梁披云主编《中国书法大辞典》，胡国强主编《故事收藏：你应该知道的200件曲阳造像》，张总等《临朐佛教造像艺术》，温玉成《中国佛教与考古》，诸城市博物馆《山东诸城发现北朝造像》（《考古》月刊，1990年第8期），金申《中国历代纪年佛像图典》、《海外及港台藏历代佛像珍品纪年图鉴》，刘兴珍等《中国古代雕塑图典》。

公元553年　北齐天保四年　西魏元钦二年

［提示］　北齐天保四年八月十九日，河北《比丘道常造思惟太子像》。是年，《朱贵都造像》。西魏元

钦二年，西魏攻占南朝蜀地。

［叙录］ 北齐天保四年八月十九日，河北的《比丘道常造思惟太子像》，为白色大理石质，高52厘米，现藏上海博物馆。所刻太子像，金申认为当为释迦出家前为净饭王太子时思索人生真谛时之情景。北齐曲阳一地太子像为常见题材，当与北齐时河北地方流行之净土思想有关。造像左脚踏莲花，半跏趺坐，惜头部、右手和右脚都已经残缺。人像身形修长，窄袖长裙，罗衣紧贴。半跏趺思惟菩萨像是广泛流行于犍陀罗、中国、朝鲜半岛和日本的菩萨形的造像样式。通常认为这是表现释迦成佛前，身为悉达太子时在苦思人生哲理乃至开悟的情形。金申指出，半跏趺思惟像并非专指悉达太子，在犍陀罗石雕上的大神变图和佛三尊像中的两侧胁侍菩萨以及有些单尊像，均作半跏趺思惟状，这些半跏趺像往往与观音菩萨或弥勒菩萨有关。中国目前发现较早的半跏趺思惟像可见于敦煌莫高窟第275窟北壁上层的龛内，十六国北凉所造（泥塑加彩）。从其所处的窟内高层位置以及龛左右两棵对称的菩提树分析，应是表现弥勒菩萨在龙华树下修道思悟的形象。第257窟中心柱南面上层北魏的彩塑思惟菩萨也应是弥勒菩萨。

侯旭东和罗宏才还著录一件刻于天保四年的《朱贵都造像》，发愿中有：上为皇帝陛下，州郡令长，又为师僧父母，七世先亡，现存眷属；下为（天）地众生，咸同斯福。

西魏元钦二年，西魏攻占南朝蜀地。费泳说，西魏重臣宇文泰通过对土地、政治、军事等方面的改革，使西魏统治力量逐渐加强，国势日益强盛，不仅能抵制东魏的进攻，而且在公元553年攻占南朝蜀地，第二年又夺取江陵，将势力扩展到江汉流域。北周时期，益州成都已归北周所有，从成都地区万佛寺、西安路出土的南朝时期佛教造像看，出现在麦积山西魏、北周的许多造像因素，均与成都地区一致，并在发生时间上成都要早于麦积山，加之成都划归北周所有，这种南朝先进的造像风格，可以更直接地对麦积山产生影响。

［文献］ 金申《中国历代纪年佛像图典》、《佛教美术丛考》，侯旭东《5、6世纪北方民众佛教信仰》，罗宏才《中国佛道造像碑研究——以关中地区为考察中心》，费泳《汉唐佛教造像艺术史》。

公元554年 北齐天保五年 西魏恭帝元年

［提示］ 北齐天保五年二月八日，河北《白石僧理造思惟菩萨像》。是年，河南《赵庆祖造像碑》。西魏恭帝元年四月十二日，《薛氏造佛碑像》。恭帝元年，《佳文贤造道教碑像》。

［叙录］ 北齐天保五年二月八日的《白石僧理造思惟菩萨像》（图84），河北曲阳出土，现藏于北京故宫博物院，胡国强著录。石像残高29.5厘米。菩萨头戴花蔓冠，脸庞圆润，环形眼眶内凹，双眼微阖，眼角上挑，嘴角微收，表情喜悦。两侧菩提树以及胁侍大部分残缺。基座镂空，雕刻博山炉、护法狮和力士像，背面刻发愿文。河南关林的《赵庆祖造像碑》，刻于北齐天保五年，现藏洛阳关林石刻艺术馆，碑上部右方刻有一尊苦行禅定像。金申分析说，佛传事迹可归纳为八个大事件，其中苦行像用来概括在摩揭陀国尼连禅河附近苦行到降魔得道这一阶段的事迹。苦行像所表现的坚忍不拔精神，对于禅僧应有更强的感染力。

西魏恭帝元年四月十二日的《薛氏造佛碑像》，石灰岩质，像高215厘米，现藏于美国波士顿美术馆。此碑为薛山等人及乡宿200人募化所刻，铭文漫漶不易通读，经金申细辨，文中尚有“弥勒三会”之语，则佛碑中当有弥勒形象。碑首残，推测为文殊、维摩诘对坐论道。上方为释迦、多宝二佛并坐，中部为释迦佛。此佛碑雕镂技法多样，表面部分用减地法，露出纹饰再加刻阴线。而释迦等则用高肉雕，雕镂深刻，刀法极为纯熟流畅，为西魏佛碑精品。刘兴珍也认为其技法多样，刀法纯熟，层次丰富，颇具立体感。

金申还著录一件刻于西魏恭帝元年的《佳文贤造道教碑像》，石灰岩质，高70.6厘米，现藏于日本大阪市立美术馆。

［文献］ 胡国强主编《故事收藏：你应该知道的200件曲阳造像》，金申《中国历代纪年佛像图典》、《海外及港台藏历代佛像珍品纪年图鉴》、《佛教美术丛考》，刘兴珍等《中国古代雕塑图典》。

公元555年 北齐天保六年 南梁天成元年

［提示］ 北齐天保六年正月二十三日，河北《李神景造无量寿佛像》。七月，山西《李清报德像碑》。十二月七日，山东《诸城胁侍菩萨像》。是年，《石二佛并坐像》。完成河南安阳小南海石窟修造工程。南梁天成元年，广元大佛洞造像题记。

［叙录］ 北齐天保六年正月二十三日，河北曲阳刻造白色大理石质的《李神景造无量寿佛像》，像高26.3厘米，现藏故宫博物院。杨伯达、胡国强有著录。佛像头部残缺，佛身披圆垂领式双层袈裟，衣纹自然流畅，衣摆半悬垂座前。佛像前跪拜二供养人，两边为胁侍菩萨，皆残缺。基座正面雕刻童子托博山炉、护法狮和力士像，背面刻发愿文。七月山西的摩崖石刻《李清报德像碑》，有正书造像记，为李清撰文、燕州释仙书。梁披云说，石在山西平定东30余里石门口长国寺前岩上。释仙为北齐文宣帝时僧人，清孙星衍载《报德像碑》为燕州释仙。近代康有为说，雅朴莫如释仙。十二月七日，山东刻有《诸城胁侍菩萨像》，金维诺认为这是弥勒三尊像之残躯，造像铭中即有"造弥勒像一躯"。天保六年的《石二佛并坐像》，大理石质，高29厘米，金申说已流入国外。

至天保六年，完成安阳小南海石窟修造工程（图85）。此石窟位于今河南安阳市西南小南海之北，现存三窟（西窟、中窟、东窟），均为北齐天保年间建造，始于天保元年，完成于六年。据西窟门额题记，知此石窟主要为方禅师、云阳林公子等总理其事。

南梁天成元年，广元大佛洞造像题记。四川广元地处南北交流的孔道，金维诺说，广元由于接受河西佛教石窟的影响，南北朝时期就开始兴造石窟，千佛崖、皇泽寺摩崖造像就是其中的代表。千佛崖在广元县北四公里的嘉陵江东岸，大佛洞有梁天成年号，为此处最早造像。大佛洞高约540厘米，刻一佛、二弟子、二菩萨。菩萨丰硕颀长，束双髻，肩披天衣，在胸前相交，具有时代特点，为南朝珍品。

［文献］ 清孙星衍《寰宇访碑录》卷二，清康有为《广艺舟双楫》卷四，金申《中国历代纪年佛像图典》，杨伯达《瘗埋石佛的研究》，胡国强主编《故事收藏：你应该知道的200件曲阳造像》，梁披云主编《中国书法大辞典》，金维诺《中国古代佛雕：佛造像样式与风格》。

公元556年 北齐天保七年 西魏恭帝三年

［提示］ 天保七年正月二十五日，河北《白石张庆宾造弥勒佛坐像》。四月八日，河北《白石韩子思造思惟菩萨像》。天保七年，弘礼禅师建山西童子寺、文宣帝高洋为释僧达于河南林虑山黄华岭下立洪峪寺。西魏恭帝三年五月十五日，陕西《荔非广通合邑子五十人造像碑》。恭帝三年，陕西《某为父祈福造像碑》。

［叙录］ 北齐天保年间，是河北曲阳石刻的高峰时期，此时名作频出，令人赞叹。天保七年正月二十五日的《白石张庆宾造弥勒佛坐像》和四月八日的《白石韩子思造思惟菩萨像》，均为此地所刻，现藏北京故宫博物院，胡国强著录。张庆宾造像残高27.5厘米，佛头为圆形，肉髻有残，身披袈裟，内着僧祇支，施无畏与愿印。倚坐，双足并踏圆形莲台。用双阴线表现衣纹，膝部刻草圈纹。基座右面雕刻供养人像，背面刻发愿文。韩子思造像高36.5厘米，菩萨头戴花蔓冠，圆形头光，脸形圆扁。肩挎帔帛，两端垂至基座。上身前倾，左手抱足踝。左舒相坐，裙

摆逐渐内收。筌蹄座下铺设圆形垫，左足踏突起圆形莲台。基座前面雕刻双童子托博山炉、护法狮、力士像，左右两面浮雕神王像，后面刻发愿文。

天保七年，弘礼禅师建山西童子寺。《山西通志》载：童子寺为天保七年弘礼禅师建。遗址在龙山石窟南面山腰，其石窟造像的头部大部分被毁。1920年11月，日本学者常盘大定和关野贞在考察天龙山石窟时，闻说龙山亦有石窟，遂至龙山考察，始发现这处宋元道教石窟。同年，文宣帝高洋为释僧达于林虑山黄华岭下立洪峪寺。唐释道宣在《续高僧传》中载：释僧达俗姓李，上谷人。十五出家，游学北代。暨齐文宣，特加殊礼。前后六度，归崇十善。僧达性爱林泉，居闲济业。文宣帝为僧达于林虑山黄华岭下立洪峪寺，又舍神武旧庙，造定寇寺，两以

图84 白石僧理造思惟菩萨像 北齐天保五年(554) 北京故宫博物院藏

居之。张焯按：僧达卒于556年，出家游学平城，值太和十三年(489年)。林虑山黄华岭祇峪寺，在今河南林县西南15公里。祇峪北崖有北齐以后摩崖刻石，祇峪寺今遗七级密檐式砖塔。

刻造于西魏恭帝三年五月十五日的陕西《荔非广通合邑子五十人造像碑》，是一块著名的佛教造像碑。发愿文中有"是以荔非广通合邑子五十人等仰寻大行，咸割财帛，造石像(一)伛(躯)，四面开刊，真容严备"等语，显然"荔非广通"是此领衔捐造此碑的人，罗宏才认为，这是与碑正面主龛下部正中香炉右侧"都邑主威列将军奉朝请荔非广通"题名、图像之显要位置以及其优于是碑其他供养人之显赫职衔是相互吻合的。据陕西省考古研究所和白水县文物管理委员会所出的发掘报告，此碑1996年出土于陕西白水县中学妙觉寺遗址塔基地宫，同时出土的尚有北魏、北周、隋造像碑以及其他文物。

《某为父祈福造像碑》大约刻成于西魏恭帝三年，罗宏才与李凇等均著录，为石灰岩佛道混合造像碑，螭首扁平四面碑体。碑高70厘米、宽45厘米、厚23厘米，座已佚。正面开一龛，内道像三尊，主尊老君。龛上一小龛，内坐像一尊。龛左右各三层小龛，每层二龛，每龛一尊坐像，状类佛教千佛。正面龛下并其余三面皆有供养人题名与图像。原在何处不详，现存西安碑林博物馆。造像背后有发愿文，但漫漶不清难以连读，其中有"天监二年"、"天监九年"、"大统七年"、"岁次丙子十月癸卯朔十一日""谨为父造道像一伛(躯)"等。碑文所述可能是主人经历，其中"岁次丙子十月"可能是造像日期。裴建平、

图85　河南安阳小南海石窟中窟外景　北齐天保六年(555)

李雪芳认为，从造像的风格样式看大约为北朝晚期。李淞认为，此处的“丙子”可能是西魏最后一年，即恭帝三年。

［文献］　唐释道宣《续高僧传》卷一六，清曾国荃等《山西通志》卷五七，［日］常盘大定和关野贞《中国文化史迹》第一卷，胡国强主编《故事收藏：你应该知道的200件曲阳造像》，罗宏才《中国佛道造像碑研究——以关中地区为考察中心》，陕西省考古研究所等《陕西白水北宋妙觉寺塔基及地宫的发掘》（《考古与文物》2005年第4期），张焯《云冈石窟编年史》，李淞《长安艺术与宗教文明》，裴建平等《碑林藏佛道合刻造像及道教造像》（《碑林集刊》三）。

公元557年　北齐天保八年
北周孝闵帝元年　南梁太平二年

［提示］　北齐天保八年正月二十日，《黄海伯造弥勒龛像》。二月十五日，河北《高睿修定国寺碑》。四月八日，《比丘法阴造坐佛碑像》。四月二十三日，《宋文和夫妻造观音立像》。七月二十日，河北《白石张延造思惟菩萨像》。七月，河南《佛弟子刘碑造像》。是年，《夏庆孙等法仪三十二人造像》。北周孝闵帝元年，成都《强独乐北周文王碑》。南梁太平二年，三城巷帝陵神道石刻。南朝，成都西安南路出土道教造像石。

［叙录］　公元557年，南北中国的政治格局发生大变化：西魏恭帝三年（556），西魏权臣宇文泰死后，其长子宇文觉继任大冢宰，自称周公。次年（557）初，宇文觉废西魏恭帝而自立，是为北周孝闵帝，建都长安。也是在这一年，南朝的萧梁也走到了历史的尽头。

北齐天保八年正月二十日，刻造大理石质的《黄海伯造弥勒龛像》，金申著录，像高55.2厘米，日本大阪市立美术馆藏。二月十五日，河北刻立的《高睿修定国寺碑》，现存河北曲阳县（旧在河北灵寿县）定国寺。此碑高近2米、宽1米，碑额上部凿佛龛，内浮雕释迦坐像一尊，碑阴上部佛龛浮雕释迦、多宝佛并坐像。碑首凿佛龛。碑文清人陆增祥著录，记载赵郡王高睿兴修定国寺的功德。赵郡王高睿崇佛，其母亲去世后，高睿持佛像长斋，至于骨立，杖而后起。此碑书法颇有特色，康有为说：《定国寺》如禄山肥重，行步蹒跚。碑文中有“月光童子戏天台之旁，仁祠浮图绕嵩高之侧，行藏比于幻化，出没放于净土”。温玉成说，月光出世的宗教预言，在北齐时广为流传。《首罗比丘经》的造出，就是依月光童子受记，在“末法”时于脂那国作大王、护持佛法的宗教预言为根据的。《首罗比丘经》说，月光童子出世时，天台山为之引路。

刻于是年四月八日的《比丘法阴造坐佛碑像》（图86），石灰岩质，现藏于瑞士瑞特保格博物馆，像高150厘米。金申著录，碑首为思惟太子坐于树下，下为天人簇拥着文殊，维摩诘对坐论道，正中为释迦佛。此种定型化构图于北齐佛碑多见到。碑首背面为释迦多宝并坐、碑侧龛内似为交脚弥勒。四月二十三日的《宋文和夫妻造观音立像》，白色大理石，高43厘米，法国吉美博物馆藏。七月二十日，河北曲阳的《白石张延造思惟菩萨像》，残高47厘米，现藏北京故宫博物院，胡国强著录。菩萨圆形脸，戴花蔓冠，圆形头光。肩挎帔帛，两端垂至基座。右臂向上，左手抱足踝，左舒相坐。裙摆逐渐内收，雕刻竖道纹饰，腿部阴刻双线纹。筌蹄座下铺设圆形垫，左足踏突起圆形莲台。菩提树背屏，树干缠龙，龙头口吐莲花童子，树冠镂空雕刻扇形树叶，有飞天穿绕其间。基座正面雕刻童子托博山炉、护法狮和力士像，后面刻发愿文。

七月河南刻造的《佛弟子刘碑造像》，又称《登封刘碑寺造像碑》。位于登封市东南20公里刘碑村，为豫州刺史刘碑等人刻立。后人以有此碑而建佛寺，故名刘碑寺，俗称碑楼寺（清人王昶载）。此造像碑石灰岩质，通高近4米，是河南目前所见造像碑中体量最大的一通螭首扁体造像碑。全碑由碑首、碑身、碑座组成，碑首身连体。原建碑楼和寺院早损，寺内建筑多为清末重修，造像碑竖立于佛祖殿内。

民国二十九年(1940)重修时将佛祖殿屋顶增高,建有可至棚顶观赏的楼梯。新中国成立后,这里被改建为刘碑寺小学,佛祖殿则成了教师宿舍,像碑损毁严重。现学校已迁出,并对佛祖殿进行维修。刘碑寺造像碑铭文,陆增祥、景日昣、方若、王壮弘等均曾著录。

侯旭东、罗宏才曾提及一件刻于天保八年的《夏庆孙等法仪三十二人造像》。造像发愿文中有:“建造卢舍那石像一躯,上为皇帝陛下,州郡令长,师僧父母,居家眷属,一切众生,咸同斯福。”

现在留存下来的第一件北周石刻作品,并没有出现在西安,而是在四川成都地区。北周孝闵帝元年,成都刻立著名的《强独乐北周文王碑》。强独乐为北周文王宇文泰所建立的佛道二尊像碑,现存四川成都市龙泉驿区山泉乡大佛岩石佛寺(原属简阳县)。高文载:山泉乡石佛寺,距成都25公里。碑高480厘米、宽100厘米,立于巨龟之上。碑额为正书阳文,额题:北周文王之碑,大周使持节、车骑大将军、仪同三司、大都督、散骑常侍、军都县开国伯强独乐为文王建立佛道二尊像竖其碑,元年岁次丁丑造。额文上方有驰翔的飞天和佛像。碑文下首左右刻有佛道像各一尊。此碑为强独乐于北周闵帝初元,会同大都督夫蒙雋、帅都督杨哲、都督吕璨、都督治石岗县傅元绪、都督治阳安县史于仲、武康郡丞刘延、都督郑业等人,跟随柱国大将军大都督甘州诸军事化政郡开国公宇文贵镇蜀时,因感激文王(宇文泰)的爱戴之恩而立,碑文对北周王朝的开拓者鲜卑豪强宇文泰东征西讨,南北转战进行了叙述,为研究南北朝时期北魏、西魏、北周的政治、经济、军事、书法、雕刻艺术、宗教信仰等提供了宝贵材料。此碑为刘喜海、陆增祥以及日人大村西崖等多家所著录。胡文和载,北周文王碑的形制为摩崖仿碑形。该碑的左、右下部各线刻有一尊像,分别座高20厘米、15厘米。海内外学者根据碑额中有“为文王建立佛道二尊像”,将这两尊像解释为一尊是佛像、一尊是道像。日人大村西崖称之“简州佛崖天尊像”,“为宇文周时佛像共道像合造的典型”,胡文和认为这两尊线刻像不是“佛道二尊像”,而是佛像。

南梁太平二年,刻造三城巷帝陵神道石刻。此处神道石刻位于江苏省丹阳市云阳镇三城巷、梁文帝建陵南60米处。陵东向,墓已平。据徐湖平载,关于此陵墓主人,旧说为“齐明帝萧鸾兴安陵”,日本东京大学曾布川寛教授定为“梁敬帝萧方智陵墓”。现存石兽一对,南兽雄性,独角已残,四足、尾巴全失(现已修复),身长302厘米、残高278厘米,举首垂身,短颈,脊背隆起,雕饰连珠纹,颔下垂长须,双翼由四小翼拼成,腹部复衬羽翅纹。北兽肢体已残,仅存其前半。萧方智(542—557年)字慧相,小名法真,元帝萧绎第九子。承圣三年(554)十一月,西魏克江陵,被陈霸先、王僧辩迎至建康,以太宰承制,即帝位,改元绍泰。太平元年(556)五月,禅位于萧渊明。九月,陈霸先政变,萧渊明退位,复为帝。太平二年禅位于陈霸先,梁亡,奉为江阴王,旋被杀,追谥敬皇帝。

胡文和曾提及成都西安南路出土的南朝道教造像石,在南朝齐、梁时代(479—557)。

1995年,在成都市西安南路中段东侧一个灰坑中,发现一批南朝石刻。其中一件造像碑为道教造像,造像石下部为长方形台座,剖面呈L形,石质为红砂石,通高60厘米。据当时现场发掘情况证实,发掘出来的这批佛、道石造像保存完好,数量集中,当为有意窖藏。南北朝时期,寺院(包括道观)数量众多,致使各封建王朝的经济和兵源受到较为严重的影响,因而出现了北魏和北周时代统治者采用政治手段打击佛教的“灭佛”事件。例如:周武帝曾于建德三年(574)下令禁断佛、道二教,毁灭经像,令僧尼、道士还俗,没收寺观财产。建德六年(577)灭北齐,又诏令毁齐境内佛寺、道观及造像。而成都地区于公元556年归北周所辖治,南朝陈灭萧梁后,其地仍属北周。成都万佛寺就曾发掘有北周保定二至五年(562—565)益州总绾柱国赵国公敬造阿育王像、武帝天和二年(567)的菩萨造像。因此,西安南路佛、道石刻造像,很可能与北周武帝禁灭佛、道二教有关。西安南路与佛教同出的道教造像,服

图 86 比丘法阴造坐佛碑像 北齐天保八年(557) 瑞士瑞特保格博物馆藏

饰与佛像完全不同。但其雕刻手法和造型却是完全相同的，这为南朝早期道教造像提供了现在仅存的标志型实物。

［文献］ 清陆增祥《八琼室金石补正》卷二十、卷二三，清康有为《广艺舟双楫》卷四，清王昶《金石萃编》卷三三，清景日昣《说嵩》，清方若著、王壮弘校补《增补校碑随笔》，清刘喜海《三巴金石苑》，［日］大村西崖《支那美术史雕塑篇》，［日］曾布川宽《六朝帝陵——以石兽和砖画为中心》，金申《中国历代纪年佛像图典》、《海外及港台藏历代佛像珍品纪年图鉴》，胡国强主编《故事收藏：你应该知道的200件曲阳造像》，罗宏才《中国佛道造像碑研究——以关中地区为考察中心》，侯旭东《5、6世纪北方民众佛教信仰》，胡文和《中国道教石刻艺术史》，高文等《四川历代碑刻》，徐湖平主编《南朝陵墓雕刻艺术》。

公元558年 北齐天保九年 北周明帝二年

［提示］ 北齐天保九年二月，河南《鲁思明造像》。三月六日，山东《宋敬业等造塔颂》。三月，河南《比丘道邕造像》。九月二十九日，山东《阳显姜造石佛三尊立像》。十月八日，河北《白石高贵安夫妻造菩萨坐像》。北周明帝二年六月十七日，甘肃《华亭北周南川造像塔》。明帝二年，《石四面佛像》。

［叙录］ 北齐天保九年二月河南刻立《鲁思明造像》，造像题记为隶书，31行，行20字。上像旁题名八人。梁披云著录，石在河南新乡北十五里鲁堡百官寺山门外。三月六日，山东刻立《宋敬业等造塔颂》，陆增祥有著录。温玉成说，据铭文载，可知北齐时代，山东青州有"广固南寺"。三月，河南刻成《比丘道邕造像》，民国刘莲青等纂修的《巩县志》著录，为武遇(同州石匠)等人所刻。九月二十九日的石灰岩质《阳显姜造石佛三尊立像》，像高120厘米，1962年山东无棣县于何庵出土，惠民地区文管会藏。金申著录，其造像于光背顶端制一方形阿育王式佛塔，可见塔的侧面，这是当时的流行形式。十月八日，河北所刻的《白石高贵安夫妻造菩萨坐像》，河北曲阳造，现藏于北京故宫博物院，胡国强著录。石像残高37.5厘米，主尊菩萨头戴花蔓冠，圆形头光。身披穿璧式帔帛，左手施无畏印，交脚束藤筌蹄座上。龙缠树镂空背屏上部残缺，左右浮雕思惟菩萨半跏坐像。基座正面雕刻博山炉和护法狮，背面上缘雕刻覆莲瓣，中间刻发愿文："天保九年十月八日，高贵安妻刘白仁为亡息高市兴造龙树坐像一区(躯)，上为国家、右为边地亡者生天，见令德富。"

北周明帝二年六月十七日，甘肃刻立《华亭北周南川造像塔》，唐晓军著录，现存华亭县博物馆，像高29厘米。造像之一层可见释迦多宝佛龛及一佛二菩萨龛，龛侧刻发愿文。北周明帝二年所刻的石灰岩《石四面佛像》，高38.7厘米，金申说此像现已流入国外。

［文献］ 清陆增祥《八琼室金石补正》卷二一，刘莲青等纂修《巩县志》卷一九，梁披云主编《中国书法大辞典》，温玉成《中国佛教与考古》，金申《中国历代纪年佛像图典》，胡国强主编《故事收藏：你应该知道的200件曲阳造像》，唐晓军《甘肃古代石刻艺术》。

公元559年 北齐天保十年 北周明帝三年 北周武成元年 后梁大定五年

［提示］ 北齐天保十年正月十五日，河北《白石韩郎宾造菩萨立像》。二月十五日，《惠祖等造龙树菩萨像座》。二月，河南《李季晖造像》。四月十八日，河北《白石王氏兄弟造释迦多宝佛像》。七月十五日，《道朏造像》。十月六日，《解氏等造半跏思惟像》。是年，河南《高海亮造像碑》、河南《刘绍安造像碑》、河北《房绍兴造像》。天保年间，山东《泰山经石峪》。北周武成元年十月八日，陕西《绛阿鲁佛道教造像碑》。是年，甘肃武山拉梢寺石窟像墨书题记、陕西《泾阳武成造像碑》、《立佛龛像》。后梁大定五年，齐末梁初石马冲陵墓神道石刻。

［提示］　北齐北周时代，中国石刻艺术的制造地主要集中在河北、河南、陕西等地。北齐天保十年正月十五日，河北刻立《白石韩郎宾造菩萨立像》，出土于河北曲阳，现藏于故宫博物院，胡国强著录。像残高 26.5 厘米，菩萨圆脸，戴花蔓冠，圆形头光，彩画莲瓣。身披结纽式帔帛，赤足立基座上。菩提树背屏，树干缠龙。左右二胁侍弟子，双手合十，着鞋直立。基座后左两面刻发愿文。二月十五日的《惠祖等造龙树菩萨像座》（龙树思惟像并非是龙树菩萨像，而是指思惟菩萨像的上方树枝缠绕如龙状），从风格与石质（白色大理石）来看，仍当出自河北曲阳。座长约 40 厘米、宽 50 厘米，现藏东京国立博物馆。金申著录，石座为释迦佛传故事：蓝毗尼园诞生、步步生莲、梵天帝释二天帝为之洗浴，请阿私陀仙占卜未来；雪山苦行、牧女献乳糜、尼连禅河洗浴出山；降魔得道后于鹿野苑说法及涅槃。天保十年二月的《李季晖造像》，其造像记称为《妙法莲花经并造像记》。梁披云著录，造像记四面刻：记一面，10 行、行 19 字，刻《妙法莲华经观世音普门品第二十四》；二面共记 43 行，行 38 字：题名一面，五列，列 10 行。上像旁题名七人。石在河南辉县东通玄寺内。

四月十八日的《白石王氏兄弟造释迦多宝佛像》仍出自河北曲阳，现藏北京故宫博物院，胡国强著录，像残高 30.4 厘米。二佛共用身光和束腰须弥座，均内着僧祇支，上系帛带；外披袒右式袈裟。腿部刻双线衣纹，下摆饰羊肠回曲纹，半悬垂座前。左右胁侍弟子内穿带袖偏衫，外披袒右式袈裟，双手合十，赤足立覆莲座上。基座前雕化生童子托博山炉、供养人和护法狮，其他三面刻发愿文。

清人王昶著录有《道朏造像记》，《道朏造像》刻造于北齐天保十年七月十五日，从铭文可知，这是比丘道朏所造的一躯卢舍那法界人中像。卢舍那法界人中像，在现存单体圆雕石刻造像中极为少见，偶见于石窟壁画及雕刻中（只有新疆地区石窟壁画与出土木板画以及敦煌莫高窟壁、绢画数件，还有中原地区石雕作品与金铜像数件，其总数也不过 20 件）。据张总等人的研究，卢舍那法界人中像是佛教造像之中相当特殊的一种题材，其特征为在雕塑或塑成的佛身上，以或画或刻的手法再造出许多佛教内容形象。人中像上通常绘制的为六道图，即在胸部以上须弥山顶画着忉利天宫，上方左右安排佛、飞天（天上界）。须弥山前面画着双手高举日月的阿修罗（阿修罗界）。下方是并列的山岳、房舍，穿各式衣服的人物（人间界）。再下方是半裸体人物（饿鬼界）、鸟兽（畜生界）等散布在树木之中。最下段的袈裟下摆上是狂奔悲号的裸体人物与狱鬼（地狱界）。而这种在单体圆雕佛像袈裟上绘制六道图的造像，在青州窖藏发现之前，仅见于台北"故宫博物院"出版的《雕塑别藏》一书中。《华严经》中说：如来智月于中悉显现，众生形类像，甚深因缘海，功德实无量尽，清净法身中，无像而不现。十方三世诸如来，于我身中现色像。华严学说以法界缘起为要旨，法界蕴含现象与本体。卢舍那佛是《华严经》所尊奉的佛陀，既具有法身诸特性，又有人格化佛身，《华严经》将法身、化身与报身佛统一于卢舍那佛。卢舍那佛有同于常见佛陀像之作，若龙门奉先寺大佛像；而在存世极少的卢舍那佛中现诸色相的法界像，青州地区则相对较多，包括诸城等处，共约 10 件之多。青州地区卢舍那法界人中像，在形式上将绘画施于石雕作品之上，此种手法不见于其他地区。费泳分析说，北齐文宣帝高洋更亲书《华严斋记》，立华严斋会、行华严忏法，倡导膜拜卢舍那佛。在对《华严经》中《十地品》的解释过程中，形成了"地论学派"，并由此将魏齐之际的佛教理论推向了最高潮，直接影响到唐代的佛教发展。北魏末年以后，统治者十分推崇《华严经》，胜过南朝，随之应运而生的人中像发展到隋代，又演绎出了通身用阴线刻画形象的人中像。唐代出现的众多卢舍那佛，在观念上应与北齐的人中像是一脉相承的。

十月六日刻立的石灰岩质《解氏等造半跏思惟像》，像高 75 厘米，金申著录，现藏于日本，其圆形光背似乎是受了印度笈多王朝马土腊佛像的暗示。天保十年河南的《高海亮造像碑》（图 87），又称为《张噉鬼造佛碑像》或《张啖鬼造像碑》，为中国石刻名品。

石灰岩质，像高 108 厘米，1957 年河南襄县孙庄出土，现藏于河南省博物馆，周到、李仁清等著录。王静芬对此碑雕刻内容进行了细致描绘，碑首饰两对交龙，碑阳的碑首有一小龛，龛内雕刻菩萨三尊。中国学者认为菩萨为观音，坐姿为一腿弯曲，一腿下垂（这种坐姿经常和思惟菩萨相关），双手分别施无畏印和与愿印。碑身有三排雕刻。中间一排描绘释迦牟尼佛的法会。佛坐于圆拱形佛龛内，两侧随侍共四对：辟支佛、菩萨、弟子（或罗汉）和力士。下面一排则是侏儒形力士托举香炉供养释迦；两侧有男女两位供养人，每人手中持有一支莲茎；还有一对狮子。主龛上方是文殊和维摩诘的辩论，两位主角之间描绘菩萨、罗汉和一位天女（在维摩诘旁）。天女的表现暗指佛经中描述的一个奇迹，即天女（辩难中在维摩诘一边）和舍利弗（在文殊一边）互相转换了性别。《维摩诘经》的主要教义之一是对不可思议的接受——利用想象来理解一切事物的空虚，以至其最终不可理解的本质。佛经使用惊人的例子作为隐喻，同时通过维摩诘超凡的魅力，教导人们解放思想的方法。碑阴顶部以浅浮雕描绘出城场景。悉达多太子为了寻求觉悟离开宫殿，白马驮着他，马足由飞天托住，这样可以使太子的离去不至于惊扰宫殿中熟睡的家眷。下面的铭文记载供养人张啖鬼是佛弟子和邑的都维那，他和邑主高海亮以及都维那霍早共同引领佛教团体 30 多位成员捐赠了这块纪念碑。温玉成还提示我们，其主尊坐佛两侧侍立着头盘螺髻的梵王像。20 世纪 90 年代初，在云南省巍山县发掘出土的石刻造像中，有一件 9 世纪的头盘螺髻、耳饰耳环的造像，应是一尊大梵天像。《方广大庄严经》中直称“螺髻梵天”。克孜尔壁画中的梵天、龙门洞窟门右侧持幡供养的梵天，都是头盘螺髻的形象。刘兴珍则指出，此件造像的雕刻，继承北魏直平刀法，又运用漫圆刀法和阴线刻，故而造像润泽柔和，特别是逾城出家部分运用平起兼阴线表现，显然为中国传统的雕刻手法。

河南《刘绍安造像碑》和河北《房绍兴造像》均刻于天保十年。刘绍安造像，北京大学考古专业和李静杰有著录，为河南新郑所出。房绍兴造像，温玉成说石在今河北省灵寿县。

刻于天保年间山东的《泰山经石峪》，全称《泰山经石峪金刚经》，刻于山东泰安泰山东南麓、斗母宫东北龙泉山谷中的经石峪之中，据金其祯研究，此处被誉为“大字鼻祖榜书之宗”的刻经，是中国现存最为知名的佛经摩崖巨刻。经文刻于面积两千平方米的缓坡石坪上，自东向西刻后秦鸠摩罗什所译的《金刚般若波罗密经》共 2 799 字（原经 5 127 字），字径 50 多厘米。清阮元《山左金石记》考为北齐天保间（550—559）书刻。经刻历经 1 400 多年风雨剥蚀，山洪冲击、游人践踏和捶拓无度，现已磨损过半，仅剩经文 1 069 字。经刻未署书丹者名字，故历来众说纷纭，有晋王羲之，北齐王子椿、韦子深、唐邕、安道壹，以及宋人、元人书等种种说法。其书法基本风格属于北齐时期以楷书结体，以隶书用笔，又蕴含篆意的一种特殊隶书。魏晋南北朝时期，正是佛教发展最昌盛的时期，也是禅宗思想的最初形成和传播时期，《泰山经石峪金刚经》正是在这样的情况下应运而生的。清人杨守敬认为：北齐《泰山经石峪》，擘窠大书，此为极则。

北周武成元年十月八日陕西所刻的《绛阿鲁佛道教造像碑》，又称《田葵洛碑》或《廿六人等造像碑》，也是一块知名的道教石刻作品，胡文和、罗宏才、李淞等人均进行了著录。为石灰岩质四面体柱状碑，原藏文正书院（耀县城内西街小学），现藏于耀县药王山博物馆。碑形为长方形，略有收分。碑高 177 厘米、宽 80 厘米、厚 33 厘米。碑面正中开一拱龛，内雕道教天尊及二侍者，龛楣饰以卷草，龛楣之上线刻两棵菩提树，树上部刻发愿文。是碑雕造精细华丽，向为名家看重。碑中供养人有沙门尼与比丘尼等现象，显示出该地当有尼寺存在的现实。此碑与《魏文朗造像碑》相比，其基本安排是一样的，即碑阳为佛道合龛，碑阴为佛，两侧为一佛一道。然而相距 135 年的两碑也有了一些变化，道教的因素似乎更强，碑的图像也更加规范化，同时又更加自由地运用传统图像，佛道在图像样式上也更加不分彼此。

图 87 高海亮造像碑 北齐天保十年(559) 河南省博物馆藏

明帝武成元年，甘肃武山拉梢寺石窟像墨书题记。刘兴珍载，拉梢寺摩崖造像，位于甘肃武山东北鲁班峡响河沟北岸，又名大佛崖，属武山水帘洞石窟群。此窟系在高约60米的悬崖绝壁处开凿，共有大小窟龛11个。其中规模最大者为一铺一佛二菩萨摩崖造像，为石胎泥塑浮雕，通高40余米。佛为低平肉髻，着通肩袈裟，结跏趺坐于莲台上。面相丰腴，宽额收颐。凭高远眺，神态庄严静穆。两侧各立一菩萨，形貌服饰相类。戴宝冠，半披袈裟，长裙覆足。项佩圈，双手托持莲花。面相圆润，颊辅间蕴含笑意，神情煦和慈蔼。佛座高20余米，座沿立面满布装饰浮雕。其中动物形象分列三层，上层为六狮，中层为九鹿，下层为九象，皆作伏卧状，左右横向排列。各层动物图案之间，浮雕一列莲瓣(图88)。全像刻工疏爽高朗，风格质朴雄健，蔚为壮观。旁有北周明帝武成元年墨书题记：北周陇右大都督、秦州刺史尉迟迥与比丘道成在渭州(武山)仙崖造像。

罗宏才著录一件刻造于北周武成元年的佛教造

图88 甘肃武山拉梢寺石窟佛座蹲狮卧鹿浮雕 北周明帝三年(559)

像碑《泾阳武成造像碑》,石灰岩质扁平四面体,顶、座已佚,高57厘米、宽37厘米、厚18厘米。四面开龛,内分别雕一佛二菩萨二弟子,龛上饰火焰纹,龛下线刻二狮对炉等。正面龛下有发愿文。原在何处不详,现存泾阳县博物馆。此外,金申提及一件现藏上海博物馆藏的石雕《立佛龛像》,石像刻北周武成元年,像高64厘米,金申疑为伪作。

后梁大定五年,刻造齐末梁初石马冲陵墓神道石刻。石马冲陵位于江苏南京市江宁区上坊镇白马公园广场(原上坊镇石马冲),徐湖平载,此处一说为"陈武帝陈霸先万安陵",曾布川宽定此墓为齐末梁初王侯墓,陵前现存石兽一对,二兽之间相距47米,均雄性。南兽身长272厘米、高228厘米;北兽身长250厘米、高257厘米。两兽昂首张口,头有鬣毛,长舌下垂,下颏须髯拂胸,腹侧饰双翼,四足,长尾曳地,身上雕饰多已漫漶(图89)。陈霸先(503—559)字兴国,小字法生,吴兴长城(今浙江长兴县)人。读兵书,多武艺。梁时初为油库吏,以军功累迁西江督护、高要太守。后与王僧辩讨平侯景,镇京口。西魏破江陵,元帝被杀,陈霸先、王僧辩共奉萧方智为梁王。后北齐立萧渊明为帝,令王僧辩迎入建康即位。陈霸先袭杀王僧辩,立萧方智为帝,击败北齐及王僧辩旧部,官拜司徒,受封陈王。太平二年自立为帝,改元永定,国号陈。在位期间效梁武帝,舍身大庄严寺。在位三年而卒。

[文献] 清王昶《金石萃编》卷三三,清杨守敬《学书迩言》,青州市博物馆《青州龙兴寺佛教造像艺术》,胡国强主编《故事收藏:你应该知道的200件曲阳造像》,金申《中国历代纪年佛像图典》、《海外及港台藏历代佛像珍品纪年图鉴》,梁披云主编《中国书法大辞典》,费泳《汉唐佛教造像艺术史》,温玉成《中国佛教与考古》,李仁清编《中国北朝石刻拓片精品集》,[美]王静芬《中国石碑》,周到《河南襄县出土的三块北齐造像碑》(《文物》1963年第10期),金其祯《中国碑文化》,刘兴珍等《中国古代雕塑图典》,北京大学考古专业等编著《慈善寺与麟溪桥:佛教造像窟龛调查研究报告》,李静杰《石佛选粹》,金申《佛教美术丛考》,胡文和《中国道教石刻艺术史》,罗宏才《中国佛道造像碑研究——以关中地区为考察中心》,李凇《长安艺术与宗教文明》、《陕西古代佛教美术》,徐湖平主编《南朝陵墓雕刻艺术》,[日]曾布川宽著《六朝帝陵——以石兽和砖画为中心》。

公元560年 北齐皇建元年 北齐乾明元年 北周武成二年

[提示] 北齐皇建元年十二月,山东《孝义隽修罗碑》。皇建元年,山西天龙山石窟题记。乾明元年五月六日,河北《比丘惠业造菩萨像》。七月八日,河北《白石赵邑人造弥勒菩萨坐像》。七月,山东《比丘僧邑义造像》。北齐乾明元年,山东《郑述祖夫子庙碑》、河南《镂石班经记》,"末法"思想盛行人们争相造塔造像刻经。北周武成二年,陕西《造像碑》、陕西《木章村造像碑》、陕西《立佛像》、《七尊造像》,北周武帝造像、塔。

[叙录] 北齐皇建元年十二月,山东刻立《孝义隽修罗碑》,此碑全称《大齐乡老举孝义隽修罗之碑》,又名《孝义隽敬碑》、《隽修罗碑》或《隽敬碑》,碑文为清人陆增祥所著录。清乾隆年间出土于山东泗水县泉林镇韩家村天明寺内,嘉庆七年(1802)移至城内学宫,现保存于泗水县城关镇中心校内(一说此碑帖在1954年为该校刘姓校长扩建办公室时砸碎砌于墙内)。碑高160厘米、宽54厘米,碑首四周刻雕佛龛。从碑文可知,隽修罗是西汉名臣隽不疑后裔,曾居长安,在渤海拥有封地,后迁居泗水县定居。隽修罗幼丧母,乐善好施,舍田立寺,养僧敬佛,颇受乡老赞誉。皇建元年,北齐孝昭帝诏遣大使巡省四方察举贤良,隽修罗被举荐赴朝应举孝义。包世臣评此碑书法时说:齐《隽修罗碑》,措画结体极意经营,虽以险峻取胜,而波法仍归蕴藉。北朝书承汉、魏,势率简扁,此易为长,渐趋姿媚,已为率更开山。

皇建元年山西天龙山石窟题记。李玉珉载，山西太原西南的天龙山石窟，共有大小石窟25座，20世纪30年代遭到美日古董商多次盗凿，是我国石窟中破坏最严重的一处。天龙山各窟规模不大，东峰有12窟，分上下两层；西峰则有13窟。其中，第2、3窟为东魏窟，第1、10、16三窟则为北齐窟，其余诸窟则陆续开凿于隋唐时期。位于天龙山西峰的16窟有北齐皇建元年的题记，可作为天龙山此齐窟断代的依据。第1、10窟的特征都与第16窟相侔合，也当是文宣帝时所开凿的洞窟。文宣三窟的主室也都是方形窟，有莲瓣藻井，三壁三龛，周设基坛，佛龛的设计也采柱头施凤鸟或龙首的尖拱龛形式，与第2、3窟近似。

是年，北齐废帝(高殷)改元乾明。乾明元年五月六日，河北刻造的《比丘惠业造菩萨像》，杨伯达、金申著录，为大理石质，像高32.3厘米，河北曲阳出土，现藏故宫博物院。七月八日，河北的《白石赵邑人造弥勒菩萨坐像》仍为曲阳所造，现藏故宫博物院，胡国强著录。坐像残高37厘米，主尊菩萨上身残缺，着长裙交脚而坐，帔帛从两侧垂下，二童子擎托菩萨双足。菩提树背屏大部分残缺，一侧梵王靠树干，内穿偏衫，外披袒右式袈裟。基座正面雕刻童子托博山炉、护法狮和力士像，右面刻发愿文。

乾明元年七月，山东刻立的《比丘僧邑义造像》，清陆增祥载：两石(断为上下两段)各高二尺七寸，广一尺四寸五分。造像题记正书，存11行，行24字，有阴侧。清道光二十四年(1844)山东兰山出土。梁披云著录，上截归许瀚，下截归牟廷桐。

乾明元年，山东刻立的《郑述祖夫子庙碑》，据骆承烈载，现位于孔庙汉魏碑刻博物馆北屋，碑高205厘米、宽93厘米、厚23厘米。上下皆残，隶书，额题“夫子之碑”四字篆书，全碑仅剩140余字。此碑为清人所重视，王昶、孙星衍、孔继汾、洪颐煊等曾给予著录。碑中有“公道昭之第□子也”。按《魏书》(郑道昭传)记其有五子：严祖、敬祖、述祖、遵祖、顺然。其五子中，三子述祖善隶书。此碑笔法与郑述祖书天柱山铭相同，故定为郑述祖书。这年八月，北齐孝昭帝(高演)废废帝改元重建，可知此碑应立于这一年的八月之前。碑文所述大意为：郑道昭为光州刺史时，曾来谒孔庙拜孔子。待其子述祖继位光州刺史时，访其父当年活动遗迹，亦到曲阜谒孔，并立碑纪念。其额未题“夫子庙碑”，而题“夫子之碑”，说明主要是赞颂孔子本人，而非仅仅赞颂孔庙。

温玉成说，在今河南安阳市还有件刻于乾明元年的《镂石班经记》，其文为陆增祥所著录。温先生同时还指出，此际“末法”思想盛行，人们争相造塔造像刻经。末法思想是北朝至隋代的一股社会思潮。昙景泽《摩诃摩耶经》、那连提耶舍译《大集月藏经》(天统二年于邺城平等寺译出)集中宣扬了末法思想。因此，信徒们人心惶惶，“知身无常，危同泡沫”，纷纷准备后事。一类是造塔造像，刊刻石经，以备法灭后留用；另一类是依据佛教预言，造作新经，渡过灾难。石刻佛经，此时盛行。乾明元年，安阳灵山寺方法师、故云阳公子林等率诸邑人刊石窟并刻《华严经偈赞》、《大般涅槃经》(圣行品)；皇建元年泗水乡老100余人刊《维摩经见呵阙佛品第十二》；司徒公娄钗造《大方广佛华严经》(菩萨明难品第六)；武平三年(572)尚书令、并州大中正唐邕在鼓山造《维摩诘经》、《胜鬘经》和《弥勒成佛经》等。直至隋代，仍有安阳宝山寺高僧灵裕于安阳宝山造石龛一所，“别镌法灭之相”；静琬启房山石经之刻。另一方面，针对末法而造作的“伪经”也应运而生。其中尤以《像法决疑经》、《首罗比丘经》为代表。

北周武成二年陕西的石灰岩质佛教《造像碑》，罗宏才等著录，扁平四面体，顶座均佚，正视梯形，下部残缺，上部有榫，高112厘米、宽53厘米、厚20厘米。四面造像，每面上部开一圆拱形龛，正背面龛内皆造像三尊；左右龛内皆雕立像一尊。四面顶部有忍冬纹边框，龛上下及两侧线刻坐佛、沙弥、供养人、二狮对炉等。正面最下部有线刻胡人乐舞图，右面龛下有发愿文。原石出处不详，后归陕西省历史博物馆，1949年移交西安碑林。同年，陕西刻造的《木章村造像碑》，为石灰岩佛教造像碑，扁平四面体。罗宏才等著录，碑顶座已佚，正视梯形，碑身上下有

图 89　江宁陈武帝万安陵北麒麟　后梁大定五年(559)

榫，高126厘米、宽46厘米、厚26厘米。四面造像，每面上部正中各开一龛，正面龛内造像五尊，为一佛二菩萨二弟子组合；背面龛内造像三尊，主尊交脚弥勒。两侧小龛各有一小立佛。龛下有线刻坐佛及供养人。原在耀县木章村南山神庙，庙建已毁弃。1988年发现，1989年迁至耀县药王碑林。陕西《立佛像》亦刻成于武成二年，为一较大型的单独立像，现存西安碑林博物馆。李淞著录，碑帖通高254厘米。佛像为低平肉髻，刻平涡形纹，额间有一大白毫，凹形，推测当初应嵌有物。右手残，似作施无畏印，左手指微曲，着通肩贴体袈裟，跣足站立于覆莲座上，莲座下为方座，座前面刻有长篇铭文，已难识读，唯可辨出年号“武成二年”。立佛像自北朝后期至唐初在陕西十分流行，其中又以北周至隋代的遗存最多。李淞还著录了一件佛教《七尊造像》，现藏芝加哥费尔德博物馆。此像为圆首形小龛，造一佛二弟子二菩萨二力士，主佛结跏趺坐于连茎莲花座上，二力士立于山石形座，其形制、样式与风格均为典型的盛唐装。然而侧面的长篇铭文却署有北周的“武成二年岁次庚辰”，与实际风格相差约200年！这种字与像不相符的情况（年代不符、性质不符）提醒我们不能盲目相信文字的真实性。我们应回想1908至1910年间高鼻深目的美国东方学者劳费尔（Berthold Laufer）到西安探险的时候，他愿意出高价购买的当然是一些有确凿年代且更早的造像，有年号的比无年号的值钱、北周的造像比唐代的值钱。正是经济利益因素的驱动，出现了伪造年号和铭文、像真而字假的现象。

武成二年，北周武帝造像、塔。宗教从来就是统治者治国的一种重要工具，无论是兴教还是废教，均以是否有利于其统治为依据。比如后来曾严厉毁佛的北周武帝，他在武成二年还为其父宇文泰建造丈六释迦像和220座金刚狮子宝塔。李玉珉说，武帝所造的宁国寺、会昌寺和永宁寺，“飞阁跨中天之台，重门承列仙之观”（释法琳语），可以想象其华丽必定非同一般。

［文献］ 唐释法琳《辨正论》卷三清陆增祥《八琼室金石补正》卷二一，清包世臣《艺舟双楫》卷五，清王昶《金石萃编》卷三三，清孙星衍《寰宇访碑录》卷二，清孔继汾《阙里文献考》卷三三，清洪颐煊《平津馆读碑记》卷三，温玉成《中国佛教与考古》，杨伯达《瘗埋石佛的研究》，梁披云主编《中国书法大辞典》，李玉珉《中国佛教美术史》，金申《中国历代纪年佛像图典》，胡国强主编《故事收藏：你应该知道的200件曲阳造像》，骆承烈《石头上的家文献——曲阜碑文录》，罗宏才《中国佛道造像碑研究——以关中地区为考察中心》，李淞《长安艺术与宗教文明》、《陕西古代佛教美术》。

公元561年　北齐皇建二年　北周保定元年

［提示］ 北齐皇建二年三月八日，河北《白石邸洛姬造双思惟菩萨像》。五月，山西《陈神忻等七十二人造像》。十月，山东《许俊法义等三十人造像》。皇建二年，山西天龙山石窟北齐题记。北周保定元年四月三日，陕西《马洛子造玉老君像石》。北周保定元年六月，《李鸾炽造像》。七月，陕西《雷文伯造像碑》。保定元年，陕西《辅兰德道教造像碑》、甘肃《正宁北周立像》。

［叙录］ 东西魏时，就石刻造像而言，东魏比西魏要繁荣得多。这种局面到了北齐北周时得到了较大改观，北周的石刻造像不仅风格独具，而且在数量和质量上，均取得了长足发展。

河北曲阳依然是北齐造像的重镇。北齐皇建二年三月八日，河北的《白石邸洛姬造双思惟菩萨像》，曲阳刻造，现藏于北京故宫博物院。胡国强著录，像残高18厘米。造像一侧菩萨和龙树背屏较为完整。菩萨头戴花蔓冠，左手支颐，右手抚足踝，右舒相坐束藤筌蹄上，腿部单线刻衣纹。基座前雕刻护法狮和博山炉，后左两面刻发愿文。

同年五月，山西刻立的《陈神忻等七十二人造像》和十月山东刻立的《许俊法义等三十人造像》，梁披云著录。七十二人造像，石在山西平定，其正书题记17行，行14字。前题名二人，后题名三列，列22行。三十人造像亦有正书题记14行，行16字，题名二列，曾归潍县(今山东潍坊市)陈介祺。

皇建二年，山西晋阳天龙山石窟北齐题记。金维诺载，大约在响堂石窟创建的同时，晋阳也有大规模的开窟造像之举，遗迹主要集中在今太原市西南的天龙山和蒙山风景优胜之地。天龙山石窟东峰的第1、2、3窟和西峰的第10、16窟均建于高齐时期。天龙山北齐洞窟形制一般平面为方形，窟前有外廊，作法接近云冈双窟，但不作过多的雕饰，仅简洁地雕出仿砖木结构的窟檐等元素。窟内三壁开龛，龛下为低矮的坛基，内一佛二菩萨像，龛外雕弟子及供养人像。第1、3、16诸窟是这类洞窟形制较完整的遗存，据第15窟内保存的北齐皇建二年的题记铭刻推断，这类三间两柱三壁三龛式的洞窟大约是在文宣帝高洋营建别都前后所开凿，为天龙山最早的洞窟形制。

四月三日陕西刻立的《马洛子造玉老君像石》(图90)，刘兴珍、胡文和等著录，现藏于中国历史博物馆。此像为黄花石质(当出于陕西)，高26.7厘米、宽11.6厘米。碑阴上部开一龛，龛内刻三个并排而立的道者(天尊)，均身着交领道袍，立于覆莲台上，双手笼袖。其下刻从右往左行题刻，座下二狮，相向蹲踞。刻工质朴浑厚，而情貌皆尽。

北周保定元年六月的《李鸾炽造像》，有正书造像记，五行，行六字。梁披云载，石曾归端方。七月，陕西刻造石灰岩质佛教造像碑《雷文伯造像碑》。罗宏才载，此像为四面体柱状，仅存碑座，座残缺，四面自标方位，右侧面已残，高52厘米、宽29厘米、厚20厘米。仅正面存铭文9行，记“保定元年岁次辛巳七月”,“雷文伯减割家珍，为亡父造石像一区(躯)”等事。雷文伯家族，族源为西羌。此石1927年出土于耀县(今陕西铜川市耀州区)，先归雷天一，1936年入耀县碑林。1955年迁入耀县文化馆，1971年迁至耀县药王山碑林。

保定元年的石灰岩《辅兰德道教造像碑》(图91)，胡文和、罗宏才、李凇等著录。1934年出于耀县漆河，碑高66厘米、宽40厘米、厚20厘米，现藏于陕西铜川市耀州区药王山博物馆。碑为扁平四面体，顶座已佚，上下有榫，正视梯形，下部残缺。四面造像，每面上部各开圆拱形龛。正背两面龛内三尊造像，主尊皆戴冠有须；左右两侧面坐像一尊，主尊戴莲花冠。正面下有发愿文。这是一件个人造小像，虽与绛阿鲁造像碑只相距两年，但出现了转折性的变化，以新鲜的北周风格显示出自北魏后期开始的秀骨清像风格的终结：健壮的造型、主像的方座、线刻布满碑身、戴莲花冠的侧面道像，以及莲花纹特别普遍的使用、发愿文由前期在两侧而转入正面下部。

保定元年，甘肃刻造《正宁北周立像》，又称《人中释迦石像》，陈瑞琳、周伟洲、唐晓军等人著录。1984年，在甘肃正宁县罗川镇聂店村出土此尊砂岩石佛立像，通高207厘米，发愿文题记显示此像为北周保定元年所造，现藏于正宁县博物馆。立佛螺髻低平，面形圆满，身着圆领通肩袈裟，阶梯状稀疏衣纹，腹部外鼓，躯体造型厚实，为典型北周风格。两手略残，左手握袈裟边缘，右手于胸前施无畏印。双脚残失。重瓣覆莲台饱满圆润，两侧正面各刻蹲狮。莲瓣下为方形台基，四面刻文，正面刻发愿文及部分造像人姓名，延及其余三面，发愿文共载有130人等同造释迦石像一躯，实际刻名为158人。

［文献］ 清端方《匋斋藏石记》卷九，胡国强主编《故事收藏：你应该知道的200件曲阳造像》，梁披云主编《中国书法大辞典》，金维诺《中国古代佛雕：佛造像样式与风格》，胡文和《中国道教石刻艺术史》，罗宏才《中国佛道造像碑研究——以关中地区为考察中心》，刘兴珍等《中国古代雕塑图典》，李凇《长安艺术与宗教文明》，陈瑞琳《甘肃正宁县出土北周佛像》(《考古与文物》1985年第4期)，周伟洲《西北民族史研究》，唐晓军《甘肃古代石刻艺术》。

公元562年　北齐太宁二年　北齐河清元年　北周保定二年

［提示］ 北齐太宁二年二月十五日，河北《白石陈思业等造释迦多宝佛像》。三月二十三日，《袁景珍敬造弥勒像》（台座）。五月八日，河北《白石刘仰造双观音立像》。五月十五日，河北《白石吴子汉造双菩萨立像》。是年，河北《义慈惠石柱》。北齐河清元年六月十日，河北《白石昙藉造双思惟菩萨像》。是年，河北《正定建忠寺比丘尼造汉白玉双弥勒半跏趺坐像》、《法仪百余人造定光像记》。北周保定二年正月三十日，《道教龛像石》。二月八日，陕西《邑子一百零一人等造像碑》。四月八日，《董道生造观音坐像》。五月十八日，《陈文生等家族造佛碑像》。十二月十五日，陕西《李昙信佛道教造像碑》。是年，四川成都《益州总管赵国公招造阿育王像》、山西《陈海龙等造四面像碑》、陕西《程宁远等邑子造像碑》、陕西《邑子一百人等造像碑》、陕西《征东将军石造像》、陕西《杨仵女杨景祥等伯仲兄弟卅余人造释迦石像》。

［叙录］ 北齐、北周的石刻艺术，各领风骚，各呈异彩，名作频出，令人耳目一新。北齐太宁二年二月十五日，河北刻立的《白石陈思业等造释迦多宝佛像》，出土于北齐石刻重镇河北曲阳，现藏于北京故宫博物院。胡国强著录，像残高33.5厘米，双佛圆头，肉髻低平。身披袈裟，结跏趺坐，并用莲瓣形身光和长方形须弥座。龙树背屏上部缺失，树干浮雕盘龙，两条龙盘绕树上，背后部分均被工匠有意省去。基座前雕刻二童子托博山炉、护法狮和力士像，背面刻发愿文。刻于三月二十三日的《袁景珍敬造弥勒像》（台座），据金申著录为石灰岩质，仅存台座，座高15.2厘米、宽35.6厘米，现藏于美国旧金山亚洲艺术馆。五月八日河北的《白石刘仰造双观音立像》和五月十五日的《白石吴子汉造双菩萨立像》均出自曲阳，现藏于北京故宫博物院，胡国强著录。刘仰造像高54.5厘米，二菩萨头戴三叶宝冠，发髻垂肩，系圆形发卡，肩披帔帛，内着僧衹支。右侧菩萨反向斜穿僧衹支，与左侧菩萨对称。均外手上举持莲蕾，内手握玉环。背屏顶部浮雕二飞天托塔，背面底部雕半圆形插屏座。长方形基座前面雕童子托博山炉、护法狮和力士像，背而刻发愿文。吴子汉造像高31.6厘米，双菩萨头戴三叶花蔓冠，身披圆璧式帔帛，均右手持莲蕾，左手握玉环，立圆形莲座上。光素背屏，背面雕半圆形插屏座。长方形基座右后左三面刻发愿文。

河北保定市定兴县西北10公里石柱村的《义慈惠石柱》，则是一件较为人们所熟知的石刻作品，刻建于北齐太宁二年，全称《标异乡义慈惠石柱颂》。据赵超载，石柱用石灰石叠砌而成，全高617厘米，石柱通体可分为柱础、柱身、顶饰三部分：顶饰为石质单檐庑殿顶小屋，屋内雕佛像一尊；柱础则为覆莲形；柱身刻有长达3 400多字的颂文。本为木质，因“虑木柱之易朽，芳徽之不固”，乃“以石代焉”。颂文记述北魏末年“杜葛之乱”及义葬、义食和兴建石柱的经过。据史籍记载，自北魏孝昌元年（525）至永安元年（528）间，柔玄镇人杜洛周、葛荣义军曾转战于幽州、燕州、殷州、冀州、相州之间，时间长达四年之久，定兴是义军与北魏军队交战之地，此石柱是义军失败后，百姓收拾义军残骸合葬时刻立的纪念碑，初为木质，后官府易木为石，并于柱上加刻“题额”和“颂文”。

公元562年，北齐由太宁改元河清。河清元年六月十日，河北曲阳再刻《白石昙藉造双思惟菩萨像》，此像现藏于北京故宫博物院。胡国强著录，像残高49厘米，二菩萨头戴花蔓冠，圆形头光，身体姿势相同，左右对称。双线刻衣纹，裙摆下角外侈。两侧胁侍弟子双手合十站立。龙树背屏，龙缠树两匝，头仰起托化生童子，龙尾撑地，树冠枝繁叶茂，有飞天持璎珞穿梭其间。基座前雕刻博山炉、护法狮和力士像，背面刻发愿文。河北《正定建忠寺比丘尼造汉白玉双弥勒半跏趺坐像》刻成于北齐河清元年，温玉成、张秀生、刘友恒等有著录，像背面刻有双思惟像。同年所刻的《法仪百余人造定光像》，有正书造像记19行，行六字，梁披云说，石曾归潍县陈介祺。

图 90　马洛子造玉老君像石　北周保定元年(561)　中国历史博物馆藏

图 91　辅兰德道教造像碑　北周保定元年(561)　陕西铜川市耀州区药王山博物馆藏

在北齐石刻取得丰硕成果的同时，北周石刻亦别开生面，呈现繁荣景象。北周保定二年正月三十日的《道教龛像石》，现藏于日本书道博物馆。松原三郎和胡文和有著录，其碑略呈圭形，石质为青黑石灰岩，高22厘米。像石侧面的造像记多已磨灭，发愿文字迹亦多模糊，文字仍可见者："保定二年正月壬寅朔三十日造"、"造道像一躯"。造像的写实风格较为凝重，衣褶的表现继承西魏佛像遗风。铭文字体较粗糙，胸前无三脚夹轼，体现了北周前期道教造像的造型特征。二月八日，陕西刻造石灰岩佛教《邑子一百零一人等造像碑》，据罗宏才著录，现仅存碑座，座上有长方形榫窝，座长83厘米、宽56厘米、高45厘米。座每面上部刻供养人题名，底部有线刻蔓草图案。座正面发愿文有"周保定□□壬午二月八日"等。原在耀县（今陕西铜川市耀州区）吕村砖瓦窑北佛爷庙，庙毁后，1989年移至耀州区药王山博物馆。

四月八日，刻成《董道生造观音坐像》，石灰岩质，像高31厘米，现藏于日本京都大学文学部。造像面相丰圆，头大身短，金申认为已开隋初造像之风。五月十八日的《陈文生等家族造佛碑像》，仍为石灰岩质，高约30厘米，现藏于美国波士顿美术馆。

胡文和、罗宏才和李淞等人还著录有一件称为《李昙信佛道教造像碑》的石刻作品，又名《王香香碑》，刻成于保定二年十二月十五日。1934年出土于阿子乡雷家崖，长方碑形，碑下部已残损。碑高121厘米、宽50厘米、厚28厘米，现藏于陕西铜川市耀州区药王山博物馆。此碑为石灰岩质四面体柱状，顶座已佚，正视梯形。四面造像，每面皆在上部开一龛。正面龛内道像三尊，主尊老君戴冠、有须、执扇，两旁侍者拱手持笏。背面龛内一佛二菩萨。右侧面下并有发愿文，记李昙信兄弟造像祈福。像主为"佛弟子"，其发愿文中有"敬造释迦、太上老君诸尊菩萨石像一区（躯）"句，比其他造像碑更加明确了主像的身份。李淞特别指出，此碑的图像刻法有了改变：除主龛内一主二辅的造像仍为浅浮雕外，龛外所有的图像（包括龛外的胁侍者、香炉与狮、花卉图案、全部供养人形象）均采用阴线刻的方式。而北魏至西魏的造像碑中，这些主龛外的图像一般都是减底平刻的手法，即对陕北汉代画像石手法的继承。北周的线刻手法不仅为这通保定二年造像碑所采用，也为关中大多数北周造像碑所采用，成为主流样式。显然，这种新方式比老方式省事得多，也使得主龛造像更加突出醒目。

是年，四川成都万佛寺刻成《益州总管赵国公招造阿育王像》。据雷玉华载，万佛寺出土大量梁晚期及稍后的单体石像，多为立佛像，也有坐佛像和菩萨像。立像高大，都在1.5米以上，头部多数遗失，有通肩袈裟和双领下垂式袈裟两种样式，通肩袈裟有圆领和鸡心领之分，有的衣纹繁杂，稍显臃肿，有的衣纹褶皱偏于一边。双领下垂式袈裟内胸前多系带打结，结带方法有多种，有的带上还饰有宝珠和花纹。也有双领下垂式袈裟外披偏衫者。着通肩袈裟者有大型单体阿育王，形象与西安路者相同或稍有差别，但是形体均较大，如北周保定年间造阿育王像（保定二年至五年造），着圆领通肩式袈裟，衣纹在胸前开成八道平行的圆弧，袈裟长已过膝，内着僧祇支长于袈裟，双手和头残。此种风格已与属于南梁所管辖的成都时造像发生了根本变化，显然，北周的粗犷之风对成都地区的造像已发挥实质性影响。

刻造于保定二年的石灰岩质《陈海龙等造四面像碑》（图92），高120厘米、宽56.5厘米，现藏于山西省博物院。此碑为山西省博物馆、王静芬、刘兴珍等所著录。王静芬对此碑内容进行了详细描述：碑阳面开五列柱状形龛，第三列即中央一列有三个主龛。中央列龛的两旁各有两列小佛龛。每尊像的旁边都有简短的铭文，标明其身份及供养人。因为有六列铭文，所以第三列柱形龛左右两边的第三、第四列都是主龛的铭文。不是所有的铭文都能清晰释读，特别是左上部。24尊小型坐佛没有任何可以区分的图像特色，在视觉上它们类似于千佛图像。在5至6世纪早期，千佛主题表示无量劫中的佛陀，在时间维度中一个继承另一个。然而，不迟于公元550年，我们开始看到佛的新序列，如四方佛或十方佛，这是在大乘佛经如《法华经》、《金光明经》和《华严

图 92 陈海龙等造四面像碑 北周保定二年(562) 山西省博物院藏

经》中所提到代表空间类别的佛陀。佛陀的类别从时间向空间的转变，表明在佛果观念上的发展。在陈海龙碑上，很多佛的名称指示光、日光或光亮，强调了他们超然的特性，因为光是大乘佛教中突出的象征符号。例如《华严经》中就提到了日光佛。陈海龙造像碑上面的诸佛与菩萨名号，全部来自《大通方广忏悔灭罪庄严成佛经》。此经是中国 5 至 7 世纪广为流行的一部疑伪经，但后佚失，有幸发现于敦煌藏经洞写经及房山石经中。通过经名就可以看出，该经和称名念佛、忏悔灭罪的仪轨关系密切。在此意义上，该碑成为中国 6 世纪忏悔仪式不可多得的例证，对于我们目前仅仅依赖佛教经典和石窟寺资料所进行的研究是一个有力补充。刘兴珍认为这件作品雕刻精细，技法娴熟，衣纹流畅洒脱。整座造像碑由多种不同样式的佛像、供养人和装饰图案组成，画面充实，构图紧凑，是北朝石刻艺术中的精品。

保定二年陕西所刻的佛教《程宁远等邑子造像碑》，又称《押枝堡造像碑》，罗宏才著录，碑为四面体柱状，正视梯形，石高 124 厘米、宽 52 厘米、厚 28 厘米。每面皆在上部开一龛，正背面龛内雕一佛二菩萨，左右侧面龛内雕立佛一尊。四面龛下有程宁远等供养人题名，正面龛下有发愿文。20 世纪 30 年代出土于咸阳押枝堡村西南侧，今存咸阳市博物馆。同年所造的《邑子一百人等造像碑》，为石灰岩质四面体柱状佛道造像碑。碑顶座已佚，正视梯形，上段残失，高 101 厘米、宽 72 厘米、厚 24 厘米。四面造像，每面皆在上部开一龛。龛各有五层供养人图像并题名。第一层中有力士托炉，两侧有侍香僧人。右侧面下有发愿文。1934 年出土于耀县（今陕西铜川市耀州区）漆河，初藏耀县文正书院，1971 年迁至耀县碑林。

陕西地区是北周的石刻中心，诸多名作均出自此地区。《征东将军石造像》刻于保定二年，高陵县出土。造像发愿文（董国柱录文）赞叹所造石像："虽念田刻木、波斯铸金，至□难功而未比之。"这儿提及的波斯铸金即波斯金币（包括银币），李淞指出，据朱捷元、秦波载，1965 年曾于长安县（今陕西西安市长安区）王子峪国清寺塔旧址发现波斯银币，属于波斯萨珊王朝库思老二世（590—628）银币。

临潼博物馆所藏的《杨仵女杨景祥等伯仲兄弟卅余人造释迦石像》，罗宏才认为其发愿文布置值得注意：于方座四面正中（阳面）中心布置发愿文，发愿文左右两侧依次布置"邑师比丘僧湛"、"邑师比丘惠哲"，再外左右两侧依次布局"开府仪同冯翊郡守侯莫陈升"、"开府仪同前冯翊郡守宇文举"，再其次左右两侧依次布局"像主杨仵女"、"像主杨景祥"。其余三面按左上、右下、尊前、卑后原则依次布局邑主、都化主、化主、邑谓、维那、典坐、典录、邑正、治律、香火、邑子等人，显示的尊卑序列十分清晰严整。

［文献］［日］松原三郎《中国佛教雕刻史论》，胡国强主编《故事收藏：你应该知道的 200 件曲阳造像》，金申《中国历代纪年佛像图典》、《海外及港台藏历代佛像珍品纪年图鉴》，罗宏才《中国佛道造像碑研究——以关中地区为考察中心》，温玉成《中国佛教与考古》，张秀生等《中国河北正定文物精华》，梁披云主编《中国书法大辞典》，胡文和《中国道教石刻艺术史》，李凇《长安艺术与宗教文明》、《陕西古代佛教美术》，雷玉华《成都地区南朝佛教造像研究》（成都文物考古研究所《成都考古研究》），［美］王静芬《中国石碑》，山西省博物馆编《山西石雕艺术》，刘兴珍等《中国古代雕塑图典》，朱捷元等《陕西长安和耀县发现的波斯萨珊朝银币》（《考古》1974 年第 2 期）。

公元 563 年　北齐河清二年　北周保定三年

［提示］　北齐河清二年二月十日，河北《白石僧想造弥勒佛坐像》。三月十七日，河南《道凭法师双石塔》。四月，山东《赵继伯造像》。八月，《梁罢村缯□合辛邑子七十人造像》。河清二年，安徽《上官僧度等造像碑》。北周保定三年六月，陕西《田元族造像碑》。六月，《诸邑子造佛碑像》。北周保定三年，甘肃《权道奴造像碑》、李充信凿麦积山第四窟，庾信撰《秦州天水郡麦积崖佛龛铭并序》。

［叙录］ 北齐、北周时代，南方的石刻少有建树，已难见到南朝石刻的身影。北齐河清二年二月十日，河北刻立的《白石僧想造弥勒佛坐像》，河北曲阳县出土，现藏于北京故宫博物院。胡国强著录，像残高25.5厘米。佛圆形头，肉髻低平。身披双层袈裟，上衣覆肩，袒右式，中衣为圆垂领式，双阴刻衣纹。善跏趺坐，双足踏二莲台，基座后左两面刻发愿文。

三月十七日刻立《道凭法师双石塔》。道凭是东魏和北齐时邺都宝山寺（即今灵泉寺）著名法师（大论师），唐释道宣《续高僧传》中有载。据河南省古代建筑保护研究所记载，道凭法师的双石塔，位于河南灵泉寺基址西侧台地上。两塔南向，相距3米多，整体造型上大体相同，系单层石造墓塔，由基台、塔身和塔顶三部分组成，通高146厘米。西塔在门楣与檐部之间的壁面，镌刻有“道凭法师烧身塔，大齐河清二年三月十七日”的楷书铭文。表明该塔系当时宝山寺道凭法师墓塔。塔心室亦为正方形，内无造像，壁面亦无雕饰。塔顶整体外形略呈覆钵状，雕刻华丽。四面皆浮雕卷叶状纹饰，其每面正中雕一圆形宝珠状物。塔顶之上雕斗形基座，其上雕相轮三层，最顶端刻宝珠。全塔造型稳固而美观，尤以中部塔身呈束腰状，更使塔在造型艺术上别具一格。

四月，山东临朐的《赵继伯造像》，残高17厘米。张总等记载，这是一尊青绿色滑石质地的背光式高浮雕单尊菩萨立像，造像舟形上端及下部插榫已残失。像头、肩部亦残缺。佛像平胸、腹微凸、躯体修长，着袒右式紧身佛衣，佛衣平展无衣纹。左手上举提肘平抬，手残损；右手自然下垂，手轻抚佛衣，手背残损，跣足立于莲台之上。造像背光背面刻有铭文，题铭中“□清二年”的年号当为“河清”。字体端庄俊秀，为由北朝向隋唐过渡的正楷书体。北朝时期特别是东魏北齐时期，在雕塑艺术上追求形体美、线条美，注重人体的写实与艺术的加工，简刻衣纹或不刻衣纹，仅在衣服边缘处刻出一点衣服的曲边象征佛衣，加之薄衣透体，若没有一点衣服下端的曲边，甚至不会认为有衣饰的存在。尤其在北齐时期，背光式造像在造像中所占比例减少，圆雕佛像、菩萨像又绝大多数不带铭文，因此对这种几乎无任何衣纹的造像出现的年代，或认为北齐早期，或认为中期甚至晚期，该像具有纪年铭刻铭，说明至迟在河清二年已出现了无任何衣纹，仅在佛衣下部边缘有一点曲边的造像形式。

八月的《梁罢村缯□合辛邑子七十人造像记》，梁披云著录，有正书造像题记17行，行6字，背侧各像旁皆有题名，石今在法国。北齐河清二年安徽的石灰岩质《上官僧度等造像碑》（图93），据韩自强载，此像碑在安徽西北部亳县宋代咸平寺塔下出土，现藏于安徽省博物院，像碑原高200厘米、宽54.5厘米、厚28厘米。王静芬分析说，安徽亳县地邻河南，在6世纪下半叶为北齐领地的一部分。近年在宋代八角形砖塔的地基下所发现的11块北齐造像碑，大多已成碎片，一种解释是它们在577年北周灭佛时被毁，当时北周已经吞并了北齐的许多领土。有些造像碑的铭文显示，咸平寺在北齐时期称为建崇寺。造像碑损毁的碎片没有被丢掉，而是被存放在后来修建的塔基之下，这显示了佛教的某种惯例。在塔下保存这些造像碑的碎片，反映了佛教的信仰，即这些造像碑以及它们上面刊刻的神圣的佛像，即使它们不再被使用，也还保留着某些精神价值，因而它们被作为遗物来对待。《上官僧度等造像碑》是这群碑中保存最好和最为壮观的石碑之一，可惜高大的石碑断裂为两段。石碑的下部刻画佛陀说法会的场景；庄严的释迦牟尼佛坐于中间，其眷属则被安排成两层。八身坐姿弟子（罗汉）位于上层。下层是成对的菩萨、辟支佛，中亚武士在龛外边缘，化生示现于莲花之中。底部框内表现了辟支佛以香火供养，两侧是狮子和力士。佛龛上面描绘文殊与维摩诘的辩难。在雕刻方面，人物形象呈柱形，属典型的北齐风格，但是衣物的处理方式则较为平面、僵直、富有棱角。人像硕大的头部和拉长的身躯是随之而来隋代风格的先兆。

北周保定三年六月，陕西刻立的《田元族造像碑》，为石灰岩质的佛教造像碑。20世纪20年代初

图 93　上官僧度等造像碑　北齐河清二年(563)　安徽省博物院藏

期出土于耀县(今陕西铜川市耀州区)稠桑乡西墙村,1971年迁至耀县药王山碑林。罗宏才著录,像碑为四面体柱状体,顶座已佚,正视梯形,上下有榫。四面造像,正面最上两角各一小龛,内造像一尊。下有一大龛,内造一佛二菩萨二弟子。右侧面下部有发愿文,记田元族等祈福造像事。四面龛下有经变故事图,已漫漶。20世纪80年代末与该碑同属一个出土地的建德五年(576)《荔非郎虎任安保六十人等造像碑》题名亦有田姓,二者之间当有血缘联系。同月所造之石灰岩质《诸邑子造佛碑像》,像高42厘米,金申著录,现藏日本大阪市立美术馆。甘肃的《权道奴造像碑》刻于北周保定三年,张宝玺、罗宏才、唐晓军著录。像碑高82厘米,螭首、长方形碑额,额内刻"伏富寺"三字。身首合体,无榫卯,座佚。碑阳为发愿文并供养人题名,碑阴额部开一龛造像,龛下有车、马、供养人图像与题名。原在甘肃省秦安县伏富寺,1965年移入甘肃省博物馆。

是年,李充信凿麦积山第四窟,庾信撰《秦州天水郡麦积崖佛龛铭并序》(载《庾子山集》)。北周保定三年,时任秦州大都督的李允信,为亡父在麦积山石窟造七佛龛,并请庾信作序并纪铭。七佛龛即今麦积山第四窟。温玉成分析此事说,一代大文学家庾信(513—581)长期聘于西魏及北周,并于563年为秦州大都督李允信写了一篇有名的序,勒于麦积山。此铭刻宋代犹存,后不知毁于何时(郑樵《通志》有载)。庾信文中,首序麦积山之奇境,次言最早之佛龛,后叙李允信为亡父造七佛龛。最早造佛龛的,是从远处而来的高僧度杯,所谓"飞锡遥来,度杯远至"即此义。度杯又写作杯度,见于《高僧传》等,杯度可能是河北冀州人,自冀州南下时,曾在黄河北岸寄住一居士家中。临行,窃走主人家金质佛像一尊,主人发觉后追赶,及至孟津北边的黄河岸边时,杯度已"浮木杯于水,凭之渡河,无假风棹,轻疾如飞,俄尔度岸"。以此而得"度杯"(或"杯度")绰号,真实法名,反未留下。《高僧传》说他"年四十许"到了建康(今江苏南京市),此后经历,述之颇详。杯度造佛龛之事,只能在他40岁以前。推测于孟津渡河后,当至洛阳,再西上长安、秦州。造像的内容,有"灯王"及"花首"。《维摩诘经》称,东方世界有佛,"名须弥灯王"。花首者,菩萨作莲花合掌,罗什译有《华首经》十卷。石窟中还有书写的经文,即庾信"乃作铭曰"中的"壁累经文,龛重佛影"。要言之,皆大乘典籍。造像的风格,则云"冀州余俗,河西旧风",所谓"冀州余俗",就是杯度从家乡带来的,应该是以浮图澄为代表的后赵佛教美术作风;而"河西旧风",应指长安、秦州的本地风格。

项一峰还重点对此窟七佛龛内顶部"薄肉塑"壁画进行分析,其中"沥粉塑"壁画是至今不为人所知的壁画。初步识读出每龛四方壁画中,多有麦积山石窟中其他窟内从未有的新题材,及组合经变的内容思想,如卢舍那、释迦、阿弥陀、弥勒佛的组合,《观佛三昧海经》禅法观像等。为研究麦积山石窟佛教造像(壁画)和秦地佛教传播情况,以及研究北方石窟寺,乃至中国石窟寺之间佛教造像(壁画)的互为影响,亦是难得珍贵的实物资料。

金维诺认为,李充信建成七佛龛,时为大都督,当在宇文广逝世的天和五年(570)前后。庾信自江陵入蜀,可能亦在此时经麦积山去长安,故能在此题铭。五代时的《玉堂闲话》亦称:"有庾信铭记刊于岩中",麦积山的七佛阁即由此而著名。但麦积山七佛阁不止一个,究竟哪一个是李充信所建,尚是问题。被人称为七佛阁的有上、中、下三个,所谓下七佛阁,实际上是三个相邻而不同时期的窟组合在一起。中七佛阁,经过明、清重修,原来面目不清。上七佛阁具有早期的艺术风格,规模宏伟,一般都认为是大都督李充信所建。

[文献] 北周庾信《庾子山集》卷一二,唐释道宣《续高僧传》卷八,宋郑樵《通志》卷七三,胡国强主编《故事收藏:你应该知道的200件曲阳造像》,河南省古代建筑保护研究所《宝山灵泉寺》,张总等《临朐佛教造像艺术》,梁披云主编《中国书法大辞典》,韩自强《安徽亳县咸平寺发现北齐石刻造像碑》(《文物》1980年第9期),[美]王静芬《中国石碑》,罗宏

才《中国佛道造像碑研究——以关中地区为考察中心》，金申《中国历代纪年佛像图典》，张宝玺《甘肃佛教石刻造像》，唐晓军《甘肃古代石刻艺术》，温玉成《中国佛教与考古》，金维诺《中国古代佛雕：佛造像样式与风格》，项一峰《麦积山石窟第四窟七佛龛壁画初探》（麦积山石窟艺术研究所《石窟寺研究》第一辑）。

公元564年　北齐河清三年　北周保定四年

［提示］　北齐河清三年四月九日，河北《白石法整造菩萨立像》。四月十二日，《邑义册人等造佛碑像》。十一月二十日，河北《白石法练造双思惟菩萨像》。河清三年，山西《四面千佛造像碑》、《石造菩萨三尊像》、山东《沙丘碑》。北周保定四年二月十四日，《王文超造像碑》（圣母寺造像碑）。五月八日，《郭贤造像》。六月，《姚道珍造老君像记》。八月二十八日，陕西《许多谨造三尊龛道像石》。

［叙录］　河北曲阳不断出现于北齐石刻造像的叙述中。北齐河清三年四月九日的《白石法整造菩萨立像》和十一月二十日的《白石法练造双思惟菩萨像》，都出自此地，现藏于故宫博物院，胡国强有著录。法整造像残高33.5厘米，主尊菩萨头戴花蔓冠，身披结纽式帔帛，佩戴“X”形璎珞。右手上举持莲蕾，左手下垂提桃形玉环。左右胁侍弟子立圆形莲座上，台座后左两面刻发愿文。法练造像残高33厘米，二菩萨一头残，一头戴方形三叶冠。身体姿势相同，左右对称，裙摆下角外侈。龙树背屏，双龙缠树蹲坐，尾巴卷曲，细节清晰，两侧立胁侍菩萨。基座前面分为三层：下层雕童子托博山炉、护法狮和力士像；上层为二弟子面对香炉跪拜。左右两面各开三龛，呈品字形，内雕坐禅弟子，后面刻发愿文。

河清三年四月十二日的《邑义册人等造佛碑像》，石灰岩质，像高125厘米、宽64厘米，金申著录，现藏于美国弗利尔美术馆。又据交城县档案局载，新中国成立后，政府先后数次拨款，对交城县玄中寺院进行大规模的修建，收集、整理了寺院中的历代文物。目前，寺中保存着历代石刻造像、碑记40多件，中有北齐河清三年《四面千佛造像碑》。刻造于同年的《石造菩萨三尊像》（图94），金申著录，为石灰岩加彩造像，高230厘米，现藏于日本京都藤井有邻馆。

北齐时，山东亦为石造造像重地。1993年，在山东兖州城东南泗河出土一件残碑《沙丘碑》，高38厘米、长141厘米，全称《北齐沙丘城造像残碑》，现藏兖州市博物馆。沙丘碑上刻有造像题记，知此碑刻于河清三年的沙丘东城之内，沙丘城即兖州城。此碑的发现，被认为是后来李白移家山东家居兖州的铁证，李白在《沙丘城下寄杜甫》诗中写道：“我来竟何事，高卧沙丘城。”此碑书法为正书，书风俊朗，《书法》杂志曾按原大全文刊出。

北周保定四年二月十四日所刻的佛教《王文超造像碑》，张宝玺、唐晓军均有著录，现藏甘肃省博物馆。像碑高96厘米，秦安县任吴乡出土，碑首为四蟠龙，阳面碑额处刻“还缘寺”三字，下面开一内拱外方式大龛，内刻一佛二弟子。大龛两侧各开一小龛，龛内各雕一坐佛。碑阴上部也开一大拱形龛，内雕一佛二弟子，大龛两侧也各开一小龛，左龛为屋形龛，内雕戴冠倚坐的维摩诘，手持羽扇作辩论状；右龛为帐形龛，内雕文殊。碑两面及左右侧均刻发愿文，有“保定四年二月庚寅朔十四日”纪年和供养人王文超的题名。而罗宏才又著录一件称为《圣母寺造像碑》的石刻作品，也刻于同一天，造像铭文中也有王文超妻吕阿□等“造浮图三劫并铭一所”等，碑阳额中辟一大龛，内一佛二菩萨，龛下两侧各一小龛，内各有坐佛一尊。但是罗宏才说这件像碑原在陕西蒲城县东北29里的雷村圣母寺，后入藏蒲城县博物馆。这两块碑应该是同一块碑，是否属实，尚待进一步考察。

北周保定四年五月八日的《郭贤造像》，全称《昌乐县开国公郭贤造释迦佛像》，黄花石质，高41厘米，金申著录，现藏日本正木美术馆。其造像题记正书，刻于像石四面刻。梁披云说，石曾归潍县陈介祺。《姚道珍造老君像记》刻于北周保定四年六月，据《海外贞珉录》载，现藏于美国波士顿博物馆。八月二十八日的《许多谨造三尊龛道像石》，黄花石质，顶部略呈拱形，胡文和载，松原三郎曾著录，石高46.72厘米，现藏于美国芝加哥自然史博物馆。李凇调查，知其馆藏编号为121452，主像坐于束腰座上，头戴道冠，衣裾垂覆座下，左右二侍者立于莲花座。下层中央为香炉，左右各一蹲狮。

［文献］ 清罗振玉《海外贞珉录》，［日］松原三郎《中国佛教雕刻史论》，胡国强主编《故事收藏：你应该知道的200件曲阳造像》，金申《中国历代纪年佛像图典》、《海外及港台藏历代佛像珍品纪年图鉴》，罗宏才《中国佛道造像碑研究——以关中地区为考察中心》，胡文和《中国道教石刻艺术史》，交城县档案局《玄中寺》(《山西档案》1994年第2期)，梁披云主编《中国书法大辞典》，张宝玺《甘肃佛教石刻造像》，唐晓军《甘肃古代石刻艺术》。

公元565年　北齐河清四年　北齐天统元年　北周保定五年

［提示］ 北齐河清四年正月二十八日，河北《白石霍黑造双佛坐像》。二月八日，河北《思惟菩萨并坐像》。三月四日，山东《朱昙思等造塔铭》。三月，《王惠显廿人等造像》。四月，河南《玄极寺碑》。北齐河清年间，《姜与绍造像》。北齐天统元年五月，山东《天柱山铭》。七月，山东《吴莲花造像》。九月八日，河南《姜纂造道教老君像石》。是年，开凿南响堂山，郑述祖卒。北周保定五年四月八日，陕西《王忻造像碑》。九月七日，《王永建造佛立像》。保定五年，河南《洛宁县造像碑》(释迦千佛碑)、陕西《周家堡造像碑》。保定年间，四川阿育王像、陕西《刘男俗造像碑》，北周风格之变。

［叙录］ 公元565年这一年，北齐的石刻艺术活动比北周更活跃一些。首先登场的还是来自河北曲阳的《白石霍黑造双佛坐像》，此像刻造于北齐河清四年正月二十八日，现藏北京故宫博物院。胡国强著录，像残高28.5厘米。双佛均右手施无畏印，左手置于腿上，披袈裟，结跏趺坐。二胁侍弟子左侧大部分已经残缺。基座前雕刻博山炉、弟子和护法狮，背面刻发愿文。刻成于河清四年二月八日的《思惟菩萨并坐像》，全称《诸刘村邑人刘氏等敬造白玉像》，现藏美国华盛顿弗利尔美术馆。白色大理石质，亦当来自河北曲阳地区，像高95.4厘米。金申说树下二思惟菩萨并坐较为少见。北齐二佛、二菩萨并立或并坐造像极常见，似不一定非拘泥于经典依据，当是此期河北地方信者喜爱之形式。李玉珉指出，河北出土的佛雕多为白色大理石，色泽温润洁白，部分像上尚余彩绘残痕，显示这些河北作品原来应该色彩斑斓。北魏时，河北即开始半跏思惟菩萨像的制作。东魏、北齐时，这个题材在河北愈加流行。更引人注意的是，北齐时，河北又出现了双尊的组合，此件双半跏思惟菩萨像即为一例。两尊半跏思惟像脸作椭圆形，神情温和。装饰简朴，除了低平的头冠外，不佩任何瓔珞。上身前倾，腰肢纤细。衣纹处理简括，仅以阴刻双线表示。主尊两侧双树交缠，枝叶交接于上，成树形背光。飞天手持璎珞，翔回其间，龛顶正中为一宝塔，两侧尚有二龙拱护，布局复杂。这种雕制精美的透雕树形背光，在河北以外的地区甚少发现，极具地方特色。

北齐河清四年三月四日山东刻立的《朱昙思等造塔铭》，又称《朱昙思等一百人造塔记》，此文严可均曾著录于《全北齐文》，中有：大齐河清四年岁次乙酉三月癸未朔四日丙戌，慈风未鼓，品类同昏。邑主朱昙思、朱僧利一百人等，于村之前，兆其胜地，绵基细柳，白虎游南，敬造宝塔一躯。塔铭正书15行，行14—16字不等。另有题名。梁披云说，石在山东博兴。乾隆末，桂馥访得后移至龙华寺。后归高宛张敏生、江苏姚鹏图。

梁披云还著录了数件这年的石刻作品：三月的《王惠显廿人等造像》，曾归长白端方，有正书题记，13行，行5字。四月刻《玄极寺碑》，亦称《玄极寺慧据法师造像颂》，题记正书，石在河南辉县西35公里白鹿山。《姜与绍造像》具体刻造时间不详，只知刻于北齐河清年间(562—565)，四面刻正书题记。

图 94 石造菩萨三尊像局部 北齐河清三年(564) 日本京都藤井有邻馆藏

正面刻文，阴面下刻姓氏三列，列15行：一侧刻姓氏3行，一侧刻5字。1931年发现后，运至上海，仅揭十余份，即流出海外。

是年，北齐由河清改元天统。天统元年五月的山东平度县天柱山摩崖石刻《天柱山铭》，为北齐大书家郑述祖书。隶书29行，行23字，字径一寸六分，额隶书"天柱山铭"这是郑述祖一生中最后留下的绝笔，不久即离世。郑述祖卒于天统元年，我们前面已经说起过郑道昭和郑述祖父子，他们均是北朝著名的石刻书法家。郑述祖字恭文，河南荥阳人，北齐文宣帝天保年间，累迁太子少师，仪同三司，兖州刺史，迁光州刺史。在云峰摩崖刻石群中，大部分为郑道昭书，亦有郑述祖所书者，如河清三年(564)刻于山东掖县云峰山东的《重登云峰山记》等。清杨守敬在《激素飞清阁评碑记》评述祖书法说：其笔法不类汉人而笔意绝佳，以其意作楷书尤妙，褚河南、鲁颜公皆此法。

天统元年七月山东刻立的《吴莲花造像》，亦称《法义优婆姨等造娑罗像》。其造像记正书24行，行8字。下题名二列：上列22行，下列16行。山东潍县(今山东潍坊市)东南乡泉河头庄出土，曾归潍县陈介祺。

天统元年九月八日的《姜纂造道教老君像石》，胡文和载，该石像原出土于河南偃师董家村，后流失到日本。有发愿文，其刻书法精整干净，有人认为唐代大、小欧阳的书风与此石相近。

天统元年，开凿南响堂山(滏山石窟)。李玉珉载，南响堂山石窟距北响堂山石窟约15公里，分上下两层，共七所，两窟在下层，五窟在上层。1986年在第二窟门外发现一通隋代的《滏山石窟寺之碑》，确定南响堂山石窟又称"滏山石窟"，是灵化寺慧义于天统元年所建，草创之际，大丞相淮阴王高阿那肱还曾舍财赞助，北周武帝东并(577)之前，南响堂山石窟才刚刚完成。费泳说，南响堂的开凿，还得到北齐后主高纬的资助，并在周武帝建德六年东并北齐时，遭到损毁。小响堂西窟中有武平五年(574)造像，并有"昭玄大统定禅师供养佛"题铭，此供养人与南响堂第二窟铭文"定禅师敬造六十佛"中的禅师应为同一人，小响堂的开凿时间或与南响堂相去不远。

北周的石刻因地理原因，主要以石灰岩、砂岩石为雕刻材料，有少量的黄花石作品。

北周保定五年四月八日的《王忻造像碑》即为石灰岩质的佛教造像碑，罗宏才著录为扁平四面体，顶佚，身座尚存，正视呈梯形，高75厘米、宽34厘米、厚17厘米。四面造像，正面四龛，上一大龛，内一佛二菩萨，下并列三龛，内各坐佛一尊，似为西方三圣。耀县芦家塬出土，1981年迁至耀县药王山碑林。背面为后人磨去以作他用，存三面。碑座亦四面刻，漫漶较为严重。

保定五年九月七日的《王永建造佛立像》则为砂岩质地，像高58.6厘米，现藏于日本大阪市立美术馆。金申认为北周的佛碑多粗犷简朴，不及北齐佛碑精美细腻，此即其例。但刘兴珍描述说，观音头戴宝冠，缯带从两肩下垂，佩桃形项饰，帔帛贴于体侧。右手持莲花，左手持香囊，站立于覆莲座上。两侧为菩萨，下部为供养人。整体雕刻层次丰富，刀法流畅。

刻造于保定五年的河南石灰石《洛宁县造像碑》，又名《释迦千佛碑》或《兄弟三人造像碑》，出土于河南洛宁县牛曲村千佛寺，现藏河南省博物馆。据徐蕊、李雪曼等载，碑高259厘米、宽73.4厘米、厚19.5厘米，由碑首、碑身和莲花座三部分组成，并有卯榫相连接。王静芬说，此碑有屋顶形碑首，也有着和笈多雕刻传统相联系的流畅的莲花雕刻。柱状形人像以及衣饰的褶皱虽简朴，但其处理方式富有线性和节奏感，和少林寺碑所见风格相似。

保定五年陕西刻立的《周家堡造像碑》亦为石灰岩质的佛教造像碑，罗宏才著录，四面体柱状，顶、座已佚，高104厘米、宽39厘米、厚27厘米。四面造像，每面开龛。正、背龛内造像三尊；左、右侧面龛内雕坐佛一尊。右侧龛下有发愿文，漫漶难辨。碑在陕西富平县南社乡南社行政村周家堡自然村内。

北周保定年间(561—565)，前文提及，四川成都万佛寺曾出土一批南朝石刻。由于北周时代，成都属于北周管辖，因此也出土了几件刻于北周保定年间的石刻，其间有保定二年至五年的阿育王造像（益州抚绾柱国赵国公招造），现藏四川省博物馆。刘兴珍载，阿育王是公元前 3 世纪印度摩揭陀孔雀王朝国王，曾大力弘扬佛法。阿育王造像甚为少见，成都此阿育王像面相、螺发和衣饰皆仿释迦佛雕造，略颔首，面带微笑，衣纹呈 U 形隆起，显然受到笈多王朝马土腊地区佛像雕刻风格影响，与北周流行的肢体短粗、厚重的佛像有明显不同。

另一件刻造于保定年间陕西的道教《刘男俗造像碑》，李淞称原出处不详，1949 年前藏耀县文正书院，现藏于陕西铜川市耀州区药王山博物馆。长方形，像碑高 75 厘米、宽 30 厘米、厚 12 厘米。四面造像，正面上部开一龛，内有道像三尊，坐像头戴道冠，身着对领道袍，右手执扇，左手扶三足凭几，坐于方座。左右各一立侍，跣足。龛楣为花瓣状火焰纹，上有六身道像，露半身。龛外左右各一线刻道像，头戴莲花道冠。下有香炉和二狮。以下有供养人像一层，分别是像主刘男俗、亡夫李回生及回女、回妹。碑阴略同前，上部开一龛，内有道像三尊，坐像头戴道冠，双手合于袖中，坐于方台。左右立侍亦合手于袖。龛下香炉双狮如前，供养人为两层，两侧上部亦各开一龛，皆造坐像一尊，头戴道冠，长须，双手执笏于胸前，坐于方座。龛下为香炉。右侧中部又有线刻三尊道像，下为供养人。左侧中间亦有线刻二坐像，下部原有发愿文，已残，仅剩右上角三行之首，有“保定”等字，由此似可认为造于保定年间，从风格上看亦相符合。三足凭几的出现不见于北周以前的道教造像，后在隋唐流行，此碑可能为最早者。

北周风格之变。罗宏才指出，北周保定以后，随着北周武装势力不断东进南下，北齐与南朝陈所在地普遍流行的细腻绵密的新佛教绘画图样（粉本）随即传入关中，使得关中地区造像碑图像风格为之一变。《历代名画记》载：曹创佛事画，佛有曹家样、张家样及吴家样。从现存关中地区北周保定以后造像碑风格观察，其所据粉本可能当与《历代名画记》所载画样有密切关系，关于绘画图样（粉本）问题，参见姜伯勤相关论述。示例如耀县药王山碑林藏保定元年(561)《辅兰德造像碑》、保定二年(562)《李昙信造像碑》、华盛顿弗利尔美术馆藏北周建德元年(572)《李元海造元始天尊造像碑》等。

［文献］ 唐张彦远《历代名画记》卷二，清严可均《全北齐文》卷九，清端方《匋斋藏石记》卷一二，清杨守敬《激素飞清阁评碑记》，胡国强主编《故事收藏：你应该知道的 200 件曲阳造像》，金申《中国历代纪年佛像图典》、《海外及港台藏历代佛像珍品纪年图鉴》，李玉珉《中国佛教美术史》，梁披云主编《中国书法大辞典》，胡文和《中国道教石刻艺术史》，罗宏才《中国佛道造像碑研究——以关中地区为考察中心》，费泳《汉唐佛教造像艺术史》，刘兴珍等《中国古代雕塑图典》，［美］王静芬《中国石碑》，徐蕊《洛宁县北周兄弟三人造像碑》(《中原文物》2004 年第 1 期)，李雪曼编《中国五千年》，李淞《长安艺术与宗教文明》，姜伯勤《敦煌艺术宗教与礼乐文明》。

公元 566 年　北齐天统二年　北周天和元年　南陈天康元年

［提示］ 北齐天统二年四月八日，河北《白石静藏造释迦佛坐像》。四月二十日，河北《白石高市庆造双思惟菩萨像》。八月一日，河北《白石刘元景夫妻造双菩萨立像》。九月十五日，河北《王永业造立佛像》。北周天和元年四月八日，《比丘智□造菩萨立像》。七月，《追远寺权彦等造像》。北周天和元年，王褒作《上庸公陆腾勒公碑》，《都邑主昨和拔祖合邑一百廿八人等共造释迦造像碑》。南陈天康元年，文帝陈蒨永宁陵神道石刻。

［叙录］ 本年北齐的石刻造像，全由河北曲阳唱主角。一共有四件，三件现藏北京故宫博物院，一件现藏于首都博物馆。故宫所藏，均为胡国强所著录：北齐天统二年四月八日的《白石静藏造释迦佛坐像》、四月二十日的《白石高市庆造双思惟菩萨像》、

八月一日的《白石刘元景夫妻造双菩萨立像》。静藏造像残高23厘米，佛头部残缺，身披袒右式袈裟，结跏趺坐束腰圆座上，袈裟下摆呈二弧形平铺座上。胁侍弟子身披袈裟，双手捧物立莲台上。长方形基座前雕刻二童子托博山炉、护法狮和力士像，护法狮跪卧在方形托板上，力士脚踏岩石，基座背面刻发愿文。高市庆造像残高36.3厘米，二菩萨头戴三叶花蔓冠，脸庞丰满圆润，五官生动写实。上身裸露，佩戴珍珠项饰。此像打磨精细，胸肌饱满，腰向内收，线条简洁流畅。基座正面雕刻博山炉，二莲斜出炉侧。上坐童子，一手上举护持炉盖，两侧为护法狮和力士像，后面刻发愿文。《白石刘元景夫妻造双菩萨立像》残高23厘米，一菩萨头戴三叶花蔓冠，另一菩萨头部残缺，身披结纽式帔帛，下着长裙，衣纹刻双阴线。均内手持莲蕾，外手握玉环，立圆形莲座上。光素背屏，背面雕半圆形插屏座。长方形基座前浮雕博山炉、弟子和力士像，基座背面刻发愿文。首都博物馆所藏者为天统二年九月十五日刻造的《王永业造立佛像》，金申著录为大理石，高29厘米。并未注明出土地，我认为还是曲阳白石系作品。

北周天和元年四月八日的《比丘智□造菩萨立像》，黄花石质，高44.3厘米，现藏日本书道博物馆。金申觉得此像腿短体粗，是典型的北周造像风格。璎珞渐下垂，几至于膝部，此风延至隋。七月之《追远寺权彦等造像》，有正书造像记，梁披云著录说，额书“追远寺”三字。有方界格。12行，行20字。阴题名二列，列12行。

北周天和元年，王褒作《上庸公陆腾勒公碑》，碑文见于《艺文类聚》。《周书》(武帝纪上)载：天和元年九月，信州蛮冉令贤、向五子王反，诏开府陆腾讨平之。平定之后，大作家王褒为作此碑。

天和元年所刻之《都邑主昨和拔祖合邑一百廿八人等共造释迦造像碑》，据马长寿载，此像碑有记，中有：既舍家资，及事子之分。于尧山之乡，圹川之里，左挟同开，右临白径，采石修愿，远召名匠。竖兹释伽像一区。

南陈文帝天康元年，文帝陈蒨永宁陵神道石刻。永宁陵位于南京市栖霞区栖霞镇新合村狮子冲，陵南向，现存石麒麟一对，均为公兽，东西相对，间距25.84米。据徐湖平载，东兽双角，身长311厘米、高300厘米；西兽独角，身长319厘米、高302厘米（图95）。两兽昂首挺胸，瞠目张口，下颏须髯分五缕飘洒胸前；两翼微翘，作七根翎毛状，左腿前迈，振爪欲攫；全身雕饰如蕙草，极为绚美。陈蒨（527—566）字子华，吴兴长城人。武帝侄。入陈，封临川王，武帝死，即位。与北周、后梁争巴、湘，周军多病死，弃地北撤，陈始全有江南。在位七年，谥文帝，庙号世祖。

［文献］　唐欧阳询《艺文类聚》卷二五，唐令狐德棻《周书》卷五，胡国强主编《故事收藏：你应该知道的200件曲阳造像》，金申《中国历代纪年佛像图典》，梁披云主编《中国书法大辞典》，马长寿《碑铭所见前秦至隋初的关中部族》，徐湖平主编《南朝陵墓雕刻艺术》。

公元567年　北齐天统三年　北周天和二年

［提示］　北齐天统三年正月八日，河北《白石邸昌族造菩萨立像》。三月，陕西《韩永义等造七佛宝龛碑》。五月二十三日，河北《白石李兴祖造观音菩萨立像》。五月，《张静儒造像》。十一月二日，河北《白石邸哙妃造双思惟菩萨像》。是年，《齐镇国大铭像碑》。《大都邑主宋买廿二人等造天宫石像》。北周天和二年正月二十二日，陕西《马众庶造像碑》。三月二十四日，《杜崇□为杜世敬李要贵等造老君坐像石》。六月十九日，陕西《老君玉石像》。六月十□，甘肃《清水北周鲁恭姬造像碑》。十月，陕西《西岳华山庙碑》。是年，陕西《西安冉家村造观世音像一区》，四川《万佛寺造菩萨像残躯》、《牵狮人像》。成都对青州的影响，卫元嵩上书请省寺减僧。

［叙录］　北齐天统三年正月八日的《白石邸昌族造菩萨立像》，河北曲阳刻造，现藏于故宫博物院，

图 95 陈文帝永宁陵双角麒麟 南陈天康元年(566) 江苏南京

胡国强著录。像残高 25.4 厘米，菩萨头戴花蔓冠，身披结纽式帔帛。右手上举持莲蕾，左手下垂提桃形玉环。背屏背面雕屋形插座，基座右后两面刻发愿文。

天统三年三月陕西刻立的《韩永义等造七佛宝龛碑》，洛阳平等寺出土。据梁披云说，此石原在河南偃师城西义井铺北，后流往国外，现藏于何国不详。值得注意的是，此造像出现了那罗延神王(Narayana)和迦毗罗神王(Kapila)二神王的名称和图像。李献奇载，该碑中的二神王形似菩萨，披天衣、戴项饰、佩臂钏、结跏趺坐。李淞指出，相似图像更早见于龙门石窟著名的北魏洞窟宾阳中洞，该窟门道两边各刻一护法神像，南侧形象为三头四臂，手持三叉戟和长剑，两侧有披帛，胸部及腹部有人面，膝盖有象首，肩头有兽首含臂，跣足，下有药叉托足。北侧神王大致相似，但残损严重，可看出握有金刚杵、三叉戟和箭。此二尊像被认为是梵天与帝释天(龙门文物保管所等)。宾阳中洞门道的这两尊护法神王像的直接来源，应是云冈石窟中期的三对双窟(第5、6、7、8、9、10窟)的形制。实际上，云冈石窟护法像、宾阳中洞北魏神王、安阳宝山大住圣窟神王、铜川市耀州区隋代石函四天王像，这几者可看作是一个连续的图像链。

五月二十三日的《白石李兴祖造观音菩萨立像》和十一月二日的《白石邸啥妃造双思惟菩萨像》亦为曲阳所刻，现均藏于故宫博物院，胡国强著录。李兴祖造像残高22厘米，菩萨头戴三叶宝冠，长方脸，下颌丰满圆润，含胸鼓腹。帔帛从身体两侧垂至膝下，上转缠臂再下垂至莲座，基座右后左三面刻发愿文。邸啥妃造像残高40.5厘米，主尊菩萨头戴花蔓冠，昂首含胸，半跏趺坐，左右对称。衣褶极简，腿部有双钩阴线，裙边刻一条单线。菩提树背屏前接抱厦佛龛，胁侍菩萨帔帛在腹前结纽，帔帛顺体侧垂下。基座前刻童子托博山炉、护法狮和力士像，后面刻发愿文。

梁披云著录一件名为《张静儒造像》的作品，刻于北齐天统三年五月，此石为法国巴黎图书馆购去。北齐天统三年的《齐镇国大铭像碑》，欧阳修曾著录，原碑早佚。《大都邑主宋买廿二人等造天宫石像》亦刻于是年，其造像记为清人严可均所著录。

北周天和二年正月二十二日陕西刻造的石灰岩质《马众庶造像碑》，罗宏才著录，为扁平四面体，正视梯形。有榫迹，碑高117厘米、宽44厘米、厚24厘米。四面造像，每面开一龛，正、背面龛各雕一佛二菩萨，左右侧面龛各雕佛像一尊。右侧面下并有发愿文，记像主马众庶"天和二年正月廿二日，为父身故造石像一区"等事。1935年出土于耀县柳林镇柳林寺，1971年迁至耀县药王山碑林。柳林寺为北朝至隋唐名寺，20世纪30年代以来屡发现石刻造像等宗教文物。

三月十四日的砂岩质《杜崇□为杜世敬李要贵等造老君坐像石》，亦称《李要贵等供养天尊坐像》，罗振玉、大村西崖、金申、胡文和等著录，碑高35厘米，现藏日本东京艺术大学。金申认为此道像完全抄袭佛像，除老君蓄须、膝前有一小凭几外，余者全与佛像同。天和二年六月十九日，陕西所刻的《老君玉石像》，现藏华盛顿弗利尔美术馆(The Freer Gallery of Art)。李淞著录为单面造像，长方形。龛内三尊，主尊为老君，蓄长须，左手扶三足凭几，右手举麈尾，头戴道冠，身着道袍。其座较特殊，高腰，中有香炉。左右各一立侍，各举笏。下有二护法狮，背后有铭文。石质为黄玉，即蓝田玉，为蓝田县特产。从造像形制、玉质、铭文所称"老君"看，可能出自西安附近。

六月十□，刻于甘肃的《清水北周鲁恭姬造像碑》，唐晓军载：碑首为圆拱形，正面开尖拱形龛，高浮雕释迦立像，龛侧立二胁侍菩萨。佛扁平肉髻，着通肩大衣，左手胸前托钵，右手与愿印，碑额正中浮雕菩提树，两侧二飞天、二小佛龛。碑阴上部刻坐佛，风化严重，已漫漶不清，碑身刻造像发愿文。

十月，陕西刻立《西岳华山庙碑》。此碑亦称《华岳颂》、《华山神庙碑》，原在陕西华阴县华岳庙，今存西安碑林。碑高396厘米，万钮、于瑾撰，赵文渊隶书。碑额篆书"西岳华山神庙之碑"8字，碑阳隶书25行、行55字。碑阴有唐开元间刘升隶书《华岳精亨碑》，左侧有唐人题名；右侧刻有颜真卿正书《谒金天王祠题记》。书体虽是隶书，间有篆楷之法，滥觞于东汉《夏承碑》，东魏《李仲璇碑》亦如此。天和二年，陕西刻造《西安冉家村造观世音像一区》。1985年9月，西安市大南门外冉家村南的基建工地出土有石佛像和佛座共11件，其地是隋正觉寺的位置。其一为青石观音造像一区，头、手均残缺，残高46厘米，观音上身袒露，身有繁复的璎珞，右手上举平肩，执柳枝，正方形像座刻有"□和二年□月八日，佛弟子李等敬造观世音像一区"。李淞认为，从造像风格看为北周之物，因此定为北周天和二年。

是年，四川成都造《万佛寺造菩萨像残躯》、《牵狮人像》。正如费泳指出的那样，成都地区于公元556年归北周所有。此间造像风格较齐、梁时期有较大变化，形体表现进一步加强，单尊圆雕取代了背屏式造像。以万佛寺北周天和二年菩萨残躯为例，其复杂的串珠式璎珞取代了之前造像中的X形穗状璎珞，风格极具地方特色，为麦积山所不见，菩萨身躯表现清晰，衣薄贴体，衣褶多用仿泥塑贴条技法，相同的表现技法还见北周保定二至五年《阿育王造像》，与之相似的造像在四川，较早见于西安路梁太清五年(551年)《阿育王造像》，可以看出成都为北周占领后，其造像风格是前期造像的延续和发展。1937年，《菩萨残躯》于四川成都万佛寺遗址出土，其上身残，倚坐岩石上，双足踏莲花，周身饰帔帛、璎珞，雕琢精美。腰肢纤细，双腿修长，长裙轻薄透体，质感颇强。根据残存部分分析，似为观世音菩萨倚坐像。北周天和二年的《牵狮人像》，刘兴珍著录。1937年四川成都万佛寺遗址出土，为一舞狮人，头戴胡帽，佩项饰，下着窄裤，手执缰绳，与狮同舞。舞人身材修长，举臂抬足，轻丽活跃，和谐优美。狮子虽已残损，但舞狮人与之呼应顾盼的神情仍不失生趣。舞人的动作带有东南亚地区民族舞蹈的特点，是研究中外交通史和民族学的宝贵资料。上述二像，现均藏四川省博物馆。

费泳注意到北周时期，成都对青州的影响。青州地区东魏后期菩萨造像衣纹趋于简化，常不刻衣纹，帔帛变窄，身体两侧帔帛及裙摆均呈垂直状，璎珞饰物增多。这种极具特色的表现方式当源于南朝成都万佛寺，北周天和二年《菩萨坐像》(残躯)的串珠式璎珞，与诸城北齐时期的菩萨佩饰极其类似，万佛寺的这尊塑像长裙贴体，衣纹是用仿泥塑贴条法表现，相同的技法还见于成都西安路及万佛寺出土的《阿育王造像》，栖霞山造像呈现贴体薄衣及运用仿泥塑贴条技法，出现在晚期。青州地区，这一技法常在东魏、北齐造像中运用，同一技法在南、北两地运用时间相近，并且在璎珞的形式处理上风格也相似，只是万佛寺坐像两侧下垂的裙摆，造型随意、自然，不似青州造像那样刻意，保留了南朝的地方特色。四川和山东两地在相近的时间段里，完成了极为相似的菩萨服饰演化过程，这绝非偶然巧合，说明两地之间存在着密切的宗教文化交流关系。

北周天和二年，卫元嵩上书请省寺减僧。据《隋书》、《周书》、《北史》等史籍记载，卫元嵩在北周时出家还俗，天和二年上书周武帝，请求裁抑佛教。大意是：唐虞无佛图而国安，齐梁有寺舍而祚失。大周启运，远慕唐虞之化，宜遗齐梁之末法。建议北周建造“容贮四海百姓”之平延大寺，不分道俗亲疏，尊耆老之人为上座，选仁智之人充执事，求勇略之人作法师，推三纲以治国，行十善以平乱，寺主如来即周武帝。元嵩认为这样可以扩大佛心，惠及黎庶。卫元嵩实质用意在以儒为先、融合儒佛之意，深合北周武帝之想。武帝试图定三教之序，以儒教为先，道教为次，佛教为后。但有道安、甄鸾等人反对道教，故武帝虽多次召集众臣及僧道讨论三教优劣，最终仍未能决断。

［文献］ 唐魏徵等《隋书》卷三五，唐令狐德棻《周书》卷四七，唐李延寿《北史》卷八九，宋欧阳修《集古录跋尾》卷四，清严可均《全北齐文》卷十，清罗振玉《海外贞珉录》，［日］大村西崖《支那美术史雕塑篇》，胡国强主编《故事收藏：你应该知道的200件曲阳造像》，李献奇《北齐洛阳平等寺造像碑》(《中原文物》1985年第4期)，李凇《长安艺术与宗教文明》、《陕西古代佛教美术》，龙门文物保管所等编《龙门石窟·一》，梁披云主编《中国书法大辞典》，罗宏才《中国佛道造像碑研究——以关中地区为考察中心》，胡文和《中国道教石刻艺术史》，唐晓军《甘肃古代石刻艺术》，金申《中国历代纪年佛像图典》，刘兴珍等《中国古代雕塑图典》，费泳《汉唐佛教造像艺术史》。

公元568年　北齐天统四年　北周天和三年

［提示］ 北齐天统四年正月二十三日，河北《白石张藉生造双菩萨立像》。四月，《法朗造像》。五月七日，河北《白石张僧绍造观世音菩萨立像》。十二月二十九日，河北《白石刘遵伯造弥陀佛坐像》。十二月，《郭轶造像》。是年，河南《张伏惠造像碑》。唐

邕始刻响堂山佛经。北周天和三年,陕西《昭仁寺北留周造像碑》,陕西《小佛龛像》。

[叙录] 河北曲阳石刻再次以实力引人注目。北齐天统四年正月二十三日的《白石张藉生造双菩萨立像》、五月七日的《白石张僧绍造观世音菩萨立像》和十二月二十九日的《白石刘遵伯造弥陀佛坐像》,均出自河北曲阳一地,现藏于北京故宫博物院,胡国强著录。张藉生造像高36.5厘米,二菩萨头戴三叶宝冠,宝缯垂肩,肩挎帔帛,两端从身体两侧下垂。均右手握莲蕾,左手持玉环,立单瓣覆莲圆座上。莲瓣形背屏,顶部浮雕二飞天托博山炉,背面雕桃形插屏座。长方形基座正面雕博山炉和二护法狮,右后两面刻发愿文。张僧绍造像高 22.5 厘米,菩萨头戴三叶冠,圆形脸,衣纹简洁上面残留彩绘。赤足立圆形莲座,莲座低矮上刻单瓣莲,基座三面刻发愿文。刘遵伯造像残高 26.4 厘米,佛圆形脸,肉髻低平,圆形头光。身披圆垂领式双层袈裟,上身刻单线纹,腿部刻双线衣纹。结跏趺坐束腰莲座,裙摆平铺座上。菩提树背屏,双龙缠绕树干。左右二胁侍残缺,只剩双足。基座前雕童子托博山炉、护法狮和力士像。基座一侧面浮雕三个手持长茎莲蕾的供养人,下刻"父始兴母盖迥遵伯",分别表示刘遵伯本人和其父母;另一侧面雕二尼姑和一手捧器皿的供养人,下款"尼昙银昙□妻张□",表现刘遵伯之妻张氏在施舍僧人。基座背面刻发愿文。

梁披云著录两件刻于是年的石刻:一件为四月的《法朗造像》,全称《比丘法朗造像》,有正书造像记16行,行12—15字不等。另一件刻于十二月的《郭铁造像》,造像记正书,两面刻。共19行,行4—5字不等,石曾归长白端方。

天统四年,刻成于河南的名碑《张伏惠造像碑》,出土于襄城县,现藏河南省博物馆。碑为石灰石,高131厘米、宽65厘米、厚9厘米。王静芬说,此碑的营造者除都邑主张伏惠之外,还有张啖鬼和他的同族亲属。此碑碑首平整,六个龛分为三层:上层左边为倚坐弥勒菩萨,右边为思惟菩萨;中层为两尊释迦牟尼像;下层为两尊无量寿佛像。张啖鬼是释迦牟尼像其中一尊的供养人之一。

天统四年,唐邕始刻响堂山佛经。河北省邯郸鼓山的南北响堂山石窟,邻近邺都,不仅是北朝晚期造像最集中也最具代表性的石窟,也是北齐最重要的刻经地点之一。赵超说,在北响堂山石窟第三窟(刻经洞)的内外石壁上刻满隶书大字佛经经文。这是北齐晋昌郡开国公唐邕在天统四年(568年)至武平三年(572年)间陆续刻成的《维摩诘经》、《弥勒成佛经》、《孛经》和《胜鬘经》四部经文。窟旁立有一座《晋昌郡开国公唐邕写经碑》,是唐邕在刻经完工后撰写的纪事碑铭。碑文中说:唐邕皈依佛教后,深深感到用绢帛简策皮纸等来抄写经书都不是长久之计,容易毁坏不存,所以决心用石刻留存下经文,使佛教经义能历经劫难,永远流传——这也正是各地佛教信徒们勒石刻经的共同目的。

西部的北周,是年为天和三年,佛教《昭仁寺北留周造像碑》即刻成于此年。据张燕、赵景普载,碑为砂岩质地,扁平四面体,高65厘米、宽63厘米、厚17厘米。长武县城内昭仁寺出土,现藏于昭仁寺博物馆。李凇还提到一件存于西安碑林博物馆的唐代《小佛龛像》,上有北周天和三年题记。该像龛像侧刻有北周"天和"字样。而这件石刻从风格上来看,是典型的唐代作品。李凇认为,这种字与像不相符的情况(年代不符、性质不符)再次提醒我们不能盲目相信文字的真实性。

[文献] 清端方《匋斋藏石记》卷一二,清罗振玉《海外贞珉录》,胡国强主编《故事收藏:你应该知道的200件曲阳造像》,梁披云主编《中国书法大辞典》,[美]王静芬《中国石碑》,赵超《石刻史话》,张燕、赵景普《陕西省长武县出土一批佛教造像碑》(《文物》1987年第3期),李凇《长安艺术与宗教文明》。

公元569年 北齐天统五年 北周天和四年 南陈太建元年

[提示] 北齐天统五年三月十八日,山西《合邑

二百人等造释迦佛立像》。四月,《潘景辉等七十人造像》。天统五年,河南《张啖鬼卧碑》。北周天和四年三月,周武帝令道俗议三教先后优劣。天和四年,陕西《夏侯纯陀造像碑》、陕西《王迎男造像碑》、宁夏李贤墓及《李贤墓志》。南陈太建元年,《金铜观音立像》。

[叙录] 本年的石刻造像作品,出现比较少见的北周盛于北齐的现象,而此现象的出现是在北周即将面临石刻灭顶之灾的前夜,委实显得有几分吊诡。还是先来看北齐的:三月十八日,刻于山西的石灰岩质的《合邑二百人等造释迦佛立像》,金申著录,像高 232.5 厘米,现藏于美国纳尔逊美术馆,据传原在山西省长子县。四月所刻的《潘景辉等七十人造像》,现藏于中国历史博物馆。有正书造像记,梁披云著录,记 13 行,行 11 字。上像左右题名及年月四处,背题名七列,列 26 行。

北齐天统五年,河南刻造《张啖鬼卧碑》。张啖鬼和他的同族亲属,除天保十年刻《张啖鬼造像碑》外,还参与营造了另外两通佛教造像碑,这两块碑和张啖鬼碑在同一地点被发现:第一通为天统四年的《张伏惠造像碑》;第二通造像碑是一通横躺的石碑(卧碑),中间的小龛内有弥勒菩萨一铺三尊,表面其余部分为发愿文。王静芬指出,这块卧碑是纪念性碑,对供养人的情况提供了更多信息。张啖鬼也是这块碑主要的赞助人和筹办人。铭文最后,张啖鬼列为都邑主,张惠超则为施地主。铭文还记载了这群人中的其他成员,他们的头衔包括有天宫主,指兜率天宫中弥勒菩萨像的供养人。通过在襄县发现的这一组三通造像碑我们可以清楚地知道,张啖鬼和他同族的人是当地佛教团体中地位显赫的成员,为了建造寺院和制作佛教纪念碑,前后活动逾十年之久。

北周天和四年三月,周武帝令道俗议三教先后优劣。据唐人道宣记载:这年二月,周武帝于大德殿召集文武大臣与道士、僧人,共论佛教与老、庄之义。三月十五日,再次召集高僧、名儒、道士、文武百官共计 2 000 余人,一同讨论儒释道三教的先后次第。周武帝认为当以“儒教为先,佛教最后,道教最上”。三月二十日,又集道俗讨论三教优劣,仍不合帝意。周武帝说,儒道教为国家所历来遵从,佛教为后来者,意不当立,但未能决断。四月初,又召集道俗共论,武帝敕令司隶大夫甄鸾对佛道二教详加论定,明其浅深,辨其真伪。这次大论辩,已为此后的毁佛政策奠定理论基础。

罗宏才著录有两件刻于天和四年的石刻:一件为佛教《夏侯纯陀造像碑》,石灰岩质扁平四面体,碑高 100 厘米、宽 40 厘米。正面及左右三面造像,右侧有发愿文。出土时地不详,原在陕西省图书馆,后归陕西省历史博物馆,1949 年移交西安碑林。另一件名《王迎男造像碑》,仍为石灰岩质的佛道造像碑,四面体柱状,顶、座已佚,碑高 145 厘米、宽 63 厘米、厚 32 厘米。四面造像,每面上部各开一龛,正、背面龛内各雕一佛二菩萨。两侧龛内一雕坐佛一尊,一雕老君一尊。正面下有发愿文,碑在咸阳市渭城区中山街。

1983 年,曾在宁夏固原深沟村发掘李贤墓,并出土《李贤墓志》。据徐自强、吴梦麟载,此志石边长 67.5 厘米,志文 31 行,满行 31 字,志主《周书》有传。冯国富载,李贤墓内还发现有大量壁画,费泳认为这里的壁画风格和内容方面,均与河南邓县的南朝砖墓较为相似,为受南朝壁画影响所致。西魏时期,邓县地区由南朝并入西魏版图。邓县地处河南省西南部的交通要道,从江陵经襄阳可至邓县,由此经南阳穿过伏牛山东端,北上便是伊阙口,可直通洛阳,由襄阳西走武门可至长安,这些路线应在当时的造像传播中起到作用。南朝荆州(江陵)的佛教地位值得重视,汤用彤先生言:“荆州之重要略比北方之凉州。故自晋道安以后,为佛教中心地点之一。高僧往往移锡其地。”山崎宏对梁《高僧传》僧侣的分布统计得出,湖北江陵和四川成都是仅次于建康的佛教重地,佛学极为兴盛。河南邓县南朝彩色画像砖墓,发现有南式飞天造型,其风格当在萧齐年间,这为佛教造像由江陵向北辐射提供了线索。

图 96 吕景康造观音(像座) 北齐武平元年(570) 日本白鹤美术馆藏

关于南陈太建元年的《金铜观音立像》。费泳提出,南陈诸帝大都热衷于修寺造像,武帝一生修治故寺 32 所,并造金铜像 100 万躯。孝宣帝造金铜像等 2 万躯,修理故像 130 万躯,修补故寺 50 所。在官方大力推动下,陈代的佛教美术活动也应非常蓬勃。但在考古发掘中,却未发现陈代的佛教遗物。传世作品中,也只有一件陈代纪年的金铜观音立像,高仅 22.5 厘米,现藏东京艺术大学资料馆。这尊菩萨面相丰腴,右手持柳枝,左手握净瓶,立于一莲台之上。头后葫芦形头光背面有太建元年的题记。在佛教绘画方面,画史并无陈代释画名家的记载,推测当时的佛释画大约仍墨守梁代陈规,并无太多突破。

[文献] 唐释道宣《广弘明集》卷八、《续高僧传》卷二三,唐令狐德棻《周书》卷五、卷二五,金申《中国历代纪年佛像图典》、《海外及港台藏历代佛像珍品纪年图鉴》,梁披云主编《中国书法大辞典》,罗

宏才《中国佛道造像碑研究——以关中地区为考察中心》,费泳《汉唐佛教造像艺术史》,徐自强等《古代石刻通论》,冯国富《固原北周李贤墓壁画简论》(《固原师专学报》1991年第2期)。

公元570年 北齐武平元年 北周天和五年

[提示] 北齐武平元年五月十五日,《吕景康造观音》(像座)。是年,《石观音立像》、山东《徂徕山刻经》、《水牛山文殊般若经》,齐幼主高恒凿山造佛。北周天和五年二月八日,陕西《吕总颜造像碑》。三月二十五日,陕西《毛明胜造像碑》。三月,陕西《耀县张僧妙碑》。七月,《司马治中造像》。是年,山西《曹恪碑》。

[叙录] 北齐武平元年五月十五日的《吕景康造观音》(像座)(图96),白色大理石加彩,高28.5厘米,现藏于日本白鹤美术馆。这件作品金申著录时并未说明原出土地,笔者认为当来自河北曲阳一带。金申认为白石莲座尚存敷彩甚可珍贵,其莲座下端之联珠文有波斯影响,其壶门内露出神王头像是从印度借鉴而来的。莲瓣下为负重的神王,构思极为别致。金申还著录有一件刻成于武平元年、现藏瑞士瑞特保格博物馆的《石观音立像》,像高102厘米,石质为石灰岩,风格完全不同于曲阳所造。

是年,山东之《徂徕山刻经》,全称《徂徕山文殊般若经》,具体地点在山东省泰安市徂徕山映佛岩。经文为正书,字大小在24—25厘米间。经文残泐,仅存14行,行七字,共96字。此刻石清人王昶、阮元等均曾著录。山东还有北齐时刻造的《水牛山文殊般若经》,亦为正书10行,行30字,额正书“文殊般若”4字。碑在山东宁阳水牛山。清杨守敬评价说:包慎伯(世臣)推论是碑如香象渡海,无迹可寻。平情而论,原非隶法,出以丰腴,具有灵和之致,不堕元魏寒俭之习,而亦无其劲健奇伟之概。

是年,齐幼主高恒凿山造佛。北齐在山西晋阳的佛事活动除有天龙山石窟的开凿之外,另在西山有凿山造佛、创建寺院的惊世之举。按《北齐书》上的记载,齐幼主高恒崇信佛教,不惜巨资,“凿晋阳西山为大佛,一夜燃油万盆,光照宫内。又为胡昭仪起大慈寺,未成,改为穆皇后大宝林寺,穷极工巧,运石填泉,劳费亿计,人牛死者不可胜纪”。金维诺认为,齐幼主雕造的晋阳西山大佛,就是今太原西南蒙山和天童山附近所发现的凿山为像的两处遗迹。佛像的下部已经风化残损,但头及躯干部分的轮廓仍能辨认,其尺度大小与唐代僧人道世的记述完全相符。道世说:唐并州城西有山寺,寺名童子,有大像,坐高一百七十余尺,显庆末年(高宗)巡幸并州,共皇后亲到此寺,及幸北谷开化寺,大像高二百尺,礼敬瞻睹,嗟叹稀奇,大舍珍宝财物衣服,并诸妃嫔内宫之人,并各捐舍,并敕州官长史窦轨等,令速庄严备饰圣容,并开拓龕前地,务令宽广。

北周天和五年二月八日,陕西刻立的《吕总颜造像碑》,为佛教造像碑,石灰岩质,四面体柱状,顶、座已佚。罗宏才著录,正视梯形,上下有榫,高104厘米、宽43厘米、厚28厘米。四面造像,每面一龛。正面龛一佛二菩萨,背面龛主尊弥勒垂足坐,左右各一胁侍。左右侧面龛内佛像一尊。四面龛下各有供养人图像并题名。左侧面下发愿文记像主为“亡叔父”造像于“天和五年岁次庚寅二月八日(造)讫”。1935年出于耀县(今陕西铜川市耀州区)柳林寺,1971年迁至耀县药王山碑林。三月二十五日的《毛明胜造像碑》,仍为石灰岩质的佛教造像碑,扁平四面体,顶、座佚,正视梯形,碑高80厘米、宽41厘米、厚18厘米。四面造像,每面开一龛。正面龛内一佛二菩萨,主尊跏趺坐。背面龛内造像三尊,主尊垂足坐。左右侧面龛内各雕坐佛一尊。四面龛下线刻男女供养人,旁各题名。罗宏才著录,1962年出于耀县县城里仁巷,为居民刘杰收藏,1964年5月捐送耀县文化馆,1971年迁至耀县药山碑林。同年三月,陕西还刻有一件《耀县张僧妙碑》,明帝曾诏除张僧妙为“宜州三藏,并敕给军匠及调度,于宜州治西之胜地,求诸爽垲,造寺一区,旨名崇庆,拟法师住焉”。正书铭文为韩伟所载录。梁披云说此石于清宣统间陕西耀县出土。梁披云还著录了七月的《司马治中造像》(曾归山东潍县陈介祺)和同年所刻的《曹恪碑》,全称《谯郡太守曹恪碑》,正书 26 行,行 51 字。石旧在山西安邑,后移置太原傅青主祠。

［文献］ 唐李百药《北齐书》卷八,唐道世《法苑珠林》卷二二,清王昶《金石萃编》卷三四,清阮元《山左金石志》卷十,清杨守敬《激素飞清阁评碑记》,金申《中国历代纪年佛像图典》、《海外及港台藏历代佛像珍品纪年图鉴》,梁披云《中国书法大辞典》,金维诺《中国古代佛雕:佛造像样式与风格》,罗宏才《中国佛道造像碑研究——以关中地区为考察中心》,韩伟《陕西耀县药王山北周张僧妙碑》(《考古与文物》1988 年第 4 期)。

公元 571 年　北齐武平二年　北周天和六年

［提示］ 北齐武平二年七月,河南《道端等三百人造像》。是年,河南《少林寺董通达等合邑造像碑》、山东《朱岱林墓志》、山东《明湛墓志》。北周天和六年七月十五日,陕西《雷明香造像碑》。

［叙录］ 北齐武平二年七月,河南刻立的《道端等三百人造像》,又称《太行山大穷谷造像》。梁披云著录,造像记为正书 13 行,行 18 字。一面题名四列,列 13 行;一面题名五列,首列 18 行,下四列各 38 行。另一面题名四列,列 36 行。石在河南沁阳西北 40 里紫陵镇开化寺。是年前后,河南还刻有一块石灰石质的《少林寺董通达等合邑造像碑》,法国沙畹在《华北访古记》中,曾著录此少林寺造像碑碑阳图片;其碑阴图片则为日人常盘大定和关野贞著录于《支那佛教史迹》一书中。王静芬说,少林寺以其造像碑的贮藏而闻名,包括一批 6 世纪的造像碑。尽管大部分碑刻毁于 1928 年的大火灾,但是有关碑文及照片在早期的出版物已经发表过。被毁的造像碑之一是《少林寺董通达等合邑造像碑》(简称《少林寺碑》),为北齐时期的复式造像碑,纪年为公元 570 至 571 年。造像碑为龙首,碑阳上方帷幕龛内是弥勒菩萨一铺三尊像。弥勒双腿下垂而倚坐。这种坐姿在那时已经流行,逐渐取代弥勒早期交脚的坐姿。造像碑的主要内容表现了佛陀及其眷属。释迦牟尼佛两侧分别有罗汉、菩萨和辟支佛各一身。下面是力士、狮子、香火供养以及矮小的眷属(ganas,印度教中的天人)托住佛陀坐的须弥座。圆拱龛缘两侧饰一对龙(或说是印度蛇王),中间有像猴子的面具。龛上左右两边是持物供养的两飞天。在《少林寺碑》上,佛陀的宇宙性得到了更完美的表达。他像宇宙之主般庄严地坐在象征世界之轴的须弥山的宝座上。除了狮子以外,宝座还由弯曲的侏儒眷属支撑,及龛缘外两侧的龙王。印度教中猴神的脸,作为保护者和佛教无上的献身者,装饰了佛龛。莲花是水的象征符号(是维持生命的支柱和印度传统的宇宙形象),莲花的形象随处可见,表现形式也多种多样。如果说北魏的《杜延和关阿娥合邑造像碑》看起来空灵而疏远,那么此处大乘佛教的发展和佛果的宇宙观得到具体的形象表现,并被赋予实体的存在。

是年,山东刻成两件墓志,一块是寿光的《朱岱林墓志》,一块是陵县的《明湛墓志》。朱氏墓志明末出土于山东寿光县,志文正书,据清欧阳辅考证,此志为朱四子朱敬修撰文,其侄朱敬范撰铭。出土后被该县田刘村神祠充作香案,至清雍正三年(1725 年)始被邑人王化洽访得,并有拓本传世,初拓本现藏故宫博物院。康有为将此志列为“逸品上”,仅居《张猛龙碑》、《张黑女墓志》之下,并赞叹其书法:古质奇趣,新体异态,乘时独出,变化出新,承魏开唐,独标俊异,真可出魏碑之外,建标千古者。1982 年,《明湛墓志》出土于山东陵县子集乡孟家庙村东北,志石现藏陵县图书馆。正如赖非所指出的,此件志石亦出现一石二工而致优劣不同:铭文前七行出于一位刻手,用刀生疏,转折多违原书意而信手刻之;自第八行始至篇末为另一人刻,刀法基本忠于笔法。程章灿认为,在这两个刻工中,前者技艺较差,后者较好,有可能是徒弟与师傅之别。

北周天和六年七月十五日陕西刻造的《雷明香造像碑》,为石灰岩质的佛教造像碑。像碑为扁平四面体，盖、座佚，顶部有榫，正视梯形。罗宏才著录，碑高 96 厘米、宽 40 厘米、厚 19 厘米。四面造像，每面一龛。正、背龛佛像三尊；左右侧面龛内佛像一尊。四面龛下皆有供养人题名。右侧面下有发愿文。记“天和六年七月十五日”佛弟子雷明香“为亡夫同王帝乾炽敬造石像一区(躯)”等事。雷、同王帝、夫蒙、荔非等，均为西羌族。此碑原藏雷天一家，1936 年迁入耀县碑休，1971 年迁至耀县药王山碑林。供养人多雷氏母家亲眷，其中兄弟多任太学生、横野将军强弩司马、云阳等县县令、开府外兵尝治都督等官职，显示了这一家族优越的社会背景。

［文献］ 清欧阳辅《集古求真》，清康有为《广艺舟双楫》卷三，梁披云主编《中国书法大辞典》，［美］王静芬《中国石碑》，程章灿《石刻刻工研究》，赖非《齐鲁碑刻墓志研究》，罗宏才《中国佛道造像碑研究——以关中地区为考察中心》。

公元 572 年　北齐武平三年　北周天和七年　北周建德元年

［提示］ 北齐武平三年三月，《诸葛始与造像》。五月，河北《唐邕写经碑》。八月，河南《高润平等寺碑》。是年，河南《佛时寺汲氏造像碑》、山东《峄山刻经》。北周天和七年，甘肃《庄浪县阳川北周残造像碑》。是年，陕西《西安北周汉白玉造像碑》。北周建德元年四月八日，陕西《赏仲茂等八十人造像》，四月二十日，陕西《刘欢庆造立像》。四月，陕西《昙乐为亡侄罗睽造像》。九月十五日，川陕《李元海兄弟七人造元始天尊碑像》。十二月，陕西《锜马仁造像碑》。是年，陕西《大觉寺造像碑》。

［叙录］ 北齐、北周虽然历时不久，只有短短几十年，但在石刻艺术史上却留下浓墨重彩的一笔，其间刻制了众多石刻名品，令人印象深刻。北齐武平三年三月的《诸葛始与造像》，亦称《兴圣寺造像》。梁披云著录，有正书造像记，时杂有篆书。13 行，行 27 字。后题名四列，列 2 行。额正书“兴圣寺主诸葛始兴”2 行 8 字，额旁左右题名 14 人。是年五月，河北刻成的《唐邕写经碑》(图 97)，全称《晋昌郡开国公唐邕写经碑》，石经具体位于河北武安市南鼓山响堂寺南堂外右边前壁。清人陆增祥载，碑高四尺七寸，广三尺二寸，隶书 20 行。北齐书法承北魏之后，复古、拟古之风盛行，此碑书风即介于隶楷之间。

八月，河南刻造的《高润平等寺碑》，全称《冯翊王高润平等寺碑》或《冯翊王高润移像碑》。碑文为正书 28 行，行 53 字。上截字漫漶已甚，额篆书阳文。石碑原在河南偃师义并铺北。据王静芬记载，平等寺碑共出了四块北齐造像碑，高润碑为其中之一，碑高 330 厘米。平等寺是北魏后期洛阳城名寺，由北魏孝文帝(元宏)之子广平武穆王元怀(卒于 517 年)所建，杨衒之《洛阳伽蓝记》中有记载。杨氏曾在北魏任秘书监一职，对洛阳的历史和建筑极为熟悉。洛阳在北魏末年被毁，他在经历 547 年都城被毁之后写下对昔日洛阳壮丽景象的回忆。杨衒之记载在平等寺门外有高二丈八尺的金像(定光佛)一尊，这尊瑞像具有流泪的非凡特性，能够预言国家所要遭受的灾难。平等寺及其佛像和其他洛阳的佛教建筑都在北魏最后几年遭受劫掠、破坏。《高润平等寺碑》是高润为了纪念修建寺院所捐赠，高润为北齐冯翊王、高欢第 14 子。高欢原居东北边境，曾为北魏和东魏效力，后被他所奠基的北齐追尊为献武皇帝。高润努力修整寺院来安抚具有卫护齐国力量的神祇(在这个例子中为佛)。铭文记载高润修复寺院之绩并叙述佛像的历史(王昶著录)。金铜定光佛像最初立于寺院外面，镀金于北魏永熙年间完成。其后不久，高欢将佛像搬入寺院内。后来，平等寺和金铜佛像都被毁坏，但石碑则保留下来。它可能是后来和另外三块同一地区的北齐石碑(还有一块没有纪年)一起被竖立起来。四块碑的碑身一半埋入地面，位置在魏洛阳城东南面，恰好在城墙外，这和有关平等寺地点的记载相符。碑阴上方龛内为弥勒菩萨，石碑两面其余部分完全被 1 500 字的铭文所占据。和 6 世纪其他造像碑由佛像占据碑面大部分空间的形

图 97 唐邕写经碑上部 北齐武平三年(572) 河北武安

式相比，此碑佛像和文字的比例颠倒过来，文字扮演的角色越来越重要。这种文字和图像之间在比例关系上的变化，预示着唐代造像碑逐步回归到佛教传入以前的形式——即依靠铭文来传达石碑的内容。铭文角色的变化显示出佛教在唐代完全融入中国传统，这种逆转也在6世纪佛教造像碑形制上刻下了深深的印痕。

王静芬还分析了刻造于是年的另一件重要石刻，即河南浚县《佛时寺汲氏造像碑》。这是一块屋顶形碑首的四面造像碑，由汲氏家族供养。石质为灰色石灰石，碑高146厘米、宽55厘米、厚51厘米，现藏河南省博物馆。此碑早前为周到、吕品、李静杰等所著录。此时期造像碑中出现流行的大乘佛教“万神殿”的丰富图像，此碑即是一个典型的例子。为四面造像碑，每一面垂直方向开三龛。由于石碑在野外竖立数百年，大部分雕刻已被风化侵蚀。幸运的是，单个龛下面的铭文能够确定造像的名称或场景及其供养人。这些造像和场景中的大部分内容在5至6世纪早期的中国佛艺术中已经广为人知，另外还把新兴的崇拜尊像囊括进来。因而这块碑的内容是当时重要尊像的概貌，预示着7至8世纪的进一步发展。其中表现的佛陀包括：释迦牟尼、阿弥陀佛、无量寿佛、多宝佛(二佛主题)和药师佛。菩萨包括：弥勒、观世音(二菩萨主题)、普贤、思惟菩萨及文殊。二菩萨主题的起源尚不清楚，但这一主题在6世纪后半叶已非常流行。赵超认为，这样题材多样、刻工细巧的造像碑甚为少见。

是年，山东邹县刻造之《峄山刻经》，又称《董珍陀刻经》。峄山位于山东邹城东南，现有刻经两处：一处在五华峰石上，一处则在山腰乌龙石妖精洞旁边。五华峰刻经《文殊般若经》风化严重，现仅存70余字。妖精洞刻经亦为《文殊般若经》，本有经文98字，现也只存75字。据赖非记载，刻经右上角刻题名：斛律太保家客邑主董珍陀。从《北史》等典籍记载，可知峄山刻经刊刻于是年。刻经书法结体严谨简穆，为北齐隶体刻经难得佳作。

北周天和七年，甘肃刻成《庄浪县阳川北周残造像碑》。唐晓军认为，北周时期的碑额雕蟠龙加大增高，相当于碑高的三分之一至四分之一，碑额成了碑刻中最主要、最突出的部分，这块北周残碑即是一个显著的例子。佛教造像碑《西安北周汉白玉造像碑》约刻成于天和年间(566—572)，据李淞记载，此碑原出地不详，现存西安碑林博物馆。四面开龛，碑阳主龛为上下两龛，上龛为交脚菩萨像，戴花冠，帔帛交叉于腹间，有背光。左右各立一弟子，弟子头上又各有一交脚像。下龛为结跏趺坐佛，低平肉髻，着双领下垂衣，内束带，有背光，双手作禅定印。左右各一胁侍菩萨，菩萨之上各一思惟菩萨。龛下为香炉及二供养弟子。两大龛左右则各开八小龛，置小坐佛。两大龛之间，刻“南无阿弥陀佛”。这两龛的造像，应是弥勒菩萨和释迦佛，这是北朝十分流行的造像配置。“南无阿弥陀佛”六字的字体不似北朝魏碑，所在石面又凹进一层，比较光滑，估计应是后世将原龛楣磨平后重刻文字。从下龛释迦牟尼的面部及上身也可看出后世加工的痕迹，从加工风格看，不早于清代。碑左侧有五层龛，上四层为坐佛龛，最下层为立佛龛。龛下原有发愿文，已漫漶不清，唯在文首重刻有“周天和”三字，应是后世重刻，当为此碑造作时间，即北周天和年间。碑右侧亦开小龛，上下七层，第一层为善跏趺坐佛，余为结跏趺坐佛像。用汉白玉石造小型佛像似乎是北周时都城长安的一种时髦，迄今已出土了一批精美的白玉石造像，呈现出一种专业化的制作水准和上层贵族的审美气质，显然不同于县令和太守以下的地方官吏及乡邑的民间造像，而应是北周统一中国北方后调动北方造像能手所作，代表了当时最高的造像水平和京城最高宗教集团的审美趣味。

是年，北周由天和改元建德。建德元年四月八日，陕西刻立的《甞仲茂等八十人造像》，毛凤枝、罗宏才著录，谓其在村(未详具体村名)处中置立，南临白水，北背马兰，东挟落水。四月二十日，陕西刻立的《刘欢庆造立像》，1982年出土于高陵县一中内的三阳塔中，现藏于高陵县文化馆。董国柱、李淞著录，为单尊立像，像高22厘米。立像头已缺，体形粗壮，外着道袍，内束胸带和腰带，左手下垂似佛之与愿印，手心持一物，右手残，上举。腹部微凸，跣足立于方座。足旁二蹲狮，方座四面刻发愿文、供养人像和姓名。像主为道民、其弟为道士、其父为县令。李凇认为，此像的出土，给我们提供了一个在形式上类似释迦立像的道像实例。

同年四月的《昙乐为亡侄罗睺造像》，有正书造像记，三面刻，题名12行。梁披云说此造像为扬州阮元得自陕西，曾嵌置文选楼，现藏日本。九月十五日的《李元海兄弟七人造元始天尊碑像》(图98)，金申、胡文和均著录，碑像为石灰岩质，碑高151.7厘米、宽58厘米、厚17厘米，现藏于美国弗利尔(Fleer)美术馆(李凇载其馆藏编号为MLS1815)。碑首呈梯形，下部为长方体，四面造像，山西省芮城出土。此碑为石刻名品，松原三郎推为北齐、北周时代道教遗像的第一大作品。碑正面九尊，背面五尊，碑两侧上部龛内各刻三尊，下部浮雕供养人像。李凇指出，此碑龛楣为帷帐形，上有六个裸体的坐姿乐人，或吹笛或弹琵琶。碑首有减底平刻图像，中央刻有钟亭，为歇山顶，檐下悬一钟。这种形式不多见，天和五年北周武帝为佛道二教共造的一口钟作有铭文，即《二教钟铭并序》，其有“听响弘法，闻声起信”句，可见对中国佛教与道教而言，钟都具有重要的意义。该造像碑之原出地及流传过程不详，最早公开出现在国外是1931年9月卢芹斋在美国纽约组织的“中国、印度和柬埔寨艺术展览会”上。展览目录上有一段对该碑的简略描述，但是没有说明来自中国哪里。从碑文中可以看出，这是一个至少列有姓名的三代人的大家族，像主之父李买僖生前曾任利州晋安县(今四川广元市)令，兄弟七人中，有任军职者，亦有任地方官吏者，如洛州主簿都督李元俊、益州(今四川成都市)漆门县令李硕和。推测该造像碑或许出于四川、陕西之间，为当时道像主要流行区的边缘。四川成都市场近年来出土有个别南朝齐、梁时期道教石造像，与之相比，该造像碑更接近陕西关中风格。

建德元年十二月，陕西刻造的《锜马仁造像碑》，又称《建德元年造像碑》，属于石灰岩质的道教造像碑。碑为扁平四面体，盖座已佚，顶部有榫，正视梯形，碑高139厘米、宽152厘米、厚25厘米。碑铭有“壬辰十二月己丑日”、“道民锜马仁”、“复为亡妻及因缘卷(眷)属、法界众生”、“敬造石老君一区(躯)”等。四面造像，每面一龛。原在咸宁县(今陕西西安市)，1949年移至西安碑林。李凇和罗宏才认为，此碑为锜马仁个人及家属造像，与神龟三年(520年)《锜石珍造像碑》碑主同族。锜石珍碑碑阴有“邑子锜马仁”题名，两碑相隔52年，不知是否为同一人。从北魏《锜石珍造像碑》、《锜麻仁造像碑》到北周的《锜马仁造像碑》，这三碑均为纯粹的道教造像碑，碑上没有出现任何佛像，似乎可以相信这个锜氏家族在北朝后期一直是坚定的、正宗的道教信徒。《春秋左氏传》(定公)载，锜氏先民本为殷民七族之一。

建德元年，陕西刻造的《大觉寺造像碑》，为石灰岩扁平碑体，圆首、座已佚，罗宏才著录，碑高190厘米、宽58厘米、厚25厘米。四面造像，雕佛、菩萨、力士等。发愿文楷书，记造像缘由、佛教故事等。现藏于白水县西固乡潘家村。

［文献］ 清陆增祥《八琼室金石补正》卷二二，清王昶《金石萃编》卷三四，[日]松原三郎《中国佛教雕刻史论》，梁披云主编《中国书法大辞典》，[美]王静芬《中国石碑》，李静杰《石佛选萃》，周到等《河南浚县造像碑调查记》(《文物》1965年第3期)，赵超《石刻史话》，赖非《山东北朝佛教摩崖刻经调查与研究》，唐晓军《甘肃古代石刻艺术》，李凇《长安艺术与宗教文明》、《陕西古代佛教美术》，董国柱《高陵碑石》，毛凤枝《关中金石文字新编》卷一，罗宏才《中国佛道造像碑研究——以关中地区为考察中心》，胡文和《中国道教石刻艺术史》，金申《海外及港台藏历代佛像珍品纪年图鉴》。

公元573年 北齐武平四年 北周建德二年

［提示］ 北齐武平四年四月八日，《清信女申屠

图 98 李元海兄弟七人造元始天尊碑像 北周建德元年(572) 美国弗利尔美术馆藏

图 99　王令猥造佛像碑　北周建德二年(573)　甘肃省博物馆藏

□妃造释迦佛像》。六月二十七日，山东《青州临淮王像碑》。七月二十三日，河北《白石赵田姜造佛坐像》。北周建德二年五月朔正，甘肃《王令猥造佛像碑》。七月十日，陕西《景昙和杨恭等八十人造像碑》。十二月，北周武帝召集道俗辨释三教次序。建德二年，陕西《下塬村造像碑》。

［叙录］ 北齐晚期的石刻造像与北周相较，虽有放缓趋势，但仍然时有佳作出现。金申著录有一件刻造于北齐武平四年四月八日的《清信女申屠□妃造释迦佛像》，砂岩石质，像高 37.5 厘米，现藏美国弗利尔美术馆。同年六月二十七日山东所造的《青州临淮王像碑》，则是一块颇为知名的石刻大作。此碑清人王昶有著录，又称《南阳寺碑》或《娄定远碑》，全称《临淮王娄公造无量寿像》，碑高 440 厘米、宽 160 厘米。额刻佛像及龙纹，额首阳篆“司空公青州刺史临淮王像碑”，正文则隶书 29 行、行 58 字，共计刻有 1 600 余字，记载碑主娄公修建正东甲寺(南阳寺)之事。娄公即娄昭次子娄定远，《北齐书》等史籍均有传。碑阴刻有“龙兴之寺”四大字，本系唐人李邕所书，金皇统六年(1146 年)摹刻，同时刻有孙懿题记。像碑原在青州城西边的南阳寺(龙兴寺前身)内，明成化年间移至城北弥河陀寺，清乾隆年间又遭风雨裂为数段，1979 年移至益都县博物馆内保存。温玉成认为我国信徒倾心“西方净土”历史悠久，著名者有庐山慧远之结莲社。刻造临淮王碑的举动在青齐地区必有重大影响，云门山、驼山的三窟隋代无量寿佛，在全国大型石窟中也是较早之作，从而成为唐初大造无量寿佛(阿弥陀佛)的原型，而南朝流行的立式无量寿佛(如成都市西安路出土的梁天监三年无量寿佛立像等)，在唐初则式微不彰。这与齐州僧道铨声称获得了天竺鸡头摩寺五通菩萨图写的尊仪不无关系。

此时，河北曲阳石刻已不像北齐全盛时那样独领风骚了。《白石赵田姜造佛坐像》刻成于武平四年七月二十三日，是北齐晚期曲阳所造的石刻，现藏于北京故宫博物院，胡国强著录。像残高 25.4 厘米，佛圆形头，身披袒右式袈裟，衣褶简洁，结跏趺坐镂空尖拱额龛中，袈裟下摆平铺圆座上。龙树两侧为胁侍弟子和菩萨，菩萨大部分已经残缺。基座前雕刻博山炉、护法狮和力士像，右后两面刻发愿文。

与北齐相比，北周此际的石刻造像活动反而显得颇为活跃，而大规模的毁佛运动亦即将到来。北周建德二年五月朔正的《王令猥造佛像碑》(图 99)，砂岩质地，虽然规模并不算大，但却堪称石刻名品。吴怡如、唐晓军著录，石高 113 厘米、宽 70 厘米、厚 25 厘米，甘肃省张家川出土，现藏于甘肃省博物馆。金申认为北周的佛碑多朴拙简练，民间作风浓厚，不似北齐佛碑华丽繁复，此碑即有此风。王静芬分析此碑说，碑首表现为两对交龙，是传统汉碑的形式，碑首两面都有小佛龛。碑阳的主像是释迦牟尼，两侧二菩萨胁侍。佛龛顶篷饰以帷帐和穗缨，佛龛下方是成对的力士和狮子，碑阴主龛刻弥勒菩萨三尊，狭窄的碑侧面还有小倚坐佛和交脚弥勒菩萨。佛和其他人物的形象具方形的脸和健壮结实的体量，属北周典型的风格。铭文记载主要供养人王令猥为他死去的子女和双亲而捐造此碑，祈愿他们往生净土、值遇一切佛，并能参加弥勒三会中的第一会。他还祈愿合家眷属及一切众生远离灾难和痛苦。供养人造碑的目的是为其死去的亲属做功德，可视为履行儒家的职责。

北周建德二年七月十日陕西刻立的《景昙和杨恭等八十人造像碑》，为砂岩质地的佛教造像碑。扁平四面体，顶、座已佚，碑身图文剥蚀漫漶严重，罗宏才著录，碑高 179 厘米、宽 71 厘米、厚 16 厘米。正、左、右三面造像：正面中部开圆拱形大一龛，内雕一佛二菩萨二弟子，龛下有力士托炉，两侧有跪姿供养人。大龛上开并列两小圆拱形龛，左龛雕思惟菩萨；右龛雕坐佛一尊，两侧面各开上下两龛，内雕坐佛、菩萨等。发愿文在正面下部。1981 年出土于洛川县土基镇鄜城村附近，后移洛川县民俗博物馆。

是年十二月，北周武帝召集道俗辨释三教次序。据唐人令狐德棻《周书》、唐李延寿《北史》载：四年之前，也就是天和四年(569)三月，周武帝曾集众僧、名儒、道士、文武百官共计2 000余人，讨论儒释道何者为先一事，但帝意未能决断。四年后建德二年十二月，武帝又集群臣、僧道等，辨释三教次序先后，武帝坚持以儒教为先，道教为次，佛教为后的次序，遂引起佛道之间的激烈争论。僧勔著《十八条难道章》及《释老子化胡传》，陈说道教诸说伪妄。又有猛法师抗旨陈说，言辞激切。静蔼、道积诣阙直陈，极力排斥道教。这些激烈的论争以及武帝的个人意见，昭示着一场毁佛的风暴正在形成。

但尽管如此，北周的石刻艺术行动并未中止。佛教《下塬村造像碑》即刻造于建德二年，此碑为石灰岩质四面体柱状碑，顶、座已佚，罗宏才著录，碑高112厘米、宽46厘米、厚35厘米。四面造像，每面分上、下两层造像。正、背两层为一佛二菩萨二弟子；左右两侧皆一佛二弟子。正面下有发愿文。碑原在眉县常兴镇下塬村中，为石莲寺旧物，现寺已毁。

［文献］ 唐李百药《北齐书》卷一五，唐令狐德棻《周书》卷五，唐李延寿《北史》卷一〇，清王昶《金石萃编》卷三五，金申《中国历代纪年佛像图典》、《海外及港台藏历代佛像珍品纪年图鉴》，罗宏才《中国佛道造像碑研究——以关中地区为考察中心》，温玉成《中国佛教与考古》、费泳《汉唐佛教造像艺术史》，胡国强主编《故事收藏：你应该知道的200件曲阳造像》，吴怡如《北周王令猥造像碑》(《文物》1988年第2期)，［美］王静芬《中国石碑》，唐晓军《甘肃古代石刻艺术》。

公元574年　北齐武平五年　北周建德三年

［提示］ 北齐武平五年三月十日，河北《白石张市寺等造观音菩萨立像》。四月，山东《淳于元皓造像》。八月，河南林县䢼峪寺千佛洞摩崖石刻。九月二十三日，《邱明玉造二佛立像》。十一月十一日，河北《白石李斑姜姐妹造双菩萨立像》。是年，《石观音立像》、开凿水峪寺(小响堂)石窟。北周建德三年四月，陕西《杨广娼兄弟造像碑》。五月，北周禁断佛道二教。

［叙录］ 或许是北周已经嗅到武帝毁灭佛教的不祥兆头，因此僧侣和工匠不得不收敛起自己的礼佛行为，以全身保命。北齐则没有这样的危险，因此，石刻造像活动再次胜过北周。即使是已趋式微的河北曲阳，此时仍显示了其顽强的活力。武平五年三月十日的《白石张市寺等造观音菩萨立像》和十一月十一日的《白石李斑姜姐妹造双菩萨立像》均出自其地，现藏于故宫博物院，胡国强著录。张市寺造像高30厘米，菩萨头戴花蔓冠，身披结纽式帔帛。右手上举持莲蕾，左手下垂提桃形玉环。背屏光素，背面底部雕圆形插座，基座三面刻发愿文。李斑姜姐妹造像残高24.7厘米，双菩萨头戴三叶花蔓冠，身披结纽式帔帛。均内手持莲蕾，外手握玉环，立圆形莲座上。光素背屏，背面雕半圆形插屏座。长方形基座前浮雕博山炉和二护法狮，右后左三面刻发愿文。同年九月二十三日的《邱明玉造二佛立像》，我认为也是出自河北曲阳一地，现藏于北京首都博物馆。立像为白色大理石，金申著录，像高22厘米。

梁披云著录一件刻于是年四月山东的《淳于元皓造像》，有正书造像记12行、行5字。石当出自山东，曾归淮县陈介祺。八月，刻造河南林县䢼峪寺千佛洞摩崖石刻。据温玉成载，河南林虑山之“䢼峪”，在林县城西南15公里处，为林虑山大峡谷。䢼峪寺是北齐文宣帝为著名的地论师僧达所立，在䢼峪寺西约500米处，有千佛洞。洞外左侧摩崖刻文：“天上天下无如佛，十方世界亦无此。世间所有我尽见，一切无有如佛者。大齐武平五年八月建。”这似乎表明此处原来是一座“观像”所用的禅窟。窟顶飞天约造于北齐时代，洞内所雕一佛二弟子二菩萨并千佛，系唐高宗晚期至武则天时代所造，因佛为结跏趺坐，当为阿弥陀并千佛。一件刻于武平五年、被称为《石观音立像》的石灰岩作品，像高132厘米、宽36厘米，金申说，此像为美国顾洛阜所收藏。

约于武平五年，开凿水峪寺(小响堂)石窟(图100)。现存二窟，北朝一窟为平顶方形中心柱窟。

李玉珉认为，窟内左壁刻有武平五年“阿输迦施土缘”题刻，显示该窟开造于北齐末年，窟门下部的供养人像中有“昭玄大统定禅师供养佛时”题榜，则证明此窟的开凿与南北响堂石窟一起，均为皇族或与皇室关系紧密的高层僧侣所主持营建。

北周建德三年四月，陕西刻立的《杨广娼兄弟造像碑》，是目前所见最接近北周毁佛运动前夕所刻造的佛道石刻艺术。此碑为砂岩佛道造像碑，罗宏才著录。扁平四面体，圆首，座佚，漫漶剥蚀严重，碑高110厘米、宽42厘米、厚17厘米。四面造像，正面开一方龛，内置一佛二菩萨。佛着通肩式袈裟，施说法印。龛下有护法双狮，再下有发愿文及供养人题名。发愿文记杨广娼兄弟“为亡过父母，因缘葬过，佛道”等。1981年出于洛川县土基镇敷城遗址内严家庄，现藏于洛川县民俗博物馆。

是年五月，北周禁断佛道二教。北周武帝毁佛行为，是中国历史上第二次大规模灭佛运动，亦称法难（第一次法难是北魏太武帝拓跋焘毁佛），此事在多种史籍，如唐李延寿《北史》，唐令狐德棻《周书》，唐释道宣《大唐内典录》、《广弘明集》，唐道世《法苑珠林》及宋释志磐《佛祖统纪》等中均有明确记载。是年五月十四日，北周武帝宇文邕诏令僧道二教之众大集京师，于太极殿陈设高座，帝自躬临。道士张宾与僧人智炫辩论不胜，帝乃斥佛僧不净。五月十五日，武帝决意禁断佛道二教，敕令谓“六经儒教于世有宜，故须存立。佛教徒费民财，皆当毁灭”。于是，明令罢除僧门道士一并还俗，经像悉数毁坏，籍三百万人并充军民。寺院财富散给臣下，寺观塔庙

图100　河北水峪寺（小响堂）石窟第一窟前壁左侧僧俗礼佛图　北齐武平五年（574）

赐给王公。这道敕令一出，关陇佛法遭遇巨大劫难，诛除略尽。比起北魏拓跋焘的那次灭佛而言，宇文邕的行为表面上来看还是相对要温和得多，而且惨烈毁佛的时间也并不长。一个多月后的六月二十九日，周武帝毁佛之意有所缓和，即下令立通道观，并称佛道经义“并宜弘阐，一以贯之”。同时，还召取释道名士120人为学士，让他们讲论《老》、《庄》、《周易》。但是，此次法难所带来的灾难性后果还是巨大的。李玉珉分析说，武帝掌握实权以后，厉行富国强兵政策，经过多次的三教论争，于此年宣布儒教为三教之首，正式下诏禁毁佛、道二教，烧毁经像，命令沙门、道士还俗为民，没收寺院财产。北周灭齐以后，也在齐地严格实施黜佛政策，在短短四年多期间，八州就有4万所寺院充作贵族宅第，300万僧尼被迫还俗，焚毁经像无数，佛教几乎陷于废绝的边缘。武帝崩殂（578年）后，在隋王杨坚的影响下，宣帝（578—579年在位）遂敕许复兴佛教，佛教徒始逐渐走出废佛的阴影。

［文献］ 唐李延寿《北史》卷一〇，唐令狐德棻《周书》卷五，唐释道宣《大唐内典录》卷五、《广弘明集》卷八，唐道世《法苑珠林》卷九六，宋释志磐《佛祖统纪》卷五四，胡国强主编《故事收藏：你应该知道的200件曲阳造像》，梁披云主编《中国书法大辞典》，温玉成《中国佛教与考古》，金申《中国历代纪年佛像图典》，李玉珉《中国佛教美术史》，罗宏才《中国佛道造像碑研究——以关中地区为考察中心》。

公元575年 北齐武平六年 高昌延昌十五年

［提示］ 北齐武平六年四月八日，《佛碑像》。六月一日，河南《龙门药方碑》。六月四日，河北《白石高修陁造菩萨立像》。九月，智顗入天台山创立伽蓝。十一月二十日，河北《白石王合造释迦佛坐像》。武平六年，《兰陵王碑》。山东邹县《尖山摩崖刻经》。高昌延昌十五年，新疆《宁朔将军麹斌造寺碑》。

［叙录］ 受到宇文邕毁佛政策的影响，本年度没有一件北周的石刻艺术作品出现或流传下来。北齐由于没有这样的灭佛行为，因此传承下来的石刻仍然不少。武平六年四月八日刻造的石灰岩质《佛碑像》，高210厘米，现藏于美国宾夕法尼亚大学博物馆。金申按：此造像碑可能出自河南省。

六月一日，洛阳龙门刻立《龙门药方碑》。据清人顾广圻和今人李文生、严世芸等载，龙门石窟的“药方洞”凿于北魏晚期，在洞口过道两侧石壁之上，以楷书雕刻着140个药方（其中117方属药物治疗，23方属于灸法），《龙门药方碑》亦称《都邑师道兴造像并古验方碑》或《都邑师道兴造像记并治疾法碑》。药方中提及的疾病名称，可辨识者约有46种，涉及内外科、妇幼科及五官科等。药方中还提及结核病及天花（瘢）等疾病。其所用药物，多为乡村中极易获得者。药方的制剂方法有丸、散、膏、汤等，服药方式则有口服、外敷及洗熏等，也有针灸与熏洗并用者。《龙门药方碑》是迄今所知年代最早的石刻药方，从一个侧面反映出北朝民间医药的发达与丰富，并且将佛菩萨的慈悲情怀具体化，具有十分微妙的感化作用。

是年，比较重要的两件白石作品均来自河北曲阳，现藏北京故宫博物院，胡国强曾著录：北齐武平六年六月四日的《白石高修陁造菩萨立像》和十一月二十日的《白石王合造释迦佛坐像》。高修陁造像残高33.8厘米，菩萨头部残，身披结纽式帔帛，佩戴圆紫璎珞。胸圆鼓，腰内收，身材匀称。基座正面开龛，内雕博山炉和护法狮；右后两面刻发愿文。王合造像高34.7厘米，佛圆形脸，下颌略翘，体量饱满，身披圆垂领式袈裟。双手叠加手心向内，结跏趺坐须弥座，衣摆呈三圆弧形平铺座上。二方柱支撑尖拱眉佛龛，龛后刻发愿文。

武平六年九月，智顗入天台山创立伽蓝。据唐道宣和宋释志磐记载，名僧智顗（538—597）于大苏山（河南净居寺）拜释慧思（515—577）禅师为师，慧思对智顗说，他于陈国有缘，往必利益。智顗遂于此年至京城建康（今江苏南京市），住瓦棺寺，弘禅法，讲《法华经》，陈宣帝令停朝一日，百官往听。仆射徐陵、尚书毛喜等官僚一并从其受禅旨。九月，智𫖮率领慧辩等20余名弟子入浙江天台山建立草庵。天台山早在三国孙吴赤乌二年(239)即有佛寺，智𫖮至天台山，为天台宗的创立奠定了基础。

河北邯郸磁县城南距临漳邺城约10公里的刘庄，1971年以来，共发现100余座北朝墓葬，随之也出土了一批北朝名碑，如东小屋村的东魏《宜阳王元景植碑》、刘庄北齐《兰陵王碑》(又称《高肃碑》)、八里冢村《魏侍中高翻碑》等。徐旭生称东魏《高盛碑》、《高翻碑》和北齐《高肃碑》为"磁州三高"。据《北齐书》载，兰陵王高肃字长恭，一名孝瓘，北齐高祖高欢之孙、东魏大丞相高澄第三子，是北齐后期知名将军。高肃虽然"性胆勇"，但却"貌妇人"，为了帮助自己增添勇武之气，高肃"刻木为假面"，每次出征时，他都会戴上特制的形象狰狞的面具。军中将士专门为之谱写了《兰陵王入阵曲》，以歌颂高肃的显赫战功。但高肃亦由此给自己带来杀身之祸，功高盖主，北齐后主高伟于武平四年(573年)鸩杀高肃，是年兰陵王年仅32岁。两年后的武平六年才得以竖立墓碑，碑额篆题阳文"齐放假黄钺太师太尉公兰陵忠武王碑"。据马忠理载，此碑于清光绪二十五年(1899年)始掘出，现立于刘家庄村碑亭中。

山东此际佛教摩崖刻经风行，与北周毁佛政策相关。北周武帝在建德四年(575)为强化统治，富国强兵，废绝佛道二教后，一部分僧人逃往南方，还有一部分僧人逃匿于社会较为安定的孔孟之乡，在邹县的山林中颂佛经作法会，并从事摩崖镌刻佛经活动。关于邹县四山摩崖刻经之《尖山摩崖刻经》，据叶燿才载，邹县四山摩崖，是指山东邹县境内尖山、葛山、铁山和岗山这四山摩崖刻经的总称。四山摩崖刻经刻造于北齐、北周时期。由于其地偏远，鲜有人知，至清乾嘉年间方为金石学者黄易所发现。康有为评价其书法：《四山摩崖》通隶楷，备方圆，高浑简穆，为擘窠之极轨。《尖山摩崖刻经》刻于北齐武平六年，是四山摩崖中刻石记年最早者，字径亦最大。《尖山摩崖刻经》在邹县城东北的尖山(朱山)，题刻内容可分为三部分共10种。可惜20世纪50年代末期修建水库时，被当地村民采石毁坏，现已一字无存。我们今天要了解尖山摩崖的内容和风貌，只有从保存下来的拓本和阮元的书籍中，得以勉强知道大概了。

胡守为、杨廷福等曾载，在新疆吐鲁番三堡(阿斯塔那)，清宣统三年(1911)曾出土高昌王延昌十五年(北周建德四年，公元575年)《宁朔将军麴斌造寺碑》，简称《麴斌造寺碑》。寺碑前后两面均刻文，正面铭文内容，主要叙述麴斌生前舍宅寺的功德，背面刻录麴斌在高昌王建昌二年(556)施产造寺时所订立的契约。麴斌麴氏高昌王族人，官封宁朔将军。王国维曾对此碑作出这样的评价：它是研究高昌历史的第一史料。黄文弼曾以此碑为依据，写成《高昌麴氏纪年》及《高昌官制表》。石碑出土后即运至迪化(今新疆乌鲁木齐市)，初置荷花池，后移至将军署，并建碑亭。再后来此碑神秘消失，不知所踪，幸存拓本传世。

[文献] 唐释道宣《续高僧传》卷一七，唐李百药《北齐书》卷一六，宋释志磐《佛祖统纪》卷六，清顾广圻《顾千里集》卷一五，清阮元《山左金石志》卷十，康有为《广艺舟双楫》卷四，严世芸主编《中国医籍通考》(第二卷)，徐旭生《南北响堂寺及其附近石刻目录》，金申《海外及港台藏历代佛像珍品纪年图鉴》，李文生主编《龙门石窟志》，胡国强主编《故事收藏：你应该知道的200件曲阳造像》，马忠理《北齐兰陵王高肃墓及碑文述略》(《中原文物》1988年第2期)，叶燿才《四山摩崖》，黄文弼《吐鲁番考古记》，胡守为等主编《中国历史大辞典》(魏晋南北朝史卷)。

公元576年　北齐武平七年　北周建德五年

[提示] 北齐武平七年二月二十三日，河南《孟阿妃造道教老君像石》。北周建德五年，陕西《任安保六十人佛教造像碑》。

[叙录] 北齐武平七年二月二十三日所刻立的

《孟阿妃造道教老君像石》,大村西崖、梁披云著录。胡文和说此造像石的图片从未公布,该造像石原藏河南偃师董家村老君洞,后流失到日本,与《姜纂造像》一样,仅存罗振玉拓本。铭记为隶书,碑额为交槃的龙。碑额题字与姜纂碑相同,石高一尺二寸五分。

北周宇文邕的毁佛行为,虽然破坏严重,但与北魏拓跋焘相比,还是要温和得多。在毁佛政策出台后,不到两年时间,已出现了佛教造像碑便是一个有力的证明。《任安保六十人佛教造像碑》即刻造于建德五年间,此碑又称《荔非郎虎任安保六十人等佛教造像碑》,这也是现在所见北周毁佛之后最早出现的一件有明确纪年的佛教造像碑。20世纪80年代末,耀县(今陕西铜川市耀州区)博物馆工作人员于该县稠桑乡西墙村井边及村外寺庙遗址发现北魏以至北周石刻多件。其中有四面体柱状造像碑一通,发愿文有"以像主荔非郎虎"、"邑主任安保六十人等""(为)皇帝陛下、大丞相王(下泐)(造)石像一区","仰愿周祚永隆,兵钾休息"诸句。此碑铭之干支年款为"年岁次丙寅三月癸卯朔廿三讫、日现"。陕西省文物普查队据此定为西魏大统十二年(546)雕凿。罗宏才则认为,从碑铭中之干支年款、文辞称谓、结构,显为北周风格。其中"大丞相"当指杨坚,"仰愿周祚永隆,兵钾休息",则指北周武帝宇文邕所不断发动的历次战争而言。再者,依据《隋书》(高祖本纪)等相关文献载,杨坚之相继任隋国公、左大丞相、大丞相,皆在建德末年至宣政、大成以至大象年间。而该碑主尊造像下摆遮覆佛座褶皱之状以及楷意至浓的书体,皆系北周晚期风格。且耀县药王山碑林藏民国初年西墙出土保定三年(563)《田元族造像碑》发愿文所谓"留国公永隆""解钾息(兵)"等辞背景,亦类此碑,故此碑不当断为西魏。若释干支年款,或可能系"丙申",当在建德五年。

［文献］ ［日］大村西崖《中国美术史雕塑篇》,胡文和《中国道教石刻艺术史》,梁披云主编《中国书法大辞典》,罗宏才《中国佛道造像碑研究——以关中地区为考察中心》,陕西省文物普查队《耀县新发现的一批造像碑》(《考古与文物》1994年第2期)。

公元577年　北齐承光元年　北周建德六年

［提示］ 北齐年间,开凿河南浚县大伾山弥勒大佛、太行山摩崖刻经。北周武帝继续灭齐境佛教。

［叙录］ 短暂而辉煌的北齐时代,至此年结束。因此,这一年,北齐也没有什么石刻作品出现或流传下来。北齐幼主高恒曾开凿童子寺及开化寺两身大佛,从李百药和道世的记载及开化寺大佛残存的腿部形态看,可知为倚坐佛。费泳指出,北方开造倚坐大佛之风兴起于北齐末年。北齐年间开凿的河南浚县大伾山大佛,依山而造,高约27米,佛为螺发,倚坐,右手施无畏印,左手抚膝。费泳认为,大伾山大佛可辅助对天龙山两尊大佛图像上的认识。大伾山大佛的具体开凿时代没有记载,兹姑系年于此。

关于太行山摩崖刻经。据马忠理、张沅等调查,太行山东侧的邺城,自三国曹魏在此建都以后,至东魏、北齐等六国国都均建于此。据史籍记载,北朝时邺城及其周围地区有佛教大寺4 000余座,僧尼8万多人。这一地区高僧云集,并译出大批佛教经文。为了弘扬佛法,许多僧侣和信士,在距邺城不远的太行山上,利用天然石壁,镌刻大批佛教摩崖刻经。自20世纪80年代初以来,河北省邯郸市文物考古工作者先后在太行山中的涉县以及鼓山、滏山一带的悬崖峭壁上,发现24处刻于北朝时期的佛教摩崖刻经,共计20余万字,分别镌刻《大方广佛华严经》、《般若经》、《华严经》中之《十地经》、《深密解胜经》等。其中字数最多、面积最大的一处摩崖刻经,位于涉县县城西北15公里的古中皇山一处崖壁上。所刻经文内容是《佛说思益》(梵天问经),刻经面积达50多平方米,刻经文348行,满行120字,计4万余字。经文字体有隶书、魏碑体和隶楷。这批《太行山摩崖刻经》是目前所知的中国现存规模最大、字数最多的佛教刻经。

是年，北周灭北齐，北周武帝继续灭齐境佛教。据《法苑珠林》等载，正月，武帝进入北齐邺都，召集僧人赴殿，晓喻废佛之义。僧众五百默然无声，俯首垂泪。只有名僧慧远法师独出队列，与武帝往复争论，但是最终仍未能说服武帝放弃在北齐境内的毁佛行为。十一月四日，武帝回到邺宫新殿。任道林上表劝谏毁佛之事，帝意仍然坚不可回。从天和至建德年间，武帝七次召令辩解三教次序，这表现出武帝的废佛政策十分审慎，并非一时贸然之举。张焯说，周武帝平齐后，灭佛行动波及华北，佛寺遭到摧残。云冈石窟虽地处北塞，恐亦在劫难逃。北魏雕制佛像，大约普遍施彩，面贴金箔，白毫穴嵌宝石、琉璃。1992年发掘20窟前地面，挖出一个敷贴金箔的方寸佛头，盖系北魏末大地震中随前壁塌落。而北魏木构窟前建筑、佛像面部金箔，最有可能在此时被荡除。唐魏徵《隋书》(五行志上)载：北周建德六年，濮阳郡有石像，郡官令载向府，将刮取金。

［文献］　唐李百药《北齐书》卷八，唐道世《法苑珠林》卷二二、卷七九，唐魏徵等《隋书》卷二二，费泳《汉唐佛教造像艺术史》，张焯《云冈石窟编年史》，马忠理等《涉县中皇山北齐佛教摩崖刻经调查》(《文物》1995年第5期)。

公元579年　北周大象元年

［提示］　正月，北周宣帝及群臣皆服汉魏衣冠。二月，宣帝复兴佛教。十月，河北崔宣靖、崔宣默兄弟墓志。是年，陕西安伽墓、山东《铁山摩崖刻经》、山东《水牛山摩崖刻经》、山东《三山摩崖刻经》。

［叙录］　北周占领北齐之后，周武帝为了显示政策的连续性，在北齐境内进行大规模的毁佛行为。北周建德七年(578)，周武帝宇文邕驾崩，宣帝宇文赟继位，不久即传位于年方7岁的静帝宇文阐，改元大象。大象元年正月，推行汉化政策，北周宣帝及群臣皆服汉魏衣冠。《周书》(宣帝纪)载：正月，受朝于露门，帝服通天冠、绛纱袍，群臣皆服汉魏衣冠。《隋书》(礼仪志七)上说：后魏以来，制度咸阙。天兴之岁，草创缮修，所造车服，多参胡制。故魏收论之，称为违古。周氏因袭，将为故事，大象承统，咸取用之，舆辇衣冠，甚多迂怪。

宣帝宇文赟及静帝宇文阐对宇文邕的毁佛政策并不认同，因此，在大象元年二月，即宣布复兴佛教。北周武帝建德年间的毁佛行为，中间虽然反复，前后仍延续了三年时间。比之北魏法难略显温和，但其破坏性仍然不少。北方佛寺毁弃实多，僧徒流离失所，不少僧侣避难南方。是年二月，邺城王明广上书驳卫元嵩毁法表文，请求恢复佛教，辩论往复多次，周宣帝、静帝遂敕令恢复佛教。汤用彤认为，宣、静二帝之复教，疑实出丞相杨坚之意。故佛法再兴，实由隋主。唐法琳《辨正论》载：周宣帝重隆佛日，光后超前，造素像四龛一万余躯，写《般若经》三千余部。

十月，河北刻成崔宣靖、崔宣默兄弟墓志。《崔宣靖墓志》，正书有界格，志盖篆书“魏故秘书郎中崔宣靖墓志铭”。《崔宣默志》亦正书，有界格，志盖篆书“魏故广平王开府祭酒崔宣默墓志之铭”。1998年，两志同时出土于河北平山县。从志文中可知，崔氏兄弟同出博陵崔氏。其祖崔挺、父崔孝芬在《魏书》及《北史》中皆有传。史载孝芬八子，除长子、次子、三子逃走外，其余五子皆被高欢杀于晋阳，故其兄弟同日死且数十年后同日葬。程章灿认为，这两方墓志为同一人所书，而表现在石刻上则有明显的书法风格差异。究其原因，则如从文俊所指出者，是刻手及其工艺水平、习惯有所不同。比较而言，兄(崔宣靖)志精佳于弟志。例如，兄志点画式样完整美观，大体可以反映书写用笔的起伏顿挫转折，笔势清楚，通篇和谐一贯；弟(崔宣默)志凿刻习惯，多为散断之形，时为隶体翻曲之势。观之兄志流丽平和，弟志古朴简质，工拙妍质之异，尽为刻工所致。兄志点画皆有法度，弟志则粗疏而失笔意。

安伽墓位于陕西西安市北郊未央区大明宫乡炕底寨村西北约300米处。据陕西考古研究所介绍，西安北周安伽墓的发掘，为我们展现了一座风格迥异于北周时期其他墓葬的来华粟特人墓葬。墓中有大量彩绘壁画及石刻艺术品，充满异域风情。高达两米多的石质墓门，门额、门楣及门框均刻有图案。门墩上各有一蹲狮，张口露齿，颈刻鬈毛。门额半圆形，正面减地刻绘祆教祭祀图案。中部为承载于莲花三驼座上的火坛，骆驼站立于覆莲座上，背驮仰覆莲上承圆盘，盘内置薪火，火焰升腾。火坛左右上方分别刻对称的伎乐飞天，头戴花冠，跣足，飘带飞扬，右侧者弹曲颈琵琶，左侧者抚箜篌。飞天下方各有一人身鹰足的祭祀者，鬈发深目高鼻络须，似戴口罩，胁下生双翼，长尾上扬，双手持神杖伸向三足供案。案涂黑色，上置瓶、叵罗、盘等器皿，瓶内插莲花等吉祥花叶。高瓶贴金，余器涂白，花叶贴金或涂绿彩。左右侧下角各跪一人，左侧者披发，身着圆领紧身衣，腰束带，左手置于贴金熏炉上；右侧者鬈发，头戴虚帽，身着翻领紧身衣，右手置于熏炉上，左手持一方形物。画面阴刻部分涂红彩。门楣中部线刻兽头，两侧线刻缠枝葡萄并以贴金连弧纹做兽须。左右门框线刻缠枝葡萄并饰贴金连弧纹。石门后为砖砌券拱形甬道，墓室平面近方形，中部偏北放置一保存完美的浅浮雕贴金彩绘围屏石榻。围屏石榻长228厘米、宽103厘米、高117厘米，由11块青石组合而成。石屏内面有贴金浅浮雕图案12幅，榻板前、左、右三面有图案画33幅，榻足线刻力士承托图案11幅。后屏共刻绘6幅图案，自左向右依次为乐舞图、宴饮狩猎图、居家宴饮图、民族交往图、野宴商旅图及居家宴饮舞蹈图。右侧石屏共刻绘三幅图案，从左至右依次为狩猎图、宴饮舞蹈图及出行图。榻板正前方及左右两侧减地刻绘动物头像图案33幅，其中正前方17幅，左右两侧各有8幅。主要图案有狮、鹰、牛、猪、龙、鸡、象、马、犀牛等。榻腿七条，其中前面四条，后面三条。前面均有线刻基本相似的图案11幅，皆兽头人身，毛发耸立，圆睁双眼，张口露獠牙，一足着地，一足抬起，作承托石榻状。甬道内出土石墓志一合。墓志盖边长47厘米，减地刻篆书“大周同州萨保安君之墓志记”。志石与盖同大，上刻细线格，志文楷书，共计300余字。据墓志记载：墓主人安伽字大伽，姑臧(今甘肃武威市)昌松人，曾任同州(今陕西大荔一带)萨保、大都督，卒于大象元年。安伽为职掌来华外国人事物及主持祆教祭祀者。

同一年，山东邹县四山刻成《铁山摩崖刻经》。此处刻经又称《小铁山摩崖刻石》，位于邹县城北铁山南坡，据赵超和叶耀才载，铁山摩崖所刻经文、石颂、题名，现存完好者共计1 400余字。字刻于花岗岩上，石坪上下长约60多米，左右宽约16—17米，其中刻经部分在石坪右侧，隶刻《大方等大集经》900多字。原颂文隶书600多字，现存约500字。所篆刻“石颂”两字，字径达90厘米。根据“颂文”中“乃约石图，炅炳常质，六龙上绕，□莹五彩之云，双龟下蟠，甲负三阶之路”的记载，20世纪80年代调查发现，在刻经上方，有阴刻的巨龙缠绕、云气和佛光图案，与颂文所述相符合。中部镌刻“大集经”三字，其形制颇似古碑蟠首。在经文下部还发现龟形图案，龟形雕刻精细，头足俱有，龟背纹饰清晰可见。因此《铁山摩崖刻经》整块花岗岩坪，即为一座龟趺龙首的巨形摩崖石碑，这在我国摩崖石刻中极其罕见。石颂中记有“大沙门安法师”之语，题名中又记有“东岑僧安道壹署经”一语。以此可知《铁山摩崖刻经》的书丹者是法师安道壹。前面提及的《尖山摩崖刻经》“题名”中，也记有“大沙门僧安”，“大都维那大沙门僧安道壹”等语，尖山刻经书风与铁山刻经是相同的。因此可以肯定地说：《尖山摩崖刻经》与《铁山摩崖刻经》均为安道壹所书。《泰山经石峪金刚经》的书风也与铁山、尖山刻经相近，也极有可能为安道壹所书。安道壹生平没有记载，但从铁山、尖山摩崖等当时集资刻经的经主(匡喆等)，都延请他来书写刻经之事可以看出，时人视之为“宝翰”，可知安道壹必为北齐、北周时之高僧和大书家。

山东的北齐《水牛山摩崖刻经》，据胡广跃等载，刻经位于山东济宁市汶上县水牛山山阳花岗岩石壁上，亦为山东四山摩崖刻经之一，书丹者还是安道壹。刻经依山而凿，自然而朴厚，惜因采石而致破坏。所刻内容为《文殊般若经》，共刻经文6行，每行

9字，计52字，字径27厘米，经文为：“舍利弗汝问，云何名佛，云何观佛者？不生不灭，不来不去，非名非相，是名为佛。如自观身实相，观佛亦然，唯有智者乃能知耳，是名观佛。”水牛山刻经笔法遒健，与泰山经石峪、铁山摩崖石刻风格十分相近。据朱剑心《金石学》载：佛经之有石刻始于高齐、宇文周时。水牛山摩崖当为北齐所刻。没有具体刻经年代，姑且系年于此。

平阴县《三山摩崖刻经》。1995年以降，在山东平阴县云翠山、洪范随山和二洪山的峰壁之上，相继发现北朝摩崖刻经。平阴县二洪顶的《二洪顶摩崖刻经》，刻有佛像、佛名、佛经、题记等内容。佛经为《文殊般若波罗密经》等10余篇经文，摘取佛经中某一篇章而刊刻。同时还刻有摩崖大字，其中一“佛”字高达五米，气势十分壮观，为我国最早最大的巨字摩崖。《二洪顶摩崖刻经》的经文前，多处刻有“僧安道壹”题名。而在刻于北齐武平六年(575年)邹县《尖山摩崖刻经》和刻于北周大象元年邹县《铁山摩崖刻经》上，也均有“安道壹”题名，故可知《二洪顶摩崖刻经》与《尖山摩崖刻经》、《铁山摩崖刻经》刻于同一时期，均为著名书僧安道壹所书。

［文献］　唐令狐德棻《周书》卷七，唐魏徵《隋书》卷一二，唐释道宣《广弘明集》卷十，唐法琳《辨正论》卷三，宋释志磐《佛祖统纪》卷三八，汤用彤《汉魏两晋南北朝佛教史》，程章灿《石刻刻工研究》，丛文俊《北魏崔宣默、崔宣靖墓志考》(《中国书法》2001年第11期)，陕西省考古研究所《西安发现的北周安伽墓》(《文物》2001年第1期)，陕西省考古研究所编著《西安北周安伽墓》，赵超《石刻史话》，朱剑心《金石学》，叶耀才《四山摩崖》，胡广跃《山东汶上水牛山北朝佛教遗迹调查与研究》(《石窟寺研究》第一辑)。

公元580年　北周大象二年

［提示］　七月，山东《岗山佛说观无量寿经》。是年，山东邹县《葛山摩崖刻经》、《周纪仁造释迦佛石像》。北周时代，陕西《雷小豹(杨洪义)造像碑》、陕西《刘男俗造像碑》、陕西《四面道教造像碑》、陕西《锜马仁造像》、宁夏固原须弥山石窟。

［叙录］　七月，山东所刻造的《岗山佛说观无量寿经》，据刘正成载，这是邹县岗山刻石中字数最多、保存亦最完好的一块石刻经文，刻在一块兀立的巨石之上，俗称鸡嘴石，南面而立，石高八尺二寸五分，宽五尺一寸，凡11行，共145字。岗山为四山摩崖之一，与其他摩崖不同处，在于其他刻石皆刻于山之斜坡之上，岗山全部刻之于零星的巨石之侧，而《佛说观无量寿经》则刻在一片鸡嘴石上，阮元与陆增祥均有著录，唯所记字数与原石不符，陆氏记录为137字。与《铁山摩崖刻石》相对照，此经文书体与之结体相似，疑同为北周僧安道壹所书。与岗山其他石刻相比较，多数石块上字体呈奇谲之变化，因石立意的写法不同，此刻石多为圆笔藏锋，布阵得势，大小有方，其中“万”字、“尔”字都作简化之体，大小之间时有错杂，但仍不失雍穆质实之经体风貌，在经体样式中，系与铁山、葛山为同一书体样式。相反，与岗山多数零散刻石则异势殊态，在经系书派体系中，又可视为摩崖石经刻石的正体。在点画的丰盈峻厚方面，给予唐代的颜体书风有很大启示作用。赵超则认为岗山刻经内容包括《佛说观无量寿经》、《入楞伽经》、梵文佛偈和题名等，其书体与铁山刻经明显不同。铁山刻经书体以隶书为主，杂以行草，用笔方圆兼施。岗山刻经则多为方笔，主要是楷书。它们表现出北朝书法不同的两个侧面，深为书法家所钟爱。

刻成于大象二年山东的《葛山摩崖刻经》亦为山东邹县四山摩崖刻经之一，位于邹县城东15公里处的北葛炉山西侧花岗岩坪上，刻经总面积170余平方米，刻经内容为《维摩诘所说经·阿閦佛品第十二》，现存近300字，字径在50—60厘米间。葛山刻经隶书结体，圆笔之中藏锋芒。同一年，还刻成一件《周纪仁造释迦佛石像》，现藏上海博物馆。此造像体现了典型的北周佛像特征：头大腿短，身体肥硕，僵直而立。衣纹简畅，帔帛变宽，总体给人以朴拙大气之感。

下述数件石刻艺术，均无具体刻造年代，大致为北周(557—581)作品，均为胡文和所著录。青石质地的《雷小豹(杨洪义)造像碑》，上端略呈圭状，碑高133厘米、宽55厘米、厚26厘米。四面造像，碑上未刻发愿文，碑阳和碑阴两面造像相同，但碑阴漫漶较甚，当为北周陕西地区所雕刻。《刘男俗造像碑》，青石，略呈圭形，碑右侧下部略有毁损，碑高74厘米、宽37厘米、厚15厘米。该碑无造像记和发愿文，可能原是刊刻在碑座上。碑阳和碑阴上部都开龛造三尊式道像，现存陕西耀县药王山博物馆。《四面道教造像碑》，青石，正面呈长方形，碑高84.6厘米、宽60厘米、厚24厘米，现藏于陕西铜川市耀州区药王山博物馆。还有一块现藏于西安碑林名为《锜马仁造像碑》的作品，该碑碑阳、碑阴两面的主龛雕刻一道像二协侍。主像头道冠(笄冠)，内着交领袗，外着大U字形领道服。碑阳中的主像右手执麈尾扇，碑中的主像右手持一柄莲苞于前。该碑各面所刻供养人均一人一像，每像都刻有姓。造像形体粗壮、粗重、粗厚，与北魏骨清相的风格迥然不同，为典型的北周造像。发愿文中有“道民锜马仁知善祟”“敬造石老君像一区(躯)”等语。需要注意的是，在西安碑林中，还有一块刻造于北周建德元年(572)十二月的《锜马仁造像碑》，又称《建德元年造像碑》，属于石灰岩质的道教造像碑。

宁夏固原须弥山石窟，位于固原西北约55公里处的须弥山东麓，是宁夏境内最大的石窟群。窟内题记极为稀少，且多为后来游人题铭。李玉珉说，根据石窟形制与特色推断，须弥山石窟应始凿于北魏晚期，历经西魏、北周、隋、唐诸代。现存已编号的洞窟计132个，随山势由南向北分为大佛楼、子孙宫、圆光寺、相国寺、桃花洞、松树洼、三个窟和黑石沟八区。其中北魏窟有13个，西魏洞计25个，都是中小型窟，规模不大。北周时期，须弥山开窟造像的活动达到了高峰，洞窟雕凿华丽，规模宏伟，造像精美，为须弥山北朝窟的代表。在造像风格上，须弥山的北周佛像肉髻低平，面相浑圆，双肩宽厚，腹部微鼓，比麦积山的造像粗壮敦厚，这样的造型与关中地区的北周佛像相仿佛。可是菩萨头的装束，如上身袒露，颈饰项圈，璎珞自两肩垂挂，长过膝盖，又与麦积山北周的部分菩萨像十分类似。须弥山石窟的造像在上述二地的风格基础上，已发展出自己独有的艺术风格。

至此，一个风云壮丽的南北朝已基本宣告结束，另一个更为强盛的统一帝国即将登场，中国石刻艺术也由严峻转而走向激动人心的理想时代。

［文献］　清阮元《山左金石志》卷十，清陆增祥《八琼室金石补正》卷二三，刘正成《中国书法鉴赏大辞典》，赵超《石刻史话》，胡文和《中国道教石刻艺术史》，李玉珉《中国佛教美术史》。

隋朝编

引论

中国在经历长达270多年的分裂局面后，终于迎来了统一帝国时代：隋朝(581—618)。这个朝代虽然是一个短命王朝，国祚只有38年，但却是一个极为重要的时代。隋朝上承南北朝，下启大唐，统一黄河与长江两大流域的政治、经济与文化，其功至伟，虽然短暂，却并未因此而稍减其辉煌。在人们极端厌倦南北割据状态之时，隋文帝结束了北周，使中国八荒无外，九服大同，四海为家，万里为宅。这样的大一统帝国，得民心顺天意，正如唐人朱敬则评价隋文帝功业时所言：使六合之中，观如晓日；八纮之内，若遇新晴。从历史的角度来看，隋朝的一切，包括它的短暂，都是在为另一个更为壮丽的时代做着准备。王夫之于《读通鉴论》中说：隋一天下，以启唐二百余年承平之运。显然，大唐帝国的盛荣，在很大程度上得之于隋朝统一天下所带来的福荫。用今天的话说，唐代是站在隋代这个青春过分短促的巨人肩膀上，才成就了自己的一番霸业的。

隋朝就是一个准备和过渡的时代：政治上如此，经济上如此，在文化艺术上，依然如此。人们在谈论隋代的时候，总是不由自主地将它与唐代连缀在一起。由于后者的璀璨，以至于完全遮蔽了隋朝的光芒，这显然是不公平的。我们可以这样说：没有隋朝的探索和积累(无论是制度还是财富)，就不可能出现唐代的伟大成就。王子云指出，中国历史到了隋朝，由于封建经济的空前发展和由科举制而出现的新兴士庶阶层的兴起，以及中外交通进一步发展，对外贸易和文化交流更加频繁，因而促进了人们思想意识的开展，使得对于现实生活的要求以及对于宇宙事物的认识，都有了很大进步。在文学艺术方面，多具有丰盛瑰丽和青春的活力，表现在雕塑艺术上，是重视现实、热爱生活和对于美好生活的憧憬。

隋代石刻艺术的成就，主要表现在摩崖石窟和单体圆雕方面。它一方面继承了南北朝石刻艺术的雄浑苍凉，另一方面朝着黑格尔所说的理想与静穆的美学风格迅猛挺进。此时的审美风尚，于静穆中蕴涵理想与欢乐，于单纯之中显现深沉之思。借用德国学者温克尔曼描述希腊艺术时所言：一种高贵的单纯和一种静穆的伟大。就像海的深处永远停留在寂静里，不管它的表面多么狂涛汹涌，在希腊人的造像里，那表情展示了一个伟大的深静的灵魂，尽管是处在一切激情里面。因此，李泽厚在论述隋朝壁画时才会这样写道：如果说，北魏的壁画是用对悲惨现实和苦痛牺牲的描述来求得心灵的喘息和精神的慰安，那么，在隋唐则刚好相反，是以对欢乐和幸福的幻想，来取得心灵的满足和神的恩宠。不仅壁画如此，石刻艺术亦当作如是观，与南北朝甚至更早的商周或汉晋石刻相比，朝向理想时代的隋朝石刻，少了几分威怖，多了几分喜悦；少了几分压迫，多了几分亲切；少了几分苦难，多了几分梦想；少了几分神气，多了几分人情。由此，我们便不难理解金维诺对隋代石刻的总结：隋代造像形体丰满，躯体修长，衣饰简洁，在宁静中显示出现实人物的内心气质，已预示着唐代造像日渐追求体现现实人物的风貌和精神气质的趋势。在金维诺看来，杰出的雕塑家继承前代优良的传统，并在刻画不同宗教人物情性中，注意表达一定的审美理想。而这种审美理想正是通过刻画人性从而表现佛性的辩证过程中体现出来的。佛教造像要求表现32端严、80种妙好，追求相好庄严，以体现一切诸善福德具足，因而形成了自己独特的美学观念。表现理想中的佛，需要善于体现佛性，善于表现那种超凡的而又能激动人心的神圣情态。艺术家把庄严、慈祥两种截然不同的因素融合在一起，使佛像既威严神圣，又慈祥感人，庄严而不可畏，慈祥而不可冒犯。将庄严与慈祥完美地结合在一起，如同将静穆与单纯熔为一炉一样，会产生撼人心扉的审美力量。

李玉珉认为，隋文帝出生于一个佛教气息浓厚的家庭，自幼受佛法的熏陶，即位后，更抱持着阐扬大乘，护持正法的理念，积极从事复兴佛法的活动。建国之初，便在京城营造大兴善寺，并敕令全国45州各设大兴善寺一所。开皇三年(583)，又下诏修复北周所废的寺院及经像等。仁寿年间(601—604)，更三度诏敕各州建造舍利塔。佛教在隋文帝的大力护持下，不但迅速地从北周武帝的废佛浩劫中恢复过来，同时在文帝于各州修建寺塔的政策下，佛教俨然已成隋代的国家宗教。此外，文帝又四处访求高僧大德，一时南北名僧荟萃于京都，长安很快地就取代邺都，成为隋代的佛教中心。这些高僧在彼此切磋佛理的过程中，逐渐打破旧日南朝重义理、北朝重实践互有偏尚的局面，佛教发展趋于统一。

隋代对北朝石窟进行了维修和新凿，包括敦煌莫高窟、洛阳龙门石窟、河北响堂山石窟、山西天龙山以及甘肃麦积山等地的石窟，在其原址之上都进行了续修或新修。其间较为突出者如天龙山第8、10、16诸窟，济南玉函山、千佛山，青州驼山、青州云门山等处，其颔首亭亭而立的潇洒形态，长圆丰润动人的开脸及气质，均代表着隋代典型的审美风格。

石窟学者对于我国石窟的分布，通常划分为四大区域，即新疆区、中原北方区、南方区和西藏区。隋代石窟则主要分布于中原北方地区，南方区域中的四川广元巴中等地也有少量的隋代石窟造像出现。中原北方地区的隋代石窟，又主要集中在河南、河北、山西及山东一带。陕西的隋窟则甚为少见，有确切纪年者，就目前所知，陕西境内只有两处：一是佳县阎家寺村玉皇寺石窟，另一处是富县石泓寺第一窟，且均刻造于大业四年(608)。

晋冀鲁豫四省为隋代石窟的重镇，其石质多为不易风化的石灰岩，故保存较为完整，其中尤以山东最为瞩目。山东隋代石窟分布于青州、济南及东平县三地。青州隋窟主要有云门山一、二号窟，驼山一、三、四号窟。济南隋窟计有玉函山、千佛山、东佛峪及佛慧山四处。泰安东平县的隋窟仅有一处，即须城乡焦村北白佛山摩崖弥陀大像。

晋冀豫三省一直是中国石窟核心区域，云冈、龙门、巩县、天龙山、南北响堂石窟等散布其间，有若星月灿烂。冀南豫北的隋代石窟造像，以河北的南北响堂石窟、水浴寺石窟和河南灵泉寺石窟为代表。南响堂石窟主体虽然凿成于北齐，但其窟内外壁面尚存隋代开皇年间补刻小龛十余个。北响堂石窟也有隋代补刻小龛，分布于唐邕刻经洞。水浴寺石窟(小响堂)亦为北齐所凿，在其西窟中，具隋开皇造像特质的小龛约有四个。灵泉寺石窟的大住圣窟是最著名的隋窟，为名僧灵裕所造，竣工于开皇九年(589)。此外，河南境内还有三处隋窟，即博爱县石佛滩、沁阳悬谷山和龙门石窟。龙门石窟中的隋代造像，分布于宾阳洞附近，中有开皇十五年(595)及大业十二年(616)的造像题记。山西地区的隋代造像，据学者调查，计有平定开河寺石窟、太原天龙门石窟、吉县挂甲山摩崖及吉县石窑村石窟四处。

阎文儒在分析隋代(包括部分初唐)石窟艺术造像的特征与风格时指出：隋代石窟佛像，由前期长方面形，发展到方圆适宜的面形，至隋末又在方圆中透露出清秀之容，使人看后感到愉快而舒畅。头顶上由低平肉髻(麦积山隋窟与驼山佛像)发展到高形螺髻(莫高窟第322窟)。隋佛袈裟较有特点，用朱色画成方格，下垂至方形佛座前，成疏稀密褶(唐初袈裟已不见有方格纹饰，且袈裟裹着结跏趺坐的双膝不再垂举座下)。束腰六角座，垫一块劫波育，作为佛的坐褥。在莫高窟隋窟中的佛像，个别的还有头大腿短，比例不匀称的样子，这应该是受到北周造像的影响所致。隋代的菩萨面相与佛相同，头着较低的花鬘冠，宝缯不向外飘扬而向下垂。帔巾形式有的交叉于腹际，然后上卷（麦积山第 82 窟），有的更加上一重细长璎珞（龙门宾阳南洞）。莫高窟隋窟中的菩萨像，多着细璎珞，下垂至胸，交叉于一花瓶中，再下穿入回形饰物内，分垂及胫，然后再上卷。还有的帔巾横于胸腹之间两道或一道（莫高窟第 244、427、419 窟）。有的菩萨下着裙，上缘整齐，系裙绦带宽大如绅，中作一蝶结（天龙山第八窟）。有的还在带上刻出人物或花朵（云门山隋窟菩萨像）。隋代石窟的声闻像，全是袈裟下部紧窄，作“出水”之式，而莫高窟隋代的声闻像，却在脚上穿着毡靴子。隋代青州驼山第四窟门外的天王像，上身着覆膊，下着战裙，脚穿长勒靴，头不着盔，是北朝以来力士形象转为天王的过渡形式。阎文儒还认为，隋以前的石窟造像虽然很多，但多是表现共性的东西，缺乏表现个性特征。从隋代起，就很能表现富有个性特征的场面，如莫高窟塑像，尤其是胁侍声闻像，年迈的目犍连与年轻的舍利弗个性特征都颇为鲜明。在雕塑技法上，初期直平阶梯式的手法，逐渐展现新姿（麦积山第 14 窟）。新型的凸起、圆润、活泼、流畅的圆线条，又创造了中凹边高和反直平阶梯式的圆线条，这些技法上的改进，反映出了在石窟艺术技法上的发展与变化。费泳指出，隋代石刻造像，有一个明显的特征，即对印度的回归：继南北朝之后，隋朝佛教艺术的民族化进程有了新的变化，就佛像来看，如果说南北朝时期秀骨清像式造像是佛像中国化的典范，那么面短而艳造像的兴起，则是对印度佛像本来面目的一次回归。这一举措被隋继承，并进一步让造像趋于壮硕坚实，为唐代造像雄浑、圆融风格的形成奠定了基础。

隋代石刻艺术，在单体圆雕方面，也出现了不少杰作，著名者如现藏于美国波士顿美术馆那件通高达 245 厘米的隋代《观音菩萨立像》，该造像据说由日人早崎梗吉于 1909 年在西安某古寺中发现，后流入美国。任荣曾在《中国美术全集》(隋唐雕塑)中描述说：菩萨头部略低，面容丰满，表情慈爱温柔。右手执莲蓬下垂，左手屈肘伸掌，五指间各夹莲蓬一枚。腹部前突，双足并立，侧看呈弯曲态。这种立姿始于隋初，前代菩萨立像大多平直，入隋后始注重身姿曲绕，到唐代更演变为左右屈曲的优美姿态。造像的装束极为华贵，头上宝髻高耸，宝冠正面有小化佛。冠上有圆形莲花饰以花绳系之，冠后有两条长飘带滑落肩肘。前臂的天衣顺着飘带斜垂至莲座，增强了腹部前突的动势。肩饰、胸饰、腰带等部均镶以精巧细致的圆形饰物，以穗形饰连成的璎珞十分华美。莲座有仰覆二层莲瓣，下承方形台，前侧左右各有一狮。雕工精丽，巨细无遗，神情姿态的刻割均很美妙，堪称隋代寺院石造像中的代表作。

隋朝的石刻艺术，像一颗划过中国历史长夜的彗星，虽然仓促，却无比夺目。

公元 581 年　隋开皇元年

［提示］　二月，杨坚受禅。隋文帝下诏任听百姓出家，营造经像。三月十七日，《车长儒造观音立像》。闰三月，诏五岳之下宜各置僧寺一所。四月八日，山西开河寺石窟《豆卢通世子僧奴造像》。四月二十三日，甘肃《泾川水泉寺李阿昌造像碑》。七月九日，陕西《成国乡邑子卅人造观音立像》。七月，诏襄阳、隋郡、江陵、晋阳并宜立寺一所建碑颂德。开皇元年，为墓碑形制制定等级，凿刻山东济南千佛山石窟、天竺僧人昙摩拙叉至成都雒县大石寺刻木十二神。庾信卒。

［叙录］　公元 581 年，北周静帝宇文阐让位隋王杨坚(此前杨坚为北周左丞相)，北周宣告灭亡，立国共 25 年。杨坚即位，是为隋文帝，国号隋。封宇文阐为介公，寻杀之，尽屠宇文氏皇族。

隋文帝甫一登上政治大舞台，便一反北周后期的反佛或毁佛政策，大倡佛法，以一统江山的气概，全面振兴南北佛事。开皇元年二月下诏境内之民任听出家大造经像。此事见载于释道宣、道世、魏徵及司马光等人的相关记载。文帝在位 23 年，度僧尼 23 万人，立寺 3 792 所，写佛经 46 藏 132 086 卷，修故经 3 853 部，造像 106 580 躯，起塔于 100 余州。

文帝复兴佛学，当然有其政治的必然诉求。正如刘学智所说，佛教自汉哀平时初流中国，经汉末魏晋西域僧人西来及中土僧人西行取经，至月支沙门竺法护到西域游历诸国，大得佛经回到长安，并于晋泰始年间从事译事，从而使翻译佛经部数大增，佛经东流自此而盛。经两晋南北朝的进一步传播，佛法已在中原广为流行。

梁朝武帝萧衍极力佞佛，北魏以佛教为国教，遂使佛法大盛。北魏太武帝西征长安，以沙门多违佛律，群聚秽乱，遂始毁佛，佛教经受了自传入以来第一次大的冲击。然佛法的昌兴势头并未减缓，后终于发生了北周武帝又一次大规模的毁佛事件。大象二年(580)杨坚在辅助幼主时，即有恢复佛教之意，并度僧 120 人。隋兴，文帝于开皇元年普诏天下，任听出家，营造经像。并在京师及诸州宫写佛教经籍，史称“写一切经”，置于寺内，世人多从风景慕，民间佛经已数十倍于儒家六经。隋文帝意识到，在当时三教并存的情况下，欲统一南北，收拾人望，只能因势利导，实行三教并用的方针。加之儒门冷落，借助佛道遂成必然之势。

张焯认为，要大造经像，必有粉本。唐人道世在《法苑珠林》(感应缘)中引述《西域传记》说：隋时有阿弥陀佛五十菩萨像者，西域天竺之瑞像。魏晋已来，年载乃远。又经灭法，弘像湮除。此之瑞迹，殆将不见。隋文帝开教，有沙门明宪，从高齐道长法师所，得此一本，说其本起，与传符焉。是以图写流布，遍于宇内。时有北齐画工曹仲达者，本是曹国人，善于丹青，妙尽梵迹。传模西瑞，京邑所推。故今寺壁正阳皆其真范。从此记载中可知，隋初造像的粉本，仍然受到来自西域及北朝(尤其是北齐北周)的深刻影响。

刻造于开皇元年三月十七日的《车长儒造观音立像》，是迄今所知有确切纪年的最早一件隋代石刻艺术作品。该立像为石灰岩质，高 91.4 厘米，现藏美国底特律艺术中心。金申著录认为：隋代佛像分两大方面可述，一为仍沿袭北周北齐之余风，佛像多头大身短，衣纹简率或仍如曲阳造像之薄衣纹式佛像；另一方面，宝冠华丽，璎珞精美，身材修长之观音亦颇有可瞩目者。刘兴珍谓此造像为《观音菩萨立像》(图 101)：观音头戴花饰宝冠，冠墙两侧飘带长垂及肩。上身袒裸，胸前璎珞繁复。帔帛飘拂，腕臂饰钏。腰束贴身长裙，垂及足面。一手麈尾，一手持净瓶。广额丰颐，隆鼻薄唇，垂眸作沉思状，立于仰莲座上。形貌端庄，神态娴静。莲座下托以方形台座，座前两隅各置一小蹲狮。雕刻工艺精到，人物造型基本写实，略具装饰风格。刀法高朗隽秀，随物赋形，风神全出。块面起伏转折，线条钩锁映带，皆疏密有致，流便自如。这件造像，在神韵技法方法，均有超越前代之处。

闰三月，诏五岳之下宜各置僧寺一所。唐人费长房在《历代三宝记》中载：昔魏太武毁废之辰，止及数州，弗湮经像。近遭建德周武灭时，融佛焚经，驱僧破塔，圣教灵迹，削地靡遗。宝刹伽蓝皆为俗宅，沙门释种悉作白衣。凡经十年，不识三宝。天启我皇，乘时来驭，既清廓两仪，即兴复三宝。开皇元年二月，京及诸州城居聚落，并皆创讫。至闰三月，诏曰：法无内外，万善同归；教有浅深，殊途共致。朕伏膺道化，念好清静，其五岳之下宜各置僧寺一所。五岳（东岳泰山、南岳衡山、西岳华山、北岳恒山、中岳嵩山）在中国人心目中具有重要地位，它是天下的象征。在帝王看来，拥有五岳即拥有天下。五岳之中，又以东岳泰山和中岳嵩山地位尤其崇高，是帝王封禅祭祀之地，更是定鼎中原的神圣象征。因此在五岳建立寺庙，具有强烈的政治色彩：只有一统天下南北的庞大帝国，才能实现在五岳建寺的宏图。暨在五岳建寺之后，文帝于是年七月，又下诏襄阳、隋郡、江陵、晋阳并宜立寺一所建碑颂德，庶使庄严宝坊，比虚空而不坏；导扬茂实，同天地而长久。所以每年至国忌日，隋朝都会废务设斋，造像行道，八关忏悔，奉资神灵，场面甚为壮观。

山西开河寺石窟《豆卢通世子僧奴造像》刻于是年四月八日，梁披云著录，有正书造像记 7 行，行存 32 字，方界格，后题名 18 行，石原在山西平定。刘正成载，豆卢通字平东，官至使持节定州诸军事、南陈郡开国公定州刺史，该记文是其世子僧奴为其造像所题。记文书法宽博秀逸，从志文书法上，可以看出北魏体和隶体相互交融向唐代规范楷书演化的轨迹。山西保存了几处隋代石窟，开河寺石窟即为其中之一。据王振国撰文称：山西开河寺石窟位于晋中东部平定县岩会乡乱柳村西一公里、桃河北岸山坡南麓一处断崖上。平定为由邺城经河北定州井陉关入山西至太原的途经之地。开河寺石窟，现存三个东魏北齐小型石窟和一处隋代摩崖造像。隋代摩崖为一佛二弟子四菩萨造像一铺，主佛弥勒佛通高 463 厘米，半跏坐式，左腿下垂、右腿横置左腿之上。双领下垂式袈裟，左肩下垂一吊纽。该铺造像雕造于开皇元年四月八日，功德主为使持节定州诸军事、南陈郡开国公定州刺史豆卢通、世子僧奴等，似为由长安经太原赴定州任所途中发愿所造。

四月二十三日刻的《泾川水泉寺李阿昌造像碑》，为甘肃最早的隋代石刻造像。据张宝玺、罗宏才著录，碑高 147 厘米。圆拱形碑额，身首合体，无榫卯，座已佚。正面开龛造像，背面仅上部开一龛，余皆为发愿文并供养人题名。原在甘肃省泾川县水泉寺，现存甘肃省博物馆。

七月九日刻的《成国乡邑子卅人造观音立像》（图 102），为石灰岩质地，原出陕西西安一带，高达 193 厘米，现藏于美国宾夕法尼亚艺术中心。金申著录，此观音满身遍饰瓔珞，极为复杂优美，其密集的连珠和华美宝饰似远承波斯之风，并与隋唐间金银器制作受波斯风格影响一致。从铭文可知，此碑最初为北周天和五年（570）邑子卅人所造，至开皇元年又重修。但是从造像风格来看，应为典型隋代风格，北周之造像风格或已全失。铭文中又有“敬修释迦相一区”一语，而现存此像实为菩萨，可能当初尚有佛立像，此为胁侍菩萨，石佛像下落不明。

开皇元年，隋朝为墓碑形制制定等级。《隋书》（礼仪志三）载：开皇初，其丧纪，上自王公，下逮庶人，著令皆为定制，无相差越。三品以上立碑，螭首龟趺，趺上高不得过九尺。七品以上立碣，高四尺，圭首方趺。墓碑（包括墓志）乃为表明死者身份而立，其形制大小，无不表现出等级差异。正如赵超所说，北魏时期，墓志已经表现出一定程度的等级制，随着正方形墓志成为主要的墓志形制，结合礼制，已经形成了一套对墓志外形尺寸以及雕饰的正式等级规定。虽然在现有古代文献中还不能找到有关记载，但是从实物中可以得出这样一套等级比较明确的墓志使用制度。

始凿千佛山石窟。山东是我国隋代石窟保存较多的地区。据阎文儒载，济南千佛山的摩崖造像，位于山的前面。面对济南城山前有兴国寺，因是济南的园林区，故而摩崖的造像被妆銮一新，反而看不到本来面目。根据造像题记，是由隋开皇元年至开皇二十年期间陆续雕造出来的（据 1956 年调查）。

图 101 观音菩萨立像 隋(六世纪末) 美国波士顿美术馆藏

图 102 成国乡邑子卅人造观音立像 开皇元年(581) 美国宾夕法尼亚艺术中心藏

关于天竺僧人昙摩拙叉至成都雒县大石寺刻木十二神一事，据唐人张彦远载，天竺僧人昙摩拙叉，在隋文帝时自本国来，遍礼中夏阿育王塔。至成都雒县大石寺，空中见十二神形，便一一貌之，乃刻木为十二神形于寺塔下，至今在焉。李玉珉认为，这儿的文献记载疏简，我们无法具体勾勒这位隋代雕塑匠师的艺术特色。不过，由于昙摩拙叉为天竺匠师，可知隋代部分造像依然受到西域风格的影响。

是年，一代文学名家庾信卒。庾信一生中撰有多种碑文，与石刻渊源甚深。《庾子山集》载，庾信于北周静帝大定元年，即隋开皇元年辛丑卒，年六十有九。明人张溥评价庾信一生：周滕王逌序庾开府集云：子山妙擅文词，尤工诗赋，谏潘安而碑蔡邕，箴扬雄而书阮籍也。称重至矣。庾氏家世南阳，声誉独步。子女父子出入禁闼，为梁文人。雀航之战，倒徒先奔。违才易务、任非其器。后羁长安，臣于宇文。陈帝通好请还，终留不遣。虽周宗好士，滕赵赏音，筑宫虚馆，交齐布素，而南冠西河，旅人发叹乡关之思，仅寄于《哀江南》一赋！其视徐孝穆得返旧都，奚啻李都尉之望苏属国哉！子山在梁，每一文出，京都传诵，初使北方，人颇轻之，读《枯树赋》，始知敬重，盛名易地，橘枳改观，难为浅见寡闻者道也。史评庾诗绮艳，杜工部又称其清新老成，此六字者，诗家难兼，子山备之。玉台琼楼，未易几及。文与孝穆敌，体辞生于情气，余于彩，乃其独优。令孤撰史，诋为潘放轻险、词赋罪人。夫唐人文章，去徐庾最近，穷形写态模范，是出而敢于毁侮，殆将讳所自来，先纵寻斧欤？

［文献］　隋费长房《历代三宝记》卷一二，唐魏徵《隋书》卷八、卷三五，唐释道宣《续高僧传》卷二，唐道世《法苑珠林》卷一五、卷一〇〇，唐张彦远《历代名画记》卷八，《资治通鉴》卷一七五，明张溥《汉魏六朝百三家集》卷一一一，清严可均辑《全隋文》卷一，张岂之等《中国学术思想编年》(隋唐五代卷)，张焯《云冈石窟编年史》，金申《中国历代纪年佛像图典》、《海外及港台藏历代佛像珍品纪年图鉴》，梁披云《中国书法大辞典》，刘正成《中国书法鉴赏大辞典》，张宝玺《甘肃佛教石刻造像》，罗宏才《中国佛道造像碑研究——以关中地区为考察中心》，唐晓军《甘肃古代石刻艺术》，赵超《试谈北魏墓志的等级制度》(《中原文物》2002 年第 1 期)，阎文儒《中国石窟主艺术总论》，刘兴珍等《中国古代雕塑图典》，金维诺《中国古代佛雕：佛造像样式与风格》，李玉珉《中国佛教美术史》，王振国《陕晋豫及其以东地区隋代石窟的分布与现状》(温玉成主编《少林文化研究论文集》)。

公元 582 年　开皇二年

［提示］　二月八日，河南《荀国丑佛三尊背屏式造像》。三月，陕西《惠炽造老君像》。四月，陕西《范匡谨造像》。六月，诏以长安龙首山宜建都邑，敕建大兴善寺，造高浮雕玉佛像。十月十五日，《比丘惠静造释迦佛像》。十二月，陕西《李和墓志》。开皇二年，陕西《弥姐显等造像碑》、山西吉县挂甲山摩崖造像、薛道衡撰《老子庙碑文》。

［叙录］　隋开皇二年二月八日河南的《荀国丑佛三尊背屏式造像》，是一件著名的隋代石刻，2012 年，在中国国家文物局暨日本 NHK 联合举办的《世界四大发明》(中国文明展)中曾展出此件石刻，展览图录称此造像为《荀国丑造像碑》。据罗宏才载，该造像具体来源地不详，原是新乡市博物馆旧藏，平原省时期入藏平原省博物馆，1952 年入藏图书馆文物股，1958 年入藏河南博物馆。造像通高 190 厘米，为舟形背光。本尊为释迦牟尼佛，肉髻大耳，眉目清秀，双眼微闭，面部丰腴，神态安详，给人以进入禅定的修行状态。身着褒衣式外衣，内着僧祇支内衣，束衣结带，袒右肩。双腿结跏趺坐于须弥座上，稠密衣褶纹遮盖双腿覆于须弥座上沿，双手相叠作禅定印。佛头部有圆形头光，头光上雕刻有荷花莲叶图案。本尊两侧有二戴冠菩萨，上身穿圆领衣，下体着裙，腰间束带，左手似持帛自然下垂，右手持物上举，有

圆形头光，跣足直立在莲花座上。两株高大的菩提树耸立在佛像背后两旁，菩提树上有听法坐佛八尊，皆坐在莲花座上。另有 17 个莲花座上置乳状、球状、葡萄状物。须弥座上沿两端下各有一力士裸上体，用力相承。座下有荷叶莲蓬图案。背光后下须弥座上有题记："大隋开皇二年岁次壬寅二月八日合邑诸人造释迦石像一区上为四恩三有共成佛道。"另有以荀国丑为首的 60 余人造像题名。

三月，陕西所刻的《惠炽造老君像》，据李淞载，1955 年由西安市文管会交至西安碑林博物馆，现仍藏该处。像高 40 厘米，正面开一龛，内造单尊坐像，头戴道冠，长须，内着道袍，肩有披风，左手扶三足凭几，右手执扇，衣裾垂至龛外。左右各有线刻侍者一人，龛下有力士托香炉，左右各一兽，背面刻有发愿文。

刻于是年四月陕西的《范匡谨造像》，又称《范匡谨造老君像石》，李淞和胡文和均有著录，造像于 1935 年出土，现藏于耀县药王山博物馆。像高 65 厘米，单面造道像。坐像头残，身着道袍，内束胸带，左手抚膝，右手举扇（麈尾）过肩。衣裾覆座，座为多边束腰。左右各立一侍。座下正中为一炉，左右各一兽。左右两侧有线刻供人及发愿文。左侧上有一线刻道人侧坐，头戴道冠，后有舟形背光，下为莲花座。

据隋法经及元人觉岸记载：六月，诏以长安龙首山宜建都邑，敕建大兴善寺，造高浮雕玉佛像。诏境内之民任听出家，仍计口出钱营造经像。以法师昙延为昭玄统，敕对译经。又敕法师僧猛住大兴善寺，寻进为隋国大统三藏法师。帝昔龙潜所经四十五州，至是同起大兴国寺。大兴善寺是长安城最古老寺院之一，位于西安市城南小寨兴善寺西街，由北周最有声望的陟岵寺和遵善寺合并而成，开皇二年扩建时更名大兴善寺，为隋朝国寺。唐代玄宗开元三大士（善元畏、金刚智、不空）至此寺传授密宗，使之成为当时长安三大译场之一，同时也成为中国密宗的发源地。据李淞说，其寺的南北中轴线上有山门、佛殿、天王殿、文殊阁、大士阁、转轮藏经殿等主体建筑，东西两旁还有用墙分开的许多院落，如禅院、行香院、翻经院、敕置灌顶道场、僧舍等。寺内曾供有"于阗玉像，高一尺七寸，阔寸余，一佛、四菩萨、一飞仙，一段玉成"（《寺塔记》），由此可知是由整块于阗玉石凿成的高浮雕像。在其"天王阁"中建造有当时天下最大的天王像，此像造于长庆年间（821—824 年），太和二年（828 年）由春明门敕移大兴善寺。天王腹中有布五百端、漆数十筒。

十月十五日，刻成石灰岩质《比丘惠静造释迦佛像》。金申著录，像高 50.7 厘米，现藏美国弗利尔美术馆。

是年十二月陕西所刻的《李和墓志》，是隋代第一件墓志石刻，亦称《上柱国德广肃公李和墓志》，全称《大隋使持节上柱国德广郡开国公李史君之墓志铭》。据陕西省文物管理委员会清理简报载，志石 1964 年 10 月于陕西三原县城东北陵前乡双盛村出土，现藏于西安碑林。志石呈正方形，长、宽各 68 厘米，志文 33 行，每行 34 字，计 1 100 余字。志石书体为略带隶意之楷书，书法峭劲俊秀。志主李和四世均为北朝重臣，他与儿子李彻均在《周书》中有传，尤其是李和本人由北周而入隋，隋文帝时爵至上柱国。故其墓志虽未署书者，但必定出自当时名家之手。其志盖四周雕刻的花草和志石四周侧面雕刻的山川、群兽和龙纹，皆极为精致优美，是隋代墓志镌刻之精品。李和墓还有一副刻有铠甲武士的墓门，武士头戴兜鍪，身穿铠甲，腿着窄口裤，裤口筒入长靴内，一手扶腰，一手高举，手握长柄矛，面对站立，显得十分威猛有气势。

刻于是年的佛教《弥姐显等造像碑》，罗宏才载，碑高 153 厘米。四面体柱状，上部残缺，正视梯形。正、背、左、右龛分别雕一、二菩萨二弟子、一善跏趺坐菩萨并二弟子、二菩萨、药师佛、一佛二弟子。四面龛下有车骑出行及供养人题名、图像等，正面下部有发愿文。1927 年出土，为雷天一所得。1936 年迁入耀县碑林，1955 年迁入耀县文化馆，1971 年迁至耀县药王山碑林。

山西的吉县挂甲山摩崖造像，据温玉成主编的《少林文化研究论文集》载文及山西文管会调查称，山西吉县挂甲山摩崖造像，位于吉县城南大石桥西一处山崖之下，现属县文管所院内，该处为北周天和元年(566)创建的佛阁寺原址。崖面现存北朝、隋、宋金等朝代造像数龛，其中有隋代小龛两个，共四躯造像。二龛皆圆拱形，龛楣雕饰忍冬草叶瓣纹样，较天龙山北齐小龛三叶状忍冬草纹饰图案复杂。右龛内造一结跏趺坐佛，左龛内造一倚坐菩萨胁侍二菩萨。右侧壁面刻造像题记，可辨识者有“大隋开皇二年大像主”等字样。

是年，薛道衡撰《老子庙碑文》。薛道衡(540—609)为隋代著名诗人，其撰《老子庙碑文》一事，见载于《御定佩文斋书画谱》，书中在记载《隋梁恭之老子庙碑》时说：右《老子庙碑》，隋开皇二年，薛道衡撰，道衡文体卑弱，然名重当时，今所取者，特其字画近古，故录之，其碑石所题唐人姓名字皆不俗，亦可也。

［文献］ 隋法经《开皇录》，元释觉岸《释氏稽古略》卷二，清王原祁等《御定佩文斋书画谱》卷七一，罗宏才《中国佛道造像碑研究——以关中地区为考察中心》，李凇《长安艺术与宗教文明》、《陕西古代佛教美术》，胡文和《中国道教石刻艺术史》，金申《海外及港台藏历代佛像珍品纪年图鉴》，陕西省文物管理委员会《陕西省三原县双盛村隋李和墓清理简报》(《文物》1966年第1期)，山西省文管会《吉县挂甲山摩崖造像与乡宁的千佛洞现存情况》(《文物参考资料》1955年第2期)。

公元583年　开皇三年

［提示］ 三月八日，《秦光先造观音立像》。三月二十三日，陕西《白显景造道像》。四月五日，陕西《仵进荣造老君像》。五月十五日，《王双姿造老君坐像》。是年，《石菩萨立像》、《观音大士像》、陕西《杨金元合家造阿育王石塔》、独孤皇后为其父建赵景公寺，造瑜石卢舍那立像高六尺，文帝召集儒道佛三教学者辩论《老子化胡经》真伪。

［叙录］ 隋朝虽然只存在了38年，但由于统治者的倡导，佛风炽盛，造像风行，因此留下的单体石刻作品，相比于寥若晨星的隋朝石窟而言，数量要庞大得多。据唐道宣在《释迦方志》中载：隋高祖文皇帝开皇三年，造像十万六千五百八十躯。至于别造，不可具记。

开皇三年三月八日的石灰岩质《秦光先造观音立像》，金申著录，像高40厘米，现藏于美国纽约大都会博物馆。三月二十三日的砂岩彩绘《白显景造道像》，李凇、胡文和、金申等有著录，像43厘米。1958年彬县出土，现藏于西安碑林博物馆。老君头戴道冠，线刻胡须，左手已残，右手举扇，身着对领道袍，束腰带，右足外露，衣裾下垂覆座。头光为莲花瓣，后又有火焰纹，像左右背后各一长茎莲花。像下正中有一香炉，左右各一兽，张口，扬蹄，形似马。两侧面及背后刻有发愿文，文尾有“造像人司马法”之语，司马法可能是凿造的工匠。此像保存完好，尤其难得的是彩绘鲜艳，主要使用了赤、青、白、黑四色，但不知是隋代的原初着色还是后来补绘。金申认为此像为陕西地方造像，其用砂岩者，不能深入雕镂，然另有一种质朴之风。

现藏于陕西三原县博物馆、刻于是年四月五日的单尊坐像《仵进荣造老君像》，像高90厘米。老君头戴道冠，长须多重如锯齿，左手持串珠且抚外露右足。右手举扇，内穿交领衣，胸带下垂，外披道袍，衣裾覆至方座。无背光，座左侧为发愿文。李凇认为此件造像十分精美，刻制细腻，造型沉静而大度，是关中隋代造像的精品。值得注意的是在发愿文之下原还有一层被凿去的文字，可以认为，老君像与供养人仵氏家人像并不是同时或相同工匠完成。老君像可能要早于隋开皇三年，因某种原因像主易人，而将仵进荣一家重刻，这里不排除北周被隋取代的朝代更替原因。

刻于是年五月十五日黄花石质的《王双姿造老君坐像》，又称《王双姿造道教三尊像石》，松原三郎、李凇、胡文行等著录，像高30.3厘米，现藏于美国弗利尔美术馆。为单面三尊像，主尊为老君，蓄长须，左手扶三足凭几，右手举麈尾，头戴莲瓣形道冠，后有莲花纹头光，身着道袍，坐束腰方座。左右各一立侍，各举笏。下有二护法狮，下部方座铭文分刻三面。

金申著录有一件刻于开皇三年的《石菩萨立像》，石灰岩质，像高45厘米，现流至国外，未知具体藏于何处。刘兴珍还提到一件名为《观音大士像》的隋代作品，亦为石灰岩质，通高40厘米。并说：常见佛像组雕以释迦牟尼为本尊，阿难、迦叶为胁侍。此组造像以观音为本尊，阿难、迦叶为胁侍，较少见。观音大士赤足立于莲座上。头戴宝冠，冠墙作九瓣仰莲，莲瓣饰宝珠，两侧冕旒长垂及肩。胸前佩璎珞，作双层串环，帔帛绕肩臂垂至莲座。面相圆润，眉宇清秀。右臂屈举，左臂自然下垂，手持净瓶。垂眸沉思，神情庄重，内蕴悲悯。造像形体圆实，主尊背光作莲瓣形。衣褶刻线对称垂直，为北周特有风格，隋沿袭之。迦叶、阿难前分别立有蹲狮。据台座上铭文可知，造像为开皇三年雕造。刻工疏阔秀朗，无精细雕琢，风格厚朴。此像现藏美国纽约大都会艺术博物馆，不知是否与金申所说流至海外的《石菩萨立像》为同一件作品。

据翟春玲记载，西安文物保护考古所藏有开皇三年《杨金元合家造阿育王石塔》。同一年，独孤皇后为其父建趟景公寺，造瑜石卢舍那立像高六尺。此事唐人段成式有记载：开皇三年独孤皇后在长安常乐坊为其父建趟景公寺，仅华严院一处就有小银像六百余躯，金佛一躯，长数尺；大银像高六尺余，及瑜石卢舍那立像高六尺，古样精巧。这儿所说的瑜石，可能是黄花石或白色大理石质。其所采用的粉本来自古样，说明其造像风格与北朝紧密相关。

是年，文帝召集儒道佛三教学者辩论《老子化胡经》真伪。隋文帝一心向佛，出于统治的需要，又不可能一味否定儒道。据唐道宣载，开皇三年，隋文帝幸道坛见画老子化胡像，遂生怪异，乃集沙门（彦琮等）、道士（张彦等）及儒者（苏威等）共论其本。《老子化胡经》相传成书于东晋道士王浮之手，旨在试图证明佛源于道，道高于佛。佛徒要求官方查禁此经。论辩之后，僧彦琮作《辩教论》以证其伪，阐明道教妖妄者有25条。词理援据，宰辅褒赏。

［文献］ 唐释道宣《释迦方志》卷下、《续高僧传》卷二，唐段成式《京洛寺塔记》卷三，［日］松原三郎《中国佛教雕刻史论》，金申《中国历代纪年佛像图典》、《海外及港台藏历代佛像珍品纪年图鉴》，李凇《长安艺术与宗教文明》，胡文和《中国道教石刻艺术史》，罗宏才《中国佛道造像碑研究——以关中地区为考察中心》，刘兴珍等《中国古代雕塑图典》，金维诺《中国古代佛雕：佛造像样式与风格》，李玉珉《中国佛教美术史》，翟春玲《西安市出土的一批隋代佛道造像》（《文物》2002年第12期）。

公元584年　开皇四年

［提示］ 四月，河南《郑元伯女道贵智能造万佛洞》。八月，山东《李惠猛妻杨静太造像》。九月二十一日，河北南响堂《翊军将军造像记》。是年，陕西《下元三年造像碑》、太原天龙山八号窟、天龙山《金刚力士》、天龙山《天王像》、山东佛峪寺摩崖造像，将周时毁坏木石之像移寺安置。

［叙录］ 梁披云著录了两件隋代石刻，其一是刻造于开皇四年四月河南的《郑元伯女道贵智能造万佛洞》，有正书题记13行，行12字。后题名2列，上列11行，次列2行。石在河南淇县西80里朝阳山朝阳寺内。同年八月，山东历城石函山刻造《李惠猛妻杨静太造像》，亦有正书造像记6行，行11字，有方界格。

阎文儒载，南响堂山在石鼓山的南端，南隔滏水与神麇山相对，西南一公里是著名的彭城镇。石窟开凿于山腰腹中，共有7窟，分上下两层。下层为第一、二窟，上层为第三、四、五、六、七窟。第一、二窟的造像与龛的形制接近于天龙山北齐时的石窟。第七窟窟檐斗拱与八角束莲柱，也与天龙山北齐窟的形制相似。以第一窟内开皇八年袁子才造释迦、第六窟外开皇四年翊军将军、开皇八年王辉儿以及开皇十二年等造像龛看，这些都可以证明第一、六两窟，必开凿于隋以前。第四窟外，有开皇十三年的碑铭，因此这个窟也应是隋代以前所开凿。北齐与隋，虽系两个朝代，因时间较接近，在石窟艺术上没有多少变化，尤其是隋之早期更是如此。所以这七个窟的开凿年代，应是北齐和隋两个王朝。至唐，仍然继续有小龛开凿。第六窟门外右侧门框上的《翊军将军造像记》，为清人孙星衍及缪荃孙等人所著录，刻于开皇四年九月二十一日，凡8行，行10字，从铭文中可知，所造佛像为阿弥陀佛和观世音。

《下元三年造像碑》，李凇推断为开皇四年刻造，石原在临潼栎阳镇南门外，1981年移入临潼博物馆。碑形上小下大略呈梯形，高164厘米、宽71厘米、厚29厘米，为佛道混合四面造像碑。此碑资料最早为赵康民著录，并认为是唐代佛教造像碑。碑正面为一坐像二胁侍，坐像头有肉髻，施无畏印，双领下垂式袈裟，结跏趺坐，衣裾垂覆至龛外，应是佛像，二胁侍头戴花冠，着菩萨装，披巾交叉于腹部，跣足，为菩萨像。除主像三尊为浮雕外，碑面其他图像均为线刻。龛楣为火焰纹，其上一横框内有持莲比丘12名。龛下正中一香炉，由力士托举，左右二狮及莲池，内刻茂密的莲花，右侧还有山峦、树和鹿。发愿文中有“下元三年岁次甲辰”句，当是造像之时间。查正史并无“下元”年号。若设为唐代“上元”之误刊，有两点不符，其一是像式像风不合；其二，唐高宗上元三年岁次丙子，唐肃宗上元只有两年，其后的代宗宝应元年为岁次壬寅，亦不合。因此不可能为唐上元之误。再从“甲辰”纪年来考察，在北朝末期，有两个甲辰年，其一为北魏正光五年(524)，其二为隋初开皇四年(584)。临潼有《正光四年师氏造像碑》可作对照，其距正光甲辰仅一年。显然二碑造像风格差距甚大。而开皇甲辰距北周灭亡仅三年，其造像或与前期甚为一致。《下元三年造像碑》接近北周风格，从时间上说得通。

关于太原天龙山八号窟。北大考古专业等在对陕西慈善寺与麟溪桥的佛教造像窟龛调查后结集成书，中有日本学者冈田健所著文。冈田健说，太原是北齐皇族高氏的根据地。从这里到跨越太行山的道路沿线，分布着一些东魏、北齐时期的石窟寺院。它们与河北造像的关系密切，是一个极其重要的地区。天龙山石窟始凿于东魏，直到盛唐时期仍在继续雕造。其中的16号窟，是北齐时期的代表性石窟。有开皇四年(584)题铭的8号窟(功德主为隋仪同三司真定县开国侯刘瑞等)，可以说是完全继承了正统的北齐样式的隋代造像。该窟的中心柱四面和除了窟门外的左右后三壁，都开凿有造像龛。石窟的布局构造富丽堂皇，窟前有立柱，窟外在大型的碑形面上刻写有造像铭。窟内造像的体态和衣纹的表现等都可看出这方面在隋代发生的变化。金维诺也认为太原天龙山第八窟保留了早期中心柱窟的形制，中心柱开龛造像，佛与菩萨衣薄贴体，保留有北齐“曹家样”的影响。天龙山第八窟被学界视为山西地区隋代造像标尺，同时也是天龙山规模最大的石窟。费泳从服饰方面分析说，敷搭双肩下垂式佛衣主要流行于山西天龙山、河北响堂山、河北曲阳白石造像及河南安阳诸石窟。隋代所建大住圣石窟也属其一脉。这类佛衣穿着具体表现为：佛内着僧祇支，外披两层袈裟，内层袈裟左领襟向下斜腋进腹部右侧，右领襟下垂至腹部，进而向上敷搭至平抬起的右肘，外层袈裟为半披式。佛右手施无畏印，左手施与愿印。

由于20世纪20年代的盗毁浩劫，天龙山石窟毁损严重。1918年，日人关野贞据方志记载，寻觅到人迹罕至的天龙山石窟，首次对石窟进行考古调查。其考古成果于三年后发表于日本《国华》刊物，随即引起世人广泛关注。之后瑞典学者喜龙仁及日本常盘大定、田中俊逸、山中定郎等相继前往考察。同时，日人勾结我国古董商及寿圣寺僧人静亮等，对天龙山展开了毁灭性盗窃凿剥，仅短短一年时间，即将天龙山东魏至晚唐五百年开造的近200处石刻艺术品盗凿殆尽，刀斧所到之处，洞窟的佛头菩萨头及浮雕藻井等无一幸免。天龙山是我国近代以来遭受人为破坏最为惨痛的石窟，其间珍品大都被运至日本，后又部分转卖至欧美等国的公私博物馆中。据孙迪统计，至少有150件天龙山石刻流散于海外，其中约有30件可以确知其原来的凿离位置。金申著录了现藏于日本藤井有邻馆的两对隋代天龙山石刻，均来自8号窟。一对是天龙山第八窟洞口两侧的《金刚力士》，左高189厘米、右高197厘米。另一对是天龙山八号石窟洞口两侧的《天王像》，高235厘米，当与力士为一组，均为洞窟守护神。

山东佛峪寺摩崖造像，又称玉函山石窟，据阎文儒载，位于济南城南约13公里的兴隆山山腰。由北而南，坐东向西，开五层龛。第一层有五个大龛，第二层刻32身佛像，第三层主要有四个大龛，第四层有一个龛及千佛像，第五层也有大龛六至七个。开创时间，据题记最早的是隋开皇四年，最晚的是开皇二十年(600)。以后金、元时代也有雕造。以全国石窟而论，佛峪寺摩崖造像，是隋代题记最多的一处，而且造型优美，是莫高窟以外为各地隋代造像所不及的。刘兴珍记载了一件《玉函山胁侍菩萨像》，位于山东济南玉函山西佛峪，菩萨造型秀美，袒胸饰串珠璎珞，肩披巾，束细腰长裙，静穆端立。一臂上扬，一臂自然下垂，姿态庄重。面相娟秀，表情安详。虽鼻及背光残损，但风韵犹存，堪称隋代造像佳作。

隋费长房载，开皇四年，将周时毁坏木石之像移寺安置。文帝敕旨：周武之时，悉灭佛法，凡诸形象悉遣除之。号令一行，多皆毁坏。其金铜等，或时为官物，如有见存，并可付随近寺观安置，不得转有损伤。于时木石之像，皆将别用，有司亦存意，知则移安公寺、私家，遣迎供养。

［文献］ 隋费长房《历代三宝记》卷一二，清孙星衍《寰宇访碑录》，清缪荃孙《艺风堂金石文字目》，梁披云主编《中国书法大辞典》，李凇《长安艺术与宗教文明》，赵康民《陕西临潼的北朝造像碑》(《文物》1985年第4期)，北大考古专业等《慈善寺与麟溪桥：佛教造像窟龛调查研究报告》，金维诺《中国古代佛雕：佛造像样式与风格》，费泳《汉唐佛教造像艺术史》，孙迪《天龙山石窟：流失海外石刻造像研究》，金申《中国历代纪年佛像图典》、《海外及港台藏历代佛像珍品纪年图鉴》，阎文儒《中国石窟主艺术总论》，刘兴珍等《中国古代雕塑图典》。

公元585年　开皇五年

［提示］ 正月二十一日，河北《白石邱仕询造菩萨立像》。正月三十日，陕西《袁神荫造像》。三月十八日，河北《崇光寺邑义八十人等造阿弥陀佛立像》。四月，河南《阌县大兴院造像》。五月，《樊敬贤樊子略等造像》。七月二十七日，河北《白石张波造弥勒佛立像》。七月，陕西《老君坐像》。八月，河北《七帝寺主惠郁等造像》。十一月十日，陕西《王法洛造老君像》。是年山西《宝泰寺碑》、陕西《刘伐等廿八人造像碑》、陕西《赵芬残碑》、河北《崇光寺观音菩萨立像》、甘肃《李阿昌造像碑》。帝召沙门六大德入京。

［叙录］ 河北由于其深厚的石刻艺术传统以及得天独厚的石材资源，仍然是中国北方石刻重地，其地位几可与陕西相比肩。刻于开皇五年正月二十一日的《白石邱仕询造菩萨立像》和七月二十七日的《白石张波造弥勒佛立像》，均出自河北曲阳一地，现藏于北京故宫博物院，胡国强著录。邱仕询造像高27厘米，菩萨头戴花蔓冠，身披穿璧式帔帛，赤足立圆形莲座上。背屏后有半圆形插座，基座前雕刻博山炉、供养人和护法狮，右后两面刻发愿文。张波造像残高24厘米，主尊佛头部为圆形，肉髻轮廓线不分明，身披圆垂领式袈裟。施无畏与愿印，立于双瓣莲座。二胁侍菩萨，头戴宝冠，披结纽式帔帛。均内手持莲蕾，左手握玉环，赤足立圆形莲台上。光素背屏，背面雕插屏座。长方形基座前面雕护法狮、童子托博山炉，右后两面刻发愿文。

金申著录有两件来自河北崇光寺的白色大理石造像：一件为刻造于开皇五年三月十八日的《崇光寺邑义八十人等造阿弥陀佛立像》，像高竟达到惊人的578厘米，原在河北保定崇光寺，现藏于英国大英博物馆。另一件《崇光寺观音菩萨立像》，高达307厘米，现藏于日本东京国立博物馆。此像最初雕造于隋开皇五年，唐垂拱元年又加妆彩毕，然基本造型尚未摆脱隋代风格。身躯偏平，腹部前凸起，衣纹浅薄，瓔珞亦简朴单调，仍是北齐造像遗风。从石质来看，极有可能来自曲阳黄山。

河北之外，陕西当然是隋朝石刻的中心。开皇五年正月三十日的三尊背屏式道像《袁神荫造像》，即出陕西地区。据李凇载，1934年，此造像出土于漆河，现藏耀县药王山博物馆。像高62厘米、宽42厘米、厚19厘米。坐像头戴道冠，着三层道袍，束胸带，右手执扇。左右各一立侍，执笏。方座，正面刻香炉和双狮。左侧有发愿文，此为袁氏个人造像。这种三尊背屏式的造像在隋初兴起，使得造像逐渐从龛内的浮雕向凸出于龛外的圆雕演变，呈现出厚度增强、更加重视体积感、主像更加突出的艺术特点。

《老君坐像》可能刻于是年七月，亦出自陕西地区，据李凇说，此像原为私人藏品，现藏于陕西铜川市耀州区药王山博物馆。造像上部不存，仅存下部及方座，残石略为方形，高宽厚均在20余厘米。从残留部分看，造像为单坐像，露右足，似前有三足凭几。座为方形，年号已残，似为"开皇五年岁次乙巳"。

梁披云著录有刻于是年四月河南的《阌县大兴院造像》，有正书题记8行，行7至16字不等，末署住山比丘惠昌记。还有一件刻于是年五月的《樊敬贤樊子略等造像》，题记亦为正书，有界格，10行，行24字。题名1列2行。侧有题名5列，列13至17行。刻于是年八月的《七帝寺主惠郁等造像》，俗称《七帝寺造像》。梁披云、施安昌等著录，此像于民国初年河北定县出土，移置众春园。其正书造像记24行，行23字。有方界格；后题名8行，不成列。后署"素(塑)像匠形(邢)洪演、赵文远、苏奉仁，铭文王良预，书手刘雅铭，石匠杨静严、郭登、郭悦。"刘正成认为，像这样的将撰文者、书写者、镌刻者都署名于后的做法，在隋代碑刻乃至历代碑刻中都颇为少见。其书法骨肉匀停和美，用笔以侧锋取势，笔势不激不厉，古逸峻劲，为隋代造像记之精品。七帝寺即北周时被废的北魏所立七庙之统称。隋文帝复兴佛法，宣州赞治崔子石舍以为寺，赐名正解寺。七帝寺的"七帝"，当指北魏开国以来的七位帝王，即太祖道武帝拓跋珪、太宗明元帝拓跋嗣、世祖太武帝拓跋焘、恭宗景穆帝拓跋晃、高宗文成帝拓跋浚、显祖献文帝拓跋弘、高祖孝文帝拓跋宏。

十一月十日，陕西刻造单尊坐像《王法洛造老君像》，现藏于西安碑林博物馆，像高43厘米。主尊老君头戴道冠，左手下垂，右手举扇，右足外露，衣裾垂覆台座。背为舟形，背面有发愿文，中有愿"七世父母及现在眷属，普成佛道"之语，可见彼时在普通信众心目中，佛道常常并没有明确的分别。

山西《宝泰寺碑》刻于开皇五年，清人胡聘之曾著录，碑记中说：故率合乡人等，共造浮图九级，镇此路川。《宝泰寺碑》原竖立于山西长治市黎城县西北的古县村，现藏于县文博馆。寺碑通高200厘米，碑首双螭，中间雕一佛二菩萨佛龛。碑身线刻方界格，刻文860余字，记述重营九级浮图等功德事迹。书体为楷书，间带篆隶笔意。

同一年中，陕西刻有《刘伐等廿八人造像碑》。罗宏才认为，杨隋以后，发愿文基本设置在碑之正面龛下中部，至于原来散布在碑之四面的供养人图像、题名亦开始向碑之正面集中。因受封建宗法、等级、尊卑观念限制，原来不能安排在碑之正面的供养人图像、题名，也逐渐大多集中在靠近碑阳，而位置的次序又仅次于碑阳的左侧面。并且原来程式、规范、体量较小的供养人图像，不仅开始增大，且舍立姿为胡跪姿，或跪伏方垫之上，手执莲花亦开始增大、趋于写实。出土于彬县新堡子乡白店村的刘伐造像碑，即体现了这样的造像程式的转变。此像杨忠敏曾著录，现藏彬县文化馆。

开皇五年的《赵芬残碑》，全称《淮安定公赵芬残碑》。碑记为正书。清初出土，碑原存西安城南少陵原中兆村赵芬墓前，1965年入藏西安碑林。据梁披云著录说，此碑共为二石：一石存13行，行30字。一石存12行，行29字。康有为评价说：《赵芬残石》字小数分，甚茂重，与魏碑《惠辅造像》同，字小而体画密厚。可见古人用笔必丰，毫铺纸上，岂若《温大雅碑》之薄弱乎。赵芬在《隋书》有传，从碑文可知，赵芬为淮安县开国子，以大将军归第。

甘肃开皇五年的《李阿昌造像碑》，张维曾著录。据秦明智、唐晓军载，碑原建置于泾川县水泉寺内，明清时寺院毁圮，碑断为两截，文字和图像多有漫漶之处。像碑现陈列于甘肃省博物馆中，是一件内容丰富的多龛高浮雕敷彩造像碑。碑为李阿昌为母亲所雕凿，碑额呈圆拱形，下接长方座。碑身四面开龛造像，其中正面开四层龛：第一层雕《说法图》；第二层正中为一圆楣尖拱龛，内雕一佛二菩萨；第三层正中开尖拱龛，内雕一佛二弟子；第四层分为四个长方龛，其中第二龛华盖下雕维摩诘踞坐床榻，手挥麈尾，身后五弟子侍立，榻下卧一狮子。左右两侧也各开四龛，其中第一、三龛为覆钵顶帷幕式龛，第二、四龛为圆楣尖拱龛。碑阴上部正中开屋顶形帷幕龛一个，内雕一菩萨二弟子。菩萨高髻宝冠，善跏趺坐于一方台上。台基为束腰仰覆莲式。龛下方阴刻发愿文 13 行，佛龛两旁及发愿文之下刻施主 29 人姓名。

据唐释道宣载，文帝于是年召沙门洛阳慧远、魏郡慧藏、清河僧沐、济阳宝镇、汲郡洪遵、太原昙迁等佛教沙门六大德入京，于大兴殿延见，并命所司于大兴善寺安置供给。王公宰辅来谒见者绝，冠盖相望。

［文献］ 唐释道宣《续高僧传》卷八，唐魏徵等《隋书》卷四六，清胡聘之《山右石刻丛编》卷三，清康有为《广艺舟双楫》卷三，张维《陇右金石录》卷二，胡国强主编《故事收藏：你应该知道的 200 件曲阳造像》，金申《中国历代纪年佛像图典》、《海外及港台藏历代佛像珍品纪年图鉴》，梁披云《中国书法大辞典》，刘正成《中国书法鉴赏大辞典》，李凇《长安艺术与宗教文明》、《陕西古代佛教美术》，施安昌《隋刻〈重修定州七帝寺记〉》（《故宫博物院院刊》1985 年第 2 期），罗宏才《中国佛道造像碑研究——以关中地区为考察中心》，杨忠敏《彬县出土隋造像碑》（《文博》1988 年第 2 期），唐晓军《甘肃古代石刻艺术》，秦明智《隋开皇元年李阿昌造像碑》（《文物》1983 年第 7 期）。

公元 586 年　开皇六年

［提示］ 十二月五日，河北《龙藏寺碑》。是年，自洛阳移石经至长安，并敕刘焯、刘炫考定。《释迦三尊像》、乐善尼寺汉白玉佛像、山西《玄中寺开皇六年造像碑》、山东《仲思那等造桥碑》。

［叙录］ 十二月五日，河北刻《龙藏寺碑》，被称为“隋碑第一”。此碑全称《恒州刺史鄂国公为国劝造龙藏寺碑》，又称《正定府龙兴寺碑》。碑存河北正定龙兴寺(隋名隆藏寺，宋改龙兴寺)。清人王昶载，碑高七尺一寸，宽三尺六寸五分，碑额楷书“恒州刺史鄂国公为国劝造龙藏寺碑”，碑阳碑阴亦楷书。龙藏寺碑的外形沿承了南朝大型碑石的式样，圆首龟趺，碑首上雕有蟠龙纹饰。现存高度为 324 厘米，碑阳楷书 30 行、行 50 字。碑阴和碑身右侧刻写隋代恒州各县参与修寺的官员及僧人的姓名。龙藏寺(因寺中有宋铸国内现存最高铜佛像千手千眼观音而俗称大佛寺)由恒州刺史鄂国公金城王氏奉敕率州民万人修建，该碑即由王氏所立。欧阳修称其“字画遒劲，有欧虞之体”。康有为将此碑列为“精品上”，称赞此碑为“六朝集成之碑，非独为隋碑第一也”。

关于《龙藏寺碑》书丹者，碑末有“齐开府长兼行参军九门张公礼之□”的题署，金石学者均认为张公礼即是此碑撰写者，张公礼生卒年不详。亦有少数持不同意见者，如清人包世臣说此碑为隋代大书法家智永所书。赵超论及龙藏寺碑时说，在为数不多的隋碑中，《龙藏寺碑》以它独具特色的书法艺术艳冠群芳。龙藏寺碑是记录寺院始创及建造经过的碑记。碑文字体结构宽博端严，方正有力，笔力遒劲，既保留有北朝碑版风格，又与初唐楷书有相似之处，具有幽深古朴的美感。它代表了融南北书风于一炉、向唐代楷书过渡的隋代书法风格，对于研究书法艺术的演变过程有着重要的价值，是书法史上的一座重要的里程碑。

是年，东汉时刻的《熹平石经》、曹魏时刻的《正始石经》等一大批石经由洛阳被运至长安(见《隋书·刘焯列传》)。当时这批石经毁损严重,文字漫漶,莫能知者。因此,隋文帝敕天文学者刘焯和经学家刘炫进行考定。但最终成果如何,则没有更多的记载。或许,文帝也只不过是以此表达对儒学的一种重视姿态而已。

刻造于是年的砂岩质《释迦三尊像》,像高29.4厘米,现藏于日本大阪市立美术馆。金申认为此像身躯壮伟、头大、体态笨重,仍是北周造像一路。从风格和石质来看,此像极有可能来自陕西一带。但陕西石刻除砂岩居多之外,也有一些较为坚硬的石质,如青石、黄花石,还有少量的白色大理石(汉白玉)。关于陕西的汉白玉石刻,有人认为来自秦岭太白山或蓝田一带,但也有人认为来自河南荆山(禹县)或河北曲阳甚至幽州一带。

古代石刻所用汉白玉石材,金申曾撰专文讨论。在上述几处盛产汉白玉的地方,石质最宜于雕刻者当首推曲阳黄山。《曲阳县志》即说:城南黄山自古出白石,可为碑志诸物,故环山诸村多石工。我们在前面的叙说中多次提到曲阳这个地方,尤其是在东魏北齐时代,它一直是北方造像的重地。因此地白石洁白温润如玉,故曲阳石佛像发愿文中往往称这里所出汉白玉为"玉像"、"玉石像"。如美国弗利尔美术馆藏品河清四年(565)二月八日《诸刘村邑人刘氏等敬造白玉像》发愿文说:曲阳县□城诸刘村邑人等敬造白玉像一区。缪荃荪在《艺风堂金石目》曾记载的那件开皇十一年《马长和等造一佛二菩萨像》,铭文中说道:大隋国开皇十一年,易州易县固安陵云乡民,往诣定州洪山,敬造玉石大像一佛二菩萨。金申分析说,这儿的洪山当即曲阳黄山,说明曲阳白石,并非只为本地工匠所使用,而是远近闻名,远在河北易县的人也会专程来此定制"玉石大像"。到了唐代,河北幽州的汉白玉甚至不远万里被运至长安。比如原临潼骊山华清宫朝元阁老君殿的《白石老君像》(现藏于西安碑林博物馆),唐人郑嵎在《津阳门诗》自注说:石瓮寺,开元中以创造华清宫余材修缮,佛殿中有玉石像,皆幽州进来,与朝元阁造像同日而至,精巧无比,扣之如磬。以此可知石瓮寺中的玉石像和朝元阁造像是从幽州同日进贡来的。

乐善尼寺汉白玉佛像。据李凇讲,乐善尼寺系隋开皇六年尉迟迥孙太师为其祖所立,原名舍卫寺。唐中宗景龙元年(707)改为温国寺,后又改为乐善尼寺。据《历代名画记》载,寺中有净土院,院内有尹琳所绘壁画。在三门内有吴道子画的鬼神。在乐善尼寺遗址(今西安空军通讯学院),先后出土了四批石刻佛像。最早在1941年,出土了一批用汉白玉刻制的等身菩萨残躯,时代在隋至唐初。1978年,该地修造地下防空洞,又曾挖掘出14件佛菩萨残损头像,这批头像现存西安碑林博物馆。1983年,又在此地出土3件缺头的佛、菩萨残躯,其风格与1941年出土的那批相类似。同年七月,在此地再次挖出31件窖藏佛头和一块造像碑。造像碑为北朝作,其余均为隋至唐代雕制。据了解,这几次在乐善尼寺遗址出土的石佛像,范围都在相距20米之内,头像埋藏较深,距地面约4.5米,残躯埋藏较浅,距地表2米。显然是在会昌年间灭佛时所埋,头像较轻,先深埋,身躯较笨重,便浅埋。这批汉白玉石刻虽然没有明确的纪年铭刻,但其间应该有刻造于本年的隋代石刻。其汉白玉石材,极有可能来自河北地区。

山西交城县档案局还载有一件刻造于是年的《玄中寺开皇六年造像碑》,现藏于山西玄中寺。在山东省微山县文化馆,迄今收藏着刻于开皇六年的《仲思那等造桥碑》。此碑曾为清人陆增祥等著录,称碑高三尺六寸、广二尺三寸二分。碑原在马坡乡石里村,20世纪80年代迁至微山县文化馆。碑上部残断,碑残高126厘米。据邹县旧志记载,碑上原有两层佛像,现已看不到了。碑文记叙造桥经过及参与造桥者名录。

[文献]　唐魏徵等《隋书》卷七五,宋欧阳修《集古录跋尾》卷五,清王昶《金石萃编》卷三八,清陆增祥《八琼室金石补正》卷二四,清康有为《广艺舟双楫》卷三,赵超《石刻史话》,金申《中国历代纪年佛像图典》、《佛教美术丛考续编》,胡文和《中国道教石刻

艺术史》,李淞《陕西古代佛教美术》,交城县档案局《玄中寺》(《山西档案》1994 年第 2 期),赵明程等《隋开皇六年〈仲思那等造桥碑〉》(《文物》1991 年第 2 期)。

公元 587 年　开皇七年

［提示］　六月二十九日,陕西《道民苏遵造老君像》。

［叙录］　六月二十九日,陕西刻造石灰岩质道教石刻《道民苏遵造老君像》(图 103)。此件石刻颇为知名,高约 60 厘米,罗振玉、金申、胡文和、李淞均曾著录。现藏于美国波士顿美术馆。单面造像,中间老君像蓄长须,戴道冠,有大莲花头光,无三足凭几,双手残,右手原持物(应为麈尾),下露莲花座。座旁二蹲狮,左右各一立侍,均双手捧笏。尖形顶略残。下部为方座,正面及右面刻铭文,左侧及背面无字。

［文献］　清罗振玉《海外贞珉录》,金申《中国历代纪年佛像图典》、《海外及港台藏历代佛像珍品纪年图鉴》,胡文和《中国道教石刻艺术史》,李淞《长安艺术与宗教文明》。

公元 588 年　开皇八年

［提示］　三月二十三日,《杨阿祖造道像》。四月,河北《袁子才造像》。五月八日,河北《白石李户生造双思惟菩萨像》。八月,山东《殷洪纂息仕蒋造像》。九月,山东《比丘尼静元造像》。十月,《道教像》,陕西《道民徐景晖为母造四面像碑》。

［叙录］　隋代石刻,河北、山东及陕西等地是重镇,本年的石刻作品,也主要来自这些地区。开皇八年三月二十三日的《杨阿祖造道像》,现藏于美国芝加哥费尔德博物馆。李淞著录,像高 48.5 厘米。造像为上小下大梯形,正面上部有一大龛,造三尊像,中央老君戴道冠,右手抬起作捋长胡须状,一脚外露似佛像。左右二立侍,皆戴冠。龛下有线刻二护法狮,亦如佛教。值得注意的是中间有“老君主杨阿祖”,当是仿照当时佛像发愿文之常见格式如“弥勒像主某某”,亦说明所造主像为“老君”,这种点明造像为老君的情况不多见,相似的一例有临潼博物馆藏北魏孝昌三年造像碑,主像旁刻有“太上老君一躯”。

梁披云著录了几件刻造于是年的石刻。一件是四月的《袁子才造像》,其造像记正书 8 行,行 12 字,在河北磁县响堂山下层第一窟左壁后。另一件是这年八月所刻的《殷洪纂息仕蒋造像》,其造像记仍为正书 7 行、行 7 字,有方界格,在山东历城玉函山。九月的《比丘尼静元造像》,题记正书 10 行,行 11 字,在山东历城东南十里东佛峪。

五月八日河北《白石李户生造双思惟菩萨像》残高 26.2 厘米。现藏于北京故宫博物院,胡国强著录。双菩萨均半跏趺坐,一足踏莲台。基座前开光,内雕博山炉和护法狮,背面刻发愿文:“开皇八年五月八日,李户生敬造白玉像一区(躯)为亡父母”。

是年十月,还刻造有两件道教造像:一件石灰岩质的《道教像》为金申所著录,高 22.3 厘米,现藏于日本大阪市立美术馆;另一件青石质造像《道民徐景晖为母造四面像碑》,现存陕西耀县药王山博物馆,胡文和、李淞均有著录。碑高 88 厘米、宽 44 厘米、厚 19 厘米。碑阳下端刻发愿文。上部残断,为四面道教造像碑。正面上部开一龛,龛上部残,内有道像三尊,坐像右手持扇,内衣系带下垂,坐于方座,座底为莲花瓣形。左右各一立侍,持笏,足着履。龛下正中为罐形香炉,左右各一狮,其中左狮为正面,右狮为侧面。最下层为发愿文。碑阴上部亦造像三尊,残,大致同前。龛下磨泐不清,此为徐景晖个人造道像。碑左侧的两个裸体蹲者图像特殊,汉代图像中类似的尖耳长毛者一般为羽人或仙人。与之相对应的碑右侧图像为二鹿,其形式多见于佛教图像。再联系到正面主龛之下的双狮,这三者位置相同且都是双像,应具有相等的含义,即有吉祥象征性的兽类。这是道教在汉代传统图像基础上独创的图像。

图 103　道民苏遵造老君像　开皇七年(587)　美国波士顿美术馆藏

［文献］ 李淞《长安艺术与宗教文明》，梁披云主编《中国书法大辞典》，胡国强主编《故事收藏：你应该知道的200件曲阳造像》，金申《海外及港台藏历代佛像珍品纪年图鉴》，胡文和《中国道教石刻艺术史》。

公元589年 开皇九年

［提示］ 三月十六日，河北《白石皇子良造双菩萨立像》。四月十五日，陕西《道教石像》。七月，陕西《张辉造观音像》。九月二十三日，四川《会州刺史姜顺达通道记》碑。十二月，山东《章仇等造像》。是年，陕西《张士信敬造阿育王石塔》、河南安阳宝山灵泉寺《大住圣窟》、《宝山比丘法登枝提塔》、《太平寺碑》、婆罗门僧人真达模塑佛像，文帝召三阶教释信行入京、李士谦论三教优劣。

［叙录］ 开皇九年，最为重要的石刻事件是灵裕法师开凿安阳宝山灵泉寺大住圣窟，以及四川出现了少见的隋代修路名碑。

三月十六日的《白石皇子良造双菩萨立像》，仍为河北曲阳刻造，现藏于北京故宫博物院，胡国强著录，像残高25厘米。菩萨头戴花蔓冠，身披结纽式帔帛，佩戴长璎珞，均右手持花蕾，左手提玉环。基座前面开光，内雕博山炉和护法狮，基座右后两面刻发愿文。

四月十五日，陕西的石灰岩质《道教石像》，大村西崖、松原三郎、金申、胡文和、李淞均有著录，现藏美国波士顿美术馆。大村西崖据罗振玉拓本，称其座高二寸九分，阔九寸七分，侧三寸一分。胡文和认为此处所说的"座"应是指刻铭文的基座。此像为单面造像，中间坐像蓄长须，戴莲花冠，左手扶三足凭几，右手残，穿交领衣，右脚外露，似佛之结跏趺坐。下有六边形座。座旁二兽，一蹲狮，一似虎，颇为少见。左右各一立侍，均双手捧笏，戴莲花冠。下部为方座，三面有铭文。

七月的《张辉造观音像》和十二月的《章仇等造像》，为梁披云和刘正成所著录。张辉造像陕西泾阳出土，有正书像记13行，行4至6字不等，曾归诸城刘燕庭。《章仇等造像》全称《章仇禹生等造经像碑》，亦有正书像记17行，行48字。石边有题名一行。石高189.9厘米、宽89.9厘米。石上阴刻《佛说金棺经》。曾为黄易所得。黄易载，碑碎为二。初唯有下段，乾隆辛亥（1791年）春又得上段。石原在山东汶上辛冢海村三官庙，首拓首行"章仇"二字完好。

四川的隋代碑较为少见，因此开皇九年九月二十三日刻立的《会州刺史姜顺达通道记》碑显得弥足珍贵。此碑简称《隋通道记》，据高文载，碑为摩崖题记，是研究隋代四川道路建设情况的重要实物参考资料。碑文记述了会州刺史永安郡开国公姜顺达修路的经过和事迹，中有：蜀相姜维尝于此行，尔来三百余年，更不修理。大将军开府仪同三司、总管二州五镇诸军事、会州刺史永安郡开国公姜顺达。摩崖题记高64厘米、宽40厘米，刻文11行，行字不等，正书，字径约1寸。此碑于1929年由杨枝高在理县杂谷脑山中发现，历代金石家均未著录。《张士信敬造阿育王石塔》刻于开皇九年，最早为翟春玲所著录，现藏于西安文物保护考古所。

高僧灵裕于开皇九年开凿安阳宝山灵泉寺《大住圣窟》，当然是本年度最值得关注的石刻事件。《续高僧传》称此窟为"金刚性力住持那罗延窟"，据河南省古代建筑保护研究所记载，在灵泉寺附近的石窟及摩崖石刻中，最大的石窟即大住窟和大留圣窟。大住窟位于宝山南麓断崖上，窟门南向，窟门呈圆拱状，上方刻"大住圣窟"四字。窟平面呈方形，其进深与面阔皆为340厘米，高260厘米。面南辟拱券门，门外东西两侧分别雕有极为精美、高近两米的"那罗延神王"（Narayana）和迦毗罗神王（Kapila）护法像。窟顶呈斗底状，刻一巨大莲花藻井，周围镌刻四个生动飘洒的飞天。洞内东、西、北三壁均凿大型拱券式龛，龛内分别雕刻弥勒、药师及阿弥陀佛造像，均结跏趺坐于方形束腰须弥座上，头部和上肢已残缺，但从现存躯体仍能看出其浑厚古朴的艺术形象。同时窟内的各壁还分别镌刻有：小座佛31座，阴刻《世尊去世传法圣师图》24尊，佛像题名数十个及佛教经卷等。全窟题刻经卷佛谱、浮雕造像图案，繁缛密致，精刻入微，堪称全国现存隋代石刻艺术中的稀有珍品。

据唐人道宣记载，灵裕于宝山开凿此窟时，“面别镌法灭之相”。李玉珉认为，此一记载清楚说明，灵裕开凿大住圣窟的动机与当时流行的末法、法灭的思想有着密切的关系，此点可由窟内频频铺刻末法与希冀佛法永驻世间的经文得到证实。入口东侧壁的24位传法圣师则是延续佛法命脉的代表人物。大住圣窟的布局，清楚地表达了灵裕积极护法的热忱。此外，刻题的经文中，佛名的比例甚高，所以推断除了修习禅观之外，在大住圣窟中可以进行礼忏的仪式。大住圣窟是目前可以确认我国最早的一座与忏仪有关的石窟，其重要性非比寻常。该窟最精彩的部分还是以减地雕刻法作成的24尊传法圣师像与门外的两位魁梧雄健的神王像。前者二僧一组，作相对谈话状，二人间或雕莲橘宝珠，或以山石相隔。浮雕极浅，人物姿态自然，眉目毕具，雕制精巧。窟外的那罗延神王和迦毗罗神王像也是以减地法雕成(图104)。他们不但在狭隘的空间中，或转头，或举足，姿态灵活生动；更在有限的深度中，将胸腹肌肉质感，尽表无遗。费泳说那罗延有金刚坚固之意，迦毗罗神则是护法天部，亦作鸠摩罗天。李淞描述二神王时写道：东侧“那罗延神王”头戴鸟翼冠，蓄长须，两侧有披帛，上身裸，下着裙，右手持三叉戟，左手持剑，跣足立于一牛背上。西侧“迦毗罗神王”亦头戴鸟翼冠，蓄长须，两侧有披帛，上身着甲胄，甲胄胸部及腹部有人面像，肩部为兽头含臂，膝盖为象首，左手持三叉戟，右手握剑，跣足立于一兽背(鹿)。那罗延和迦毗罗，在汉译佛经中，没有它们相应的记载。

道宣载灵裕为北齐僧人，俗姓赵，定州巨鹿(河北曲阳)人。灵裕依道凭法师，晨夕幽通，发奇剖新。温玉成说，灵裕先投道凭听习地论，又北上定州受大戒。灵裕于宝山造石龛一所，即今“大住圣窟”。“圣”者，是人们对他“虔虔附道，克念齐圣”的尊仰。窟门内东侧减地浮雕之传法图，系我国最早的罗汉群像，应是依北魏吉迦夜于472年所译之《付法藏因缘传》六卷所刊，但多了一位摩田提，少了一位“夜奢比丘”。西侧刻有“七佛”、“三十五佛”以及《大集经》、《摩诃摩耶经》。“七佛”即过去七佛。据《佛说决定毗尼经》云，犯五逆大罪者，宜于三十五佛之边，至心忏悔。灵裕灭后，起塔灵泉寺侧，“灵裕法师灰身塔”今尚存。

在灵泉寺中，还有刻造于开皇九年的《宝山比丘法登枝提塔》。编号为61号塔，面向正南。塔龛通高85厘米，无基座，全塔由塔身、塔顶、塔刹三部构成。门无倚柱和额部装饰，在塔身的左侧刻有“比丘法登枝提塔，开皇九年”题记。

宋欧阳修著录有一件刻造于开皇九年的《太平寺碑》，梁披云著录时误作开皇元年(581)立。碑文隶书，存14行，行35字，右上方存6字。

婆罗门僧人真达模塑佛像一事，见载于《道宣律师感通录》，开皇九年，隋文帝派遣荆州人柳顾搜访梁武帝从印度迎请的旃檀佛像图本，柳顾在荆州求得真达模塑的佛像后返京复命。据金维诺讲，真达模塑的这尊佛像在唐时还保存在兴善寺中。

是年，文帝召三阶教释信行入京。释信行在唐释道宣著的《续高僧传》中有传。信行为隋代三阶教创始人。开皇七年信行曾致辞信相州(安阳)知事，愿舍身命财物以布施，请相州知事代为奏闻。时左仆射高颎闻其盛名，因请文帝召之入京，并于京师(西安)真寂寺建立别院，供其居住。开皇九年，信行与弟子僧邕等自相州至京师。后乃撰《对根起行三阶集录》及《山东所制众事诸法》，置寺五所。

同年，李士谦论三教优劣，此事为宋人释志磐记载。李士谦(522—588)为赵郡平棘(河北赵县)人，善谈玄，雅好佛学。有人问及三教优劣，李的回答，是隋代对三教地位及先后较早排出次第者：以佛为中心，道儒次之。这一次序与北周时以儒为先的政策大不相同。

［文献］ 唐释道宣《续高僧传》卷九、卷一六、《道宣律师感通录》，宋释志磐《佛祖统纪》卷三九，宋欧阳修《集古录跋尾》卷五，［日］大村西崖《中国美术史雕塑篇》，［日］松原三郎《中国佛教雕刻史论》，胡国强主编《故事收藏：你应该知道的200件曲阳造像》，金申《海外及港台藏历代佛像珍品纪年图鉴》，胡文和《中国道教石刻艺术史》，翟春玲《西安市出土的一批隋代佛道造像》(《文物》2002年第12期)，罗宏才《中国佛道造像碑研究——以关中地区为考察中心》，李淞《长安艺术与宗教文明》，梁披云主编《中国书法大辞典》，刘正成《中国书法鉴赏大辞典》，高文等《四川历代碑刻》，河南省古代建筑保护研究所《宝山灵泉寺》，李玉珉《中国佛教美术史》，费泳《汉唐佛教造像艺术史》，温玉成《中国佛教与考古》。

公元590年　开皇十年

［提示］ 正月十五日，河南《宝山道政法师支提塔》。十月，达摩笈多至长安，奉敕就兴善寺译经。是年，完成山东白佛山摩崖弥陀大像。约于此时，开凿河南沁阳悬谷山千佛洞石窟。开皇元年至十年间，开凿山东青州云门山石窟一、二号窟。

［叙录］ 河南宝山崖壁上，刻有众多隋唐佛塔，堪称露天浮雕佛塔博物馆。刻造于开皇十年正月十五日的《宝山道政法师支提塔》即为其中之一。据河南省古代建筑保护研究所记载，道政塔编号为三号塔，位于宝山东部崖壁。塔龛呈长方形，内雕单层方塔一座。该塔结构自下而上由基座、塔身、塔顶三部分组成。塔平面呈方形，南向，通高94.5厘米。在塔左侧的崖壁上，刻有楷书题记，保存完好。

十月，达摩笈多至长安令就兴善寺译经。唐人道宣载，达摩笈多是隋代自南印度至华的译经高僧。他于开皇十年抵达长安，奉敕住大兴善寺。大业二年(606)与阇那崛多于洛阳创设译经院，译有《大集念佛三昧经》《摄大乘论释》等九部46卷。

是年，完成山东白佛山摩崖弥陀大像。据郑甦民等调查，在泰安东平县境内有一处隋窟，即须城乡焦村北白佛山摩崖弥陀大像，大像雕造于高约200米南向山崖上。弥陀结跏趺坐，通高约670厘米，左右没有胁侍菩萨。造像功德主为沙门昙献、信徒刘子贵等人。左右两侧壁面还雕凿有小型佛龛数十个，旁边均刻有像主及供养人题名。在大佛左壁下部的方形龛内，还雕刻着一幅佛涅槃变相图案。

约于此时，开凿河南沁阳悬谷山千佛洞石窟。悬谷山千佛洞石窟位于沁阳市西北约30公里的太行山系玄谷山上。据王振国记载：玄谷山又称窄涧谷，除一所石窟千佛洞外，尚存唐摩崖造像数龛。千佛洞是近年新发现的一处隋代石窟遗迹，之前未曾公布。千佛洞为一中小型石窟，窟口南向。洞窟平面方形，近似于覆斗形顶，窟顶雕刻已毁，地面阴刻莲花图案。窟高227厘米、宽273厘米、深224厘米。造像布局为三壁式三龛，三龛皆圆拱形，位于壁面中央，正壁造像组合为一坐佛二弟子二菩萨，龛下壁雕造香炉及双狮。左右壁像龛造像皆一坐佛二胁侍菩萨，香炉、狮子雕刻同正壁。三龛周侧及前壁雕造贤劫千佛，每尊千佛旁俱刻有不同佛名。四壁最下层环周雕刻25身传法弟子立像，每尊传法弟子像侧均题刻有名字。该罗汉群像依据北魏昙曜等所编译之《付法藏因缘传》所造。正壁、东壁(左壁)造像风化、残损较甚，保存较差，西壁和前壁保存较好。窟口顶部局部崩塌，窟外上方及左侧刻造像题记，文字剥落严重，仅能辩识部分文字和个别邑子姓名，造窟的时间已残缺不全。千佛洞的三壁三龛式布局、题材如传法罗汉群像、贤劫千佛等，都与安阳灵泉寺开皇九年完工的《大住圣窟》内容相同或类似，悬谷山千佛洞三龛主尊也应分别为卢舍那佛、阿弥陀佛、弥勒佛。灵泉寺大住圣窟所造七佛、三十五佛等，均系信行所撰《七阶佛名》中的内容。悬谷山千佛洞所造的贤劫千佛和大住圣窟所造的七佛、三十五佛等，其用意相同，都与隋代三阶教的流行有关。从艺术风格、造像特征方面考察，与南响堂开皇纪年龛更为接近。悬谷山千佛洞时间上可能略晚于住圣窟，约雕凿于开皇十年以后。温玉成则说：玄谷山窄涧谷共有东、

图 104 大住圣窟迦毗罗神王 开皇九年(589) 河南灵泉寺石窟

西石窟各一所,摩崖造像六龛(自西向东分别为一至六号)。东窟内三壁三龛,又刻千佛,约于隋开皇二十年造,内刻廿五祖像,后三人作菩萨装,比安阳灵泉寺大住圣窟廿四祖多了“夜奢比丘”,即所谓“千佛岩”也。西窟是肃文和尚所造的“禅室”,“爰居爰处,南东其户”,完工于唐大历七年(772)。其窟往西40余步,原造有“水亭”一所。

开凿山东青州云门山石窟一、二号窟的时间,约在开皇元年至十年间(581—590)。温玉成载,云门山在青州市东南王家庄附近,王家庄的东北为云门山石窟,庄的西南即驼山石窟,两山相距约 1.5 公里。在云门山腰南侧存留五窟(两大型龛和三中型

图 105　张茂仁造弥勒三尊像　开皇十一年(591)　故宫博物院藏

窟)，计造像 272 尊。自西向东编为 1 至 5 号窟。1 号窟，方形，宽 340 厘米、深 260 厘米。布局为一坐佛、二侍立菩萨、二力士。佛及菩萨的衣饰，明显晚于青州龙兴寺出土之北齐造像。佛左肩垂下吊纽的作法类似于山东省东平县白佛山第一窟阿弥陀佛造像。1 号窟内，现存小龛 23 个，有造像题记 12 品。可推断 1 号窟开凿于隋开皇元年至十年间，主尊应是无量寿佛。在云门山两个大龛外面，有附加窟檐的痕迹，唐时称作“大云寺”。在窟龛的左右，凿有许多小龛和宋、明、清时游人的题记。阎文儒认为，从云门山第 1、2 号大龛中的菩萨像雕造的高宝冠、宝缯下垂、帔巾横于腹间一道，及衣带下垂如绅的风格，再从隋开皇十年(590)、十九年、仁寿二年(602)的各小龛题记来看，这大龛开凿的时间，应在开皇十年以前。其他三个小窟，方形低坛基，题材则加进力士的形象，及开元十九年(731)题记，可以证明是盛唐时期的创作。

［文献］　唐释道宣《续高僧传》卷二，河南省古代建筑保护研究所《宝山灵泉寺》，温玉成《中国佛教与考古》，郑甦民等《山东东平白佛山石窟造像调查》(《考古》1989 年第 3 期)，王振国《河南沁阳悬谷山隋代千佛洞石窟》(《敦煌研究》2000 年第 4 期)、《陕晋豫及其以东地区隋代石窟的分布与现状》(温玉成主编《少林文化研究论文集》)，阎文儒《中国石窟主艺术总论》。

公元 591 年　开皇十一年

［提示］　二月八日，河北《张茂仁造弥勒三尊像》。十一月，晋王杨广为总管扬州从智颤受菩萨戒。是年，陕西《卢谊兄弟造像碑》、重庆《潼南道教天尊像龛》、四川《彭州道民谯贯奴造道像》。

［叙录］　二月八日河北的《张茂仁造弥勒三尊像》，又称《白石张茂仁造弥陀佛二胁侍弟子像》(图 105)，是一件知名的隋代白色大理石石刻，现藏于北京故宫博物院。杨伯达、金申和胡国强均有著录。像高 30.3 厘米，主尊佛长圆脸，圆形肉髻轮廓线清晰。身披双层袈裟，内着僧衹支。上衣袒右肩，中衣覆右肩顺体侧直垂而下。施无畏与愿印，赤足立圆形莲座上。背屏顶部较尖，下部内收，从前面可以看到两侧露出的背面插屏座。二胁侍弟子，内着偏衫，外披袒右肩式袈裟，双手合十直立，长方形攀座后面刻发愿文。

十一月，晋王杨广为总管扬州从智颤受菩萨戒，事见《续高僧传》。李玉珉说，隋炀帝为皇子时即笃信佛教，平陈之后，被任命为扬州总管，在南方广收灵像与佛经，延礼名僧。开皇十一年，更奉天台大师智颤为戒师，自称“菩萨戒弟子”。即位后，炀帝弘法的热忱并未稍灭，邀集名僧至东都洛阳的慧日道场弘传佛法，又搜访译学高僧，翻译经典。

罗宏才提到一件名为《卢谊兄弟造像碑》的佛教石刻作品，现藏于陕西耀县药王山碑林。此碑刻有佛传图。白文曾撰文讨论药王山碑林造像碑上所刻佛传图，所谓佛传图即以释迦从诞生到涅槃为主要题材，依据佛传所记载的背景、情景、故事等诸多方面，以单幅或连续的构图形式表现出来的图像，展现佛传中的重大事件，使观者了解释迦的诞生、成道，直至涅槃的过程，唤起自身的解脱方向。药王山碑林中有数例线刻形式的佛传造像碑，其中佛传图像明确为北朝晚期佛传造像碑和隋开皇十一年的《卢谊兄弟造像碑》。两通造像碑在佛传图像构成上各不相同，如北朝晚期造像碑的佛传图像构成以时间、空间为中心，把释迦成道前后的事迹逐渐展开，体现出构图的繁复和缜密，以及信仰的纯粹性；而隋开皇十一年的《卢谊兄弟造像碑》的佛传图像结构则表现得简约单调，似乎更加注重功德主自身的表现。

重庆《潼南道教天尊像龛》位于潼南县定明山大佛寺崖壁。据胡文和载，在潼南大佛寺的千佛崖上，有 121 龛隋、唐、宋代的造像，其中有三龛隋代的道教造像，为第 6、7、12 号龛。这里的造像，由于自然和人为的因素，毁坏比较严重。大佛寺东面 200 米处的一高 20 余米的绝壁上，有三个(未编号)隋代造像小龛，现存“开皇十一年”和“大业六年”(610)的造像记。

关于四川《彭州道民谯贾奴造道像》，据李淞载，这件造像为四川佛塔地宫中的道像，刻成于开皇十一年(591)。此像1994年在四川彭州龙兴塔地宫中出土，同时出土的共有数十件石刻雕像，其中六件有纪年，自南朝梁中大通五年至唐开元二十五年，现藏彭州市佛教协会。这件道教造像残高45厘米、宽32厘米、厚3—13厘米(上薄下厚)。造像五尊，主尊插手，坐于莲花座。左右二侍者，立于莲花座，后有侍从护卫二人。台座下有二兽。背面有隶书发愿文。像主自称"道民"，这是一般道教徒的习惯，主尊插手的姿势，不是佛像特色而为道像常见。此像与数十尊佛像一起埋于佛塔中，当与唐武宗会昌年间灭佛有关。龙兴寺是一个有长久历史的蜀中名寺，据唐彭州刺史陈会撰《彭州九陇县再建龙兴寺碑》：厥初寺号大空，天援二年为大云，唐开元中诏号龙兴，会昌五年废为闲地。武宗病故，宣宗继位，恢复崇信佛教，龙兴寺得以重建。从碑文可知会昌五年(845)龙兴寺被毁，大中元年(847)复建。由此可推测寺中曾供奉有道像，灭佛时一并砸毁，847年重建时又一起埋入塔体。这件道像的造型颇似山东出土的隋代开皇十一年《孔钺造老子铜像》。李淞还指出，有意思的是，四川更早的一件道教造像也是与诸多佛像一起埋入地下的，即1995年成都市西安路一个窖藏灰坑中出土的南朝道教石刻，或许从这两件造像中可窥视四川早期道教造像的一种存在状态。

［文献］ 唐释道宣《续高僧传》卷一七，杨伯达《瘗埋石佛的研究》，金申《中国历代纪年佛像图典》，胡国强主编《故事收藏：你应该知道的200件曲阳造像》，李玉珉《中国佛教美术史》，罗宏才《中国佛道造像碑研究——以关中地区为考察中心》，白文《造像碑的佛传图——以药王山碑林为中心》(《敦煌学辑刊》2008年第2期)，胡文和《中国道教石刻艺术史》，李淞《四川隋唐道教石刻造像》(《雕塑》2009年第6期)。

公元592年　开皇十二年

［提示］ 四月二十五日，河北《白石兰伏回造双观音菩萨立像》。六月二十四日，释慧远卒。是年，山西虞弘墓。陕西《释迦如来立像》。

［叙录］ 开皇十二年，最值得关注的石刻事件是20世纪末在山西发现中亚贵族虞弘墓汉白玉彩绘棺椁石刻，其次是一代名僧慧远圆寂。

刻于是年四月二十五日的《白石兰伏回造双观音菩萨立像》，河北曲阳出土，现藏于北京故宫博物院。据胡国强著录，像高27.3厘米。双菩萨脸庞较方，头戴花蔓冠，均右手持莲蕾，左手提玉环，身体略倾，身披璎珞。右侧菩萨披穿璧式帔帛，左侧菩萨披结纽式帔帛。莲瓣形背屏背后雕半圆形插屏座，基座后左两面刻发愿文。

是年六月二十四日，释慧远卒。唐释道宣载，慧远，俗姓李，敦煌人。北周武帝毁佛时，慧远曾与之勇敢抗辩，无果，后归隐，隋时始出山林，为隋文帝所器重，讲学于洛阳。常住净影寺，世称净影寺慧远，以相区别于庐山慧远。开皇十二年，文帝敕命主持译场，刊定词义，不久卒。著有《大乘义章》、《华严经疏》、《大乘涅槃经义记》等凡十部计百余卷，中以《大乘义章》最为人们所称道。慧远卒后，隋文帝令于其曾住锡过的大兴善寺、净影寺分别立碑纪念，薛道衡制文、虞世基书、丁氏镌之，时号三绝。可惜二碑早佚。

山西虞弘墓的发现，被列为1999年全国十大考古新发现之一。据太原文物考古研究所考古调查记载，虞弘墓是我国第一座有准确纪年、拥有丰富中亚图像资料的隋代墓葬，是中西文化交流珍贵且生动的实物资料。虞弘墓位于山西晋阳古城遗址南六公里的晋源区王郭村，距北齐娄叡墓仅600米。墓内出土了完整的彩绘汉白玉石椁、石雕乐佣和墓志，以浓郁的异域风情，强烈的视角图像，绝妙的雕刻刀法震惊世人。彩绘石椁高217厘米、长295厘米、宽220厘米，为仿木结构建筑形式的石刻作品，主要由椁顶、椁壁、椁座等三部分构成。椁顶为歇山顶三开间形制，椁座下四周分别垫有两个石刻兽首，椁壁之上则遍布浮雕，内容为墓主宴饮、狩猎、出行、宗教仪式等内容(图106)。造型生动夸张,充满异域的神秘与欢乐场景。墓主人虞弘字莫潘,中亚鱼国人,在北朝曾任检校萨保府(政教合一的胡户管理机构),执掌祆寺及西域诸国事务,卒于山西并州,至隋开皇十二年始以石椁殓葬。石椁上的彩绘汉白玉浮雕,均洋溢着浓烈的中亚萨珊文化气息,鱼国当处于西域或中亚某个区域。荣新江等指出:墓志(《大隋故仪同虞公墓志》)中所载墓主的国籍鱼国,是一个史书失载的古国。文中追叙其先为有虞氏,后"派枝西域",说明鱼国曾在西域发展。据同墓出土石椁图案中人物看,毋论侍者、射猎奏乐者,还是宴饮者,皆深目、高鼻、黑发,多须髯,均为西域人种,与志文"派枝西域"相吻合,可作为鱼国曾处西域的证据。

与北周西安的安伽墓相比,虞弘墓石刻的异域色彩更为强烈刺目。正如太原晋城考古队的李爱国所说,虞弘墓最有意义的发现是汉白玉石椁上的浮雕彩绘图像。其图案分别雕绘在椁壁和椁座上,共有单体图案47幅,椁壁前壁图案向外,后壁及左右两侧图案向内。后壁及左右两侧,向外用黑墨绘画的图案中,较清晰的仅存一幅。汉白玉石椁椁壁共九块,每块雕绘上下两幅图案,共雕绘单体图案18幅。每块椁壁宽度不一,内容不同,但在每块石板上雕绘的边框和上下两幅图案所占比例基本相同。在每块椁壁上,用浮雕手法凿成6.5厘米宽的边框。边框四周雕绘一圈忍冬纹花边,四角单独雕花一朵。在框内雕刻出一道阴阳线界,分出上下两幅画面,上幅约占四分之三,呈方形;下幅约占四分之一,呈长方形。汉白玉石椁椁座共四块,前壁和左右两壁为浮雕彩绘,每壁雕绘上下两排图案。前壁雕绘11幅单体图案,左右两壁分别雕绘五幅图案。上排图案雕绘在束莲柱拱尖形门楣壁龛内;下排图案雕绘在壶门壁龛内。后壁图案仅彩绘,未施浮雕,同样分为上下两排,有单体图案八幅。

在上述数十幅图像中,较著名的有《主人宴饮图》、《骑驼狩猎图》、《骑象狩猎图》、《祆教火坛与祭司》等。这里引述一段由张庆捷描写的关于主人虞弘生前宴饮的图像场景(收入荣新江所主编的书中):该图案位于后壁中部,高约96厘米、宽约100.15厘米,画面向椁内,雕绘画面正对着椁门,是虞弘石椁图案中面积最大、人物最多的一幅图案,重要位置不言而喻。这块浮雕分为两部分,从上部图案的构图来看,为了在狭小的庐帐空间表现大的场面,艺术家把画面分成了三个层次,上疏下紧,中心人物突出,紧凑而不杂乱。第一层次,画出了庐帐的外部景色,有葡萄叶蔓和成串的葡萄、吉祥鸟。第二层次,是一庐帐内人物的活动,画面相对疏朗。在帐内大厅靠后正中是一床榻,榻上坐着一男一女,男者体形魁梧,梳整齐的波浪形长发,头戴波斯式王冠,顶有日月形饰物,冠后有两条飘带。耳下有串饰,留有浓密整齐的胡须,气质雍容高贵。身穿一件圆领窄袖长袍和半臂衫,腰系饰联珠纹的腰带,下穿紧腿裤,足登软鞋。向左侧身而坐,右手端一只多曲酒碗,目光平视着对面的妇人。妇人面对着他,曲腿坐于床榻上,头戴花冠,眼睑下垂。身着半臂裙装,在胸前和腰前还有短飘带,衣饰华丽而讲究。双腿隐于裙下,举一高脚酒杯,陪男者饮酒。很显然,此二人是整个画面的中心。在男女主人两侧,各有两名男女侍者。粟特男侍者短发,一个双手捧一大钵,一个右手抓一单耳细颈圆腹瓶,表现出一副恭敬的神态。两名侍女立于女主人身体后侧,似等候主人的吩咐。第三层次,在主人前面一块空地上,有六名粟特男乐者,分左右跪坐于两侧,每侧三人,梳短发,戴项圈,颈后有飘带。右边三人手中各持一种乐器,有小铜钹、束腰鼓、竖箜篌。左边三人手执乐器为横笛、筚篥、曲颈琵琶。在左右乐者中间,一个深目高鼻的男子正在舞蹈,他上身穿半袖衫,肩披帔帛,下穿紧身裤,赤脚,腰系软带,脚下铺毡,左脚着地,右脚后跷,身首扭转,正在急速地跳胡腾舞。在左部乐人后侧,有一个硕大耳瓶,像是一个酒器。在下面的小图案中,表现的则是一个人狮搏斗的情景。右部一头雄狮跃起,扑向一个武士,张着大口把武士的头咬在口中。该武士迎着狮子冲去,尽管头部被雄狮咬入口中,但仍然是左手高举,右手在下,给人的感觉有如他手握一短剑,将短剑刺进雄狮胸部。画面

图 106 虞弘墓椁壁浮雕(猎狮) 开皇十二年(592) 山西晋阳

左部也是内容相同的场面。一头雄狮将武士的头咬入门中，该武士右腿发力，弯腰弓背，右手握一把长剑，由下至上，将剑直插入狮腹，前半截长剑又从狮背穿出。整个画面甚为惨烈，给人以强烈的震撼和惊讶。

这种惊艳的异域风，对中国石刻艺术而言，是一股强劲而鲜活的血液，彼此融汇交织，从而产生更为激动人心的石刻文化盛景。

北大考古专业等在考察慈善寺与麟溪桥时，还著录了一件刻于开皇十二年的《释迦如来立像》，岐山出土，现藏于陕西历史博物馆。

［文献］ 唐释道宣《续高僧传》卷八，元念常《佛祖历代通载》卷一〇，胡国强主编《故事收藏：你应该知道的200件曲阳造像》，太原文物考古研究所《太原隋代虞弘墓清理简报》(《文物》2001年第1期)、《隋代虞弘墓》，荣新江等主编《从撒马尔干到长安——粟特人在中国的文化遗迹》，北大考古专业等编著《慈善寺与麟溪桥：佛教造像窟龛调查研究报告》。

公元593年　开皇十三年

［提示］ 三月，禅宗二祖慧可卒。四月十五日，《诸葛子恒平陈颂》。八月八日，陕西《辅道景造像》。十一月二十九日，《石观音立像》。十二月，隋文帝诏修复周武所毁之经像。是年，山东《曹植庙碑》、隋文帝在麟游始建仁寿宫、河南宝山《大融法师枝提塔》。

［叙录］ 继名僧净影寺慧远于去年(开皇十二年)圆寂之后不久，另一位隋代名僧慧可也于数月后(本年三月)离开人世。禅宗二祖慧可卒一事，唐释道宣在著述中有记载。慧可，一名僧可，俗姓姬，少年曾为儒生，通达易老。30多岁时在嵩洛遇天竺沙门菩提达摩，礼为上师，从达摩学佛六年，精研一乘宗旨，被后世禅宗南宗尊为第二祖。

四月十五日所刻立的《诸葛子恒平陈颂》，王壮弘有著录，全称《义主都督诸葛子恒合一百人平吴越主陈叔宝纪功碑》，亦称《诸葛子恒等造像颂》、《平陈纪功碑》、《陈叔宝纪功碑》，记载隋代临沂诸葛氏族人参加平陈战争一事。石高116.6厘米、宽76.6厘米，额正书“左右箱菩萨主孙桃姜大像主萧宝秩”15字。梁披云载，碑文正书，碑阴22行，行22字。首三行，行四至六字不等。碑阴四列：首列6行，二列21行，三列24行，四列12行。道光七年(1827)山东兰山出土，置普照寺，后移至琅琊书院王右军祠。

《辅道景造像》刻于是年八月八日，原出处不详，现藏耀县药王山博物馆。李淞著录，造像为单尊，头及左肩不存，残高40厘米。天尊盘膝而坐，下有方座，座之四面有供养人像及发愿文。金申著录有一件刻于是年十一月二十九日的《石观音立像》，石灰岩质，像高74厘米，现藏日本仓敷市大原美术馆。

十二月，文帝诏修复周武帝所毁之经像。从唐释道宣记载可知，隋文帝一开始便推行了与北周武帝毁佛行动完全不同的宗教政策，认为佛教有“救拔尘境，济渡众生，断邪恶之源，开仁善之路”的教化功能。为庄严佛事，于开皇十三年十二月，文帝再下令修复周武帝所毁之废像遗经，振兴佛学。

《曹植庙碑》全称《陈思王曹子建庙碑》，亦称《曹子建碑》或《陈思王碑》，清人阮元、王颂蔚等均曾著录。曹植第十一世孙曹永洛等，于北齐太宁元年(561)奉诏修复曹植墓及庙(山东东阿西八里鱼山祠内)，复于开皇十三年在庙中刻立此碑。据王昶载，碑高七尺，宽四尺二寸五分，碑阳23行，每行43字。叶昌炽认为隋代是我国“古今书学一大关键”，是承上启下的重要过渡阶段，《曹植庙碑》恰好体现了此时期的书法特质，楷书中带有篆隶之风。杨守敬评价说：《曹植庙碑》笔法实精，有篆隶遗意。

开皇十三年，隋文帝在麟游始建仁寿宫。仁寿宫的闻名，可能更多源来唐人的推崇，其中有唐高宗亲自撰书的《万年宫序铭》及魏徵撰写的《九成宫醴泉铭》等。隋文帝于麟游修建仁寿宫时，任宇文恺为检校将作大匠，令杨素监造。唐魏徵等在《隋书》中载，施工之中，劳民伤财，十分残酷：夷山堙谷，营构观宇，崇台累榭，宛转相属。役使严急，丁夫多死，疲敝颠仆者，被推填坑坎，覆以土石，筑为平地，死者以万数。北大考古专业等在考察慈善寺与麟溪桥时记载，仁寿宫修成后，文帝自开皇十五年(595)三月首次行幸仁寿宫，此后文帝每年都要到仁寿宫避暑，仁寿四年(604)七月，文帝死于仁寿宫中。唐贞观五年(631)，唐太宗更名此宫为九成宫，成为唐太宗的避暑夏宫。永徽二年(651)，唐高宗又将九成宫改名为万年宫，麟德二年(665)，复名九成宫，亦数次来此消夏。

是年，在河南宝山还刻有《大融法师枝提塔》。河南省古代建筑保护研究所载，此塔编号为60号，石塔东南向，为单层方塔，无塔基。由塔身、塔顶及塔刹构成。高131厘米，塔身正面开半圆形龛，内雕僧像，头部已毁。塔的右侧刻有："故大融法师枝提塔记，开皇十三年"字样的题铭。塔的整体造型古朴而庄重。

［文献］ 唐释道宣《续高僧传》卷一六、卷一八，唐魏徵等《隋书》卷二四，清阮元《山左金石志》卷十，清王颂蔚《写礼庼读碑记》，清王昶《金石萃编》卷三九，清杨守敬《激素飞清阁评碑记》，清方若著《校碑随笔》，王壮弘著《增补校碑随笔》，梁披云主编《中国书法大辞典》，李凇《长安艺术与宗教文明》，金申《中国历代纪年佛像图典》，北大考古专业等编著《慈善寺与麟溪桥：佛教造像窟龛调查研究报告》，河南省古代建筑保护研究所《宝山灵泉寺》。

公元594年　开皇十四年

［提示］ 此前，开凿青州驼山石窟三号窟。正月，河南《信行禅师铭塔碑》。是年，河南《宝山静证法师碎身塔》。

［叙录］ 山东青州西南方的驼山海拔400余米，驼山呈南北走向，因状如驼峰故名，石窟就建于山腰之上。现存编号窟龛共5个，另有摩崖造像一处，计有造像638尊。其三号石窟，形近方形，立面呈尖拱形式。窟内有造像题记近百品。重要的有：大像主平桑公、像主安乐郡沙门都僧盖等。阎文儒考证此平桑公即韦操。《隋书》载，韦操字元节，仕周，致位上开府、光州刺史。隋高祖为丞相时，以讨平尉迟迥之功，进位柱国封平桑郡公，历任青荆二州总管，卒于官。温玉成据此推断说，则窟开凿于开皇十四年以前。李裕群则进一步考证此窟在开皇元年至三年之间。很显然，该窟是以平桑公韦操、安乐郡沙门都僧盖为主的佛教邑社造像。阎文儒1956年调查时也说：驼山第一、三、四窟形与造像风格完全相同。第三窟大佛座下，有"大像主青州总管柱国平□公"题记。当时青州统治机关设有总管府，自北周末到隋开皇十四年一直如此。它的开创时间，应在隋开皇十四年以前。以第二、五窟内小龛长安二年(702)题记看，开创时间又应在武周以前或初唐时代。费泳也认为，以第三窟为标尺，第二窟在石窟形制、造像题材、造像因素等诸多方面表现出与第三窟的相似性，并在造像题记上也反映出与第三窟开凿约略同时。第四、五窟规模要小于第二、三窟，居次要位置，造像因素显示建造时间要晚于二、三窟。

开皇十四年正月所刻立的《信行禅师铭塔碑》，碑文正书29行，行47字，有方界格。额阳文篆书"故大信行禅师铭塔碑"3行9字。梁披云著录说，石在河南汤阴西北石林村东法隆寺门外。信行禅师为隋代高僧，三阶教创始人，开皇九年(589)文帝曾召信行入京。

河南《宝山静证法师碎身塔》，编号为四号塔，河南省古代建筑保护研究所载，此塔位于宝山东部，方向略面向东南。龛凿成长方形，龛内雕一单层方形墓塔。该塔平面方形，由基座、塔身、塔檐、塔顶及塔刹组合而成。高65厘米。塔旁镌刻有"故静证法师碎身塔，大隋开皇十四年建"的塔铭题记，此塔当雕建于隋开皇十四年间。

［文献］ 唐魏徵等《隋书》卷四七，温玉成《中国佛教与考古》，阎文儒《中国石窟主艺术总论》，李裕群《驼山石窟开凿年代与造像题材考》(《文物》1998年第6期)，费泳《汉唐佛教造像艺术史》，梁披云主

编《中国书法大辞典》，河南省古代建筑保护研究所《宝山灵泉寺》。

公元595年　开皇十五年

［提示］　正月十五日，《任承宗造元始天尊像石》。四月，陕西《释迦五尊石造像碑》。六月四日，龙门《行参军斐慈明邑子等造弥陀像》。九月八日，《诸邑人等造释迦多宝二佛并坐像》。

［叙录］　正月十五日的《任承宗造元始天尊像石》，据胡文和载，此刻为碧石石质，颇为少见，高约30厘米，造像石基座背面刻造像记。大村西崖著录说：北京黄中慧君藏。现距大村西崖先生书近百年，不知此石是否仍为黄氏家属所收藏。这年四月的《释迦五尊石造像碑》，现藏于彬县文化馆。据杨忠敏记载，1987年4月29日，彬县新堡子乡白店村发现这件开皇十五年造像碑。其石质为红砂石，碑顶残缺，通高138厘米、上宽43厘米、下宽52厘米，碑侧上厚17.5厘米、下厚18厘米。李凇描述说，碑上方凿一方形尖拱窟龛，龛内中间造释迦像一区，结跏趺座，低平肉髻，右臂上弯，手指向上，掌心向外；左手置于盘腿上，掌心向上，有托法器。闭目凝神，安详自然，端庄肃穆。两旁站立二菩萨，右边合掌恭立。

六月四日的《行参军斐慈明邑子等造弥陀像》，刻造于龙门宾阳南洞。李文生和李凇载，斐慈明造像龛刻有题记，位于佛龛之下。与北魏龛相比，坐佛的禅定印未变，但龛外的下垂衣纹变成了低莲花座，菩萨不立在龛外。北朝为低座，衣纹垂于龛外；隋龛略具方座；贞观年间的佛座多为高方座，座上刻下垂衣纹；到永徽年间，已普遍变为阶梯式束腰八角莲花座。此造像及题记甚为珍贵，诚如费泳所言，龙门隋代开龛，明确纪年铭文的仅有三例，均出自宾阳洞，年代最早的即这件斐慈明造像龛。

刻于是年九月八日的《诸邑人等造释迦多宝二佛并坐像》（图107），为大理石加彩石刻。像高83.8厘米，现藏于美国旧金山亚洲艺术馆。金申著录时称：此像为隋代所造，明代正德十四年（1519年）马钦室人侯氏刘氏装修（见台座左侧题记）。

［文献］　［日］大村西崖《支那美术史雕塑篇》，胡文和《中国道教石刻艺术史》，杨忠敏《彬县出土隋造像碑》（《文博》1988年第2期），李凇《陕西古代佛教美术》、《长安艺术与宗教文明》，李文生主编《龙门石窟志》，费泳《汉唐佛教造像艺术史》，金申《海外及港台藏历代佛像珍品纪年图鉴》。

公元596年　开皇十六年

［提示］　河北《沣水桥记》。二月八日，《张元象造像》。同日，陕西《刘子达造四面老君像石》。四月，河北《正解寺残碑》。八月，陕西《贺若谊碑》。十一月二十一日，陕西《蔡仕谦造元始天尊像石》。开皇十六年，山东《王昕希造像》，佛教义学再兴。

［叙录］　河北《沣水桥记》，全称《洺州南和县宋文彪等造沣水石桥碑》或《大隋邢乡南和县沣水桥记》，沣水桥为南和县宋文彪等修建，碑无刻造年月。梁披云、赵超等认为，当为隋开皇十六年前刻。碑文隶书，首行末行字皆残泐，石在河北南和韩村东岳庙内。

二月八日的《张元象造像》，其造像记全称《张元象敬造观音像记》，最早为清代方若著录，后来梁披云、刘正成亦有著录。记文正书16行，旧藏山东登州张氏。造像记书法既存有魏碑书法方笔平直切入、峭拔峻健之遗意，也时而可见隶书之波磔和燕尾笔画，其结体、字形又呈现出楷书之形态，充分体现出隋代书法魏碑体、隶书、楷书相互交融，呈现多样化风格的时代特色。同一天（二月八日），在陕西雕刻的青石质《刘子达造四面老君像石》，为四面开龛造像，现存陕西耀县药王山博物馆。胡文和载，碑高72厘米、宽43.6厘米、厚23厘米。碑右侧上部开一小龛，龛内刻一趺坐的老君像。龛下面线刻一博山炉，炉两旁各刻一蹲狮，下部刻发愿文。

图 107 诸邑人等造释迦多宝二佛并坐像 开皇十五年(595) 美国旧金山亚洲艺术馆藏

四月的河北之《正解寺残碑》，造像记为《崇宁寺造弥勒大像记》，隶书，残为四段。梁披云说，石旧在河北定县开元寺。道光戊戌(1838)移入元氏崇因寺，后又移入众春园。

八月，陕西刻成《贺若谊碑》。此碑全称《灵州总管海陵郡公贺若谊碑》，石在陕西兴平，正书28行，行67字。王昶载石碑连额高十一尺一寸，宽三尺八寸五。额篆书阳文“大隋使持节柱国灵州总管海陵郡贺若使君之碑”20字。清杨守敬评此碑书法：方挺秀劲，初唐人多用此体。欧阳辅亦称其严整遒劲，亦隋人中能品。

十一月二十一日陕西的《蔡仕谦造元始天尊像石》，据胡文和载，造像正面呈莲瓣形，剖面呈L形，高约30厘米，基座厚约17厘米，石背面下部铭刻发愿文。大村西崖曾著录此石，称其为端方藏石。

是年山东的《王昨希造像》，残高31厘米。此造像为山东临朐明道寺地宫所出土。据张总等著录，此像为青绿色滑石质地的背光小型造像。其面部造型已体现出从秀骨清峻到方圆丰润的变化。该造像褒衣博带式的佛衣以及较为瘦弱的形态，与隋代造像风格相去甚远，有研究者认为是复古造型，更有甚者认为是老像“后款”。就造型特征而言，该像为复古北魏晚期造像，但在雕塑艺术手法上，隋代的大线条风格还是较明显的。造像背后刻有铭文8行41字。

是年，佛教义学再兴。从唐人法琳等记载可知，北周毁佛之后，经典焚毁严重，隋初乃征集诸大德，组织新译，抄录旧经。刘学智说，开皇二年(582)，沙门宝暹自西域至长安，于大兴善寺传述，昙延等30余人翻译佛经。开皇七年，敕昙迁、慧远、慧藏、僧休、宝镇、洪遵等六大德及门徒入京，于大兴善寺译经。后又敕十大德法粲、法经、僧休、慧远、慧藏、昙迁等再加覆勘。开皇十三年(593)又令法经等撰《众经目录》，开皇十五年(595)又敕撰《众经法式》，以叙译经之轨则。开皇十六年，又以法彦为《大论》众主，法总为《涅槃》众主，洪遵为讲律众主，智隐为讲论《毗昙》众主，次年又以慧迁为《十论》众主(称“五众”)，讲论义学，“还扬前部”。佛教义学在遭受打击之后，又恢复了勃勃生机。

［文献］ 唐法琳《辩正论》卷三，清方若《校碑随笔》，清王昶《金石萃编》卷三九，清杨守敬《激素飞清阁评碑记》，清欧阳辅《集古求真》，端方《匋斋藏石记》卷一五，［日］大村西崖《支那美术史雕塑篇》，梁披云主编《中国书法大辞典》，刘正成《中国书法鉴赏大辞典》，赵超《石刻史话》，胡文和《中国道教石刻艺术史》，张总等《临朐佛教造像艺术》，张岂之等《中国学术思想编年》(隋唐五代卷)。

公元597年　开皇十七年

［提示］ 三月十五日，河北《白石邱善护造观世音菩萨立像》。十月十二日，陕西《董美人墓志》。

［叙录］ 河北曲阳的《白石邱善护造观世音菩萨立像》，刻制于开皇十七年三月十五日，现藏于北京故宫博物院，胡国强著录，像高24.3厘米。菩萨昂首挺胸，头戴花蔓冠，身披下搭式帔帛。右手上举持莲蕾，左手下垂握环，赤足立圆形莲座上。背屏后有半圆形插屏座，基座右后左三面刻发愿文。

刻于是年十月的《董美人墓志》，全称《蜀王美人董氏墓志铭》，又称《美人董氏墓志铭》，为赵万里、梁披云等所著录。墓主董美人是隋文帝第四子蜀王杨秀侍妾，汴州恤宜人。董氏开皇十七年七月病卒，年方19岁，其年十月十二日葬董氏于长安万年县龙首原，杨秀亲撰墓志。志石长宽52厘米，志文楷书。此志于清嘉道间出土于陕西兴平县，后由上海陆剑庵、徐渭仁收藏，惜于咸丰三年(1853)毁于兵火。刘正成称此志上承北魏旧体，下开唐朝新风。端庄遒美，峻严挺拔，骨秀而不瘦，肌丰而不肥，是隋碑中的精品。书法界曾有隋楷至《董美人墓志》而大备的说法。

［文献］ 胡国强主编《故事收藏：你应该知道的200件曲阳造像》，赵万里辑入《汉魏南北朝墓志集释》，梁披云主编《中国书法大辞典》，刘正成《中国书

法鉴赏大辞典》，庄新兴等编《董美人墓志》。

公元 598 年　开皇十八年

［提示］　三月三日，陕西《□石凤造像》。十一月，山西《陈茂碑》。是年，陕西《王长愿造像》、四川造千尺道像。

［叙录］　三月三日，陕西刻造《□石凤造像》。此像李凇著录，称原出处不详，现藏于陕西铜川市耀州区药王山博物馆。单尊造像，头及手不存，残高 34 厘米、宽 17 厘米、厚 16 厘米。坐像有三足凭几，左右各有一狮，下为方座。座四面有文字，正面及右侧有“十八年□次戊□三月壬申朔三日甲戌”等字样，文中年号不全，应为开皇十八年岁次戊午。主尊之名为无上某，可能是无上天尊。

十一月刻立的《陈茂碑》，全称《大隋上开府梁州使君陈公碑》，此碑最早为宋人欧阳修所著录，并称其“字画精劲可喜”。陈茂在《隋书》中有传，碑云茂字延茂，史亦阙。梁披云载，碑文正书 32 行，行 76 字。中段全泐，上下所存无几，有方界格。碑在山西临晋东北小嶷山上。

是年陕西所造的《王长愿造像》，李凇称其原出处不详，现藏于于陕西全国川市耀州区药王山博物馆。单尊造像，头不存，残高 30 厘米、宽 19 厘米、厚 16 厘米。坐像双手下垂，抚于半圆形三足凭几，道袍内有结带，衣裾垂覆，下有四面台座。座正面及右侧有发愿文，文中年号不全，应为开皇十八年。

四川造千尺道像。唐释道宣在《广弘明集》载：益州道士韩朗、绵州道士黄儒林扇惑蜀王杨秀造千尺道像，建千日大斋。

［文献］　唐释道宣《广弘明集》卷一二，宋欧阳修《集古录跋尾》卷五，李凇《长安艺术与宗教文明》，梁披云主编《中国书法大辞典》。

公元 599 年　开皇十九年

［提示］　正月十四日，河北《白石张士良造双菩萨立像》。六月，陕西《孙荣族造像碑》。是年，陕西《刘子达造像碑》。

［叙录］　正月十四日，河北曲阳刻造的《白石张士良造双菩萨立像》，现藏于北京故宫博物院，胡国强著录，像高 33.5 厘米。双菩萨头戴花蔓冠，身披帔帛，均内手持莲蕾，外手提玉环。身躯瘦长，赤足立莲座上。基座右后两面刻发愿文。

本年内另外两件石刻均来自陕西地区，为李凇及罗宏才所著录。一件是六月的道教《孙荣族造像碑》，其原出处不详，现藏于陕西铜川市耀州区药王山博物馆。石高 44 厘米、宽 22 厘米、厚 10 厘米。四面道教造像碑，碑正面上部开一龛，内有坐像一尊，头戴道冠，右手执扇，长须，内衣结带，外披道袍，衣裾垂覆龛下。龛楣为屋形。龛下为香炉及二狮。下有男女供养人各一组，主人持莲，仆人执伞或扇。碑阴造像大致同前，龛下为香炉双狮及供养人，右侧上层为发愿文。另一件是《刘子达造像碑》，又称《刘玄子造像碑》，碑高 75 厘米、宽 46 厘米、厚 20 厘米。四面体柱状，顶座佚，上下有榫。四面造像，每面一龛。正背龛三尊，左、右龛一尊。正面龛主尊戴冠、有须、无座。背面龛下漫漶不清。左侧龛下二狮对炉，右侧龛下二狮对炉并发愿文。1935 年出土于耀县漆河，1971 年迁耀县药王山碑林。

［文献］　胡国强主编《故事收藏：你应该知道的 200 件曲阳造像》，李凇《长安艺术与宗教文明》，罗宏才《中国佛道造像碑研究——以关中地区为考察中心》。

公元 600 年　开皇二十年

［提示］　二月八日，《贾子宽造观音立像》。十月二十八日，陕西《孟显达碑》。十二月，四川《大隋开府仪同三司龙山公墓志》。是年，晋王广立为皇太子，并敕天下有毁佛像者以大逆不道论，河北《白石张苌仁造双坐像》、《马穉墓志》，释玄奘生。

［叙录］　二月八日所刻之《贾子宽造观音立

像》，为黄花石，可能来自陕西地区，高38厘米，日本东京永青文库藏。清人罗振玉、日人大村西崖及今人金申均曾著录。

十月二十八日，刻立《孟显达碑》。碑主孟显达字令遵，甘肃武威人，卒于北周武成元年(559)五月，年方42岁。卒后41年的开皇二十年十月二十八日，方殓葬于雍州太兴县沪川乡长乐里，并刻造此碑以志纪念。但此碑后来命运多舛，唐时曾为玄宗朝卫尉卿韦顼毁作椁盖，碑阴凿成屋顶形，因碑阳下覆，碑文未完全破坏。清代发掘韦顼墓时，此碑一同出土(西安城南李王村)，移存西安碑林。此碑通高250厘米，额篆"魏故假节龙骧将军中散大夫泾州刺史孟君之碑"，碑文楷书，残缺。碑文记载孟显达参与贺拔胜与东魏侯景军事战役等事。书法瘦劲雅隽，楷中带隶，堪与《龙藏寺碑》相伯仲。

十二月，四川刻造《大隋开府仪同三司龙山公墓志》。高文载，碑高87厘米、宽50厘米。碑上刻龙纹，边有钩莲花纹，共13行，行20字，书法简古自然，有钟繇、王羲之遗意。清咸丰三年(1853)夔州府修城时得此碑于城隅，现藏奉节县白帝城文物管理所。出土时先出大半，及左下一小石，咸丰九年(1859)又出右下石，志石始完全。有咸丰庚申吴虁跋，同治九年(1870)吕辉等题记，白恩、张方泳等铭款，铭下又刻曹套林、陈沛铎等跋。

是年，晋王广立为皇太子，并敕天下有毁佛像者以大逆不道论。此事见载于《隋书》及宋释志磐《佛祖统纪》、《资治通鉴》中。唐长孙无忌等在《唐律疏议》中还记载了具体的处罚方式：诸盗毁天尊像、佛像者，徒三年。即道士、女官盗毁天尊像，僧、尼盗毁佛像者，加役流。真人、菩萨，各减一等。盗而供养者，杖一百。由此可见其惩处力度还是相当大的。

同年，河北曲阳刻造《白石张苌仁造双坐像》，石现藏于北京故宫博物院，胡国强著录，二像均头戴宝冠，宝缯垂肩，右手持莲蕾，身披袈裟，内着僧祇支，结跏趺坐。背屏光素，中间镂空。长方形基座正面雕双护法狮、博山炉，后面刻发愿文。河南洛阳的《马穉墓志》也刻成于开皇二十年，全称《大隋故荡边将军信州典缎马君墓志铭》。志石长宽均为44厘米，复斗形志盖，中间阳篆"故荡边将军马君墓志"九字，志文隶书。志盖四杀刻八卦纹、天干地支名及12生肖兽名等，此种形式隋前少见。

中国佛教史上著名翻译家、实践家、中国佛教唯识宗开创者释玄奘生于开皇二十年。道宣及慧立载，释玄奘(600—664)本名祎，俗姓陈，洛州缑氏(河南偃师县缑氏镇附近)人。卒于唐麟德元年(664)，年65岁。慧立撰有《大慈恩寺三藏法师传》。

［文献］　唐魏徵等《隋书》卷二、卷二五，唐释道宣《续高僧传》卷四，唐长孙无忌等《唐律疏议》卷一九，唐慧立《大慈恩寺三藏法师传》，宋释志磐《佛祖统纪》卷三九，《资治通鉴》卷一七九，清罗振玉《海外贞珉录》，［日］大村西崖《支那美术史雕塑篇》，金申《中国历代纪年佛像图典》，高文等《四川历代碑刻》，胡国强主编《故事收藏：你应该知道的200件曲阳造像》。

公元601年　仁寿元年

［提示］　正月二十一日，河南《宝山道寂灰身塔》。六月，颁舍利于诸州，诏立舍利塔。十月十五日，山东青州广福寺《舍利塔下铭》、《青州胜福寺舍利塔下铭》、南京栖霞寺五级石塔、麦积山舍利塔。十一月，《姚子发造双观音立像》。是年，甘肃《隋故成公府君墓志铭》，禅宗五祖弘忍生。

［叙录］　正月二十一日的《宝山道寂灰身塔》，据河南省古代建筑保护研究所载，此塔编号为68号，塔方位南向，其上部镌刻有铭文，全塔高88厘米，由塔基、塔身、塔顶及塔刹四部分组成。同年十一月，刻造佛教《姚子发造双观音立像》，石灰岩质地，像高38厘米，金申著录，现藏日本滨松市美术馆。

六月，颁舍利于诸州诏立舍利塔。此事为多种典籍所记载，如隋费长房，唐魏徵、道宣、道世，元觉岸等均有相关著录。文帝颁舍利于诸州，并下《立舍利塔诏》。其所颁舍利，为婆罗门沙门所赠。文帝延请高僧大德各率侍者、官吏，并赍熏陆香百二十斤，分送舍利于各州起塔。起塔之时，任人布施。限十月十五日午时，三十一州舍利同时置于石函内入塔。总管刺史以下县尉以上，息军机停常务七日，以专事建舍利塔之役。这样的浩大统一的全国性工程，在当时交通通讯极不发达的情况下，其实施之艰难可想而知。

文帝性好瑞应，在他还未登基之时，就曾得舍利，一直视为吉祥圣物。仁寿元年诏立舍利塔的31州包括雍州、岐州、泾州、秦州、华州、同州、蒲州、并州、定州、相州、郑州、嵩州、亳州、汝州、泰州、青州、牟州、隋州、襄州、扬州、蒋州、湖州、苏州、衡州、桂州、番州、交州、益州、廓州、瓜州等。之后又分送余州立塔，前后在一百多州建立寺塔。1 400多年后，文帝所建诸塔基本已毁坏不存或下落不明。目前所知仅有数处：如西安周至县仙游寺法王塔，此塔为七级密檐式砖塔，高30米。当时护送舍利的名僧系大兴善寺的童贞法师；另一处遗迹则是南京栖霞寺五级石塔。阎文儒载，栖霞寺东南半山上的五级石塔，据隋王劭《舍利感应记》称，隋仁寿元年全国州县，同时起塔。释道宣《续高僧传》记，送舍利于蒋州栖霞寺为释明璨。但是现存塔中所刻力士像及释迦八相的造像风格，与隋代不同，它较接近唐末、五代。张敦颐云："寺有舍利塔，乃隋文帝葬舍利处，南唐高越、林仁肇塔，徐铉书额曰妙因寺。"今证以文献，隋文帝仁寿年确有送舍利于蒋州栖霞寺建塔之事，但张敦颐所记，南唐高越、林仁肇建塔也必有此事。石塔题记，无一唐人遗迹，而石柱碣、赞、联语，又俱称"妙因"，"妙因寺"为南唐所改。塔中力士像均是唐末、五代刻风。今国内所存唐塔颇多，无一以石造成者。因唐会昌五年(845)废佛，此塔必受破坏，而宣宗(李忱)恢复佛教，南唐时又加重修，改为石塔，故张敦颐所记，应是有根据的。

此外，建立于仁寿元年的麦积山舍利塔，也是这次造塔运动的遗迹。释道宣记载，是年在麦积山建塔"敕葬神尼舍利"。麦积山现存有宋代砖塔，并非隋塔遗址，2008年地震后，据麦积山石窟艺术研究所对山顶佛塔进行考古调查，没有发现隋代遗物。同年十月十五日，在山东青州广福寺所刻《舍利塔下铭》，清人王昶曾著录，显然也是这次全国造塔运动的遗物。温玉成载，广福寺遗址在青州市南10公里之劈头山东麓，今属云峡河乡后寺村西阜。明代成化十二年四月所立的《重修广福寺记碑》云：寺始建无考。唯旧石志，有大魏武定二年蒙诏板补齐郡太守刘世明敬造佛像，为国王帝主祈福之说。又有石刻记大隋仁寿元年，于青州逢山县胜福寺奉安舍利，敬造灵塔，亦微寓祈祝之意。二刻现存于寺。意者寺之所建，或肇于魏隋之朝欤！所幸此石刻《舍利塔下铭》几经辗转，完好保存至今，仍存于青州市博物馆。另外一件被称为《青州胜福寺舍利塔下铭》的石刻，亦称《青州逢山县舍利塔下铭》，当刻制于同一天(仁寿元年十月十五日)。梁披云著录，刻铭隶书12行，行12字。额12字，题名2列，列4行。此铭为孟弼所书，旧在山东益都城南广福寺，曾归长白端方。孟弼生平不详，工书。清人钱大昕评价说：孟弼八分书(隶书)甚佳。

文帝不仅在中国诸州建立舍利塔，而且还将舍利分赐高丽、百济、新罗三国使者，于本国起塔供养。如此，神秘的舍利亦成为隋代向朝鲜半岛通好的佛教名品。

甘肃武威的《隋故成公府君墓志铭》，为甘肃境内少见的墓志，唐晓军著录，铭文称："天地长久，陵谷迁移，述此芳徽，扬名不朽。"

是年，禅宗五祖弘忍生。据宋赞宁载，弘忍俗姓周，湖北黄梅人。弘忍卒于上元二年(675)十月，年74岁。

［文献］ 隋费长房《历代三宝记》卷一二，唐魏徵等《隋书》卷二，唐释道宣《广弘明集》卷一七、《续高僧传》卷二一、卷三六，唐道世《法苑珠林》卷四〇，宋释志磐《佛祖统纪》卷三九，宋赞宁《宋高僧传》卷八，元释觉岸《释氏稽古略》卷二，清王昶《金石萃编》卷四〇，清钱大昕《潜研堂金石文跋尾》卷三，河南省古代建筑保护研究所《宝山灵泉寺》，温玉成《中国佛

教与考古》，梁披云主编《中国书法大辞典》，金申《海外及港台藏历代佛像珍品纪年图鉴》，阎文儒《中国石窟主艺术总论》，唐晓军《甘肃古代石刻艺术》。

公元602年　仁寿二年

［提示］　二月，《杨纪道造像》。五月二十四日，河北《白石雷买造双思惟菩萨像》。六月前，麟游慈善寺石窟完工。十二月十五日，湖北《启法寺碑》、《同州王明野造像》。是年，山西《首山栖岩道场舍利塔碑》、四川《信州舍利塔铭》、东都上林园立翻经馆。

［叙录］　二月的《杨纪道造像》，最早为罗振玉著录，现藏于美国波士顿博物馆。五月二十四日的《白石雷买造双思惟菩萨像》，河北曲阳出土，现藏于北京故宫博物院，胡国强著录，像高43厘米。二菩萨头戴三叶花蔓冠，头光相连，长圆脸，长眉细眼，高鼻梁，相貌沉静自然。一手食指支颐，一手抱足踝，半跏趺坐，一足踏莲台，姿势相同，左右对称，两侧立胁侍弟子。基座前面雕刻化生童子托博山炉、护法狮和力士像，背面刻发愿文。

据北大考古专业等在调查慈善寺与麟溪桥佛教造像时载，是年六月前，麟游慈善寺石窟已完工。笃信佛教的隋文帝在麟游建仁寿宫作为避暑行宫后，同时亦在慈善寺开窟造像。唐道宣记：仁寿二年六月五日夜，仁寿宫所慈善寺新佛堂内灵光映现，形如钵许，从前柱绕梁栿，众僧睹见。六月八日，诸州送舍利沙门使还宫所，见旨相问慰劳讫，令九日赴慈善寺为庆光斋。僧众至寺，赞诵旋绕，行香欲食，空里微零，复雨银屑天花。舍人崔君德令盛奉献。这表明隋代开凿的慈善寺石窟至迟在仁寿二年六月之前就已完工，并已成为仁寿宫所属的皇家寺院。慈善寺石窟在唐太宗和高宗时期得到了继续扩建，直到开成元年(836)六月，凤翔麟游县暴风雨，危及九成宫正殿及慈善寺佛舍，慈善寺石窟才渐被废弃。从这个记载也可知道，隋文帝在全国建舍利塔的运动，并非全部完成于仁寿元年十月十五日，之后仍有续建(前后共三次)，麒游慈善寺舍利塔即为第二次建塔活动之一例。建塔之时，各地均有舍利感应。慈善寺新佛堂所出现的灵光，其形如钵。日人长冈龙作认为，此处用“钵”来形容灵光的形状，也许隐喻的是舍利容器。

十二月十五日的《启法寺碑》，刻造于湖北襄阳启法寺内，碑佚于宋代，传世仅有清代临川李宗瀚旧藏墨拓本，拓本上钤有贾似道“魏国公印”，曾归罗振玉所有，后流入日本。隋文帝开皇四年(584)四月一日，齐州刺史韦世康奉诏修建启法寺，初名光福禅房，后改启法寺，宋时名龙兴寺。此碑即是韦世康之子、隋民部员外侍郎福嗣兄弟为纪念其父奉敕造寺之事而刻立的纪功碑。由周彪撰文、丁道护书丹、李宝刻字、赵励等人题名。该碑曾为宋人所器重，最早著录者是宋人欧阳修，之后黄白思在《东观余论》中等曾论及。米芾甚至说：《启法寺碑》冠绝一时。丁道护生卒年不详，隋谯国(安徽亳县)人，文帝时曾官襄州祭酒从事。明人丰坊《书诀》列记隋代善书者仅四人，丁道护位列第三。碑文正书，与智永书风略同，承继二王，蔡襄有“丁真永草”之谓。

罗振玉还曾著录一件刻于是年十二月的《同州王明野造像》。石藏日本早崎氏。是年，敕在洛阳上林园内置翻经馆，以彦琮为翻经学士，命将新平林邑所获佛经1 350余部及昆仑书送馆，让彦琮披览，并使编叙。前于开皇十三年，曾令法经撰有《众经目录》，此为重修。天竺沙门达摩笈多亦参与译事至大业末，长达28年。

是年所刻《首山栖岩道场舍利塔碑》和四川《信州舍利塔铭》，亦当为文帝二次造塔运动中的遗物。首山舍利塔碑全称《大隋河东郡首山栖岩道场舍利塔之碑》。碑文正书35行，行75字，有方界格。清代王昶载，碑高三尺五寸，宽二尺六寸。此碑最早为宋人赵明诚所著录，并考作隋仁寿二年刻造。梁披云称，此碑会稽贺德仁撰文，石在山西永济东南25里条山栖岩寺。因其石质斑驳，满身小点，俗称《鱼子碑》。四川的《信州舍利塔铭》，高文载：此塔铭直径52厘米，正方形，直界格，11行，行字不等，字径

25厘米。1872年夔州(奉节县)修城时出土,碑框外左侧刻清同治年间奉节知事吕辉题记。信州,南齐置巴州,梁改信州,唐改夔州,故治在今四川奉节县东北。

[文献] 唐释道宣著《广弘明集》卷一七、《续高僧传》卷一九,宋欧阳修《集古录跋尾》卷五,宋黄伯思《东观余论》,宋米芾《海岳名言》,宋赵明诚《金石录》卷二二,元念常《佛历代祖通载》卷一〇,明丰坊《书诀》,清罗振玉《海外贞珉录》,清王昶《金石萃编》卷四十,胡国强主编《故事收藏:你应该知道的200件曲阳造像》,北大考古专业等编著《慈善寺与麟溪桥:佛教造像窟龛调查研究报告》,梁披云主编《中国书法大辞典》,高文等《四川历代碑刻》,张岂之等《中国学术思想编年》(隋唐五代卷)。

公元603年 仁寿三年

[提示] 三月七日,陕西《苏慈墓志》。是年《龙华寺碑》。

[叙录] 三月七日,陕西刻制《苏慈墓志》。此志全称《大隋使持节大将军工兵工部尚书司农太府卿太子左右卫率右庶子洪吉江虔饶袁抚七州诸军事洪州总管安平安公故苏使君之墓志铭》,光绪十四年(1888)于陕西蒲城出土。墓主苏慈字孝慈,扶风人,卒于仁寿元年(601),年64岁。仁寿三年(603)三月七日葬于同州莲梦县崇德乡乐邑里。志石方形,长宽均83.2厘米,志文楷书。此志书风下启唐代欧楷,在书史上颇为重要。康有为称其端整妍美,初入人间,辄得盛名。

是年所刻立的《龙华寺碑》,碑残。刘正成著录,碑文正书28行,行50字。碑高146.5厘米、宽79厘米,额篆文"奉为高祖文皇帝敬造龙华碑"12字。清人陆增祥有著录,欧阳辅评价此碑书法时说:额字为篆体而笔法作飞白,为额字中所鲜见;碑文书法秀整劲拔。清康有为亦称其有洞达之风。

[文献] 清康有为《广艺舟双楫》卷三,清陆增祥《八琼室金石补正》卷二八,清欧阳辅《集古求真》,《苏慈墓志》(中国古代书法大家碑帖精选),刘正成《中国书法鉴赏大辞典》。

公元604年 仁寿四年

[提示] 三月十八日,河北《白石来子荣造双菩萨立像》。四月八日,陕西耀县神德寺隋代石函。十一月,炀帝幸洛阳登北邙南望伊阙。是年,河北《宝山慈明支提塔》、四川《梓州牛头山舍利塔铭》。

[叙录] 三月十八日,河北曲阳刻造《白石来子荣造双菩萨立像》,胡国强著录,现藏于北京故宫博物院。像残高28.3厘米,双菩萨身披结纽式帔帛,内手持莲蕾,外手提玉环,赤足立于圆形莲座。基座正面残留彩绘,其他三面刻发愿文。

四月八日佛诞日,刻成陕西耀县神德寺隋代石函。据朱捷元、秦波载,该石函于1969年出土于耀县照金镇寺坪村神德寺遗址塔基。石函高68厘米、长宽各102厘米,函盖高50厘米,函盖刻有"大隋皇帝舍利宝塔铭"九字,函内装骨灰及舍利子三枚、玻璃瓶、头发、波斯银币三枚。石函四面则有线刻画面:正面二力士护宝塔,背后四弟子举哀,两侧则为四大天王,且刻有天王名称,即东方提头赖吒天王(左手持剑),南方毗娄勒叉天王(右手持剑、左手执三叉戟),西方毗娄博叉天王(右手持长剑、踩一鹿),北方毗沙门天王(左手托塔、踩一夜叉)。据塔铭可知石函为仁寿四年僧晖奉隋文帝之命至此安放舍利而立。唐人道宣载:仁寿四年下诏:朕祗受肇命,抚育生民,遵奉圣教,重兴象法,而如来大慈,覆护群品,感见舍利,开导含生。朕已分布远近,皆起灵塔,其间诸州犹有未遍,今更请大德奉送舍利,各往诸州依前造塔。李淞认为,依此塔铭,舍利入塔日亦应全国统一为四月八日,宜君神德寺塔应为这个浩大的造塔工程之一。三个月后,隋文帝杨坚去世。

是年七月,隋朝发生剧变。隋文帝杨坚死于陕西麒游夏宫仁寿宫中。太子杨广即位,是为隋炀帝。

同年十一月，炀帝幸洛阳登北邙南望伊阙。此事在《隋书》(炀帝本纪)中有载：十一月，炀帝幸洛阳。登北邙，南望伊阙曰：自古何为不建都于此？苏威曰：前代留以待陛下。帝大悦。乃决意迁都洛阳。炀帝亦十分拜佛，据隋费长房，唐人法琳、道世等载，炀帝在位十三年，共建寺塔14座，度僧16 200人，修故经612藏，19 172部，修治故像101 000尊，新造像3 850尊，造二禅定并立别寺10所。

河南《宝山慈明支提塔》，刻于仁寿四年。据河南省古代建筑保护研究所载，此塔编号74号，塔方位南向。为单层方形灰身塔，通高112.5厘米。全塔由基座、塔身、塔顶及塔刹组成。塔左侧的右上方刻有题记。

仁寿四年四川的《梓州牛头山舍利塔铭》，从铭文中可知，此塔铭当刻于是年四月八日，亦为文帝第三次也是最后一次造塔运动之遗物。梁披云、高文著录，塔铭高75厘米、宽47厘米，11行，行13字，横直有阑、有额，均正书。铭后有辽宁铁岭阿麟正书跋四行。清光绪二十六年(1900)七月潼川三台县牛头山出土，移置文庙《干禄碑》侧。

［文献］　隋费长房《历代三宝记》卷一二，唐道世编《法苑珠林》卷四〇、卷一〇〇，唐释道宣《续高僧传》卷二一，唐释法琳《辩证论》卷三，唐魏徵等《隋书》卷三，胡国强主编《故事收藏：你应该知道的200件曲阳造像》，朱捷元等《陕西长安和耀县发现的波斯萨珊朝银币》(《考古》1974年第2期)，李凇《长安艺术与宗教文明》，梁披云主编《中国书法大辞典》，河南省古代建筑保护研究所《宝山灵泉寺》。

公元605年　大业元年

［提示］　三月，诏杨素、宇文恺营造东京(洛阳)。是年，河南大海寺唐高祖造弥勒像。始建河北安济桥(赵州桥)。

［叙录］　《隋书》(炀帝本纪)及《资治通鉴》载：大业元年三月，诏尚书令杨素、将作大匠宇文恺营造东京(洛阳)，每月役丁200万人，至次年正月始成。隋文帝开皇十三年(593)在陕西麟游修建仁寿宫时，也是由宇文恺为检校将作大匠，杨素监造的。两人在《隋书》中均有传，杨素在扶持杨广嗣位方面厥功甚伟。两位都是两朝重臣，且精于营造之事，尤其是宇文恺，这位鲜卑的隋代大臣，堪称中国古代最为著名的城市规划与建筑工程大师之一。

事实上，当年正是由于宇文恺的建筑才华，才使其免于隋文帝对宇文族的残酷诛杀。后来隋代所有的重大工程，都有宇文恺的贡献，无论是大兴城、仁寿宫还是东京洛阳的建设，宇文恺均身居要职。炀帝杨广即位后，为加强对冀、鲁及江淮的控制，遂在洛阳故都附近营建新城，作为隋朝的东京。因为洛阳的地理位置优越，可控三河，固四塞。

洛阳新都的营建时间十分短暂，前后仅十个月，在如此仓促的时间内要建成一座大都市，令人难以置信。营建东京之时，宇文恺为了迎合炀帝的“宏侈”之意，穷极壮丽。洛阳新都位于汉魏洛阳故城西面约10公里处，地理显要，北枕邙山，南望龙门。唐人张玄素曾对唐太宗提起当年他亲见的营建东都盛况：臣又尝见隋室造殿，楹栋宏壮，大木非随近所有，多从豫章采来。二千人曳一柱，其下施毂，皆以生铁为之，若用木轮，便即火出。铁毂既生，行一二里即有破坏，仍数百人别赍铁毂以随之，终日不过进三二十里。略计一柱，已用数十万功，则余费又过于此。

据中国社科院考古研究所发布考古勘探报告，东京的规模略比大兴城小。城墙总计周长27 000余米，合约55里。其平面为不规则的长方形，南宽北窄。新城由宫城、皇城、郭城构成，浩荡的洛水由西至东穿越新城，将新城划为南北两区，宫城与皇城则建于西北部。新都依势造形，虽不如大兴城之规矩，却多了几分自然的灵气。唐代地理学家兼宰相李吉甫曾说：东京宫室台殿，皆宇文恺所创。恺巧思绝伦，因此制造颇穷奢丽，前代都邑莫之比。所营建宫室之中，尤以乾阳殿最为奢侈，因为这儿是炀帝举行朝典和接待重要外宾之地。其殿基高达九尺，从地面至鸱尾高170尺，13间29架。云楣绣柱，华榱璧珰。柱大24围，倚井垂莲，仰之者眩曜。南轩垂以珠丝网络，下部至地七尺，以防飞鸟窜入。四面周以轩廊，坐宿卫兵。殿庭东南西南各有重楼，以悬钟鼓，刻漏位于楼下，随漏则鸣钟鼓。宫城正门即天门，门上飞观相夹。可惜到了唐代武德四年(621)，唐高祖李渊觉得这儿实在太奢华了，下令焚毁重建，一代旷世奇作，从此变为灰烬。

是年，河南大海寺唐高祖造弥勒像。据记载，唐代最早参与弥勒信仰之帝王，则是唐代开国帝王高祖李渊。李渊在隋大业元年为郑州刺史时，即在大海寺建造一尊弥勒石像。其造像记在《金石萃编》中有著录，从记中可知，这尊弥勒像是高祖李渊为其年始八岁的儿子李世民祈疾还愿时所刻造。李淞载，元代重刻、后存陕西户县草堂寺的《唐高祖为子祈疾疏》(大业二年)碑石，记载了同一事件。唐释道世说，高祖起义反隋之时，曾在华阴祀佛求福，登帝位后，便设斋行道，建寺造像："为太祖元皇帝，元贞皇后造旃檀等身像三躯"。

是年，始建安济桥(赵州桥)。距今已有1 400余年的赵州桥，位于河北赵县洨河上。建于隋代大业年间(605—618)，其设计建造者为隋代著名匠师李春。赵州桥是世上现存最早、保存最完整的古代敞肩拱形石桥。桥上有诸多精彩绝伦的石刻艺术作品。刘兴珍说，其石桥两侧栏板及望柱雕刻十分精美，尤以栏板所刻高浮雕蛟龙最佳。蛟龙耸肩撅臂，右前肢上举扬爪。颈项高抬，回首翘望，作穿岩行进状。长鬣飘拂，形貌威武。整体造型极富装饰色彩，刻工疏爽，块面展拓开张，伸屈自如，令人赞叹。

［文献］ 唐魏徵等《隋书》卷三，唐道世《法苑珠林》卷一〇〇，《资治通鉴》卷一八〇，清王昶《金石萃编》卷四〇，中国社科院考古研究所《隋唐洛阳城发掘报告》，李凇《陕西古代佛教美术》，刘兴珍等《中国古代雕塑图典》。

公元606年　大业二年

［提示］ 正月，陕西《李渊为子祈疾疏》。二月八日，河北《白石霍双造双菩萨立像》。四月二十五日，龙门宾阳中洞《蜀郡季子赟造观音像》。四月，炀帝迁都洛阳自伊阙陈法驾。七月八日，河北《白石杜善才造双思惟菩萨像》。七月，杨素卒，虞世基为撰墓志铭。是年，《石二菩萨立像》、陕西麟游大业二年造像碑、四川仁寿龙桥乡千佛寺造像、诏沙门致敬王者，释明赡等抗诏不从，乃止。

［叙录］ 前面已经提到高祖李渊为其生病的儿子李世民祈福造像之事。这年正月的《李渊为子祈疾疏》，说的还是同一件事，此石刻全称《郑州刺史李渊为男世民因患得捐造像》。疏文正书19行，行九字。梁披云著录，说石在陕西户县草堂寺，久佚，主持沙门寿全重刻置于寺中。

河北曲阳刻造了两件石刻，现均藏于北京故宫博物院，胡国强有著录。一件是二月八日河北的《白石霍双造双菩萨立像》，残高26.5厘米。双菩萨圆形脸庞，头戴宝冠，均内手持花蕾，外手提玉环。身披上下双弧形帔帛，下着长裙，裙腰外翻。基座内雕刻博山炉和护法狮；右后两面刻发愿文。另一件是七月八日的《白石杜善才造双思惟菩萨像》，高43厘米。二菩萨戴子叶花蔓冠，长圆脸，半跏趺坐，左右对称。上身裸露，帛带垂座，双臂以上不作雕刻交代。两侧立胁侍弟子。基座正面开光，内雕博山炉和护法狮子，背面刻发愿文。金申还著录有一件刻于是年的大理石质《石二菩萨立像》，高28厘米，现流往国外，其像极可能亦出自曲阳一带。

四月二十五日，龙门《蜀郡季子赟造观音像》，造像位于宾阳中洞门外北侧力士旁边，为蜀郡成都县募人季(一作李)子赟造像，四川人到龙门造像的并不多见，且隋代龙门造像有纪年者仅有三龛，此即其一。又据《隋书》载，是年正月，东京建成。四月，炀帝迁都洛阳自伊阙陈法驾，备千乘万骑，入于东京。炀帝是一个十分讲究排场的人，可以想见当年的盛况。

七月，隋代两朝重臣杨素卒，虞世基为撰墓志铭。事见《隋书》(杨素本传)，韩理洲在辑校《全隋文补遗》时收录有虞世基所撰《大隋纳言上柱国光禄大夫司徒公尚书令太子太师太尉公楚景武公墓志铭并序》，其文当为虞世基于次年八月所撰。《隋书》杨素传论中，对杨素一生功过给予了这样的评价：杨素少而轻侠，倜傥不羁，兼文武之资，包英奇之略，志怀远大，以功名自许。考其夷凶静乱，功臣莫居其右，览其奇策高文，足为一时之杰。然专以智诈自立，不由广义之道，阿谀时主，高下其心，营构离宫，陷君于奢侈，谋废冢嫡，致国于倾危。终使宗庙丘墟，市朝霜露，究其祸败之源，实乃素之由。杨素不仅是政治家军事家，同时，他还是隋代屈指可数的诗人之一，故明人王世贞说：北朝戎马纵横，未暇篇什。薛道衡足号才子，未足名家，唯杨处道(素)奕奕有风骨。

关于麟游县大业二年造像碑。北大考古专业等在考察慈善寺与麟溪桥造像时指出：古代的麟游以隋、唐时期的皇室夏宫——仁寿宫和九成宫而著名。在一些古代寺院遗址上保存下来的石造像及造像碑不少。如两亭乡水磨沟村曾于 1986 年发现三通，1988 年发现一通，文物普查时发现一通，共发现五通造像碑。可惜其中 20 世纪 70 年代中期发现的隋大业二年造像碑(据县博物馆工作人员说上有“大隋大业二年岐州普润县□□见破落石像”的题记)，被填入水磨沟小学山墙的地基里。

是年，四川仁寿龙桥乡千佛寺造像。胡文和载，千佛寺造像位于龙桥乡东北 500 米、龙桥乡初级中学校舍后面，即原千佛寺大雄宝殿背后。共 27 龛，分别在山腰长 18 米高 4 米的范围内，排列成上、中、下三层，有佛、道两教造像 246 尊。除一、二号龛龛口向西南外，其余龛龛口向南。少数龛毁于岩崩石裂，多数则系人为毁损，保存完好者甚少。千佛寺造像内容丰富，分别为道教，释道合一，弥勒，如意轮观音，千手观音，释迦说法，二佛，一佛四菩萨，华严三圣，西方三圣和净土变龛等。关于千佛寺和千佛寺造像，《仁寿县志》无记载，造像亦无题记。据该校中学教师反映，曾于 20 世纪 60 年代末期毁寺建校时，在原大雄宝殿侧掘出一巨大石碑，已开成条石作铺墙基使用，上面刻有“大业二年岁次丙寅”的建寺记载，但未见提及石窟造像的记录。

是年，炀帝诏沙门致敬王者，释明赡等抗诏不从，乃止。此事在宋释志磐的书中有记载。宗教人士是否应该敬拜帝王，是一个古老的话题，自晋代以来人们即为此争论不休。东晋咸康六年(340)，晋成帝辅佐庾冰即从儒家传统礼制出发，倡导佛教徒应敬事王者。后来沙门慧远还专门写下《沙门不敬王者论》予以反驳。是年，炀帝旧话重提，诏沙门应礼敬王者，立即引起明赡等人的强烈反对。后来，此事也不了了之。礼不礼敬王者，实际上显示儒家文化是否处于至高地位，也就是说，仍然是儒释之争的一个侧面反映。

［文献］ 唐魏徵等《隋书》卷三、卷四八，宋释志磐《佛祖统纪》卷三九，明人王世贞《艺苑卮言》卷三，梁披云主编《中国书法大辞典》，胡国强主编《故事收藏：你应该知道的 200 件曲阳造像》，韩理洲辑校《全隋文补遗》卷三，金申《中国历代纪年佛像图典》，北大考古专业等编著《慈善寺与麟溪桥：佛教造像窟龛调查研究报告》，胡文和《中国道教石刻艺术史》。

公元 607 年　大业三年

［提示］ 炀帝始北巡，游大同造佛龛。

［叙录］ 《隋书》(炀帝本纪)载：大业三年四月，车驾北巡狩。六月，猎于连谷。同书《韩洪传》又说：炀帝北巡，至恒安，见白骨被野，以问侍臣。侍臣说：这是往者韩洪与虏战处。帝悯然伤之，收葬骸骨，命五郡沙门为设佛供。《资治通鉴》又载：秋七月，诏发丁男百余万筑长城，西起榆林，东至紫河。时天下承平，百物丰实，甲士五十余万，马十万匹，旌旗辎重，千里不绝。

关于炀帝游大同一事，张焯说，隋炀帝一生中，除东北征高丽、西北征吐谷浑之外，一共有过三次北巡。第一次在大业三年，第二次在大业四年，第三次在大业十一年。最后一次北巡，是八月乙丑日由汾阳宫(山西宁武南)出发，第四天戊辰日接到突厥始毕可汗妻义成公主告变的密报，第八天车驾驰还雁门(山西代县)，第九天被突厥数十万骑围城；解围后，回归洛阳。此次巡视雁北，行色仓皇，诸葛颖病死，不可能有“回幡”游云冈的兴致。第二次北巡，是三月份行幸五原(内蒙古五原南)，“因出塞巡长城”；秋七月，“自榆关而东”；八月，“亲祠恒岳，河北道郡守毕集”。榆关，在今天内蒙古托克托西南隔黄河的岸边；恒岳，即北岳恒山，约在今河北曲阳。杨广此番沿长城东巡，若由内蒙古和林格尔，取道集宁，经河北张家口或坝上，进入河北平原，则不经大同。若走近道，由和林直趋右玉、左云，途经云冈，遂抵大同；还可从和林走丰镇，到大同。然后，顺灵丘古道下太行。后二路线，均有游幸云冈的可能，且正值初秋，与诗文相合(道宣《广弘明集》录有炀帝与其近臣诸葛颖“游方山灵岩寺诗”各一首)。无奈信史无载，《隋书》明确记载炀帝来大同的是第一次北巡。

大业三年秋八月乙酉日，炀帝幸启民可汗帐，受到隆重礼待。启民跪伏捧酒上寿，帝大悦，即兴赋诗一首：“鹿塞鸿旗驻，龙庭翠辇回。毡帐望风举，穹庐向日开。呼韩顿颡至，屠耆接踵来。索辫擎膻肉，韦鞲献酒杯。何如汉天子，空上单于台。”颇有气壮山河的豪迈。五天后，杨广踏上北巡的归程。己丑日，行经和林格尔，癸巳日出马邑城(朔州市)，入楼烦关。期间，大约是辛卯日，行至中途，巡游云冈石窟，驻跸大同。

现在云冈第三窟中龛像，日本学者多认为是隋代所造。日本岩崎继生在《大同风土记》(侯振彤译)说：关野、常盘两博士推论说，第三窟恐怕是隋朝所建。根据记载，炀帝是为其父文帝建此三尊佛的。在其东面，也打算同样为其母造三尊佛，因遭不测之变而被弑杀，接着国亦灭亡，致使东面之佛遭到了中止的厄运。果真如此，则炀帝诏令正其时。

[文献] 《隋书》卷三、卷五二，唐释道宣《广弘明集》、《资治通鉴》卷一八〇，[日]岩崎继生撰、侯振彤译《大同风土记》，张焯《云冈石窟编年史》。

公元608年 大业四年

[提示] 六月二十四日，《李深井造像》。九月，陕西《上官子叶造像碑》。十月八日，河北《白石王静义造菩萨立像》。十一月三日，河北《白石菩萨立像》。十二月八日，河北《白石文如兄弟造双菩萨立像》。是年，高僧贞观趺化，有《金刚经四句偈》焦山摩崖石刻传世、《梁道贵造阿育王石塔》、开凿陕西富县石泓寺第一窟。

[叙录] 六月二十四日的《李深井造像》，据李凇载，现藏于芝加哥费尔德博物馆。《李深井造像》为单尊坐像，像戴道冠，蓄倒山形长须，右手执扇。应为道像，但造像铭文却说佛弟子为生佛国。这似乎告诉我们，这些造像人分不清佛与道。李凇还著录了一件刻于是年九月的《上官子叶造像碑》，原出处不详，现藏耀县药王山博物馆。亦为单尊坐像，头部断失，残高31厘米。坐像左手抚三足凭几，右手执扇，坐于方座。座正面及左右侧为供养人像，座背面刻有发愿文。

是年有三件河北曲阳刻石留存下来，现藏北京故宫博物院，胡国强曾著录。一件是这年十月八日的《白石王静义造菩萨立像》，高31.3厘米。菩萨圆形脸，头戴三十花蔓冠。帔帛挎肩，左端绕腹部搭于右臂而下垂；右端至膝部上折缠绕左端帔帛，再下垂至膝部上折绕左臂下垂。这种帔帛缠绕身体的样式简称为“下搭上式”。基座右侧面刻发愿文。另一件为刻于十一月三日的《白石菩萨立像》，残高23.9厘米。菩萨头戴花蔓冠，身披结纽式帔帛，赤足立圆形莲座上。背屏上部残缺，正面绘红色火焰纹，背面雕半圆形插屏座。背面用朱线打竖格，朱书发愿文。还有一件刻于十二月八日的《白石文如兄弟造双菩萨立像》，残高28.2厘米。二菩萨均内手持莲蕾，外手提玉环，身披上下双弧形帔帛，下身着长裙，裙腰外翻。基座前开光，内雕博山炉和护法狮；右后两面刻发愿文。

是年，高僧贞观趺化，有《金刚经四句偈》焦山摩崖石刻传世。据王同顺载，镇江焦山《金刚经四句偈》摩崖石刻，高180厘米、宽110厘米，共20字："一切有为法，如梦幻泡影，如露亦如电，应作如是观。"竖式三行大字，点画浑厚遒劲，笔法方圆兼施。书丹者为隋代高僧贞观。《灵隐寺志》载：圣达贞观禅师姓范，钱塘人。掌有仙人字，舌紫罗纹，居灵隐山石室。时人语，钱塘有贞观，当天下一半，大业四年趺化，寿七十四。此处摩崖石刻落款"唐僧贞观书"，显然不是贞观写正文时所书。从字迹大小、用笔、结构看，不是贞观笔迹。可以推断《金刚经四句偈》的落款是刻者所附加。再据焦山清恒《枯木堂笔记》载：罗汉岩有唐僧人刻《金刚经》四句偈于石壁，署名贞观。以此知此石是唐人根据隋僧贞观书迹所刻。也有认为贞观为唐代高僧者。《西湖志》载：韬光山后有颈陀石室，即贞观坐禅处，始知贞观是唐时僧。或者，隋唐各有贞观僧名，亦未可知。

曹永斌还著录一件刻于大业四年的石刻，名为《梁道贵造阿育王石塔》。同年，还有件较为重要的石刻事件则是开造陕西富县石泓寺第一窟。李凇说，陕西现存隋代石窟造像中，有明确纪年的石窟，只有富县石泓寺第一窟，为大业四年造。石泓寺石窟的主窟为金代造。石泓寺石窟位于富县城西南五公里的直罗乡大门山上，现有10个洞窟。第一窟中有中央佛坛，坛上有三根屏柱，造一佛二菩萨二弟子像。东西二壁为小龛造像，有自在观音、16罗汉等。窟门两侧雕二力士，窟口并雕蹲狮一对。窟内前壁门额上浮雕释迦涅槃故事，窟外门额刻造像题记为：蒲州河东县霍石乡常嘉礼造功德三铺记，大业四年。

［文献］　李凇《长安艺术与宗教文明》、《陕西古代佛教美术》，胡国强主编《故事收藏：你应该知道的200件曲阳造像》，王同顺《镇江古代石刻及焦山碑林书法研究》，曹永斌《药王山石刻重勘纪略》。

公元609年　大业五年

［提示］　七月十五日，西安《姚长华造立佛一区》。是年，诏寺院准僧量留余并毁折、广西钦州宁越郡钦江县《正议大夫宁贙碑》、四川巴中西龛造佛像一龛。

［叙录］　大业五六年间，相对陕西而言，在远离政治中心的较为偏远的地方（如四川、广西等地），也出现了隋代石刻造像。

李凇载，1985年9月，西安市大南门外冉家村南的基建工地，出土有石佛像和佛座共11件，这里是隋正觉寺的位置。其中隋大业五年《姚长华造立佛一区》，佛像缺头，残高26厘米，左手执宝珠，右手托钵，着通肩袈裟，立于莲座上，莲座下为方形石座，刻有铭文"大业五年七月十五日，佛弟子姚长华为亡父母造像一区"等37字。

在佛事过于兴盛之时，则有可能对政权造成伤害。这个时候，统治者即会出台相应的限制措施。大业五年，隋炀帝即诏寺院准僧量留余并毁折。宋人释志磐记载：诏天下僧徒无德业者并令罢道，寺院准僧量留，余并毁折。此诏后来执行如何，按志磐所说，由于人们对佛教的狂热，此诏最终并未得到完全执行。但是根据唐人释道世在《法苑珠林》的记载，则显示是得到贯彻的。道世说隋鄜州宝室寺沙门法藏，戒行精淳，为性质直。至隋开皇十三年，于洛交县韦川城造寺一所。佛殿精妙，僧房华丽，灵像幡华，并皆修满。至大业五年，奉敕融并寺塔，送州大寺。有破坏者，藏师并更修补，造堂安置。因此张焯认为，是年省并寺院，僧不满50人者废，说明其诏实已施行。

清代道光十二年（1832），在广西钦州发现隋大业五年宁越郡钦江县《正议大夫宁贙碑》。赵超认为，这是一件在广西境内乃至南方地区都很少见的隋代石刻。宁贙碑的外形古朴，与北方圆形雕龙碑首的形制不同，而是仿照汉代碑石的形制，在碑额中雕有穿洞，字体方硬古拙，与南朝刘宋时代的爨龙颜碑相近。它们可能反映出边远地区接受中原文化的影响比较晚一些，还不能随着中原地区的新式碑形制而改变过来。当时边远地区与中原交往的不便，由此也可见一斑。

远在西南腹地的四川，是年也在巴中西龛造佛像一龛。成都文物考古研究所等调查巴中石窟时说，关于巴中石窟的开凿年代，大体上有始于初唐和隋两种说法。从调查的情况看，我们认为始创于隋是有道理的。西龛21号，为一大型三层龛，内层圆拱形，中层佛帐形，外层方形。外龛左侧壁有五代人题刻"捡得大隋大业五年造前件古像"的题刻。该题刻虽并未说明此龛即开凿于隋，但至少说明了此西龛在五代时曾有过"大隋大业五年"的古佛像。中层龛两侧各开一帐形小龛，龛形与广元皇泽寺、小南海北朝小龛相似。内层龛口左右各立一力士，力士的长裙褶纹细密，裙摆呈规则的云朵状，与巴中及整个川北地区的唐代力士造像的裙纹均不相同，与这里的18号龛主尊袈裟下摆处理方式一致。因此21号龛确有可能开凿于隋。刘兴珍等亦持此观点，认为这是一龛标准的隋代造像，头部及两臂残缺，然风神犹存。躯体颀长，袒上身，腰束长裙，胸饰瓔珞，帔帛长垂及地。挺胸收腹，身躯略作扭转，跨踌而立。刻工疏朗，块面转剔自如，帛带裙褶起伏萦纡，妙形逐刃而生。

［文献］ 唐道世《法苑珠林》卷一八，宋释志磐《佛祖统纪》卷三九，李凇《陕西古代佛教美术》，张焯《云冈石窟编年史》，赵超《石刻史话》，成都文物考古研究所等《巴中石窟内容总录》，刘兴珍等《中国古代雕塑图典》。

公元610年 大业六年

［提示］ 三月二十日，重庆潼南《杨佛赞修天尊

图108 西山观玉女泉岩壁 右半为隋大业六年(610)造天尊像记左半为唐武德二年(619)造像记和造像龛 四川绵阳

像》。十二月二十八日，四川绵阳西山观《三洞道士黄法暾造天尊像》。大业六年，《周文明造道教三尊像》。

［叙录］　本年度的石刻全部为道教石刻，这在隋代的38年中颇为少见，可能与之前的限制寺僧政策有一定关联。而且这些造像主要出现于巴蜀地区，显示出巴蜀大地浓厚的道教文化背景。

三月二十日，重庆潼南定明山大佛寺崖壁上刻造《杨佛赞修天尊像》一龛。姜孝云撰文说，定明山亦称南山或壁山，位于潼南县城西北一公里半，海拔260多米，居涪江南岸，顺流而下经县城可直达重庆。山之侧，自山脚直达山顶依岩叠建有七重飞檐大佛殿，其左右建有观音殿、玉皇殿、鉴亭等木结构古建筑群，俗统称大佛寺。定明山临江一面岩壁陡峭，基岩裸露，岩层顶部甚是广平。摩岩造像群便雕琢在基岩之上，遗存有始于隋，盛于唐、宋，继于明清、迄至民国延续时间长达1 400多年的佛道教摩岩造像。造像分东西两岩，相距500余米，其造像之龛号皆分别自东往西编列。东岩自大佛寺右侧100余米处的鹰岩起至麻雀岩止，编为27龛，造像200余尊；西岩在大佛寺西里许，俗名岩洞湾或千佛岩，近百龛造像700余尊。《杨佛赞修天尊像》在东岩八号龛。此龛顶呈弧形，龛外周阴刻舟形尖顶龛楣，通高185厘米、宽110厘米。中刻天尊，面长圆，较清瘦，头挽高髻，覆巾，巾之两端曲折下叠齐肩，半袒胸，着长裙，胸前结带，外穿双领通肩大衣，双手结印，结跏趺坐于仰覆莲台之上。莲下为半圆形束腰座，座雕刻花束，两侧对称刻二蹲狮，狮尾直竖，侧身面外。左壁一男侍，着道履，袖手立于仰莲上；右壁一女侍，头挽双髻，面目清秀，半袒舒胸，内着长裙，外穿广袖通肩大衣，足登方头履，面露微笑，袖手侍立。三像头部至肩皆减地凹凿呈圆形头光状。形象清癯，衣纹多采用阴刻手法，下垂之衣领则借用贴泥条式手法以圆润之凸纹雕刻而成。龛左楣下部另刻一信女，身材高挑，头覆巾，着长裙，双手持带梗莲举于腹前，像之上方刻"清信女庞霍"五字。其裙褶飘拂，质地细软，与其他弟子信女之服饰及所刻位置均明显不同，体现出贵贱之别。龛左上方存造像记一则："大业六年三月廿日作天尊像，弟子杨佛赞造敬记。"计二行20字，字径不等。

十二月二十八日，四川绵阳西山观刻《三洞道士黄法暾造天尊像》一龛。胡文和载，绵阳市地处涪江中游流域，是川陕古道出入要冲，文物古迹甚多，石窟遗址有数处，最著名者为西山观和子云亭的道教造像。西山观原存50余龛，现只存25龛。民国版《绵阳县志》(山川篇)记载："西山，一名凤凰山，治西六里许，上有观，古名仙云观，相传尔朱仙修炼之所。"西山观在距原绵阳火车站西面不到1公里的西山上。此处造像，24龛雕凿在临玉女泉的壁面上，一龛存于子云亭的下面。面临玉女泉的岩壁，横断面呈梯形。靠壁北端石墙中部一块长方形的大石条上，存两龛造像(图108)。龛中造像均为一天尊二协侍。天尊均身着圆领袍服，趺坐莲台。莲台下有一狮，狮头周围刻蔓形植物纹。天尊以右手施触地印，左手上举(已毁坏，似施无畏印)；二协侍双手拱揖立于莲台上。右边(南)的一龛龛门外左壁存一则"大业六年"的造像题刻。其造像题记为刘喜海所著录，刊刻在一长条石上，现藏于绵阳市博物馆。所谓三洞，据道士孟安排解释，一者洞真，二者洞玄，三者洞神。真以不杂为义，玄以不滞为义，神以不测为义。通而为语，三名互通。因为题铭有敬造天尊之语，李凇称绵阳西山观道士黄发暾造天尊像为四川第一天尊像。该造像龛内有坐像一尊。发愿文：大业六年太岁庚午十二月二十八日，三洞道士黄发暾奉为存亡二世敬造天尊像一龛供养。题记左侧有一碑形，半圆形碑额，早期拓片上似乎可看出有坐像。碑身未刻字，下有莲瓣纹碑座。联系到重庆潼南大佛寺摩崖隋代天尊像，像旁也刻有这样的碑形，可知在四川不为孤例。

20世纪初，法国汉学家色伽兰到绵阳考察石刻艺术，在其名著《中国西部考古记》中记载说：子云亭西一大石凿如洞形，宽2.5米、深1.8米，内有本尊坐像一躯，旁为诸尊者，洞背面亦有雕像，洞两壁所镌刻善男信女像为四川佛龛中最精美之品。可惜，这些精美造像在1953年修建宝成铁路时，被筑路者将部分造像、题记及色伽兰所记载的石窟当作石料凿掉，现已毁损无存。1986年，绵阳市文管所找到隋大业六年(610)造天尊像一龛及"大业六年三洞道士黄法暾敬造天尊像一龛供养"题记。

这一年还有一件道教石刻，即现藏于美国芝加哥费尔德博物馆的《周文明造道教三尊像》，李凇称其原出处未详，收自北京。主像扶三足凭几、右手持扇、蓄长须且戴道冠。显然是道像，但是据碑上题记，此为"佛弟子"周文明为其亡姑所造，碑正面铭文有"亡姑托生佛国"，碑左侧题有"大业六年岁次庚子"的造像日期，而这一年实际的干支应为"庚午"。此种情形(造像者不分佛道)在该馆所藏的刻于大业四年的《李深井造像》中也同样出现过。

[文献] 唐孟安排《道教义枢》卷二，清刘喜海《三巴金石苑》，[法]色伽兰《中国西部考古记》，胡文和《中国道教石刻艺术史》，姜孝云《重庆潼南定明山摩岩造像》(《潼南文史资料》)，李凇《长安艺术与宗教文明》、《四川隋唐道教石刻造像》(《雕塑》2009年第6期)。

公元611年 大业七年

[提示] 九月，山东《陈叔毅修孔子庙碑》。十月二十一日，陕西《姚辩墓志》。是年，山东历城神通寺四门塔石刻。

[叙录] 山东一直是隋代石刻较为集中的地方，但多为摩崖石窟造像，碑刻并不多见。因此刻于大业七年九月的《陈叔毅修孔子庙碑》就显得颇为珍贵。此碑亦称《陈明府修孔子庙碑》，现藏于曲阜孔庙汉魏碑刻博物馆。骆承烈载，碑高214厘米，宽82厘米，厚21厘米。清人王昶记为碑高七尺一寸，广三尺二寸三分。仲孝俊撰文，八分(隶)书21行，行47字。此碑曾广为金石学者如金人孔元措、清人钱大昕、孙星衍、孔继汾、洪颐煊和阮元等所著录。立碑者陈叔毅，字子严，陈宣帝之子。此碑篆额字径两寸，黑文凸起，中间的界线亦为黑文，与它碑不同。王昶谓此碑"笔法严整"，惜未刻书丹者姓名。

万年县《姚辩墓志》刻于是年十月二十一日，全称《隋故左屯卫大将军左光禄大夫姚公墓志铭并序》。此志最早为宋人朱长文所著录，后来清人王昶等也曾提及此志，志文全文收录于严可均《全隋文》中。原石佚，王昶记宋时有重刻本一石二面，多讹字落字。高三尺三寸，广一尺五寸。32行，行42字。志主姚辩字思辩(546—611)，《隋书》有载，武威人，戍边事屡立功，官至左屯卫大将军左光禄大夫，卒于大业七年三月，葬于同年十月二十一日。志文由虞世南之兄虞世基撰写，书丹者则是大书家欧阳询。其书法虽不及《九成宫醴泉铭》、《化度寺塔铭》等名碑那样笔力洞达，但已显现出神完气定的大家风范。镌刻此志的工匠万文韶，曾为褚遂良《慈恩寺圣教序》操刀。此志的文、书、刻均出自一代名家之手，被后世称为隋代三绝碑。

位于山东历城县柳埠镇的神通寺四门塔，建造于大业七年，系一以青石砌成的正方形单层塔，各面中开一小拱门。塔边长738厘米、高约1 300厘米。塔内中央有一石砌方柱，柱前每面各刻有一圆雕佛像。塔上部石叠涩而上，内收成截头方锥形。塔的顶部有方形须弥座，四角置山华蕉叶，中央安置一座雕刻精巧的塔刹。关于神通寺四门塔，香港文化大学教授陈清香曾撰专文讨论：历城神通寺，相传最初立寺于东晋，高僧竺僧朗东来泰山弘法，创设道场，初名朗公寺，至隋代改名神通寺。坐落于神通寺遗址东南的四门塔，是历城附近硕果仅存的隋代建筑，塔内原供四尊佛像，线条流畅，刀法遒劲，宝相庄严，其中东方的阿閦佛头不幸于1996年遭遇锯砍而失窃。古佛有灵，2002年6月，佛首为法鼓山护法弟子收购，并捐献给圣严法师，法师基于古物复原的慈悲心，将佛头于当年的12月送返原地。陈清香认为，神通寺四门塔的石材及造形，均沿袭山东本地的传承。早在北魏时代，法定禅师初至山东，在方山之阳建灵岩寺，其后弟子为纪念他而建一亭阁式塔，其塔平面四方形，四方开拱门，顶上以叠涩出檐又内缩，上再加方形露盘、置塔刹，就外形的古朴庄重，四门塔与之十分类似，应可视为四门塔的早先遗构，因它造于北魏晚期，一直被称为北魏祖师塔，但是此法定祖师塔在塔顶上的装饰式样，比四门塔复杂得多，也不排除和四门塔同时或晚于四门塔建造的可能，由于四门塔内有铭文，是西元 544 年便开始建造，而法定祖师在西元 520—524 年才到灵岩，因此造塔的时间是相差不多的。四门塔内四方平台之上，各近门处现存图雕石佛一尊，高 123—147 厘米，此四佛一般被认定为东方阿閦佛、西方无量寿佛、南方宝生佛、北方微妙声佛，四门塔四佛，典出《观佛三昧海经》。经载世尊在一次法会中，有一位财首菩萨将天曼陀罗华等散在佛上，也散在文殊菩萨上，结果散在文殊的华，起了变化，现出了四柱宝台，台内有四佛。另一提到四佛的《金光明经》则记载：四佛曾为信相菩萨解说释迦世尊寿命方八十的疑惑，经文内载王舍城中有信相菩萨，思惟释迦世尊一不杀生、二又施食，但寿命却短促仅仅八十，信相菩萨以其至心念佛，并在室中作观想犹如如来所居的净土，有妙香气，有烟云布满室，于是室中出现了四佛。

山东一地自海路与天竺交通既畅，受到印度风格的影响，自是必然之事，从青州龙兴寺窖藏的石佛看来，北魏至东魏时代的作品，多为背屏式的佛碑，舟形身光，佛身扁平消瘦，褒衣博带。到了北齐时代，石佛造型修长而健硕，薄衣透体，呈现曹衣出水式，此种式样应是直接受到印度笈多式样的影响。笈多式有秣菟罗式和鹿野苑式，在青州的北齐石佛中均很明显可以辨认出来。袒右肩及通肩式的袈裟式样，是典型的天竺装，衣褶如流水式的波纹是秣菟罗的余绪，褶襞全无的袍服则是鹿野苑式。但青州石佛亦有介乎二者之间者，亦有超出笈多式的法界人中像者，尤其石佛面孔并非雅利安人样那代表青州风格的特色。四门塔的四佛，在佛容和佛发上是继承了青州风格。但是佛衣则摆脱了印度的笈多式样，既非通肩也非偏袒右肩，衣纹虽亦贴身，但并未紧密到和肌肤粘成一体的地步，所以和青州北齐石佛有所区别。

［文献］　唐魏徵等《隋书》卷三，宋朱长文《墨池编》卷一七，金孔元措《祖庭广记》卷十，清钱大昕《潜研堂金石跋尾》卷二，清孙星衍《寰宇访碑录》卷二，清孔继汾《阙里文献考》卷三三，清洪颐煊《平津馆读碑记》卷三，清阮元《山左金石志》卷十，清严可均《全隋文》卷一四，清王昶《金石萃编》卷四〇，骆承烈《石头上的儒家文献——曲阜碑文录》，陈清香《神通寺四门塔探源》(《中华佛学学报》2004 年第 17 期)。

公元 614 年　大业十年

［提示］　正月八日，四川绵阳西山观《女弟子文托生母造天尊像》。

［叙录］　四川绵阳西山观《女弟子文托生母造天尊像》，20 世纪初，法国汉学家色伽兰到绵阳考察石刻艺术，曾见此石刻，现早不存，毁于 20 世纪 50 年代修建宝成铁路工程之中。清人刘喜海曾著录其造像记全文："大业十年正月八日，女弟子文托生母为儿托生，造天尊像一龛。愿生长寿子福沾，存亡恩被，五道供养。"

［文献］　清刘喜海《三巴金石苑》，［法］色伽兰《中国西部考古记》，胡文和《中国道教石刻艺术史》。

公元 615 年　大业十一年

［提示］　五月十七日，陕西《尉富娘墓志》。是年，陕西《元智墓志》、河南博爱县石佛滩隋代摩崖造像。

［叙录］　五月十七日陕西刻成《尉富娘墓志》，全称《大隋左武卫大将军吴公李氏女墓志文》。同治十年(1871)西安龙首乡兴台里出土，后为南海李氏、天津王氏收藏，现藏于上海博物馆。志主尉富娘出身名门，系隋左光禄大夫左武卫大将军、吴国公尉迟安第三女，洛阳人，卒时年始 18 岁，因未婚配，冥配

李氏。志石方形，长宽均为45厘米，志文正书。清人杨守敬评价说，其“书法峭健，上嗣丁道护，下开欧阳率更(询)，实出《元公》(元智)、《姬氏》墓志上。在今所出古墓志，无与匹者”。赵万里亦谓其“收北碑之煞尾，开欧柳之先河”。

同年，陕西所刻的《元智墓志》，全称《大隋故朝请大夫夷陵太守太仆卿公之墓志铭》。志主元智，洛阳人，卒于大业九年(613)，年64岁，两年后的大业十一年始与其妻姬氏合葬于陕西大兴县。此志清嘉庆二十年(1815)与其妻志在陕西咸宁同时出土。曾归武进陆耀遹，咸丰间毁于兵火，存残石两块，同治六年(1867)由陆氏孙子陆彦甫觅得残石，被晚清翰林恽毓嘉重金购回，现藏北京故宫博物院。残石存字27行，每行20—25字不等，志文正书，多有六朝别体。陆耀通称其“文字雅驯，书法严杰，北宗也。而结体一洗南北纤俗之习”。瞿中溶亦谓其“书法劲秀，刻画峻拔，乃石刻中之妙品”。张廷济更是在《清仪阁金石题识》中赞叹说，其“文词典则，书格精整，古志石中绝无仅有之作”。笔者曾在民间见到清人俞樾石刻题跋一方，题跋共两段(不见于俞氏文集)。第一段写于光绪丁酉年(1897)，时年77岁的俞樾记载了此两碑的出土情况和流转过程，并对包世臣认为此碑为欧阳询所书一说提出看法。第一段全文：“两碑皆在陕西咸宁，嘉庆二十年出土，武进陆氏得之，后毁于兵，恽孟乐太史重价购得其石，元公碑尚可读，夫人碑存者稀矣，然神气完足，率更(欧阳询)书云实从此出，洵可宝也。包安吴(世臣)竟以为率更书，则武断矣。今长沙徐氏有重刻本，孟乐见之否。光绪丁酉夏日曲园居士俞樾书。”第二段是俞樾就瞿中溶在《古泉山馆金石文编残稿》中提及的一些问题作了解答。

是年，河南博爱县石佛滩摩崖造像。据陈平、牛宁等实地调查所载，石佛滩摩崖造像，位于河南博爱县城北约9公里、许良乡下伏村丹河东岸的一处崖壁上。地处太行山南麓，溯河而上即为天井关，系古代晋东南或豫北通往东都洛阳的要地。石佛滩除有四个唐代小龛外，余龛全部为隋龛。计现存隋代摩崖小龛18个，另造千佛像22躯及七佛、八胁侍菩萨像等。龛上有大业十一年纪年题记者五例，其中最早的一例为隋大业十一年四月八日敕赐同义寺记。造像题材仍以阿弥陀佛居多，次有观音菩萨、弥勒佛等，龛像组合均为一坐佛胁侍二菩萨的三尊式。

［文献］　清杨守敬《丁戊金石跋》，清陆耀遹《金石续编》卷三，清瞿中溶《古泉山馆金石文编残稿》，清张廷济《清仪阁金石题识》，赵万里《汉魏南北朝墓志集释》，陈平、牛宁等《博爱县石佛滩隋代摩崖造像调查简报》(《中原文物》1992年第1期)。

公元616年　大业十二年

［提示］　四月二十五日，龙门《蜀郡成都县募人李子斌等造观音像》。七月十五日，龙门《梁佩仁造释迦像》。

［叙录］　炀帝后期荒于政事，石刻事业已几尽停滞。本年的石刻，也只有在龙门石窟中觅得两处踪迹。一为四月二十五日之龙门《蜀郡成都县募人李子斌等造观音像》。二为龙门宾阳南洞北壁之刻，据李文生载，刻于是年七月十五日的《梁佩仁造释迦像》(图109)，为河南郡兴泰县人梁佩仁所造释迦像双龛。

［文献］　李文生主编《龙门石窟志》。

公元618年　大业十四年

［提示］　四川蒲江县鸡公树山隋代摩崖佛龛。隋代，山东《青州默曹残碑》、山东《薛子岫摩崖》、四川青城山《张陵石像》。

［叙录］　据龙腾和刘新生记载，蒲江县长秋乡鸡公树山隋唐摩崖造像现存20龛209尊，原15龛162尊埋没在泥土乱石之中。1985年，文物普查发现线索后，长秋乡政府组织人力把造像从两三米深的泥土乱石中发掘出来。这批造像之前从未见于文献记录。鸡公树山在蒲江县城东北20公里之长秋

图 109 龙门宾阳南洞梁佩仁造释迦像双龛 大业十二年(616)

乡新建村二组,为从寿安镇通往眉山县的古道必经途径之一。前临开阔的蒲江河谷,后是层峦叠嶂的长秋山脉。在古道旁一块大石包上有隋代摩崖造像两龛 34 尊。一号龛龛门向东,双层平顶,龛壁弧形,高 100 厘米,宽 86 厘米,外层深 105 厘米,内层造像龛深 45 厘米。龛壁弧形。壁上造像分两排,上排造五佛,主佛结跏趺坐于有梗莲台上,着圆领通肩袈裟,双手置腹前,圆形头光。佛座高 24 厘米,莲瓣上仰。左为普贤立象背,右为文殊坐狮背。下排造五佛,主佛左为一菩萨,右立一弟子,题记为"大业十四年"。二号龛造西方三圣等 20 尊像。

梁披云还著录有两件隋代石刻,石均在山东,具体刻造时间已不可考,姑附记于此。一件是《青州默曹残碑》,年月泐。碑阳存 11 行,第 5、10 两行空行,余行存 12 字。碑阴题名存 6 列,列 14 行。在山东益都,归登州张氏。另一件是《薛子岫摩崖》,无年月。榜正书 3 行 8 字。在山东晋阳山城西 30 里。此外,在四川青城山天师洞内,还存有一件刻于隋大业年间(605—618)的《张陵石像》,形象甚为威严,三目,掌上有方形"阳平治都功印"。

[文献] 龙腾《蒲江县长秋乡鸡公树山隋唐摩崖造像》(《四川文物》1993 年第 4 期),刘新生《蒲江县长秋乡摩崖造像调查》(《四川文物》1995 年第 2 期)、梁披云主编《中国书法大辞典》。

唐朝编

引论

公元617年（隋大业十三年），杨隋帝国已陷入一片混乱之中：民变纷起，割据称王，烽火照天。即使在这样危若累卵的情形之下，隋炀帝杨广居然还在四处寻找寡妇与处女，云集于宫中，让他自己和众将士一同恣意行乐。太原留守李渊起兵叛变，迅速攻陷长安，并立代王杨侑为帝，是为隋恭帝，也是短命隋朝的末代皇帝。李渊自任大丞相，封为唐王。次年，也就是公元618年（大业十四年），右屯卫将军宇文化及勒兵入宫，炀帝杨广逃入西阁，被宇文化及擒获，处以绞刑。同年五月，李渊废除隋恭帝杨侑，自己称帝，是为高祖，国号为唐。从此，中国历史翻开了最为华彩夺目的篇章。

李泽厚曾这样描述人们心中的大唐：对外是开疆拓土军威四震，国内则是相对的稳定和统一。一方面，南北文化交流融合，使汉魏旧学（北朝）与齐梁新声（南朝）相互取长补短，推陈出新；另一方面，中外贸易交通发达，“丝绸之路”引进来的不只是“胡商”会集，而且也带来了异国的礼俗、服装、音乐、美术以至各种宗教。“胡酒”、“胡姬”、“胡帽”、“胡乐”，是盛极一时的长安风尚。这是空前的古今中外的大交流、大融合。无所畏惧、无所顾忌地引进和汲取，无所束缚、无所留恋地创造和革新，打破框框，突破传统，这就是产生文艺上所谓“盛唐之音”的社会氛围和思想基础。如果说，西汉是宫廷皇室的艺术，以铺张陈述人的外在活动和对环境的征服为特征，魏晋六朝是门阀贵族的艺术，以转向人的内心、性格和思辨为特征，那么唐代也许恰似这两者统一的向上一环：既不纯是外在事物、人物活动的夸张描绘，也不只是内在心灵、思辨、哲理的追求，而是对有血有肉的人间现实生活的肯定和感受、憧憬和执着。一种丰满的、具有青春活力的热情和想象，渗透在盛唐文艺之中。即使是享乐、颓丧、忧郁、悲伤，也仍然闪灼着青春、自由和欢乐。

唐代艺术，无论是诗歌、音乐、舞蹈、绘画、书法、雕塑（包括石刻）等，都将黑格尔所说的人类对艺术的理想风范推向了极致：高贵中的单纯，静穆中的伟大。而且，在这单纯与静穆之中，始终缭绕着一种音乐般的气韵和节律，让人回味无穷。正是这种音乐性的表现力量渗透了唐代各个艺术门类，成为其美的魂灵。

唐代在造型雕塑方面取得空前成就，王子云指出，中国在隋唐以前，人们在雕塑艺术上，对君权神权的依附相当浓厚。到了隋唐时代，在艺术方面，多具有丰盛瑰丽和青春的活力，表现在雕塑艺术上，是重视现实、热爱生活和对于美好生活的憧憬。唐代的石刻，在中国雕塑艺术史上其成就非凡。它与秦、汉时期的质朴遒劲而含蓄的作品以及南北朝时期健壮而充满装饰性的作品相比较，更有一番博大雄浑的气场。唐代的佛教造像，尤其是石窟造像，总的来说，其宗教性减弱，而艺术性和真实性大大加强。佛教信仰方面，由之前的出世思想转变为入世的思想，由依附于神的幻想进而凭借神来表现人间生活，成为此一时期佛教造像的重要特质。唐代的陵墓石雕、墓俑雕塑以及装饰雕塑等，其神话色彩也开始淡化。如陵墓石雕中的守墓兽，已由前代的翼狮翼虎（天禄、辟邪或麒麟、瑞兽），演变为现实中的狮虎，附会神权的翅膀开始消退。王子云认为，虽然在所谓“天马”的胸前还保留着双翼，但马的基本形象是来自现实的，因而它的神秘性已大为减少。唐代的建筑装饰和碑石、墓志、石棺、石椁线刻以及工艺小品雕刻，均富有民族艺术色彩，特别是唐代石椁线刻人物上所运用的线描，已达到出神入化的地步，令人叹为观止。

唐代的碑刻更是名家名碑辈出，直与汉代相比肩，成为中国碑刻史上最为辉煌的时代。在墓碑方面，唐代渐渐形成严格的等级制度，这对碑刻文化产生重要影响。据《通典》和《唐会要》记载，唐廷对不同等级的人使用墓碑的规格均作出详细规定，不同社会身份的人在碑碣的题字、碑的尺寸、形式、花纹图案等方面，均有严格区别，并以法律条文形式进行保证。比如，五品以上官员墓碑为龟趺螭首，高不过九尺；七品以上官员墓碑方趺圭首，高四尺。唐朝以后历朝虽然具体规定略有不同，但总体上则沿袭了这种碑刻制度。《明会典》载，明代一品以上官员墓碑为螭首、二品为麒麟首、三品为天禄辟邪首、七品以下则为圆首，所有墓碑碑座均为龟趺，尺寸高低则不相同。《清通礼》则记载，只有品官的墓才能用碑，处士墓只能用表。同时，对于墓碑题字，清代也规定品官墓碑书某官某公之墓，妇人则书某封某氏。八、九品以下庶士碑文文曰某官某之墓，无官则书庶士某之墓，妇称某封氏，无封则称某氏。

唐代石刻艺术，直接以隋代石刻的丰硕成就为基础，上承汉魏南北朝，下开五代及两宋，而且其间延续时间长近 300 年，对中国石刻艺术的影响之重大，史上无有出其右者。闻一多曾赞叹张若虚的《春江花月夜》是诗中的诗，巅峰中的巅峰。我们也可以借用闻先生的话来赞美唐代的石刻，它是石刻中的石刻。

前面我们已经提及，金维诺敏锐地发现，理想时代的唐代石刻艺术气质，其实早在隋代即已现出端倪：隋代造像形体丰满，躯体修长，衣饰简洁，在宁静中显示出现实人物的内心气质，已预示着唐代造像日渐追求体现现实人物的风貌和精神气质的趋势。唐代佛教造像对多种不同人物性格的探求与刻画，反映了艺术匠师对社会的深入观察和对人情风习的深切体会，从而丰富了佛教艺术曲折地反映现实的能力，也使佛教艺术更加深入民间。唐代佛像之所以激动人心，也许正是在追求塑造佛性中，创造了寓慈祥于庄严的美的佛教造像典型。盛唐时期以吴道子为代表的佛教造像曾流行一时，它的作品气势宏伟，形象生动，超凡脱俗，被称为“吴家样”。而到中晚唐，由于画家周昉的创意，出现端严柔丽之体，被称为“周家样”。盛唐以后佛道造像都先后明显受到吴家样和周家样的影响，并进一步影响到五代、宋的雕造艺术。宋、元以后，由于宗教信仰和民间习俗等原因，观音、罗汉像日趋丰富，变化亦多，创造了各种不同的人物形象，使佛教造像更为世俗化。同时，密教图像的传播，也进一步丰富了佛教雕塑的形象与技艺。

唐代石刻艺术最重要的成就还是体现石窟造像方面。通常人们对唐代近 300 年的历史，划分为四个大的阶段，即初盛中晚。遵从这个惯例，阎文儒也将唐代的石窟造像划分为四期，时至今日，这个分期依然具有经典价值，兹约略梳理如次。初唐时期的石窟艺术造像的特征与风格，在佛像方面，面容在方圆中透露出清秀之容，使人看后感到愉快而舒畅。佛的袈裟已不见有隋代的方格纹饰，且袈裟裹着结跏趺坐的双膝，不再垂举座下。束腰六角座，垫一块劫波育，作为佛的坐褥。初唐的菩萨，一种是头着低小宝冠，上身着细璎珞，帔巾横于胸腹之间两道，下裙作出水式而不贴腿上（莫高窟第 57 窟），一种是斜披络腋，下裙紧贴腿上（莫高窟第 322 窟）。花鬘冠一般不见，只有高发髻或束发小冠。初唐石窟的声闻像，多是袈裟下部紧窄，作出水之式。初唐时的天王像，多为头着盔或作高发髻，上身着甲，覆膊护胸，下身着战裙，脚穿长靴靴，下踏着某一天部所率领的鬼（莫高窟第 322 窟）。而龙门潜溪寺的天王，脚上紧裹护腿。此时天王像那种豪迈的气势、威武雄壮的风姿，充分地表现了当时英雄人物的特征，这些都是前代所不能达到的艺术创造水平。在雕塑技法上，新型的凸起、中凹边高和反直平阶梯式的圆线条，也使石窟造像展现出新的气象。李淞特别指出，高宗后期至武则天后期(670—704)的造像在总体上呈现出以下三点变化：一是由流行双领下垂式袈裟到流行通肩式袈裟；二是由流行束腰方座到流行有梗莲座(佛座与菩萨座由莲梗相连)；三是由流行说法印到流行禅定印，或一手抚膝、一手置腹间。显然，这是两种迥然不同的佛像样式。似乎可把前者称作“高宗样式”，后者称作“武周样式”。佛座样式的变化，从太宗到玄宗时代，有两点发展趋势：其一，由方变圆；其二，佛座上覆垂衣渐短直至全无。

盛唐的佛像，其顶作螺髻或水波纹髻，上身着僧袛支，外披敷搭双肩的大衣，不作由大衣内引胸前作小结的素带。颈部塑出两道或三道旋纹，结跏趺坐，两脚用大衣紧裹。佛座有束腰六角形(龙门武后时造的佛座)、细束腰仰覆莲座(莫高窟第217窟)。在仰覆莲佛座中，有的刻出托杠夜叉像佛座(龙门万佛洞的佛座)。密宗的大日如来像，头戴卷草纹的宝冠，颈下有卷云莲花纹颈圈，臂有臂钏，半结跏趺坐，乳部突起，接近印度波罗王朝时代的造像风格。盛唐菩萨像约有两种装饰：一是上身着极复杂的璎珞，外着帔巾，下垂反折横于胸腹之间两道(如龙门武则天时造菩萨像)；一是斜披络腋，下身着紧贴腿上的羊肠裙(如莫高窟盛唐时期的菩萨像)。头顶作高发髻，或发髻前束以小型冠，上身作欹斜玉立曲线。盛唐声闻像则较接近初唐，袈裟下部有出水之式，但不过于紧窄。上身有欹斜曲线，衣纹屈曲自如，这是雕造技法上的进步。盛唐天王像头着搭耳帽，上身着覆膊、护胸和半截甲，下身加护腿，略露战裙。但也有的作高髻，不着搭耳帽。盛唐力士像顶作小椎髻，上身袒，下身着短裙，赤足，攒拳怒目，肌肉棱起，充分地表现出男体的劲健美。在面相特征上，这时期造像较为丰圆。前一段是清秀中透出肥腴，后一段是从肥腴中体现出浑厚。在佛教造像的发展过程中，由雄伟劲健转向丰满细腻，充分体现了工匠们的艺术匠心。此时期的雕造技法，发展了中凹边高、直平阶梯式的圆线条衣纹，有的衣纹已不受固定式几条衣纹的拘束，而按真实的衣褶雕造，屈曲自如(如莫高窟、龙门盛唐各窟)。背屏式的中心柱，在造像的背后，刻出透雕的菩提树、缠绕的龙、三头六臂的阿修罗等形象，这是石窟艺术一种新的雕造技法。对于造像的妆銮，多用贴金或沥粉堆金，以显示出整体的富丽堂皇。这较北朝时只用红色，或隋时简单彩绘的手法，更进一步。这样富丽堂皇的气氛，反映了盛唐时代生产力发达的景象。

中晚唐时期的石窟造像，与盛唐相比也有一定发展。在造像特征上，中晚唐的菩萨像，不再如初盛唐的菩萨，上身有那么多璎珞，甚至根本不塑造出璎珞，而是加重表现了衫、裙、帔巾等服饰。此时的天王像，与盛唐时候所创造的天王着半截甲的装束，不完全相同。其搭耳帽多卷起，则承袭了盛唐以来武士的装束。此时的菩萨像，的确是如《宣和画谱》说，周昉是贵游子弟，多见贵而美者，故以丰厚为体，充分反映了当时人们所认为美的形态。其晚唐菩萨像，袒胸、斜披络腋，所表现出的肌肉，也是肥腴的，甚至腹部都有了肥胖的曲纹。在雕塑技法上，此时的菩萨像，那种特别宽大的帔巾，已能凸起表现出高出体外的样子，这也应是一种新兴的手法。至于龙岗山天王像的甲，能看出各样复杂的锁子，片片鱼麟等甲形，又是表现了精致细腻的雕造手法。

通常人们讨论唐代石刻造像时，目光都聚焦于中原及北方。其实，唐代是一个幅员辽阔的帝国，南北统一，东西共存，石刻文化也呈现出多姿多彩的地域特色。李玉珉曾论及四川的唐代石窟说，四川唐代石窟的发展可以分为早、晚两期。大体而言，唐代早期的龛窟多分布在川北，如广元、巴中等地，而晚期的窟龛则集中于川中地区。由于川北地近甘陕，所以中原影响较为明显。中原流行的各式瑞像在川北广为传写，不过这不意味着初、盛唐的四川匠师毫无发明。初、盛唐时，四川的匠师常在主尊头部的两侧浮雕天龙八部的形象，这样的图像不但在川北的广元、巴中十分普遍，即使在川中的安岳也时有发现，可是中原的唐代石窟都不曾见到这样的图像，是四川唐代早期石窟中极具特色的一点。此外，巴中永宁寺第三龛即出现结跏趺坐的释迦佛与善跏倚坐的弥勒佛合龛的配置;巴中石门的二佛龛中,一尊是菩提瑞像,另一尊则是弥勒佛。巴中永宁寺第22龛的供养人与胁侍菩萨等大,显示供养人已不满足于传统的附属地位,上述的这些例子均不见于中原地区。足证,初盛唐时蜀匠在雕制佛像时,就不一定谨遵仪轨,随意性强,展现了浓厚的庶民色彩。中晚唐时,川中地区的凿窟造龛活动频繁,上承早期传统,此时的造像仍继续刻制中原地区常见的菩提瑞像、释迦佛、弥勒佛、观音、观音与地藏合龛等。同时,又出现了大批的经变浮雕。由于四川的石质松软,易于雕刻,安岳、大足所见的经变浮雕,刻制细致精巧,细节繁多,内容丰富,其刻制之精是其他地区望尘莫及的。此外,又凿造了许多新的题材,如毗沙门天王龛、千手千眼观音经变、如意轮观音、明王像等。其中,千手千眼观音、如意轮观音、明王像等部属密教系的菩萨与护法。由于在四川唐代佛教造像的遗存中,尚未发现大日如来等五方佛的造像,因此推断中、晚唐时,四川流传的密教仍以杂密为主。

无论是就地域的辽阔,品类之繁胜,气象之壮丽,唐代的石刻艺术均达到了顶峰状态,有如璀璨的星空,随意摘取一颗,都足以照亮一片长夜。

公元 618 年　武德元年

［提示］　高祖李渊造旃檀等身像及金铜等身佛像、兴宁陵瑞兽。

［叙录］　关于武德元年高祖李渊造旃檀等身像及金铜等身佛像一事，在唐人段成式的著述中有记载。金维诺《中国古代佛雕：佛造像样式与风格》载，唐代佛道并盛，武德元年，高祖李渊在京师造慈悲寺，诏为太祖元皇帝（李渊父李昞）和元贞皇太后造旃檀等身像三躯，供祀寺内。又与高祖第五子楚王李智云在长安进昌坊建楚国寺，寺内的等身金铜佛像也是同一时期的作品。

同一年，李渊追谥其父李昞为元皇帝。为了彰显其李氏家族的高贵，高祖李渊又在陕西咸阳东 20 公里北塬上，为父亲修建兴宁陵。兴宁陵瑞兽现仅存石瑞兽一对、蹲狮一对、鞍马两对。刘兴珍描述说，瑞兽身躯颀长，昂首伫立，寓威武于静穆中，更显矫健雄强。刻工概括洗练，造型整体，纵横展拓开张，方圆相参，以方为主。躯体略刻纹饰，无繁复雕琢，风格质朴大方。兴宁陵堪称唐代石刻的开篇之作，从中我们已能觉察出唐代的石刻气质已区别于隋代。

［文献］　唐段成式《酉阳杂俎》续集，金维诺《中国古代佛雕：佛造像样式与风格》，刘兴珍等《中国古代雕塑图典》。

公元 619 年　武德二年

［提示］　闰二月，魏徵为李密撰《唐故刑国公李密墓志铭》。五月，《女子苏玉华墓志铭》。武德二年，四川绵阳西山观造道像。

［叙录］　魏徵为李密撰《唐故刑国公李密墓志铭》：称李密葬于黎阳山西南五里平原上。《旧唐书》（高祖纪）载，是年闰二月己酉，李密旧将徐世绩以黎阳之众及河南十郡降，授黎州总管，封曹国公，赐姓李氏。魏徵的墓志铭文应该当作于本月或稍后。明王志坚评价魏徵此文时说：郑公（魏徵封郑国公）文笔不减徐、庾而不以文字名。李密为隋代枭雄，出身显贵，瓦岗军首领，人称魏公，曾屡败隋军。后被越王杨侗招安，在与宇文化及的搏杀中损失重兵，不久败于王世充之手。不得已李密率领残部降于李唐，后又叛唐而自立，被盛彦师斩于熊耳山。对于这样一位曾经背叛自己的前朝战将，魏徵还亲自为其撰写墓志铭，这并非完全由于魏徵在墓志铭所说的是出于礼节，之中亦充分显示了唐代政治家的胸怀，确实非同一般。

这年五月，刻《女子苏玉华墓志铭》。此墓志见著于清人汪鋆、武树善及今人毛汉光、卢建荣的著述中，其刻工为万钧。程章灿按：拓本原藏台湾“中研院”历史语言研究所，或谓此志为赝品（如汪鋆即定之为伪作）。

同年，在四川绵阳西山观造道像。胡文和载，民国蒲殿钦、袁钧等在《绵阳县志》（艺文金石篇）载：西山观武德造像记，原本武德二年太岁己卯三月八日，三洞弟子文□□敬造天尊像一龛供养云。惜武字漫灭，为谬妄子镌作至字。考至德年号，前属陈后主，后属唐肃宗，干支均非己卯，唯高祖武德二年为己卯始建唐基，与大业造像为一石。胡文和说，该造像石现已移入绵阳市博物馆内。

［文献］　后晋刘昫等《旧唐书》卷一，明王志坚《四六法海》卷一一，清汪鋆《十二砚斋金石过眼录》卷九，武树善《陕西金石志》卷七，毛汉光等《唐代墓志铭汇编附考》，程章灿《石刻刻工研究》，蒲殿钦等《绵阳县志》卷九，胡文和《中国道教石刻艺术史》。

公元 621 年　武德四年

［提示］　六月，傅奕请废僧尼减少塔寺。武德四年，释法琳始著《辩正论》、河南《秦王告少林寺主教碑》。

［叙录］　据唐释法琳和释道宣载，是年六月，傅

奕上疏11条，数列佛教诞妄及危害，并从经济上（剥削民财割截国贮）、政治上（吕光假征胡而叛君）、学术思想上（妖胡浪语）等方面予以批驳。力主废除僧尼、减少塔寺以复兴儒道。高祖李渊采纳傅奕上疏，下诏问沙门出家有何损何益。显然，李唐统治者从内心深处，对道教怀有天生的亲近感。在《续高僧传》中还记载说：武德四年，扫定东夏。有敕：伪乱地僧，是非难识。州别一寺，留三十僧，余者从俗。上以洛阳大集名望者多，奏请二百许僧住同华寺。要遏制佛教势力，首先就得从削减寺僧入手。

刘学智说，唐初，佛道论辩激烈，法琳作为佛僧的代表，参与了当时一些重大的论争。武德四年道士李仲卿著《十异九迷论》，刘进喜著《显正论》以抨击佛教。出于论辩的需要，法琳撰写了《辩正论》一书。是书除驳斥道教徒贬抑佛教之论外，还就当时争论的诸多问题进行论辩，如辩儒、释、道三教与治国之关系，提出儒以忠孝，道以道德，释以慈悲为立教之本，而释教是慈悲范围最广的看法。辩三教之先后优劣，认为释迦先于老子，并征引诸多资料以证明《老子化胡经》为晋道士王浮依《西域传》而伪造等；对佛教、道教的发展情况，也有较为详尽的说明。全书共八卷12篇，颍川陈子良为之序，其序称该书“穷释老之教源，极品藻之名理”。据贞观十三年法琳自述，他在武德四年(621)仲冬月作《辩正论》。但法琳此书从初稿到完成经过较长时间，据彦琮记载，法琳此书因循多年而未成，后来在杜如晦的帮助下才得以完稿。

著名的《秦王告少林寺主教碑》刻立于武德四年，此碑亦称《少林寺柏谷坞庄碑》、《唐文皇告少林寺书》。始建于北魏的河南登封县嵩山少林寺，作为中国禅宗祖庭和少林拳法而举世闻名。由于少林寺僧在李唐反隋的战争中立下奇功，时为秦王的李世民封赐奖赏少林寺，并留下《秦王告少林寺主教碑》。20世纪80年代，风靡一时的电影《少林寺》即以此故事为蓝本而拍摄。秦王李世民亲撰碑文，首行题“皇唐太宗文皇帝赐少林寺柏谷坞庄”，下为“御书碑记”，第四行“世民”两字草书。明王世贞认为此碑“当是幕僚笔，内‘世民’二字行草是亲押”。

［文献］　唐释法琳《破邪论》卷上，唐彦琮《法琳别传》卷上，唐释道宣《广弘明集》卷一一、《续高僧传》卷二五，明王世贞《弇州山人四部稿》，张岂之、刘学智《中国学术思想编年》(隋唐五代卷)。

公元623年　武德六年

［提示］　四月八日，《道民李君武造像》。四月十五日，《常义通为父母门造道像石》。是年，开凿河北宣雾山石窟。

［叙录］　四月八日所刻《道民李君武造像》，最早为罗振玉所著录，现藏于美国波士顿博物馆，金申说是石灰岩质造像。李凇描述说，此像为单面造像，中间天尊坐像蓄长须，戴莲花冠，左手扶三足凭几，右手残，穿交领衣，后有大莲花头光，坐方座。左右各一立侍，下有二蹲狮，方座正面有发愿文。四月八日为汉传佛教中释迦牟尼之诞生日，多见于佛教造像铭文。

四月十五日的《常义通为父母门造道像石》，胡文和、李凇均有著录，现藏于美国芝加哥自然史博物馆。其石背屏呈莲瓣形，石上高雕三尊式道像。主像头戴道冠，服饰因石质风化模糊不清。呈趺坐姿，胸前有三脚夹，面上连鬓须髯仍可见。

是年，开凿河北宣雾山石窟。据张稼农调查记载，宣雾山石窟在隆尧县城西北约9公里、尧城镇北4公里的宣雾山上，有三个石窟和六群摩崖造像。以千佛堂石室为中心，其东有多心经石室，东南有同声谷石室。千佛堂石室内刻有《法华经》及千佛。据唐贞观年间碑记，是唐武德六年开凿此窟的。以后又有五代后唐明宗天成四年(929)的造像题记。这处石窟，应是中原地区石窟群中，除唐代龙门以外，造像最多的一处。

［文献］　清罗振玉《海外贞珉录》，金申《海外及港台藏历代佛像珍品纪年图鉴》，李凇《长安艺术与宗教文明》，胡文和《中国道教石刻艺术史》，张稼农《隆

尧县宣雾山文物古迹介绍》(《文物》1957年第12期)。

公元624年 武德七年

［提示］ 高祖幸国学释奠、傅奕上疏斥佛教害政。

［叙录］ 据唐人释道宣、元人念常等载,武德七年(一作八年),高祖幸临国学释奠。李渊以此表达对于儒家文化的尊敬。时由儒生徐文远讲《孝经》,沙门惠乘讲《般若经》,道士刘进喜讲《老子》。深通儒家经典的陆德明三人诘难,随端立义,众皆为之屈。高祖称善,并赐帛50匹给陆德明。虽然高祖内心更倾向于道,但从治国的角度而言,最好还是要在儒、道、释三教上,表现出公正不倚的姿态。同年,曾上疏请废僧尼减少塔寺的傅奕,再次上疏斥佛教害政。《旧唐书》(傅奕本传)载,傅奕时为太史令,他从儒家立场出发,斥佛教为虚言,违人伦,不务农桑,游手窃食,以逃租赋,于国无益,于政有害,请予以沙汰。一时之间,朝野均广泛关注佛教存在的意义所在。

刘学智总结说,自晋宋以来,佛道二教围绕着其高下次第的地位之争旷日持久,至南北朝特别是在南朝梁、北魏时,佛教地位几近于国教。虽经北魏武帝、北周武帝两次大的毁佛举措,佛教蔓延之势也曾一时受到抑制,但其发展的势头并未从根本上得以遏止。迄隋兴,文帝又大兴佛法,佛教寺院经像大增,以至于“民间佛经多于六艺之籍”。唐立国后,虽采取扶植儒、佛、道三教的方针,但高祖以老子李耳为其祖上,加之朝中如傅奕多次上疏主张沙汰佛教,高祖遂于是年诏令“老先、次孔、末后释宗”,将道教置于儒、佛之先。此后关于三教之序的争论,在唐代仍未能止。迄太宗临朝,道先佛后之方针一直未有大的改易。

费泳则认为,唐初统治者正是看到了佛教壮大之威胁,加之天下大定,道教的“无为”更适宜国家的休养生息。再则唐王朝统治者与道教始主李耳同姓,道教也更有利于新政权尊贵身份的显现。唐高祖遂承袭隋炀帝限制佛教发展的政策。太史令傅奕于高祖武德年间,几度上表斥佛,请求罢除佛教,促成高祖下令沙汰佛教,后因皇子争位之故而未得实行,但佛、道、儒三教的轻重秩序,高祖在武德之诏确定了三教次序,崇道抑佛的政策就此形成,至太宗贞观十一年(637)仍基本维持这一局面。但太宗贞观三年(629)开始组织译场,对佛教的发展在客观上已起到了推动作用。

［文献］ 唐释道宣《集古今佛道论衡》卷丙,《续高僧传》卷二四,后晋刘昫等《旧唐书》卷七九,元念常《佛祖统纪》卷三九,张岂之等《中国学术思想编年》(隋唐五代卷),费泳《汉唐佛教造像艺术史》。

公元626年 武德九年

［提示］ 二月十五日,刻立《大唐宗圣观记》碑。六月,玄武门之变沙汰佛教未行、释道宣论佛教造像。十二月,太宗召见傅奕问佛教事。十二月,山东《孔子庙堂碑》。是年,阎立本作秦府十八学士图。武德年间,始凿山东济南神通寺千佛崖石窟。

［叙录］ 本年度的重要政治与文化事件,以玄武门之变、大书家欧阳询撰书《大唐宗圣观记》碑、虞世南撰书《孔子庙堂碑》、大画家阎立本作秦府十八学士图以及释道宣论佛造像等最为引人注目。

二月十五日,刻立《大唐宗圣观记》碑。此碑世称《宗圣观碑》,现存陕西省周至(盩厔)县楼观台,由大书家欧阳询撰序并隶书,陈叔达铭。序铭见载于《全唐文》中。最早著录此碑者是宋人朱长文,王昶记载碑高一丈二尺五分,广三尺七寸。23行,行60字。额题“太唐宗圣观记”正书六字。清人朱枫论欧阳询书法时说:信本(询)楷书名高千古,其分书如《房彦谦碑》亦多传于世。今玩碑字,时作篆体,乃唐隶之佳者,微露笔意,似信本楷书。日人尤喜欧阳询此碑,其创刊于19世纪后期的《朝日新闻》,最初的刊名即集字于《宗圣观记》。

六月，玄武门之变沙汰佛教未行。《旧唐书》载，这年五月，高祖曾下诏沙汰僧道，未行。刘学智认为，唐朝廷虽对佛教、道教的作用颇多肯定，然对其恶性发展的势头也有所不安。是年高祖下沙汰僧道诏，其中虽肯定佛教有“断除贪欲”、“修植善根”、“检约学徒，调忏身心”之作用，同时又指出一些佛教徒“嗜欲无厌，营求不息”，“进违戒律之文，退无礼典之训”，乃至“亲行劫掠，躬自穿窬，造作妖讹”，危及国计民生和社会安定。有的道士也“驱驰世务，尤乖宗旨”，不利于社会，主张应加以遏制，遂下令诸僧、尼、道士、女冠等“不能精进，戒行有阙，不堪供养者，并令罢遣，各还桑梓”，并减少寺庙道观，“京城留寺三所，观二所。其余天下诸州，各留一所，余悉罢之”。诏书明确表达了对佛、道生徒区别对待的政策，亦可看出其对宗教方针有所调整，对佛教、道教恶性膨胀的势头均加以遏制。

同年六月，因发生玄武门之变(秦王李世民在玄武门伏击太子李建成、齐王李元吉)，沙汰佛教之事未见行。《新唐书》、《资治通鉴》等载，是月，秦王李世民立为太子。大赦天下，遂停前沙汰僧道诏。八月，高祖李渊传位于秦王李世民，是为太宗。十二月，太宗召见傅奕问佛教事，傅奕斥佛“无益于民，有害于国”，太宗赐之食，颇然其说。这似乎显示出太宗对佛教的态度，与高祖李渊相比，显得要包容一些。因为，当年高祖对儒士陆德明的规格，可比这个高多了，陆氏得到了 50 匹绢帛。

是年，释道宣撰著《四分律删繁补阙行事钞》，中专门立有《僧像致敬篇》，可称为中国最早的佛教造像艺术史专论。依据苏州济群法师的解读，道宣引述了《佛说大乘造像功德经》关于佛像起源的说法。经中记载：佛陀为报母恩，上兜率天为母亲摩耶夫人说法三月，人间弟子和憍赏弥国王优填王(Udayana)都很想念佛陀。为了慰藉这份思念之情，人们就想到为佛陀造像，以便随时瞻仰供奉。为使工匠们造出惟妙惟肖的佛像，目连尊者以神通带着工匠上天瞻仰佛陀圣容。佛陀有 32 相、80 种好，要将这种相、好庄严表达出来很不容易。更何况，除了外在的形似，更要表现出内在的气质，才能形神兼备，具有摄受力。像成之后，当佛陀从天上来到人间时，这尊像也前去迎接。据文献记载，优填王听闻佛陀即将从天上返回人间，就将这尊像安放在迎接佛陀归来的宝阶上，此像就向佛行走了七步。佛为之摩顶授记，说了以下这番话：汝于来世，广作佛事。因垂敕云：我灭度后，造立形象，一一似佛，使见者得法身仪则。

优填王所造佛像，在《增一阿含经》中有更为详细的记载：优填王命工匠所造人间第一件佛像，采用的材质是一种被称为牛头旃檀木的名贵木材。佛像高约五尺，呈站立姿势，施无畏与愿印，身着通肩袈裟。佛衣纹曲折极具装饰性，在身体正面呈水波纹均匀分布。此种立姿水波纹佛像后来成为一种定式，世称为旃檀佛像。据说另一位国王，舍卫国的波斯匿王悄悄命工匠以紫磨黄金仿制出一件等高佛像。为何要将佛衣纹刻成水波或水丝形状呢？蜀中居士弘学讲，佛教的造像以优填王刻旃檀佛像为始，而频婆娑罗王使画工写水边佛影，所谓“水丝衣佛”，则为画像嚆矢。佛陀的画像，是中印度摩揭陀国频婆娑罗王为遗远友，乞得世尊画容。据说画工绘像时，被佛陀神光射眼，眩目不能注视，乃请佛陀令坐河岸，而谨取水中影为式，描绘圣容。因被微波，衣作弯曲长丝相，故名“水丝衣佛”。其画像先于中央画完佛像，于其像下书三皈依文，次书五学处，再次书十二因缘流转还灭。并于像之上边书偈颂：“汝当求出离，于佛教精勤，降伏生死军，加象于草舍，于此法律中，当修不放逸，能竭烦恼海，当尽苦边际。”此为古印度佛像绘法。现代发现悉多时代石佛，佛像下部屡屡刻有三皈戒偈，可以证实此种绘像之法。

本书上卷中也曾数次提及这件神奇的佛像，甚至有传说，旃檀佛早在周穆王时代就已传入中国。这件旃檀佛像，中国历史上曾有两位高僧见过，一位是东晋高僧法显，一位是唐代大德玄奘，他们均在其著述中对此有过记载。而且根据后周僧人楚南在《优填王所造前檀释迦瑞像历记》等史料中记载，这尊旃檀像雕造后 1 300 多年后，被鸠摩罗什带到了中国。

道宣在阐述了佛像起源之后，对佛教造像的流传阶段及区域特质及流弊进行了分析，认为佛像最初从西域传来，其造型刚健有力，仪态端庄有度，令人肃然起敬。济群法师认为这应该是指公元1—5世纪时所盛行的印度犍陀罗艺术，兼具印度和希腊风格，有庄严浑厚之美。“逮于汉世，仿佛入真。流之晋宋，颇皆近实。”道宣认为，中国汉朝的佛像，基本保留了佛像传入中国时的原貌。而到了两晋、南北朝时期，这些像还能接近于真实（符合法度），既有外在的庄严，又具备佛菩萨应有的内涵。“并由敬心殷重，意存景仰，准圣模样，故所造灵异。”济群解释说，如果造像时是以极其恭敬、殷重的心来塑造，内心充满对佛菩萨的景仰，所造形象、比例严格按照《造像量度经》，这样的造像对世人才会具有加持力和摄受力。

而到了近世，佛教造像中法的成分越来越少，世俗成分越来越多。“今随世末，人务精巧。得在福敬，失在法式。”道宣感叹说，现在这个末法时代，人们都喜欢随个人感觉玩小聪明。虽然有些是为了追求福报而造佛形象，多少会有些恭敬心，却完全不懂得应该怎么做，不懂得如何依法塑造。但问尺寸短长，不论耳目全具。或争价利钝，计供厚薄。因为造像者没有信仰，自然讲究利润，所以就漫天要价。而请像者往往也是将之视为商品，不懂得如何恭请圣像，结果就会在价格等问题上发生争执。致使尊像虽树，无复威灵。

所造菩萨金刚等，也全失仪轨：“菩萨立形，譬类淫女之像。金刚显貌，等逾妒妇之仪。”道宣告诉我们，以世俗心造像，往往把慈眉善目的菩萨造得袒胸露臂，扭腰摆胯，仿佛庸俗不堪的淫荡女子。而把威武勇猛的金刚造得满脸横肉，气势汹汹，仿佛毫无教养的壮汉。这样的像，怎么会产生加持力，怎么能使人们生起恭敬心！道宣不仅是一个了不起的佛教大德，也是一个真正懂得佛教造像艺术的学者。他对于佛教造像的相关论述，迄今仍具有相当的启示作用。

十二月，山东刻立《孔子庙堂碑》。此碑又称《夫子庙堂碑》、《夫子庙碑》或《孔子庙碑》，最早为赵明诚所著录。碑高400厘米、宽150厘米。碑额阴篆“唐孔子庙堂碑”，碑阳楷书计3 000余字，由时年69岁的书家虞世南撰文书丹（安祚镌刻）。内容记述唐高祖立孔德伦为褒圣侯并新修孔庙等事。此碑被书学公推为虞书代表作，允称唐楷经典。虞世南深得王羲之七世孙智永禅师真谛。可惜原碑早失，相传毁于贞观火灾，长安三年（703）武后又命相王李旦重刻。但是重刻石碑也没有能够留存下来，现在所能看见的仅存几种翻刻本。据梁披云载，翻刻本中以“陕本”（宋王彦超摹刻于西安称西庙堂碑）和“城武本”（元至正年间重刻于山东城武称东庙堂碑）最为知名。论者认为这两本东瘦西肥，各有长短。宋人黄庭坚曾在诗中写道：“虞书庙堂贞观刻，千两黄金那购得。”由此可以想见其珍贵！此外，清临川李宗瀚藏有元人康里巎巎旧藏墨本，世称唐拓，为存世拓本之最。

荣新江从政治变迁与城市记忆的角度论述了虞世南的《孔子庙堂碑》的命运：它原本立在长安城务本坊的国子监中，这里是当时全国最高的学府，也是全国各地以及周边一些国家的年轻知识分子集中的地方，是长安城最有活力的地点之一。对于国子监中孔子庙堂的建立，虞世南在《孔子庙堂碑》里也有相关的记录。据清人孙泽承说，碑刻成之后，“车马填集碑下，毡拓无虚日”。因为捶拓过甚，很快就模糊不清。到武则天长安三年（703）四月八日，由当时的相王李旦主持，对不清楚的文字做了补刻，但这次补刻的更重要的政治背景，是把碑额改题为“大周孔子庙堂碑”，并且由相王旦亲自书写，表明这座标志着国家教育象征物的政治归属的改变。武周政权虽然很快就完结了，但可能由于这座《孔子庙堂碑》的书法异常珍贵，也由于接下来掌握政权较长时间的玄宗是相王（睿宗）的儿子，所以相王所题的碑额一直没有改动，直到晚唐的大中五年（851）十一月，国子祭酒冯审奏：“《孔子庙堂碑》是太宗皇帝建立，睿宗皇帝书额，备称唐德，具赞鸿猷，染翰显然，贞石斯在。洎武后权政，国号僭窃，于篆额中间，谬加‘大周’两字。今岂可尚存伪号，以紊清朝，疑误将来，流传僭谬？其‘大周’两字，伏望天恩，许令琢去，谨录奏闻。”这一奏请得到宣宗皇帝的准旨，才把“大周”两字琢掉。现在我们在碑林中见到的《孔子庙堂碑》是北宋建隆、乾德年间模刻的，其碑额上已没有“大周”字样，应当是晚唐以来的样子。

同年，阎立本作秦府十八学士图。阎立本同其哥哥阎立德一起，都是唐代杰出的画家和工程学家，雍州万年(西安临潼县)人。阎立本更因后来为太宗绘制昭陵六骏粉本而闻名于世。张彦远在《历代名画记》中载：阎立德弟阎立本，初为太宗秦王库直。武德九年，命写秦府十八学士，褚亮为赞。宋人王溥在《唐会要》中也说：及薛收卒，征东虞州录事参军刘孝孙入馆。令库直阎立本图其状，命褚亮为文赞，号曰十八学士。写真图藏之书府，用彰礼贤之重也，诸学士食五品珍膳，分为三番，更直宿阁下，每日引见，讨论文典。得入馆者，时人谓之“登瀛洲”。显然，这儿已为唐代士人功名成就的象征。

武德年间(618—626)，始凿山东济南神通寺千佛崖石窟。据费泳记载，神通寺千佛崖位于济南历城柳埠镇的东北方，窟龛开凿在白虎山东麓南北长约65米的岩壁之上。现有编号窟龛50余处，造像计200余身，造像题记43则，其中纪年题记10则。依据纪年，千佛崖约开凿于高祖武德年间，至睿宗文明元年(684)前后历时60余年。参与者有皇室显贵、地方官、僧尼、平民，大致反映了该地唐代初期佛教艺术概貌。神通寺的前身为“朗公寺”，十六国时期前秦苻坚皇始元年(351)，高僧竺僧朗与僧湛、僧意东入泰山金舆谷建寺传经。千佛崖造像主要集中于岩壁南半部，今存最早纪年龛像位于南部下方，由沙栋于高祖武德年间开造，龛像分上中下三层，造像多已损毁，中层存留坐佛相对完好，佛结跏趺坐于仰莲座上，手及面部残损，内衣着僧祇支，系博带，外披袈裟于左肩，有一角被束起，这类钩纽式袈裟在山东历城四门塔内东魏造像及山西平定开河寺隋代造像中已陆续可见，至初唐龙门石窟中已趋流行，此款佛衣在神通寺千佛崖为佛装的主要形式。

［文献］　唐张彦远《历代名画记》卷九，唐释道宣《四分律删繁补阙行事钞》卷下，后晋刘昫等《旧唐书》卷一，宋宋祁等《新唐书》卷一，宋司马光《资治通鉴》卷一九二，宋王溥《唐会要》卷六四，宋赵明诚《金石录》卷二三，宋朱长文《墨池编》卷一八，清王昶《金石萃编》卷四一，清朱枫《雍州金石记》卷二，《全唐文》卷一四六、卷一三三，清孙承泽《庚子消夏记》卷六，梁披云主编《中国书法大辞典》，张岂之、刘学智《中国学术思想编年》(隋唐五代卷)，济群《僧伽礼仪及塔像制造——〈僧像致敬篇〉解读》，弘学《佛教图像说》，荣新江《隋唐长安：性别、记忆及其他》，费泳《汉唐佛教造像艺术史》。

公元627年　贞观元年

［提示］　设立弘文馆传习书法碑刻艺术。

［叙录］　唐太宗即位后做的第一件与石刻艺术相关的事，便是在贞观元年设立弘文馆传习书法碑刻艺术。由此亦可看出，太宗对书法艺术的痴迷，以至于后来竟将王羲之的书法直接带进坟墓！这在中国书法史上，实在是一件相当神秘的事件。太宗因爱书法而推动了书法艺术的进步，但也因为他的爱书法，而毁灭了世上至为伟大的书法作品，给中国书法带来无法挽回的损失。张说、张九龄等在《唐六典》中记载：太宗于贞观元年，诏令五品以上现职京官，不论文职还是武职，只要愿学习书法，且笔法稍佳者，都可以到弘文馆聆听书法讲授。授课的老师是由太宗钦定的大书法和大书碑名家欧阳询、虞世南。在太宗的倡导之下，朝野士庶书风大炽，并有力促进了包括碑碣书丹在内的石刻书法艺术的发展，从而为开创唐代石刻书法的宏丽场景创造了广泛的文化基础。

［文献］　唐张说等《唐六典》卷六。

公元628年　贞观二年

［提示］　十一月十三日，刻造陕西彬县大佛。

贞观二年，四川武士彟为杨夫人在广元皇泽寺造佛像、太宗谓侍臣应以梁武好佛老而亡国为鉴戒。

［叙录］ 贞观二年，虽然太宗一方面谓侍臣应以梁武好佛老而亡国为鉴戒（唐吴兢载），另一方面，为了在儒释道中获得一种平衡，仍然对佛教采取十分宽容的宗教政策。因而太宗朝的佛教造像艺术成就，与高祖时代相比，已不可同日而语。

十一月十三日，刻造陕西彬县（邠县）大佛。李淞载，陕西彬县大佛寺石窟，位于彬县县城以西10公里处的泾河南岸。窟区东西长约400米，现存窟龛数百个，造像千余躯，题记百余处，为陕西省之最大石窟群。其中的大佛窟始建于唐太宗李世民时期，坐佛高约20米（或记为18米）。据曹剑考证，明代嘉靖年间的地方志才出现这处佛寺名，当时称庆寿寺，寺在州西官路旁，唐贞观二年建。更直接的证据是大佛背光上的题记“大唐贞观二年十一月十三日造”。费泳指出，丝绸之路由长安出发，在陕西境内有南北两道，分别途经凤翔和彬县，彬县为北道必经之地。大佛寺石窟即位于彬县西部泾河岸边，主尊结跏趺坐，左手抚膝，右手施无畏印，内衣为僧祇支，系博带，外披敷搭双肩下垂式佛衣，顶作螺发，身后浮雕项光和背光，背光中浮雕七佛及伎乐天和飞天。但是关于大佛具体刻造时间，学界尚有不同看法，著名的石窟学者阎文儒认为大佛背光上的题记是后人伪刻。1961年至1963年，阎氏作全国石窟调查时，细加审查，认为把题记刻在佛像背光的上面，把“贞观”写成“真观”应是宋代书，把“贞观”年代的“贞”写为“真”，同时把“贞元”（唐德宗年号）又书为“正元”，这都是避宋仁宗（赵祯）的讳名（据陈垣《史讳举例》“避讳改前朝年号例”条）。由此推测，“真观”的年号是不可靠的记录。又据窟内“大周长安二年”豳州司马李齐与其妻彭城县主的造像铭以及佛与菩萨造像的风格，与大佛窟的造像较为接近。因而大佛窟的开凿，以造像风格论，应在武周或相去不远的时期。但“贞观二年”的刻写，应是后人刻的。从大佛楼西路旁的小龛，丈八佛洞的两小龛内造像风格看，应是隋代的作品。而大佛寺石窟群，开创的时间，约在隋代。

是年，武则天父亲利州都督武士彟为杨夫人在广元皇泽寺造佛像。皇泽寺位于广元市西1公里嘉陵江西岸，此地是武则天出生地，后世称此寺为皇泽寺。皇泽寺窟龛始凿于北朝晚期，下迄于唐代。现存大窟六个，窟龛50个，造像1 200余身。李玉珉说，皇泽寺与武则天的渊源之深，是不言而喻的事情。费泳认为唐代是这里开窟造像的高峰，代表窟有第12、13双窟，大佛窟（第28窟）。第12、13窟为双窟，分前后室，两窟前室均作平顶，后顶作穹窿顶。第13窟后室（主室）雕一铺九身像，前室左侧置唐碑一方。该碑残留文字内容与后蜀孟昶广政二十二年（959）《大蜀利州都督府皇泽寺则天皇后武氏新庙记》石碑均显示，该窟是唐贞观二年（628），武则天父武士彟在利州（广元）任都督期间，为纪念夫人杨氏生武后而开凿。武士彟于武德七年（624）上任，同年武则天降生，贞观四年（630）武士彟离任，第12、13窟应建于武德七年至贞观二年之间。

［文献］ 唐吴兢《贞观政要》卷六，李淞《长安艺术与宗教文明》，曹剑《公刘豳国考》，阎文儒《中国石窟主艺术总论》，费泳《汉唐佛教造像艺术史》，罗宏才《中国佛道造像碑研究——以关中地区为考察中心》，李玉珉《中国佛教美术史》。

公元629年 贞观三年

［提示］ 四月，释玄奘首途西行求佛法。九月二十六日，《僧修善浮雕罗汉》。闰十二月，诏于交兵之处为阵亡者立寺，虞世南等奉命为撰碑铭。阎立德等绘《王会图》。贞观三年，四川石窟造像、天竺密教已渗入云南、诏沙门波颇于兴善寺组织译场。

［叙录］ 贞观三年，最值得关注的是释玄奘首途西行求佛法，同时，诏沙门波颇于兴善寺组织道场，此为唐代钦定译场之始。这些事件都直接或间接地影响着唐代的佛教石刻艺术的风格、内容与

走向。

四月，释玄奘首途西行求佛法。其事见诸唐释道宣《续高僧传》及唐慧立的《大慈恩寺三藏法师传》等相关记载。玄奘俗姓陈名祎，洛阳偃师人。刘学智讲，玄奘于贞观元年重返长安，从诸师研习《俱舍》、《摄论》、《涅槃》等，不久即穷究各家学说，誉满京师。仆射萧瑀奏请令住庄严寺。玄奘通过在各地讲演所闻，深感异说纷纭，难得统一，尤其是当时流行的《摄论》、《地论》两家有关法相的学说，说法不一。为求其会通，把握真谛，决心赴天竺求法，时年27岁。起初，玄奘“厉然独举，诣阙陈表”，请求赴印，但未得到许可，遂顿迹京辇，广就诸蕃，遍学印度文字语言。贞观三年，适逢中国北方发生“霜俭”灾祸，唐朝廷准许道俗四出就食，玄奘方得便西行，时年29岁。玄奘这年从京都长安出发，历经险阻抵达天竺境内。遍访名寺大德，于贞观十九年(645)始回长安，在西安大慈恩寺等寺从事佛经翻译与研究，并撰成名著《大唐西域记》，迄今仍是研究印度古代历史最重要的文献。

单体的佛教石刻也登上唐代的石刻殿堂。金申著录一件刻造于贞观三年九月二十六日的《僧修善浮雕罗汉》，为大理石质，现藏于美国霍奴鲁鲁艺术学院。发愿文为：“大唐贞观三年九月廿六日镇海寺比丘僧修善。”

贞观三年闰十二月，诏于交兵之处为阵亡者立寺，虞世南等奉命为撰碑铭。《旧唐书》(太宗纪上)：太宗下《为战阵处立寺诏》。这年十二月，诏建义以来交兵之处，为义士勇夫殒身戎阵者各立一寺，命虞世南、李伯药、褚亮、颜师古、岑文本、许敬宗、朱子奢等为之碑铭，以纪功业。唐太宗李世民此举一方面出于政治需要，一方面也是出于感情需要。无论如何，这种充满人情味的举措，总是会受到人们的肯定和铭记的。

同月(闰十二月)，阎立德等绘《王会图》。阎立德是大画家阎立本的哥哥。《旧唐书》(东谢蛮传)载：贞观三年，东蛮酋长谢元深入朝。中书侍郎颜师古奏言：昔周武王时，天下太平，远国归款，周史乃书其事为《王会篇》。今万国来朝，至于此辈卉服鸟章，俱集蛮邸，实可图写，今请撰为《王会图》。此事后来在宋朝的《资治通鉴》及官修的《宣和画谱》中均有记载：唐贞观中，东蛮谢元深入朝，颜师古上奏，因令阎立德等图之。其序位之际，折旋规矩、端簪奉笏之仪，与夫鼻饮头飞、人物诡异之状，莫不备该毫末。可惜，此图久佚，早在《新唐书》(艺文志二)上就说，颜师古《王会图》，卷亡。

关于四川石窟造像。李玉珉认为，初唐时期的四川人比较富裕，武周时期的陈子昂即称：“蜀为西南一都，国家之宝库，天下珍货聚出其中。”如此雄厚的经济基础为佛教石窟开凿提供了有利的条件。安史之乱，玄宗和僖宗入蜀避难，随行的从属中有不少画师与匠人，他们不仅带来了高度发达的长安文化，同时也带来了中原的佛教石窟技艺，这对四川匠师产生了相当的影响。武宗灭佛时，许多高僧来川避居，设席讲弘宣佛法，四川佛教发展的脚步并未因武宗灭法而稍有停歇，佛教石窟的开凿也更加蓬勃。根据石窟造像题记的年款，四川遗存中，最早的唐代佛教窟龛造像为贞观三年，最晚的则是光化二年(899)，中间绵延不断，贯穿整个唐朝。该省石窟分布极广，东起三峡、忠县；南至宜宾、昭觉；西抵邛崃、茂汶；北达广元、巴中；在56个县中均有石窟龛像的发现，龛窟在10个以上的地点即近300，其中有唐代窟龛的更占一半以上。这与盛唐以后，中原石窟的数量遽减，日益衰颓的状况形成了强烈的对比。唐代四川石窟的异军突起，是我国石窟发展的一个重要课题。

据李玉珉所说四川唐代石窟最早的刻造年代为贞观三年，笔者没有找到相关的实物记载，目前所知，四川唐窟最早者为贞观八年(634)，即四川梓潼卧龙山石窟《阿弥陀变相龛》，龛中有贞观八年题记，并刻有《阿弥陀佛并五十二菩萨传》全文。

费泳认为早在贞观年间，天竺密教已渗入云南。《故考大阿拶哩段公墓志铭》载：唐贞观己丑年(629)，观音自乾竺来，率领段道超、杨法律等开化此方，流传密印，译咒翻经。显然，这儿的观音应该就是云南阿吒力教的创始人阿嵯耶观音。关于南诏佛教造像，据明杨慎在《南诏野史》中记录，劝龙晟以金3 000两，铸佛三身。劝丰祐时，大理崇圣寺有佛像多达11 400身。至五代初的安国七年(909)郑买嗣造佛1万尊，野史所记是否为实数，不得而知，却可以看出7世纪初至10世纪初南诏造像的兴盛。今大理剑川、安宁、永昌等地仍保存部分南诏佛教遗迹。较为著名的有大理崇圣寺雨铜观音、剑川石宝山石刻。流失海外的《南诏图传》也是现存唯一代表南诏佛教绘画水平的珍品。

是年，诏沙门波颇于兴善寺组织译场，此为唐代钦定译场之始，在唐人道宣、法琳、慧立、智升等的著述中均有著录。刘学智和高振农述及此事说，佛经翻译，早在汉代已经开始。晋以前，佛典翻译一直属于私人之事。东晋时道安来长安后始组织译场，请外国沙门僧伽提婆、昙摩难提及僧伽跋澄等，译出众经百余万言。此译场仍属私人事业。后秦时鸠摩罗什到长安，被姚兴奉为国师。姚兴为其在长安逍遥园建西明阁作为译场，这是中国国立佛经译场之始。此后南北朝亦有诸多带有国立性质的译场，到隋代，炀帝专门为彦琮等在洛阳建立译经馆，此为国家钦定译场。武德九年，中天竺沙门波颇来到长安，敕住大兴善寺。贞观三年奉诏在此设立译场(世称兴善译场)，且有证义、译语、缀文、勘定、监护等分工，如令所司搜扬硕德备经三教者沙门慧乘、慧颐、慧净、法琳等人助译，并命房玄龄、杜正伦等监护勘定。译《宝星经》、《般若灯》、《大庄严论》等三部共35卷，六年始毕。此后，国家组织的译场举措至玄奘、义净时一直相沿。玄奘的弘福寺译场、慈恩寺译场、玉华宫译场，义净的大荐福寺译院已达极盛，且组织愈益庞大严密，直到唐宪宗元和六年方终止。

［文献］ 唐释道宣《续高僧传》卷三、卷四，唐慧立《大慈恩寺三藏法师传》卷一、卷六、卷八，唐释智升《开元释教录》卷九，唐法琳《辩正论》卷四，后晋刘昫等《旧唐书》卷二、卷一九七，《资治通鉴》卷一九三，宋赵佶等《宣和画谱》卷一，宋宋祁等《新唐书》卷五八，张岂之等《中国学术思想编年》(隋唐五代卷)，高振农《试论唐代佛典翻译的特点》(《隋唐佛教研究论文集》)，金申《中国历代纪年佛像图典》，李玉珉《中国佛教美术史》，费泳《汉唐佛教造像艺术史》。

公元630年　贞观四年

［提示］ 三月，虞世南撰文欧阳询书丹《赠司空杜如晦碑》。六月，《李武就造像》。九月十五日，四川茂汶县《张姚敬造观音像》。是年，陕西《昭仁寺碑》、《李寿墓志》及石门石棺。

［叙录］ 据《旧唐书》(太宗纪下及杜如晦本传)载：贞观四年三月，尚书右仆射、蔡国公杜如晦薨，年四十六。太宗手诏著作郎虞世南说：朕与如晦，君臣义重。不幸奄从物化，追念勋旧，痛悼于怀。卿体吾此意，为制碑文也。虞世南受诏所撰碑文，称《赠司空杜如晦碑》或《唐杜如晦碑》，书丹者则是欧阳询，此碑最早为宋人赵明诚所著录，刻立于醴泉县昭陵。

六月之单体石造像《李武就造像》，罗振玉记载说，石藏于美国波士顿博物馆。九月十五日，在羌族聚居的四川茂汶县点将台，有唐代造像和题记《张姚敬造观音像》，中有贞观四年九月十五日题名的“西义州行参军张、录事姚”“敬造救苦观世音菩萨一躯”。这证明从南朝到唐代，佛教一直是四川羌族地区的主要宗教信仰。陈仲安指出，值得关注的是，茂汶造像题名，多是戍边军人及其家属。刻于贞观年间的题记，能释读者12条，有九条是军职题名，如“大施主持节兼翼州诸军事翼州刺史大将军李玄嗣、行治中张仲品”“翼州翼水县丞上骑都尉杨和鸾”“西义州行参军张、录事姚”“翼州孝刺史梁夫人”“佛弟子梁大逢夫妇”等。可知羌族聚居区的佛教信仰源远流长，与驻军之间有很大关系。翼州，北周天和元年(566年)置，治翼针县，即今四川省茂县西北校场坝南，辖境约今四川省茂县西北部和黑水县东部，是著名的羌人聚居区。

贞观四年陕西长武县昭仁寺刻立的《昭仁寺

碑》，全称《豳州昭仁寺碑》，朱子奢撰文，未署书丹者姓名，梁披云著录此碑。有人认为此碑是虞世南所书，也有人认为是欧阳通或王知敬所书。据清人王昶载，碑连额高一丈一尺八寸，宽四尺五寸，额题阳篆“大唐豳州昭仁寺之碑”九字，碑阳楷书，刻 3 000 余字，此碑与《等慈寺碑》内容略同，均为唐太宗纪念战死将士而建立。清人王澍评论《昭仁寺碑》时说：此书虽似永兴(虞世南)，然《庙堂》丰逸，此则瘦劲，面目虽是，神骨则殊。

同年，还有一件龟形墓志值得关注，即《李寿墓志》。唐代墓志形制，除沿用早已定型的方形或长方形造型外，也出现了一些形制特殊的异型墓志，如瓷质的罂形、罐形墓志等，其中颇为瞩目者是龟形墓志。1973 年陕西三原陵前公社出土的《李寿墓志》即为此种龟形墓志。李寿是高祖李渊堂弟、太宗李世民叔父，曾被封开府仪同三司、上柱国、淮安郡王。这件墓志长 166 厘米、宽 96 厘米、高 64 厘米，志文楷书 31 行，行 37 字。《李寿墓志》造型、雕刻奇特精美，兽首龟身，现仍残存彩色，可以推知当时墓志应是贴金绘彩的气派之作。墓志以龟背为志盖，阳篆“大唐故司空公上柱国淮安靖王墓志铭”共 16 字。龟形志石边缘则雕刻着精细的龟甲、联珠、蔓草等图案。龟形墓志迄今为止，仅出土过两合，《李寿墓志》之外，则是 1936 年出土于洛阳、现藏南京博物院的北魏延昌二年(513)的《元显俊墓志》。赵超也认为《李寿墓志》雕刻得极其精细，外形是一只栩栩如生的巨龟，头部和背甲构成志盖，可以打开，四爪和腹身构成志身，中央磨平，刻写铭文，是唐代墓志中罕见的瑰宝。

关于李寿墓石门及石棺。李寿墓的发掘，除墓志之外，出土的还有包括石墓门和石棺等重要石刻，上面所刻造的天王或武士像颇为引人注目。李淞指出，隋代墓室全面引进天王像的趋势在初唐更得到加强，西安附近出土的李寿墓，石墓门和石棺上共刻有十几尊着甲武士像，造成重兵把守之势。有意思的是墓门上的二武士头有项光、脚踩夜叉、手握三叉戟，完全仿照佛教天王像。棺上的武士则为世俗兵士打扮，从而形成“天兵地将”两类守护者同现墓室的场景。由此可以看出，佛教天王(守门神)图像与世俗守墓武士图像虽然各有传统且含义不同，但在北魏至隋代渐趋靠拢，相互影响，呈一种互动的关系。

［文献］　后晋刘昫等《旧唐书》卷二、卷六六，宋赵明诚《金石录》卷二三，清罗振玉《海外贞珉录》，清王昶《金石萃编》卷四二，清王澍《虚舟题跋》，梁披云主编《中国书法大辞典》，陈仲安《跋四川茂汶县北校场坝点将台唐代石刻题记》(武汉大学三至九世纪研究所《魏晋南北朝隋唐史资料》第 5 辑)，赵超《石刻史话》，李凇《长安艺术与宗教文明》。

公元 631 年　贞观五年

［提示］　二月，唐代首次供养法门寺佛指舍利。三月，山东《房彦谦碑》。十一月十六日，《化度寺故僧邕禅师舍利塔铭》。十一月，敕立大秦寺。是年，陕西《化度寺碑》。

［叙录］　二月，唐代首次供养法门寺佛指舍利。此事在唐人道世的《法苑珠林》有明确记载。刘学智写道，法门寺位于长安以西百公里外的扶风，周魏以前名阿育王寺(或称无忧王寺)，寺内有阿育王塔，自北周武帝灭佛至唐初战乱后，寺院遭严重焚毁。贞观五年，岐州刺史张亮去礼佛时，发现故塔基曾未上覆，遂奏敕覆盖其基，诏许之。据传说，此塔一闭，经三十年一开示人，可令道俗生善。于是其奏请允许开示，打开后初见塔中“指骨”舍利，“或见如玉，白光映彻，或见绿色”，至为奇特，于是轰动京邑。这是唐代第一次开启并供养佛骨舍利。此次虽只是就地供养，但开唐代供养佛骨之先，后来唐王室曾数次将“佛骨”迎至长安或洛阳宫中供养。

三月，山东章邱县所刻立的《房彦谦碑》，全称《唐故都督徐州刺史临淄定公房公碑铭并序》，清人王昶载：碑高丈一尺一寸四分，宽五尺三寸。碑额篆书“唐故徐州都督房公碑”，碑阳隶书。李百药撰文、欧阳询书，碑主房彦谦为太宗时宰相房玄龄的父亲。欧阳询书丹者多楷书而少隶书，传世者尤为珍稀，目前能见到的，仅此碑和《宗圣观记》两种。清吴玉搢谓此碑“极挑拔险峻之妙，与正书正是一律。兰台《道因》亦全是此种风味也”。

罗尔纲在《金石萃编校补》中载录有刻于是年十一月十六日的《化度寺故僧邕禅师舍利塔铭》，题下署“右庶子李百药制文，率更令欧阳询书”。

宋释志磐《佛祖统纪》载，这年十一月，敕立大秦寺。这年波斯国苏鲁支入唐传播“末尼火教”。刘学智解释说，苏鲁支即苏鲁阿士德，波斯国人，传火祆教。“祆”者，天神之省文，即崇拜天神，亦称拜火教。祆教早在公元260年已在波斯国定为国教。该教名闻中国始自北魏，时已祭祀胡天神或祆神，对火祆之崇拜至唐代已相当盛行。只是在火祆之外，尚有大秦景教（贞观九年入中国）、摩尼等教，均源自波斯，故唐人常将祆教与此二教混同，遂有“末尼火教”之说。景教入中国时所立寺亦称波斯寺（天宝四年改大秦寺），此所记实为火祆教之寺。

刻立于此年陕西的《化度寺碑》，在唐代早期也是一件颇为知名的碑刻作品，全称《化度寺故僧邕禅师舍利塔铭》，也称为《化度寺塔铭》或《邕禅师塔铭》。仍是李欧联袂佳作（李百药撰文、欧阳询楷书），刻成之后，置于长安南山鸱鸣阜（终南山天子峪）信行禅师灵塔左侧。据梁披云等记载，北宋庆历初年，范雍曾在寺中见过此碑，惜后为寺僧所毁。范雍再至寺中，碑石已断为三块，范雍移石于府中赐书阁。靖康乱中，范雍又藏碑于井中，事过后方取出，捶拓数十本，碑石已碎亡。翻刻本极多，宋时已有，传世拓本唯吴县吴氏四欧堂藏成亲王旧藏本是原石拓之孤本，今藏上海图书馆。欧阳询书此碑时已75岁，所谓人书俱老，无一字不绝妙，为欧阳询楷书四碑（化度、皇甫、醴泉、温彦博）中的第一名作。南宋词人兼书法学者姜夔说：《化度》胜于《醴泉》，骎骎入于神品。元人赵孟頫也说：唐贞观间能书者，欧阳询更为最善，而《邕禅师塔铭》又其最善者。

图110 菩萨立像 贞观八年(634) 陕西省博物馆藏

［文献］ 唐道世《法苑珠林》卷三八，宋释志磐《佛祖统纪》卷三九，清王昶《金石萃编》卷四三，清吴玉搢《金石存》卷一二，梁披云主编《中国书法大辞典》，罗尔纲《金石萃编校补》，张岂之、刘学智《中国学术思想编年》（隋唐五代卷）。

公元632年 贞观六年

［提示］ 四月，魏徵奉敕撰文欧阳询书《九成宫醴泉碑铭》。九月十九日，陕西《皇甫楷阿弥陀佛坐像》。

［叙录］　四月，魏徵奉敕撰文欧阳询书《九成宫醴泉碑铭》，亦称《九成宫碑》。此碑是唐代名碑，最早为宋人赵明诚所著录。清人王昶记载此碑碑高七尺四寸，宽三尺六寸。正书24行，行49字。额阳文篆书“九成宫醴泉铭”六字，石在陕西麟游。梁披云说此碑传世宋拓尚多，以明驸马李琪藏北宋拓本为最，现藏于北京故宫博物院。九成宫原为隋代文帝离宫仁寿宫，由隋代建筑工程专家宇文恺监修，但至初唐时已近荒芜。贞观五年，唐太宗接受群臣建议，将仁寿宫加以修缮装饰，更名为九成宫。九成宫唐末毁于水患，其遗址位于西安西北160多公里的麟游县新城区。贞观六年夏天，太宗前往避暑。在宫殿一隅有甘泉涌出于地，甚觉祥瑞，便让时任宰相的魏徵撰文，大书家欧阳询书丹（时年76岁），刻成闻名于世的《九成宫醴泉铭》。其书法成就，被许多后世书法史家视为千余年来楷书中巅峰之作。宋人释居简说：贞观初欧阳绝出，流落天壤间何限，独《化度寺记》、《醴泉铭》最为珍玩。明人陈继儒也认为《醴泉铭》“瘦硬清寒，而神气充腴。能令王公（指王羲之）屈膝，非他刻可方驾”。

九月十九日，陕西刻造《皇甫楷阿弥陀佛坐像》。北大考古专业等在考察慈善寺与麟溪桥造像时记载：麟游县博物馆还藏有三尊唐代圆雕石佛像。其中一尊有“大唐贞观六年岁次壬辰九月辛巳朔十九日乙亥，右武卫府院内先有石，如象形，兵曹皇甫楷等合卫宫人及卫士吕世威等，为法界众生修治，敬造阿弥陀佛象一区，并三区小象，并得成就，愿使过去未来及健在苍生具登正觉”的铭刻。唐初行府兵制，于京畿地区置十二军，后定名十六卫，以府兵供宿卫之用，左右武卫属十六卫之一。这尊造像风格表现出陕西地方民间北朝以来造像碑的雕刻技法，20世纪80年代初发现于旧县城北兴国寺遗址。佛像头部已残，青灰色砂石质，身座连为一体，残高105厘米。肩以上显颈，可辨有阴刻三道的残痕，端肩平胸直腰。右臂弯屈向上，左手扶膝，但手残佚，断臂上有“凹”形的圆榫窝，应有另石补接。结跏趺坐，内着袒左僧祇支，腰部打“十”字结系带。袈裟由双肩下搭，一角由右臂外侧经腹前搭至左臂，显出衣角，在腿下露出裙裾，裙裾下摆搭于佛座，上层为弧形，下为两层折叠的竖垂裙裾，为阴线和平直的阶梯状衣褶。佛座为长方形，正面两侧隅高浮雕双狮，狮头部在座正面向前，身子在座两侧面，蹲状鼓胸小头，前腿较长，尾呈柳叶上翘。碑座正面刻有香炉，两侧出莲，有荷花。左下角残损，佛座背后左侧有楷书题记。

［文献］　宋赵明诚《金石录》卷三，宋释居简《北涧集》，明陈继儒《眉公全集》，清王昶《金石萃编》卷四三，梁披云主编《中国书法大辞典》，北大考古专业等编著《慈善寺与麟溪桥：佛教造像窟龛调查研究报告》。

公元634年　贞观八年

［提示］　十二月二十二日，《鄂国公夫人苏女武墓志铭》。是年，太宗建大明宫，北京《房山云居寺静琬题刻残石》、四川梓潼卧龙山千佛崖《阿弥陀变相龛》。

［叙录］　山西刻造的《鄂国公夫人苏女武墓志铭》，周绍良有著录。从志文可知，苏氏卒于隋大业九年（613），21年后，即贞观八年旌志于旧殡之所，地点在马邑郡平城乡京畿里之第。张焯说，马邑郡平城乡京畿里，疑即北魏平城废都。鄂国公尉迟敬德，朔州善阳（北齐招远县，隋改善阳，唐曰鄯阳，今朔州市）人，唐高宗显庆三年（658）十一月死，明年陪葬太宗昭陵。

据安家瑶等记载，大明宫原名永安宫，位于西安市西北郊，建成于贞观八年。大明宫建成之后，一直是唐帝国近300年的政治中心。龙朔二年（662）高宗扩建，次年即迁入大明宫执政，乾宁三年（896）毁于兵乱。大明宫周长近8公里；面积约为北京紫禁城的四倍，相当于三个凡尔赛宫。共有11个城门，东西北三面均建有夹城；南部有三道宫墙护卫，墙外丹凤门大街宽达170多米，堪称世上最宽的街道。

大明宫遗址曾出土单身菩萨残躯，残高 110 厘米。此像为白石雕造，头部、两臂及膝下均残断（图 111）。上身袒露，斜披帔帛，有头饰，长发三缕垂肩，下身着裙，腹微挺，身体重心侧向左边呈 S 形，左膝盖比右膝盖稍微凸起，这是由于站立时着力点不同所致。这尊残躯被人誉为“东方维纳斯”，造型简明概括而又非常细微准确，体态优雅娴静，华贵而又含蓄。李凇认为，其身躯已趋向女性化但并不过于强调女性特征，体现了中和、典雅的东方美学风韵。此像具体雕刻年代不知，由于大明宫在高宗龙朔二年进行过较大规模的整修与扩建，我认为这件汉白玉菩萨立像，从造像风格与旨趣来看，更有可能是高宗时代所刻造。

刻于太宗贞观八年的北京《房山云居寺静琬题刻残石》，罗振玉在《海外贞珉录》载，石藏于日本大谷光瑞氏。书法为正书。刘正成称山云居寺碑刻中以此最为秀雅婉媚，以其出于盛唐人之手笔，故六朝余韵犹存，可谓刚柔兼济，遒美劲丽，耐人寻味。

四川梓潼卧龙山千佛崖石刻《阿弥陀变相龛》。日人冈田健指出，四川梓潼卧龙山千佛岩造像，在五米见方的大型方形岩石的四面，分别雕刻有释迦（北面）、弥勒（东面）、阿弥陀（西面）和千佛像（南面）。其中西面的阿弥陀三尊和 52 菩萨造像龛，还刻有贞观八年的《阿弥陀佛并五十二菩萨传》铭文（图 111）。其主尊造型为通肩大衣、转法轮印的阿弥陀佛坐像。根据题刻铭文所说，这种特殊的图像，在隋代曾流行于长安。与该造像龛几乎同样构图的阿弥陀佛像，在甘肃敦煌莫高窟 332 号窟东壁壁画（7 世纪末）、河南洛阳龙门敬善寺窟群的无纪年洞（7 世纪 60 年代前半段）、四川通江千佛崖龙朔三年（663）阿弥陀佛龛等处都可看到。卧龙山千佛岩的造像，无论是佛像还是胁侍菩萨像，作为贞观八年的初唐样式已经相当成熟。如果这种造像样式真是从长安传来的话，为后人了解当时的长安造像样式方面，当具有深刻意义。在应为同时雕造的千佛岩北壁和东壁的佛像、菩萨像的背后，虽然配置有天龙八部众等新图像，但基本上还是延续了北周到隋代、初唐的比较保守的造像样式。这也表明“阿弥陀佛并 52 菩萨”这种特殊的新式图像，与一般的造像之间，显然有很大的不同。刘兴珍描述千佛崖一号龛窟时说，主尊为弥勒佛，两侧有二胁侍菩萨、二天王及天龙八部像。诸造像迄今保存完好，其中以二胁侍菩萨像最为佳妙。二菩萨形貌、服饰相类，皆戴花冠。左胁侍冠墙正中刻小化佛，冠后有披风。袒裸上身，胸项饰璎珞，臂饰钏，帔帛飘拂，长裙贴体覆足。一臂自然下垂，一臂屈肘，手持莲蕾，立于莲台上，神情温婉。刻工精到，刀斧无滞。衣纹迂回委婉，飘洒利落。

李玉珉则讨论了这种瑞像的来源：唐代有关西域瑞像的记载繁多，使得我国佛教艺术的内容更加丰富。道宣《集神州三宝感通录》卷中就提到，相传云：昔天竺鸡头摩寺五通菩萨往安乐界，请阿弥陀佛，娑婆众生愿生浮土，无佛形像，愿力莫由，请重降许。佛言：汝且前去，寻当现彼。及还，其像已至。一佛五十菩萨各坐莲花树叶上。菩萨取叶所在，图写流布远近。隋文开教，有沙门明宪从高齐道长法师所得此一本，说其本起与传相符，是以图写流布，遍于宇内。时有北齐画工曹仲达者，本曹国人，善于丹青，妙尽梵述，传模西瑞，京邑所推，故今寺壁正阳皆其真范。可见自北齐以来，阿弥陀佛和五十菩萨像的瑞像就在中原广为流传，只可惜迄今尚未发现中原的遗例。然而这种瑞像在四川石窟中却屡见不鲜，如巴中南龛的第 62 龛、78 龛、116 龛，梓潼县藜雅区卧龙山千佛崖第一龛等。梓潼千佛崖一号龛贞观八年的题刻明确地称这龛造像为“阿弥陀佛和五十二合法菩萨图”，显示早在唐初，这种瑞像图已在川北地区流传。

此外，唐道世还记载，四川梓州通泉寺僧《释慧震造西山卢舍那大佛》，坐高 130 尺，于贞观八年周备成就。金维诺认为，其佛像图本大体不离释迦牟尼、阿弥陀、弥勒及卢舍那佛等几种。

［文献］ 唐道世《法苑珠林》卷三三，清罗振玉《海外贞珉录》，周绍良《唐代墓志铭汇编》，张焯《云冈石窟编年史》，安家瑶等《唐大明宫含元殿遗址

图 111 阿弥陀佛并五十二菩萨传碑 贞观八年(634) 四川梓潼卧龙山

1995—1996 年发掘报告》(《考古学报》1997 年第 3 期),李凇《陕西古代佛教美术》,刘正成《中国书法鉴赏大辞典》,北大考古专业等编著《慈善寺与麟溪桥:佛教造像窟龛调查研究报告》,金维诺《中国古代佛雕:佛造像样式与风格》,李玉珉《中国佛教美术史》,刘兴珍等《中国古代雕塑图典》。

公元 635 年 贞观九年

[提示] 五月,陕西献陵及石刻。是年,大秦国阿罗本至长安首传基督教入华。

[叙录] 唐开国皇帝高祖李渊的献陵,始建于贞观九年五月五日,终于当年十月。献陵位于陕西省三原县东北海拔 500 米左右的徐木原(白鹿原)上,即徐木乡永合村东北、秦窑村北、代庄东、永合一组西及富平县南庄南。与唐人李吉甫、宋人宋敏求及清人毕沅等人所载地理位置相符合。李渊驾崩后始营献陵。高祖临终遗言,要求园陵制度,务从俭约。据宋人王溥说,虞世南曾奏,汉天子即位即营山陵,远者五十余年,今以数月之间为数十年之功,于人力有所不逮。房玄龄也以为汉长陵(咸阳高祖刘邦墓)高九丈,原陵(孟津光武帝刘秀墓)高六丈,今九丈则太崇,三仞则太卑,请以原陵之制。献陵石刻当雕刻于此时。据陈安利考察,陵园四神门外各有石虎一对,身躯高大,姿态凝重,大小形制略同,但保存现状各异。朱雀门外石虎,位于门址南 165 米处,东西列置,东石虎头向西,立于石座之上,保存基本完好。石虎身长 275 厘米、通高 180 厘米。虎足与石座连为一体,整石透雕而成。颈下刻有铭文“武德

图 112 石犀 贞观九年(635) 西安碑林藏

拾年九月十一日石匠小汤二记”。《旧唐书》(高祖本纪)载,李渊于贞观九年五月卒于太安宫之垂拱前殿,冬十月庚寅葬于献陵。可见此处“武德拾年”当为“贞观十年”之误。1959 年,西石虎迁至西安碑林博物馆保存展出,保存完好。青龙门外石虎,位于门址东 140 米处,南北列置,间距 37.5 米。南侧石虎已掩埋地下,石座暴露地表。北侧石虎石座均在“文革”十年动乱期间被破坏。玄武门外石虎,位于门址北 150 米处,东西列置,间距 37.5 米。东侧石虎掩埋地下,仅留石座于地表。西侧石虎、石座分离,石虎从腹部以下掩埋土中,保存尚好。白虎门外石虎,位于门址西 150 米处,南北列置,间距 37.5 米。南侧石虎、石座分离,虎腿和嘴部残,虎身完好;北侧石虎头、身、尾均完好,腹部以下掩埋土中。朱雀门外神道两侧有石刻列置,从南向北计有华表一对,犀牛一对,间距 39.50 米。东侧华表保存较好,通高 740 厘米,由方形础石、方形石座、八棱柱身、八棱顶盖组成。方形石座四面线雕花纹,座上浮雕二螭龙首尾相接呈环状,中央凿一卯,八棱柱身各面均线刻植物花纹,八棱顶盖上圆雕一蹲狮。西侧华表,地面仅存础石一方,柱身已掩埋地下,柱顶已残。石犀位于华表之北 70 米处,高 212 厘米、身长 335 厘米,体态硕大,生动形象,独角,瞋目,作走动状,体饰麟纹,右前足之底板上,刻有铭文数字,已漶泐,当为“高祖怀远之德”六字(图 112)。石犀与石座连为一体,为整石雕成,1960 年搬至西安碑林博物馆展出。西侧石犀已掩埋地下。据当地村民反映,早年石犀以北还有依次排列的石人三尊,均属东列,面西而立,高 2 米多,身着长袍,双手持笏,文官模样,惜已不存。按唐陵石刻布置分析,西侧当初应有对称的石人三尊。刘兴珍评价献陵石兽时说,石犀造型写实,外轮廓简洁概括。头部肥硕,身躯短而粗,壮实厚重,情状笨拙而凶悍。通身线刻细小鳞片,具有皮毛粗厚的质感,极富装饰效果。石虎作缓步前行之势,胸肌强劲，四爪筋骨凸起，气势威猛。造型写实，风格单纯质朴。几乎无任何雕凿装饰，着力于整体形象的塑造。

本年，大秦国僧人阿罗本至长安首传基督教入华。基督教传入中国的具体年代，有着不同的说法。通常认为是初唐传入，所传入中土的为基督教之聂斯托尔派，当时称为“景教”或“大秦教”。大秦即罗马，笼统地指东罗马或特指叙利亚。其事载诸唐杜佑《通典》、宋王溥《唐会要》等典籍中。据钱念劬说：景教者，基督旧教之聂斯托尔派也。据碑（《大秦景教流行中国碑》）贞观九年，至于长安，十二年为建寺，则教入华境，必在7世纪之初。入中国后，不能不定一名称，而西文原音弗谐于口，乃一取《新约》光照之义，命名曰景。景又训为大，与喀朵利克(Catholique)原意亦合，可谓善于定名。刘学智说，学界一般将此年（贞观九年）视为基督教入中国之始。聂斯托尔派是基督教的一个小教派，因信奉君士坦丁堡主教聂斯托尔（约380—451）所倡导的教义而得名。聂斯托尔提出基督二位二性说，认为基督的神性与人性不能结合为一体，这显然违背了基督教“三位一体”的正统教义，致使于公元五世纪初在以弗所（在今土耳其境内）召开的宗教公会上，被东罗马皇帝和西派教会判为“异端”。此后其追随者逃往波斯（伊朗）一带，曾在叙利亚等地传布，并得到波斯王的支持，一度得到较大发展，于公元五世纪末叶形成独立教派。此后，趁波斯与唐朝交往频繁之机，派遣东罗马僧人阿罗本等人来中国，于唐贞观九年至京师长安。太宗遣房玄龄郊迎入内殿问道，特令传授大秦景教。景教初入中国时，人们将其与同样来自波斯的火祆教、摩尼教常相混同，故又称波斯教或波斯经教。当时长安义宁坊曾建有波斯寺，实则奉大秦景教，该寺于天宝四年(745)改名为大秦寺。

［文献］　唐李吉甫《元和郡县志》卷一，唐杜佑《通典》卷四〇，宋宋敏求《长安志》卷二〇，宋王溥《唐会要》卷二〇、卷四九，清毕沅《关中胜迹图志》卷八，陈安利《唐十八陵》，刘兴珍等《中国古代雕塑图典》，钱念劬《归潜记》丁编之一，张岂之等《中国学术思想编年》（隋唐五代卷）。

公元636年　贞观十年

［提示］　*太宗为长孙皇后撰文刻石、始建昭陵及石刻。*

［叙录］　《资治通鉴》载，贞观十年，长孙皇后去世，太宗李世民为长孙皇后撰文刻石，并再次提出薄葬。同年，始建昭陵及石刻。据陈安利记载，太宗昭陵自贞观十年葬文德皇后始建，至贞观二十三年八月(649)葬太宗李世民，共营建了13年。昭陵为太宗李世民与长孙皇后合葬陵，位于陕西省礼泉县东北20多公里的九嵕山主峰上。太宗仿效秦汉以来封建帝王预作寿陵惯例，登基之后，就为自己选定陵园的位置和名称。唐太宗带兵打仗和在后来的狩猎中，对九嵕山一带地形十分熟悉。他曾对侍臣说：九嵕山孤耸回绝，山高九仞，可置作山陵。营建昭陵浩大的工程主持与设计者，则是由工程艺术家阎立德担任的。昭陵陵园，唐时又称“柏城”，当由于其时在陵园周围遍植柏树之故而得名。陵园植柏，缘于柏树可避邪的传说。昭陵祭坛遗址，位于陵山北约500米处玄武门内。祭坛原列置唐贞观时期14个少数民族首领的雕像。这些造型生动的石雕像象征贞观年间诸宾王归顺唐朝向唐太宗朝圣情形，以颂扬唐太宗统一海内的功德。唐太宗生前，平定突厥、和亲吐蕃，深得四方拥戴。《资治通鉴》载，太宗死时，突厥阿史那社尔、契苾何力请求殉葬，高宗派人谕以先旨不许。蛮夷君长为先帝所擒服者颉利等14人，皆琢石为其像，刻名列于北司马门内。《旧唐书》（吐蕃上）也说，吐蕃弄赞致书并献金银珠宝15种，请置太宗陵座之前，高宗嘉之，乃刊石像其形，列昭陵玄阙之下。昭陵所刻这些少数民族首领石像，是唐太宗时期良好的民族关系写照。清代学者林侗曾记述：诸石像高九尺，皆深目大鼻，

马刀杂佩，栩栩如生，极为壮观。可惜乾隆以后这些石雕像大多被毁。1965年秋天，陕西省文物管理委员会和礼泉县文教局对昭陵进行调查时，在祭坛发现了刻有突厥右卫大将军阿史那社尔、焉耆王龙突骑支、吐蕃赞普弄赞和高昌王麹智盛等名的石像座。1982年，昭陵博物馆在清理祭坛遗址时，又发现了于阗王伏阇信、薛延陀真珠毗伽可汗和婆罗门帝那伏帝国王阿那顺三个像座。至此，得石像达半数。

祭坛东西两庑，原有驰名天下的《昭陵六骏》浮雕。六骏系李世民统一全国、驰骋疆场所骑的六匹战马。为了纪念战功显赫的六骏，李世民诏令："朕所乘戎马，济朕于难者，形名镌为真形，置之左右。"匠人们运用高超技艺，雕刻出六骏逼真形象。相传六骏诸形出于唐代著名画家阎立本（阎立德弟）之手，雕刻家依其形刻于石屏上。陈安利载，石屏高171厘米、宽205厘米、厚30厘米。石屏右上角或左上角有唐太宗自题四言赞美诗，由大书法家欧阳询书丹。现在字迹漫漶，已不可辨认。据《全唐文》所收赞文载："特勤骠"是唐太宗与宋金刚作战时的坐骑，排列在东侧第一；"青骓"是和窦建德作战时的坐骑，排列在东侧第二；"什伐赤"是和王世充、窦建德作战时的坐骑，排列在东侧第三；"飒露紫"是攻洛阳时和王世充交战时的坐骑，排列西侧第一（图113）；"拳毛騧"是和刘黑闼作战时的坐骑，排列西侧第二；"白蹄乌"是和薛仁果作战时的坐骑，排列西侧第三。1914年，美国文物走私商人勾结国内古董贩，将"飒露紫"和"拳毛騧"打碎装箱运往美国，现藏于美国费城宾夕法尼亚大学博物馆。1918年，美国人欲将另外四具石刻骏马盗走，后被西安爱国人士截获，现藏于西安碑林博物馆。刘兴珍说，六骏形体稍小于真马，凡辔头、坐鞍、足镫、障泥、流苏及后鞦佩挂齐备，颈鬣修饰三个竖花，且缚尾，如实地按唐代战马装扮。六骏为侧面造型，或站立，或奔驰，姿态及个性各具特色，而气韵风度不移。个个丰腴壮硕，矫健英武。刀法明快洗练，细部精致而块面整体，堪称唐代杰出雕刻艺术品。

深通绘画与雕刻艺术的王子云对昭陵六骏不吝赞美之辞。他说，昭陵六骏在唐代雕刻艺术制作中，尤其是浮雕艺术制作中，其表现形式和雕刻技巧与唐以前的浮雕制作相对比，达到了成熟的境地。不仅充分地表现出浮雕所应有的体积感，而且线条明快，形体结构也非常适称。这六匹骏马的表现形式是：三匹站立，三匹奔驰，都是体态矫健，雄劲圆肥，明显地刻画出唐代统治者所喜用的西域马的典型。如其中之一的"飒露紫"是表现马在战场上受了箭伤，由随将邱行恭为之拔出箭矢的顷刻形象。唐代杰出的雕刻匠师在处理这一题材时，体会到马因拔出箭矢所感到的疼痛和紧张，表现出却步后退但又不失雄强战马应有的骄矜气质，因而创造出这一生动卓越的形象。另一匹名马"拳毛騧"（腿部残损）表现出虽因在战场中身受九箭，疲惫中正在走动，却仍然显得神态自若而具有刚毅之气。整个形体的比例合度，好像雕刻者是面对这匹名马雕出的。唐代有很多画马名家，如曹霸、韩干等，都长于对着真马写生，所画的都是皇室"御厩"中的名马。而这里所以用浮雕来表达，主要是由于浮雕的形式接近绘画，能使马的四肢有所贴附，否则即不易坚固；但也可能是受绘画表现形式的影响，并且传说是由阎立本先画成图样再依图雕刻的。只是六骏的制作早于曹霸、韩干画马的年代，而浮雕所表现的真实体积感以及制作的耐久性是远非绘画可以比拟的。什伐赤一马较完整，但腿部仍有残损。这件浮雕的造型特点是雕出了奔驰的马的精神动态，全身肌肉紧张，头部表现得更为明显。匀称的整体结构和躯体的硕壮，刻画出战马的特有姿态。像这样富于写实的雕刻手法如不是雕刻者对于马的习性、动态有细致的观察体会，绝难创作出来。

［文献］ 后晋刘昫等《旧唐书》卷一九六，宋司马光《资治通鉴》卷一九四、卷一九九，陈安利《唐十八陵》，王子云《中国雕塑艺术史》，刘兴珍等《中国古代雕塑图典》。

图 113 昭陵六骏之飒露紫 贞观十年(636) 美国宾夕法尼亚大学博物馆藏

公元 637 年 贞观十一年

［提示］ 十月，山西《裴镜民碑》、陕西《温彦博碑》。是年，河南《等慈寺碑》、龙门《李元庆母刘妃造弥勒像》、《洛州乡城老人佛龛》，太宗诏儒释道学者入弘文殿论三教。

［叙录］ 十月，山西刻立初唐名碑《裴镜民碑》。此碑全称《隋故益州总管府司马裴君碑铭并序》，由裴熙勣立于山西闻喜县裴柏村晋公祠。李百药撰文，书丹者为擅名初唐的书法家殷令名。碑文楷书，内容为纪颂战死沙场的裴镜民的功德文章。最早著此碑者为宋人赵明诚，并称此碑“笔法精妙不减欧虞”。清康有为则说：方润整朗者，当以《裴镜民碑》为第一。

同月（十月），陕西刻立另一著名石碑《温彦博碑》，此碑又称《虞恭公碑》。据陈安利讲，这件螭首碑原存于礼泉县烟霞乡山底村温彦博墓前，1975 年移入昭陵博物馆。《温彦博碑》碑高 342 厘米、下宽 111 厘米、厚 37 厘米。清人王昶载，碑高丈一尺七寸五分，宽四尺四寸。碑额篆题“唐故特进尚书右仆射虞恭公温公之碑”十六字。岑文本撰文、欧阳询楷书。碑下部断裂，字多磨灭。此碑为欧阳询 81 岁高龄时所作，是其最晚的作品，观其楷法精妙，字字风骨整饬，神采奕奕，确为唐碑上品。温彦博在两《唐书》中均有传，碑叙其历官甚详，可补史传之阙。梁披云说，传世拓本以陆谨庭旧藏北宋拓本，有王文治跋，和现藏于上海博物馆的嘉庆内府藏宋拓本为最佳。

图 114 龙门洛州乡城老人佛龛 贞观十一年(637)

约刻立于此际的河南《等慈寺碑》，又称《等慈寺塔纪铭》，颜师古撰文，未署书丹者姓名，清人杨守敬考为即颜师古自书。此碑刻立年月历代说法不一，比较认可的说法是成碑于贞观十一年至十五年间(637—641)，兹姑且系年于此。碑原在河南汜水县东郊等慈寺，后被人凿作建材使用，现藏于郑州市博物馆。原碑据王昶记载，高丈一尺四寸，宽四尺六寸，碑额阳文篆书，碑文楷书。颜师古书法因受其祖父颜之推影响，故其书风颇得北朝遗韵。清人杨守敬评此碑"结构全法魏人，而姿态横犷，劲利异常，无一弱笔，直堪与欧、虞抗行"。王澍在《舟山题跋》中也说，其"书法工绝，上援丁道护，下开徐季海(浩)，腴润跌宕，致有杰思"。

本年，道王李元庆母刘妃于龙门破窑造弥勒像一龛，即《李元庆母刘妃造弥勒像》。费泳说，龙门弥勒佛造像在高宗以前尚不流行，太宗时期仅在小龛中有所表现，如破窟西壁的此件造像即是一例。高宗后，随着武则天政治势力的扩大，龙门弥勒佛造像始迅速涌现。同年，在龙门宾阳中洞与北洞外凸壁龛内，刻造有《洛州乡城老人佛龛》(图114)。

是年，太宗诏儒释道学者入弘文殿论三教。据唐释道宣、宋释志磐等人记载，太宗于贞观十一年诏道士、女冠在佛教之先，遂起沙门谏诤。是年，又令国子祭酒孔颖达、沙门慧净、道士蔡晃人弘文殿谈论三教，仍以道为先、佛为次，基本坚持武德年间高祖所定老先、次孔、释后之序。此后，这样的论辩还发生多次。刘学智认为，这说明唐初统治已改变了北周武帝以来官方以"儒学为本，道释为辅"的基本方针，而采取了以"华教为本"，同时又允许佛教存在发展的基本政策。

［文献］　唐释道宣《集古今佛道论衡》卷丙，宋赵明诚《金石录》卷二三，宋释志磐《佛祖统纪》卷三九，清康有为《广艺舟双楫》卷六，清王昶《金石萃编》卷四四，清杨守敬《激素飞清阁评碑记》，清王澍《舟山题跋》，陈安利《唐十八陵》，梁披云主编《中国书法大辞典》，费泳《汉唐佛教造像艺术史》，张岂之等《中国学术思想编年》(隋唐五代卷)。

公元638年　贞观十二年

［提示］　四月八日，河南宝山《故大唐堪法师灰身塔》。是年，书碑名家虞世南卒，陕西《灵化寺大德智该法师碑》约刻于此际。

［叙录］　河南宝山刻《故大唐堪法师灰身塔》。据河南省古代建筑保护研究所载，此塔编为80号，方向正南北。通高163厘米。无基座，全塔由方形塔身、叠涩檐二层、元宝状塔顶及塔刹三部分组成。门东侧外壁刻有"故大唐堪法师灰身塔，十一年四月廿三日终"的题记，在刹的右侧刻有"大唐贞观十二年四月八日造"题记。

书碑名家虞世南卒。虞世南，字伯施，越州余姚(浙江)人，两《唐书》均有传。仕隋为秘书郎，入唐官至秘书监，贞观七年(633)赐封永兴公，世称"虞永兴"。其书法幼承王羲之裔孙智永禅师亲传，得王书真谛。唐太宗酷爱二王，因此虞世南的书法也深受太宗喜爱，与欧阳询、褚遂良、薛稷并称为"初唐四大家"。《新唐书》本传记载：太宗每称虞世南有五绝：德行、忠直、博学、文词和书翰。唐人张怀瓘称"其书得大令(王献之)之宏规，含五方之正色，姿荣秀出"。《孔子庙堂碑》等传世名碑，均出自其手。

现存西安碑林、约刻于此际的《灵化寺大德智该法师碑》，又称《大唐故智该禅师之碑》，碑文载于陈尚君《全唐文补编》中，称为《大唐灵化寺故大德智该法师之碑》。1979年，此碑发现于长安县终南山天子峪村，未署年月。碑文楷书，蟠螭碑额篆书"大唐故智该禅师之碑"。由弘福寺明缨制文、普光寺沙门明解书丹。从碑文可知，智该(577—638)卒于贞观十二年，享年62岁，此碑当刻于是年后不久。智该诸书无载，幸赖此碑可知其生平：智该俗姓王，原籍琅玡，后举家迁往河南豫州。其家世为官宦，祖父王询同曾任豫州刺史，父亲王俨任巴西县令。智该幼承庭训，学贯六艺，九岁即出家，后来在禅修方面亦取得卓异成就。

［文献］ 唐张怀瓘《书断》，后晋刘昫等《旧唐书》卷七二，宋宋祁等《新唐书》卷一〇二，陈尚君《全唐文补编》卷六，河南省古代建筑保护研究所《宝山灵泉寺》。

公元639年 贞观十三年

［提示］ 正月，太宗亲谒献陵。二月八日，谢偃撰《可汗山铭》。五月二十五日，陕西《马周造佛坐像》。五月，《蔡华妙造石像》。八月，裴孝源撰《贞观公私画录》。十二月一日，陕西《杨恭仁墓志》。是年，《皇甫诞碑》及《张琮碑》、《张幻通张□德造道教三尊像石》、陕西《齐士员献陵造像碑》；静琬卒，弟子续刻房山石经。

［叙录］ 正月，太宗亲谒献陵。《旧唐书》(礼仪五)载，贞观十三年正月，唐太宗李世民亲谒其父高祖李渊献陵：先是日，宿卫设黄麾仗周卫陵寝，至是质明，七庙子孙及诸侯百僚、蕃夷君长皆陪列于司马门内。皇帝至小次，降舆纳履，哭于阙门，西面再拜，恸绝不能兴，礼毕，改服入于寝宫，亲执馔，阅视高祖及先后服御之物，匍匐床前悲恸。左右侍御者莫不歔欷。相同的记载也见于宋人王溥的《唐会要》中。

二月八日，弘文馆学士谢偃撰《可汗山铭》。武德四年(621)，门下省置立修文馆，召集杜如晦、房玄龄、于志宁、陆德明、孔颖达、虞世南等名士，引礼度而成典则，畅文辞而咏风雅。以此，足见唐帝对文事的重视。太宗即位后将修文馆更名为弘文馆，置学士以掌校正图籍教授生徒，弘文馆藏书达20多万卷。谢偃即弘文馆学士，《旧唐书》载，谢偃是卫县(河南淇县)人，本姓直勒氏。祖孝政，北齐散骑常侍，改姓谢氏。偃仕隋为散从正员郎。贞观初，应诏对策及第，历高陵主簿。其时，李百药善作五言诗，而谢偃则以善赋而闻名，时人誉为“李诗谢赋”。谢偃是年所作的《可汗山铭》，系为册授肆叶护可汗而撰写的铭文，肆叶护可汗名阿史那咥力，西突厥可汗，统叶护可汗之子，封为特勤。《全唐诗》中收录有谢偃46首诗歌作品，其文集已佚。

《马周造佛坐像》(图115)应该是初唐时代最为著名的单尊造像名品，为罗振玉、大村西崖、松原三郎和金申等多家所著录。其石质为黑石灰岩，高81厘米。传为西安流出，现藏于日本京都藤井有邻馆。发愿文为：“金人觉悟，群生幽光。远着护佑之功，诚多安全之德。莫大信乎！圣眷无私，恩同再造。贞观十三年岁次己亥五月二十五日，中书舍人马周为亡伯懿敬造佛像二区。”马周在《旧唐书》中有传。造像中释迦佛趺坐于束腰台座上说法，佛像螺发，座上敷布，为其时流行样式。敷布隆起绳状布纹，其中仍可窥见印度马土腊佛像衣纹刀法。北大考古专业等在考察慈善寺与麟溪桥造像的研究报告中指出：隋代和唐初(唐高祖武德年间和太宗贞观前期)，长安成为统一后的王朝首都，加之从隋文帝开始崇佛风气日盛，皇家贵族的造像开始出现。从现存的这一时期长安及其周围地区佛教造像资料看，皇家贵族的造像存在着两个流派：一个是北齐风格的流派，另一个是北周风格的流派。唐贞观十三年马周造佛像，造型工整，身材匀称，应该是北齐流派的作品。李玉珉则认为，初唐之世，佛教造像虽上承隋代遗风，但已有明显的改变。贞观十三年的马周造石佛坐像，头大肩窄，虽与隋代的石佛造像一样，仍有几分僵硬，但坐佛额方颊丰，眉弯眼长，两肩厚实，身躯饱满，身躯各部分的连接更为顺畅。袈裟衣褶呈圆弧形自肩上滑落，时疏时密，衣襞有深有浅，与身体的动作互相呼应，表现了袈裟质地的柔软。悬裳座部分的褶纹随着仰莲橘瓣的形状起伏波动，线条流利。这种既表现雕塑的量感，又注重绘画线条之美的表现方式，正是唐代雕塑的一大特色。刘兴珍也认为此造像佛座背光周边刻火焰纹，内环刻小佛一周，其刻工精到，刀法流畅优美。

五月刻造的《蔡华妙造石像》，据李淞著录，早年购于北京，原出处不详，现藏于美国弗利尔美术馆，高35.6厘米、宽21厘米，有彩绘涂金痕迹。单面三尊像，主尊凭几坐于方座，右手持扇，头戴莲花冠，蓄

图 115 马周造佛坐像 贞观十三年(639) 日本藤井有邻馆藏

长须。左右二侍者拱手而立,均有冠。下有二蹲狮。背光为舟形。造像背面有发愿文。

八月,裴孝源撰《贞观公私画录》。裴孝源《贞观公私画史序》记载其撰写此书的原由:大唐汉王元昌,天植其材,心专物表,含运覃思,六法俱全,随物成形,万类无失。每燕时暇日,多与其流商榷精奥,以余耿尚,尝赐讨论。遂命魏晋以来前贤遗迹所存及品格高下,列为先后,起于高贵乡公(三国魏曹髦),终于大唐贞观十三年,秘府及佛寺并私家所蓄,共 298 卷,屋壁 47 所,目为《贞观公私画录》。时贞观十三年八月望日序。《四库全书总目提要》著录此书时说:《贞观公私画史》一卷,唐裴孝源撰。孝源里贯未详,卷首有贞观十三年八月自序,结衔题中书舍人。按《唐书》(艺文志)有裴孝源《画品录》一卷,注曰:中书舍人,与此序合。裴孝源还撰有《画品录》一书,已佚。

十二月一日,杨恭仁卒,陪葬昭陵。有《杨恭仁墓志铭》出土,全称《大唐故特进观国公杨公墓志》。

杨恭仁初名伦，后改名为温，字恭仁，以字行世。杨恭仁“内安社稷，外抚要荒”，在唐初内外政治活动中占有一定地位。卒于贞观十三年十二月一日的长安安定里第，享年72岁。陈安利载，杨恭仁墓位于礼泉县烟霞乡山底村东，西北距昭陵主峰约五公里，墓地封土尚存。1979年7月至9月，昭陵博物馆同厦门大学共同进行过发掘，出土墓志一合，字盖篆书“大唐故特进观国公杨公墓志”。墓室内壁原绘有壁画，其中“七侍女图”保存较好。

同年，刻立《皇甫诞碑》及《张琮碑》。清人王昶在《金石萃编》中著录有《隋柱国左光禄大夫宏义明公皇甫府君(诞)之碑》，题下署“银青光禄大夫行太子左庶子上柱国黎阳县开国公于志宁制，银青光禄大夫欧阳询书”，未言及立碑年月。卷四五《张琮碑》:“即以(贞观)十三年二月十一日迁厝于始平之原。”据题下所署，仍为于志宁所撰文。岑仲勉认为，《皇甫诞碑》亦当撰于本年左右。

刻成于贞观十三年的《张幻通张□德造道教三尊像石》，胡文和载，此造像石背屏呈莲瓣形，石正面浮雕三尊式道像，主尊道像头戴笄冠，呈趺坐姿，胸腹前三脚夹轼。主像两边侍者头戴道冠，面有▽形须，双手笼于袖中拱手而立。现藏于美国纽约大都会博物馆弗利尔美术馆。

张总曾从初唐阎罗图像及刻经的角度，对贞观十三年刻造的《齐士员献陵造像碑》进行讨论：嵌置齐士员献陵造像碑的石佛殿为仿建筑形式，庑殿顶，檐下雕刻斗拱，正面开一佛龛，基座已沉入土中，其线刻所刻图像为罕见的初唐时期的阎罗王审断图。清代石刻学者叶昌炽在《语石》中曾论及齐士员献陵造像。叶氏评论说：以我法喻之，释迦弥勒之类，圣贤象也，此则如杏坛阙里诸图及与武梁石室画周秦故事正同。显然叶氏注意到佛教美术对中国汉代以来的传统美术技法的汲取。

是年，静琬卒，弟子续刻房山石经。北京房山云居寺，位于房山县西南尚乐乡水头村山岭间。据明代刘侗、于奕正记载，刻佛经的倡议者为慧思大师，实际刻经者则是慧思的弟子静琬：北齐南岳慧思大师，虑东土藏教有毁灭时，发愿刻石藏于岩壑中，以度人劫。岳坐下静琬法师，承师傅嘱，自隋大业，迄唐贞观，大涅槃经成。唐人唐临在《冥极记》中载，静琬“既而于幽州北山凿岩为室，即磨四壁而以写经，又取方石别更磨写，藏诸室内。每一室满，即以石塞门，用铁锢之”。静琬刻经得到了包括隋炀帝及大臣们的支持，一时之间，朝野“争共舍施”。静琬刻经前后历30年，至贞观十三年死后，其弟子续刻石经，绵延不绝。玄宗时曾特赐4 000余卷佛经作刻经底本。除唐末五代曾一度中断外，辽金时刻经转盛，直至明末刻经活动始告终结。千余年间，静琬及其后继者共刻经书1 100多部、3 500余卷，刻石14 000多块。其中4 000多块分藏于山腰上的九洞中，其中仅雷音洞内即嵌有静琬书刻的经文刻石146块，另外的万余块刻石藏于云居寺西南压经塔旁洞穴中。雷音洞中现存四根八角形石柱，石柱的各面都雕有精细的佛像，共达千余躯，从风格来看，显然是隋代的遗物。《房山石经》是我国现存规模最大的石刻汉字佛经，房山居云寺藏经洞堪称是世上最古老和壮丽的石刻图书馆。《房山石经》中还保存了早已散失的佛教经典。如辽代《契丹藏》，除1974年在山西应县木塔发现有十几卷残卷之外，已无其他实物，而《房山石经》中，则保存了1 200余卷刻本，实际上辽刻石经所使用的底本就是《契丹藏》。因此赵超认为，房山石经与柬埔寨的巴利文石刻小乘佛经是世界上最大最全的两部石刻佛经，对于宗教、文化的研究工作都具有无与伦比的价值。

［文献］ 唐裴孝源《贞观公私画录》，后晋刘昫等《旧唐书》卷二五、卷七四、卷一四〇，宋王溥《唐会要》卷二十，清彭定求等《全唐诗》卷二八，清王昶《金石萃编》卷四四，清叶昌炽《语石》卷五，清罗振玉《海外贞珉录》，［日］大村西崖《支那美术史雕塑篇》，［日］松原三郎《中国佛教雕刻史研究》，《四库全书总目提要》卷一一二，明刘侗等《帝京景物略》，岑仲勉《金石论丛》、《唐史余瀋》，金申《海外及港台藏历代佛像珍品纪年图鉴》，北大考古专业等编著《慈善寺

与麟溪桥：佛教造像窟龛调查研究报告》，李玉珉《中国佛教美术史》，刘兴珍等《中国古代雕塑图典》，李淞《长安艺术与宗教文明》，陈安利《唐十八陵》，胡文和《中国道教石刻艺术史》，荣新江主编《唐研究》第六卷，赵超《石刻史话》。

公元 640 年　贞观十四年

［提示］　五月二十三日，河南宝山《光天寺故大比丘尼僧顺禅师散身塔》。是年，维修并雕刻云中个别洞窟佛像，弘化公主与吐谷浑王诺曷钵成婚，刻《弘化公主墓志铭》。

［叙录］　五月二十三日，河南宝山刻造《光天寺故大比丘尼僧顺禅师散身塔》。据河南省古代建筑保护研究所记载，岚峰山（包括马鞍山）摩崖石刻群47 号塔，即顺禅师散身塔，通高 201.5 厘米。其造型较一般墓塔特殊，下为凸字形基座，上为长方形塔身，正中开桃状塔门，无倚柱和门楣设置。塔檐刻成横长条石状，以上为覆钵状顶，两侧伴以卷叶花纹，外观呈元宝状，其上为相轮六层，自下而上逐层缩小，最高处置长柄刹杆，上置圆形宝珠一颗，构成塔刹。塔龛两侧镌刻有塔铭，左为“光天寺故大比丘尼僧顺禅师散身塔”，右侧为“大唐贞观十四年五月廿三日敬造”的楷书题铭。

据金人曹衍在《大金西京武州山重修大石窟寺碑》记载，是年置云中郡，对云中个别洞窟进行维修并雕刻佛像。又据唐晓军载，贞观十四年，弘化公主与吐谷浑王诺曷钵成婚。公主卒后（圣历元年），刻有《弘化公主墓志铭》。唐初，位于西北的吐谷浑族经常侵扰唐朝的边境，阻绝唐与西北边疆及中亚、西亚的政治、经济、文化的联系。唐太宗时，一方面动用武力威慑，另一方面采取和亲政策。贞观十四年，李世民派人护送弘化公主与吐谷浑王诺曷钵成婚，双方关系得到很大改善。弘化公主去世后，安葬于凉州。1915 年，弘化公主墓被掘开，其中的《弘化公主墓志铭》记载了唐与吐谷浑友好往来的有关史料。吐谷浑家族墓志共出土了九方，对于研究吐谷浑的历史具有重要参考价值。

［文献］　河南省古代建筑保护研究所《宝山灵泉寺》，宿白《〈大金西京武州山重修大石窟寺碑〉校注》（《北京大学学报·人文科学》1956 年第 3 期），唐晓军《甘肃古代石刻艺术》。

公元 641 年　贞观十五年

［提示］　三月十日，龙门《豫章公主造像》龛。四月二十三日，河南宝山《唐故慧静法师灵塔铭》。十一月，龙门《伊阙佛龛碑》。本年，守臣重建武州山石窟，净土宗释善导至长安并造《弥陀经》，太宗重释对佛道看法，佛教约于此时传入西藏，书碑名家欧阳询卒，《皇甫诞碑》。

［叙录］　贞观十五年较重要的石刻事件是龙门《伊阙佛龛碑》的刻立，佛教约于此时传入西藏，书碑名家欧阳询去世。三月十日，龙门刻造《豫章公主造像》龛。豫章公主为长孙皇后养女，为下嫔所生。是年，豫章公主出资于龙门宾阳南洞南壁刻造两小龛，目的在于求自身及子嗣平安。一龛刻于三月十日，另一龛刻于六月二日。

四月二十三日，河南宝山刻立的《唐故慧静法师灵塔铭》，据河南省古代建筑保护研究所载，此塔为岚峰山（包括马鞍山）摩崖石刻群 25 号塔龛，位于灵泉寺之东的岚峰山上，面向西，总高 160 厘米。塔上刻有“唐故慧静法师灵塔铭”、“大唐贞观十五季四月廿三日”等塔铭题记。

十一月，魏王李泰为亡母长孙氏造像一铺于宾阳南洞，并立《伊阙佛龛碑》。据梁披云载，此佛龛碑亦称《三龛记》，岑文本撰文、褚遂良书丹。碑额篆书“伊阙佛龛之碑”，正书 32 行，行 51 字。清王昶载碑高丈六分，宽六尺六寸五分。传世拓本以明何良俊清森阁旧藏宋本为最佳，现藏北京图书馆。欧阳修在《集古录跋尾》中称此碑字画奇伟。日人冈田健指出，魏王李泰在宾阳南洞开始的皇族造像活动，标志着初唐时期龙门石窟造像活动的复兴。李泰在北魏未完成的宾阳南洞后壁造五尊像，并刻《伊阙佛龛碑》对龙门石窟的造像功德加以赞颂。这些造像活动的发愿者是唐朝贵族，在造像形式中可以看到一些当时长安造像样式的要素，但基本上仍然强烈地保留了此前逐渐传到龙门石窟的本地区北齐、隋代的造像样式。与当时已经相当先进的长安地区的初唐造像样式相比，仍然有很大的区别。依据龙门石窟研究所的统计，龙门 2 100 余个窟龛中，唐代所造占 60%；其造像时间主要集中于公元 640—720 年约 80 年时间段内。正如李玉珉所说，初唐和盛唐诚可谓龙门开窟造像的鼎盛时期。龙门现存唐代的大窟计 35 个，分布于西山与东山两地，其中七个是利用以前的旧洞改造而成，宾阳南洞即是一例。根据《伊阙佛龛碑》记载，可知宾阳南洞正壁的坐佛五尊像，即本年魏王李泰为追悼亡母长孙皇后所造。五尊像的两位胁侍菩萨服装或璎珞样式等，都与宾阳中洞的胁侍菩萨像相仿佛，这组尊像的雕凿显然参考了宾阳中洞正壁的造像。但李玉珉强调说，这龛主尊坐佛双领下垂袈裟的一端以吊钩扣于左肩，不露两足（费泳认为，这种钩纽式袈裟较早见于山东历城四门塔内南面东魏年间造像，山西平定开河寺隋开皇元年摩崖造像也着此袈裟。至初唐，此款佛衣在龙门石窟中已较为流行），方额广颐，圆柱状的颈项，厚重块状的身躯，结跏趺坐的双腿仿若平台，身体各部分的结组僵硬，这些特征都与隋代造像相似。不过这些造像两颊饱满，双唇丰厚，颈有弦纹，身躯肌肉较为圆柔，凸起弧线状的衣叙疏朗流利，衣服间层叠的关系交代明确，头光繁复华美的唐草纹，又展现唐代匠师创新的企图心。

金人在曹衍《大金西京武州山重修大石窟寺碑》载：贞观十五年，守臣重建武州山石窟。此守臣为何人，不可确知。张焯说，贞观中，云州镇守，仅见于《大周唐故左戎卫右郎将古君夫人匹娄氏墓志并序》（《唐代墓志汇编》）：娄夫人的父亲武徹，曾为檀、云、朔等州刺史。

净土宗释善导至长安并造《弥陀经》。据宋释志磐载，净土宗高僧善导贞观十五年至长安光明寺说法，并造《弥陀经》十万余卷，画《净土变相》300 余壁，满京师并受教化，有终身诵《弥陀经》10 万—350 万卷者，日课佛名 1 万—10 万声。蒋维乔说，净土宗以念佛为特征，而善导之念佛实可谓为后世念佛之先导，给后世以绝大影响。

太宗重释对佛道二教看法。费泳指出，贞观十五年，初唐以来的佛道政策发生了根本改变，唐太宗李世民对佛道二教的看法进行了重新解释：“彼道士者，止是师习先宗，故列在前，今李家据国，李老在前，若释家治化，则释门居上。”显然，佛教在治国中的地位得到大幅度提升。太宗还亲临弘福寺，为太穆皇后追福，并以菩萨戒弟子自居，皈依三宝，施财斋供。贞观十五年文成公主入藏，首次将汉地佛像、佛经传入藏地。贞观十九年，于印度求法的高僧玄奘载誉回到长安，深为太宗赏识，为其组织了大规模的译场，促成法相宗的建立。太宗时期有佛寺 3 700 余所，所度僧尼 18 000 余人。

据元代藏学家廓诺以及班班多杰和吕建福等人的著述可知，佛教约于此时传入西藏。刘学智进一步论述说，在佛教尚未传入西藏之前，藏地盛行苯教。7 世纪初，松赞干布（弃宗弄赞）在政治上统一吐蕃全境，在文化上实行兼收并蓄方针，佛教也在此时分别从印度和中原传入西藏。在迎娶尼泊尔尺尊公主（波利库姬）为王妃后，又于贞观十五年迎娶唐朝文成公主为妃。二王妃先后把大量的佛教经像法器从尼泊尔和中国带到吐蕃，佛教遂在西藏逐渐传播开来。此后，在拉萨建立了布达拉宫，并为二妃各立大昭寺和小昭寺，供奉佛像，以便僧徒修福礼拜。又派遣贵族子弟（如吞弥桑布扎）赴印度留学，还着手制作文字、文法，佛典的翻译也已开始。

本年另一件重要事件便是书碑名家欧阳询卒。欧阳询字信本，潭州临湘（湖南长沙）人，陈朝大司空欧阳頠孙，其父广州刺史欧阳纥以谋反被诛杀，欧阳询由陈尚书令江总抚养长大。唐高祖时欧阳询官给事中，后至太子率更令、弘文馆学士，封渤海县男。书法初学二王，后自创一格，世称“欧体”。唐人张怀瓘称欧阳询书法：八体尽能，笔力险劲，篆体尤精，飞白冠绝，峻于古人，有龙蛇战斗之象，云雾轻笼之势，风旋电激，掀举若神。真行之书虽出于大令，亦别成一体，森森焉若武库矛戟，风神严于智永，润色寡于虞世南。其草书迭宕流通，视之二王，可为动色。欧阳询所书传世名碑，较重要者有《化度寺碑》、《房彦谦碑》、《九成宫醴泉铭》、《温彦博碑》、《皇甫诞碑》等。据《新唐书》欧阳询本传载：欧阳询曾出使高丽（朝鲜），归途于荒野中偶见乱草中露出一段碑石，即刻下马察看，石碑正是晋代大书法家索靖的草书碑，大喜过望，卧宿于碑旁。一连三日，揣摩其妙，“欣然若有所得”方才依依不舍离去。于此，可见欧阳询对于前代书法艺术的敬重与迷恋。

由欧阳询书丹的《皇甫诞碑》，亦称《皇甫府君碑》或《皇甫君碑》，全称《隋柱国左光禄大夫宏义明公皇甫府君之碑》。由于志宁撰文，无刻碑年月，姑且系年于此。清翁方纲则认为是欧阳询70多岁时所书。王玉池据欧阳询所历官阶和撰碑人于志宁所历官阶推算，《皇甫诞碑》当建于贞观十七年。但欧阳询卒于贞观十五年（641），距贞观十七年时，欧阳询已离开人世两年。碑主皇甫诞，隋时官至尚书左丞，隋文帝仁寿四年（604）九月死于汉王杨谅之难，年51岁。此碑为其子无逸在太宗贞观年间追建，碑高253厘米、宽127厘米。碑额篆书“隋柱国宏义明公皇甫府君碑”，碑文楷书。宋人在《宝刻类编》称：是碑则初由隶体成楷，因险劲而恰得方正，乃率更行笔最见神采，未遽藏锋，是学唐楷者第一必由之先路也。可惜此碑在明万历年间（1573—1620）地震时损毁断缺。

［文献］　唐张怀瓘《书断》，后晋刘昫等《旧唐书》卷一九六，宋欧阳修《集古录跋尾》卷五，宋宋祁等《新唐书》卷一九八，宋释志磐《佛祖统纪》卷三九，宋《宝刻类编》，元廓诺·迅鲁伯所著《青史》，清王昶《金石萃编》卷四五，吕建福《中国密教史》，班班多杰《藏传佛教思想史纲》，北大考古专业等编著《慈善寺与麟溪桥：佛教造像窟龛调查研究报告》，李玉珉《中国佛教美术史》，费泳《汉唐佛教造像艺术史》，河南省古代建筑保护研究所《宝山灵泉寺》，梁披云主编《中国书法大辞典》，张焯《云冈石窟编年史》，张岂之等《中国学术思想编年》（隋唐五代卷）。

公元642年　贞观十六年

［提示］　五月，《孟法师碑》。八月七日，陕西《蔡季亮造天尊石像》。是年，陕西《段志玄碑》、陕西《宇文士及碑》、河南宝山《慈润寺故大智□律师灰身塔》、四川绵阳开元寺及碧水寺造像。

［叙录］　五月，刻立《孟法师碑》全称《京师至德观主孟法师碑》，岑文本撰文、褚遂良书丹，碑文正书。据梁披云载，原石碑久佚，后世翻刻本甚多。现存最珍贵的拓本，只有清临川李宗瀚旧藏剪裱唐拓孤本传世，凡20页，页四行，计776字。此碑为褚遂良早期作品，与《伊阙佛龛碑》相隔仅一年。清人杨宾称《孟法师碑》为河南公（褚遂良）第一法书。李宗瀚在跋此碑时说：遒丽处似虞，端劲处似欧，而运以分隶遗法，风规振六代之余，高古近二王以上，殆登善（褚遂良）早年极用意书。曾毅公考载，此碑的刻工为著名的万文韶。万文韶早在大业七年（611）就曾为虞世南的哥哥虞世基撰文的《姚辩墓志》操刀刻石，后来又为褚遂良的《慈恩寺圣教序》上石，是隋唐时代知名的大工匠。

八月七日，陕西所刻的《蔡季亮造天尊石像》，现藏于美国弗利尔美术馆。李凇著录，石像为单面三尊像，顶端略残，主像天尊蓄长须，左手扶三足凭几，头戴道冠，身着道袍。左右各一立侍。下有二狮，背后有发愿文，方座正面亦有“像主蔡季亮一心供养”及妻子供养铭文。

刻于本年的太宗昭陵陪葬墓碑《段志玄碑》，全称《唐故辅国大将军扬州都督褒忠壮公段公碑铭》，又称《右卫大将军扬州都督段志玄碑》。碑在陕西醴泉县，碑额阳文篆书“大唐故右卫大将军扬州都督段公之碑”，碑文为楷书。昭陵四周建有诸王和功臣陪陵墓。段志玄为太宗朝武臣，殁于贞观十六年，诏陪葬昭陵。此碑最早为赵明诚所著录，后为土没，至明代始于庄河村出土。明赵崡论其书风，正书中时作一二笔分隶，是六代遗习。

刻于是年前后的《宇文士及碑》，行书，高 78 厘米、宽 100 厘米，刘正成载，1952 年陕西省昭陵出土，现藏于陕西省昭陵博物馆。同年，河南宝山所刻的《慈润寺故大智□律师灰身塔》，河南省古代建筑保护研究所记载，此塔编号为 75 号塔，面向西南，通高 113 厘米。由基座、塔身、塔檐、塔顶及塔刹五部分组成。在塔的左侧石壁上镌刻有题铭。

关于四川绵阳开元寺及碧水寺造像。据李春等撰文说，绵阳开元寺曾出土唐代砂石菩萨头像。开元寺名可能是在唐玄宗李隆基开元年间(713—741)更改的，开元寺前身应为北周、隋、唐初的绵州振响寺。开元寺遗址在今绵阳市第三人民医院处，其附近即绵阳碧水寺。碧水寺又名滴水寺，始建于唐代，唐宋时成为水阁院，清嘉庆重修后称为碧水寺。《绵阳县志》说开元寺右有水阁院，背刻岩石肖像及《金刚经》，里建小阁护之。县志还记载说：大观元年(1107)宋文轸与李益侯、仲侯同游开元寺，观先辈郡守李同叔所建水阁院，北崖正观(贞观)时令狐文轨施造经像，极工致，叹其历会昌以来逐渐暗淡，遂醵金彩绘，焕然增色。其摩崖造像及雕刻《金刚般若波罗蜜经》的具体时间已不可考，兹姑且系年于此。

［文献］　宋赵明诚《金石录》卷二三，明赵崡《石墨镌华》卷二，清杨宾《大瓢偶笔》，梁披云主编《中国书法大辞典》，刘正成《中国书法鉴赏大辞典》，曾毅公《石刻考工录》，李凇《长安艺术与宗教文明》，河南省古代建筑保护研究所《宝山灵泉寺》，于春《绵阳龛窟——四川绵阳古代造像调查研究报告集》、《四川绵阳碧水寺藏“开元寺石佛”调查》(《四川文物》2009 年第 2 期)。

公元 643 年　贞观十七年

［提示］　正月十七日，太宗为魏徵亲撰碑文。正月，诏阎立本于凌烟阁图画功臣二十四人像，太宗自为赞。三月，宋法智随王玄策出使天竺图写佛像。九月二十一日，长乐公主墓。

［叙录］　正月十七日，一代名臣魏徵去世，太宗为魏徵亲撰碑文。魏徵字玄成。汉族，唐巨鹿人(河北巨鹿县)人。两《唐书》均有传，曾任谏议大夫、左光禄大夫，封郑国公，是中国古代最著名的直言谏臣。魏徵死后，太宗命百官九品以上皆赴丧，太宗“登苑西楼，望哭尽哀”，并亲自为魏徵墓撰文及书石，太宗哭道：夫以铜为镜，可以正衣冠；以古为镜，可以知兴替；以人为镜，可以明得失。朕常保此三镜，以防己过。今魏徵殂逝，遂亡一镜矣！但是不久之后，由于魏徵生前得罪的人太多，死后也不得安宁，受到蛊惑的唐太宗甚至对其亲自撰文的墓碑进行了“踣碑”——推倒墓碑，并磨掉刻文。直至贞观十九年(645)，太宗亲征高丽班师以后，后悔此行，他才想起魏徵，并充满惆怅地说：要是有魏徵在，就不会有这次辽东之行了！太宗即派人到墓前祭奠魏徵，另立一块小碑，为魏徵平反。据陈安利载，魏徵墓位于陕西省礼泉县城东北 22 公里的凤凰山上，东北距昭陵约 3 公里。山形中部隆突高约 400 米，墓室依山凿石即在此处。按调查确知，昭陵所有的陪葬墓中，除公主嫔妃外，埋葬在山上者，仅魏徵一人。墓南两土阙偏北 7 米处，有神道碑一通，碑高 370 厘米，龟形碑座，碑头为蟠桃花纹饰，为昭陵陪葬墓中仅有的一例。碑身正背两面均被磨光无字迹，唯碑侧隐约可辨曾有图案花纹。但那块后立的小碑，则不知所在。

正月，诏阎立本于凌烟阁图画功臣二十四人像，太宗自为赞。唐人刘肃、张彦远及《旧唐书》(太宗纪下)载：戊申，诏图画司徒、赵国公无忌等勋臣二十四人于凌烟阁，太宗亲为之赞，阎立本图，褚遂良题阁。我们还记得，早在武德九年(626)，阎立本就曾作秦府十八学士图。

据《法苑珠林》记，贞观十七年三月，宋法智随王玄策出使天竺。此事亦见载于唐道世的著述中，详见贞观十八年相关叙录。刘兴珍说,宋法智这年三月随李义表、王玄策等出使天竺,十九年二月至摩揭陀国(在今印度比哈尔邦南部),停留参观,立唐文碑于菩提树边,并"图写揭陀之佛足迹及菩提树伽蓝之弥勒像等以归"。所摹写的粉本后来在长安、洛阳一带广为流传。如《历代名画记》称:洛阳的敬爱寺佛殿内菩提树下弥勒菩萨像,就是以法智所绘样本制作的。麟德元年(664年),大慈恩寺三藏法师玄奘曾请宋法智以香木树于嘉寿殿竖菩提像骨。

九月二十一日,长乐公主墓。长乐公主丽质是太宗第五女,长孙皇后所生,在《新唐书》中有传。贞观十七年去世,年始23岁,九月陪葬于昭陵。陈安利载,长乐公主墓在陕西省礼泉县烟霞乡陵光村,西北距昭陵陵山仅约1 000米。1986年2月,该墓被盗。同年八月,昭陵博物馆对该墓进行发掘。墓前原有神道碑一通,石翁仲、羊、虎、华表各一对。神道碑早年仆倒,1956年秋,经探测,在墓道口南8米处发现碑头、碑身、碑座散离。碑首六螭下垂,碑座为龟形。碑圭篆刻"大唐故长乐公主之碑",碑文已磨灭。石人一残一全,石羊、石虎基本完好,石华表尚存一座。墓中原有石墓志一合,现志盖左下角破碎,志石碎成数块,且散置于墓内各处。志盖顶部篆书阴刻"大唐故长乐公主墓志"。志石正方形,志文楷书阴刻。志文记载公主十七年八月十日奄然薨逝,以其年九月二十一日陪于昭陵。

[文献] 唐刘肃《大唐新语》卷一一,唐张彦远《历代名画记》卷九,唐道世《法苑珠林》卷二九,后晋刘昫等《旧唐书》卷三,宋宋祁等《新唐书》卷八三,陈安利《唐十八陵》,王玉池主编《中国书法篆刻鉴赏辞典》,刘兴珍等《中国古代雕塑图典》。

公元644年 贞观十八年

[提示] 正月二十三日,相匠宋法智于摩揭陀国摩诃菩提寺图绘弥勒菩萨塑金刚座释迦成道像。二月十五日,河南《慈润寺故大智回论师灰身塔》。三月至十一月,龙门造像。十一月十五日,河南宝山《光天寺故大比丘尼普相法师灰身塔》。是年,太宗倡因山为陵愿终九嵕山,陕西《白伏原家族造像碑》、济南柳埠镇朗公谷内千佛崖释迦多宝像龛。

[叙录] 本年度最值得注意者是正月二十三日,相匠宋法智于释迦成佛地摩揭陀国摩诃菩提寺,图绘弥勒菩萨塑金刚座释迦成道像,此事于中国佛教石刻造像产生重大影响。初唐继玄奘之后,对传写印度佛像样式起过重要作用者,有王玄策和求法僧义净,王玄策曾先后数次赴印度。据宋敏求在《长安志》中记载:宋法智、吴志敏、安生等塑造妙手,特名之为相匠,最长于传神。宋法智于贞观十七年曾随李义表、王玄策出使天竺,在那儿参观和摹写了一些造像。金维诺指出,他们在摩揭陀国停留了很久,从贞观十七年十二月到十九年三月间,和这里菩提寺主达摩师、大德僧赊那去线陀等有密切的交往,并且在当地僧俗的帮助下图绘了《摩诃菩提树像》样本,王玄策在《西国行传》上详细记述了摹绘经过。根据玄奘和王玄策的记载,这一佛像作释迦降魔成道像:像坐,跏趺右足,跏上左手敛,右手垂。像身东西坐,身高一丈一尺五寸,肩阔六尺二寸,两膝相去八尺八寸,金刚座高四尺三寸,阔一丈二尺五寸。宋法智回国以后,参加了许多重要的具有规模的佛像制作。特别是按照摩揭陀菩提寺佛像制作的活动,似都有宋法智参加。三藏法师玄奘在晚年大规模录经造像,于麟德元年(664)正月二十三日,曾请宋法智在嘉寿殿以香木"竖菩提像骨"。另外东都敬爱寺的佛像制作与宋法智也有密切关系。《历代名画记》称:敬爱寺佛殿内菩提树下弥勒菩萨塑像,麟德二年,自内出王玄策取到西域所图菩萨像为样,巧儿张寿、宋朝塑,王玄策指挥,李安贴金。这一图像样本就是宋法智等所描绘。塑造是由王玄策指挥的,塑造的巧匠宋朝也可能就是宋法智。王玄策麟德二年九月也曾在龙门石窟造菩提树像,所造菩提树下释迦成道像为:像坐,跏趺右足,跏上左手敛,右手垂(右手作触地印)。此一样式之佛像仍可见于现存造

像中，如龙门老龙洞北壁造像龛就有此形象。这一造像由两京传到各州郡并流传到朝鲜半岛和日本。四川广元千佛崖菩提瑞像窟（唐延和年间）保存的降魔成道像，就是依照这一图本雕造的。释迦坐于金刚座上，头戴宝冠，项饰璎珞，着偏袒右肩袈裟，跏趺右足，跏上左手敛，右手垂。在四川蒲江飞仙阁第9龛和第60龛（永昌元年）也有菩提瑞像。在韩国庆北月城郡石窟庵主室的降魔成道像也是这一样式的精品。

显然，王玄策之所以要带上宋法智一道去印度，目的就是要让工于绘画与雕塑的宋法智去图写天竺的佛像稿本。诚如李玉珉所说，宋法智为塑造妙手，他以塑绘巧匠的身份，随着李义表和王玄策所率领的使节团出使天竺，其所图写的天竺圣容影响了初唐的佛教造像。吴智敏与宋法智齐名，也是初唐著名的"相匠"，唐高宗曾命他为玄奘等十位高僧塑制肖像，可见他的传神功夫也令人称道。在西行高僧、使者所携回的圣像稿本中，最重要的就是这件摩揭陀国的菩提瑞像，又称为金刚座真容像、摩诃菩提树像。据说这尊菩提瑞像是弥勒菩萨所塑，由于民众没有听从弥勒的指示，提早四日开塔，所以这尊瑞像右乳上方尚有少许未竟，于是信众奉珠璎宝，以为装饰。

是年，河南刻有两座高僧灰身塔，均为河南省古代建筑保护研究所著录。一座是刻于二月十五日的《慈润寺故大智回论师灰身塔》，编号为65号塔，通高115厘米，由塔基、塔身、塔顶、塔刹组成，整个塔形庄重大方。另一件为十一月十五日的宝山《光天寺故大比丘尼普相法师灰身塔》，编号为45号塔，位于灵泉寺东岚峰山之巅，属塔形龛，总高126厘米。在塔身前壁镌刻有"光天寺故大比丘尼普相法师灰身塔"，"贞观十八年岁次甲辰十一月十五日"塔铭。

同年三月至十一月间龙门造像颇为活跃，据李文生著录，期间在宾阳南洞出现多件石窟造像，且均有纪年题记，如三月十六日的《清信女张寂妃造弥陀观音》、五月十五日的《前河南县丞张君彦造像》、八月二十四日的《杨僧威造像》、十月二十五日的《洛阳宫留守阎武盖造像》等。

宋王溥《唐会要》载，是年太宗倡因山为陵愿终九嵕山。贞观十八年，太宗对身边侍臣说：昔汉家皆先造山陵，既达始终，身复亲见，又省子孙经营，不烦费人功，我深以此为是。古者因山为坟，此诚便事。我看九嵕山孤耸回绕，因而傍凿，可置山陵处。朕实有终焉之理。于是下诏说："礼记云：君即位而为椑。庄周云：息我以死，岂非圣人远鉴深识。著之典诰，恐身后之日，子子孙孙，尚习流俗，犹循常礼。功四重之榇，伐百祀之木。劳扰百姓，崇厚坟陵。今先为此制，务从俭约。于九嵕之上，足容一棺而已。木马涂车，土桴苇龠。事合古典，不为世用。又佐命功臣，义深舟楫。追念在昔，何日忘之。汉氏将相陪陵，又给东园秘器。笃终之义，恩意深厚。自今以后，功臣密戚，及德业佐时者，如有薨亡，宜赐茔地一所，以及秘器。使窀窆之时，丧事无阙。"虽然太宗不断强调陵墓从简，足容一棺就可以了，但事实并非如此。据陈安利研究，唐代帝王陵墓工程，从乾陵、桥陵墓道的调查材料看，仅封闭墓道口石料一项的工程量，就相当惊人。桥陵位于丰山正峰，其墓道封口石块，据测算达3 900块，石块最大者长122厘米、宽56厘米，最小者长55厘米、宽37厘米，厚度大致相等，为40—45厘米。以每块石条的凿成平均用四个工日计算，3 900块应用15 600个工日，再加运石起封（包括安铁栓板、灌铅等），再加工日一倍，即为31 200个工日。如果每天用100名石工，必须用近一年时间才能完成。再加墓道口凿石之工，恐怕不会少于50 000个工日。据此，约计整个地宫的工作量，所费工日当在20万个以上。这还不包括绘制墓室壁画、雕凿陵前石刻所需工日。乾陵的用工情况比桥陵有过之而无不及。可见，"因山为陵"这一制度，并不是唐太宗李世民所说的为了"薄葬"，而深埋密封、防止盗掘才是真正的目的。

陕西的《白伏原家族造像碑》，1996年6月陕西延长七里村乡槐里坪行政村张家窑窠出土，刻于贞观十八年。白文、尹夏清曾著录此碑。罗宏才认为，至7世纪末叶，当造像碑勃勃强劲之势渐次消退之时，大一统时代强制催生的造像碑余绪，局促于个别经济发展滞后、地理环境闭塞之地区，显现保留浓郁减地刻汉画像石雕刻技法之造像碑。这件《白伏原家族造像碑》即是一个很好的例证。

关于济南柳埠镇朗公谷内千佛崖释迦多宝像龛。朗公谷位于济南城南41公里的柳埠镇东南。朗公谷旧名金舆谷，是苻秦皇始元年(351)京兆竺僧朗移位于此修道弘法之地。据阎文儒载，谷为南北向，谷南端为四门塔，谷西岸下有神通寺遗址，谷北有龙虎塔，崖上有千佛崖。千佛崖坐西向东，由北而南，有六个大龛及许多小龛。以龛形与造像看，完全是初唐的风格。其中第五号释迦多宝像，龛中有贞观十八年题记，还有统治青州的王子青州刺史赵王福(太宗李世民第13子)与齐州刺史驸马都尉刘玄意及其妻子(太宗之女南平长公主)的造像，有显庆三年(658)题记。费泳指出此龛即僧明德造像龛，为双佛并坐龛，均结跏趺坐，着钩纽式袈裟，南北朝时期常以二佛并坐来表现释迦、多宝佛，唐代这类题材较为少见，题记中只言“石像二躯”，并未明确两佛身份。

［文献］ 唐道世《法苑珠林》卷二九，宋宋敏求《长安志》，宋王溥《唐会要》卷二〇，金维诺《中国古代佛雕：佛造像样式与风格》，李玉珉《中国佛教美术史》，河南省古代建筑保护研究所《宝山灵泉寺》，李文生主编《龙门石窟志》，陈安利《唐十八陵》，白文、尹夏清《陕西延长的一批唐代窖藏造像碑调查》(《文博》2008年第2期)，罗宏才《中国佛道造像碑研究——以关中地区为考察中心》，阎文儒《中国石窟主艺术总论》，费泳《汉唐佛教造像艺术史》。

公元645年 贞观十九年

［提示］ 正月，玄奘自印度返长安，带回佛像七躯。二月八日，河南宝山《慈母灰身塔》。六月，唐军败高丽于驻跸山刻石纪功。贞观十九年，太宗撰《祭比干文》碑，书碑名家颜师古卒，释道宣《续高僧传》初成，肯定释昙曜开窟造像之功。

［叙录］ 据玄奘《大唐西域记》及唐慧立《大慈恩寺三藏法师传》等典籍所载，玄奘至印度后，戒日王坚请玄奘参加历时75天的无遮大会，会后始踏上归国征途。贞观十九年正月玄奘抵达长安都城，带回经书520夹、657部，如来肉舍利150粒。其中对中国佛教造像(当然包括石刻造像)影响深远的事件是，玄奘带回了佛像七躯：摩揭陀国前正觉山龙窟留影金佛像一躯，通光座高三尺三寸；拟婆罗痆斯国鹿野苑初转法轮像刻檀佛像一躯，通光座高三尺五寸；拟憍赏弥国出爱王思慕如来刻檀写真像刻檀佛像一躯，通光座高二尺九寸；拟劫比他国如来自天宫下降宝阶像银佛像一躯，通光座高四尺；拟摩揭陀国鹫峰山说法华等经像金佛像一躯，通光座高三尺五寸；拟那揭罗曷国伏毒龙所留影像刻檀佛像一躯，通光座高尺有五寸；拟吠舍厘国巡城行化刻檀像。玄奘将携回的这七尊经像安置在长安弘福寺中珍藏，此寺系贞观八年(634)太宗为太穆皇后追福而建立，寺院落成之后，太宗亲临为佛像开眼。诚如李淞所说，此寺一时之间，各学派名僧齐集，俨然成为长安的佛学中心。玄奘所带回的佛像样本，对唐代佛教造像的繁荣起到了重要推动作用。王建新指出：这一时期长安地区佛教和造像艺术兴盛的一个重要原因，就是东西方佛教文化交流的发展。玄奘赴印度取经所带回来的一批佛像，都是仿照当时印度重要佛迹寺院的造像制作的，堪称印度佛教造像的典范。这些佛像被玄奘带回国后，在长安寺院和民众中广为展示。此外，玄奘回国后除大量翻译佛经外，还绘制了佛教画像2 000余幅。这些造像和画像，对当时长安地区佛教造像风格变化的影响之大是可以想见的。唐太宗和高宗时期在东西方佛教文化交流的过程中发挥了重要作用的另一位人物是王玄策。据张彦远载，王玄策曾多次奉命出使印度、中亚诸国，亲身访问过许多佛教圣地和寺院，并做了绘图记录，回国后还主持仿照印度造像的样式制作佛像。在当时这些著名人物的影响下，从南北朝以来形成的已经中国

本土化的佛教造像模式，受到印度等国造像风格的冲击，从而发生了新变化。

二月八日，河南宝山刻造《慈母灰身塔》。河南省古代建筑保护研究所载，此塔为岚峰山摩崖石刻群48号塔。塔由塔身、塔檐、塔顶、塔刹各部分组成。塔身下无座，正面开拱券门，门额呈火焰尖拱状，两侧立方形倚柱各一根，下置覆盆状柱础。此塔尚存原来塔铭题记，文曰："故清信女，大甲优婆夷，灰身塔记，大唐贞观十八年五月廿七日终至十九年二月八日有三女为慈母敬造。"单层墓塔一般为埋葬已故僧人之灰身塔和影像塔，但是此塔却是三女为其已故信佛的母亲专门建所石塔，这样的实例并不多见。

《旧唐书》(太宗纪下)记载：贞观十九年六月，师至安市城。上自高峰引军临之，高丽大溃。因名所幸山为驻跸山，刻石纪功。据同书《许敬宗传》所载：太宗大破辽贼于驻跸山，许敬宗立于马前受旨草诏书，词彩甚丽，深见嗟赏。可见刻石的文字，是出于两为帝师的许敬宗之手。

是年，唐太宗撰《祭比干文》碑，此文《全唐文》中有载。据说太宗见河南卫辉比干庙几近湮没，心中颇为悲凉，于是追封比干为"太师"、"忠烈公"，并下令加封墓冢，修葺祠庙，亲自撰写《祭比干文》，命人刻石立碑。书碑者是秘书省正字薛纯陀，据唐人张怀瓘说，贞观十二年(638)薛纯陀尝奉事先书砥柱铭，当时如虞世南、褚遂良号能书者，皆避而让之。其后柳公权爱其书，恐失其次第，则又别书于石。可见薛纯陀当时在书界的影响是很大的，故欧阳修说：纯陀书有笔法，遒劲精悍，不减吾家兰台。清人王昶称其书法笔力有余，点画不失，尚多隶体，气象奇伟，犹多古人体法。河南卫辉比干庙位于卫辉城西北75公里。现在除保留有唐太宗《祭比干文》碑之外，还有宋代重刻的魏孝文帝的《吊比干文》等碑刻。

也是在这年，书碑名家颜师古卒。颜师古名籀，字师古，以字行，两《唐书》有传，祖籍琅邪临沂(属山东)，后迁为京兆万年(今陕西西安市)。他是颜之推的孙子，唐初著名的经学家和《汉书》学者。传世碑刻中的河南汜水县《等慈寺碑》即出自颜师古之手。

据释道宣序，其所撰《续高僧传》初成于此时。陈垣在《中国佛教史籍概论》中考订：《续高僧传》于贞观十九年成书，麟德二年续补完成。此书又称《唐高僧传》，为南朝梁慧皎《高僧传》的续作。自序上说，此书所记内容始于梁代初叶，止于贞观十九年。以后20年间又有增补(现行本所述事迟至麟德二年)，即成后集，两书合并为30卷。刘学智介绍说，该传收集资料甚广，自称"或博咨先达，或取讯行人，或即目舒之，或讨雠集传。南北国史，附见徽音；郊郭碑碣，旌其懿德。皆撮其志行，举其器略"。全书共分译经、义解、习禅、明律、护法，感通、遗身、读诵、兴福、杂科等十科，每科之后有论有赞。与《高僧传》不录在世僧人的做法不同，该书将当时颇有名望的在世僧人亦编入其中。凡正传498人，附见229人。南北兼收。其对于研究唐代及以前的中国佛教史、佛教艺术史等均具有重要文献价值。

释道宣肯定释昙曜开窟造像之功。释道宣在《续高僧传》之《元魏北台恒安石窟通乐寺沙门释昙曜》文中，对释昙曜的开窟造像之功给予了充分肯定。道宣称昙曜少出家，摄行坚贞，风鉴闲约。以元魏和平年间(460—465)，任北台昭玄统，绥辑僧众，妙得其心。住恒安石窟通乐寺，即魏帝之所造。去恒安西北三十里，武周山谷北面石崖，就而镌之，建立佛寺，名灵岩。龛之大者，举高二十余丈，可受三千许人。面别镌像，穷诸巧丽；龛别异状，撼动人神。栉比相连三十余里。东头僧寺，恒共千人，碑碣见存，未卒陈委。先是太武帝太平真君七年(446)，司徒崔皓邪佞谀词，令帝崇重道士寇谦之，拜为天师，珍敬老氏，虔刘释种，焚毁寺塔。至庚寅年(450)，太武感致疠疾，方始开悟。兼有自足禅师，来相启发。帝既心悔，诛夷崔氏。事列诸传。至壬辰年(452)，太武云崩，子文成立(拓跋濬)，即起塔寺，搜访经典。毁法七载，三宝还兴。曜慨前凌废，欣今重复，故于北台石窟，集诸德僧，对天竺沙门，译《付法藏传》并《净土经》，流通后贤，意存无绝。张焯按：恒安为北齐所立镇名，在今大同市御河东的古城村。隋代设云内县，而恒安镇犹存。镇废，大约在隋唐之际。恒安石窟通乐寺，应是唐贞观十五年云冈石窟重建寺院后的称谓。陈垣在《记大同武州山石窟寺》中对道宣所记解释说：魏帝所造，即魏文成帝所造。文成以前塔寺，既为太武所毁，则此灵岩石窟，必为文成复法以后所造，盖即昙曜白帝所造。东头僧寺，恒供千人，疑即今石佛寺东之最大石窟，然已荒落不堪。既名通乐，又曰灵岩，则寺非一寺，名非一名，记载缺略，至为可憾。《开元释教录》成于西历八百年，而于"碑碣见存，未卒陈委"二语，亦复沿用道宣所记，未识当时碑碣，果否有流传也。清初迄今，不过三百年，而道旁摩崖诸碑，已无一可辨。盖此山之石，松而易泐，不耐风雨，造像犹可，刻碑未见其能永年。张焯考道宣游方，没有跨过雁门关北，对北魏平城佛事特别是武州山石窟，没有亲身感受。道宣撰《昙曜传》，取材十分有限，大约只是在魏收《释老志》、费长房《历代三宝记》和法琳《辨正论》基础上，加进了当时"往往来者述之"的内容。

［文献］ 唐玄奘《大唐西域记》(记赞)，唐慧立《大慈恩寺三藏法师传》卷六，唐释道宣《续高僧传》(序)，唐张彦远《历代名画记》卷三，唐张怀瓘《书断》，后晋刘昫等《旧唐书》卷三、卷七三、卷八六，宋欧阳修《集古录跋尾》卷五，清董诰等《全唐文》卷一〇，清王昶《金石萃编》，陈垣《记大同武州山石窟寺》(《东方杂志》第16卷2、3号)、《中国佛教史籍概论》卷二，张焯《云冈石窟编年史》，李凇《陕西古代佛教美术》，北大考古专业等编著《慈善寺与麟溪桥：佛教造像窟龛调查研究报告》，金维诺《中国古代佛雕：佛造像样式与风格》，河南省古代建筑保护研究所《宝山灵泉寺》，张岂之、刘学智《中国学术思想编年》(隋唐五代卷)。

公元646年　贞观二十年

［提示］ 正月二十六日，太宗幸晋祠树碑制铭，谒并州大兴国寺赋诗以记。三月二十一日，河南宝山《圣道寺故大比丘静感禅师灰身塔》。四月八日，河南宝山《报应寺故大海云法师灰身塔》。七月，释玄奘完成《大唐西域记》。十月十五日，河南宝山《故大优婆塞塔》。十月，太宗诏论佛教之弊。是年，龙门造像。

［叙录］ 本年，值得关注者有唐太宗幸晋祠谒大兴国寺、玄奘完成《大唐西域记》以及龙门造像的活跃等。正月二十六日，太宗幸晋祠树碑制铭，谒并州大兴国寺赋诗以记。晋祠位于山西太原市西南悬瓮山下晋水发源处。周成王曾封其幼弟叔虞于唐国，虞子燮即位后以晋水名国号为晋。后世建祠奉祀，初名为唐叔虞祠，东魏始改为晋祠。唐高祖李渊起兵反隋之时，曾祷祀于此祠神灵。贞观十九年(645)唐太宗曾至晋阳养病，于翌年春病愈之后，太宗即来晋祠进行祭祀，显然是有感恩神佑的意思。其时唐太宗年方知天命之年，但是三年之后即病逝。太宗拜祭之后撰文作铭，刻石纪颂，其树碑时间则在次年八月。宋人王溥在《唐会要》中记载：贞观二十年正月，太宗幸晋祠，树碑制文。清人王昶、陆增祥等均曾著录此碑铭，称此碑尚有太宗飞白书"贞观廿年正月廿六日"题额，碑阴则有长孙无忌、萧瑀、杨师道、马周等七人题名。太宗同时还写有《谒并州大兴国寺》、《咏兴国寺佛殿前幡》诗，亦为本年正月间所作。太宗在序文中论述了周代兴盛之因，引以为大唐立国之典；进而对隋朝因违周道而亡的历史事实进行了反思，强调以"仁智"兴邦治国的政治理念。《晋祠铭》全称《晋祠之铭并序》，现立于晋祠贞观宝翰亭内，碑高195厘米、宽120厘米，碑文行书全文共1 203字。刘正成说，唐太宗是我国历史上的王书第一崇拜者，其酷爱王羲之书法几乎到了如痴入迷的程度。此碑是唐太宗的生平杰作，亦是我国的第一块行书碑刻，故历来深受重视。清人杨宾谓：今观此碑，绝以笔力为主，不知分间布白为何事，而雄厚浑成，自无一笔失度。太宗飞白书此碑碑额，首开飞白入碑之先河。其所运用的"飞白书"，是中国书法中特有的一种书写技法，在笔画中丝丝露白，如同以枯笔写成。据唐人张怀瓘记载，飞白书系东汉蔡邕

图 116　龙门莲花洞外南壁供养人　贞观二十年(646)

偶见工匠在修饰鸿都门用刷帚写字而受启发后创制的，宋人黄伯思说：取其若丝发处谓之白，其势飞举谓之飞。在唐太宗的垂范之下，唐代帝王们纷纷效仿。如高宗李治在显庆四年(659 年)所书《大唐纪功颂》，碑额即飞白书题写"大唐纪功颂"。武则天也在武周圣历二年(699)书《升仙太子碑》时，亲笔飞白书题《升仙太子碑》碑额，时年则天已 76 岁。帝王如此，大臣显贵们当然更不甘落后，如唐朝开国勋臣之一的尉迟敬德，其墓志盖即以飞白题写。

河南省古代建筑保护研究所著录了刻于此年的三件石塔：一件为三月二十一日的宝山《圣道寺故大比丘静感禅师灰身塔》，编号为 42 号塔龛，位于灵泉寺岚峰山之巅，面西向，为圣道寺故大比丘、静感禅师灰身塔。该塔龛通高 183 厘米，塔铭为："圣道寺故大比丘静感禅师灰身塔，贞观廿季三月廿一日。"另一件四月八日的宝山《报应寺故大海云法师灰身塔》，编号为 79 号塔，方向正南北，全塔通高 160 厘米。该塔置于一座长方形的低矮塔基上，基上刻瘦高的塔身，向南开拱券形门，门额刻成火焰尖拱状，门额之上刻出由覆莲瓣组成的短帷一道。塔的门额上刻有"报应寺故大海云法师灰身塔"及"大唐贞观廿年四月八日敬造"题铭。十月十五日的宝山《故大优婆塞塔》，编号为 83 号塔，坐北向南。全塔通高 100 厘米，由塔基、塔身、塔檐、塔顶、塔刹五部分组成。在塔龛东侧壁面刻有铭文。优婆塞(梵文 upāsaka)即汉语中的居士，其行为准则，应以《优婆塞戒经》为依据。

七月，释玄奘完成《大唐西域记》。唐慧立在《大慈恩寺三藏法师传》中记载，《大唐西域记》为玄奘奉诏撰述(太宗有《答玄奘法师进西域记书诏》，见《全唐文》)，具体则由玄奘口述，辩机笔录，最后由玄奘润色审定而成。刘学智说，该书是一部记述当时唐朝与西域各国(包括所经印度诸国)风土国情及佛教事迹的史地书志，涉及玄奘西行所闻所履 128 国(一说为 138 国)，包括一些地区和城邦在内的地理位置、山川地貌、城邑关防、道路交通、风土习俗、物产气候等情况，对佛教圣迹、历史传闻和人物传记等述之甚详，对各国政教兴废、旧史往事乃至民间传说等也有闻必录。其次第大体上按照玄奘游历的行程编纂，有些史料在后代早已湮没无闻。该书是当代研究西域和印度史学、历史地理学、考古学的主要参考书，更是研究唐代及唐以前佛教史、中印文化交流史、中西交通史以及中亚和南亚历史的重要资料，有着不朽的史料价值和文化价值。清人丁谦撰有《大唐西域记考证》一书。近百年来，已有英、法、日等多种译本流传。释注诸书中以季羡林的《大唐西域记校注》用功最为深厚。

十月，太宗诏论佛教之弊。《资治通鉴》载：萧瑀自请出家。太宗说：我知道你雅好桑门(僧人)，今不违公意。萧瑀一会儿又后悔了：臣适思之，不能出家。太宗认为萧瑀对群臣发言反覆，尤不能平。于是在是年十月，手诏历数佛教之弊：朕于佛教，非意所遵。求其道者未验福于将来，修其教者翻受辜于既往。至若梁武穷心于释氏，简文锐意于法门，倾帑藏以给僧祇，殚人力以供塔庙。及乎三淮沸浪，五岭腾烟，假余息于熊蹯，引残魂于鸟鷇，子孙覆亡而不暇，社稷俄顷而为墟，报施之征，何同其谬也。朕隐忍至今，瑀全无悛改。可商州刺史，仍除其封。

此年，龙门造像十分活跃(图 116)。据李文生著录，仅依有明确纪年的造像题记来看，从二月到十月，除六、七、八、九四个月外，几乎没有间断过，造像中除三月二日莲花洞的《张世祖夫妻儿子等造像》和四月九日的唐字洞附近《比丘尼洪造像》之外，大都集中于宾阳南洞。刻于宾阳南洞者计有二月十二日的《清信女赵造像》、五月五日的《韩文雅及妻唐氏造一龛二菩萨》、十月一日的《弟子卢□□造阿弥陀像》、十月八日的《杨叔□妻王氏造阿弥陀像》、十月一日的《弟子卢□□造阿弥陀像》以及是年的《石静业造像》等。此外，据温玉成在龙门文物保管所和北京大学考古系编著的《龙门石窟》说，龙门腾兰洞，其开造时间也约在贞观二十年前后。温玉成将龙门石窟天王图像的产生和演变大致分为三阶段：从无天王像(如宾阳南洞)到有浮雕天王像(如宾阳北洞)，再到圆雕天王像(如潜溪寺)。龙门唐代最早天王像出现在腾兰洞(无纪年),时间约在贞观二十年左右。腾兰洞的天王像作为早期的证据是天王没有踩夜叉,也没有持武器。

[文献] 唐张怀瓘《书断》,唐慧立《大慈恩寺三藏法师传》卷六,后晋刘昫等《旧唐书》卷六三,宋王溥《唐会要》卷二七,宋黄伯思《东观余论》,宋司马光《资治通鉴》卷一九八,清王昶《金石萃编》卷四六,清陆增祥《八琼室金石补正》卷三四,清杨宾《大瓢偶记》,清董诰等《全唐文》卷八,刘正成《中国书法鉴赏大辞典》,河南省古代建筑保护研究所《宝山灵泉寺》,张岂之、刘学智《中国学术思想编年》(隋唐五代卷),季羡林《大唐西域记校注》,李文生主编《龙门石窟志》,龙门文物保管所、北京大学考古系编《龙门石窟》(二)。

公元 647 年 贞观二十一年

[提示] 三月六日,龙门《慕容造阿弥陀像一躯》。四月八日,《梁公造佛坐像》、河南宝山《慈润寺故大慧休法师灰身塔》。七月八日,河南《灵泉寺故大修行禅师灰身塔》。十月十八日,河南林县《洪峪寺大缘禅师塔》。十二月,薛孤训于龟兹精舍剥佛面取金。是年,太宗撰书《温泉铭》、四川剑阁佛龛、改建无漏寺为慈恩寺(大雁塔)。

[叙录] 三月六日,龙门宾阳南洞刻造《慕容造阿弥陀像一躯》。李淞认为,仅就目前的资料而言,龙门石窟的唐代造像始于太宗贞观十年以后。宾阳洞贞观年间的阿弥陀像中,较早者有刻于宾阳南洞的。该洞南前壁下方有一中型龛,像为一佛二菩萨。主尊双手平放于双膝,着双领下垂衣,结跏趺坐于高方座,无头光。二菩萨,一手下垂一手举至胸前。题记在龛左上角,或为阎武盖造像记。在上龛右侧有贞观二十一年《慕容氏造阿弥陀像龛》,高和宽均为40 厘米,深 6.5 厘米,造像同为三尊,主尊左手置膝上,右手上举,结跏趺坐于高方座,无头光。二菩萨一手提帛,一手上举。题记位于龛上方:"大唐贞观廿一年三月六日,洛州嵩阳县令慕容,敬造阿弥陀像一躯。为父母及一切含识共□正觉。"这两龛造像时间相距最多不过十年,反映了贞观后期龙门阿弥陀造像的大致情况。本年的龙门造像,据李文生载,还有四月七日老龙洞的《新息县令田弘道造菩萨像》、十一月十五日宾阳南洞的《梁国公府长史杨宣政造阿弥陀像》等。

在这年佛诞日(四月八日),刻有大理石质的《梁公造佛坐像》(图 117)。像高 110 厘米,现藏美国克利夫兰美术馆。金申按:主佛作禅定印,趺坐于束腰圆座。束腰部刻贞观二年(628)主祀高阳公等铭文。佛像身躯饱满,圆绳状衣纹线条,有印度马土腊佛像的影响,是初唐之作。但台座上的敷布用写实性的布褶表现,是初盛唐风格,且台座偏小,似是不同佛像拼凑而成。四月八日,河南宝山刻造《慈润寺故大慧休法师灰身塔》。河南省古代建筑保护研究所载,慧休塔编号为 26 号塔龛,位于灵泉寺东的岚峰山之巅,面向西,属塔龛,总高 172.5 厘米。塔基座外壁镌刻有楷书塔铭文曰:"慈润寺故大慧休法师灰身塔,贞观廿一年四月八日"。另一座石刻刻于是年七月八日,即河南《灵泉寺故大修行禅师灰身塔》。此塔编号为 77 号塔,通高 158 厘米,方向坐东面西。由塔身、塔檐及覆钵状塔顶及相轮火焰、宝珠组成。在塔身两侧刻有题记,左侧为"灵泉寺故大修行禅师灰身塔记",右侧刻"大唐贞观廿一年七月八日邑子等敬造"。为大修行禅师的墓塔。温玉成还提到一件刻于是年十月十八日的河南林县《洪峪寺大缘禅师塔》,林虑山洪峪寺是北齐文宣帝为著名的地论师僧达(慧光弟子)所立。大缘禅师,俗姓李,潞州潞城县人,贞观二十一年十月十八日卒于林虑山洪峪寺。弟子惠觉等,慕师生存之日,镌记灭后之名,重取灰身建塔于此。此大缘禅师塔,刻于洪峪口北坡面西的崖壁上。

这年十二月,薛孤训于龟兹精舍剥佛面取金。据唐人道世在《法苑珠林》中载:唐贞观二十一年,征龟兹,有薛孤训者,为行军仓曹参军。及屠龟兹城后,乃于精舍剥佛面取金。旬日之间,眉毛总落。还

图117　梁公造佛坐像　贞观二十一年(647)　美国克利夫兰美术馆藏

至伊州，乃于佛前悔过。所得金者，皆回造功德。未几，眉毛复生。《旧唐书》(太宗纪下)载：十二月，破龟兹大拨等五十城，虏数万口，执龟兹王诃黎布失毕以归，龟兹平，西域震骇。张焯说，他在 2005 年 4 月沿南疆北线考察时，停住克孜尔石窟二日，见龟兹诸处石窟壁画佛面、胸部，凡有金箔或涂金处均被刮毁，遂疑唐兵所为。

本年，太宗撰书《温泉铭》。此铭亦称《温泉铭文并序》，为唐太宗在这年游览骊山温泉宫时撰文并行书丹，刻石立碑于温泉宫内。后来玄宗扩建温泉宫同时更名为华清宫后，此碑也一直受到保护，至宋代天圣三年(1025)，在骊山滑坡中此碑湮没于泥石之中。现仅存唐拓孤本传世，据拓本末尾墨书永徽四年(653)题记来看，当系初唐所拓。光绪二十六年(1900)道士王圆箓在敦煌鸣沙山千佛洞中发现此孤拓，很快被法人伯希和带回法国，现藏于巴黎图书馆。今日临潼华清宫所见《温泉铭》，为 20 世纪 90 年代据法藏拓本所仿刻。

关于四川剑阁佛龛。据母学勇撰文说，剑阁县武连镇新桥村横梁子，当地人俗称佛儿岩，海拔 700 多米，北距古蜀驿道近 700 米。此处共有造像 16 龛、像 48 尊，可惜龛中均存有清代装彩。佛龛雕凿在一块青砂石之上，面南刻造。其造像规模虽然不大，但由于是贞观二十一年的造像，在川北极少见，风格独具，集中了佛道两家的一些特点，故仍极为珍贵。据题记可知，造像主有任家兄弟等人。

是年，改建无漏寺为慈恩寺(大雁塔)。据李淞和费泳载，大雁塔原名慈恩寺塔，为慈恩寺遗存。而慈恩寺原名无漏寺，创建于隋代。贞观二十一年，太子李治为追念其母文德皇后而改建，更名为大慈恩寺。其时共建有十余座院落，房间则有 1 897 间。玄奘从印度回到长安不久，即从弘福寺移锡至塔东院译场译经，玄奘于此创立慈恩宗(法相宗)。大雁塔在武周时期及五代、明朝几经修葺，今最底层四面石门门楣上仍保存唐代线刻画，内容多以表现说法图为主，主尊左右为多身胁侍菩萨或弟子、天王所簇拥，佛多着右袒或半披式袈裟，倚坐或结跏趺坐。线条疏密有致，细劲流畅，是为唐代工笔线描的代表作，张彦远在《历代名画记》曾记载说，慈恩塔门壁画有尉迟乙僧、吴道子参与制作者。

［文献］ 唐道世《法苑珠林》卷九五，唐张彦远《历代名画记》卷三，后晋刘昫等《旧唐书》卷三，李淞《长安艺术与宗教文明》、《陕西古代佛教美术》，李文生主编《龙门石窟志》，金申《海外及港台藏历代佛像珍品纪年图鉴》，河南省古代建筑保护研究所《宝山灵泉寺》，温玉成《中国佛教与考古》，张焯《云冈石窟编年史》，母学勇《四川剑阁武连横梁子摩崖造像》(《考古》1992 年第 5 期)，费泳《汉唐佛教造像艺术史》。

公元 648 年　贞观二十二年

［提示］ 正月八日，河南宝山《圣道寺故大比丘尼善行法师灰身塔》。二月八日，河南宝山《圣道寺故大比丘尼那延法师灰身塔》。四月八日，龙门《洛州河南县思顺坊老幼等造弥勒像》、河南宝山《圣道寺故大比丘尼圆藏寺主灰身塔》、河南宝山《故清□信女佛弟子范优婆夷灰身塔》。五月，太宗为玄奘作《大唐三藏圣教序》。六月，于志宁撰《孔颖达碑铭》。七月八日，河南宝山《圣道寺故大比丘尼智海法师灰身塔》。七月，《房玄龄碑》。十二月，皇太子为文德皇后建大慈恩寺。是年，陕西《褚亮碑》、四川《辨法迁造天尊像》。

［叙录］ 本年，在河南宝山一地，比较集中地出现了高僧墓刻石塔。据河南省古代建筑保护研究所调查，大都集中于河南宝山一带。正月八日刻造的《圣道寺故大比丘尼善行法师灰身塔》，编号为 40 号塔龛，位于灵泉寺岚峰山之巅，通高 100 厘米，由塔身、檐、顶、刹各部分组成。塔铭刻有“圣道寺故大比丘尼善行法师灰身塔记”、“大唐贞观廿二年正月八日弟子造”。二月八日的《圣道寺故大比丘尼那延法师灰身塔》，编号为 44 号塔，位于灵泉寺东的岚峰山之巅，面西向，属塔形龛，通高 79 厘米。塔身的下部

刻有楷书“圣道寺故大比丘尼那延法师灰身塔记，大唐贞观廿二年二月八日弟子等敬造”的题记。四月八日，刻有《故清□信女佛弟子范优婆夷灰身塔》，系岚峰山(包括马鞍山)摩崖石刻一号屋龛，面阔一间，屋顶呈四面斜坡状的庑殿式，屋顶正中设正脊一道，断面呈正方形，两端刻出鸱尾各一。龛西侧刻有题记，文曰：“故清□信女佛弟子范优婆夷灰身塔，大唐贞观廿二年四月八日有出家女为慈母敬造。”此屋形龛对研究唐代殿堂建筑及当时妇女的衣饰方面，均有一定参考价值。同一天(四月八日)，还刻造了《圣道寺故大比丘尼圆藏寺主灰身塔》，编号为 38 号龛，位于灵泉寺东的岚峰山巅，面向西，由塔身、塔檐、塔顶、塔刹等部分组成。总高 128 厘米。塔旁刻有“圣道寺故大比丘尼圆藏寺主灰身塔，大唐贞观廿二年四月八日弟子远行等敬造”铭文。七月八日的《圣道寺故大比丘尼智海法师灰身塔》，编号为 39 号塔，位于灵泉寺东岚峰山之巅，面向西，通高 95 厘米。整体呈长方形，无基座，由塔身、檐、顶、刹等部分组成。塔身下刻有“圣道寺故大比丘尼智海法师灰身塔记，大唐贞观廿二年七月八日弟子等敬造”等铭文。

四月八日佛诞之日，龙门刻有《洛州河南县思顺坊老幼等造弥勒像》，此像位于宾阳南洞内北壁(图 118)。据李文生载，像高 146 厘米、宽 65 厘米。横书题额：弥勒像之碑。书法颇有风范，位列龙门五十品之一。温玉成认为这件思顺坊造像在断代上具有标志价值：山东青州驼山石窟四号窟造像，布局为一倚坐无首弥勒佛、二弟子、二菩萨侍立，窟门为二力士。倚坐佛像，头残，着双领下垂式袈裟，胸间束带。袈裟一角自右肩垂下，绕过腹际搭于左腕下垂，袈裟底部覆盖双足部分脚面。这种布局和风格与龙门思顺坊老幼造弥勒像大龛十分相近。由此可以推断，驼山四号窟当开造于初唐贞观年间。此年龙门造像除思顺坊老幼造弥勒像之外，有明确纪年者，尚有五月八日的《贾君才造像记》、《赵才为亡妻公孙造弥陀像》，八月二十五日的《清信女萧氏造阿弥陀二菩萨》，以及九月刻造的《清信女造像》，均在宾阳南洞。

五月，太宗为玄奘作《大唐三藏圣教序》。此事见载于唐人慧立、道宣及宋人释志磐等人著述中。刘学智说，《瑜伽师地论》系印度瑜伽行派根本和主要经典，对佛教的境、行、果、证等理论进行了深刻阐述，梵文共四万颂。玄奘对《瑜伽师地论》“偏所钻仰”，求得此论正是他西行的重要原因之一，故玄奘集中义学僧人，倾力于该论的翻译工作。自贞观二十年(646)五月开始译此经，两年之后的五月十五日始译成共 100 卷。唐太宗来到玉华宫，玄奘请太宗为《瑜伽师地论》作序，太宗乃撰成《大唐三藏圣教序》(全称《大唐皇帝述三藏圣教序记》，简称《圣教序》)，并命有司写新经论，颁赐九州。太宗在文中盛赞唐三藏玄奘法师不畏艰难“乘危远迈，杖策孤征”西行取经的功业，并高度肯定了玄奘法师“穷历道邦询求正教”的伟大精神。唐太宗《圣教序》和后来高宗李治的《圣教序记》，先后多次刻石立碑。最著名者有《雁塔圣教序》碑、《招提寺圣教序》碑、《同州圣教序》碑、《怀仁集王书圣教序》等。《圣教序》系出自最高统治者之手，又由于书法为褚遂良及释怀仁所集王羲之字，其对后世所产生的影响可想而知，并有力推动了唐代佛教及佛教艺术的繁荣。

六月，于志宁撰《孔颖达碑铭》。唐代著名经学家孔颖达在两《唐书》有传，是年去世，年 75 岁。于志宁所撰碑铭全称《大唐故太子右庶子银青光禄大夫国子祭酒上护军曲阜宪公孔公碑铭》。明人赵崡曾著录《唐祭酒孔颖达碑》，称其年寿字半泐，隐隐可读。据陈安利讲，螭首方趺的孔颖达碑原存醴泉县烟霞乡袁家村西孔颖达墓前，1975 年移入昭陵博物馆。碑高 347 厘米、下宽 108 厘米、厚 35 厘米。碑额篆书“大唐故国子祭酒曲阜宪公孔公之碑铭”，碑文楷书。碑面凿损特甚，字多残缺。此碑传为虞世南书，细检原石，首行“于志宁字仲谧撰”以下 18 格全空，可知无书者姓名。但笔势遒美，宋人黄伯思说：验其笔法，盖当时善书者规摹世南之书而为之者。撰文者于志宁，为秦府十八学士之一，曾先后辅佐过承乾、李治两太子。此碑碑座铆口两侧在拆装时发现刻有字迹，右侧 22 字，左侧 18 字，其中楷书 28 字，其余为行草书，有个别字还未写完。这些字当是镌刻碑文的工匠们练习刀法或向徒弟们传授技术时留下的作品,未经描红,这反映了初唐书法艺术的普及程度和下层人的书法艺术水平。

七月,刻立《房玄龄碑》,此碑亦称《房梁公碑》。刻立时间由于在“贞观二十□年七月”一语中磨损一字,究竟是贞观二十几年不可知,兹姑且系年于此。此碑书丹者为褚遂良,碑文正书,碑额阳文篆书“大唐故左仆射上柱国太尉梁文昭公碑”。据清人王昶载:碑连额高丈二尺九寸,宽五尺,碑在陕西醴泉九嵕山昭陵。梁披云说,清代涿州李芝陔的旧藏北宋原本(有贾似道印记)为传世墨拓之最。清人郭尚先评价此碑书法成就时说:飞动沉着,看似离纸一寸,实乃入木七分,构法尤精熟。刘正成进一步指出,此碑立碑时间与撰书者衔名,在北宋时已泐损,据宋人赵明诚等考证,书碑者肯定是褚遂良。至于书碑时间,历来说法不一,一说房玄龄死于贞观二十二年(648)七月,此碑可能书于贞观二十二年或二十三年,亦即褚遂良五十二三岁时。一说书于唐高宗永徽元年(650);还有一说是书于唐高宗永徽三年(652),迄今无定论。可以肯定的是由于受二王书法的影响,褚遂良此碑书风已变,与《伊阙佛龛碑》、《孟法师碑》不类,而与永徽四年(653)十月时书写的《雁塔圣教序》相类,故此碑历来被视为褚书变法的里程碑。褚遂良的碑刻从此碑起,才脱离欧虞矩矱,开始形成自己独特的婉媚多姿、内刚外柔的书风,清梁章钜认为:褚河南诸碑,当以此为第一。古穆在《圣教序》上。

十二月,皇太子为文德皇后建大慈恩寺。据宋人释志磐在《佛祖统纪》中载:这年十二月,皇太子为文德皇后建慈恩寺,择京城大德五十人以居之,各度侍者六人。敕太常九部乐,奉迎梵本诸经、瑞像舍利、50 大德入寺。

本年,还刻有一件较有重要的碑刻,名为《褚亮碑》,系褚遂良之兄褚遂贤为其父褚亮所竖立,碑额篆题“大唐褚卿之碑”,碑在陕西醴泉西塔村。此碑未署书者名氏,有学者认为此碑出自褚遂良之手。此碑为隶书,文献记载上虽然说褚遂良工楷隶,但其传世作品却罕见隶书。因此也有人认为此碑可能是书丹《马周碑》的殷仲容。如明人赵崡、清人孙承泽就说《褚亮碑》字与《马周碑》相类,则此碑知为仲容无疑。立碑年月已漫灭,褚亮于贞观二十二年二月前陪葬昭陵,故此碑当竖于其陪葬后不久。

本年中,四川绵阳佛祖岩有《辨法迁造天尊像》一龛。日人小林正美录其造像铭文为:“贞观廿二年,太岁戊申,四月八日,洞玄弟子辨法迁为儿敬造天尊像一龛供养。”此造像在清人刘喜海的《三巴金石苑》中也有著录:唐贞观廿二年戊申,洞玄弟子辨法迁造天尊像,在绵州佛祖岩。辨姓在明人凌迪知的《万姓统谱》中有载,汉有淮南名士辨武,在绵阳西山观造像中的咸通七年造像,其造像主中亦多辨姓。

[文献] 唐慧立《大慈恩寺三藏法师传》卷六,唐释道宣《续高僧传》卷四,宋释志磐《佛祖统纪》卷三九,宋赵明诚《金石录》卷二四,宋黄伯思《东观余论》,明赵崡《石墨镌华》卷二,明凌迪知《万姓统谱》,清王昶《金石萃编》卷五十,清郭尚先《芳坚馆题跋》,清孙承泽《庚子消夏记》,清刘喜海《三巴金石苑》,河南省古代建筑保护研究所《宝山灵泉寺》,李文生主编《龙门石窟志》,温玉成《中国佛教与考古》,张岂之、刘学智《中国学术思想编年》(隋唐五代卷),陈安利《唐十八陵》,梁披云主编《中国书法大辞典》,刘正成《中国书法鉴赏大辞典》,[日]小林正美《金箓斋法与道教造像的形成与展开——以四川省绵阳、安岳、大足摩崖道教造像为中心》(《艺术探索》2007 年第 3 期)。

公元 649 年　贞观二十三年

[提示] 八月十五日,四川武连横梁子道教造像。八月,刻少林寺《心经》,太宗李世民卒,葬于昭陵。是年,刻《李愍碑》、李靖墓、王瓒焦山石刻、龙门造像。

[叙录] 八月十五日的四川武连横梁子道教造像,据胡文和载,位于武连跃进村二组横梁子半山

图 118 龙门宾阳南洞思顺坊造弥勒像龛 贞观二十二年(648)

上，其石壁之上有道教摩崖造像三层共 16 龛 48 尊。最大的石龛高 50 厘米、宽 42 厘米，最小的高 36 厘米、宽 18 厘米。其中六龛均有道教造像五尊，主尊高坐莲台上，莲台下有六棱形高台，左右神像站立各自莲台上，一手高举，两小侍从站立主像身后左右。其余各龛有神像一至三尊不等，神像头部多有光环。有七龛造像中，莲台下刻有石兽共 14 只，石龛神像现已全部用彩色绘涂。神像头部均已损坏。石壁右侧两处均刻有“大唐贞观廿三年八月十五日”字迹。同月，据曾毅公载，著名的石刻工匠张爱刻少林寺《心经》。唐人道宣记载说，玄奘大师于贞观二十三年四月，陪同唐太宗至终南山翠微宫。五月二十四日，玄奘在翠微宫翻经院翻译出《般若波罗蜜多心经》。两天后，也就是五月二十六日，唐太宗驾崩于终南山翠微宫含风殿中（后翠微宫废为翠微寺），当年玄奘大师方 48 岁。如此，张爱刻《心经》则是在此经译出后不到三个月的时间，就摹刻上石了。太宗驾崩后，于是年八月葬于昭陵。陈安利说，自昭陵始，唐代帝王陵寝制度才确定下来。以后各陵基本上都是以昭陵为定制，即以山为陵，仅有个别皇帝因经济等方面原因仍封土为陵。昭陵从贞观十年（636 年）起，前后历时共长达 13 年之久。

刻于是年的《李愍碑》，据李子春考证，为裴守具书丹、万□裕刻，碑文行书。碑高 241 厘米、宽 89 厘米。西安市郭家滩出土，现藏于西安碑林。刘正成称此碑风格清刚秀丽，瘦硬严谨。用笔结体极似褚遂良，一望而知是从龙藏寺碑一脉而来。

李靖为唐初著名的军事家、唐开国 24 功臣之一，两《唐书》有传，字药师，雍州三原（陕西三原县）人。贞观二十三年病亡，年 79 岁。赠司徒、陪葬昭陵。据陈安利载，李靖墓在今陕西礼泉县城东北 19 公里的官厅村南 100 米处，西北距昭陵 6 公里。贞观十四年（640）李靖妻卒，《旧唐书》（李靖传）上说，太宗即下诏：坟茔制度依汉卫、霍故事，筑阙象突厥内铁山、吐谷浑内积石山形，以旌殊绩。今天所见李靖墓，其封土呈东断西连之山形，远远望去，像山峦起伏。墓南东侧石人、石羊各一，石人着宽袖衣，戴束发冠，长须，双手拱于胸前，握长剑，面西恭立。墓正南原有神道碑一通，螭首方座，碑额阴刻篆书“唐故开府仪同三司尚书右仆射司徒卫景武公碑”，铭文楷书，下部漫漶不明。碑文见载于《全唐文》中，由许敬宗撰文、王知敬书丹，竖立时间在显庆三年（658）。王知敬为洛阳人，武则天时，官至太子家令，工行草。昭陵的《尉迟敬德碑》亦出自知敬之手。

王瓒焦山石刻。宋人黄伯思载，王瓒为太宗时人，曾任丹阳尉。瓒工书，焦山有其一诗刻，字画全类瘗鹤铭。王同顺说，王瓒是最早在焦山即兴吟诗并挥毫题壁的唐代诗人。其诗《冬日与群公泛舟登焦山》刻于《瘗鹤铭》之侧，今已佚。虽然不见石刻，但他“载酒适我情”的雅兴、“沧溟壮观多”的诗情，招引了历代士人的豪情。刻石具体年代不详，姑且系年于此。

本年内龙门造像，宾阳南洞仍然造像不绝，从李文生记载来看，有造像纪年者约有五件，四件在宾阳南洞，包括四月八日的《清信女张氏造弥陀像》、四月十日的《刘法僧等造像》、十一月八日的《崔贵本造一龛二菩萨》和是年内所刻之《佛弟子赵才造像》。十二月二十一日的《杨君雅造菩萨像》则刻于药方洞。

［文献］ 唐释道宣《大唐内典录》，后晋刘昫等《旧唐书》卷六七，清董诰等《全唐文》卷一五二，胡文和《中国道教石刻艺术史》，曾毅公《石刻考工录》，陈安利《唐十八陵》，李子春《唐李愍碑考证》（《文物》1963 年第 3 期），王同顺《镇江古代石刻及焦山碑林书法研究》，李文生主编《龙门石窟志》。

公元 650 年　永徽元年

［提示］ 正月开始的龙门造像。二月八日，河南宝山《故居士子俭灰身塔》。五月，吐火罗使献大鸟如驼，高宗献于昭陵。六月八日，河南宝山《故优婆塞容子灰身塔》。七月，陕西《樊兴碑》。八月，开凿大足宝山乡尖山子石窟。是年，陕西《豆卢宽碑》、四川绵阳《雍龙伯造道像》、《石佛坐像》。约于此际，

开凿吐蕃查拉鲁甫石窟。

［叙录］　高宗李治继位，改元永徽。永徽元年的龙门造像也十分兴旺，且范围延展到了宾阳南洞之外更为广阔的地方。据李文生载，如药方洞正月五日的《清信女□□□造像》、三月二十三日的《清信女朱主年造阿陀像》；老龙洞四月八日的《僧智儁造阿弥陀像龛》和五月五日的《樊庆造救苦观世音像》；六月二日的《沙门智旭造维卫等七佛》、十月一日的《清信女刘氏造阿弥陀像》；宾阳南洞七月十日的《朱胤造像》、十月五日的《驸马刘玄意造像》以及破窑洞的观音菩萨造像等（图 119）。其中较为著名的有老龙洞的《僧智儁造阿弥陀像龛》和宾阳南洞的《驸马刘玄意造像》。前者造像内容为一佛二弟子二菩萨，位于老龙洞西壁中部上方。题记内容："永徽元年四月八日，洛州净土寺主智儁，敬造阿弥陀像一躯。同学智翔，共崇此福。"此窟中的天王像已出现新变化，李淞分析说，这个时期天王像有三个主要特点：一是位置在前壁，即门内两侧；二是形式为浮雕，即较浅的浮雕，与窟内其他造像接近圆雕的形式迥然不同；三是尺度上要显著小于窟内其他造像。《驸马刘玄意造像》，位于洞口北侧，高约 270 厘米。为汝州刺史、驸马都尉、渝固公刘玄意造阿弥陀像一龛及大金刚力士。

是年，河南宝山刻有两座僧塔，均为河南省古代建筑保护研究所著录，一为二月八日的宝山《故居士子俭灰身塔》，编号为 82 号龛，为一座十分完整的面阔三间的殿堂建筑。殿下无基座，面阔三间四柱，明间较次间为大，用四根方形立柱构成。屋龛东侧壁面刻有："故居士子俭灰身塔，大唐永徽元年二月八日造。"另一件为六月八日的宝山《故优婆塞容子灰身塔》，编号为 76 号塔，坐东向西，全塔由塔身、塔顶及塔刹组成。通高 121 厘米。门左侧刻有："故优婆塞容子灰身塔"及"大唐永徽元年六月八日造"题铭。

这年五月，据《旧唐书》（高宗本纪）载：吐火罗使献大鸟如驼，高宗献于昭陵。而且上面说这种鸟很神奇，其食物为铜铁。此后唐陵石刻中多次出现鸵鸟这一形象，显然与此次进献紧密相关。

梁披云著录有一件刻于是年七月的《樊兴碑》。石在陕西三原献陵，碑文正书，无撰书人名氏。是年八月，开凿大足宝山乡尖山子石窟，镌造第七号《弥勒说法图龛》。据陈明光载，1987 年 8 月，大足文物普查组在宝山乡建角村尖山子发现一座小型石窟，间有初唐"永徽"纪年造像和"乾封"镌记，以山为名曰"尖山子石窟"。刻于同年的《豆卢宽碑》，由李义府撰文，无书丹人姓名。正书 32 行，行 69 字。额篆书"唐故特进芮定公之碑"九字。梁披云称石在陕西醴泉西谷村。明人赵崡认为其书法"精健有法"。

四川绵阳此年亦有造像产生。巴西县（治所在今四川绵阳市东）雍龙伯为大唐皇帝陛下敬造天尊、老君一百八十躯。大理石质的《石佛坐像》也刻成于此年，高约 55 厘米，现藏于中国佛教图书文物馆。据金申著录，此像佛头原缺，虽为初唐所制，然衣纹极流畅，造型亦端庄舒适。束腰莲座部分之鬼面，是从印度雕刻借鉴来的手法，与扶风法门寺汉白玉雕阿育王塔基壶门内鬼面形式相同。

吐蕃松赞干布在位时间在公元 629—650 年间，松赞干布对佛教艺术倾注了极大的热情与心血，聘请尼泊尔工匠及艺人入藏传授建筑、绘画与雕刻等各门技艺，并迎娶尼泊尔赤尊公主，公主曾携一尊释迦牟尼 8 岁等身像入藏。之后又迎娶唐朝文成公主进藏，文成公主亦携一尊释迦牟尼 12 岁等身像随行。西藏真正意义的佛教造像，当从此开始。据德吉卓玛载，松赞干布的藏妃茹雍妃洁莫尊曾在西藏拉萨主持建造著名的扎拉鲁甫石窟，历经 13 年才告竣工。扎拉鲁普石窟又称帕拉鲁布，地理位置在拉萨市药王山东麓山腰，始建于七世纪 40 年代。从开窟形式来看，属于早期支提样式，在汉地主要流行北朝时代。其石窟有中心石柱，并在南、北、西三壁上开龛造像 71 尊，两尊泥塑，余皆为石像。其中多半为吐蕃时期造像，主要接受来自印度和尼泊尔的雕刻影响。

［文献］　后晋刘昫等《旧唐书》卷四，明赵崡《石

图 119 龙门破窑洞观音菩萨造像 永徽元年(650)

墨镌华》卷二，李文生主编《龙门石窟志》，李凇《长安艺术与宗教文明》，河南省古代建筑保护研究所《宝山灵泉寺》，陈安利《唐十八陵》，梁披云《中国书法大辞典》，陈明光《大足发现的初唐石窟及其价值》（《文史杂志》1988年第3期），金申《中国历代纪年佛像图典》，德吉卓玛《茹雍萨嘉姆尊与扎拉鲁普石窟》（《世界宗教文化》2002年第2期）。

公元651年 永徽二年

［提示］ 四月八日开始的龙门造像。四月，河南《宝山故道云法师灰身塔》。八月，段简璧墓。永徽二年，褚遂良撰《司马迁妾随清娱墓志》、陕西《李神符碑》。

［叙录］ 本年的龙门造像，从有纪年的造像来看，自四月开始，一直到十一月，断断续续：四月八日药方洞的《王宝英妻张氏造救苦观音菩萨像》，四月二十六日宾阳南洞的《孟惠母造阿弥陀像并二菩萨》，六月五日老龙洞的《清信女王氏造阿弥陀像》，七月六日唐字洞附近的《郭孝陈男大亮入辽造观音像》，十一月十五日老龙洞的《右卫率长史程元裕兄弟造像》。

同年四月，河南刻造《宝山故道云法师灰身塔》。河南省古代建筑保护研究所载，此塔为一双塔类型，惜塔身毁坏严重，塔身以下已毁。其右侧刻题记文曰："慈润寺，故道云法师灰身塔，大唐永徽二季四月敬造。"

八月的段简璧墓。段简璧为唐太宗外甥女，是年四月卒，时年35岁。当年八月，简璧陪葬于昭陵。陈安利载，其墓在今陕西省礼泉县烟霞乡张家山村北面的山梁上，西北距昭陵约5公里。据陈志谦、张崇信的清理简报载，1978年昭陵博物馆曾对该墓进行过发掘，出土石墓志一合，正方形，边长65厘米。墓志盖顶篆书阳刻"大唐故邳国夫人段氏墓志铭"。志文楷书阴刻约1200字。书法绵密，刻工亦精。从志文中得知，段简璧字芸娘，其母高密大长公主，为唐高祖李渊第四女、唐太宗李世民姐姐。简璧17岁嫁与长孙氏，永徽二年四月四日病卒于长安县颁政里私第。

是年，褚遂良撰《司马迁妾随清娱墓志》。太史祠现位于陕西韩城南芝川镇镇南坡高门原畔，此地自宋代以来，就是人们祭祀历史学家司马迁的地方。在祠庙中还存有一块唐代褚遂良为司马迁的侍妾随清娱撰写的石碑。相传褚遂良曾因得罪武则天而被贬至同州任职，某一夜，褚遂良恍惚之际，似有一名随清娱的女子泣诉，称是司马迁侍妾，曾随司马迁周游山川时一同来到同州，后司马迁蒙冤忧愤而死，随氏亦忧病身亡，葬于同州长乐寺西边。现前来祈请褚遂良为其撰作墓志，以垂将来。褚遂良醒后甚为诧异，随后立碑以记此事。这块著名的褚遂良"梦碑"，全称《古汉太史司马公侍妾随清娱墓志铭》，也有学者认为是后世伪作，碑文写得比较粗拙，但是书法却不失功力，或为善学褚者为之，亦未可知。此碑在清人张廷济、端方等人著述中有著录。可参考今人程章灿、秦飞等的相关考证。

刻于是年的《李神符碑》，陕西省三原县献陵旧存此碑，书丹者为殷仲容，碑文隶书。刘正成称此碑书法极似《张迁碑》，试观"讳、字、焕、东、其、父"等字，皆如出一辙。其书横、竖画平直取势，笔势节短收束，不露锋芒。

［文献］ 张廷济《清仪阁金石题识》卷二，清端方《匋斋藏石记》卷一七，李文生主编《龙门石窟志》，河南省古代建筑保护研究所《宝山灵泉寺》，陈安利《唐十八陵》，陈志谦、张崇信《唐昭陵段简璧墓清理简报》（《文博》1989年第6期），刘正成《中国书法鉴赏大辞典》，程章灿《司马迁真有侍妾随清娱吗?》（《中国典籍与文化》1996年第4期），秦飞等《司马迁夫人随清娱小考》（《理论导刊》1995年第12期）。

公元652年 永徽三年

［提示］ 正月，中天竺高僧无极高至长安并于

慧日寺译《陀罗尼集经》，密教图像始有轨可依。二月一日开始的龙门造像。三月，释玄奘请准于慈恩寺建大雁塔(石浮图)。

［叙录］ 正月，中天竺高僧无极高至长安并于慧日寺译《陀罗尼集经》。此事见载于宋人赞宁及志磐的相关著述中。刘学智说，无极高为中印度高僧，妙通三藏，是年正月来到长安，令安置于慈恩寺中。永徽四年至五年在慧日寺撮要翻译《金刚大道场经》，最后译成《陀罗尼集经》12 卷。金维诺提出，高宗、武周时期，渐趋发达的印度密教随梵僧东来，较为规范的密教图像也开始出现在两京的寺院之中。中天竺高德沙门阿地瞿多(无极高)驻锡长安，应僧俗之请，于慧日寺浮图院作普集会坛，其译经完成后，密像坛法自此始有仪轨可循。阿地瞿多之后，印度僧人和包括玄奘、义净在内的中国高僧都曾参加密典的翻译工作，先后译有《佛顶尊胜陀罗尼经》(永淳二年)、《十一面神咒心经》(显庆年间)、《不空绢索神咒心经》(景龙年间)、《千手千眼观世音菩萨姥陀罗尼身经》、《如轮陀罗尼经》及《不空弱索神变真言经》等。这些经典成为中国密教图绘与雕刻的依据，规范的密教图像开始出现在两京寺院。张彦远《历代名画记》和朱景玄《唐朝名画录》等画史著作，均记载了千手文殊、千手千眼大悲观音像的壁画，敦煌石窟壁画中也保存了菩萨的图像，龙门石窟的千臂观音、十一面多臂观音、千手千眼观音立像以及东山擂鼓台北洞的大日如来，这些均是武则天时期的密教图像。玄宗酷嗜神秘，因此密教大行于世。开元中，印土僧人善无畏、金刚智、不空三人相继来到长安，结坛灌顶，祈雨禳灾，于是密教图像更是遍及于朝野之间。

高宗时期，龙门造像十分兴盛，此年仅有纪年造像者就多达十余处。计有二月一日宾阳南洞的《陈通妻张氏造阿弥陀像》，二月三日的《清信女乐婆造阿弥陀像》，三月一日龙门老龙洞《张善同造阿弥陀像龛》，三月二十三日宾阳南洞的《佛弟子范满才夫妻造阿弥陀像》，四月八日药方洞的《王宝英妻张氏造救苦观世音像》，四月十日的《杨行□妻王氏造释迦像》，四月二十日宾阳南洞的《刘解妻杨及儿造像》，四月的《高昌张□康等造像》，八月二十七日药方洞的《清信女赵善胜造救苦观世音像》，九月二十日宾阳南洞的《洛阳□梁仁等七人造像》，十二月九日老龙洞的《李君政造弥勒像》，以及是年宾阳南洞所造成的《李夫人摩诃造浮图》等。

三月，释玄奘请准于慈恩寺建大雁塔(石浮图)。为了安置自天竺带回的佛经和佛像等法物，玄奘请朝上准许建立大雁塔。其塔原拟以石质修建 30 丈高，以显大唐宏伟基业。后由石筑改用砖砌，玄奘自造《愿文》。这座塔迄今犹存，即西安慈恩寺内的大雁塔。唐人慧立对此详细记载说：永徽三年春三月，玄奘法师欲于寺端门之阳造石浮图，安置西域所将经像，其意恐人代不常，经本散失，兼防火难。浮图量高三十丈，拟显大国之崇基，为释迦之故迹。将欲营筑，附表闻奏。敕使中书舍人李义府报法师云："所营塔功大，恐难卒成，宜用砖造。亦不愿师辛苦，今已敕大内东宫、掖庭等七宫亡人衣物助师，足得成办。于是用砖，仍改就西院。其塔基面各一百四十尺，仿西域制度，不循此旧式。塔有五级，并相轮、霜盘。凡高一百八十尺。层层中心皆有舍利，或一千、二千，凡一万余粒。上层以石为室，南面有两碑，载二圣《三藏圣教序》、为河南公褚遂良之笔。初基塔之日，三藏自述诚愿。"宋释志磐也说："永徽三年，奘法师请于慈恩寺建浮图，藏西天舍利经像。"大雁塔是慈恩寺内最重要的遗存，此塔本名为慈恩寺塔，后据玄奘《大唐西域记》所记印度传说而名为雁塔。之所以称大雁塔是为了与荐福寺的小雁塔相区别。大雁塔高 64 米，为青砖仿木结构，塔内楼梯可盘旋而上，每层四面均有拱门，可凭栏远眺长安城景。最底层四面均有石门，门楣上有线刻佛像，构图均为半圆形，以适合拱形门道。四面内容均为说法图，以坐佛为中心，左右刻众菩萨和弟子等侍从。四门的门框还刻有护法天王像，这些天王手持三叉杵或其他兵器。身着铠甲，脚下踏着地鬼。怒目圆瞪，身体呈 S 形扭动，现威武状。李淞认为，这批线刻画应是 7 世纪初的原作，当时正是长安佛教艺术昌盛时期，画面人的造型匀称优雅而又健壮，线条流畅而坚劲，构图均衡完美且富有变化，体现出中国线条的丰富表现力和卓越成就。

［文献］ 唐慧立《大慈恩寺三藏法师传》卷七，唐张怀瓘《书断》，宋赞宁《宋高僧传》卷二，宋释志磐《佛祖统纪》卷三九，张岂之等《中国学术思想编年》（隋唐五代卷），金维诺《中国古代佛雕：佛造像样式与风格》，李文生主编《龙门石窟志》，李凇《陕西古代佛教美术》，陈安利《唐十八陵》。

公元 653 年　永徽四年

［提示］ 正月开始的龙门造像。十月十五日，刻石《雁塔圣教序》。永徽四年，薛仁贵奉旨督建麟游县石鼓峡石窟、陕西麒游县慈善寺二号窟。

［叙录］ 据李文生的著录计，此年有纪年题记的龙门造像约有 15 处：正月二日唐字洞附近的《左文福造像》，正月十七日宾阳南洞的《三洞弟子敬造弥陀像》，四月八日老龙洞的《吏部主事许思言造像》，五月五日老龙洞的《清信女朱造观世音菩萨像》，六月二十一日宾阳南洞的《鲁宝师造阿弥陀像》，七月三日宾阳南洞的《佛弟子孟为亡夫亡女造阿弥陀像》，七月五日药方洞的《合家造阿弥陀像》，七月十一日敬善寺附近的《庄老果造阿弥陀像》，八月四日宾阳南洞附近的《杨南德造像》，八月六日莲花洞的《清信女陈氏造阿弥陀像》，八月十日药方洞的《王师亮造弥陀像》，十二月一日宾阳南洞附近的《孙和生为亡妻董造阿弥陀像》，十二月四日药方洞附近的《清信女萨造像》，十月八日老龙洞的《涪州司马□息郭受同造观音菩萨》，十月八日莲花洞的《周智冲造阿弥陀像》等。

贞观二十二年（648）五月，太宗为玄奘作《大唐三藏圣教序》。五年后的高宗永徽四年十月十五日，刻石《雁塔圣教序》。《雁塔圣教序》亦称《雁塔三藏圣教序记》或《雁塔圣教序记》、《慈恩寺圣教序》。其前后共有两石，嵌于长安慈恩寺（大雁塔）。两石的书丹者均为书法家兼宰相褚遂良，前石刻太宗之序文；后石刻高宗李治之记文（《大唐三藏圣教序记碑》）。序和记左右相向而立，序文自右而左，记文自左而右。所以在阅读两碑时须从相反方向读起。两石高 210 厘米、宽 115 厘米，序字略小于记。太宗序刻于唐高宗永徽四年十月十五日，高宗记刻于同年十二月十日。此时褚遂良年届 58 岁，是其晚年代表作。此碑不仅书艺卓越，刻工也佳，据曾毅公载，出自名匠万文韶刀下。万文韶刻褚河南碑，史华刻颜平原碑，柳诚悬书碑则大抵付邵建初、建和两兄弟。唐时中书省置玉册官，宋时有御书院，皆专司雕刻事，两署中亦多籍富平者。李凇认为这是高宗时长安非常重要的两块石碑：两碑形制相同，在碑额下都刻有一铺七尊造像：一佛二弟子二菩萨二天王。这两块堪称“皇家石碑”的造像应该是受到龙门石窟第一批浮雕天王产生的直接影响而刻成。

是年薛仁贵奉旨督建麟游县石鼓峡石窟。据李凇记载，石鼓峡石窟位于麟游县北五公里左右澄水河的石鼓峡西岸边。现仅存一窟，窟口向东。平面近于马蹄形，宽 367 厘米、高 400 厘米、深 275 厘米。窟中雕有坐佛一尊，高 180 厘米，结跏趺坐于大莲花吧上，左手抚膝，右手施无畏印，着双领下垂大衣，内有僧祇支。据清康熙《麟游县志》记载，石鼓峡石窟为永徽四年郎将薛仁贵奉旨督建。又据清光绪《麟游县新志草》载，石鼓峡石佛背镌乾符四年（877 年）字样。但从造像实际看，不可能早至初唐永徽四年，薛仁贵督建的石窟可能是相距不远的慈善寺石窟，也不会晚至乾符四年，因窟中已有数则更早的题记并似与造像相关。观其风格样式，应是在元和年间左右的九世纪初或略早。

北京大学考古专业等在考察慈善寺与麟溪桥时指出，慈善寺二号窟主尊佛像和左右壁龛造像，在诸多方面改变了长安地区隋代到唐初的造像样式，表现出许多新的变化，但是相关的风格相近且纪年明确的同时期的造像资料却并不多见。清顺治十四年所修，康熙四十七年增刊的《麟游县志》中载：慈善寺在县东三里，崖下石龛中有唐永徽四年镌刻石佛像，特工致。该县志是参照明万历四十六年县志所修，所记永徽四年的纪年，当有所根据。从现场调查情况看，慈善寺一号窟内外均未发现有唐代的题刻，而二号窟内外有三处题刻，从内容和字体看，均应是唐代题铭。因此，《麟游县志》所记永徽四年的纪年，原应刻于二号窟。二号窟内主尊左侧后壁的一处铭刻，仅可看出竖向两行，仅余七字。内容为“声闻弟子舍利弗”，与右壁龛的造像组合相应。因此，该处题刻的时间应与左右壁龛完工的时间大致相同。如果永徽四年的题铭原来刻于此处的话，左右壁龛应完工于永徽四年前。这也应该是二号窟主要造像完工年代的下限。麟游县地理位置优越，正如费泳所说，麟游县位于彬县以北，处于陕西境内丝绸之路南、北道之间，隋、初唐皇室夏宫九成宫就坐落于此，这里的唐代石窟寺有慈善寺、石鼓峡、麟溪桥等，其中以慈善寺石窟规模较为宏大。

［文献］ 李文生主编《龙门石窟志》，曾毅公《石刻考工录》，李凇《长安艺术与宗教文明》，北大考古专业等编著《慈善寺与麟溪桥：佛教造像窟龛调查研究报告》，费泳《汉唐佛教造像艺术史》。

公元 654 年　永徽五年

［提示］ 正月开始的龙门造像。二月二日，河南《宝山光严寺大上坐慧登法师灰身塔》。五月十五日，刊刻《万年宫铭》。七月八日，河南《宝山圣道寺大比丘尼朋行法师灰身塔》。

［叙录］ 永徽五年的龙门造像从这年正月就已开始，造像主尊多为阿弥陀佛。据李文生著录，计有：正月十五日老龙洞的《许方仙母赵氏造弥陀像》，二月二十日古阳洞的《宋菩萨造像》，二月二十九日古阳洞的《清信女张婆乐婆造像》和《宋菩萨为亡夫张阿禄造像》，三月十九日老龙洞的《清信女韩造阿弥陀像龛》，三月二十日老龙洞的《竹奴子及妻宋氏造像》，五月五日破窑的《洛阳县邓思孝造释迦石像》，五月二十日老龙洞的《雍州司仓军辛崇敏造像》及《伏世进造阿弥陀像》。

是年，河南宝山刻造两座僧塔，均由河南省古代建筑保护研究所著录。二月二日的《宝山光严寺大上坐慧登法师灰身塔》，编号为 66 号塔，塔门南向，通高 81 厘米。由塔身、塔顶和塔刹三部分组成。塔身东侧石壁刻有“光严寺大上坐慧登法师灰身塔，大唐永徽五年二月二日题铭”。七月八日的《宝山圣道寺大比丘尼朋行法师灰身塔》，编号为 36 号塔龛，位于灵泉寺东的岚峰山上，面皆西向，由塔身、檐、顶、刹等部分组成，塔身高 49 厘米。塔现存有铭文题记“圣道寺大比丘尼朋行法师灰身塔”及“大唐永徽五季七月八日弟子敬造”。

五月，刊刻《万年宫铭》。宋人王溥载，这年三月，高宗李治幸万年宫，亲撰宫铭并序，共 700 余字。群臣请刊石建于永光门，从之。具体刊刻的时间则是在五月十五日，并由褚遂良、薛元超等碑阴题名。清人王昶著录此铭说，碑阴题名有长孙无忌、褚遂良、韩瑗、史来济、卫尉卿、许敬宗、李义府、长孙冲、薛元超、上官仪等。永徽二年九月九日，高宗将“九成宫”改为“万年宫”。永徽五年，高宗在此宫住了近半年。高宗行书的《万年宫铭并序》，则写于初来此宫之时。高宗书风颇得王羲之遗风，饶有几分晋代风采。日人冈田健认为：有迹象表明，隋文帝时期作为夏天的避暑地兼处理政务之地的仁寿宫，至炀帝时略遭回避（炀帝虽即位于此，但是他暗杀了文帝之说也一直存在）。到唐太宗时，方以九成宫之名再次启用。永徽五年所立《万年宫铭碑》记录了永徽二年更名为万年宫，五年高宗避暑驾临等事。慈善寺二号窟主尊身旁所刻《敬福经》铭文中，可能有“永徽四年”的题记，这正是以当时高宗行幸新万年宫为前提的。

［文献］ 宋王溥《唐会要》卷三〇，清王昶《金石萃编》卷五〇，李文生主编《龙门石窟志》，河南省古代建筑保护研究所《宝山灵泉寺》，北大考古专业等

编著《慈善寺与麟溪桥：佛教造像窟龛调查研究报告》。

公元655年　永徽六年

［提示］ 正月一日，高宗谒昭陵。正月二十六日，河南《宝山为母造灰身塔刊□》。三月十四日，陕西《韩仲良碑》。三月开始的龙门造像、优填王像。五月八日，河南《宝山圣道寺故大比丘尼大善法师灰身塔》。是年，陕西《高士廉茔兆记碑》、《石佛碑像》。

［叙录］ 宋王溥在《唐会要》载，是年正月一日，高宗李治亲谒昭陵，文武百官、宗室子孙并陪位。上降辇易服，行哭就位，礼毕，又改服，奉谒寝宫。上入寝，哭踊，绝于地，进至东阶，西面再拜。号恸久之，乃进太牢之馔，加珍羞具品，引太尉无忌、司空勣、越王贞、赵王福、曹王明及左屯卫大将军程知节，并入执爵进俎。上至神座前，拜哭奠馔，阅先帝先后衣服，拜辞讫，行哭出寝北门，乃御小辇还宫。这样的祭拜，既有出于亲情的真切，也有出于政治需要的目的。

据河南省古代建筑保护研究所载，是年，河南宝山刻造两座僧塔。正月二十六日的《宝山为母造灰身塔刊□》，为岚峰山摩崖石刻群56号塔，此塔为一单层石浮雕方形墓塔。通高83厘米，由塔身、塔顶及塔刹组成，有塔铭题记。五月八日的《宝山圣道寺故大比丘尼大善法师灰身塔》，编号为34号塔，位于灵泉寺东的岚峰山之巅，面西北，属塔形龛，通高90厘米。所刻塔铭为"圣道寺故大比丘尼大善法师灰身塔"及"大唐永徽六季五月八日弟子等敬造"的铭记。

三月十四日，陕西刻立的《韩仲良碑》，现存陕西富平，碑高188厘米，乾隆年间始发现。此碑由于志宁撰文、王行满楷书。碑额篆书"大唐太子少保上柱国颍川定公之碑"。碑上截损泐较重，下截相对完好。书法严谨而婉润。

此年的龙门造像并不多，但有一种新的造像样式开始出现。三月二十四日，宾阳南洞刻有《李处岳造释迦像》，十月十五日，敬善寺附近刻有《比丘□□为父母造像》，同年还刻有《田仁基母李造观音像》。这年最值得注意者，即一种被称为优填王像的外来造像样式开始出现在龙门石窟造像中。李玉珉、金维诺、李文生和金申均认为，在贞观十九年(645年)玄奘自印度带回七尊天竺圣像的摹刻样本中，最受人注目的是拟憍赏弥国出爱王(优填王)的如来像。李文生调查指出，仅龙门石窟就有70余尊优填王像。其中，年代最早的一尊凿刻于高宗永徽六年(敬善寺洞北韩氏龛)，上距玄奘的归国时间仅有10年。优填王像皆为善跏倚坐佛像，神情肃穆庄严，肉髻低平而光滑，双肩宽厚，上身短硕，躯干粗壮。身着右袒式袈裟，紧贴身体，并无衣纹的刻划，风格独具，显然受到印度笈多雕刻的影响，与我国传统的造像大不相同。此外，不少龙门的优填王像后的壁面上，有线刻的笈多式背障，方形的椅背上方刻六连弧，两侧刻摩羯鱼、怪兽、童子等形象。笈多艺术对初唐的佛教艺术影响之大，于此可见一斑。这些优填王像，有单龛独躯者，也有一龛多躯者，其刻造年代相去不远，大体不出高宗朝。龙门石窟的优填王造像，有些不是在窟内就崖凿出，而是在窟外预先造好，留出榫口，最后安置在窟内。优填王像的大量流行，在中外文化交流史上，具有标本意义。

刻立于永徽六年陕西的《高士廉茔兆记碑》，原存于礼泉县烟霞乡山底村高士廉墓前，20世纪70年代移入昭陵博物馆。此碑宋人赵明诚、陈思等曾著录，通高437厘米、下宽130厘米、厚50厘米。碑额篆书"大唐尚书右仆射司徒申文献公茔兆记"，由许敬宗撰文、赵模楷书。高士廉，两《唐书》均有传。在碑的左侧还镌刻着会昌四年(844)五月高氏六代孙元裕及少逸题记各一段。书丹者赵模生卒年不详，清人叶昌炽说赵模是虞世南之宗子。模在太宗时曾为翰林供奉拓书人，奉命钩摹王羲之《兰亭序》以赐太子、诸王，其摹拓功夫之精湛可以想见。《宣和书谱》中说：赵模喜书，工临仿；始习羲、献学，集成《千文》，其合处不减怀仁，然古劲则不迨。

金申还著录一件刻于本年的《石佛碑像》，石灰岩质，高100厘米，现藏上海博物馆。

［文献］ 宋王溥《唐会要》卷二〇，宋赵佶等《宣和书谱》，宋赵明诚《金石录》卷二四，宋陈思《宝刻丛编》卷九，清叶昌炽《语石》卷三，陈安利《唐十八陵》，河南省古代建筑保护研究所《宝山灵泉寺》，李文生主编《龙门石窟志》、《龙门石窟与洛阳历史文化》，李玉珉《中国佛教美术史》，金申《佛教美术丛考》、《中国历代纪年佛像图典》。

公元656年　永徽七年　显庆元年

［提示］ 四月八日，河南宝山僧塔。显庆元年正月，于志宁等奉敕润色玄奘所定佛经。二月，吴智敏绘制玄奘等十师肖像。三月二十三日开始的龙门造像。六月二十日，《李佰仁妻造阿弥陀坐像》。显庆元年，庆阳北石窟寺，阎立德卒。

［叙录］ 据河南省古代建筑保护研究所载，永徽七年四月八日的河南宝山僧塔，编号为32号塔，应该是永徽年间有纪年的最后一件石刻。其塔凿于一尖拱状长方形塔龛内，为单层墓塔，平面方形，由基座、塔身、塔顶和塔刹各部分组成。塔的右侧刻有“大唐永徽七年四月八日敬造”的题记，塔身之下为低矮长方形塔基(其时已改元显庆，凿塔者误为永徽)。

这年正月，由永徽改元显庆。显庆元年正月，于志宁等奉敕润色玄奘所定佛经。唐人慧立载，是年正月，高宗李治令左仆射于志宁、侍中许敬宗、中书令来济、李义府、杜正伦、黄门侍郎薛元超等，共同润色玄奘所定佛经，国子博士范义硕、太子洗马郭瑜、弘文馆学士高若思等，助加翻译。二月，吴智敏绘制玄奘等十师肖像。金维诺说，吴智敏是和宋法智齐名的“相匠”，同时也是当时著名的画家，吴曾学画于梁宽，唐人张彦远等人都曾提及过他，其塑造功夫以传神见长。这年二月，玄奘和大德九人，在宫中鹤林寺为河东郡夫人薛尼受戒时，吴智敏接受皇帝的旨意绘制了玄奘等十师的肖像。

据李文生、李淞等载，显庆元年的龙门造像，始于三月二十三日的老龙洞《李智海造阿弥陀像龛》。之后是四月二十五日宾阳南洞的《莘师祖妻孙氏造优填王》，六月二十日宾阳南洞的《张君道造阿弥陀像》，六月三十日药方洞的《清信女赵善胜造救苦观世音菩萨》，以及是年老龙洞的《宋海宝造阿弥陀像龛》等。另，金申著录：六月二十日所刻之《李佰仁妻造阿弥陀坐像》，石质仍为石灰岩，像高25.6厘米，现藏于北京首都博物馆。

显庆元年，甘肃庆阳北石窟寺雕造第171龛。庆阳北石窟寺由北魏泾州刺史奚康生创建于北魏永平二年(509)。费泳记载，其中北石窟寺现存窟龛295个，唐代窟龛最多约180个，占总数三分之二，是为陇东唐代石窟的代表。北石窟寺今存唐代纪年题记四则，分别是第171龛高宗显庆元年阿弥陀佛造像，第210龛高宗显庆四年(659)杨大娘造阿弥陀佛像，第32窟武周如意元年(692)泾州临泾县令杨元裕造阿弥陀佛像二铺，及第257窟武周证圣元年(695)宁州丰义县令安守筠造一佛二菩萨、迦叶、舍利弗、七佛。北石窟寺自唐显庆元年至武周证圣元年近40年间，造像题材主要为阿弥陀佛。窟中还出现有七佛，在我国佛教造像中，七佛较早见于北凉石塔，而将这一题材最早用于石窟表现者，即北石窟寺奚康生所造第165窟。至唐代，这一题材仍在北石窟寺得到延续。除第257窟外，第267窟、第1窟等均为七佛窟。

《旧唐书》载：显庆元年阎立德卒。张彦远说：阎立德，其父阎毗，在隋以丹青知名，与弟立本俱传家业。官至工部尚书，封大安县公。显庆元年赠吏部尚书、并州都督。李嗣真也说阎氏这对难兄难弟，自江左陆谢云亡，北朝子华长逝，象人之妙，号为中兴。至若万国来庭，奉涂山之玉帛，百蛮朝贡，接应门之位序，折旋矩度，端簪奉笏之仪，魁诡谲怪，鼻饮头飞之俗，尽该毫末，备得人情。

［文献］ 唐慧立《大慈恩寺三藏法师传》卷八，

图 120　赵峻及妻造阿弥陀佛坐像　显庆二年(657)　美国弗利尔美术馆藏

唐张彦远《历代名画记》卷九，唐李嗣真《书后品》，后晋刘昫等《旧唐书》卷七七，河南省古代建筑保护研究所《宝山灵泉寺》，金维诺《中国古代佛雕：佛造像样式与风格》，李凇《长安艺术与宗教文明》，李文生主编《龙门石窟志》，金申《中国历代纪年佛像图典》、《海外及港台藏历代佛像珍品纪年图鉴》，费泳《汉唐佛教造像艺术史》。

公元 657 年　显庆二年

［提示］ 三月四日开始的龙门造像。五月三十日，《赵峻及妻造阿弥陀佛坐像》。六月八日，河北《白石张惠观造释迦多宝佛像》。六月，僧道论对于百福殿。八月十五日，高宗作《大唐纪功颂》碑。十二月十五日，刻立河南《招提寺圣教教序》。是年，张士贵墓、千岁宝掌和尚自塑像、济南历城千佛崖石窟《刘玄意造像龛》、四川广元千佛崖第六龛造像。

［叙录］ 显庆二年的龙门造像又趋于兴盛。仅以李文生所载，有纪年铭文者即有数处。如三月四日药方洞附近的《任俭年造阿弥陀像》，七月三十日西山敬善寺附近的《吏部尚书唐临造阿弥陀记像》，八月九日药方洞的《清信女萨明照造观世音像》，九月二十五日破窑的《封会客造释迦二菩萨二圣像》，十月二十六日药方洞的《相原府校尉柱国吕士安造救苦观音菩萨》等。日人冈田健指出：大约在显庆二年，洛阳成为东都。当年高宗从长安行幸至洛阳，并在洛阳居住。另外，玄奘也曾经在洛阳居住过。正是在这样的背景下，龙门石窟不断从长安引进了新的粉本和造像样式。虽然这一期间长安的造像样式在龙门得到了进一步的发展，但直到 670 年代以后，在上元二年(675)完成的奉先寺洞诸像中，长安的造像样式才在龙门得到了几乎完全的再现。另有金申著录之刻造于显庆二年五月三十日的《赵峻及妻造阿弥陀佛坐像》(图 120)，石灰岩质，像高 35.7 厘米，现藏于美国弗利尔美术馆。

图 121　刘玄意造像龛　显庆二年(657)　山东济南历城千佛崖

六月八日，曲阳刻成《白石张惠观造释迦多宝佛像》一件，现藏于北京故宫博物院，胡国强有著录，像高38.5厘米。二佛螺发，圆形肉髻，面庞丰满慈祥，颈刻三道。身披双层袈裟，内着僧衹支。上衣从腋下穿过，搭在左肩上；中衣覆右肩缠臂而下。双内手抚膝，外手施无畏印。结跏趺坐，袈裟下摆平铺仰覆莲须弥座上。莲瓣形背屏项部较尖，背后刻发愿文。

唐人道宣载，是年六月，僧道论对于百福殿。刘学智说，高宗幸百福殿，僧道各七人俱时上殿。道士李荣开“六洞义”，提出“老子上圣”当“于物得洞”（即老子于物无不通晓）的论点，慧立则引《道经》“天下大患莫若有身，使我无身，吾何患也”，以证明“老君于身尚碍，何能洞于万物”。李荣不能应对，遂说出“俱是出家人，莫若相非驳”的话，显然力有不逮。

八月十五日，高宗作《大唐纪功颂》碑。清人王昶著录有《大唐纪功颂并序》，前题御制御书，后署显庆四年八月十五日建。王昶引《中州金石记》跋云：高宗过郑州，见先皇擒窦建德故地，故缅想功业，因立此碑也。碑文甚宏丽，字亦奇伟。王昶按：此碑文凡二千二百余字，阙者不及三十字，余俱完善可读。《旧唐书》高宗本纪：显庆二年正月幸洛阳，四年八月，高宗亲讲武于许郑之郊，曲赦郑州，遣使祭郑大夫国侨、汉太邱陈寔墓。则高宗之过郑州撰文纪功当在是时，碑文有“九冬狩晚，讲武许郑”可证。其四年八月乃立石之时。

十二月十五日，河南偃师刻立《招提寺圣教序》。《招提寺圣教序》碑又名《王行满圣教序》，由王行满楷书，碑额阳文篆书。此碑于清乾隆二十五年（1760）由招提寺移置偃师县学。据曾毅公考，此碑刻工为沈道元。梁披云称此石已断裂成六块，有明拓本传世，较完整。

张士贵墓。张士贵两《唐书》有传，本名忽峍，后改名士贵，字武安，弘农卢氏（河南卢氏县）人。张士贵力大过人，尤善骑射。隋末战乱中曾聚众为盗，号为“忽峍贼”。后为李渊写信招抚，拜为右光禄大夫。士贵屡立战功，并在玄武门事件发挥重要作用，爵封新野县公，授虢州刺史。贞观七年（633）士贵统兵反击雅州（四川雅安县）僚民，身先士卒，身当矢石。后累迁为左领军大将军，改封虢国公。显庆二年卒，终年71岁，赠荆州都督，陪葬昭陵。据陈安利载，张士贵墓位于陕西礼泉县城东北15公里烟霞乡马寨村南250米处，北距昭陵约5公里。1972年对该墓进行过发掘，墓由墓道、甬道和墓室三部分组成，南北全长约57米。在砖结构甬道内的南端安有一道石门，石门框及上下坎，向外的一面均有线刻画，门扇上也有线刻，东为男侍，西为女侍。在土结构甬道内，砌有二道封门砖。出土张士贵墓志一合，志周线刻图案花纹，志盖顶篆刻五行，为“大唐故辅国大将军荆州都督虢国公张公墓志铭”。

千岁宝掌和尚自塑像。据宋人《五灯会元》载，显庆二年，来自中印度的宝掌和尚曾手塑一像，至九日像成，问其徒慧云曰：此肖谁？徒弟回答说：与师傅无异。金维诺说，这个记载说的是一个自塑像的故事，并且记述了制作时间，也记述了技艺水平。

济南历城千佛崖石窟《刘玄意造像龛》刻造于此年中（图121）。据费泳等载，这是一处长方形尖拱浅龛，两侧刻束腰仰覆莲立柱。主佛弥勒螺髻圆面，双目微闭，嘴角深陷，高70厘米，双手似施说法印，跣足踏于莲台之上，下承叠涩方座。有项光及身光，左肩下系带吊袈裟一角（外披钩纽式袈裟）。龛左侧刻一护法狮，龛右则刻一头戴花冠力士，罗裙帔帛严身，右手持金刚杵，全身肌肉虬起。从龛侧题记可知，造像主为“齐州刺史上柱国驸马都尉渝国公”，即南平公主（太宗三女）之夫刘玄意。南平长公主造像龛雕单尊坐佛，结跏趺坐，双手残，佛作螺发，内着僧衹支，系博带，外着敷搭双肩下垂式佛衣，衣襞覆坛。同时，南平长公主还在四川广元千佛崖第六龛造像，并刻有题记。阎文儒说，广元千佛崖第六龛南有一小龛题记：大唐显庆二年南平长公主为太宗文皇帝敬造像一躯。《新唐书》（诸公主传）载：太宗二十一女南平公主下嫁王敬直，以累斥岭南更嫁刘玄意。

［文献］　唐释道宣《集古今佛道论衡》卷丁，宋宋祁《新唐书》卷八三，宋普济《五灯会元》卷二，清王

昶《金石萃编》卷五二，李文生主编《龙门石窟志》，北大考古专业等编著《慈善寺与麟溪桥：佛教造像窟龛调查研究报告》，胡国强主编《故事收藏：你应该知道的200件曲阳造像》，张岂之等《中国学术思想编年》（隋唐五代卷），曾毅公《石刻考工录》，梁披云主编《中国书法大辞典》，陈安利《唐十八陵》，金维诺《中国古代佛雕：佛造像样式与风格》，费泳《汉唐佛教造像艺术史》，阎文儒《中国石窟主艺术总论》。

公元658年 显庆三年

［提示］ 正月四日，河南《宝山比丘尼为慈母敬造塔》。二月一日开始的龙门造像。二月八日，河南《宝山光天寺故大比丘尼妙德法师灰身塔》。四月八日，河南《宝山光天寺故大都维那正信法师灰身塔》、《宝山故清信士吕小师灰身塔》。五月，遣使访吐火罗等国之风俗物产及古今废置画图以进后史官撰成《西域图志》，陕西《李靖碑》。九月十五日，四川广元千佛崖第四龛造像题记。十一月，僧道入宫论对。是年，尉迟恭墓石刻、山东济南神通寺千佛崖造像、敕于长安建成西明寺诏道宣律师为上座、陕西《周护碑》、《道德寺碑》，西藏《大唐天竺使出铭》。

［叙录］ 此年的墓塔碑志，据河南省古代建筑保护研究所载，仅在河南宝山一地即有四座僧塔。正月四日的《宝山比丘尼为慈母敬造塔》，为岚峰山摩崖石刻群81号塔，全塔由塔身、塔檐、塔顶、塔刹组成。通高90厘米，刻有楷书塔铭：大唐显庆三年正月四日有出家比丘尼为慈母敬造。二月八日的《宝山光天寺故大比丘尼妙德法师灰身塔》，为岚峰山摩崖石刻群66号塔，通高191厘米，单层方形浮雕墓塔。塔身旁镌刻有题铭：光天寺故大比丘尼妙德法师灰身塔，大唐显庆三年二月八日弟子妙意宝素等敬造。四月八日有两件僧塔刻成，一件是《宝山光天寺故大都维那正信法师灰身塔》，编号为65号塔龛，位于灵泉寺岚峰山东麓断壁上，为单层浮雕方塔，通高121厘米。塔侧镌刻楷书塔铭：光天寺故大都维那正信法师灰身塔，大唐显庆三年四月八日弟子圆行等敬造。另一件同日所刻的《宝山故清信士吕小师灰身塔》，编号为67号塔，位于宝山崖壁腰部。塔门坐东向西，塔龛通高92厘米。塔左侧刻有题铭：故清信士吕小师灰身塔，大唐显庆三年四月八日妻戴敬造。以塔主身世来看，并非通常的由门人弟子为寺院高僧建的灰身塔，而是其妻为信佛之亡夫所建，在佛门塔林实属罕见。

从李文生、李淞等人著录的纪年造像来看，此年的龙门造像，始于是年二月一日宾阳南洞的《弟子权被养造阿弥陀像》。二月二十日，破窑刻有《贾世□造观音菩萨》；四月三日，老龙洞刻有《清信女常奉造阿弥陀像》；五月十三日，宾阳北洞外南侧刻有《封会文造像龛》，为三尊龛。造像已残毁；七月二十二日，敬善寺附近刻有《薛惠藏为亡子造观音像》。是年在老龙洞西壁中部还刻有《清信女弟子某造阿弥陀像龛》，为一佛二弟子二菩萨二力士造像；同年老龙洞南壁上部刻有《杨真藏造阿弥陀像龛》等。

据宋人王溥载，显庆三年五月，遣使访吐火罗等国之风俗物产及古今废置，画图以进，后史官撰成《西域图志》60卷。许敬宗监领之。书成，学者称其博。由此亦可看出，西域各国的文化，包括造像艺术对中原的深刻影响。

五月陕西所刻立的《李靖碑》，亦称《卫景武公碑》，全称《大唐故尚书右仆射特进开府仪同三司上柱国赠司徒并州都督卫景武公之碑并序》。原存于礼泉县烟霞乡官厅村西北李靖墓前，1975年移入昭陵博物馆。此碑宋人欧阳修、赵明诚就曾著录。陈安利载，碑高427厘米、下宽128厘米、厚42厘米。碑额篆书，碑文楷书，多磨灭，现仅存2 000余字。碑阴有宋代元祐四年(1089)游师雄跋文及题名。李靖两《唐书》有传，他是唐代开国功臣，卒封卫景武公。碑文由许宗敬撰写、王知敬楷书。书者王知敬，洛阳人，武则天时，官至太子家令，麟台少监，工于草行，尤善章草。与殷仲容曾奉武则天诏各书一寺额，殷题“资圣”，王题“清禅”，皆称一时之绝。明人赵崡评价此碑说：余观此碑，真欧阳率更、虞永兴之匹敌。

九月十五日，广元千佛崖第四龛造像题记。阎文儒载，广元千佛崖第四龛题记有："大唐显庆三年九月十五日齐州刺史上柱国驸马都尉谕国公刘玄意敬造供养。"按：《新唐书》（诸公主传）记载说："太宗二十一女南平公主下嫁王敬直，以累斥岭南更嫁刘玄意。"同书《宰相世系表》又载，河南刘氏本出匈奴之族，刘士隽曾孙玄意字深之，汝州刺史驸马都尉。

十一月，僧道入宫论对。自晋代以来，历朝历代的帝王，都会面临儒释道三家的争论。高宗朝也多次展开释道的交锋。据唐人道宣及元人念常载，这年十一月，高宗李治令僧道入内论义，道士李荣立"本际义"，引起广泛争论。刘学智认为，这场争论涉及道家有关"道"与"自然"的关系，李荣认为道为本，自然为道之性，两者本质上是同一的，自然与道、际（始合）的关系是本与末的关系，故称"本际"（本于始合）。李荣说"道但法自然，自然不法道"。而沙门义褒则用偷换概念乃至近于诡辩的方法将自然、道、际等关系混淆起来，遂使李荣难以应对。类似的论对，自显庆三年至龙朔三年（663）共有七次之多。且论题涉及哲学本体论、认识论等方面，其论旨愈来愈深入，论辩更有逻辑性，辩术亦较前精致，反映佛道的论争从外在的夷夏之辨、政治伦理已深入到思想和哲学层面。

是年，尉迟恭卒，尉迟恭墓石刻。唐朝名将尉迟恭两《唐书》有传，字敬德，鲜卑族，朔州鄯阳（山西平鲁区）人。他是凌烟阁24功臣之一，赠司徒兼并州都督，封鄂国公，赐陪葬昭陵。尉迟恭忠勇善战，并在玄武门之变中助太宗李世民夺得帝位。后来尉迟恭与秦叔宝（秦琼）同被民间尊为门神。陈安利载，尉迟敬德墓位于陕西礼泉县城东北18公里的烟霞新村，西北距昭陵12公里。1971年10月始，对敬德墓地下部分进行发掘。出土《尉迟敬德墓志》一合，边宽120厘米、厚25厘米。此志是昭陵已发现墓志中最大者。赵超也认为，在唐代墓志中，像尉迟敬德墓志这样的墓志已经是最高规格。志盖顶阴刻飞白书"大唐故司徒并州都督上柱国鄂国忠武公尉迟府君墓志之铭"。志文楷刻2 218字，详尽叙述了敬德籍贯家世及生平活动事迹。同时还出土了《敬德妻苏氏墓志》一合，边宽99厘米、厚21厘米，志石周边线刻精美的十二生肖及宝相花饰，盖顶篆书"大唐故司徒并州都督上柱国鄂国忠武公夫人苏氏墓志之铭"。敬德墓前原有墓碑一座（1974年将该碑移入昭陵博物馆内），螭首方座，通高445厘米、宽140厘米、厚52厘米。碑额篆刻"大唐故司徒并州都督鄂国忠武公之碑"。碑文楷书，由许敬宗撰文。碑两侧为减地浮雕蔓草花纹，十分精致，当为昭陵园内所有唐碑中刻工最好者。

山东济南神通寺千佛崖造像。山东济南神通寺千佛崖位于济南历城柳埠镇东北部，在城柳埠镇的东南就是著名的朗公谷。朗公谷旧名金舆谷，是苻秦皇始元年（351）京兆竺僧朗移位于此修道弘法之地。据阎文儒载，千佛崖坐西向东，由北而南，有六个大龛及许多小龛。以龛形与造像看，完全是初唐的风格。费泳记载，千佛崖刻有高宗显庆三年纪年龛的共有两个，分别位于山崖南端与《南平长公主造像龛》毗邻的《僧明德造像龛》和位于北端的《赵王福像龛》，也是千佛崖规模较大的两处纪年龛像。其中显庆三年《僧明德像龛》，龛内雕佛像一尊，结跏趺坐，施禅定印，内着僧衹支，系博带，外披钩纽式袈裟，衣襞覆坛。《赵王福造像题记》："大唐显庆三年，行青州刺史清信佛弟子赵王福，为太宗文皇帝敬造阿弥陀像一躯，愿四夷顺命，家国安宁，法界众生，普登佛道。"赵王李福为唐太宗第十三子，贞观十三年（639）封王，此龛是其任青州刺史时期内的功德。题记明确主尊为阿弥陀佛，此龛与其北侧一龛紧连形成双龛，两龛造像相似，佛作螺发，内着僧衹支，系博带，外披钩纽式袈裟，结禅定印，结跏趺坐姿，衣襞覆坛，靠北的一龛坐佛着半披式袈裟。

唐释道宣《续高僧传》中载：显庆三年，敕于长安建成西明寺，诏道宣律师为上座。刘学智讲，西明寺为唐代所建名寺，高宗敕为皇太子所造，至显庆三年始建成。寺中有大殿13所，楼台廊庑4 000区。先后有诸多佛僧大德如玄奘、道宣等来此弘法或译经。道宣被召为上座，神泰为寺主，怀素为维那。

是年刻立《周护碑》。此碑1974年始出土，故前人未见著录，全称《大唐故辅国大将军荆州都督上柱国嘉川襄公周君碑》，碑在陕西礼泉县，为昭陵陪葬墓碑之一。碑额篆书，碑阳楷书，由许宗敬撰文、王行满书丹。碑身中断，较清晰可读者尚存2 100多字。康有为说王行满在初唐并无书名，到中唐始显，颜真卿曾受其影响。清人叶昌炽说：书学至唐极盛。工书而湮没不称者，尚不知凡几，况煊赫到今，其必无滥竽等可知矣。然有三人焉，循名核实，不无遗憾：一为王行满，一为吴通徵，一为苏灵芝。王行满传世书碑者尚有《三藏圣教序并记》、《韩仲良碑》和《周护碑》。

刻于本年的《道德寺碑》(图122)，又称《道德阿弥陀像石碑》，全称《大唐京师道德寺故禅师大法师之碑》，系是年十善尼姑为其师母善惠和玄懿所立，碑文记述善惠和玄懿在隋宫中的活动等生平事迹，樊波考证说，这显示出善惠、玄懿二人与隋帝的密切关系和道德寺的重要地位。据李凇载，此碑1950年出土于西安西郊梁家庄，现藏于西安碑林博物馆。碑额篆刻"道德阿弥陀像"六字，字下为造像龛，一佛二弟子二菩萨二天王，没有力士。此碑的背景是京城长安的佛教高层，而非一般民众信徒。由此可知为阿弥陀佛配置天王像并未违背中国佛教上层对西方净土教义的理解。此碑建成三年后，龙门石窟天王像中最早有纪年的韩氏洞始出现。李凇说，碰巧的是，韩氏洞的主尊也是阿弥陀佛。可知两京造像之密切关系，亦为我们确认一批有天王像的洞窟之主尊是否为阿弥陀佛(如潜溪寺、敬善寺等)排除了观念上的障碍。此碑的碑阴其上部浮雕莲花龛以及五尊佛像两个侍卫；中部浮雕一尊香炉、两头蹲坐在炉边的守炉异兽，线刻四名侍女；下部线刻道德寺的善惠尼姑和玄懿尼姑，以及依次排列的她们的20个弟子，人物造型生动，雕刻栩栩如生。

关于《大唐天竺使出铭》。据霍巍、李永宪等撰文载：1994年初，由西藏自治区文管会与四川大学历史系考古专业组成的考察队，在西藏西南部中尼边境的吉隆县(旧名宗喀)境内发现唐初摩崖石碑《大唐天竺使出铭》，此事应该称得上是一次重大的藏区考古发现。石碑具体位于吉隆县城以北约4.5公里处的阿瓦呷英山口山崖上，石碑所在地海拔4 130米，是西藏目前所见地理位置最高的一处碑刻。镌刻面上宽81.5厘米，下端因修建水渠时破坏，现

图122　道德寺碑阿弥陀佛龛　显庆三年(658)　西安碑林藏

残高53厘米。碑额篆书阳文一行七字“大唐天竺使出铭”，碑文残存阴刻汉字楷书24行，满行估计原有30—40字左右，共残存220字左右。上端无缺字，下端损坏严重，多已漫漶不清。据碑文可知此碑刻于高宗显庆三年，比现存西藏拉萨大昭寺前的《唐蕃会盟碑》早出165年，是迄今为止在西藏高原所发现的汉文石刻碑铭中年代最早者，极具学术研究价值。《大唐天竺使出铭》碑文，内容记载唐代使节王玄策率刘嘉宾、贺守一等人出使天竺，经小杨同（小羊同）等路过吉隆，并于此勒石记功等事。据两《唐书》（吐蕃传）等文献载，洛阳人王玄策于唐初贞观十七年至龙朔元年间（643—661），曾三次出使印度。唐人道世在《法苑珠林》中引《王玄策行记》说，王玄策在出使印度途中，曾刻有多处碑铭，如刻于唐贞观十九年（645）二月二十二日的《耆阇崛山铭》及同年三月十四日所刻的《摩诃菩提寺碑》等，可惜上述碑铭均已毁佚。《大唐天竺使出铭》是王玄策第三次出使印度时所刻，也是迄今为止首次发现的有关王玄策出使印度的碑铭实物，对于研究唐初中印交流关系史具有重要意义，因此弥足珍贵。

［文献］ 唐释道宣《续高僧传》卷四、《集古今佛道论衡》卷丁，唐道世《法苑珠林》卷一二，后晋刘昫等《旧唐书》卷一九六、卷一九八，宋欧阳修《集古录跋尾》卷五，宋赵明诚《金石录》卷二四，宋王溥《唐会要》卷三六，宋宋祁等《新唐书》卷七一、卷八三、卷二一六，元念常《佛祖历代通载》卷一二，明赵崡《石墨镌华》卷二，清康有为《广艺舟双楫》卷四，清叶昌炽《语石》卷七，河南省古代建筑保护研究所《宝山灵泉寺》，李文生主编《龙门石窟志》，李凇《长安艺术与宗教文明》，樊波《(唐道德寺碑)考述》(《碑林集刊》五)，陈安利《唐十八陵》，阎文儒《中国石窟艺术总论》，张岂之、刘学智《中国学术思想编年》(隋唐五代卷)，赵超《石刻史话》，费泳《汉唐佛教造像艺术史》，刘正成《中国书法鉴赏大辞典》，霍巍等《西藏吉隆县发现唐显庆三年大唐天竺使出铭》(《考古》1994年第7期)，霍巍《大唐天竺使出铭及其相关问题的研究》(［日］《东方学报》第66册，1994年)。

公元659年　显庆四年

［提示］ 二月八日开始的龙门造像。四月十四日，河南《宝山光天寺故大比丘尼智守法师灰身塔》。十月，释玄奘译经玉华寺，陕西《兰陵公主碑》。是年，甘肃庆阳北石窟寺《杨大娘造阿弥陀佛》、《大唐纪功颂》碑、陕西《兰陵长公主碑》。

［叙录］ 据李文生等著录，是年刻造于龙门各处的造像及纪年题记不下数十处之多。计有二月八日敬善寺附近的《洛阳县武骑尉爨君协造优填王像》，二月十二日宾阳南洞的《清信女孟为亡夫刘仁方造阿弥陀像》，二月唐字洞的《清信女□造阿弥陀像》，四月七日药方洞的《比丘僧义造释迦观音势至像》，四月十五日敬善寺附近的《唐德成造弥勒像》和《汝州郏城县武上希造像》，五月二十一日药方洞的《马伏陀及妻刘婆造阿弥陀像》，六月十四日敬善寺洞附近的《前豫州司功参军事王有□造像》和七月四日的《李大娘造优填王像》，八月一日破窑的《雍州鄠县刘弘义造像》，九月十九日药方洞附近的《比丘僧义造一佛并六菩萨像》，十月二十三日宾阳南洞外的《比丘尼石静业吴□藏造像》，十一月十七日老龙洞的《雍州泾阳县翊卫慕容文懿造阿弥陀像》，十一月破窑的《清信女卢氏造阿弥陀像》和十二月十日的《造观世音菩萨像》，十月之后破洞的《王平伻仁妻郭安造救苦观音像》等。

龙门之外，是年其他地方也有造像活动，如甘肃北石窟寺第210龛也就是《杨大娘造阿弥陀佛》一龛，即刻造于此年。同年四月十四日，河南刻造《宝山光天寺故大比丘尼智守法师灰身塔》。河南省古代建筑保护研究所载，此塔为岚峰山摩崖石刻群70号塔，系单层浮雕摩崖方石塔，通高102.5厘米。下无基座，由塔身、塔檐、塔顶及塔刹等构成。镌刻铭文题记为：光天寺故大比丘尼智守法师灰身塔，大唐显庆四年四月十四日弟子等僧度敬造。

十月，释玄奘译经玉华寺。据后晋刘昫等《旧唐书》(玄奘传)载，玄奘先在长安弘福寺、西明寺等处译经，但因经卷浩繁，又多道俗礼谒纷扰，遂上表请求到僻静的玉华宫专事翻译，此请得到高宗准许。是年十月，玄奘和翻译诸僧及门弟子迁至宜君山故玉华宫，玄奘居肃诚院，并开始《大般若经》的翻译工作。据宋敏求载，玉华寺在坊州宜君县北四里，即今陕西省延安地区宜君县西南 40 里处。原为唐玉华宫，于贞观二十一年建。永徽二年九月废宫改寺。玉华寺为玄奘最后译经地，他在此译经共有六年之久，直至麟德元年辞世。

同月刻立《兰陵公主碑》。此碑全称《大唐故兰陵长公主碑》，梁披云著录。碑文为李义府所撰，碑额及碑文均正书，书丹者不详。碑在陕西礼泉九嵕山昭陵。清人郭尚先评论此碑书法时说：清劲秀逸，自是高手，颇与王知敬相类。

显庆二年(657)八月十五日，高宗李治临许郑讲武，途经太宗当年擒窦建德处，缅怀其功业而撰《大唐纪功颂》。刻成《大唐纪功颂》碑的时间，则是在两年之后的显庆四年。碑立于河南汜水县(河南荥阳县)等慈寺中。碑额飞白书题“大唐纪功颂”五字，碑文行书，笔力峻拔，颇有太宗《温泉铭》遗风。《中州金石记》谓其字亦奇伟。此碑形制甚巨，高达 450 厘米，气势颇为壮观。

《兰陵长公主碑》刻于唐显庆四年，据陈安利载，石碑原存于礼泉县烟霞乡东周村西南兰陵长公主李淑墓前，1975 年移入昭陵博物馆。碑高 338 厘米、下宽 111 厘米、厚 31.5 厘米。额楷书“大唐故兰陵长公主碑”，由李义府撰文、驸马窦怀哲楷书。碑面上下两端字尚清晰，余均磨损难识。兰陵公主为太宗第十九女，《新唐书》有传极简，此可补史。夫为妇书碑之事，石刻史上并不多见。

［文献］ 后晋刘昫等《旧唐书》卷一九一，宋宋敏求《唐大诏令集》卷一〇八，清郭尚先《芳坚馆题跋》，李文生主编《龙门石窟志》，河南省古代建筑保护研究所《宝山灵泉寺》，梁披云主编《中国书法大辞典》，陈安利《唐十八陵》。

公元 660 年　显庆五年

［提示］ 正月四日开始的龙门造像。二月八日，河南《宝山圣道寺故大比丘尼修行法师灰身塔》。二月，高宗诏迎法门寺佛骨舍利至东都供养。四月三十日，山东《比丘尼行儒造阿弥陀三尊像》。八月十五日，唐讨平百济立碑纪功。

［叙录］ 本年的龙门造像，据李文生、李淞等著录，计有正月四日赵客师洞的《赵玄庆造像》，正月十五日敬善寺附近的《清信女李为亡夫造优填王像》和《清信女李为亡夫造阿弥陀像》，正月二十三日敬善寺附近的《王仁基造像》，四月八日宾阳南洞的《昭觉寺僧善德造弥勒像》和老龙洞的《何王婆及女造阿弥陀像》，四月二十日赵客师洞的《纪王典卫王行宝造观音像》，七月二十日破窑的《偃师县杨君植造阿弥陀救苦观音像》以及八月十日赵客师洞北壁东部的《杨君植造像龛》。李淞载《杨君植造像龛》为一较大的阿弥陀造像龛，龛高 105 厘米、宽 96 厘米、深 36 厘米，五尊造像。主尊结跏趺坐于束腰方座，着双领下垂，左手置膝上，屈无名指和小指，右手上举(残)，圆形头光无纹饰。二弟子二菩萨分列龛内两侧，有题记。龛下有副龛，刻二狮、二力士、男女供养人各五区。龛上方有二空龛(无像)，应即题记所称之观音二躯龛。

是年二月八日，河南刻有《宝山圣道寺故大比丘尼修行法师灰身塔》。河南省古代建筑保护研究所著录，此塔为岚峰山摩崖石刻群 71 号塔，系单层方形浮雕石塔，通高 120 厘米。下无基座，全塔由塔身、塔檐、塔顶、塔刹四部分组成。犹存塔铭题记：圣道寺故大比丘尼修行法师灰身塔，大唐显庆五年二月八日弟子□德法力客尚法咸胡子□辨等敬造□证四果。

据宋释志磐等载，显庆五年二月高宗诏迎法门寺佛骨舍利至东都供养。法门寺研究者李发良叙述说：由内山僧智琮、弘静陈奏，诏许迎岐州法门寺“佛骨”，送钱五千，绢五十匹以充供养。后又敕王启德等送绢三千匹，供造“朕等身阿育王像”以备修补故塔之用。这次迎送舍利，经长安前往东都，于显庆五年三月佛骨舍利方至洛阳宫。武后送所寝衣帐、直绢一千匹，并为造九重金棺银椁。至龙朔二年(662)二月十五日由道宣送还法门寺。此次迎送“佛骨”历时三年，为贞观五年(631)第一次开启供养后的第二次开启迎送。道宣曾描述过其所见舍利形状：形如小指初骨，长寸二分，内孔正方，外楞亦尔，下平上圆，内外光净。自此以后，道俗即以此舍利为“佛指”舍利。

四月三十日，山东刻造单尊石灰岩造像《比丘尼行儒造阿弥陀三尊像》。像高52厘米、宽32.9厘米。1979年，此像在山东茌平县收集，现藏于聊城地区博物馆。刘兴珍描述说，此像为一佛、二菩萨三身一铺石造像。主尊阿弥陀佛像居中，高肉髻，穿薄柔贴体袈裟，作说法印，结跏趺坐于束腰莲台上。广额削颐，长眉秀目，眉额颊辅间略含微笑。身躯颀长，仪态端庄。莲座束腰部分浮雕二力士，作托举状。佛左右各有一菩萨像，形象姿态相类。戴花饰宝冠，胸前璎珞盘绕长垂，腕饰钏，腰束长裙覆及足面。一臂屈肘，手持莲蕾；一臂自然下垂，手拈天衣，端立于莲台上。造像底座正面开长方形浅龛，龛内阴刻侏儒，头顶香炉，左臂上举护持。炉左右浮雕蹲狮一对。条理井然，主次分明。刻工清朗隽秀，块面纵横转折，衣纹线条迂回旋曲，流畅自如。金申认为，初唐造像上北齐和隋代作风仍多有遗留，此像较贞观十三年(639年)《马周造佛坐像》晚二十余年，然风格却严重复古，大头的二菩萨像，完全是隋像作风，可见时代交替，艺术风格尚有转变与过渡期，不能骤然一律也。

八月十五日，唐讨平百济立碑纪功。《旧唐书》《高宗纪上》载：显庆五年八月，苏定方等讨平百济，面缚其王扶余义慈。清人王昶著录此碑为《大唐平百济国碑铭》，前题“洛州河南权怀素书”，后题“显庆五季岁在庚申八月己巳朔十五日癸未建”。

［文献］ 后晋刘昫等《旧唐书》卷四，宋释志磐《佛祖统纪》卷三九，清王昶《金石萃编》卷五三、卷一〇一，李文生主编《龙门石窟志》，河南省古代建筑保护研究所《宝山灵泉寺》，金申《中国历代纪年佛像图典》，刘兴珍等《中国古代雕塑图典》，李淞《长安艺术与宗教文明》，李发良《法门寺志》。

公元661年 显庆六年 龙朔元年

［提示］ 显庆六年三月十二日，《李威子造天尊像》。四月十七日开始的龙门造像。显庆中，河南《孙处约墓志》。龙朔元年三月，湖北《六祖坠腰石题记》。龙朔元年，《天尊像石》、敕令会昌寺僧会赜往五台山修理寺塔、僧伽(泗洲大圣)至中国。

［叙录］ 三月十二日，刻成《李威子造天尊像》。清人罗振玉有载，此像现藏于美国波士顿博物馆。天尊像为尖拱型(略残)，背屏三尊式，中间为主尊，左手扶三足夹轼，右手持麈尾，头戴莲花道冠。左右各有一手持笏板的侍者。方座正面刻有二蹲狮。发愿文从正面始刻，延至右侧、背后和左面：显庆六年岁次丙申朔三月丁未十二日，道民李威子为七世父母及亡父、见存父母、家七十大小平安，造天尊一区。上为皇帝、下及苍生，具登政觉。大兄威子、弟威度、弟威才、弟威操。威子息袁儿、威母袁、威姊娥儿、威妻张、度妻袁。

显庆六年至龙朔元年，龙门造像不辍。据李文生、李淞等著录有：显庆六年四月十七日唐字洞附近的《杨师□造观音像》，龙朔元年三月八日破窑的《李玄奔兄弟造阿弥陀像》，三月十五日敬善寺附近的《安四娘造像》，四月二十日老龙洞的《行皇子侍医吴吉甫造像》和五月一日的《崔玄□造像》，五月二十日唐字洞附近的《清信女□造像》和九月二十三日的《佛弟子张婆造像》，十月十五日敬善寺附近的《清信女裴守心为父母造像》和十一月二十三日的《洛阳县文林郎沈哀造优填王像》，以及刻造于此年的敬善寺附近韩氏洞的(《洛州人杨妻韩氏造阿弥陀像并千佛像》)，老龙洞的《司农寺钩楯□造阿弥陀像》，敬善寺附近的《奉议郎行内侍省宫闱局令骁骑尉师多宝造像》，宾阳南洞附近的《□山县丞□造像》，老龙洞的《清信女宫阿弥陀像龛》和《王小则造阿弥陀像龛》等。其中的龙门韩氏洞颇值得注意(图 123)。日人曾布川宽认为，上层贵族造大窟大龛礼赞释迦，中下层平民开小窟小龛求往生西方净土，各拜其主。对于开凿于唐龙朔元年的韩氏洞，这个有题记明确为阿弥陀佛的洞窟中的天王，两尊天王不是针对洞内的一铺主像的，而是针对两侧壁的小千佛。李凇则认为，并非小窟龛才有题刻文字，大窟的题记往往因多种原因而未存。在大窟的像主中，部分可确定为阿弥陀佛窟的像主也有上层贵族，如高力士等内侍省 106 人造西方净土龛、高平郡王武重规造净土洞。制约窟龛规模大小的主要因素，是资金而非题材。

显庆中(656—661)刻成的《孙处约墓志》，其具体刻造时间不详，姑且系年于此时。此志于 1943 年

图 123　龙门韩氏洞天王力士供养人　龙朔元年(661)

冬天在河南孟津县小梁村被盗出土，现藏于洛阳博物馆。志石高 100 厘米、宽 98 厘米，志文行书。孙处约是唐初学识渊博的名儒，曾奉敕修撰《周史》、《续贞观实录》等重要典籍。处约在两《唐书》有传，传文较简，墓志长达 2 000 多字，史志所载可以互补。孙处约于显庆中拜少司成，以老疾请致仕，许之，寻卒。

龙朔元年三月的《六祖坠腰石题记》，清人张仲炘在《湖北金石志》中曾著录。六祖慧能坠腰石原在湖北东山寺中，明嘉靖年间，被迎请至黄梅县南华寺，现藏黄梅县博物馆（为明人复修品）。坠腰石为长方形凹面呈腰状，长约 40 厘米、宽约 35 厘米、厚约 16 厘米。石上刻有楷书，龙朔元年三月镌，卢居士志。还有清代诗僧晦山诗偈：一块石绳穿祖留，曹溪血汗此中收。应知一片东山月，长照支那四百洲。《拓本汇编》收录其拓片，为蒋文（默口斋居士）上石雕刻。

胡文和著录有刻于龙朔元年的《天尊像石》碑，其正面呈莲瓣形，侧面呈 L 形，高约 21.5 厘米，基座正面刻造像铭文。日人大村西崖载，曾为匋斋藏石。

敕令会昌寺僧会赜往五台山修理寺塔。唐人道世和宋释志磐载，龙朔元年，下敕令会昌寺僧会赜往五台山修理寺塔。其山属代州五台县，备有五台。中台最高，目极千里，山川如掌。上有石塔数千所，砖石垒之，斯并魏高祖孝文帝所立。

是年，僧伽至中国。僧伽又称为泗洲大圣，西域人，何姓，于龙朔元年左右到达中国，后来受到唐中宗礼遇，迎至长安，终于荐福寺，归葬于临淮（江苏泗洪县）。李凇载，至晚唐以后，僧伽事迹渐被神化。在北宋的《太平广记》中，出现关于僧伽的神异描述，比如有喝他的洗脚水就可以治病的传说。在有的记载中，甚至将他写成观世音的化身：僧伽将瓶水泛洒，一会儿就阴云骤起，甘雨大降。约在唐末五代，全国各地寺院开始供奉僧伽像。段成式就曾说，在唐睿宗圣容院的西南隅供有僧伽像，而且一直很灵验。在其他文献如《历代名画记》和《图画见闻志》等书，都可见到唐宋时期的僧伽崇拜。在重庆大足北山第 177 号龛中，即刻有泗洲大圣像。僧伽像的典型标志是突出裸身的胸骨和肋骨。李凇说，陕西合阳王家河的僧伽像也是凿造于这种背景之下的。合阳县位于关中最东部黄河西岸，县北部与黄龙县交界处的皇甫庄有王家村，村外一块山石上凿有三龛晚唐摩崖造像。第三龛为最大龛，刻有五尊像。中尊即僧伽像，结跏趺坐，无莲座或方座，袈裟垂于龛沿。双手结禅定印，胸裸，刻出胸骨。着双领下垂衣，戴僧帽，帽带垂至肩。左右各一位供养人，均双手合十，左为女像，右为男像。龛外另刻二天王，左天王开一小龛，着铠甲，戴尖顶盔，双手捧剑，右天王亦开小龛，但打破了立观音像的龛位。

［文献］　唐道世《法苑珠林》卷一四，唐段成式《酉阳杂俎》续集卷六，宋释志磐《佛祖统纪》卷三九，宋李昉等《太平广记》卷九六，清罗振玉《海外贞珉录》，清陆增祥《八琼室金石补正》卷三七，清张仲炘《湖北金石志》卷四，［日］大村西崖《支那美术史雕塑篇》、《拓本汇编》第 14 册，李文生主编《龙门石窟志》，胡文和《中国道教石刻艺术史》，李凇《长安艺术与宗教文明》、《陕西古代佛教美术》，曾布川宽《唐代龙门石窟造像的研究》（《东方学报》第 60 册，京都 1988 年 3 月；颜娟英译文载《艺术学》第 7 期，台北艺术家出版社 1992 年）。

公元 662 年　龙朔二年

［提示］　正月二十日，龙门宾阳洞《刘元礼造像龛》等。十二月十五日，《袁义余造碑像》。是年，玄奘敬造释迦石佛像、高宗重建大明宫、佛俗争论沙门应否敬事王后父母、河南巩县《后魏故孝文帝故希玄寺碑》、陕西《许洛仁碑》。

［叙录］　正月二十日，龙门宾阳南洞南壁中下部刻造《刘元礼造像龛》。主像为阿弥陀佛，李文生、李凇等均曾著录。像龛高 52 厘米、宽 55 厘米、深 12 厘米，造像三尊。主尊结跏趺坐于束腰方座，左手置膝上，右手上举。龛左侧上角刻有造像题记。三月

二日，宾阳南洞刻有《阿弥陀像》；五月二十五日，敬善寺附近刻有《洛阳河南县前郎州龙阳县主簿王玄祚造阿弥陀像》；七月十五日，老龙洞南壁中部刻有一佛二菩萨的《李君怀妻造阿弥陀像》；十一月十五日，敬善寺附近刻有《奚娘为亡父母造阿弥陀像》；十二月二十八日，魏字洞刻有《金孝田婆等造像》。是年内还在莲花洞外南侧刻有《杨某造卢舍那洞》，洞两侧壁有高120厘米的二天王。左天王踏羊拄剑，右天王踏牛着菩萨装（龙门仅此一处），半圆雕。

除石窟造像之外，是年的单体造像也有贡献。十二月十五日，刻成石灰岩质《袁义余造碑像》。金申著录，像高69厘米，现藏于瑞士瑞特保格博物馆。更为重要的是，玄奘敬造释迦石佛像。玄奘相继在弘福寺、大慈恩寺、西明寺、玉华寺等寺院主持译经，至麟德元年（664）逝世时，共译出经论75部，总计1 335卷，造俱胝画像、弥勒像各一千帧，又造素像十俱胝。玄奘临圆寂时，让著名塑工宋法智在嘉寿殿塑立菩提像骨架。李凇载，1977年在陕西省铜川市玉华寺遗址，出土有佛像座一尊，侧刻有“大唐龙朔二年三藏法师玄奘敬造释迦佛像供养”20字。这件玄奘题名石佛，座高36厘米。离宫玉华宫始建于唐武德七年（624），太宗时扩建。至永徽二年（651）废宫为寺，改名玉华寺。显庆四年（659），玄奘为专心翻译佛经，由长安移居玉华寺。这件石佛座，当为玄奘在玉华寺期间留下的珍贵遗物。

大明宫（东内）为太宗于贞观八年（634）修建，至龙朔二年，高宗重建大明宫。大明宫遗址曾出土有精美汉白玉造像，最著名的就是那件1959年出土的高110厘米的《菩萨残立像》。大明宫遗址在西安城北一公里左右的龙首原上，高宗重建大明宫次年，即由太极宫（西内）迁至大明宫居住听政。此后，唐代历朝帝王大都居于此宫。菩萨残躯，虽然没有具体的刻造纪年可考，极有可能刻造于此际，而不是太宗贞观八年所造。这件造像堪称达到了唐代雕刻艺术的巅峰状态。中国佛教造像，虽然直接受到来自域外（印度）的影响，不可避免地烙上外来的痕迹。但是到了隋唐时期，不论是佛菩萨还是力士造像，都与印度的佛教艺术有着不同的气质。实际上，印度的佛教雕刻艺术也是经历了从贵霜王朝犍陀罗艺术到笈多时代马土腊风格的演变发展过程：从本土的印度风格到接受希腊的影响，再回归印度风格。犍陀罗艺术通常被艺术史学者说成是希腊形式与佛教内容相融合的艺术。确实，我们在犍陀罗的造像艺术中常能见到希腊雕塑的静穆与崇高风格；但是，在那些颇具希腊人特征的佛菩萨身上，仍可感受到鲜明的东方神韵。随着更加印度化和理想化的笈多马土腊样式的流行，尤其是在造像中强调和突出裸露的肉体美感，将肉体之美和灵魂的圣洁完美结合在一起，形成令人耳目一新的艺术境界。

同样，中国的佛教造像艺术也经历了从犍陀罗艺术到马土腊艺术的发展与融合过程。在魏晋时期以吸收和描摹犍陀罗样式为主，造像肢体较为硬直，原始而拙朴。至唐代则完全中国化，具有浓厚的中国因素。这尊汉白玉菩萨立像已不再有犍陀罗那种僵直而呆板的姿势，而是采用了富于美感与变化的S形的三折姿，因此使造像显得自然而优美，充满女性的人体官能美感。但是，正如有学者指出，中国工匠对人体美的表现是得体和适度的，从而与印度的夸张并强调人体器官的艺术风格有着质的区别，此中显示了中国理念：既表达又有约束。这件上身几近全裸的立姿菩萨，被人们称誉为“中国的维纳斯”，由左肩斜络的一缕纱质帔帛以及纱裙褶纹的流畅宛转，仿若春风微拂，身体的美妙变化与起伏充满韵律，光洁的肌肤圆润饱满的躯体，无不蕴涵青春气息，这正是盛唐气象的完美表达。

龙朔二年，朝野僧俗再次展开关于沙门应否敬事王后父母的讨论。此事在唐人智升、彦琮和后晋刘昫等的著述中均有较为详细的记载。刘学智叙述道，这年四月，高宗下敕令僧道致敬父母。后沙门道宣、威秀等200余人至蓬莱宫上表力拒，朝廷乃令再议，僧等方退。五月，唐朝廷又集文武百官九品以上及州县官千余人论议致敬之事。僧道宣、威秀、灵会等300余人以经文诉争，经谕劝方退。朝廷百官对此议论不一：主张致敬者有阎立本、李淳风、吕才等，主张不致敬者有王玄策等。六月，高宗下诏停令致敬。沙门应否敬事王后父母的争论，晋唐以来佛与儒、道为此争论不休，此争涉及佛教与王权、佛教与礼教、宗教伦理与世俗传统伦理等方面。沙门慧远认为此事关乎佛教的地位，曾撰成《沙门不敬王者论》。至唐代有人又提出这一问题，龙朔二年遂形成争论高潮，最终仍没有结果。这显示唐王朝为了坚持扶植儒释道三教的基本政策，只好在佛教与儒家伦理之间的冲突中采取中庸态度。释彦琮在这场争论中，撰成《集沙门不应拜俗事》六卷。是书亦名《沙门不敬俗录》、《集沙门不拜俗议》。其内容专述历代有关佛僧应否跪拜君亲争论之事，为研究历史上佛教与儒家传统伦理的冲突与论争，保存和梳理了丰富的历史文献。

河南巩县石窟位于洛阳郑州之间，距洛阳故城约40多公里。费泳载，在大力山南麓，现存北朝石窟五座，据第四窟外壁摩崖佛龛下唐高宗龙朔二年《后魏故孝文帝故希玄寺碑》说：昔魏孝文帝发迹金山，途遥玉塞。弯柘弧而望月，控骥马以追风，电转伊缠，云飞巩洛，爰止斯地，创建伽兰。

同年，陕西刻立《许洛仁碑》。此碑全称《唐故左监门将军冠军大将军使持节□代忻朔蔚四州诸军事代州刺史上柱国许公已□并序》。梁披云著录，撰、书人姓名已泐。正书。39行，行77字。额篆书“大唐故□□大将军代州都督许公之碑”16字，碑在陕西醴泉九峻山昭陵。

［文献］　唐释智升《开元释教录》卷八，唐释彦琮《集沙门不应拜俗事》，后晋刘昫等《旧唐书》卷四，李淞《长安艺术与宗教文明》、《陕西古代佛教美术》，张岂之等《中国学术思想编年》（隋唐五代卷），李文生主编《龙门石窟志》，金申《中国历代纪年佛像图典》，费泳《汉唐佛教造像艺术史》，梁披云主编《中国书法大辞典》。

公元663年　龙朔三年

［提示］　龙朔三年正月开始的龙门造像活动。六月，陕西《同州三藏圣教序》碑。十月十日，陕西《道因法师碑》。十月二十三日，玄奘译成《大般若经》六百卷。十一月二十一日，河南《宝山圣道寺故大比丘尼道藏灰身塔》。是年，《杜君绰碑》、新城公主墓、四川《蔡洪雅造阿弥陀变相龛》、安岳刻经。

［叙录］　据李文生载，从龙朔三年正月开始，龙门造像断断续续发生。是年正月，唐字洞刻有《常住造观音像》；四月八日，老龙洞有《清信女司马氏等造像》；同一天还在西山敬善寺南面小洞内刻姚秦鸠摩罗什译《金刚般若波罗蜜经》；五月二十日，唐字洞有《常住造阿弥陀像》；十二月二十日，唐字洞还刻有《弟子常住造观音像》等。

六月，陕西刻立《同州三藏圣教序》碑（图124）。此碑又名《三藏圣教序并记》，与《雁塔圣教序》前后相距十年，仍是太宗的序和高宗的记楷书合刻碑，石碑原在同州（陕西大荔县），20世纪70年代移至西安碑林。此碑书丹者有认为还是褚遂良，但褚遂良卒于高宗显庆三年（658），距此碑刻立时间已五年。因此对于此碑的书丹者，主要有两种看法：有说此碑是褚遂良另一写本，褚逝世后由人追刻者；也有说是后人仿《雁塔圣教序》在同州摹刻者。从书法成就来看，前一种说法更为可信一些。李淞载，此碑碑座四方还刻有12位天王像，均为长发高耸，不戴头盔，这作为一种正宗的外来样板从长安和直接从印度传至洛阳后，成为范式固定并延续下来。具体制作工匠和像主虽然改换，但地区性图像传统依然顽固地延续下来了。刘正成著录此碑，碑高414厘米、宽113厘米。《雁塔圣教序》分两石刻，此碑则共刊一石。螭首方座，座四周浮雕力士等人物，形象生动。碑后题有“大唐褚遂良书在同州倅厅”11字，当是后人所补刻。

十月十日，刻立《道因法师碑》。此碑全称《大唐故翻经大德益州多宝寺道因法师碑文并序》，现藏西安碑林。碑额楷书“故大德道因法师碑”，字径仅寸余，为唐碑额字最小者。碑阳楷书，李俨撰文，欧阳通（欧阳询第四子）楷书书丹、华原县常长寿和范素

图 124 同州三藏圣教序碑(碑座) 唐龙朔三年(663) 西安碑林藏

镌刻。道因法师曾与玄奘同译经典,此碑为慧日寺门人和信徒所刻立,碑文记述道因法师的生平。欧阳通与乃父世称大小欧阳。康有为说:小欧阳《道因碑》遒密峻繁,曾假道此碑者,结体必密,运笔必峻。上可临古,下可应制。此碑书法精湛,龟趺两侧以流畅生动的线条,雕刻出十多个鬈发深目身着异域装束的人物图案,此种刻图在历代碑刻中并不多见。梁披云说有存世宋拓本,以台湾故宫博物院藏王良常跋本、北京故宫博物院藏翁方纲跋本为最佳。

据唐慧立在《大慈恩寺三藏法师传》中载,是年十月,玄奘译成《大般若经》六百卷。刘学智说,玄奘自显庆四年(659)冬天入玉华寺开始翻译《大般若经》,四年后,也就是龙朔三年的冬十月二十三日终于译成此经 600 卷。弟子窥基表请制序,通事舍人冯义宣敕许之。《般若经》旧译《般若波罗蜜经》,新译《般若波罗蜜多经》或《大般若波罗蜜多经》,共有 10 多部经典。般若意为智慧,波罗蜜意即到彼岸,合起来的意思就是谓通过智慧到达彼岸。般若部包含着大乘佛教的基础理论,亦为《大藏经》中部头最大的经典。玄奘之前,此经已有诸部汉译本问世。最早传译的是《大般若经》别行本《小品般若经》,其梵本在东汉灵帝光和初年由天竺沙门竺佛朔带来中国,次年由支娄迦谶译于洛阳,称《般若道行品经》(亦称《道行般若经》)10 卷。三国时吴僧支谦重译成《大明度无极经》六卷,康僧会又别译成《吴品经》五卷。又据南朝梁僧祐载,魏甘露五年(260),颍川沙门朱士行西行于阗,得梵书《二万五千般若》90 章,遣弟子弗如檀送回洛阳,至晋惠帝元康元年(291),由于阗僧人无罗叉等译为《放光般若经》20 卷。此时,敦煌沙门竺法护亦从西域求得《大品般若经》另一梵本,译成《光瓒般若》10 卷。姚秦时僧鸠摩罗什在长安重译出大、小品及新译《金刚般若》等,随后还有一些般若经典陆续译出。至唐龙朔三年,玄奘译出《大般若经》600 卷,包括传说的八部《般若》,还有几部从未传译过的《般若》,极大地拓展了般若学的知识空间。这部卷帙浩繁的经典耗尽了玄奘的心血,翌年二月,玄奘病逝。此经系般若经典之集大成者,相对于梵文经和藏文经典来说,汉文因其保存了较为完整的《大般若经》，对佛教般若学的研习具有不可替代的文献价值。

河南省古代建筑保护研究所著录，这年十一月二十一日，河南刻造《宝山圣道寺故大比丘尼道藏灰身塔》，为岚峰山摩崖石刻群82号塔，属单层平面方形浮雕方塔，塔高93厘米。刻有楷书塔铭：圣道寺故大比丘尼道藏灰身塔，大唐龙朔三年十一月廿一日弟子善英等为师敬造。

龙朔三年，刻立《杜君绰碑》。此碑全称《大唐故左戎卫大将军兼太子左典戎卫率赠荆州都督上柱国怀宁县开国里公杜公碑》，碑文正书39行，由高正臣书、万文哲镌于陕西礼泉九嵕山昭陵。刘正成称此碑为高正臣代表作之一，高正臣早年学王羲之，观此碑的确是王氏家法，笔势婉媚秀雅，结字妩媚清疏，尤以间架布白最为适度合宜，具有增之一分则嫌长，减之一分则嫌短的感觉。

新城公主墓。新城公主是太宗李世民的幺女，由长孙皇后所生。公主初嫁长孙诠，后更嫁韦正矩。龙朔三年暴卒，年始30岁，以皇后礼陪葬于昭陵。陈安利载，新城公主墓在陕西省礼泉县烟霞乡东坪村村北的一小山梁上，西距昭陵仅1 000多米。墓前原有墓碑一通，石华表、石羊、石虎、石人各两件。墓碑高约322厘米，位于封土南约40米处，龟形碑座，头残缺，碑身断裂，石碑倒仆在南面，断成两截。碑首雕六螭，碑额碑面浸蚀严重。1994年10月开始，陕西省考古研究所等对新城公主墓进行过发掘清理。

四川壁州(治所在今四川通江县)参军蔡洪雅在通江县千佛崖刻《蔡洪雅造阿弥陀变相龛》。据刘兴珍载，此龛高200厘米、宽100厘米，为露天石窟造像群，共有造像54躯。主尊为阿弥陀佛像，高肉髻，面部残损，着通肩袈裟，结跏趺坐于莲台上。左右两侧各有一菩萨立像，头部皆残。佛像四周满布莲荷，荷上分别刻人物、鸟兽，惜多风化漫漶，形貌不辨。动态穷奇尽变，出妙入神，层层排列，蔚然壮观。龛右有两群供养人浮雕像。龛左有造像碑记一通，碑额阳刻“阿弥陀佛龛”，并刻有大唐龙朔三年纪年字样。

四川安岳刻经。费泳载，安岳境内石窟造像丰富，散布各乡造像遗址多达140余处，时间跨度由唐至明，其中唐代遗存较为著名的有卧佛院、千佛寨、三堆寺等。卧佛院今存40余个刻经龛，内容有《阿弥陀经》、《佛说报父母恩重经》、《灌顶随愿往生十方净土经》、《般若波罗蜜多心经》、《妙法莲花经》、《大般涅槃经》等计20部。并刻有《大唐东京大敬爱寺一切经论自序》，题记显示，刊刻经论自序耗时一年，从高宗龙溯三年起至麟德元年(664)结束。经文内容的刊刻工作应在麟德元年之后展开，今刻经龛中有许多刻有纪年，迟至开元二十三年(735)，经文刊刻工作仍在进行之中。

［文献］ 梁僧祐《出三藏记集》卷七，唐慧立《大慈恩寺三藏法师传》卷一〇，清康有为《广艺舟双楫》卷六，李文生主编《龙门石窟志》，李凇《长安艺术与宗教文明》，梁披云主编《中国书法大辞典》，刘正成《中国书法鉴赏大辞典》，河南省古代建筑保护研究所《宝山灵泉寺》，陈安利《唐十八陵》，张岂之等《中国学术思想编年》(隋唐五代卷)，陕西省考古研究所等《唐昭陵新城长公主墓发掘简报》(《考古与文物》1997年第3期)，刘兴珍等《中国古代雕塑图典》，费泳《汉唐佛教造像艺术史》。

公元664年 麟德元年

［提示］ 二月五日，释玄奘卒。十月十七日，《王法信造像》。十月，陕西《昭陵清河长公主碑》。是年，释道宣称云冈石窟规度宏远逾久不朽。敬礼易州石经、朔州恒安石窟经像。释道宣编次《大唐内典录》、《广弘明集》、《集古今佛道论衡》。郑仁泰墓。甘肃固原史索岩夫妇墓石幢。

［叙录］ 据唐释慧立载，麟德元年二月五日，一代大德释玄奘卒。玄奘俗姓陈名祎，洛阳偃师市人。他是汉传佛教史上伟大的译经师、法相唯识宗创始人，同时也是卓著的文化旅行家和探险家。贞观三

年(629)玄奘从长安出发，经历各种艰难抵达印度游学求经，至贞观十九年(645)始返回长安，并于弘福寺、大慈恩寺、玉华寺等处从事佛经翻译和弘法事业直至生命最后一刻。其所撰传世名作《大唐西域记》，是研究印度以及中亚等地古代历史文化地理不可或缺的重要文献。

十月十七日所刻造的《王法信造像》，现藏于美国芝加哥费尔德博物馆。李淞著录，像高 28.8 厘米，麟德元年(664)作。上部造像三尊，下部刻发愿文。主像头戴道冠，坐于束腰座。左右侍者为世俗打扮，在北朝的造像中不常见，尤其是右边为一女像，服饰似西安众多初唐墓室壁画的仕女形象。下部文字为造像题铭。

十月，陕西刻立《昭陵清河长公主碑》。此碑全称《大唐故清河长公主碑》，梁披云、曾毅公有著录。此碑由李俨撰文、畅整书丹、雍州辛胡师刻石。清河公主李敬为唐太宗女，两《唐书》有载，字德贤。卒于麟德元年，年 41 岁，陪葬昭陵。

释道宣是年在《大唐内典录》中撰有《后魏元氏翻传佛经录》一文，文中简述了鲜卑拓跋族的历史，并特别提到北魏建都平城及开凿云冈石窟的伟业：据朔州东 300 里筑城立邑，号为恒安之都。生知信佛，兴建大寺。恒安郊西大谷，石壁皆凿为窟，高十余丈，东西 30 里，栉比相连，其数众矣。谷东石碑见在，纪其功绩，不可以算也。其碑略云：自魏国所统赀赋，并成石龛。故其规度宏远，所以神功逾久而不朽。近人赵邦彦在《调查云冈造像小记》中，对道宣所记提出批评：据窟内遗刻的北魏太和以后的造像题记，《内典录》所谓并成于道武帝之世者，不攻自破。诸碑之造像主，或为邑义信士女等五十四人，或为比丘尼，安得谓为统魏国赀赋以成之耶？自昙曜开窟以后，邑里信佛之徒，承风而起，先后继作，遂克蔚为巨观。赵氏的批评是符合实际的。

敬礼易州石经、朔州恒安石窟经像。在道宣所著的《广弘明集》中载，时人敬礼易州石经、朔州恒安石窟经像。张焯解释说，易州石经即今北京房山云居寺石经。所说云冈石窟经像，今有像无经。其经，约为两种可能：一是古寺所藏或所译佛经；二是今第五、六双窟与第七、八双窟间的两座龟趺丰碑，当年可能刻有经文。道宣同书还载有一事：沙门昙曜，帝礼为师，请帝于京西武州西山石壁，开窟五所，镌佛像各一，高者七十尺，次六十尺，雕饰奇伟，冠于万代。今时见者传云：谷深三十里，东为僧寺，名曰灵岩，西头尼寺，各凿石为龛，容千人。已还者相次栉比。石崖中七里，极高峻，佛龛相连，余处时有断续。佛像数量，孰测共计。有一道人，年八十，礼像为业，一像一拜，至于中龛而死，尸僵伏地，以石封之，今见存焉，莫测时代。在朔州东三百里，恒安镇西二十余里。往往来者述之，诚不思议之福事也。厉寿田考察说："今云岗石窟西七里吴官屯村西山坡上，地名姑子庙，有小佛龛十余。因历年已久，风雨剥蚀，佛像残缺，或为两书(《水经注》与《广弘明集》)所言之尼寺名石祇洹舍者，即是此地。但中间为河水所隔断，尼寺之痕迹，早已湮没不彰也。"张焯按：吴官屯石窟，今在道路北，壁间残存禅窟 15 个，另有若干摩崖龛型造像，确为北魏雕刻，佛像较为清瘦。而云冈第五窟东龙王庙岩壁凿小窟颇多，俗云寄骨洞，传曰封尸骨处。20 世纪 80 年代末考古发掘时，发现一墙封小窟内有骷髅十余个。道宣在《续高僧传》中，自述贞观前曾北游陕晋冀塞内。他到过五台山，但没有来过云冈。道宣晚年，编撰《大唐内典录》、《广弘明集》，同时增补《续高僧传》，其中对武州山石窟的记述，显然超越了他的前著《释迦方志》和唐初法琳的《辨正论》。讲述更为详细的原因，即所谓"往往来者述之"，反映的当为现实情形，即便是僧徒转述，也不会早于唐太宗贞观十四年(640)云州及定襄县的东迁重建，否则《辨正论》和《释迦方志》中将有所记录。"往往来者述之"，一则反映出贞观以来，随着北疆形势的好转，雁北地区逐渐恢复，云冈石窟人气转旺。二则说明，道宣对恒安石窟一些新的叙述，是初唐情况，而非北魏情况。《广弘明集》，麟德元年道宣撰，是年成书。

释道宣编次《大唐内典录》、《广弘明集》、《集古今佛道论衡》。据唐人智升、道世等载，道宣于麟德元年撰成上述三书。《大唐内典录》略称《内典录》，为道宣参考《历代三宝记》、《法经录》、《仁寿录》等书，审视诸经之内容与目录，于麟德元年成书。《广弘明集》可称南朝梁释僧祐《弘明集》的续编，所论皆为当时佛学热点，将争论双方的相关文章集聚一处，极具史学文献价值。《集古今佛道论衡》全书共四卷，亦成书于此年。如刘学智所说，这是一部记述东汉至唐初数百年间佛、道之间论争的专门著作，共记述事情34件，如汉魏、东晋、北魏、刘宋、梁、北齐诸朝佛道争论事，北周、隋朝佛道之间发生的论争事件，以及唐高祖及太宗朝佛道论衡诸事。道宣所著书籍，为我们讨论石刻艺术史提供了诸多重要资料。释道宣是中国历史上第一个对佛教造像艺术进行认真梳理的学者。

郑仁泰墓。郑仁泰名广字仁泰，荥阳开封（河南开封）人。龙朔三年（663）十一月卒，年62岁。麟德元年陪葬昭陵。陈安利载，郑仁泰墓位于陕西礼泉县城东北15公里烟霞乡马寨村南约半公里处，北距昭陵约11公里。墓南地面有石羊、石虎各三只。1972年，考古工作者对郑仁泰墓进行了发掘，出土墓志一合，志盖已被盗墓者打破。志呈正方形，志文为楷书，叙述郑仁泰生平，颇为详尽。郑仁泰新、旧《唐书》都没有传，仅在《旧唐书》（长孙无忌传）、《新唐书》（高宗本纪）等处提及，此墓志志文可以补充史书记载的缺失。

甘肃固原史索岩夫妇墓石幢。据罗丰讲，早在尊胜陀罗尼传入中原以前，一些唐代初期墓葬中就发现有石幢，固原麟德元年史索岩夫妇墓就出土了石幢，身呈八边柱形，顶有一榫，可知其原有盖，幢身刻缠枝卷云纹，高70厘米、直径30厘米，每面宽11厘米。唐晓军说，这尊石幢虽没有镌刻经咒，但形制和后来的墓幢是相同的，具有经幢雏形。

［文献］ 唐慧立《大慈恩寺三藏法师传》卷一〇，唐释道宣《大唐内典录》卷四、《广弘明集》卷二、卷二七，唐智升《开元释教录》卷八，唐道世《法苑珠林》卷一，宋宋祁等《新唐书》卷五八，曾毅公《石刻考工录》，梁披云主编《中国书法大辞典》，赵邦彦《调查云冈造像小记》（《中央研究院历史语言研究所集刊》第一本），厉寿田《云冈石窟源流考》（《大同市志通讯》1986年3、4期合刊），张焯《云冈石窟编年史》，李凇《长安艺术与宗教文明》，张岂之、刘学智《中国学术思想编年》（隋唐五代卷），陈安利《唐十八陵》，罗丰《固原南郊隋唐墓地》，唐晓军《甘肃古代石刻艺术》。

公元665年　麟德二年

［提示］ 正月三日，《田客奴造石道像》。二月，《智洪造像》、四川通江千佛崖观音造像。四月八日开始的龙门造像，约于此际，纪王慎之母韦妃开凿敬善寺洞。五月，《刘阿进造阿弥陀像》。十一月，于志宁卒。十二月，《焦弘庆兄弟造像》。麟德二年，张寿等依西域图样塑弥勒菩萨于敬爱寺。释道宣肯定释昙曜开窟造像之功。陕西程咬金墓志及墓碑。

［叙录］ 麟德二年，首先要提及的是几件单体造像，全部流落海外，均为清人罗振玉所著录。是年正月三日所刻造的石灰岩《田客奴造石道像》，现藏于美国波士顿美术馆。金申载，像高约35厘米。大村西崖著录：罗君（罗振玉）拓本，像高八寸六分，阔五寸六分，侧（厚）三寸七分。李凇进一步记载，此像为单面造像，中间坐像蓄长须，戴莲花冠，左手扶三足凭几，右手持麈尾（残），穿道袍，坐方座。左右各一立侍，捧笏，下有二蹲狮（残），方座正面有发愿文。另外还有两件石刻也藏于波士顿美术馆，一为是年二月所刻的《智洪造像》，一为十二月刻成的《焦弘庆兄弟造像》。是年五月的《刘阿进造阿弥陀像》则藏于日本黑田氏。

关于四川通江千佛崖观音造像。据丁明夷考察通江千佛崖时所载，千佛岩石窟位于通江县县城西郊诺江镇千佛村，从公路（通江至汉中）上有四层踏道通往刻有造像的石窟，清末民初建有保护性建筑。据题记可知，千佛岩造像开龛于唐代龙朔三年

(663),终止于开元七年(719),历时长达57年。共造像54龛3 000余身。中有题记六幅,石碑两通。造像群题材丰富,有说法图、净土变、天龙八部、七级佛塔和千佛屏等。所造佛菩萨则有释迦牟尼、观世音、大势至、药师佛、护法力士等。六处造像有题记,中有刻题"麟德二年岁次乙丑二月庚辰朔新观音(以下字剥落)"者。由此可知,是年二月,在通江千崖曾雕刻有观音菩萨像。千佛崖另外几处纪年造像题记分别是:龙朔三年(663年)元月造阿弥陀佛;乾封元年(666年)四月八日广纳县马明府为夫人□氏敬造佛像;神龙元年(705年)造像;开元七年(719年)六月一日,弟子王珣造释迦牟尼佛、大世智(势至)菩萨、观世音菩萨各一身;宋绍兴八年(1138年)五月八日河中府西北门外住人雷信夫妇等重妆此发心功德一堂。

这年的龙门造像颇值得关注,从李文生所载有纪年题记来看,始于佛诞日。四月八日,宾阳南洞刻有《内给事冯士良造像》和《麟德二年造像》;四月二十四日,敬善寺附近有《宪台令史袁弘绩造观世音菩萨》;五月五日,宾阳南洞附近有《杨怀亮杨安宗造像》;七月七日,宾阳南洞有《陈贞豫造像》;八月二十三日,敬善寺附近有《清信女朱为亡夫王子开造阿弥陀像》;九月十五日,宾阳南洞有《王玄策造弥勒像》。王玄策是著名的外交使臣,温玉成说,王玄策的侄子智弘律师也曾远赴天竺求法。在龙门敬善寺区有洛阳人王玄祚造像记,这个王玄祚有可能是王玄策的兄弟。九月,宾阳南洞刻有《东台主书牛懿德造像》;麟德二年中,还有较为著名的《敬善寺石像铭并序》,为宣德郎守记室参军事李孝伦撰,位于敬善寺洞口北侧偏上,为龙门五十品之五十。

约于此际,纪王慎之母韦妃开凿敬善寺洞。此事在《新唐书》(太宗诸子传)和昭陵《大唐纪国故先妃陆氏之碑》中有记载。费泳说,敬善寺石窟位于宾阳南洞下方,约造于唐高宗前期,洞口外北侧刻有《敬善寺石像铭并序》,为唐宣德郎、纪室参军事李孝伦撰,铭文显示石窟由太宗妃纪国太妃韦氏出资兴建。据先妃陆氏碑云:麟德二年六月廿六日,(陆氏)薨于泽州之馆舍,春秋卅有五。纪国太妃时在洛下,初闻凶讣,颇极哀痛之情;旋遣悼书,备竭辛酸之旨。由这儿的记载可知,高宗初年,韦太妃确在洛阳。敬善寺开窟时间,姑且系年于此。石窟为穹隆顶,中心刻莲花,环以七身飞天。宽370厘米、深325厘米、高350厘米。洞口外上方有一方形小龛,原像已被盗,两侧各有一身飞天,窟门外两侧各一力士,再向外南北各刻一身菩萨。窟内正壁为一佛二弟子二菩萨二天王像,并在主尊和两侧弟子之间,各刻一体态较小的供养菩萨,弟子与菩萨之间刻比丘,主尊阿弥陀佛结跏趺坐于八角束腰莲座上,作敷搭双肩下垂式佛衣,衣襞覆坛,这种在一铺主要造像之间,插入供养菩萨和比丘的方式,及佛座为八角束腰莲座,均是新出现的造像形式。此外,窟内四壁环刻有数十身菩萨,或坐或立于连梗莲花上。由于本尊头部、弟子迦叶及菩萨、力士均被水泥覆盖过,造像原貌已失。敬善寺的一铺七身造像组合形式在附近中小石窟中还有多例,有纪年的如龙朔元年(661)洛州人杨妻韩敬造阿弥陀像一龛并千佛。特点为除天王进入胁侍行列外,供养人也以小型塑像的方式,加入胁侍队伍。费泳提醒:此时龙门诸多石窟中,大量出现优填王像。优填王又称邬陀衍那王,是中印度拘啖弥国国王,佛教及史料记载其是最早为释迦造像的人。龙门石窟出现的优填王造像大多集中于敬善寺附近,发生时间为高宗年间,造像形式相似,皆为着右袒袈裟的倚坐姿态,造型僵硬呆板,眼部凹陷,不作深入刻画,遵循同一范本而成,不类本土同期佛像。龙门优填王造像的短暂盛行,一般认为与玄奘法师西行,由印度带回粉本有关。《阿含经》与玄奘《大唐西域记》中,虽有优填王为如来造像的描述,却未提示人们造作优填王像供养。龙门窟龛铭文中出现的"优填王像"应是对"优填王造像"的略称或误称。

十一月,于志宁卒。于宁志在《旧唐书》有传,同书高宗纪上载:麟德二年十一月,华州刺史、燕国公于志宁卒。令狐德棻撰《大唐故柱国燕国公于公碑铭》:以麟德二年十一月廿一日薨于东都安众里之第，春秋七十有八。缘情极绮靡之能，体物穷浏亮之趣。雕龙谢其辉焕，吐凤惭其符彩。所著文集，勒成十卷。《于志宁碑》又称《唐燕公于志宁碑》，令狐德棻撰文、于立政楷书，刻立于乾封元年(666)十月一日，碑存陕西三原献陵。于立政是于志宁儿子，工楷书。

张寿等依西域图样塑弥勒菩萨于敬爱寺。唐代是一个十分开明的时代，因此许多工匠或雕塑家的名字都留了下来。隋代至初唐时的雕塑家中，较为著名者有韩伯通、宋法智等。韩伯通曾为隋长安大云经寺北佛塔雕造佛像。宋法智曾随王玄策出使天竺，并摹写弥勒菩萨瑞像带回长安，成为当时制作佛像的经典粉本。据唐人张彦远载：麟德二年，张寿、巧儿、宋朝等人即依据此范本在洛阳敬爱寺内塑造弥勒菩萨像。塑造工程由王玄策监理，李安为贴金工匠。参加敬爱寺佛像雕塑的工匠还有张寿之弟张智藏、陈永承、窦弘果、刘爽、赵云质等。由于有诸多名匠的参加，敬爱寺的佛教雕塑艺术达到空前高度。正如张彦远所称：此一殿功德，并妙选巧工，各骋奇思，庄严华丽，天下共推。这些雕塑作品，当有不少为石刻作品，如大门内外金刚并狮子、昆仑奴、迎送金刚神王及四大狮子等。刘兴珍在雕塑图典中还分别对雕塑家宋朝、刘爽、赵云质等进行了著录。

程咬金墓志及墓碑。出生于山东济州东阿斑鸠店人(东平县斑鸠店)的程咬金在两《唐书》中有传，又名程知节，是唐代充满传奇色彩的开国英雄，凌烟阁二十四功臣之一，其福将与三板斧的传说广为人知。1986年冬天，在太宗昭陵的程咬金陪葬墓中，出土一合《程咬金墓志》。志石正方，边长近80厘米，志盖阴刻篆书"大唐故骠骑大将军卢国公程使君墓志"，志文长达数千字，详细记载了程咬金的生平事迹，对研究唐初历史具有重要参考价值。陈安利载，程知节墓位于陕西礼泉县城东北22公里的上营村，西北距昭陵陵山12公里。墓前原有神道碑一通，现存昭陵博物馆。可惜碑已经残为两段，现在仅存上段，根据残留文字看，知程知节为麟德二年埋葬。碑文为许敬宗撰，畅整书写。

［文献］ 唐释道宣《续高僧传》卷一，唐张彦远《历代名画记》卷三，后晋刘昫等《旧唐书》卷四、卷七八，宋宋祁等《新唐书》卷八〇，清罗振玉《海外贞珉录》，[日]大村西崖《中国美术史雕塑篇》，金申《中国历代纪年佛像图典》、《海外及港台藏历代佛像珍品纪年图鉴》，胡文和《中国道教石刻艺术史》，丁明夷《川北石窟札记——从广元到巴中》(《文物》1990年第6期)，李淞《长安艺术与宗教文明》，李文生主编《龙门石窟志》，温玉成《中国佛教与考古》，刘兴珍等《中国古代雕塑图典》，陈安利《唐十八陵》，费泳《汉唐佛教造像艺术史》。

公元666年　乾封元年

［提示］ 二月三日，河南《宝山圣道寺比丘尼善意灰身支提塔》。四月八日开始的龙门造像。四月，《李威造弥勒像》。五月一日，甘肃《陀罗尼经石幢》。十一月二十八日，陕西《李孟常碑》。十二月二十九日，韦贵妃墓及石刻。

［叙录］ 二月三日，河南刻造《宝山圣道寺比丘尼善意灰身支提塔》。河南省古代建筑保护研究所著录，此塔编号为69号塔，位于灵泉寺东岚峰山西麓半腰断壁上，通高103厘米。单层浮雕方塔，由塔身、塔檐、塔顶及塔刹各部分组成。在塔的右侧崖壁镌刻有塔铭题记：大唐乾封元年岁次景寅二月戊戌朔三日庚子，圣道寺比丘尼善意灰身支提塔，弟子法闰智慧法滕善静法神等为和尚敬造，和尚生缘姓袁故立铭记。

四月八日，宾阳南洞北壁东端下部刻造《牛懿德造像龛》。李淞载，龛高31.5厘米、宽40厘米、深10厘米。造像三尊，主尊结跏趺坐于束腰方座，左手置于膝上，右手上举。龛左右有供养人共五躯(左三右二)。龛下方有题记："乾封元年四月八日，东台主书牛懿德，敬造阿弥陀佛一铺。上为皇帝陛下及东宫诸王，遍及法界众生，并见存男女供养。"仅七月十五日这一天，就分别在莲花洞和老龙洞附近刻造佛像。

莲花洞所刻为《许大德造像龛》，位于莲花洞门道南壁上方，三尊造像龛。主尊结跏趺坐于束腰方座，左手抚膝，右手上举(残)，圆形头光无纹饰。龛下供养人中间刻题记。老龙洞所刻为《丁孝范王玄观造阿弥陀像》。乾封元年还在宾阳南洞附近刻《魏通造像》、《彻颜造舍利像》等。另一处称为龙门双洞的窟龛则修造于麟德、乾封年间(664—667)。费泳说，双洞为统筹规划的南北并列二窟，约建于高宗麟德、乾封年间，二窟门外左右两侧约刻有力士一身，今南洞北侧力士已不存，北洞内三壁三铺像，正壁为一坐佛并二弟子，两侧壁均是一立佛并二菩萨，为三佛题材。窟门内左右两侧，各有一身天王。南洞正壁为一坐佛并二弟子二菩萨，主尊为倚坐弥勒佛，两侧壁满刻千佛小龛，两窟造像头部多已被人盗毁。

四月，刻《李威造弥勒像》。罗振玉、王壮弘著录，石藏日本益田英作氏。五月一日甘肃的《陀罗尼经石幢》，张维《陇右金石录》存目，唐晓军说此石现存天水市南郭寺内。十一月二十八日的《李孟常碑》，刘正成载，为李玄植正书，1964年礼泉县昭陵出土，现藏陕西省昭陵博物馆。张沛著录说，此碑刻工为京兆陪戎副尉万宝哲。

十二月二十九日，韦贵妃墓及石刻。韦氏居太宗后宫嫔妃之首，名珪字泽，京兆杜陵(在今陕西长安县)人。太宗李世民死后，永徽元年(650)韦氏被册封为纪国太妃。麟德二年(665)九月二十八日死于洛阳，年68岁。次年十二月二十九日陪葬昭陵。陈安利载，韦贵妃墓在陕西礼泉县烟霞乡陵光村北的冶姑岭上，因山为墓，西北距昭陵陵山仅一沟之隔，是昭陵180多座陪葬墓中距昭陵最近、规格最高的一座陪葬墓。1990年昭陵博物馆对韦贵妃墓进行了发掘清理。韦贵妃墓墓前石刻有石华表、石羊、石虎和神道碑。墓内石刻有石门、墓志和石椁。墓志为79.5厘米见方，志盖篆刻“大唐太宗文皇帝故贵妃纪国太妃之铭”。志文为令狐德棻撰，楷书，记载韦氏生平甚详。石椁上为四坡流水屋面状，正面除透雕两窗一门外，其余部分线刻禽兽、蔓草，其做工与雕刻均十分精美，展现了高超的雕刻技艺。

［文献］ 清方若著王壮弘校补《增补校碑随笔》，张维《陇右金石录》卷二，河南省古代建筑保护研究所《宝山灵泉寺》，李凇《长安艺术与宗教文明》，李文生主编《龙门石窟志》，张沛编著《昭陵碑石》，唐晓军《甘肃古代石刻艺术》，刘正成《中国书法鉴赏大辞典》，陈安利《唐十八陵》，骆承烈《石头上的家文献——曲阜碑文录》，费泳《汉唐佛教造像艺术史》。

公元667年 乾封二年

［提示］ 二月八日开始的龙门造像。二月十五日，河南《宝山圣道寺比丘尼善滕灰身塔》。十月，相匠韩伯通塑道宣像。是年，《阿弥陀三尊佛碑像》、陕西《令狐熙碑》、陕西《令狐德棻碑》。

［叙录］ 从李文生、李凇等人的著录可知，龙门造像活动从这年二月八日开始。这一天，宾阳南洞刻造了《东台主书许思言造阿弥陀像》；四月六日，老龙洞刻《孟善应妻赵氏造阿弥陀像》。四月八日同一天，即有三处造像：老龙洞的《孟大娘阿弥陀像》、宾阳南洞附近的《□德子造地藏像》和敬善寺附近的《□□刘造救苦菩萨像》。

四月十五日，《某氏造像龛》位于魏字洞正壁南端下方。龛高30厘米、宽36厘米、深4厘米，为五尊造像。主尊结跏趺坐于束腰方座，左手置于膝，右手上举，无头光，题记位于龛下。同一天同一窟中，还有《法藏造阿弥陀像》和《清信女齐造阿弥陀像》。温玉成对魏字洞造像主之康法藏身世进行了考略，康法藏虽有阎朝隐、崔致远及赞宁等人的碑铭传记，然犹有不明之处。龙门石窟发现有关康法藏造像记四处：一在魏字洞小龛，造像记云：“法藏为父母、兄弟姊妹，又为胜蛮，敬造阿弥陀像一龛。乾封二年四月十五日。”时法藏25岁，尚未出家，胜蛮可能是其妻子，法藏28岁才出家。二在老龙窝上方有一唐高宗时代小洞，内题造像者名字有韩曳云、司徒端、刘彦举、康法藏共38人。三在宾阳洞上方，有两排造优填王像小洞，均为唐高宗年间早期所造，共12个。

其中有两个题名“法藏供养”。四在龙门东山有一圆形尊胜幢塔残石，上有康法藏祖坟题记。综观上述资料，可知法藏的祖父康俱子、祖母康氏皆康居国人。父康德启、母尹氏当为汉族。法藏、万岁、崇基，兄弟共三人；阿杍、无泰、惠琳，姐妹共三人。法藏已是第三代移民，母亲又是汉族，所以他“本资西胤，雅善梵言；生寓东华，精详汉字。故初承日照（即地婆诃罗，死后葬于龙门东山之香山寺），则高山擅价，后从喜学（即实叉难陀），则至海腾功。”四月，龙门老龙洞南壁中部还刻有一佛二菩萨的《孟善应妻赵氏造阿弥陀像龛》；五月十五日，破窑刻有《雍州万年县人公孙宜造阿弥陀像》等。

龙门之外，河南还刻有《宝山圣道寺比丘尼善滕灰身塔》。河南省古代建筑保护研究所载，此塔为岚峰山摩崖石刻群68号塔，单层方形浮雕墓塔，无塔基，由塔身、塔檐、塔顶及塔刹组成。塔铭题记为：圣道寺比丘尼善滕灰身塔，弟子尚解□戎善威静行道等敬造供养，大唐乾封二年二月十五日故记。

十月，相匠韩伯通塑道宣像。初唐时期的雕塑艺术家颇为活跃，计有韩伯通、宋法智、吴智敏、安生、窦弘果、毛婆罗、苑東监、孙仁贵，以及张寿、张智藏兄弟和陈永承、刘爽、赵云质等人。张智藏塑敬爱寺佛殿东阁弥勒像，陈永承成色，刘爽刻殿内三像背光及化生等，赵云质塑殿中门西神，当时称为“圣神”。金维诺说，他们都是当时的塑造妙手，经常参加皇室所主持的营造活动。其中又以韩伯通、宋法智、吴智敏、窦弘果最为著名。韩伯通的活动年代在隋末至高宗乾封以后。张彦远称：“隋韩伯通善塑像”。《长安志》称：“怀远坊东南隅大云经寺内有浮图东西相值，东浮图之北佛塔名三绝塔，隋文帝所立，内有郑法轮、田僧亮、杨契丹画迹及巧工韩伯通塑作佛像，故以三绝为名。”如韩伯通在隋代已开始制作雕塑，其时当甚为年轻，因此，到唐乾封二年十月道宣坐化时，宋赞宁尚有如下记载：高宗下诏令崇饰图写宣之真于西明寺，相匠韩伯通塑缋之。此时韩伯通年龄当在70岁以上。

乾封二年所刻的《阿弥陀三尊佛碑像》，金申著录为石灰岩造像，高59.8厘米，现藏于美国弗利尔美术馆。同年还有刘正成著录的《令狐熙碑》和《令狐德棻碑》，均为陕西省铜川市耀县双巷口出土。

［文献］　宋赞宁《宋高僧传》卷十四，宋宋敏求《长安志》卷十，李文生主编《龙门石窟志》，温玉成《中国佛教与考古》，河南省古代建筑保护研究所《宝山灵泉寺》，金维诺《中国古代佛雕：佛造像样式与风格》，金申《海外及港台藏历代佛像珍品纪年图鉴》，刘正成《中国书法鉴赏大辞典》。

公元668年　乾封三年　总章元年

［提示］　乾封三年二月十一日，《天尊像石》。二月开始的龙门造像活动。是年，四川绵阳西山观造天尊像。总章元年三月二十八日，河南《宝山圣道寺故大比丘尼法思灰身塔》。总章元年，山东《崔行功撰太师鲁先圣孔宣尼碑》。高宗召百僚及僧道议《老子化胡经》，后下令禁毁。陕西《刘洛仁造像碑》。

［叙录］　乾封三年二月十一日所刻《天尊像石》，全称《清信弟子君□造道君像》。据胡文和载，其碑形制正面呈莲瓣形，侧面呈L形，通高约33厘米。基座正面和左右侧有铭文。大村西崖著录说，像通座高九寸九分，早崎君藏。

乾封三年的龙门造像活动始于二月的龙门宾阳南洞《孟乾绪造像龛》。据李文生和李淞等载，此龛高31厘米、宽31厘米、深4.5厘米。三尊造像，主尊结跏趺坐，左手置于膝，右手上举，头光内层为莲瓣形，外层无纹饰。佛座雕以莲梗，龛下刻题记。李淞认为此造像龛的佛座，在这个时期出现颇为特别（非束腰方座），它实际上预示了高宗后期至武周时期另一种大量流行的新型佛座：连梗莲花座。接着出现的是十二月二十四日石牛溪附近的《高思福造弥陀像》和此年内所刻的《佛弟子张卿□造弥陀像》，地点在敬善寺附近。

四川绵阳西山观造天尊像。李淞指出，四川绵阳西山观摩崖造像，玉女泉的道教摩崖造像始于隋代大业年间，在初唐达到高潮，多数龛像造于高宗时期。原有造像50余龛，现存30余龛，较为完整的只有20余龛。即便如此，玉女泉道教摩崖造像也是目前最为集中的初唐时期道教造像。延续隋代造像传统，最早的道像造于武德二年(619)，这是唐王朝刚刚建立的第二年。其他初唐造像题记有“贞观八年”(634)“乾封三年”(668)“咸亨元年”(670)和“上元二年”(675)。

是年三月改年号为“总章元年”。总章的造像活动依然兴盛，总章元年四月八日，莲花洞外南侧刻《王尹农造像龛》，龛高36厘米、宽38厘米、深5厘米，为三尊造像，主尊结跏趺坐于束腰方座，左手抚膝，右手上举。龛下男女供养人共四区，龛侧题记三行。五月一日，在老龙洞刻有《李钵头母王氏造观音像》和《王大志造观音像》。六月二十四日，汴州洞附近刻有《张神炽姚武达等造千佛七躯》；六月，莲花洞刻有《清信女王玄藏造阿弥陀像》；九月八日，莲花洞刻有《王操为父母身造像》和《王合造阿弥陀像》；九月二十日，破窑刻有《弟子崔道文造救苦菩萨像》；十一月一日，老龙洞刻有《清信女王三娘造阿弥陀像》；总章元年，龙门老龙洞南壁外侧刻有一佛二弟子二菩萨的《清信女阴造阿弥陀像龛》；同年，莲花洞刻《王无碍造阿弥陀像》等。

总章元年，山东还刻有《崔行功撰太师鲁先圣孔宣尼碑》，又称《大唐赠泰师鲁国孔宣公碑》，简称《孔宣公碑》。此碑为诸多金石著作所著录，如孔元措、王昶、孙星衍、孔继汾、洪颐煊、阮元等均曾谈及此碑。据骆承烈载，此碑位于孔庙十三碑亭中。碑高364厘米、宽125厘米、厚32厘米。王昶记为碑连额高一丈四尺三寸，广五尺。崔行功撰文、孙师范隶书。碑阴分上下两截，上刻二诏(太宗高宗)一表，下载祭文一篇。此碑原有龟趺，金明昌七年(1196)因树折压倒石碑，龟趺分为二，改为方座。碑上无年月，其文中称乾封元年，是赠孔子为太师元年，并非撰文立碑之年。按皇太子(李宏)于该年(668)二月释奠于学时，赠颜子为太子少师，曾子为太子少保，然后表请阙里孔子庙立碑。表内云“昔岁承恩，齿胄胶塾”，即指总章元年释莫事。其中“昔岁”二字可证请表当在总章元年之后。此碑撰者崔行功，《旧唐书》有传。

总章元年三月二十八日，河南刻《宝山圣道寺故大比丘尼法思灰身塔》。河南省古代建筑保护研究所载：此塔编号为74号塔，位于灵泉寺东的岚峰山西麓断壁上，面西向，整体呈长方形，由塔身、檐、顶、刹等部分组成。刻塔铭：“大唐总章元年岁次戊辰三月乙酉朔廿八日”“圣道寺故大比丘尼法思灰身塔”。

是年，高宗召百僚及僧道议《老子化胡经》，后下令禁毁。据唐人杜佑、宋人释志磐和祖琇记载，唐高宗于总章元年召百僚及僧、道诸人议《老子化胡经》，在佛徒请求下，高宗下敕搜聚所有《化胡经》予以焚弃。但是此次禁毁令，最终并未能得到彻底执行，这可能与唐朝帝王对道教的内心情感有关。

刻造于总章元年的《刘洛仁造像碑》，为佛教造像碑，高144厘米。罗宏才著录，为四面体柱状，顶座已佚，上下有榫。正视略呈梯形。正背面上部各一庑殿式大龛，内皆造像五尊。龛左右各一天王，龛下皆有力士托炉，两侧各有一蹲狮。正面龛楣正中直接三级浮图，每级各辟有龛。其中最上一级与中级二龛，最下一级一龛，各龛内皆有坐佛一尊。浮图左右各刻一飞天。背面龛楣上递升二小龛，每龛内皆有一坐佛。正面龛下有长篇发愿文。左、右侧面分别有12、16个小龛，内皆有一坐佛。龛下皆有供养人题名。此碑于1927年出土，先归雷天一，1971年迁至耀县药王山碑林。

［文献］ 唐杜佑《通典》卷一五，宋释志磐《佛祖统纪》卷三九，宋祖琇《隆兴佛教编年》卷一三，金孔元措《祖庭广记》卷十，清王昶《金石萃编》卷五五，清孙星衍《寰宇访碑录》卷三，清孔继汾《阙里文献考》卷三三，清洪颐煊《平津馆读碑记》卷一，清阮元《山左金石志》卷一一，［日］大村西崖《中国美术史雕塑篇》，胡文和《中国道教石刻艺术史》，李凇《长安艺术与宗教文明》、《四川隋唐道教石刻造像》(《雕塑》

2009年第6期),李文生主编《龙门石窟志》,河南省古代建筑保护研究所《宝山灵泉寺》,罗宏才《中国佛道造像碑研究——以关中地区为考察中心》。

公元669年 总章二年

[提示] 二月十日开始的龙门造像活动。十月,李勣墓及石刻。秋冬间,王勃由绵州至梓州,诗文多言及碑刻。总章二年,陕西《吴广碑》。

[叙录] 本年的龙门造像活动,据李文生、李淞载,有纪年铭文者始于二月十日敬善寺附近的《高昌张安为亡父造像》。之后有四月二十三日老龙洞附近的《前洛州司户高崇业等造像》,七月六日破窑附近的《孔士登阿弥陀像》,七月十五日老龙洞南壁东端的一佛二菩萨《姜义琮造阿弥陀像龛》,十月古阳洞的《孤独叹辞造像》,以及□月八日老龙洞附近的《□业法藏尚等造地藏菩萨》等。

十月,李勣墓及石刻。李勣两《唐书》有传,本姓徐,名世勣,字懋功,曹州(山东曹县)人。李勣在唐朝出将入相,三朝元老。总章二年十月,李勣病亡,年76岁。高宗李治为其停朝七天,下诏陪葬昭陵。陈安利载,李勣墓仿汉代卫青、霍去病纪念武功故事,起冢象阴山、铁山、乌德鞬山,以旌其功。其墓位于陕西省礼泉县城东北18公里烟霞新村,北距昭陵12公里。墓前东西侍立翁仲一对、石羊、石虎各三尊。墓封土正南约60米处有神道一座,螭首龟座,碑身高565厘米,碑额篆书"大唐故司空上柱国赠太尉英贞武公碑",全碑尚可辨认者1 600余字,系唐高宗御制御书,为昭陵园内最大的一通碑石。据《资治通鉴》载,李勣墓在光宅元年(684),曾因其孙柳州司马徐敬业在扬州起兵反武则天,而被武则天下令"追削敬业祖、父官爵,剖坟斫棺,复本姓徐氏"。直到中宗李显当政时,才下诏追复李勣官爵,重新起坟,李勣始得衣冠重葬。今"昭陵博物馆"即建在李勣墓园之内。

秋冬间,王勃由绵州至梓州,诗文多言及碑刻。刘加夫在《中国文学编年史》叙及此事:王勃写有《秋夜于绵州群官席别薛升华序》,薛曜字升华,薛收子,薛元超孙,见《新唐书》宰相世系表三下、《旧唐书》薛收附薛元超传。薛收尝从王勃祖父王通学,又与王勃叔祖王绩交密,故称"累叶之契"。王勃《别薛华》、《绵州北亭群公宴序》、《登绵州西北楼走笔诗序》等诗文均为本年秋在绵州所作。玄武山在今东蜀。高宗时,王勃以檄鸡文,斥出沛王府,既废,客剑南,有游玄武山赋诗。照邻为新都尉,大震其同时人也。玄武山在玄武县东二里,玄武县属剑南道梓州,见《元和郡县图志》卷三三。卢照邻有《宿玄武山二首》、《宴梓州南亭得池字》、《送梓州高参军还京》诗,均写及秋日景象,当亦作于此时。王勃除《蜀中九日》外,尚有《出境游山二首》、《述怀拟古》等诗,《游山庙序》、《梓州玄武县福会寺碑》、《梓州飞乌县白鹤寺碑》、《梓州郪县灵瑞寺浮图碑》、《梓州通泉县惠普寺碑》、《梓州郪县兜率寺浮图碑》等文,《江曲孤凫赋》、《涧底寒松赋》、《青苔赋》、《游庙山赋》等赋,均作于本年秋冬间居梓州时。其蜀中所作诗,多言及碑刻者,为研究唐代剑南梓州一带石刻艺术提供了重要线索。

本年还刻立有《吴广碑》,宋欧阳修最早著录此碑,称其不著书撰人名氏,而字画精劲可喜。广字黑闼,唐初与程知节(咬金)、秦叔宝等俱从太宗征伐,后于杀建成有功。至高宗时,为洪州都督以卒。然新、旧《唐书》不见其名氏,唯《会要》列陪葬昭陵人,有洪州刺史吴黑闼,亦不知其名广也。其名字事迹,幸见于后世者,以有斯碑也。碑字稍摩灭,世亦罕见,独余《集录》得之,遂以传者,以其笔画之工也。故余尝为蔡君谟言,书虽学者之余事,而有助于金石之传者,以此也。刘正成载此碑于陕西省礼泉县昭陵出土,现藏昭陵博物馆。

[文献] 宋欧阳修《集古录跋尾》卷五,《资治通鉴》卷二〇一,李文生主编《龙门石窟志》,陈安利《唐十八陵》,陈文新主编《中国文学编年史》(隋唐五代卷),刘正成《中国书法鉴赏大辞典》。

公元 670 年 咸亨元年

［提示］ 五月，陕西《李孝同碑》。九月，《崔善德造佛碑像》、王勃在益州作《益州夫子庙碑》等文。十二月二十三日，绵阳西山观造天尊像。是年，杨炯作《唐右将军魏哲神道碑》、山西《碧落碑》。

［叙录］ 五月，陕西刻立《李孝同碑》，全称《淄川公李孝同碑》。刘正成载，此碑正书 33 行，行 72 字，有界格和篆额。据王昶载：碑连额高丈一尺五寸，宽四尺一寸四分。撰人姓氏泐。诸葛思桢书。石在陕西三原县献陵。明赵崡评价此碑书法说：波拂处大类褚河南，可宝也。

九月所刻之石灰岩质《崔善德造佛碑像》，金申著录，现流入国外。正面为善跏趺坐之弥勒，背后为地藏菩萨，正面腐蚀严重，背面地藏衣纹流畅，姿态生动，据碑侧题记，碑背地藏约为后梁贞明二年(916)重镌。

九月，王勃在益州作《益州夫子庙碑》等文。刘加夫说，以此可知，此文为益州九陇县孔子庙所作。杨炯《王勃集序》有著录："所制《九陇县孔子庙堂碑文》，宏伟绝人，稀代为宝，正平之作，不能夺也。"即此文。张志烈载，王勃又有《晚秋游武旦山寺序》、《秋晚什邡西池宴饯九陇柳明府序》，亦本年九月所作，"九陇柳明府"即《益州夫子庙碑》提及之"县令柳公"。除此之外，王勃尚有《游梵宇三学寺》、《观佛迹寺》、《寻道观》、《八仙径》等诗传世。《益州德阳县善寂寺碑》等文均为本年夏秋游汉州、益州等地时所作。

十二月二十三日，绵阳西山观造天尊像。据胡文和讲，绵阳西山观在距原绵阳火车站西面不到一公里的西山上，有 24 龛雕凿在临玉女泉的壁面上。壁上造像，由北面转向东面，再转向北面，复转向东面，此处造像，至今仍未编号。第二组(东面)共九龛，从南至北分三层排列。第三层有四龛造像。第三、四龛龛内刻趺坐在莲台上的天尊像，龛内刻趺坐在莲台上的天尊像。两龛之间的壁上存一则"咸亨元年十二月廿三日弟子何(泐)及妻母邓何氏敬造天尊(下泐)"的题刻。

是年，杨炯作《唐右将军魏哲神道碑》。刘加夫载，碑中有"越咸亨元年某月日，祔于某原"语，知作于本年。碑铭有云："耻为儒者，自许将军。"其《从军行》云："宁为百夫长，胜作一书生。"语意相类，当作于同时。

同年刻的《碧落碑》，亦称《李训等造像记》、《李训等为亡父母造大道天尊像》，碑在绛州(山西新绛县)龙兴宫(碧落观)。碑为李训、李谊、李谌兄弟四人为亡父母建庙时所刻立。因建庙时见碧落天尊像，故称为《碧落碑》(也有说是因碑在碧落观名)。碑文篆书，未署书者名氏，有人认为书丹者是李训或陈惟玉。碑阴刻有郑永规于唐懿宗咸通十一年(870)楷书释文。此碑书法颇为奇特，600 余字碑文篆书，以李斯小篆，杂以古籀，书法结体怪异，难以识读。唐人李肇在《国史补》中载：李阳冰见此碑，徘徊数日不去，自恨其不如，以槌击之，今缺处是也。宋人赵明诚驳斥道：此说恐不然，阳冰曾自述其书，以谓斯翁之后，直至小生，于他人书，盖未尝有所推许。唐人以大篆，当时罕见，故妄有称说耳，其实笔法不及阳冰远甚也。

［文献］ 唐李肇《国史补》，宋赵明诚《金石录》卷二四，明赵崡《石墨镌华》卷三，清王昶《金石萃编》卷五七，清贺裳《载酒园诗话》又编，刘正成《中国书法鉴赏大辞典》，金申《中国历代纪年佛像图典》、《海外及港台藏历代佛像珍品纪年图鉴》，陈文新主编《中国文学编年史》(隋唐五代卷)，张志烈《初唐四杰年谱》，胡文和《中国道教石刻艺术史》。

公元 671 年 咸亨二年

［提示］ 十二月二十七日，陕西《越国燕太妃墓碑》。是年，彬县大佛寺石窟千佛洞题记。

［叙录］ 十二月二十七日，刻《越国燕太妃墓碑》。此碑武树善、张沛均有著录，此碑民国初年出

图 125 龙门唐奉先寺全景 咸亨三年(672)

土于陕西礼泉昭陵，现藏于陕西省昭陵博物馆。高正臣书丹、万宝哲(京兆陪戎副尉)刻。刘正成说，碑文正书凡六行。在现存高正臣碑书中，此件应为上乘之作，因晚出而鲜为人知。

彬县大佛寺石窟千佛洞题记。李淞载，彬县千佛洞位于大佛洞东侧，为一方形中心柱窟，前壁有二柱，形成西、中、东三个门，窟中间为方柱，方柱除背面外三面均开龛造像。方柱西壁现存 14 龛。壁面刻有佛经。咸亨二年是此洞最早的纪年题记。费泳说千佛洞也是大佛寺石窟群中留有较多唐代纪年题记的石窟，多数龛像主要集中在武周长寿至长安近十年时间内完成，施主身份有皇亲宗室、地方官吏等。造像题材有弥勒佛、释迦佛、地藏菩萨、观音菩萨、大势至菩萨等，其中立姿菩萨体态呈 S 形造型，幅度较大，极为优美。

［文献］ 武树善《陕西金石志》卷八，张沛编著《昭陵碑石》，刘正成《中国书法鉴赏大辞典》，李淞《陕西古代佛教美术》，费泳《汉唐佛教造像艺术史》。

公元 672 年 咸亨三年

［提示］ 四月一日，敕洛阳龙门山奉先寺镌石龛卢舍那大佛。十二月十六日，山西《石倚坐佛像》。

图 126　龙门唐奉先寺卢舍那主佛　咸亨三年(672)

十二月八日，刻成《释怀仁集王书圣教序》。是年，《坐佛龛像》。曾修理云冈石窟北魏故像的俨禅师造五台山石室。刻《永济栖严寺诗碣并记》。王勃于四川彭州书《益州九陇县龙怀寺碑》。

［叙录］　四月一日，敕洛阳龙门山镌石龛卢舍那大佛。此龛常称《大卢舍那像龛》，宋人释志磐在《佛祖统纪》中载：咸亨三年，敕洛阳龙门山镌石龛卢舍那佛像，高八十五尺。这就是著名的龙门奉先寺卢舍那佛像雕像。据佛龛铭记（卢舍那大坐佛佛座北侧刊有开元十年《河洛上都龙门山之阳大卢舍那像龛记》），此造像龛在咸亨三年由皇后武则天助脂粉钱二万贯，从咸亨三年四月开造，至上元二年(675)十二月三十日始完成。据考证，武则天出助脂粉钱之年，并非雕像的始造之年。奉先寺雕像的前期工作，应该是从高宗龙朔二年(662)前即已开始，前后历时长达十三年之久。但通常人们把咸亨三年算作是此像龛的正式开造时间，这样算来，则全龛的工程时间是三年零九个月。

奉先寺是唐代皇室营造的大窟（图 125）：南北宽约 36 米、东西深约 40.7 米，本尊卢舍那佛高 17.14 米（图 126）。佛龛在皇后武则天的资助下，高宗李治任命长安实际寺善导禅师、法海寺住持惠暕法师为检校僧，司农寺卿韦机为营构大使，东面监上柱国樊玄则为副使，李君瓒、成仁威、姚师积等为支料匠。金维诺认为，在龙门唐代石窟中，奉先寺大卢舍那像龛是最具有代表性的重要石窟，规模之大超过龙门所有的石窟。奉先寺不采取全部开凿洞窟的方式，而就在露天雕造佛像，这样可以利用山势减少开凿山崖的时间，使如此大规模的建筑得以实现。奉先寺工程设计和雕刻制作的精巧，显示了我国古代艺术匠帅们的杰出成就。艺术家在这里通过佛教所规定的形象，创造了各种不同的理想化的性格与气质。卢舍那大佛形象所追求的庄严、慈祥以及富有性格的刻画，也是理想化了的圣贤的象征。佛像的身躯以及手的姿态，都表现出一种宁静的心态。这种宁静与慈祥的目光等因素结合在一起，是在力求摹拟一个具有崇高感情和伟大胸怀的人物形象。全龛造像气势恢弘而协调：卢舍那大佛庄严、睿智，阿难的文静、纯朴，菩萨的华丽、端严，天王的威严，力士的勇猛，地神的刚健，都体现了不同人物的精神面貌。这些雕像具有不同的性格与气质，同时相互间又有着内在联系，显示了当时艺术家的高度意匠。奉先寺卢舍那大佛，将黑格尔所说的理想时代的艺术风范，推向了至善至美的境界。

瑞典学者喜龙仁在《五至十四世纪的中国雕刻》一书中，对西方和中国匠师不同的艺术创造进行了比较。他所提出的“雕刻的问题”（Sculptural problems）实际上指的是不同雕刻本质的表达方式。喜龙仁认为西方世界重视造型理念（plastic ideas），欣赏的焦点集中在雕刻作品完美的赤裸、肌肉的运作、体形的有机感等方面；无论其是否为宗教式雕刻品抑或世俗雕刻品，始终以人为主题的西方雕刻艺术，将心灵皈依转换成美的理念化，其特色乃是神人同形的（anthropomorphic）表现。在文艺复兴时期，意大利雕刻大师米开朗琪罗（Michelangelo）的众多宗教主题雕刻作品，所流露出的是震撼筋骨、绷紧神经、特殊的心灵或内在挣扎，而不是中国佛教造像惯有的宁静与祥和。喜龙仁以米开朗琪罗的雕像名品《摩西》（Moses）和龙门奉先寺卢舍那大佛（Locanabuddha）两者并列，从而直观地比较出东西方雕刻艺术的不同表现方式。在喜龙仁的眼中，米开朗琪罗的摩西所呈现的是：高度变化的坐姿、绷紧的肌肉、强调动感和张力的戏剧式衣褶（dramaticdrapery），而旨趣相异的奉先寺卢舍那大佛则是：全然的憩止状态、一丝不苟的正面刻画、双腿交叉盘坐、两臂贴身下垂，姿势可谓十足的内敛观照式（closed），没有外在离心力的动向。自宽阔胸部下垂的一系列长条弧线构成袍服的衣纹，宁静的节奏感，适足凸显整体宏观的憩止和谐。值得注意的是外形虽被袍服全部笼盖，但仍依稀可辨认出大佛强而有力的造型和四肢的特征，蔽体袍服的功能，增添了人物的内在心态或内在意义。而佛像具有传统式长耳、螺髻的方阔脸形，扩散出和平与慈祥。几乎无个性化，未着力强求，不呈内在欲求，却可从面容表现，直陈其蕴含某种融入和谐的悲悯之情(pathos)。任何接触到这尊大佛的人，就算懵然不知其主题，也会直觉出它的宗教意义。主题的内在意义系随着艺术思考产生，它是先知，抑或是神祇，均无关紧要。它是一件完美的艺术品，借由精神意念的统摄传递给观赏者。喜龙仁说，像这样的作品让我们认识到文艺复兴以来，长久受到折磨雕刻品中的所有个性刻画，其实只不过是形成生命之泉，活水源头的表面涟漪而已。

费泳则强调了卢舍那大佛面庞的女性特征：如肉髻处理蓬松，宛如女性束发，额、鼻、嘴三庭部位较脸的宽度来看显得较短，嘴角稚气地上翘，下颌尖而内收等。这种将佛女性化的处理方式，在建于673年的惠简洞主尊身上已出现，这应是营建者惠暕法师刻意所为，意在向世人预示，武则天是为当今如来。

十二月十六日刻造的石灰岩质《石倚坐佛像》，高约150厘米，现藏于山西省文管会。石上还刻有宋治平二年(1065)九月十五日维那头裴文玉、裴用成众庄等重新修补的题刻。金申著录说，此像于乾隆癸卯(1783)十月二十八日，奉政大夫同知江南宋国府事曲沃裴志灏，从闻喜县裴柏村祖庄移来本县(曲沃)大里庄石佛寺装修供养。另外一件刻于此年的《坐佛龛像》(图127)，石灰岩质，高58厘米，现藏于瑞士瑞特保格博物馆。

十二月八日，刻成《释怀仁集王书圣教序》。原在西安弘福寺，现藏于陕西西安碑林。此刻全称《怀仁摹集王羲之书大唐三藏圣教序》，略称《集王羲之书圣教序》。因碑首刻有七佛像，又称《七佛圣教序》。唐太宗李世民酷嗜王羲之书法，不惜代价收集天下散佚王书。太宗时长安弘福寺同样酷爱王书的和尚怀仁，亲睹玄奘法师在弘福寺译经盛事，他又是羲之的裔孙，对王书有精深而独特的心得。于是怀仁别出心裁地集书圣王羲之的书字，构写成太宗圣教序全文，并刻成碑。找不到王相应的字，便用有关偏旁点画拼凑出来。有几个字实在找不到，怀仁上奏朝廷，请朝廷张榜征摹。经过长达20多年的艰辛收集、钩摹与编排，怀仁最终得偿所愿：用王羲之字拼合集成圣教序碑文，并于咸亨三年十二月八日由京城法侣建成立碑。碑文由诸葛神力勒石，武骑尉朱静藏镌刻。石碑通高315.3厘米、宽141.3厘米。碑文内容包括：唐太宗亲撰之序、唐太宗之答敕、太子李治所作之记、太子李治答词和心经。此碑后世评价甚高，清人蒋衡在《拙存堂题跋》说：沙门怀仁乃右军裔孙，得其家法，故《集圣教序》一气挥洒，神采奕奕，与《兰亭序》并驱，为千古书法之神品。

约于此际，曾修理云冈石窟北魏故像的俨禅师造五台山石室。据唐人释慧祥载，在五台山中台南30余里，山之麓有通衢，乃登台者常游此路也。旁有石室三间，内有释迦、文殊、普贤等像，又有房宇、厨帐、器物等。近咸亨三年，俨禅师于此修立，拟登台道俗往来休憩。俨本朔州人也，未详氏族。十七出家，径登此山礼拜，忻其所幸，愿造真容于此安措。然其道业纯粹，精苦绝伦，景行所覃，并部已北，一人而已。每在恒安修理孝文石窟故像，虽人主之尊，未参玄化，千里已来，莫不闻风而敬矣。春秋二序，常送乳酪、毡毳，以供其福务焉。自余胜行殊感，未由曲尽。以咸亨四年，终于石室。去堂东北百余步，见有表塔，跏坐如生，往来者具见之矣。石堂之东南，相去数里，别有小峰。上有清凉寺，魏孝文所立。其佛堂尊像，于今仍在。张焯按：俨禅师修理云冈石窟北魏故像，应在咸亨三年以前；所谓“春秋二序，常送乳酪、毡毳”的“人主”，乃指突厥部落之主。宿白先生据此推测第三窟大像为初唐作品，恐失历史依据。按唐高祖世，刘武周、苑君璋割据雁北；太宗贞观四年收复恒安，十四年云州迁至，帝然傅奕之说，不喜佞佛劳民，寺院建设盖寡；高宗崇重道教，以天尊玄元为李氏之先；至则天武后，云州废为荒城。初唐乃至整个唐代，大同地区或为军府，或为北方游牧民族占据，云冈石窟已没有大规模开窟造像的历史条件。

刻《永济栖严寺诗碣并记》。曾毅公载，咸亨三年，杨惠庆(永乐县营缮监长上)刻此碣并记。杨惠庆这里自署“长上”，当即长上匠。程章灿考：唐代官府所用手工匠人主要有三种：短番匠(或称番匠)、长

图 127 坐佛龛像 咸亨三年(672) 瑞士瑞特保格博物馆藏

上匠、明资匠。官府出资雇用的工匠称为明资匠；在官府中轮番短期服役者称为短番匠；短番匠服役期满后继续代人应役，称为长上匠，由官府以不应役工匠所纳代役金给予报酬。《新唐书》(百官志)：长上匠，州率资钱以酬雇。军器则勒岁月与工姓名。此处的碑碣之类虽然不是军器，显然也有镌刊刻工姓名之例。从《新唐书》所载，可知将作监有“短番匠一万二千七百四十四人，明资匠二百六十人”。这之中当然包括各种技艺的工匠。长上匠之数不见于记载，无从确定。大雕塑家杨惠庆就是一名来自永乐县、以刻石工艺而在营缮监服长役的长上匠人。

王勃于四川彭州书《益州九陇县龙怀寺碑》。是年王勃22岁，曾至九陇县(彭州)。其时龙怀寺刚刚经过修缮，应县令柳太易之请，王勃为龙怀寺撰写此碑。《全唐文》录此文作《彭州九陇县龙怀寺碑》，误。彭州至武后垂拱二年(686)始设立，碑文题目当为

图 128 龙门惠简洞弥勒和阿难 咸亨四年(673)

《益州九陇县龙怀寺碑》。

［文献］ 唐释慧祥《古清凉传》卷上，宋释志磐《佛祖统纪》卷三九，宋宋祁等《新唐书》卷四八，清蒋衡《拙存堂题跋》，清董诰等《全唐文》卷一八五，［瑞典］喜仁龙《五至十四世纪的中国雕刻》，胡永炎《评〈五至十四世纪的中国雕刻〉》（《紫玉金砂》第32期），金维诺《中国古代佛雕：佛造像样式与风格》，费泳《汉唐佛教造像艺术史》，金申《中国历代纪年佛像图典》，张焯《云冈石窟编年史》，曾毅公《石刻考工录》，程章灿《石刻刻工研究》。

公元673年　咸亨四年

［提示］ 四月八日开始的龙门造像活动、西山惠简洞造像。十月四日，房陵大长公主墓及石刻。是年，章怀太子舍宅建千福寺。

［叙录］ 龙门造像活动因奉先寺卢舍那大佛的建成，而广为世人瞩目，同时，也带动了相关的民间造像行为。据李文生等载，咸亨四年四月八日，宾阳南洞即刻有《将作监丞牛懿德造地藏菩萨》；十一月七日，惠简洞刻有《西京法海寺僧惠简造弥勒像》；十二月，双窑北洞刻《雍县人□行俨造阿弥陀造像龛》等。其中较有名的是西山惠简洞造像。温玉成说惠简洞完工于咸亨四年，其弥勒佛面相极似卢舍那，故人们俗称“小奉先寺”，说明卢舍那近似女性形象并非是什么“破天荒”之事。费泳记载惠简洞为中型洞窟，宽350厘米、深280厘米、高425厘米。洞口内南侧有造像题记：大唐咸亨四年（673）十一月七日，西京法海寺僧惠暕（简），奉为皇帝、皇后、太子、周王敬造弥勒像一龛，二菩萨、神王等，并德成就，伏愿皇帝圣化无穷，殿下诸王，福延万代。主持惠简洞开凿的是长安法海寺主惠暕法师，他也是奉先寺开凿的重要参与者。窟内正壁雕一佛二弟子二菩萨二天王二力士，本尊为倚坐弥勒佛，水波纹肉髻，着敷搭双肩下垂式佛衣，双手扶膝，坐于方形坛基，本尊及弟子阿难容貌神态，与奉先寺如出一辙（图128）。

十月四日，房陵大长公主墓及石刻。房陵大长公主是高祖李渊第六女。陈安利载，其墓位于陕西省富平县吕村乡双宝村北约250米处，在献陵东北方约二点五公里，献陵陪葬墓之一。因遭多次盗扰，墓内遗留的随葬品多残缺不全。在前甬道有石墓志一合，盖顶篆书“大唐故房陵大长公主墓志铭”。墓中还存有侍女壁画，分布于墓内天井、甬道和墓室多处，人物服饰与昭陵永徽二年（651）段简璧墓侍女图有相似之处，但是人物形象较段简璧墓更为丰满，显示了时代风尚的变化。

章怀太子舍宅建千福寺。千福寺原本是高宗与武则天次子章怀太子的住宅，位于长安宫城西第二列第一坊。咸亨四年，太子舍宅为佛寺。唐人张彦远对千福寺作了这样的描写：千福寺寺额，上官昭容书；中三门外东行南，太宗皇帝撰《圣教序》（弘福寺沙门怀仁集王右军书）；西行，楚金和尚《法华感应碑》（颜鲁公书、徐浩题额）；碑阴（沙门飞锡撰、吴通微书）；东塔院（额高力士书）；《涅槃》、《鬼神》（杨惠之画）。门屋下内外面，杨廷光画《鬼神》，并门屋下两面四五间；西塔院，玄宗皇帝题额；北廊堂内，《南岳智颢思大禅师》、《法华七祖及弟子影》（弟子寿王主簿韩干敬貌、遗法弟子沙门飞锡撰颂并书）。绕塔板上，《传法二十四弟子》，卢稜伽、韩干画；里面吴生画（时菩萨现，吴生貌）。塔北，《普贤菩萨》、《鬼神》，似是尹琳画（相传云是杨廷光画，画时笔端，舍利从空而落）。塔院门两面内外及东西向里各四间，吴画《鬼神》、《帝释》（极妙）。塔院西廊（沙门怀素草书）。《天师真》，韩干画。此东塔，玄宗感梦置之。《楚金真》，吴画。《弥勒下生变》（韩干画）。院门北边碑（颜鲁公书、岑勋撰）。南边碑（张芬书）。向里面壁上碑（吴通微书、僧道秀撰）。造塔（木匠李伏横，石作张爱儿）。石井栏篆书（李阳冰，石作张爱儿）。东阁，肃宗置（面东碑，韩择木八分书，王据撰）。《天台智者大师碑》（张芬书）。佛殿东院，西行南院，殿内有李绘画《普贤菩萨》，田琳画《文殊师利菩萨》。唐人张怀瓘在《书断》还记载说：千福寺西塔院有王维掩障。一画枫树，一图辋川。如此看来，千福寺汇集了盛唐时代最为著名的书法家、画家和雕塑家的力作，千福寺简直就是一座盛唐时代的艺术博物馆。

［文献］ 唐张彦远《历代名画记》卷三，唐张怀瓘《书断》，李文生主编《龙门石窟志》，李凇《长安艺术与宗教文明》，温玉成《中国佛教与考古》，费泳《汉唐佛教造像艺术史》，陈安利《唐十八陵》。

公元 674 年 咸亨五年 上元元年

［提示］ 咸亨五年八月八日，甘肃莲花寺石窟造像。上元元年十月，陕西《马周碑》。孙思邈隐居陕西耀县五台山(药王山)。

［叙录］ 咸亨五年八月八日，甘肃莲花寺石窟造像。据孙晓峰、臧全红载：莲花寺石窟位于甘肃合水平定川口葫芦河北岸，在长 20 米、高 6 米的红岩上，弯弯曲曲雕造着 28 个拱形浅龛和四组佛传群雕，共造像 1 029 尊。该窟从唐咸亨五年(674)到北宋绍圣元年(1094)，雕造历史达 421 年之久，是雕造历史最长的石窟。在唐龛内，有造一佛或一佛二菩萨者，这些造像具有盛唐时期丰腴多姿的特征。三号龛右侧，阴书纪年题记一方，有“维咸亨五年岁次甲戌八月戊寅八日乙酉打造”字样。除此之外，还有上元、建中、元和、天祐等纪年铭文五方。

是年改元，由咸亨更为上元。刻于上元元年十月的《马周碑》，全称《大唐故中书令高唐马公之碑》，原存礼泉县烟霞乡上古村东马周墓前，1975 年移入昭陵博物馆。马周在两《唐书》中有传，字宾王，唐博州茌平(属山东)人，官至中书令。马周一生充满传奇色彩，以平民出身而擢居相位，曾激励过无数寒门弟子。马周病卒于贞观二十二年(648)，年 48 岁，诏陪葬昭陵。马周与石刻的关联，始于他在贞观十三年(639)所出资刻造的那件著名的《马周造佛座像》(现藏日本京都藤井有邻馆)。这件据赵明诚著录由许敬宗撰文、殷仲容书丹的《马周碑》，陈安利载，碑通高 358 厘米、下宽 116 厘米、厚 39 厘米。碑额篆书阳刻，碑文隶书。碑面文字大部分磨灭难读。碑阴刻万历十三年(1585)茌平张第《谒唐中书令马公墓》五律一首。书者殷仲容曾于贞观二十三年(649)书昭陵石刻 14 国酋长像座题名。此外，陪葬昭陵的褚遂良之父褚亮墓碑，亦出自殷氏之手。宋朱长文说殷仲容是唐中叶以善作榜书题额而著称于京华者，相传他作榜书大字时“行者莫不驻车观之”，被人们称为“绝笔”。

上元元年，孙思邈隐居陕西耀县五台山(药王山)潜心著书。药王孙思邈在两《唐书》中有传。孙思邈，京兆华原(陕西耀县)人。他从 60 多岁始著书，70 岁时撰成举世医学巨著《备急千金要方》30 卷。于高宗上元元年返回故乡，隐居于五台山(后世称之为药王山)潜心著书。在年近百岁时，孙思邈撰成另一部医学名著《千金翼方》30 卷。人们为纪念孙思邈，在药王山上镌刻各种纪功颂恩的石碑，现尚存宋、金、元、明、清石碑百余块。

［文献］ 宋赵明诚《金石录》卷四，宋朱长文《续书断》，陈安利《唐十八陵》，孙晓峰、臧全红《甘肃合水县莲花寺石窟调查简报》(《敦煌研究》2011 年第 3 期)。

公元 675 年 上元二年

［提示］ 正月二日的龙门造像活动、龙门大卢舍那像龛完工。三月五日，《高□造弥勒佛倚像》。十二月三日，虢王李凤墓及石刻。是年，阿史那忠墓及石刻。

［叙录］ 据李文生和李凇等著录，本年的龙门造像，自正月二日党屈蜀洞的《清信女侯氏造观音菩萨》开始，之后陆续有二月六日普泰洞附近的《弟子□□母乔造阿弥陀像救苦观世音菩萨地藏菩萨》、三月一日唐字洞附近的《陈思间等四人造阿弥陀像》、三月十五日清明寺洞的《王仁恪造阿弥陀像龛》、十二月八日北市丝行像龛的《宣义郎周远志等造阿弥陀像》以及是年双窑的《□□参军事崔□□造像》等。龙门大卢舍那像龛完工于是年十二月三十日。其两

侧壁二天王各抬一腿，各踩一夜叉，南天王缺头，腿残，兽首含臂，北天王托塔（龙门较大型天王中仅此一例托塔）。

三月五日所刻造的单体造像石灰岩质《高□造弥勒佛倚像》，金申著录，高 70 厘米，现藏于美国旧金山亚洲艺术馆。

十二月三日，虢王李凤墓及石刻。李凤字季成，两《唐书》有传，为高祖李渊第 15 子，武德六年（623 年）封豳王，上元元年（674）薨，年 51 岁，次年陪葬献陵。陈安利载，李凤墓在陕西富平县吕村乡西北约 250 米处。1973 年，因雨水浸泡，陕西省文物管理委员会对李凤墓进行抢救性发掘。墓室顶部用白灰绘有银河和日月星辰，墓道至墓室上部画有整幅的建筑壁画，从其分布可以看出，墓道、过洞、天井的建筑壁画，象征着大门、过厅、庭院，甬道两侧的长廊壁画，象征着两庑建筑，墓室的建筑壁画，象征着大殿。在过洞、甬道壁面还保存了大量的人物画。较完整的人物、花草画有 16 幅，除第二过洞西壁为一胡人牵驼图外，其余皆为仕女图。李凤墓虽遭盗掘，仍出土文物 330 多件，中有石刻 12 件。还有册封李凤诏书刻石五块。墓志铭盖石共两套，虢王李凤墓志及盖俱全，妃刘氏墓志无盖。李凤“以上元二年岁次乙亥十二月庚午三壬子陪葬于献陵之北原”。

阿史那忠墓及石刻。阿史那忠，字义节，传见《旧唐书》，他是突厥苏尼失小可汗之子，原名泥孰。唐将李靖破突厥颉利可汗，忠从其父率众归唐，不久又与唐将张保利共同擒颉利可汗献俘京师，因功而被赐名忠，官拜右屯卫将军。太宗以宗室女定县主嫁与阿史那忠，贞观九年（635），升左卫大将军。阿史那忠清廉谨慎，被时人比作汉武帝时的金日磾。上元二年卒，赠镇军大将军，陪葬昭陵。陈安利载，阿史那忠墓位于陕西省礼泉县城东北 18 公里烟霞乡西周村西边约 300 米处，西北距昭陵约 3.5 公里。墓前有神道碑一通，碑额篆书“大唐故骁卫大将军薛国贞公阿史那府君之碑”，碑文楷书，碑身铭文漫漶。1972 年陕西省文物管理委员会、昭陵文物管理所发掘了阿史那忠墓。出土墓志一合，镇墓石一块。阿史那忠也是一位虔敬的佛教信仰者，迄今还可在龙门石窟中见到他和家人所发愿刻造的佛像作品：一件名为《薛国公阿史那忠造像》，位于龙门石窟北段敬善寺区宾阳南洞至敬善寺的栈道旁的崖面上；另一件《左钤卫将军薛国公史夫人李氏造像》，刻于西山火烧洞南方高处，有造像记云：左玉钤卫将军、薛国公史、夫人李氏（阿史那忠儿子元暕之妻），垂拱二年十月八日敬造。

［文献］　后晋刘昫等《旧唐书》卷一〇九，宋宋祁等《新唐书》卷一一〇，李文生主编《龙门石窟志》，李淞《长安艺术与宗教文明》，金申《海外及港台藏历代佛像珍品纪年图鉴》，陈安利《唐十八陵》。

公元 676 年　上元三年　仪凤元年

［提示］　上元三年正月四日，河南《宝山圣道寺故比丘尼本行灰身塔》。二月开始的龙门造像活动。四月，南京化石质《明征君碑》。上元三年，桂林西山佛像。仪凤元年九月，权善才、范怀义误砍昭陵柏树险被杀。仪凤元年，佛陀波利礼拜五台山文殊菩萨。

［叙录］　上元三年正月四日，河南刻造《宝山圣道寺故比丘尼本行灰身塔》。据河南省古代建筑保护研究所载，此塔编号为 72 号塔，位于灵泉寺东的岚峰山半腰断崖上，属塔形龛。面西向，高 125 厘米。塔身一侧镌刻有塔铭题记：上元三年岁次庚子正月戊午朔四日甲寅圣道寺故比丘尼本行灰身塔。

李文生、李淞载，二月龙门清明寺洞的《不可思宜清信女王婆造观音龛》、四月一日普泰洞附近的《佛弟子赵□母张造像》、十月二十日清明寺洞《赵婆造观音像龛》等，均为民间造像，其规模也较小。

四月，南京化石质《明征君碑》。金其祯称此碑为少见的化石碑，南京地区唯一唐碑，全称《摄山栖霞寺明征君碑》，现立于南京栖霞山栖霞寺门前北侧，是由唐代明崇俨为其先祖栖霞寺创始人明僧绍所争取到的一块御碑。明崇俨是明僧绍第五代孙，因长于“方外之术”而受到高宗李治及武则天的宠信。据《唐书》记载，明崇俨精通麻衣相法，于乾封年间应封岳推举，授为黄安县丞。高宗李治晚年多病，四处求神拜佛，明崇俨被召进京，升明崇俨为翼王府文学，仪凤二年(677)迁为正谏大夫，并特令入阁供奉。明崇俨为了标高身世，向高宗提出要为五世祖明僧绍树碑立传，高宗亲自为明僧绍撰写四六碑文，盛加赞誉。明僧绍字承烈，号栖霞，平原(属山东)人，南朝刘宋元嘉年间曾中举，崇信佛教，隐居栖霞，历征为通直郎、参军正员外郎，均不就。《明征君碑》通高423厘米、宽126厘米、厚37厘米。清人王昶载为：碑高丈一尺一寸八分，宽五尺。高宗李治撰文，大书家高正臣行书书丹。碑额篆书“明征君碑”四字，为太子洗马王知敬所写。碑背面刻有“栖霞”二字，传为高宗李治亲题。此碑石材颇为特别，金其祯说，中国历代碑刻的碑材，一般都是花岗岩或大青石，也有一些大理石碑和少量的汉白玉碑，然而在唐代，随着碑文化的繁荣和发展，人们对碑材石质的选择越来越讲究，这块《明征君碑》，是中国碑文化发展史绝无仅有的化石碑，此碑石正面有许多豆粒状白色斑纹，酷似含苞待放的朵朵梅花，俗称梅花石。最初人们一直认为此碑的碑石是火成岩类的石英斑岩。近年来，有地质专家对《明征君碑》碑石的材质进行考察，发现碑石上梅花状斑纹的是生长于两亿八千万年前后的浅海中生物化石形成。在碑石正面约有两万余个海百合茎化石，碑石背面也同样能见到许多海百合茎化石。宋黄伯思认为此碑书法字画殊有欧虞法，明人盛时泰中也说，此书自《圣教序》中出，极有风骨。

桂林西山佛像。约于东晋时期，佛教传入壮族地区，其时已建有龙兴寺(平乐县)。隋唐时期佛教由平乐传至桂林，形成其地的佛教中心。桂林佛教造像作品比较集中的地点在西山区的蒋家岭、千山、龙头峰、观音峰、蹓马山一带，其中唐代早期摩崖造像10余龛造像200多尊，雕刻年代纪年最早者即上元三年，也有晚至景龙三年(709)者。据桂林市文管会载：在西山龙头石林东南面有一龛造像记，落款时间为上元三年五月十九日。

高宗于上元三年十一月改年号为仪凤。仪凤元年九月，权善才、范怀义误砍昭陵柏树，险被杀。陈安利说，是年九月，左威卫大将军权善才、左监门中郎将范怀义误砍昭陵柏树，按罪当除名，高宗特命杀之。《资治通鉴》载，大理丞太原狄仁杰奏二人罪不当死。高宗说：善才等斫陵柏，我不杀则为不孝。狄仁杰固执地说道：犯颜直谏，自古以为难。臣以为遇桀纣则难，遇尧舜则易。今法不至死而陛下特杀之，是法不信于人也，人何所措其手足！高宗后将二人除名，流放岭南。

仪凤元年，佛陀波利礼拜五台山文殊菩萨。佛陀波利是北印度僧人，但他与文殊菩萨和五台山有着密切的联系，宋赞宁在《宋高僧传》中记载：闻文殊师利在清凉山，远涉流沙躬来礼谒。以天皇仪凤元年杖锡五台。虔诚礼拜悲泣雨泪，冀睹圣容。忽见一老翁从山中走出，作婆罗门语，谓波利道：师何所求耶？波利答道：闻文殊大师隐迹此山，从印度来欲求瞻礼。老翁要求佛陀波利返回西国取来《佛顶尊胜陀罗尼经》，方可告之文殊居处。波利高兴应允，举头之际已不见老翁身影。波利回国带来此经，并译成汉文。波利再至五台，莫知所之。这样一来，正如李凇所说，波利自己也成为五台山与文殊信仰的新内容。《宋高僧传》成书后不久，就出现了与此相应的图像。延安清凉山石窟有一幅大型文殊及部分浮雕，约作于北宋末至金初，图中出现的老翁和拜谒者即应是上述故事中的人物。

［文献］ 宋黄伯思《东观余论》，宋司马光《资治通鉴》卷二〇二，宋赞宁《宋高僧传》卷二，明盛时泰《苍润轩碑跋》，清王昶《金石萃编》卷五九，河南省古代建筑保护研究所《宝山灵泉寺》，李文生主编《龙门石窟志》，李凇《长安艺术与宗教文明》，金其祯《中国碑文化》，刘正成《中国书法鉴赏大辞典》，桂林市文管会《桂林石刻》，陈安利《唐十八陵》。

公元677年 仪凤二年

［提示］ 五月十五日开始的龙门造像活动。十

月，陕西《李勣碑》。十一月十五日，江苏《大唐润州仁静观魏法师碑》。是年，光宅寺造像。

［叙录］ 仪凤二年的龙门造像活动始于五月十五日，是日在清明寺附近刻造《苏州长史崔元久妻卢氏造像》。据李文生载，数月之后的十月二日，又在党屈蜀洞造《陈外生造阿弥陀像》。十月七日，同一处刻造《刘宝睿造七佛》。十月还有《刘宝睿造阿弥陀像》，地点也在党屈蜀洞。是年，宾阳南洞附近刻有《清信女吴阿六造阿弥陀像》。

十月，陕西刻立《李勣碑》。石在陕西礼泉县九嵕山，为昭陵陪葬墓碑。清人王昶著录，碑连额高丈八尺八寸，宽六尺五寸。碑首有“御制御书”四字，碑额篆题“大唐故司空上柱国赠太尉英贞武公碑”。碑文由高宗亲撰并行书，碑阴有宋王持补刻楷书。清杨宾《大瓢偶笔》称此碑书法遒媚缠绵，虽雄浑不及文皇，而戈法则过之。此碑高750厘米、宽130厘米、厚70厘米，其宏伟居昭陵陪葬墓碑之冠。明人赵崡在《石墨镌华》中写道：余曾至碑下，见碑高大过房（玄龄）杜（如晦）诸臣，岂以“陛下家之一言而为是以报之耶”。陈安利认为赵氏所说颇为在理，光宅元年（684）十一月，李勣虽蒙“剖坟斫棺”之灾，但其墓碑仍因御制御书而幸免劫难，1 300多年来，一直竖在墓前。

十一月十五日，江苏镇江刻立《魏法师碑》，此碑全称《大唐润州仁静观魏法师碑》。王同顺载，魏法师名降字道崇，任城人。贞观九年（635）被召入宫，唐太宗嘉悦之，于是受度出家，配居润州谯山（圌山）仁静观，卒于唐上元三年六月六日，时年82岁，于同年六月十三日安厝于观西南马迹山。此碑则刻立于仪凤二年十一月十五日，由中书右使崇文馆学士安定胡楚宾撰文、清河张德言书、东海徐秀防镌刻。碑通高243厘米、宽87厘米，石原在丹徒县大港镇仲家村华阳观，1961年移置入焦山碑林。此碑为龟趺碑座，碑首脊四龙互缠，形成圆肩，额上有穿，上镌有“魏法师碑”四篆字。碑阳正文楷书，碑阴刻有镇杨道观男女弟子及舍施檀越石工等人名。

光宅寺造像。是年，武则天于长安光宅坊光宅寺内造七宝台，楼阁内部装饰阿弥陀佛、佛说法等石刻浮雕。金申、李淞等载，光宅寺本来是光宅坊内皇家葡萄园，仪凤二年在园中发现盛有万粒舍利子的石盌，敕令在此地立寺，名光宅寺，并将舍利子散于京寺及诸州各49粒。《寺塔记》记载了其建筑与壁画：宝台甚显，登之四极眼界。其上层窗下尉迟（乙僧）画，下层窗下吴道玄（子产）画，皆非其得意也。光宅寺内这些壁画早已不存，但寺内七宝台的32件石雕像却奇迹般地流传下来。明代光宅寺荒废后，石雕均移于长安城内太常寺故地书院街内的宝庆寺（花塔寺）内保存（图129）。至清代雍正元年（1723）宝庆寺重修时，将一部分石雕分嵌入砖塔外壁龛内，余者散置后殿。清光绪十九年（1893）日本早崎氏发现这批石像后，遂致大部分流出国外。现国内西安碑林仅存七面浮雕，其余分藏于美国弗利尔美术馆、波士顿美术馆及日本东京国立博物馆、日本文化厅、东京根津美术馆。此外尚有个人收藏多方（如日本细川家族）。其造像在王昶、大村西崖和松原三郎著作中均有著录。关于光宅寺造像，可参考杨效俊等相关文章。海外所藏宝庆寺造像中，除一铺三尊坐佛造像龛外，尚包括七面十一面观音菩萨立像龛，属于唐密造像最为流行的题材。此批石像中有12件刻有铭文，根据铭文，可知七宝台的兴建完成于长安三年（703），可能是翻经僧德感和法宝负责，石佛像或事先刻好置上，或在七宝台将落成之际再造，七宝台完工后，武则天改寺名为七宝台寺。金维诺举例其中的十一面观音立像，其面相丰润方颐，颈部刻出三道纹，头上十一面神情各异，体态颀长，天衣飘动，佩饰裙裾严整，端丽虔静，代表了初盛唐佛教造像雕造的技艺。

［文献］ 明赵崡《石墨镌华》卷二，清王昶《金石萃编》卷四一、卷六五，清杨宾《大瓢偶笔》，［日］大村西崖《支那美术史雕塑篇》，［日］松原三郎《中国佛教雕刻史研究》，李文生主编《龙门石窟志》，陈安利《唐十八陵》，王同顺《镇江古代石刻及焦山碑林书法研

究》，金申《海外及港台藏历代佛像珍品纪年图鉴》，杨效俊《长安光宅寺七宝台浮雕石佛群像的风格、图像及复原探讨》（《考古与文物》2008 年第 5 期），李淞《陕西古代佛教美术》，金维诺《中国古代佛雕：佛造像样式与风格》。

公元 678 年 仪凤三年

［提示］ 二月十五日，陕西《曹凤抟妻党氏等廿九人造像碑》。三月九日，龙门狮子洞《比丘尼八正造像龛》等。七月十五日，《佛说弥勒菩萨兜率天下生成佛经碑》。十月，炳灵寺张楚金撰《灵岩记》、李弘恭陵及石刻。是年，陕西《黄行基造阿弥陀像龛》。

［叙录］ 仪凤三年二月十五日，陕西刻造《曹凤抟妻党氏等廿九人造像碑》。罗宏才著录，此碑螭首圭额，座已佚。正视梯形，碑身边棱有斜刹。四面开龛造像，碑阳下部刻有发愿文，碑阳与左、右两侧有供养人题名和图像。碑原在蒲城县直堡乡，接近尧山庙，现存该县东槐院考院内。

三月九日，龙门狮子洞《比丘尼八正造像龛》。李文生、李淞和金申等均著录此造像，龛高 60 厘米、宽 56 厘米、深 9 厘米。造像龛为立菩萨二区，在门道右壁刻题记：清明寺比丘尼八正敬造，大唐仪凤三年三月九日成。据何汉南撰文称，20 世纪 50 年代以来，西安附近（如西明寺遗址、太平坊温国寺、义宁坊积善尼寺遗址、慈恩寺雁塔附近等）出土了一批善业泥像。值得注意的是清明寺所出善业泥，其背后有 16 字铭文："大唐善业清明寺主比丘八正一切众生。"陈直认为这儿的清明寺址就在长安。金申指出，在龙门石窟的万佛洞、狮子洞、火烧洞内有三处清明寺比丘尼八正的造像记，狮子洞题为大唐仪凤三年。龙门清明寺在唐代是尼寺，李玉昆认为比丘尼八正与善业泥的八正当是同一僧人，因此清明寺很有可能在洛阳而不在长安。本年龙门造像不多，除此之外，尚有五月二十七日龙门党屈蜀洞所刻造的《刘宝睿妻范氏造药师像》等。

七月十五日，刻《佛说弥勒菩萨兜率天下生成佛经碑》。据《拓本汇编》载，此碑刻工为张义本（京兆，前幽州都督府史）、张社仁、王玄静三人。拓本为民国拓本，经文正书，侧刻《下生经》及《心经》，现藏北京图书馆。

十月，炳灵寺张楚金撰《灵岩记》。唐刑部侍郎张楚金所撰《灵岩记》，位于第 64 龛上方一长方半月形龛内，龛高 160 厘米、宽 150 厘米。阴刻楷书 41 行，行 42 字。无首题，尾题"仪凤三年十月□□刑部侍郎张楚金撰。超初。其□田□永"。唐晓军认为，根据文意似可名为"灵岩寺记"。由于风化剥蚀严重，大多字迹已模糊不清。碑文已为杜斗城所著录，中有对炳灵寺（灵岩寺）风光及盛况的描述，魏文斌、吴荭认为可与《法苑珠林》对炳灵寺的描述相参照，所写场景大体接近当时真实状态。

同月，李弘恭陵及石刻。唐李弘恭陵（孝敬皇帝陵）位于河南偃师市缑氏乡滹沱村西南景山白云峰之巅，李弘为高宗太子，故又称"太子冢"。据宋王溥记载，孝敬皇帝李弘恭陵的修建颇为曲折：初修陵，蒲州刺史李仲寂充使，将成，而以元宫狭小，不容送终之具。遽欲改拆之，留役滑泽等州丁夫数千人；过期不遣。丁夫恚苦，夜中投砖瓦，以击当作官，烧营而逃。遂遣司农卿韦机，续成其功。机始于隧道左右，开便房四所，以贮明器。于是，撙节礼物，校量功程，不改元宫，及期而就。陈安利说，当时由户部郎中韦泰真担任封土任务。韦泰真史书无传，洛阳古代艺术馆藏其墓志。泰真字知道，京兆杜陵人，高宗时历官甚多。仪凤三年十月，以恭陵复土，加授朝散大夫。及高宗死，命泰真为将作大匠，与吏部尚书韦待价前往营建乾陵。显然，韦泰真也是一位善于营造和监理的工程师。恭陵石刻，据刘兴珍说，有长方形陵垣环绕陵墓四周，东南西、四面垣门外 10 米处皆置一对石狮。南门石狮为立式。前肢挺立，后肢微屈，作缓步行进状。挺胸昂首，双目平视，鬣毛飘洒自如。造型浑圆整体，大块大面。雕斫手法洗练，无斤斤刻凿修饰，而神完气足。此陵还有石狮三对、石人三对、石马一对、华表一对，共计石刻 18 件，是

图 129　宝庆寺阿弥陀像　仪凤二年(677)　日本东京国立博物馆藏

河南仅存的一组盛唐陵墓雕刻，因而十分珍贵。

李静杰著录有一件刻于仪凤三年的《黄行基造阿弥陀像龛》，全称为《给事即行内谒者黄行基造弥陀三尊像石像》，传出西安附近，大村西崖也有著录。北大考古专业等在考察慈善寺与麟溪桥造像时，也提到这件石像，像高53厘米，为给事郎行内谒者黄行基造立，20世纪初为日本老田君所得。造型为尖拱形浅龛，浮雕一佛二弟子二菩萨，阿弥陀佛为坐像，两弟子形体较短小，唯有两菩萨比例适度，胸腹圆润，略显修长的身体扭曲呈“S”形，佩饰简单的项圈和手镯，长裙贴腿，外裹霞裙，两腿的裙褶呈圆凸棱的三道“U”形。

［文献］ 宋王溥《唐会要》卷二一，［日］大村西崖《支那美术史雕塑篇》，罗宏才《中国佛道造像碑研究——以关中地区为考察中心》，李凇《长安艺术与宗教文明》，李文生主编《龙门石窟志》，金申《佛教美术丛考》，何汉南《西安西郊清理出一批唐代造像》（《文物参考资料》1957年第2期），陈直《西安出土隋唐泥佛像通考》（《现代佛学》1963年第3期）、《唐代三泥佛像》（《文物》1959年第8期），李玉昆《龙门杂考》（《文物》1980年第1期）、《拓本汇编》第16册，唐晓军《甘肃古代石刻艺术》，杜斗城《炳灵寺石窟内容总录》，魏文斌等《炳灵寺石窟的唐蕃关系史料》（《敦煌研究》2001年第1期），陈安利《唐十八陵》，刘兴珍等《中国古代雕塑图典》，李静杰《石佛选粹》，北大考古专业等编著《慈善寺与麟溪桥：佛教造像窟龛调查研究报告》。

公元679年　仪凤四年　调露元年

［提示］ 仪凤四年二月，《张迴生等造像》。四月八日，《张玄义造加彩弥勒像》。四月二十八日，《杨□□造佛坐像》。四月，山西方兴县栖霞寺刻《讲堂佛钟经碑》。六月，《张□成为亡父母造像》。调露元年八月十五日，敕置大奉先寺。十二月八日，桂林西山观音峰造像。

［叙录］ 仪凤四年出现了几件单体石像，如二月所造之《张迴生等造像》。清人罗振玉有载，此像现藏于美国波士顿博物馆。还有四月八日的《张玄义造加彩弥勒像》，高50.6厘米，现藏于海外，具体地点不明，金申称此像于1990年12月在伦敦苏富比拍卖行售出。主尊弥勒造像善跏趺坐，面相丰满，衣纹流畅，呈现出盛唐造像风貌。四月二十八日的单体《杨□□造佛坐像》，金申著录为石灰岩质，高约35厘米，现藏于日本东京书海社。据曾毅公考证，仪凤四年四月，山西方兴县栖霞寺刻《讲堂佛钟经碑》，刻工为太原王客师。六月，刻《张□成为亡父母造像》，据罗振玉著录，石今在日本，藏益田英作氏。

是年，高宗改元，由仪凤改为调露。调露元年八月十五日，于龙门大卢舍那像龛南敕置大奉先寺。据李文生讲，这儿的奉先寺并非今之龙门西山中部的大卢舍那佛像龛，而是指奉敕于大像（大卢舍那佛像）南置所大奉先寺。此寺位于龙门西山南麓，今魏湾村北山坡上。唐开元十年（722）二月四日，伊水泛涨，毁奉先寺。同年十二月五日敕与龙华寺合并。杜甫曾写有《游龙门奉先寺》诗。奉先寺盛于唐宋间，宋代后期逐渐荒凉，元代前期尚存，元末寺名无记载。

调露元年十二月八日，桂林西山观音峰造像。此造像显示为是年十二月八日，随太师太保申明公孙昭州司马李寔在广西桂林西山观音峰造佛像一铺。刘兴珍载，佛像高140厘米，高肉髻，耳坠长环，袒胸露臂，袈裟薄柔贴体。广额收颐，隆鼻薄唇，颊辅清秀，垂目作凝思状。宽肩细腰，身躯颀长。右手抚膝，左手施触地印，结跏趺坐于方形台座上。神态端庄肃穆，慈悲普被。背光阴刻舟形，无纹饰。像侧有照州李寔造像记，可为考据。刻工轩爽隽秀，随物赋形。块面转折，从容开合。除繁去滥，无铺排雕饰，而形质皆妙。广西桂林虽地处南边，但是佛教造像却并不冷清，其地石刻上自南朝下逮明清，广泛分布西山、骝马山、伏波山、叠彩山等多处。其西山石刻造像200余尊，分见于西峰、观音峰、千山峰及立鱼诸峰，多为中唐前所作，这件李寔观音峰造像，保存最为完好，为桂林石刻造像的代表作品。造像的主尊，有学者(如罗香林)认为是阿閦佛者，也有认为是毗卢舍那佛者。从实造像情形来看，应该是释迦成道像。高宗时期，曾于桂林西山建立西庆林寺，此寺与四川大足寺、云南鸡足寺、贵州扶风寺、广东南华寺并列为南方五大禅林之一。西庆林寺后来毁于会昌法难中，宣宗时改寺名为延龄寺。

［文献］ 清罗振玉《海外贞珉录》，金申《中国历代纪年佛像图典》、《海外及港台藏历代佛像珍品纪年图鉴》，曾毅公《石刻考工录》，李文生主编《龙门石窟志》，刘兴珍等《中国古代雕塑图典》，桂林市文管会《桂林石刻》。

公元680年　调露二年　永隆元年

［提示］ 调露二年二月开始的龙门造像活动、万佛洞造像。永隆元年十二月，《石佛坐像》。永隆元年，河南浚县千佛洞石窟造像。

［叙录］ 高宗调露二年及改元后永隆元年的石刻艺术，其主角无疑是龙门造像，其中尤以万佛洞造像引人注目。据李文生载，调露二年二月，双窑刻有《张感仁等造阿弥陀像》；五月，石牛溪附近刻有《李□演为亡父造像》；六月三十日，北市丝行龛刻有《李君瓒造观音菩萨》，刘兴珍指出，李君瓒曾参与龙门石窟工程，凿建奉先寺。《大卢舍那像龛记》中提到支料匠有李君瓒、姚师积、成仁威等。君瓒在奉先寺完工后，又参加修建紫桂宫。工毕又赴奉先寺南，调露二年造观音菩萨像一躯。七月十五日，万佛洞刻有《玄照造观世音菩萨》、《胡处贞造像》、《胡贞造像》。玄照造像具体位于万佛洞门外南侧金刚力士的北侧。关于玄照的事迹，见于义净书中。玄照为太州仙掌人，曾二次赴天竺，后客死于中印度奄摩罗跛(即迦摩缕波)国。此际万佛洞造像处于高峰阶段，调露二年刻有《陈七娘造菩萨》、《比丘尼智境造像》。改元永隆之后，万佛洞造像仍然不辍，如永隆元年九月三十日的《处贞造弥勒像五百区》、十一月八日的《比丘尼光相造弥陀像》、十一月十九日的《范初造像》、十一月二十日的《韩文则造像》和《杜因果造弥勒像》、十一月二十九日的《胡弘宝造菩萨》等。永隆元年十一月，万佛洞刻造成《比丘尼光相造像龛》。据李淞载，此龛高和宽均为21厘米，位于万佛洞内主尊右侧。龛内为一铺五尊，主尊结跏趺坐于连梗莲花座，右手抚膝，左手置于两脚之间。龛下蹲狮二区，题记位于狮下：比丘尼光相造阿弥陀像一铺。永隆元年十一□八日成。

万佛洞造像除上述民间信士造像之外，其中最重要的造像则是由大监姚神表、内道场智运禅师主持刻造、于是年十一月三十日完成的《一万五千尊像龛》(宋人释志磐曾著录此事)(图130)。此造像题记雕镌于万佛洞窟顶大莲花四周，位置十分显赫。同时还在门道北侧刻有“沙门智运奉为天皇、天后、太子、诸王敬造一万五千尊像一龛”。万佛洞造像显然是以阿弥陀佛为主尊，其主要特点是在主尊上方两侧刻出52身菩萨(另有二身供养天人)。据唐道宣著《集神州三宝感通录》云，52身像又称阿弥陀52尊曼陀罗，原为印度鸡头摩寺五通菩萨感得之瑞像。温玉成指出，此龛造像的政治目的十分明显，它是为唐高宗、武则天、太子李显和诸王敬造的。这表明姚神表、智运与武则天的关系当极密切。大监姚神表是宫中高级女官，内道场智运是宫中高级女尼，她们共同开凿大型佛窟在全国也是罕见的。这正是武则天执政时期一批女官、女尼地位提高、财力雄厚的一个表现。由女官、女尼来为帝室造像，必然使瞻礼者对武则天产生一种特别的敬仰，对女性更是一个有力的鼓舞。费泳于此进一步考察说，龙门瘗窟惠灯洞中的铭记显示，惠灯姐妹十几岁时即事内供奉禅师尼智运。万佛洞内这两侧题记中讲到的“运禅师”及“沙门智运”，都应该是指比丘尼智运禅师。“大监”为掌管宫内事物的女官官职，据《魏书》(后妃传)载“大监视二品”。

李玉珉认为万佛洞造像设计十分严谨，其正壁中央雕结跏趺坐佛一尊，左右各有一胁侍比丘和菩萨。在两侧比丘和菩萨间，又浮雕一尊高及菩萨腰际双手合十的供养人像。左右两壁雕满15 000尊小坐佛,在万佛洞中央又各雕一尊优填王像,壁脚浮雕26位伎乐和舞伎。前壁的入口两侧各配一尊足踩邪鬼的天王像。窟外尚有两尊力士像,其旁又各刻一头狮子。此洞的造像布局极为考究,李凇指出此洞造像的天王布置完全不同于奉先寺:这时奉先寺大龛已经完成,其置于两侧壁的天王像应是作为其他洞窟楷模的,但万佛洞没有遵守这个范例,却循旧制仍将天王像置于前壁。显然这与窟内的造像布置有关:两侧壁需腾出来集中刻造15 000尊像,天王像只好回到以前的前壁。这是出于突出该窟主题的需要。但该窟天王像近乎圆雕,体积庞大,十分粗壮有力,全非初期之制。

金维诺则注意到永隆元年所完成的万佛洞工程,在图像样式方面与四川地区造像的关联:万佛洞将阿弥陀佛及菩萨像一一雕刻,分层排列,此样式的西方净土曾在川北的巴中流行。现存这类龛像有10数龛。巴中县南一公里化成山南龛造像,分布在云屏山山门石佛爷湾,共130余龛2 000余尊。佛爷湾是南龛造像集中区,多系唐代雕造,最早是唐开元二十三年(735),有少数宋龛。第62窟为二重屋檐式方形平顶窟。正壁雕阿弥陀说法像,两侧观音、势至胁侍而坐。窟内两侧壁分层遍凿连梗莲座菩萨像,坐姿手势动态各不相同,极其生动。众菩萨之中,另刻有二身佩饰项圈,身披袈裟的地藏菩萨像,是龙门西方净土变相的演变形式。巴中县龙骨山水宁寺摩崖造像共11龛126尊,第一龛的地藏、二菩萨、二飞天,神情典雅娴静,保留了唐代造像的遗韵。

在姚神表、智运完成15 000尊像的同一天,万佛洞附近还有一件石刻艺术也告完工,即《陈处贞造地藏菩萨》。这个陈处贞虽然典籍中没有什么记载,显然并非一般女性,她不仅在万佛洞中刻有造像,又在万佛洞附近造像,应该是当时很有身份的女性。

永隆元年十二月雕造的石灰岩质《石佛坐像》,金申著录,像高40.5厘米,现流落国外。

永隆元年,浚县千佛洞石窟造像。浚县千佛洞石窟位于河南浚县浮丘山,与拥有北齐大佛的大伾山相距约半公里。费泳载,在其山顶西面和南面两侧壁,分别存有唐代开凿的两座千佛窟。其中西壁石窟略大,无开创题记,四壁小龛中留有自高宗永隆元年至永淳二年(683)的几则纪年题记,所造龛像有观音菩萨、阿弥陀佛、弥勒佛,多由民间僧俗为高宗和武则天祈福所为,石窟开建年代应早于永隆元年。南面窟为平面呈方形,穹隆顶,正壁设低坛基,上置一铺七尊像,为一佛二弟子二菩萨二力士,窟内四壁凿有小龛计44个,纪年题记最早为武周长寿二年(693),晚至玄宗开元二十五年(737),龛像题材为观世音菩萨、阿弥陀佛,不见弥勒佛造像,石窟开造应早于长寿二年。

［文献］　唐义净《大唐西域求法高僧传》卷上,宋释志磐《佛祖统纪》卷三九,李文生主编《龙门石窟志》,刘兴珍等《中国古代雕塑图典》,温玉成《中国佛教与考古》,李凇《长安艺术与宗教文明》,金维诺《中国古代佛雕:佛造像样式与风格》,李玉珉《中国佛教美术史》,费泳《汉唐佛教造像艺术史》,金申《中国历代纪年佛像图典》。

公元681年　永隆二年

［提示］　正月十五日开始的龙门造像活动。二月八日,《卢公意等造阿弥陀佛碑像》。闰七月八日,唐代炳灵寺造像。是年,江苏《博氏造阿弥陀像一铺》。

［叙录］　依李文生著录,永隆二年的龙门造像活动始于是年正月十五日,地点基本上仍然以万佛洞为中心,造像主不乏女性,这显然与姚神表和智运有关。如正月十五日的《侯二娘造观世音像》,正月二十日的《房山县人崔怀俭造观世音佛》,四月八日的《侯玄炽造弥陀像》和《比丘尼智隐造释迦像》,以及《清明寺比丘尼惠境造阿弥陀像》和《李德真造像》,四月九日的《许州比丘尼妙义阿弥陀像》,五月八日的《许州仪凤寺比丘尼真智造观音》和永隆二年的《张惠哲造像》等。

图130 龙门万佛洞北壁万佛 永隆元年(680)

此时单体造像较少，二月八日所造的《卢公意等造阿弥陀佛碑像》为单体造像(图131)，金申著录为石灰岩质，像高54.5厘米，现藏于美国弗利尔美术馆。另外此年还有一件名为《博氏造阿弥陀像一铺》的单体造像，据王同顺载，像碑高33厘米、宽74厘米，为安阳县东高穴村村民博氏为七代父母法界众所敬造阿弥陀像一铺，合门供养。此石佛为齐梅麓(彦槐)于道光十年(1830)腊八日，购自扬州市中，亲载入山，传僧清恒供奉，今置碑林廊中。

闰七月八日，唐代炳灵寺造像。这一年夏秋之际，唐朝几个小官吏在炳灵寺石窟开造了几龛救苦观世音菩萨和阿弥陀佛造像。北大考古专业等在考察慈善寺与麟溪桥造像时指出，甘肃永靖炳灵寺石窟的一批高宗时期的造像窟龛，均与慈善寺二号窟左右壁龛造像风格相近。其中同时完工于高宗永隆二年闰七月八日的炳灵寺49至58号造像龛，主造者均为从长安派遣出来巡查的官员，造像风格与慈善寺二号窟左右壁龛和大佛寺77号龛十分相似，其造像工匠也很有可能出自长安。

［文献］ 李文生主编《龙门石窟志》，金申《海外及港台藏历代佛像珍品纪年图鉴》，费泳《汉唐佛教造像艺术史》，北大考古专业等编著《慈善寺与麟溪桥：佛教造像窟龛调查研究报告》，王同顺《镇江古代石刻及焦山碑林书法研究》。

公元682年 永淳元年

［提示］ 八月二十六日，《李怀秀造佛碑像》。

图 131 卢公意等造阿弥陀佛碑像 永隆二年(681) 美国弗利尔美术馆藏

十二月二十五日，临川公主墓及石刻。高宗年间的龙门敬善寺造像。

［叙录］ 八月二十六日的石灰岩质《李怀秀造佛碑像》(图132)，金申著录，像高73.6厘米，现藏于日本大阪市立美术馆。刘兴珍描绘道，此佛碑为龙首碑，正中为释迦说法像，两侧为菩萨、弟子，下方为金刚力士及二狮。上方禅定佛像应为弥勒端坐在天宫中。系初唐之作，佛像尚未脱尽隋风，躯体丰满，头部略大，技法古拙。

十二月二十五日，临川公主墓及石刻。陈安利载，临川公主名李孟姜，为高宗李治的第12姐，永淳元年死于幽州，年59岁。同年十二月二十五日陪葬于昭陵。其墓位于陕西礼泉县赵镇新寨村村北，东北距昭陵约五公里。1972年对该墓进行发掘，出土文物300多件，有石门一合，石华表残块三件。临川公主墓志一合，盖篆“大唐故临川郡长公主墓志铭”，叙述临川公主生平颇详。还有册封临川公主的石刻诏书两件，甚为珍贵。

龙门敬善寺造像约完成于高宗年间(650—683)。敬善寺造像位于龙门西山北部。刘兴珍载，洞高340厘米、宽328厘米、深325厘米。洞内主尊为阿弥陀佛像，着褒衣博带式袈裟，结跏趺坐于覆莲束腰须弥座上。头部毁损，经后世修复，可惜已失原作风貌。佛两侧有二弟子二菩萨及二天王像。其中弟子迦叶及菩萨像，后世皆作修复。二护法天王像保存完好，服饰、姿态相类，皆束发披甲着草履，双手持剑，脚踏二夜叉。面相略长，形态魁梧沉骘。佛及菩萨像之间，雕有形体较小的菩萨和弟子立像。洞壁浮雕莲枝，其上各有一供养菩萨。窟顶为穹隆式，藻井浮雕莲花，并有供养天八身，各具情态，顾盼呼应，极富生趣。洞口外上方有一小龛，已残损。两侧各有一飞天，意态悠然。洞口左右两侧各有一力士像。洞外南北壁有二菩萨像。造像刻工轩爽明快，无精细雕凿。可谓虚刃活斧，风神尽出。

［文献］ 金申《中国历代纪年佛像图典》，刘兴珍等《中国古代雕塑图典》，陈安利《唐十八陵》。

公元683年 永淳二年 弘道元年

［提示］ 永淳二年二月八日，《护众寺比丘僧慈□造弥勒佛像》。二月二十六日开始的龙门造像活动。永淳二年，山东《史同王方等造像龛》。弘道元年九月，《□文若造天尊像》。十二月，高宗李治卒、乾陵石刻。弘道元年，净觉禅师生，王维曾撰有《大唐安国寺故大德净觉禅师碑铭并序》。

［叙录］ 公元683年，最重要的事件当然是高宗李治驾崩，其乾陵石刻对中国陵墓石刻产生深远影响。永淳二年二月八日所刻造的石灰岩质《护众寺比丘僧慈□造弥勒佛像》为单体造像，金申著录，像高33厘米，现藏于美国克利夫兰美术馆。还有弘道元年九月的《□文若造天尊像》，罗振玉曾著录，现藏于美国波士顿博物馆。由于单体造像很多没有纪年，加之在历史流传中容易损毁，因此与摩崖石窟相比，保存要困难得多。

这一年，石刻艺术中唱主角的除乾陵之外，还是龙门造像，如二月二十六日敬善寺附近的《王宝明造弥勒尊佛》、四月三十日赵客师洞附近的《魏简公卢公妻李氏造弥勒像》、九月八日万佛洞的《唐州觉意寺尼好因造像》和《苏铜为亡乳母造像》、同日双窑附近的《卫州共城县人苏铜造释迦牟尼像》等。龙门之外，是年还有山东济南神通寺千佛崖《史同王方等造像龛》，费泳载，像龛位于赵王福双龛之间的立柱上，为上下排列的两个小龛，龛内均雕结跏趺坐佛像。

永淳二年十二月四日，改元弘道，大赦天下，加内外官阶。高宗李治欲亲上则天门楼宣赦，然气逆不能上马，乃召百姓于殿前宣示。也就是在这一天，高宗李治驾崩贞观殿，享年56岁，次年葬于乾陵。高宗在位35年间，政绩颇有建树：军事上东灭百济高丽，西退突厥贺鲁，将大唐版图广为拓展；经济上推行均田制；文化上发展科举制；法律方面撰成《唐律疏议》。高宗去世，中宗李显即位，尊武后为皇太后，政事均决于太后。陈安利载，高宗乾陵始建于弘道元年十二月，完成于神龙二年(706)五月，前后历时约23年之久。乾陵的监理工程师是韦泰真，泰真字知道，京兆杜陵人，高宗时历官甚多。仪凤三年(678)十月，以恭陵复土，加授朝散大夫。及高宗死，命泰真为将作大匠，与吏部尚书韦待价前往营建乾陵，“昼则临视众作，夜则寝苦悲涕”(见陈长安主编墓志汇编)。事毕，授正议大夫行洛州长史。

乾陵为高宗李治和女皇武则天合葬墓，位于陕西乾县城北6公里梁山之上，距西安城80公里。乾陵是中国历代帝陵中唯一的两个帝王合葬陵。陈安利说，他们代表了两朝帝王，即一个是大唐，一个是大周，但二人又是夫妻。这种一陵合葬两个性别皇帝的例子，在中国绝无仅有。乾陵对后世的陵墓制度影响重大：昭陵开创了唐帝王依山为陵的先例，而乾陵则在此基础上发展成完整的陵园格局，其南北主轴线长近5公里，布局宏伟，建筑壮观。以后的唐陵基本上仿效乾陵形制，但在规模上无一超越乾陵者。陈安利具体写道，乾陵四面各辟一门，以四神命名，即南为朱雀门，北为玄武门，东为青龙门，西为白虎门。门外各置石狮一对，筑阙台一对。城垣四隅建角楼。朱雀门外设神道，长650余米，其南端两侧则矗立有乳峰双阙(乳台)，再南约2350米筑鹊台一对。神道自南而北依次排列华表、翼马(图133)、鸵鸟(图134)、仗马、翁仲、无字碑、述圣纪碑、61王宾像等。现存陵墓石刻，总计110件，其数量、规模均居唐帝陵之冠，组合形式成为高宗以后诸帝陵之定制。朱雀门内有东西阁和献殿遗址，另有清乾隆四十二年(1777)陕西巡抚毕沅书“唐高宗乾陵”碑。乾陵陵园的空间布局明显是仿唐长安城而修建，陵园亦可分为宫城、皇城和外城。陵墓玄宫设于宫城中心，显然，这象征皇权至高无上。乾陵的翼马和翁仲雕刻十分卓著，翼马位于华表北约30米，大小略异，西列马首有角，两肋雕卷云纹双翼。西侧翼马带有犍陀罗式的雕刻风格，东侧翼马带有阿旃陀式的雕刻风格。翁仲10对，均戴束发冠，宽袖长袍，腰束带，着靴，双手拄剑。翁仲姓阮，相传为始皇时巨人，战亡于匈奴，始皇竖翁仲像于咸阳宫殿前，后世帝王遂以石翁仲为陵园守卫者。乾陵的石狮也堪称石刻巨制，在陵园内城东西南北四门前，均各置石狮一对，刘兴珍认为其中朱雀门前那对高335厘米的石狮最为精美。古代帝王及大臣陵墓前置石兽，汉代多以麒麟、辟邪为装饰石兽，陵垣取石狮装饰者，自乾陵始。狮为兽中之王，用它守护陵园，意在增强威慑力。南门石狮挺腰昂首，作蹲踞势，肌肉劲健。整体结构谨严，形若座钟，坚实巍峨。头部造型略作夸张，阔口宽鼻，长鬣披肩，饰以螺纹，寓华贵于威严肃穆中。刀法粗犷遒劲，块面方圆相参，转折分明。形体威仪森然，活力内蕴，气度恢弘，确实是唐代石雕中的巨作。

是年，净觉禅师生，王维曾撰有《大唐安国寺故大德净觉禅师碑铭并序》(载《全唐文》中)。李邕曾撰山东《灵岩寺颂碑》(陆增祥有著录)，中有：大德僧净觉，敬惟诸佛。上座僧玄景、都维那僧克祥、寺主安禅，或上首解空。温玉成认为这是一段极重要的禅宗史料，向来被人忽视。大德僧净觉，俗姓韦氏，是唐中宗韦皇后的族弟。

[文献] 清罗振玉《海外贞珉录》，董诰等《全唐文》卷三二七，清陆增祥《八琼室金石补正》卷五七，金申《海外及港台藏历代佛像珍品纪年图鉴》，李文生主编《龙门石窟志》，费泳《汉唐佛教造像艺术史》，陈安利《唐十八陵》，陈长安主编《隋唐五代墓志汇编》(洛阳卷)，刘兴珍等《中国古代雕塑图典》，温玉成《中国佛教与考古》。

公元684年 嗣圣元年 文明元年 光宅元年

[提示] 嗣圣元年，《述圣记》碑、陕西《薛元超墓志》；窦弘果始为尚方丞，善绘塑。文明元年八月，高宗李治葬于乾陵。是年，山东济南神通寺千佛崖造像龛。光宅元年，安元寿墓及石刻。约于此际，杨思勖制印度佛像善业泥。

[叙录] 公元684年，唐中宗李显初立，年号由

图 132 李怀秀造佛碑像 永淳元年(682) 日本大阪市立美术馆藏

图 133　高宗乾陵翼马　永淳二年(683)　陕西梁山

图 134　高宗乾陵鸵鸟　永淳二年(683)　陕西梁山

弘道改为嗣圣,不久即被武则天废黜,立四子李旦为帝,是为睿宗,改年号为文明,复改为光宅。睿宗虽贵为皇帝,但形同虚设,居于别殿,朝政全由武后掌控。各地反抗武氏当政者(如扬州徐敬业等),均为武氏所平定,一个中国历史上权势最为煊赫的女皇时代,其实早已来临。

嗣圣元年所刻立的《述圣记》碑,无疑是本年最有影响的石刻事件。从现存的文献来看,武则天似乎是一个热衷碑刻的人:河南嵩山少林寺碑林中存有武则天撰文、王知敬书丹的《唐天后御制诗碑》;河南登封县石淙山有武则天作诗、薛曜书写的《夏日游石淙诗》刻石。当然最知名的则是乾县乾陵由武则天撰文、唐中宗李显书丹的《述圣记》碑以及由武则天撰书碑文和题额的《升仙太子碑》。据贺梓城等撰文载,《述圣记》碑位于乾陵朱雀门外《无字碑》西侧,为武则天为其丈夫高宗李治所立的纪功颂德碑。碑为长方形立柱体,高 630 厘米。全碑由七节巨石拼合而成,上为庑殿式顶盖,中为五节碑身,下为镌刻各种瑞兽纹饰的基座。七节成碑,盖取"七曜"之数(日月金木水火土),象征高宗"文治武功"如"七曜"丽天,被后人称为"七节碑"。原碑文 8 000 余字,环刻于碑身。碑身所刻文字全以金粉填饰,当年必定光彩夺目。可惜经过一千多年风雨毁蚀倾圮,仅存三段残石。20 世纪 50 年代整修重立,仍恢复为七段。现碑上的文字尚残存约 1 500 余字,其中个别字迹中还可依稀看见当年的金粉。明人赵崡评论此碑书法字法遒健,深得欧虞遗意。

嗣圣元年所刻的《薛元超墓志》,据樊英峰载,于 1970 年 2 月出土于陕西乾陵东南。墓志对薛元超的生平事迹记述较详细。此志的出土,还为确认著名史籍《晋书》的编修起始时间提供了重要文献依据。志主薛元超卒于光宅元年十一月二日,曾以太子通事舍人的身份参与《晋书》的编修。以其卒年上推,他参加编修《晋史》时间在贞观十七年(643),则《晋书》在此年即已开始编修工作,而非人们通常所认为的贞观二十年。墓志又载薛元超 32 岁时,"新书成,进爵为侯"。由此可知《晋书》修成时间在高宗永徽五年(654),而非贞观二十二年(648),前后历时 11 年多。

是年,窦弘果始为尚方丞,善绘塑。窦弘果在武后时为"尚方丞",以善塑绘而闻名。唐人张彦远称其所作"迹皆精妙,格不甚高"。敬爱寺中就有一部分作品是窦弘果作品,包括弥陀佛像、门西圣神,还有西禅院殿内佛事并山、东禅院若台内佛事、中门两神、大门内外四金刚并狮子、昆仑各二,并迎送金刚神王及四大狮子、两食堂讲堂两圣僧等。从这些名目,可以知道窦弘果的塑造才能是多面的,所创造的形象也多种多样,几乎包括了这一时期所有佛教雕塑形象。可惜这些知名作品没有能流传下来,但是,金维诺说,从如今散见的初唐佛教塑像,仍然可窥这一时期它们所达到的艺术成就。

文明元年八月,高宗李治葬于乾陵。《旧唐书》(高宗本纪)载:永淳二年(683)十二月四日夕,高宗皇帝崩于真(贞)观殿,时年 56 岁。宣遗诏:七日而殡,皇太子即位于柩前。园陵制度,务从节俭。军国大事有不绝者,取天后处分。文明元年八月,葬于乾陵。陈安利引据同书《文苑传》载,高宗从驾崩到出葬,中间还有一段插曲:有人主张葬于洛阳,有人主张灵驾回长安。进士陈子昂即上书,盛陈东都形势,可以安置山陵,关中旱俭,灵驾西行不便。但武则天认为回到长安才是高宗的遗愿,他的祖父李渊和父亲李世民都葬于此。由此亦可知,高宗生前并未选定陵址,如生前已选定陵址,则不会有此争论。高宗病卒后,武则天诏令当时朝野大术士袁天罡和李淳风为皇上选择风水宝地。两人经过半年考察回京报告,最佳陵址即在好畤县(乾县)梁山之上,并以铜钱铁钉为据。

据乾陵"述圣纪碑"及有关史料记载:弘道元年(683)十二月高宗死后,武则天命令吏部尚书韦泰真负责,开始在梁山营建乾陵。因袭昭陵旧制依山建陵,而梁山又是一座圆锥形石灰岩质的自然石山,要在山腰凿洞建造墓道和墓室,其工程之艰巨浩大可想而知。韦泰真重任难辞,奉命征调兵丁罪犯以及京城附近百姓数万人修建乾陵,于次年八月下葬高

图 135 高宗乾陵拄剑人 永淳二年(683) 陕西梁山

图 136 高宗乾陵仗马牵马人 永淳二年(683) 陕西梁山

宗时完成地面和地下的主要工程。高宗下葬后，乾陵工程并未停止，其地面上的宫殿建筑以及石人石马石翁仲等大型石雕，则是在武则天时期逐渐刻立的(图 135、图 136、图 137、图 138)。陈安利说，中宗李显复位以后，由埋葬母亲武则天到迁葬永泰公主、懿德太子、章怀太子、许王素节、义阳公主以及后来赐赠豆卢钦望、杨再思等大臣陪葬乾陵；睿宗李旦复位以后，由明令章怀太子平反昭雪重刻墓志，到赐赠邠王李守礼陪葬乾陵，乾陵工程才告基本完成。乾陵从开始营建，到陵园地面建筑的建设和陪葬墓区的扩建以及整体工程的竣工，历经武则天、中宗、睿宗三朝皇帝。

文明元年，山东济南神通寺千佛崖造像龛。费泳记载，济南千佛崖造像，睿宗文明元年的纪年龛有三个，分别位于显庆三年《僧明德像龛》北侧的《阿奴造像龛》和《陶得意像龛》，及位于《刘玄意造像龛》北侧的《赵睥妻罗造像龛》。三龛规模较小，似多为平民所为。龛内均置单身坐佛，三佛结跏趺坐，施禅定印，着钩纽式袈裟。神通寺千佛崖龛像，有一龛一佛、二佛、三佛及四佛，为其造像常见组合形式，而少有同期龙门造像一佛二弟子二菩萨二天王的组合，造像题材有阿弥陀佛、弥勒佛等，而以表现弥陀净土

图137 高宗乾陵蹲狮 永淳二年(683) 陕西梁山

信仰为主。

睿宗是年又改元文明为光宅。光宅元年完成的安元寿墓和石刻，为昭陵陪葬墓。陈安利载，1972年12月，昭陵文物管理所配合当时公路的修筑和水利建设，清理出昭陵陵园内一座无名陪葬墓，从出土的墓志方知为安元寿夫妇合葬墓。《安元寿墓志》和夫人《翟氏墓志》置于后甬道北侧。《安元寿墓志》为正方形（志盖佚），志文楷书，题为"大唐故右威卫将军上柱国安府君墓志铭并序"。从志文可知，安元寿字茂龄，凉州姑臧（甘肃武威）人，卒于永淳二年（683），时年77岁，于光宅元年下葬。夫人《翟氏墓志》一合，志盖、志石均为正方形，盖上篆刻"唐故新息郡夫人墓志"。安姓为安息胡人之后，最早出于中亚一带的安国，后辗转居住于姑臧。安元寿的曾祖父弼、祖父罗、父兴贵曾历仕北周、隋、唐，其家世历代为官宦人家。安兴贵在唐初曾一举消灭凉州武威地区李轨的割据势力，举河西之地为唐所有，所以，陈安利说，安元寿也是武德功臣之后。

杨思勖制印度佛像善业泥。20世纪中叶，陈直曾撰文介绍过几件唐代善业泥。其一为"苏常侍造印度佛像"，此泥略呈半圆形，正中为释迦坐像（亦有立像），右手指地作降魔印，左手置膝上，左右各有一菩萨立像，佛像头有圆光，趺坐于方靠背椅上，下有束腰叠涩形方座，背有铭文，文曰："印度佛像大唐苏常侍等共作。"金申认为，这儿值得注意的是此泥像特意点明"印度佛像"，表明佛像直接摹自印度传人的样本。从佛的造型看，着袒右肩式大衣，螺发，双肩极为丰满宽厚。唐代其他泥像，一般肩部肥瘦匀停，不及苏造泥像之丰肥。大衣是无衣纹式的，仅仅在衣领部作出边缘线，又腿部也稍刻画裙的边缘线而已。从这种造型看，是直接传自印度萨尔那特地方的佛像样式。萨尔那特位于恒河中下游，佛成道地鹿野苑即在附近。笈多时代（约320—600）以萨尔那特为中心制作的这种无衣纹的佛像极为流行，著名的阿旃陀石窟在四至六世纪制作的佛像几乎无例外均是这种无衣纹佛像。此泥像上带方形靠背的宝座，也是萨尔那特佛像上常用的，即所谓金刚宝座。之所以特意点明印度佛像，就是因为当时人们心目中认为现时流行的佛像样式已经脱离了印度传来的标准样式而逐渐中国化了，是中国式的佛像，故而这种正宗的印度样式受到时人的推崇。供奉者苏常侍，陈直考证为宦者杨思勖，此泥像亦为中宗至武则天时（684年左右）所造。

［文献］ 唐张彦远《历代名画记》卷九，后晋刘昫等《旧唐书》卷五，明赵崡《石墨镌华》卷二，贺梓城《乾陵〈述圣记〉碑和它的现存文字》（《文物》1961年第3期），樊英峰《唐薛元超墓志考述》（《人文杂志》1995年第3期），金维诺《中国古代佛雕：佛造像样式与风格》，陈安利《唐十八陵》，费泳《汉唐佛教造像艺术史》，金申《佛教美术丛考》，陈直《西安出土隋唐泥佛像通考》（《现代佛学》1963年第3期）、《唐代三泥佛像》（《文物》1959年第8期）。

公元685年　垂拱元年

［提示］ 二月，在朝堂设登闻鼓与肺石。七月十七日，李谨行墓及墓志。十二月四日，河南《奉仙观太上老君石像碑》。

［叙录］ 垂拱虽然名义上是睿宗李旦的年号，但由于李旦完全被架空于唐朝权力之外，因此史学家通常将垂拱视为武则天的年号。武则天在政治上表现了一个颇具雄才的女性政治家的胸怀：她似乎并不惧怕来自民间的声讨或指责。因此，据《资治通鉴》载，在垂拱元年二月，武则天命人在朝堂设登闻鼓与肺石，不须防守，有击鼓或立石之人，令御史受状奏闻。登闻鼓（悬鼓）设于西朝堂外，红色肺石则设于东朝堂外。设置悬鼓和肺石的目的，是让天下臣民百姓可以自由登石或击鼓，御史闻见后接取状纸，并直接呈送武则天本人审阅。登闻鼓与肺石，是古代帝王与民间百姓一种沟通的特别方式。据《大戴礼记》等典籍记载，早在尧时，即在庭前置有进善旌以听取天下百姓声音，后又立诽谤木，使百姓都可指责君王过错。至舜时更置敢谏鼓，使人们可以畅

图 138 高宗乾陵蹲狮局部 永淳二年(683) 陕西梁山

所欲言。肺石始于西周时代,因为采取红色的石头,形状被雕造成肺形(意含发自肺腑),故名肺石。肺石通常置于朝廷门外,人们遇有不平或冤屈之事时,就能到这儿来击石或立石鸣冤。沈括就曾见过唐朝的肺石:其制如佛寺所击响石而甚大,可长八九尺,形如垂肺。肺主声,声所以达其冤也。红色的肺石,显然将石刻艺术与政治民生紧密地结合在一起了。

七月十七日,李谨行墓及墓志。据陈安利载,李谨行墓位于陕西省乾县乾陵乡韩家堡村东南两百米处。1972年对该墓进行发掘。李谨行为靺鞨(满族祖先)人,父亲名突地稽,是靺鞨部落酋长,初唐时以战功封为燕国公,太宗初年,赐姓李。其墓志名为《大唐故右卫员外大将军燕国公李谨行墓志铭》(陈景云、杨正兴著录),崔融撰文、颜俊书铭、万之奴镌、万之抗镌。

由李审几撰文、沮渠智烈书、赵文素镌刻的《奉仙观太上老君石像碑》,全称《大唐宗姓太上老君石像之碑》,碑在河南济源市的奉仙观三清殿前,刻建于垂拱元年十二月四日。此碑被清人叶昌炽誉为文章宏赡,书笔遒美,唐代道家碑碣之冠。此碑曾为宋人陈思、清人毕沅、钱大晰、王昶、日人大村西崖等所著录。碑通高350厘米、宽110厘米、厚33厘米。碑首正中刻有道像三尊,背部篆额"大唐宗姓太上老君石像之碑"12字。碑文记载了垂拱元年前两年中所发生的重大政治事件:先是唐高宗李治驾崩,中宗(高宗第三子李显)即位,武则天以皇太后名义临朝。次年武则天废中宗为庐陵王,立四子李旦为睿宗。同年九月改元光宅,史称唐武则天,次年再改元垂拱。

[文献] 宋司马光《资治通鉴》卷二〇三,宋沈括《梦溪笔谈》卷十九,宋陈思《宝刻丛编》卷二〇,清毕沅《中州金石记》卷二,清钱大昕《潜研堂金石跋尾》卷四,清王昶《金石萃编》卷六〇,[日]大村西崖《中国美术史雕塑篇》,陈安利《唐十八陵》,陈景云等《乾县文物志》卷四,曾毅公《石刻考工录》,胡文和《中国道教石刻艺术史》。

公元686年 垂拱二年

[提示] 二月八日开始的龙门造像活动。九月二十二日,《粟善德造石佛坐像》。是年,《佛倚坐像》。武则天令人摹写张僧繇画地藏菩萨于内道场供养。

[叙录] 据李文生、李淞载,垂拱二年的龙门造像活动始于是年二月八日万佛洞的《张师满造阿弥陀像》,之后有四月十五日宾阳洞附近的《弘济府长上折卫苏文达造阿弥陀像》和四月三十日的《洛州嵩阳县尉李守德造像》、五月八日的《龙丰伦造像》、五月十五日敬善寺附近的《夏侯造业道像》、七月十五日双窑洞的《魏庄等造阿弥陀像龛》和老龙洞《王君意造阿弥陀像》、十一月八日唐字洞附近《兰州司户参军郎高造像》以及十二月八日龙门火烧洞南壁上方的《左卫钤卫将军薛国公阿史那忠子史暕及夫人李氏造像》、垂拱二年老龙窝附近的《洛州河南和南十方造像》、万佛洞门道北壁下部一铺三尊的《张师满造像龛》等。

是年龙门造像活动中的阿史那忠及夫人造像,温玉成指出,阿史那忠是归化的突厥人,两《唐书》有传。龙门敬善寺区有阿史那忠造像记:"右骁卫大将军、薛国公阿史那忠造。"阿史那忠以擒突厥颉利可汗之功,擢左屯卫将军,尚宗室女定襄县主。永徽初封薛国公,擢右骁卫大将军,上元二年(675)卒。此造像记从造像风格推断为高宗前期所作。龙门火烧洞南壁上方这处造像,是阿史那忠之子史暕及李夫人所雕造。

金申著录有两件刻于是年的单体造像,一件是九月二十二日所造的《粟善德造石佛坐像》,石灰岩质,像高30厘米,现藏于北京首都博物馆。另一件《佛倚坐像》,也是灰岩质,高53厘米,现藏于台湾礼瀛艺术品公司。

本年,武则天令人摹写张僧繇画地藏菩萨于内道场供养。关于地藏菩萨的仪轨,李淞考察说,在《地藏菩萨仪轨》、《八大菩萨曼荼罗经》、《觉禅钞》

(地藏下)和《诸说不同记》等经典中分别都有描述。其中较为人们所熟悉的是唐输婆迦罗所译的《地藏菩萨仪轨》。李凇认为,可能在唐代这些译经家大量翻译出地藏经典以前,中国寺院中即已出现地藏图像。在宋人非浊所集的《三宝感应要略录》中就记载说:唐益州郭下法聚寺,画地藏菩萨,却坐绳床,垂脚,高八九寸,本像张僧繇画。同书还有:梁朝汉州善寂寺,东廊画壁上,张僧繇画观音、地藏各一躯,状若僧貌,敛披而坐。梁朝张僧繇在四川画的这些图,可能当时并未受到特别重视。唐高宗时期,玄奘于永徽二年(651)在慈恩寺以半年之功译完地藏信仰的主要著作《大乘大集地藏十轮经》十卷,麟德元年玄奘去世。这时京城的地藏信仰渐盛,张僧繇所画的"僧貌"地藏图被反复临摹,传至京城,并入宫供养。至垂拱二年,武则天再令人摹写,于内道场供养。今存同期遗物,尚有长安附近的彬县大佛寺地藏造像多龛。

［文献］　宋非浊《三宝感应要略录》卷下,李文生主编《龙门石窟志》,李凇《长安艺术与宗教文明》,金申《中国历代纪年佛像图典》、《海外及港台藏历代佛像珍品纪年图鉴》。

公元 687 年　垂拱三年

［提示］　正月十五日开始的龙门造像活动。正月,武则天建明堂于洛阳。二月十五日河南《宝山□明寺故大法师比丘尼静行灰身塔》。十月三十日,《毋丘海造弥勒佛碑像》。是年,《菩萨立像》。陕西《某造阿弥陀佛龛》。中天竺国三藏法师地婆诃罗(日照)圆寂于东都。

［叙录］　据李文生、李凇等载,本年的龙门造像从正月十五日火烧洞的《比丘僧思亮等造像》开始,接着便有二月十六日清明寺洞正壁北端的一佛二菩萨二力士二养人《雍州泾阳县苏伏宝造像龛》和同日同窟左壁中部所刻造的一佛二菩萨《薛□福造像龛》和《雍州三原县古鼎乡戴婆造像龛》、二月清明寺洞左壁中部的单尊坐佛《泾阳某氏造像龛》、三月五日敬善寺附近的《路敬潜妻卢氏造地藏菩萨》、三月清明寺附近的《雍州泾阳县申思思造三佛像》、四月八日双窑附近的《□孝节造像》和《金莫神造像龛》、惠简洞附近的《刘孝光造阿弥陀像》、双窑的《孝郎阿弥陀救苦观音像》、六月十六日赵客师洞附近的《弟子王元轨为亡妻刘氏造阿弥陀像》、六月二十五日双窑的《徐节造阿弥陀像救苦观音像龛》、七月十三日老龙洞的《雍州礼泉县王君意造阿弥陀像》、九月二十三日药方洞的《朝请大夫刘志荣造像龛》以及本年清明寺洞附近所刻的《刘孝光造像龛》等。其中较值得注意的是《金莫神造像龛》和《刘孝光造像龛》。金莫神龛高 48 厘米、宽 44 厘米,为一铺三尊龛。主尊结跏趺坐束腰圆莲座,右手抚膝,左手置两腿间。龛下有六区小坐佛和二区供养人。刘孝光龛高 95 厘米、宽 85 厘米,为一单独小龛,位于清明寺洞外五层塔南侧,即惠简洞与清明寺洞之间的下方。一铺五尊造像,主尊结跏趺坐于束腰圆莲座。题记位于其下,龛南侧为小千佛,共余 60 区。

武则天一方面大兴佛事,另一方面对儒家文化也表示了一定的重视,以获得一种政治上的平衡。比如这年正月,武则天建明堂于洛阳。明堂之制始于周朝,为天子处理政事的处所,是一种典型的儒家建筑设施。正如晏子有所说,关于明堂规制历代诸儒纷争,互有不同。其中以郑玄为代表的汉儒则主张明堂为五室,蔡邕则主张明堂为九室。垂拱三年春到四年正月,武则天命僧人薛怀义负责主持,在洛阳建造成一座明堂。据中国社会科学院考古研究所洛阳唐城队勘查发掘,结合资料可以得知,武氏洛阳明堂还具备四面朝向的明堂、玄堂、青阳、总章四堂;保持前堂后室,以及中央太室;上圆下方,外有圜水以象辟雍等基本形制。

是年二月十五日,河南刻造《宝山□明寺故大法师比丘尼静行灰身塔》。据河南省古代建筑保护研究所载,此塔为岚峰山摩崖石刻群 19 号塔,通高 94 厘米。塔铭为:□明寺故大法师比丘尼静行灰身塔,弟子比丘尼静寂洪垂拱三年二月十五日造。

是年有两件单体造像为金申所著录：十月三十日的《毋丘海造弥勒佛碑像》(图 139)，石灰岩质，高 96.5 厘米，现藏于美国旧金山亚洲艺术馆。另一件为石灰岩质《菩萨立像》(图 140)，高 170.8 厘米，现藏于美国克利夫兰美术馆。

同年，陕西铜川市金锁关摩崖造像《某造阿弥陀佛龛》。李凇载，金锁关在铜川市北约 20 公里的神水峡，这是关中通向陕北的交通要道，又是西去甘肃的三岔路口，宋金明代都在这里筑有关城，现仍依稀可辨关城遗址。在关城南门外同水东岸的东山悬崖上，遗有一批佛教造像。计有一个小窟和 18 个小龛，题记集中在武则天前期。中有三个小龛的纪年可识，其一为垂拱三年《某造阿弥陀佛龛》，主尊为结跏趺坐阿弥陀佛，坐于连梗莲花座，莲花座下又有方形座，佛有圆形背光和桃形头光，左右二菩萨立于小莲座，其座有梗与阿弥陀佛座相连。

据宋赞宁和释志磐载，中天竺国三藏法师地婆诃罗(日照)圆寂于东都，武后敕葬龙门香山之阳、伊水之左，会葬者数万人，后梁王武三思请置伽兰，赐名香山寺，造石像七龛。

［文献］ 宋赞宁《宋高僧传》卷二、卷三，宋释志磐《佛祖统纪》卷三九，李文生主编《龙门石窟志》，李凇《长安艺术与宗教文明》、《陕西古代佛教美术》、《海外及港台藏历代佛像珍品纪年图鉴》，晏子有《清东西陵》，河南省古代建筑保护研究所《宝山灵泉寺》。

公元 688 年 垂拱四年

［提示］ 四月，李峤、崔融因洛水出瑞石而撰表颂，杨炯在梓州撰《惠义寺重阁铭》。是年，陕西《美原神泉诗碑》、陕西铜川市金锁关摩崖造像《某造佛龛》。

［叙录］ 四月，李峤、崔融因洛水出瑞石而撰表颂。在宋人王钦若、杨亿等编纂的《册府元龟》中载：诗人李峤在则天朝为侍御史，雍州人唐同泰献洛水瑞石，峤上《皇符》一篇以美其事，有识者多讥之。所谓《皇符》，当指李峤《为百寮贺瑞石表》：伏见雍州永安县人唐同泰于洛水中得瑞石一枚，上有紫脉成文："圣母临人，永昌帝业"八字。臣等窥灵迹、瞩珍图，俯仰殊观，相趋动色。这儿所谓的瑞石，显然是人工所为，《资治通鉴》的记载就道破了天机：武承嗣使凿白石为文："圣母临人，永昌帝业"，末紫石杂药物填之，使雍州人唐同泰奉表献之，称获之于洛水。太后喜，命其石曰"宝图"。六月，又获"瑞石"于水，称《广武铭》，内称"三六年少唱唐唐，次第还唱武媚娘"。又说"化佛从空来，摩顶为授记"云云。温玉成指出，这一切都是为武则天称帝制造舆论。载初元年七月，沙门怀义、法朗等造《大云经疏》，陈符命，言则天是弥勒下生，当作阎浮提主。九月，武则天自立为皇帝，改国号为周，改元天授，中国历史上唯一一位女皇帝就此诞生。在李峤上表的同时，还有另一位颇有名气的作家崔融也奉敕撰成《洛出宝图颂》，《新唐书》本传称崔融为文华婉，当时未有辈者。朝廷大笔，多手敕委之，其《洛出宝图颂》尤工。

四月，杨炯在梓州撰《惠义寺重阁铭》。杨炯在《惠义寺重阁铭》序中说：大辰之岁，正阳之月。张志烈《初唐四杰年谱》考证，认为此序作于垂拱四年四月。杨炯还作有《梓州官僚赞》，其中《司法参军杨炯自赞》云：吾少也贱，信而好古。游宦边城，江山劳苦。岁聿云徂，小人怀土，归欤归欤，自卫反鲁。刘加夫在陈文新主编的文学编年史中指出，此赞当作于秩满将离梓州时。明年春杨炯已在洛阳，则其由梓归洛当在本年四月之后，其《广溪峡》、《巫峡》、《西陵峡》等诗当作于赴洛途中。

刻于垂拱四年的《美原神泉诗碑》，原在陕西富平县，现存西安碑林。清人王昶著录，碑高五尺八寸，广二尺六寸五分，两面刻文。碑阳额题隶书"美原神泉诗序"六字。碑文为韦元旦所撰《美原神泉诗序》及贾言淑和无名氏两首诗，由尹元凯篆书。碑阴刻徐彦伯所撰序文及尹元凯、温翁念、李鹏诗各一首，仍由尹元凯篆书。碑阴额题隶书"大唐裕明子书"(裕明子即尹元凯)。唐时美原县(即今富平县)

图 139　毋丘海造弥勒佛碑像　垂拱三年(687)　美国旧金山亚洲艺术馆藏

图 140 菩萨立像 垂拱三年(687) 美国克利夫兰美术馆藏

北10余里处有灵泉山，山有龙泉，每至清明时节，人们来此取水以祈丰年，其地称为灵泉山，《美原神泉诗碑》即刻立于灵泉山龙泉旁。唐代碑刻中，除李阳冰、瞿令问所书碑之外，篆书碑刻甚少。此碑篆书师法秦相李斯玉箸铁筋，结体时参石鼓文法，为篆书碑中精品。

陕西铜川市金锁关摩崖造像《某造佛龛》。李凇载此龛刻于垂拱四年，佛结跏趺坐于大叶莲花座，左手抚膝，右手上抬施无畏印，莲花座下部为方座。

［文献］ 宋王钦若等《册府元龟》卷八四二，《资治通鉴》卷二〇四，宋宋祁等《新唐书》卷一一四，明赵崡《石墨镌华》，清王昶《金石萃编》卷六一，温玉成《中国佛教与考古》，张志烈《初唐四杰年谱》，陈文新主编《中国文学编年史》(隋唐五代卷)，刘正成《中国书法鉴赏大辞典》，李凇《陕西古代佛教美术》。

公元689年 永昌元年

［提示］ 二月二十日开始的龙门造像活动。二月二十七日，《冯氏造石佛坐像》。五月，四川蒲江县飞仙阁《王□□一家大小造弥勒佛一龛》。七月二十七日，河南《登封县少室山禅宗大师法如碑》。七月，《永昌元年□□□飞造像》。八月，陕西富平《佛顶尊胜陀罗尼经幢》。是年，武后听讲《华严经》赋诗以纪其事、陕西铜川市金锁关摩崖造像《邵思贤造阿弥陀像龛》。

［叙录］ 据李文生著录，本年二月二十日，路洞附近有《杨□知造像》；三月七日，汴州洞附近有《安多富造像》；三月八日，药方洞上方南侧有《北市香行社造像题》；五月七日，火烧洞附近有《皇甫法仁造阿弥陀像》；某月十五日，党屈蜀洞附近有《比丘惠□造释迦像》。龙门造像主中，行会造像是一个比较特殊的商业群体行为，除此香行社造像之外，龙门行会组织造像还有《北市丝行造像》，位于古阳洞上方，窟楣刊有“北市丝行像龛”；《北市彩帛行造像》，位于净土堂窟楣上。

是年，龙门造像之外，也有单体造像出现，如金申著录二月二十七日所刻造的《冯氏造石佛坐像》，为石灰岩质地，高42.3厘米，现藏于日本东京国立博物馆。还有一件七月的《永昌元年□□□飞造像》，亦为单体造像，罗振玉曾著录，现藏于美国波士顿博物馆。

五月，四川蒲江县飞仙阁《王□□一家大小造弥勒佛一龛》。贞观十九年(645)，玄奘从印度返长安，在其所携回的七件佛像中有一件名为“拟婆罗尼斯国鹿野苑初转法轮像”，这件佛像的原件可能是鹿野苑曾出土的第六世纪《释迦如来初转法轮像》。此像在背屏左右两侧浮雕着鳄鱼兽首头形状，接近密经六拿具图。李巳生认为，其母形可追溯到印度纪元前1世纪的山奇大塔东门楣浮雕，作为佛的象征菩提树左右围绕着怪异的兽群。类似的图像也雕刻在武周石窟中，蒲江飞仙阁第60号龛造菩萨装佛、胁侍二菩萨及着异族服装的侍者二身，镌题：“永昌元年五月为天皇天后敬造瑞像一龛”，此为最早有纪年题记的菩萨装毗卢佛，或弥勒佛的密像(图141)。

七月二十七日，河南刻立《登封县少室山禅宗大师法如碑》。清人王昶、江鋆有著录。温玉成载，禅宗大师法如的墓塔坐落于河南登封县少室山北侧，西距少林寺约800米。其形制为叠涩顶方塔，由砖石构建，塔基就山石而成，在九重叠涩顶之上是三重递收阶梯式平台，构成了相当于所谓“覆钵”的部分，平台之上是须弥座式台基，其上为山花焦叶及由三层相轮和摩尼珠组成的“塔刹”，塔通高为700厘米。塔门框由青石雕出，门楣雕刻铭文和二身飞天。入塔门可见青石碑一通，碑刻《唐中岳沙门释法如行状》。法如碑通高165厘米、宽70厘米、厚20厘米。碑为圆额，上刻优填王倚坐像并二身金刚力士。左力士踏羊，右力士踏牛，刻工精细。碑文八分书。保存较好，仅泐二字。释法如俗姓王，上党人(山西省长治县)。温玉成认为此碑所载可补僧传之失，对禅宗史提供了重要文献。

据1958年陕西省文管会调查，永昌元年八月，陕西富平县刻有一件国内现存最早的《佛顶尊胜陀罗尼经幢》,发现于莲湖小学内。经幢多与密教的流行有关,其上一般刻写陀罗尼经。经幢的构造分为三部分:上为圆形幢盖,中为八面体幢柱,下部多为覆莲状须弥座。陀罗尼经幢是唐代出现的一种新的佛教石刻艺术形式,之后广为流行,其流行的理论背景在于,所刻《佛顶尊胜陀罗尼经》简易地唤起人性趋吉避凶的普遍欲望,并提出到达彼岸梦想的生活方法。幢梵名"驮缚若",本为一种丝帛质伞盖状物,盖顶装饰如意珠,下带长柄。经幢则是以石刻的方式模拟丝帛质地的幢。人们之所以热衷于刻立经幢,是因为《佛顶尊胜陀罗尼经》上说:佛告天帝:若人能书写此陀罗尼,安高幢上,或安高山或安楼上,乃至安置窣堵波中。天帝,若有苾刍、苾刍尼、优婆塞、优婆夷、族姓男、族姓女,于幢等上或见或与相近,其影映身;或风吹陀罗尼上幢等上尘落在身上,天帝,彼诸众生所有罪业,应堕恶道、地狱、畜生、阎罗王界、饿鬼界、阿修罗身恶道之苦,皆悉不受,亦不为众罪垢染污。天帝,此等众生,为一切诸佛之所授记,皆得不退转,于阿耨多罗三藐三菩提。按此经所说,将《尊胜陀罗尼经》书刻于石幢之上,即可消弥人世的灾祸,免除地狱恶道的苦难。其中最为玄妙的神力还在于沾尘覆影:经幢的倒影或尘埃落在人身,即可免除罪业、祈求福报。

武后听讲《华严经》,并作诗纪其事。陈尚君《全唐诗补编续拾》载武后所作《听〈华严〉诗》,诗序中有:听讲《华严》,既资熏习,顿解深疑。故述所怀,爰题短制。据唐人释法藏《华严经传记》记载,其诗作于永昌元年。

李凇载永昌元年,陕西铜川市金锁关摩崖造像中,有大唐雍州同官县《邵思贤造阿弥陀像龛》。主佛坐于有梗莲花座,与左右二菩萨的小莲座相连。金锁关摩崖造像时间比较集中,为初唐至武则天时,早先的小龛造型十分概括简略和粗拙,显现出十分强烈的民间艺术趣味,至高宗晚期时技术略为成熟,与长安主流风格接近。造像题材十分单纯,大多为一佛二菩萨,高宗时最为流行的题材是阿弥陀佛西方净土信仰,因此这批造像也多为阿弥陀佛。

[文献] 唐法藏《华严经传记》卷三,清罗振玉《海外贞珉录》,清王昶《金石续编》卷六,清汪鋆《十二砚斋金石过眼录》卷一〇,李文生主编《龙门石窟志》,金申《中国历代纪年佛像图典》,温玉成《中国佛教与考古》,陈尚君《全唐诗补编续拾》卷七,李已生《川密造像艺术初探》(黎方银主编《2005年重庆大足石刻国际学术研讨会论文集》),李凇《陕西古代佛教美术》。

公元690年　载初元年　天授元年

[提示] 载初元年一月十日开始的龙门造像活动、军元庆洞造像、奉南洞造像、刘天洞造像、高平郡王洞造像。七月,释怀义、法明等上《大云经》为武则天自立皇帝造势。天授元年,明令释教宜在道教之上僧尼处道士之前,顺陵石刻。

[叙录] 公元690年,武则天废睿宗李旦为皇嗣,自称为帝,国号周。李唐王朝至此实已暂时灭亡。

载初元年一月开始的龙门造像活动,据李文生、李凇等载,有是月十日破窑附近所造的《为亡女杨六娘造像》、二月十日路洞附近的《右玉钤卫大将军浑元庆造像》、五月二日清明寺洞右壁下部的一佛二菩萨《张元福造阿弥陀像二菩萨像龛》、五月十五日老龙洞及附近的《绛州曲沃县胡元庆造佛》和《孟思敬造救苦观音像》、六月三日清明寺洞的《刘氏及妻姚氏造阿弥陀像龛》、九月三日唐字洞附近的《杨神荣造像》。改元天授后,有天授元年石牛溪附近的《崔殿造像》和军元庆洞造像、奉南洞造像、刘天洞造像等。龙门军元庆洞在路洞南侧上方,高153厘米,两侧壁有二天王。一铺七尊,外二力士。二天王各抬一腿、踩一夜叉,夜叉二指二趾。左天王手举短匕,窟门上方有造像记。李凇认为军元庆洞虽是一个较小的洞,却显示了造像形式的转折。它三面环坛,造像为一坐佛二菩萨二弟子二天王。与以前相比,有

图 141 蒲江飞仙阁第 60 号正觉佛龛 永昌元年(689)

两点值得注意的变化：一是天王菩萨与弟子均匀地刻于两侧壁，高度大致相等。二是夜叉相对增大而天王相对缩小。这都与 14 年前完工的奉先寺大龛、10 年前完工的万佛洞有所不同。这两个变化并不只是军元庆洞所独具，而是相当一批中、小型洞窟所共有，显示为一种流行时尚。龙门奉南洞完成于此年或略晚，在奉先寺南壁外侧，高 400 厘米。一铺七尊，外二力士。天王双腿直立，各踩一夜叉坐像，竖发。奉南洞三面环坛，天王的尺度与菩萨完全一样。所踩夜叉为坐式，头正面向上，西壁夜叉长发上竖。夜叉的造型又有不同，以前大多为斜躺在天王脚下，而此洞夜叉为大致呈正面式，坐或俯于天王脚下，亦即夜叉头部在天王两腿中间，这样天王两腿伸直，动感消失，重新回到了 30 年前的韩氏洞状态。因此李淞认为，奉南洞天王像完整地体现了形式上的三个转变(与菩萨等高、夜叉“长大”、双腿直立)，而它又恰好位于奉先寺大龛之龛口，与后者形成对照。龙门刘天洞在擂鼓台北洞之北侧，层高 120 厘米。呈上下两层式，上层一铺七尊，外二力士。天王双腿直立踏云状山石，下层主像大日如来，两侧各十菩萨。是年(或稍后)，高平郡王武重规开始凿窟造像，至神龙元年(715)辍工，即东山万佛沟高平郡王洞，历时五年始完工。

据两《唐书》、《通鉴》及宋人释志磐等载，载初元年七月，释怀义、法明等上《大云经》，为武则天自立皇帝造势。东都洛阳东魏国寺僧释怀义、法明等撰

图 142 顺陵石羊 天授元年(690) 陕西咸阳

《大云经》四卷，上表进献，称太后乃弥勒佛下生，是当代阎浮提（人世）主。武则天听了当然高兴，遂制颁于天下，并令两京及诸州各置大云寺，各藏《大云经》一本，并度僧千人。此后不久，菩提流支等人译出《宝雨经》，更进一步为则天受命大造舆论。经过一系列有计划有步骤的舆论准备和宣传，武则天以圣母神皇的身份被肯定，进而成为圣神皇帝的盛事，已呼之欲出。武周诏令在全国各州建大云寺，即使远在沙州之地也不例外。李玉珉讲，当时沙州的大云寺即今莫高窟第 96 窟，又称“北大佛窟”。在武则天重瑞应、好图谶的影响下，莫高窟的匠师也在 321 窟的南壁，绘一铺图写武氏圣讳的宝雨经变，以歌颂武后的功德。328 窟西壁龛内的彩塑菩萨，云髻高耸，曲眉秀目，形貌端美典雅，腰部拉长，胸腹微隆，弹性十足，风格与长安七宝台的十一面观音菩萨仿佛，这显示了敦煌的佛教艺术与中原的关系更加密切的事实。

自永徽六年（655）武则天被册封为皇后，于显庆五年（660）参与朝政以来，武则天实已为唐朝政治的核心人物，时“政无大小，皆与闻之，天下大权，悉归中宫，黜陟生杀，决于其口，天子拱手而已，中外谓之二圣”。（《通鉴》语）虽说是二圣，武则天实已取代高宗而行天子之权。上元元年（674）武则天被称为天后，离其实现称帝之梦已触手可及。此时佛教成为武则天的重要政治工具，弥勒的身世（上生为菩萨下生为佛）最受则天关注，《大云经》和新译《宝雨经》是其中最为露骨的宗教策划。武则天于天授元年登基，在长寿二年（693）薛怀义监译的《宝雨经》中说：尔时东方有一天子，名曰日光，乘五身云来诣佛所。佛造天曰：我涅槃后，最后时分，第四五百年中法欲灭时，汝于此赡部州东北摩诃支那国位居阿鞞跋致，实是菩萨，故现女身，为自在主。经于多岁，正法治化，养育众生犹如赤子。这样一来，正如费泳所说，武则天已俨然被塑造成弥勒下生佛。这种出于政治目的的宗教宣传，对龙门石窟造像影响重大。在龙门的唐代造像中，弥勒像数量极多，如双窟南洞、惠简洞、胡处贞造弥勒 500 躯、梁文雄洞、龙华寺洞、破窟、极南洞摩崖三佛及东山擂鼓台中洞正壁等处，皆有弥勒佛造像。

宋王溥载：天授元年武则天登基之后，明令释教宜在道教之上、僧尼处道士之前。这对于唐朝历朝均以道教为先的政治传统，是一次重大的颠覆。

天授元年的顺陵石刻。顺陵是武则天母亲杨氏的陵墓，位于陕西省咸阳市郊东北 20 公里处渭城区底张镇韩家村。杨氏卒于咸亨元年（670），以王礼安葬之。至天授元年武则天称帝后，追封杨氏为孝明高皇后，改墓为明义陵，后称顺陵，并重新雕造石刻。陵前置大型石刻，有石人、石羊、石马、石蹲狮、石走狮、石瑞兽等 30 余件（图 142、图 143、图 144）。顺陵制墓所用石料十分精美，所雕刻之大型狮子和走兽，气势恢弘，甚过前代诸多帝王，其中的一对走狮尤其壮观。顺陵走狮，雌雄都刻有鬣毛，高达 3 米多，昂首挺胸，徐步而行，威武中自有一种慑人的气质。刀工夸张犀利，肌肉贲张，卷毛、突目、隆鼻、丰颌、阔口，仿佛能倾听到狮子的吼声。

顺陵是唐十八陵中继兴宁陵、献陵、昭陵之后的第四座陵墓，其时唐朝正处于强盛时期。那对走狮具有高度写实功力，同时又蕴含无限想象力，显示出武则天内心的自信与雄强。刘兴珍认为顺陵走狮四肢粗壮，筋骨和肌肉随动作变化而隆起，矫健有力，显示出唐代雕刻家惊人的创造力和宏大的气魄。据说顺陵走狮中的雌狮，其位置比雄狮略向前领先一米，其中的女权意识不言而喻。顺陵的石瑞兽（独角天禄）高达四米多，雄雌一对，相向而立。形体高大，结构夸张且富装饰味。整体雕刻简练概括，而头部及双翼却精致谨严，翅饰卷云纹浮雕，华贵典雅。正如刘兴珍所说，其造型圆中有方，刀法遒劲，于端庄肃穆中体现出勃勃生气。

［文献］ 后晋刘昫等《旧唐书》卷六，宋宋祁等《新唐书》卷四、卷七六，《资治通鉴》卷二〇一、卷二〇四，宋释志磐《佛祖统纪》卷三九，宋王溥《唐会要》卷四九，李文生主编《龙门石窟志》，李淞《长安艺术与宗教文明》，李玉珉《中国佛教美术史》，费泳《汉唐

佛教造像艺术史》，刘兴珍等《中国古代雕塑图典》。

公元691年　天授二年

［提示］　一月一日开始的龙门造像活动。四月二日，武则天制《释教在道法之上诏》。是年，郑州开元寺《侯文衍造弥勒石像》、书碑名家欧阳通卒、山西晋城羊头山炎帝庙唐《清化寺碑》、山西《涅槃变碑像》。

［叙录］　据李文生、李淞等著录，这年一月一日，即有双窑的《□□罗造像》，接着有二月五日老龙洞的《松义县尉杨行賗并妻王氏造卢舍那像》、二月八日双窑的《比丘僧德藏造阿弥陀像》、二月三十日清明寺的《雍州万年县张元福造像》、三月十日清明寺洞门外壁北侧的一佛二弟子二菩萨《袁士□造阿弥陀像龛》、三月二十日双窑的《李二娘造阿弥陀像》和四月八日的《李大娘二娘造像》、四月十四日蔡大娘洞《蔡大娘造像龛》和《蔡大娘造药师佛龛》、四月双窑的《李居士造地藏菩萨》、五月二十八日敬善寺附近的《姜须达石大娘造千佛并菩萨像》、十月老龙洞的《襄州谷城县□仁方造观音像》以及是年丝行龛附近的《同行者造观音像》等。其中较著名的是被称为四小洞之一的蔡大娘洞造像，位于清明寺洞北邻、万佛洞正下方，面积约与清明寺洞相等但规模略小，因洞内南壁有两小龛天授二年蔡大娘造像而得名。李凇载，该洞平面呈梯形，里面置五尊主像处最宽，为250厘米；门道处最窄，为115厘米；洞深265厘米(至门道外沿)，高208厘米(至穹隆顶最高处)。主像为一铺五尊，周壁为小龛，其中有题记16处。

四月二日，武则天制《释教在道法之上诏》。此事见载于宋敏求和释志磬的相关记载中。刘学智说，李唐王朝为巩固其政权，遂在三教名位次第上极力抬高老子和道教。高祖武德八年(625)诏谓："老教孔教此土元基，释教后兴宜崇客礼，今可老先，次孔，末后释宗"。诏出引起佛、道的激烈争论。贞观十一年(637)太宗又下诏："自今以后，斋供行立，至于称谓，道士、女冠，可在僧尼之前，庶敦返本之俗。"高宗于乾封元年(666)，为老子加尊号"太上玄元皇帝"。这个政策到了武则天时来了个大转弯：则天以为佛教"开革命之阶"(曾为自己争夺皇位效力)，于是采取尊佛抑道政策，乃于此年下诏，"令释教在道法之上，僧尼处道士女冠之前。"刘学智认为，这是唐王朝在三教关系上一次重要的转变。

据清代画家黄小松载，本年有郑州开元寺《侯文衍造弥勒石像》，刘兴珍也曾著录，为单体造像。

书碑名家欧阳通卒。欧阳通字通师，是欧阳询第四子，潭州临湘(湖南长沙)人，生年不详，卒于天授二年，在《旧唐书》中有传。曾官兰台郎骑都尉，世人称欧阳兰台。因反对立武承嗣为太子，入狱惨死狱吏毒手。通书法造诣极高，与其父齐名，有大小欧阳之称。唐窦臮在《述书赋》中说：学有大小夏侯，书有大小欧阳，父掌邦礼，子居庙堂，随运变化，为龙为光。由此，可见其当时书名之重。据说欧阳通晚年以狸毛或兔毫为笔，其笔管则以犀牛角或象牙雕作。有前来求书者，非其人，辄吝而不与。故欧阳通所书传世名碑极少，仅《道因法师碑》等行世。

山西晋城羊头山炎帝庙刻立《清化寺碑》。此碑于2001年8月，在清理清化寺遗址时发现。羊头山位于晋城市区北30多公里的高平市神农镇，其地为炎帝神农氏活动遗址，尚有明代炎帝陵石碑存世。《清化寺碑》原立于清化寺内，为天授二年重修清化寺所刻立，后移入羊头山炎帝庙中，为牛元敬撰并书，天授二年立石。碑文记载炎帝在羊头山上一带的功绩，碑文字迹多磨泐不清。

山西《涅槃变碑像》。赵超提到，在现存的唐造像碑中，山西省博物馆收藏的《涅槃变碑像》颇引人注目。这件武周天授二年雕刻的造像碑，是一套美丽动人的佛传故事连环画。碑身正面顺序刻画了佛祖释迦牟尼临终时告诫门人(遗戒)、佛祖涅槃、门人把释迦送入棺木(纳棺)、送葬火化(荼毗)等画面；碑阴接着刻画了印度八王分佛舍利和起塔供奉的场面。这套浮雕画具有很高的史学和艺术价值。造像碑以外的一些佛教石刻，如塔刹、舍利盒、佛座等也都雕刻得十分精细，成为不朽的艺术名作。碑高302

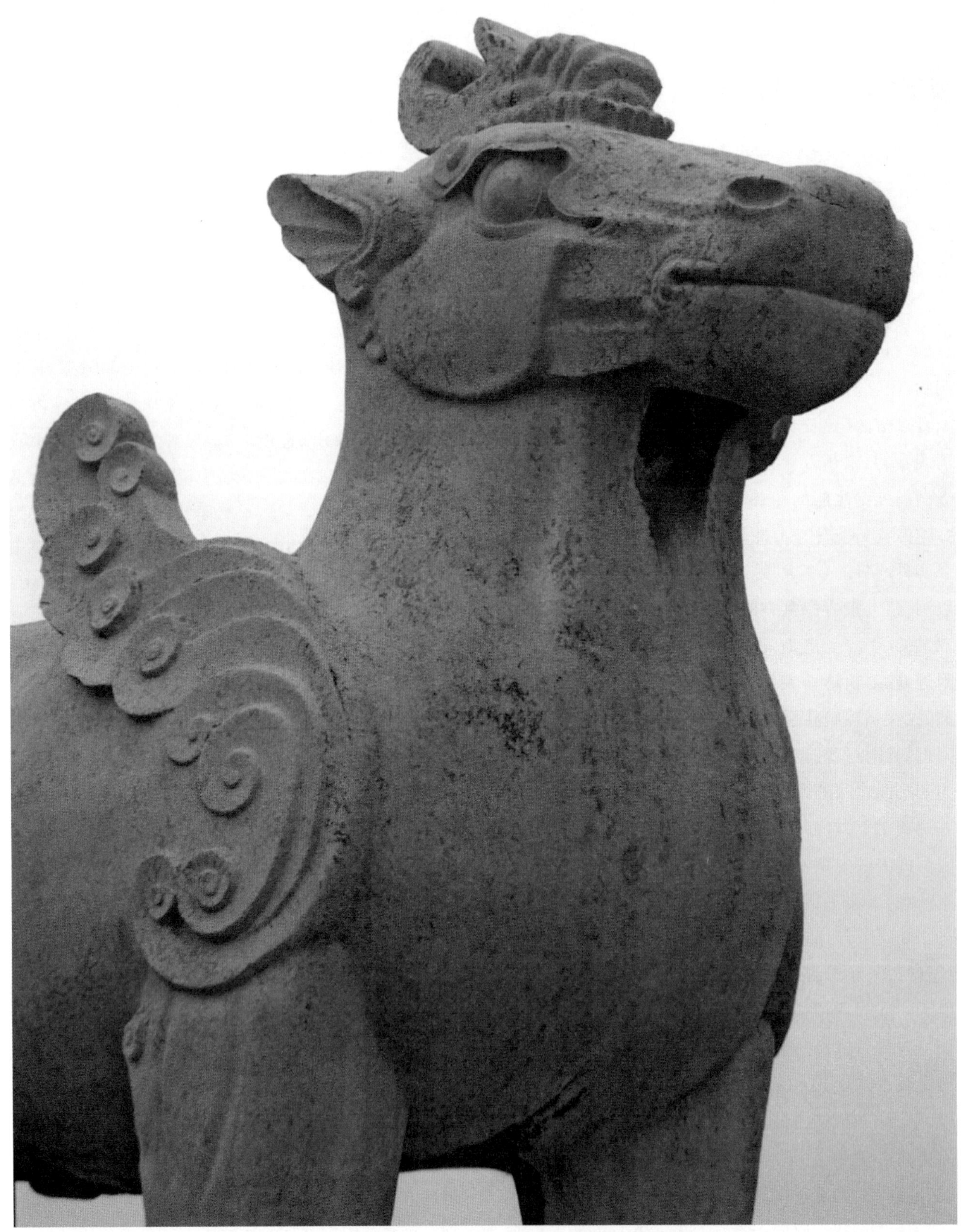

图 143 顺陵天禄(雌)局部 天授元年(690) 陕西咸阳

图 144 顺陵走狮(雄) 天授元年(690) 陕西咸阳

厘米、宽87厘米、厚25厘米。原为山西猗氏(今临猗)县大云寺遗物。寺宇早毁,碑于1957年移入山西省博物馆陈列。碑为螭首龟趺,额部雕众神将护持之须弥山。

[文献] 唐窦臮《述书赋》,后晋刘昫等《旧唐书》卷一八九,宋宋敏求《唐大诏令集》卷一一三,宋释志磐《佛祖统纪》卷三九,清黄小松《嵩洛访碑日记》,李文生主编《龙门石窟志》,李凇《长安艺术与宗教文明》,刘兴珍等《中国古代雕塑图典》,张岂之、刘学智《中国学术思想编年》(隋唐五代卷),赵超《石刻史话》。

公元692年 天授三年 如意元年

[提示] 天授三年正月十八日,山西《大云寺弥勒重阁碑》。正月二十四日,河南《马元贞济渎投龙记》。三月八日,龙门东山刘天洞密教洞窟造像。如意元年四月八日,龙门《佛顶尊胜陀罗尼经》。闰五月五日,龙门清明寺《丁君义造阿弥陀像龛》。如意元年,甘肃泾州《杨元裕敬造阿弥陀佛》二铺。

[叙录] 载初元年(690)七月,东都洛阳东魏国寺僧释怀义、法明等伪撰《大云经》四卷,上表进献,称太后乃弥勒佛下生,是当代阎浮提(人世)主。自此以后,武则天俨然以下生的弥勒佛自居,济万民于水火中。由于这部伪经对于武则天十分重要,她便颁布天下,并在各州广建大云寺。天授三年正月十八日,山西猗氏县仁寿寺刻立《大云寺弥勒重阁碑》,即是在此种背景下出现的。清人胡聘之有著录,曾毅公载此碑刻工为造碑大匠(官署刻工)李檀度,时间定为天授二年二月二十四日。曾氏所定刻碑时间显然有误,程章灿已辨正:碑云"天授二年二月廿四日,准制置为大云寺,至三年正月十八日(准制回换额为仁寿寺)"。显然正月十八日为刻竣立碑之时。此碑曾为鲁迅所重视,并于1915年撰有《〈大云寺弥勒重阁碑〉校记》,后收入《集外集拾遗补编》中。

是年正月二十四日,董修祖刻河南《马元贞济渎投龙记》,全称《金台观主马元贞投龙记》。清人陆增祥、陆心源、陈垣等著录。自古以来,中国人对于山水有着浓厚的崇拜情结,在山有五岳之祭,在水有四渎(长江、黄河、淮河、济水)或四海(东海、南海、西海、北海)之礼。对这些海渎的自然水体的祭祀行为,至迟在西汉时已形成比较规范的制度。据唐杜佑《通典》载,在唐朝的海渎祭礼中,并封以王公尊号:天宝六载(747),河渎封为灵源公、济渎封为清源公、江渎封为广源公、淮渎封为长源公。十载(751),以东海为广德王、南海为广利王、西海为广润王、北海为广泽王。四渎神庙均有具体位置和祭祀地,据《马元贞投龙记》载,其中的济渎庙就在河南府济源县。投龙是道家的一种祭礼水神的仪式,据张泽洪的研究,唐代道教的投龙仪式已上升为国家祭祀大典。道教的投龙仪式通常称为投龙简、投龙璧:将写有祈福消罪愿望的文简和玉璧、金龙、金钮用青丝捆扎,在举行斋醮科仪之后投入名山大川、岳渎水府。

三月八日,龙门东山刘天洞密教洞窟造像。温玉成说,向来的佛教史,都以"开元三大士"(善无畏、金刚智、不空)作为密宗入华之始。实际上,早在隋开皇年间,在广州就有"男女合杂,妄承密行"的记载。《宋高僧传》(智通传)更明确指出,唐永徽年间智通即云"行瑜伽密教,大有感通"。同书还记述永徽年间,由中印度僧阿地瞿多(无极高)主持,在长安慧日寺建立了"陀罗尼普集会坛",发起者有沙门大乘琮、李世勣、尉迟敬德等12人。阿地瞿多还从《金刚大道场经》中撮要译出了《陀罗尼集经》12卷,内有"三重院方形坛",配合95尊像;又有"五重院方形坛",配合209尊像及139尊像等仪轨。以大日如来为本尊的造像在龙门石窟的发现,也证明瑜伽密教早在"开元三大士"之前已传入中国,并有相当发展。龙门东山发现的刘天洞,造于天授三年以前,就是以大日如来为主尊的洞窟。擂鼓台南洞亦是与刘天洞同期的密教洞窟。刘天洞窟楣有"天授三年三月八日"纪年铭。费泳同意温玉成的观点,认为这一现象值得关注,善无畏和金刚智分别于开元四年(716)和开元七年(719)由天竺来到长安和洛阳,而密宗本经《大日经》及《金刚顶经》的译出更是开元十一年(723)以后的事。擂鼓台三洞(其北洞即刘天洞)及周围小龛的建造时间应发生在"开元三大士"来华之前的武周时期,如此汉地对密宗题材造像的表现在善无畏等密宗大师来华之前就已出现。

是年由天授改元如意。如意元年四月八日,在龙门莲花洞外左侧刻《佛顶尊胜陀罗尼经》,李文生载:碑高167厘米、宽157厘米。碑文正书57行,行67字。碑上还刻有明隆庆二年(1568)春监察御史赵岩题刻"伊阙"二字,对经文造成破坏。温玉成说,这件史延福所造出的佛陀波利译《佛顶尊胜陀罗尼经》,距该经译出时间(683)仅10年时间。在擂鼓台中洞,还有武则天时期刻出的玄奘所译《六门陀罗尼经》。如意元年闰五月五日,龙门清明寺刻造《丁君义造阿弥陀像龛》,据李凇记载,此龛为单尊坐佛,正壁南端。龛高18.5厘米、宽13.5厘米、深2厘米。

如意元年,甘肃泾州临泾县令在庆阳北石窟寺第32窟内刻《杨元裕敬造阿弥陀佛》二铺。费泳载,第32窟为武周年间所造,该窟为不规则形中心柱窟,由若干洞窟凿通相连而成,县令杨元裕所造两铺阿弥陀佛分别位于正壁右侧和中心柱正壁,正壁为一铺七身像,由一佛二弟子二菩萨二力士组成,今存左侧身力士,头虽残,仍不失为唐代同类题材佳构(图145)。

[文献] 唐杜佑《通典》卷四六,清胡聘之《山右石刻丛编》卷五,清陆增祥《八琼室金石补正》卷四〇,清陆心源《唐文续拾》卷九,鲁迅《集外集拾遗补编》,陈垣《道家金石略》,曾毅公《石刻考工录》,程章灿《石刻刻工研究》,张泽洪《唐代道教的投龙仪式》(《陕西师范大学学报(哲社版)》2007年第1期),温玉成《中国佛教与考古》,费泳《汉唐佛教造像艺术史》,李文生主编《龙门石窟志》,李凇《长安艺术与宗教文明》。

公元693年 长寿二年

[提示] 二月,陈子昂撰《馆陶郭公姬薛氏墓志铭》。四月二十三日,龙门《任智满造阿弥陀地藏观音像》。陕西《神智造像》。

[叙录] 二月,陈子昂撰《馆陶郭公姬薛氏墓志铭》,时郭震官梓州通泉尉。陈子昂在文中写道:姬人姓薛氏,本东明国王金氏之胤也。父永冲,在唐高宗时,与金仁问归国,帝畴厥庸,拜左武卫大将军。姬人幼有玉色。年十五,大将军薨,遂剪发出家。静心六年,青莲不至,乃谣曰:遂返初服而归我郭公。以长寿二年太岁癸巳二月十七日,遇暴疾而卒于通泉县之官舍。

刘加夫在《中国文学编年史》中按:郭公谓郭震,《旧唐书》郭元振传:"举进士,授通泉尉。"张说《兵部尚书代国公赠少保郭公(震)行状》:"十八擢进士第,其年判入高等。时辈皆以校书正字为荣,公独请外官,授梓州通泉尉。"可参见岑仲勉对此事的相关考证。

四月二十三日,龙门莲花洞刻《任智满造阿弥陀地藏观音像》,李文生著录其造像题记。是年中,李凇提到一件刻于陕西林县大佛寺的《神智造像》,其造像记为清人陆心源所著录。

[文献] 清陆心源《唐文续拾》卷八,陈文新主编《中国文学编年史》(隋唐五代卷),岑仲勉《陈子昂及其文集之事迹》(《辅仁学志》第14卷),李文生主编《龙门石窟志》,李凇《长安艺术与宗教文明》。

公元694年 长寿三年 延载元年

[提示] 长寿三年一月一日开始的龙门造像活动。延载元年,武则天令佛经制"卍"字。

[叙录] 据李文生、李凇著录,从长寿三年一月一日万佛洞附近的《神都宁刹寺尼□□造弥勒像》开始,接着就有五月十五日破窑附近的《中久寿及卢氏两女造像》。改元延载之后,延载元年五月十五日,

图 145　北石窟寺 32 窟正壁左侧身力士　如意元年(692)　甘肃庆阳

双窑附近刻有《达奚静造像》；六月一日，惠简洞附近刻《雍州蓝田县马□□造像》；七月十七日，敬善寺附近刻《□□□为母李造阿弥陀像》；八月三十日，净土堂刻《王宝泰赵玄绩等造西方净土佛龛》；八月，龙门西山开造龙门彩帛行净土堂。其中，彩帛行所开凿的龙门净土堂还刻有《佛说菩萨呵色欲经》。净土堂位于西山南端，为一中小型洞窟。根据洞内正壁残留的长篇铭刻，可知此窟主题为阿弥陀西方净土信仰。李凇说，这是龙门石窟中少量几个明确主尊为阿弥陀佛的洞窟之一，也是少量几个由产业行会建造的洞窟之一，颇引人注目。可惜的是，该洞内主要造像已损毁。

温玉成指出，武则天的革命称周，固然博得一部分人的赞叹和拥护，也必然遭到另一部分人的诅咒和反对。在龙门石窟中，这种反对的表示就如同拥护的表示一样，也是通过佛教的形式来表达的。龙门西山南部山腰中的《北市彩帛行净土堂》，窟内造像原应是阿弥陀佛，这是一批"晦迹廛肆"的商人凿岩开石的。在怀义等人大肆鼓吹弥勒净土的时刻，该洞造像记则提出"佛国混同，讵有东西之异"这样一个尖锐的命题，是耐人寻味的。而这样的隐晦反抗，有时会带来十分可怕的后果，这群商人胆量令人敬佩。费泳从商业经济的角度分析说，唐代在都城长安和东都洛阳分别拥有全国最大的两个多行业汇集的市场，这就是西京市和东京市，西京市又由东市和西市组成，时东市内货财已达220行。洛阳亦有南、北市，据载，南市已有"一百二十行，三千余肆，四壁有四百余店，货贿山积"(徐松语)。唐代市场内已有明确的行业区别，同类经营者之间的组织为行会，并有行头，行头众多，诸如米行、肉行、油行、炭行、生铁行、大衣行、织锦行、金银行等。龙门唐代窟龛中依据造像题记，可知其中就有行社成员的功德，如位于西山古阳洞北侧始建于永昌元年(689)的"南市香行社龛"，古阳洞上方的造于天授二年(691)的"北市丝行像龛"，再就是位于古阳洞南侧建于武周时期的"北市彩帛行净土堂"。

延载元年，武则天令佛经制"卍"字。宋释志磐载，是年，武则天为褒扬当朝为如来吉祥万德之所集，由发向右旋而生"卍"字，遂制"卍"(音万)字。

［文献］ 宋释志磐《佛祖统纪》卷三九，清徐松《唐两京城坊考》卷五，李文生主编《龙门石窟志》，李凇《长安艺术与宗教文明》，温玉成《中国佛教与考古》，费泳《汉唐佛教造像艺术史》。

公元695年　证圣元年

［提示］ 正月十四日开始的龙门造像活动。正月，凿地为坑，佛像于坑中引出。仲夏，义净带回有摩伽陀国金刚座真容像一铺，武则天亲迎。甘肃北石窟寺《安守筠造像》。

［叙录］ 据李文生载，武周证圣元年，龙门造像活动都是一些小型工程，如正月十四日双窑的《比丘神泰造廿五佛》、二月十五日双窑附近的《为亡母造像》、三月一日万佛洞附近的《弟子造阿弥陀像》、三月三日双窑附近的《雍州长史豆卢志静造阿弥陀像》、六月二十九日魏字洞附近的《华奇道妻造弥勒像》等。

正月，凿地为坑，佛像于坑中引出。据《资治通鉴》载：正月，明堂既成，太后命僧怀义作夹纻大像，其小指中犹容数十人，于明堂北构天堂以贮之。乙未，作无遮会于明堂，凿地为坑，深五丈，结彩为宫殿，佛像皆于坑中引出之，云自地涌出。又杀牛取血，画大像，首高二百尺，云怀义刺膝血为之。胡三省注：夹纻者，以纻布夹缝为大像，后所谓麻主是也。所谓纻布，就是用纹麻织成的粗布。夹纻像，又称脱沙像，"木骨布漆"者。先制泥塑内胎，绑置木架，外覆麻布，施漆定型、彩绘，然后去胎。大约最初是西域像法，至晚于东晋十六国时传入中国。相传，东晋戴逵是最早制作夹纻像的雕塑家。

仲夏，义净带回有摩伽陀国金刚座真容像一铺，武则天亲迎。如前所述，武则天自命弥勒菩萨降世，因此对佛教的倡导可谓不遗余力。高僧义净在武周证圣元年仲夏回到东都洛阳，并随身带回有摩伽陀国金刚座真容像一铺，武则天亲迎于上东门外。义净是唐代卓越的旅行家和译经家，据唐人智升载，他于高宗咸亨二年（671）在广州搭波斯商船经海路到达印度，历经20多年坎坷，于证圣元年才回到洛阳。义净著有《大唐西域求法高僧传》，与玄奘之《大唐西域记》堪称唐代佛教文化旅行纪双璧。义净和玄奘一样也带回了印度的佛教造像样式，并对石刻艺术产生了直接影响。金申指出：龙门石窟的弥勒佛倚坐像，在椅背后往往也饰有方格纹和立兽，大多数龙门和巩县的优填王造释迦像特意用萨尔那特式的无衣纹大衣，褒衣博带式大衣像少见。这种有别于普通莲花宝座的佛像在唐代佛徒眼中是直接由西行的求法者（义净）得自印度，故真实性应更强。义净所带回的佛像姿态已无从知晓，但从其强调金刚座真容看，也应是饰有怪兽的靠背椅。这种外来的金刚宝座式佛像在时人眼中是新奇而独特的样式。金申接着说，到了巴拉王朝（7—12世纪），这种金刚宝座被装饰得更加华丽烦琐，尤其在小型鎏金铜像上，可见摩羯鱼、立兽、象、凤鸟等济济一堂，此种样式对克什米尔地区、尼泊尔乃至中国西藏都产生了巨大的影响。可以这样说，金刚座式佛像虽然与玄奘、义净自印度携归有关，但中印文化交流是多方位又持续不断地进行着的。义净印度归来，上距玄奘归国（645）恰恰50年，他也携归了“金刚座真容”像，这些新奇的样式自然会成为时人摹写的范本。如果推测玄奘携回的优填王像样式与龙门初唐的优填王像有密切的联系，并且其样式属于笈多时代萨尔那特样式范畴；而义净后于玄奘在那烂陀寺留学十年，其金刚宝座真容像则应是属于巴拉时代的造像样式。

甘肃北石窟寺《安守筠造像》。据张宝玺等载，在北石窟寺造第32窟和257窟有两条造像题记：“大周如意元年岁次壬辰、四月甲午朔、八日戊戌，太州□堂县人奉义郎、行泾州临泾县令杨元裕敬造阿弥陀佛像一铺。”（第32窟）“惟大周证圣元年□□□未、六月己酉、朔廿五日，□□县朝散大夫、行宁州奉义县令安守筠，为世代父母、见存眷属及十界苍生，于宁州北石窟寺造窟一所一佛二菩萨迦叶舍利。”（第257窟）从高宗到武则天时期，一直到北石窟寺发展的高峰时期，重要的石窟造像多开凿于此际。

［文献］ 唐智升《开元释教录》卷九，《资治通鉴》卷二〇五，李文生主编《龙门石窟志》，金维诺《中国古代佛雕：佛造像样式与风格》，金申《佛教美术丛考》，张宝玺《陇东石窟》。

公元696年 万岁登封元年 万岁通天元年

［提示］ 万岁登封元年腊月，武后由洛阳往嵩山封禅，李峤作《大周降禅碑》。万岁通天元年四月三日，武后撰《蔡州鼎铭》。本年的龙门造像活动。是年，陈子昂撰《昭夷子赵氏碑》。敕八学士议《老子化胡经》。起龙门白塔。广元千佛崖莲花洞造像。

［叙录］ 万岁登封年腊月，武后由洛阳往嵩山封禅，李峤作《大周降禅碑》（载《全唐文》）。此事在《旧唐书》（则天皇后纪）中有记载。同书崔融本传又载，圣历中，则天幸嵩岳，见崔融所撰《启母庙碑》，深加叹美，及封禅毕，乃命崔融撰朝觐碑文。

万岁通天元年四月三日，因九州鼎铸成，武后撰《蔡州鼎铭》，令贾膺福等分题之，又自作《曳鼎歌》。《旧唐书》（则天皇后纪）：万岁登封夏四月，亲享明堂，大赦天下，改元为万岁通天，大酺七日。宋王溥在《唐会要》中也载：至天册万岁二年三月二十二日，重造明堂成，号通天宫。四月朔日，又行亲享之大礼，大赦，改元为万岁通天。其年四月三日，铸铜为九州鼎成，置于明堂之庭，各依方位列焉。注云：蔡州鼎名永昌，高一丈八尺，受一千二百石。冀州鼎名武兴。八州鼎各高一丈四尺，受一千二百石，用铜五十六万七百一十二斤，鼎上各写本州山川物产之象，仍令著作郎贾膺福、殿中丞薛昌容、凤阁主事李元振、司农录事钟绍京等分题之，尚方署令曹元廓图画之。仍令宰相、诸王率南北宿卫兵十余万人并仗内大牛白象曳之，自玄武门外曳入。武后自制《曳鼎歌》调，令曳者唱和焉。又有注说：开元二年八月十八日。太子宾客薛谦光献东都九鼎铭，其蔡州铭武后所制。张彦远在《历代名画记》中载：曹元廓，天后朝为朝散大夫、左尚方令，师于阎，工骑猎人马山水，善于布置。天后铸九鼎于东都，备九州山川物产，诏命元廓画样，钟绍京书，时称妙绝。自从传说中的禹铸九鼎以来，铸鼎成为一件劳民伤财的政治象征事件，聚九鼎于朝中，意味着对于天下九州的实际掌控。

这一年的龙门造像活动，据李文生载，有万岁登封元年万佛洞附近的《造阿弥陀像》；万岁通天元年五月二十三日莲花洞的《孔思义造弥勒像》、六月老龙洞附近的《李客师造阿弥陀像二菩萨》和某月十一日的《许乾夫人徐氏造石龛》等。

万岁通天元年后，陈子昂撰《昭夷子赵氏碑》：昭夷子讳元亮，字贞固。苍龙甲申岁，在大梁遭命不造，发瘠疾而卒。时年四十九。君故人云居沙门释法成、嵩山道士河内司马子微、终南山人范阳卢藏用、御史中丞巨鹿魏元忠、监察御史吴郡陆余庆、秦州长史平昌孟诜、雍州司功太原王适、洛州参军西河宋之问、安定主簿博陵崔璩，咸痛君中夭。诸公以余从君之游最久，故秉翰参详，叙其颂。刘加夫在陈文新主编的《中国文学编年史》中说，按此文中"甲申"，罗庸据别本云当作"丙申"，甚是。又考文中所叙魏元忠、陆余庆诸人仕履，知子昂碑文非作于本年贞固卒时，而当在明年九月后至后年之间，可参见韩理洲相关论述。

宋释志磐载：万岁通天元年，敕八学士议《老子化胡经》。对于此经的讨论，已是一个老问题了。正如刘学智所说，自《老子化胡经》一出，佛僧多次请毁。唐总章元年(668)曾诏百僚僧道议此经，沙门法明谓此经无翻译朝代，当为伪经。时高宗下令"搜聚伪本，悉从焚毁"。万岁通天元年，僧惠澄复言焚毁，武则天敕刘如璇、张思道、张元简、张太元、成均监、吴扬昊、员半千、崔元悟等八学士重议此事，八学士皆言该经为汉隋诸书所载，"是真非谬"，不当削毁。后于神龙元年(705)，二教为此再生争执，中宗下令禁毁之。

万岁通天元年，新罗僧文雅，号圆测，是年圆寂，七月二十五日，葬于香山寺北谷，起龙门白塔。而文雅弟子西明寺主慈善法师、大荐福寺胜庄法师于香山葬所分骸一节，盛以宝函石椁，别葬于长安终南山丰德寺东岭。文雅则是玄奘的弟子，《宋高僧传》有圆测传，宋代贡士宋复撰并书有《大周西明寺故大德圆测法师佛舍利塔铭并序》，原碑已佚，现存于西安市长安区兴教寺内的此碑，为20世纪30年代重刻。其所葬之香山寺，为"龙门十寺"之一(其他尚有敬善寺、奉先寺、广化寺、宝应寺等)。据温玉成说，龙门十寺的名目首见于白居易的《修香山寺记》。香山寺始建于北魏熙平元年(516)，至唐代最为兴盛，约毁于元末。

万岁通天元年，广元千佛崖莲花洞造像。千佛崖位于四川广元市北五公里嘉陵江东岸，其下有蜿蜒的川陕公路通过。千佛崖窟龛层叠分布，密如蜂房，多达13层。其始凿时代在北魏晚期，经西魏、北周、隋代迄于晚唐，各代皆有凿造。目前尚存54窟819龛，大小造像7 000余躯。唐代造像中以初盛唐窟龛居多。千佛崖莲花洞(第13窟)位于千佛崖南段下层，南临大佛窟，今前壁已毁，石窟为横长方形，穹隆顶，费泳载，窟高约360厘米、宽550厘米、深400厘米。正壁主尊为倚坐弥勒佛，左、右壁主尊均为结跏趺坐。除三大龛外，窟内还散刻有许多小龛，其中一小龛铭文显示该龛完成于大周万岁通天元年(696)，据此推断，石窟主体工程应完成于武则天万岁通天元年以前。莲花洞正壁有补刻的王行淹造像题记，内容为：仕汉大夫□利州(治所在今广元市)长史、上柱国王行淹造释迦牟尼佛一铺和救苦观世音菩萨一躯。莲花洞造像的主题是菩提瑞像，现在莲花洞窟内还残存有《菩提像颂碑》，其菩提瑞像的粉本，显然来自长安。金维诺说，广元为武则天家乡，在初唐时期，当地佛教造像也直接受到京城的影响。高僧义净在证圣元年(695)由西域回到洛阳，带回摩伽陀国金刚座真容像一铺，武则天亲迎于上东门外。这铺真容像曾在两京地区流传翻刻，现在留存的还有长安年间(701—704)七宝台三尊像浮雕。类似的三尊真容像在广元千佛崖莲花洞亦有留存,千佛崖莲花洞开凿于万岁通天年间,在京城流传的菩提瑞像也在此得以流传。广元千佛崖菩提瑞像窟内保存的一佛、二弟子、二菩萨、二力士的铺像,造像端严华丽。佛结跏趺坐于金刚座上,偏袒右肩,头戴宝冠,项饰七宝璎珞,手腕佩钏,作降魔印。据残存在窟内的《菩提像颂碑》得知该窟造像是依摩诃菩提树像图本雕刻的,是国内迄今保存最完整的遗例。

费泳同时指出,莲花窟右壁主尊的造像因素,已显出密教造像的一些特征,其像为螺发,顶部饰璎珞,着右袒袈裟,左手置于腹部,掌心向上,右手抚于膝,衣襞覆于方形坛基上。《陀罗尼集经》卷一描述密教主佛造像仪"其作像法,于七宝华上结跏趺坐,其华座底载二狮,其二狮坐莲花上。其佛右手者,伸臂仰掌当右脚膝上,指头垂下到于华上。其左手者,屈臂仰掌向脐下横着。其佛左右两手臂上,各着三个七宝璎珞,其佛颈亦着七宝璎珞,其佛头顶上作七宝天冠。"玄奘《大唐西域记》(摩揭陀国)对这一像制也有较清晰的记载:"见精舍内佛像俨然,结跏趺坐,右足居上,左手敛,右手垂,东面而坐,肃然如在,座高四尺二寸,广丈二尺五寸,像高丈一尺五寸,两膝相去八尺八寸,两肩六尺二寸,相好具足。""垂右手者,昔如来之将证佛果,天魔来娆,地神告至,其一先出,助佛降魔,如来告曰:汝勿忧怖,吾以忍力,降彼必矣。魔王曰:谁为明证?如来乃垂手指地,言此有证。是时第二地神踊出作证,故今像手仿昔下垂。"将文中描述与主尊比较,虽有未及严谨之处,但在手印及颈部璎珞方面等均与经文描述一致,所造应为密教最高尊神大日如来,或曰毗卢遮那,由发生时间看,这应是在开元三大士来华以前出现的密教造像。费泳认为,该窟造像将弥勒与毗卢遮那并置一窟之中,可以看出同期川北佛教具有显、密双修的特质。

[文献] 唐张彦远《历代名画记》卷九,后晋刘昫等《旧唐书》卷六、卷九四,宋王溥《唐会要》卷一一,宋释志磐《佛祖统纪》卷三九,宋赞宁《宋高僧传》卷四,董诰等《全唐文》卷二四八,李文生主编《龙门石窟志》,陈文新主编《中国文学编年史》(隋唐五代卷),罗庸《陈子昂年谱》(彭庆生《陈子昂诗注》附),韩理洲《陈子昂研究》(诗文编年补正),张岂之等《中国学术思想编年》(隋唐五代卷),温玉成《洛阳龙门香山寺遗址的调查与试掘》(《考古》1986年第1期),金维诺《中国古代佛雕:佛造像样式与风格》,费泳《汉唐佛教造像艺术史》。

公元697年 万岁通天二年 神功元年

[提示] 万岁通天二年腊月二十日,龙门《八娘母造阿弥陀像龛》。神功元年五月五日,安金藏刻虞世南校写《老子道德经》。神功元年,《过娘造石佛三尊像》。

[叙录] 万岁通天二年腊月二十日,龙门老龙洞刻造《八娘母造阿弥陀像龛》,据李淞和李文生载,佛龛高23厘米,为坐佛二尊,刻于北壁中部。题记内容:母为亡女八娘硕造阿弥陀像一龛,万岁通天贰年腊月廿日弟子记。

是年再改元,由万岁通天改元为神功。神功元年五月五日,安金藏刻虞世南校写《老子道德经》。据路工考证,安金藏为太常刻字工人,神功元年刻虞世南校写《老子道德经》,有石刻拓本传世。程章灿按:此拓娄师德跋文称"监刻地官侍郎鸾台平章事狄仁杰,刻字太常工人安金藏"。两《唐书》有安金藏传,谓其"京兆长安人,初为太常工人",未言所工何艺。但同时又记神龙初,金藏丧母,"寓葬于都南阙口之北,庐于墓侧,躬造石坟石塔,昼夜不息"。可见安金藏当是一位石工。值得注意的是,使安金藏名列史册的并不是他的石工技艺,而是这样一段富有传奇色彩的忠臣故事。程章灿说,安金藏不仅列传于两《唐书》,而且以太常工人的出身,得以擢拜右武卫中郎将、右骁卫将军等职,寿终之后,又受赠兵部尚书,无论对唐代还是其他朝代的刻工来说,都可以说是绝无仅有的。

石灰岩质的《过娘造石佛三尊像》，金申著录，25.8厘米，现藏于北京首都博物馆。正面造像主为过娘，侧像主为石无忧，背面像主为石思简。其正面发愿文中载明刻造时间为神功二年正月八日，但是神功只有不到一年的时间，或为元年之误，或者已改元为圣历而尚不知所致。

［文献］　后晋刘昫等《旧唐书》卷一八七，宋宋祁等《新唐书》卷一九一，李凇《长安艺术与宗教文明》，李文生主编《龙门石窟志》，路工《虞世南校写〈老子〉石刻拓本》(《访书见闻录》)，程章灿《石刻刻工研究》，金申《中国历代纪年佛像图典》。

公元698年　圣历元年

［提示］　四月八日，陕西彬县《高叔夏彬县大佛寺造像题记》。四月二十三日，龙门《马神贵造阿弥陀像龛》。是年，云南《王仁求碑》、敦煌《大周李君莫高窟佛龛碑》、甘肃《武周圣历石造像碑》、河南渑池石窟改名鸿庆寺。

［叙录］　四月八日，陕西彬县刻《高叔夏彬县大佛寺造像题记》。这天正是佛诞日，时任新平县丞的高叔夏在彬县大佛寺的造像题记中写道：薄游豳土，怀禄自安。叹泡沫之须臾，嗟蜉蝣之倏忽。彬县即古之豳土，为周人的发祥地，其地诗风传统悠久，《诗经》中即有豳风。显然，高叔夏的造像题记，受了此方水土的滋养，比通常的造像题记要有文采得多。据李凇载，题记位于大佛窟东侧之千佛洞内。文中称“高叔夏于应福寺造地藏菩萨两躯”。由此知，唐初至唐后期，此寺一直名为应福寺。

四月二十三日，龙门清明寺洞刻有《马神贵造阿弥陀像龛》，为一佛二菩萨，具体位置在门道左壁。题记内容：洛州河阳县佛弟子马神贵，为父母及已并已妻庄严(敬)阿弥陀佛□□。圣历元年四月贰拾叁日。李凇载，龛高35厘米、宽18厘米、深2.5厘米。

在云南的碑刻中，除大小爨碑之外，刻于圣历元年的《王仁求碑》算是其中一件较为著名的碑刻。碑帖立于云南安宁县城南葱蒙山上，由初唐名士闾邱撰文、河东州刺史王仁长子王善宝书丹。墓主为爨时末至南诏初人，官至唐河东州刺史。费泳载，王仁求墓碑高281厘米、宽150厘米，底部最厚处达250厘米。碑首刻有两条唐碑中常见的长脚虬龙，碑额凿一佛龛，内刻两佛并坐像，头部均残，佛衣也残损不清，两佛结禅定印，结跏趺坐于仰莲坛基上。这是一件纪年明确的南诏佛教遗迹，陵墓前原有石雕狻猊一对，出土时毁坏一件。相传狻猊为滇藏地区猛犬“獒”，其身大如骡，当地人用其抵御强暴，在剑川石钟山石窟南诏王像座前及《南诏图传》、《张胜温画卷》中均有其形象。

圣历元年，敦煌刻《大周李君莫高窟佛龛碑》。此碑简称《圣历碑》，碑文记载了莫高窟的创建时间，中有：“莫高窟者，厥初秦建元二年(366)，有沙门乐僔，戒行清虚，执心恬静，尝杖锡林野，行至此山，忽见金光，状有千佛，遂架空凿岩，造窟一龛。”唐晓军说，这是我们目前所见最早记述创建莫高窟的史料，莫高窟的创建年代赖《圣历碑》始知为前秦建元二年。《圣历碑》在1921年被俄国人折断为二，现仅存残石一方，藏敦煌研究院。据程章灿考证，此碑刻工为上柱国索洪亮。

甘肃《武周圣历石造像碑》。唐晓军认为，虽然天宝年间的造像碑发展已进入尾声，但石造像碑到唐中叶才逐渐绝迹。甘肃省博物馆藏有一方武周圣历元年石造像碑，高92.5厘米，彩绘涂金，正面浮雕立佛一尊，肉髻残，面相圆润，颈有弦纹三道。身着左肩披挂式大衣，衣纹密集流畅，轻薄透体，显现出雄健的体魄。右臂下垂，左手持帔帛一角置胸前，赤足立于仰莲台上。舟形背光外缘为卷草纹及坐佛四尊，背光顶端刻一兽面，两侧有两身飞天自上而下飞翔。方趺上刻发愿文，纪年为“圣历元年”，文中还有武周新字。发愿文两侧有两身跪式男女供养人。碑身背面刻《大般若波罗蜜多心经》。该碑原有彩绘涂金，现已剥蚀殆尽。

是年，河南渑池石窟改名鸿庆寺。阎文儒据

1963年调查，鸿庆寺位于渑池县以东的石佛村，由新安铁门镇南涧河北岸，陇海铁路西行6.5公里，便是石佛村鸿庆寺小学，校西墙外，有高约50至60米的白鹿山，山脚下就是鸿庆寺石窟。鸿庆寺石窟在小山东崖，现存四个石窟全是北魏时期开凿的。明嘉靖四十二年(1563)《重修白鹿山鸿庆寺古佛龛卧碑》序文中说，武周圣历元年(698)改名鸿庆寺。第二至第三窟保存的立体雕(唐代菩萨像)，可以证明由唐到明鸿庆寺一直是佛教的圣地。

［文献］　李凇《长安艺术与宗教文明》，程章灿《石刻刻工研究》，唐晓军《甘肃古代石刻艺术》，阎文儒《中国石窟主艺术总论》。

公元699年　圣历二年

［提示］　二月初四，武后幸嵩山谒王子晋庙，撰《升仙太子碑》。春，武后幸洛阳龙门，宋之问、东方虬、沈佺期等扈从各有诗作。四月二十三日开始的龙门造像活动。是年，州县长吏非奉有敕旨毋得擅立碑。武则天前期，开凿青州驼山石窟一号窟。

［叙录］　二月，武后幸嵩山，谒王子晋庙，撰《升仙太子碑》，不久即刻立此碑。碑高670厘米、宽155厘米、厚55厘米，十分壮观。碑在河南偃师府店乡南、营登公路西侧缑山上仙君庙内。相传，周灵王太子晋(字子乔)曾在此乘白鹤升天而成仙。《旧唐书》(则天皇后纪)载：圣历二年二月，武后幸嵩山，过王子晋庙。《资治通鉴》又载：这年二月，太后幸嵩山，过缑山，谒升仙太子庙。清人王昶著录此碑文及碑阴所刻武后《游仙篇》。碑文题下署：大周天册金轮圣神皇帝御制御书。文后署：圣历二年六月十九日建。碑和诗篇当作于圣历二月，刻石立碑的时间则在六月。此碑是武则天由洛阳赴嵩山封禅、返回时留宿于缑山升仙太子观(观甫竣工)时所撰文并亲笔书丹。碑文记述周灵王太子晋升仙故事，并借其传说以歌颂武周当世盛景。碑额“升仙太子之碑”六字，以飞白体书就。碑文介于行草间，近于章草书体。碑文的上下款和碑阴《游仙篇》杂言诗及题名(武三思、狄仁杰等)，则出自当时大书家薛稷和钟绍京手。赵超认为此碑书体端庄秀丽，盘龙碑首、龟形趺座，显得十分雄伟威严。《升仙太子碑》的刻工则为韩神感、朱罗门。碑的中截左偏刻：麟台楷书令史恿□伯□刻字，直营缮监直司韩神感刻御字，洛州永昌县臣朱罗门刻御字。程章灿考证说，营缮监亦即将作监，是唐代主管碑碣石刻事务的官署。据《旧唐书》(职官志一、三)，将作监之设置始于秦朝：秦置将作，掌营缮宫室，历代不改。隋为将作寺，龙朔改为缮工监，光宅改为营缮监，神龙复为将作监。将作监下设四署：左校署、右校署、中校署、甄官署。其中，甄官署设令一人，府五人，史十人，监作四人，典事十八人。甄官令掌供琢石陶土之事。凡石磬碑碣、石人兽马、碾皑砖瓦、瓶缶之器、丧葬明器，皆供之。程章灿认为，唐人重书学，中书省集贤殿书院、秘书省及东宫官属司经局等官署都置有楷书手、书令史之员。《升仙太子碑》的三个刻工中，有一个是“麟台楷书令史”。麟台即秘书省，武周垂拱元年(685)改称麟台，其下属有楷书手、书令史、书吏等员数不等。秘书省下设著作局，著作郎掌撰碑志、祝文、祭文，与佐郎分判局事。其下属亦有楷书手、书令史等。楷书令史当是“书令史”中的一员。这个某某“伯”，兼通书法与镌刻，从职掌来看，盖隶于秘书省著作局。

是年春，武后幸洛阳龙门，宋之问、东方虬、沈佺期等扈从。宋之问有《龙门应制》诗，中有：群公拂雾朝翔凤，天子乘春幸凿龙。凿龙近出王城外，羽从琳琅拥轩盖。云罕才临御水桥，天衣已入香山会。沈佺期有《从幸香山寺应制》诗，当为同时之作。《旧唐书》(宋之问传)：预修《三教珠英》，常扈从游宴。则天幸洛阳龙门，令从官赋诗，左史东方虬诗先成，则天以锦袍赐之。及之问诗成，则天称其词愈高，夺虬锦袍以赏之。所记即此诗，此事亦见于《隋唐嘉话》中。刘加夫在陈文新主编的《中国文学编年史》中按：据《通鉴》，《三教珠英》始修于久视元年(700)六月，而该年五月宋之问所作《三阳宫石淙侍宴应制》诗有“微臣昔忝方明御”句，王昶《金石萃编》谓即指龙门夺袍事，则此游似当在修《三教珠英》之前，今姑系本年。

此年龙门造像活动较少，据李文生载，有纪年者只有四月二十三日清明寺的《马神贵造阿弥陀像》和本年宾阳洞附近所刻的《佛弟子裴葆秀造像》。

据《资治通鉴》：圣历二年，诏制州县长吏，非奉有敕旨，毋得擅立碑。显然是想通过对立碑的一些限制，建立立碑的权威性及等级制。

武则天前期(690—700)，开凿青州驼山石窟一号窟。温玉成认为，由造像形制及后期小龛题记推测，驼山石窟一号窟当造于武则天前期。该窟主尊，应是依密教经典所造的毗卢佛。类似的毗卢佛在全国并不多见。在四川省广元市千佛崖莲花洞右壁的一尊，早于万岁通天元年(696)，也是武则天前期所作。在河南省洛阳市龙门石窟东山刘天洞的一尊，则早于天授三年(692)，应是唐高宗末年至武则天初年所作。驼山一号窟保存较好，是密教东传山东的一个物证，弥足珍贵。造像记也表明，至迟在长安二年，这里已有"驼山寺"。至迟在元代，驼山寺已改为道教的"昊天宫"。

［文献］ 唐刘悚《隋唐嘉话》卷下，后晋刘昫等《旧唐书》卷六、卷四二、卷四四，《资治通鉴》卷二〇六，清王昶《金石萃编》卷六三，陈文新主编《中国文学编年史》(隋唐五代卷)，程章灿《石刻刻工研究》，赵超《石刻史话》，李文生主编《龙门石窟志》，洛阳市新安县千唐志斋管理所《千唐志斋藏志》，温玉成《中国佛教与考古》。

公元700年　圣历三年　久视元年

［提示］ 圣历三年五月十九日，武后游石淙制《夏日游石淙诗并序》，李峤、沈佺期等应制奉和刻石。久视元年闰七月，狄仁杰谏造大佛像。八月二十一日，龙门《皇甫元亨书经碑》。久视元年，山西《廉琮造像碑》、陕西《于大猷碑》。

［叙录］ 圣历三年五月十九日，武后游石淙，制《夏日游石淙诗并序》，李峤、沈佺期等应制奉和刻石。清人王昶著录武后所作诗并序，中有：爰有石淙者，即平乐涧也。无烦崐阆之游，自然形胜之所。当使人题彤翰，各写琼篇，庶无滞于幽栖，冀不孤于泉石。各题四韵，咸赋七言。下列武后七言律诗一首，皇太子李显、太子左奉裕率兼检校大都护相王李旦、太子宾客上柱国梁王武三思、内史狄仁杰、奉宸令张易之、麟台监中山县开国男张昌宗、鸾台侍郎李峤、凤阁侍郎苏味道、夏官侍郎姚元崇、给事中阎朝隐、凤阁舍人崔融、奉宸大夫汾阴县开国男薛曜、给事中徐彦伯、玉钤卫郎将左奉宸内供奉杨敬述、司封员外于季子、通事舍人沈佺期侍游应制七律各一首。前题"左奉宸大夫汾阴县开国男臣薛曜奉敕书"，后署"大周久视元年岁次庚子律中蕤宾十九日丁卯"。所谓律中蕤宾，即仲夏五月。宋之问有《三阳宫石淙侍宴应制》诗，但未刻于石上。清人王士禛游石淙集诗时说：诸诗唯李峤、沈佺期二篇差成章，余皆拗拙，可资笑柄耳。显然仅从诗艺而言，这样的应景应制之作，并没有什么可以值得书写者。所刻摩崖诗文，迄今犹在河南登封告成镇东五里河的石淙河畔北崖之上。

据《新唐书》(则天皇后纪)和《通鉴》等典籍记载，武周久视元年正月，作三阳宫于告成之石淙，则天于夏四月幸三阳宫，以时赋诗。此摩崖石碑所刻即是其幸三阳宫游石淙河时所写纪胜诗。武则天的诗是这样写的："三山十洞光玄箓，玉峤金峦镇紫微。均露均霜标胜壤，交风交雨列皇畿。万仞高岩藏日色，千寻幽涧浴云衣。且驻欢筵赏仁智，琱鞍薄晚杂尘飞。"具体摹刻时间是这年七月十九日，碑高365厘米、宽240厘米，利用邻近石淙河的崖石凿刻而成。所除刻有则天御制七言诗一首之外，还有侍游之作十余首。内容分为三层：上层刻武则天《夏日游石淙并序》和皇太子李显(唐中宗)、相王李旦(唐睿宗)、梁王武三思应制诗；中下层刻侍游群臣内史狄仁杰、奉宸令张易之、麟台监张昌宗、鸾台侍郎李峤、凤阁侍郎苏味道、夏官侍郎姚元崇、给事中阎朝隐、凤阁舍人崔融、奉宸大夫薛曜、右玉玲卫郎将杨敬述、司封员外于季子、守给事中徐彦伯、通事舍人沈佺期等十余人应制诗文。清叶昌炽《语石》说：观《石淙序》，其转折之处运笔太重，如黛干霜皮，礌砢多节，又如侧出之水竹箭，奔腾至千里，一曲之处，忽搏而过颡，不免捉襟见肘矣。

上引史籍还记载，武则天在久视元年七月初七日，由她的随行宦官胡超为她在嵩山之项"登封台"上投放一枚"除罪金简"。这件纯金简已于1982年5月21日，由登封县采药人屈西怀在嵩顶偶然找到，现为国家一级文物，藏河南博物院。《夏日游石淙诗》摩崖即刻于其投放金简后的12天。

陕西《于大猷碑》，全称《唐明堂令于大猷碑》。唐武周圣历三年立。据王昶载：碑高九尺三寸，宽四尺四寸。碑文正书三十行，行六十三字。撰、书者姓氏泐。在陕西三原县北三家店，刘正成有著录。

是年，由圣历改元为久视。久视元年闰七月，狄仁杰谏造大佛像。据《旧唐书》、《唐会要》和《资治通鉴》载：太后欲造大佛像，使天下僧尼日出一钱以助其功。狄仁杰上疏谏道：今之伽蓝，制过官阙。功不使鬼，止在役人，物不天来，终须地出，不损百姓，将何以求！又说：游僧皆托佛法，诖误生人；里陌动有经坊，阛阓亦立精舍。化诱所急，切于官征；法事所须，严于制敕。还说：梁武简文舍施无限，及三淮沸浪，五岭腾烟，列刹盈衢，无救危亡之祸，缁衣蔽路，岂有勤王之师！

久视元年八月二十一日，龙门刻《皇甫元亨书经碑》。据洛阳龙门文物保管所、北大考古系和李文生、刘景龙、李玉昆载，龙门西山莲花洞北壁刻有经碑两座，一碑高150厘米、宽70厘米，另一碑高55厘米、宽28厘米。不缺字。还有一处在东山擂鼓台中洞左侧西壁下，碑残缺不全，无法测量。莲花洞内二碑不缺字。莲花洞北壁一碑经后题：久视元年八月二十一日皇甫元亨书经。莲花洞石刻佛经三部，一部为《佛顶尊胜陀罗尼经》，另两部为《般若波罗蜜多心经》，位于窟内北壁上方。其中一部为北魏刊刻，另一部为唐久视元年皇甫元亨所书。

山西《廉琮造像碑》，系廉琮等人于武周久视元年刻造。碑高155厘米。圭首交龙，中凿一龛，内有弥勒倚坐。下部正中一龛，雕释迦佛趺坐束腰六角形座上，两旁为阿难、迦叶二弟子及二菩萨。左右浅龛为二力士。再下并列五小龛，中为侏儒承托摩尼宝珠，左右为供养人和狮子。在平面上凿浅龛，龛内塑造人物，增加了碑平面的容量，使人物的主体感增强。刘兴珍认为其造像整体布局富于变化，细部表现深入细腻。现藏山西万荣县文化馆。

［文献］ 后晋刘昫等《旧唐书》卷八九，宋王溥《唐会要》卷四九，宋司马光《资治通鉴》卷二〇七，清王士禛《香祖笔记》卷二，清王昶《金石萃编》卷六四，刘正成《中国书法鉴赏大辞典》，李文生主编《龙门石窟志》，刘景龙等主编《龙门石窟碑刻题记汇录》，洛阳龙门文物保管所等编《龙门石窟(一)》，刘兴珍等《中国古代雕塑图典》。

公元701年　大足元年

［提示］ 大足元年三月八日开始的几件龙门造像。五月十五日，刻立《大云寺皇帝圣祚之碑》。大足元年十月，书碑名家释怀恽卒。十一月，崔湜为《御史台精舍碑》撰铭并序。

［叙录］ 进入公元701年，由久视二年改元大足，复再改元为长安。本年的龙门造像有零星的开造，均位于擂鼓台。据李文生等载，有纪年者如大足元年三月八日的《阎门冬造像》、大足元年的《□州都□府兵曹田□忠造弥陀像》，以及改元为长安元年二月八日所刻的《佛弟子张双造药师像》等。

据清人刘大观光绪五年所修的《河内县志》载，大足元年五月十五日，沁阳天宁寺刻立《大云寺皇帝圣祚之碑》，刻工为河东姚思义，碑现藏沁阳博物馆。清人俞正燮说，此碑全称为《周大足元年贾膺福大云寺皇帝圣祚之碑》。

大足元年十月，书碑名家释怀恽卒。释怀恽为唐代净土宗名僧。高宗时求天下贤能，曾于总章元年(668)梦见怀恽师，乃降诏召请，师固辞，请出家。

于西明寺剃发，未久，入实际寺善导之门，就学十余年，与怀感俱为善导高足。善导入寂，师收其遗骨，筑墓于神禾原，并于其旁造一伽蓝，后称香积寺。武后永昌元年(689)，师奉敕为实际寺主，广劝有缘，建净土堂。复继怀感之志，完成释净土群疑论。大足元年十月入寂，世寿六十二。神龙元年(705)敕谥隆阐大法师，清人王昶著录有《隆阐大法师碑铭》。

大足元年十一月，崔湜为《御史台精舍碑》撰铭并序。王昶载，此碑全称《大唐御史台精舍碑铭并序》：长安初，崔湜始自左补阙拜殿中侍御史，至此之日，《御史台精舍碑》其构适就，游于斯，咏于斯，稽首于斯。群公以予(湜)忝文儒之林，固以碑表相托，辞不获已，而作铭曰。开元十一年殿中侍御史梁升卿追书。题下署“中书令崔湜迁殿中侍御史日纂文”，文后列碑阴及两侧所刻侍御史、殿中侍御史、监察侍御史六百余人题名。刘加夫在陈文新主编之《中国文学编年史》中按：崔湜预修《三教珠英》，时官左补阙。其迁殿中侍御史并撰《御史台精舍碑铭》当在本月《三教珠英》修成之后，姑且系于此。

［文献］ 清刘大观《河内县志》卷二〇，清王昶《金石续编》卷七四、卷八六，清俞正燮《癸巳存稿》卷一二，李文生主编《龙门石窟志》，陈文新主编《中国文学编年史》(隋唐五代卷)。

公元702年 长安二年

［提示］ 正月，《顺陵碑》。三月十三日开始的龙门造像活动。三月，青州驼山石窟一号窟《任玄览造观世音菩萨一躯》。七月十五日，彬县《皇堂侄女等造像龛》。七月二十五日，青州驼山石窟一号窟《尹思真造石□像一铺》。七月，卢藏用书《汉忠烈纪信碑》。是年，刻《永济栖严寺诗碣并记》。关于等身像。

［叙录］ 刻于武周长安二年正月的《顺陵碑》，在陕西咸阳市家村，系武则天为其母杨氏所立，由武三思撰文、相王李旦(即唐睿宗)书丹。武则天执政后即封她母亲杨氏为晋国夫人，以王礼葬之。称帝后追封其母为忠孝太后，改墓为明义陵，并在咸阳底张乡韩家村东建造陵园，改明义陵为顺陵。长安二年正月，在顺陵前刻立《顺陵碑》，碑文长达3 000多字。据张德成说，此碑明代因地震而倒毁，断为数截，现仅存残石八块，现藏于陕西咸阳市博物馆。

据李文生载：三月十三日，古阳洞附近刻《弟子崔十四娘造弥陀像》；五月十五日，弟子崔十四娘于古阳洞再造弥陀像；七月十五日，老龙洞附近刻《昉思忠造像》；九月，莲花洞刻《高文妻董氏造弥陀像》；同年，老龙洞附近刻《汝州梁县□业造像》。

三月，青州驼山石窟一号窟《任玄览造观世音菩萨一躯》。温玉成载，驼山海拔408米，在青州市南偏西三公里。今存编号窟龛共五个，另有摩崖造像一处，计有造像638尊。自北向南编号。一号窟近方形，宽、深皆约240厘米，高200厘米。其造像布局为一菩萨装坐佛、二弟子、四菩萨、二力士。一号窟有纪年小龛三个，造像铭之一为：长安二年三月二十日戊辰，二十六日癸巳，前羽林郎任玄览奉敕于紫蒙(象)军御，敬造观世音菩萨一躯，及亡过父母，亡男□东及亡女玉罗，见存眷属及法界苍生，咸同私(斯)福。据驼山石窟一号窟造像铭之二，可知，是年七月二十五日，一号窟中有《尹思真造石□像一铺》，两处造像时间相距仅数月。其铭文为：长安二年岁□七月庚辰朔二十五日甲子，青州益(都)县佛弟子尹思真为亡过妻张氏及女侍□，见施净财，于驼山寺敬造石□像一铺。上为金轮皇帝，下及师僧父母。振众子炎埃，挽群人于耜□，忘者生净七，□乐无穷。法界苍生，咸同斯福。

七月十五日，彬县刻《皇堂侄女等造像龛》。在陕西彬县大佛寺石窟千佛洞西壁，主要有五龛较大造像及一些小龛，最南端二龛均为等身一佛二菩萨立像龛(皇堂侄女等造像龛)，高约2米。两龛之间为长篇石像铭，李凇对照原刻重新点校如下：大周长安二年岁次壬寅七月丁卯朔十五日庚辰，皇堂侄女、彭城县主敬造等身像三区、千佛五铺。石像铭，朝散大夫守长史同行塞梓、沙门广济书。李凇认为广济书写的这篇文辞优美的石像铭，镌刻于西壁南端两龛等身三尊立像之间，像铭中特意指明了三像的身份：释迦牟尼佛、观世音和大势至菩萨，这在千佛洞中不多见。铭文中李齐及妻武氏是十分值得注意的造像主。他们在千佛洞东、西壁的后端（南）对称的部位开凿了相同的一佛二菩萨立像龛，上列为西壁的“石像铭”。由以上铭文可知，李齐之妻武氏是武则天的堂侄女，应与武元庆、武元爽之子，或武士逸、武士稜之孙为一辈。

据曾毅公考证，是年七月，史正勤（勒碑人）勒《纪信碑》并阴，刻字者张敬。勒碑、镌字，由二人分刻，仅见此碑。所谓“勒碑刻铭”是两种工役。此碑全称为《汉忠烈纪信碑》，由卢藏用撰文（收录于《全唐文》）。纪信为西汉将军，曾参与鸿门宴，史载其形貌近刘邦，荥阳之战时假装刘邦诈降西楚。项羽许其忠心，有意招降，为纪信所坚拒，后被项羽火刑处死。据清人孙承泽载，纪信被郑州人奉为城隍。

是年刻《永济栖严寺诗碣并记》。宋赵明诚《金石录》曾著录。曾毅公载，长安二年，杨惠庆（永乐县营缮监长上）刻《永济栖严寺舍利塔碑阴六绝纪文》。清人胡聘之著录为《栖岩寺诗碣并记》，包括“诗碣”即《周栖岩寺诗》及“记”即《六绝纪文》两部分。其诗包括御制五言诗、韦元旦五言诗各一首，御制《五言过栖岩寺》列最前，题下刻“河东县文林郎韩怀信书，检校书将仕郎赵垂棘”，诗末刻“咸亨三年十一月八日”。接着是姚、韦二人诗。三诗之后是长安二年的《六绝纪文》，文末刻“永乐县营缮监长上杨惠庆镌”。程章灿提示，这儿需要进一步追问的是：诗（特别是御制诗）与记是同在长安二年所刻，还是御诗先刻于咸亨三年？换句话说，诗、记究竟是一次刊刻还是两次刊刻，是一件石刻还是两件石刻？胡聘之著录《栖岩寺诗碣并记》“石高三尺八寸，广三尺七寸，三十五行，行三十八字，正书，今在蒲州府东南十五里”，明确将其看作是一件石刻。而曾毅公著录杨惠庆咸亨三年（672）刻《永济栖严寺诗碣并记》，长安二年（702）刻《永济栖严寺舍利塔碑阴六绝纪文》。既称“诗碣并记”，则应已包括《六绝纪文》在内，而又将诗、记析为两刻，显得不够严谨。从胡聘之著录来看，诗、记刻于同一石上，曾毅公称记刻于“舍利塔阴”，未知何据？至于刻石时间，前人多以为诗、记都刻于长安二年。曾毅公根据咸亨三年之题款，认定御诗刻于此时，并且认定杨惠庆刊刻带衔题款也当在此时。如果这样的话，那就意味着早在咸亨三年杨惠庆就已经自署“永乐县营缮监长上”，足见咸亨三年将作监已改名营缮监，进而证明《新唐书》（百官志三）改名营缮监在咸亨元年之说是可信的。程氏认为，事实上，这一点还有待证明。

关于等身像。清叶昌炽在其所辑释的《邠州石室录》中，载有武则天侄女武氏与丈夫李齐于长安二年在陕西彬县大佛寺造像，其铭文有：“敬造等身像三区”及“敬造等身释（迦）”。又据唐人段成式和宋人宋敏求载：长安二年，内出等身金铜像一铺并九部乐。南北两门额，上与岐、薛二王亲送至寺，彩乘象舆，羽卫四合，街中余香，数日不歇。景龙二年（708），又赐真容坐像，诏寺中别建圣容院，是玄（睿）宗在春宫真容也。先天二年（713），敕出内库钱二千万，巧匠一千人，重修之。李凇认为，“等身像”是出现在武周时期的一个新名词（“等身像”并非完全的新名词，早在隋代大业初年，即已出现），等身像的基本含义是造像的尺度大体与真人尺度相等，即身高约在170厘米至200厘米之间。从造像的实际比例来看，它还含有第二个重要的意义：以真人的比例为标准，即头与身长的比例在一比七至一比八之间。亦即等身像不仅提出了造像的规格要求，还提出了造型比例的规范，它所显现的原则是向实际生活靠拢，巨大的神（佛、菩萨等）更接近平凡的人，即以人之尺度现神之尺度。由此而引申，造像由具某种舞台效果的造型向真实生活的姿态转变，从而达到全方位的“等身”。因此“等身像”一词作为一种造像形式所体现的规范有三个层次的含义：尺度、比例、姿态。造像之神圣性、力量感、异域性及与观者之对抗性逐步减弱。

［文献］ 唐段成式《酉阳杂俎·续集》卷六，宋宋敏求《长安志》卷七，宋赵明诚《金石录》卷五，清孙承泽《天府广记》卷七，清董诰等《全唐文》卷二三八，清胡聘之《山右石刻丛编》卷五，叶昌炽辑释《邠州石室录》，李文生主编《龙门石窟志》，温玉成《中国佛教与考古》，张德臣《顺陵碑与嘉靖地震》(《咸阳师范专科学校学报》2001 年第 1 期)，李凇《长安艺术与宗教文明》、《陕西古代佛教美术》，曾毅公《石刻考工录》，程章灿《石刻刻工研究》。

公元 703 年　长安三年

［提示］ 闰四月十六日，《姚妙姿造元始天尊像》。七月十五日，《高延贵造阿弥陀佛坐像》。九月十五日，宝庆寺《萧元春造弥勒倚坐像》、宝庆寺《姚元之造弥勒佛倚坐像》、宝庆寺《李承嗣造阿弥陀佛坐像》、宝庆寺《僧德威造十一面观音》、宝庆寺《韦均造阿弥陀佛坐像》。九月二十日，龙门《安思泰造浮图》。十月十八日，《石弥勒坐像》。十月十九日，青州驼山石窟一号窟《李怀鹰敬造弥陀像一铺》。十二月，《道民姚玄端造像》。山东省东平县理明窝摩崖造像。武周时期，看经寺罗汉群像浮雕、摩崖三佛龛造像、龙门西山《佛说菩萨呵色欲经》。

［叙录］ 这年，最耀眼的是宝庆寺雕刻了一批精美浮雕佛教造像，让世人惊叹。

闰四月十六日的《姚妙姿造元始天尊像》，日人大村西崖和松原三郎以及金申、胡文和等均有著录，为砂岩高造像，像高约 66 厘米，现藏于美国弗利尔美术馆。造像石正面呈莲瓣形，侧面呈 L 形。

26 年前，也就是仪凤二年(677)，武则天于长安光宅坊(皇家葡萄园)光宅寺内造七宝台，楼阁内部装饰阿弥陀佛、佛说法等石刻浮雕。根据遗留下来的那批石像铭文，可推知七宝台的兴建完成于长安三年，可能是由翻经僧德感和法宝负责，石佛像或事先刻好置上，或在七宝台将落成之际再造，七宝台完工后，武则天改寺名为七宝台寺。建造七宝台的目的，是高僧近臣为则天武后祈福求寿所置。其中长安四年(704)尚方监主簿姚元景造像铭记称“法堂石柱”。台湾学者颜娟英据此认为，七宝台为一极高的四面或八面中心柱，以八面可能性较大。其溯源可至早期佛窟里的中心石柱，并认为唐初莫高窟也有中心石柱，但毕竟形制不尽相同。

今天能见到的雕成于长安三年的这批光宅寺(宝庆寺)佛像，据颜娟英、金申、金维诺等载，其中有 12 件有造像铭文，如七月十五日的《高延贵造阿弥陀佛坐像》，为石灰岩质，高 107.3 厘米，现藏于日本文化厅。同时完成于九月十五日的有四五件之多：原日本细川护立氏所藏的《萧元春造弥勒倚坐像》，高 106 厘米，现藏于日本东京国立博物馆；《姚元之造弥勒佛倚坐像》，石灰岩质，高 68 厘米，现藏于美国旧金山亚洲艺术馆；《李承嗣造阿弥陀佛坐像》，石灰岩质，高 104.2 厘米，现藏于日本文化厅。同一天所刻的《僧德威造十一面观音》(图 146)，据《海外贞珉录》载，原藏于日本早崎氏，仍为石灰岩质，高 85.1 厘米，现藏于日本文化厅；《韦均造阿弥陀佛坐像》，石灰岩质，高 104.2 厘米，现藏于日本文化厅。其中萧元春造像颇为人们所熟知，金维诺说，扬子县令萧元春所造弥勒三尊像，弥勒佛高螺髻，桃形项光，着通肩袈裟，善跏趺坐于狮子座。二胁侍菩萨高髻环佩，天衣长裙，跣足立于莲台。上有垂帐、飞天，下为方台，形象丰腴端严。类似的三尊像样式在四川广元千佛崖莲花洞亦有留存，千佛崖莲花洞开凿于万岁通天年间(696)，其样式风格当直接源于两京。

九月二十日，龙门《安思泰造浮图》，李文生和温玉成载，现藏龙门石窟研究所。通高 165 厘米、底层每边宽 40 厘米，四层方塔，每层之间砖塔式样雕出叠涩方檐，四层之上刻出莲花覆钵和摩尼宝珠。该塔下层正面开龛造像，其余三面刻发愿文等。正面上部凿一圆拱浅龛，内雕结跏趺坐佛一尊，龛外雕供养人像二身。石塔第一层阿弥陀佛小龛右面题刻《大周浮图铭并序》，文字已剥落不清，共 13 行。左面题刻信奉西方阿弥陀佛净土完整的发愿文，共 16 行。安思泰应是安附国之子。《全唐文》中录有李志

图 146 宝庆寺僧德威造十一面观音 长安三年(703) 日本文化厅藏

远撰《唐维州刺史安侯神道碑》。据李氏碑文知，安附国有三子，长子思祇，次子思恭，未言季子，温玉成推断安思泰应为其季子。向达在其名著《唐代长安与西域文明》中认为安附国为突厥之安国人，谓为出自安息，则文人之附会。从 680 年安附国死至本年安思泰立塔，可能是因安思泰母亲去世。所以才说“生我父母，窆之丘荒”。附国葬于雍州长安县孝悌乡之原，其母葬于龙门山，尚未合葬。龙门敬善寺出土的《唐故陆胡州大首领安君墓志》，也说明有类似的情况。安菩萨死于 664 年，葬于长安龙首原南平郊；安菩萨之妻何氏死于 704 年，殡于龙门敬善寺东。直至 709 年才行合葬大礼。

十月十八日刻造的石灰岩质《石弥勒坐像》，像高 33.3 厘米，金申著录，现藏于日本大阪市立美术馆。时隔仅一天，即十月十九日，在青州驼山石窟 1 号窟又有《李怀鹰敬造弥陀像一铺》，温玉成载，驼山石窟 1 号窟造像铭之二：长安三(年)十月十九日，李怀鹰为亡过母任及妹九娘，见存父仅施净财，敬造弥陀像一铺。普愿见在眷属，咸同斯福。高文纪书。十二月，刻有《道民姚玄端造像》，清人罗振玉曾著录，现藏于美国波士顿博物馆。

山东东平理明窝摩崖造像。理明窝摩崖造像位于山东东平县斑鸠店镇六工山西峰南麓，在一块宽约 1 200 厘米、高 220 厘米的横长方形岩壁上，凿刻龛像八处，造像 47 身，为研究山东地区唐代佛教艺术的重要实物资料。费泳载，其造像所在地为唐代弥陀院旧址，岩壁下方遗存有古寺院建筑遗址，其中有明正德八年(1513 年)《重修建福寺碑记》，介绍了“理明窝”的由来及寺院的沿革。可知理明窝摩崖造像建于武周长安三年，为弥陀院主要造像，寺院历五代、两宋、金、元，建筑规模不断扩大，明季称建福寺，并新增地藏殿。今存岩壁造像，居中三尊像雕刻时间较早，在主尊与右侧坐佛间刊刻上下两则题记，上为“弥陀院”三字，下方为王八元长安三年纪年题记，右侧坐佛下方供养人处中有“大像主王八元”的题记。主尊与左侧坐佛之间有纪年题记一则：“大唐长安三年清信女比丘尼王八元妹江妃敬造弥陀像一躯普为法界仓生俱时利。”左侧坐佛左侧及下方供养人像处均留有大程村王方的题记。三像主尊应为阿弥陀佛，右侧倚坐为弥勒佛，左侧坐佛供养人似为大程村的王方，题记未明确大像身份，依照北朝末流行弥勒佛、阿弥陀佛、释迦佛三佛组合形式，主尊左侧坐佛应为释迦。三佛右侧雕有并列坐佛四尊，造像略小于中心三佛，坐姿依次为倚坐、半跏趺坐、倚坐和结跏趺坐。右侧第一、二尊坐佛之间刻有上下两则题记，上方为：“大像主栾思妻罗男冀主合家大小，愿天长地久，此像恒存，普为郡生咸登解脱利苦，开元八年(720年)七月十一日记。”下方题记诸多字迹已漫漶。大像主为□元嗣妻，刊刻时间也是开元八年七月十一日。这两则题记显示两尊坐佛雕造约略同时，均为开元八年，供养人各不相同。今右侧一至三尊像均坐于同一方形坛基上，形成三佛并坐的局面，解读其为弥勒三身佛似较为合理。最右侧结跏趺坐佛的右侧刊刻纪年题记，时间为咸通十四年(873)二月十六日，时间已是会昌灭佛之后的晚唐。中心三佛的左侧，依次雕有四身佛像，分置四龛，规模略小于中心三佛。左四坐佛左侧刻有纪年题记，时间是开元八年七月十一日，供养人为□□元妻何李，刊刻时间与前叙中心三佛右侧的两则题记纪年完全相同。费泳总结说，依照纪年铭文，理明窝唐代摩崖造像，主要大像的完成大致经历三个阶段，即武周长安三年、玄宗开元八年及懿宗咸通十四年，其中开元以后的造像中弥勒佛仍成为重要表现对象，这一现象与龙门有所不同，龙门唐窟中武周时期弥勒佛造像极盛，而中宗继位后，弥勒佛的兴造即告式微，中宗以后对弥勒佛的大规模兴建，主要出在洛阳以外的地区，如陇右炳灵寺开元十九年(731)171龛，巴蜀地区，如海通造乐山凌云寺的摩崖倚坐弥勒佛。理明窝弥勒院唐玄宗开元年间的弥勒三尊像，或可视为弥勒信仰在东洛之外得以延续的又一例证。理明窝造像，可参见张总、郑岩所撰文。

约于武周时期雕刻的看经寺罗汉群像浮雕，位于龙门万佛沟北侧。刘兴珍描述说，其窟平面呈方形，顶部藻井阴刻莲花，有四飞天环绕。飞天皆袒裸上身，戴项饰，束长裙，飘带披拂，作凌空翱翔状。形象丰满圆实，姿态灵动洒脱，婉约婆娑。南东北三壁壁基处排列高浮雕罗汉群像，共29尊。身高约180厘米，皆披袈裟，着云履。形貌姿态各异，或双手合十，垂眸沉思；或执念珠，闭口修养；或举莲枝，平目而视；或拱手；或抚胸；或持器物，变化丰富，无一雷同。据《历代法宝记》载，此为西土29祖的传法谱系像，惜多有残损。刻工清圆秀朗，造型遇方成圆，落刃无滞，衣纹穿度顿挫，潇洒流落，群像彼此呼应映衬，统一和谐。

龙门摩崖三佛龛造像，位于龙门西山北部。规模仅次于卢舍那龛。约开凿于武周时期。所造三佛指过去、现在、将来三世佛。三佛呈坐姿，弥勒居中，左右为释迦和燃灯佛。无造像题记，当为武后建立武周政权宣扬弥勒下凡前后所开凿，极有可能是在690年左右开始的。

这龛造像的特别之处还在于它是一组未完工的石窟造像，佛像仅只雕出了轮廓，这为我们了解古代石窟造像的开凿技艺与流程，提供了重要实物参考。之所以没有完工，是因武氏晚年发生张柬之政变，随着武周政权的终结，该窟工程随即中止。这组造像展现了一块岩石的变迁，与人世风云的变化，有时竟然是如此紧密。虽然只是大样或毛坯，但仍可看出其高超的雕刻工艺。刘兴珍描述说，此窟主尊弥勒佛像高590厘米，高肉髻，内着僧祇支，外罩通肩袈裟，结跏趺坐于长方形台座上。面相方圆，宽颧丰颐，垂眸作沉思状。左右胁侍位置亦刻佛像，皆为高肉髻，披袈裟，结跏趺坐于方形台座上。均只凿出大样，未及雕刻细部。三坐佛间，各有一立像，皆未完工。坐佛外侧造像，仅凿出石坯。全龛造像，或接近完成，或为半成品，或为石坯。

龙门西山南部北市彩帛行净土堂《佛说菩萨呵色欲经》。在龙门西山南部山腰中有北市彩帛行净土堂，为一个中型洞窟。在该洞西壁南侧镌刻了《佛说菩萨呵色欲经》(鸠摩罗什所译)，其刻经时间约在694—704年之间。温玉成说，在浩如烟海的佛经中专门刻出攻击女人的《佛说菩萨呵色欲经》，在彼时彼地应当认为是对武则天的一种反抗和攻击吧？僧怀义大唱“女主威服天下”，而僧玄景等斥女人为“阴贼”，无异以毒攻毒，大唱对台戏。另一方面，这种攻击武则天的事就发生在神都洛阳的龙门，似乎表明在武氏当政时代对舆论的统治并非如想象的那样严厉。

［文献］　清罗振玉《海外贞珉录》，清董诰等《全唐文》卷四三五，［日］大村西崖《中国美术史雕塑篇》，［日］松原三郎《中国佛教雕刻史论》，向达《唐代长安与西域文明》，金申《中国历代纪年佛像图典》、《海外及港台藏历代佛像珍品纪年图鉴》，胡文和《中国道教石刻艺术史》，李文生主编《龙门石窟志》，金维诺《中国古代佛雕：佛造像样式与风格》，温玉成《中国佛教与考古》，费泳《汉唐佛教造像艺术史》，张总等《山东东平理明窝摩崖造像》（《文物》1998年第8期），颜娟英《武则天与长安七宝台石雕佛相》（台北《艺术学》1987年第1期），刘兴珍等《中国古代雕塑图典》。

公元704年　长安四年

［提示］　二月四日开始的龙门造像活动。四月，李峤、张廷珪上疏谏造大佛像。九月十八日，宝庆寺《姚元景造弥勒倚坐像》。是年，敕迎法门寺佛骨至长安、洛阳。《方形石塔龛》、河南《百门陂碑》。

［叙录］　本年的龙门造像活动颇为活跃，从长安四年二月四日古阳洞的《魏怀静造千佛像》开始，据李文生、李淞等著录，接着便有二月十日龙华寺附近的《尉迟弘楷造阿弥陀像》。仅二月二十四日即有数处造像：清明寺洞的《宋婆造像龛》和古阳洞的《高建昌造释迦像》、《陈晖造像》、《魏怀静造千佛像》等。三月二十七日极南洞附近的《中山郡王隆业观世音石像》、龙华寺附近的《刘怀福造像》。三月二十九日古阳洞的《韩思福造像》和四月八日的《薛季昶造观世音菩萨》等。从纪年时间来看，这些造像主要在本年上半年完成。

四月，李峤、张廷珪上疏谏造大佛像。据《资治通鉴》载：长安四年四月，太后复税天下僧尼，作大像于白马阪，令春官尚书武攸宁检校，靡费巨亿。李峤上疏，以为天下编户，贫弱者众。造像钱见有一十七万余缗，若将散施，人与一千，济得一十七万余户。拯饥寒之弊，省劳役之勤，顺诸佛慈悲之心，沾圣君亭育之意，人神胥悦，功德无穷。方作过后隔因缘，岂如见在果报！监察御史张廷珪也上疏呈谏：臣以时政论之，则宜先边境，蓄府库，养人力；以释教论之，则宜救苦厄，灭诸相，崇无为。伏愿陛下察臣之愚，行佛之意。务以理为上，不以人废言。太后为之罢役。显然，李张二人的犯颜直谏，是产生了一定作用的。

本年九月十八日所刻造的石灰岩质《姚元景造弥勒倚坐像》（图147），高104.5厘米，仍为宝庆寺造像，王壮弘、金申均著录，先为日本早崎氏所藏，现为日本东京国立博物馆藏品。

长安四年，敕迎法门寺佛骨至长安、洛阳。据李发良载，是年，武则天敕准凤阁侍郎崔玄暐、华严宗法师法藏等请，迎法门寺佛骨真身舍利至东都洛阳，令王公以降精事供养。刘学智说，此次迎佛骨，两《唐书》均未见记载。而《大唐圣朝无忧王寺大圣真身宝塔碑铭》所记“同往开之”、“七日行道”等，与《大唐大荐福寺故大德康藏法师之碑》所言崔玄暐与藏法师“偕往迎之”及“行道七昼夜”之事相合。崔致远《法藏和尚传》（《唐大荐福寺故寺主翻经大德法藏和尚传》）亦有记载。说明此次迎佛骨之事当属实。

长安四年刻造的《方形石塔龛》，金申著录，石灰岩质，高140.2厘米，现藏于美国波士顿美术馆。同年，曾毅公还载有新乡县高思礼所刻《百门陂碑》。据清人谈迁载此碑为《唐共城县百门陂记》，王昶则记为《卫州共成县百门陂碑铭并序》，碑高五尺二寸五分、广三尺四寸，29行、行44字，行书，篆额“百门陂碑”四字，今在河南浑县。此碑由前成均进士陇西辛怡谏文、张元琮记、孙去烦书。孙去烦为武后时人，工行书。碑文记载修筑百泉坡堰之事，其水可“吐纳堤防，周流稼穑”，造福一方百姓。据唐人李吉甫在《元和郡县志》说：百门陂百姓引以溉稻田，此米明白香洁，异于他稻，魏齐以来，常以荐御。

［文献］ 唐李吉甫《元和郡县志》卷一六，宋司马光《资治通鉴》卷二〇七，清谈迁《北游录》卷八，清王昶《金石萃编》卷六五，李文生主编《龙门石窟志》，李凇《长安艺术与宗教文明》，王壮弘《历代碑刻外流考》，金申《中国历代纪年佛像图典》、《海外及港台藏历代佛像珍品纪年图鉴》，张岂之、刘学智《中国学术思想编年》（隋唐五代卷），李发良《法门寺志》，曾毅公《石刻考工录》。

公元705年 神龙元年

［提示］ 正月开始的龙门造像活动，极南洞完工。二月，诸州置寺、观一所，以“中兴”为名。四月，桓彦范、李邕谏中宗信重神仙方术及佛教。六月十八日，《阎宗春造弥勒坐像》。九月，令禁毁《老子化胡经》，并令两教不可互辱，刻石于洛州白马寺。十一月二十八日，《杨文愕及妻造阿弥陀佛坐像》。十一月，乾陵《无字碑》。神龙元年，建四川广元皇泽寺、雕造乾陵六十一王宾像、懿德太子李重润墓及石刻、四川通江千佛崖造像。

［叙录］ 公元705年正月朔，改元神龙，太子李显即皇帝位是为中宗。据《资治通鉴》及《旧唐书》等载，神龙元年春正月，赦天下，改元。太后疾甚，麟台监张易之、春官侍郎张昌宗居中用事，张柬之、崔玄暐与中台右丞敬晖、司刑少卿桓彦范、相王府司马袁恕己谋诛之。张柬之等斩易之、昌宗于庑下。太后后传位于太子李显，中宗即位，国号复唐。赦天下，唯张易之党不原谅。至此，武周灭亡，其立国仅16年，唐代帝国的血脉自此重新涌动。

江山易帜，造像不辍，龙门造像活动依然频繁。是年净土堂附近刻有正月的《阆州司仓妻裴氏造像》和二月二十四日的《杨三娘造像》，以及七月五日的《为郑大娘身亡造像》。本年龙门造像较为重要的是这年春天，姚崇等人为亡母造极南洞完工。极南洞位于龙门西山最南端，洞外南壁刊刻造像题记，费泳说，由残文可知，极南洞是宰相姚崇为悼亡母而造，完成于神龙元年前后。窟宽深各400厘米、高410厘米，窟门外南北两壁各刻一身力士。窟内三壁环坛，坛基上为一佛二弟子二菩萨二天王组合，主尊为倚坐弥勒佛，螺发，着通肩衣，坐于束腰覆莲座上，二弟子跣足立于仰莲座上。菩萨头部损毁严重，上身裸，饰帔帛、瓔珞，下身着裙，身躯呈“S”形，这种身姿的菩萨造型，在龙门西山万佛洞外壁永隆二年（681）真智造观音像已出现，只是万佛洞菩萨的性别特征仍主要反映在脸部，身躯都未作强调。极南洞的两身菩萨像的胸、腹、胯部位对女性特征作了突出的刻画，与天龙山唐菩萨造像极为相似，两天王足踏夜叉，与奉先寺天王相比，夜叉身躯增大，天王显得较为弱小。费泳认为，极南洞的开造时期，是武则天在位的末期，龙门弥勒造像在武则天以后即告终结，极南洞已是龙门弥勒造像的尾声，但其在造像并不失新意。

据《旧唐书》（中宗纪）载：这年二月，诸州置寺、观一所，以“中兴”为名。四月，桓彦范、李邕谏中宗信重神仙方术及佛教。《资治通鉴》载：术士郑普思、尚衣奉御叶静能皆以妖妄为上所信重。夏四月，墨敕以普思为秘书监，静能为国子祭酒。桓彦范、崔玄暐固执不可。彦范向中宗上书说：陛下初即位，下旨云：政令皆依贞观故事。贞观中，魏徵、虞世南、颜师古为秘书监，孔颖达为国子祭酒，岂普思、静能之比乎！左拾遗李邕又上疏说：《诗》三百，一言以蔽之，曰思无邪。若有神仙能令人不死，则秦始皇、汉武帝得之矣；佛能为人福利，则梁武帝得之矣。尧、舜所以为帝王首者，亦修人事而已。尊崇此属，何补于国！但是这些进言，中宗并没有听进去。

六月十八日，刻造石灰岩质单体造像《阎宗春造弥勒坐像》（图148）。像高82.5厘米，现藏于美国芝加哥美术馆。金申认为此像比例适当，姿势自然生动，衣纹雕刻流畅、刀法纯熟。全体极为自然严整，无生硬碍眼之败笔，是初唐精品。

九月，令禁毁《老子化胡经》，并令两教不可互

图 147　宝庆寺姚元景造弥勒倚坐像　长安四年(704)　日本东京国立博物馆藏

图 148 阎宗春造弥勒坐像 神龙元年(705) 美国芝加哥美术馆藏

辱,刻石于洛州白马寺。此事《旧唐书》(中宗纪)中有载。刘学智讲,道佛互黜,由来有渐。自西晋王浮造《老子化胡经》出,道教对此倍加渲染,同时又历遭佛僧攻诘。此后,一些道士在观中大画“老子化胡成佛”之像,诸寺僧亦画老子之像以反对老子西出化胡之说。总章元年(668)唐高宗曾下令搜聚天下《化胡经》焚弃,不在道经之数,但未能有效执行。万岁通天元年(696)有沙门表请禁毁此经,则天曾敕秋官侍郎刘如璇(或作汝璇)等八学士议之,皆言汉隋诸书所载,不当予以削除。至神龙元年九月,唐中宗对这种“两教尊容互有毁辱”之事“深为不然”,遂正式诏令对其毁除,并“老子化胡”伪经及诸记录有此事者并与削除。且敕令“所在官吏废此伪经,刻石于洛州白马寺,以示将来”。中宗认为这样做不是要降低老子地位,而是“志在还淳,情存去伪”,并非一定以造“化胡”之伪才“方盛老子之宗”。这是一次较为彻底的对《化胡经》的禁毁。此次禁毁后该经虽仍有流传,但其影响已大不如前。此经直到元代方彻底焚绝。清末从敦煌石室中仅发现了一些残卷,现载《大正藏》第54册。

十一月二十八日,刻造《杨文愣及妻造阿弥陀佛坐像》。据金申和李凇载,此像为石灰岩质,高76.6厘米,原藏于日本早崎君氏,现藏于日本细川氏永青文库。佛像结跏趺坐于束腰方台,头光内层有七佛,各佛均结跏趺坐于有梗莲座。头光外层为火焰纹(残),上有飞天二身。像座有发愿文。据大村西崖记载为细纹石质,石像高二尺五寸一分。此像的头光七佛图像及发愿文所标明的阿弥陀佛身份,确凿无疑。

十一月,刻立闻名于世的武则天乾陵《无字碑》。为武则天而树立的这件《无字碑》,就其影响与知名度而言,绝对可以入选中国最著名的十大碑刻之列。此碑位于西安西北乾县梁山上的乾陵。如前所述,乾陵初建于弘道元年(683),56岁的高宗李治于此年病卒于洛阳真观殿后,次年(嗣圣元年)始归葬乾陵。神龙元年十一月,称帝15年、执政50年的女皇武则天也终于没有能够万岁通天,不仅失了江山,其生命也走到了尽头。武则天死后,与高宗一起合葬于乾陵。

武则天的《无字碑》矗立于乾陵朱雀门东侧,与朱雀门西侧武则天为唐高宗李治所立的《述圣记碑》遥相对立,规格也略与《述圣记碑》相近,高630厘米。碑额雕刻八螭相交图案,两侧线雕龙纹。但是这两件高耸的石碑,看似相近,实则大不相同。最本质的区别当然是:与《述圣记碑》满刻8 000余字碑文相反者,《无字碑》上未刻一字!如果按宋人曾巩在《寄欧阳舍人书》一文中所说:碑者有铭,铭者,盖古人功德才行志义之美者,惧后世不知,必铭而见之。显然碑的本质意义就是要以文字的方式,将碑主的功名事迹刻于碑上,以求永传后世,而武则天的皇陵碑却反其道而一字不刻!虽然无字碑并非武则天原创,但作为陵碑而无字,则唯此一碑也。

武则天此碑不刻一字,显然是其生前所作出的重大决定,而且一定是深思熟虑而为。但奇怪的是,关于这一点,两《唐书》中却只字未提及。人们对于武则天为何会决定在其身后刻立一件巨大而巍峨的无字碑,展开了各种猜测。据金其祯归纳,这些纷纭的说法,大致有以下数种解释:或说武则天自以为在位时功绩盖世,上继贞观之治,下启开元盛世,用文字难以表述,一字不书,尽得风流;或说武则天自知篡权改制、无功可记、无德可载,与其贻笑后世,不如留下一座无字碑;或说武则天自知是争议人物,身后必定褒贬不一,立无字碑,千秋功罪后人评说。相传武则天曾遗嘱:百年人物存公论,青史他年有定评,皇家寡人无须匆匆论定;或认为是因为继位的唐中宗李显犯难,不知如何确定对武则天的称谓,不知在撰写碑文时是称她其母后为好,还是称她皇帝为好,只好留下一座空碑。金其祯认为武则天是一个极其复杂的人物,其一生的功过是非实在难以作出恰当的评论和恰如其分的描述,实在难以在当时武周王朝被废止、李唐王朝已重新恢复的政治背景下,给她一个恰当的历史定位。大约也正是因为这个原因,无人肯去、无人敢去、也无人愿去为她写碑文,所以她的碑就只好空而不镌了。吊诡的是,当初立碑时虽然不刻一字，但是后来的观瞻者却在碑上镌刻了许多字。现在，碑上尚存有宋、金、元、明以来文人题刻，汉文之外甚至还有罕见的女真文题刻。在一首明代嘉靖年间镌刻的诗中这样写道：乾陵松柏遭兵燹，满野牛羊青草齐。惟有乾人怀旧德，年年麦饭祀昭仪。

是年，建四川广元皇泽寺。皇泽寺是为纪念武则天而创建者。《新唐书》（外戚武士䕶传）载：武士䕶字信业，殖货喜交结。累迁工部尚书，进封应国公，历利、荆二州都督。又据其寺内后蜀广政二十二年（959）《利州都督府皇泽寺唐则天皇后武氏新庙记》残碑：贞观时武士䕶为都督，创建殿四间，又廊四间，并两廊别塑神像。阎文儒说，武士䕶充利州都督与碑文所记符合，为武则天立庙，或者士䕶任利州刺史时，生则天于此，及则天做女皇帝时，为纪念她，于此设皇泽寺，直到今天仍用此名。

同年，雕造乾陵六十一王宾像。乾陵六十一王宾像又称“蕃臣曾侍轩禁者”像，位于朱雀门阙址北18米，东西对称排列成两群体。陈安利载，西侧32尊，东侧29尊，两群体均作四队八行，像下有方形基座。群像早年遭破坏，均首残或缺上半身，雕饰有差别，大多穿窄袖长袍；有圆领、大翻领或交领；腰束带，着靴，拱手并足，身佩剑和囊袋；发型有鬈发，亦有披发。背部多刻有国籍、职位和姓名，字迹多漫漶，可辨识者有“木俱罕国主斯陁勒”、“于阗国尉迟王敬”、“吐火罗王子羯达健”等。

懿德太子李重润墓及石刻。懿德太子李重润原名重照，因照与武则天名曌同字，避讳改名重润。大足元年（701）李重润因与其妹永泰公主、婿魏王武延基私议武则天宠爱张易之、张昌宗兄弟一事，被武则天下令杖杀，年方19岁。中宗即位后，追赠李重润为皇太子，谥“懿德”，从洛阳迁葬乾陵。陕西省博物馆及陈安利载，懿德太子墓在陕西乾县县城北四公里半处，乾陵南方。其墓园南面辟门，外筑双阙。阙南设神道，自南而北依次排列华表一对、翁仲二对、石狮一对。石刻均为石灰岩质。华表通高470厘米，已残，倒后埋入地下。翁仲一对仅存底座，一对头残，残高140厘米，戴冠束带，双手拄剑。石狮高220厘米，蹲踞状；基座长130厘米、宽80厘米，周饰线刻蔓草纹。后墓室西部放置大型石椁一具，整个石椁由34块石板构成，长375厘米、宽300厘米、高187厘米，顶为庑殿式，刻出脊瓦、滴水、勾头。石椁的东壁外正中一块石板上刻有头戴凤冠的宫女两人，头插垂珠步摇，身穿宽袖短衫，下着长裙，袖下刻鸾凤一对（图149）。甬道和墓室的淤土中，发现有哀册11片，用大理石做成，欧体阴刻填金。哀册为唐代帝后及太子死后下葬时所专用，以区别于一般的皇室人物和文武大臣墓中放置的石墓志。唐以前的古代陵墓均用竹策，至唐代始用玉策。《旧五代史》（礼志下）中说：唐初悉用祝版，唯陵庙用玉册。

四川通江千佛崖造像。据丁明夷载，通江千佛岩摩崖造像位于通江县城西郊2公里半处诸江镇千佛村，千佛岩造像始造于龙朔三年（663），终于开元七年（719），共造像54龛3 000余身。现共存摩崖造像题记六幅：其中一幅即刻有“大唐神龙元年”，造像为一佛二弟子二菩萨像龛。

［文献］ 后晋刘昫等《旧唐书》卷七，宋宋祁等《新唐书》卷二〇六，宋司马光《资治通鉴》卷二〇七，宋曾巩《曾巩集》卷一六，宋薛居正等《旧五代史》卷一四三，［日］大村西崖《支那美术史雕塑篇》，李文生主编《龙门石窟志》，费泳《汉唐佛教造像艺术史》，金申《中国历代纪年佛像图典》、《海外及港台藏历代佛像珍品纪年图鉴》，张岂之等《中国学术思想编年》（隋唐五代卷），金其祯《中国碑文化》，阎文儒《中国石窟主艺术总论》，李凇《长安艺术与宗教文明》，陈安利《唐十八陵》，陕西省博物馆等《唐懿德太子墓发掘简报》（《文物》1972年第7期），丁明夷《川北石窟札记——从广元到巴中》（《文物》1990年第6期）。

公元706年　神龙二年

［提示］ 二月八日，田文远（造像博士）刻《浮图内造像》。二月二十八日，神秀卒，张说等为撰《大通

图 149　懿德太子李重润石椁(二宫女)　神龙元年(705)　陕西博物馆藏

禅师碑》。三月八日开始的龙门造像活动。八月，《信行禅师碑》。十月二十三日，龙门《温王李重茂造立像一躯》、《洒扫僧□等造观音立像》。是年，四川广元千佛崖田氏造弥勒佛像一尊、陕西《华岩寺法藏造像座》、乾县唐永泰公主墓石刻、章怀太子墓及石刻。

［叙录］ 这年二月八日田文远（造像博士）刻《浮图内造像》，曾毅公著录。程章灿对这个名叫田文远的石刻工匠身份进行了考证：唐代刻工自称刻字、镌字、镌匠、刻字人、镌字人的已相当普遍。在刊刻对象方面，其共同点是突出刻“字”。与其相映成趣的是以刻石人、刻像人、造碑人、造碑大匠、造像博士为代表的另一批题署。这类刻工意在突出其刻“像”、造“碑”的工作特点。前者似乎更加有意突出其与书写或书法的联系，后者强调其与材料与造作的关系。大匠应该相当于大都料匠，其地位甚至技艺也有可能比一般工匠略高。至于博士，则是仿照当时律学博士、算学博士等名号，对有刻石技艺的人的一种称呼，突出的是其技艺的背景。后唐同光四年（926年）刻《少林寺行钧大德塔铭》的侯建，也自称为“博士”。田文远刻《浮图内造像》，自署“造像博士”，他可能属于将作监，而不是秘书省。

二月二十八日，神秀卒，张说等为撰《大通禅师碑》。高僧神秀在《旧唐书》及《宋高僧传》中均有传，为禅宗五祖弘忍弟子，北宗创始人。神秀俗姓李，汴州尉氏（属河南）人。《旧唐书》（方伎神秀传）载：神秀以神龙二年卒，士庶皆来送葬。有诏赐谥曰大通禅师。又于相王旧宅置报恩寺，岐王范、张说及征士卢鸿一皆为撰碑文。《全唐文》和《文苑英华》中载有张说《荆州玉泉寺大通禅师碑铭并序》，碑文曰：神龙二年二月二十八日夜中，顾命趺坐，泊如化灭，盖僧腊八十矣。生于隋末，百有余岁，未尝自言，故人莫审其数也。中宗时，中书舍人张说尝问道于神秀，执弟子之礼。史载张说为文属思精壮，长于碑志，世所不逮。现甘肃还存有张说开元九年（721年）所撰写的《郭知运墓志铭》。

李玉珉认为，龙门看经寺浮雕29位禅宗祖师像，证明龙门与禅宗的渊源颇深：龙门看经寺洞内不设主尊，空间开阔，南北两壁刻数列小坐佛和数尊供养菩萨，正壁和南北两壁的下部共雕29位高170余厘米的祖师像。这些祖师像或深目高鼻，或眉头紧锁，形貌无一相同，好似肖像一般。学者研究指出，此29尊祖师像应代表禅宗的29位祖师。神龙二年，禅宗高僧神秀在洛阳天宫寺示寂后，礼葬于龙门；禅宗南宗七祖神会曾建荷泽寺于洛南，入灭后，也归葬龙门山的宝应寺。

八月，刻立《信行禅师碑》。此碑全称《隋大善知识信行禅师兴教之碑》，原石久佚，现传世者仅有清人何绍基剪裱捶拓孤本。清郑孝胥日记中载：博泉约同至庞芝阁家看碑帖，庞居图南里，身后无子，将售所藏，其室为李耕馀之妹，耕馀及蓴楼皆来，发箧共观，录其佳者。大抵多为沈均初所藏，独薛稷《信行禅师碑》乃海内孤本，何子贞（绍基）家物。有王文成小行书墨迹，颇佳，馀帖皆不甚劣。据梁披云说，此拓本现藏于日本。碑文记述隋代信行禅师弘佛事迹，其楷书书丹者薛稷为初唐四大家之一，时年已57岁，书风得褚书神韵。清人王铎跋此碑云：览《信行禅师碑》，用笔浑融静逸，焕然古质，无后代习气。

十月二十三日这一天，同时刻成两件石刻：一件为摩崖造像，即龙门奉先寺附近的《温王李重茂造立像一躯》，有造像题记，李文生等著录。另一件为石灰岩质的单体造像《洒扫僧□等造观音立像》，金申著录，像高244厘米，现藏于美国宾夕法尼亚大学博物馆。此像满饰璎珞宝饰，技艺纯熟，然姿态略嫌板直，似未脱尽隋风。神龙二年还有一件单体造像，也是石灰岩质的，即《华岩寺法藏造像座》，高38.5厘米、宽53厘米、长57厘米，现藏于陕西省西安市文管会，为1954年征集所得。据季爱民载文，此石座后移入西安碑林博物馆。上面的菩萨像已佚，其造型为束腰形四方座。造像座上部平面为四方莲花形，中间有三角形浅凹槽，应为安放坐式菩萨像用。

是年前后，四川广元千佛崖田氏造弥勒佛像一尊。广元千佛崖原南北长约200余米，据清咸丰四年(1854)碑记载,全崖共计造像17 000余身。抗战时国民政府修筑川陕公路,致使南段崖壁被毁,现仅存大小窟龛400余座,造像约7 000身。费泳说,唐代是千佛崖造像的高峰期,开窟约87个,另有众多小龛,较著名的有神龙窟(第11窟)、莲花洞(第13窟)、菩提瑞像窟(第33窟)、大云古洞(第16窟)、释迦多宝窟(第二窟)及睡佛洞(第四窟)等。神龙窟平面呈马蹄形,穹隆顶,窟高约360厘米、宽约325厘米、深180厘米。石窟前壁已崩毁,正壁造倚坐弥勒佛,抚膝,右手上举,佛作螺发,饰头光,内衣为僧衹支,多披敷搭双肩下垂式佛衣(图150)。紧贴束腰坛基两侧各塑小力士一身,由窟内右壁上方造像题记可知。该窟应建于中宗神龙二年以前,造像主为转运使田某某及其儿子。

同年,乾县唐永泰公主墓石刻。赵超认为,现存最精彩的石刻线画,是陕西乾县唐永泰公主墓中石门、石椁上的石刻。永泰公主李仙蕙(字秾辉)是唐中宗李显的第七女,卒于大足元年(701),年仅17岁,可能是被武则天赐死的。中宗复位后,于神龙二年将她与丈夫驸马都尉武延基合葬于乾陵附近。此墓工程浩大而精美,除墓室中满壁彩画外,还在石制墓门上刻出宝相花、海石榴、缠枝纹、卷草等花纹和狮子、凤鸟、兽面等形象。门扉上雕刻一对男侍卫官员,戴幞头执笏板,躬身守候。墓室中的石制外椁,则雕成一座宫殿样式,上盖刻成瓦脊四阿屋顶,四壁用阴线刻出门、窗、鸟、兽、花草及各式侍女。壁画中的宫女们有捧砚者、有捧盆者、有举水果者、有执酒壶者、有拱手侍立者、有持花闻香者(图151)。一女子手背上还站着一只长尾小鸟,另一只手摆出逗弄鸟儿的姿势,神态极其悠闲自得,旁边则有一宫女在观看。这些画像可能与墓室壁上画的大队宫人侍女一样,都是表现永泰公主在世时的宫中生活景象。画上的宫女容貌端庄秀美,服饰华丽,气派雍容。刻画的线条准确流畅。这些都充分显示了唐代造型艺术的巨大成就。陈安利载,1960年至1962年,陕西省文物管理委员会对永泰公主墓进行正式发掘,实际发掘了288天。清理甬道和前后室时,在甬道南口发现墓志,志盖上篆刻“大唐故永泰公主志铭”。墓志为正方形,体积较大,每边长114厘米,志盖周围雕饰忍冬蔓草及十二生肖花纹,华丽精美。志文楷书阴刻,文共32行,满行32字,除抬头空格外,共830字。文为徐彦伯撰,徐在《唐书》中有传,为当时有名的文学家。志文为四六骈体文,辞藻颇为华丽。

章怀太子墓及石刻。章怀太子李贤在两《唐书》中有传,他是高宗李治与武则天的第二子,颇有才华,深为高宗所喜爱,尝立为太子。李贤曾召集当时知名学者注解《后汉书》。书中谈及汉高祖刘邦死后,吕后篡夺汉室天下的史实。武则天认为这是在对自己含沙射影,于是以各种理由加害李贤。李贤为了自身安全,在居住的东宫马坊暗藏兵器。被武则天发现后以私藏兵器图谋不轨为由,废李贤为庶人,并将其流放至巴州(四川巴中县)。文明元年(684)三月,李贤在巴州神秘地死去,估计是武则天派人秘密杀害,时年方31岁。中宗复位后,于神龙二年(706),迁李贤遗骨回到乾陵陪葬。景云二年(711),唐睿宗追封李贤为“章怀太子”。据《唐章怀太子墓发掘简报》称,1971年,考古工作者发掘了位于陕西乾县乾陵东南章怀太子墓,墓中出土有《章怀太子李贤墓志》,并证实李贤确为武则天所杀。陈安利载,章怀太子墓封土呈覆斗形,墓园正南辟门,外筑双阙。阙前设神道,列置石刻,尚存四件,石灰岩质。由南而北依次为:华表一对,均残,覆莲座,八棱柱身,仰莲宝珠顶。石羊一对,高120厘米、长110厘米,仰头跪卧状,基座周饰线刻蔓草纹。刘兴珍认为章怀太子墓中石刻亦十分精美。在墓的后室有石椁一座,长400厘米、宽300厘米、高200厘米。椁东壁正中为门,刻男女侍各一。右为男侍,戴幞头,穿圆领束腰长袍,着靴。双手执笏,仰面作侍立状。左为女侍,绾高髻,着广袖衫,肩有帔巾,腰系长裙,裙缘及足,下露云头鞋。面相丰润,形貌姣好。右臂屈于胸前,手掌微合。门楣左右各刻一朱雀衔枝,展翅扬尾。门楣正中刻莲纹,门周边刻缠枝纹,装饰繁复华丽。门南北各置棂窗,上刻双飞马,下刻双飞狮。造型具有装饰风格,皆作腾跃姿态,极富生机。全椁线刻精细匀称，刻工所到，游行自在，若春风杨柳，流利委婉，为唐代石椁线刻的代表作。

［文献］ 后晋刘昫等《旧唐书》卷一九一，宋李昉等《文苑英华》卷八五六，宋赞宁《宋高僧传》卷八，清董诰等《全唐文》卷二三一，清郑孝胥《郑孝胥日记》，曾毅公《石刻考工录》，程章灿《石刻刻工研究》，李玉珉《中国佛教美术史》，梁披云主编《中国书法大辞典》，李文生主编《龙门石窟志》，金申《中国历代纪年佛像图典》、《海外及港台藏历代佛像珍品纪年图鉴》，季爱民《从道宣的戒坛设计到法藏的华严寺造像——以碑林藏神龙二年造像座为中心》（《唐史论丛》2009年），费泳《汉唐佛教造像艺术史》，赵超《石刻史话》，陈安利《唐十八陵》，陕西省博物馆等《唐章怀太子墓发掘简报》（《文物》1972年第7期），刘兴珍等《中国古代雕塑图典》。

公元707年　神龙三年　景龙元年

［提示］ 神龙三年二月，改中兴寺观为龙兴。神龙三年，元希声卒，崔湜为撰碑文、张说撰铭、卢藏用篆石。建小雁塔。景龙元年，唐中宗撰书《赐卢正道敕》碑。

［叙录］ 《旧唐书》（中宗纪）载：神龙三年二月，改中兴寺观为龙兴，内外不得言“中兴”。这样做的目的，按《资治通鉴》胡三省的解释是：示袭武氏后，不改其政也。自此以后，全国各地有多处龙兴寺，著名者如山东青州龙兴寺，四川邛莱龙兴寺等。

神龙三年，元希声卒，崔湜为撰碑文，张说撰铭，卢藏用篆石。据《文苑英华》等载，元希声为洛阳人，其高祖父是隋代兵部尚书元岩（君山），三岁便善草隶书，客有闻而谬之者，援豪立就，动有楷则，当时目曰神童。举进士，徵拜司礼博士，擢吏部侍郎，卒年46岁。崔湜撰有《故吏部侍郎元公碑》，称其有文集30卷行于世。余与公一遇相得，二纪同游，追慨畴曩，援毫涕集。公执交兵部侍郎南阳张说、吏部侍郎范阳卢藏用，当代英秀，文华冠时，而卢兼有临池之妙，故张述铭，卢篆石，天下称是碑有二美。《新唐书》（艺文志四）载有《元希声集》10卷。希声不仅书法好，同时还是一位精通医术的学者，据宋人王尧臣等编《崇文总目》载，元希声著有《行要备急方》一卷。

是年，建小雁塔。小雁塔当时是荐福寺的塔院，李淞载其原址在开化坊，原是太宗女儿襄城公主住宅，中宗文明元年（684）立为献福寺，武则天天授元年（690）改称荐福寺。证圣元年（695）高僧义净从印度回国后，在荐福寺陆续译经56部，又著有《大唐西域求法高僧传》。小雁塔建于中宗景龙元年，高45米，共15级，平面为正方形，底层宽约11米，由下至上逐层递减，为密檐式建筑。其风格秀丽而玲珑，颇有印度式佛塔特征，与大雁塔雄伟壮观的中原式气概形成鲜明对照。塔下层南北各有一门。弓形石门楣上刻有蔓草花纹和天人供养像。据《历代名画记》载，寺中的净土院有吴道子画的神鬼，尤以神头上的龙为绝妙。西廊菩提院有吴道子画维摩诘经变图，而西南院佛殿内东壁及廊下行僧也是吴道子所画，只是没有完成。在律院北廊，则有张璪和毕宏两人绘制的壁画。

神龙三年九月改元景龙元年。是年，唐中宗撰书《赐卢正道敕》碑。此碑是唐中宗赐给洛州荥阳县令卢正道诏敕，敕文盛赞卢正道的政绩，由中宗御笔楷书而成。碑原在河南荥阳县。中宗曾于嗣圣元年（684）书写《述圣记》碑，明赵崡谓其字法遒健，深得欧、虞遗风。但这件《赐卢正道敕》碑的楷法却较为粗绌，呆滞松弛，完全没有皇室之风。估计是由于中宗曾长期被武后废置，过着一种近似囚禁的生活，此时虽已复位，又制约于韦后，身心备受摧残。在这种情形下，当然不太可能写出好书法了。清人王昶载，此碑高九尺一寸，广四尺八寸五分。据清人武亿载，《赐卢正道敕》字大五寸余，碑阴刻《卢公清德文》。武亿此处所说的《卢公清德文》，当即刻于此碑另面的《大唐洛州荥阳县头陀逸僧识法师上颂圣主中兴得贤令卢公清德之文》。《卢公清德文》刻文近2 000字，竖碑时间为：神龙三年五月八日。如此看来，《卢公清德文》刻造的时间比《卢正道敕》早了几

图 150　广元千佛崖第 11 号神龙窟弥勒佛　神龙二年(706)

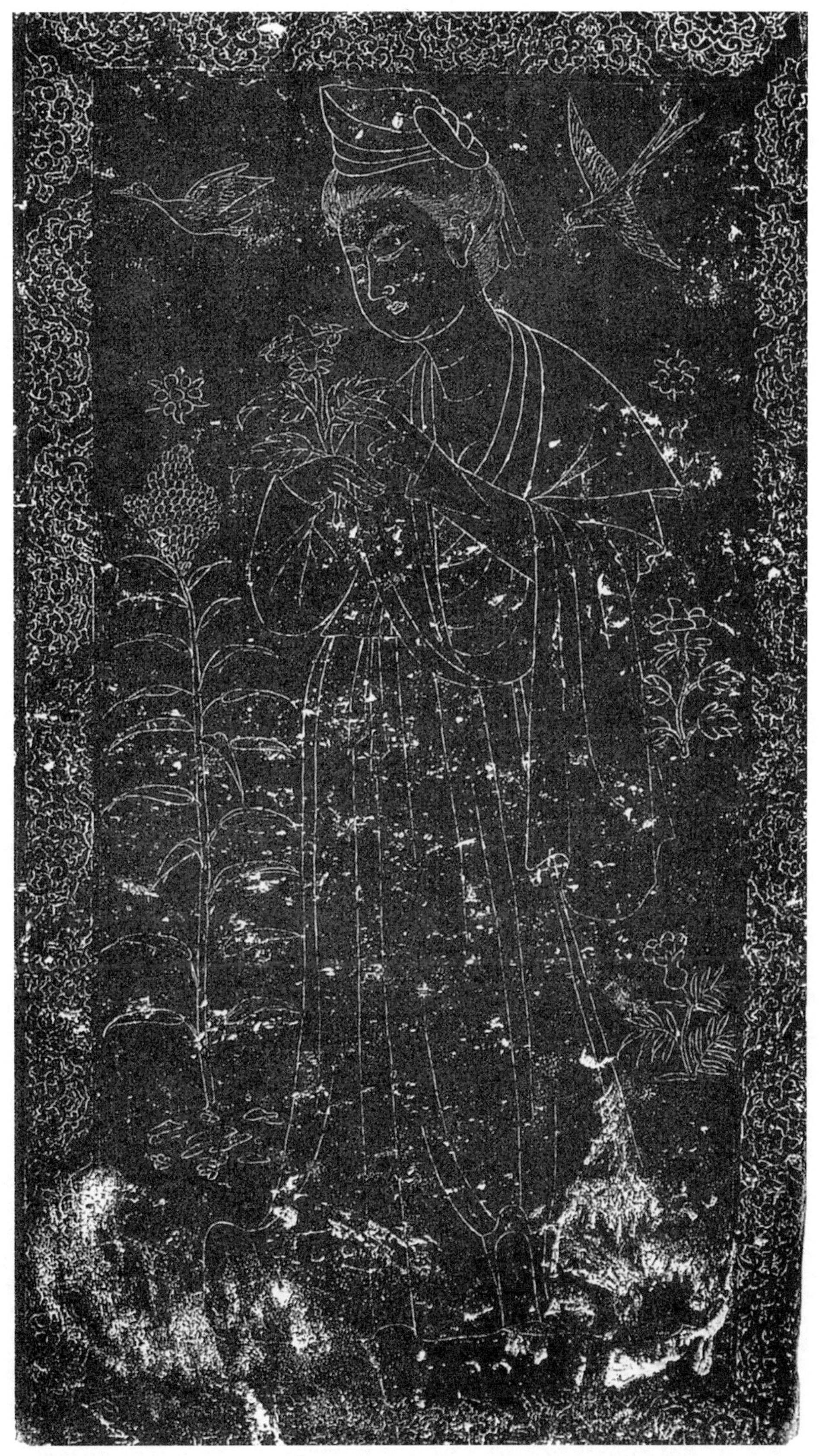

图 151　永泰公主石椁(宫女)　神龙二年(706)　陕西博物馆藏

个月。

［文献］　后晋刘昫等《旧唐书》卷七，宋宋祁等《新唐书》卷六〇，宋李昉等《文苑英华》卷八九八，宋王尧臣等编《崇文总目》卷三，宋司马光《资治通鉴》卷二〇八，明赵崡《石墨镌华》，清武亿《授堂金石文字续跋》卷三，清王昶《金石萃编》卷六八，李凇《陕西古代佛教美术》。

公元708年　景龙二年

［提示］　二月，张景毓撰文、释翘征楷书《句容令岑植德政碑》。三月一日，《法楞造阿弥陀造像》。四月，陕西石泓寺《杨明造像记》。七月，吕元泰上疏谏兴造佛寺。九月九日，中宗君臣游慈恩寺塔并赋诗。十二月，《吕希行造像》。景龙二年，《崔敬嗣碑》、法门寺中宗和韦后藏发石匣。

［叙录］　二月，张景毓撰文、释翘征楷书《句容令岑植德政碑》。据刘正成等载，此碑原石久佚。仅存明项子京旧藏宋拓孤本传世，宋拓孤本藏于上海图书馆，全称《大唐朝散大夫行润州句容县令岑君德政碑》。此碑在宋时即引起金石学者如欧阳棐、陈思等注意，《全唐文》及清人杨世沅等著录此碑全文。

三月一日所刻《法楞造阿弥陀造像》，为单体大理石造像，金申著录，现藏于美国大都会博物馆。同年十二月还刻有一件单体造像，即《吕希行造像》，据《海外贞珉录》载，石今藏于日本东京博物馆。四月，陕西富县有石泓寺石窟《杨明造像记》，则为摩崖造像。李凇载，富县石泓寺石窟第一窟为隋代开凿、经唐宋续造像的洞窟。其唐代造像刻着：景龙二年四月□日造此功德，杨明。

七月，吕元泰上疏谏兴造佛寺。《资治通鉴》载：这年七月，清源尉吕元泰上疏说：边境未宁，镇戍不息，士卒困苦，转输疲弊，而营建佛寺，日广月滋，劳人费财，无有穷极。昔黄帝、尧、舜、禹、汤、文、武惟以俭约仁义立德垂名，晋宋以降，塔庙竞起，而丧乱相继，由其好尚失所，奢靡相高。人不堪命故也。伏愿回营造之资，充疆场之费，使烽燧永息，群生富庶，则如来慈悲之施，平等之心，孰过于此！但此疏上奏后没有得到采纳。不久，又有辛替否谏佛寺过度壮丽，仍不纳，事见《旧唐书》辛替否本传。

九月九日，中宗君臣游慈恩寺塔并赋诗。宋人计有功《唐诗纪事》中载：是年九月九日，中宗幸慈恩寺，登浮图，群臣上菊花寿酒赋诗，婕妤献诗。同书卷九又说：九月，上幸慈恩寺塔，上官氏献诗，群臣并赋。刘加夫在《中国文学编年史》中载，上官婉儿之《九月九日上幸慈恩寺登浮图群臣上菊花寿酒》诗，以及李峤、赵彦昭、刘宪、郑倍、李义、宋之问、萧至忠、李迥秀、杨廉、辛替否、王景、毕乾泰、麹瞻、樊忱、孙佺、李从远、周利用、李恒、张景源、张锡、解琬、薛稷、马怀素、崔日用、岑羲、卢藏用、李适所作《奉和九月九日登慈恩寺浮图应制》诗，均当并为本日所作。

景龙二年所刻立的《崔敬嗣碑》，宋代欧阳修、赵明诚等均有著录。欧阳修说，唐《崔敬嗣碑》，胡皓撰文、郭谦光书。崔氏为唐名族，而敬嗣不显，皓为昭文馆学士，然亦无闻。其事实文辞，皆不足多采，而余录之者，以谦光书也。其字画笔法不减韩、蔡、李、史四家，而名独不著，此余屡以为叹也。看得出来，欧阳修对郭谦光的书法还是十分赞赏的，《沁州刺史冯公碑》亦为郭谦光所书。

法门寺唐中宗和韦后藏发石匣。在文献记载上，中国境内供奉释迦牟尼真身舍利的寺院共有四大名刹：岱州五台寺、终南五台寺、泗州普王寺、扶风法门寺。其中岱州五台寺、终南五台寺舍利早在会昌灭法时已勒令毁坏，泗州普王寺也于清康熙五十九年(1720)沉入洪泽湖。硕果仅存者唯法门寺一寺而已矣。李凇载，唐中宗和韦后等曾下发入塔供养，1987年发现了他们藏头发的石匣盖，纪年为唐景龙二年。

［文献］　后晋刘昫等《旧唐书》卷一〇一，宋欧阳修《集古录跋尾》卷六，宋赵明诚《金石录》卷二六，《资治通鉴》卷二〇九，宋计有功《唐诗纪事》卷三、卷九，清董诰等《全唐文》卷四〇五，清杨世沅《句容金

石记》卷二，清罗振玉《海外贞珉录》，刘正成《中国书法鉴赏大辞典》，金申《中国历代纪年佛像图典》，李凇《陕西古代佛教美术》，陈文新主编《中国文学编年史》（隋唐五代卷）。

公元709年　景龙三年

［提示］　二月，《赵氏造天尊像》。三月十九日，《杜太素造道教像石》。三月二十四日，广西罗家山《安野郁造像》。四月，四川广元千佛崖王小兰造菩萨像一龛。十二月十八日，中宗幸秦始皇陵。是年，陕西《法琬法师碑》。河南《宝山灵泉寺玄林禅师神道碑》。

［叙录］　景龙三年，出现了两件久违的道教单体造像。一件为这年二月所刻造的《赵氏造天尊像》，金申著录，为石灰岩质，像高38厘米，现藏于美国芝加哥菲尔德自然历史博物馆。另一件是刻于三月十九日的《杜太素造道教像石》，也藏于美国芝加哥自然史博物馆中。据胡文生载，此造像石原来正面应是呈莲瓣形或舟形，但其上部毁损，石质为石灰岩。主尊道像为唐代早期太上老君或元始天尊像较为典型的作品，以后道像主尊大都遵照此造型，不脱臼范。

据杜海军载，是年三月二十四日，广西罗家山有《安野郁造像》。安氏自称迁客，显然不是桂林本地人氏。罗家山已被削平，其造像真容今日已不可复睹了。另，马彦、丁明夷载，这年四月，四川广元千佛崖王小兰造菩萨像一龛。此龛位于千佛崖三圣堂，造像记中有：弟子王小兰为母乞愿平安，敬造供养。

景龙三年陕西所刻的《法琬法师碑》，现存西安碑林，全称《大唐故宣化寺尼法琬法师碑》。据樊波、李林娜载，法师同时还有墓志存世，大致可知法琬身世。法琬俗姓李，曾祖李亮为隋海州刺史、长社县开国公，唐郑孝王。祖李神符为唐扬州大都督、宗正卿、太常卿、岐州平道将军、襄邑郡王。父李德懋为宗正卿、行尚方监、临川县开国公。清人陆增祥、王昶著录此碑，为灵安寺沙门承远撰文、彭城刘钦书丹。

同年，河南刻《宝山灵泉寺玄林禅师神道碑》。据河南省古代建筑保护研究所载，此神道碑位于灵泉寺寺院遗址内的西部，碑为龟趺圆首，首雕九螭，碑额正中有一小型佛龛，内雕一佛，着圆领长衣，跣足立于仰覆莲座上，双手向两侧伸出，头后有项光一重，惜头部残缺。碑身与碑首为一块青石雕就，碑阴额题“玄林禅师神道碑并序”，监察史陆长源撰，碑文结尾有唐代“景龙三年”四字的纪年。该碑碑阳、碑阴皆有行书文字，书法甚佳。碑文主要记述玄林禅师从出家到圆寂的整个佛事生涯。从中可看出玄林应为灵泉寺继高僧道凭、灵裕后的又一著名僧人。

［文献］　宋计有功《唐诗纪事》卷九，清陆增祥《八琼室金石补正》卷二七，清王昶《金石萃编》卷六八，金申《海外及港台藏历代佛像珍品纪年图鉴》，胡文和《中国道教石刻艺术史》，杜海军《桂林石刻总集辑校》，马彦等《广元千佛崖石窟调查记》（《文物》1990年第6期），樊波等《唐法琬禅师墓志、墓碑及有关问题》（《碑林集刊》第三辑），河南省古代建筑保护研究所《宝山灵泉寺》。

公元710年　景龙四年　景云元年

［提示］　景龙四年三月，龙门《清信女六娘造救苦观世音菩萨》、《王非城造像》。六月，始建中宗定陵。景龙四年，泗洲和尚圆寂。景云元年九月一日，《吐火罗僧宝隆造释迦牟尼佛》。十一月，节愍太子李重俊墓陪葬定陵。十二月，改卫国寺为安国寺，后出土一批白玉石佛像。

［叙录］　公元710年的唐代，宫廷中散发着纵乐与阴谋的气息。根据《资治通鉴》等典籍记载：这年正月十四夜，中宗与韦后微服出行，观灯于长安市里。同时纵宫女数千人出游，很多宫女当晚没有回到宫里。二月二十九日，中宗至禁苑之内的黎园（在太极宫西边）的球场，举行体育娱乐活动，命文武百

官三品以上抛球及分朋拔河。宰相唐休璟、韦巨源因衰老而跌倒，很久没有爬起来。中宗和后妃公主等均在一旁观看，且大笑不止。四月，定州人郎岌上言韦后宗楚客欲谋反，韦后请中宗杖杀之。五月，许州司兵参军燕钦融也上言皇后宗楚客等图危社稷。中宗当面质问，钦融神气坚定，中宗为之默然。宗楚客矫诏令飞骑扑杀之，折颈而死。这些舍命上言的将士或臣民，并没有唤醒中宗懦弱的灵魂，反倒是引起韦后及其党羽的忧惧，于是，中宗的人生到此画上句号：景龙四年六月二日，韦后和安乐公主合谋毒死中宗于神龙殿，年 55 岁，韦后密不发丧。立 16 岁的温王重茂为皇太子，由皇后知政事。九月四日，移中宗棺木于太极殿发丧，韦皇后临朝摄政，改元唐隆。不久，临淄王李隆基诛杀诸韦，废除少帝，立睿宗，改元景云。从此，唐朝自武则天以来又一次严重的皇后专权事件终于宣告结束。李隆基因此而深得睿宗李旦欣赏，被立为太子。

景龙四年三月，据李文生载，龙门石牛溪刻《清信女六娘造救苦观世音菩萨》、古阳洞刻《王非城造像》。

景龙四年六月，始建中宗定陵，完成于是年十一月，历时仅约五个月。陈安利载，定陵位于陕西省富平县宫里乡狮子窝村北凤凰山，南距县城约 13 公里。其山由三个墨青石岩山峰联系而成，在山峰的后面围绕着一道半圆形山梁，东西两端各连峰，中峰恰巧从山梁正中伸出，恰似一只飞翔的凤凰，以此得名凤凰山。原神道自南而北依次排列华表、翼马各一对，仗马三对，翁仲十对，“蕃民”石像及立狮各一对、无字碑一通。20 世纪 60 年代初尚存华表、翼马、仗马、翁仲、立狮、巨型无字碑等 25 件，今仅存翁仲一对，东西间距 90 米，北距朱雀门外阙址约 300 米。翁仲通高 290 厘米，鹖冠长袍，双手拄剑。东列翁仲留短须，穿交领右襟袍服，冠侧羽翅纹宽大，西列翁仲蓄长须，穿交领袍服，冠侧羽翅纹细小。

景龙四年，泗洲和尚圆寂。泗洲和尚又称泗洲大圣像，在四川大足北崖 177 窟有宋代石刻的泗洲大圣像。泗洲汉代为泗水国，宋代泗洲治盱眙。刘兴珍说，泗洲大圣为唐中宗时西域来我国的高僧，人称泗洲和尚，帝王赐号证圣大师，享有观音化身之盛誉。景龙四年圆寂后，各地皆立庙供养。大足刻像高 110 厘米，戴风帽，着僧衣，外穿圆领大衫，盘腿端坐于高台之上。衣纹下垂，双手结法界印于腹前。面相丰满，双目微闭，嘴角微翘。雕刻手法概括简洁，精谨的刀法恰到好处地将高僧入定的神态表现出来。

改元景云之后，景云元年九月一日，看经寺附近有《吐火罗僧宝隆造释迦牟尼佛》。温玉成按：吐火罗即巴克特里亚或大夏，其位置相当于今兴都库斯山与阿姆河上游地区，八世纪被阿拉伯所灭。唐代东都洛阳是一个国际性都市，许多外国的僧侣、商人、使臣、留学生等久居洛阳，在龙门石窟留下了他们活动的遗迹。景云元年十二月，净土堂附近还刻有《僧□豪造观世音菩萨》。

景云元年十一月，节愍太子李重俊墓陪葬定陵。李重俊是唐中宗李显第三子，被封为义兴郡王、卫王。李重俊曾和右羽林大将军李多祚于神龙三年(707)发动羽林军 300 余人，诛杀武三思父子，并攻入宫中欲杀韦皇后和安乐公主。因力量悬殊，反被韦氏所杀。景云元年七月谥曰“节愍”，十一月陪葬定陵。陈安利载，李重俊墓位于陕西富平县宫里乡南陵村西北，是定陵陪葬墓中距陵最近、封土最大的一座。1995 年 3 月，陕西省考古研究所对李重俊墓进行了发掘。墓室内出土了大量的三彩器物残片以及汉白玉质地的谥册、哀册残片，经修复完整者 11 片。墓室内还出土陶质镇墓兽残块、文吏跪拜俑及石质莲花座等。

景云元年十二月，改卫国寺为安国寺，后出土一批白玉石佛像。安国寺位于宣教坊，本为节愍太子李重俊旧宅。神龙二年(706)立为崇恩寺，后改为卫国寺，景云元年十二月改为安国寺。据李淞和程学华载，武周至玄宗时期，大画家吴道子等相继在此寺中各院绘制壁画。1959 年曾在安国寺遗址出土 11 件精美异常的贴金描彩汉白玉石(白色大理石)雕像，现存西安碑林博物馆。这些石像可能是武宗会昌五年(845)毁佛时所弃置埋藏，堆叠在地下4米多深的一窖穴之中，其中大半残缺。其尺寸、风格相近，多为密宗造像。这批石像所呈现的绚丽而高贵的色彩与汉白玉本色和谐相融，代表了盛唐时期上层贵族的审美趣味。金申认为安国寺像的大理石质是值得注意的。正如松原三郎氏所指出的，这类白大理石应产自河北和北京郊区(幽州)，如其所引《长安志》：福严寺，开元中以造华清宫余材修缮佛殿，中有玉石像，幽州所进，与朝元阁道像同臻精巧无比，扣之如磬。又《旧唐书》(礼仪志)曰：初太清宫成，命工人于太白山采白石为玄元圣容，又采白石为玄宗圣容，侍立于玄元之右，皆依王者衮冕之服，彩绘珠玉为之。太白山，松原氏认为在河北省境内，《古今地名大辞典》记在陕西眉县南。总之在开元、天宝时代曾流行以白大理石雕造各种石像，有一部分石料来源于幽州，很可能还包括曲阳。关于这批石像的刻造年代，金申说，从安国寺诸像风格分析，松原氏认为波士顿美术馆的菩萨像是盛唐末期长安派石雕的顶峰之作，而安国寺宝生佛像和文殊像已有缺乏力度感和活力感的倾向，造型略显拘谨，故应放在盛唐末、中唐之初，即8世纪中叶左右，此说颇有见地，我以为甚至还可往后稍推至8世纪末至9世纪前期，属中晚唐之际。

［文献］ 后晋刘昫等《旧唐书》卷二四，宋司马光《资治通鉴》卷二〇九，宋宋敏求《长安志》卷一五，李文生主编《龙门石窟志》，陈安利《唐十八陵》，刘兴珍等《中国古代雕塑图典》，李凇《陕西古代佛教美术》，程学华《唐贴金画彩石刻造像》(《文物》1961年第7期)，金申《佛教美术丛考》。

公元711年 景云二年

［提示］ 二月二十七日，河南《独孤仁政碑》。二月二十八日，《豆卢钦望碑》与《杨再思碑》。二月，徐彦伯撰文张庭珪书《唐左仆射刘延景碑》。四月，唐睿宗与群臣重论三教关系，令佛道齐行并进。十二月十五日，《邑义十六人造阿弥陀坐像》。景云二年，《石佛坐像》、《景龙观钟铭》、《章怀太子墓志》、天竺僧人宝思惟创建龙门天竺寺。景云至延和年间，四川利州刺史广元千佛崖《毕公重华造菩提瑞佛窟》。睿宗时代，代国长公主墓碑。

［叙录］ 据曾毅公载，这年二月二十七日，贾行表(襄陵)刻《独孤仁政碑》。清人王昶载，此碑连额高六尺五寸二分、广三尺三寸八分，三十四行、行四十八字，正书，额题“大唐故上□军独孤府君之碑”篆书12字，石在孟县忠义祠。独孤为隋唐间著名家族(如隋文帝独孤皇后)，从碑文可知，独孤仁政为河南洛阳人，其高祖为独孤永业、曾祖为独孤子佳、祖独孤义恭、父独孤士赟。此碑书法亦常为人所称道，民国潘景郑在其《著砚楼书跋》中甚至说：唐惟《独孤仁政碑》，号称巨观。今人施蜇存选此碑入《唐碑百选》中。

二月二十八日，《豆卢钦望碑》与《杨再思碑》。按陈安利的说法，豆、杨二人本无什么直接关系，放在一块儿说，是因为这两碑系1995年7月一并出土于唐僖宗李儇靖陵的墓室，是作为石棺床来使用的。豆碑无首无座，顶部原刻螭首、碑圭及底榫皆被凿掉，现存高225厘米、宽118厘米、厚37厘米。碑面上部文字清晰，下部多处被人为敲击残损，已模糊漫漶，碑右侧下部遭砸捶残损。碑文隶书，现存约2 000余字。碑文题为“大唐故开府仪同三司尚书左仆射上柱国赠司空芮国元公豆卢府君之碑并序”，可惜撰书者的名字已被凿掉。从碑文可知，豆卢钦望于景龙三年(710)十二月二十二日去世，年86岁。景云二年(711)二月二十八日陪葬乾陵。《杨再思碑》亦无座无首，高208厘米、宽101厘米。碑文保存状况与豆卢钦望碑大同小异。碑文隶书，碑文题为“大唐故尚书右仆射特赠□□□大都督郑国公杨恭公□□”，“银青光禄大夫行尚书左丞上柱国汝南郡开国公岑义撰”。按《旧唐书》记载，杨再思卒于景龙二年(709)。

二月，徐彦伯撰文张庭珪书《唐左仆射刘延景碑》，为宋人赵明诚所著录。赵明诚说，延景女为睿宗妃，生让帝（李宪）者。延景身世显赫，其故宅位于安仁坊的东南。宋敏求在《长安志》中，对于安仁坊的情形，作了如下记载：东南隅，赠尚书左仆射刘延景宅。坊西南，汝州刺史王昕宅。延景即宁王宪之外祖，昕即薛王业之舅，皆是亲王外家。甲第并列，京城美之。荣新江指出，《长安志》这里只是说刘延景和王昕都是亲王的外家，两家人的豪宅并列而立，为京城人所羡慕。其实，这两户人家为什么并列居住在一起，是很值得注意的问题。据《旧唐书》（后妃传）记：睿宗肃明顺圣皇后刘氏，刑部尚书德威之孙，父延景，陕州刺史。景云元年（710），追赠尚书左仆射，沛国公。仪凤中睿宗居藩，纳为孺人，寻立为妃。生宁王宪，寿昌、代国二公主。文明元年（684）睿宗即位，册为皇后，及降为皇嗣后，从降为妃。长寿中与昭成皇后同被谴，为武则天所杀。景云元年，追谥为肃明皇后，葬于东都城南，陵曰惠陵。由此可知刘延景是让皇帝宁王李宪生母、后来睿宗的肃明皇后刘氏的父亲，即所谓外祖。又按延景父刘德威，《旧唐书》有传。德威先娶郑氏，生审礼；郑氏卒，续娶平寿县主，生延景。《刘德威传》附《刘审礼传》称：审礼“抚继母男延景，友爱甚笃，所得禄俸，皆送母处，以资延景之费；而审礼妻子处饥寒，晏然未尝介意。再从同居，家无异爨，合门二百余口，人无间言”。可知刘审礼与刘德威是同父异母兄弟。

四月，唐睿宗与群臣重论三教关系，令佛道齐行并进。事见于《旧唐书》（睿宗本纪）及《隆兴佛教编年通论》中。刘学智说，自武德、贞观年间确立“道先、次孔、后释”顺序后的54年间，虽道释之论争从未停息，但终未能促使此一方针发生大的改变。直到武则天天授二年（691）才对其有所调整，提出僧尼在道士女冠之前，在三教之间排出次第。至睿宗重论三教关系，认为僧、道二教“理均迹异”，其社会作用都是“拯人救俗”，所以教虽有别，而功能是相同的。如果总是互争彼此高下，则“有殊圣教，颇失彝章”，遂敕僧、道应“齐行并进”。此诏出后逐渐结束各教排次格局，并终唐一世，遂成定制。这对于此后的思想文化格局不无影响，尤加深了三教在思想文化层面的相互吸收、相互融合的进程。

十二月十五日，刻成单体石灰岩造像《邑义十六人造阿弥陀坐像》（图152），松原三郎在《中国佛教雕刻史研究》中曾著录。像高125厘米，现藏于日本书道博物馆。另外一件单体石灰岩质《石佛坐像》，像高37.5厘米，据金申说，现流落国外。

梁披云著录唐睿宗所书《景龙观钟铭》。睿宗李旦系唐高宗第八子、中宗之弟。宋人陈思在《书小史》中说，睿宗性醇和，长而温恭，好学，通训诂，工草隶书。唐代的窦蒙在《述书赋注》中也说：睿宗好书史，尚古质，书法正体，不乐浮华。睿宗一生虽正式在位时间前后相加仅七年左右，但由其所撰书的碑刻却不少，见于记载的有《武士彟碑》、《杨氏碑》、《武后述志碑》、《孔子庙堂碑额》、《景龙观钟铭》。其中《景龙观钟铭》是睿宗最具代表性的作品，石在西安。书体楷中杂篆、隶之风，时有草书与飞白意趣。明人赵崡称此碑正书而稍兼篆隶，奇伟可观。

《章怀太子墓志》。章怀太子李贤在文明元年（684）三月，神秘地死于巴州，时年方31岁。唐中宗复位后，神龙二年（706）迁李贤遗骨回到乾陵陪葬。景云二年，唐睿宗追封李贤为“章怀太子”。此墓志为玄宗之弟李范行书，足见对李贤的重视。刘正成载，此志石87厘米见方。20世纪70年代初出土于陕西省乾县，现藏于陕西乾陵博物馆。

是年，天竺僧人宝思惟创建天竺寺。李文生载，龙门天竺寺为中宗景云二年北印度迦湿弥罗国僧人宝思惟所创建。据唐苏颋《唐河南龙门天竺寺碑》（碑存龙门石窟研究所）推断，天竺寺当在龙门东山，或今香山寺下方山凹处，或东山之阳，具体位置难以确定。唐开元十年（722），伊水泛涨，该寺毁废。至唐代宗即位宝应元年（762），在龙门重建天竺寺。《全唐诗》载有白居易《宿天竺寺回》诗一首，即指后建之天竺寺，又名西天竺寺。

大约在景云至延和年间（710—712），四川利州刺史广元千佛崖刻造《毕公重华造菩提瑞佛窟》一铺九尊。李玉珉说，广元菩提瑞像窟约开凿于景云至延和年间，位在柏堂寺上方，是广元千佛崖中规模较大、雕刻精美的一座洞窟。该窟方形平顶，内造中心坛，坛上雕一佛二弟子二菩萨及二力士一铺。主佛与两位胁侍比丘的身后雕镂空的七宝双树背屏，直通窟顶，枝叶交覆于佛的上方，状似华盖，枝干间对称刻出飞天及雷、雨、风神，形式独特。千佛崖的牟尼阁窟、弥勒窟、涅槃窟等，也都是这种中间设坛，有镂空透雕双树背屏的平顶。这种窟洞形式不但中原不曾发现，即使在四川，也仅见于广元千佛崖一处，应是当地艺师匠心独运的设计。菩提瑞像窟的主尊坐佛结跏趺坐于束腰须弥座上，头戴宝冠，项饰七宝璎，手佩臂钏，身着右袒式袈裟，右手抚膝作降魔印，毫无疑问当为一件摹刻伽陀国释迦成道像的菩提瑞像。这尊瑞像身后的椅靠两侧分别浮雕金翅鸟、摩羯鱼、童子骑兽等图像。初唐时菩提瑞像和饰有六拏具的椅背在两京非常流行，广元千佛崖出现菩提瑞像和装饰六拏具的椅背，可见中原文化对广元的影响十分明显。实际上，参与广元千佛崖石窟开凿的功德主中，有不少即是从京师被外放到此的京官，如韦抗等，广元的佛教造像与中原的关系密切，实有其特殊的地理与历史因素。费泳认为此窟是一处典型的密教题材的造像，其主尊为密宗毗卢遮那佛。右壁窟口处刻有《大唐利州刺史毕公柏堂寺菩提瑞像颂并序》碑，石窟建成应在唐睿宗年间，时代早于“开元三大士”来华。与该窟左侧相邻的是弥勒窟，两窟构成双窟，为显密共修的又一实例。菩提瑞像窟正壁主体造像群，对密宗造像仪轨表现得较莲花洞更丰富，《陀罗尼集经》卷一记：其佛右边作观自在菩萨，右手臂向上把白拂，左手伸臂向下把澡罐。其佛左边作金刚藏菩萨像，像右手屈臂向肩上，手执白拂，左手掌中立金刚杵，其一端者从肩上向外立着。咒师于佛前左右胡跪，手执香炉。其佛光上作首陀会天散花形。该经卷二《画一切佛顶像法》又记：其像背后画双树形，树上画作垆醯陀迦布瑟波形（唐云陵宵华），间错树叶。现在略作比较，此窟正壁佛右侧胁侍菩萨为手持净瓶之观音，造作与经文描述吻合，佛背光两侧造有大树两株，树冠延伸至窟顶，背光之上有三身天神及两身飞天，应为文中首陀会天。正壁高坛上雕有二身跪人，似为文中所述咒师。因此费泳认为，该造像是初唐对经文仪轨反映最为贴切的大日如来。

《代国长公主墓碑》约刻成于睿宗时代。此碑位于蒲城县三合乡双庙村西南，在唐睿宗李旦墓（桥陵）东南 7 公里处。墓主人为唐睿宗第四女代国长公主李华。陈安利载，公主墓高 8 米余，封土完整。墓碑立于墓南，高约 4 米。全文见载于《全唐文》中，撰碑文者为公主丈夫郑万均，书碑者为其子郑聪，篆碑额者则是其兄李隆基。碑文中载有武则天设宴，由其子孙作戏的情景，时公主年四岁，与寿昌公主对舞《西凉》。殿上群臣咸呼万岁。从碑记看，皇孙饰演安公子，魏王饰演兰陵王。兰陵王系北齐人高长恭，以自己相貌美丽不足震慑敌人，故出征作战时便戴威武面具。北齐人创制有戴面具的乐舞《兰陵王入阵曲》，其歌舞盛行于隋唐之间。这段记载对于研究我国戏曲及面具文化，具有重要价值。

［文献］ 后晋刘昫等《旧唐书》卷七、卷一〇一，宋祖琇《隆兴佛教编年通论》卷一五，宋赵明诚《金石录》卷二五，宋宋敏求《长安志》卷七，宋陈思《书小史》，明赵崡《石墨镌华》卷三，清王昶《金石萃编》卷六九，清彭定求等《全唐诗》卷二七九、卷四五四，潘景郑《著砚楼书跋》，［日］松原三郎《中国佛教雕刻史研究》，施蛰存《唐碑百选》，陈安利《唐十八陵》，曾毅公《石刻考工录》，荣新江《隋唐长安：性别、记忆及其他》，张岂之等《中国学术思想编年》（隋唐五代卷），金申《中国历代纪年佛像图典》，梁披云主编《中国书法大辞典》，刘正成《中国书法鉴赏大辞典》，赵超《石刻史话》，李玉珉《中国佛教美术史》，费泳《汉唐佛教造像艺术史》。

公元 712 年　先天元年

［提示］ 十二月，陕西《契苾明碑》。是年，龙门六天王洞。四川夹江县千佛崖造佛像。四川僧人方

图 152 邑义十六人造阿弥陀坐像 景云二年(711) 日本东京书道博物馆藏

辩塑慧能像。

［叙录］ 公元712年，唐王朝迎来史上最为著名的帝王之一：唐玄宗李隆基。景云三年正月十九日，大赦天下，改元太极。太极仅用了四个月，旋又改元延和。延和元年七月二十五日，睿宗下诏传位于太子李隆基。八月三日，太子即位，是为玄宗，尊睿宗为太上皇。八月七日改元先天。李隆基因为当初入宫杀诸韦有功，睿宗传位于他，也是顺理成章的事。

先天元年十二月所刻立的《契苾明碑》，通高370厘米，此碑帖全称《大周故镇军大将军行左鹰扬卫大将军兼贺兰州都督上柱国凉国公契苾府君之碑铭并序》，清人王昶有著录。碑在陕西咸阳北双泉洞。碑额篆书"大唐故大将军凉国公契府君之碑"，碑阳由殷玄祚楷书。契苾明为契苾何力之子，是铁勒哥论易勿施莫贺可汗后裔。碑文记述了契苾明家族史及其生平事功。明人赵崡称其"笔法亦瘦劲可观"，与后来宋代黄庭坚、宋徽宗一种瘦硬书体较为相近。

龙门文物保管所、北京大学考古系载，约在先天元年前后，在路洞北侧上方开造六天王洞。洞高177厘米，三面环坛，主像及弟子像未知，左右壁各两菩萨、三天王，外无力士。六天王仅此一例，皆叉腰举拳踏夜叉。

先天元年，四川夹江县千佛崖造佛像。据于春等人载，夹江千佛岩石窟位于夹江县漹城镇千佛村大观山，其摩崖造像镌刻于沿江石壁之上，濒临青衣江北岸。东西绵延600米。目前尚存162龛、造像2 470尊。千佛岩造像题记中纪年最早者，为玄宗先天元年造像，主要龛窟均雕造于盛唐时代。其余纪年题记还有开元、大历、大中、会昌、咸通等。所刻佛菩萨以观音和地藏为多。

四川僧人方辩塑慧能像。方辩为唐代蜀僧，工捏塑。宋释道原载：玄宗先天元年，慧能命弟子往新州国恩寺建报恩塔，方辩来谒，慧能请其试塑造像。辩乃捏塑慧能肖像，高七寸，曲尽其妙。慧能看了叹道：汝善塑性，不善佛性。慧能酬以衣物，僧礼谢而去。看来，方辩的雕塑造诣还在其佛学修养之上。

［文献］ 宋释道原《景德传灯录》卷五，明赵崡《石墨镌华》卷三，清王昶《金石萃编》卷七〇，龙门文物保管所等编《龙门石窟》(二)，于春、王婷著《四川夹江千佛岩古代摩崖造像考古调查报告》，刘兴珍等《中国古代雕塑图典》，刘正成《中国书法鉴赏大辞典》，李凇《长安艺术与宗教文明》。

公元713年 先天二年 开元元年

［提示］ 先天二年三月四日开始的龙门造像活动。先天二年，山西《安邑大像邑碑》。诸郡无敕寺院并令毁拆。开元元年，书碑名家卢藏用卒。四川始凿乐山大佛。

［叙录］ 据李文生、李凇、龙门文物保管所和北京大学考古系载：先天二年三月四日，龙门清明寺附近有《杜晓为亡母造像》；五月，莲花洞刻《张某妻裴氏造像》；七月十五日，擂鼓台刻《张庭之造像》。由先天改元开元之后，《龙门三佛洞》约开造于开元元年，三佛洞在万佛沟北崖中段上方峭壁间，高三米，三面环坛，内雕一弥勒二弟子二菩萨二坐佛二菩萨二天王，天王双腿直立于一夜叉上，外二力士。先天二年，在山西还刻有单体造像《安邑大像邑碑》，清人叶昌炽著录说，此由周公隐撰文、段习礼书。宋释志磐载，先天二年，敕采访使王志愔，应诸郡无敕寺院并令毁拆。这显然是要加强皇权对于佛教寺院的直接控制，并树立权威。

开元元年，书碑名家卢藏用卒。卢藏用字子潜，幽州范阳(河北涿县)人。《旧唐书》中有传。少以文辞才学著称，举进士，不得调，与兄卢征明偕隐于终南山。神龙中，为礼部侍郎，兼昭文馆学士。后因托附太平公主，被流放于岭南。卢藏用与大诗人陈子昂相善，曾编《陈伯玉文集》，卢藏用对陈子昂提倡诗文变革的主张极力推崇，称子昂"卓立千古，横制颓波，天下翕然，质文一变"。卢藏用工书，幼尚孙过庭草书，晚师王羲之。目前所知，出自卢藏用所书碑刻中较著名的有《汉纪信碑》、《大通禅师碑》等。

开元元年，四川地区的造像呈现一派繁荣气象。在四川广元千佛崖，有永议州行利州录事参军刻《斑定方为先灵及亡妻难氏造像》(一佛二弟子二菩萨二力士龛)，此造像题记“先天二年”，实当为“开元元年”。同时，与安史之乱中的安禄山同姓同名的安禄山，在四川营山县太蓬山《造弥勒佛龛一铺》，题记中说，为帝主人王、七代父母及法界苍生而造此龛。

当然，开元元年最引人注目的造像事件，则是四川始凿乐山大佛(图 153)。四川乐山凌云寺禅师海通法师，在这一年中，于凌云山栖鸾峰主持依山凿造弥勒大佛的盛事。凌云寺大佛位于岷江、青衣江、大渡河三江合流之处。据《嘉州凌云寺大佛像记》载，此项巨大工程始于开元元年，历经漫长而艰辛的 90 年时间，直至贞元十九年(803)，才由剑南川西节度使韦皋出资续建完成。佛像倚山傍河，气势恢宏而壮丽。大佛通高 71 米，仅头高就达 14.7 米，头宽 10 米，肩宽 28 米，目长 3.3 米，耳长 7 米。其足背宽 8.5 米，足面可围坐百余人，是世界上规模最大的石刻倚坐佛像。刘兴珍载，大佛头顶满蓄螺髻，共计 1 020 个。广额隆鼻，直颊方颔。两手抚左右膝，呈倚坐状，形貌端庄威严。雕刻风格质朴，起造宏伟，展拓开张，气裕神全。大佛外原覆盖十三层重刻为檐式楼阁，名大佛阁，宋时易名天宁阁，至明代已毁圮。乐山大佛为何会雕刻得如此宏伟，郑思礼曾从庄子的“大美”与佛教的“摩诃”(大)方面入手，认为庄、佛都强调“大”，如庄子笔下的鲲鹏，雄伟的乐山大佛，从外在特征看，它们都体现为“大”。乍看起来，这种“大”不过是某种现象的巧合，深入下去，便会发现其中有着内在的、本质的联系。庄、佛二家都追求“大”，颂扬“大”，表现“大”，这是其共同的一面。然而，两家所追求的“大”在产生基础、表现形式及美感效应上却不尽相同，在这异同中，体现出庄、佛美学思想的独特面目。

刻造乐山大佛实际上是一个十分复杂的石刻系统工程，据说在其纷繁的螺髻中，还隐藏着精巧的排水系统：在其两耳和头颅后面，建有一套刻意设计的排水系统，这对保护石刻大佛不受水蚀起到了极为重要的作用。清人王士祯在歌咏乐山大佛时即写道：泉从古佛髻中流。大佛头部共有 18 层螺髻，在其第 4、9、18 层间均有一条排水沟，由于处于高空，完全看不出来。在大佛的衣领和衣纹皱褶中，也潜存有排水沟。同时，在大佛前胸也有向左侧分解的排水沟，并与右臂后侧的排水沟相沟连。在两耳背后与山崖相连处，还有左右相通的洞穴，胸部背侧两端也各有一洞穴。这些沟穴，组成了合理的排水通风系统。乐山大佛的雕凿，在对佛陀的敬仰之中，显示出了高超的工程艺术水准。

乐山凌云寺大佛，对于唐代帝国而言，不仅是一个伟大的工程，也是一个伟大的象征：为世人所称赞的开元盛世正式拉开帷幕!

[文献] 后晋刘昫等《旧唐书》卷九四宋，释志磐《佛祖统纪》卷四〇，清叶昌炽《语石》卷五，李文生主编《龙门石窟志》，李凇《长安艺术与宗教文明》，龙门文物保管所等编《龙门石窟》(二)，刘兴珍等《中国古代雕塑图典》，郑思礼《庄子“大美”与佛教“摩诃”的比较》(《思想战线》1988 年第 1 期)，袁金泉《乐山大佛的研究与保护》(《四川文物》2005 年第 1 期)。

公元 714 年　开元二年

[提示] 正月，玄宗从姚崇议命有司沙汰伪妄僧尼。二月九日，龙门清明寺洞《杜潜辉造像龛》。三月，诏毁天枢。五月十八日，旅顺《鸿胪卿崔忻井石碑》。五月，西安《虢国公杨花台铭》。十二月五日，河南《周公祠碑》。波斯僧及烈广造奇器异巧进上引争议。

[叙录] 正月，玄宗从姚崇议命有司沙汰伪妄僧尼。玄宗登基之后，在一定程度上对佛教持有限度的压制态度。据《旧唐书》(玄宗纪上)载：开元二年正月，紫微令姚崇上言请检责天下僧尼，以伪滥还俗者二万余人。《资治通鉴》也说：中宗以来，贵戚争营佛寺，奏度人为僧，兼以伪妄；富户强丁多削发以

图 153 四川乐山凌云山弥勒大佛 开元初年至贞元十九年(713—803)

避徭役，所在充满。姚崇上言：佛图澄不能存赵，鸠摩罗什不能存秦，齐襄梁武，未免祸殃。但使苍生安乐，即是福身；何用妄度奸人，使坏正法！玄宗觉得说得有理，从之。便命有司沙汰天下僧尼，以伪妄还俗裕者万二千余人。同书又载，这年二月下敕：自今所在毋得创建佛寺；旧寺颓坏庇葺者，诣有司陈牒检视，然后听之。七月，禁百官家与僧尼道士往还，禁人间铸佛写经。事见《唐会要》、《册府元龟》等典籍。玄宗对佛教的抑制，实际上是对武则天以来的宗教政策进行的一种矫正，从而企图回到唐王朝本来的宗教政治轨道。

尽管如此，龙门的造像活动并未有受到太大影响。据李文生、李淞等载，是年二月九日，龙门清明寺洞门道右壁即有《杜潜辉造像龛》，为一立佛二立菩萨造像，龛高宽均为 23 厘米。同年四月八日，老龙洞还刻有《佛弟子任今怀造救苦观世音像记》。

三月，诏毁天枢。《资治通鉴》载：开元二年三月，毁天枢，发匠镕其铁钱，历月不尽。唐人刘肃在《大唐新语》中也记载说：开元初，诏毁天枢，发卒销烁，弥月不尽。洛阳尉李休烈赋诗以咏：天门街里倒天枢，火急先须卸火珠。计合一条丝线挽，何劳两县索人夫。先有讹言曰：一线天，挽天枢。言其不经久也。故休烈赋诗及之。士庶莫不讽咏。此事宋人计有功也有相同记载。玄宗为何会毁掉十分壮观的天枢呢？显然，玄宗也是要从建筑记忆方面，抹去大唐帝国那段被武则天遮蔽的岁月。《资治通鉴》又载：武三思曾帅四夷酋长请铸铜铁为天枢，立于端门之外，铭纪功德，黜唐颂周。诸胡聚钱百万亿，买铜铁不能足，赋民间农器以足之。天册万岁元年夏四月，天枢成。高一百五尺，径十二尺，八面，各径五尺。下为铁山，周百七十尺，以铜为蟠龙麒麟萦绕之。上为腾云承露盘，径三丈，四龙人立捧火珠，高一丈。武三思为文，刻百官及四夷酋长名，工人毛婆罗造模。太后自书其榜，曰大周万国颂德天枢。这件高达百余尺的惊世骇俗的建筑雕塑巨制，在武则天之后，是必须要去除的一件让唐帝甚为不堪的耻辱之事。

五月十八日，旅顺刻立《鸿胪卿雀忻井石碑》。在辽宁省大连市旅顺口黄金山，有两口“鸿胪卿雀忻井”。其井为玄宗时期，派遣鸿胪卿崔忻前往东北册封勃海郡王大祚荣，返长安途经旅顺此处所开凿。其中一口井在黄金山南麓，现已毁坏；另一口井在黄金山北麓，遗迹尚存。井边立石碑，碑高 52.9 厘米、宽 39.7 厘米，碑文楷书三行：勒持节宣劳靺鞨使，鸿胪卿崔忻凿井两口永为记验，开元二年五月十八日。光绪二十一年(1895)冬天，候补道员刘含芳在井上盖建石亭予以保护，同时在原碑上增刻小字碑文：此石在金旅顺海口黄金山阴，其大如驼，开元二年至今一千一百八十二年，其井已湮，其石尚存。光绪二十一年(1895)冬，前任山东登莱青兵备道贵池刘含芳作石亭覆之，并记。但此石碑及碑亭，于光绪三十四年(1908)被日人以日俄战争胜利品掠回日本，藏于日本皇宫之中。

五月，《虢国公杨花台铭》。据清人王昶载：石高八寸五分，广二尺二寸，25 行，行 9 字，正书。石在西安府花塔寺，由判官亳州临涣县尉申屠液撰文。据罗振玉说，此石藏日本早崎氏。

十二月五日，河南刻《周公祠碑》。据曾毅公载，此碑刻工为上柱国“□凤仁”。有拓本传世，北图《拓本汇编》有载，但刻工则记为“□凤仙镌”。据王昶载，碑高七尺、广三尺五寸五分，27 行，行 34 字，正书。石在偃师县学周公祠。

是年，波斯僧及烈广造奇器异巧进上引争议。据宋人王钦若、杨亿等载，开元二年，时波斯僧人及烈与右卫中郎将周庆立等在岭南大造“奇器异巧”以进上，时为岭南监选使的柳泽上书阻谏，认为这是有人“欲求媚圣意，摇荡上心”，希望玄宗对其严加惩罚，玄宗认为柳泽说得极有道理，从之。刘学智说，此事证明基督教在此年确已传入中土。波斯僧及烈造“奇器异巧”以进上，似指《大秦景教流行中国碑颂》中所记及烈于开元元年的那次访问中之事，也可证明及烈是从海上来中国的。

［文献］ 唐刘肃《大唐新语》卷八，后晋刘昫等

《旧唐书》卷八，宋王钦若等《册府元龟》卷五四六，《资治通鉴》卷一一一、卷二〇五、卷二一一，宋王溥《唐会要》卷四九，宋计有功《唐诗纪事》卷一三，清王昶《金石萃编》卷七〇、卷七十五，清罗振玉《海外贞珉录》，李文生主编《龙门石窟志》，曾毅公《石刻考工录》，《拓本汇编》第21册，李凇《长安艺术与宗教文明》，张岂之等《中国学术思想编年》(隋唐五代卷)。

公元715年 开元三年

[提示] 正月十五日，河南《少林寺戒坛铭》。四月朔，四川巴中西龛《郭玄亮造释迦说法龛》。八月十日，龙门《秘书少监韦利器等造阿弥陀像》。十月十一日，河南《姚懿碑》。是年，四川广元千佛崖韦抗凿《大云古洞》和《韦抗窟》。《石佛坐像》。《佛弟子秦氏造阿弥陀佛坐像》。

[叙录] 正月十五日河南的《少林寺戒坛铭》，清人王昶有著录，是李邕早期书法作品，刻工署名伏灵芝。有人认为这个伏灵芝就是李邕本人。比如清人王澍在《虚舟题跋》中就持此种观点说：《少林寺戒坛铭》泰和(李邕)书之最小者。且刻字称伏灵芝，乃泰和所自勒，尤是其绝意之作。

本年，各地有摩崖石窟造像活动。四月朔，四川巴中西龛《郭玄亮造释迦说法龛》。费泳描述说，西龛位于巴中市城西约一公里处风谷山，现存窟龛90余个，造像2 000余身。集中出现在西龛寺、流杯池及龙日寺三地，其中除少量隋龛，大多开凿于唐代。西龛洞窟形制与南龛相似，常见方顶敞口龛，一些重龛也作外方内圆拱形。释迦佛、弥勒佛、观音菩萨、毗卢遮那佛为主要表现题材。第三龛为重龛，外龛作方形敞口式，内龛作拱形，上饰忍冬纹。龛内雕一佛二弟子二菩萨二天王七身像，主尊为倚坐弥勒佛，坐于束腰方形坛基上，着敷搭双肩下垂式佛衣，左手抚膝，右手残，造像所依后壁，浮雕菩提双树及天龙八部形象。第五龛为外方内圆拱形龛，内龛设横形坛基，雕一佛二弟子二菩萨，龛口雕二力士，主尊为倚坐弥勒，着敷搭双肩下垂式佛衣，右肩披偏衫，坐于束腰方形坛基之上。与第三龛相同，该龛后壁是浮雕天龙八部，其中右侧壁多已残损，仅存左侧壁形象保存较好。第十号龛亦为弥勒说法龛，龛形与造像组合与第三、五龛相同，应是同期所为。在方形外龛左侧壁上有造像题记，是西龛中时间较早的有明确纪年的题记。据成都文物考古研究所等编《巴中石窟内容总录》载：西龛第10龛为西龛寺后面中部大龛，为外方内圆拱形龛，外龛方形圜顶。内龛中雕一坐佛二弟子二菩萨五尊像。外龛左壁阴刻唐开元三年造像记："菩萨圣僧金刚等郭玄亮毗季，奉为亡考造前件尊容，愿亡考乘此徽因，速登净土弥勒座前，同初会法。开元三年岁次乙卯四月壬子朔。"

八月十日，龙门《秘书少监韦利器等造阿弥陀像》。据李文生载，此像龛位于龙门老龙洞门外上方，系小型窟。其造像题记高91.5厘米、宽46厘米，书法甚佳，为龙门五十品之一。韦利器母亲赵氏是赵仁本之女。赵仁本在《旧唐书》中有传，仁本自高宗乾封二年(667)至咸亨元年(670)为宰相。题记中提到的丘悦，在《旧唐书》中也有传，丘悦是河南陆浑人，有学业。景龙中，为相王府椽，与文学韦利器、典签裴耀卿俱为王府直学士。睿宗在藩，甚重之。官至岐王傅。开元初卒。撰《三国典略》30卷行于时。相王即李旦，岐王即李旦儿子李隆范。

十月十一日，河南陕县刻立《姚懿碑》。此碑全称《大唐故嶲州都督赠幽州都督吏部尚书文献公姚府君碑铭并序》，其文载于《全唐文》中，碑为清人陆增祥所著录。陕县史志编纂委员会在《陕县志》中载：《姚懿碑》原位于县东张茅乡西崖村西南姚懿墓前。1983年因发掘姚墓，将碑迁移至县西刘秀峰西侧山阿。碑高290厘米、宽100厘米、厚35厘米，龟座高70厘米，蟠龙首。碑由胡皓撰文，书法家徐峤之书丹。碑正面排文28行，行58字，额篆书。因风雨剥蚀，碑文缺损较多。据碑文所载，姚氏先人系吴兴郡(浙江湖州)大姓，后因为宦而留于硖石。姚懿曾祖宜业为南朝陈征东将军，祖安仁为隋清汾二州刺史，父姚祥为隋怀州长史检校函谷关都尉，姚懿本

图 154　睿宗桥陵獬豸　开元四年(716)　陕西蒲城

图 155 睿宗桥陵獬豸局部 开元四年(716) 陕西蒲城

人曾为硖石县令。唐太宗讨伐王世充时，懿反隋投唐授鹰扬郎将、长沙县男水陆道总管。后为朋倚所忌，筑室于硖石东北重岗之曲(张茅中学附近)，并被贬授晋州高阳府折冲都尉，后又除授常州长史等职。龙朔初年持节冀州都督，二年十二月终于宦舍，三年七月葬于硖石县安阳之原。唐开元三年(715)朝廷特制追赠姚懿幽州都督吏部尚书谥曰文献公，此碑即此时所刻立。同时还出土有《姚懿墓志》，由青石两块构成，上盖四面斜杀，刻有“唐故交州都督赠吏部尚书姚公玄堂记”字样，志石四围剔地浅雕十二生肖图。志文中有“前志先在圹内，事归幽密，不敢辄启，今敬镌贞琰，以立斯记”，由此可知此墓为开元三年其子姚崇为懿请制、朝廷制赠懿为吏部尚书并谥文献公时所建假冢。《姚懿碑》的书丹者徐峤之生卒年不详，字惟岳，玄宗时越州(浙江绍兴)人，历官赵、湖、洛州刺史，广平太守，累官至将作少监。徐氏一家四代善书：其父徐师道、其子徐浩均、其孙徐现徐珙均为书法家。《书小史》称其善正、行、草书，名冠古今，无与伦比。据宋朱长文载，他曾向唐玄宗献策十八篇，进书六体，玄宗赐物四十段旌之，并下诏赞赏道：得所进书，甚可观览，回鸾顾鹊，坠露凝云，虽古人临池悬帐之妙，何以过此。今存徐峤之书丹的仅有《姚懿碑》、《高行先生徐公碑》等数碑而已。据曾毅公考证，此碑刻工为朱暕(直将作监)、刘禄(直将作监)。

在四川巴中开窟造像的同时，四川广元的石刻工程与之遥相呼应：益州大都督府长史韦抗在四川广元千佛崖雕凿《大云古洞》和《韦抗窟》。在广元千佛崖中段中层，有一敞口方形平顶大窟，名为“大云洞”，这是千佛崖最大的一处窟洞。费泳说，其窟室后部凿两层长方形坛基，坛中前部凿一尊通顶释迦大立佛。坛后部南、北各凿一大龛，龛中凿坛，上奉一坐佛五尊像，龛口的两侧壁各雕一力士，其外侧再雕二天王和二供养菩萨。窟室南北两壁雕百余尊菩萨立像，部分已经残损。大云洞的主尊立佛头身比例停匀，身躯浑圆雄健，通肩大衣紧贴身体，衣叙的刻画作椭圆形，使得腿部轮廓明晰，表现手法与高力士等160人为玄宗所造的龙门奉先寺洞佛像十分近似。该窟南部尚有一小窟，窟外有一则开元三年益州大都督府史韦抗的题记，故称此小窟为韦抗窟。由此推测，大云洞的开凿年代也应在开元时期。

开元三年，有两件单体造像尚存于世，金申有著录。一件为石灰岩的《石佛坐像》，像高54厘米，现流入国外。另一件为《佛弟子秦氏造阿弥陀佛坐像》，仍为石灰岩质，像高45.7厘米，其下落不明。

［文献］ 后晋刘昫等《旧唐书》卷八一、卷一九〇，宋朱长文《续书断》，清陆增祥《八琼室金石补正》卷五〇，清王昶《金石萃编》卷七一，清王澍《虚舟题跋》，清董诰等《全唐文》卷三二八，曾毅公《石刻考工录》，李文生主编《龙门石窟志》，成都文物考古研究所等编《巴中石窟内容总录》，费泳《汉唐佛教造像艺术史》，陕县史志编纂委员会《陕县志》，李玉珉《中国佛教美术史》，金申《中国历代纪年佛像图典》、《海外及港台藏历代佛像珍品纪年图鉴》。

公元716年　开元四年

［提示］ 五月一日，河南《陕州先圣庙堂碑》。六月，始建睿宗桥陵。是年，河北《净域寺法藏禅师塔铭》。

［叙录］ 开元四年开始营建睿宗桥陵，是本年最重大的石刻事件。

曾毅公考，五月一日，蒲州杜元贞刻《陕州先圣庙堂碑》。此碑清人陆增祥曾著录。程章灿指出，在唐代石刻刻工中，凡是自署里籍，而刻石所在地又与其籍贯不符，特别是刻石位于两京之地者，都有可能属于长上匠人，开元四年所刻《陕州先圣庙堂碑》的蒲州人杜元贞即是如此。这种刻工应该是构成唐代官署刻工的主体，他们虽然不是正式官署员属，但也应该算作唐代刻石官署置员的重要补充。

六月，睿宗李旦驾崩，始建睿宗桥陵，刻獬豸石狮等。陈安利载，桥陵始建于开元四年六月，完成于当年十月，历时仅四个月。桥陵地理位置在陕西蒲城县坡头乡金炽山。陵园四面各辟一门，以四神命名；门外各置石狮一对，筑阙台一对。陵园四隅建角楼，今角楼基址尚在。朱雀门（南神门）外设神道，长641米、宽110米，其南端为乳台一对。神道自南而北依次排列华表、獬豸、鸵鸟、仗马、翁仲等石刻造像。朱雀门内另有清陕西巡抚毕沅书“唐睿宗桥陵”碑一通。石刻瑞兽中的獬豸颇为著名，獬豸俗谓翼兽（一说麒麟或天禄），在华表北28米；兽高308厘米、身长320厘米、宽124厘米（图154）；阔头独角瞋目，犬齿微露，体形粗壮，偶蹄伫立，平背垂尾，尾分五节；两肋出云纹翼翅，纹有三层，一、二层如团花状，三层为扇面状；腹下有独柱，上承兽体，下连石座，柱形如鼓，浮雕卷云纹（图155）。所刻翁仲位于仗马北29米，每对翁仲前后间隔亦29米；身高为385厘米，鹖冠宽袍，腰中系带，双手拄四节剑，足着高头分梢履（图156）；两尊残损，余皆完好。桥陵石刻造型饱满，结构明确，体积感强。陈安利说，唐代工匠采用“体线并重”的处理手法，通过具有强烈体积感的形体塑造来突出作品的精神世界。同时，写实的形体塑造和装饰效果相统一，有机地把外部形体的力量和蕴藏在内部的力量紧密地联系在一起，从而赋予石刻以生命的活力。刘兴珍也说，桥陵东门前有一对蹲狮，雄雌皆作侧首转身姿势，相向而望，于威猛中见情趣，别具生意。陵前另一对蹲狮，造型与乾陵石狮相类，更趋写实。形体壮硕，挺颈鼓胸，前肢着力撑于台座上。丰肌健骨，活力内蕴（图157）。刻工疏爽高朗，无精雕细琢，形质皆妙。桥陵天禄独角双翼，应为传说中的天禄。形体壮硕，颈项及四肢粗短。头大嘴阔，立目龇牙，气势威猛雄强。造型浑圆，腹下未凿空，使形体更显厚重。双翼雕饰卷云纹，腹下石垛浮雕祥云纹饰，相互映衬，增强装饰意味，更添神秘色彩。造型整体，大起大落，不枝不蔓，细部刀法精致，于博大中见华美。

开元四年所刻的《净域寺法藏禅师塔铭》，现存西安碑林，全称《大唐净域寺大德法藏禅师塔铭》。清人王昶著录说，铭横广三尺三寸，高二尺九寸，共36行、行30字，正书。碑阳四周刻有花纹边框，碑阴浮雕有千佛像等。碑文小楷，撰文者为京兆府前乡进士田休光。净域寺(月洼寺)为河北临清的初唐寺院，净域寺遗址总面积达16 000余平方米。其兴盛状态一直延续到宋明，清代始衰落。法藏禅师俗姓诸葛氏，苏州吴县人。年甫二六已知微知彰，成为净域寺的大德禅师。如意元年(692)，武则天曾请法藏担任东都大福先寺检校无尽藏。长安元年(701)又请其出任化度寺无尽藏和荐福寺大德。禅师于开元二年(714)舍生于寺，年78岁。葬于终南山，并建舍利塔。

［文献］ 清陆增祥《八琼室金石补正》卷五一，清王昶《金石萃编》卷七一，曾毅公《石刻考工录》，程章灿《石刻刻工研究》，陈安利《唐十八陵》，刘兴珍等《中国古代雕塑图典》。

公元717年　开元五年

［提示］ 二月，《骨思忠造佛坐像》。八月十五日，龙门《魏牧谦洞》。是年，山东《叶有道碑》。负半千撰《大唐尹尊师碑》。张九龄撰《开凿大庾岭路记》碑。

［叙录］ 二月，刻造石灰岩质的《骨思忠造佛坐像》，像高37厘米，金申著录说原出处不明，早年流落国外。刘兴珍载，此石像为释迦佛结跏趺坐说法像，着袒右袈裟，衣缘垂搭台座。头和手皆残损，形体匀称舒展。方形束腰台座正面刻有发愿文。

八月十五日，龙门刻造《魏牧谦洞》。据李淞和李文生载，此洞窟位于龙门石牛溪附近的悬崖最高处。学者注意到，唐代出现了一种新的三世佛组合。罗宏才说，阿弥陀佛既可称过去佛(它先于释迦十劫而成佛)、也可称现在佛(释迦已灭度而去，它却仍在西方说法)，成了释迦与弥勒之间的过渡点，实际变成历代佛系列中的一员，空间意义转换成了时间意义。隋唐造像中，释迦、阿弥陀、弥勒三佛同窟的现象呈上升趋势。伯希和曾在莫高窟一唐窟中发现了明确的题记：“敬造净龛一所，释迦牟尼、阿弥陀佛、□弥勒佛。”(此题记今已不存)龙门石窟开元五年的《魏牧谦洞》题记称：尝读佛经，云过去、未来、现在为三世佛，欲求解脱而不归依者未之有也。乃于龙门奉先寺北，敬为亡妣造阿弥陀像、释迦牟尼像、弥勒像，合为三铺，同在一龛。

是年所刻之《叶有道碑》，全称《唐故叶有道先生神道碑并序》，亦称《丁丁碑》或《叶国重碑》，刻立于开元五年。据明杨慎在《法帖神品目》载，此碑还有一个奇怪的名字，叫《追魂碑》：书史有叶法善求李邕书不得，夜追其魂而书之的典故。此碑为李邕撰文并行书，时年43岁。原石在山东金乡县，至宋代绍兴十年(1140)被雷击毁，明代嘉靖年间才重新摹刻上石，立于浙江松阳(浙江遂昌县)。清人顾炎武称此碑帖书法秀逸闲雅，不见欹侧之态。蔡君谟(襄)谓是邕书最佳者，良然。

同年，陕西负半千撰《大唐尹尊师碑》。据刘兆英等载，此碑全称《大唐宗圣观主银青光禄大夫天水尹尊师碑》。碑存陕西周至县楼观台，楼观台是我国最早的道教宫观楼观台。此碑清人王昶有著录，碑高一丈一尺一寸、广五尺二，16行、每行71字。书额篆题“大唐尹尊师碑”六字。尹尊师即唐初著名的楼观道士尹文操，字景先，陇西天水人。碑文中称文操“及胜衣之日，自识文字，唯诵《老子》及《孝经》”。年十五，道法已固，远近闻名。时值文德皇后(太宗长孙皇后)搜访道林，文操奉敕出家，隐于终南。碑文又载：显庆以来，国家所赖，出入供奉，询德咨量，救世度人。三十余年，以日系月，始终不绝，有感必通，凡事效验，君臣同悉。高宗尝于九成宫，因有彗星经过而召问，对曰：此天诫子也，子能敬父，君能顺天，纳谏征贤，斥邪远佞，罢役休征，责躬励行，以合天心，当不日而灭。上依而行之，果应。高宗为此特造昊天观，以尹文操为观主。据宋敏求《长安志》载，尹

图 156　睿宗桥陵拄剑者　开元四年(716)　陕西蒲城

图 157 睿宗桥陵蹲狮 开元四年(716) 陕西蒲城

文操死于武后垂拱四年(688),则此碑刻立之时,尹文操已仙逝近30载。

本年,张九龄撰《开凿大庾岭路记》碑。由于撰写此碑文的张九龄既是唐代大宰相,又是唐代大诗人,因此此碑在唐碑中很有名气。大庾岭又名梅岭,地处江西大余县城南12公里处,为著名的五岭之一。其地属江西大余县与广东南雄县交界处,历代为出入岭南的关口或门户,道路险峻坎坷,极不利商旅之行。开元四年(716)玄宗派大臣张九龄前往大庾岭督凿新驿道。新道开通不仅改变了岭南与中原的交通状况,且极大地促进和改善了岭南百姓的生活质量。为铭记此项功德,张九龄特撰此《开凿大庾岭路记》,刻碑纪颂。《开凿大庾岭路序》载于张九龄《曲江集》中,历来少有争议。但是,据林瑞生撰文说,赣州地区志编纂委员会办公室根据清同治戊辰年重刻本铅印的《南安府志》和大余县编志领导小组据民国八年本《大灰县志》铅印的《大余县志》,都把这篇文章的作者定为唐人苏姚撰。林瑞生认为:这种说法并没有明确无误的证据给予支持。

[文献] 唐张九龄《曲江集》卷一七,宋宋敏求《长安志》卷七,明杨慎《法帖神品目》,清顾炎武《金石文字记》,清王昶《金石萃编》卷七一,[法]伯希和《伯希和敦煌石窟笔记》,金申《中国历代纪年佛像图典》,罗宏才《中国佛道造像碑研究——以关中地区为考察中心》,李凇《长安艺术与宗教文明》,李文生主编《龙门石窟志》,刘兆英《楼观千古道刻》,林瑞生《〈开凿大庾岭路序〉作者问题析疑》(《南昌大学学报(人文社会科学版)》1990年第3期)。

公元718年　开元六年

[提示] 正月二十六日,越王李贞墓迁葬昭陵。同日,河南《宝山大唐相州安阳县大云寺故大德□□法师影塔之铭并序》。是年,西安韦顼墓。龙门东山擂鼓台北洞。四川安岳法师李玄则于玄妙观开始营建道教造像。宋璟请禁立遗爱碑。

[叙录] 正月二十六日,越王李贞墓迁葬昭陵。李贞是唐太宗第八子,生母为燕妃。武则天时,李贞与韩王元嘉、鲁王灵夔及长子琅邪王冲,曾举兵反武氏,后武则天手下大将军麹崇裕、夏官尚书岑长倩率兵讨伐,削除李贞及李冲封地,改姓虺氏。垂拱四年(688),兵败自杀。玄宗即位后,于开元五年(717)下诏恢复其爵位与封地并重新安葬,开元六年迁葬昭陵。陈安利载,李贞墓位于陕西礼泉县城东北18公里兴隆村东约100米处,北距昭陵山12公里。墓碑碑身已断为两截,碑首篆额,尚可见“大唐故太子太□豫州刺史越□□□□”。碑面则漫漶不清。1972年,昭陵文管所曾对李贞墓进行发掘。出土石墓志一合,正方形,志盖篆刻“大唐故太子少保豫州刺史越王墓志铭”。铭文隶书,记李贞“以垂拱二年(史书记载为垂拱四年)九月十一日遇害,薨于州馆”,“以开元五年五月廿日旧封建谥曰敬王,以开元六年正月廿六日诏陪葬于昭陵”。

同一天,河南刻造《宝山大唐相州安阳县大云寺故大德□□法师影塔之铭并序》。河南省古代建筑保护研究所载,此塔编号109号,方向朝南略偏东。通高190厘米,由基座、塔身、塔顶、塔刹组成。基台呈二层阶梯状,中间向南刻一斜坡状踏道。塔的上部及其两侧均刻有题记,因石质风化都已模糊不清。能辨认者有“大唐相州安阳县大云寺故大德□□法师影塔之铭并序”及“开元六年元月廿六日”等字样。

开元六年,西安韦顼墓。初盛时期,有两座韦氏墓的石刻,尤其是线刻艺术十分著名,这便是韦泂墓石刻和韦顼墓石刻。两座墓主归葬时间虽然相距12年,但由于其发现地都在西安南郊,韦泂、韦顼又都是唐中宗皇后韦氏的兄弟,且其线刻艺术内容与成就颇为接近,故此放在一起叙及。韦泂墓石刻刻成于中宗神龙二年(706),据杭德州、阎磊撰文说:韦泂墓坐落在长安县(旧韦曲镇)东北约二里韦曲原上的南里王村。1958年2月间,当地农民在村西打井修渠时发现了墓内有壁画和石椁等,当即报告有关部门，1959 年 1 月 5 日，西安考古人员前往清理。墓的前后室由于破坏严重，随葬器物多被打碎，墓葬的形制，小龛出土的陶俑，石椁上的线面，墓室墓道内的壁画虽然有部分残缺，却仍不失为珍贵的新资料。开元六年的韦顼墓石刻，其画像石椁现藏陕西博物馆，清末出土后，被当成阶石使用，1942 年被雕塑史学者王子云先生发现，得以幸免再遭破坏。

棺椁制度历史悠久，《论语》中就说，“鲤也死，有棺而无椁”。西汉贵族墓，甚至有两层椁四层棺的豪奢埋葬者，也有以石室为椁或仅有一椁者。唐代贵族墓石椁，多仅为一层椁。王子云对韦氏二墓的石刻，尤其是石椁艺术给予了高度评价：韦泂、韦顼是皇亲贵戚，其石椁上线刻必然出自水平较高的名工之手。韦泂石椁线刻，显得圆劲有力，而韦顼石椁线刻，则如蚕丝飘动，各有其艺术特点。如以人们所称述的中国人物线画“十八描”(《绘事指蒙》)的分类，前者应属第二类的“琴弦描”，后者则属于第一类的“游丝描”。韦泂墓石椁线刻人物中刻有执役侍从，如其中一石刻捧水盂的男装侍从，头戴软帽，身穿花袖长袍，腰束荷包带，花裤、软鞋，全是官府中仆从打扮。背后衬景和边框纹饰，尽是小花小草，贵邸气氛十分浓厚。另一石所刻为捧奁盒的女侍，身着翻领胡装长袍和长筒花裤，头梳双髻，足穿便履，显示了唐代贵邸中侍女们最常见的风尚，这与当时中外文化交流和唐人喜新的心理和风习都有很大关系。从线刻艺术说，这两块石板的人物刻线，虽同样圆劲，但有粗细之分。在女侍的衬景上增添了飞鸟、修竹，使得画面显得分外绮丽。韦顼石椁是清末出土后因事故散遗民居，1942 年在偶然中发现的。线刻的内容几与永泰公主墓椁同样，都是一些贵妇或侍女。有的盛装异服，满饰珠玉，有的头戴皮帽，手驾小鹰，好像准备出猎。所有这些人物的线刻形式，全是用游丝描刻，如春蚕吐丝，细劲连绵的细线。如其中之二石，一刻为贵妇，一刻为女僮。贵妇长裙曳地，头戴华冠，裸露的颈项上，挂有一串晶莹明亮的项链，女僮头扎蝴蝶结，身穿翻领窄袖花短袍，花裤花鞋，体态轻盈，姿容秀丽，显得特别活泼伶俐，稚气宛然。这些内容，不仅给人以美的享受，而且提供了许多有关唐人生活的资料。从韦顼石椁线刻所显示的游丝般的优美细线上，可以体会到它是在熟练技巧和先有腹稿的基础上，用利刀就光滑的石面上快速挥划而成，恍如今天的钢笔人物速写，而这种细线的形式，是和所表现的宫廷妇女这一内容完全符合的，而韦泂石椁线刻所以用圆劲有力的线，也是由于多数是男性仆从这一内容而产生的。所谓内容决定形式的艺术创作方法，在唐代石椁线刻人物上明显体现出来。

关于龙门东山擂鼓台北洞，李淞认为，该洞的制作约略早于开元六年，窟门外北侧在通常为力士像的位置刻一浅浮雕弟子，相应的门对面却无像，为略晚的小龛群。兹姑系年于此。龙门的石刻艺术，很多并没有明确的系年，通过图像学类比，大多能做出比较明确的判断。

四川安岳法师李玄则于玄妙观开始营建道教造像。王家祐认为，安岳县玄妙观道教佛教造像颇能说明唐朝道佛并重情况，其造像精美繁丽亦可为道像代表佳作。造像列布于巨石包上，编为 75 号，有造像约 1 250 躯。在第六号龛中刻有《启大唐御立集圣山玄妙观胜境碑》，从中可推知，此造像群略始于开元六年前后。

据《资治通鉴》载：开元六年，宋璟请禁立遗爱碑。当时广州吏民欲为宋璟立遗爱碑，宋璟上言：臣在州无他异迹，今以臣光宠，成彼谄谀；欲革此风，望自臣始，请敕下禁止。上从之。于是他州皆不敢立。《唐律疏议》也记载说：诸在官长吏，实无政迹，辄立碑者，徒一年。若遣人妄称己善，申请于上者，杖一百；有赃重者，坐赃论。宋璟不愧是唐代大政治家，区区一州的政绩，他根本没有放在眼里。宋璟在开元十七年(729)拜尚书右丞相，授府仪同三司，进爵广平郡开国公。他历经武氏、中宗、睿宗、殇帝、玄宗五帝，在任前后长达半个多世纪。他与姚崇一道励精图治，同创开元盛世。

［文献］ 唐长孙无忌等《唐律疏议》卷一一，宋

司马光《资治通鉴》卷二一二，明邹德中《绘事指蒙》，王子云《中国雕塑艺术史》，杭德州等《长安县南里王村唐韦泂墓发掘记》（《文物》1959年第8期），陈安利《唐十八陵》，河南省古代建筑保护研究所《宝山灵泉寺》，刘正成《中国书法鉴赏大辞典》，李凇《长安艺术与宗教文明》，王家祐《四川道教摩崖造像概况》（《中国道教》1987年第1期）。

公元719年　开元七年

［提示］　十月十二日，《李弘嗣造天尊坐像》。十月，李邕撰《鲁孔夫子庙碑》、张说受诏撰《王仁皎神道碑》。十一月十日，山西《赵思礼造天尊坐像》。是年，始建龙门皇觉寺。四川广元及通江造像。

［叙录］　十月十二日，刻造《李弘嗣造天尊坐像》，石灰岩质，金申称其流落国外。胡文和说，该造像石中下部长方，上部呈圆拱形。上半部开一顶部呈圆拱形的龛，龛内雕刻一天尊二协侍。壁面中部刻发愿文，从右左行。

十月，李邕撰《鲁孔大子庙碑》。此碑为多家金石学者所著录，著名者如金人孔元措、清人王昶、孙星衍、孔继汾、洪颐煊和阮元等。据骆承烈载，此碑位于孔庙十三碑亭南面，碑高402厘米、宽145厘米、厚61.2厘米。王昶记为：碑连额高一丈五尺九寸，广五尺八寸。李邕撰文、张庭珪隶书。碑侧刻有宋政和六年（1116）陈国瑞题名等共12段，碑阴题记两段，皆宋金元时人题名。刻立此碑时李邕署衔为渝州刺史，应该是左迁括州司马时，已转渝州，而史书未记。张庭珪曾为沔州刺史，又历苏、宋、魏三州刺史，又曾为宋州刺史，后官至太子詹事，以直著称，家藏许多二土墨迹，其八分书甚佳。张庭珪与李邕关系密切，曾屡次上表荐李邕。因此李邕所撰碑文，请张庭珪书丹，自然是在情理中事。

同月中，张说自幽州入京师，受诏撰《王仁皎神道碑》。《新唐书》（张说传）：张说俄以右羽林将军检校幽州都督，入朝以戎服见。玄宗大喜。《旧唐书》（外戚王仁皎传）又载：王仁皎开元七年卒，赠太尉。令张说为其碑文，玄宗亲书石。张说《赠太尉益州大都督王公神道碑奉敕撰》（载《全唐文》中）：公讳仁皎，开元七年岁次已未四月己未朔廿日戊寅，薨于京师。粤以十月初吉葬。

十一月十日，刻造汉白玉质《赵思礼造天尊坐像》（常阳天尊石像）。此造像是一件著名的唐代道教石刻，金申、胡文和、侯毅等均有著录。高256.5厘米，现藏山西省博物馆。发愿文中写明观主为赵思礼，并刻有虞乡县赵隐仕撰、道士侯熯书《天尊像铭并序》。造像由石像、底座和基座三部分构成。基座平面呈正方形，呈四层台阶状，依次向上收缩。第一层四周刻卷草、莲花、仙鹤。第二、三、四层素面。底座为长方形，正面完好，另三面有不同的残损。该造像石原存运城市安邑镇中陈村，1957年运至山西省博物馆。“常阳天尊”名号未见于唐以前道典。胡文和据有关文献，分析“常阳”有三义：一为山名。《山海经》（大荒西经）：“大荒之中有山，名曰常阳之山，日月所入也。”其二，地名。《墨子》（尚贤下）：昔者舜“灰于常阳，尧得之服泽之阳，立为天子。”其三，永恒的天气。《玉篇》：“常，恒也。”《春秋繁露》：“阳，天之气也。”天之气或天，是道教的最高追求目标。东汉道教初起，即奉老子为教主，以天、地、水三官为尊神，直至魏晋也如此。所以，“常阳”应为第三义。

开元七年，始建龙门皇觉寺。李文生载，皇觉寺位于龙门西南郭寨村北，现为该村学校所用。此寺坐北向南，寺内自南至北，前为天花殿，后为伽蓝殿（正殿），两侧为廊房。院内现有古柏、石碑、经幢等。院中央有一口名井“三尺泉”（水位距地面三尺，故名），井水甘洌。同年，四川广元及通江造像。据丁明夷等载，开元七年，四川广元千佛崖有《郭（□□）为亡女彭二娘造观世音菩萨像》；四川通江县千佛崖有《王徇造一佛二弟子二菩萨二天王二力士龛》。

［**文献**］　后晋刘昫等《旧唐书》卷一八三，宋宋祁等《新唐书》卷一二五，金孔元措《祖庭广记》卷一一，清王昶《金石萃编》卷七，清孙星衍《寰宇访碑录》

卷三，清孔继汾《阙里文献考》卷三三，清洪颐煊《平津馆读碑记》卷五，清阮元《山左金石志》卷一二，清董诰等《全唐文》卷二三〇，骆承烈《石头上的家文献——曲阜碑文录》，金申《中国历代纪年佛像图典》，胡文和《中国道教石刻艺术史》，侯毅《唐代道教石造像常阳天尊》(《文物》1991年第12期)，李文生主编《龙门石窟志》，丁明夷《川北石窟札记——从广元到巴中》(《文物》1990年第6期)。

公元720年　开元八年

［提示］　六月，陕西《李思训碑》。是年，四川南充及广元造像。张说《进佛像表》。曲阳清化寺石立佛。郑州开元寺《王元度造蒲台像》。

［叙录］　六月，陕西刻《李思训碑》。此碑全称《唐故云麾将军右武卫大将军赠泰州都督彭国公谥曰诏公李府君神道碑并序》，因此又称《云麾将军碑》，碑在陕西浦城县桥陵。陈安利载，此碑螭首，通高410厘米、宽130厘米、厚50厘米。额篆书“唐故右武卫大将军李府君碑”12字，碑文上半部清晰可见，下半部漫漶不清，碑文收录于《金石萃编》。此碑由大书家李邕撰碑文并行书，内容记述李思训生平事迹。书碑时李邕已过不惑，其行书豪放而老辣，表现出与王羲之行书不同的意趣。清人汪中(客甫)跋此碑时说：北海(邕)书法出于大令(王献之)，变本加厉，益为劲险，其于用笔之法，可谓发泄无余矣。米元章(芾)、赵子昂(孟頫)、董玄宰(其昌)各以书雄一代，其实皆以此碑得法，故是碑书法之津逮也。明代杨慎认为李邕的书法，当以《云麾将军碑》为第一：其融液屈衍，纡徐媚妍，一法兰亭。但放笔差增其豪，丰体更益其媚，如卢询下朝，风度闲雅，萦辔回策，尽有蕴藉，三郎顾之，不觉叹美。杨慎又说：云麾碑刻在长安良乡县，石拓本远不如也。今长安碑已亡，惜哉。估计在明代万历时代，此碑即已出现残毁。

四川南充及广元造像。丁明夷等载，开元八年，四川南充青居山尾峰东岩左侧岩石上凿石为洞，造大佛三尊。据王积厚说：青居山又名黛玉山，在南充县东南15公里青居场嘉陵江岸，上有君子峰、金楼峰及东岩三峰。在金楼峰顶，旧有唐建慈云寺(宋淳祐十二年重建为灵迹寺)，西魏恭帝三年(556)曾建郡县于此。青居山灵迹寺及唐开元八年所凿造的三尊摩崖大佛，均毁于“文化大革命”中，近年来已作修复。同年，在四川广元千佛崖有都督府长史、持节剑南道按察检校使、上柱国、许国公《苏濒造一佛二菩萨龛》。

这年，张说作《进佛像表》。《旧唐书》(张说传)：八年秋，朔方大使王晙诛河曲降虏阿布思等千余人。时并州大同、横野等军有九姓同罗、拔曳固等部落，皆怀震惧。张说率轻骑二十人，持旌节直指其部落，宿于帐下，召酋帅以慰抚之。于是九姓感义，其心乃安。异族的臣伏，给大唐盛世带来无尽的荣光。张说此行，还见到了朔州佛像。《文苑英华》载有张说的《进佛像表》：臣某言去年行塞至朔州忍辱尼寺，见有高祖、太宗造金像银趺，刻题尊号。彼州士女屡睹佛光。臣悬思圣心，如在咫尺。伏以皇帝事业，远存荒塞，拯溺救焚，身勤虑苦，归诚佛宝，何神不据？信知功遍区域，泽周生人，心凭神灵，躬履危险，故皇天眷命，奄有邦家。后嗣圣人，钦承大宝，当思积德，而兴帝国；系本艰难，而成事业。先圣一心奉佛者，盖为百姓求福也。陛下为继文之主，实创业之功，再廓氛复，重安庙社，垂统万亿，同符祖宗。夫惟兴王，必藉佐命，咸有一德，克享天心。《书》曰：非天私我有商，惟天佑于一德；非商求于下人，惟人归于一德。功臣同德，可不念哉？物有小而感深，事有微而效远。臣谨将金像随表奉进。

曲阳清化寺石立佛。薛增福撰文说，河北省曲阳县羊平乡西郭村北50米处的清化寺遗址内，现存一尊大石佛。此佛像高700厘米、宽200厘米、厚100厘米，覆莲座直径200厘米、厚90厘米，下有方座，长、宽各为250厘米。其质地为汉白玉石。雕成于开元八年。佛首残佚(其面部被整个凿去)。佛身除右手拇指、中指、无名指及小指尖部稍有残缺外，其余部分保存完好。立佛雕技绝伦，通身比例适度，丰颐洒脱、气韵娴雅、刀艺精湛、线条流畅、神态温慈、质感强烈。清化寺建于唐代，元、明两代都曾重修，后被毁。释迦牟尼佛站立于莲台上，上身内着僧祇支，外搭通肩大衣，下身着裙衣。右手作施无畏印，左手作说法印，示释迦游行说法相。在石佛旁边，还立有明正德十一年(1516)《重修清化寺记》石碑一通。

清代黄小松在《嵩洛访碑日记》载：开元八年，郑州开元寺有《王元度造蒲台像》。山东岱庙碑廊中有块刻于景云二年(711)的《景云斋醮记》，其中写到其年八月十四日，蒲州丹崖观上坐吕皓仙，奉敕往东岳及莱州东海投龙，并道次灵迹修功德，将弟子二人，蒲州灵仙观道士杜含光、丹崖观道士王元度、道士孙藏晖，于此三日三夜四十九人金箓行道，设斋醮并投龙。不知这个丹崖观道士王元度和这儿造蒲台像的王元度是否为同一个人。

［文献］　后晋刘昫等《旧唐书》卷九七，宋李昉、徐铉《文苑英华》卷六一三，明杨慎《墨池瑣录》卷二，清王昶《金石萃编》卷七二，清黄小松《嵩洛访碑日记》，陈安利《唐十八陵》，丁明夷《川北石窟札记——从广元到巴中》(《文物》1990年第6期)，王积厚《南充青居山在宋蒙战争中的地位和作用》(《四川文物》，1990年第1期)，薛增福《清化寺大石佛的造型艺术及其价值》(《文物春秋》1992年第2期)。

公元721年　开元九年

［提示］　九月，姚崇卒，遗令儿孙不得佞佛崇道。十月二十三日，陕西僧大雅《集王羲之书吴文碑》。是年，宝思惟圆寂于龙门天竺寺。四川蒲江县白岩寺大佛。

［叙录］　九月丁未，世称“救时宰相”的姚崇卒，年71岁。遗令儿孙不得佞佛崇道。姚崇为唐代大政治家，历武、睿、玄三朝的元老。《旧唐书》(玄宗纪上)载：九月丁未，开府仪同三司、梁国公姚崇薨。《资治通鉴》和《旧唐书》(姚崇传)又记载说：梁文献公姚崇薨，遗令：佛以清净慈悲为本，而愚者写经造像，冀以求福，昔周、齐分据天下，周则毁经像而修甲兵，齐则崇塔庙而弛刑政，一朝合战，齐灭周兴。近者诸武、诸韦，造寺度人，不可胜纪，无救族诛。汝曹勿效儿女子终身不寤，追荐冥福！道士见僧获利，效其所为，尤不可延之于家。当永为后法！姚崇卒后，张说奉敕撰姚崇碑文：《故开府仪同三司上柱国赠扬州刺史大都督梁国公姚文贞公神道碑奉敕撰》，作于明年二月。

十月二十三日，陕西僧大雅《集王羲之书吴文碑》。据曾毅公考，此碑为刻工徐思忠□林郎直将作监所刻。程章灿说，从此处具衔题款来看，刻工(徐思忠)在将作监“直本司”，徐思忠更被授予一个“□林郎”的散官。从唐代官制来看(《旧唐书》职官志一)，“□林郎”要么是“儒林郎”(正九品)，要么是“文林郎”(从九品)。此碑是兴福寺僧大雅集王羲之书而成，在整个唐代碑刻中，此碑是仅次于咸亨三年(672)释怀仁《集王书圣教序》的又一块集王书名碑。因大雅是兴福寺僧，故又称《兴福碑》。又因此碑在北宋修城时掩于土中，明万历年间才出土于西安城南，出土时仅残留下半截，又俗称《半截碑》，现藏于陕西西安碑林。残高104厘米、宽81厘米。清人周星莲在《临地管见》中评价说：僧大雅所集之《吴文碑》亦用右军书，尤为遒峭。古今集右军书凡十八家，以《兴福寺》为最，不虚也。此碑除书法精美之外，刻工亦妙。在其半截残碑之上，现仍可十分清晰地看出其碑侧花纹图案雕刻之精美别致。正如李慧、李莉所指出的那样：其碑侧图案结构以双波纹作干线，在波纹里外均独具匠心地作了精细的安排。其上部是伫立于百宝如意上欲振翅翱翔的凤和凰，中部是两个甩着长袖翩翩起舞的美人，下部是坐在一头狮子和一头老虎背上的袖手卷腿、悠然自得的两位骑士；而狮子和老虎的立足点却是轻盈的莲花，狮子的后足在莲花上放不下，干脆就放在波纹枝干的叶子上，这充分昭示出雕刻者的精湛技艺和丰富的想象力，给受众传递出具有很高艺术水平的审美信息。

是年，宝思惟圆寂于龙门山天竺寺。据唐人智升记载：沙门阿你真那，唐云宝思惟，北印度迦湿蜜罗国人，刹帝利种，彼王之华胄。三藏自神龙二年以后，更不译经，唯精勤礼诵，修诸福业。每于晨朝，磨香为水，涂浴佛像，后方饮食。从始至终，此为恒业。衣钵之外，随得随施。后于龙门山请置一寺，依外国法式制造，呼为天竺。已及门人同居此寺。精诚所感，其数定多。寿年百余，以开元九年终于寺矣。张焯称龙门山天竺寺建于景云二年(711)，开元十年为洪水所毁。天竺寺属于典型的西式佛寺，后世已很少再建。

是年，四川地区有零星的摩崖石刻出现。据日人肥田路美和卢丁、雷玉华调查，开元九年，雕造四川蒲江县白岩寺大佛。

［文献］　唐释智升《开元释教录》卷九，后晋刘昫等《旧唐书》卷八、卷四二、卷九六，《资治通鉴》卷二一二，清周星莲《临地管见》，曾毅公《石刻考工录》，程章灿《石刻刻工研究》，李慧等《传播美学视野下的碑刻媒介》(《西安交通大学学报》2009 年第 2 期)，张焯《云冈石窟编年史》，［日］肥田路美等《中国四川唐代摩崖造像(蒲江邛崃地区调查研究报告)》。

公元 722 年　开元十年

［提示］　正月二十三日，河北《白石刘三娘等造双弥陀佛坐像》。十二月十二日，龙门奉先寺《河洛上都龙门山之阳大卢舍那像龛记》。是年，伊水泛涨，毁都城南龙门天竺、奉先寺。河南《狄梁公生祠记》。四川广元和乐至造像。

［叙录］　开元十年比较重要的是龙门奉先寺卢舍那像龛记和四川地区北部的石窟造像。在北齐时代曾风光无限的河北曲阳石刻，到了唐代已较少露面，只偶尔还会出现一丝亮色。如刻造于本年正月二十三日河北曲阳的《白石刘三娘等造双弥陀佛坐像》即为其中之一。据胡国强载，此像现藏北京故宫博物院，残高 34 厘米。双弥陀佛头部残缺，均身披双层袈裟，上衣袒右式，中衣为袒右半披式，内着僧祇支。身体健壮，胸肌发达。结跏趺坐，二佛内手放于腿上，内足压于外腿上。仰莲像座由二方柱支撑，四周雕刻力士六身，基座前面刻发愿文。

十二月十二日，龙门奉先寺刻《河洛上都龙门山之阳大卢舍那像龛记》。此记简称《像龛记》，是研究龙门奉先寺造像的唯一且最可信的文字史料。《像龛记》具体镌刻于龙门大卢舍那佛座的北侧，高 107 厘米、宽 65 厘米。据温玉成载，此记四周绕以半破的莲花纹。历代金石学家收录《像龛记》者甚多，如朱彝尊的《曝书亭记》、毕沅的《中州金石记》、王昶的《金石萃编》、钱大昕的《潜研堂金石文跋尾》等，《全唐文》也收录此记全文。因有开元十年二则牒文与《像龛记》毗连，并且字体显出一人手笔，故钱大昕断定《像龛记》是“作于开元中”的。又因《像龛记》中衍入宋人题记二则，一则曰“颍昌舞水沈隐道镌，政和六年四月一日到此上石”；另一则曰“进士都仲容记”。所以，毕沅认为是唐代进士殷仲容撰。王昶又以为是“寺僧托名”于殷仲容，亦系臆断。据温玉成研究，《像龛记》撰于开元十年至天宝七载之间。《像龛记》还为我们保留了参加这一伟大工程的几位工匠的名字：支料匠李君瓒、成仁威、姚师积。其中李君瓒是一位佛教信徒，他在龙门《北市丝行像龛》北侧造像，造像记云：“李君瓒修紫桂宫□□，平安至家，敬造观音菩萨。调露二年六月卅日”。据《金石萃编》收入咸亨元年(670)十二月二十二日李君瓒、李义丰、李处节、李承业四兄弟及妻子儿女造弥勒像记，可知李君瓒的妻子叫王嗜儿，有一男(李伏男)一女(李永妃)。据曾毅公考，镌刻《像龛记》的工匠名字叫沈隐。

是年，据《旧唐书》(五行志)载：伊水泛涨，毁都城南龙门天竺、奉先寺。

张廷珪所书《狄梁公生祠记》碑，亦刻立于本年，宋人赵明诚、清人陆增祥等均有著录。张廷珪是河南济源人，在《旧唐书》中有传。廷珪少以文学知名，弱冠应制举，长安中累迁监察御史。开元中历迁太子詹事，封范阳县男。廷珪素与李邕亲善，邕所撰碑碣之文，必请廷珪八分书之。廷珪既善楷隶，甚为时人所重。开元十年，狄光嗣撰《唐兖州刺史韦府君遗爱颂碑》，同年李邕所撰《狄梁公生祠记》，均为张廷珪所书。

四川广元和乐至造像。开元十年，四川广元千佛崖有《彭景宣为亡母郭氏造释迦牟尼佛一龛》；广元千佛崖还有剑南道按察使、银青光禄大夫、行益州大都督府长史《韦抗造像》；在普州普慈县(治所在今四川乐至县)南昌观，有玉局观三洞道士《何季能为皇帝和一切苍生造天尊像》；在普州(治所在今四川安岳县)千佛寨，有刺史韦忠撰并建《唐西崖禅师受戒序》碑。胡文和谈到乐至县道教造像龛窟时说，乐至县与地处沱江流域的简阳市接境，又和有多处重要石窟遗址的安岳县交界，县境内有好几处石窟遗址，可惜绝大多数现都荡然不存。该县曾有道教造像龛窟，据《乐至南昌观山龛碑铭并序》中说："夫玄中妙觉，统百亿而拯群生。智观幽凝，运三千而陶庶品。发排日月，厘化阴阳。悲欲海而泛瑶船，指犯山而清焰宅。光尘易现，空有难津。虚静不挠，而自为恬淡，寂然而独治实，惟至精者乎。故知天尊最尊，其道大矣。此蒙阳山石龛者，大唐开元十年太岁壬戌辛未朔乙酉水平，今有普州普慈县玉局观三洞道士何季能(以下姓名略)奉为皇帝陛下，一切苍生之所建也。师等名参太极，道洽真如，悟丹、洞之灵，因得玄中之妙理。觉浮生之若幻，叹火宅之难口。遂栖树此山龛，式标来世。"(录引自《续增乐至县志》)该碑文中所述的唐开元年间乐至南昌观的道教造像龛窟，县志中未记载，其准确位置不详何处。

至于安岳，正如李玉珉所指出的那样，安岳是四川开窟造像活动繁荣的一县，全县凿有 10 个以上龛窟的地点多达 105 处，可谓星罗棋布，遍及全县。据安岳现存唐代碑刻和造像题记的年号统计，最多的为开元，其次为天宝、咸通、天复等。可见，安岳石窟的开凿大盛于唐，一直延续至唐末，从未中断。在安岳唐代窟洞中，最重要的两处为千佛寨和卧佛院。千佛寨位于县城西北的大云山，山势由西向东延伸，分为南北两岩，造像分布其上。千佛寨第 56 窟中发现了开元十年"普州刺史韦忠"题记，是安岳地区最早的纪年窟。自此以后，代有经营，现存窟龛 105 个，大小造像 3 061 尊，以唐、宋代居多。

而广元的千佛崖，至盛唐而达高峰，其代表作品是大云古洞、释迦多宝窟及睡佛洞。费泳说，大云古洞为平顶方形敞口窟，窟约高 380 厘米、宽 560 厘米、深 1 060 厘米，属千佛崖较大的洞窟。紧贴后壁的柱体正面塑阿弥陀佛立像一身，跣足立于仰莲座上，着通肩袈裟，阶梯衣纹，左手施与愿印，右手残，饰有背光和通顶头光。中心柱左右侧壁开小龛，内刻菩萨立像，后壁被中心柱分为两块，各开一方形大龛，内刻一佛二弟子二菩萨，龛外两侧壁各刻力士一身。主室左右侧壁由上而下分四层刻菩萨立像，均立于仰莲座上。该窟外壁有开元十年"行孟州大都督府长史韦抗功德记"。

［文献］ 后晋刘昫等《旧唐书》卷三七、卷一〇一，宋赵明诚《金石录》卷五，清董诰等《全唐文》卷九八七，清王昶《金石萃编》卷五八、卷七三，清陆增祥《八琼室金石补正》卷七〇，清胡书云等修《续增乐至县志》卷三，胡国强主编《故事收藏：你应该知道的200 件曲阳造像》，曾毅公《石刻考工录》，温玉成《中国佛教与考古》、《〈河洛上都龙门山之阳大卢舍那像龛记〉注释》(《中原文物》1984 年第 3 期)，胡文和《中国道教石刻艺术史》，李玉珉《中国佛教美术史》，费泳《汉唐佛教造像艺术史》。

公元 723 年　开元十一年

［提示］ 正月，玄宗北巡过上党诏吴道子等作《金桥图》。二月十五日，陕西药王山《卢涣造像》。五月，山东《孔颜赞残石》。十月二日，《娑罗树碑》。十月，玄宗撰《西岳太华山碑序》。是年，陕西《御史台精舍碑》。太史监南公说于河南登封市观星台制石圭石表。四川安岳、青城山石刻。

［叙录］ 正月，玄宗北巡过上党时，诏吴道子等作《金桥图》。唐人郑綮在《开天传信记》中载：唐玄

宗封太山回，车驾次上党。及车驾过金桥，御路萦转，上见数十里间，旗纛鲜洁，羽卫整肃。玄宗遂诏吴道玄、韦无忝、陈闳，令同制《金桥图》。圣容及上所乘照夜白马，陈闳主之；桥梁、水、车舆、人物、草树、雁鸟、器仗、帷幕，吴道玄主之；狗马、骡驴、牛羊、骆驼、猫、猴、猪绌四足之类，韦无忝主之。图成，时谓三绝焉。据陈祖言考证，玄宗封泰山在开元十三年(725)，礼毕返东都，不经上党，《金桥图》当作于本次北巡途中。从《金桥图》绘事分工可看出，吴道子的长项在于人物山水。吴道子的绘画风格，对唐代尤其是盛唐以降的石刻，产生过重要影响。

二月十五日，陕西药王山刻《卢涣造像》。李凇说，在药王山东南隅东西长20多米的山崖上，凿有20余个佛龛，其主要造像时代为唐代。编号11为一长篇小楷题记，难以卒读，从文中可知是玄宗开元十一年二月十五日卢涣造像、达奚珣作赞的发愿文。达奚珣系李林甫一派，后降于安禄山，至德二载(757)为唐肃宗所杀。

据骆承烈著录，是年五月，山东刻有《孔颜赞残石》。此石现存汉魏碑刻博物馆西屋，碑高50厘米、宽51厘米、厚14厘米。呈方形，嵌于石座之内。正面正书，碑阴草书，自左至右，宋徽宗政和六年(1116)夏鳍题记。碑左侧亦正书，为清道光十八年(1838)孔昭熏题记。

曾毅公载，是年十月二日，元省已镌刻李邕书《娑罗树碑》。此碑清人王昶著录，名为《楚州淮阴县娑罗树碑并序》。历代金石学家认为，像伏灵芝、元省已等名，均是李邕自己的托名。如明人盛时泰在《苍润轩碑跋》中就说：大凡李公(邕)书，言黄仙鹤、伏灵芝、元省已者，皆(李邕)托名也。

十月，唐玄宗撰《西岳太华山碑序》。是年十月，玄宗到西岳华山，亲撰写《西岳太华山碑序》(载《全唐文》中)。按照程章灿的说法，唐代朝野对石刻刊镌都郑重其事。就朝廷而言，对一些重要的石刻，皇帝甚至指定选派专人勒石。这件玄宗御笔的华山碑序，当然很重要，所以就指定工书的吕向为镌勒使，负责镌刻事宜。吕向的书法为世人所称道，《新唐书》有本传。程章灿考证说，这件事情当时颇为时人所看重，不仅见于正史记载，而且见于时人吟咏。《新唐书》本传："帝自为文，勒石西岳，诏向为镌勒使。"《全唐诗》中还载孙逖的《春初送吕补阙往西岳勒碑得云字》和徐安贞《送吕向补阙西岳勒碑》，足见此事在当时的影响。此碑毁于唐末黄巢之乱，仅存残字拓本，王昶在《金石萃编》有著录。

刻于开元十一年陕西的《御史台精舍碑》，全称《大唐御史台精舍碑铭并序》。碑高145厘米，现藏于西安碑林。清人吴玉搢、王昶等均有著录，精舍碑由崔湜纂文、梁升卿隶书、赵礼镌刻。碑阴正书题名，有"侍御史府内供奉"、"殿中侍御史并内供奉"、"侍御史兼殿中"、"监察御史"、"知杂侍御史"等共千余人。书丹者梁升卿，玄宗开元间人，官至黄州都督，长于隶书，唐人吕总评价说：升卿八分书，如鹜波往来，巨石前却。

是年，太史监南公说于河南登封市观星台制石圭石表。河南登封观星台位于市东南15公里告成镇北侧周公庙内，是我国现存的最为古老的天文台。早在西周平王元年(前770)，政治家周公叔旦在营建东都洛阳时，就曾在此以土圭测量日影。据两《唐书》和李吉甫载：开元十一年，唐朝命太史监南公说来到登封周公庙，依照当年周公旧制，将土圭换成石圭石表：太史监南宫说择河南平地，以水准绳，竖八尺之表而以引度之。始自滑州白马县，北至之晷，尺有五寸七分。自滑州台表南行一百九十八里百七十九步，得汴州浚仪古台表，夏至影长一尺五寸微强。又自浚仪而南百六十七里二百八十一步，得许州扶沟县表，夏至影长一尺四寸四分。南宫说刻造的石圭石表通高395厘米，分上下两部分：下部为方形石座，置石圭，呈柳形锥体，圭高约196厘米；上部为长方形石柱，即石表，表高约同圭高，以开元尺子计算约为八尺。石表北面距石座上面北边沿一点五尺。八尺之表，夏至之日，影长一尺五寸，从而可以算出当时测影所在地纬度为34.3度，这一天的影长正好与石座北上沿的长度吻合。石座下部四周看不到太阳的影子，如同无影，故此台又名没影台。在

图 158　比丘尼释法空等造佛龛像　开元十二年(724)　美国芝加哥美术馆藏

图 159　宝庆寺杨思勖造阿弥陀佛像　开元十二年(724)　日本东京国立博物馆藏

石座背面，有后人题联：道通天地有形外，石蕴阴阳无影中。

后来元代天文学家郭守敬修筑登封观星台（河北邢台观星台仿此修建），通高 1 262 厘米，台顶有两观测室，两室之间水平置一横梁。在北壁中间砌成凹形直槽，用以作为测量日影的“景表”表身。横梁下方有一石圭，石圭（量天尺）表面有刻度，由 36 块青石拼接而成。石圭、凹槽、横梁组成圭表，可测日影。中午太阳升至中天，横梁影子即投于圭面上某一刻度。连续观测横梁影子之长度，即可推算出回归年长度和二十四节气时刻等。元代大天文学家郭守敬就是用这种方法，准确测定出一个回归年的长度为 365.242 5 日。登封市文物局对观星台进行整修时，先后发现和收集到了十余块有关记载观星台和周公测景台天文史料的碑刻实物，殊为珍贵。

四川安岳、青城山石刻。据胡文和等载，开元十一年，道士杨悟玄捐资在四川青城山天师洞造《三皇石像》。三皇指伏羲、神农、轩辕三皇，像背题“唐开元十一年岁次癸亥道士杨悟玄捐资造像。保佑国泰民安”字样。石像各高 90 厘米。同年，在四川安岳卧佛院，普州乐至县芙蓉乡普从里杨义为自身平安，雕造《千佛百身》。卧佛院地处安岳与遂宁的交界处，离县城 40 公里。现存窟龛 139 个、造像 1 613 躯。李玉珉指出，该处现存最早的造像题记为开元十一年，最晚的则为后蜀广政二十四年(961)，多为唐代遗存。

［文献］　唐郑綮《开天传信记》，唐吕总《续书评》，唐李吉甫《元和郡县图志》卷五，后晋刘昫等《旧唐书》卷三五，宋宋祁等《新唐书》卷三一、卷二〇二，明盛时泰《苍润轩碑跋》，清吴玉搢《金石存》卷一三，清董诰等《全唐文》卷四一，清彭定求等《全唐诗》卷一一八、卷一二四，清王昶《金石萃编》卷七三、卷七四、卷七五，陈祖言《张说年谱》，李凇《陕西古代佛教美术》，骆承烈《石头上的家文献——曲阜碑文录》，曾毅公《石刻考工录》，程章灿《石刻刻工研究》，胡文和、曾德仁《四川道教石窟造像》（《四川文物》1992 年第 1 期），李玉珉《中国佛教美术史》。

公元 724 年　开元十二年

［提示］　九月十八日，《比丘尼释法空等造佛龛像》。十月八日，宝庆寺《杨思勖造阿弥陀佛像》。十月，《杨将军新庄像铭》。十二月二十七日，惠庄太子墓陪葬于桥陵。是年，陕西《凉国长公主碑》。《黑氏造佛龛像》。

［叙录］　九月十八日刻造的《比丘尼释法空等造佛龛像》（图 158），为石灰岩质，像高 66 厘米，金申著录，现藏于美国芝加哥美术馆。刻造于十月八日的宝庆寺《杨思勖造阿弥陀佛像》（图 159），石灰岩质，像高 106 厘米，现藏于日本东京国立博物馆。此像刻有著名的《虢国公杨花台铭并序》。据阎文儒、李文生载，开元十三年，虢国公杨思勖在龙门奉先寺北壁造像一龛，并有造像题记为《唐虢国公杨思勖造像记》。十月所刻的《杨将军新庄像铭》，亦为单体造像，据罗振玉载，石藏日本原富太郎。同年刻造的单体石灰岩质《黑氏造佛龛像》，像高 66 厘米，现藏于美国芝加哥美术馆。

十二月二十七日，惠庄太子墓陪葬于桥陵。惠庄太子是睿宗李旦次子，初名李成义，因避唐玄宗之母昭成窦后之讳而改名李㧑。开元十二年十二月二十四日病逝，追赠惠庄太子，二十七日陪葬于桥陵。唐李吉甫在《元和郡县图志》中就曾记载：惠庄太子陵，在桥陵东南三里。陈安利说得更具体，具体位于陕西省蒲城县坡头乡桥陵村东，其东北 300 米即惠文太子李范墓，西北距桥陵约 3 000 米。陕西省考古研究所、蒲城县文体广电局于 1995 年 10 月至 1996 年 5 月对惠庄太子墓进行过发掘。地面上仅存封土和墓前石狮一对。出土遗物包括陶、铜、瓷、石各类质地总计约 1 300 件。石刻类主要是汉白玉哀册、石门扉、门额、门楣、门槛、门砧以及石灯、石棺床、石臼、杵等。

本年，陕西刻立《凉国长公主碑》。陈安利载，碑在陕西蒲城县唐睿宗桥陵陪葬的唐凉国长公主墓前。碑由苏颋撰文、玄宗李隆基书额，篆题“大唐凉国长公主碑”，碑文隶书。碑文大半可读。此外，陪葬桥陵的金仙长公主、鄎国长公主墓碑亦为玄宗所书。

［文献］ 唐李吉甫《元和郡县图志》卷一，清罗振玉《海外贞珉录》，金申《中国历代纪年佛像图典》、《海外及港台藏历代佛像珍品纪年图鉴》，李文生主编《龙门石窟志》，阎文儒《龙门奉先寺三造像碑铭考释》（《中原文物》1985年特刊），陈安利《唐十八陵》，陕西省考古研究所《唐惠庄太子墓发掘简报》（《考古与文物》1999年第2期）。

公元725年　开元十三年

［提示］ 正月，四川青城山《大唐开元神武皇帝书碑》。三月二日，《李玄毅造像》。六月十五日，龙门《大唐中岳东闲居寺故大德珪和尚纪德幢》。十月，河南《善才寺碑》。十一月，玄宗封禅泰山，与张说等各制铭颂以纪其事。是年，陕西《唐乙速孤行俨碑》、陕西《仙游舍利塔铭》、河南《宝山灵泉寺西悬壁山塔》。河北《光业寺碑》、隆尧帝陵神道雕刻。

［叙录］ 正月，四川青城山常道观（天师洞）三皇殿刻立《大唐开元神武皇帝书碑》（即玄宗行书《赐益州刺史张敬忠敕书刻石》）。据王纯五载，《大唐开元神武皇帝书碑》，碑高140厘米、宽70厘米、厚10厘米。此碑所刻碑文，是玄宗为解决青城山佛道之争而特下的一道诏书。据说，在唐代开元年间，青城山下飞赴寺和尚强夺山上道观，山上道人便状告山下僧人，官司最终打到玄宗跟前。玄宗批下诏书，敕令“观还道家，寺依山外旧所”，并命令内品官毛怀景、道士于仙卿专程从长安来到青城山处理此事。事后，由常道观主持甘道荣书丹、吴光逵刻石，竖碑于常道观中。有了这件御碑，山下的和尚也就无可奈何了。高文注：该碑正文前题：“大唐开元神武皇帝书”、“常道观主甘道荣勒字及题、晋原吴光逵刊石”。碑后右下方有题记：“开元十二年岁次甲子闰十二月十一日下，十三年正月一日至益州、二日至蜀州，专检校饬（另拓为移字）等官节度使判官彭州司仓参军杨涛、蜀州刺史王嗣先、清城县令沈遐日，吴光远刻。”曾毅公则记载说：正月一日，吴光远（晋原）刻玄宗赐青城山张敬忠敕。程章灿对此给予了纠正，刻工不是吴光远，而是吴光逵。

三月二日，刻《李玄毅造像》。据罗振玉载，石藏日本黑田氏。胡文和著录为《李玄毅造元始天尊像石》，正面呈莲瓣形，开一圆拱形的龛，石质为青石，高约36.5厘米，龛下部正中刻发愿文。大村西崖在《中国美术史雕塑篇》中载此像为青石，高一尺一寸，侧面各雕刻一供养者，上面雕刻花纹，黑田君藏。但松原三郎在《中国佛教雕刻史论》中，则注明大和文华馆藏。

六月十五日，刻《大唐中岳东闲居寺故大德珪和尚纪德幢》，铭文见载于清陆增祥著录中。据李文生载，此幢现存龙门石窟研究所。为八面体，通高123厘米。该幢柱形制颇为特别，即在幢柱顶端榫头部位下方，高度为21厘米的圆周面雕八身小像：四佛坐像与四菩萨立像相间排列，各居仰莲台座上，按雕像右上题名，自正北逆时针方向依次为天鼓音佛、弥勒菩萨、阿弥陀佛、文殊菩萨、宝生佛、普贤菩萨、阿閦毗佛、观自在菩萨。以上四佛四菩萨名见于善无畏所传密教胎藏界曼荼罗仪轨。此种布局与组合，正是所谓胎藏界曼荼罗中的“中台八叶院”。八叶上雕四佛四菩萨，表示大日如来的四智四行，善无畏所传的密教胎藏界曼荼罗雕刻实物尚不多见。该幢未刻《尊胜陀罗尼经》，属专门性的纪德幢。据传，该幢出于偃师县李村乡上庄村附近。另据《珪和尚纪德幢》，知珪和尚的舍利塔（即身塔）建于嵩山闲居寺“旧阿兰若”（即旧僧舍）北，其《珪禅师塔记》为清人王昶载录。

十月，河南刻立《善才寺碑》。此碑全称《大唐河南府阳翟县善才寺文荡律师塔碑铭并序》，碑署褚遂良书。据清人王澍、翁方纲考：款乃后人改易，书丹者当为魏栖梧。此论得到纪昀、曾国藩等人的认可。

碑原在河南许昌，后佚，现仅有清临川李宗瀚旧藏拓本传世，据刘正成说，拓本藏日本三井纪念美术馆。书风圆劲灵动，与褚遂良颇为接近。魏栖梧生卒年不详，约为玄宗时人。唐人学褚书者多，正如清人毛枝凤所说：自褚书既兴，有唐楷书，不能出其范围。显庆至开元名碑志，习褚书者十有八九，诸拓俱在，可复案。

十一月，玄宗封禅泰山，与张说等各制铭颂以纪其事。《旧唐书》(礼仪志三)载：开元十三年十一月至泰山，祀昊天上帝于山上封台之前坛。玄宗御朝觐之帐殿，大备陈布。玄宗制《纪泰山铭》，御书勒于山顶石壁之上。于是中书令张说撰《封祀坛颂》、侍中源乾曜撰《社首坛颂》、礼部尚书苏颋撰《朝觐坛颂》以纪德。玄宗一生或撰文、或书丹的碑刻甚多，较为著名的如《纪泰山铭》、《一行和尚碑》、《青城山常道观敕》、《元宗批答裴耀卿等奏》、《阙特勤碑》、《石台孝经》、《忠宪公裴光庭碑》等。《纪泰山铭》刻于泰山岱顶大观峰崖壁上。在大观峰绝壁上布满历朝帝王或文人赞颂泰山的石刻，玄宗手书之《纪泰山铭》是其中规制最为宏大的摩崖刻石。刻石通高1 330厘米、宽530厘米，额饰龙纹并题"纪泰山铭"四个大字，铭文近千字。刻石下部分曾有剥落，后由明代叶彬补书百余字，通体八分隶书，雄浑大气。清人孙承泽在《庚子消夏记》中称此铭雄伟可观，绝胜佳作，是其(玄宗)得意笔。泰山是我国历代帝王封禅之地。其中最著名的当数秦始皇、汉武帝和唐玄宗。封禅规模最壮观的则是正值开元盛世的唐玄宗，据说其随从车辇绵延数十里。

刻立于开元十三年的《唐乙速孤行俨碑》，据曾毅公、刘正成载，为刘宪撰文、白义晊书丹、徐元礼(渤海)刻。碑额题"右武卫将军乙速孤府君碑铭"，清王昶有著录。碑文现存1 700余字。石藏昭陵碑林第二室中。据杨娟、王菁说，20世纪30年代，曾出土《乙速孤行俨墓志》与《乙速孤行俨夫人贺若氏墓志》，嗣后《乙速孤行俨墓志》亡佚，迄今未见有图文披露；《乙速孤行俨夫人贺若氏墓志》亦泐损严重，迄今唯有难以卒读的残存志文，首刊于《昭陵碑石》中。乙速孤字行俨，京兆醴泉县(陕西礼泉县)人，武则天时曾任广州、泉州、黔州刺史。据唐林宝《元和姓纂》载：乙速孤，代人，随魏南徙河南。后魏仪同乙速孤明(显)，生台，梁郡太守；生贵，北齐和仁公、隋左庶子。贵生安，安生晟，晟生神庆，唐卫率左领将军。神庆生行俨。《乙速孤行俨墓志铭》也记载说：君讳行俨，本姓王氏，太原人也。六代祖显，后魏拜骠骑大将军，赐姓为乙速孤氏，始为京兆醴泉人焉。

同年，陕西刻《仙游舍利塔铭》。隋代仁寿元年(601)，崇佛的隋文帝诏令天下31州修建灵塔以供奉佛舍利。一千多年过去，这些舍利塔大多毁圮无迹。陕西周至县仙游寺法王塔则是其中保存较完整者。法王塔高30米，为七级密檐式砖塔。送舍利者来此者，为大兴善寺童贞和尚。据王其祎等人载，1998年秋，因为兴建黑河水利枢纽工程，在对仙游寺实施整体搬迁过程中意外发现，在法王塔地宫中安放着一个边长60厘米、高40厘米的石函。石函一侧，置放一块80厘米见方石碑。碑阳镌刻着隋仁寿元年十月十五日《舍利塔下铭》，碑阴则是唐玄宗开元十三年镌刻的《仙游舍利塔铭》。由碑文可知，此法王塔确为隋文帝仁寿元年下诏所修建，至开元十三年又予以重新修缮，并将舍利重新纳入灵塔。考古人员将石函从地宫中移至山顶仙游寺文物管理所。石函尚有鎏金铜棺，棺中置一精美琉璃瓶，瓶中藏有10枚玲珑剔透的佛舍利。

河南《宝山灵泉寺西悬壁山塔》，据河南省古代建筑保护研究所载，其编号为110号，方位南北向，通高165厘米，全塔由基座、塔身、塔顶和塔刹组成。塔顶两侧原镌有铭文，现多已剥蚀不清，可辨认者有"开元十三年□□□廿日于灵泉寺西悬壁山"的题铭。

河北《光业寺碑》、隆尧帝陵神道雕刻。光业寺兴建于高宗李治总章年间，位于隆尧帝陵东边(赵孟村西)，寺名为御赐。开元十二年(724)赵州刺史上柱国田再思、象城县令宋文素率民整修扩建寺院。"文革"中寺内造像全被砸毁，现在寺院遗址已成农民耕地。唯一能见证当年辉煌的是幸存的一通唐代碑刻《光业寺碑》，全称《大唐帝陵光业寺大佛堂之碑》。此碑现存隆尧县碑刻馆中。据李兰珂撰文称，刻于元十三年的《光业寺碑》，1965 年被赵孟村民将石碑砸成数块运回村内，垒于学校墙下。1986 年，隆尧县文物保管所将残碑 12 块运回文物保管所保存。《光业寺碑》残高 445 厘米、宽 145 厘米、厚 44 厘米，龟趺圆首，碑额有圭形佛龛，龛内刻一佛二菩萨，龛旁镌有“皇帝供养”、“皇后供养”字样，碑阳中上方阴刻行书“大唐帝陵光业寺大佛堂之碑”。碑文行书，撰文者为象城（隆尧县）县尉杨晋，书丹者传说是李邕。碑文内容记载玄宗建祖陵及寺院经过。从碑文中可得知，唐朝李氏帝王祖籍为北魏南赵郡广阿县，即唐赵州昭庆县，也就是现在的河北隆尧县。考古人员根据碑刻提供的线索，在邢台市隆尧县城南王尹村找到“大唐帝陵”遗址。经考证，隆尧县王尹村有唐高祖李渊第四代祖宣皇帝李熙建初陵和第三代祖先皇帝李天赐启运陵，二陵共茔。隆尧帝陵目前尚存残损的神道雕刻石刻八件。据刘兴珍载，这些石刻中有翼马、鞍马（图160）、翁仲、蹲狮等。翼马头部已失，身躯壮硕，肩

图 160　*唐建初陵石马　开元十三年(725)　河北隆尧*

部刻卷云状羽翼。鞍马四件，头部皆残损，鞍鞯俱全。翁仲四件，其中一对为武将，皆着戎装；一对为文臣，着宽袍，拱手执笏。石狮一对，保存尚好，形貌、姿态相类，皆昂首挺颈，双目圆睁，张口吐舌，前肢着力撑地，后肢作蹲踞状。鬣毛卷曲散披，鼓胸收腹，奋发矫厉。刻工疏阔，无精雕细凿，而精神气度全出。

［文献］　唐林宝《元和姓纂》卷一五，后晋刘昫等《旧唐书》卷二三，清罗振玉《海外贞珉录》，清陆增祥《八琼室金石补正》卷五三，清王昶《金石萃编》卷七三，清毛凤枝《石刻书法源流考》（《关中金石文字逸考》附），清曾国藩《求阙斋日记类钞》卷下，清纪昀等《四库全书总目提要》卷八六，清孙承泽《庚子消夏记》，［日］大村西崖《中国美术史雕塑篇》，［日］松原三郎《中国佛教雕刻史论》，曾毅公《石刻考工录》，程章灿《石刻刻工研究》，王纯五主编《青城山志》，胡文和《中国道教石刻艺术史》，高文等《四川历代碑刻》，李文生主编《龙门石窟志》，刘正成《中国书法鉴赏大辞典》，杨娟等《新见〈乙速孤行俨夫人贺若氏墓志〉考略》（《文博》2011 年第 1 期），王其祎《仙游寺隋唐塔铭两种》，赵超《石刻史话》，河南省古代建筑保护研究所《宝山灵泉寺》，李兰珂《隆尧唐陵、〈光业寺碑〉与李唐祖籍》（《文物》1988 年第 4 期），刘兴珍等《中国古代雕塑图典》。

公元 726 年　开元十四年

［提示］　三月二十一日，《杨真造天尊像》。是年，山西《李道礼造阿弥陀石像》。车政道往于阗国摹写天王样。

［叙录］　三月二十一日刻造的《杨真造天尊像》，现藏于芝加哥费尔德博物馆。李凇载，像高 45.7 厘米。造像为圆首，中央主尊蓄长须，右手持麈尾，身着道袍，坐于束腰莲花座，后有舟形火焰背光和莲花头光，一如佛像。左右分别为一男一女供养人，下又有二男二女供养人，正面刻造像铭文。背后另刻有铭文，显示此件造像是端方作为礼物于光绪三十三年（1907）四月赠予费尔德博物馆。同年所造的《李道礼造阿弥陀石像》则藏于山西省博物馆，原出自安邑城，最早发表于《山西石雕艺术》中。像高 155 厘米，结跏趺坐，头光中有七佛，像座刻造像题记。

车政道往于阗国摹写天王样。据宋赞宁在《宋高僧传》（慧云传）中载：开元十四年，玄宗东封回，敕车政道往于阗国摹写天王样，就寺壁画焉。费泳认为，唐代天王造像颇为兴盛，可能与玄宗的推崇有关。四川地区的唐代天王造像见于多处，夹江千佛崖石窟尤其多。夹江千佛崖造像题材显、密兼备，密教造像即有千手观音、毗沙门天王等，显教造像尤重弥陀净土。第 136 龛作平顶方形重龛，内龛雕毗沙门天王坐像，天王头戴宝冠，身披甲胄，右手握剑柄，双足被一地天用双手托举，双足外侧各雕一身夜叉。左侧壁下方雕一天女、一夜叉，右侧下方雕一天王、一老者。千佛岩毗沙门天王龛还有第 8、19、97、107、134、159 等龛，将毗沙门天王单独供奉，是唐密宗造像的新形式。

［文献］　宋赞宁《宋高僧传》卷一六，李凇《长安艺术与宗教文明》，山西省博物馆编《山西石雕艺术》，费泳《汉唐佛教造像艺术史》。

公元 727 年　开元十五年

［提示］　一月十九日，四川剑阁王家河道教摩崖造像。正月，广东《端州石室记》。十月，河南《道安禅师碑》。开元十五年，四川安岳卧佛院刻《金光明经·北藏灭品第五》等。四川理县《焦淑平吐蕃贼纪功摩崖刻石》。张怀瓘撰成《书断》。司马承祯居王屋山阳台观，以美石制雅琴镇铭。敕村坊佛堂小者并拆除大者闭封。

［叙录］　一月十九日，四川剑阁王家河道教摩崖造像。据胡文和载，此摩崖造像具体位于剑阁毛坝乡宝桥村五组王家河河畔石崖之上，造像共 23 龛 35 尊。最大龛高 62 厘米、宽 48 厘米；最小龛高 18

厘米、宽10厘米。有一龛造像，神像头戴道冠，身着道袍，坐于莲台上。其他各龛因地处河畔，为露天石壁，日晒雨淋，人畜破坏，风化毁坏特别严重。石壁上刻有“唐开元十五年丁卯岁一月十九日题记”。

是年正月，广东七星岩崖壁刻《端州石室记》，清人王昶著录。据说，当年李邕途经端州，为七星岩之美景而流连，甚至在石前留下马蹄印迹，故此碑世称《马蹄碑》。但是此碑末款只署李邕记，并未署书丹者姓名，且碑文为楷书（而李邕擅行书），故此碑是不是出于李邕笔下，向来颇有争议。欧阳修说：《端州石室记》，李邕撰，不著书人名字，考其笔迹似张庭珪书，疑张庭珪所书也。但这也只是欧阳修个人的推断，并未得到公认。此碑高146厘米、宽103厘米，楷书字径一寸许，保存较为完好。翁方纲在《苏斋唐碑选》中，将此刻列为学唐碑的首选，并认为此碑是李邕书第一。

十月，河南刻《道安禅师碑》。此碑全称《大唐嵩山会善寺故大德道安禅师碑》，宋儋撰文并书丹。北宋黄庭坚评道：儋书清劲姿媚，惜不多见。据梁披云载，此碑额篆书“唐嵩山故道安禅师碑”九字，碑在嵩山会善寺。明万历时碑遭雷击为二，下截文字已模糊不可读。宋儋生卒年不详，字藏诸，广平（河北永年）人，官秘书省校书郎，工楷隶行草。玄宗开元末，举场中后辈多师之。唐人窦臮在《述书赋》中称其书“祖钟而体流”。明陶宗仪在《书史会要》中评价说：宋儋善楷隶行草，评其书者谓如寒鸦栖木，平沙走兔。小楷如断涧余花，花庭骤雨。垂心钟、卫，兼善欧阳。

同年，据雷玉华等载，在四川安岳卧佛院刻《金光明经·北藏灭品第五》、《金光明经·赞叹品第六》、《檀三藏经》及千佛。四川唐代刻石造像一直较为活跃，即使是偏远之地亦然。就在开元十五年九月十九日，在四川理县杂谷脑山中，据高文说，即刻有隶书《焦淑平吐蕃贼纪功摩崖刻石》，刻石高43厘米、宽47厘米，共八行、行字不等，书丹者为施恩。

是年，张怀瓘撰成《书断》。唐人张彦远在《法书要录》中记载《书断》成书过程：开元甲子岁（724），广陵卧疾，始焉草创。其触类生变，万物为象，庶乎《周易》之体也；其一字褒贬，微言劝诫，窃乎《春秋》之意也；其不虚美，不隐恶，近乎马迁之书也。冀其众美，以成一家之言，虽知不知为上，然独善之与兼济，取舍其为孰多，童蒙有求，思盈半矣。且二王既没，书或在兹。语曰：能言之者未必能行，能行之者未必能言。何必备能而后为评，岁洎丁卯荐笔削焉。甲子岁，指开元十二年；丁卯即本年（727）。四库馆臣在为《书断》作提要时指出：《书断》三卷，所录皆古今书体，及能书人名。上卷列古文、大篆、籀文、小篆、八分、隶书、章草、行书、飞白、草书十体，各述其源流，系之以赞，末为《总论》一篇。中卷、下卷分神、妙、能三品，每品各以体分。凡神品二十五人，除各体重复，得十二人。妙品九十八人，除各体重复，得三十九人。能品一百七人，除各体重复，得三十五人。前列姓名，后为小传，传中附录又三十八人。其记述颇详，评论公允，张彦远《法书要录》全载其文，盖当代以为精鉴矣。此书虽然书法史名著，然亦关乎石刻史实者亦多。

司马承祯居王屋山阳台观，以美石制雅琴镇铭。司马承祯法号道隐，自号白云子，是唐代著名道士，河内温（今河南温县）人，为道教上清派茅山宗第12代宗师，善书法与道术。张彦远《历代名画记》中记载他的老师事迹说：司马承祯字子微，自梁陶隐居至先生四世，传授仙法。开元中自天台征至，天子师之。开元十五年至王屋山，敕造阳台观居之，尝画于屋壁。又工篆、隶，词采众艺，皆类于隐居焉。制雅琴镇铭，美石为之，词刻精绝。《旧唐书》（隐逸司马承祯传）则说：开元十五年，又召至都。玄宗令承祯于王屋向选形胜，置坛室以居焉。承祯颇善篆隶书，玄宗令以三体写《老子经》，因刊正文句，定著五千三百八十言为真本以奏上之。以承祯王屋所居为阳台观，亡自题额，遣使送之，赐绢三百匹，以充药饵之用。俄又令玉真公主及光禄卿韦绍至其所居修金箓斋，复加以锡赉。

敕村坊佛堂小者并拆除大者闭封。《太平广记》（报应类）载：开元十五年有敕：天下村坊佛堂，小者并拆除，功德移入侧近佛寺；堂大者皆令闭封。天下不信之徒，并望风毁拆，虽大屋大像，亦残毁之。这显然是一次针对佛教的打击行动，但行动的效果似乎并不明显。或者，只是向世人显示一种政治手段而已。

［文献］ 唐张彦远《历代名画记》卷九、《法书录要》卷九，后晋刘昫等《旧唐书》卷一九二，宋李昉等《太平广记》卷一〇四，宋欧阳修《集古录跋尾》卷六，明陶宗仪《书史会要》卷五，清王昶《金石萃编》卷七七，清翁方纲《苏斋唐碑选》，清纪昀等《四库全书总目提要》卷一一二，胡文和《中国道教石刻艺术史》，［日］肥田路美等《中国四川唐代摩崖造像（蒲江邛崃地区调查研究报告）》，高文等《四川历代碑刻》，梁披云主编《中国书法大辞典》。

公元 728 年　开元十六年

［提示］ 三月十日，《杨元一妻王氏造像》。七月十五日，裴漼撰《皇唐嵩岳少林寺碑》。十二月，河北《卢舍那珉像碑》。是年，龙门高平郡王洞。

［叙录］ 三月十日，刻造《杨元一妻王氏造像》。据罗振玉《海外贞珉录》载，石藏日本京都大学文学部。胡文和说，此碑石质为青石，高约 37 厘米。龛下部正中石面刻发愿文。其形制大小，均与开元十三年(725)三月二日的《李玄毅造像》十分相近。

七月十五日，裴漼撰《皇唐嵩岳少林寺碑》。此碑王昶著录，位于河南登封市城西北 13 公里少林寺院大雄宝殿左侧钟楼下，碑高 310 厘米、宽 138 厘米。龙首方座，首行题“皇唐嵩岳少林寺”七字，为银青光禄大夫守吏部尚书上国柱正平县开国子裴漼撰文并书。全碑内容包括额书(太宗文皇帝御书)、秦王赐少林主教原文(唐武德四年太宗为秦王时赐少林主教碑原文)及《皇唐嵩岳少林寺》碑文。《皇唐嵩岳少林寺碑文》为楷书，碑文记述少林寺建造历史，经北魏太和、周武帝建德、北周静帝大象、隋开皇大业，历经艰难，众宇同灭；唐代初年，郑王王世充乘险拥兵洛阳，少林寺僧志操、昙宗等协助秦王李世民伐王世充有功，擒世充侄王仁则归秦王，秦王嘉其忠烈，敕书褒奖，封昙宗为大将军，赐田四十顷，水碾一具，并允少林寺豢养僧兵。

欧阳修《集古录跋尾》载，是年十二月，河北刻《卢舍那珉像碑》，蔡有邻书。欧阳修说：唐世能名八分者四家，韩择木、史维则世传颇多，而李潮及有邻特为难得。庆历中，昭文韩公(琦)始得此本，有邻小字尤佳，若《石经藏赞》、《崔潭龟诗》，与三代鼎彝何异也。又说：其碑石刻，在中山府城中，盖传闻之误。碑在元氏县开元寺内西北院中，有生铁塔，高四五丈，其制亦机巧。元人纳新说，此碑附于开元寺铁塔。

龙门高平郡王洞。高平郡王洞位于龙门东山万佛沟北崖，东邻千手观音窟，为万佛沟规模最大的石窟，窟室呈横长方形的三壁环坛窟，据费泳载，此窟宽约 960 厘米、深 700 厘米、高 600 厘米，窟门外两侧各雕一身力士，窟内正壁高浮雕一铺五尊像，为一佛、二弟子、二菩萨，分别置于由同一莲梗贯穿的五朵莲花之上，主尊阿弥陀佛结跏趺坐，作降魔印。五尊像下方坛基上，置十佛并坐像，均结跏趺坐于仰莲座上，施禅定印，两侧壁置上、中、下三排坐佛，计 43 尊，造型与正壁 10 坐佛相同，其中东侧壁坐佛未完工。窟内地面环绕坛基今存若干供放置可移动圆雕像的卯眼，计正壁九孔、两侧壁 11 孔、前壁四孔，石像已不存，在残留的可移动佛座上，有两则造像题记，其一有：大周之代高平郡王图像尊仪，躯有数十，阙功未就，奄归四大，自兹零露，雨洒尘霑，遂使佛日沉辉，人天福减，惟我香山寺上座慧澄法师，伤之叹之，惭之愧之，爰征巧匠，尽取其口，饰雕翠石，焕然紫金。其二刻着：大唐开元十六年三月廿日，香山寺上座比丘慧澄检校此龛庄严功德记，同检校比丘张和尚，法号义琬，刻字人常惠。费泳分析说，两则题记显示，此窟初为武周高平郡王功德，其死后至开元十六年，由僧人慧澄续建。武周高平郡王，据李峤《授武重规司属卿制》，可知为武氏家族的武重规，将一铺造像置于并蒂莲花之上的形式，在龙门唐窟中有纪年的较早见于西山清明寺窟内高宗上元二年

图 161 救苦天尊乘九龙龛 开元十八年(730) 四川安岳玄妙观第 62 号龛

(675)《王仁恪造一佛四菩萨像龛》。

［文献］ 宋欧阳修《集古录跋尾》卷六，元纳新《河朔访古记》卷上，清罗振玉《海外贞珉录》，清王昶《金石萃编》卷七七，胡文和《中国道教石刻艺术史》，刘正成《中国书法鉴赏大辞典》，费泳《汉唐佛教造像艺术史》。

公元 729 年 开元十七年

［提示］ 十一月，玄宗朝桥陵定陵献陵昭陵乾陵。此年，玄宗有意终老金粟山。

［叙录］ 十一月十日，玄宗朝桥陵。据宋人王溥记载，唐朝帝王上陵祭祀最后一次即发生于玄宗时期：是年十一月十日，上朝于桥陵，至壖垣（宫外矮墙）西阙，下马悲泣，步至神午门，号擗再拜，悲感左右。礼毕还，下诏曰：黄长轩台，汉尊陵邑，名教之地，因心为则。宜进奉先县职望班员，一同赤县。所管万三百户，以供陵寝，即为永例。十二日，朝于定陵。如桥陵之礼。时每发行宫，将谒，天尚未晓，给事中刘彤上疏谏曰：将事发轸，路犹曛黑，红尘四合，白刃交驰。往来不相知，左右不相识，假令有败军逸马，柘木枯株，则变在不虑。患生所忽，不可轻也。伏愿虑及细微，以安宗世，拜陵之日，必假朝光。凡百欢心，普天幸甚。制曰：朕夙敬之志，惟在昧爽，卿重慎之诚，欲及辨色，国体宜尔，用纳良言。然要须早朝，稍尽夜漏耳。十三日，朝于献陵。十六日，朝于昭陵。十九日，朝于乾陵。诸陵各取侧近六乡百姓，以供养寝陵之役。陈安利说，这次祭祀，从十日祭桥陵，到十九日祭乾陵，共十天时间。如果加上开始从京城长安到桥陵约三天，从乾陵返回京城约三天，这一趟下来少说也得半个月时间，不管是坐车还是骑马去，再加上爬几座山陵，在当时怎么说都不是一件轻松事。据《新唐书》（礼乐四）载，如果皇后跟随皇帝祭陵，其朝拜位置、次序又有所区别。皇帝上陵时多乘马，皇后则乘车，礼节似乎更烦琐一些。

玄宗有意终老金粟山。在祭陵过程中，玄宗祭桥陵至金粟山，观其岗峦有龙盘凤翔之势，便对左右说道："吾千秋后，宜葬此地。"（《唐人轶事汇编》）显然玄宗觉得金粟山风水很好，百年之后可以在此安息。而且按照玄宗的说法，此地离先陵不远，可以不忘孝敬（《唐会要》）。玄宗死后即葬于此地，是谓泰陵。

［文献］ 宋王溥《唐会要》卷二〇，宋宋祁等《新唐书》卷一四，周勋初《唐人轶事汇编》卷二，陈安利《唐十八陵》。

公元 730 年 开元十八年

［提示］ 二月七日，龙门《大唐内侍省功德之碑》及无量寿佛一铺。九月十一日，湖南《麓山寺碑》。是年，书碑名家张说卒，玄宗为撰碑文。金仙公主资助房山云居寺刻石经。四川安岳綦江广元石刻。

［叙录］ 二月七日，龙门刻《大唐内侍省功德之碑》及无量寿佛一铺，此碑清人王昶有著录。李淞载，此碑位于奉先寺北壁东端，据碑文，知为高力士、杨思勖等高官 160 人造"西方无量寿佛一铺"，窟开于开元十八年。李文生指出，通过对《伊阙佛龛之碑》的研究考证，知魏王李泰为其母长孙皇后所造的石窟即宾阳南洞而不是潜溪寺。对《大唐内侍省功德之碑》的考证则表明，内侍省高力士等 160 人为唐玄宗所造的 48 身阿弥陀就是今天奉先寺壁面上所雕刻的立佛像。李玉珉认为，内侍高力士等 160 人为唐玄宗所造的 48 尊无量寿佛像，其雕刻的年代稍晚，其立佛的造型十分相似，皆身着通盾大衣，襟口或开或闭。立佛头若圆球，发旋如涡，眼睑细长，轮廓似波，嘴形优美，浮现微笑。身体比例匀称，胸肌松软，小腹微突，衣纹的弧线自胸腹流泻而下，覆满下半身。整体饱满圆浑，气宇轩昂。

九月十一日，湖南刻立《麓山寺碑》。此碑亦称《岳麓寺碑》，现存湖南长沙岳麓公园（长沙岳麓书院教学斋后山坡上）。碑通高 400 厘米。清人王昶则记载为：碑高丈七寸八、宽五尺三寸八。碑为圆首，圆顶饰有龙纹浮雕，额篆“岳麓寺碑”，碑左和右下方有损缺。碑文则由李邕撰文并行书。书此碑时李邕已53岁，笔法浑茫老成，堪称李邕的代表作品。碑侧刻有大书法家米芾正书阴刻题名“元丰庚申(1080)元日同广惠道人来襄阳米黻”字样。李邕一生所书碑铭甚多，而《麓山寺碑》最为人们所称道。故黄庭坚评称其字势豪逸，真复奇崛，所恨功务太深耳，少令功拙相半，使子敬复生，不过如此。据曾毅公考，此碑刻工为黄仙鹤。但明人盛时泰在《苍润轩碑跋》中说：是碑刻字，亦出公手(李邕)，大凡李公书，言黄仙鹤、伏灵芝、元省己者，皆托名也。碑文内容，如同刘刚所说，叙述了麓山寺创建以后，历代来此住持之名僧说法传经情况，并一一列举名僧及有关官员对该寺的贡献等事。

是年，书碑名家张说卒，玄宗为撰碑文。一代名臣张说两《唐书》有传。他是唐代大诗人和大政治家。张说字道济，一字说之。原籍范阳(河北涿县)，世居河东(山西永济)，后徙家洛阳。武后策贤良方正，张说年始弱冠即对策第一，授太子校书，累官至凤阁舍人。张说历中宗睿宗玄宗三朝，封燕国公，官至宰相。与苏颋(封许国公)齐名，俱有文名，掌朝廷制诰著作，世称“燕许大手笔”。张说卒后，玄宗为其亲撰碑文，可谓极一时之哀荣。据李献奇撰文称，《张说墓志》(此志1999年出土于洛阳伊川县吕店乡万安山南麓袁庄村西北，刻于开元二十年八月)，其刻制十分精美，书丹者梁升卿亦为一时名家，而刻工卫灵鹤更是当世著名的石刻工匠。刻张说墓志时，卫灵鹤时任三川县丞，三川县在今陕西富县，而张说墓则在东都洛阳附近，可见刻工是专门远道聘请的。

金仙公主资助房山云居寺刻石经。据赵超说，主持云居寺刻经的静琬去世后，其弟子们继承刻经事业。在幽州地方官吏和皇室的资助下，加上各界人士的捐款，使石经的刊刻一直持续下去。唐开元十八年，玄宗妹妹金仙公主曾送佛经4 000余卷做石经底本，资助刻经。至天宝十三年(754)已经将《摩诃般若波罗蜜经》、《大方广佛华严经》、《大般涅槃经》等重要经典刻完。以后虽然有安史之乱、藩镇割据等政治动乱，但刻经事业始终没有停顿，至唐代末年，已经将《大般若经》刻至520卷。有唐一代，共刻写石经400多万字，陆续安放在山上各个密封的藏经洞中，里面新发现的唐玄宗《御注金刚般若经》一部，体现了李氏王朝注重宗教，融合儒道佛三教为自己的统治服务的思想。李唐皇室对刻经很关心，现在石经山顶上尚存有著名的唐代金仙公主塔，塔上的浮屠铭记述了金仙公主资助刻经，施舍庙产的情况。

四川安岳綦江广元石刻。据胡文和、刘长久等载，开元十八年，在四川安岳县玄妙观，法师李玄则为母古五娘造《道像二十躯小龛像三十二躯》；玄妙观第11号龛为老君龛；玄妙观第62号龛刻有救苦天尊乘九龙龛(图161)；玄妙观第72号还有邑人李玄迷所书刻的《般若波罗蜜多心经》碑。在重庆綦江县，是年有中大夫使持节南州(治所在今重庆綦江县北)诸军事、守南州刺史、上柱国、晋昌(甘肃安西县东南)唐虞景造《卢舍那佛石像》。在四川广元千佛崖，有朝议大夫、守利州刺史屈突造《弥勒佛像》。

[文献] 明盛时泰《苍润轩碑跋》，清王昶辑《金石萃编》卷七八、卷八四，李淞《长安艺术与宗教文明》，李文生主编《龙门石窟志》，李玉珉《中国佛教美术史》，曾毅公《石刻考工录》，刘刚《湖湘碑刻》，李献奇《唐张说墓志考释》(《文物》2000年第10期)，赵超《石刻史话》，胡文和《中国道教石刻艺术史》，刘长久《安岳石窟艺术》、《中国西南石窟艺术》。

公元731年 开元十九年

[提示] 三月，崔琳经炳灵寺石窟刻《灵岩寺记》。五月，五岳各置老君庙。五月五日，四川《五言千秋亭咏并记》。九月二十五日，河南林县《洪峪寺华严三圣碑》。十一月十五日，河南巩县石窟寺《佛顶尊胜陀罗尼经幢》。是年，开凿山东青州云门山石窟五号窟、《蔡氏家族造天尊像》。

［叙录］　据阎文儒、王万青等载，开元十九年三月，崔琳率和蕃使团使吐蕃，途经炳灵寺石窟，刻《灵岩寺记》。副使膳部郎中魏季随撰文镌石于崖壁，载和蕃使团成员名单及所见炳灵寺之景象。人员共有72人，这些人物中，见于史载的有崔琳、张守珪、王谓等。崔琳，贝州武城人(山东武城人)。约于此际，炳灵寺建造第171龛，高约30米，雕凿有高27米弥勒佛像，该像为薄承祧所建。薄于唐开元年间曾任陇右群牧使。据唐晓军讲，《灵岩寺记》位于炳灵寺下寺区北部第148窟外面北壁，楷书阴刻。高143厘米、宽102厘米，共30行，每行43字或多一二字。碑文记载了御史大夫崔琳率领的庞大使团，肩负和平重任，于唐开元十九年春三月到达炳灵寺。《旧唐书》(玄宗纪上)载：开元十九年春正月辛卯遣鸿胪卿崔琳入吐蕃报聘，二月甲午以崔琳为御史大夫，三月己酉朔，崔琳使于吐蕃。

《旧唐书》(玄宗纪上)载：五月，五岳各置老君庙。《资治通鉴》也记载说：五月，初立五岳真君祠。这是在为提高道教的地位而作出的政治行为，而佛教则势必受到打压。在《册府元龟》中即著录了玄宗为此下达的诏令：自今以后，僧尼除讲律之外，一切禁断。六时礼忏，须依律仪；午后不行，宜守俗制。如犯者，先断还俗，仍依法科罪。

据高文和四川省文物管理局载，四川之《五言千秋亭咏并序》，正书，刻于开元十九年五月五日。另有《石亭记》为开元十八年冬，前飞乌县主簿赵演词、前铜山县主簿郭延强书。二石原存四川中江县，碑已毁，现仅存拓本。

九月二十五日，河南林县刻立《裓峪寺华严三圣碑》。河南林虑山裓峪，在林县城西南15公里处，为林虑山中之大峡谷。据温玉成说，裓峪寺是北齐文宣帝为著名的地论师僧达所立。寺立有一碑，碑首内雕"华严三圣"(释迦牟尼佛及文殊、普贤二菩萨)，碑身左右分别刻《三尊真容支提龛铭》及《述二大德道行记》，均系蔡景撰文。《述二大德道行记》，介绍了义弘、乾寿二位高僧的事迹，僧史失载。义弘字玄济，邺城人，俗姓张氏。唐睿宗文明初岁(684年)落发于裓峪寺，妙善"悉昙"(梵文)，后奉敕于二京(长安与洛阳)参加译场。大约唐中宗末年(710)，在玄奘之后，惠超之前，义弘奉命去西域乾陀罗国(位于库纳尔河和印度河之间的喀布尔河流域，今巴基斯坦西部拉瓦尔品第至白沙瓦地区)，迎请三藏法师邬帝弟婆，将真容画像20铺、舍利千余粒、三藏梵本二部到京。闻奉圣皇严驾，再赴西域"王城"(王舍城，天竺摩揭陀国古城，在今印度比哈尔邦之底赖雅附近)，力穷异域，往来四载，途经一万八千里，供奉二朝(中宗、玄宗)，十有三祀，奏请归山，约在开元六年(718)回裓峪寺为寺主。义弘大约卒于开元末年。另一位法师乾寿，字崇诠，俗姓李氏，也是邺城人。证圣之岁(695)披缁于裓峪寺，并充任教授法师，又补都维那，纲纪寺众。他还主持了"修复伽蓝"、"翦拓山路"、"疏泉汲引"等工程。三尊真容像支提龛也是义弘和乾寿"运用奇功"所作。乾寿年龄小于义弘，亦当卒于玄宗末年。

十一月十五日，河南巩县石窟寺刻造《佛顶尊胜陀罗尼经幢》。温玉成载，河南省巩县石窟存一经幢，署文"前率府长生王元明奉为亡父母洎亡妻、见存兄弟、合家大小、六亲眷属、一切众生建立此幢，咸同此福。"该幢有《佛顶尊胜陀罗尼经序》一篇，言及五台山崇拜(即文殊崇拜)之由来。佛陀波利礼五台山，译出《佛顶尊胜陀罗尼经》，对后世佛教信仰影响极大。世俗及佛教僧侣竞相刊造《尊胜幢》，立于坟域东南，祈求灭罪、超生。自唐代以后，绵延不绝。五台山信仰，乃深入民间。

这年，开凿山东青州云门山石窟五号窟(图162)。青州云门山今存五窟，五号窟始造于开元十九年，温玉成著录其造像记，记中所说的益都县令即唐道周。唐道周见载于《莱州刺史唐贞休德政碑》(《八琼室金石补正》)及《新唐书》(宰相世系表)中。五号窟的弥勒佛，头部及右手已毁去，内着偏衫，胸下束带。外披双领下垂式袈裟，倚坐于长方形台座上。

石灰岩单体造像《蔡氏家族造天尊像》，金申著录，像高45厘米，日本京都大学文学部藏。

图 162　山东青州云门山石窟五号窟造像　唐开元十九年(731)

［文献］　后晋刘昫等《旧唐书》卷八，宋司马光《资治通鉴》卷一一三，宋王钦若等《册府元龟》卷一五九，清陆增祥《八琼室金石补正》卷五一，阎文儒等《炳灵寺石窟》，唐晓军《甘肃古代石刻艺术》，温玉成《中国佛教与考古》，高文等《四川历代碑刻》，四川省文物管理局《四川文物志》上册，金申《海外及港台藏历代佛像珍品纪年图鉴》。

公元 732 年　开元二十年

［提示］　十月七日，蒙古《阙特勒碑》。十二月，玄宗御注《道德真经》成，立石台于大道观。金仙公主墓及石刻、四川安岳蒲江造像、龙门五佛洞。

［叙录］　十月七日，蒙古刻立《阙特勒碑》。此碑系突厥碑刻，光绪十五年(1889)与《九姓回鹘可汗碑》及《苾伽可汗碑》同时出土于鄂尔浑河上游呼舒柴达木湖畔的喀拉和林遗址附近(蒙古国林赛音诺颜部哲里)。阙特勒为后突厥苾伽可汗弟，阙乃人名，特勒是突厥语，即突厥贵族子弟称号。两《唐书》载，唐开元十九年(731)阙特勒卒，唐朝派张去逸、吕向前往吊祭，为立庙像，次年刻立此碑。碑额正书"唐阙特勒之碑"六字，碑四面刻字，碑阳及左右两侧为突厥文，碑阴为汉文。汉文碑文为玄宗御制正书，碑文为隶书，末行书"大唐开元二十年岁次壬申十月辛丑朔七日丁未建"。此碑是唐王朝与突厥交流的历史实物见证。法国学者勒内・格鲁塞在《草原帝

国》中说：默啜可汗死后，紧接着是突厥内部大乱。其侄子，即骨咄禄之子、杰出的阙特勒发动了一场真正的宫廷政变。由于他屡建功勋，特别是在给他的叔叔默啜可汗当副手时所起的作用，使他获得了权威，并因此而增强了力量。他杀默啜之子匐俱及宗族和已故可汗的辅臣们，唯留下暾欲谷，他是阙特勒兄的岳父。阙特勒本人没有夺取汗位，而是立其兄默棘连（汉名）为可汗，默棘连在鄂尔浑碑文中称毗（苾）伽可汗（bilga khagan，意为“明智的皇帝”），他从716年至734年间统治着蒙古地区。

十二月，玄宗御注《道德真经》成，立石台于大道观。唐玄宗崇奉道教，认为原有《老子》注疏有失玄言妙旨，于是亲自为《道德经》作注，所注于开元二十年完成，开元二十一年颁布天下，此注后收于《道藏》洞神部玉诀类，称《御注道德真经》。陈垣《道家金石略》注引《震川集》云：唐玄宗注老子《道德经》，开元二十三年，用道门威仪司马秀言，令天下应修官斋等州，皆于一大观立石台刊勒。邢州故有龙兴观，开元二十七年刺史李质立石摹勒如制。《金石萃编》载：唐以老子为祖，故尊崇之典特盛。三至元（玄）宗笃好元（玄）学，而老子之书尤行于世。此碑首列敕文，题开元廿年，后列诸臣姓名，题开元廿六年奉敕建。碑上卷题“老子道经”，下卷题“老子德经”，与《经典释文》所题正同。考唐代传注中引老子语，皆道德分见，未尝混而为一，则元（玄）宗所注实从古本如此。今考易州石刻《御注道德真经碑》首列敕文，文中有“今兹绝笔”句，末题“开元二十年十二月十四日”。知御注乃为是年撰成，故志于此。

金仙公主墓及石刻。金仙公主名无上道，为唐睿宗李旦之女，也是玄宗李隆基的第八妹。始封西城县主，景云初年封金仙公主，玄宗即位后封为长公主。陈安利载，公主18岁时信道，于长安和洛阳修筑道观，拜方士史崇玄为师。44岁时死于洛阳开元观，后陪葬于桥陵。金仙公主墓在陕西省蒲城县三合乡武家屯村。墓前尚有石羊、神道碑等。碑为青石质，六螭首，龟趺，通高420厘米，碑文行书，由徐峤撰文、玄宗书丹。

四川安岳蒲江造像。据刘长久、胡文和载，是年，在四川安岳县千佛寨，有前安居县（重庆铜梁县安居镇）令、普州□□助教虔恪及其子虔远在造《救苦观世音菩萨一龛》；在安岳圆觉洞，有普州仓督、安岳县录事、骑尉勋官五品黎令宾造《佛像一龛》；又在四川安岳千佛寨造《三世诸佛》。同年，在四川蒲江县长秋山太清观附近（现属天华乡六合村）开有道教石窟。长秋山传说为汉张道陵所创立“五斗米道”的“主簿山治”。据杜光庭《洞天福地岳渎名山记》记载，在邛州蒲江县东北。明人曹学佺在《蜀中广记》载：主簿治，在邛州蒲江县界，去成都百五十里。蜀郡王兴于此学道成仙，一名长秋山。《蜀中广记》引宋朝蒲江县令郭贤《长秋观石蟾山记》说：县东二十里，山名长清，观号太清。按《图志》：汉唐王、杨二真人栖隐之处。这说明汉主簿山治在长秋山，该山又名长清山。汉代的“王真人”就是王兴。唐代的“杨真人”即与成无为同在丹棱龙鹄山修道的女冠杨正见。唐《集仙录》和《太平广记》记载说，玄宗时通义县（丹棱县）人杨正见，来到蒲江县主簿山，见“夹道花木，异于人世”。她后来在水井旁边，得到一块几斤重的茯苓，蒸食后，传说于开元二十年白日飞升成仙。因此，长秋山的道教像抑或是杨正见从丹棱传来的。在太清观正下方的壁上有一高60厘米、宽108厘米、深30厘米的矩形单口龛，尽管风化严重，图形内容仍然可辨。该龛正壁右半边有歇山式屋顶的建筑，似为宫观；左半边有一着道装的女像，怀抱一物，双脚旁有一高出地面的井圈。这幅图表现的内容即是杨正见得食茯苓而成仙的传说。

龙门五佛洞，龙门文物保管所和李淞等认为约刻于此年，五佛洞在极南洞南侧下方，三面环坛，一坐佛四立佛二菩萨二天王，外二力士二狮，力士托山石。

［文献］ 宋李昉等《太平广记》卷六四，明曹学佺《蜀中广记》卷七二、卷七四，清王昶《金石萃编》卷四三，陈垣《道家金石略》，［法］勒内·格鲁塞《草原帝国》，陈安利《唐十八陵》，胡文和《中国道教石刻艺

术史》，刘长久《安岳石窟艺术》、《中国西南石窟艺术》，李凇《长安艺术与宗教文明》，龙门文物保管所、北京大学考古系编《龙门石窟》（二）。

公元733年 开元二十一年

［提示］ 秋冬间，诗人李白游龙门。十月四日，开凿龙门徐恽洞。开元二十一年，云州置魏孝文帝祠堂。

［叙录］ 秋冬间，诗人李白游龙门。据黄锡珪在《李白年谱》中考证，是年秋天，诗人李白游龙门，并作有《秋夜宿龙门香山寺》、《冬夜醉宿龙门觉起言志》诗。

十月四日，开凿龙门徐恽洞，位于龙门西山极南洞南侧下方，属西山最南端的窟。李凇说此窟一直没有引起重视，近年才有部分资料发表（见龙门文物保管所、北京大学考古学系合编《龙门石窟》）。其形制略与韩氏洞相似，为前后室结构。后室平面呈方形，置主像一铺，为一结跏趺坐佛、二立菩萨、二弟子、二天王，外室为二力士（其一已毁），力士东侧有长篇题记一篇，漫漶不可卒读。由题记可以看出，这是郎中徐恽于开元二十一年所造阿弥陀佛窟，题记由其子徐先书写。其中重要的字句有“阿弥陀佛，敬必由衷，（天）女护祐”等。天女，梵语 devakanya，本指欲界天之女性，但在实际造像中有时亦指菩萨（如龙门蔡大娘洞有一唐代立菩萨龛，题记为“为亡父母敬造天女”）。此处题记中，“女护祐”前脱有一字，当为“天”。天女指窟中主尊两侧胁侍菩萨，形成护祐之势。题记周围无其他龛像，所以这一段文字是针对窟内一铺造像的，洞内主尊即阿弥陀佛。

宋王溥《唐会要》载：开元二十一年，大同云州置魏孝文帝祠堂，有司以时享祭。州有魏故明堂遗迹，即于其上立庙。相同记载见于清人黎中辅的《道光大同县志》中。

［文献］ 宋王溥《唐会要》卷二十，清黎中辅《道光大同县志》卷七，黄锡珪《李白年谱》，李凇《长安艺术与宗教文明》，龙门文物保管所等编《龙门石窟》（二）。

公元734年 开元二十二年

［提示］ 正月，禅师神会在滑台立南宗宗旨以攻北宗。十二月，陕西《代国长公主碑》。是年，《姚元琰造天尊像石》。

［叙录］ 据独孤沛、宗密及神会语录记载，开元二十二年正月，禅师神会在滑台立南宗宗旨以攻北宗。刘学智说，神会为抨击北宗神秀一系，于是年在滑台（河南滑县东）大云寺设无遮大会，与著名禅师山东崇远进行论辩，以驳难神秀北宗的“传承是傍，法门是渐”及其门徒嵩岳普寂和东岳降魔的主张，其目的是“为天下学道者辨其是非，为天下学道者定其旨见”（独孤沛《菩提达摩南宗定是非论》序）。先是，两京多宗神秀，此后，普寂之门渐衰，南宗由神会而始盛，南北争端亦由此而起。至天宝四载（745）后，两宗方定其实。南宗兴盛，已到德宗时。

是年十二月，陕西刻立《代国长公主碑》。此碑全称《大唐故代国长公主碑》，由郑聪正书，郑万钧撰文。碑在陕西蒲城县。清人王昶评价此碑说：观此碑笔法婉丽，极似河南（褚遂良）。刻于是年的青石质《姚元琰造天尊像石》，据胡文和载，正面呈莲瓣形未开龛，石面上的形象为减地高浮雕，石全高约30厘米。在天尊宝座下面有一块凸出的方形石面，上刻发愿文。大村西崖在《中国美术史雕塑篇》中注明：青石，高九寸，益田君藏。

四川安岳卧佛院刻经窟。安岳卧佛院目前尚有15个刻经窟，刻写了22种佛经与经目，其中又以《大般涅槃经》所占的篇幅最大。刻经窟中有不少题记，纪年都在开元十五至二十三年（727—735）之间。李玉珉认为，这是研究盛唐川中地区佛教信仰的重要资料。

［文献］ 唐宗密《圆觉经大疏抄》卷三下，唐释神会《神会语录》，清王昶《金石萃编》卷七八，［日］大

村西崖《中国美术史雕塑篇》，张岂之等《中国学术思想编年》（隋唐五代卷），胡文和《中国道教石刻艺术史》，李玉珉《中国佛教美术史》。

公元735年　开元二十三年

［提示］　四月八日，《造天尊像石》。四月二十三日，陕西《郑虔华岳题名》。十二月八日，李邕在括州撰书刻《秦望山法华寺碑》。是年，玄宗亲注《金刚经》，翌年颁行天下。善无畏圆寂葬龙门西山广化寺。四川安岳巴中石刻。

［叙录］　四月八日，刻《造天尊像石》。据胡文和载，该造像石未开龛，在石面上减地浮雕道像，损毁严重，右左上中部缺损，原似雕刻三尊式道教造像，为一天尊二侍者（左部侍者不存），左右分别雕刻有蹲狮。造像石基座正面仅存"开元廿三年四月八日造天尊像"。大村西崖在《中国美术史雕塑篇》中说明：匋斋藏石，高一尺一寸。

据曾毅公考，这年四月二十三日，史子华刻《郑虔华岳题名》。此石王昶著录，程章灿说，《关中金石记》载有"史子华刻字"字样，并说史子华者，即刻《大智禅师之碑》者。同书另著录《郑虔题名残碑》一条：分书，在华岳庙。《金石录补》：唐郑虔题云：开元二十三年四月二十三日荥泽郑虔、彪乡道之、智觉同登华山，回步而谢于神云云。其词四六排偶，共150余字。

十二月八日，李邕在括州刺史任，撰书刻《秦望山法华寺碑》。《旧唐书·文苑中》李邕本传载：贬为钦州遵化县尉，又累转括、淄、滑三州刺史。《新唐书·文艺中》本传则载明：开元二十三年，起为括州刺史。清人陆增祥著录有《秦望山法华寺碑并序》，前题"括州刺史李邕撰并书"，后署"刻石人东海伏灵芝"（旧说多以伏灵芝即李邕化名）、"唐开元廿三年十二月八日建"。此碑原石在浙江绍兴秦望山，早年毁于火难。现仅存清人何绍基所藏宋拓孤本（1980年入藏上海博物馆），还有何氏在咸丰中据宋拓孤本双钩重刻石碑。何绍基题跋于碑后说："去春在吴门，韩履卿丈贻余此宋拓本，携至济南，付老仆陈芝重刻，神理难追，规抚粗具矣。"碑高208.8厘米，碑文由李邕撰文并行书。作此碑时李邕58岁，书法益显老成。据说元人赵孟頫曾特意摹刻此碑，足见对赵氏影响甚大。何绍基在《东洲草堂金石跋》中对此碑赞颂道：纯任天机、浑脱充沛则以《法华寺碑》为最胜。

是年，玄宗亲注《金刚经》，翌年颁行天下。宋王钦若、杨亿等在《册府元龟》载：宰相张九龄等请出注佛文以令天下传授，玄宗遂亲注《金刚经》。在注解之时，玄宗常对其中一些说法"颇见狐疑"，遂诏释道剖判是非。注成之后，于开元二十四年（736）颁行天下。

据宋人赞宁等载，印度三藏善无畏是唐代密宗三大领袖之一，是年，善无畏圆寂葬龙门西山广化寺。

四川安岳巴中石刻。据刘长久、阎文儒等载，开元二十三年，在安岳卧佛院，有长江县（四川蓬溪县西）《李涉造佛像》。在四川巴中南龛（69号龛），有前乡贡明经党守业拜化城县（四川巴中市）尉为亡母造《释迦牟尼像一铺》。同年，在重庆合川濮岩寺，有合州（重庆合川市）别驾张钊为刺史孙希庄造《阿弥陀佛像》。

［文献］　宋王钦若等《册府元龟》卷五一，宋赞宁《宋高僧传》卷二，清王昶《金石萃编》卷七九，清陆增祥《八琼室金石补正》卷五五，清阮元《两浙金石志》卷二，清王言《金石萃编补略》卷二，清何绍基《东洲草堂金石跋》卷五，［日］大村西崖《中国美术史雕塑篇》，胡文和《中国道教石刻艺术史》，曾毅公《石刻考工录》，程章灿《石刻刻工研究》，阎文儒《中国石窟主艺术总论》，刘长久《安岳石窟艺术》、《中国西南石窟艺术》。

公元736年　开元二十四年

［提示］　三月，韦济撰《白鹿泉神祠碑》。六月

二十八日，河北《白石党宝宁等造弥陀佛坐像》。七月四日，陕西《大唐故金仙公主志石之铭》。九月十八日，陕西《大智禅师碑》。是年，书碑者裴漼卒、诸廷诲摹勒玄宗御书《忠宪公裴公庭碑》、诗人杜甫游龙门、吴道玄于景公寺画《地狱变》。

［叙录］　三月，韦济在恒州刺史任，撰《白鹿泉神祠碑》。清人陆增祥著录此碑，碑文中有“开元贰十四年王春三月”、“故勒其名，用昭不朽”等，题下署“恒州刺史韦济文，恒岳山人裴抗书”。陆增祥跋引《常山贞石志》云：右碑两面刻文，有篆额甚工，颇得汉人遗意，当亦裴抗所书。新、旧《唐书》有武后中宗相韦嗣立三子韦济，史称济早以辞翰闻，今此碑瑰奇绝特，非俗士所能，所云恒州刺史，当即此人。

六月二十八日，河北刻《白石党宝宁等造弥陀佛坐像》。此像为河北曲阳刻造，现藏于北京故宫博物院。据胡国强著录，像残高 39 厘米。佛头部残缺，身披双层袈裟，内着僧袛支。上衣从腋下穿过，搭在左肩上，中衣覆右肩，直垂缠臂而下。右手残缺，左手抚膝。结跏趺坐，袈裟裹足，下摆悬垂座前呈倒字形，束腰座中间方柱四面雕刻伎乐。长方形基座前右后三面刻发愿文。

七月四日，卫灵鹤刻《大唐故金仙公主志石之铭》。此志简称《金仙公主墓志》，刻工署“梁州都督府户曹参军、直集贤院卫灵鹤，奉敕检校镌勒并题篆额”。在现存的唐代墓志中，这是一方少见的由妇女书写的墓志，现藏于陕西蒲城县博物馆。志石长、宽均 120 厘米。金仙公主为睿宗李旦第八女，志文由徐乔奉敕撰写，楷书书丹者则是金仙公主妹妹玉真公主，字迹秀丽婉媚。金仙公主崇道，于太极元年(712)与玉真公主同时出家为道，号三景法师，先在华山修行，后筑观长安，拜方士崇玄为师。公主开元二十二年(734)逝世，年 44 岁，诏陪葬桥陵。

九月十八日，陕西刻立《大智禅师碑》(图 163)，此碑全称《大唐故大智禅师碑铭并序》，现藏于西安碑林，保存完好，清人王昶有著录，碑高约 338 厘米、宽约 120 厘米、厚约 37 厘米。碑阳刻文，由严挺之撰文、史惟则隶书。碑阴刻“大智禅师碑阴记”，阳伯城撰文，也是史惟则隶书的。史惟则(名浩又字子华)被欧阳修称为唐隶四大家之一(余三家为韩择木、蔡有邻和李潮)。玄宗等不少隶书作品如《石台孝经》、《泰山铭》等，都曾经史惟则加工摹勒，故明赵崡在《石墨镌华》中说：观此碑，信是开元间分书第一手。史惟则在玄宗天宝年间曾官伊阙县尉，集贤院待制，后至殿中侍御史集贤直学士，人称史侍御。明人陶宗仪称其隶书和篆籀“如王公大人，进退有度”。《大智禅师碑》的碑身两侧，以线刻和减地手法雕刻枝叶花草和凤凰瑞兽仙童菩萨等，在唐代碑刻中，堪称神品。金申称赞说，此碑侧线刻纹样，其骑狮吹奏乐器的胡人极为生动，金毛狮子长鬃卷尾，威猛夸张。菩萨趺坐盛开的宝相花上，体态生动，宛如娇好之少女。卷草的流畅曲卷充满生命力，其精美程度可充分表现唐代文化灿烂之一斑。

是年，书碑者裴漼卒。裴漼在两《唐书》中有传，其父为裴琰之，漼生年不详，卒于开元二十四年，绛州闻喜(山西闻喜县)人，历经中、睿、玄宗三朝，官至吏部尚书、太子宾客。善书法，传世碑刻之《少林寺碑》即为裴漼所书。

据程章灿考证，同年，诸廷诲摹勒唐玄宗李隆基御书《忠宪公裴公庭碑》。碑在山西闻喜，程氏认为诸廷诲是当时有名的书家，宋代《宝刻丛编》录其所书碑志三种，《南宋馆阁续录》卷三著录其法书一卷。

郭沫若在《李白与杜甫》中，推定诗人杜甫游龙门之事，略在此年，并作《游龙门奉先寺》诗：已从招提游，更宿招提境。阴壑生虚籁，月林散清影。天阙象纬逼，云卧衣裳冷。欲觉闻晨钟，令人发深省。

宋释志磐载，是年，吴道玄于景公寺画《地狱变》，都人咸观，皆惧罪修善，两市屠沽，鱼肉不售。

［文献］　宋释志磐《佛祖统纪》卷四十，宋陈思《宝刻丛编》卷三，明赵崡《石墨镌华》，明陶宗仪《书史会要》，清王昶《金石萃编》卷八一，清陆增祥《八琼室金石补正》卷五五，胡国强主编《故事收藏：你应该知道的 200 件曲阳造像》，曾毅公《石刻考工录》，程

图 163　大智禅师碑刻局部　唐开元二十四年(736)　西安碑林藏

章灿《石刻刻工研究》，金申《中国历代纪年佛像图典》，郭沫若《李白与杜甫》。

公元 737 年　开元二十五年

［提示］　是年，山东《经文碑》、《李元封等造释迦立像》、四川南江《石龛像铭》、龙门广化寺立《无畏不空法师碑》。

［叙录］　本年，山东刻《经文碑》。据杨建东、赵明程撰文说，此碑于 20 世纪 90 年代，在山东微山县薛河出土。碑为青石质，高 172 厘米、宽 48 厘米、厚 13 厘米，底部残损。碑形为圭角尖拱形龛，龛窝较深，龛内高浮雕一佛二弟子。碑阳下部刻铭序，上部则刻楷书《般若波罗蜜多心经》一卷。

同年所刻造的石灰岩质《李元封等造释迦立像》，金申著录，像高 215 厘米，山西省博物馆藏。据刘长久载，在四川南江县，有中大夫、守集州（四川南江县）刺史、上柱国崔无诐在此年造佛像并书《石龛像铭》。李文生引述 1918 年刊行《河南省古物调查表》说，这年在河南龙门广化寺立《无畏不空法师碑》。

［文献］　杨建东、赵明程《山东微山县出土唐代碑刻》（《文物》1996 年第 3 期），金申《中国历代纪年佛像图典》，刘长久《中国西南石窟艺术》，李文生主编《龙门石窟志》。

公元 738 年　开元二十六年

［提示］　正月，河南《尉迟迥庙碑》。五月二十九日，废太子李承乾墓迁陪昭陵。七月上旬，《鹿泉本愿寺铜钟铭》。七月十八日，龙门《僧空寂造像》。十月十八日，龙门《僧空寂造药师像》。是年，灵觉圆寂葬龙门西山。

［叙录］　正月，刻立《尉迟迥庙碑》于河南彰德府（河南安阳市）。此碑全称《周太师蜀国公尉迟庙碑》，碑额篆题“周太师蜀国公尉迟公神庙碑”。碑阳由阎伯屿序文、颜真卿撰铭、蔡有邻隶书书丹。碑阴刻于开元二十六年二月二十五日，蔡有邻隶书。蔡有邻生卒年不详，玄宗开、天年间济阳（属山东）人，他是汉代大书家蔡邕十八世孙，曾官至右卫率府兵曹参军。欧阳修说，唐世名能八分者四家，韩择木、史惟则世传颇多，而李潮及有邻特为难得。宋人董逌在《广川书跋》中也说：蔡有邻书法劲险，驱使笔墨，尽得如意。

五月二十九日，废太子李承乾墓迁陪昭陵。李承乾是太宗李世民嫡长子。贞观十七年（643）初曾密谋夺位，失败后承乾由太子废为庶人。徙于黔州，不久即卒。开元年间，李承乾孙子李适之得宠玄宗，官居御史大夫。适之数次上疏，请将其祖父归葬昭陵园内。开元二十四年（736）八月二十七日，玄宗下诏追赠承乾为恒山愍王，开元二十六年五月二十九日迁陪昭陵。陈安利载，李承乾墓在今陕西省礼泉县烟霞乡东周新村的西边，西北距昭陵约九公里。1972 年昭陵博物馆对该墓进行了发掘清理，出土石墓志一合。志盖正方形，盖顶篆书“唐故恒山愍王墓志铭”，志文阴刻楷书，四周线刻十二生肖形象图案。志文中称昭陵为“柏城”，足见当时陵园内柏树之盛。承乾墓前原立有神道碑，《旧唐书》（李适之传）记“仍刊石于坟所”，但历代著录中均无载。1956 年，陕西省文管会、礼泉县文教局组织人力对昭陵陵园进行调查时，在承乾墓前地下约一米处发现碑石，1974 年筹建昭陵碑林时挖掘出土，仅存碑身大部，碑首、座皆佚。残碑高 152 厘米、宽 102 厘米、厚 27.5 厘米。碑文篆书阴刻，现存碑文约有三分之二，内容记载与墓志相似。

七月上旬，河北刻《鹿泉本愿寺铜钟铭》。本愿寺位于现河北获鹿县，此铭文为独狐及撰写，文载《全唐文》中。碑石为清人沈涛、陆增祥、王昶、王言等多家著录。刻工为刘传琏（中山），一作“刘僧琏”。王昶载其尺寸为：石长五尺四寸，阔三尺。

是年的龙门造像，据李文生载，有七月十八日奉先寺附近所刻的《僧空寂造像》、十月十八日的《僧空寂造药师像》。同年中，灵觉圆寂葬龙门西山。这个比丘尼灵觉不是一般人，而是武三思的女儿。灵觉“永闭幽深”的瘗窟，具体在龙门石牛溪上方的北侧，窟中刊有《大唐都景福寺威仪和上□□铭》。

［文献］ 宋欧阳修《集古录跋尾》卷六，宋董逌《广川书跋》卷七，清沈涛《常山贞石志》卷九，清陆增祥《八琼室金石补正》卷五〇，清王言《金石萃编补略》卷二，清董诰等《全唐文》卷三八九，陈安利《唐十八陵》，李文生主编《龙门石窟志》。

公元 739 年 开元二十七年

［提示］ 五月三日，河北《易州铁像颂》。是年，李邕撰《嵩岳寺碑》。王缙撰《东京大敬爱寺大证禅师碑》。四川夹江合川石刻。

［叙录］ 五月三日，刻《易州铁像颂》。此颂又称《唐铁像颂》，最早为宋人陈思所著录。碑在河北易州（河北易县），通高 322.3 厘米。碑文由王端撰文、苏灵芝行书。据曾毅公载，此碑刻工为王希贞、解崇元。苏灵芝生活于玄宗开、天及肃宗至德年间，武功（属陕西省）人。以行书擅名。世人有将其与李邕、颜真卿、徐浩并称者。《宣和书谱》评价说：灵芝行书有二王法，而成就顿放，当与徐浩雁行，戈脚复类世南体，亦善于临仿者，在唐人翰墨中，固不易得，盖是集众善而成一家也。现存世的苏碑中，较著名者还有开元二十八年十月十六日的《易州田仁琬德政碑》（徐安贞撰文、王希贞镌刻）等。

是年，时任淄州刺史的李邕撰《嵩岳寺碑》。此碑书丹者为胡英，碑文见载于《文苑英华》中。碑文说：“达摩菩萨传法于可，可付于粲，粲授于信，信咨于忍，忍遗于秀，秀钟于今和尚寂（普寂），皆宴坐林间，福润宇内。”温玉成认为李邕撰文当略早于此年，时普寂尚在，故云“秀钟于今和尚寂”。人未亡而定论祖位，此为首见。《嵩岳寺碑》正是在神会入洛，“大行禅法，声彩发挥”，“致普寂之门盈而后虚”的时期立的。同年，王缙撰《东京大敬爱寺大证禅师碑》，文亦载于《文苑英华》中。此碑王昶曾著录，载其碑高八尺、广三尺九寸三分，正书，碑在登封县嵩岳寺后。

四川夹江合川石刻。据刘长久等载，是年，在四川夹江县千佛崖，刻造阿弥陀佛、观音、地藏菩萨像。在重庆合川濮岩寺，刻造阿弥陀佛像。

［文献］ 宋陈思《宝刻丛编》卷六，宋李昉、徐铉《文苑英华》卷八五八、卷八六二，清王昶《金石萃编》卷九五，曾毅公《石刻考工录》，温玉成《中国佛教与考古》，刘长久《中国西南石窟艺术》。

公元 740 年 开元二十八年

［提示］ 二月六日开始的四川巴中造像活动。是年，四川蒲江县飞仙阁造《长乐天尊一龛》、杨思勖墓及石刻雕塑。

［叙录］ 本年的重要石刻，基本上都完成在四川北部巴中地区。李玉珉分析说，唐代皇室成员，如纪王李慎、吴王李恪、章怀太子李贤等，都曾流放巴中。显然巴中石窟与中原关系密切。因此，流行于中原的菩提瑞像在巴中石窟中也屡有发现，南龛 69 龛、13 龛，北龛 12 窟，西龛 87 窟与西龛龙日寺第二窟等的主尊都是菩提瑞像。此外，巴中石窟佛像的坐具上也常雕饰六拏具的图案。

这年的巴中造像活动，始于二月六日的《邑人严从愿等造像》，据成都文物考古研究所等载，麻石佛尔崖摩崖石刻造像，地处巴中城西 23 公里的麻石垭乡一村一社张家湾公路旁，山崖坐东面西，现存造像五龛。第五龛为唐开元二十八年圆拱形素面龛，龛内凿一螭首方碑，碑额上雕一桃形小龛，龛中造一佛二弟子像。碑中刻邑人严从愿等二月六日造像记，现存上半部分，下半部分碑记被清代开龛破坏。在二月份，还在巴中南龛第 71 龛刻《张令该造释迦牟尼佛像》。南龛第 71 龛位于神仙坡北段中部中层，为外方内二层檐佛帐形双层龛。内龛中造一佛二弟子二菩萨五尊像，二天王二力士立于龛口内外两侧。在第 71 号龛左侧为第 77 号龛，二龛之间中部阴刻开元二十八年造像记，由左至右竖刻七行：给事郎、行化城县主簿张令该因屡逢凶贼，得逸阽危，爰抽薄粮造释迦牟尼佛像一铺。十二月一日，巴中南龛第69龛刻《党守业造释迦牟尼像》。南龛69龛位于神仙坡北段中层，为双层龛，内龛中造一佛二弟子二菩萨五尊像，二天王二力士立于龛口内外侧，外龛左右侧浮雕供养人，右侧六身，左侧五身。龛外左侧与第71号龛之间凿有一方碑，刻唐开元二十八年造像记，据清刘喜海《三巴金石苑》载：维大唐开元廿三年，前乡贡明经党守业拜化城县尉，发愿为亡考妣敬造释迦牟尼像一辅，愿罪障消灭，早生净土，功德先已，庄严表庆，讫至廿八年十二月一日归厝□□记之以石□□□□□河南□□书。

关于四川巴中南龛第82龛双头佛。李玉珉认为巴中石窟的窟型、造像风格、题材与广元石窟十分近似，不过巴中石窟中也发现了一些新颖的造像题材。南龛第82龛正壁的莲座上趺坐着一尊双头佛，其右侧的立佛左手已残，似施无畏印，左侧的立佛一手指天，一手指地。这些尊像的图像特征与敦煌石窟的瑞像图完全脗合，故知此龛为一瑞像龛。有关分身佛的故事，玄奘在《大唐西域记》中有较为详细的记载：迦腻色迦王大窣堵波石阶南面有画佛像，高一丈六尺，自胸以上，分现两身，从胸以下合为一体。闻诸先志曰：有贪士佣力自济，得一金钱，愿造佛像，至窣堵波所，谓画工曰：我今欲图如来妙相，有一金钱酬功尚少，宿心忧负，迫于贫乏。时彼画工鉴其至诚，无云价直，许为成功。复有一人事同前迹，持一金钱，求画佛像。画工是时受二人钱，求妙丹青，共画一像，二人同日俱来礼敬，言工乃同指一像示彼二人，而谓之曰：此是汝所作之佛像也。二人相视若有所怀，画工心知其疑也，谓二人曰：何思虑之久乎？凡所受物毫厘不亏，斯言不谬，像必神变。言声未静，像现灵异，分身交影，光相照着。二人悦服，心信欢喜。李玉珉说，玄奘法师这则双身佛瑞像的记载，必定引起了当时京邑教徒和匠师的注意，于是开始制作这种瑞像。根据题记，南龛的这尊瑞像侧刻有具开元二十八年的题记，年代比敦煌的瑞像图早，是我国现存最早"犍陀罗双身佛"的遗例。

同年，四川蒲江县飞仙阁造《长乐天尊一龛》。胡文和载，飞仙阁又名二郎滩，在县城南偏西12公里处。二郎滩造像，现存104龛窟，造像705尊，大部保存较为完好，基本上为初盛唐时期的作品，纯道教造像只有两龛，为第44号、74号。第74号龛，高85厘米、宽75厘米、深55厘米。龛内构图颇似佛教的说法图，可惜像大都毁坏。龛门楣右边有"开元廿八年"造"长乐天尊"的残记。

杨思勖墓及石刻雕塑。《旧唐书》(杨思勖传)载：杨本姓苏，罗州石城人，为内宫杨氏所养，以阉从事内侍省，以讨李多祚功，拜银青光禄大夫，行内常侍，开元十二年加骠骑大将军，封虢国公，开元二十八年卒，年八十余岁。1959年曾在西安东郊出土杨思勖墓志《唐故虢国公杨思勖墓志铭并序》，志石刻于开元二十八年，上面记载说杨思勖先世为扶风苏氏，中宗朝自七品拜银青光禄大夫，加内常侍。金申说，杨思勖笃信佛教，造善业泥颇多。开元十二年十月为谢封虢国公之恩，在武则天所建的光宅寺七宝台内刻了一方石弥勒佛坐像，附有《虢国公杨花台铭并序》，即有名的宝庆寺石雕之一，现藏于东京国立博物馆。在杨思勖墓中，还出土了一对著名的汉白玉侍从俑，现藏于中国国家博物馆。石俑有贴金，但多剥落。二俑立在方形座上，幞头圆领宽袖长衣，腰束墨带，前襟撩起掖于带内。下着袴，足穿皂靴。墓主杨思勖屡总兵权，残忍好杀。据刘兴珍载，这对石俑通高40.3厘米。皆着猎装，戴扎巾软帽，长衣束腰，着长裤、长靴。其一怀抱弓囊和剑，背一箭囊，左腰又系腰刀及弓囊(图164)；另一俑挎箭囊和腰刀，左手扶剑，右手持矛。二侍俑全身佩挂武器，恭谨侍立，表情严肃。雕刻手法写实，精致工细，箭囊及腰刀上的装饰纹样一丝不苟。人物形貌生动传神，衣褶简洁舒展，刀法娴熟，是唐代石刻艺术中少见的佳构。

［文献］ 唐玄奘《大唐西域记》卷二，清刘喜海《三巴金石苑》，成都文物考古研究所等编《巴中石窟

图 164 杨思勖墓侍从立俑 开元二十八年(740) 中国历史博物馆藏

内容总录》，胡文和《中国道教石刻艺术史》，金申《佛教美术丛考》，刘兴珍等《中国古代雕塑图典》。

公元 741 年　开元二十九年

［提示］　正月二十日，河南《孙伲神道碑》、制两京诸州各置玄元皇帝庙。四月八日，陕西临潼庆山寺《大唐开元庆山之寺碑》及石刻。六月一日，河北《梦真容敕》碑。六月二十四日，山西《石壁寺铁弥勒像颂》。十月二日，陕西《郎官石记序》。十一月，让皇帝李宪惠陵及石刻。开元二十九年，陕西《唐俭碑》、金刚智圆寂葬龙门、雕塑家杨惠之卒。约于此际，张旭《断千字文》草书碑、周昉出生。开元年间，四川安岳卧佛院刻经、四川《益州长使韦抗功德碑》。

［叙录］　正月二十日，河南刻《孙伲神道碑》。据李献奇、张钦波撰文说，此碑于 1990 年出土，出土地在河南孟津县送庄乡西山头村，刻工为清河张彦升。

正月，制两京诸州各置玄元皇帝庙。至此时，玄宗崇道之风益炽。《旧唐书》(玄宗纪下)载：开元二十九年春正月，制两京、诸州各置玄元皇帝庙并崇玄学，置生徒，令习《老子》、《庄子》、《列子》、《文子》，每年准明经例考试。《新唐书》(选举志上)也载：二十九年，始置崇玄学，习《老子》、《庄子》、《文子》、《列子》，亦曰道举。其生，京、都各百人，诸州无常员。官秩、荫第同国子，举送、课试如明经。唐杜佑在《通典》中也说：玄宗方弘道化，至二十九年，始于京师置崇玄馆，诸州置道学，生徒有差。谓之道举，举送、课试与明经同。根据《资治通鉴》所载：上梦玄元皇帝告云：吾有像在京城西南百余里，汝遣人求之，吾当与汝兴庆宫相见。上遣使求之于周至楼观山间。夏闰四月，迎置兴庆宫。五月，命画玄元真容，分置诸州开元观。

四月八日，陕西临潼庆山寺地宫刻造《大唐开元庆山之寺碑》及石刻。临潼庆山寺上方舍利塔地宫是一处有着丰富艺术品的唐代地宫。据李淞和费泳载，1985 年 5 月，该县新丰砖瓦厂在取土制砖时挖到地宫后，由临潼县博物馆进行抢救性清理。出土有金、银、铜器百余件，同时在地宫中还出土了《大唐开元庆山之寺碑》，内容为“上方舍利塔记”。从中可以看出，京师温国寺承宗法师充寺主，自开元二十五年至二十九年，历时五年营建此塔。碑侧和座面四周刻有交枝连续牡丹纹、卷云纹、双狮图和奔兽图。二狮姿态雄健有力，对奔如飞。石质门由楣、框、扉、槛、墩组成，通高 125 厘米，图像丰富。门楣分为上下两段画面，上段为半圆形，左右各一迦陵频伽鸟，是为人首凤身，头戴花冠，宝缯飘动，双翅舒展，长尾拖后，左鸟赤臂吹奏排管，右鸟赤臂弹拨琵琶。二鸟中间有一裸体童子，画面其他地方填满交枝怒放的海石榴花。下段画面为横长形，中间刻双凤海石榴，两端各刻一鸟。门框刻有交枝牡丹、凤、龙和狮。门扉刻二天王，头戴盔甲，足蹬长靴，肌肉强健，身体魁梧，手持兵器，有头光。头上有伞盖和飞天。左扉天王右侧立一侍者，手捧仙桃盘，头戴花冠，身着长袍。左侧有一狮子。右扉天王持长矛，左右各一狮子，飞天双手捧花盘。石质释迦如来舍利宝帐的帐体和莲花座均刻有图像，帐体中空，高 30 厘米。帐正面为释迦佛说法图，主尊结跏趺坐于莲花座上，左手心向上置膝，右手施说法印，左右为二弟子携侍众。帐左侧面为涅槃图，释迦佛仰身躺于长榻上，一旁为众弟子。帐背面为荼毗图，图中描绘两人手持火把点燃柴薪，引起熊熊大火的场面。帐右侧为表现舍利供奉的场面，画面中心亭内，放置舍利棺椁，左右两侧有弟子携众信徒供奉参拜。宝帐顶部作重檐四挑角，刻有飞天、卷云衔珠凤凰，正面额枋刊刻“释迦如来舍利宝帐”，文字两边造天像，脚踩夜叉，背枋及左右侧面刊刻云纹和飞天。宝帐的工字形须弥莲花座的莲座平面，镌一阴文楷书“米”字，或为宝帐雕刻者的姓氏。

六月一日，河北刻《梦真容敕》碑。此碑又名《梦真容碑》，由苏灵芝行书并篆额。清王昶《金石萃编》著录：碑在河北易州，高九尺五寸七分、广四尺三寸四分。据曾毅公考，此石为雁门解崇光所刻。后来陕西盩厔楼观台有翻刻此碑，碑高255厘米。碑文记载唐玄宗梦见老子真容，命诸道士访示，尊而祀之之事。

六月二十四日，山西刻《石壁寺铁弥勒像颂》。清人王昶著录此碑，高七尺七寸三分，广三尺二寸。碑在交城石壁山永宁寺中，全称《大唐太原府交城县石壁寺铁弥勒像颂并序》。由林谔撰文、苏惋题额、玄宗时参军房嶙之妻房高氏行书书丹。碑毁于宋元祐五年(1090)火患，重刻的石碑在金大定二十六年(1186)再次遭到火难，至金泰和四年(1204)时，由李元甫再次重刻。到了清代道光年间，此碑由于碑亭倒塌砸断为数块。即使在开放的唐代，由女性书丹的石刻亦十分罕见，堪与卫夫人相比肩。

十月二日，陕西刻《郎官石记序》。此石亦称《郎官厅壁记》，由陈九言撰文、张旭正书。原石旧在西安，后佚。现传世者仅有明代都穆在《金薤琳琅》所载王世贞藏宋拓孤本。盛唐艺术有所谓的三绝，即张旭的狂草、李白的诗歌、裴旻的剑舞。此碑虽楷书，却得到历代书家好评，诚如欧阳修所说：旭以草书知名，此字真楷，可爱。内心中有些看不起唐碑的康有为，也在《广艺舟双楫》中称赞说：张颠《郎官石柱题名》，有廉直劲正之体。此碑清人魏锡曾《绩语堂碑录》著录。刻工为河南屈集臣。唐代尚书省所属除六部尚书、侍郎外，均设有郎中、员外郎之职，统称郎官。唐代郎官的地位颇为特殊：在品阶上郎中是从五品，员外郎是从六品。按唐制五品以上官员任命，当由尚书省拟名上中书门下，再报皇帝制授；六品以下则即由吏部自行决定。但是员外郎虽然是从六品，却与御史、拾遗、补阙一样，均须上报由皇帝亲自任命。因此唐代的郎中、员外郎很多是手握实权的人物，其中不乏知名人物，唐代历朝刻有不少郎官名录石刻，清人劳格、赵钺曾撰成著名的《郎官石柱题名考》。

十一月，让皇帝李宪惠陵及石刻。李宪本名李成器，是高宗李治与武则天的孙子、睿宗李旦长子，生母为肃明刘皇后。《新唐书》(让皇帝传)载：睿宗将建东宫，以李宪嫡长，又尝为太子，而楚王(李隆基)有大功，故久不定。李宪推辞说：储副是天下公器，时平则先嫡，国难则先功，请以社稷为重。由于李宪累日涕泣固让，睿宗终于同意李宪的请求，更立李隆基为皇位继承人。李宪薨于开元二十九年冬十一月，年63岁。李宪死后，玄宗李隆基十分哀伤，特命右监门大将军高力士赍手书置于灵座之前，并追谥为“让皇帝”，以帝仪安葬李宪，墓为“惠陵”。据陈安利载，惠陵位于陕西省蒲城县西北6公里的三合村东北，桥陵东南。陵园内的大型石刻群，集中在陵前神道两侧，过去有华表、石狮、朱雀各一对，石马五对，石人十对，基本依其他帝陵体制，唯形体较小。1958年时曾存石狮、石马数件。现封土前神道仅有残华表、残翼马各一件，另有清乾隆四十年(1775)陕西巡抚毕沅在陵前立的“唐让皇帝惠陵”石碑一通。2000年初开始，陕西省文物部门开始对惠陵进行正式发掘，历时三个月。共出土各类文物860余件，主要为各类陶俑。

开元二十九年，陕西刻《唐俭碑》。此碑全称《唐故特进莒国公唐府君之碑》，碑文正书，泐甚。唐俭在《旧唐书》中有传，并州晋阳人，凌烟阁二十四功臣之一，谥襄，赐陪葬昭陵。据张沛载，《唐俭碑》原立于唐显庆元年(656)，后因碑断裂，又于开元二十九年二月重新刊刻，原存于陕西礼泉县昭陵内的唐俭墓前，1975年移入昭陵博物馆。碑身首高360厘米、下宽120厘米、厚34厘米。碑文正书，碑上端部分文字尚为清晰，其余均被錾损毁坏。此碑甚佳，明人赵崡在《石墨镌华》中评价说：真行书轻圆秀劲，卓然名家。

据宋赞宁载，是年，印度三藏金刚智圆寂葬龙门。开元三大士之一的金刚智卒后，葬于龙门西山奉先寺西岗。同年，另一位了不起的唐代雕塑家杨惠之卒。杨惠之为开元年间吴(江苏苏州)人。据宋人刘道醇在《五代名画补遗》中记载，惠之初与吴道子同师张僧繇，号为画友，巧艺相当。但当时吴道子声光独显，惠之遂焚笔砚，奋而专攻雕塑一业，以与吴道子争衡。世人有语：“道子画，惠之塑，夺得僧繇神笔路。”据刘兴珍精略统计，目前所知出自惠之之手者有：惠之曾于京兆府长乐乡北太华观塑玉皇尊像；汴州安业寺净土院大殿内塑佛像及千佛，东经藏院殿后三门塑二神，当殿塑维摩居士像；洛阳广爱寺三门上塑五百罗汉及山亭院楞伽山；又于京兆府塑当时著名优人留杯亭像，并加装染，于市会中面墙而置，京兆人视其背影即知为留杯亭像。《唐语林》记，于洛阳北邙山玄元观南老君庙内塑神仙像。《中吴纪闻》称，于昆山慧聚寺塑有毗沙门天王像，形模如生，其旁二侍女尤佳。后世也有不少较好的彩塑附会为惠之所作，如湖南郴州通惠禅师院有子母像一堂，不设台座，装绘彩色，皆以纯色，生动肖似。江苏吴县甪直镇保圣寺的罗汉群像，近代有人认为是惠之所塑，后查明为宋塑。杨惠之著有《塑诀》一卷，已佚。

约于此际，张旭《千字文》草书碑。张旭有草书《千字文》，全碑已不存，现有《断千字文》碑，为六块高宽各不等的长方形刻石，藏于西安碑林中。其碑笔墨酣畅，变幻无穷，宋人黄伯思在《东观余论》评论说：始观张旭所书《千字文》，至“母图隶散”等字，怪异过甚，好事者以长史喜狂书，故效其迹，及反复徐观，至“雁门云亭愚蒙瞻仰”等字与后题日月，则雄隐轩举，槎桥丝缕，千状万变，虽左驰右骛而不离绳矩之内。犹纵风鸢者，翔戾于空，随风上下而轮常在手；击剑者交光飞刃，飙忽若神，而器不离身。驻目观之，若龙鸾飞腾，然后知其真长史书而不虚得名矣。

大画家周昉约于此际出生。周昉字仲朗，一字景玄，京兆(西安)人。生卒年不详，活动于 766 年至 785 年间。其长兄周皓承尚武家风，善骑马射箭，曾从名将哥舒翰西征吐蕃，在石堡城战役中立下战绩，因授任执金吾。石堡城事件发生于天宝八载(749)六月，其时周皓当在 20 岁以上。以此推断，周昉约生于开元(713—741)末年。周昉出身于仕宦之家，曾任越州(浙江绍兴)长史、宣州(安徽宣城)长史别驾。周昉初学张萱，擅画仕女人物肖像和佛像，所作容貌丰腴，衣着华彩。《宣和画谱》说：世谓昉画妇女多为丰厚态度者，亦是一蔽，此无他，昉贵游子弟，多见贵而美者，故以丰厚为体。而又关中妇人纤弱者为少，至其意秾态远，宜览者得之也。所画佛像，神态优雅，世称神品。德宗曾诏画章明寺，周昉在章明寺壁画下笔之际，引人竞观，寺祇园门，贤愚毕至。周昉的绘画风格，在中晚唐影响甚广，时称“周家样”。周昉的肖像画也十分有名，据《太平广记》载，他曾与韩干同为郭子仪婿赵纵写照，未能定优劣，赵夫人看了过后说：两者皆似，而干画得其状貌，昉画能兼得神气情性。周昉对唐代佛教造像影响最大的是他独创的水月观音样式，据唐人张彦远载：胜光寺有周昉、刘整画水月观自在菩萨掩障，菩萨圆光及竹，并是刘整成色。这是中国文献中最早出现的水月观音。同书又说：周昉菩萨端严，妙创水月之体。李玉珉分析周昉所创的“水月观音”，其身后有一个大圆光，并有竹林为背景。这种观音形象并没有经典根据，是画家匠心独运的创作。从周昉绮罗仕女的风格来推测，其所作的水月观音应是一种工笔重彩的作品，与敦煌藏经洞的帛画或榆林窟中的水月观音当属同一体系。

四川安岳卧佛院刻经。在唐代的石刻佛经中，四川省安岳卧佛院的佛经摩崖是较为著名的一处。赵超认为，这处佛教遗迹是西南地区唐代佛教艺术的代表。卧佛院藏经洞共有 15 个洞窟，在洞壁上集中镌刻着《大般涅槃经》、《妙法莲华经》、《大方便佛报恩经》、《般若波罗蜜多心经》等 16 部常用佛典。另外还刻写了一种《大唐东京大敬爱寺一切经论目序》。总字数达 260 468 个，均用楷书工整刻写。根据刻经题记的年月可知，这批佛经大多是在唐开元(713—741)年间刻写的，它们对佛教史的研究和佛经版本校勘都起了重要的参考作用。

据刘长久、高文等载，开元年间，四川广元千佛崖刻《益州长使韦抗功德碑》。此碑又名《唐千佛崖韦抗造像碑》，碑高 138 厘米、宽 49 厘米，两行，一行 13 字，一行 14 字，字径 12 厘米。韦抗为韦安石从父兄子，弱冠即举明经，累官吏部郎中，以清谨著称，迁御史中丞。开元中，自左庶子出为益州长史，入拜黄门侍郎。终刑部尚书。此碑文为：剑南道按察使、银青光禄大夫、行益州大都督府长史韦抗功德。

［文献］ 唐杜佑《通典》卷一五，唐张彦远《历代名画记》卷三、卷一〇，后晋刘昫等《旧唐书》卷九、卷六二，宋宋祁等《新唐书》卷四四、卷八一，宋欧阳修《集古录跋尾》卷六，《资治通鉴》卷二一四，宋赞宁《宋高僧传》卷一，宋刘道醇《五代名画补遗》，宋黄伯思《东观余论》，宋赵佶等《宣和画谱》卷六，宋李昉等《太平广记》卷二一三，宋王谠《唐语林》卷五，宋龚明之《中吴纪闻》卷一，明赵崡《石墨镌华》，清王昶《金石萃编》卷八四，清魏锡曾《绩语堂碑录》，清康有为《广艺舟双楫》卷三，清劳格等《唐郎官石柱题名考》，李献奇、张钦波《唐孙侃神道碑》（《文物》1993年第5期），李凇《陕西古代佛教美术》，费泳《汉唐佛教造像艺术史》，曾毅公《石刻考工录》，张沛编著《昭陵碑石》，刘兴珍等《中国古代雕塑图典》，公输翰整理《张旭草书千字文》，李玉珉《中国佛教美术史》，赵超《石刻史话》，刘长久《中国西南石窟艺术》，高文等《四川

图165 文殊普贤龛像一组（三件之一） 天宝元年(742) 美国洛杉矶郡美术馆藏

历代碑刻》。

公元 742 年　天宝元年

［提示］　正月，河北《李秀碑》。二月十五日，河南《管元惠碑》。四月，山东《兖公之颂》碑。五六月间，《文殊普贤龛像》一组。十月，玄宗命于骊山秦坑儒之所立祠宇贾至作《旌儒庙颂》。十一月十五日，李邕作《灵岩寺碑并序》。是年，陕西《告华岳文》碑、贾至在单父尉任作《微子庙碑颂》、武威《凉州御山石佛瑞像因缘记碑》、筑大同军城、四川通江及彭山石刻、安徽《蕲县界碑》。

［叙录］　正月，河北刻《李秀碑》。此碑全称《云麾将军辽西郡开国公上柱国李秀碑》，亦称《云麾将军李秀碑》或《云麾将军碑》（开元八年刻立的《李思训碑》也有此称）。赵明诚、王昶等均著录此碑。由李邕撰文并行书，郭卓然模勒并题额，侯慈敏、张昂等镌刻，碑额篆题“唐故云麾将军李公碑”。原碑毁佚，残石亦被制成础石。目前存世者尚有未凿成础柱形之宋拓本两种：一为临川李宗瀚旧藏，后归王存善，现藏故宫博物院，拓本上有韩宋龙凤五年（1359）顾观及俞希鲁等跋及李宗瀚自跋；另本亦为李氏旧藏，后归南海孔广陶，现藏广州市博物馆。李藏本中间残缺近半，上有董其昌、翁方纲、王文治、孔广陶等长跋。其余传世多为础拓本。北京图书馆藏础拓本为嘉道精拓，与吴涵《云麾将军断碑记》同裱一纸，系顾广圻、瞿镛、丁福保递藏本。《云麾将军断碑记》后刻翁方纲题跋及与胡逊同观款。据吴涵《云麾将军断碑记》载，此碑原在河北良乡县，其后碑石既断，被良乡学宫博士“斫为石柱”（民国黄濬载：北海《李秀碑》为一教官断为柱础六，四础为王损仲携之汴，两础犹在都中）。明万历六年（1578）重修学宫，弃石柱杂置瓦砾间，闽人董生见以告宛平令李荫，李荫遂将已被凿为石础的六块残碑置于宛平县署中嵌于壁间，并将书斋命名为“古墨斋”。数年后移石入京兆少尹王惟俭署，后京兆少尹离任时将其中四块残碑石携至大梁，后亦亡佚。现存残石两块系乾隆三十一年（1766）吴涵任顺天府府丞时所访得，置于北京文天祥祠内，今仍在。此碑为李邕晚年代表作，与《李思训碑》并称大小将军碑。

二月十五日，河南刻《管元惠碑》。据黄明兰、宫大中撰文载，此碑全称《唐故中大夫福州刺史管府君神道碑并序》，1980 年 7 月发现于洛阳市东花坛南，刻工为张乾护、张仙乔。碑高 277 厘米、宽 99 厘米、厚 30 厘米。碑首雕六龙戏珠，题额篆书“大唐故福州刺史管府君之碑”。碑文隶书 26 行，满行 52 字。由苏预撰文、史惟则书丹并篆。碑文记载管元惠籍贯和生平事迹：公讳元惠，平昌人。开元二十六年（738）来朝京师，夏六月丁未至洛阳，疾薨毓德里第，享年七十四岁，葬于“河南县昭觉原”，即该碑出土之地。此碑书者史惟则，为唐代书法家，工八分、飞白书，曾与韩则木、蔡有邻、李潮等齐名。

四月，山东孔庙刻《兖公之颂》碑。由张之宏撰文、包文该正书。从书法史角度看，唐碑书法的正宗仍然是楷书。康有为认为，褚遂良的《伊阙石龛记》和包文该的《兖公之颂》，是继承北魏隶楷的唐楷代表。此碑为金代孔元措、清代王昶、方若、孙星衍、洪颐煊和阮元等著录。据骆承烈载，此碑立于孔庙汉魏碑刻博物馆西屋，碑高 200 厘米、宽 84 厘米、厚 15.7 厘米，右下角残。碑右侧为唐文宗大和九年（835）张咸谒孔庙题名及唐玄宗大中八年（854）兖州节度推官郑繁等题名。碑主兖公即孔子弟子颜回（子渊）。唐时因避高祖李渊讳，改子渊作子泉。按《旧唐书》（礼仪志）：开元二十七年八月，制追谥孔子为文宣王，赠颜子为兖公，闵子骞为费侯，冉伯牛为郓侯，冉仲弓为薛侯，冉子有为徐侯，仲子路为卫侯，宰子我为齐侯，端木子贡为黎侯，言子游为吴侯，卜子夏为魏侯。又赠曾参、颛孙师等 67 人皆为伯。在孔门诸弟子中，此时以颜子谥号最高。在此基础上，元时谥为“兖国复圣公”。包世臣评此碑书法为“骏和兼至，唐石本之恪守古法者”。

这年五六月间，刻造《文殊普贤龛像》一组（图 165）。据金申著录，这组造像为石灰岩质，每块边长约40厘米，现藏于美国洛杉矶郡美术馆。一共三件，第一件发愿文为："天宝元年□月廿四日，解慎□□亡外甥女大儿尚，敬造文殊普贤二菩萨并业道像供养。"第二件发愿文有"元年六月张允女七尚，为亡□见存及身敬造二菩萨并业道像供养"等文字。第三件发愿文中，则仅存有"天宝元年五月廿四日"等字样。

是年冬十月，据《旧唐书》(玄宗本纪下)载：玄宗命于骊山秦坑儒之所立祠宇，以祭祀遇难诸儒，贾至作《旌傍庙颂》，见载于宋人姚铉所编的《唐文粹》中。

十一月十五日，李邕在滑州作《灵岩寺碑并序》。滑州在天宝元年改称灵昌郡。清人陆增祥著录李邕此文，后署"大唐天宝元年岁次壬午□□月壬寅朔十五日景辰建"。据陈垣《二十史朔闰表》，知为天宝元年十一月壬寅朔。温玉成说，李邕《灵岩寺颂碑》是长清灵岩寺保存的时代最早、关涉该寺早期历史最重要的碑刻。《山东通志》载有《灵岩寺碑》，云为开元间梁升卿书，碑久无存，碑目首见于宋代赵明诚著录中。至清代康熙丙子(1696)马大相编纂《灵岩志》时，该碑已弃于寺西北神宝废寺右侧荆棘中，其时磨灭不能读。稍晚，该碑收入阮元《山左金石志》。此碑残高225厘米，已无碑首及龟趺，断为两截，在鲁班洞中，嵌入洞壁。

本年，陕西刻《告华岳文》碑。此碑全称《祭西岳神告文碑》，原立于陕西华阴县西岳华山庙西道院中，后移藏于西安碑林。碑高231厘米，螭首方趺，四面环刻。碑阳刻唐代吕向书于开元十二年(724)的《述圣颂并序》。碑阴则刻韩赏撰文、韩择木书丹的《告华岳文》，雕刻时间为天宝元年。韩择木系唐代书法家，是韩愈的叔父。韩愈在《科斗书后记》(见《全唐文》)中写道：愈叔父当大历世，文辞独行中朝，天下之欲铭述其先人功行取信来世者，咸归韩氏。于时李监阳冰独能篆书，而同姓叔父择木善八分，不问可知其人。

同年，贾至在单父尉任作《微子庙碑颂》：皇帝二十有一载，予作吏于宋，乃作颂。贾至又在《虙子贱碑颂》说：天宝初，至始以校书郎尉于单父，想先生行事，征其颂声。傅璇琮认为，这儿的皇帝二十一载是指玄宗即位二十一年，也就是开元二十年(732)，而是年贾至才十五岁，不可能作吏事。因此二十一当为三十一之误，玄宗即位三十一年，正好是天宝元年，这与《虙子贱碑颂》"天宝初"之说相符合。微子是周代宋国之祖，名启(汉代避景帝刘启之讳改为开)，他是殷商帝乙的儿子、商纣的庶兄。微子初封于微地(山东梁山)，而微子祠则位于商丘市睢阳区，始建于唐天宝初年。贾至的《微子庙碑颂》，当为建祠初成时所作。

据唐晓军记载，1979年，在甘肃武威发现《凉州御山石佛瑞像因缘记碑》，刻于天宝元年。碑文记载凉州番禾县(永昌县)御山瑞像出现的故事及瑞像寺的变迁。御山瑞像故事，在《续高僧传》、《广弘明集》、《法苑珠林》及《集神州三宝感通录》等书均有记载，莫高窟第231、237窟等也有相关壁画，但碑文所记内容详细、具体，远远超越以上文献及壁画，是关于北魏高僧刘萨诃在丝绸之路河西走廊段进行宗教活动，以及凉州御山瑞像故事等最接近原始的记载，此碑为研究中西文化交流提供了宝贵文献资料。

本年，筑大同军城。清人王昶著录有《王忠嗣碑》，碑中说：公始以马邑镇军，守在代北，外襟带以自隘，弃奔冲而蹙国河东，乃城大同于云中。张焯说，据《新唐书》(王忠嗣传)载，是年筑大同军城。唐大同军城系在北魏故平城基址上的重建。大同军城之筑，恐非一年完成。《旧唐书》(王忠嗣传)中说：天宝四载，又兼河东节度采访使。自朔方至云中，缘边数千里，当要害地开拓旧城，或自创制，斥地各数百里。自张仁直之后四十余年，忠嗣继之，北塞之人，复罢战矣。

四川通江及彭山石刻。据刘长久等载，天宝元年，在四川通江县鲁班石造《一佛二弟子二菩萨二力士龛》。同时，在四川广元千佛崖，有登义郎、行简州金水县(四川金堂县东南淮镇南沱江西岸)令《韦凛造佛菩萨像》。天宝初年，在四川彭山县江口镇仙女山造一坐一立齐山大佛。

约于此际，安徽刻立《蕲县界碑》。据王守本载，

1993年，在安徽宿州市中心原县党校院内的基建掘土过程中，发掘出这块唐代界碑，现藏于市文物管理所。出土时碑已残损，碑残高86厘米、宽41厘米、厚25厘米。碑首原有碑帽，现碑帽已佚，尚留榫头。碑为方柱形，碑身四面环刻碑文。正面刻“彭城郡蕲县”；背面上部刻“蕲县”二字，下部刻“县境东西一百”、“南北”字样，标示了蕲县地域范围。碑两侧面分别刻有主要城市的方向和里程。有关学者根据碑文及《宿州志》记载进行考证，推断这块界石碑当年应刻立于古汴河南岸御道旁，刻碑的具体年代则在玄宗天宝元年至唐宪宗元和四年(809)间。

［文献］　后晋刘昫等《旧唐书》卷九、卷一〇三，宋宋祁等《新唐书》卷一三三，宋赵明诚《金石录》卷七，宋姚铉《唐文粹》卷二二，金孔元措《祖庭广记》卷十一，清王昶《金石萃编》卷八五、卷一〇〇，清方若《校碑随笔》卷六，清孙星衍《寰宇访碑录》卷三，清洪颐煊《平津馆读碑记》卷上，清阮元《山左金石志》卷二〇，清包世臣《艺舟双楫》，清董诰等《全唐文》卷五五七，清陆增祥《八琼室金石补正》卷五七，黄濬《花随人圣庵摭忆》，陈垣《二十史朔闰表》，黄明兰等《洛阳出土唐管元惠神道碑》(《文物》1983年第3期)，骆承烈《石头上的家文献——曲阜碑文录》，金申《海外及港台藏历代佛像珍品纪年图鉴》，温玉成《中国佛教与考古》，傅璇琮《唐代诗人丛考》，唐晓军《甘肃古代石刻艺术》，张焯《云冈石窟编年史》，刘长久《中国西南石窟艺术》，王守本《蕲县镇志》。

公元743年　天宝二年

［提示］　正月，尊“玄元皇帝”老子为“大圣祖玄元皇帝”。四月八日，《王四郎妻姚氏造天尊像石》。五月，玄宗重注《孝经》成，颁行天下，后刻石于太学(石台孝经)。是年，甘肃炳灵寺菩萨造像、陕西《隆禅法师碑》。

［叙录］　正月，尊“玄元皇帝”老子为“大圣祖玄元皇帝”。唐高宗曾于乾封元年(666)追老子为“太上玄元皇帝”，又于上元元年(674)令习《老子》，“每岁明经”。至玄宗开元二十九年(741年)，初置崇玄学。据《旧唐书》(玄宗本纪)载，天宝二年正月，追尊老子为“大圣祖玄元皇帝”，改两京崇玄学为崇玄馆，改博士为学士。升玄元庙为玄元宫，其在两京及亳州者称太清宫，在东京者称太微宫，天下诸郡则称紫极宫。后又改崇玄学为通道学，博士改道德博士，不久又罢。

四月八日，刻造青石质《王四郎妻姚氏造天尊像石》。据胡文和载，此碑正面呈莲瓣形，现上部损毁，未开龛造像，造像为在石面上减地高浮雕，碑高约33厘米。基座上刻文为“天宝二年(载)岁次癸未四月庚□朔八日丁丑。王四郎妻姚(氏)，为身患愿得除捐，又愿合家内外清宜，又愿莫见儿智□行。发愿敬造天尊一铺，今得成就。又愿见存父母平安。”日人大村西崖在《中国美术史雕塑篇》中注明：匋斋藏石，高约一尺。

《旧唐书》(玄宗本纪)载，是年五月，玄宗重注《孝经》成，颁行天下，后刻石于太学(石台孝经)。刘学智说，《孝经》之注，自汉至齐梁间有数家，然多已残缺，唯孔安国、郑玄二家注流行。唐开元十一年，玄宗李隆基亲为《孝经》作注，谓《孝经正义》，并颁行天下及国学。是年重又增补，于五月注成，遂颁行天下。其注参用孔、郑以及韦昭、王肃、刘劭、刘炫、陆澄诸家之注，且举出各家注本之异同，分列于经文之后。所注“一章之中凡有数句，一句之内义有兼明，具载则文繁，略之又义阙。今存于疏，用广发挥”。四库馆臣提要说：今详考源流，明今文之立，自玄宗此注始。至天宝三年，宋王溥载，乃“诏天下家藏《孝经》，精勤教习，学校之中，倍加传授，州县官长，申劝课焉”。天宝四载九月，以此注刻石于太学，谓之石台《孝经》，今尚存于西安碑林博物馆。是书对扩大儒家伦理思想的影响，起过重要作用。宋咸平二年，有邢昺为之作疏，“元(玄)宗此注之立，自宋诏邢爵等修此疏始”，今存《十三经注疏》中。

是年，甘肃炳灵寺21龛有菩萨造像，右手持莲，左手持瓶，造型朴素而优美(图166)。同年，西安刻

图 166 甘肃炳灵寺 21 龛菩萨像 天宝二年(743)

《隆禅法师碑》。据刘正成载，碑高159厘米，现藏于陕西省博物馆西安碑林。

［文献］ 后晋刘昫等《旧唐书》卷九，宋王溥《唐会要》卷七五，清永瑢等主编《四库全书总目提要》卷三二，［日］大村西崖《中国美术史雕塑篇》，胡文和《中国道教石刻艺术史》，张岂之等《中国学术思想编年》（隋唐五代卷），刘正成《中国书法鉴赏大辞典》。

公元744年 天宝三载

［提示］ 正月十日，龙门《尚识徽造像》。二月，河南《嵩阳观纪》碑。闰二月三日，龙门《大唐故李夫人碑》。四月，敕两京、天下州郡取官物铸金铜天尊及佛各一躯，送开元观、开元寺。是年，四川廖元立造《开元天尊像》。

［叙录］ 正月十日，龙门刻造《尚识徽造像》。据李文生、温玉成载，此造像在龙门石窟寺附近的宝塔洞内，其西壁北侧有一玄宗时代小龛，惜造像已残毁，唯存造像记："弟子尚识徽等，一生以来行业不善，或即恶口骂詈。亦愿宿殃之业，随业霄（消）除。劫劫千生，常在五台山中修道。愿每日顷得五百纸经，受得五百纸经。三岁上奉敕重台出家。天宝三载正月十日，以诸花色香而散其处。"尚识徽等祈愿"劫劫千生，常在五台山中修道"，这是五台山崇拜深入民间较早的材料之一。温玉成说，大约在玄宗时期，龙门石窟中出现了骑狮子的文殊菩萨像和骑象的普贤菩萨像；这一新的形象为后世所楷模。但单独造出文殊像者，龙门尚未发现。

二月，河南刻《嵩阳观纪》碑。此碑全称《大唐嵩阳观纪圣德感应颂》，又名《嵩阳观圣德感应碑》。碑原在河南登封嵩阳观（后改为嵩阳书院）门前，20世纪80年代迁至嵩阳书院大门外右侧。此碑形制巨大，高900厘米、宽204厘米、厚103厘米。清人王昶载：碑高一丈四尺四寸二分、广八尺一寸。碑阳由李林甫撰文、徐浩隶书、河南尹裴迥篆额。碑文记颂崇信道教的玄宗皇帝，命方士在登封嵩阳观和侯氏升仙太子庙炼丹，驿站飞驰敬献玄宗以求长生之事。此碑为徐浩隶书碑中所仅存者，堪称唐隶中杰出作品。

闰二月三日所刻造的《大唐故李夫人碑》，李文生载，碑额半圆形，雕龙。碑额碑身通高62厘米、宽33厘米、厚11厘米。碑原在龙门乡寺沟村，现存龙门石窟研究所。

据《旧唐书》（玄宗纪下）载，这年四月，敕两京、天下州郡取官物铸金铜天尊及佛各一躯，送开元观、开元寺。同年，四川廖元立造《开元天尊像》。廖元立所刻造的这件天尊像，估计就是在玄宗的这种道教政策的召唤下完成的。廖元立历经中宗、武后、睿宗、玄宗四朝。刘兴珍据五代杜光庭《道教灵验记》"彭州三台观铁天尊验"条载：彭州蒙阳县三台观铁像天尊，其匠廖元立喜曰：我曾铸三处天尊，阳安开元观天尊，梓州玄德观天尊以及三台观天尊。同书"云顶山铸天尊验"条记有：云顶山铁像天尊，高三四尺，亦则天朝蒙阳匠人廖元立所铸，既铸成，天尊仪相奇妙。唐廷崇道，天尊像多有制作，尤其是玄宗时，制作天尊像愈演愈烈。《道教灵验记》中所记，廖元立就是开元观天尊的铸造者。按蒙阳、阳安、梓州即今四川彭县、简阳、三台，云顶山位于金堂，廖元立是该地区唯一留有姓名的唐代道教雕刻家。

［文献］ 后晋刘昫等《旧唐书》卷九，前蜀杜光庭《道教灵验记》卷四，清王昶《金石萃编》卷八六，李文生主编《龙门石窟志》，温玉成《中国佛教与考古》，刘正成《中国书法鉴赏大辞典》，刘兴珍等《中国古代雕塑图典》。

公元745年 天宝四载

［提示］ 九月，诏两京波斯寺改为大秦寺。十二月，陕西《陀罗尼神咒经幢》。是年，神会入东都洛阳行禅法、颜真卿诣京洛从张旭学书法、刻玄宗《石台孝经》、四川安岳《俗家女弟子申□□造药师佛一躯》。

［叙录］ 九月，诏两京波斯寺改为大秦寺。据《册府元龟》载：天宝四载九月下诏：波斯经教，出自大秦。传习而来，久行中国。爰初建寺，因以为名。将欲示人，必修其本。其两京波斯寺，宜改为大秦寺；天下诸府郡者，亦宜准此。唐人杜佑和宋人王溥均对景教传入中国进行了记录：此处的经教即景教，也就是基督教的异端聂斯托尔派传入中国时的称谓，又称波斯教或波斯经教。景教于贞观九年(635)传入中国唐朝，其时为其所建的寺院称为波斯寺。在长安的义宁坊就建有波斯寺，是太宗于贞观十二年(638)为大秦国僧阿罗本所建立。

十二月，陕西所刻造的《陀罗尼神咒经幢》，为李邕行书。据梁披云载，此幢有拓本传世，凡30行，行54、55字不等。石原在陕西武功县。此时的书法，正如刘正成所说，是一个被钟、王遗风统治书坛的时代。

是年，禅师神会入东都洛阳行禅法，弘扬慧能宗旨，南北二宗始判。根据唐人宗密的记载，在神秀圆寂之后，洛阳的普寂势力最为强盛。自开元以来，作为北宗嫡传的普寂被尊为禅宗第七祖。而南宗一派，也因神会的大力弘扬，影响渐剧。开元二十二年(734)在滑台举行的无遮大会，南宗宗旨由此而确定。天宝四载，兵部侍郎宋鼎延请神会入东都洛阳，阐弘六祖，荡除渐修。由此，禅宗南北二宗的格局始判。

约在此际，颜真卿诣京洛从张旭学书法。《全唐文》中载有颜真卿所著《张长史十二意笔法记》，记中说：予罢秩醴泉，特诣京洛，访金吾长史张公旭，请师笔法。长史于时在裴儆宅憩止，已一年矣。殷亮《颜鲁公行状》也说："天宝元年秋，以其年授京兆府醴泉县尉。授通直郎、长安尉。六载，迁监察御史。"刘加夫在《中国文学编年史》中认为，颜真卿罢醴泉尉约在此年。

本年，刻立玄宗《石台孝经》。《石台孝经》由玄宗李隆基作序、注解并书丹。碑通高590厘米、宽120厘米，由四块长方石材合成一碑，并竖立于太学多层石台之上，世称《石台孝经》。碑现藏于西安碑林，为四面雕刻，三面刻隶书，记录孔子弟子曾参与孔子的问答；碑额由皇太子李亨篆书"大唐开元天宝圣文神武皇帝注孝经台"。碑阴前部为楷书和玄宗批注行书，下截刻诸臣题名。据宋人陈思在《书小史》中记载，玄宗"工八分、章草，丰伟英特"。玄宗所书《石台孝经》，笔法书风端庄齐整，人们称之为玄宗第一手笔，明人赵崡在《石墨镌华》中称此碑"老劲丰妍，如泉吐凤，如海吞鲸，非虚语也"。刻立此碑是当朝大事，所以玄宗让宰相李林甫、国子祭酒李齐古亲自主持刻碑事宜。刻毕之后，李齐古将拓本呈送玄宗御览，玄宗批示："孝者，德之本，教之所由生也，故亲自训注垂范将来。臣下将此御批铭刻在石碑之上。"

据刘长久等载，是年四川安岳千佛寨刻有《俗家女弟子申□□造药师佛一躯》。

［文献］ 唐宗密《圆觉经大疏钞》卷三，唐杜佑《通典》卷四〇，宋王钦若、杨亿等《册府元龟》卷五一，宋王溥《唐会要》卷四九《大秦寺》，宋陈思《书小史》，明赵崡《石墨镌华》卷二，清董诰等《全唐文》卷三三七，梁披云主编《中国书法大辞典》，刘正成《中国书法鉴赏大辞典》，陈文新主编《中国文学编年史》(隋唐五代卷)，温玉成《中国佛教与考古》，刘长久《安岳石窟艺术》。

公元746年 天宝五载

［提示］ 十一月八日，河北《白石邱延果等造佛坐像》。

［叙录］ 十一月八日，河北曲阳刻造《白石邱延果等造佛坐像》，现藏于北京故宫博物院。据胡国强著录，石像残高30.3厘米，佛头部残缺，身着双层袈裟，上衣袒右肩从腋下穿过搭在左肩上，中衣覆右肩从胸前垂下，内着束带僧祇支。身体健壮，胸部肌肉丰满。右手施无畏印，手臂将中衣掀起，左手放于膝上。结跏趺坐束腰圆座上，袈裟下摆悬垂座前呈倒山字形，四方基座前右两面刻发愿文。

图 167 启大唐御立集圣山玄妙观胜境碑 天宝七载(748) 四川安岳黄桷乡玄妙观第 6 号龛

［文献］ 胡国强主编《故事收藏：你应该知道的200件曲阳造像》。

公元747年　天宝六载

［提示］ 正月，书碑名家李邕被杀。二月八日，《窦天生墓碑》。四月，《青帝观天尊老君像碑》。六月二十四日，四川巴中玉井佛尔崖第三龛造像。八月二十四日，玉井佛尔崖第七龛造像。是年，四川旺苍《王伟造释迦牟尼佛像》一铺、改汤泉宫为华清宫。

［叙录］ 这年正月，书碑名家李邕被杀。《旧唐书》(玄宗纪下)：天宝六载正月，北海太守李邕、淄川太守裴敦复并以事连王曾、柳勣，李林甫遣使就杀之。周绍良在《唐代墓志铭汇编》中收录有《唐故北海郡守赠秘书监江夏李公(邕)墓志铭并序》(石藏千唐志斋，由李邕族子著作郎李昂撰文并楷书)，上面记载说：李邕移青州，又遭所佞谬旨阴中，以东宫之姻，妄词连之，千里狱讯，不得谳报，年七十三，卒于强死，哀哉！《旧唐书》本传载：李邕早擅才名，尤长碑颂。虽贬职在外，中朝衣冠及天下寺观，多赍持金帛，往求其文。前后所制，凡数百首。名受纳馈遗，亦至巨万。时议以为自古鬻文获财，未有如邕者。有文集70卷。其《张韩公行状》、《洪州放生池碑》、《批韦巨源谥议》，文士推重之。显然，李邕属生前即以善撰书碑而获世利者。大诗人杜甫《八哀诗》(赠秘书监江夏李公邕)这样写道：忆昔李公存，词林有根柢。声华当健笔，洒落富清制。风流散金石，追琢山岳锐。情穷造化理，学贯天人际。干谒走其门，碑版照四裔。各满深望还，森然起凡例。四库馆臣在为《李北海集》作提要时也说：史称邕长于碑颂，前后所制凡数百首，今惟赋五首，诗四首，表十首，疏、状各一首，碑文八首，铭、记各一首，神道碑五首，墓志铭一首，盖已十不存一。关于李邕卒年，李昂所撰《李邕墓志》称李邕卒于天宝十载(751)。《新唐书》说邕"死年七十"，《旧唐书》则说"死年七十有余"，此《墓志》则明确记载李邕死时"年七十三"。赵明诚《金石录》中载：《唐内常侍陈叔文碑》，李邕撰，刘泰行书，天宝九载十一月，碑在京兆府。温玉成据此认为，李邕似卒于天宝九载十一月以后。又据《李邕墓志》称"年七十三卒"，则李邕似卒于天宝九载十一月以后。

二月八日，刻《窦天生墓碑》，此碑又名《窦居士碑》(窦居士名天生)，清人陆增祥曾著录，刻工为范岌(宣德郎前行将作监右校丞)。程章灿按：将作监下设有右校署，其长官为"令二人(从八品下)，丞四人(正九品下)"(《旧唐书·职官志》)。范岌的散官是宣德郎，正七品，阶高而职低，故称"行"。

四月，刻造《青帝观天尊老君像碑》。据胡文和载，此碑正面呈莲瓣形，碑阳开两个并列的龛，龛形似圭状，上部略呈尖拱形，石质不明，高约110厘米，宽约41厘米。造像碑下部刻发愿文。大村西崖在《中国美术史雕塑篇》中说：文泐甚难判读，罗君拓本，高三尺三寸，阔一尺二寸五分。原碑在山东泰安青帝观，碑上有二龛，一为立像，一为坐像。

六月二十四日，四川巴中玉井佛尔崖第三龛造像。成都文物考古研究所等记载，玉井佛尔崖摩崖石刻造像位于玉井乡玉女村玉女寨下何家院子右侧山崖上。第三龛位于崖面中央，为方形素面龛，龛中雕坐像一尊，有桃形头光，披双领下垂式袈裟，左肩覆偏衫，结跏趺坐于仰莲圆台上。龛外左侧壁上，阴刻大唐天宝六载六月廿四日造像记。八月二十四日，巴中玉井佛尔崖第七龛造像。第七龛位于崖面下部，唐天宝六载刻造，为外方圆拱形素面龛，内龛桃形龛楣，风化严重。龛中雕一坐佛二立菩萨三尊像，均残。主尊仅存双层圆形头光，像无存。龛外左壁，竖刻唐天宝六载八月二十四日造像铭文。同年，四川旺苍刻造《王伟造释迦牟尼佛像》一铺。1984年冬，旺苍县文化馆为编纂《文物志》，对全县文物进行普查。在远景乡佛子岩发现唐代摩崖造像群，共编号30龛、220余躯。佛子岩峭壁陡立，岩高约24米，摩崖造像自南至北绵亘120余米。佛龛坐东向西，北端距地面约八米，高处有颜体楷书石刻"天竺飞来"四个大字(清人所书)，字径约两米。一号龛中坐阿弥陀佛，右手伸掌外向作施无畏印，左右侍立观音与大势至两菩萨。二号龛刻二菩萨。三号龛刻一佛（释迦牟尼）、二菩萨、二力士。四号龛刻一佛、二菩萨、二供养人。在二号龛上有一通立行题记文字：地平县（四川旺苍县东北）员外尉王伟厨（因）谪官至此敬造□释迦牟尼佛一铺，愿早平安归。天宝六载六月建造，张季和书。

改汤泉宫为华清宫。据陕西省文物事业管理局在其编著的《唐华清宫》中记载，陕西省西安市临潼区骊山北麓的骊宫，历史上以温泉汤池闻名。秦始皇时即曾在此"砌石起宇"，西汉、北魏、北周、隋代亦在此建汤池。唐贞观十八年（644）唐太宗诏令在此造殿，赐名汤泉宫，天宝六载（747）改名华清宫。至唐末废圮，五代则沦为道观。20世纪80年代在其地进行考古发掘，清理出汤池八个。其中二号池为上下双层台式：上层台缘作莲花形，东西1 060厘米、南北600厘米、池深80厘米；下层台为八角形，池深70厘米。考古人员推测，双层台当即玄宗御汤九龙殿（莲花汤）。位于二号池西的四号池，平面形状酷似海棠花，应即玄宗为杨玉环所修之海棠汤，又名芙蓉汤。

［文献］　后晋刘昫等《旧唐书》卷九、卷一九〇，宋赵明诚《金石录》卷七，清永瑢等编《四库全书总目提要》卷一四九，清陆增祥《八琼室金石补正》卷五七，［日］大村西崖《中国美术史雕塑篇》，周绍良《唐代墓志铭汇编》，温玉成《中国佛教与考古》，胡文和《中国道教石刻艺术史》，成都文物考古研究所等编《巴中石窟内容总录》，程章灿《石刻刻工研究》，杨春美《旺苍县佛子岩唐代摩崖造像》（《四川文物》1986年第3期），陕西省文物事业管理局编著《唐华清宫》。

公元748年　天宝七载

［提示］　二月，李华作《著作郎厅壁记》。三月二十八日，《金刚经石幢及序》。六月，《开元道藏》颁布。八月，四川安岳南江遂宁石刻。是年，山西《李村十九人造石雕倚坐弥勒像》。王维撰《苗晋卿德政碑》。

［叙录］　二月，李华在秘书省校书郎任，作《著作郎厅壁记》。此记见载于《全唐文》中。"厅壁记"为一种记体文，指刻写在官府墙壁上的一种记叙体散文，在唐代颇为流行。李华这篇厅壁记是这类文体中较为著名的一篇，可与褚斌杰在《中国古代文体概论》中所提到的韩愈《蓝田县丞厅壁记》、王安石《度支副使厅壁题名记》相比肩。按照刘兴超的研究，厅壁记起源很早，但其成为一种文体，则始于初唐时代。唐代官署多有厅壁记，据唐人封演在《封氏闻见记》中载：朝廷百司诸厅皆有壁记。然则壁记之由，当是国朝以来，始自台省，遂流郡邑耳。意思是说，厅壁记是唐朝建国后，源于中央的"台省"。厅壁记主要有记述和劝惩两方面的功能。唐代厅壁记的发展可分前后两期：初盛唐为前期，以李华为代表，以颂美为主；中晚唐为后期，以沈亚之为代表，多反映社会现实。

据曾毅公考，这年三月二十八日的《金刚经石幢及序》，由（弘）农杨子岩刻经、广平程进刻序，此石清人王昶曾著录。石幢最为常见的陀罗尼石经幢，也有仿石经幢而制作的灯幢、香幢，后来还出现了木制、陶制甚至木胎夹纻制经幢。其中较常见的有灯幢（仿经幢形而制作的灯台），唐代即有吏部常选司马霜纂文题名灯幢，借着光明和尊胜幢的力量，可以起到弥灾灭罪的功能：尊胜经咒，伏愿灯光照灼，除黑暗之疑；幢影参差，灭恒沙劫罪。香幢即香炉而兼具经幢功能的石幢，幢上刻"尊胜咒"或"大悲咒"，还有刻《金刚经》者。宋代治平四年（1067），山东临邑县惠日院邑会所建立香幢，上面即刻《金刚经》。

宋代道士谢守灏在《混元圣记》记载，六月，《开元道藏》颁布。刘学智分析说，唐时大规模集结道经，编纂道藏，始于唐中宗弘道元年（683），道士王悬河曾在成都立《道藏经序碑》，其中《一切道经序》为高宗所撰，唐高宗时曾编有一部道藏即《一切道经》。

后于开元年间，唐玄宗又发使搜访道经，组织人力编撰《一切道经音义》。编者以史崇玄为首，参与者还有薛稷、卢藏用等。是书充分利用当时长安汇集的道经，并对其基本术语做了音、义两方面的解释。该书完成后，玄宗亲为之序。此后玄宗又组织道士收集道经，按照洞真、洞玄、洞神三类分编，纂修成藏，目名《三洞琼纲》(此似为开元《道藏》之本名)。该书于是年诏令传写，流布全国，这是中国历史上第一部《道藏》。

是年，四川安岳南江遂宁石刻。由法师李玄则在四川安岳玄妙观造道教真像，并撰《启大唐御立集圣山玄妙观胜境碑》(图 167)，至乾元二年(759)完成。胡文和载，安岳县玄妙观位于县城西北 20 公里黄桷乡玄妙村集圣山山腰。这里原存一座有七重大殿的道观，观内雕塑甚多，四周竹木荫蔽，古树参天，小道曲径，风景幽雅。壁上历代骚人墨客游览所题诗词还依稀可见。现道观已全部被拆毁，仅存正院外布满龛窟的一平顶巨石。此处现存唐碑四通，其中两通已风化。第六号龛内的碑高 240 厘米、宽 127 厘米，即“大唐天宝七载”八月刊刻的《启大唐御立集圣山玄妙观胜境碑》。关于玄妙观造像的开凿年代，胡文和分析，这通碑文龛在东面，西面第 62 号龛中刻天尊乘九龙，北面第 12 号龛中主像为“四天尊”，即碑文中所说的“张李罗王名天之尊也”，南面第 72 号为“开元十八年”所刊刻的“心经碑”。因此，玄妙观的绝大部造像凿于盛唐时期。刘长久等载，天宝七载，杜昆吾在四川南江县造佛像，郡博士武莺迁书《石龛像铭并序》。同时，在四川遂宁月亮坡千佛岩也有刻造佛像活动。

山西刻《李村十九人造石雕倚坐弥勒像》。金申认为，在唐代凡是表现弥勒或优填王式的如来像，多用倚坐像，坐椅的样式为印度色彩浓厚的龙头靠背椅。山西省博物馆所藏天宝七载李村所造这石雕倚坐弥勒像(高 158 厘米，1957 年山西稷山县采集)，其金刚宝座即是这种大靠背椅，两侧有龙头，下方各有二力士；中部虽残损，仍可从左侧辨认出有站立的怪兽，其铭文中确指为李村邑子 19 人发心造弥勒像。

王维撰《苗晋卿德政碑》。此碑在宋人陈思的《宝刻丛编》中有著录，全称《魏郡太守河北采访处置使上党苗公(晋卿)德政碑并序》(载《王右丞集笺注》中)。苗晋卿在两《唐书》中有传。刘加夫在《中国文学编年史》中考证说，《旧唐书》本传载苗晋卿离魏郡太守任当在天宝五六载，王维在碑中则说苗去职后“多历年所”方有立碑之事，与陈思所载天宝七载立碑似有不合。但若以苗晋卿去职在天宝五载计之，其任魏郡太守首尾已达三年。至天宝七载撰文立碑时，首尾亦为三年。王维云“多历年所”，语虽稍涉夸张，亦未为不合。

［文献］ 宋谢守灏《混元圣记》卷九，宋陈思《宝刻丛编》卷六，清董诰等《全唐文》卷三一六，唐封演撰赵贞信校注《封氏闻见记》卷五，唐王维著清赵殿成笺注《王右丞集笺注》卷二二，清王昶《金石萃编》卷八八，褚斌杰《中国古代文体概论》，刘兴超《论唐代厅壁记》(《四川大学学报》2008 年第 3 期)，曾毅公《石刻考工录》，张岂之等《中国学术思想编年》(隋唐五代卷)，胡文和《中国道教石刻艺术史》，刘长久《安岳石窟艺术》、《中国西南石窟艺术》，金申《佛教美术丛考》，陈文新主编《中国文学编年史》(隋唐五代卷)。

公元 749 年　天宝八载

［提示］ 正月十五日，龙门《尊胜陀罗尼幢柱》。四月十五日，四川仁寿三清窟造像及《南竺观记造像碑》七月二十一日，甘肃卓尼县《石堡战楼颂碑》。十月，卢僎撰《崔瑶墓志铭》。冬，杜甫在洛阳谒玄元皇帝庙。

［叙录］ 正月十五日，龙门刻《尊胜陀罗尼幢柱》。据李文生载，此石现存龙门石窟研究所。为八面体石幢，通高 164 厘米。前刻经名“佛顶尊胜陀罗尼经”，后有记，齐王府参军渤海高(能)书。此为比丘、比丘尼二人合造的幢，从发愿文中可看出，各有其追福之幢主。

图 168　四川仁寿牛角寨坛神岩第 53 号三清窟　天宝八载(749)

四月十五日，四川仁寿牛角寨坛神岩三清窟造像（图168）及《南竺观记造像碑》。此处为三洞道士杨正观等在坛神岩造三宝窟，并立《南竺观记》碑，上面刻录道教36部经藏目。胡文和载，牛角寨位于仁寿县城北偏东35公里处的高家乡鹰头村。关于此处的造像龛窟，清同治《仁寿县志》失载，仅对牛角寨的“大佛阁”、“观音堂”有所记述。1982年仁寿县首次普查文物发现“高家大佛”及造像64龛。1987年再次普查文物，分别将泥土所淹没以及多龛合编龛号逐一清理，重新编号，共有101个龛窟，佛道造像1 519尊。牛角寨山势陡峭，坡地广阔，遍布上百块奇异的大石包，造像就分布在东壁（大佛阁）和观音堂（东）、坛神岩（北）前16个石包的岩壁上。其中95龛系佛教造像，计有1 395尊，六龛系道教造像，计有124尊。在坛神岩53号三清窟的右壁上存一通《南竺观记造像碑》，保存基本完好，重檐形碑额，上面浅浮雕卷草锯齿纹，碑四周刻饰矩形纹。碑高145厘米，宽85厘米，竖刻楷书17行，文从右向左行。《南竺观记》是迄今为止唯一保存在石窟中的道藏经目。三清窟凿造于“天宝八载”。该窟窟口向正东，正面呈矩形，高240厘米、宽291厘米、深210厘米。刘兴珍描述说，此窟主尊为三清像，三清系道教所指居于三清天、三清境的三位尊神。三像形貌、姿态、服饰相类，皆绾发髻，着宽袖通肩道袍，盘膝而坐。左臂屈肘。中、左二像左手残损，右像左手执法器。右臂皆自然下垂，左手抚膝。面相长圆，广额丰颐。中、右像蓄长髯。背光皆作桃形。正中为复瓣仰莲台座，两侧为方形台座。三像身后错落排列十余尊真人立像，两侧置金童、玉女及武将、力士像。台基上有浅浮雕供养人及侍女，共27人，横向排列，形貌、服饰多有变化，情态各异。全窟造像众多，但密而不乱。刻工疏爽，人物造型写实，略带装饰色彩，风仪秀整。

七月二十一日，甘肃卓尼县《石堡战楼颂碑》。哥舒翰在两《唐书》中有传，为唐代名将，系西突厥别部突骑施哥舒部裔，世居安西（新疆库车一带）。哥舒翰生活时代，正处于唐蕃战争激烈之时，在抗击吐蕃的战争中，转战、屯守于河湟地区，并在著名的石堡城之战中声名显扬。《旧唐书》本传称：天宝八载，以朔方、河东群牧十万众委翰统攻石堡城。翰使麾下将高秀岩、张守瑜进攻，不旬日而拔之，上录其功，拜特进鸿胪员外卿。唐晓军载，在卓尼县还存有《石堡战楼颂碑》，其碑外形呈八面体，又称《八棱碑》。原碑立于石堡城西南山顶了望楼边（卓尼县卡车乡阳坝村西南山顶）。宋明以来仆于荒野而无人识记。清末光绪年间，临潭绅士周化南发现此碑。光绪三十三年（1907）张彦笃、包永昌等纂修《洮州厅志》时，才由周凤沼等采访者将残留碑文录记于《洮州厅志》内。后来，主人将因剥泐侵蚀而少字的下半部分截去凿为碾子，上半部分于1919年被美国传教士重金购买后，运往纽约博物馆，也有载运送途中沉入河底之说（《卓尼县文史资料》）。1943年，张维在《陇右金石录》中予以收录。碑文末署“天宝八载秋七月二十一日记”，张维根据碑文考定，是记述天宝八载六月哥舒翰攻拔石堡城之后，唐军取得石堡城战役胜利的功勋柱，并据残存碑文定名为《石堡战楼颂》。关于《石堡战楼颂》的作者，范学勇认为当出自唐代诗人高适之手。石堡城之战爆发时，高适游历陇右，得到陇右节度使哥舒翰的赏识，并被提携为节度使府左骁卫兵曹，掌书记职达十年之久。天宝八载发起石堡城战役时，高适正在哥舒翰的军府中任职。

十月，卢僎在临汝长史任，撰《崔瑶墓志铭》。周绍良在《唐代墓志汇编续集》中收录有由卢僎撰写的《唐故光禄卿崔公墓志铭并序》：唐天宝八载秋九月二十五日，银青光禄大夫、光禄卿、上柱国魏县开国公崔府君感疾，暴薨于东京昌斤门之南别业。公讳瑶，字叔玉，清河东武城人。崔瑶本月十日葬，墓志即作于此时，临汝长史当是卢僎之终官，不久卢僎亦卒。

冬，杜甫在洛阳谒玄元皇帝庙，赋诗记之。杜甫写有《冬日洛城北谒玄元皇帝庙》：画手看前辈，吴生远擅场。五圣联龙衮，千官引雁行。“吴生”句下原注云：庙有吴道子画《五圣图》。《旧唐书》（玄宗纪下）：天宝八载闰六月，上亲谒太清宫，册圣祖玄元皇帝尊号为圣祖大道玄元皇帝。高祖、太宗、高宗、中宗、睿宗五帝，皆加“大圣皇帝”之字。刘加夫在《中国文学编年史》中认为，杜甫此诗当作于本年冬（参见清仇兆鳌在《杜诗详注》该诗题解引黄鹤注）。又据《旧唐书》（玄宗纪下），东京玄元皇帝庙天宝二年三月改称太微宫，此诗题仍云洛城玄元皇帝庙，盖用旧称。

［文献］ 清仇兆鳌《杜诗详注》卷二，清张彦笃等《洮州厅志》卷一四，张维《陇右金石录》卷二，李文生主编《龙门石窟志》，胡文和《中国道教石刻艺术史》，刘兴珍等《中国古代雕塑图典》，唐晓军《甘肃古代石刻艺术》，范学勇《〈八棱碑〉考略》（《西北史地》1999年第4期），周绍良《唐代墓志汇编续集》，陈文新主编《中国文学编年史》（隋唐五代卷）。

公元750年 天宝九载

［提示］ 四月十三日，四川丹棱《松柏之铭》。四月十五日，《灵运禅师塔铭》。五月，四川蒲江飞仙阁《贾光宗道教天尊像》。六月，王士则书《尊胜石幢铭》。七月六日，河北《白石思庄兄妹造双佛坐像》。九月，《邑义李仁□等造阿弥陀佛碑像》。十一月二十六日，《姚教生为亡母造天尊像石》。是年，《广平郡弥勒佛碑》、鉴真下榻桂林开元寺讲授佛学。约于此际，西藏刻立《桑耶兴佛证盟碑》。

［叙录］ 唐代的四川石刻十分兴盛，这与四川的富庶生活密切相关，也与中原文化不断通过各种方式渗入四川地区相关。天宝九载四月十三日，四川丹棱女冠成无为等人刻立《松柏之铭》（图169）。丹棱县地处岷江和青衣江之间的流域，此铭全称《龙鹄成炼师松柏铭碑》，由师学撰文、杨玲书丹，在距丹棱县城东北10公里处唐河乡龙鹄村所属的龙鹄山山腰上。据高文载注：《松柏之铭》所在地原有三宫九观，上曰天庆，下曰龙鹄，中为崇贞，建于唐贞观年间，今已不存。此碑为深龛摩崖形制，碑位于龛正中，左右两壁刻182尊道家神像。碑通高220厘米，碑高180厘米、宽154厘米。碑额左右各刻道家造像六尊，额小篆阴文“松柏之铭”四字。碑四周雕刻花卉图案，碑文阴刻隶书。明人曹学佺在《蜀中名胜记》中载：县北十五里，龙鹄山大字，宋孝宗书也。有《松柏山碑记》云：山有三宫九观，乃成无为、杨正见，李炼师成道处，唐天宝年建。据胡文和载，此碑在20世纪80年代末已毁。关于龙鹄山道教造像的年代，胡文和认为，此碑所在的龛左侧一系列造像龛似应凿于天宝九载之前，且龛形、构图模式、形象造型等，均基本相似。其右侧的十余龛，虽然龛形较前面的略小些，但龛形、龛中形象的造型特征等，都与此龛左侧系列龛中的如出一辙。所以，龙鹄山道教造像始凿和终止的年代，大概是在天宝年间。

四月十五日，河南登封少林寺刻《灵运禅师塔铭》。此石全称《唐少林寺灵运禅师功德塔碑铭》，由崔琪撰文、勤□行书、门人坚顺营建。清人王昶著录此铭，石高90厘米、宽51厘米。碑首书有“寺西石塔灵运师坟即梁帝皇嗣者也”三行大字。温玉成说，灵运是李元珪的大弟子，俗姓肖，南朝梁武帝的后代。灵运塔在少林寺西北一里许，是一座精美的单层石塔，塔门上镌“肖光师塔”四字。少林寺中有占地总面积达14 000余平方米的塔林（历代少林寺高僧墓），现存历代砖石墓塔240余座，灵运塔是其中较为著名者之一。《灵运禅师塔碑铭》书法源于《怀仁集王羲之书圣教序》，其行书书法结体厚重浑朴。行书入碑，较早者当推贞观十年（636）的虞世南所书《汝南公主墓志》。之后贞观二十一年（647）有太宗李世民在太原晋祠所书《晋祠铭》等。

五月，四川蒲江飞仙阁《贾光宗道教天尊像》刻成：蒲江县灵寂为临邛郡（四川邛崃市）白云观三洞道士贾光宗在蒲江飞仙阁造天尊像一铺。据胡文和载，飞仙阁又名二郎滩，在县城南偏西12公里处。光绪版《蒲江县志》（地理）上说：飞仙阁，县南二十五里，一名碧云峰，即莫公台故址。故址有第一名山之额，真仙境也。僧性醇采沉香木，刻观音供奉，白日升天后，因改为观音阁。二郎滩造像，现存104龛窟，造像705尊，大部分保存较为完好，基本上为初盛唐时期的作品。纯道教造像只有两龛，即第44号和74号。第44号龛高34厘米、宽109厘米、深10

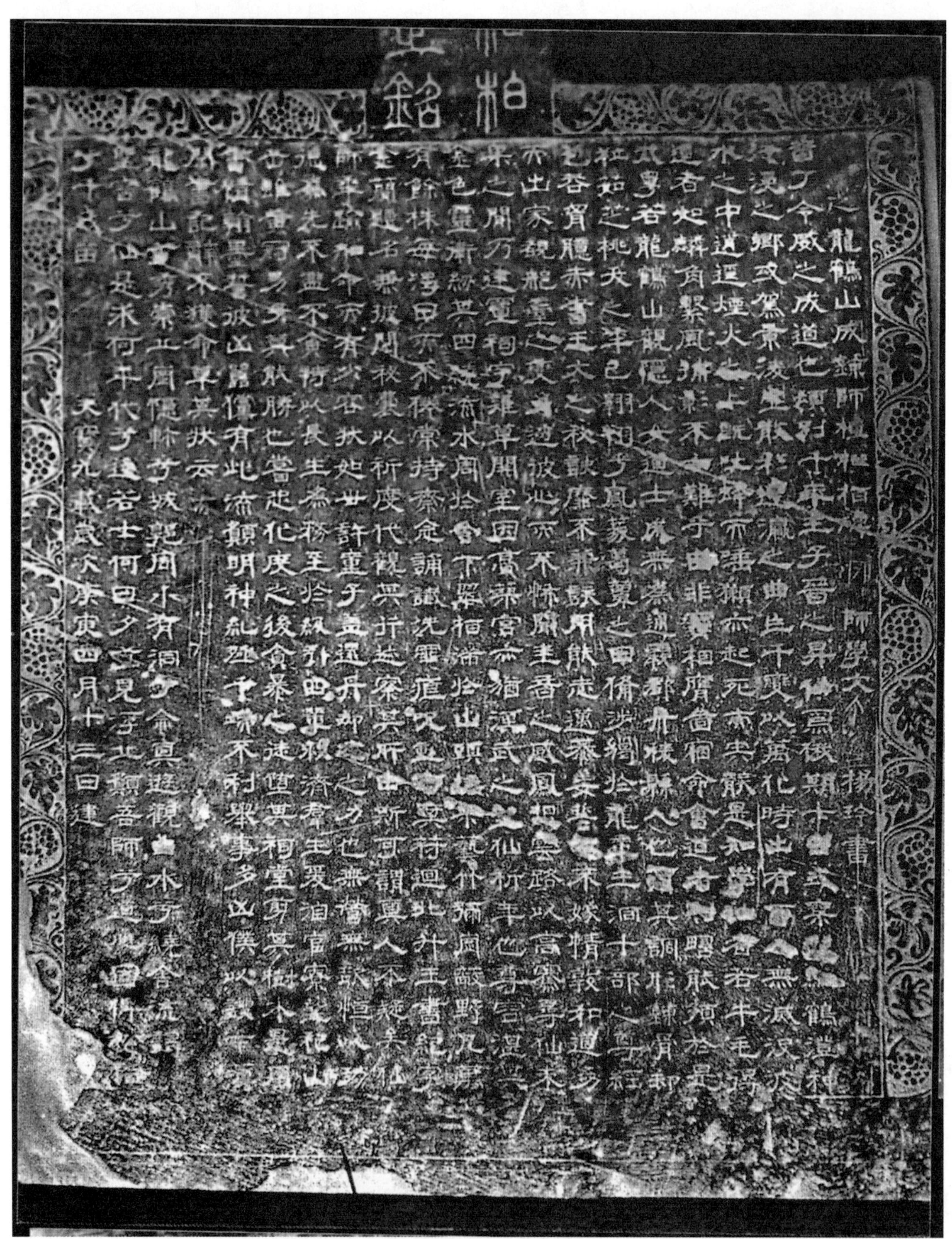

图 169　松柏之铭碑(毁于 20 世纪 80 年代)　天宝九载(750)　四川丹棱龙鹄山第 24 龛

图 170　邑义李仁□等造阿弥陀佛碑像　唐天宝九载(750)　美国普林斯顿大学博物馆藏

厘米。龛内刻10尊站立的天尊，均立高20厘米，身着双领下垂交结的道服，脚着舄，双手的印势和原所持物，已不能辨认。龛底下方有一则“天宝九载五月”“临邛郡白鹤观道士贾光宗造”的题刻。元始天尊共有十号。《宝玄经》中说十号为：自然、无极、大道、至真、太上老君、高皇、天尊、玉帝、陛下等。《化胡经》中所说十号则为：太上老君、圆神智、无上尊、帝王师、大丈夫、大仙尊、天人父、无为上人、大悲仁者、元始天尊。蒲江飞仙阁第44号龛中就雕刻了这一题材的十天尊像。

六月，王士则书《尊胜石幢铭》。据宋人赵明诚著录，此石为崔恁撰文王士则八分书。王士则为玄宗时人，书法有李邕、张从申之风，尤工八分书，《李宝忠纪功颂》亦出于王士则笔下。

这一年出现了几件单体佛道造像：七月六日，河北曲阳所刻《白石思庄兄妹造双佛坐像》，现藏于北京故宫博物院。据胡国强著录，像残高46.6厘米。一佛残，一佛脸庞为长圆形，脑后有二孔可接头光。佛眼角向上，双颊丰满，人中及双唇下凹，表情显得有些悲怆。身披袈裟，上衣袒右式，中衣覆右肩缠右臂，下摆悬垂座前，束腰须弥座前、右两面刻发愿文。九月刻造的石灰岩质《邑义李仁□等造阿弥陀佛碑像》(图170)，据金申著录，像高73厘米，现藏于美国普林斯顿大学美术馆。十一月二十六日所刻的《姚教生为亡母造天尊像石》，胡文和描述说，其石首为圆拱形，正面开一龛额呈圆拱形的龛，石质不详(可能为青石)，有一宽于造像石的长方形基座，座下刻发愿文。大村西崖记载：帝室博物馆藏石。高一尺五分。松原三郎在《中国佛教雕刻史论》中注明，该造像石现为“东京国立博物馆藏”。

是年，刻造《广平郡弥勒佛碑》。据刘兴珍载，广平郡即今河北永平，碑高58厘米，现藏于日本东京艺术大学。碑像为一小形佛龛，分为两层。上层中为弥勒坐像，双足下垂，脚踏莲花，两旁刻二弟子、二金刚力士。顶部刻一对飞天，反向飞翔，裙衣飘带交织构成龛楣。下层为五位伎乐供养人，或舞蹈，或吹笙、弹琵琶等，形象生动活泼，意态毕具。

鉴真下榻桂林开元寺讲授佛学。广西桂林南门桥外开元寺，始建于隋，是桂林最古老的佛寺，旧时桂林八景之一。据许凤仪载，唐代高僧鉴真和尚第五次东渡日本失败后，大约于此年转来梓林下榻，并于开元寺讲授佛学。明人徐淮在《重修宁寿寺碑》(开元寺在宋代曾改称宁寿寺)说，当时开元寺的盛景：赭垣四立，金碧交辉，殿宇廊庑，晔然焕然。

据王尧在《吐蕃金石录》中载，约于此际，西藏刻立《桑耶兴佛证盟碑》。桑耶寺位于雅鲁藏布江北岸一处三面环山的开阔之地，由西藏第五代赞普赤松德赞即位(750)后亲自建立。现庙内乌策大殿正门南侧，尚存有赤松德赞刻立的《桑耶兴佛证盟碑》。碑文规定臣民对寺院要保持足够的奉献，子孙后代不得减少，不得更改。立碑的目的十分明确，在于从政治和经济上确保僧尼的神圣权益。

［文献］ 宋赵明诚《金石录》卷七，明曹学佺《蜀中名胜记》卷一二，清王昶《金石萃编》卷八八，［日］大村西崖《中国美术史雕塑篇》，［日］松原三郎《中国佛教雕刻史论》，高文等《四川历代碑刻》，胡文和《中国道教石刻艺术史》，胡国强主编《故事收藏：你应该知道的200件曲阳造像》，金申《中国历代纪年佛像图典》，刘兴珍等《中国古代雕塑图典》，许凤仪编《唐大和尚东征传》，王尧《吐蕃金石录》。

公元751年　天宝十载

［提示］ 是年，甘肃莲花寺石窟造像、四川广元通江巴中合川资中石刻、宋昱作《题石窟寺》诗。

［叙录］ 是年，甘肃合水县莲花寺石窟雕造第二龛阿弥陀佛。据孙晓峰、臧全红记载，莲花寺石窟位于平定川口葫芦河北岸，石窟开凿在向南延伸的一段红砂石崖面上，为一摩崖大龛，长19米，高6.4米。大龛内依山势而开小龛，崖面雕佛像，龛室相连，追像密集，布局精巧。石窟内现存唐宋时代所开龛18个，其中一号龛为自然形龛。

是年，四川广元通江巴中合川资中石刻造像也有开展，据刘长久等载：在广元观音崖，有云南宣慰泸北宣慰计会兵马处置使、议郎行内侍省掖令、上柱国范元逸，检校官朝请郎、守益昌郡司马王顺之建《释迦牟尼像赞》碑，并造佛像；在通江县，有始宁郡（巴中市水宁寺镇）司马杜昆吾造佛像、符阳县（通江颞西北阳镇）张员外为之撰《石像龛铭并序》；在四川巴中南龛，造陀罗尼经幢龛；在重庆合川龙多山，一修梵行僧人造佛像，了却38年前心愿；资中县龙洞河，资州郡月山县录事王惟什、李如耀、蜀郡客宋元贞、宋智全等造三世佛一龛。

约于此际，宋昱在云冈作《题石窟寺》诗。此石窟寺即魏孝文之所置，诗载于《文苑英华》中：梵宇开金地，香龛凿铁围；影中群象动，空里众灵飞；簷牖笼朱旭，房廊炼翠微；瑞莲生佛步，宝树挂天衣；邀福功虽在，兴王代久非；谁知云朔外，更睹化胡归。张焯说宋昱为杨国忠党，玄宗天宝末任中书舍人，肃宗至德元载(756)为乱兵所杀。宋昱游云冈，应在天宝末年之前。铁围即“铁围山”，亦称“铁轮围山”。佛典所说围绕一小世界的山，周匝如轮，由铁而成，围绕咸海。大乘典籍说，大迦叶率五百罗汉在王舍城举行第一次结集时，文殊、弥勒等菩萨在铁围山令阿难诵出大乘经，称“铁围山结集”。翠微，唐太宗在终南山所建宫殿名。这里盖指云冈第九窟及窟前室廊柱式宫殿造型。

［文献］ 宋李昉等《文苑英华》卷二三四，孙晓峰等《甘肃合水县莲花寺石窟调查简报》(《敦煌研究》2011年第3期)，刘长久《中国西南石窟艺术》，张焯《云冈石窟编年史》。

公元752年　天宝十一载

［提示］ 四月二十三日，陕西《多宝塔碑》。四月，敕诸道城楼置毗沙门天王像。七月，杜甫、高适、岑参、储光羲、薛据各赋登慈恩寺塔诗以唱和。十一月二十三日，陕西《南川县主墓志》。是年，河南《大唐中岳永泰寺碑》、陕西《夫子庙堂记》残碑、四川广元袁诚造《如意轮菩萨一身》、宜君县秦家河造像龛、《五台山释迦坐像》。

［叙录］ 四月二十三日，陕西刻就的《多宝塔碑》，又叫《多宝塔感应碑》，全称《大唐西京千福寺多宝塔感应碑文》，现藏于西安碑林。碑通高260厘米。碑额由徐浩题隶书，碑文则由岑勋撰文、颜真卿楷书、史华镌刻。书此碑时颜真卿方44岁，目前所知是颜书存世最早的碑刻。

四月，敕诸道城楼置毗沙门天王像。宋人赞宁在《宋高僧传》中记载：天宝中，西蕃、大石、康三国帅兵围西凉府，诏京兆大兴善寺不空入，帝御于道场。不空秉香炉，诵《仁王密语》二十七遍，帝见神兵可五百员在于殿庭，惊问不空。不空说：毗沙门天王子领兵救安西，请急设食发遣。四月二十日果奏云：二月十一日，城东北三十许里，云雾间见神兵长伟，鼓角諠鸣，山地崩震，蕃部惊溃。彼营垒中有鼠金色，咋弓弩弦皆绝。城北门楼有光明天王怒视，蕃帅大奔。帝览奏，谢不空。因敕诸道城楼置天王像，此其始。张焯按：天宝五载至于十二载，不空住锡长安；安西（治龟兹）被围，当在天宝十载高仙芝攻大食败归后。北宋末沙门睦庵（善卿）在《祖庭事苑》中记载：今有状毗沙门天王像，必右手擎宝塔。手擎浮图，今相习尽塑于州邑之城上或伽蓝、营垒之间是也。

七月，杜甫、高适、岑参、储光羲、薛据各赋登慈恩寺塔诗以唱和。慈恩寺塔即大雁塔，因坐落于慈恩寺内，故名。刘加夫在《中国文学编年史》中记载说，是年，岑参有《与高适薛据同登慈恩寺浮图》诗，高适有《同诸公登慈恩寺浮图》诗，杜甫、储光羲各有《同诸公登慈恩寺塔》诗，杜诗题下注云“时高适、薛据先有此作”，薛据诗今已不存。诸诗均写及秋日景象，当是同时之作。以高适诗“秋风昨夜至”考之，时在初秋。诸诗写作年代，闻一多考证定为天宝十一载。又高适有《同薛司直诸公曲江秋霁俯见南山作》诗，储光羲有《同诸公秋霁曲江俯见南山》诗。高适诗题中之“薛司直”当即指薛据，参见孙钦善《高适集校注》该诗注。两诗亦当本年所作。杜、岑等慈恩寺塔唱和乃一时盛事，诸作亦各有千秋。清仇兆鳌评价道：同时诸公登塔，各有题咏。薛据诗已失传；岑、储两作，风秀熨帖，不愧名家；高达夫出之简净，品格亦自清坚。少陵则格法严整，气象峥嵘，音节悲壮，而俯仰高深之景，盱衡古今之识，感慨身世之怀，莫不曲尽篇中，真足压倒群贤，雄视千古矣。

十一月二十三日，陕西所刻《南川县主墓志》，全称《大唐赠南川县主墓志铭并序》。据王其祎载，此志1954年出土于西安，后由西北工程地区文物清理委员会送交陕西省博物馆收藏。志石呈正方形，长、宽各61厘米。志主南川县主系唐玄宗的孙女，也即玄宗第四子棣王琰的第五女，卒时才18岁，葬于京兆咸宁白鹿原。志文由赵楚宾奉敕撰写、韩择木奉敕楷书。韩择木为唐玄宗时昌黎人（河北通州东）人，是唐代大文学家韩愈的叔父。

天宝十一载，河南刻立《大唐中岳永泰寺碑》。据宫崇涛载，1995年初，在河南登封市西北嵩山南麓的永泰寺中，出土了一批重要碑刻。其中即有刻于是年《大唐中岳永泰寺碑》。碑文内容记载永泰公主出家始末及北魏至唐代永泰寺的沿革等。此碑除碑文之外，在碑阴还刻有精美的佛像，其佛像上还出现了较早的髻珠，这对于佛像断代研究颇有助益。金申指出，明确表现髻珠的例子多数出现在唐代，其时髻珠位于肉髻和底发之间，呈半圆形或椭圆形。较早有明确纪年的例子可见于河南嵩山永泰寺的"唐永泰寺之碑"背面线刻佛像上，髻珠呈扁长形，横置于肉髻和底发之间。又有唐代石雕佛倚坐像（美国火奴鲁鲁艺术学院藏），由风格分析应为武则天时代的圣历三年或久视元年（700）前后所雕，尽管是旋发，但圆珠赫然可见，唐代的观音像在束发正中也可见一圆珠。时代越晚，髻珠越大，五代、宋之时髻珠已成为佛发的组成部分，不可或缺。而明清的佛像特别是江浙地区的木雕上，髻珠大而显，多呈椭圆形，在加彩像上可见被染成红色，极为醒目。

刘正成载，是年陕西还刻有《夫子庙堂记》残碑，由颜真卿书。碑旧存陕西省华县，现不知所在，有宋拓本传世。刘长久载，是年在四川广元千佛崖，有新授度支山南西（陕西汉中市）院事袁诚赴任，造《如意轮菩萨一身》。在陕西，则有宜君县秦家河造像龛。此造像龛位于宜君县秦家河西山崖间，横列长方形四龛，右起两龛的风格相似，为同时开凿。李凇描述说，右龛中央为一佛二菩萨，佛座下有双狮。佛结跏趺坐于莲花座。龛外为男女供养人像，供养人背有长茎莲花，袖手侧身向佛龛。左侧有二男二女，女皆长裙曳地，宽袖，男为窄袖圆领的胡服，系腰穿靴。其供养人形象，在关中造像碑上常见于北周至隋初，这也应是该造像龛的开造时间。秦家河第三、四龛为唐天宝十一载和天宝十四载造。现藏五台山佛光寺东大殿的《五台山释迦坐像》，则为单体造像，亦刻造于是年。据金申著录，坐像高112厘米，为大理石加彩造像。

［文献］　宋朱长文《续书断》，宋赞宁《宋高僧传》卷一，宋睦庵（善卿）《祖庭事苑》卷六，清仇兆鳌《杜诗详注》卷二，张焯《云冈石窟编年史》，陈文新主编《中国文学编年史》（隋唐五代卷），闻一多《岑嘉州系年考证》（《唐诗杂论》），王其祎《唐代楷书墓志两种》，宫崇涛《嵩阳书院大唐碑》（《中国文物报》1994年5月22日），金申《佛教美术丛考》、《中国历代纪年佛像图典》，刘正成《中国书法鉴赏大辞典》，刘长久《中国西南石窟艺术》，李凇《陕西古代佛教美术》。

公元753年　天宝十二载

［提示］　正月，杨国忠草率掌选，鲜于仲通撰文刻碑颂之。四川丹棱县刘嘴造释迦佛像。

［叙录］　正月，杨国忠草率掌选，鲜于仲通撰文刻碑颂之。《资治通鉴》载：故事，兵吏部尚书知政事者，选事悉委侍郎以下，三注三唱，仍过门下省审，自春及夏，其事乃毕。及杨国忠以宰相领文部尚书，欲自示精敏，乃遣令史先于私第密定名阙。天宝十二载春正月，杨国忠召左相陈希烈及给事中、诸司长官皆集尚书都堂，唱注选人，一日而毕。其间资格差缪甚众，无敢言者。京兆尹鲜于仲通讽选人请为国忠

刻颂，立于省门，制仲通撰其辞：上为改定数字，仲通以金填之。

同年，据刘长久等载，有比丘僧（佚名）为皇帝、郡县官并七世亡兄，在四川丹棱县刘嘴造释迦佛像。

［文献］《资治通鉴》卷二一六，刘长久《中国西南石窟艺术》，王朝闻等主编《中国石窟雕塑全集》（四川重庆卷）。

公元 754 年　天宝十三载

［提示］七月，改诸乐调名，敕令将新曲名立石刊于太常寺。闰十一月二十四日，山东《高乾式造像碑》。十二月，山东《东方朔画赞碑》。是年，甘肃临洮《哥舒翰纪功碑》、山东《关庄石塔造像》、四川丹棱郑山造《释迦佛一龛并八部众》、陕西《道教像》。

［叙录］七月，改诸乐调名，敕令将新曲名立石刊于太常寺。据宋人王钦若、杨亿等编《册府元龟》及王溥记载：十三载七月十四日，改诸乐名。时司空杨国忠、左相陈希列奏：中使辅谬琳至，奉宣进止，令臣将新曲名一本立石刊于太常寺者。今既传之乐府，勒在贞珉，仍望宣付所司，颁示中外。敕旨：所请依。

闰十一月二十四日的《高乾式造像碑》，据曾毅公考，此碑为檀如洛（造碑人）刻，清人叶昌炽有著录。十二月山东刻造成的《东方朔画赞碑》，则是一块颇负盛名的石刻，清人王昶著录说：碑连额高一丈一尺二寸、广四尺五寸五分、厚九寸。四面刻，连阴共三十六行、行三十字，正书。额题“汉大中大夫东方先生画赞碑”十二字篆书，在德州署（山东陵县）。此碑赞文由晋夏侯湛撰，颜真卿楷书。碑阴额题隶书“有汉东方先生画赞碑阴之记”，记文则由颜真卿撰并楷书。此时，颜书渐趋成熟，明人安世凤在《墨林快事》评此碑：篆题兼存，尤古雅峻峭，全无钝厝俗态。

据唐晓军载，天宝十三载甘肃临洮所刻《哥舒翰纪功碑》，现存临洮县城内南大街，其地原有庙宇，当地人称为“石碑观”。全碑由一整块巨石雕成，碑高 425 厘米、宽 184 厘米，碑额刻兽物、云纹。碑座也是由一巨石加工而成，高 240 厘米。整碑高大雄伟，有若山岳耸峙。碑额尚有“丙戌哥舒”四字可以辨读。碑身已破裂为三块，正面刻有隶书碑文 12 行。张维认为：此碑既录于金石略，又有哥舒二字，自系边人为哥舒翰纪功而作。清代狄道知州田自福曾经修建一碑亭覆盖之，名“唐碑亭”。清临洮诗人吴镇集碑文所剩之字，为《唐雅》六章。

山东《关庄石塔造像》位于山东阳谷关庄，天宝十三载刻建。刘兴珍载，1955 年发现，后遭毁坏。经聊城博物馆和阳谷县图书馆四处搜集，始恢复旧貌。塔现高 260 厘米，塔心室置佛龛，内雕佛像，肉髻，着敞领袈裟，面相丰圆端庄，结跏趺坐于莲花座上。两侧为阿难、迦叶弟子像，皆着袈裟，双手合十，立于莲座上。二菩萨均戴宝冠，腰系长裙，周身帔帛环绕且垂及地面。一手提裙，一手托莲蕾，赤足立于莲座上。形貌娟丽，神态典雅，风姿动人。塔身正壁辟门，门楣上雕兽头，其上刻一化生，作金鸡独立式。两侧各有一迦陵频伽，人首鸟身，展翅举尾，作欲飞翔状。门槛两端皆雕一蹲狮，门两侧各雕一天王。塔身后壁浮雕鸾凤，振羽扬尾，立于莲蓬上，状貌俏丽，极富生机。其下雕饰水波纹样。塔下层须弥座束腰四面皆凹刻人面图像，分别为喜、怒、哀、乐四种表情。上层须弥座束腰四面浮雕乐伎，分别为击鼓、弹瑟、拍板、弹箜篌等。尚存塔檐五层，各层檐间壁体四面皆刻小佛龛，置结跏趺坐佛，塔顶四隅饰物皆明快洗练，技艺娴熟。布局疏密起伏，错落有致。

同年，四川丹棱郑山造《释迦佛一龛并八部众》。据刘长久等载，七社师主文殊罗法□、院主文龙戴、上座王智达、录事雍丞训、平正宋才惠等为皇帝、郡县官及法界苍生，四川丹棱郑山造释迦佛一翕并八部众。

这年还有一件单体造像流传下来，据金申、李淞载，这件名为《道教像》的砂岩造像，现藏美国波士顿美术馆。其馆藏编号 1907.07.738，为单面造像，圆形顶。分上下二层，上层为天尊，天尊蓄长须，戴花冠,双手扶三足凭几,穿道袍。左右各一立侍,捧笏,立于圆座。下层为像主之父母供养像。发愿文有"天宝甲午"年号,人物略胖,体现出盛唐风格。

［文献］ 宋王钦若等《册府元龟》卷五六九,宋王溥《唐会要》卷三三,明安世凤《墨林快事》,清叶昌炽撰柯昌泗评《语石·语石异同评》卷三,清王昶《金石萃编》卷九〇,张维《陇右金石录》卷二,曾毅公《石刻考工录》,唐晓军《甘肃古代石刻艺术》,刘兴珍等《中国古代雕塑图典》,刘长久《中国西南石窟艺术》,王朝闻等主编《中国石窟雕塑全集》(四川重庆卷),金申《海外及港台藏历代佛像珍品纪年图鉴》,李凇《长安艺术与宗教文明》。

公元755年 天宝十四载

［提示］ 山东曲阜九龙山造像。天宝年间,四川巴中南龛造《千佛像一龛》。玄宗时期,龙门四雁洞造像。四川《四方碑》。

［叙录］ 是年,在山东有曲阜九龙山造像。据阎文儒、孔繁银载,曲阜县城南10公里武家村东南的九龙山北部山脚下,存有六龛造像。从天宝十四载的题记和造像风格看,都应是唐代所开凿。刘长久等载,天宝年间(742—755),在四川巴中南龛造《千佛像一龛》。玄宗时期(712—756),龙门刻有四雁洞造像。刘兴珍载,此造像位于龙门东山。约开凿于玄宗时期。窟顶藻井浮雕莲花,周围有飞天和飞雁环绕。依佛教《贤愚经》、《经律异相》及《报恩经》所说,雁乃罗汉化身。四飞天皆袒胸露臂,戴项圈,腰束薄柔长裙,无飘带缭绕,跣足。面相圆实丰润,反身张臂举足,手托果盘或执莲蕾,作凌空翱翔状。四雁皆引颈昂首,双翅平展,作向前奋飞状。造型略具装饰风格,刻工技艺娴熟,刀法刚柔相济,伸屈自如。此洞无其他造像。玄宗时代,四川还有一件较为有名的石刻,即赵蕤所撰《四方碑》。赵蕤在两《唐书》无传,五代孙光宪在《北梦琐言》录有赵蕤的生平事迹。赵蕤隐居梓州郪县(治今三台)长平山琴泉寺下安昌岩。李白在青年时代曾慕名到长平山求学于赵蕤。玄宗多次下诏延请赵蕤入朝,皆被谢绝。益州长史苏颋在《荐西蜀人才疏》中称蜀中有两人,一是"李白文章",二是"赵蕤数术"。赵蕤著有《长短要术》十卷,即闻名于世的《长短经》。乾隆皇帝在翻检《四库全书》时,特为赵蕤的《长短要术》题七言绝句四首。李白集中,还能看到赵蕤的身影,明人杨慎说:太白《渡金门》诗"仍怜故乡水,万里送行舟",《送人之罗浮》诗"尔去之罗浮,余还憩峨眉",又《淮南卧病怀寄蜀中赵徵君蕤》诗云"国门遥天外,乡路远山隔。朝忆相如台,夜梦子云宅",皆寓怀乡之意。赵蕤,梓州人,字云卿,精于数学,与李白齐名。《图经》云:蕤,汉儒赵宾之后,盐亭人,屡征不就,所著有《长短经》。据赵均中说,盐亭还存有赵蕤所撰《嫘祖圣地碑》。

［文献］ 五代孙光宪《北梦琐言》卷五,明杨慎《升庵诗话》卷二,阎文儒《中国石窟主艺术总论》,孔繁银《曲阜县九龙山造像调查》(《文物》1958年第11期),刘长久《中国西南石窟艺术》,王朝闻等主编《中国石窟雕塑全集》(四川重庆卷),刘兴珍等《中国古代雕塑图典》,蒋志《李白与赵蕤》(《绵阳师范高等专科学校学报》2001年第1期),赵均中《赵蕤与〈嫘祖圣地〉碑》(《四川蚕业》2013年第2期)。

公元756年 天宝十五载 至德元载

［提示］ 天宝十五载六月,万齐融撰《唐法华寺玄俨律师碑》。天宝十五载,江苏《溧阳濑水贞义女碑铭并序》碑、山东九龙山摩崖造像石刻。至德元载,四川广元仁寿达川造像。

［叙录］ 公元756年,唐玄宗的时代结束。安史之乱,玄宗避乱于蜀,灵武使者至蜀,玄宗追认太子李亨嗣位,是唐肃宗,改元至德,玄宗则自称太上皇。

天宝十五载六月,万齐融在越州撰《唐法华寺玄俨律师碑》。据计有功在《唐诗纪事》中载:神龙中,贺知章与越州贺朝方、万齐融，扬州张若虚、邢巨，湖州包融，俱以吴越文词俊秀，名闻上京。贺朝方为山阴尉，万齐融为昆山令。宋人陈思在《宝刻丛编》中引《集古录跋尾目》：《唐法华寺玄俨律师碑》，唐前秘书省正字万齐融撰，武部郎中徐浩书。碑以天宝十五载六月立。

现存于江苏宜兴市宜城镇文化馆中的《溧阳濑水贞义女碑铭并序》碑，由李白撰文（载《全唐文》中）、李阳冰书丹，刻䂱于天宝十五载。碑高 172 厘米、宽 100 厘米、厚 22 厘米，碑首为半圆形，碑额篆刻"贞义女碑"。《吴越春秋》载，春秋楚平王无道，杀死忠臣伍员（子胥）之父伍奢及兄伍尚，伍子胥亡命于吴国。在途经溧阳濑江之时，饥饿之极的伍子胥适逢浣纱女史氏，史氏女慨然给予帮助。得以果腹的伍子胥叮嘱史氏女勿泄露其行踪，对史氏说：掩夫人之壶浆，无令其露。史氏女竟然抱石自沉濑江，后人便在濑水边建祠祭祀史氏。天宝十四载(755)李白来溧阳游览，溧阳县令郑晏请李白为史氏女写碑文，同时请时任当涂县令的李白族叔、大书法家李阳冰书丹，次年立碑于濑水边。据朱玉麒载，此碑原立于江苏溧阳市大溪乡上吴村史氏宗祠内，曾遗佚。1974 年偶然发现此碑在宜兴芳庄乡渡口大路上，已成为路石，随即迁移至宜兴县文化馆妥为保存。

天宝十五载，山东九龙山摩崖造像石刻。据《济宁市志》（文物名胜）载，九龙山摩崖造像位于曲阜市小雪街道武家村东约百米处，九龙山中部山体西南山坡上。石刻刻于盛唐，造像共有大小石佛洞龛六处。自南往北，第一龛为卢舍那佛像，刻于天宝十五载。第二龛雕菩萨立像一尊，第三龛雕菩萨一尊，第四龛雕文殊菩萨乘坐狮子之上，第五龛刻普贤菩萨乘坐白象之上，第六龛刻立佛一尊。

太子李亨嗣位，是为肃宗。至德元载间，四川地区广元仁寿达川造像。据刘长久和胡文和载，在四川广元千佛崖，有比丘僧广行为亡父母及法界苍生造观世音菩萨、地藏菩萨各一躯，题记"天宝十五载"，实为"至德元载"。同地还有何晏及其妻造地藏菩萨、观世音菩萨各一躯。在四川达州市，有张公（名字已泐）造佛像。至德元载十一月三日，在四川仁寿县龙桥乡白艮罐，有陈珍贵母子及兄弟等为皇帝、郡县文官等造佛像。仁寿县龙桥乡在县城东面 29 公里处，地处深丘，一条发源于简阳县的绿水河流贯全乡注入兰溪至资阳县境。1987 年文物普查时，在该乡绿水河两岸的东林、凤鸣、练武三个村，发现白艮罐、渣口岩、石佛沟、千佛寺四处石窟造像，共 64 龛，有佛道两教造像 806 尊，其中石佛沟为纯佛教造像。白艮罐位于乡东面三公里处的凤鸣村四组，距绿水河 300 余米。有四龛 67 尊佛、道造像，造像龛龛口向西北，均在山顶一凸出岩边濒于临空的石包上，石包长 460 厘米、高 300 厘米。现保存基本完好者一龛，严重剥蚀一龛，有轻微剥蚀的两龛。第二号龛系造像记碑，碑为依岩镌凿，长方形，通高 115 厘米、宽 20 厘米、厚 10 厘米。弧形碑帽，正中凿一小龛，其中一佛结跏趺坐。帽顶刻一蟾形物压顶，碑承于损风座上。碑中文字阴刻，行、楷皆备，竖书七行。剥蚀严重，但后五行字尚可辨识。

［文献］ 宋计有功《唐诗纪事》卷一七，宋陈思《宝刻丛编》卷一三，清董诰等《全唐文》卷三五〇，朱玉麒《李白〈贞义女碑〉考辨》（《中国李白研究》1995 年），济宁市地方志编纂委员会《济宁市志》（文物名胜），刘长久《中国西南石窟艺术》，胡文和《中国道教石刻艺术史》，王朝闻等主编《中国石窟雕塑全集》（四川重庆卷）。

公元 757 年　至德二载

［提示］ 四川绵阳西山观造《天尊像一龛》、古碑收藏者韦述卒。

［叙录］ 据刘长久等载，本年在四川绵阳西山观，有三洞弟子文□□造《天尊像一龛》。同年，古碑收藏者韦述卒。韦述是唐京兆人，著有《唐职仪》、《高宗实录》等著作。《旧唐书》（韦述传）记：韦述家聚书二万卷，皆自校定铅椠，虽御府不逮也。兼古今朝臣图，历代知名人画，魏、晋以来草隶真迹数百卷，

图171 四川巴中南龛第87号观音菩萨龛 乾元二年(759)

图 172 四川绵阳玉泉天尊老君龛 乾元二年(759)

古碑、古器、药方、格式、钱谱、玺谱之类，当代名公尺题，无不毕备。显然，韦述是唐代著名的图书及碑刻古物收藏大家。据《唐会要》记载，唐代开元十九年时的皇家图书馆集贤院所藏四库书籍，近九万卷。而韦述一人所藏书竟达到惊人的两万卷。

［文献］　后晋刘昫等《旧唐书》卷一〇二，宋王溥《唐会要》卷三五，刘长久《中国西南石窟艺术》，王朝闻等主编《中国石窟雕塑全集》（四川重庆卷）。

公元 758 年　至德三载　乾元元年

［提示］　至德三载二月，《佛碑像》。乾元元年十月，陕西《谒金天王神祠题记》。乾元元年，颜真卿奏立“放生池”81 处。郭子仪奏请塔院为广化寺，为善无畏建碑。乾元年间，四川广元造《救苦观世音菩萨三躯》。四川巴中南龛第 25 龛刻严武、史俊《光福寺楠木诗》。

［叙录］　至德三载二月所刻造的《佛碑像》，金申著录，为石灰岩质地，像高 76 厘米，现藏于美国纽约大都会美术馆。是年二月由至德改元乾元，乾元元年十月，刻《谒金天王神祠题记》，金天王神祠即西岳庙。刘正成载，此石为颜真卿正书，四行、行 25 字，石在陕西华山《华岳颂碑》右侧。清人顾炎武、王澍均曾著录。据《开元传信录》说，开元十二年（724）冬十一月庚午，玄宗李隆基去东都洛阳途经华阴将至西岳庙时，忽觉周围有多人迎接，左右随从却什么人也没有看见。玄宗招来巫人询问，巫人阿马婆说，这是西岳神来迎接圣上。玄宗立即封华山神为“金天王”，西岳庙则改称为“金天王神祠”，直至明洪武三年（1370）方才恢复西岳庙本名。

乾元元年，颜真卿奏立“放生池”81 处。是年，大书家颜真卿任升州（南京）刺史，以“帝王之德莫大于生”为题，向唐肃宗进《乞御书天下放生池碑额表》（载《全唐文》），奏请肃宗在全国建立“放生池”81 处。迄今在南京广州路 223 号颜鲁公放生庵遗址内，尚存有多块“放生碑”。由陈大受撰文、程廷祚行书并篆额的《重修颜鲁公放生池庵碑记》碑（刻于清乾隆十年），上面详细记述了重修放生池的经过。在《颜鲁公集》中则记载，大历八年（773）七月，刻《敕天下放生池碑》。此碑在清人宗源瀚、陆心源等所编著的《湖州府志》中有著录，刻工为吴文休。

同年，郭子仪奏请塔院为广化寺，为善无畏建碑。据李文生载，此塔院在龙门西北山上，即唐天竺僧人善无畏之墓地。开元二十八年（740）善无畏迁葬龙门西山，在此建其灵塔。从唐宋诗文中，知广化寺建筑有无畏师塔、广化寺阁、东轩等。宋朝宋庠、文彦博、欧阳修、张耒皆有咏广化寺诗。广化寺宋以后衰落，明清屡有重建。在龙门广化寺塔院侧为善无畏建碑，弟子李华撰文。乾元元年五月十三日，禅宗北派开创者神会卒于荆府开元寺，享年 75 岁，僧腊 54 夏。后由李王角迎尊颜于龙门，建身塔于宝应寺，永泰元年入塔。有《大唐东都荷泽寺殁故第七祖国师大德于龙门宝应寺龙岗腹建身塔铭并序》，碑石今存洛阳市文物工作一队。

据刘长久等载，乾元年间（758—760），在四川广元千佛崖，有行利州参军□□□造《救苦观世音菩萨三躯》。同时，四川还有巴中南龛第 25 龛刻严武、史俊《光福寺楠木诗》。成都文物考古研究所等载，巴中南龛第 25 龛位于神仙坡南段，如意轮观音以北，老君洞内。盛唐双层龛，外龛无存。龛内存地藏菩萨一尊，弟子装。在老君洞外右侧顶壁凿一方形浅龛，阴刻唐乾元年间（758—760）严武、史俊《光福寺楠木诗》，占壁面高 130 厘米、宽 150 厘米，由左至右竖刻，共 16 行，惜多已漫漶。《舆地碑目》云：史俊《寄严侍御诗》在南龛，与严武诗同刻一龛。这说明二诗是严武、史俊的唱和之作。

［文献］　唐《颜鲁公集》卷四，清顾炎武《金石文字记》，清王澍《虚舟题跋》，清宗源瀚、陆心源等《湖州府志》卷五〇，清董诰等《全唐文》卷三三六，金申《中国历代纪年佛像图典》、《海外及港台藏历代佛像珍品纪年图鉴》，刘正成《中国书法鉴赏大辞典》，李文生主编《龙门石窟志》，成都文物考古研究所等编《巴中石窟内容总录》。

公元 759 年 乾元二年

［提示］ 正月十三日，四川巴中南龛第 87 龛刻《严武造像》。八月，浙江刻《缙云县城隍庙记》。十二月二十六日，四川巴中南龛第 80 龛题记。是年，四川绵阳玉泉刻有天尊老君龛。龙门创建乾元寺。杜甫书南山诗石刻。

［叙录］ 正月十三日，四川巴中南龛第 87 龛刻《严武造像》。据成都文物考古研究所和刘长久等载，南龛第 87 龛位于神仙坡北段下层，双层方形龛，内龛顶部抹角。内龛中雕观音立像一尊（图 171）。龛外左壁阴刻唐乾元二年造像记，竖刻六行《救苦观世音菩萨像铭》：兹救苦观世音菩萨像者，巴州刺史严武奉报烈考中书侍郎远日之所凿也，乾元二年正月十三日，大理评事兼巴州长史韩济铭曰：于铄使君，孝心不忘。观音菩萨，灵相克彰。昊天永永，思报无疆。南山岩岩，庶乎有常。同年十二月二十六日，巴中南龛第 80 龛题记。南龛第 80 龛位于神仙坡北段下层，刻造于乾元二年。为外方内圆拱形双层龛，内龛中造一弟子一菩萨二尊像。左侧观音菩萨像，右侧地藏菩萨像，弟子装。龛口外左壁刻唐乾元二年十二月二十六日题记。龛口外右侧题李思弘报粧记，外龛右壁刻李保寿供养题记。据胡文和等载，同年，四川绵阳玉泉刻有天尊老君龛（图 172），是比较珍贵的有明确纪年的道教造像。

唐中叶以后，城隍神信仰开始流行，清人赵翼在《陔余丛考》中记载：唐中叶各州县皆祭祀城隍。城隍神信仰与城市的发展和繁荣相关联，城隍神是城市和居民生命财产的守护神。

这年八月，浙江刻《缙云县城隍庙记》。原碑刻立于处州缙云县（浙江缙云县）城隍庙，石碑久佚，现存碑石据欧阳修《集古录跋尾》载，是于宋代宣和五年（1123）十月，缙云县邑令吴延年所重刻，县尉周明等树立。在传世碑刻中，这是目前所知最早的祭祀城隍神的碑刻。据清人王昶载：碑高五尺七寸、广三尺七分。八行、行十一字，碑文由李阳冰篆书。碑中记述了乾元年间李阳冰任缙云县令时，时值天旱，阳冰在城隍庙祈雨得成，故迁庙祀之一事。明代赵崡评价此碑书法说：余观其篆，瘦细而伟劲，飞动若神，欧阳公以为视阳冰他篆最瘦，余谓佳处正在此。此碑颇受人重视，在清人谈迁、钱泳等著述中也曾提及。

是年，龙门创建乾元寺。李文生据《金石萃编》所载《义琬禅师墓志》，推断乾元寺创建于乾元二年。又据孙应奎《乾元寺记》：乾元寺旧址原在伊阙山东巅。唐白居易有《春日题乾元寺上方最高峰亭》诗。金代乾元寺尚存，元末废弃。

杜甫书南山诗石刻。高文载，此石刻在四川巴中县南龛，由杜甫撰并书。释文：判府太中严公九日南山诗：南山何峨峨，群峰秀色聚。朝晖与夕霭，无□□去住。徘徊九折险，萦曲一川注。悬崖置屋□，□穴亦可度。苍然老楠木，几阅风霜数。孙枝□□许，老干未肯仆。□□重九日，来者必三顾。□□刻峭壁，皆能寄□□。念我独何人，今日追故□□。凌晨出南门，风雨怯行路。不惮登陟难，恐失此日故。造物亦随人，晴云送日暮，徐行两柏间，杯盘供草具。宾僚不鄙我，笑语露情愫。它时倘开来，莫指桃源误。乾元二年杜甫书。

［文献］ 明赵崡《石墨镌华》卷四，清王昶《金石萃编》卷九一、卷九五，清赵翼《陔余丛考》卷三五，清谈迁《北游录》卷八，清钱泳《履园丛话》卷九，成都文物考古研究所等编《巴中石窟内容总录》，刘长久《中国西南石窟艺术》，胡文和等《四川道教石窟造像》（《四川文物》1992 年第 1 期），李文生主编《龙门石窟志》，高文等《四川历代碑刻》。

公元 760 年 乾元三年 上元元年

［提示］ 乾元三年四月十三日，巴中南龛第一龛外左侧《严武奏表》。乾元三年，《康府君妻康氏墓志》。约于此际，四川巴中刻《五言暮春题龙日寺西龛石壁一首》。上元元年五月，敕迎法门寺佛骨。十

图 173　玄宗泰陵蹲狮　宝应元年(762)　陕西蒲城

图 174　玄宗泰陵翼马　宝应元年(762)　陕西蒲城

一月，巴中玉井佛尔崖第九龛造像。

［叙录］　乾元三年四月十三日，巴中南龛第一龛外左侧刻《严武奏表》。据成都文物考古研究所等载：巴中南龛第一龛位于南龛山云屏石中部。龛外左侧壁阴文竖刻唐乾元三年《严武奏表》。由左至右17行，每行17字。占壁面高150厘米、宽155厘米。此表全称《奏请巴州南龛寺题名表》碑：巴州城南二里有古佛龛一所，右山南西道度支判官、卫尉少卿兼侍御史、内供奉严武奏：臣顷牧巴州，其州南二里有前件古佛龛一所，旧石壁镌刻五百余铺，划开诸龛，化出众像，前佛后佛，大身小身，琢磨至坚，雕饰甚妙。属岁月绵远，仪形亏致，乃扫拂苔藓，披除榛芜，仰如来之容。爰依鹫岭，祈圣上之福。新作龙宫，精思竭诚，崇（因）树果，建造屋宇叁拾余间，并移洪钟壹□，庄严福地，增益胜缘。焚香无时，与国风而荡秽，然灯不夜，助皇明以烛幽。曾未经营，自然成就。臣幸承恩宥，驰赴阙庭，辞日奏陈，许令置额。伏望特旌裔土，俯锡嘉名。降以紫泥，远被云雷之泽；题诸绀宇，长悬日月之光。兼请度无色役有道行者添僧，永以住持，俾其修习。旨其寺，宜以光福为名，余依，乾元三年四月十三日。作为一方地区父母官的严武，极具人文情怀，诗人（如杜甫）亦爱石刻，对于巴中石窟的建造，严武立下重大功绩，殊为难得。成都文物考古研究所认为，《严武奏表》所署年月有误，其"乾元三年"当为"上元元年"。实际上，乾元三年至闰四月十九日才赦天下改元上元。

乾元三年，刻《康府君妻康氏墓志》。陈长安主编的《隋唐五代墓志汇编》中，载有乾元三年《康府君妻康氏墓志》，刻工李琦自署"翰林"，则当时翰林院中亦有工于镌刻者。程章灿说，杜甫的《送张司马南海勒碑》，《全唐诗》题作《送翰林张司马南海勒碑》，"司马"一作"学士"。杜甫《送张司马南海勒碑》（见清杨伦《杜诗镜铨》）："冠冕通南极，文章落上台。诏从三殿去，碑到百蛮开。"这里"开"是刊刻之意。据本诗原注，此碑为"相国制文"。可见张氏以翰林学士身份赴南海勒碑。

此外，肃宗上元年间（760—761），在巴中南龛第二龛左侧壁，阴刻有巴州刺史严武所撰《五言暮春题龙日寺西龛石壁一首》。全诗竖刻，由左至右16行，行16字。占壁面高122厘米、宽126厘米。

上元元年五月，敕迎法门寺佛骨。据李发良载，是年五月中旬，唐肃宗敕中使宋合礼、府尹崔光远前往法门寺启发舍利，迎赴内道场，"圣躬临筵，昼夜苦行"。又于当年七月一日自大内出置诸寺供养。关于此次迎佛骨，新、旧《唐书》均未见记载，唯法门寺《真身宝塔碑铭并序》记录了此次迎奉盛况。

巴中玉井佛尔崖第九龛造像即刻于上元元年十一月：玉井佛尔崖第九龛是位于崖面最北端大龛，龛经后代改造，现存龛为横长方形，龛中雕坐佛一尊，有圆形头光，倚坐，残。龛外左侧壁阴刻唐上元元年和永泰元年（765）造像题记两则："上元元年冬十一月□揽□记勾□□"、"永泰元年十二月利州镌龛傅士勾神远"。

［文献］　清彭定求等，《全唐诗》卷二二五，清杨伦《杜诗镜铨》卷四，成都文物考古研究所等编《巴中石窟内容总录》，程章灿《石刻刻工研究》，陈长安主编《隋唐五代墓志汇编》（陕西卷），李发良《法门寺志》。

公元761年　上元二年

［提示］　杜甫在成都作《石笋行》、《石犀行》。四川绵阳西山观《道士任智斌造天尊、老君二身》。

［叙录］　是年，杜甫在成都，作《石笋行》、《石犀行》。熊礼仁在《中国文学编年史》中载，这年十一月，高适曾过访成都，杜甫有诗《草堂即事》、《王十七侍御抡许携酒至草堂奉寄此诗便请邀高三十五使君同到》等。杜甫所作《石笋行》、《石犀行》，表现了成都蜀文化中一种古老的大石崇拜及镇水兽风俗。据冯汉骥研究，在成都平原，存有广泛的大石文化遗迹：成都平原之大石遗迹在地方志及繁多著作中屡

见记载。大石遗迹之起源虽久已被人们遗忘,但却成为无知者迷信崇拜之对象,故得以保存至今,否则不少之大石想必已被毁或被移作他用。吾等应知成都为冲积平原,无可供开采之石层。而今所见之大石乃古代蜀人千辛万苦,在几十以至几百公里外之山麓开采而后移运至竖立之处者。再则在漫长的历史时期被毁大石必定不少。盖平原地区石块乃稀罕之物,移作其他建筑之用的事时有发生,直至数年前仍然如此。今仅存之大石盖因迷信而禁毁、禁移之故。吾等实应庆幸此间尚有少数实物作研究古代文化之用。大石遗迹之支机石在成都西城城墙内侧面对支机石街西端。石呈灰色,乃粗沙岩石,高约两米,围于一小庙院内。支机石之来源及名称民间传说颇多。所有传说均涉及西汉探险家张骞及神秘星相家严君平。严氏乃四川人,常在成都为他人占卜。某次张骞乘木筏探索黄河源头竟至银河,因当时人们相信此两者是相连的。在回来时他带了一块大石并询严君平此石之由来。严告诉他此乃织女星织机下垫石也。骞乃告严他如何航至银河遇织女、织女送他一石并嘱他回来时可向严君平询问其端详。杜甫诗中之石笋,亦为大石遗迹也。

同年,据刘长久等载,在四川绵阳西山观刻有《道士任智斌造天尊、老君二身》。

［文献］ 冯汉骥《成都平原之大石文化遗迹》(《川大史学·冯汉骥卷》),陈文新主编《中国文学编年史》(隋唐五代卷),刘长久《中国西南石窟艺术》,王朝闻等主编《中国石窟雕塑全集》(四川重庆卷)。

公元762年 宝应元年

［提示］ 四月,始建玄宗泰陵、肃宗建陵。十月,灵一卒于杭州龙兴寺。是年,四川《鲜于氏离堆记》、高力士墓。约于此际,四川巴中南龛第一龛刻杜甫诗《九日奉寄严大夫》。肃宗至代宗朝,韦肇题名大雁塔开进士题名于碑之先河。

［叙录］ 公元762年发生了几件重要事情,先后有几位影响中国历史及文化的人物离世:唐玄宗李隆基、唐肃宗李亨、大宦官高力士、大诗人李白等。其中前三位均留下了著名的石刻作品,唯有孤寂的李白难寻踪迹。肃宗驾崩后,太子李豫即位,是为代宗,改元宝应。

玄宗李隆基在唐代帝王中,也算是数得出来的书碑大家了。宋人陈思在《书小史》就记载:玄宗工八分、章草,丰伟英特。唐人窦臮在《述书赋》中也说:开元应乾,神武聪明,风骨巨丽,碑版峥嵘,思如泉而吐凤,笔为海而吞鲸。开元、天宝年间的肥美风尚,在玄宗书法也表现得较为充分,这一点可以从玄宗所书写的名碑《纪泰山铭》、《石台孝经》中可见一斑。

本年四月,始建玄宗泰陵、肃宗建陵。据陈安利载:玄宗泰陵和肃宗建陵,均始建于宝应元年四月,完成于广德元年(763)三月,历时11个月。玄宗泰陵位于陕西蒲城县东北约15公里的保南乡敬母山村金粟山,依山为陵,玄宫则凿建于山峰南麓。四面各辟一门,以四神命名。门外各置石狮一对(图173),筑阙台一对。城垣四隅建角楼,今角楼基址俱平毁。朱雀门(南神门)外设神道,长409米,其南端为乳台一对;神道自南而北依次排列华表、翼马(图174)、鸵鸟(图175)、仗马、翁仲等石刻造像。遗址内另有清陕西巡抚毕沅书"唐元(玄)宗泰陵"碑一通。据《旧唐书》载:玄宗曾拜桥陵,见金粟山岗有龙盘凤翥之势,复近先茔,谓侍臣说:吾千秋之后宜葬此地。泰陵陵园周边38公里,建筑大体与乾陵同,规模不如乾陵宏大。史载玄宗在位曾宣扬薄葬,提倡陵园建制简俭。陈安利认为,泰陵始建于盛唐时期,竣工于中唐初期。泰陵石雕继承和发展了汉魏以来的传统雕刻技艺,同时又吸收了以前唐代诸陵的石雕特色以及外来的雕刻风格,设计别出心裁,刻工刀法娴熟,转折明朗,风格细腻。如翁仲改变了以前唐代诸陵一律为直阁将军的模式,首次将文臣武将分行排列,左文右武,文臣持笏(图176),武将拄剑(图177),各司其事,井然有序。而武将中还出现了胡人形象,反映了玄宗后期的用人观念。泰陵石雕虽不

图 175 玄宗泰陵鸵鸟 宝应元年(762) 陕西蒲城

及乾陵、桥陵石雕高大,但却克服了其重形似、力求雄伟而比例失调的缺点,而是注意写实,给人以亲切真实之感。刘兴珍特别提到了泰陵的翼马:泰陵翼马的形象趋向写实,颈项丰腴,躯体壮硕,腹下并不凿空。形体浑圆厚重,突出了翼马形态的矫健雄强。长鬣与双肩飞翅相连,饰以螺纹,腹下石座满布流云纹。整体造型概括,展拓开张,疏阔浑雅。

唐肃宗李亨的建陵,位于陕西省礼泉县东北 15 公里武将山南麓,仍然以山为陵。东与太宗昭陵相对,西望梁山乾陵,南边临沃野,北依群山。陈安利载,肃宗于宝应二年(763)三月归葬于此。城垣四面各辟一门,以四神命名,门外各置石狮一对,筑阙台一对。朱雀门(南神门)外设神道,长 763 米,其南端筑乳台一对。神道在两条山梁之间,所有石刻都分别置于两条梁上,中间相距有数百米之远,颇有气势。神道自南而北依次排列华表、翼马、鸵鸟、仗马、翁仲等石刻造像。从建陵的石刻风格看,较以前唐诸陵体形略小,制造也较粗疏,但雕刻技法并不逊色,陈安利说,这反映了"安史之乱"后的唐朝经济由盛而衰的状况。由于这里沟壑纵横,道路崎岖难行,游人比较稀少,因而石刻保存比较完好,为现在保有石刻较多较完整的一座唐陵。

这年十月,高僧灵一卒于杭州龙兴寺,年始 36 岁,《全唐诗》载有灵一诗作一卷。唐人高仲武《中兴

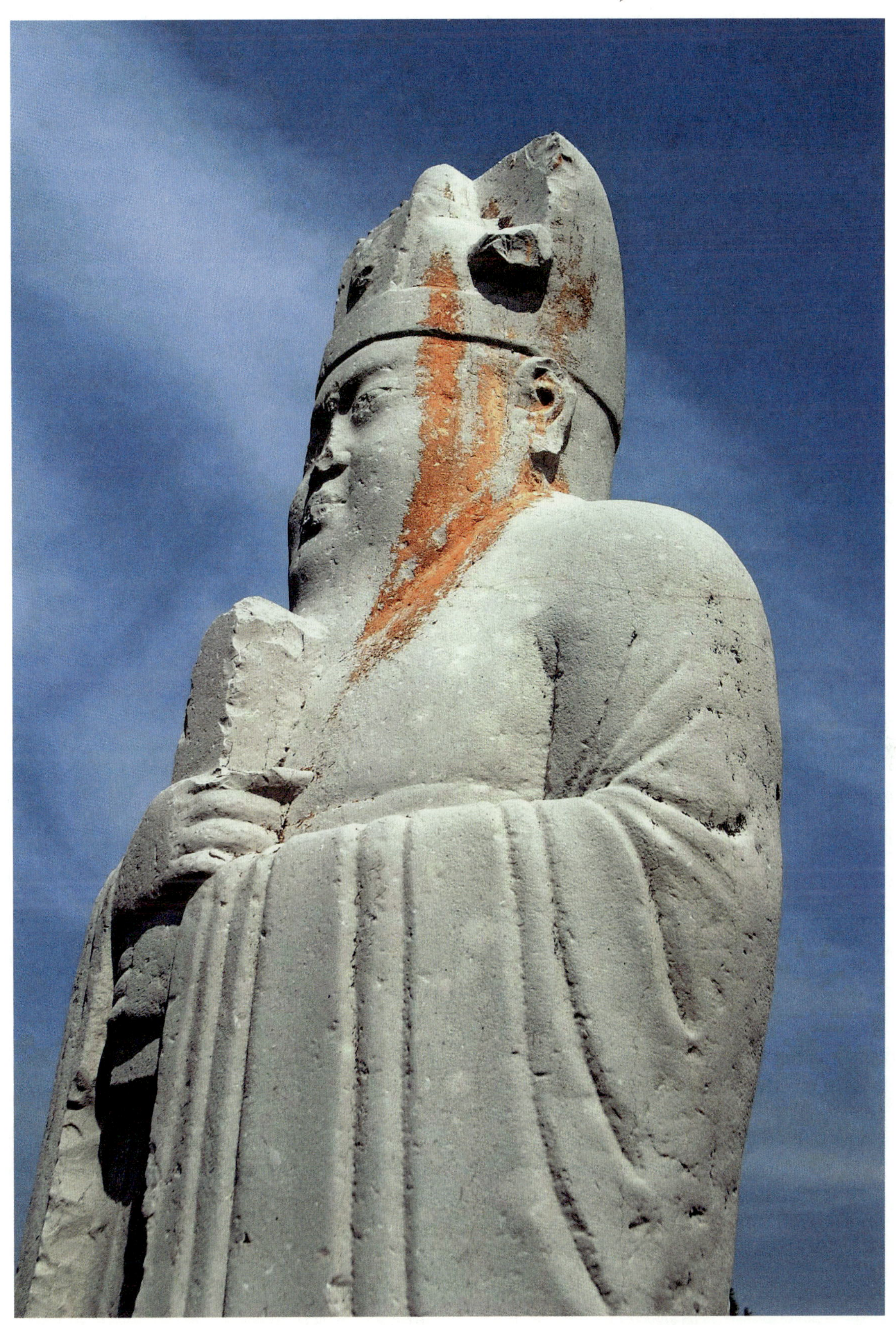

图 176 玄宗泰陵持笏文臣 宝应元年(762) 陕西蒲城

间气集》卷下选其诗四首，并评价灵一诗歌说：自齐梁以来，道人为文者多矣，罕有入其流者。一公乃能克意精妙，与士大夫更唱迭和，不其伟欤。如"泉涌阶前地，云生户外峰"，则道猷、宝月，曾何及此。严维有《哭灵一上人》，独孤及有《一公塔铭》。

是年仲夏，四川新政刻造《鲜于氏离堆记》，为颜真卿所书。刘正成载，此碑为清道光十年(1830)由郭尚先、吴梁杰访得于新政离堆崖下，仅存残石五块，共47个整字和七个残字。据王积厚等撰文载，新政位于南充地区境内嘉陵江中游东岸，是古代开发较早的一个水边集镇。唐武德四年(621)在此建县，经历五代、两宋，到元代至元二十年(1283)废新政县并入南部县止，在此建县时间历662年之久。1978年新政划归仪陇县管辖。离堆，是古人为疏导洪水而凿开的石山，因其离开了母山，故名。新政离堆在嘉陵江对岸，顺江而下约1.5公里处，高出江面13.3米，面积约100亩。它与灌县都江堰离堆、乐山乌尤山离堆、雅安洪雅离堆，合称为四川的四大离堆。刘正成载，唐肃宗上元元年(760)八月，颜真卿因事获罪，被贬谪为蓬州长史，颜真卿途经新政县，拜访当地望族鲜于忠通。由于鲜于氏于离堆东侧凿有石堂，于是邀请颜真卿写下此记。记中详述鲜于氏家业和开凿石堂的始末。二年后(762)鲜于氏请来名匠，刻此记于离堆山崖之上。颜真卿写《鲜于氏离堆记》时已经51岁，笔法成熟老到，在那些短而壮的点画中，可以充分感觉到笔画间的力量，仿佛一股忠义之气，跃于字间。《鲜于氏离堆记》宋时便磨损、风蚀严重，所幸其文被收录于《颜鲁公文集》中。不过摩崖本身的风化，点画锋芒的模糊，倒使刻记增添了许多扑朔迷离的色彩，记中的字也更具些篆籀用笔的意味，高古而又浑穆。

大宦官高力士本姓冯，是同为宦官的高延福养子，因而改姓高，高州良德(广东高州)人。在安史之乱时，高力士随玄宗避难入蜀。回到长安后被李辅国所诬，流放巫州。宝应元年代宗即位，大赦而还。闻知玄、肃二帝已死，哀恸而绝，卒于郎州(湖南常德)。代宗念其忠诚，陪葬于泰陵。陈安利载，高力士墓在陕西省蒲城县保南乡山西村附近。墓前原有墓碑一通，头身为一体，龟座螭首，碑额行书"大唐故开府仪同三司赠扬州大都督高公神道碑"(碑立于大历十二年)。清乾隆时期，高力士碑已残破不全，只存上半截。据陕西省蒲城县文化馆陶仲云、白心莹撰文说，1971年，他们发现了高力士碑的下半截。两截残碑现存蒲城县博物馆，连额通高约405厘米、宽约142厘米、厚约25厘米。碑文行书，共约1 650字，京兆府户曹参军李阳冰篆题。1999年陕西省考古研究所与渭南地区文管会对高力士墓进行发掘，墓中出土长方形墓志一合，志盖篆书"唐故开府仪同三司赠扬州大都督高公墓志"，四侧盖刹线刻青龙白虎朱雀玄武四神像，墓志四周线刻十二生肖图案，表面镌有1 500余字的行楷志文。陈安利认为碑志当同一人所书，均系太中大夫将作少监翰林待诏张少悌。撰文者也应为同一人，碑文中为尚书驾部员外郎知制诰□□，姓名剥落，但墓志文中可以清楚地看出是潘炎。

约于此际，四川巴中南龛第一龛刻杜甫诗《九日奉寄严大夫》。据成都文物考古研究所等载，在《严武奏表》左侧壁阴刻有杜甫的《九日奉寄严大夫》诗，其诗今已磨灭。上元二年(761)，严武奉诏回京任京兆尹，因剑南兵马使徐知道反而被阻于剑南一带，九月仍未走出巴岭。时杜甫亦避乱于梓州(四川三台)，于九月九日写此诗奉寄。据道光本《巴州志》载，道光时尚留存"小驿香醪嫩，重岩细菊斑，遥知簇鞍马，回首白云间"四句。据《巴州志》(艺文)勘载，全诗为："九日应愁思，经时冒险艰。不眠持汉节，何路出巴山。小驿香醪嫩，重岩细菊斑。遥知簇鞍马，回首白云间。"

肃宗至代宗朝，韦肇题名大雁塔，开进士题名于碑之先河。据李裕民等考证，历史上进士题名于碑上，最早的例子是唐代的张莒。也有说是韦肇的，据说韦肇在进士及第后，春风得意中，便把自己的名字题写于长安慈恩寺大雁塔之上。自此以后，人们争相效仿，各朝进士们纷纷题名于碑上。正如原大雁塔文管所副所长、西安雁塔题名研究会会长吕乐山所指出：雁塔题名始于唐中期，但究竟始于何时何人，史料上却并不翔实。据小雁塔荐福寺内所存康熙二十六年(1687)《题名记》碑记载，韦肇是第一个在慈恩寺内大雁塔之壁题名者。但唐人韦绚在《刘宾客嘉话录》中则记载慈恩寺内雁塔题名始于张莒，他闲游寺内时随意中将自己和同年及第的进士名字题写于雁塔塔壁之上，没想到后来竟然相沿成俗。吕乐山认为，韦肇本人为唐肃宗至代宗朝的及第进士，而张莒是大历九年(774)进士，从所处年代来看，似乎韦肇早于张莒。也有学者认为，五代王保定《唐摭言》中就记载说：神龙以来，在杏园宴后，进士们皆于慈恩寺塔下题名，并推举善书者题写。宋人樊察《慈恩雁塔题名序》中也说：自神龙以来，进士登科皆赐游江上，题名雁塔下，由是遂为故事。若依此，则“雁塔题名”始于唐中宗神龙年间。

［文献］ 唐高仲武《中兴间气集》卷下，唐颜真卿《颜鲁公文集》卷一三，五代王定保《唐摭言》卷三，宋陈思《书小史》，清彭定求等《全唐诗》卷八〇八，陈安利《唐十八陵》，刘兴珍等《中国古代雕塑图典》，陶仲云等《陕西蒲城县发现高力士残碑》(《考古与文物》1983年第2期)，王积厚等《新政离堆与颜真卿〈鲜于氏离堆记〉》(《四川文物》1985年第4期)，刘正成《中国书法鉴赏大辞典》，成都文物考古研究所等《巴中石窟内容总录》，李裕民《雁塔题名研究》(《长安大学学报(社会科学版)》2010年第2期)，吕乐山等主编《雁塔题名作品集》。

公元763年　宝应二年　广德元年

［提示］ 宝应二年，陕西《空寂寺大福和上碑》。广德元年，重庆《涪陵白鹤梁题刻》雄雌石鱼、陕西《臧怀恪碑》、湖南元结《舂陵行》残碑。须弥山石窟第46、51窟有吐蕃文刻记。约于此际，《慧义寺弥勒像碑》。

［叙录］ 代宗宝应二年，陕西刻《空寂寺大福和上碑》。据毛凤岐记载，此刻刻工为实悟(比丘)。《石刻考工录》已著录此刻，系于贞元□年，清人陆增祥则定为贞元十六年(800)，宋人陈思等则系年于宝应二年。程章灿考此碑撰者署“尚书主客员外郎陆海”，《全唐文》中有常衮《授陆海主客员外郎制》。常衮广德元年以右补阙充翰林学士，累加考功郎中知制诰，永泰元年(765)进中书舍人，加集贤院学士。大历九年(774)迁礼部侍郎，十二年拜相，十四年以后贬任外职。这就是说，《授陆海主客员外郎制》只可能作于广德元年至大历九年间(763—774)，陆海任尚书主客员外郎亦在大历九年前，不可能晚至贞元间。《宝刻丛编》为宋人所编，所见碑拓文字当较今人完整，其系年必有所据，亦与常衮仕历相合，似可从之。

是年改元广德。广德元年，重庆刻《涪陵白鹤梁题刻》雄雌石鱼。《涪陵白鹤梁题刻》位于涪陵区域北面长江中，距南岸约100米，与“北崖”隔水相望。据丁祖春、王熙祥等载，在长约1 920米、宽约15米的天然石梁磐石上，先后镌刻有14尾石鱼，内有一对唐代镌刻的雄雌石鱼，其眼部海拔高度为137.91米，与长江航运部门测定的涪陵地区长江水位标尺零点非常接近，这是古人水文观察精确的实证，被誉为“世界第一古代水文站”。石鱼成为长江的水文标尺，由它可知江水的涨落程度。在白鹤梁上还有唐、宋、元、明、清、民国及新中国成立后的历代题刻167段，共计万余字，其中宋人题刻最多，近百段。在167段题刻中有108段记有水去鱼下多少尺的水文资料记载。文物与水文工作者据此测定出自唐广德元年至20世纪初1 200年间的72个有确切纪年的长江上游枯水水位表。从中人们得以了解白鹤梁上的唐代雄雌石鱼，约每隔10年出一次，长江水文变化约10年一个周期，最低水位在“石鱼以下10尺”。白鹤梁的珍贵题刻，是研究长江水位变化规律的重要科学资料，同时也具有极高的文化艺术价值。在三峡工程建设中，白鹤梁被淹没，为此，国家已修建一座水下博物馆妥善保护白鹤梁题刻。

刻于广德元年陕西的《臧怀恪碑》，全称《唐故右武卫将军赠工部尚书上柱国上蔡县开国侯臧公神道

图 177　玄宗泰陵拄剑将军　宝兴元年(762)　陕西蒲城

碑铭并序》。此碑宋人赵明诚有著录，据刘正成载，碑为颜真卿撰并书，李秀岩题额。正书。28 行，行 58 至 64 字不等，碑高 467 厘米。石原在陕西三原，现藏陕西西安碑林，陕西人民出版社曾影印近代拓本行世。

湖南元结《舂陵行》残碑。据刘刚载，此石刻现藏湖南道县文化局，碑高 90 厘米。碑文楷书，字体端庄。《舂陵行》诗是元结于广德元年任道州刺史时，感民生而作。残碑在唐代道州府遗址(现道县县政府)地下挖出，仅剩八句。

《须弥山石窟内容总录》载，是年，吐蕃入侵原州，须弥山石窟第 46、51 窟有吐蕃文刻记。

约于此际，刻立《慧义寺弥勒像碑》。据赵明诚载：《唐慧义寺弥勒像碑》，李潮八分书。潮书初不见重于当时，独杜甫诗盛称之，以比蔡有邻、韩择木。今石刻在者绝少，惟此碑与《彭元曜墓志》耳。余皆得之，其笔法亦不绝工，非韩、蔡比也。杜甫写有《李潮八分小篆歌》，李潮是杜甫之甥、善小篆。

［文献］　宋人陈思《宝刻丛编》卷八，宋赵明诚《金石录》卷二七，清毛凤岐《关中石刻文字新编》卷二，清董诰等《全唐文》卷四一一，清陆增祥《八琼室金石补正》卷六七，程章灿《石刻刻工研究》，丁祖春等《涪陵白鹤梁石鱼和题刻研究》(《四川文物》，1985 年第 2 期)，刘正成《中国书法鉴赏大辞典》，刘刚《湖湘碑刻》，宁夏回族自治区长安志文物管理委员会等编著《须弥山石窟内容总录》。

公元 764 年　广德二年

［提示］　十一月二十一日，陕西《郭家庙碑》。

［叙录］　十一月二十一日，陕西刻《郭家庙碑》。此碑最早为明人赵崡著录，至清代更有顾炎武、毕沅、王昶等人相继著录。据刘正成载，此碑碑高 380 厘米，全称《有唐故中大夫使持节寿州诸军事寿州刺史上柱国赠太保郭公庙碑铭并序》。碑阳碑文由颜

真卿撰并书，正书30行、行58字。碑额则为代宗御笔“大唐赠太保兴国贞公庙碑”。此碑是记载平定安史之乱勋臣郭子仪家族世系家庙碑，是郭子仪为其父郭敬之建庙而刻立。碑原在陕西布政司下库，后存西安蕃府，1950年移存西安碑林。圆首方座，碑首浮雕蟠螭。清人杨守敬在《书学迩言》说：此碑纯以圆润胜，颇似赵松雪，然以《郭家庙》碑阴证之，固可信亦鲁公书。

［文献］ 明赵崡《石墨镌华》卷三，清顾炎武《金石文字记》卷四，清毕沅《关中金石记》卷三，清王昶《金石萃编》卷九二，清杨守敬《书学迩言》，刘正成《中国书法鉴赏大辞典》。

公元765年　永泰元年

［提示］ 十一月十五日，龙门刻《荷泽大师神会塔铭》。永泰元年，湖北《鄂州怡亭铭摩崖刻石》。元结题镌“无为洞”题刻。四川简州造千手千眼菩萨及诸杂龛像。

［叙录］ 十一月十五日，建塔于龙门西山宝应寺，刻《荷泽大师神会塔铭》。禅宗南宗七祖神会圆寂于荆州开元寺。永泰元年，嗣虢王李巨等迎真身于洛阳，建塔于龙门西山宝应寺。温玉成载，1983年12月，在洛阳市龙门西山唐代宝应寺遗址中，出土了由“门人比丘慧空”撰写的《大唐东都荷泽寺殁故第七祖国师大德于龙门宝应寺龙岗腹建身塔铭并序》石刻。该塔铭中明确记录了神会生卒年月：神会于乾元元年五月十三日荆府开元寺奄然坐化，享年七十有五，僧腊五十四夏。神会卒于荆州开元寺，而不是洛阳荷泽寺。在此之前，关于神会生卒年月有多种说法：《圆觉经略疏抄》所记与此塔铭相同；《宋高僧传》则作668—760年；《景德传灯录》作686—760年。《神会塔铭》由神会弟子慧空撰文、法璘书丹。关于此塔铭，除温玉成之外，洛阳市文物工作队、李学勤和杨曾文都曾对之进行研究，收获甚多。

五月十一日，湖北刻《鄂州怡亭铭摩崖刻石》。此刻又称《怡亭铭并序》，或《怡亭铭》，原石在湖北鄂州市小北门外江边小岛上，其地又名观音崖，俗称猴子石。唐时此处风物甚佳，裴鹏在小岛筑亭，大书家李阳冰命名为“怡亭”，并作篆序。铭文则由道州（湖南道县）刺史裴虬撰写，李莒隶书铭文，序与铭均于是年同刻于岛上巨石。此摩崖刻字高53厘米、宽120厘米。刻石前6行22字为李阳冰铁线篆书序文，每字高约12厘米；后八行为裴虬撰写、李莒隶书之铭文。《怡亭铭》的文辞、书法俱佳，故历来颇受金石学家重视。明《一统志》载有宋蒋之奇的评述谓：《怡亭铭》刻于江滨巨石之上，乃唐阳冰篆，李莒八分书，裴虬为之铭，世谓三绝。在宋代也曾为欧阳修、赵明诚、吴曾等人所注意。

据刘刚载，在湖南宁远九疑山无为洞（又名嘉鱼洞）洞口，还有永泰元年元结题镌“无为洞”，字体为篆书。在四川简州（四川简阳市），据刘长久等载，这年还建造有千手千眼菩萨及诸杂龛像：简州村民用七奴因□分地荒芜日久，不堪佃食，况兄弟早亡及伯叔、男女皆无，发愿施地与僧惠峰，建造千手千眼菩萨及诸杂龛像。

［文献］ 宋欧阳修《集古录跋尾》卷七，宋赵明诚《金石录》卷七，宋吴曾《能改斋漫录》卷六，明李贤等《大明一统志》卷六九，温玉成《中国佛教与考古》、《记新出土的荷泽大师神会塔铭》（《世界宗教研究》1984年第2期），洛阳市文物工作队《洛阳唐神会和尚身塔塔基清理》（《文物》1992年第3期），李学勤《禅宗早期文物的重要发现》（《文物》1992年第3期），杨曾文《神会和尚禅话录》（附编），刘刚《湖湘碑刻》，刘长久《中国西南石窟艺术》，王朝闻等主编《中国石窟雕塑全集》（四川重庆卷）。

公元766年　永泰二年　大历元年

［提示］ 永泰二年，河北《正定风动碑》。大历元年，云南《南诏德化碑》、四川广安冲相寺《僧征海造佛像》。

［叙录］ 代宗永泰二年，河北刻立《正定风动碑》。据姜振利、伍雄武等载，此碑全称《大唐清河郡王纪功载政之颂碑》，位于河北正定县城解放街西侧，通高600厘米、宽250厘米、厚48厘米，堪称碑中巨制。碑文楷书29行，总计1 398字，目前能识读者1 007字。碑文内容是颂扬当时成德军节度使李宝臣的功德。由监察御史王佑撰文、太子司仪郎王士则书丹并篆额。碑为青石质，蟠龙碑首半圆形，六龙相交，气势壮观。李宝臣在新、旧《唐书》有传，奚人，原为安史叛将，伪署恒州刺史，后降唐。唐授以故地，名其军曰成德。李宝臣作为唐后期河朔三镇之一成德镇的始建者，统治成德十余年，并开启成德镇长达百余年的割据统治历史。关于此碑何以称为"风动碑"，在明代万历五年的周应中修、杨芳纂《真定县志》（古迹）中记载：《大唐清河郡王碑》，在县治东北察院内，高三丈许，剥落不全，俗传有风则摇，今未见其然。

是年改元大历。代宗大历元年，云南刻《南诏德化碑》。此碑现在云南大理白族自治州大理市城南7公里处古南诏国首都太和城遗址内。据伍雄武、梁晓强等人载，碑高302厘米、宽227厘米、厚58厘米，其规模为云南境内现存最为宏伟的一块古石碑。碑文由受南诏阁逻凤重用的最高行政官员清平官汉人郑回所撰写（载《全唐文》），行书书丹者则是流寓南诏的唐御史杜光庭。碑阳正文原有3 800多字，风化剥蚀，现仅存后半部分约800余字可以辨识。碑文内容记述南诏政权建立之初重要史实，包括统一五诏、西爨内乱、天宝战争、归附吐蕃、西开寻传（德宏景颇境内）、筑拓东城（昆明市）、设置官制。涉及南诏政治、经济、外交、军事以及当年云南各族的分布和关系、各族的生活习俗等。据《云南通志》载，南诏王阁逻凤曾刻立二碑，一为《南诏碑》，约刻于天宝十一载（752），立于南诏国都太和城西南，其碑已亡佚；另一碑即《南诏德化碑》。阁逻凤之所以立碑于国门，目的是要表明自己叛唐是被迫的。据载，碑建成之后，阁逻凤曾对臣属说：待南诏会有归唐之时，可以让大唐使者阅读此碑，以明其良苦用心。

据刘长久等载，大历元年，四川广安县冲相寺《僧征海造佛像》题记"永泰二年"，实为"大历元年"。

［文献］ 明周应中修杨芳纂《真定县志》（古迹），清董诰等《全唐文》卷九九九，姜振利《隆化文物志》，伍雄武《中华民族精神纽带之丰碑——南诏德化碑》（《孔子研究》1993年第4期），梁晓强《〈南诏德化碑〉碑文排列分析》（《大理学院学报》2010年第1期），刘长久《安岳石窟艺术》，王朝闻等主编《中国石窟雕塑全集》（四川重庆卷）。

公元767年　大历二年

［提示］ 六月十五日，湖南《峿台铭》。十月十八日，四川剑阁天马山道教摩崖造像。是年。陕西《三坟记》、四川邛崃石刻。

［叙录］ 六月十五日，湖南刻元结《峿台铭》。此铭在湖南祁阳松山浯溪碑林《大唐中兴颂》摩崖刻石对面东崖上。据刘刚载，铭文由唐代文学家元结所撰写，摩崖长195厘米、宽107厘米。六月十五日这一天，元结将浯溪三峰之中峰命名为"峿台"，并写下著名的《峿台铭》。此铭早在宋代就已广为人知，欧阳修、赵明诚等均曾著录。《峿台铭》摩崖的书丹者，石刻上并未署名，清人王昶等则署为"瞿令问篆书"。此铭长期以来一直掩埋于蔓草荆棘之中，1957年湖南全省进行文物普查时始复寻获。刘刚认为此碑书法系由玉箸篆演变而来的"悬针篆"，似从三国时吴国的《天发神谶碑》脱出。瞿令问的生卒年不详，为代宗时人，与诗人元结相善，先为元结道州幕僚，后出为道州江华县令，工隶书。元结在《阳华岩铭序》（此摩崖石刻现存江华县阳华岩）中称其"艺兼篆籀"。所书传世名碑有《峿台铭》、《浯溪铭》等，均在浯溪碑林，俱为摩崖刻石。浯溪碑林位于湖南祁阳县城关镇南一公里半处，浯溪在唐以前并无摩崖碑刻，其肇始者即中唐诗人元结。元结自广德元年（763）至大历三年（768），曾先后两次出任道州（道县）刺史，其间先后三次经过浯溪。元结酷爱浯溪景

图 178 四川邛莱石笋山第 32 号华严三圣窟 大历三年(768)

色，于大历元年(766)第三次途经浯溪时，“爱其胜异，遂家溪畔”，命溪水为浯溪。自大历二年至大历三年，先后在浯溪岩壁上，请瞿令问等人书丹镌刻他亲撰的《浯溪铭》、《峿台铭》等三铭。大历六年(771)元结又在浯溪岩壁镌刻中堂、右堂、东崖三铭。大历六年适逢大书家颜真卿抚州刺史任满北归途经浯溪，元结又请颜真卿在浯溪岩壁上书丹闻名于世的摩崖刻石《大唐中兴颂》。

十月十八日，四川剑阁天马山道教摩崖造像。据胡文和载，此造像位于剑阁演圣乡金刚村三组打儿岩石壁上，刻有道教石窟九龛，造像 49 尊。从右至左第二龛外龛左右石壁上各刻有造像三尊，主像高 510 厘米，左右小像高 35 厘米。龛内正中有一大石碑，石碑两旁石壁上各刻有三尊神像，像高 30 厘米，已部分风化。石碑是在凿刻石窟时专意凿刻留下的，碑高 150 厘米、宽 60 厘米，碑下刻有莲台。碑三面都刻有文字，已风化。但石碑左上方仍可看到“清欲新经、剑州、普州”、“大历二年十月十八日”等字，说明石碑三面及神像下方原都曾刻有道教经文，因时间太久，又因此龛向阳正对风雨，加之“打儿岩”人们求子投石，使龛内道教经文已经风化，只剩上述几个残字。

约于是年，陕西刻《三坟记》。据《西安碑林书法艺术》载，此刻原石久佚，现存于西安碑林者为宋人重刻。碑高 215 厘米，双面刻文。由李季卿撰文、李阳冰篆书、栗光镌刻。《三坟记》是李阳冰晚年所篆，可代表其篆艺最高成就。大诗人李白在《献从叔当涂宰阳冰》诗中说："吾家有季父，杰出圣代英"，"落笔洒篆文，崩云使人惊"，可见李阳冰的书艺，已达神妙之境。清人孙承泽在《庚子消夏记》中说：篆书自秦、汉而后，推李阳冰为第一手，今观《三坟记》运笔命格，矩法森森，诚不易及。其篆书的传世名碑尚有《缙云县城隍庙记碑》、《怡亭铭》、《栖先茔记》(原石久佚，北宋姚宗萼重刊石存西安碑林)、《般若台记》、《滑州新驿记》、《易谦卦刻石》、《黄帝祠宇额》等。

四川邛崃石刻。据刘长久等载，大历二年，在四川邛崃市石笋山刻造佛像，并建《石笋山菩提释迦二像龛铭》碑。

［文献］ 宋欧阳修《集古录跋尾》卷七，宋赵明诚《金石录》卷八，清王昶《金石萃编》卷九四，清孙承泽《庚子消夏记》，刘刚《湖湘碑刻》，刘正成《中国书法鉴赏大辞典》，胡文和《中国道教石刻艺术史》，陕西省博物馆编《西安碑林书法艺术》，刘长久《中国西南石窟艺术》，王朝闻等主编《中国石窟雕塑全集》(四川重庆卷)。

公元 768 年　大历三年

［提示］ 二月十五日，四川石笋山《华严三圣龛造像》。是年，四川南部《沈荣功德记碑》、四川都江堰《灵岩石经》。

［叙录］ 二月十五日，四川邛崃石笋山刻造《华严三圣龛造像》(图 178)。据刘兴珍载，此龛高 420 厘米、宽 480 厘米、深 180 厘米。主尊为毗卢舍那佛，结跏趺坐于束腰莲台上。满蓄螺髻，内着僧祇支，外披通肩袈裟，衣缘长垂覆莲座。广额丰颐，曲眉隆鼻，双目微闭，作沉思状。形貌庄重，神情慈祥。佛身后两侧为胁侍弟子像，左阿难，右迦叶，皆着僧衣立于莲台上。佛左右为二菩萨像。普贤居左，乘六牙白象，头戴宝冠，袒裸上身，胸颈满饰璎珞，臂饰钏，耳坠环。双手置于腹前，呈半跏趺坐姿势，一腿屈膝置于象背，一腿下垂踏莲蕾。曲眉秀目，颊辅丰润，神态温婉，和煦如春。文殊居右，骑青狮，形貌、姿态及服饰与普贤相类。另有狮奴、象奴及双手合十的两童子。龛外有造像碑一通，上刻雕造纪年"大历三年二月十五日"。全龛造像布局疏密适中，刻工疏阔自然，虚刃活斧相斡旋，人物形象、情貌俱佳。

同年，四川南部县回龙乡建《沈荣功德记碑》，记中有是年"造七佛像"之说。碑文由鲜于晋书。鲜于晋，字叔明，仪陇县新政人。《资治通鉴》有载，其父士简生二男，长子仲通，次子叔明，因公赐姓李，又称李叔明。叔明诚笃忠实，温良敦厚，少壮之期，豪侠好义，事兄以弟称，与朋以信著，好读诗书，精研元经，远近皆闻。宝应元年(762)，大书家颜真卿还专门为鲜于氏书写了著名的新政《鲜于氏离堆记》。

是年，都江堰刻《灵岩石经》。据陈瑞林等撰文载，灵岩寺在都江堰市北 4 公里处，为唐代印度高僧阿世多尊者创建。光绪年间，因寺旁山崩而发现藏经洞和石经板，保存较完整者有几十块，惜旋即散佚。后于民国二十年(1931)，邑人蒲春蔚就原址发掘清理出大量唐代石刻佛经。佛经沿洞壁依次重叠，每版间垫数枚开元钱；版高 40 厘米、宽 80 厘米，双面刻文；版上刻有经名、卷第、版数及功德主名氏。共 16 种，内有"大般若□第一百八十八卷第三版"、"大宝绩经第六卷第六版"等。1950 年后，灌县文物保管所将所存破碎石经，就形嵌为 16 架屏保存，经文皆楷书，书法精良，于端重严整中，寓苍劲雄秀之趣，集 20 余家笔力，是我国重要的民族文化遗产。

［文献］ 《资治通鉴》卷二二五，刘兴珍等《中国古代雕塑图典》，陈瑞林等《都江堰市灵岩寺唐刻石经》(四川省文物管理局《四川文物志》中册)。

公元 769 年　大历四年

［提示］ 三月二十四日，河南刻《大证禅师碑》。冬，不空三藏奏天下寺食堂置文殊师利为上座。是年，四川简阳造像。

［叙录］ 三月二十四日，河南登封嵩岳少林寺后所刻立的《大证禅师碑》，全称《大唐东京大敬爱寺故大德大证禅师碑铭》，又称《大证禅师昙真碑》、《东京大敬爱寺大证禅师碑铭》或《昙真碑》，碑已残。由王缙撰文、徐浩正书，刘英模勒，屈集臣镌刻。清人王昶载：碑高八尺，广三尺九寸三分。

这年冬，不空三藏奏天下寺食堂置文殊师利为上座。据唐人道迁所撰《大唐故大德赠司空大辨正广智不空三藏行状》（《大正藏》第50册）载：四年冬，大师奏：天下寺食堂中，特置文殊师利为上座。恩制许之。宋人赞宁的《宋高僧传》也有相同的记载：四年冬，空奏天下食堂中置文殊菩萨为上座。制许之。此盖慊憍陈如是小乘教中始度故也。

同年，四川简阳造像。据刘长久载，在四川简阳蟠龙山，有郡大夫傅耆造大佛、建石门院。

［文献］ 宋赞宁《宋高僧传》卷一，王昶《金石萃编》卷九五，刘长久《中国西南石窟艺术》，王朝闻等主编《中国石窟雕塑全集》（四川重庆卷）。

公元770年　大历五年

［提示］ 正月，广西桂林《逍遥楼刻石》。是年，陕西《臧希晏碑》、四川龙泉《羊贲造阿弥陀佛像一铺》、独孤及撰《舒州山谷寺觉寂塔隋故镜智禅师碑铭》。

［叙录］ 正月，广西桂林刻《逍遥楼刻石》。据桂林市文管会等载，此碑在桂林行春门城上逍遥楼中。石高320厘米、宽133.3厘米，由颜真卿楷书“逍遥楼”三个大字，字高60—68厘米不等，宽61—66厘米不等，是现存颜书中最大的字。抗日战争时期，桂林因拆城筑桥，此碑被用作石料，碑面被铲毁。现立于桂林市行春门城上逍遥楼中者，系1972年据旧拓本重刻。书此碑时颜真卿已62岁，已是人书俱老。苏轼在《书唐氏六家书后》称此碑“雄秀独出，一变古法，如杜子美诗，格力天纵，奄有汉、魏、晋、宋以来风流，后之作者，殆难复措手”。

是年，陕西刻《臧希晏碑》。大书家韩愈叔父韩择木三个儿子并擅书名，中尤以次子韩秀弼书法最佳，他曾为大哥《韩秀实墓志》撰序。《臧希晏碑》为韩秀弼书丹的名碑，曾入选施蜇存的《唐碑百选》中。此外还有建中元年（780）的《李自正碑》（在陕西长安）、贞元五年（789）的《李元谅碑》（在陕西华县）等。

大历五年，四川刻造龙泉《羊贲造阿弥陀佛像一铺》。同年，独孤及撰《舒州山谷寺觉寂塔隋故镜智禅师碑铭》。此碑文见载于《文苑英华》，温玉成说，该文追述禅宗的传承，为独孤及约作于大历五年前后。

［文献］ 五代徐铉《文苑英华》卷八六四，宋苏轼《苏轼集》卷九三，宋李昉、桂林市文管会《桂林石刻》，施蜇存《唐碑百选》，王朝闻等主编《中国石窟雕塑全集》（四川重庆卷），温玉成《中国佛教与考古》。

公元771年　大历六年

［提示］ 四月十五日，四川《三教合龛像》。四月，陕西《荐福寺临坛大德戒律诗碑》。四月，江西《麻姑仙坛记》。六月，湖南《大唐中兴颂》、四川剑阁《逍遥楼》。十月，陕西《观身经铭碑》。是年，河南宝山《游人徐源等题诗》石刻、河南《少林同光禅师塔铭》。

［叙录］ 四月十五日，四川有资州（四川资中县）刺史叱千公刻《三教合龛像》。据刘长久等载，刺史之外，还有京兆府万年县（西安市北）沙门治顺、书人乐安郡（山东广饶县）任惟谦、镌字人平原郡（山东平原县）雍慈顺、都料丈六弥勒佛匠雍慈敏参与其事。《全唐文》载有大历中朝请郎、行成都府广都县丞李去泰为此而撰写的《资州刺史叱千公三教道场文》。

宋人释志磐载：大历六年四月五日，敕京城僧尼，临坛大德各置十人。以为例程，有阙即填。此带“临坛”，而有“大德”二字，乃官补德号之始。大历六年所刻《荐福寺临坛大德戒律诗碑》，即在此背景下产生。据刘正成说，此碑帖由韩择木隶书，凡四行，原碑久佚，有拓本行世，藏于安徽省泾县文化馆。

同月，江西刻《麻姑仙坛记》。此记全称《有唐抚州南城县麻姑仙坛记》，碑原在江西临川南城县，明末毁于火患。刘正成载，北京故宫博物院、上海文管会藏有此碑宋拓本，高30厘米、宽93厘米。碑文由颜真卿撰文并楷书，为颜真卿大历三年(768)出任抚州刺史、途经江西南城游麻姑山时所作。碑文前部分叙述麻姑仙女传说，后部分记载麻姑得道地麻姑山仙坛。欧阳修评价说：此记遒峻紧密，尤为精悍。笔画巨细皆有法，愈看愈佳。清人王士祯还记载了一个与此记有关的充满梦幻色彩的故事：汤斌(潜庵)夜梦登高山，已陟其半，忽一人自后越之先登。汤鼓勇继之，遂至山巅。顾一室空无所有，惟壁上悬《麻姑仙坛记》。既觉，不知所谓。不久，阁学缺，汤遂继擢他人。上官曰，适某督抚疏内有蔡姓名经者，宛平王相公笑云：蔡京宋奸臣，胡同其音？高阳李相公说：彼乃京字，此《麻姑仙坛记》中所云蔡经耳。汤闻之竦然，事之前定如此。是年六月，特擢汤江苏巡抚。盖麻姑坛在抚州，而蔡经家吴之洞庭也。

六月，湖南刻《大唐中兴颂》。此摩崖刻石简称《中兴颂》，据刘刚、刘正成等载，石刻在湖南祁阳浯溪崖壁，高417厘米、宽422厘米。碑文21行、每行25字，字径15厘米。清人王昶则载：碑高丈二尺五寸，宽丈二尺七寸。肃宗上元二年(761)八月，初平“安史之乱”，时领兵镇守九江的元结，为此作《大唐中兴颂》。大历六年(771)元结丁母忧制满，适逢颜真卿抚州刺史任满北归，元结、颜鲁公来游浯溪，请鲁公书《大唐中兴颂》于崖壁之上。时颜真卿已年届63岁，展现出颜书气势磅礴、瑰玮磊落的艺术特质。欧阳修著录此碑时说：《大唐中兴颂》书字尤奇伟，而文辞古雅，世多模以黄绢，为图障。碑在永州，摩崖石而刻之，模打既多，石亦残缺。今世人所传字画完好者，多是传模补足，非其真者。

是年六月，在四川剑阁还刻有颜真卿书《逍遥楼》书法石刻。据高文载：此题字石高6尺8寸，宽5尺4寸3分，大字字径1尺9寸，正书，逍遥楼左有“大历六年夏六月颜真卿书”11字。张彦生《善本碑帖录》载：原刻在广西临桂。《桂林石刻》载：此题记在行春门城上逍遥楼中，抗日战争期间迁至普陀山前，后被毁。1972年据旧拓重刊。显然，四川剑阁所刻亦为摹刻，并非颜真卿原书丹所刻。

十月，陕西刻《观身经铭碑》，全称《集王书清净智慧观身经铭》。《拓本汇编》载有此碑拓本。原碑在陕西富平美原镇，刻工为陈初。唐代有几件著名的集王羲之书碑，如前面提及的怀仁《集王羲之书圣教序》、大雅的《集羲之书吴文碑》等。这件《集王书清净智慧观身经铭》，也是其中较为知名的一件，由田名德集王书。碑文凡30行，满行52字。另一件集王书碑刻《集王书永仙观碑》，全称《大唐京兆府美原县永仙观碑文》，由萧森撰文并模集晋王羲之书，刻于《集王书清净智慧观身经铭》碑阴，但其书法已失王书神韵。

河南宝山《游人徐源等题诗》石刻。河南省古代建筑保护研究所载，河南安阳灵泉寺有唐代双石塔，是两座单层密檐式方形石塔。1936年的古建筑勘察团在此进行调查时，也只记录和拍摄了两塔露出地面的塔檐部分。河南古代建筑保护研究所于1983年重新清理时，使双石塔的湮没部分露出地面。东塔通高522厘米，塔身东壁刻有唐代大历六年游人徐源、徐淮、程序、徐泳四人书写的五言律诗各一首，诗虽平平，却在一定程度上反映了古刹的历史面貌，表明这座地处深山的寺院，唐代仍为香火繁盛的北方佛教胜地。

曾毅公考，大历六年，屈集臣(河南廷州金明府剔将)刻河南《少林同光禅师塔铭》。温玉成载，少林寺东墙外有同光塔，塔林中有法玩塔，同光与法玩都是普寂大弟子。同光塔立于大历六年，有郭湜撰《唐少林寺同光禅师塔铭并序》。同光兼宏禅律，弟子惟济，是少林寺寺主。法玩塔有李充撰《大唐东都敬爱寺故开法临坛大德法玩禅师塔铭并序》(以贞元六年秋八月十三日寂灭于东都敬爱寺)。法玩总戒定慧三学，虽学于普寂，实其禅学反类似于跋陀的“三藏心禅”。法玩弟子众多，其在少林寺者，是上座净业、寺主灵凑等。开元年间，密宗大师金刚智、善无畏和宝思惟等纷纷弘扬密教。义福和普寂弟子一行，皆曾师事于金刚智、善无畏。

［文献］　宋释志磐《佛祖统纪》卷四一，宋欧阳修《集古录跋尾》卷七，清王昶《金石萃编》卷九六，清董诰等《全唐文》卷四四四，清王士祯《池北偶谈》卷二三，张彦生《善本碑帖录》，刘正成《中国书法鉴赏大辞典》，刘刚《湖湘碑刻》，《拓本汇编》第27册，刘长久《中国西南石窟艺术》，王朝闻等主编《中国石窟雕塑全集》(四川重庆卷)，高文等《四川历代碑刻》，河南省古代建筑保护研究所《宝山灵泉寺》，曾毅公《石刻考工录》，温玉成《中国佛教与考古》。

公元772年　大历七年

［提示］　八月，江苏《李玄靖碑》。九月，河北《宋璟碑》。十月十六日，不空三藏请僧尼寺内各拣一胜处置大圣文殊师利菩萨院。十一月，河南《元结碑》。是年，河南《八关斋会报德记》、福建《般若台记》。

［叙录］　大历七年的石刻，以碑刻取胜。八月，江苏刻《李玄靖碑》，全称《茅山玄靖先生李含光碑》。据王同顺研究，《李玄靖碑》传世者有两种：一为张从申大历七年八月所书(此碑)；二为大历十二年夏五月颜真卿所书碑。张从申书丹的碑刻在镇江共存有两方行书碑：《李玄靖碑》和《延陵季子庙碑》。张从申为吴郡人，生卒年不详。曾擢士第，任长史，官至大理司直，世称张司直。宋人朱长文在《续书断》中列张从申入“能品”，和王知敬、卢藏用、李邕、裴休等同列。刘正成认为，如果把两块写李玄靖的碑放在一起比较，就会发现颜真卿所书者以雄沉、厚博为其风格，正是当时的时代气息；而张从申奉行传统基调，弹奏的仍是前朝旧曲，不过对作为道士的李玄靖来说，应该是与后者的情趣更为合拍吧。

九月，河北刻立《宋璟碑》。此碑亦称《宋广平碑》，全称《有唐开府仪同三司行尚书右丞相上柱国赠太尉广平文贞公宋公神道碑铭并序》。碑文由颜真卿撰并正书。清人王昶著录：碑高丈一尺七寸，宽六尺。在此碑的另一侧，刻有《唐古太尉广平文贞公宋公神道碑侧记》，亦为正书。碑在河北沙河，宋时曾佚，明中叶复出土时，石已断。宋拓未断。宋璟在两《唐书》中有传，字广平，河北邢台人。官拜尚书右丞相，授府仪同三司，晋爵广平郡开国公，历经武、中、睿、殇帝、玄宗五帝，政治生涯长达50余年。他与姚崇一起，为大唐事业贡献良多。在某种意义上说，没有宋璟和姚崇，就没有开元盛世。

十月十六日，不空三藏请僧尼寺内各拣一胜处置文殊菩萨院。据唐圆照记载：这年十月十六日，中书门下牒不空三藏牒，奉敕：京城及天下僧尼寺内，各拣一胜处置大圣文殊师利菩萨院。仍各委本州府长官即旬当修葺，并塑文殊像。装饰彩画功毕，各画图具状闻奏，不得更于寺外别造。文殊菩萨在密宗中的地位，于此可见一斑，为众菩萨之首。

十一月，河南刻立《元结碑》。此碑亦称《元鲁山铭》，全称《唐故容州都督兼御史中丞本管经略使元君表墓碑铭并序》。王昶载此碑高八尺、宽三尺九寸。由颜真卿撰并正书，碑帖在河南鲁山。宋《宣和书谱》：论者谓鲁公书点如堕石，画如夏云，钩如屈金，戈如发弩，此其大概也。至其千变万化，各具一体，若《元鲁山铭》之深厚，亦其所得者愈老也。

是年河南所刻《八关斋会报德记》，全称《有唐宋州官吏八关斋会报德记》，《拓本汇编》载有拓本图片。清人赵绍祖在辑《金石文钞》时著录此记。碑在河南商丘开元寺，由石从建、高元瞻镌刻。王昶载此碑高丈一尺四分，宽二尺五分。唐会昌中大毁佛寺，此石被毁。唐大中三年(849)郡守崔倬以旧拓本补刻之。盛时泰在《苍润轩碑跋》中评价说：此书在颜碑者最为奇伟，盖以其气象森严而又不窘束故尔。同年，福建还刻有《般若台记》。据刘正成载，此碑为李阳冰篆书。字大盈尺，计24字，石在福建福州乌石山。此刻与《处州新驿记》、《城隍庙记》、《镜水忘归台铭》为“四绝”。清康有为评论说：少温(阳冰)《般若台》体近咫尺，骨气遒正，精彩冲融，允为楷则。

［文献］　唐圆照《贞元新定释教目录》卷一六，宋朱长文《续书断》，宋赵佶等《宣和书谱》卷三，清王昶《金石萃编》卷九七，清赵绍祖辑《金石文钞》卷六，

清盛时泰《苍润轩碑跋》，清康有为《广艺舟双楫》卷六，王同顺《镇江古代石刻及焦山碑林书法研究》，刘正成《中国书法鉴赏大辞典》，《拓本汇编》第27册。

公元773年　大历八年

［提示］　十二月，山东《文宣王庙新门记》。

［叙录］　十二月，山东所刻立的《文宣王庙新门记》，在清人孙星衍、孔继汾、洪颐煊和阮元的著述中均有著录。据骆承烈载，此碑位于孔庙汉魏碑刻博物馆西屋。碑高168厘米，碑额篆书“文宣王庙新门记”，碑头刻立体盘龙纹。碑文系为孔庙新门修建而作，裴孝智（见《新唐书》宰相世系表，官至都官郎中）撰、裴平隶书。此碑不言“书”，而言“下丹”，与别碑不同。此碑形制颇为特别：碑额字甚小，题字处上锐。在上方悬一宝珠，旁有二龙绕之。在汉碑中凡绘龙者皆有四足，如马奔驰，而此碑与后世的蟠龙无异，日后演变为二龙捧珠（戏珠）。

［文献］　宋宋祁等《新唐书》卷七一，清孙星衍《寰宇访碑录》卷四，清孔继汾《阙里文献考》卷三四，清洪颐煊《平津馆读碑记》卷七，清阮元《山左金石志》卷一三，骆承烈《石头上的家文献——曲阜碑文录》。

公元774年　大历九年

［提示］　正月，颜真卿撰《湖州乌程县杼山妙喜报寺碑铭》。八月，河南《滑台新驿记》。十月，刻《徐氏碣》。是年，浙江《干禄字书》碑。

［叙录］　正月，颜真卿撰《湖州乌程县杼山妙喜报寺碑铭》（见《全唐文》）。时颜真卿在湖州任上，碑原立于湖州杼山，久佚。杼山在湖州城西南30里处（吴兴区妙西镇境内），汉代名稽留。至唐代，因相传夏王后杼曾南巡此山，故称杼山。僧皎然在杼山提倡茶道，所谓“三饮即得道”。据颜碑所载，在杼山之阳有妙喜寺，是梁武帝于大同七年（541）夏五月建置，帝御寿光阁，会所司奏请置额，帝以东方有妙喜佛国，因以名之。

是年八月，河南刻《滑台新驿记》。原石久佚，现存者为元明间重刻，也已残，石原在河南滑县。在中国社会科学院，还藏有宋拓孤本。赵明诚著录此石载：《唐滑台新驿记》，李勉撰文、李阳冰篆书。其阴有铭。欧阳公云：不知作者为谁。赵明诚考之，乃舒元舆《玉箸篆志后赞》。其文载于《唐文粹》及元舆集中，欧阳公偶未之见。以此看来，至少此碑在赵明诚时代还存世。现存残石出土于清代，碑前刻有同治辛未（1871）长洲宋祖骏题记。

十月，刻《徐氏碣》。此石较为独特之处在于，一石而为三人合刻。程章灿考，这三个刻工分别是：陇西李坦然刻字、墓主曾孙徐管模勒、墓主侄孙徐璟检校。此刻在元人陶宗仪的《古刻丛钞》中有著录。

本年，浙江刻《干禄字书》碑。随着书体的变化，汉字越来越丰富多彩，但也形成了传播与阅读的一些障碍。为便于人们辨识文字与规范书写行为，大书家颜正卿叔父颜元孙特撰此《干禄字书》。书中每字分俗、通、正三体，辨析甚详。《干禄字书》收录唐代俗文字颇多，对于研究汉字演化史有着重要参考价值。由于此书对官员士子之章奏、书启、判状大有帮助，故称“干禄”（寻求禄位）。书成之后，颜真卿又在大历九年，以楷书书丹勒石立碑于浙江湖州东院。由于拓者多，此碑损缺严重，杨汉公于开成四年（839）据拓本重刻木版。至北宋时，据欧阳修载，木本亦多漫漶。南宋绍兴十二年（1142），成都句咏据拓本再次摹刻立碑于四川潼川。欧阳修评价此碑说：鲁公书刻石者多，而绝少小字，惟此注最小，而笔力精劲可法，尤宜爱惜。

［文献］　宋欧阳修《集古录跋尾》卷七，宋赵明诚《金石录》卷二八，元陶宗仪《古刻丛钞》，清董诰等《全唐文》卷三三九，程章灿《石刻刻工研究》。

公元775年　大历十年

［提示］　五月，江苏《李元靖碑》。是年，陕西

《王忠嗣碑》。

［叙录］ 五月，江苏刻《李元靖碑》。此碑全称《有唐茅山元靖先生广陵李君碑铭并序》，宋人欧阳修、陈思等曾著录。因为这位李君讳含光，故又称《李含光碑》。碑文由颜真卿撰并正书，四面刻文。曾毅公考，此碑刻工为吴崇休（渤海）。据清人王昶载：碑高一丈，宽三尺二寸五。碑在江苏句容茅山玉晨观。刘正成记录说，此碑在南宋绍兴七年（1137）断裂；明嘉靖三年（1524）遭火石碎；清乾隆五十七年（1792）汪稼门访得三碎石，计1 040余字，不久又遭兵燹失去。同治五年（1866）遵义赵氏访得15石，计197字；同治十一年（1872）扬州张氏又访得二石，合前计279字。临川李宗瀚旧藏南宋断后初拓本，文字稍有残缺，以火后本补足。清人何绍基在《东洲草堂金石跋》评此碑书法：于劲伟中出缓绰，心仪杨许之风，不觉流露腕下也。

是年，陕西刻《王忠嗣碑》。此碑明人赵崡等有著录，为元载撰文、王缙行书书丹。碑旧在陕西渭南乡贤祠，20世纪50年代被毁。此碑形制硕大，拓本尺寸亦高达310厘米。王忠嗣在两《唐书》中有传，原名王训，山西祁县人，唐代名将，有唐代战神之称。书碑者王缙是诗人王维亲兄弟，善草隶书，功超薛稷。

［文献］ 宋欧阳修《集古录跋尾》卷七，宋陈思《宝刻丛编》卷一五，明赵崡《石墨镌华》卷三，清王昶《金石萃编》卷一〇〇，清何绍基《东洲草堂金石跋》卷五，刘正成《中国书法鉴赏大辞典》，曾毅公《石刻考工录》。

公元776年　大历十一年

［提示］ 十月二十日，四川仁寿龙桥乡渣口岩造像及题记。是年，四川夹江县千佛崖造佛像一龛。

［叙录］ 十月二十日，四川仁寿龙桥乡渣口岩造像及题记。据胡文和载，四川仁寿渣口岩分别在第8、11、14、15号四龛中发现造像题记五则，多数为祝愿平安而造像供养的题记，唯11号龛的题刻有明确的时代。11号龛由上、中、下三部分组成。上部镌一佛像，结跏趺坐于帷幔覆莲台上，中部刻造像记，题记右侧已部分毁损，面壁从左至右竖书，阴刻，文中有“大历十一年太岁丙辰十月二十日”等字样。在题记之下凿一方口龛，镌一半圆雕供养人像。11号龛的题记和造像可证明两点：其一，代宗大历四年（769），当地民间有一张氏横遭殃祸，其唯一希望是寄托佛的保佑。其二，渣口岩一字形排列的造像龛中，11号龛所处位置不在正中，且在10龛龛口外右侧壁上。因此，推断此地造像时代的上限要早于大历十一年。同年，据刘长久等载，在四川夹江县千佛崖造佛像一龛。

［文献］ 胡文和《中国道教石刻艺术史》，刘长久《中国西南石窟艺术》，王朝闻等主编《中国石窟雕塑全集》（四川重庆卷）。

公元777年　大历十二年

［提示］ 五月，陕西彬县大佛寺石窟刻罗汉洞文殊造像。是年，《王履清碑》。陕西《高力士神道碑》。四川资阳造像。

［叙录］ 五月，陕西彬县大佛寺石窟刻罗汉洞文殊造像。据李凇载，彬县大佛寺石窟罗汉洞实际上由两个独立开凿的洞窟连通而成，分别称为“罗汉洞”和“佛洞”。佛洞北壁主要造像为一龛文殊菩萨骑狮像，通高180厘米，狮前刻有昆仑奴。龛旁造像题记：大历十二年五月□□行宫王楚宝造文殊师利菩萨一区。据《宋高僧传》，大历四年冬，不空奏天下食堂中置文殊菩萨为上座，制许之。正是在代宗的支持下，全国各地兴起了造文殊菩萨像的热潮，此窟里等身大的骑狮文殊像，就是在这个背景中产生的，像主王楚宝特地在像旁的镌铭，说明了这尊菩萨的特殊重要性。费泳说罗汉洞是由各自独立的纵长方形洞与马蹄形洞击穿相连而成，约造于盛唐至中唐时期。

行书碑《王履清碑》。作者不详，书刻于大历十二年。据刘正成载，碑高 111 厘米。现藏于东京国立博物馆。同年，陕西刻立《高力士神道碑》。高力士在代宗宝应元年(762)遇赦，返途中得知玄肃二帝已驾崩，绝食而死，卒于郎州(湖南常德)。高力士死后，陪葬玄宗泰陵。在高力士死后 15 年的大历十二年，代宗追念其侍奉玄宗之功，又在其墓前立神道碑予以纪念。此神道碑通高 400 厘米，碑额由李阳冰篆题“大唐故开府仪同司赠扬州大都督高公神道碑”，书碑者则是翰林待诏张少悌。

四川资阳造像。刘长久等载，是年在资阳法雨寺北崖，有法雨寺座僧昭玄、寺主法演、都维那海藏等造释迦牟尼佛龛。

［文献］ 李凇《陕西古代佛教美术》，费泳《汉唐佛教造像艺术史》，刘正成《中国书法鉴赏大辞典》，刘长久《中国西南石窟艺术》，王朝闻等主编《中国石窟雕塑全集》(四川重庆卷)。

公元 778 年　大历十三年

［提示］ 四月二十五日，张彧撰《大唐圣朝无忧王寺大圣真身宝塔碑铭并序》。

［叙录］ 四月二十五日，张彧撰《大唐圣朝无忧王寺大圣真身宝塔碑铭并序》。据李发良载，此碑文详述法门寺塔庙始建缘由及隋代改“成实道场”之前阿育王寺(即今法门寺)盛衰简况，对贞观五年(631)、显庆五年(660)、上元元年(674)、长安四年(704)迎佛骨之盛况记叙尤详，是研究法门寺历史和佛教史的重要资料。碑高九尺六寸，正文 1 925 字，因历时久远，碑有残破。碑末题大历十三年四月刻。原碑已佚，清人王昶、陆增祥有著录。

［文献］ 清王昶《金石萃编》卷一〇一，清陆增祥《八琼室金石补正》卷六四，李发良《法门寺志》。

公元 779 年　大历十四年

［提示］ 五月，始建代宗元陵及石刻。八月，江苏《改修吴延陵季子庙记》碑。是年，陕西《颜勤礼碑》。大历年间，刻徐浩《宝林寺作及谒禹庙诗二首》。

［叙录］ 大历十四年五月，始建代宗元陵及石刻。据陈安利载，代宗元陵始建于大历十四年五月，完成于当年十月，历时六个月。元陵位于陕西富平县西北 15 公里的庄里乡陵里村檀山之上。李豫是肃宗长子，在位 17 年。元陵依山为陵，玄宫凿建于山峰南麓。陵园为夯筑城垣，平面呈不规则矩形；四面各辟一门，以四神命名，门外各置石狮一对，筑阙台一对。朱雀门(南神门)外设神道，长 600 余米，其南端筑乳台一对，再南约两公里筑鹊台一对。今陵园神道石刻亦仅存翁仲一尊、翼马一件。玄武门外尚有仗马五件。《旧唐书》载：德宗(代宗长子)即位后，即下诏修建代宗元陵，规模宏伟，耗资巨大。令狐峘谏，德宗听从令狐之言。由此可见，元陵陵寝建制已大不如先帝，反映了唐自“安史之乱”以后政治、经济每况愈下的状况。而随着岁月的流逝，元陵地面建筑早已荡然无存，仅剩下零星的建筑遗迹和石刻造像。

八月二十七日，江苏刻立《改修吴延陵季子庙记》碑。延陵镇九里有季子庙始于汉代，盛于唐宋，一直延续到今天。吴夫差十九年(前 477)，夫差失国，吴季札后人仅有第四子子玉一支隐姓埋名，坚守家园，并在季札墓侧建立季子祠。子玉后人曾刻立《十字碑》于墓前。开元年间，《十字碑》因风化毁蚀，铭文残泐，玄宗让书法家殷仲容摹拓其本。至大历十四年，时任润州(镇江市)刺史的萧定将《十字碑》依殷仲容拓本重刊上石，并撰写《改修吴延陵季子庙记》，请当时颇负盛名的张从申书丹于碑阴。据曾毅公考，此碑刻工为信都魏清海。唐代书法史中多有兄弟同擅书者，如柳公绰与柳公权等。但兄弟四人均擅书者，则数吴郡(苏州)张氏四人：张从师、张从义、张从申、张从约。宋人朱长文在《续书断》称张从申书法“老硬奇谲”，列入能品。今天仍能看见从申书法成就者，除此碑之外，还有《福兴寺碑》、《李玄靖碑》、《李含光碑》等。《改修吴延陵季子庙记》碑刻成之后，至宋代原石即已久佚，又重刻，后重刻之石亦毁。清人何绍基在《跋张从申书李元靖碑旧拓本》中说：张书有《延陵季子碑记》、《福兴寺碑》及《李玄靖碑》三迹，中以《玄靖》为尤卓卓。鲁公书炬赫照世，而《玄靖》两碑千载下犹颜、张并峙，其品次可知矣。

陕西《颜勤礼碑》，全称《唐故秘书省著作郎夔州都督府长史上护军颜君神道》，亦称《夔州都督府长史颜勤礼碑》，刻于大历十四年。碑高175厘米，四面刻字，今存三面。碑原在陕西万年县宁安乡栖原墓道侧。宋代元祐年间被人用作亭榭基址，20世纪20年代，出土于长安旧藩廨库基础中，后移置西安碑林，出土时石已中断。颜勤礼是书法家颜真卿曾祖父，颜真卿书丹此碑时已过古稀之年。此碑出土晚，捶拓少，故硂锻如新，拓本神采丰盈。较之《麻姑仙坛记》或《大唐中兴颂》，则笔力苍健，已达炉火纯青之境界。

徐浩《宝林寺作及谒禹庙诗二首》石刻。据《古刻丛钞》载：约在大历年间，陇西李坦然模勒并镌刻此二诗。程章灿按：此刻未署年月，唯同书录有大历九年(774)徐琯模勒、李坦然镌刻《徐氏碣》，故暂系此刻于大历年间。

［文献］ 宋朱长文《续书断》，元陶宗仪《古刻丛钞》，清何绍基《东洲草堂金石跋》卷五，陈安利《唐十八陵》，曾毅公《石刻考工录》，程章灿《石刻刻工研究》，王同顺《镇江古代石刻及焦山碑林书法研究》，刘正成《中国书法鉴赏大辞典》。

公元780年　建中元年

［提示］ 七月，《颜氏家庙碑》。是年，河南沁阳市玄谷山石窟四、五号龛。四川资阳法雨寺北崖《左喦造释迦牟尼佛龛颂并序》碑。

［叙录］ 代宗李豫卒后，太子李适即位，是为德宗，改元建中。建中元年七月，陕西刻《颜氏家庙碑》。此碑最早为宋人欧阳修、陈思等著录。刘正成载，此碑全称《唐故通议大夫行薛王友柱国赠秘书少监国子祭酒太子少保颜君庙碑铭并序》，由颜真卿撰并书，李阳冰篆额。后庙毁碑倒，宋太平兴国七年(982)李延寿上奏，移置至府城文宣王庙庑，现存西安碑林。清人杨宾在《大瓢偶笔》中称此碑外刚中柔。

是年，河南沁阳市玄谷山石窟四、五号龛。僧肃然及弟子开凿河南沁阳玄谷山石窟，造阿弥陀龛寺像并刻《金刚经》。温玉成载，玄谷山石窟在河南沁阳市西北30公里处，玄谷山窄涧谷共有东、西石窟各一所，摩崖造像自西向东六龛。四、五号龛为河内龙兴寺僧肃然等人于建中元年所造的阿弥陀佛龛。据陆增祥著录说，这些造像在安史之乱时，屡遭艰难。肃然等人决心“不坐僧房，不食常住”，头陀山居于此处十四年之久。

同年，四川资阳法雨寺北崖有《左喦造释迦牟尼佛龛颂并序》碑。刘长久载，左喦，字太素，是资中县居士。

［文献］ 宋欧阳修《集古录跋尾》卷八，宋陈思《宝刻丛编》卷六，清杨宾《大瓢偶笔》，清陆增祥《八琼室金石补正》卷六三，刘正成《中国书法鉴赏大辞典》，温玉成《中国佛教与考古》，刘长久《中国西南石窟艺术》，王朝闻等主编《中国石窟雕塑全集》(四川重庆卷)。

公元781年　建中二年

［提示］ 十一月十五日，陕西《不空和尚碑》。是年，《大秦景教流行中国碑》、敦煌沦为吐蕃属地。大历十一年至建中二年间，安西榆林窟第25窟。

［叙录］ 建中二年，最引人注目的石刻艺术作品，当然是非《大秦景教流行中国碑》莫属。这年十一月十五日，陕西刻立《不空和尚碑》。此碑全称《唐大兴善寺故大德大辨正广智三藏和尚碑铭并序》，碑原在长安大兴善寺，现藏于西安碑林。通高305厘米，碑文由严郢撰写、大书法家徐浩书丹。内容为纪

念印度僧人不空三藏来长安传播佛教密宗的功业事迹。不空在大历九年(774)六月圆寂于大兴善寺,次年九月归葬于其旧住院舍利塔旁。而刻立此碑时,不空已圆寂七年。徐浩书此碑时年近八旬,次年即谢世,此碑是其晚年杰作。清人王昶著录此碑:高八尺三寸五分,广四尺一寸八分。二十四行,行四十八字,正书。

同年,刻立著名的《大秦景教流行中国碑》。这块碑的碑文由大秦寺僧景净口述、台州司士参军吕秀岩撰文并书丹、景教徒宁恕刻立。景教系基督教聂斯脱尔派(叙利亚人 Nestorians)传入中国后的称谓。大秦指罗马帝国东部,亦即景教发源地。贞观九年(635)波斯教僧人阿罗本至长安传教,贞观十二年(638)太宗诏准在长安义宁坊建寺,此碑刻成后即竖于义宁坊大秦寺中。在会昌年间法难中,景教徒为保护该碑而埋于地下。据明代葡萄牙耶稣会士阳玛诺(emmanueldiaz)记载,此碑直至明代天启三年(1623)才被重新发现。出土时,石碑保存完好,碑高279厘米,碑文楷书32行,每行62字。碑额楷书“大秦景教流行中国碑”三行九字,主额处莲花座上刻十字架。此碑一出土,即引起时人关注,其中最有名的研究者当数被利玛窦(Matteo Ricci)施洗入天主教的杭州人李之藻(我存),他在看了友人张赓虞寄来的此碑拓片后,专门撰写了《读景教碑书后》一文。李我存敏锐指出,此碑所记教义“悉与利氏(利玛窦)西来传述规程吻合”。清代学者如孙承泽、顾炎武、毕沅等对此碑均有著录。进入20世纪后,人们对此碑的研究更进一步,其中以冯承钧、陈垣、朱谦之等人的研究最为深入。朱谦之指出,此碑内容可分四段:第一段叙述基督大义;第二段叙述自唐太宗时入中国后之蒙优待;第三段为颂词;第四段为诸僧署名,汉名及叙利亚名并列。此碑全文载于《大正藏》第54册中,翁绍军对碑文进行过较为细致的校勘注释。碑文除详细记述大秦国地理位置、自然环境和丰盛物产之外,还记述了景教的教仪、教规、教诣和传入中国的经过、在唐百余年间传播的情况、太、高、玄、肃宗等给予景教的支持,以及唐代在政治文化方面与叙利亚、伊朗、阿拉伯半岛等各国交流情况。该碑不仅两侧用古叙利亚文和汉文刻写70名景教人士姓名,而且还在该碑下端中部刻有一段珍贵的古叙利亚文。据冯承钧考释,其碑文为:“时在希腊纪元1092年,吐火罗大夏城长老米利欧之子、长安国都主教兼长老耶质蒲吉建立此碑石。”文中的“吐火罗”即希腊马其顿王亚历山大东征后遗留者所建立的政权。“大夏城”即吐火罗首都巴尔克城,在今阿富汗北部阿姆河南岸。“希腊纪元”则是指马其顿王亚历山大部将塞流柯斯于公元前312年占领巴比伦、建立塞流柯斯王朝后所用纪年。随着塞流柯斯王朝的衰亡,希腊纪年即废除,世上唯有此碑还保留有“希腊纪年”。《大秦景教流行中国碑》是研究世界史、世界宗教史、中外文化交流史、古代欧亚文化交流史罕有的宝贵实证资料。

是年,敦煌沦为吐蕃属地。李玉珉说,唐代成立之初,便十分重视河西走廊。武德六年(623)镇压沙州张护、李通的叛乱,控制了整个河西。贞观十四年(640),唐大将侯君集灭高昌国,揭开了唐室经营西域的序幕。自此,唐帝国不断地在西域开疆辟土,直到安史之乱以前,唐室一直在天山南、北两路设立都护府,派遣驻屯军,主持着西域的政权。为了巩固在西域的政权,唐室更积极经营丝绸之路的咽喉——河西走廊,造成了河西州郡空前的繁荣。地扼河西走廊要冲的敦煌自然也迅速地成为政治、军事重镇,经济发达,社会安定,为石窟的开凿提供了有利的条件。安史之乱以后,不但唐朝在西域的霸权被吐蕃所取代,吐蕃大军也乘唐朝将河西精锐调往中原平定叛乱之机,很快占领河西各州。虽然敦煌人民强烈反抗,建中二年仍沦为吐蕃属地。

安西榆林窟第25窟约凿于此间。榆林窟位于安西县西南75公里的山谷中,是敦煌石窟艺术的一个重要分支。李玉珉载,第25窟约凿于大历十一年至建中二年间(776—781),即吐蕃占领瓜州初期。其窟平面呈“古”字倒书,主室中部为一方形佛坛,是初唐中心佛床窟的发展。虽然坛上仅存一尊坐佛,但四壁的壁画保存完好。东壁门两侧画文殊骑狮和普贤骑象，南壁作观无量寿佛经变，北壁绘弥勒下生经变，西壁则作八大菩萨曼荼罗。画中的主尊作菩萨形，头戴宝冠，身佩璎珞、臂钏，双手重叠作禅定印，结跏趺坐于狮子座上。身侧题云："清静法身卢舍那佛"，即大日如来。八大菩萨仅余四身，均有题记。

［文献］ 明阳玛诺《〈景教流行中国碑颂正诠〉序》(徐宗泽《明清间耶稣会士译著提要》)，明李之藻《天学初函》，清孙承泽《庚子消夏记》卷七，清顾炎武《金石文字记》卷四，清毕沅《关中金石记》卷四，清王昶《金石萃编》卷一〇二，陈垣《基督教入华史略》(《陈垣学术论文集》)，冯承钧《景教碑考》，朱谦之《中国景教》，翁绍军《汉语景教文典诠释》，陕西省博物馆编《西安碑林书法艺术》，李玉珉《中国佛教美术史》。

公元 782 年　建中三年

［提示］ 书碑名家徐浩卒。

［叙录］ 本年，书碑名家徐浩卒。徐浩在两《唐书》中有传，字季海，越州(浙江绍兴)人，官至太子少师，封会稽郡公，人称"徐会稽"。徐浩的祖父徐师道、父亲徐峤之均有名于当世，俱善书法。徐浩少时即工楷行隶草诸书。肃宗时代的诏令多出徐浩之手。《新唐书》本传称浩书八体皆备，草隶尤工。世状其法曰："怒猊抉石，渴骥奔泉。"徐浩所书传世名碑中，有《不空和尚碑》、《嵩阳观碑》等。

［文献］ 后晋刘昫等《旧唐书》卷一四一，宋宋祁等《新唐书》卷一六〇。

公元 783 年　建中四年

［提示］ 四川资中重龙山摩崖造像。约于此际，河南安阳造修定寺塔。

［叙录］ 据刘长久等载，是年开创四川资中北崖院并始造佛像，即今资中重龙山摩崖造像。王熙祥、曾德仁撰文讨论过这里的摩崖石刻：资中县重龙山摩崖造像是一处规模较大、造像数量多而集中的石刻造像群。1982 年王、曾二人曾两次详细考察重龙山摩崖造像，对现有像龛进行了编号、测绘、拍照和记录。资中位于四川盆地中部，属内江地区，东距大足、安岳不到 100 公里，全县有多处摩崖造像。重龙山造像又称"北岩"造像，与县内其他几处造像，如东、西、南岩摩崖造像相比，为规模最大、雕刻最精、年代较早的一处。重龙山造像按编号共有 162 龛，保存较完整的约 90 龛，造像 1 600 多身。其中，纪年最早为建中四年，即为北岩开凿之始。其中编号为 113 号的《大悲观音龛》，主尊为千手观音，刻造于建中四年，观音像高 230 厘米，虽然胸前六臂之上两臂已残，但仍不失为晚唐杰作。观音身后分两层雕刻，密集展开两圈各执法器的手臂。头部宝冠镂空雕饰，刀法细腻之极。观音面容丰润微含笑意，尽显慈悲。两圈手臂之外又镂雕出一圈火焰背屏，两侧刻有天众、龙众、夜叉、阿修罗、紧那罗、迦楼罗、乾达婆、摩睺罗迦等天龙八部诸神。在龛中的上方，还刻有抱风袋的风神、槌鼓的雷神，仿佛正在播洒风雨，同时使全龛画面充满动感。此龛观音是四川境内体量最大的一件唐代观音。明人曹学佺在《蜀中名胜记》中曾说：东蜀领郡十六，江山瑰奇，资中为最。资中胜游十四，而北岩为最。此言诚不虚也。

约于此际，河南安阳造修定寺塔(图 179)。修定寺的前身，为北齐法上所建的合水寺。今存之修定寺唐塔，温玉成载，在其方塔门楣上刻有："大功德主、银青光禄大夫、前相州刺史兼御史中丞、摄相州刺史仍充本州防御使、上柱国苻。"近世各家，虽有宏论，然不知此君即苻璘也。据《新唐书》(苻令奇传)，苻璘为令奇之子，字元亮，沂州临沂人。可知苻璘之父就义于洹水之役，其母旧里，乃在魏州，故苻璘作修定寺的"大功德主"，造塔追悼亡父，忠孝两全，亦是情理中事。从而可以判断，修定寺塔大约建于 783—795 年之内。杨宝顺先生之说，即 760—860 年约略近之也。修定寺塔的建造年代，当在贞元二年

(786)五月以后，下限即荇璘亡年(795)。

［文献］ 刘长久《中国西南石窟艺术》，王朝闻等主编《中国石窟雕塑全集》(四川重庆卷)，王熙祥等《四川资中重龙山摩崖造像》(《文物》1988年第8期)，温玉成《中国佛教与考古》、《豫北佛教文物丛考》(河南省文物考古学会《河南文物考古论集》)。

公元784年　兴元元年

［提示］ 五月十五日，龙门《大唐东都弘圣寺故临坛大德真坚幢柱》。八月，颜真卿被杀。约于此际，江苏刻《宝志法师画像碑》。

［叙录］ 五月十五日，龙门刻《大唐东都弘圣寺故临坛大德真坚幢柱》。据李文生载，此柱存龙门石窟研究所。为八面柱体，通高150厘米。前刻《佛顶尊胜陀罗尼经》，后刻《大唐东都弘圣寺故临坛大德真坚幢铭并序》。经幢原存地点为龙门乡寺沟村，经历千余年磨蚀，现部分文字已剥蚀不清，序文见《唐文续拾》中。

是年八月，一代书碑名家颜真卿被杀。颜真卿在两《唐书》中有传，字清臣，琅琊临沂(山东)人，是大学者颜之推后裔。颜真卿人品刚烈，因不愿阿附杨国忠而被贬黜，是年为李希烈所杀，年77岁。颜真卿曾撰成类书《韵海镜源》360卷，后佚。四库全书中著录有《颜鲁公集》15卷。令狐峘撰有《光禄大夫太子太师上柱国鲁郡开国公颜真卿墓志铭》(见《全唐文》)。其所书传世名碑主要有《多宝塔感应碑》、《东方朔画赞碑》、《谒全天王祠记》、《鲜于氏离堆记》、《郭家庙碑》、《逍遥楼刻石》、《麻姑山仙坛记》、《大唐中兴颂》、《宋璟碑》、《八关斋会报德记》、《元结墓碑》、《臧怀恪碑》、《干禄字书》、《李玄靖碑》、《仮夫人碑》、《颜勤礼碑》、《颜氏家庙碑》等。

约于此际，江苏刻《宝志法师画像碑》，画像碑在江苏南京钟山东麓灵谷寺。灵谷寺始建于梁武帝天监十四年(515)，明初时称为蒋山寺。明洪武九年(1376)将蒋山寺和原寺中所埋宝志大师遗骨法函移至钟山东麓，重建寺塔，朱元璋命名为灵谷寺。宝志为南朝高僧，梁武帝与其女永定公主于天监十二年(513)出银20余万，在独龙阜修建志公塔及开善精舍。唐代画圣吴道子为宝志画像，大诗人李白撰写赞文："水中之月，了不可取。灵空其心，寥廓无主。锦幪乌爪，独行绝侣。刀齐尺量，扇迷陈语。丹青圣客，何住何所。"大书家颜真卿将李白赞文书丹上碑。此画像碑刻成后，世称其诗、画、书"三绝碑"。明人周晖记载，元初赵孟頫又于碑上加刻上其撰书写的《志公十二时歌》，遂成"四绝碑"。后来原碑毁佚，明代扬州古禅智寺(上方寺)寺僧本初以原碑拓本重刻。重刻碑高155厘米，存上方寺内，后来上方寺毁，碑移立于扬州史公祠后梅花岭畔方亭中，现藏于扬州博物馆。

［文献］ 后晋刘昫等《旧唐书》卷一二八，宋宋祁等《新唐书》卷一五三，明周晖《金陵琐事》卷三，清董诰等《全唐文》卷三九四，清陆心源《唐文续拾》卷四，李文生主编《龙门石窟志》。

公元785年　贞元元年

［提示］ 四川蓬溪造像。

［叙录］ 据刘长久等载，这年在四川蓬溪县三凤镇旌忠村的新开寺，黄才光及妻并男女大小各乞平安，愿百病除，施钱十五千文，由悟达施地，修造匠工离尘，妆人谭宝积修妆佛像。邓鸿钧说，蓬溪县在文物普查中，共发现唐至明清各历史时代的摩崖造像29处。新开寺位于三凤区旌忠乡新开村北约100米的黄桶坡脚，其造像分布在长八米、高240厘米、距地表78厘米的青砂石石壁上。从左至右四龛，大小造像43尊。

［文献］ 刘长久《中国西南石窟艺术》，王朝闻等主编《中国石窟雕塑全集》(四川重庆卷)，邓鸿钧《新开寺唐代摩崖造像初探》(《四川文物》1989年第5期)。

图 179 河南安阳修定寺塔门额浮雕

公元 786 年 贞元二年

［提示］ 五月后，河南刻《大伾山铭》。约于此际，陕西鄜县石泓寺造像题记。

［叙录］ 五月后，河南刻《大伾山铭》。此刻清代毕沅、严可钧、洪颐煊、汪鋆等均有著录。温玉成认为，在大伾山众多铭刻中，《大伾山铭》是一件颇有史料价值的唐代石刻。这件铭刻位于大伾山太平兴国寺朝阳洞北崖壁上，今多漫漶。近人张富民主编的《大伾山名胜区石刻选》未能收入此铭刻。幸有清代金石学家王昶在《金石萃编》中全文收录。王昶跋：石横广五尺八寸五分，高三尺二寸五分，三十四行，行字数十八至二十四不等，行书，在浚县。这篇纪功铭文大约刻于德宗贞元二年五月以后的若干月内，应是苻璘（731—795）奉田悦之命，参加平定李希烈（《新唐书》有传）叛逆后，回师屯驻大伾山时所作。

约于此际，陕西鄜县石泓寺造像题记。阎文儒载，石泓寺一名石空寺，在鄜县西约 65 公里一小河的东北岸，长约 70 米的山头上，有 7 个石窟。其中第 6、7 窟最大。从第五窟景龙（707—709）和贞元二年题记看，开创时间约在盛唐。

［文献］ 宋宋祁等《新唐书》卷二二五，清毕沅《中州金石记》卷三，严可钧《铁桥金石跋》卷二，洪颐煊《平津馆读碑记》卷七，清汪鋆《十二砚斋金石过眼录》卷一二，王昶《金石萃编》卷一〇二，温玉成《中国佛教与考古》，阎文儒《中国石窟主艺术总论》。

公元 787 年 贞元三年

［提示］ 十月，《张延赏碑》。是年，四川夹江吴场造像。

［叙录］ 据曾毅公考，贞元三年十月，内作将内

官马瞻刻《张延赏碑》。此碑清人王昶曾著录，由赵赞撰文、书法家归登（冲之）书丹。程章灿对刻工身份进行了进一步考证。此处"内作将内官"当作"内作将作官"。将作监之役作：大明、兴庆、上阳宫、中书、门下、六军仗舍、闲厩，谓之内作；郊庙、城门、省、寺、台、监、十六卫、东宫、王府诸廨，谓之外作（《新唐书》百官志三）。马瞻就是掌管内作的将作监刻工兼官员。从其贞元六年（790）所刻《唐大理司直卢君故夫人河东裴氏墓志铭并序》的题署中还可以看出，他是扶风人（《河洛墓刻拾零》）。在贞元年间，马瞻还先后刻过《嗣曹王妃墓志》、《嗣曹王墓志》，前者署"镌字匠马瞻"，后者署"镌字人屈贲、马瞻"（《唐代墓志汇编》、《千唐志斋藏志》）。张延赏，两《唐书》中有传，张嘉贞子，蒲州猗氏（山西临猗）人。本名宝符，玄宗赐名延赏。历事玄、肃、代、德四朝，官同中书门下平章事，卒年六十一。史称延赏少禀师训，妙合钟、张，尺牍尤为合作。

四川夹江吴场造像。据周杰华撰文说，夹江县文管所1987年4月的文物普查中，在吴场乡白龙村牛仙寺附近，新发现一处大型的唐代摩崖造像。共有254龛、造像2 760余躯。最大龛高350厘米、宽400厘米、深208厘米，一般龛面积约1平方米左右。龛中造像最多的达320尊，最大的造像高近300厘米。共发现造像题记8幅，年代最早者为贞元三年；最晚的为咸通十五年（874）。该处摩崖造像镌刻精美，内容丰富，保存较完好，但因交通不便，造像过去少有人知。

［文献］ 宋宋祁等《新唐书》卷四八，清王昶《金石萃编》卷一〇二，曾毅公《石刻考工录》，程章灿《石刻刻工研究》，赵君平、赵文成编《河洛墓刻拾零》，周绍良主编《唐代墓志汇编》，洛阳市新安县千唐志斋管理所《千唐志斋藏志》，周杰华《夹江新发现的唐代摩崖造像》（《四川文物》1988年第2期）。

公元788年　贞元四年

［提示］ 八月，李观至茂陵作《吊汉武帝文》。

［叙录］ 王南冰《李观年谱及作品系年》：德宗贞元四年戊辰，李观23岁。是年八月，周览秦原，过茂陵，作《吊汉武帝文》。文中有云：戊辰岁秋八月，周览秦原，次茂陵之下。《元和郡县图志》京兆府兴平县载：汉茂陵，在县东北十七里。此年，李观赶往京师，求取功名。据贞元八年（792）韩愈所作《瘗砚文》云：李元宾始从进士，贡在京师，或贻之砚，既四年，悲欢否泰，未尝废其用，凡与之试艺春官，实二年，登上第。由该年上溯四年即为贞元四年。李观字元宾，死时年始29岁。其先人为陇西人，是文学家李华之子，后家江东。在贞元八年（792）与韩愈一同登第。明年，试博学宏辞，观中其科，而韩愈不在选。官太子校书郎。又一年，病卒。《全唐文》录存文四卷，《全唐诗》录存诗一卷。

［文献］ 唐李吉甫《元和郡县图志》卷二，王南冰《李观年谱及作品系年》（《古籍整理研究学刊》2008年第3期）。

公元789年　贞元五年

［提示］ 李泌卒，湖南有"极高明"石刻传世。于鹄《题北台僧》。

［叙录］ 贞元五年，李泌卒，湖南有"极高明"石刻传世。李泌在两《唐书》中有传，字长源，京兆（西安）人。李泌历仕玄、肃、代、德四朝，在德宗时官至宰相，封邺侯，他也是南岳第钦赐的著名隐士，唐肃宗还为他在南岳烟霞峰兜率寺侧建端居室，世称之为"邺侯书院"，这是我国最古老的一所有记载的书院。同时端居室还是中国最早的私人藏书馆之一。其藏书之多，让大文学家韩愈也十分赞叹：邺侯家多书，架插三万轴（《送诸葛觉往随州读书》）。据刘刚载，在湖南衡阳南岳福严寺虎跑泉上，迄今仍存有"极高明"三字，字体为楷体，题刻无款识。摩崖石刻高330厘米、宽120厘米，字高100厘米、宽70厘米。据清代光绪版《南岳志》记载为唐代宰相李泌所书。

约于是年，于鹄《题北台僧》。宋代《文苑英华》

载此诗：上方唯一室，禅坐对金容；行道临孤壁，持斋听远钟。枯藤离旧树，朽石落危峰；不向云间见，唯应梦里逢。唐代诗人于鹄籍贯不详，大历中应试不第，后隐居汉阳山。贞元五年前后，辟荆州节度使从事。后居麟州刺史王栖曜幕。十八年王栖曜死后，复游长安，失意而终。《新唐书》(艺文志四)记有《于鹄诗》一卷。张焯按：北台为隋唐人对大同的旧称，也可能指五台山之北台。僧，一作“寺”。诗中所述，疑为今云冈或青磁窑石窟(壁上凿出方室一间)。间，一作“中”。按“云中”，指明地点，仿佛更正确。故系是年，姑且存疑。

［文献］ 宋李昉等《文苑英华》卷二二一，宋宋祁等《新唐书》卷六〇，刘刚《湖湘碑刻》，张焯《云冈石窟编年史》。

公元 790 年　贞元六年

［提示］ 正月，诏开迎法门寺佛骨。四月，顾游秦为李白茸墓建碣，刘全白撰《李君碣记》。是年，四川仁寿望峨台造佛像。

［叙录］ 正月，诏开迎法门寺佛骨，二月送归。据宋人释志磐载，是年正月，有诏出岐山无忧王(即阿育王)寺佛指骨，迎置禁中，后又送诸寺以示众。当月即遣中使复葬法门寺。此次开迎佛骨，时间较短，前后不到一个月，故在历史上影响较小。

四月，顾游秦为李白葺墓建碣，刘全白撰《李君碣记》。此记全称《唐翰林李君碣记》，见载清人王琦注《李太白全集》附录中。是年，尚书膳部员外郎刘全白出任池州刺史，途经当涂龙山，前往李白墓凭吊，见其寂寞毁废之状，心中痛惜，全白请时任当涂县令的顾游秦为诗人李白修坟刻碑，并在四月七日亲撰碣记(沙门履文书丹)。全白在记中简述了李白身世遭遇及此次其修葺建碣的经过。刘全白打小就是李白的崇拜者，现在看见“荒坟将毁，追思音容，悲不能止”，始有“表墓式坟，乃题贞石，冀传于往来”之举。

据刘长久等载，是年，寺主□静在四川仁寿望峨台造佛像。阎文儒也载，仁寿县有望峨台、千佛崖、龙兴寺、蛮子洞和父子洞等处造像。其中以望峨台造像为最多，据石刻题记二，开创最早的是贞元六年；后有北宋徽宗(赵佶)建中靖国元年(1101)造像题记。

［文献］ 宋释志磐《佛祖统纪》卷四一，清王琦注《李太白全集》附录一，阎文儒《中国石窟主艺术总论》，刘长久《中国西南石窟艺术》，王朝闻等主编《中国石窟雕塑全集》(四川重庆卷)。

公元 791 年　贞元七年

［提示］ 二月八日，龙门《户部侍郎卢徵造救苦观世音菩萨石像》。是年，河南嵩山少林寺塔林建造法玩禅师塔。

［叙录］ 二月八日，龙门《户部侍郎卢徵造救苦观世音菩萨石像》。龙门造像活动，从玄宗开元十八年(730)后一直到玄宗朝结束，开龛造像几乎停止。接着就是安史之乱的动荡岁月，龙门石窟已看不见新的造像出现。据李文生载，直至德宗贞元七年，在龙门伊水东岸东山万佛沟崖口，才有户部侍郎卢徵的开龛造像。此后，龙门造像也再未出现兴盛场景，即使到了五代，出现了后梁乾化三年(915)李琮在莲花洞口开龛造像的行为，龙门注定的衰落早已无可避免。

是年，在河南嵩山少林寺塔林建造法玩禅师塔。据杨焕成、王雪宝等人撰文载，法玩禅师塔是少林塔林中有年代可考的最古老的砖塔之一。法玩禅师是当时嵩洛一带临坛说法的高僧。塔系方形单层单檐式砖塔，高 8 米。但塔门、塔刹和塔铭则用青石雕。其拱形塔门雕刻尤为精美，门高 105 厘米、宽 65 厘米，自下而上雕刻着由莲花、卷草为装饰的门额额枋和雕有人身鸟足凤尾的飞天或嫔伽，飘带后扬，形象潇洒。其下为门，石雕有乳钉、门锁等。门左右两侧雕两武士，身着甲胄，执剑托塔，气度威严。塔身后刻有行楷塔铭，记载了法玩禅师生平，虽有风化，但基本可以识读。

［文献］ 李文生主编《龙门石窟志》，杨焕成《世界文化遗产少林寺塔林研究》（《黄河科技大学学报》，2013 年第 1 期），王雪宝《登封石阙石坊与造像石幢》（《郑州日报》2008 年 1 月 23 日）。

公元 793 年　贞元九年

［提示］ 四川资阳半月山造弥勒大佛。

［叙录］ 贞元九年，四川资阳半月山造弥勒大佛。据刘长久、袁国腾载，位于资阳市城南碑记镇大佛乡的半月山山腰摩崖弥勒像，世称资阳大佛，始凿于德宗贞元九年。资阳县志记载：至宋绍兴元年（1231），川南居士梅修率石匠周义等人始开巨佛眉目。资阳大佛为四川第三大佛，凿于半月山西坡环抱之中，佛像坐东面西。造像窟从山腰直至山顶，龛窟形制为梯形敞口平顶龛，佛高 2 280 厘米。佛上半身遮护于龛窟之内。佛像端严，气势壮伟。

［文献］ 刘长久《中国西南石窟艺术》，袁国腾《资阳半月山大佛》（《四川文物》1996 年第 3 期），王朝闻等主编《中国石窟雕塑全集》（四川重庆卷）。

公元 794 年　贞元十年

［提示］ 云南《袁滋题记摩崖》、四川梓潼西岩寺造佛像。

［叙录］ 据谢崇崐载，袁滋摩崖在云南盐津县城西南 20 公里的豆沙关崖壁上。此处山崖险峻，古代又称石门关。《新唐书》（南诏上）记载：大历十四年（779），阁逻凤卒，以其子凤迦异前死，立其孙异牟寻以嗣。南诏第六世王异牟寻为完成其祖父阁逻凤生前遗愿，有意归顺于唐。德宗于贞元十年派遣袁滋为御史中丞，持节赴云南与异牟寻修好，并册封异牟寻为南诏王。在途经石门豆沙关（石门关）时，袁滋为记录此行，亲自书丹，命工匠刻摩崖题记。此题记共八行凡 122 字，除末署“袁滋题”三字为篆体外，余皆为楷书。史称袁滋“工篆隶，有古法”，笔力堪与李阳冰、瞿令问相比肩。题字内容记述袁滋和随从官员赴南诏修好、册封异牟寻经过此地的事情。根据金石书录，可知尚有贞元十七年河南阌乡《轩辕黄帝铸鼎原铭》，为袁滋篆书（毕沅载）等。

据刘长久、于春、仇世增等人载，是年，四川梓潼西岩寺造佛像。西岩寺摩岩造像在梓潼县城西 1 公里处一年乡山北，其地峭岩陡立，绵延 500 余米，高 60 余米。一号窟窟内原塑释迦牟尼佛和传神已毁。现存观音、文殊、普贤三像系 20 世纪 80 年代补塑。窟须及石壁刻座佛 34 躯，小佛 11 躯，菩提树八株。另座佛 15 躯、小佛 12 躯、飞鹤 4 支。这些造像姿态各异，有双手前放沉思不语者；有一手抚股，一手拄腿谛听者；有一手搔颊，一手数佛珠者；有双手合十静坐者；有谈笑自若指手划足者。以释迦牟尼佛为中心，构成一个佛的西方极乐世界。龛楣饰以宽为 40 厘米的琼树交加花纹，上刻小型座佛 7 躯。左上方刻飞天、一上一下形态自然，以上系浅浮雕，惜部分毁损。但造型生动、自然，雕法明快、洗练。此窟左侧现存唐代贞元十年碑刻一通，惜碑文大部分风化。

［文献］ 宋宋祁等《新唐书》卷一五一，清毕沅《中州金石记》卷三，谢崇崐《袁滋篆书题名摩崖品评》（《昭通师范高等专科学校学报》1989 年第 1 期），刘长久《安岳石窟艺术》、《中国西南石窟艺术》，于春、王婷《绵阳龛窟——四川绵阳古代造像调查研究报告集》，仇世增《梓潼西岩寺摩岩造像》（《四川文物》1998 年第 1 期）。

公元 795 年　贞元十一年

［提示］ 正月十九日，陕西《诸葛武侯新庙碑》。十二月四日，四川《□□灯台赞并序》。

［叙录］ 正月十九日，陕西勉县刻《诸葛武侯新

庙碑》,全称《蜀丞相诸葛忠武侯新庙碑铭并序》,由唐刑部员外郎侍御史沈迴撰文、节度推官将仕郎试太常寺协律郎元锡书丹、刘□(彭城镌字人)刻石。此碑在清代颇为人们所注意,清代金石学家如陆增祥、朱士端、毕沅和王昶等均曾著录。

是年十二月四日,四川刻《□□灯台赞并序》。据高文载:此灯台于1947年邛崃洪水时发现。灯台系八棱方柱形,高63.8厘米,宽14.5厘米,八面长宽均相等,灯台正文18行,行19字,字径2厘米,连同修建灯台200余人名,共计40行。书法秀劲,石刻像剥蚀严重,此刻为研究唐代在邛州设置军事机构,提供了重要实物资料。

[文献] 清陆增祥《八琼室金石补正》卷六六,清朱士端《宜禄堂收藏金石记》卷四四,清毕沅《关中金石记》卷四,清王昶《金石萃编》卷一〇三,高文等《四川历代碑刻》。

公元796年 贞元十二年

[提示] 吕洞宾生,曾撰《百字碑》。

[叙录] 吕洞宾生,曾撰《百字碑》。作为在唐代真实存在的、后来成为赫赫有名的八仙之一的吕洞宾,名吕岩,字洞宾,号纯阳子。通常人们认为吕洞宾出生于德宗贞元十二年农历四月十四日,出生地在山西永乐县招贤里(今山西芮城县永乐镇)。关于吕洞宾的著作及生平文献,目前较为完整地保留在清人刘体恕汇辑的《吕洞宾全集》中。吕洞宾是道教全真派北五祖之一,内丹派代表人物。吕洞宾与石刻的关系主要体现于两方面:一是随着宋元以来八仙故事的深入人心,八仙题材也广泛出现于各种石刻艺术作品之中,手特宝剑的吕洞宾是八仙中不可或缺的主角之一,代表乾金之象;另一方面,吕洞宾本人还留下了著名的《吕祖百字碑》,又称为《百字碑》,现存西安八仙宫吕祖殿殿门外壁上。据金其祯、田诚阳等载,《百字碑》为五言20句诗歌,共有百字。诗中简述内丹修炼过程及内景与效验等。首先讲述入手养气之法,在于忘言、降心、清静、无为。在静养之中寻找动静之机产生前之先天本住,本性湛然,无形无象,因而无事以守之。由此悟得真常境界,真一不二,常清常静,此时方可以应物(采药)。采药之际,不可执于有为,迷失先天本性。本性不迷,自然能住,能住则炁自返回,而可采药归炉。炁回之后,内丹自结,而神与炁合,配坎离于壶(指丹田)中。神与炁反复配合,此为人身内部之阴阳交媾。乃得真阳之炁点化全身阳质,如同雷声普化之景。清阳之炁升于头顶还精补脑,化为甘露洒下,温煦全身。修道之人,此时如饮长生美酒,如痴如醉,逍遥自在,凡人岂能知晓,此中之妙难以言述。功夫至此,进入自如境界,坐听无弦之琴,明通造化之机。虽在人间,如同天上,因而名之曰"上天梯"。

[文献] 刘体恕汇辑《吕洞宾全集》,金其祯《中国碑文化》,田诚阳《〈吕祖百字碑〉注》(《中国道教》1997年第2期)。

公元797年 贞元十三年

[提示] 吐蕃赞普赤松德赞卒,立八米大碑。

[叙录] 吐蕃赞普赤松德赞卒,立八米大碑。西藏吐蕃王朝,深受唐文化影响,自从贞观十五年(641年)文成公主与松赞干布联姻之后,历代赞普(藏王)在丧葬方面依唐规实行土葬,并建造规模庞大的王陵。与松赞干布、赤祖德赞一起被称为"三大法王"之一的第五代赞普赤松德赞,土葬后还在墓前竖立高达八米的巨型墓碑,其形制与唐朝乾陵《述圣记碑》十分相似,碑为方柱形,上宽下收,顶覆石珠式盖,盖下浮雕流云,四角飞天翱翔于云间,碑侧有龙纹。据汶江载,碑身镌刻着歌颂赤松德赞一生功业的藏文碑文。据西藏自治区山南地区琼结县张军、宜禧边巴说,在赤松德赞的墓前,还刻有威武的石狮。

[文献] 汶江《赤松德赞碑铭试解》(《西藏研究》1982年第1期),张军等《琼结县志》。

公元 798 年　贞元十四年

［提示］　九月，柳宗元作《国子司业阳城遗爱碑》。是年，四川邛崃花置寺造像。河南《少林寺厨库记》。綦毋潜游苏州龙兴寺为作寺碑铭。

［叙录］　九月，柳宗元中博学宏词科，作《国子司业阳城遗爱碑》。熊礼仁在《中国文学编年史》中指出，是年柳宗元中博学宏词科，为集贤殿书院正字国子司业阳城坐饯送薛约，出为道州刺史，太学生百余人诣阙请留，不许。嗣后柳宗元作《与太学诸生喜诣阙留阳城司业书》、《国子司业阳城遗爱碑》。《御选唐宋文醇》评遗爱碑说：阳城独行君子，绝似东汉人。宗元作遗爱碣，亦力仿东汉金石文字。

是年，四川邛崃花置寺造像。据刘长久等载，在邛州（四川邛崃市）花置寺，御赐敕授上京章敬寺释僧采（俗姓马，扶风茂陵人）造阿弥陀佛与千佛像。其从侄马宇撰《大唐嘉定州临邛县花置寺新造无量诸佛石龛像记》碑。

据曾毅公《石刻考工录》载：在河南嵩山少林寺，屈贲（河东）刻《少林寺厨库记》。据程章灿考证说，唐代刻工中兼工书法者亦不为鲜见，著名刻工屈贲、孙汉章、韩师复均兼善书法。《张惟及妻王氏合柎墓志》之撰、书、刻三项，出自屈贲一人之手（《拓本汇编》）。屈贲曾与马瞻列名同刻嗣曹王韦皋墓志，则有充分理由认定，屈贲也是将作监之内作匠人。屈贲能书法，其名见于《金石录》、《书史会要》等著述中。屈贲自称河东人，除了嗣曹王墓志，他所刻石尚有贞元十二年（796）的《故刑部侍郎兼侍御史知杂事夫人荥阳郑氏改葬志》（《河洛墓刻拾零》）、贞元十四年的《少林寺厨库记》、贞元十五年（799）的《徐浩碑》。

是年，綦毋潜游苏州龙兴寺为作寺碑铭，房琯撰序。据蒋方考证，綦毋潜写有《龙兴寺碑铭》，房琯则写有《龙兴寺碑序》。宋人陈思载：《唐重建龙兴寺碑》，唐房琯撰序，綦毋潜铭，徐挺古分书，贞元十四年十月十五日韦夏卿重刊立。宋范成大在《吴郡志》中也记载说：龙兴寺在吴县西南，梁所置，绍兴间于官仓瓦砾中得房琯所作寺碑，韦夏卿再立者。注云：唐金紫光禄大夫、守吏部尚书、同中书门下平章事、清河公房琯寺碑序，秘书省校书郎綦毋潜铭。房琯序当作于本年其贬睦州司马途经苏州时，綦毋潜碑铭为同时之作。潜又有《宿龙兴寺》诗，亦当作于此时。

［文献］　宋陈思《宝刻丛编》卷一四，宋范成大《吴郡志》卷三一，清高宗弘历选、允禄等编《御选唐宋文醇》卷一八，陈文新主编《中国文学编年史》（隋唐五代卷），刘长久《中国西南石窟艺术》，王朝闻等主编《中国石窟雕塑全集》（四川重庆卷），曾毅公《石刻考工录》，程章灿《石刻刻工研究》、《拓本汇编》第28册，蒋方《唐人綦毋潜生平中几个问题的考辨》（《湖北大学学报》1990 年第 4 期）。

公元 799 年　贞元十五年

［提示］　十一月二十四日，河南《徐浩碑》。是年，怀素书《千字文》。

［叙录］　十一月二十四日，河南刻《徐浩碑》。此碑全称《彭王傅赠太子少师徐浩碑》，宋人赵明诚即有著录：张式撰文、浩次子徐岘书丹，碑尾有"表侄前河南府参军张平叔题讳"一行。曾毅公引黄锡蕃考，此碑刻工为屈贲。

怀素书《千字文》。据刘刚载，贞元十五年，释怀素曾在湖南零陵书《千字文》（又称《小草千字文》），时年 63 岁（见《千字文》怀素跋语）。其帖以章草意、狂草体裁书之，用笔古朴淡雅、稳健含蓄、苍劲静穆，变化多而无狂怪之态。湖南永州现存清代摹刻怀素《千字文》石碑一方，字如疾风劲草，龙飞凤舞，酣畅淋漓，潇洒飘逸。

［文献］　宋赵明诚《金石录》卷九，曾毅公《石刻考工录》，刘刚《湖湘碑刻》。

公元 800 年　贞元十六年

［提示］ 昆明的补陀罗山已为南方密宗观音大道场。

［叙录］ 据刘长久、张楠、朴城军等人的研究，云南地区佛教造像题材比较集中，以观音、大黑天神和毗沙门为主。观音是佛教密宗中的重要形象，在中国大陆，比较著名的观音道场有三个：一是浙江普陀山；另一个是西藏布达拉宫；第三即为昆明的补陀罗山（今昆明圆通寺所在地）。早在唐代贞元十六年，昆明补陀罗已是南方密宗观音大道场，后来渐被禅宗影响所湮没。

万历《云南通志杂志》说：云南其地邃古之初，苍洱为泽国，老人凿河底，泄水之半，人得平土以居。此处所说的“老人”即指“观音”。观音在云南民间传说日广，极大地推动了相关造像艺术的发展，石刻和描绘的观音形象在云南多见。云南观音除甘露观音等女性观音之外，还出现了长袍长髯的老人观音形象。

［文献］ 刘长久《中国西南石窟艺术》、《南诏和大理国宗教艺术》、《云南剑川石钟山石窟内容总录》（《敦煌研究》1995 年第 1 期），张楠《云南观音考释》（《云南民族学院学报》1995 年第 4 期），朴城军《南诏大理国观音造像研究》（中央美术学院 2008 年美术学博士论文）。

公元 801 年　贞元十七年

［提示］ 九月，河南《轩辕黄帝铸鼎原碑并序》碑。

［叙录］ 九月，河南刻《轩辕黄帝铸鼎原碑并序》碑。此碑为唐代虢州刺史王颜撰文、华州刺史兼御史中丞袁滋籀书。据曾毅公考，此碑刻工则系王雅。据汤淑君等载，在黄帝铸鼎原众多文物中，这件唐代石碑是目前发现最早记述黄帝之事的石碑。碑原立于铸鼎原旧址（河南灵宝市阳平镇荆山），铭并序共 137 字。碑阴则记述了立碑过程：湖城县界有铸鼎原，为轩辕黄帝鼎成升天之地。作为房玄龄六世孙、时任县令的房进静等人于原上刻石立碑，掘地四尺得到一只玉佩，估计是当年黄帝升天时从臣遗物。有司即奏报朝廷，朝廷诏命勒石纪颂其事。

［文献］ 曾毅公《石刻考工录》，汤淑君《轩辕黄帝与铸鼎原》（《中原文物》2002 年第 2 期）。

公元 802 年　贞元十八年

［提示］ 三月十五日，湖南《杜杰杜例题名》。是年，骠国（缅甸）国王雍羌和王子舒难陀至南诏三塔崇圣寺祈拜敬香、骠国献音乐舞蹈于唐。

［叙录］ 三月十五日，湖南刻《杜杰杜例题名》。据刘刚载，在湖南祈阳浯溪摩崖区，石上原有题词，已被后人铲削。题词内容为：贞元十八年三月十五日，时讨幽奇，同游至此。杜杰、杜例、成励□刻。

同年，骠国（缅甸）国王雍羌和王子舒难陀至南诏三塔崇圣寺祈拜敬香。明人朱孟震等载，这一年，骠国国王和王子，在南诏王异牟寻陪同下，一同来到三塔崇圣寺祈拜敬香。崇圣寺三塔成为东南亚、南亚崇尚的佛都。骠国不仅因地缘关系而与南诏修好，同唐朝的外交也相处融洽，时有文化交流。宋人郭茂倩引两《唐书》（礼乐志）记载说，贞元十七年，骠国王雍羌遣其弟悉利移城主舒难陀献其国乐，至成都，韦皋复谱次其声，又图其舞容乐器以献。大抵皆夷狄之器，其声曲不隶于有司，故无足采。又说，骠国王献本国乐凡一十二曲，以乐工三十五人来朝，乐曲皆演释氏经论之辞。这些来自异域的音乐舞蹈，对于中唐、晚唐的石刻艺术，也产生了潜移默化的影响。

［文献］ 宋郭茂倩编《乐府诗集》卷九七，明朱孟震《西南夷风土记》，清顾祖禹《读史方舆纪要》卷一一九，刘刚《湖湘碑刻》。

公元 803 年　贞元十九年

［提示］ 十月二十四日，湖南《郴州贞元题刻》。

十一月五日，四川《嘉州凌云寺大弥勒石像记》。

［叙录］ 贞元十九年十月二十四日，湖南刻《郴州贞元题刻》。据刘刚载，此摩崖石刻位于郴州永兴县碧塘乡湘洲村侍郎组。10竖行排列61个字，阴刻楷书。文字内容为“清河□路恕体仁朝议大夫、前守郴州刺史李吉甫，贞元十九年岁次癸未拾月戊寅朔二十四日辛丑，蒙恩除替归赴京阙，长男纯，次男緎，从行乡贡进士罗造□”。此刻为首次在湖南发现的唐代名相、中国古代著名地理志学家李吉甫的摩崖题记。

十一月五日，四川乐山刻《嘉州凌云寺大弥勒石像记》。此嘉州凌云寺大弥勒石像，就是闻名海内外的世界第一大佛——乐山大佛。《弥勒石像记》即为主持乐山大佛雕刻后期工程的西川节度使韦皋，在乐山大佛倚坐像竣工时所镌刻的关于大佛雕凿始末的摩崖石碑。碑高约七米，宽约四米。原碑文约有800多字，现已大部分残泐，可辨识者已不足300字。高文、赖正和载：此像记刻于四川乐山凌云大佛之右侧崖壁上。因处在悬崖绝壁上无法进行拓片，仅从江上摄影辨知碑文。现翻刻的碑文嵌凌云寺左侧墙壁上，可作参考，该碑为唐代韦皋拜剑南西川节度使时所作。碑文记载唐开元初由名僧海通创始建大佛，后韦皋于贞元十九年完成之事，前后经过90年。这块碑是研究凌云大佛的重要实物资料。

［文献］ 刘刚《湖湘碑刻》，高文等《四川历代碑刻》，赖正和《关于唐韦皋〈嘉州凌云寺大弥勒石像记〉碑》（《文史杂志》2007年第4期）。

公元804年　贞元二十年

［提示］ 日本国遣使者学秘密教于不空弟子慧果。陕西《李广业碑》。四川梓潼西岩寺造佛像。

［叙录］ 日本国遣使者学秘密教于不空弟子慧果。据宋人释志磐载，贞元二十年，日本国遣使者朝，其学者橘逸势、沙门空海入中国，学秘密教于不空弟子慧果。日本学者岩崎继生在《大同风土记》中对此记载说：公元804年进入唐朝的空海僧（弘法大师），最初为了向京城长安青龙寺的惠果恭而学德，到达唐朝的京城。以后在当时的五台山或灵岩寺（现在的石佛寺灵岩寺洞）等地进行了传经，接受罽宾国的般若三藏的传授，经当时的云中（大同）之地进入五台等等。

是年，陕西刻《李广业碑》。此碑全称《唐故剑州长史赠太仆少卿汝州刺史陇西李公神道碑铭并序》。唐贞元二十年（804）立。行书27行，行54字。据刘正成说，此碑撰书者名氏俱泐。明人赵崡考为戴云达书，称其“书法直是徐浩敌手”。碑原在陕西三原。

［文献］ 宋释志磐《佛祖统纪》卷四一，明赵崡《石墨镌华》卷三，［日］岩崎继生《大同风土记》，刘正成《中国书法鉴赏大辞典》。

公元805年　贞元二十一年　永贞元年

［提示］ 贞元二十一年正月，始建德宗崇陵及石刻。七月二十五日，陕西《楚金禅师碑》。永贞元年十二月八日，河北《禅师影堂纪德碑》。永贞元年，陕西《米继芬墓志铭》。

［叙录］ 贞元二十一年正月二十三日，唐德宗李适病卒于皇宫会宁殿，时年64岁，葬于崇陵。德宗驾崩后，德宗长子李诵即位，是为顺宗。改元永贞。八月，李诵疾笃，传位于太子李纯，是为宪宗。据陈安利载，德宗崇陵始建于贞元二十一年正月，完成于当年十月，历时约九个月。德宗李适崇陵位于陕西省泾阳县北20公里的嵯峨山南麓。嵯峨山古名荆山，关中名山之一。城垣四面各辟一门，以四神命名；东、西二神门相距2 500多米，南、北二神门相距1 670余米。神门外各置石狮一对，筑阙台一对。陵园四隅建角楼。朱雀门（南神门）外设神道，长596米，宽71米，其南端筑乳台一对。神道自南而北依次排列华表、翼马（图180）、鸵鸟、仗马、翁仲等石刻造像，再前有清代陕西巡抚毕沅书“唐德宗皇帝之

图 180 德宗崇陵翼马 贞元二十一年(805) 陕西泾阳

陵”碑。德宗入葬时，日僧空海参加葬礼，发现嵯峨山与日本京都近郊一山酷似，空海归国后建议日本皇室将该山易名嵯峨，皇太子府邸更名为嵯峨院，及至皇太子即位，亦因名“嵯峨天皇”。崇陵现存石刻造像主要是四门石狮和神道石刻。陵园四门石狮共四对，每神门外各置一对。牡狮头圆，卷毛合口，颧骨突出，表情严肃，尾从右腿上部卷出，尾末端似立式如意云头；牝狮披毛，张口怒吼，尾从左腿上部卷出，尾末端较直，毛纹疏朗。神道石刻现存31件，均为青石质。自乳台阙址北108米处起始，分东、西两列向北排列。

贞元二十一年七月二十五日，陕西刻《楚金禅师碑》。禅师碑全称《唐国师千佛寺多宝塔院故法华楚金禅师碑》。刘正成载，碑文为释飞锡撰，吴通微正书书丹。碑在西安，清人王昶曾著录。据曾毅公考，此碑刻工为广平宋液。颜真卿曾书《大唐西京千福寺多宝塔感应碑》(岑勋撰文)，天宝十一载(752)刻立于长安安定坊千福寺。碑文叙述唐代僧人楚金禅师(俗姓程京兆，周至人)发愿兴建多宝塔佛事。玄宗曾为立塔赠银50万、绢帛上千匹。楚金禅师死后，唐玄宗特派使者吊唁，监护丧事，并亲自书写塔额。《楚金禅师碑》即刻于《多宝塔感应碑》的碑阴。

永贞元年十二月八日，河北刻《禅师影堂纪德碑》。此碑全称《唐北岳慧炬寺建寺故禅师神道影堂纪德碑》，在《拓本汇编》中有著录。碑在河北曲阳慧炬寺。由冯惟政、郑重逸等刻。据王丽敏、田韶品撰文称，此碑发现于河北曲阳县城北20公里的原慧炬寺旧址，现移存曲阳北岳庙内，碑文记述了慧炬寺禅师影堂的创建始末，并记叙了该寺创始者智力禅师之生平事迹及建寺经过，碑阴所录与定瓷生产有关的官员捐助者，则为唐代定窑的研究提供了重要线索。碑文由良说撰写，全文载于《全唐文补遗》中。

永贞元年，陕西刻《米继芬墓志铭》。赵超记载，1956年，此志在西安西郊三桥发掘出土，全称《神策军散府将游骑将军守武卫大将军同正兼太常卿上柱国米继芬墓志铭》。志文内容反映了昭武九姓之一的米国(吉尔吉斯共和国境内)与唐朝的友好关系。从中可知米继芬为米国酋长子孙，自其父突骑施起即作为人质至长安，并在唐朝任职。米继芬幼子在大秦寺中出家，信仰景教，保持着西方的文化习俗。据文献记载，米国原属于大月氏人，居住在祁连山北昭武城，为突厥打败后迁移到葱岭一带。米国曾多次向唐朝贡献胡旋女及歌舞伎人。胡旋舞曾受到唐朝人士的普遍喜爱，白居易有咏胡旋舞诗称：人间物类无可比，奔车轮缓旋风迟。刘禹锡有首诗中也说：二朝供奉米嘉荣，能变新声作旧声。这位米嘉荣显然也是米国来的歌手。由此可见，米国的艺术与唐代文化艺术有着密切的渊源。

［文献］　清王昶《金石萃编》卷一〇四，陈安利《唐十八陵》，曾毅公《石刻考工录》，刘正成《中国书法鉴赏大辞典》、《拓本汇编》第29册，王丽敏等《曲阳发现〈唐恒岳故禅师影堂纪德之碑〉》(《文物春秋》2009年第6期)，吴钢主编《全唐文补遗》第六辑，赵超《石刻史话》。

公元806年　元和元年

［提示］　正月，始建顺宗丰陵及石刻。四月，西安《唐故招圣寺大德慧坚禅师碑》。是年，回鹘入贡，始以摩尼偕来，于中国置寺处之。

［叙录］　唐顺宗李诵仅在位八个月，即溘然而逝。李诵在位虽然不足一年，但在政治上却颇有建树，其间筹划政改，任用王伾、王叔文、陆贽等人，欲减除宦官兵权。其子宪宗李纯即位后，改元元和。据陈安利载，顺宗丰陵始建于元和元年正月，完成于当年七月，历时约七个月。丰陵位于陕西富平县东北17公里的曹村乡陵前北堡村金瓮山上。丰陵依山为陵，玄宫凿建于山南麓。陵园四面各辟一门，以四神命名，门外各置石狮一对，筑阙台一对。石刻尚存者，有玄武门石狮一对，仗马两件；白虎门石狮一对；神道华表一件。石刻残毁较甚，仅玄武门石狮尚完整，卷鬣，昂首，蹲踞状，通高175厘米。陵山前另有清乾隆四十一年(1776)陕西巡抚毕沅书“唐顺宗

丰陵”碑一通。丰陵的石刻,已完全不能和盛唐时代的皇陵相比,一个走向衰落的王朝踪影,从石刻艺术上已彰显无遗。

是年四月十五日,西安刻《唐故招圣寺大德慧坚禅师碑》。此碑碑文由徐岱撰写,行书书丹者则为孙藏器,1945 年于西安市西郊出土,碑高 252 厘米,现藏陕西省博物馆西安碑林,碑文叙述当时佛教禅宗代表人物慧坚禅师受唐睿宗器重的情况。据《拓本汇编》载,此碑为强琼(天水中书玉册京兆府廉平府果毅)所刻。程章灿考,中书省玉册官也有职散勋衔,但其散阶或为武散(如宣节校尉),或为文散(如文林郎、将仕郎)。《唐故琅琊王氏夫人墓铭》:夫人即故玉册官内供奉赐绯鱼袋强琼之妻。公先殁已十五年,葬在醴泉本乡也。(《唐代墓志汇编》)按此志,强琼家住长安群贤里,有四子二女。此碑书法及雕刻技艺均称一流,《西安碑林书法艺术》说,孙藏器学王羲之书法,笔法健劲流畅。碑侧图案花纹全部用线勾成,以双波纹为干线,用盛开的花朵正面和侧面作主要内容,中间还穿插有鸟兽人物。左边碑侧刻有一只生气盎然振翅欲飞的鸳鸯,右侧刻一挺立的朱雀和一个身绕宽长飘带、半跪莲花上的赤身小儿。两侧的下部相对刻着长翼短尾,头有独角,遍身花斑的瑞兽。全部构图极其紧密均衡,显得格外生动饱满,富丽堂皇。对艺术而言,石碑的形状、书法、雕刻都是重要的方面;就历史而言,碑文中所记的事实及撰写人的史识史学,应当更为重要。此碑撰文者徐岱生卒年代不详,两《唐书》有传:徐岱字处仁、苏州嘉兴人。史籍上说徐岱辩论明锐,座人常屈。亦不谈人之短,时人以此称之。

《资治通鉴》载:是岁,回鹘入贡,始以摩尼偕来,于中国置寺处之。其法日晏乃食,食荤而不食湩酪。回鹘信奉之,可汗或与议国事。张焯按:回鹘即今维吾尔族古称,旧称回纥,其先匈奴之裔,后号铁勒,依托高车,臣属突厥,唐开元中始盛。贞元四年(788 年),请唐改称回鹘,取“回旋轻捷如鹘”之义。元明称畏元儿。胡三省注:回鹘之摩尼,犹中国之僧也;其教与天竺又异。按《唐会要》载:回鹘可汗令明教僧进法入唐。大历三年(768 年)六月二十九日,敕赐回鹘摩尼,为之置寺,赐额为大云光明。

[文献] 宋司马光《资治通鉴》卷二三七,宋王溥《唐会要》卷一九,陈安利《唐十八陵》、《拓本汇编》第 29 册,程章灿《石刻刻工研究》,陕西省博物馆编《西安碑林书法艺术》,张焯《云冈石窟编年史》。

公元 807 年　元和二年

[提示] 五月十四日,湖南刻《梁褒先题名》。五月,刘禹锡《袁州萍乡县杨岐山乘广禅师碑》。是年,四川广元石刻。

[叙录] 五月十四日,湖南刻《梁褒先题名》。据曾毅公和刘刚载,是年五月,西羌安常皎刻此摩崖题名。此石刻位于郴州永兴县碧塘乡湘洲村侍郎组。七竖行排列、45 个字,楷书。文字内容为“朝散大夫使持节、郴州诸军事守郴州刺史、赐绯鱼袋梁褒先,因行香经此石室续勒修镌,元和二年五月十四日元记”。

五月,刘禹锡在朗州司马任,作《袁州萍乡县杨岐山乘广禅师碑》(载《全唐文》)。李绍明撰文说,杨岐山雄踞于萍乡市北境,林壑优美,水木清华。中有禅寺,创建于唐代,为当时名僧乘广禅师开山讲经之所,后经历代多次修葺,规模逐渐宏大,著名的佛教临济杨岐宗即发源于此。乘广禅师圆寂后,其大弟子甄叔率徒建塔于禅室之右端,门人还源跋涉千里,请朗州司马刘禹锡撰书碑文,立碑塔下。塔毁以后,碑移于寺中,嵌于墙内,留传至今,为江西省重点保护文物之一。碑高 280 厘米、宽 90 厘米。碑座为一大石龟,碑额呈圆形,镌有螭龙图案。中间两行篆书:“唐故广禅师碑”。元潘昂霄在《金石例》中载:唐代立碑,五品以上官员碑饰用螭首龟趺。这说明当时是以“殊礼”来对待乘广禅师的。碑文共 25 行,每行 54 字。千百年来,虽经风雨剥蚀,多次摹拓,有些字迹已经模糊,但绝大部分点画清晰,行款整齐,笔势飞动,反映了唐代的文采风规、书法矩范。

四川广元石刻。据刘长久等载，是年，在川广元千佛崖，前秘书省校书郎段文昌赴上都，并同其子段斯立、段思齐在四川广元千佛崖修菩萨二身。同时还有左弼为女郎君子在千佛崖造佛像。

［文献］ 清董诰等《全唐文》卷六一〇，元潘昂霄《金石例》，曾毅公《石刻考工录》，刘刚《湖湘碑刻》，李绍明《杨岐山乘广禅师碑》(《南方文物》1983年第4期)，刘长久《中国西南石窟艺术》，王朝闻等主编《中国石窟雕塑全集》(四川重庆卷)。

公元809年　元和四年

［提示］ 二月二十九日，成都《蜀丞相诸葛武侯祠堂碑铭》。是年，浙江铜山铜矿遗址摩崖题刻、陕西麟游县石鼓峡石窟、重庆潼南县崇龛造像。

［叙录］ 元和四年二月二十九日，裴度在成都，撰写著名的《蜀丞相诸葛武侯祠堂碑铭》，此碑在四川成都市区武侯祠内，清王昶《金石萃编》著录。成都武侯祠始建于西晋末年，原在成都城内，后迁至南郊。明初蜀献王将武侯祠并入昭烈庙，明末毁于兵火，康熙十一年又重修。此碑简称《诸葛武侯祠堂碑》，位于武侯祠二厅右侧亭内。此碑书丹者大书家柳公绰(柳公权之兄)，刻工则是名匠鲁建。碑文为楷书24行、行50字。此碑集文笔、书法、刻工三者精良于一身，世称“三绝碑”。王世贞《弇州山人稿》称赞此铭“行笔飘洒雄逸，无拘迫寒俭之态，真足埙篪”。据高文载，明代弘治十年(1497)四川巡按华荣于碑上题跋云：人因文而显，文因字而显，然则武侯之功德，裴、柳之文字，其相与垂宇不朽也。刘正成载，此碑在明成化年间(1465—1487)，滕嵩曾补刻其缺损之处。

是年，浙江有铜山铜矿遗址摩崖题刻。此题刻在浙江淳安县西南70公里洪铜山(为浙江淳安锡铁矿所在地)铜矿遗址矿区西北约500米、海拔370米的里坞坑崖壁上。崖上镌有一处高56厘米、宽26厘米的唐代摩崖题刻，直行楷书阴刻，碑文记载自唐天宝八载(749)至元和四年(809)间，铜矿开采的每次起讫时间。这是目前浙江省所发现的唯一有确切纪年的古代采炼铜矿的遗址石刻。

同年，陕西建造麟游县石鼓峡石窟。根据北大考古专业和麟游县博物馆等调查，麟游县石鼓峡石窟内外有多处纪年题刻，其中窟内西壁佛像右侧的题刻年代最早。内容为：都勾当人壕李□下手造，元和四年□月五日。

是年，重庆潼南县有崇龛造像。崇龛镇千佛崖石刻造像群，位于崇龛镇薛家村一社张家湾北部山下。据罗静等报道，这批造像是2011年8月采石施工中被暴露出来的，重庆市文物考古所工作人员接报后立即前往现场勘探，并受重庆市文化广播电视局的委托对其进行抢救性清理发掘，共清理出近300尊佛教石刻造像。整个石刻造像呈东西走向，长30米、高4米，最低处距地表只有1.5米。崖壁造像共有43龛，雕造有各类造像约283身。其中有文字题记者有27则，较早纪年有元和四年题记。从造像题材、艺术风格及纪年题记等方面，可推测崇龛千佛崖造像刻造于中唐至元明，其中以晚唐至北宋造像居多。其开龛造像的历史，比大足石刻早出百余年。

［文献］ 清王昶《金石萃编》卷一〇三，高文等《四川历代碑刻》，北大考古专业等编著《慈善寺与麟溪桥：佛教造像窟龛调查研究报告》，麟游县博物馆等《陕西麟游县东川寺、白家河、石鼓峡的佛教遗迹》(《考古》1996年第1期)，罗静等《重庆潼南崇龛镇薛家村发现了唐代摩岩造像》(《重庆晚报》2012年5月21日)。

公元811年　元和六年

［提示］ 二月，羊士谔在巴州有诗刻于石壁。秋，韩愈入京，写有多篇石刻作品。

［叙录］ 二月，羊士谔在巴州有诗刻于石壁。据刘长久等载，是年羊士谔在巴州，有《游西龛》、《寒

食游眺》等诗，书刻于石壁。羊士谔在《唐书》中无传，生平事迹散见于韩愈《顺宗实录》、辛文房《唐才子传》中。羊士谔为泰山（山东泰安）人，顺宗时累至宣歙巡官，为王叔文所恶，贬汀州宁化尉。元和初，宰相李吉甫知奖，擢为监察御史，掌制诰。后以与窦群、吕温等诬论宰执，出为资州刺史。羊士谔工诗，《全唐诗》录其诗作一卷。辛文房谓其诗"造妙良选，作皆典重"。

是年秋，韩愈入京，写有多篇石刻作品。宋人吕大防等载，韩愈是年由河南令召为职方员外郎，入京，撰有《河南令舍池台》、《石鼓歌》、《唐故兴元少尹房君墓志铭》、《唐故河南府王屋山县尉毕君墓志铭》、《乳母墓铭》、《唐故江西观察使韦公墓志铭》、《唐襄阳卢丞纂志铭》等多篇与石刻相关的作品。韩愈善书，且与石刻关系甚深，但目前传世的韩愈书迹十分罕见。刘刚著录了一件湖南摩崖石刻，可能出自韩愈之手：石刻在郴州永兴县碧塘乡湘洲村侍郎组，有件题为"昌黎经此"的大字摩崖，题刻高 66 厘米、宽 237 厘米，字高 55 厘米，宽 33—45 厘米，横行排列四字楷书。有学者认为，此摩崖石刻是在湖南发现的唐代大文豪韩愈的墨迹摩崖题记，为韩愈在湖南的活动提供了实物佐证，也为学术界研究韩愈提供了新的资料。此石刻是否为韩愈所题记，也有专家认为有待商榷。

［文献］ 唐韩愈《顺宗实录》卷四，宋吕大防等撰《韩愈年谱》，元辛文房《唐才子传》卷五，刘长久《中国西南石窟艺术》，王朝闻等主编《中国石窟雕塑全集》（四川重庆卷），刘刚《湖湘碑刻》。

公元 812 年　元和七年

［提示］ 七月，刘禹锡在朗州，作《绝编生墓表》。

［叙录］ 元和七年七月，刘禹锡在朗州，作《绝编生墓表》。据卞孝萱等载，绝编生即刘禹锡在武陵结交的一位《易经》学者顾象，绝编生是刘禹锡给他的绰号。顾象少年时代就开始研习《易经》，精于卜辞占卦。

［文献］ 卞孝萱《刘禹锡年谱》。

公元 813 年　元和八年

［提示］ 元稹撰《唐故工部员外郎杜君墓志铭并序》。四川蒲江朝阳乡大王井造佛像。

［叙录］ 据周相录载，元和八年元稹在江陵，应杜甫之孙杜嗣业请，撰《唐故工部员外郎杜君墓志铭并序》。此文见于《元氏长庆集》中，是元稹为诗人杜甫所作的墓志铭。元稹是中国文学史上第一个对杜甫及其现实主义诗歌艺术作出高度评价的人。

据刘长久、刘新生等载，是年，在四川蒲江县朝阳乡大王井造佛像。

［文献］ 唐元稹《元氏长庆集》卷五六，周相录《元稹年谱新编》，刘长久《中国西南石窟艺术》，王朝闻等主编《中国石窟雕塑全集》（四川重庆卷），刘新生《蒲江县长秋山摩崖造像调查》（《四川文物》1995 年第 2 期）。

公元 815 年　元和十年

［提示］ 刻《大唐故太白禅师塔铭并序》。刘禹锡登衡岳寻岣嵝古碑。

［叙录］ 本年，刻《大唐故太白禅师塔铭并序》。撰文者为胡的，《唐代墓志汇编》中有著录。据陶宗仪载，此塔铭为□□□力季文所刻。禅师法号观宗，俗姓留氏，东阳人。是年，刘禹锡登衡岳寻岣嵝古碑。据卞孝萱、唐晓军载，元和十年，刘禹锡登衡岳寻觅岣嵝古碑，《全唐诗》中载有刘禹锡《寄吕衡州》诗，中有：尝闻祝融峰，上有神禹铭，古石琅玕姿，秘文螭虎形。

［文献］ 元陶宗仪《古刻丛钞》，清彭定求等《全唐诗》卷三五四，周绍良《唐代墓志铭汇编》，卞孝萱《刘禹锡年谱》，唐晓军《甘肃古代石刻艺术》。

公元 816 年　元和十一年

［提示］　二月一日，重庆刻《德曜道行碑》。约于此际，湖南《杨於陵题刻》。

［叙录］　二月一日，重庆刻《德曜道行碑》。碑文全称《南浦郡报善寺主（宇文）德曜公道行碑》，见载于《全唐文补遗》中，此碑拓片则在《拓本汇编》中有著录。清人况周颐在《万邑西南山石刻记》中附录有《南浦郡报善寺两唐碑释文》，其中一碑即指此碑（另一碑为《万州报善寺主觉公纪德碑》，刻于元和十二年）。碑在重庆万县，刻工为李白昌。碑主宇文德曜，祖宇文介，唐初封异姓王，其叔祖即著名的宇文化及。

约于此际，湖南刻《杨於陵题刻》。据刘刚载，此摩崖石刻位于郴州永兴县碧塘乡湘洲村侍郎组。五竖行排列、阴刻 32 字。文字内容为“於陵已纪题于北岩不□□备平月金丹亦同至此岩，衡山大德诚盈续来□登□”。从内容上看为唐穆宗的户部尚书杨於陵所题，字体为楷书。杨於陵曾于唐宪宗元和十一年贬为桂阳郡守。

［文献］　清况周颐《万邑西南山石刻记》，《拓本汇编》第 29 册，吴钢主编《全唐文补遗》（第六集），刘刚《湖湘碑刻》。

公元 817 年　元和十二年

［提示］　正月，宣歙观察使范传正迁当涂李白墓至青山，撰《赠左拾遗翰林学士李公新墓碑》。十二月二十五日，湖南郴州唐代元和题刻。是年，柳宗元书《龙城刻石》。

［叙录］　据王伯祥等考证，元和十二年正月，宣歙观察使范传正将李白墓由当涂迁至青山，撰《赠左拾遗翰林学士李公新墓碑》（载《李太白全集》）。范氏所筑，或即白居易诗《李白墓》中所言：采石江边李白坟。宣歙池等州观察使范传正与李白有通家之好，是年，范传正同当涂县令诸葛纵一起，将李白墓由当涂龙山迁葬于青山。所撰碑文记述了迁葬青山的经过和原委，同时还记录了李白出身家世及身后事。所立之碑至迟在宋代尚存，至淳祐二年（1242）其碑“断仆零落，仅存方尺许”。时兼权太平州事节制军马孟点“乃重书刻石，立之墓左”。重刻之碑至今仍在。范传正字西老，南阳顺阳（河南淅川）人，德宗贞元十年（794 年）进士。清人陆增祥著录有《范氏女阿九墓志》，此范氏，即范传正也。

十二月二十五日，湖南郴州唐代元和题刻。据刘刚载，此摩崖石刻位于郴州永兴县碧塘乡湘洲村侍郎组。七竖行排列、阴刻楷书 53 字。文字内容为：前监察御史杨景复，陕州参军杨必复，长沙县尉杨□复，右率府□□杨师复。元和十二年十二月十五日□□□□，曹约书、安政兴镌。

是年，柳宗元书《龙城刻石》。柳宗元善书，为其诗文之名所掩。唐人赵璘在《因话录》中说：子厚善书，当时重其书，湖湘以南士人皆学之。柳宗元还著有《笔精赋》，以阐扬其书学理论。柳妻弘农杨氏、从父弟柳宗直亦善书。柳宗元的传世书迹中，较著名者有《龙城刻石》、《般丹和尚碑》、《南岳弥陀和尚碑》等。柳宗元还撰写多篇碑文墓志等石刻文字，如《箕子碑》、《故御史周君碣》、《唐故万年令裴府君墓碣》、《小侄女墓碑记》、《尚书户部侍郎王君先太夫人河间刘氏志文》等。

《龙城刻石》又称“剑铭碑”，石存广西马平县柳侯祠内，对于其真伪历代颇有争论。喻国伟从石刻内容、书体风格、书家个性及其流传过程等方面进行考察辨析，认为《龙城刻石》绝不是宋人伪作，而应是柳宗元的手迹。《龙城刻石》现残存 26 字：“龙城柳，神所守；驱厉鬼，出匕首；福四民，制九丑。元和十二年。柳宗元。”显然，这是与巫术有关的作品。其最早记录，见于相传是柳宗元所撰著的《河东先生龙城录》中。此碑于明天启三年（1623），由龚重得之于井中，并刻跋语。据说发现此碑时还出土有一柄短剑，故此石又称《剑铭碑》。柳州迄今保存着一种风俗：人们认为此石可驱邪，凡涉水者，如携有此碑拓本，即可安然无恙也。

［文献］　唐赵璘《因话录》卷三，清王琦注《李太白全集》卷三一，清陆增祥《八琼室金石补正》卷七一，王伯祥《增订李太白年谱》，施子瑜《柳宗元年谱》，刘刚《湖湘碑刻》，喻国伟《〈龙城刻石〉应是柳宗元手迹》（《广西社会科学》2009年第10期）。

公元818年　元和十三年

［提示］　正月十五日，甘肃崇信县《尊胜陀罗尼经石幢》。二月，韩愈上所撰《平淮西碑》，被指为不实，命段文昌重撰。是年，四川丹棱郑山刘嘴造像。

［叙录］　正月十五日，甘肃崇信县刻《尊胜陀罗尼经石幢》。据唐晓军载，此石已佚。张维在《陇右金石录》中存此碑目并按云：此幢为八卦形，今出土四尺八寸，周径四尺，上有石顶高三尺，周径逾丈。虽剥蚀颇甚，而字多可辨识，首为佛顶尊胜陀罗尼经制译经过，继为经文，后为年月衔名。上下俱已残泐。

是年二月，韩愈上所撰《平淮西碑》，被指为不实，命段文昌重撰。熊礼仁在《中国文学编年史》中叙述此段史实时说，《旧唐书》（韩愈传）：仍诏愈撰《平淮西碑》，其辞多叙裴度事。时先入蔡州擒吴元济，李愬功第一，愬不平之。愬妻出入禁中，因诉碑辞不实，诏令磨愈文。宪宗命翰林学士段文昌重撰文勒石。是年，韩愈另有《进撰平淮西碑文表》、《唐故凤翔陇州节度使李公墓志铭》等。清代桐城古文家方苞在《书韩退之平淮西碑后》中说：如此篇兵谋战功详于序，而既平后情事则以铭出之，其大指然也。前幅盖隐括序文，然序述比数世乱，而铭原乱之所生。序言官怠，而铭兼民困。序载战降之数，铭具出兵之数。序标洄曲、文城收功之由，而铭备时曲、陵云、邵陵、郾城、新城比胜之迹。至于师道之刺，元衡之伤，兵顿于久屯，相度之后至，皆前序所未及也。如此看来，碑刻文字所述内容，与历史的真相之间，始终是有距离的。

四川丹棱郑山刘嘴造像。1984年，丹稜县文物普查时，发现两处规模较大的摩崖造像群，这两处造像仅一沟之隔，即称之为“郑山刘嘴摩崖造像”。造像群分布于距丹棱县城西偏北约12公里处的中隆乡界。其中，郑山造像在黄金村13组；刘嘴造像在涂山村二组。据王熙祥考察，郑山、刘嘴现存造像152龛、大小雕像约3 100尊。郑山造像68龛、700余尊；刘嘴造像84龛、2 393尊。绝大部分为佛教造像，只有郑山存有少数道教造像及佛道合龛造像。龛形基本上属于四川各地造像中常见的方形或长方形平顶敞口龛。像龛尺寸多在一米以内，最大龛为刘嘴六号释迦牟尼佛像龛，大小如真人；最小龛是郑山49号三世佛龛，像高不盈尺。从残存在多龛造像中的题记和造像风格上，可以确定郑山、刘嘴造像始造于盛唐时代。最早一则题记在刘嘴八号释迦牟尼与部众像龛旁，为天宝十二载（753）六月二十二日题记。郑山61号释迦牟尼佛龛下方题记，则为天宝十三载（754）三月十日题刻。两则题记显示：郑山、刘嘴造像应是同一时期的产物。此处也有部分中唐至晚唐的作品，这表明其造像活动至迟延续到晚唐元和时期。在刘嘴37号观音龛右壁，刻有题记，上面明确提到：瑜明造，元和十三年，弟子史邦。

［文献］　清方苞《方望溪先生全集》卷五，张维《陇右金石录》卷二，唐晓军《甘肃古代石刻艺术》，陈文新主编《中国文学编年史》（隋唐五代卷），王熙祥《丹棱郑山——刘嘴大石包造像》（《四川文物》1987年第3期）。

公元819年　元和十四年

［提示］　正月，韩愈坐谏佛骨事，出为潮州刺史。是年，白居易作《三游洞序》写于洞壁上。

［叙录］　据宋人王溥载，元和十四年正月，迎法门寺佛骨至禁中供养。而在元和十三年十一月，功德使就上言：凤翔法门寺塔有佛指骨，相传三十年一开，开则岁丰人安，来年应开，请迎之。当年十二月宪宗即遣中使帅僧众前往开发。十四年正月，又遣

杜英奇押宫人30人，持香花，赴临皋驿迎佛骨，至长安禁中留三日，乃送诸寺供养。刘学智叙述此事时说，对于此次事件，当时王公士庶奔走相告，瞻奉施舍，唯恐不及，百姓士庶至于灼肤炼顶，断臂残身以示虔诚。韩愈对此极感愤慨和痛心，出于维护儒家纲常及保持社会经济秩序的愿望，愤然写下了《论佛骨表》，指斥迎佛骨及宫中“供养”之事，乃“伤风败俗，传笑四方”，认为佛教“不道先王之法言”，“不服先王之法服，不知君臣之义、父子之情”，主张将其骨“付之水火，永绝根本”。又言及东汉以来，天子奉佛以后皆“夭促”。由此而触怒宪宗，本将以处死，在裴度等大臣的力谏下方幸免，遂贬愈为潮州（属广东）刺史，十月，又准例量移改授袁州（江西宜春）。

据朱金城等载，是年，白居易、白行简、元稹会于宜昌，白居易作《三游洞序》写于洞壁上。此序见载于《唐诗纪事》和《全唐文》之中。元和十四年白居易由江州（九江）调迁忠州（忠县）任刺史，与弟白行简同行，途遇元稹由通州（达县）迁虢州（宝鸡）任长史。三人相会于宜昌，并结伴同游西陵山。三人先在下牢溪放舟饮酒，后弃舟登岸，攀登至山腰时偶然发现一天生洞，三人在洞中各赋诗章，并由白居易作《三游洞序》，写于洞壁上。

［文献］　宋王溥《唐会要》卷四七，宋计有功《唐诗纪事》卷三九，清董诰等《全唐文》卷六七五，张岂之等《中国学术思想编年》（隋唐五代卷），朱金城《白居易年谱》。

公元820年　元和十五年

［提示］　正月，始建宪宗景陵及石刻。八月，韩愈在袁州作《柳子厚墓志铭》。十月，广东刻《南海广利王庙碑》。是年，四川邛崃市盘陀寺造《观无量寿佛经变龛》。元和年间，裴度重修福先寺，请白居易、皇甫湜撰碑文、四川资中北岩造毗沙门天王像。

［叙录］　是年正月，宦官陈弘志杀害宪宗李纯，其党秘其事，但云药发暴卒。太子李恒嗣位，是为穆宗。据陈安利载，宪宗景陵始建于元和十五年正月，完成于当年五月，历时约五个月。我们发现，随着唐朝势力的不断衰落，皇陵的建设周期也越来越仓促，规模也越来越小。宪宗李纯的景陵，位于陕西蒲城县西北7公里半处的金帜山上。李纯晚年嗜服长生药，元和十五年为宦官所害死。景陵仍依山为陵，玄宫凿于金帜山南麓。神门外各置石狮一对，再外为阙台一对。朱雀门（南神门）外设神道，神道自南而北依次排列华表、翼马（图181）、鸵鸟（图182）、仗马（图183）、翁仲等石刻造像。朱雀门内另有清陕西巡抚毕沅书“唐宪宗景陵”碑一通。据《旧唐书》（穆宗本纪）载，修宪宗景陵时，还有负责修建景陵的官员，因此而丢了性命者：京兆府户曹参军韦正牧专知景陵之作，刻削厨料充私用，计赃八千七百贯文；石作专知官奉仙县令于翚刻削，计赃一万三千贯，并宜决重杖处死。

是年八月，韩愈在袁州作《柳子厚墓志铭》。柳宗元卒于元和十四年（819），次年五月，韩愈作《祭柳子厚文》。八月，韩愈作《柳子厚墓志铭》。民国吴闿生在《古文范》中评论说：韩柳至交，此文以全力发明子厚之文学风义，其酣恣淋漓、顿挫盘郁处，乃韩文公真实本领，而视其所为墓铭以雕琢奇诡胜者，反为别调。盖至性至情之所发，而文字之变格也。金石文字，当以严重简奥为宜。此文偶出变格，固无不可。

十月，广东刻《南海广利王庙碑》。此碑由韩愈撰文（载《昌黎集》中）、陈谏书丹、李叔齐刻石，碑存广州南海（广利王）神庙。据王颋研究，南海海神庙之肇创，以元人陈大震的追述，乃在隋文帝在位年间。兹后，历唐、宋、元各朝，皆予以不时维修和补筑。韩愈在碑文记载：天宝中，因其故庙，易而新之，在今广州治之东南，海道八十里扶胥之口、黄木之湾。明年（元和十四年），祀归，又度庙宫而大之，治其庭坛，改作东西两序，斋庖之房，百用具修。到了元明时期，又进行了大规模的修缮扩建。《道光广东通志》载：至元二十年，赵胜兴升宣慰副使，复修之，苟合矣。已而，被命佥都元帅府事，始得展其力，乃

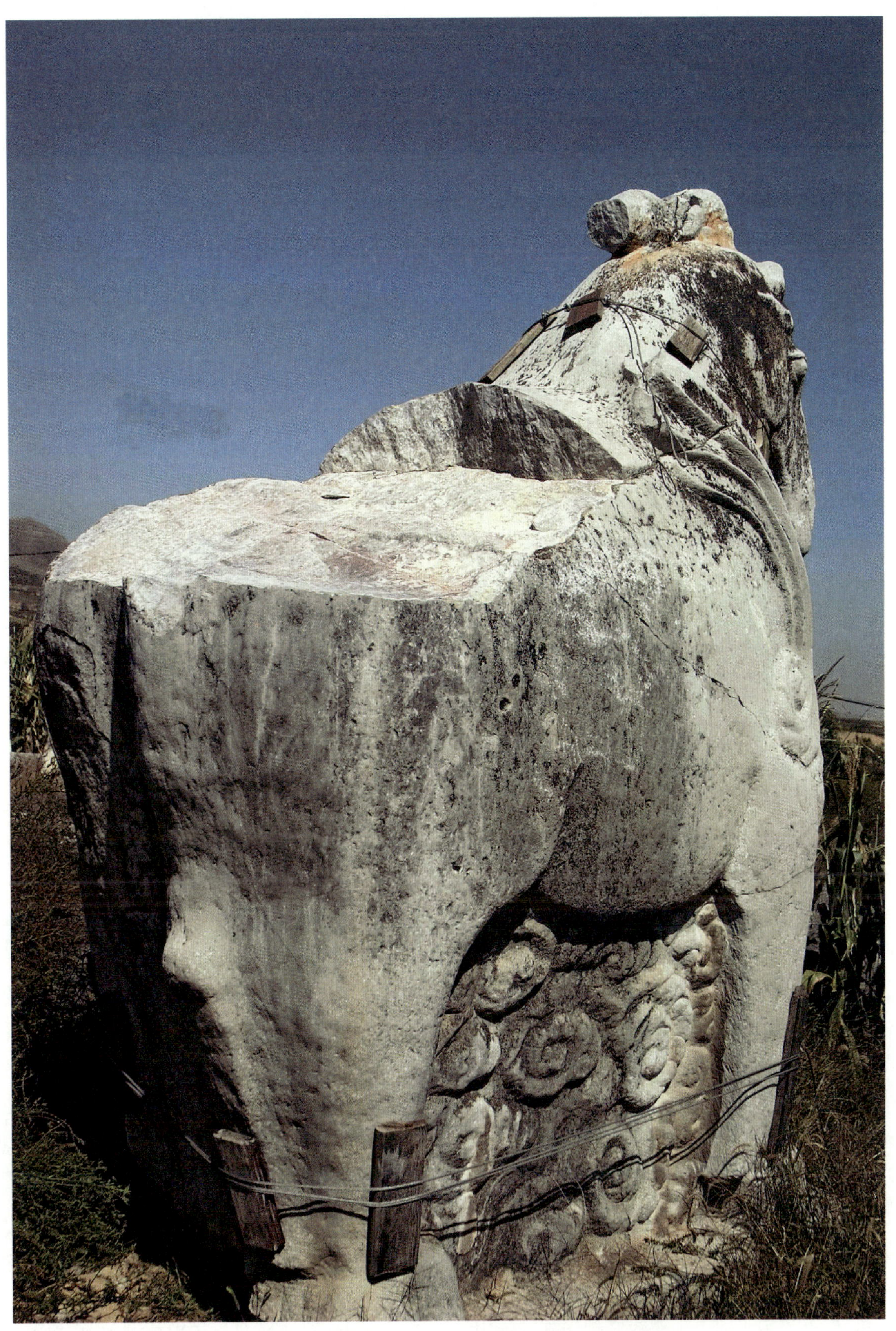

图 181　宪宗景陵翼马　元和十五年(820)　陕西蒲城

于农隙募材鸠工，入执宫功，一木一石之未良，一斧一凿之未精，必更之使尽善乃已。大门三间，横二十二丈，翼以两庑，纵三十二丈。正殿峊然其中，又演两庑三十二丈至寝殿，崇广如正殿，明顺夫人之所处也。至舆卫翼从，悉有宁宇。又崇馆以为天使弭节之所，虽祝使庖夫所栖，亦皆完好，凡为屋一百二十五间，历十余年而后就。南海神是我国古代东南西北四海神之一，且地位显赫，正如韩愈所说：考于传记，而南海神次最贵，在北东西三神、河伯之上。据王元林研究，南海神在珠江三角地区广见南海神的分祀庙宇，南海神诞"波罗诞"、"洪圣诞"至今犹存。

同年，在四川邛崃市盘陀寺造《观无量寿佛经变龛》。据刘长久等载，盘陀寺在邛崃城西十里盘陀山上。始建于宪宗元和十五年，初名开元寺，由长安章敬寺僧马采主持兴建。明代洪武二十五年(1393)重建，正统二年(1437)增修。以寺前有大石如磐，更名盘陀寺。盘陀寺内唐代造像目前仅存四窟，有千佛造像、密宗造像等，最著名的就是开凿于是年的《观无量寿佛经变龛》。

元和年间，裴度重修福先寺，曾请白居易、皇甫湜撰碑文。温玉成载，唐代东都洛阳的大福先寺是一座规模宏大的著名寺院。大约在元和年间，裴度重修福先寺，距天授元年已是120年左右的时间。《新唐书》(皇甫湜传)记载一段故事云：裴度辟为判官，度修福先寺，将立碑，求文于白居易。湜怒曰：近舍湜而远取居易，请从此辞。度谢之。即请斗酒，饮酣，援笔立就。度赠以车马缯彩甚厚。湜大怒曰：自吾为《顾况集序》，未常许人，今碑字三千，字三缣，何遇我薄邪？度笑曰：不羁之才也。据《黄顺仪尊胜幢记》(咸通七年六月)，幢上所刻《佛顶尊胜陀罗尼》即是依东都福先寺西律院玉石幢本。裴度坟茔在河南县龙门乡午桥村(《八琼室全石补正》)。

元和年间(806—820)，四川资中北岩造毗沙门天王像。据刘长久、樊珂、王熙祥、曾德仁等著录，资州刺史在四川资中县北岩造毗沙门天王像，约开造于此际，时任资州刺史的羊士谔为之撰序碑。资中重龙山摩崖造像位于资中县城东北隅重龙山山麓，又称北岩造像，分别散布在君子泉、古北崖石壁上。北岩摩崖造像始凿于唐建中四年(783)。北岩摩岩造像题材众多，有释迦立佛像、坐佛像、三世佛像、华严三圣像、观音像、地藏像、药师像、维摩变、观无量寿佛经变、毗沙门天王像、大肚弥勒像、龙洞龛等20余种。

［文献］　唐韩愈《昌黎集》卷三一，后晋刘昫等《旧唐书》卷一六，宋宋祁等《新唐书》卷一七六，清阮元等《道光广东通志》卷二一四，清陆增祥《八琼室金石补正》卷四八，吴闿生《古文范》卷三，陈安利《唐十八陵》，王颋《神王祭祀——广州"南海庙"古史钩沈》(《西域南海史地研究》)，王元林《国家祭祀与海上丝路遗迹——广州南海神庙研究》，刘长久《中国西南石窟艺术》，王朝闻等主编《中国石窟雕塑全集》(四川重庆卷)，温玉成《中国佛教与考古》，樊珂《四川地区毗沙门天王造像研究》，王熙祥等《四川资中重龙山摩崖造像》(《文物》1988年第8期)。

公元821年　长庆元年

［提示］　正月十一日，广西《罗池庙碑》。是年，河南郑州《天王菩萨石造像》、重庆合川濮岩寺《合州刺史卢专造弥勒佛像》。

［叙录］　正月十一日，广西柳州刻《罗池庙碑》。罗池庙就是故刺史柳宗元庙。据刘正成及《拓本汇编》载，此碑为韩愈撰文、沈传师书、陈曾篆额、朗江郑兰临刻石。碑原在广西柳州，久佚，仅清何绍基藏宋拓孤本传世。此碑曾有多家金石学者如清人王昶等所著录。明人蒋一葵在《尧山堂外纪》中说：柳子厚守柳州日，筑龙城，得白石，微辨刻画，曰"龙城柳，神所守。驱厉鬼，山左首。福土氓，制九丑。"此子厚自记也。退之作《罗池庙碑》云"福我兮寿我，驱厉鬼兮山之左"，盖用此事。宋代苏东坡曾手书韩愈碑铭中的迎享送神诗部分，书迹于南宋嘉定十年(1217)勒于石，称《罗池庙迎享送神诗碑》，或《罗池铭辞》、《荔子丹碑》等，正书10行，行16字，无书写年月，石

在广西马平罗池庙中。

同年，据李淞载，河南郑州刻《天王菩萨石造像》，为单体造像，现藏郑州博物馆。而在西南重庆的合川濮岩寺，则有《合州刺史卢专造弥勒佛像》。据刘长久、胡昌健等载，合川濮岩寺造像中，不少均有纪年造像题记，除《卢专造像记》之外，还有开元二十三年(735)的《石门弥陀像碑》、开元二十七年(739)的《造像记碑》、长庆三年(823)的《卢舍那佛二菩萨记》和《合州刺史造像记》等。其中长庆三年造像，为银青光禄大夫、使持节合州诸军事、行合州刺史兼御史中丞刘温造卢舍那佛一躯、菩萨二躯。

［文献］ 明蒋一葵《尧山堂外纪》卷二九，清王昶《金石萃编》卷一〇七，《拓本汇编》第30册，刘正成《中国书法鉴赏大辞典》，李凇《长安艺术与宗教文明》、《中国美术图典·菩萨画》，刘长久《安岳石窟艺术》、《中国西南石窟艺术》，胡昌健《巴渝地区佛教发展述略》(《恭州集》)。

公元822年 长庆二年

［提示］ 十二月，陕西《梁守谦功德碑》。

［叙录］ 十二月，陕西刻立《梁守谦功德碑》。据王昶、曾毅公等载，此碑又称《梁守谦功德铭》，为杨承和撰文并书、陆邳篆额、天水强琼刻石。碑现存西安碑林。梁守谦(779—827)是唐代大宦官，官至右神策军中尉，开府俄同三司行右卫上将军知内侍省事，上柱国邠国公，历经德、顺、宪、穆、敬、文六朝，元和四年(809)知枢密事至太和元年(827)致仕，握重权近20年。据文艳等报道，近年，在西安碑林博物馆中，还入藏有一合《梁守志墓志》，这个梁守志正是梁守谦的弟弟。墓志为方形，长宽均为76厘米，志文楷书，合计43行，满行43字，共计1 600余字。

［文献］ 清王昶《金石萃编》卷四一，曾毅公《石刻考工录》，文艳等《碑林博物馆新入藏唐〈梁守志墓志〉》(《西安日报》2012年8月20日)。

公元823年 长庆三年

［提示］ 五月，樊宗师作《绛守居园池记》。是年，西藏《唐蕃会盟碑》。

［叙录］ 长庆三年五月，樊宗师守绛州，作《绛守居园池记》。唐代著名散文家樊宗师(绍述)，在《新唐书》中有传。韩愈曾撰有《南阳樊绍述墓志铭》。《绛守居园池记》写成之后可能刻石立碑，宋人董逌在《广川书跋》中说，他曾至绛州，得其旧碑，剔利刺洗，见其后有宗师自释。然仅略注亭檄之名，其文仍不尽可解，故好奇者多为之注。由于此记文字奇古，一篇之文，仅777字，而众说纷纭，终无定论。以其相传既久，如古器铭识，虽不可音释，而不得不谓之旧物，赏鉴家亦存而不弃。赵明诚对此批评说：昔之为文者，虽务为新语，然未尝有意于求奇也。宗师之文，乃故为险怪，必使人不可晓而后已，此岂作者之体哉。

本年(吐蕃彝泰九年)，刻立于西藏拉萨大昭寺前的《唐蕃会盟碑》，在西藏碑刻中，是最为著名的一块石刻。著名美籍华裔语言学家李方桂曾在《古代西藏碑文研究》等书中专章讨论此碑。《唐蕃会盟碑》又称《甥舅和盟碑》或《长庆会盟碑》。碑形制为扁方柱形，高467厘米、宽95厘米、厚50厘米。四面刻字，碑阳刻以藏汉两种文字，左为藏文横书，右为汉文正楷直书。藏汉碑文所述内容相同，均为同一盟约。碑阴为藏文盟词，碑两侧则刻有藏汉文字参与唐蕃会盟之蕃汉双方官员姓名，北侧为蕃方官员共17人，南侧为唐廷官员共18人。此碑文不仅史料价值难以替代，而且文采华美，藏汉甥舅相谓，允为百世流芳名品。

贞观十五年(641)，唐太宗将文成公主和亲于松赞干布，中宗景龙四年(710)，又将金城公主远嫁赤德祖赞。唐蕃以皇室联姻等方式，建立起了密切的文化、政治和经济等诸多方面的交流与合作。赤德祖赞上书玄宗时自称为甥，称中宗为舅。自宪宗元和十年(815)开始，吐蕃神圣赞普可黎可足曾先后三

图 182 宪宗景陵鸵鸟 元和十五年(820) 陕西蒲城

次遣使至长安求和请监。长庆元年(821)唐穆宗接受吐蕃之请求,十月份命宰相及大臣共 17 人与吐蕃使官论纳罗会盟于长安西郊。后又以大理寺卿刘元升为使团盟使,随论纳罗一同进藏会盟。长庆二年(822)五月六日,唐蕃在拉萨设立盟坛举行盛大会盟仪式,吐蕃方面派出时掌内外军政大权之钵阐布讽文誓约。双方重申“和同为一家”之甥舅亲谊,一致盟誓永保和好,“垂诸万代”。可黎可足于会盟次年,也即唐穆宗长庆三年,在大昭寺门前,以汉藏两种文字刻立此《唐蕃会盟碑》。树碑之日,唐朝派遣太仆寺少卿杜载为特使,率团再赴拉萨参加盛大的碑刻落成大典。

[文献] 宋董逌《广川书跋》卷八,宋赵明诚《金石录》卷二九,[美]李方桂等《古代西藏碑文研究》,金其祯《中国碑文化》。

公元 824 年 长庆四年

[提示] 正月,始建穆宗光陵及石刻。二月十三日,龙门如信大师卒于圣善寺华严院。三月十日,白居易作《钱塘湖石记》。四月六日,柳公权楷书《金刚经》。八月九日,湖南郴州长庆题刻。是年,吐蕃遣使向唐朝乞请五台山图、碑文大家韩愈卒。约于此际,新疆《九姓回鹘毗伽可汗碑》。河南大海寺十一面观音、扬州十一面观音立像、四川资中重龙山造药师佛观音地藏菩萨龛。

[叙录] 唐穆宗李恒病卒,太子李湛嗣位,是为敬宗。正月,始建穆宗光陵及石刻。据陈安利载,唐穆宗光陵始建于长庆四年正月,完成于当年十一月,历时约 10 个月。光陵位于陕西省蒲城县北 15 公里翔村乡辛子坡村北尧山。光陵依山为

图 183 宪宗景陵仗马 元和十五年(820) 陕西蒲城

陵，玄宫凿建于山南麓。四面各辟一门，以四神命名；南、北二神门距离 2 900 余米，东、西二神门距离 2 350 米；神门外各置石狮一对，再外为阙台一对。朱雀门(南神门)外设神道，神道自南而北依次排列华表、翼马、鸵鸟、仗马、翁仲等石刻造像。遗址内有清陕西巡抚毕沅书“唐穆宗光陵”碑一通。

二月十三日，龙门如信大师卒于圣善寺华严院。据李文生记载，如信大师春秋 75 岁，是月二十二日移葬于龙门山之南岗，宝历元年(825)迁葬于奉先寺，立佛顶尊胜陀罗尼幢，以旌功德。事见白居易撰《如信大师功德幢记》(见《白氏长庆集》中)。

据朱金城《白居易年谱》载，是年三月十日，白居易在杭州刺史任，修筑钱塘湖堤，疏浚城中六井，作《钱塘湖石记》。钱塘湖，即杭州西湖。记中记载了白居易修治西湖水利以灌田、沦井、通漕的官方文告，这篇《钱塘湖石记》是中国水利文化史上难得的优美文章。

四月六日，柳公权楷书《金刚经》。此经亦称《金刚般若经》，全称则为《金刚般若波罗蜜多经》。大书家柳公权是年所楷书者，其原石毁于宋代。据刘正成等载，20 世纪初曾在甘肃敦煌石室发现唐拓卷装孤本，后被法人伯希和携回法国巴黎图书馆，刻工为强演与邵建和。书此碑时柳公权方 47 岁，周必大谓此碑：字瘦而不露骨，沉着痛快，而气象雍容，欧、虞、褚、薛，足进焉。马子云、施安昌记载说，伯希和带走柳公权唐拓孤本时，同时还带走了欧阳询所书之《化度寺塔铭》、唐太宗所书的《温泉铭》等拓本。

八月九日，湖南郴州长庆题刻。刘刚著录此摩崖石刻，位于郴州永兴县碧塘乡湘洲村侍郎组。九竖行排列、阴刻楷书 70 字。文字内容：朝散大夫守睦州刺史韩泰、子壻乡贡进士裴殳、男师仁、男懿文、右泰，长庆元年三月自漳州刺史授郴州，四年六月转睦州，八月九日沿流之任，处士严行立同行，黄万书，安政兴镌。

是年，吐蕃遣使向唐朝乞请五台山图。五台山为文殊道场，山上寺塔林立，香火鼎盛。所谓《五台山图》，即绘有五台山及其各处神灵圣迹的佛教画图，据唐释慧祥等载，唐高宗龙朔年间，画师张公荣等人至五台山考察佛教圣迹，西安沙门会赜将画师所绘五台山图样做成“小帐”（屏风画）并配上相关说明文字。从此，《五台山图》在中原广为传播。敦煌文献中记载说，在山西太原等地，甚至出现了以画《五台山图》为业的专业画师。李玉珉载，长庆四年吐蕃遣使向唐朝乞请五台山图，五台山图的画稿遂传入河西。在敦煌晚唐的屏风画里，已出现小幅五台山图，多画在文殊变下部，场面比较简单。61 窟西壁的五台山图，通壁巨构，为目前传世最重要的一铺五台山图。分为上、中、下三层，画有各类云中化现的场景、遍布五台山上的大小寺院和佛塔，以及各种发生在此山的故事、遗迹等。

是年碑文大家韩愈卒。韩愈字退之，唐河内河阳（河南孟县）人。郡望昌黎，世称韩昌黎。苏轼称韩愈“文起八代之衰”，与柳宗元齐名，世称“韩柳”，向被推崇百代文宗，著有《韩昌黎集》四十卷。韩愈同时还是当时著名的碑文撰写大家，刘禹锡在《祭韩吏部文》中称韩愈“公鼎侯碑，志隧表阡，一字之价，辇金如山。”其文集之中，仅碑志之文就多达 12 卷，如《乌氏庙碑铭》、《曹成王碑》、《平淮西碑》、《南海神庙碑》、《柳州罗池庙碑》、《黄陵碑》、《柳子厚墓志铭》。

约于此际，新疆刻立《九姓回鹘毗伽可汗碑》。据耿世民等撰文记载，这件回鹘碑雕刻于唐穆宗长庆年间（821—824），由回鹘内宰相颉干伽思等人所立。此碑在光绪十五年（1889）同《阙特勤碑》及《苾伽可汗碑》一起，发现于鄂尔浑河上游呼舒柴达木湖畔喀拉和林遗址附近（也有说发现于前杭爱省哈拉巴勒嘎斯城址内者）。发现此碑时，碑已碎为数段。“九姓回鹘”又名“九姓回纥”，回纥内九族、外九部通称。内九族为以药罗葛为首之九氏族所组成，统名为回纥；外九部则是回纥和其余八部落所组成，也称回纥。毗伽可汗即回鹘九部落首领，唐朝册命其为保义可汗。这块碑文记述回鹘汗国建立以后至保义可汗时期（808—821）之历史及其与唐廷关系，同时还记载了摩尼教传入回鹘汗国史实，并对回鹘西徙新疆的历史提供了重要佐证。全碑由粟特、突厥、汉三种文字书刻，是研究唐回关系、研究古粟特文和突厥文的不可或缺的实物文献。突厥文是游牧于阿尔泰山（古称金山）一带之中国古族突厥、回纥、黠戛斯等族 7—10 世纪时使用的音节文字，随着突厥族的衰落，突厥文也在 11 世纪后废弃失传。今天，我们还能对突厥文有所知解，全赖遗存于世的寥寥几件突厥文碑刻，而《九姓回鹘毗伽可汗碑》，无疑是其中最为重要者。

河南大海寺十一面观音、扬州十一面观音立像。有关唐代密宗观音造像，费泳记载说，在河南荥阳大海寺、敦煌莫高窟及江苏扬州瓜洲等地，均出土有六臂十一面观音立像，又称大光普照观音。十一面相，由本面加上刻于发髻之上的十面相而成，对后十面的组合安排程式不一，据耶舍崛多译《佛说十一面观神咒经》，通常前三面作菩萨面，左三面作瞋面，右三面作菩萨面，后一面作大笑面，顶作佛面。不空译《十一面经》为本面左右各一面，其上有五面，再上为三面，大海寺出土十一面观音中发髻上正面雕八面，顶作佛像，左耳为瞋面，右耳为菩萨面，其分布与《十一面经》基本一致。六臂姿态分别为：两手于胸前合掌，又两手作说法相，再两臂下垂。扬州瓜洲的六臂处理略有不同，其中两臂上举，未作说法相。扬州出土造像并无纪年，与大海寺十一面观音约造于唐穆宗长庆年间，而莫高窟此类造像出现在初唐的334、321窟。显然，中土对密宗题材的表现的确要早于“开元三大士”来华。

四川资中重龙山造药师佛观音地藏菩萨龛。据刘长久等载，约在长庆年间，道立与妻王氏在四川资中重龙山造药师佛、观音、地藏菩萨一龛。

［文献］ 唐白居易《白氏长庆集》卷五九、卷六八，唐释慧祥《古清凉传》，陈安利《唐十八陵》，李文生主编《龙门石窟志》，朱金城《白居易年谱》，刘正成《中国书法鉴赏大辞典》，马子云、施安昌《碑帖鉴定》，刘刚《湖湘碑刻》，李玉珉《中国佛教美术史》，耿世民《古代突厥文碑铭的发现和解读研究》(《西北民族研究》2005年第1期)，费泳《汉唐佛教造像艺术史》，刘长久《中国西南石窟艺术》，王朝闻等主编《中国石窟雕塑全集》(四川重庆卷)。

公元825年　宝历元年

［提示］ 十月，王起奏盗销钱为佛像者请以盗铸钱论。是年，山西《硖石寺大隋远法师遗迹记》碑。

［叙录］ 《旧唐书》(敬宗纪)：唐敬宗宝历元年十月，王起奏，盗销钱为佛像者，请以盗铸钱论。由此奏请亦可看出，随着唐朝的没落，人们的宗教情怀亦出现严重失落现象，已无盛唐时代的敬畏虔诚之心。

是年，在山西晋城市东南17公里泽州县金村镇寺南庄村北侧峡石山的青莲寺殿中，刻立《硖石寺大隋远法师遗迹记》碑。于飞撰文说，青莲寺与珏山隔丹河相望，周围重峦叠嶂，河水潺潺。青莲寺前身为创建于5世纪中叶的藏阴寺，位于丹河以东两公里半的珏山背阴处，由吴始禅师所创，后受丹河水患，于北齐天宝年间迁至现址。青莲寺由上下两寺组成，两寺相隔里许。下寺由慧远法师创立于北齐天保年间，是净土宗道场。唐咸通八年(867)唐懿宗李漼敕额“青莲寺”。上寺创建时间多有争论，历来认为创建晚于下寺，但根据1994年出土的北齐乾明元年(560)的“龙华造像石”推断，上寺应同创建于北齐年间，其额名屡次变更，北宋太平兴国三年(978)，宋太宗赵匡义钦敕额为“福严禅院”，为天台宗道场。明朝以后，上下寺统称为青莲寺至今。值得一提的是，《硖石寺大隋远法师遗迹记》的碑首，还刻有一幅线刻佛殿图(弥勒讲经图)，是我国古代建筑史上罕见的实物文献。图中完整显示了一座唐代寺院，由山门、围廊、讲坛、佛殿构成。佛殿前讲坛上的弥勒菩萨头载花冠，身着印度服饰，跏趺坐于莲台上讲经说法。其身后则是一座重檐佛殿，五脊庑殿顶，上面装饰着典型的唐代鸱尾。

［文献］ 后晋刘昫等《旧唐书》卷一七，于飞《〈硖石寺大隋远法师遗迹〉碑刻及相关问题考述》(《文物世界》2013年第2期)。

公元826年　宝历二年

［提示］ 内蒙古刻立《唐振武节度使单于大都护府张维清政绩碑》、四川广元皇泽寺造像及碑记。

［叙录］ 内蒙古刻立《唐振武节度使单于大都护府张维清政绩碑》。《光绪山西通志》(金石记)载：此碑于宝历二年，高钒撰文，旧在和林格尔厅北。《宣室志》：黑山之阴，有卫公庙。宝历中，张维清都护单于。先是，单于府以惟清有美化，状其政绩，请护军骆忠表闻以上。有诏，命中书舍人高公钒文其事，刻于碑。诏既至，而未有碑石，方命使采石于云中郡，未还。及修卫公庙，铲其西，得一石，方而长，其下有刻出“张”字，历然可辨。于是以石为碑，刻高公之文焉。张焯按，云中郡即今大同市。说明当时大同山中犹有采石作业，但不知是云冈沟还是方山。

四川广元皇泽寺造像及碑记。据刘长久和成都文物考古研究所等载，宝历二年，在广元皇泽寺建西龛佛龛(第13窟)，并在左壁刻立《并修西龛佛阁记》碑。碑文记述唐贞观二年(628)武则天父亲武士彟、母亲杨夫人在皇泽寺造佛像之事。碑高146厘米、宽42.5厘米、厚6厘米。碑额刻龙螭交缠，正中开圆拱形尖楣龛，龛楣饰帷帐，龛沿饰联珠纹，内雕禅定小坐佛。原碑文被磨掉，现遗有后代补刻题记两则。其一为："并修西龛佛阁记"。清人刘喜海《三巴金石苑》录有全文。叶昌炽著录此碑说：碑额刻佛像，唐碑甚多，又云：道释两家，各尊其教，碑额往往不题字而造像。世所知者，如《怀仁圣教序》额上佛像七躯。宝历二年《皇泽寺造像碑》额佛像一龛。《道因法师碑》刻释迦牟尼、观自在、大势至三佛像于额。此龛窟为外方内圆拱形敞口窟，龛内造像悉毁或剥蚀严重，根据残存痕迹，推测原造像应为一佛二弟子二菩萨二天王二力士，窟口二立狮。

［文献］　清曾国荃等《光绪山西通志》卷九八，清刘喜海《三巴金石苑》，清叶昌炽撰柯昌泗评《语石·语石异同评》卷三，张焯《云冈石窟编年史》，刘长久《中国西南石窟艺术》，成都文物考古研究所等编《广元石窟内容总录》(皇泽寺卷)。

公元827年　宝历三年　大和元年

［提示］　宝历三年十二月，始建敬宗庄陵及石刻。宗大和元年，书碑名家沈传师卒。

［叙录］　宝历三年十二月，始建敬宗庄陵及石刻。据陈安利载，庄陵始建于宝历三年十二月，完成于大和元年七月，历时七个月。敬宗庄陵位于陕西三原县城东北15公里陵前乡柴家窑村。敬宗李湛宝历二年(826)十二月八日遇害，大和元年七月十三日入葬。庄陵四面各辟一门，以四神命名，门外各置石狮一对，筑阙台一对。城神道自南而北依次排列华表、翼马、鸵鸟、翁仲等石刻造像。1997年，庄陵神道两侧五个石翁仲头部曾被盗割(其中神道东侧文官头像三个，西侧武官头像两个)，后仅追回石文官头像，其他头像下落不明。还有少数民族形象"蕃民"石像八件，散置于陵南、东南和神道石刻北侧。

大和元年，书碑名家沈传师卒。沈传师字子言，苏州人。德宗时官至尚书右丞。传师以书闻名，宋朱长文《续书断》谓其正行书皆至妙品，存于翠琰，爽快骞举，如许迈学仙，骨轻神健，飘飘然欲腾霄云。康有为也说：唐末柳诚悬、沈传师、裴休，并以遒劲取胜，皆有清劲方整之气。所书传世名碑尚有《罗池庙碑》、《黄陵庙碑》、《柳州石井铭》等。

［文献］　宋朱长文《续书断》，清康有为《广艺舟双楫》卷六，陈安利《唐十八陵》。

公元828年　大和二年

［提示］　四月，《佛说鸯掘摩经》。是年，四川安岳千佛崖造释迦牟尼佛龛。

［叙录］　据曾毅公考，大和二年四月，杨怀政(宏农)刻《佛说鸯掘摩经》。此经为西晋月氏国三藏竺法护所译。鸯掘摩罗(梵文 Angulimālā)意即指环，佛教早期人物，曾因受邪师唆使而肆杀，后被佛陀度化出家而证阿罗汉果。鸯掘摩罗生于舍卫大城北，原名伽瞿，意思是一切世间现。其事迹见于《佛说鸯掘摩经》、《佛说鸯崛髻经》、《央掘魔罗经》等。

是年，四川安岳千佛崖造释迦牟尼佛龛。据刘长久等载，是年在安岳县高升乡千佛崖，陇西(甘肃陇西县)沙门释子林道造释迦牟尼佛龛，王玄建刊记文，何成章镌字。

［文献］　曾毅公《石刻考工录》，刘长久《安岳石窟艺术》，王朝闻等主编《中国石窟雕塑全集》(四川重庆卷)。

公元829年　大和三年

［提示］　四月，陕西《李晟碑》。是年，四川内江清溪造像。南诏攻成都，掳掠子女工伎数万而还。

［叙录］ 四月，陕西刻《李晟碑》。此碑全称《唐故太尉兼中书令西平郡王赠太师李公神道碑铭并序》。裴度撰文、柳公权正书。34 行，行 61 字。碑在陕西高陵。清人王昶著录：碑连额高丈四尺二寸，宽五尺八分二。清人钱泳在《履园丛话》中批评刻工与书家有时不能完美配合时说：自汉、魏、六朝、唐、宋、元、明以来，碑版不下千万种，其书丹之人，有大家书，有名家书，亦有并不以书名而随手属笔者。总视刻人之优劣，以分书之高下，虽姿态如虞、褚，严劲如欧、颜，若刻手平常，遂成恶札。《西平王李晟碑》，是裴晋公撰文，在柳诚悬（公权）当日书碑时，自然极力用意之作，乃如市侩村夫之笔，与《玄秘塔》截然两途，真不可解也。唐人碑版如此类者甚多，其实皆刻手优劣之故。

四川内江清溪造像。据刘长久和四川省文物管理局等载，是年，在四川内江市清溪，有张□□造救苦观世音菩萨二身。

本年，南诏攻成都掳掠子女工伎数万而还。中、晚唐时期，南诏曾数度兵寇四川。据《资治通鉴》载，太和三年，南诏曾一度进犯成都，掳掠子女工伎数万而还。受到盛唐以来毗沙门天王为随军护法观念的影响，中、晚唐时，蜀人为祈愿免受南韶兵灾之苦，雕制毗沙天龛像也蔚为风气。李玉珉载，在资中北崖有一则造像记提到，由于南诏兵入成都，为祈求免遭兵燹，故造毗沙门天王像。

［文献］ 宋赞宁《宋高僧传》卷一，宋司马光《资治通鉴》卷二四四，清王昶《金石萃编》卷一〇八，清钱泳《履园丛话》第一二，四川省文物管理局《四川文物志》中册，刘长久《中国西南石窟艺术》，李玉珉《中国佛教美术史》。

公元 830 年　大和四年

［提示］ 书碑名家柳公绰卒。

［叙录］ 是年，书碑名家柳公绰卒。柳公绰在《新唐书》中有传，京兆华原（陕西耀县东南）人，字宽小，一字起之，他是柳公权的哥哥。柳公绰属文典正，累官至兵部尚书。宋人米芾在《海岳名言》评公绰书法"不俗于"公权。公绰所书传世名碑有《诸葛武侯祠堂碑》、《紫阳先生碑》等。

［文献］ 宋宋祁等《新唐书》卷一六三，宋米芾《海岳名言》。

公元 831 年　大和五年

［提示］ 李德裕遣人至南诏得僧道工巧四千余人归四川成都。

［叙录］ 据《旧唐书》李德裕本传载：大和五年，李德裕遣人至南诏得僧道工巧四千余人归四川成都。胡昌健指出，盛唐之后，蜀中社会较安定，经韦皋、王建、柳本尊提倡佛教，巴蜀大地佛教逐渐兴盛。唐玄宗、僖宗先后避难入蜀，北方画家、石窟艺术工匠亦随之入蜀，但多在广元、巴中和成都地区传播佛教。李德裕镇蜀期间，又从南诏得到"僧道工巧"，"德裕乃大葺关防，缮完兵守，又遣人入南诏求其所俘工匠，得僧道工巧四千余人归成都。"众多僧人、石刻造像艺术家的脚步尚未到达巴渝地区，川东的佛教造像无大发展。显然，这些来自中原或边陲的工匠或艺人，对成都本土的繁荣，起到了重要的推动作用。

［文献］ 后晋刘昫等《旧唐书》卷一七八，胡昌健《巴渝地区佛教发展述略》(《恭州集》)。

公元 832 年　大和六年

［提示］ 春，刻《唐玄度集王书六译金刚经》。四月三十日，江西《甄叔大师塔铭》碑。七月，白居易撰《元稹墓志铭》。八月一日，白居易撰《修香山寺记》。

［叙录］ 春，刻《唐玄度集王书六译金刚经》。唐玄度所集王羲之书金刚经碑，在宋人赵明、陈思的书中即有著录。刘正成认为，该碑是除怀仁《集王羲

之书圣教序》和大雅《集王羲之书吴文碑》之外的唐代集王书碑中的上佳者，碑前有杨承和序，经后列有郑覃、于源中、许康佐、路群、宋中锡、崔郸、李让夷、柳公权等人的赞语。上海书画出版社刊行有此碑完整拓本：《金刚经》前后六译，各有异同。大和元年(827)，杨额又排纂删缀，取名为《新集金刚般若波罗蜜经》，并自撰序，于大和四年(830)奉宣上进，文宗李昂敕令集王羲之书，将此经镌刻上石，至大和六年春始告完成。《金刚经》集王字石刻本，可见于赵明诚《金石录》等著述，但都认为此经为唐玄度集字，唯清初叶奕苞《金石录补》认为是唐玄所集，玄度只是篆额而已。唐玄度，字彦升，文宗时人，官至翰林待诏朝议郎、楚州司兵参军，著有《九经字样》，其弟唐玄序，生卒年亦不详，唐史中亦无记载，相传他曾任朝请郎前右卫仓曹参军之职，仅是一个小官吏而已。玄度善书法，欧阳修谓：玄度以书自名于一时，其笔法柔弱，非复前人之体，而流俗妄称借之尔。黄伯思《东观余论》亦评曰：玄度十体中作飞白书与散隶相近，但增缥缈萦举之势，又全用楷法。可惜其书迹今已无传，此经为邵建所刻，邵建为刻碑高手，柳公权的《玄秘塔》、裴休的《圭峰定慧禅师碑》都出自其手镌。

四月三十日，江西刻《甄叔大师塔铭》碑。周绍良著录，全称《大唐袁州萍乡县杨岐山故甄叔大师塔铭》，刻工为曾光幽(镌碑人)。碑存江西萍乡市北20公里处杨岐山杨岐寺正殿墙上。

七月，白居易撰《元稹墓志铭》。是年元稹葬于咸阳，白居易为其撰墓志铭，并有《元相公挽歌词三首》。熊礼仁在《中国文学编年史》中载：夏，应僧白寂然之请，白居易作《沃洲山禅院记》文。八月一日，白居易以撰写元稹墓志之润笔六七十万钱布施修香山寺，并撰文《修香山寺记》。

［文献］　宋欧阳修《集古录跋尾》卷九，宋赵明诚《金石录》卷一〇，宋陈思《宝刻丛编》卷八，刘正成《中国书法鉴赏大辞典》，上海书画出版社《集王羲之书金刚经》，周绍良《唐代墓志汇编续集》，陈文新主编《中国文学编年史》(隋唐五代卷)，朱金城《白居易年谱》。

公元833年　大和七年

［提示］　十二月，敕于国子监立石壁九经、浙江刻《阿育王寺常住田碑》。是年陕西刻《麟游县福昌院尊胜陀罗尼经幢》。

［叙录］　十二月，敕于国子监立石壁九经。宋人王溥、清人徐松等记载：是年十二月，敕于国子监讲学论堂两廊，创立石壁九经并《孝经》、《论语》、《尔雅》共159卷。此九经为唐代书法家兼学者唐玄度所校刊，四库全书中收录有两淮马裕家藏本唐玄度撰《九经字样》一卷：考《唐会要》称："大和七年二月，敕唐玄度覆定石经字体。十二月，敕于国子监讲论堂两廊创立石《九经》。"玄度《字样》，盖作于是时，凡421字，依仿《五经文字》为76部。前载开成二年八月牒云："准大和七年十二月敕覆《九经》字体者。今所详覆，多依司业张参《五经文字》为准。诸经之中，别有疑阙，古今体异，隶变不同。如总据《说文》，则古体惊俗。若依近代文字，或传写乖讹。今与校勘官同商较是非，取其适中。纂录《新加九经字样》一卷，请附于《五经文字》之末。"盖二书相辅而行。当时即列石壁《九经》之后。明嘉靖乙卯地震，二书同石经并损阙焉。近时马日璐(佩兮)得宋拓本而刊之，犹属完善。其间传写失真及校者意改，往往不免。今更依石刻残碑，详加覆订，各以案语附之下方。

十二月，浙江刻《阿育王寺常住田碑》。此碑全称《大唐越州都督府鄮县阿育王寺常住田碑》，由万齐融撰文、徐峤之书丹、处士范重篆额。据曾毅公考，此碑刻工为韩持。碑高270厘米，碑文共2 000余字。清人王昶著录：碑高一丈三寸、广五尺二寸。连后记及诗二首，共37行、行68字，行书，在鄞县。据碑文所载，阿育王寺初创于晋武帝太康元年(280)，南朝宋文帝元嘉二年(425)赐给寺庙塔墅常住田，梁武帝普通三年(523)又赐额《阿育王寺》及《阿育王山》。自此，常住田即成为阿育王寺寺产，由寺僧种植或收田赋。

清毛凤岐在《关中金石文字存逸考》中载，大和七年，李惠(陇西)刻《麟游县福昌院尊胜陀罗尼经幢》。

［文献］ 宋王溥《唐会要》卷六六，清徐松《登科记考》卷二一，清永瑢等《四库全书总目提要》卷四一，清王昶《金石萃编》卷一〇八，清毛凤岐《关中金石文字存逸考》卷一〇，曾毅公《石刻考工录》。

公元 834 年　大和八年

［提示］ 三月，浙江湖州刻《德本寺碑阴》。

［叙录］ 三月，浙江湖州刻《德本寺碑阴》。据清人彭定求、董诰、陆心源和近人曾毅公记载，此碑碑文为胡季良撰书，刻工为陈德方(颍川)。毛波对唐中后期的书法家胡季良进行过考证：典籍中对胡季良其人的记载，最早见于《宣和书谱》：胡季良，不见于史册。惟工行草，追慕古人而得其笔意。字体温润，虽肥而有秀颖之气。运笔略无凝滞，殆非一朝夕之工也。扬雄有言：精而精之，熟在其中矣。故技有操舟若神，运斤成风，岂非积习之久，而后臻于妙耶？观季良《读元和文》与夫《大乘寺帖》，皆行书，既精且熟，想见其秃千兔之毫，穷万縠之皮，而能至是也。今御府所藏，草书题然公山房诗、逸草障、文赋帖、说龙帖、蔡瑰帖。行书读元和文、大乘寺诗、孔山寺诗、昆山寺诗、陈智帖。金代张天锡《草书韵会》中列历代善草书者 258 人，唐代胡季良位列其中。清代朱彝尊《曝书亭金石文字跋尾》(见《曝书亭集》)云：考季良，见《宣和书谱》，载其行草书各五种。考诸家记录金石文字，太和八年湖州《德本寺碑阴》系季良正书，宝历二年杭州《大觉禅师碑》、元和二年《平李锜纪功碑》，均系季良八分书。

［文献］ 清董诰等《全唐文》卷九九〇，清陆心源《唐文拾遗》卷二八，朱彝尊《曝书亭集》卷五十，曾毅公《石刻考工录》，毛波《唐代书法家胡季良考略》(《湖州师范学院学报》2012 年第 4 期)。

公元 835 年　大和九年

［提示］ 书碑名家皇甫湜卒、白居易洛阳故居刻经幢、重庆潼南五洞岩造像。大和年间，四川岳池西山院造老君石像。

［叙录］ 书碑名家皇甫湜卒。皇甫湜字持正，在《新唐书》中有传，唐睦州新安(浙江建德淳安)人。曾师从韩愈，与白居易、李翱、刘敦质等人相善。德宗贞元十八年(802)至长安科试，不第。据宋人洪迈记载：皇甫湜为宰相裴度作《福先寺碑》，裴度十分欣赏，除赠予车马丝绸外，又酬谢绢帛九千匹，堪称天价碑文，世称“碑文三千，一字值三绢”，这可能是中国石刻艺术史上最为昂贵的作品了。按谭文熙《中国物价史》所记唐代开元时代物价，一匹绢值钱 200 文、一斗米值 13 文。9 000 匹绢，大致接近 14 万斗大米。以丘光明的考证，当时一斗米约为 13 斤，九千匹绢约相当于 180 万斤，如果换算成今天的米价，以普通大米每斤三元计算，则至少在 500 万元人民币以上。这样算下来，皇甫湜这篇 3 000 字的碑文，每字至少价值 1 700 至 1 800 元人民币！

是年，白居易洛阳故居刻经幢。温玉成载，1992 年 10 月至 1993 年 5 月间，中国社会科学院考古研究所洛阳工作站唐城队，对诗人白居易故居作了考古发掘，历时六个月。发掘的遗迹有宅院、庭园、水渠、作坊、道路等等，出土珍贵文物千多件，揭示了与诗人生活息息相关的种种文化现象。白居易故居位于洛阳市区东南郊，今属安乐乡狮子桥村东北 130 米的一片田野。这里正是唐东都洛阳城的“履道坊”；而狮子桥村，则位于“集贤坊”；狮子桥村正北的军屯，则是位于“尊贤坊”；狮子桥村正东的何村，则是位于“永通坊”；何村南面，则应是“永通门”的位置。白居易故居，在履道坊西北隅。考古发掘判明，故居是一座含有前后庭院的两进式院落。宅院之西有

“西园”；宅院之南有“南园”，皆引伊水入园中。1993年4月20日下午，在清理“南园”西侧的地层中，于宋代文化层下部一灶坑内出土石质残经幢一件，另有残石片一件。经幢作六面柱体，每面宽16厘米左右，残高31厘米，底端有一个圆榫。残石片有两面，原报告人以为是另一经幢的残片，经温玉成核对，它是上述经幢幢身上端的一部分。经幢上的文字对接后，乃是“唐大和九年”、“开国男白居易造此佛顶尊胜大悲心陀罗尼”。此件石刻意义重大：第一，它为白居易故居提供了直接的文字证据；第二，造此经幢的功德主白居易，造出的时间在大和九年，造出的内容是《佛顶尊胜陀罗尼》及《大悲心陀罗尼》。白居易53岁时(825年)罢杭州刺史，回到东都洛阳，买故散骑常侍杨凭宅，缮修宅院、园林。他在《池上篇》序中说：“地方十七亩，屋室三之一，水五之一，竹九之一，而岛树桥道间之。”此经幢原来的位置，依惯例应在宅院之东南隅，则日出时，幢影可以荫护宅院。温玉成据此作出一个重要判断，即此陀罗尼经幢文字，是白居易亲笔所书写。首先，《佛顶尊胜陀罗尼经》中即要求信徒们书写、读诵、听闻此陀罗尼，才能“度诸众生所有罪业。坠恶道地狱畜生阎罗王界饿鬼阿修罗身恶道之苦，皆悉不受”。白居易虔诚信此陀罗尼，很自然要亲自书写之，以为功德。其次，宋人记载，在白居易故居中，石刻甚多。陈振孙《白文公年谱》云：公宅地方十七亩，至后唐为普明禅院。有秦王从荣所施大字经藏及写公集置藏中。洛人但曰大字寺。其园张氏得其半为会隐园，水竹尚在，寺中有公石刻甚多。李格非《洛阳名园记》亦云：大字寺园，唐白乐天园也。寺中乐天石刻存者尚多。由宋人记述之文可知，这些石刻乃白居易所书也。审视白居易的书法墨宝，知其书风远承欧阳询、褚遂良而近慕徐浩，自成一格，这是他64岁的作品。如果温玉成此论属实，则为白居易仅存世间的墨宝，而并非如谢思炜在《白居易集综论》所说，诗人的墨宝，竟无一字留存。

据刘长久等载，是年，在四川重庆，有潼南五洞岩造佛像。大和年间(827—835)，在四川岳池县，还有西山院造老君石像。

［文献］ 宋宋祁等《新唐书》卷一七六，宋洪迈《容斋续笔》卷六，谭文熙《中国物价史》，丘光明《中国历代度量衡考》，温玉成《中国佛教与考古》，中国社会科学院考古研究所洛阳唐城队《洛阳唐东都履道坊白居易故居发掘简报》(《考古》1994年第8期)，刘长久《中国西南石窟艺术》，王朝闻等主编《中国石窟雕塑全集》(四川重庆卷)。

公元836年　开成元年

［提示］ 四月二十日，陕西《回元观钟楼铭》。五月，开造洛川县寺家河石窟。六月二十三日，四川《西方阁功德碑》、陕西麟游县九成宫及佛舍为洪水所毁。八月八日，龙门《佛顶尊胜陀罗幢赞文》。是年，四川绵阳造像、诏天下寺院立观音像、张居简撰《应福寺西阁功德记》。

［叙录］ 四月二十日，陕西刻《回元观钟楼铭》。刘正成载，此铭全称《大唐回元观钟楼铭并序》，柳公权楷书。石横置，凡41行，行20字。长124厘米、宽60厘米。邵建和镌刻，三秦出版社有影印本。据程章灿考，此铭刻工是著名的邵建和(中书省刻石官昭武校尉守京兆周城府折冲上柱国、玉册官)。

五月，开造洛川县寺家河石窟。李淞载，寺家河石窟位于洛川县寺家河村东约300米处的北山，仅有一窟，宽330厘米、深320厘米、高220厘米，平面呈马蹄形。窟内三面设坛基，正面为三佛二弟子，中尊左手托钵，右手上举(残)，结跏趺坐于束腰须弥座。左佛善跏趺坐，右佛结跏趺坐。左侧弟子为迦叶，右侧弟子为阿难。左壁有四菩萨和一立佛，右壁亦为四菩萨一立佛。右侧坛基刻有“开成元年五月”六字，或为开窟时间。今有人误认为这是密宗造像，其实是主要依据《药师琉璃光七佛本愿功德经》所作的药师佛与八大菩萨像。

六月二十三日，四川刻《西方阁功德碑》。《拓本汇编》载：此碑为□元晟刻。程章灿按：碑在四川三台县。□似是“张”，亦未能定。同月，陕西麟游县九成宫及佛舍为洪水所毁。《旧唐书》(五行志)记载，唐文宗开成元年夏六月，凤翔麟游县暴风雨，飘害九成宫正殿及滋善寺佛舍。北大考古专业等在考察慈善寺与麟溪桥造像时说，慈善寺和麟溪桥都应该遭到了这次洪水的严重破坏。此后直到北宋时期，在慈善寺才开始出现游人题记。慈善寺一号窟右尊佛像后补的头部，具有明显的明代造像风格，应该是明代补雕的。

八月八日，龙门刻《佛顶尊胜陀罗幢赞文》。据李文生、张之翥载，此刻现存龙门石窟研究所。幢为八面体，通高 173 厘米。前刻经名“佛顶尊胜陀罗尼经”。大部分文字漫漶不清。刻工为从颖、从隐、韦师谏(京兆)。

据刘长久等载，是年，在四川绵阳有驿使介室与内侍内仆令丁有与共修佛像。同一年，唐文宗诏天下寺院立观音像。其事见载于《佛祖统纪》与《太平广记》中：唐敬宗皇帝御历，以天下无事，视政之余，因广浮屠教。由是长安中缁徒益多。及文宗嗣位，亲阅万机，思除其害于人者。尝顾左右曰：自吾为天子，未尝有补于人。今天下幸无兵革，吾将尽除害物者，使亿兆之民指今日为尧舜之世足矣。有不能补化而蠹于物者，但言之。左右或对曰：独浮屠氏不能有补于大化，而蠹于物亦甚，可以斥去。于是文宗病之，始命有司诏中外罢缁徒说法书义。又有请斥其不修教者。诏命将行，会尚食厨吏修御膳，以鼎煮鸡卵，方燃火于其下，忽闻鼎中有声极微，如人言者。近而听之，乃群卵呼观世音菩萨也。声甚凄咽，似有所诉。尚食吏异之，具其事上闻。文宗命左右验之，如尚食所奏。文帝叹曰：吾不知浮屠氏之力，乃如是耶！翌日，敕尚食吏无以鸡卵为膳，因颁诏郡国各于精舍塑观世音菩萨像。此事在宋人吴曾《能改斋漫录》中，鸡卵又变成了蛤蜊：天下寺立观音像，盖本于唐文宗好嗜蛤蜊。一日，御馔中有擘不开者，帝以为异。因焚香祝之，乃开，即见菩萨形，梵相具足。遂贮以金粟、檀香合，覆以美饰，赐兴善寺。仍敕天下寺各立观音像。

张居简撰《应福寺西阁功德记》。李凇载，初唐完成的彬县大佛窟工程，如同叶昌炽所指出，此时寺名应福。《邠州石室录》已载两处题记中明确记有“应福寺”三字。叶氏未详其地点，据李凇考察，其一即在大佛窟西侧之罗汉洞旁小窟之西壁上方，开成元年乡贡进士张居简撰《应福寺西阁功德记》。

［文献］ 后晋刘昫等《旧唐书》卷三七，宋释志磐《佛祖统纪》卷四二，宋李昉等《太平广记》卷一〇一，宋吴曾《能改斋漫录》卷一，清叶昌炽辑释《邠州石室录》，程章灿《石刻刻工研究》，刘正成《中国书法鉴赏大辞典》，三秦出版社《柳公权书大唐回元观钟楼铭并序》，李凇《陕西古代佛教美术》、《长安艺术与宗教文明》、《拓本汇编》第 31 册，北大考古专业等编著《慈善寺与麟溪桥：佛教造像窟龛调查研究报告》，张之翥《跋龙门地区新发现的三件唐代石刻》(《文献》1991 年第 2 期)，李文生主编《龙门石窟志》，刘长久《中国西南石窟艺术》。

公元 837 年　开成二年

［提示］ 五月，陕西《冯宿碑》。十月，勒成《开成石经》。是年，四川大邑药师岩《比丘行如造像》。

［叙录］ 是年五月，陕西刻《冯宿碑》。刘正成载，此碑全称《大唐故银青光禄大夫检校礼部尚书使持节梓州诸军事兼梓州刺史御史大夫充剑南东川节度副大使知节度事管内观察处置静戎军等使上柱国长乐县开国公食邑一千五百户赠□部尚书冯公神道碑铭并序》，现藏陕西西安碑林。碑文由王起撰文、柳公权正书并篆额。41 行、行 83 字。碑高 314 厘米。清王昶著录：碑连额高一丈八寸、广四尺三寸三分。石泐甚，存字无多。杨守敬大《学书迩言》中评此碑时说：敛才就范，终归淡雅。

十月，勒成《开成石经》。唐文宗的《开成石刻》是与东汉《熹平石经》和曹魏《正始石经》相比肩的三大著名石经之一。石经全称《石刻十二经并五经文字九经字样》，亦称《石刻十二经》。开成石刻 12 经，清康熙初年陕西巡抚贾汉复补刻《孟子》一书共九石置于12经一起合为13经。石经刻成于唐文宗开成二年(837),故称《开成石经》,又称《唐石经》。这项规模庞大的石经工程,于日趋衰落的唐代而言,不啻是一抹西天的耀眼霞辉。正如刘学智所指出的那样,唐时颇重经书文字,曾于贞观七年(633)颁定五经,即颜师古所修《五经定本》。后孔颖达又奉敕撰《五经正义》。《旧唐书》(郑覃传)载,文宗大和四年(830)四月,国子祭酒郑覃鉴于经籍讹谬,且相沿成习,恐难改正,遂奏请依后汉蔡邕所行故事,立石壁九经于太学,文宗从之。大和七年始刻,历时五年刻成并进上。参与其事者,除郑覃之外,还有高重,校勘者为唐玄度、张参等。据王应麟《玉海》载:唐立石九经并《孝经》、《论语》、《尔雅》。知开成石经是原九经,唐分三礼、三传,合《易》、《书》、《诗》为九经,见皮锡瑞《经学历史》之《经学统一时代》,之外,加《论语》、《孝经》、《尔雅》为十二经。此碑现藏于西安碑林博物馆。不过当时诸儒对《五经正义》及《开成石经》均有非议,故石碑"立后数十年,名儒皆不窥之,以为芜累甚矣"。然石经乃官定经本,其刊定亦有功绩,王国维说:唐时所写本经传,致不画一。今日所传唐写本足以证之。自开成石经出,而经文始有定本(《五代监本考》)。此石经表明,儒家典籍中除《孟子》外的"十二经"的地位得以确立。五代时所出监本皆依《开成石经》。吕思勉亦谓:官本之差伪,究胜于私家之紊乱(《隋唐五代史》)。皮锡瑞《经学历史》认为此石经为一代之盛举,群经之遗则也,自熹平《石经》散亡之后,惟《开成石经》为完备,以视两宋刻本,尤为近古。顾炎武《石经考》曾考监本《仪礼》,脱误尤多,皆赖有长安《石经》可据以补。此《开成石经》有功经学之一证也。据学者考证,《开成石经》共227块,字体为唐代楷书。现仅存114块,计606 252字。石经的书丹者,据考共有四人:艾居晦、陈玠、段绛,另一人名字漶泐不清。明人赵崡在《石墨镌华》中评此石经说:其用笔虽出众人,不离欧、虞、褚、薛法,恐非今人所及。赵超说,唐文宗是一个崇尚儒学、热心研读经典的文人皇帝。他曾下大力将儒学的经典共12部书全部刻写在碑石上,加上学者校读时改正字体而成的两部字书《五经文字》与《九经字样》,这项继汉石经之后最宏伟的刻经工程,石经形制划一,文字工整,堪称石刻史上的一个奇观。当时将石经置放在国子监中,位于唐长安城务本坊,地点大约在今西安城的南部。

四川大邑药师岩《比丘行如造像》。据刘长久等载,开成二年,在四川大邑县药师岩,比丘行如造佛像,题记中说:"修二百余像,难遍名称,略而言数。"

［文献］ 后晋刘昫等《旧唐书》卷一七三,宋王应麟《玉海》卷四三,明赵崡《石墨镌华》,清王昶《金石萃编》卷一一三,清杨守敬《学书迩言》,刘正成《中国书法鉴赏大辞典》,张岂之等《中国学术思想编年》(隋唐五代卷),赵超《石刻史话》,刘长久《中国西南石窟艺术》,王朝闻等主编《中国石窟雕塑全集》(四川重庆卷),张爱华《唐代〈开成石经〉研究》(首都师大美术学2009年硕士论文)。

公元838年 开成三年

［提示］ 十一月二十六日,江苏《大泉寺新三门记》。是年,柳公权书《苻璘碑》。

［叙录］ 十一月二十六日,江苏刻《大泉寺新三门记》。据清人严观和近人曾毅公载,此记全称《大唐润州句容县大泉寺新三门记》,刻工为栾弘(一作宏)庆。

是年,柳公权书《苻璘碑》。全称《唐故辅国大将军行左神策军将军知军事检校右散骑常侍兼御史大夫义阳郡王食实封二百户赠越州都督刑部尚书苻公神道碑铭并序》,此碑早在宋代就为赵明诚、陈思等著录,清人如王昶等也曾广泛关注。碑由李宗闵撰文、柳公权书并篆额。刻工为邵建和,前面已多次出现这位唐代大刻工的名字。曾毅公载,邵建和的官衔是:中书省□□□官昭武校尉守京兆周城府折冲上桂国、玉册官。柳德成、樊天赦等编《富平县志》中记载,此碑原在齐村乡街子村仁里堡北原,清代移至老县城文庙前院东侧，后移置文化馆(孔庙内)，碑身断为两截，高 330 厘米。1968 年，毁于“文革”。据说，国画家李苦禅曾收藏柳公权小楷《苻璘碑》拓本，自署出自《玉山堂四珍》。《苻璘碑》的真赝一直有争议，吴鸿清在《中国书法全集》中认为《苻璘碑》是赝品。但是，正如赵望秦所说：细读之后，却令人难以信服。目前，大多数学者认为此碑是真品无疑。清人孙承泽《庚子消夏记》评价说：其书亦带有婵娟不胜罗绮之致。

［文献］ 宋赵明诚《金石录》卷三十，宋陈思《宝刻丛编》卷十，清严观《江宁金石记》卷二，清王昶《金石萃编》卷一一三，清人孙承泽《庚子消夏记》七，曾毅公《石刻考工录》，柳德成等编《富平县志》(文物)，赵望秦《也说〈苻璘碑〉的真伪》(《西北美术》2001 年第 3 期)，荣宝斋《中国书法全集》第 27 册。

公元 840 年　开成五年

［提示］ 正月，始建文宗章陵及石刻。十二月，湖南卢钧、马植题名。是年，河北《何进滔德政碑》、白居易修香山寺经藏堂。

［叙录］ 陈安利载，唐文宗李昂章陵始建于开成五年正月，完成于当年八月，历时约七个月。文宗章陵位于陕西富平县西北 10 公里雷村乡箭杆岭村。李昂为穆宗次子、敬宗弟，其即位之初依靠朝官，削弱宦官。甘露之变后被软禁五年，郁郁而死。章陵四面各辟一门，以四神命名，门外各置石狮一对，筑阙台一对。朱雀门(南神门)外设神道，长五百余米，其南端筑乳台一对。石刻仅存神道残华表、残翁仲、控马人及移位东门的残仗马一件。

十二月，湖南祈阳卢钧、马植题名。刘刚载，是月十一日，在祈阳曲屏区有摩崖题刻：户部侍郎卢钧，开成五年十二月十一日，赴阙过此。同月二十日，在曲屏区卢钧题名后刻有：黔州刺史马植赴任黔中，后户部九日过此。开成五年庚申十二月二十日。

本年，河北刻《何进滔德政碑》。据孙继民等载，20 世纪 90 年代初，在河北大名县发现一块十分少见的唐宋书迹合刻的巨碑，碑高 1 234 厘米、宽 304 厘米、厚 108 厘米，重 140.3 吨。《大名府府志》记载，此碑原为唐代魏博节度使《何进滔德政碑》。开成五年何进滔卒，唐文宗李昂诏大书家柳公权撰书碑文、梁王司马元度篆额，树碑于大名府(大名县双台村)东宫门外。至宋代大观二年(1108)，徽宗赵佶下诏修编五礼，历时四年修成《政和五礼新仪》220 卷。徽宗撰文记其事，并题碑额“五礼之记”(五礼指吉礼、嘉礼、宾礼、军礼、凶礼)四大字，诏左丞梁子美在大名府勒石立碑。由于大名地处平原，难以找到合适碑石，梁子美遂将《何进滔德政碑》阳面碑文磨去，改刻《五礼记碑》及徽宗题额，两侧柳公权书迹则仍予保留下来。明洪武三十四年(1401)，漳卫泛滥，大碑被湮。明代嘉靖二十七年(1548)，大名知府顾玉柱掘得此碑，碑已断为九块。1982 年残碑移至大名县石刻博物馆，重新拼接修复。此碑列入国务院公布的第六批全国重要文物保护名录，名为《大名五礼记碑》。南宋诗人陆游在《老学庵笔记》中，称柳书德政碑，为“石刻之杰也”。

白居易修香山寺经藏堂。据李文生、朱金城载，是年，白居易修香山寺经藏堂，藏经律论凡 5 270 卷，并将《白氏洛中集》藏其中。

［文献］ 宋陆游《老学庵笔记》，陈安利《唐十八陵》，刘刚《湖湘碑刻》，孙继民《唐何进滔德政碑侧部分题名释录》(《唐史论丛》第九辑)，李文生主编《龙门石窟志》，朱金城《白居易年谱》。

公元 841 年　开成六年　会昌元年
南诏天启十一年

［提示］ 开成六年，陕西《寂照和尚碑》。会昌元年六月，武宗优宠道士招致朝臣反对。十二月二十八日，陕西《玄秘塔碑》。会昌元年，刻《般若波罗蜜多心经》、西藏朗达玛毁佛。南诏天启十一年，剑川石窟。

［叙录］ 开成五年，段成式曾任秘书省著作郎。次年，即开成六年撰《寂照和尚碑》。据施蛰存等载，此碑碑文由僧无可楷书书丹、顾玄篆额、李那刻字。通高196厘米、宽74厘米、厚21厘米。篆额题“唐故安国寺寂照和尚碑”，碑文首题“大唐安国寺故内外临坛大德寂照和尚碑铭并序”。碑呈竖方形，螭首龟趺。碑原在咸阳县魏店村，现藏咸阳博物馆。碑文记述唐安国寺大德寂照和尚生平：寂照俗姓庞氏，字法广，京兆兴平人。元和三年入安国寺。穆、敬、文三帝均曾幸此寺。大和七年(833)卒，年76岁。书丹者僧无可是著名诗人贾岛从弟，工诗书。至于段成式，则因其《酉阳杂俎》而更是广为人知。

唐武宗会昌元年六月，武宗崇信道教，优宠道士招致朝臣反对。《旧唐书》(武宗本纪)载：武宗以衡山道士刘玄靖为银青光禄大夫，充荣玄馆学士，赐号广城先生，令与赵归真于禁中修法箓。左补阙刘彦谟上疏切谏，贬彦谟为河南府户曹。《资治通鉴》则记：上命道士赵归真等于三殿建九天道场，亲授法箓。右拾遗王哲上疏切谏，坐贬河南府士曹。

会昌元年十二月二十八日，陕西刻《玄秘塔碑》。此碑现存西安碑林，又称为《大达塔碑》，全称《唐故左街僧录内供奉一教谈论引驾大德安国上座赐紫大达法师玄秘塔碑铭并序》。据刘正成载，碑高386厘米。碑文由裴休撰文、柳公权楷书，共28行、每行54字。碑额柳公权篆书“唐故左街僧录大达法师碑铭”。碑文叙述皇太子法师大达法师端甫埋骨玄秘塔的来由。曾毅公考，此碑为邵建和、邵建初兄弟共同镌刻上石，殊为难得。程章灿补充说，时邵氏兄弟的署衔是“刻玉册官”。清人戈守智在《汉溪书法通解》中引欧阳修语：柳公权书往往不同，虽其意趣或出于临时，而亦系于模勒之工拙。又引明人王弇州(世贞)评语：《玄秘塔碑》，柳书之最露筋骨者，遒媚劲健，固自不乏，要之晋法，亦大变耳。

是年，刻《般若波罗蜜多心经》。李宝宗载，郑州市华夏文化艺术博物馆入藏有刻于会昌元年的《唐卢氏故李夫人墓志》一方。令人惊奇的是，在此墓志盖下方的斜刹面上，左起竖排25行，首行刻“般若波罗蜜多心经”八字经题，末行刻“嘉兴王季文刻字”七字落款；中间13行刻260字《心经》全文。

同年，西藏朗达玛毁佛。据元人迅鲁伯和今人班班多杰、吕建福等人所述：西藏佛教史通常以朗达玛法难为界，把自松赞干布弘法至朗达玛毁佛(841年)之前的西藏佛教称为前弘期，大约为七世纪中叶至九世纪前半叶；把朗达玛死后重新恢复的佛教称为后弘期。前弘期又略可分为三个时期：松赞干布时代，此为佛教初兴期。墀松德赞(赤松德赞)时期，此一时佛教与苯教的冲突一直不断。墀惹巴仅(惹巴瑾)时期，佛教得到进一步弘扬。墀惹巴仅深信佛教，请译师据大小乘教义以及声明诸论对所译典籍重加整理，详审名词。并对前代寺院善加修葺，新建成札喜格培寺。对于诋毁佛教者，则严加惩处。在学术上，大乘中观显学，主张一切法皆无自性和缘起论。密教方面则有密宗大师法称传瑜伽部灌顶，进修有相瑜伽部增上定学和无相瑜伽部增上慧学。但这一切至公元841年戛然而止：信奉苯教的朗达玛继位，开始大肆摧灭佛法，至乞离胡为藏王时，佛法几被摧灭殆尽。后来朗达玛卒后，佛教重又得到弘扬，遂开始西藏佛教后弘期。

南诏天启十一年，剑川石窟。据李玉珉、刘长久等载，在南诏和大理国石窟遗存中，剑川县城南25公里处的石钟山石窟最具代表性。这一石窟群分石钟山、狮子关和沙登村三个区域，散布着16处石窟和摩崖造像，包括南诏和大理国的帝王像龛、观音龛、地藏龛、明王堂、华严三圣翕等。石窟中发现数则造像题记，最早的为南诏天启十一年，最晚的则为盛德四年(1179年)。根据这些龛像的造像风格，石钟山石窟群的开凿年代应分为南诏晚期和大理国后半期两个阶段。

［文献］ 后晋刘昫等《旧唐书》卷一八，宋司马光《资治通鉴》卷二四六，元廓诺、迅鲁伯《青史》，清戈守智《汉溪书法通解》述古卷第一，施蛰存《唐碑百选》，曾毅公《石刻考工录》，程章灿《石刻刻工研究》，刘正成《中国书法鉴赏大辞典》，李宝宗《新发现的唐

武宗会昌元年石刻〈心经〉》(《中原文物》2013年第2期),班班多杰《藏传佛教思想史纲》,吕建福《中国密教史》,李玉珉《中国佛教美术史》,刘长久《中国西南石窟艺术》、《南诏和大理国宗教艺术》。

公元842年 会昌二年

[提示] 四月,刻《佛说三品弟子经》。会昌二年,白居易写真于香山寺藏经堂并作《香山居士写真诗并序》、湖南洞庭《僧文鉴等经幢》、书碑名家刘禹锡卒、四川邛崃市龙兴寺石刻造像。

[叙录] 四月,刻《佛说三品弟子经》。此经为三国吴支谦所译,据曾毅公载,这年四月,阳怀顺(匠)刻此经。阳怀顺疑即开成四年(839)刻《敬福经》之杨怀顺,唐房山县云居寺石经刻工中杨、阳互用,又"刻"字亦作"尅"。

是年,白居易写真于香山寺藏经堂并作《香山居士写真诗并序》。白居易以己之不恋仕途,宁愿罢太子少傅称白衣居士,高标风操,特写真于香山寺藏经堂,并作《香山居士写真诗并序》。此序见载于《白居易集》中:会昌二年,罢太子少傅,为白衣居士,又写真于香山寺藏经堂,时年七十一。观今照昔,慨然自叹者久之。形容非一,世事几变,因题六十字,以写所怀。诗云:昔作少学士,图形入集贤;今为老居士,写貌寄香山。勿叹韶华子,俄成婆叟仙。请看东海水,亦变作桑田。

同年,诗僧文鉴于湖南洞庭包山刻建《僧文鉴等经幢》。文鉴生卒年、籍贯、俗姓均不详,会昌中曾为苏州僧。《全唐诗》存其诗一首。清人王昶著录此经幢:经幢石下截不全,今存者高四尺七寸,八面各广九寸。

会昌二年,书碑名家刘禹锡卒。刘禹锡在两《唐书》中有传,字梦得,彭城人。据卞孝萱等载,刘禹锡曾任监察御史,是王叔文派政治革新活动的中心人物之一。刘禹锡书碑中有《乘广禅师碑》、《令狐公先庙碑》、《崔群碑》等。

四川邛崃市龙兴寺石刻造像。据冯国定、刘长久等载,是年,在四川邛崃市龙兴寺,有王瑾等造尊胜陀罗尼经幢一所,幢身下部刻有四甲胄天王像。

[文献] 唐《白居易集》卷三六,清王昶《金石萃编》卷六七,曾毅公《石刻考工录》,卞孝萱《刘禹锡年谱》,冯国定等编《四川邛崃唐代龙兴寺石刻》,刘长久《南诏和大理国宗教艺术》。

公元843年 会昌三年

[提示] 四月,江西《东林寺碑阴记》。六月,武宗崇道斥佛、段成式撰《寺塔记》。十二月二十二日,朝廷依李德裕所奏,宣敕罢进士宴会题名。是年,陕西《神策军碑》。

[叙录] 四月,江州东林寺碑成,刺史张又新(孔昭)撰《东林寺碑阴记》。霍有明在《中国文学编年史》中载,江西庐山东林寺藏开元十年(722)李邕手书《东林寺碑》卷轴,寺僧云皋立志树碑刻之,四方募缘,会河东裴公自中书舍人开廉府于钟陵,亦垂信施。《全唐文》载张又新撰《东林寺碑阴记》记载说:会昌三年四月,磨砻既成,时张又新刺兹郡,因减俸缗屋其上,且嘉皋建志不苟,故记碑之阴。张又新是深州陆泽(河北深州)人,张荐之子,生卒年不详。初应京兆府试,元和九年(814)进士及第,十二年(817)登博学生宏词科,均名列第一,时称"张三头",长庆中为右补阙,与同党八人谄事宰相李逢吉,时号"八关十六子"。大和元年(827)贬汀州刺史。九年(835)迁刑部郎中,为申州刺史。开成中温州刺史。张又新嗜茶,善文辞。《全唐诗》存诗17首,《全唐文》存文二篇。有《煎茶水记》一卷,今传。其事迹见《旧唐书》(张荐传附传)、《新唐书》本传。

六月,武宗崇道斥佛。据日人圆仁和尚载:六月十一日,内里设斋,令佛教大德对道士论义,道士二人敕赐紫衣,而大德总不得着紫。十三日,太子詹事韦宗卿因进献自撰《涅槃经疏》20卷,遭痛斥贬官。武宗盛怒,远斥宗卿令充成都府尹,即日讫宗卿所进经卷，且严令中书门下就宅追索草本焚烧，使不得流传于外。又据宋人释志磐载：会昌三年，敕天下末尼寺并令废罢，京城女末尼七十人皆死。在回纥者，流之诸道，死者大半。这些行为，已为武宗毁佛埋下伏笔。

方南生载，同月（六月）段成式与秘省同僚张希复、郑符游京中寺庙，多有联句之咏。其时，段成式撰《寺塔记》。此记《全唐文》中有载，记中说：武宗癸亥三年夏，予与张君希复善继同官秘书，郑君符梦复连职仙署，会暇日游大兴善寺，因问《两京杂记》及《游目记》，多所遗略。乃约一旬寻两街寺，以街东兴善为首，二《记》所不具，则别录之。段成式与张、郑二人是年夏天游长安诸寺所咏诸联句，存于今者有《游长安诸寺联句》、《老松青桐联二十字绝句》、《蛤像联二十字绝句》、《圣柱联句》、《红楼联句》、《穗柏联句》、《题璘公院》、《吴画联句》、《题约公院》、《偶联句》、《僧房联句》、《小小写真联句》、《书事联句》、《中禅师影堂联句》、《光天帧赞联句》、《三阶院联句》、《赠诸上人联句》、《奇松联二十字绝句》、《闲中好》、《诸画联句》等（见《全唐诗》）。

十二月二十二日，朝廷依李德裕所奏，宣敕罢进士宴会题名。王定保载：会昌三年，赞皇公（李德裕）为上相。十二月二十二日，中书覆奏：奉宣旨不欲令及第进士呼有司为座主，趋附其门，兼题名、局席等条疏进来者。伏以国家设文学之科，求贞正之士，所宜行敦风俗，义本君亲，然后升于朝廷，必为国器。岂可怀赏拔之私惠，忘教化之根源！自谓门生，遂成胶固？所以时风寖薄，臣节何施？树党背公，靡不由此，臣等商量，今日以后，进士及第任一度参见有司，向后不得聚集参谒，及于有司宅置宴。其曲江大会朝官及题名、局席，并望勒停。缘初获美名，实皆少隽；既遇春节，难阻良游，三五人自为宴乐，并无所禁。唯不得聚集同年进士，广为宴会。仍委御史台察访闻奏。谨具如前。奉敕：宜依。霍有明补充说，《全唐文》尚载有李德裕《停进士宴会题名疏》、《唐摭言》：进士题名，自神龙之后，过关宴后率皆期集于慈恩塔下题名。会昌三年，赞皇公为上相有此奏，于是向之题名，各尽削去。盖赞皇公不由科第，故设法以排之，公失意，悉复旧态。如此说来，李德裕在考虑国家利益之际，也隐含了个人的感情色彩。进士题名慈恩寺塔，一直是唐代知识分子最为风光的事情，而李德裕没有过这样的风光，因此，出于个人内心的忌妒与国家前途的考量，他站出来予以反对其事。

刻于会昌三年的《神策军碑》是石刻艺术史上一块著名的作品，全称《皇帝巡幸左神策军纪圣德碑》。原石久佚，又因为立于皇宫禁地，外人不易捶拓，故传世拓本也十分稀少，现存世者仅有宋人贾似道旧藏本上半册。据刘正成说，现北京图书馆藏此碑拓本为海内孤本。此拓本于 20 世纪中叶曾一度流散于香港，1965 年，在周恩来指示下，以重金购回。碑文所述为唐武宗李炎巡幸左神策军之事。神策军是唐朝最为精锐之师，由拥立武宗的大宦官仇士良亲自指挥。武宗命崔铉撰文、柳公权书碑。时柳公权任右散骑常侍，奉旨而书，自不敢怠慢，书风端严，允为柳书代表作品。光明日报出版社 2008 年刊行此拓时说：柳公权书法初学颜真卿，后变格而出以己意，点画骨力刚劲，结体中宫紧缩，顾盼生姿，世称“颜筋柳骨”。

［文献］　五代王定保《唐摭言》卷三，宋释志磐《佛祖统纪》卷四二，清董诰等《全唐文》卷七〇一、卷七二一、卷七八七、卷七九二，陈文新主编《中国文学编年史》（隋唐五代卷），［日］圆仁《入唐求法巡礼行记》卷四，方南生《段成式年谱》（附方南生点校《酉阳杂俎》），刘正成《中国书法鉴赏大辞典》。

公元 844 年　会昌四年

［提示］　二月二十五日，龙门《孙信奴造尊胜陀罗尼幢》。八月二十二日，河南《唐故禅大德演公塔铭》。是年，武宗毁佛。

［叙录］　二月二十五日，龙门刻《孙信奴造尊胜陀罗尼幢》。据李文生载，此幢现藏龙门石窟研究所。方座八棱柱，通高 136 厘米，刻有复瓣莲花

图案。

八月二十二日，河南刻《唐故禅大德演公塔铭》。此铭周绍良有著录，刻工为著名的邵建和。清人陆心源也著录了铭文，撰文者为贞元中巩县尉杨叶。此碑铭有人怀疑是伪作，黄清发撰有《唐故禅大德演公塔铭》真伪考辨。

会昌四年，发生了一场对文化对石刻艺术而言，都是破坏力巨大的劫难，即武宗毁佛运动。这场惨烈的运动在很多历史典籍中均有详细记载，如《旧唐书》(武宗本纪)、日圆仁《入唐求法巡礼行记》及宋人王溥《唐会要》等均有述及。刘学智叙述武宗毁佛法之由来说，敬宗时已至崇道教，文宗时已有毁佛之意。开成五年(840)武宗即位，亦颇好道术修摄之事，此年末召赵归真入禁中。会昌元年(841)六月又召道士刘玄靖入内。二年三月，因宰相李德裕奏，敕下发遣保外无名僧，并不许置童子沙弥，此已见毁佛法之端倪。同年十月，令天下所有僧尼解烧练、咒术、禁气，凡曾犯淫、养妻、不修戒行者，并勒还俗。三年二月，令僧尼还俗者辄不得入寺及停留。外教如摩尼教亦受牵连，敕下杀天下摩尼师。是年正月，中书奏定断屠日，改变了以往以佛教三长日为断屠日之惯例。三月，以赵归真为左右街教授先生。赵诋毁佛法，言非中国之教，蠹害生灵，宜尽除去，武宗从之。时宰相李德裕亦痛恶佛法，遂加剧法难。同月，敕不许供养佛牙，包括终南五台及法门寺亦不许供养佛指。七、八月，法难升级，敕令毁拆天下山房、兰若、普通佛堂义井、村邑斋堂(凡官赐额者为寺，私造者为招提、兰若)，未满二百间不入寺额者，其僧尼等尽勒还俗。十月，又敕令毁拆天下小寺，经像移入大寺，钟送道观。僧尼凡不依戒行者，不论老少尽令还俗，递归本贯。长安城坊佛堂被毁三百余所，天下无数。此为自北周武帝以后中国佛教史上又一次大规模的毁佛事件。刘学智分析说，此次毁佛，一是出于政治和经济的原因，即佛教势力和寺院经济的急剧膨胀，导致僧侣与地主阶层产生冲突，武宗要加强朝廷的实力，抑制寺院经济的恶性膨胀，遂采取灭佛举措，是为根本原因；二是武宗崇道的必然结果：他幻想长生而偏信道士赵归真一等人对佛教的诋毁，是为其灭佛的直接原因。李玉珉也指出说，武宗笃信道教，目睹僧尼教团的腐败，又深感佛教寺院经济的蓬勃发展是国家经济困难的一大因素，于是在道士赵归真的怂恿下，下诏拆毁佛教寺宇，勒令憎尼还俗。武宗在会昌二年至五年(842—845)之毁佛是中国佛教史上最大的浩劫。会昌法难以后，佛教元气大伤，势力顿减。

［文献］ 后晋刘昫等《旧唐书》卷一八，［日］圆仁《入唐求法巡礼行记》卷四，宋王溥《唐会要》卷一四，清陆心源《唐文续拾》卷四，李文生主编《龙门石窟志》，周绍良《唐代墓志铭汇编》，黄清发《唐故禅大德演公塔铭真伪考辨》(《文献》2001年第2期)，张岂之、刘学智《中国学术思想编年》(隋唐五代卷)，李玉珉《中国佛教美术史》。

公元845年　会昌五年

［提示］ 正月，佛道论辩于麟德殿。三月至八月，武宗毁佛进入高潮。四月十日，广西桂州华景洞石壁《岩光亭诗》。是年，孙樵作《露台遗基赋并序》讽武宗迷信神仙之说。四川丹棱县鸡公山造《阿弥陀佛极乐国土龛》。

［叙录］ 会昌五年，中国佛教文化及石刻艺术迎来空前的黑暗时代。是年正月，佛道论辩于麟德殿。宋人释志磐《佛祖统纪》载：是月，赵归真请与释氏辩论，于是武宗令僧道会于麟德殿论辩。先令沙门知玄与道门辩论神仙可学不可学。时武宗手付《老子》，论“治大国若烹小鲜”之义，沙门知玄则大讲帝王理道、教化之根本，并说神仙之术乃山林匹夫之事，“非帝王所宜留神”。赵归真乘机排毁佛教。实际上，任何明眼人都看得出来，这场论争本来就是一场鸿门宴，可惜知玄大师似乎并没有完全意识到这一点。三月至八月，武宗毁佛进入高潮。其事在《旧唐书》(武宗本纪)、《资治通鉴》及《唐大诏令集》中记载颇详。刘学智载，是年三月，敕不许天下寺置庄

园，并令检括天下寺舍奴婢数量以及财物等，并分城中寺舍奴婢为三等，分别收遣。敕令天下僧尼凡40岁以下者尽令还俗，回归本贯。自四月一日起，每日有300僧还俗，十五日方讫。十六日起，令50岁以下僧尼还俗，至五月十日方尽。十一日起，无牒（官方证件）者还俗，最后有牒者亦须还俗。五月终，长安僧尼尽。凡外国无祠部牒者，亦当还俗，送归本贯。八月诏书言，天下所拆寺4 600余所，还俗僧尼26.05万人，收充两税户。拆招提、兰若40 000余所。收膏腴上田数千万顷，收奴婢为两税户15万人（会昌五年毁法，凡拆毁寺院数及还俗僧尼数诸书所载不尽相同）。此次毁佛之事，为北周武帝之后对佛教打击最大的一次，佛教徒至无还手之力。武宗毁佛，主要出于佛教对社会经济的破坏和与政治伦理的抵牾之考虑，并未涉及佛教义理方面。强调要继续执行唐王朝自高祖、太宗以来“以武定祸乱，以文理华夏”的治国方略。此次对佛教的打击，虽使佛教受到一次重创，不过事后不久又在很大程度上复其旧。李玉珉说，会昌灭佛将寺院经济迅速划归国家所有，虽保留部分寺院与僧人，却使佛教各宗派失去了赖以发展的客观条件。佛教典籍湮灭散失严重，多数佛教宗派就此一蹶不振。禅宗则由于不拜佛、不布施、不重视经典，以及“佛在心中作，莫向身外求”的特殊传教方式，得以渡过劫难，并继续发展。此外密宗也在西南、西北、东南等边远地区得以盛行。整体来看，中国佛教宗派林立的盛况趋于终结。

会昌五年四月十日，在广西桂州华景洞石壁，有元晦题《岩光亭诗》。时元晦仍在桂管观察使任。据桂林市文管会载：华景洞石壁，唐桂州刺史、御史中丞元晦《岩光亭诗》，会昌五年四月十日题，今仅存残诗：石静如开镜，山高若耸莲，笋竿抽玉管，花蔓缀金钿（见《全唐诗》）。

武宗的毁佛似乎得到了社会的广泛认可，比如当时的重臣李德裕也是支持的，从李德裕《会昌一品集》中所表达的观点来看，他虽然反对武宗迷信神仙之说，但是支持武宗毁佛，并撰有《贺废毁诸寺德音表》。诗人杜牧似乎也是反佛的，这从他写的《论相》、《杭州新造南亭子记》、《书处州韩吏部孔子庙碑阴》等文章中，均可以看出来。武宗一方面严厉毁佛，一方面又大力崇道，这也受到了包括李德裕在内的有识者反对，孙樵甚至在本年写下《露台遗基赋并序》，讽唐武宗迷信神仙之说。

而远在四川的丹棱县鸡公山，竟然还有人逆势而行，悍然开始开龛造像——是山高皇帝远，还是在佛法的护佑下无所忌惮呢？关于丹棱县鸡公山所《造阿弥陀佛极乐国土龛》（即观无量寿佛经变龛），王学军撰文载：丹棱县距离成都市90公里，为眉山市属县，境内石窟主要是著名的郑山—刘嘴佛教石窟、龙鹄山道教石窟，其他石窟还有黑林头石窟、石佛湾石窟、鸡公山石窟等。鸡公山石窟只有一个洞窟，位于张场镇西三公里金峡村五组安吉坪的山腰石包上，坐北向南，大约由于附近的鸡公山（鸡公岭）而称鸡公山石窟，当地人称“石娃娃”。该石窟距离地面约一米，平顶，内龛进深130厘米、高宽均210厘米，外龛宽280厘米，本窟及其造像未经后代改造重绘。由于远离村落，距地面较高，洞窟的内容基本完整地保留下来。主要内容有：会昌五年题记、十六观、骑狮文殊、骑象普贤、一佛五十菩萨等造像。鸡公山石窟保存完整，内容丰富，又有明确纪年，是佛教图像学研究的重要资料。

［文献］　唐李德裕《会昌一品集》卷二〇，唐杜牧《樊川文集》卷三，唐孙樵《孙可之文集》卷二，后晋刘昫等《旧唐书》卷一八，宋释志磐《佛祖统纪》卷四二，《资治通鉴》卷二四八，宋宋敏求《唐大诏令集》卷一一三，清彭定求等《全唐诗》卷五四七，张岂之等编《中国学术思想编年》（隋唐五代卷），费泳《汉唐佛教造像艺术史》，王学军《四川丹棱鸡公山石窟造像》（《敦煌研究》2008年第3期），桂林市文管会《桂林石刻》。

公元846年　会昌六年

［提示］　三月，始建武宗端陵及石刻。五月，宣

宗悉反会昌之政。八月，书碑名家白居易卒。十二月二十二日，巴中南龛造毗沙门天王像。十二月，杜牧撰《杭州新造南亭子记》。是年，书碑名家裴休卒。

［叙录］ 三月，始建武宗端陵及石刻。《旧唐书》(武宗本纪)载，会昌六年三月二十三日，武宗病卒，年 33 岁。宦官定嗣君宣遗诏以皇太叔光王李忱即位，是为唐宣宗。据陈安利载，武宗李炎端陵始建于会昌六年三月，完成于当年八月，历时约五个月。端陵位于陕西三原县北 15 公里徐木乡桃沟村。端陵不像通常的唐陵依山为陵，而是堆土成陵。陵冢四面各辟一门，以四神命名，门外各置石狮一对，筑阙台一对。朱雀门(南神门)外设神道，道自南而北依次排列华表、翼马、鸵鸟、仗马、翁仲等石刻造像。神道石刻现存 11 件，均石灰岩质。其中鸵鸟一件，雕于石屏上，鸵鸟高和身长均为 177 厘米，作回顾状，身躯肥大，腿短如鸭，现藏于西安碑林博物馆。

五月，宣宗悉反会昌之政。宣宗李忱被宦官拥立即位后，即废除武宗各种毁佛政策，恢复扶持佛教。《资治通鉴》载：五月赦天下，上京两街先听两寺外，更各增置八寺；僧尼依前隶功德使，不隶主客，所度僧尼仍令祠部给牒。日人圆仁记：五月中大赦，兼有敕天下每州造两寺，节度府许造三所寺，每寺置五十僧，去年还俗僧年五十以上者，许依旧出家。其中年登八十者，国家赐五贯文。至八月，宣宗欲委重任于武宗朝被贬逐者，牛僧孺、李宗闵、杨嗣复皆自贬所内迁。《资治通鉴》载：会昌六年八月，以循州司马牛僧孺为衡州长史，封州流人李宗闵为郴州司马，恩州司马崔为安州长史，潮州刺史杨嗣复为江州刺史，昭州刺史李珏为郴州刺史。僧孺等五相皆武宗所贬逐，至是同日北迁。

八月，书碑名家白居易卒。白居易字乐天，晚年又号香山居士，河南新郑(郑州新郑)人。在洛阳市郊，至今还有白居易故居纪念馆。白园(白居易墓)也坐落于洛阳城南琵琶峰间。白居易喜欢石刻且善书，《大彻禅师法堂记》、《重玄寺法华院石壁经碑》即出自白居易手笔。据清人钱泳在《履园丛话》中载：白居易曾为元稹作墓志铭，酬以舆马、绫帛、银鞍、玉带之类，不可枚举，所获得的润笔多达五六十万钱。李文生说，白居易晚年任太子少傅，隐居洛阳履道里，与龙门香山寺结下不解之缘，自称香山居士。他曾捐资主持重修香山寺、建藏经堂等，还主持疏通龙门“八节滩”伊河工程，深得时人崇敬。《旧唐书》(白居易传)记载，白居易临终时遗命“葬香山如满师塔之侧，家人从命而葬焉”。朱金城等说，白居易卒后，其弟白敏中奏立神道碑，由李义山撰文、河南尹卢贞刻《醉吟先生传》立于墓侧，过者必奠以卮石，冢前方丈之土常成渥。白居易墓当位于今龙门东山南端洛阳轴承厂疗养院一带。现在所能看到的琵琶峰白居易墓系康熙四十八年(1709)，由时任学政的汤右曾等所重建。

同年还有另一名书碑名家裴休卒。裴休字公美，孟州济源(属河南省)人。两《唐书》有传，穆宗长庆年间举进士、贤良方正，曾官监察御史，宣宗大中六年时升任宰相，后罢为宣武军节度使，封河东县子，赠太尉。裴休善文工书，楷书造诣尤高，清人蒋衡在《拙存堂题跋》称裴休书法遒媚，与褚柳争能，是魏晋以来名家口授心法，非实有参悟，难游其樊。传世名碑《圭峰定慧禅师碑》即出自其手。

十二月二十二日，巴中南龛造毗沙门天王像(图184)。据成都文物考古研究所和刘长久载：此像位于巴中南龛神仙坡北段的第 93 龛，刻造于会昌六年，为方形平顶龛，龛内雕一长方形螭首龟座碑。龛内雕一佛二菩萨，佛有桃形头光，结跏趺坐于仰莲圆座上。碑正面刻唐会昌六年十二月二十二日造像记，由左至右竖刻 18 行，巴郡太守荥阳郑公新建天王记，军事判官萧垧撰、刘师简刻、孔目官王富书。此碑文在《三巴金石苑》中有著录。此碑所刻内容为第 94 龛毗沙门天王及第 95 龛观音像(郑公夫人彭城刘氏同公来郡，在途中寒暑生疾，亦有善愿，乃立救苦观世音菩萨于毗沙门天王像龛之左)的开龛记，记述了此二龛均凿于唐会昌六年。刘正成说，此龛天王身着甲胄，左手托塔，右手执戟，威武雄壮，现存完好。

图 184 四川巴中南龛第 93 号毗沙门天王龛右侧壁 唐会昌六年(846)

据吴在庆考，是年十二月，杜牧赴睦州任经杭州，反对宣宗朝崇佛之风，撰写《杭州新造南亭子记》。杜牧说：梁武帝明智勇武，创为梁国者，舍身为僧奴，至国灭饿死不闻悟，况下辈同惑之。为工商者，杂良以苦，伪内而华外，纳以大秤斛，以小出之，欺夺村闾戆民。又引杭州刺史李播语云："佛炽害中国六百岁，生见圣人，一挥而几夷之。"

［文献］　唐杜牧《樊川文集》卷一〇，后晋刘昫等《旧唐书》卷一八、卷二〇，［日］圆仁《入唐求法巡礼行记》卷四，宋宋祁等《新唐书》卷一一九，宋司马光《资治通鉴》卷二四八，清钱泳《履园丛话》，清刘喜海《三巴金石苑》卷二，清蒋衡《拙存堂题跋》，陈安利《唐十八陵》，李文生主编《龙门石窟志》，朱金城《白居易年谱》，成都文物考古研究所等编《巴中石窟内容总录》，刘兴珍等《中国古代雕塑图典》，吴在庆《杜牧诗文系年及行踪辨补》(《杜牧论稿》)，翁秀芳《裴休〈圭峰定慧禅师碑〉》(《紫禁城》1987 年第 1 期)。

公元 847 年　大中元年

［提示］　闰三月，宣宗敕修复所废佛寺、卢简求撰《禅门大师碑阴记》。四月，柳公权书《唐山南西道节度使王起碑》。是年，张彦远撰成《历代名画记》、四川荣县李栖辰造弥勒佛像。

［叙录］　闰三月，宣宗敕修复所废佛寺。据《旧唐书》(宣宗本纪)及《资治通鉴》载，是年宣宗下敕：会昌季年，并省寺宇。虽云异方之教，无损致理之源。中国之人，久行其道，厘革过当，事体未弘。其灵山胜境、天下州府，应会昌五年四月所废寺宇，有宿旧名僧，复能修创，一任住持，所司不得禁止。唐人裴庭裕《东观奏记》说：武宗好长生久视之术，于大明宫筑望仙台，势侵天汉。上(宣宗)始即位，斥道士赵归真，杖杀之，罢望仙台，大中八年(854)复命葺之。同月，卢简求撰《禅门大师碑阴记》。据郁贤浩载，是年卢简求 59 岁，在苏州刺史任，撰有此碑阴记(见《全唐文》)，中有记叙宣宗恢复佛寺之事。四月，李回为前此薨逝之王起撰《唐山南西道节度使王起碑》，此碑为柳公权正书，宋人赵明诚、清人吴廷燮等有著录。

是年，张彦远撰成《历代名画记》。《旧唐书》在张延赏传后附有张彦远传。《历代名画记》(叙画之兴废)中也记载说：自史皇至今大唐会昌元年，凡三百七十余人。将来者有能撰述，其或继之。时大中元年，岁在丁卯。全书共分十卷，其《叙画之源流》、《论画六法》、《论画山水树石》诸篇均为画论名作。宋人陈振孙在《直斋书录解题》中均著录此书。张氏所著，虽侧重绘画一途，但其中也涉及大量与石刻艺术史相关的珍贵史料。

刘长久等载，四川荣县李栖辰造弥勒佛像。造像题记中的"会昌七载"，实当为"大中元年"。

［文献］　唐裴庭裕《东观奏记》卷上，唐张彦远《历代名画记》卷一，后晋刘昫等《旧唐书》卷一八、卷一二九，宋赵明诚《金石录》卷一〇，宋陈振孙《直斋书录解题》卷一四，清董诰等《全唐文》卷七三三，吴廷燮《唐方镇年表》卷四，郁贤浩《唐刺史考》，刘长久《中国西南石窟艺术》，王朝闻等主编《中国石窟雕塑全集》(四川重庆卷)。

公元 848 年　大中二年

［提示］　十二月七日，湖南《韦瓘题名》。十二月，陕西《刘沔碑》。是年，张彦远调查两京残存寺院壁画、张义潮占领敦煌。

［叙录］　十二月七日，湖南刻《韦瓘题名》。据刘刚载，在祁阳摩崖区有韦瓘题名。韦瓘字茂宏，京兆万年人。生卒年不详。宋溶《浯溪新志》载：韦瓘题名在摩崖碑左下方，字大寸许，书法苍劲；但多剥落不可识。十二月，陕西省刻《刘沔碑》。曾毅公记为十一月，以宋人赵明诚、陈思著录及《拓本汇编》所载，实当为十二月，此碑全称《唐故光禄大夫守太子太傅致仕上柱国彭城郡开国公食邑二千户赠司徒刘公神道碑铭并序》。任赢载，此碑通高 280 厘米。韦

瓘撰文、柳公权正书书丹、唐元□模勒并篆额、李从庆刻。碑原在永寿好畤河畔，1961年移到永寿县文化馆建亭保护。

是年，张彦远调查两京残存寺院壁画。李凇说，唐代会昌年间，由于武宗禁佛令，佛教寺院及壁画受到极大摧毁。两年后，张彦远对残存的寺院壁画进行过粗略调查，其结果写入《历代名画记》卷三《两京寺观等壁画》。这是一个历史残片。据张彦远自己解释，除对洛阳敬爱寺记录细致外，其他寺院都很粗略。显然，就敬爱寺的壁画来说，张彦远关心作者甚于图像。

也是在此时，张义潮占领敦煌。李玉珉载，大中二年张义潮趁吐蕃内乱率众起义，先后占领敦煌、晋昌等地，又陆续收复河西十一州，河西始重归唐王朝的管辖。但由于当时唐室已衰，无力顾及千里以外的边城，所以敦煌的军政、宗教、文化各类事物，均由张氏家族把持。天佑二年(905)，唐朝将亡，张承奉建"西汉金山国"。贞明五或六年(919或920)，张承奉卒，政权乃转移至曹氏家族手中。张、曹控制敦煌期间，均曾对河西一带的佛教艺术产生重要影响。根据罗振玉和向达等人的研究，张义潮掌控敦煌期，曾大力传播汉族文化。河西创复，犹杂蕃、浑，言音不同，训以华风，咸会训良，轨俗一变。直到今天的莫高窟第156窟，还保留壁画长卷《张义潮统军出行图》。

［文献］　宋赞宁《宋高僧传》卷六，宋赵明诚《金石录》卷十，宋陈思《宝刻类编》卷四，宋米芾《海岳名言》，清罗振玉《补唐书张义潮传》，向达《罗叔言〈补唐书张义潮传〉补正》，王壮弘《增补校碑随笔》，刘刚《湖湘碑刻》，曾毅公《石刻考工录》、《拓本汇编》第32册，任赢《唐刘沔碑》(《文博》1984年第3期)，李凇《长安艺术与宗教文明》，李玉珉《中国佛教美术史》。

公元849年　大中三年

［提示］　正月二十日，杜牧奉诏撰《故江西观察使韦丹遗爱碑》。十一月，李商隐与白居易嗣子景受商酌撰白居易碑铭诸事宜。大中三年，孙樵反对宣宗恢复佛寺作《与李谏议行方书》。李德裕卒于崖州贬所，曾出土《唐李德裕重瘗舍利石函题记》。宁夏须弥山石窟造像题记、四川邛崃市龙兴寺造尊胜陀罗尼经幢。

［叙录］　正月二十日，杜牧奉诏撰《故江西观察使韦丹遗爱碑》，全称《唐故江西观察使武阳公韦公遗爱碑》。据刘学锴等载，杜牧奉诏撰为名臣韦丹撰遗爱碑之事，在当时颇为引人注目，以至受到诗人李商隐的艳羡，还专门为此写下《赠司勋杜十三员外》一诗以美其事。此碑至少在明代还存于世，明人周弘祖在《古今书刻》中载：《唐韦丹遗爱碑》，在府城西石亭寺。今福建南安丰州镇桃源村后莲花峰有石亭寺，不知是否即周氏所言之寺。刘学锴等在《李商隐文编年校注》中考证说，这年十一月，李商隐与白居易嗣子景受商酌撰白居易碑铭诸事宜。李商隐于冬至前撰成《刑部尚书致仕赠尚书右仆射太原白公墓志铭》。

是年，孙樵强烈反对宣宗恢复佛寺，作《与李谏议行方书》：今年三月，上尝欲营治国，执事尚谏罢之。今诏营废寺，以复群髡。三年之间，斤斧之声不绝，度其经费岂特国门之广乎！

同年，李德裕卒于崖州贬所，曾出土《唐李德裕重瘗舍利石函题记》。李德裕在两《唐书》中有传，字文饶，赵州(河北赵县)人，两度为相(大和年间为相一年八个月，会昌年间为相五年七个月)，与其父李吉甫同为中晚唐名相。宣宗即位后，李德裕贬为崖州司户，卒于贬所。据郑金星等载，20世纪60年代，曾在江苏镇江北固山铁塔塔基下底宫里面出土《唐李德裕重瘗舍利石函题记》。上面记载李德裕为穆宗建佛塔修冥福之事。今之北固山铁塔，之前为石塔，即为李德裕所建造。造塔之时，李德裕任镇江润州刺史。李德裕在北固山建塔供养舍利子，依佛经所说，可得无量无边功德。其所埋舍利子来自上元县(南京)长干寺和禅从寺。

宁夏须弥山石窟造像题记。是年，唐朝收复秦、原、安乐州及石门、木峡、六盘、制胜、驿藏、木靖、石峡七关，须弥山石窟第五窟有是年造像及题刻。刘兴珍载，宁夏固原须弥山石窟第五窟（原编号二窟）的主尊为高达19米的倚坐露天释迦像，上半部保存尚好，双手、双膝以下风化漫漶。头蓄螺髻，身着袈裟。双耳垂肩，嘴角含笑。形貌俊美端庄，神态慈祥蔼如。造型写实，五官匀称，衣纹舒展流畅。窟前原有木构楼阁，1920年毁于地震，窟西部刻有唐大中三年游人题记。

四川邛崃市龙兴寺造尊胜陀罗尼经幢。冯国定等载：是年，尹花严在四川邛崃市龙兴寺造尊胜陀罗尼经幢一所，八面台阶之第一级浮雕驰兽，第二级刻乐伎；再上束腰部八面均刻佛龛；幢身八面刻四甲胄天王倚像；幢顶刻供养人像。

［文献］ 唐杜牧《樊川文集》卷七，唐《孙可之文集》卷三，明周弘祖《古今书刻》卷下，刘学锴等《李商隐诗歌集解》，刘学锴、余恕诚《李商隐文编年校注》，郑金星等《江苏镇江甘露寺铁塔塔基发掘记》（《考古》1961年第6期），刘兴珍等《中国古代雕塑图典》，冯国定等编《四川邛崃唐代龙兴寺石刻》。

公元850年 大中四年 南诏天启十一年

［提示］ 大中四年，甘肃灵台舍利石棺涅槃像。南诏天启十一年，云南剑川沙登村石窟造像。

［叙录］ 大中四年，甘肃刻造灵台舍利石棺涅槃像。据唐晓军、秦明智等载，1957年秋，甘肃灵台县在城内寺咀修建房屋时，挖出砖砌窖室一座，从中取出舍利石棺及雕绘砖和唐大中四年墓志等10余件文物。寺咀位于灵台县城东北部，为一小台地。相传宋代前后此处是一座规模较大的寺院，并有佛塔，这座窖室可能就是佛塔基址。灵台舍利石棺涅槃像（现藏于甘肃省博物馆），石棺高35.7厘米、长45.6厘米、宽24厘米，棺身两侧浮雕佛教故事，右侧雕涅槃像，释迦右胁卧于灵床上，头前立老迦叶，足旁立一女。身后及前侧为举哀的十大弟子。其中有泣哭的阿难和劝止的阿那律，余者皆作痛苦状。前端有一人飞升和一人跪拜于地。或为须跋陀，是为释迦守留最后的一个弟子，又先佛而去。左侧雕伎乐供养，释迦端坐在云头上，前后五人簇拥。前面开路的是一组伎乐，各持法螺、铜钹、梵磬。

南诏天启十一年，云南剑川沙登村石窟造像。据宋伯胤、阎文儒、刘长久等载，云南剑川县西南约25公里的沙溪坝子甸头禾（坝子头）村与沙登村附近的石宝山，有石窟即著名的剑川石窟，有石钟寺、狮子关和沙登村等三个地区。沙登村区在沙登村西面，共有四处造像，其村后金鸡栖石窟，分上下两层，计八个小窟，下层第二窟，有南诏昭成王劝丰祐“天启十一年”题记。从造像题材及题记，可以看出这是剑川石窟群中开创最早的一处，约相当中原晚唐阶段。费泳在描述沙登村刻有天启纪年的造像时说，其窟内正壁分上下两层开龛，上层为浅浮雕五龛，下层有深龛四个，在下层一龛内雕有两身坐佛，均作螺发，右像弥勒倚坐，左手抚膝，右手上举施说法印，双足各踏一莲苑，着褒衣博带演化式佛衣，外披半披式袈裟，衣襞覆坛，且外展下垂。左像阿弥陀佛结跏趺坐，手结禅定印（图185）。仰莲坛基下方刻有造像铭文：沙追附尚邑三赕白张傍龙，妻盛梦和男龙庆、龙君、龙世、龙家、龙千等，有善因缘，敬造弥勒佛、阿弥陀佛，国王天启十一年七月二十五日题记。这是剑川石窟唯一南诏纪年像龛。费泳认为其造像风格与同期四川地区石窟造像较为相似。剑川地区归属南诏管辖，是在唐贞元十年（794）唐军与南诏协力击溃吐蕃之后，因此，南诏纪年窟开造的上限应在贞元十年以后。

［文献］ 唐晓军《甘肃古代石刻艺术》，秦明智等《灵台舍利石棺》（《文物》1983年第2期），阎文儒《中国石窟艺术总论》，宋伯胤《剑川石窟》，费泳《汉唐佛教造像艺术史》，刘长久《南诏和大理国宗教艺术》。

图 185 云南沙登村区第一号龛弥勒佛与阿弥陀佛 南诏天启十一年(850)

公元 851 年 大中五年

［提示］ 六月，孙樵上《复佛寺奏》。八月四日，宣宗御撰《才人仇氏墓志》。

［叙录］ 六月，孙樵上《复佛寺奏》，极力谏阻宣宗修复废寺。《资治通鉴》载录孙樵此文：百姓男耕女织，不自温饱，而群僧安坐华屋，美衣精馔，率以十户不能养一僧。武宗愤其然，发十七万僧，是天下一百七十万户始得苏息也。陛下即位以来，修复废寺，天下斧斤之声至今不绝，度僧几复其旧矣。陛下纵不能如武宗除积弊，奈何兴之于已废乎！愿早降明诏，僧未复者勿复，寺未修者勿修，庶几百姓犹得以息肩也。

秋七月，中书门下奏：陛下崇奉释氏，群下莫不奔走，恐财力有所不逮，因之生事扰人，望委所在长吏量加撙节。所度僧亦委选择有行业者，若容凶粗之人，则更非敬道也。乡村佛舍，请罢兵日修。在所有反对宣宗兴佛的人士中，孙樵是最坚决的一人。

八月四日，宣宗御撰《才人仇氏墓志》。此志全称《故南安郡夫人赠才人仇氏墓志铭》，出土于西安，在《拓本汇编》及《陕西金石志》中均有著录。为刻工强琮（天水，中书省刻字官）奉敕镌刻。这个仇才人深得宣宗宠爱，有可能她是大宦官仇士良家族中人。宣宗是靠了仇士良等人才登上帝位的，因此他才要亲自为一位宫中才人撰写墓志铭，以凸显其尊荣。

［文献］ 唐孙樵《孙可之文集》卷六，宋司马光《资治通鉴》卷二四九，《拓本汇编》第 32 册，武树善《陕西金石志》卷一八。

公元 852 年 大中六年

［提示］ 六月，河南《高元裕碑》。九月二十六日，广西桂林千佛岩还珠洞造像。十一月，陕西《魏公先庙碑》。是年，陕西《华岩寺杜顺和尚记行碑》。

［叙录］ 六月，河南刻《高元裕碑》。此碑全称《大唐银青光禄大夫□吏部尚书上柱国渤海县开国男食邑三百户赠尚书右仆射（下泐）》。清人王昶等著录，由萧邺撰文、柳公权书丹。碑连额高丈一尺四寸，宽四尺一寸，碑在河南洛阳。清人杨守敬在《学书迩书》中评价说：《高元裕》一碑，尤为完美，自斯厥后，虽有作者，不能自关门户矣。

据桂林市文管会及杜海军载，是年九月二十六日的广西桂林千佛岩还珠洞造像，造像主为桂林监军使赐绯鱼袋宋伯康。还珠洞共有 38 龛 239 尊摩崖造像，千佛岩中这龛宋伯康造像是其中较为著名的一处造像。

是年十一月刻立于陕西的《魏公先庙碑》，由崔玙撰文、柳公权正书书丹，石上下皆残，原在西安。杨守敬《学书迩书》称：《苻璘碑》、《魏公先庙》、《刘沔》、《冯宿》皆敛才就范，终归淡雅。由于磨泐不全，立碑年代不明，王昶定为咸通末年，陈思定为大中六年。王昶著录其尺寸为：现存者高五尺五寸五分、广四尺三寸六分。

是年，西安刻有《华岩寺杜顺和尚记行碑》。此碑现藏于西安碑林博物馆，由杜殷撰文、董景仁行书、邵建初镌刻。据路远撰文说，此碑额题“大唐花严寺杜顺和尚行记”（花严寺即华严寺又称华岩寺）。碑形为螭首方座，高 156 厘米。与那些奉敕而制的宏碑巨制相比，此碑显得有些“寒碜”，形制较小，也没有多少华丽的装饰，然而它所记述的主人公杜顺，却是中国佛教史上的著名人物。杜顺是由隋入唐僧人，又名法顺，京兆万年（陕西西安）人。因其曾住终南山弘扬《华严经》，著有《华严法界观门》、《华严五教止观》各一卷，后来被华严宗尊为初祖。其生平事迹，在唐人道宣《续高僧传》中有着较为详细的记载。

［文献］ 唐道宣《续高僧传》卷二五，宋陈思《宝刻类编》，清王昶《金石萃编》卷一一四、卷一一七，清杨守敬《学书迩书》，桂林市文管会《桂林石刻》，杜海军《桂林石刻总集辑校》，路远《杜顺、华严寺与〈杜顺和尚碑〉》（《文博》2008 年第 2 期）。

公元 853 年　大中七年

［提示］　正月五日，河南《再建圆觉大师塔志》。

［叙录］　正月五日，河南刻《再建圆觉大师塔志》。据说禅宗初祖达摩死后葬于熊耳山空相寺。温玉成载，空相寺位于河南省陕县、渑池县、宜阳县三县交界的熊耳山下，在陕县支沟村东南一公里处。今存有关达摩遗塔的最早资料即是《再建圆觉大师塔志》，由颍川陈宽撰志文。据曾毅公考，刻工为当时著名的昌黎韩师复（大中九年韩师复又刻《崔翠墓志铭》，洛阳市文物工作队有著录）。

此志今已无存，清人陆增祥有著录。从志文可知：汾阳郡王郭子仪于收复东京（洛阳）之明年（758），“抗表乞大师谥”。至代宗时始建塔完工，代宗谥菩提达摩名“圆觉”，称其塔为“空观”。至武宗会昌三年（843）诏废释氏，“大师塔志，亦随湮灭”。宣宗即位后，于大中四年（850）八月十五日，诏河南尹河东公再建斯塔，令择僧有大德可用，拟大师者俾宰之。洛阳僧与轩冕之士累百，同举手而称曰：大德僧审元其人也。于是元公杖锡至山下，不言而入化，无几而塔成。据温玉成《中国佛教与考古》载，这位龙门的审元禅师，可能就是白居易晚年诗歌《题天竺南院赠闲元曼清四上人》中的龙门山天竺寺“元上人”。从 850—852 年的两年多时间，在审元禅师的主持下，第二次建成圆觉大师塔。此塔可能毁于清末。

［文献］　清陆增祥《八琼室金石补正》卷七五，曾毅公《石刻考工录》，温玉成《中国佛教与考古》，洛阳市文物工作队《洛阳出土历代墓志辑绳》。

公元 854 年　大中八年

［提示］　四月八日，山东灵岩积翠证明佛龛。是年，四川资中及剑阁石刻。

［叙录］　四月八日，山东刻灵岩积翠证明佛龛。据何力军等载，位于泰山北麓长清县方山之阳的灵岩寺，以东晋名僧竺僧朗隐于泰山东北琨瑞谷，常往来于此说法，猛兽归服，乱石点头，故有灵岩之名。灵岩寺中的积翠证明龛，又称证明功德龛或证明殿，位于灵岩寺后方山摩顶。其龛依山而凿，宽 600 厘米、进深 550 厘米。居中为释迦坐像，通高 500 厘米。佛像高髻圆脸，结跏趺坐，施无畏与愿印。东、西两壁有胁侍菩萨、弟子、神狮八躯，惜二菩萨早已毁佚。在佛座上刻有唐大中八年四月八日的《修方山证明功德记》。龛内尚有不少唐宋间游人题记，最早可见唐代兴元元年（784）题记。明嘉靖三十八年（1559），龛外增置方形石室，拱券朱墙，俗称“红门”。《修方山证明功德记》由牟珰撰文。《拓本汇编》载，李可诠（陆增祥记为李可言）刻石。铭文述及证明功德由来、会昌历劫后情况以及大中五年（851）重修窟龛的经过。

四川资中及剑阁石刻。据刘长久、胡文和等载，大中八年，在四川资中重龙山，寂方简同王氏女十三娘同发愿造地藏菩萨一身。是年九月一日，在四川剑阁鹤鸣山，刻造《剑州重阳亭铭并序》碑，由大学博士河内李商隐撰文。碑高 188 厘米、宽 87 厘米，共 11 行，行字不等，正书。高文认为，碑额小篆“剑州重阳亭铭”六字与碑字不符，疑为后人补刻。碑阴有题刻二幅，其中有元丰六年（1083）重阳日权知军州事郭子皋题。

［文献］　清陆增祥《八琼室金石补正》卷七五，《拓本汇编》第 32 册，程章灿《石刻刻工研究》，何力军《山东长清灵岩寺》（《城市》2000 年第 1 期），刘长久《中国西南石窟艺术》，胡文和《四川道教、佛教石窟艺术》，高文等《四川历代碑刻》，王朝闻等主编《中国石窟雕塑全集》（四川重庆卷）。

公元 855 年　大中九年

［提示］　十月十五日，刻《般若波罗蜜多心经》并礼佛图。十二月十七日，日本国僧圆珍至龙门山广化寺参拜善无畏塔。是年，河北刻巨型《王元逵墓

志》、四川蒲江长秋山造大佛。

［叙录］　十月十五日，刻《般若波罗蜜多心经》并礼佛图。据《拓本汇编》载，此石由邵建初（中书省镌玉册官、宣节校尉前鄜州五交府折冲上骑都尉）刻，现藏北京图书馆。

十二月十七日，日本国僧圆珍至龙门山广化寺参拜善无畏塔。次年正月，又参拜龙门山奉先寺金刚智塔。据白化文、温玉成等载，在龙门奉先寺为五祖金刚智三藏墓塔所在地。开元二十九年（741）八月十五日，金刚智于洛阳广福寺示寂。玄宗敕于龙门安置，赠“大弘教三藏”，葬于龙门伊川。天宝二年（743）在奉先寺西岗造塔，塔铭由隐士混伦翁撰写。大历三年（768）唐代宗应不空请求，亲书塔额。由于金刚智三藏的影响，众多高僧如圣善寺禅僧如信，大圣善寺钵塔院主律僧智如等，逝后均葬于奉先寺金刚智塔侧。大中九年底及次年初，日本国台密祖师智证大师圆珍，两次踏雪至龙门西山，参拜广化寺善无畏舍利塔和奉先寺金刚智三藏墓塔。

同年，河北刻制巨型《王元逵墓志》。王元逵在《旧唐书》中有传，是唐朝回纥阿布思人，成德节度使王廷凑之子，后继任。文宗开成二年（837），元逵入朝奉侍，下诏以绛王李悟之女寿安公主嫁元逵。李商隐对此颇有看法，作《寿安公主出降》诗以讽之。武宗会昌四年（844）元逵奉诏为泽潞北面招讨使，与刘沔、王茂元一起攻讨刘稹，元逵在尧山（河北完县西北）击败刘稹。大中九年正月卒，赠封太师。赵超载，20 世纪 70 年代中，在河北省邯郸市大名县万堤农场发现晚唐河北藩镇王元逵巨型墓志，现收藏在邯郸碑林（邯郸市丛台公园西北侧）。其四边均长达 200 厘米，在志盖和志侧都用浮雕手法雕出生动的装饰纹样，有力士、生肖、花草等，总重量在三吨以上，殊为罕见。

据刘长久、刘新生等载，是年，在四川蒲江县长秋山造大佛。

［文献］　后晋刘昫等《旧唐书》卷一四二，《拓本汇编》第 32 册，白化文等《行历抄校注》，赵超《石刻史话》，刘长久《中国西南石窟艺术》，刘新生《蒲江县长秋山摩崖造像调查》（《四川文物》1995 年第 2 期）。

公元 856 年　大中十年

［提示］　南诏王劝丰祐建五华楼。

［叙录］　据谷跃娟等载，南诏王皮逻阁在唐朝支持下，最后统一六诏，建立起中国西南诏地方政权。南诏国早先定都太和城，至南诏王异牟寻时代，迁都羊苴咩城。羊苴咩城可划分宫廷区、官僚住宅区、南北通衢和客馆区。至大中十年，南诏王劝丰祐建五华楼。五华楼可称为南诏国宾馆，南诏王在这里宴请西南夷十六国君长及其他国宾，元世祖忽必烈征讨大理时，曾驻足于楼前。明人李元阳在纂修《嘉靖大理志》时记载：唐大中十年，南诏劝丰祐所建，以会西南夷十六国，广五里，高百尺，下可建五丈旗，国初兵始废。五华楼周长达两公里半，高有 30 多米，可居万余人，可谓规模惊人。南诏五华楼的规模和设计，在很多方面有意模仿秦朝的阿房宫，颇值得关注。修建如此庞大的建筑工程，不仅需要雄厚的财力，还需要有各类高超的工匠，尤其是木刻及石刻工匠，才能得以实现。而据史籍记载，云南剑川自古多有名匠出现，许多名寺建筑如华亭寺、建水孔庙、晋宁盘龙寺、大理大慈寺、保山飞来寺、中甸归化寺（松赞林寺）等均出自剑川工匠之手。清人张泓在《滇南新语》中记载说：滇之七十余州、县及邻滇之黔、川等省，善规矩者，随地皆剑民也。清末民初李根源在《滇西兵要界务图抄》中也说道：人习石木工，精良而有法度。故迤西建造屋宇者，皆剑川木石工匠。

［文献］　明李元阳《嘉靖大理志》，清张泓《滇南新语》，李根源《滇西兵要界务图抄》（《新编曲石文录》），谷跃娟《南诏史概要》。

公元 857 年　大中十一年

［提示］　五月，四川剑阁刻《剑阁鹤鸣山长生保

命天尊象赞并序》。

［叙录］　五月，四川剑阁刻《剑阁鹤鸣山长生保命天尊象赞并序》。据刘长久、胡文和、毋学勇等载，是年五月，王少从刻此赞序。程章灿按：赞文末刻“匠王少从镌赞文并序十日毕”。鹤鸣山第二号龛为平顶双叠室形，高244厘米、宽144厘米、深110厘米。内龛正壁上雕刻主像天尊一躯。天尊立高212厘米，发上绾成髻，戴莲花冠，背光内有“五斗星图”。上身内着交领短衫，下着长裙，外罩黄帔，右手下垂握一混元珠，左手施无畏印。在外龛门楣左壁上方有一则造像残记。中有“圣唐大中十一年丁丑岁五月功毕”。“五斗星图”是道教始祖天师张陵创立五斗米道的原始象征。关于鹤鸣山道教造像，1929年日人伊东忠太曾来此考察，搜集资料、拍照，归国后在《世界美术全集》第九集中发表相关照片和文章，但却将此称为“剑州佛像石雕”，胡文和说，不知其为何如此“指鹿为马”。

同年，在四川蒲江县石马庵、四川夹江县千佛崖亦有造像活动。

［文献］　刘长久《中国西南石窟艺术》，胡文和《四川道教、佛教石窟艺术》、《中国道教石刻艺术史》，毋学勇《四川剑阁鹤鸣山道教石刻》（《文物》1991年第2期），王朝闻等主编《中国石窟雕塑全集》（四川重庆卷），程章灿《石刻刻工研究》。

公元858年　大中十二年

［提示］　四川资中邛崃石刻造像。

［叙录］　是年，四川资中邛崃石刻造像。据冯国定、刘长久和胡文和等载，是年在四川资中重龙山，罗元靖愿恶节患疾除退及家人平安，造药师佛并药王、药上菩萨一龛。在四川邛崃市龙兴寺，潘怀谦为父母并愿合家大小平安，造尊胜陀罗尼经幢一所。

［文献］　冯国定、周乐钦、胡伯祥编《四川邛崃唐代龙兴寺石刻》，刘长久《中国西南石窟艺术》，胡文和《四川道教、佛教石窟艺术》，王朝闻等主编《中国石窟雕塑全集》（四川重庆卷）。

公元859年　大中十三年

［提示］　八月，始建宣宗贞陵及石刻。是年，江苏《松江镇经幢》、四川邛崃夹江石刻造像。

［叙录］　八月，始建宣宗贞陵及石刻。据陈安利载，宣宗贞陵始建于大中十三年八月，完成于咸通元年（860）二月，历时约六个月。宣宗李忱贞陵位于陕西泾阳县白王乡北仲山南麓，以山为陵，范围跨泾阳、淳化两县。陵区面积广大，略同于昭陵，史载“封内一百二十里”。面各辟一门，以四神命名，门外各置石狮一对，筑阙台一对。神道自南而北依次排列华表、翼马、鸵鸟、仗马、翁仲等石刻造像。

是年，江苏刻造《松江镇经幢》。赵超在叙述唐代佛教石刻时说，树立在寺院中的经幢，为唐朝的一大新创造。这种造型优美的石刻艺术品大约在唐代初期开始出现。幢完全是由印度传来的佛教用品，梵文称为“驮缚若”，汉译名简化为幢。它原来是一种用丝帛制成的伞盖。其中央是一根长杆，上端支着伞面形状的幢，顶端有如意宝珠。根据《佛顶尊胜陀罗尼经》的说法，佛告诉天帝说，把陀罗尼经写在经幢上面，那么在幢影笼罩下的人就能免除一切罪业。因此佛教徒们就纷纷制作幢，送到寺中悬挂在佛前作为功德。以后发展成用石料刻制，外形仿照丝帛制作的经幢。幢身是八面体立柱形，上面雕刻经文和佛像。底部有莲花座。幢顶刻成宝盖，有模拟丝织品的飘带、垂幔、花绳等，上面往往刻一个模仿木构件建筑屋顶的尖顶，顶端托着火焰宝珠。唐代的经幢大多只有一二层幢身。上海市松江区的唐大中十三年经幢，是唐经幢中的佼佼者，高达930厘米，由21层构件组成，远望如一枝莲苞亭亭玉立。

四川邛崃夹江石刻造像。据刘长久、胡文和等载，大中十三年，在四川邛崃市龙兴寺，有文志造尊胜陀罗尼经幢一所，八面台阶刻壶门，内刻乐伎，束腰部刻有坐佛，再上刻四甲胄天王倚像。同时，在四川夹江县千佛崖也有造佛像活动。

［文献］ 陈安利《唐十八陵》，赵超《石刻史话》，刘长久《中国西南石窟艺术》，胡文和《四川道教、佛教石窟艺术》，王朝闻等主编《中国石窟雕塑全集》(四川重庆卷)。

公元860年　大中十四年　咸通元年

［提示］ 大中十四年五月十一日，河南《唐东都圣善寺志行僧怀则造尊胜幢塔》。大中十四年、咸通元年，四川安岳蓬溪石刻造像。

［叙录］ 公元860年，在武宗时封郓王、宣宗死后立为皇太子的李漼，在宦官王实等矫诏之下即位，是为懿宗，改元咸通。唐宣宗大中十四年五月十一日，河南刻《唐东都圣善寺志行僧怀则造尊胜幢塔》。据李文生载，此幢塔现藏于龙门石窟研究所。其幢形制比较特别，没有盖、座，整个幢身是一个矮壮的圆柱体，顶端为弧形，高58厘米、直径54厘米，上半部周面刻写经文及题记，下半部四面开龛造像。刻经两段，一为《佛顶尊胜陀罗尼经》，二为《大轮金刚陀罗尼经》。后刻题《唐东都圣善寺志行僧怀则于龙门废天竺寺东原创先修茔一所敬造尊胜陀罗尼幢塔并记》。下部佛龛皆为尖拱形楣。正面龛内雕造：一结跏趺坐，佛夹侍二胡跪捧莲供养菩萨，龛外两侧各雕一着铠甲、双手按剑、足踏须弥山的天王像。左、右侧龛内，皆雕一佛二供养菩萨像。背面龛内雕一尊倚坐弥勒佛。四龛造像形体虽小，但雕刻生动，传神。幢原存龙门乡寺沟村。同年，四川安岳蓬溪石刻造像。据刘长久、胡文和等载，在四川安岳玄妙观造道像，其造像题记之“大中十四年”，实当为“咸通元年”。同时，在四川蓬溪县新开寺，黎讯施钱五百文造大悲观音菩萨像一铺。

［文献］ 李文生主编《龙门石窟志》，刘长久《安岳石窟艺术》、《中国西南石窟艺术》，胡文和《四川道教、佛教石窟艺术》，王朝闻等主编《中国石窟雕塑全集》(四川重庆卷)。

公元861年　咸通二年

［提示］ 咸通二年六月二十五日，陕西富县石泓寺石窟第三窟造像及题记。九月，河南刻《药师像赞》。

［叙录］ 唐懿宗咸通二年六月二十五日，陕西富县石泓寺石窟第三窟造像及题记。据李凇载，富县石泓寺石窟第三窟有中央佛坛，造像不存，从台座看为一佛二菩萨，门外有二力士。在造像题记中，刻有咸通二年六月二十五日纪年。九月，河南刻《药师像赞》。据曾毅公和温玉成载，玄谷山石窟在河南沁阳市西北30公里处，玄谷山窄涧谷共有东、西石窟各一所，摩崖造像六龛。三号龛药师佛像，是以乡贡明经郭崧为首的邑社21人所造，时在唐咸通二年九月。此龛刻工，为张继□与他人同刻。

［文献］ 李凇《陕西古代佛教美术》，曾毅公《石刻考工录》，温玉成《中国佛教与考古》。

公元862年　咸通三年

［提示］ 四月，懿宗奉佛怠政。是年，诗人李群玉卒，有《桃源洞》诗碑传世。

［叙录］ 四月，懿宗奉佛怠政。据《资治通鉴》载：咸通三年夏四月，敕于两街四寺各置戒坛，度人三十七日。上奉佛太过，怠于政事，尝于咸泰殿筑坛为内寺尼受戒，两街僧、尼皆入预；又于禁中设讲席，自唱经，手录梵夹；又数幸诸寺，施与无度。吏部侍郎萧倣上疏，以为：玄祖之道，慈俭为先；素王之风，仁义为首。垂范百代，必不可加。佛者，弃位出家，割爱中之至难，取灭后之殊胜，非帝王所宜慕也。愿陛下时开延英，接对四辅，力求人瘼，虔奉宗祧。思缪赏与滥刑，其殃必至；知胜残而去杀，得福甚多。罢去讲筵，躬勤政事。上虽嘉奖，竟不能从。

是年，诗人李群玉卒，有《桃源洞》诗碑传世。李群玉字文山，湖南澧州人。澧县仙眠洲有古迹水竹居，旧志记为李群玉读书处。《全唐诗》载，杜牧曾游澧，劝李群玉参加科试，群玉“一上而止”。后宰相裴休视察湖南也曾邀请群玉创作诗词。群玉“徒步负琴，远至辇下”。群玉来到长安向朝廷献诗三百篇，宣宗称其诗作高雅，赐以锦彩器物，授弘文馆校书郎。三年后，李群玉辞归故里，卒后追赐进士及第。刘刚载，今存李群玉《桃源洞》诗碑，现藏于常德桃花源碑廊中，可惜其碑在1966年被砸毁。碑残高143厘米、宽72厘米、厚19.8厘米。行书3行、行14字，字径13厘米。无年月，残碑文缺8字。

［文献］　宋司马光《资治通鉴》卷二五〇，清彭定求等《全唐诗》卷五六九，刘刚《湖湘碑刻》。

公元863年　咸通四年

［提示］　二月，温宪作《程公墓志铭并序》。本年前后，皮日休撰《刘枣强碑》。

［叙录］　二月，温宪为书画家程修己作《程公墓志铭并序》。温宪是词人温庭筠的儿子，温宪能诗，曾赋《咏蛱蝶》诗，为程修己所称赏，并以其诗意作画。夏承焘在《温飞卿系年》中载，温宪约生于会昌二年(842年)，则本年约22岁。《唐文拾遗》录有温宪《唐集贤直院官荣王府长史程公墓志铭并序》，此墓主程公即程修己。据墓志载，程修己卒于咸通四年二月一日，同年四月十七日葬。

约本年前后，皮日休撰《刘枣强碑》。此碑文载于《全唐文》，收于咸通七年所辑成之《皮子文薮》中。霍有明在陈文新主编的《中国文学编年史》中认为，此文或为本年前后作于襄阳。此碑中云：歌诗之风荡来久矣，大抵丧于南朝，坏于陈叔宝。然今之业是者，苟不能求古于建安，即江左矣；苟不能求丽于江左，即南朝矣。或过为艳伤丽病者，即南朝之罪人也，吾唐来有是业者，言出天地外，思出鬼神表，读之则神驰八极，测之则心怀四溟，磊磊落落，真非世间语者，有李太白。百岁有是业者，雕金篆玉，牢奇笼怪，百锻为字，千炼成句，虽不追躅太白，亦后来之佳作也。这是一篇难得的文艺美学文献，颇值得关注。

［文献］　清陆心源《唐文拾遗》卷三二，清董诰等《全唐文》卷七九九，夏承焘《温飞卿系年》(《唐宋词人年谱》)，陈文新主编《中国文学编年史》(隋唐五代卷)。

公元864年　咸通五年

［提示］　陕西富县石泓寺石窟第四窟造像及题记、四川资中合川蒲江石刻造像。

［叙录］　是年，陕西富县石泓寺石窟第四窟造像及题记。据李凇载，富县石泓寺石窟第四窟有中央佛坛，坛上有五根立屏柱，立像为一佛二弟子二菩萨，佛高143厘米。窟中有两则咸通五年《郑君雅造像题记》。同年，四川资中合川蒲江石刻造像。据刘长久、胡文和等载，在四川资中重龙山，有阆州(四川阆中市)司仓参军萧远造地藏菩萨像一躯(图186)。在重庆合川龙多山，有宣议郎、行合州赤水县(重庆合川市赤水乡)赵行造千佛龛。在重庆合川龙多山南岩千佛壁龛造像(图187)。

［文献］　李凇《陕西古代佛教美术》，刘长久《中国西南石窟艺术》，胡文和《四川道教、佛教石窟艺术》，王朝闻等主编《中国石窟雕塑全集》(四川重庆卷)。

公元865年　咸通六年

·［提示］　十一月十九日，山西《刘良信墓志铭》。河北《唐魏博节度使何弘敬墓志》。四川资中合川蒲江石刻、书碑名家柳公权卒。

［叙录］　十一月十九日，山西刻《刘良信墓志铭》。此志全称《唐大同军故衙前兵马使彭城郡刘府君墓志铭并序》，现藏于大同市博物馆。据张焯载，此刻为砂岩方碑，纵58厘米、横57厘米。1986年夏

天出土于大同机车厂大门东侧。此地今仍属十里店村，可证唐代以来，大同城址未移，地名往往仍然。

同年，河北刻造《唐魏博节度使何弘敬墓志》。大中九年(855)河北大名刻有巨型的《王元逵墓志》。十年后，同地所刻之《何弘敬墓志》，据任乃宏等考证，此志为当时所发现的尺寸最大、文字最长的一方唐代墓志。该墓志1973年出土于河北大名县旧漳河万堤镇农场一座古墓中，现藏于邯郸碑林。墓志及盖均为青石雕成，志盖顶面边长100厘米，底边长近200厘米、厚88厘米。盖顶正中篆刻“唐故魏博节度使检校太尉兼中书令赠大师庐江何公墓志铭”。墓志为正方形，边长近200厘米、厚53厘米。上刻有铭文3 800字。该墓志高浮雕，雕刻精美，盖顶中心四周刻有浮雕兽头，在眼眶内还能隐约看到所填红绿彩痕迹。出土时每只兽口还镶有两只白色獠牙，后遗佚。志石面划有方格。每行竖刻61格，共计3 599格。墓主何弘敬在两《唐书》有传。墓志上显示何弘敬的官衔是：唐故魏博节度开府仪同三司、检校太尉兼中书令、魏州大都督府长史、充魏博观察处置等使、上柱国、楚国公、食邑三千户食实封一百户，赠太师。志文由卢告撰写、吴藩书丹。从《何弘敬墓志》之规模、雕刻、文字诸方面即可看出，唐晚期藩镇割据的节度使，其权势不受朝廷限制，绝对是一方霸主。

四川资中合川蒲江石刻。据刘长久、胡文和等载，是年，在四川资中重龙山，有资州都虞冯元庆愿合家大小平安，造北方天王一躯。同地又有节制大夫扶风公来资州(四川资中县)，见北崖(重龙山)为郡邑赏胜之地，遂劈开元寺，南僧元晶任住持。数稔之内，建立尊胜幢二所，依崇崖镌众像总一百三所。在重庆合川龙多山，咸通五年十月二十六日，蒙冉尚书差遣，摄令赤水县主簿、将仕郎、试太常寺奉礼郎薛敬远同妻党樊氏于同年十一月十二日到县，发心造弥勒佛一龛，至咸通六年四月二十二日功毕。同年，在四川蒲江县波儿洞，也有刻造佛像的活动。

这年，书碑名家柳公权卒。柳公权在两《唐书》中有传，字诚悬，京兆华原(陕西)人，唐宪宗元和初年进士及第，累官至太子太保，封河东郡公。柳公权工书，尤以楷体驰名于世。与颜真卿并称为“颜柳”，世称“颜筋柳骨”。朱长文在《续书断》中称柳公权“正书及行楷，皆妙品之最，草不失能，盖其法出于颜，而加以遒劲丰润，自名一家”。《旧唐书》本传记载，唐穆宗曾问柳公权用笔如何方可尽善，柳答：用笔在心，心正则笔正。穆宗闻之改容，心知这是柳公权的“笔谏”。传世名碑如《玄秘塔碑》、《神策军纪圣德碑》、《金刚经刻石》、《李成碑》、《冯宿碑》、《苻璘碑》、《刘沔碑》、《魏先公庙碑》等，均出柳笔。

［文献］ 后晋刘昫等《旧唐书》卷一六五，宋朱长文《续书断》，张焯《云冈石窟编年史》，任乃宏、李忠义《何弘敬墓志铭点注暨有关资料荟集》，刘长久《中国西南石窟艺术》，胡文和《四川道教、佛教石窟艺术》，王朝闻等主编《中国石窟雕塑全集》(四川重庆卷)。

公元866年　咸通七年

［提示］ 四川绵阳结社造道像、四川蒲江县看灯山造大佛龛。

［叙录］ 是年，四川绵阳结社造道像。绵州道士孙灵誉、画家张南本、上座何重泛、录事张居简等人，在绵阳西山观结社造天尊像。清人刘喜海在《三巴金石苑》第二册中，载有绵阳市西山观咸通七年《结社造道像题记》。胡文和考察后说，与之对应的造像现在却找不到。题刻中出现的“张南本”，就是《益州名画录》所载唐中和年间寓止成都的擅长道画的“大手笔”。据宋人黄休复载：唐中和年间(881—884年)寓止成都的张南本，曾受剑南西川节度使陈敬瑄请，在成都宝历寺“画天神地祇、三官五帝、雷公电母、岳渎神仙、自古帝王、蜀中诸庙一百二十余帧，千怪万异、神鬼龙兽、魍魉魑魅，错杂其间，时称大手笔也。咸通年间(860—873)，张南本还参与了道社在绵阳西山观造道像，因此西山观唐代的一些道教造像很有可能是按照他绘的粉本雕刻的。

图 186　四川资中重龙山第 54 号地藏龛　咸通五年(864)

图 187 重庆合川龙多山南岩第八号千佛壁正中一佛二弟子二菩萨龛 唐咸通五年(864)

据刘长久、胡文和及肥田路美等载，咸通七年，在四川蒲江县看灯山造大佛龛。看灯山在蒲江县西南20公里，与雅安市名山交界。山上现存唐代摩崖造像19龛、583尊。造有十六罗汉、千佛、千手观音等龛。其中六号龛龛口刻二力士，高达310厘米，为四川唐代造像中最大力士。龛内补凿有多个小龛，小龛旁边有年号的题记，有咸通六年(865)、七年(866)、十年(869)、十三年(872)、十四年(873)、乾符三年(876)及光化二年(899)等。

[文献] 宋黄休复《益州名画录》卷上，清刘喜海《三巴金石苑》，胡文和《中国道教石刻艺术史》、《四川道教、佛教石窟艺术》，刘长久《中国西南石窟艺术》，[日]肥田路美等《中国四川唐代摩崖造像(蒲江邛崃地区调查研究报告)》。

公元867年 咸通八年

[提示] 五月十八日，河南《禹璜题记》。禅师义玄约卒于此年前后。

[叙录] 五月十八日，河南刻《禹璜题记》于宝山灵泉寺唐代双石塔之西塔。据河南省古代建筑保护研究所载，西塔通高556厘米。塔身东外壁镌刻游人题记四条，其中刻有：圃人禹璜以咸通八年五月自宗城拜安阳，是月十八日，面宝山之崔嵬，从者铁儿、阿用、十四。从几段题记的字迹及其内容看，可知署名郑当者系唐懿宗咸通年间的安阳县令，禹璜当为丞尉之属。郑当的这一题记与著名的安阳修定寺唐塔门额门框上署名“县令郑备”、“安阳县令郑当”的题记字迹相同，这也可作为断定灵泉寺双石塔修造年代的又一重要佐证。

禅师义玄约卒于此年前后。《宋高僧传》载，义玄俗姓邢，曹州(山东菏泽)南华人，约卒于此年前后。义玄属洪州宗道一门下弟子，曾事希运禅师。禅师生涯在行脚乞食中度过。属临济宗风，以“参禅”、“应机”为行禅方式，形成“棒喝”及呵佛骂祖的独特禅宗。临济宗为晚唐五代禅宗所分化的“五家”之一。

[文献] 宋赞宁《宋高僧传》卷一二，河南省古代建筑保护研究所《宝山灵泉寺》。

公元868年 咸通九年

[提示] 四月十五日，王玠首次雕版印刷《金刚经》。九月，时开凿天威径成，裴铏为撰碑文以记之。

[叙录] 四月十五日，王玠首次雕版印刷《金刚经》。1900年，敦煌千佛洞曾发现一册印刷精美的《金刚经》，经尾题有“咸通九年四月十五日王玠为二亲敬造普施”18字。美国汉学家卡德在《中国印刷术源流》中认为，这是迄今发现的世界上最早注明确切日期的印刷品，表明至迟在唐代末年已有雕版印刷的书籍出现。但是吕思勉则认为，雕版在隋朝时代已出现。吕思勉称，卡德氏“采摭颇博。据其说，则吾国印刷物，见存而最古者，为得自敦煌石室之《金刚经》，今在伦敦博物院。经凡六叶，别有画一叶。”吕思勉引邓嗣禹《中国印刷术之发明及西传》所举卡德氏所遗“九事”以驳之。吕思勉得出结论说：今案以敦煌所出大业三年佛画为印本，则印刷术起隋无疑。即谓不然，而玄奘能印普贤像以施四众，印刷之盛行，亦必在唐初矣。

九月，裴铏在静海军节度幕为掌书记，时开凿天威径成，裴铏为撰碑文以记之。《全唐文》载有裴铏所写《天威径新凿海派碑》，碑记咸通九年高骈为静海军节度使时，开凿天威径海路一事，开凿事自咸通九年四月五日起，至其年九月十五日毕工，林讽、余存古等坚请刻石记之，以示旷代。渤海公从之，因命掌书记直书其事。裴铏秉笔，不敢退让。据《新唐书》(艺文志三)载，高骈从事裴铏撰《传奇》三卷。由此可知，裴铏时为高骈掌书记。《全唐诗》中载有高骈《过天威径》诗：豺狼坑尽却朝天，战马休嘶瘴岭烟。归路峻峨今坦荡，一条千里直如弦。霍有明在陈文新主编的《中国文学编年史》按，高骈内召仟金吾将军在本年八月，此诗乃其赴朝时过天威径所咏，其时约在八九月间。

［文献］ 宋宋祁等《新唐书》卷五九，清董诰等《全唐文》卷八〇五，清彭定求等《全唐诗》卷五九八，［美］卡德《中国印刷术源流》，吕思勉《隋唐五代史》，陈文新主编《中国文学编年史》(隋唐五代卷)。

公元 869 年 咸通十年

［提示］ 三月，山东《文宣王庙记》。五月，《阿育王寺石幢》。六月，赵璘撰《唐延庆院经藏铭》。

［叙录］ 三月，山东刻造《文宣王庙记》。此石刻见载于清人王昶、孙星衍、孔继汾等人著作中。据骆承烈说，碑现立于孔庙汉魏碑刻博物馆西屋。碑高 146 厘米、宽 75 厘米、厚 22 厘米。由贾防撰并正书，27 行、行 44 字。碑文记载孔子第 39 代孙孔温裕上疏修孔庙之事。骆氏特别提及碑中有“槐影疏而市晚，杏枝暗而坛孤”一语，唐、宋之碑似无人言及槐杏者。杏为杏坛，人所共知，而槐则应指孔庙内诗礼堂前之槐树而言。此为唐槐，枝干斑驳，如虬如龙，清时就记载有一巨木支撑。其旁有雌雄二株银杏树，均千年之物，为孔庙中著名的古时生物，碑中此句可作槐为唐时之根据。

五月，刻《阿育王寺石幢》。据曾毅公考，此幢刻工为陈政(颍川都料)。对刻工身份之“都料”，程章灿考证说：唐代刻工题署中出现“都料”新名称，细分则有都料、都计料、大都料、都料匠、大都料匠等不同类型。除此《阿育王寺石幢》的陈政自署“颍川都料”之外，还有如乾符三年(876)刻《吴县城山寺残经幢》的陈文昌，自署“都计料”；大中十一年(857)刻《天宁寺经幢》的何亮、许从等人，都自署“都料匠”。“都料”、“都计料”及“都料匠”虽有一字之差，所指应该无大区别，急而言之则为都料，缓而言之则为都计料、都料匠。晚唐汝南刻工周儒自署“大都料”；大中十四年(860)刻《华亭县新创法云禅院记》的吴晏，自署“大都料匠”。大都料与大都料匠，相当于大匠这一层次，其地位应高于都料和都料匠。

六月，延庆院经藏碑建成，赵璘撰《唐延庆院经藏铭》。据孙光宪、陈思等载，赵璘本年为山南东道裴坦幕从事。赵璘仕历数朝，多识朝廷典故，著有《因话录》六卷，记录玄宗朝后期至宣宗末或懿宗初期旧事轶闻。周勋初、李一飞等，对赵璘生平考察甚详。此碑据宋人郑樵《通志略》载，碑在湖北襄州。

［文献］ 五代孙光宪《北梦琐言》卷一〇，宋陈思《宝刻丛编》卷三，宋郑樵《通志略》(金石略)，清王昶《金石萃编》卷一一七，清孙星衍《寰宇访碑录》卷四，清孔继汾《阙里文献考》卷三四，骆承烈《石头上的家文献——曲阜碑文录》，曾毅公《石刻考工录》，程章灿《石刻刻工研究》，周勋初《赵璘考》(《唐人笔记小说考索》)，李一飞《〈因话录〉作者赵璘的生卒与仕履》(《文献》1994 年第 4 期)。

公元 870 年 咸通十一年

［提示］ 十一月，皮日休撰《灵鹫山周禅师碑》。是年，厚葬同昌公主。

［叙录］ 十一月，皮日休应新罗弘惠上人所请，为撰《灵鹫山周禅师碑》，并赋诗为上人送行。霍有明在《中国文学编年史》中记载说，是时，皮日休好友陆龟蒙亦有奉和之篇。皮日休在《庚寅岁十一月新罗弘惠上人与本国同书请日休为灵鹫山周禅师碑将还以诗送之》中写道：三十麻衣弄渚禽，岂知名字彻鸡林。勒铭虽即多遗草，越海还能抵万金。二千余字终天别，东望辰韩泪洒襟。陆龟蒙《和袭美为新罗弘惠上人撰灵鹫山周禅师碑送归诗》：一函迢递过东瀛，只为先生处乞铭，已得雄词封静检，却怀孤影在禅庭(均见《全唐诗》)。

是年，厚葬同昌公主。同昌公主即卫国文懿公主，本名不详，父亲唐懿宗，母亲郭淑妃。据陈安利载，唐懿宗爱女同昌公主嫁于右拾遗韦保衡，《资治通鉴》载：倾宫中珍玩以为资送，赐第于广化里，窗户皆饰以杂宝，井栏、药臼、槽柜亦以金银为之，编金缕以为箕筐，赐钱五百万缗，他物称是。同昌公主病逝，懿宗杀翰林医官韩宗劭等20余人，并把其亲族300余人关在狱中。葬同昌公主时，夫家韦氏之人争取庭祭之灰，汰其金银。凡服玩，每物皆百二十舆，以锦绣、珠玉为仪卫、明器，辉焕30余里；赐酒百斛，饼锬40橐驼，以饲体夫。上与郭淑妃思公主不已，乐工李可及作《叹百年曲》，其声凄婉，舞者数百人，发内库杂宝为其首饰，以绝八百匹为地衣，舞罢，珠玑覆地。

［文献］ 宋司马光《资治通鉴》卷二五一、卷二五二，清彭定求等《全唐诗》卷六一四、卷六二六，陈文新主编《中国文学编年史》（隋唐五代卷），陈安利《唐十八陵》。

公元871年 咸通十二年

［提示］ 三月十一日，四川绵州西山观子云亭天尊老君合像龛。十月六日，法门寺佛指舍利五重函屏。

［叙录］ 三月十一日，四川绵州西山观子云亭天尊老君合像龛。是时，绵州三洞真一道士孙灵讽、孙灵国，当州紫极宫梵献兼仙云观一坛专主社务景好古等人，在四川绵阳西山观结社造天尊、老君一铺。前资州衙推、将仕郎、试左武卫兵曹参军邓□□撰《重修北崖院记》碑。胡文和载，西山观子云亭天尊老君合像龛现为绵阳西山观最大的一龛造像。单口龛，正面呈梯形，高62厘米、上宽258厘米、下宽167厘米。龛中造像分主像和供养人物像两部分。主像是天尊、太上老君（手执麈尾扇，部分损毁），均趺坐在束腰矩形宝座上，座为悬裳座形，座两边各刻一蹲狮。供养人物像分四层排列在二主像的左右壁面上，为浅浮雕，左边现存43尊，右边现存42尊。大部分形象头戴幞头，身着圆领袍服。每像面部前边刻有名字，大都清晰可辨。在二主像两边的壁上，存一则"咸通十二年"造"天尊老君一铺"的题记。西山观原来的造像状况，据《绵阳县志》（艺文金石）记载：西山观造像，有乾封、咸亨、大中、咸通诸记。石龛刻有庄严佛像，两旁立侍者。左，男有检校本观道士紫极宫三洞道士，上座骑都尉，平正骑都尉，骑都尉兵部品子等名。像右，女有上座录事某大娘等名，像在子云亭右，甚多。胡文和叙述说，这段记载中所指的子云亭诸龛造像，除咸通十二年的一龛还存在外，其余的全在1953年开山凿石时被毁掉。但县志记载中将这些纯粹的道教造像，误认为佛教造像。法人色伽兰氏于1914年在考察西山观造像后，在其《中国西部考古记》（四川之古代佛教艺术篇）中，亦将这些道教造像指作是佛教造像，而且认为其中有"宋代体范"的造像作品，这显然欠妥。

十月六日，法门寺佛指舍利五重函屏。费泳载，法门寺北魏以前称"阿育王寺"，至隋更名成实道场，唐季始有"法门寺"之称。1987年对塔基唐代地宫的发掘中，发现了大批藏品。四枚佛指舍利分藏于地宫的前室、中室、后室，其中前室、中室各一枚，后室两枚。前室佛指舍利藏于四面彩绘有两菩萨立像的舍利塔中，中室舍利由汉白玉双檐灵帐屏护。后室的另一枚舍指藏于一小龛内，由五重函屏护，最外层为盝顶铁函，第二重为鎏金45尊造像录顶银宝函，顶部錾有"奉为皇帝敬造释迦牟尼佛真身宝函"铭文，底部錾文为：大唐咸通十二年（871）十月六日，遗法弟子比丘智英，敬造真身舍利宝函，永为供养。铭文显示，宝函是由比丘智英为懿宗皇帝盛放佛指舍利而造。第三重向内依次为：银包角檀香木函、水晶椁及白玉棺，舍利就藏于棺内，值得注意的是在錾有纪年铭文的鎏金宝函上，在顶及四个侧面，均饰有曼荼罗。依据《大日经》所绘称胎藏界曼荼罗，而依《金刚顶经》所绘称金刚界曼荼罗。金刚界曼荼罗又称九会曼荼罗，九会分别是：成身会、三昧耶会、羯玛会、供养会、四印会、一印会、理趣会、降三世会、降三世三昧耶会。法门寺这件鎏金45尊造像盏顶宝函顶四壁，呈现的是国内今存最早的金刚界曼荼罗成身会造像。

［文献］ ［法］色伽兰《中国西部考古记》，胡文和《中国道教石刻艺术史》，曾德仁、李良《四川绵阳

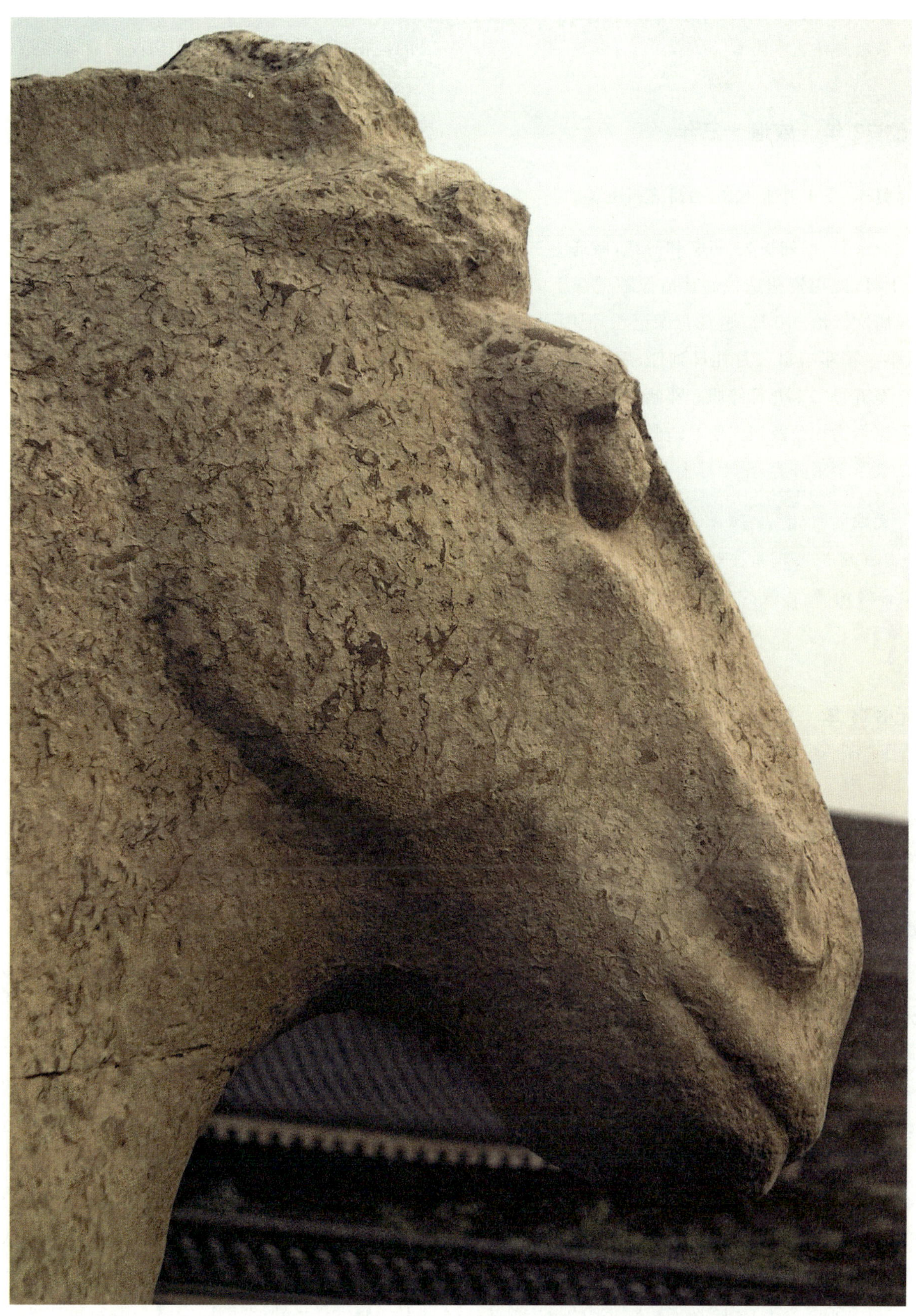

图 188 懿宗简陵翼马局部 咸通十四年(873) 陕西富平

玉女泉道教摩崖造像》(《四川省石刻调查》),费泳《汉唐佛教造像艺术史》。

公元 872 年　咸通十三年

［提示］　十月十七日,四川资州造像。

［叙录］　据刘长久、胡文和等载,咸通十三年十月十七日,四川资州造像。其造像题记载于清人陆心源《唐文续拾》中,称《造观音像记》。记中说,摄资州录事参军邓暗自三月九日到任,后因遭奸狡官吏加诬,至五月二十九日停职。邓暗仰祈阴骘,下烛无辜,发愿奉为相公及当州使君造救苦观世音菩萨、天尊,二大圣金采阵容,至十月十七日功毕。

［文献］　清陆心源《唐文续拾》卷六,刘长久《中国西南石窟艺术》,胡文和《四川道教、佛教石窟艺术》,王朝闻等主编《中国石窟雕塑全集》(四川重庆卷)。

公元 873 年　咸通十四年

［提示］　三月,唐廷最后一次迎送佛骨。七月,始建懿宗简陵及石刻。咸通十四年,成州刺史赵鸿访杜甫故迹至同谷咏诗刻石。咸通末年,始造四川潼南大佛首部。咸通年间,四川蒲江看灯山造像、四川巴中广元富顺造像。

［叙录］　咸通十四年的石刻造像,四川地区是最大的亮点,有多处造像活动展开。实际上,从中晚唐开始,中国的石刻造像,尤其是摩崖造像,已从北方渐渐向南方转移,这与中国文化中心南迁的步伐基本上是同步的。

是年三月,唐廷最后一次迎送佛骨。据《杜阳杂编》、《旧唐书》及《资治通鉴》等相关典籍记载:咸通十四年春天,唐懿宗敕使诣法门寺迎佛骨,群臣力谏无果,懿宗命僧俗为此而造浮图、宝帐、香舆、幢、幡、盖等,并皆饰以金玉、锦绣珠翠。刘学智说,唐懿宗崇佛,遣使诣法门寺迎佛骨。京城夹道为彩楼,竞为侈靡,仪卫之盛,难以比拟。从这儿的记载,可知当时的规模可谓空前壮观,这与唐朝的衰弱之势已形成强烈反差。当时的诗僧贯休曾作《闻迎真身》一诗,诗中写道:四海盂波八表臣,恭闻今岁礼真身。可怜优钵罗花树,三十年来一度春(见《全唐诗》)。这次浩大的迎佛骨活动,也是唐代最后一次举行的活动。直至是年十二月,才诏送佛骨还法门寺。

七月,始建懿宗简陵及石刻。咸通十四年七月十九日,唐懿宗李漼病卒,年始 41 岁。太子李俨即位,是为唐僖宗,时年 12 岁。左右神策中尉刘行深、韩文专权朝政,并封国公,僖宗不过一傀儡而已。据陈安利载,懿宗简陵始建于咸通十四年七月,完成于乾符元年(874)二月,历时约七个月。懿宗简陵位于陕西富平县长春乡东窑里村,依山为陵,玄宫凿建于山南麓。四面各辟一门,以四神命名,门外各置石狮一对,筑阙台一对。神道自南而北依次排列有翼马(图 188)、仗马、翁仲、蕃民等石刻造像,北神门外列有仗马三对。

本年,成州刺史赵鸿访杜甫故迹至同谷咏诗刻石。赵鸿是蔡州(治今河南汝南)懿、僖时人,进士及第,太学博士李频曾赞其"词赋已垂名"。《全唐诗》中存赵鸿诗作三首。其生平事迹,在唐人李频的《和太学博士赵鸿归蔡中》(载《全唐诗》)、宋人蔡梦弼《集注草堂杜工部诗外集》中有零星记载。据朱东润等载,在肃宗乾元二年(759)冬天,诗人杜甫曾流寓同谷县(今甘肃成县),并写下著名的《同谷七歌》诗篇(《乾元中寓居同谷县作歌七首》),被现代著名诗人冯至称为"响彻云霄的悲歌"。同谷地处僻远,因为有了诗人杜甫的滞留而成为后代诗人们向往之地。唐宋以降,雅士骚客名宦至同谷怀古拜谒者代不乏人。这些人中,最早的当数咸通十四年,也就是杜甫流寓同谷百余年后的成州刺史赵鸿。他作为同谷地方官吏,来到杜甫当年羁住的草屋,感慨良多,并写下《杜工部茅茨》一诗:工部栖迟后,邻家大半无。青羌迷道路,白社寄杯盂。大雅何人继,全生此地孤。孤云飞鸟外,空勒旧山隅。用今天的话来说,赵鸿绝对是杜甫的一个铁杆"粉丝",他在成州任职期间,除了为杜甫而写作诗歌之外,还将杜甫的一些诗作刻勒于石。唐晓军分析说,在懿宗咸通年间,成州刺史赵鸿刊刻了杜甫旅居同谷县、栗亭县期间所写的诗作。前人只笼统述及赵鸿曾将杜甫"题栗亭同谷诗"刻于石上,未具体言明究为其间哪篇诗歌。杜甫在同谷留居月余,共写诗 14 首,包括《同谷七歌》、《万丈潭》、《发同谷县》、《木皮岭》、《题栗亭》等,其中《题栗亭》一诗已佚。《全唐诗》(赵鸿诗注)载:赵鸿刻石同谷曰:工部《题栗亭》,十韵不复见。赵鸿刻石之杜诗当为 14 首,从今日尚存的赵鸿三首诗中可见端倪,赵鸿《题栗亭》诗云:杜甫栗亭诗,诗人多在口。悠悠二甲子,题纪今何有?成州杜诗石刻(即赵刻)是杜诗重要的石刻文献之一,石刻今已无存。但赵刻本成为校注杜诗的经典范本,仇兆鳌《杜诗详注》多采用赵刻本,周采泉《杜集书录》说:《仇注》于秦州及同谷各诗中,于异文时引赵刻作某,则仇氏或尚见此刻拓本也。如《万丈潭》第 26 句下作注:"出入巨石碍"一句,赵鸿刻石作"出入巨爪碍"。二者比较,石刻本"巨爪"优于后世其他本"巨石"。这说明赵鸿石刻本才是杜甫原稿,因此弥足珍贵。

咸通末年,始造四川潼南大佛首部。胡文和载,潼南县地处涪江下游,涪江流经此县到合川市再汇入嘉陵江。《四川通志》(潼川府)记载:大佛在县(遂宁)东南七十里,高十余丈,势甚陡峭,镌佛像于上,高与岩称,下临涪水,旁有石蹬,历阶响应,如琴声鸣。潼南大佛呈善跏趺坐姿,其身份应为弥勒佛(见明人刘天民《雨中得游南禅寺记》记载)。佛坐高 1 843 厘米、头长 430 厘米,两耳均长 270 厘米,系四川八大石佛之一。该像始凿于咸通末年,自头顶雕刻至鼻,尚未完成即停工。《四川通志》(舆地寺观)载:南禅寺在县南七十里,俗呼大佛寺,即古定明院南。唐咸通中建,前依石。宋治平间,赐额定明。其上有石佛首,靖康丙午(1126)道者王了知命工展开身,像高八十丈,下俯江流,寺前有石壁,立色如黄罗,故俗名黄罗帐。则该像于靖康丙午重新雕凿,至绍兴二十一年(1151)方竣工,历时 26 年。费泳指出,四川唐代除开造为数众多的中小型龛像外,巨形大佛的开凿也尤为兴盛。进入盛唐后,四川地区兴建的大佛有乐山凌云寺大佛、安岳卧佛、潼南大佛及禹迹山立佛等。同期北方也出现了莫高窟 96、130 窟倚坐弥勒大佛,与四川坐佛题材一致。潼南大佛位于潼南县西约一公里的涪江岸边,依山而造,为倚坐弥勒佛,螺发,内着僧祇支,外披钩纽式袈裟,左手抚膝,右手置于腹前,掌心向上。整个佛像开凿工程虽分首、身两个阶段,时间跨度达 300 余年,却浑然一体,上下比例协调匀称,实在是古今一大奇观。

咸通年间(860—873),四川蒲江看灯山大佛窟力士像。夏晖、龙腾等撰文载,2002 年 3 月至 2003 年 9 月,成都考古所与四川大学艺术学院、日本早稻田大学合作对成都市所属的蒲江、邛崃境内的摩崖石刻造像进行了全面调查。看灯山摩崖石刻造像位于白云乡尖峰村看灯寺下,距蒲江县城西南约 20 公里。山顶有古寺遗址,近年村民在遗址上修建了新庙。因该山位于蒲江县与茗山县之间,曾属茗山县管辖,山崖右侧 67 号龛内有茗山县人民政府 1979 年立的县级文物保护碑。刘兴珍描述道,蒲江看灯山造像,咸通年间鲁公输开造。其中大佛窟有造像 138 身。窟门左、右侧各刻力士像一身,高约 310 厘米。二力士形貌、服饰相类,上身袒裸,腰束战裙,帔带飘扬。凸额方颐,竖眉怒目。右侧力士右臂残损,左臂上举扬掌,右腿亦残损,然豪迈气概犹存。其势若劈空而起,奋发矫厉。刻工高朗明快,刀法恣肆放纵,流便自如,形质、神采皆妙。

关于咸通年间的四川巴中广元富顺造像:成都文物考古研究所、刘长久、胡文和等载,巴中南龛 106 龛位于神仙坡北段中部,晚唐外方内二层檐佛帐形龛,内外龛间设一台阶,内龛高于外龛。内龛中造二佛二弟子二菩萨六尊像,二力士立于龛柱外侧。龛外左侧刻造像碑记,中有"佛弟子杨仙等""咸□□年庚申朔二月辛酉建"等字样。同时在四川广元千佛崖,在朝议大夫、守剑州刺史、上柱国、赐紫金鱼袋李讽挈家赴郡,舍钱五千文修当阳佛一龛。在四川富顺县中岩普觉院依崖刻大悲(千手千眼观音)像。

［文献］　唐苏鹗《杜阳杂编》，后晋刘昫等《旧唐书》卷一九，《资治通鉴》卷二四〇、卷二五二，宋蔡梦弼《集注草堂杜工部诗外集》（酬唱附录），清彭定求等《全唐诗》卷五八九、卷八三六，清常明等《四川通志》卷四十二，陈安利《唐十八陵》，朱东润《杜甫叙论》，冯至《杜甫传》，唐晓军《甘肃古代石刻艺术》，费泳《汉唐佛教造像艺术史》，刘兴珍等《中国古代雕塑图典》，胡文和《中国道教石刻艺术史》，刘长久《中国西南石窟艺术》，成都文物考古研究所等编《巴中石窟内容总录》，夏晖等《蒲江看灯山摩崖石刻造像调查简报》（《成都考古发现》）。

公元874年　咸通十五年　乾符元年

［提示］　咸通十五年正月四日，唐懿宗封法门寺地宫。八月，郑仁表作《孔纾墓志铭》。咸通十五年，湖北沔阳刻立《茶圣陆羽石碑》、陕西刻波斯文《苏谅妻马氏墓志铭》。乾符元年正月二十五日，龙门《雍州长安县造阿弥陀像》。乾符元年，四川安岳夹江石刻造像。

［叙录］　咸通十五年正月四日，唐懿宗封法门寺地宫。据陕西省法门寺考古队和李凇、李发良、温玉成等记载，法门寺古有每30年开塔迎佛骨之说，所谓“开则岁谷稔而兵革息”。其地宫位于塔基的正中部位，全长21.2米，包括有踏步漫道、平台、隧道、前室、中室、后室、后室小龛共七个部分，总面积近32平方米，由汉白玉和石灰石板构筑而成。自唐懿宗咸通十五年正月四日最后一次封闭后，地宫再未扰动过。直至1981年一场大雨，寺塔从中裂开，西半边倒塌，藏于塔中的佛像和佛经散落于地。1985年至1986年，当地政府清理完毕寺塔的地面，1987年以陕西省考古所为首的联合考古队对塔基及其外围进行了较大规模的发掘清理，打开唐代地宫，使包括佛指舍利在内的一大批稀世珍宝重新面世。其中的四枚佛指舍利为唐代皇帝多次迎送的真身舍利，这也是世上仅存的佛指舍利。第一枚舍利贮于唐懿宗供奉的八重宝函之中，宝函两侧有石刻天王；第二枚佛指舍利安置于地宫中的汉白玉双檐灵帐之中；第三枚佛指舍利秘藏于地宫后室小龛内银函之中；第四枚佛指舍利安置于地宫前室彩绘四铺菩萨舍利塔中。地宫前、后室均作密坛布置，有护法天王、灌顶用法器等。在盛放第三枚佛指舍利的银函上，锤揲出曼荼罗，中心是大日如来像。晚唐密宗大师智慧轮（般若斫迦）奉献金函、银函及银阏伽瓶四件，时间为咸通十二年（871），银函铭文：上都大兴善寺传最上乘佛祖大教灌顶阿阇梨三藏比丘智慧轮敬造。智慧轮在《宋高僧传》（满月传）中有记载，著有《明佛法根本碑》、《示教指归》、《圣欢喜天式法》等。其传法弟子绍明于咸通年中曾刻石纪传，后被谥为“遍觉大师”。

八月，郑仁表任起居郎，为左拾遗孔纾作《孔纾墓志铭》。郑仁表在两《唐书》中有传，其文章峻拔，恃才傲物，曾游北里，有赠妓人俞洛真诗（见《全唐诗》）。又曾与吴仁璧、张蠙交游。《唐诗纪事》中载，郑仁表为宰相刘邺所恶，贬死岭外。《全唐文》载有郑仁表《左拾遗鲁国孔府君墓志铭并序》一篇，此孔府君即孔纾。

咸通十五年，湖北沔阳刻立《茶圣陆羽石碑》。陆羽在《新唐书》中有传，字鸿渐，复州竟陵（湖北省天门市）人。号竟陵子、茶山御史等。嗜茶如命，以所著《茶经》而闻名，世称茶仙、茶圣、茶神。在《全唐文》中，录有《陆文学传》。《茶圣陆羽石碑》上刻有陆羽撰写的《自传》，还刻有李阳所绘陆羽像、像赞及刘冥鸿撰写的后叙。此碑刻在宋人欧阳修的金石著作中有著录，至少在北宋时代还存于世，后遗佚。欧阳修说：茶之见前史，盖自魏、晋以来有之。而后世言茶者必本陆鸿渐，盖为茶著书自其始也。至今俚俗卖茶肆中，尝置一瓷偶人于灶侧，云此号陆鸿渐。

同年，陕西刻波斯文《苏谅妻马氏墓志铭》。据赵超载，1955年在西安西郊出土唐咸通十五年《苏谅妻马氏墓志铭》，这是一件研究唐朝与波斯往来关系的重要石刻资料。墓志上方用波斯巴列维文刻写志文，下面则刻汉字志文。在波斯文中使用了祆教历法记日，说明苏谅及其妻马氏均为祆教徒。祆教为古波斯宗教，又名拜火教，崇尚光明和圣火。苏谅以波斯人身份在长安安家立业，且担任左神策军散兵马使这样的禁卫要职，这表现出唐代宽厚友好的民族政策。而用波斯文刻写墓志，在数千件唐代墓志中仅此一例。唐朝与波斯交往密切，在唐高宗时，波斯王子曾从长安一次就带回波斯人数千名。自萨珊王国被阿拉伯人消灭后，自王子至平民的大量萨珊波斯人东迁大唐帝国。至唐德宗时，中亚的商客有四千多人长期居住于长安，时间长达 40 多年，其中一些人还在唐朝出任官员。

咸通十五年十一月五日冬至，群臣上僖宗尊号曰“圣神聪睿仁哲孝皇帝”，同时，改元乾符。李文生载，乾符元年正月二十五日，在龙门敬善寺附近，刻造《雍州长安县造阿弥陀像》，这是龙门造像晚唐所仅见的一处造像，并有造像题记。

乾符元年，四川安岳夹江石刻造像。据刘长久等载，是年在四川安岳县龙台镇三磊寺，有勾当社首兼施主任公胜、院主兼施主任公选等众社户造西方龛一铺。题记“咸通十五年”，实为“乾符元年”。同时在四川夹江县吴场所造佛像，其题记“咸通十五年”，亦当为“乾符元年”。

［文献］　宋欧阳修《集古录跋尾》卷九，宋计有功《唐诗纪事》卷六一，宋宋祁等《新唐书》卷一九六，清董诰等《全唐文》卷四三三、卷八一二，清彭定求等《全唐诗》卷六〇七，《陕西古代佛教美术》，李发良《法门寺志》，温玉成《中国佛教与考古》，陕西省法门寺考古队《扶风法门寺塔唐代地宫发掘简报》(《文物》1988 年第 10 期)，赵超《石刻史话》，李文生主编《龙门石窟志》，刘长久《安岳石窟艺术》、《中国西南石窟艺术》，王朝闻等主编《中国石窟雕塑全集》(四川重庆卷)。

公元 875 年　乾符二年

［提示］　高骈在西川击溃南诏、四川资中重龙山造大悲龛。

［叙录］　这年，高骈在西川击溃南诏。高骈字千里，在两《唐书》中有传，是晚唐著名将领。其先世为渤海郡人，后迁居幽州。其祖父高崇文，是宪宗时名将。咸通五年(864)，任高骈为安南(越南)都护经略招讨使，征讨南诏。咸通七年(866)高骈镇守安南，整治安南至广州江道，造福一方。咸通九年(868)召回长安，为右金吾大将军。僖宗继位后，授高骈为宰相衔同中书门下平章事。乾符二年，高骈移镇西川节度使。时值南诏大举进攻四川，以木荚书相威胁，欲“借锦江饮马”(见《唐诗纪事》)。但在高骈眼中南诏是宿敌亦是手下败兵，心中并不惊惧。高骈行至剑州(四川剑阁)，先遣使者打开成都城门，令百姓出城，以防天气渐暖，数十万百姓拥在城中，易致疾疫。使者至成都，开城门纵百姓出复其业，士卒亦皆下城解甲，军民大悦。同时高骈又在成都筑城，重兵防守，令南诏无机可乘。南诏对高将军心存忌惮，在高骈镇守西川之间，百姓暂获安宁，这为晚唐五代时期蜀地文化艺术的相对繁荣打下基础。高骈是一个颇为复杂的军人，一方面极具军事才干，一方面又比较残暴。高骈不仅尚武，还能作诗，《全唐诗》中存有高骈诗作。

乾符二年，四川资中重龙山造大悲龛。据刘长久、胡文和、王熙祥等载，是年，在四川资中重龙山，宣节校尉、行东川荣州(四川荣县)□□□将赵□愿阖宅平安，造大悲龛(观音菩萨并二金刚七供养人)。

［文献］　宋计有功《唐诗纪事》卷七一，清彭定求等《全唐诗》卷五九八，刘长久《中国西南石窟艺术》，胡文和《四川道教、佛教石窟艺术》，王熙祥等《四川资中重龙山摩崖造像》(《文物》1988 年第 8 期)。

公元 876 年　乾符三年

［提示］　十一月，公乘亿撰《唐太师南阳王罗公神道碑》。十二月，陕西刻《洪福寺经幢》。

［叙录］　十一月，公乘亿为罗让撰《唐太师南阳王罗公神道碑》。公乘亿字寿仙（一作寿山），生卒年不详，魏州（河北大名）人。懿宗咸通十二年（871）进士及第。乾符四年（877）在万年县尉任，为京兆尹崔淯差为京兆府试官。公乘亿生平事迹在五代王定保、孙光宪，宋人计有功及元人辛文房的著述中有零星记载，所撰《唐太师南阳王罗公神道碑》（见《全唐文》），碑主罗让，据《旧唐书》（罗弘信传）载：罗弘信字德孚，魏州贵乡人。曾祖秀，祖珍，父让，皆为本州军校。

十二月，陕西刻《洪福寺经幢》。洪福寺为唐代皇家寺院之一。在长安郊区风物绝美之地樊川一带，由东南向西北走向，对称排列着规模宏伟的皇家八大寺院，分别是：兴教寺、兴国寺、洪福寺、观音寺、华严寺、禅经寺、牛头寺、法幢寺。清人毛凤岐载，乾符三年十二月，内供奉杨万岁刻《洪福寺经幢》。

［文献］　五代王定保《唐摭言》卷二、卷八，五代孙光宪《北梦琐言》卷二，宋计有功《唐诗纪事》卷六八，元辛文房《唐才子传》卷九，清毛凤岐《关中金石文字存逸考》卷一一，清董诰等《全唐文》卷八一三。

公元 877 年　乾符四年

［提示］　四月八日，四川巴中南龛第 65 龛造像。四月十二日，四川巴中南龛第 103 龛造像。是年，四川绵阳北山院造弥勒大佛一身。

［叙录］　四月八日，四川巴中南龛第 65 龛刻造像。据成都文物考古研究所、刘长久、胡文和等载，巴中南龛第 65 龛位于神仙坡北段中部下层，开凿于乾符四年。为长方形双层龛，内龛方形素面龛楣，方形立柱，柱上饰忍冬纹。龛中雕毗沙门天王像一尊。外龛右侧一方框中刻乾符四年造像题记，竖刻四行：“朝散郎守化成县令赵荐，凡为自身疾苦发愿，敬镌北方大圣毗沙门天王一躯，今已成就。乾符四年四月八日，修斋表馔讫，永为供养。”四天之后，即四月十二日，巴中南龛第 103 龛造像。南龛第 103 龛位于神仙坡北段上层，为外方内双层檐佛帐龛，内龛两层檐顶有山花蕉叶，上层檐面饰花叶宝珠，下层檐面饰方格团花。龛中造一尊佛像（毗卢遮那佛像）坐于后壁坛上，二力士立于龛柱外两侧，坛前左右各浅浮雕一供养小人，外龛右壁上部浮雕一飞天。内龛左壁外侧下方阴刻唐乾符四年题记：乾符四年四月十二日，镌石人赵行同并□饭人辛日记。同年，某施主舍钱在绵阳北山院造弥勒大佛一身。

［文献］　成都文物考古研究所等编《巴中石窟内容总录》，刘长久《中国西南石窟艺术》，胡文和《四川道教、佛教石窟艺术》，王朝闻等主编《中国石窟雕塑全集》（四川重庆卷）。

公元 878 年　乾符五年

［提示］　十二月三日，四川巴中西龛第 21 龛造像。

［叙录］　十二月三日，四川巴中西龛第 21 龛造像。据成都文物考古研究所载，巴中西龛第 21 龛为外、中、内三层龛。内龛中雕一坐佛二弟子二菩萨二天王七尊像，左侧壁下方雕菩萨像二尊，右侧壁仅存菩萨像一尊，佛身侧雕菩提双树，左右各雕弟子像一尊，诸像间散布天龙八部神和听法像。外龛左壁镌有唐乾符五年题记：子蒙广之仰之义瞻敷言中誉义卿七人，乾符五年十二月三日题，四子见撰书。

［文献］　成都文物考古研究所等编《巴中石窟内容总录》。

公元 879 年　乾符六年

［提示］　五月三日，刻《尊胜陀罗尼经幢》。七月十八日，刻《玉台寺碣》。是年，四川夹江绵阳石刻造像。

［叙录］　据刘莲青等载，乾符六年五月三日，秦礼（书□匠）在河南刻《尊胜陀罗尼经幢》。七月十八

日，陇西李贵刻《玉台寺碣》，其拓本见《拓本汇编》中。道光《新会县志》(金石)中载有玉台寺。同年，四川夹江绵阳石刻造像。据刘长久、胡文和等载，在四川夹江县千佛崖刻造佛像，题记“大中廿一年”，实为“乾符六年”。在四川绵阳北山院，绵州北山院僧圆照依《阿弥陀经》，造西方阿弥陀佛一龛。

［文献］ 清黄培芳《新会县志》(金石)，刘莲青等纂修《巩县志》卷一六，《拓本汇编》第33册，刘长久《中国西南石窟艺术》，胡文和《四川道教、佛教石窟艺术》，王朝闻等主编《中国石窟雕塑全集》(四川重庆卷)。

公元880年 广明元年

［提示］ 侯圭撰《贾阆仙墓表》、四川绵阳石刻造像。

［叙录］ 是年，由乾符改元广明。僖宗广明元年，侯圭为东蜀从事，撰《贾阆仙墓表》。宋人王象之在《舆地碑目》中撰有《普州碑记》一文：贾阆仙(岛)墓表，广明庚子(880)东蜀从事上谷侯圭表：于戏！有唐诗流贾君之墓。其墓表未载于《全唐文》中，今亦不存。据齐文榜等载，贾岛于武宗会昌三年(843)春天死于四川安岳郡官舍，年64岁，后葬于普南安泉山(四川安岳县南)。贾岛葬砌石为垣，现存清代墓碑上刻“唐普州司户参军贾浪仙之墓”12字，墓前还建有清代“瘦诗亭”。贾岛生前好友苏绛曾撰有《贾司仓墓志铭》(载《安岳县志》)，记述贾岛生平颇详。同年，四川绵阳石刻造像。据刘长久、胡文和等载，在四川绵阳青义乡千佛崖，有王法盛为见存母亲造观音菩萨一身。又有曹翰愿闻家平安，在绵州魏城县(四川绵阳市东北魏城镇)造救苦观世音菩萨一身。

［文献］ 宋王象之《舆地碑目》卷四，齐文榜《贾岛研究》，刘长久《中国西南石窟艺术》，胡文和《四川道教、佛教石窟艺术》。

公元881年 中和元年

［提示］ 徐太亨撰四川《青城山丈人祠碑》、巴中南龛第56龛外龛题记。约于此际，乐朋龟撰《西川青羊宫碑记》。

［叙录］ 是年，再次改元，由广明改元中和。中和元年的石刻事件，都发生于四川境内。是年，徐太亨撰《青城山丈人祠碑》。在四川都江堰市西南15公里之青城山，是道教十大洞天中第五洞天。在其建福宫中，存有刻立于中和元年徐太亨撰写的《青城山丈人祠碑》(见《全唐文》)，碑文记载僖宗于中和元年敕封青城山人庙，准五岳真君庙例之事，将青城山的地位提高到空前的高度。

同年，巴中南龛第56龛外龛题记。据成都文物考古研究所等载，此龛位于神仙坡北段下层，为外方内圆拱形双层小龛，内龛中造菩萨像一尊，清代装彩过。外龛右壁阴刻唐中和元年数字，竖刻一行。乐朋龟所撰《西川青羊宫碑记》约成于此际。位于成都的青羊宫，相传是太上老君与尹喜相约之地：老子为关令尹喜而著《道德经》五千言后，分别时老子与尹喜约定：子行道千日后，于成都青羊肆寻吾。宫内现存有唐代乐朋龟所写之《西川青羊宫碑记》，碑中记载唐僖宗敕命修葺青羊宫后之宏丽气象：齐东溟圆峤之殿，抗两极化人之宫，牵剑阁之灵威，尽归行在；簇峨眉之秀气，半入都城。滑台人乐朋龟字兆吉，第进士，中和元年官翰林学士承旨，知制诰。唐人杜光庭在《历代崇道记》中对乐龟朋撰文立碑有记载，《正统道藏目录》第19册中，也著录有《西川青羊宫碑铭》。

［文献］ 唐杜光庭《历代崇道记》，清董诰等《全唐文》卷三五一，成都文物考古研究所等编《巴中石窟内容总录》，王纯五主编《青城山志》。

公元882年 中和二年

［提示］ 河南《净土寺毗沙门天王碑》、四川广

元千佛崖造像。

［叙录］ 本年，河南刻《净土寺毗沙门天王碑》。此碑在清人陆增祥的著作中有著录：碑高三尺六寸四分、广二尺八寸。二十二行、行二十二字。字径七分许，正书。篆额题“净土寺毗沙门天王碑”九字。碑在河南巩县，由朝议郎河南巩县令王扎撰文、文林郎守右领军卫□□参军韦□书丹。据曾毅公考，此碑刻工为秦礼。唐代的毗沙门天王信仰极为流行，这种风气一直延续到晚唐，地域遍及大江南北。四川、福建等地尤为普见。唐末时代的王审知曾任福州威武军节度使，被封为琅邪王，王审知就在泉州开元寺灵山建天王寺，专奉毗沙门天王。在《全唐文》中还存有王审知从事黄滔所撰之《灵山塑北方毗沙门天王碑》，碑文中对毗沙门身世、职能均作较为明确的记载：夫毗沙门，梵音，唐言多闻也。始自于阗刹利之英奇，膺世尊帝释之锡号，居须弥山北，住水晶宫殿，领药叉众为帝释外臣，以护南瞻部洲。受命帝释，封邑须弥。于阗分身，皇唐卫国，若加善祷，咸蒙圣力。

四川广元千佛崖造像。据刘长久等载，中和二年，新援朝散大夫、巴州化城令王何赴使参谢，经四川广元千佛崖，获骨肉平善相随，重建三佛二弟子二菩萨龛。题记中述及广明二年（中和元年，即881年）黄巢起事，迫使唐僖宗仓皇逃奔四川之史事。

［文献］ 清陆增祥《八琼室金石补正》卷七七，清董诰等《全唐文》卷八二五，曾毅公《石刻考工录》，刘长久《中国西南石窟艺术》，王朝闻等主编《中国石窟雕塑全集》（四川重庆卷）。

公元883年 中和三年

［提示］ 六月，司空图撰《解县新城碑》。是年，慧寂卒、四川广元千佛崖造释迦牟尼佛一龛。

［叙录］ 六月，司空图避乱于河中，撰有《解县新城碑》。此文现存《司空表圣文集》中。解县历史古老，《战国策》中就载有周赧王二十一年（前294年）秦败魏师于解之事。至汉代置解县，隶属于河东郡。故治在今山西临猗县临晋镇，遗址至今尚存。司空图的碑文，无疑对于研究解县城市的历史变迁，有着重要的参考价值。

本年，慧寂卒。晚唐高僧沩仰宗慧寂俗姓叶，韶州侦昌（广东南雄）人，也有说是韶州怀化（广东番禺）人的。少时依南华寺通禅师，后参潭州大沩山灵祐禅师。晚年住袁州仰山，世称仰山和尚。在其卒后的第八年，即大顺二年（891）敕号通智大师。慧寂事迹在宋人赞宁及释道原的著述中有相关记载，更为直接的资料则见于唐人陆希声所撰《仰山通智大师塔铭》（载《全唐文》）中，《全唐诗补编》录其诗偈五首。

刘长久等载，是年，宣德郎、行利州录事参军田□皎，在四川广元千佛崖造释迦牟尼佛一龛。

［文献］ 唐司空图《司空表圣文集》卷六，宋赞宁《宋高僧传》卷一二，宋释道原《景德传灯录》卷一一，清董诰等《全唐文》卷八一三，陈尚君《全唐诗补编》，刘长久《中国西南石窟艺术》，王朝闻等主编《中国石窟雕塑全集》（四川重庆卷）。

公元884年 中和四年

［提示］ 三月八日，四川巴中南龛第137龛造像。十月，画家常重胤约此时于成都大圣慈寺画僖宗及随驾大臣像。十一月，秦韬玉在成都撰有《新修曹溪六祖禅院记》。是年，四川梓潼比丘常静妆题记。

［叙录］ 三月八日，四川巴中南龛第137龛造像。据成都文物考古研究所等载，巴中南龛第137龛位于神仙坡北段，园门外北端第二龛。为外方内二层檐佛帐形大龛，龛内像风化严重，从残迹看，内龛正壁原雕五尊像，中尊结跏趺坐，两侧雕二弟子立像、二舒相坐菩萨像，左右壁各雕一坐像、一立菩萨像，龛柱外两侧立二力士，诸像身后刻天龙八部。龛

楣正中阴刻随僖宗入蜀的户部大臣张袆中和四年三月八日的造像记(载《唐文拾遗》),打破龛楣,但铭文所记造像不知所在。曾毅公说,此龛刻工为王简。唐玄宗和僖宗二帝都曾入蜀,随其入蜀而来的官员,也带来了两京佛像式样,因此蜀地在雕造佛像方面常得风气之先。四川的广元和巴中为川北之门户,二帝入蜀及其随之而来的达官显贵们不可能不对其产生影响。据《旧唐书》(张正甫附孙张袆传)载:张袆累官至中书舍人,黄巢犯京师,从僖宗幸蜀,拜工部侍郎判户部事。

僖宗为躲避黄巢义军追剿而避难入蜀,大量官员随之而来。十月,画家常重胤约此时于成都大圣慈寺画僖宗及随驾大臣像。宋人黄休复在《益州名画记》中载:常重胤为常粲子,僖宗皇帝幸蜀,回銮之日,蜀民奏请留写御容于大圣慈寺。其时随驾写貌待诏,尽皆操笔,不体天颜。府主陈太师敬瑄遂表进重胤。御容一写而成,内外宵属,无不叹骇,谓为僧繇之后身。宣令中和院上壁,及写随驾文武臣僚真。所画诸臣中有陈敬瑄、韦昭度、乐朋龟、杜让能、张读及行在十军司马、工部侍郎、判度支诗人秦韬玉等多人。十一月,秦韬玉在成都撰作《新修曹溪六祖禅院记》。在宋代佚名《宝刻类编》中记载:《新修曹溪六祖禅院记》,秦韬玉撰,中和四年十一月,成都。

同年,刘长久等载,在四川广元千佛崖,有王氏四娘奉为国夫人修画功德一龛。四川梓潼卧龙山第二号初唐释迦说法龛上方刻唐中和四年(884 年)比丘常静妆题记(图 189)。

[文献] 后晋刘昫等《旧唐书》卷一六二,宋黄休复《益州名画记》卷上,宋佚名《宝刻类编》卷六,清陆心源《唐文拾遗》卷三三,成都文物考古研究所等

图 189 四川梓潼卧龙山第二号初唐释迦说法龛 中和四年(884)

编《巴中石窟内容总录》，曾毅公《石刻考工录》，刘长久《中国西南石窟艺术》，王朝闻等主编《中国石窟雕塑全集》(四川重庆卷)。

公元885年 中和五年 光启元年

［提示］ 中和五年十二月，沈颜行经江西临川获颜真卿所撰碑。光启元年，四川绵阳魏城造水月观音一身并须菩提像。

［叙录］ 中和五年十二月，沈颜行经江西临川获颜真卿所撰碑，碑为真卿所沉，颜感而撰《碎碑记》。吴郡人沈颜(字可铸)，湖州德清人，少有辞藻，其事迹在清人吴任臣的《十国春秋》中有载。是年十二月，沈颜在其所撰《碎碑记》中记载说：岁冬十二月，客钟陵，由章江人剑池，过临川，维舟于岸左。岸左有小渚，小渚之间，垂舟之介，揭厉而获碑。字残阙，存者十七八。考其文，则故临川内史颜鲁公(真卿)之文。识者以为公牧临川日所沉碑，其文亦多载鲁公之德业，辄碎败而已。夫德业者，病不著于当世，岂病扬于后世乎？苟鲁公德业，史传不载，虽全是碑，亦不能扬鲁公德业于后世。夫如是，碎之何伤？

是年，唐僖宗改元光启。光启元年，四川绵阳魏城造水月观音一身并须菩提像。刘长久等载，王宗建在四川绵阳魏城造水月观音一身并须菩提像。题记署“中和五年”，实为“光启元年”。

［文献］ 清董诰等《全唐文》卷八六八，清吴任臣《十国春秋》卷一一，刘长久《中国西南石窟艺术》，王朝闻等主编《中国石窟雕塑全集》(四川重庆卷)。

公元887年 光启三年

［提示］ 三月十日，四川巴中三江龙门山第七龛造像及装彩记。□月二十一日，四川巴中南龛第77龛李思弘造像及装彩记。

［叙录］ 三月十日，四川巴中三江龙门山第七龛造像及装彩记。成都文物考古研究所等载，巴中三江龙门山摩崖石刻造像，俗称一石三座庙。第七龛位于崖石北面，为外方内二层檐佛帐龛。内龛正壁雕左释迦右弥勒二佛并坐像，左右壁各立一弟子一菩萨像，二力士立于龛柱外。外龛右壁阴刻唐光启三年三月十日弟子邓文造发心愿装彩记。光启三年□月二十一日，四川巴中南龛第77龛李思弘造像装彩记。此龛位于神仙坡北段中层，内龛中造一佛二弟子二菩萨五尊像，二天王二力士立于龛口内外两侧，外龛左右壁上部各浮雕一飞天，外龛左下壁浅雕二供养人。龛外左壁阴刻唐光启三年李思弘装彩记，由右至左，竖刻19行。同节度十将、巴州军事押衙兼都押都巡李思弘请绘士布衣张万余在四川巴中南龛重妆画造像七龛并鬼子母佛一座，计二百五身。外龛右壁下方阴刻唐代装彩记，竖刻，占壁面高58厘米、宽53厘米：同节度十将李思弘长男成奴、次男保寿妻勾氏五娘、长女一娘二娘三娘四娘。

［文献］ 成都文物考古研究所等编《巴中石窟内容总录》。

公元888年 光启四年 文德元年

［提示］ 光启四年七月七日，罗隐为钱氏家族撰庙碑记。九月二十四日，四川巴中三江龙门山第六龛造像及装彩记。昭宗文德元年三月，始建僖宗靖陵及石刻。文德元年，四川巴中南龛第68龛造像及题记、四川巴中南龛第71龛李思弘造像装彩记、四川大邑药师岩造大佛像。

［叙录］ 光启四年七月七日，罗隐为钱氏家族撰庙碑记。是年，晚唐诗人罗隐56岁，正值钱镠新创祖庙。罗隐为撰《钱氏九州庙碑记》，记文末署“文德元年七月七日”(载《罗隐集》)。光启四年九月二十四日，四川巴中三江龙门山第六龛造像及装彩记。成都文物考古研究所等载，巴中三江龙门山摩崖石刻第六龛位于崖石西面，为外方内二层檐佛帐龛。内龛中造一佛二弟子二菩萨五尊像，二天王二力士

立于龛口内外两侧。外龛左右壁下方各雕供养人一身,男左女右。主尊弥勒佛有内圆外桃形头光,圆形头光内饰莲瓣。外龛右壁阴刻唐光启戊申年九月廿四日装彩记,多已湮没难识。

唐僖宗李儇在战乱流离中已感身心疲惫不堪,不祥的预感越来越浓重。光启四年二月十四日离开陕西凤翔返长安。大赦天下,改元文德。

文德元年三月,始建僖宗靖陵及石刻。据陈安利载,唐僖宗李儇靖陵始建于文德元年三月,完成于当年十月,历时约七个月。靖陵位于陕西乾县乾陵东五公里铁佛乡南陵村,隔豹峪沟与乾陵东西相望,关中唐十八陵的末陵。僖宗于文德元年三月驾崩于长安武德殿,同年十二月入葬。靖陵四面各辟一门,以四神命名;门外各置石狮一对,朱雀门(南门)外尚存残石狮。神道自南而北依次排列华表、翼马、仗马、翁仲等石刻造像,现存八件,均为石灰岩质地。僖宗葬后不久,唐王朝宣告瓦解,中国历史将再次进入分崩离析的时代。唐朝诸帝陵,在五代十国时期,遭到空前破坏。据《五代史》载,京兆华原人温韬,曾为后梁静明军节度使,在镇七年,唐诸陵在其境内者,悉发掘之,取其所藏金宝。20世纪90年代,陕西省考古研究所对靖陵进行过抢救性发掘。出土遗物有琉璃龙凤纹璧、龙凤纹佩、大带铊尾、方銙、汉白玉谥册残片、鎏金铜锁等。意外的是僖宗墓室棺床竟然是用陪葬乾陵的唐礼部尚书左仆射豆卢钦望、中书令户部尚书杨再思的墓碑做成,碑面刻文保存尚好。由此可见,彼时的唐朝没落到了何等穷困的地步,一国之君死后竟找不到合适的东西做棺床。当年气吞山河的大唐,却会有这样的一天!

唐僖宗死时,年方27岁。遗诏立寿王李杰(即位后改名晔)为皇太弟。文德元年三月八日,于僖宗柩前即皇帝位,是为昭宗。昭宗时年22岁,四月二十二日见群臣,始听政。史载昭宗气貌雄俊,攻书好文,尤重儒术,以朝廷日卑,意欲恢张祖业,即位之始,中外欣然。然而,这只是一种假象,大唐王朝,已不可复兴了。

文德元年,四川巴中的造像仍在继续。四川巴中南龛第68龛造像及题记:此龛位于神仙坡北段中部下层,为外方内圆拱形双层龛。龛内原造八尊像,现存四尊,后壁造像已无存。外龛龛基下部浮雕鬼子母像。在鬼子母像右侧阴刻李保寿供养题记,据第71龛铭文推知,此供养记当刻于唐文德元年,外龛右壁阴刻李思弘供养题记。四川巴中南龛第71龛李思弘造像及装彩记:此龛位于神仙坡北段中部中层,此龛开建于开元二十八年(740)。外方内二层檐佛帐形双层龛,龛外左壁下方阴刻文德元年李思弘夫妻装彩记。同年,据刘长久等载,在四川大邑药师岩造大佛像功毕。题记"光启四年",实为"文德元年"。

[文献] 雍文华校辑《罗隐集》(杂著),成都文物考古研究所等编《巴中石窟内容总录》,刘长久《中国西南石窟艺术》,王朝闻等主编《中国石窟雕塑全集》(四川重庆卷),陈安利《唐十八陵》。

公元889年 龙纪元年

[提示] 六月,四川巴中三江龙门山第八龛造像及题记。八月朔日,《王建造佛立像碑》。八月,公乘亿撰《魏州故禅大德奖公塔碑》。

[叙录] 成都文物考古研究所等载:巴中三江龙门山摩崖石刻第八龛位于崖石北面,为唐末期外方内二层檐佛帐龛。弥勒佛像倚坐于内龛正壁,两侧立二弟子像,二菩萨、二天王像立于左右壁,二天王足踏地鬼,二力士立于龛柱外。外龛左壁刻唐光启五年题记(光启只有四年,实为龙纪元年):世人东不晓光启五年六月。

八月朔日,《王建造佛立像碑》。金申著录,此碑为大理石,碑高37厘米,现藏于美国弗利尔美术馆。同月,公乘亿在魏博幕为从事,公乘亿承法主大德藏晖之请,为卒于去年七月之奖公撰《魏州故禅大德奖公塔碑》,中云:和尚姓孔,字存奖。家本邹鲁。禅大德元公者,即临济之大师也。和尚一申礼谒,得奉指归。传黄檗之真筌,授白云之秘诀。所为醍醐味爽,乍灌顶以皆醒;苍蔔花香,才经手而分馥。岂谓一念俱尸，奄从物化。斯乃文德元年七月十二日也。有亲信弟子藏晖、行简，一以魂主丧，一以传法。大德奉先师之遗命，于龙纪元年八月二十三日，于本院焚我真身，用观法相。遂建塔于府南贵乡县薰风里，附于先师之塔志。亿到职之初，曾获赡礼。法主大德藏晖不以亿才业庸浅，具闻于我公相，请撰斯文（见《全唐文》）。公乘亿有诗及赋集，多佚。《全唐诗》载其诗仅四首，《全唐文》载其文三篇。

［文献］ 清董诰等《全唐文》卷八一三，清彭定求等《全唐诗》卷六〇〇，成都文物考古研究所等编《巴中石窟内容总录》，金申《海外及港台藏历代佛像珍品纪年图鉴》。

公元 892 年 景福元年

［提示］ 正月，韦君靖开凿重庆大足北山佛湾石窟。五月，司空图奉旨为王重盈撰《太尉琅琊王公河中生祠碑》。是年，《石阿弥陀坐像》。

［叙录］ 正月，韦君靖开凿重庆大足北山佛湾石窟。据位于大足佛湾之首、由胡密所撰《韦君靖碑》（昭宗乾宁二年上石）载：景福元年正月，使持节都督昌州诸军事，守昌州刺史、充昌普渝合四州都指挥、静南军使韦君靖，维龙岗山（北山）建永昌寨，粮贮十年，兵屯数万。同时开凿北山佛湾石窟，第 3、5、9、10 号诸窟即韦氏率先凿造。刘长久等载，大足北山古名龙岗山，位于大足县城西北方向五华里处。北山石刻造像肇端于晚唐昭宗景福元年，当时昌（大足）普（安岳）渝（重庆）合（合川）四州都指挥兼静南军节度使韦君靖在龙岗山建立永昌寨，同时雕凿佛像。北山石刻从五代至南宋绍兴时期，历时 250 余年始建成现存规模，其石刻遗存主要集中于佛湾，其余散布在营盘坡、北塔、观音坡、佛耳岩及其他处。从此开始，在北方石窟造像全面衰落的背景下，重庆大足扛起了中国后期石刻艺术的大旗，到了宋代，形成辉煌的艺术成就。正如金维诺所指出的那样：赵匡胤建立赵宋政权，随即恢复佛法，亲诣佛寺，度僧造像，并遣僧人往西方求法取经。太祖以下诸帝，除徽宗排佛之外，其余帝王对佛道优礼甚厚。寺观像设，窟龛造像，继五代以后又掀起高潮。两宋寺观石窟的营建数量及规模虽不及唐代，却在袭用唐代遗制的同时，世俗信仰、民间情趣的影响日趋显著，在题材、样式风格、雕塑技巧方面仍有新的创意，并逐渐形成两宋造像艺术的独特面貌。李玉珉也说，大足现有大小石窟区近百处，造像五万余躯，造像活动之蓬勃也不亚于安岳。虽然在大足尖山石窟中，发现永徽（650—655）和乾封元年（666）的铺刻题记，不过整体而言，直到晚唐大足才大规模地开凿佛教窟龛。大足地区最具代表性的就是北山石窟。北山静南军使韦君靖在此兴建永昌寨，并凿窟造像，为此山开窟之肇端。

景福元年五月，司空图 56 岁，朝廷以谏议大夫征，不起，寓居华阴，奉旨为王重盈撰《太尉琅琊王公河中生祠碑》。事见《旧唐书》传。宋人王禹偁在《五代史阙文》也记载说：河中节度使王重盈请司空图撰碑，司空图得绢数千匹。置于虞乡市心，恣乡人所取，一日而尽。是时盗贼充斥，独不入王官谷；河中士人依图避难，获全者甚众。

刻造于景福元年的《石阿弥陀坐像》为一单体造像，金申著录，为石灰岩质，高 25 厘米，是较罕见的晚唐纪年造像，颇为难得。现藏于台北历史博物馆。

［文献］ 后晋刘昫等《旧唐书》卷一九〇，宋王禹偁《五代史阙文》，金维诺《中国古代佛雕：佛造像样式与风格》，李玉珉《中国佛教美术史》，刘长久等《大足石刻研究》，王滔韬等《大足石刻〈韦君靖碑〉题名研究》（《重庆交通学院学报》社科版 2006 年第 1 期），金申《中国历代纪年佛像图典》。

公元 894 年 乾宁元年

［提示］ 司空图奉旨撰《华帅许国公德政碑》。贯休为杭州众安桥强氏药肆画罗汉一堂。

［叙录］ 唐昭宗乾宁元年，诗人司空图年 58

岁，召为户部侍郎，奉旨撰《华帅许国公德政碑》，不久，司空图乞还。碑文载《全唐文》：乾宁元年，上御便殿，遂出镇国监军使董重彦所奏前后将吏军人百姓僧道等恳请，为其帅置生祠纪德表章。翌日，遂下诏前户部侍郎司空图，条次所上，刊示无穷。《旧唐书》司空图本传谓：乾宁中，又以户部侍郎征，一至阙廷致谢，数日乞还山，许之。

是年，贯休年62岁，谒钱镠，献诗五章，并为杭州众安桥强氏药肆画罗汉一堂。据宋人赞宁载：乾宁初，贯休赍志谒吴越武肃王钱氏，因献诗五章，章八句，甚惬旨，遗赠亦丰。贯休当年所献诗作，今已散佚。计有功在《唐诗纪事》中也说：钱镠自称吴越国王，休以诗投之曰：贵逼身来不自由，几年勤苦蹈林丘，满堂花醉三千客，一剑霜寒十四州。莱子衣裳宫锦窄，谢公篇咏绮霞羞。他年名上凌烟阁，岂羡当时万户侯。钱镠谕改为四十州，乃可相见。贯休回答：州亦难添，诗亦难改。然闲云孤鹤，何天而不可飞。依据傅璇琮在《五代诗话序》中的意见，这首诗系后人伪托，并不可信。《宋高僧传》还记载说，贯休善小笔，得六法，长于水墨，形似之状可观；受众安桥强氏药肆请，出罗汉一堂，云每画一尊，必祈梦得应真貌，方成之。与常体不同。自此游黔歙，与唐安寺兰阇黎道合。

［文献］ 后晋刘昫等《旧唐书》卷一九〇，宋赞宁《宋高僧传》卷三〇，宋计有功《唐诗纪事》卷七五，清董诰等《全唐文》卷八一〇。

公元895年 乾宁二年

［提示］ 九月二十日，杜光庭撰《修青城山诸观功德记》。十二月十九日，重庆大足刻《韦君靖碑》。是年，刘山甫题诗天王庙。

［叙录］ 九月二十日，杜光庭撰成《修青城山诸观功德记》。据孙亦平等载，杜光庭字圣宾，别号东瀛子，浙江缙云人。唐懿宗时举进士未中，后至天台山入道。曾随僖宗入蜀，后又追随前蜀王建，亦官亦道。晚年辞官隐居于四川青城山中，有多部著述传世，著名的传奇小说《虬髯客传》，也传说出自杜光庭之手。杜光庭所撰四川《修青城山诸观功德记》（见《全唐文》），文末署作：乾宁二年乙卯九月二十日癸酉，杜光庭记。时杜光庭46岁，正修道于青城山白云溪边（《全唐诗》杜光庭小传）。

十二月十九日，重庆大足刻《韦君靖碑》。此摩崖碑刻于大足北山佛湾南端，由军事判官将仕郎胡密撰文。据阎文儒载，此碑全称《唐金紫光禄大夫检校司空使持节都督昌州诸军事守昌州刺史充昌、普、渝、合四州都指挥使兼御史大夫上柱国扶风县开国男食邑三百户韦君靖碑》。碑文末署“大唐乾宁二年岁次乙卯十二月癸未朔十九日辛丑记”。碑文中记载关于晚唐社会实相、韦君靖建寨及雕刻造像因由。中有“乃于景福壬子岁春正月，卜筑镇西北维龙岗山建永昌寨”、“公又于寨西翠壁，凿出金仙，显千手眼之威神，具八十种之相好，施回俸禄，以建浮图”等叙说，是考察大足北山石刻造像最为可靠的一手文献资料。据《大足石刻内容总录》载，此碑即北山佛湾第二号龛，形制为摩崖，上有小平顶，碑高273厘米，宽340厘米。碑面向西南，直行阴刻碑文，正文51行、行31字，共约1 500余字；文末依官阶刻“节级将校题名”，计102行，共有149人的官衔、姓名。碑文已部分磨泐，石质为红砂岩。

本年，刘山甫侍从其父北归，题诗天王庙。刘山甫为五代小说家，彭城（江苏徐州）人。其事迹见《北梦琐言》、《十国春秋》本传。霍有明在《中国文学编年史》中载，刘山甫约于昭宗大顺元年（890年）随父仕岭南，时尚年少。五年后北返经湖南青草湖，题诗天王庙，约自光化初起仕闽王审知，任威武军节度判官、检校殿中侍御史，后梁末帝贞明中徐夤卒，山甫为其撰墓志。山甫撰有传奇集《金溪闲谈》，记叙奇闻异事，其中颇有情节生动，语言清丽可诵者。《北梦琐言》著录此书为十二卷，久已散佚，今存序文片断及十五条，并见于《北梦琐言》、《太平广记》。在《全唐诗》中，还存有刘山甫诗作一首，名《题青草湖神祠》：坏墙风雨几经春，草色盈庭一座尘。自是神明无感应，盛衰何得却由人。

［文献］ 五代孙光宪《北梦琐言》卷七、卷九，清董诰等《全唐文》卷九三二，清彭定求等《全唐诗》卷七六三、卷八五四，清吴任臣《十国春秋》卷九五，孙亦平《杜光庭评传》，四川省社会科学院等编《大足石刻内容总录》，阎文儒《中国石窟主艺术总论》，陈文新主编《中国文学编年史》(隋唐五代卷)。

公元896年 乾宁三年

［提示］ 五月十六日，重庆大足《观音像》。七月，杨夔居湖州作《乌程县修建庙宇记》。九月二十三日，重庆大足《观音地藏像》。是年，重庆大足《观无量寿佛经变相》、四川内江圣水寺后山造菩萨一所。

［叙录］ 至中晚唐后，石刻的重心已转移至南方，尤其巴蜀地区，成为举足轻重的石刻造像重地。乾宁三年五月十六日，重庆大足刻《观音像》。《大足石刻内容总录》载：北山佛湾第240号龛，灰砂岩质，顶部为平顶，龛高78厘米、宽62厘米、深19厘米。龛内刻有观音二尊，面北而立，头手已残。二像均戴花冠，耳戴珠宝，头发披散于肩，上身围荷叶状短披肩，下身着裙裤，胸饰璎珞，腹前垂宽饰带，带上缀长珠串，饰带过双肘垂地，手腕戴镯，双手各于胸前持物(残)，赤足立于莲台上。体态苗条，衣薄贴体，其身后有圆形火焰背光。龛右壁上方有题记一则：敬造观音菩萨二身，比丘尼惠志造，奉报十方施主。乾宁三年五月十六日设斋表庆讫，永为供养。小师敬修，小师法进。

七月，杨夔仍居湖州，作《乌程县修建庙宇记》，见《全唐文》。杨夔生卒年不详，为弘农(河南灵宝)人，遂自号弘农子，约昭宗时人，工诗善文，与杜荀鹤、郑谷等相友善。《全唐诗》存其诗12首，《全唐文》存其文二卷。其生平事迹见载于《新唐书》、《唐才子传》等书中。杨夔作品多有讽世之倾向，曾写下针砭时政的文句，慨叹“于世万类中最为民害者莫若虎之暴”，“然则人不如兽也远矣”。

九月二十三日，重庆大足刻《观音地藏像》。九月，检校司空守昌州刺史王宗靖、节度左押衙检校左散骑常侍赵师恪，镌装北山佛湾第58号观音地藏龛。《大足石刻内容总录》载：北山佛湾第58号《观音地藏像》龛，灰砂岩石质，顶部为平顶，龛高134厘米、宽124厘米、深58厘米。内壁高浮雕二菩萨像。左为地藏(头已毁)结跏趺坐于莲台上，身着袈裟，双手已残，身后有火焰形背光，头上方有七宝盖，宝盖周围有珠饰。右为观音，戴高花冠，胸有璎珞，结跏趺坐于莲台上，身后有火焰形背光，头上方，有七宝盖，宝盖周围有珠饰。二像之间壁中部升起一朵祥云，云上有一头梳高发髻的妇人，呈跪蹲式，双手拱揖，衣衫华丽，系造该龛者所追度的“何七娘”像。在龛门左侧柱上有题记一则：敬造救苦观音菩萨七地藏菩萨一龛。右为故何七娘镌造，为愿成此功德，早生西方，受诸快乐。乾宁三年九月二十三日，设斋表赞毕。检校司空守昌州刺史王宗靖造。龛门右侧柱壁上亦有题记一则：乾宁三年九月二十三日，节度左押衙、检校左散骑常侍兼御史大夫，上柱国赵师恪，奉为故外姑何氏妆饰。是年，重庆大足《观无量寿佛经变相》，此龛亦称“西方净土变”。《大足石刻内容总录》载：北山佛湾245号龛，白砂岩石质，顶部为平顶，龛高470厘米、宽258厘米、深118厘米。龛中主像为阿弥陀佛，面正西，结跏趺坐于莲台上，其坐身高54厘米、肩宽23厘米。佛头布螺髻，身着圆领袈裟，双手在胸前捧物如珠，其身后在大圆形背光(直径76厘米)上浮雕七个小浅圆盘，盘内有图纹。佛莲座下为束腰须弥座，座前有一供桌，上置香炉一尊。本号位于第240号之东北侧，其修建时代当不晚于唐乾宁三年。

据刘长久等载，同年，某施主为亡妻阿谢在四川内江圣水寺后山造菩萨一所。

［文献］ 宋宋祁等《新唐书》卷一八九，元辛文房《唐才子传》卷一〇，清董诰等《全唐文》卷八六六，四川省社会科学院等编《大足石刻内容总录》，刘长

图 190 大足北山佛湾第 52 龛阿弥陀佛龛 唐乾宁四年(897)

久《中国西南石窟艺术》，王朝闻等主编《中国石窟雕塑全集》(四川重庆卷)。

公元897年　乾宁四年

［提示］　正月三日，李绰作《升仙庙兴功记》。正月，四川大足刻《阿弥陀佛龛》。三月，四川大足刻《如意轮菩萨龛》。

［叙录］　正月三日，李绰作《升仙庙兴功记》。《全唐文》中载有此文，文末署“时乾宁四年正月三日记”。岑仲勉在《郎官石柱题名新考订》中对此有考订。李绰曾著《尚书故实》，书序中说：臣绰避难圃田，寓居佛庙，叨遂迎尘，每容侍话，凡聆征引必异寻常，足广后生，可贻好事，遂纂集尤异者，兼杂以诙谐十数节，作《尚书故实》云耳。《四库全书总目》子部杂家类著录有《尚书故实》，并在提要中称此书杂记近事，亦兼考旧闻，在唐人小说中亦《因话录》之亚也。

乾宁四年正月，四川大足刻《阿弥陀佛龛》(图190)。《大足石刻内容总录》：北山佛湾第52号龛，顶部为平顶，灰砂岩石质。龛高98厘米、宽69厘米、深32厘米。龛内主像为阿弥陀佛，面西结跏趺坐于莲座上，座下为如意轮，轮下为扁形莲花基座。佛着圆领大衫，袒胸无饰，双手(已残)举胸前。佛头发成波纹状，头顶有肉髻。身后有莲瓣形火焰身光及圆形火焰头光。主像左侧，为地藏(面部已风化)，手捧如意珠，立于莲台之上，项后有圆形火焰头光。主像右侧为观音，头戴高花冠，璎珞蔽体，左手持净瓶，右手置胸前持柳枝，立于莲台之上，项后亦有圆形火焰背光，龛左侧壁上有一题记：女弟子黎氏，奉为亡夫刘□设奠敬造，时以乾宁四年正月二十三日。龛右侧壁上有一题记：敬造阿弥陀佛、救苦观音菩萨、地藏菩萨一铺。三月，四川大足刻《如意轮菩萨龛》。《大足石刻内容总录》载：北山佛湾第50号残像龛。龛内为“如意轮菩萨”。龛中菩萨像呈坐式，身有四臂。龛外门楣上刻有题记：敬造如意轮菩萨一龛。都典坐僧明悟奉为拾□□施主镌造。乾宁四年三月□日，设斋表赞讫，小师道添。

［文献］　清董诰等《全唐文》卷八二一，清永瑢等《四库全书总目》卷一二〇，岑仲勉《郎官石柱题名新考订》，四川省社会科学院等编《大足石刻内容总录》。

公元898年　乾宁五年

［提示］　六月二十一日，罗隐撰《东安镇新筑罗城记》。

［叙录］　六月二十一日，罗隐应钱镠之请，为东安镇新筑罗城撰写《东安镇新筑罗城记》。文末署“乾宁五年六月二十一日记”。罗城乃钱镠所筑，始建于大顺二年(891)，竣工于景福元年(892)四月。唐末社会动乱，藩镇割据，各自称雄。淮南节度使杨行密屡进犯两浙地区，吴越王钱镠为防止淮南兵侵，于唐大顺二年秋七月，命令东安都将杜棱兴建东安新城，以巩固临安王府侧翼的安全，同时保护府都杭州。清人顾祖禹在《读史方舆纪要》载：杜棱城在县治东，萧梁时为新城戍。唐大顺中，钱镠将杜棱因山筑城，恃为保障，因谓之杜棱城。宋天禧中，尝修筑，后圮。前朝嘉靖中，改筑今城。由于新城为杜陵领兵所筑，又称之为杜棱城或东安罗城，城周长为2 571步，约为3 600米长。城高二丈三尺。共建有四座城门：东门为熙春(富春)，南门太平(新镇)，西门顺成(桐江)，北门宁海(祠堂)。

［文献］　清顾祖禹《读史方舆纪要》卷九〇，雍文华校辑《罗隐集》(杂著)。

公元899年　光化二年

［提示］　七月二十六日，重庆大足北山佛湾第51号《三世佛龛》。八月三日，司空图撰《书屏记》。是年，四川安岳遂宁石刻造像。

［叙录］ 七月二十六日，王宗靖在重庆大足北山佛湾第51号造《三世佛龛》。《大足石刻内容总录》：北山佛湾第51号《三世佛龛》，灰砂岩石质，龛顶部为平顶，龛高155厘米、宽198厘米、深134厘米。龛内主像为释迦牟尼佛（现在佛），面西结跏趺坐于莲座上，下为八角形束腰须弥座。释迦着褒衣博带袈裟，头有螺髻，左手捧钵置于膝间，右手抚膝，身后有圆形火焰头光及身光。主像左面为迦叶佛（过去佛），右面为弥勒佛（未来佛）。龛外两侧门柱下，各立一力士，袒胸赤足，肌肉突出，神态健武。龛左例壁上有一题记，中有：光化二年七月二十六日。造像主王宗靖时为节度左押衙、充四州都指挥、昌州军事。是年，王建置遂州武信军，罢昌州静南军。

八月三日，司空图撰《书屏记》。司空图在文中，记述其珍藏徐浩真迹与7 400卷佛道图像，被陕军焚毁之始末：丙辰（896年）春正月，陕军复入，则前后所藏及佛道图记，共七千四百卷，与是屏皆为灰烬。今旅寓华下，于进士姚凯所居，获览书品及徐公评涂，因感愤追述，贻信后学，且冀精于赏览者，必将继有诠次。光化二年八月三日，泗水司空图衔涕撰录谨记（见《全唐文》）。司空图不仅是晚唐屈指可数的诗人与诗歌理论创建者，也是有唐一代著名的大收藏家，可惜身逢乱世，其所藏尽付战火之中，令人痛心疾首。

四川安岳遂宁石刻造像。据刘长久等载，是年，在四川安岳县龙台镇，有勾当头首李行全、院主兼施主王廷望率众社户，造大悲（千手千眼观音）一龛。同时，在四川遂宁东禅乡白鹤嘴村龙居寺，造道教庄老合龛像。同地，还有度南达造地藏王菩萨一身。

［文献］ 清董诰等《全唐文》卷八〇九，四川省社会科学院等编《大足石刻内容总录》，刘长久《安岳石窟艺术》、《中国西南石窟艺术》，王朝闻等主编《中国石窟雕塑全集》（四川重庆卷）。

公元900年　光化三年

［提示］ 云南大理崇圣寺《雨铜观音》。四川乐至石刻造像。光化年间，四川资中西岩造地藏十王像。

［叙录］ 云南大理崇圣寺《雨铜观音》。云南大理崇圣寺是南诏国都城苴芋城最为著名的佛寺，据明人杨慎在《南诏野史》载：开成元年（836），王嵯颠建大理崇圣寺，基方七里，圣僧李贤者，定立三塔。自保和十年（833）至天启元年（840）功始完。匠人有恭韬、徽义、徐立。费泳引南诏圣治六年（894）写经《护国司南抄》卷首序文中“内供奉僧崇圣寺主密宗教主赐紫沙门玄鉴”，据此可知该寺为密教王家寺院。崇圣寺毁于清末，佛寺中最为世人所知者是其供奉的铸像雨铜观音，高近9米。光化三年铸崇圣寺丈六观音，为清平宫郑买嗣合十六国铜所铸，蜀人李嘉亭造像。这身大像的建造，经由四川地区而来，可以看出，南诏和四川保持着佛教交流。“雨铜”缘由有多种，胡蔚注：一说唐天宝间（742—755）崇圣寺有僧募丈六观音像未就，夜忽雨且视之，铜也，即取以铸像，白光弥覆凡三日夜，至今人称为雨铜观音。《滇释记》：禅陀子随李贤者建崇圣寺，命师诣西天画祇园精舍图，师朝去暮回，以图呈贤者。寺成，欲造大士像，未就。师城野遍募铜斤，随见沟井便投其中。后忽夜骤雨，旦起视之，遍寺皆流铜屑，遂用鼓铸立像，高二十四尺，像成，余铜铸小像一千尊。像如吴道子所画，细腰跣足。时像放光，弥覆三日夜，至今春夏之际，每现光云。费泳认为，这儿的天雨化铜属于讹传，而细腰跣足却与密宗造像特征相合。观音在南诏被视为开国神祇，为最常见的佛教造像题材。这尊造像在清代复经修补，可惜在“文革”期间被毁掉。

四川乐至石刻造像。据刘长久等载，在四川乐至县，有杨德及儿晃将门分田二十亩施入龛院内，供一切诸方师僧永马常住。此地施入院，为我皇帝、州县官等法界苍生、上祖亡灵，普同共造佛、菩萨像。光化年间（898—901），斋头刘□□同忠胜乡下□□云登等20人，在四川资中西岩造地藏十王像。

［文献］ 明杨慎《南诏野史》，费泳《汉唐佛教造

像艺术史》，刘长久《安岳石窟艺术》、《中国西南石窟艺术》，王朝闻等主编《中国石窟雕塑全集》（四川重庆卷）。

公元901年　光化四年　天复元年

［提示］　光化四年五月十一日，湖南郴州光化题刻。天复元年五月，重庆大足北山佛湾《千手观音龛》。

［叙录］　光化四年五月十一日，湖南郴州光化题刻。刘刚载，此摩崖石刻位于郴州永兴县碧塘乡湘洲村侍郎组。三竖行排列20字，阴刻楷书：前太常博士宋抗大唐光化四年五月十一日经此。是年，唐昭宗改元天复。据刘长久等载，天复元年五月，军事押衙蹇知进在大足北山佛湾第243号造《千手观音龛》。

［文献］　刘刚《湖湘碑刻》，刘长久、胡文和、李永翘《大足石刻研究》，刘长久《中国西南石窟艺术》，王朝闻等主编《中国石窟雕塑全集》（四川重庆卷）。

公元902年　天复二年

［提示］　三月，贯休居荆州，以能书擅水墨画得罪节度使成汭被黜黔州。是年，黄滔应闽王审知之请，撰《灵山塑北方毗沙门天王碑》。耶律阿保机在龙化州建立开教寺。

［叙录］　三月，贯休年71岁，时居荆州。贯休以能书擅水墨画得罪节度使成汭被黜黔州。《北梦琐言》载：沙门贯休，钟离人。风骚之外，精于笔札，举止真率。然不晓时事，往往诋讦朝贤，亦不知己之是耶非耶，荆州成中令（汭）问其笔法非耶，休公曰：此事须登坛而授，非草草而言。成令衔之，乃遽于黔中，因病以《鹤》诗寄意，曰：见说气清邪不入，不知尔病自何来？以诗见意也。霍有明在《中国文学编年史》中按，诸书多记贯休擅书画之事。如《宣和画谱》、《宣和书谱》、《图画见闻志》、《益州名画录》等均有相关记载。但是《宋高僧传》中所记贯休受黜于荆帅成汭事之缘由，则略有不同：谓（贯休）后思登南岳，比谒荆帅成汭，初甚礼焉，于龙兴寺安置。时内翰吴融谪官相遇，往来论道论诗。融为休作集序，则乾宁三年也。寻被诬谮于荆帅，黜休于功安（公安），郁邑中题砚子曰：入匣身自安。两书所记，殊有不同。霍有明说，贯休是时居荆州，后不久即被黜居黔中，休亦多有诗咏之。

是年，黄滔仍在闽为威武军节度推官，应闽王审知之请，撰《灵山塑北方毗沙门天王碑》。霍有明据《莆阳黄御史集》所附《年考》，记黄滔于本年撰《灵山塑北方毗沙门天王碑》（见《全唐文》），中云：列藩之业有地，有地之职有民。有民之道，兴礼乐敦忠孝以行事，然后谋谋者也。筑城池居其一，城既筑，进道德以居之，树神祇以尸之，为一方之巨防。我相府琅琊王公之有闽越也，具列藩之业，修有地之职，行有民之道，乃尸及神祇。于是于开元寺之灵，塑北方毗沙门天王一铺。讫，命小从事滔，刊贞石而碑之。

耶律阿保机在龙化州建立开教寺。李玉珉载，契丹族原不信佛，耶律阿保机为了扩大经略，遂积极吸收内地文化，以收揽汉人。天复二年阿保机在龙化州建立开教寺，此为辽代佛教的起源。自此，辽太祖便屡建寺院，并常至佛寺礼拜、祈愿、追荐、供养等，辽代道宗曾印《华严经随品赞》10卷。在皇室倡导下，佛教信仰很快流传开来。贵族时常施舍私宅以为寺院，以至于寺院经济发达。民间又常组织“千人邑”，从事各种佛事活动，如念佛、刻经、建寺、造像等，佛教盛行。

［文献］　五代孙光宪《北梦琐言》卷二〇，宋赵佶等《宣和画谱》卷三，《宣和书谱》卷一九，宋郭若虚《图画见闻志》卷二二，宋黄休复《益州名画录》卷下，宋赞宁《宋高僧传》卷三〇，清董诰等《全唐文》卷八二五，陈文新主编《中国文学编年史》（隋唐五代卷），李玉珉《中国佛教美术史》。

公元903年　天复三年

［提示］　八月，贯休在西蜀，约此时或稍后有诗

纪王建入大慈寺听讲经事。

［叙录］ 据《旧唐书》和《资治通鉴》载：天复三年正月，车驾出凤翔，幸朱全忠军。全忠入京师，昭宗沦为强藩朱全忠谋划篡逆登基的傀儡工具。是年八月，贯休在西蜀，约此时或稍后有诗纪王建入大慈寺听讲经事。贯休在《蜀王入大慈寺听讲》诗题下自注：天复三年作(见《全唐诗》)。霍有明按，《资治通鉴》本年八月，加西川节度使西平王王建守司徒，晋爵蜀王。贯休诗称王建为蜀王，当为此时后作，诗中赞颂王建治蜀功绩云：谢太傅须同八凯，姚梁公可并三台。登楼喜色禾将熟，望国诚明首不回，驾驭英雄如赤子，雌黄贤哲贡琼瑰，六条消息心常苦，一剑晶荧敌尽摧。木铎声中天降福，景星光里地无灾。百千民拥听经座，始见重天社稷才。由此诗中，可见其时蜀中释家依附王建政权的情状。

［文献］ 后晋刘昫等《旧唐书》卷二〇，《资治通鉴》卷二六三、二六四，清彭定求《全唐诗》卷八三五，陈文新主编《中国文学编年史》(隋唐五代卷)。

公元904年 天复四年 天祐元年

［提示］ 天复四年三月七日，四川巴中南龛第62龛造像及题记。天复四年，朱温强迫唐昭宗迁都洛阳，长安城包括石刻遭受毁灭性破坏。天祐元年，韩建移《石台孝经》入城内原皇城尚书省。杜荀鹤卒，曾书《经青山吊李翰林》诗碑。

［叙录］ 唐昭宗天复四年三月七日，四川巴中南龛第62龛造像及题记。成都文物考古研究所等载，巴中南龛第62龛位于神仙坡北段中层，为唐代大型双层龛，内龛中造一佛二菩萨三尊像。主尊左右侧环壁高浮雕52尊听法菩萨，二力士立于龛口。外龛右壁阴刻天复四年题记：杨一山、王保晦、□宋□官、杨彦六，天复四年三月七日。

天复四年，朱温强迫唐昭宗迁都洛阳，长安城包括石刻遭受毁灭性破坏。唐昭宗天复四年，唐朝临近灭亡。《旧唐书》(昭宗本纪)载，天复四年正月，朱全忠引兵屯河中(山西永济)，奉表称邠(陕西彬县)、岐(陕西凤翔)兵逼京畿，强请唐昭宗迁都于洛阳。是月二十六日，车驾发长安，朱全忠以张廷范为御营使，毁长安宫室百司及民间庐舍，取材浮渭河而下，长安自此遂成废墟。二月，车驾至陕州(河南三门峡)，因东都宫室缮修未成而暂作驻留，朱全忠自河中来朝。唐昭宗延请朱全忠入寝室之中，何皇后哭泣说：自今大家(指皇上)夫妇委身全忠矣！天复四年四月，洛阳宫室已成，朱全忠请昭宗车驾早发。昭宗想等到秋天才东行洛阳，朱全忠怀疑这是昭宗在等待诸道勤王之师而采取的缓兵之计，于是将昭宗左右的医官、内园小儿等悉数斩杀，将昭宗左右职掌使令全部换成自己人。闰四月十日，车驾至洛阳，御正殿。同月十一日，大赦天下并改元天祐。天祐元年八月二十八日，朱全忠让蒋玄晖派人夜入宫中，弑昭宗及皇妃二人。次日，蒋玄晖矫诏称二妃弑逆昭宗，立辉王李祚为皇太子，更名柷。又矫皇后令，太子李祚于昭宗灵柩前即位，是为唐哀帝，时年13岁。朱全忠假作惊愕而哭道：奴辈负我，令我受恶名于万代。

韩建移《石台孝经》入城内原唐皇城尚书省之事，发生于天祐元年。当时，驻守长安的佑国军节度使韩建，为便于防守，缩建了长安城。这样一来，原本在旧城内的务本坊，被划到新长安城之外。韩建便将《石台孝经》移至城内原唐皇城尚书省西南隅(今西安社会路一带)。此事经过，详细见载于宋太祖建隆三年(962)所刻之《重修文宣王庙记碑》中。几年后在五代后梁太祖朱晃开平初年(907)刘郭镇守长安时，又将《开成石经》也迁移到了安放《石台孝经》的原唐皇城尚书省西南隅。刻于宋哲宗元祐五年(1090年)的《京兆府学新移石经记碑》对此也有十分明确的记载。上述宋代二碑现均存于西安碑林中，为后人了解当时抢救宝贵石经的事迹，提供了重要线索。据赵超说，存放石经及其他石碑的尚书省西南隅，当时已夹杂在民居当中，无人照管，使得大量碑石倾倒折断，甚至埋没土中。如唐代大书法家颜真卿的名作《颜勤礼碑》就是后来在这里发掘出来的。

天祐元年，杜荀鹤卒，曾书《经青山吊李翰林》诗碑。唐代诗人杜荀鹤字彦之，号九华山人，池州石埭（安徽石台）人。其生平事迹见于《旧五代史》、《唐才子传》中，汤华泉对杜荀鹤有过考证。杜荀鹤出身寒微，曾数次上长安应考，不第还山。在安徽当涂县城东南青山西麓李白墓前重建的李白祠内，现在仍存有不少历代诗词碑刻。其中杜荀鹤的《经青山吊李翰林》诗碑最为脍炙人口。其诗云：何为先生死，先生道日新。青山明月夜，千古一诗人。天地空销骨，声名不傍身。谁移耒阳冢，来此作吟邻（见《全唐诗》）。

［文献］ 后晋刘昫等《旧唐书》卷二〇，宋薛居正等《旧五代史》卷二四《杜荀鹤》，元辛文房《唐才子传》卷九，清彭定求等《全唐诗》卷六九一，成都文物考古研究所等编《巴中石窟内容总录》，赵超《石刻史话》，汤华泉《杜荀鹤生平事迹考证》（《阜阳师范学院学报》1986 年第 1 期）。

公元 905 年　天祐二年

［提示］ 二月，黄滔撰《莆山灵岩寺碑铭并序》。四月，黄滔撰佛教碑记两篇。七月，司空图撰《泽州灵泉院记》。八月，司空图撰《寿星集述》。

［叙录］ 二月，黄滔年 66 岁，仍在闽为威武军节度推官，撰《莆山灵岩寺碑铭并序》（见《全唐文》）。《序》中说：释波东流，涌为花宫。花宫之构，咸宅灵秀。灵岩寺乃莆山之灵秀焉。今仆射瑯琊王公牧民之外，雅隆净土，论及灵胜，以为东山神泉之比（小注：神泉寺在府城之东山，其泉亦自僧感而涌也），缮经五千卷，于兹华创藏而藏焉，即天祐二年春二月也。霍有明在《中国文学编年史》中说，据此可知王审知（即瑯琊王公）之崇佛释，于佛经之缮写、传播颇为有力。文中尚记闽中文士多有寓居此地读书，而后以文驰名者。四月，黄滔仍在闽中，撰佛教碑记两篇（均见《莆阳黄御史集》）。其《大唐福州报恩定光多宝塔碑记》一文记载：天祐二年乙丑夏四月朔，我公宿诚于州大陈法会，以藏经缁。

七月，司空图应邀撰《泽州灵泉院记》（见《全唐文》）。在记文之中，记载禅宿洪密长老创立灵泉院：凡制经楼斋堂共一百余间，又塑罗汉洁峻之相，以渐化服。而后日集方丈，敷演上乘。自江汉北渡，以至魏晋之交，其俗坚悍难诱，今则悉为佛人矣。且善教童孺需者，虽指摘其书，而必以言反复晓谕，当自释然。禅乃诱劝之宗，先驯其性而后入人者耳。文末署：天祐二年岁次乙丑七月望日记。司空图在文中，对于佛教的善导人心之功绩，给予了充分肯定。八月，司空图被召至洛阳，司空担心被害，佯堕笏板而失朝仪，被放归中条山王官谷。朝士多感喟，纷纷赋诗送别，众人所作诗歌辑为一集，司空图撰《寿星集述》（见《全唐文》）。在文中司空图表达了全身远祸的想法：想家山之醉石，认客处之渔舟。

［文献］ 唐黄滔《莆阳黄御史集》卷五，清董诰等《全唐文》卷八〇七、卷八〇九、卷八二五，陈文新主编《中国文学编年史》（隋唐五代卷）。

公元 906 年　天祐三年

［提示］ 十月，颜荛约本年谪官湖外，曾自草墓志。十月，韩偓在福州避乱冬登南神光寺塔院。次年，唐哀帝李柷禅位于朱全忠，唐朝至此灭亡。

［叙录］ 天祐三年十月，颜荛约于此时谪官湖外，曾自草墓志。晚唐诗人颜荛为吴郡（苏州）人，是颜萱兄长，与另一晚唐名诗人张祜为世交。颜荛两《唐书》无传，《全唐诗》录其诗作一首。《北梦琐言》载：颜给事荛，谪官没于湖外。尝自草墓志，其志词云：寓于东吴，其余面交，皆如携手过市，见利即解携而去，莫我知也。复有吏部尚书薛公贻矩、兵部侍郎于公兢、中书舍人郑公撰三君子者。余今日已前不变，不知异日见余骨肉孤幼，复如何哉！严耕望在《唐仆尚丞郎表》中著录，约在是年，薛贻矩任吏部尚书，于兢任兵部侍郎。霍有明于《中国文学编年史》

中据此推断，则颜荛约此时尚谪官湖外，有自草墓志之作。其卒当在本年之后。

十月，韩偓在福州避乱冬登南神光寺塔院，有诗吟咏其事。韩偓在其所作《登南神光寺塔院》（一题为《登南台僧寺》，见《全唐诗》）中写道：无奈离肠日九回，强摅离抱立高台。中华地向城边尽，外国云从岛上来。四序有花长见雨，一冬无雪却闻雷。日宫紫气生冠冕，试望扶桑病眼开。这首充满绝望情绪的诗作，千年之后，竟在另一位大诗人、大学者心中引起悲伤的回响：据窦忠如、刘彩杰记载，民国十六年（1927）6月1日晚上，王国维的学生谢国桢等上门拜访，交谈中涉及时局，王国维神色黯然地说：闻冯玉祥将入京，张作霖欲率兵总退却，保山海关以东地，北京日内有大变。送走谢国桢等后，王国维应邀为他们题写了扇面，内容是唐末韩致尧（偓）的七言律诗，一为《即目》，也称《即日》，另一首就是《登南神光寺塔院》。

天祐四年（907）唐哀帝李柷禅位于朱全忠，唐朝至此灭亡。哀帝被封为济阴王，次年（908年）被鸩杀。据岑仲勉等载，朱全忠既封为梁王，并先后兼并淮北、汉水中下游，其版图东至山东，西接关中，北连燕晋，中原大地已尽入朱全忠掌握之中。与诸藩如李克用、李茂贞、王建、杨渥、钱镠、刘仁恭等相较，朱的势力如日中天。困居洛阳的唐哀帝，全在朱梁卵翼恐怖之下。天祐四年正月，哀帝遣御史大夫薛贻矩至大梁（河南开封）慰问朱全忠。薛贻矩以臣礼拜见朱全忠，并向朱献禅代之仪。薛贻矩回到洛阳向哀帝复命，表明朱全忠有受禅之心。哀帝迫于无奈，下诏从之。二月，哀帝令文武百官前往朱全忠元帅府劝进。三月二十七日，哀帝降御札禅位于朱梁——伟大的璀璨的唐朝，至此彻底退出历史大舞台。

［**文献**］ 五代孙光宪《北梦琐言》卷六，清彭定求等《全唐诗》卷六八〇、卷七二七，严耕望《唐仆尚丞郎表》卷四，岑仲勉《隋唐史》，陈文新主编《中国文学编年史》（隋唐五代卷），窦忠如等《王国维沉湖之谜》（《文史博览》2005年第21期）。

五代十国编

引论

五代十国，由大唐的一统江山，中国历史再次走向分裂局面。在半个多世纪的五代十国期间(907—960年)，其石刻艺术方面的成就当然不能和唐代相比，也不能和接踵其后的大宋并论，但作为唐代石刻艺术的一种自然延续，以及作为唐宋石刻文化之过渡，五代十国却自有其不可替代的艺术史价值所在。

五代十国的石刻艺术，以其短暂而混乱的历史抒写方式，在摩崖石窟、寺庙造像、陵墓石刻等方面延伸着中国文化的血脉。此一时期的石窟造像，存于世者并不多见，且由于其对唐代的追摹，在风格上有时较不容易与唐代，尤其是与晚唐造像区分开来。而且开凿石窟，需要耗费巨额的资财，因此，即使是地近龙门的后唐，也没有在龙门雕造一处造像，后梁也仅有一处龙门造像。遗存于五代十国石窟造像者，就目前所见，仅有杭州西湖区域和四川各地区。另外，敦煌莫高窟五代十国的彩塑有28个龛窟。

根据王子云的分析，在四川广元、巴中、夹江、荣县、资中、简阳、仁寿以及大足北山等地，是中晚唐石窟雕像较多的地区。五代十国，建都于四川成都的前后蜀，其统治者所开凿的石窟造像，当亦不少。但是这些造像与中晚唐或宋代作品往往相混淆而不易识别。如大足北山佛湾，有前后蜀造像题记，但是其具体的制作仍与中晚唐或宋代的制作相交混。因此，王子云认为，在四川各地的石窟雕像中，想单独论述五代十国的制作是较为困难的。五代时期石窟雕塑较发达的是敦煌莫高窟，当时敦煌统治者是接受唐代节度使封号的沙州人曹议金，由于地处西域，社会相对安定，曹氏信仰佛教，大造石窟，其造型上仍不脱中晚唐窠臼。如第99窟七尊像中的胁侍菩萨和天王像，其风格上与同地中晚唐作品十分相近。这些虽然不是石刻，但因为可以明确断代为五代作品，对于我们了解五代石刻造像，有着相当可靠的借鉴意义。比如，此龛菩萨像的装扮衣纹烦琐，脸形臃肿，正如王子云所指出的那样，其人物表情松弛萎靡，缺少内在的精神活力。这种缺少内在精神活力、松弛萎靡的艺术风尚，恰恰是我们识读五代十国石刻艺术的一个重要风向标。

作为吴越国国都所在地的杭州，在其西湖周围的山陵之中，散落着大大小小的石窟造像。其中可以确定为吴越造像者，有南山烟霞洞、石屋洞和将台山(慈云岭)等处。这些洞窟造像，除将台山之外，均是利用天然岩洞而雕造，因陋就简，随物赋形，规模狭小。形成此种情形，显然与局促的财富来源紧密相关。史岩在20世纪50年代中期，曾就西湖南山区的石刻艺术进行调查记载。后来王子云也曾做过实地踏勘，并在《中国雕塑艺术史》中，首次对西湖地区的五代十国造像进行了描述分析。烟霞洞为一外大内小天然岩洞，吴越人在洞中缘洞壁雕出佛、菩萨、罗汉等造像30余躯。造像之中，除三世佛和四胁侍菩萨、十六罗汉像以及孔雀明王像、千官塔属于吴越时代的制作以外，余如洞口左右对立的二观音、二弟子和洞内离开壁面单独雕出的释迦佛、披帽佛、弥勒佛等，则为宋代以至清代作品。位于南高峰下石屋岭南麓大仁禅寺后院的石屋洞，为天然岩洞，洞内轩敞如屋故名。洞中正壁中央雕刻有一佛二弟子、二菩萨、二天王七尊像，在其左边上下方，则各雕有三尊像龛，其余壁面遍布小型罗汉像浮雕。石屋洞罗汉雕像很多刻有造像题记，年号以五代后晋天福、开运等居多。石屋洞的罗汉雕像约计有500多尊，为五代后期至北宋初年雕成，可视为中国最早的500罗汉像。石屋洞中尚存有一浮雕水月观音，应该是目前所见时代较早的石刻水月观音。可惜这些造像均已遭受近代毁灭性涂彩装饰，已完全失去当年的风韵。在将台山玉皇山之间的慈云岭南坡，则有将台山造像，只有一大龛和一小龛两龛造像。《杭州府志》载：将台山石佛龛雕刻于后晋天福七年(942)，而且是少见的王室所为，出自吴越王室，其雕刻技艺非同一般。大龛内雕为一佛六胁侍七尊像，主佛阿弥陀佛通高三米半，螺发袒肩趺坐，左右胁侍菩萨亦为趺坐，其次则是侍立菩萨和护法天王。史岩评价此组龛像时说：它足以称为杭州地区五代雕刻中最具代表性的作品。容相丰满，仪态端严，一望就可以看出是继承了晚唐的风格。但是，佛教雕刻从中唐开始，已显现没落的趋势。从这处五代的代表性遗例来看，也未能例外地显示了这种没落情况，特别是在表现手法上更为明显。例如开相极为机械，对各部像的特殊性格表现极不充分，体姿也多陷于定型化，呆板而缺乏生动感觉；所采用的姿势也多迁就于拙劣的雕刻技法。如手多紧附于躯体，显得极不自然；又如衣褶的程式化倾向更为浓厚，褶襞的面极不真实。其他如背光、莲座等饰纹，都很繁缛，而显现的纹样、匠气又很浓厚。总之，由于定型化程式化的倾向，使形象的精神大大地减弱了。盛唐时代佛教造像所特有的那种熟练而优秀的表现手法和属于内心精神方面的威仪和气派，是不可再见了，残留下来的，仅是外表形式的近似。史岩这段分析可谓精湛准确，对于我们理解吴越以至五代十国整个时代的雕刻造像，均具有重要参照意义。

王子云曾提出过一个疑问：唐代的金陵附近有不少山崖可以开凿石窟，并且又有栖霞山南朝佛窟群可为先例，不远的扬州又是隋炀帝游乐名胜地，为何石窟造像却未见遗留呢？王子云分析说，这显然是继南朝之后，城市中的寺庙造像更为发展的原因。所谓"南朝四百八十寺"，到隋唐城市经济进一步发展的时代，金陵城郊的寺庙和寺庙造像必倍多于前代。这种由石窟造像到寺庙造像的转变，是隋唐五代十国及之后的寺庙雕塑，逐渐超越石窟雕塑的重要原因。

晚唐五代十国的佛教造像，在一些细节上，也有不同于之前的表现。比如髻珠，即在佛像肉髻和底发之间出现的一颗醒目的圆珠，在此时开始广泛流行，并在元明时代形成一种固定模式。金申写道，髻珠为佛经所喻的佛法之宝，在佛的发髻之中，求得佛法如同"解其髻宝，示以衣珠"。佛经中屡有其说，但表现在佛造像上较晚。目前所见螺发上出现髻珠最早的例子见于东魏和北齐，初唐始渐多，然亦非每像必备，晚唐五代后始普遍出现，特别是江南地区元明以来的佛像，髻珠在佛首上几成定制，不可或缺。费泳提示说，在河北响堂石窟北齐时造第二窟和第三窟的主尊佛像上已有髻珠，又济南四门塔东魏武定二年杨显叔造四尊佛坐像之南面坐像的佛发上也有髻珠。但其髻珠较为平缓，不及唐以后珠粒明显而突出。可知髻珠早在东魏北齐时代已见滥觞，但与唐宋时代的佛发髻珠在形式上仍有区别。又比如，关于佛像的莲座变化。金申指出，南北朝时期的造像上，大仰莲台座数量并不多见，北魏晚期到东魏、西魏，时人更迷恋于悬裳座，即大衣下摆密簇地垂搭于方台座正面，没有表现大仰莲座的兴趣和余地；佛立像也多在脚下有覆莲台，莲瓣一般为中间有一道线，左右为二椭圆球状，就是所谓宝装莲台。唐代的佛座则往往被上面所覆垂布或大衣下摆所遮挡，形同垂幕一般，颇为流行。在此潮流下，大仰莲座样式也得不到充分发展。大仰莲台座在隋唐时多用于表现阿弥陀佛像。此种大仰莲座在晚唐五代开始渐多，以至宋辽时彻底代替唐代敷布低垂式的台座，成为一时之风尚。不唯是阿弥陀佛，几乎所有的金铜佛座都成为这种形式，在美国福格美术馆还藏有两尊晚唐、五代的此类样式的菩萨坐像(松原三郎)，可看出菩萨也是露右足趺坐于大仰莲座之上的。这些细节的变化，对于我们了解佛教造像的时代变迁以

图 191　栖霞寺舍利塔　天王立像　五代南唐(937—975)　南京

及时代风格之转折，均具有极大的帮助。

五代十国的石窟造像保留至今者已很少见，而不易保存的五代十国寺庙造像，今天就更为罕见了。南唐时期曾重修的南京栖霞寺石构八角形五层舍利塔石刻，是五代时期最为重要且最为杰出的石刻艺术之一。其须弥座束腰部位所雕刻的佛传故事（释迦八相），在石刻艺术史上具有重要价值，是五代时期少有的石刻连环画；在塔身首层还刻有高浮雕的菩萨、天王及力士像，其中尤以持剑天王像广为世人所称道。塔檐之下还浮雕伎乐天人及供养天人，姿态极尽曼妙，得江南神韵。佛教艺术史家李玉珉也认为南京栖霞寺舍利塔是南唐石雕造像的精品，并说，自南朝以来，栖霞山即为佛教圣地，栖霞寺更是唐代四大丛林之一。此寺左侧舍利塔，原为隋仁寿元年(601)所造，后被毁，南唐时重建。此塔由石灰岩砌成，高约 18 米共五级。该塔塔身刻二菩萨、二天王、二仁王，仍上承唐代传统，以形写神，天王形貌威武，动态十足（图 191）。塔基则刻波涛鱼龙，束腰浮雕白象入胎、树下诞生、四门出游、逾城出家、降魔成道、四天王奉钵、双林入灭等佛传情节。八幅佛传以线刻、减地平钑及压地隐起等手法雕成。每幅的构图紧凑，画面密实，人物众多，姿态生动，作风工整典雅。人物的衣纹线条流畅劲挺，处处展现出雕匠的绘画功力。降魔成道的魔众中，又出现了中国神怪中的风伯、雷公。释迦佛座两侧则作身着宽袍大袖，手持长剑，状似道教的人物。这些都显示，五代的佛教造像日趋中国化。从风格上来看，无论南北，五代的艺术多继承唐代传统，只是南方的雕刻更为精致细腻，流露出崇尚典雅秀丽的艺术趣味。

当然，寺庙造像并不局限于石刻艺术（多为单体石刻），还包括泥塑、木雕以及各种金属雕塑作品。比如河北沧州开元寺旧址，遗存有一尊五代后周时代所雕制的文殊菩萨坐骑铁狮子。这件铁铸雄狮高达五米，张口吐舌，鬣毛卷曲，阔步欲前，颇有几分南朝帝陵石兽的威猛之气。民间曾流传着这样一句歌谣：沧州狮子景县塔，正定府的大菩萨。铁狮子身上铸刻后周广顺三年（953 年）年号，雕铸工匠则是山东人李云。王子云记载说，在西安旧时代的古董商店里，仍可见到一些遗物，其中有一件可能是五代时期的木雕菩萨，其像造型朴实无华，颇类民间艺术风格。从脸形、发式、璎珞以及裙带衣饰等雕刻手法上，可以看出是继承了唐代造像的规范。尤其是腰束彩结的处理，显出自然、流畅，表达出不同的质感。颜面表情和手臂都富有真实的刻画，只是造像整体的比例上稍显萎缩，体现出唐末五代所具有的造型风格。其雕像为求得各个部分的坚固，充分利用披巾的曲折变化和冠带的下垂，用以联系着头颈、手臂及所持的宝瓶。这种结构形式适合于木雕像（或玉石雕像）求得各部分互相联系，以达到坚固的目的。

五代十国的石刻艺术，较为引人注目者，是西蜀和南唐的帝陵石雕。此际由于战乱频繁，因而王陵或贵族墓都十分少见。十国中之成都西蜀和南京南唐，相比于其他各地，则获得了暂时的安宁与富裕。20 世纪 50 年代初，在成都发掘了前蜀开国者王建墓永陵。永陵前刻立有高达三米的石雕侍臣巨像，墓室之内也极尽奢华，在各种装饰石雕之外，还刻塑着王建本身像，这在目前已经发掘的帝王陵中，很少见到。但是，帝王为自己雕塑写真像的历史，至少可以追溯到北魏云冈时代，到了唐代，最为典型的是龙门奉先寺石窟，其主尊卢舍那大佛的面容，据说就有女皇武则天的影子。根据日人大村西崖的记述：唐代多于道观佛寺设圣容院，置皇帝御像于其中。又说唐自高祖以下，帝王皆有像，长安宫昭庆殿有 18 帝御容雕像或塑像，其中一部分可能出自名相匠韩伯通之手。

王建石雕像为端坐像，高近一米，以青石雕就，尚存残彩，幞头长袍，腰系玉带。在雕刻手法方面，可以看出明显继承了中晚唐石刻传统，但在写实方面则更接近于北宋风格。五代史中描述王建“隆眉广颡，状貌伟然”（《新五代史》前蜀世家），两相对照，史载所言不虚。王建石雕像安置在墓室后室的石床之上，其中室则安置着王建石棺的台座，台座左右两侧分别雕刻着六名挽棺力士，表情生动，充满力量感。根据杨有润当年发表的《王建墓石刻》一文中的叙述，王建墓12托棺力士雕像，具有极高水平并能表现出当代艺术风格。其写实的技巧，使得力士盔甲衣着的皮革、金属、丝绦、绸衣等各种不同物质的质感和衣纹的转折都表现得十分真实自然。雕塑家王子云注意到，由于力士用力托棺放置棺台上，好像把全身之力都集中于两臂，以致颜面肌肉，紧张变形，显示出吃力的表情，而且12人各自有不同的内心情感和外部的不同形象，如细加观察，他们是各有特点的，这充分说明了五代十国时期的雕塑，在隋、唐两代所突出的表现真实、着重写实的基础上又前进了一步，但其精神气质则仍逊于隋、唐。在棺台的四周，浮雕有24个姿态生动的歌舞伎乐女，除正面两个对舞的舞伎以外，其他各自吹弹敲击着不同的乐器，呈现出不同的动作和神态表情。冯汉骥曾对王建墓棺台伎乐的舞伎和各种不同的乐器作过考证，对研究我国古代音乐舞蹈极有助益（见《前蜀王建墓石刻伎乐》）。在棺座台的上下层，则雕有莲瓣和蔓草的纹饰。显然这是受到佛教雕刻的影响所致，特别是女乐舞伎，更是佛龛或佛座装饰中所常见的题材。在这些天真活泼的乐伎的造型方面，尤其运用单纯的线刻来表现衣褶襞纹，无疑是与同时代的绘画技法有连带关系的。王建永陵石刻艺术，是这个时代最为杰出的代表。我们推断，前蜀之所以能在石刻艺术方面引领当时的潮流，可能与僖宗避难入蜀时，带来大量能工巧匠相关，其中有相当一部分工匠并没有随僖宗返回，而是成了蜀地的移民艺术工匠。这些来自中原甚至皇室的工匠，培养了一批五代卓越的工匠，如前蜀时塑造大圣慈寺炽盛光佛和华岩阁释迦立像的许侯、塑造圣兴寺天王像和九曜二十八宿像的雍中本，后蜀时塑造彭山洞明观道教像的程承辨以及妆銮名手杨元真等人，就是其中的佼佼者。

南唐帝王陵墓坐落于南京南郊牛首山上，20世纪50年代初，南京博物院曾对南唐开国帝王李昪和中主李璟陵墓进行过发掘。从当年的发掘报告来看，仅在李昪墓中室通往后室的墓门两侧，就浮雕着两个守门卫士像，戴盔披甲，神态颇为威武；在后室石椁壁上，还有浮雕缠枝牡丹，在石板上则雕刻江河山岳，刻工较为精细。颇令人不解的是，南朝盛行的陵前石兽，却在南唐帝陵中没有任何踪影，这其中也显示了南唐之仓促和捉襟见肘的国力。除前蜀南唐之外，五代十国的其他帝陵大多湮没。至今犹在的后周皇陵，在今河南新郑县城北，其陵前也无石像。史载后周帝王郭威（周太祖），他在征战时，曾见关中唐陵多遭盗掘，深有感触，死前叮嘱嗣子周世宗柴荣：昔吾西征，见唐十八陵无不发掘者，此无他，惟多藏金玉故也。我死，当衣以纸衣，殓以瓦棺。勿修下宫，勿置守陵宫人，勿作石羊、虎、人、马，惟刻石置陵前（《资治通鉴》）。此外，五代还有两座陵墓石刻颇为著名，一是河北曲阳的北平国统治者王处直墓石刻，一为福建福州市北郊闽王王审知墓石刻。

五代十国的石刻艺术，虽有其存在的独特价值，但仍显贫乏和苍白。时间的短暂并非是其唯一的理由，如果我们将之与更为仓促的隋代相比，则不难理解这一点。形成隋代与五代十国石刻艺术成就巨大落差之缘由固然很多，但统一与分裂的局面，显然是其中至为重要和关键之原因所在。

公元 907 年　五代前蜀天复七年

［提示］　七年，王建赐贯休号“禅月大师”。四川安岳庵堂寺造大悲菩萨一龛。

［叙录］　据宋人赞宁和清人吴任臣等载，在前蜀天复七年，贯休已 75 岁。蜀王建为修龙华禅院，赐贯休号“禅月大师”。昙域在《禅月集序》中也记载说：特修禅宇，恳请住持，寻赐号曰“禅月大师”，曲加存恤，优异殊常。同年，据刘长久等载，在四川安岳县庵堂寺，有简州镌功德都料、前□□事押衙勾从蒂、赵□□，造大悲（千手观音）菩萨一龛。

［文献］　宋赞宁《宋高僧传》卷三〇，前蜀昙域编《禅月集》，清吴任臣《十国春秋》卷四七，刘长久《安岳石窟艺术》。

公元 908 年　晋天祐五年　前蜀武成元年

［提示］　晋天祐五年，山西《李克用墓志》及石刻。前蜀武成元年，简州塑匠许侯、雍中本于成都始造炽盛光佛、九曜二十八宿，杨元真妆銮，福建黄滔撰《福州雪峰山故真觉大师碑铭》。

［叙录］　晋天祐五年，山西刻《李克用墓志》及石刻。李克用生平在《旧五代史》（武皇纪上）等典籍中均有记载，其生前称晋王，其子李存勖建后唐，追尊李克用为后唐太祖。克用为唐末将领，别号李鸦儿，本为沙陀部人。眇一目，人称独眼龙。克用之父朱邪赤心，唐懿宗赐李姓名国昌。曾随父征战沙场，军中称其为飞虎子。据樊文礼等研究，李克用是唐末五代的重要人物。曾杀死唐大同军防御使段文楚，从而占领云州，后为唐军所败，与其父朱邪赤心一同逃入鞑靼。后为代北起军使陈景思召为代州刺史，率领沙陀兵镇压黄巢，破长安，得唐僖宗赏识，任为河东节度使，晋爵陇西郡王，又升为晋王。在各种史籍和方志记载中，对于李克用与另一著名将领李嗣昭的关系说法不同，有说李嗣昭是李克用养子者，也有说是李克用之子者。1989 年，在山西代县城西郊七里铺西北 500 米处，出土一合《李克用墓志》，现藏代县博物馆，志石为正方形青石，边长 49 厘米、厚 21 厘米，志文由卢汝弼撰文、王道源隶书。志盖阴篆“晋王墓志”四字。从志文记载中可知，李嗣昭为李克用元子（嫡长子），从而纠正了《新五代史》（义儿传）、《旧五代史》（李嗣昭传）等养子之说。据冯湘载，李克用墓（晋王墓）位于山西七里铺柏林寺东侧，克用于天祐五年卒，即葬其地。后唐同光三年（925 年），其子李存勖在墓侧建筑柏林寺。其墓全部以石条砌成。墓室腰部周围均为仿木结构石雕斗拱门窗，檐上立有兽面人身石雕。尤其值得注意的是，20 世纪 80 年代末，在发掘李克用墓时，出土了一组 11 件的十二属相石刻。这组石雕均长 69 厘米、宽 27 厘米、厚 14 厘米，现藏于山西代县文管所。其雕像为整块砂岩上雕出手持笏板的文吏立像，镶嵌于墓室四壁，刀法精致，构图传神，为五代所罕见石刻艺术作品。雕像中唯独缺少鼠肖，这是因为墓主人李克用属鼠所致。

约于前蜀武成元年，简州塑匠许侯、雍中本于成都始造炽盛光佛、九曜二十八宿，杨元真妆銮。宋人黄休复载：杨元真者，石城山张玄外族也。攻画佛像罗汉，兼善妆銮。当王氏武成中，善塑像者，简州许侯、东川雍中本二人，时推妙手。今圣兴寺天王院天王及部属、炽盛光佛、九曜二十八宿，天长观、龙兴观、龙虎宫，并雍中本塑。大圣慈寺炽盛光佛、九曜二十八宿、华严阁下西畔立释迦像，并许侯塑，皆元真妆。肉色髭发、衣纹锦绣，及诸禽类，备着奇功，时辈罕及。今四天王寺壁画五台山文殊菩萨变相一堵，元真笔，见存。金维诺说，唐末五代的匠师造像，常常道释题材与民间习俗混杂兼用，蜀中简州塑匠许侯曾在武成年间（908—910）造炽盛光佛、九曜二十八宿于成都大圣慈寺，造释迦立像于华严阁下西畔；东川名匠雍中本（东川即今三台）造圣兴寺天王及部属炽盛光佛九曜二十八宿等像，这时已开启儒、道、释三教造像合一的风气。刘兴珍说，杨元真为简州金水（四川金堂）石城人，始居蜀，后召入鄴（河北临漳）。工画佛像罗汉，兼善妆銮，许侯及雍中本塑像，皆元真妆肉色、髭发、衣纹锦绣及诸禽类，极备奇巧。又绘四天王寺壁画、五台山文殊菩萨变相一堵。许侯及雍中本所塑炽盛光佛即金轮佛顶尊，其佛身毛孔放射炽盛光明，又称炽盛光如来、摄一切佛顶轮王。在密教之中，此尊系释尊为教化众生所现忿怒相。

《大圣妙吉祥菩萨说除灾教令法轮》说：炽盛光佛顶，身诸毛孔放大光明。又说：炽盛佛相仪，毛孔飞光散，首冠五佛相，二手如释迦。《大妙金刚大甘露军拏利焰鬘炽盛佛顶经》上也说：尔时世尊身现摄一切佛顶轮王之相。手持八辐金轮，处七师子座，身放无量百千光明。顶旋伞盖，上出现一俱胝佛身，放大光明，悉旋转坐伞盖中。二十八宿不用多说，知者甚众。九曜系指北斗七星及辅佐二星，又称九执，梵历中为九星，这些明显为道教中的星君神仙，主宰着人间祸福。

同年五月二日，高僧义存卒，福建黄滔撰有《福州雪峰山故真觉大师碑铭》（见《黄御史集》）。赞宁《宋高僧传》中有义存本传：义存俗姓曾，泉州南安人。年十二游莆田玉涧寺，留为童侍，十七落发。大中中北游吴楚、梁宋等地，受戒于幽州。咸通六年（865）归福州芙蓉山。十一年（870）建院于雪峰山，世号雪峰和尚。僖宗时赐号真觉大师。大顺二年（891）东至四明。后归闽。开平二年（908）卒。义存论禅之语，编为《雪峰义存禅师语录》二卷，收《续藏经》中。

［文献］ 唐黄滔《莆阳黄御史集》卷五，宋薛居正等《旧五代史》卷二五，宋赞宁《宋高僧传》卷一二，宋黄休复《益州名画录》卷下，樊文礼《李克用评传》，冯湘《晋王墓考古有重大新发现》（《山西档案》1995年第4期），金维诺《中国古代佛雕：佛造像样式与风格》，刘兴珍等《中国古代雕塑图典》。

公元909年　后梁开平三年　前蜀武成二年

［提示］ 后梁开平三年十二月，罗隐卒，曾撰《梅先生碑》。前蜀武成二年十一月，四川三台刻《慧义寺尊胜陀罗尼经幢记》。

［叙录］ 后梁开平三年十二月，罗隐卒，曾撰《梅先生碑》。晚唐诗人罗隐在宋人薛居正等编的《旧五代史》中有传，字昭谏，新城（浙江富阳新登镇）人，迄今还有罗隐石刻像存世，刻造于清道光七年（1827），由孔继尧绘图，石蕴玉作正书赞，谭松坡镌刻，为著名的《沧浪亭五百名贤像》之一。罗隐曾至京师应进士，历七年而不第。因《谗书》而得罪当世，前后共考了十多次，均不中，被人们称为“十上不第”。罗隐自嘲说：十二三年就试期。光启三年（887），时年已55岁的罗隐回乡依吴越王钱镠，历钱塘令、司勋郎中、给事中等职位。后梁开平三年去世，享年77岁。

前蜀武成二年十一月，四川三台刻《慧义寺尊胜陀罗尼经幢记》。据清人陆心源在《唐文续拾》中著录，此记为前蜀武成中慧义罗汉院僧传光所写，全称《节度使琅琊公敬就慧义寺罗汉院造佛顶尊胜陀罗尼经幢记》。陆增祥著录，名为《慧义寺节度使王宗侃尊胜幢记》，高四尺六寸，八面，面广六寸五分，各九行、行六十九字，字径五分。正书，在三台。刻工为文忠满、陈季欢。记文中的节度使琅琊公，即为王建养子王宗侃。据朱章义等报道，近年于成都十陵青龙村发现砖石古墓，其中一墓，考古学者认为即是王宗侃墓。

［文献］ 宋薛居正等《旧五代史》卷二四，清陆心源《唐文续拾》卷八，清陆增祥《八琼室金石补正》卷八一，黄镇伟《沧浪亭五百名贤像赞》，朱章义等《成都市龙泉驿区青龙村宋墓发掘简报》（《成都考古发现》）。

公元910年　后梁开平四年　前蜀武成三年

［提示］ 后梁开平四年九月四日，刻《石彦辞墓志》。前蜀武成三年，四川资中西岩造十王像。

［叙录］ 后梁开平四年九月四日，刻《石彦辞墓

志》。据周阿根、陈忠凯及虞万里等人撰文载，此志于20世纪出土西安，现藏于西安碑林。志文全称《梁故静难公臣金紫光禄大夫检校司空前守右金吾卫大将军充衙使兼御史大夫上柱国武威县开国男食邑三百户石府君（彦辞）墓志铭并序》，志石为正方形，高、宽均为93厘米。由朝请大夫、尚书司封郎中、柱国胡裳吉撰文，孔目官前左骁卫长史李昭远正书书丹，石戳篆盖，李延辉（镌玉册官）镌刻。《石彦辞墓志》具有文学和史学双重价值，文辞骈丽。

前蜀武成三年，据刘长久等载，四川资中西岩造十王像，为资州民间结社计六十户集资同造。

［文献］　周阿根著《五代墓志汇考》，陈忠凯《石彦辞墓志探疑》（《文博》1997年第5期），虞万里《〈石彦辞墓志〉文句正读和史事索隐》（《史林》2009年第6期），刘长久《中国西南石窟艺术》，王朝闻等主编《中国石窟雕塑全集》（四川重庆卷）。

公元911年　后梁开平五年　后梁乾化元年

［提示］　后梁开平五年六月三日，广东刻《清泉禅院钟铭》。后梁乾化元年四月，李琪奉敕撰《吴越王钱公（镠）生祠堂碑》。

［叙录］　后梁开平五年六月三日，广东刻《清泉禅院钟铭》。此铭在清人陆心源辑的《唐文续拾》中有著录，从铭文可知，此钟制作于天复二年十月（902），为端州（广东高要）刺史利部所造，重一千斤，于清泉禅院供养，永乞爵位高迁，家眷宁谧。此时设斋庆赞讫，久未得题号。今专差匠人周匡往镌字，开平五年六月三日重记。其钟通高近128厘米，口径73厘米，堪称洪钟了。

是年后梁改元乾化，乾化元年四月，李琪以翰林学士奉敕撰《吴越王钱公（镠）生祠堂碑》，全称《梁启圣匡运同德功臣、淮南镇海镇东等军节度使、淮南浙江东西等道观察处置营田招讨安抚兼盐铁制置发运等使、开府仪同三司尚父守尚书令、扬杭越等州大都督府长史、上柱国吴越王钱公生祠堂碑》（见《全唐文》）。清人吴任臣《十国春秋》（钱镠世家）中，所述略与此碑相同，可互为参证。《全唐文》有李琪小传，琪字台秀，河西敦煌人。少举进士。天复初应博学宏词，居第四等。累迁殿中侍御史。入梁为户部侍郎翰林承旨。贞明龙德中历兵礼吏侍郎，迁御史中丞，累擢尚书左丞中书门下平章事。罢为太子少保。后唐同光初授太常卿吏部尚书，三年为国计使。明宗即位，为御史大夫，除尚书左仆射。天成末，明宗自汴迁洛，为东都留司官。以太子太傅致仕。长兴中卒，年六十。所谓生祠，即为活着的人而建立的祠堂。清赵翼《陔余丛考》谈到生祠时说：《庄子》庚桑子所居，人皆尸祝之。盖已开其端。《史记》栾布为燕相，燕齐之间皆为立社，号曰栾公社；石庆为齐相，齐人为立石相祠，此生祠之始也。

［文献］　清陆心源《唐文续拾》卷七，清董诰等《全唐文》卷八四七，清赵翼《陔余丛考》卷三二，清吴任臣《十国春秋》卷七八。

公元912年　后梁乾化二年　前蜀永平二年

［提示］　前蜀永平二年，牛希济居遂州撰有《重修龙兴寺碑》。画僧贯休卒。四川内江清溪造像。

［叙录］　前蜀永平二年，五代词人陇西牛希济约40岁，仍居遂州为下僚，撰有《重修龙兴寺碑》。宋佚名《宝刻类编》录有《重修龙兴寺碑》：牛希济撰，永平二年立，在遂宁。碑文今不传。知其年牛希济在遂州。遂州遂宁郡，唐时属剑南东川节度，在古巴郡南界，故称巴南。希济旅居巴南十年，当即在遂州。霍有明在《中国文学编年史》中，引述《北梦琐言》之“以时辈所排，十年不调”，知牛希济在遂州亦有职守，只是地位较低。

是年，画僧贯休卒。贯休生平事迹，在其弟子昙域所作的《禅月集后序》及宋人赞宁《宋高僧传》中均有记载。贯休俗姓姜，字德隐，婺州兰溪（一说为江西进贤）人，是唐末五代著名的画僧，七岁时贯休便投兰溪和安寺圆贞禅师为童侍，日诵《法华经》千字，且过目不忘。受戒之后，诗画之名日盛，乾化二年(912)终于所居，享年81岁。在禅宗名刹宁波阿育王寺中，遗存有贯休所绘之罗汉和释迦牟尼弟子像碑，贯休亦以罗汉画最为知名。白化文说，在艺术表现上，十六罗汉是唐末五代才开始流行的，著名的禅月大师贯休以画罗汉著名，其传世之作仍为十六罗汉。十六罗汉增加为十八罗汉也大致在这个时期，苏轼有"十八大阿罗汉颂"，记其谪居海南岛时，从民间得到前蜀简州金水张氏所作的"十八罗汉图"。李玉珉认为，西蜀的罗汉画有张元和贯休两大系统，张元的罗汉多作世态相，其形貌与汉地高僧相仿佛。贯休的罗汉则采出世间相，胡貌梵相。这些罗汉庞眉大目，朵颐隆鼻，或倚松根，或嵌枯木，别具一格。据说这些罗汉皆是贯休梦中所见。五代以来，人们对贯休的罗汉画推崇备至，不但有石刻、墨拓传世，后人摹写贯休罗汉画者更不计其数，是我国罗汉画的一大名家。

四川内江清溪造佛像。刘长久等载，是年，在四川内江清溪，有将仕郎、守清溪县(四川内江安仁乡清溪村)令杨钊、都将杨万进、戍召军□将张弘礼、戍召军正□将杨承初等造佛像。同年，某施主亦在四川内江清溪造佛像。

［文献］ 前蜀昙域《禅月集后序》(《禅月集》)，宋赞宁《宋高僧传》卷三〇，宋佚名《宝刻类编》卷七，陈文新主编《中国文学编年史》(隋唐五代卷)，白化文《佛光的折射》，李玉珉《中国佛教美术史》，刘长久《中国西南石窟艺术》，王朝闻等主编《中国石窟雕塑全集》(四川重庆卷)。

公元913年 后梁乾化三年 前蜀永平三年

［提示］ 前蜀永平三年九月，重庆大足北山佛湾日月光菩萨龛。永平三年，四川资中重龙山造药师琉璃光佛并部众、四川巴中西龛第21龛题记。

［叙录］ 前蜀永平三年九月，重庆大足周氏为亡妣造日月光菩萨龛，现为大足北山佛湾第32号龛。据《大足石刻内容总录》载，此日光、月光菩萨像龛，红砂岩石质，顶部为平顶，龛高86厘米、宽61厘米、深9厘米。龛内日光、月光二菩萨面南站立于莲台之上，二像已部分风化剥蚀。龛左侧门楣上有题记：建造日光菩萨月光菩萨一龛，永为供养。永平三年九月十四日追斋赞讫。余字泐蚀。同年，四川资中重龙山造药师琉璃光佛并部众。据刘长久等载，永平三年，资州北岩院比丘僧芝、小师惠鼎、弘贞、社头首冯行让、防御衙推王行易等，在四川资中重龙山造药师琉璃光佛并部众。同时，四川还有巴中西龛第21龛题记。成都文物考古研究所等载，西龛第21龛为外、中、内三层像龛。中龛左壁镌有前蜀永平三年题记：检得大隋大业五年造前件古像，永平三年院主僧傅芝记。

［文献］ 四川省社会科学院等编《大足石刻内容总录》，刘长久《中国西南石窟艺术》，王朝闻等主编《中国石窟雕塑全集》(四川重庆卷)，成都文物考古研究所等编《巴中石窟内容总录》。

公元915年 后梁乾化五年 后梁贞明元年 前蜀永平五年

［提示］ 后梁乾化五年六月三日，龙门《李琮造观世音菩萨》。十月，刻《惠光舍利塔铭》。前蜀永平五年四月，重庆大足北山佛湾第53号《阿弥陀佛龛》。

［叙录］ 五代时期，后梁、后唐均地近龙门，却少有开窟造像的活动。刻造于后梁乾化五年六月三日的《李琮造观世音菩萨》及题记，据李文生载，位于龙门莲花洞，显得十分珍贵。

乾化五年十月所刻《惠光舍利塔铭》，在清人陆增祥书中有著录：铭高一尺一寸五分、广一尺二寸五分，十八行、行字不一。字径五分，正书，在大梁故墙西丽门外北壁上。《石刻考工录》著录为：沈瑶(吴兴)刻《惠光和尚葬记》。

前蜀永平五年四月，重庆大足北山佛湾第53号

《阿弥陀佛龛》。《大足石刻内容总录》载，北山佛湾第53号龛，灰砂岩石质，顶部为平顶，龛高124厘米、宽103厘米、深55厘米。龛内主像为阿弥陀佛，面西结跏趺坐于莲台上，台下为八角形束腰须弥座，两手置腹前结定印，身后有莲瓣形火焰身光及圆形火焰头光。佛头顶正中有莲瓣状圆形宝盖，两侧各有飞天一身，单腿跪于祥云之上。左侧飞天左手持莲，右手捧盘；右侧飞天双手执一莲顶华盖。主像左侧立地藏，其左手捧物（残），右手垂。右侧立观音，头戴高花冠，身有璎珞，左手已残，右手下垂持柳枝。二像均跣足立于莲台上，有圆形火焰头光。龛外左门柱壁上刻题记一则：留敬造地藏菩萨一身，右衙第三军散帅将种审能，为三男希言被贼伤，敬造上件功德，早生西方，见佛闻法。以永平五年四月四日，因终七斋表赞讫，永为供养。龛外右门柱壁上亦有一则题记：永平五年七月四日妆（余皆蚀）。

［文献］　清陆增祥《八琼室金石补正》卷七九，四川省社会科学院等编《大足石刻内容总录》，李文生主编《龙门石窟志》，曾毅公《石刻考工录》。

公元916年　后梁贞明二年　前蜀通正元年　南吴天祐十三年

［提示］　后梁贞明二年十月，河北刻《重修北岳庙碑》。贞明二年十一月十二日，河南《赠太尉葛从周神道碑》。前蜀通正元年，重庆合川龙多山南岩修妆并彩绘释迦牟尼佛一龛及佛像十二身。南吴天祐十三年，齐己撰《凌云峰永昌禅院记》。

［叙录］　后梁贞明二年十月，河北刻《重修北岳庙碑》。此碑在清人王昶的书中有著录：碑上残缺，仅存高九尺六寸五分、广四尺六寸。二十七行，字数无考，行书，在曲阳县。观察巡官朝请郎、检校尚书礼部员外郎、兼侍御史、赐绯鱼袋刘端撰文，定州文学王知新书丹。据曾毅公考，此碑刻工为王允。贞明二年十一月十二日，河南刻《赠太尉葛从周神道碑》（见《全唐文》）。宋人薛居正等引《旧五代史考异》说：此碑以贞明二年十一月十二日建。碑文为薛廷圭撰。廷圭两《唐书》及《旧五代史》中均有传，为唐僖宗中和进士，入梁仕至礼部尚书。此碑清人王昶有著录：碑高八尺七寸八分、广四尺二寸，三十八行、行约七十字，行书，在偃师县（淮庙村）。《拓本汇编》录有此碑拓本。程章灿按：《石刻考工录》系于本年十一月十二日。考碑云："贞明二年岁次丙子十一月壬子朔十□日丁卯建。"以朔日壬子计，丁卯为十二日。

刘长久等载，前蜀通正元年，贾□□及妻杜氏在重庆合川龙多山南岩修妆并彩绘释迦牟尼佛一龛及佛像十二身。南吴天祐十三年，齐己撰《凌云峰永昌禅院记》（见《全唐文》）。文中说：隐之既难，乃居其额，则天祐五年前使陇西公所给，用旌其名。予历于二林，达于幽致，耳饫天籁，神融山光，忘归之心，邈矣尘外。因询其始，乃见诸末。遂命笔砚，不请而记之，日光化己未岁，迄于天祐丁丑年（917），一十八载矣。宋人陈舜俞在《庐山记》中则说：《永昌禅院记》，天祐五年戊辰岁僧齐己撰。霍有明在《中国文学编年史》中说，这是误以文中所述题院名年为撰院记年。

［文献］　宋薛居正等《旧五代史》卷一六，宋陈舜俞《庐山记》卷三，清王昶《金石萃编》卷一一九，清董诰等《全唐文》卷八三八、卷九三一，《拓本汇编》第36册，曾毅公《石刻考工录》，程章灿《石刻刻工研究》，刘长久《中国西南石窟艺术》，王朝闻等主编《中国石窟雕塑全集》（四川重庆卷），陈文新主编《中国文学编年史》（隋唐五代卷）。

公元917年　后梁贞明三年　前蜀天汉元年

［提示］　后梁贞明三年三月二十七日，陕西《南溪池及九龙庙记》。贞明三年，《朗空大师白云栖云之塔铭碑》。前蜀天汉元年，四川安岳造像。

［叙录］　后梁贞明三年三月二十七日，陕西刻《南溪池及九龙庙记》。清人陆增祥有著录：高四尺四寸、广二尺。正书，篆额三行，题"新修南溪池亭及

九龙庙等记"12字，在陕西大荔。记文载录于清人陆心源《唐文续拾》中，撰文者为后梁兵部侍郎兼御史中丞蔡曙。又据曾毅公考，此碑刻工为焦行满。同年，后梁刻《朗空大师白云栖云之塔铭碑》。此碑清人王昶著录为《朗空大师塔铭》，并称其高广尺寸行数字数皆无考，行书。但是清人刘喜海所著录之《唐新罗朗空大师塔铭》，则标明：高六尺六寸、广三尺三寸，三十一行、行八十三字，行书。此碑由崔仁流奉敕撰文、金生行书。北京故宫博物院藏有《新罗国故两朝国师教谥朗空大师白云栖云之塔铭碑》。

前蜀天汉元年，四川安岳造像。据刘长久等载，是年，功德主女弟子黄氏十娘愿夫主尚书士敬文禄寿光永，次愿自家老幼永葆欢泰，在四川安岳县庵堂寺造阿弥陀佛、观世音菩萨、大势至菩萨并侍者兼十方佛一部，又观世音菩萨、花聚菩萨。同时，院主僧体佛、都料勾从本、社首赵义和及诸社户，在四川安岳圆觉洞造三世佛一龛。还在圆觉洞第23号造有佛道合龛(图192)。

［文献］ 清陆增祥《八琼室金石补正》卷七九，清陆心源《唐文续拾》卷七，清王昶《金石萃编》卷五三，清刘喜海《海东金石苑》卷二，曾毅公《石刻考工录》，刘长久《安岳石窟艺术》。

公元918年　后梁贞明四年　前蜀光天元年　晋天祐十五年

［提示］ 前蜀光天元年，欧阳炯本年前后有《应

图192　四川安岳圆觉洞第23号佛道合龛　五代前蜀天汉元年(917)

天寺壁天王歌》，与景朴画、僧梦龟草书并称“应天三绝”。前蜀王建卒，建永陵及石刻。晋天祐十五年四月二十一日，王允章刻《北平王再修文宣王庙院记》。

［叙录］ 前蜀光天元年，欧阳炯仍仕前蜀，本年前后有《应天寺壁天王歌》，与景朴画、僧梦龟草书并称“应天三绝”。宋人李昉等在《太平广记》中引《野人闲话》载：唐僖宗皇帝翠华两幸之年，有会稽山处士孙位随驾止蜀。孙位有道术，兼攻书画，皆妙得笔精。曾于应天寺门左壁上画天王一座，部从鬼神，奇怪斯存。笔势狂纵，莫之与京，三十余年无有敌者。景焕其先亦专书画，尝与翰林欧阳学士炯乃忘形之交。一日联骑同游兹寺，偶画右壁天王以对之。渤海在旁观其逸势，复书歌行一篇以纪之。续有草书僧梦龟后至，又请书之于廊壁上，故书画歌行，一日而就，倾城人看，阗咽寺中。成都之人，故号为应天三绝。歌行今亦录附曰：谁知未满三十载，或有异人来间生。匡山处士名称朴，头骨高奇连五岳。曾持象简累为官，又有蛇珠常在握。昔年长老遇奇踪，今日门师识景公。兴来便请泥高壁，乱抢笔头如疾风。霍有明在《中国文学编年史》中按：僖宗幸蜀在广明元年(880)至中和五年(885)，下推三十年为开平四年(910)至贞明元年(915)，上引文云“三十余年”，歌行云“未满三十载”，则事当在前蜀王建时。郭若虚谓孟蜀时事，不确。《全唐诗》录此诗题为《题景焕画应天寺壁天王歌》，但据上引文及歌行，画者则应为景焕之父景朴，《全唐诗》误。

前蜀光天元年，前蜀王建卒，建永陵及石刻。五代前蜀高祖王建在新旧《五代史》中均有传。许州舞阳(河南舞阳)人王建，字光图，在前蜀居位12年(907—918)。少无赖，乡人呼为贼王八。唐哀帝天祐四年(907)自立为帝，国号大蜀，史称前蜀，定都于成都。在位时重农桑，兴水利，扩疆土，蜀中获得相对的安宁和富饶。卒葬成都永陵(成都三洞桥西北永陵路)。20世纪40年代初期，由中央研究院历史语言研究所、中央博物院筹备处、四川省博物馆联合发起，并以考古学家冯汉骥为主持，开始对王建永陵的发掘工作。此次发掘工作影响颇巨，在当时也是中国首次展开的大规模地下墓室发掘工程。新中国成立之后，冯先生先后撰写了《前蜀王建墓发掘报告》及《前蜀王建墓石刻伎乐》等重要论著及论文，其中对永陵石刻伎乐的精深研究，迄今仍是研究中国古代雕刻、艺术、音乐、舞蹈等方面的经典文字。永陵出土了大量精美石刻。我们在本卷“五代十国编”引论中曾谈及其中的王建本人石像，正如刘兴珍所说，其像王冠帝服，身躯健壮，面部表情严肃，气宇轩昂。《五代史》载王建隆眉丰颡，状貌伟然。可知此像雕刻手法写实，只是整体造型和衣纹处理较为乏力(图193)。永陵石刻最为著名的伎乐浮雕石刻(墓中室置须弥座式棺床，座身周围凹进处刻舞乐伎共24人)，属唐代宫廷乐舞的坐部伎。当时，舞者大抵为3—12人，舞姿文雅，舒展潇洒。此组浮雕中有舞伎二身，分别置于正面中间二宽格内，姿态基本对称。其余伎乐如击拍板者、弹琵琶者、吹篪者、吹排箫者、吹筚篥者、弹筝者、弹竖箜篌者等(图194)，均挽高髻，着宽袖长裙，腰束飘带，肩披帔巾，足着云头复底鞋。面颐丰腴，略露笑意，提腕侧身，一膝微屈，姿态优美。雕刻技法娴熟流利，风格上则显出质朴之风。

晋天祐十五年四月二十一日，王允章刻《北平王再修文宣王庙院记》。清人朱士端和魏锡曾均著录此碑文。程章灿说：顾炎武按《通鉴》，梁太祖开平四年，镇定复称唐天祐年号，今此天祐十五年为梁之贞明四年，晋王已拔杨刘。

［文献］ 宋李昉等《太平广记》卷二一四，宋郭若虚《图画见闻志》卷六，清彭定求等《全唐诗》卷七六一，清朱士端《宜禄堂收藏金石记》卷五五，清魏锡曾《绩语堂碑录》，清顾炎武《金石文字记》卷五，陈文新主编《中国文学编年史》(隋唐五代卷)，冯汉骥《前蜀王建墓发掘报告》、《前蜀王建墓石刻伎乐》(《四川大学学报》社会科学版1957年第1期)，杨有润《王建墓石刻》(《文物参考资料》1955年第3期)，刘兴珍等《中国古代雕塑图典》，程章灿《石刻刻工研究》。

公元 919 年　后梁贞明五年

［提示］ 后梁贞明五年，名僧释赞宁生，后撰《宋高僧传》。画家李成生，后作《读碑窠石图》。

［叙录］ 后梁贞明五年，名僧释赞宁生。赞宁生平事迹见诸宋人王禹偁《左街僧录通惠大师文集序》(《小畜集》)以及元人释念常、清人吴任臣等著述之中。俗姓高，祖籍渤海，后移居南方吴兴德清县。赞宁出家于杭州祥符寺，学南山《四分律》，人称为律虎。吴越王钱俶任赞宁为两浙僧统，并赐号明义宗文大师，足见其在南方的影响。赞宁所著《宋高僧传》，于研究中国唐及以后的佛教造像，尤其是石刻造像颇为重要，很多重要的僧侣生平，均赖以传世。

同年，画家李成生。五代著名画家李成字咸熙，西安人。本为唐宗室后裔，工画山水。其生平事迹，散见于《宣和画谱》等典籍。李上代居长安，后迁青州益都。初师荆浩、关仝，后以自然为师。宋人刘道醇谓李成画“峰峦叠嶂，林木稠薄，泉流深浅，如就真景”。其画卷云皴法，精微而浑润，堪为北派代表人物。传世作品中以《读碑窠石图》、《寒林图》等广为人知。卢蓉曾撰文分析李成之《读碑窠石图》，认为此系画家代表作，后人对它的欣赏、研究、临摹从未停止过。

《读碑窠石图》为墨色绢本，纵长 126.3 厘米、横宽 104.9 厘米，现藏于日本大阪美术馆。作品在碑侧有短款：王晓人物，李成树石。以此不难推测，这幅作品是合作完成的，并各取所长，李成画树皴石，王晓负责描画人物。既然是两人合力之作，从构图形式到作品内容想必在思想上有所交流，抑或是知己般聊天随性而成，已不得而知。

［文献］ 宋王禹偁《小畜集》卷二〇，宋赵佶等《宣和画谱》卷一一，宋刘道醇《宋朝名画评》，元人释念常《佛祖历代通载》卷一八，清吴任臣《十国春秋》卷八九，卢蓉《〈读碑窠石图〉及其画家李成的艺术理念》(《芒种》2013 年第 6 期)。

公元 920 年　后梁贞明六年　辽神册五年

［提示］ 辽神册五年正月，参照汉字创造契丹大字。

［叙录］ 元脱脱等《辽史》载：辽太祖耶律阿保机神册五年春正月，参照汉字创造契丹大字。据清格尔泰、赵超等人载，契丹语言及文字研究属于阿尔泰语言学分支，自 20 世纪 20 年代庆陵契丹字哀册发现以来，契丹语文学业已成为中国民族语文学之显学。

近人金毓黻曾编录《辽陵石刻集录》六卷，并于 1934 年刊行于世。契丹文字分契丹大字和小字，大字创立于此年，系是利用汉字笔画结构来表达契丹语音的一种文字体系。后来在大字基础之上改进为契丹小字。但这两种写法并未有相互取代，在辽代一直并存着，直至金代明昌二年(1191)才禁止使用契丹文字。

［文献］ 元脱脱等《辽史》卷二，金毓黻编录《辽陵石刻集录》，清格尔泰等《契丹小字研究》，赵超《石刻史话》。

公元 922 年　后梁龙德二年　前蜀乾德四年

［提示］ 后梁龙德二年二月三日，甘肃宁县《刺史牛公建修衙之记碑》。前蜀乾德四年十二月十六日，重庆大足《大威德金轮炽盛光佛像》。

［叙录］ 后梁龙德二年二月三日，甘肃宁县刻《刺史牛公建修衙之记碑》。据唐晓军载，此碑现藏宁县博物馆院，又名《修署衙纪碑》、《刺史牛公板筑州墙建诸公署及新衙之碑》。后梁龙德二年，宁州刺史牛知业新筑州墙、建诸公署及州衙，刻立此碑以纪其事。碑高 220 厘米、宽 110 厘米、厚 16 厘米，额篆书“刺史牛公建修衙之记”。碑文自右而左楷书竖写。前剑南东川节度推官朝议郎检校尚书祠部员外兼侍御史柱国赐绯鱼袋李明启撰、内殿讲经大德萝庄书、上官武镌字。在刘德祯、李红雄主编的《庆阳

图 193　王建坐像　五代前蜀光天元年(918)　四川成都王建永陵

图 194　王建永陵乐伎(琵琶与腊鼓)　五代前蜀光天元年(918)

文物》中也收录有此碑。

前蜀乾德四年十二月十六日，重庆大足《大威德金轮炽盛光佛像》。据《大足石刻内容总录》载，大足北山佛湾第 39 号龛，红砂岩石质，顶部为平顶，龛高 79 厘米、宽 76 厘米、深 23 厘米。龛内主像为大威德金轮炽盛光佛，面东结跏趺坐于莲台上，座下为镂空云层花纹圆基座。佛头有肉髻，着圆领袈裟，胸无饰，双手捧金轮置腹上，身后有圆形背光，佛头上龛顶壁刻有莲瓣宝盖装饰。佛之两侧壁面上刻有九曜神，分三层排列，右侧有五神，左侧四神已残毁。龛顶门楣上刻有二飞天，均长 43 厘米，长裙飘拂，浮于云上，互为对称。龛外右侧门楣上有题记：乾德四年十二月十六日，杨宗厚等敬造大威德炽盛光佛并九曜像共一龛，永为供养。

［文献］　宋欧阳修《新五代史》卷三九，唐晓军《甘肃古代石刻艺术》，刘德祯等《庆阳文物》，四川省社会科学院等编《大足石刻内容总录》。

公元 923 年　后梁龙德三年　辽天赞二年

［提示］　后梁龙德三年，王处直墓及石刻。辽天赞二年五月，白话碑《大王记结亲事碑》。

［叙录］　后梁龙德三年，王处直墓及石刻。王处直在欧阳修的《新五代史》中有传，处直字允明，是五代十国初期北平国统治者，王处存胞弟。王处直在继任义武军节度使后，迅速成为唐末北方割据者之一。后梁开平三年(909)朱温封处直为北平王，建立北平国。龙德元年(921)，处直养子王都兵变，王处直被因，次年，王处直被王都所弑，其落葬时间当在其被弑之次年，即龙德三年。

王处直在今天广为人所知的重要原因在于：20 世纪 90 年代，河北曲阳县灵山镇西燕川村西坟山上发现王处直墓，更由于墓中出土大量精美绝伦的汉白玉彩绘石刻而蜚声海内外。由于王处直曾为义武军(河北定州)节度使，节制易、定、祁三州，后又为北平王，因此其墓葬规格极高。又因其墓所在地系以出产汉白玉石刻闻名于世的曲阳一带，故其陵墓石刻，在整个五代石刻中，能与之比肩者，唯西蜀王建永陵而已。在河北省文物研究所等所编之《五代王处直墓》中，对其石刻进行了较为清晰的展示。墓内共嵌有石刻彩绘浮雕共计 18 块，包括墓门武士像 2 块、墓前室门内侧文吏或供养人像 2 块、前室四壁生肖像 12 块、后室东西两壁大型女乐、服侍像 2 块。王处直陵墓石刻中，也刻有彩绘《浮雕伎乐图》，如果将其与王建墓伎乐图进行比较，将是一件很有趣的事情，其南北(地域)之别，青白(石质)之趣，以及乐器与构图的异同，均值得玩味。王处直墓浮雕伎乐承唐余风，并与宋辽代墓葬中壁画散乐图像形成呼应。王处直墓中彩绘浮雕伎乐图，更多借鉴了佛教造像(如礼佛图)的格局，图中刻有 15 人，分前后两列面右站立，为首者为一男衣司仪。其余女性乐伎长裙披帛，高髻簪花，丰腴圆润，唐韵犹存，继承了周昉《簪花仕女图》的审美风尚。男性司仪则戴幞头、持长杆，指挥若定。前面更有二小儿之状，作伴舞形态。王处直陵墓石刻之所以受到世人瞩目，还有一个原因：其中两件武士像被盗运出国。至 20 世纪初，经国家文物局和海外爱国人士的共同努力，终于使两件武士像回到了故土。墓内出土一方青石墓志，志盖四刹浮雕青龙、白虎、朱雀、玄武并施彩绘。盖顶篆刻“唐故易定祁等州节度观察处置等使检校太师兼中书令北平王太原郡王公府君墓志铭”。志石为方形，四侧线刻缠枝牡丹花纹。志文楷书，约近 2 000 字，撰文者为和少微。王处直墓内有大量精彩的壁画，郑以墨认为，这些墓壁画可谓唐代以来出现的绘画题材之集大成者。郑以墨通过对不同题材如山水画、花鸟画、人物浮雕的形式、风格的分析，发现这些壁画有着不同的来源，包括卷轴画、屏风画、寺观壁画等，其中不仅有前代流传下的粉本，更有当时流行的样式。这种对当时各种绘画样式的选择与融合，显示出丰富的专业知识和专业技巧以及对当时绘画发展的敏锐观察力。

辽天赞二年五月所刻立的《大王记结亲事碑》，据李义撰文说，内蒙古自治区宁城县存金沟乡喇嘛沟门村一组的村民，于1974年在该村曹家房后地段深翻土地时发现两块石碑。15年后的1989年，宁城县文物管理所在进行文物普查时，从村民处取回石碑，收藏于宁城县文物管理所。《大王记结亲事碑》也是迄今为止所见年代最早的一块辽碑，碑高100厘米、宽35厘米、厚11厘米。碑下部有梯形榫，上刻“王”字，碑额横书“大王记结亲事”六字。碑文自左向右竖刻，记述通婚聘女之事。据考证，此碑系奚族所立，碑中大王即勃鲁思。因碑文以大王口授记录，故全为口语。碑末说：“据此事，我也言(眼)不见，身不泛(烦)来。只是我母向我道，我肚里不忘却，遂记石上。”有学者认为，此碑是我国历史上最早的一块白话文碑，对于研究汉语演进，具有重要价值。

［文献］ 河北省文物研究所等编《五代王处直墓》，郑以墨《五代王处直墓壁画形式、风格的来源分析》(《南京艺术学院学报》2010年第2期)，李义《内蒙古宁城县发现辽代〈大王记结亲事〉碑》(《考古》2003年第4期)。

公元924年 后唐同光二年 前蜀乾德六年

［提示］ 后唐同光二年八月二十六日，《贾凡母苏造像》。十二月，庄宗李存勖幸龙门山广化寺，开佛塔祈雪。前蜀乾德六年，四川广元造像。

［叙录］ 后唐同光二年八月二十六日，《贾凡母苏造像》。日人松原三郎在其名著《中国佛教雕刻史研究》初版中，曾收入一件石雕菩萨三尊像。其正面有款：“大唐同光二年八月廿六日，邑主定州城内贾凡母苏为亡父母、边地众生、眷属法界等供养。”金申认为，此像系伪作：作伪者技术拙劣而单调，以不变应万变，造了多件这类大同小异、质地不同的伪作，伪作的产地可能即清末至民国年间的北京。且此像造型与大英铁像完全相同。伦敦大英博物馆藏观音三尊龛像(大唐开元六年三月九日施沟寺师僧法界等敬造佛像)、日本滨松美术馆藏观音立像(后唐同光二年十月九日古佛寺众僧敬造像一躯)、日本新田氏藏观音三尊立像、北京中国佛教图书文物馆藏观音立像(后唐同光二年十月九日古佛寺造)，金申疑这四件均为伪作：上述四尊像尽管整体框架各异，但局部互见异同，奇异的是，不管怎么变化，立尊观音和二胁侍的造型样式在四件造像上全然一致，不论是动态、面相、发型、衣饰、手印都是从同一个图样而来，从风格上甚至可断定出自一人之手，值得怀疑。

据《册府元龟》等载，后唐同光二年十二月，唐庄宗李存勖幸龙门山广化寺，开佛塔祈雪。广化寺位于龙门石窟北面山崖，始建立于北魏，为龙门八寺之一。广化寺在后来的唐朝闻名于世，主要是因为天竺名僧密宗三大士之善无畏来中国弘法，于洛阳大善寺圆寂后，迁葬于龙门广化寺并建佛塔。之后，唐肃宗又于广化寺为善无畏禅刻立石碑。庄宗这儿所开之佛塔，即善无畏塔。

前蜀乾德六年，四川广元造像。刘长久等载，是年，四川广元千佛崖，有府主相公宅越国夫人四十二娘为大王国夫人，重修妆毗卢遮那佛一龛并诸菩萨及部从、伎乐等。其造像记，见录于清人陆心源的《唐文拾遗》中。是年前后，越国夫人路氏幸回巡礼四川广元千佛崖柏堂寺。见弥勒尊佛并诸菩萨色彩暗昧，遂重新具装严。

［文献］ 宋王钦若等《册府元龟》卷一四五，清陆心源《唐文拾遗》卷五一，金申《佛教美术丛考》，［日］松原三郎《中国佛教雕刻史论》，刘长久《中国西南石窟艺术》，王朝闻等主编《中国石窟雕塑全集》(四川重庆卷)。

公元925年 后唐同光三年 前蜀咸康元年

［提示］ 前蜀咸康元年，四川安岳庵堂寺造像。

［叙录］ 前蜀咸康元年，四川安岳庵堂寺造像。据刘长久等载，是年，比丘惠初为亡母任氏在四川安岳县庵堂寺造白衣观音一身并花聚菩萨一身。花聚菩萨造像在石刻造像中十分罕见，除了在蜀中见到，

似乎不见于他处。在东晋佚名译出《佛说花聚陀罗尼咒经》,上面说：佛告师子奋迅菩萨,有陀罗尼名曰花聚,多所饶益诸天世人,有能受持读诵通利如法修行,所得福德倍过于上。复有善男子,供养声闻缘觉辟支佛菩萨,百千万倍不及其一。乃至算数譬喻所不能知。在唐释怀感所撰的《释净土群疑论》中也记载了花聚菩萨、山海慧菩萨发弘誓愿等事。

［文献］《大正新修大藏经》经藏密教部四、论藏诸宗部四,刘长久《安岳石窟艺术》,王朝闻等主编《中国石窟雕塑全集》(四川重庆卷)。

公元926年　后唐天成元年

［提示］后唐天成元年四月,杜光庭撰《石笋记》。天成元年,四川简阳造阿弥陀佛一身。

［叙录］后唐天成元年,杜光庭隐青城山。宋佚名《宝刻类编》载:《石笋记》,杜光庭撰,同光四年四月立。我们在前文中曾述及成都地区的大石崇拜,石笋显然是这种民俗文化的遗存。杜甫写有著名的诗歌《石笋行》(见《全唐诗》)：君不见益州城西门,陌上石笋双高蹲。古来相传是海眼,苔藓蚀尽波涛痕。雨多往往得瑟瑟,此事恍惚难明论。恐是昔时卿相墓,立石为表今仍存。惜哉俗态好蒙蔽,亦如小臣媚至尊。政化错迕失大体,坐看倾危受厚恩。嗟尔石笋擅虚名,后来未识犹骏奔。安得壮士掷天外,使人不疑见本根。不知杜光庭所写之石笋,是否与杜甫所写之石笋为同一石体。杜甫虽然是诗人,但却颇有考古学者的眼光,他并不相信这个石笋是海眼的民间传说,而判断是古时王侯卿相的陵墓石刻遗存,这是相当有见地的认识。晋人常璩即在《华阳国志》中载：时蜀五丁力士,能移山,举万钧,每王薨,辄立大石,长三丈,重千钧,为墓志,今石笋是也,号曰笋里。

天成元年,四川简阳造阿弥陀佛一身。刘长久载,是年,检校刑部尚书兼御史大夫刘安文为亡室扶风郡(在今陕西凤翔县)惠氏,在四川简阳造阿弥陀佛一身。题记"同光丙戌载"(即后唐同光四年),实为"天成元年"。

［文献］晋常璩《华阳国志》卷三,宋佚名《宝刻类编》卷八,清彭定求等《全唐诗》卷二一九。

公元927年　后唐天成二年

［提示］杜光庭撰《太清观取钟并修观记》,四川广元造像。

［叙录］后唐天成二年,杜光庭隐青城山撰《太清观取钟并修观记》。宋佚名《宝刻类编》卷七载:《太清观取钟并修观记》,杜光庭撰,天成二年,成都。其文今不传。

是年,四川广元造像。刘长久载,是年,检校金紫光禄大夫、检校尚书右仆射、左卫将军、御史大夫李仁矩奉宣持敕书手诏骤马径入西蜀,为煞却都督后慰喻上,迂回经过四川广元千佛崖,睹此真仪,伏愿望躬万一碣,一齐人安存眷属受,重施装饰三圣堂一龛。同年,东川官告使、客省副使、金紫光禄大夫、检校尚书右仆射、守左卫将军兼御史大夫、上柱国刘处让自东川加平章事回,再经四川广元千佛崖,睹古龛灵迹藓驳苔封,遂舍俸金装此功德一龛。

［文献］宋佚名《宝刻类编》卷七,刘长久《中国西南石窟艺术》,王朝闻等主编《中国石窟雕塑全集》(四川重庆卷)。

公元928年　后唐天成三年　吴越宝正三年

［提示］吴越宝正三年三月二十六日,江苏《告太湖龙简文》。

［叙录］吴越宝正三年三月,江苏刻《告太湖龙简文》。清人陆耀遹曾提及此投龙简文。曾毅公考,此简文刻工为李道贞(制置务客司军将)。投龙简是一种道教祭水仪式。据王育成载,此简实物尚存世,为玉质简牍。是年吴越国王钱镠77岁,其所投龙用

的玉简，呈长方形，为版方之状，可称为玉版，正背各刻一方框，框四周刻龙纹及水波纹，框内各有铭文八行，内容相接，共187字。文为："大道弟子、天下都元师、尚父、守中书令、吴越国王钱镠七十七岁，二月十六日生。自统制山河，主临吴越，民安俗阜，道泰时康，市物平和，遐迩清宴。仰自苍昊降佑，大道垂恩。今特诣洞府名山，遍投龙简，恭陈醮谢，上答玄恩，伏愿年年无水旱之州，岁岁有农桑之乐。兼乞镠壬申行年，四时履历，寿龄遐远，眼目光明，家国兴隆，子孙繁盛。志祈玄祝，允协投诚。谨诣太湖水府，金龙驿传。于吴越国苏州府吴县洞庭乡王梁里太湖水府告文，宝正三年岁在戊子三月丁未朔二十六日壬申投。"该玉简文首即称大道弟子，并依道教投龙用简之格式，自报年龄与出生月日。文内极力宣扬自己统治的吴越国泰民安，是"苍昊降佑，大道垂恩"，所以吴越王要在"洞府名山，遍投龙简"，以"上答玄恩"。最后又为自己祈祷"寿龄遐远，眼目光明，家国兴隆，子孙繁盛"。文尾称"谨诣太湖水府，金友驿传"，除太湖两字为具体地点外，其余八字则为道教水简通用结句之文。

［文献］ 清陆耀遹《金石续编》卷一二，曾毅公《石刻考工录》，王育成《考古所见道教简牍考述》(《考古学报》2003年第4期)。

公元929年 后唐天成四年

［提示］ 四川安岳资中石刻造像。

［叙录］ 是年，四川安岳资中石刻造像。据刘长久载，是年，龙归店高山长及妻伏愿夫妇寿比松筠，永葆坚贞，男女儿孙咸同清吉，先灵远祖上品往生，债主冤家勿为仇隙，在四川安岳县庵堂寺造阿弥陀佛并七佛、救苦观世音、地藏菩萨一龛。同年，忠勇拱卫功臣、银青光禄大夫、检校尚书左仆射、使持节资州诸军事、守资州刺史兼御史大夫、上柱国元弘习，谯郡(安徽亳县)夫人曹氏，小男通进，镇国军节度衙押、左衙第二都头、充资州衙队苏罕宾，在四川资中县西岩建毗沙门佛龛。文中记述了唐咸通中，南诏十万兵马围逼成都，会府城池将陷此际，毗沙门天王显神威于城楼上，南诏兵马望而溃逃事由。

［文献］ 刘长久《安岳石窟艺术》、《中国西南石窟艺术》，王朝闻等主编《中国石窟雕塑全集》(四川重庆卷)。

公元930年 后唐长兴元年

［提示］ 七月二十一日，福建《唐故燕国明惠夫人彭城刘氏墓志》。十一月七日，河南《毛璋墓志》。是年，四川安岳石刻造像。

［叙录］ 七月二十一日，福建刻《唐故燕国明惠夫人彭城刘氏墓志》。陈鸿钧载，1965年于福建福州莲花峰发掘出五代闽刘华墓，墓中出土《唐故燕国明惠夫人彭城刘氏墓志》一石，其型制巨、文字多、内容详赅，记载了闽、南汉的诸多史事，可藉以考稽史实并纠正史籍之误载误传，诚为唐末五代重要之石刻文献，史料价值极高。墓志由郑昌士撰文、王恢书并篆额、林欢刻字，现藏于福建博物馆。

同年十一月七日，河南刻《毛璋墓志》。此志罗振玉有著录，后来出版的《拓本汇编》中也有相关图录，为董知荣刻，出土于河南洛阳。《拓本汇编》中还录有《毛璋妻李氏墓志》，刻工为韩重。

长兴元年，四川安岳石刻造像。刘长久等载，是年，比丘怀真因往年忽染时疾，归在俗家将理，并染俗家大小不安，遂发心在四川安岳县庵堂寺造曜像白衣观音菩萨一身。同年，第四都厢虞侯邓辜枚夫妇因命隙冤家解散，债主无为仇储，发愿在四川安岳县庵堂寺造释迦说法龛。题记为"天成五年"，实为"长兴元年"。普州安岳县静邑里弟子六十余家舍缯帛，在四川安岳县庵堂寺旁妆佛像。

［文献］ 清罗振玉《芒洛冢墓遗文四编》卷六，《拓本汇编》第36册，曾毅公《石刻考工录》，陈鸿钧《福建出土〈唐故燕国明惠夫人彭城刘氏墓志〉考释》(《宁波大学学报》2010年第5期)，刘长久《安岳石窟

艺术》。

公元 932 年 后唐长兴三年

［提示］ 二月，中书奏请依唐石经文字刻《九经》印版于四川成都。十一月二十四日，成都刻《大唐福庆长公主墓志铭》。是年，福建闽王王审知墓及石刻。

［叙录］ 据《旧五代史》、《资治通鉴》等载：后唐长兴三年二月，中书奏请依唐石经文字刻《九经》印版于四川成都，行之，是为五代监本。刘学智说，后唐明宗准依唐石经所刻《九经》（即《易》、《诗》、《书》、《三礼》、《三传》）印版，世称五代监本，此为监本之始。此事先由宰相冯道和李愚判令国子监田敏校定《九经》，刻版印行，于后周广顺三年（953）六月，版成献之。时为乱世，能使《九经》得以广为流布，实为不易。开成经仅刻经文，而长兴监本则又刊经注，故王国维谓：自《开成石经》出，而经文始有定本，自五代监本出，而注文始有定本。王仲言《挥麈录》谓蜀本《九经》先于监本，说：毋昭裔贫贱时，尝借《文选》于交游间，其人有难色，发愤异日若贵，当版以镂之遗学者。后仕王蜀为宰，遂践其言刊之。印行书籍，创见于此。事载陶岳《五代史补》。后唐平蜀，明宗命太学博士李锷书《五经》，仿其制作，刊版于国子监，为监中印书之始。对此王国维考辨说：昭裔相蜀，在孟昶明德二年（后唐清泰二年）至广政十六七年，尚在相位。仲言谓其相王蜀，已非事实。其刊《文选》在相蜀后，自不得在长兴之前。刊九经则更在其后。《扎平仲珩璜新论》云：周广顺中，蜀毋昭裔刊印版九经。《通鉴》载昭裔开学馆，刻《九经》，在广政十六年，即周广顺三年，正田敏九经版成之岁，昭裔所作，当仿其制。近人或广仲言之说，谓蜀本《九经》，先于监本，尤乖事实。后唐诸儒刊刻《九经》印版，在长兴三年。昭裔刻《九经》在后周广顺三年（即后蜀广政十六年），晚 21 年，蜀本不可能先于监本，今从王说。

长兴三年十一月二十四日，成都刻《大唐福庆长公主墓志铭》。高文注：此墓志为 1970 年在成都北郊七公里的磨盘山南麓，后蜀孟知祥墓出土。长 108 厘米、宽 110 厘米。志盖周围绕以串枝葵纹，由崔善撰文，令狐峤书丹，陈德超镌字，楷书。孟知祥字保胤（一作保裔），邢州龙冈（河北邢台）人，后蜀明德元年（934 年），孟知祥自立为帝，国号蜀，建都成都，年号明德，史称后蜀。其妻福庆长公主，是晋王李克用长女，后唐庄宗李存勖之姊，死于本年，葬于成都会仙乡星宿山（磨盘山）。孟知祥和陵落成后，始与孟知祥合葬。《新五代史》（后蜀世家）、《蜀梼杌》与《十国春秋》等均说孟知祥之妻为李克用之弟李克让之女。而墓志铭载："福庆长公主李氏，即后唐太祖武皇帝之长女，光圣神闵孝皇帝庙号庄宗之长姊，母曰贞简皇后"。此碑之出土，纠正了史书之误。

福建闽王王审知墓及石刻。王审知墓位于福建省福州市北郊战坂乡莲花峰下，系后唐长兴三年迁葬墓。据郑国珍的考古简报载，其墓前存石翁仲（文臣武士）与石兽共 10 件。武士甲胄拄剑而立，颇为威风；文臣则拱手执笏，表情恭谨。王审知在新旧《五代史》中均有传，审知字信通，又字详卿，河南光州固始人。唐乾宁四年（897）任威武军节度使，寻封瑯琊王、闽王。后唐同光三年（925）十二月十二日卒于福州，追封忠懿王。翌年三月四日安葬在福州西郊的凤池山，与妻任氏墓毗邻。后唐长兴三年（932），王审知次子、闽国第三代主王延钧，以父母坟墓所在山冈风水不利国运为由，将王审知夫妇灵柩迁葬福州北郊莲花峰南麓，凿山为陵。陵山覆斗状，俗称斗顶山。1981 年，福州市文物管理委员会着手对王审知墓进行过考古发掘。

［文献］ 宋薛居正等《旧五代史》卷四三，《资治通鉴》卷二七七，王国维《五代监本考》（《国立北京大学国学季刊》1923 年第 1 卷第 1 号），张岂之等《中国学术思想编年》（隋唐五代卷），高文等《四川历代碑刻》，郑国珍《唐末五代闽王王审知夫妇墓清理简报》（《文物》1991 年第 5 期）。

公元 933 年　后唐长兴四年

［提示］　杜光庭卒。

［叙录］　晚唐五代蜀中著名道士杜光庭的生平事迹，在宋人张唐英、陶岳等相关典籍中均有记载。现代学者王瑛、罗争鸣、孙亦平等更对之进行了深入细致的探析。光庭字圣宾，一作宾圣（亦有作宾至），处州缙云（浙江）人。因应《九经》举不第，入天台山求道。后随僖宗入蜀不返，在前蜀时曾官至谏议大夫、户部侍郎等职。封蔡国公，赐号广成先生。晚年归隐青城山，自号登瀛（或东瀛）子。著有《道德真经广圣义》、《广成集》、《道教灵验记》等道教经典。杜光庭还写过数种石刻文献，如天成元年（926）的《石笋记》以及乾宁二年（895）的《修青城山诸观功德记》等。

［文献］　宋张唐英《蜀梼杌》卷上，宋陶岳《五代史补》卷一，王瑛《杜光庭事迹考辨》（《前后蜀的历史与文化》），罗争鸣《杜光庭道教小说研究》，孙亦平《杜光庭评传》。

公元 935 年　后唐清泰二年　后蜀明德二年

［提示］　后唐清泰二年　后蜀明德二年，四川蒲江飞仙阁造五佛龛。

［叙录］　据莫洪贵、刘长久等载，后蜀明德二年，在四川蒲江县飞仙阁造五佛龛。蒲江县飞仙阁摩崖造像，在县城西南 13 公里的霖雨公社仙鹤大队。飞仙阁位于山环水抱之间，南面是蒲江河，东面是去霖雨公社的公路，北面是重重山丘，西是去朝阳、长滩水库的公路。据清乾隆《蒲江县志》记载：汉莫将军，河南人，佚其名。文帝时，征云南旋师，驻节莫佛镇山下，见此山清水秀，遂于此修道，乃隐居潜修，终至白日羽化飞升。后来人们还在其地筑阁建寺，因此其地之名，便称为飞仙阁。

［文献］　莫洪贵《蒲江飞仙阁摩崖造像》（《四川文物》1985 年第 3 期），刘长久《中国西南石窟艺术》。

公元 936 年　后唐清泰三年　后晋天福元年　吴天祚二年　闽通文元年

［提示］　吴天祚二年七月二十七日，江西《光化大师碑》。闽通文元年，福建《鳞次台题字》。

［叙录］　吴天祚二年七月二十七日，江西刻《光化大师碑》。清王昶载：龙寿院《光化大师碑》铭碑连额高五尺八寸、广三尺一寸五分。三十行、行五十字，正书，在南昌府。据曾毅公考，此碑刻工为王文通（太原）。由此可见，当时北方的一些著名刻工，也辗转到了南方，以雕刻为生。此碑文载于《全唐文》中，碑文为武昌县尉欧阳熙所作，全称《洪州云盖山龙寿院光化大师宝录碑铭》。文中说：大师俗姓刘氏，法讳怀溢。本无诸倚郭闽县人也，即巨唐相国彭城刘公瞻之次子。光化是曹溪六祖七传弟子，曾为僖宗御前供奉，赐号福田禅师、大自在禅师。光化的父亲刘瞻系唐代广东仅有的两名丞相之一（另一位是张九龄）。刘瞻生平在两《唐书》及《北梦琐言》中均有相关记载，字几之。祖籍彭城（今徐州），先祖徙连州。大中元年（847）中进士，娶李德裕孙女为妻。大中四年（850）中博学鸿词。在唐懿宗和僖宗两朝均出任宰相要职，据说后来死于刘邺的毒酒。

闽通文元年于福州乌石山篆刻《鳞次台题字》。据清人陆增祥载：《乌石山鳞次台题字》拓本高三尺九寸、广一尺九寸。一行三字，字长径一尺，款二行，行字不一，字长径二寸余。在侯官鳞次台，通文元年沈沂篆书。魏稼孙（锡曾）以为建文元年，今审其篆体遒铢，不似明人手笔。因谛审此字左旁从辵，决非建字，以篆文宽狭准之，尤不似建，盖通文也。我们认为，陆增祥的辨析是很有说服力的。鳞次台为福州三十六奇之一，在天王岭东。

［文献］　五代孙光宪《北梦琐言》卷三，清陆增祥《八琼室金石补正》卷八〇，清王昶《金石萃编》卷一二二，曾毅公《石刻考工录》。

公元937年 后晋天福二年 吴天祚三年 后蜀明德四年

［提示］ 后晋天福二年，浙江《福祈禅院碑》。吴天祚三年，江苏狼山摩崖题名石刻。后蜀明德四年，四川广元千佛崖建尊胜陀罗尼经幢一所。

［叙录］ 后晋天福二年，浙江刻有《福祈禅院碑》。此碑清人杜春生有著录：碑高一尺七寸八分、广四尺九寸，二十七行、行十二字，正书，径一寸。在浙江上虞西北四十里福祈峰下，旧传吴赤乌间僧纯一师化其族李之所居，为伽蓝号祈福院。迄今乡人尊称一法华为开山祖。曾毅公考，此碑刻工为王仁(四明)。

吴天祚三年，江苏狼山摩崖题名石刻。据《文物》杂志等载，在江苏南通市东南九公里处的狼山，为一临江小山，其旁还有剑山、军山、马鞍山、黄泥山，合称五山。狼山居中，和隔江常熟县的福山遥遥相对，曾被称作由海入江的第一重门户。在狼山除发现宋代驻军题名石刻之外，还有五代吴杨溥天祚三年，东洲静海都镇遏使姚存浏览狼山的摩崖题名石刻，文中记述姚存当时乘船前往狼山，说明当时狼山是在长江中独立存在的，这对于研究长江的历史水文地理，具有重要参考价值。

后蜀明德四年，四川广元千佛崖建尊胜陀罗尼经幢一所。据刘长久等载，是年，王重叙为皇帝、府主、朝野重臣、过时二亲、四生六类，在四川广元千佛崖建尊胜陀罗尼经幢一所。

［文献］ 清杜春生《越中金石记》卷一，《江苏南通狼山发现宋代驻军题名石刻》(《文物》1979年第2期)，曾毅公《石刻考工录》，刘长久《中国西南石窟艺术》，王朝闻等主编《中国石窟雕塑全集》(四川重庆卷)。

公元938年 后晋天福三年 后蜀广政元年

［提示］ 后晋天福三年，陕西《王弘谏兄弟合家造像碑》。后蜀广政元年，四川刻《孟蜀石经》。

［叙录］ 后晋天福三年，陕西刻《王弘谏兄弟合家造像碑》。五代造像碑十分少见，这件王氏兄弟合家造像十分珍贵。靳之林、罗宏才曾著录，此碑为圆首，身首一体，无榫卯。座佚。正视梯形。正面开龛造像，背面有发愿文并供养人题名。倒置于甘泉县劳山乡许家圪坨村南口东北山上佛爷庙前。1983年发现，今不详所在。

广政元年，四川成都刻《孟蜀石经》。五代后蜀孟昶向来颇重文学。据高文、王家祐、李均惠等人的研究，蜀相毋昭裔捐自俸刻书，于广政元年依唐文宗《开成石经》旧本刻石立于成都学宫石经堂，楷书。刻石选取当时著名书法家书丹校定，刻工陈德谦、武令升、张延族、陈德超等也是当时有名的工匠。陈德超，陈德谦当兄弟行。清朱彝尊、倪涛皆称陈德超为镌玉册官，由此可以推测其他刻经诸人亦当为镌玉册官。因此经刻立于广政元年，故又称《广政石经》，其字体与《开成石经》较为相近，类于欧阳询、虞世南字体。《孟蜀石经》与汉之《熹平石经》、魏之《正始石经》、唐之《开成石经》相比，前三者均无注，而《孟蜀石经》则刻有注释，因此早在宋代，即受到学者们重视。朱熹在为《论语》作注时所引石经，即《孟蜀石经》。宋人晁公武于宋绍兴年间曾官成都，校诸经异同，著《石经考异》，考证出《孟蜀石经》具体书丹者分工：张德钊书《考经》、《论语》、《尔雅》；杨钧、孙逢吉书《周易》；周德贞书《尚书》；孙朋吉书《周礼》；张绍文书《毛诗》、《礼记》、《仪礼》；《左氏传》亦为蜀人书。清人杭世骏、冯登府等亦对蜀石经进行过严谨的朴学考证。这套蜀石经从开刻之时一直至刻成(其中《左传》刻立17卷)，历时近30年，碑版上千，刻版精良，展示了蜀地精深的经学与石刻艺术功底。宋皇祐中，田元均补刻《公羊传》、《谷梁传》并刻全《左传》30卷；宋宣和间席益(一作席升献)刻《孟子》，合《论语》、《孝经》为小三经，合《诗》、《书》、《易》、《春秋》、《周礼》、《礼记》称九经，加《尔雅》、《仪礼》、《公羊传》、《谷梁传》称十三经。自后蜀毋昭裔刻十经，宋皇祐田元均补刻《公羊》、《谷梁》，到宋宣和席益刻《孟子》，前后历时约180年，十三经始完成。《孟蜀石经》后来突然亡佚，其中原因难以断定。明人已少有著录者，估计在元明时，即已毁佚。清代学者研究此石经甚多，但多数人未见过原石。高文梳理了《孟蜀石经》的拓本流传，见于著录有：一、曾宏文《石刻补叙》记明内阁存《蜀石经》全本，今不知下落。二、乾隆四十年四川制军福康安修成都城墙，什邡县令任思任（正）得《蜀石经》数十片于土中，据为已有。任贵州人，罢官后原石绰归黔中，后下落不明（见李慈铭《越缦堂日记》甲集）。三、江苏巡抚梁章钜，得蜀石经《春秋》残本，正文395字、注267字，计3页共55行，皆昭公二年传，左氏之第20卷。后有翁方纲、钱竹汀跋，考订甚详，定为孟知祥后蜀刻。四、仁和赵徵士谷村得《毛诗》两卷，自周南至卫风。五、北京图书馆藏拓本七册，其中《左传》、《谷梁》、《周礼》各两册，《公羊》一册，均为宋元拓本。六、上海图书馆藏黄松石（黄易之父）藏本《毛诗》两卷41页，全谢山、厉樊榭诸人有题识。七、刘体乾在民国初年收集《蜀石经》拓片，裱装八册，有影印本传世，后归北京图书馆。八、近人陈达高藏残石中有两面刻者，共14页，残石拓片有曾佑生拓本传世。九、抗日战争时期，为避日机空袭，开挖城墙缺口以利疏散。1938年拆毁南门城墙时，发现《蜀石经》约十片，为《毛诗》仪礼残石。初归私人所得，现部分由四川省博物馆、重庆市博物馆收藏。

李均惠认为自从汉武帝独尊儒术后，儒家的经典著作就被颁行为京师太学和郡县官学的统一教本。古代的经书刊行，或用简犊，或用缣帛，辗转传抄，难免讹错。汉灵帝有鉴于此，便于嘉平四年（175年）下令将经过校正的经文刻在石片上，陈列于太学。这便是我国有文字记载的最早的石经熹平石经。以后又相继出现魏正始石经、唐开成石经、后蜀广政石经。其中蜀地的后蜀广政石经又称孟蜀五经。它的出现，则可视为前后蜀统治者重文兴教的一大硕果。在蜀地建立前蜀政权的王建虽然目不识丁，但长期的军事政治斗争生活，使他认识到打天下除了枪杆子外，还必须有笔杆子。他曾说："吾为神策军将时，宿卫禁中，见天子夜召学士出入无间，非相将可及。"因此他在建立政治军事集团的过程中，搜求网罗了一大批士人，建立起一个能够出谋划策、兴邦定国的智囊团。尤其是进入四川后，王建更雅善儒臣，礼遇有加，网罗了一大批避乱在蜀的士人。《孟蜀石经》得以刻成，与王建及孟蜀推崇儒家文化，有着紧密的联系。

［文献］ 清杭世骏《石经考异》卷下，清冯登府《石经补考》卷五，清朱彝尊《经义考》卷二八九，清倪涛《六艺之一录》卷九一，高文等《四川历代碑刻》，王家祐等《孟蜀石经》（《四川文物》1992年第6期），李均惠《孟蜀石经与蜀文化》（《文史杂志》1998年第6期），《拓本汇编》第36册，靳之林《延安地区发现一批佛教造像碑》（《考古与文物》1984年第5期），罗宏才《中国佛道造像碑研究——以关中地区为考察中心》。

公元939年　后晋天福四年　南唐升元三年

［提示］ 后晋天福四年十月，甘肃《陀罗尼经》残石。天福四年，孔仁谦应杭州道翊禅师之请雕刻木观音像一躯。南唐升元三年二月八日，王仁寿刻《宋齐邱题凤台诗》。

［叙录］ 后晋天福四年十月，甘肃刻《陀罗尼经》，今剩残石。据唐晓军载，此石现存天水市南郭寺内。杨思、慕寿祺等撰《甘肃金石志》名《佛顶尊胜陀罗尼石经幢》。张维在《陇右金石录》中存目并录文。天福四年，孔仁谦应杭州道翊禅师之请雕刻木观音像一躯。刘兴珍载，孔仁谦为五代吴越人。是年，孔仁谦应杭州天竺寺道翊禅师之请雕刻木观音像一躯。又曾为杭州菩提寺和明州（浙江宁波）开元寺各雕千手千眼观音像一躯。宋人江少虞说：杭州有雕木匠孔仁谦，一时之绝手。尝于杭州菩提寺造千手千眼大悲观音像。既毕，度千手不能尽。凡数日，沉思如醉，一夕梦沙门语之曰：何不分形于宝焰

之上。仁谦豁然大悟，如其语置列焉，特为奇妙。后又于明州开元寺造一躯，如其法。千手之制，取于滚州画像，凡五百手，各持物器，五百手结印，本神迹也。在明人郎瑛也有关于孔仁谦善造木雕观音的记载。可知，孔仁谦是五代时期闻名江南的木雕大师，其所造千手观音的粉本，当对南方石刻造像亦产生过不小影响。

据清人叶奕苞载：南唐升元三年二月八日，王仁寿（银青光禄大夫兼监察御史）刻《宋齐邱题凤台诗》。宋齐邱字子嵩，庐陵（江西吉安）人。齐邱为南唐著名学者，通方术，著有《理训》、《化书》等。四库全书还著录其所著相人之书《玉管照神局》等。

［文献］　宋江少虞《宋朝事实类苑》卷五一，明郎瑛《七修类稿》卷四七，清叶奕苞《金石录补》卷二四，清永瑢等《四库全书总目提要》卷一〇九，张维《陇右金石录》卷二，唐晓军《甘肃古代石刻艺术》，刘兴珍等《中国古代雕塑图典》。

公元940年　后晋天福五年　后蜀广政三年　辽会同九年

［提示］　后蜀广政三年十二月四日，重庆大足《地藏像》。辽会同九年元月二十一日，北京《归义寺石幢记》。

［叙录］　后蜀广政三年十二月四日，重庆大足刻《地藏像》。据《大足石刻内容总录》和金维诺载：此龛即大足北山佛湾第37号地藏像龛，为灰砂岩石质龛，顶部为平顶，龛高93厘米、宽81厘米、深20厘米。龛内主像为地藏菩萨，面东坐于金刚座上，左脚屈，右脚踏于座前双莲花上。地藏右手持锡杖，左手捧摩尼宝珠，项后有圆形背光及头光。主像左下侧有一小供养人（道明和尚供养像），立式，双手合十，身高29厘米。主像右下侧有一兽蹲伏，为谛听状。龛顶门楣上雕有二飞天，面向中部，体态轻盈。右下侧龛门柱上刻有一供养人，面向地藏，合十而立，身高33厘米。该供养人上方有一题记：敬镌造地藏菩萨一龛，右弟子于彦璋、邓知进并奉为外□任师礼发心造上件功德，以希眷属宁泰，□□增荣。以广政三年十二月四日修斋表庆讫，永为瞻敬。

辽会同九年元月二十一日所刻立的《归义寺石幢记》，据清英廉等载：归义寺在旧城时和坊，内有大唐再修归义寺碑，幽州节度掌书记荣禄大夫检校太子洗马兼上柱国张冉撰。略曰：归义金刹，肇自天宝岁，洎以安氏乱常，金陵史氏归顺，特诏封归义郡王，兼总幽燕节制，始置此寺，诏以归义为额。大中十年庚子（当作丙子，即856年）九月立石。曾毅公考，此记刻工为尹奉成（镌者）。

［文献］　清英廉等《日下旧闻考》卷五九，四川省社会科学院等编《大足石刻内容总录》，金维诺《中国古代佛雕：佛造像样式与风格》，曾毅公《石刻考工录》。

公元941年　后晋天福六年　后蜀广政四年　南唐升元五年　闽永隆三年

［提示］　后晋天福六年五月二十五日，河北《马文操碑》。后蜀广政四年二月，重庆大足北山佛湾佚名造《阿弥陀佛龛》。是年，四川安岳圆觉洞造佛像及《聂公真龛记》。南唐升元五年，江苏《重刻泰州僧彦升重建幢塔记》。闽永隆三年，福建乌塔浮雕石刻。

［叙录］　后晋天福六年五月二十五日，河北刻《马文操碑》。据任乃宏载，此碑全称《大晋故赠秘书监马公神道碑》，碑文由史学家贾纬奉敕撰文、高庭矩奉敕书丹。碑原刻立于河北大名县寺庄村西，后移于大名县石刻博物馆内保存。青石质地，首身一体，螭首龟趺。通高340厘米、宽100厘米、厚36厘米。碑阳篆额“大晋故赠秘书监马公神道碑”，碑身两面刻行书41行、行92字，共计3 389字，碑文记载博州马氏世系源流及马文操父子功绩。文中还牵涉诸葛亮木牛流马之事，对于破解这个古代运载工具之谜提供了新证据。碑主马文操为元城（河北大名）

人,唐末魏州武将。天祐二年(905年)因兵变被杀,其长子马全节降后晋。晋高祖石敬瑭追赠马文操为秘书监之职,并诏令贾纬等人于是年为马文操立神道碑。

后蜀广政四年二月,重庆大足北山佛湾第35号佚名造《阿弥陀佛龛》。《大足石刻内容总录》载:北山佛湾第35号阿弥陀佛龛。为红砂岩石质龛,顶部为平顶,龛高102厘米、宽107厘米、深61厘米。龛内主像为阿弥陀佛,面南结跏趺坐于莲台上。佛着圆领袈裟,双手于腹前结定印,身后有莲瓣形火焰举身光。佛头顶上方有七宝盖,盖两侧上壁有浅浮雕天乐,左有琵琶、笛等,右有笛、贝(法螺)、拍板等,天乐周围有云饰。主像左右二侧靠内立迦叶、阿难,项后有圆形头光,双手合十,靠外为观音、大势至(头残),均为坐式,双赤足踏于座前单莲花上,二像胸有璎珞,身后有莲瓣形火焰背光,双像头均残。龛壁上有题记,可隐约认出"时广政四年□月二十八日"数字,余皆剥蚀。

刘长久等载,广政四年,四川安岳圆觉洞造佛像及《聂公真龛记》。普州刺史聂真在四川安岳圆觉洞造佛像,军事判官何光速为之撰《聂公真龛记》。

南唐升元五年,江苏《重刻泰州僧彦升重建幢塔记》。缪荃孙等载:此刻在泰州,拓本每面高一尺、广四寸五分,正书六行、行十一字,字六分许。曾毅公考,此记为许球(大匠)、徐延晖、许德同三人同刻。

闽永隆三年,福建乌塔浮雕石刻。刘兴珍载,此刻位于福建福州乌石山麓,原名崇妙保圣坚牢塔。闽王王审知第七子王曦称帝于闽,永隆三年建九级浮屠。石塔以花岗岩叠涩砌造,中有石级可登。后因王曦被杀,塔未完工。现为八角七层,通高35米。每层塔壁均浮雕有佛像,原有46尊。塔座上尚存双龙戏珠浮雕,双龙前爪张扬,作攫取夺珠状,后爪支地,昂首张口,举目远望,扬鬣翘尾,作纵身腾跃状。宝珠似花,周围有火焰纹。表层平框上以阴刻辅助造型,去地用粗刻手法,单层次浮雕,刀法简练,形象古朴,为五代石刻中之精品。

［文献］ 清缪荃孙等纂《江苏省通志稿》艺文志三(金石七),四川省社会科学院等编《大足石刻内容总录》,刘长久《安岳石窟艺术》,王朝闻等主编《中国石窟雕塑全集》(四川重庆卷),曾毅公《石刻考工录》,刘兴珍等《中国古代雕塑图典》。

公元942年 后晋天福七年 南唐升元六年

［提示］ 后晋天福七年,开凿杭州慈云岭造像。杭州《吴越国天文星象图刻石》。南唐升元六年,徐铉作《匡仁裕神道碑》。

［叙录］ 后晋天福七年,开凿杭州慈云岭造像。据《杭州市志》载,慈云岭造像在杭州上城区玉皇山慈云岭南麓。后晋天福七年,吴越国于此建立资延寺并开窟凿像。其主龛内刻圆雕造像七尊,主像三尊坐像为阿弥陀佛及胁侍观音、大势至菩萨,跏趺坐于仰莲须弥座上。桃形背光内刻缠枝牡丹,边饰火焰纹。两侧还有菩萨立像和天王立像各两尊。在七尊造像的上部还浮雕着飞天及妙音鸟(伽陵频伽)各两件,作散花之状。拱形龛楣正中列刻七佛,两端浮雕为骑狮文殊和骑象普贤菩萨。在北面地藏龛中,则雕刻地藏菩萨像及胁侍。地藏作弟子妆扮,半跏趺坐,左足下垂踏于莲台上。龛左侧有云头引出绕向龛外上方,云间浮雕六道轮回图案。龛附近刻有"新建镇国资延遐龄石像之记"12字篆书题额,以及"佛牙赞"、"佛法僧"等摩崖石刻。

此年,刻制《吴越国天文星象图刻石》。伊世同撰文说:1958年冬,在杭州施家山南坡,清理出一座五代吴越墓,墓主是吴越文穆王钱元瓘次妃吴汉月,死于后周广顺二年(952)。1965年夏天,浙江省博物馆又在杭州玉皇山下,发掘出吴越国文穆王钱元瓘墓。钱元瓘在位10年,死于天福六年(941)。上述两墓的后室顶部都有石刻星象图,原石不仅加工细致,星象位置亦相当准确。钱元瓘墓的石刻星象图质量更高,星数也较多。从时间上讲,它比世界公认的古石刻星图——南宋淳祐丁未(1247)苏州天文图要早300多年。同时，这两幅星象图的尺寸，约比苏州石刻星图的直径大一倍，面积则大了四倍。钱元瓘墓的星象图刻石现藏杭州碑林天文星象馆，全长471厘米、宽266厘米，由一整块红色砾石制成。全图星象用阴纹勾雕，星和星之间以双线连接，图中央飞拱北极星座，周围刻28宿。同时还线刻半径不等的四个心圆，圆心即天球北极；第一圈直径49.5厘米，为盖天图中内规；第二圈直径189.5厘米，为盖天图外规。此图原共刻星宿32座，附座13颗，应有星数218颗。现石刻右下方已残，少星35颗，共存星数为183颗。据学者考证，这件石刻是世上现存最早的一块准确性极高的石刻星象图。

南唐升元六年，徐铉作《匡仁裕神道碑》。文载《徐骑省集》中，全称《唐故德胜军节度使检校太保同中书门下平章事扶风马匡公神道碑铭》。略云：公讳仁裕，字德宽，其先扶风人。子孙或徙官于徐方，今为彭城人也。春秋六十有三，升元六年闰三月五日，薨于庐州公署，以其年四月七日，葬于庐州合肥县。

［文献］ 五代徐铉《徐公文集》卷一一，杭州市地方志编纂委员会《杭州市志》(文物古迹)，伊世同《最古的石刻星图——杭州吴越墓石刻星图评介》(《考古》1975年第3期)。

公元943年　后晋天福八年

［提示］ 供养人之变化。

［叙录］ 后晋天福八年，供养人之变化。罗宏才指出，在唐末五代，供养人弃曲颈莲花而易换为长柄香炉，易跪姿于地毯之上为跪姿于带小型床榻之上。身后侍者亦不再擎持伞、盖，而是易换为拱手捧持包裹、箱奁等物。这诸种变化与同一时期敦煌壁画等供养人形象是一致的，充分体现了新时代背景及新宗教信仰环境下，宗教信仰者自我意识的觉醒与提高。比如法国集美博物馆藏敦煌17775号五代后晋天福八年《马千进敬画大悲观世音菩萨一躯并侍从》及《水月观音一躯》二铺观音等绢画。这样的变化也必将反映到石刻造像中来。

［文献］ 罗宏才《中国佛道造像碑研究——以关中地区为考察中心》。

公元945年　后晋开运二年　后蜀广政八年

［提示］ 后蜀广政八年四月，重庆大足北山佛湾造像。是年，四川广元千佛崖造像。

［叙录］ 后蜀广政八年四月，重庆大足北山佛湾造像。此造像为佚名造，位于北山佛湾第244号地藏菩萨龛。《大足石刻内容总录》载，此龛为残像龛，龛内有二像，左为地藏，右为观音，均为立式，已风化剥蚀。龛外左壁下有七身小供养人立像，双手合十，亦风化。

是年，四川广元千佛崖造像。据刘长久等载，是年，在四川广元千佛崖，有昭武军节度道使、利□元中门使、银青光禄大夫、检校工部尚书兼御史大夫孙宝与刘氏妆修释迦佛一龛，大小十一身。

［文献］ 四川省社会科学院等编《大足石刻内容总录》，刘长久《中国西南石窟艺术》，王朝闻等主编《中国石窟雕塑全集》(四川重庆卷)。

公元946年　南唐保大四年　后晋开运三年

［提示］ 南唐保大四年六月五日，王文秉刻《方山宝华宫碑》。后晋开运年间，杭州烟霞洞罗汉像。

［叙录］ 据宋代《宝刻丛编》、《宝刻类编》以及明代《客座赘语》等载，南唐保大四年六月五日，王文秉(左千牛卫兵曹参军)刻《方山宝华宫碑》，碑文行书，在南京方山，位于江宁区。方山为一座海拔只有200余米的平顶山，遥望如一方古印，又称印山。南唐中主李璟曾为其母后建立宝华宫，南宋时移建于城南门外，此碑显然是为此事而刻立。宋人吴淑在其传奇小说《江淮异人录》中写到宝华宫及此石碑：久之，宫中忽失元敬宋太后所在，耿亦隐去，凡月余，

中外大骇。有告者云在都城外三十里方山宝华宫(原注：在城东南三十里外，吴葛先生所居，有丹井，一名天印山，有宝华宫碑。宫基经火，正当井处，故老云：当时即焚之也)。元宗亟命齐王景遂往迎太后，见与道士方酣饮，乃迎还宫。道士皆诛死，耿亦不复得入宫中，然犹往来江淮，后不知所终，金陵好事家至今犹有耿先生写真云。

后晋开运年间，刻造杭州烟霞洞罗汉像。刘兴珍载，烟霞洞位于杭州南高峰下烟霞岭，是西湖南山造像的重要组成部分。其洞窟造像以十六尊罗汉像著名。罗汉像雕造于五代后晋开运年间，宋人潜说友、明人吴之鲸、清人翟灏等均有记载。群像今存13尊，相貌、姿态、表情各具特色，表现出不同的个性和阅历，或凝神闭目，安静修炼；或盘膝禅坐，托颐冥思；或袒胸露腹，赤足踏云；或手抚雄虎，双目圆睁，作威武愤怒状；还有的面露微笑，和善可亲。或近观，或远望，或侧目而视，或横眉怒目，情态万状，妙趣横生。此组群像的位置安排别出心裁，并非等距离依次排序，而是利用天然岩洞地势，酌情布局，方向各异，却又相互呼应顾盼，形成统一的整体，极富艺术感染力。烟霞洞造像由于在整个五代石刻艺术史上地位特殊，因此广受瞩目，著名艺术史家史岩、俞剑华等均曾撰写专文予以讨论。中国艺术研究院2010年美术学专业的范艳，还以此为选题撰成硕士论文。作者在收集有关罗汉信仰、罗汉造像以及烟霞洞的相关资料后赴实地考察，并着重探讨了烟霞洞的造像内容、布局和现状；烟霞洞罗汉造像的数量、尊者铭刻、降龙伏虎罗汉的文化渊源以及烟霞洞与周围罗汉群像的联系；烟霞洞罗汉造像的艺术风格和艺术地位。

［文献］ 宋陈思《宝刻丛编》卷一五，宋佚名《宝刻类编》卷七，宋吴淑《江淮异人录》，明顾起元《客座赘语》卷五，清翟灏《湖山便览》卷八，史岩《杭州南山区雕刻史迹初步调查》(《文物》1956年第3期)，俞剑华等《杭州五代宋元石刻造象复勘后的一点意见》(《文物考古资料》1956年第12期)，刘兴珍等《中国古代雕塑图典》，范艳《杭州烟霞洞五代罗汉造像研究》(中国艺术研究院2010年美术学硕士论文)。

公元947年　后汉天福十二年 南唐保大五年

［提示］ 南唐保大五年十二月，安徽《重刊寿州金刚经碑》。

［叙录］ 南唐保大五年十二月，安徽刻《重刊寿州金刚经碑》。此碑又称《寿州开元寺金刚经碑》，南唐周惟简撰文。据曾毅公考，刻工为杨宏道。周惟简在《南唐书》中有传，江西鄱阳人，曾隐居，李后主闻其名，召至金陵，起布衣为集贤殿侍讲，以虞部郎中致仕，还山。金陵受围，间道召还，入后苑讲否卦，后主思得奇士能使兵间者，张洎荐惟简可以谭笑而解，乃授给事中，副使徐铉使京师，后主手疏言惟简托志妙门，存心道典，伴臣修养。入宋后，屡隐屡仕。

［文献］ 宋陆游《南唐书》卷一三，曾毅公《石刻考工录》。

公元948年　后汉乾祐元年

［提示］ 四月十五日，山西《重修建禹庙记》。

［叙录］ 四月十五日，山西刻《重修建禹庙记》。此碑清人胡聘之著录：碑高广皆一尺九寸，二十五行、行二十七字至三十字不等，正书。今在夏县北15里禹王城。前原州司马杨荣祚撰并书、韩福(镌字人)刻。夏县(古称安邑)是大禹受禅后建立夏朝的都城所在，今夏县犹有禹王城。此碑文中载："昔乃庙立故都，绍隆本址，历代绵邈，殿宇凋踈。"意思是说，大禹庙一直建在夏故都的原址上，由于年代更替，庙宇的建筑都已凋毁了。元至正十四年(1354年)夏县《重修大禹庙碑》也载："盖盛德必百世祀，有庙则人心萃，所由来尚矣。在昔唐虞之世，洚水横流，民无底居，而天下几不国矣。大禹出而治之，然后九州以平，五行以顺，而民生衣食于彝伦攸叙之

中，迨于今几四千年，所谓盛德之当祀，宜与天地相为无穷也。安邑夏后氏故都，邑之人尤重事禹。后魏分其东为夏县，邑之墟故存焉。”这些碑刻记载，为夏朝故都之所在地提供了重要历史文献。

［文献］　清胡聘之《山右石刻丛编》卷一〇。

公元 949 年　后汉乾祐二年　南唐保大七年

［提示］　南唐保大七年四月二十一日，江苏扬州《大明寺碑》。

［叙录］　南唐保大七年四月二十一日，江苏扬州刻《大明寺碑》。此碑为正书，撰书人姓名无考。清人王昶著录：石高一尺六寸、广一尺八寸七分，二十四行、行约二十六字，正书，石在江都府江都（扬州）。扬州大明寺位于江苏扬州市蜀冈中峰。其寺因天宝元年（742）一代名僧鉴真和尚东渡日本之前，在此寺中弘法受戒而闻名于世。据葛星明载，大明寺初建于南朝宋孝武帝大明年间（457—464），故称“大明寺”。寺中现存历代碑刻尚多，经民间学者吴怀民调查，约有百余方，时代最早者，则是这块刻于南唐保大七年四月二十一日的《大明寺碑》。

［文献］　清王昶《金石萃编》卷一二二，葛星明《扬州人解密大明寺碑刻之谜》（《扬州日报》2006 年 9 月 25 日）。

公元 950 年　后汉乾祐三年

［提示］　八月十五日，河南《风穴七祖千峰白云禅院记》碑。

［叙录］　八月十五日，河南刻《风穴七祖千峰白云禅院记》碑。据温玉成、杨顺兴载：在河南汝州风穴寺中佛殿内，存有此年由虞希范所撰之《风穴七祖千峰白云禅院记》碑。临汝有风穴寺位于县城东北 18 里。风穴寺或云创自北魏，名为香积寺，隋改称千峰寺，至唐始称风穴寺。背负嵩山少室，面对颍汝平原，群山环抱，清泉涌流。这件后汉乾祐三年所镌古碑，龟趺圆首，双龙蟠回，通高 128 厘米、宽 61 厘米、厚 15 厘米。为寺中现存最古之碑刻，对于研究中国佛教史颇有价值。碑文中述及“风穴七祖”来历：开元年，有贞禅师袭衡阳三昧，行化于此，溘然寂灭，示以阇维（火化）。有崔相国、李使君名暠，与门人等，收舍利数千粒，建塔九层，玄宗谥为“七祖塔”，见今存焉。此处之贞禅师，即可贞（642—725），京兆人，俗姓张氏。《金石萃编》中载有沈兴宗撰《大唐开元寺故禅师贞和尚珪塔铭》：可贞年弱冠，秀才登科，知名太学。但以为儒家非正谛，文字增妄想，因而载顾华宗，遂受衡阳止观门于洛阳白马寺。后隶风穴寺。前剌史、故丞相崔日用，吏部尚书李暠，皆顶奉山宇。贞禅师以开元十三年九月十八日示寂，春秋八十四。弟子宗本为之造塔。唐玄宗谥“七祖塔”的时间，在开元二十七年至天宝十五年之间。上述二资料确证可贞是袭“衡阳止观门”的天台宗大师，大约是经崔日用、李暠之请求，由唐玄宗谥为天台宗“七祖”，大塔（存）便是“七祖塔”。

［文献］　清王昶《金石萃编》卷八三，温玉成《中国佛教与考古》，温玉成等《读〈风穴七祖千峰白云禅院记〉碑后》（《中原文物》1984 年第 1 期）。

公元 951 年　后周广顺元年

［提示］　始凿杭州飞来峰石窟。

［叙录］　是年，始凿杭州飞来峰石窟。阎文儒、马世长及浙江省文物局等载：杭州西湖西北岸上飞来峰，在灵隐寺对面。中有三个天然石洞，洞门南向叫金光洞，东南向叫玉乳洞，北向叫通天洞，主要造像就在这三个洞的门内外，三洞之西，也有几十个大小龛，总计编成 58 个窟龛 340 余尊，是东南地区规模最为宏大的石窟造像群。其开创时间，最早在五代末期（后周广顺元年），最晚到元。飞来峰造像中五代造像仅有 10 余尊，宋代（北宋居多）造像 232 尊。元代造像共 67 龛造像 116 尊。其中之梵式造

像及部分梵汉结合造像，在古代石窟造像中颇为独特。所存10余尊五代造像均为净土宗题材，分布于山顶及青林洞中。青林洞因其洞口有如虎口，故又称老虎洞或金光洞。青林洞入口西侧，即有飞来峰时代最早、由滕绍宗施舍刻造的西方三圣像龛（弥陀、观音、大势至），龛中三尊均趺坐于束腰仰莲须弥座上，尊像饰火焰纹背光（图195）。已风化，就其风格来看，十分接近于晚唐造像风格。在洞口上方则刻有元代的华严三圣（毗卢遮那佛、文殊、普贤）。

［文献］ 阎文儒《中国石窟主艺术总论》，马世长《中国佛教石窟考古概要》。

公元952年　后晋广顺二年　后蜀广政十五年　南唐保大十年

［提示］ 后蜀广政十五年，四川资中重龙山药师佛造像。南唐保大十年六月，刻《贞素先生王栖霞碑》。

［叙录］ 后蜀广政十五年，四川资中重龙山造像。据刘长久、王熙祥等载，是年，吴思顺、吴思谦等为亡公前忠州司马吴□、亡婆陈氏、亡父衙前教练使吴承□，在四川资中重龙山造药师佛一龛。南唐保大十年六月，刻《贞素先生王栖霞碑》。此碑文为徐铉所撰，载于《全唐文》中，全称《唐故道门威仪元博大师贞素先生王君碑》。碑刻在江苏茅山，为宋人陈思、清杨世沅等所著录，刻工为王文秉（左千牛卫兵曹参军），从碑文可知，王贞素是当时著名的道士。

［文献］ 宋陈思《宝刻丛编》卷一五，清杨世沅《句容金石记》卷三，清彭定求《全唐文》卷八八五，刘长久《中国西南石窟艺术》，王熙祥等《资中重龙山摩崖造像内容总录》（《四川文物》1989年第3期）。

图195　杭州飞来峰西方三圣　后周广顺元年(951)

公元 953 年　后周广顺三年

［提示］　六月，田敏献印版书《五经文字》、《九经字样》各二部。是年，龙门建白乐天影堂。

［叙录］　六月，尚书左丞兼判国子监事田敏献印版书《五经文字》、《九经字样》各二部。《册府元龟》载，尚书左丞兼判国子监事田敏奏：自长兴三年(932)校勘雕印《九经》书籍，经注繁多，年代殊藐，传写纰缪，渐失根源。臣守官胶庠，职司校定，旁求援据，上备雕镌。幸遇圣朝，克终盛事，播文德于南载，传世教以无穷。《资治通鉴》、《五代会要》、徐松《登科记考》等也有相同记载：广顺三年六月初，唐明宗之世，宰相冯道、李愚请令判国子监田敏校证《九经》，刻版印卖，朝廷从之。版成献之。由是，虽乱世，《九经》传布甚广。徐松按：《旧五代史》本纪载晋少帝天福八年田敏进印本《五经》，又于乾祐元年雕造《周礼》、《仪礼》、《公羊》、《谷梁》四经。是《九经》雕印已有成书，此年所进但《五经文字》、《九经字样》。盖以石经有此二书，亦雕版。霍有明在《中国文学编年史》中引述清人林侗撰《来斋金石刻考略》所载：周太祖广顺三年六月，尚书左丞兼判国子监事田敏献印版书《五经文字》、《九经字样》各二部130卷。

是年，龙门建白乐天影堂。李文生载，白乐天影堂位于龙门香山之阳，五代后周太祖广顺三年建。陶谷著有《龙门重修白乐天影堂记》，何时倾圮已无从稽考。

［文献］　宋王钦若等《册府元龟》卷六〇八，《资治通鉴》卷二九一，宋王溥《五代会要》卷八，清徐松《登科记考》卷二六，清林侗《来斋金石刻考略》卷中，陈文新主编《中国文学编年史》(隋唐五代卷)，李文生主编《龙门石窟志》。

公元 954 年　后周显德元年
后蜀广政十七年

［提示］　后蜀广政十七年二月十一日，四川大足北山佛湾《东方药师净土变相》。

［叙录］　二月十一日，开凿四川大足北山佛湾《东方药师净土变相》。《大足石刻内容总录》载，北山佛湾第 281 号石窟，在宋景德二年(1005)妆銮。龛顶部平顶，龛高 186 厘米、宽 246 厘米、深 66 厘米。龛内再开两龛，右为主像龛，中为经幢龛。主像龛高 132 厘米、宽 105 厘米、深 32 厘米。经幢龛高 129 厘米、宽 50 厘米、深 24 厘米。主像为药师琉璃光佛(头残)，面南端坐于金刚座上。八面柱经幢龛，柱直径 17 厘米。柱身楷书竖刻“佛顶尊胜陀罗尼经”。龛右壁上有一景德二年妆銮的题记，文字漫漶。龛内中柱上有一造像记：敬镌造药师琉璃光佛、八菩萨、十二神王一部众、并七佛、三世佛、阿弥陀佛、尊胜幢一所、兼地藏菩萨三身，都共一龛。右弟子右厢都押衙知衙务刘恭、姨母任氏、男女大娘子、二娘子、男仁寿、仁福、仁禄并发心镌造前件功德，今并周圆，伏愿身田清爽，寿等遐昌，眷属康安，高封禄位，先灵祖远，同沾殊善。时以广政十七年太岁甲寅二月丙午朔十一日丙辰，设斋表赞讫，永为瞻敬。

［文献］　四川省社会科学院等编《大足石刻内容总录》。

公元 955 年　后周显德二年
后蜀广政十八年

［提示］　后周显德二年五月，周世宗毁佛。闰九月，山东《龙兴寺幢》。是年，河南刻立郭进《屏盗碑》。后蜀广政十八年二月，四川大足北山佛湾《东方药师净土变相》。

［叙录］　后周显德二年五月，周世宗毁佛。周世宗毁佛即历史上著名的三武(北魏太武帝、北周武帝、唐武宗)一宗毁佛的最后一次大规模毁佛运动，其事在新旧《五代史》的周世宗本纪及《资治通鉴》中均有详细记载。刘学智分析，自唐武宗会昌年间毁佛以后，佛教发展势头有所遏制，武宗死后其政即

废。大中元年乃反会昌之政，但当时限制佛教乃至沙汰佛教之声亦不绝于耳。如《旧五代史》(梁末帝纪)就载，贞明六年三月李枢即上言：请禁天下私度僧尼，及不许妄求师号、紫衣。如愿出家受戒者，皆须赴阙比试艺业施行。愿归俗者，一听自便。然并未能清除佛教积弊，遂导致周世宗又一次大举沙汰佛教。是年五月颁毁佛之诏，其主要举措有：天下寺院凡无赐额者皆予以废除，王公戚里诸道节制以下不得奏请再造寺院、兰若；所有功德佛像及僧尼并于合留寺院安置；凡欲出家者须先取祖父母、父母、伯叔处分，候听许方可出家；一有私剃头者，勒令还俗；严禁僧俗舍身、断手足、炼指、带铃、毁坏身体及以符禁左道还魂坐化、以圣水灯妖幻惑人者；僧尼籍帐内无名者，并勒还俗等。这些举措实较会昌年间为宽，其目的在于“宜举旧章，用革前弊”。据《旧五代史》载，此次举动共废佛寺 30 336 所。明人于慎行记载：周显德二年，废天下寺院，存者二千六百有奇，废者三万三百有奇，见僧四万二千有奇，尼一万八千有奇，此但河、洛、关、陕、山东、江北数省，未及天下之半，而数已如此矣。有令民间铜器、佛像输官铸钱。世宗谓侍臣曰：卿辈勿以毁佛为疑。夫佛以善道化人，苟志于善，斯奉佛矣，彼铜像岂所谓佛耶？且吾闻，佛在利人，虽头目犹舍以布施，若朕身可以济民，亦非所惜也。此虽矫俗弥惑之言，然与佛教济人之旨有吻合者，唐家三百年陋习，片言而止，真英主也。佛教经此次重创日渐衰颓，至宋代后陷于衰败。

从于慎行记载来看，周世宗毁佛所及，主要集中在北方中原一带。正如金维诺、李玉珉所指出的那样，唐朝末年形成藩镇割据的局面，五代十国是这种分裂局面的继续。中原地区终因变乱相仍，经济凋敝，而周世宗毁佛，废天下佛寺，销铜像铸钱，以盈国库，拯救国家财政危机。中原佛事再度消歇，佛教僧徒、伎巧百工，纷纷流向相对稳定、比较富庶的西蜀、南唐、吴越。这些地区的统治者大部分鼓励佛教，南唐王召请禅宗高僧，住金陵(南京)清凉寺。闽地在王氏统治时，增建寺院 267 所。西蜀、南唐别创画院，一时画师名手云集，道释造像也因之保持了创造的活力。在北方周世宗断然废佛之际，吴越忠懿王钱俶却颁布命令，铸造 84 000 个铜制宝塔，塔中封藏《宝箧印陀罗尼经》；并以杭州为中心营造了数百所寺院。此后，南方佛教蓬勃发展，并继承唐代遗风而形成地域性色彩。

显德二年闰九月，山东刻《龙兴寺幢》。曾毅公考，张进贵(石作都料)及其儿子张仁美同刻《龙门寺幢》。据阮元著录，当为《龙兴寺幢》，此幢全称《龙兴寺百法院礼佛会石幢记》。乡贡进士许□撰并序，记文正书，幢高六尺二寸、广七寸，在淄川县龙兴寺。

显德二年，河南刻立郭进《屏盗碑》。郭进为五代宋初名将，《宋史》有传，河北深州博野人。少贫贱，为巨鹿富家佣保。有膂力，倜傥任气，结豪侠，嗜酒好赌。其家少年患之，欲图杀进，妇竺氏阴知其谋，以告进，于是逃亡至晋阳投刘知远。后晋开运末，契丹犯境，郭进协助刘氏平定河北诸郡。累迁乾、坊二州刺史。后周广顺二年(952)秋，迁登州刺史。时群盗劫民，郭进率兵镇压，部内清肃，民吏千余人诣阙请立《屏盗碑》，许之。显德初，移卫州。卫、赵、邢、洺间多亡命者，以汲郡依山带河，易为出没，吏捕之辄遁去，故累岁不能绝其党类。郭进对这种情形十分了解，因设计发之，数月内剪灭无余，郡民又请立碑记其事。改洺州团练使，有善政，郡民复诣阙请立碑颂德，诏左拾遗郑起撰文。郭进尝于城四面植柳，壕中种荷芰，后益繁茂。郡民见之有垂涕者，曰：此郭公所种也。阮元《山左金石志》中著录《济州刺史任公屏盗碑》，显德二年闰九月立，行书。碑高一丈一尺九寸、阔四尺三寸，在山东巨野县。为李昉撰文、张光振书。而王昶又著录《卫州刺史郭进屏盗碑》高九尺六寸、广四尺五寸，此碑由杜韦华撰文、孙崇望行书，在河南汲县。而《宋史》所记载的由郑起撰文的《屏盗碑》则未见著录。

后蜀广政十八年二月，四川大足北山佛湾《东方药师净土变相》(图 196)。《大足石刻内容总录》载：此龛为北山佛湾第 279 号龛，此龛形制与刻造于广政十七年的第 281 龛相同。白砂岩石质，龛顶部为平顶，龛高186厘米、宽240厘米，深66厘米。龛内又开两龛，中为主像龛，右为经幢龛。主像龛高145厘米、宽110厘米、深34厘米。经幢龛高145厘米、宽57厘米、深6厘米。主像为药师琉佛，面西端坐于金刚座上。龛中部柱上，刻有上、下二则题记。上则为宋咸平四年(100)四月十八日妆銮题记，下则为后蜀广政十八年二月二十四日的造像题记。同年，刻造北山佛湾第260号龛，其顶部仍为平顶，高118厘米、宽70厘米、深25厘米。龛中刻有八面形经幢，幢顶有二层飞檐，幢身立于一莲台上，台下为圆形束腰须弥座，其上雕有蟠龙，龙下有八角基座，基座下有四力士抬座。幢上楷书竖刻“佛顶尊胜陀罗尼经”，经文末署款：广政十八年赞讫，永为供养。

［文献］ 宋薛居正等《旧五代史》卷一一五，宋欧阳修《新五代史》卷一二，宋司马光《资治通鉴》卷二九二，元脱脱《宋史》卷二七三，明于慎行《谷山笔尘》卷一七，清阮元《山左金石志》卷一四，清王昶《金石萃编》卷一二一，张岂之等《中国学术思想编年》(隋唐五代卷)，金维诺《中国古代佛雕：佛造像样式与风格》，李玉珉《中国佛教美术史》，曾毅公《石刻考工录》，四川省社会科学院等编《大足石刻内容总录》。

公元956年　后周显德三年

［提示］ 山东《景范碑》，五代诗人王仁裕卒，生前曾至麦积山万佛洞。

［叙录］ 后周显德三年，山东刻《景范碑》。此碑清人王昶著录，全称《大周故银青光禄大夫中书侍郎同中书门下平章事上柱国晋阳县开国伯食邑三百户赠侍中景公神道碑铭并序》。碑下截残缺，高一丈四尺、广六尺一寸。三十一行，字数无考，正书，在邹

图196　大足北山佛湾第279龛东方药师净土变相　后蜀广政十八年(955)

平县。由扈载撰文、孙崇望书丹。景范在《旧五代史》中有传，字万卿，淄州长山（山东邹平）人。后周时任中书侍郎、平章事、判三司。卒后立祠崇祀，世称景相公，葬相公山下，其碑迄今犹存。同时在景家庄相公祠内，还存有同邑后学史部观政进士马光所撰写的《景范庙祀碑》。

同年，五代诗人王仁裕卒，生前曾至麦积山万佛洞。王仁裕字德辇，天水（甘肃天水市）人，新旧《五代史》中有传，蒲向明还著有王仁裕年谱。先后在后蜀、后唐、后晋、后汉为仕，历官翰林学士、谏议大夫、户部、兵部尚书等职。《新五代史》本传记载说：王仁裕喜为诗，其少也，尝梦剖其肠胃，以西江水涤之，顾见江中沙石皆为篆籀之文，由是文思益进。乃集其平生所作诗万余首为百卷，号《西江集》。平生作诗万余首，人称“诗窖子”。但流传下来的诗作并不多，《全唐诗》存其诗一卷，仅十余首而已。据费泳记载，麦积山第133窟俗称万佛洞，是麦积山最具代表性的洞窟之一，五代诗人王仁裕曾临此窟，并在其所著《玉堂闲话》（见《太平广记》）中描述说：将及绝顶，有万菩萨堂（即今133号窟万佛洞）广古今之大殿，其雕梁画栱，秀栋云楣，并就石而成，万躯菩萨列于一堂。万佛洞昔日之壮丽辉煌，于此可以想见。此窟位于西崖中部，为同期西崖规模较大的洞窟之一。现存泥塑像27尊、石刻造像碑18件，窟内上下共开16龛，龛内分别塑一佛二菩萨，龛间墙壁上贴塑有千佛，飞天、千佛共3 400余身，为麦积山石窟中造像最多的洞窟。

［文献］ 宋薛居正等《旧五代史》卷一二七，宋欧阳修《新五代史》卷五七，宋李昉等《太平广记》卷三九七，清王昶《金石萃编》卷一二一，费泳《汉唐佛教造像艺术史》，蒲向明《王仁裕年谱稿》（《甘肃高师学报》2005年第4期）。

公元957年 后周显德四年 后蜀广政二十年 辽应历七年

［提示］ 后蜀广政二十年，四川乐至报国院妆修佛像二龛。辽应历七年，《释迦造像》。

［叙录］ 后蜀广政二十年，四川乐至报国院妆修佛像二龛。据刘长久等载，是年，道场主庄保头林延璋，在四川乐至报国院妆修佛像二龛。在成都王建博物馆所编的《前后蜀的历史与文化》中，收录有一篇《四川五代石刻考察记》，文中对乐至五代石刻进行了较为详细的著录。乐至报国寺位于距县城约20公里的龙门乡，报国寺千佛崖造像共有八龛。《四川省文物简目提要》乐至县条载：千佛崖摩崖造像，共有八龛，均为后蜀制。岩间尚有后蜀广政二十年刻《普慈县永封里兴王董龛报国院碑记》一通，碑连首高130厘米，文为正楷阴刻，已剥蚀部分。另后蜀广政二十六年（963）刻《报国院西方并大悲龛记》一通，碑连首高125米厘米。文亦为正楷阴刻，已剥蚀部分。清代裴显忠等于道光年间所修的《乐至县志》（古迹）中说：王董龛，县东三十五里，古报国禅院也，四壁镌释佛如来像，多至百千万亿，今半幻灭，就其存者，礼足谛视，恍如有神，古碑二，皆孟蜀广政中制。

辽代应历七年的《释迦造像》，据金申载，辽代金铜佛像目前发现有铭文纪年者最早的，即北京故宫博物院所藏统和二十六年（1008）菩萨坐像。此像面颊丰满，双肩较宽，衣纹简练，趺坐于束腰莲座上；仍残存着唐末造像的风格，特别是那束腰莲座，仰莲瓣肥大舒展，在唐末造像中多可见到。内蒙古自治区文物工作队载录一件有明确纪年的石雕佛像，即辽中京大定府（内蒙古昭乌达盟宁城县大明城）出土的应历七年造像。此像于1956年内蒙古宁城发现，高40厘米。刘兴珍描述说，佛像面相丰腴，肉髻平缓，略带微笑。左手作禅定印，右手作指地降魔印。结跏趺坐于方形束腰莲座上，后有卷草背光。具有明确纪年的辽代作品较为少见。此件作品的技法虽无特别精妙之处，但从一个侧面反映了辽代石刻的风格，并且有纪年，因而十分珍贵。

［文献］ 清裴显忠等《乐至县志》卷一〇，成都

王建博物馆编《前后蜀的历史与文化》，刘长久《中国西南石窟艺术》，曹丹《四川省文物简目提要》，王朝闻等主编《中国石窟雕塑全集》(四川重庆卷)，金申《佛教美术丛考》，内蒙古自治区文物工作队编《内蒙古出土文物选集》，刘兴珍等《中国古代雕塑图典》。

公元958年　后周显德五年
后蜀广政二十一年

［提示］　后蜀广政二十一年，四川资中重龙山造释迦佛并部众。

［叙录］　据刘长久、胡文和载，后蜀广政二十一年，□□马亡母王氏等在四川资中重龙山造释迦佛并部众。胡文和据《重修北岩院记》说，重龙山寺院始建于唐建中四年(783)，会昌灭佛时寺院被拆毁，咸通七年(866)邵度任资州刺史，募资营建，至咸通十二年，建成僧房门屋总二十三间，并依崇崖镌众像总一百三所。现存造像记最早至大中八年(854)，所敬造为地藏菩萨一身，迟至广政二十一年(958)，所敬造为释迦牟尼佛并部众。重妆记则有大中祥符二年(1009)和三年(1010)。

［文献］　刘长久《中国西南石窟艺术》，胡文和《四川道教、佛教石窟艺术》，王朝闻等主编《中国石窟雕塑全集》(四川重庆卷)。

公元959年　后周显德六年
后蜀广政二十二年　南唐中兴二年

［提示］　后蜀广政二十二年九月六日，四川广元皇泽寺《大蜀利州都督声皇泽寺唐则天皇后新庙记》碑。四川安岳卧佛院修妆三身佛并经龛同一座。四川乐至报国院造像龛。南唐中兴二年十二月，江苏《茅山紫阳院碑》。

［叙录］　后蜀广政二十二年九月六日，四川广元皇泽寺刻造《大蜀利州都督声皇泽寺唐则天皇后新庙记》碑。高文和成都文物考古研究所认为，此碑对于研究武则天颇为重要，是考证武则天出生于广元的重要实物证据。武则天祖籍唐并州文水县(山西文水县)，其父武士彠原系文水一富商，经营木业，隋末为鹰扬府队正，后投靠唐高祖李渊反隋。贞观元年(627)任为利州都督，贞观九年(635)死于荆州都督任上。武则天系武士彠与其偏房杨氏在利州(四川广元市)都督任上所生。高文注解此碑时说，1954年7月修建宝成铁路时，碑在皇泽寺吕祖阁前的斜坡中出土，碑残高92厘米、宽90厘米、厚21厘米。碑文凡29行，行存26—27字，砂石刻制，无碑额，出土时，碑立赑屃(碑下趺也)，致质不慎被毁。此碑现存广元皇泽寺则天殿内，碑两面题刻，正面碑记作骈体文，题“大蜀利州都督府皇泽寺则天皇后武氏新庙记”，背面碑阴共25行，记载经费收支，有地价及庙中陈设物品等，可供研究五代民俗参考，从此碑上可证实武则天生于利州(广元市)。碑上有“则天坝”字样，沿用至今，说明当地人民对她的怀念。郭沫若亲自为此碑加标点并谓碑记是骈体文。自此碑出土，郭沫若在《武则天》剧本中提到武出生于广元，学术界基本无异议。

据刘长久、胡文和载，广政二十二年，前摄龙州(四川江油市)兼普州军事衙推、五音地理王彦昭在四川安岳卧佛院修妆三身佛并经龛一座。在成都王建博物馆所编的《前后蜀的历史与文化》中，也记载有广政二十二年四川乐至造像龛。此龛为长方形平顶龛，龛楣刻有二飞天，龛中主像已毁，现重塑一夫子像，不可信。在龛之右侧壁上，有一则造像题记，可辨识出“地岁年百衣欢在持僧弥关绍疑先有人彰造上件功德，时以广政二十二年二月”、“初镌造吉”、“同俗”、“年年清吉人”、“永锁龛内供养为讫”等字样。

南唐中兴二年十二月，江苏刻《茅山紫阳院碑》。据曾毅公载，此碑为刻工王文秉(银青光禄大夫行右千牛兵曹参军兼监察御史上柱国)刻于茅山紫阳院。徐铉《稽神录》载：右千牛抚曹王文秉，丹阳人，世善刻石。其祖尝为沙浙西廉访使裴璩采碑于积石之下。程章灿考证说，“左千牛卫兵曹参军”等，不知是否亦曾为中书省玉册官。据刘谨胜等载，1950年，南京博物院在江宁祖堂山发掘南唐二陵时，在南唐开国皇帝烈祖李昪钦陵的后室棺床上下，发现玉质哀册20余片，在中主李璟的顺陵之中发现云母石甲江册40片，正反两面都镌有文字。这大概可以证明南唐朝廷中仍然设有玉册官。

［文献］ 五代徐铉《稽神录》卷一，高文等《四川历代碑刻》，成都文物考古研究所等编《广元石窟内容总录》，刘长久《中国西南石窟艺术》，胡文和《四川道教、佛教石窟艺术》，成都王建博物馆编《前后蜀的历史与文化》，曾毅公《石刻考工录》，程章灿《石刻刻工研究》，刘谨胜等著《江苏碑刻》。

公元960年　后周显德七年　宋建隆元年

［提示］ 宋建隆元年，刻《般若心经》。

［叙录］ 南唐佛风甚浓，仅次吴越。据宋人陈思、清人杨世沅载，南唐后主即位，刻《般若心经》，刻工为王文秉(左千牛卫兵曹参军)。

［文献］ 宋陈思《宝刻丛编》卷一五，清杨世沅《句容金石记》卷三。

公元961年　宋建隆二年
后蜀广政二十四年　南汉大宝四年

［提示］ 后蜀广政二十四年，四川安岳卧佛院造尊胜陀罗尼经幢一所。

［叙录］ 据刘长久、胡文和载，后蜀广政二十四年，王彦昭为上祖先灵、所生父母、亡过眷属等，在四川安岳卧佛院造尊胜陀罗尼经幢一所。

［文献］ 刘长久《中国西南石窟艺术》，胡文和《四川道教、佛教石窟艺术》，王朝闻等主编《中国石窟雕塑全集》(四川重庆卷)。

公元963年　宋建隆四年
后蜀广政二十六年　北汉天会七年

［提示］ 后蜀广政二十六年五月十五日，四川乐至报国院造像。北汉天会七年，山西平遥镇国寺彩塑。

［叙录］ 广政二十六年五月十五日，四川乐至报国院造像。据刘长久、胡文和等载，简州清化军衙推杨朗及女婿前当州长史、石湍市主文彦瑶，长史王延晟，杨朗之子前崇龛县(重庆潼南县西南崇龛镇)镇将杨鲁侯，充本县勾当衙司杨鲁珍、杨鲁迁、杨鲁荣，在四川乐至县报国院造阿弥陀佛、弥勒佛、千手观音等像，并镌《报国院西方并大悲龛记》。在成都王建博物馆所编的《前后蜀的历史与文化》中，对此处造像也有记载。

观无量寿佛经变龛，龛中人物众多，内容宏大，造像精美。尤其是这种形制的西方净土变图在四川五代中实属少见。遗憾的是被上过油漆，一部分有后来加工重修的痕迹。像龛形制为长方形平顶龛，高210厘米、宽200厘米、深110厘米。全龛分为正壁、龛楣、龛门及左右侧壁四部分。正壁为全龛中心部分，分上下两重。主像为阿弥陀佛，面西，结跏趺坐于莲台上，头作螺髻，身着圆领袈裟，双手于膝间结定印，身后有大圆形背光。佛莲座下为束腰须弥座，座前有一供桌，桌上无物(可能破坏不存)。佛之两侧：左为观音，右为大势至，皆结跏趺坐于莲台上，莲座下亦为须弥座。观音、大势至均头戴花冠，身着天衣，身后有莲瓣形身光和圆形火焰头光。三像构成西方三圣，占据正壁上的显要位置，造像最大，高高在上。三主像之间立二胁侍弟子，观音、大势至之侧分立菩萨共六身。三主像的左右两侧各刻二经幢。佛之顶悬一八面形华盖，盖两侧各有飞天二身和二供养天人。盖中吊大牟尼珠，由牟尼珠内射出毫光二道，分左右向上横贯壁顶，各绕三小圈，共六圈光圈，每光圈内均有一小坐佛。在近顶壁的左右角，各刻一菩萨，皆结跏趺坐于莲台上。正壁近顶部分左右侧壁上各刻一双层塔形宝楼式建筑。宝楼之下各刻有四位天人，皆作立式，作比丘打扮。在佛之下左右平台上，各有十位天人像，皆作坐式，或合十或嬉戏。十位天人对应之下的左右平台上，各刻有伎乐五个，由左至右分别演奏筝、琵琶、笛、贝、正鼓、羯鼓、箫、箜篌等。佛座下刻勾栏，天梯，上层为三坐像，其下二天乐舞伎站于一大朵莲花上作舞蹈动作，莲花下为祥云、红日，共刻八天人浮于祥云上。正壁底层左右图像相同，上为六化佛坐于莲花上，均结跏趺坐于莲花上，右上角的三佛及莲座较大，左下角的三佛略小一些，两侧共12身化佛，24朵莲花（有几朵空白）。下为龙舟竞渡，划舟者五人，两侧共二舟10人，皆栩栩如生，用力划舟状跃然画面。龛底两角各立一力士，典型的五代力士风格。龛楣中部（正对正壁之华盖）为祥云、天乐，有琵琶、排箫、笛、拍板等，两侧为二飞天。左右各坐五佛，为十方诸佛也，皆结跏趺坐。龛门两侧各刻有八个小方龛，边长约20厘米，内有图画，是为十六观。龛左侧壁由上至下共刻三个方框，内容分别为千手观音龛，二侍者龛，一供养妇人龛（作佛状，结跏趺坐于莲台上）。右侧壁上为一方框，刻三供养人像；下为广政二十六年碑记，碑高125厘米、宽62厘米。文为正楷阴刻，部分剥蚀。碑首题为“报国院西方大悲龛记”。记文末云：简州清化军镌字，衙推杨朗男前崇龛场镇将鲁侯，大蜀广政二十六年岁次癸亥五月十五日丙寅题记，永为瞻敬。

北汉天会七年，山西平遥镇国寺彩塑。五代著名雕塑匠师有后梁僧人智晖，后唐僧人智江，前蜀许侯、雍中本，后蜀程承辩等。李玉珉讲，匠师们运思奇妙，克肖圣仪，对五代雕塑贡献良多，可惜作品均未传世。五代佛教造像遗存不多，建造于北汉天会七年山西平遥镇国寺的须弥坛上，尚存11尊北汉彩塑佛、菩萨、比丘和天王像，从面相造型到塑像风格皆与敦煌唐代塑像近似，可视为唐代造像的延续。

［文献］　刘长久《中国西南石窟艺术》，胡文和《四川道教、佛教石窟艺术》，成都王建博物馆编《前后蜀的历史与文化》，李玉珉《中国佛教美术史》。

公元964年　宋乾德二年
后蜀广政二十七年　南汉大宝七年

［提示］　后蜀广政二十七年，孟昶撰书首幅楹联。南汉大宝七年四月，广东刻《大觉寺僧文偃碑》。

［叙录］　后蜀广政二十七年，孟昶撰书首幅楹联，此事对后世包括石刻楹联影响深远。清人梁章钜说：尝闻纪文达（晓岚）师言：楹联始于桃符，蜀孟昶“余庆长春”一联最古（见《阅微草堂笔记》）。但宋以来，春帖子多用绝句，其必以对语朱笺书之者，则不知始于何时。孟昶题桃符门联为：新年纳余庆，嘉节号长春。

南汉大宝七年四月，广东刻《大觉寺僧文偃碑》。曾毅公考，此碑为孔廷渭（右龙忠军挫鹤将军培戎副尉）、陈廷嗣、孔廷津、邓怀忠四人同刻。清人陆增祥曾著录：碑高五尺六寸、广三尺八寸，五十七行、行六十六字至七十七字不等，行书，在曲江（韶关境内）。广东大觉寺现名云门寺，为五代名僧文偃禅师所创建，在广东乳源云门山，此地为禅宗五宗之一的云门宗发源地。文偃俗姓张，姑苏嘉兴（今浙江）人。六祖慧能圆寂后，嗣法弟子以湖南南岳怀让和江西青原山行思最为著名。晚唐五代时期，南岳分为沩仰与临济二宗；青原则分出曹洞、云门、法眼三宗，合称禅宗五宗。文偃在福州得义存印后，至韶州（今乳源县）云门山，复兴光泰禅院，开创云门禅风。

短暂、混乱、然亦不失光彩的五代十国这一页历史，很快就翻过去了。作为大唐帝国的余绪，以及作为赵宋江山的序曲，五代十国仍然值得我们投以热切的目光去关注，去理解，甚至去赞美。

［文献］　清纪晓岚《阅微草堂笔记》卷二三，清梁章钜《楹联丛话》卷一，清陆增祥《八琼室金石补正》卷八〇，曾毅公《石刻考工录》。

中國石刻藝術編年史

金中題

愉悦卷

两宋辽金西夏元明清

向以鲜 著

中国出版集团
東方出版中心

两宋编

含辽金西夏

引论

中国石刻艺术发展的历史，到了两宋（含辽金西夏）时代，也由黑格尔所说的艺术的理想时代进入了愉悦的时代。在本书最开始的叙述中，曾这样谈及这种转变：由理想而至愉悦，几乎是一件顺理成章的事情。黑格尔的判断是：理想的风格如果从秀美朝外在现象方面再前进一步，它就会转变为愉快的或取悦于人的风格。愉悦时代的作品，其细节是作为装饰，穿插和陪衬而放进作品中去的，实际上是在投合欣赏者的主观趣味。愉悦的艺术由于更多的是考虑欣赏者或接受者的趣味，因而在很大程度上会失去艺术家本人的风格和个性，从而呈现一种媚世甚至媚俗的倾向。黑格尔举例说：比如那些单独的小型造像，珍宝、腮帮上的小酒窝，珍贵的首饰，微笑，服装的形形色色的褶纹，动人的颜色和形状，奇特的难能可贵的然而并不显得勉强的姿势，如此等等，这些组成部分单凭它们本身就使人愉快。这个时候，对于细节的过分强调已近于繁琐，虽然堪称巧夺天工，但却少了鲜活的气韵，少了来自造化深处的神秘与感动。中国明清时期的石刻艺术，已基本脱离了汉唐时代的博大与壮丽，转而走向精致与繁缛，在装饰化、工艺化、人文化的强力驱使之下，将愉悦的石刻艺术推向新的趣味。

这种转变具体表现在两宋时代的雕塑尤其是石刻艺术中：石刻的神秘性与壮丽感渐渐消失，而取悦于人的亲切、平易甚至略显平庸的艺术诉求越来越明显。中国文化中那种雄强博大的气势，也被一种精致和唯美所取代。在10世纪以后的三个世纪中，正如王子云指出的那样，由于外族的不断入侵，民族的自尊心和民族自信心受到一定程度的挫伤。这些反映在雕塑艺术上，则表现为此一时期的大多数作品其形象较为委顿，缺乏像两汉或初盛唐时期那样的雄大气魄，缺乏一种内在的强大的精神力量。同时，此时期作品的生活意识不断加强、写实程度不断提高，在工艺技术上则得到长足进步。如果联想两宋以至辽金的诗、文、词中所处处透出的那种平易、自然、亲切、妩媚，则可看出这是与社会的发展，当时的政治、经济情况，时代风尚以及由此形成的审美思想、趣味密切联系在一起的。

由唐代的石刻而至宋代的石刻，其间最显著的变化在于，石刻艺术的由圣而俗（凡）。李泽厚在《美的历程》中分析说，禅宗在理论上要求信仰与生活完全统一起来：不要那一切烦琐宗教教义和仪式；不必出家，也可成佛；不必那样自找牺牲、苦修苦炼，也可成佛。并且，成佛也就是不成佛，在日常生活中保持或具有一种超脱的心灵境界，也就是成佛。从“顿悟成佛”到“呵佛骂祖”，从“人皆有佛性”到“山还是山，水还是水”，重要的不只是“从凡入圣”，而更是“从圣入凡”。李泽厚认为，宋代雕塑则充分体现了这一特征：无论是大足石刻、晋祠宋塑以及麦积山的著名宋塑，都创造了迥然有异于魏、唐的另一种雕塑美的典范。它不是思辨的神（魏）或主宰的神（唐），而完全是世俗的神，即人的形象。它比唐代更为写实，更为逼真，更为具体，更为可亲甚至可昵。大足北山那些观音、文殊、普贤等神像，面容柔嫩，眼角微斜，秀丽妩媚，文弱动人。麦积山、敦煌等处的宋塑也都如此，更不用说晋祠的那些有名的侍女像了。大足、麦积山那些最为成功的作品——优美俊俏的形象正是真实的人间妇女，它们实际已不属于宗教艺术的范围，也没有多少宗教的作用和意味了。很显然，仅就宗教石刻而言，北魏、唐代和两宋，的确是三种完全不同的审美范式，它们正好对应了黑格尔所说的严峻、理想和愉悦。

宋代石刻，仍然以陵墓石刻和宗教摩崖石窟造像为主。宋代的陵墓石刻，以河南巩县北宋七帝八陵为代表。如果我们将北宋帝陵石刻与关中唐陵石刻相比较，则会十分明确地感受彼此之间无论是气魄或内在力量之上，都是迥然不同的。北宋七帝八陵的石雕，从时代较早的太祖永昌陵到第七代哲宗永泰陵，时代跨度一百多年，因此其间的风格变化也是相当漫长的。总的来看，前期作品显得要劲健朴茂一些，越到后来，就越让人感到绵柔和苍白。宋陵石刻中，最杰出的作品多出现于动物石刻方面，尤以狮子、大象和羊给人印象最为深刻。河南民间一直流传着这样的歌谣：东陵的狮子，西陵的象，滹沱陵的好石羊。这儿的东陵指神宗永裕陵，西陵指哲宗永泰陵，滹沱陵指太宗的永熙陵。宋陵陵垣南门外，均雕有守门的一对立狮。王子云将宋陵石狮与唐陵石狮进行了有趣的比较，这些狮子是在走动而不是静止站立的：这类走狮，在唐帝陵前的石雕中，仅有太宗昭陵和武后母顺陵前有此形式，其余各陵全为后肢蹲坐、前肢直立的所谓蹲狮。而北宋各陵全都雕有走狮一对，并且脖项上带有项环和串铃，还拴有一条长长的锁链绕置狮背，说明这是宫廷驯狮而不是野狮。两相比较，我们不难看出唐狮的优越在于气势轩昂，显现出作为兽中之王的威猛气概，这是由周身强有力的肌肉和昂扬不可一世的雄姿来体现的；而宋代永熙陵走狮在气魄上，尤其内在的精神状态上，显然较唐顺陵石狮有很大的差距，但在作为猛兽狮子的主题的表现上，仍然有其艺术上的成功所在。

除宋陵之外，西夏王陵也出土过一些石刻，以力士柱础及汉、夏文合刻的石碑等最具特色。西夏王陵位于宁夏回族自治区银川西部的贺兰山东麓。在方圆 50 多平方公里的陵区内，共有九座帝陵、250 多座陪葬墓。辽金陵墓石刻，也有相当一部分遗存了下来，而以北京地区保存得最多。辽南京和金中都均在此地，辽金两代相踵，前后达 240 多年。在《北京辽金史迹图志》一书中，即辑录有 300 多种辽金石刻，其中包括碑刻、经幢、墓幢、墓志、石函、石椁、造像等。辽金石刻在选材方面十分讲究，大多采用白色大理石，只有极少数使用青石或花岗岩。其中最有代表性的当数螭首龟趺的石碑和高大颀长的经幢，虽然完全汉化，但雕饰古朴，别有一番韵味。辽代的石狮也很有特色，1959 年曾在内蒙古宁城大明城出土一件石刻辽狮（现藏内蒙古自治区博物馆），虽然只有 20 余厘米长，但其石狮造型威猛，龇牙怒目，形象凶狠，鬃须呈放射状，腰部和后腿富有内在弹性，夸张而有节奏，动感十足，颇有唐狮遗风。其刀法之奔放洗练，代表着辽代民间雕刻技艺已达到极高水准。

两宋石刻的另一大重点当然是宗教摩崖石窟造像了。总的来说，中国石窟造像艺术进入两宋时代，已开始走向没落。也可以这样来理解：两宋的摩崖石窟，是中国石窟艺术最后的辉煌（以重庆大足石刻为代表），虽然之后的元代亦偶有出色之笔，但那只是一种回光返照式的亮色而已。在一些传统的大型石窟如敦煌石窟、麦积山石窟、炳灵寺石窟、龙门石窟、云冈石窟等处，已较难见到宋代所开凿的石刻雕塑作品。王子云分析造成此种情形的原因时说，进入 10 世纪以后的宋代，不仅是对于佛教信仰的衰退，更主要的是社会政治经济的没落。因为北宋从一开始就受到辽、金、西夏的不断侵扰，使社会得不到安定的局面，对于工程较大的石窟的开凿，自然受到影响，因而出现了那种因陋就简、便宜取巧的没落现象。我们认为王子云的分析不能说没有道理，但至少是不全面的。两宋时代，无论是北宋还是南宋，帝国虽然没有达到唐代那样庞大辽阔的版图，但其社会却获得了相对的安宁，并且在政治、经济、科学、文化、艺术等方面均取得了空前的发展，因此陈寅恪才在《邓广铭宋史职官志考证序》中说：华夏民族之文化,历数千年之演进,造极于两宋之世。我们认为摩崖石窟造像至两宋而渐趋衰落,并不能完全归咎于社会的不稳定或国力的空虚,其背后的真正动因,可能与中国文化重心的南移(自南北朝始,南方重义理而多寺院,北方重实修而多石窟),以及宗教的世俗化等相关。正如阎文儒所说,宋代由于市民阶层的壮大,民间艺人的增多,文学上出现了比较接近大众化的文言,描写民生疾苦、爱情、神怪等,刻画得更为逼真。因而反映到石窟艺术上,在刻画生活方面、人像方面,都能比较细致,不像南北朝、隋唐那样雄劲而壮丽。而宗教艺术,一旦过分世俗化,就失去了它存在的根本所在,因而摩崖石窟造像的没落,是一种不可逆的历史趋势。

宋代石窟,较著名者,除重庆大足、浙江杭州之外,陕北的宋窟亦颇值得关注。陕北在北宋中期,由于北宋和西夏达成相对的和平局面,因而该一地区获得了与富庶的西夏交往的机会。加之西夏亦十分崇信佛教,陕西的石窟工匠又远近闻名,因此形成宋代西北石窟重镇,当在情理之中。在陕北的北宋石窟群中,最为出彩的是大量出现的罗汉石刻。宋代罗汉像多以16、18甚至500为组群,这些罗汉造像充满生活气息,其人物面貌、性格、姿态、形神千差万别,颇有几分石刻浮世绘的感觉。陕西黄陵、子长两地石佛寺,其雕像中的罗汉像,生动传神,跃然于石上。而属于辽、金两代的佛教石窟,主要有辽宁巴林左旗附近的辽代石窟群;陕北富县石窟中,有一部分可能属于金代石窟;在莫高窟和安西万佛峡石窟雕塑中,也有西夏开凿的少量石窟。

阎文儒分析重庆大足宝顶造像时说,宝顶造像中最重要的是父母恩重经变、地狱变与十王图。父母恩重经变把故事雕造成一幅连环图:从"投佛祈求嗣息"起,中经"怀胎守护"、"临产受苦"、"生子忘忧",以至"究竟怜悯"等共11幅图,每幅图均以真实形象表达故事内容。如"生子忘忧"中青年父母对小儿欢欣的神态;"洗濯不净"中母亲作洗濯之状,小姑抱儿向母头上作把尿形状,这些日常的真实动人的手法,给人印象深刻。在地狱变中,以截膝地狱劝人戒酒,石刻画面中表现由于饮酒昏乱,以致父不识子,兄不识弟,夫不认妻,姊不识妹等颠倒行为。这些来自生活中的真实画面,在以前的石窟造像中从未出现。这些清新质朴的石刻之风,为没落时代的石窟造像,注入一股强劲的生命活力。

宋代出现了中国建筑史上最为重要的一部著作,即由李诫撰写的《营造法式》。当然我们今天能读懂这部伟大的建筑学著作,得感谢梁思成先生。民国十四年(1925年)梁思成第一次见到《营造法式》,那时他还在美国宾夕法尼亚大学读书。梁思成后来回忆说:当时在一阵惊喜之后,随着就给我带来了莫大的失望和苦恼——因为这部漂亮精美的巨著,竟如天书一样,无法看得懂。后来,梁思成几乎用毕生心血诠释了这部了不起的建筑"天书"。李诫之所以能撰就此书,与宋代高度发达的建筑艺术紧密相关。而中国的建筑是典型的木石(包括砖)建筑,因此,建筑石刻至宋代得到空前繁荣。在李诫的书中,就有不少地方论及建筑石刻者,包括脊兽、柱础、门狮、廊柱、牌坊、桥梁等。宋及其以后的历史中,在寺庙建筑方面也有较大发展。由于淫祠、淫祀的兴起,寺庙的性质及类别得到了巨大的扩展。民间多神信仰而导致的诸如药王、城隍、土地神、财神、灶神、雷神等众神庙,其中亦不乏石刻偶像,成为愉悦时代石刻艺术的又一景观。

契丹人信佛,并在佛教造像方面深受唐人影响。辽人造像和中晚唐造像十分相似,此一现象颇值得关注。但是唐辽之间,其精神与气韵还是不同的。金申指出唐辽宋石刻造像之别:辽代造像两肩宽厚,身躯饱满,上半身偏长,给人以凛凛堂堂、伟岸端庄之感,残留着唐造像浓厚遗风,对比辽宁义县奉国寺胁侍菩萨、河北蓟县独乐寺胁侍菩萨、大同华严寺薄伽教藏殿造像以及山西应县木塔造像,可以看出这些风格的一致性;反之,与南方宋朝地域的佛像相较则后者造像显得繁缛细腻,阳刚不足。例如作于10世纪末到11世纪初的宋初杭州烟霞洞洞口观音、势至像,雕镂繁缛,气质柔弱,不及辽造像质朴健美有力,而烟霞洞开凿时恰当辽统和年间(984—1012

年)，相比之下可见宋、辽造像风格之明显差异。但是宋朝造像较之辽朝更具流畅和自然生动，衣纹处理手法样式很多，如江苏吴县角直镇保圣寺所谓杨惠之作品实为北宋所作罗汉坐像，裙角衣纹向足部密集，繁复生动，而膝关节仅一道折痕；又如山东长清灵岩寺千佛殿罗汉坐像(北宋嘉祐年间)衣纹深厚流畅，在膝部也见不到辽佛的衣纹形式。辽承唐风，那么唐辽之别又表现为：唐代凡趺坐的佛像裙部衣纹多呈从两足部分向两侧放射状平行舒展，纹线很长，直达膝部，衣纹大致与腿部平行，膝关节曲折处少有衣纹。辽佛则不然：在膝关节部分都有三四条衣纹，呈纵列平行的短线，这种衣纹很难在唐佛和宋佛上见到。此种膝部纵向的短衣纹在大同华严寺主尊佛像和胁侍菩萨坐像上都可看到。

就总的风尚来看，宋代的石刻艺术，是愉悦的，亲近的，接地气的，并且始终充满人性关切的艺术。

公元 960 年　建隆元年

［提示］　开凿四川安岳华严洞。

［叙录］　《宋史》(太祖本纪)载：建隆元年正月，在陈桥兵变中，太祖赵匡胤黄袍加身，结束了长达半个多世纪的分裂局面，夺取后周政权，赵宋王朝正式登台亮相。迄今，在河南开封东北的陈桥镇(封丘县)东岳庙中，还遗存有著名的《宋太祖黄袍加身处碑》。在东岳庙大殿之前，还有一棵古槐树，相传是当年赵匡胤黄袍加身时拴马之处，后世称为“系马槐”。此槐树干周长达五米多，树前还刻立有一块石板，上面有清书法家吴门张松孙所书写的“系马槐”三个大字。这儿显然是值得赵宋纪念的地方，它是赵宋发迹圣地。

宋朝的石刻艺术华章，从有明确纪年的造像来看，是从四川地区翻开第一页的：建隆元年，开凿四川安岳华严洞。据刘长久载，华严洞位于四川安岳石羊镇箱盖山上，距石羊镇 6 公里，安岳县城东 50 公里，而离重庆大足则只有 30 余公里。华严洞石窟高 6.2 米、宽 10 米、深 11.3 米。袁恩培、张磊撰文说，华严洞石窟造像，以密宗为主，为释、道、儒同窟造像，题材十分丰富。窟中造像分布于左中右石窟壁，中间是高 520 厘米的华严三圣雕像，毗卢遮那佛居中，左普贤右文殊，左右壁并排着高 410 厘米的十大菩萨坐像。给人印象深刻的是石窟两壁的十大菩萨造像，古代匠师们着力对其面部进行了细腻刻画，充分表现出了众菩萨形象的美丽和内心的慈悲。线面结合的镌刻手法，加之具东方特色的镂空饰花宝冠、珠串璎珞以及行云流水似的帔帛、衣褶，衬托出菩萨气质的高雅，身份的华贵。洞窟两壁上方的《善财童子五十三参求法图》独具特色，他方少见。华严洞石窟洞口两边所刻下的山狮、准提佛母、摩利支天，面相凶恶，与慈悲的佛、菩萨及多变的善财童子五十三参，形成了鲜明的对比。这种独特的对比造像手法，使得窟中的造像变得鲜活生动，达到了高超的艺术境界。

［文献］　元脱脱《宋史》，刘长久《安岳石窟艺术》，袁恩培等《论安岳华严洞石窟造像艺术的美学特征及价值》(《东南大学学报》哲社版 2010 年第 2 期)。

公元 961 年　建隆二年

［提示］　苏州建成云岩寺塔。

［叙录］　是年，苏州建成云岩寺塔。苏州云岩寺塔即虎丘山塔，创建于后周显德六年(959 年)，于是年竣工。春秋时吴王夫差曾葬其父阖闾于此，有白虎雄踞其上，故名虎丘。据常青、罗哲文等记载，虎丘塔七级八面，砖身木檐，内外两层枋柱半拱。塔建成之后遭到多次火难，现存塔身高 47.5 米。20 世纪 50 年代，曾在塔内发现众多文物，其中莲花石龟甚为稀见。1954 年，南京工学院著名建筑学者刘敦桢曾对虎丘塔进行过实地考察，并撰写了著名的《苏州云岩寺塔》论文，首次科学、全面、系统地介绍了虎丘塔的历史和现状，为后来的维修与研究工作奠定了坚实基础。

［文献］　常青《中国古塔的艺术历程》，罗哲文《中国古塔》，刘敦桢《苏州云岩寺塔》(《文物参考资料》1954 年第 7 期)。

公元 962 年　建隆三年

［提示］　五月二十九日，山西刻《荀息庙碑》。是年，刻《太祖誓碑》。

［叙录］　五月二十九日，山西刻《荀息庙碑》。据清人胡聘之载，此碑高四尺二寸五分、广一尺九寸五分，十八行、行四十七字，正书，今在乡宁县。原刻署“三州都料冗延镌字”，程章灿认为此刻工姓名或有讹，或应作“亢延”。荀息事迹见《左传》相关记载，本姓原氏，名黯字息，为春秋时晋国大夫。晋武公灭荀国后，以荀国旧地赐原氏黯，原氏黯以荀为氏，故史称荀息。晋献公二十六年(前 651)荀息死于晋国

骊姬乱中,荀息墓在今曲沃县城北荀王村。

是年,刻《太祖誓碑》。这块与宋代知识分子命运密切相关的石碑帖,堪称宋代最为神秘的一块石刻作品。由于石碑并没有流传下来,对于它在历史上存在的真实性,现代不少学者持怀疑或否定的态度,以张荫麟、杜文玉和徐规为代表。但上述诸家并没有提供确切可信的证据来证明自己的观点,并不能让人十分信服。作者曾在《中国文化探秘》中谈及此碑:宋朝虽然政治军事上相对处于弱势,但在经济、科技、文化方面却获取了空前成功,中国古代四大发明中的三大发明(印刷术、火药和指南针)都成熟于这个时期。这是一件令人深思的现象,弱势的国防能力和强势的文化面貌之间,是怎样寻找到平衡点的呢?宋朝在科技文化方面,之所以能取得如此成就,其原因当然是多方面的,比如在很多领域,由于历史经验和知识的积累,到了宋代已是成熟发展的必然,是一种水到渠成的自然结果。除此之外,还有更为重要的政治因素,那就是宋朝对知识分子或士大夫采取了特别宽松的优抚政策,从而为知识分子充分发挥创造才能,提供了广阔的空间。可以这样说,宋代虽然偶尔也有一些文字狱的现象出现,但总的来说,宋代知识分子的日常生活和精神生活,还是充满自由和理想色彩的。

宋代知识分子之所以能享受这样的境遇,与一块从宋朝建立之初就已秘密镌刻的石碑密切相关,这就是著名的太祖誓碑。关于太祖誓碑的记载,最早见于两宋之交的曹勋,他在《松隐集》中一篇名为《进前十事札子》的文章中提及这样一件事:靖康之变(1126 年),金人掳走徽钦宗父子,阁门宣赞舍人曹勋作为徽宗随从同行。北行途中,曹勋从燕山逃走,徽宗嘱托他转告康王赵构:"艺祖有约,藏于太庙,誓不诛大臣、言官,违者不祥。故七祖相袭,未尝辄易。每念靖康年中诛罚为甚,今日之祸虽不止此,然要当知而戒焉。"曹勋后来又在《北狩见闻录》中再次记述了这段话,这段话后世史家称之为"徽宗寄语"。曹勋之后,宋人叶梦得(旧题陆游)在《避暑漫抄》中则对此做了更为详细的记载:宋太祖赵匡胤于建隆三年派人神秘地镌刻了一块石碑,立于太庙寝殿的夹室之中,称之为誓碑。誓碑平时从不开启示人,用销金黄幔密密遮蔽起来,并且门钥封闭十分严格。誓碑只在两个时候才能开启:一是太庙四季祭祀时,二是新天子即位登基时。在开启之时,也只有两个人能够看到誓碑的内容,一个是在位天子或新天子,一个是一名目不识丁的小黄门(太监)。其余的人都远立庭中,莫敢仰视。天子行至誓碑之前行再拜大礼,跪在地上瞻仰誓碑,并默诵于心,然后再拜而出。在此过程中,群臣及近侍既看不到誓碑内容,也听不到天子默诵的声音,因此没有人知道石碑上的誓词是什么内容。整个北宋的各代皇帝,都严格遵守着这个神秘的宣誓仪式,没有人敢违抗。一百多年过去了,太祖的誓碑仍然立在太庙寝殿的夹室之中,除皇帝之外,没有人知道上面写的是什么。事情到了靖康之变,这个赵宋王朝一等一的机密,才泄露人间:金人将宋朝祭祀礼器席卷而去,太庙大门洞开,太庙寝殿夹室中的誓碑露出了庐山真面目:誓碑高七八尺,宽有四尺多,碑上刻着三行誓词,共 56 个字:

柴氏子孙有罪不得加刑,纵犯谋逆,止于狱中赐尽,不得市曹行戮,亦不得连坐支属;

不得杀士大夫,及上书言事人;

子孙有渝此誓者,天必殛之。

这 56 个刻在石头上的字,有人认为是中国史上最为不朽的名言之一。它是在古代封建皇权独裁制度下,统治者所能做到的最为开明、最为有效的制度设计。尤其值得称道的是,它并不是一石空文,或是做给世人看的摆设,它是从灵魂深处,刻进了宋朝最高统治者的头脑中——它是箴言,也是法律,同时体现于行动之中,具有宪章的作用。它从最高端的制度设计上,从心灵上,对统治采取制约,尤其是第二条的践行(不得杀士大夫,及上书言事人),为宋朝成为中华文明的巅峰打下了至为坚实的政治基础。英国《大宪章》在时间上比太祖誓碑晚了两百多年,在内容上则是国王与贵族间被迫签订的权力分配协议。太祖誓碑却不一样,它来自伟大君王的内在的良知和智慧。太祖誓碑可以称之为宋代大宪章,是皇帝对臣下，尤其是士大夫或知识分子的特别优遇和承诺，并有着宗教仪轨般的自我严格约束。

由于太祖誓碑的存在，宋代知识分子的生活比之前或之后的，都要快乐和幸运得多。为此，深蒙这种恩泽的范仲淹，曾由衷地感叹道：自从我大宋建立以来，从来没有轻易滥杀过一个臣下，这是吾辈的幸事，也是国家的幸事，只有胸怀盛德的朝代，才能做出这样的明智之事啊！

前面提到，现代一些学者对太祖誓碑存在的真实性提出质疑，理由主要有三点：一是宋代帝王并没有像誓碑所设定的那样，完全不杀士大夫及上书言事人，比如宋钦宗杀大臣王黼、朱勔，宋高宗杀太学生陈东、欧阳澈，还有杀岳飞、韩侂胄等，这明显与太祖誓碑的盟誓相违背。二是太祖的保存方式值得怀疑——誓碑上的内容并不是见不得人的阴谋，如果正大光明地昭示出来，是一件很光彩的仁德之事，完全没有必要做得这样神神秘秘的。三是此碑不见于北宋时著作之中，至南北宋之交或南宋始知名于世。这几点质疑，其实并没有多少说服力。太祖誓碑上的第一条，整个宋代王朝的统治者，基本上都是遵守了的，对后周柴氏的后代，一直以友好和尊重的态度相待。清人袁栋指出：誓碑虽有三语，其实止一语也。末行是总束语，中行是陪衬语，只有首行是主意。宋祖得天下于小儿，原有歉于隐微，故为是誓碑，而其忠厚处实过于六朝五代远矣，宜其享国久长哉。第二条不杀士大夫，及上书言事人，宋朝历代统治者也是执行得很好的，因此才有范仲淹那样发自内心的感叹。在长达几百年的政治岁月中，有几个大臣或士大夫被杀，并不能以此就证明宋代君王没有守誓碑之约。第二个质疑更显苍白，太祖誓碑的内容如果一旦公示，其后果则可能导致一个奇怪的现象出现：柴氏后代和士大夫或知识分子们可以肆无忌惮，可以视国家法律法规于不顾——因为他们知道，太祖已立下铁的规矩，他们命中已先天性获得了赦免权——赵匡胤是何等机智的人，他会做这样的傻事吗！至于第三点，因此碑不宜公示于世，如果没有靖康之变，也许南宋人也不会知道的。宋代士大夫遭受迫害或杀戮的，比任何一个朝代都要少，这是不争的事实。这其间的原因当然是多方面的，比如与宋朝扬文抑武的治国方略有关，但毋庸讳言，也与宋太祖所立的那块石刻誓碑息息相关。即使这块誓碑后来消失了或者被战争损毁了，它仍然存在着，存在于宋代君王的心中，成为一种心灵的誓约。

［文献］《左传》(鲁僖公二年、九年，鲁庄公二十八年)，宋曹勋《松隐集》卷二六、《北狩见闻录》，宋叶梦得《避暑漫抄》，清袁栋《书隐丛说》卷六，清胡聘之《山右石刻丛编》卷一一，程章灿《石刻刻工研究》，张荫麟《宋太祖誓碑及政事堂刻石》(《文史杂志》半月刊第1卷第7期)，杜文玉《宋太祖誓碑质疑》(《河南大学学报》哲社版1986年第1期)，徐规《宋太祖誓碑辨析》(《历史研究》1986年第4期)，向以鲜、王正可《中国文化探秘》(宋元篇)。

公元964年　乾德二年

［提示］河南巩县建造永安陵及石刻。

［叙录］是年，宋太祖改卜其父赵弘殷永安陵于河南府巩县(今河南巩义市)，建造永安陵及石刻。永安陵的营建，是北宋皇陵的开端。清人徐松在《宋会要辑稿》中载：永安陵在开封府开封县，今奉先资福禅院即其地。乾德二年，改卜于河南府巩县。陈朝云说，太祖赵匡胤即帝位后，为表忠孝，追封其父为宣祖，以帝陵之制将其父改卜于河南巩义市。自乾德二年，即北宋立国的第五年，直至北宋灭亡，此地共计埋葬有七个皇帝和被封为宣祖的赵匡胤之父赵弘殷(七帝八陵)，附葬有22位皇后，以及上千座皇室子孙陪葬墓，从而形成了一个庞大的宋代陵墓群。永安陵现由上宫、孝惠贺皇后陵和淑德尹皇后陵组成，其下宫和陪葬墓地面上已不存形迹。永安陵上宫仅存陵台及神道石雕像四件，由南向北依次为控马官一件、石虎两件和石羊一件。郭湖生等在20世纪50年代末调查永安陵时，尚见到望柱一件、角端一件、马两件、虎一件、羊两件和客使两件。营

建永安陵时，大宋刚刚建立，南方尚未统一，宋代帝陵制度也还没有来得及确立。其石人、石虎、石羊等形象并不高大，颇类晚唐陵墓石刻，质朴，淳厚。所存文官石像较为出色，据刘兴珍载，石像高240厘米，刀法概括，风格质朴，具有五代至宋初过渡时期的石刻艺术特点。

［文献］ 清徐松《宋会要辑稿》(帝系一之二)，陈朝云《南北宋陵》，郭湖生等《河南巩县宋陵调查》(《考古》1964年第11期)，刘兴珍等《中国古代雕塑图典》。

公元965年　乾德三年

［提示］ 正月二十八日，王延光完成颍州开元寺地藏院新修罗汉功德堂雕塑。十二月二十八日，梦英篆书《千字文碑》。是年，开凿泉州九日山摩崖大佛。

［叙录］ 正月二十八日，王延光完成颍州开元寺地藏院新修罗汉功德堂雕塑。王延光为北宋汴梁(开封)人，宋人张邴撰有《颍州开元寺地藏院新修罗汉功德堂记》(见《全宋文》)，记中说：殿堂既备，圣相是陈，爰命良工，式模梵质。请京师王延光、妆塑赵守忠等，妆塑释迦一躯，螺髻连趺，举高五丈。文殊、普贤、饮光(迦叶)、庆喜(阿难)、供养菩萨、掖卫善神(天王)并前护法大阿罗汉，及法住记王庆友尊者并仆从等，统数三十六事，并功绝世美，妙尽物华。乾德三年正月二十八日，厥功告毕，庆赞云终。爰自备物，迄以立功，辰浃二百旬，金费五百刀。记中称赞王延光的塑像技艺，可与唐代大雕塑家安生、吴道子比肩，足见艺术造诣已达到相当高的境界。

是年十二月二十八日，梦英篆书《千字文碑》。此碑全称《篆书千字及楷书释字碑》，现存西安碑林中。碑高327厘米、宽103厘米，螭首龟趺，由梦英和尚篆书。篆字之下均有楷书释字，由袁正己书丹。曾毅公考，此碑刻工为安仁裕(武威郡人)。碑阴之上，则刻有乾德五年(967)皇甫俨镌刻的陶谷所写序文。梦英为北宋名僧，衡州(湖南)人。师号宣义。其篆书曾与郭忠恕齐名，宋人朱长文于《墨池编》中记载了梦英的生平，并说，梦英“效十八体书，尤工玉箸”。除此碑之外，梦英还书有《篆书目录偏旁字源碑》、《篆书十八体诗刻》、《扶风夫子庙堂记》、《张仲荀抄高僧传序碑》等碑。

乾德三年，开凿泉州九日山摩崖大佛。吴文良载，福建泉州九日山摩崖石刻在泉州市西郊外，旧属南安县丰州镇，在晋江下游北岸，距泉州市约六公里。九日山分东、西、北三峰(三台)，东西峰崖上现存乾德三年至清乾隆年间摩崖石刻70多方，著名者有如宋代蔡襄、虞仲房等。其中，尤以北宋崇宁三年(1104)至南宋咸淳二年(1266)的13方祈风石刻广为人知。九日山大佛刻于西峰(高士峰)绝项，石佛为阿弥陀佛，乾德三年由陈洪进倡刻。像高450厘米、宽150厘米，袒胸盘坐莲座之上，刀法流畅，衣纹对称而简括，是为泉州最早的大型石雕造像，外筑石亭，则为清代建筑。

［文献］ 宋朱长文《墨池编》卷三，曾枣庄等主编《全宋文》第二册，曾毅公《石刻考工录》，吴文良《泉州九日山摩崖石刻》(《文物》1962年第11期)。

公元966年　乾德四年

［提示］ 四月十三日，陕西《黄帝阴符经》碑。是年，朝廷数遣僧人往印度求经。

［叙录］ 四月十三日，陕西刻《黄帝阴符经》碑。刻碑体例仿三国魏《正始石经》，以古文、小篆、隶书三种字体对照刻制，故又称《三体阴符经》。颇为特殊之处在于，此石经并没有独立刻碑，而是雕刻于《隆禅法师碑》的碑侧面，现存西安碑林。其碑高185厘米、宽87厘米，经文竖刻，字体小篆为主，古文、隶书分别对应刻于篆体之下。此经书丹者，则是宋初大书画家郭忠恕。《阴符经》为道教经典，主要讲“阴阳相胜之术”，并认为治国安邦，其要在清净自化；用兵打仗，其要在奇正权谋。《新唐书》(艺文志)归此

经入道家类，凡一卷。据丁贻谋、韩钢等人研究，此经作者及成书年代，论说甚多，书当出于唐前。作者并非前人所称黄帝、寇谦之或李筌。其经文有300余字及400余字两种，因其主要文句一致，故两者并传。《黄帝阴符经》于唐代始广为流传，其注疏也同时出现，至宋出现研究高峰，现存唐宋《阴符经》注疏达19种之多。在此期间，学者从道学、丹术、兵法等方面依托经文发表自己的观点，学术界也渐渐形成《阴符经》研究的风气，即便是程颐、朱熹这样的学者也偶有涉足。曾毅公考证认为，此碑刻工安祚，疑即安仁祚，或省去行辈字“仁”。如辽石工吴世永、吴世深、吴世景等，省去行辈“世”字，作吴永、吴深、吴景；安文璨、安文晟省去“文”字，作安璨、安晟。程章灿则认为，造成此种省字的原因，在于刻工世袭与家族化所致。题署中简省名字及用同音字代替等做法，在版刻刻工中也有类似表现，形成一个有益的参照系统。

是年，朝廷数遣僧人往印度求经。宋人释志磐载，乾德四年，诏准行勤等157人，西往求舍利及经。这些文化使臣在印度游学、求法时间前后长达12年之久，于太宗太平兴国三年(978)始返回。这次外事活动，为宋代历史上首次由政府派人出国留学求经。于此，亦可看出宋朝对外所持较为开放的态度。

［文献］ 宋宋祁等《新唐书》卷五七，宋释志磐《佛祖统纪》卷四三，丁贻谋等《阴符经》(《宗教学研究》1983年第2期)，韩钢《唐宋〈阴符经〉注疏研究》(吉林大学2012年硕士论文)，曾毅公《石刻考工录》，程章灿《石刻刻工研究》。

公元967年　乾德五年

［提示］ 《梦英十八体诗刻》。白鹿原建炎帝庙奉祀。

［叙录］ 是年之《梦英十八体诗刻》，清人陆耀遹有著录：石高四尺一寸、广二尺五寸，行字不计，在陕西西安府学碑林，即现在的西安碑林中。《十八体诗刻》由释梦英以古文、大篆、籀文、回鸾篆、柳叶篆、垂云篆、雕虫篆、小篆、填篆、飞白、英芝篆、剪刀篆、薤叶篆、龙爪篆、蝌蚪篆、璎珞篆、悬针篆、垂露篆等18种篆书字体对照书成。碑文所书系录自《昭明文选》的惠休一首五言古诗。碑文共分四截，每截行字及字之大小不一，正文连落款计180字，每五字为一体。每一字体又以隶书记其名及其缘起。梦英此碑的目的，是希望借此帮助人们认识各种篆书字体，同时也展现出书者深厚的功力。释梦英是五代末、北宋初年著名的书法家，周旋于官宦文人之间，影响甚大。但有人认为这儿各种篆体多为宋代梦英杜撰，非古所有，宋人黄庭坚、米芾即持此观点。曾毅公考，此碑刻工为安文璨(前摄镇国军节度巡官)，与刻《黄帝阴符经》碑的安仁祚当为同族人。

是年，于白鹿原建炎帝庙奉祀。炎帝葬地，宋李昉等在《太平御览》中，引晋人皇甫谧所著《帝王世纪》载，炎帝“崩葬长沙”。宋太祖登基后，遍访古代陵，在茶陵康乐乡白鹿原寻到炎帝陵，并于乾德五年在白鹿原(原酃县、今炎陵县城西南塘田乡鹿原陂)建庙奉祀。炎帝陵自宋建庙后，三岁一举，率以为常。据《宋史》(礼志)载，太祖命李昉、卢多逊、王祐、扈蒙等分撰岳、渎祠及历代帝王碑，遣翰林待诏孙崇望等分诣诸庙书于石。六年，遣使奉衣、冠、剑、履，送西镇吴岳庙。清道光《炎陵志》(见《九嶷山志二种》)上载：炎帝陵自乾德五年太祖访得，建庙陵上，遣比部(属刑部)员外郎丁顾言诣潭州祭告，是已有庙，有庙应亦有碑。可惜所立碑石现已无考。

［文献］ 宋李昉等《太平御览》卷七八，元脱脱《宋史》卷一〇二，清陆耀遹《金石续编》卷一三，曾毅公《石刻考工录》，吴绳祖等编《九嶷山志二种》。

公元968年　乾德六年

［提示］ 十月十五日，陕西刻《摩利支天经碑》。

［叙录］ 十月十五日，陕西刻《摩利支天经碑》。此碑清人王昶著录：碑高五尺五寸、广二尺六寸三

分，作五截，上二截皆二十行，下皆二十六行，行十一字或十字不等，正书，在西安府学（存西安碑林）。汝南袁正己书，安仁祚刻字。碑阴上刻图，则由李奉珪、翟守素绘制。《佛说摩利支天经》，为唐三藏沙门大广智不空奉诏译出。据刘荔等讲，摩利支女神本为佛教护法菩萨，梵文"摩利支"意即光明，所以在藏传佛教中又称之"光明天母"，具有广大自在的神通。摩利支天的造像为天女，执莲花，顶宝塔，坐骑为金猪，其周围有群猪环绕。比较有趣的是，这个佛教人物后来也走进了道教神仙系统，被尊称为"斗母元君"，其长子及次子分别为道教"四御"中的"勾陈大帝"和"紫微大帝"，其余七子则为"北斗七星君"。

［文献］ 清王昶《金石萃编》卷一二四，王荔《摩利支天为何方神氏》（张涌泉等《常书鸿先生诞辰一百周年纪念文集》）。

公元 969 年　开宝二年

［提示］ 陕西富县石泓寺石窟第五窟宋代题记。

［叙录］ 李凇载，陕西富县石泓寺石窟第五窟有中央佛坛，造像为一佛二弟二菩萨，北壁上部有九罗汉，刻宋初题记，有"惟大宋开宝二年"等字样。

［文献］ 李凇《陕西古代佛教美术》。

公元 971 年　开宝四年　大理明政三年

［提示］ 云南《大理段氏与三十七部会盟碑》、宋太祖敕命铸造河北正定隆兴寺大悲阁本尊及石刻基座。

［叙录］ 开宝四年即大理段素顺明政三年，云南刻立《大理段氏与三十七部会盟碑》。据赵超、周祜等载，云南白族段氏建立的大理国在西南延续了300多年，至今仍在云南曲靖县、姚安县、剑川县、大理市等地留有重要的文物遗迹。其中最有名的就是《大理国段氏与37部会盟碑》。此碑又名《石城会盟碑》，后来被湮没，直至康熙十八年（1679）才重新发现于云南曲靖城北旧石城遗址。旧在北城外武侯祠，后移置奎阁壁间，20世纪30年代又移置现在曲靖县第一中学爨碑亭内。石碑高125厘米、宽58厘米、厚16厘米。碑文分上下两段镌刻：上为楷书正文；下为会盟各部首领署名，行书。清人王昶著录此碑，碑文记述大理国主三军都统长皇叔布燮段子珍，奉宋太祖诏命，与彝族37部联军击败滇东众镇叛兵后，召集"东爨乌蛮"各部首领，于石城（曲靖）颁职赐赏，会盟发誓，永保合作的历史。此次会盟正史中没有记载，碑文可补史籍之缺失。

同年，宋太祖敕命铸造河北正定隆兴寺大悲阁本尊。河北正定隆兴寺大悲阁的本尊铜铸金装的千手千眼观世音菩萨立像，为北宋开宝四年宋太祖敕命铸造，铜像高达22.5米。铜像基座为青石雕造而成，其负重力士刀法圆熟、夸张而生动，是宋代早期石刻艺术精品（图197）。李玉珉载，全像分七段浇铸而成，为我国唐宋金铜造像中最高大一躯。观音造像姿势挺直，璎珞天衣以及衣褶等多作对称式安排，使整体形象端庄严肃。可惜其40臂为后来补装，雕工十分拙劣，破坏了原作神韵。据刘兴珍等记载，此像为郑延勋负责雕铸，因获得宋太祖赵匡胤允准，官府从各军征调士卒3 000人，与匠人共同完成。此像铸造工程浩大，表现出郑延勋独特的艺术构思和设计天赋。

［文献］ 清《金石萃编》卷一六〇，赵超《石刻史话》，周祜《大理段氏与三十七部会盟碑考说》（《大理学院学报》社会科学版1996年第3期），李玉珉《中国佛教美术史》，刘兴珍等《中国古代雕塑图典》，张秀生等《中国古代建筑——正定隆兴寺》。

公元 972 年　开宝五年

［提示］ 闰二月二十八日，河南《嵩山会善寺重修佛殿记》。

［叙录］ 闰二月二十八日，河南刻《嵩山会善寺

图 197 力士 开宝四年(971) 河北正定隆兴寺大悲阁

重修佛殿记》。嵩山会善寺,位于河南登封嵩山太室西南麓积翠峰下,与少室山少林寺、嵩岳寺齐名。据此碑所载,会善寺本为北魏孝文帝夏季行宫,后捐为佛寺,隋开皇间改名为会善寺。据开元十五年(727)《大唐嵩山会善寺故大德道安禅师碑》(见《金石萃编》)记载,道安曾与慧能、神秀等同在五祖弘忍门下修习,后居会善寺。曾毅公考,此碑刻工为莫仁美。

[文献] 清王昶《金石萃编》卷七七,曾毅公《石刻考工录》。

公元 973 年 开宝六年

[提示] 六月,陕西《新修唐高祖庙碑铭》。

[叙录] 六月,陕西刻《新修唐高祖庙碑铭》。此碑清人王昶曾著录:碑高一丈二尺六寸、广四尺九寸,二十五行、行五十九字至六十四字不等,行书。额篆题“大宋新修唐高祖皇帝庙之碑”12 字。由中大夫行尚书勋员外郎和岘奉撰文、翰林院侍诏朝议大夫太子洗马同正臣张仁愿奉敕书丹。《新修唐高祖

庙碑铭》位于蒲城县金粟山唐玄宗泰陵2.5公里处，此地原为天子祭祖圣所下宫遗址。碑文记述宋太祖下诏重修历代被盗帝陵及修复泰陵之事，并载有“圣朝乾德四年(966)敕置守陵人户，建庙于旧陵之侧。内降礼衣一幅，常服一袭，以衣之”等事。高祖庙碑即唐献陵，据陈安利说，此碑后毁，但碑文尚存，内容多系为李渊歌功颂德之词，同时将新修之殿宇形容为可与汉之未央、建章二宫媲美。

［文献］　清王昶《金石萃编》卷一二四，陈安利《唐十八陵》。

公元974年　开宝七年

［提示］　四川安岳卧佛院修妆释迦牟尼佛部众一龛。

［叙录］　据刘长久、彭定胜载，是年，冯崇夫妇为刘氏在四川安岳卧佛院修妆释迦牟尼佛部众一龛。地处四川省中部的安岳县(古称普州)。境内山石奇秀，《舆地记胜》载：普之秀以石，故俗称石秀。自南朝梁普通二年(521)当地就开始凿造佛像，历代均有摩崖造像传世，是川中地区佛教造像时代较早、内容丰富、数量集中的石刻之乡。卧佛院所在的山沟俗称卧佛沟，其造像是安岳摩崖造像群中规模较大的一处，位于县北通贤区八庙乡卧佛村，地临安岳、遂宁与乐至三县的交界处。

［文献］　宋王象之《舆地纪胜》卷一五八，刘长久《安岳石窟艺术》，彭家胜《四川安岳卧佛院调查》(《文物》1988年第8期)。

公元975年　宋开宝八年　辽应历七年

［提示］　宋开宝八年，陕西富县石泓寺石窟造像记。辽应历七年正月，《王进卿造释迦坐像》。

［叙录］　宋开宝八年，陕西富县石泓寺石窟造像记。李凇载，富县石泓寺石窟第一窟为隋代开凿，经唐、宋续造像的洞窟。有宋造像一则：大宋开宝八年，匠人米廷福。

金申著录一件辽代应历七年正月的《王进卿造释迦坐像》，为砂岩石质，像高40厘米。1956年10月发现于内蒙古昭乌达盟大明，现藏内蒙古博物馆，发愿文为：应历七年正月□日，铁山功德主王进卿、女弟子张氏、男大神、二神造。

［文献］　李凇《陕西古代佛教美术》，金申《中国历代纪年佛像图典》。

公元976年　开宝九年

［提示］　十月二十日，始建宋太祖永昌陵及石刻。十一月，杭州建雷峰塔。

［叙录］　十月二十日，始建宋太祖永昌陵及石刻。从文献记载来看，宋太祖是生前自己选定陵址的。宋代僧人释文莹记载说：开宝九年，宋太祖西幸洛阳，归途中谒永安陵之后，太祖即更衣，取弧矢，登阙台，望西北鸣弦发矢，以矢委处，谓左右道：即此乃朕之皇堂也！以向得石马埋于下，又说：朕自为陵名永昌。宋人李焘于太祖开宝九年三月庚辰条中，也有类似记载。宋太祖死后即葬于此地(河南巩县北端老龙洼)，称永昌陵。开宝九年十月二十日，宋太祖崩，始建永昌陵。据陈朝云说，太平兴国二年(977)四月十三日入葬，建陵时间只有短短的五个月又二十二天。赵宋王朝至开宝八年(975)灭掉南唐之后，终于结束了割据政权时代。次年宋太祖辞世，作为开国君主的永昌陵，其气度当有别于晚唐五代末世之风。刘兴珍说，陵寝神道石刻内容的设置，自永昌陵后形成定制。一般自南向北为望柱一对、象一对、象奴一对、仗马一或两对、控马官四对及虎和镇陵将军等。永昌陵的石刻已展示宋刻的写实功夫，如驯象人的头发短而卷曲，有异域色彩，颇类非洲人。同时在继承唐陵朱雀(鸵鸟)浮雕基础上，创造出瑞禽石屏，马面龙身、鹰爪凤尾，背景为重峦叠嶂，下角有幼兽出没，并瑞禽形成呼应(图198)。另一种被称为甪端的瑞兽则为永昌陵首创，这种神兽在

传统瑞兽基础上发生变化:麒麟头、独角,长卷上唇,狮身带翼、四爪(图199)。《宋书》(符瑞志)载:角端者,日行万八千里,又晓四夷之语,明君圣主在位,明达方外幽远之事,则捧书而至。此外,永昌的石羊颈部修长,表情谦恭,体态俊朗。而仗马与控马官石刻,刀法精练,比例适当,表现了宋人高超的写实技艺。永昌陵的武臣石刻,浓密短髯,虎背熊腰,双手拄剑而立,显得气宇轩昂。陈朝云还特别提到神道两侧的镇陵将军,其面部刻画右颊比左颊略为窄瘦,正面看去似乎不大协调,但因透视关系,祭陵者由南向北一路走来,所见到的将军脸面,眉目生威,侧视行人,全无不当。这种观察入微的石刻表达,是在之前的石刻中从未出现过的新景象。

是年十一月,钱俶妻孙氏卒,杭州建雷峰塔。宋人潜说友录有此塔造塔记,记文中说此塔"曰黄妃云"。据郑嘉励报道,20世纪初因雷峰塔倒塌,曾对雷峰塔地宫进行过发掘,并出土跋文残碑,上有"塔因名之曰皇妃"等语。金申认为,此处的皇妃当指钱俶妻贤德顺穆夫人孙氏,曾于开宝九年正月随钱俶赴汴京朝见宋太祖,三月被宋廷封为吴越国王妃,孙氏于当年十一月去世。黄妃即皇妃,但皇妃名号过显,有僭越之嫌,故《咸淳临安志》改用黄妃。又据陈杏珍载,雷峰塔倒塌后,于砖孔中发现木版舍利图上印有"丙子□月□日弟子王承益造"题记。此丙子即开宝九年,可知雷峰塔在此后不久即建成。从《咸淳临安志》中所记载的"宫监等合力"建造来看,可推知此塔应是以钱妻孙氏为首倡,宫人内监随喜而建成。

[文献] 南朝沈约《宋书》卷二七,宋释文莹《玉壶清话》卷七,宋李焘《续资治通鉴长编》卷一七,宋潜说友《咸淳临安志》卷八二,陈朝云《南北宋陵》,刘兴珍等《中国古代雕塑图典》,金申《佛教美术丛考》,郑嘉励《走进雷峰塔地宫》(《中国文物报》2001年7月8日),陈杏珍《雷峰塔的名称及其他》(《文物天地》1997年第6期)。

公元977年 太平兴国二年

[提示] 河北定州净众院舍利塔。

[叙录] 开宝九年(976)冬十月,宋太祖赵匡胤驾崩,太祖胞弟赵匡义(后更为光义)奉金匮之盟即位。按通常的规矩,应于继位次年改元,但太宗赵光义在他哥哥辞世的次日即将开宝九年改元为太平兴国元年。这种仓促的政治行为,或者与释文莹、司马光所说的"斧声烛影"中赵光义谋兄夺位的传说相关。

是年,建成河北定州净众院舍利塔。金申说,涅槃造像中,在犍陀罗、克孜尔、莫高窟等地,老迦叶历来是位于释迦足部的,接足礼拜。据《涅槃经》载,释迦临终时大迦叶正在外地,从外道处闻讯急忙赶回来,犍陀罗石雕上有表现他与裸形外道谈话的场面。又因迦叶迟来之故,释迦特意从棺中现出双足,迦叶抚足礼拜。此情节在犍陀罗和麦积山第133号窟北魏造像碑以及莫高窟初唐以后的涅槃图上都可看到,即所谓大迦叶抚足。迦叶抚足的画面尽管到明代依然可见,但在宋辽时,抚足者不是迦叶而是变成了束发戴冠、蓄须、着俗装的贵人像,较早的例子可见河北定州净众院舍利塔地宫壁画涅槃图上(此地宫内有墨书太平兴国二年题记)。从定县博物馆相关记载可知,释迦足旁即是如此装束(戴冠蓄须俗装)的老者,正以右手抚足。老年形弟子(应即迦叶)反而位于老者身后。壁画上没有出现持金刚神和密迹力士,画面左右最外侧各有一丑陋的外道在庆幸释迦涅槃而起舞。

[文献] 宋释文莹《玉壶清话》卷七,宋司马光《涑水纪闻》卷一,金申《佛教美术丛考》,定县博物馆《河北定县发现两座宋代塔基》(《文物》1972年第8期)。

公元978年 太平兴国三年

[提示] 建成崇文院。

[叙录] 是年,建成崇文院。据宋人吴处厚及曾巩等记载,宋初,皇家馆藏图书仅有12 000余卷,等平定南唐后蜀等地后,仅从后蜀即得书13 000卷,

图 198　永昌陵朱雀　开宝九年(976)　河南巩县

图199 永昌陵甪端 开宝九年(976) 河南巩县

又从南唐得书20 000余卷。宋太祖又下诏在全国遍求书典，使三馆（昭文馆、集贤院、史馆）藏书顿增至80 000卷。宋太宗即位之后，幸三馆观书，见三馆面积颇为狭窄，不足以藏天下书，揽四方才，于是诏命在左升龙门东府地另建三馆，太宗亲自参与三馆的建筑设计。并于太平兴国三年初落成，其规模十分宏丽，同年二月，诏赐名崇文院。

［文献］　宋吴处厚《青箱杂记》卷三，宋曾巩《隆平集》卷一。

公元979年　太平兴国四年

［提示］　十一月十四日，山西刻《大宋国解州闻喜县义阳乡南五保重建汤王庙碑铭》。

［叙录］　十一月十四日，山西刻《大宋国解州闻喜县义阳乡南五保重建汤王庙碑铭》。此文载于《全宋文》中，为张待问所作，全称为《大宋国解州闻喜县义阳乡南五保重建汤王庙碑铭并序》。马书田在《华夏诸神》中说，山右（山西）构汤庙以祈雨始于唐季，至元代则形成大规模构建汤庙并延及豫西北地区。祭祀汤庙的行为，应该与《吕氏春秋》所载成汤祷雨桑林的传说相关。

［文献］　秦吕不韦《吕氏春秋》（顺民），清胡聘之《山右石刻丛编》卷十一，曾枣庄等主编《全宋文》第二册，马书田《华夏诸神》。

公元980年　太平兴国五年

［提示］　正月，敕造金铜文殊万菩萨像。是年，太宗派张仁赞专任像事，于成都造普贤铜像运至峨眉山。

［叙录］　是年，山西和四川都铸造了铜像，一件为文殊，一件为普贤。虽然是铜像，但由于其所处之地均为佛教圣地，因此其造像风格，对石刻等造像艺术当影响不小。

是年正月，山西敕造金铜文殊万菩萨像。宋人释志磐载：五年正月，敕内侍张廷训往代州五台山，造金铜文殊万菩萨像，奉安于真容院。诏重修五台十寺，以沙门芳润为十寺僧正。十寺者：真容、华严、寿宁、兴国、竹林、金阁、法华、秘密、灵境、大贤。张焯说，五台山佛寺，创建于北魏；十寺大约形成于唐代。宋《广清凉传》云古十寺：大孚灵鹫寺、王子寺、灵峰寺、纡仙寺、天盆寺、清凉寺、石窟寺、佛光寺、宕昌寺、楼观寺。北宋重修五台十寺，虽与辽境无涉，但西京大同府近迩，特别是辽朝随后在云冈、小五台山建设十寺，或是受其影响。同年，太宗派张仁赞专任像事，于成都造普贤铜像运至峨眉山。金维诺载，四川峨眉山为普贤菩萨道场，晋代始建普贤寺，入宋后始见兴盛。宋人邵博载：峨眉普贤寺，光景殊胜，不下五台。太平兴国五年，太宗赵光义派张仁赞专任像事，于成都铸成普贤菩萨乘六牙白象铜像，运上峨眉普贤寺供祀。铜像通高730厘米，总重62吨。白象六牙，躯体壮硕，足下各有莲花相承托，鞍辔华丽。白象背上安四重仰瓣莲座，普贤菩萨端坐其上，手执如意，法相端严。后又于端拱二年（989）和大中祥符四年（1011）由朝廷增修妆銮普贤铜像，该像迄今保存在峨眉山万年寺无梁大殿之内。

［文献］　宋释志磐《佛祖统记》卷四三，宋邵博《邵氏闻见后录》卷二八，张焯《云冈石窟编年史》，金维诺《中国古代佛雕：佛造像样式与风格》。

公元981年　太平兴国六年

［提示］　赐宝志号“道林真觉菩萨”。

［叙录］　是年，赐宝志号“道林真觉菩萨”。据李万才载，1964年，在江苏扬州邗江县瓜洲镇八里许庄倒塌的唐塔下，出土一批石雕像，中有六臂十一面观音像一身、六臂十二面菩萨像一身，均为中唐时期作品。温玉成说，十二面菩萨的形象并不见于佛教典籍之中，相传是南朝梁高僧宝志“化现”形象。太平兴国六年曾赐宝志号“道林真觉菩萨”，其事在元

人念常、觉岸的书中均有相关记载。

［文献］ 元念常《佛祖历代通载》卷九，元觉岸《释氏稽古略》卷四，李万才《扬州出土的唐代石造像》(《文物》，1980 年第 4 期)，温玉成《中国佛教与考古》。

公元 982 年　太平兴国七年

［提示］ 六月，太平兴国寺译经院建成。

［叙录］ 据宋人李焘、江少虞载，太平兴国七年六月，太平兴国寺译经院建成。李似珍在《中国学术思想编年》中记载说，自唐宪宗元和六年(811)译出《本生心地观经》之后，唐朝便不复有译经活动。直至五代末，才有天竺摩伽陀国那烂陀寺僧法天来华，与河中府梵学沙门法进共同译出《大乘圣无量寿决定光明如来陀罗尼经》、《最胜佛顶陀罗尼经》及《七佛赞呗伽陀》。经守臣进献宋太祖而受到褒奖。太宗继位后，又命内侍郑守钧就太平兴国寺建译经院。译经院于太平兴国七年建成，召法天兄弟、北天竺迦湿弥罗国人天息灾及其同母兄弟施护及梵学僧法进、常谨、清沼等人主持译场。此译经院一直保留至神宗熙宁四年(1071)始废，由佛教教团自理。太平兴国寺译经院前后共译出佛典 52 部、482 卷。

［文献］ 宋李焘《续资治通鉴长编》卷一一、卷二三，宋江少虞《宋朝事实类苑》卷四三，张岂之等《中国学术思想编年》(宋元卷)。

公元 983 年　太平兴国八年

［提示］ 六月，四川成都《开宝藏》雕竣。十月十六日，山东《重修兖州文宣王庙碑》。太平兴国年间，孔承恭请刻交通法规木牌，后改为石碑。太宗每御便殿，观古碑刻。

［叙录］ 据宋释志磬、杨亿和元人念常等载：至太平兴国八年六月，四川成都《开宝藏》雕竣。这是中国首部木刻本大藏经，又称《北宋官版大藏经》。李似珍在《中国学术思想编年》中说，早在宋太祖乾德四年(966)，朝廷就敕令右街应制沙门文胜编修过《大藏经随函索引》，共 660 卷，为开雕此藏作准备。五年之后，敕高品(内侍)张从信往益州(今四川成都)雕大藏经版，开工于开宝四年(971)，太宗为此还专门成立印经院。此经于太平兴国八年先于益州刻成雕版，后运至河南开封印经院付印。全藏共 13 万块版本，历十余年完成。

同年十月十六日，山东刻成《重修兖州文宣王庙碑》。此碑为金孔元措、清人王昶、孙星衍和孔继汾等所著录。据骆承烈载，碑立于曲阜孔庙汉魏碑刻博物馆西屋，碑高 320 厘米、宽 126 厘米、厚 37 厘米。刻花边。碑为太平兴国八年新修曲阜孔庙落成时，勅吕蒙正撰文、白崇矩正书并篆额。碑阴有元大德六年(1302 年)永平王盘等正书题名。曾毅公考，此碑刻工为杜温(石匠)。

太平兴国年间(976—983)孔承恭请刻交通法规木牌，后改为石碑。据考证，我国由官方公布公共交通法规，最早见于唐代。在张说、张九龄等编纂的《大唐六典》中就有记载，人们来往交通时须“贱避贵，少避长，轻避重，去避来”。这一交通法规直到宋代仍在使用和推广。《杨文公谈苑》记载，太平兴国年间，大理寺正孔承恭曾上书言事，请在两京诸州要道处刻榜公布 12 字交通规则，太宗准奏，诏令全国各地“处处衢肆刻榜”公布。据《续资治通鉴长编》的说法，当时这四句交通法规是刻于木牌之上的。由于木牌易于损坏，一些地方将木牌改为石碑——这是我国最早刻立的交通法规石碑。

宋太宗每御便殿，观古碑刻。程章灿说，宋太宗对于碑刻书法有着相当浓厚的兴趣，其在位的 22 年中，虽然史称“干戈不息，天灾方行”，但太宗一直有闲情逸致与侍臣们在一起研读历代碑刻。《宋史》(吕文仲传)载：太平兴国年间，太宗每御便殿，观古碑刻，辄召吕文仲与舒雅、杜镐、吴淑读之。《宋史》(吴淑传)又载：一日召对便殿，出古碑一编，令淑与吕文仲、杜镐读之。

［文献］ 唐张说等《大唐六典》卷一七，宋释志磐《佛祖统纪》卷四五，宋杨亿等《大中祥符法宝录》卷三、《杨文公谈苑》，宋李焘《续资治通鉴长编》卷二四，元脱脱《宋史》卷二九六、卷四四一，元念常《佛祖历代通载》卷一八，金孔元措《祖庭广记》卷一〇，清王昶《金石萃编》卷一二五，清孙星衍《寰宇访碑录》卷六，清孔继汾《阙里文献考》卷三三，张岂之等《中国学术思想编年》（宋元卷），骆承烈《石头上的家文献——曲阜碑文录》，曾毅公《石刻考工录》，程章灿《石刻刻工研究》。

公元 985 年　雍熙二年

［提示］ 卢多逊卒，曾撰《新修嵩岳中天三庙碑》。日僧奝然请张延皎、张延袭兄弟摹刻旃檀瑞像。

［叙录］ 是年，卢多逊卒。卢多逊在《宋史》中有传，为北宋宰相，河南怀州人（河南沁阳）。后因涉连秦王赵廷美结党营私案，被捕入狱。全家发配崖州（三亚）。雍熙二年卒于崖州水南村寓所，享年 52 岁。卢多逊学问渊博，开宝年间任翰林学士时，奉敕与尚药奉御刘翰等纂修《新评定本草》，即后世所称之《开宝本草》。在河南嵩山中岳庙中，尚存有“四状元碑”，其中即有宋状元卢多逊所撰之《新修嵩岳中天三庙碑》。

同年，日僧奝然请张延皎、张延袭兄弟摹刻旃檀瑞像。据李玉珉载，日本入宋僧奝然曾在汴京礼拜一尊优填王像，遂发愿摹刻。奝然求像之事在《宋史》（日本传）、宋《佛祖统纪》、盛算（奝然弟子）《盛算法师记》及日僧成寻所著《参天台五台山记》等典籍中均有记载。雍熙二年，奝然访台州诘著名佛师张延皎和张延袭兄弟，请他们摹刻旃檀瑞像，并于次年（雍熙三年）携归日本。这尊木雕释迦佛立像，现仍供奉于日本京都嵯峨清凉寺中，此种佛像的样式被称为清凉寺式，在日中佛教交流史和佛像雕刻艺术史上具有重要地位。像高 160 厘米，着通肩袈裟，右手曲臂伸五指，施无畏印。左手微曲下垂，结与愿印。背光透雕莲花唐草和十一尊化佛。像背刻有“唐国台州开元寺僧保宁”等字样。佛像面方额短，眉长眼细，两颊丰润。眼嵌黑珠，以示瞳孔，朱彩口唇，银制白毫，刻制讲究。发作涡状绳纹，内髻下尚有一珠状突鼓。该佛头大肩窄，通肩式袈裟，紧贴身体，曲线毕露。胸肌与小腹微鼓，肌肉较为松软。衣纹稠密，褶襞层纹变化不大，颇有曹衣出水之势。全作写实性较强，但气韵温雅，已与唐代的雄健之风迥然不同。

［文献］ 宋释志磐《佛祖统纪》四三，元脱脱《宋史》卷二六四、卷四九一，李玉珉《中国佛教美术史》。

公元 986 年　宋雍熙三年　辽统和四年

［提示］ 宋雍熙三年七月十六日，甘肃《王仁裕墓碑》。辽统和四年，河北蓟县独乐寺立《刘成碑》。

［叙录］ 宋雍熙三年七月十六日，甘肃刻《王仁裕墓碑》。此碑张维著录，《拓本汇编》上也有图录，现存甘肃礼县石桥乡斩龙村，全名《周故少师王公神道碑》，碑文由王仁裕门生李昉撰写。据唐晓军载，碑通高 305 厘米、宽 114 厘米、厚 35 厘米，龟趺座。流萤《塔影河声》载，兰州碑林曾将该神道碑刻于碑林中。程章灿按：拓本尾刻明嘉靖二十八年二月王言元重建碑亭题记，及“泾州荔非隐镌字”字样，这儿所谓泾州荔非隐乃嘉靖重刻题记者，并非神道碑之原刻工。

辽统和四年，蓟县独乐寺立《刘成碑》。梁思成在《蓟县独乐寺观音阁山门考》载：《日下旧闻考》引《盘山志》云：独乐寺不知创自何代，至辽时重修。有《翰林院学士承旨刘成碑》。统和四年孟夏立石，其文曰：故尚父秦王请谈真大师入独乐寺，修观音阁。以统和二年冬十月再建，上下两级，东西五间，南北八架，大阁一所。重塑十一面观音菩萨像。自统和上溯至唐初三百余年耳。唐代为我国历史上佛教最昌盛时代；寺像之修建供养极为繁多，而对于佛教之保护,必甚周密。在彼适宜之环境之下,木质建筑,寿至少可数百年。殆经五代之乱,寺渐倾颓,至统和(北宋初)适为需要重修之时。故在统和以前,寺至少已有三百年以上之历史,殆属可能。刘成碑今已无可考,而刘成其人者,亦未见经传。

［文献］ 张维《陇右金石录》卷三,《拓本汇编》第37册,唐晓军《甘肃古代石刻艺术》,流萤《塔影河声》,程章灿《石刻刻工研究》,梁思成《蓟县独乐寺观音阁山门考》(《中国建筑艺术二十讲》)。

公元987年　宋雍熙四年　辽统和五年

［提示］ 宋雍熙四年,赞宁请筹修复龙门冲毁之石道。辽统和五年四月八日,河北刻盘山《千像寺创建讲堂碑》。

［叙录］ 宋雍熙四年,赞宁请筹修复龙门冲毁之石道。据李文生载,是年,赞宁告于朝廷,请筹修复龙门冲毁石道,至端拱年间(988—989)始竣工。由于赞宁修龙门石道功绩卓著,至咸平三年(1000),沙门栖演为之镌石立碑,此即《龙门石道记》,在魏字洞外北侧。

辽统和五年四月八日,河北刻盘山《千像寺创建讲堂碑》。盘山位于天津蓟县西北,千像寺始建于唐代。在千像寺周围岩壁上,线刻佛像百余尊,高者达两米。辽代《千像寺创建讲堂碑》现存千像寺中,碑高达300厘米,蟠螭雕饰碑首。碑文记载辽代蓟州盘山发展情况和千像寺建寺经过等史实。曾毅公考,此碑为潘廷素(摄始平军节度推官)、李绪(刻人)同刻。

［文献］ 李文生主编《龙门石窟志》,曾毅公《石刻考工录》。

公元988年　端拱元年

［提示］ 在崇文院中置秘阁。徐铉奉敕临秦代《碣石刻石》。

［叙录］ 徐铉于端拱元年奉敕临秦代刻石。清人刘熙载评徐铉篆书成就,“冠绝当时”。据王同顺说,徐铉临《碣石》石刻毁失,现在所见《碣石刻石》,为清嘉庆二十一年(1816)福建巡抚王绍兰嘱钱泳以徐铉奉勒临本双钩重刻于焦山。太宗端拱元年在宋代文化史包括石刻艺术上颇为重要,尤其是此年在崇文院中置秘阁一事(见《麟台故事》),对宋代勃兴的帖学影响深远。徐铉摹刻秦刻,当是在此种背景下施行的。水赉佑在研究宋人帖学时指出:宋王朝建立后,宋太祖实行重文轻武国策,促使经济繁荣,从而掀起文化事业的高潮。太祖实施设立专门的文化机构,尊师重道,优礼儒士,倡导读书之风,改革科举制度,网罗人才,选拔俊彦等一系列比较开明的右文政策,从而使宋代文化事业从五代战后的创伤中逐渐复苏。宋太宗酷爱书法,采取一系列措施发展书学:一是征求书法人才,始即位之后,募求善书者,评自言于公车,置御书院,首得蜀人王著,以为翰林侍书。太平兴国中,选善书者七人补翰林待诏。二是建造秘阁,供藏前代墨迹。端拱元年初置秘阁,书籍真本并内出古画墨迹等藏之。淳化元年八月,内出古画墨迹百一十四轴,藏之阁上,有唐太宗、明皇,晋王羲之、献之、庾亮,梁萧子云,唐欧阳询、颜真卿、柳公权、怀素、怀仁墨迹。三是派官寻访搜集前人墨迹,太平兴国二年十月,诏诸州搜访先贤笔迹、图书,于是荆湖献张芝草书,潭州献唐明皇所书道林寺王乔观碑,袁州献宋之问书龙鸣寺碑。三年九月辛亥,升州献晋王羲之、献之及桓温等凡十八家石版书迹。六年十二月丁丑,又诏访钟繇墨迹。七年正月己未,钱惟治以钟繇、王羲之、唐玄宗墨迹七轴为献。八年二月丁酉,钱昱献钟王墨迹八轴。十月己丑,越州献羲之石砚,雍熙二年三月丙寅,潘昭庆献虞、褚、欧阳墨迹三本。四是命徐铉、句中正刊定《说文》,以正天下字学。五是拓制古迹,命王著编纂摹刻《淳化阁帖》,开创了中国书法史的新创举,即帖学之始。

［文献］ 宋程俱《麟台故事》拾遗卷上,清刘熙

载《艺概》卷五,王同顺《镇江古代石刻及焦山碑林书法研究》,水赉佑《宋代帖学研究》。

公元 989 年　端拱二年

［提示］　陈抟卒,重庆大足有“福”“寿”摩崖传世。

［叙录］　是年,陈抟卒。陈抟在《东都事略》及《宋史》中均有传,这个充满传奇色彩的道教人物,字图南,号扶摇子,赐号希夷先生,世称陈抟老祖。关于出生地,有人认为是亳州真源(今河南鹿邑),也有说是四川普州崇龛(安岳、乐至或潼南)。陈抟精于象数和修炼方术,并与儒释相结合,对宋明理学影响甚巨。在重庆大足佛湾石壁,刻有相传为陈抟所书的两块“字中字”摩崖:两字高 150 厘米,下方署刻“陈希夷书”。两字构思奇妙,乍看是“福”“寿”的裙阳字(字体轮廓边缘凹进,笔画中间凸出),再仔细察看,则可发现两字字中有字。如“福”字中含有“福”、“给”、“于”、“田”四个字;“寿”字中隐藏有“林”、“富”、“佛”、“寿”四个字。八字可读为“富林佛寿田给于福”。

［文献］　宋王偁《东都事略》卷一一八,元脱脱《宋史》卷四五七。

公元 990 年　淳化元年

［提示］　三月十二日,河南鹤壁张公堰石窟装修题刻。

［叙录］　温玉成载,在鹤壁市大河涧乡张公堰村西去五公里的许佛爷沟山崖上,有石龛六个。最大一个居下,系空龛,空龛之上为尖拱大龛,龛高 119 厘米、宽 91 厘米。内雕一善跏趺坐佛并二弟子、二菩萨、二力士像,龛下缘造供养人等。从造像形式上观察,与龙门极南洞相近,可以推断为唐武则天晚期到玄宗初年所造的一铺弥勒佛像。菩萨及力士,雕刻尤为精美。龛的左侧有邑社于北宋淳化元年岁当庚寅三月十二日装修题刻,被时人误认为是造像记,误为宋代造。

［文献］　温玉成《中国佛教与考古》。

公元 992 年　淳化三年

［提示］　《淳化阁法帖》、河南洛阳《重修西京白马寺记》碑。

［叙录］　是年之《淳化阁法帖》,在前文中已谈到法帖这个话题,根据水赉佑等人的研究,我们知道,钟爱书法艺术的太宗赵匡义,为了保存和传习历代书法名作,于淳化三年下诏,将内府所珍藏古代名家书迹刊刻成《淳化阁法帖》10 卷(前五卷为历代君臣及名家书迹,后五卷则为王羲之、王献之父子手札),颁赐朝臣。《淳化阁法帖》的刊刻问世,使深藏皇家秘阁的历代名家手迹公诸于世,影响十分重大。又由于是皇家刻帖,刻工技艺高超,能传神再现手迹原作风采。此帖刊印后,广受重视,民间竞相仿效,搜求前贤书札,刻版印帖,并形成以法帖为范本的习书之风。先后出现“庆历长沙帖”、“临江戏鱼堂帖”、“绛本旧帖”、“利州本”、“武冈新本”等数十种仿刻本。帖学的盛行,使原先以古代碑刻为范本的习书方法被刻帖所取代。

程章灿考证说,《淳化阁帖》在宋代便经多次翻刻,由于模勒和刻手的不同,各翻刻本的风格及优劣也不同。元人陶宗仪在《书史会要》中仔细比较了各刻本之不同:《淳化法帖》,诸帖之祖,王著模刻,深得古意,不见古迹,得此足矣。《绛帖》,《淳化》之子,潘师旦模刻,骨法清劲,足正王著肉胜之失,然驳马露骨,又未免羸瘠之失。《潭帖》,《淳化》之子,希白模刻,风韵和雅,血肉停匀,但形势俱圆,颇乏峭健之气。《大观帖》,《淳化》之弟,蔡京模刻。京沉酣富贵,恣意粗率,笔偏手纵,非复古意,赖刻手精工,犹胜他帖。《太清楼续阁帖》,刘焘模刻,功夫精致,亚于《淳化》,肥而多骨,求备于王著,乃失之粗硬,遂少风韵。《戏鱼堂帖》,刘次庄模刻,在《淳化》翻刻中颇为有骨格者，淡墨拓尤佳。《武冈》、《修内司》、《福州》诸帖皆有可观，《鼎帖》石硬而刻手不精，虽博而乏古意。《星凤楼帖》，曹冕模刻，工致有余，清而不袚，亚于《太清续帖》。《玉麟堂帖》，吴琚模刻，浓而不清，多杂米家笔仗。《宝晋斋帖》，曹之格模刻，《星凤》之子，在诸帖中为最下。《百一帖》，王曼庆模刻，笔意清道，雅有胜趣，恨刻手不精。王著在奉敕编刻这部法帖的过程中，从选石、模勒到刻石，都需要朝廷有关官署的配合，需要不少刻工的参与。遗憾的是，这些刻工的姓名没有流传下来。此后，宋人刻帖渐成风尚，刻石文化成为宋代书法史的一个突出背景。《淳化阁帖》究竟是石刻还是木刻，从宋朝以来，两派意见争论不休。容庚曾撰《淳化秘阁法帖考》予以考证。程章灿认为是石刻，其一重要依据是：按曹士冕《法帖谱系》记载，《淳化阁帖》每卷卷尾有篆书跋：淳化三年壬辰岁十一月六日奉圣旨模勒上石。赵超则认为《淳化阁帖》是木刻版：这套丛帖虽然自称为“上石”，但实际上是刻在枣木板上的，只是后来它的重刻本中有石刻。《淳化阁帖》刻完后不久便被毁坏了，后人推崇它，又多次根据拓本重刻。其中较好的有明代顾从义摹刻本、潘允亮刻本、肃王府刻本以及清顺治年间费西铸在西安重刻的肃府本等。故宫博物院收藏有一份宋拓全本，至为珍贵。

同年，河南洛阳刻立《重修西京白马寺记》。此碑全称《大宋重修西京白马寺记》，清人王昶著录：碑高一丈四尺、广五尺八寸，二十行、行五十五至五十七字，行书，在洛阳。石碑迄今仍在洛阳白马寺山门西侧，是宋太宗赵光义下令重修白马寺时，由苏易简撰写的。碑文分五节，矩形书写，世称“断文碑”。与此碑相对而立的，是元至顺四年(1333)赵孟頫书写的《洛京白马祖庭记》碑。

［文献］ 元陶宗仪《书史会要》卷九，清王昶《金石萃编》卷一二五，水赉佑《宋代帖学研究》，程章灿《石刻刻工研究》，容庚《淳化秘阁法帖考》(《容庚文集》)，赵超《石刻史话》。

公元 993 年　淳化四年

［提示］ 八月十五日，新勒《峄山刻石》。

［叙录］ 宋代欧阳修著录《秦峄山刻石》时说：《秦峄山碑》者，始皇帝东巡，群臣颂德之辞，至二世时丞相李斯始以刻石。今峄山实无此碑，而人家多有传者，各有所自来。昔徐铉在江南，以小篆驰名，郑文宝其门人也，尝受学于铉，亦见称于一时。此本文宝云是铉所摹，文宝又言尝亲至峄山访秦碑，莫获，遂以铉所摹刻石于长安，世多传之。余家《集录》别藏《泰山》，李斯所书，数十字尚存，以较摹本，则见真伪之相远也。治平元年六月立秋日。

是年，徐铉的弟子郑文宝于长安据其老师徐弦所存摹本，重新勒刻《峄山刻石》。峄山刻石为秦始皇东巡泰山的首刻，位于山东省峄县境内。据王同顺载，原石于唐遭毁，当时即有摹本，然均失其真。南唐时徐铉得一拓本，后赠郑文宝，于此年刻石立于西安，现藏西安碑林。明人杨士奇在《东里续集》中写有《长安峄山碑跋》：右《峄山碑》，盖宋淳化四年郑文宝以徐铉所授《峄山》摹本刊置于长安学中者。杨建虎的硕士论文《峄山刻石书法研究》，对峄山刻石进行了较为系统的研究。郑文宝在新勒石碑后，跋云：秦相李斯书《峄山碑》，迹妙时古，殊为世重。故散骑常侍徐公铉，酷耽玉著，垂五十年，时无其比，晚节获《峄山碑》摸本，师其笔力，自谓得思于天人之际。因是广求，已之旧迹，焚掷略尽。文宝受学徐门，粗坚企及之志。太平兴国五年春再举进士，不中。东适齐鲁，客邹邑，登峄山，求访秦碑，邈然无睹。逮于旬浃，怊怅于榛芜之下，惜其神踪将坠于世。今以徐所授摸本，刊石于长安故都国子学，庶博雅君子见先儒之指归。淳化四年八月十五日，承奉郎守太常博士、陕府西诸州水陆计度转运副使、赐绯鱼袋郑文宝记。

［文献］ 宋欧阳修《集古录跋尾》卷一，明杨士奇《东里续集》卷二一，王同顺《镇江古代石刻及焦山碑林书法研究》，杨建虎《峄山刻石书法研究》(华东

图 200 永熙陵象与驯象人 至道三年(997) 河南巩县

图 201 永熙陵甪端 至道三年(997) 河南巩县

师范大学2009年硕士论文)。

公元997年 至道三年

[提示] 三月二十九日,太宗崩,始建永熙陵及石刻。六月,颁太宗墨迹赐天下名山。

[叙录] 陈朝云载,宋太宗崩于是年三月二十九日,葬于是年十月十八日,历时六个月又十八天。太宗永熙陵位于河南巩义西村陵区太祖永昌陵西北部。永熙陵由上宫、下宫、元德李皇后陵、明德李皇后陵和章穆郭皇后陵组成。永熙陵上宫保存较为完好,神道石雕像完整无缺,现存石雕像60件,除四神门外各有两件石狮外,其余均排列于乳台以北神道两侧。石雕像东西分立,雕像高大健壮,雕工精美。从南向北依次为:望柱二件、象与驯象人各二件(图200)、瑞禽石屏二件、角端二件(图201)、马四件、控马官八件、虎四件、羊四件(图202)、客使六件、武官四件(图203)、文官四件、武士二件、宫人四件、上马石二件、门狮八件(图204)。永熙陵石刻比永昌陵明显高大威严,巧妙处理透视关系,刀法细密,写实倾向加强。东侧客使的形象,近似西亚阿拉伯人:布包头、大耳环,高鼻深目,手捧珊瑚与宝瓶等。西侧客使接近东亚朝鲜日本人:一人戴虎头冠、双手捧莲花盘,内置玺印;一人裹巾帻捧犀角,身披斗篷;一人戴平顶冠,手捧玺印。镇陵将军盔甲上纹饰开始变得丰富而细致,两胯处浮雕云龙纹与虎头兽,为明清陵墓石刻所效法。人像的表情刻画细致准确,或威武或谦恭或哀伤,真实而生动。石刻宫人的眉目俊秀清雅,脸部、手部的肌肉富有弹性,表现出女性特质。永熙陵的动物雕刻,比起永昌陵来,工匠更加强调其体积感和细节刻画。其石羊雕刻尤为世人所称道:东陵(永裕)狮子西陵(永泰)象,滹沱(永熙)陵的好石羊。刘兴珍认为通高达260厘米的永熙陵石羊,姿势挺拔俊秀,神态柔美而温驯,造型整体浑圆,而细部表现精到,头部轮廓清晰,最见功夫。永熙陵的角端通高280厘米,雕刻得极有特色。角端是一种神异之兽,头部如麒麟,形似猪,独角长在鼻端。永熙陵角端石雕体形高大,挺颈昂头,作吼啸状。上唇翻卷,胸部凸出,鼻端独角极为夸张。四肢如狮,劲拔有力,刘兴珍认为,角端造型继承了唐代气魄宏伟的艺术风格。

宋太宗驾崩后,其子宋真宗赵恒继位。据《宋史》(真宗纪)载:当年六月,真宗即以太宗墨迹赐天下名山。程章灿认为:颁赐墨迹,即意味着将这些墨迹刻石而传之久远。实际上,太宗身后遗留下来的墨迹石刻甚多。宋人李焘记载:太清楼藏太宗御制及墨迹石本934卷轴。

[文献] 宋释智光《新修龙龛手镜序》,宋李焘《续资治通鉴长编》卷六五,元脱脱《宋史》卷六,清瞿镛《铁琴铜剑楼书目》卷七,陈朝云《南北宋陵》,刘兴珍等《中国古代雕塑图典》,程章灿《石刻刻工研究》。

公元998年 咸平元年

[提示] 正月三日,陕西刻《赠梦英诗碑》。

[叙录] 正月三日,陕西刻《赠梦英诗碑》。清人王昶著录《赠梦英诗碑》:碑高九尺、广四尺二寸四分,作六截书,各三十三行,字数十四至寸六不等,庐岳僧正书。曾毅公考,此碑为安文璨、安文晟兄弟同刻。

[文献] 清王昶《金石萃编》卷一二六,曾毅公《石刻考工录》。

公元999年 咸平二年

[提示] 三月,大足北山佛湾妆銮题记。六月十五日,陕西《篆书目录偏旁字源碑》。

[叙录] 《大足石刻内容总录》中著录大足佛湾第279号龛为"东方药师净土变相",开龛于后蜀广政十八年(955),并提到宋真宗咸平四年(1001)四月妆銮题记。实际此龛中还有咸平二年解氏妆銮题

记。《前后蜀的历史与文化》中记载：东方药师净土变相龛，形制特殊，为龛中套龛。主像龛与经幢龛之间的柱面上刻有上、下二则题记，上则为：宋咸平四年四月十八日妆銮题记；下则为后蜀广政十八年(公元955年)二月二十四日造像题记。经幢柱面上楷书竖刻“佛顶尊胜陀罗尼经”，龛外一壁有一则妆銮题记：妆銮尊胜幢一所，右女弟子解氏造。以咸平二年三月三日修斋表赞讫。

六月十五日，陕西刻《篆书目录偏旁字源碑》。此碑系释梦英将东汉许慎《说文》中部首、偏旁分别篆为540字，并加以楷书注音、自作序文说明，同时将郭忠恕答书一并镌于石上而刻成。碑阳首行为隶书，下为篆书，每篆字下均刻有注音楷字。曾毅公考，此碑刻工安文粲，疑即安文璨。

［文献］ 四川省社会科学院等编《大足石刻内容总录》，成都王建博物馆所编的《前后蜀的历史与文化》，曾毅公《石刻考工录》，刘正成《中国书法鉴赏大辞典》。

公元1000年　咸平三年

［提示］ 十一月，重庆大足万古镇《李承谦镌妆僧像一尊》。是年，夏竦狼山游览并题诗。龙门《王元造像》、陕西寿圣寺石窟造像。

［叙录］ 邓之金记载：1986年6月，重庆大足新石乡长生村九组农民周明泉在修建房屋时，于大钟寺坡南侧挖出宋代圆雕石刻50余身。这些圆雕石刻为红砂岩石质，石像出土缺头，但身躯保存完好，雕刻十分精美。据造像记考察，造像年代为北宋咸平至治平年间镌造的(998—1067)，经历70年完成。宋代是大足石刻的黄金时代，但在大足石刻有纪元镌记中确无这段时间的造像。因此，这处圆雕石刻填补了历史的空白。其中编号第24号者即《李承谦镌妆僧像一尊》，雕造于咸平三年，在此批造像中，属于年代较早者。

咸平三年，夏竦狼山游览并题诗。北宋名臣兼古文字学家夏竦在《宋史》中有传。据宋人王辟之载：真宗咸平三年时，时年方17岁的夏竦，随父夏承皓监通州(南通)盐场，至狼山游览并题《渡口》诗：渡口人稀黯翠烟，登临犹喜夕阳天。残云右倚维扬树，远水南回建邺船。山引乱猿啼古寺，电驱甘雨过闲田。季鹰死后无归客，江上鲈鱼不值钱。诗中说进入狼山要经过渡口，可见当时狼山仍在长江中。狼山现在江苏南通市东南九公里处，早已不在江中。

龙门《王元造像》。李文生载，龙门石窟研究所东山文物廊存有坐佛像一件，通高254厘米。头顶螺髻，面相圆方，双目微闭，颈刻三道纹，身着通肩式袈裟，右手上举(局部残毁)，左手抚足面，结跏趺坐于束腰方座上。衣裙覆于座前。佛座高86厘米、宽108厘米。该像给人以耸肩、颈部下缩之感。佛像左臂后侧衣纹处阴刻“宋咸平三年本村王元施地创建”13字。从佛像的艺术风格推断，似应为中、晚唐或五代时期的造像。宋咸平三年王元施地创建的当为庙宇，非佛像，可能是属于先有像而后建庙一类做法。

陕西寿圣寺石窟造像。寿圣寺石窟位于黄龙县小寺庄东500米处的半山坡。据李凇说，此窟为1981年秋偶然发现，仅一窟，窟深350厘米、宽270厘米、高260厘米，覆斗形窟顶，有长形坛基，造像为一佛、二弟子、二菩萨、二天王和二供养人共九尊。佛高123厘米，结跏趺坐。窟外有一弥勒坐像，善跏趺坐，着通肩衣。窟外东壁有题刻，可辨者有“咸平三年”(1000年)等字。或为北宋初期开凿。

［文献］ 宋王辟之《渑水燕谈录》卷七，元脱脱《宋史》卷二八，邓之金《大足县大钟寺宋代圆雕石刻遗址调查》(《四川文物》1989年第5期)，李文生主编《龙门石窟志》，李凇《陕西古代佛教美术》。

公元1001年　咸平四年

［提示］ 二月八日，重庆大足妆绘北山佛湾《地

图 202 永熙陵卧羊 至道三年(997) 河南巩县

图 203　永熙陵武将局部　至道三年(997)　河南巩县

藏观音像》。七月十五日，河南刻《法海院新修石塔记》。十二月十四日，刻吴郡《大相寺碑》。

［叙录］　二月八日，重庆大足妆绘北山佛湾《地藏观音像》。《大足石刻内容总录》载：北山佛湾第253号龛，灰砂岩石质，顶部为穹拱形，内壁水平面成半圆形，龛高157厘米、宽122厘米、深86厘米。龛内主像为地藏、观音，皆面西赤足并肩立于莲台上，项后均有圆形火焰背光。龛外左壁上有一题记："永川大足县事陈绍殉与亲家黄氏，为淳化五年（公元994年）草乱之时，获眷平善，常值圣明，妆绘此龛功德罢。咸平四年二月八日终斋陆记，表庆赞记。"

七月十五日，河南刻《法海院新修石塔记》。此刻清人方履篯有著录，塔记刻工为洛京人翟信。碑阴又列"镌经僧清则、镌经人霍文琮"等名，当亦是刻工。温玉成说，河南密县法海寺石塔毁于1966年。据崔耕等记载，在清理地宫时得知：其南壁刻释迦牟尼像，北壁是42臂观音像，东壁是文殊骑狮子，西壁是普贤骑象。搜集到的石塔残件上还刻有跋难陀曲王、四面观音、明王、佛塔画及佛摩顶图等。

十二月十四日，刻吴郡《大相寺碑》。曾毅公考，此碑为王钦（中书省玉册官文林郎守高州司马御书院祗候）、王庆余（御书院）同刻。程章灿进一步考证说，宋代前期沿袭唐制，在中书省设置玉册院负责镌刻之事。据《宋会要辑稿》（职官），宋前期中书省的职掌及其置员情况如下：中书省判省事一人，以舍人充，掌供郊祀及皇帝册文幕职、州县官较考、斋郎室长诸司人年满覆奏，并受文官改赐服章、僧道紫衣师号、举人出身、寺观名额正宣之事，白院令史六人，甲库令史二人，驱使官三人，玉册院镌字官一人、玉册官一人、金官（字）官一人、彩画官一人。顾名思义，玉册院中负责镌刻者应该是镌字官和玉册官，但是，宋代官署刻工只有自署中书省玉册官而无自署中书省镌字官者，也许当时二名可以混用，并无分别，也许镌字官另有所掌，惜莫能详。据现存石刻来看，年代最早的是宋真宗咸平四年中书省玉册官王钦与御书院王余庆同刻的《大相寺碑》。所有已见石刻年代都不晚于元丰四年（1081），即都在元丰五年（1082）改制之前。这意味着元丰改制以后，原隶中书省的玉册官以及中书省的镌刻职责已被撤并入少府监中。

［文献］　清方履篯《金石萃编补正》卷二，清徐松辑《宋会要辑稿》职官三之一，四川省社会科学院等编《大足石刻内容总录》，温玉成《中国佛教与考古》，崔耕等《密县法海寺石塔摭遗》（《中原文物》1982年第4期），曾毅公《石刻考工录》，程章灿《石刻刻工研究》。

公元1002年　咸平五年

［提示］　辨端撰《新昌县石城山大佛身量记》。

［叙录］　是年，辨端撰《新昌县石城山大佛身量记》（见《会稽掇英总集》）。此记是造像史上一篇颇为重要的文献，记中对新昌弥勒造像尺寸记录十分详尽。龛高一十一丈，广七尺，深五丈。佛身通高一十丈，坐广五丈有六尺，其面自发际至颐长一丈八尺，广亦如之，目长六尺三寸，眉长七尺五寸，耳长一丈二尺，鼻长五尺三寸，口广六尺二寸，从发际至顶高一丈三尺，指掌通长一丈二尺五寸，广六尺五寸，足亦如之，两膝跏趺相去四丈五尺。

新昌造像，我们在前面早已谈过。费泳指出，在《刘勰碑》（《梁建安王造剡山石城寺石像碑》）及北宋咸平五年辨端所撰《新昌县石城山大佛身量记》中，均提到石佛有"坐高"和"立形"两项，其中"立形"高度应由坐高换算而成。清代工布查布译《造像量度经》中，结跏趺坐佛由顶髻至趺座总高度以自手指量为68指，立佛高为120指，即结跏趺坐佛与立佛高度比，按佛像制造仪轨约为一比二。《刘勰碑》中"佛身坐高五丈，若立形足至顶十丈"，所呈"坐"、"立"比例正是如此，与佛经中结跏趺坐与立像的比例一致。据辨端《新昌县石城山大佛身量记》载，大像"两膝跏趺相去四丈五尺"，僧祐造像姿态应为结跏趺坐，其坐高与今天所见造像大致相同。传世南方最早的弥勒佛造像为南朝宋元嘉二十八年(451)刘国之造弥勒像,此像也为结跏趺坐,施禅定印。北方永靖炳灵寺169窟中有多组三世坐佛像,时间约在420年左右,均为结跏趺坐,施禅定印,其中当有弥勒佛像。南方有弥勒佛造像坐姿的记载,较早为《名僧传》记南朝宋龙华寺道矫于元嘉十六年(439)“造夹苎弥勒倚像一躯,高一丈六尺”。略早于僧祐造大佛的南朝梁普通六年(525),有公孙城夫妇造弥勒铜像亦作倚坐。对弥勒坐佛的表现,常见倚坐施说法印和结跏趺坐施禅定印两种方式。

［文献］ 宋孔延之《会稽掇英总集》卷一九,费泳《汉唐佛教造像艺术史》。

公元1004年　景德元年

［提示］ 闰七月五日,山东《沂山明道寺新创舍利塔壁记》与《明道寺庆塔挂名记》。

［叙录］ 闰七月五日,山东刻立《沂山明道寺新创舍利塔壁记》与《明道寺庆塔挂名记》(或称为《众善题名》)。张总在撰写《特色独立的临朐造像》一文时记载说:真宗景德元年夏季闰七月五日,在山东省沂水县境(临朐)东镇沂山明道寺上寺院中,高僧大德云集、官宦车马辐辏,虔敬的人们为寺中新落成的舍利塔双手合掌,齐声祈福。此塔地宫中,不仅有僧人感得舍利,还有前朝受损的300余件佛像悉数瘗藏于此。主持法会的塔主守宗与觉融是来自河北莫州(任丘)与霸州的游方僧人,二人因见佛像散地,于是舍衣发心造塔,感应收得舍利。此事得到青州一带善信如沂山穆陵关及本县沂水官吏僧侣众人等支持,使塔宫得以顺利完成。参与法会者就有青州龙兴寺志公院主义永、皇华寺僧咸肇、惟仪寺比丘尼法明等人。本地寺僧则有寺主重坚、小师惠初、众僧德超、常坐僧可凝等。官员则有镇海军节度行军司马郑归昌、沂山穆陵关镇主谢播,沂水县令陈利用、县尉侯待聘与主簿、转运衙都勾押官苗嵩与监盐酒税官员等。此外还有穆陵关施主苗习、张峻,以及众善施主高嵩等男妇百姓116人,最末署有临朐县界押司崔莹之名。由此可见,这是一件影响远远超过本县境域的重大法会活动。这个千年之前的盛况场面,之所以能被反映,全是缘由两块砌在塔下的石碑:《沂山明道寺新创舍利塔壁记》与《明道寺庆塔挂名记》。《塔壁记》即由上述青州官员郑归昌所撰,将明道寺塔像诸事脉络载明。此碑记在清人毕沅的《山左金石志》中,即已有著录。

［文献］ 清毕沅《山左金石志》卷一五,张总等《临朐佛教造像艺术》。

公元1005年　宋景德二年
辽统和二十三年

［提示］ 宋景德二年二月,重庆大足北山佛湾胡承进妆銮题记。景德二年,始迁康、定二陵神柩于河南府河南县。辽统和二十三年八月十一日,河北《重镌云居寺碑记》。

［叙录］ 宋景德二年二月,重庆大足北山佛湾胡承进妆銮题记。《大足石刻内容总录》载:此龛为东方药师净土变相,后蜀广政十七年(954)二月造,有景德二年妆銮题记。此题记即是年二月的胡承进妆銮题记。

景德二年,始迁康、定二陵神柩于河南。宋室赵氏先祖即僖祖钦陵、顺祖康陵和翼祖定陵(乾兴元年改为靖陵),亦以帝陵为名。据《宋会要辑稿》载:钦、康、定三陵为北宋开国皇帝赵匡胤于建隆元年所追封,原位于幽州地,至真宗景德二年始将康、定二陵神柩以一品礼迁葬于河南府河南县。陈朝云认为,尽管在北宋时期曾不断遣官致奠,然仅以一品礼安葬,并不是真正意义上的帝王陵寝。

辽统和二十三年八月十一日,河北房山刻《重镌云居寺碑记》。此碑又称《千人邑会碑》,全称《重修云居寺一千人邑会之碑》。金申曾撰文考察此碑,碑文记载辽代云居寺修筑沿革和宗教活动,其中涉及辽代一些重要的朝官及著名高僧。《畿辅通志》(金

图 204　永熙陵走狮　至道三年(997)　河南巩县

石略)将此碑文误作二文,谓一在碑阴,一在碑阳。碑高280厘米、宽102厘米,现存房山云居寺北塔碑廊。碑额上篆书《重修云居寺人邑会之碑》10字,下刻王正撰《重修范阳白带山云居寺碑》文,占碑面三分之二以上,后附无碍大师弟子释智光撰《重镌云居寺碑记》,占碑面三分之一弱。二文合刻一面。碑阴刻千人邑邑首和邑众及僧人题名,多模糊不清。碑文撰者王正,时为范阳郡盐铁判官,史传无征。智光碑记称"琅琊王公",殆以郡望称之。据碑文叙述,其仕途经历,先于瀛州任副职,后于武定军任书记一类官职,又任奉圣州廉访使,再升任御史及谏院官。书丹与篆额之郑熙,碑文不载,生平不详。据碑文可知,此碑初为辽应历十五年乙丑岁(965)王正应谦讽和尚之请而撰。"倾因兵火,遂至伤缺",统和二十三年(1005)王正之子王教"念先人遗迹,出俸钱再修"。悯忠寺僧智光为无碍大师弟子,他以王正挚友身份总其事,将碑文重刻上石,并加刻《重镌云居寺碑记》说明原委,附于王正碑文后,合刊一石。此举距第一次刻石已40年。据碑文中"王公与座主无碍大师为心照神宣"及"教以释智光乃考之执友资也"二句可知,王正及无碍大师已逝。

[文献] 清徐松《宋会要辑稿》礼三七之二、礼三九之一九,四川省社会科学院等编《大足石刻内容总录》,陈朝云《南北宋陵》,金申《房山县云居寺〈千人邑会碑〉初探》(《文物》1986年第12期)。

公元1008年 大中祥符元年

[提示] 九月十九日,河南《共城县白鹿山白茅寺五百罗汉碑》。

[叙录] 九月十九日,河南刻《共城县白鹿山白茅寺五百罗汉碑》。此碑帖全称《大宋卫州共城县白鹿山白茅寺五百罗汉碑》。温玉成载,白云寺在河南省辉县城西北32公里的太行山下,五百罗汉碑就立于山门左侧,由东京右街讲经论文章大德庆玲撰文,如京使、金紫光禄大夫、检校工部尚书兼御史大夫、上骑都尉、东海郡开国侯食邑一千七百户曹玥篆额。曹玥是曹彬次子,曹彬《宋史》中有传,字国华,真定灵寿人。曾毅公考,此碑刻工为畅怀。

[文献] 元脱脱《宋史》卷二五八,温玉成《中国佛教与考古》。

公元1009年 大中祥符二年

[提示] 十月,诏天下置天庆观。大中祥符二年,创建泉州清净寺,刻有伊斯兰石刻。

[叙录] 据《宋史》(真宗本纪)及李焘载,这年十月,诏天下置天庆观。时罕习道教,唯江西、剑南人素崇重,及是天下始遍有道像。殿中侍御史张士逊上言:今营造竞起,远近不胜其扰,愿因诸旧观为之。诏从其请。张焯按:北宋真宗大力推行道教,后来宋徽宗废佛教,自称"教主道君皇帝",道教盛极一时。宋朝之事,虽与辽境无涉,但对后世北方道教的兴盛不无影响。

是年,创建泉州清净寺,刻有伊斯兰石刻。赵超讲,根据寺内古阿拉伯文石碑记载,清净寺建于北宋大中祥符二年,元代至大二年(1309)时,又由耶路撒冷人阿哈玛重修。泉州清净寺又名麒麟寺,阿拉伯文名叫"艾苏哈卜大寺",即圣友寺,是我国现存最早的伊斯兰教古寺。在礼拜大殿正大门尖拱门楣上、礼拜大殿西墙上额、西墙正中所砌尖拱壁龛内,均嵌有石刻古体阿拉伯文《古兰经》,称为"米哈拉布";西墙上还嵌饰有六个雕刻伊斯兰教经文的巨大尖拱壁龛。

[文献] 宋李焘《续资治通鉴长编》卷二八,元脱脱《宋史》卷七,张焯《云冈石窟编年史》,赵超《石刻史话》。

公元1010年 大中祥符三年

[提示] 陕西贯得升撰书《建醮碑》及《太华全图碑》。

图 205 永定陵马与控马官 乾兴元年(1022) 河南巩县

［叙录］ 陕西华阴华山，道教全真道场，中有中玉泉院、东道院、镇岳宫等著名道观。在玉泉院中，尚存有刻于宋大中祥符三年贾得升撰书的《建醮碑》及《太华全图碑》。玉泉院在华山北麓峪口，相传是陈抟修道之处，陈抟弟子贾得升曾建希夷祠以祭祀。贾得升所撰写《建醮碑》，全称《韩国长公主设醮题记》，是研究宋代道教斋醮科仪的重要文献。其时贾得升为华山云台观道士，在大中祥符三年三四月间，他先后为韩国长公主设醮及祷谢而立题记，碑文现录于《全宋文》中。

［文献］ 曾枣庄等主编《全宋文》第七册。

公元 1011 年　大中祥符四年

［提示］ 三月，宋真宗撰《龙门铭》。

［叙录］ 是年二月，真宗祀汾阴后土祠。三月十一日，观龙门并撰《龙门铭》，此铭刻今仍存龙门东山。真宗《龙门铭》诗，见载于宋人百岁寓翁及清人潘永因著述中，真宗盛赞龙门风景：高阙巍峨，群山迤逦。乃固王城，是通伊水。形胜居多，英灵萃止。螺髻偏摹，雁塔高峙。奠玉河滨，回舆山趾。驻跸称奇，贞珉斯纪。此铭部分拓片图片，见于张乃翥《龙门区系石刻文萃》中。

［文献］ 宋百岁寓翁《枫窗小牍》卷下，清潘永因《宋稗类钞》卷一，张乃翥《龙门区系石刻文萃》。

公元 1012 年　大中祥符五年

［提示］ 江苏狼山驻军题名刻石、刻真宗御制《崇儒术论》碑。

图 206　永定陵象及驯象人　乾兴元年(1022)　河南巩县

［叙录］　是年，江苏狼山驻军题名刻石。江苏南通狼山，在北宋咸平三年(1000)夏竦游览时，可能还是独立于江中的。后来，狼山则与岩边陆地相连接。这种连接发生的时间，可以从近年来在狼山出土的一块宋代驻军题名刻石找到线索。

据载：1976年3月，在狼山山脚整理上山石阶时，发现这块驻防军队的题名石刻。石高54厘米、宽30厘米、厚7厘米，竖刻楷书文字11行。碑文记载：大中祥符五年，有西京广德军和广济军雄武弩手第四指挥属下的两支队伍，调至狼山驻防。这两支队伍均属于骑兵，由此亦可以推断，此时狼山已经与北岸陆地相连接了，不然，大批骑兵只有乘船驻到岛山上。

关于《崇儒术论》碑，元脱脱《宋史》(真宗本纪)载，大中祥符五年，刻真宗御制《崇儒术论》碑，立于东京国子监。

［文献］　元脱脱《宋史》卷八，《江苏南通狼山发现宋代驻军题名石刻》(《文物》1979年第2期)。

公元1013年　大中祥符六年

［提示］　六月，山东《天齐仁圣帝碑》。

［叙录］　六月，山东刻《天齐仁圣帝碑》。宋真宗是一个十分迷信的人，封禅泰山，劳民伤财，后世颇多讥讽。在岱庙配天门西南，现存有《大宋东岳天齐仁圣帝碑》，螭首龟趺，为大中祥符六年真宗加封泰山为"天齐仁圣帝"记事碑。清人毕沅著录：碑高一丈七尺四寸、广六尺五寸五分，在泰安县岱庙延禧殿门内。翰林学士晁迥奉勅撰文、翰林待诏尹熙古奉勅书并篆额。

据曾毅公考，此碑为潘进(中书省玉册官御书院祗候)、谢望之(中书省玉册官、御书院祗候)同刻。尹熙古一作希古，工篆，得拨镫法，清人杨宾《大瓢偶笔》中，称尹熙古所书为一时之绝。

［文献］　清毕沅《山左金石志》卷一五，清杨宾《大瓢偶笔》卷七，曾毅公《石刻考工录》。

公元1014年　大中祥符七年

［提示］　正月二十二日，河南《先天太后赞并序》

［叙录］　正月二十二日，河南刻《先天太后赞并序》。此碑清人汪鋆著录：碑高一丈、广五尺，正书二十一行、行四十二字，赞并序御制御书并额。此碑现存河南鹿邑县(老子故里)太清宫，由于系真宗"御书御制并篆额"，故世称为"三御碑"。

据《豫东碑刻集萃》中载，此碑实高800厘米、宽200厘米、厚67厘米。石碑形体恢弘，盘龙碑首，赑屃碑趺，碑身边饰阳刻菊花图案。碑文楷书21行、行41字，内容为歌颂老子母亲之功德。真宗朝拜老子一事，《宋史》(真宗本纪)记载甚详，大臣丁谓被命为此次奉祀大臣。

［文献］　元脱脱《宋史》卷八，清汪鋆《十二砚斋金石过眼录》卷一六，周建山主编《豫东碑刻集萃：宋先天太后之赞(并序)碑》。

公元1015年　大中祥符八年

［提示］　刻真宗御制《文武七条文》碑，宋真宗命沙门栖演负责修饰龙门山石佛像。

［叙录］　《宋史》(真宗本纪)载：大中祥符八年，刻真宗御制《文武七条文》碑。从宋真宗朝开始，将皇帝的文字或有关政令刻石立碑，成为一种定制，这种行为具有仪式感，显然有特殊的文化含义：既是一种权威的发布，同时也是一种皇权的表达。据宋释志磐载，是年，宋真宗命沙门栖演负责修饰龙门山石佛像一万七千三百三十九尊。

［文献］　宋释志磐《佛祖统纪》卷四四，元脱脱《宋史》卷八。

公元1016年　大中祥符九年　辽开泰五年

［提示］　山西《刘重绍买地券》及《刘延贞庄

帐》碑。

［叙录］ 是年,山西刻《刘重绍买地券》及《刘延贞庄帐》碑。据张焯讲,这两件石记均为大同市殷宪私人所藏。该碑碣,有榫有座。碑高55厘米,宽44厘米。约2003年出土,应系大同城北之物。清人褚人获在《坚瓠广集》谈到:《癸辛杂识》载,今人造墓,必用买地券,以梓木为之。朱书云:用钱九万九千九百九十九文,买到某县某都某山某阡云云。此堪舆风俗如此,以为可笑。及观元遗山(好问)《续夷坚志》,载曲阳燕川青漾坝,有人起墓,得铁券,刻金字云:敕葬忠臣王处存,赐钱九万九千九百九十九贯九百九十九文。此唐哀宗时事也,然则此事由来久矣。张焯按:买地券,亦名墓券。

［文献］ 清褚人获《坚瓠广集》卷六,张焯《云冈石窟编年史》。

公元1018年　天禧二年

［提示］ 赵安仁卒,曾撰书开封繁塔"三经"碑刻。陈知微卒,曾撰《增修中岳中天崇圣帝庙碑》。

［叙录］ 是年两个人先后辞世,他们生前都与石刻发生过联系。赵安仁字乐道,卒于本年,在《宋史》中有传,洛阳人,执笔能大字。国子监刻五经正义版本,以安仁善楷书,遂奏留书之。直集贤院。王侯内戚家多以铭诔为托。宋滕康载:当时的梁景不善书,每起草必用蜀笺;赵安仁善书必用旧纸,人号"二背"。在河南开封繁塔,有赵安仁书写的佛教"三经"碑刻:嵌于塔基南门东壁的《金刚般若波罗蜜经》、嵌于基座南门西壁的《十善业道经要略》、嵌于二层南洞东西壁的《大方广圆觉修多罗了义经》。

同年,陈知微卒。陈知微字希颜,江苏高邮人,《宋史》中有传。咸平五年(1002)举进士甲科。在嵩山中岳庙内,存有著名的"四状元碑",其中之一即宋代状元陈知微撰写的《增修中岳中天崇圣帝庙碑》。

［文献］ 宋滕康《翰墨丛记》,元脱脱《宋史》卷二八七、卷三〇七。

公元1019年　天禧三年

［提示］ 九月,河南《中岳醮告文》。释道诚撰成《释氏要览》,中有《大乘造像功德经》。

［叙录］ 九月,河南刻《中岳醮告文》。《拓本汇编》著录此碑,清人叶封《嵩阳石刻集记》中也载有此碑,末题署翰林待诏刘太初奉敕书并篆额,中书省玉册官、御书院祗候臣沈庆、臣晋文宝镌字。叶封跋:按宋诸奉敕书碑,皆御书院祗候刻字,设有专官以共其事,此他代所未及也。因备录其衔名云。程章灿说,叶氏所谓"设有专官以共其事,此他代所未及也"的说法不准确:唐代早已设有专官负责刻石,官署刻工主要隶属于中书省和将作监,国子监、太常乃至秘书省亦置有刻工。

是年,释道诚撰成《释氏要览》,中设有《造像》一题,中有《大乘造像功德经》,谈及优填王像及造像雇主工匠的禁忌等,多引前人(如道宣)之说。

［文献］ 宋释道诚《释氏要览》卷二,清叶封《嵩阳石刻集记》卷下,《拓本汇编》第38册,程章灿《石刻刻工研究》。

公元1021年　天禧五年

［提示］ 正月,河南《摩腾入汉灵异记》碑。是年,重庆江津石佛寺造观音菩萨龛。

［叙录］ 正月,河南刻《摩腾入汉灵异记》碑。此碑清人王昶著录:碑横广六尺、高二尺七寸,三十五行、行二十五六七字不等,行书,在洛阳白马寺。此碑系集王羲之行书刻成。其书法虽神韵不及唐人,但仍保留了王书特质。摩腾即摄摩腾,全名迦摄摩腾,中天竺人。擅长礼仪,解大小乘经典,常以游化为己任。据梁慧皎编《高僧传》载:汉明帝时被蔡愔博士及弟子秦景等延请入中国,翻译了著名的《四

图207　永定陵甪端　乾兴元年(1022)　河南巩县

图208 永定陵石羊 乾兴元年(1022) 河南巩县

十二章经》。

据刘长久等载，是年，重庆江津石佛寺造观音菩萨龛，具体地点在江津市德感镇高坪村。

［文献］ 梁慧皎编《高僧传》卷一，清王昶《金石萃编》卷一三〇，刘长久《中国西南石窟艺术》，王朝闻等主编《中国石窟雕塑全集》(四川重庆卷)。

公元 1022 年　乾兴元年

［提示］ 二月十九日，真宗崩，始建永定陵及石刻。八月十日，刻《永定陵采石记》。是年，杭州飞来峰刻造卢舍那佛会龛。“伎巧夫人”严氏透雕旃檀五百罗汉像。

［叙录］ 二月十九日，真宗崩，始建永定陵及石刻(图 205—图 210)。据《宋史》(真宗本纪)载：乾兴元年二月十九日真宗崩于延庆殿，同年十月十三日入葬永定陵，历时七个月又二十三天。修建帝陵是一件十分重大甚至危险的任务，据《宋会要辑稿》载，当时负责建设永定陵的雷允恭，虽然与权臣丁谓交厚，但仍因擅移皇堂而致杖死。永定陵由于地势平坦辽阔，宜于观瞻，颇有气势。早期宋陵石刻包括永安、永昌、永熙、永定四陵，略有唐代遗风，刀法简练，但更加追求写实，讲究比例和透视关系。陈朝云描述永定陵石刻时说，永定陵的甪端躯体壮伟浑厚，石虎高踞，伸卷尾于前。石刻纹饰较永熙陵增多，如行狮气势雄健，其鬣毛等细部都有细致刻画，身披铁链，张嘴作怒吼之状。人像方面，文臣脸形清俊，两眼下视，嘴角略微下垂，在忧戚的表情中带有庄重。武臣与镇陵将军，方头大脸，肌肉发达。宫人与内侍，眉目俊秀，有的持骨朵，有的持拂尘。客使形象与手捧诸物，大致继承前代。其西侧由南往北第二人头戴鸡冠帽，耳戴大耳环，赤脚，肩披斗篷，手捧犀牛角，好似来自南洋的使者。

八月十日，刻《永定陵采石记》。此碑清人王昶有著录：碑高八尺一寸五分、广四尺许，三十一行、行六十五字，正书篆额，在偃师县。《拓本汇编》载有此碑，刻工为李丕远(左侍禁提举山陵逐程排顿及马递铺管勾采取般运石段书并刻字)。程章灿解释说，左侍禁是内侍官，政和初演变为内侍阶官名，这是临时差派，而不是常设官署的刻工。

是年，在南方杭州飞来峰刻造卢舍那佛会龛(图 211)。此龛位于青林洞外，为胡承德所造，造像精美，代表了北宋早期的石窟造像成就。

“伎巧夫人”严氏透雕旃檀五百罗汉像。据宋人刘道醇载：乾兴元年汴京开宝寺东院罗汉殿新作脱胎五百罗汉像；“伎巧夫人”严氏透雕旃檀五百罗汉像。刘道醇列神品一人伎巧夫人严氏，严氏乃沙门蕴能妹，形质枯悴，鼻多长毛，而性开达明悟，恭肃柔和，尤好佛陁大教，及善鼓琴，亦能雕木。后随兄蕴能居余杭，尝得檀香木一段盈尺，夫人乃刻作瑞莲山龛门，雕成细真珠八花球露重网，然后透刀刻成五百罗汉众相，其形相侍从，一一互出，皆兹觉法相。时郡将给事中马公闻之，乃令健步索而观之。马公一见，惊其神巧，遂露章贡于章圣皇帝(真宗)。上目之，嘉叹移刻，乃赐金帛有差，仍命严氏为伎巧夫人，其为上旌宠也如此。

［文献］ 宋刘道醇《五代名画补遗》，元脱脱《宋史》卷八，清徐松《宋会要辑稿》礼二九之二三、二四，清王昶《金石萃编》卷一三一，陈朝云《南北宋陵》，《拓本汇编》第 38 册，程章灿《石刻刻工研究》，刘兴珍等《中国古代雕塑图典》。

公元 1023 年　天圣元年

［提示］ 三月，重庆涪陵阿育王塔旧址得金铜佛像 327 尊。

［叙录］ 真宗卒，太子赵祯继位，是为宋仁宗，改元天圣。天圣元年三月，重庆涪陵阿育王塔旧址得金铜佛像 327 尊。《宋史》(志第十九)载：天圣元年三月庚辰，涪陵县相思寺夜有光出阿育王塔之旧址，发之，得金铜佛像 327 尊。关于阿育王塔，我们在叙述中多次谈及。从文献记载来看，重庆地区共有两处阿育王塔佛迹，其中之一即在涪陵相思寺。

清代丈雪通醉禅师在其所撰《锦江禅灯录》中载：相思寺在涪州上流，大江水北，崖侧有铭，方五尺许，字如掌大，都不可识。下有佛迹，相去九尺，长三尺许。

［文献］ 元脱脱《宋史》卷六六，清丈雪通醉禅师《锦江禅灯录》卷一八。

公元1024年　天圣二年

［提示］ 四月八日，山西《万固寺舍利塔记碑》。是年，四川资中龙洞河重妆修三世佛一龛药师佛一龛、广西桂林叠彩山风洞造佛像。

［叙录］ 四月八日，山西刻《万固寺舍利塔记碑》。此碑有清胡聘之著录，全称《大宋河中府中条山万固寺新修舍利塔记》，乡贡进士田沃撰文、逯有恭刻制。碑高二尺五寸、广二尺六寸，二十六行、行二十五字，正书，今在永济县。程章灿按：河中府刻工逯有方，大中祥符三年(1010)刻《重刊旌儒庙碑》，与逯有恭当是同辈兄弟行。

是年，四川资中龙洞河重妆修三世佛一龛药师佛一龛。据刘长久等载，军院杨宗颜同母亲勾龙氏为祈一家大小无灾，在四川资中县龙洞河重妆修三世佛一龛，药师佛一龛。又据《桂林石刻》载，同年，在广西桂林有叠彩山风洞造佛像。

［文献］ 清胡聘之《山右石刻丛编》卷一二，程章灿《石刻刻工研究》，刘长久《中国西南石窟艺术》，桂林市文管会《桂林石刻》。

公元1025年　天圣三年

［提示］ 四月，沈净月雕刻旃檀木观音像。六月二十三日，福建南安《承天寺陀罗尼经幢》。

［叙录］ 四月，沈净月雕刻旃檀木观音像。据《天竺别集》载：沈净月号资调居士。刘兴珍讲，僧人遵式曾于天圣三年请净月及章净修、洪净德、余净信雕刻旃檀木观音像和遵式肖像各一身。遵式撰有《大悲观音旃檀并十四愿文》一文：仁孝皇帝即位之三祀四月，四明沙门遵式刻檀写像，曰大悲观世音菩萨，以无隙白旃檀木用雕像身。资调居士沈净月刻像，相儿章净修、洪净德、余净信。从中可知，其雕像仪轨十分严谨，且遵式像腹中空，可以藏物。沈净月既号资调居士，当稔佛学，故其雕像十分精巧。相儿亦即唐代相匠的沿称，章净修等三人与沈净月一样同为长于雕刻的艺术家。宋代造像，木石泥塑交相辉映。

六月二十三日，福建南安刻《承天寺陀罗尼经幢》。赵超说，在南安县桃源宫中，现仍保存有天圣三年制造的石经幢，高约七米，分为七层，上面刻写《尊胜陀罗尼经咒》和佛像、飞天等纹饰。据民国沈瑜庆载，此刻称《承天寺陀罗尼经幢》，刻工为苏積、陈将(都料)。

［文献］ 宋遵式(述)慧观(重编)《天竺别集》卷上，沈瑜庆《福建金石志》卷六，赵超《石刻史话》，刘兴珍等《中国古代雕塑图典》。

公元1026年　天圣四年

［提示］ 飞来峰刻造六祖像。

［叙录］ 是年，在飞来峰玉乳洞内刻造六祖像，形体壮硕，刀风古朴大方(图212)。六尊造像均高1米上下，神情各异，端庄而不失生动，旁刻天圣四年“马氏一娘”造像题记。

［文献］ 杭州市地方志编纂委员会《杭州市志》。

公元1027年　天圣五年

［提示］ 王惟一始刻《新铸铜人腧穴针灸图经》石碑。

［叙录］ 是年，王惟一始刻《新铸铜人腧穴针灸图经》石碑。王惟一所著《铜人腧穴针灸图经》三卷，在宋人郑樵《通志略》及晁公武《郡斋读书志》中均有

图 209 永定陵走狮局部 乾兴元年(1022) 河南巩县

著录:仁宗尝诏惟德考次针灸之法,铸铜人为式,分腑脏十二经,旁注腧穴所会,刻题其名,并为图法并主疗之术,刻板传于世,夏竦为序。据金其祯、王颖、何保义等载,早在秦汉时期,我国即出现两部较为系统的针灸学专著:一是秦汉之际的《黄帝明堂经》;一是三国两晋时皇甫谧的《针灸甲乙经》。至唐代,又有孙思邈、王焘等人详细阐述介绍针灸疗法并绘有详细的针灸彩图。到了宋代,由于针灸学传承年代久远,针灸著作急需整修以纠正流传错讹。天圣初年,朝廷命太医局翰林医官、殿中省尚药奉御王惟一重新主持编修针灸学。王惟一于天圣五年整理编成《新铸铜人腧穴针灸图经》一书,同时主持铸造针灸铜人两具。在图经中,王惟一将经络与穴位结合在一起,每一条正经上的穴位排列在该经之后,注明穴位位置。为了使此书传之久远,同年始将《图经》刊刻于石碑之上,约在天圣八年前刻成。金灭北宋之后,针灸铜人及针灸图经刻石均为金人所获,存于汴京。元代至元间(1264—1294),安抚使王楫将铜人及针灸刻石移至大都(北京),存于太医院三皇庙神机堂中。明英宗时以宋物为蓝本,另铸新铜人,但《图经》刻石却在明中叶时毁佚。1971 年北京拆除明城墙时出土五方宋代《图经》刻石残片,所刻文字均为楷体。这些残石经过复原,成为研究中国古代针灸学和针灸史的重要实物文献。

[文献] 宋郑樵《通志略》艺文略第七,宋晁公武《郡斋读书志》卷一五,金其祯《中国碑文化》,王颖《针灸经络穴位图解》,何保仪等《宋天圣〈新铸铜人腧穴针灸图经〉碑文考》(《河南中医》1987 年第 5 期)。

公元 1031 年 天圣九年 辽圣宗太平十一年

[提示] 建成万部华严经塔。

[叙录] 约于是年,建成万部华严经塔。据李

图 210 永定陵朱雀 乾兴元年(1022) 河南巩县

逸友载，此塔位于呼和浩特市区东郊白塔村西南，始建于辽圣宗时期(982—1031)。万部华严经塔，蒙古语为“查干索布尔嘎”，外观白色，俗称“白塔”。塔高50多米，八角七级，砖木楼阁结构。南面塔门楣上篆书石刻“万部华严经塔”方额。在塔的第一层壁墙间，原嵌有11块金代汉文捐资碑，其中5块亡佚。

［文献］ 李逸友《呼和浩特市万部华严经塔金元明各代题记》(《文物》1977年第5期)。

公元1032年　天圣十年　明道元年

［提示］ 天圣十年十月五日，山西《解州盐池新堰碑》、山西《绛州重修夫子庙记》。明道元年，欧阳修游龙门。

［叙录］ 天圣十年十月五日，山西运城刻《解州盐池新堰碑》。此碑又称《解州盐池新堰箴并序》，清人王昶、胡聘之曾著录：碑高七尺五寸三分、广三尺三寸一分，十八行、行约七十字，行书。由张仲尹撰文、李蒙篆额，碑文则为集王羲之行书而成。同年，山西刻《绛州重修夫子庙记》。王昶著录此碑：石高六尺九寸四分、广三尺九寸，二十二行、行五十八字至六十一字不等，行书。由朝散大夫尚书祠部郎中李垂撰文，集王羲之行书。是年，由天圣改元明道。明道元年，欧阳修游龙门，并写下著名的《游龙门分题十五首》。

［文献］ 宋欧阳修《欧阳修集》卷一，清王昶《金石萃编》卷一二一，清胡聘之《山右石刻丛编》卷一二。

公元1034年　景祐元年

［提示］ 六月八日，《孟疑造像》。九月十三日，河南《会圣宫碑》。

［叙录］ 清人端方载：景祐元年六月八日，张雅(匠人)刻《孟疑造像》，并有造像题记。同年九月十三日，河南刻《会圣宫碑》。王昶曾著录，全称《新修西京永安县会圣宫碑》，由翰林学士石中立撰文、翰林待诏李孝章书写并篆额。据陈朝云载，此碑现位于偃师市山化乡寺沟村凤台山上，面南而立，保存完好。螭首龟趺，通高920厘米。篆题“新修西京永安县会圣宫碑铭”12字，碑文楷书，36行、行84字。碑身两侧浮雕云鹤纹，碑额下部和龟趺两侧均雕有卷云纹。基座石为三块石条横铺砌成，四周和上面都雕刻有海水图案。此碑高大雄伟，雕刻精致。碑文记载会圣宫地理位置、修建过程，并描绘会圣宫建筑物的壮丽和奉安皇帝“圣容”礼仪的隆重，以及当时士庶朝谒盛况。

［文献］ 清端方《匋斋藏石记》卷三九，清王昶《金石萃编》卷一三二，陈朝云《南北宋陵》。

公元1035年　景祐二年

［提示］ 沙门惠珍及太原王秀妆修麦积山东西两阁佛像。

［叙录］ 是年，沙门惠珍及太原王秀妆修麦积山东西两阁佛像。据马千及张锦秀载，由于唐开元二十二年(735)大地震破坏以及吐蕃入侵，麦积山在晚唐后呈现出破败景象，如同杜甫所说：野寺残僧少，山圆细路高，乱石通人过，悬崖置屋牢。此种情形到了宋代始得到改观，宋代的麦积山又出现了大建崖阁和增塑重修高峰。在现存麦积山此一时期的碑碣和题记中，有数十处就涉及宋太宗至理宗等朝年号和重修窟龛等佛事活动。北宋时将地震中残损造像进行过重新妆塑，同时以木构建筑恢复洞窟。在散花楼(现编第四窟)外上方，有石槽中工匠桑秀春等人雍熙元年(984)八月题记，由此可推知，修复散花楼的时间当在北宋太宗年间。又如《四川制置使司给田公据》碑，上面记述熙宁年间神宗曾宣诏本寺高僧秀铁壁入内升坐，演讲宗乘，敕赐圆通禅师，并给麦积山赐田200余顷，供赡僧众；宋徽宗大观元年(1107)，因麦积山顶产灵芝38本，乃赐“瑞应寺”

名;宁宗嘉定年间给本寺主持和尚赐紫明觉大师,并由四川制置使处发还屯田给麦积山。以上事实说明,宋代皇帝对麦积山的维护十分重视。宋代并没有在麦积山开凿新窟,但在旧龛内增塑和重修了大批造像。第59窟题有墨书《重新妆塑东西两阁佛像施主舍钱记》,此文记载北宋仁宗景祐二年,由本寺主持沙门惠珍及太原王秀等人募集款项,对东西崖大佛和其他洞窟主佛进行维修之事宜。

[文献] 张锦秀编著《麦积山石窟志》,马千《麦积山石窟宋代墨书题记的加固修复》(《敦煌研究》2003年第6期)。

公元1036年 景祐三年

[提示] 王泽塑法门寺九子母像。

[叙录] 王泽为仁宗时人,修塑法门寺九子母像,以精妙称。清人陆耀遹记载:法门寺东廊下原有九子母像一堂,年久堂宇倾圮。景祐三年重修,由王泽塑像,任文德妆绘,至庆历五年(1045)工毕,塑绘一新。其母淑丽婉约,慈抚诸子于堂中。其子神态各异,活跃嬉戏:有裸而携者,有襁而负者,有因戏而欲啼者,有被责而含怒者,有迷藏而相失者,有羁舞牵衣而争恩者二人焉,有胜冠服膺而夹侍者二人焉,拥恋庭闱,天姿骙治,不可得而谈悉。九子母像是一个比较传统的题材,九子母当即佛经中的鬼子母,传说生有五百子,逐日吞食王舍城中的童子,后经独觉佛点化,成为佑人生子的女神。《汉书》(成帝本纪)颜师古注曾引汉应劭语:画堂画九子母。南朝梁宗懔《荆楚岁时记》中也记载:四月八日,长沙寺阁下有九子母神。是日,市肆之无子者,供养薄饼以乞子,往往有验。唐人刘九郎亦善塑九子母像。宋人刘道醇说,刘九郎曾于河南府南宫大殿塑三清大帝尊像及门外青龙、白虎守殿神,技艺神巧。广爱寺东法华院主惠月闻其名,延请塑九子母,工毕声动天下,咸称其技绝。九郎曰:吾之所塑九子母者有三,豳(陕西郴县)者第一,陕郊者第二,广爱寺者第三,焉得谓之绝。惠月乃以五百缗酬之。又于长寿寺大殿中塑一卧孩儿,京邑士人无不钦叹其精巧。

[文献] 汉班固《汉书》卷一〇,梁宗懔《荆楚岁时记》,宋刘道醇《五代名画补遗》,清陆耀遹《金石续编》卷一四,刘兴珍等《中国古代雕塑图典》。

公元1037年 宋景祐四年 辽重熙六年

[提示] 宋景祐四年正月二十三日,河南《宋修奉园陵记》。二月二十日,甘肃庆阳《老子道德经幢》。七月八日,山东《仙源县文宣王庙讲学堂记》。景祐四年,山东邹城四基山西麓建孟庙。辽重熙六年,山西建观音堂。

[叙录] 宋景祐四年正月二十三日,河南刻《宋修奉园陵记》。在民国刘镇华所编《巩县志》中,著录有此碑,为邵某(玉册官)、王文炳(玉册官)同刻。陈朝云载,此碑原立于芝田镇后泉沟村东岭上,南距章惠杨皇后陵约300米,现藏于巩义市文物保管所,碑高230厘米,碑额两侧刻有缠枝牡丹纹,正中篆书"修奉园陵之记"六字。碑文楷书26行、满行55字,四周以缠枝纹带作边框。碑座正面和左、右两侧面均雕饰有莲瓣形壶门,壶门内线刻缠枝牡丹,在碑座止面缠枝牡丹内,还刻有一对相向奔驰的瑞兽。壶门之外,则线刻细密的祥云纹。该碑由守将作监主簿知河南府缑氏县事孙昂撰文、翰林书艺御书院祗候马维德书写,翰林书艺御书院祗候高士安篆额。碑文记述章惠杨皇后陵的修建过程,并罗列监修官姓名、所需物资和运输工具来源,同时还勾勒出陵园和地宫建筑轮廓,殊为难得。

景祐四年二月二十日,甘肃庆阳刻《老子道德经幢》。张维著录此碑,现藏于庆阳县博物馆。凡二石八面俱有刻文,一刻上卷,一刻下卷。清人叶昌炽说:释氏之幢,余所藏即有六百余通,而道家唯有《道德经》一种,所藏亦只有四刻,一在易州,一在邢台,皆唐明皇注,苏灵芝书;一在庆阳,宋景祐四年刻。唐晓军说,道教石刻经典起步较晚,隋以前没有,唐

图 211 卢舍那佛会龛 乾兴元年(1022) 杭州飞来峰

图212 六祖像之一 天圣四年(1026) 杭州飞来峰玉乳洞

代中叶始有，主要刻老子《道德经》。庆阳县博物馆藏知庆州康德舆刻立的两座《天庆观道德经幢记》，通体石雕，是校注《道德经》的难得版本。

是年七月八日，山东刻《仙源县文宣王庙讲学堂记》。此碑全称《兖州仙源县至圣文宣王庙新建讲学堂记碑》，金人孔元措、清人孙星衍等均曾著录。据骆承烈载，此碑位于孔庙汉魏碑刻博物馆东屋北间，碑高222厘米、宽74厘米、厚14厘米。由成昂撰文、孙正已正书、孔彦辅篆额。19行、行54字。中断，已修。

景祐四年，山东邹城四基山西麓建孟庙。孟子虽被尊为"亚圣"，但他并没有像孔子那样，在其殁后次年即由鲁哀公立庙祭祀。孟子的地位在宋代得到了极大提升，并在仁宗景祐四年，由孔子第45代孙、兖州知府孔道辅在邹城四基山西麓发现孟子墓之后，才在墓旁首次建孟庙。孟庙建成，孔道辅请泰山学者孙复撰写《新建孟子庙记》，并将其文刻立石碑，置于孟庙之前。后迁孟庙于邹城，以便于人们祭祀。据刘培桂载，《新建孟子庙记》碑，现仍在孟林内。

辽重熙六年，山西建观音堂。清人吴辅宏等载：观音堂，府城西十五里佛字湾。辽重熙六年建，明宣德三年修，万历三十五年重修。国朝顺治六年姜瓖变，焚毁；八年，总督佟养量重建，有碑记；康熙五十二年、乾隆二十八年，相继修葺。同书《山川》又载：武周川，俗名十里河。源发塞外菱角海，由古云内城入朔平府北之杀虎口，东南经左云县云冈石窟寺南。其东一窟，灵泉出焉，南流数十步注之川水。东经青磁窑，入大同县境。又东经虾蟆石湾，石壁镌"佛"字，大径丈，又名佛字湾。张焯说，今观音殿内尚存辽代砂岩石雕观音大像一尊，观音堂西石崖壁有高丈余的双钩"佛"字，大约刻于当时。按武周山谷的北魏几处佛教石窟寺院，今天都留有辽代重修的遗迹，观音堂实是这些寺院门户，当时建观音堂、书大"佛"字，即有到此步入佛境之意。而清初佟养量重修碑，认定观音堂创始于北魏。

［文献］ 金孔元措《祖庭广记》卷一一，清叶昌炽《语石》卷四，清孙星衍《寰宇访碑录》卷六，清吴辅宏《乾隆大同府志》卷四、卷一五，刘镇华编《巩县志》卷一八，张维《陇右金石录》卷三，陈朝云《南北宋陵》，唐晓军《甘肃古代石刻艺术》，骆承烈《石头上的家文献——曲阜碑文录》，刘培桂《孟子林庙历代石刻集》，张焯《云冈石窟编年史》。

公元1038年　宋景祐五年　宋宝元元年　辽重熙七年

［提示］ 宋景祐五年，山东《孔道辅五贤堂记碑》。宋宝元元年，河北赵县刻经幢。辽重熙七年，建薄伽教藏于正殿东南。

［叙录］ 宋景祐五年，山东刻《孔道辅五贤堂记碑》。此碑为金人孔元措、清人孙星衍、孔继汾和毕沅等著录。骆承烈载，此碑位于孔庙金丝堂前西侧。碑高320厘米、宽115厘米。孔道辅撰并书并篆额，行书十六行、约四十四字。早残缺，曾镶补。

是年改元宝元，宝元元年，河北赵县刻经幢。赵超说，唐代经幢大多只有一、二层幢身。五代和宋的经幢则发展得更为优美，结构更为复杂，雕刻技艺也更为成熟，为经幢制作的高峰时期。河北赵县的北宋宝元元年经幢，高达15米以上，有三段幢身，三层宝盖，三段幢顶。底层为六米直径的须弥座。整个经幢比例匀称、结构合理、外形线条优美多变。全幢雕满了精细的优美纹饰和佛教人物故事，具有很高的艺术价值，是经幢的典型代表。《赵县陀罗尼经幢》位于河北省赵县城内南大街与石塔路相交的十字路口处，此处原为唐代开元寺旧址，后寺废而经幢存。经幢以花岗石雕砌而成，外观似塔，俗称石塔。可惜，近年其经幢顶端曾遭盗毁。

辽重熙七年，建薄伽教藏于正殿东南。据清代官修《大清一统志》(大同府)载：华严寺在大同县西门内。旧志：辽重熙七年，建薄伽教藏(即藏经楼)于正殿东南。在大同下华严寺薄伽教藏殿北梁上墨书题记：推诚竭节功臣、大同军节度、云弘德等州观察处置等使、荣禄大夫、检校太尉、同政事门下平章事、使持节、云州诸军事、行云州刺史、上柱国、弘农郡开国公、食邑肆仟户、食实封肆百户杨又玄。下华严寺薄伽教藏殿南梁上墨书题记：维重熙七年岁次戊寅玖月甲午朔十五日戊申午时建。张焯按：薄伽教藏大殿之立，在清宁八年(1062)建华严寺之前，但不知当时寺院为何名。殿在正殿东南，则正殿即今上华严寺的大雄宝殿。20世纪末，大雄宝殿落架大修，在地基150厘米处发现辽代柱础及火烧遗迹。杨又玄《辽史》中无传，但《辽史》(圣宗纪五)有载：统和十六年(998)，放进士杨又玄等二人。同书《圣宗纪七》又载：开泰七年(1018)十一月，以吕德懋知吏部尚书，杨又玄知详覆院。太平二年(1022)十月，赐宰臣吕德懋、参知政事吴叔达、枢密副使杨又玄、右丞相马保忠钱物有差。同书卷《圣宗纪八》：太平五年(1025)三月，以左丞相张俭为武定军节度使、同政事门下平章事，枢密副使杨又玄吏部尚书、参知政事兼枢密使。七年(1027)十一月以杨又玄、邢祥知贡举。张焯认为辽前期进士稀少，国家珍视，杨又玄应是汉族文臣，在圣宗一朝位尊权重，声名显赫。此时，坐镇大同，主持下华严寺大殿建造。李玉珉在谈及辽代早期造像时认为，其上承唐代余绪，至11世纪自我的风格始发展成熟。山西大同下华严寺薄伽教藏殿内的29尊辽代彩塑即为此期的重要代表。华严寺位于山西大同市的西南隅，是辽代西京的巨刹。据载，该寺北阁又奉置辽代诸帝的石像和铜像，故华严寺又兼有皇家祖庙的性质。辽末，部分建筑毁于兵燹，后重修，至明中叶始分为上下二寺。下寺以薄伽教藏为主殿，殿内四壁建有重楼式木构藏和天官楼阁，用以藏经。

［文献］ 金孔元措《祖庭广记》卷一一，元脱脱等《辽史》卷一四、卷一六、卷一七，清孙星衍《寰宇访碑录》卷六，清孔继汾《阙里文献考》卷三四，清毕沅《山左金石志》卷一六、《大清一统志》卷一四六，骆承烈《石头上的家文献——曲阜碑文录》，赵超《石刻史话》，张焯《云冈石窟编年史》，李玉珉《中国佛教美术史》。

公元1040年 康定元年

［提示］ 陕西延安清凉山万佛洞石窟约于此时开凿。

［叙录］ 关于清凉山万佛洞的开凿时间，史籍没有明确记载。据李凇、罗哲文等载，宋人范仲淹大约在康定元年左右知永兴路和陕西经略安抚招讨使，庆历四年(1044)再次以河东、陕西宣慰使经略西北，在此期间，范仲淹写下《清凉山漫兴四首》，诗中有"凿山成石宇，镵佛一万尊；人间亦稀有，神功岂无存。"范仲淹行年，可参考南宋楼钥的《范文正公年谱》。由此可以证明，清凉山石窟在1040—1044年左右已形成相当大的规模，这比现有最早纪年元丰元年(1078)还要早近30年，李凇推测说，这或许就是清凉山开凿石窟的时间。此时也正是西夏势力威胁宋朝的时期，几年前(1038)李元昊正式宣布建立西夏王国，自称皇帝。1039年进攻保安军，陕北燃起战火，尔后西夏军队节节胜利，范仲淹赴陕上任后，很快扭转危局，迫使李元昊请求议和。这就是清凉山石窟及陕北其他一些石窟的开凿背景。

［文献］ 宋楼钥《范文正公年谱》，李凇《陕西古代佛教美术》，罗哲文等《中国名窟》。

公元1041年 庆历元年

［提示］ 孟春，广元皇泽寺题记。是年，石延年卒，有诗刻传世。

［叙录］ 是年，仁宗由康定二年改元庆历。庆历是个好兆头，即将迎来史上著名的庆历新政。就在这一年，毕昇发明了活字印刷术；社护罗国(孟加拉国)国王善祥之子阿底峡进入西藏弘法。

孟春，广元皇泽寺题记。据成都文物考古研究所等载：广元皇泽寺第45龛位于佛楼右侧下方。在龛内中心柱西面顶部双塔间有题记：大宋庆历元年丙戌岁孟春月，奉命重□此佛一龛。工毕谨记，小笔任阆山人柳仲舒、王官表白僧令初、勾当监作知客佃衔金志文。可见北宋时，在广元皇泽寺一带，仍时有佛事造像活动。

是年，石延年卒，有诗刻传世。石延年在《宋史》中有传，字曼卿，一字安仁，祖居幽州，后迁居宋城（河南商丘）。他是宋朝大诗人、大书家，也是一位耿介任气的政治家。在江苏连云港市海州石棚山上，镌有明代海州刺史王同为石延年所书写的“高行清风”四个大字。石曼卿的诗文墨宝大多佚失，在海州所留诗刻，刻于飞泉郁林观小碑林中：上蹲狮子石，下有濯缨泉。石崖对镌磨，唐宋留二贤。大暑日不到，银河倾九天。花气晓熏谷，春水如佩悬。坐久捐挨尘，冠弁斯泠然。按此诗名《登云台山》，今《全宋诗》中不载，最早见录于清崔应阶的《云台山志》（金石）书中，书中还录有谭亨甫题跋：石曼卿赋此诗状此景，穷写胜概，曲尽其情而无石刻以为之纪。好事者记于州之永安寺壁，虑其岁月深远，颓毁不存，今刊于此以永其传，盖将托是诗以不朽焉。丁亥十月谭亨甫题。又跋：右文五行、行十字，后谭亨甫题六行、行十二字，字径二寸五分，真书，勒故郁林观东岩下大石南面。由此可知，这处诗刻，是清人补刻的。

［文献］ 元脱脱《宋史》卷四四二，清崔应阶《云台山志》卷一四，成都文物考古研究所等编《广元石窟内容总录》，北大古文献研究所编《全宋诗》。

公元 1042 年　庆历二年

［提示］ 知泾州滕宗谅在佛寺中祭祀定川战役殉国士卒。

［叙录］ 是年，知泾州滕宗谅在佛寺中祭祀定川战役殉国士卒。李玉珉说，在北宋时，延安地处要冲，其西南通长安，北方与西夏为邻。西夏立国后，常举兵侵宋，宋室增调中央禁军和诸州厢军 30 万于陕北，并在边境一带增设保塞和戍垒以固边防。庆历二年夏军再次大举入侵，宋军败于定川，是为定川寨（宁夏固原西北）之战。《宋史》（滕宗谅传）载，范仲淹举以自代的知泾州滕宗谅迎犒士卒，又于佛寺中祭祀定川战役中殉国亡魂。延安为边防要地，宋代佛教石窟的开凿和宋与西夏战争的年代一致，充分说明当时佛教石窟的营造与战争有着密切的关系。延安地区现存九处宋代石窟，如黄陵双龙千佛洞、子长钟山石窟、清凉山万佛洞等，这些石窟群的规模都不大，大多成组排成一列，它们的主洞中央多设佛坛，形制上又模仿木构的殿宇建筑，其中尤以黄陵双龙千佛洞最为华丽。此一现象十分值得重视，通常而言，石窟的大规模开凿，是在太平盛世时才会出现的活动，而延安地区的佛教石窟，却开创于战乱时期，其中原因，颇值得深思。或者，佛陀菩萨的悲悯能给战争带来几许安慰。

［文献］ 元脱脱《宋史》卷三〇三，李玉珉《中国佛教美术史》。

公元 1043 年　庆历三年

［提示］ 十月二十九日，曾巩作《秃秃记》，言及买石刻入墓。

［叙录］ 庆历三年十月二十九日，曾巩作《秃秃记》。《秃秃记》是为纪念被恶父（孙齐）杀死的五岁孩子秃秃而作。曾巩从张彦博那儿听到秃秃的故事，为秃秃的惨死而悲痛，于是收殓秃秃遗骸，设酒肉祭奠。并出钱让僧人升伦买砖砌墓，在城南张姓家的树林下埋葬。曾巩最后感叹道：呜呼！人固择于禽兽夷狄也。禽兽夷狄于其配合孕养，知不相祸也，相祸则其类绝也久矣。如齐何议焉？买石刻其事，纳之圹中，以慰秃秃，且有警也。

［文献］ 宋曾巩《曾巩集》卷一七。

公元 1044 年　宋庆历四年　辽重熙十三年

［提示］ 宋庆历四年三月十五日，山东《梁适奠

林冢题名碣》。庆历四年,四川安岳圆觉洞、重庆合川造像。辽重熙十三年四月八日,辽宁《朝阳北塔地宫石经幢》。

［叙录］ 宋庆历四年三月十五日,山东刻《梁适奠林冢题名碣》。骆承烈载,此石现镶于山东孔林思堂西斋西墙南起第八石。石高 75 厘米、宽 61 厘米。正书七行、行十五字。梁适在《宋史》中有传,字仲贤,举进士,累官同平章事,加太子太傅。晓畅法令,临事有胆力,且多谋,卒谥庄肃。

四川安岳圆觉洞、重庆合川造像。据刘长久载,是年,冯俊在四川安岳圆觉洞建《真相寺圆觉洞记》碑,记中说:其主僧了月等六石为洞,镌刻佛像,名之曰圆觉。安岳圆觉洞位于四川安岳县岳阳镇金花村云居山上,始建于唐,盛于五代北宋,因在此际开凿石洞雕刻十二圆觉菩萨而得名。十二圆觉为密教崇奉之菩萨群。据《大方广圆觉修多罗了义经》载,有十二位菩萨向佛陀请教修行法门,佛陀即为说大乘圆觉清净境界修行法。十二圆觉为:文殊菩萨、普贤菩萨、普眼菩萨(观音菩萨)、金刚藏菩萨、弥勒菩萨、清净慧菩萨、威德自在菩萨、辨音菩萨、净诸业障菩萨、普觉菩萨、圆觉菩萨、贤善首菩萨。同年,某施主在重庆合川濮岩寺造弥勒变相龛。

据朝阳北塔考古勘察队董高、张洪波载,辽重熙十三年四月八日,刘继克(石匠作头)、孟承裔刻辽宁《朝阳北塔地宫石经幢》。朝阳位于辽宁西部,市内原有呈鼎立之势的三座方形砖塔,依其方位俗称东塔(清初颓毁今存塔基)、南塔、北塔。北塔年久失修,破损严重,从 1984 年开始,国家拨款对其进行修缮加固。为配合维修工程,省、市文物部门于 1986 年春联合组成北塔考古勘察队,在塔周围进行钻探发掘。此件经幢,即是在此次发掘中出土。

［文献］ 元脱脱《宋史》卷二八五,骆承烈《石头上的家文献——曲阜碑文录》、刘长久《安岳石窟艺术》、《中国西南石窟艺术》,董高等《辽宁朝阳北塔天宫地宫清理简报》(《文物》1992 年第 7 期)。

公元 1045 年　庆历五年

［提示］ 闰五月一日,陕西《法门寺重修九子母记》。是年,安徽巢湖王乔洞刻造文殊、普贤像。

［叙录］ 闰五月一日,陕西刻《法门寺重修九子母记》。此刻清人陆耀遹有著录:记高二尺三寸、广二尺五寸,二十三行、行二十二字,行书。在陕西扶风县法门寺,由儒林郎守乾州司理□军张奭撰文。据曾毅公考,此记为张遵、广严(勾管本殿僧)同刻。

是年,安徽巢湖王乔洞刻造文殊、普贤像(图 213)。王乔洞亦称王君仙洞,因王子乔(周灵王太子乔)于此修炼成仙而得其名,具体位于巢城北郊紫微山麓。据陈声波等载,王乔洞为一天然钟乳石窟,洞壁上现存石刻造像六百余尊,形态各异。还有几件造像碑刻,纪年较早者为本年所造文殊、普贤。其后还有北宋绍圣二年(1095)者,晚至明清时代。

［文献］ 清陆耀遹《金石续编》卷一四,曾毅公《石刻考工录》,陈声波等《安徽巢湖市王乔洞佛教摩崖的调查与研究》(《东南文化》2008 年第 6 期)。

公元 1046 年　庆历六年

［提示］ 上元后一日,四川广元皇泽寺造像及题记。

［叙录］ 是年上元后一日,四川广元皇泽寺造像及题记。是时,利州路转运使崔峄与知军州事郭谘,在四川广元皇泽寺同妆佛像一龛。据《广元石窟内容总录》载:广元皇泽寺第 45 龛位于佛楼右侧下方,窟内造像现存早晚两期遗存,中心柱、窟内千佛、大龛龛楣双龙及飞天为早期遗存,北魏晚期雕刻;三壁大龛内造像为晚期遗存,初唐雕刻。中心柱正(东)面顶部双塔间题记:本路转运使崔峄与知军州事郭咨,同□佛一龛,庆历丙戌上元后一日题。

［文献］ 成都文物考古研究所等编《广元石窟

图 213 文殊普贤 庆历五年(1045) 安徽巢湖王乔洞石窟

内容总录》。

公元 1048 年 庆历八年

［提示］ 欧阳修始建平山堂、江苏创立焦山宝墨亭。庆历年间，陕西《修汉曹相国庙碑》、山东长清灵岩寺辟支塔围栏栏板石刻浮雕。

［叙录］ 是年，欧阳修始建平山堂。平山堂位于江苏扬州西北郊蜀冈中峰大明寺内。时任扬州太守的欧阳修，喜欢其地清幽古朴，遂筑堂于此。为什么叫平山堂，正如明人朱国祯在《涌幢小品》载：大明寺前有平山堂，欧阳公守扬州时所创，负堂而望江南诸山，历历在檐楹间，与堂平，故名。筑成之后，此堂即成北宋文人雅士流连吟咏之所。苏轼、方岳等均曾为平山堂作诗词。宋人沈括写有《扬州重修平山堂记》一文，则知平山堂在宋代时即重修过。元代时期曾一度荒废，明清时重建。迄今平山堂堂壁上，还嵌有苏轼在扬州做官时为欧阳修所作《西江月》词刻石：三过平山堂下，半生弹指声中。十年不见老仙翁，壁上龙蛇飞动。欲吊文章太守，仍歌杨柳春风。休言万事转头空，未转头时皆梦。

同年，创立焦山宝墨亭(即焦山碑林)。据袁道俊、王同顺载，焦山碑林位于长江下游焦山岛上。这儿气势磅礴的摩崖和蔚为大观的碑刻艺术作品，使钟灵毓秀的焦山成为蜚声中外的“书法之山”。焦山碑刻源于六朝《瘗鹤铭》摩崖石刻，唐宋以来名人雅士纷至沓来，留下许多精美题刻。北宋庆历八年，润州太守钱祠部在焦山建宝墨亭,保存了唐代云阳王奂之集王羲之字刻陀罗尼石经幢、宋刻《瘗鹤铭》及焦君瓒等碑(见《焦山志》)。明代改建宝墨轩,颇具规模。1960年,在其原址建成焦山碑林。现存摩崖及碑刻500余方。

宝墨亭是焦山碑林的起源,北宋书法家苏颂写有《润州钱祠部新建宝墨亭》:王萧书迹魏公诗,流落江南世少知。古寺购寻遗刻在,新亭龛置断珉奇。模传遂比黄庭字,埋没非同石鼓碑。墨薮书评多逸事,何妨挥翰与题辞。苏东坡亦有《题宝墨亭》诗作:山阴不见换鹅经,京口空传瘗鹤铭。潇洒谪仙来作郡,风流太守为开亭。两篇玉蕊尘初涤,四体银钩迹尚新。我久临池无所得,愿观遗法快沉冥。并在诗题下自注:此亭为藏瘗鹤铭作。

庆历年间(1041—1048),陕西刻《修汉曹相国庙碑》。陕西汉中市北18公里褒谷口山河堰(褒水又名山河水),世传为西汉开国丞相萧何创修,由继萧何为相的曹参最后筑成,故称萧何堰或萧曹堰。据《宋史》(河渠书)载,南宋时汉中成为西北抗金前沿阵地,历任边帅均极为重视山河堰修治之事。由于此举在当时具有重大意义,每修竣工后,就刻石立碑以记其事。《修汉曹相国庙碑》刻造于北宋庆历间,由窦充撰文并书写。

山东省长清灵岩寺辟支塔围栏栏板石刻浮雕。据王荣玉等载,辟支塔围栏浮雕刻于北宋庆历年间。温玉成还注意到,在此栏板石刻浮雕“阿育王故事”中,有三幅画面刻有“轮”,用表阿育王是一位“转轮王”;有两幅把“轮”刻于阿育王所坐殿堂的房顶上;有一幅刻于阿育王所坐殿堂的右上方屋檐处。所刻之“轮”,状如车轮,但轮边则冒出火焰。“轮”又称“轮索”、“轮刀”、“投轮”、“战轮”,是古代印度武士特有的一种中距离投掷性兵器。玄奘《大唐西域记》中记为轮索。中国因自古没有“轮”这种兵器,所以“轮”的形象乃以车轮代之。

[文献] 宋沈括《长兴集》卷九,元脱脱《宋史》卷二九,明朱国祯《涌幢小品》卷二四,王同顺《镇江古代石刻及焦山碑林书法研究》,袁道俊《焦山碑林》(《江苏地方志》1995年第2期),焦山志编纂委员会《焦山志》(大事记),王荣玉等《灵岩寺》,温玉成《中国佛教与考古》。

公元1049年　宋皇祐元年　辽重熙十八年

[提示] 宋皇祐元年,始刻《绛帖》。辽重熙十八年,章圣皇太后重修云冈石窟。

[叙录] 宋皇祐元年,约于此际始刻《绛帖》。《绛帖》为北宋潘师旦摹刻,因刻于绛州故名,刊刻于皇祐、嘉祐年间(1049—1063)。元人陈绎曾在《翰林要诀》说:绛帖,淳化之子,用淳化阁帖增入别帖,重编二十卷,潘师旦摹刻。骨法清劲,足正王著肉胜之失。然骏马露骨,又未免羸瘠之憾。陶宗仪在《南村辍耕录》中也说:绛帖者,尚书郎潘师旦以官帖摹刻于家,为石本,而传写字多讹舛,世称为潘驸马帖,凡二十卷。其次序卷帖虽与淳化官帖不同,而实则祖之,特有所增益耳。单炳文曰:淳化官本法帖,今不复多见。其次绛帖最佳,而旧本亦已艰得。尝以数本较之,字画多不侔。赵超则讲得更清楚一些:北宋尚书潘师旦在绛州(山西新绛县)以《淳化阁帖》为底本刻制的《绛帖》,编为上10卷、下10卷,补充了宋代帝王书迹、张旭法书和颜真卿、怀素等人的作品。《绛帖》摹刻得十分精致,在宋代就深受重视,但是完整的拓本很少。据说潘师旦死后,两个儿子分家,长子分了《绛帖》石刻的上10卷,幼子分了下10卷。后来长子欠了官府钱粮,家中帖石被没收归官。绛州官署又补刻了下10卷,其拓本被称作“公库本”。潘师旦的幼子又补刻了上10卷,人们称之为“私家本”。靖康之乱以后,公、私两种石刻全部佚失。后代虽然有过翻刻本,但均不全。现在完整的原刻拓本只有一部,由北京故宫博物院收藏。

据金人曹衍在《大金西京武州山重修大石窟寺碑》中载:辽重熙十八年,章圣皇太后重修云冈石窟。张焯载,辽圣宗钦哀皇后、兴宗母萧氏,也称章圣皇太后。“钦哀”辽宁省博物馆藏石刻《哀册》作“钦爱”。钦哀狠戾，初为宫人生兴宗，圣宗崩，自立为皇太后，摄政，枉杀嫡后。重熙三年，欲废兴宗而立少子重元，被废幽。后帝召僧讲《报恩经》，悔悟，奉迎太后回京，侍养孝谨。十六年太后病，帝驰往视疾；痊愈，遂两度大赦境内。十八年，重修云冈石窟，盖兴宗为母后祈福也。清宁三年(1057)，钦哀死。另，内蒙古赤峰市巴林右旗索博利嘎苏木辽庆州白塔内，1992年发现重熙十八年建塔碑三块，署曰：“南阎浮提大契丹国章圣皇太后特建”。从历史上看，契丹佞佛甚于女真；云冈石窟的历代维修，无疑以辽朝皇家重修为最具规模。张焯说，今天我们在五华洞看到的大型、细致的泥塑修补工程遗迹，可以感觉到，当时是尽可能依照北魏原貌进行补塑的，令人钦佩。其最明显的重修实例，是第11窟中心塔柱南壁下龛。主佛包泥彩绘，不见真容，但两侧的侍从菩萨被补刻为辽像。菩萨浮雕的身躯变薄，右像头顶高冠被截掉，大约当年因故像毁坏严重而重雕。

［文献］　元陶宗仪《南村辍耕录》卷一五，元陈绎曾《翰林要诀》，赵超《石刻史话》，宿白《〈大金西京武州山重修大石窟寺碑〉校注》(《北京大学学报》人文科学1956年第3期)，张焯《云冈石窟编年史》。

公元1050年　皇祐二年

［提示］　七月，广东《南海庙韩碑阴祖无择等题名》。

［叙录］　七月，广东刻《南海庙韩碑阴祖无择等题名》。此刻在清代翁方纲、陆耀遹、陆增祥的金石书中有著录。原署“弹琴道士何可从镌字、僧宗净同行”，程章灿认为，此句可读作“弹琴道士何可从镌字，僧宗净同行”，《石刻考工录》即作此读，并据此辑录刻工弹琴道士何可从。然此句亦可读作“弹琴道士何可从、镌字僧宗净同行”，则弹琴道士何可从(亦有可能应读作“何可”从)乃当日从祖无择等人谒庙者，而宗净则是镌字僧人，亦与祖无择等人同行。宗净于皇祐三年、至和元年曾刻南海庙二石，其为刻工无疑，则此题名亦当为宗净所刻，“何可从”或“何可”皆非刻工。

［文献］　清翁方纲《粤东金石略》卷八，清陆耀遹《金石续编》卷一四，清陆增祥《八琼室金石补正》卷九八，程章灿《石刻刻工研究》。

公元1052年　皇祐四年

［提示］　十一月，重庆大足陀罗尼经幢、李吉造骑象普贤像。

［叙录］　十一月，重庆大足陀罗尼经幢。邓之金载，是年十一月，王氏为亡夫忏悔罪过镌造(大足)陀罗尼经幢一座，僧令儒书。镌作文昌男惟简、惟一(大钟寺出土第36号)。对于大足石刻的刻工家世，程章灿分析说，在四川大足石刻中，岳阳文氏刻工扮演了极其重要的角色。这些刻工可以按其年辈先后排列如下：文惟一、文惟简；文居用、文居礼、文居道、文居安；文仲璋；文琇、文玠、文珠、文玠、文恺；文孟周、文孟通、文艺。惟字辈中，文惟一、文惟简当是兄弟，二人具名同镌的石刻始于皇祐四年，年代最早。居字辈中，据题署可知，居用、居礼是惟简之子，居道、居安亦当是惟简之子侄一辈。从年代上看，文仲璋应当是居字辈的下一代。据石刻题署，文琇是文仲璋之子，文玠、文珠、文玠、文恺诸人是其子侄一辈。文艺自署“文惟简玄孙”，其刻大足灵岩寺石窟第二龛边框题记在宋宁宗之世(1195—1224)，时代最晚；文孟周、文孟通刻石都不早于乾道三年(1167)，时代也比较晚，因此与文艺为同辈的可能性较大，也有可能与文琇等人同辈。总之，岳阳文氏刻工共计15人，前后五世操执此艺，持续超过150年，堪称石刻世家。关于大足石刻及其刻工的详情，四川美术学院雕塑系编《大足石刻》一书之代序《大足石刻概述》、黎方银等亦曾予以阐述。

刻于是年的《李吉造骑象普贤像》，金申著录，为大理石加彩造像，高97厘米，现藏法国吉美博物馆。

造像铭文中有“李吉家传”等语。

［文献］ 邓之金《大足县大钟寺宋代圆雕石刻遗址调查》(《四川文物》1989年第5期)、程章灿《石刻刻工研究》,四川美术学院雕塑系编《大足石刻》,黎方银《大足石窟艺术》,金申《海外及港台藏历代佛像珍品纪年图鉴》。

公元1053年 皇祐五年

［提示］ 三月,湖南《狄青题名》。是年,山西《闻喜县夫子庙碑》,始建泉州洛阳桥(万安桥)。

［叙录］ 三月,湖南刻《狄青题名》。刘刚载,此刻位于祈阳峿台北崖区。北宋名将狄青在《宋史》中有传,字汉臣,汾州西河(山西汾阳)人。狄青于皇祐五年三月,回军过浯溪,刻此题名,书法苍劲有力,有将军气象。

是年,山西刻《闻喜县夫子庙碑》。清人胡聘之著录此碑:碑连额高三尺六寸、广一尺六寸四分,二十三行、行四十七字。额题“旧修庙记”四字,正书,今在闻喜县。原刻有“□□刻字,广平程□刊”,程章灿认为,此处“刻字”大概与“镌”或“刊”之分别相类似。换句话说,在“镌”、“刊”二字中,相对来说,“镌”义较实,“刊”义较虚;而在“镌”、“刻”二字中,“镌”义较实,而“刻”义较虚。

同年,始建泉州洛阳桥(原名万安桥)。福建泉州洛阳桥是中国著名的梁式石桥,北宋皇祐五年由泉州太守蔡襄倡议开工修建,于嘉祐四年(1059)竣工,迄今仍保存得较为完好。赵超说,实测桥长784米、宽5—7米。有桥墩29座、桥板148条。桥上有石刻武士四尊,石塔五座,石亭一座。文献记载原有石塔九座、石亭三座。这是北宋一处有着丰富内容的石刻荟萃之地,加上桥周围的蔡襄祠等处所存碑刻,已形成一个开放的石刻博物馆。蔡襄祠中还存有蔡襄自己撰书《万安桥记》碑,文辞精湛,书法遒劲,刻工精致,被人们称为“三绝碑”。《万安桥记》又称《洛阳桥碑》,为蔡襄楷书,共二石,高280厘米、宽156厘米。宋人周必大曾评价说:蔡忠惠公(襄)大字端重沉着,宜为本朝法书第一,《洛阳桥记》与《吐谷浑词》皆大书之冠冕也。据清人杨宾在《大瓢偶笔》中载,此刻可能在明代嘉靖年间曾为日本人毁掉一半:万安桥记本两石,嘉靖间遭倭患,毁其半,士人取旧本摹补之,前一片仍旧刻也。日本换去,事属传闻。然例以百济之于子云,鸡林之于信本,容或有之。

［文献］ 清胡聘之《山右石刻丛编》卷一三,清杨宾《大瓢偶笔》卷五,刘刚《湖湘碑刻》,程章灿《石刻刻工研究》,赵超《石刻史话》,刘正成《中国书法鉴赏大辞典》。

公元1054年 皇祐六年 至和元年

［提示］ 皇祐六年,广西桂林龙隐岩狄青等《平蛮三将题名》。至和元年五月二十一日,广西桂林龙隐岩造日月光菩萨二躯。十二月七日,山东《吴秘奠先圣坟林诗碣》。至和元年,陕西《京兆府小学规》。

［叙录］ 据蒋廷瑜载,桂林有释迦寺,在桂林城东龙隐岩,明《一统志》认为是唐代修建。据宋人周刊《释迦寺碑》记载:依岩有败屋数椽,上雨旁风,旧榜释迦寺。可见宋代已有释迦寺,而且已经破落。但宋时曾有一段时期僧人活动较频繁。皇祐六年,刻在龙隐岩外峭壁上的狄青等《平蛮三将题名》碑就由僧宝珍篆额。是年由皇祐改元至和。至和元年,区氏八娘舍钱在广西桂林龙隐岩造日月光菩萨二躯。其间有题记说:本州城南厢左界通波坊女弟子区氏八娘,舍钱镌造日月光菩萨二躯,永充供养。时至和元年五月二十一日记。

至和元年十二月七日,山东刻《吴秘奠先圣坟林诗碣》。骆承烈载,此石现镶于孔林思堂西斋西墙南起第七石。石高90厘米、宽115厘米。由孔宗翰行书,朱士安(曲阜)刻。共19行、行14字,刻有花边。明人陈镐著录此刻,前题“都官员外吴秘谒孔林一首”。孔宗翰为孔子第46代孙,字周翰,道辅次子。

登进士第，知仙源县，累迁知蕲、密、陕、扬、洪、兖六州，皆以治闻。曾向皇帝奏请优礼孔裔、给学田等事。终刑部侍郎。吴秘，瓯宁人，字君谟。景祐年间进士，历侍御史知谏院，以言事出知濠州，提总京东路刑狱，改守同安。

同年，陕西刻《京兆府小学规》。此碑清人王昶有著录，现藏于西安碑林。宋代书院教育极为兴盛，教育碑刻也渐渐多起来。至和元年附刻于释梦英《篆书目录偏旁字源碑碑阴》的《京兆府小学规》便是其中较为著名的一块，由裴袗楷书、季延篆额。此学规为我国现存最早的小学学规，一共有六条，如第一条即讲入学手续：凡新生入学，例须先见教授，投交家状和家长保状，申报学官押署，然后才能注册；第二条讲学生管理：从学生中挑选二至四人充当学长，负责传授艺业和检查过失；第三条讲教授职责：教授每日讲说经书两三页，为学生解释经书文句音义，标出所学书字样，出所考试赋题目，撰所对属诗句，选择应记故事等。其中很多规定，现在仍在发挥作用。

［文献］ 明陈镐《阙里志》卷一二，清王昶《金石萃编》卷一三四，骆承烈《石头上的家文献——曲阜碑文录》，蒋廷瑜《广西唐宋时期佛教遗迹述略》（《桂岭考古论文集》）。

公元 1055 年　至和二年

［提示］ 三月六日，陕西《文同游彬县大佛寺罗汉洞题记》。九月五日，广西桂林龙隐岩造像。十一月十五日，四川富顺《摩崖碑》。

［叙录］ 李凇载，彬县罗汉洞西壁与佛洞相通，为一长方形洞窟。窟内造像题记已漫漶不清，宋代及明清题记共有 32 则，其中宋代 16 则、金代一则，北宋著名画家四川梓州梓潼郡永泰县（四川绵阳市盐亭县）文同也在窟中留有大名：当时文同正在此地任职，即邠州（彬县）判官，与同僚来游大佛寺，在罗汉洞东壁后部上方刻有题记一则：通判郑永世、巡检赵青、知县阎仲甫、判官文同、书记贺抚辰、推官李育，至和二年三月六日同游。

九月五日，广西桂林龙隐岩造像。据蒋廷瑜载：至和二年僧义缘刻智者大师等画像，其题记曰：城里崇明寺住持僧义缘，谨用斋资命匠者镌庄就天台教主智者大师、擎天得胜关将军、坛越关三郎相仪圆具在龙隐岩，释迦寺开光斋僧上报四恩，下资三友。至和二年乙未九月五日谨题，小师法巽稳法衮金符书，匠人易仕端，刊石卢迁。

十一月十五日，四川富顺刻《摩崖碑》。碑款署皇祐七年，实为至和二年。曹学佺载，是时知监张齐古在四川富顺县建《摩崖碑》，记云：西山城廓，沿滩数里，群峰重叠，一佛独立，容相端正，真如塑出，高耸数丈，古代留迹，后依林翠，前瞰江碧。

［文献］ 明曹学佺《蜀中广记》卷一五，李凇《陕西古代佛教美术》，曾毅公《石刻考工录》，蒋廷瑜《广西唐宋时期佛教遗迹述略》（《桂林考古论文集》）。

公元 1056 年　宋至和三年　宋嘉祐元年　辽清宁二年

［提示］ 宋至和三年，《兵部尚书谥文正公范仲淹碑》。宋嘉祐元年五月，山东《圣祖手植桧诗碑》。嘉祐元年，重庆云阳祈雨摩崖石刻。辽清宁二年，山西田和尚奉敕立应州治西佛宫寺。

［叙录］ 宋至和三年，刻《兵部尚书谥文正公范仲淹碑》。范仲淹《宋史》有传，此碑文由欧阳修撰写于范仲淹逝世后的次年即至和元年（1054），全称《资政殿学士户部侍郎文正范公神道碑铭》，是一篇著名的碑文，清人姚鼐选入《古文辞类纂》中。刻立之时则已至至和三年了，又称《大宋褒贤之碑》，由书法家王洙书丹，碑额则由仁宗亲自篆写。碑高 408 厘米、宽 141 厘米、厚 48 厘米。清人王昶著录此碑时说：史传称既葬，帝亲书其碑曰“褒贤之碑”，今原亦未见，不知存佚何如也。显然，王昶并未见到此碑及拓本，实际上此碑尚存世。范仲淹卒后葬于洛阳城东南伊川县彭婆乡许营村万安山南侧范园。范园中有

祭庙一所,石碑即存其间。园内还有石翁仲、石羊、石狮等供人怀古。

是年由至和改元嘉祐,嘉祐元年五月,山东刻《圣祖手植桧诗碑》。据骆承烈载,此碑立于孔庙十三碑亭东北部北墙栏内。碑高48厘米、宽50厘米。由孔舜亮撰并正书,十八行、行十四字。嘉祐元年,重庆云阳祈雨摩崖石刻。在重庆市云阳县飞凤山张飞庙不远外崖壁上,存有北宋时期所刻的祈雨摩崖石刻,碑文共60字,记载嘉祐元年大旱之时,安福县县令林积率吏民求雨之事。

辽清宁二年,山西田和尚奉敕立应州治西佛宫寺。明人谈迁载:应州治西佛宫寺,辽清宁二年田和尚奉敕立。有释迦塔,高三百六十尺,围半之;六檐八角,上下皆巨木为之。层如楼阁,玲珑宏敞,称宇内浮图第一。

［文献］　宋欧阳修《欧阳修集》卷二一,明谈迁《枣林杂俎》义集二三,清姚鼐《古文辞类纂》卷四五,清王昶《金石萃编》卷一三四,骆承烈《石头上的家文献——曲阜碑文录》。

公元1057年　宋嘉祐二年　辽清宁三年

［提示］　宋嘉祐二年二月六日,甘肃《大宋兴州新开白水路记》。嘉祐二年,广东龙川白云岩陈偁题名、河北《西门大夫祠碑》。辽清宁三年二月二十七日,北京房山《清凉寺塔座记》。

［叙录］　宋嘉祐二年二月六日,甘肃徽县白水路刻造摩崖石刻《大宋兴州新开白水路记》。唐晓军载,白水路摩崖石刻位于徽县大河乡瓦泉村徽白公路北侧山崖上,距地面六米。摩崖碑高270厘米、宽180厘米,刻字26行,颜体楷书,额篆“新修白水路记”。碑文为王昶、张维所载录。唐晓军认为,白水路摩崖石刻是研究北宋川陕交通要道白水路兴废演变的重要资料,同时也是研究我国古代邮传业和交通业发展的重要史料。我国古代邮驿发展盛于唐代,宋代开始以军卒代百姓为递夫,设有专人管理邮驿。《新修白水路记》正好印证宋代邮驿机构及其发展情况。宋至和二年,利州(治所在今四川广元)转运使主客郎中李虞卿主持重开白水驿路,用时半年,即修起从河池驿(徽县)至长举驿(陕西略阳白水江)驿道,然后进入四川。驿途共有阁道2 309间,邮亭设施389间。为褒扬其功绩,经奏请朝廷,由时任秦州观察判官的著名书法家雷简夫撰书《新开白水路记》,镌刻于陡峻的白水路崖壁之上,以纪其盛事。

同年七月,广东刻龙川白云岩陈偁题名。此刻清人陆耀遹著录:石高四尺、广二尺六寸,六行、行七字,字径三四寸,正书,在广东惠州府龙川县。郡太守陈偁同田曹外郎黄汝砺游白云岩,杜简、陈琪、陈偕、王宜与焉,曾伸书。此署刻“僧应玑开石”。程章灿认为,此处开石即是刻石之意。刻工自称为“开字人”,似始于宋代。熙宁三年(1070)六月刻《宁阳父母恩重经》的梁玉,即自署“开字人”。在此之前,明道二年(1033年)五月刻《洛阳义从师幢》的洛阳刻工翟灵芝,已自称“开字人”。程氏说,这似乎是北宋时代流行的一种称法,宋以后,这种题署比较少见。唯《陕西金石志》著录元至元十三年(1276)刻《终南山重阳祖师仙迹记》的何志清,自称镌刻为“开字”。

河北刻《西门大夫祠碑》。河北临漳县西南邺城镇为战国时邺城所在地,其地因西门豹投巫漳河,兴修水利而闻名。在临漳县邺城西南大夫村北西门豹祠庙遗址中,保存有宋、明、清时刻立的石碑三块。其中宋代的《西门大夫祠碑》刻于宋仁宗嘉祐二年,碑高170厘米、宽90厘米、厚18厘米,由时任邺令的马益之兄马需撰写碑文,碑文记述西门豹治邺的各种功绩。此碑在清人武亿等撰《安阳县金石录》中有著录。

辽清宁三年二月二十七日,河北房山刻《清凉寺塔座记》。《拓本汇编》及《辽代石刻文编》均著录此刻,刻工为王辰儿。程章灿载,《北京图书馆藏北京石刻拓片目录》作“王辰见”。在《石刻考工录》中著录房山石经刻字匠人中有“王文善”,此塔座镌有“燕京作头王文善成造,长男辰儿镌”,由此可知王辰儿当为王文善之长子,承袭其父业。

［文献］　清王昶《金石萃编》卷一三四，清陆耀遹《金石续编》卷一五，清武亿等撰《安阳县金石录》卷五，张维《陇右金石录》卷三，武树善《陕西金石志》卷二七，唐晓军《甘肃古代石刻艺术》，程章灿《石刻刻工研究》、《拓本汇编》第45册，向南《辽代石刻文编》。

公元1058年　嘉祐三年

［提示］　刻张旭《肚痛帖》。

［叙录］　是年，刻张旭《肚痛帖》。宋代草书碑刻较少见，因此是年按唐帖所刻的《彦修草书诗碑》、张旭《肚痛帖》甚为珍贵。古吴轩出版社编《肚痛贴》载，此帖于嘉祐三年摹刻上石，原帖相传为唐人张旭所书，或说为五代僧人彦修书。草圣张旭字伯高，江苏苏州人，官至金吾长史，世称"张长史"，为著名的"饮中八仙"之一。此刻高41厘米、宽34厘米，现存西安碑林。帖文内容为：忽肚痛不可堪，不知是冷热所致，欲服大黄汤，冷热俱有益。如何为计，非临床。清人杨守敬认为：张长史《肚痛帖》，狂草始于长史，《肚痛帖》刻于关中，最有名。《春草帖》刻于戏鸿堂，亦不失矩度。又有千文残字，刻于群玉堂帖，吴荷屋筠清馆重摹之，则纵宕权奇。而又有古刻郎官题名记，则端楷，无一笔倚侧。若非古刻，几疑非长史书矣。

［文献］　清杨守敬《书学迩言》，古吴轩出版社编《中国经典碑帖释文本之张旭古诗四帖：肚痛帖》。

公元1059年　嘉祐四年

［提示］　湖北刻苏轼《三游洞》诗碑。四川梅挚卒，曾刻欧阳修《归雁亭》诗。约于此际，王珪书张继《枫桥夜泊》诗碑。

［叙录］　是年，湖北刻苏轼《三游洞》诗碑。在湖北宜昌三游洞内外石壁上，现在仍存有历代诗文题刻数十余块，其中最著名者当数苏氏父子三人诗碑各一块。嘉祐四年，苏洵、苏辙、苏轼父子偶经宜昌，同此一游，各题诗一首于洞中。苏辙诗中说：昔年有迁客，携手醉嵌岩。去我岁已百，游人忽复三。此诗题下有注引：游洞之日，有亭吏乞诗，既为留三绝句于洞之石壁。明日至峡州吏又至，意若未足，乃复以此授之。

同年，梅挚卒。梅挚字公仪，北宋成都府新繁县人，历官大理评事，殿中侍御史，龙图阁学士；并先后出任蓝田上元知县，苏州通判，开封府判官，陕西都转运使，杭州知州，江宁府、河中府知府等地方官，死于河中府任上。清人王蒲园、方履籛等在《滑县金石录》著录欧阳修《归雁亭诗》时，称"梅挚刻"。程章灿按欧阳修诗序，诗作于滑州，后15年，梅氏守滑州，因取是诗刻于石。梅氏非刻工，而只是主持此事者。

约于此际，王珪书张继《枫桥夜泊》诗碑。据程德全序《寒山寺志》载，唐人张继《枫桥夜泊》诗闻名于海内外：尤有声于异国，渡海以东，无小大无不诵张继诗者。人们以刻此诗于寒山寺为殊荣，现存于寺内宋以后的《枫桥夜泊》诗碑即有七块。寺中《枫桥夜泊》的第一块诗碑为北宋丞相王珪所书写。王珪字禹玉，四川成都华阳人。《寒山寺志》记载：嘉祐年间，丁母忧，居吴下，勒张诗，故不题名。为张继诗第一石也。据王珪服丧时间推测，王珪书此碑当在嘉祐二年至四年间。此碑后佚。现重新摹刻上石。

［文献］　宋苏轼《苏轼集》卷二六，宋苏辙《苏辙集补遗》，清王蒲园等《滑县金石录》卷五，清叶昌炽《寒山寺志》，程章灿《石刻刻工研究》。

公元1061年　嘉祐六年

［提示］　九月二十三日，四川绵阳富乐山《兴教院塔铭》。是年，欧阳修撰成《集古录》、刻成《北宋石经》、仁宗降旨坊州于黄帝陵及其周围植柏1 415株刻石立碑、开凿江苏江阴广济泉。

［叙录］　九月二十三日，四川绵阳富乐山刻《兴教院塔铭》。此铭在清人刘喜海的《三巴金石苑》中

有著录：全称《宋富乐山兴教禅院塔铭》，石连额高五尺、广二尺三寸五分，二十三行、行四十四字，字径八分，正书。额六行、行二字，字径二寸五分，篆书。石在绵州富乐山兴教禅院。据曾毅公《石刻考工录》载，此铭刻工为钦寿(僧)。

同年，欧阳修撰成《集古录》。宋代的碑刻考据之学作为金石学的一个分支而得到空前关注，并发展成为一门独立的学术科目。而欧阳修撰成于是年的《集古录》，则是我国历史上最早的一部研究石刻文字的专著，又称《集古录跋尾》。是书为欧阳修记其所录碑帖、铭文考据之作，收录历代石刻跋尾及铜器铭文400余篇，共分为10卷。欧阳修自谓“上自周穆，下更秦汉隋唐五代，外至四海九州，名山大泽，穷崖绝谷，荒林破冢，莫不皆有”，首开我国碑刻考据学之先河，在中国碑文化发展史上具有重要的价值和地位。此书问世之后，影响深远，使碑刻考古学在宋代蔚成风气，涌现出一大批研究金石碑刻考据学的学者及著述。欧阳修在书中首次记录了《伊阙佛龛之碑》，张舜徽认为，这是龙门碑刻最早的目录。

也是在此年，刻成《北宋石经》。中国历史上一共刊刻有七部儒家石经，分别为《熹平石经》(隶书一体)、《正始石经》(古文小篆和隶书三体)、《开成石经》、《孟蜀石经》、《嘉祐石经》(小篆和楷书二体)、《南宋石经》和《乾隆石经》。《北宋石经》为宋代规模最大的两种字体对照碑，该石经又称《嘉祐石经》，又因以篆、隶两种字体刻造，故又称为《二字石经》。石经所刻内容为《易》、《诗》、《书》、《周礼》、《礼记》、《春秋左氏传》、《孝经》、《论语》和《孟子》等九种儒家经典。石经刻工主要为章友直，友直还因篆刻嘉祐石经而除将作主簿。宋人邓椿载：章友直字伯益，善画龟蛇。以篆笔画，颇有生意。又能以篆笔画棋盘，笔笔相似。元陶宗仪也载：章友直字伯益，文简公得象族子。嘉祐中，诏与杨南仲篆石经于大学，除将作主簿，亦固辞。友直既以此书名世，故家人女子亦莫不知笔法，咄咄逼真。宋廷位认为，《嘉祐石经》首开《孟子》入经先例，其对中国文化史、书籍发展史等具有重要意义。

是年，仁宗降旨坊州于黄帝陵及其周围植柏，刻石立碑。陕西黄陵县桥山，为轩辕黄帝陵寝所在地。自汉唐以降，人们开始在此种植柏树。嘉祐六年，祭陵人将在黄帝陵所见上告仁宗皇帝，仁宗降旨坊州(黄陵县)，命当地民众在黄帝陵及其周围植松柏1 415株，并派专人寇守文、王文政、杨遇三人守护。同时，刻立石碑将三位护林人姓名刻于碑上。碑文规定免除三人一切徭役，三人必须恪尽职守，严禁他人砍伐。

是年，开凿江阴广济泉。清顾祖禹载：广济泉，在青连山北。江阴澄江镇民运巷广济泉，嘉祐六年广福寺僧宗寿为广济香客之需而开凿，在泉右侧壁间，嵌有相传为元人赵孟頫所书的《广济泉亭记》碑。碑文记述广济泉名称的来历和广济泉历史。

［文献］ 宋邓椿《画继》卷四，元陶宗仪《书史会要》卷六，清刘喜海《三巴金石苑》，清陆耀遹《金石续编》卷一五，清顾祖禹《读史方舆纪要》卷一一〇，曾毅公《石刻考工录》，程章灿《石刻刻工研究》，张舜徽《中国史学名著题解》，宋廷位《嘉祐石经的特点及现状》(《兰台世界》2012年第6期)。

公元1062年 宋嘉祐七年 辽清宁八年

［提示］ 宋嘉祐七年二月，四川大足大钟寺造像。包拯卒，遗有《包孝肃公家训》石碑。广西桂林叠彩山风洞开佛一尊、安徽刻《醉翁亭记》。辽清宁八年，山西大同建华严寺。

［叙录］ 宋嘉祐七年二月，四川大足大钟寺造像。邓之金载，二月，住持僧淳朴、弟子郑少年镌妆(大足)罗汉一尊，编号为大钟寺出土第四号。

是年，包拯卒，遗有《包孝肃公家训》石碑。一代铁面无私的清官包拯为庐州合肥人，字希仁。天圣朝进士，嘉祐六年(1061)任枢密副使。后卒于位，谥号“孝肃”。包拯临终前曾在家门立过一石碑，刻有对子孙的训诫：后世子孙仕官有犯赃滥者，不得放归本家，亡殁之后不得葬于大茔之中。不从吾志，非吾

图 214　接引佛　嘉祐七年(1062)　广西桂林叠彩山摩崖造像第 23 号龛

图 215　永昭陵象与驯象人　嘉祐八年(1063)　河南巩县

子孙！此碑后佚，现在安徽合肥包公祠壁上的包公自律碑，为后世重刻。《包孝肃公家训》石碑之事最早见于宋人吴曾《能改斋漫录》中，并注明家训下押字又云"仰珙刊石，竖于堂屋东壁，以诏后世"十四字。包珙为孝肃(拯)之子。

是年，广西桂林叠彩山风洞开佛一尊。据桂林市文管会、杜海军等载：清化指挥于吉，女弟子苏氏一娘请匠人司马谓在广西桂林叠彩山风洞开佛(接引佛)一尊(图 214)。同年，安徽篆刻《醉翁亭记》。安徽滁州醉翁亭建于仁宗庆历年间(1041—1048)，在醉翁亭旁一横卧巨石上，镌刻着宋人苏唐卿篆书的《醉翁亭记》全文。此碑曾佚，明弘治十年(1497)出土。清人陆耀遹评此碑说：佳章善篆，沉二百年而金、元人未知，是可慨也。

辽清宁八年，山西大同建华严寺。《辽史》(地理志五)载：清宁八年建华严寺，奉安诸帝石像、铜像。辽道宗重《华严经》，本纪载辽咸雍四年(1068)二月，颁行《御制华严经赞》。八年七月，以御书《华严经五颂》出示群臣。张焯按：大同上下华严寺坐西朝东，形制特殊。唐释道宣《四分律删繁补阙行事钞》(僧像致敬篇)云：中国伽蓝门皆东向，故佛塔庙宇皆向东开。乃至厨厕，亦在西南。由彼国东北风多故。

神州尚西为正阳，不必依中土法也。《新五代史》(四夷附录一)又载：契丹好鬼而贵日，每月朔旦，东向而拜日，其大会聚、视国事，皆以东向为尊。张焯说，唐宋以降，宫殿寺观往往有先帝御容之设，顾炎武《日知录》罗列史书记载多例。然此风俗始盛，盖自北魏文成帝在平城为自己及先祖造像。历代或金，或石，或绘，或织，形式多样，迄明清御容渐以绘像为主。《续资治通鉴》记是年六月癸未：宋以单州团练使刘永年知代州。辽人取山木，积十余里，辇载相属于路，前守惧生事，不敢遏。永年遣人纵火，一夕尽焚之。疑辽因西京建寺而伐木恒山。

[文献] 唐释道宣《四分律删繁补阙行事钞》卷下，宋吴曾《能改斋漫录》卷一四，宋欧阳修《新五代史》卷七二，元脱脱等《辽史》卷四一，清毕沅《续资治通鉴》卷六〇，邓之金《大足县大钟寺宋代圆雕石刻遗址调查》(《四川文物》1989年第5期)，桂林市文管会《桂林石刻》，杜海军《桂林石刻总集辑校》，张焯《云冈石窟编年史》。

公元1063年 宋嘉祐八年 辽清宁九年

[提示] 宋嘉祐八年三月二十九日，始建永昭陵及石刻。嘉祐八年，重庆大足大钟寺造像、四川安岳卧佛院造像、西夏乞工匠于宋。辽清宁九年，辽版《大藏经》雕印。

[叙录] 嘉祐八年三月二十九日，仁宗崩，始建永昭陵及石刻(图215、图216)。据《宋史》(仁宗本纪)及陈朝云载：嘉祐八年三月二十九日，仁宗崩，始建永昭陵，同年十月二十七日入葬，历时六个月又二十七天。仁、英宗时期，政治上采取守成政策，范仲淹所倡“新政”，虽遭反对而告终，但范仲淹在任陕西经略安抚招讨副使期间，善于方略，又有狄青等猛将协助，宋夏边境相对安定。在吏治方面，文人参政，清官治事，颇为清明。文化艺术方面，古文运动勃兴，诗词绘画雕刻等均取得长足进步。此时的宋陵石刻，亦正由早期向中晚期过渡，宋陵石刻的典型风格至此形成。陈朝云认为，仁宗永昭陵和英宗永厚陵，两陵石刻风格较为接近：瑞禽浮雕，其上平头，刻出齿状山崖，两侧马首鸟一侧头向上一侧头向下，与山穴间小兽相呼应，十分生动。角端怒目圆睁，张嘴露牙，造型厚重丰硕，四肢前部刻有鱼鳞纹，表现细致，可从形象上看出雌雄之别。人像雕塑方面变化尤为明显：完全摆脱了早期所受晚唐五代的影响，由粗壮厚实、肥胖壮健(有时近于臃肿)而向中、晚期的不胖不瘦、修长俊美过渡；文臣突出其雍容不迫，有的微作弓背之态，以表现其文静和彬彬有礼。永昭陵镇陵武士，则显得老成持重，着重刻画其内在的力量含蓄与哀戚的神情，没有横眉张目之感。永昭陵的武臣石像宽袍大袖，双手拄剑，尽显儒将风度。同时也进一步注意到细部刻画，刘兴珍在分析永昭陵武官石像时也指出：作品注重突出其内在力量，雕刻手法细腻，如拄剑的双手，右手握住剑把，左手按住剑柄，手指关节的起伏及肌肉的弹性表现得十分清晰。人物衣纹以平刀法结合线刻，富于体积变化，显出袍袖的宽大厚实和形体的转折，具有高超的写实与概括功力。

嘉祐八年，重庆大足大钟造像。邓之金记载：大钟寺出土第六号：仲春月，李彦骏镌妆迦叶尊者像。第20号：十一月，双腊乡进士陈珙等镌造罗汉像，同修水陆斋表庆。同年，据刘长久等载：讲经论师沙门惠文在四川安岳卧佛院发心画广齐灵济护法土地三身同一堂。

是年，西夏乞工匠于宋。李玉珉说，从西夏现存的佛教绘画观之，汉传和藏传系统的佛教图像兼容并蓄。在汉传系统中，以水月观音、阿弥陀佛来迎图、西方净土变相最为流行。黑水城出土的一件“阿弥陀佛来迎图”，约绘于12世纪初。阿弥陀佛脸形椭圆，眼细眉长，嘴小唇薄，唇上与下颏均有胡髭，五官娟秀，面貌特征与汉人相似。不但如此，人物的描法、衣叙的线条、全图的敷色，以及钩云的手法，又都与宋画雷同，显然此画的风格与宋画的关系密切。宋人李焘及民国戴锡章均载：嘉祐八年，西夏曾“乞工匠于宋”。虽然宋朝并未准其所请，但是西夏对宋朝工艺技术需求的急切，于此可见一斑。

辽清宁九年，辽版《大藏经》雕印。辽版《大藏经》又称《契丹藏》或《辽藏》,为辽国兴宗敕令雕印。始刻于兴宗重熙年间,完成于道宗清宁九年。主持刻经者为著有《大日经义释演秘钞》的燕京圆福寺僧人觉苑,刻藏地点在辽南京大悯忠寺,即今北京法源寺。辽国于圣宗太平二年,即仁宗乾兴元年(1022)得到宋朝所赠天禧修订本《开宝藏》。辽兴宗命人搜集流传佛经,由觉苑编纂经目,时称《太保大师如藏录》,并开始雕藏,全藏总计579帙,对《开宝藏》中的部分错讹亦有所订正。刻成之后,辽朝曾向高丽赠送《契丹藏》,成为《高丽续藏经》、《再刻高丽藏》使用的底本和校本之一。此藏原本已佚,而辽廷曾据此藏底本,对由隋代静琬首刻之房山石经进行过大规模补刻。因此,房山石经在相当程度上,保留了《契丹藏》的本来面目。据黄炳章等载,此事在《云居寺释迦佛舍利塔记》及《大辽涿州涿鹿山云居寺续秘藏石经塔记》中,均有记载。

[文献] 宋李焘《续资治通鉴长编》卷一八九,元脱脱《宋史》卷一一,戴锡章《西夏纪》卷一三,陈朝云《南北宋陵》,刘兴珍等《中国古代雕塑图典》,李玉珉《中国佛教美术史》,邓之金《大足县大钟寺宋代圆雕石刻遗址调查》(《四川文物》1989年第5期),刘长久《安岳石窟艺术》,黄炳章《房山石经辽金两代刻经概述》(《法音》1987年第5期)。

公元1064年　治平元年

[提示] 仲春十八日,江苏《苏洞题名》。六月,广西桂林叠彩山风洞造像。

[叙录] 仲春十八日,江苏焦山刻《苏洞题名》。王同顺载,宋代《苏洞题名》石刻内容为:郡太守河东裴煜如晦,率上党鲍安上子和东莞徐亿仲、永兴郑修辅景臣、晋陵丁宝臣元珍、武功苏洞大雅同游焦山普济院。治平甲辰岁仲春十八日洞题。刻石高70厘米、宽110厘米,隶书。苏洞字如叟,一字大雅,绍兴山阴人,为宋代宰相苏颂四世孙,有《冷然斋集》传世。裴煜,字如晦,河东人。治平中,知润州军事。丁宝臣,字元珍,晋陵人,与兄宗臣俱有文名,号二丁。景祐间同登进士。宝臣历官至秘阁校理,英宗每论人物,必称之,尤与欧阳修友善。

六月,广西桂林叠彩山风洞造像。桂林市文管会和杜海军载,是年六月四日,□□使院都孔目官邓峥舍财,在广西桂林叠彩山风洞镌菩萨二龛。同月,尼志华舍衣钵钱,请匠人在广西桂林叠彩山风洞镌造释迦佛一堂(图217)。

[文献] 王同顺《镇江古代石刻及焦山碑林书法研究》,桂林市文管会《桂林石刻》,杜海军《桂林石刻总集辑校》。

公元1065年　宋治平二年　西夏拱化三年

[提示] 宋治平二年三月十三日,河南《昼锦堂记》。西夏拱化三年,宁夏须弥山石窟第一窟墨书。

[叙录] 宋治平二年三月十三日,河南刻《昼锦堂记》。此碑清人王昶有著录,昼锦堂是三朝宰相韩琦回乡任相州知州时,于州署后院所建堂舍,位于河南安阳古城内东南营街。所谓"昼锦",取义于《汉书》(项籍传)之"富贵不归故乡,如衣锦夜行",逆意而用,别有新意。《昼锦堂记碑》高290厘米、宽160厘米,由大文学家欧阳修撰文、大书家蔡襄书丹、邵必篆额。宋人董逌载:为表达对韩琦的尊重,蔡襄将每个字单独写数十遍,择优拼合,世称百衲碑,被宋人称为"本朝第一"。《安阳志》载,此碑原石由蹇亿刊刻,赵良规立于河南安阳。但原石早佚,元至元年间(1264—1294)重刻,重刻之碑亦曾一度亡佚,直至清顺治年间(1644—1661)始重出土,碑现藏于河南安阳市韩魏公祠。此碑刻工蹇亿为官府刻工,程章灿认为,一般来说,官署刻工是专为皇帝或朝廷服务的,镌刻与皇帝、宗室及朝廷相关的石刻,但也偶有为臣下刻石之特例。这时往往该臣子供职朝中,或者有着不同寻常的地位。如,中书省玉册官王克明和蹇亿曾于嘉祐八年(1063)刻《韩国华神道碑》,蹇亿又于治平二年刻《昼锦堂记》。这两件石刻皆与当

图 216　永昭陵开口狮　宋嘉祐八年(1063)　河南巩县

时贵为宰执的韩琦有关：韩国华是韩琦之父。

西夏拱化三年，须弥山石窟第一窟墨书。据《须弥山石窟内容总录》载：此窟有游人墨书：拱化二年七月十五日须弥山。

［文献］　汉班固《汉书》卷三一，宋董逌《广川书跋》卷十，清王昶《金石萃编》卷一三六，清崔后渠《安阳志》，程章灿《石刻刻工研究》，宁夏回族自治区长安志文物管理委员会等编著《须弥山石窟内容总录》。

公元 1066 年　治平三年

［提示］　三月，重庆《万州西亭记》。是年，周敦颐撰书游朝阳岩诗题刻、始塑山东长清灵岩寺千佛殿彩塑罗汉群像。

［叙录］　三月，重庆刻《万州西亭记》。清人刘喜海在《三巴金石苑》中著录此碑：石高二尺三寸、广三尺，二十六行、行二十四字，字径八分，正书。撰文者为刘公仪，据清黄廷桂等修纂《四川通志》载，为合州(重庆合川)人，嘉祐中登进士。治平中除万州南浦令。据《石刻考工录》载：此碑刻工为孙鉴。

是年，周敦颐撰书游朝阳岩诗题刻。刘刚载，此摩崖石刻在朝阳岩上洞石壁上，高 82 厘米、宽 40 厘米，周敦颐撰并楷书。周敦颐治平三年，偕荆湖南路提刑狱公事尚书职方郎中陧某游朝阳岩时题名。书法淳朴浑厚，颇具颜体雄风，在周氏的书法碑拓中，为不可多得的典范。

图 217 释迦主尊像 宋治平元年(1064) 广西桂林叠彩山摩崖造像第 13 号龛

同年,始塑山东长清灵岩寺千佛殿彩塑罗汉群像。山东长清灵岩寺千佛殿内的彩塑罗汉群像,计40尊,技艺十分精湛。李玉珉载,灵岩寺维修中发现的文物资料和碑记,提供了这组群像的具体数据。千佛殿内的制作年代不一。最早的塑制于治平三年,置于灵岩寺般舟殿中,原有32尊,碑记称之为"三十二尊镇山罗汉"。元致和元年(1328)重妆。后般舟殿倾圮,32尊罗汉像仅存27尊。明万历十五年(1587),将罗汉像移于千佛殿内,倚壁设坛列置;可能因为殿内空间布局的需要,增补至40尊。现存的27尊宋塑罗汉坐于砖砌长坛上,有老中青三种类型,每位罗汉的气质、相貌有别,或正襟危坐,修习禅观,或转首屈膝,与人交谈,举手投足间颇见人物的性情与个性。塑师以细腻的手法,深入地表述了每尊罗汉的思想和感情,充分展现了作者成熟的写实技巧。这些塑像具有典型的宋代造像风格,和大足石刻造像有诸多共通之处。

[文献] 清刘喜海《三巴金石苑》,清黄廷桂等《四川通志》卷三三,曾毅公《石刻考工录》,刘刚《湖湘碑刻》,李玉珉《中国佛教美术史》。

公元1067年 治平四年

[提示] 正月八日,始建永厚陵及石刻。六月,陕西开凿子长县钟山石窟。是年,书刻名家蔡襄卒。

[叙录] 正月八日,英宗赵曙崩,始建永厚陵及石刻。据《宋史》(英宗本纪)载:治平四年正月八日,英宗崩,同年八月二十七日入葬,历时七个月又十九天。陈朝云说,英宗永厚陵位于永昭陵西北部,东南依青龙山,地处岗阜地带,陵园南高北低。永厚陵神道石雕像现存56件,缺驯象人一件、客使一件和上马石两件。石雕像形体普遍瘦小,但刀法细腻、浑圆。从石羊以北,石雕像的下身被埋入地下。自南而北石雕像有:望柱两件、象与驯象人及象两件、驯象人一件(图218)、瑞禽石屏两件、角端两件(图219)、马四件控马官八件、虎四件、羊四件、客使五件、武官四件、文官四件、武士两件、宫人四件、门狮八件。刘兴珍认为,宋英宗赵曙的陵寝前石刻群像,其身躯修长,双手捧物,神态温和儒雅。英宗在位仅三年,墓石雕刻基本与永昭陵相同。

六月,陕西开凿子长县钟山石窟。钟山石窟又称石宫寺、万佛洞、万佛岩、普济院、大普济禅寺等名。位于原安定县故城(子长县安定镇)城东一里处钟山脚下。李凇、李玉珉等载,石窟开凿于治平四年。据《增建万佛崖塔记》:城东一里许,志曰钟山,寺名万佛岩。自宋治平四年,学佛人张行者偕石工王信辈,依山相地凿石,为万佛森列,八柱挺立,盖得与天地相为终穹者也。此窟的开凿年代,以前依据明代重修碑中所提的为治平四年,近年开窟题记被发现,它位于窟内佛坛上方正中部位:治平四年六月二十六日,□州界安定堡百姓张行者发心打万菩萨堂。从这则开窟题记中可以看出,窟名为"万菩萨堂",主持人为当地乡民张行者,王信等五人或为工匠。窟内北宋题记尚有熙宁五年造像记,从这些纪年题记位置来看,治平四年窟内主要造像已经完成,熙宁、元丰、政和、靖康年只是补造次要壁面的小像。钟山石窟由七个并列的石窟组成,主洞的前面有木结构大殿,平面长方形,平顶。该窟分前、后两室,前室是窟檐部分,凿出三根檐柱。后室的中心设一佛坛,佛坛四周凿刻八根石柱与窟顶连接,类似的设计尚见于延安地区金代开凿的石泓寺石窟。除了延安石窟外,我国其他的石窟从未发现这样的设计,应是当地艺师匠心独运之处。刘兴珍描述说,此处洞窟依山临河,主洞形制为长方形平顶,宽169厘米、深1 000厘米、高950厘米。佛坛上置坐佛三尊,均为一佛、二弟子、二菩萨组雕。坛前有文殊、普贤菩萨雕像。石柱四周及其他三壁浮雕佛、菩萨、罗汉及小千佛。窟后壁亦浮雕小千佛及佛传故事。除主洞外,东西两侧各凿三小窟,雕像已部分风化。窟中所雕造像,形体厚重有力,刀法质朴、粗犷,表情生动,为宋代石雕艺术作品中之佼佼者(图220)。历来雕刻作品少见作者姓名,此窟碑记称,造像作者为王信、薛成、冯义、孙友、孙玉等,甚为可贵。

是年,还有另外一位名人谢世:书刻名家蔡襄卒。蔡襄在《宋史》中有传，字君谟，兴化游仙(属福建)人，仁宗天圣八年(1030)进士，累官知谏院、直史馆、兼修起居注。蔡襄为官清正，学识渊博，书法被推"当时第一"，欧阳修赞叹说：蔡君谟之书，八分、散隶、正楷、行楷、大小草体皆精。苏轼在《东坡题跋》中也说：欧阳文忠公论书云：蔡君谟独步当世，此为至论。蔡襄所书传世碑刻主要有《万安桥记》、《昼锦堂记》、《韩魏公祠堂记》、《茶录》等。

[文献]　宋欧阳修《欧阳文忠公集》卷七二，宋苏轼《东坡题跋》，元脱脱《宋史》卷一三、卷三二〇，陈朝云《南北宋陵》，刘兴珍等《中国古代雕塑图典》，李凇《陕西古代佛教美术》，李玉珉《中国佛教美术史》。

公元 1068 年　宋熙宁元年

[提示]　正月二十日，重庆涪陵《徐庄等观石鱼题名》。十月二十八日，山东《平王庙碑》。十一月二十七日，山东《敕赐寿圣黄山院之碑》。是年，北京《旸台山清水院藏经记》。

[叙录]　宋英宗卒后，即由太子赵顼继位，是为宋神宗。据清姚觐元、钱保塘等在《涪州石鱼文字所见录》中载：宋神宗熙宁元年正月二十日，重庆涪陵刻《徐庄等观石鱼题名》，刻工为袁能。

十月二十八日，山东刻《平王庙碑》。此碑又称《东镇安公行宫碑》，清人端方和近人陈垣均有著录：碑有阴，石高四尺五分、广二尺二寸四分，圭首，旁刻花草文，二十一行。碑阴二十五行，字数参差不一，正书。碑额正书。石在山东潍州(潍坊)，由朝奉郎大理司直、前泾州观察支使姚吉南男应广文馆进士迪撰文。刻工为李岳、陈展、潘秀。

十一月二十七日，山东刻《敕赐寿圣黄山院之碑》。据民国《牟平县志》载，在山东乳山市下初镇里庄村西南黄山寺遗址，存有刻立于熙宁元年的《敕赐寿圣黄山院之碑》。碑高 210 厘米、宽 90 厘米、厚 17 厘米，碑石为青色石灰岩，碑文楷书阴刻，碑阴及碑身两侧均刻有小字。碑文所刻内容还涉及宋代发生于胶东半岛的大地震史实。

是年，北京刻《旸台山清水院藏经记》。北京海淀区西郊旸台山麓大觉寺建于辽道宗咸雍四年，被称为"西山三百寺中之巨刹"。此碑清人王昶有著录，现存于大觉寺灵泉池东北不远处，碑趺已没土中，残留地表碑首身高约一米。碑首浮雕螭龙，碑额刻"旸台山清水院藏经记"九个大字。由辽代燕京天王寺沙门志廷撰文，记载辽咸雍四年邓从贵以金钱 30 万修葺僧舍，又罄舍所资 50 万，募资刻印长达 579 帙的《大藏经》藏于清水院中之事迹。此碑署名颇不寻常，将镌刻碑文的工匠名列第一：燕京通天门外供御石匠曹辨镌造。此类例子，在整个石刻艺术史上均甚为罕见。

[文献]　王弼等注、孔颖达疏《周易正义》，清姚觐元等《涪州石鱼文字所见录》卷上，清端方《匋斋藏石记》卷三九，清王昶《金石萃编》卷一五三，陈垣《道家金石略》，宋宪章等《牟平县志》卷九。

公元 1070 年　熙宁三年

[提示]　二月一日，张壆考察焦山《瘞鹤铭》。是年，甘肃麦积山石窟李师中《留题二首》。

[叙录]　二月一日，张壆考察焦山《瘞鹤铭》。明人蒋一葵载：张壆字子厚，武进人。王同顺则称张壆为常州人，登州进士甲科，屡荐不起，遂闭门读书，精于考订，手校数万卷，颇有声名。张壆《瘞鹤铭跋》文说：瘞鹤铭今存于焦山及宝墨亭者，盖尽于此。凡文字句读之可识及点画之仅存者，百三十余言，而所亡失几五十字。计其完书盖九行，行之全者率二十五字，而首尾不豫焉。熙宁三年春，予与汾阳郭逢厚公域、范阳神子厚，索其遗逸于焦山之阴，偶得十二字于乱石间。石甚迫隘，偃卧其下，然后可读，故昔人未之见，而世不传。其后又有"丹阳外仙，江阴真宰"八字，与华阳真逸，上皇山樵为似是真侣之号。

图 218　永厚陵象与驯象人　治平四年(1067)　河南巩县

今取其可考者次序之如此。其间缺文虽多,如“华亭”、“寥廓”之类,亦可以意读也。二月一日,南阳张壆子厚记。

是年,甘肃麦积山石窟李师中《留题二首》。唐晓军载,此诗现存麦积山第 118 号窟。是年,李师中登七佛阁,在七佛阁二十三石阶的北崖摩崖刻诗。李师中《宋史》有传,字诚之,楚丘人(河南),生活在宋仁宗至神宗时期,熙宁初年,李师中知秦州。

［文献］　元脱脱等《宋史》卷三三二,明蒋一葵《尧山堂外纪》卷五六,王同顺《镇江古代石刻及焦山碑林书法研究》,唐晓军《甘肃古代石刻艺术》。

公元 1072 年　宋熙宁五年　辽咸雍八年

［提示］　宋熙宁五年十月二十二日,苏轼与孙觉相晤,画风竹并题跋。熙宁五年,苏轼“感花岩”诗碑。辽咸雍八年十一月二十六日,河北刻《蓟州神山云泉寺记》。

［叙录］　宋熙宁五年十月二十二日,苏轼与孙觉相晤,画风竹并题跋。据王同顺《镇江古代石刻及焦山碑林书法研究》载:是时,任杭州通判的苏轼与湖州知府孙觉相晤,孙觉将四川名士文同所画风竹给苏轼观看,并请苏轼画一幅同样大小的风竹。苏

图219 永厚陵甪端 治平四年(1067) 河南巩县

轼乘兴画就，挥毫题写跋文：熙宁四年，高邮孙莘老（觉）自广德移守吴兴，越明年二月，肇作墨妙亭于府第之北、逍遥堂之东。取汉晋以来古文遗墨及历代贤士大夫法书名画以实之。岁十二月，予以事至湖周览嗟赏。莘老求文为记毕，出所藏与可学士（文同）风竹示观，神奇骇人，锋杀飞舞，真知其所自来也。仍出麻面一幅阔狭长短同及与可，所遗笔一枝。谓曰：藏此待子久矣，幸为予亦作风竹。一可为墨妙增色，一可以与洋州（文同）并驾。使老夫游目其间如亲二子颜色，于愿足矣，无吝一挥。与可为予从表兄，尝教以写竹之法，谓欲写竹，必先得成竹于胸中，执笔熟视，乃见所欲画者。急起从之，振笔直遂，少纵则逝矣。予心识其然，每窃试之而未能也。今见其笔毫过五寸，肥不逾指，管长尺四，上壮下杀，真奇制也。乃饱以水于几面，戏写一枝。莘老拍案叫绝。遂濡墨奋迅倏忽而成。虽未逾于刻鹄，或无惭于画虎。若夫老竿一笔，使与可见之，似让一头地。不知莘老以为何如。孙觉字莘老，皇祐三年与苏轼同知贡举，与苏交游甚厚，又以其女嫁苏门四学士之黄庭坚。文、苏风竹图成就了著名的"澄鉴堂"（张井书斋）石刻：澄鉴堂石刻即源于文同和苏轼所作的巨幅风竹各一轴，风竹画上集有宋、元、明、清四朝74位文人书家题跋墨迹。澄鉴堂石刻存有上引《苏轼自题》，苏轼题于熙宁五年十月二十二日。石高32厘米、宽87厘米，共二石。

苏轼“感花岩”诗碑。在杭州吴山，存有苏轼的“感花岩”诗碑，碑上刻有神宗熙宁五年苏轼首次至杭州任通判，游览吴山时，感慨于唐人崔护之“人面桃花”而写下《留别释迦院牡丹》七言歌行。此诗在清人翟灏的《湖山便览》中有著录，后刻于宝成寺“感花岩”上，楷书：春风小院却来时，壁间惟见使君诗。应问使君何处去，凭花说与春风知。年年岁岁何穷已，花似今年人老矣。去年崔护若重来，前度刘郎在千里。落款为“熙宁壬子(1072年)春吉旦”。在诗刻上方有孙汝水、朱术洵题刻的“感花岩”三字。诗左右两侧又有明吴东升题刻的“岁寒松竹”四楷书大字。岁寒三友应为松竹梅，而松竹两字之下恰好有风化破裂的石纹，酷似老梅疏枝，以石纹代字，别具匠心。据周密《武林旧事》载：宝成院，旧名释迦院。

向南载：辽咸雍八年十一月二十六日，河北刻《蓟州神山云泉寺记》，刻工为马材(扶风)。

［文献］ 宋周密《武林旧事》卷五，清翟灏《湖山便览》卷一二，王同顺《镇江古代石刻及焦山碑林书法研究》，向南《辽代石刻文编》。

公元1073年　熙宁六年

［提示］ 《祭武襄公狄青文并序》碑、书碑名家欧阳修卒。

［叙录］ 刻立于熙宁六年的《祭武襄公狄青文并序》碑，此碑由宋仁宗赵祯撰文、郑獬作序、宋敏求书、伍贶摹镌。清代陆耀遹著录此刻：碑二截，上截祭文二十行、行十七字；下截序二十七行、行二十八字，并正书。隶额，额题“御制祭文”四字。陆氏言其文、序及书可称“三绝”，而伍贶摹镌亦为当时能事。

是年，书碑名家欧阳修卒。欧阳修在《宋史》有传，字永叔，号醉翁，又号六一居士。江西吉安永丰人，自称庐陵(永丰县沙溪人)。谥号文忠，世称欧阳文忠公，北宋伟大的文学家、史学家和石刻学者。著有金石名著《集古录》，《周尧卿碑》、《欧阳氏世次碑》、《泷冈阡表》等碑均为欧阳修所书。

［文献］ 元脱脱《宋史》卷三一九，清陆耀遹《金石续编》卷一五。

公元1074年　熙宁七年

［提示］ 正月二十四日，重庆涪陵白鹤梁石鱼之熙宁题记。熙宁七年，文彦博于龙门西山胜善寺设药寮、郭若虚撰成《图画见闻志》。

［叙录］ 正月二十四日，重庆涪陵白鹤梁石鱼之熙宁题记。据清代《涪州石鱼文字所见录》载，题记内容为：都官郎中韩震静翁、屯田外郎费琦孝琰、侄伯升景先、进士冯造深道、卢遘彦通，暇日因陪太守驾部员外郎姜齐颜亚之，同观石鱼。按旧记，大和洎广德年，鱼去水四尺，是岁稔熟。今又过之，其有秋之祥欤，熙宁七年正月二十四日题。此文现收入《全宋文》中，称《涪州石鱼梁题名》。据宋人沈遘、清人常明等载：韩震字静翁，陵州井研(今四川井研)人。庆历中第进士，历秘书丞、太常博士、都官郎中，终朝议大夫。

是年，文彦博于龙门西山胜善寺设药寮。据黄敏枝、张瑞贤和张晓鹏等人研究：文彦博于熙宁六年在河南龙门胜善寺建立药寮，免费为民治病。宋人范祖禹在元丰六年(1083)还专门写有《龙门山胜善寺药寮记》一文，以纪其济世救民的功德。胜善寺药寮是北宋最为知名的寺院药寮。文彦博悯庶民疾苦，乃择僧之知医者主掌药寮，并捐出珍藏医书数百卷、良药珍方与药器具，并自撰《药寮记》以说明原委。

是年，郭若虚撰成《图画见闻志》。据宋王珪所撰《东平郡王追封相王谥考定墓志铭》中载：郭若虚(生卒年不详)，山西太原人，为真宗郭皇后侄孙，相王赵允弼婿，曾任辽国贺正旦使，熙宁八年(1075)以文思副使使辽。郭若虚世代富于书画收藏，因此精于识鉴，深于画理。撰成于是年的《图画见闻志》，为一部极具艺术史价值的专著，书中涉及众多艺术史及艺术批评重要史实与理论。比如，关于绘事及雕塑之曹衣与吴带之说。郭若虚在《图画见闻志》(论曹吴体法)中,提到历史上对曹吴的认识有两说:其一所指人物发生时间较早,分别是三国吴地曹不兴和南朝刘宋吴暕。另一说所指人物要迟些,分别是北齐曹仲达和唐代吴道子。前一种说法出自蜀僧仁显《广画新集》,该书及作者已无从查考,郭若虚引述其书说:昔竺乾有康僧会者,初入吴,设像行道。时曹不兴见西国佛画,仪范写之,故天下盛传曹也。吴者,起于宋之吴暕之作,故号吴也。后一种说法出自郭若虚《图画见闻志》:按唐张彦远《历代名画记》称北齐曹仲达者,本曹国人,最推工画梵像,是为曹。谓唐吴道子曰吴,吴之笔,其势圜转,而衣服飘举。曹之笔,其体稠叠,而衣服紧窄。故后辈称之曰:吴带当风,曹衣出水。费泳指出:曹不兴和吴暕,一为其体稠叠,衣服紧窄;一为衣纹简略,衣服飘举。与秣菟罗佛像衣着及国人自创褒衣博带式衣着风格相合,将曹不兴和吴暕视作"曹衣出水"和"吴带当风"的代表是有一定历史依据的,或可视曹不兴和吴暕为第一轮"吴带当风,曹衣出水"。文献中出现"吴带当风,曹衣出水"之先期一说,以当时佛教艺术的实物背景资料来看,其存在是合理的,二曹同为宗法印度秣菟罗地区佛像表现,只是时间不同,前者为贵霜时期,后者为笈多时期,而衣纹稠叠贴体,始终是秣菟罗风格的基本特征,二曹所绘佛像实出同源。二吴则均着重于本土化佛像的表现,所宗对象亦为同源,导致画格的类同。只是由于历史的变迁,先期的一说随着画作的湮灭,影响也趋于式微,而为后继者所取代。

[文献] 宋范祖禹《范太史集》卷三六,宋沈遘《西溪集》卷四,宋郭若虚《图画见闻志》卷一,宋王珪《华阳集》卷五七,清常明等《四川通志》卷一二二,清姚觐元等《涪州石鱼文字所见录》卷上,曾枣庄等主编《全宋文》第47册,黄敏枝《宋代佛教社会经济史论集》,张瑞贤等《宋代洛阳龙门山的药寮》(《中医研究》1998年第2期),费泳《汉唐佛教造像艺术史》。

公元1075年　熙宁八年

[提示] 十月望,米芾题书《熙宁八年十月经浯溪》诗碑。是年,始建睿思殿。

[叙录] 米芾于是年经湖南浯溪时,观摩元结《大唐中兴颂》摩崖,题书《熙宁八年十月经浯溪》诗碑:胡羯自干纪,唐纲竟不维;可怜德业浅,有愧此碑词。米芾南宫五年求便养,得长沙掾,熙宁八年十月望经浯溪。米芾字元章,以母侍宣仁后为南宫舍人,人称米南宫。

刘刚说,据清翁方纲考定,米氏41岁以后改署米芾。熙宁初为临桂尉,"经浯溪",题此诗时,米元章方20多岁,诗虽只五言四句,但充满批判精神,且有创见,尤有胆识。书法尚属早期作品。清人杨翰评价说:具有欧体《黄庭经》痕迹,但端严圆劲,不多见也。

《宋史》(地理志)载:熙宁八年,始建睿思殿。内廷供奉机构睿思殿始建于熙宁八年,以书画文字等技艺为皇帝服务。《宋史》(宦者传)载,睿思殿祗候多为宦官,如徽宗时梁师成、理宗时董宋臣等。程章灿说,睿思殿所制碑刻,基本上为御制书翰,故大观二年(1108)张士臣刻宋徽宗御制《大观圣作之碑》时自称"奉圣旨镌",其地位亦应较高于一般翰林书艺局玉册官。与张士亨同刻《济州大观圣作碑》的侍其理,按情理也应该是睿思殿上祇应。施耐庵在《水浒传》中曾写到睿思殿:小旋风柴进(周世宗的嫡子孙)进入内廷,于睿思殿"转过屏风后面,但见素白屏风上御书,四大寇姓名,写道:山东宋江、淮西王庆、河北田虎、江南方腊"。

[文献] 元脱脱《宋史》卷八五、卷四六八、卷四六九,明施耐庵《水浒传》第七二回,刘刚《湖湘碑刻》,程章灿《石刻刻工研究》。

公元1076年　熙宁九年

[提示] 九月,陕西刻杜甫白水诗。

图 220　菩萨与弟子　治平四年(1067)　陕西子长县钟山石窟

［叙录］ 九月，陕西刻杜甫白水诗。清人陆耀遹著录此刻：杜子美白水诗刻，在陕西白水县，正书，篆额题“杜子美诗”四字。此所谓白水诗碑，实即杜甫《彭衙行》，因诗中有“忆昔避贼初，北走经险艰，夜深彭衙道，月照白水山”等语，故又称白水诗。《彭衙行》见录于《全唐诗》中，陕西合阳县西北有彭衙城。《石刻考工录》载，此刻刻工为王顺。

［文献］ 清陆耀遹《金石续编》卷一六，清彭定求等编《全唐诗》卷二一七，曾毅公《石刻考工录》。

公元1078年　宋元丰元年　辽大康四年

［提示］ 宋元丰元年八月，浙江杭州苏轼《表忠观碑》。九月八日，延安清凉山万佛洞石窟造舍利塔龛及造像。九月九日，江苏徐州《黄楼赋碑》。辽大康四年，山西云冈《张间□妻等修像记》。

［叙录］ 神宗元丰元年八月，浙江杭州刻苏轼《表忠观碑》。此碑清人王昶著录：共四石，两面刻，各高八尺五寸八分、广四尺。正书，在钱塘表忠观，由苏轼撰文并擘窠大书。原石于明正德十二年(1517)宋廷佐迁移至郡庠，后遗佚。乾隆六年(1741)残石重出土，仅存两块上半截断石。全碑笔画劲健，意出唐人楷法，而卓有创见。据方爱龙载，熙宁十年(1077)十月十一日，杭州知州赵抃奏请：以龙山废佛祠曰妙因院者为观，使钱氏之孙为道士曰自然者居之。神宗准奏，以妙因院改赐名曰“表忠观”。实际上就是把吴越武肃王钱镠的祠宇改为表忠观，美其名曰以表赞其忠诚。苏东坡在碑文中，也称赞钱氏有保卫两浙之功。苏轼此碑不仅书法好，文辞也佳。清人李光地说：子瞻(苏轼)作《表忠观碑》，介甫(王安石)得之，宾客皆以为荆公(王)必因其异己，衔恨毁之。荆公数读，累日不舍，谓客曰：子瞻此文若何？众唯唯。徐曰：西汉文也。众以为然。又问：可比西汉何作？众不能定。又曰：《异姓诸侯王年表》论赞也。举太史公最佳文以方之。

元丰元年九月八日，延安清凉山万佛洞石窟造舍利塔龛及造像。李淞载，万佛洞石窟位于延安市内清凉山半山腰。舍利塔龛位于第一窟东屏柱外壁中部，上下分为三层，下层以舍利椁为中心，雕刻十弟子举哀图，中层为焚烧舍利，屋形龛中刻坐佛，下有熊熊烈火，左右各一天王护卫。上层为起塔供养，刻一座十三层宝塔，楼阁式，平面应为六角形。龛右旁有题字：“刘元发心修宝塔一座、十大弟子、佛世尊舍利椁一座、罗汉16尊，元丰元年九月八日。”所指十六罗汉分列塔两边，均作禅定之状。刘兴珍进一步叙述说，清凉山主窟形制为方形平顶，宽约16米、深13米、高约7米。中央佛坛左右两侧有大屏柱连接窟顶，佛坛造像已毁。洞窟四壁满雕小千佛，高约25厘米，间有较大的释迦、弥勒、多宝佛像及观音、文殊、普贤菩萨造像，是为一窟。二窟位于其左侧，宽约500厘米、深、高均460厘米，正面后壁上下分别雕有三佛、四弟子和十六罗汉，左右两壁前侧各雕天王像一尊，对称雕有骑狮、乘象的文殊、普贤二菩萨。三窟宽700厘米、深900厘米、高500厘米，窟顶浮雕八角藻井，主佛为后世所雕。四窟宽约600厘米、深500厘米、高300厘米。除二天王造像外，四壁满雕佛传故事。从现存造像可见，其石雕技艺相当娴熟，造像形体及五官比例匀称，菩萨及天王像个性鲜明。此处造像，值得关注的是多处刻有自在观音像，其中保存得最好的是第一窟的自在观音像，在第一窟东壁前部下方刻有两龛自在观音。据李淞讲，此处被后世开门以通向东邻的二号窟，两龛自在观音分列门左右。门北侧的观音彩绘犹存，菩萨坐于山崖之中，头戴化佛冠，一腿自然下垂，一腿抬起放于石上，一臂撑于崖石，一臂平放膝上，神态怡然自得，轻松自然。天衣和璎珞以朱、绿、黄等色描绘。菩萨身后石上刻有年号题刻金泰和七年(1207)。另侧观音身后的题记则为北宋元丰元年。北宋观音略为瘦长，金代的则略为健壮。

是年九月九日，江苏徐州刻立苏轼《黄楼赋碑》。苏轼自神宗熙宁十年(1077)四月至元丰二年(1079)三月之间，曾任徐州知州。苏轼到徐州任后的当年七月十七日，黄河在澶州(河南濮阳)决口，洪水漫及徐州，水深达二丈八尺。苏轼带人抢筑大堤，夜巡灾情。历时数十个昼夜赢得抗洪保城胜利。灾后，苏轼上书请求朝廷蠲除徐州赋税，并整堤护岸，加固城墙以防再患。同时，在东门城上建黄楼，以资纪念。黄为土，寓含以土克水之意。元丰元年九月九日重阳节，苏轼主持黄楼落成盛典，刻苏辙所作《黄楼赋》碑立于楼中，碑呈方柱形，四面刻文。苏轼在《太虚以黄楼赋见寄作诗为谢》（见《苏轼集》）中说：黄楼高十丈，下建五丈旗，楚山以为城，泗水以为池。于此，足见其壮观。黄楼建成后，苏辙之外，秦观、陈师道等均写诗予以祝贺。此碑由苏轼书丹、毕仲询篆额。

辽大康四年，山西云冈第13洞南壁刻《张间□妻等修像记》。此记在日人著作《云冈金石录》中有著录。宿白说：此铭记在抗日战争期间被拓毁。就现存遗迹观察，知道辽时修整云冈造像，有的在剥蚀的石像外面泥塑，有的就空白石壁补刻。前者数量较多，如第37窟东壁的释迦坐像和第11窟西壁七佛的最末二尊（此二尊佛像，在抗日战争期间被捣毁）。后者较少，如第11窟中心柱南面的左右胁侍。张焯载：近年大同有人提出，辽代屡改国号，“契丹”、“大辽”更迭使用，太祖阿保机始建契丹国，太宗德光改称大辽，983年圣宗隆绪又称契丹，1066年道宗洪基复改大辽，若题记中“契丹”为国号，时间应是1018年。张焯认为辽修云冈，事由母后，1018年未成气候。且文中“契丹”，不一定是国名；即便是，也不足为凭。因为982年的《许从赟墓志》犹称“契丹国”，说明当时的称谓并不严格。

［文献］ 宋苏轼《苏轼集》卷一〇，宋苏辙《栾城集》卷一七，清王昶《金石萃编》卷一三七，清李光地《榕村续语录》卷一九，［日］水野清一等《云冈金石录》，宿白《〈大金西京武州山重修大石窟寺碑〉校注》（《北京大学学报》人文科学1956年第3期），张焯《云冈石窟编年史》，李凇《陕西古代佛教美术》，刘兴珍等《中国古代雕塑图典》，方爱龙《北宋苏轼表忠观碑》（《杭州师范大学学报》社科版2009年第5期）。

公元1079年　元丰二年

［提示］ 七月，河南龙门《河中常景造阿弥陀佛石像》。是年，文同卒，有四川仁寿隐形碑传世。程颐《代富弼上神宗皇帝论永昭陵疏》。

［叙录］ 七月，河南龙门《河中常景造阿弥陀佛石像》。李文生载，此像有题记，位于龙门擂鼓台：陈氏母妻王氏二年七月，石像成，以其月二日摹其题壁二并书兹文于石，河中常景记，石匠阎永真并男美刊。清人陆增祥在《八琼室金石补正》中也著录此刻题记：《常景造像记》高一尺二寸、广二尺二寸，廿五行、行十五字至十九字不等，字径五分，正书。阿弥陀佛石像者，哀男清孙之所刻也。曾毅公考，此刻为阎永真（石匠）、阎忠美父子同刻。

是年，文同卒。诗人画家、苏轼表兄弟文同在《宋史》上有传，字与可，号笑笑居士、笑笑先生，世称石室先生，北宋梓州梓潼郡永泰县（四川绵阳盐亭县）人。皇祐元年（1049）进士，元丰初年，赴湖州（浙江吴兴）就任，人称文湖州，未到任而卒。元丰二年正月二十日，文同在陈州（河南省淮阳县）病逝。

金其祯载，宋代出现了一块罕见碑刻，碑上图文平时隐匿不见，泼水之后即显形。此神奇碑刻位于四川仁寿黑龙潭风景区崖壁之上。在四面临水的岩壁上，刻有一巨龙，长约15米，半浮于水面，半隐于水中。在石龙的左上侧石壁上，还雕凿有一尊唐代的高约八米的龙王坐像。龙王坐像两侧岩壁光洁平滑，呈灰白色。若水泼于其上，右侧岩壁即刻显现出一行行墨黑楷书大字，字迹清晰，风格遒劲；而在左侧石壁上，则会显现出一幅功力深厚的墨竹图，枝挺叶劲，神韵飘逸，笔酣墨饱，与右侧岩壁楷书大字相映成趣。随着水的干涸，壁上图文亦随即隐去。石壁上并无刻痕与墨迹。据《仁寿县志》记载，黑龙潭隐形碑上的字和画，均出自宋代文同之手。文同善画梅竹，深为苏轼所折服。据宋罗大经《鹤林玉露》载，苏轼称赞文同：梅寒而秀，竹瘦而寿，石文而丑，是为三益之友。

程颐《代富弼上神宗皇帝论永昭陵疏》。陈朝云说,程颐在元丰二年《代富弼上神宗皇帝论永昭陵疏》中为我们提供了永昭陵地宫的建筑情况:永昭陵“以巨木架石为之屋,计不百年必当损坠圹中。又为铁罩,重且万斤,以木为骨,大止数寸,不过三十年,决须摧毁。梓宫之厚,度不盈尺,异日以亿万钧之力,自高而坠,其将奈何?厚陵始为石藏”。可知宋仁宗永昭陵地宫也为石砌,在石壁上架木枋,覆铁帐,帐上再铺方木,盖卷石。而仅与永昭陵间隔四年的宋英宗永厚陵“始为石藏”,似又与永昭陵地宫不同。

[文献]　宋罗大经《鹤林玉露》甲编卷一,宋程颐《伊川先生文集》卷一,清陆增祥《八琼室金石补正》卷八八,曾毅公《石刻考工录》,李文生主编《龙门石窟志》,金其祯《中国碑文化》,陈朝云《南北宋陵》。

公元1080年　宋元丰三年　辽大康六年

[提示]　宋元丰三年,江西苏辙《浪井》诗碑。辽大康六年四月二十八日,河北《井亭院圆寂道场藏掩感应舍利记》。

[叙录]　宋元丰三年,江西刻苏辙《浪井》诗碑。在江西九江西园路,有口古井,为汉代名将灌婴所开凿。传说此井当时曲通长江,江上风起,井中便有波浪起伏,故称“浪井”。井亭内刻立有苏辙元丰三年赴筠州就职,经九江访浪井时所写《浪井》诗碑:江波浮阵云,岸壁立青铁。胡为井中泉,浪涌时惊发?水性本无定,得此自澄澈。谁为女娲氏,补此天地裂(见《栾城集》)。

辽大康六年四月二十八日,河北刻《井亭院圆寂道场藏掩感应舍利记》。此刻清人陆增祥曾著录,称《藏掩感应舍利记》,石高二尺三寸、广一尺三寸五分。二十四行、行四十八至五十六字不一。字径四分,正书。刻署“同办塔将仕郎试太子正字王肱、男乡贡进士君儒,尅字匠人吴世民。”程章灿认为,此“尅字”即“刻字”。据杨卫东说,此刻存河北保定。

[文献]　宋苏辙《栾城集》卷一〇,清陆增祥《八琼室金石补正》卷一二二,向南《辽代石刻文编》,程章灿《石刻刻工研究》,杨卫东《古涿州佛教刻石》。

公元1081年　元丰四年

[提示]　陕西《耀州华原县五台山孙真人祠记碑》、陕西开凿志丹县城台石窟。

[叙录]　是年,陕西刻立《耀州华原县五台山孙真人祠记碑》。陕西耀县城东漆河之滨五台山,因孙思邈曾隐居于此,后改名药王山。从唐代始,世人即在此为孙思邈立祠,宋元时又于南山修建庙宇,明代则在北山建药王庙。现药王庙中留存有历代碑石100余块,年代最早者当数元丰四年为纪念孙思邈诞生500周年而刻立的《耀州华原县五台山孙真人祠记碑》,此碑除记载孙思邈生平事迹之外,还刻有孙思邈画像。此碑清人王昶著录:《孙真人祠记碑》,高五尺八寸四分、广二尺九寸,三十七行、行八十字,正书。

是年,陕西开凿志丹县城台石窟。志丹县原名保安县,城台石窟又叫石空寺,位于志丹县城西南旦八镇界湾乡城台村洛河东岸山麓。据李凇说,此处造像虽仅一窟,但窟的面积较大,分前后室。前室宽25米、深6米,前有四根方柱直接窟顶,造像为四天王、十六罗汉和日光、月光菩萨。主窟(后室)门额上方有造像题记:武功郎榷鄜延路兵马钤辖、兼第柒将统制西路军马杨仲,谨发虔诚,自办妆銮石空寺大佛三尊。伏愿父总管安抚团练,母恭人米氏增延福寿,然祈阖境,圣□咸受嘉祉。岁次辛酉上巳日谨记。杨仲氏,生卒年不知。辛酉年,和陕北同期石窟相比,最有可能是元丰四年岁次辛酉,略早于外室天王和罗汉的时间(现存纪年题记,最早者为北宋大观戊子,位于左门外天王旁,或为该像的凿造时间),从造像顺序上看也行得通。李凇认为,题记中所称“自办妆銮”是一个疑点:到底是开窟造主像三尊,还是仅仅妆銮涂彩？

［文献］ 清王昶《金石萃编》卷一三八，李凇《陕西古代佛教美术》。

公元1082年　元丰五年

［提示］ 八月三日，重庆大足石篆山第七龛造像。是年，吕大防依韦述《两京新记》刻成《长安图》。

［叙录］ 八月三日，文惟简（岳阳工匠）、（男）文居用、文居礼刻重庆大足石篆山第七龛造像。据黎方银、胡文和载：石篆山位于大足县城西南方20多公里处，石篆山摩崖造像发端于元丰五年，其中释道儒各家造像皆有，以后历代略有增补。现存造像主要分布在石篆山、千佛崖两处。石篆山上原有古刹名为佛惠寺，寺内存有一些零散的石像和碑碣一块。石篆山第七龛系三身佛窟。窟高147厘米、宽636厘米、深138厘米。窟正壁主像为三身佛，皆结跏趺坐于莲座上，座上均有一蟠龙。三像坐高92厘米、通高143厘米。正中毗卢佛戴冠，双手结大日如来印。左右两边的弥勒佛和释迦牟尼佛头有高顶螺髻。弥勒佛左手向上置于膝上，右手抚右膝。释迦佛左手抚膝，右手举于胸前施说法印。该窟内还雕刻有佛的十大弟子。龛左侧门柱内壁有一则"岁次壬戌八月三日"的造像题刻。

是年，吕大防依韦述《两京新记》刻成《长安图》。从《云麓漫钞》载《长安图》题记得知，吕氏是以《两京新记》和旧图为底本刻成。此图现西安碑林仍存部分残石，为我们研究唐代长安建制结构，提供了珍贵的图像文献。残石为20世纪20年代，北平研究院何士骥所发现。

［文献］ 宋赵彦卫《云麓漫钞》卷八，黎方银《大足石窟艺术》，胡文和《中国道教石刻艺术史》，何士骥《石刻唐太极宫及寺坊寺残图大明宫残图兴庆宫图之研究》（《考古学报》1953年1卷1号），王宁《宋吕大防〈长安图〉及其地图学分析》（《西安文理学院学报》社科版2010年第3期）。

公元1083年　元丰六年

［提示］ 闰六月二十二日，四川大足石篆山老君像。九月，四川《郭子皋题剑州重阳亭铭并序碑阴》。是年，福建修竣木兰陂滚水坝。

［叙录］ 闰六月二十二日，四川大足石篆山老君像。据《大足石刻内容总录》和胡文和载：石篆山造像，共编九号。此造像为石篆山第八号龛，顶部为平顶，红砂岩石质。高160厘米、宽370厘米、深150厘米。后壁正中刻老君主像，面南盘膝端坐于一束腰四方形台上，台周遭布云彩，中刻一青牛（残），下为一方形台基，前饰云、草图案。龛门柱上镌有题记一则，文中有"时元丰六年癸亥，闰六月二十二日记"字样，余字已漫漶不清。

是年，四川刻《郭子皋题剑州重阳亭铭并序碑阴》。据范祖禹《朝奉郎郭君（子皋）墓志铭》载：蜀人郭子皋是眉山石洵直的女婿，字德臣。宋人王应麟在《困学纪闻》引述范氏所作《郭子皋志》时，言及交子时说："纸币之设，本与钱相权。元祐间已有此语矣。"志文中关于交子的记载，对于中国货币史具有重要价值。在明末凌濛初编的《二刻拍案惊奇》中即有纸币的描述："看官，你道住持偌大家私，况且金银体重，岂是一车载得尽的？不知宋时尽行官钞，又叫得纸币，又叫得官会子，一贯止是一张纸，就有十万贯，止是十万张纸，甚是轻便。"

关于郭子皋的剑州题刻，明人曹学佺记载说：（剑州）东山（卧龙山）一峰，特竦千仞。众小山迤逦卑附，如奔走、如侍从。茂林苍崕，烟霭蒙密。有一亭焉，冠于山椒，碧瓦鳞差，朱栏霞明，长溪清浔，流影不去。乃唐刺史蒋侑所建重阳亭，李商隐序而铭之者也。权知军州事郭子皋题其碑后曰：李义山记重阳亭，曰：作亭东山，以醉风日。而不记名亭之因，予读张平子《西京赋》，有云：集重阳之清澄。释云：上为阳、下为阴，清澄亦为阳，则斯亭也，上据高巘，下瞰澄溪。蒋公名亭之意，其得之于此耶？聊释碑阴，以告来者。时元丰六年重阳日权知军州事郭子

图 221　永裕陵朱雀　元丰八年(1085)　河南巩县

皋题。

是年，福建修竣木兰陂滚水坝。福建莆田城南五公里处陂头村木兰山下木兰陂，相传为福建长乐女子钱四娘发起修筑（实为李宏完成）。据李文辉载，木兰陂初建于治平元年（1064），先后营筑三次；于元丰六年始竣工，前后历经20年。此座大型水利工程，亦为我国现存最完整的古代大型水利工程之一。陂首以巨型花岗石纵横垒筑而成堰闸式滚水坝，长两百余米，陂墩33座，各高7.5米，中间设有闸门32孔。在南北两端则建有长达500多米导流堤，并开出南北干支渠120公里，沿途还建有陡门与涵洞300多处。在接近千年岁月中，木兰陂浇灌着莆田广阔的大地，造福一方百姓。陂南建有协应庙，中存多块明清碑刻及郭沫若所书《吟木兰陂》诗碑。

［文献］　宋范祖禹《范太史集》卷四二，宋王应麟《困学纪闻》卷一七，宋苏轼《苏轼集》补遗，宋曾巩《曾巩集》卷五〇，明凌濛初编《二刻拍案惊奇》卷三六，明曹学佺《蜀中广记》卷下，四川省社会科学院等编《大足石刻内容总录》，胡文和《中国道教石刻艺术史》，李文辉《木兰陂小史》（《中国水利》1984年第4期）。

公元1084年　宋元丰七年　辽大康十年

［提示］　宋元丰七年三月十五日，河南《龙门山天竺寺修殿记》碑。六月，江西《曾巩墓志》。十月，司马光隶书《王尚恭墓志》。元丰七年，词人兼金石学者李清照生。辽大康十年十二月，河北辽石幢身佛像。

［叙录］　元丰七年三月十五日，河南刻《龙门山天竺寺修殿记》碑。李文生载：此碑原存龙门乡寺沟村，现存龙门石窟研究所。碑额半圆形，无碑座，碑高96.5厘米、宽56.5厘米、厚11厘米。碑阳隶书题额："龙门山天竺寺修殿记"。后记：元丰七年岁次甲子三月十五日，巨鹿魏宜记，洛阳孟天常书，河南褚道符题额。孙三班、曾孙震、临观、常益，元（玄）孙充同立。住持觉济大师道庄、寺主僧愿清、刊字张士廉。碑阴篆书题额："龙门山留题诗"。

是年六月，江西刻《曾巩墓志》。曾巩《宋史》有传，字子固，世称南丰先生，江西建昌南丰人。嘉祐二年（1057）进士。曾巩为宋代著名政治家与文学家，唐宋八大家之一。曾巩本人书法极佳，在南京还留有其真迹石刻：鸡鸣寺东侧有胭脂井，相传为陈后主与张丽华、孔贵妃投身之所，故又称辱井。胭脂井原名景阳井，在台城内，后淹没。后于法宝寺（鸡鸣寺）侧再立胭脂井。曾巩曾作《辱井铭》，篆刻于石井栏之上：辱井在斯，可不戒乎（见《曾巩集》）。《曾巩墓志》为沈辽书丹（沈括从弟）、陈晞篆盖、浔阳名刻工李仲宁、仲宪刻字。刻于曾巩卒后次年，即元丰七年六月。据陈柏泉载：志石约呈正方形，长113厘米、宽114厘米。楷书42行，行51字，共2 000余字。20世纪70年代，出土于江西南丰周家堡崇觉寺附近，现藏于江西省博物馆。苏轼说：沈辽少时本学其家传师者，晚乃讳之，自云学子敬（王献之），病其似传师也。故出私意新之，遂不如寻常人。刻工李仲宁是一个极有技艺且极有骨气的工匠，《挥麈录》载：九江有碑工李仲宁，刻字甚工，黄太史题其居曰"琢玉坊"。崇宁初，诏郡国刊元祐党籍姓名，太守呼仲宁使剥之。仲宁曰：小人家旧贫窭，止因开苏内翰、黄学士词翰，遂至饱暖。今日以奸人为名，诚不忍下手。

是年十月，司马光隶书《王尚恭墓志》。此志全称为《宋故朝议大夫致仕王公墓志铭》，于1936年在洛阳北陈庄出土，现藏于开封博物馆。据赵秋莉载：志石呈正方形，长宽均为77厘米、厚15厘米。志文隶书，分为上下两列，每列41行，满行20字。志文由名臣范仲淹之子范纯仁撰文、史家司马光书丹、李稹镌刻。王尚恭《宋史》无传。隶书碑刻在宋代十分少见，现存世者仅《沈绅无为洞铭》、《王尚恭墓志》等数种而已。

是年，词人兼金石学者李清照生。李清照《宋史》有传，李格非女、金石学者赵明诚妻，济南（属山东）人，号易安居士。李清照《金石录后序》载：予以建中辛巳始归赵氏，时先君作礼部员外郎，丞相作吏部侍郎，侯年二十一，在太学作学生。以此上推，易安当生于元丰七年。易安生平，参见陈郁文《李易安夫妇事迹系年》及李文黼《易安居士年谱》等。

辽大康十年十二月，河北辽石幢身佛像。据金申载，此刻又称《多宝千佛石幢》，原在涿州东街路侧，现立于日本京都国立博物馆。幢身为六面，上浮雕佛像，始建于辽，元明均有重修，最早题记为大康十年岁次甲子十二月。金申认为辽代石像仍远承唐式，但已严重退化，呈程式化，故石雕鲜有出色者，但木雕、泥塑和金铜佛却仍不乏精品。

［文献］　宋王明清《挥麈录》第三录卷二，宋曾巩《曾巩集》卷五〇，元脱脱《宋史》卷四四四，李文生主编《龙门石窟志》，陈柏泉《江西出土墓志选编》，陈郁文《李易安夫妇事迹系年》，赵秋莉《宋代王尚恭墓志浅说》(《中原文物》1993 年第 3 期)，金申《中国历代纪年佛像图典》，金申《佛教美术丛考》。

公元 1085 年　宋元丰八年

［提示］　宋元丰八年三月五日，神宗崩，始建永裕陵及石刻。六月，重庆大足北山佛耳岩药师琉璃光佛龛。七月，江苏沈括梦溪园刻石。十月，山东苏轼《登州海市》诗碑。是年，僧淳德在四川荣县大佛寺募修弥勒大佛、重庆大足石篆山志公和尚龛。元丰年间，吕大防在四川成都重建草堂刻杜甫诗碑，陕西开凿延安清凉山万佛洞。

［叙录］　元丰八年三月五日，神宗崩，始建永裕陵及石刻(图 221、图 222、图 223)。据《宋史》(神宗本纪)载：元丰八年三月五日，神宗赵顼崩，同年十月二十四日入葬，神宗永裕陵历时七个月又十九天。永裕陵位于巩县芝田镇八陵村南。陈朝云说，永裕陵方形覆斗状陵台位于陵区中北部，四周以夯筑神墙环绕。在涂以朱红神墙的四面正中各辟一门，神门筑双阙，门阙外各有一对石狮。现仅存门阙、角阙基址。南神门外为南北向神道，神道两侧排列石像。永裕陵上宫现存神道石雕像 52 件，缺少神道西列驯象人、角端、控马官和虎各一件，以及四件宫人。另外，还有 11 件人物雕像无头。神道石雕像东、西列间距 39 米。由于地貌的变化，神道南端石雕像的土衬石均暴露于外。在雕刻艺术上，神宗永裕陵石雕为北宋晚期陵墓石雕代表作品。此时期的动物雕刻，除注意动势与细部刻画以外，也注意到神韵的表达。永裕陵石羊颈部伸长，嘴部下垂，富有肉感。走狮不但比例准确，摇头摆尾，而且注意其神态的夸张，甚至拴在颈旁搭到背上的铁链，也与整个狮子的动势相配合，十分生动传神。石象鼻则弯曲扭动，眼眶周围的皱纹刻画细腻准确，甚至连辔勒所形成的皮肤凹陷都有出色的表现。瑞禽浮雕姿态富于变化，疏密交错，充满动感。其上马石的浮雕云气回曲流动，龙身飞腾，堪称宋陵浮雕珍品。文臣身躯在宋陵石雕中显得特别修长，戴三梁冠，手捧笏板，长袍垂地，背后饰有带结，两侧系有玉佩。表情或哀戚而有深谋，或潇洒而闲雅，对人物内心的刻画把握颇为细致。

七月，江苏沈括梦溪园刻石。北宋著名科学家沈括屡遭贬谪，晚年退出政治圈子，在江苏京口(镇江)筑梦溪园，潜心著述，并完成科学史上的巨著《梦溪笔谈》。梦溪园具体何时营建，并没有相关记载。据戴志恭等讲，1985 年 5 月，镇江市文物普查办公室在文物普查中，从柳芷春、柳明春处征集到一块梦溪园刻石。该刻石为长方形，高 27 厘米、宽 68 厘米、厚 12.3 厘米。石质为赤褐色，似火山石，通体凹凸不平，满布孔隙小坑。石上居中自右向左横刻“梦溪”两个楷书大字，右侧上款为“皇宋乙丑”(1085)四字，左侧落款为“中元日建”(七月十五日中元节)四字。刻石至今保存完好，所刻文字清晰，字体古朴敦厚，是梦溪园迄今唯一幸存遗物，经考证此刻系沈括亲自题书。这件石刻清楚无误地表明，沈括的梦溪园建于神宗元丰八年(1085)七月十五日。

元丰八年，对于巴蜀而言，是一个石刻艺术丰收之年。是年六月七日，重庆大足北山佛耳岩药师琉璃光佛龛。《大足石刻内容总录》载：北山佛耳岩第

图 222　永裕陵石羊　元丰八年(1085)　河南巩县

12 号龛为正方龛,高、宽 100 厘米、深 50 厘米。龛内正壁凿药师琉璃光佛,结跏趺坐像,身后饰火焰桃形背光,在背光上部左右各刻小菩萨像五身,头饰圆形背光,双手拱立。佛像左右凿日光、月光菩萨,坐像,身饰椭圆形背光,上部漫漶残缺。龛左右壁各凿四菩萨立像,双手合十,其中四像残。龛外左面的方柱上直刻题记一行 14 字:元丰八年六月七日前郡幕吴绶题。同年,还有重庆大足石篆山志公和尚龛(图 224)。据陈明光考证:志公和尚龛历来系年不详,陈明光发现龛内有题记称“岳阳文惟简镌乙丑岁记”。石篆山石窟还有文惟简及其子居安、居礼元丰五年、六年,元祐三年、五年的题记,故可知此题记中的乙丑为北宋元丰八年(1085)。

是年,四川石刻的另一重要事件即:僧淳德在四川荣县大佛寺募修弥勒大佛。关于荣县大佛的具体开凿年代,学术界一直存有争议。大致说来,分为唐代和宋代两说。金维诺、黄伯厚认为开凿于宋代元丰八年:依山凿佛的风气一直延续到宋以后,在四川荣县南郊东山,元丰八年至元祐七年(1092)所建成大佛,高 36.67 米,螺髻大耳,气势宏伟,为蜀中仅次于乐山大佛的第二大佛。金、黄二人之说来源于清人许源等修嘉庆《荣县志》(方舆):大佛山,县东南一里,联真如崖。宋元丰八年,僧淳德募修,因山为大佛像,成于元祐七年。《旧志》载当时架殿十层,高四十七丈,阔十五丈。今已淹没,唯佛像巍然,身高四十五丈有奇,露外者有年矣!嘉庆十六年知县许源命僧令智玉募修,卷石为顶,装绘差足壮观。值得注意的是,僧淳德所展开的是“募修”,即筹资修缮,显然募修并非雕凿。如此庞大的工程,仅凭僧淳德一人募修,是根本无法实现的,即使众人参与,也无法在短短的六七年间完成。更大的可能性是:荣县大佛始建于唐代(晚唐五代)——从现存的大佛造像风格来看,带有典型的唐代弥勒坐佛风范。至宋代元丰元祐时期,僧淳德募修,即进行过一次较大规模的修缮(维修、妆彩、贴金等)。因此《古今图书集成》(方舆职方典)嘉定州部的记载值得尊重:大佛山,在县南一里,唐人刻大佛,与山齐。架殿十层,高四十七丈,阔十五丈。

十月,山东刻苏轼《登州海市》诗碑。苏轼于神宗元丰八年十月即将离开登州返回京城,登临蓬阁时,终于见到了海市蜃楼奇景。苏轼为此写下著名的《登州海市》诗,并刻石为碑。此诗载于《苏轼集》中:东方云海空复空,群仙出没空明中。荡摇浮世生万象,岂有见阙藏珠宫。心知所见皆幻影,敢以耳目烦神工,岁寒水冷天地闭,为我起蛰鞭鱼龙。重楼翠阜出霜晓,异事惊倒百岁翁。

元丰年间(1078—1085),吕大防重建四川成都草堂刻杜甫诗碑。吕大防《宋史》有传。杜甫当年苦心营造的成都草堂,在他永泰元年(765)离开成都后,便渐渐颓败。据宋人胡宗愈《成都新刻草堂诗碑序》(明朱鹤龄著录)载:至北宋元丰年间,成都知府吕大防对草堂再次重修,且画杜甫像于壁上。吕大防此举,使诗人的草堂具有纪念祠堂之性质。在成都杜甫草堂中,迄今仍嵌有元丰年间成都知府吕大防重建草堂时所刻的杜甫诗碑。

约于元丰年间,陕西开凿延安清凉山万佛洞。阎文儒载,万佛洞在延安城东门外延河以东的清凉山脚下。主要有一大两小窟,大窟四壁密密麻麻地刻着佛、菩萨、千佛等像。其中最新颖的题材是十大弟子,围绕佛涅槃像作悲痛形状,其涅槃像则是用棺来代替的。两个小窟中,又刻出罗汉、布袋和尚、文殊、普贤等像,从题记来看,应开创于元丰年中(1078—1085),开凿延续到明代。

[文献] 宋苏轼《苏轼集》卷一五,元脱脱《宋史》卷一六、卷三四〇,明朱鹤龄《杜工部诗集辑注》附录,清许源等《荣县志》卷二,清陈梦雷等《古今图书集成》卷六二七,陈朝云《南北宋陵》,戴志恭等《沈括建梦溪园年代新考》(《东南文化》1988 年第 1 期),金维诺《中国古代佛雕:佛造像样式与风格》,黄伯厚《荣县大佛》(《四川文物》1984 年第 2 期),四川省社会科学院等编《大足石刻内容总录》,陈明光《大足石篆山石窟“鲁班龛”当为“志公和尚龛”》(《文物》1987 年第 1 期),阎文儒《中国石窟主艺术总论》。

图 223 永裕陵雌狮头部 元丰八年(1085) 河南巩县

公元 1086 年 元祐元年

［提示］ 二月七日，重庆涪陵《吴缜题记》。元祐元年，司马光卒，相传有《家人卦刻石》、江苏澄鉴堂石刻之《题苏轼墨竹五绝诗一首》。

［叙录］ 二月七日，重庆涪陵刻有《吴缜题记》。此题刻载于《涪州石鱼文字所见录》。程章灿按：是年正月朔改元元祐，蜀中未闻改元，故犹书元丰九年。石末刻有“石作王明”四个小字，或谓此是后人刻。

元祐元年，司马光卒，有《家人卦刻石》。司马光《宋史》有传，字君实，号迂叟，世称涑水先生。北宋大政治家、大史学家。陕州夏县涑水乡（山西运城安邑镇）人，出生于河南省光山县。宋人袁说友则说司马池作四川郫县县尉时，生司马光于官廨。现存世者有相传为司马光所书的《家人卦刻石》，刻于杭州西湖南屏山西麓兴教寺后摩崖石壁上，清人陆增祥曾著录。在石壁中部并排刻有“家人卦”、“乐记”、“中庸”三方题记。《家人卦刻石》高 271 厘米、宽 221 厘米，隶书 12 行、行 17 字，字径 16 厘米见方。内容为倡导家道正而天下定的礼教规范。此摩崖刻末刻有“右司马温公书”六字，但系后人补刻，因此此刻是否为司马光所写，并无确凿证据。清人阮元于嘉庆元年(1796)所留题记及《两浙金石志》中认为：广西融县老君洞亦有司马文正公隶书家人卦摩崖碑，南屏石刻为有据。

江苏澄鉴堂石刻之《题苏轼墨竹五绝诗一首》。王同顺载：宋介休文彦博题于元祐元年。石高 32 厘米、宽 71 厘米，共一石。文彦博字宽夫，山西介休人。此题行书，挺拔遒劲，时年 81 岁。

［文献］ 清姚觐元等《涪州石鱼文字所见录》卷下，清陆增祥《八琼室金石补正》卷八八，清阮元《两浙金石志》卷九，程章灿《石刻刻工研究》，王同顺《镇江古代石刻及焦山碑林书法研究》。

图 224 志公及弟子 元丰八年(1085) 大足石篆山第二龛

公元 1087 年 元祐二年

［提示］ 十二月，江西《洺州守王纯中墓志铭》。元祐二年，移石经于府学。山西刻苏轼书《司马温公碑》、甘肃《平鬼章诗碑》、开凿泉州清源山释迦瑞像。

［叙录］ 十二月所刻之《洺州守王纯中墓志铭》，载于《江西出土墓志选编》，为黄庭坚行楷书丹、聂文刻。刘正成说，此志原石 88 厘米见方，现藏江西修水县文化馆。书此墓志铭时，黄庭坚方 43 岁。笔画丰润，与后来所书《伯夷叔齐墓碑》之瘦劲完全异趣，颇具褚遂良规模。

是年，移石经于府学。据西安碑林藏《京兆府学新移石经记碑》(元祐五年)载：鉴于原唐尚书省西南隅"地杂民居"，且"其处洼下，霖潦冲注，随之辙仆，埋没腐壤，岁久折缺"，为使碑石不受毁佚，元祐二年，在龙图阁学士吕大忠倡议主持下，黎持等人将石经迁移到地势较高且坚固干爽的府学(西安市三学街)，并修建陈置碑石的厅馆亭廊，所谓"门序旁启，双亭中峙，廊庑回环"。在陈列次序上，将唐玄宗的《石台孝经》和《建学碑》立于中央，颜、欧、柳等诸家名碑分列东西两翼，早期的西安碑林至此得以建成。据赵超研究，所移石经即《开成石经》、唐玄宗手书石台《孝经》。

是年山西刻《司马温公碑》。宋哲宗赵煦于元祐二年敕命为司马光立碑，亲自篆题"忠清粹德之碑"6 大字和"元祐戊辰崇庆殿书"8 小字刻于碑额。碑文则由苏轼撰书，共 2 280 字。《司马温公碑》刻立于山西夏县城北鸣条冈司马光墓祠堂中，刻成七年后被毁。后又重刻，重刻之碑，清人胡聘之著录：碑连额高四尺四寸五分、广二尺二寸八分，二十七行、行四十字，额题八字，均正书，今在夏县。

同年，甘肃岷县刻《平鬼章诗碑》。据唐晓军载，此碑现存于岷县文化馆。《平鬼章诗碑》碑高 150 厘米、宽 82 厘米。上刻岷州太守种谊平定吐蕃鬼章青宜结经过及四首贺诗。元祐初年，占据洮河上游的诸羌首领鬼章青宜结谋与西夏合兵进犯岷州，太守种谊上奏朝廷，朝廷遂派游师雄为钦差大臣，兵分二路，生擒鬼章青宜结等首领九人，押解至长安，后得到朝廷赦免。游师雄、喻陟、王纯臣、刘禹卿四人刻写四首贺诗。

开凿泉州清源山释迦瑞像。据李秀治、吴国雄等载，清源山释迦瑞像位于泉州清源山天柱峰北侧，依崖壁雕刻高浮雕立式释迦瑞像一尊(图 225)。佛像通高 440 厘米、宽 150 厘米。双手施无畏与愿印，脚踏莲座，造型取法于木刻旃檀瑞像而别具一格。旁刻雕造时间，可知是北宋元祐二年的作品，为福建域内难得的有文字可考之宋代石刻造像者之一。

［文献］ 清胡聘之《山右石刻丛编》卷一九，陈柏泉《江西出土墓志选编》、刘正成《中国书法鉴赏大辞典》，赵超《石刻史话》，唐晓军《甘肃古代石刻艺术》，吴国雄《泉州宗教文化》，李秀治等《泉州宗教石刻艺术漫谈》(《南方文物》2006 年第 1 期)。

公元 1088 年　元祐三年

［提示］ 仲秋十六日，四川巴中南龛第 53 龛装彩记。孟冬七日，重庆大足石篆山孔子及十哲像。

［叙录］ 仲秋十六日，四川巴中南龛第 53 龛装彩记。成都文物考古研究所等载：巴中南龛第 53 龛位于神仙坡北段下层，外方内二层檐佛帐龛。外龛左壁竖刻元祐三年题记：盖云行汝霖沈伯龙时亨任泽民德公，元祐戊辰仲秋十六日题又刻。八月□秋装彩。

孟冬七日，重庆大足石篆山孔子及十哲像(图 226)。《大足石刻内容总录》：石篆山第六号孔子及十哲像龛。龛顶部为平顶，主像为文宣主孔子，面东南，正襟危坐。孔子两侧，各排列五弟子，并肩而立(左、右正壁各三，龛左、右壁各二)，共为十哲。壁上按从内至外顺序刻有各哲姓名，左一至五像为颜回、闵损、冉有、言偃、端木赐；右一至五像为仲由、冉耕、宰我、冉求、卜商。龛左侧门柱上镌有造像记一则：元祐戊辰岁孟冬七日，设水陆合庆赞讫。弟子严逊，发心镌造此一龛，永为供养。愿世世生生，聪明多智。岳阳处士文惟简。

［文献］ 成都文物考古研究所等编《巴中石窟内容总录》，四川省社会科学院等编《大足石刻内容总录》。

公元 1089 年　元祐四年

［提示］ 游师雄题刻《昭陵六骏碑》。

［叙录］ 是年，陕西刻游师雄《昭陵六骏碑》。唐代昭陵六骏问世后，一直是诗人们所热衷吟咏的题材。宋代诗人张耒即在《昭陵六骏》诗中写道：天将铲隋乱，帝遣六龙来。森然风云姿，飒爽毛骨开。飚驰不及视，山立伊莫回。长鸣视八表，扰扰万驽骀。据陈安利说，元祐四年，北宋名臣游师雄撰有题《昭陵六骏碑》，题记中记述了六骏当时安置的次序和形状：飒露紫，西第一，紫燕騮，前中一箭。特勒骠，东第一，黄白色，喙微黑色。鬈毛騧，西第二，黄马黑喙，前中六箭，背中三箭。青骓，东第二，苍白杂色，前中五箭。白蹄乌，西第三，纯黑色，四蹄俱白。什伐赤，东第三，纯赤色，前中四箭，背中一箭。又据曾毅公考，游师雄题刻，刻工为武宗道(京兆府)。游师雄《昭陵六骏碑》又名《宋刻昭陵六马图赞》，最早为明人赵崡著录，碑身高 277 厘米、宽 106 厘米、厚 28 厘米，碑额篆题“昭陵陆骏”。碑上部为游师雄题记，楷书；下部为六骏线刻画及马赞，为刁玠书，蔡安时篆额，武宗道刊刻，礼泉知县吕由圣立石。碑原存礼泉县骏马乡旧县村，后移藏昭陵博物馆。

［文献］ 明赵崡《石墨镌华》卷五，曾毅公《石刻考工录》，陈安利《唐十八陵》。

公元 1090 年　元祐五年

［提示］ 二月十五日，重庆大足石篆山《佛惠寺记碑》。五月十六日，四川眉山《东坡盘陀画像碑》。中秋，重庆大足石篆山文殊普贤龛。是年，胡宗愈于

四川成都撰立《成都草堂诗碑序》。

［叙录］ 二月十五日，重庆大足石篆山《佛惠寺记碑》。清人刘喜海载有此碑文。据《大足石刻内容总录》载：石篆山佛惠寺中造像已零散，大殿左侧立碑一块，碑两面楷书竖刻，由左向右。正面刻文中有：警入损动诸尊像及折伐享塔前后松柏栽培记，元祐庚午岁二月十五日严逊记。男驾于程驥刻石，甥遂州口白僧希画书。背面碑文《述思古迹记》，为明后"度牒僧慈渤书"，佛惠寺"住持慈根记"，"荣昌匠士雷正霞、相连普"镌刻。同年中秋，重庆大足石篆山文殊、普贤龛。《大足石刻内容总录》载：此龛为石篆山第五号文殊、普贤龛。龛顶部及周围均为圆形，主像为文殊、普贤，二像结跏趺坐于莲台上，莲台各立于青狮、六牙白象(鼻残)背上。龛外左壁上有一题记：岳阳镌作文惟简，男居安、居礼。庚午中秋记。

五月十六日，四川眉山刻《东坡盘陀画像碑》。据高文说，此碑在四川眉山三苏祠内，是明末大火后遗存之物。碑长122厘米、宽75厘米，正书。碑文内容为：乐哉子瞻，居水中坻，野衣黄冠，非世所羁。横策欲言，问者唵谁。我欲褰裳，溯游从之。有叩而鸣，亦发我私。人曰吾兄，我曰吾师。李伯时笔子由词，元祐五年五月十六日书。画像为李伯时(龙眠)所作，元祐中黄庭坚为画作赞，称赞子瞻相貌堂堂。碑上又有洪武时跋：洪武丙子(1396年)孟冬谷旦，奉训大夫眉州知州赵从矩更石，儒学王丁济篆额，训导张迪书、朱安镌。此处说"更石"，估计其时重刻。

元祐五年，胡宗愈于四川成都撰立《成都草堂诗碑序》。唐肃宗乾元二年(759)九月，杜甫至成都，次年暮春建成草堂，并在此寓居近四年，写诗200多首。元祐年间，胡宗愈任成都知府，曾将杜甫诗作如《茅屋为秋风所破歌》等刻成诗碑，陈置于草堂中，并撰书《成都新刻草堂先生诗碑序》(明朱鹤龄著录)。前面提及过，元丰年间，吕大防出守成都。吕大防在成都浣花溪畔寻到梵安寺附近草堂遗址，当时情景已是"松竹荒凉"。其时草堂遗址茅舍应已残毁，吕大防才重建草堂，绘像于壁，供人拜谒。胡宗愈知成都时，离吕大防重建草堂不久，其时草堂规模已初具，所以他才又刻录杜诗立于草堂四壁间。

［文献］ 明朱鹤龄《杜工部诗集辑注》附录，清刘喜海《三巴金石苑》，四川省社会科学院等编《大足石刻内容总录》，高文等《四川历代碑刻》。

公元1091年 宋元祐六年 西夏天祐民安二年

［提示］ 宋元祐六年正月，浙江刻苏轼撰书《宸奎阁碑》。元祐六年，《山阳村维那刘政等造观音像》、山西《伯夷叔齐墓碑》。西夏天祐民安二年，西夏文大藏经译成。

［叙录］ 宋元祐六年正月，浙江刻苏轼撰书《宸奎阁碑》。苏轼撰书此碑时，年57岁，尚在杭州任所。碑文楷书22行、行35字，碑额楷书3行12字：明州阿育王山广利寺宸奎阁。党祸之害后，此碑原石早佚，明万历十三年(1585)郡守蔡贵易据旧拓重刻，立碑于浙江鄞县(今宁波鄞州区)。《重刻宸奎阁碑铭》，清人陆增祥著录：高七尺八寸、广四尺二寸，十七行、行四十二字。字径一寸五分，正书，横额题"宸奎阁碑铭"五篆字，在鄞县。但清人陆耀遹著录尺寸与此略有出入：高八尺，广三尺五寸。此碑书法炉火纯青，与颜真卿《东方朔画赞碑》有神似之处。蔡贵易跋此碑云：独此笔法遒劲，有欧、颜风。

据金申著录，元祐六年刻造的《山阳村维那刘政等造观音像》，为大理石质，像高74.1厘米，现藏于美国弗利尔美术馆。全国多地如陕西、山东等均有山阳村，不知此处之山阳村具体在何地。

元祐六年，山西刻《伯夷叔齐墓碑》。清人胡聘之著录此碑：高四尺七寸、广二尺三寸六分，十五行、行四十字，正书，今在永济县。伯夷、叔齐是商末孤竹君的两个儿子，也是中国古代著名的高士之一。胡氏说：伯夷叔齐墓在河东蒲坂雷首之阳，见于《水经》地志，可考不妄，其即墓为庙则不知其所始。此碑在山西永济蒲州，由文勋篆额"伯夷叔齐庙记"六

图225 释迦牟尼像 元祐二年(1087) 福建泉州清源山

图 226 孔子及十哲像 元祐三年(1088) 大足石篆山第六龛

字，碑文则由黄庭坚书，凡十五行、行四十字。黄庭坚书碑中正楷较少，此为其一。字态笔意师法《龙藏寺碑》，铁画银钩，气魄夺人，明人赵崡评此碑说：余始谓黄书倾侧，尽变唐法。又得此碑，而不觉失席也。碑乃黄书，而无一笔类《狄梁公碑》者，法全出褚登善《圣教序》，瘦劲绝人；策拂钩磔，几无遗恨。

西夏天祐民安二年，西夏文大藏经译成。根据史金波、杨富学及日人野村博等人的研究，西夏大藏经又称“河西字大藏经”，是依宋朝汉文大藏经转译而成。为全面系统引进此经，西夏王朝曾向宋朝贡献马匹，以物赎经。宋廷认为佛经有抚众柔怀之功，所以也尽力协助之，可谓宋夏共襄盛事。宋廷所赐经藏为著名的《开宝藏》。据文献记载，译西夏文大藏经大概始于天授礼法延祚元年(1038)，至天祐民安二年，历时 50 余载始完成这项巨大的文化工程，共译出经文 3 579 卷。译经过程中，西夏僧人仿隋唐中原译场做法，设立主译、证义、度语、笔受、润文、梵呗等分工。从西夏文佛经残本及首都图书馆藏西夏文《现在贤劫千佛名经》前译场插图来看，当时对汉文大藏经的翻译相当完整。其中，还有一小部分经文译自藏文。佛经译成后，用西夏文刻印。

［文献］ 宋李焘《续资治通鉴长编》卷一一五，明赵崡《石墨镌华》卷六，清陆增祥《八琼室金石补正》卷一〇七，清陆耀遹《金石续编》卷一六，清胡聘之《山右石刻丛编》卷一五，金申《海外及港台藏历代佛像珍品纪年图鉴》，史金波《西夏佛教史略》，杨富学《回鹘僧与〈西夏文大藏经〉的翻译》(《敦煌吐鲁番研究》第 7 卷)，［日］野村博《西夏语译经史研究》(《仏教史学研究》第 19 卷第 2 号)。

公元 1092 年　元祐七年

［提示］ 五月二十五日，陕西《懿简赵公神道碑》。是年，重庆大足石篆山佛湾凿造像事迹碑。

［叙录］ 五月二十五日，陕西刻《懿简赵公神道碑》。据《大足石刻内容总录》及邓之金、高文等载，此碑全称《银青光禄大夫谥懿简赵公神道碑铭并序》，简称《赵瞻碑》。由范祖禹撰文、蔡京正书并篆额，又称《蔡京碑》。碑主赵懿简为陕西周至人，官至同知枢密院事。《宋史》载，赵懿简卒后归葬周至故里孟兆社先茔，此碑即立于墓地。蔡京在政治上毁誉甚多，曾权倾朝野，甚至被称为“六贼”之首。后被钦宗放逐岭南，途死潭州(湖南长沙)。蔡京所书碑几乎被全部砸毁，周至墓地的《懿简赵公神道碑》也未能免此厄运。南渡后，党争平息，孝宗倡行孝道。清代张澍官大足时考证：迁居昌州(重庆大足)的赵懿简曾孙辈赵范又于城北北山石窟，在镌刻范祖禹所书《古文孝经》之时，根据蔡京所书《懿简赵公神道碑》碑文旧拓，开窟镌碑，以述祖德，上距原碑已相去七八十年。重刻《懿简赵公神道碑》位于重庆大足县城北的北山佛湾北段石壁上，编号为 104 号龛。此龛为白砂岩石质，人字形斜顶，龛中部顶高 395 厘米、宽 374 厘米、深 206 厘米。重刻碑即立于龛内壁，碑高 379 厘米、宽 136 厘米、厚 34 厘米。碑顶部正中直书刻两行篆文：“懿简公神道碑”，两旁刻蟠龙花纹装饰，碑文竖刻楷书。碑首行为“宋故中大夫同知枢密院事、上柱国、天水县开国侯、食邑一千二百户、食实封三百户、赠银□光禄大夫谥懿简赵公神道碑”，次行署款为“左朝散郎、试尚书礼部侍郎兼侍讲范祖禹撰，左朝散郎、龙图阁待制、知永兴军府事蔡京书并篆额”，碑末行题：“元祐七年五月癸未朔二十五日丁未建”。碑两侧阴刻卷草花纹，碑上部分文字已漫漶，碑中部及下部已有部分残缺破损。此碑刻工为□敏(京兆)，曾毅公疑即安敏。

同年，重庆大足石篆山佛湾凿造像事迹碑。胡文和讲，石篆山佛惠寺，1984 年他初次去考察时，在寺院大门右边发现立有一通“元祐庚午岁”(1092)记载石篆山佛湾凿造像事迹碑。但 1990 年 4 月，胡文和重游时，其碑已被乡民移作墙壁使用，庆幸的是碑阳文字尚未受到损坏。碑文中记录有石篆山佛湾龛窟所造像名称，凡十有四：曰毗卢释迦弥勒佛龛，曰炽盛光佛十一活曜龛，曰观音菩萨龛，曰地藏王菩萨龛，曰太上老君龛，曰文宣王龛，曰志公和尚龛，曰药王孙贞人龛,曰圣母龛,曰土地神龛,曰山王常住佛会塔记龛。堂塔前后左右,并植松柏及花果杂木等。元祐五年,诸像既就,所植皆长茂。根据胡氏多次实地考察,佛湾造像与碑中所称名龛窟相符合的有:诃利帝母龛即为圣母龛、志公和尚龛、文殊普贤菩萨龛、孔子与十哲像窟即为文宣王龛;三身佛窟即为毗卢弥勒释迦佛龛、老君龛即为太上老君龛、地藏与十大冥王像龛即为地藏王菩萨龛。有些造像因自然风化和人为破坏而残缺,致碑文中有些龛名称与实际造像无法对上号。

[提示] 元脱脱《宋史》卷三四一,四川省社会科学院等编《大足石刻内容总录》,高文等《四川历代碑刻》,邓之金等《赵懿简公神道碑刻在大足的年代和由来考》(《四川文物》1986 年第 1 期),曾毅公《石刻考工录》,胡文和《中国道教石刻艺术史》。

公元 1093 年　元祐八年

[提示] 六月二十一日,陕西开凿志丹县何家洼石窟。十一月九日,河南《宣仁圣烈皇后山陵采石之记》。是年,陕西开凿安塞县樊庄石窟、四川荣县大佛募修竣工。

[叙录] 六月二十一日,陕西开凿志丹县何家洼石窟。据李凇载,何家洼石窟在洛河支流樊川河南岸,位于志丹县旦八镇何家洼村,仅有一窟。窟形制略同元丰四年(1081)城台石窟,分为前后室,窟门处为二天王坐像,两侧各立一力士。主窟宽约 500 厘米、深约 400 厘米、窟高约 350 厘米。中心为八边形圆案,中央设方形佛坛,坛上置坐佛三尊,均为结跏趺坐于八角形束莲台,头均残毁。后壁全为小千佛,上下共 15 行,每行 27 尊千佛。门外上方有开窟题记,中有:佛堂自元祐八年六月二十一日下手,至绍圣二年(1095)正月二十八日了毕。自后愿舍财施主,增福增寿,合家安乐。绍圣二年正月二十八日。惟那吃多遇本族巡检胡。从这些题记中可以看出,该窟是在北宋后期元祐八年间开始凿造,主要工程一年半完成,门外天王和力士可能晚至三十年后的北宋最后一年才完成。造像主为少数民族,当时归顺宋军管辖。其供养人姓名多为少数民族姓名,可能是以汉字注其音,这显示至宋代陕北仍是多民族杂居之地。同年,陕西开凿安塞县樊庄石窟。安塞县樊庄石窟位于王窑乡樊庄村,据李凇讲,现存四个洞窟,其中有两个洞窟为空窟,一个有造像但可能晚至明代,主窟为北宋造。后壁上为说法图及 40 听法弟子,下为 13 尊供养人,左有题刻:解家河石空记大宋之国延安之境,邑属敷政,防戎于第五将籍,定在招安一警。尽威勇之心,难生善意。施主各发心建立真容,望见像皆生善意。元祐八年并修未了,绍圣丙子年(1096)逢西贼侵掠,至政和癸巳年(1113)再修了。当恐堕其迹,故立于石。政和三年(1113)癸巳四月十五日立石。施主孟宁、郝永辛、赵遇、孟永、范扆、孟真、孙崇、刘和、汪义。建炎四年(1130)。此文详细地记述了该窟的开凿者和过程,前后历时 37 年。

十一月九日,河南刻《宣仁圣烈皇后山陵采石之记》。此碑原立于偃师缑氏永庆寺,现藏偃师市博物馆。陈朝云载,碑高 326 厘米,碑文楷书,文 19 行,满行 42 字。由左朝请郎、试太仆卿、兼权都水使者、都大提举采石吴安特撰文,大将杨仲卿书。碑文对于宣仁圣烈高皇后陵的采石位置、采石时间和数量,以及用工人数等都有记述。对了了解宋陵石刻建设雕刻工程,具有重要价值。

是年,四川荣县大佛募修竣工。我们在叙述元丰八年(1085 年)时已经讨论过荣县大佛,其时由僧淳德倡仪募修弥勒大佛,至元祐八年始完成整个工程。

[文献] 李凇《陕西古代佛教美术》,陈朝云《南北宋陵》,黄伯厚《荣县大佛》(《四川文物》1984 年第 2 期)。

公元 1094 年　宋元祐九年　宋绍圣元年　辽大安十年　西夏崇宗天祐民安五年

[提示] 宋元祐九年正月,湖南《邢恕无题诗》。

元祐年间，长安刻工安民。重庆江津造九龙浴太子龛。宋绍圣元年十二月八日，河南安阳宝山灵泉寺《灵裕法师传》。绍圣元年，重庆大足石门山水月观音像龛。辽重熙元年至大安十年，北京皇家补刻续刻房山云居寺石佛经。西夏崇宗天祐民安五年，《凉州重修护国寺感应塔碑铭》。

［叙录］ 元祐九年正月，湖南刻《邢恕无题诗》。刘刚载，此刻位于祁阳石屏，文中刻有“归舟一夜泊浯溪，晓雨丝丝不作泥”等诗句。邢恕字和叔，原武人，生年不详，累官御史中丞，后夺职。游浯溪题此诗，碑上作“元祐九年甲戌正月，原武邢恕和叔”，查《永州府志职官表》：“元祐七年，邢恕以参军监酒税”。此诗当复职归京时过浯溪，故兴致勃勃地摩石题诗。书法近山谷体，甚为清秀。

在元祐年间（1086—1094），陕西出现一位值得关注的民间著名工匠：长安刻工安民。石刻文化至宋代，已高度发达。其中一个现象，即石刻刻工在与文人交往过程中，渐渐濡染文人趣味。程章灿指出，元祐年间长安著名刻工安民，便是这样一个富有文人素养的工匠。宋邵伯温载：长安百姓常安民，以镌字为业，多收隋、唐铭志墨本，亦能篆。教其子以儒学。程章灿认为此处刻工名似应作“安民”，安民不仅精于镌碑，而且收藏金石拓本，通篆书，显然具有相当高的儒学修养。《宋史》(司马光传)中也说其时长安有一位刻工名安民：蔡京撰奸党碑，令郡国皆刻石。长安石工安民当镌字，辞曰：民愚人，固不知立碑之意，但如司马相公者，海内称其正直，今谓之奸邪，民不忍刻也。府官怒，欲加罪，泣曰：被役不敢辞，乞免镌“安民”二字于石末，恐得罪于后世。于此可见，这个刻工安民，不仅技艺修养极高，而且品格也十分令人钦佩，敢于抗命于官府，其勇气值得尊敬。但是安民最终是否顶住了官方的压力呢？由于《元祐党人碑》原碑自建中靖国元年（1101）毁碎，遂稀传本。明人倪元璐曾得到其碑拓本：披此籍，觉诸贤位中赫然有安民在。因此，程章灿推断说：如果倪氏所见拓本真实可信，也没有后人的添刻或凿改，那就意味着“府官”最后并没有答应安民的请求，还是被迫署上了他的名字。

据刘长久等载：元祐年间，重庆江津造九龙浴太子龛，具体在重庆江津市德感镇高坪村。

公元1094年，哲宗将元祐改元绍圣。绍圣元年十二月八日，河南安阳宝山灵泉寺刻《灵裕法师传》碑。此碑全称《有隋相州天禧镇宝山灵泉寺传法高僧灵裕法师传并序》，清贵泰等在《安阳县志》中著录此碑。曾毅公说此碑刻工为浩宗仪（相州卫弁洞天），程章灿认为曾氏此说欠妥：卫弁殆是人名，相州是卫弁之籍。原刻又署“修塔匠人张宣”，浩宗仪殆即郜宗仪。河南省古代建筑保护研究所说，此碑记载灵泉寺院历史：创建于东魏武定四年（546），原名宝山寺，隋开皇年间，文帝杨坚取群山之泉及该寺高僧灵裕法师法名之首，改宝山寺为灵泉寺。隋开皇十一年（591）灵应文帝诏至京师长安，被封为国统（统管全国僧尼的最高僧官）。灵裕归寺后又大兴土木，使寺院规模进一步扩大。唐代时灵泉寺的佛事依然兴盛，它同距本寺西北仅50余公里的清凉山修定寺及漳河以北的响堂寺遥相呼应，构成一处重要的佛教活动中心。

绍圣元年，重庆大足石门山水月观音像龛。《大足石刻内容总录》载，此龛为石门山第四号龛。灰砂岩石质，龛顶部为平项，主像为观音，面东，随意坐于山石座上。观音座下正中刻一夜叉，双手举一香炉顶于头上。座下两边刻海水，水中耸立山石，即普陀山。龛内壁上有题记，现仅可见“甲戌绍圣元年”等字。

辽重熙元年至大安十年（1032—1094），北京皇家补刻续刻房山云居寺石佛经。曾毅公考证说，云居寺辽代刻工中，有三教奴、马知瑾、小丑、么化、方合哥、王文善（疑即王善）等201人。在这些姓名间，有的可能省略了兄弟行辈的谱系字，自称乳名，重复出现者约有30多人，实际上约有160余人。自重熙元年至大安十年历辽兴宗、道宗两朝，皇家补刻、续刻及通理大师续造房山县石经山云居寺石佛经，大般若，放光般若，光赞般若，摩诃般若，道行般若，文殊般若,瑜迦师地,释摩诃衍等论。

西夏崇宗天祐民安四年,刻立《凉州重修护国寺感应塔碑铭》。此碑现藏于甘肃武威市博物馆,又称《重修护国寺感应塔碑》、《护国寺感应塔碑》,简称《西夏碑》。碑高 260 厘米、宽 100 厘米、厚 30 厘米。碑首呈半圆形,西夏文篆额,意为"敕感应塔之碑文",另刻有汉文小篆"凉州重修护国寺感应塔碑"。碑阳西夏文计 28 行、行 65 字。碑阴刻楷书汉字,计 26 行、行 70 字。近人罗福成最早对《西夏碑》进行释读,碑文内容略为:前凉时建庙造塔,传至西夏。寺神数显神通,塔斜则驱其直立;西羌攻城时塔上出现神灯,终于吓退敌兵;宋夏用兵时,西夏王至寺祈祷则每战必胜。西夏崇宗天祐民安三年地震时,塔身倾斜,崇宗素崇信佛教,又以此塔有护国之功,西夏帝后遂下诏重修寺庙和塔,并刻碑记之。碑阳碑阴的西夏文和汉文并非完全互译,叙事略有差别,但所述的内容基本相同。此碑刻工精致:在碑首题名两侧各有线刻一舞蹈伎乐菩萨,题名上端则有云头宝盖;碑文四周及碑身两侧的线刻卷草花纹,流畅而生动:碑座为束腰矩形,边沿杀角,略似龟形,上刻花纹也十分洗练。此碑是我国所存规制最为宏大的西夏文和汉文对照的西夏碑刻,自嘉庆九年(1804 年)金石学家张澍在武威清应寺发现后(见张氏《书西夏天祐民安碑后》),备受世人重视。碑在多种金石文献中有著录,如清陆耀遹、严可均、陆增祥、罗振玉及张维等人,都曾给予关注和研究。

[文献] 宋邵伯温《邵氏闻见录》卷一六,元脱脱《宋史》卷三三六,明倪元璐《倪文贞集》卷一六,清贵泰等撰《安阳县志》卷七,清张澍《养素堂文集》卷一九,清陆耀遹《金石续编》卷二〇,清严可均《铁桥漫稿·金石跋尾》卷四,清陆增祥《八琼室金石补正》卷一二〇,清罗振玉《西陲石刻录》卷二,张维《陇右金石录》卷四,罗福成校录《重修护国寺感应塔碑》(李范文主编《西夏研究》第 4 辑),刘刚《湖湘碑刻》,曾毅公《石刻考工录》,程章灿《石刻刻工研究》,河南省古代建筑保护研究所《宝山灵泉寺》,四川省社会科学院等编《大足石刻内容总录》,王朝闻等主编《中国石窟雕塑全集》(四川重庆卷)。

公元 1095 年　绍圣二年

[提示] 二月二十四日,重庆大足石门山山王地母龛。三月一日,山东《颜子从行小像》。六月二十一日,河南《会食宁神院题名》碑。十月,山东《孔子凭几坐像》。是年,甘肃合水莲花寺石窟、陕西黄陵县双龙千佛洞石窟。

[叙录] 二月二十四日,重庆大足石门山山王地母龛。《大足石刻内容总录》载,此龛为石门山第 13 号龛。分上下两龛,顶部皆平顶。上龛内左为山王,右为地母,皆面南并肩而坐。下龛内有三像,面南,中坐二侧立,左像双手捧卷,右像右手持斧,三像均已风化剥蚀。龛外右侧壁上有一题记:镌造山主一龛,用援前陈后誓,诸邪魔鬼各去他二邦,莫为仇执。去离门庭。愿先亡离苦,债主升天,见在子孙,皆蒙吉庆。伏冀弥勘龙花,亲蒙受记。以乙亥岁绍圣二年二月二十四日清明节造。弟子杨才友,女弟子冯氏,长男杨文忻,次男杨文秀。镌作匠人文居道。本龛外右壁转角处西壁下方尚有一小龛,内刻一男像,坐于双孔凳上,双手笼袖置于腹前,上刻"龙王"二字,像已风化模糊。龙王像左上方,有一题记:绍圣元年(1094)甲戌岁五月五日记,岳阳文惟一施手镌。

三月一日,山东刻《颜子从行小像》。此像有题记,清人孙星衍著录。骆承烈载:此石传为晋顾恺之绘,现位于孔庙圣迹殿内正中之下层偏西。石高 120 厘米、宽 70 厘米。石下部绘孔子与颜子立像。上部刻宋太祖、宋真宗御赞,左书孔子第 48 代孙孔端本、端友立石字样。文分两层,皆正书。据清孔毓圻修、金居敬等纂《幸鲁圣典》中载:康熙至曲阜朝圣,入孔庙,问衍圣公孔毓圻何像最真,毓圻奏:唯行教小影,颜子从行者最真,乃当年端木赐传写,晋顾恺之重摹者。同年十月,山东刻《孔子凭几坐像》。其石立于孔庙圣迹殿内正中之下层偏东。据骆承烈载，其石高宽与《颜子从行小像》同，石中部绘孔子凭几、手执麈尾端坐，其旁有颜渊、闵子骞、冉伯牛、仲弓、宰我、子贡、冉有、子路、子游、子夏十弟子侍立，上部有宋太祖建隆三年(962)《至圣文宣王赞》和宋真宗大中祥符二年(1009)《夫子赞》。图下书孔子第46代孙孔宗寿撰记并正书，共14行、行14字。

六月二十一日，河南刻《会食宁神院题名》碑。此碑为宋陵寺院碑，陈朝云说，碑原立于巩义市芝田镇八陵村宁神寺，现存巩义市文物保管所。碑为平面呈长方形，高179厘米。正面磨光，余三面皆有凿痕。碑文行书，字迹爽利遒劲。碑文所述为宋朝官员监护怀、昌二王西葬时，得便朝拜永裕陵、会食宁神院时的题名。题名共有四人，第四人为“朝请郎、试户部尚书蔡元长”。此蔡元长即蔡京，《民国巩县志》说碑文为蔡京自书。

同年，甘肃雕凿合水莲花寺石窟。据孙晓峰、臧全红载，莲花寺石窟位于甘肃合水平定川口葫芦河北岸，在长20米、高6米的红岩上，弯弯曲曲雕造着28个拱形浅龛和四组佛传群雕，共造像1 029尊。其中一号龛为自然形龛。据铭文记载，此龛同巨幅五百罗汉雕像均为惠文一家所做的功德，刻于宋绍圣二年，内容为三教诸佛。龛内并列三佛及两胁侍。佛结跏趺坐居于正中，佛两侧各有一汉袍人物双手执笏，亦结跏趺坐，应是孔子和老子。这种儒、释、道同居一堂的造像，反映了当时社会三教同流的倾向。

陕西开凿黄陵县双龙千佛洞石窟。李玉珉载，黄陵双龙千佛洞又称石空寺，位于陕西黄陵西峪村，距县城48公里，依崖而建，开凿于绍圣二年(一说始凿于绍圣三年)。前室开凿成四柱三开间的檐廊，柱头上装饰着四铺作斗拱，上横素枯一层，枋上雕出两个敬斗，华拱和令拱皆刻出一道拱瓣，结构交代清楚，是研究宋代建筑的重要资料。延安地区群众艺术馆认为，黄陵县双龙千佛洞石窟中的浮雕涅槃图最有代表性。刘兴珍讲得更细致一些，双龙千佛洞石窟造像，绍圣二年至政和五年(1095—1115)开凿。洞窟形制为方形平顶，宽920厘米、深840厘米，中央为反凹形背屏式石壁，上接窟顶。正中基坛置三尊坐佛造像及三世佛造像，有弟子、菩萨立于两侧。右壁横列三尊三米多高立佛，左壁前侧为一尊高2.5米的药师佛，后壁为五百罗汉及一百徒众浮雕造像。前壁甬道口上方正中雕千手千眼观音，左右两侧雕佛、菩萨多龛，下方分别横列十尊约80厘米高的立佛和四尊菩萨坐像。甬道南北壁还有日光、月光二菩萨造像，相对而立。中部分别为佛涅槃图和佛说法图两组壁雕。该窟石雕造像大多有妆彩，形体洗练概括，衣纹舒展流畅，形象生动，富有个性，酷似现实生活中的普通人。据石窟造像题记，作者为鄜州人介端、男介元、弟介子用、弟介政等。

［文献］ 清孙星衍《寰宇访碑录》卷七，清孔毓圻修、金居敬等纂《幸鲁圣典》卷七，刘莲青等《巩县志》卷一七，四川省社会科学院等编《大足石刻内容总录》，骆承烈《石头上的家文献——曲阜碑文录》，陈朝云《南北宋陵》，孙晓峰等《甘肃合水县莲花寺石窟调查简报》(《敦煌研究》2011年第3期)，延安地区群众艺术馆《延安宋代石窟艺术》，李玉珉《中国佛教美术史》刘兴珍等《中国古代雕塑图典》。

公元1096年　绍圣三年

［提示］ 二月五日，陕西黄陵县双龙千佛洞石窟周万作菩萨、弥勒佛一尊。四月，重庆大足石门山释迦佛与香花菩萨龛。九月八日，陕西黄陵县双龙千佛洞石窟刻五百罗汉。九月望日，四川巴中南龛第87龛装彩记。是年，重庆大足石篆山造地藏与十大冥王像龛、秦观书《读中兴碑》。

［叙录］ 宋代造像，陕西和巴蜀地区是两大中心。绍圣三年二月五日，陕西黄陵县双龙千佛洞石窟周万作菩萨、弥勒佛一尊。位于黄陵双龙的千佛洞。李淞载，其地仅有一造像窟，开凿于山腰，窟口有三棵古柏，窟门镌八角形檐柱。窟内存有数则纪年和造像题记，其一为：绍圣三年二月五日，清信弟

子周万，发心作菩萨一尊、弥勒佛一尊，自舍静财一百贯，省伏乞合家平男早成佛道者，谨记。镌佛人介端。阎文儒据此认为万佛石窟的开创时间，最早应是宋哲宗绍圣三年(也有认为始于前一年者)或金大定三年(1163)(据古建筑修整所张智的调查记录)。同年九月八日，黄陵县双龙千佛洞石窟刻五百罗汉(图 227)。据造像题记：纠首苑广、苑晟、李昱、明和共四人等，镌造石空寺佛殿后壁一面五百罗汉并部徒共六百仕。伏愿皇帝万岁，臣左千秋，禄位常居，国泰民安，四恩三有，同成佛果。绍圣三年九月八日。鄜州介端等镌并工(主龛右侧)。这儿的纠首，显示出此造像主身份为少数民族(辽金)军队首领。李淞说，在后壁为五百罗汉图中穿插有佛传故事情节，如右端有涅槃，刻释迦牟尼佛右卧于双菩提树下，四周有十弟子及众罗汉，均作悲恸状。罗汉像大致分组刻造，以树和山石为背景，形象生动，颇具生活气息。

四月，重庆大足石门山释迦佛与香花菩萨龛。《大足石刻内容总录》载，此龛造像为石门山第三号龛，龛顶部为平顶。主像为释迦牟尼佛，面东北结跏趺坐于金刚台上。龛左、右壁各有香花菩萨一尊。二像均头戴花冠，斜袒右肩，胸饰璎珞，戴臂镯腕钏，赤足立于莲台上，项后有圆形火焰头光，双手于胸前捧盘。左像盘内有假山状供物，右像盘内供物为鲜花。龛外下沿正面刻有造像记一则：昌州大足县长溪里本旁所居奉佛女弟子赵氏一娘子与男女等，发心镌造释迦佛、香花菩萨、阿难、迦叶一龛，永为万世之瞻仰。保一家之妥宁，增寿□荫。二保子孙而吉庆，宅静□□沾此德而生天，后誓前□□祈恩而解脱。又愿亡夫早生人世，别得超升，吏延禄，襄别益，灾星退舍，福耀进宫。十二时中，诸佛加备，伏乞三宝证之，谨记。绍圣三年丙子四月十四日，奉佛女弟子赵氏一娘子，男吴逢、吴侯之、吴舜之、吴节之。镌作文惟一、男居道刻。此龛刻工为文居道(镌作匠人)、文惟一(镌作)。同年，重庆大足石篆山造地藏与十大冥王像龛。此龛为石篆山第九号龛，龛顶部为平顶。主像为地藏菩萨，面南坐。主像两侧各有两排像，前一排坐五位冥主(正壁三、侧壁二)；后一排立七名侍者，龛门处各立一位司官。龛左壁门柱上有题记一则：绍圣三年丙子岁，岳阳文惟简镌，男居安、居礼记。还是在这年的九月望日，四川巴中南龛第 87 龛刻装彩记。成都文物考古研究所等载：此龛位于神仙坡北段下层，为唐乾元二年(759)所开双层方形龛，内龛顶部抹角。在外龛左壁内侧，阴刻有宋绍圣三年九月望日杨粹重加装绘。

是年，湖南刻秦观书《读中兴碑》。此碑原位于浯溪碑林《大唐中兴颂》侧，曾佚，20 世纪 80 年代重新寻得。碑为方形，高宽均 110 厘米，字径在 6 至 8 厘米间。碑文前刻有“读中兴碑，张耒文潜”八字，碑末刻有“秦观少游书”五字。据此可知《读中兴颂》碑为张耒撰文、秦观行书书丹。秦观因受党祸之累，屡遭贬斥，哲宗绍圣元年(1094)坐党籍通判杭州，迁郴州。绍圣三年再被贬横州(广西横县)，途经浯溪时，书此《读中兴碑》。

［文献］　阎文儒《中国石窟主艺术总论》，李淞《陕西古代佛教美术》，四川省社会科学院等编《大足石刻内容总录》，成都文物考古研究所等编《巴中石窟内容总录》，刘刚《湖湘碑刻》。

公元 1097 年　绍圣四年

［提示］　三月二十三日，宁夏须弥山石窟第 51 窟题刻。十月，陕西《游师雄墓志》。是年，四川安岳县圆觉洞妆画佛菩萨像一龛、重庆江津刻观音菩萨龛。

［叙录］　宁夏须弥山石窟，至宋代已少有佛事活动。现存有须弥山石窟第 51 窟题刻“绍圣四年三月二十三日收复陇千姚雄记”。此记当与宋军于石门峡口筑平夏城(固原西北)相关。同年，据刘长久等载，宇文小二娘因久患眼疾，为祈早遂痊除，在四川安岳县圆觉洞妆画佛菩萨像一龛。同年，重庆江津南坪石佛寺第一号刻观音菩萨龛，其右壁刻有绍圣四年(1097)造像题记(图 228)。

图 227 五百罗汉局部 绍圣元年至政和三年(1094—1113) 陕西黄陵县双龙千佛洞石窟

十月,陕西刻有《游师雄墓志》。此志出土较早,明人赵崡即已著录,现藏于西安碑林博物馆。清人王昶也曾著录:石高广俱四尺九寸一分,六十八行、行六十七字,正书,在长安。游师雄字景叔,在《宋史》中有传,为北宋著名戍边名臣。游师雄为武功人,此墓志当即出土于武功,由张舜民撰文、章楶篆盖、安民、安敏、姚文、安延年模刻。此墓志所记,对于研究宋与西夏战守之事,具有重要价值。据《绍熙云间志》载,元丰年间,华亭盐监的章楶(质夫),为福建浦城人,工篆。除为游师雄墓志篆盖外,还为孙俌书《孙府君墓志》;后居青龙镇(或即今上海青浦章堰),筑思堂。苏轼为作《思堂记》。

[文献] 宋杨潜等《绍熙云间志》,元脱脱《宋史》卷三三二,清王昶《金石萃编》卷一四一,宁夏回族自治区长安志文物管理委员会等编著《须弥山石窟内容总录》,刘长久《安岳石窟艺术》,王朝闻等主编《中国石窟雕塑全集》(四川重庆卷)。

公元 1098 年 宋元符元年 西夏永安元年

[提示] 宋元符元年,四川成都范祖禹卒,曾书重庆大足《古文孝经碑》。西夏永安元年,始建甘肃张掖大佛寺。

[叙录] 宋元符元年,四川成都范祖禹卒。范祖禹在《宋史》中有传,字淳甫,一字梦得,成都华阳人。著有《唐鉴》、《帝学》、《仁宗政典》等,有文集传世。《古文孝经碑》在大足北山佛湾第 103 号龛,碑文分组刻于《赵懿简公神道碑》左右,碑文为范祖禹正书书丹。《孝经》分古文和今文,今文常见而古文罕传。因此北山佛湾所刻这 22 章古文,具有极高的文献价值。据《大足石刻内容总录》载:此摩崖碑分作六段,成“几”形,高 326 厘米,总长 814 厘米。直行楷书,由左至右,共有 68 行,每行 28 字,字径 10 厘米。文首有“古文孝经”四字,文末款署“范祖禹敬

图228 石佛寺第一号观音菩萨龛 右壁刻有绍圣四年(1097)造像题记 重庆江津南坪

书”五字。全碑文分刻于龛后中壁两侧、龛左右侧壁上与龛外左右壁上,碑上部分字迹已漫漶。文后原有题记,现已风化磨泐,白砂岩石质。《古文孝经》是否为宋时范祖禹书,学界存有争论。张澍、陈习删、马衡等均对此进行过认真考证。

西夏永安元年,始建甘肃张掖大佛寺。张掖旧称甘州,自安史之乱后,此地一直为回鹘王廷“牙帐”所在地。北宋仁宗时代,西夏党项人攻下甘州。在占领河西走廊后,西夏政权推行汉化政策,并兴建寺院、刻译佛经。至崇宗李乾顺时,西夏国力达到鼎盛状态,凉州护国寺及张掖大佛寺即兴建于此际。大佛寺始建于永安元年,初名迦叶如来寺,明清改名宝觉寺、宏仁寺。寺内雕有巨型卧佛(释迦牟尼涅槃像),俗称大佛寺或睡佛寺。大佛寺大佛殿卧佛为西夏沙门嵬咩思能国师倡建,长34.5米,为我国现存最大室内卧佛像。佛陀身后雕有十大弟子像、优婆夷、优婆塞及十八罗汉等塑像。

［文献］ 清张澍《养素堂文集》卷一二，郭鸿厚等《民国重修大足县志》卷一，陈习删《大足石刻志略》，马衡《宋范祖禹书古文孝经石刻校释》(《凡将斋金石丛稿》)，四川省社会科学院等编《大足石刻内容总录》，董彦文《张掖大佛寺及其佛教文物》(敦煌研究2003年第5期)。

公元1099年 辽寿昌五年

［提示］ 七月十五日，山西《昌平义冢幢记》。九月二十六日，河南《玉石观音像唱和诗碑》。是年，委转运使提点云冈石窟事务。

［叙录］ 七月十五日，山西刻《昌平义冢幢记》。此刻在《拓本汇编》及《北京辽金史迹图志》中有著录，刻工为王惟昌。张焯说，《义冢幢记》为辽析津府昌平县知县马仲规撰文、乡贡进士刘诏书丹。幢记讲述昌平众善迁建义冢的故事：先于大安甲戌岁，天炎流行，淫雨作阴，野有饿殍，交相枕藉。时有义士收其骸，仅三千数，于县之东南郊，同瘗于一穴。洎改元今号，己卯春二月，厌其卑湿，掘地及泉，出其掩骼，暴露荒甸，积聚如陵，议徙爽垲而改藏焉。时西京大华严寺提点、诠悟大德法称示化游方，挂锡于北禅院，开大来菩萨戒坛。闻自前乘，遽发大悲，与院主运头，领诸徒众就诣其所，依教凭缘，运心拯济，作法已竟，信步而回。寿昌五年七月十五日记。又据《辽代石刻文编》载：同年九月二十六日，马孟哥(河南)刻《玉石观音像唱和诗碑》。也是在这一年，据曹衍《金碑》(大金西京武州山重修大石窟寺碑)载：寿昌五年，委转运使提点云冈石窟。是年，辽道帝在西京坐冬，张焯讲，《辽史》本纪无载，曾布的《曾公遗录》言之，而“委转运使提点”云冈石窟事务，一则表明维修工程尚未结束，二则说明帝曾临幸。曾布字子宣，入《宋史·奸臣传》，时同知枢密院事。此其手记，从《永乐大典》录字韵中抄出。

［文献］ 《拓本汇编》第45册，张焯《云冈石窟编年史》，北京市文物局《北京辽金史迹图志》下，向南《辽代石刻文编》，宿白《〈大金西京武州山重修大石窟寺碑〉校注》(《北京大学学报》人文科学1956年第3期)。

公元1100年 元符三年

［提示］ 正月十二日，哲宗崩，始建永泰陵及石刻。五月十二日，河南《永泰陵采石记》。九月，四川大雅堂石刻杜诗。十月一日，陕西黄陵县双龙千佛洞石窟造药师佛一尊。十二月二十三日，山西《潞州潞城县三池东圣母仙乡志之碑》。是年，重庆白鹤梁石鱼《黄山谷题记》，陕西开凿阁子头石窟，秦观卒，湖南刻有《秦观词碑》。

［叙录］ 正月十二日，哲宗崩，始建永泰陵及石刻(图229、图230)。据《宋史》(哲宗本纪)载：元符三年正月十二日，哲宗赵煦崩，始建永泰陵，同年八月八日入葬，历时六个月又二十五天。永泰陵位于河南巩县。永泰陵的石刻中，瑞禽石屏和石象较为引人注目。刘兴珍说，永泰陵的瑞禽刻在高约四米、宽约两米的石壁上。图像为鹏翅、马头、龙颈及身有鳞片、鹰爪、凤尾的神鸟，背景为高山云雾。其振翼雄峙，作展翅欲飞状。浮雕风格细腻，全身的羽毛、鳞片密集繁复，与身后山岩疏朗的线条形成对比，主次分明。岩下小洞有一兽欲出，与瑞禽呼应，十分生动。永泰陵石象则呈站立状，身躯高大雄健，高达三米，其象鼻弯曲，眼睛四周凹陷的肉窝表现出肌肤的弹性，极有写实功夫。雕刻造型整体，风格朴拙，为宋陵石刻中的杰作。

同年五月十二日，河南刻《永泰陵采石记》。此碑为清人王昶著录，曾毅公考，为霍希范、霍亮、霍奕同刻。碑曾被湮没，后于1980年出土于河南偃师市缑氏镇缑氏小学，现仍保存于原地。据河南省文物研究所和陈朝云载，此碑为青石质，高260厘米。碑额篆书“永泰陵采石记”六字，碑文楷书，文22行、满行36字。由朝奉大夫、都水使者、都大提举采石曾孝广撰文、河南府福昌县主簿、提举采石医药韩思永书并篆额。碑文详述哲宗永泰陵的采石时间、规模、用工及民夫采石的艰辛情况：为哲宗陵墓采石，朝廷“凡辟文武官朝请朗孙熙及部役等二十有六员”，组成采石管理机构。采石“于二月十日丁未开山，至五月十一日丁丑毕功，前后历时三个月”，共“取大小石两万七千六百有余”，为完成采石任务，“凡役兵匠九千七百四十有四”，又另调“近县民夫五百”。繁重恶劣的劳动，“属运寒气，疠目凉都，逮于四方，人多疾疫，而况大山深谷之间，岚雾蒸郁，朝暮冲冒，病者宜甚”，致使采石过程中，“病者七千百余人”，大批采石民工病死于山中，以至“每至久积阴晦，常闻山中有哭声”，其景象令人悚然。

宋代帝王和唐朝不同，都不预造寿陵，俟帝后去世后，皇帝须在七个月内下葬，皇后则须在三五个月内下葬。在如此短暂的时间内，要完成建造皇陵的浩大工程，其艰难可想而知，而采石工程是其中的重中之重。偃师市缑氏镇东距宋永安县城(巩义市芝田镇)约17.5公里，南距青萝山前南横岭南麓的宋陵采石场约10公里，其地多石，是修奉宋陵采石的大本营。

九月，四川大雅堂石刻杜诗。宋代大诗人大书家黄庭坚一共在四川重庆境内生活了六年之久：于绍圣元年(1094)因修史获罪，贬为涪州别驾，黔州安置，于绍圣二年(1095)四月抵达黔州。二年后又“戎州安置”。又三年，东归。后贬宜州，死于贬所。黄庭坚曾为丹棱人杨素的大雅堂而撰作《大雅堂记》。在黄庭坚眼中，杜诗是真正的“大雅之音”，于是希望“尽书杜子美两川夔峡诸诗，刻石藏蜀中好文喜事之家”，使大雅之音复盈于天下，于是有了大雅堂石刻杜诗的出现。金代元好问说山谷(黄)之不注杜诗，试取《大雅堂记》读之，则知此公注杜诗已竟，可为知者道，难为俗人言也。据胡昌健研究，大雅堂有二：一在眉州(眉山)，一在戎州(宜宾)。《舆地纪胜》(叙州景物下)有“大雅堂”，而该书《眉州碑记》部分原书阙。《舆地纪胜补阙》之《成都府路》(眉州)载大雅堂时按：《舆地碑目》(眉州碑记)有《杜子美两川夔峡诸诗石刻》，注云：黄庭坚书。今考《纪胜》叙州景物下有大雅堂，注云：眉人杨素从黄庭坚游，黄谪戎州，尝曰：安得一奇士而有力者，尽刻杜子美东西川及夔州诗，使大雅之音复盈三巴之耳哉。素闻之，欣然拿舟访黄于戎，请攻坚珉，募善工作华堂以宇之。黄伟其言，悉书子美诗遗之，因名其堂曰大雅，且为之记。与碑目所言正合。眉州大雅堂之注，今虽无考，然以意揆之，大约与叙州大雅堂注相同。盖戎州即叙州之旧名，山谷之记作于叙，素之堂建于眉，故叙州、眉州并载大雅堂，而其堂固在眉不在叙也。《胜览》“叙州”、“眉州”皆有大雅堂，其注与《纪胜》叙州大雅堂注略同，亦其明证。杨素卒葬眉州，《四川通志》(眉州直隶州陵墓)：杨素墓，在州北十五里。成都曾有大雅堂杜诗诗刻，同治十二年《重修成都县志》(金石)：《大雅堂石刻杜诗记》：黄庭坚书，元符三年九月立，今无。

十月一日，陕西黄陵县双龙千佛洞石窟造药师佛一尊。据李凇载，此窟中有造像题记：元符三年十月一日，鄜州界直罗县乾□村弟子赵兴，男赵亚，造药师佛一尊，合财三十贯文，是为报四恩三有，法界众生同成佛道，谨记(主龛左侧)。同年十二月二十三日，山西刻《潞州潞城县三池东圣母仙乡志之碑》。冯俊杰载：碑在山西平顺县东河村九天圣母庙。程章灿按：此碑碑阴明载“元符三年庚辰岁十二月癸巳朔二十二日辛卯刻字毕”，此碑立于次年正月十五日，由张定、王真(石匠人)、陈资(三池打石阶)刻。

是年，黄庭坚还在重庆涪陵留下墨宝，即重庆白鹤梁石鱼《黄山谷题记》。此题记只有七个字：元符庚辰，涪翁来。涪翁即黄庭坚别号，高文说，哲宗绍圣初，新党谓黄庭坚修史“多诬”，贬涪州别驾，黔州安置，元符元年移谪戎州(宜宾)，元符三年复宣德郎，十月改奉议郎。庭坚工诗文，善行草书，元符庚辰(1100)在涪陵观石鱼题记。

是年，陕西开凿阁子头石窟。据杭德州、李凇载，阁子头石窟在富县洛阳乡段庄村，有四窟。第一窟较完好，窟宽520厘米、深430厘米、高200厘米。主像为三佛，头、手已残。右壁有说法图及五百罗汉，窟门顶刻有开窟题记：元符三年□日，施主平泉

图 229 永泰陵神道石刻 元符三年(1100) 河南巩县

村皇甫吉、男皇甫晟,勤发虔口圣佛殿,内有释迦九□十方佛、十地菩萨、泗州,并及四面采面已毕。又打造石空一所,亦有释迦九士五百罗汉,于政和壬辰(1112年)二载二月初五日毕功。虔心已后,愿帝王万岁,臣载千秋,国泰民安,风调雨顺,合家安乐,大小无灾,愿常保护于夕,为记之耳。政和二年二月日。施主皇甫吉,妻许氏,男皇甫晟,孙继住,二汉。皇甫宪得价□三千贯。本州介处造,□□介元,弟介子用。此篇较完整而珍贵的题记,甚为难得,石窟亦为介氏家族造。

是年,秦观卒,湖南刻有《秦观词碑》。在湖南郴州苏仙岭白鹿洞附近石壁上。秦观字少游,号淮海。政治上近于旧党,视为元祐党人,多次受到贬谪,据秦子卿载,绍圣四年(1097)削职流放至湖南郴州为民。孤独的秦观至郴州游览白鹿洞,回到旅舍后,即写下著名的《踏莎行》:雾失楼台,月迷津渡,桃源望断无寻处。可堪孤馆闭春寒,杜鹃声里斜阳暮。驿寄梅花,鱼传尺素,砌成此恨无重数。郴江幸自绕郴山,为谁流下潇湘去?三年后亦即哲宗元符三年,秦观病死于郴州。苏轼观此词而跋曰:少游已矣,虽万人何赎?米芾见到秦词和苏跋后,挥毫将秦词苏跋书镌于石碑。可惜,这件词跋书刻俱佳的原碑后来亡佚,现在所见为后人重刻。

[文献] 金元好问《元好问集》卷三六,元脱脱《宋史》卷一七,清王昶《金石萃编》卷一三一,河南省文物研究所编《北宋皇陵》,陈朝云《南北宋陵》,刘兴珍等《中国古代雕塑图典》,曾毅公《石刻考工录》,李凇《陕西古代佛教美术》,冯俊杰《山西戏曲碑刻辑考》,程章灿《石刻刻工研究》,胡昌健《黄庭坚谪巴蜀年谱诗文尺牍文物考证》(《文献》2002年第1期),高文等《四川历代碑刻》,杭德州《陕西鄜县石泓寺阁子头寺石窟调查简报》(《文物》1959年第12期),李凇《陕西古代佛教美术》,秦子卿《秦淮海年谱考订笺证》。

公元1101年 建中靖国元年

[提示] 二月,四川《黄鲁直南浦西山勒封院题记铭》。八月,书刻名家苏轼卒。

图 230 永泰陵象与驯象人 元符三年(1100) 河南巩县

［叙录］ 哲宗赵煦卒后，继位者是神宗儿子、哲宗的兄弟赵佶，是为徽宗。徽宗继位次年，改元建中靖国。二月，四川刻《黄鲁直南浦西山勒封院题记铭》。此为摩崖刻石，清人况周颐有著录，碑为黄庭坚行书书丹，现存重庆万州高笋塘“流杯池”亭中。全碑共21行、行8至9字，共计70余字。时黄庭坚贬蜀，东归途经万州南浦，与太守高仲本同游西山之际所写。其时黄书老成，结体中宫收敛，四周舒展，晚清咸丰年间，万州知县冯卓怀曾将此碑拓本献给曾国藩，曾评之为“海内存世黄书第一”。碑文内容为：庭坚蒙恩东归，道出南浦，太守高仲本置酒西山，实与其从事谭处道俱来。西山者，盖郡西渡大壑稍陟山半，竹柏荟翳之门，水泉潴为大湖，亭榭环之。有僧舍五区，其都名曰勒封院，楼观重复，出没烟霏之间，而光影在水。此邦之人，岁修禊事于此。凡夔州一道，东望巫峡，西尽郁鄢，林泉之胜，莫与南浦争长者也。寺僧文照喜事，作东西二堂于茂林修竹之间，仲本以为不奢不陋，冬暖而夏凉，宜于游观也。

建中靖国元年二月辛酉，江西黄鲁直题。高文注解说：此碑又名《西山碑》，在万县市北流杯池。碑文刻于一天然石壁之上，碑高 90 厘米、宽 245 厘米。庭坚于建中靖国元年二月到万州，有《游岑公洞》、《万州下岩入(又题下岩)》等诗。三月离川去峡州(湖北宜昌)，改知舒州(安徽怀宁县)，四月到荆南。

八月，书刻名家苏轼卒。苏轼字子瞻，自号东坡居士，四川眉州眉山人。林语堂说：苏东坡是一个无可救药的乐天派、一个伟大的人道主义者、一个百姓的朋友、一个大文豪、大书法家、创新的画家、造酒试验家、一个工程师、一个憎恨清教徒主义的人、一位瑜伽修行者佛教徒、巨儒政治家、一个皇帝的秘书、酒仙、厚道的法官、一位在政治上专唱反调的人。一个月夜徘徊者、一个诗人、一个小丑。但是这还不足以道出苏东坡的全部。苏东坡比中国其他的诗人更具有多面性天才的丰富感、变化感和幽默感，智能优异，心灵却像天真的小孩——这种混合等于耶稣所谓蛇的智慧加上鸽子的温文。

苏东坡才华傲世，博通经史，诗文书画横绝一世。黄庭坚在《山谷题跋》中跋东坡墨迹时说：东坡道人本朝善书，自当推为第一，数百年后必有知余此论者。由东坡书丹的名碑甚多，如《醉翁亭记》、《丰乐亭记》、《表忠观记》、《宸奎阁碑》、《南山诗刻》、《罗池庙碑》、《归去来辞诗刻》、《雪夜书北台壁诗》、《司马温公碑》、《真相院释迦舍利塔铭》、《赠李方叔赐马券》、《雪浪词刻》、《罗汉阁记残碑》、《浴日亭诗刻》、《三州岩题记》等。可惜深受"党祸"之累，苏碑刻频遭祸难，大部分被毁坏，存世者已十分稀少。

［文献］ 清况周颐《万邑西南山石刻记》，高文等《四川历代碑刻》，林语堂《苏东坡传》。

公元 1102 年　宋崇宁元年

［提示］ 二月二十二日，陕西修招安石窟大佛。九月，《元祐党籍碑》。

［叙录］ 二月二十二日，陕西修招安石窟大佛。李凇说，招安石窟位于安塞县招安乡招安村杏子河北岸，今存有七窟。其中第三窟最大，窟宽 950 厘米、深 900 厘米、高 380 厘米。中有方形佛坛，以四根方柱连接窟顶，坛上置五个莲花座，佛像已不存。窟壁造像有结跏趺坐佛、文殊、普贤菩萨、游戏坐菩萨和十六罗汉。窟内纪年题记有元祐九年(1094 年)和"崇宁元年二月二十日□□，施主□□修大佛一尊"。

崇宁元年最重要的石刻，当然是这年九月所刻立的《元祐党籍碑》。北宋时期，以司马光和王安石为代表的新旧两派势力纷争甚烈，所涉范围之广，时间之久，为史上所少见。《宋史》(蔡京传)载：建中靖国元年(1101)徽宗即位后，蔡京为相，以施行王安石新法为名，将哲宗元祐至元符年间的对手司马光、文彦博、苏轼、黄庭坚等 300 余人定性为元祐奸党，并"刻石以示后世"。是年九月，徽宗赵佶亲书《元祐党籍碑》，刻石树碑于端礼门外。崇宁四年(1105)蔡京以徽宗诏命再书《元祐党籍碑》颁行天下，敕命诸州据以刊石，以使奸党"子孙亦受余辱"。这份奸党名单中，几乎波及当时大部分名人，有人甚至全家入"籍"。此碑的杀气，与之前我们曾提及的太祖誓碑所张扬的精神，已相去甚远了。《元祐党籍碑》的刻立和传播，受到朝野反对，次年又有彗星之兆，迷信的徽宗又下诏毁尽各地《元祐党籍碑》。据杜海军、赵超、文武等载，目前留存于世的《元祐党籍碑》仅有两块，均在广西境内：其中一块崇宁四年刻于广西融水县城南郊的"真仙洞"内，碑高 260 厘米、宽 250 厘米。此碑现藏于融水县文化馆；还有一块《元祐党籍碑》则保存于广西桂林七星岩公园龙隐岩内，刊刻于南宋庆元四年(1198)，由元祐党人梁焘曾孙、静江府钤辖梁律据家藏拓本重新镌刻。

为此碑书丹的宋徽宗赵佶长于书法，以"瘦金体"名世，所书碑刻除《元祐党籍碑》外，还有著名的《大观圣作碑》、《神霄玉清万寿宫碑》、湖南衡山南天门《寿岳》刻石、海南海口的《五公祠碑》、陕西耀县药王山静应寺的《题褚慧七言诗跋碑》等。据刘刚载，徽宗所题楷书"寿岳"摩崖石刻，为民国重刻或补刻，位于湖南衡县南岳瑞应峰下皇帝岩石壁上。题跋高宽为280厘米、字高140厘米、宽150厘米。款署“寿岳”二字,大气磅礴,相传为宋徽宗书,年湮代远,几不复辨。因重镌之,以饷游者。民国甲申春日,水绥石宏规题邑人李一夔书。据清光绪版《南岳忠》记载及题记中“不复辨”因“重镌之”,有可能是在原宋徽宗的题刻上加深的重镌。

［文献］ 元脱脱《宋史》卷四七二,骆承烈《石头上的家文献——曲阜碑文录》,李凇《陕西古代佛教美术》,桂林市文管会《桂林石刻》,杜海军《桂林石刻总集辑校》,赵超《石刻史话》,文武《〈元祐党籍碑〉小考》(《学术论坛》1980年第4期),阎文儒《中国石窟主艺术总论》。

公元1104年 崇宁三年

［提示］ 三月,湖南《黄庭坚无题诗》。是年,安徽刻《芜湖县学记》。

［叙录］ 三月,湖南刻《黄庭坚无题诗》。此碑亦称《黄庭坚浯溪题诗》,据刘刚载,碑位于祁阳浯溪摩崖石刻区,石宽230厘米、高180厘米,字大9厘米。内容为:崇宁三年三月己卯,风雨中来泊浯溪。进士陶豫、李格,僧伯新、道遵同至中兴颂崖下。春风吹船著浯溪,扶藜上读《中兴碑》。宣和庚子十二月廿日书,无诸释□□刻。康熙癸丑仲冬月祁阳令曲安王颐重修刊,邑痒生蒋善苏监修,沁水张鎔题,涪翁此诗作于崇宁三年三月,未及上石,稿藏子发秀才家,乃以私钱刻之中兴碑侧。显然,此刻并非黄庭坚原作,而为清人所补刻。黄庭坚向来推崇唐人元结和颜真卿,因此,在去宜州时,途经浯溪,看到由元结撰文、颜真卿书丹的《大唐中兴颂》时,竟徘回三日不肯离去。宋人赵希鹄在《洞天清录》中论黄庭坚书法时说:山谷悬腕书,深得兰亭风韵,然行不及真,草不及行。可见楷书为黄书代表,此碑为黄离世前一年所写,书艺已臻炉火纯青。康熙初年,浯溪邑令尹起莘曾磨去黄庭坚摩崖诗碑右上角,用以镌刻永州司理张鎔诗,继任浯溪邑令王颜又将张鎔诗磨掉,重修复原。

是年,安徽刻《芜湖县学记》。此碑清人钱大昕及《拓本汇编》中有著录,全称《太平州芜湖县学新记》,由米芾书碑。北宋庆历四年(1044),宋仁宗诏令各州县立学。哲宗元符三年(1100),芜湖始建学宫。徽宗崇宁二年(1103),芜湖县令林修奉诏广拓学宫,竣工时拟立碑纪念,延请时任礼部尚书的黄裳撰写碑记。崇宁三年,米芾知无为军,游历芜湖,知县林修前请米芾书《芜湖县学记》,由张士亨(翰林、睿思殿祗候)勒石,立于大成殿中。辛亥革命之后,芜湖县学宫改为襄垣中学,现为芜湖市第十二中学,大成殿则成为中学图书阅览室。清人孙承泽在《庚子销夏记》评此碑帖书法:字法遒劲而韶秀。

［文献］ 宋赵希鹄《洞天清录》,清胡聘之《山右石刻丛编》卷一六,清钱大昕《潜研堂金石文跋尾》卷一四,清孙承泽《庚子销夏记》,《拓本汇编》第41册。

公元1105年 宋崇宁四年 辽乾统五年

［提示］ 宋崇宁四年,山东《米芾书御制圣赞》。书刻名家黄庭坚卒。江西刻苏轼黄庭坚等词翰。辽乾统五年,北京辽代舍利石棺。

［叙录］ 宋崇宁四年,山东刻《米芾书御制圣赞》。此刻清人孔继汾曾著录,据骆承烈载,碑立于孔庙汉魏碑刻博物馆东屋北间,碑高202厘米、宽68厘米、厚50厘米。正文为米芾篆书,下部有孔继涑、孔昭熏、叶寿海题跋。

是年,书刻名家黄庭坚卒。黄庭坚字鲁直,号山谷、涪翁、豫章,洪州分宁(江西修水)人。英宗治平四年(1067年)进士。苏轼尝见其诗文,以为超轶绝尘,独立万物之表,世久无此作。黄庭坚为宋四书家之一,康有为在《广艺舟双楫》中说:宋人之书,吾尤爱山谷。虽昂藏郁拔,而神闲意浓,入门自媚。黄庭坚传世碑刻中,主要有《伯夷叔齐庙碑》、《西山碑》、《石鱼题刻》、《中兴颂摩崖题字》、《黄庭坚浯溪题诗》

等。黄庭坚对石刻十分留意，前面提及的四川大雅堂石刻即是明证。在《山谷题跋》中，黄庭坚曾记录这样一件石刻事件：黔人秦子明曾买石摹刻长沙僧宝月古法帖十卷，谋舟载入黔中，壁之黔江之绍圣院，将以惊动里中子弟耳目。刻石者潭人汤正臣父子，皆善摹刻，得于手而应于心，近古人用笔意。

崇宁四年，江西刻苏轼黄庭坚等词翰。曾毅公考，此碑刻为李仲宁（九江碑工）所刻，现不存。据宋人王明清说：九江有碑工李仲宁，刻字甚工，黄太史（黄庭坚）题其居曰“琢玉坊”。崇宁初，诏郡国刊元祐党籍姓名。太守呼仲宁劖之。仲宁曰：小人家贫窭，止因开苏内翰、黄学士词翰，遂至饱暖，今日以奸人为名，诚不忍下手。守义之曰：贤哉！士大夫之所不及也！馈以酒而从其请。同样的记载也见于宋人张淏的《云谷杂记》中。程章灿说，有名可考的最早刻石作坊，即是宋代九江的琢玉坊。李仲宁不仅以其技艺扬名一时，而且以其政治道德形象为当世及后代士大夫所铭记。1970年江西南丰出土《中书舍人曾巩墓志铭》，署浔阳李仲宁、仲宪刻，年代为元丰七年（1084）六月；1972年江西彭泽县出土《刘元周妻易氏墓志铭》，署浔阳李仲宁刻，年代为元祐五年（1090）十二月。这两方墓志填补了李仲宁所刻碑石的实物空白，同时也充实了琢玉坊的历史资料。李仲宪当是李仲宁兄弟，同为琢玉坊刻工。书面文献方面，在《声画集》中录有两首诗：僧祖可《李伯时作〈渊明归去来图〉王性之刻于琢玉坊病僧祖可见而赋诗》和僧善权《王性之得李伯时所作〈归去来图〉并自书渊明词刻石于琢玉坊为赋长句》。王性之将李公麟的这幅名画和自己书写的《归去来兮辞》一起交付琢玉坊刊刻上石，再次表明时人对琢玉坊高超刻石技艺的认可，琢玉坊可能是宋代最著名的一家石刻作坊。

辽乾统五年，北京辽代舍利石棺。据北京文物局编《北京文物博物馆事业纪事》上册载：20世纪50年代，北京朝内大街原文化部南侧曾出土一件石舍利函，长95厘米、宽62厘米、高40厘米，现藏于首都博物馆。原志盖上刻有铭文，为辽乾统五年所作。金申载，此石函正面刻涅槃图，释迦头枕右臂，双足重叠而卧。此石函尽管是12世纪初之作，但其基本构图框架仍是源自犍陀罗的涅槃图，此外又与莫高窟等河西石窟和内地寺庙泥塑壁画以及大致同时代舍利棺上的涅槃图有着密切关联。

［文献］　宋黄庭坚《山谷题跋》卷一，宋王明清《挥麈录》三录卷二，宋张淏《云谷杂记》卷三，宋孙绍远《声画集》卷一，清康有为《广艺舟双楫》卷六，清孔继汾《阙里文献考》卷三八，骆承烈《石头上的家文献——曲阜碑文录》，曾毅公《石刻考工录》，程章灿《石刻刻工研究》，北京文物局编《北京文物博物馆事业纪事》上册，金申《佛教美术丛考》。

公元1106年　崇宁五年

［提示］　十月，敕释迦居中老君居左孔圣居右。崇宁年间，山东刻米芾篆书《文宣王赞并序》。

［叙录］　十月，敕释迦居中老君居左孔圣居右。南宋人释志磐载：崇宁五年十月下诏：有天下者，尊事上帝，敢有弗虔。而释氏之教，乃以天帝置于鬼神之列。渎神逾分，莫此之甚。有司其除削之。又敕：水陆道场内设三清等位，元丰降诏止绝。务在检举施行。旧来，僧居多设三教像，遂为院额、殿名。释迦居中，老君居左，孔圣居右，非所以奉天真与儒教之意。可迎其像归道观、学舍，以正其名。洛京沙门永道读诏，泣曰：域中孔、老，法天制教，故不违天。佛出世法，天人所师，故不违佛。自古明王奉佛以事上帝者，为知此理也。佛法平等，故其垂教。虽圣凡俱会，而君臣尊卑之分，莫不自殊。祖宗以来，奉法已定，一旦除削，吾恐毁法之祸兆于此矣。闻者为之怃然。

崇宁年间（1102—1106），米芾篆书《文宣王赞并序》。当年宋真宗所书《文宣王赞并序》影响甚巨。百年之后，崇宁年间大书家米芾还特地用篆书重书真宗《文宣王赞并序》，刻石立碑。清人孔继汾、冯云鹏等著录此碑。据骆承烈说，此碑现位于孔庙圣迹殿内西侧,石高165厘米、宽95厘米。

［文献］ 宋释志磐《佛祖统纪》卷四六,清孔继汾《阙里文献考》卷三八,清冯云鹏、冯云鹓《金石索》石索五,骆承烈《石头上的家文献——曲阜碑文录》。

公元1107年 宋大观元年

［提示］ 宋大观元年八月,山东《黄辅国等谒林庙题名碣》。是年,书刻名家米芾卒。元符二年至大观元年,四川安岳圆觉洞造观音石像一尊。

［叙录］ 宋大观元年八月,山东刻《黄辅国等谒林庙题名碣》。此刻清人孙星衍著录,据骆承烈载,此石现镶于孔庙十三碑亭院西北墙栏内西墙。石高65厘米、宽87厘米。行书12行、行10字。黄辅国为宋浦城人,字应图,宋神宗元丰年间进士。孔端友为孔子第46代孙,字子交,徽宗崇宁三年袭封衍圣公。

是年,书刻名家米芾卒。米芾在《宋史》(文苑六)有传,初名黻,元祐六年(1091)41岁时始改名芾,字元章,号鹿门居士、襄阳漫士、海岳外史等。晚年曾任礼部郎官(南宫舍人),故又为人们称为米南宫。米芾本山西太原人,后徙居湖北襄阳,又称"米襄阳",晚年居江苏镇江。《宋史》本传称米芾"为文奇险,不蹈袭前人轨辙,特妙于翰墨,沉着飞翥,得王羲之笔意"。所书传世碑刻中,有《孔子手植桧赞》、《芜湖县学记》、《九曜石题诗》、《伏波岩题名》、《焦山题名》等。其石刻书迹多见于江苏、安徽、山东一带。但是四川境内也有米芾书迹。据高文说,在四川江油存有《米元章书太白题江油尉厅石刻》,内容为:太白题江油尉厅:岚岚深院重,傍砌水泠泠。野燕巢官舍,溪云入古厅,日斜孤吏过,帘卷乱峰青,五色神仙尉,焚香读道经。米元章书。石高126厘米、宽72厘米,共6行、行9字,字径14厘米,草书。碑原在四川江油县署,现藏于江油李白纪念馆。

元符二年至大观元年(1099—1107),四川安岳圆觉洞造观音石像一尊。据刘长久等载:普州杨正卿以厥祖旧愿,在四川安岳圆觉洞造观音石像一尊,择真相崖龛(安岳县圆觉洞)鸠工集事,合家随喜,共建良绿。元符己卯创初,大观丁亥告毕。

［文献］ 元脱脱《宋史》卷四四四,清孙星衍《寰宇访碑录》卷八,骆承烈《石头上的家文献——曲阜碑文录》,高文等《四川历代碑刻》,张焯《云冈石窟编年史》,刘长久《安岳石窟艺术》,王朝闻等主编《中国石窟雕塑全集》(四川重庆卷)。

公元1108年 宋大观二年 辽乾统八年

［提示］ 宋大观二年正月,重庆白鹤梁石鱼之韩翱书。八月二十九日,《大观圣作碑》。是年,河北《五礼记碑》。赵明诚、李清照始撰《金石录》。四川安岳圆觉洞建《普州真相院石观音像记》碑。辽乾统八年,内蒙古《耶律祺墓志铭》。

［叙录］ 宋大观二年正月,重庆白鹤梁石鱼之韩翱书。此刻在《涪州石鱼文字所见录》中有著录。释文为:大宋大观元年正月壬辰,水去鱼下七尺,是岁春夏果大稔,如广德大和所纪云。二年正月壬戌,朝奉大夫知涪州军州亨庞恭孙记。左班殿直兵马监押王正卿、将仕郎州学教授李贲、通仕郎录事参军杜咸宁、通仕郎涪陵县令权签判张永年、将仕郎司理参军黄希说、将仕郎涪陵县主簿向修、将仕郎涪陵县尉胡施、进士韩翱书。

八月二十九日刻立《大观圣作碑》。据史载,大观元年(1107)徽宗诏建八行取士科,敕命郑居中将御笔诏旨摹刻上石,立碑于官学、太学、辟雍及各郡县。石碑由当时的书学博士李时雍仿徽宗诏旨瘦金体摹写,碑文共1 000余字。碑额由蔡京楷书"大观圣作之碑"六字。数百年后,原立于京城和各地的《大观圣作碑》大多数已毁佚。据清孙星衍在《寰宇访碑录》载:清代仅见于河南偃师、山东临朐、菏泽、城武、诸城、泰安、新泰、陕西兴平、江苏句容凡九种。陕西淳化、高陵、临潼、河南临颍有内容完全相同的《御制学校八行八刑碑》(《宋史》艺文志三)凡四种。

程章灿说，所谓“八行诏旨”，亦称《八行八刑条》，是徽宗御制的指导当时贡举取士的奖惩条例，刻立于各地学宫。《八行八刑碑》也就是通常所说的《大观圣作碑》，一碑二名而已。另据毕沅载，在山西襄垣、繁峙、盂县还有三种，但均缺泐已甚。河南新乡亦有此碑，保存较完好。现西安碑林所藏此碑，原在陕西乾县，1962 年移藏西安碑林。河北赵县文庙内还存有一块《大观圣作碑》，碑高 480 厘米、宽 150 厘米，龟趺碑座，碑额两侧镌雕双龙，碑身边框线刻龙纹。

是年，河北刻《五礼记碑》。1991 年夏，在河北大名县发现一唐宋书迹合刻于一石的大碑，碑高1 234 厘米、宽 304 厘米、厚 108 米。此碑宋人已著录，陆游《老学庵笔记》即载：北都有魏博节度使田绪遗爱碑，张弘靖书；何进滔德政碑，柳公权书，皆石刻之杰也。政和中，梁左丞子美为尹，皆毁之，以其石刻新颁五礼新仪。据民国程廷恒在《大名县志》(古迹志)中载：此碑原为唐代魏博节度使何进滔德政碑，唐代开成五年(840)何进滔卒，唐文宗即诏大书家柳公权为之撰碑文，并由梁王司马元度篆刻，刻石立碑于大名府东宫门外。至宋大观二年(1108)，徽宗诏修“五礼”，经过四年努力，修成《政和五礼新仪》220 卷，分别为吉礼、凶礼、宾礼、嘉礼、军礼。徽宗为该书作记，亲题碑额“五礼之记”，诏左丞梁子美于大名府立石。由于大名地处平原地区，短时不易找到合适碑石，梁子美即将何进滔德政碑正面碑文磨去，改刻为《五礼记碑》及宋徽宗的额题，两侧仍留存柳公权字迹。

是年，赵明诚、李清照始撰《金石录》。赵明诚字德夫，山东密州诸城人，宰相赵挺之之子，为太学生，以荫入仕。赵明诚酷爱金石，得欧阳修《集古录》，览读之余，觉欧公尚有遗漏，又无年月先后次第，遂博采广集，于大观二年辞官与妻子李清照回到青州故第，潜收遗世碑石及古器彝铭等，前后耗时 20 年，终于编撰成金石名著《金石录》。此书收录上自三代，下至晚唐五代，所录碑碣、墓志石刻、钟鼎器皿等，凡两千种，以《集古录》体例为基础，编排成帙。赵、李夫妇在书中，对前贤著述(如北宋中叶的《考古图》、《集古录》等)在年月考订、铭文辨识方面，都作了认真考辨。

他们夫妇俩为了撰写《金石录》一书，每天晚上就在莱州的静治堂里，围着大捆大捆的金石拓片进行校勘考订，从抄录副本到撰写题跋，一直忙到蜡烛燃尽的深夜才休息。同时，为了获得大量珍贵金石资料，不得不省吃俭用，过着十分清贫的日子。物质上虽然匮乏，但是两人却倍感幸福，艰辛的付出终得丰收的回报，长达 30 卷的金石考古巨著《金石录》在莱州静治堂初步完成，并且装卷初就。宣和七年(1125)，赵明诚在莱州任满，移守山东淄州。李清照随同前往，同丈夫一起，继续对《金石录》一书进行修正和补订工作，使之达到更为完善的境界。宋钦宗靖康元年(1126)，《金石录》全书正式完成。高宗绍兴四年(1134)，李清照怀着对赵明诚无限的爱和追忆，写成《金石录后序》，上表南宋朝廷，《金石录》正式刊行。《金石录》不仅见证着南、北宋的时代巨变，也见证着李、赵伟大的爱情。

大观二年，四川安岳圆觉洞建《普州真相院石观音像记》碑。刘长久等载，功德主杨正卿同妻邹氏等，在四川安岳县圆觉洞建《普州真相院石观音像记》碑，由奉议郎、通判汉州(四川广汉市雒城镇)军州管句学事兼管内劝农事借绯冯世雄撰文。

辽乾统八年，内蒙古嵌刻《耶律祺墓志铭》。齐晓光载，此刻 1993 年 7 月出土于内蒙古赤峰市、阿鲁科尔沁旗、罕苏木古日班呼硕村、朝克图山南麓耶律祺家族墓地中。志盖正面刻篆体契丹大字，内容与墓志首行相同。志石刻契丹大字 46 行，总计约 2 930 余字，除残阙 88 字外，尚存 2 845 字，是迄今为止所发现的契丹大字石刻中字数最多者，并有在该墓志中新出现的契丹大字多达数百个。墓中还出土了部分影青瓷器，其底部亦有契丹大字墨书题款，共 100 余字。该墓同时还出土了耶律祺汉文墓志一方，因早期被盗墓者砸碎，仅存 300 余字，契丹大字墓志与汉文墓志不对译。墓主耶律祺道宗大安间任南院大王，天祚朝拜于越，卒赠齐国王。据此墓发掘者齐晓光推测，耶律祺可能就是《辽史》中有传的耶律阿思,原石现存内蒙古文物考古研究所。契丹文字是近乎失传的文字,民国初年曾在巴林右旗辽庆州城遗址北的大兴安岭王坟沟辽庆陵中,发现石刻契丹文小字哀册,由此,世人们始得知契丹文的使用情况。在巴林左族辽太祖陵山顶上,尚遗有大龟趺座,附近出土的残碑上,刻有工整的契丹大字。契丹大字晚出于小字,现契丹小字已被破译,而大字仍是一个谜。

[文献]　宋陆游《老学庵笔记》卷九,宋李清照《金石录后序》,元脱脱《宋史》卷二〇四,清毕沅《山左金石志》卷一七,清姚觐元、钱保塘撰《涪州石鱼文字所见录》,程廷恒《大名县志》卷二一,程章灿《石刻刻工研究》、《拓本汇编》第41册,刘长久《安岳石窟艺术》,王朝闻等主编《中国石窟雕塑全集》(四川重庆卷),齐晓光《内蒙古发掘契丹显贵耶律祺墓》(《中国文物报》1994年4月24日),齐晓光《契丹大字的重大发现》(《内蒙古文物考古》1994年第2期)。

公元1109年　宋大观三年　辽乾统九年

[提示]　宋大观三年一月,重庆大足北山观音像龛。十月,四川万源《紫云坪植茗灵园记》。大观三年,刻《大观帖》。辽乾统九年,内蒙古《佛顶尊胜陀罗尼经幢》。

[叙录]　宋大观三年一月,重庆大足北山观音像龛。《大足石刻内容总录》载:此龛为大足北山佛湾第286号龛:灰砂岩石质,龛顶部为平顶,龛高114厘米、宽107厘米、深41厘米。主像为观音,面西坐于金刚座上。龛外门楣上有一题记:遂发心就北□镌造观音菩萨一龛,大观三年正月彩绘毕□□斋,修庆赞讫(余字蚀)。

十月,四川万源刻《紫云坪植茗灵园记》。据高文、胡平生和万源方志办唐艺等载:此题刻位于四川万源县石窝乡古社坪村西北一公里处的苏家崖。1987年文物普查时发现,是我国迄今保存最完好、时代最早的记载种茶活动的石刻文字资料。阴刻楷书,竖行排列。全文计有202字,题记长236厘米、高84厘米,距地面375厘米。记文内容为:窃以丰登胜概,垭洼号古社之坪,从始开荒,昔日大黄舍宅,时在元符二年(1099),月应夹钟(夏历二月),当万卉萌芽之盛,阳和煦气已临。前代府君王雅与令男王敏得建溪绿茗于此种植,可复一纪,仍喜灵根转增郁茂。敏思前代作如斯合活,计示后世之季子元孙,彰万代之昌荣,覆茗物而繁盛,至于大观中求文于蓬莱,释刻石以为记,可传体而观瞻,历古今而不坏,后之览者,亦将有感于斯文也!诗曰:筑成小圃疑蒙顶,分得灵根自建溪。昨夜风雷先早发,绿芽和露濯春畦。大观三年十月念三日王敏记,弟王古、兄王俊。这篇关于万源种茶的石刻铭文,对于研究四川的茶叶种植史具有重要意义,记中明确指出,其茶种由王氏父子从福建建溪带来。

是年,刻《大观帖》。《淳化阁帖》刻本毁坏后,北宋大观三年,宋徽宗赵佶再次拿出内府收藏的书画,命蔡京等人进行编排,重新上石,刻成一部《大观帖》,又名《太清楼帖》。赵超认为,由于《大观帖》的刻工精细,能较好地反映出原作的笔锋,特别是起笔、收笔、转折等处,锋颖毕露,如同手书墨迹,很多人认为《大观帖》胜过《淳化阁帖》。《大观帖》还纠正了《淳化阁帖》中的一些错误。金国灭北宋,占领江北以后,《大观帖》的原石还存于开封,当时有汉人拓了拓本到江南出售。金国灭亡之后,这批帖石不知下落。金代以来也有翻刻的《大观帖》,但优劣不一。

辽乾统九年,内蒙古后昭庙刻《佛顶尊胜陀罗尼经幢》。阎文儒载,在辽上京临潢府故城北有洞山石窟、城东北有三山屯石窟、城南有前昭庙和后昭庙石窟。洞山石窟与三山屯石窟,虽然有100多个窟龛,但造像大都损坏,只有后昭庙的三个石窟及前昭庙的一个石窟保存得较为完整。李逸龙载,在后昭庙还保存有一辽乾统九年刻造的《佛顶尊胜陀罗尼经幢》。

[文献]　四川省社会科学院等编《大足石刻内容总录》,高文等《四川历代碑刻》,胡平生《北宋大观

三年摩崖石刻〈紫云坪植茗灵园记〉考》(《文物》1991年第4期),万源县志编纂委员会《万源县志》,赵超《石刻史话》,阎文儒《中国石窟主艺术总论》,李逸龙《内蒙古巴林左旗前后昭庙的辽代石窟》(《文物》1961年第12期)。

公元1110年 大观四年

[提示] 山西《高继嵩碑》。大观三至五年,江西赣州忘归岩第5号龛造像。约于此际,江西赣州翠微岩第285号龛造像。

[叙录] 是年,山西刻《高继嵩碑》。清人胡聘之录此碑,署有“郡人牛美刻”,碑阴又署“朱建一管勾刊字”。程章灿认为,若无前一署刻(牛美),则朱建一很有可能会被误认为刻工,实际上,他只是“管勾刊字”而已。

大观三至五年(1109—1111),江西赣州忘归岩第5号龛造像。此造像张总、夏金瑞有著录。程章灿按:据张、夏文,此龛施主陆蕴于大观三年秋谪为虔州瑞金县令,造像应在当年或此后二三年间。此造像刻工为冯知古、冯绍,二人当为父子,江西赣州翠微岩第285号龛造像亦为二人所刻,程章灿说,此龛劝缘僧明鉴与5号龛同,则二龛刻造时间相去应不远。

[文献] 清胡聘之《山右石刻丛编》卷一六,程章灿《石刻刻工研究》,张总等《江西赣州通天岩石窟调查》(《文物》1993年第2期)。

公元1111年 政和元年

[提示] 三月,刊刻御制《五礼新仪序》。

[叙录] 三月,刊刻御制《五礼新仪序》。据宋人郑居中等奉敕所撰《政和五礼新仪》卷首载:这年三月,议礼局进奏说:比年以来所颁御制皆勒金石,以垂永久。若恢崇学校之诏,载于辟雍;宾典八行之训,刻之太学;新学之记,立之大晟。所有今来颁降御制御书《政和新修五礼序》,欲望特许依上件体例,摹勒立于太常寺。程章灿认为,由此可见,此时以御书御制之政令文告刻石早已成为惯例,议礼局既有进奏,徽宗马上批准。更重要者,由于心存阿奉皇帝之意,有司不免相互攀比,于是此类刻石工程越来越多,动辄下令天下州县刻石立碑,已成为一项必须执行的政治任务。为了完成这类政治任务,各地需要耗费大量石材、动用大量刻工。刻石政治化所造成的消极后果,除人力和物资的浪费之外,也会导致对前代碑刻的破坏。如对柳公权书何进滔《德政碑》的毁坏即为其中一例。由于政治的介入,不仅那些具有重要书法价值的宝贵的古碑惨遭磨毁,而且一些当代名碑也难逃毁坏的厄运。例如苏轼为司马光所撰《神道碑》,宋人何薳在《春渚纪闻》中载:绍圣间,朝廷贬责元祐大臣及元祐学术文字。有言《司马温公神道碑》乃苏轼撰述,合行除毁。于是州牒巡尉,毁拆碑楼及碎碑。张山人闻之曰:不须如此行遣,只消令山人带一个玉册官,去碑额上添镌两个不合字,便了也。

[文献] 宋郑居中等《政和五礼新仪》卷首,宋何薳《春渚纪闻》卷五,程章灿《石刻刻工研究》。

公元1112年 政和二年

[提示] 二月五日,陕西富县阁子头石窟造像。六月,刻王寿卿篆书《王晕志碑》。十二月二十三日,甘肃炳灵寺《何灌摩崖文》。是年,陕西子长县钟山石窟自在观音像。

[叙录] 阁子头石窟在陕西富县段家庄村南,窟依洛河西侧崖石凿成,为方形平顶,宽420厘米、深380厘米、高280厘米,内有两根石柱支撑窟顶。第一窟主像三佛,李凇说,窟内造像多与双龙千佛洞相同。窟门内顶部有开窟题记,贠安志著录:元符三年□日,施主平泉村皇甫吉、男皇甫晟,勤发虔□圣佛殿,内有释迦九□十方佛,十地菩萨、泗州,并及四面采画已毕。又打造石空一所,亦有释迦九士五百罗汉,于政和壬辰(1112)二载二月初五日毕功。虔

心已后,愿帝王万岁,臣载千秋,国泰民安,风调雨顺,合家安乐,大小无灾,愿常保护于夕,为记之耳。政和二年二月□日。施主皇甫吉,妻许氏,男皇甫晟,孙继住、二汉。皇甫宪得价□三千贯。本州介处造,□□介元,弟介子用。刘兴珍说,阁子头石窟的造像形体概括,刀法简练、明快,风格质朴。窟内西壁保存有较完整的一组佛涅槃浮雕。佛平卧一台上,四周弟子悲痛的神情不一,或掩面,或昏倒,或呼天抢地,跌倒一旁,人物层次排列独具特色。最下层的弟子伏身在地,虔诚祈祷。浮雕场面布置紧凑,雕刻技法带有民间木刻形式特点,用祥云和菩提树作衬托,使画面富于装饰趣味。

双龙千佛洞石窟前文已经述及,位于陕西黄陵县双龙乡境内。李淞注意到,陕北宋代石窟工匠,早期有富县米氏,中期有做钟山石窟的王信等人,后期则有介氏家族,介氏家族是陕北地区最主要的佛像雕刻工匠。还有一些没有发现题记及署名的石窟,从风格上看,亦应为介氏家族作。此外还有少数民族的工匠戈达等,以及其他汉族工匠。这些工匠的活动范围主要在陕北南部,如黄陵县双龙千佛洞石窟、安塞招安石窟、志丹县城台石窟、富县马蹄寺沟石窟、富县阁子头寺石窟等。介氏家族的造像作者成员约有五人,领袖人物是介端,其次是介端的二个儿了,还有　人可能是介端兄弟。介氏以双龙千佛洞为基地,延及鄜、坊二州,远达延安以北的安塞与保安,成为当时陕西最大的佛像工匠世家。介氏从不自称为“匠”,在双龙千佛洞兼有主持者和工匠的双重身份,因此地位高于一般工匠。进入金之初,即再难见介氏一族的身影。

六月,刻《王晕志碑》。此碑又称《宋王寿卿书王晕志碑并阴》,碑阳篆书碑文,有方界格;碑阴则刻于六年后的徽宗重和元年(1118)十二月,楷书。碑阳碑文由王寿卿记文并篆书。王寿卿字鲁翁,长于篆书及古文歌诗。黄庭坚推其篆书,篆法俊伟、甚通阳冰,于今天下第一。王寿卿与李清照、赵明诚夫妇相善,并在金石学方面常有交流。据《金石录》载,政和三年(1113),湖北嘉鱼县得楚钟,其墨拓本就是王寿卿送给赵明诚和李清照的。

十二月二十三日,甘肃炳灵寺刻《何灌摩崖文》。据唐晓军载,此摩崖位于炳灵寺135窟之南浮雕塔群上。石刻高170厘米、宽126厘米,共7行、行10字,字径约10厘米,下刻莲花纹饰作边缘。内容为:上受宝圭元年(即政和二年)十二月二十三日,洮西守将何灌率王安、陈永、刘德修、程之仪、高公亶、胡礼、彭寔、詹至、李□仁、孙倡符、单觉民、裴硕、何(天)、任晨发郡城绝冰(河),尽灵岩胜概乃还。从刻文可知,何灌等一行十余人,早晨从州城出发,绝冰河(过冰桥)游览炳灵寺后返回河州。可见其时黄河上已无河桥,当时炳灵寺仍称灵岩寺。何灌字仲原,河南开封祥符人,《宋史》有传,是徽宗时著名的神射手:为河东将,与夏人遇,铁骑来迫,灌射皆彻甲,至洞胸出背,叠贯后骑,羌惧而引却。徙熙河都监,改知岷州,后徙河州,复守岷,提举熙河兰湟弓箭手,此刻石为何灌在知河州时所题。钦宗靖康之初,金兵南下,已过花甲的何灌在保卫开封一役中,战死沙场。

同年,据李淞载,陕西刻造子长县钟山石窟自在观音像。钟山石窟第四窟龛右侧,有北宋政和二年的自在观音像,观音游戏坐于山崖之中,左侧放有净水瓶,下有几位供养人和马。

［文献］　宋赵明诚《金石录》卷一一,元脱脱《宋史》卷三五六,李淞《陕西古代佛教美术》、《长安艺术与宗教文明》,贠安志《陕西富县石窟寺勘察报告》(《文博》1986年第6期),刘兴珍等《中国古代雕塑图典》,唐晓军《甘肃古代石刻艺术》。

公元1113年　政和三年

［提示］　六月一日,陕西黄陵县双龙千佛洞石窟化生佛长生佛造像。是年,黄陵县双龙千佛洞石窟介氏刻玉溪居士七言诗。欧阳棐卒,撰有《集古录目》。山东《孔宗翰诗碣》。

［叙录］　六月一日,陕西黄陵县双龙千佛洞石

窟化生佛长生佛造像。李凇载，在千佛洞石窟主龛左侧，刻有造像题记：施主王义、妻谢氏同发愿造三类化生佛一尊，长生佛一尊，与亡过父母早生天界，政和三年(1113)六月一日并工记耳。作佛人鄜州介端、男介元、弟介子用、弟介政。同年，黄陵县双龙千佛洞石窟介氏刻玉溪居士七言诗。在千佛洞石窟内存有金代大定三年(1163)刻石寺院常住地土范围的契书，李凇说，从契书内容看，最早追述至绍圣元年(1094)的寺院地界，这应是石窟创建的年代。窟内另有一首七言诗，记载了石窟的凿造过程：回合山形如抱曲，为僧凿洞苍崖腹；勤劳不辍二十年，佛像才成莹赛玉。自言所费实不口，讵免规规诲聋俗；我听师言赞叹生，瞻仰虚空无量福。玉溪居士题。题诗的玉溪居士没有留下纪年，我们可推断出诗中所写的“二十年”，即从地契所记的绍圣元年至政和三年王义等人造像记(1094—1113)，后者是窟中最晚的造像题记，这期间恰好为20年。因此可以得出以下认识：在北宋后期的绍圣元年到政和三年，以鄜州(富县)作佛工匠介端为首的介氏家族，在此应不同像主的要求，先后凿造了石窟和造像。在陕北其他石窟中，我们也发现有介氏家族的造像题记。

是年，欧阳棐卒，撰有《集古录目》。欧阳棐字叔弼，庐陵(江西吉安)人，《宋史》中有传。欧阳棐是欧阳修第三子，英宗治平四年(1067)进士乙科。历知襄、潞、蔡州，后以坐党籍废十余年。有文集20卷，已佚，著有金石学《集古录目》传世。

同年，山东刻《孔宗翰诗碣》。骆承烈载：此石现镶于孔庙十三碑亭东北部北墙栏内东墙。石高43厘米、宽75厘米。正文为孔恢草书、跋正书，孔昭熏记。

［文献］ 元脱脱《宋史》卷三一九，李凇《陕西古代佛教美术》，骆承烈《石头上的家文献——曲阜碑文录》。

公元1114年 宋政和四年 辽天庆四年

［提示］ 宋政和四年六月，徽宗御书《太清楼特宴记》石刻。政和四年，河南嵩山刻《长芦慈觉赜禅师塵中佛事碑》。辽天庆四年六月二十三日，北京《史洵直墓志》。

［叙录］ 宋政和四年六月，徽宗御书《太清楼特宴记》石刻。据明人叶盛载：政和四年六月朔日，刻立徽宗御书《太清楼特宴记》，石在开封府学墙壁间。程章灿说，其文字已不完整，但石末题署很有价值，逐录如下：翰林书艺局镌字艺学臣严奇、睿思殿御前文字外库镌字艺学臣徐珣、臣张士亨、待诏臣朱章、臣邢肃、臣张仲文、书待诏臣王公琬、待诏赐绯臣倪士宣、臣封士宁、从义郎臣张士永模刊、睿思殿御前文字外库祗应武翼郎臣俞迈题写、通侍大夫臣梁师成、通侍大夫保康军节度观察留后臣贾管勾上石。这个题署中共出现13个人名，前10个都参与“模刊”，包括模勒和镌刻两个主要工序。揆以常情，严奇、徐殉、张士亨三人为刻工应可无疑，邢肃曾任“少府监玉册官”，亦极有可能参与镌刻。后三人中，俞迈负责题写，梁师成和贾某总体负责，分工很明确。由此可知，翰林书艺局不仅有书艺学，而且有镌字艺学，不仅翰林书艺局有镌字艺学，而且睿思殿也有镌字艺学，张士亨即是从睿思殿祗候升转为睿思殿镌字艺学的。这份名单为我们认识翰林书艺局镌字人员的编制构成提供了一份重要史料。

河南嵩山刻《长芦慈觉赜禅师塵中佛事碑》。据温玉成等载，在河南嵩山少林寺西北2公里处五乳峰下阜丘山初祖庵里，存有黄庭坚书写的《达摩颂碑》。在《达摩颂碑》的背面即刻有《长芦慈觉赜禅师塵中佛事碑》。碑高135厘米、宽62厘米，立于北宋政和四年(1114)，由少林禅寺住持嗣祖赐紫沙门惠初记并书。此碑未见金石书著录，推测明清以来，久不见天日。慈觉宗赜禅师为宋代著名的禅宗云门宗大师，兼攻律学，著述丰富。宋人普济在《五灯会元》中收有“长芦宗赜禅师”语录若干首，并说宗赜为“沼州孙氏子”。沼州即今河北永年县，在沼水之北。宋人元照收录有《长芦赜禅师文集序》，略述有宗赜经历。《塵中佛事》一文，是少林禅寺住持嗣祖赐紫沙门惠初所记,惠初和尚赐号“佛灯大师”,是宗赜同时代的人。

辽天庆四年六月二十三日,北京刻《史洵直墓志》。据《北京辽金史迹图志》载,此志全称《大辽故左谏议大夫开国子食邑五百户赐紫金鱼袋致仕史公墓志铭》:公讳洵直,字知命,儒州缙山人也。乾统四年五月二十四日午时,获疾右胁而逝,终于昌平县之私第,春秋八十有三。以天庆四年岁次甲午六月甲辰朔二十三日丙寅乙时,迁葬于昌平县仁和乡东道里。据张焯说,《史洵直墓志铭》为方碑,1956年出土于北京市昌平县西城墙下。志中提及的西京石佛院,盖即大同云冈石窟或观音堂。志中的诠正大师,与辽寿昌五年(1099)的华严寺提点诠悟大德不知是何关系。而元初慧明和尚住持华严寺,又被尊奉为云冈石窟佛寺的开山祖师,可见两寺的法眷关系。

[文献] 宋普济《五灯会元》卷一六,宋元照撰《芝园集》卷下,明叶盛《水东日记》卷二五,程章灿《石刻刻工研究》,温玉成等《佛教考古两得》(《佛学研究》2002年第11期),温玉成《中国佛教与考古》,北京市文物局《北京辽金史迹图志》下,张焯《云冈石窟编年史》。

公元1116年 政和六年

[提示] 重庆大足北山观音变相龛。

[叙录] 重庆大足北山观音变相龛为北山佛湾第180号龛。窟顶部为平顶,窟内平面约呈方形,龛高375厘米、宽379厘米、深317厘米。窟门高宽与窟同。窟内主像为观音菩萨,面西坐于金刚座上。观音头戴高花冠,瓜子脸,长脖。窟右壁上方有题记一则:□门前令弟子邓惟明,妆普见一身供养,乞愿一家安乐。政和六年十一月□□弟子邓惟明。

[文献] 四川省社会科学院等编《大足石刻内容总录》。

公元1117年 政和七年

[提示] 六月,湖南衡山政和年题刻。绍圣二年至重和元年间,陕西介端在石空寺石窟作大量石雕。

[叙录] 六月,湖南衡山政和年题刻。刘刚载,此摩崖石刻位于衡山南岳水帘洞景区。题刻高200厘米、宽100厘米,字体为楷书。内容:羽客下棋处,金龙曳尾处,宝录浮水处,投金龙玉简处。宋政和丁酉七年六月真李亘通微书圣迹。

绍圣二年至重和元年间(1095—1118),介端在石空寺石窟作大量石雕。前面我们已多次提及陕西的石刻世家介氏家族,其灵魂人物为介端,北宋鄜州(陕西富县)人。刘兴珍等在《中国古代雕塑图典》中说,介端精于石雕佛像,绍圣二年至重和元年间,在石空寺石窟作大量石雕。这些雕像生动,技法洗练,情绪刻画细致,作风朴素写实。窟内有造像记文多处,中央佛坛南壁前柱头题记说:共四人等镌造石空寺佛殿后壁一面五百罗汉并部从共六百,绍圣二年九月八日鄜州介端等镌并工。佛坛北壁尚有题记:施主王义妻谢氏同发愿造三类化身佛一尊,长生佛一尊——政和五年六月一并工记耳。作佛人鄜州介端。这些作品现存陕西黄陵万佛寺(即石空寺石窟)。

[文献] 刘刚《湖湘碑刻》,刘兴珍等《中国古代雕塑图典》。

公元1118年 政和八年

[提示] 十一月,甘肃武山县滩歌镇摩崖石刻。

[叙录] 十一月,甘肃武山县滩歌镇摩崖石刻。据漆子扬、唐晓军载,此刻位于武山县城南滩歌镇白崖沟村南沟。石刻纵243厘米、横188厘米,四周皆有栏线,共有276字,田庆、杜千刊字。内容记述徽宗政和八年下诏在京都开封重新修建宣德楼、集英殿,并由熙河路转运司、提刑司、常平司出资,转运使

张孝纯、防御使王子夕具体负责在青竹平采伐木材之事迹，其中涉及的人物多达36人。宋初，从宝鸡到临洮一带本是茂密的原始森林。大中祥符三年(1010)杨怀忠知秦州时，曾“视得蕃界大小落门皆巨材所产”。宋人李焘载：为修建东西帝京的皇宫府第大肆砍伐秦陇大木，“春秋二时联巨筏，自渭达河，历砥柱以集于京。集岁之间，良材山积。”至神宗时期，秦陇被伐一空，元丰三年(1080)下诏说：“方今天下独熙河山林久在羌中(吐蕃)，养成巨材最为浩瀚，可以足取。”朝中大员和戍边军官互相勾结联合走私，加上修筑西北堡寨工事，沿渭水一带的巨木经过百余年连续不断砍伐，基本告罄，此次修建皇城宣德楼、集英殿所用木材不得不到远离渭河且地域偏僻的威远镇青竹平采伐。诏书于政和八年八月下达熙河路之巩州(陇西)，从巩州知州、陇西县令到威远镇镇寨官，多次汇集青竹平筹划勘察，于九月辛巳即农历九月初二开工，越十一己巳毕工，共109天，采伐5丈至10丈巨木2 370余根。

［文献］　宋李焘《续资治通鉴长编》卷七三，漆子扬《北宋威远镇圈子阖石碑文献稽考》(《西北师大学报》2003年第4期)，唐晓军《甘肃古代石刻艺术》。

公元1119年　宣和元年

［提示］　正月，诏佛改号大觉金仙，余为仙人大士之号。

［叙录］　据李焘及元人释觉岸载，宣和元年春正月诏：佛改号大觉金仙，余为仙人、大士之号。僧为德士，易服饰，称姓氏。寺为宫，院为观，即住持之人为知宫、观事。所有僧录司，可改作德士司；左右街道录院，可改作道德院。德士司隶属道德院，蔡攸通行提举。天下州府僧正司，可并为德士司。寻又改女冠为女道，尼为女德。显然，这是一种典型的崇道抑佛的举措。正如张焯说，宋徽宗崇道教，焚释典，佛教遭受沉重打击。但此事并未推行多久，佛教即再次复兴。岳珂记载说：政和以后，道家者流始盛。群羽士因援江南故事，林灵素等多赐金门羽客。道士居上者，必赐以涂金银牌，上有天篆，咸使佩之，以为外饰；被宠异则又得金牌焉。及后金人入汴，其臣僚皆佩金牌为号，始寤前兆之不祥。在辽乾统五年(1105)所作舍利石棺刻文中即出现“金仙”一词，当指释迦佛。此石函作于乾统五年，早于诏改金仙十四年，或许是北方佛教界早已有此称谓，亦未可知。

［文献］　宋李焘《续资治通鉴长编》卷九三，宋岳珂《愧郯录》卷一二，元释觉岸《释氏稽古略》卷四，张焯《云冈石窟编年史》。

公元1120年　宣和二年

［提示］　十二月二十日，湖南《黄庭坚浯溪题名并诗》。是年，江苏《吴江水则碑》、江苏《张叔夜等白虎山题名》。

［叙录］　十二月二十日，湖南浯溪刻《黄庭坚浯溪题名并诗》。据清人郭嵩焘在《湖南通志》载，此刻为“无诸释可环模刻”。

是年，江苏刻《吴江水则碑》。这块水则碑是我国古代最为著名的水文碑刻，堪与重庆《涪陵白鹤梁题刻》相比肩。据明代张国维等记载，徽宗宣和二年，官府对太湖地区所有的湖泾浜河渠自来蓄水、灌水、通舟情况都进行了勘察，并竖立“水则碑”。沧桑变化之后，能保留于今者十分罕见。周魁一、胡昌新等载，《吴江水则碑》共分两块，分别立于吴江县东门外垂虹桥上垂虹亭北左右。吴江县垂虹桥是太湖出水口与大运河交汇处，水位控制至关重要，这两块水则碑，一块称作《横道水则碑》，置于垂虹亭北之左，又称《左水则碑》。碑长七尺，其上横刻七道，具体掌握水位高程与邻近地区农田淹没情况之间关系。上面刻有两次大洪水题记：一次位于水则碑第六则，“大宋绍熙五年(1194)水到此”；另一次位于第七则，“大元至元二十三年(1286)水到此”，另一块称作《直道水则碑》，置于垂虹亭北之右，又称《右水则碑》，上刻12大格，分别注明12个月，每大格下又分三小格，系一个月的上中下三旬，显示每月各旬水位高程记录，类似黄河“水历”，据以判断附近农田受涝灾的程度。这两块水则碑在明代正德尚存世，此后或损坏，或佚失。清乾隆十二年(1747)又重刻右碑。现存苏州市碑刻博物馆中的水则碑，为清代光绪二年(1876)仿照吴江《横道水则碑》(左碑)而刻制，尺寸与宋碑等同。

江苏刻《张叔夜等白虎山题名》。据明人陈邦瞻载：约在徽宗宣和元年(1119)之前，宋江等36人即聚众起义(周密《癸辛杂识》中即收录有元初画家龚开所作《宋江三十六人赞》)，活动于河北、京东一带，驻兵于山东阳谷、梁山、郓城之间的梁山泊，并以此为据点，“横行河朔，转掠十郡”，宋军不敢抗拒。宣和三年(1121)二月，宋江义军进攻江苏沭阳及海州(江苏东海县)，由海州东门外登陆。海州知州张叔夜设下埋伏，并招募死士焚毁宋江义军船舰断其退路，宋江义军人心动摇，最后全军覆没，宋江被迫投降。在江苏连云港锦屏山北麓海州古城南门外白虎山摩崖石刻中，尚存有一则《张叔夜等白虎山题名》，此刻亦称《张叔夜等白虎山登高碑》，可从一个侧面印证张叔夜击败宋江义军之事。张叔夜题名镌刻于白虎山半山腰石壁，刻石长220厘米、宽150米，刻楷书10行、行7字，共70字，字径12厘米。题名所刻时间为宣和二年，题名者均为海州地区各县文武官吏：张叔夜在召集本州文武官吏聚会、共登白虎山时题刻。次年二月，即发生宋江起义军进攻海州，被张叔夜一举击败之事。这也意味着张叔夜所召开的会议，可能就是一次关于围剿宋江义军的军事会议。

［文献］ 周密《癸辛杂识》续集上，明陈邦瞻《宋史纪事本末》卷五四，清郭嵩焘撰《湖南通志》卷二七五，明张国维《吴中水利全书》卷一〇，清黄象曦《吴江水考增辑》卷二，周魁一《中国科学技术史》水利卷，胡昌新《从吴江县水则碑探讨太湖历史洪水》(《水文》1982年第5期)。

公元1121年　宣和三年

［提示］ 六月十二日，浙江仙岩洞刻《征剿方腊碑》。十月八日，四川荣州刺史宋昌宗重立《九域守令图碑》。

［叙录］ 六月十二日，浙江仙岩洞刻《征剿方腊碑》。宣和二年(1120)十月，睦州青溪(浙江淳安)万年乡的佣工安徽歙州人方腊，于青溪县帮源峒起义。并迅速占领睦州、歙州等六州的52个县，皖浙一带众起响应，义军人数近百万之众，东南大为震动。据《宋史》(童贯传)载：方腊发动起义后，徽宗命童贯率十万大军征剿，于宣和三年四月击溃方腊主力，并在方腊家乡梓桐乡石穴中生擒方腊及家人。同时命麾下庄仲修及部将秦寿之率兵至浙江衢州一带追剿方腊余党。据崔成实等载：是年六月十二日，庄、秦二将宿营于衢州城东仙岩古刹，刻造青石质《征剿方腊碑》，碑高90厘米、宽70厘米，楷书。从碑文中得知，宋军大规模征剿方腊义军的时间为宣和三年二月至六月。

十月八日，四川荣州刺史宋昌宗重立《九域守令图碑》。高文载：此碑原在四川荣县莲宇山麓学宫，1964年移入四川省博物馆收藏。该碑为荣州(荣县)刺史宋昌宗重立。碑呈长方形，通高174厘米、宽10厘米、厚19厘米。碑阴题刻：莲宇，绍兴已未史炜建并书，郡守□□□等字，图碑四边线的中间刻东(右)、南(下)、西(左)、北(上)四个方位，所标方位与今图一致。此图的比例尺，按开封分别通至洛阳、诸城、常州、衡阳、成都等11段图面距离数据平均值计算，约为1∶1 900 000，海域则以水波纹，与陆地区别。在图下面刻宋昌宗重立此碑的题记，剥落严重，今残存76字。高文以清同治《嘉定府志》、民国《荣县志》互为校正，将全文补成。《九域守令图碑》为我国年代最早、较精确的以县为基层单位绘刻的全国地图。

［文献］ 元脱脱《宋史》卷四六八，清叶昌炽《邠州石室录》，崔成实《衢州市发现有关方腊起义的石

刻》(《文物》1987 年第 5 期),鲍绪先等《从衢州、淳安两处刻石再谈方腊被害时间》(《文物》1991 年第 9 期),高文等《四川历代碑刻》。

公元 1122 年　宋宣和四年　辽保大二年

［提示］ 宋宣和四年三月二十日,陕西刻安塞县石寺洞石窟涅槃图。同年,陕西开凿佳县云岩寺石窟。辽保大二年,金人陷中京,天祚与诸王并长公主等由石窟寺遁去。

［叙录］ 宋宣和四年三月二十日,陕西刻安塞县石寺洞石窟涅槃图。李凇载,石寺洞石窟位于安塞县王窑乡石寺河村西,存有五窟。唯第三窟有造像,窟宽 800 厘米、深 740 厘米,中央有佛坛,东西坛角各一托重力士,坛上造像已毁,观其石窝,为一铺五尊。坛东西端各一屏柱接窟顶,刻千佛、供养人和涅槃图,涅槃图题记为:安塞堡纠首人何主月、白贵廿修释迦佛入涅槃一所,伏愿皇帝万岁,重臣千秋。察那川施主白友□共修一半。埸子掌合社施主张进、贺青任、子于共修一半。各人合家安乐,千灾速去,万福归崇。宣和四年三月二十日。白政、石匠王志、书正干木。窟内东西两壁下方刻罗汉,后壁下方刻罗汉,合有 18 人。同年八月,陕西开凿佳县云岩寺石窟。佳县云岩寺石窟位于佳县木厂湾村北,仅存一窟。李凇描述说,此窟无中央佛坛,正壁造像为释迦牟尼佛,左为迦叶、右为阿难,普贤骑象和文殊骑狮分列左右角,左右壁为罗汉,分两层,每层四尊,共为 16 尊。窟顶有圆形图案,中为莲花,外有八卦和龙。外壁门上有六尊立佛和菩萨、布袋佛像、地藏菩萨和观音像,门左右有天王。有开窟题记,中有:都维那杜应、副维那张修释迦如来佛、十六罗汉石洞,普遍十方修功毕,同增福利,并生程结。李子贞。宣和四年八月□日。修宇人刘礼,石匠四人,李荣贤、雷人立、张靖。窟中造像现已重新涂彩描金。

辽保大二年,金人陷中京,天祚与诸王并长公主等由石窟寺遁去。宋人徐梦莘引《亡辽录》:保大二年,金人陷中京(内蒙古宁城西大明城),天祚(耶律延禧)幸燕,西走云中府,天祚与诸王并长公主、驸马、诸子弟三百余骑由石窟寺遁去。过云中城下,留守萧查剌以下接见,有旨:贼马不远,好与军民守城。但取马五十匹随行,迤逦入天德军(内蒙古包头市西)。《辽史》(天祚帝纪三)上也说:保大二年春正月乙亥,金克中京,进下泽州。上出居庸关,至鸳鸯泺。余睹引金人逼行宫,上率卫兵五千余骑幸云中,遗传国玺于桑乾河。

［文献］ 宋徐梦莘《三朝北盟会编》卷二一,元脱脱《辽史》卷二九,李凇《陕西古代佛教美术》。

公元 1123 年　宋宣和五年　金天会元年

［提示］ 宋宣和五年四月初六,山东《王衣题名碣》。金天会元年,金太祖卒,生前刻立《海龙女真文摩崖》。

［叙录］ 宋宣和五年四月初六,山东刻《王衣题名碣》。骆承烈载:此石现镶于孔林思堂西斋西墙、南起第四石。石高 72 厘米、宽 77 厘米。正书 8 行,行 10 字。

金天会元年,金太祖卒,生前刻立《海龙女真文摩崖》。金太祖完颜阿骨打,《辽史》有太祖本纪,太祖系完颜部首领、金朝的建立者。善骑射,虎水(黑龙江省哈尔滨东南阿什河)女真族完颜部酋长乌骨乃之孙,劾里钵之次子。据范进已载,在吉林海龙县山城镇南九缸辽十八山锅山,有一块突兀的山石,在其阴阳两面,存有著名的《海龙女真摩崖》石刻。摩崖阳面镌刻女真文,字迹已难以辨认,但尚可释读出“收国二年五月五日”、“捷□□生擒”等字样。“收国二年”即金太祖阿骨打纪年,以此可知此摩崖为金太祖遗存的纪功刻石。摩崖的阴面刻有汉字“大金太祖大破辽军于节山息马立石”一行字。有学者认为这行汉字,可能是民国古董商兼拓工邢玉人伪刻的。

［文献］ 元脱脱等《辽史》卷二,范进已《海龙女真摩崖石刻》(《社会科学战线》1979 年第 2 期)。

公元1124年　宣和六年

［提示］　二月十五日，陕西《鲁儁道教造像碑》。三月，陕西《韩愈五箴》碑。

［叙录］　二月十五日，陕西刻《鲁儁道教造像碑》。刘麟载，此碑于1994年6月出土于酒房乡梁坡村，由村民杨书文妻子在劳动时发现。李凇描述说，其碑阳正中开“凸”形龛，内高浮雕一天尊二侍者。龛下凿一排七个拱形小龛，中间为五龛天尊坐像，两侧龛为站立的侍者。龛下题记为：“时大宋宣和六年二月十五日李珍立石。”题记均为楷书。

三月，陕西西安刻《韩愈五箴》碑。此碑现藏西安碑林。据陈忠凯说，《五箴并序》因为系唐代韩愈所作，故世人称“韩愈五箴”，亦称“昌黎五箴”。北宋嘉祐八年(1063)二月初吉，狄道李寂篆书，宣和六年三月既望男玠摹上石，姚彦刊。碑刻高98厘米、宽56厘米。篆书24行、行32字。

［文献］　刘麟《麟游出土北宋道教造像碑》(《中国文物报》，1994年11月9日)，李凇《陕西古代佛教美术》，陈忠凯《〈韩愈五箴〉考》(《文博》1996年第6期)。

公元1125年　宣和七年

［提示］　仲夏十八日，甘肃永登县荨麻湾摩崖石刻。宣和年间，山东《万人愁碑》、山东《庆寿碑》。

［叙录］　仲夏十八日，甘肃永登县荨麻湾摩崖石刻。据翟翔、唐晓军载，荨麻湾摩崖位于永登县连城镇南约六公里的水磨沟内小吐鲁沟口以南荨麻湾，距地面约七米。北宋宣和七年刻造，楷书8行、共65字，知震武军严永吉题。《宋史》(地理志)载：震武军，政和六年建，筑古龙骨城，赐名震武城，未几改为震武军。震武军遗址在今连城镇西北一里，今尚存有城址残迹。在谭其骧主编的《中国历史地图集》中，将震武军标在青海互助土族自治县干禅口一带，该摩崖石刻文字可以修正这类错误。

宣和年间(1119—1125)山东刻《万人愁碑》。骆承烈载，此碑位于曲阜城东少昊陵前百米、水潭之东。是一件巨型石碑，碑高近17米，碑侧各有一尊护碑力士。真宗大中祥符五年(1012)，“推本世家，遂祖轩辕”。

据《史记》(五帝本纪)、《宋书》(符瑞志上)及清《嘉庆重修一统志》(兖州府寿邱)记载，寿邱是传说中轩辕黄帝的出生地和黄帝之子少昊的葬地。由于轩辕黄帝生于寿邱，真宗便将曲阜县改为仙源县，并从鲁城内移县治于寿邱，建宋城，建造规模达1 320楹的景灵宫以祭祀轩辕黄帝。徽宗宣和年间又在景灵宫前立大碑四幢，以表功德。元人杨奂在《东游记》中载：大碑四，谚云“万人愁者”是也。而二碑广二十有二尺，阔半之，厚四尺。这块巨碑，历时数年才凿成，运石料时，日挪卧牛之地，运到寿邱景灵宫前，竟然用了15年时间。碑刚造好，尚未及题书刻字竖立，金兵渡河，宋帝南逃，巨碑从此荒废。遗石碎为数十块，散置于水潭蒿草中。明李东阳曾赋诗感叹云：“丰碑不书字，遗恨宣和年。”至清代此碑再历破坏，碎至百余块。20世纪90年代初，曲阜市文物局经过五个多月的努力重新修复此碑。此碑是存世最大的无字碑，其碑趺雕刻精美，刀工粗犷，威猛而壮观。

宣和年间，山东刻《庆寿碑》。《山左金石志》释文，骆承烈载，此碑为燕山道人正书。碑立于宋宣和年间，但至元时始刻字，现位于城东少昊陵前百米、水潭之西，碑高亦近17米。碑面偏下左侧正书“庆寿”二大字，字高近200厘米。此碑与《万人愁碑》同时刻造，为景灵宫前立四碑之一。北宋灭亡时遗石碎为12块，散置于旧县北之农家院中。据记载，元世祖至元四年(1267)由燕山老人书“庆寿”二字，并落款，后款泯灭，只剩二字。1992年，曲阜市文物局经两月时间重修树立。

这两块巨型石碑的倒塌与碎裂，具有某种象征色彩：一个璀璨的北宋王朝，轰然间已风流云散了。

［文献］　汉司马迁《史记》卷一，梁沈约《宋书》

卷二七，元杨奂《东游记》(明黄濬《素王记事》附录)，清穆彰阿等纂《嘉庆重修一统志》卷一六五，清毕沅《山左金石志》卷二八，唐晓军《甘肃古代石刻艺术》，翟翔《连城捋麻湾摩崖石刻与镇武军地理位置考释》(《敦煌学辑刊》2000年第1期)，谭其骧《中国历史地图集》第六辑，骆承烈《石头上的家文献——曲阜碑文录》。

公元 1126 年　靖康元年

［提示］　九月十五日，陕西旬邑县马家河石窟刘开先等游题。是年，重庆大足北山大佛母孔雀明王窟、重庆大足北山《弥勒下生经变相图》、重庆大足北山泗州大圣窟、重庆大足北山《地藏变相图》、重庆潼南大佛、甘肃麦积山《秦州雄武军陇城县第六保瑞应寺再葬舍利记》碑。

［叙录］　北宋宣和七年(1125年)，金军分东、西两路袭掠宋朝：东路攻战燕京，西路劫杀太原。东路大兵在破京渡河后，长驱南下直扑汴京(开封)。徽宗禅位于太子赵桓，是为宋钦宗。次年亦即钦宗靖康元年正月，东路金军兵临汴京城下，逼宋议和。同年八月，金军再以东西两路侵宋；闰十一月，金军会师攻下都城汴京，徽钦二帝被金人掳获。北宋王朝，从此退出历史的风云江湖。

九月十五日，陕西旬邑县马家河石窟刘开先等游题。这是本年少见的在北方的与石刻相关的印迹。据李淞说，在关中通向陕北的一条古道三水河两岸，遗有不少石窟。在下游处离县城约12公里的河东岸绝壁上有马家河石窟。该处造像以一个主要洞窟为中心，窟外门上及两侧还有7个小龛，窟北100余米处还有一较大窟。主窟为平面正方形中心柱窟，中心方柱宽为180厘米、深150厘米，三面造像。中心柱背面无像，正面右边刻有“靖□元年九月十五日本县石匠行人刘开先、刘直、杨立□、□□□四人因到记耳”，全部字刻为一纵行，或为北宋最后一年靖康元年(1126)，这显然不是开窟题记，只是游题。同年，在甘肃还有麦积山《秦州雄武军陇城县第六保瑞应寺再葬舍利记》碑。此碑原嵌于牛儿堂崖间，左端残缺，现存麦积山文物库房，北宋靖康元年立，主要记载和塔及舍利有关的掌故。

是年，重庆大足北山大佛母孔雀明王窟(图231)。《大足石刻内容总录》载：此龛为北山佛湾第155号龛。白砂岩石质，窟顶部为平顶，窟内平面成长方形，窟高347厘米、宽322厘米、深607厘米。离窟门318厘米处有一中心柱(即主像与其座下之孔雀)，柱剖面呈扇形，其上端略呈矩形。主像为佛母大孔雀明王菩萨，面西北结跏趺坐于莲座上，通高316厘米。菩萨头戴高花冠；面容端庄，耳饰垂胸，身有四臂，左上手托经书，左下手握扇放于腹前，右上手如意珠，右下手持一孔雀羽毛放于膝间。主像莲台下方基座的左壁上有一题记：丙午岁伏元俊、男世能，镌此一身。金维诺说，佛母莲座下孔雀双翅开展，尾羽屏开直达窟顶，形成明王身光，构思精巧，形象雕造极具匠心。伏元俊父子在北山开造了一批较大型的石窟龛像，现存尚有弥勒经变窟、泗州大圣窟与孔雀明王窟，于靖康元年同时开造。刘兴珍认为伏元俊父子可能是西北地区少数民族人氏，伏氏造型朴实，刀法洗练流畅，块面转折肯定，体量感较强，生活气息浓厚。

是年，重庆大足北山《弥勒下生经变相图》(图232)。此龛为北山佛湾第176号龛，灰砂岩石质。窟顶部为平顶，窟内水平面呈方形，窟高272厘米、宽195厘米、深240厘米。窟门之高、宽与窟同。主像为弥勒佛，面西结跏趺坐于莲台上。佛头有螺髻，顶上肉髻高尖似冠，面呈长圆形，面呈笑意，身着褒衣博带式佛袍，内衣结伸出搭于右腕上。佛左手抚膝，右手平摊于膝间结定印。窟右壁外侧上方有一题记：本州匠人伏元俊、男世能，镌弥勒泗州大圣，时丙午岁题。窟内左右壁浮雕分作三层，以骑狮文殊、乘象普贤为中心，刻有各类经变人物。同年，重庆大足北山泗州大圣窟。此窟为北山第176窟，窟平面呈方形，窟高332厘米、进深254厘米。金维诺载，全窟原有造像七身，正壁主尊为泗州僧伽，头戴风帽,身着袈裟,面相圆胖,袖手而坐,身前置三足夹轼。椅侧左右浮雕二弟子,一持锡杖,一捧澡罐,为僧伽随侍二弟子木叉和慧俨。窟左右壁配置二僧像,服饰装束与僧伽相同。左为梁时高僧宝志,右为唐代高僧万回。近门处现存一小僧像,似为泗州大圣化相。此窟造像较完整地保存泗州僧伽变相及高僧的图样仪范,僧伽及宝志、万回等高僧信仰由唐入宋,民间将他们看作观世音菩萨,其热情在宋时达到极盛。陕西富县石泓寺石窟的泗州僧伽及弟子像、大足石篆山的宝志像龛及大足宝顶山石窟柳本尊像、安岳毗卢洞柳本尊十劫行化图,都是两宋之际的遗迹,这些图像有助于考察两宋之际民间的高僧信仰,弥足珍贵。同地还刻有《地藏变相图》。《大足石刻内容总录》载:此窟为北山177号龛,主像为地藏本身像,面西盘膝坐于一高背椅上,有二飘带及衣衫垂于座椅前。地藏坐身,头戴披风,身着袈裟,面庞圆胖,神态憨厚慈祥,双手合袖中,拱放于胸前之半圆形三足夹轼上。其椅靠背横栏各向两侧突出,成如意状。靠头为五面形。在窟左壁外侧地藏化身像上方,镌有一题记:丙午岁伏元俊镌记。

是年,重庆潼南大佛。据刘长久、胡文和载:是年,潼川中江来化邑人道士王了知,在重庆潼南县定明山南禅寺命工展开大佛像身、令与顶相称,身高八丈,耳、目、鼻、口、手、足、花座悉皆称是。

［文献］ 李凇《陕西古代佛教美术》,四川省社会科学院等编《大足石刻内容总录》,金维诺《中国古代佛雕:佛造像样式与风格》,刘兴珍等《中国古代雕塑图典》,刘长久《中国西南石窟艺术》,胡文和《四川道教、佛教石窟艺术》。

公元1127年　靖康二年　建炎元年

［提示］ 靖康二年四月十五日,湖北《随州大洪山崇宁保寿禅院十方第二代楷禅师塔铭》。北宋年间,四川安岳毗卢洞紫竹观音造像。建炎元年十月二十九日,四川《宋故平阳公(勾龙中庆)墓志铭》。

［叙录］ 四月十五日,湖北刻《随州大洪山崇宁保寿禅院十方第二代楷禅师塔铭》。此刻清人陈诗著录,王彬撰文,刻工为武宗古(玉册官)。黄敏枝说,湖北随州大洪山保寿禅院为当地名刹,枢密刘奉世于元祐七年(1092)签书枢密院事,曾舍俸金买芙蓉湖田,并延请名僧道楷住持,俄成丛林,赐额兴化。后嗣有长芦清了和普照正觉,亦有众千人,曹洞宗风为之大振。

北宋年间(960—1127),四川安岳毗卢洞紫竹观音造像(图233)。据刘长久、刘兴珍等载,安岳毗卢洞造像开创于五代后蜀,之后历代都进行过培修、补刻。其地为五代至北宋年间四川密宗的主要道场之一。

观音堂内的"水月观音",俗称"紫竹观音"、"跷脚观音"或"风流观音",美国学者韩素英誉之为"东方的维纳斯",系北宋石刻珍品。这座紫竹观音高300厘米,悬坐于凸露的峭岩石窟之中央,头戴宝冠,着短袖薄纱,肩帔飘逸,袒胸露臂,满饰璎珞,腰系彩带,长裙薄柔透体。侧身坐于蒲叶座上,右腿屈踏座上,左腿自然下垂踏莲蕊。姿态潇洒,容貌姣好,风致嫣然,于端庄中见温柔情态,其艺术构思及雕刻技巧俱佳。全像悬空,莲台与足踏之莲蕊间,镂出大量空间,并以搭肩的帔巾相接,手臂、五指、荷叶、荷花及巾带皆镂空,大有幻想中九霄仙境之意趣。现存于观音堂的明碑记载:大士像于毗卢山之右,森严神妙,有动静语墨之机。紫竹飞篁,有风暗雨露之志。诚人间稀有者。又有清碑记:一窝风月,四壁云山,不二法界,第一禅关。阖寺佛像无不精辟,其最著者,唯观音庵,栩栩欲活,飘飘诚仙,朗之生敬,望之俨然。

公元1127年春天,金军破东京,钦宗亲往金营乞降。金军虏获徽钦二帝及宗室后妃共三千人北返,北宋至此灭亡。建炎元年五月初一日,宋将宗泽等拥康王赵构在应天府(河南商丘)称帝,是为宋高宗,年号建炎,南宋王朝翻开首页。不久,为安全起

图 231　孔雀明王　靖康元年(1126)　大足北山佛湾第 155 号龛

图 232 弥勒下生经变相 靖康元年(1126) 大足北山佛湾第 176 龛

见,南宋迁都至临安(浙江杭州),自此偏安江南一隅。虽然,无数如岳飞这样的仁人志士一直心存"驾长车踏破贺兰山阙",但"靖康耻",从未雪,恢复中原的梦想,始终也没有能够实现。

建炎元年十月二十九日,四川刻《宋故平阳公(勾龙中庆)墓志铭》。此志胡人朝有著录,志石现藏于荣县文物管理所,刻工自署"南荣",即其里籍。

[文献] 清陈诗《湖北金石通志》卷四,黄敏枝《宋代佛教寺院与地方公益事业》(《印顺导师八秩晋六寿庆论文集》),刘长久《安岳石窟艺术》,刘兴珍等《中国古代雕塑图典》,胡人朝等《新中国出土墓志》(重庆卷)。

公元 1128 年 建炎二年

[提示] 四月,重庆大足北山凿观自在如意轮菩萨。

[叙录] 四月,重庆大足北山凿观自在如意轮菩萨。《大足石刻内容总录》载,此龛为北山佛湾第 149 窟,灰砂岩石质,顶部为平顶,窟内水平面略呈方形,窟高 343 厘米、宽 322 厘米、深 346 厘米。主像为观自在如意轮菩萨,面西结跏趺坐于莲座上,座下为

八角仰莲瓣束腰须弥座。菩萨头戴花冠，冠中有小坐佛一尊。菩萨身着U字领天衣，胸部饰满璎珞，其左手持莲花负于左肩，右手举于胸前结印，有三条饰带垂于座前，身后有圆形火焰身光及头光，头上方笼罩七宝盖。正壁左侧男供养人上方，有题赞一则（字已漫漶）。金维诺进一步描述说，如意轮观音像左侧像一手举杨柳枝，一手捧净瓶置膝上；右像双手捧如意宝珠。三像背光上方浮雕四神将，左右二壁浮雕诸天神像，各持法器兵刃，为如意轮观音菩萨护法诸神众。据窟内题记，知此窟造像为北宋建炎二年（公元1128年）四月奉直大夫知军州事任宗易夫妇发愿雕造。

［文献］　四川省社会科学院等编《大足石刻内容总录》，金维诺《中国古代佛雕：佛造像样式与风格》。

公元1129年　建炎三年

［提示］　正月二十一日，重庆白鹤梁石鱼之陈似等题记。是年，少府监撤并入工部。

［叙录］　正月二十一日，重庆白鹤梁石鱼之陈似等题记。据清代《涪州石鱼文字所见录》载：建炎己酉正月二十一日，宪属陈似、龚卿还恭，摄郡事王拱应辰，送别江皋，僚友不期而会，口周祉受卿、刘纯常大全、孙之才伯达、林琪子美，同观石鱼，薄暮而归。时鱼去水六尺。龚卿书。

是年，少府监撤并入工部。程章灿考证，唐代将作监置有刻工，宋代则在少府监置有玉册官。在北宋前期，少府监职掌十分有限。元丰改制后，其职掌更新扩大，涵括了原属中书省玉册院的所谓“宝册符印”之制；从传世文献和出土文献来看，差不多与此同时，玉册官由隶属中书省转到隶属少府监，进入一个新的历史阶段。南宋建炎三年，少府监撤并入工部。《宋史》（职官志五）谈到少府监百工考课时，还特别强调“物勒工名，以法式察其良窳”，即要求刻工在石刻上署名，以示负责，同时也便于考察掌握其技术高下及质量优劣。近现代以来河南出土的大批北宋宗室墓志证实了这一点。这些墓志多出自少府监玉册官之手，一般都有刻工署名。

［文献］　元脱脱《宋史》卷一六五，清姚觐元等《涪州石鱼文字所见录》，程章灿《石刻刻工研究》。

公元1130年　建炎四年

［提示］　重庆大足北山及老君庙佛道造像。

［叙录］　是年，重庆大足北山及老君庙佛道造像。是年二月，昌州充宁荣□挥十将文志一家，认妆北山佛湾第288号五百罗汉窟中罗汉五位。五月，大足石壁乡任氏镌造高坪乡老君庙石窟第6号观音龛。胡文和载，老君庙佛道造像，位于大足县城西北18公里处之高坪乡。造像百余身，共编四号，南宋建炎四年镌造。其中，道教造像龛有三：第3号雷公龛、第7号三清龛、第8号三官龛。佛教造像有释迦、观音、川主等题材内容。第六号观音龛有镌记一则：昌州大足县任氏等发心造此佛龛，庚戌建炎四年。

［文献］　胡文和《中国道教石刻艺术史》。

公元1131年　绍兴元年

［提示］　安厝孟太后于绍兴皋埠镇宝山，是为南宋皇陵兆域建造之始。

［叙录］　高宗南渡，以杭州为行在，称临安府，绍兴元年哲宗昭慈皇后孟氏崩，高宗以太后遗诰在会稽上亭乡权殡，待收复中原后归葬巩洛，《宋史》（礼志）载：“梓取周身，勿拘旧制，以为他日迁奉之便。”陈朝云说，孟太后临时安厝处名“攒宫”，葬地在今浙江绍兴东南皋埠镇宝山（亦名攒宫山），是为南宋皇陵兆域建造之始。

［文献］　元脱脱《宋史》卷一二三，陈朝云《南北宋陵》。

公元 1132 年　绍兴二年

［提示］　端午后二日，四川巴中南龛第 69 龛题记。是年，赵明诚、李清照撰成《金石录》，敕命诸州刻立《戒石铭》。

［叙录］　是年端午后二日，四川巴中南龛第 69 龛题记。据成都文物考古研究所等载：巴中南龛第 69 龛位于神仙坡北段中层，为唐开元年间所开龛，龛下壁阴刻绍兴壬子岁(1132 年)陈揖等题记。

是年，赵明诚、李清照撰成《金石录》。据赵明诚《金石录序》、《宋史》及《续资治通鉴长编》等典籍记载，赵明诚及李清照两人合著的这本金石学巨著，著录宋以前彝器、石刻告状达 2 000 种。前 10 卷为目录，以朝代为序，每目下注明年月及撰者姓名。后 20 卷为考辨，跋文达 500 余篇。此书之编辑过程，据李清照所记，于靖康年间已经完成。由李氏上表于朝，正式刊世，则在其身后。人们通常以李清照《金石录后序》所写时间(绍兴二年)为此书成书年月。

是年，敕命诸州刻立《戒石铭》。据宋人孙奕、清人赵翼载：五代时后蜀主孟昶为约束官吏行为，曾撰写戒饬官吏的铭文共 24 句。宋太宗赵光义登基后，出于同样的约束官吏的目的，便从孟昶所撰铭文中摘取四句“尔俸尔禄，民膏民脂。下民易虐，上天难欺”16 字，命人写后颁于天下，诏令各地衙门刻石立碑，是为“戒石铭”，又称“戒贪碑”，以儆天下官吏。南宋绍兴二年，高宗赵构再次敕命诸州重刻“戒石铭”，并亲自撰写题跋。据说当时各州县衙门大堂前，均立有“戒石亭”，亭中即刻立着《戒石铭》碑。据明人陆容记载：近见绍兴察院石刻，高宗题其下云“近见黄庭坚所书太宗皇帝《御制戒石铭》，恭味旨意，是使民于今不厌宋德也”云云。后有端明殿学士、左朝议大夫、签书枢密院事、权参知政事权邦彦、特进尚书左仆射、同中书门下平章事、兼知枢密院事、都督江淮荆浙诸军事吕颐浩等跋语。南宋时所刻《戒石铭》碑分为四截：碑首刻篆额“太宗皇帝御制”六字；第二截刻黄庭坚所书铭文 6 行，行 4 字，共 24 字；第三截刻高宗行书跋文 12 行，行八九字不等；第四截刻吕颐浩、权邦彦等所题跋文。据《广西通志》(金石略)等记载，南宋时所刻《戒石铭》碑，至清代仅见道州(湖南道县)、梧州(广西梧州)两刻。

［文献］　宋赵明诚《金石录序》，宋李清照《金石录后序》，宋孙奕《示儿编》卷一七，宋李焘《续资治通鉴长编》卷九九、卷一〇三，元脱脱《宋史》卷二〇二、卷二〇四，明陆容《菽园杂记》卷一〇，清赵翼《陔余丛考》卷二七，成都文物考古研究所等编《巴中石窟内容总录》。

公元 1133 年　绍兴三年

［提示］　浙江《佛顶光明塔碑》。

［叙录］　浙江《佛顶光明塔碑》全称《明州阿育山佛顶光明塔碑》，原石已佚，有宋拓本藏于日本宫内厅书陵部。据明人宋濂载，北宋仁宗皇帝曾书颂诗 17 篇，赠赐明州(浙江宁波)阿育王广利寺环琏禅师。其时，阿育王寺延请苏轼书碑记述此事并为之建造宸奎阁。

靖康之难后，高宗于绍兴二年(1132)定都临安(浙江杭州)后，诏令征集历代先帝御书御碑。阿育王寺主持将所藏仁宗御碑，篆“皇恩浩荡”进献。高宗为此奖赏阿育王寺，赐田 1 200 亩，且为阿育王寺题“佛顶光明”四字，赐书此碑。刘正成说，全碑碑文可分为上下三列，上两列各 11 行，第三列 6 行，每行字数不一，多为 6 字，碑额楷题“御书”两字。书此碑时高宗方 27 岁，其书学黄庭坚。四库馆臣评论说：高宗当卧薪尝胆之时，不能以修练戎韬为自强之计，尚耽心笔札，效太平治世之风，可谓舍本而营末，以书法而论所得颇深。

［文献］　明宋濂《芝园集》卷三，清永瑢等《四库全书总目提要》卷一一二，刘正成《中国书法鉴赏大辞典》。

图 233 紫竹观音 北宋 四川安岳毗卢洞

公元 1134 年　宋绍兴四年　金天会十二年

［提示］　宋绍兴四年，《宋高宗赐岳武穆手诏石刻》、重庆大足北山佛湾维摩诘图、四川安岳潼南石刻造像。金天会十二年，陕西《大金皇帝都统经略郎君行记》。

［叙录］　宋绍兴四年之《宋高宗赐岳武穆手诏石刻》，为高宗手书。清人丁绍仪载：明代文徵明在看到此石刻后，曾题词《满江红》：拂拭残碑、敕飞字，依稀堪读。慨当初，依飞何重，后来何酷。岂是功高身合死，可怜事去言难赎。岂不念，疆圻蹙；岂不念，徽钦辱。念徽钦既返，此身何属。千载休谈南渡错，当时自怕中原复。笑区区一桧亦何能，逢其欲。文徵明一针见血地指出岳飞的悲剧，正来源于宋室的权力之争：念徽钦既返，此身何属！

绍兴四年，重庆大足北山佛湾维摩诘图。《大足石刻内容总录》载：此龛为北山佛湾第 137 号龛。红砂岩石质，摩崖线刻图，高 208 厘米，宽 270 厘米。图面西，阴刻壁画，原作为宋代蜀中名画家石恪所绘之《文殊诣维摩问病图》白描图。图上原有题记三则：其一位于图上左角：李大郎重摹，罗复明另刻，住岩僧志诚。其二位于其一稍下：昌州充宁十将文志，于初摹日同施火钱三贯，图福利坚久，斯碑不坠。绍兴甲寅重九日谨铭，母亲薛氏家室任氏男谦。其三位于图上右角：东平十、清河八、成纪三、太原三，遍观此院壁画，维摩居士最佳，佗皆不迨，主僧宜护之。丁卯仲秋八月十四日题。全图及题记现有部分已风化剥蚀。

同年，四川安岳潼南石刻造像。据刘长久等载：宋绍兴四年，潼川(四川三台县潼川镇)瑞乌攻镌母山、男士幼、士章等，在四川安岳县卧佛院重修卧佛并侍者。同时，某施主在重庆潼南县明镜乡南龛寺造佛像。

金天会十二年，陕西刻《大金皇帝都统经略郎君行记》。赵超指出，近代以来，在内蒙古自治区、辽宁省、河北省等地陆续出土了一批珍贵的契丹文石刻。其中包括辽兴宗、辽道宗及其皇后的哀册，辽代贵族的墓志以及辽太祖纪功碑、大横帐兰陵郡夫人造静安寺碑等契丹大字碑刻。特别有意思的是在陕西乾县乾陵出土的无字碑上，有金代天会十二年刻的一则《大金皇帝都统经略郎君行记》，以契丹小字刻写，并附有逐字对译的汉文，从而成为释读契丹小字的重要依据。此乾陵“无字碑”位于朱雀门阙址南，居东，与“述圣纪碑”东西对称。石质，八螭垂首，方趺，碑身两侧线刻升龙图。原未刻字，宋金以后始有游人题字，现有历代题刻 42 条，其中金天会十二年(1134 年)的“大金皇帝都统经略郎君行记”的题记。从碑文得知，乾陵在金天会年间曾有过一次大的修缮。

［文献］　清丁绍仪《听秋声馆词话》卷九，四川省社会科学院等编《大足石刻内容总录》，刘长久《安岳石窟艺术》，《中国西南石窟艺术》，王朝闻等主编《中国石窟雕塑全集》，赵超《石刻史话》。

公元 1135 年　绍兴五年

［提示］　三月十八日，四川巴中南龛第 78 龛装彩记。十一月，广西《尹穑仙迹记》。

［叙录］　三月十八日，四川巴中南龛第 78 龛装彩记。成都文物考古研究所等载，巴中南龛第 78 龛位于神仙坡北段下层，盛唐开双层龛，外方内二层檐佛帐形龛。龛内造一佛二胁侍菩萨像，环壁造四十七尊听法菩萨像。外龛左壁中部阴刻绍兴乙卯三月十八日巴州东街住本州散从官罗彦夫妇装彩记。

十一月，广西刻《尹穑仙迹记》。清人谢启鲲载此记：绍兴五年十一月冬至日鲁国尹穑述，吴郡李弥大书，醴陵张昱摹刻，唐全、龙跃镌。程章灿说，在这个例子中，真正的刻工自然是唐全、龙跃，而不是张昱。桂林龙氏刻工群体集中出现在南宋时代，《粤西金石略》同卷有龙跃、唐全题名：绍兴六年丙辰岁上元日，八桂龙跃并宛邱唐全同□仙李记到此，因而刻题。原书按：右刻在栖霞洞。二人即刊《仙迹记》之镌工耳。碑刻中镌工著名者有龙扞、龙湜、龙渊、龙杓、龙云从、龙光等,盖桂林镌手,龙氏能世其家云。

[文献] 清谢启鲲《粤西金石略》卷七,成都文物考古研究所等编《巴中石窟内容总录》,程章灿《石刻刻工研究》。

公元1136年 宋绍兴六年 刘齐阜昌七年

[提示] 宋绍兴六年中秋前二日,四川巴中南龛第60龛外龛题记。八月,重庆大足峰山寺第7号圣母龛。绍兴六年,江西《狄梁公碑》。刘齐阜昌七年,陕西《禹贡导山川之图》碑。

[叙录] 宋绍兴六年中秋前二日,四川巴中南龛第60龛外龛题记。成都文物考古研究所等载:巴中南龛第60龛位于神仙坡北段下层,中晚唐开龛。外方内二重檐佛帐龛,内龛中造菩萨像一尊。外龛左壁阴刻绍兴丙辰中秋前二日题记。竖刻三行:俞周卿、孙晋林君美绍兴丙辰中秋前二日联辔来游。同时,外龛右侧壁阴刻绍兴丙辰岁题记。竖刻三行:孙晋卿邀俞周卿、郑皤老、张公瑞、侄兴祖以绍兴丙辰岁浴佛前一日游。

八月,重庆大足峰山寺第7号圣母龛。据黎方银、胡文和载:峰山寺佛道造像位于大足县城西北18公里天山乡。造像200余身、共编19号,为南宋绍兴六年镌造。第7号圣母龛为平顶龛,龛高100厘米,宽130厘米,深20厘米。正壁刻圣母坐像,头戴凤冠,右旁刻一羽人,肩长两翼,似模仿佛教的迦陵频迦(妙音鸟)。下部有一未完工的乳母像。左右壁各立一供养人。左壁有镌记一则,正书,内容为:八月,黄氏为膝下男、女镌造天山乡峰山寺石窟第七号圣母龛,攻镌作文玠记。

同年,江西刻《狄梁公碑》。据曾毅公考,此刻刻工为蔡宏(庐山琢玉坊)。程章灿认为,此蔡宏很可能是李仲宁的徒弟之一。庐山在九江境内,称九江琢玉坊为庐山琢玉坊自无不可。这件证据确凿的碑刻至少说明了两点事实:第一,琢玉坊中除李仲宁兄弟以外,还有其他刻工;第二,从元丰七年(1084)到绍兴六年,琢玉坊至少存在了50余年之久。明人赵均在《金石林时地考》中著录,《狄梁公碑》在九江彭泽县,由范仲淹撰文、黄庭坚书。据宋人董更《书录》载:绍圣中曾禁苏、黄书翰,各地碑刻焚烧殆尽,至宋高宗时,“方弛其禁,近日滁州《醉翁亭记》、九江《狄梁公碑》皆是用模本重刊”。蔡宏于绍兴六年刻《狄梁公碑》,当在此种背景下达成。

刘齐阜昌七年,陕西《禹贡导山川之图》碑。此碑帖又称《禹迹图》碑,现存世有两块:一藏于西安碑林,一藏于江苏镇江博物馆。西安《禹迹图》与《华夷图》同刻一块碑石正反两面,碑长91厘米、宽88厘米。刊刻于刘齐阜昌七年(即绍兴六年,靖康变后金人扶立刘豫伪齐傀儡政权),但其图稿约完成于元丰八年(1085年)之前。镇江《禹迹图》碑原嵌于镇江文庙墙壁间,后移入镇江博物馆(陈列于焦山碑林者为翻刻)。由图首方框内所刻文字得知:镇江《禹迹图》碑成图于元符三年(1100),刻石于绍兴十二年(1142),为镇江府学重建时置立。

《禹迹图》上刻有全国主要山水和州郡形势、位置及名称,东达黄海岸边,西抵青海祁连,南临海南岛,北至黄河北沿。图上布满纵横交织的方格——中国古代地图学家发明的“计里画方”:横方70格、纵方73格,总计为5 110方。一方格折合100里,其比例尺相当于1∶1 500 000。图上还标注有380个行政区名、近80条河流、70多座山脉、5处湖泊。《禹迹图》是迄今已发现的最早具备数学基础的全国性地图。“计里画方”这种制图方法一直沿用至明末清初,并在14世纪初传入阿拉伯、欧洲各地。英国学者李约瑟博士称《禹迹图》是宋代图学家的一项伟大成就,在当时是世界上最杰出的地图。在1550年以前,欧洲根本没有一种地图可以和这幅《禹迹图》媲美。前人关于《禹迹图》原图的绘制者,学界说法不同,有说是乐史(《太平寰宇记》作者)所绘,有说出自沈括之手,尚无定论。

上文已经提及,西安的《华夷图》同时刻于《禹迹图》碑背面,是宋辽时人以唐代贾耽于唐贞元十七年

(801)完成的《海内华夷图》为底本、缩小到十分之一绘制而成。所谓《华夷图》,即当时中国与周边邻国的地图,也就是一幅以天朝中国为中心的亚洲地图缩影。对于四邻无法踏勘的地方,则以文字表述,所涉地名多达500处。赵超说,唐代贾耽的《海内华夷图》在宋代虽然作了一些修改和省略,但仍可以说是现存年代较早的一幅全国地图。图中基本反映了全国的山河州镇分布情况,但海岸线和河流源头的位置都还不够准确,邻国名称也多有简省。相比之下,《禹迹图》的准确性比较高。它采用了方格网绘图方法。图中大江大河的流向、湖泊位置、海岸线轮廓等都十分准确。但由于它偏重于水系,山脉和城邑没有采用符号标注。现代学者根据图中黄河在河北入海的情况,判断它描绘的是北宋庆历八年(1048)黄河在河南濮阳决口后转向北方的新河道,由此认定是宋代的作品。

[文献] 宋董更《书录》卷中,明赵均《金石林时地考》卷下,成都文物考古研究所等编《巴中石窟内容总录》,黎方银《大足石窟艺术》,胡文和《中国道教石刻艺术史》,曾毅公《石刻考工录》,程章灿《石刻刻工研究》,赵超《石刻史话》,[英]李约瑟《中国科学技术发展史》(地学卷)。

公元1137年 绍兴七年

[提示] 十二月七日,重庆大足玉滩地藏菩萨龛。约于此际,刻江西赣州龙虎岩第8号龛造像。

[叙录] 十二月七日,重庆大足玉滩地藏菩萨龛。《大足石刻内容总录》:大足珠溪镇玉滩第一号即地藏菩萨龛,为带黑色粗砂岩竖方形龛。龛正中凿地藏菩萨坐像,头戴披风,身着素服,手执锡杖,赤足踏于石台上。龛外左壁,竖刻造像记三行,其中第三行刻“绍兴七年十二月七日工毕”字样。

据张总、夏金瑞撰文载:约于此际(绍兴七至八年),冯绍(石匠)刻江西赣州龙虎岩第8号龛造像。程章灿按:据张、夏文,此龛施主张鬻绍兴七年二月知虔州,次年六月卒。

[文献] 四川省社会科学院等编《大足石刻内容总录》,张总等《江西赣州通天岩石窟调查》(《文物》1993年第2期),程章灿《石刻刻工研究》。

公元1138年 绍兴八年

[提示] 四川广元石刻造像。

[叙录] 是年,同州(陕西大荔县)吕再兴、刘立、阑州瓷窑户田忠三人等,同发心在四川广元千佛崖重妆释迦佛一龛。同州韩城县(陕西韩城县)□□□及兄弟同发心在广元千佛崖重妆卧如来龛。利州转运司主押官王泽民及妻王张氏九娘子在四川广元千佛崖装饰三圣堂。

[文献] 王朝闻等主编《中国石窟雕塑全集》(四川重庆卷)。

公元1139年 绍兴九年

[提示] 郑刚中撰《西行道里记》。

[叙录] 绍兴九年,郑刚中随楼炤赴陕西,途经永昭、永厚两陵,在其《西行道里记》中记载了昭厚两陵当时的实况:昭陵因平冈,种柏成道,道旁不垣而周以枳橘。陵四面阙角楼观虽存,颠毁亦半。随阙角为神门,南向门内(外)列石羊马驼象之类。神台二层,皆植柏,层高二丈许。钦慈曹太皇(后)陵,望之可见。又号下宫者,乃酌献之地,今无屋,而遗基历历可见。余陵规模皆如此,厚陵下宫为火焚,林木枯立。关于此事,毕沅曾有著录。陈朝云说,由此可见,神墙的角阙、神门之上都有楼观建筑。

[文献] 清毕沅《续资治通鉴》卷一二二,陈朝云《南北宋陵》。

公元1140年 绍兴十年

[提示] 仲冬七日,四川巴中南龛第25龛郑忠

甫题记。季冬中浣日，四川巴中南龛第23龛李识之等题记。十二月，重庆大足佛安桥水月观音菩萨龛。

［叙录］ 是年仲冬七日，四川巴中南龛第25龛郑忠甫题记。成都文物考古研究所等载：巴中南龛第25龛位于神仙坡南段，如意轮观音以北，老君洞内。为盛唐双层龛，外龛无存。老君洞外左壁边沿处阴刻宋绍兴十年题记，竖刻。第23龛位于神仙坡南段，为盛唐龛，内龛中造一佛二弟子二菩萨五尊像。龛下方阴刻宋绍兴十年季冬中浣日题记，竖刻15行，每行10字。占壁面高62厘米、宽85厘米。

同年十二月，重庆大足佛安桥水月观音菩萨龛。据黎方银及四川省社会科学院等载：佛安桥第六号龛为水月观音菩萨龛。方形龛，正壁凿水月观音舒展地坐于莲台上。左右壁对称竖刻造像题记二则，左壁刻记六行，题款中有“庚申绍兴十年季冬月念一日题记”等字样，右壁刻记二行：□镌作处士，东普文玠记。

［文献］ 成都文物考古研究所等编《巴中石窟内容总录》，四川省社会科学院等编《大足石刻内容总录》，黎方银《大足石窟艺术》。

公元1141年 宋绍兴十一年 金皇统元年

［提示］ 宋绍兴十一年，重庆大足石门山西方三圣和十圣观音像、妙高山刻造三教合一造像龛。金皇统元年□月二十三日，陕西富县石泓寺石窟第二窟金代题记。

［叙录］ 宋绍兴十一年，重庆大足石门山西方三圣和十圣观音像。《大足石刻内容总录》载，此龛为石门山第六号西方三圣和十圣观音像。龛窟顶部

图234 三教合一窟(正壁) 绍兴十一年(1141) 重庆大足妙高山第2号龛

图 235　孔子坐像　绍兴十四年(1144)　大足妙高山第二窟

为平顶，窟内平面成矩形。主像为阿弥陀佛，面东南结跏趺坐于莲座上。主像两侧，左为观音，右为大势至，皆结跏趺坐于金刚台上。窟左右壁下部，平均分立五个净坛，由坛内生出双梗莲花，前后或两侧生出两片荷叶，叶布于净坛两侧，或开或卷，莲花上升组成双莲台，每莲台上赤足立一观音，两壁共为十尊。本窟内各像上方，均有摩崖碑刻一块，字迹大多已风化莫辨。位于左壁宝篮手观音像上方，中有“镌此宝篮手观音菩萨辛酉岁上春休日庆讫(余字已蚀)”字样。位于右壁莲花手观音像上方，中有“昌州大足县陔山乡奉佛弟子邢□，陈充一宅等，于绍兴十年内，命立就此洞镌造莲花手观音一尊”、“乞自身”、“禄位高崇，阖宅寿年永远”、“凡□□无不利。辛酉上元日题”。同时，在大足妙高山第 2 号龛，刻造三教合一造像龛(图 234)。

金皇统元年□月二十三日，陕西富县石泓寺石窟第二窟金代题记。据李凇说，石泓寺石窟第二窟是主窟，平面呈方形，宽 1 030 厘米、深 1 070 厘米、高 540 厘米，中央设佛坛，坛四角有方柱连顶，顶中央有八字：“释迦如来，香花供养。”坛上造像为一佛二弟子二菩萨，坐佛结跏趺坐于莲台。窟内最早题记为金皇统元年“施主郭□，占菩萨二百尊，妻元氏、亡父郭干、妻徐氏、女夫郑八见、妻郭氏、外生(甥)永留、妻父元温、王氏，皇统元年六月廿三日”。

［文献］ 四川省社会科学院等编《大足石刻内容总录》，李凇《陕西古代佛教美术》。

公元 1142 年　绍兴十二年

［提示］ 八月，重庆大足《残碑刻》。是年，江苏镇江石刻《禹迹图》。

［叙录］ 八月，重庆大足《残碑刻》。《大足石刻内容总录》载：此碑位于北山佛湾第 160 号，存摩崖残碑一块，直行隶书，为绍兴十二年八月初六日立。碑左面已毁，余字漫漶不清。同年，江苏镇江石刻《禹迹图》。前面已经提及这块石刻，镇江石刻《禹迹图》立石于南宋绍兴十二年。据刘建国考证，原碑在镇江文庙大成殿，现藏于镇江博物馆。图首方框内刻说明文字：禹迹图，每方折地百里，禹贡山川名，古今州郡名，古今山水地名。图的方向是上北下南，图面所表示的实际范围，东至黄海岸边，南至海南岛，西至祁连山，北至黄河北沿。图内还以符号和文字配合，刻有宋代的山水及州(军)的形势和位置。刘建国认为，《禹迹图》的制图作者，就是镇江科学巨匠沈括。

［文献］ 四川省社会科学院等编《大足石刻内容总录》，刘建国《禹迹图考辨》(《东南文化》1990 年第 4 期)、《镇江城市考古》。

公元 1143 年　绍兴十三年

［提示］ 《南宋石经》、改徽宗陵墓为永祐陵。

［叙录］ 是年，刻《南宋石经》。据陈光熙、陈进等考证，《南宋石经》为高宗赵构所书。高宗书法造诣甚高，清人孙承泽称：宋诸帝能书者而以高宗为第一。宋人杨万里也说：高宗初作黄字，天下翕然学黄，后作米字，天下翕然学米；最后作孙过庭字，故孝宗太上，皆作孙字。由此可见高宗当时对书坛的影响之巨，左右一代之风气。现藏于浙江杭州碑林的《南宋石经》即为高宗赵构及皇后吴氏楷书书成，故又称《宋高宗御书石经》。石经内容为《易》、《诗》、《书》、《左传》、《论语》、《孟子》六部儒家经典和《礼记》中的《中庸》、《大学》、《学记》、《儒行》、《经解》五篇。石经原藏于南宋大学里光尧石经之阁。宋亡后，番僧杨琏真伽在南宋大内建造镇南塔，企图以石经为塔基石，以示镇压，在杭州府推官申屠致远极力反对之下幸免，但其时已损毁大半。元人将其地改为西湖书院，石经阁被废弃。至明初西湖书院又改为仁和县学，后仁和县学变迁，石经复遭散佚。正如明人郎瑛所述：岁深零落，踣卧草莽间，龟趺螭首，十缺其半。明代宣德年间，御史吴讷得石经碑石百块。正德十三年(1518)，巡按浙江监察御史宋廷佐将所存石经残碑 87 块移入杭州府学(原杭州孔庙)，后置

于尊经阁至今。清代陆以湉称高宗《石经》今存86碑,在大咸门外东西两壁。到了今天,则只有85块了。历史上共刻有七部规模宏大的石经,只有《南宋石经》全部由皇帝御书。

是年,改徽宗陵墓为永祐陵。宋徽宗赵佶和宋钦宗赵桓于靖康二年(1127)在金兵攻陷东京时被掳,后来客死在五国城(黑龙江依兰县)。徽宗崩于绍兴五年(1135)四月,初葬五国城。据《宋史》(礼志二五)载:绍兴十二年,金人将徽宗梓宫送还,南宋王朝以八月奉迎,九月发引,十月掩攒,在昭慈攒宫西北五十步,用地二百五十亩。十三年,改陵名曰永祐。陈朝云说,徽宗具体葬于会稽上亭乡。

[文献]　元脱脱《宋史》卷一二二,明郎瑛《七修类稿》卷二八,清陆以湉《冷庐杂识》卷八,清孙承泽《庚子销夏记》,陈光熙、陈进《南宋石经考述》(《浙江学刊》1998年第1期),陈朝云《南北宋陵》。

公元1144年　绍兴十四年

[提示]　高宗书《孝经》、重庆大足妙高山石刻造像。

[叙录]　是年,高宗书《孝经》。《宋会要辑稿》载:绍兴十四年七月十二日,左宣教郎、守殿中侍御史汪勃言:窃观陛下万机之余,亲写《孝经》,近颁诸郡,皆止奉安于泮水。虽卿大夫,多有不获藏蓄为恨,而况于庶人乎?乞令诸郡募工摹刻,自郡达县,自县达乡,皆使家藏而户晓,庶几普天之下,风俗旷然而大变。高宗诏令于诸州刊石,赐见任官并系学籍诸生。据舒大刚考证,高宗称所书《孝经》为"十八章",其为今文盖无疑义。清人刘喜海著录,在四川遂宁尚存有秦桧作跋语、刻于绍兴十四年的高宗草书《今文孝经》碑。此外,清代嘉庆二十五年(1820),在广州孔庙大成殿后,也曾发现宋高宗真草《孝经碑》残石。

是年,重庆大足妙高山石刻造像。胡文和载,妙高山位于大足县城西南偏南方向30多公里处、季家乡东风水库之南。山顶上原有古刹名为妙高寺(现已不存)。此处造像均雕刻于宋代,除一窟是释、道、儒三教合一造像外,其余都是佛教造像。造像共编八号,均为宋代作品。第二号系三教合一窟,窟高314厘米、宽280厘米、深322厘米。窟正壁上是趺坐于莲座上的释迦牟尼佛,其莲座下有一蟠龙,佛身后的壁上有双重圆形火焰背光。佛的左右侧分别刻迦叶、阿难(二像头皆残)。窟左壁上雕刻老君,其脸形方硕,两眉垂吊,双腮下有浓髯,双脚着舄。老君左、右侧各雕刻一侍者,尚未完工。窟右壁上雕刻文宣王孔子,孔子端坐于四方台上(图235)。在窟右壁上方近窟门处存有一则题刻:东普攻镌文仲璋侄文冶文珠天元甲子记。根据胡氏调查,大足玉滩的造像龛中存有文仲璋在绍兴年间的题刻,所以"天元甲子"所表示的纪年号,就应为南宋绍兴十四年,是为这一窟的雕凿年代。

[文献]　明赵崡《石墨镌华》,清徐松《宋会要辑稿》崇儒六之九,清刘喜海《三巴金石苑》,舒大刚《试论大足石刻范祖禹书〈古文孝经〉的重要价值》(《四川大学学报》哲社版2003年第1期),胡文和《中国道教石刻艺术史》。

公元1145年　绍兴十五年

[提示]　闰十一月,重庆大足佛尔岩无量寿佛龛。是年,福建泉州开元寺婆罗门石塔。绍兴十二年至十六年间,重庆大足《转轮经藏窟》(心神车窟)。

[叙录]　闰十一月,重庆大足佛尔岩无量寿佛龛。据刘长久等载:此龛由佛弟子斯远之男大□造无量寿佛龛,编号为大足佛尔岩第四号。

是年,福建造泉州开元寺婆罗门石塔。据赵超、吴文良讲,印度婆罗门教在中国留下的石刻遗物主要是寺庙建筑中的石刻浮雕等。最著名的是现存泉州开元寺大雄宝殿后廊上的两根青石柱。在柱顶、柱中央和柱脚等部分均刻绘了印度、锡兰等地流传的神话故事图案。据考证,这些石柱为元代作品。

图 236 宝箧印经式塔 绍兴十五年(1145) 福建泉州开元寺拜庭西侧

泉州天后宫中也有两根同样的石柱。开元寺中还有南宋绍兴十五年建造的两座婆罗门教风格的小石塔(宝箧印经式塔)(图 236)。这些石刻雕工精细,具有浓郁的南亚文化风格。1934 年,泉州南门还出土过印度教的毗湿奴神石像。这表明宋元时期泉州城内有过十分宏伟壮观的印度教庙宇。

绍兴十二年至十六年(1142—1146),重庆大足刻《转轮经藏窟》。此窟即俗称的著名的心神车窟,编号为北山佛湾第 136 号。《大足石刻内容总录》载,此窟石质为白砂岩、灰砂岩。窟顶部为平顶,窟内平面为长方形,窟高 405 厘米、宽 410 厘米、深 679 厘米。离窟门 118 厘米处立有中心柱支撑窟顶,中心柱直径 261 厘米,柱上部圆周上有八根小柱,小柱直径 30 厘米。窟门高宽与窟正切面相同。窟内壁上题记仅剩以下五则,余皆漫漶。位于正壁观音像上方题记为:右朝散大夫权发遣昌州军事张莘民,谨发诚心,就院镌造观音菩萨一尊,今者经刻已就,修设□通妙斋,施献寿幡,以申庆赞。祈乞国祚兴隆,阖门清吉。壬戌绍兴十二年仲冬二十九日题。位于正壁大势至像上方题记为绍兴十三年二月二十三日刻;位于左壁文殊像上方题记为绍兴十三年六月十六日题;位于右壁数珠手观音像上方题记绍兴十六年季冬十二日题。刘兴珍描述说,心神车窟现存二十余身造像,窟口有二天王像。窟分前室和主室。窟中央透雕八楞形转轮藏(心神车),上刻儿童戏莲,上部有天宫楼阁。东壁正中刻主尊释迦牟尼及二弟子,南壁刻骑狮文殊、持宝印观音、持宝珠观音,北壁为骑象普贤、六臂观音、数珠手观音等。以北壁东端普贤菩萨最著名。头戴花冠,肩搭帔帛,胸前有璎珞花饰,手持如意,趺坐于象背莲花座上。表情温存含蓄,肢体颀长优美,充分体现出宋代石窟造像世俗化的特征。

[**文献**]　刘长久等《大足石刻研究》,刘长久《中国西南石窟艺术》,四川省社会科学院等编《大足石刻内容总录》,赵超《石刻史话》,吴文良《泉州宗教石刻》,刘兴珍等《中国古代雕塑图典》。

公元 1146 年　宋绍兴十六年　金皇统六年

[提示]　宋绍兴十六年,重庆大足北山佛湾数珠手观音像。复置御书院。金皇统六年七月,山西重修灵岩大阁九楹。

[叙录]　宋绍兴十六年,重庆大足北山佛湾数珠手观音像。此像位于大足北山佛湾第 36 号窟。据窟内题记,为绍兴十六年造。刘兴珍载,像通高 210 厘米,头戴花冠,冠顶部有阿弥陀佛,从额头白毫放射思惟线,盘旋而上。这种雕刻思惟线的手法,宋以前较少见。观音上身满布璎珞、花饰,刻凿繁复精美。整体形象匀称,雍容典雅。

是年,复置御书院。此事据清人徐松载:御书院即翰林御书院简称,隶属于翰林院。又据程章灿、龚延明考证说,元丰五年(1082)改制后,翰林御书院改称翰林书艺局。南宋初复称御书院,建炎三年(1129)罢,绍兴十六年复置,设干办官一员,系差睿思殿祗候,押宿官二员,书待诏三人,书艺学七人,书学祗候十四人,书学生不限人数,此外还有各色祗应,包括"镌字三人","雕字二人",绍兴三十年(1160)又罢。

金皇统六年七月,山西重修灵岩大阁九楹。据曹衍《金碑》载:皇统初,缁白命议,以为欲图修复,须仗当仁,乃请惠公法师住持。师既驻锡,即为化缘。富者乐施其财,贫者愿输其力,于是重修灵岩大阁九楹,门楼四所,香厨、客次之纲常住寺位,凡三十楹,轮奂一新。又创石垣五百余步,屋之以瓦二百余楹。皇统三年二月起工,六年七月落成,约费钱二千万。自是,山门气象,翕然复完矣。张焯对此解释道,灵岩大阁即今云冈第三窟。该窟为云冈最大窟,其营造样式、雕刻风格,耐人寻味。北魏开山凿壁东西近 60 米、通高 23 米。石壁下方凸出一座平台,高约 6 米、纵深 7.5 米、横宽 50 米。台上中央凿一屋形弥勒窟,东西两侧各雕一座方形三级石塔,皆为北魏风格。在平台上方 8 米多高的石壁间,东西排列长方形大梁孔 12 个,约 1 人高宽,入孔 1 米余,有向上竖井，直通山顶。山顶前沿铲出约3米宽一条基岩，排列着12个长方形井穴。这些梁孔、柱穴（井穴）当年大约都穿扣过呈直角的下梁与立柱。下梁外端与外立柱相连，可搭建一座面阔11间的大型多层殿堂。此为最初的灵岩大阁，20世纪末对梁孔中残留的木炭曾进行过碳14测定，属于北魏建筑遗迹。金代灵岩大阁亦有遗迹：平台岩石上分南北两排，各有10个长方形柱坑，双双对应；而这两排柱坑，又与1993年窟前发掘发现的夯土柱基相对应。显然，这正是《金碑》所载“灵岩大阁九楹”遗址。洞窟平台内里凿空，分作东西两室，平面俱呈“凸”字形；各有一门洞通向后室。后窟整体凿作“凹”字形大室，入深15米多、横宽42.7米。窟内空荡，仅在后壁中突出柱体南壁西半部雕造一大龛，龛中一佛二菩萨。其艺术风格，学者多以为近乎隋唐，梁思成认为接近昙曜五窟大佛。

［文献］ 清徐松《宋会要辑稿》职官三六之九五、九六，刘兴珍等《中国古代雕塑图典》，程章灿《石刻刻工研究》，龚延明《宋代官制辞典》，宿白《〈大金西京武州山重修大石窟寺碑〉校注》（《北京大学学报》人文科学1956年第3期），张焯《云冈石窟编年史》。

公元1147年　宋绍兴十七年　金皇统七年

［提示］ 宋绍兴十七年二月，重庆大足石门山玉皇龛。金皇统七年，北京房山云居寺刻《释教最上乘秘密陀罗尼集》30卷。辽乾统七年至金皇统七年，房山云居寺刻沙门玄英及史君庆所续造石佛经等。曹衍撰云岗《金碑》。

［叙录］ 宋绍兴十七年二月，重庆大足石门山玉皇龛。据刘长久等载，此玉皇像龛系杨伯高为其父杨文忻所造，编号为石门山第2号龛。又据陈小春说，石门山石窟还将千里眼、顺风耳这两个神化人物刻于窟外，颇引人注目（图237）。此石窟为一佛道混合窟，杨伯高前后共修两次，第一次刻玉皇大帝龛，第二次刻千里眼与顺风耳两小神，两次相隔一年，主题是玉皇大帝下凡体察民情。由于此窟是民间私人组织自发凿成，所以创作时比较自由，有生活气息。

金皇统七年，北京房山云居寺刻《释教最上乘秘密陀罗尼集》30卷。据温玉成载，中国佛教协会于1956—1958年间，对北京房山县云居寺石经进行调查、发掘和拓印工作。所发现的金皇统七年（1147）所刻《释教最上乘秘密陀罗尼集》30卷，是一部元代以后佚失的珍贵密典。该书是唐乾宁五年（898）唐上都安国寺传密教超悟大师，赐紫、三藏沙门行琳所集。行琳，僧传失载。这证明密宗虽已式微，但却“师资传习，代无间焉”。在房山石经中，有不空译《梵本心经》，元代后佚失，今重发现，弥足珍贵。辽乾统七年至金皇统七年（1107—1147），房山云居寺刻沙门玄英及史君庆所续造石佛经等。据程章灿载，这批辽金代刻工有义珠（僧）、义玄（僧）、义志（僧）、世民（疑即吴世民）等。他们于辽乾统七年至金皇统七年时期，刻沙门玄英及史君庆所续造之房山云居寺石佛经。

皇统七年，曹衍撰云岗《金碑》。此碑为夷门曹衍记并书，全称《大金西京武州山重修大石窟寺碑》，该碑已无存，今人宿白曾对碑文进行过细致校注。碑文在元代江西人熊自得（字梦祥）《析津志》中收录，清人缪荃荪又自《永乐大典》中抄出。张焯解释说，夷门乃北宋首都东京汴梁（开封市）别称。曹衍生平不详，根据推测，金天会四年（1126）破汴梁灭北宋，随后大批南人被完颜宗翰掳掠北上，夷门曹衍大约是流亡西京大同的北宋遗民。皇统七年（1147），曹衍在收集史料的基础上撰写《金碑》，盖羁旅大同已历年月，曹衍为系统研究云冈石窟第一人。《金碑》元末尚存，大约废于明代。其“肇于神瑞，终乎正光”说，后为现存明《成化山西通志》以降的各种地方志承袭。另外《宋史》（艺文志三）录有曹衍《湖湘马氏故事》20卷；同书（艺文志五）小说类录有曹衍《湖湘神仙显异》三卷。此马氏故事，乃叙述五代十国中楚国建立者马殷家族政权的兴亡史事。由此可见，

图 237 千里眼及顺风耳 绍兴十七年(1147) 大足石门山第 2 龛

曹衍是一位文史学家。宋人吴曾载：曹衍，衡阳人。太平兴国初，石熙载尚书出守长沙，以衍所著野史，缴荐之。因得召对，袖诗三十章上进。首篇乃《鹭鸶》、《贫女》两绝句，盖托意也。《鹭鸶》云：波澜静处立身孤，毹雪攒霜腹转虚；尽日滩头延颈望，能销大海几多鱼？《贫女》云：自恨无媒出嫁迟，老来方始遇佳期；满头白发为新妇，笑杀豪家年少儿。太宗大喜，召试学士院，除东宫洗马，监泌阳酒税。依此故事，则曹衍系北宋初衡阳人，大约中年以后始入汴京为官，与金初夷门曹衍，似为二人。

［文献］ 宋吴曾《能改斋漫录》卷一一，元熊梦祥《析津志辑佚》，刘长久《中国西南石窟艺术》，刘长久、胡文和等《大足石刻研究》，陈小春《由石门山石刻的"超写实"现象谈起等》(《雕塑》2005 年第 4 期)，温玉成《中国佛教与考古》，曾毅公《石刻考工录》，宿白《〈大金西京武州山重修大石窟寺碑〉校注》(《北京大学学报》人文科学1956年第 3 期)，张焯《云冈石窟编年史》。

公元 1148 年　宋绍兴十八年　金皇统八年

［提示］ 宋绍兴十八年四月八日，重庆大足北山北塔观音像。绍兴十八年，重庆大足玉滩千佛洞、福建泉州建成摩尼寺、福建晋江西资岩造像、福建《南剑州重建州学记碑》。金皇统八年，王庭直掘得《司马温公神道碑》。

［叙录］ 宋绍兴十八年四月八日，重庆大足北山北塔观音像。《大足石刻内容总录》载，此像为北山北塔第 8 号龛。为嵌壁方龛，高 97 厘米、宽 61 厘米。所雕观音头戴花冠，着对襟薄衫，前身裸至脐腹，胸腹部密饰瓔珞，两侧嵌珠飘带垂拂，赤足立于两朵莲花上。龛左题记：大北街居住佛子何正言；龛右题记：同室杨氏，戍辰绍兴十八年四月初八。北山北塔第 9 号龛，亦为嵌壁方龛，高 98 厘米、宽 60 厘米。所刻亦为观音像。龛左壁有一题记：何正言继母冯氏四娘子(指女像)；龛右壁上有一题记：何正言长男乡贡进士何浩。关于重庆大足玉滩千佛洞，《大足石刻内容总录》：此洞造像为玉滩第 11 号，为中心柱式平顶窟，窟口左右壁残。窟中心凿一石柱四面镂空，拔地而起直至窟顶。石柱正面凿毗卢遮那佛像。窟后壁及左右遍刻千佛坐像 560 余身，姿态各异，潇闲自若，生活气息浓郁，早期造的千佛像中少见。中心柱右面竖刻造像镌记三行：普州攻镌文仲璋，男文琇，侄男文凯等造此数洞功德。绍兴十八年孟冬记。在中心柱左右，另有明、清人游记和妆修镌记二则。

同年，福建泉州建成摩尼寺。摩尼教约形成于公元二世纪的波斯，以创始人摩尼命名，此教现已失传。摩尼教传入中国新疆后，被回纥奉为国教。至唐时始传入中原，后在北方受到禁止，此教又在南方福州泉州一带广为流传。绍兴十八年，于泉州华表山筑摩尼寺院，其遗址及部分文物至今犹存，清人蔡永蒹对建寺过程有较为详细记载。此时摩尼教不以音译称摩尼教，而以意译称之为明教：糅合了佛道教成分，崇拜日月光明，主张平等友爱，吃斋食素，相互救济。其教义在《海琼白真人语录》中白玉蟾与鹤林彭耜的对话中有阐述。由于农民起义常常与明教相关联，故在元明两朝均受到过政府明令禁止。今有敦煌出土的汉文摩尼经典残卷，存首都图书馆等处。关于摩尼教在南方的传播，宋释志磐、陆游和李心传等，均曾有过相关记录。

西资寺石佛造像位于福建泉州晋江市金井镇岩峰村卓望山，俗称大石佛。据乾隆二十九年(1764)《重修西资岩纪德碑》载：其造像始于隋唐间，今莫可考。石壁所镌者，有南宋绍兴十八年王圆、蔡姿养合出七十千文助架宝殿。据其风格来看，当系唐晚所镌刻。造像依山崖而开凿西方三圣(阿弥陀佛、观音菩萨、大势至)，赤足立于莲座之上。居中的阿弥陀佛身高 450 厘米，头刻螺髻，厚唇丰颐，大耳垂肩。袒右袈裟衣褶流畅自然，左手当胸托莲，右手前伸作接引状。两侧胁侍菩萨各高 400 厘米：左侧观音菩萨头挽高髻，耳垂饰花，右手掂净瓶垂于身前，广袖长衣，胸饰瓔珞；右侧大势至菩萨服饰姿态与观音菩萨略同。三尊像背后均刻有圆形头光和卷云纹，像前两侧各雕有护法、天师各一尊。像右岩面有清乾隆二十九年(1764)重修寺宇的摩崖题刻。据温玉成说，在福建永泰县名山石室的摩崖造像中，其壁面中间部位上方刻有“阿弥陀佛”立于莲花之上。佛着袒右肩袈裟，右手下伸作接引状，其造型同西资岩造像十分接近。名山摩崖还在沿莲花梗向下处，并排刻出七身比丘(前排五人，后排二人)，皆圆首、穿交领袈裟、宽袖、拱手(但不露双手)而立。仅右起第二位左手持物似金刚铃；左起第二位左手持物似金刚杵。七比丘头部以上，刻莲花多枝，这很可能是“莲社七祖图”。

南宋时期，由于文化中心南移，福建自然沾溉良多。是年，福建还刻有《南剑州重建州学记碑》。福建南平在宋代为南剑州，州学创于仁宗天圣三年(1025)。较庆历四年(1044)仁宗诏令各州办州学约早20年，可谓开天下州学先河。据南平市文物管理委员会载：南剑州州学学馆原在州西山，焚毁于建炎年间。绍兴十五年(1145)重建，十七年(1147)始竣工。绍兴十八年刻立《南剑州重建州学记碑》，碑高325米，甚为壮观。碑由显谟阁侍制张致远撰文、罗荐可书丹。

金皇统八年，王庭直掘得《司马温公神道碑》。司马光逝世后两年(1088)，哲宗皇帝篆额“忠精粹德之碑”，钦令苏轼撰文并书丹碑文(见《东坡七集》)，玉册官王蟠奉旨摹刻，故《司马温公神道碑》又名《忠精粹德之碑》。由于受党祸之累，在司马光逝世八年后(1094)，哲宗令将此碑碎为四段埋下地下。皇统八年，新任县令安徽寿县人王庭直拜谒司马温公祠，在废墟中一杏花古树下，掘得《司马温公神道碑》断碑四段。王庭直将断碑依旧传拓本文字重新篆刻，连同额、跋共六石刻立，故此碑又称《杏花碑》。但现在所见立于司马温公祠右侧之《忠精粹德之碑》，系明代嘉靖二年(1523)巡按山西监察御史朱实昌重刻的。据重刻碑祠记载：朱实昌巡按河东拜谒司马温公墓时，见碑损毁，乃命工匠于稷山寻石材，获一巨石，润泽如玉，长二丈余、阔一丈多、厚两尺许。于严冬泼水结冰开道，从200余里之外将石运抵夏县，按宋时原碑式样重新刻立。

［文献］ 宋苏轼《东坡七集》正集卷三九，宋释志磐《佛祖统纪》卷五四，宋陆游《老学庵笔记》卷一〇，宋李心传《道命录》卷七上，清蔡永蒹《西山杂志》，四川省社会科学院等编《大足石刻内容总录》，温玉成《中国佛教与考古》，南平市文物管理委员会编《南平名胜古迹》。

公元1149年　金皇统九年

［提示］ 陕西开凿合阳县梁山千佛洞石窟。崔法珍翻刻北宋官版《大藏经》。

［叙录］ 是年，陕西开凿合阳县梁山千佛洞石窟。李凇载，该窟位于县城西北甘井乡安家头村梁山东峰南面，仅有一窟，窟宽约800厘米、深约600厘米、高约280厘米。中有二方柱，无中央佛坛，正壁开一大龛，主像已毁，尚存莲座。四壁及二根方柱四面均刻满小千佛。前壁西侧有开窟题记《梁山寿圣寺石室铭并序》。从文中可知：此龛是在金代皇统九年至贞元二年(1154)五年时间里，由僧人道远组织开凿者，主尊为文殊，寺初名寿圣寺。

同年，崔法珍翻刻北宋官版《大藏经》。女真族开国以前即与毗邻的高丽和渤海国相交往，皆信佛教。在攻占辽宋之后，又积极吸收汉文化与佛教。金太宗更积极扶持佛教，礼遇高僧，并为之建寺造塔，且在内廷之中也供奉佛像，设法会以饭僧侣。李玉珉载，皇统九年，比丘尼崔法珍集结民间之力，翻刻北宋官版《大藏经》，并加以补充，全藏凡682帙，约7 000卷，历时30余年始完成。崔氏所刻本，被称为《赵城金藏》。从这件浩大的工程观之，佛教必然深植民心，并对金代佛教造像产生影响。《赵城金藏》于1933年首次在山西赵城县霍山广胜寺发现(现藏于北京图书馆)。佛教学者吕澂称此藏为《金刻藏》，并撰文对山西潞州崔进之女法珍断臂劝募刻经的缘起进行考述(《金刻藏经》)，指出金藏基本上是整个宋刻蜀版的翻刻(连同绝大部分的著述在内),所以保存着蜀版原来很多的缺点,而现在蜀版和从它翻刻的高丽初雕版印本都已散失殆尽,因此有这部金藏印本保存数千卷原来的面目,在版本上、校勘上,实在有其宝贵的价值。

[文献] 李凇《陕西古代佛教美术》,吕澂《吕澂佛学论著选集》,李玉珉《中国佛教美术史》。

公元1150年 绍兴二十年

[提示] 朱熹返婺源祭祖植24棵杉树苗,县令建"积庆亭",立碑护林。四川乐至重庆大足石刻造像。

[叙录] 江西婺源为南宋理学家朱熹故里,在城西南文公山上存有朱熹祖坟。绍兴二十年,年方过弱冠的朱熹自闽返回,二月十四日登山祭祖,并撰《祭远祖墓文》。祭毕,还在祖坟周围亲植24棵杉树。婺源县令在朱熹祖坟旁建"积庆亭"并派兵看守,亭口刻立石碑,上镌"枯枝败叶,不得挪动"八字。迄今仍有16棵幸存,此碑护木之力,功不可没。

四川乐至重庆大足石刻造像。据刘长久、胡文和等载:是年,陇西李宗良(字祖善)在四川乐至县白塔院镌二十五像。同时,重庆大足北山北塔第7号龛亦约开凿于此际。《大足石刻内容总录》载,此窟为覆斗形阶梯状顶,高111厘米、宽58厘米、深78厘米。龛内周口如意轮菩萨像,菩萨面西结跏趺垫于金刚座上,头戴高花冠,身饰璎珞,左手捧如意金轮,右手举胸前结印,下衣垂于座周,身后有圆形背光。窟壁上有一题记:本州在郭(廓)右厢界正北街居住奉佛进士刘陞同室袁氏万一娘,弟进士刘涉,弟妇于氏庆娘,及在堂母亲王氏念九娘子,膝下长男松年、女二桂娘、三桂娘合宅人眷等,先于戊辰载为故父摄本州助教刘撰存日,发心镌造此如意轮菩萨一龛,自后未能装饰,但陞今日则命匠系(饰)銮上件圣容;祈翼过往升天,现存获福。时在绍兴二十□年,命僧看经度赞谨记。

[文献] 明程敏政《新安文献志》卷四六,束景南《朱熹年谱长编》,刘长久《中国西南石窟艺术》,胡文和《四川道教、佛教石窟艺术》,四川省社会科学院等编《大足石刻内容总录》。

公元1151年 绍兴二十一年

[提示] 十一月,重庆大足石门山药师琉璃光佛龛。是年,重庆潼南大佛竣工、四川安岳造像。

[叙录] 十一月,重庆大足石门山药师琉璃光佛龛。《大足石刻内容总录》载:此龛为石门山第1号药师琉璃光佛龛。灰砂岩石质,龛顶部为平顶,主像为药师琉璃光佛,面向东北结跏趺坐于莲台上。龛左门柱外壁有一题记:妆此药师佛一龛,祈乞现存安乐,往拿天世。世世生生,福报无尽。岁辛未绍兴十一月二十日。镌匠蹇忠进刻,住持文道盛书。

据刘长久等载:是年,重庆潼南大佛竣工,高1 843厘米。同年,还有四川安岳造像:东普攻镌文仲璋在四川安岳县净慧岩刻赵庆升居士像,又与子文琇刻数珠手观音龛。

[文献] 四川省社会科学院等编《大足石刻内容总录》,刘长久《安岳石窟艺术》、《中国西南石窟艺术》,王朝闻等主编《中国石窟雕塑全集》(四川重庆卷)。

公元1152年 绍兴二十二年

[提示] 九月二十二日,重庆大足舒成岩东岳大帝龛。绍兴二十二年,重庆大足北山北塔释迦佛像、冯楫像。

[叙录] 九月二十二日,重庆大足舒成岩东岳大帝龛。《大足石刻内容总录》载,此造像为舒成岩第2号东岳大帝龛。灰砂岩石质,龛顶部为平顶。主像为东岳大帝,面北端坐于双钩云头靠椅上。龛正壁两侧上部各有一碑。右碑文记:绍兴二十二年九月二十二日,前本县押录王谅记。都作伏元俊、伏

元信，小作吴完明镌龛。紫微殿使日直无君同判□巴院事王举撰无极上相判丰都使堂上品道士王。

同年，重庆大足北山北塔释迦佛像、冯楫像。此龛为北山北塔第 43 号窟，为覆斗形阶梯状顶，主像为释迦佛像。窟正壁释迦佛面东端坐于双龙头靠背椅上，双足踏座下方形四脚踏儿。窟左壁上有一碑，高 47 厘米、宽 38 厘米，碑文楷书直行，记载冯楫于昌州多宝塔内施钱四百贯文，足造第六层塔一级，全用银合(盒)内盛华严感应舍利 120 粒，安于其中，祈乞禄寿绵远，官道无虑，眷属康安，子孙蕃衍，尽此报身，同享极乐。绍兴壬申岁仲春旦日。修塔化首任亮刊石立。窟右壁上亦有一碑，大小同上，其字已蚀。在北山北塔第 50 号龛中，刻有冯楫像。其窟正壁为冯楫，面西头戴展角幞头，面短而丰颐，颏下有长须，身着圆领宽袖朝服，胸围玉带，双足着靴，两手笼袖内拱腹前，立于一方形台上，冯楫像两侧正壁上有题记。

［文献］ 四川省社会科学院等编《大足石刻内容总录》。

公元 1153 年　绍兴二十三年

［提示］ 三月十二日，重庆大足造舒成岩淑明皇后龛。绍兴二十三年，重庆大足北山北塔释迦佛像、阿弥陀佛及二观音像、释迦佛及二菩萨像。四川安岳圆觉洞净瓶观音窟造像。

［叙录］ 三月十二日，重庆大足造舒成岩淑明皇后龛。《大足石刻内容总录》载，此龛为舒成岩第 1 号淑明皇后像龛。灰砂岩石质，龛顶部为平顶。主像为淑明皇后，面北偏东端坐于二龙头靠背椅上。龛正壁主像左上方有造像记一则，中有“绍兴二十三年三月十二日工毕”等语。龛外门楣正中悬一匾，上刻“淑明皇后一位”六字，匾下部已残。

同年，重庆大足北山北塔释迦佛像、阿弥陀佛及二观音像、释迦佛及二菩萨像。此为北山北塔第 54 号龛，覆斗形阶梯状顶。窟正壁为释迦牟尼佛(头残)，面北结跏趺坐于莲台上。窟左壁上有一碑，高 53 厘米、宽 34 厘米，碑上图文分为三层，字楷书直行。右壁上有一碑，碑名《第八级宝塔上舍钱施主芳衔》碑。北山北塔第 57 号龛，亦为覆斗形阶梯状顶。主像为阿弥陀佛及二观音像，正壁佛头上两旁有题记一则。北山北塔第 60 号龛，还是覆斗形阶梯状顶。主像为释迦佛及二菩萨像，窟中有题记二则。

是年，四川安岳圆觉洞净瓶观音窟造像。据刘长久等载：是年，孔目官孙侪因历职满，舍俗陈，乞剃度为僧，在四川安岳圆觉洞净瓶观音窟内右壁下端镌造自己及妻黄氏小寿娘、长子孙衎、次子孙衡四立像(供养人像)。

［文献］ 四川省社会科学院等编《大足石刻内容总录》，刘长久《安岳石窟艺术》。

公元 1154 年　宋绍兴二十四年　金贞元二年

［提示］ 宋绍兴二十四年五月，重庆大足北山地藏、引路王菩萨龛。金贞元二年，富县石泓寺王信造像。

［叙录］ 宋绍兴二十四年五月，重庆大足北山地藏、引路王菩萨龛。《大足石刻内容总录》载：此龛为北山观音坡第 1 号龛，灰沙岩石质，龛顶部为平顶(右壁及顶残)，高 150 厘米、宽 100 厘米、深 70 厘米。主像为地藏、引路王菩萨，像高 100 厘米，已漫漶残缺。左边仅存地藏菩萨锡杖，右边存引路王菩萨所执宝幡盖。左壁侍立供养人像四身，每身像顶上均刻有供养人姓名。从内至外，第一像上刻何正言，第二像上刻同政杨氏。第三像头残，存展角幞头，身穿大袖长服，手捧朝笏而立，上刻男乡贡进士何浩。第四像上刻新妇解氏。在左壁上部竖刻四行造像记：皇宋绍兴二十四年，地藏王菩萨、引路王菩萨，五月十二日伏小六镌。黎方银载，此龛刻工为伏小六(镌匠)。

金贞元二年，陕西富县石泓寺王信造像。富县石泓寺石窟中有王信在金代贞元二年造像记，负安志载，造像记中王信自称为“燕京北契宁坊住人”。

［文献］ 清陆增祥《八琼室金石补正》卷一一三，四川省社会科学院等编《大足石刻内容总录》，黎方银《大足石窟艺术》，贠安志《陕西富县石窟寺勘察报告》(《文博》1986 年第 6 期)。

公元 1155 年　绍兴二十五年

［提示］ 五月二十一日，重庆大足北山北塔观音像。五月，重庆大足妙高山水月观音洞。绍兴二十五年，秦桧无字碑。

［叙录］ 五月二十一日，重庆大足北山北塔观音像。《大足石刻内容总录》载：此造像为北山北塔第 58 号龛。嵌壁为方龛，高 79 厘米、宽 48 厘米。主像为观音像，龛正上方有一碑，显示时间为：绍兴乙亥二十五年五月二十一日刊石建塔街坊志广书。同年五月，重庆大足妙高山水月观音洞。此龛为妙高山第 5 号水月观音洞。灰砂岩石质，窟顶部为平顶，窟内平面成矩形。主像为水月观音，面北右脚跷于座上，左脚踏座前莲花上，左手撑座，右手搁膝上，身微倾斜，有饰带和衣衫下摆垂于座上。窟右壁内侧有一题记。窟右壁外侧有一造像记，字多磨泐，仅余“绍兴乙亥仲春五月”等可识辨。

是年，秦桧无字碑。秦桧为江宁(今南京市)人，两度为相，绍兴二十五年(1155)病卒，葬于建康牧龙镇。后来，人们常在坟头放牧牛羊，其地又名为牧牛亭。据宋人岳珂载：金陵牧牛亭，秦氏之丘垄在焉。又据邓之诚说：牧牛亭秦桧墓前，原有“丰碑屹立，不镌一字”。显然，当初在秦桧墓前所立的是一块无字碑。清人褚人获载：明代成化二十一年(1485)秋，秦桧墓被盗，因此其坟已夷为平地，所刻无字墓碑也了无踪影。

［文献］ 宋代岳珂《桯史》卷二，清褚人获《坚瓠九集》卷一，邓之诚《骨董琐记》卷三，四川省社会科学院等编《大足石刻内容总录》。

公元 1156 年　宋绍兴二十六年　金正隆元年

［提示］ 宋绍兴二十六年十二月，刻高宗墨迹立石于国子监。金正隆元年二月八日，御宣华门观迎佛。

［叙录］ 宋绍兴二十六年十二月，刻高宗墨迹立石于国子监。《宋史》(礼志十七)：绍兴二十六年十二月，言者谓陛下崇儒重道，制为赞辞，刻宸翰于琬琰，光昭往古，寰宇儒绅，孰不顾瞻云汉之章，请奉石刻于国子监，以碑本遍赐郡学。上从之。

金正隆元年二月八日，御宣华门观迎佛。《金史》(海陵纪)载：是年二月，改元正隆，大赦。庚辰，御宣华门观迎佛，赐诸寺僧绢五百匹、彩五十段、银五百两。十一月癸巳，禁二月八日迎佛。张焯解释道：庚辰即初八日。《辽史》(礼志六)载：二月八日为悉达太子生辰，京府及诸州雕木为像，仪仗百戏导从，循城为乐。悉达太子者，西域净梵王子，姓瞿昙氏，名释迦牟尼。以其觉性，称之曰佛。《金史》(章宗纪三)也说：二月庚午，御宣华门，观迎佛。又《元史》(释老传)云：每岁二月八日迎佛，威仪往迓，且命礼部尚书、郎中专督迎接。由此可见，辽金元之俗，一脉相承。《析津志辑佚》记元世祖有“游皇城”之诏，当时诗词曰：二月天都初八日，京西镇国迎牌出，鼓乐铿钧傍翳箓。金身佛，善男信女期元吉，白伞帝师尊帝释，皇城望日游宫室，圣主后妃宸览毕。劳宣力，金银缎匹君恩锡。另有“浴佛”之俗：四月八日浴佛。宫庭自有佛殿，是日，剌麻送香水、黑糕、斋食奉上。有佛处，咸诵经赞庆。国有清规，一遵西番教则。京城寺宇进有等差。

清人俞樾谈及佛生日时说：唐以前，在二月八日；诸经以四月八日为多。实际上二月、四月，在东晋法显《佛国记》中，所见各国已有不同。中印度摩竭提国为二月初八日行像，于阗则在四月，北魏也在四月八日。《魏书》(西域传)则谓焉耆国“俗事天神，并崇信佛法。尤重二月八日、四月八日。是日也，其国咸依释教，斋戒行道焉。”两节并行。据俞樾分析，诸经无论谓佛生于周庄王九年,或是十年,或是周昭王二十四年,皆云四月八日,而"姬周以十一月为正,四月八日,即今之二月八日也。"周历四月,即汉武帝(改正月为岁首)至今的夏历二月。因此,可以得出不同时代、不同地区,遂出现奉行二月初八、四月初八,甚或两节并行的不同。范祥雍在《洛阳伽蓝记校注》中指出:释教以四月八日为释迦牟尼佛生日及成道日,或谓于二月八日成佛(《菩萨处胎经》)。《玉烛宝典》云:后人每二月八日巡城围绕,四月八日行像供养,并其遗化,无废两存。北宋《释氏要览》(浴佛)载:而今江浙用四月八日浴佛。南宋临安(杭州)浴佛之俗,见宋周密《武林旧事》(浴佛):四月八日,为佛诞辰,诸寺院各有浴佛会。僧尼辈竞以小盆贮铜像,浸以糖水,覆以花棚,铙钹交迎,遍往邸第富室,以小杓浇灌,以求施利。是日,西湖作放生会,舟楫甚盛,略如春时。小舟竞买龟鱼螺蚌放生。

[文献] 宋周密《武林旧事》卷三,元脱脱《宋史》卷一一四、《金史》卷五,清俞樾《茶香室三钞》卷一七,张焯《云冈石窟编年史》,范祥雍《洛阳伽蓝记校注》。

公元1157年　绍兴二十七年

[提示] 仲春,重庆大足玉滩观音菩萨洞。甘肃麦积山第四窟阎桂刻石题记。

[叙录] 仲春,重庆大足玉滩观音菩萨洞。《大足石刻内容总录》载:玉滩第5号观音菩萨洞,为平顶窟,窟口残。窟内后壁清人改刻观音坐像一躯,技艺粗俗。此处原刻为佛像,壁存背光,顶部还存两道光柱,曲圈形伸向左右直达窟顶。左壁窟口竖刻镌记二行:大宋东普攻镌,文琇丁丑仲春记。

同年,甘肃麦积山第四窟阎桂刻石题记。金维诺载,在攀登第四窟(散花楼)时,偶然发现上层阶梯转角的崖面有极不清楚的铭刻,经反复识读,知为1953年麦积山勘察团已经著录过的《登第四窟阶梯石壁刻石》。经仔细识读、摹拓,又增补了一些字。

[文献] 四川省社会科学院等编《大足石刻内容总录》,金维诺《中国古代佛雕:佛造像样式与风格》,吴作人《麦积山勘察团工作报告》(《文物参考资料》1954年第2期)。

公元1158年　宋绍兴二十八年　金正隆三年　大理国大宝十年

[提示] 宋绍兴二十八年,四川安岳卧佛院重妆释迦佛像。金正隆三年九月,《王石氏造罗汉坐像》。大理国大宝十年,云南《护法明公德运碑赞摩崖》。

[叙录] 刘长久等载:绍兴二十八年,朝散大夫、普州军州事王官学在四川安岳卧佛院重妆释迦佛像。金正隆三年九月,刻造《王石氏造罗汉坐像》。金申著录此像,大理石质地,现藏于美国波士顿美术馆。发愿文为:□村王石氏造罗汉壹尊供养正隆三年九月□日。同年,远在南国的大理国也有石刻活动:大宝十年,刻凿《护法明公德运碑赞摩崖》。此刻位于楚雄县薇溪山上,赵超说,铭文中赞颂大理国重臣高量成的功德。顾祖禹载:高量成的曾祖高升泰曾经从段氏手里夺取政权,传至高量成父亲高泰明时,还政于段氏。高量成还平定过37部的叛乱,晚年退居楚雄,从而得到人们的赞颂。为高氏立的碑还有姚安县内的《兴宝寺德化铭》。这件立于大理元亨二年(1186)的名碑书法苍劲挺拔,文体典雅,它们都是重要的大理国历史文物。

[文献] 清顾祖禹《读史方舆纪要》卷一一六,刘长久《安岳石窟艺术》,金申《海外及港台藏历代佛像珍品纪年图鉴》,张淑芳等《大理丛书·金石篇》。

公元1159年　宋绍兴二十九年　金正隆四年

[提示] 宋绍兴二十九年孟冬,重庆大足石佛寺造像。金正隆四年,山西《观音院故敬公塔记》。

［叙录］　宋绍兴二十九年孟冬，重庆大足石佛寺造像。胡文和载：此石佛寺佛道造像位于大足县城西北18公里的高坪乡。造像共百余身，共编八号，绍兴二十九年镌造。道教造像以第三号老君龛为代表，平顶，高200厘米、宽250厘米、深120厘米。正壁刻有老君坐像，左右旁各刻一真人坐像。左壁龛门立一童子。头上方存飞天一身。右壁残。老君像左旁有镌记一则，高85厘米、宽10厘米、字径4厘米。正书：东普攻镌处士文玠男孟周己卯绍兴二十九年孟冬记。金正隆四年，山西刻《观音院故敬公塔记》。张焯载，该八棱青石幢，首座皆佚，现藏于大同市善化寺。

［文献］　胡文和《中国道教石刻艺术史》，张焯《云冈石窟编年史》。

公元1160年　绍兴三十年

［提示］　宫中罢甲库。

［叙录］　甲库之称始于唐代，类似今天的档案库。但宋高宗时的甲库则完全变了性质，成为向皇帝供应图画、酒等杂物的官库。而且里面网罗了天下很多技艺高超的手艺人，其中是否也有石刻工匠，已无从考证。清人毕沅载：先是御前置甲库，凡乘舆所需图画、什物，有司不能供者，悉取于甲库，故百工技艺精巧者皆聚其间，日费无虑数百千。禁中既有内酒库，而甲库所酿尤胜，以其余酤卖，颇侵户部赡军诸库课额，以此军储常不足。吏部尚书张焘言：甲库萃工巧以荡上心，酤良酝以夺官课，教坊乐工，员增数百，俸给、赐赉，耗费不赀，皆可罢。帝曰：卿可谓责难于君。明日，罢甲库诸局，以酒库归有司，减乐工数百人。

［文献］　清毕沅《续资治通鉴》卷一三三。

公元1161年　宋绍兴三十一年　金正隆六年　金大定元年

［提示］　宋绍兴三十一年，郑樵撰成《通志》，中有《金石略》。金正隆六年七月九日，河北《曲阳县王子寺顺师墓碣》。约于此际，北京刻金睿宗陵碑。

［叙录］　据仓修良等研究，兴化军莆田（今属福建）人郑樵于是年完成200卷历史文献巨著《通志》。这是一部以人物为中心的纪传体中国通史，著名的“三通”之一（另两通分别为唐杜佑《通典》、元马端临的《文献通考》）。郑樵在《通志》中提出会通思想，强调史书应极古今之变，并在校雠学、音韵学、文字学等方面均有独到见解。《通志》现存最早刻本为元至治元年（1321）摹印元大德本。该书设有20略，其中之都邑、氏族、六书、七音、校雠、金石、图谱、草木昆虫八略，开此类文献先河，尤以金石、图谱、校雠三略，为郑樵所创新。金石之兴起于宋，郑樵于此造诣甚深，在书中反映了当时这方面所取得的成就。至于校雠略，则是郑氏一生访求著书的经验总结，将文献学的研究推向一个新的理论探索高度。

金正隆六年七月九日，河北刻《曲阳县王子寺顺师墓碣》。曾毅公考，此碣为杨浚（匠人）、杨恭、杨明、张顺同刻。程章灿载，此碑名一作《定州曲阳县王子寺法兴院顺师墓碣》。

约于此际，北京刻金睿宗陵碑。据黄秀纯、宋大川等载：金陵遗址位于北京市西南、距广安门约40余公里的大房山麓，是经过金海陵王、世宗、章宗、卫绍王、宣宗五世60年营建形成的一处规模宏大的金代皇家陵寝，面积约60平方公里。金睿宗完颜宗辅为金朝宗室、将领，本名讹里朵，后名宗尧，太祖完颜阿骨打第三子。大定元年（1161），追号立德显仁启圣广运文武简肃皇帝，庙号睿宗。金睿宗陵碑在北京西部大房山三峰山下，1986年发掘出金世宗之父睿宗汉白玉陵碑，双勾体碑文，硃砂刷金，具有重要艺术与历史价值。

［文献］　仓修良《郑樵和〈通志〉》（《杭州大学学报》哲社版1980年第4期），曾毅公《石刻考工录》，程章灿《石刻刻工研究》，黄秀纯等《北京房山区金陵遗址的调查与发掘》（《考古》2004年第2期）。

图 238 日月观音和普贤菩萨 绍兴十二年至十六年(1142—1146) 大足北山佛湾第 136 窟

公元 1162 年 宋绍兴三十二年 金大定二年

[提示] 宋绍兴年间,重庆大足北山日月观音像、重庆大足南山宋三清古洞、重庆大足佛安桥一佛二菩萨龛、重庆大足佛安桥引路王菩萨龛。金大定二年三月,河南博爱县月山寺石佛滩摩崖造像,五月十四日,山西《大华严寺重修薄伽教藏碑记》。

[叙录] 宋绍兴三十二年六月,宋高宗退居德寿宫,称太上皇,赵昚即位,是为宋孝宗。时值壬午年,史称壬午内禅。孝宗是南宋最有胆略的一位帝王,在位长达 27 年,图谋恢复故国,并为岳飞等昭雪,堪称南宋明主。

绍兴年间(1131—1162),重庆大足北山日月观音像(图 238)。刘兴珍载,此像位于大足北山第 136 号窟,通高 237 厘米。观音结跏趺坐于方形须弥座上,除正常双臂外,上下还各有两臂,共六臂。左手执钵,右手捻柳叶,上方双臂上举日、月,下方双臂握宝剑与利斧。观音头戴花卉装饰的宝冠,双耳垂珠,胸饰璎珞,裙带飘逸。面相丰润,眉目清秀,神态清慎温雅。身后有双层圆形背光及两名男侍和一女侍,雕刻刀法简练纯熟,线条流畅,为大足石窟石刻中的精品。

同一时间,重庆大足南山宋三清古洞。《大足石刻内容总录》载，南山第5号宋三清古洞，灰砂、黄砂岩石南，窟顶部为平顶，窟内平面成回字形。内雕中心柱，柱上正面开有一龛，龛内主像即为全窟之主像。上层：主像为玉清、上清、太清，均面南各盘膝坐于一束腰矩形台上，窟口左右壁外侧上有题记数则。窟门外左壁上，有"左朝请大夫知剑州军州事张宗彦题诗"碑及"左朝请大夫知昌州军州事何格非"诗碑各一块，右壁上有"淳祐十年(公元1250)冬十月望日，门篷登仕郎昌州大足县令权佥判何光震等饯郡守王梦应记"碑一块。关于"三清古洞"的凿造年代，根据本窟题记和北山北塔内第七层中的题记，以及有关资料分析，当在绍兴年间。

关于重庆大足佛安桥(佛岩桥)一佛二菩萨龛，《大足石刻内容总录》载：此为佛安桥第1号一佛二菩萨龛。为穹顶窟洞，后壁正中凿毗卢遮那佛，结跏趺坐于束腰蟠龙式的须弥座上，在背光末端处竖刻造像记五行，造像主为奉善弟子古贯之夫妇。窟左右壁各刻菩萨立像五身，头后均饰圆形背光。每身菩萨的头壁上均刻有出资造像人的姓名。按左右壁造像由外至内的顺序录后：左壁第一像刻杨劭发心镌造，第二、三像的刻字漫漶不清，第四像刻古平之为二亲镌造，第五像刻古国士发心镌造。右壁第二像刻古及之发心镌造，第二像刻周安仁发心镌造，第三、四像的刻字漫漶不清，第五像刻王邦杰发心镌造。同一时期，还有重庆大足佛安桥引路王菩萨龛。此为佛安桥第八号引路王菩萨龛。方形龛中造引路王菩萨像立于正中，头戴宝冠，衣饰璎珞，腰系围裙，饰带飘舞。龛左壁竖刻造像记五行，中有"大宋""天元甲子十月二十有九"等字样。

金大定二年三月，河南博爱县月山寺石佛滩摩崖造像。元人札马剌丁等载：月山寺，在太行山之麓。岩峦之上，楼阁参差。下视黄流，川平如掌。杨西庵(果)诗有"川连水竹人家近，山倚金银佛寺开"之句。金代正隆三年(1158)九月，有山东东明县报恩禅院僧自觉游此，修庵三间，称"明月山清风庵"，属怀州河内县北道宫村。温玉成载，大定二年三月，自觉命工镌佛像，即今寺西的石佛滩摩崖造像，五月毕功(人有误指为唐刻者)。九月十四日，纳钱买得"大明禅院"额。乃集合信徒于清风谷内修伽蓝一所。清人陆增祥载：当时还刻制了《寿禅师造像记》，石高四寸五分，广一尺九寸，造像记十九行、行四字，字径六分，正书，在河内。

大定二年五月十四日，山西刻《大华严寺重修薄伽教藏碑记》。此碑全称《大金国西京大华严寺重修薄伽藏教记》，由云中段子卿撰文、京东会龙寺讲经沙门法慧书丹、云中张公徽篆额、雁门解遵仁刊刻。薄伽藏教即三世诸佛、十方菩萨、声闻罗汉、一切圣贤言行之总录。至于六道四生、因果之法，靡所不载。大概设百千万种善巧方便，劝诫众生，迁善远罪而已。此教乘之本意也。及乎离拔苦海，超证菩提者，未有不由于斯也。张焯载，此碑现藏于大同市博物馆，即下华严寺正殿内。该殿"薄伽教藏"大匾额，明代所题。守司徒大师，法名无载，但据下文所述，知是辽清宁八年(1062)华严寺初建之寺主，且曾为帝师。

［文献］　元札马剌丁等《大元大一统志》卷一，清陆增祥《八琼室金石补正》卷一二四，四川省社会科学院等编《大足石刻内容总录》，刘兴珍等《中国古代雕塑图典》，温玉成《中国佛教与考古》，张焯《云冈石窟编年史》。

公元1163年　隆兴元年

［提示］　河南开封初建犹太教寺。

［叙录］　孝宗即位次年，改元隆兴。是年，河南开封初建犹太教寺。据陈垣、荣振华、潘光旦等人研究，犹太人在中国史籍上又称为"珠赫"、"主吾"、"主鹘"、"朱乎得"等，约于东汉年间进入我国，居住于广州、澉浦(今海盐)、杭州、宁波、北京、泉州、宁夏、扬州、南京等地。其民信奉犹太教，喜于住地建教堂，以作为集聚之地。在中国其教又被称为"一赐乐业(以色列)教"。据现有史料记载，此教最早在宋孝宗隆兴元年于汴梁(开封)建立教堂，以后又在元至元

十六年(1279)重建，名清真寺。在建寺过程中靠“五思达”(波斯语译音，指犹太族内既经商又兼做手艺之人)施工，使会堂设计保持本教特色。以后在明末崇祯时代，因遇黄河泛滥，犹太人北渡逃生，教堂内原有部分犹太经典也被冲毁。后经打捞修整，又有外地犹太族人献经，纂成全经一部。清时有重建，再遇水患，但此时犹太族人散居各地，已不复有重建条件。此外，在泉州、广州等地亦有类似寺院建立。因犹太教人未注意将经卷译成汉文，故其教义在中国文化中影响相对较小。对建寺一事(包括建成时间)，有现存开封犹太会堂之明弘治儒生金钟、清真后人宁夏金瑛、祥符金礼所立相关碑文《重建清真寺记》等为证。

［文献］ 陈垣《开封一赐乐业教考》(《陈垣史学论著选》)，［法］荣振华等《中国的犹太人》，潘光旦《中国境内犹太人的若干历史问题》，马明达《明代福州米荣〈重建清真寺记〉研究》(《回族研究》2012年第1期)。

公元1165年 乾道元年

［提示］ 二月，江苏《陆务观题记》。

［叙录］ 二月，江苏镇江刻《陆务观题记》。此摩崖刻石全称《陆游踏登焦山观〈瘗鹤铭〉题记》，在镇江焦山崖壁。碑文由陆游撰文并楷书，共12行、每行6字。由于张浚北伐失利，遭到主和派排挤，陆游亦因此被调离京城，隆兴二年(1164)，遣任镇江府通判。陆游通判镇江时，于闰十一月末踏雪登上焦山，置酒于《瘗鹤铭》前，尽醉而归，所写题记于次年摩刻上石。王同顺载：刻石高108厘米、宽200厘米。内容为：陆务观、何德器、张玉仲、韩无咎，隆兴甲申闰十一月二十九日，踏雪观《瘗鹤铭》，置酒上方，烽火未息，望风樯战舰在烟霭间，慨然尽醉，薄晚泛舟，自甘露寺以归。明年二月壬辰，圜禅师刻之石，务观书。陆游曾多次到镇江，留下许多诗作，并编有《京口唱和集》。陆游通书法，擅行草。在其《暇日弄笔戏书》中，自称“草书学张颠(旭)，行书学杨风(凝式)”。存世墨迹除此处题刻之外，尚有《致仲躬郎信札》等。

［文献］ 清吴之振等《宋诗钞》(剑南诗钞)，钱仲联《剑南诗稿校注》卷五五，王同顺《镇江古代石刻及焦山碑林书法研究》。

公元1166年 乾道二年

［提示］ 洪适集汉魏石刻文字编成《隶释》。

［叙录］ 汉魏刻石是中国碑刻文化的巅峰时代。宋代文字学家和金石大家洪适，在承继前人成果基础上，广收博集，于是年编撰成我国历史上最早一部集录汉魏石刻文字的专著《隶释》，有明万历刻本传世。后又于乾道四年撰成《隶续》21卷，使所收之隶释更为完备。洪适字景伯，晚号盘湖老人，江西鄱阳人，《宋史》有传。洪适在孝宗时任司农少卿，累官至同中书门下平章事。《隶释》共27卷，前19卷著录汉魏隶书石刻文字189种，每种除以楷书录其全文外，还考释其立碑经过及内容，有假借通用文字处亦予以疏通辨证，碑文与史事有涉者详辨异同。该书后八卷汇载郦道元《水经注》中汉魏碑目和欧阳修《集古录跋尾》、欧阳修之子欧阳棐《集古录目》、赵明诚《金石录》以及佚名《天下碑录》中汉魏碑刻部分。

［文献］ 宋洪适《隶释序》，马端临《文献通考》(经籍考)，元脱脱《宋史》卷三七三，魏奕元《〈隶释〉研究》，陈江《试论洪适的碑石研究》(《宋史研究论文集》)。

公元1167年 宋乾道三年

［提示］ 十一月，朱熹与张栻、林用中至南岳遍寻禹碑而未得，著《韩文考异》。

［叙录］ 据束景南、唐晓军载：朱熹于乾道三年十一月与张栻、林用中结伴至南岳，遍寻禹碑而未

得，著《韩文考异》，说韩诗（即韩愈《谒南岳庙兼岣嵝山》诗）为传闻所误，衡山实无禹碑。

［文献］　宋朱熹《韩文考异》，束景南《朱熹年谱长编》。

公元1168年　宋乾道四年

［提示］　江苏南京始建江南贡院。

［叙录］　是年，江苏南京始建江南贡院。此贡院遗址，位于江苏南京城南夫子庙附近秦淮河北岸金陵路一号。据宋佚名《南窗纪谈》（清人劳格认为作者系徐度）始建于孝宗乾道四年，初为建康府县学考试场所。明太祖朱元璋建都南京之后，乡试会试均在此举行。明成祖永乐年间又在此扩建，始具规模。永乐十九年（1421）成祖迁都北京之后，南京变为陪都，此地仍为乡试会试之所。清代南直隶为江南省，其院亦称江南贡院。同治年间再次大规模扩建后，贡院考试号舍多达两万余间，堪与北京顺天贡院相比肩。唐寅、吴敬梓、张謇、郑板桥及近人陈独秀等，均曾在此院接受大考。江南贡院明远楼东西两侧，迄今仍保存着二十多块贡院碑记，中有康熙御撰的《考试叹》碑。

［文献］　宋佚名《南窗纪谈》，明陈继儒《太平清话》卷三，清劳格《读书杂识》卷一一，马丽萍《明清贡院选址研究》（《江苏建筑》2012年第4期）。

公元1169年　金大定九年

［提示］　四月望日，陕西药王山金代题记《补修古佛记》。是年，陕西耀县药王山摩崖造像。

［叙录］　四月望日，陕西药王山金代题记《补修古佛记》。李淞载，编号17为金代题记《补修古佛记》：耀州城东山有古佛像数躯，岁月深远，不无损剥。本州禅院长老东公，命工补□描饰，一一如新。又广□□财，□求善士，于石壁上别镌诸像十二尊，大定九年四月望日。这段记载为是年东公修补佛像后所题。据阎文儒说，耀县东山药王洞石窟在耀县城东隔河两里的药王山北山上，共有七个窟。由东而西，其中第2窟的菩萨，系隋时所造。第6窟菩萨像，又可能是初唐所造。第1、3、4、5四个窟，约为盛唐或稍后的作品。第5窟佛座下一佛二菩萨像与第7窟西佛龛，又系金代大定九年所造（据1956年关中石窟调查）。同年，据李淞记载，还有陕西耀县药王山摩崖造像数处：编号30者为此处体量最大的一尊造像，亦为唯一圆雕，佛像脱离山壁，礼拜者可绕像旋转。像高406厘米，结跏趺坐于双层莲座，着双领下垂袈裟，发髻为波浪纹，结禅定印。莲座下又有一不规则形高座，刻有云纹图案，正中部分伸出一浮雕龙头。佛经中的龙王有不同的意思，或说在释迦牟尼诞生时有二龙王为其盥沐，或说有八龙王、七龙王，诸龙王能兴云布雨，令诸众生之热恼消灭。但中国的龙王和梵文龙王的意义不同，更有象征帝王、至高无上的意义。此尊坐佛风格晚于唐代，应属金代大定九年“别镌诸像十二尊”之列。编号32者为最西端的五尊像龛，龛高155厘米、宽125厘米。中间为结跏趺坐佛，着通肩袈裟，波浪纹发髻，左手托钵于腹际，钵中还刻有圆粒状药丸，右手拈一粒药丸举至胸前。双层莲花座下为六角形台座，中有壸门，座有二脚，其下似为一高台。此像应是药师佛。左右各一胁侍菩萨，均举双手合于胸前结菩萨印。左菩萨头冒出一束火焰，冲出圆形头光之上，右菩萨两足间亦有火焰纹（或飞天），其图像十分罕见。菩萨之下左右各有一世俗供养人，二像均侧身向佛座低首而立，戴高冠，着舄。左像穿长袍，右像穿盔甲，似提有袋。二像均有头光，立于莲花座。这种全侧面的供养人形象也十分少见。观其图像与风格，亦应属金代大定九年造十二尊像之列。

［文献］　李淞《陕西古代佛教美术》，阎文儒《中国石窟主艺术总论》。

公元1170年　金大定十年

［提示］　王重阳卒，曾和弟子刻建山东圣经山

《太上老子道德经》上下卷。

［叙录］ 是年，王重阳卒。据清代陈铭珪及今人牟钟鉴等人的研究，王重阳为北宋末京兆咸阳(陕西咸阳)大魏村人，原名中孚，字允卿，又名世雄，字德威，入道后改王重阳名喆，字知明，道号重阳子，世称王重阳。王重阳为中国全真道教创始人，被尊为道教北五祖之一。王重阳有七位名弟子，即北七真。王重阳糅合儒释道思想，三教合一。倡导“儒门释户道相通，三教从来一祖风”，宣扬“人心常许依清静，便是修行真捷径”。著有《重阳立教十五论》、《重阳教化集》等，均收入《正统道藏》中。据迟法松说：在山东文登市圣经山顶上，阴刻有《太上老子道德经》上下卷，共146行，5 000余字，以颜楷书写。据传，这块道教摩崖刻经，即为王重阳及其七个弟子刻建。

［文献］ 清陈铭珪撰《长春道教源流》，牟钟鉴等著《全真七子与齐鲁文化》，迟法松等《道教胜地圣经山》(《风景名胜》1998年第2期)

公元1171年　宋乾道七年　金大定十一年

［提示］ 宋乾道七年四月，重庆《皇宋中兴圣德颂》。乾道七年，陕西《重修山河堰记碑》、重庆大足北山佛湾《诃利帝母像》。金大定十一年三月，金人葬钦宗于巩洛之原。

［叙录］ 宋乾道七年四月，重庆刻《皇宋中兴圣德颂》。高文载，此碑在重庆奉节县境长江瞿塘峡口南岸，距白帝城较近。碑高360厘米、宽670厘米，正文48行，款识1行，共49行，行字不等，最多23字，最少2字。正文字数940字，款识8字，共948字，字径20厘米，正书，宋代赵不忧撰，赵公硕书，王伯庠上石。赵不忧字仁仲，嗣濮王宗晖曾孙。北宋亡，金人俘徽钦二帝及后妃宗室百官三千人北去，不忧父赵士图亦在其中，绍兴二十七年(1157)不忧登第，易左宣议郎，旋除知开州，转夔州转运判。居官有政绩，高宗许不忧：此贤宗室也。书者赵公硕，亦宗室，书法颜鲁公。清陆增祥著录此碑时载：《中兴颂》高一丈一尺二寸、广一丈六尺二寸，三十七行、行二十八字，字径三寸。题记三行、行三十五字，字径一寸二分。

乾道七年，陕西刻《重修山河堰记碑》。此碑为阎苍舒撰书，位于陕西汉中市北褒谷口山河堰。石碑刻竣后，嵌于“山河堰”二堰东侧萧曹祠壁间。宋末，该祠毁于洪水，此碑遂没。现有两块残石存于汉中博物馆，为20世纪80年代初出土于汉中河东店小学者，两石均50厘米见方、15厘米厚，漫漶较甚，两石共有180余字可识。以残石尺寸估算，原碑高约130厘米、宽约200厘米。据《汉南续修郡志》载录，《重修山河堰记》碑文正文共900字，记述自北宋嘉祐三年(1058)提举常平使史炤罢山河军之后，四川宣抚使王炎、兴元府利路安抚使吴拱受旨重修山河堰之事。此次重修自乾道六年(1170)十月起，到乾道七年正月毕，历时四个月，官府出资30 000余缗，征召长岁水夫、动员官军民兵共14 000余人，总共用工50余万个。尽修六堰，设大小渠65条，复见古迹，并用水准法修定，增修堰埂(拦河坝)两道，工程质量十分牢固，“皆精坚可永勿坏”，并在主堰渠上开挖排洪渠道，开分水闸口99个。堰渠总长万余步，比旧渠相深广倍之，灌溉南郑、褒城农田20 000多亩，真正造福一方。清人刘喜海载：阎苍舒字才元，淳熙中以试吏部尚书使金贺正旦。《范石湖集》有《用汉中帅阎才元侍郎韵送樊子南西归兼呈侍郎诗》、叶适《水心集》有《题阎才元喜雪诗》、晁公遡《嵩山居士集》有《简阎才元》。

乾道七年，刻造重庆大足北山佛湾《诃利帝母像》。《大足石刻内容总录》载：此像为北山佛湾第289号龛。灰砂岩石质，顶部为平顶，龛高150厘米、宽111厘米、深46厘米。主像为诃利帝母，面西，头戴凤冠，身着华服，端坐于莲台上。帝母双手抱一小孩放膝上，脚前及左右另有八个游戏小孩，或坐或卧，或走或爬。龛外左壁上有一题记：懿恪公裔王季立，观吕元锡兄题字，乾道辛卯。

金大定十一年三月，金人葬钦宗于巩洛之原。宋钦宗崩于绍兴三十一年(1161)五月，《宋史》(礼志二十五)载：是时宰臣陈康伯等率百官诣南郊请谥，庙号钦宗，遥上陵名曰永献。《金史》(世宗本纪)载，直至金世宗大定十一年三月，金人才命有司以天水郡公旅梓依一品礼葬于巩洛之原。傅永魁说，由于钦宗不是按皇帝礼安葬，因此其具体葬地今已了无痕迹。

［文献］ 元脱脱《宋史》卷三一六、《金史》卷六，清陆增祥《八琼室金石补正》卷九一，清刘喜海《三巴金石苑》，四川省社会科学院等编《大足石刻内容总录》，傅永魁等《北宋徽、钦二帝陵墓考》(《中原文物》1992年第4期)。

公元1172年　乾道八年

［提示］ 三月，重庆大足佛安桥第12号龛造像。

［叙录］ 三月，重庆大足佛安桥第12号龛造像。胡文和等载，佛安桥儒释道造像，位于大足县城西南30公里的三溪乡。造像200余身，共编13号。南宋绍兴、乾道年间镌造。第12号三教窟，平顶，高320厘米、宽380厘米、深470厘米。右角石壁镌记云：东普攻镌处士文孟周记。窟左壁造像二层，上层刻尊者五身，地藏一身。下层刻尊者五身，窟门站立供养人二身。右像刻名化主僧思旦，左像刻名庄主古及之。右壁造像亦分二层，上层刻尊者五身，地藏一身。下层刻尊者五身，窟门供养人一身已毁，存"什得圣人"四字。各像均有镌记一则，如左壁上层内面第一尊者座上刻：佛弟子古大雅同室杜氏造，祈眼目光明，壬辰三月记。

［文献］ 胡文和《中国道教石刻艺术史》，黎方银《大足石窟艺术》。

公元1174年　淳熙元年

［提示］ 四川巴中南龛题记及造观音菩萨像。

［叙录］ 成都文物考古研究所等载：巴中南龛第25龛位于神仙坡南段，如意轮观音以北，老君洞内。为盛唐双层龛，外龛无存。在老君洞外左壁中部阴刻宋淳熙元年题记，竖刻8行，每行10字。占壁面高80厘米、宽70厘米。同年六月二十日，巴中南龛造观音菩萨像。此龛在南龛山天门石南面。为外方内圆拱形双层龛，外龛高251厘米、宽154厘米、深12厘米。内龛中造一观音菩萨像，有内圆外桃形双层头光。头绾高髻，戴花冠，冠前饰坐佛，耳侧垂缯带。龛楣及左、右侧壁阴刻有淳熙元年概值造像记，上横刻，侧壁竖刻，由左至右4行，每行27字。占壁面高251厘米、宽45厘米。内龛右侧壁阴刻：本州石匠作头孙真刻民郑春阳。

［文献］ 成都文物考古研究所等编《巴中石窟内容总录》。

公元1175年　淳熙二年

［提示］ 四月，鹅湖之会。

［叙录］ 鹅湖书院位于江西铅山鹅湖镇鹅湖村，淳熙二年四月，吕祖谦闻知朱熹与陆九渊、陆九龄在理学上有分歧，便邀请三人一同来到信州(江西上饶)鹅湖寺进行学术辩论，是为著名的鹅湖之会。李似珍在《中国学术思想编年》中指出：双方在诸多学术问题及方法论上发生分歧。如在为学方法上，朱熹主张先"泛观博览而后归于约"，陆九渊主张先"发明本心"而后"使之博览"，体现心学与理学思想及为学方法的不同。另外，两者在"太极"定义、"理"定义等理解上亦有不同意见，陆氏有些看法，提示出朱熹思想之缺陷所在，然陆氏在论述中也有唯认直觉之心为真之不足。此会之后，两人又就各自观点通过书信进行讨论，体现出良好的学术风格。会面日期以《闽中金石志》所收朱熹等崇安题石等为据。

［文献］ 清冯登府辑《闽中金石志》卷九，陆持之编《象山先生全集》(年谱)。张岂之主编《中国学术思想编年》(宋元卷)。

公元1176年　金大定十六年

［提示］　八月一日，山西刻《大金西京大普恩寺重修大殿记》。

［叙录］　晋北大同历史文化悠久。位于大同城南门的善化寺，始建于唐开元年间(713—741)，初称开元寺，五代时改名大普恩寺。至辽代末始毁于兵火，金代又重修，明正统十年(1445)改名善化寺。现寺内三圣殿存有四块石碑，《大金西京大普恩寺重修大殿记》碑即为其中之一。此碑由南宋使金通问副使朱弁撰写，朱弁在南宋建炎元年(1127)曾奉命出使金朝西京，被金人羁留，住在寺里任教长达十多年。

《大金西京大普恩寺重修大殿记》碑文书近颜体，雄浑而方润，雕工劲健。张焯说，此碑现藏于大同善化寺(原名大普恩寺，明正统十年赐今名，清代以来俗称南寺)三圣殿内。《道光大同县志》(艺文志)有清康熙初年朱彝尊《普恩寺碑跋》，云：大同《普恩寺碑记》，宋修武郎、借吉州团练使、充通问副使、婺源朱公弁所作也。公以建炎元年十一月奉使，为金人所留，迫之事刘豫，不可；欲易其官，不可。《记》成于金皇统三年二月，实高宗绍兴之十三年也。于是公之去国，盖十七年矣。题曰“江东朱弁”，而不书官，又其上系以皇统年号，论者疑公自贬，其词合乎古君子危行言逊之义，而未得其本也。考公之归宋，在是秋七月，《记》之作当在和议初成，而公临发之时也。彼寺僧者，见公既去，不能原公大节所在，惟知奉国人之法，辄删去其官爵，增易其纪年，无足怪者。史又载，公以文字教金之贵人子弟，使之就学，因得以和好之说进。盖公之文，有不得已而为之者：当其时，宋诸臣留于金，若宇文虚中、吴激、蔡松年之徒，多以文学自命。顾寺僧独以公之言为足重于世，亦以见恭敬之不可弃，而忠信所行者远也。

［文献］　清黎中辅《道光大同县志》卷一九，邓广铭《辛弃疾传·辛稼轩年谱》，张焯《云冈石窟编年史》。

公元1177年　宋淳熙四年

［提示］　二月，江苏《韩世忠碑》。

［叙录］　在宋以前，文字石刻方面，除石经之外，文字最多的当数武则天为唐高宗所立8 000多字的《述圣记碑》。这个记录到了宋代被《韩世忠碑》打破，此碑比前者还要多出5 000余字，位于江苏苏州灵岩山西麓。碑在清人王昶的《金石萃编》中有著录，亦称《韩蕲王碑》、《中兴佐命定国元勋之碑》，全称为《宋故扬武翊运功臣太傅镇南武安宁国军节度使充醴泉观使咸安郡王食邑一万八三百户食实封柒仟贰佰户进封蕲王谥忠武神道碑》。韩世忠在《宋朝南渡十将传》、《宋史》中均有传，是南宋抗金名将。世忠字良臣，绥德(属陕西延安)人。绍兴二十一年(1151)韩世忠病逝于临安寓所，同年十月葬于苏州灵岩麓。至淳熙四年二月，孝宗才追封世忠为蕲王，下诏刻立墓碑。碑高达10米、宽297厘米、厚30厘米。碑额由孝宗御书字径一尺二的“中兴佐命定国元勋之碑”10个大字。碑文则由赵雄奉敕撰写、周必大楷书。共88行，每行150字不等，计13 200余字，故称“万字碑”或“蕲王万字碑”，碑文记述韩世忠一生忠勇抗金的事迹。

道光十二年(1832)，林则徐任江苏巡抚时，曾为韩世忠祠庙韩祠撰写楹联：祠庙肃沧浪，更寻来一万字穹碑，新焕岩前榱栋；威名镇吴越，还认取七百年华表，遥传江上旌旗。韩世忠墓及墓碑在明代弘治年间知府曹凤曾经进行过修缮，至清代道光十三年(1833)，韩氏后裔再加以整修。20世纪30年代末，韩世忠巨碑被大风刮倒，碎裂为十数块。民国三十五年(1946)，由灵岩山住持妙真主持重修工作。由于石碑体太过沉重，碑额和碑文被分为两段并立。新中国成立后，又进行过修整，但已无复当年之雄伟了。

［文献］　宋章颖《宋朝南渡十将传》卷五，元脱脱《宋史》卷三六四，《金史》卷七二、卷一二五，清王昶《金石萃编》卷一五〇，清杨宾《柳边纪略》，邓广铭

图 239 释迦造像 大理国盛德四年(1179) 云南石钟寺第八号龛上层正中龛左侧壁

图240　四方善人造罗汉像　金大定二十年(1180)　美国旧金山亚洲艺术馆藏

《韩世忠年谱》。

公元1178年 宋淳熙五年 金大定十八年

［提示］ 宋宣和四年至淳熙五年，重庆大足北山佛湾五百阿罗汉窟。金大定十八年，甘肃合水安平寺石窟寺竣工。

［叙录］ 宋宣和四年至淳熙五年(1122—1178)，重庆大足北山佛湾刻五百阿罗汉窟。此窟为北山佛湾第169号龛，《大足石刻内容总录》载：此窟为灰砂岩石质，顶部为平顶，窟内平面为长方形，窟高330厘米、宽314厘米、深710厘米。窟门高宽与窟之正切面相同。离窟门452厘米处窟中部有一八角棱台，即西域禅师坐化塔。塔基为方形，高45厘米、边长191厘米。棱台高164厘米，上端边长72厘米。棱台正面嵌入一碑，高88厘米、宽68厘米。该碑左额竖刻“西域坐化禅师记事”八字，碑文楷书直行，由左至右，落款为：崇祯七年(1634)岁在甲戌夏六月望后三日，带发弟子潘绂记。窟左(南)壁石埌上有造像记一则：吕存同虔心妆此五色云下相对罗汉十六身，时宣和四年(公元1122)。窟右(北)壁外侧第三层石埌上有题记一则：虢略杨彦翔、申国吕元丙，自德藏来，追凉于此。淳熙戊戌(五年)六月十六日。值得注意的是，此窟的佛伎乐、罗汉伎乐的音乐演奏形式。罗汉伎乐演奏在五百阿罗汉中均有出现，所用乐器有钟、磬、锣、钹、铎、鼓等，反映了雅乐与燕乐的结合。

金大定十八年，甘肃合水安平寺石窟寺竣工。此石窟始建于伪齐刘豫阜昌年间(1130—1137)。据张宝玺载，安平寺石窟位于太白镇平定川内龙王庙沟小河南岸，坐南向北，共有造像500余尊，纪年铭文一方。由外廊内窟构成，内窟高450厘米、宽480厘米、深460厘米，中有一方形拱台。外廊三壁与廊柱四面、内窟四壁均刻有佛菩萨罗汉像。窟门东框刻楷书题记一方：华池寨主汉藩本门人马巡检李大夫，先于阜昌□年自发虔心，请到延长县青石匠王志瑛□夫为渊抚琪李打造石空(窟)佛像一堂，内有菩萨南壁罗汉。窟正壁还浮雕一小幅涅槃像，与双塔寺相同，释迦右胁而卧，头前站立着迦叶，脚跟站立着末罗贵族。又：平定川安平寺石窟还出土一件《释迦牟尼石坐像》，刻于大定十八年，像高88厘米，螺髻，面相方圆，五官俊秀，庄严慈祥，披通肩大衣，袒胸下穿裙，结跏趺坐，禅定印。

［文献］ 四川省社会科学院等编《大足石刻内容总录》，张宝玺《合水平定川石窟群》(《陇右文物》2003年第1期)。

公元1179年 宋淳熙六年 大理国盛德四年

［提示］ 宋淳熙六年十月，朱熹复建白鹿书院，赐高宗手书石经。大理国盛德四年六月，云南剑川石钟山石窟造像。

［叙录］ 宋淳熙六年十月，朱熹复建白鹿书院，赐高宗手书石经。据明人李梦阳及日人山崎嘉等载，白鹿洞书院初建于唐代德宗年间，李渤于此洞读书时养白鹿怡情，因此而得名。南唐时置书院，宋太平兴国二年(977)，太宗赐“白鹿国学”额及《九经》，此地始显。真宗咸平五年(1002)诏修此洞，同时塑刻孔子及弟子像，后废。淳熙六年秋天，朱熹知南康军，访得白鹿洞书院旧址，在开始修复书院的同时，又上书重建白鹿书院，淳熙七年修复学舍形成规模。孝宗在次年春准奏，援岳麓书院之例赏赐洞额及高宗手书石经印板本《九经疏》、《论语》、《孟子》等。朱熹制定学规《白鹿洞书院揭示》，使之成为宋代四大书院之首。吕祖谦《白鹿洞书院记》载，书院复建始于朱熹淳熙六年秋巡视雨情之时，次年三月落成，朱熹撰有《白鹿洞成告先圣文》。宋人黄幹也写有《南康军新修白鹿书院记》。据李才栋统计，白鹿洞书院现存宋代至民国初年碑刻共有157通、崖题刻57方。这200多块碑刻中，有白鹿洞书院修复记、白鹿洞书院教规、白鹿洞书院讲义、白鹿洞书院学田记、教思碑记、白鹿洞书院游记、诗歌词赋及名人题词

等,是研究中国古代教育史的宝贵实物文献。

大理国盛德四年六月,云南剑川石钟山石窟造像(图 239)。据刘长久载,是年六月,杨天王秀在云南剑川石钟山石窟狮子板区造观音化现梵僧像。大理梵僧像颇有特色,在大理国画工张胜温所作画卷中,题为《建国观世音像》者,即有端坐的梵僧。在剑川石窟狮子关悬崖上,雕刻的这尊梵僧像,还携有一条狗,形状甚为生动。

［文献］ 宋黄幹《黄勉斋先生文集》卷五,明李梦阳《白鹿洞书院新志》卷五,［日］山崎嘉《白鹿洞学规集注》,李才栋《白鹿洞书院碑记集》,刘长久《南诏和大理国宗教艺术》。

公元 1180 年　金大定二十年

［提示］ 塔铭、禅师碑及罗汉像。

［叙录］ 是年,刻成几件塔铭、禅师碑及罗汉像。其一为是年四月二十七日的《塔铭》。张焯载,该刻为青石八棱幢,现藏于大同市博物馆。在汉文之上,线刻一褒衣坐僧,左手持锡杖。其余七个柱面,俱为梵文。其二为是年七月望日所刻的《大金普照禅寺浹公长老灵塔》,为石灰岩八棱塔幢,仍藏于大同市博物馆。碑文中所述禅宗之云门、曹洞二系,对于我们了解北方特别是大同地区佛教的情况,颇有价值。其三为是年八月十五日僧义藏(涿州石经比丘)所刻《妙行大师和尚(志智禅师)碑》,此碑在《满洲金石志别录》中有著录。同年秋,刻造《四方善人造罗汉像》(图 240),金申著录,此像为大理石加彩,像高 110.81 厘米,现藏于美国旧金山亚洲艺术馆。发愿文为:大定二十季岁次庚子秋月四方善人敬造罗汉像一躯。这年还刻有一件大理石《罗汉立像》,高 11.5 厘米,为美国萨夫兰西斯克・阿贝利布兰迪基所收藏。

［文献］ 罗福颐《满洲金石志别录》,张焯《云冈石窟编年史》,金申《中国历代纪年佛像图典》、《海外及港台藏历代佛像珍品纪年图鉴》。

公元 1181 年　宋淳熙八年

［提示］ 范成大《赠佛照禅师诗碑》。

［叙录］ 《赠佛照禅师诗碑》由范成大行书。范成大书学黄庭坚、米芾。宋人陈槱说:石湖(范)工行草,与张于湖(孝祥)悉习宝晋(米芾),而各自变体,虽未尽合古,自有一种神气,亦足嘉尚。明人盛时泰也认为范成大笔墨标韵,步骤苏黄之下,使人健羡,名不虚得。

《赠佛照禅师诗碑》是范成大书法的代表作之一,时年 56 岁。原石早佚,据刘正成说,有拓本藏于日本宫内厅书陵部。又据刘刚载,在湖南还存有范成大书《游浯溪诗》诗碑,原在元颜祠壁,后祠圮,碑被原祁阳三中裂而为四以作柱基,今仅寻回四分之一。此外还有《碧虚铭》、《复水月洞铭》等碑,亦为范成大所书。

［文献］ 宋陈槱《负暄野录》卷上,明盛时泰《苍润轩碑跋》。

公元 1182 年　金大定二十二年

［提示］ 十二月九日,河南《圆公马山主塔记》。是年,金代书碑家赵沨进士第。

［叙录］ 十二月九日,河南刻《圆公马山主塔记》。此记民国李见荃著录,为吕训(安阳)刻。温玉成说,河南林虑山徙峪,在林县城西南 15 公里处,为林虑山中大峡谷。徙峪寺是北齐文宣帝为著名的地论师僧达所立。在徙峪寺西约 500 米处,有千佛洞。千佛洞西为戒猴洞,有"马山主"灵骨归葬此洞。洞前原有八面幢塔一座,今已无存。所幸该塔所刻《圆公马山主塔记》(张天佑记、张琮书)文字已录存,这是关涉禅宗曹洞宗历史的重要史料,"马山主"法名性圆,北京人,俗姓马氏,11 岁落发,29 岁受具,精通《华严》。性圆去世后,归葬于戒猴洞。

是年,金代书碑家赵沨举进士第。赵沨字文孺,号黄山,东平(辽宁辽阳)人,《金史》有传,官至礼部郎中，性冲淡，尤工书，赵秉文谓其楷书体兼颜（真卿）苏（轼），行草备诸家体，其超放又似杨凝式，当处苏（轼）黄（庭坚）伯仲间，篆书与党怀英齐名，世称"党赵"。赵沨为金朝一代大书家，但书迹罕传世间，仅存者唯《灵岩寺田园记》而已。

［文献］ 元脱脱《金史》卷一二六，李见荃纂《林县金石志》卷上，温玉成《中国佛教与考古》。

公元 1185 年　金大定二十五年

［提示］ 四月，吉林《大金得胜陀碑》。

［叙录］ 四月，吉林刻《大金得胜陀碑》。清人萨英额著录此碑。据《金史》（地理志）载：会宁有得胜陀，国言忽土皑葛蛮，太祖武元皇帝誓师之地。此碑位于吉林省松原市徐家店乡石碑崴子屯东北约两公里处。其地依山傍水，是理想的天然牧场，又有几分隐蔽。史载，辽天庆四年（1114）九月，金世宗祖父、金代开创者完颜阿骨打曾在此聚集 2 500 名女真勇士，举行反辽誓师大会，并宣布：今将问罪于辽，若大事克成，复会于此，当酹而名之。并说：异日成功，当识此地。誓师之后，完颜阿骨打战于宁江州（吉林松原市伯都），首战告捷。次年创立金国，阿骨打成为金太祖。阿骨打当初"酹而名之"的愿望，由于戎马倥偬而未能实现。为纪念阿骨打创金之功，大定二十五年四月，阿骨打之孙、金代第五位皇帝金世宗完颜雍即下诏，在当年起兵反辽誓师地"刻颂建宇，以彰圣德"，并于当年七月二十八日在得胜陀竖立此座龙首龟趺的纪功颂德碑。碑通高 320 厘米、宽 85 厘米、厚 31 厘米。碑额镌刻名家党怀英篆书的"大金得胜陀碑"二行六字。碑文为金奉政大夫赵可撰文、儒林郎孙俣正楷书的汉字碑序及颂诗，全长 815 字；碑阴刻有与汉碑文对译的女真文字 1 500 字，此碑为存世女真文字最多的碑刻。碑虽为女真所立，但汉风浓厚，碑首所雕四条张吻怒目的螭龙颇有唐代气象，碑座的龟趺，在形制上也承袭唐宋风格。碑文中频用汉典，如"周武戎衣，火流王屋"、"汉高奋剑，素灵夜哭"等，认为金太祖之功可以齐周武、刘邦，金太祖之德可以比伏羲、轩辕氏。

［文献］ 元脱脱《金史》卷二四，清萨英额《吉林外记》卷九。

公元 1186 年　淳熙十三年

［提示］ 重庆合川涞滩西岩造释迦牟尼佛与禅宗六祖像一铺、重庆大足北山佛湾《记事碑》。

［叙录］ 是年，据刘长久等载：淳熙十三年，在重庆合川涞滩西岩造释迦牟尼佛与禅宗六祖像一铺（图 241）。同年，重庆大足北山佛湾刻《记事碑》。《大足石刻内容总录》载：北山佛湾第 150 号摩崖龛（位于第 149 号窟门外右侧崖壁上），为灰砂岩石质，龛内有一石碑，碑高 240 厘米、宽 33 厘米。碑面西，楷书直刻，内容为：资中刘子发、广安姚舜清、眉山史岩叟、隆山陈德用，较试南昌毕事之三日，□□□守□眉山家宜父河南吕伯虎拉游北山，徜徉竟日。淳熙丙午年四月。

［文献］ 刘长久《中国西南石窟艺术》，胡文和《四川道教、佛教石窟艺术》，四川省社会科学院等编《大足石刻内容总录》，王朝闻等主编《中国石窟雕塑全集》（四川重庆卷）。

公元 1187 年　宋淳熙十四年
金大定二十七年

［提示］ 宋淳熙十四年，高宗卒。金大定二十七年，山西《大金泽州阳城县海会禅院重修法堂记》。

［叙录］ 宋淳熙十四年，高宗卒。高宗赵构虽在治国方面并无什么建树，却在艺术方面，尤其是书法石刻方面造诣甚深。本年的宋朝石刻基本上没有什么动静，金朝则在山西刻有《大金泽州阳城县海会

图 241 释迦牟尼与禅宗六祖 淳熙十三年(1186) 重庆合川涞滩西岩

禅院重修法堂记》,胡聘之著录,由赵润刻于大定二十七年九月十五日。

［文献］　元脱脱《宋史》卷二六,清胡聘之《山右石刻丛编》卷二十一。

公元 1188 年　淳熙十五年

［提示］　五月十六日,浙江《秀州陆宣公祠堂碑》。是年,福建《林枬祈风石刻》。

［叙录］　五月十六日,浙江刻《秀州陆宣公祠堂碑》。陆宣公即唐代政治家、文学家陆贽,浙江嘉兴人,著有《陆宣公翰苑集》。明代程敏政载录有建炎三年(1129)程俱所撰《陆宣公祠堂祭文》。陆贽后人有一支移居无锡,并在惠山秀嶂街建立陆宣公祠堂,其遗址迄今犹在。清人阮元载:此刻为曹徵(嘉禾)、(男)曹日音、曹日孜刻。程章灿按:原刻"嘉禾曹徵男日音孜刻",几不可解。而《石刻考工录》著录有曹日孜,则此处应断作"嘉禾曹徵男日音、孜刻"。曹日音当是曹日孜兄弟行。

是年,福建泉州刻《林枬祈风石刻》。据庄景辉等载,此刻位于泉州西郊南安县丰州镇九日山上,九日山有东、西、北三峰环绕:唐代诗人秦系曾隐居于西峰,世称"高士峰";而东峰有唐朝宰相姜公辅寓寄过,又名"姜相峰"。九日山摩崖如林,其中最引人注目者当数散见于东西二峰的南宋祈风石刻,它们是研究宋代我国海外交通史的珍贵史料。宋代的泉州已是世界著名贸易港,来往诸国的"蕃舶"络绎不绝。当时的海船动力来自季风:春夏间以东南风来港,秋末冬初则随西北风出海。每年在出海或入港之时,则在九日山南麓延福寺通远王庙举行祈风祭典,由泉州郡守或提举市舶使主持仪式,并刻石纪颂于摩崖上。祈风刻石现在仅存南宋淳熙元年(1174)至咸淳二年(1266)的 10 段题刻,其中尤以刻于淳熙十五年的《林枬祈风石刻》最为宝贵,位于东峰崖壁,背北面南。此刻高 185 厘米、宽 79 厘米,碑文共 5 行 73 字,字径约 12 厘米。碑文云:舶司岁两祈风于通远王庙,祀事既毕,登山泛溪,因为一日之款。后面署刻六月和十月参加祈风者林枬等人名氏。

［文献］　明程敏政《新安文献志》卷四六,清阮元《两浙金石志》卷九,程章灿《石刻刻工研究》,庄景辉《泉州宋代祈风石刻考释》(《江西文物》1989 年第 2 期),黄威廉《九日山摩崖石刻诠释》。

公元 1189 年　宋淳熙十六年
金大定二十九年

［提示］　淳熙年间,四川重建杨公阙。妙应居苏州龙兴寺,曾作菩提像于寺中。孝宗年间,重庆大足《古文孝经碑》。金大定二十九年,北京卢沟桥石刻。

［叙录］　孝宗淳熙年间(1174—1189)四川重建杨公阙,题《夹江杨宗阙》。据高文载,此双阙位于四川夹江县东南双碑村,距县城 10 公里,又名二杨阙(杨宗、杨畅)或双碑,阙身以五块石垒成,高 507 厘米、宽 133 厘米,两阙相距 13 米。左阙上部阴刻宋淳熙年间柏梁体诗;右阙阴有"大宋□年"。阙面图案及斗拱等已风化,仅可辨其梗略。双阙建于东汉晚期。西阙阙身镌有铭文,明曹学佺《蜀中广记》著录:"汉故益州太守杨府君讳字德仲墓道"15 字,现可辨认:汉、故、益、杨、府、君、讳、宗、字、仲、墓等字。为南宋淳熙年间重建。阙体呈方形,分为阙身、阙楼、阙盖三部分。杨畅阙正面隶书"汉故中宫令杨府君讳畅字仲普墓道"15 字。左阙正面为一组龙形图案,偏右夹角镌巨兽追捕二羊,被力士阻拦,似为阻虎食羊图。右阙正面左方刻巨龙、猛虎作搏斗之状,虎尾扫扑一人在地,似为龙虎相斗图。距双阙 300 多米处,有一土丘,当地人叫"响堂坝",即为"二杨墓"。以前曾在此发现汉砖、陶器、铜器、铁器等。后文物普查时,在此又发现汉代花边砖、陶鸡、陶俑等。

妙应居苏州龙兴寺,曾作菩提像于寺中。刘兴珍载:南宋僧人妙应俗姓童,善刻石。在清人雅尔哈善、傅椿修等修纂的《苏州府志》中记载,淳熙年间,妙应居苏州龙兴寺,曾作菩提像于寺中,其碑阴作天台山五百尊者,笔法奇古。又于虎丘造石观音像,亦佳。

孝宗年间,重庆大足北山刻《古文孝经碑》。在宋高宗绍兴十四年(1144)御书《真草孝经碑》后,还刻有一块南宋摩崖《古文孝经碑》。此碑现存于重庆大足北山佛湾北段石壁之上,与蔡京所书名碑《懿简公神道碑》同凿一窟。碑系北宋名臣范祖禹楷书,于孝宗时代(1163—1189)刊刻上石。碑高 326 米、宽 814 米,共 68 行、满行 28 字,刻字 1 813 个,现有 100 余字已漫漶。《孝经》在西汉初年始出现今文、古文两种版本。自唐玄宗参会六家,以今文本作注序刻石立于太学后,《今文孝经》盛行于世间,《古文孝经》被完全废止。到了宋代,《古文孝经》幸存于秘阁间,始再次受到人们重视,司马光为作《古文孝经指解》,范祖禹作《古文孝经说》,大儒朱熹等还以此进行校释依据。存世的范祖禹所书《古文孝经碑》是目前所知最早的古文版本。马衡曾撰有《大足石刻古文孝经校释序》专文,并对此碑评价道:盖孝经石刻,如唐玄宗之《石台孝经》及现存唐清两代之《石经》,绍兴府学之宋谢景初书《孝经》,历史博物馆之明人书《孝经》皆为十八章今文本,而二十二章之古文本,寰宇间仅此一刻。

北京卢沟桥石刻。卢沟桥位于北京西南永定河上。永定河自唐代始名卢沟河,清康熙时更今名。石桥建于金大定二十九年,明、清曾予重修。全长 260 多米、宽 7.5 米。卢沟桥石刻以石狮闻名于世。《马可·波罗行纪》载:桥两旁皆有大理石栏,又有柱,狮腰承之。柱顶别有一狮,此种石狮巨丽,雕刻甚精。1961 年,北京市文物工作者采用编号清点的办法,查清石狮总数 485 头。1984 年再次核查,桥上石狮为 489 头(这些石狮并非全为金代所刻,元明清均有增刻补刻者)。桥身两侧石雕护栏有望柱 281 根,望柱顶部均置有石狮,狮身上又刻有各种小狮,大者十余厘米,小者仅几厘米,或爬或伏,或跳或嬉,千姿百态,憨态动人。桥两头还有华表四座,高 465 厘米,其柱顶莲盘上也雕石狮。现存石狮虽然年代不一,但整体形制仍属金代遗迹。中国桥梁学家茅以升于 20 世纪 60 年代初,曾刊发著名的《中国石拱桥》一文(现收入中学语文教材):永定河上的卢沟桥,修建于公元 1189 至 1192 年间。桥长 265 米,由 11 个半圆形的石拱组成,每个石拱长度不一,自 16 米到 21.6 米。桥宽约 8 米,路面平坦,几乎与河面平行。每两个石拱之间有石砌桥墩,把 11 个石拱联成一个整体。由于各拱相联,所以这种桥叫做联拱石桥。永定河发水时,来势很猛,以前两岸河堤常被冲毁,但是这座桥却极少出事,足见它的坚固。桥面用石板铺砌,两旁有石栏石柱。每个柱头上都雕刻着不同姿态的狮子。这些石刻狮子,有的母子相抱,有的交头接耳,有的像倾听水声,有的像注视行人,千态万状惟妙惟肖。早在 13 世纪,卢沟桥就闻名于世。那时候有个意大利人马可·波罗来过中国,他的游记里,十分推崇这座桥,说它“是世界上独一无二的”,并且特别欣赏桥栏柱上刻的狮子,说它们“共同构成美丽的奇观”。在国内,这座桥也历来为人们所称赞。它地处入都要道,而且建筑优美,“卢沟晓月”很早就成为北京的胜景之一。

[文献] 明曹学佺《蜀中广记》卷一一,清雅尔哈善等《苏州府志》卷一〇,高文《中国汉阙》,赵汉成《夹江双杨府君阙释疑》(《四川文物》1987 年第 4 期),刘兴珍等《中国古代雕塑图典》,马衡《大足石刻古文考经校释序》(《凡将斋金石丛稿》),《马可·波罗行纪》,茅以升《中国石拱桥》(《人民日报》1962 年 3 月 4 日),吉磊《石桥灵兽——卢沟桥石狮艺术研究》。

公元 1190 年 宋绍熙元年 金明昌元年

[提示] 宋绍熙元年,广西朱晞颜刻立《龙图梅公瘴说》碑。金明昌元年十二月八日,山西《大金西京大普恩寺重修释迦如来成道碑铭并序》。

[叙录] 宋光宗赵惇为孝宗赵昚第三子,绍兴十七年九月赐名赵惇,授右监门卫率府副率,转荣州

刺史。孝宗即位后封恭王。乾道七年(1171)立为皇太子。淳熙十六年(1189)二月,孝宗禅位于光宗,次年改元绍熙。

绍熙元年,广西朱晞颜刻立《龙图梅公瘴说》碑。据杜海军等载,此碑位于广西桂林七星岩公园龙隐洞南口石壁上。碑文为仁宗景祐元年(1034)昭州(平乐县)知府梅挚所撰。梅挚将自然界的"瘴"气引申为社会之"瘴",认为租赋、刑狱、饮食、货财、帷簿等,官员在五个方面均可能出现瘴气。造成百姓疾病者并非来自山川瘴气,而是人为"瘴"气所导致。这些"官瘴"才是致死的祸根。南宋绍熙元年,广西漕运使朱晞颜十分赞赏"五瘴说",特刻《龙图梅公瘴说碑》于龙隐洞壁上,成为一篇发人深省的警策官吏的廉政石碑。20世纪60年代初,郭沫若参观龙隐洞时题诗赞道:榕树楼头四壁深,梅公瘴说警人心。

金明昌元年十二月八日,山西刻《大金西京大普恩寺重修释迦如来成道碑铭并序》。张焯载,此碑现存大同善化寺(原名大普恩寺)三圣殿内。《释迦如来成道记》为初唐王勃所撰。既曰"重修",盖大普恩寺旧有是碑。今碑身断裂,党怀英篆额遗失,龟趺亦非原有。该碑末书写者与立石者的两行字迹被逐字敲损,官衔名字模糊不清。经张焯辨识,发现立石功德主乃金世宗长子永中,书者为永中长子石古乃;世宗赐名曰"瑜"。《金史》(世宗诸子传)记载:镐王永中,本名实鲁剌,又名万僧。大定元年,封许王。二十五年加开府仪同三司。章宗即位,起复判西京留守,进封汉王,与诸弟各赐金五百两、银五千两、钱二千贯、重币三百端、绢二千匹。再赐永中修公廨钱三百万。明昌二年四月,进封并王。三年,判平阳府事,进封镐王。明昌五年诏赐永中死,子孙禁锢。自明昌至于正大末,几四十年。永中父子被疑谋反而死,殃及此碑。碑折为两截,落款被损,党篆、龟趺不翼而飞,其中故事不难想象。《山右石刻丛编》著录此碑时已有考订,然误以"永中"为"永蹈"等。

［文献］　元脱脱《金史》卷八五,杜海军《桂林石刻总集辑校》,张焯《云冈石窟编年史》。

公元1191年　金明昌二年

［提示］　十一月十五日,甘肃合水县《唐朝列圣之神道碑》。

［叙录］　十一月十五日,甘肃合水县刻《唐朝列圣之神道碑》。此碑张维存目,原位于合水县太白乡连家砭大队村"唐王坟"台地上,1983年移存于庆阳地区博物馆内。

唐晓军说,唐王坟安葬的是唐睿宗李旦之后裔,原有墓冢已被夷平,地表存大小石碑10通。此碑系红砂岩石质,立于金明昌二年,碑通高362厘米、宽112厘米、厚19厘米。碑正面额篆书"唐朝列圣之碑"。碑文楷书,自右至左直行竖写,分作10排:第一排是说明文;2至10排分别列出上自唐高祖下至昭宣帝总共294年21位皇帝的尊号、名讳、在位年数、寿数、陵址、皇后、子嗣等。碑文剥蚀严重,现尚可认清者17位皇帝,4位皇帝在碑文中已无法辨认。背面碑额篆书"唐李氏世系图",该图分三个部分:左、右两面各为记事性短文;中间从睿宗皇帝起,以家谱式的图表按辈排列16代子孙的名讳、即位或官职。

［文献］　清孙葆田等《山东金石志》卷四,张维《陇右金石录》卷五,唐晓军《甘肃古代石刻艺术》。

公元1192年　绍熙三年

［提示］　湖南刻周必大题《善德山》诗碑。

［叙录］　是年,湖南刻周必大题《善德山》诗碑。刘刚载:此碑原在常德山乾明寺,1979年迁至常德市滨湖公园碑廊内,现置常德博物馆。碑高218厘米、宽137厘米、厚19厘米,楷书,字径7厘米,现存三分之二字迹不清。额题篆书,碑文楷书,记载周必大所作七律诗《善德山》2首。周必大所作诗,最早见录于明人陈洪谟撰《常德府志》中,今人贵体健收录于《善卷帝者师》书中。但是却并不见载于周必大《益国周文忠公全集》中,因此也有学者认为并非周

必大所作。

［文献］ 明陈洪谟《常德府志》卷一九，刘刚《湖湘碑刻》，贵体健编著《善卷帝者师》。

公元1193年 绍熙四年

［提示］ 甘肃成县宇文子震刻杜诗碑。

［叙录］ 是年，甘肃成县宇文子震刻杜诗碑。唐晓军记载，成县杜公祠内还留存有南宋绍熙四年宇文子震刻写的诗碑。成县杜公祠坐落于县城东南飞龙峡口，是诗人杜甫流寓同谷的祠堂，也是国内现存37处“杜甫草堂”中历史最久的一处。乾元二年(759)10月，杜甫冒着“天寒霜雪繁”，挈妇将雏，辗转来到同谷(成县)。诗人“负薪采松，拾橡为生，儿女饿殍者数人”。在生活考验面前，诗人的创作热情并没有随之减退，先后创作出《龙门镇》、《石龛》、《积草岭》、《泥功山》、《凤凰台》、《万丈潭》、《乾元中寓居同谷县作歌七首》、《发同谷县》等十几首诗作，尤以《凤凰台》和《同谷七歌》为最。

［文献］ 唐晓军《甘肃古代石刻艺术》。

公元1194年 绍熙五年

［提示］ 十二月，朱熹建沧洲精舍(考亭书院)石牌坊。绍熙年间，陈槱撰成《负暄野录》。

［叙录］ 至光宗绍熙五年，光宗的身体越来越差，已无力胜任国事。是年七月，在赵汝愚、韩侂胄等人的拥立下，嘉王赵扩登基，是为宁宗。

绍熙五年十二月，朱熹建沧洲精舍(考亭书院)石牌坊。据宋人李方子《紫阳年谱》(《朱子语类》)及陈淳所撰《竹林精舍录后序》、明人朱世泽《考亭阙里志》等记载，因政治变故，朱熹是年回到故里考亭，并建成竹林精舍，后改名为沧洲精舍，并自号沧洲病叟。建成之日，朱熹行释菜礼，时为绍熙五年十二月。前后约八年时间，朱熹太半时间均在此书院著述讲学。蔡元定、黄榦等众多弟子也相聚于此，形成中国理学的重镇。淳祐四年(1244)，理宗御书“考亭书院”四字以赐额。今在福建建阳三桂里考亭，仍存明嘉靖十年(1531)所刻立的“考亭书院”石牌坊。

绍熙年间(1190—1194)，陈槱撰成《负暄野录》。南宋绍熙年间书法家陈槱所撰《负暄野录》上卷14篇文章中，有五篇讨论石刻，如《前汉无碑》、《古碑毁坏》等，均极具文献价值。

［文献］ 宋朱熹《朱文公文集》卷一〇、卷六九，《朱子语类》卷九〇、卷一〇七，宋陈淳《北溪先生全集》第四门，宋陈槱《负暄野录》卷上。

公元1195年 金明昌六年

［提示］ 十月，山东《灵岩寺田园记》碑。

［叙录］ 十月，山东刻《灵岩寺田园记》碑，此碑全称《十方灵岩禅寺田园记》，由周驰撰文，赵沨正书，党怀英篆额。周驰号迂斋先生，与党怀英相善。金人元好问在《中州集》中记载：周驰资性古雅，而以襟量见称。大定中住太学，屡以策论魁天下，私试亦频中监元，家素饶财，乡人强以子弟从之学。所得束脩，皆散诸生之贫者。贞祐之兵，济南陷，不肯降，携二孙赴井死。赵沨字文儒，号黄山，东平人，第进士，以党怀英荐为应奉翰林文字，有《黄山集》行世。书法与党怀英并称。《中州集》中《黄山赵先生沨》条引赵秉文评语：黄山正书体兼颜苏，行草备诸家体，超放又似杨凝式，当处黄鲁直、苏才翁伯仲间。党承旨篆，阳冰以来一人而已。以黄山配之，至今人谓之党赵。其诗《晚宿山寺》当是作于灵岩：松门明月佛前灯，庵在孤云最上层。犬吠一山秋意静，敲门时有夜归僧。比较有趣的是，据曹婉如介绍，此碑背面还刻有一幅著名的地图《济南府长清县灵岩寺明昌五年上奏断定田园记碑阴界至图本》，是山东迄今所见最古老的石刻地图。图碑总高250厘米、宽97厘米，碑面基本完好。分为三部分：上为图名、中为地图、

下为图记，图上详载灵岩寺四至。

［文献］　金元好问《中州集》卷四、卷七，曹婉如《介绍三幅古地图》（《文物参考资料》1958年第7期）。

公元1196年　庆元二年

［提示］　三月八日，浙江《南高峰摩崖大佛字》。

［叙录］　三月八日，邱大荣刻《南高峰摩崖大佛字》。杭州西湖附近有著名的“双峰插云”胜景，双峰指南高峰和北高峰，两峰对峙，时有薄雾缭绕。宋代杨万里有诗赞叹道：南北高峰巧避人，旋生云雾半腰横。纵然遮得青苍面，玉塔双尖分外明。此摩崖大佛字见载于清人著录，如倪涛、阮元及丁敬等均曾提及此刻。

［文献］　清倪涛《武林石刻记》卷三，清阮元《两浙金石志》卷一〇，清丁敬《武林金石记》卷五。

公元1197年　庆元三年

［提示］　正月，朱熹刻《河图》《洛书》《先天图》于阁皂山摩崖。

［叙录］　据《朱文公文集》记载，以及今人束景南、张艳清及刘仲宇等人的研究，是年正月十五日，朱熹因阁皂山道士甘叔怀归，刻《河图》、《洛书》、《先天图》于阁皂山摩崖，并为三图作跋，有词相送，还写有《书河图洛书后》。朱熹早年尚道，参加过武夷道士焚修仪式。朱熹与道教士白玉蟾等交游甚多，晚年还著有《周易参同契考异》等道教意味浓厚的书籍。徽宗扶植道教，以句容茅山（上清派）、信州龙虎山（正一派）、临江军阁皂山（灵宝派）符箓为宗首，在南方民间影响颇大。朱氏刻此摩崖之行为，显然可以视为其受到道教影响的佐证。

［文献］　宋朱熹《朱文公文集》卷一、六〇、卷六一，束景南《朱熹年谱长编》，张艳清《程朱理学与道学、道教关系研究概述》（《哲学动态》1999年第9期），刘仲宇《道教影响下的朱熹》（《中州学刊》1988年第1期）。

公元1198年　金承安三年

［提示］　山东《党怀英题杏坛碑》。

［叙录］　是年，山东刻《党怀英题杏坛碑》。此碑金人孔元措及清人孙星衍、毕沅等人著录。骆承烈载：此碑位于孔庙杏坛内东侧。碑高220厘米、宽80厘米、厚26厘米。正中党怀英篆书“杏坛”两个大字，两旁为题款。碑北侧有元成宗至元二年（1265）邓希古题名，八分书。南侧有万历十四年（1586）吕希尚题跋，隶书3行、行38字。党怀英工书法，《金史》称其“工篆籀，当时称为第一，学者宗之”。

［文献］　金孔元措《祖庭广记》卷一一，清孙星衍《寰宇访碑录》卷八，清毕沅《山左金石志》卷二〇，骆承烈《石头上的家文献——曲阜碑文录》。

公元1199年　宋庆元五年　金承安四年

［提示］　宋庆元五年九月望日，四川巴中南龛第25龛《水调歌头》词题记、宋诗。金承安四年六月二十三日，河南郃鍑墓石刻。九月，诏和龙府起大明寺造九级浮图。

［叙录］　宋庆元五年九月望日，四川巴中南龛第25龛《水调歌头》词题记、宋诗。据成都文物考古研究所等载：此龛位于神仙坡南段，如意轮观音以北，老君洞内。为盛唐双层龛，外龛无存。在老君洞正壁万公年《水调歌头》词后阴刻宋庆元五载题记，有“庆元五载九月望日文林郎知巴州化”等字样。老君洞内左壁刻宋代诗四层，由上至下，第一层五首，第二层六首，第三层九首，第四层五首。第一层五首，由外至内第一首、四首系冯伯规作，竖刻，据《三巴金石苑》载：冯伯规时任判府太中（或即通判），眉山人。又据俭石乡有关题名款识推测，冯伯规在巴州的诗，当写于孝宗淳熙十六年（1189）至南宋嘉定

年间(1209)。第二、三、五首系赵希璇所作诗，赵希璇于宁宗嘉定间(1208—1224)任巴州知州。第二层共六首诗，由外至内第一、五、六首诗系赵希璇所作。第二、三、四首系冯伯规所作。第三层诗九首，由外至内第一、二、三、四、六、七、八、九首诗系冯伯规所作。第四层(即下层)五首均系冯伯规作。在老君洞右壁亦刻有宋代的诗四首：第一、二首系赵公硕作。《巴州志》载，赵公硕，浚仪(安徽省寿县西南)人，约南宋淳祐九至十一年(1249—1251)任巴州太守。

金承安四年六月二十三日，河南邹鍑墓石刻。据杨宝顺、董发荣等载：1979 年河南焦作李村出土一座金代画像石墓，墓主范阳郡邹鍑，墓室用 170 多块青石条砌成平面八角形，周壁石条面分别线刻伎乐舞蹈，墓主夫妇生活及历史人物故事等共 12 图，其中以乐舞和墓主妇的梳妆、煮茶等生活场面富有生活情趣，如乐舞图分左中右三组，左为击鼓吹奏者五人，中为二舞伎，一舞一唱，形象生动，右侧人亦作吹奏乐。所有人物多着官服，足以说明墓主的官阶高贵。另一石所刻左为墓主梳妆，除主妇头戴花冠，斜坐在靠背椅上，左顾右盼，正指使着周围的六个或持镜或捧奁盒的使女为她梳妆以外，右为男仆三人，围立在炉灶旁，有的扇火，有的把壶煮茶，年无老幼，各有所司。全体人物执司，主要是围绕着主人的需要而忙碌着。王子云认为，所有以上的这些人物，都以细匀的阳线刻出，与唐代同类线刻人物相比，线条显得软弱板滞，缺乏圆熟的精神活力。墓壁还刻有线刻画像孝子故事图 11 幅，另有一幅表现戏剧表演场面的图像。其旁刻有题记：金承安四年六月二十三日，天水郡秦代谨修石墓一口，葬故夫范阳郡邹鍑功毕。刊石人董晖，同刊人段显。

承安四年九月，诏和龙府起大明寺，造九级浮图。元释觉岸《释氏稽古略》载：是年九月，太后赵氏寝疾，国王候起居，郑宸妃亦至。后曰：我有一心愿未遂，宸妃能成我意乎？我家三四百口为炀王(即海陵炀王)所杀，丛冢在和龙(燕慕容氏之黄龙府)，我欲创一寺在彼，追荐冥福，岁时奠享。我不敢费公钱，我自有钱七万可以办。汝说与皇帝。越旬，太后崩，宸妃奏，手诏下和龙府起大明寺，造九级浮图。遣太后殿内侍侯衍监造，务极壮丽。且度僧三万人，施以度牒。度及五万人也，寺傍建八寺以处之。

［文献］ 元释觉岸《释氏稽古略》卷四，清刘喜海《三巴金石苑》，成都文物考古研究所等编《巴中石窟内容总录》，杨宝顺等《河南焦作金墓发掘简报》(《文物》1979 年第 8 期)，王子云《中国雕塑艺术史》，刘正成《中国书法鉴赏大辞典》。

公元 1200 年　庆元六年

［提示］ 书碑名家朱熹卒，四川刻有《朱熹诗碑》。庆元年间，四川广元刻杜光世墓浮雕。

［叙录］ 是年，书碑名家朱熹卒，四川刻有《朱熹诗碑》。一代大儒朱熹，是孔子、孟子以来最杰出的儒学宗师。同时，朱熹也是南宋著名的书碑名家，即使远在四川，也可以看到朱子的书刻踪迹。据高文载：朱熹诗碑立于四川涪陵市北岩钩深堂。北宋绍圣二年(1095)程颐讲学于北岩梵宇，注传于点易洞内，并写出理学代表作《易传》。南宋哲学家朱熹来此将其学说发扬光大，北岩成为程朱理学的发祥地。在钩深堂内还竖有《花蕊夫人宫祠碑》、《伊川祠堂碑》等。钩深堂为涪陵八景之一。朱熹诗碑内容为：渺然方寸神明舍，天下经纶具此中。每向狂澜观不足，正如有本出无穷。晦翁。

庆元年间(1195—1200)，四川广元刻杜光世墓浮雕。1980 年，此墓于四川广元出土，庆元年间造。墓主为杜光世夫妇。据刘兴珍载，墓内石雕分布在东、西壁和北壁及龛内，内容有高浮雕男武士及女武士像。另外，还有椅轿图、庖厨图、夜梦图、焚香图及四神像和花卉等。夜梦图中刻一座四阿顶的平房，室内一人枕手仰卧于榻上，下半身被门墙遮挡，仅露头胸，作酣睡状，悠然飘浮于云端。云朵上有一对男女并坐，各拥一鸟。焚香图正中刻一神牌，下刻潮水。右侧刻一树，枝条扶疏，人依树而坐，仰面袖手，姿态从容。左侧刻一香炉，一人双手捧香，躬身作拜祭状。后壁刻一龛，上有帷帐，龛内正中坐一妇人，长裙覆足，手执佛珠，作念经状。左右各立一侍女。全墓浮雕内容丰富，刻工疏朗明快，风格质朴。

［文献］ 高文等《四川历代碑刻》，刘兴珍等《中国古代雕塑图典》，盛伟《四川广元宋墓石刻》（《文物》1986 年第 12 期）。

公元 1201 宋嘉泰元年 金泰和元年

［提示］ 宋嘉泰元年，重庆合川涞滩造西方三圣像。金泰和元年三月二十日，山西《张澄墓志》。

［叙录］ 宋嘉泰元年，重庆合川涞滩造西方三圣像。据刘长久等载，是年，李氏堂兄罗廷俊、寺僧绍灯为超度李氏往生净土，在重庆合川涞滩造西方三圣像。金泰和元年三月二十日，山西云冈刻《张澄墓志》。张焯载，此志藏大同市博物馆，为长方形细砂岩骨灰棺，棺盖外表磨平，居中碑文面积近半平方米。出土地不详。

［文献］ 刘长久《中国西南石窟艺术》，胡文和《四川道教、佛教石窟艺术》，王朝闻等主编《中国石窟雕塑全集》（四川重庆卷），张焯《云冈石窟编年史》。

公元 1202 年 宋嘉泰二年 金泰和二年

［提示］ 宋嘉泰二年闰十二月，四川《重修佛龛记》。金泰和二年，金代书碑家王庭筠卒、山西《尧陵泰和碑》、山西金代释迦坐像。

［叙录］ 宋嘉泰二年闰十二月，四川简阳刻《重修佛龛记》。据曾毅公、刘长久等载，是时，知荣州明史君大夫□□□舍清俸，请瑞乌攻镌母震在四川简阳重修此山诸龛圣像，又开七龛。

金泰和二年，金代书碑家王庭筠卒。王庭筠《金史》有传，字子端，号黄华，米芾之甥，辽东盖州熊岳（辽宁省盖县）人，大定十六年（1176）登进士第，官至翰林修撰。书学米芾，与党怀英、二赵（秉文、沨）等齐名。《金史》本传谓其“书法学米元章，与赵沨、赵秉文俱以书名家”。传世碑刻如《博州重修庙学记》、《重修蜀先主庙碑》、《黄华老人诗刻》等均为王氏所书。

山西刻《尧陵泰和碑》。在山西临汾市东北郭村西隅涝河北侧，筑有尧陵。陵前筑有祠宇，传为唐初所建，陵前竖有陵碑，上刻“古帝尧陵”四个大字，据所存金泰和二年碑文记载：唐太宗征辽时曾驻跸于此。

金泰和二年所刻金代释迦坐像，位于山西交城七佛岩白云寺内，像高 181 厘米。刘兴珍载，释迦结跏趺坐，背光为尖舟形，内刻火焰纹。身穿通体袈裟，躯体丰满。头为高肉髻，面庞圆润，五官端正，双目微闭呈沉思状。袈裟贴体，衣纹自然流畅。服饰的质感极强，在雕刻手法上较成功。

［文献］ 元脱脱《金史》卷一二六，曾毅公《石刻考工录》，刘长久《中国西南石窟艺术》，胡文和《四川道教、佛教石窟艺术》，刘兴珍等《中国古代雕塑图典》。

公元 1203 年 嘉泰三年

［提示］ 四川安岳千佛寨造四菩萨、天王等像。甘肃刻立《吴挺碑》。

［叙录］ 据刘长久等载，嘉泰三年，四川安岳千佛寨造四菩萨、天王等像。同年，甘肃刻立《吴挺碑》。吴挺在《宋史》中有传，光宗绍熙四年（1193），抗金名将吴挺病逝陕西兴州（今陕西略阳），归葬于成州（今甘肃成县）。据樊军载，宁宗为追念其世守西陲、捍卫巴蜀之功，于庆元四年（1198）碑正面书“世功保蜀忠德之碑”，下有吴挺次子吴曦所刻写的《感恩表记》。碑文为国子祭酒、实录院同修撰高文虎奉敕所撰，起居舍人、实录院检讨官陈宗召书丹。碑文详载吴挺家世、人格和在甘肃境内的三大战役

图 242 观音坐像 金泰和七年(1207) 延安清凉山万佛洞石窟

(德顺之战、瓦亭之战、巩城之战)以及其抗金保蜀功绩。所述翔实,可补史之阙。碑具体位于成县城北一公里的石碑寨村,通高626厘米,碑座巨石上刻有四条螭龙。清人叶恩沛、昌震南等著录此碑,称《世功保蜀忠德碑》,后张维在《陇右金石录》也对此碑作过考证。

[文献] 元脱脱《宋史》卷三一六,清叶恩沛等《阶州直隶州续志》卷三三,张维《陇右金石录》卷五,刘长久《安岳石窟艺术》,王朝闻等主编《中国石窟雕塑全集》(四川重庆卷),樊军《吴挺碑校注》。

公元1204年 嘉泰四年

[提示] 江西《左丞相周必大墓志铭》、《詹恕妻洪觉顺墓记》。

[叙录] 据陈柏泉载:嘉泰四年,刘廷璋、刘廷彦刻《左丞相周必大墓志铭》,杜志皋刻《詹恕妻洪觉顺墓记》。周必大在《宋史》中有传,是南宋政治家和文学家,字子充,一字洪道,自号省斋居士,庐陵(江西吉安)人。

[文献] 元脱脱《宋史》卷三九一,陈柏泉《江西出土墓志选编》、《从〈宋洪氏墓记〉谈诗人洪刍》,(《文物》1987年第11期)。

公元1205年 开僖元年

[提示] 四月,福建刻草书《交适通法规碑》。

[叙录] 四月,福建刻草书《交适通法规碑》。在福建松溪县虎山公园奎光塔前,收集有历代碑刻十余块。其中即有《古交通法规碑》,碑高200厘米、宽100厘米,为青石草书石碑,立于南宋开禧元年四月望日。碑左右两边载注前后五里须恪守法规的地段名称和经宋太宗御批的四句交通法规:“贱避贵,少避长,轻避重,去避来。”《杨文公谈苑》记载:太平兴国年间,大理寺正孔承恭上书言事,请在两京诸州要道处刻榜公布上述四句话作为交通规则。由此可知自开国皇帝宋太祖之后,宋朝的交通法规一直是袭用这一规则的。1981年,这块湮没几百年的古碑被发现。

[文献] 晓黄《我国现存最早的“交通法”碑》(《江苏交通运输》1995年第1期)。

公元1207年 金泰和七年

[提示] 延安万佛洞刻造观音坐像。

[叙录] 是年,延安清凉山万佛洞刻造观音坐像,该造像姿势自然优美,慈悲而尽显人情态,与四川安岳紫竹观音当属同一图像谱系(图242)。

[文献] 张智《黄陵万佛寺、延安万佛洞石窟寺调查记》(《文物》1965年第5期)。

公元1208年 嘉定元年

[提示] 浙江西湖东南岸将台山摩崖造像。

[叙录] 是年,浙江西湖东南岸将台山摩崖造像。阎文儒载,八卦田在天龙寺北山坡上,有摩崖三龛,是五代和南宋时代所开凿。其北将台山中的南观音洞,是天然洞中的摩崖造像。以嘉定元年题记和造像风格论,应是南宋时代开凿。

[文献] 阎文儒《中国石窟主艺术总论》。

公元1209年 宋嘉定二年 金大安元年

[提示] 宋嘉定二年,重庆合川濮岩寺造像。金大安元年,河南少林寺三身像碑。

[叙录] 《中国石窟雕塑全集》载:嘉定二年,张庆宗在重庆合川濮岩寺造毗卢佛、千佛共一龛。金大安元年,河南刻少林寺三身像碑。温玉成载:此三身像,佛居中,老子居左,孔子居右。这显示由三教

斗争、三教论衡,最后三教合一。金代的全真道,也是把《道德经》与《孝经》、《金刚经》并列为经典的。中国人的“中道”圆融了三教。

[文献] 王朝闻等主编《中国石窟雕塑全集》(四川重庆卷),温玉成《中国佛教与考古》。

公元1210年 嘉定三年

[提示] 十□月,重庆大足水陆三碑。

[叙录] 是年,大足石壁寺石窟斋首梁元清众户等修设《尸竖立解释前痊后暂超升老逝少亡剪上代邪魔石碣水陆三碑》。胡文和载,石壁寺儒释道造像位于大足县城北22公里的天保乡,共造像100余身,编三号。主龛左侧立《日佛敕月》碑,南宋嘉定三年(1210)上石。此碑背面刻清乾隆三十五年《维德之基碑》:刹名石壁寺,由来旧矣。巨岩宕律镇顶。古垂三教神像,遗迹俨存。爰考碑志盖□□。于明末兵燹之厄,而圣像赫濯之地,忽废而荆丛生矣。我朝定鼎以来,□□居人士睹遗像之犹存,复构堂而祀。由此可知此处造像是南宋年间镌刻,属三教神像。

[文献] 胡文和《中国道教石刻艺术史》。

公元1211年 金大安三年

[提示] 金代书碑家党怀英卒。

[叙录] 是年,金代书碑家党怀英卒。党怀英在《金史》中有传,字世杰,号竹溪,金冯翊(陕西大荔)人,官至翰林学士承旨。金章宗曾谓宰臣:近日制诏,惟党怀英最善。怀英不仅是金代的大学者和大书家,工于篆籀隶书,时称第一,尤其小篆造诣高妙,自李阳冰后鲜有能比肩者。康有为称:党怀英笔力惊绝,能成家具。传世碑刻中,除山东曲阜孔庙《杏坛碑》、《重修文宣王庙碑》、《十万灵岩寺记》由其撰文篆额和书碑外,还有《大金得胜陀碑》、《荣国公时立爰神道碑》、《博州重修庙学记》、《重修中岳庙记》、《灵岩寺田园记》等。

[文献] 元脱脱等《金史》卷一二五,清康有为《广艺舟双楫》卷二。

公元1212年 嘉定五年

[提示] 秋,何致发现《禹碑》,摹刻于岳麓山石。

[叙录] 《禹王碑》又称《岣嵝碑》或《禹碑》。西晋人罗含在《湘中记》中载:岣嵝山有玉牒,禹按其文以治水,上有禹碑。南朝宋人徐灵期在《南岳记》中也说:云密峰有禹治水碑,皆蝌蚪文字。据唐晓军载,罗、徐二人所记地点不一,一说在岣嵝山(即祝融峰),一说在云密峰。后代学者多认为是伪刻,如清人王昶即说:此碑自南宋始出,故欧(阳修)、赵(明诚)皆不录,后考据家如杨慎、杨时乔、安如山、郎瑛诸人深信不疑。余皆斥为伪物。方若、王壮弘、杨震方等也认为是伪碑。王昶所说的南宋始出,指的是嘉定五年何致(贤良)发现《禹碑》一事。何致将碑文拓下,并摹刻于岳麓山石上。此事载张世南所撰《游宦纪闻》中:嘉定壬申游南岳,至祝融峰下。案岳山图,禹碑在岣嵝山,询樵者,谓采樵其上,见石壁有数十字,意必此碑。俾之前导,过真隐屏,复渡一二小涧,攀萝扪葛至碑所,为苔藓封,剥读之,得古篆50余字。据伍新福说,何致在发现衡山的岣嵝古碑之后,分别拓摹两份拓本,一份送给衡阳太守曹彦约,一份自己珍藏,后来刻在岳麓书院后巨石上。何致刻石侧面有宋代匠人题记,传世各种拓本均未收,清人陈运溶、陆增祥录有此题记:嘉定壬申秋,用七十二工。长沙匠何兴、李曾美、西川监王兴勒字青诏。唐晓军认为,这表明何致拓本摹刻于嘉定壬申(1212),后世所传的各本,均源于此石。

[文献] 宋张世南《游宦纪闻》卷八,清王昶《金石萃编》卷二,清陆增祥《八琼室金石补正》卷一一

八，唐晓军《甘肃古代石刻艺术》，伍新福主编《湖南通史》（古代卷）。

公元1213年　嘉定六年

［提示］　楼钥卒，湖南有“碧玉簪”石刻传世。湖南“九嶷山”题刻。

［叙录］　是年，楼钥卒。南宋名臣和文学家楼钥在《宋史》中有传，字大防，又字启伯，号攻媿主人，明州鄞县（今宁波鄞州区）人。历官翰林学士、吏部尚书兼翰林侍讲、资政殿学士、知太平州，卒谥宣献。乾道间，以书状官从舅父汪大猷使金，按日记叙途中所闻，成《北行日录》。据刘刚载，湖南有“碧玉簪”摩崖石刻，现位于邵阳武冈县东法相岩乡境的相岩。楷体，秀劲娴熟，由楼钥题书。同年，湖南还刻有“九嶷山”题刻。此摩崖石刻现在宁远九嶷山一琯岩洞石室前北壁上。石刻高150厘米、宽90厘米，楷书，笔力雄浑。前题为“大宋嘉定癸酉”，后款为“知道州军州事莆田方信孺题”。

［文献］　元脱脱《宋史》卷二八六，刘刚《湖湘碑刻》。

公元1214年　金贞祐二年

［提示］　五月十五日，山东《圣水岩玉虚观记》。十一月二十八日，山东《云岩禅院敕牒碑》。

［叙录］　据清人陆增祥载，金贞祐二年五月十五日，山东莱州刻《圣水岩玉虚观记》。玉虚观位于山东乳山市，此碑今犹存，通高566厘米、宽125厘米、厚28厘米，龙首龟趺。额题“玉虚观记”四字，为州学进士范景纯所篆；碑文楷书，由金朝散大夫国称撰文、宁海州学政王良臣书丹。《宁海州志》称此碑楷法精严，不减柳少师（柳公权）。碑阴楷刻“王玉阳宗派之图”。同年十一月二十八日，山东刻《云岩禅院敕牒碑》，据徐宗干《济州金石志》载，为张明（镌凿上石匠人）所刻。

［文献］　清陆增祥《八琼室金石补正》卷一二八，清徐宗干《济州金石志》卷八。

公元1215年　宋嘉定八年　金贞祐三年

［提示］　宋嘉定八年，广西《米芾像赞》、陕西《重修大散关记残碑》。金贞祐三年，甘肃临夏《敕赐瑞容佛光塔》碑。

［叙录］　宋嘉定八年，广西桂林刻《米芾像赞》。据杜海军载：是年在广西桂林伏波岩米芾石刻像上方所刻的《米芾像赞》，为高宗书迹。而在西北的陕西宝鸡，则刻有《重修大散关记残碑》。大散关是关中四大门户之一，又称散关或崤关，世称“秦蜀襟喉”。随着岁月流逝，散关遗址被湮灭。20世纪30年代中期，主持修建宝汉公路的赵祖康认为宝鸡西南约20多公里处秦岭北麓一古关隘即为古代大散关，遂于石壁上凿刻“古大散关”摩崖题记。至1994年，在秦岭主梁分水岭上（川陕公路33公里处）“秦岭”石碑西侧约百米处，掘出刻丁南宋年间古碑上半截，“古大散关”真正遗址即在此地。残碑长约70厘米、宽50厘米。碑文虽残，碑头“重修大散关记”六字仍可辨识。碑文中还有“嘉定八年”、“前后官兵”、“利州路兵马”等字样。

金贞祐三年，甘肃临夏刻《敕赐瑞容佛光塔》碑。唐晓军说，宋代石刻符牒文书剧增，金代石刻符牒又多于宋代。宋代寺庙多为敕建，寺院勒碑时须由地方守臣陈请，朝廷方可赐额；初期由中书门下给牒，元丰改官制后由尚书省给牒，皆宰执亲押。金代则由地方向上级纳钱百贯后便可得之，并且将给牒之职事委之于礼部，尚书侍郎不书押，只有郎官一人行押，其目的在于为朝廷聚集财富。临夏市万寿寺塔遗址所出土的金代贞祐三年《敕赐瑞容佛光塔》碑，上面即刻有礼部牒文。

［文献］　杜海军《桂林石刻总集辑校》，唐晓军《甘肃古代石刻艺术》。

公元 1216 年　嘉定九年

［提示］ 福建晋江南天寺西方三圣造像。

［叙录］ 据胡少璋等载，南天寺西方三圣造像具体位于福建晋江东石镇许西坑村岱峰山麓。由僧守净于本年募资镌凿而成。三圣(阿弥陀佛、观音菩萨、大势至)坐像布局，阿弥陀佛居中，结跏趺坐于莲座，螺髻、垂耳、袒胸，胸前刻卍字。两侧之观音及大势至亦趺坐莲台，头佩宝冠：观音右手持瓶置于膝上，左手上举外翻；大势至左手执经卷置于膝上，右手上举朝外，作说法印(图 243)。

［文献］ 胡少璋《喜游南天寺》(《福建乡土》2004 年第 1 期)。

公元 1217 年　嘉定十年

［提示］ 四月一日，重庆大足宝顶山小佛湾毗卢庵题字。是年，湖南《方信儒题名》。

［叙录］ 四月一日，重庆大足宝顶山小佛湾毗卢庵题字。这是宝顶山造像龛中唯一所见宋人纪年题记。据《大足石刻内容总录》及胡良学等载，宝顶山摩崖造像群位于大足县东北 15 公里处，是由大足名僧赵智凤于南宋淳熙至淳祐年间，用了近 70 年时间主持营造的大型佛教密宗道场。宝顶山摩崖造像群主要包括大佛湾和小佛湾两处。宝顶山小佛湾第 9 号毗卢庵，灰砂岩石质，窟顶部为平顶，窟内平面成矩形。窟中主像为毗卢佛，面北结跏趺坐于正壁上一大圆龛中。窟后南壁，中下部浮刻二碑，高 132 厘米。碑上部横刻“释迦舍利宝塔禁中应现之图”12 字。其下为白描线刻佛像，佛像下阴刻宝塔。碑两侧刻“上祝皇主隆眷算，须弥寿量俞崇高。国安民泰息干戈，雨顺风调丰稼穑”28 字。塔两边刻“释迦如来涅槃至辛卯绍定四年戛得二千一百八十二年”23 字。塔下部为碑文，文末署款“嘉定十年(1217)四月一日庆元府阿育王山广别禅寺住持传法臣僧道权谨书”。碑旁备刻有二护法金刚，顶盔贯甲，手执兵器。壁上部开有十六个小圆龛，每龛内各坐一小佛。

是年，湖南刻《方信儒题名》。刘刚载：此刻位于祈最石屏区，石刻长 95 厘米、宽 50 厘米，字大 20 厘米。内容为：莆田方信儒绍熙癸丑、开禧乙丑、嘉定丁丑凡三访浯溪。方信儒字孚若，号紫帽山人，福建兴化军人。方氏工诗词，有《好庵游戏》一卷、《南海百味》一卷传世。又善书法，湖南宁远玉琯岩有其榜书“九嶷山”，每字大寻丈，苍劲遒拔。方信儒与刘克庄相友善，多年前，笔者在考察刘克庄交游时，曾对方氏生平进行过考证。

［文献］ 四川省社会科学院等编《大足石刻内容总录》，胡良学《大足宝顶山小佛湾“释迦舍利宝塔禁中应现之图”碑》(《文物》1994 年第 2 期)，刘刚《湖湘碑刻》，向以鲜《超越江湖的诗人》。

公元 1219 年　嘉定十二年

［提示］ 十二月十六日，浙江《绍兴府学拨酒税额钱记》。

［叙录］ 税赋是立国之本，宋代出现了关于田租税赋的碑刻，如淳祐十一年(1251)《总所拨归本学园租公据》、咸淳二年(1266)《嘉定县学田租记》等。这些碑刻大多出现于江浙一带比较富庶的地方。据杜春生载：嘉定十二年十二月十六日，丁畐(会稽)刻有《绍兴府学拨酒税额钱记》，显然也是一篇关于税赋的碑刻。

［文献］ 清杜春生《越中金石记》卷四。

公元 1220 年　宋嘉定十三年
蒙古成吉思汗十五年

［提示］ 宋嘉定十三年，四川《庙山新开三百佛记》碑。蒙古成吉思汗十五年，山西《金云州创建太清观碑》。

图 243　大势至菩萨　嘉定九年(1216)　福建泉州晋江南天寺

［叙录］《中国石窟雕塑全集》载：嘉定十三年，四川《庙山新开三百佛记》碑。迪功郎、隆庆府梓潼主簿、提振庙事、新□奏差资州资阳县令、主管劝农公事眉山杜仲牛，在四川梓潼县大庙山建《庙山新开三百佛记》碑。中有：凡天下名山洞府圣迹，所在沿路必为佛像，所以示圣境也。惟七曲洞天未有，仲牛到官即欲为之。遂命工凿为巨像者三，小像者十有一。因命沿道五六里内，凡悬崖所在，皆凿为佛，得三百尊。

蒙古成吉思汗十五年，山西刻《金云州创建太清观碑》。此碑清人李长华等著录。《金史》(地理志上)载：怀仁，辽析云中置，贞祐二年五月升为云州。张焯说，怀仁县创建三清观，碑文云在庚辰年，因其中述及金大定年间事，故知是金兴定四年(1220)。然此时西京属地已为蒙古兵占据，元朝尚未建立，无年号可署，所以仍遥奉金源。忽必烈中统四年(1263)升辽金望云县为云州，在今河北省张家口市赤城县北。从此，云州与大同地区无涉。《道藏》(宫观碑志)录金郑子聃《中都十方大天长观重修碑》载：金大定十四年(1174)三月，户部尚书臣仲愈、劝农使臣僅言奏：十方大天长观馆御既安，像设既严，敢以闻。是月既望，天子暨皇太子率百执事，欵谒修虔，遂命为道场三日夜以庆成。先是，召西京路传戒坛主、清虚大师阎德源住持，勅授提点观事。越十九年秋九月，乃诏承学之臣文其碑。又录《十方大天长观玄都宝藏碑铭》，言大定二十六年孙明道奉诏提点观事。综合大同市出土的金大定三十年《西京玉虚观宗主大师阎公墓志》，知二十二年阎德源返归西京玉虚观，时年89岁。

［文献］ 元脱脱《金史》卷二四，清李长华等《光绪怀仁县新志》卷一〇，王朝闻等主编《中国石窟雕塑全集》(四川重庆)，张焯《云冈石窟编年史》。

公元1221年　嘉定十四年

［提示］ 王象之撰成《舆地碑记目》。

［叙录］ 王象之字仪父，一作肖父，南宋婺州金华(属浙江)人。庆元二年(1196)登进士第，曾任知县。中年即隐居著述，精于史地之学，约在宝庆间，撰成地理学名著《舆地纪胜》。其所作《舆地碑记目》四卷成书于嘉定十四年。涉及神道碑、墓志、庙碑、纪功碑、纪事碑、石经、题记、赞文、榜题、塔记、造像等。正如四库馆臣说，此书系从《舆地纪胜》中辑出：以天下碑刻地志之目，分郡编次，而各注其年月姓氏大略于下。起临安，讫龙州，皆南渡后疆域。其中颇有考订精确者，如镇江府丹徒《梁太祖文皇神道碑》，辨其为梁武帝父。《成都府殿柱记》作于汉兴平初年，知其非锺会书。嘉定府《移水记》有“嘉州”二字，知其非郭璞书。台州临海庆恩院、定光院、明智院、明恩院，婺州义乌真如院诸碑，福州乌石《宣威感应王庙碑》，并书会同，则知吴越实曾用契丹年号，皆确有证据。至如上霄峰夏禹石刻，南康军已载之，又载于江州。孔子《延陵十字碑》，镇江府既两载，又载于江阴军，又载于昌州。又如徽州则载歙州折绢本末一事，澧州则载柿木成文太平字。皆于碑志无涉，颇属不伦。又思州下独载《夏总干墓志略》一篇，大书附入，体例更为庞杂。然所采金石文字，与他书互有出入，可以订正异同，而图经舆记亦较史志著录为详，虽残阙之本，要未尝无裨于考证。

［文献］ 清永瑢等《四库全书总目提要》卷八六。

公元1222年　宋嘉定十五年　金兴定六年

［提示］ 宋嘉定十五年三月二十三日，甘肃《四川制置使司给田公据》碑。嘉定十五年，王应麟撰《宝庆讲寺记》碑刻。金兴定六年，河南刻李纯甫少林《重修面壁庵记》。

［叙录］ 宋嘉定十五年三月二十三日，甘肃天水麦积山刻立《四川制置使司给田公据》碑。唐晓军载，宋代官府文书除敕牒外，还有出自尚书省的“省劄”。“劄子”由中书门下奉旨宣付，无年，只有月日，

钤以中书门下印或当地官府印,“敕”字特大突出。出自礼部的称“部符”;出自常平茶盐诸司的称“使帖”;出自当地官府的称“公据”;下发到军旅的牒文称“劄子”。其中“公据”刻写时不上请,由所在官司给付,刻写内容有给出公据事由、交付何处、仰收执照,题年月日,画押而不署姓。南宋的“公据”最多,天水麦积山给田公据碑,冯国瑞、张维等称之为《麦积山捐田碑》。碑存天水麦积山瑞应寺天王殿后檐廊墙内,通高168厘米、宽98厘米,圆额。首行刻碑题,碑文楷书字47行,满行78字。除首行刻“四川制置使司”六个楷书大字外,又在碑额横排一行“四川制置使司给田公据”碑题。碑已断为上下两块,部分文字漫漶不清。内容记述南宋开禧年间(1205—1207),为便于长期和金兵作战,由屯田官将瑞应、胜仙两寺湫池一带的寺院常住地改为军队屯田。后来,一支为抵御金兵入侵而兴起的农民起义军,为了筹集军粮和打造兵器,把寺内的粮食、铁钟、铁锅等打劫而去,致使寺中僧人生计艰难。为了讨回公道,经瑞应寺住持赐紫明觉大师重遇和胜仙寺僧智演十多年反复申诉,才于嘉定十五年由四川制置使司发给《给田公据》,并刻石立碑。碑文对这一事件进行了详细记述,涉及众多南宋时期麦积山的演变历史,对研究当时的寺院经济、开窟历史、典章制度、行政区划、军事、诉讼等都有着重要的价值。

嘉定十五年,王应麟撰《宝庆讲寺记》碑刻。温玉成载,宝庆寺始建于北宋端拱二年(989),嘉定十五年宁宗赐名“宝庆讲寺”。寺里历代住持及僧众均有重视义理、尊重学术、礼待学人的优良传统,一直讲法不辍。在中国历史上流传最广的《三字经》作者王应麟曾为宝庆寺撰写《宝庆讲寺记》。在新建观音殿落成时,还请了另一大儒黄震撰写《宝庆讲寺观音殿记》,亦刻碑立于寺。民国年间,寺院逐渐破旧败落。新中国成立后,寺院一度辟为学校,后又作仓库及村民住宅之用。“文革”期间,寺院破残,香火中断。

金兴定六年,河南刻李纯甫少林《重修面壁庵记》。金末刘祁载录有屏山居士李纯甫事迹。兴定四年(1220),屏山受少林寺住持志隆之请作《重修面壁庵记》。兴定六年二月刻之于碑石。温玉成讲,屏山还曾为少林寺作《新修雪庭西舍记》,亦已刻于碑石。少林寺这两块屏山碑,均为志隆所请,屏山所撰文、木庵性英和盘山德月所书。屏山、志隆又都是万松的弟子,故此二文实可视为万松系禅学的一部分。元好问《李屏山挽章二首》说:谈麈风流二十一年(屏山自二十九学禅于万松,四十七而去世),空门名理孔门禅。诸儒久已同坚白,博士真堪礼太元。孙况小疵良未害,庄周阴助恐当然。遗编自有名山在,第一诸孤莫浪传。诗中形象生动地概况了屏山学说,拈出一个“孔门禅”以醒眉目。温玉成总结说:万松自禅门掘进,通向孔门;屏山则自孔门掘进,深入禅门。“孔门禅”就是从理论上将孔、老之说纳入禅学之内。就其彼时的现实而言,乃是不得志的地主阶级文人隐遁于禅学中,攻击占统治地位的腐儒庸论。

[文献] 金刘祁《归潜志》卷一,冯国瑞《麦积山石窟志》,张维《陇右金石录》卷四,唐晓军《甘肃古代石刻艺术》,温玉成《中国佛教与考古》。

公元1223年 宋嘉定十六年 金元光二年

[提示] 宋嘉定十六年七月十五日,江苏《建藏经记》。金元光二年十月四日,陕西《射虎记碑》。宁宗时代,重庆大足灵岩寺石窟第二龛边框题记。

[叙录] 宋嘉定十六年七月,江苏南京刻《建藏经记》。据清人严观载,是年,邢思志(刊者)刻《建藏经记》。金元光二年十月四日,陕西刻《射虎记碑》,清沈锡荣著录。又据黎方银载:宁宗时代(1195—1224)文艺(东普攻镌文惟简玄孙)刻重庆大足灵岩寺石窟第二龛边框题记。

[文献] 清沈锡荣《鄜县金石遗文》卷一,清严观《江宁金石记》卷五,黎方银《大足石窟艺术》。

公元1224年 宋嘉定十七年 金正大元年

［提示］ 宋嘉定十七年，宋宁宗卒，理宗即位。金正大元年七月十五日，《唐明皇御制老子赞》。

［叙录］ 宋嘉定十七年，宋宁宗卒，理宗即位。赵昀为南宋皇室宗亲，系赵匡胤之子赵德昭九世孙。原名赵与莒，嘉定十七年(1224)立为宁宗弟沂王嗣子，赐名贵诚。本年立为宁宗皇子，赐名昀。宋宁宗卒后，是年九月，赵昀被权臣史弥远等拥立为帝，是为理宗。

孙星衍载：金正大元年七月十五日，由刻工德渊刻《唐明皇御制老子赞》。在苏州市观前街玄妙三清殿中，有老君像石刻，传为唐吴道子绘像、唐玄宗题赞、颜真卿书。现存者为宋人张允迪摹刻于理宗宝庆元年(1225)，老子形象潇洒、生动，仙风道骨呼之欲出。

［文献］ 元脱脱《宋史》卷四一，清孙星衍《平津馆金石萃编》卷二十。

公元1225年 宋宝庆元年 蒙古太祖二十年

［提示］ 宋宝庆元年，陕西《重修府学教养碑》、四川《太上断除伏连碑铭》。蒙古太祖二十年，河南《大朝第一代勍公禅师塔铭碑》、《移相哥碑》。

［叙录］ 宋宝庆元年，陕西刻《重修府学教养碑》。据陈忠凯等载：此碑现存西安碑林。此碑刻于金哀宗正大二年，由刘渭记文，扬焕楷书，张邦彦篆额，碑竖形、龙顶、方座、侧有花纹，高235厘米、宽36厘米。同年，四川刻《太上断除伏连碑铭》。碑在四川富顺，铭文中记有造“解冤释结天尊”像。张勋燎曾撰专文，对此碑有详细考证，指出：随着天心正法派、神霄派、净明派、清微派等新符箓派对传统灵宝斋法的继承与改造，以及炼度等度亡仪式的兴盛，道教界不再以杀伐为单一的手段来处置鬼祟，而转变为先建斋设醮、诵经追荐亡魂，再行杀伐，这可以说是传统道教鬼神观的重大变化。

蒙古太祖二十年，河南林县衹峪寺刻《大朝第一代勍公禅师塔铭碑》。据温玉成载，今衹峪寺遗址仅存残墙、柱。唯有一塔，巍然挺立，系七级密檐式方形砖塔。塔前有碑《大朝第一代勍公禅师塔铭碑》。旧说此塔建于蒙古宪宗戊午年(1285)；近人认为此塔当建于唐朝。实为隋代舍利塔，而与塔前之碑无关。此“勍公”就是永乐镇(山西芮城县南)广福院的洪勍，事见《常山贞石志》。勍公卒于金泰和元年(1201)，五年后，成吉思汗建蒙古国。又八九年，蒙古军占领黄河以北之地。兵戈之乱，未曾造塔。迄至本年始为之造塔，追为“大朝”第一代祖师，“大朝”即蒙古建元朝以前之称号，而刻铭之事，已是元宪宗八年了。

蒙古太祖二十年还刻有《移相哥碑》。赵超说，元代的碑刻中有相当数量采用蒙古文字书写。最早的蒙古文字叫做畏元字，是成吉思汗时代利用畏元(即回鹘人)文字字母来拼写蒙古语的一种文字写法，从上向下直写。现存最早的蒙古畏元字碑是在俄罗斯圣彼得堡博物馆(埃尔米塔什博物馆)中保存的《移相哥碑》，又叫《也松格碑》或《成吉思汗石》，刻于元太祖二十年(1225)。它记录了成吉思汗的侄子(哈撒尔次子)移相哥在宴会上射箭的经过。移相哥以高超箭术著称于世，是年，成吉思汗西征归来，举行全体蒙古诸颜参加射箭比赛。移相哥从335庹外的距离射中靶心，蒙古草原为之轰动。此座石碑为苏联考古者在额尔古纳河西支流乌卢龙圭河上游哈撒尔后裔齐王府遗址附近所发现。碑长220厘米、宽74厘米、厚22厘米。内容为：成吉思汗讨虏花剌子模国还师，全蒙古国官人聚会于不花速赤孩之际，移相哥射矢中三百三十五庹处。一庹为成年男子双臂左右平伸时两手间距，170厘米左右。以此估算，移相哥射箭距离约为560米，确实令人惊叹。

［文献］ 清沈涛《常山贞石志》卷一五，陈忠凯等《西安碑林博物馆藏碑刻总目提要》，张勋燎《中国道教考古》第四册，温玉成《中国佛教与考古》，赵超《石刻史话》。

公元1226年　宝庆二年

［提示］　十二月，四川《虞公著墓志铭》。

［叙录］　十二月，四川刻《虞公著墓志铭》。高文载：虞公著四川仁寿县人，系抗金名将虞允文之子。公著官至仁寿县开国男食邑三百户赐紫金鱼袋、渠州军州兼管内劝农使。墓在彭山县江口乡，1982年发掘后又封埋，此墓志铭仍在土中。志文中有：终于宝庆二年丙戌夏五月戊辰，年六十有二。以是岁冬十二月甲午葬眉州彭山县安镇乡安城里邓山之兆。若公言德之懿则具载行状普等泣血谨志。

［文献］　高文等《四川历代碑刻》。

公元1227年　宋宝庆三年
蒙古太祖二十二年

［提示］　宋宝庆三年，王象之记《禹王碑》事。约于此际，苏州刻《平江图碑》。蒙古太祖二十二年，邱处机卒，成吉思汗曾颁两道护教圣旨碑。甘肃泾川县《镇海之碑》。

［叙录］　宝庆三年，王象之记《禹王碑》事。王象之在《舆地纪胜》中载：是年，禹碑在岣嵝峰。火。昔樵人曾见之，自后无有见者。宋嘉定蜀士因樵夫引至其所，以纸打其碑七十二字，刻于夔门观中，后俱亡。

约于此际，苏州刻《平江图碑》。据曾毅公载，此图碑为张允迪、张允成、吕挺三人同刻。未著年月，据张允迪于嘉定、宝庆间曾刻《苏州府学记》等三石，姑附宝庆后。程章灿说，这是一件重要的宋代石刻，由于此图石刻未著年月，学者们殊感遗憾。程章灿从《江苏金石志》辑得张文伟、吕梃于庆元二年(1196)同刻《卢坦对杜黄裳语》一条，据此推断，则《平江图》的刻石年代可以进一步划定为庆元至宝庆年间(1195—1227)。总之，这是一件南宋中叶的石刻。张晓旭则列此刻于绍定二年(1229)，不知所据为何。

所谓图碑，按照赵超的解释，就是将地图、天文图以及其他一些专用图表刻在石碑上，达到长期保存、广泛流传的目的，这在印刷术尚不发达的古代颇有实效。宋代虽然印刷术已十分完善，但仍刻立各种图碑，看来是它的宣传效果更好、更方便。中国绘制地图和天象图的历史十分悠久。现在能见到的早期实物就有甘肃天水放马滩战国墓出土的秦国木板地图、长沙马王堆汉墓出土的西汉帛画地图、星图等。但是刻在碑石上的，还要数五代与宋代的作品。现存苏州市碑刻博物馆中的南宋著名图碑《地理图碑》、《平江图碑》等，就是宋代图碑的突出代表作。苏州周朝时为吴国都城，北宋政和年间改称“平江府”。《平江图碑》即宋代苏州城市地图，为平江府郡守李寿朋所作，碑高284厘米、宽140厘米，碑上刻有平江府平面图。包括城墙，主要官署、寺观、庙宇、园林、商行书院、库房、第宅、塔幢、河道、桥梁、湖荡及郊区山脉、名胜古迹等均详细刻画下来。图上所刻河道数以百计，桥梁359座，横跨于大小河道之上，极具江南水乡风貌。所刻寺观达50多所、古塔12座、跨街牌坊65座，文化氛围十分浓厚。《平江图碑》是我国现存历史最悠久、保存最完整的古代城市平面图，与《天文图碑》、《地理图碑》、《帝王绍运碑》一起，被称为苏州市碑刻博物馆所藏宋代四碑，于1961年列为全国重点文物保护单位。

蒙古太祖二十二年，邱处机卒，成吉思汗曾颁两道护教圣旨碑。邱处机在《元史》中有传，字通密，道号长春子，为金、元所敬重的全真教道士，曾因远赴雪山劝说成吉思汗少杀戮而知名。全真教七真之一、龙门派祖师。元世祖追封其为长春演道主教真人。山东崂山太清宫三皇殿门外东西两侧墙上，还刻有成吉思汗给元代道教国师邱处机的两道护教圣旨碑及成吉思汗所颁的金虎符文。在碑文中，成吉思汗将邱处机尊为“真人”、“神仙”，足见对其十分敬重。此处还刻有邱处机所写七绝诗，同时在崂山太平宫白云洞洞口，也刻有邱处机诗文。

同年，甘肃泾川县刻《镇海之碑》。唐晓军载：泾川县博物馆《镇海之碑》上，以八思巴文记载忽必烈颁发的保护泾州镇海寺及和尚的圣旨，下端为汉文，书建造者姓名及官职。

［文献］ 明宋濂等《元史》卷二〇二，唐晓军《甘肃古代石刻艺术》，曾毅公《石刻考工录》，程章灿《石刻刻工研究》，张晓旭《苏州碑刻》，赵超《石刻史话》。

公元1228年　宋绍定元年　蒙古拖雷监国元年

［提示］ 宋绍定元年，陈思始撰《宝刻丛编》，始改泉州双塔为石塔。蒙古拖雷监国元年，尹清和改长春宫(旧名十方大天长观)东为白云观。

［叙录］ 宋绍定元年，陈思始撰《宝刻丛编》。是书是南宋金石名著，撰于理宗绍定年间(1228—1233)，共20卷。以《元丰九域志》京府州县为纲，所著录古代石刻，凡地理之可考者，均据此分别编录，前人跋语考证亦著录于碑下。编次以地为经，以时为纬，自周秦以迄五代凡19卷，末一卷为诸书所录刻石。其中对于唐五代碑刻搜采最为宏富，可补欧、赵之阙。欧阳修《集古录》所录碑刻，无刻碑时间先后，赵明诚《金石录》虽有时序，又不著碑碣所在郡邑。《宝刻丛编》两者兼得，为宋代石刻诸书中著录较为完备者。除石刻之外，还选录部分金属刻铭和法帖，其中所录金石学著作，今天大多亡佚，故极具文献价值。四库馆臣评价说：是书搜录古碑，兼采诸家辨证审定之语，具著于下。当然其中也有讹误者，原因在于诸家著录，多据古碑之旧额，思所编次，又皆仍诸家之旧文，故有是讹异。至于所引诸说，不称某书某集，但称其字，如蔡君谟、王厚之之类；又有但称其别号，如碧岫野人、养浩书室之类，茫不知为何人者，尤宋元坊肆之陋习。然当南北隔绝之日，不得如欧、赵诸家多见拓本，而能紬绎前闻，博稽方志，于征文考献之中，寓补葺图经之意，其用力良勤。且宋时因志地而兼志碑刻者，莫详于王象之《舆地碑目》，而河淮以北，概属阙如。惟是书于诸道郡邑，纲分目析，沿革厘然，较象之特为赅备。

绍定元年，始改泉州双塔为石塔。泉州双塔位于福建泉州西街开元寺内，有东西二塔，东塔为镇国塔，西塔为仁寿塔，高近50米。据刘兴珍载，塔始建于唐末五代，初为木塔，后改为砖塔。南宋绍定元年西塔改建为石塔，历10年建成。嘉熙二年(1238)东塔亦改建为石塔，历时12年始成。两石塔皆为仿木构楼阁式建筑，平面呈八角形，五层五檐。塔身每层皆浮雕佛、天王、力士、文殊、普贤及佛弟子金刚、罗汉等，共80尊。其神态各异，有的三头六臂，手执日月；有的手执杖，活脱如生，带有典型的宋代写形传神风格。塔基作须弥座，座身一层刻莲花、卷草。东塔座基束腰处浮雕释迦牟尼故事图，有太子出游、牧女献糜、三兽渡河等39幅。西塔座基束腰处则雕刻各类花鸟虫兽等装饰图案，刻工精致生动。

蒙古拖雷监国元年，尹清和改长春宫(旧名十方大天长观)东为白云观。元人李道谦载有陈时可《燕京白云观处顺堂会葬记》：长春大宗师既仙去，嗣其教者尹公乃易其宫之东甲第为观，号曰“白云”，为葬事张本也。越明年三月朔，召其徒而告之，以四月丁未除地建址。越四日庚戌，云中、河东道侣数百辈，裹粮来助。凡四旬成其堂，制度雄丽。张焯说，邱处机死于蒙古太祖二十二年(1227)。次年尹清和改长春宫(旧名十方大天长观)东为白云观，即今北京白云观。全真道之兴起，元人念常在《佛祖历代通载》中有记载。

［文献］ 宋陈思《宝刻丛编》，元李道谦《甘水仙源录》卷九，元念常《佛祖历代通载》卷二〇，清永瑢等主编《四库全书总目提要》卷八六，刘兴珍等《中国古代雕塑图典》，张焯《云冈石窟编年史》。

公元1231年　绍定四年

［提示］ 约于此际，浙江刻《白鹿书院规约碑》。

［叙录］ 约于此际，浙江刻《白鹿书院规约碑》。曾毅公著录此刻刻工为王仲、王正、王绍祖，

将石刻称为《白虎书院规约碑》，且系年于乾道六年(1170)。程章灿考《台州金石录》载，碑中"白虎"当为"白鹿"之讹。碑上刻有"乾道五年规约"和"乾道六年规约"，在规约之后，另有时任台州太守应与权题记：与权筮仕星渚间，造白鹿书院，得前郡守朱文公先生规诲拓本，服膺二十年矣。兹来守台，首谒学宫，文公实有祠，惟公淑人心而扶世教者，于是邦尤所致意，学者当朝夕寅奉。兹用揭于明道堂楣间，使过者致高仰之慕，以东莱吕成公学规互相发明，因□□之，且寿诸石，以便舒卷。学者倘□□□□以达洙泗，且自此问津焉。可惜这段题记中涉及年月的部分已泐去，幸而其中所提到的一些史事背景，仍然能够为我们系年提供重要的线索。首先，应与权所称"朱文公"，显然是指朱熹，朱熹卒于庆元六年(1200)，已有祠，可见此刻必在庆元六年之后。其次，题记中提到的"明道堂"，据《台州金石录》此条编者按引《赤城志》，"在州学先圣庙大成殿后，开禧元年叶守篯造"。可见此刻应在开禧元年(1205)之后。在这些线索的引导下，大致可以确定此刻的年代上限，更准确的年代推断则要依据刻工的线索。《台州金石录》此条编者按云："右碑仅存后半，号年已泐，惟与《巾子山翠微阁碑》同为王绍祖刻，则亦在宝祐前后所立矣。"《巾子山翠微阁碑》亦见于《台州金石录》，宝祐元年(1253)王绍祖、王济同刻。在此基础上，还可以根据已有的刻工资料作更进一步考证。《台州金石录》同卷又有王绍祖、王济同刊《宋延恩寺敕牒残石》，刻于景定三年(1262)十二月，这暂时可以作为《白鹿书院规约碑》刊刻的下限；另据《考古》(1987年第10期)《浙江临海市发现宋代赵汝括墓志》一文，王绍祖曾于绍定四年(1231)十月二十一日刻《赵汝括墓志》，这大致可以作为《白鹿书院规约碑》刊刻的上限，程章灿认为《白鹿书院规约碑》的刊刻约在1231年至1262年间。

［文献］　清黄瑞《台州金石录》卷一一，曾毅公《石刻考工录》，程章灿《石刻刻工研究》。

公元1232年　宋绍定五年　金开兴元年

［提示］　宋绍定五年，江苏修建宝带桥石塔。金开兴元年，金代书碑家赵秉文卒。马天来卒，善作小竹石，潇洒俊秀。

［叙录］　宋绍定五年，江苏修缮宝带桥石塔。据项海帆等载，宝带桥又名长桥，为中国古代十大名桥之一，位于苏州市东南葑门外三公里处，傍运河西侧，为跨澹台湖口的联拱石桥。此多孔石拱桥始建于唐元和十一年至十四年(816—819)，由苏州刺史王仲舒变卖束身宝带倡建。

绍定五年曾重新修缮宝带桥，并于北堍修建石塔，至今犹存世。宝带桥石塔由整块青石雕成，高四米多，七级八面。一层上部为重檐雕刻，二至五层为单檐。塔座雕有海水龙纹；一至五层各面雕有佛龛像，形象古拙。在宝带桥的孔一水盘石上，还有一座石塔，后倒入河中，现藏于苏州博物馆，与北堍石塔被称为姐妹塔。

金开兴元年，金代书碑家赵秉文卒。赵秉文字周臣，号闲闲居士，磁州滏阳(河北磁县)人。赵秉文在《金史》有传，元好问《闲闲公墓铭》及清人王树科所著《闲闲老人年谱》，对其生平记载颇详。赵秉文学识渊博，工书画。书法初宗同时人王庭筠，后学苏、米，草书尤佳。金人刘祁称其字兼古今诸家学，及晚年，书大进。传世碑刻如《重修唐帝庙记》、《法语刻石》、《达摩像赞》、《叶令叶从益惠政碑》等，均为赵秉文所书。山西平定县城东试剑峰韩信庙中，还存有赵氏所书的《淮阴侯庙诗碑》。同年，马天来卒，刘兴珍载：马天来字云章，山西介休人，官至国史院编修。为人豁达通脱，不随流俗，《归潜志》上说马天来为人诡怪好异，喜为惊世骇俗之行。擅长塑像，常于市井细民之间，为人塑像。亦善画，画入神品，作小竹石，潇洒俊秀。

［文献］　金元好问《遗山集》卷一七，金刘祁《归潜志》卷一、卷五，元脱脱等《金史》卷一二五，清王树科《闲闲老人年谱》(《闲闲老人诗集》附)，项海帆等

《中国桥梁史》,刘兴珍等《中国古代雕塑图典》。

公元 1234 年　蒙古太宗六年

［提示］　开凿太原龙山道教石窟。

［叙录］　是年,开凿太原龙山道教石窟。山西龙山为吕梁山支脉,西接天龙山,位于太原市西南二十余公里处。据日人常盘大定和乔志强、刘江等人的研究,龙山道教石窟主要开凿于蒙古太宗六年,由邱处机弟子宋德芳主持营造。宋德芳号披云子,山东莱州掖城人。金大定二十二年(1182)生。兴定四年(1220)曾随邱处机赴西域乃蛮国(内蒙古科不多地区)拜见元太祖成吉思汗。还燕后往返于大都、平阳、终南山之间,主持醮事。龙山在元之前已有道教造像两窟,为宋德芳游西山时所发现。宋德芳是时重建昊天观,并开凿三洞石窟。现存第 4、5 两窟,从面形衣饰线条等方面看,似为宋人开凿,第 1、2、3、6、7 等五窟面形方圆,衣饰厚沉,当为元初风格。第 8 窟规模甚小,石雕躯体之外敷以泥塑,为后人补造。其中第 1、2、3 窟为一窟三层,与第 6、7 两窟同为宋德芳所主持开凿。第 1 窟名虚皇龛,窟平面圆形,正面雕龛,龛内雕有元始天尊坐像,头已不存,衣饰披垂于座上,自然流畅,两旁各雕有侍者像十尊,脚下流云缠绕,头上刻有光环,似为道府诸神作朝拜仪式。洞顶雕盘龙两条,已风化。第 2 窟为三清龛,中为玉清元始天尊,左为上清灵宝天尊,右为太清道德天尊,即太上老君。正面主像,左右有真人和侍者像。面形端庄,衣着沉厚,双手捧圭拱于胸前。第 3 窟为卧如龛,窟内左右雕龛各一,正面雕一长方形高台,台上侧身卧像一尊,头东足西,长 180 厘米,传说即披云子坐化之所,实为全真道人修炼仙丹时仿效佛教涅槃而雕成者。第 4、5 窟为三天大法师龛,窟平面扁方形,三面雕像,每面雕尖拱形龛各一,主像各一尊。各像发髻凸起,衣饰流畅,侍者身材修长,侧身微曲,宋风强烈。第五窟为玄真龛,内雕石像三尊,主像结跏趺坐,侍者立于两侧莲台之上,衣饰手法及造像风格与第四窟同,当为宋作。第 6 窟为五帝龛,主像一尊,端庄凝坐,左右侍者谦恭微谨,右角雕妇人半掩门,面目衣饰与第 1 窟同,为元初所凿。第 7 窟为七真龛,又名玄门列祖洞,分内外两室,内室雕王重阳七大弟子像,外室雕有青龙白虎像,被盗凿。雕像分三面排列,正面三尊,两侧各二,并有侍者像。第 8 窟为辨道龛,规模甚小。现存为明、清泥塑三皇、关羽等像。八个窟现存道教造像 78 尊。龙山石窟规模不大,但雕凿技术高超,面形方圆,衣饰沉厚,线条简练,风格粗犷,生活气息浓郁。

［文献］　［日］常盘大定撰、陈昭译《山西龙山石窟概说》(《敦煌研究》2002 年第 1 期),乔志强等《山西风物志》,刘江《论太原龙山道教石窟的开凿》(《文物世界》2012 年第 2 期)。

公元 1235 年　蒙古太宗七年

［提示］　八月,刘祈至山西龙山玉泉寺见有石罗汉数百。是年,山西龙山昊天观第一窟。

［叙录］　八月,金末刘祁著录有《游西山记》,文中说:余髫龀间,尝闻先大人言,龙山之胜甲乡山。时幼,未能往。其后在南方,北望依依,每以为歉。甲午岁还浑水。明年秋八月,释菜于先圣。越明日,拉友人河阳乔松茂寿卿、云中刘偕德升,暨弟郁同游。迟明,上永安山。盖玉泉寺也,既入寺,寺宇岁深,且经乱,多摧毁。厨堂、钟阁雨崩草翳,僧寮多坏址。独万圣殿完丽可观。殿中金碧璀璨溢目,又有石罗汉像数百,击之铿然,亦奇致。乃率二三子登北峰,北望平原百里;际北岭外,云中城阙,浮屠如锥。从记中可知,其时在万圣殿中,已刻有石罗汉数百件,则为佛教造像无疑。

山西龙山昊天观(图 244)第 1 窟。胡文和载,山西龙山昊天观第 1 窟在南面石壁上层,坐北朝南。窟门略呈圆拱形,高 158 厘米、宽 110 厘米、深 34 厘米。窟内室平面略呈圆形,平顶,高 235 厘米、宽 327 厘米、深 305 厘米。内室左右壁上雕刻道像。该窟

图 244 昊天观道教石窟全景 元太宗七年(1235) 山西太原龙山

中造像共21尊。从左壁向正壁至右壁铭刻有题记,残文为:丹台瑶林,以游以息。云(蒸)霞(蔚),以饮以食。其动非心,其翔非翼。听不以耳,闻乎无穷。视不以目,察乎无极。此皆无始无终,不始不终。含和温热,愍俗哀蒙。谨录此语,庸示区中。自甲午春,至乙未冬,三洞功毕,东莱披云,命工勒石。题刻中的干支"甲午",为南宋理宗端平元年(1234),蒙古太宗六年;"乙未"为端平二年(1235),蒙古太宗七年。东莱披云,则指的是披云子宋德芳。

[文献] 金刘祁《归潜志》卷一三,胡文和《中国道教石刻艺术史》。

公元1236年 宋端平三年 蒙古太宗八年

[提示] 约于宋端平三年,火祆教庙被毁。蒙古太宗八年春,尹清和至大同。十月,山西龙山昊天观第七窟。蒙古太宗八年,山西龙山昊天观第二窟。

[叙录] 约于此际,火祆教庙被毁。火祆教即琐罗亚斯德教(Zoroaster),也称马兹达教(Mazdaism)或霍尔莫兹德教(Hurmuzd),依教主姓名而得名。是伊朗最为古老的宗教。据宋人张邦基、释志磐记载:此教于魏晋南北朝时经新疆等地传入中国,至唐代时期,在长安、洛阳、凉州等地均建有祆寺,岁时奉祀,朝廷设官对此教加以管理。唐武宗时,此教随佛教的废黜而被官方禁止。但是祆教在民间并没有完全停止传播,在南方如镇江等地仍有其活动遗迹。南宋以后,史籍不见有关此教流布的情况记载,被认为或已不再流传。由于其教义经典没有中译本,又缺乏完备的教徒管理体系和组织等原因,此教渐渐式微。《镇江志》中记载火祆教庙被毁一事,发生于端平间,端平年仅三年,姑录于此。

蒙古太宗八年春,尹清和至大同。《甘水仙源

图 245 真人王处一 蒙古太宗八年(1236) 山西太原龙山

录》中录有《清和妙道广化真人尹宗师碑铭并序》：丙申春始达，时陕右甫定，遗民犹有保栅未下者。闻师至，相先归附，师为抚慰，皆安堵如故。既而，被命于云中，令师选天下戒行精严之士为国祈福，化人作善。时平遥之兴国观、崞之神清、前高之玉虚白云洞、定襄之重阳、沁之神霄、平阳之玄都，皆主于师。秋，帝命中书杨公召，还燕。张焯说，云冈第2窟外壁上方，残留着摩崖题额“山水”“清”等几个大字；下方的明窗西镌有“云深处”径尺三字；靠近第3窟上方有一石室，门额题“碧霞洞”三字。这些遗迹，疑与尹清和到大同布道有关。关于第2窟寒泉洞的大字额，白志谦《大同云冈石佛寺记》说：门上磨石作匾，位置系五字格，惟东首“山水”两字，双钩形迹，尚可辨识，余皆灭没，意似山水有清音，未知是否？“山水有清音”，语出西晋左思《招隐诗》(《艺文类聚》)：杖策招隐士，荒途横古今；岩穴无结构，丘中有鸣琴；白雪傍阴岗，丹葩耀阳林；非必丝与竹，山水有清音；何事待啸歌，灌木自悲吟。

蒙古太宗八年，山西龙山昊天观造像(图245)第7窟。胡文和载，该窟坐西向东，分前后两室。窟门因岩石坍塌而损毁，现重修窟门高209厘米、宽88厘米、深35厘米。窟门内壁右边刻铭文为：三载洞府功毕。铭曰：道泰时昌，洞宫载缉。伟有神仙，从石壁出。丙申应钟，祖堂功毕。勗哉披云，有光先德。内壁左边刻铭文为：《祖堂赞》：石室镌玉，祖堂绘金。功超往古，德冠来今。无与功遂，年随德深。警尔后学，无(忘孝志)。该窟建成的时间，据铭文“三载洞府功毕”之时为“丙申应钟”。“丙申”岁即为南宋端平三年，是又为蒙古太宗八年，“应钟”即十月。同年还刻成山西龙山昊天观第2窟。第2窟坐北朝南，窟门上部略呈圆拱形，左边门楣略有损毁，高184厘米、宽136厘米、深约35厘米。窟内室平顶，左右壁与正壁顶部交接处略呈弧形，高266厘米、宽356厘米、深360厘米。正壁上的台阶高122厘米、宽272厘米、厚74厘米。在窟门左侧壁上又铭刻一则题记：披云(宋德芳)创凿石室尊像。伟披云之老仙，占龙山之□□。凿千寻碧玉之岩，幻数洞黄金之像。玄台共汉月争高，杰阁与晨霞相抗。幸百灵之拱卫，亘万劫而无量者也。丙申岁七月初九日，门人舜泽秦志安述。题刻中的干支“丙申”，为南宋理宗端平三年，蒙古太宗八年，由此证实第2窟完工的时间是在上面第1窟竣工的第二年。

［文献］　唐欧阳询《艺文类聚》卷三六，宋张邦基《墨庄漫录》卷四，宋释志磐《佛祖统纪》卷五四，元李道谦《甘水仙源录》卷三，张焯《云冈石窟编年史》，胡文和《中国道教石刻艺术史》。

公元1237年　嘉熙元年

［提示］　丁伯桂卒，曾撰最早的妈祖《艮山顺济圣妃庙记》碑。

［叙录］　是年，丁伯桂卒。丁伯桂字元晖，一字符晖，兴化军莆田县(今福建莆田市)人。宁宗嘉泰二年(1202)中进士，调永春尉。历官宁德丞，知南海县，番禺令，通判肇庆府，知循州，秘书少监，起居舍人兼给事中。据宋人吴自牧载：丁伯桂所撰写的《艮山顺济圣妃庙记》碑，为现存记载妈祖信仰最早的碑刻。碑文中载：妃姓林，莆田人氏，素著灵异，立祠莆之圣堆。其妃之灵著，多于海洋之中，佑护船舶，其功甚大，民之疾苦，悉赖帡幪。此碑文宋人潜说友、清人翟灏有著录，为丁伯桂绍定二年(1229)出守钱塘时所撰，文中对宋代历次褒封林妃考校甚详。明代田汝成认为，艮山祠创始兴于绍兴二十六年(1156)：顺济圣妃确在艮山门外，绍兴间建庙于此，封灵惠夫人。则艮山祠肇始于南宋绍兴二十六年前后。

［文献］　宋吴自牧《梦粱录》卷一四，宋潜说友《咸淳临安志》卷七三，清翟灏《艮山杂志》卷一。

公元1238年　嘉熙二年

［提示］　四川《嘉熙题刻》。

［叙录］ 是年，四川《嘉熙题刻》。高文载：此题刻在四川洪雅县苟王寨，共5行、行5字，第5行4字。是研究南宋抗元的重要实物资料。内容为：西蜀不幸，连年被鞑贼所扰，时戊戌嘉熙二年，崖匠石桂等修。

［文献］ 高文等《四川历代碑刻》。

公元1239年 蒙古太宗十一年

［提示］ 三月，山东刻《褒崇祖庙记》。

［叙录］ 三月，山东刻《褒崇祖庙记》。此记在《山左金石志》中有著录，石在曲阜孔庙十三碑亭院。清人岳濬等监修的《山东通志》中亦载此记，此碑盖修成后崇祀之记。刻工为李信，与刻制《法智法师塔铭》之李信，或为同一人。

［文献］ 清毕沅、阮元《山左金石志》卷二一，清岳濬等《山东通志》卷一一之三。

公元1240年 嘉熙四年

［提示］ 四川安岳赵存叔题书"大般若洞"及造像。

［叙录］ 是年，四川安岳赵存叔题书"大般若洞"及造像。四川安岳华严洞位于四川安岳县石羊镇赤云乡箱盖山华严寺内，距石羊镇6公里，安岳县城东50公里，重庆市大足县30余公里。赤云乡大般若洞为释道儒合龛，约凿刻于是年，赵存叔题书"大般若洞"4字。据刘长久、刘兴珍载，此窟依崖凿洞，共有造像159身(图246)。正壁刻华严三圣像，中为毗卢舍那佛，文殊骑青狮居左，普贤骑白象居右。左右两壁各排列五尊菩萨坐像，服饰、形貌大同小异，戴高冠，或冠顶罩薄巾，着通肩袈裟，袒胸饰瓔珞，衣缘宽大覆台座。颊辅丰润，眉目清秀，垂眸作沉思状，神情怡和端庄。上层刻楼台亭阁、树木及人物等。左侧般若洞正壁刻一佛、二菩萨，两壁下层刻十八罗汉，上层刻二十四诸天，形象古朴。洞内有南宋嘉熙四年题记"庚子嘉熙大般若洞"。

［文献］ 刘长久《安岳石窟艺术》，刘兴珍等《中国古代雕塑图典》。

公元1241年 淳祐元年

［提示］ 八月十五日，浙江《金祝二太尉庙记》。

［叙录］ 八月十五日，浙江钱塘刻《金祝二太尉庙记》。此刻在清人倪涛、阮元的金石著作中有著录，由郑文子撰文、彭一飞正书书丹、应建辰(御前祗候)刻。记中的金祝，指钱塘县尉曹金胜、祝威二人。据宋人吴自牧、明人张岱和清代的翟灏记载：建炎四年(1130)金兵南下，高宗弃城。钱塘县令朱跸、县尉曹金胜、祝威组织军民迎战金人，巧借地势，在葛岭北麓湖上编竹覆泥为途，诱敌深入，敌骑不知是陷阱，纷纷蹄蹶而踣，折者鳞叠，横尸山委。后来金酋完颜弼在奸细向导之下，才由南边进入城中。金、祝二人被俘就义，里人感其忠勇，马革裹尸葬于郊野，并立祠祀之。淳祐十年(1250)理宗赵昀赐庙额"灵卫"，封金胜为忠佐，祝威为忠佑，增封朱跸为显忠侯。灵卫庙俗称金祝庙、朱金祝庙。

［文献］ 宋吴自牧《梦粱录》卷一四，明张岱《西湖梦寻》卷一，清翟灏《湖山便览》卷四，清倪涛《武林石刻记》卷五，清阮元《两浙金石志》卷一二。

公元1242年 淳祐二年

［提示］ 重庆《王坚纪功碑》。

［叙录］ 是年，重庆合川刻《王坚纪功碑》。高文载，钓鱼城在重庆合川县东五里的钓鱼山上。淳祐二年四川置制使兼知重庆府事余玠，为抗击元兵，采纳冉琎、冉璞兄弟之谋而筑成。四川抗元名将王坚、张珏等与川中其他塘点相呼应，坚守该城36年之久。元宪宗蒙哥死于城下，被欧洲人誉为"东方的

麦加城”。该纪功碑立于钓鱼城内，为王坚击毙蒙哥后而立的纪功碑。碑高125厘米、宽87厘米，此碑被元军毁，现仍可见“王公坚以鱼台一柱支半壁”等字样。文中见“投机”二字，似为记载用“抛石机”击伤蒙哥之事迹。此碑虽然残缺严重，但仍为研究宋元战争的重要史料，有很高的学术价值。清人丁治棠写道：吾闻得国于北者，恃有黄河之险，得国于南者，恃有长江之险。而蜀实江之上游也。敌人得蜀，偏师可浮江而下，则长江之险，敌人与我共之矣，故守江尤在于守蜀也。而钓鱼城又据蜀之上游。冉氏兄弟，首划城钓鱼山之策，王坚、张珏，且战且守，岂非有见于此欤。向使无钓鱼城，无蜀久矣。无蜀，则无江南久矣。宋之宗社，岂待厓山而后亡哉。

［文献］ 清丁治棠《仕隐斋涉笔》卷八，高文等《四川历代碑刻》。

公元1244年　蒙古太宗十五年

［提示］ 北京《耶律楚材神道碑》。蒙古太宗九年至蒙古乃马真后三年，开雕《道藏》。

［叙录］ 是年，耶律楚材卒，北京刻《耶律楚材神道碑》。蒙古帝国大臣耶律楚材在《元史》中有传，字晋卿，法号湛然居士。出身于契丹贵族家庭，生长于燕京，世居金中都，是辽太祖耶律阿保机九世孙。蒙古大军攻占燕京时，成吉思汗曾向他询问治国方略。是年，宋子贞撰有《耶律楚材神道碑》，苏天爵有著录。

蒙古太宗九年至蒙古乃马真后三年（1237—1244），开雕《道藏》。据曾国荃、张煦等《山西通志》（寺观）记载：昊天观，在县西十里，龙山绝顶，元贞元年，披云子宋德芳建，观东石崖列石室八龛，披云子凿。胡文和说，披云子宋德芳是随行全真教主邱长

图246　三教龛窟　嘉熙四年（1240）　四川安岳华严洞第二号大般若洞

春(处机)18个弟子之一,道兄有尹志平和李志常。邱长春羽化后,尹志平继嗣掌教,宋披云因博学,对其处理教内事务支持极大。之后,他们受元大丞相胡天禄邀请,游太原西山,见古昊天观,遂起再兴之意,以副长春祖师所嘱托的大教之兴与“西南有缘”的预言,在元丞相胡天禄的全力保护和资助下,宋德芳等全真派道士对道经的收集、整理、校对事业日趋精进,重新开雕《道藏》的大业也是指日可望。又在门人李志全、秦志安的十年鼎力相助下,宋德芳等方才完成《道藏》开雕的伟业。《道藏》开雕的年代,为南宋嘉熙元年至淳祐四年,即蒙古太宗九年至蒙古乃马真后三年,而龙山道教石窟的开凿也是在这期间,宋披云其时亦进入晚年。宋披云于蒙古定宗二年(1247)羽化,而《山西通志》将龙山道教石窟的开凿年代记载为“元元贞元年”(1295),其间相距约50年,很显然,这一记载不可信,有严重失误。

［文献］　元苏天爵《元文类》卷五七,明宋濂等《元史》卷一四六,清曾国荃、张煦等《山西通志》卷一六八,胡文和《中国道教石刻艺术史》。

公元1245年　淳祐五年

［提示］　四川《小宁州记》。

［叙录］　是年,四川刻《小宁州记》。高文载,此石刻在四川平昌县荔枝乡杨柳村小宁城遗址西门右侧50米高石壁上。石刻长170厘米、高120厘米,阴刻楷书,小宁城是宋代四川军民抗击蒙古军队的重要据点,1987年文物普查时发现。内容为:宋淳祐乙巳,制置使余侍郎遣都统制张实总师城。巴为兴汉之基,主兵监修。总官刘汉宣、谭渊,钤辖张虎臣、陈兴,路分曾友端、权旺、霍舜臣、刘成,路将刘文德、徐昕、安忠巩、琦孟俊、徐立,拨发壕寨王成、汪仲、李德。

［文献］　高文等《四川历代碑刻》。

公元1246年　蒙古定宗元年

［提示］　河南刻元好问《徽公塔铭》。

［叙录］　是年,河南刻元好问《徽公塔铭》。河南辉县西部太行山麓有白云寺,据沙门庆玲所撰《大宋卫州共城县白鹿山白茅寺五百罗汉碑》可知:后周显德四年(957)师彻和尚游行至此,重兴废寺并于次年获赠诗额,名为白茅寺。约于元末明初改称白云寺。白云寺现存有五座古塔,其中《徽公塔》建于本年。徽公塔为五层砖质方塔,高约9米。塔首层正面有石刻塔铭,金末元初大诗人元好问所撰。元好问生平见载于《金史》元德明传附。此铭刻高120厘米、宽55厘米。

中国佛教协会编《中国佛教》第一辑在谈及“云门宗”时说:到了元初,其法系便无从考核。温玉成指出:事实并非如此。《冠山寂照通悟禅师徽公塔铭并引》介绍了一位云门宗大师澄徽的事迹。澄徽俗姓何,山西平定州人(今山西阳泉南)。七岁时出家于本州冠山大觉寺。崇庆初(1212)得僧服。先后参拜过清拙真禅师、少林寺志隆禅师、龙门宝应寺定迁禅师,最后入嵩山龙潭寺虚明寿和尚之室,学云门宗。

［文献］　元脱脱《金史》卷一二六,中国佛教协会编《中国佛教》第一辑,温玉成《中国佛教与考古》。

公元1247年　淳祐七年

［提示］　苏州《天文图碑》、《地理图碑》、《帝王绍运图》。

［叙录］　前面我们已经谈到苏州所刻《平江图碑》,加上本年所刻《天文图碑》、《地理图碑》、《帝王绍运图》三碑,并称为苏州所藏四大宋碑。据张晓旭载,北宋时期曾举行数次大规模的天文观察活动,有两次发生于北宋神宗元丰年间(1078—1085)。南宋绍熙元年(1190),进士黄裳任嘉王府翊善,曾制作八图进献,其中一幅即根据元丰年间天文观察结果绘

制成的《元丰星图》。理宗淳祐七年，时任浙西路提刑的王致远，又据黄裳所制星图，在苏州摹刻上石，刻成《天文图碑》。此碑高216厘米、宽108厘米，碑的上部镌“天文图”三大字，下为星图，星图之下为说明文字。星图圆形，直径91.5厘米，采用传统盖图法：以天球北极为圆心，在大圆内画有三个同心圆，分别代表北极恒星圈、天球赤道和南极恒隐圈，还有一个中圆代表黄道，与赤道斜交形成24度夹角。碑上还画有宿度线，与几个同心圆组合共同划分天界。其内圆直径19.9厘米，约当今北纬35度，与北宋都城汴京所在地理纬度相合；圆内各星是在北纬35度地方常年可测到的恒星。中圆直径52.2厘米，即天球赤道。外圆直径85厘米，圆中包含天球赤道以南55度以内恒星。整个星图共刻有280个星座，1 434颗星。与三圆相交的有28条中心辐射线，始于常见圈，直抵外圆，每条线各通过28个宿中的一宿主星，此若干线表示了28宿。由于各宿星数不等，所占天域范围不同，故宿度线间距有差异，井宿最宽，占34度。星图上还刻有横跨天空的银河，划出银河界限，呈弧形，从西北绕向正南。图中偏离北极的黄道圈，其大小同赤道圈相等而与其相交成24度，两交点即春分和秋分。在星图下即碑下半部分，竖刻说明文字41行、行51字，计2 091字，对当时所知的天文知识有简明扼要的记载，内容包括太极、天体、地体、南北极、赤道、白道、黄道、十二次、十二分野等，并解释了日食、月食等诸多天文现象成因，其间杂有一些星占学色彩，但仍具有极高的科学价值。赵超认为此图反映了北宋元丰年间的天文观测成果。国际天文学界对此碑予以极高评价，认为它反映了当时天文学的最高水平。

《地理图碑》与《天文图碑》一样，同为南宋绍熙元年黄裳绘制，淳祐七年王致远摹刻。碑分为上下两部分：上部为地图部分，刻绘宋代地形图，图中对我国大陆山脉、河流、森林、长城，以及当时全国各行政机构路、府、州、军地理位置，均刻画得十分清楚；碑下部刻645字说明文，记述自夏禹至宋的历代版图变迁情形。与我国现代地形图相对照，除海岸线出入较大、黄河长江的发源地不清之外，其余则基本相符。海岸线与现代海岸线出入较大，其中原因当然是图绘不精确所致，但还有因为地形变迁而形成。800多年来，由于黄河、长江及其他河流携带大量泥沙入海及地壳运动，我国的海岸线事实上已发生重大变化，今日所见已与宋代大不相同。以此图所刻的宋代海岸线与我国现代的海岸线相比较，恰好反映了我国近千年来海岸线变化的情况，这正是此图科学价值的一个重要方面。宋代的《地理图碑》与现存西安碑林的《华夷图》和《禹迹图》，是我国现存最古老的三幅全国性地图。此图在地名外加长方框、水名外加椭圆框、山脉作立体图形等绘图方法，正如赵超所说，这表现出了当时已趋成熟的地图绘制技术。这样的大型地图碑在当时可能十分普及。宋人王象之的《舆地纪胜》一书中列举了各州碑目，后面都附有图经。由此推测，当时各州都有地图碑刻，可惜留存下来的不多。

《帝王绍运图》也是绍熙元年黄裳绘制，淳祐七年由王致远摹刻上石。此图为我国古代帝王世系表，是以皇权体系为主轴的中国历史朝代治革表。碑分上下两部分，上部为图表，下部为说明文字。图表分左中右三路列出帝王世系。中路自黄帝至宋理宗为止，共13个朝代247个帝号。左路为秦六国、五代僭伪。右路为春秋12国、东晋五胡16国，左右对称，3 500多年国名帝号，在图表中清楚排列，系统地展现了由黄帝至宋历代王朝的兴衰更替。这种以图叙史的方法，直到今天，仍为人们所袭用。碑下部释文550字，对自五帝降于宋朝，历3 500余年，世道之理乱，王统之离合进行简要评述。制图刻碑者的用意在于：劝诫帝王重视吸取治乱、离合的历史经验教训，以维护和巩固其统治。

［文献］ 张晓旭《苏州碑刻》、《“四大宋碑”概述》(《文博》1991年第2期)，杨泽忠《中国古代平面星图画法研究》(《山东师范大学学报》自然科学版2007年第4期)，赵超《石刻史话》。

图 247 杨粲坐像 淳祐年间(1241—1252) 贵州遵义永安乡杨粲墓

公元1249年 淳祐九年

［提示］ 四川金堂《云顶山城门题字》。

［叙录］ 是年，四川刻《云顶山城门题字》。据高文载：云顶山位于四川金堂县，属成都平原的东北边缘，海拔968米，距成都71公里，为成都东北之门户、天然屏障。云顶山是南宋末年四川军民为抗击蒙古军队而修筑的城堡，它与著名的合川钓鱼城一样，被誉为“守蜀八柱”之一。云顶山有南城门、北城门、城墙等。1986年，在北城门右侧，新发现了一个城门，为北城门的外瓮城。此门因埋在泥土里，石质没有风化，在半边门额上有两条题记，字迹可辨。第一条题记2行、行55字，长138厘米、宽15厘米。第二条题记1行15字，长249厘米、宽21厘米。题字一为：忠翊郎利州驻扎御前右军统领、兼潼川府路将领都统使、司修城提振官孔仙，保义郎利州驻扎御前摧锋军统制、兼潼川府路兵马副都监、提督诸军修城萧世显规划。题字二为：皇宋淳祐己酉仲秋吉日帅守姚改建。

［文献］ 高文等《四川历代碑刻》。

公元1251年 宋淳祐十一年 蒙古宪宗元年

［提示］ 宋淳祐十一年，重庆《天生城重修题刻》。淳祐年间，贵州播州安抚使杨粲夫妇墓。蒙古定宗五年至宪宗元年前后，组志顺刻《竹鹊图》。

［叙录］ 宋淳祐十一年，四川刻《天生城重修题刻》。高文载，天生城在重庆万县，此刻为南宋淳祐十一年重修时题刻。这是四川军民为反抗蒙古元军而修的城池，并作题刻，是研究宋元战争的重要实物资料。内容为：淳祐辛守临邛。

淳祐年间（1241—1251），南宋播州安抚使杨粲夫妇墓，位于贵州遵义市红花岗区深溪镇坪桥村皇坟嘴，发掘于1957年。据史继忠载，播州杨氏自唐末至明万历年间，统治播州长达700余年，是西南地区大土司。杨粲为第13代，南宋嘉泰初年袭播州安抚使职，官终武翼大夫。其墓建于淳祐年间。杨粲墓结构为平顶双室，以白砂岩条石砌筑，最大石料达12 000余斤，以子母扣层层套合固定。早年被盗过，随葬品多已佚去。清理发掘时，在两室棺床淤土中，获得陶瓶、影青瓷碗、残铁三脚、带柄铜镜及崇宁重宝铜币等文物。另在两室墓底腰坑内发现两具铜鼓，鼓面朝下，平放于铜钱上。鼓壁夹垫剪破的铜钱碎片有字，可辨识者有“元”“通”等字，应为北宋哲宗所铸通宝。两鼓分胭、腰、足三段分明，胭部稍大于鼓面，束腰，足外撇，带状扁耳。造型凝重，纹饰精美。杨粲墓内还有技艺精湛的石刻装饰。大致可分为人物、动物、花草、器物五类。雕刻技法以高、低浮雕为主，间或加阴线刻。有的细部还彩绘贴金，现虽已大部剥蚀，但仍可依稀辨出当年的豪华气派。南室后壁正中，为墓主杨粲的雕像，高95厘米，他头戴长角幞头，身着朝服，正襟危坐，表情严肃（图247）。左右有龙柱互峙，前面有龙案（棺床），两边侧壁上，对称雕刻着文官武将，侍女童子，形态各异，栩栩如生。还有一幅引人注目的“贡使图”，鬈发跣足，上身赤裸，只搭一条纱巾，下身着角裙，手脚戴镯环，头顶盛满珊瑚、珍珠、金玉贡盘。此外，还有“野鹿衔芝”、“凤穿葡萄”、“双狮戏球”、“侍女启门”等浮雕，均构思巧妙、雕工精美，极富生活气息。两室六座壁龛，仿木构建筑，门窗户壁、梁柱斗拱均为当时的建筑格局，为研究古建筑提供了丰富的实物资料。曾春蓉指出，杨粲墓中的四尊负重力士像及两幅进贡人像，雕刻细致，且与传统的汉族习俗大异其趣，具有极为鲜明的个性特征。这些雕像在形象和衣饰上表现出的特色，相比之下更接近于少数民族风格，而非宗教原因或汉族习俗所常见，它们对研究遵义乃至贵州宋代民风民俗、民族文化，都有着极为重要的史料价值。刘兴珍谈到杨粲石刻时说，其墓主坐像面部圆润，并加贴金彩绘。而墓的前后两室南北及后室后壁均有装饰雕刻，图案对称，布局谨严。所雕花卉动物，构图新颖，极富生机。其中双狮戏球、凤穿葡萄、野鹿衔芝等，堪称宋代雕刻佳品。棺床四角垫有圆雕龙柱。全墓雕刻蔚然壮观。

蒙古定宗五年至宪宗元年(1250—1251)前后,俎志顺(颍川)刻《竹鹊图》。《画像汇编》著录有此图,程章灿按:原书著录此刻于北宋年间(960—1127),盖据此图为宋徽宗所绘,然据刘汉忠文,俎志顺于蒙古定宗五年至宪宗元年(1250—1251)间刻有二石,则此刻年代应在此年代前后。

[文献] 高文等《四川历代碑刻》,史继忠《遵义杨粲墓》(《当代贵州》2007年第7期),曾春蓉《杨粲墓中异于汉俗的雕像》(《贵州民族研究》2010年第1期),刘兴珍等《中国古代雕塑图典》,《画像汇编》第10册,程章灿《石刻刻工研究》,刘汉忠《〈石刻考工录〉续补》(《文献》1991年第3期)。

公元1174—1252年　淳熙至淳祐年间

[提示] 淳祐年间,重庆大足大势至与莲花童子造像。

[叙录] 淳祐年间,重庆大足大势至与莲花童子造像。刘兴珍载,此造像位于大足宝顶山18窟摩崖。淳熙至淳祐年间(1174—1252)造。左为大势至,高285厘米,头戴花饰宝冠,披宽松袈裟,左臂屈肘,手覆袂内,托一复瓣仰莲朵,莲花下有束腰座,右手抚童子头顶。眉目清秀,神情慈蔼。右为莲花童子,高150厘米,头颅圆实,颊辅丰润,穿圆领短袖衫,帔帛于肩臂环绕,双手合十,垂眸作沉思状,神态恭顺虔诚。莲花童子是佛教中“下品”,三生中的恶人,被西方三圣引渡到七宝池的莲花中,观音菩萨、大势至广说佛法,引导其消除邪恶,得生善心而到西方极乐世界。18窟诸莲花童子,姿态各异,有的在莲蓬内沉睡,有的趺坐于莲花顶上,有的在七曲栏楯上戏耍。其形象和姿态活泼而富生趣。

[文献] 刘兴珍等《中国古代雕塑图典》。

公元1252年　淳祐十二年

[提示] 四川万县《天生城题刻》。

[叙录] 是年秋,四川万县《天生城题刻》。高文载:天生城在万县,这是南宋淳祐十二年,四川军民为了抗击蒙古元军而修建的城池题刻,为研究宋元战争的重要实物资料。刻文内容为:淳祐壬子季秋守臣安丰吕师夔重修。

[文献] 高文等《四川历代碑刻》。

公元1253年　宝祐元年

[提示] 约在宝祐元年前后,浙江刻《重刻白鹿书院规约碑》。

[叙录] 据清黄瑞《台州金石录》载:约在宝祐元年前后,浙江刻《重刻白鹿书院规约碑》,刻工为王仲、王正、王绍祖,应该是来自一个家庭,极有可能是父子。

[文献] 清黄瑞《台州金石录》卷一一。

公元1254年　宝祐二年

[提示] 四月十五日,浙江《永灵庙协惠夫人加封昭庆敕牒碑》。

[叙录] 清周学濬载:宝祐二年四月十五日,浙江刻《永灵庙协惠夫人加封昭庆敕牒碑》,刻工为德清孙毛□。永灵庙是为祭祀三国时代的朱泗而建,明人陈霆载:朱泗号新公,晋镇国大将军,出生于浙江德清新市。朱泗墓去新市镇东北三里,朱泗当晋怀帝朝为将,有功殉忠死敌,庙食此土。周广顺中,始封保宁将军,绍兴五年(1135)赐永灵庙号。九年(1139),改封显佑侯。至庆元二年(1196),又因缙绅士庶言侯自方腊金人之乱,屡显威灵,耀兵却敌,使寇不入境。且数十年,水旱疾厉之祈应如响,盖即其功惠法,当赠封。于是赐为显佑通应侯,元配邱氏封协惠夫人。又据清嵇曾筠等《浙江通志》载:宋元祐(1086—1094)间,新市镇东人以走祀不便,请分建东庙,庙始专名为永灵西庙(遗址在今新市镇完全小

学内)。

［文献］　明陈霆《仙潭志》卷二，清周学浚《湖州金石略》卷八，清嵇曾筠等《浙江通志》卷二二〇。

公元1255年　蒙古宪宗五年

［提示］　毁灭释迦佛像、白玉观音、舍利宝塔等。

［叙录］　是年，毁灭释迦佛像、白玉观音、舍利宝塔等。据元人祥迈《大元至元辩伪录》张伯淳序载：是时，问道士邱处机李志常等，毁西京天城夫子庙为文城观；毁灭释迦佛像、白玉观音、舍利宝塔；谋占梵刹四百八十二所；传袭王浮伪语《老子八十一化图》，惑乱臣佐。张焯解释：天城即今天镇县；文城观，祥迈《至元辩伪录》作"文成观"。

［文献］　元祥迈《大元至元辩伪录》序，张焯《云冈石窟编年史》。

公元1256年　宝祐四年

［提示］　八月，四川营山《燕山寨宝纪功碑》。是年，赵孟奎进士，江苏有"浮玉"摩崖传世。

［叙录］　八月，四川营山刻《燕山寨宝纪功碑》。高文载：燕山又名云山，在四川营山县城外25公里。宋代淳祐年间四川制置使余玠为抗御元兵入侵，于长江、嘉陵江沿岸择山筑城，燕山故城为余筑城之一。燕山记功碑在燕山寨之东，正书。寨西石壁有移治碑一通。

赵孟奎字文耀，号春谷，宋宗室，南宋理宗宝祐年间进士，官至秘阁修撰，编著有《分门纂类唐歌诗》百卷。书画家。善画竹、石、兰、蕙，作品收录明代画史著作《画史会要》。据宋人《宋宝祐四年登科录》载：赵孟奎为宝祐四年(1256)进士。王同顺说，在焦山世称"浮玉山"。南宋大书家赵孟奎在游焦山时，曾即兴题写"浮玉"二字以赞美。石刻高146厘米、宽90厘米，字大若斗，极有神韵。遥望浮玉山，但见榜书"浮玉"映衬着蓝天白云，闪耀着焦山砥柱中流而又历史悠久苍茫雄壮的光辉。

［文献］　宋佚名《宋宝祐四年登科录》，高文等《四川历代碑刻》，王同顺《镇江古代石刻及焦山碑林书法研究》。

公元1258年　蒙古宪宗八年

［提示］　八月十五日，河南刻《勍公禅师塔铭》。

［叙录］　李见荃纂载：蒙古宪宗八年八月十五日，俎顺(颍州)刻《勍公禅师塔铭》。在蒙古太祖二十年(1225)，河南林县褀峪寺即刻有《大朝第一代勍公禅师塔铭碑》。温玉成载，此"勍公"为永乐镇(山西芮城县南)广福院的洪勍。勍公卒于金泰和元年(1201)，五年后，成吉思汗建蒙古国。又八九年，蒙军占领黄河以北之地。兵戈之乱，未曾造塔。迄至乙酉岁(1225)始为之造塔，追为"大朝"第一代祖师，"大朝"即蒙古建元朝以前之称号。而造塔之后，30多年后才施行刻铭。

［文献］　清李见荃纂《林县金石志》卷上，温玉成《中国佛教与考古》。

公元1259年　宋开庆元年　蒙古宪宗九年

［提示］　宋开庆元年，浙江古平桥河《"平"字则水碑亭》。蒙古宪宗九年四月二十八日，河北《大朝国师南无大士重修真定府大龙兴寺功德记》。

［叙录］　宋开庆元年，浙江古平桥河《"平"字则水碑亭》。据林士民等载，在浙江宁波月湖的古平桥河河道的此碑亭遗址中，发掘清理出《"平"字则水碑》和碑亭额枋、柱、屋面、斗拱、脊、吻兽等石构件。碑亭为四柱五脊顶，亭中存有两块"平"字则水碑，一块为明嘉靖十二年(1533)重立，一块为清道光二十六年(1846)重立。碑文记载了开庆元年吴潜亲自勘测沿海各闸所在河段的水位与农田水位之高差关

系，并测得明州(宁波)月湖平桥水位等，刻立平字碑。宋碑后佚，明清重刻。其碑实为测水标尺：水淹“平”字则通知各地开匣泄水；水位线低于“平”字则闭闸蓄水。经测量，“平”字碑上“平”字笔画第一横上缘的黄海海拔高度为162厘米，第二横上缘为136厘米，“平”字竖道的最下端为100厘米。第二横为当时常年水位线，与现在的常水位133厘米基本相符。

蒙古宪宗九年四月二十八日，河北刻《大朝国师南无大士重修真定府大龙兴寺功德记》。此碑存河北正定县隆兴寺中，刻于大朝岁次己未月二十八日(蒙古宪宗九年四月)，由常山居士赵从证撰文、宣授辅教大师、真定路提主、都僧灵释印从书丹并篆额。碑文记载蒙古国首任“国师”、著名的克什米尔高僧那摩北上蒙古传法之经过。此碑对于研究那摩生平事迹及13世纪上半叶前期的佛教在克什米尔地区的传播情况及克什米尔历史等，均具有重要价值。据曾毅公载，此碑刻为恒阳石匠杨春所刻。温玉成指出，在蒙元佛教史上，元世祖忽必烈于1260年任吐蕃僧八思巴(1235—1280)为“国师”是众所周知的事；但是，蒙古宪宗蒙哥于1252年以克什米尔(乞失迷儿)僧那摩为“国师”，总天下释教，却是极少被人提及。那摩或译写为南无、罗麻、兰麻。在河北省正定县隆兴寺慈氏阁右侧这件石碑中，其“南无大士”即铁哥之叔“那摩”。《元史》(铁哥传)略云：铁哥，姓伽乃氏，迦叶弥儿人。父斡脱赤与叔那摩俱学浮屠氏，相携北上，入见太宗(窝阔台)。定宗贵由师事那摩，宪宗尊为国师，授五印，总天下释教。《析津志》(延洪寺条)云：延洪寺，在崇智门内，有阁，起自中唐，至本朝，那摩国师重修之。著名的宪宗戊午年(1258)的佛道大辩论，那摩是这次大辩论的促成者之一。《佛祖历代通载》中记有此事，内称“厨宾大师兰麻总统”，即是那摩。1962年12月，在北京市崇文区法塔寺东，出土了《大元故太傅录军国重事宣徽使领大司农太医院事铁可公墓志铭》。铁可即铁哥，该志称其为“国师罗麻兄子也”，知“那摩”也译作“罗麻”。“乞失迷儿”是31种“色目人”之一。

［文献］　元念常《佛祖历代通载》卷二一，林士民《宁波城市考古亲历记》(《宁波文史资料》第20辑)，曾毅公《石刻考工录》，温玉成《中国佛教与考古》。

公元1260年　蒙古中统元年

［提示］　十二月，以梵僧八思巴为帝师，授以玉印，统释教。

［叙录］　十二月，以梵僧八思巴为帝师，授以玉印，统释教。此事载于《元史》中(世祖纪一、释老传)中：帝师八思巴者，土番萨斯迦人，族款氏也。相传自其祖朵栗赤，以其法佐国主霸西海者十余世。八思巴生七岁，诵经数十万言，能约通其大义，国人号之圣童，故名曰八思巴。少长，学富五车，故又称曰班弥怛。岁癸丑，年十有五，谒世祖于潜邸，与语大悦，日见亲礼。中统元年，世祖即位，尊为国师，授以玉印。命制蒙古新字，字成上之。其字仅千余，其韵母凡四十有一。其相关纽而成字者，则有韵关之法；其以二合三合四合而成字者，则有语韵之法；而大要则以谐声为宗也。至元六年，诏颁行于天下。诏曰：“朕惟字以书言，言以纪事，此古今之通制。我国家肇基朔方，俗尚简古，未遑制作，凡施用文字，因用汉楷及畏吾字，以达本朝之言。考诸辽、金，以及遐方诸国，例各有字，今文治寖兴，而字书有阙，于一代制度，实为未备。故特命国师八思巴创为蒙古新字，译写一切文字，期于顺言达事而已。自今以往，凡有玺书颁降者，并用蒙古新字，仍各以其国字副之。”遂升号八思巴曰大宝法王，更赐玉印。十一年，请告西还，留之不可，乃以其弟亦怜真嗣焉。十七年，八思巴卒，讣闻，赙赠有加，赐号皇天之下一人之上(开教)宣文辅治大圣至德普觉真智佑国如意大宝法王、西天佛子、大元帝师。至治间，特诏郡县建庙通祀。泰定元年，又以绘像十一，颁各行省，为之塑像。

［文献］　明宋濂等《元史》卷四、卷二〇二，杨耐思等《八思巴字研究概述》(《民族语文》1981年第1期)

公元 1262 年 蒙古中统三年

［提示］ 尼泊尔工匠阿尼哥随八思巴至元大都。

［叙录］ 是年，尼泊尔工匠阿尼哥随八思巴至元大都。李玉珉、刘兴珍、黄春和等指出，元朝皇室崇信西藏佛教，曾设梵像提举司总管佛教造像、绘画和土木刻削之工，不少西藏与蒙古的匠师在该司中任职，其中最重要的当数尼波罗国（尼泊尔）工匠阿尼哥，其国人称之为八鲁布。蒙古中统三年（1262）阿尼哥随八思巴来到大都，其高超的艺术才能深得忽必烈的赏识，命其主持大都皇室兴建、寺观造像的指导和规划工作。阿尼哥身为尼泊尔人，他所制作的佛像风格与汉地传统迥别，人称“梵像”。他在华活动 40 余年，门徒众多，著名的有刘元、禀搠思、朵儿、阿僧哥、利元等。其中，又以大都（北京）宝坻人刘元的技艺最为突出。在阿尼哥及其门徒影响下，“梵像”日益流行。

元代藏式佛教美术的传入，不但充实了我国佛教艺术的内容，也丰富了我国佛教艺术的表现形式，使得我国的佛教艺术更加多彩多姿。《元史》（方技传）载：阿尼哥幼敏悟，善画塑及铸金为像。蒙古中统元年（1260）八思巴受命建黄金塔于吐蕃（西藏），尼波罗国选工匠 80 余人参加，阿尼哥自荐为行长，时年 17 岁，翌年塔成。八思巴爱其才，遂度为弟子，并荐至京师大都（北京）。阿尼哥得到元世祖忽必烈的召见，受命修铸明堂针灸铜像。至元二年（1265）新像成，金工叹其天巧。至元十年授“诸色人匠总管”银章虎符，至元十一年奉诏造孔子及十哲（十弟子）像，十五年授光禄大夫、大司徒，兼领将作院印，卒赠太师开府仪同三司凉国公上柱国。其一生在大都、五台山等地从事塑像活动，参与重要的修造共有塔三、大寺九、祠祀二、道宫一，以及制作内外朝文物器用、仪器和帝后画像等。雕塑作品有文献可查的还包括大德三年（1299）奉旨塑作北斗殿前三清殿神像 191 躯；大德八年（1304）奉旨补塑修妆城隍庙东三清殿神像 13 躯，侧殿西廊 93 躯，东廊 73 躯，山门神像 2 躯，创造三清圣像及侍神像 9 躯。他为我国汉藏民间艺术及中尼两国的文化交流作出了重要贡献。至今仍存的北京妙应寺白塔也是由阿尼哥参与设计和修筑的。

［文献］ 明宋濂等《元史》卷四、卷二〇三，曾毅公《石刻考工录》，李玉珉《中国佛教美术史》，刘兴珍等《中国古代雕塑图典》，黄春和《阿尼哥与元代佛教艺术》（《五台山研究》1993 年第 3 期）。

公元 1263 年 景定四年

［提示］ 四川奉节《瞿塘城铁锁关题刻》。

［叙录］ 是年冬，四川奉节刻《瞿塘城铁锁关题刻》。高文载：此题刻刻于四川奉节县长江瞿塘峡口瞿塘城下江壁上。夏季水急浪高，难于靠近；冬季水枯碑高，无法攀登，拓片照像十分困难，以致历代无法窥见全貌，误认为贾似道告示。奉节白帝城文物管理所工作人员冒着生命危险驾船拓印下此刻原片。为纪念四川军民抗击蒙古军队所筑，是研究宋元战争的重要实物资料。刻文内容为：帅守淮右徐宗武面奉开府两镇节度京湖制置大使、四川宣抚大使吕公文德，指授凿洞打舟工铸铁柱，缆锁瞿塘关，永为万万年古迹，景定癸亥季冬吉日记石。当朝大丞相贾公似道。

［文献］ 高文等《四川历代碑刻》。

公元 1266 年 咸淳二年

［提示］ 湖南郴州摹刻《秦观词碑》于苏仙岭石壁上。

［叙录］ 是年，湖南郴州摹刻《秦观词碑》于苏仙岭石壁上。刘刚载：此碑刻在郴州东北二公里苏仙岭白鹿洞石壁，宽 50 厘米、高 30 厘米。所刻为秦观名词《踏莎行》（郴州旅舍），书法则出自大书家米

芾之手。11行、行8字,行书。刻有宋咸淳二年郴州守邹恭跋文13行、行10字,正书,跋文说明刻此词始末。碑文在1959年加深时弄坏二字,1980年据米芾帖修补,现倚石壁建有护碑亭,石刻字迹清晰。此词是秦观被贬南来在郴州时所作,道尽对故人思怀之情,文情并茂,流传甚广,加上苏东坡对此词的评语及米芾的书法,使此石刻历来有"三绝碑"之誉:淮海词、东坡跋、元章笔。

邹恭所摹刻的这块摩崖刻石也曾一度湮没。据顾育豹撰文载:1961年,毛泽东专程从北京回家乡参加中共湖南省第三次代表大会,在大会分组讨论期间,听说陈洪新是郴州地委书记,问及此三绝碑一事,并对陈洪新说:祖宗留下来的好东西,我们要保护好,古为今用,批判地继承。陈洪新对此深感抱愧,回到郴州后,立即请来郴州师专的教授虚心请教,并率领地委一班人前往苏仙岭进行考察,最终在一块长满青苔、被枯藤荆棘覆盖的崖壁上找到了"三绝碑",遂组织力量修复整理、兴建护碑亭保护,还重拓原迹,竖碑一块。1965年,中共中央中南局第一书记陶铸到郴州视察,游览观赏了"三绝碑",并听陈洪新介绍毛泽东对秦观词"三绝碑"的关心,感慨颇深,当即步秦少游词原韵,反其意而填词一首。词云:翠滴田畴,绿浸溪渡,桃源今在寻常处。英雄便是活神仙,高歌唱出花千树。桥跃飞虹,渠飘束素,山川新意无重数。郴江北向莫辞劳,风光载得京华去。

[文献] 刘刚《湖湘碑刻》,秦子卿《秦淮海年谱考订笺证》,顾育豹《毛泽东与秦观遗迹》(《炎黄纵横》2011年第9期)。

公元1267年 蒙古至元四年

[提示] 甘肃陇西县《万卷楼记碑》。

[叙录] 是年,甘肃陇西县刻《万卷楼记碑》。唐晓军说,在陇西县元代至元四年所刻《万卷楼记碑》中,载有汪世显创建万卷楼、收藏图书之事。汪世显降元以后,承制赐世显章服,官从其旧,即令帅所部从征,南征入川,劫掠图书文物而归,创建万卷楼。汪世显在《元史》中有传。其楼以藏书为主,兼有"图画、琴、剑、鼎、砚、珍玩"。正如乔今同所说,此楼图书馆与博物馆兼而有之。

[文献] 明宋濂等《元史》卷一五五,唐晓军《甘肃古代石刻艺术》,乔今同《元代石刻〈万卷楼〉记考》(《甘肃社会科学》1980年第4期)。

公元1269年 蒙古至元六年

[提示] 山东《尼山孔子像记碑》、公布八思巴文。

[叙录] 是年,山东刻《尼山孔子像记碑》。相传孔子父亲叔梁纥与母亲颜征婚后曾在尼丘山(在曲阜城东南25公里处)祈祷,颜母生孔子于坤灵洞。由于孔子"生而首上圩顶"(《史记》孔子世家),其父叔梁纥弃于山下,后为虎鹰所救。故孔子有风生、虎养、鹰打扇之说。后人为避孔子讳,将尼丘山易名尼山,将坤灵洞更名为夫子洞,并在洞前立碑。据元至元六年《尼山孔子像记碑》(元代司居敬令工匠所刻)载,夫子洞内原来还有石刻孔子像,夫子几、夫子案、夫子床等。顾祖禹载:尼山在县东南五十里,连泗水、邹县界。一名尼丘山。孔子应祷而生之地。其山五峰连峙,中峰之麓,有宣圣庙。其东麓有坤灵洞。山东南相对者,曰颜母山,上有圣井及颜母庙,或谓之女陵山。《中庸精舍记》(《孟子林庙历代石刻集》)中载:司居敬又为孔子像,刻于尼山,居之坤灵洞中,并立《尼山孔子像记》石碑于洞前。

同年,公布八思巴文。元代建国后,元世祖忽必烈命吐蕃萨迦喇嘛八思巴依照藏文字母创造新的蒙古文字,使它可以拼写蒙、汉、梵、藏等各族语言。这种在世祖至元六年(1269)公布实行的新蒙文叫做蒙古新字或国字,后代人称它八思巴文,它是元代法定的官方文字。赵超说,利用八思巴文刻写的碑现存约20余种。它们大多是为保护佛教、道教、景教等寺观产业,减免僧道赋税差役等而发布的圣旨或皇后懿旨、太子令旨。这些碑散布很广，在陕西省的周至、韩城，甘肃省的泾川，山西省的太原，河南省的安阳、许昌、浚县，河北省的易县等地寺观中都有遗存。碑面上部刻成八思巴文字，下部多刻汉字。汉字是用白话体直译出来的蒙文文义。元代八思巴文碑中附的汉文白话十分有趣，它用的是日常口语，但又包含一些蒙语语法，在古代语言研究中占有独特的地位。例如河南省林县的《林州宝严寺圣旨碑》中写道："这里的每寺院房舍里，使臣休安下者。铺马只应休拿者，税粮休着者。但属寺家的水土、园林、碾磨、铺席、浴堂、解典库，不拣甚么他的，休夺要者。"这既像当时的口头语言，又掺杂了蒙古语言的语法习惯。在元代，还有很多白话碑，也采用这种文法，但只用汉文字书刻，没有八思巴文。元代的八思巴文碑中还有一种类型，是用八思巴文拼写汉语，全将汉文的文章音译为蒙古八思巴文。如山西阳城的《赠郑鼎制诰》等。它对于研究元代的汉语读音、译名等有一定参考价值。至于八思巴文碑中记录的元代人名、官名、名物制度等蒙古语名词，更是考订元史的宝贵资料。关于八思巴文的碑刻，可参考蔡美彪的相关论著。

［文献］ 汉司马迁《史记》卷四七，清顾祖禹《读史方舆纪要》卷三二，刘培桂《孟子林庙历代石刻集》，赵超《石刻史话》，蔡美彪《八思巴字碑刻文物集释》。

公元1270年　咸淳六年

［提示］ 湖北恩施《西瓜碑》。

［叙录］ 1997年5月，湖北恩施市文物及科技部门工作者在距该市6公里处的七里乡柳洲城村，发现此南宋摩崖石刻《西瓜碑》。碑刻在一高650厘米、宽550厘米的砂岩巨石上，碑文为隶书阴刻，共170字，字迹清晰可辨。此碑是鄂西南所发现的历史上最早的关于西瓜传播与种植的科普文献碑，也是我国迄今所发现的唯一一块西瓜碑。碑文内容为：郡守秦将军到此栽养万桑，诸果园间修莲花池，创立接官亭及种西瓜。西瓜有四种：内一种云头蝉儿瓜、一种团西瓜、一种细子儿名曰御西瓜，此三种在淮南种食八十余年矣。又一种回回瓜，其身长大。自庚子嘉熙(1240)北游带过种来外甜瓜梢瓜有数种，咸淳五年在此试种，种出多产，满郡皆与支送，其味甚加(佳)，种亦遍及乡村谷。刻石于此，不可不知也。其瓜于二月尽则以种，须是三五次埯种，恐雨不调。咸淳庚午孟秋，朐山秦□伯玉谨记。

［文献］ 刘清华《湖北恩施"西瓜碑"碑文考》(《古今农业》2005年第2期)，张献宏《柳州城遗址及西瓜碑》(《恩施日报》2005年5月8日)。

公元1271年　元至元八年

［提示］ 山西万荣修建稷王庙舞厅。

［叙录］ 是年，山西修建稷王庙舞厅。后稷为周族始祖，传说有邰氏之女姜原(帝喾元妃)因踏巨人足迹而感孕，生下后稷，被弃之隘巷，故又名弃。马牛从其旁边经过而不踩踏他；徙弃渠中冰上，飞鸟以其翼覆荐之。姜原以为神，遂收养长。后稷曾于尧舜时掌农官，教民耕种。舜说：弃，黎民始饥，尔后稷播时百谷。封弃于邰，号曰后稷，别姓姬氏。《诗经》(大雅生民)中，歌颂了后稷的功绩。由于后稷教民稼穑，后人称之为"稷王"。稷王崩葬于山西万荣县城南50里山巅，其山名为稷王山，元代于此创建稷王庙，以专祀农圣后稷。旧时，每年夏历四月十七日，四方人士必聚此举行隆重祭典。现存稷王庙中，已经明清修葺，以琉璃、木刻、石雕见称于世。庙内还有民国十年(1921)重修的舞台，此台始建于元世祖至元八年，供酬神演戏之用。庙中无梁殿内北墙嵌有一石碑，碑高31厘米、宽37厘米，正书无额，系至元八年三月初三所立。碑文为：今有本庙自建修年深，虽经兵革，殿宇而在，现有舞基不曾兴盖。今有本村□□□等谨发虔心，施其宝钞二百贯文，创建修盖舞厅一座，刻立斯石矣。至元八年为元世祖忽

必烈取得全国政权后的第一年。据此碑文,可知元朝初期戏剧登台表演已很普遍。它对了解和研究我国戏剧发展史提供了实物资料,具有重要的文物价值。

［文献］ 曹书杰《后稷传说与稷祀文化研究》,史雷晓《山西稷山县稷王庙献殿农事木雕图初探》(《文物春秋》2012 年第 6 期)。

公元 1272 年　咸淳八年

［提示］ 广西桂林《静江府城防图》石刻。

［叙录］ 是年,广西桂林《静江府城防图》石刻。这块著名的城市地图碑,又名《桂林城图》,镌刻于广西桂林鹦鹉山南麓山崖上,桂林其时为静江府治,故称《静江府城防图》。图高 321 厘米、宽 298 厘米,上部为文,下部为图。宋人王安石的《桂林新城记》(见《临川先生文集》)及章时发《静江府修筑城池记碑》(存桂林鹦鹉山)载:余靖之后,到南宋灭亡的 200 余年间,静江府经历了多次大规模翻修。南宋晚期,面对蒙军强大攻势,南宋君臣为保住包括桂林在内的最后领地,于理宗宝祐六年(1258)起,由制置使李曾伯创始、经略使赵与霖及胡颖先后继之,相继投入巨大的人力财力,在北宋仁宗时代余靖所筑桂州城原址之上,进行大规模筑城工程,并新筑多处瓮城。经过 14 年努力,于咸淳八年(1272)始竣工,成为抵御元军进攻的重要堡垒。筑城落成后,胡颖将静江府城绘成巨幅城图刻于城北鹦鹉山南崖上。张益桂、周长山载,此图为城防守御军用城图,用阴刻图形及文字标注有更楼、马面、团楼、烽烟楼、万人敌、军寨、校场、都作营、戍将衙和作战总指挥部等军事机构。同时也标有街道、桥梁和若干山川名胜,比较完整地刻画出当时桂林全城地理形制。《桂林城图》是我国现存面积最大的摩崖石刻城图,殊为珍贵。其碑文则记述李曾伯等为加强对蒙古军的防御,选择扩城地址,决定城的形制、修城经过、城池四至及尺寸、所耗工时等事宜。所筑城壕依山川形势曲折变化,不强求规整,街道东西南北交错,突破唐以降的棋盘式工整格局,成为研究宋代城镇建设、军事防务以及桂林地方史的重要文物。

［文献］ 宋王安石《临川先生文集》卷八二,张益桂《南宋〈静江府城池图〉简述》(《广西地方志》,2001 年第 1 期),周长山《从〈静江府城池图〉看宋代桂林城的空间形态》(《城市史研究》第 24 辑)。

公元 1273 年　宋咸淳九年　元至元十年

［提示］ 宋咸淳九年七月,江苏《扬州州学藏书楼记》。元至元十年季春初六日,山西《大同云中郡额设大华严寺碑》。

［叙录］ 宋咸淳九年七月,江苏刻《扬州州学藏书楼记》。据清缪荃孙载,此记刻工为建邺王茂明(一作川)。元至元十年季春初六日,山西刻《大同云中郡额设大华严寺碑》。华严寺是辽西京大同府极为重要的佛教建筑,而且兼具皇家祖庙的性质。关于华严寺史籍语焉不详,仅《辽史》有“清宁八年建华严寺,奉安诸帝铜像、石像”(《辽史》地理志)的记载,另有下华严寺薄伽教藏殿梁上题记“维重熙七年建”(1038)。而关于华严寺更多的研究则依赖于现保存于薄伽教藏殿内的《大金国西京大华严寺重修薄伽藏教记》及《西京大华严寺佛日圆照明公和尚碑铭并序》(即《大同云中郡额设大华严寺碑》)。此碑现藏大同市博物馆。

［文献］ 元脱脱等《辽史》卷四一,清缪荃孙《江苏金石志》卷一八,白勇《大同华严寺元碑及其相关问题》(《文物世界》2005 年第 5 期)。

公元 1275 年　宋德祐元年　元至元十二年

［提示］ 宋德祐元年,江苏建造扬州普哈丁园。贾似道为郑虎臣锤毙,明代抗倭名将俞大猷为郑立碑。元至元十二年,始置石局。

［叙录］　宋德祐元年，江苏建造扬州普哈丁园。扬州普哈丁园俗称回回堂，亦称巴巴窑，位于扬州古运河东畔仙鹤寺墓园中，门额匾题“西域先贤普哈丁之墓”，下款“乾隆丙辰（1736年）重建”。普哈丁园始建于南宋德祐元年，是扬州穆斯林为纪念穆罕默德十六世裔孙普哈丁所建，占地15 000多平方米，由古墓城、清真寺和公园三部分组成。园内的阿拉伯建筑和中式建筑完美地融为一体。在普哈丁墓塔第三层壁上，嵌有以阳文镌刻的《古兰经》刻石。

据马全仁载，阿拉伯学者普哈丁，亦译补好丁，宋咸淳年间来扬州讲学，在扬州穆斯林中享有崇高威望，德祐元年卒于扬州，葬于扬州。普哈丁墓园是伊斯兰教传入扬州最早的文化遗迹，穆斯林尊其墓为筛海坟或先贤墓。此间清真寺内有清光绪三十四年（1908）先贤历史纪略碑一块，碑文上写：普哈丁者，天方之贤士，博学，搜著述，遗有《东游录》、《广陵纪实》等书，且负有德望者也。相传为穆罕默德圣人十六世裔孙，宋咸淳年间（1265—1274）来扬州。未几，先贤亦归去。越三年，复东游至津沽，遂移舟南下，一夜即达广陵，抵岸，舟子呼客起，不应，视之，则已归真。时德祐元年七月二十日。此事为地方郡守所闻，知为异人，建墓兹土。

是年，贾似道为郑虎臣锤毙，贾似道在《宋史》中有传，字师宪，号悦生、秋壑，浙江天台人。南宋理宗时权臣，德祐元年遭罢官、贬逐，为监送官郑虎臣擅杀于漳州龙海县九龙岭下的木棉庵（一说郑将贾推入粪坑淹死，一说以剑刺死）。在木棉庵前大榕树左侧八柱石亭旁立有石碑，上刻“宋郑虎臣诛贾似道于此”10字，为明代抗倭名将俞大猷所立，右边另一石碑上刻有明人七绝：当年误国岂堪沦，窜逐遐方暴日奔。谁道虎臣成劲节，木棉千古一碑存。石亭两旁石柱上镌刻碑联：为天下除奸，明春秋大义。关于郑虎臣杀贾似道一事，明人陈邦瞻、田汝成均有记载。

元至元十二年，始置石局。据《元史》（百官志）载：工部掌天下营造，百工之政令，凡城池之修浚、土木之缮葺、材物之给受、工匠之程式、铨注局院司匠之官，悉以任之。其下设诸色人匠总管府，秩正三品，掌百工之技艺。至元十二年，始置总管、同知、副总管各一员。下辖十一个部门：梵像提举司、出蜡局提举司、铸泻等铜局、银局、镔铁局、玛瑙玉局、石局、木局、油漆局、诸物库、管领随路人匠都提领所。其中，“石局秩从七品，大使一员，管勾一员，董攻街之工，至元十二年始置”。程章灿按：由此可知，元代官署石匠是由工部诸色人匠总管府下属的金玉府石局管理。从石刻题署来看，金玉府石局有时称为“诸色府石局”，有时简称为金玉局、石局。金玉府之所在，可据《钦定日下旧闻考》引《析津志》以考知：石佛寺又西转北，则城隍庙，自庙前巷口转北，金城坊是此。街坊之内有杨国公寺，杨总统之父也。坊之东金玉府内有琉璃碧瓦所。金玉府石局石匠的头领称为“提领”、“提控”、“头目”、“作头”等。

［文献］　元脱脱《宋史》卷四七四，明人邦瞻《宋史纪事本末》卷一〇六，明田汝成《西湖游览志余》卷五，明宋濂等《元史》卷八五，清朱彝尊等《钦定日下旧闻考》卷五〇，马全仁《普哈丁墓园记》（《阿拉伯世界研究》，1985年第4期），程章灿《石刻刻工研究》。

公元1276年　宋景炎元年　元至元十三年

［提示］　宋景炎元年，重庆万县《宣相杨公攻取万州之记》。元至元十三年六月，山西云冈《至元十三年题记》。至元十三年，杨琼督修元皇城崇天门周桥。

［叙录］　宋景炎元年，重庆万县刻《宣相杨公攻取万州之记》。高文载：此记为王师能（古岷）刻。天生城在重庆万县，巴蜀军民为抗击蒙古元军修筑天生城，此碑为宋景炎元年元军攻破万州之纪功碑。碑高260厘米、宽180厘米，24行、行35字，正书。碑文对研究南宋末年宋元战争中的万州之战有重大史料价值，可补《元史》之阙。

元至元十三年六月，山西云冈书《至元十三年题记》。据日人水野清一等载，此元人墨书在云冈石窟第33洞西壁。张焯按,此窟1964年定为43窟,此墨书现在只存隐约,难以辨识。

至元十三年,杨琼督修元皇城崇天门周桥。杨琼为河北曲阳西羊平村人,元代著名建筑设计家和石刻工匠。因其"雕刻超群"而被元世祖忽必烈封为"弘农君伯侯"。其石雕"每自出新意,天巧层出,人莫能及焉"。元世祖忽必烈建上都和大都(今北京),诏入京雕刻,杨琼取二石雕刻一狮一鼎,忽必烈赞叹说:"此绝艺也!"命杨琼管领燕南各路石匠。从中统二年至至元年间,杨率领5 000余名石刻工匠加入营建元大都的浩大工程,许多宫殿的石雕均出自杨琼之手。由于成绩卓著,三次升迁,官至领大都等路山场石局总管。最后因功脱离匠籍,升为大都采石提举(正五品)。至元十三年,修建元皇城崇天门前周桥,各路造桥高手"绘以图进,多不可",只有杨琼的设计方案为忽必烈所中意,于是让杨琼督造周桥事宜。据明人萧洵《故宫遗录》记载:周桥皆琢龙凤祥云,明莹如玉。周桥下有四白石龙,擎载水中;甚壮。杨琼服食俭朴,心软如羊,人称杨佛子。杨琼太热爱石雕了,最后累死于石雕工地上。死后,姚燧为作《杨公神道碑铭》。据《元史》(百官)记载,大都采石提举司原为正五品,杨琼卒后次年,改为采石局,降为从七品。于此,亦可见杨琼在当时所受到的礼遇程度。明清时期在内外金水河上所修筑的内外金水桥,即以周桥为蓝本。刘兴珍称杨琼一生为上下两都及察罕脑儿行宫等处监造工程,作品精巧工丽,享有盛誉。姚燧所撰碑文,原碑尚存,原在河北曲阳县城南20里西羊平村杨琼墓前,现存于曲阳县北岳庙内。为集贤侍讲学士中奉大夫赵孟书丹,奉政大夫国子祭酒刘赓篆额。碑文多处漫漶,韩成武曾抄录。

[文献] 元姚燧《牧庵集》卷一五,明萧洵《故宫遗录》,明宋濂等《元史》卷九〇,高文等《四川历代碑刻》,[日]水野清一等《云冈金石录》,张焯《云冈石窟编年史》,刘兴珍等《中国古代雕塑图典》,韩成武等《北岳庙碑刻选注》。

公元1277年 元至元十四年

[提示] 二月,西僧杨琏真伽为江南释教总统。是年,主持采石者贾和卒。

[叙录] 二月,西僧杨琏真伽为江南释教总统。《元史》(世祖纪六)载:诏以僧亢吉祥、怜真加加瓦并为江南总摄,掌释教,除僧租赋,禁扰寺宇者。张焯说,西僧杨琏真伽为江南释教总统,明年遂发南宋诸帝陵,盗取宝物。随后,大力弘佛。清褚人获写有《改观为寺》一文:至元中,杨琏真伽恢复佛寺三十余所。时弃道为僧者七八百人,皆挂冠于上永福寺帝师殿梁间。飞来峰石壁,皆镌佛像。会稽王元章冕,诗曰:"白石皆成佛,苍头半是僧。"鉴湖天长观有道士为僧者,献观于总统,云是贺知章倚托史弥远声势,将寺改观,乞复原寺额。杨髡从其语。时传以为笑。元初,江南寺院经济空前膨胀。《元史》(成宗纪三)载,大德三年(1299)秋七月,中书省臣言:江南诸寺佃户五十余万,本皆编民,白杨总摄冒入寺籍,宜加厘正。从之。当时北方寺院经济虽无准确的统计数字,但是一定有类似的发展。李玉珉亦说,至元十三年元军攻入南宋都城临安,次年即诏梵僧亢吉祥、怜真加加瓦为江南总摄,掌管释教。后又派喇嘛僧杨琏真伽为江南释教总统,西藏佛教在杭州一带的势力得以日益壮大,保存了丰富的藏式佛教造像遗存。

是年,主持采石者贾和卒。元人苏天爵在《房山贾君(和)墓碣铭》中,称贾和"别藉采石提举司,当宫城肇建,栏槛陛础,舆梁池台,悉资玉石,供亿浩穰,主者莫能支辟,君掌其文书,事集而工不扰,至元十四年四月,君以疾卒,年二十八,识者哀之"。

[文献] 元苏天爵《滋溪文稿》卷一九,明宋濂等《元史》卷九、卷二〇,清褚人获《坚瓠七集》卷三,张焯《云冈石窟编年史》,李玉珉《中国佛教美术史》。

公元1278年 景炎三年

[提示] 宋端宗病死于广东石冈洲。

［叙录］　是年，宋端宗病死于广东石冈洲。南宋德祐二年（1276），元兵攻克临安，俘恭帝赵显等北去，赵显先被元封为瀛国公，后又出家甘州白塔寺，元英宗时被害，葬地不详。临安失守后，群臣奉益王赵昰即位，是为端宗，君臣先逃奔福建，又至广东。景炎三年，端宗病死于广东石冈洲，葬于今日的深圳蛇口、香港元朗、大屿山一带的海滨乱山之中，号永福陵。陈朝云说，所惜年代久远，赵宋遗民后裔世代相传，虽知此为帝陵，却不可指寻其确切之处。

［文献］　元脱脱《宋史》卷四七，陈朝云《南北宋陵》。

公元1279年　宋祥兴二年　元至元十六年

［提示］　宋祥兴二年六月，文天祥作《金陵驿》，后刻为诗碑。祥兴二年，葬末帝赵昺于新会崖山。元至元十六年，山东《益都先瞳庄创修河山寺碑》。

［叙录］　宋祥兴二年六月，文天祥作《金陵驿》。南京东郊原金陵驿故址建有文天祥诗碑亭，亭中刻立着文天祥所作《金陵驿》诗碑。南宋祥兴二年文天祥被俘，从广州押往大都途中，于六月十二日至八月二十四日被羁留建康（今南京），因于金陵驿中。文天祥于此共写下14首诗和3首词，《金陵驿》为其中最著名的一首：草合离宫转夕晖，孤云漂泊复何依？山河风景原无异，城郭人民半已非。满地芦花和我老，旧家燕子傍谁飞。从今别却江南路，化作啼鹃带血归（见《文天祥集》）。此诗写于是年深秋，其时南宋政权实已覆亡半年有余，金陵也早被元军攻破四年之久。诗人战败被俘，在被关押的日子里，写下这首沉痛的寄托亡国之恨之悲的著名诗篇。

祥兴二年，葬末帝赵昺于新会崖山。末帝赵昺（宋怀宗、恭哀皇帝）于祥兴二年为元兵穷追至崖山，陆秀夫负帝投海自尽，后尸体漂起，因其身穿龙袍，被当地百姓捞起并安葬，其地在今广东新会崖山。据陈朝云、林福杰等载，1953年，广东文物专家赴崖门考古，由当地村民指引，确认帝昺葬于新会崖山。据说帝昺之墓，在慈元庙故址附近，是一座濒海荒墓，大约方丈有余，用灰沙圈作圆形，附近三江、外海一带村庄居民多赵姓，传为宋军遗裔，在距此不远的牛牯岭以西海滨，有“奇石千古秀”之景，相传“帝昺与秀夫同溺于奇石之下”。宋亡后，张弘范曾书“镇国大将军张弘范灭宋于此”镌刻石上，自表其功。后人不齿于他助元灭宋，遂在碑文上加刻一“宋”字，成为“宋镇国大将军张弘范灭宋于此”。至明朝成化年间，御史徐瑁命人铲去此碑。

元至元十六年，山东刻《益都先瞳庄创修河山寺碑》。曾毅公著录，此刻刻工为卢宝（本府石匠都作头）。程章灿指出，《石刻考工录》一书中有两处著录此刻，时间却相差70多年：一系年至元十六年，一系年为至正十六年（1356）。今考原刻署干支纪年“岁次己卯月维癸亥”，与至元十六年合，而与至正十六年不合（至正十六年岁次丙申），但此处“己卯”是否一定是至元十六年而非别的年份，还需要结合别的证据才能考实。《登州金石志》录省匠都作头卢宝于元宪宗八年（1258）刻《元玄都观碑》，《益都金石志》卷下又著录卢宝与秦忠于宪宗七年（1257）同刻《元帅总管冯君增筑坟台之记》。如此看来，《益都先瞳庄创修河山寺碑》中的“己卯”应指至元十六年。

崖山是汉族之痛，一个创造过辉煌文明的王朝，随着末代帝王的悲怆一跳，凄凉地结束了。明末清初的诗人钱谦益曾这样写道：海角崖山一线斜，从今也不属中华。更无鱼腹捐躯地，况有龙涎泛海槎。望断关河非汉帜，吹残日月是胡笳。嫦娥老大无归处，独倚银轮哭桂花。

［文献］　宋文天祥《文天祥集》卷一四，元脱脱《宋史》卷四七，清钱谦益《投笔集》，清周悦让《登州金石志》卷上，清法纬堂《益都金石志》卷下，陈朝云《南北宋陵》，林福杰《崖山新证》（《岭南文史》2005年第1期），黄少玮《探索“崖门海战”之谜》（《新会侨刊》，总第58期），曾毅公《石刻考工录》，程章灿《石刻刻工研究》。

元朝编

引论

实际上，元朝的石刻艺术史，在我们叙述南宋时代的石刻时早已触及。在整个南宋的 152 年历史中，差不多一半的时间都有元朝的身影相伴随。公元 1206 年，也就是南宋开禧二年，正当南宋身任平章军国事的韩侂胄贸然北进，讨伐金人之时，一个更大的潜在威胁正在草原深处形成：蒙古贵族在斡难河源召开盛大集会，推举伟大的铁木真为蒙古族最高首领——成吉思汗横空而出——蒙古帝国由此诞生。从严格的历史线索来看，元朝的历史应该从此拉开序幕。但也有历史学家认为元朝应该从公元 1271 年（定国号为元）或 1279 年算起。在 1279 年，发生了一个标志性事件：南宋祥兴二年，末帝赵昺于是年为元兵穷追至广东新会崖山，陆秀夫负幼帝投海自尽，南宋王朝至此灭亡。元朝统一中国：中国历史上第一个由少数民族（蒙古族）建立的王朝统治了中国全境，时间长达 90 余年。如果从至元八年（1271）蒙古国改国号为元算起，到至正 28 年（1368）灭亡，大元前后历时共 97 年。

南北宋并没有实现真正意义上的统一中国。自五代十国以来，中国的分裂局面长达 370 多年。元朝的建立，彻底结束了自唐亡以来中国历史上再次大分裂时期，这在中国历史上是具有重要意义的。亦由于此，元朝的历史，包括石刻艺术史，因而具有独立存在的价值。自元朝以后，中国再没有出现南北分裂的情形。在铸就中国大一统伟业的基石方面，元朝可谓厥功至伟。元朝的建立，为明清的统一江山奠定坚实基础。元朝疆域辽阔，基本上确定了中国疆域的辽阔版图。

就总的艺术成就而言，元朝的石刻艺术方面并不是最突出的。相比之下，元代的绘画艺术（以倪瓒、赵孟頫、黄公望等为代表）比雕塑方面的贡献要大得多。其石刻艺术不仅不能与汉唐盛世相比，也不能与两宋相比，无论就规模或是艺术造诣方面，都是如此。但这并不是说元代的石刻艺术就没有其历史地位和价值。元代的石刻，在继承两宋辽金的艺术实践基础上，辅之以蒙古人的特有文化与信仰，也为石刻艺术注入了新鲜活力。

我们在讨论两宋石刻艺术时已经指出，与唐代石刻相比，宋代的石刻更加生活化、世俗化甚至市井化，从而将黑格尔所说的愉悦的艺术风格推向一个新的境界。到了元代，正如艺术史家王子云所说：元代及其以后的佛教造像，在世俗化方面继唐宋之后有了进一步的发展，同时道教和其他神祇的造像也相应地兴盛起来。一般的道教像和其他造像，在形式上虽然也受到了佛教造像的影响，但在精神状态上，却转而影响了佛教造像。自从宋代以后，罗汉像之所以盛行，虽不能说与道教造像有关，而在人物形象、性格的表现上，它们之间是有着某些共同之处的。罗汉像的流行，正是宗教走向世俗化的一个重要表征。在所有的佛教造像中，罗汉造像最具有世俗色彩，那些或喜或怒或悲或欢的各色老人或青年形象，形态生动，表情夸张，充满生活的欢乐与悲愤。

在寺庙建筑方面，宋元以后的寺庙类别与性质出现了诸多变化。在此之前，寺庙主要以佛道为主，而至此时，淫祠开始兴盛起来。诸如药王、马王、城隍、土地以及财神、火神、雷神、海神等，令人眼花缭乱。这些各色神庙中的偶像雕塑或雕刻，基本上是以佛造像为粉本而进行的创作，其中很多形象即是从现实生活中获取，因而具有相当浓厚的生活趣味。元代的寺庙塑像，在雕塑家阿尼哥、刘元等人的推动下，写实方面达到了前人所未有的高度。但单体的石刻作品极少出现，流传下来的就更少了。实际上，单体石造像在宋代就已不多见，人们似乎更热衷于泥塑或木雕，尤其是后者，随着金属工具的不断完善，木质雕像臻于空前的成熟艺境。

元代寺庙石刻造像，最杰出的当数居庸关过街塔白色大理石四大天王雕像。其人物造型方面，刀法洗练而富有动感，具有强力的扩张感和冲击力——这种感觉似乎已经久违了数百年——它反映出元帝国曾经的豪强与梦想。当然，如果我们认真品味和观察，还是能看出它和唐代的那种强大是不太一样的：唐代的强大是一种来自内心深处的自信与高贵，一刀一凿，一山一水，一衣一褶，都透射出饱满的张力；而元朝的强大，却是一种肢体的表面的强大，而不是由内而外的勃发。而且，即使是在形体举止之间，我们也依然能从微妙的转折或行云流水中，捕捉到一丝遮掩不住的虚浮甚至绵软。

元代石刻最出色的还是石窟造像。现在仍较为完整保留下来的唯一的元代佛教石窟，即浙江杭州飞来峰摩崖龛群造像，这些造像在内容与形式上，均与我们通常所见的中原石窟大不一样。由于元朝统治者信仰喇嘛教，因此其神佛菩萨都别具一种文化气质，其造像题材大多来自西藏密宗。但是在造像制作过程中，又没有完全按照藏密的量度和规则来施行。飞来峰的忿怒造像，往往夸张而有力，隐隐可以感受来自草原深处的野性与力量，这种力量正是汉族尤其是到了南宋时代，已十分缺少的品质。飞来峰的布袋和尚造像，笑容可掬、箕踞而坐、神态坦然天真，正是《宋高僧传》所说：形裁腲腰，蹙额皤腹，言语无恒，寝卧随处。在飞来峰，我们还可以见到乘坐青色狮子的文殊或骑着六牙白象的普贤，其孔武雄壮的身姿以及雍容华贵的表情，和大足石刻中的宋代同一题材相比较，其间的微妙继承与别样的风神，委实值得玩味。

阎文儒在分析 11 世纪到 14 世纪（北宋中叶至元代）的石窟造像时指出：这一阶段的时间较长，主要的石窟群有莫高窟、大足龙岗山、宝顶，以及杭州飞来峰元代造像等。北宋时代，虽然改变了五代“田园荒尽”的景象，社会经济渐趋繁荣。但在北方，因辽与西夏的威胁和入侵，始终未能如汉唐时代那样统一兴盛。作为上层建筑的石窟艺术，虽有所发展，但由于佛教寺院经济受到了某些限制，其发展规模并不大。南宋因偏安于一隅，依然是经济发达的“小天下”，所以在石窟艺术上也是有些成就的。大足与杭州的石窟艺术造像，反映了这种情况。另外，由于市民阶层的壮大，民间艺人的增多，文学上出现了比较接近大众化的文言，描写民生疾苦、爱情、神怪等，刻画得更为逼真。因而反映到石窟艺术上，在刻画生活方面、人像方面，都能比较细致，不像南北朝、隋唐那样雄劲而壮丽。元代由于八思巴被尊为国师，公开参与政治，佛教萨迦派造像题材由西藏佛教传来，并吸收了印度巴拉王朝造像风格。的确，元代石刻造像在接受印度以至尼泊尔艺术的影响方面，是十分明显的，并且这种异域文化的因子，也为中国石窟晚期造像吹入一股新鲜的空气。元代石窟造像方面，还有一处比较独特的造像群，即山西太原昊天观道教石窟雕像。这儿的造像内容虽然属于道教，但在雕刻技法方面，基本上还是因接受来自佛教石窟方面的影响而达成。

元代几乎没有陵墓石刻，尤其是在建立大元帝国之前，人们很难看到蒙古人的陵墓，这与游牧部落独特的葬俗密不可分。就连成吉思汗的帝陵，迄今人们仍不知道隐藏于何方。民俗文化学者告诉我们：蒙古族的王公贵族，在他们死后，为了防止墓地受到损害，其葬礼的举行是十分秘密的：遗体被装入独木棺中（一截凿空的粗木做成），再深埋到地下。一切妥当之后，牵来一对母子骆驼，当着母驼的面，杀死子驼，最后让万马将残留着子驼鲜血痕迹的地面践踏平整。墓地一直有重兵看护，直到青草长出，墓地与周围看起来没有任何差别之后，守兵才撤走。

死者的亲人此后要到墓地祭祀，就由母骆驼带路，母骆驼悲鸣流泪的地方，就是墓地。因为，这片墓地，也是母骆驼孩子的葬身之所。这大概是找不到成吉思汗墓地的一个重要原因：700 多年过去了，成吉思汗依然安眠于世间的某一个神秘的地方——这正是他所希望得到的。这个曾经带给世界以雷霆震动的人，现在唯一需要的，就是寂静，他躺在大地的怀抱中：寂静就是一切。

公元 1278 年　至元十五年

［提示］　十一月十八日，山东《王纲谒圣祠碣》。

［叙录］　元世祖忽必烈知道，虽然在地理疆域上征服了华夏，但并不意味着真正的征服。在文化上，华夏尤其是汉文化的博大与深沉，并不是能用铁蹄就能战胜的。而且忽必烈更知道，这种绵延数千年而不绝的伟大文化，是不可能被征服的。唯一的方法是：学习和彻底地融入。

至元十五年十一月十八日，山东刻造《王纲谒圣祠碣》。这虽然只是一块小小的石碣，出现在大元建国之初，但是却具有某种象征性。据骆承烈载：此石位于山东孔庙西斋宿东墙，北起第六石下。石高 43 厘米、宽 70 厘米，正书。共 11 行、行 10 字。次年，即至元十六年二月，山东又刻立《奥鲁马公谒庙记碣》，位于孔庙西斋宿北墙，西起第 11 石。石高 46 厘米、宽 97 厘米。孔治撰文，正书。共 17 行、行 16 字。

［文献］　骆承烈《石头上的家文献——曲阜碑文录》。

公元 1280 年　至元十七年

［提示］　四月一日，河北《张弘范墓志铭》。

［叙录］　四月一日，河北刻《张弘范墓志铭》。张弘范在《元史》中有传，字仲畴，祖籍河北易州定兴。对于汉族而言，张弘范无疑是叛徒。南宋最后的日子几乎就断送在张弘范的手中：俘获文天祥、击溃张世杰、逼陆秀夫和幼帝跳海等，都有他的黑影。据张洪印撰文载：《张弘范墓志铭》早年于河北定兴县出土，初置易县清真寺内，后移入清真寺隔壁回民小学。1984 年 3 月，由易县博物馆收藏。志石为汉白玉质地，长 97 厘米、宽 84 厘米、厚 15 厘米。志文 57 行、满行 50 字。全文 2 440 字，字体为楷书。由翰林待制李谦撰文并书丹、都元帅府经历李处巽篆盖，盖已不存，秦德刊刻上石。志文首题为：故镇国上将军江东道宣慰使蒙古汉军都元帅张公墓志铭并序。志文记载张弘范在至元十五年(1278)俘获南宋丞相文天祥及文天祥不屈的情节，并叙述张弘范初率元军破襄樊、下郢汉直至收福建、平岭南等灭宋经历。

［文献］　明宋濂等《元史》卷一五六，张洪印《河北易县发现元代张弘范墓志》(《文物》1986 年第 2 期)。

公元 1281 年　至元十八年

［提示］　于河北张家口建成察汗淖尔行宫。

［叙录］　是年，元世祖忽必烈在河北张家口沽源县建设察汗淖尔行宫。察哈尔即察汗淖尔。行宫旧址具体在沽源县小宏城子村北。小宏城又称小红城或乌兰城，即元代查罕脑行宫。史载，至元十七年(1280)作行宫于查罕脑儿(元人诗文又常称为白海行宫)，次年建成。城东北为水泉淖，偏西为公鸡淖，西南为囫淖。囫淖即《金史》(地理志)中的“白泺”，即白海，径 10 公里，行宫即以白海得名。城垣高大，远观如长龙巨阜，蜿蜒回环于草甸之上。城北正中有大型宫殿平台基址，台表面发现有大量的黄绿琉璃瓦，元代白瓷、青花瓷片，另有石刻、建筑瓦件等。《马可·波罗行纪》中提到“查罕脑中有一大宫”，说的就是此处。

［文献］　明宋濂等《元史》卷二〇三、《马可·波罗行记》，郭郛《元察罕脑儿行宫实地考辨》(《文物春秋》1993 年第 2 期)。

公元 1282 年　至元十九年

［提示］　十二月，山东《重修阙里庙垣记》。是年，杭州飞来峰刻造华严三圣龛。

［叙录］　十二月，山东刻《重修阙里庙垣记》。明陈镐、清孙星衍和毕沅等均曾著录此碑。骆承烈

载：此碑位于孔庙十三碑亭院东北部北墙下层，西起第一石。碑高 68 厘米、宽 208 厘米。杨垣撰文，正书，朱玉刻石。共 43 行，每行 20 字。

同年，杭州飞来峰刻造华严三圣龛(图 248)。据《杭州市志》载，此龛位于青林洞口，龛高 240 厘米、宽 400 厘米，顶弧拱。本尊昆卢遮那高 155 厘米，头戴五佛宝冠，耳垂珥珰，着菩萨装，全跏趺坐于莲座上，双手作五字剑印；左侧为文殊菩萨，右侧为普贤菩萨，均戴宝冠，披薄纱，佩璎珞，作半跏趺坐式；旁有徐僧录造像题记。

［文献］ 明陈镐《阙里志》卷一八，清孙星衍《寰宇访碑录》卷一一，清毕沅《山左金石志》卷二一，骆承烈《石头上的家文献——曲阜碑文录》，杭州市地方志编纂委员会《杭州市志》。

公元 1283 年　至元二十年

［提示］ 五月五日，山西《大朝宪州权官郭泰之铭》。

［叙录］ 清人胡聘之著录：至元二十年五月五日，山西刻《大朝宪州权官郭泰之铭》，张温(文阳)、(男)张莹同刻。程章灿按：原刻署“文阳张温、男张莹”，且在“郭天禄、郭天祚、郭天吉立石”一行之下，当是刻工，文阳应是张温之籍贯。山西介休城东尚存有郭有道墓，郭泰字林宗，东汉人，与当时清流李膺等友善。博通诸书，曾聚徒讲学，从学者至数千人。被举有“有道”，不就。《后汉书》有传作郭太。

［文献］ 南朝宋范晔《后汉书》卷六八，清胡聘之《山右石刻丛编》卷二六，程章灿《石刻刻工研究》。

公元 1284 年　至元二十一年

［提示］ 始造福建泉州清源山老君造像。

［叙录］ 约于此际，始造福建泉州清源山老君造像。据赵超、刘兴珍载，清源山老君岩坐像，位于右峰罗山、武山下羽仙岩，由整块天然岩石刻成，高 510 厘米、长 730 厘米、厚 720 厘米(图 249)。其像刻艺高超，充分表现了道教先祖从容安乐、清静无为的精神面貌。老君身穿宽大道袍，下缘覆地。左手抚膝，右手凭几。面相方正，宽额，双颧凸出，眉弓隆起，双目深陷。双耳垂肩，长须垂胸，神情祥和。整体造型浑厚凝重，手法写实又略带夸张。虽然头及身躯的结构不尽协调，但仍不失艺术的完整性。流畅的衣纹及柔中带刚的刀法，使之成为道教中难得的石刻珍品。宋代此地建有道观，有北斗殿、真君殿等建筑。但是关于此像的刻造年代，学术界并无定论。大体说来，有以下数种观点：唐代说。杨昌明、方拥以为石室建于南宋，造像则“大有凿于唐代的可能”；北宋说。如吴文良称老子像“系北宋风格”；宋代说。如史岩、林玉山等即持此说；南宋嘉定元年说(1208)。庄为玑在《古刺桐港》(1989 年 9 月刊)中，断为嘉定元年，惜未加以论证；南宋淳祐以后说(1252 年以后)等。温玉成则认为，泉州老子像为元代所作：在《重建清源纯阳洞记》中，记载知此老子像系穆斯林蒲寿峸、蒲寿庚兄弟出资刻造于至元二十一年后若干年内。

［文献］ 赵超《石刻史话》，刘兴珍等《中国古代雕塑图典》，庄为玑《古刺桐港》，吴文良《泉州宗教石刻》，温玉成等《泉州老子像是元代的杰作》(《中原文物》2010 年第 5 期)。

公元 1285 年　至元二十二年

［提示］ 敕建《焚毁诸路伪道藏经之碑》、江南总摄西番僧杨琏真伽遍掘南宋诸陵。

［叙录］ 是年，敕建《焚毁诸路伪道藏经之碑》。据宋释志磐载：是年，敕建焚毁诸路伪道藏经之碑。翰林院臣唐方、杨文郁、王构、李谦、阎复、李铸、王磐奉敕撰。十月壬子，集百官于悯忠寺，焚《道藏》伪经杂书。遣使诸路，俾遵行之。命翰林直学士、知制诰、同修国史臣张伯淳撰《至元辩伪录函序》。时江

南释教都总统、永福大师杨琏真伽大弘圣化，凡三载，恢复佛寺 36 所。

同年，江南总摄西番僧杨琏真伽遍掘南宋诸陵。据元人陶宗仪等载：元世祖至元二十二年，江南总摄西番僧杨琏真伽与演福寺僧允泽等人在宰相桑哥支持下，遍掘诸陵，是为南宋六陵所遭到的最大一次洗劫。1936 年 5 月，陈万里考察南宋皇陵时尚见到：此处遍植松树，乃是造林事务所的经营，陵上的松树，格外来得高大。孝宗陵，四周有矮墙，还有几楹享堂，壁间嵌上十余块的御祭文碑记，此外一无可观。出孝宗陵不远，就到了高宗陵，更荒凉了，没有围墙，也没有殿堂，就是在一个阴森林里面，一堆土，一块碑而已。陈朝云则说，今其地松树已远逊于往昔，陵区多已辟为茶园。

［文献］ 宋释志磐《佛祖统纪》卷四八，元陶宗仪《南村辍耕录》卷四，陈万里《瓷器与浙江》，陈朝云《南北宋陵》。

公元 1286 年　至元二十三年

［提示］ 云南《太华山佛严寺常住田地碑记》。

［叙录］ 是年，云南刻立《太华山佛严寺常住田地碑记》。此碑民国周钟岳等有著录，后又见载于张淑芳及昆明市佛教协会等编著的相关著述中。古代寺院田产，通常以赏赐或施捐来完成。也有直接由

图 248　华严三圣龛　至元十九年(1282)　杭州飞来峰

图 249 老君坐像 约至元二十一年(1284) 泉州北清源山

寺院出资购买者，僧院通过自身的生产经营从破产农民那里购买或兼并得到土地。据说唐代普光禅师利用劝募，购海埔地1 000多亩，筑岸成田，年收入上千斛。唐肃宗时，扬州六合县灵居寺贤禅师置鸡笼墅、肥地庄，山原连延，亘数十顷。而昆明太华山佛严寺，其所置田产，据此碑记载，则是自行购置的：仅至元二十三年，就以银370两买到安登庄人李阿黑、张保、江茂等绝嗣民田三顷，凡板田89亩7分，秧田55亩2分，共144亩9分，收租粒83石8斗。至元二十五年又以银价315两买到和尚庄张阿四、杨春发、华文英、李美等绝嗣田二顷，凡板田132亩3分，秧田38亩8分，共171亩1分，收租粒53石8斗。显然，这座边陲的佛严寺，香火旺盛，银子十分充足。

［文献］　周钟岳等《新纂云南通志》卷九三，昆明市佛教协会《昆明佛教史》，张淑芳等《大理丛书·金石篇》。

公元1287年　至元二十四年

［提示］　七月十五日，陕西《重修慈云寺碑》。

［叙录］　七月十五日，陕西刻《重修慈云寺碑》。此碑由张应戌撰文、宣授安西路都僧录灵通显庆大师坚吉祥所立。碑在陕西三原，王昶著录。夏鼐曾表示：忙哥剌成年后是否仍信佛教，或已改信回教，虽史籍没有明确记载，但是他的亲信中一定有回教徒。温玉成说，碑文中三敞法会的皇子、安西王即是忙哥剌，此碑为成年的忙哥剌信佛一事作了证明。

［文献］　清王昶《金石萃编未刻稿》，夏鼐《元安西王府址和阿拉伯数码幻方》（《考古》，1960年第5期），温玉成《中国佛教与考古》。

公元1288年　至元二十五年

［提示］　江苏《保护孔庙儒学圣旨碑》、杭州飞来峰刻造观世音菩萨、金刚萨埵菩萨。

［叙录］　是年，江苏刻《保护孔庙儒学圣旨碑》。此碑现存江苏常熟碑刻博物馆，碑高约200多厘米，碑首楷刻“圣旨”二字，旁刻四爪螭龙，碑首下刻楷书圣旨两道。右侧所刻圣旨颁于元中统二年（1261），内容为禁止诸官员、使臣、军队、马匹等驻扎于宣圣庙内，禁止在宣圣庙内审理诉讼和聚众饮宴等。左侧所刻圣旨颁于元至元二十五年，内容为蠲免秀才一切杂泛差役，并允许在籍秀才从事商业活动，再次明令禁止使臣等官入庙非礼骚扰等。同年，杭州飞来峰刻造观世音菩萨（图250）、金刚萨埵菩萨（图251），分别位于冷泉溪南岸和通天洞口外。

［文献］　常熟市碑刻博物馆编《常熟碑刻集》，杭州市地方志编纂委员会《杭州市志》。

公元1289年　至元二十六年

［提示］　六月三十日，甘肃泾川镇海寺八思巴文《华严海印寺碑》。至元二十六年，浙江杭州《大元国杭州佛国山石像赞》、杨琏真伽造杭州飞来峰无量寿佛。

［叙录］　薛禅皇帝（忽必烈）于儿牛年六月三十日，甘肃泾川镇海寺八思巴文《华严海印寺碑》。唐晓军指出，元代崇尚佛教，琳宫梵宇之内常立有八思巴文和译自当时蒙古语的官方文件公牍、诏书之类石刻，包括皇帝圣旨、皇（太）后懿旨、皇太子（诸王）令旨，帝师法旨和政府机关的禁榜等。这四种文件构成元代石刻艺术的一个主要特征。泾川县镇海寺故址在水泉寺《华严海印寺碑》，现藏泾川县文化馆，无汉语白话译文。碑高185厘米、宽86厘米。碑额上书“镇海之碑”四个汉字。碑阳上半部正文为八思巴文，下半部为汉文题记。这是薛禅皇帝于儿牛年（1289）颁发给泾州华严海水泉禅寺和尚们收执的圣旨。此碑在清代碑目中不见著录，乾隆十八年（1753）《泾州志》未收录。叶昌炽在其《缘督庐日记》里提及此碑，称之为“镇海寺碑”。张维在《陇右金石录》中收录有此碑，但将碑的正背面分开为《华严海

印寺碑》和《镇海寺蒙古文碑》两目，并全录了汉文，摹写了全部八思巴字。蔡美彪对此碑注有旁译和元代白话直译文，并推算此碑刻于1289年。

至元二十六年，浙江杭州刻《大元国杭州佛国山石像赞》。温玉成说，元代喇嘛教大盛，杭州西湖北飞来峰的喇嘛教造像，据是年所镌刻的《大元国杭州佛国山石像赞》可知，是元世祖崇信的河西番僧“永福杨总统”杨琏真伽主持开凿的。飞来峰有一铺三身无头像，颇堪注目。三身像之中间坐者是杨琏真伽，两侧侍立者是闽僧闻、剡僧泽（云梦允泽），三僧头于嘉靖二十二年（1543）被杭州知府陈士贤令人砍去。同年，杨琏真伽造杭州飞来峰无量寿佛（图252）。李玉珉载，是年，杨琏真伽造无量寿佛（飞来峰第42龛），身着右袒式袈裟，挺胸收腹，乳头明显，目眶圆鼓，五官特征接近于汉人。身躯厚重，四肢粗硕，衣缘的线条流畅起伏，实为元代佛教艺术的一大特色。

［文献］ 温玉成《中国佛教与考古》，李玉珉《中国佛教美术史》，张维《陇右金石录》卷五，唐晓军《甘肃古代石刻艺术》，蔡美彪《泾州水泉寺碑译释》（《元史论丛》1986年第3辑）。

公元1290年　至元二十七年

［提示］ 五月初三，杭州飞来峰第30龛普贤菩萨像。五月，河北《石狮题款》。

［叙录］ 五月初三，杭州飞来峰第30龛普贤菩萨像（图253）。刘兴珍载，此像位于杭州西湖飞来峰，高约300厘米。普贤菩萨右腿下垂，左腿盘曲坐于象背莲座之上。右手作施无畏印，左手作禅定印。头戴宝冠，内有化佛一座，双目微闭，神态端庄。象的造型敦厚可爱，头部扭转，长鼻内卷，十分生动。菩萨与象的比例适中。龛旁题记曰：平江路僧判□□麻斯诚心施财，命工刊普贤菩萨一身，□□思，以祈福禄寿命绵远者。至元庚寅五月初三日”。

民国杨得馨编纂的《保定金石志》载：至元二十七年五月，河北保定刻《石狮题款》，刻工为曲阳黄山石匠张荣。

［文献］ 杨得馨《保定金石志》（《保定府志》卷四六），刘兴珍等《中国古代雕塑图典》。

公元1292年　至元二十九年

［提示］ 三月，浙江《重建慈湖书院记》。至元二十九年，福建泉州碧霄岩三世佛、杭州飞来峰石窟第五窟、河南白云寺普照禅师塔雕刻。

［叙录］ 三月，浙江刻《重建慈湖书院记》。清人杨泰亨著录，此刻刻工为茅文龙。在四明茅氏刻工中，茅文龙是年代比较早的。程章灿按：此刻在慈溪，慈溪在元代是庆元路属县之一，而庆元路宋时名庆元府，唐代名明州，即所谓四明之境。碑志大多由本地刻工镌刻。

是年，福建泉州碧霄岩三世佛。福建泉州清源山碧霄岩有“三世佛”摩岩石刻一铺，作横长方形大龛，高约300厘米、宽约650厘米。三世佛并排结跏趺坐于仰覆莲花座上，主像通高约250厘米，左右二像稍低。温玉成载，此三世佛像保存完好，皆为吐蕃式样（梵式）：佛发螺髻，上置宝严。面相上宽下窄，双耳垂肩。肩宽腰细，均着袒右肩袈裟，并以袈裟一角搭于左肩上。衣纹用凸雕线条表示。均有圆形头光及身光。在碧霄岩三世佛南侧约20米处，保存有至正二十七年（1367）追述之造像记，称该龛系至元壬辰间（至元二十九年）灵武唐吾氏广威将军阿沙公来监泉郡，登兹岩而奇之，刻石为三世佛像。“唐吾”，或写作“唐元”、“唐古特”，即西夏国称谓。由此可知功德主阿沙是西夏人，其原籍在灵武，即元之灵州（今宁夏灵武县境）。其职务是泉州路监临宫——达鲁花赤。1962年，在甘肃酒泉县发现了《大元肃州路也可达鲁花赤世袭之碑》（元至正二十一年立），内称太祖成吉思汗征讨西夏时，有肃州守将唐元氏举立沙。则泉州达鲁花赤阿沙大概就是举立沙之子阿沙。石刻三世佛的“粉本”是直接来源于西夏，还是

图 250　观世音菩萨　至元二十五年(1288)　杭州飞来峰冷泉溪南岸

图 251　金刚萨埵菩萨　至元二十五年(1288)　杭州飞来峰通天洞口外

直接来源于西藏？温玉成认为此一问题虽不可遽断，但泉州的三世佛造像风格与杭州的梵式造像风格确实不同，耐人寻味。另外，在西夏的黑水城（哈拉浩特）遗址出土的梵式佛画中，的确可以看出与泉州造像的若干近似处，值得深入探讨。泉州碧霄岩的三世佛是我国现存时代最早、保存最好、位于最东南的梵式三世佛造像，弥足珍贵。过去学术界认为杭州是喇嘛教造像分布之最南端，现已有实物证明更有南端之处。而该造像记，又为研究党项羌人在元代的活动提供了新资料。

同年，杭州飞来峰石窟刻第五窟。李玉珉说，在飞来峰石窟摩崖造像中，有七龛元代纪年依稀可辨，其中最早的为至元十九年（1282），最晚的为至元二十九年。至元二十九年脱脱夫人造飞来峰第五龛金刚手菩萨（图 254），刘兴珍描述说，金刚手菩萨头戴宝冠，冠上饰小化佛。右手举金刚杵，左手置于胸前，作怖一切为障者印。其双足跨箭步而立，形体浑圆，腿短腹大，周身有衣带飘扬环绕，冠檐及衣缘皆装饰花纹。这尊金刚手菩萨为飞来峰藏式造像的代表。金申认为，金刚手有多种形象，所谓有通、别二称，即泛称的护法金刚手和具体所指的普贤菩萨的法身金刚萨埵或宝生佛的金刚身等。怒发、手持金刚杵的形象应是通常侍佛卫道的金刚手，即《大日经疏》所云“执金刚杵，常侍卫佛，故曰金刚手”，当是泛作护法的金刚手。这个形象与藏传佛教的金刚手极为接近。这件金刚手石雕即是这种袒腹逆发的忿怒像，右手高举金刚杵，左手竖食指握拳，置胸前。按密宗要求，金刚手应以虎皮为衣，骷髅为冠，作凶恶愤怒相。此像虽双目圆睁，貌似威武，却无虎皮、骷髅为饰，且面形丰圆，流露出儿童的天真和稚气，一定程度上冲破了宗教理念的约束。是年，飞来峰冷泉溪南岸所刻造之多闻天王（图 255），亦颇值得关注。

是年，河南白云寺普照禅师塔雕刻。此刻位于河南辉县白云寺后山坡。塔于至元二十九年建造，为石质喇嘛塔，现露出地面部分高约 400 厘米。刘兴珍载，塔身呈鼓形，刻两层佛龛。上层南龛内置一佛二弟子，佛结跏趺坐，二弟子皆双手合十侍立。其余诸龛内皆置雕像，或为菩萨手持莲蕾立于莲座上，或为普贤菩萨手执莲花骑狮，或为天王立像，或为文殊菩萨骑象，或为力士像。下层横向排列 16 个佛龛，龛内皆置坐佛一尊。佛龛之下刻缠枝牡丹和莲荷浮雕一周。塔身之上有塔颈，环绕狮首八个，口衔花绳彼此相连。其上有三层塔檐，第一层檐边刻卷云纹，檐下刻飞天；第二层檐边刻花卉，檐下刻佛龛，内各置一佛；第三层檐边刻山花，檐下亦置佛龛，顶为宝瓶状塔刹。全塔造型优美，满布雕像及纹饰，布局疏密有致，条理井然，密而不繁，华丽壮观。刻工疏爽明秀，技艺娴熟。其旁另有一石塔，形制相类，雕饰略有变化，艺术风格相近，应为元代遗存。

［文献］　清杨泰亨《慈溪金石志》卷上，程章灿《石刻刻工研究》，温玉成《中国佛教与考古》，金申《佛教美术丛考》，李玉珉《中国佛教美术史》，刘兴珍等《中国古代雕塑图典》。

公元 1293 年　至元三十年

［提示］　端午日，甘肃《玉泉观梁志通诗碑》。八月，山东《利津县新建庙学碑记》。是年，河北《赵州柏林寺圣旨碑》。

［叙录］　是年端午日，甘肃天水市刻《玉泉观梁志通诗碑》。张维著录此碑，唐晓军载，此碑现藏玉泉观碑廊。碑长 80 厘米、宽 40 厘米。碑面风化磨损较重，上款不清，下款部分可辨识：至元岁次丁丑梁公达玄子书，施工羽服郝志坚刊，大元国至元三十年太岁癸巳端午日，住持烟霞无为大师梁志通等立石。梁志通号达玄子，山西介休人。全真道士，长春真人邱处机徒裔。元代初期慕道来秦，至元十三年重建玉泉观，为玉泉观全真道第一代知观，铁穆耳赐号“烟霞无为大师”。

八月，山东利津县学宫刻立《利津县新建庙学碑记》。此碑由李师圣撰文，大书家赵孟頫篆书书丹，是赵孟頫唯一的一块篆书碑。直隶深州人高谦亨任利津县尹，到任后即率先捐俸，倡建文庙。在任三年，利津风俗为之一变。清人韩文焜在纂修《利津县新志》(宦迹志)时，元朝仅载录入一人，即利津县尹高谦亨，并赞誉说：守法奉公，门无私谒，利津学校之兴，是自高公始。至元二十九年(1292)，赵孟頫任职济南，据孙国彬撰《赵孟頫年谱》载：是年正月，赵孟頫进朝列大夫。春，孟頫自念久在帝侧，必为人忌，因力请补外。六月，济南同知，暂返吴兴。十一月七日，孟頫初至济南，二十一日上任独理府事。余暇之日，留心典籍，肆力于文字书法，兴学校。至元三十年，赵孟頫年届不惑。八月，楷书《王深及妻宁氏合葬志》，并篆额。又楷书《利津县新建庙学碑记》并篆额。十二月，为李倜书《道德经》，笔力精妙。赵孟頫在济南任上，除利津县学外，还为淄川、济阳修建县学题写碑文。这表明，赵孟頫对兴建学校之事极为重视。《利津县新建庙学碑记》原立在文庙大成殿前，民国初年，学宫数次成为兵营，文庙碑林屡被破坏，民国三十八年(1949)此碑毁于战火。现仅有此碑旧拓，存县博物馆中。

是年，河北刻《赵州柏林寺圣旨碑》。河北赵州柏林寺内，存有刻立于此年的元代皇帝保护佛教圣旨碑。据蔡美彪载：碑上镌刻元代帝王为保护“畿内名刹”赵州柏林寺，于至元十八年至二十五年间(1281—1288)先后下达三道圣旨。第一道圣旨为蛇儿年(1281)成吉思汗皇帝颁布；第二道圣旨为猴儿年(1284)成吉思汗皇帝、月阔台女皇、薛禅皇帝颁布；第三道圣旨为鼠儿年(1288)成吉思汗皇帝、月古台皇帝、薛禅皇帝、弃者笃皇帝颁布。碑文内容集中表达了元代皇帝对佛教的政策、对住锡于赵州柏林寺的圆明月溪禅师的褒奖以及对赵州柏林寺的设施、财产、寺庙及僧侣等所发布的保护命令。

［文献］　清韩文焜纂修　《利津县新志》卷七，张维《陇右金石录》卷五，唐晓军《甘肃古代石刻艺术》，孙国彬《赵孟頫年谱》(《美术史论》，1985年第4期，1986年第1期)，蔡美彪《元代白话碑集录》。

公元1294年　至元三十一年

［提示］　正月二十四日，山东《势都儿谒庙记碣》。七月，山东《蒙文崇奉颁诏碑》。八月既望，山东《阙里祭器碑》。是年，山东《学田地亩碑》、《衍圣公给俸牒碑》、《尼山孔子像记碑》。至元年间，河北《抱阳山显公德行碑》、浙江《重修灵星门记碑》。

［叙录］　以下几种山东石刻，在明人陈镐及清人孙星衍、毕沅等相关著述中均有著录。据骆承烈载：至元三十一年正月二十四日所刻的《势都儿谒庙记碣》，现位于孔庙西斋宿东墙、北起第15石上之北。石高52厘米、宽50厘米。正书，共8行、行15字。七月所刻《蒙文崇奉颁诏碑》，现位于孔庙13碑亭东起第四亭内中偏西。碑高430厘米、宽132厘米、厚40厘米。八思巴文，正书，共11行，残，已修。八月既望，由张德所刻《阙里祭器碑》，现位于孔庙后院东路崇圣祠东南、北起第三石。碑高160厘米、宽84厘米、厚17厘米。李淦撰文、杨垣篆额。碑文正书，共24行、行36字。同年所刻的《学田地亩碑》，现位于孔庙13碑亭东南部西区，南排西起第四石。碑高205厘米、宽80厘米、厚24厘米。正书，共24行、行48字，上残。《衍圣公给俸牒碑》仍刻于至元三十一年，现位于孔庙13碑亭院东北部北墙下层、西起第六石。石高85厘米、宽138厘米。正书，共43行、行30字，左有三行八思巴文。是年，还刻有《尼山孔子像记碑》，位于尼山孔庙北尼山书院门前，碑高180厘米、宽83厘米、厚20厘米。正书，共25行、行54字。

至元年间(1264—1294)，河北刻《抱阳山显公德行碑》。民国孙昌源著录此碑。原书仅著录“定慧寺僧宗政书、篆并镌”，未详年代，《石刻考工录》著录至元二十三年(1286)宗政与人合刻碑目一，程章灿认为当是同一人，故系此刻于至元年间。浙江所刻《重修灵星门记碑》，亦当完成于至元年间。此碑全称《庆元路儒学重修灵星门记碑》，由赵孟贯书丹，茅士元镌刻，在浙江鄞县(今宁波鄞州区)。赵孟贯字子

图 252　无量寿佛　至元二十六年(1289)　杭州飞来峰冷泉溪南岸

图 253 普贤菩萨 至元二十七年(1290) 杭州飞来峰通天洞西侧

唯,以祖荫官同知余姚州事,至元间为海盐知州,修州学,有惠政,后人犹念之。历袁州路总管府同知,秘书郎。《元姚江驿记》、《元重修萧山县儒学记》、《庆元路儒学重修棂星门记》,均为其手书。其弟赵孟造,任乌程县令。

[文献] 明陈镐《阙里志》卷一八,清孙星衍《寰宇访碑录》卷一一,清毕沅《山左金石志》卷二二,陈昌源《满城金石志》,骆承烈《石头上的家文献——曲阜碑文录》,曾毅公《石刻考工录》,程章灿《石刻刻工研究》。

公元 1295 年 元贞元年

[提示] 山东《重修庙学记碑》,或云龙山道教石窟开造于此际。

[叙录] 是年,山东刻《重修庙学记碑》。冯云鹓的《济南金石志》中著录此碑。程章灿按:此碑撰文、书丹、篆额各有其人,此外尚有"平原教谕李思诚勒石,李庭祐刊"的记载,勒石或即摹勒,与刊石显然不同,与刊石刻字也是两人分工。

阎文儒载,约于是年,开造山西龙山道教石窟。龙山道教石窟是全国保存道教石窟唯一一处,在太原晋祠西北山中约六七公里,共有六个窟。其中主要造像有:三清像、三天尊像、玄门列祖像,以及开创这窟群的宋披云像。根据第一至第五窟内"丙申"、"戊戌"、"己亥"等题记,可知开凿时间约在元成宗(铁穆耳)元贞和大德年间(按:此说有误,见前)。

[文献] 清冯云鹓《济南金石志》卷四,程章灿《石刻刻工研究》,阎文儒《中国石窟主艺术总论》。

公元 1296 年 元贞二年

[提示] 山西龙山石窟三清龛造像。

[叙录] 是年,山西龙山石窟三清龛造像。刘兴珍叙述说,此窟内有 14 座大小塑像和两处题记。龛内正面有三座拱手盘坐的石像,高 160 厘米和 170 厘米,为道教最高天神,即元始天尊、灵宝天尊和道德天尊,其中道德天尊(太上老君)保存完好。头戴道冠,双目微闭,长须垂胸,身着道袍,袖手盘膝而坐,神情开朗豁达。可惜其余两尊头部皆遭损毁。左右两侧另有道教全真派五祖像,即王玄甫、钟离权、品昌、刘搡、王重阳,均双手拱胸前作揖状,身着道袍。洞顶有浮雕飞动的祥龙,彩云缭绕。该窟造像为龙山石窟精彩之作。

[文献] 刘兴珍等《中国古代雕塑图典》。

公元 1297 年 元贞三年 大德元年

[提示] 元贞三年一月,山东曲阜文庙《免差役赋税碑》。大德元年八月末旬,山西《王青墓记》。

[叙录] 元贞三年一月,山东曲阜文庙刻《免差役赋税碑》。此碑碑文原载蔡美彪《元代白话碑集录》中。骆承烈载:此碑至今未发现。是年元成宗铁穆耳改元大德。大德元年八月末旬,山西刻《王青墓记》。据大同市文物陈列馆等载:王青墓为砖墓木棺,位于大同城北十里的白马城村一带,1957 年发现发掘。墓碑,龟座承碣,通高 66.2 厘米(碑高 60 厘米)、宽 27 厘米、厚 2 厘米。

[文献] 蔡美彪《元代白话碑集录》,骆承烈《石头上的家文献——曲阜碑文录》,大同市文物陈列馆等《山西省大同市元代冯道真、王青墓清理简报》(《文物》1962 年第 10 期)。

公元 1298 年 大德二年

[提示] 二月八日,江苏刻赵孟頫书华亭县《居竹记》。

[叙录] 二月八日,江苏刻赵孟頫书华亭县《居竹记》。据清人缪荃孙载,此碑刻工为缪奎(云间)、(男)缪文正(文善)同刻,程章灿按:原书作"缪奎同

图254 金刚手菩萨 至元二十九年(1292) 杭州飞来峰理公塔西

男文善摹刊”，钱大昕作“云间缪奎同男文正摹刻”，“文正”、“文善”未知孰是。江苏古籍出版社排印本《嘉定钱大昕全集》此句断句作“云间缪奎同、男文正摹刻”，以“同”字属上读，则显系因未明刻工题署之例而致误。

［文献］ 清缪荃孙《江苏金石志》卷一九，清钱大昕《潜研堂金石文跋尾》卷一八，清钱大昕《嘉定钱大昕全集》，曾毅公《石刻考工录》，程章灿《石刻刻工研究》。

公元1299年 大德三年

［提示］ 元大都建立第一座天主教堂。

［叙录］ 是年，元大都建立第一座天主教堂。据顾长声考证以及孟高维诺《书信》和马可·波罗记载：意大利天主教传教士孟高维诺(Montecorvino)于此年在元大都(北京)建立天主教堂。后又建一座钟楼，从此改变过去东方基督教只有聂思脱里派的局面。

［文献］ 元俞希鲁《至顺镇江志》卷九,《马可·波罗行纪》,顾长声《传教士与近代中国》。

公元1300年 大德四年

［提示］ 三月二十四日,江苏《题苏轼墨竹七律诗一首》。

［叙录］ 三月二十四日,江苏澄鉴堂石刻之《题苏轼墨竹七律诗一首》。王同顺载,此诗为元人龚璛题于大德四年三月二十四日。诗后附记:越观文苏风竹,神明焕发,绝尘掣影,真奇笔也,不揣芜陋,僭赋小诗以纪之。璛字子敬,生于宋咸淳二年(1266),卒于元至顺二年(1331);江苏高邮人,后移居苏州。以江浙儒学副提举致仕。此题为其35岁时所书,行楷,秀劲可爱。

［文献］ 王同顺《镇江古代石刻及焦山碑林书法研究》。

公元1301年 大德五年

［提示］ 二月二十四日,山西云冈《烟岭村僧四人游记》。十一月,江西《织染局副使黄金桂墓志铭》。是年,山西《洞神宫碑铭》、陕西《石造观音坐像》。

［叙录］ 二月二十四日,山西云冈墨书《烟岭村僧四人游记》。据日人《云冈金石录》(元人墨书)载,此墨书位于云冈石窟第33洞北壁。内容为:烟岭村僧四人行到,大德五年二月二十四日行可。

十一月,江西刻《织染局副使黄金桂墓志铭》。据陈柏泉《江西出土墓志选编》载,此志为蔡氏(庐陵)所刻。《元史》(百官志一)载:元代置织染局,下设局使、副使、局副各一员,相副官一员,织染局官秩正七品。各州均有织染局,如杭州织染局、黄池织染局等。

是年,山西刻《洞神宫碑铭》。此刻清人胡聘之及近人陈垣等均曾著录,刻工自署"琢玉马彦温"。程章灿认为,这显然是效仿琢玉坊。以玉称石,含有对石材进行美化和修饰之意,同时,也有提升刻石这项工作意义之意。实际上,纵观元代刻工,视石为玉者甚多,最明显的例子为刻工或自署为"玉人",如至正三年(1343)九月刻《重修会应王庙记》的王温(碑在山西长治县五龙山五龙庙,著录见《山右石刻丛编》、《山西戏曲碑刻辑考》);或自称"玉工",如至顺四年(1333)同刻《邹县孟庙亚圣四十五世孙孟宁墓碣》的常琳、常偎等人;或自谓"玉匠",如至正十一年(1351)刻《滕县雪山灵芝寺记》的刘演等。

金申著录:大德五年,陕西刻《石造观音坐像》(图256)。像为石灰岩质,高111厘米。西安出土,现藏于陕西省博物馆。

［文献］ 明宋濂等《元史》卷八九,清孔继汾《阙里文献考》卷三三,清胡聘之《山右石刻丛编》卷二九、卷三六,陈垣《道教金石略》,［日］水野清一等《云冈金石录》,陈柏泉《江西出土墓志选编》,曾毅公《石刻考工录》,《拓本汇编》第50册,金申《中国历代纪年佛像图典》。

公元1302年 大德六年

［提示］ 仲秋下旬有二日,甘肃《四面道流碑》。七月十五日,甘肃《金莲洞施舍地土四至圣旨碑》。大德六年,山西《特赐第十三代佛惠净□普安西溪志公长老灵》。

［叙录］ 是年仲秋下旬有二日,甘肃天水玉泉观刻《四面道流碑》。此碑全名《大元崇道诏书之碑》,亦称《四面道流碑》,因为碑身四面均载述全真道早期的历史渊源和传承关系,故有是名,张维有著录。唐晓军载,此碑现存玉泉观选胜亭内,圭首、长方柱体,碑身高158厘米,正背两面均宽53厘米,两侧面均宽47厘米。正面额篆"大元崇道诏书之碑",背面额篆"全真列祖赋"。两侧各雕饰俯龙四条。碑身四面皆刻文字,有楷体、瘦金体,字体精美,刀工纯

熟。四面的题额和落款时间不同,四面分别为《元世祖皇帝褒封制词》(即“大元崇道诏书”);《全真祖宗之图》(本面落款“秦州玉泉观达玄子梁志通立石”);《全真道演变过程》;《祖师五篇秘语》(本面落款“大元国大德六年岁次壬寅仲秋下旬有二日玉泉观知观何道元任道芳等并十方道众同建立石”)。元代道士宋德方(披云真人)曾撰写《全真列祖赋》,是全真道早期的一篇极其重要的文献。它以无名道人回答绝相公子提问的方式,论述全真道的基本信仰和历史传承。其文在陈垣编纂的《道家金石略》中有录文。

七月十五日,甘肃刻《金莲洞施舍地土四至圣旨碑》。这是一块关于元代寺院田产的石刻文献。吴景山载:碑现存甘肃成县东南金莲洞内,为赵祥、涂桂先、王子忠三人同刻。同年,山西刻《特赐第十三代佛惠净□普安西溪志公长老灵》。据张焯载,此刻为八棱石幢,黄砂岩,下部风化,上部文字隐约。现藏大同市博物馆,据说是 1983 年从南门城墙挖出,两个半棱面剥落,已看不清字迹。

[文献] 张维《陇右金石录》卷五,陈垣《道家金石略》,唐晓军《甘肃古代石刻艺术》,吴景山《西北民族碑文》,张焯《云冈石窟编年史》。

公元 1303 年 大德七年

[提示] 三月清明日,甘肃正宁《大元故燕君墓表铭》。九月,辽宁《大宁路义州重修大奉国寺碑》。十月,北京《大头陀教胜因寺碑》、山西《祭霍山中镇崇德应灵王碣》。

[叙录] 三月清明日,甘肃正宁县刻《大元故燕君墓表铭》。唐晓军载,此碑位于正宁县周家乡燕家村西,原有四个大墓冢,墓前有一通大石碑和一些小石刻。现存石碑一通、石羊两个,其他石刻已佚,墓冢被夷平。系元代安西邸总管燕候珪父母墓地。1968 年,当地村民曾私开一墓,墓室以砖石镶砌箍起,规模较大,但出土文物无几。石碑系燧石雕刻,保存较完整,通高 300 厘米、宽 100 厘米、厚 20 厘米,碑额篆书写“大元故燕君墓表铭”,碑文楷书。

九月,辽宁刻《大宁路义州重修大奉国寺碑》。张连义载:此碑全称《大元国大宁路义州重修大奉国寺碑》,现存于辽宁义县奉国寺大雄宝殿内佛坛前。碑通高 301 厘米、宽 110 厘米、厚 31 厘米;碑额高 93 厘米。赑屃长 278 厘米、宽 114 厘米、高 91 厘米。碑阳楷书碑文 31 行,行 56 字,碑额篆书《重修大奉国寺之碑》;碑阴楷书碑文五行,刻有公主位下相关人员姓名和寺院一些僧人法号,碑额也篆书“重修大奉国寺之碑”。碑文记录义县奉国寺始建时间、建筑规模、所在位置和经过相关人员保护才得以延续的情况。元世祖至元二十七年(1290)发生过地震,给奉国寺造成严重损害,经普颜可里美思公主和驸马宁昌郡王不邻吉歹施财得以重修,恢复奉国寺的原貌,于元大德七年刻碑记其功德。据曾毅公考,此碑为古燕义州三务大使董庭秀所刻。程章灿载,元胡祗遹撰有《承直郎江西等处榷茶都转运司副使李公神道碑》,中有“除恩州酒税醋三务大使”。所谓“三务”,当即“酒、税、醋”,则董庭秀似非专职提领石匠,而是兼任刻工。

十月,北京刻《大头陀教胜因寺碑》。温玉成载,金元两代,中国佛教中曾有“糠禅”一派盛行过,市井工商之徒信之者十居四五。近人向达为耶律楚材《西游录》作注释时,首次对“糠禅”加以注释,略谓:糠禅是禅宗中的一个流派;刘纸衣大概是创立者;糠禅当起于金代,然其传授源流无可考。温氏按:“糠禅”又作“糠孽”,实是含有贬义的俗称。此派之正名是“大头陀教”,由沙门刘纸衣创立于金朝天会年间(1123—1127),先盛行于华北及东北,金末元初已波及江南、湖广地区。《析津志》载阎复撰《大头陀教胜因寺碑》(立石于大德七年十月)述及其传承。《析津志》又载李鉴撰《寂照禅师道行碑》(立于 1251 年后不久)大头陀教主旨是以清净寡欲、修头陀苦行、严守戒律为解脱之法门,一反以参禅、念经为修持法门的传统作法,适应了动荡社会中苦难民众的心态与希求。

同一时间,山西刻《祭霍山中镇崇德应灵王碣》。

图 255 多闻天王 至元二十九年(1292) 杭州飞来峰冷泉溪南岸

图 256 石造观音坐像 大德五年(1301) 陕西省博物馆藏

此碑存山西洪洞县中镇庙遗址，是一块珍贵的地震石刻文献。碑阳前半部分为楷书碑文，后半部分为题名。碑文记载：大德癸卯八月六日，夜漏栖戌，郡国同时地震，河东为甚。遣近臣并祷群望必阔亦塔，并命翰林直学士林，元钦赍御香宫酒，异锦幡，合内帮银锭，拉平阳府寮，霍州，赵城官属致祭于霍山口镇崇德应灵王。据晚清柯劭忞载：成宗大德二年(1298)二月，加封东镇沂山为元德东安王，南镇会稽山为昭德顺应王，西镇吴山为成彷永靖王，北镇医巫闾山为贞德广宁王，中镇霍山为崇德应灵王，敕有司岁时与岳渎同祀。

［文献］ 元胡祗遹《紫山大全集》卷一七，元熊梦祥《析津志》(寺观)，清柯劭忞《新元史》卷八七，唐晓军《甘肃古代石刻艺术》，张连义《解读〈大元国大宁路义州重修大奉国寺碑〉》(《北方文物》2007 年第 3 期)，曾毅公《石刻考工录》，程章灿《石刻刻工研究》，温玉成《中国佛教与考古》。

公元 1304 年　大德八年

［提示］ 云南元世祖《平云南碑》。

［叙录］ 是年，云南刻元世祖《平云南碑》。忽必烈对中国版图的开拓，其卓著的成绩之一即是平定云南，并设置行省，使云南彻底成为中国领土宝贵的一部分。平定之后，忽必烈派遣王储忽哥赤和大臣赛典赤共同治理云南，有力地促成了云南的政治经济的繁荣与发展。是年所刻立的由元代文人程钜夫(文海)撰写的《平云南碑》，早在民国年间，即引起学界的重视，方龄贵、吴景敖等先后撰文讨论，并成为考察忽必烈平定云南路线图的重要实物。

此碑位于云南大理城西北半公里处苍山中和峰下大理古城三月街碑亭中，碑由两块青石相接而成，全称《世祖皇帝平云南碑》。蒙古宪宗三年(1253)，忽必烈奉其兄蒙哥大汗之命，率十万大军征讨大理国。其时大理国在国相高泰祥和国王段兴智治理下，颇具国力。忽必烈独辟蹊径，经甘川藏边界的高山峡谷，自宁夏入甘肃经云盘山涉过金沙江，奇兵突袭大理城下，忽必烈擒杀国相高泰祥，俘获国王段兴智，以不足一年的时间，灭大理国。随即忽必烈统一云南 37 部，首次在云南建立行省。云南亦成为元军挥戈东进，攻击南宋的南方基地。元成宗大德八年，平章政事也速答儿建言在大理古城刻立石碑以纪平定云南之功，由翰林院臣程钜夫撰写碑文并书丹。碑高 444 厘米、宽 165 厘米。龙首龟趺，碑额为半圆形大理石，左右雕双龙捧日图，额正中篆刻“世祖皇帝平云南碑”八大字。碑身由两块青石上下相接而成，碑文共 50 行，上石 30 行，每行 20 字，下石28 行，每行 25 字，共约 1 300 字。碑文主要记述元世祖忽必烈率军远征云南，平定大理国，建立云南行省的功绩与史实。

［文献］ 元程钜夫《雪楼集》卷五，明宋濂《元史》卷四、卷一二一，方龄贵《元世祖征大理路线考》(《民意日报》副刊《文史》1947 年 4 月 30 日第 64 期)、《忽必烈征大理史事新证——新出元碑〈故大理□□氏躬节仁义道济大师墓碑铭并序〉考释》(《思想战线》1987 年第 4 期)，吴景敖《元代平滇征缅路线》(《西陲史地研究》)，石坚军《忽必烈征大理路线新考》(《中国历史地理论丛》2009 年第 1 期)。

公元 1305 年　大德九年

［提示］ 七月二十日，山西《郭仲祥墓幢》。

［叙录］ 七月二十日，山西定襄刻《郭仲祥墓幢》。此刻全称《定襄郭仲祥墓幢》，最早为清人牛诚修《定襄金石考》所著录，后来的《全元文》也有收录。刻工为薛仲钦，是南邢里石匠，太原路管领北五州石匠提控。幢高二尺三寸，八面，每面广五寸。6 行、行 25 字，正书。首面上刻佛像，下题“故郭公之墓铭”六字，字径三寸二分，篆书。今在季庄村北。

［文献］ 清牛诚修《定襄金石考》卷三，李修生主编《全元文》第 17 册。

公元 1306 年 大德十年

［提示］ 江苏《大风歌》。

［叙录］ 是年，江苏刻《大风歌》。《史记》(高祖本纪)载：高祖十一年(前 196 年)平定淮南王英布谋反之后，"高祖还归，过沛，留。置酒沛宫，悉召故人父老子弟纵酒，发沛中儿得百二十人，教之歌。酒酣，高祖击筑，自为歌诗曰：大风起兮云飞扬，威加海内兮归故乡，安得猛士兮守四方！令儿皆和习之，高祖乃起舞，慷慨伤怀，泣数行下。"又"谓沛父兄曰：游子悲故乡，吾虽都关中，万岁后吾魂魄犹乐思沛。且朕自沛公以诛暴逆，遂有天下，其以沛为朕汤沐邑，复其民，世世无有所与。"沛县官民，后将汉高祖所作《大风歌》刻成石碑，树立刘邦故里。

据载，所刻立的《大风歌》碑先后有三块，一为汉碑，据说由东汉蔡邕篆书，或说为曹熹所书(有学者认为是伪刻)；一块为元大德十年由刘邦故乡郡守和洽伯川等官员摹刻；还有一块为甲子碑(1984 年摹刻汉碑)。汉碑与元碑早已残泐。后寻到两块残碑，现藏于沛县文化馆。一块高 170 厘米、宽 123 厘米，碑残缺，刻时不详。一块为元大德十年摹刻，高 285 厘米、宽 123 厘米，篆书，共 4 行、行 5 字，已建碑亭妥善保护。

据明万历及民国《沛县志》载：万历二十五年(1597)知县罗士学出元大德间摹刻新碑于泥沙中，而覆之以亭。至民国时，元碑侧倒卧于故城荒野中，亦已中断矣。元碑因石质剥落较甚，只有上部十余字可以辨认。1975 年重建歌风台时，把汉《大风歌》碑和元代摹刻碑嵌于歌风台内壁。

［文献］ 司马迁《史记》卷八，张玉兰《大风歌碑历史变迁述略》(《兰台世界》2012 年第 36 期)，《歌风台内有三块大风歌碑》(《都市晨报》2012 年 10 月 25 日)。

公元 1307 年 大德十一年

［提示］ 七月十九日，著名刻工茅绍之刻山东《加封孔子制》。大德年间，山西《秋风辞》石碑。

［叙录］ 七月十九日，著名刻工茅绍之刻山东《加封孔子制》。此碑又称《加封孔子为大成至圣文宣王诏书碑》，汉文为赵孟頫楷书。据曾毅公考，刻工为四明茅绍之(能静处士)。程章灿指出，元代出现了"逸民"之类的题署，所谓逸民，即是隐逸之士，刻字工匠自我标榜"逸民"的身份，似乎说明他有一定的文化修养和某种精神追求。元代以及随后的明清两代，刻工标榜"山人"、"逸士"之类的更多，皆与此一脉相承，元代著名刻工茅绍之即自称"能静处士"(又如自称"逸上"的苏明，自称"南阳逸士"的张至和，自署"弹琴道士"的刻工何可从等)。在一定程度上，这种题署反映了工匠对文士和艺术家身份的趋向和认同。茅绍之是元代著名刻工，元人谢应芳《龟巢稿》中有《赠刊字阚士渊》：忆昔赵文敏公之写天下碑，镌字独称茅绍之。绍之之妙在何许？八法靡有秋毫遗。明人何良俊在《四友斋丛说》中也载：赵集贤(孟頫)与人写碑，若非茅绍之刻则不书，亦以此人稍能知其笔意耳。《庚子销夏记》注意到《裕公和尚道行碑》：碑为程钜夫文，赵孟頫书，稍不及他碑，或模刻者非茅绍之耳。杨慎认为：元赵子昂书得茅绍之刻，手精毫发不失。由此可知，茅绍之刻石技艺在当时和后世都有很大影响。除依附赵孟頫之外，茅绍之也为其他人刻石刻帖，甚至有人说他"在江南以此技致富"(杨慎语)。由于茅绍之闻名遐迩，后起之秀甚至以他为靶子，向他发起挑战。杨慎载：晚有会稽李璋者出，自云胜绍之。绍之试令刻之，于字下一磔一运而就，绍之乃服，绝艺信亦自有人哉。按照王世贞的说法，茅绍之是赵孟頫的门客，这是有历史根据的。在此之前，元顾阿瑛《题〈名迹录〉》诗序中，已说其"从游松雪之门"。元人许有壬《至正集》中即载有《同茅绍之饮野人家蔬圃二圃二首》。从许氏诗题及当时一般文人交往礼仪来看，茅绍之当日应同作五律二首，这表明茅绍之不仅精于书刻，而且兼能作诗。元人戴表元《剡源文集》还有《题茅生刻字后》一篇，中有：古之书家无不能刻，其谓之书

刀，后乃用以书丹入石，则愈劳矣。余尝行金、焦间，见米南宫题诗匡壁间，锋势飞动，遗老云皆其所自凿。今人名能书，以刻字为耻，殆非通论。文中的“茅生”即是出自四明茅氏的刻工，根据年代推算，最有可能是茅绍之。袁桷《清容居士集》中著有《书茅生家谱》一文，袁桷文中所谓茅生，亦是出自四明茅氏的刻工，很可能就是茅绍之。

骆承烈载，《加封制诏碑》现位于孔庙13碑亭东起第四亭内中偏东。碑高403厘米、宽100厘米、厚35厘米。碑文系八思巴文、汉文对照，竖写，自左向右，各8行，行相间，汉字每行24字。此碑为历代帝王加封孔子名号最高的一幢。它不仅体现出历代帝王对孔子的尊崇达到新的高度，也显示出非汉族统治者对孔子思想尊崇与利用的情况。碑文最末“尚贤神化，祚我皇元”两句，充分体现出元帝尊孔的目的。因此碑分外重要，故于北京孔庙内亦照立一幢，位于其大成门前之东侧。元成宗铁穆耳卒于大德十一年正月，元武宗于当年五月即位，次年改元，碑文所刻的加封孔子为大成至圣文宣王诏书，系元武宗所下。

成宗大德年间(1297—1307)，山西刻立《秋风辞》石碑。《汉书》(武帝本纪)载：西汉元鼎四年(前113)汉武帝曾亲往汾阴祭地皇后土(女娲)，并在汾阴立后土祠，即今山西万荣县古后土祠。期间武帝写下《秋风辞》。元成宗大德年间，刻《秋风辞》碑，立于万荣县后土祠正殿后楼(秋风楼)。同治十三年(1874)八月，再以篆书阴刻《秋风辞》石碑，藏于楼内。

［文献］ 班固《汉书》卷六，元谢应芳《龟巢稿》卷五，元袁桷《清容居士集》卷四九，戴表元《剡源文集》卷一三，明杨慎《丹铅余录》卷一六，明何良俊《四友斋丛说》卷二七，明王世贞《弇州山人四部稿》续稿卷九一，清孙承泽《庚子销夏记》卷七，曾毅公《石刻考工录》，程章灿《石刻刻工研究》。

公元1308年　至大元年

［提示］ 北京《大护国仁寺恒产之碑》。

［叙录］ 是年刻立的《大护国仁寺恒产之碑》，全称《大护国仁王寺恒产之碑》，碑文为程钜夫所撰，见载于《雪楼集》中。根据包世轩等人的研究，大护国仁王寺即现北京五塔寺前身，是至元七年(1270年)为八思巴帝师而建，其建寺时间几乎与兴建元大都同时。八思巴又译发思八、八合思巴，本名罗古罗斯坚藏，为元乌思藏萨斯迦(今西藏萨迦)人。其事迹见于《元史》(八思巴传)、《佛祖历代通载》(帝师行状碑)及明崇祯年间《补续高僧传》(元帝师发思八传)中。八思巴于至元十七年(1280)辞世，在护国仁王寺内建大堵波，奉藏真身舍利，庄饰无俦。此大堵波即五塔寺内金刚宝座塔未经明成化重建时的原始形态。其基部石台座四周尚存元初建造时雕刻的藏文诗句，系中统三年(1262年)八思巴致忽必烈皇帝的新年祝辞《吉祥海祝辞》。元初此塔可能称为庆安塔，元中期金刚胆巴帝师为护国仁王寺住持，逝后其舍利亦藏于护国仁王寺内庆安塔。元末大护国仁王寺废毁。明永乐年间印度高僧五明板的达室利沙来华，受到永乐帝召见，命在京城海印寺、能仁寺居止，并巡礼五台山。逝后于大护国仁王寺旧址建真觉寺，并在寺西隙地为室利沙建塔。同时在五台山普宁寺旧址重建圆照寺，亦建塔一座。明成化九年(1473)重建金刚宝座塔(五塔寺俗称源于此)，时有姚夔碑记记述此事。清乾隆二十六年(1761)重修此寺改称大正觉寺。民国初年尚有藏地喇嘛在寺内居止。

元代的大护国仁王寺是藏传佛教功用的壮丽寺院。建造大护国仁王寺时八思巴在京，而寺成之时八思巴亦从藏区入京，或许是为参加典礼而来。元代大护国仁王寺有刘元塑梵天佛像，其像如虞集在《刘正奉塑记》中所说“神思妙合，遂为绝艺”。《大护国仁王寺恒产之碑》还记载其时在全国拥有土地六万三千余顷，并广有人户、林木、矿冶、寺产等，其财产之巨令人咋舌。为此，据《日下旧闻考》载，还专门建总管府统于内，置提举司提领所分治于外，以管理其在全国的财产。

［文献］ 元程钜夫《雪楼集》卷九，元念常《佛祖历代通载》卷三二，元虞集《道园学古录》卷七，明宋濂《元史》卷二〇二，明明河《补续高僧传》卷一，清朱彝尊等《钦定日下旧闻考》卷九八，蔡美彪《元代白话碑集释》，曾毅公《石刻考工录》，包世轩《元大护国仁王寺旧址及相关问题考察》（《北京文博》2001 年第 2 期）。

公元 1309 年 至大二年

［提示］ 二月，河北《提刑按察使王公神道碑》。六月十日，江苏《故中奉大夫江东宣慰使珊竹公神道碑铭》。

［叙录］ 二月，河北刻《提刑按察使王公神道碑》。此碑载于清人吴汝纶所著《深州风土记》（金石）中。程章灿按：此刻原署"石匠黄山作头杨玉、高仲良、孟温等镌"。《石刻考工录》著录有杨伯春（曲阳石匠）、高良、孟温皇庆元年（1312）十一月十九日同刻《藁城令董文直墓志》，"高良"疑即"高仲良"之省，"杨玉"亦有可能是"杨伯春"之名。

六月十日，茅绍之（四明，模勒镌字）刻赵孟頫书并篆额《故中奉大夫江东宣慰使珊竹公神道碑铭》。此刻清人汪鋆、缪荃孙和欧阳辅均曾著录，茅绍之与赵孟頫两人书刻，堪称珠联璧合。

［文献］ 清吴汝纶《深州风土记》第一一上，清汪鋆《十二砚斋金石过眼录》卷一八，清缪荃孙《江苏金石志》卷一九，清欧阳辅《集古求真续编》卷四，程章灿《石刻刻工研究》。

公元 1310 年 至大三年

［提示］ 正月二十一日，阿僧哥奉旨新建寺。九月五日，赵孟頫《题定武兰亭十三跋》。

［叙录］ 正月二十一日，阿僧哥奉旨新建寺。阿僧哥为尼波罗国（尼泊尔）人，阿尼哥长子。据元人赵世延等撰《画塑记》载：元武宗至大三年正月二十一日，虎坚铁穆耳即阿僧哥丞相奉旨新建寺，后殿五尊佛皆用铜铸，前殿三世佛及四角楼洞房诸处佛像为泥塑。另铸铜番竿一对。乃以相匠身份，依佛经之法，参照高良河寺及五台山佛像中之佳者，塑造正殿三世佛三尊，东西垛殿内山子两座、大小龛 62 尊、菩萨 64 尊，西洞房内螺髻佛并菩萨 146 尊，东西垛殿九圣菩萨 9 尊、罗汉 16 尊，十一□殿菩萨 11 尊，药师殿佛 1 尊，东西角楼尊圣佛 7 尊，西北角楼无量寿佛 9 尊，内山门天王 12 尊。仁宗皇庆二年（1313 年），与禀搠思哥斡儿八哈失合作，造圣寿万安寺诸像。在五间殿、八角楼四座内，共塑大小佛像 140 尊。

九月五日，赵孟頫《题定武兰亭十三跋》。《兰亭序》为东晋王羲之书于永和九年（353），又名《兰亭集序》、《临河序》、《禊序》、《禊帖》。据说唐太宗在获得《兰亭序》真迹后，命供奉拓书人赵模、韩道政、冯承素、诸葛贞等四人，各摹拓数本，以赐皇太子、诸王近臣。又命虞世南、褚遂良、欧阳询各临写数本，并以欧阳询摹本摹刻上石。后真迹陪葬昭陵，存世唐摹墨迹以冯承素双钩"神龙本"为最著名，石刻首推欧阳询临刻之"定武本"。据刘正成载，定武本兰亭传为唐欧阳询据王氏真迹临摹（或说钩勒）上石。因北宋庆历年间发现于定武（河北正定县）而得名，又称兰亭定武本。定武本有二：一为元柯九思藏本，署签《定武兰亭真本》，故宫博物院有影印本：一为元独孤长老藏本，曾归元赵孟頫并先后题跋十三则（清乾隆年间遭火灾，残存三小片，十六残行，六十余字），日本《书道全集》（十七）刊录。此外，出自《定武》的兰亭序有十余种，皆不甚佳。明文徵明跋《定武兰亭》时说：世传兰亭刻石，唯定武本为妙，然古今议者不一，故有聚讼之说。清代朱履贞《书学捷要》认为：然世之言《兰亭》，必推《定武》。《定武》为欧阳临本，飘扬俊逸，旷绝千古，岂其真书遽尔若此哉！定武本《兰亭序》历代重刻本极多，宋拓本在明代时已极可贵，而宋刻本中，以"湍、带、右、流、天"五字未损者尤珍贵。《定武兰亭十三跋》系赵孟頫书于元至大三年九月五日至十月七日，共书跋语十三段。纸本，行书，凡一百行。

是年，赵孟頫时年 57 岁，正值其书艺巅峰状态。九月，赵孟頫奉诏自吴兴（浙江湖州）乘舟北上大都（北京）。船行至浙江南浔，前来为松雪送行的独孤长老示以《宋拓定武兰亭》。松雪爱不释手，独孤长老不得已而相赠。巧合的是同舟前行的吴森亦携有《定武兰亭》一本。此次北行一个多月的漫长旅途中，松雪得以从容赏玩两本《定武兰亭》。松雪时时展读、临习，心得良多，先后自九月五日至十月七日写下十三段跋文，后人称之为《兰亭序十三跋》。嘉庆年间，十三跋原稿归谭组绶所藏，谭氏殁后，遇火灾遭烧损，仅三片残片流传至日本，为高岛菊次郎所藏，后捐赠于日本东京国立博物馆。

幸运的是，此帖在焚毁之前，已有《快雪堂帖》（涿拓本）石刻本，使其原貌得以保存下来。《快雪堂帖》为明末时河北涿州人冯铨所选辑刻制，收入晋王羲之、王献之，唐欧阳询、怀素、颜真卿、徐浩、柳公权，宋苏轼、黄庭坚、米芾、蔡襄、赵构、张即之，元赵孟頫等书家法帖。多由真迹摹写，而刻工则为当时著名的铁笔名家刘光，故书刻俱佳。冯氏子孙将石分为二，同质州库，后州牧黄可润赎出运至福建。乾隆间，杨朴园督闽购得献入内府。乾隆帝加题“快雪堂记”，并于北海建快雪堂嵌壁收藏。因帖石三易其地，故拓本也有区别，分涿拓、建拓和内拓三种，以涿拓为贵。快雪堂帖刻石今存北京北海公园松坡图书馆。

笔者曾在山东获睹一套赵孟頫《兰亭序十三跋》石刻（三块，完整者应为四块），每块尺寸为长 67 厘米、宽 31 厘米、厚 12 厘米，以十分坚硬厚重之青石刻成，书丹及刻工甚佳，准确传神地再现了赵孟頫的书法神韵。从形制风格及刻工来看，应该是清中晚期作品，因此仍然十分珍贵。与快雪堂拓本对比，发现二者存在微妙区别：一是鲁刻十三跋的跋文顺序与快雪堂不完全相同，二是个别字迹大小亦不尽相同，未知这套清代鲁刻源自何种版本，颇值得研究。

［文献］ 元赵世延等《画塑记》，清朱履贞《书学捷要》，刘正成《中国书法鉴赏大辞典》。

公元 1313 年　皇庆二年

［提示］ 八月，福建泉州《管理江南诸路明教秦教等也里可温马里失里门》碑。

［叙录］ 八月，福建泉州刻《管理江南诸路明教秦教等也里可温马里失里门》碑。20 世纪 50 年代，在泉州深门外曾发现一块元代墓碑，碑上左刻汉文，右边刻聂斯脱里叙利亚文。内容为：管领江南诸路明教（摩尼教）、秦教（基督教）等，也里可温・马里失里门・阿八思古・八里马哈昔牙。皇庆二年岁在癸丑八月十五日，帨里答马等泣血谨志。这显示明教及景教传入福州泉州一带后，为元代官方所承认，并派有官员管理包括明教在内的外来宗教。关于摩尼教（明教）在中国尤其是在浙江、福建一带的传播，可参考伯希和、林悟殊及庄为玑等人的相关论著。

［文献］ 明宋濂等《元史》卷三〇，清吴辅宏《乾隆大同府志》卷二七，张焯《云冈石窟编年史》，［法］伯希和撰、冯承钧译《福建摩尼教遗迹》（《西域南海史地考证译丛九编》），林悟殊《摩尼教及其东渐》，庄为玑《泉州摩尼教初探》（《世界宗教研究》1983 年第 3 期）。

公元 1314 年　皇庆三年　延祐元年

［提示］ 皇庆三年，元代开科取士，进士仿唐雁塔题名，刻姓名于北京孔庙石碑。延祐元年四月十一日，山东《长兴州重修东岳行宫记》。延祐元年，河北正定石狮。

［叙录］ 皇庆三年，元代开科取士，进士仿唐雁塔题名，刻姓名于北京孔庙石碑。蒙古太宗九年（1237），成吉思汗之子窝阔台汗占领中原时，中书令耶律楚材曾经建议实行科举制度，窝阔台三千下诏诸路考试，始以经义、词赋、论等三科取士，凡汉族俘虏中之儒生，亦令就试，共录取 4 000 余人。这是元

朝在统一中国南北以前，所举行的一次大规模科举考试。忽必烈于中统元年（1260）称帝后，汉族官吏建议举行科考，廷议一直未下决心。直至仁宗皇庆二年，元朝始正式制定科举考试章程。元朝分人为四等：一等为蒙古人，二等为色目人（包括西夏、回回等西北少数民族），三等为汉人（包括契丹、女真等），四等为南人（包括长江以南的汉人及西南地区的少数民族）。据《元史》（选举志）载：元朝规定蒙古人、色目人考两场，第一场考经问五条；第二场考策一道。汉人、南人考三场，第一场考明经经疑二问，经义一道；第二场考古赋、诏诰、章表一道；第三场考策一道。考试录取的蒙古人、色目人作一榜，称右榜；汉人、南人另作一榜，称左榜。第一名赐进士及第，从六品；第二名以下及第二甲，皆正七品；第三甲以下，皆正八品。元朝规定每三年举行一次，分为三级：一是乡试（行省考试），二是会试（礼部考试），三是御试（殿试）。发榜后，元代皇帝要在翰林国史院赐恩荣宴。元代承袭唐代之遗风，仿效唐代进士雁塔题名之例，新录取的进士陛见皇帝后再到孔庙行礼，到国子监刻石题名。据赵迅载，此种风气一直延续至明清，由于明代以后多把元代进士刻名磨去，故现存元代进士题名碑数量很少，大多是明、清的进士题名碑。据统计，北京孔庙院内现存元代进士题名碑三座，明代自永乐十四年（1416）起到崇祯十六年（1643）止进士题名碑77座，清代自顺治三年（1646）起至光绪三十年（1904）进士题名碑118座。元明清三代共计198座进士题名碑，共记载了51 624名中第进士的姓名、籍贯和名次，其中有于谦、刘墉、林则徐、曾国藩、李鸿章、康有为等众多名家。

是年改元延祐。延祐元年四月十一日，山东刻《长兴州重修东岳行宫记》。此碑在清人周学浚有载，《拓本汇编》中也有著录。骆承烈说，碑现位于孔庙奎文合前东碑亭外东侧。碑高235厘米、宽88厘米、厚12厘米。赵孟頫正书，共16行、行约45字。残，已修复。刻为陇西李祐。

延祐元年，河北刻正定石狮。刘兴珍载，此石狮于1984年河北正定朱河乡发现。狮高122厘米，座长56厘米、宽42厘米、高27厘米。狮蹲坐于长方形石座上，双目圆睁，张口，颈戴卷草纹项圈，并系一铃。尾部自后腿向前弯曲，尾尖分五绺垂至底座一侧。颈部两侧垂缨，后部系带作结。右前爪抚一仰卧幼狮。座前阴刻"大元延祐元年岁次甲寅己巳月丁未日，魏宝建镇宝狮（子）大吉，匠（人）提领乔明、男提空乔璧镌"字样。可知，此狮系镇宝之物。

［文献］ 明宋濂等《元史》卷八一、八二、八三，清周学浚《湖州金石略》卷二，赵迅《北京孔庙进士题名碑》（《学习与研究》，1983年第5期），《拓本汇编》第49册，骆承烈《石头上的家文献——曲阜碑文录》，刘兴珍等《中国古代雕塑图典》。

公元1316年 延祐三年

［提示］ 云南《筇竹寺白话圣旨碑》，河北《龙兴寺帝师胆巴碑》。

［叙录］ 是年，云南刻《筇竹寺白话圣旨碑》。元代碑刻中，出现了大批白话碑，这在之前是少见的。蔡美彪所辑元代白话碑，就达94种之多，其内容多为公文法令碑。《筇竹寺白话圣旨碑》位于云南昆明西北10公里玉案山筇竹寺大雄宝殿内，此寺为中原禅宗传入云南后所建首寺。据说大理国鄯阐侯高光、高智兄弟二人狩猎一犀牛至玉案山后失踪，唯见云中异僧所持筇竹杖植于林下，化为寺庙，故名筇竹寺。此碑高380厘米、宽80厘米，碑身两面分别刻有蒙古文和白话汉文。碑文内容为是年元仁宋向筇竹寺所降圣旨，敕封筇竹寺住持和尚玄坚为"头和尚"，命该寺护持《大藏经》，并令官府保护寺院财产（土地、人口、马匹、店铺），豁免徭役赋税等。

是年，河北刻《龙兴寺帝师胆巴碑》。此碑全称《大元敕赐龙兴寺觉普慈广照无上帝师之碑》，简称《胆巴碑》。大觉普慈广照无上帝师原名胆巴，又名功嘉葛剌思，西番（西藏）突斯旦麻人，龙兴寺僧人，至元七年（1270）世祖忽必烈赐号帝师。成宗大德七年（1303）卒，仁宗皇庆元年（1312）追封为"大觉普慈广照无上帝师”。此碑为延祐三年赵孟頫奉仁宗之敕撰文并行楷书书丹。碑文900余字,碑额镌刻篆书。据清人孙星衍《京畿金石考》载:碑在河北正定县。今北京故宫博物院藏有墨迹原件,此碑是赵孟頫行楷书中代表作品。

［文献］ 清孙星衍《京畿金石考》,蔡美彪《元代白话碑集录》。

公元1317年　延祐四年

［提示］ 刘元奉旨塑青塔寺山门内四天王像。

［叙录］ 是年,刘元奉旨塑青塔寺山门内四天王像。元人虞集撰有《刘正奉塑记》,对于刘元生平及艺术造诣进行了记载与评述。刘元字秉元,蓟州宝坻(属天津)人。初为道士,后官昭文阁大学士、正奉大夫、秘书监卿,时人称为刘正奉。先师杞道录,传其艺非一,而独长于抟塑(即夹纻脱胎)。后从阿尼哥习梵相。神思妙会,巧绝一时。至元中,凡两都名刹塑土范金抟换为佛像,出元之手,天下无与比者。所谓抟换者,漫帛土偶上而髹之,既成,去其帛。虞集说:大都南城东岳庙中,刘元所塑仁圣帝像,巍巍乎帝王之度。其盛服立侍像,侃侃若不胜忧深思远之至者。清人高士奇也称:元都胜境在弘仁寺西,建于元,相传为刘元塑像,正殿乃玉皇大帝,右殿塑三清,仪容肃穆,道气深沉,左殿塑三元帝君,上元执簿,侧首而问,若有所疑,一吏跪而答,甚战栗,一堂之中,皆若悚听严肃者,神情动止,如闻声咳,堪称绝艺。据《画塑记》载,延祐四年刘元奉旨塑青塔寺山门内四天王像。五年(1318)塑香山寺四天王像,阁下毗卢佛两旁添塑立菩萨像二,即文殊菩萨及普贤菩萨,刘兴珍载,其像各高300厘米。另添火焰两扇,各高500厘米、宽250厘米。

［文献］ 元虞集《道园学古录》卷七,元赵世延等《画塑记》,清高士奇《金鳌退食笔记》,清缪荃孙《江苏金石志》卷二〇,刘兴珍等《中国古代雕塑图典》。

公元1318年　延祐五年

［提示］ 七月晦日,山西《岱岳庙创建香台记》。延祐五年,刻成《乐善堂帖》。

［叙录］ 七月晦日,山西刻《岱岳庙创建香台记》。据冯俊杰《山西戏曲碑刻辑考》载,此碑在山西芮城县岱岳庙,碑文记录了岱岳庙创建香台的过程。岱岳庙今已不存,此碑对研究古代戏台变迁具有参考价值。为壁碑,高、宽皆50厘米,现存芮城县博物馆。作者刘仪,生平无考,书丹人姓名漫漶不清。芮城为西周诸侯国魏国,后周明帝二年始改名芮城县。碑言岱岳行宫“雄建魏宫之左”,是魏宫遗址是时尚存之证。香台乃烧香之台,最早见于唐卢照邻《游昌化山精舍》诗:宝地乘峰山,香台接汉高。汲县(今河南卫辉市)香泉寺后周广顺三年(953)有《多心经香台记》,是创建香台较早之专门碑记。清顾燮光《河朔访古新录》、《宋史》(礼志十七)也均记有香台,为皇帝郊祀沿途之陈设,当然也可以用于烧香。元至正四年(1344)平定老君庙《承天寨老君洞香台记》,晚于此碑26年。祠庙专置香台,此碑或为首见。

是年,刻成《乐善堂帖》。《乐善堂帖》收有宋、元代著名书法家赵孟頫与顾信、姜夔等人的书迹。由顾信摹勒上石,刻工精细,是罕见的元代刻帖。现存中国国家图书馆之《乐善堂帖》册元拓本为二册四卷,纵29.5厘米、横16.5厘米。据王连起考证,此帖上册首刻藏石画,后刻《兰亭序》。细目缺“乐善堂第一”五字,存“乐善堂第二,《归去来辞并序》,《乐毅论》;乐善堂第三,《送李归盘谷序》”;“乐善堂帖第四,《行书千文》,《淮云通上人化缘序》,《淮云诗》”。下册前绘老子像,续为《太上老君常说清静经》,《般若波罗蜜多心经》及赵氏草书(残),所收墨迹均赵氏精品,摹勒亦精明。张寰跋云:松雪书法勒石者多矣,唯顾善夫乐善堂之刻号甲乙品。此帖下册后附名贤集帖,尚存姜夔书法墨迹。国图所藏原本为明人张寰旧藏,观复斋重装,吴永续藏,后又归张伯英。

图 257 麻曷葛剌 至治二年(1322) 杭州宝成寺

首有张寰、吴永题笺,尾有张寰、张伯英题跋 12 款。摹勒者顾信是赵孟頫门生,镌刻者茅绍之、吴世昌等也是当时刻碑高手。

［文献］ 冯俊杰《山西戏曲碑刻辑考》,《拓本汇编》第 49 册,王连起《元〈乐善堂帖〉考略》(《故宫博物院院刊》2001 年第 5 期)。

公元 1319 年 延祐六年

［提示］ 正月,金成刻《大开元寺兴致碑》。

［叙录］ 正月,《大开元寺兴致碑》。此碑《陕西金石志》及《拓本汇编》《画像汇编》均有著录,刻工为金成。圆首方座,高 163 厘米、宽 55 厘米。碑阳分为上下两截。上截镌开元二十八年(740)唐玄宗李隆基与长安胜光法师在延庆殿辩法场面线刻图画。玄宗与胜光法师相对而坐,身边各围立四名侍者和四名沙弥,代表政教两方。玄宗与法师两人神情泰然,切磋辩法。人物造型庄重自然,线条流行而坚韧,刻工细腻准确,在衣褶刻画方面尤其令人赞叹,生动而纷繁,气韵盎然,表现了元代绘画方面超拔前人的成就。碑阳下截镌刻由弘法大师赐紫僧澄润的楷书碑文 20 行、行 27 字,记载玄宗与胜光法师辩法主要内容。书法骨气端翔,为元代楷书碑刻之佳作。碑阴镌刻华藏庄严世界海图,刻工亦一丝不苟。碑首造型优美,并刻有花叶、人物、凤鸟等祥瑞图案,在

元碑中实属难得。

［文献］ 武树善《陕西金石志》卷二八、《拓本汇编》第49册，《画像汇编》第1册。

公元1320年　延祐七年

［提示］ 二月，江苏《元仁宗赐号崇禧万寿宫敕暨陈志清上表》。四月十六日，张提举于兴和路寺西南角楼内塑马哈哥剌佛等。至大四年至延祐七年，江苏《舍财施永业地转大藏经(功)德记》。

［叙录］ 二月，江苏刻《元仁宗赐号崇禧万寿宫敕暨陈志清上表》。此刻在清人杨世沅、缪荃孙的著述中有著录，原题“郡人郑梓材摹刻”。《石刻考工录》录作“郑梓(江右郡人)”。程章灿认为郑梓材与郑梓盖是同一人。

四月十六日，张提举于兴和路寺西南角楼内塑马哈哥剌佛等。张提举，佚其名，从刘元学塑，技艺精巧，曾造兴和路寺诸像。元赵世延等在《画塑记》中载，延祐七年四月十六日，张提举与画工尚提举奉旨率诸工，于兴和路寺西南角楼内塑马哈哥剌(即大黑天，梵文 Mahakala)佛及伴绕神圣画十护神。是年秋，张氏塑成马哈哥剌一，左右佛母二。

至大四年至延祐七年(1311—1320)，江苏刻《舍财施永业地转大藏经(功)德记》。清人沈涛在《常山贞石志》中著录此刻，为孙和所刻，列为元年代不详碑刻。沈涛说：右碑剥落殊甚，立石年月及撰书人姓名皆缺，因记中有□知政事八都鲁，及记后有梵书二行，遂定为元刻。又引至正六年(1346)瞻思《佛光宏教大师碑》有八都鲁，谓可据以大致确定其系年。其实，根据刻工线索更为便捷。在《拓本汇编》中录有至大四年(1311)孙和刻《西秦王庙碑》，此外，《常山贞石志》还录有延祐七年孙和刻《龙兴寺长明灯钱记》，《舍财施永业地转大藏经(功)德记》亦为孙和所刻。程章灿据此推断，其刻立年代应在1311年至1320年前后。

［文献］ 元赵世延等《画塑记》，清杨世沅《句容金石记》卷六，清缪荃孙《江苏金石志》卷二一，清孙星衍《寰宇访碑录》卷一一，清沈涛《常山贞石志》卷一九、卷二四，曾毅公《石刻考工录》，《拓本汇编》第49册，程章灿《石刻刻工研究》。

公元1321年　至治元年

［提示］ 七月，河南《创建后土庙记》。同月，山东《王庆谒林庙题名碣》。

［叙录］ 元仁宗爱育黎拔力八达卒后，皇太子硕德八剌即位，是为元英宗。是年七月，河南孟县刻《创建后土庙记》。清人冯敏昌著录此碑。程章灿按：此碑末刻“至治元年七月□日立石，毕渊男毕毅次男毕善，怀庆路石匠作头皇甫良弼刊石石匠王聚史信。”未知“毕渊”父子是否亦是刻工，或只是立石人名。

同月，山东刻《王庆谒林庙题名碣》。《寰宇访碑录》著录此碣。骆承烈载：此石现位于孔庙西斋宿北墙，东起第12石。石高53厘米、宽105厘米。李秉恕立石，正书共12行，行9字。

［文献］ 清冯敏昌《孟县金石志》卷中，清孙星衍《寰宇访碑录》卷一二，程章灿《石刻刻工研究》，骆承烈《石头上的家文献——曲阜碑文录》。

公元1322年　至治二年

［提示］ 十一月十五日，山东《崇德真人之记碑》。是年，江西《仁靖真人碑铭》、书碑名家赵孟頫卒、杭州宝成寺麻曷葛剌等三龛造像、福建泉州圣墓阿拉伯文石碑、陕西《玉清万寿宫圣旨碑》。

［叙录］ 十一月十五日，山东刻《崇德真人之记碑》。此碑存于山东邹县(今邹城市)峄山仙人棚前左侧，双龙碑额上由赵孟頫篆书“崇德真人之记”六字，碑身高195厘米、宽99厘米。碑阳则为赵孟頫楷书25行、行53字。碑文记载全真道随山派前五代师承关系及其在峄山活动情形。碑阴额楷书“宗

派之图，英贤佳名”二行八字，碑身上部横书“重阳全真开化辅极帝君王”11个大字，大字下为纵行小字署名。据《元史》本传及岑其、黄惇、王似峰等所载：赵孟頫卒于至治二年六月，而此碑是在本年十一月十五日所刻立，则此碑是赵孟頫生前书写，并于其卒后五个月时勒碑，堪称为赵孟頫最后的作品之一。还有一件刻于是年的《仁靖真人碑铭》，碑在江西贵溪市上清镇嗣汉天师府内，仁靖真人为元代道士张留孙封号。张留孙随36代天师入朝，被元世祖封为上卿，其弟子于至治二年立此碑铭，由赵孟頫奉旨撰文并书写。原碑在“文革”中裂为数块，龟趺首尾亦被毁。碑原在贵溪浮桥左家，1979年迁现址，新建碑亭一座。

是年，赵孟頫卒。赵孟頫《元史》有传，字子昂，号松雪，松雪道人，又号水精宫道人、鸥波，中年曾作孟頫，汉族，吴兴（浙江湖州）人，元代大书画家。赵孟頫博学多能，能诗善文，懂经济，工书法，精绘艺，擅金石，通律吕，解鉴赏。开元代绘画新风，目为“元人冠冕”。赵孟頫系宋朝赵氏宗室，为宋太祖第四子秦王赵德芳之裔孙，亦即宋太祖的11世孙。赵孟頫一生书写碑版甚多，是元代存世碑刻最多、成就最著者。在传世的元碑中，有20余件为赵孟頫所书，如《新建庙学记》、《崇德真人之记碑》、《游天冠山诗碑》、《胆巴碑》、《孔治墓碑》、《绍兴路增置义田记碑》、《玄妙观重修三门记碑》、《松江宝云寺碑》、《江东宣慰使珊竹公拔不忽神道碑》、《临济正传虎丘隆禅师碑》、《崇国寺崇教大师演公碑》、《投龙简记》、《蔚州杨氏先茔记》、《达鲁花赤珊竹公神道碑》、《玄教大宗师张留孙碑》、《辉州重修玉虚观碑》、《敕赐玄教宗传碑》、《莒密盐使判官王深墓志》、《孙公道行碑》、《裕公和尚碑》、《敕藏御服碑》等。存于西安碑林的《游天冠山诗碑》即由他撰文并行草书丹，原石已佚，现在所见为康熙二十一年（1682）时所重刻。其碑为竖方形，高158厘米、宽69厘米，圆首方座。元代另一大家鲜于枢称赵孟頫“篆、隶、真、行、草俱为当代第一”。

是年，杭州宝成寺麻曷葛剌等三龛造像（图257）。据浙江省文管会及阎文儒、温玉成、李玉珉、刘兴珍等人所载：是年，在城隍山宝成寺（创建于五代吴越）正殿石壁上刻有一堂“麻曷葛剌”（大黑天）圣像。南宋灭亡于宋景炎元年（1276），飞来峰喇嘛教造像则大部分完成于至元二十六年（1289），距宋亡仅13年。由右卫亲军都指挥使伯家奴所造的这龛麻曷葛剌像，在西湖东北岸紫阳山一带的造像中，是最具代表性的元代石刻。麻曷葛剌造像高138厘米，造型怪诞丑恶，头大肢短，腹部异常凸出（图258）。分腿正坐，双手合抱一人首，两肩各挂人首。足踏一人，为地神女天。五官以夸张手法表现，额头及眉骨隆起，双目圆睁，高颧大鼻，胡须鬈曲，状貌勇猛威严。造像强调整体气势，厚重坚实，不重细部刻凿。麻曷葛剌像左右为文殊、普贤，形象不似常见的文雅、理智，而作凶猛神态。胸前未饰璎珞，而佩挂一串骷髅。龛楣浮雕的飞天也一反常态，不是飘舞于空中绰约婀娜的淑女形象，而是头戴宝冠，背生双翅，龇牙瞪目，面貌狰狞。整堂群雕表现出凶狠威武的神情，造成一种森严神秘的恐怖气氛。就宗教所要求的艺术渲染而言，应属成功之作。麻曷葛剌又称摩诃迦罗，是西藏佛教最重要的一位护法。至元十一年（1274）元世祖接受帝师八思巴的建议，建麻曷葛剌殿，之后元朝历代皇帝在京城内外的重佛寺屡造麻曷葛剌像。《辍耕录》载，元代皇帝即位前，必须在供有麻曷葛剌像的戒坛受戒，可见麻曷葛剌与元皇室关系之密切。宝成寺的麻曷葛剌像是江南仅存的一躯大黑天，其造像记提到：此龛的供养人为“朝廷差来官骠骑卫上将军左卫亲军都指挥使伯家奴”，这足以证明元代杭州所造的藏密雕像应和大都梵像传统的关系密不可分。

是年，福建泉州圣墓阿拉伯文石碑。赵超载，位于泉州东郊之“圣墓”，传说是穆罕默德两位门徒的陵墓。《闽书》记载：唐武德年间，穆罕默德派出四个门徒来华传教，其中在泉州传教者，卒后即葬于此地。现在墓后石回廊中尚保存有五件石碑。其中有一件刻于本年的阿拉伯文石碑，记录了这两位贤人事迹。还有一件明代永乐十五年（1417）郑和下西洋

图 258 麻曷葛剌局部 至治二年(1322) 杭州宝成寺

时,途经泉州,来此墓祭祀时留下的中文碑刻,这对于中外交通史的研究极有助益。

大朝岁次壬戌,陕西千阳县刻《玉清万寿宫圣旨碑》。碑文为杨奂所撰,曾毅公著录此刻刻工为凤翔府汤仲显。曾氏推测为中统三年(1262),但不能确定。刘汉忠根据汤仲显的另一件石刻,即泰定二年(1325)五月所刻《祀西镇吴岳祠堂记》(《道家金石略》),确定此"壬戌"年应是至治二年(1322),与曾毅公的推论相差正好一个甲子。程章灿认为,因为有刻工材料佐证,刘汉忠的结论显然更为可信。

[文献] 明宋濂等《元史》卷一七二,岑其《赵孟頫研究》,黄惇等《赵孟頫年表》(《中国书法全集》元代编赵孟頫卷),浙江省文管会《西湖石窟艺术》,阎文儒《中国石窟主艺术总论》,温玉成《中国佛教与考古》,李玉珉《中国佛教美术史》,刘兴珍等《中国古代雕塑图典》,赵超《石刻史话》,刘汉忠《〈石刻考工录〉续补》(《文献》1991 年第 3 期),曾毅公《石刻考工录》,程章灿《石刻刻工研究》。

公元 1323 年 至治三年

[提示] 江苏《镇江路儒学增租记碑》。

[叙录] 是年,江苏焦山刻《镇江路儒学增租记碑》。此碑元人俞希鲁有著录。据袁道俊等载,碑由

蜀郡青阳翼撰文、翰林待制文林郎兼国史院编修官贡奎楷书并篆额，现藏于江苏镇江焦山碑林。

［文献］　元俞希鲁《至顺镇江志》卷一一，袁道俊编《焦山石刻研究》。

公元 1325 年　泰定二年

［提示］　四月，河南《普济禅师郊国公塔铭》。

［叙录］　四月，河南刻《普济禅师郊国公塔铭》。此铭刻工为薛信（石作头）、居政、薛全、张成、李□□，清人方履籛有著录。据温玉成载，郊国公石塔原在沁阳市北 18 公里山王庄水峪寺中。1979 年迁移复原于市内天宁寺内。为一座典型的喇嘛教塔，表形制为石雕瓶式塔，由塔座、瓶式塔身、相轮（十三天）、伞盖、宝珠等构成。塔铭：大元故金紫光禄大夫、大司徒、领释教总统、都坛主、赠开府仪同三司、上柱国、追封郊国公之塔。由门徒月堂建于本年四月。追封为“郊国公”的大和尚即知拣（卒于 1312 年）。据《顺天府志》引《析津志》说：知拣先是金中都宝集寺（遗址在北京广安门东）住持，后又作元大都白塔寺开山祖师。怀庆路（沁阳）“龙兴寺”也是宝集寺的支派（元念常所记）。2001 年 5 月，北京市苹果园发现拣公舍利函，时间为皇庆元年（1312）七月。

［文献］　元念常《佛祖历代通载》卷二二，清方履籛《河内金石志》卷下，温玉成《中国佛教与考古》。

公元 1326 年　泰定三年

［提示］　八月十五日，甘肃《有元重修文殊寺碑铭》。是年，重庆合川濮岩寺造佛像。

［叙录］　八月十五日，甘肃肃南县刻《有元重修文殊寺碑铭》。此碑俗称《元太子碑》，现藏肃南裕固族自治县祁丰区百子楼。唐晓军说，原碑立于文殊山青衣寺中，“文革”期间，碑首碑座被毁，碑身被当作条石砌于祁丰粮店墙基下。1997 年，肃南县文化馆对文殊山清凉寺进行维修时，始将元太子碑从墙基下挖出，立于百子楼中。但此次将刻有回鹘文的一面砌筑于墙上，人们已无法阅览。正面汉文内容记述喃答失太子发愿重修文殊寺之事：泰定帝也孙铁木儿之子喃答失太子驻军肃州文殊山时，焚香拜佛，当看到文殊寺殿宇年久失修，顿发祥瑞善心，同众兄弟、公主、王妃、随行官员捐金助银，并布施灯油田地于寺院，重修圣寺，彩绘圣容，愿保已长寿安康，保国边防宁静、五谷丰登、万民安乐。《元太子碑》最早为乾隆时代黄文炜所著录：（肃州）城西南三十里山破之内，凿山为洞，盖房为寺，内塑佛像古碉无数，旧称有三百禅堂，号曰小西天。增废先后不常，大约皆是唐贞观中所遗也。岁久俱湮废，唯台子寺、玉皇阁尚存。其西有绷衣僧募建圣寿寺，内有《元太子喃答失重修碑记》。

后来法国学者伯希和 1909 年在从新疆、敦煌考察返回北京途中似去过酒泉文殊山，他在《通报》第 15 卷（1914 年）中的注中和《马可・波罗考释》书中都曾提到过此碑的回鹘文部分。现存碑刻为青石雕成，高 126 厘米、宽 77 厘米、厚 25 厘米。碑正面阴刻汉文（楷体）24 行，每行 52 字，文末题“大元泰定三年岁次丙寅八月丁酉朔十五日丙戌上旬喃答失太子立石”。背面阴刻回鹘文 26 行，边部雕刻忍冬卷草纹饰，其雕刻刀法遒劲，文字隽秀。两面碑文的内容基本一致，但仍有出入，汉文为散文体，回鹘文为韵文体。耿世民、张宝玺曾对汉文、回鹘文进行全面的释读和研究。存世的回鹘文碑刻极少，仅有《乌兰浩木碑》、《亦都护高昌王世勋碑》、《土都木萨里修寺碑》、《大元肃州路也可达鲁花赤世袭之碑》、居庸关东西壁上的《造塔功德记》、《重修文殊寺碑》等六方，因此十分珍贵。

据《中国石窟雕塑全集》载，是年，在重庆合川濮岩寺造佛像。

［文献］　明陈镐《阙里志》卷二〇，清黄文炜《重修肃州新志》第二册，［法］伯希和《马可・波罗考释》卷一，耿世民、张宝玺《元回鹘文〈重修文殊寺碑〉初

释》(《考古学报》,1986年第2期),唐晓军《甘肃古代石刻艺术》,王朝闻等《中国石窟雕塑全集》(四川重庆卷)。

公元1327年　泰定四年

［提示］　三月,内蒙古《京兆府达鲁花赤残碑》。

［叙录］　是年,内蒙古《京兆府达鲁花赤残碑》。据王大方撰文载,1973年在包头市达茂旗敖伦苏木古城东部墓地,发现此碑。碑上分别从右至左刻有汉文、叙利亚文、蒙古文三种文字,内容相同,为当时京兆府(西安市)最高军事行政长官达鲁花赤突厥汪古部人墓碑。此碑不仅是迄今内蒙古地区所发现的元代官职最高的汪古部人墓碑,而且碑中所记载的景教与中国传统文化日月崇拜相结合的内容,以及与汉文相对照的古叙利亚文、古蒙古文,对于研究景教在中国的传播和古叙利亚文、古蒙古文都具有重要的价值。石碑下半部已残,圭首舟形,残高100厘米、宽85厘米,上刻有十字架,其左上有金鸡置于圆圈内,右上为玉兔在圆圈内,十字架下为仰莲。石碑用花岗片麻岩石雕成,内有两条棱起的边线。碑的汉文部分共有四行,其中有些字已漫漶不清,内容中有:这坟阿兀剌编·贴木夹思的,京兆府达鲁花赤,泰定四年六月二十四日记。碑中所记死者为阿兀剌编·贴木夹思,是突厥人姓名。敖化苏木古城为元代汪古部首领阿剌兀思·剔吉·忽里所建,江古部为突厥后裔。所以,该墓碑所记死者为汪古部人。汪古部是一个信仰景教的民族,景教是基督教的一个支派,五世纪叙利亚人聂思脱里创立此教,故又称此教为聂思脱里派。

［文献］　王大方《一段残碑铭刻的历史——汪古部与景教》(《中国天主教》,1997年第1期)。

公元1328年　泰定五年　致和元年

［提示］　泰定五年,开凿杭州南山摩崖龛像。致和元年,重庆合川濮岩寺造佛。

［叙录］　据《西湖石窟艺术》等载:泰定五年,开凿杭州南山摩崖龛像,共23龛,包括玄武真君、弥勒佛、观世音菩萨、阿弥陀佛等佛教、道教造像。

是年改元致和。《中国石窟雕塑全集》载:致和元年,在重庆合川濮岩寺造佛像。造像题记《古佛造像刻石》记为"泰定五年",实为"致和元年"。

［文献］　浙江省文管会《西湖石窟艺术》,王朝闻等《中国石窟雕塑全集》(四川重庆卷)。

公元1329年　天历二年

［提示］　四月九日上朔日,山西《佛日圆明海云祐圣国师舍利宝塔》。十二月九日,李同知铸铜佛。是年,江西《张留孙道行碑》。

［叙录］　九月上朔日,山西刻《佛日圆明海云祐圣国师舍利宝塔》。此碑在《山西碑碣》中有著录。张焯按:海云为宁远(山西五寨)人,是金元之际北方最负盛名的高僧。元世祖忽必烈早年奉以为师,蒙哥汗任命为僧统。《补续高僧传》、《清凉山志》分别立传。陈垣曾撰有专文考述。此《海云舍利塔》塔顶、塔座不存,仅剩八棱石幢一枚,黄砂岩,文字漫漶不清。据说明代原立于大同南关(疑即龙宫寺故址),1983年拆南城门挖出,遂移至善化寺。

十二月九日,李同知铸铜佛。元代李同知,佚其名。据《画塑记》载:本年十二月九日,皇后懿旨令以白金铸佛九尊,皆具光焰,李氏受命而成。又平章明理董阿等进僧宝公画像,皇帝令诸色府李同知等以黄铜铸造一身,以色妆之,乃铸造宝公菩萨像一身。

是年,江西刻《张留孙道行碑》。此碑全称为《大元敕赐开府仪同三司上卿玄教大宗师张公碑》,为元代书法家赵孟頫生前撰文、书丹并篆额,刻工仍为四明茅绍之。碑位于江西鹰潭南20公里处龙虎山张留孙祠堂前的东碑林内,碑高400厘米。碑文两面刻,各28行、行60字,共计2 786字,记叙东岳庙创始者玄教大师张留孙生平事迹。龙虎山为道教32福地之一，其嗣汉天师府被道教徒视为祖庭，地位极高。

［文献］ 元赵世延等《画塑记》，陈垣《谈北京双塔寺海云碑》（《陈垣集》），骆承烈《石头上的家文献——曲阜碑文录》，山西省考古研究所《山西碑碣》，张焯《云冈石窟编年史》。

公元1330年 天历三年

［提示］ 七月一日，江苏《题文同墨竹七古诗一首》。

［叙录］ 七月一日，江苏澄鉴堂石刻之《题文同墨竹七古诗一首》。据王同顺载：题刻中有：元奎章阁中鉴书博士天台柯九思奉圣旨审定恭题，天历三年庚午秋七月一日作。石高32厘米、宽87厘米，共一石。柯九思为元代画家，字敬仲，号丹丘生，别号五云阁吏。其生平在《稗史集传》及《吴中人物传》、《台学统》等书有载录。

［文献］ 元徐显《稗史集传》，明张昶《吴中人物传》卷一〇，清王棻《台学统》卷六二，王同顺《镇江古代石刻及焦山碑林书法研究》。

公元1331年 至顺二年

［提示］ 二月十五日，江苏《句容县儒学田籍记》。是年，浙江《通惠庙残碑》。

［叙录］ 二月十五日，江苏刻《句容县儒学田籍记》。此刻清人杨世沅、严观均有著录，刻工作“朱汉”。但清缪荃孙录此刻及《方山重修上定林寺记》时，刻工皆作“朱汉章（番易）”。未知孰是。至顺二年，浙江刻《通惠庙残碑》。清人杜春生等著录有此碑，其年代无缺，可确定为元至顺二年。此碑碑文撰者题署残缺，仅有“承事郎杭州路临安”字样，其下文字泐缺。刻工为孙宗年，程章灿根据同为孙宗年所刻的至顺二年二月《重修通济堰记》上的撰者题署，考定《通惠庙残碑》的撰者是叶现。

［文献］ 明于慎行《陋巷志》卷五，清杨世沅《句容金石记》卷六，清严观《江宁金石记》卷六，清缪荃孙《江苏金石志》卷二二，清杜春生等《括苍金石志补遗》卷四，程章灿《石刻刻工研究》。

公元1332年 至顺三年

［提示］ 十二月三日，曹汉臣妆塑成道宫龙虎殿像。是年，安徽《天静宫兴造碑记》。

［叙录］ 十二月三日，曹汉臣妆塑成道宫龙虎殿像。《金石录补》载：成道宫龙虎殿左壁上有字两行：妆銮功德主本宫提举孙道和，曹汉臣塑，胡君贵妆，至顺三年十二月三日。

是年，安徽涡阳刻《天静宫兴造碑记》。此碑记为张起严所撰，碑文对于确认老子里籍的考订具有较大帮助。《史记》（老子韩非列传）称老子出生于“楚苦县厉乡曲仁里”（河南鹿邑县城东太清宫镇厉乡沟），但由于缺乏历史实证，历来颇多疑问。1995年8月，中国社科院考古研究所和安徽省文物考古研究所、安徽涡阳县文管所专家一起，在安徽涡阳县郑店村发掘天静宫（中太清宫）遗址，在近4 000平方米的发掘现场上，共发掘出十几座古建筑基地和大量遗物。其地即建于东汉延熹八年（165）的天静宫遗址，后在曹魏黄初三年（222）、隋开皇元年（581）均奉旨敕修过。李唐王朝以老子为始祖，尊此宫为祖庙。在流星园旧址清理出九眼古井，王振川等学者认为，这与古籍中记载老子故里有九井相吻合，还出土了《天静宫兴造碑》等石刻，碑文有“天静宫为老君所生之地”、“世传老子在妊，有星突流于园，既而降”的记载。

［文献］ 《史记》卷六三，清叶奕苞《金石录补》，王振川《老子庄子故里考》。

公元1333年 至顺四年 元统元年

［提示］ 至顺四年，河南《洛京白马寺祖庭记

碑》、江苏《新修平江路学记》。元统元年，山西《姚天福墓表》。

［叙录］　至顺四年，河南洛阳刻《洛京白马寺祖庭记碑》。此碑清人毕沅曾著录，现存河南洛阳白马寺山门东侧碑亭。螭首龟趺，由华严大师沙门文才撰文、赵孟頫生前楷书书丹。碑题篆书两行、行四字。碑文楷书，22 行、行 54 字。碑高 350 厘米、宽 115 厘米，碑文主要记载白马寺之由来。据范西岳考证：至元七年(1270)白马寺大兴土木时，元朝还没有统一全国，南方战事正急，其时赵孟頫在真州作司户参军。其后九年，帝师八思巴卒，陆秀夫负宋帝赵昺投海，宋亡。十六年，赵孟頫入仕元朝。三十年，白马寺重修告成。时释源开山宗主行育已经圆寂，第二任宗主文才主持《赐田功德碑》树立，赵孟頫官至集贤直学士江淮等处儒学提举。又两年，文才圆寂。第三任宗主慧觉主持白马寺，赵孟頫官至集贤侍讲学士中奉大夫。法洪任释源宗主时，赵孟頫官至荣禄大夫翰林学士承旨。历代释源宗主，皆由帝师引荐，皇帝任命，除行育兼摄江淮诸路佛事外，皆又兼皇室新创寺院开山主持，至法洪达人臣之极，授光禄大夫加大司徒，食一品禄。《洛京白马寺祖庭记碑》，立于至顺四年，其时文才已经殁世 31 年，慧觉殁世 20 年，赵孟頫殁世 11 年。时法洪为释源宗主，当为法洪所作为。因此刻立此碑时，其撰书者均已辞世。

至顺四年，江苏刻《新修平江路学记》。此记在清人缪荃孙《江苏金石志》中有著录，前题“郡人钱良右模勒”，后署“郡人邬龙石刻”，程章灿认为，此处邬龙石才是刻工。

是年改元元统。元统元年，山西刻《姚天福墓表》。《山右石刻丛编》及《拓本汇编》有著录，此碑为虞集奉敕撰书篆额，茅绍之刻。

［文献］　清毕沅《中州金石记》卷五，清缪荃孙《江苏金石志》卷二二，清胡聘之《山右石刻丛编》卷三四，范西岳《洛京白马寺祖庭记碑考》(《洛阳佛教》，2011 年第 3 期)，程章灿《石刻刻工研究》。

公元 1334 年　元统二年

［提示］　十月，甘肃武威《高昌王世勋碑》。

［叙录］　十月，甘肃武威刻立著名的《高昌王世勋碑》。此碑又称《亦都护高昌王世勋碑》，康里巎巎奉敕书。翰林学士承旨银青荣禄大夫、知制诰兼修国史奎章阁大学士、凉国公赵世延篆额。据唐晓军说，“亦都护”(idu— qut)是回鹘人西迁今吐鲁番一带后采用早期拔悉密(basml)首领称号，意为“幸福之主”或“神圣的陛下”。至世祖忽必烈时，亦都护纽林的斤(火赤哈儿的斤之子)战死有功，元朝封赠亦都护家族为“高昌王”，后之嗣位者均称为“亦都护高昌王”，直至元朝灭亡。

《高昌王世勋碑》碑在清朝时，曾埋没于地下，后被挖出，其上下段被凿为碾磨。残存部分为碑额和碑身中段，现藏于武威市博物馆。碑身残高 182 厘米、宽 173 厘米、厚 47 厘米；碑额高 130 厘米、宽 180 厘米、厚 52 厘米。碑正面为汉文，36 行，每行残存 41 字；背面为回鹘文，回鹘文分栏书写(原碑可能为 10 栏)，每栏 51 或 52 行，现存后部分的四栏半。唐晓军认为，与现存碑文相互对照可以看出，原碑当为每行 92 字，以现存碑每字长度计，92 个字相连，当为 396 厘米的高度，加上碑额、碑座，全碑高当在 6 米以上，可谓巍峨壮观。据《五凉志》载：碑在永昌县城北二十五里之圣容寺高昌王纽林的斤墓上，立于元延祐年间。《永昌县志》说：顺帝至元间，其子御史大夫铁穆耳普化来永昌上坟，奉敕立世勋碑。清乾隆年间编修《武威县志》时，此碑尚保存完好，此后其半截碑身被当地百姓凿成碾磨使用。此碑创立年代，汉文明确说是“至顺二年”(1331)，回鹘文则说是“元统二年”(1334)，两者相差三年。据推断，“至顺二年”是元文宗下诏、虞集“退而考诸高昌王世家”的年代，此时碑文并未写成。回鹘文明确说“立碑”年代为元统二年，这说明：从元文宗下诏至两种文字的碑文写成、合刻于同一石碑并树立于元永昌路(武威北)，历时三年。由于此碑严重残损，碑名不清，《道园学古录》题额为《高昌王世勋之碑》;《元文类》则作《高昌王世勋碑》;《武威县志》则称《亦都护高昌王世勋碑》。《高昌王世勋碑》是研究回鹘史的第一手资料,历来为史学家所珍视和援引。清张澍《凉州府志备考》(艺文卷)称此碑为《虞集高昌王世勋碑》。吴景山后来辑录有《高昌王世勋碑》汉文部分。奉敕书此碑的康里巎巎《元史》有传,字子山,为色目康里部人,风流儒雅,刻意翰墨,博通群书。子山以书名世。善真、行、草书,得晋人笔意。真书师虞世南,行草师锺繇、右军、大命。评者或以为有元一代,以书名世者子昂、困学之后,便及子山。存世书迹有《十二月十二日帖》、草书《渔父词》。

[文献] 明宋濂《元史》卷一四三,清张澍《凉州府志备考》卷八,唐晓军《甘肃古代石刻艺术》,吴景山《西北民族碑文》。

公元 1335 年　元统三年　后至元元年

[提示] 元统三年,河南《元惠宗口述嵩山南岳殿圣旨碑》。后至元元年,萨天锡游龙门。

[叙录] 元统三年,河南刻《元惠宗口述嵩山南岳殿圣旨碑》。河南嵩山峻极门又名将军门,为中岳中心院山门。峻极门前东侧有魏碑在四角亭内,即《中岳嵩高灵庙之碑》,亭外有元代《元惠宗口述嵩山南岳殿圣旨碑》,以蒙古语法,音译下来刻成汉字。大意是告诫到中岳庙朝拜者,上至文武官员,下至平民百姓,不得破坏中岳庙一草一木,若有违者,按国法处治。此碑可视为元朝颁布的一项文物保护法。

是年改元至元,史称后至元元年。据李文生载:萨天锡游龙门,并著有《龙门记》,首记龙门造像及寺院之破坏。元代诗人及书画家家萨都剌在《至顺镇江志》及《新元史》中有传。萨都剌,字天锡,号直斋。回族(或说为蒙古族),其先世为西域人,出生于雁门(山西代县),人称燕门才子,泰定四年(1327 年)进士。授应奉翰林文字,擢南台御史,因弹劾权贵而左迁镇江录事司达鲁花赤,晚年居杭州。有传世绘画作品如《严陵钓台图》等,现藏于北京故宫博物院。

[文献] 元俞希鲁《至顺镇江志》卷一六,清柯劭忞《新元史》卷二三八,李文生主编《龙门石窟志》。

公元 1336 年　后至元二年

[提示] 四月,河北《创塑鹊山圣像记》。后至元二年,罗国器主持行诸路金玉总管府。

[叙录] 四月,河北刻《创塑鹊山圣像记》。此刻《曲阳金石录》中曾著录,刻工为王禹弼(黄山石师)。《拓本汇编》系此记于至元二年(1265),程章灿认为应系于后至元二年,陈垣亦系此碑于至元二年。《深州金石记》有王禹弼后至元二年(1336 年)刻《安平王氏世德之碑》一件,可证《创塑鹊山圣像记》应刻于后至元二年。

是年,罗国器主持行诸路金玉总管府。程章灿考,除在元大都中央政府中设立有关机构管领石工之外,元代还在地方设置相关机构,对社会上的刻工进行组织与管理。其中最值得一提的是设在杭州的行诸路金玉总管府。《始丰稿》中有《元故将仕郎金玉府军器提举司同提举夏君墓志铭》。据李种载:罗国器为杭州人,后至元丙子,为行金玉府总管,有一匠慢工,案具而恕之。同僚问其故,罗曰:吾闻其新娶,若挞之,其舅姑必以妇为不利,口舌之余,则有不测之事存焉。于此,可见罗国器为人宅心仁厚。陶宗仪载:罗世荣字国器,时任行金玉府副总管。

[文献] 元徐一夔著、徐永恩校注《始丰稿校注》卷九,元李种《日闻录》,元陶宗仪《南村辍耕录》卷三二,清董涛《曲阳金石录》卷下,清阮元《两浙金石志》卷一六,清魏锡曾《绩语堂碑录》、《拓本汇编》第 48 册,程章灿《石刻刻工研究》。

公元 1339 年　后至元五年

[提示] 二月,山东《御赐尚醴释奠碑》。五月,山东《尼山书院碑》。五月,北京《石鼓文音训》。八

月二十□日，山东《孔思立祭孔碑》。十一月，河北《加封显灵英济义勇武安王碑及碑阴题名》、山东《敕修曲阜宣圣庙碑》。是年，福建华表山摩尼教摩崖石刻、赵良魁刻《朱买臣庙碑》。

［叙录］ 二月，山东刻《御赐尚醴释奠碑》。此碑清人孙星衍、毕沅及民国孙永汉曾著录。据骆承烈载，碑位于孔庙十三碑亭院东南部西区北排西起第二石。碑高130厘米。孔克钦立石，梁宜记，东野潜正书，蔡思中篆。共22行、行约26字。

五月所刻《尼山书院碑》，明人陈镐及清人孙星衍有著录，现位于尼山孔庙大成殿前西侧北石。碑高320米。陈绎曾撰，李彦博书，任择善篆额。正书共29行、行102字。碑阴亦正书。为常伟（石匠提领）、常从义、常士贵三人（很可能是父子）同刻。五月，北京刻《石鼓文音训》。此刻现存北京国子监，由府学生茅亮刻。北京图书馆藏有拓本，《拓本汇编》有著录。

八月二十□日所刻《孔思立祭孔碑》，位于孔庙十三碑亭南面西起第三亭内东排北石，碑高205厘米。上端为谢端撰，正书。共22行、行10字。下端为王守诚撰，正书。共23行，每行10字。同年十一月，山东刻《敕修曲阜宣圣庙碑》。孙星衍、孙永汉有著录。此碑现位于孔庙十三碑亭南面东起第四亭内正中，碑高460厘米。欧阳玄撰、康里巎巎书、张起岩篆额。共42行，行约100字。碑阴正书，碑侧为“至正二十二年（1362）任忠题记”。《金石萃编未刻稿》、《寰宇访碑录》著录。欧阳元（玄）吉州人，字幼功，号圭斋。经史百家靡不研究。官至翰林院学士承旨，有《圭斋文集》。此碑刻工，曾毅公考为新安詹献刻。据元人《秘书监志》载：詹献字廷用，新安人，至正十九年十一月上由内史府照磨迁秘书郎。明代叶盛称《虞台岭观音堂记》为洛阳谭慥文，至元已卯五月建，新安詹献刻，今石尚存。

是年十一月，曲阜所立《敕修曲阜宣圣庙碑》，欧阳元功之文，康里子山书，亦献刻焉。献盖国朝名书孟举之先也。二刻皆完成于后至元五年（1339）。程章灿认为，据此可知，詹献早在此年的20年前就已从事刻石了。

同年十一月，河北蔚县刻《加封显灵英济义勇武安王碑及碑阴题名》。清代杨笃著录此刻，为尹德信（大都金玉局石局提领）刻，孙高裕所书，孙氏同时还书有《文庙加号碑》。李泰棻指出此碑后立于《文庙加号碑》一年，亦孙高裕书，而笔力较遒，以刻手佳也。程章灿按：《文庙加号碑》原题《有元加号大成至圣文宣王碑阴记》，前一种碑石出自当时名工尹德信之手，更好地表现了孙高裕书法遒劲的笔力，其技艺显然高于后碑之刻手。

是年，福建华表山摩尼教摩崖石刻。摩尼教是世界性古老的宗教之一，由生于南巴比仑安息的王族摩尼（216—276）在拜火教基础上融汇基督教、佛教教义而创立。该教自波斯西传罗马帝国再传至北非，一度在欧、亚、非等地广泛流行，后遭到波斯萨珊王朝取缔，始渐次消亡。至13世纪时（元朝称摩尼教明教），摩尼教已在世界其他地方绝迹，唯独在中国东南沿海尚有残存。福建泉州华表山摩尼教古寺（草庵）岩壁上，存有一尊浮雕摩尼佛像，像侧刻有两段摩崖碑文。其左上方摩崖楷书碑文共5行34字：“谢店市信士陈真泽立寺，喜舍本师圣像，祈荐考妣早生佛地者。至元五年戊月四日记。”右上方摩崖楷书碑文分5列共51字：“兴化路罗山境，姚兴祖奉石室一院，祈荐先君正卿姚汝坚三十三宴、妣郭氏五九太儒、继母黄十三娘、先兄姚月涧、四世众生界者。”由此可知，此处摩尼古寺系由晋江及兴化的汉族信徒们在元至元五年所建造。赵超指出，泉州城外晋江草庵内这尊国内仅存的摩尼教佛像摩崖雕刻，与任何佛、道造像都不一样，其像披发垂肩，背后有照向四方的曲线毫光，全高约152厘米，历代相传称为“摩尼光佛”，刻于元代至元五年（图259）。摩尼教由于一直被统治者查禁，宗教遗物极为罕见。这件珍贵的石刻对了解摩尼教在南方的传播情况和深入研究摩尼教历史都具有重要的意义。刘兴珍载描述这件依崖镌刻浮雕的波斯摩尼佛时说，石佛周围深刻一直径为近两米的佛龛。摩尼光佛端坐莲坛上，头顶射出一道道毫光。面庞圆润，眉弓隆起，散发披肩，并蓄有两条长须。身着宽袖僧衣，束带有环饰，襟结下垂，双手掌心向上相叠置于膝上。双耳垂肩，神态庄严，与其他佛像风格迥异。该像利用石质的天然石色，使脸部略泛青色，手部稍具粉红色，这种俏色的利用反映了艺人高超的技能。

赵良魁刻《朱买臣庙碑》。《拓本汇编》著录此碑，原系于至元五年(1268)，程章灿认为应系于后至元五年。《拓本汇编》还著录有后至元五年赵氏所刻《元代祀南镇记》。

［文献］ 元王士点等《秘书监志》卷一〇，明陈镐《阙里志》卷一八，明叶盛《水东日记》卷三七，清孙星衍《寰宇访碑录》卷一二，清毕沅《山左金石志》卷二四，清王昶《金石萃编未刻稿》卷中，清杨笃《蔚州金石志》卷一，孙永汉《续修曲阜县志》卷八，曾毅公《石刻考工录》，程章灿《石刻刻工研究》，《拓本汇编》第48册、第49册，骆承烈《石头上的家文献——曲阜碑文录》，［法］伯希和撰、冯承钧译《福建摩尼教遗迹》(《西域南海史地考证译丛九编》)，林悟殊《摩尼教及其东渐》，庄为玑《泉州摩尼教初探》(《世界宗教研究》1983年第3期)，赵超《石刻史话》，刘兴珍等《中国古代雕塑图典》。

公元1340年　后至元六年

［提示］ 五月，江苏《句容县学大乐礼器碑》。八月，山东《释奠宣圣庙碑》、山东《张起岩周伯琦拜孔林诗碣》。后至元六年，重庆合川濮岩寺镌刻《飞轮宝藏记》、昆明《云南王藏经碑》。

［叙录］ 五月，江苏刻《句容县学大乐礼器碑》。此碑清人杨世沅、严观、缪荃孙及《拓本汇编》均著录，为金陵樊弘毅所刻。

八月，山东刻《释奠宣圣庙碑》。清孙星衍、孔继汾和毕沅均曾著录。骆承烈载，此碑位于孔庙十三碑亭院西南部西起第三石，碑高157厘米。孔克钦立，周伯琦撰、书并篆额。侯献(新安)刻，正书28行、行55字。碑阴“大学指掌图”正书，篆额。周伯琦，元饶州人，字伯温。至正间累官参知政事。同月，常伟(古郓)刻《张起岩周伯琦拜孔林诗碣》，明人陈镐及清人孔继汾有著录。石在曲阜孔庙西斋宿东墙南起第13石。石高60厘米、宽140厘米。孔克钦立。此石刻张起岩与周伯琦二人之诗，皆五言。行书，共39行，行15字。常氏还刻有年代不详之刻《创建洙泗书院之记碑》，石在曲阜洙泗书院正殿前。

《中国石窟雕塑全集》载：后至元六年，重庆合川濮岩寺镌刻《飞轮宝藏记》。元代巴渝地区的佛寺，在宋代的基础上有所增加。新建佛寺如：巴县佛来寺、江津永福寺、綦江胜果寺、涪州崇兴寺、合川嘉福寺等。《飞轮宝藏记》载：元统癸酉(1333)增置李家坪水陆地亩，永作供佛饭僧，洒扫洞室一区，以待禅人调息。

是年，昆明刻《云南王藏经碑》。此碑又称《阿鲁王碑》，据道布载：云南昆明市筇竹寺中的《云南王藏经碑》，是目前国内保存较完整的蒙古畏元文碑。此碑于20世纪初始发现，碑阴用回鹘式蒙文书写云南王阿鲁的蒙古语令旨，无汉文译文，是一件十分珍贵完整的蒙古文碑铭。

［文献］ 明陈镐《阙里志》卷二〇，清杨世沅《句容金石记》卷六，清严观《江宁金石记》卷七，清缪荃孙《江苏金石志》卷二二，清孙星衍《寰宇访碑录》卷一二，清孔继汾《阙里文献考》卷三四，清毕沅《山左金石志》卷二四，《拓本汇编》第49册，骆承烈《石头上的家文献——曲阜碑文录》，《中国石窟雕塑全集》(四川重庆卷)，道布《回鹘式蒙古文〈云南王藏经碑〉考释》(《中国社会科学》1981年第3期)。

公元1341年　至正元年

［提示］ 二月五日，浙江翻刻《峄山刻石》。二月二十八日，《石浮雕佛坐像》。三月，河南《息庵禅师道行碑》。

［叙录］ 二月五日，浙江翻刻《峄山刻石》。此

图259 摩尼光佛 后至元五年(1339) 泉州晋江草庵

图 260 石浮雕佛坐像 至正元年(1341) 故宫博物院藏

刻清人杜春生、阮元有著录。峄山刻石为秦始皇东巡泰山首刻，原位于山东峄县境内，刻石在唐代即遭毁坏，虽有摹本传世，均失真。南唐时徐铉曾得一拓本，后赠郑文宝，于宋淳化四年(993)刻石立于西安，世称此西安拓本。元至正元年绍兴路总管推官申屠驹又据郑文宝刻本翻刻立石于绍兴。王同顺载，清嘉庆间钱泳弟子孔昭、孔从又按徐铉墨迹双钩、福建巡抚王绍兰勒石，共有四石，置于焦山，今列碑林廊中。石高122厘米、宽38厘米。碑文为：黔首无繇，天下咸抚。男乐其畴，女修其丛。事各有序，惠被诸产。久并来田，莫不安所。群臣诵略，请刻此石，垂著仪巨。此刻刻工，为东海四明王永仁。

二月二十八日所雕刻的《石浮雕佛坐像》(图260)，是元代十分少见的单体造像，金申著录。石高18厘米，现藏于北京故宫博物院。发愿文：至正元年二月二十八日造。刘兴珍描述说：正中为释迦牟尼，左手施禅定印，右手施触地印，结跏趺坐于莲花宝座上，妙相庄严。身后饰背光，左右对称凿凤。像的上端及左右刻有七组佛传故事，皆为佛龛式。其中最上端为释迦牟尼涅槃图，下有莲花伞盖。主像造型简明，佛像具有梵像特点。风格质朴庄重，布局井然有序，像背刻有至正元年二月二十八日造字样及梵文三行。

三月，河南刻《息庵禅师道行碑》。此碑全称《灵岩禅寺第五十九代息庵让公禅师道行碑》，现位于河南登封少林寺天王殿右侧，碑身高213厘米、宽89厘米、厚18厘米。碑首为半圆形，中刻大宝相花，横向两侧各刻小宝相花，碑额刻有光显大禅师盖吉祥篆题“息庵禅师道行之碑”八大字。碑趺为长方形须弥座，长116厘米、宽66厘米、高17厘米。碑身正面镌刻僧邵元撰文、比丘法然行楷书丹的碑文24行，计1072字。碑文记载息庵禅师生平事迹，赞颂其德行高深。碑文四周刻有连续卷草纹边框。碑身背面上半部镌刻“息庵禅师宗派之图”，图下刻嗣法及落发小师名字数个和明万历间游人所题诗作一首。邵元原为日本国山阴道但州正法禅寺住持，于元泰定帝泰定四年(1327)至中国，先后往天台山、天目山、五台山等地礼佛，后至大都参加元朝选僧百员在禁中转读《大藏经》。邵元在华前后21年，于惠宗至元五年(1339)游至少林寺，以客僧担任该寺首座，尊为古源上人，与息庵结下道谊。息庵圆寂，应息庵徒弟之请，写下此碑。曾毅公《石刻考工录》考，此碑刻工为张克让。郭沫若曾十分推崇此碑，于20世纪70年代在参观考察河南画像石及碑刻拓片期间，曾在河南登封少林寺内致信《文物》编辑部。《文物》1973年第6期刊出此信。内容为：息庵碑是邵元文，求法来唐不让人。愿作典型千万代，相师相学倍相亲。并对《息庵禅师碑》评价说：河南省画像石、碑刻拓片展览，出品共一百五十二件。就中元至正元年息庵禅师碑，乃日本僧人邵元禅师所撰，真可谓“当仁不让”者。如此佳话，愿广为流传，以为中日两国相互学习之样板。

［文献］ 清杜春生《越中金石记》卷九，清阮元《两浙金石志》卷一，王同顺《镇江古代石刻及焦山碑林书法研究》，金申《中国历代纪年佛像图典》，刘兴珍等《中国古代雕塑图典》，曾毅公《石刻考工录》。

公元1342年　至正二年

［提示］ 正月上元日，山东《创建尼山书院之记碑》。正月二十二日，江苏《重建达奚将军庙记》。三月十五日，山东刻曹元用《陪冀右丞诸公宴于太白楼》。三月，河南《重建东郡宋氏世德之碑跋》。春，江苏《题苏轼墨竹五绝诗一首》、《题苏轼墨竹楚词一首》。十二月，山东《皇帝致奠曲阜孔子庙碑》。是年，江苏《喀德林·维利翁尼墓碑》。山西《西溪祥公和尚灵塔》、北京昌平居庸关云台四天王石刻。

［叙录］ 正月上元日，山东刻《创建尼山书院之记碑》。骆承烈载，此碑位于尼山孔庙毓圣侯殿前西侧，碑高250厘米、宽96厘米、厚23厘米。虞集撰，孔克坚书，张起岩篆额，刻工常士贵(古郕)。正书共28行、行59字。碑阴刻官、儒名24行。是年十二月所刻《皇帝致奠曲阜孔子庙碑》，清人孙星衍、孔继

汾、毕沅等均曾著录。据骆承烈载，此碑位于孔庙十三碑亭院东南部南排东起第三石。碑高 228 厘米、宽 77 厘米、厚 14 厘米。郭孝基撰，陈绎曾书，王士照篆额。正书 20 行、行 54 字，碑阴亦正书。

正月二十二日，江苏刻《重建达奚将军庙记》。此刻清人杨世沅、严观、缪荃孙和《拓本汇编》均有著录。程章灿按：此刻原署“督工司吏朱士良、王德富，金陵樊弘毅镌”，而《拓本汇编》著录作“朱士良等刻”，非是。

三月十五日，山东刻曹元用《陪冀右丞诸公宴于太白楼》。曹元用《元史》中有传。清人徐宗干《济州金石志》中著录此碑，后来汶上县政协文史资料委员会《汶上文史资料》中收录此刻。曾毅公《石刻考工录》考：此刻为常景鲁（古郓）、常士信同刻。常士信，疑即常信，与常士杰、常士伟等为兄弟行，或省行辈字“士”字。

是年三月，河南刻《重建东郡宋氏世德之碑跋》。清代《滑县金石录》中著录此碑，翰林待制吴炳记并书，碑末有吴炳题记：至正元年冬，乃买石，刻辞四面。前石距今二十四年，已复剥损，公以石之不良，而工之不善也，命子讷买石易之。前书与义不可复勒，驰书见属，募工于汴以刻之。显然，对于刻工要求很高，最后由汴梁袁琰刊，黎阳尚志造。

据王同顺载，至正二年春天，江苏澄鉴堂刻有两件石刻，一为《题苏轼墨竹五绝诗一首》，由元子山（康里巎巎）题。康里巎巎字子山，前面已提及，天历间官至奎章阁学士院大学士。此题为草书，时年 49 岁，其深得怀素笔法。另一件为《题苏轼墨竹楚词一首》，为康里回回所题。石高 32 厘米、宽 88 厘米，共一石。康里回回字子渊，累官至中书右丞，与巎巎时称“双璧”。

是年，江苏刻《喀德林·维利翁尼墓碑》。此碑于 20 世纪 50 年代初，发现于江苏扬州龙头关。碑残高 58 厘米、宽 48.8 厘米。碑正面分为上下两半部分，周边镌刻卷草纹边框。碑正面下半部分镌刻拉丁文碑文五行，字径高约三厘米，碑文首尾处各刻一十字架图形。碑文汉译为：以主的名义，阿门。此处埋葬着喀德林，乃多密尼·维利翁尼之女，她卒于 1342 年六月。维利翁尼家庭系 12 世纪时意大利威尼斯望族，多密尼·维利翁尼一家在元仁宗延祐七年(1320)至中国，其子女死后葬于扬州。碑上半部镌刻喀德林·维利翁尼家族先祖、基督列传中公元 4 世纪初受罗马帝国派驻埃及官员的迫害而殉教的圣喀德林的悲壮故事。这件碑刻对于研究元代基督教在中国的传播和中西文化交流具有重要价值。扬州自唐代以降，就是个迷人的具有世界性的繁华都市。澳大利亚汉学家安东篱（Antonia Finnane）在《说扬州》中这样写道：13、14 世纪，在“蒙古泰平”时代（Pax Mongolica），远方的商人再度造访扬州，当时成吉思汗的后代为丝绸之路提供了保护，并欢迎客人们漂洋过海来到中国。阿拉伯地理学家阿布尔费达（Abulfeda）知道扬州的存在，他写道：“某些人到过那里，说那里位于温带地区，有一些园林和荒废的城墙。”一个中文名叫普哈丁的伊斯兰传教士，被认为是穆罕默德的后裔，就在阿布尔费达出生前后葬于扬州。其精致的墓园里还保留着他的许多同胞的墓碑，比如卒于 1302 年的尔路丁（Erlueding），被称颂为是“一位伟人”，一位有教养、精于商业、关心普通百姓的客商。若干年之后，喀德林（Catherine）和安东尼·维利翁尼（Antonio Illioni）葬于扬州，他们肯定是踏着那位声称代表大汗做过三年扬州总督的马可·波罗的神秘足迹，沿着某条贸易线路来到中国寻求财富的。

是年，山西刻《西溪祥公和尚灵塔》。张焯载，此石幢为黄砂岩，六棱，仿钟形。半侧风化、破损，半侧三间长方框内文字可辨。现藏于大同市善化寺，20 世纪 70 年代劈为上下两半，筑为南墙西侧基础，2002 年掘出，三间长方框内文字全无。

是年，北京昌平居庸关云台四天王石刻。北京昌平县居庸关为大都通向内蒙古的要冲，至正二年(1342)元顺帝命大丞相阿鲁图和左丞相别儿怯不桔在此主持过街塔的创建工作，历经四年而成。其保留至今的白玉石塔基，称为云台，其券洞顶部雕密教五佛曼禁罗，两旁斜面则为十方佛，券洞两壁则作四大天王。刘兴珍进一步描述说，在云台下券洞内有精美浮雕和梵文、藏文、八思巴文、畏元儿文、西夏文和汉文6种文字的经文咒语。云台基座东西长2 684厘米、南北深1 757厘米。上顶东西长2 404厘米，南北宽1 473厘米。云台正中开一道券门，宽632厘米、高727厘米。门下可通行车马。台顶边缘设石栏杆一周，每根望柱之下和台顶四角都向外挑出龙头，台顶部四周挑出石平盘两层，上层刻云头，下层刻兽面和垂珠。云台雕刻主要集中在券门和券门洞内，券门两旁对称刻交叉金刚杵组成的图及象、怪狮、卷叶花和大龙神，正中刻金翅鸟王。券顶部和两斜边雕刻有许多小佛像，券顶正中刻五个曼陀罗图样，两斜顶刻十方佛。在大佛之间则遍刻小佛像，满布券顶，券洞边则装饰各种花草图案。

四天王具体位于过道两壁靠近券门处，每侧各二天王：东侧北为西方广目天王、南为南方增长天王、西侧北为北方多闻天王、南为东方持国天王。天王两侧尚刻有侍立文臣武将，天王足踏地鬼。画面空白处则刻云烟山石。四天王中南方增长天王保存最为完整，其面目凶悍，脸部肌肉突起，嘴角下弯，显得刚毅勇猛。加之披戴宝冠铠甲，手执宝剑，含胸分胯，充满动感。天王右侧刻一身背长弓的散发猛将，左边刻一按武士。天王左脚踩踏一喙嘴带翼小鬼，右脚踏压蛇妖。持国天王有缺失，没有增长天王保存完整，相比之下表情也要慈忍一些，右手操蛇，腰际所刻兽首十分夺目，其气度优雅，颇有汉族儒将之风。其右侧侍立手持笏板的文官，长须而汉服；左侧侍者为一托枪武士，裸膝跣足，神情威严。余二天王亦各具风采，手扶琵琶的广目天王保存较好，端庄而悲慨。持长柄幢（伞）的多闻天王则残损较重，烟熏火燎痕，一片呈斑驳。天王阔口方面，怒气冲天，李玉珉记载说，这四尊天王均屈腿坐于岩石座上，头戴宝冠，蹙眉怒目，身躯魁梧，穿着甲胄，气势威猛。东方持国天王手抱琵琶（图261），南方增长天王意欲拔剑，西方广目天王右手握蛇，北方多闻天王右手持宝伞。这些图像特征都和唐宋所见的四大天王迥异，乃根据西藏佛教图像来雕制的。这些天王全以薄肉雕完成，在微薄的起伏中，将天王强大体积及力量一表无遗。四大天王及其随侍的面部神情生动，足下所踏的邪鬼形体和五官的夸张变形，为画面增添了艺术张力。天王甲胄的图案雕饰仔细，一丝不苟。天衣飞扬飘舞，线条畅达，颇有吴带当风之趣，显然云台佛雕的艺匠深受我国道释画传统的熏陶，其雕制风格受到中土艺术的影响。云台的天王像是中原最早的藏式四大王像遗存之一。明代以来，信众取“风调雨顺百谷登”的譬喻，认为：持剑者，风（音谐锋）也；持琵琶者，调也；持伞者，雨也；持蛇（蜃）者，顺也。自此，这组西藏的四大天王便成为我国风调雨顺的象征。明清寺院天王殿中普遍供奉着“风调雨顺”四大天王像。这样的诠释不见于西藏，却是西藏佛教与汉地文化融合的最好注脚。

［文献］ 明宋濂《元史》卷一七二，清杨世沅《句容金石记》卷六，清严观《江宁金石记》卷七，清缪荃孙《江苏金石志》卷二十二，清徐宗干《济州金石志》卷三，清王蒲园等《滑县金石录》卷七，清孙星衍《寰宇访碑录》卷一二，清孔继汾《阙里文献考》卷三三，清毕沅《山左金石志》卷二四，《拓本汇编》第50册，骆承烈《石头上的家文献——曲阜碑文录》，曾毅公《石刻考工录》，程章灿《石刻刻工研究》，汶上县政协文史资料委员会《汶上文史资料》第6辑，王同顺《镇江古代石刻及焦山碑林书法研究》，［澳］安东篱《说扬州》，张焯《云冈石窟编年史》，李玉珉《中国佛教美术史》，刘兴珍等《中国古代雕塑图典》。

公元1343年　至正三年

［提示］ 四月良日，山东《山东巨野石佛寺北齐造像刊经经碑移碑记》。六月十四日，山东《杨讷三谒林庙记碣》。九月，山西《重修会应王庙记》。是年，《吴山承天灵应观记》

［叙录］ 四月良日，山东刻《山东巨野石佛寺北齐造像刊经经碑移碑记》。此碑记周建军、徐海燕有著录。《山东巨野石佛寺北齐造像刊经经碑移碑记》

图 261　持国天王　至正二年(1342)　北京市昌平县居庸关云台

刻于北齐，至正三年住持大明院沙门德渊等再移古碑，并刻移碑记一行 44 字，刻工为王世荣。

六月十四日，山东刻《杨讷三谒林庙记碣》。此碣民国孙永汉著录，据骆承烈载：石位于孔庙西斋宿北墙东起第八石。石高 45 厘米。孔克钦志，许企善立。正书 21 行、行 13 字。同年九月，山西王温刻《重修会应王庙记》。碑在山西长治县五龙山五龙庙，清人胡聘之《山右石刻丛编》及冯俊杰《山西戏曲碑刻辑考》有著录。同年，浙江刻《吴山承天灵应观记》。陈垣及刘汉忠辑录此记，刻工为四明茅绍之。

［文献］　清胡聘之《山右石刻丛编》卷三六，孙永汉《续修曲阜县志》卷八，周建军等《山东巨野石佛寺北齐造像刊经碑》(《文物》1997 年第 3 期)，骆承烈《石头上的家文献——曲阜碑文录》，冯俊杰《山西戏曲碑刻辑考》，陈垣《道家金石略》，刘汉忠《〈石刻考工录〉续补》(《文献》1991 年第 3 期)。

公元 1344 年　至正四年

［提示］　正月，陕西《富县松树沟造像》。是年，山东《洙泗书院碑》、书碑家揭傒斯卒。吴师道卒，曾撰《赠镌者刘生》。皇庆元年至至正四年，山东《创建洙泗书院之记碑》。

［叙录］　正月，陕西刻《富县松树沟造像》。李淞载，在富县张家湾西北离县城约 120 公里处松树沟，有一处早已废弃的寺院遗址，20 世纪 80 年代由林区伐木工人发现后，由陕西省考古研究所进行过清理，发现一处正殿和两偏殿遗址，殿内外有石造像 28 尊。左偏殿造像有一佛二弟子，佛高 135 厘米，结跏趺坐于束腰莲台，佛为大波浪鬈发，中有低肉髻，颇为特殊。座中有狮，作威武状。佛座下刻有造像题记，

中有“至正四年正月”字样，又横刻“石匠弓又”四字。

是年，山东刻《洙泗书院碑》。清人孙星衍著录此碑。骆承烈载：此碑位于城东北八里洙泗书院内西侧。碑高192厘米、宽82厘米、厚27厘米。孔克钦正书。

这一年，有两位元代文人离世。一位是书碑家揭傒斯。揭傒斯字曼硕，龙兴富州（今江西丰城市）人，官至翰林侍讲学士。揭傒斯善正行草书，由其所书朝廷典册、功臣家传、碑铭传诵于世。明人陶宗仪称揭傒斯“正行书师晋人，苍古有力”。出于其手的传世名碑有《代祀记碑》、《天一池碑》、《大元敕赐曲阜孔庙田宅之记碑》等。其中的《代祀记碑》，存浙江绍兴，镌刻者为赵良魁。另一位是吴师道，吴师道字正传，婺州兰溪县城隆礼坊人。以礼部郎中致仕。平生以道学自任，晚年益精于学，剖析精严。著有《战国策校注》、《礼部集》、《春秋胡氏传附辨》以及《兰溪山房类稿》等。所撰有《赠镌者刘生》一诗，载于《吴礼部诗集》中，对于研究古代石刻刻工颇有价值。

皇庆元年至至正四年（1312—1344），山东刻《创建洙泗书院之记碑》。骆承烈著录此碑，位于曲阜洙泗书院正殿前，为研究元代曲阜书院重要史料，骆氏将其年代定于明朝。程章灿认为系年有误：此碑上有刻工常伟之名，而根据《石刻考工录》，常伟所刻石最早的是在皇庆元年（1312），最晚的在至正四年（1344），那么一般来说，《创建洙泗书院之记碑》的年代不会晚于元末，而以1312至1344年之间的可能性最大。

［文献］　元吴师道《吴礼部诗集》卷三，明陶宗仪《书史会要》卷七，清孙星衍《寰宇访碑录》卷一二，李凇《陕西古代佛教美术》，骆承烈《石头上的家文献——曲阜碑文录》，程章灿《石刻刻工研究》。

公元1345年　至正五年

［提示］　北京《云台六体文石刻》、书碑家康里巎巎卒。

［叙录］　是年，北京刻《云台六体文石刻》。此刻前文已经提及，位于北京昌平县境的居庸关。在居庸关城中原有元至正五年（1345）建成的过街塔，以汉白玉砌成，称为云台。台正中有券门，在券洞两侧石壁上，四大天王像之处，还刻有用梵文、藏文、八思巴文、蒙古文、维吾尔文、西夏文、汉文六种文字书写的《陀罗尼经咒》和《造塔功德记》。石刻上部横书梵文、藏文，下部自左而右直书八思巴文、古维吾尔文、汉文与西夏文。最早对六体文进行研究的当数罗福成，罗氏字君美，毕业于日本早稻田大学兽医科，是我国西夏文、契丹文、女真文的研究先驱。1932年在《国立北平图书馆刊》第四卷第三辑《西夏文专号》上发表《韵统举例》、《文海杂类》、《杂字》、《居庸关石刻》、《重修护国寺感应塔碑》等多篇论文，现已收入李范文主编的《西夏研究》第四辑中。

是年，书碑家康里巎巎卒。康里巎巎在《元史》中有传，东平于不忽木之子，幼时入学国子监，初授承直郎，官至翰林学士承旨。工擅书法，《元史》本传称其“善真行草书，识者谓之得晋人笔意，单牍片纸人争宝之，不啻金玉”。明人陶宗仪亦称其刻意翰墨，名重一时。所书名碑中有《亦都护高昌王世勋碑》、《敕修曲阜宣圣庙碑》、《王烈妇碑题诗》、《赞天开圣仁寿徽懿宣昭贞文慈祐储善衍庆福碑》、《张氏先茔碑》等。

［文献］　明宋濂等《元史》卷一四三，明陶宗仪《书史会要》卷七，罗福成《居庸关石刻》（李范文主编《西夏研究》第四辑）。

公元1347年　至正七年

［提示］　二月十一日，山西《王氏世系之图碑》。是年，四川广元千佛崖装饰佛像。

［叙录］　清人胡聘之著录：至正七年二月十一日，郭通甫（上盘石村石匠）、李廷（乱柳村石匠）、王仲良、王让、王海、王伯义刻《王氏世系之图碑》。同

年,《中国石窟雕塑全集》载:前资善大夫、岭北省(治所在今蒙古固哈尔和林)参知政事佛嘉阁除克云南省参政,奉施中统钞壹锭,在四川广元千佛崖装饰佛像。

[文献]　清胡聘之《山右石刻丛编》卷三七,《中国石窟雕塑全集》(四川重庆卷)。

公元1348年　至正八年

[提示]　二月,河南《重修礼拜寺记》碑。是年,甘肃敦煌莫高窟《六体文石刻》。虞集卒,曾撰《大都城隍庙碑》。

[叙录]　二月,开封伊斯兰教重建清真寺,刻《重修礼拜寺记》碑。此碑为杨受益所撰。杨氏时任县长,应中山府(即定州)都督穆斯林将领普颜帅睦儿之请而作碑文。碑文中述及该寺重建始末、对穆罕默德和阿拉伯的认识,以及伊斯兰教制度传入中国情况等史实。为中国穆斯林以汉文介绍伊斯兰教教义最早文献,亦为对伊斯兰教传入中国及第一传教人撒阿的斡葛思最早的记载。根据此碑,可定此寺重建日期为本年。但是《马可·波罗游记》则记重建日期为至元十六年(1279)。《明史》(默德那国传)载:默德那(麦地那),回回祖国也,地近天方。相传其初国王谟罕蓦德(穆罕默德)生而神灵,尽臣服西域诸国,诸国尊为别谙拔尔(波斯语),犹言天使也。隋开皇中,其国撒哈八撒阿的斡葛思,始传其教入中国,迄元世,其人遍于四方,皆守教不替。据伊斯兰教历史,至圣穆罕默德年40岁(610年)开始创建伊斯兰教。隋开皇中伊斯兰教尚未创建,因而不可能于隋开皇中派人到中国传播伊斯兰教。《明史》之误,在于将伊斯兰太阴历(一年354或355日)当作太阳历计算。伊斯兰教东传中国之隋开皇中,实际应为唐武德中。

是年,甘肃敦煌莫高窟《六体文石刻》。阎文儒对此刻有释读,《六体文石刻》,以六种文字刻写六字真言。六体中包括梵文、藏文、八思巴文、回鹘文、汉文和西夏文。汉文六字为唵、嘛、呢、叭、咪、吽,其他五种文字的意思与汉文同。清代徐松在嘉庆年间,曾考察敦煌莫高窟,并详细记录了当时莫高窟内碑碣的保存状况,如《李君莫高窟旧龛碑》、《大唐陇西李府君修功德碑》、《唐宗子陇西李氏再修功德记》、元《六体文石刻》等碑目。徐氏所载《六体文石刻》,已成为现在校正此碑的最有价值的文献资料依据。

是年,虞集卒。元代著名学者和诗人虞集在《元史》中有传。字伯生,号道园,人称邵庵先生。仁宗时,迁集贤修撰,除翰林待制。文宗即位,累除奎章阁侍书学士。著有《道园学古录》、《道园遗稿》。虞集与揭傒斯、柳贯、黄溍并称元儒四家;其诗与揭傒斯、范椁、杨载齐名,列为元诗四家。宋代淫祀流行,将城隍神列入祀典,各府州县城隍神,民间更是由信仰城隍神而忽略社稷神。至元代,城隍神地位得到更进一步的提升。元初营建大都(北京)时即创建大都城隍庙,并封城隍神为佑圣王。天历年间,又将大都城隍神封为护国保宁王。据清代朱彝尊在《日下旧闻考》记载:在元大都的城隍庙中,即曾刻立有虞集撰写的《大都城隍庙碑》,碑文记述了大都建造城隍庙、祭祀城隍神的情况。

[文献]　明宋濂等《元史》卷一七二,清张廷玉《明史》卷三三二,清徐松《西域水道记》卷三,清朱彝尊等《日下旧闻考》第三册,曾毅公《石刻考工录》,阎文儒《元代速来蛮刻石释文》(《敦煌研究》1981年创刊号),唐晓军《甘肃古代石刻艺术》。

公元1350年　至正十年

[提示]　夏,福建泉州《重修清静寺碑记》。是年,广州《重建怀圣寺记》碑。

[叙录]　是年夏,福建泉州刻《重修清静寺碑记》。此记为吴鉴所撰,吴鉴字明之,对伊斯兰教有研究,他曾在参与编修的《清源郡志》中,谈及泉州清真寺"废兴与始末"情况。此记为重新修寺而作,反映出当时伊斯兰教在泉州颇为兴盛的情形。碑文中

记载了建寺始末，并对穆罕默德及阿拉伯社会状况、教义等方面也有所涉及。明人著作如《清源金氏族谱》、《闽书》等对此有著录，清代四库存馆臣也曾给予较高评价。也是在这一年，广州还刻有一件重要的伊斯兰碑刻《重建怀圣寺记》碑。此碑存于广东广州伊斯兰教寺庙怀圣寺，最早对此碑进行研究的是回族历史学家白寿彝先生。此碑由奉议大夫广东道宣慰使司都元帅府经历郭嘉撰文、政议大夫同知广东道宣慰使司都元帅撒的迷失书丹、中奉大夫江浙等处行中书省参知政事僧家讷篆额。

［文献］　明金志行《清源金氏族谱》，明何乔远《闽书》卷七，清永瑢等《四库全书总目提要》卷七一，曾毅公《石刻考工录》，白寿彝《白寿彝文集：伊斯兰史存稿》，马明达《元刻广州〈重建怀圣寺记〉续跋——为纪念白寿彝先生、马寿千先生而作》（《回族研究》2011年第4期），冯今源《中国伊斯兰教碑文选注》。

公元1351年　至正十一年

［提示］　陕西《奉元路圆通观音寺记》碑、浙江温州《选真寺记》摩尼教碑。

［叙录］　是年，陕西刻《奉元路圆通观音寺记》碑。此碑文附刻于北魏正光年间雕凿的《千佛造像碑》碑身阳面，现藏于西安碑林。碑文正书，由陕西廉访司廉访使斡勒海寿撰文、壁峰禅师石宝金书丹。边框线刻团菊花纹，顶部主尊垂覆下裳两侧分刻“佛日增辉，法轮常转”八个篆字，时代风格应与碑文所载年代相同。据罗宏才载，《千佛造像碑》于1911年后出土于长安东关。碑高206厘米、宽90厘米、厚28厘米。碑首减底刻高浮雕盘龙，两侧六螭下垂。身首连体。碑座佚。现碑座为后配。碑阳面正中雕一拱形尖顶龛，龛楣饰火焰纹，龛内造像三尊，为一佛二菩萨组合，主尊面相已毁，结跏趺坐，作说法印。碑阴面正中及左右两侧面上部亦均雕一拱形尖顶龛，各龛形制与造像配置均同阳面，唯阴面龛下只雕莲花两朵而无日、月轮图案。因碑之正面为元人磨刊，镌刻“奉元路圆通观音寺记”，故旧志曾作《奉元路圆通观音寺记》或《圆通寺碑》（宋联奎《苏盦杂志》）。又因碑侧有北周“武成二年（560）四月”邑子皇甫景元等人题名，故清人高廷法等在《咸宁县志》（金石考上）引王昶《萃编》、孙星衍《寰宇访碑录》、毛凤枝《存考》等文献记载，又误作“皇甫景元等造千佛碑”。

同年，浙江温州刻《选真寺记》摩尼教碑。据林顺道考证：宋元时代，温州是摩尼教活动的重要地区。北宋时温州已成为华化摩尼教民间教派明教活跃地区，官方文献已有明确记载。《宋会要辑稿》载，宣和年间，温州有摩尼教斋堂40余处。1986年在苍南县下汤村选真寺前田野中发现一摩尼教《选真寺记》元碑，这是迄今为止国内唯一已发现的摩尼教汉文碑刻，从而使选真寺作为摩尼教寺在温州的遗址得以确认。《选真寺记》碑刻于元至正十一年，高155厘米、宽76厘米、厚10厘米。碑首半圆形，额篆书题“选真寺记”四字。碑文楷书15行、满行24字，共561字。碑安放于选真禅寺大殿西侧，保存完好。其碑文最先由民国《平阳县志》收录，因修志者未能辨认碑记全文，仅摘录173字。林顺道说《选真寺记》碑一半为苔垢所覆盖，另一半字迹清晰可识，与民国《平阳县志》所录碑文吻合。文中著录民国《平阳县志》所录《选真寺记》如下：平阳郭南行百十里，有山曰鹏山，彭氏世居之，从彭氏之居西北有宫曰选真寺，为苏邻国之教者宅焉，盖彭氏之先所建也。故制陋朴，人或隘之。彭君如山奋谓其侄德玉：愿力事兹役，汝其相吾成。乃崇佛殿，立三门，列左右庑，诸所缔构，演法有堂，会学徒有舍，语处食寝有室。以至厨井库廪圊之属，靡不具修。都为屋若干楹，即寺之东庑作祠宇，以□神主。又割田如千亩，赋其金用供俟飨。继德玉而成，君之孙文复、文明、文定、文崇、文振也，君名仁翁。

［文献］　清高廷法等《咸宁县志》卷一二，清徐松《宋会要辑稿》刑法二之禁约，宋联奎《苏盦杂志》

卷二，罗宏才《中国佛道造像碑研究——以关中地区为考察中心》，林顺道《摩尼教传入温州考》（《世界宗教研究》2007 年第 1 期）、《苍南元明时代摩尼教及其遗迹》（《世界宗教研究》1989 年第 4 期）。

公元 1352 年　至正十二年

［提示］　七月，河南重刻《司马光神道碑》。是年，福建《黄镇成撰碑》、广西《也儿吉尼公德政碑》。

［叙录］　七月，河南孙安（山东顺德路唐山县）重刻《司马光神道碑》，山东顺德路唐山县即今河北唐山市。曾毅公著录此碑：孙安重刻，无纪年。杨明珠在《司马光茔祠碑志》中认为此碑刻于至正十二年七月。程章灿认为杨氏系实地调查所得，可以信从。

是年，福建刻《黄镇成撰碑》。此碑载于《嘉靖邵武府志》中，从碑文所载可知：至正十二年二月淮汝一带红巾军曾攻打江西、福建州县，并先后攻占龙兴（今江西南昌市）、建昌（今江西南城县）、泰宁（今福建泰宁县）等地，继而进攻顺昌（今福建顺昌县）、将乐（今福建将乐县）等城，声势甚为浩大，后为元军打压，红巾军遭受重创。

同年，广西刻《也儿吉尼公德政碑》。此碑为邹鲁所撰，全称《奉议大夫岭南广西道肃政廉访司副使也儿吉尼公德政碑》，载《永乐大典》残卷中。碑文记载：至正十二年，红巾军在河南起义，当年正月进攻湖南、湖北，“众号数百万，鼓行而南”，“横行数千万里”。元朝军队“调发精锐三千人为前锋，都元帅五万户兵八万继之”，一共出动十数万兵力征剿，红巾军被“斩首数十万级”，情形相当残酷。据杨浣研究：《新元史》即以邹鲁所撰此碑和清代汪森主编的《粤西文载》所载之《桂林府序》为主要史源，勾勒出此碑传主也儿吉尼的仕宦生涯。

［文献］　明邢址《嘉靖邵武府志》卷二，清汪森《粤西文载》卷五二，曾毅公《石刻考工录》，程章灿《石刻刻工研究》，杨明珠《司马光茔祠碑志：图录与校释》，杨浣《平乐府学记考释——兼论元末西夏遗裔也儿吉尼在广西的政绩》（《北方民族大学学报》哲社版 2009 年第 5 期）。

公元 1353 年　至正十三年

［提示］　四月，山西《蒲台山灵瞻王庙碑》。十二月九日，江苏《三清阁石星门记》。

［叙录］　《山西戏曲碑刻辑考》载：至正十三年四月，李泰、李显、（男）李思忠、杨子珍（文质门人）、张诚筹、刘亨甫（石匠）、时伯臣（□□□、门人）、魏仲玉刻《蒲台山灵瞻工庙碑》，碑在山西平定县蒲台山灵瞻王庙。同年十二月九日，江苏吴郡范文□刻《三清阁石星门记》。杨世沅著录，“石作局直岁臧自实”，程章灿说，此臧自实盖即其时直石作局者，而未亲刻此石。《江苏金石志》即作“吴郡吴□□”，石刻题作“茅山元符万宁宫碑”。

［文献］　清杨世沅《句容金石记》卷六，清缪荃孙《江苏金石志》卷二四，冯俊杰《山西戏曲碑刻辑考》，程章灿《石刻刻工研究》。

公元 1354 年　至正十四年

［提示］　四月一日，山西《重修寿阳县北山龙王庙记》。七月，江苏《元故处士陈君（仁寿）墓志铭》。是年，陕西《牛山土主忠惠王碑》。

［叙录］　清人胡聘之著录：至正十四年四月一日，山西刻工□智（孟州石匠提□）、（男）彦英、彦祥、彦良、彦中同刻《重修寿阳县北山龙王庙记》。程章灿认为“石匠提”其下一字当是“领”或“控”，“智”前一字当是刻工姓氏。“□智”疑即“和智”。

七月，朱珪（昆山）刻《元故处士陈君（仁寿）墓志铭》。明人朱珪在《名迹录》、明都穆《吴下冢墓遗文续》中均有著录。程章灿按：陈仁寿昆山人，《吴下冢墓遗文续》录刻工名作“邑人朱圭”，当即“朱珪”之讹。

是年，陕西刻《牛山土主忠惠王碑》。此碑由金州训导黄理先撰文，记述平章荣禄公增修寺庙始末，原存于陕西安康县、1970年移至西安碑林。碑额篆书阴刻4行、行2字。碑前半截刻楷书碑文24行、行67字；后半部分为题名共三列，第一列10行，第二列23行，第三列15行。从碑文所载可知，元末陕西安康地区曾发生农民起义，义军曾一度攻占安康城，烧毁县衙与牛山土主忠惠王庙。总兵官陕西行省平章月鲁帖木尔荣禄率领官军镇压起义军，至正十二年(1352)，义军失败。牛山现称牛头山，位于陕西安康城区西北39公里处，清人李国麒在《兴安府志》(古迹)载：牛头山(原注即牛山)在州北九十里，为州境群山冠，上有泉不涸不溢，祷雨辄应。山上有牛山庙(忠惠王庙)。

［文献］　明朱珪《名迹录》卷四，明都穆《吴下冢墓遗文续》卷一，清李国麒等《兴安府志》卷二，清胡聘之《山右石刻丛编》卷三八，骆承烈《石头上的家文献——曲阜碑文录》，曾毅公《石刻考工录》，程章灿《石刻刻工研究》。

公元1355年　至正十五年

［提示］　四川遂宁步云乡装饰释迦尊像、大悲菩萨观音、势至延寿菩萨一堂。

［叙录］　是年，《中国石窟雕塑全集》载：遂宁州荆井镇谭世全及妻蒲氏等一家人舍财，在四川遂宁步云乡装饰释迦尊像、大悲菩萨观音、势至延寿菩萨一堂。

［文献］　王朝闻等《中国石窟雕塑全集》(四川重庆卷)。

公元1356年　至正十六年

［提示］　江苏《拜石坛记》。

［叙录］　是年，朱珪(昆山)刻《拜石坛记》。此刻为元人顾瑛所撰，《名迹录》中有著录。内容记载元代文人柯九思得石之始末及其见石慕拜之事云：后至元戊寅(1338)四月下澣，以粟易得苏题假山，归而立诸庭中。翌年，柯敬仲下访，见而奇之，再拜题名而去。文中又有：思丹邱(柯九思)、白野(泰不华)不二十年皆仙去。泰不华卒于至正十二年(1352年)方国珍之难。

［文献］　元顾瑛《玉山璞稿》卷二，明朱珪《名迹录》卷五。

公元1360年　至正二十年

［提示］　云南《峨嵋兰若记》。至正二十年，浙江《续兰亭会图石刻》。

［叙录］　是年，云南刻《峨嵋兰若记》。清人王昶在《金石萃编未刻稿》中著录：全称《建感通峨嵋兰若记》，行书，宽二尺，十六行、行五十字。讲经论沙门感通山住持滇海念庵护文并书丹。曾毅公考：刻工为石匠提领、白岩巡检杨明。同年，清代阮元、杜春生著录：胡仲瑛(四明，朝列大夫海道都奉)刻《续兰亭会图石刻》。

［文献］　清王昶《金石萃编未刻稿》卷三，清阮元《两浙金石志》(补遗)，清杜春生《越中金石记》卷十。

公元1361年　至正二十一年

［提示］　二月一日，浙江刻工卢奂刻《嘉定州重建儒学记》。是年，甘肃酒泉《大元肃州路也可达鲁花赤世袭之碑》。

［叙录］　二月一日，浙江卢奂刻《嘉定州重建儒学记》。此刻清人缪荃孙、钱大昕均曾著录，刻工作天台卢奂，曾毅公注：卢焕疑即卢奂。程章灿进一步考证说，卢奂是一位刻工，更是一位著名的篆刻家，他就是卢仲章。元人张宪在《玉笥集》中写有《方寸铁为印工卢奂赋》一文：尔奂后出，方寸铮铮。不藉

锻砺，自成利钢。敛锋蓄锐，戏我文场。镌斯刻籀，用代笔耕。惟多事秋，所在侯王。载玉其符，亦金其章。顽石献谄，赤伏贡狂。奂不往刻，立取荣富。呜呼！奂铁孔方，奂心孔长。持尔利器，往献我皇。刻泰阶符，俾天下昌。无俾尔祖，专美有唐。元代天台人赖良在其所编的《大雅集》中，也录有董佐才的《方寸铁为卢仲章赋》。此外，元代陈基《夷白斋稿》中尚有《赠卢仲章诗序》。程章灿认为奂、章词义相应，可知仲章即卢奂之字。莫武也曾怀疑卢奂、卢仲章可能即同一人，然因未有确证，未作定论。卢奂为天台人，其二子亦传其刻石刻印之业。卢奂的印工身份，还促使其于至正二十一年（1361）所刻《嘉定州重建儒学记》上，刻“天台卢奂摹刻”署名之外，又刻下两方自己的图章，一方为“仲章”二字，另一方为“卢氏子孙”四字（见《江苏金石志》）。是为卢奂即卢仲章的确凿证据，且为我们考察刻石与刻印关系提供了一个生动的例证。钱大昕指出：古人名字小印，或用以鉴别书画，未有施于石刻者。此碑末天台卢奂名下有二图章。石刻之有私印，盖滥觞于此。奂本摹刻之工，未谙古法。若撰文之杨铁崖，书石之褚奂，篆额之周伯琦，初未有印也。实际上，刻工以印章形式在石刻上留名，卢奂并非绝无仅有之例。袁道俊在《焦山石刻研究》中载：江苏镇江焦山碑林东廊《焦山放鹤图》石刻，刻工署“二十四桥主人铁笔”，卜钤“吴玉生”印，当即是“二十四桥主人”之名。此外，《画像汇编》中也载有苏轼画梅兰竹菊图的刻工张太和，亦在署名“古幽张太和刻石于固原”之后刻有印鉴，可惜字迹已经不清楚了。

是年，甘肃刻立酒泉《大元肃州路也可达鲁花赤世袭之碑》。此碑俗称《肃州碑》。肃州为元世祖至元七年（1270）置肃州路（治今甘肃酒泉）总管府。唐晓军解释说，“也可达鲁花赤”为蒙古语之译音。“也可”意为大；“达鲁花赤”，也称“答鲁合臣”、“达鲁噶齐”，意为“镇守者”，相当于突厥语的“巴思哈”（basqaq），在波斯语中则译为“沙黑纳”（shahna），汉文文献也称“监”、监某州、监某府、监某路，《世界征服者史》则称为“少监”，赵翼称其为“掌印办事之长官”。碑为花岗岩石质，共两通，无碑额，为两长方体石柱。新中国成立前镶于酒泉东城门两侧，1955 年酒泉市整修街道时，东城门被拆除，两块碑拆下后存入市博物馆中。现存碑高 236 厘米、宽 94 厘米、厚 29 厘米。碑阳汉文 24 行，第一石 13 行，第二石 11 行，每行字数不等。碑阴回鹘文 32 行，但因回鹘文字暴露在外，已有三分之一文字剥落殆尽。嵌于墙内的汉文，保存较好。碑阳汉文末行有立碑年代，隐约可辨为：“至□□□□□岁次辛丑□”。唐晓军按：元代辛丑年有二，一为元成宗大德五年（1301），一为元顺帝至正二十一年。此碑文年号应为至正，后四字当为“二十一年”。据此可补订年代为“至正二十一年岁次辛丑□”。年号、纪年、干支相合。故此碑立于元顺帝至正二十一年，距元朝灭亡仅有七年。明清两代肃州修城之事，有明洪武二十八年（1395）、成化二年（1466）及清乾隆三十一年（1766）三次。但是乾隆二年（1737）修《重修肃州新志》时却没有著录此碑，这说明当时碑已被嵌入城墙之内。明洪武五年（1372），征西将军冯胜取肃州。洪武二十七年（1394）十一月改元肃州路，置肃州卫，次年即动工修筑旧城，城有东、南、北三门。因此，唐晓军推断此碑为洪武二十八年（1395）修筑肃州旧城时嵌入城门洞墙壁内。1943 年，西北科学考察团去敦煌考察途经酒泉时，向达发现并首次译释其为回鹘文。《肃州碑》记录党项家族唐元氏自西夏灭亡至元朝末年 130 多年，历经六代（13 人）的职官世袭及其活动情况。此碑对于研究西夏灭亡后一部分党项人下落，元代党项人在河西的政治、军事、文化、经济活动，元代的民族关系、民族同化等问题提供了重要资料，且为研究元史、回鹘历史、蒙古文字以及元初地方建制等提供了可靠依据。

［文献］ 元张宪《玉笥集》卷五，元赖良《大雅集》卷三，元陈基《夷白斋稿》卷一六，清缪荃孙《江苏金石志》卷二四，清钱大昕《潜研堂金石文跋尾》卷二〇，向达《西征小记》（《唐代长安与西域文明》），曾毅公《石刻考工录》，莫武《元代印人的篆印篆刻实践》

（《书法杂志》2004 年第 4 期），袁道俊《焦山石刻研究》，程章灿《石刻刻工研究》，《画像汇编》第 10 册，唐晓军《甘肃古代石刻艺术》。

公元 1362 年　至正二十二年

［提示］　江苏《李王庙灵签记》。河南《崇宁葆光大师卫公道行之碑》。

［叙录］　清黄廷鉴在《琴川三志补记续编》中载：至正二十二年，诸聪施（浙西路平江府常熟州积善乡北方门弟子，石匠）刻《李王庙灵签记》。

是年，河南刻《崇宁葆光大师卫公道行之碑》。据张方说，此碑现立于济源奉仙观旁民房院内，之前的金石书中无著录。济源奉仙观建于唐代垂拱元年（685 年），具体位于济源荆梁北街，俗称"荆梁观"，现尚有主体建筑三清大殿，重建于金大定二十四年（1184）。元代初年，著名道士崇宁葆光大师卫志隐主持奉仙观，并重修玉皇殿、三官殿。此碑即为卫志隐所立。

［文献］　清黄廷鉴《琴川三志补记续编》卷一，张方《蒙元时期王屋山全真教活动述略》（《宜春学院学报》，2012 年第 10 期）。

公元 1363 年　至正二十三年

［提示］　十月，甘肃武威《大元敕赐追封西宁王忻都公神道碑铭》。是年，熊自得亲访《金碑》，次年录碑文。葛逻禄迺贤撰著《河朔访古记》。

［叙录］　十月，甘肃武威刻《大元敕赐追封西宁王忻都公神道碑铭》。此碑民国年间张澍、张维曾著录，俗称《西宁王碑》，原位于武威城北 15 公里的永昌镇石碑沟村，与至顺三年（1332）《高昌王世勋碑》发现于同一地。唐晓军载，碑由趺座、碑身、碑首三部分组成，碑身高 280 厘米、宽 150 厘米、厚 40 厘米；碑首刻透雕蟠螭。碑额正中为荣禄大夫、中书右丞同知经筵事、提调国子监大都府学陈敬伯篆"大元敕赐西宁王碑"八字，自右至左竖书二行。碑文为通奉大夫、中书参知政事知经筵事、提调四方献言详定司事危素撰文，光禄大夫滕国公、集贤大学士张臻书丹。共 32 行、行 62 字。背面为回鹘文，碑额自右至左竖书 4 行，碑文共 54 行。唐晓军说，1949 年美国哈佛大学博士珂力甫（Cleaves. F. W.）曾撰写《西宁王碑蒙汉文碑之研究》，发表于《哈佛大学学报》（亚洲研究）上，并刊布了此碑的汉、蒙古文拓本。1972 年，匈牙利学者李盖提（Lajos Ligeti）在《古典时代之碑铭》（Monuments Preclassiques）也对此碑进行了研究。道布则在蒙古文版《回鹘式蒙古文文献汇编》中收录了该碑拓本，摹写回鹘文，并将回鹘文转写为蒙古文。图力古尔及吴景山等人的研究，则进一步将此碑的探索引向深入。

是年，熊自得亲访《金碑》，次年录碑文。此金碑即《大金西京武州山重修大石窟寺碑》。《永乐大典》顺天府引《析津志》载：熊自得自东胜来云冈石窟，亲访《金碑》。次年，录碑文于何尚书思诚柬斋。熊自得撰有著名的《析津志》（现有《析津志辑佚》）。但正如王灿炽所指出的那样，由于《元史》和《新元史》中均没有熊自得传记，故其生平事迹知之甚少。据清人黄虞稷、朱彝尊和纳兰性德的零星记载：熊自得字梦祥，号松云道人，元末江西丰城县人，曾官崇文监丞。

是年，葛逻禄迺贤撰著《河朔访古记》。此书为搜集古代石刻，并结合文献记载加以考订的石刻著述。原书 16 卷，后亡佚，清修四库全书时从《永乐大典》中辑出约 130 条，合为三卷。对于研究河朔石刻艺术具有重要文献价值。

［文献］　清黄虞稷《千顷堂书目》卷八，清朱彝尊等《日下旧闻考》卷一〇六，清纳兰性德《通志堂集》卷一五，张澍《凉州府志备考》卷八，张维《陇右金石录》卷五，唐晓军《甘肃古代石刻艺术》，图力古尔《〈忻都王碑〉蒙古语文研究》，吴景山《西北民族碑文》，王灿炽《熊自得与〈析津志〉》（《江西社会科学》1982 年第 5 期）。

公元1364年 至正二十四年

［提示］ 二月一日，福建《燕赤不华题名》。二月八日，熊梦祥始录《金碑》于元大都。三月，山西《重修成汤庙云贞观记》。

［叙录］ 二月一日，福建释宗广刻《燕赤不华题名》。清人陈棨仁载：案《福建新通志》，燕赤不华至正二十二年任行省平章政事，此题甲辰，则二十四年也。

二月八日，熊梦祥始录《金碑》于元大都。曹衍在《金碑》(《大金西京武州山重修大石窟寺碑》)文后附熊梦祥自述：癸卯年腊月二十四日，予从东胜来。是日，宿于寺之方丈，受清供。次年二月八日，始录上草本于何尚书思诚东斋。思诚为元大都坊名，宿白分别于20世纪50年代和80年代，对此碑进行过细致的校注和考证。

张焯认为，熊梦祥始录《金碑》于元大都，说明他从云冈带走的是《金碑》的拓片或者抄本，有可能当时《金碑》尚存。叶盛《水东日记》(旧碑石)中提到了明初改用旧碑一事：宣府《庙学记》、《弥陀寺碑》二文，皆出东里杨公。《庙学碑》尤伟，螭刻颇工。盖二石皆古墓旧石。古诗云"后人重取书年月"，又云"知作谁家柱下石"，或又云"留与田家夜捣衣"。观是碑，咏是诗，不自知其感叹之至矣。尝闻阮安督工建太学时，悉取前元进士碑，磨去刻字，置之隙处。今三年一立石，皆此物也。显然宣化、北京与大同民风习俗颇相近，当不免旧碑新刻之事。今天大同市之传世之碑，以金碑为最早。云冈石窟碑碣，以明代嘉靖碑为最先。古碑不存或罕存的原因，自然风化与民间破坏之外，旧碑新刻当是其中一个较为重要的因素。

胡聘之著录：至正二十四年三月，山西赵公艺(长平石匠)刻《重修成汤庙云贞观记》。程章灿按：长平为郡名，北魏置，治所在今山西高平县，唐代曾于此置高平郡，故自称"长平石匠"。

［文献］ 明叶盛《水东日记》卷二八，清陈棨仁《闽中金石略》卷一二，清胡聘之《山右石刻丛编》卷四〇，宿白《〈大金西京武州山重修大石窟寺碑〉校注》(《北京大学学报》人文科学1956年第3期)，宿白《〈大金西京武州山重修大石窟寺碑〉的发现与研究——与日本长广敏雄教授讨论有关云冈石窟的某些问题》(《北京大学学报》哲社版1982年第2期)，程章灿《石刻刻工研究》，张焯《云冈石窟编年史》。

公元1365年 至正二十五年

［提示］ 重庆《大夏太祖钦文昭武皇帝玄宫碑》。至正二十三年至至正二十五年，重庆南岸大佛造像。

［叙录］ 是年，重庆刻《大夏太祖钦文昭武皇帝玄宫碑》。高文载：此碑于1982年5月在重庆嘉陵江北洗布塘街、大夏明玉珍墓(睿陵)出土。碑记载大夏皇帝明玉珍之历史，是研究明玉珍及大夏政权的重要实物资料。碑额篆书"玄宫之碑"四字，通高145厘米、宽57厘米、厚23.5厘米。碑额左右两侧各刻阴线盘龙一条。碑文24行，正文满行各47字，全碑1 004字，正书。碑文末刻：大夏天统四年月日，中书省左丞臣孙天佑，右丞臣刘仁，参知政事臣江俨、徐汪，臣明从容、明从哲，臣马文敬。枢密院同知臣王元泰、朱辅，副使臣邓立、沈友才、刘铭、明从政、明从德，签院臣李聚、窦文秀，周景荣、田继坤立石。

至正二十三年至至正二十五年(1363—1365)重庆南岸大佛造像。据民国向楚在《巴县志》(疆域)中载：江水过鹧鸪石，弹子石至观音碚南岸有大石佛，像高6.6米，侧刻二弟子像。明玉珍立国后，宣布禁释、道，特奉明教弥勒，令其司徒邹兴监造。明玉珍于至正二十三年正月在重庆称帝，建大夏国，改元天统，至正二十六年二月卒于重庆。

［文献］ 向楚《巴县志》卷一，程章灿《石刻刻工研究》。

公元1367年　至正二十七年

［提示］　十月，福建兴修泉州清源山碧霄岩重修三世佛像龛。

［叙录］　十月，福建兴修泉州清源山碧霄岩重修三世佛像龛。据吴文良、吴国雄等人研究，此像龛是我国位于最东南、现存年代最早、保存最完整的元代喇嘛教三世佛石像。三世佛是藏传佛教(喇嘛教)佛堂中所供奉的主要佛像。碧霄岩三世佛为摩崖浮雕造像，石龛高300厘米、宽500厘米。三佛结跏趺坐并排于仰覆莲花座上：中为现在佛，作触地降魔相；左为过去佛，手印相同，唯左掌托钵；右为未来佛，作禅定相。三佛均为里吐蕃样式，雕工精湛，造型极为优美。

造像左侧刻有造像记碑文，至正二十七年十月丙午日，岩僧志聪题刻：透碧霄北山第一胜概。至元二十九年(1292年)，灵武唐吾氏广威将军阿沙公来临泉郡，登兹岩而奇之，刻石为三世佛像，饰以金碧，构殿崇奉，以为焚修祝圣之所。岁远时艰，弗克葺治。至正丁未二十七年(1367)秋，福建、江西等处行中书省参知政事般若铁穆耳公，分治东广道，出泉南，追忆先伯监郡公遗迹，慨然兴修，再新堂构。山川增辉，岩壑改观。

［文献］　吴文良《泉州宗教石刻》(增订本)，吴国雄《泉州宗教文化》。

公元1368年　至正二十八年

［提示］　四月十三日，云南《追为亡人杨明宗神道》。至正间，福建刻弥勒像。

［叙录］　张淑芳等载：至正二十八年四月十三日，云南杨公(石匠提领)刻《追为亡人杨明宗神道》。元代这一页，即将翻过，元代的石刻背影，亦将远去。至正三十年(1370)，其时元朝不复存在，但在四川西昌，还建有《追为亡人杨阿瑞神道》碑，碑正面阴缝刻阿弥陀佛像，碑阴刻梵文佛顶尊胜陀罗尼神咒。也许是山高皇帝远吧，偏远的西昌，还不知道城头早已变换大王旗了。

至正间(1341—1368)，福建刻弥勒像。此像位于福建福清海口瑞岩山麓，花岗岩质。像高900厘米、宽890厘米。刘兴珍描述说：其体形庞然如墙，方头阔肩，巨手硕足，气势宏大。弯目阔口，笑容可掬。左手捻珠，右手抚腹，袒胸露腹，盘腿打坐。附身三尊小佛，姿态各具情趣。整体造型厚重，雕凿概括流畅。像由邑人吕伯恭等费时二十七年雕造。

［文献］　张淑芳等《大理丛书·金石篇》，刘兴珍等《中国古代雕塑图典》。

明清编

引论

中国石刻艺术发展至明清时期，就总的倾向而言，已处于衰落的时代，无论是石窟摩崖造像、寺院单体圆雕还是碑刻等方面，均已失去过往的繁华与雄伟，将石刻艺术本质上的壮丽辉煌，通过过分的雕饰和世俗化甚至庸俗化，从而使黑格尔所说的愉悦风尚发展至极致。一个典型的表现就是：此一时期纹饰繁缛的建筑装饰石刻及纯粹取悦世人的工艺小品大行其道。我们再也看不到汉唐那样震撼心灵的伟大作品了：只要我们将清东陵那些憨态可掬的类似宠物的石狮，同唐代啸傲风云的石狮进行一下简单的比较，就可以一目了然地发现，其间的风神气韵，早已发生惊人的变化。那变化不仅来自外在的刀法与线条，更来自内在的生命气质。就像葡萄牙诗人埃乌热尼奥・德・安德拉德（Eugénio de Andrade）在他的长诗《阴影的重量》中所写的那样：雨在唇间洒落，很久以前，雨就扑向烤焦了阴影的石头。明清石刻的阴影，有时虽然也很高大，却始终带着一种灰暗又绝望的氛围。

明代的石窟雕刻，虽然在甘肃（如敦煌莫高窟、永靖炳灵寺、张掖马蹄寺）、西安（如延安万佛寺）、晋豫（林虑山）以及川桂等地的部分龛窟中，尚能寻觅到明代的痕迹，但大多一鳞半爪，不成体系。其中相对而言较有代表性的，是山西平顺县与河南林县交界处的林虑山宝岩寺石窟，此寺本建于北周时期，在寺院后依崖开凿有20多个龛窟。其像多为明代雕刻，除圆雕佛菩萨天王等题材之外，其间具有故事趣味的水陆道场浮雕石刻颇有明代特色。这一组浮雕共有96方，人物情节各不相同，但雕刻技法较为简单。按照王子云的判断，它们仅是当作记事性的雕刻形式，因而采取了简单而快速的方式来完成。但作为中国古代佛教石窟雕像艺术最晚的一处，仍是值得世人珍视的石刻艺术遗产。为何在明清长达五个世纪的时间中，几乎未再出现像样规模的石窟艺术，对此现象的解释，或许可以找到诸多原因，如技术的没落、宗教情感的淡化等。但城市经济的快速发展，以及相对便捷的寺庙频增和供养村落化或家族化等，都使远离城市的石窟艺术，失去了生存土壤。于是，森严浩大的石窟，被香烟缭绕的寺院所遮蔽，开山辟崖的佛陀，被方便易成的泥塑或小巧玲珑的木雕、陶瓷雕塑所取代。阎文儒在《中国雕塑艺术纲要》中，谈及明代雕塑时曾指出：明代罗汉像与宋代罗汉像相比，无论是香光寺的泥塑或明仙寺、香岩寺的木雕，都是一样脸形，分不出每一个人不同的神情。如果雕塑艺术与绘画同样把气韵生动列在第一位，明代罗汉像应是气韵不生动。这一点不只赶不上唐，连宋代也不如。另外，在技法上，固然细部表现的衣纹，是现实而又生动，堆金描金的手法，又是那样的富丽堂皇。倒不如宋代和以前适宜的、不拘形式的把衣褶描绘出来的更为生动一些。这些论述，移置于明代的石刻，也是较为准确的。

有清一代，已无一处石窟雕塑出现，偶尔在一些石窟中能见到一些清代的题刻或对前代石窟的修缮，但只要一触及造像本身，就基本上是一种毁灭性的破坏。清代的寺院雕塑，虽然规模和范围十分庞大，但并无多少创新之处，基本上是在明代的基础上进一步市井化。比较著名者如川籍名匠黎广修完成的昆明筇竹寺罗汉塑像，虽然黎氏技艺精湛，但仍然不能称之为形神兼备的绝世佳构，反而是将艺术世俗化推向了极端。清代石窟造像虽无建树，但在石窟研究方面却出现了新气象。尤其是晚清时期，以法国学者沙畹及日本学者伊东忠太等为代表的东西方学者，以近代考古的科学方法，对云冈及龙门石窟进行考察与图像记录，曾引起世人广泛关注。

与石窟造像相比，明代的陵墓石刻算是没落时代的一丝亮色。明朝初期定都于南京，后来迁都北上，定都北京。因此明朝 16 个帝王，除太祖葬于南京之外，有 13 帝葬于北京昌平（明十三陵）。余二人（第二代惠帝朱允炆、第七代景帝朱祁钰）由于残酷的政治斗争，已不知其葬所。

明太祖朱元璋的孝陵位于南京中山门外钟山西麓，以人工筑山陵，形制不同于唐陵以山为陵。孝陵布局较为特别，其陵前神道和通常的直线不同，而是成直角弯曲：外陵门南向，石雕排列从陵门内起，先东西向，中折成南北向，又再折向东、折向北，始至陵前内陵门享殿。孝陵石雕也和唐宋不同，包括狮子、獬豸、骆驼、大象、麒麟和翼马等各瑞兽两对，一对立姿一对跪姿；还有文武侍臣各两对共八人。其中獬豸、骆驼是之前帝陵中少见的。这表现了朱元璋特立独行的个性，他是一代开国之君，因此要有创新之处。

北京昌平明十三陵的石雕布局，是以明成祖长陵为中轴线而展开的。长陵石雕群，几乎就是孝陵的昌平版本，无论是石雕类别和石雕数量及陈列顺序，均与孝陵相同：碑亭、华表、狮子、獬豸、骆驼、大象、麒麟、石马、武将、文臣。王子云认为：十三陵石雕尽管堪称华美，但却华而不实，缺乏内在的精神活力。如十三陵的狮子不论站者或蹲卧者，都显得玲珑精巧，类同玩具，而且也似乎缺乏石头那样的重量，更说不上雄强劲健的气魄了。如拿其立狮与唐顺陵立狮相类比，那是无法比拟的。即使与宋陵立狮相比，如宋太宗永熙陵或宋神宗永裕陵的立狮，都表现出一种劲健的气魄，而十三陵立狮已看不出这种造型上的优点，蹲狮和立象就更逊一筹了。相比之下，明孝陵石雕则显得雄大浑厚、体积丰硕而富有感染力。王子云说，这反映出明代初年中国统一以后所应具有的博大坚实的气魄和朴素而又洗练的艺术特点。明代在建国初期，曾有一切典章制度向盛唐学习的号召，这种政治诉求，在明初的石雕制作与造型上，亦有相当直观的反映。

明代皇陵石雕，除二京（南京、北京）之外，还有凤阳的明祖陵和明皇陵。那儿是朱元璋的故乡，因此太祖登基后，封其祖父母和父母墓地为明祖陵和明皇陵。陵前均建有石雕群，数量甚至超过孝陵和长陵。明祖陵位于江苏洪泽湖畔泗洪县（明化归属凤阳府），明皇陵则在安徽凤阳。凤阳皇陵石雕数量较多，但体积则小于孝陵与长陵。瑞兽中只有麒麟呈立姿，其余瑞兽均蹲坐，这明显不同于孝陵长陵之一跪一立形式。其造型风格也较朴拙，丝毫不显华丽（图 262）。

纯粹从艺术成就来看，明祖陵石雕要远远高于明皇陵甚至孝长二陵。虽然由于其地近于洪泽湖，其陵前的石雕群已被湖水冲倒，有的已湮没于泥沙中。据 20 世纪 60 年代的考古调查，其高约两米多的八对石狮已经倒伏于地，但造型雄伟壮健，风格近于唐宋诸陵；倒地断折的石望柱，高约六米，八棱满刻卷草花纹，与孝长二陵为六棱刻卷云纹者迥然不同，乃仿自巩县北宋诸陵，某些细部似仿唐乾陵。

明代王陵石雕，除帝王陵以外，各地藩王也有相当规模的陵墓，其中较为突出的如分封于河南卫辉府的明穆宗第四子潞简王朱翊钧墓（新乡凤凰山）、广西桂林市东郊尧山朱元璋从孙靖江王朱守谦墓群以及四川成都十陵镇明王陵等，均有数量巨大的石雕作品，其成就有的并不在帝陵之下。由于散居各地，与当地风物和文化相融合，别有一番审美风气。

清代的帝陵分布于三地：一处在辽宁（北陵），两处在河北（遵化东陵和易县西陵），北陵包括辽宁兴京（新宾）肇祖永陵及沈阳郊区的太祖努尔哈赤福陵及太宗皇太极昭陵。昭、福二陵尚存有一些石雕瑞兽刻。如昭陵前即列置狮子、麒麟、獬豸、马、骆驼、大象等。

河北遵化马兰峪的清东陵，主要共有五陵：顺治孝陵、康熙景陵、乾隆裕陵、咸丰定陵、同治惠陵。顺治生母孝庄皇后昭西陵、咸丰两个皇后（东太后慈安、西太后慈禧）的定东陵也在此地。东陵以顺治孝陵为轴心展开，康乾二陵分置左右。其陵垣在空间上的布局，与明十三陵较为接近。在石雕方面，顺治陵前亦有12对瑞兽，6对石人。但其余四陵的石雕则规模小很多，同治的陵前甚至没有石雕。河北易县永宁的清西陵，共有四帝陵：雍正泰陵、嘉庆昌陵、道光慕陵和光绪崇陵。西陵布局略与清东陵同，石雕则仅在雍正泰陵、嘉庆昌陵前置有两组。清陵石雕的艺术风格，总的来说气象萎缩，没有强劲的质感，凑刀乏力。王子云形象地描述说：使人感到好像是一件件桌上之小摆设，缺乏大型石雕厚重、坚实的气质。

明清时代，建筑装饰和工艺美术石刻包括民间小品石雕得到了空前的发展。自宋以降，中国建筑艺术达到新的高度，宫殿和寺庙建筑的大规模建构，为建筑装饰石刻的繁荣带来巨大的契机。柱础、栏杆、门狮、廊柱、牌坊、照壁、石墙、亭塔等，都取得了长足进步。著名者如故宫太和殿三层台基的云龙云凤、天安门的华表，东西陵石坊和各地石牌坊等，雕龙画凤，令人眼花缭乱。在这些建筑石刻类别中，成就最突出的是牌坊。牌坊又叫牌楼，从材质分类来看，可以分为石建、木建两种。石质牌坊是一种典型的纪念碑式建筑石刻，明清皇帝陵及全国各地，均能见到其身影。王子云分析说，中国的石牌坊实际与欧洲各国多见的纪念碑同一性质，在某些方面仍可供作现代的民族形式纪念碑雕刻的借鉴。从石雕的装饰艺术来看，整个石坊就是一座石雕建筑装饰艺术制作。石坊的夹柱石四面所雕出的圆雕、浮雕的瑞兽、云龙等纹饰，亦丰富多样。如河北灵寿县崇祯牌坊、江苏宜兴市旧县城文庙天启石坊，都有精湛的石刻呈现。清代孝节牌坊较多，著名者如山东单县百狮坊和百寿坊、山西原平朱氏牌坊等。单县百狮坊以狮雕见长，形态不一，栩栩如生。

建筑装饰石刻中的石照壁也值得关注。照壁的出现，可能与阀门制度有关，唐宋以后始出现，至明清则成为重要的甚至必不可少的建筑构成之一。照壁多以砖雕或琉璃筑成，也有少量的石质照壁，如湖北襄阳明藩王府前的绿影壁，即为石建：壁面中部雕出一排海水蛟龙，上下左右还雕有神态各异的小龙99条，云龙飞舞，气象万千。

殿廊石柱也是建筑石刻中较为重要的一类，山东曲阜孔庙大成殿前廊的十根盘龙立柱，是这方面的代表。这些石柱大约是在明代弘治年间重修大殿时雕造的。每根粗壮的石柱上，双龙盘旋，宝珠火焰，海水波纹，莲花柱础。王子云说，这类石雕盘龙柱，在山西以至贵州省境内也有相类的制作。如山西运城解州关帝庙，有面宽七间、进深六间、重檐歇山顶的大殿，不仅檐下额坊和殿内神龛满雕富丽的纹饰，而且殿周回廊的26根盘龙石柱特别引人注目，正如殿前重修关帝庙碑文中所形容的：殿阶石柱，雕龙飞腾，庙貌宏丽，甲于天下。此外还有建于明洪武初年的贵州安顺市旧文庙大成殿和启圣祠，前后廊各有两根雕龙石柱，前廊柱是镂空透雕，显得十分传神，不仅雕出了龙的一鳞一爪，而且把两条对称盘绕的蛟龙刻画得腾云翻滚，生动逼真。

佛塔本身就是一种建筑形式，塔的种类很多，本书主要指石塔。北京西郊五塔寺金刚宝座塔是明清时期最著名的石塔之一，其塔始建于明代成化初期。在五塔之下，雕有护法金刚平台，台塔均以汉白玉雕成，其粉本样式，来自印度佛陀伽耶精舍。其台座分为五层，周围满饰佛龛像。台上的五层形成回字形，均为方形密檐式十三层塔，每层满饰佛龛像，间刻天王金刚及浮雕佛传故事。虽然仿自印度，但经过中国工匠之手，已深深烙下本土的印记，那些云纹、卷草纹、宝相花纹，早已被中国化了。五塔寺影响甚大，以至在清代雍正年间，又在内蒙古呼和浩特旧城用砖雕复制了一座同样形制的五塔寺。

随着城市商业文明的兴旺，明清时期的工艺美术（包括案头摆设）获得空前的繁荣，在石刻方面，工艺石刻艺术极大地愉悦了人们的多彩生活。元代于工部之下，设有诸色人匠总管府、大都人匠总管府以及随路诸色民匠都总管府等机构，其职能是管辖各种工匠技艺。同时在诸色人匠总管府下面，还分设有梵像提举司、玛瑙玉局、石局、木局、竹局，职掌玉石木竹雕刻。其中的石局，是专门管理石刻工匠的政府机构。明清的官府同样重视各类工艺美术，在玉石雕方面卓有成就。浙江之青田石雕，福建之寿山石雕，苏州之玉雕等，均以独特的材质与工艺，享誉天下。在北京故宫博物院藏有一件大型玉雕，雕成于乾隆年间，历时 10 年方琢成著名的大禹治水。工匠依势雕琢，以浮雕、圆雕等多种刀法，将山水人物穿插其间，达到惊人的细致与壮丽完美相融的境界。

此际城市工商业的高度发展，极大地促进了手工艺的进步。一个简单的理由就是：大量的手工艺者，可以在繁华的城市中找到支撑生活的来源，一些手工业作坊亦如雨后春笋般涌现。其中的工艺石刻作品，各种文房用具，各种摆件、装饰，琳琅满目，虽然少了庄严与深沉，却多了欢乐与祥和，并完美地呈现了黑格尔所论断的愉悦的艺术美感。

由于本书着重于有准确年代可考的石刻艺术编年，又由于明清时代特重碑帖之学，因此，通常刻有具体年月的碑帖，尤其是各种具书法美学意义的碑刻，仍然是此一时期的重要著录对象。

公元 1368 年　洪武元年

［提示］　十一月十四日，山东刻朱元璋白话《戒谕碑》。是年，郭云奉命修建南阳城，征用城内外所有祠墓庙宇中墓碑石刻。

［叙录］　公元 1368 年，朱元璋建立了中国历史上最后一个由汉族统治的统一大王朝，定都于南京。明太祖朱元璋虽然学问不高，但却深知儒学的重要性，并且即刻反映在石刻艺术上面：政治和石刻，有时竟然离得那样近、那样贴切。十一月十四日，刻立朱元璋与孔子后裔孔克坚孔希学对话的白话《戒谕碑》。据骆承烈载，此碑位于孔府二门里东首，南石。碑高 145 厘米、宽 71 厘米、厚 18 厘米。孔克坚、孔希学立，正书。分两层：上层 21 行，行 14 字；下层 20 行、行 30 字。其间与孔克坚的对话，刻于本年十一月十四日；与孔希学的对话，则刻于洪武六年（1373）八月二十九日。

洪武元年，朱元璋称帝后，就要求孔子第 55 代孙衍圣公孔克坚到南京去朝拜他。但是，作为圣人的后裔，孔克坚还真有些看不上这个放牛郎与穷和尚出身的帝王。孔克坚遂托病不往，让自己的儿子到了南京。朱元璋虽然文化不高，但是智商却并不低，他心里非常清楚其中的缘由，感觉受了侮辱，非常生气，即刻下诏说："吾奉天命安中夏，虽起庶民，然古人由民而称帝者，汉高祖是也。尔辞病，未知实否，若无疾称疾，以慢吾国，不可也。"孔克坚接到诏书后，心里害怕了，于是立赴南京。是年十一月十四日，朱元璋就在谨身殿接见了孔克坚父子，并当面戒谕，总算挽回了他这个皇帝的面子。回到孔府后，孔克坚将朱元璋接见时的对话记载下来并刻成石碑，立于孔府之中。碑文中，朱元璋满口是"你"、"我"、"快活"、"好人"、"少吃酒"、"老秀才，近前来"等白话俗语，非常有放牛娃或穷和尚的范儿。

是年，郭云奉命修建南阳城，征用城内外所有祠墓庙宇中墓碑石刻。郭云在《明史》中有传。是年，镇守南阳的指挥官郭云，奉朱元璋之命修建南阳城，据地志载，为建城墙，郭云将南阳城内外各祠墓庙宇中的墓碑石刻全部征用。郭云筑城规模，嘉靖《南阳府志》记载说：至洪武三年（1370）始成，南阳卫指挥使郭云因垣之旧，甃以砖石，周六里二十七步有奇，高二丈二尺，厚如之，壕深二丈二尺，阔倍之。门四：东曰延羲、南曰清阳、西曰永安、北曰博望，各筑月城，上各建楼，角楼四，敌台、窝铺四十三。又引梅溪河水注入城壕，环城一周。城内街道坊巷颇为整齐，四座城门，都有通衢大道与之相连。明代南阳为重藩，是朱元璋之子唐定王朱桱封国。王府规模宏大，占南阳全城总面积的三分之一强，邸第相望，将军、中尉、宗室半居民。

［文献］　清张廷玉《明史》卷一三四，骆承烈《石头上的家文献——曲阜碑文录》。

公元 1369 年　洪武二年

［提示］　七月，安徽《大明皇陵之碑》（首碑）。

［叙录］　七月，安徽刻《大明皇陵之碑》（首碑）。此碑位于安徽凤阳县西太平乡明皇陵（图 262）。明皇陵所葬为朱元璋父母及三兄嫂两侄。此碑原有碑亭已圮。据载《皇陵碑》曾前后刻立两块，第一块《皇陵碑》即为本年所立：诏立皇陵碑。先是命侍讲学士危素撰文，至是文成，命左丞相宣国公李善长诣陵立碑。此碑位于明皇陵神道南端西侧，通高 687 厘米，螭首龟趺，刻工大气。碑文明人沈节甫有著录，文中述其艰辛身世，戎马生涯及建立明朝的功绩，并从中悟出国运兴衰的道理。正如史学家吴晗所说：朱元璋在元末农民战争中屡屡出奇制胜、转危为安，最终夺取天下，他自认为是因为祖坟风水好保佑的结果。称帝后他回到家乡，第一件事就是拜祭祖坟，立《御制皇陵碑》，特意记述自己艰难的身世，让后人明白朱家是怎样一步步走向昌盛的。

［文献］　明沈节甫编《纪录汇编》卷一，吴晗《朱元璋传》。

图 262　明皇陵石虎头部左侧　洪武二年(1369)　安徽凤阳

公元 1370 年　洪武三年

［提示］ 遣官访历代帝王陵庙。朱元璋封侄孙朱守谦为靖江王,靖江王陵。

［叙录］ 是年,遣官访历代帝王陵庙。明人王在晋载:洪武三年,遣官访历代帝王陵庙,令具图以进。四年,遣使祭历代帝王陵寝。九年,遣官行祀历代帝王陵寝,凡三十六陵。令百步内禁樵采,设陵户二人看守,有司督近陵之民以时封培,每三年一降旨致祭。

是年,朱元璋封侄孙朱守谦为靖江王,此后开始了靖江王陵的建造(图 263)。靖江王陵位于广西桂林七星区东郊尧山西南麓,其地共有 11 人入葬,王亲藩戚墓葬 300 余座。靖江王从册封至灭亡,历时两百多年。

据载,靖江王陵均由礼部及广西布政司营造。其中年代最早者为第二代悼僖王陵及第三代庄简王陵,规模宏大,石像雄浑有力。弘治、隆庆间所造昭和王陵、端懿王陵、安肃王陵、恭惠王陵,则雕刻精致。后来的康僖王陵、温裕王陵、宪定王陵、荣穆王陵则越来越狭小,已无当初气象。

［文献］ 明王在晋《历代山陵考》卷上,张伟《明代靖江王研究》(陕西师范大学中国古代史 2006 年硕士论文),林哲《桂林明代靖江王陵营造尺初探》(《桂林工学院学报》2004 年第 3 期)。

公元 1375 年　洪武八年

［提示］ 七月十五日,山东《辛汪巡检司创寨记》。

图 263 明靖江王陵马与控马官 洪武三年(1370)后 广西桂林

［叙录］　张云涛载：洪武八年七月十五日，山东张温刻《辛汪巡检司创寨记》，此碑现藏山东威海市博物馆。1991年，山东威海在市区西部寨子村附近施工建房时发现此碑，碑为灰岩质地，高120厘米、宽68厘米。碑题名为"辛汪巡检司刱寨记"。碑由本邑儒学教授崔学野撰文、东牟崔仕书丹、昆仑山六度寺住持智整家篆额。立碑人为进义校尉莱州府宁海州文登县辛汪寨巡检孙谅、司吏王从政、弓首于忠、吕和。碑阴刊刻弓兵10名、地方耆老16人姓名。碑文正文20行。据碑文，文登地处海隅，巡防倭寇所系甚大。

［文献］　张云涛《山东威海发现明初刱寨碑》（《文物》1997年第9期）。

公元1376年　洪武九年

［提示］　正月，秦约序朱珪《名迹录》。

［叙录］　正月，秦约序朱珪《名迹录》。四库馆臣提要云：朱珪字伯盛，昆山人。旧本或题元人，观其首列洪武二年《昆山城隍神诰》，升于元代玺书之上，即徐坚作《初学记》以唐太宗诗冠前代诸诗之例。又顾瑛至洪武中尚随其子徙临濠，而书中有其墓志铭，其为明人确矣，称元人者，误也。珪善篆籀，工于刻印。又工于摹勒石刻，因裒其生平所镌，编为此集。从这段关于朱珪的简短介绍中，可以知其名、字、籍贯，可确定他是元明之际人。《名迹录》全书六卷，前五卷都是其所镌石刻文字。《四库全书总目》谓《名迹录》前有序，今文渊阁《四库全书》本无之。清抄本《名迹录》前有秦约序，作于洪武九年(1376年)正月。序谓"伯盛者名珪，自号静寄居士"，则朱珪别有一号为静寄居士。

［文献］　清永瑢、纪昀主编《四库全书总目提要》卷八六，孙向群《关于朱珪二三事》（《印说》2004年第2期）。

公元1378年　洪武十一年

［提示］　安徽《大明皇陵之碑》第二碑。石刻名家朱珪卒。

［叙录］　是年，安徽刻《大明皇陵之碑》第二碑。前文已经说过，《大明皇陵之碑》一共刻了两块。本年，在命江阴侯吴良督工新造皇堂之时，朱元璋觉得第一块《皇陵碑》记中有儒臣粉饰之辞，不足为后世子孙所戒，于是再撰碑文，重新刻立石碑。碑高700厘米、宽200厘米，碑文楷书，额篆"大明皇陵之碑"。碑文沈节甫有著录，起首为序文，朱元璋扼要说明为何要亲撰碑文：洪武十一年夏四月，命江阴侯吴良督工兴建皇堂。予时秉鉴窥形，但见苍颜皓首，忽思往日之艰辛。况皇陵碑记，皆儒臣粉饰之文，恐不足为后世子孙戒，特述艰难，明昌运，俾世代见之。正文部分，朱元璋则讲述幼时之贫困艰辛及父母兄长死于饥荒和瘟疫之事，"殡无棺椁、被体恶裳"，其凄凉之景令人动容。接着讲述入寺为僧，乞讨化缘的经历：值天无雨，遗蝗腾翔；里人缺食，草木无粮；予亦何有，心惊若狂；乃与兄计，如何是常？兄云：此去各度凶荒。兄为我哭，我为兄伤；皇天白日，泣断心肠；兄弟异路，哀动遥苍。汪氏老母，为我筹量；遣子相送，备醴馨香；空门礼佛，出入僧房。居未两月，寺主封仓；众各为计，云水飘扬；我何作为，百无所长；依亲自辱，仰天茫茫；既非可依，侣影相将；突朝烟而急进，暮投古寺以趋跄。一浮云乎三载，年方二十而强。时乃长淮盗起，民生攘攘；于是思亲之心昭著，日遥盼乎家邦。已而既归，仍复业于觉皇。然后朱元璋又讲到了他怎样同元军作战，如何攻城略地，扩军屯粮，最后铲除群雄，东渡大江，一统天下。整篇碑文通俗易懂、叙事简洁，感情真挚，朗朗上口。这既是朱元璋所写的一篇纪念父母、训诫子孙的碑文，也是一篇绝好的自传——是史上第一篇由皇帝亲自撰写的自传。

是年，石刻名家朱珪卒。黄惇认为，朱珪的卒年不会下延至1379年以后，并推断其生卒年当为1327年后至1379年前。黄惇的理由是：卢熊《苏州府志》收有《朱珪传》，而《苏州府志》刊印于洪武十二年(1379)。孙向群则根据卢熊《印文集考序》和《杨子经墓志铭》(洪武十年丁巳三月某日葬),推断朱珪生卒年当为 1314 年前后至 1377 年以后。程章灿将黄、孙两家的推论合而观之,以为朱珪卒年暂定在本年(1378)比较合适,至于其生年,则以孙向群所论较为近似,不过,也有可能更早一些。从倪瓒题朱珪像及赠诗的语气来看,是对平辈甚至是对前辈的口吻,如赠诗中说:"朱翁业古艺,千古扬清芬。"似乎朱氏年长于自己。而倪瓒的生年一般认为在 1301 年或 1306 年,如果前一推测有点根据,那么,朱珪的生年有可能在 1306 年甚至 1301 年以前。《名迹录》卷一录《奉议大夫昆山知州王公去思碑》,其中称王世杰至治三年(1323)"实长是州","未几,公以母夫人卒去之"。去思碑通常应立于其离职之后不久,当在 1324 年左右。如果这样的话,那么,朱珪的生年就不大可能在 1314年前后(如此则 1324 年才 10 岁,刻碑不合常情),而应该在 1301 年左右较为合理。

［文献］　明沈节甫编《纪录汇编》卷一,黄惇《论元代文人印章发展的三个阶段》(《元代印风》),孙向群《关于朱珪二三事》(《印说》2004 年第 2 期),程章灿《石刻刻工研究》。

公元 1381 年　洪武十四年

［提示］　定僧道服、始建孝陵。

［叙录］　是年,定僧道服。《明史》(舆服志三)载:僧道服,洪武十四年定。禅僧,茶褐常服,青绦玉色袈裟;讲僧,玉色常服,绿绦浅红袈裟;教僧,皂常服,黑绦浅红袈裟。僧官如之。惟僧录司官,袈裟,绿文及环皆饰以金。道士,常服青法服,朝衣皆赤,道官亦如之。惟道录司官,法服、朝服,绿文饰金。凡在京道官,红道衣,金襕,木简;在外道官,红道衣,木简,不用金襕。道士,青道服,木简。同书《职官志三》又载:洪武十五年(1382)始置僧录司、道录司。僧凡三等:曰禅,曰讲,曰教。道凡二等:曰全真,曰正一。设官不给俸,隶礼部。

是年,始建孝陵。南京紫金山南麓的孝陵,为明朝开国皇帝朱元璋陵墓,于洪武十四年开始营建,洪武十六年建成,是我国现存建筑规模较大的古代帝王陵墓之一。刘兴珍等载,孝陵主要建筑有大金门、神功圣德碑亭、孝陵殿、方城、明楼等,建筑风格厚重、朴实、庄严、雄伟。从下马坊起,到御河桥止,纵深 2 600 米的神道,依地势起伏变化,自然回旋伸展,沿道布置形体宏大的石兽雕刻十二对、石柱一对、石人四对及棂星门一座。石兽有狮、獬豸、骆驼(图 264)、象(图 265)、麒麟、马,每种四只,两蹲两立。石望柱由白石制成,雕有云龙纹。石人为武将及文臣各两对。石刻全以整块石料凿琢而成,造型写实,形体壮硕。

［文献］　清张廷玉《明史》卷六七、卷七四,刘兴珍等《中国古代雕塑图典》,南京中山陵园管理局《明孝陵志新编》。

公元 1383 年　洪武十六年

［提示］　朱元璋《龙兴寺碑》。

［叙录］　是年,刻朱元璋《龙兴寺碑》。朱元璋登基后,其故乡安徽凤阳也跟着熠熠生辉。朱元璋"取中天下而立,定四海之民",以凤阳为中都,建置城池宫阙,一如京师之制。又于本年下诏,将其早年出家的皇觉寺,自凤阳县西南六公里处的甘郢,迁移至凤阳县城北凤凰山日精峰下,以名贵木材,营建雕刻,造"佛殿、法堂、僧舍之属凡三百八十一间",其规模十分宏大,连绵数里。寺内供奉朱元璋画像和铁像。寺名亦由皇觉寺改为"大龙兴寺",朱元璋还亲撰龙兴寺碑文,刻立于寺中。碑阴镌刻有朱元璋《敕僧文》,叙述龙兴寺之历史、修建经过和朱元璋幼时僧侣生活等。龙兴寺内御碑亭中,还竖立着朱元璋"第一山"御书石碑。

［文献］　夏玉润《朱元璋与凤阳》,邱金强等《朱元璋和"龙兴寺"》(《第十二届明史国际学术研讨会论文集》)。

图 264　明孝陵骆驼　洪武十四年(1381)　江苏南京

图 265　明孝陵石象　洪武十四年(1381)　江苏南京

公元 1385 年　洪武十八年

［提示］　朱元璋标点碑《徐达神道碑》、石刻。

［叙录］　是年，刻朱元璋标点碑《徐达神道碑》。此碑全称《御制中山王神道碑》，明代焦竑有著录，系为明朝开国军事统帅徐达而作。徐达在《明史》中有传，字天德，濠州钟离(今安徽凤阳)人。洪武初累官中书右丞相，封魏国公，追封中山王。作为兵马大元帅的徐达，是朱元璋帐下第一员大将，论军功当数第一。但是朱元璋心机很重，表面上十分敬重徐达，心里则是疑忌的，所谓功高压主。

洪武十八年，徐达患背疽，朱元璋派人赐给徐达一只蒸鹅，徐达被迫全部食之，不久疽疮发作病故。朱元璋暗自庆喜，又虚伪地要亲自为徐达刻立神道碑，于是命大臣代撰碑文。代笔者在碑文上加注圆圈标点，以便皇上审阅断句。这件巨大的碑石，便成为极为罕见的带标点的石碑。《御制中山王神道碑》现存立于南京太平门外板仓村徐达墓地，碑通高 895 厘米、宽 220 厘米、厚 70 厘米。徐达墓石刻损毁严重，所存马与控马官造型优美，刀法极为洗炼。(图266)。

［文献］　明焦竑《国朝献征录》卷五，清张廷玉《明史》卷一二五。

公元1386年　洪武十九年

［提示］　始建明祖陵。

［叙录］　明祖陵具体位于江苏盱眙洪泽湖西岸，此地系朱元璋高祖、曾祖和祖父的衣冠冢及祖父实葬之所。朱元璋登基后，于本年始建祖陵，并追封、重葬祖父朱初一、曾祖朱四九和高祖朱百六三代帝后，次年建成享殿。27年后，即永乐十一年(1413)，成祖朱棣再建棂星门及围墙，以增壮丽。明祖陵石刻颇有气势，雕工朴拙而不失细节(图267、图268、图269)。

［文献］　李虎仁等《江苏盱眙县明祖陵考古调查简报》(《考古》，2000年第4期)。

公元1390年　洪武二十三年

［提示］　六月八日，浙江《虎跑泉铭》。七月，刻苏轼《游虎跑泉》诗。

［叙录］　六月八日，浙江刻《虎跑泉铭》。据清人丁敬载，此铭为胡廷举(四明)所刻。同年七月，据阮元载：东坡居士守杭日作《游虎跑泉》二诗，洪武二十三年七月，住持山释首记重刻。

［文献］　清丁敬《武林金石记》卷九，清阮元《两浙金石志》卷六。

公元1391年　洪武二十四年

［提示］　六月，命礼部清理释、道二教。

［叙录］　六月，命礼部清理释、道二教。清人顾炎武在《日知录之余》(禁僧)中载：是年六月丁巳，命礼部清理释、道二教，敕曰：佛本中国异教也，自汉明帝夜有金人入梦，其法始自西域而至。当是时，民皆崇敬。其后，有去须发出家者。其所修行，则去色相，绝嗜欲，洁身以为善。道教始于老子，以至汉张道陵，能以异术役召鬼神，御灾捍患，其道益彰。故二教历世久不磨灭者以此。今之学佛者曰禅，曰讲，曰瑜伽；学道者曰正一，曰全真。皆不循本俗，污教败行，为害甚大。自今天下僧道，凡各府州县，寺观虽多，但存其宽大可容众者一所，并而居之，毋杂处于外，与民相混。违者治以重罪，亲故相隐者流，愿还俗者听。其佛经翻译已定者，不许增减词语。道士设斋醮者，亦不许拜奏青词。为孝子慈孙演诵经典报祖父母者，各遵颁降科仪，毋妄立条章，多索民财。及民有效瑜伽称为善友，假张真人多私造符箓者，皆治重罪。七月丙戌朔，诏天下僧道，有创立庵堂子寺观，非旧额者，悉毁之。

［文献］　清顾炎武《日知录之余》卷三。

公元1392年　洪武二十五年

［提示］　改将作司为营缮所，以诸匠之精艺者为之。

［叙录］　明代在工部营缮所下，也辖有刻工。《明史》(职官一)载：洪武二十五年，改将作司为营缮所，隶工部，“秩正七品，设所正、所副、所丞各二人，以诸匠之精艺者为之”。程章灿说，究竟哪些能工巧匠曾在营缮所任职，正史中未有记载。从程氏所搜集的刻工资料中，发现杨春、陆裕、陆祥等人曾分别担任过营缮所所正、所副、所丞之职。

［文献］　清张廷玉《明史》卷七二，程章灿《石刻刻工研究》。

公元1393年　洪武二十六年

［提示］　刻朱元璋撰《周颠仙人传碑》。

［叙录］ 是年，刻朱元璋撰《周颠仙人传碑》。此碑位于江西庐山牯岭仙人洞西北锦绣峰御碑亭中。朱元璋在碑文里，叙述其在周颠仙人协助下，击败陈友谅之事，故事的真实性显然值得怀疑：元末朱元璋参加郭子兴红巾军，后成此军首领，于元至正十六年(1356)攻占建康(今江苏南京)。至正二十年(1360)，红巾军将领徐寿辉被部将陈友谅杀害，陈友谅自立为帝，国号大汉，大军直抵建康。至正二十三年(1363)，朱元璋与陈友谅大战于鄱阳湖。时南昌一少患癫痫的乞食和尚周颠唱太平歌，称朱元璋"做皇帝定太平"。朱元璋邀周颠同行，周在战争中显神力助朱元璋战胜陈友谅，陈友谅中箭身亡。在朱元璋获胜后，周颠即辞别，自称是"庐山竹林寺僧人"。朱元璋建都南京之后，派人往庐山寻访周颠下落，相传已乘白鹿羽化升天。此碑高 400 厘米、宽 127 厘米、厚 23 厘米。据说石碑所用石料采自云南，其行程之艰辛可想而知。碑阳刻朱元璋所写《周颠仙人传》，碑文长 2 000 余字。碑额篆刻"御制"二字，旁镌螭龙，颇有生气。碑阴则镌刻朱元璋《祭四仙》及《赠四仙诗》(天眼僧者、周颠仙人、徐道人、赤脚僧)。清人查慎行还为《周颠仙人传》碑写下《洪武御碑歌》。

［文献］ 陶勇清《庐山历代石刻》，吴继路《庐山御碑亭新记》(《中华魂》1997 年第 4 期)。

公元 1395 年　洪武二十八年

［提示］ 六月，江西《重修福田明觉寺生佛道场碑》。

［叙录］ 六月，江西刻《重修福田明觉寺生佛道场碑》。据清人邵启贤及《拓本汇编》载，此刻为明代政治家解缙所撰，刻工方思坚。福田明觉寺位于江西于都县，福田禅寺慈佑阁中供奉有生佛祖师肉身德像，为江西境内唯一可见之全身舍利。从解缙所撰碑文可知：生佛祖师为唐末五代时人，姓吴，名文佑，家于信丰，人称僧伽，其师承失考。

明河《补续高僧传》有"僧伽传"。南宋人洪迈记录有吴僧伽，定应禅师称吴僧伽为"法弟"或"法子"，吴僧伽则称定应禅师为"吾师"。以此推断，文佑禅师极有可能得法于定应禅师。

［文献］ 宋洪迈《夷坚丁志》卷八，明明河《补续高僧传》卷一九，清邵启贤《赣石录》卷二，《拓本汇编》第 51 册。

公元 1396 年　洪武二十九年

［提示］ 广西严震直撰书《修渠记》。

［叙录］ 是年，广西严震直撰书《修渠记》。此记全称《兴安通筑渠堤记》。广西兴安县灵渠，为秦朝兴建。《史记》(主父偃列传)载：由于秦始皇想得到"越之犀角、象齿、翡翠、珠玑"，于公元前 223 年至公元前 214 年间，派 50 万大军进攻西瓯(广西、广东一部分)，为了解决军粮运输问题，命史禄负责开凿这条运河，是为灵渠开凿之始。灵渠沟通湘漓二水，连接长江与珠江两大水系，全长 30 多公里。为提高水位，以便船只通行，在水浅流急处兴筑"陡门"(船闸)。渠畔建有四贤祠，存有六块修灵渠碑刻，渠旁崖壁上镌有题刻，严震直本年撰书的《修渠记》，是其中较为著名者。严震直在《明史》中有传，字子敏，号西塞山翁，湖州乌程人。洪武二十八年，严震直奉命主持修复灵渠工程。严震直审度地势，导引湘漓，疏浚渠道 5 000 丈，筑溪潭及龙母祠土堤 150 余丈，又增高中江石堤，建陡闸 36 个，凿平滩石以利舟楫往来，漕运以此畅通。严震直刻《修渠记》于崖上，以记此事。

［文献］ 《史记》卷一一二，清张廷玉《明史》卷一五一，黄增庆《广西兴安县灵渠陡隁调查》(《文物参考资料》1958 年第 12 期)。

公元 1397 年　洪武三十年

［提示］ 重庆大足宝顶山观音。

图 266 明徐达墓马与控马官 洪武十八年(1385) 江苏南京

[叙录] 是年,重庆大足宝顶山观音。《大足石刻内容总录》载:宝顶山观音像为摩崖造像,灰砂岩石质,顶部为平顶,龛为圆形。观音龛周围,刻有数朵彩云。龛外左侧壁上,刻有一题记:洪武三十年春月造。

[文献] 四川省社会科学院等编《大足石刻内容总录》。

公元 1398 年 洪武三十一年

[提示] 四川金堂刻造石塔。洪武年间,移人面狮身像浮雕于泉州开元寺内。

[叙录] 是年,四川金堂刻造石塔。《中国石窟雕塑全集》载:在四川金堂县三学山上寺后建无量宝塔,由 168 座小塔聚成一大石塔,每塔刻有佛像 500 尊,共 84 000 尊,塔中藏金书《法华经》。

洪武年间(1368—1398),移人面狮身像浮雕于泉州开元寺内。此石刻位于福建泉州开元寺内,原为元代倾圮的印度教寺庙构件,明洪武年间重修开元寺时移至此。在大雄宝殿月台前须弥座束腰部位,共嵌有 72 块浮雕,以辉绿岩刻成。造型为狮,或为人面狮身。形象大同小异,或平首前视,或回首后顾,四肢着地,作缓步行进状。此狮身人面像,高 24 厘米、长 65 厘米。造型为侧身正首,螺发三层,粗眉大耳。前胸护甲,颈佩圈饰。身躯为狮形,四肢粗壮有力,尾上扬,卷至背部。其形貌怪异,颇具神话色彩。刘兴珍认为,其整体结构谨严,不枝不蔓,风格粗犷质朴。

[文献] 王朝闻等《中国石窟雕塑全集》(四川重庆卷),刘兴珍等《中国古代雕塑图典》。

公元 1403 年 永乐元年

[提示] 方孝孺被诛,明成祖铲除苏州《玄妙观碑》。

[叙录] 是年,方孝孺被诛,明成祖铲除苏州

图 267 明祖陵石狮 洪武十九年(1386) 江苏盱眙

《玄妙观碑》。成祖朱棣之所以要铲除此碑帖，是因为此碑为方孝孺所撰书。浙江宁海的方孝孺在《明史》中有传，是明代著名学者，字希直，一字希古，号逊志。在“靖难之役”期间，拒绝为篡位的燕王朱棣草拟即位诏书，被诛十族。苏州观前街玄妙观三清殿东侧这块碑，高7米、宽近3米，原由方孝孺撰文并书丹，被成祖下令铲除，变成无字碑。

［文献］ 清张廷玉《明史》卷一四一。

公元1405年 永乐三年

［提示］ 二月初四，西安习巷礼拜寺《伊斯兰教圣旨碑》。

［叙录］ 二月初四，西安习巷礼拜寺刻立《伊斯兰教圣旨碑》。在陕西西安大学习巷礼拜寺，存有此圣旨碑。碑文为洪武二十五年（1392）三月十四日明太祖为保护伊斯兰教而下的一道圣旨。元代伊斯兰教寺院较普遍的称谓即礼拜寺。如定州《重建礼拜寺记》云：府第之兑隅，有古刹寺一座，堂宇止三间，名为礼拜寺，乃教众朝夕拜天，祝延圣寿之所。《元史》（泰定帝本纪）载：泰定元年（1324）六月，作礼拜寺于上都及大同路，给钞四万锭。明代相沿此称，如弘治八年（1495）刘瓒《济南府礼拜寺重修记》中说：礼拜寺旧在历山西南百步许。《西湖游览志》载：真教寺，俗称礼拜寺。

［文献］ 李兴华等《中国伊斯兰教史》。

公元1406年 永乐四年

［提示］ 十二月二十一日，四川《伐楠木运京记》。

［叙录］ 十二月二十一日，四川刻《伐楠木运京记》。四川盛产优质楠木，且多为名贵的金丝楠（桢楠）。但是经过明代大量的采伐，四川的楠木已几乎找不到像样的原木了。高文载：此碑在四川通江县长胜、文胜两乡的交界处。碑270厘米见方，厚70厘米，隶书，全文87字，该碑记载伐楠木运北京的情况，这些楠木运至北京可能用于修建故宫等，1987年文物普查时发现。碑文内容为：永乐四年八月十三日，钦奉圣旨采办木□。本县原差总甲马廷吏管领仓谷悍夫人等，前在白崖山场内采办堪中楠木十筏，致十二月拖曳直低（抵）肖口河下运赴重庆府，接运赴京交割。太岁次丙戌年十二月二十一日记。

［文献］ 高文等《四川历代碑刻》。

公元1407年 永乐五年

［提示］ 卜长陵于北京天寿山。

［叙录］ 是年，卜长陵于北京天寿山。长陵为明十三陵中最早营建的皇陵，是明成祖朱棣和皇后徐氏之合葬陵。明太祖朱元璋第四子朱棣，洪武三年（1370）封为燕王，镇守北平。建文四年（1402），朱棣以“靖难”之名攻入南京，从惠帝朱允炆手中夺得皇位。据《均卿太翁钦奉行取扦卜皇陵及行程回奏实录》（《兴邑衣锦三僚廖氏族谱》辑）载：永乐五年徐皇后病故，朱棣并未选陵址于南京，而是派礼部尚书赵羾和江西风水术士廖均卿等远赴北京城郊卜选陵地。胡汉生认为，朱棣的这一做法考其原因当有两条：首先，朱棣至迟在这时迁都北京的设想已经形成。北京曾是朱棣做燕王时的封地，以自己“龙兴之地”为都，不仅可因远离南京而减轻心理压力，还可利用北京的“王气”为自己的称帝找到有利的根据。其次，北京天寿山一带的地理环境符合当时的“风水”吉壤说，具备营建帝陵的地理条件。天寿山旧名黄土山，属燕山余脉军都山一支，燕山山脉起于太行，按清人梁份《帝陵图说》的说法，自古就被视为“北干王气所聚”之地。特别是天寿山一带，主峰雄峙陵北，东蟒山、西虎峪山左右环抱，南面有龙山、虎山等小山陵遥相对应，西北山水于平原中部汇合后曲折向东南流走，构成了一幅妙合于风水理论的壮丽蓝图。

［文献］ 清廖氏《兴邑衣锦三僚廖氏族谱》，清梁份《帝陵图说》卷二，胡汉生《明十三陵研究》。

公元1408年　永乐六年

［提示］ 八月，南京《淳泥国国王墓神道碑》。明廷首次赐予西藏僧人佛像。

［叙录］ 八月，南京刻《淳泥国国王墓神道碑》。在南京安德门外铁心桥镇东向花村乌龟山南麓，建有淳泥国国王麻那惹加那墓地，是年八月所刻立的《淳泥国国王墓神道碑》迄今犹存。《明史》有《淳泥传》，其国位于加里曼丹岛北部（文莱），北宋时代，淳泥即与中国相交往。洪武三年（1370）明太祖曾派御史张敬之、福建行省都事沈秩出使淳泥国。次年（1371），淳泥国王马合漠沙遣使随张敬之使团回访南京。永乐六年八月，淳泥国王麻那惹加那又率王后嫔妃及族人近臣多达150余人至中国访问。明朝以盛礼相待，明成祖朱棣先后于皇宫奉天殿等处宴请这个庞大的使团。一个月后，淳泥国王突染重疾，并于当年十月病故于会同馆，时年28岁。淳泥国王遗嘱要求安葬于南京："体魄托葬中华，不为夷鬼。"明成祖为此辍朝三日以示悼念，以王礼备办棺椁明器，葬麻那惹加那于南京乌龟山，立碑建祠。明成祖还封其子遐旺为淳泥新国王，翌年（1409）派中官张谦护送遐旺回国。明成祖还封淳泥国后山为"长宁镇国之山"，并亲撰碑文，命使臣张谦竖碑于淳泥国山后。后来淳泥国王墓及神道碑曾一度埋没，《明史》及康熙《江宁府志》（陵墓）等，只说葬于安德门外石子岗，没有更为具体的记载。新中国成立后在南京的一次文物普查中，偶然发现已残断的《淳泥国国王墓神道碑》，碑上遗刻有"永乐六年八月乙未淳泥国王麻那惹"、"淳泥国王去中国"、"葬于安德门外石子岗"等语。此碑的发现，为最终确定淳泥国墓址提供了最为直接的证据。

本年，明廷首次赐予西藏僧人佛像。据《明实录藏族史料》载：明廷首次赐予西藏僧人佛像即在此年：如来大宝法王哈立麻辞归，赐白金、采币、佛像等物，仍遣中官护送。永乐十二年（1414）正月，正觉大乘法王毗泽思巴陛辞，赐图书及佛像、佛经、法器、衣服、文绮、仪仗、鞍马、金银器皿等物，命中官护送。金申认为，这些佛像虽然并没有说明是宫廷所造，但此后每次西藏僧人辞陛，都要赏赐图书、佛像、佛经、仪仗、鞍马等，可知佛像已成为不可缺少的例定礼品，其需求量大，自然要专门制作。可以推知，明廷将赐佛像加以制度化约始于永乐六年，且佛像制作尚有呈样进览、试制修改等程序，则实际制作还应略早些。带款的明廷造像，目前只见"大明永乐年施"和"大明宣德年施"二种，文字均阴刻于台座前方台面上，款识规正，字体秀美。一般都是字正对着观众，也有极少数刻款的字是倒置着的，不知何故。题材上多数为显宗的释迦佛、长寿佛（阿弥陀佛）、观世音菩萨、文殊菩萨、白度母、绿度母等，尤以各种度母像数量多而造型精美。大概因系官造，指导思想上尊扬显宗，那种密宗的多手多臂、形象怪诞的佛像较少，男女双身的所谓欢喜佛像所见较少。

［文献］ 清张廷玉《明史》卷三二五，清陈开虞纂修《江宁府志》卷二，西藏研究所编辑部《明实录藏族史料》，金申《佛教美术丛考》。

公元1409年　永乐七年

［提示］ 五月八日，北京昌平始建长陵。九月，河南嵩山大法王寺汉白玉雕阿弥陀佛。是年，斯里兰卡《郑和碑》、山东《孔氏族谱图示碑》。

［叙录］ 五月八日，北京昌平始建长陵。礼部尚书赵羾率江西风水术士廖均卿等在北京昌平县选得黄土山吉地后，明成祖朱棣亲临审阅，十分满意，封黄土山为天寿山。本年五月八日，正式动工营建陵寝，至十一年（1413）正月，陵寝墓室建筑玄宫始建成，次月葬徐氏。《明史》（成祖本纪三）载：永乐二十二年（1424）七月，成祖亲征漠北，病逝于榆木川，十二月归葬长陵。十三陵中，长陵神道建筑规模最为

图 268　明祖陵石马局部　洪武十九年(1386)　江苏盱眙

图 269 明祖陵石狮局部 洪武十九年(1386) 江苏盱眙

巨大,位置约当陵区纵向中轴部位,余 12 陵的神道均直接或间接地由该道分出,为明陵总神道。据胡汉生载,长陵神道总长达 7 300 米,由南而北依次建有石牌坊(六柱五架)、三空桥、大红门、长陵神功圣德碑亭、石望柱两座、石像生三十六尊(由前而后依序为狮、獬豸、骆驼、象、麒麟、马、将军、品官、功臣雕像)、龙凤门、南五空桥、七空桥、北五空桥等建筑。

九月,河南嵩山大法王寺汉白玉雕阿弥陀佛。温玉成载,法王寺坐落于嵩山玉柱峰下,为两进院落,占地万余平方米。法王寺诸殿后面之开阔地,矗立着一座挺拔俊秀的密檐方塔,其塔建于隋文帝仁寿三年(603)。塔的南面辟有塔门,入门即到塔心室,室内供养着汉白玉雕阿弥陀佛一尊,为明代永乐七年九月周王朱有墩因生子还愿所献。同样的佛像,还送到了少林寺、会善寺。

是年,斯里兰卡刻《郑和碑》。此碑又称《布施锡兰山佛寺碑》。据袁坚、金其祯等载,此碑现位于斯里兰卡首都科伦坡七区斯里兰卡国家博物馆石碑大厅中,为长方形灰白色大石碑。印度洋北部的斯里兰卡是东西航海要冲,也是郑和下西洋的必经之地。史载郑和曾先后于永乐七年(1409)、永乐八年(1410)和永乐十四年(1416)三次访问斯里兰卡。此碑即是永乐七年郑和船队首次在锡兰山(斯里兰卡)停留,前往当地立佛寺行香时所立纪念碑。碑高 136 厘米、宽 79 厘米、厚约 15 厘米。龙纹浮雕碑首,碑文以中文、泰米尔文及波斯文刻成,其中泰文为中文译文,波斯文内容为祈求伊斯兰教神的保佑。中文碑文记载郑和在立佛寺行香时向该寺布施香礼的具体数量,计有:金一千钱、银五千钱、各色绵丝十匹、各色绢丝五十匹、织金丝彩丝宝缁四对、铜香炉五个、花瓶五对、烛台五对、漆金香盒五个、蜡烛十对、香十炷。此碑于 20 世纪初,由僧伽罗人在斯里兰卡南部海滨高尔市内克里普斯路拐弯处掘出。斯里兰卡独立后,石碑被送至科伦坡,陈列于国家博物馆内。

是年,山东刻《孔氏族谱图示碑》。此碑分上下两碑,骆承烈载:上碑现位于孔庙崇圣祠前东首,面西。碑高 360 厘米、宽 144 厘米、厚 35 厘米。列表,正书。从始祖孔子至42代(光嗣)。下碑位于孔庙崇圣祠前西首,面东。碑高380厘米、宽124厘米、厚32厘米。列表,正书。从43代(仁玉)至54代(思晦)。

[文献] 清张廷玉《明史》卷七,温玉成《中国佛教与考古》,袁坚《斯里兰卡的郑和布施碑》(《南亚研究》1981年第1期),金其祯《中国碑文化》,胡汉生《明十三陵研究》,骆承烈《石头上的家文献——曲阜碑文录》。

公元1410年 永乐八年

[提示] 秋,南京《慧昙塔铭》。

[叙录] 是年秋,南京刻《慧昙塔铭》。此铭为明代文学家宋濂撰,全称《天界善世禅寺第四代觉原禅师慧昙遗衣塔铭》。《拓本汇编》有著录,刻工为居士章(甬东),碑在南京钟山。慧昙为元末明初临济宗杨岐派高僧,浙江天台人。俗姓杨,字觉原。赐号"演梵善世利国崇教大禅师"。据明人文琇和净柱载,慧昙年少即从越州法果大均出家,受具足戒。师曾于高丽教公门下修习华严学,并从上竺澄禅师听摩诃止观。后复参谒中天竺寺笑隐大欣禅师,并嗣其法。初住持牛头山祖堂。至正三年(1343)住持清凉寺,复历住保宁寺、蒋山、天界寺(大天界寺)。于洪武四年(1371)示寂,世寿68岁,僧腊53岁。又据明人董伦及焦竑记载:明太祖建国之初,并未建立一套严密的僧道官制。于洪武元年(1368)正月设立善世、玄教二院,秩从二品,分掌僧道,以僧慧昙及道士经善悦真人主之。

[文献] 明文琇《增集续传灯录》卷五,明净柱《五灯会元续略》卷二,明董伦《明太祖实录》卷二九,明焦竑编《国朝献征录》卷一一八,《拓本汇编》第51册。

公元1412年 永乐十年

[提示] 永乐八年至十年,重庆大足石篆山《观无量寿佛经变相》题记。

[叙录] 永乐八年至十年间(1410—1412),重庆大足石篆山刻《观无量寿佛经变相》题记。《大足石刻内容总录》载:石篆山千佛崖第七号龛,顶部为平顶,龛正壁造像可分为上、下二层:上层主像为西方三圣(均为半身),面南;下层为三品九生图。龛左壁上端内侧,有题记一则:"大明永乐八年正月造"。龛右壁上端内侧,亦有题记一则:"大明四川道,永乐十年八月造了,任伯立"。

[文献] 四川省社会科学院等编《大足石刻内容总录》。

公元1413 永乐十一年

[提示] 八月,重庆大足《毗卢道场永乐题记》。九月,黑龙江《敕修奴儿干永宁寺碑记》。是年,南京《大明孝陵神功圣德碑》。

[叙录] 八月,重庆大足刻《毗卢道场永乐题记》。《大足石刻内容总录》载:宝顶山大佛湾第14号毗卢道场,窟顶部为平顶。窟门外东西二壁上各有二天王(半身)像。东侧二天王头部以下残,四侧右天王双手捧灯形塔,左天王手执宝剑。四天王上方壁上有14个小圆龛,分两层排列,每龛内有一结跏趺坐的小佛像。窟门前两侧有二跪立石狮,高93厘米。窟门两边刻楹联:"欲得不报无间业,莫谤如来正法轮。"窟门门楣上刻"毗卢道场"四字,末端署款:"朝散郎知重庆军府串姚□□书"。窟门甬道东壁上方有"承事郎重庆府推官卢江之"等人于"永乐十一年八月二十四日"书刻题记。

九月,黑龙江刻《敕修奴儿干永宁寺碑记》。此碑最早为清人曹廷杰所发现著录,后来民国的张伯英、罗福颐亦有记载。明代奴儿干都司设立后,内官亦失哈等曾多次奉命去对当地部族宣谕抚慰。本年,亦失哈第三次到奴儿干都司时,即在都司城西南、黑龙江恒滚河口对岸山上建永宁寺,并于寺前刻立《永宁寺记》石碑。宣德七年(1432)亦失哈第十次到该地时，寺已被毁，次年(1433)委官重建，再立《重建永宁寺记》碑。两碑正面刻汉字，背面用女真文和蒙古文刻写，女真文的语法已接近清初的满文，也是女真文向满文演变的重要资料依据。后永宁寺已堙圮，两碑却一直保存着。傅朗云载：光绪十一年(1885)，历史地理学者曹廷杰奉命对被沙俄侵占地区进行调查，将碑文拓回。原碑现藏俄罗斯哈巴罗夫斯克(伯力)博物馆。曹廷杰以两碑所载，结合奴儿干都司古城遗址的考察结果，纠正了明代东北边塞尽于铁岭开原之说的错误，证明黑龙江北岸、乌苏里江东岸，远至库页岛(萨哈林岛)，自古即为中华版图。永宁寺两碑是明初继前代管辖黑龙江、精奇里江、乌苏里江、松花江流域及库页岛的重要历史物证。曹廷杰在考察中俄边界时，撰成《西伯利亚东偏纪要》总共118条。书中第64条写道：查庙尔上250余里，混同江(松花江和黑龙江下游)东岸特林地方，有石砬壁立江边，形若城阙，高10余丈，上有明碑二：一刻《敕建永宁寺记》，一刻《宣德六年(当为八年)重建永宁寺记》，皆述太监亦失哈征服奴儿干海及海中苦夷事。论者咸谓明之东北边塞，尽于铁岭、开原，今以二碑证之，其说殊不足据。谨将二碑各拓呈一份。俄国人也不得不承认：根据永宁寺碑文可以肯定，明永乐九年(1411)，明朝政府在奴儿干地区建立了地方管辖机构，把奴儿干改为省一级的都司。曹廷杰在东北为官30余年，直到民国二年(1913)方从东北携眷回籍。

是年，南京刻立《大明孝陵神功圣德碑》。明孝陵神功圣德碑亭，其建筑平面为正方形，顶部已毁，俗称四方城。内置朱元璋第四子、明成祖朱棣撰写的《大明孝陵神功圣德碑》，碑文记述朱元璋生平及功德，全文共2 746字。碑通高887厘米，碑文正楷，字如拳大，气势雄伟。据《明太祖实录》及《明史》等典籍载：朱元璋太子朱标早于朱元璋而亡，以嫡长制度，立朱标长子朱允炆为皇太孙作为皇位继承人。洪武三十一年(1398)闰五月，太祖驾崩，朱允炆继位，改元建文，史称恭闵帝。朱元璋曾留下遗诏：皇太孙允炆仁明孝友，天下归心，宜登大位；内外文武臣僚同心辅政、以安吾民。诸王临国安民，毋至京师。各地诸王，朱允炆的皇叔们基本上还是遵从了太祖的遗命。只有一人例外：朱元璋四子燕王朱棣自恃有先帝“攘外安内，非汝而谁”的圣旨，兼程自北平南下欲参加父亲葬礼。快至淮安时，即被建文帝派人阻止，被迫返京。建文帝登基后推行削藩政策，以巩固皇权。这个政策直接触及皇叔们的利益，燕王朱棣以朱允炆不许皇叔奔丧为由，打起回南京祭祖和讨伐奸臣的旗帜，于建文元年(1399)发动“靖难之役”，挥兵南下，建文四年(1402)六月攻取南京，夺得帝位，改元永乐，是为明成祖。为稳固帝座，朱棣大玩软硬两手：一方面诛杀异己；一方面倡导“孝治天下”，并诏令为朱元璋建立神功圣德碑，藉以彰显孝心。承办制碑的官员招募能工巧匠，强调囚徒，计有万余之众，在南京东郊中山门外江宁县阳山之麓，凿取巨型石材。据说当时的工匠，每人每天均要向监工交验用钢凿凿下的石碴三斗三升，未完成定额者处死。可以想象，其情景何等惨烈！明人胡广在其所撰《游阳山记》中载：永乐三年，因建碑孝陵，斫石都城东北之阳山，山高体里，其体皆石。前后历时十年，碑材始基本凿成，利用山体而开凿。碑趺高13米、长30米多、宽为16米；碑首高20米余、宽近11米、厚8米多。碑身高近50米，宽近11米，厚近4米半。现存三块碑材，除碑首四周均已脱离山体外，其余两块，仍有一端与山体相连。如将龟趺、碑身、碑首三块碑材叠起竖立，通高将达到惊人的82.7米，总重量三万吨。据胡汉生载，其碑材凿成之后，朱棣便派胡广和大学学士解缙、侍讲学士金幼孜专程前去验核。当他们“仰见碑石，穹然城立”时，一齐“惊叹所未见”，登上横卧碑石之后“心悸目眩，不能下视”，赞叹“天生此石，以有待也!”但是这座山岳一般的碑石，根本无法运往孝陵。最后只能让人重新凿建一座相当于阳山碑材九分之一大小的神功圣德碑，竖立于孝陵中。清代诗人袁枚在《洪武大石碑歌》感叹道：碑如长剑青天倚，十万骆驼拉不起！这件中国古代最为巨大的碑石，永远地留在了阳山之中。

［文献］　明董伦《明太祖实录》卷二五七，清张廷玉《明史》卷三、卷四、卷五，曹廷杰《西伯利亚东偏纪要》(丛佩远等编《曹廷杰集》)，张伯英《黑龙江金石附稿》，罗福颐《满洲金石志》卷六，傅朗云《曹廷杰与永宁寺碑》，四川省社会科学院等编《大足石刻内容总录》，胡汉生《明十三陵研究》。

公元1416年　永乐十四年

［提示］　四月六日，江苏南京《御制弘仁普济天妃宫之碑》。七月，临摹上石刻成《东书堂集古法帖》10卷。

［叙录］　四月六日，江苏南京刻《御制弘仁普济天妃宫之碑》。天妃即妈祖，又称天后、天上圣母、娘妈，是中国的海神。妈祖本莆田望族九牧林氏后裔，本名林默，其曾祖父林保吉为北宋军人。关于妈祖最早的史料记载，见于南宋廖鹏飞所写之《圣墩祖庙重建顺济庙记》中。据清人赵翼考证：何乔运《闽书》载天妃谓生时即能乘席渡海，人呼为龙女。升化后，名其墩曰圣墩，立祠祀之。洪武五年，又以护海运有功封孝顺纯正孚济感应圣妃。则又有圣妃之称。《七修类稿》则云封昭应德正灵应孚济圣妃。《通考》载永乐中建天妃庙，赐名宏仁普济天妃，宫有御制碑，正月十五、三月二十三日遣太常寺致祭。故今江湖间俱称天妃。天津之庙并称天后宫，相传大海中当风浪危急时，号呼求救，往往有红灯或神鸟来，辄得免，皆妃之灵也。窃意神之功效如此，岂林氏一女子所能。盖水为阴类，其象维女，地媪配天，则曰后，水阴次之，则曰妃。《御制弘仁普济天妃宫之碑》又称《天妃宫碑》，盖是为纪念郑和第四次出使西洋平安归来而刻立的石碑，原立于南京仪凤门外狮子山天妃宫里，现存南京下关兴中门外天妃宫小学东墙外。碑高470厘米，龙首龟趺，额篆“御制弘仁普济天妃宫之碑”。碑文楷书，内容叙述建造天妃宫缘由、郑和下西洋事迹及其在航海中遇风浪而后脱险之经历，对于研究郑和下西洋事迹十分重要。

七月，临摹上石刻成《东书堂集古法帖》10卷。此刻明人高儒、清人钱谦益及恽毓鼎等均有述及。宋代帖学大兴，元代有所减弱，到了明朝，尤其是到了明成祖朱棣时代，帖学又开始复兴。朱棣于永乐元年(1403)下诏，令郡县举善书之士，从中选其尤善者十数人于翰林内制，并以宫廷秘藏古代名人法帖手迹，让其观摩临习。此后，成祖又令选中书舍人二十余人，以黄维为首，专习二王法帖。永乐十四年七月，周宪王朱有燉以《淳化阁帖》为主，参以《秘阁续帖》及宋元人等书，临摹上石，刻成《东书堂集古法帖》10卷。

［文献］　清赵翼《陔余丛考》卷三五，明高儒《百川书志》卷九，清钱谦益编《列朝诗集》乾集之下，清恽毓鼎《澄斋日记》，俞明主编《御制弘仁普济天妃宫之碑帖》。

公元1417年　永乐十五年

［提示］　五月十六日，福建泉州刻《郑和行香碑》。

［叙录］　五月十六日，福建泉州刻《郑和行香碑》。明代回族航海家郑和在《明史》中有传。郑和第五次出海，以泉州为起点下西洋，出发前至泉州灵山伊斯兰圣墓行香，并让使团辅佐蒲和日刻立《郑和行香碑》，现立于泉州灵山圣墓柱廊西侧。碑高99.5厘米、宽42.5厘米、厚9.3厘米。此碑最早为民国历史学者张星烺释读，始引起学人关注。关于立碑者蒲和日，据福建永春《蒲氏族谱》载：蒲和日(谱作蒲日和)为泉州阿拉伯富商蒲寿庚后裔，随郑和下西洋立功，封泉州卫镇抚。由于郑和第四、第五两次下西洋的主要访问地为印度洋以西的伊斯兰国家，因此，郑和拜谒灵山圣墓之举，具有特殊的政治与文化意义。

［文献］　清张廷玉《明史》卷三〇四，张星烺《泉州访古记》(《史学与地学》1928年第4期)，吕荣芳《泉州郑和行香碑》(《文物》1960年第3期)。

公元 1418 年 永乐十六年

［提示］ 山东德州《御制苏禄国东王碑》。

［叙录］ 是年，山东德州刻《御制苏禄国东王碑》。此碑存于山东德州苏禄国东王墓，碑文为明成祖亲撰。苏禄国在今之菲律宾苏禄群岛，自东汉起，即与中国有贸易文化交流。

永乐十五年(1417)，郑和率船队抵达苏禄国。据乾隆王道亨等纂《德州志》记载，其时苏禄国有三王(苏丹)曰东王、西王、洞(峒)王，以东王为尊。从明永乐年间至清初，苏禄国曾先后派遣十余使团至中国访问。首次来访始于本年七月，由苏禄国东王巴都葛叭答剌、西王麻哈剌叱葛剌麻丁、峒王叭都葛巴剌卜亲自率妻室子女、王室人员及随员 340 多人来华造访，规模空前浩大，受到明成祖的热烈欢迎。按照明朝礼仪，一般国宾来访，皇帝只宴请一次。对于苏禄三王的到来，明成祖为示热忱，亲自宴请了两次。苏禄三王一行在北京游览 27 天后启程回国，明成祖赐以印诰、袭衣、冠带及大量珠宝锦帛，并派人护送三王沿京杭大运河南下回国。同年九月十三日，三王中之东王在归途中病逝于德州。明成祖特派礼部郎中陈士启前往德州祭吊，并于同年十月三日，以王礼厚葬苏禄东王于德州城北郊北营村，且亲撰碑文，褒赞苏禄国东王聪明特迪，超出等伦，并肯定苏禄国东王访华的业绩是光荣被其家国的盛举。翌年御碑刻成，高 385 厘米，螭首龟趺，刻立于苏禄国王墓华表南面。

［文献］ 清王道亨等《德州志》卷一一，朱兴泉《明永乐帝御制苏禄国东王碑文释注》(《历史档案》1998 年第 4 期)。

公元 1421 年 永乐十九年

［提示］ 七月十五日，云南大理《赵州南山大法藏寺碑》。是年，重庆造三身佛及文殊普贤像。

［叙录］ 张淑芳等载：永乐十九年七月十五日，云南大理刻《赵州南山大法藏寺碑》，刻工为赵坚。同年，《中国石窟雕塑全集》载：重庆造三身佛及文殊普贤像，具体在重庆南岸弹子石。

［文献］ 张淑芳等《大理丛书·金石篇》，王朝闻等主编《中国石窟雕塑全集》(四川重庆卷)。

公元 1423 年 永乐二十一年

［提示］ 四月上日，山东《创建林围墙记》。是年，上海《嘉定县儒学重修文庙记碑》。

［叙录］ 四月上日，山东刻《创建林围墙记》。骆承烈载：此碑由曲阜冯贵刻，现位于孔林二林门前西花墙内，北石。碑高 160 厘米、宽 67 厘米、厚 28 厘米，花边。正书共 23 行、行 54 字，字已不清。同年，上海刻《嘉定县儒学重修文庙记碑》，《上海碑刻资料选辑》载，由章敬刻制。

［文献］ 骆承烈《石头上的家文献——曲阜碑文录》，上海博物馆图书资料室编《上海碑刻资料选辑》。

公元 1424 年 永乐二十二年

［提示］ 四川泸州造道像。永乐年间，四川大邑鹤鸣山刻圣旨碑。

［叙录］ 据胡文和等载，永乐二十二年，四川泸州造道像。泸州玉蟾山摩崖造像位于泸县县城东南一公里处，其造像及石刻题记始于晚唐，但大多数则凿刻于明代永乐至天启年间，有少数刻于清代者。永乐年间(1403—1424)，四川大邑鹤鸣山刻圣旨碑。大邑鹤鸣山为中国道教张天师得道地。山上有八卦台，相传为张三丰观易之处，八卦台八方亭侧，刻有明成祖朱棣迎请三丰真人回朝的圣旨碑一块。汉代鹤鸣山属益州蜀郡江原县地，始建鹤鸣化治馆。晋陈寿《三国志》(张鲁传)载：祖父陵客蜀，学道鹄鸣山中，造作道书，从受道者出五斗米。晋常璩《华阳国

志》(汉中志)也说：汉末，沛国张陵学道于蜀鹤鸣山。宋人张君房《云笈七签》：第三鹤鸣神山上治、治在其上，张天师遇中国纷乱，乃入蜀鹤鸣山。鹄鸣山即鹤鸣山，卫复华引李骏名《鹄鹤考》认为：鹄鹤通用，由来已久。

［文献］　晋陈寿《三国志》卷八，晋常璩《华阳国志》卷二，宋张君房《云笈七签》卷二八，胡文和《四川道教、佛教石窟艺术》，卫复华《大邑鹤鸣山道观沿革初探》(《宗教学研究》1992 年第 2 期)。

公元 1425 年　洪熙元年

［提示］　正月十五日，青海《御制瞿昙寺碑》。正月，重庆大足《重开宝顶石碑记・重修宝顶山圣寿院碑记》碑。九月六日，明仁宗朱高炽入葬献陵。是年，始刻《大明长陵神功圣德碑》。

［叙录］　正月，仁宗立《御制瞿昙寺碑》。明成祖朱棣于永乐二十二年(1424)八月驾崩，这位虽然以非常规手段获得帝位的明代君主，却是有明一代极有建树的统治者，其最值得称道者当数派郑和下西洋及编纂煌煌《永乐大典》等盛事。成祖卒后，由其长子朱高炽继位，是为明仁宗朱高炽，为明朝第四位皇帝，仁宗登基次年改元洪熙。仁宗端重沉静，但身体肥胖较弱，在位仅十个月，于洪熙元年五月暴卒，葬于十三陵的献陵。

正月十五日，青海刻立《御制瞿昙寺碑》。此碑张维有著录，“瞿昙”即藏语“角康”，亦即“乔达摩”之意。瞿昙寺位于青海乐都县城南 20 公里处，系由朱元璋御赐寺名的喇嘛庙。洪武年间该寺主持三罗藏曾助朱元璋平定西北边境，故明朝历代皇帝屡加封赐修建，使之成为一座规模宏大之寺院。现在寺内碑亭中，还刻立有本年正明仁宗撰文的《御制瞿昙寺碑》。为螭首须弥座，通高 500 厘米。明仁宗还撰有《大明长陵神功圣德碑》，此碑始建于洪熙元年，前后历时十年，至宣德十年(1435)始刻成，碑高约 10 米，龙首龟趺，碑亭外四隅立有四根华表，上下蛟龙缠绕，顶盘蹲立异兽，气象颇为壮观。

正月，重庆大足刻《重开宝顶石碑记・重修宝顶山圣寿院碑记》碑。《大足石刻内容总录》载：此刻位于宝顶山第 27 号柳本尊成正觉像龛中。其龛顶为平顶。内刻为毗卢舍那佛半身像，面北。在毗卢佛像龛外左侧，立有三块石碑。其中之《重开宝顶石碑记・重修宝顶山圣寿院碑记》，刻于“大明洪熙元年龙集乙巳正月，前云南考试官、任四川重庆府大足县儒学教谕、江西吉安府广陵县刘畋人记。当代住持惠妙建立”。碑高 200 厘米、宽 134 厘米。

九月六日，明仁宗朱高炽入葬献陵。据明张辅《明宣宗实录》载：仁宗在位十个月，于本年五月十二日，逝于钦安殿。同年九月入葬献陵。献陵为明仁宗朱高炽与皇后张氏合葬陵。胡汉生载，献陵陵前神道，自长陵神道北空桥北向西北分出，长约一公里。近陵处建有神功圣德碑亭，亭前建单空石桥一座。

［文献］　明张辅《明宣宗实录》卷九，张维《陇右金石录》卷六，四川省社会科学院等编《大足石刻内容总录》，胡汉生《明十三陵研究》。

公元 1426 年　宣德元年

［提示］　八月，重庆大足《重修宝顶事实》碑。

［叙录］　洪熙元年明仁宗卒，仁宗长子朱瞻基继位，是为宣宗，次年改元宣德。宣德元年八月，重庆大足刻《重修宝顶事实》碑。《大足石刻内容总录》载：此碑位于宝顶山第 27 号柳本尊成正觉像。在毗卢佛像龛外左侧，立有三块石碑。《重修宝顶事实》碑为其中之一，系明重庆府大足县报恩寺住持玄极于“宣德元年丙午八月”所立，碑高 180 厘米、宽 131 厘米。

［文献］　四川省社会科学院等编《大足石刻内容总录》。

公元 1427 年　宣德二年

［提示］　甘肃《敕赐宝觉寺碑记》、宁夏须弥山

石窟第46窟墨书。

［叙录］ 是年，甘肃刻《敕赐宝觉寺碑记》。此碑民国张维有著录。宋代天圣六年（1028），西夏袭回鹘、拔甘州，至景祐三年（1036）亦即西夏广远三年，西夏全面占领河西走廊。次年李元昊升肃州为蕃和郡，甘州为镇夷郡，并置宣化府，于凉州置西凉府，推行汉化政策，经营河西一带。至李乾顺时代，西夏国力达到鼎盛，著名的凉州护国寺及张掖大佛寺，即在此条件下相继建成。在宣德二年御制的《敕赐宝觉寺碑记》中，记载了张掖大佛寺约于李乾顺之时初建。明代洪武五年（1372）初，冯胜军队平定河西，大佛寺因兵燹荒弃。永乐九年（1411），重建大佛寺，永乐十七年（1419），明成祖朱棣敕赐"弘仁寺"匾额。冯承钧载：永乐十八年（1420），古哈烈国沙哈鲁王使臣盖耶经过张掖时，曾参观大佛寺，在其行记中写道：甘州城内，有佛寺一所，方五百骨尺，寺中有卧佛一尊，长五十步，足底长九尺，足跗周围二十一骨尺，像之后及头上别有佛像多尊，高皆一骨尺，又有佛教中以前比丘之像，大小与生时相同，雕塑功夫精致，故诸像与活人无异，近墙处也有像多尊，雕塑完美。大佛一手枕于头下，一手置于股上，全身以金涂之。至明宣德年间，大佛寺虽然金像坚固，但是栋宇已经沦谢，于是奉敕对大佛寺大佛殿进行全面修葺。宣德二年，宣德皇帝朱瞻基御制七百余字碑文，特赐寺名"宝觉寺"。

是年，宁夏须弥山石窟第46窟墨书。墨书内容为：南京僧禄司僧智□宣德二年六月二十一日到寺记耳。

［文献］ 张维《陇右金石录》卷六，冯承钧译《马可·波罗行纪》（注释），宁夏回族自治长安志区文物管理委员会等著《须弥山石窟内容总录》。

公元1428年　宣德三年

［提示］ 兴建辽宁兴城古城。

［叙录］ 是年，兴建辽宁兴城古城。辽宁兴城为宁远卫城，清代重修时改称宁远州城。宁远古城与西安古城、荆州古城和山西平遥古城同被列为我国保留完整的四座古代城池。明人谈迁及朝鲜人崔溥等均曾述及。兴城古城略呈方形，有四城门，门外瓮城。城墙基砌青色条石，外砌大块青砖，内垒巨型块石，中间夹夯黄土。城上又有楼阁、箭楼等。四角筑炮台以便攻防。

［文献］ 清谈迁《北游录》卷三，明崔溥《漂海录》卷三。

公元1429年　宣德四年

［提示］ 二月九日，甘肃岷县汉藏文《御制大崇教寺碑》。

［叙录］ 二月九日，甘肃岷县刻汉藏文《御制大崇教寺碑》。此碑为民国张维等所著录。唐晓军载，大崇教寺位于岷县梅川乡，原名"灵鹫寺"、"重广寺"，明宣德四年诏改大崇教寺，俗称东寺。永乐十五年（1417），班丹扎喜在岷州城东修建曲德寺，名隆主德庆林（天成大安洲）。班丹扎喜《明史》译作班丹扎失；《〈岷州志〉校注》译为班丹扎释。东寺在安多地区影响甚大，被誉为"第二卫地"。宣德三年（1428），班丹扎喜给帝后等授大轮灌顶，宣德帝为褒奖其在乌思藏之工作，特颁敕书，并派遣官员负责扩建寺院。建成之后，宣德帝特题赐寺额为"大崇教寺"，并颁御制《修大崇教寺碑文》，并于本年二月九日刻立二通藏汉文《大崇教寺碑》。汉文碑为御制、词臣沈粲奉敕所书；藏文碑为藏文楷书，内容及造型与汉文碑相同。碑身高255厘米、宽120厘米、厚47厘米，碑额高120厘米、宽130厘米、厚57厘米，碑座高90厘米、宽160厘米、厚100厘米，整碑通高465厘米。碑身边线刻有云龙纹，碑座为束腰莲台。汉文碑额篆刻《御制大崇教寺碑》七字，碑文竖书13行、行36字，共463字；藏文碑额为篆书《御制大崇教寺碑》，碑文横书40行。

［文献］ 张维《陇右金石录》卷六，岷县文史资

料研究委员会《岷县文史资料选辑》第一辑，甘肃岷县志编纂委员会《〈岷州志〉校注》，唐晓军《甘肃古代石刻艺术》。

公元 1431 年　宣德六年

［提示］　六月初吉日，甘肃武威《建塔记》。

［叙录］　据中国社会科学院考古研究所和甘肃省文物考古研究所发布的考古报告：宣德六年六月初吉日，甘肃武威白塔寺刻《建塔记》。碑上刻有："古杭儒士沈福镌字，石工贺进，泥水匠作头李常。"这显示镌字与石工各有分工，同时南方的工匠已远至北方谋生。

［文献］　中国社会科学院考古研究所等《甘肃武威市白塔寺遗址 1999 年的发掘》(《考古》2003 年第 6 期)。

公元 1432 年　宣德七年

［提示］　三月，申严僧人化缘之禁。是年，吉林《阿什哈达摩崖》。

［叙录］　清代顾炎武在《日知录之余》(禁僧)中载：宣德七年三月壬戌，申严僧人化缘之禁。上谓都察院右都御史顾佐曰：佛本化人为善，今僧人多不守戒律，不务祖风，往往以创造寺院为名，群舁佛像，历州郡化缘，所得财物皆以非礼耗费。其申明洪武中禁令，违者必罪之。

是年，吉林刻造《阿什哈达摩崖》。李澍田等载，在吉林省吉林市东南 15 公里阿什哈达屯松花江岸壁处花岗岩石上，存有两块明代镌刻的摩崖碑，人称《阿什哈达摩崖》。其中一块刻字部分通高 135 厘米、宽 70 厘米。刻字三行，碑文为：甲辰丁卯癸丑，骠骑将军辽东都指挥使刘大明永乐拾玖年岁次辛丑正月吉。另一块刻于距第一块摩崖碑约 30 米处，碑文周围刻有上圆下方的碑形线条，高 122 厘米、宽约 61 厘米，行楷碑文：钦委造船总兵官骠骑将军辽东都司都指挥使刘清，永乐十八年领军至此、洪熙元年领军至此、宣德七年领军至此。本处设立龙王庙宇，永乐十八年创立，宣德七年重建。宣德七年二月三十日。据碑文所刻及《明实录》等载，知此摩崖碑文为明朝辽东都司都指挥使骠骑将军刘清，奉命于永乐十八年(1420)、洪熙元年(1425)和宣德七年(1432)，先后三次率军在此建造船只，船造成后从松花江下水，作为中国北方运送粮草贡赋之用。

［文献］　清顾炎武《日知录之余》卷三，李澍田《阿什哈达摩崖考释》(《社会科学战线》1985 年第 1 期)。

公元 1433 年　宣德八年

［提示］　五月，重庆大足宝顶山圆觉洞题字。

［叙录］　五月，重庆大足宝顶山圆觉洞题字。《大足石刻内容总录》载，此刻为宝顶山第 29 号圆觉洞龛。其窟顶部为平顶，窟内平面成长方形。洞门甬道内左(西北)壁上方，横刻有"报恩圆觉道场"六字，落款为"朝散大夫知昌州军州事借紫覃怀孝书"。在洞门甬道内右(东南)壁上方，横刻隶书"宝岩"二字，字径 150 厘米，署款仅存"朝散郎"三字。此碑两侧及下方，另有五块摩崖碑刻。其一，为明"宣德癸丑(1433 年)夏五月，余抚民适大足，服登此山，遍观诸洞，感而偶记一律，以记来游耳：石壁巍巍接上台，玲珑楼殿凿岩开；三千诸佛云中现，百万神仙海上来。岩穴有龙常喷水，洞月无萤不生苔。梵宫寂静人稀到，石砌禅房绝尘埃。赐进士重庆府通判豫章游和书"。

［文献］　四川省社会科学院等编《大足石刻内容总录》。

公元 1435 年　宣德十年

［提示］　六月二十一日，明宣宗朱瞻基入葬景陵。

［叙录］ 六月二十一日，明宣宗朱瞻基入葬景陵。《明英宗实录》载：明宣宗朱瞻基，宣德十年正月初三日逝于乾清宫，享年37岁，六月二十一日葬景陵。景陵位于天寿山东峰（黑山）之下，为明朝第五位皇帝宣宗朱瞻基与皇后孙氏的合葬陵寝。胡汉生说，景陵神道从长陵神道北五空桥南向东分出，长约1 500米。途中建单孔石桥一座。《昌平山水记》：自北五空桥南数步，分东为景陵神道，至殿门三里。未言及桥涵事，胡氏据现存实际调查情况补记，近陵处建有神功圣德碑亭。景陵石驼及石狮较为突出：石驼两对，一对为立式，一对为卧式。立式骆驼高约300厘米、长380厘米、宽156厘米。刘兴珍认为其造型写实，着力雕刻形态状貌，以求逼真。身躯健硕浑圆，四肢粗壮，驼掌宽阔厚实。雕刻手法简单明快，无附加修饰。石狮有蹲姿立姿各一对，立狮高约176厘米、长247厘米、宽96厘米。石狮头大脸阔，前额、头顶及颈部满布螺鬈鬣毛，颇具装饰色彩。颈佩环饰，其上刻有花纹。躯体粗壮，胸部及前肢的肌肉隆起，形貌壮勇。但刘兴珍认为，观全狮则少见威猛精神，虽也瞪目龇牙，却似供赏陈设，骁悍气度已完全失去。

［文献］ 《明英宗实录》卷六，清顾炎武《昌平山水记》，胡汉生《明十三陵研究》，刘兴珍等《中国古代雕塑图典》。

公元1436年 正统元年

［提示］ 湖北襄阳明藩王府前绿影壁。

［叙录］ 是年，湖北襄阳明藩王府前绿影壁。明宣宗朱瞻基驾崩后，其年仅九岁的长子朱祁镇继位，是为明英宗，次年改元正统。英宗帝位之路颇为曲折，曾前后两次登基。

此时英宗尚年幼，国事被太皇太后张氏所掌控。张氏驾崩，宦官专权。在正统十四年（1449）的土木堡之变中，被瓦剌俘虏，郕王朱祁钰称帝，尊英宗为太上皇，改元景泰。至景泰八年（1457），石亨等发起夺门之变，英宗二次复位，改元天顺。

王子云认为，照壁的出现可能与门阀制度有关，唐宋以后始出现，至明清则成为重要的甚至必不可少的建筑构成之一。照壁多以砖雕或琉璃筑成。也有少量的石质照壁，如湖北襄阳明藩王府前的绿影壁，建成于正统元年。明藩王府位于襄阳城东南隅，为襄宪王朱瞻墡自长沙徙襄阳时所建。绿影壁由底座、壁身和顶盖三部分组成，壁身分为三堵，面北刻立，全长2 456厘米、厚157厘米至174厘米。中堵高约700厘米、长1 171厘米，东西两堵各长644厘米，高约600厘米。底座为须弥座，满雕游龙，顶为庑殿式，飞檐脊吻，瓦面皆用石块雕成。壁身为大块绿砂岩，雕装奔龙云水。中堵为二巨龙戏珠于云水间，东西两堵各浮雕出水蛟龙，向中间飞跃，欲夺珠来。壁身用雕龙汉白玉条石嵌边，绿白辉映醒目，壁两侧则浮雕琼岛仙山。此照壁全用石建。除在壁面中部雕出一排蛟龙飞舞于海潮激浪之中，更于上下左右雕有形态各异的小龙99条，形成整个壁面龙云腾跃，显得分外雄伟生动。虽无琉璃所具有的绚丽色彩，然而仍不失为建筑装饰雕刻中的优异制作。

［文献］ 王子云《中国雕塑艺术史》，王承颜《巨型绿影壁》（《地球》1989年第1期）。

公元1437年 正统二年

［提示］ 三月十六日，江苏《定慧禅寺重建碑》。

［叙录］ 王国平载：正统二年三月十六日，何渊（吴郡）刻《定慧禅寺重建碑》，此碑现藏苏州碑刻博物馆。定慧禅寺初建于隋开皇十一年（591），据道宣《续高僧传》载，晋王杨广在扬州金城殿设千僧会，天台宗实际开创者智顗应邀赴扬州授菩萨戒，途经如皋，诛茅建寺，取名定慧寺，并建七级宝塔一座，此后历代曾多次修葺或重建。

［文献］ 唐释道宣《续高僧传》卷一七，王国平《明清以来苏州社会史碑刻集》。

公元1438年　正统三年

［提示］ 三月上旬，山东《五十一世进士墓碑》。

［叙录］ 三月上旬，山东刻《五十一世进士墓碑》。骆承烈载：此碑现位于孔林孔子墓西道西路边。碑高168厘米、宽90厘米、厚30厘米。正书。正文二行、行五字。《阙里志》载孔子51代孙甚多，其中孔应得，字德夫。淳祐元年(1241)宋理宗驾幸太学，赐同进士出身，此碑题为孔应得之碑。

［文献］ 明陈镐《阙里志》卷九，骆承烈《石头上的家文献——曲阜碑文录》。

公元1441年　正统六年

［提示］ 三月，甘肃张掖大佛寺发现佛像。

［叙录］ 三月，甘肃张掖大佛寺发现佛像。据吴正科撰文载，正统六年三月，在张掖北庑殿后万寿旧塔基上，拟建一禅堂，其塔基高有丈余，在奠基中清理出四尊佛像及八尊菩萨像，此处还有以玛瑙盒盛贮的镇塔舍利和七宝等物。镇守甘肃御马监兼尚宝监太监王贵及总兵官等大小官员得知后，一起发誓愿重新兴建宝殿于塔基之上，铸造三尊铜佛像供于殿中，并且将掘出的石涵增添宝物，重埋于殿基下，将原有铜塔置于殿顶之上(见《重修弘仁寺碑记》)。

［文献］ 吴正科《张掖大佛寺历史沿革缀述》(《丝绸之路》1996年第3期)。

公元1442年　正统七年

［提示］ 江苏《常熟县重建城隍庙记》碑。

［叙录］ 是年，江苏刻《常熟县重建城隍庙记》碑。此碑由都察院左副都御史、常熟人吴讷撰文、邹胤书。洪武三年(1370)朱元璋下旨诏封天下城隍神，命礼部正城隍神号，去其封爵，每年于春秋时从祀山川坛，定为祀典，正式确立城隍监察百官与司民之神权。遵太祖诏令，各地兴建和修葺城隍庙。其时江苏常熟知县田义，将南朝东灵寺废址改建为邑城隍庙。至明英宗正统之时，常熟县城隍庙庙构建筑即将倾圮。按明制，新官须先拜谒城隍庙并立誓，以安下民。新知县郭南深担心无以“揭虔妥灵”，遂捐奉银，僚属全县百姓一同捐资，对旧城隍庙大加修缮。并于本年在庙内刻立此庙记碑，碑文记述常熟县城隍庙之兴衰和重建始末。

［文献］ 常熟市碑刻博物馆编《常熟碑刻集》。

公元1444年　正统九年

［提示］ 云南《鸡足山石钟寺常住田记》。

［叙录］ 张淑芳载：云南大理杨某刻《鸡足山石钟寺常住田记》。此记为杨黼所撰书。杜武说，杨黼是活跃在13世纪中叶的大理著名学者、诗人与书法家，人称桂楼先生。此记精巧工整，有儒家风度，可以看出其书法流连于颜柳之间。桂楼先生不但楷法精熟，亦能写篆书，《鸡足山石钟寺常住田记》之额，即是他用玉箸篆写成的，从中可见他深得李斯笔意。

［文献］ 张淑芳等《大理丛书・金石篇》，杜武《大理历代碑刻之书法价值探微》(《大理文化》2009年第1期)。

公元1445年　正统十年

［提示］ 二月十五日，宁夏《敕命之宝》碑。是年，福建莆田涵江镇摩尼教残碑。

［叙录］ 党勇、谢继胜载：正统十年二月十五日，宁夏须弥山圆光寺刻立《敕命之宝》碑，主要记载颁降明版大藏经事。同年，福建莆田涵江镇摩尼教残碑。祁顺华载，此碑发现于1988年的福建莆田涵江镇(元代兴化路辖区)，碑石上刻有“大力智慧”、“摩尼光佛”等字样，碑石左下刻有落款“□□□都转

运盐使、上里司令许爵乐立”。两年后，在涵江镇一水沟中再次挖出一块摩尼教残碑，碑石上刻有“清净光明，无上至真”字样，与1988年所发现残碑吻合。两块残石合成之摩尼教碑呈不规则形，最长处74厘米、最宽处53厘米。据《闽书》（方域志）载：泉州华表山摩尼教“庵前右下方数十步处，有一石刻镌摩尼教咒语：劝念清净光明，大力智慧，至上至真，摩尼光佛。正统乙丑年九月十三日，住山弟子明书立”。现所发掘的摩尼教碑上所刻“清净光明，大力智慧，无上至真，摩尼光佛”与此记载一致，此16个字为摩尼教信条。

［文献］ 明何乔远《闽书》卷一一，党勇《宁夏历代碑刻集》，谢继胜《宁夏固原须弥山圆光寺及相关番僧考》（《西夏研究》2013年第1期），祁顺华《莆田市涵江新发现摩尼教文物古迹初考》（《世界宗教研究》2000年第3期）。

公元1447年 正统十二年

［提示］ 北京《敕赐清真寺兴造碑记》碑。

［叙录］ 北京刻《敕赐清真寺兴造碑记》碑。在北京东四清真寺中，存有刻于本年、由陈循撰写的《敕赐清真寺兴造碑记》碑。据余振贵、雷晓静主编《中国回族金石录》载：东四清真寺又名法明寺，约建于元至正六年（1346），明正统十二年由时任后军都督府同知的回民陈□友独资重建。明景泰元年（1450），明代宗朱祁钰题“清真寺”匾额，故有官寺之称。全寺占地15亩，分前中后三进院落。礼拜殿前有明代碑碣两方，其一为此碑，铭文记述建寺人陈□友身世、建寺缘起及伊斯兰教五功。

［文献］ 余振贵等主编《中国回族金石录》。

公元1451年 景泰二年

［提示］ 陕西《鱼篮观音图》碑。

［叙录］ 是年，陕西西安刻《鱼篮观音图》碑。据陈忠凯等载：此刻为傅兴绘、泰旺刻、正觉立石，有七绝一首，楷书，拓本高58厘米、宽35厘米。存西安碑林，刻于景泰二年。观世音信仰约于汉晋时期自印度传入中国，秦译《维摩诘所说经》，不二法门品中有不眴，即观世音。梁译佛经《悲华经》则对观世音有较为详尽记述。至唐代，为避李世民讳而简称“观音”。后演绎出33观音，包括杨柳观音、龙头观音、持经观音、水月观音、白衣观音、鱼篮观音、洒水观音等。据《感应传》及《法华持验》载：唐元和十二年（817年），陕西金沙滩女子挈篮呈鱼。人求为配，女曰：一夕能诵《普门品》者事之。黎明，彻诵者二十辈。女曰：一身岂能配众？可诵《金刚经》。至旦，诵者犹十数人。女复不然其请，更授之《法华经》七卷。约三日，至期。独马氏子能通。女令具礼成姻，客未散而女死。葬之数日，有老僧杖锡谒马氏，问女所由。马氏引之葬所，以锡拨之，尸已化。惟黄金琐子骨存焉。老僧对众人说：此乃观音菩萨化身。言毕以锡杖挑骨，飞空而去。此即所谓鱼篮观音或马郎妇观音来历。据周秋良载，明初文人宋濂创作了我国首幅鱼篮观音图。至明代中叶以后，鱼篮观音广为流布。在隆庆万历时期，中原一带还出现了《观音菩萨鱼篮记》杂剧。大画家徐渭曾以此剧为原型而画成《鱼篮观音图》。明神宗生母李太后亦曾在北京建慈寿寺，在寺塔后西首刻立石碑，碑阳即刻鱼篮观音及赞词。

［文献］ 陈忠凯等《西安碑林博物馆藏碑刻总目提要》，周秋良编著《观音故事与观音信仰研究——以俗文学为中心》。

公元1455年 景泰六年

［提示］ 正月六日，重庆《明李祥故夫人柯氏墓志铭》。十月二日，四川广元皇泽寺题记。

［叙录］ 正月六日，重庆刻《明李祥故夫人柯氏墓志铭》。据胡人朝载：石现藏重庆市博物馆，刻工

杨春为吴郡人，署“光禄寺署正、宣义郎工部营缮所正”。程章灿按：《拓本汇编》中载有《刘通墓志》(1435年)署有“将仕郎工部营缮丞姑苏杨春篆盖”，则杨氏亦精书法，并活动至长江上游重庆一带。

十月二日，广元皇泽寺题记。成都文物考古研究所等载：此记位于皇泽寺第45龛佛楼右侧下方。中心柱北面顶部双塔间题记：原籍陕西西安府耀州华原里常居村人氏，今四川都司利州卫右所施钱功德信士王道并妻赵氏妙玄晁王景春、王景先、王景方，男妇李氏盛氏全氏孙男王□一家等，发心喜舍资财，装饰佛像一龛，用祈福寿、增延善根，成就□大明景泰六年岁在乙亥孟冬十月初二日甲辰，司命黄道吉辰开光庆赞谨题。

［文献］ 胡人朝等《新中国出土墓志·重庆卷》，程章灿《石刻刻工研究》，《拓本汇编》第51册，成都文物考古研究所等《广元石窟内容总录》。

公元1456年　景泰七年

［提示］ 三月，江苏常熟《张氏预嘱》碑。

［叙录］ 三月，江苏常熟王缙刻《张氏预嘱》碑。此碑现藏江苏常熟碑刻博物馆。碑文载明代匠户张世荣创有一定家业，先后娶四妻，共生育五男二女，为防殁后子女争夺财产，特预立分割文书。碑文详列分割各房子女财产数，同时也具明各人应承担的赡养长辈、祭扫祠墓等责任和义务，并勉励子女要勤劳、团结持家。

［文献］ 王国平《明清以来苏州社会史碑刻集》。

公元1458年　天顺二年

［提示］ 英宗赐蒯祥祖父蒯思明、祖母颜氏“奉天诏命碑”。

［叙录］ 是年，英宗赐蒯祥祖父蒯思明、祖母颜氏“奉天诏命碑”。据清人龙文彬、朱彝尊等载：明初著名建筑家蒯祥，为吴县(今江苏)人。自明成祖永乐年间到明英宗天顺年间，北京之宫殿、陵寝修建工程概由其主持设计和施工监督，人称“蒯鲁班”。为褒奖蒯祥之卓著功绩，明英宗特于本年赐给蒯祥祖父蒯思明、祖母颜氏“奉天诏命碑”，此碑至今仍立于江苏吴县胥口渔帆村蒯祥墓前。

［文献］ 清龙文彬《明会要》卷三二，清朱彝尊等《日下旧闻考》卷一一〇，曹汛《蒯祥的生平年代和建筑作品》(《北京建筑工程学院学报》1996年第1期)。

公元1461年　天顺五年

［提示］ 十月，广东《重修关将军庙记》。花朝节，湖南《甘棠八景》诗石刻。是年，河南虞廷玺始建观澜亭、少林寺《大毗卢佛水陆堂记碑》。

［叙录］ 十月，广东南海刻《重修关将军庙记》。此刻清人邓士宪在《南海金石略》中有著录。碑末刻“镌字生刘镛，道人陈道升，工匠王殉、沈英”。

花朝节，湖南刻《甘棠八景》诗石刻。花朝节是中国传统的花神节，通常在农历二月初二或二月十二、二月十五举行。刘刚载，该石刻位于江永上甘棠村的月陂亭石壁上。碑高63厘米、宽32厘米，楷书。诗所描述的是上甘棠之八大景色，即“独石时耕”、“甘棠晓读”、“山亭隐士”、“清涧渔翁”、“西岭晴云”、“昂山毓秀”、“龟山夕照”、“芳寺钟声”等，由周钦命工刊述。

是年，河南虞廷玺始建观澜亭。据李文生载：观澜亭始建于天顺五年，翌年落成，河南知府郑安作《观澜亭记》。昔时此处可凭高远眺，因筑观澜亭以观水胜，不知何时毁废。

同年，河南少林寺刻《大毗卢佛水陆堂记碑》。温玉成说，在明代，喇嘛教势力也曾深入到中原地区。在著名的禅宗祖庭嵩山少林寺就有喇嘛在活动。据本年所刻之《大毗卢佛水陆堂记碑》载：景泰元年，有甘州喇嘛道源为少林寺彩绘和塑造毗卢佛及二夹侍像。

［文献］ 清邓士宪《南海金石略》卷三，刘刚《湖湘碑刻》，李文生主编《龙门石窟志》，温玉成《中国佛教与考古》。

公元1463年 天顺七年

［提示］ 二月二十五日，江苏《明故许汝霖墓志铭》。

［叙录］ 二月二十五日，江苏唐芸（昆山）刻《明故许汝霖墓志铭》。程章灿据潘鸣凤著录之《唐汝芳墓志铭》按：刻工唐芸生于正统四年（1439年），卒于弘治十年（1497），年59岁。其人“一意镌刻”，家务琐事等都交给其内人于氏处理，自己只喜欢饮酒，为人胆小怕事，生恐触犯官法。

［文献］ 潘鸣凤《昆山见存石刻录》卷三，程章灿《石刻刻工研究》。

公元1464年 天顺八年

［提示］ 八月，英宗朱祁镇入葬裕陵。

［叙录］ 八月，明英宗朱祁镇入葬裕陵。裕陵位于明十三陵天寿山西峰石门山南麓，为明朝第六位皇帝明英宗朱祁镇和皇后钱氏、周氏合葬陵。本年正月十七日，英宗卒，临终遗诏止殉，结束宫人殉葬之残酷制度。五月陵寝玄宫建成，八月入葬裕陵（《明宪宗实录》记为五月庚申）。胡汉生载，裕陵神道从献陵神道碑亭南石桥之前向西分出，长约1 500米。途中建单孔石桥两座，近陵处建有神功圣德碑亭，亭北建并列单孔石桥三座。

［文献］ 《明宪宗实录》卷五，清张廷玉《明史》卷二八二，胡汉生《明十三陵研究》。

公元1465年 成化元年

［提示］ 陕西《郭公纪行诗》碑、四川蒲江县高韩村造佛像。

［叙录］ 明宪宗朱见深为英宗朱祁镇长子，生母为贵妃周氏（孝肃皇后）。天顺八年（1464）登基，次年改年号为成化。是年，陕西刻《郭公纪行诗》碑。陈忠凯等载，此碑现存西安碑林。横长方形，高72厘米、宽164厘米，郭登撰诗，余子俊书并跋，秦旺刻石。同年，《中国石窟雕塑全集》载：在四川蒲江县高韩村造佛像。

［文献］ 陈忠凯等《西安碑林博物馆藏碑刻总目提要》，王朝闻等主编《中国石窟雕塑全集》（四川重庆卷）。

公元1467年 成化三年

［提示］ 江苏常熟《东岳孚应昭烈王庙新建井亭记》。

［叙录］ 是年，江苏常熟刻《东岳孚应昭烈王庙新建井亭记》。民国张镜寰著录此刻，刻工为吕奎。东岳孚应昭烈王即唐代安史之乱中同张巡一同战死的许远：宋时封张巡为东平威烈昭济显庄灵佑王，许远为孚应昭烈王。明清时期，南方多淫祀。所谓淫祀，即指不符合官方规范的祭祀崇拜对象、场所及活动。苏州地区淫祀尤盛。据弘治年间桑瑜所修《常熟县志》（神祀）载：如常熟一地，祀典所载之外，神庙错列，有东岳行祠凡四。他若东平忠靖王、孚应昭烈王、中山永定公、翊圣温将军，张义士、李烈士、金总管等诸庙，民俗敬奉于此，比之寺观特甚，香火血食，晨设昼续，庙貌威仪，日新月盛，崇信之久，习尚之同，有不知其为非者。

［文献］ 清桑瑜《常熟县志》卷三，张镜寰《重修常昭合志》卷一九。

公元1468年 成化四年

［提示］ 宁夏须弥山石窟。

［叙录］　是年，宁夏须弥山石窟。据谢继胜载，须弥山圆光寺已知的石碑共有四块，最早的是宋崇宁五年（1106）《敕赐景云寺碑》，但此碑现已不存，张维《陇右金石录》著录此碑，但无碑文。宣统《固原州志》曾提及明圆光寺碑，但无完整录文。现存三块石碑，碑阴碑阳都有文字，其中两块为成化四年立：其一碑文“敕命之宝”（碑阳），“敕赐禅林”（碑阴），碑首有兰札体梵文六字真言装饰；其二为“敕赐圆光”（碑阳），“圆光碑记”（碑阴）。其三为成化十二年（1476）立“重修圆光寺大佛楼记”（碑阴阳两面镌文），现立于大佛楼之前。其四为康熙三十七年（1698）立“重修须弥禅院碑记”，原碑已佚，仅存碑文。本年，圆光寺原住持大方年已78岁。钦差镇守靖虏等处定国将军参将刘清装銮圆光寺，轮奂新美。立《敕赐圆光》碑，并于碑阴刻《圆光碑记》，记当时本寺住持长老喃□坚参及汉番僧名。

［文献］　谢继胜《宁夏固原须弥山圆光寺及相关番僧考》（《西夏研究》2013年第1期）。

公元1469年　成化五年

［提示］　二月十六日，陕西咸阳《记事之碑》。二月，陕西咸阳《广惠渠记碑》。

［叙录］　《咸阳碑刻》著录本年陕西刻有两件石刻，其一为成化五年二月十六日，韩纲（泾庠生）刻《记事之碑》；其二为二月秦旺（凤翔凤鸣）所刻《广惠渠记碑》（此碑帖左慧元亦有著录）。广惠渠建于明成化初年，由陕西巡抚项忠倡议修建。渠口位于大坝下游小龙潭左岸，隧洞明渠，工程巨大。据现存渠首《抚院明文》碑载：明代天启初年，其灌溉面积达七万多亩。

［文献］　李慧等《咸阳碑刻》，左慧元《黄河金石录》。

公元1470年　成化六年

［提示］　陕西重修安塞县白杨树沟寺院造像及碑。

［叙录］　是年，陕西重修安塞县白杨树沟寺院造像及碑。据李淞载，安塞县白杨树沟造像，在安塞县王窑乡白杨树沟有一小型石窟，距地面约15米高，共有六个洞窟，仅第三窟有像，余为空窟。此处原为一寺院遗址，有明代成化六年重修石碑，碑文记载白杨树沟石窟开创于元代。1972年石崖崩塌，碑毁。石窟宽290厘米、深500厘米、高200厘米，无佛坛，四壁残有壁画，共存石造像25区（躯），主要是三佛、四菩萨、二弟子，余为罗汉和小坐佛。其中有一残菩萨头内装有一纸团，上有墨书“成化六年五月重修”“王宇忠”等字样，此菩萨头由一根木柱安装起来。

［文献］　李凇《陕西古代佛教美术》。

公元1471年　成化七年

［提示］　二月，重庆大足成化题字。

［叙录］　二月，重庆大足成化题字。《大足石刻内容总录》载，题字位于宝顶山小佛湾第七号龛。龛内有零散碑、炉。殿前左侧立一碑，正面碑额隶书横刻《唐柳本尊传》，为宋“眉山祖觉重修”。殿前右侧立一碑，正面碑额横刻《恩荣圣寿寺记》，为明成化十年六月十八日立。殿前中央立一香炉，香炉后炉身上有一题记：大明成化七年辛卯二月，铜梁县匠人汪茂良建。

［文献］　四川省社会科学院等编《大足石刻内容总录》。

公元1473年　成化九年

［提示］　四月八日，北京《道孚大师行实碑》。是年，北京真觉寺金刚宝座塔浮雕。

［叙录］　四月八日，北京刻《道孚大师行实碑》。此碑位于北京戒台寺，《拓本汇编》著录，碑额篆书

"敕建万寿大戒坛僧禄司左讲经知幻大师行实碑",首题"敕建马鞍山万寿大戒坛第一代开山大坛主僧录司左讲经孚公大师行实碑",胡濙撰文、程南云正书、张宁篆额。刻工为历阳工部副使王用。程章灿认为,此历阳王用,可能与阎杰差不多同时担任文思院副使。戒台寺始建于隋开皇年间,名聚慧寺,至唐末寺院毁坏严重。辽代僧人法均在此建戒坛,又名戒坛寺。能授佛门最高戒之菩萨戒,被称为"天下第一坛"。

是年,北京真觉寺金刚宝座塔浮雕。此刻位于北京西直门外真觉寺(五塔寺)。塔建于本年。塔四周和须弥座上满布精致的雕刻,主要内容有佛像、天王、罗汉等。金刚宝座塔的雕刻以金刚界五佛坐骑为主题。宝座南面正中券门两侧的须弥座上,对称刻狮子,回首翘尾,四周饰以卷云。其旁雕象,作伏卧之姿,四肢蜷曲,亦备鞍。宝座北面券门雕孔雀,昂首前行,四周装饰云纹。券顶正中雕金翅鸟,两旁依次刻龙身人首的大龙神、飞羊、坐狮、象等。宝座东、西面须弥座各分 14 小间,南侧刻天王、罗汉,北侧皆以轮为中心,纹饰有迦楼罗、马、金刚杵、三牌、花瓶等。五小塔须弥座上亦满刻装饰图案。中心塔南面正中,刻佛足印一对,置于莲花之上,四周装饰刻八宝。须弥座上第一层塔身四周各刻一佛龛,内置坐佛。龛两侧刻菩萨和菩提树。全塔雕刻内容丰富,刻工技艺精致。布局得体,疏密有致,富有节奏感。细部各种人物、动物形象生动自然,装饰华美而新颖。刘兴珍认为,其整体效果统一和谐,为明代石雕代表作。

[文献] 《拓本汇编》第 52 册,程章灿《石刻刻工研究》,刘兴珍等主编《中国古代雕塑图典》。

公元 1474 年　成化十年

[提示] 江苏孔望山摩崖造像。

[叙录] 是年,江苏孔望山摩崖造像。江苏连云港锦屏山摩崖造像延续时间较长,从汉代至明代均有。刘兴珍描述说,其画像石刻依山崖自然形势凿成,以平面浮雕为主,少数为弧面浮雕。有人认为系东汉开凿,但记载最早为孔望山龙洞石刻中的安钝题名系大明成化十年。画像刻在东西长约 17 米、高 8 米的山崖上,约有 110 个造像,大者高 150 厘米左右,小者头像仅 10 厘米,内容丰富多样。以佛教题材居多,如有一组多达 57 个形象。在东西长 460 厘米、高约 150—250 厘米的崖面上,借自然红色山石刻成高浮雕半身卧佛。周围青灰色岩壁上,以阴刻和浅浮雕刻半身群像,男女老少皆有,分别戴平顶、圆顶和尖顶冠,流露出悲戚哀痛的神情。除此涅槃图外,还有舍身饲虎场景及各种大小不等的坐佛、立佛以及着胡服的供养人,也有高鼻深目形象着汉式衣冠者。造像群中一部分为汉代世俗生活题材,如宴饮、叠罗汉的场面。在摩崖画像前,有一花岗岩石雕成的石象,体长 480 厘米,通高 260 厘米,长鼻巨牙,身躯浑圆。东侧有平面浮雕象奴,高 92 厘米,束椎髻,手执钩鞭,双足戴链锁。石象足下雕有仰瓣莲花。崖下南侧有一圆雕石蟾蜍,长 240 厘米、宽 220 厘米,背部刻阴线鳞纹,此为较晚期的作品。

[文献] 刘兴珍等主编《中国古代雕塑图典》,温玉成《孔望山摩崖造像研究总论》(《敦煌研究》2003 年第 5 期)。

公元 1475 年　成化十一年

[提示] 七月望,甘肃庆阳府军事地图。

[叙录] 是年七月望,甘肃刻庆阳府军事地图。唐晓军载,此刻刻于《重建有宋范韩二公祠堂之记》碑阴,现藏庆阳县博物馆,为明代极为珍贵的庆阳府军事地图。图上向北涉及今宁夏回族自治区的灵武县、陕西省的定边县,标注有庆阳县城、环县县城、合水县城、定边县城、灵武县城等。以庆阳县城为中心,向北画有三条路,将一些重要军事重地串在一起。图中还刻有河流三条,即环江(西川)、柔远(东川)、洛河。碑面的最上方刻有一段诗文,说明了绘

制这幅地图的起因以及图中所标明的城堡。以下对环川台、槐安城、柔远城、灵武城、马岭城、洪德城、木钵镇、葫芦泉、鹅池历史沿革、建筑、军事作用均有记述。

［文献］ 唐晓军《甘肃古代石刻艺术》。

公元 1476 年 成化十二年

［提示］ 四月，山东青州广福寺《重修广福寺记碑》。是年，浙江戴琥刻《山会水则碑》。宁夏须弥山石窟刻立《重修圆光寺大佛楼记》。

［叙录］ 四月，山东青州广福寺刻《重修广福寺记碑》。温玉成据王瑞霞等载，广福寺遗址在青州市南 10 公里之劈头山东麓，今属云峡河乡后寺村西阜。遗址为山坡台地，东西宽约 1 公里，南北深为 500—600 米。今遗址中心部位仍矗立圆首石碑一通，即明代成化十二年四月所立的《重修广福寺记碑》，高 220 厘米、宽 110 厘米。该石碑面向南方，则正南北为寺院之主轴线。在主轴线周围，瓦砾成堆，墙基断垣犹存。青州市博物馆研究人员前往调查时，曾发现初唐石造弥勒倚坐像，宋代石刻金翅鸟像、墓塔残塔铭，明代金铜毗卢佛像等珍贵文物，今存青州市博物馆。

清王元臣载：成化九年，戴琥任绍兴知府撰《山会水则碑》。戴琥字廷节，江西浮梁人。成化九年任绍兴知府。戴琥在绍兴兴修水利，围海造田，造福百姓。其主持修筑的麻溪坝，截断西小江与浦阳江关系，使浦阳江复归故道，自碛堰入海，西小江流域 300 年来水患得到有效控制。戴琥于成化十二年创置水则，以四季农事为本，兼顾航行交通，将水位调控原则与方法刻成《山会水则碑》，现藏于绍兴禹庙碑廊。

本年，宁夏须弥山石窟刻立《重修圆光寺大佛楼记》。是年肃府集资重修大佛楼，时此地夷汉杂居，并刻碑记事。立《重修圆光寺大佛楼记》碑石，碑阴记圆光寺住持为定聪，时下诸僧各题名中已不见番人姓氏。《须弥山石窟内容总录》载：距固原县城 55 公里绵延南北的须弥山，是六盘山脉的支脉。须弥山为梵文 Sumern 的音译，即宝山之思。史书中最早提及“须弥山”者是明嘉靖十二年（1533）刻印，由杨经纂修的《固原州志》：须弥山在州北九十里，上有古寺，松柏桃李郁然，即古石门关遗址。其后方志基本上沿袭此一说法。据须弥山石窟现存明成化十二年《重修圆光寺大佛楼记》碑载：平凉府开城县，去治西百里，有山号须弥。可见明成化以前已经有了“须弥山”之称。

［文献］ 清王元臣《会稽县志》卷三，陈桥驿《戴琥“山会水则”》（《中国水利》1983 年第 2 期），温玉成《中国佛教与考古》，王瑞霞等《山东青州广福寺遗物调查》（《敦煌研究》2009 年第 4 期），宁夏回族自治区长安志文物管理委员会等编著《须弥山石窟内容总录》。

公元 1480 年 成化十六年

［提示］ 十二月二十五日，四川绵阳《太仆寺丞宰金公墓碑》。

［叙录］ 十二月二十五日，四川绵阳刻《太仆寺丞宰金公墓碑》。此碑俗称金家响碑，为绵阳涪城、游仙境内仅存圣旨碑。碑原位于芙蓉村二组响碑梁金家山嘴，现置入富乐中学实验中学朝阳慈济校区。龙首龟趺，碑通高 320 厘米、宽 106 厘米、厚 21 厘米。碑座长 227 厘米、宽 170 厘米。碑身刻写 11 行 171 字圣旨，字字清晰可辨，碑身四周线刻花纹，刀法十分简练。碑刻内容为金爵父母因子而贵，父亲金佑追为承德郎、太仆寺丞宰，增封母亲林氏为安人。新版《绵阳市志》即以圣旨落款时间为立碑时间。

［文献］ 绵阳市志编纂委员会《绵阳市志》。

公元 1483 年 成化十九年

［提示］ 正月吉日，山东《重修华严洞之碑记》。是年，甘肃《老杜秦州杂诗》碑、四川蒲江造像。

［叙录］ 张总等载：成化十九年正月吉日，济南府石匠徐某等刻造《重修华严洞之碑记》。碑在山东东平县西北约15公里处翠屏山麓之华严洞。

同年，甘肃秦州知州傅鼐主持重刻《老杜秦州杂诗》碑，共刻录杜甫诗歌49首。据马银生等考证，唐肃宗乾元二年(759)，杜甫从华州弃官西行，经首都长安，到达秦州。在杜甫当年流寓途经的天水、陇南地区保存有杜甫草堂遗迹九处，其中"秦州五草堂"包括东柯草堂、城北草堂、西枝草堂、南郭草堂和社棠草堂。"成州草堂"包括同谷草堂、仇池草堂、栗亭草堂和木兰草堂。杜甫在陇右所作诗共110余首，大部分诗作在秦州境内写成。唐晓军说，傅鼐主持重刻《老杜秦州杂诗》碑，在民国《天水县志》(艺文)中有载，名为《重刻杜甫秦州杂诗》碑：碑在明伦堂东偏，高七尺，横三尺有五，厚一尺。碑面刻杜工部《秦州杂诗》20首，碑阴刻秦州八景及名胜诸杂咏。系明成化十九年知秦州事恒山傅鼐重刻。张维也收录此碑，名为"杜甫诗碑"。碑原立秦州文庙明伦堂(天水文庙)，20世纪50年代，因文庙建筑改作他用，石碑没入地下。2002年，诗碑重刻后立于天水名胜南郭寺二妙轩碑廊左侧，南郭寺为唐乾元二年(759)杜甫流寓秦州时登临之寺。秦州杂诗碑通高225厘米、宽105厘米、厚42厘米。正面题额《老杜秦州杂诗》，刻杜甫陇右诗36首。背面题额《古今题咏》，刻杜甫陇右诗13首，另刻秦州知州傅鼐所题"秦州十景"诗10首。

本年，《中国石窟雕塑全集》载：四川蒲江造像，具体位于蒲江县鹤山镇蒲砚村李坤庵。

［文献］ 张总等《山东东平华严洞造像》(《文物》2001年第9期)，马银生等《陇右杜甫草堂考》(《天水师范学院学报》2001年第6期)，唐晓军《甘肃古代石刻艺术》，王朝闻等主编《中国石窟雕塑全集》(四川重庆卷)。

公元1484年 成化二十年

［提示］ 广东潮州重刻《潮州昌黎伯韩文公庙碑》。

［叙录］ 是年，广东潮州重刻《潮州昌黎伯韩文公庙碑》。唐代元和十四年(819)，韩愈因谏迎佛骨而获罪于宪宗，被贬为广东潮州刺史。在潮期间，韩愈荐贤兴学，开发民智，时有"潮州水尽姓韩"的赞颂。宋以前，潮州没有韩祠，至北宋咸平二年(999)始由时任潮州通判的陈尧佐，于孔庙东厢辟出专祀韩愈的祠宇。至元祐五年(1090)，知州王涤又于城南七里处新建昌黎伯韩文公庙。王涤还派人前往扬州请求苏轼撰写庙碑。苏轼对此十分重视，与王涤等潮州官民反复商榷，苏轼在致王涤的信中写道：承谕欲撰《韩文公庙碑》，万里远意，不敢复以浅陋为辞。卷中者乃某手笔书样，止令书吏录去，请依碑样止模刻手书。碑首既有大书十字，碑中不用再写题目，及碑中既有太守姓名，碑后更不用写诸官衔位，此古碑制度，不须询流俗之意也。但一切依此样，仍不用周回及碑首花草栏界之类，只于净石上模字，不着一物为佳也。从内容到碑刻形式甚至纹饰，苏轼均有自己的美学主张，于此可见苏轼之严谨态度。宋人洪迈评价说：刘梦得、李习之、皇甫持正、李汉皆称颂韩公之文，各极其挚。及东坡之碑一出，而后众说尽废。可惜苏轼手书《庙碑》树立始10年，由于受到元祐党人案的牵连，据清人王文诰载：崇宁二年(1103)，诏毁东坡文集、传、说、奏议、墨迹、书版、碑铭、崖志。此《庙碑》亦毁于此次劫难中。明成化二十年(1484)，江朝宗重刻《潮州昌黎伯韩文公庙碑》。八年后，苏轼从谪居三年的儋州赦还之时，回想起《庙碑》祀歌中的"钧天无人帝悲伤，讴吟下招遣巫阳"，再次吟出"余生欲老海南村，帝遣巫阳招我魂"的诗句(《题通潮阁》)。

［文献］ 宋苏轼《苏轼七集》续集卷六，宋洪迈《容斋随笔》卷八，清王文诰《苏诗编年总案》。

公元1487年 成化二十三年

［提示］ 四月，陕西《重修石空寺碑》。是年，甘肃《重修古刹海藏寺劝缘信官檀缘信越记》。成化年

间，四川夹江县造像。

［叙录］ 四月，陕西刻《重修石空寺碑》。李凇载，志丹县即原保安县，城台石窟又称石空寺，位于县城西南旦八镇界湾乡城台村洛河东岸山麓，仅一窟。离城台石窟南约一公里处，有一古城遗址，即史籍所称北宋大将狄青屯兵处，狄青活跃于北宋抗西夏的初期，与城台石窟的开凿可能没有直接关系。今城台石窟中有一明代成化丁未（1487）四月《重修石空寺碑》，碑文残破难读，中有“元□□青始创也傍有”、“成化丁未四月”、“岩洞妆颜焕然一”、“治戊申夏四月吉旦”等字样。文中可以看出，从明成化二十三年至弘治元年（1487—1488），石空寺经过了一年的重新整修。

是年，甘肃重修海藏寺，刻立《重修古刹海藏寺劝缘信官檀缘信越记》。《晋书》（张轨传）中载有张茂筑台之事，张茂筑台不止一处，灵均台为其中之一。东晋大兴三年（320）凉州刺史、前凉王张轨被杀，州人推其弟张茂摄政，张茂上位不久即垒土筑灵均台，周轮八十余堵，基高九仞，可见其台规模甚大。海藏寺即建于灵钧台上，玄奘西行取经曾滞留凉州月余，便在海藏寺念经拜佛讲经说法。明成化二十三年，在旧址重建规模宏大的海藏寺，并刻立《重修古刹海藏寺劝缘信官檀缘信越记》。明宪宗曾赐名为“清应禅寺”。清初，住持际善和尚拄杖募化，步行到京，求见皇上，请赐《大藏经》，重修藏经阁。后郭朝祚来此作官，得知这一壮举，除挥笔写了苍劲峻拔的“藏经阁”三字匾外，并撰书《海藏寺藏经阁碑记》。

《中国石窟雕塑全集》载：成化年间（1465—1487），四川夹江县造像。月堂隐主绩焰及徒在四川夹江县漓江乡千佛村金像寺造千于观音、弥勒、三佛、老君等龛像。

［文献］ 唐房玄龄等《晋书》卷八六，李凇《陕西古代佛教美术》、《武威海藏寺》（《丝绸之路》1999年第1期），王朝闻等主编《中国石窟雕塑全集》（四川重庆卷）。

公元 1488 年　弘治元年

［提示］ 四月二十四日，建成明茂陵。

［叙录］ 四月二十四日，建成明茂陵。明宪宗朱见深于成化二十三年（1487）八月驾崩，第三子朱祐樘继位，是为明孝宗，次年改元弘治。孝宗颇有志向，在位期间，勤于政事，任用王恕、刘大夏等贤臣，使明朝进入盛世，史称“弘治中兴”。宪宗卒葬明茂陵。

茂陵位于裕陵右侧聚宝山下，为宪宗与王氏、纪氏、邵氏三皇后合葬陵寝。宪宗于成化二十三年八月二十二日辞世，同年十二月十七日葬茂陵。《明孝宗实录》载：茂陵始建于当年九月，同年十二月玄宫建成，葬入宪宗皇帝和纪氏。至次年即弘治元年四月，陵寝全部建成，历时八个月。茂陵陵园的形制大体与裕陵相同，规模略大。宝城内琉璃照壁后面设有左右两个方向的踏跺，形制甚为独特。胡汉生载，茂陵神道，从裕陵神道碑途中建单空石桥一座，近陵处建有神功圣德碑亭。

［文献］ 《明孝宗实录》卷一三、胡汉生《明十三陵研究》。

公元 1489 年　弘治二年

［提示］ 河南开封《重修清真寺记》。

［叙录］ 是年，河南开封刻《重修清真寺记》。此碑现存于开封市博物馆中。据潘光研究，早在一千多年前的初唐时代，犹太移民就已来到中国。北宋真宗时期，曾有2 000多名失落家园的犹太移民再至中国，这批移民还推举代表，带着五色棉、五色西洋布等到达京城开封朝见真宗，真宗准许他们落籍皇都，归化大宋，并享有居住、就业、参加科考、从官、置产、经商等权利。《重修清真寺记》篆额楷书，碑文详细记述了犹太人迁徙开封、与开封人和睦相处等情景。

［文献］　潘光《犹太人在中国》。

公元 1490 年　弘治三年

［提示］　八月，陕西《终南道阙行缘记续碑》。

［叙录］　八月，陕西旬阳县千佛洞刻《终南道阙行缘记续碑》。李淞载：旬阳县处于陕、鄂、川三省交界处，近年发现有明代石窟和寺院造像。在七里乡香炉沟，仅一窟，窟内无题记，窟外存有明弘治三年八月“终南道阙行缘记续碑”。从石窟造像风格看，似为明代后期作品。

［文献］　李淞《陕西古代佛教美术》。

公元 1493 年　弘治六年

［提示］　周文通书毛澄榜进士题名碑。

［叙录］　周文通，明孝宗时人。《明史》无传，其生平见载于焦竑所撰《国朝献征录》中。官至大理寺左寺副兼司经局正字。工书法，祝允明书述评价说：谈者谓迩日周文通，宜攀詹沈盖亦依稀。尝书弘治六年毛澄榜进士题名碑。此进士题名碑为刘健撰文，周文通正书并篆额，北京市东城区国子监街孔庙曾出版拓本。周文通还于弘治十六年(1503)书《徐立本墓志》，此志于 20 世纪 60 年代出土于余姚市低塘街道黄沙湖一带，现藏于慈溪市横河镇马堰村横山庙。

［文献］　明焦竑《国朝献征录》卷二二。

公元 1494 年　弘治七年

［提示］　十月二十四日，河南《重修宝山灵泉寺并观音阁碑》。弘治七年，河南《重修大力山石窟十方净土禅寺记》。

［叙录］　十月二十四日，河南《重修宝山灵泉寺并观音阁碑》。据河南省古代建筑保护研究所载：现阁已毁，唯碑独存。由碑首、碑身、碑座三部分组成。碑首为方形，上雕六螭，额题篆书“灵泉禅寺”4 字，其下部雕三浮云纹饰，碑身为长方形。碑身中部及右上下角处部分残缺。碑身首行题曰“重修宝山灵泉寺并观音阁碑记”。碑文为楷书，赵那、晁阳玉书，无刻工人姓名。碑趺为龟形。该碑内容主要记载了明弘治七年十月重修宝山灵泉寺和观音阁的盛况，其中，前半部分文字介绍了灵泉寺的创建时代及其沿革，以及道凭、灵裕、玄林等历代主持对灵泉寺所做的贡献。

是年，河南刻《重修大力山石窟十方净土禅寺记》。费泳载：巩县石窟位于洛阳、郑州之间，距洛阳故城约 44 公里。邙山(大力山)南麓，现存北朝石窟 5 座。明弘治七年所刻《重修大力山石窟十方净土禅寺记》载：自后魏宣武景明之间，凿石为窟，刻佛千万像，世无能烛其数者。巩县石窟寺修建年代不见史书记载。第 4 窟外 119 号龛唐龙朔年间刻有“后魏孝文帝故希玄寺碑”。碑文称北魏孝文帝时此处已建寺，时称希玄寺。唐更名为净土寺，宋明皆称大力山石窟十方净土禅寺，今简称石窟寺。

［文献］　河南省古代建筑保护研究所《宝山灵泉寺》，费泳《汉唐佛教造像艺术史》。

公元 1496 年　弘治九年

［提示］　山西《宝贤堂集古法帖》12 卷摹勒上石。

［叙录］　是年，山西《宝贤堂集古法帖》12 卷摹勒上石。据王靖宪载：晋庄王朱钟铉世子朱奇源奉父命，让王进、杨立溥、胡汉、杨文卿等人，以《阁帖》、《绛帖》、《大观》、《宝晋》为主，加上自己府邸中所收藏的宋、元及明人墨迹，以其“宝贤堂”为帖名，弘治九年在山西太原集刻成石刻丛帖。宋灏、刘瑀摹勒上石，俗称《宝贤堂帖》或《大宝贤堂帖》。

［文献］　王靖宪《中国历代法帖叙录》。

公元 1499 年　弘治十二年

［提示］ 季秋二十日，河北《重修毗卢禅寺功迹圆满庆赞碑记》。是年，陕西《月桂赋》碑。广东《慈元庙碑》。

［叙录］ 是年季秋二十日，河北刻《重修毗卢禅寺功迹圆满庆赞碑记》。温玉成载，河北石家庄市西北方有毗卢寺，寺有《重修毗卢禅寺功迹圆满庆赞碑记》，为五台山大显通寺传法比丘无疑定信知幻老人撰文并书丹、篆额，时在弘治十二年(1499)季秋二十日。其中提及的佛祖西天佛子大通法王智广即智光。智光号无隐，俗姓王氏，今河北省盐山县人，生于元至正十五年(1355)，15 岁出家于五台山普济寺(碧山寺)，礼中天竺迦维罗国刹帝利种姓的萨诃咱释哩(此言具生)为师，学三密神咒及传声明记论之旨。永乐五年三月，帝命得银协巴为亡父朱元璋、亡母马氏于灵谷寺建普度大会，以申追荐。事毕，册封得银协巴为“大宝法王”，桑谒巴辣为“灌顶圆觉妙应大国师”，智光为“国师”。明仁宗时又册封智光为“圆融妙慧净觉宏济辅国光范衍教灌顶广善大国师”。

是年，陕西刻《月桂赋》碑。此碑存于西安碑林，碑高 120 厘米、宽 70 厘米(刻高 92 厘米、宽 46 厘米)。陈忠凯等载：此刻为长安太守严永濬作赋 26 行、行 22 字。秦藩王府强晟题记 24 行、行 12 字，均楷书。碑中断刻中秋圆月及桂树，上下两断为赋及题记。所刻中秋圆月图，月面云雾缥缈，蟾宫琼楼隐现其间，月桂丛中玉兔正在捣药。

同年，广东新会刻《慈元庙碑》。此碑清人黄培芳有著录，碑文由明代大儒陈献章纪念为宋亡殉国的杨太后而撰书(以著名的茅龙笔书就)，陈献章在《明史》中有传：陈献章字公甫，号实斋，广东新会都会乡人，后迁居白沙乡，人称白沙先生。据陈志平、欧济霖等载，《慈元庙碑》现位于新会宋元崖门海战文化旅游区内崖山祠古碑廊中，碑高 193 厘米、宽 107 厘米，砚石质，左上方和左下角等多处均有不同程度的裂痕。碑额横排楷书“慈元庙碑”四字，碑文直排行书 19 行凡 606 字。碑文之后，有陈献章门人湛若水撰书跋文。新会崖山位于广东南部潭江和西江分支出海处，为南宋王朝覆亡之地。元世祖忽必烈灭金之后，南下攻入临安。谢太后、宋恭宗投降后，杨淑妃和陆秀夫、文天祥、张世杰等人率宋军继续顽强抵抗元军。祥兴元年(1278)六月，宋室于新会崖山建立行朝，并建有行宫 30 多间，其正殿即慈元殿，为杨太后(杨淑妃)扶幼帝赵昺临朝议政之所。祥兴二年(1279)正月，宋元两军在崖门激烈海战，结果宋军惨败。丞相陆秀夫背负九岁少帝蹈海殉国，杨太后亦纵海而死，宋朝覆亡。两百年后的成化十二年(1476)，为表彰坚贞不屈的文天祥、陆秀夫、张世杰等义士，由陈献章倡议并经佥事陶鲁上奏，获准于崖山建忠义祠(后名大忠祠)，次年，大忠祠建成。弘治四年(1491)，陈献章又与户部侍郎刘大夏泛舟崖门凭吊慈元故址，再次倡建慈元庙以纪念殉国的杨太后，弘治七年(1494)，慈元庙建成。《慈元庙碑》系慈元庙建成五年后，即弘治十二年书成，第二年陈献章即辞世，可谓人书俱老也。碑文内容侧重于分析南宋盛衰以至灭亡之由、记述慈元庙兴建经过。作者引述元代诗人刘因诗作：王纲一紊国风沉，人道方乖鬼境侵。生理本直宜细玩，蓍龟万古在人心。指出治国纲纪和国风、民风正气之树立，攸关于一国之存亡。

［文献］ 清张廷玉《明史》卷二八三，清黄培芳纂《新会县志》卷一二，温玉成《中国佛教与考古》，陈忠凯等《西安碑林博物馆藏碑刻总目提要》，陈志平《陈献章书迹研究》，欧济霖《〈慈元庙碑〉研究》(《五邑大学学报》社科版 1992 年第 2 期)。

公元 1500 年　弘治十三年

［提示］ 安徽《云崖紫霄宫玄帝碑铭》、山东孔庙龙柱浮雕。

［叙录］ 是年，安徽齐云山刻《云崖紫霄宫玄帝

碑铭》。此碑为唐寅所撰，唐寅在《明史》中有传。碑铭位于安徽休宁县齐云山紫霄崖下玉虚宫西侧。碑高 760 厘米、宽 140 厘米、厚 20 厘米；系整块红砂岩雕琢而成，龙首龟趺，面北屹立。碑阳刻玄帝碑铭全文，系唐寅本年登游齐云山，应道长汪泰元之请而作，共计 1 028 字；由新安汪肇篆额、戴炼书丹，歙休名工朱云亮、汪阳熙执錾，历时二年始刻竣。碑阴刻《紫霄崖兴建记》，记述正德初玉虚宫之修建始末。由李汛撰文，胡子椿书。

是年，山东孔庙龙柱浮雕。龙柱位于山东曲阜孔庙大成殿。大成殿建于宋天禧二年(1018)，明代扩建。殿高近 32 米，面阔 54 米、进深 34 米，重檐九脊，斗拱交错。刘兴珍载：殿四周廊下环立 28 根云龙石柱，系整石雕成，每柱高 598 厘米、直径 81 厘米，于本年由徽州工匠雕刻。后檐、两山有 18 根水磨浮雕石柱，柱为八面，每面浮雕九条团龙。前檐下十根云龙石柱，每根刻两条盘龙，上下对舞，中雕宝珠，四周刻云朵。柱身下端刻山石、波涛。整个雕刻造型优美生动。

［文献］　清张廷玉《明史》卷二八六，程瞻庐《唐祝文周四杰传》，刘兴珍等主编《中国古代雕塑图典》。

公元 1502 年　弘治十五年

［提示］　四川岳池《观泉偶题》。

［叙录］　是年，四川岳池《观泉偶题》。高文载：《观泉偶题》一诗在四川岳池县灵泉寺内，为明代刘逊所题：此泉何以灵，清与月争皎。当假真龙鳞，滂沱济枯槁。弘治壬戌(1502)长至日安成笋峰刘逊时让书。此外，岳池县灵泉寺还刻有明代《灵泉题诗四首》，诗记中有：时己亥仲夏朔日，因公过灵泉乃步师邵卢公、罗浮姚公前韵强制以写兴耳，敢为诗也？滇永昌月溪主人田銮题。同寺中还刻有《灵泉寺次古园韵》，为蒲坂舜源杨瞻书于辛丑十月，以公事归马睛溪舍，止灵泉书此纪迹且以道。

［文献］　高文等《四川历代碑刻》。

公元 1504 年　弘治十七年

［提示］　刻工阎杰任职工部文思院副使。

［叙录］　是年，刻工阎杰任职工部文思院副使。根据程章灿的研究，在明代官署刻工中，阎杰颇为著名。诗人李东阳在《请书刻御制碑题本》中说：乞令制敕房中书舍人乔宗赍捧前项御制文字往彼书写上石，仍乞带领工部文思院副使阎杰就彼镌刻，事毕之日，即令回京。据同卷《复命题本》，此事在弘治十七年，可见阎杰此时任职工部文思院副使。李东阳弟子邵宝在其《书太原陈氏所藏西涯公字刻》中，也曾引述李东阳之语，称阎杰之刻为京师第一。

［文献］　明李东阳《怀麓堂集》卷九，明邵宝《容春堂集》前集卷十，程章灿《石刻刻工研究》。

公元 1505 年　弘治十八年

［提示］　十月十九日，明孝宗朱祐樘入葬泰陵。

［叙录］　十月十九日，明孝宗朱祐樘入葬泰陵。据《明武宗实录》载：明孝宗朱祐樘，本年五月七日逝于乾清宫，享年 36 岁，十月十九日入葬泰陵。明泰陵位于笔架山东南麓，其地又称“施家台”或“史家山”，为明朝第九位皇帝孝宗及皇后张氏的合葬陵寝。胡汉生载：泰陵神道从茂陵神道碑亭前向西分出，长约一公里。途中建五空石桥一座，近陵处建有神功圣德碑亭，亭后建并列单空石桥三座。

［文献］　《明武宗实录》卷六，胡汉生《明十三陵研究》。

公元 1506 年　正德元年

［提示］　五月，河南《御祀祝文》祭祀碑。是年，江苏常熟《天文图碑》。

［叙录］　五月，河南宋太祖永昌陵陵前刻《御祀祝文》祭祀碑。明孝宗驾崩后，由太子朱厚照继位，是为明武宗，次年改元正德。陈朝云载，明清时期皇帝曾不断遣官祭祀宋陵。每次祭祀后，即将祭文刻于石碑立在陵前，现仅存明碑一通。《御祀祝文》原立于宋太祖永昌陵陵前，现存巩义市文物保管所。碑为青石质，高 126 厘米。碑额中部楷书“御祀祝文”2 行 4 字，两侧分别线刻云龙纹。碑文楷书 12 行、行字不等，碑边部线刻缠枝花卉，碑额与碑文之间则隔以卷枝莲纹。该碑不仅记述了致祭时间、致祭人和祭文，末尾还详列有陪祭官员的姓名和职衔，但无撰书人和镌刻人。该碑约立于明正德元年五月，为我们提供了明代祭祀宋陵的实物资料。

同年所刻《天文图碑》，现藏常熟市碑刻博物馆。明孝宗弘治年间（1488—1505），常熟知县杨子器按照《宋史》（天文志）并参考战国至汉代先后出现的《石氏星经》、《甘氏星经》、《巫氏星经》刻制成此《天文图碑》。但此碑刻成后不久即被磨损，明武宗正德元年，常熟知县计宗道又据杨子器原碑命工重镌。碑分上下两部分，上部为天文图，下部为跋文。据中国科学院紫金山天文科学家研究核对，该《天文图碑》虽个别地方的准确度略低于现存苏州的宋代《天文图碑》，但订正了宋代《天文图碑》中不少缺误，是继敦煌星图、新仪象法要星图和宋代《天文图》之后的又一幅石刻星图，在我国天文学史上占有不可忽视的地位。

［文献］　陈朝云《南北宋陵》，常熟市碑刻博物馆编《常熟碑刻集》。

公元 1508 年　正德三年

［提示］　八月，陕西汉中《重塑接引佛像碑》。是年，河北《龙舒净土文碑》。

［叙录］　此碑在明代《威县碑刻志》中有著录。《汉中碑石》载：正德三年八月，刘万金、乔万录（石匠）刻《重塑接引佛像碑》。接引佛即南无阿弥陀佛。同年，河北威县周得山（黎阳）刻《龙舒净土文碑》。

［文献］　明姜永清《威县碑刻志》卷一，陈显远编《汉中碑石》。

公元 1511 年　正德六年

［提示］　四川泸县《杨慎诗碑》。

［叙录］　是年，四川泸县刻《杨慎诗碑》。高文载：杨升庵诗碑原在四川泸县喻寺镇天竺寺内，碑高 200 厘米、宽 100 厘米，字径两寸，行草书，惜 1962 年毁，现存一拓片在泸州市工管所。内容为：木为人山医病鹤，逢师缘会大乘禅。世人不解华严偈，妙谛原从药品传。香馔每添灵草味，黄金即布杏花田。原随丈宝维摩地，三管箜篌别有天。（明正德）辛未状元杨慎。

［文献］　高文等《四川历代碑刻》。

公元 1512 年　正德七年

［提示］　七月，河南开封《尊崇道经寺碑》。是年，江苏常熟《崇福庵佛殿记碑》。

［叙录］　七月，河南开封刻《尊崇道经寺碑》。此碑曾毅公著录，为张鸾、张玺同刻。耶稣会会士管宜穆（Jerome Tobar）在其《开封府犹太石刻》（*Inscriptions Juives de K'ai-Fong-Fou，Varietes Sinologioques*）中亦有著录。此碑刻于《重修清真寺碑记》碑阴，是研究中国犹太教（一赐乐业）的珍贵文献资料。

同年，江苏常熟刻《崇福庵佛殿记碑》，现藏于江苏常熟碑刻博物馆。由邑人工部员外郎钱仁夫撰文、吴门书家祝允明楷书。碑文共 500 余字，记述崇福庵创立及前代修建崇福庵的经过，褒奖了南宋嘉泰年间里人苏氏舍氏建崇福庵的义举功德。

［文献］　曾毅公《石刻考工录》，管宜穆《开封府犹太石刻》，常熟市碑刻博物馆编《常熟碑刻集》。

公元 1513 年 正德八年

［提示］ 元宵日，山东刻《重修建福寺碑记》、《重修建福寺地藏殿碑记》。五月望日，湖南浯溪《读中兴碑》诗碑。是年，陕西《义勇武安王像碑》、河南《淮阳伏羲御祭碑》、四川都江堰重刻"深淘滩低作堰"六字诀。

［叙录］ 张总等著录：正德八年元宵日，傅升、傅冕刻《重修建福寺碑记》；傅升、石成、赵竖、柳子玉、李买、冯朗、李得刻《重修建福寺地藏殿碑记》。此两碑同时刻造，刻工傅升应为同一人。费泳载，理明窝摩崖造像位于山东东平县斑鸠店镇六工山西峰南麓。今造像所在地为唐代弥陀院旧址，岩壁下方遗存有古寺院建筑遗址，其中有明正德八年《重修建福寺碑记》，记载"理明窝"的由来及寺院沿革。

是年五月望日，湖南浯溪刻《读中兴碑》诗碑。此碑由御史知永州府曹来旬撰书。诗人对唐玄宗、杨贵妃、李林甫"安史之乱"作了深刻的评论。刘刚载，其刻具体位于浯溪东崖区：万里分符来守土，两年浯溪未一睹。乘时送客偶维舟，山明水秀真无愈……大明正德八年五月望日河南郑州曹来旬识。

是年，陕西线刻图画碑《义勇武安王像碑》。据陈忠凯等载，此刻现藏于西安碑林博物馆，高 64 厘米、宽 34 厘米，由罗崇奎立石并绘图（关羽像），萧大纲刻石。其上刻有题记 18 行、行 17 字，楷书。石分上下两截，上截刻题记，下截以减底线雕混合刀法，刻出关羽跃马提刀出征回顾姿态，须髯马鬣迎风飞动。武圣关羽以其忠勇义而为万民景仰。宋徽宗曾于崇宁元年（1102）、大观二年（1108）、宣和五年（1123）先后三次赐爵加封关羽为"忠惠公"、"武安王"、"义勇武安王"，各地建立关庙，百姓家中亦悬挂关羽绘像予以供奉。据清人薛熙所录明人钱福《义勇武安王庙碑》碑文记载：义勇武安王关公名羽，庙祀遍天下，精灵塞宇宙，声烈昭简册。端人正士义其忠，武人劲卒壮其勇，田唆村妪慑其神，吊古感遇之徒，又悼惜昔功之垂成而败，有思以报其仇以泄其不平，若是者，千二百年于兹矣。刚正之气，人人同得以为人者，虽或屈抑于一时，而终发悼痛，积之之久，而不可自已。人们为祭祀供奉关羽，一些奉祀关羽的祠庙、官府及大户人家，还专门延请工匠雕刻关羽画像碑。

是年，河南刻《淮阳伏羲御祭碑》。河南淮阳，传为伏羲之都。自春秋时起，即在淮阳县城北建有太昊陵（伏羲墓）。汉代在陵前建祠，宋太祖也曾下诏建陵庙，明清两代又屡加修葺。陵园内保存有历代碑刻两百余块，中有正德八年所刻立的《御祭碑》。李乃庆载，此碑为明太祖朱元璋御制祝文致祭碑，圆首方座，通高 125 厘米、宽 85 厘米、厚 22 厘米，置于太昊陵太始门，除上方的"御制祝文"4 字外，共 241 个字。碑文为阴刻，"御制祝文"4 字为篆书，其余为楷书。碑上方环绕"御制祝文"阴刻龙图案，两侧阴刻云纹。在陵园寝殿后的伏羲陵，陵前立有高丈余的巨型墓碑，上面镌有"太昊伏羲氏之陵"7 个篆字，字大径尺，传说为宋代才女苏小妹以汗巾蘸粉书就。

是年，四川都江堰重刻"深淘滩低作堰"六字诀。此刻为卢翊任四川按察司佥事时重刻于石。据《都江堰文物志》载：卢翊字凤仲，江苏常熟人，本年任四川按察司佥事。卢翊主张恢复传统的都江堰岁修之法，使堤堰得以加固。恢复竹笼工程，并采用每亩产三担粮即派一名岁修劳力的方法，组织劳力 3 000 人。卢翊还题写《治水记》碑文，将"深淘滩，低作堰"六字诀重刻于石上（现存此六字石刻为清嘉庆二十三年重刻），供后人遵循。卢翊殁后，人们于都江堰畔二王庙建配殿，塑卢诩像，与李冰父子合祀。

［文献］ 清薛熙编《明文在》卷七〇，张总等《山东东平理明窝摩崖壤造像》（《文物》1998 年第 8 期），费泳《汉唐佛教造像艺术史》，刘刚《湖湘碑刻》，陈忠凯等《西安碑林博物馆藏碑刻总目提要》，李乃庆《朱元璋太昊陵御祭碑及御祭文》（《中原文物》2007 年第

3期),四川省文化厅文物处编《都江堰文物志》。

公元1516年　正德十一年

[提示]　秋八月,山东白马河《梁祝墓碑》。十一月,四川《新都县八阵图记》。

[叙录]　是年秋八月,山东白马河刻《梁祝墓碑》。浙江宁波西门外九龙墟建有梁祝墓,还有宋徽宗大观年间建造的纪念梁祝庙宇,所以人们通常认为梁祝故事发生于宁波。但是,20世纪50年代,却在山东凫山发现一块《梁祝墓碑》。郑亦桥撰文说:1952年山东凫山县(邹县)第六区修浚白马河工程中,挖出梁祝墓碑一块,由山东省文物管理处在当地保存(当地即为今马坡乡)。1976年平整河道时,梁祝墓碑被就地掩埋。2003年10月27日,济宁市文物局又在梁祝墓地举行墓碑出土仪式。此墓碑为全国梁祝墓地遗址中唯一有文字记载梁祝故事且内容详尽的石碑。碑文记载:时南京工部右侍郎前都察院右副都御史崔文奎视察河道路经此处,见梁祝墓年久失修,遂重修其墓,此事"有关世教之大,不可泯也"。碑由丁酉贡士前知都□县事古郏赵廷麟撰文,文林郎知都邹县事古卫杨环书,正圣五十七代老袭翰林院五经博士孟之篆额,石匠王珪镌刻。碑文楷书共30行,每行满行28字,共约800余字。

十一月,四川刻《新都县八阵图记》。此碑文为明代大学者与诗人杨慎所撰书。杨慎在《明史》中有传,字用修,号升庵,四川新都人,官翰林院修撰。因议大礼触犯世宗,谪贬云南。终身埋头著述,著作甚富,有《升庵集》、《全蜀艺文志》等。高文载:此碑现在新都桂湖,碑高200厘米、宽105厘米。正德十一年丙子冬十一月至日,赐同进士出身、新都知县庆阳韩奕立。

[文献]　清张廷玉《明史》卷一九二,高文等《四川历代碑刻》,郑亦桥《梁山伯祝英台墓碑出土记略》(《文物》1957年第9期)。

公元1517年　正德十二年

[提示]　六月,重庆合川《新建王张二公祠堂记》。孟冬,四川通江《得汉城明正德余诚摩崖题刻》。

[叙录]　六月,四川刻《新建王张二公祠堂记》。此记位于重庆合川钓鱼城历史文物陈列馆。碑高180厘米、宽92厘米,25行、行41字,正楷,为研究宋元战争提供了重要资料。记文中有:正德十二年岁次丁丑夏六月初六日。合州知州畬崇凤、同知毛惕、判官潘、吏目王志宁、儒学训导刘儒、贾谕。同年孟冬,四川通江刻《得汉城明正德余诚摩崖题刻》。据高文载:德汉城在四川通江县永安乡得汉村。四川军民为抗击元军侵袭,修筑德汉城。此为余诚所刻摩崖题诗。刻高141厘米、宽89厘米,12行、行58字,正楷。

[文献]　高文等《四川历代碑刻》。

公元1518年　正德十三年

[提示]　孟秋,四川通江《得汉城明正德摩崖碑》。十二月,四川岳池《灵泉留题》。

[叙录]　是年孟秋,四川通江刻《得汉城明正德摩崖碑》。此碑位于四川通江县永安乡得汉村,碑高133厘米、宽108厘米,朱道楷书8行、行11字不等,内容为:壁立严严四面同,金城天府未为雄。临车须信攻难破,蒸土谁言计极工。活水远分沟洫满,重门深拒犬羊通。四方城郭皆如此,万世皇图守不穷,大明正德戊寅孟秋望后八日,浙东朱道书。同年十二月,四川岳池刻《灵泉留题》。此刻在四川岳池县灵泉寺内,为明代正德年间师邵书。内容为:霜旌岁晚又灵泉,花竹相看似有缘。石罅清源流万古,松头曲径上诸天。禅堂独许三留偈,客路空惊两换年。分付老僧无别语,莫教风雨损崖镌。予性好游,而蜀多名山,然在僻远者,恨不暇专往也。灵泉为□□胜地,当官道侧,予凡三至焉,留题纪之。正德戊寅十

二月望，监察御史东吴卢雍师邵书。

［文献］ 高文等《四川历代碑刻》。

公元 1521 年 正德十六年

［提示］ 四月，北京建明康陵。五月五日，重庆大足南山真武大帝像。是年，山西刻永济蒲津渡石碑。

［叙录］ 四月，北京建明康陵。《明世宗实录》载：是年四月三十日，建康陵。九月二十二日，武宗朱厚照葬康陵。明康陵位于昌平天寿山陵区莲花山东麓，为明朝第 10 位皇帝武宗朱厚照与皇后夏氏合葬陵。总体布局沿袭前制，呈前方后圆形状。明末康陵曾遭到烧毁，乾隆年间曾整修。康陵始建于正德十六年四月，至嘉靖元年（1522）六月建成。陵寝建筑由神道、陵宫及陵宫外附属建筑三部分组成。神道上建五空桥、三空桥各一座，近陵处建神功圣德碑亭一座，亭内竖碑，无字。陵宫前面有两进院落，第一进院落，以祾恩门为陵门，单檐歇山顶，面阔 3间。院内建祾恩殿及左、右配殿，各 5 间，神帛炉两座。第二进院落，前设3座门，内建两柱牌楼门及石供案，案上摆放石质香炉一，烛台、花瓶各二。方院之后为圆形宝城，在宝城入口处建有方形城台，城台之上建重檐歇山式明楼。楼内树圣号碑。

五月五日，重庆大足刻南山真武大帝像。《大足石刻内容总录》载：此为南山第一号明真武大帝像。黄砂岩石质，形窟顶部为平顶，窟内水平面略成矩形。主像为真武大帝面西而坐。窟右壁外侧有造像记一则：舍财信士王伯雷谨立，正德十六年夏五月五日焚香建立（余字已漫漶）。胡文和载，此真武大帝龛凿造于明正德十六年五月，龛高 235 厘米、宽 275 厘米、深 165 厘米。主像真武大帝坐高 165 厘米，身着铠甲，外披长袍。赤脚，左脚踏一龟，右脚放石上，双手已残，项后有圆形头光。主像的左右侧分别刻一女、一男侍者。

是年，山西刻永济蒲津渡石碑。刘永生载，山西永济县城西 15 公里古蒲州城西门外蒲津渡，始建于春秋时期，毁于明洪武初年，历代均对此古渡口有修筑。近年于蒲津渡遗址修筑于明正德年间的石堤附近，清理出一块石碑，上面记载当年修筑蒲津渡石堤之情况：当时修筑蒲津渡石堤用工 30 人，北逾龙门山，东陟虞乡麓，琢石成版，长五六尺。藉民之有车船者运载之，提石 8 000 余片，市松柏木桩 7 000 余株。唐元宗铸铁为浮桥，功绩浩大。此功不啻铁牛浮桥。从中可知，明代修筑蒲津渡工程规模，可和唐玄宗时在蒲津渡修建铁牛浮桥的工程相比肩。

［文献］ 《明世宗实录》卷一，四川省社会科学院等编《大足石刻内容总录》，胡文和《中国道教石刻艺术史》，刘永生主编《黄河蒲津渡遗址》。

公元 1522 年 嘉靖元年

［提示］ 正月，刻真赏斋法帖。是年，陕西《祁氏造像题记》、重庆綦江造像。

［叙录］ 明武宗朱厚照卒后，由其堂弟朱厚熜继位，是为明世宗，次年改元嘉靖。是年正月，刻真赏斋法帖。明代著名收藏家无锡人华夏，在本年曾把收藏的魏太傅钟繇的《荐季直表》和王羲之的《袁生帖》等真迹摹刻成《真赏斋法帖》。曾毅公载，此法帖为章简文（当为父）刻。程章灿考证说，由章简甫（章简父即章简甫，见清人蒋光煦《东湖丛记》载）所刻的《停云馆帖》、《真赏斋帖》等，则倍受赞誉。孙承泽称赞《停云馆帖》清劲不俗，近世诸刻推此第一。并指出其原因乃是“文衡山父子（文徵明、文彭）皆精书学，而又自能镌刻”（孙承泽《闲者轩帖考》）。这里说文氏父子工于书刻固然不错，但忽略了文氏身边刻碑帖高手的贡献。清人倪涛引唐顺之语：余见《停云帖·李怀琳绝交书》后，乃见孙氏所藏宋本，则精神相去十倍。书之者非有异，而刻之者异也。虽有善书，非善刻者不能发其精神而传于世也。余见孙过庭《书谱》，真迹亦正如此。文氏父子精于摹拓，又得章简父等妙手左右之，尚且不能无憾，况下者乎？

表面上看来，唐顺之是在质疑刻石能否完全表现墨迹的精神，实际上他已经充分肯定刻工章简甫等人是“妙手”。清代王澍认为《真赏斋帖》摹勒既精，毡蜡尤妙，为有明一代刻帖第一，出《停云馆》上，其关键则在于钩摹者为文待诏父子，刻石者为文氏客章简父。名帖易存，名石难得，非出于书家手勒，非名帖也，非出于精工手刻，非名石也。明赵宧光说，其家近藏《停云馆法帖》贞珉，乃文待诏先生为之冰鉴，国博、和州两先生为之手勒，温始、吴鼒、章简甫三名人为之手刻，镂不计工，惟期满志，完不论日，第较精粗。程章灿又引明人王世贞所撰《章篔谷墓志铭》，认为此文是研究章氏家族的重要文献。据王世贞叙述，长洲章氏从福建迁徙而来，其家族在宋世即以“善书”著名。章简甫还镌刻有几部法帖，包括《陆氏怀素自叙》、《孙氏太清楼右军十七帖》、《停云馆帖》等，王世贞称其能夺古人精魄如生动，即拓古者赝古得善价，而其人莫辨也。其中，最为世称赏的是《真赏斋帖》。关于章简甫的刻石步骤，明人孙金广在《书画跋跋》中引王世贞跋语：章简甫乃迩来刻石第一手，尤精于摹拓。闻为华东沙刻此帖对，既填朱登石，乃更取原帖置面前，玩取形势，刻成后再校对，有毫发不似，必为正之。盖刻石而又兼手临者，以故备得笔意。

是年，陕西麟溪桥19号龛明代刻《祁氏造像题记》。北大考古专业等载，陕西麟溪桥摩崖造像龛群位于今麟游县城东约一公里、麟游老城西南角外、杜水北岸约150米处的东西向山崖间，现处于麟游县科达塑料厂（原麟游县木器厂）院内的北端。分布有造像龛的崖面可分为三段，共发现18个造像龛和一处题刻龛。19号龛位于整个龛群的最西端下部。原在崖壁开凿有一个未完成的拱形窟，窟高510厘米、宽520厘米、进深220厘米。19号龛开于窟内后壁的偏右部位。方形龛，龛顶抹角如覆斗状，龛底水平，两侧壁及龛顶均与后壁弧状相接。龛内高浮雕一菩萨二供养人像。在未完成的窟左壁中部有一长方形磨光崖面，高69厘米、宽50厘米，阴刻楷书题记13行，末署：助缘人祁钺砍明嘉靖元年岁在壬午月望日记。

是年，重庆綦江造像。《中国石窟雕塑全集》载：在重庆綦江县石门寺造石佛像百尊，共有七级雕像字塔一座、三身佛、十八罗汉及其他佛像64尊。

［文献］　明赵宧光《寒山帚谈》(《寒山金石林》附)，明王世贞《弇州山人四部稿》续稿卷九一，明孙金广《书画跋跋》卷二，清倪涛《六艺之一录》卷一四六，清王澍《淳化秘阁法帖考正》卷一一，清蒋光煦《东湖丛记》卷六，曾毅公《石刻考工录》，程章灿《石刻刻工研究》，北大考古专业等编著《慈善寺与麟溪桥：佛教造像窟龛调查研究报告》，王朝闻等主编《中国石窟雕塑全集》(四川重庆卷)。

公元1524年　嘉靖三年

［提示］　八月，重庆大足《林俊诗碑》。十月，河北郭允礼楷书《官箴》刻石。是年，王鏊卒，明世宗御赐谕祭碑。

［叙录］　八月，重庆大足刻《林俊诗碑》。《大足石刻内容总录》载：此碑位于北山佛湾第290号龛。摩崖碑高246厘米、宽355厘米。碑面朝西，行书直刻，由左至右排列，字径约10厘米。刻有五律二首。诗后有范府所书跋语。其跋上款：右二诗乃太子太保刑部尚书见素林公之作也。落款为：明嘉靖甲申秋八月吉，重庆府同知范府拜书，知大足县事临安唐鳌□□。跋文中简叙林俊之生平，及捐廪命匠凿洞立像树碑之经过。

十月，河北刻郭允礼楷书《官箴》刻石。郭允礼《明史》无传，据清人陈梦雷载：郭允礼为曲阜人，正德中由举人授知县。有才干，拆毁淫祠，创建社学，政绩卓异，人咸服之。又清人章有谟载：宋南渡时，衍圣公遂至衢州。有孔渠者至松江，因家焉，居三十六保，家素贫。阙里孔氏外孙郭允礼为松江通判，访得之，申呈命以衣巾，朔望陪有司谒文庙。翠岩黄公督学按松，命有司月给粮一石，如廪生，遂以为例。今在河北无极县委大院中，尚存有时任无极县知县郭允礼楷书《官箴》刻石一块，石一米见方。所刻碑文为：吏不畏吾严而畏吾廉，民不服吾能而服吾公。廉则吏不敢慢，公则民不敢欺。公生明，廉生威。现西安碑林中也藏有刻于道光四年（1824）、由张聪贤作铭、颜伯焘写跋的《官箴》，其刻跋文中记载：《官箴》系明代恭定年于"抚治东藩"（指台湾）时刊刻，其后流传于世，屡次为后人所复刻。恭定年刻《官箴》的年代比郭允礼还要早。

是年，王鏊卒，明世宗御赐谕祭碑。王鏊在《明史》中有传。唐寅称王鏊为"海内文章第一，山中宰相无双"，为明武宗时一代名相，因宦官刘瑾专权愤而辞归故里。嘉靖三年王鏊卒，明世宗御赐谕祭碑，刻立于江苏苏州吴县东山陆巷村寒山西麓王鏊墓前，此碑现仍存于墓前碑亭内。

［文献］　清张廷玉《明史》卷一八一，清章有谟《景船斋杂记》卷下，清陈梦雷《古今图书集成》明伦汇编氏族典卷诸姓部，四川省社会科学院等编《大足石刻内容总录》。

公元 1525 年　嘉靖四年

［提示］　三月，四川安岳老君岩第 9 号龛道教造像。是年，四川蒲江造像。

［叙录］　三月，四川安岳老君岩第 9 号龛道教造像。胡文和载，老君岩原共有七龛窟宋代雕刻纯道教造像，以后有明、清妆修和培修的题刻 13 处。胡文和于 1986 年考察时，除两龛窟非人力所能到达处，均被当地乡民接上被损毁的头部，再涂饰以油漆。其道教造像年代，第 1 号龛内有题刻：比丘无为妆北极紫微大帝，比丘惠监觉明妆圣祖；第 9 号龛题刻：嘉靖乙酉（1525）三月吉旦慧庵妆五位十王。老君龛道教造像名号有：元（玄）天大圣后、圣祖、北极紫微大帝、玉皇大帝、南极天尊、十王等。这些神像的造型、脸形，以及服饰等，都与大足宋代道教石窟中的十分相似。安岳大足的明代道教造像，主像宝座的靠背都系莲瓣形，呈镂空雕。而宋代道教造像，主像宝座的靠背上端有伸出的龙头（个别的为如意形）。特别是根据嘉靖妆修题刻，第 1 号龛正中雕刻的"圣祖"，右为"元天大圣后"，左为"北极紫微大帝"，均端坐于宝座靠背上方有双龙头的宝座上。这三个神像的名号出自北宋贾善翔《太上出家传度》经中。圣祖的全名称为"圣祖天尊大帝"，即宋真宗所谓的赵姓皇室的祖先，"长生保命天尊赵玄朗"（《宋史》礼志七）。胡文和认为老君岩的道教造像应发端于宋代。

《中国石窟雕塑全集》载：是年，四川蒲江县插旗乡观音寺造佛像。

［文献］　元脱脱《宋史》卷一〇七，胡文和《中国道教石刻艺术史》，王朝闻等主编《中国石窟雕塑全集》（四川重庆卷）。

公元 1526 年　嘉靖五年

［提示］　刻文徵明书《吴愈墓志铭》。

［叙录］　是年，据周道振载，明代著名刻工章简甫刻文徵明书《吴愈墓志铭》。欧阳修在跋《唐杜济神道碑》中论及刻工之重要：艺之至者，如庖丁之刀，轮扁之斫，无不中也。颜鲁公之书，刻于石者多矣。而有精有粗，虽他人莫可及，然在其一家自有优劣，余意传模镌刻之有工拙也。工匠雕刻过程，实际上也是二次创作的过程。书法家沙孟海《碑与帖》中也认为：碑面书丹，经过刀刻，能否保证传真，是一个问题。今天看到有些碑志造像字画方峻，锋棱毕露，不像毛笔所写。有些北碑戈戟森然，实由刻手拙劣，信刀切凿，绝不是毛笔书丹便如此（石刻者左手拿小凿，对准字画，右手用小锤击送。凿刃斜入斜削，自然笔笔起棱角，只有好手能刻出圆笔来）。由此可见，历代碑版的刻手大有高低。总之，写与刻是两道手续，字经过刻，不论是书丹或摹勒，多少总有些差异，有的甚至差异极大。

［文献］　宋欧阳修《欧阳修集》卷一四，周道振编著《文徵明书画简表》，沙孟海《沙孟海论书丛稿》。

公元 1527 年　嘉靖六年

［提示］　藏书家邵宝卒，曾书《孝子祠四咏》刻石。

［叙录］　是年，藏书家邵宝卒，曾书《孝子祠四咏》刻石。邵宝在《明史》中有载：字国贤，号泉斋，别号二泉，无锡人。邵宝为李东阳门人，故诗文皆宗法东阳。尝修白鹿洞学舍，兴建书院，在惠山创建尚德书院，以处贤才学子，教人以致知力行为本。以藏书知名，于城东南隅冉泾有春容旧居，遂辟为藏书之所，名为“春容精舍”。后又别建于西门口，建书屋为“二泉精舍”，中堂三间，前堂五间藏古今书籍万余册。自题藏书诗曰：少爱新书楮墨香，不辞书价借钱偿。坐来精舍还怀旧，海鹤诗中万卷堂。藏书家邵宝有《孝子祠四咏》刻石一方存于无锡，上有行书 14 行，长 76 厘米、宽 33 厘米，款梁溪吴雨春摹刻，勒石年代不详。《孝子祠四咏》碑系邵宝行书自作诗。邵宝书迹脱胎于颜体，独得蕴奥，自成杼机。此诗石内容为孝子祠四景：成志楼、承泽池、溯源桥、遗荫树。此孝子祠即江苏无锡华孝子祠，系纪念东晋以孝闻名的华宝而建，建祠始于唐代。

［文献］　清张廷玉《明史》卷二八二。

公元 1528 年　嘉靖七年

［提示］　山东济南《来复铭》碑。

［叙录］　山东济南《来复铭》碑藏于山东济南清真南大寺，是迄今所知我国伊斯兰教掌教陈思亲笔撰写的最早的汉文伊斯兰教教义碑，铭文借用宋代理学家张载之语，表达陈思的伊斯兰宗教哲学思想：以认主为宗旨、以敬事为功夫、以复命为究竟的伊斯兰教基本教义。20 世纪 40 年代后期，奚利福首次披露此刻。

［文献］　奚利福《教门金石文》(《月华》1947 年 6 月号)，冯今源《中国伊斯兰教碑文选注》。

公元 1530 年　嘉靖九年

［提示］　十二月二十四日，刻帖式《薛琳墓志》。是年，长沙太守潘镒在岳麓书院发现宋代摹刻《禹碑》、山东孔庙废塑像。

［叙录］　十二月二十四日，刻帖式《薛琳墓志》。此志为文徵明书，曾毅公著录其刻工为吴鼒。程章灿认为，由于受到刻帖的影响，明清以来，墓志镌刻中出现了一种新形式——帖式刻墓志。最初可能是因为墓志墨迹出自著名书家之手，其书可观，因刻作帖式流传。墓志刻作帖式，既便于墨迹的传拓流传，墓主家族亦与有荣焉。明代中叶，吴鼒刻文徵明书《薛文时甫墓志铭》，便刻作帖式。在这一类帖式墓志中，有一部分墓志的功能已经有所转换，即其意在书法，主要是作为帖来流传，而其作为丧葬器用的功能则相应淡化了，其中一些墓志甚至可能根本不是着眼于丧葬之用，也从未被随葬入墓。吴鼒还刻过文徵明书《太子少保南京吏部尚书赠太子太保谥文端吴公墓志铭》，周道振认为：当是吴氏另请徵明小楷书，非立在墓前原碑，是吴氏另刻为帖，非原志。

据唐晓军载，嘉靖九年，长沙太守潘镒在岳麓书院发现宋代摹刻《禹碑》。嘉定五年(1212)，南宋人何致曾发现《禹碑》，将碑文拓下，摹刻于岳麓山石上。据明人杨慎载，潘镒拓本为 77 字，后世的《禹碑》都是直接或间接摹自岳麓碑，所以均为 77 字。明代流传的版本有栖霞本(万历)、云南本、成都本、南京新泉书屋本等。今浙江省图书馆藏有明拓本，字口清晰，拓工较精。

是年，山东孔庙废塑像。《明史》(礼志四)载：嘉靖九年，大学士张璁缘帝意，言：孔子宜称先圣先师，不称王。祀宇宜称庙，不称殿。祀宜用木主，其塑像宜毁。《万历野获编》有孔庙废塑像的记载：至嘉靖初，张永嘉用事，而普天塑像被毁矣。张永嘉当国，议易先圣孔子塑像为木主。盖高皇帝谓塑像为故元

图 270　明武将　嘉靖十八年(1539)　湖北钟祥显陵

夷俗，一切城隍、岳渎尽易木主，废仍王爵。至永嘉承世庙意，易王为师，并弃像设，时论不以为然。然广东广州府城隍神木主，至景泰中，巡抚都御史王翱仍易以塑者，则高皇制作，当时已不能尽奉行矣。又宣府儒学圣像，亦系土偶。

［文献］　明杨慎《升庵集》卷四七，明沈德符《万历野获编》卷一四，清张廷玉《明史》卷五〇，曾毅公《石刻考工录》，程章灿《石刻刻工研究》，周道振《文徵明书画简表》，唐晓军《甘肃古代石刻艺术》，刘刚《湖湘碑刻》。

公元 1533 年　嘉靖十二年

［提示］　云南昆明《重修曹溪寺记》。

［叙录］　是年，云南昆明刻《重修曹溪寺记》。曹溪寺在明代为云南著名寺院，地理学家徐霞客在游记中数次提及。蜀人杨慎贬官云南后，应昆明曹溪寺方丈道成和尚之请，撰写此记，对此寺风物景色、地理环境、历史沿革等均有叙述。碑文书法集唐代名家李邕之字而连缀而成(萧椫集并刻)，以文、书、刻而被称为三绝。碑成之后，求拓者相继不绝。相传若以手擦磨此碑，手中即有胡椒味，民间又称为胡椒碑。此碑现藏云南安宁县曹溪寺后殿。杨慎明正德年间举进士第一，授翰林修撰。明世宗时，因与群臣上《大礼议疏》，跪谏嘉靖帝追封父母为帝后一事触怒皇帝，被发配至云南永昌，后病死于云南。

［文献］　明徐弘祖《徐霞客游记》滇游日记四、五，王文才《杨慎学谱》。

公元 1534 年　嘉靖十三年

［提示］　十一月望日，刻《重修东岳行宫记》。

［叙录］　十一月望日，章仕刻吴郡黄省曾撰《重修东岳行宫记》。明人钱谷载：本年十一月望日，吴郡黄省曾撰《重修东岳行宫记》，章简甫书碑并篆额。程章灿又引王世贞在墓志铭中所记章简甫曾抄录文徵明致仕三疏，其笔法结体都极类文徵明，以致王世贞之弟王世懋误认作文徵明手书，不惜以大价钱买下，可见其书法功力。

［文献］　明钱谷《吴都文粹续集》卷二八，明王世贞《弇州山人四部稿》续稿卷一六四，程章灿《石刻刻工研究》。

公元 1535 年　嘉靖十四年

［提示］　四月，陕西西安《黄河图说》、《小黄河图说》碑。孟夏上旬，甘肃《寂空大禅师塔铭》。是年，甘肃《宝鉴大禅师塔铭》。

［叙录］　四月，陕西西安刻《黄河图说》、《小黄河图说》碑。据陈忠凯载：此二碑现存西安碑林。前者高 163 厘米、宽 98 厘米；后者高 47 厘米、宽 63 厘米。均为正德进士、钦差总理河道、都察院副都御史湖广麻城人刘天和撰文并书写。前者碑首为半圆形，内刻长方形碑额，篆书“黄河图说”四字，碑上镌刻有黄河流经的河南、山东、安徽一带地图，左上角刻“国朝黄河凡五入运”，内刻“古今治河要略”，右下角刻“治河臆见”，款署时间和刘天和署名。

是年孟夏上旬，甘肃刻《寂空大禅师塔铭》。唐晓军载：其塔为亭阁式，石质，塔身八角棱柱体。明嘉靖十四年立。塔身遍刻楷书铭文，大部分可识读。同年甘肃还刻有《宝鉴大禅师塔铭》。塔为石质亭阁式，塔身八角棱柱体。明嘉靖十四年刻于寂空大禅师塔，楷书。除首尾字迹较清晰照录外，中间正文大都漫漶不清，偶有可识读者。

［文献］　陈忠凯等《西安碑林博物馆藏碑刻总目提要》，唐晓军《甘肃古代石刻艺术》。

公元 1536 年　嘉靖十五年

［提示］　五月，明世宗令焚毁宫中佛像佛骨及佛牙等物。

［叙录］ 五月，世宗令焚毁宫中佛像佛骨及佛牙等物。世宗朱厚熜崇信道教，对佛教采取抑制政策。据明人沈德符、于慎行和清人俞樾、蒋超伯载：是年五月，明世宗命朝臣集议拆除皇宫中大善佛殿及在其地建造皇太后宫室之事，并召武定侯郭勋、大学士李时、礼部尚书夏言等人入视佛殿。夏言上疏请将殿中佛像、佛骨等掩埋于荒野。世宗则下令焚毁169尊佛像和约13 000斤佛骨、佛牙等物。经过此次打击，佛教势力已无法与道教相抗衡。

［文献］ 明沈德符《万历野获编》卷二七、补遗卷四，明于慎行《谷山笔尘》卷一七，清俞樾《茶香室续钞》卷一七，清蒋超伯《南漘楛语》卷五。

公元1537年 嘉靖十六年

［提示］ 四月二十二日，陕西《修太玄洞碑文》。七月二十五日，明世宗为献、景、裕、茂、泰、康六陵建功圣德碑亭。

［叙录］ 四月二十二日，陕西赵璧刻《修太玄洞碑文》。此碑在民国《陕西金石志》中有著录。程章灿按：《石刻考工录》曾辑录明末刻工赵璧刻石两件，皆在天启崇祯间，与嘉靖相去甚远。此碑文末称“文成之日，嘉靖丁酉夏四月廿二日也”。此碑或系后来所刻，抑或此赵璧别是一人。

七月二十五日，明世宗为献、景、裕、茂、泰、康六陵建功圣德碑亭。《明世宗实录》载：献、景、裕、茂、泰、康六陵神道，原无神功圣德碑亭之设，嘉靖十六年七月壬寅，世宗认为“独长陵有功德碑，而六陵未有，无以彰显功德，今宜增立”，面谕大学士夏言，传示所司施行。于是，前述六陵神道增建了神功圣德碑亭。据考证，明代帝陵无字碑今仍存世者共有12块。其最早者存于安徽凤阳明皇陵中，余11碑均在北京昌平明十三陵中。明十三陵中，仅成祖朱棣长陵和明思宗思陵之《神功圣德碑》刻有文字，其余11座帝陵均为无字碑。因此，乾隆皇帝在《哀明陵三十韵》也感到这种无字碑现象“实不可解”。根据清人梁份所说，造成此种原因在于，明太祖朱元璋亲撰《皇陵碑记》后，翰林院学士们便也无人敢写皇帝碑文，只有继位者来写。如明太祖孝陵的碑文即由继位的朱棣所写，明成祖长陵碑文也是由继位的明仁宗朱高炽来撰写的。自明仁宗而下，陵前均没有一个相继即位的嗣皇帝，也没有遵照明太祖、明成祖、明仁宗之先例而为先帝写碑文。直至本年，献、景、裕、茂、泰、康六陵的碑亭和碑才补建而成。时礼部尚书严嵩曾请明世宗撰写六陵碑文。但是直到世宗驾崩，六陵之碑仍是无字碑。

［文献］ 《明世宗实录》卷二〇二，清梁份《帝陵图说》，武树善《陕西金石志》卷二九，程章灿《石刻刻工研究》，胡汉生《明十三陵研究》。

公元1538年 嘉靖十七年

［提示］ 江苏苏州《香山潘氏祠堂记》。

［叙录］ 是年，江苏苏州刻《香山潘氏祠堂记》。清人石韫玉《苏州金石志》载：此记为祝允明撰、文徵明书、章简甫刻。此碑后被埋没，据张志新载，此碑又称《香山潘氏新建祠堂记》碑，于1980年4月在江苏省吴县藏书公社社光大队下场潘家祠堂遗址发现，现藏于苏州寂鉴寺文物保管所。碑身高167厘米，宽81厘米，圆首。花岗石，碑座高57厘米，较碑稍宽，顶部为盝顶式。碑、座有榫卯相合。碑额上篆书“香山潘氏新建祠堂记”九字。碑文楷书共24行，计1034字，碑文主要记述潘氏祠堂建成情况。

［文献］ 清石韫玉《苏州金石志》卷二，张志新等《〈香山潘氏新建祠堂记〉碑》(《文物》1981年第12期)。

公元1539年 嘉靖十八年

［提示］ 四月，湖北显陵玄宫建成。是年，四川泸州造道像。

图 271 显陵武将局部 嘉靖十八年(1539) 湖北钟祥显陵

图 272 显陵勋臣 嘉靖十八年(1539) 湖北钟祥显陵

［叙录］　四月，湖北大峪山显陵玄宫建成。《明世宗实录》载：嘉靖十七年十二月十二日，于大峪山建造显陵。嘉靖十八年四月，大峪山显陵玄宫建成，世宗至天寿山阅视陵工，谒长陵，定章圣皇太后梓宫南祔湖北钟祥显陵(图270、图271、图272、图273)。

是年的四川泸州造道像，据《中国石窟雕塑全集》载，具体在四川泸州玉蟾山刻造道像。

［文献］　《明世宗实录》卷二一九、卷二二三，王朝闻等主编《中国石窟雕塑全集》(四川重庆卷)。

公元1540年　嘉靖十九年

［提示］　三月，浙江湖州《辞金记》、《两桥记》。是年，四川内江造像。

［叙录］　三月，浙江湖州刻《辞金记》、《两桥记》。《拓本汇编》著录《辞金记》，碑文由文徵明楷书，共20行、行34字，碑额篆书"辞金记"三字，为文徵明篆。文徵明小楷源自黄庭坚《乐毅论》，并得智永笔法，世人称之为"如风舞琼花、泉鸣竹涧"。据蔡一平撰文载，与此记同刻者还有《两桥记》，均系嘉靖进士、前长兴县知县杨上林撰文、文徵明书石，弘治进士、工部尚书刘麟立石。两方碑刻曾为黄龙洞吴维山庄所珍藏。至清咸丰初年，为书法爱好者温文铨所赏识，迁移至南浔寓所。光绪年间，又为南浔首富刘镛所得，移至私家花园小莲庄内。直至抗战时期，刘氏长孙承干再移至嘉业堂藏书楼，砌于墙内。两碑刻历经440余年之沧桑，至今保存完好，字迹清晰。同治《湖州府志》(金石略)只记石藏南浔温氏，文字未录。周庆云《南浔志》(碑刻)作：石旧藏东栅温文铨家，今在刘氏小莲庄。文字俱不录。唯有清鲍轸《禅勺》著录，可见流传不广。

是年，四川内江造像。《中国石窟雕塑全集》载：在四川内江交通乡晨光村圣水寺后山崖上造弥勒佛像。

［文献］　《拓本汇编》第55册，蔡一平等《明代碑刻珍品——〈辞金记〉与〈两桥记〉考略》(《湖州师专学报》1989年第2期)，王朝闻等主编《中国石窟雕塑全集》。

公元1541年　嘉靖二十年

［提示］　湖南刻《重修独醒亭记》碑。

［叙录］　是年，湖南刻《重修独醒亭记》碑。刘刚载：此碑在汨罗市屈子祠。碑高105厘米、宽75厘米。由福建松溪范爽篆额、广东南海陈时恩楷书碑文、戴嘉猷刻石。碑文从重修独醒亭阐述楚怀王之昏聩，以致客死于秦，襄王信任靳尚而谪屈原，以致秦拔楚郢都，而屈原投江以死明志，这一悲惨之历史教训，引起作者无穷的感慨。

［文献］　刘刚《湖湘碑刻》。

公元1542年　嘉靖二十一年

［提示］　山西王仪《石佛寺》二首。

［叙录］　是年，山西刻王仪《石佛寺》二首。此刻在清人胡文烨于顺治九年纂修的《云中郡志》中有著录。张焯按，《云中郡志》"王仪"名下有小字：守备，江南人。这五字不知何人何时所加，但约指观音堂所藏顺治八年佟养量碑末的信众之一：掌印守备王仪。《云中郡志》先录胡文烨《游石窟寺》诗，次为其同僚陈禹谟、刘宏誉的同题和韵诗，再后是石碣韵《石佛寺》，末为王仪诗"前题"(《雍正朔平府志》作《石佛寺》二首)。张焯认为，王仪是武官，能否赋出如此好诗不论，单就不与其他三位官长同题，即值得怀疑。《明史》还有一个王仪，字克敬，文安(河北文安或陕西延川)人，嘉靖二年进士。历仕南北，宦途坎坷。知苏州府，治有惠政。任山西右参政，分守冀宁。二十一年擢右佥都御史，巡抚宣府。二十三年失事，停俸贬秩。二十九年镇通州，答枷仇鸾所部大同军不法卒，被逮斥为民，死。隆庆初，子绒讼冤，平反。张焯推断这个王仪，应该才是该诗的作者。

［文献］ 清胡文烨纂修《云中郡志》卷一四，张焯《云冈石窟编年史》。

公元 1543 年 嘉靖二十二年

［提示］ 甘肃天水《秦州重建清真寺楼碑》。

［叙录］ 是年，甘肃天水刻《秦州重建清真寺楼碑》。此碑最早为吴钰所著录，收录了金勇对碑文汉字的注释和该清真寺马万智对阿拉伯文碑文的释译。唐晓军载，碑现藏天水市后街清真寺（西关清真寺），以阿拉伯文（背面）和汉文（正面）刻写，为甘肃境内最早的阿拉伯文碑刻。全碑以白色大理石雕成，通高 182 厘米、宽 65 厘米、厚 15 厘米。

［文献］ 吴钰《天水族史略》、唐晓军《甘肃古代石刻艺术》。

公元 1544 年 嘉靖二十三年

［提示］ 江苏连云港《孔望山诗碑》。

［叙录］ 据清人唐仲冕载：嘉靖二十三年王同至海州（连云港）任职，撰书《孔望山诗碑》。王同离任的时间，刘阳考证说，应在嘉靖三十年（1551）之前。根据王同遗留在海州的石刻，从落款时间看，最后的两处应是嘉靖己酉年（1549）在孙家山留下的："嘉靖己酉夏至，海州郡守王同，公出到此题名，备倭熊恩，胡思忠也。"和位于清风顶的"清风岩"题刻。在江苏连云港孔望山龙洞内外，镌有 24 则宋元明清游人题刻，此诗碑位于龙洞西 25 米处崖壁之上。其诗为六言：龙洞良宵日照，黄花满地秋香，此时此会文彦，一觞一咏情长。矗矗山岩曲抢，潺潺朐海东流。明朝分袂城市，琴尊回忆绸缪。

［文献］ 清唐仲冕《海州直隶州志》卷五，刘阳《正声书韵话王同——明嘉靖海州知州王同生平小考》（《连云港历史文化》2010 年第 6 期）。

公元 1545 年 嘉靖二十四年

［提示］ 江苏徐州《疏凿吕梁洪记》碑。

［叙录］ 是年，江苏徐州刻《疏凿吕梁洪记》碑。此碑为嘉靖二十四年（1545）所立，由当时吏部侍郎、国子监祭酒徐阶撰文，刑部侍郎、河道总督韩邦奇篆额，著名书法家文徵明书丹。此碑今尚存于吕梁乡北面凤冠山，碑文最早为李德楠披露。碑高 260 厘米、宽 102 厘米，碑文记载了疏浚吕梁洪漕运枢纽工程的情况。吕梁洪为古彭城著名三洪（秦梁洪、百步洪、吕梁洪）之一，是通往江淮的重要漕运港口。据《明神宗实录》载，徐州段运河是明代南北大运河"咽喉命脉所关，最为紧要"的一段，每年由此北上的漕船约 12 000 艘，运军 12 万人，运送漕米达 400 万石，另有白糙粳糯 18 万石（陈子龙等载）。其时，"凡江淮以南之贡赋及四夷方物上于京者，悉由于此，千艘万舸，昼夜无息"（张纪成编选），众多漕船及商民船汇聚于此，使大运河沿岸的徐州呈现出一片繁忙兴旺的景象。但正如李德楠所指出的那样：徐州段运河由于经常面临水量不足的问题，特别是在春季漕船北上之时，北方地区往往干旱少雨，满载漕粮的船只往往在此搁浅，延误北上。因此，为确保漕运畅通，明政府采取引黄河水、东诸泉、沁河水，疏浚河道，修建闸坝、堤防等应对措施。至万历中期黄河两岸全面筑堤以后，黄河主流被固定于徐州运道，乏水问题暂时得到了缓解。但是好景不长，此后水流愈加湍急险恶，河堤决徙频繁，不得不改道泇河，避黄行运。

［文献］ 《明神宗实录》卷一九一，明陈子龙等《皇明经世文编》卷一八九，张纪成等《京杭运河〈江苏〉史料选编》，李德楠《明代徐州段运河的乏水问题及应对措施》（《兰州学刊》2007 年第 8 期）。

公元 1546 年 嘉靖二十五年

［提示］ 江苏王同《哀孝妇》石刻。

图 273　显陵勋臣局部　嘉靖十八年(1539)　湖北钟祥显陵

［叙录］ 是年，江苏王同《哀孝妇》石刻。元代大杂剧家关汉卿创作戏剧《窦娥冤》，使东海孝妇这一民间故事流传更加广泛。刘阳载：嘉靖丙午年(1546年)，王同在完成疏浚蔷薇河、重建钟鼓楼等一系列工程后，于此年在孝妇祠内为含冤昭雪的汉代孝妇窦氏树碑立传，写下《重建英烈祠碑铭》。在今朝阳狮子山西坡的兴国寺院内，仍完整保存着一方由王同留下的石刻《哀孝妇》。

［文献］ 刘阳《正声书韵话王同——明嘉靖海州知州王同生平小考》(《连云港历史文化》，2010年第6期)。

公元1548年　嘉靖二十七年

［提示］ 山西凿成宝岩寺石窟。

［叙录］ 嘉靖元年至二十七年(1522—1548)，山西凿成宝岩寺石窟。据杨烈载，宝岩寺(金灯寺)石窟塑于太行山脉林虑山麓平顺县东南，与河南林县交界，距平顺40多公里，依山凿出两个石窟群。全寺有七个院，每个院内都有许多窟龛。每个窟都开凿出了像木建筑殿堂式的外形。窟内雕刻以第五窟外部69幅压地隐起的水陆图最有价值。根据明嘉靖二十七年《建西方四十八愿殿像记》碑文记载，开创时间始于明世宗嘉靖初年到二十七年。水陆道场浮雕每一方的人物情节各有不同，王子云认为，从雕刻技法来看，浮雕与线刻并用，人物身份多样，布局构图也有多种变化，只是雕刻手法较为简单，有些人物的形象也显得拙稚而缺乏细致的刻画。所有这些，都可能是明代雕刻的特点表现。实际是这里的水陆浮雕，也仅是当作记事性的雕刻形式，采取了简单而快速的方式来完成的。作为中国古代佛教石窟雕像艺术最晚的一处，艺术水平虽然不高，仍是值得珍视的石窟雕刻遗产之一。

［文献］ 王同顺《镇江古代石刻及焦山碑林书法研究》，杨烈《宝岩寺明代石窟》(《文物》1961年第12期)，王子云《中国雕塑艺术史》。

公元1550年　嘉靖二十九年

［提示］ 甘肃天水玉泉观《赵孟頫草书诗碑》。

［叙录］ 是年夏，甘肃天水玉泉观刻《赵孟頫草书诗碑》。唐晓军载：玉泉观现存历代碑石46方，石碣11方。其中元代碑石5方、石碣11方、明代碑石9方，清代碑石29方，民国碑石2方。其中诗碑两组，一为赵孟頫草书诗碑；一为全真道士、长春真人邱处机的徒裔梁志通诗碑。

《赵孟頫草书诗碑》共四通(其中一通已残缺)，镌刻于本年，高180厘米、宽78厘米。刻李白、韦应物和王安石等人的五言绝句四首。四碑为赵孟頫行草相兼，笔法圆润，潇洒隽美，气韵流贯，奔放有力，大气磅礴，刀功遒劲，为全国罕见之珍品。李白诗碑的左边镌有刘仑的小字跋语，跋语详细记载了刻碑的经过，可知诗碑镌成于是年：明嘉靖庚戌夏监察御史卢郡刘仑书。甘肃省图书馆藏有民国时期的拓本。

［文献］ 唐晓军《甘肃古代石刻艺术》。

公元1552年　嘉靖三十一年

［提示］ 冬，江苏镇江《杨继盛游焦山诗碑》。是年，山东《唐太师颜鲁公庙碑》。刻文徵明书《赠太子少保何公(诏)神道碑》。甘肃合水县《碧落霞天》摩崖石刻。

［叙录］ 是年冬，邵存礼刻《杨继盛游焦山诗碑》。据袁道俊、王同顺载：碑在江苏镇江焦山碑林仰止轩。诗刻内容为：杨子怀人度洋子，椒山无意合焦山。地灵人杰天然巧，瞬息神游万古间。为杨继盛游焦山时的即兴之作，诗碑一共三石，一石"椒山"横额，碑首刻有"忠贤遗墨"四个小篆字。二石是"杨子怀人渡洋子"七绝诗碑。三石为跋文：杨继盛书时嘉靖壬子冬约会唐荆川到此。

是年，山东刻《唐太师颜鲁公庙碑》。清人李图纂《陵县金石志》载：此碑末刻：嘉靖壬子岁季春月吉旦,整饬武定等处兵备山东按察司佥事前进士浮梁见斋曹天宪撰,巡按山东监察御史龙泉渔浦项廷吉立,济南知府新建蟠峰李迁、陵县知县榆林橐泉孙昆镌石。程章灿认为:李、孙二氏虽然标名“镌石”,也不是刻工,只是执行此事、负责安排刻石而已。

是年,刻文徵明书《赠太子少保何公(诏)神道碑》。周道振著录,此刻为名匠章简甫所刻。程章灿按:文徵明在83岁那一年,曾有书札致章简甫,谈到刻《赠太子少保何公(诏)神道碑》之事;今存文氏尺牍中,尚有“屡屡遣人”与“向期研匣”二帖。从这两通尺牍的口吻中可以看出,文徵明与章简甫关系颇为亲近。他不仅委托章简甫刻制研匣,也请其镌刻自书何氏墓表。从“不审简甫有暇否”等词句来看,章简甫的镌刻日程是相当繁忙的。

同年,甘肃合水县《碧落霞天》摩崖石刻。唐晓军载,合水县太白乡连家砭村老城自然村的河流南岸三丈多高的悬崖峭壁上存有摩崖石刻“碧落霞天”四个大字,刻于本年。字大二尺余,笔锋刚劲有力,凝重洒脱,颇有气势。右刻“壤靖壬子”,左刻“文冈陈棐”,下角刻“按察承差富平惠东皋督工”。陈棐为明嘉靖时进士,河南鄢陵人,曾任甘肃、宁夏巡执、都御史。《庆阳府志》和《合水县志》记载:石刻岩壁上有翠林掩蔽,下有清流映衬。凡霞光灿烂之时,碧水映红,层岚冉冉,天地交融,令游者心旷神怡,醉于其境,故陈棐有“碧落霞天”之说。

[文献] 清李图《陵县金石志》卷一,袁道俊《焦山石刻研究》,王同顺《镇江古代石刻及焦山碑林书法研究》,程章灿《石刻刻工研究》,周道振编著《文徵明书画简表》,唐晓军《甘肃古代石刻艺术》。

公元1554年 嘉靖三十三年

[提示] 八月,河南《汉文范先生宅里祠堂记》。

[叙录] 《鄢陵县志》载:嘉靖三十三年八月,河南刻《汉文范先生宅里祠堂记》,为李东熙(扶亭)所刻。汉文范先生即东汉人陈寔,在《后汉书》中有传。陈寔字仲弓,颍川郡许县人。陈寔出身贫寒,天资聪明,能“坐立诵读”,被县令推荐到太学深造。桓帝时,他受党锢之祸株连下狱。解禁后,谢绝高官厚禄。卒后,蔡邕为其撰写碑文。

[文献] 南朝宋范晔《后汉书》卷九二,苏宝谦纂《鄢陵县志》卷一六。

公元1555年 嘉靖三十四年

[提示] 甘肃岷县《文徵明行书诗碑》。

[叙录] 是年,甘肃岷县刻《文徵明行书诗碑》。此碑为迟凤翔所刻立。张维、杨思、慕寿祺等有载。现藏岷县文化馆,有碑刻二通。二碑同高182厘米,一碑宽81厘米、一碑宽98厘米。两面刻有《上巳》、《九日》共四首诗,行书。《九日》一首碑末有迟凤翔小字篆书跋:《上巳》、《九日》诗四首,长洲文徵仲书也。因岷州字学不传,命曹生伯封模而刻之公署,俾士人知取法焉。时嘉靖乙卯春正月望日,青州迟凤翔识。迟凤翔与文徵明为同代,山东临朐县人,进士出身。嘉靖三十三年(1554)由兵部员外郎迁任洮岷道副使,驻任岷州。嘉靖三十四年,以文徵明行书诗稿镌刻成碑,刻碑时,文徵明已85岁。唐晓军认为,在传世的文徵明书法作品中,如此大字尚不多见。《文徵明诗碑》刻成后立于道署衙门,清同治三年(1864)道署毁于兵燹,遂移于文庙。其后曾为某学校用作职工厕所遮墙。1965年由县文化馆收藏,后在破“四旧”时一碑被砸毁一角并被用作砧石。现存拓本中的一面毁坏严重,字迹模糊不清。兰州碑林收集到该诗碑的早期拓本,翻刻在兰州碑林。

[文献] 唐晓军《甘肃古代石刻艺术》。

公元1557年 嘉靖三十六年

[提示] 重庆大足宝顶山圆觉洞题字、北京运巨石重建皇宫三大殿。

［叙录］ 是年，重庆大足宝顶山圆觉洞题字。《大足石刻内容总录》载：此题字位于宝顶山第29号圆觉洞。其窟顶部为平顶，窟内平面成长方形。在洞门甬道内左（西北）壁上方，横刻有“报恩圆觉道场”六字，落款是“朝散大夫知昌州军州事借紫覃怀孝书”。在洞门甬道内右（东南）壁上方，横刻隶书“宝岩”二字，字径150厘米，署款仅存“朝散郎“三字。此碑两侧及下方，另有五块摩崖碑刻。其四为明嘉靖时大足县教谕陈重明所题诗碑：每爱灵山绝尘埃，便从悬洞俗怀开，周身似有天风绕，□月全无暑气来。嘉靖丁巳（1557）□□日我山陈重明。

同年，北京运巨石重建皇宫三大殿。三大殿最初称为奉天殿、华盖殿和谨身殿。于倬云载，三大殿于永乐十九年初（1421）启用，不久即遭雷击焚毁。正统五年（1440）重建三大殿，至嘉靖三十六年四月，奉天殿又遭雷击起火，三大殿再次焚毁。不仅木构件全部烧掉，连石质台基、栏汉白玉构件等均被烧成石灰。本年开始再次重建，五年始完工。胡汉生说：本年重建皇宫三大殿，从房山大石窝运送一块长三丈、宽一丈、厚五尺的中道阶石，就用了顺天等八府民夫2万人，28天方运至京，计用白银11万余两。

［文献］ 四川省社会科学院等编《大足石刻内容总录》，于倬云《故宫三大殿》（《故宫博物院院刊》1960年第2期），胡汉生《明十三陵研究》。

公元1558年 嘉靖三十七年

［提示］ 仲夏，湖南刻蜀人刘养仕《浯溪记》。六月九日，安徽休宁《御制齐云山玄天太素宫之碑》。是年，甘肃庆阳《云亭宴集》诗碑，建云冈堡于佛窟附近，重庆合川涞滩造像。

［叙录］ 是年仲夏，湖南刻刘养仕《浯溪记》。刘刚载：此刻位于浯溪爱峿台北崖区，内容有：涪溪居祁上流。去城数里许，望之苍然耸拔而秀矗者，浯溪也（略）。时嘉靖戊午仲夏上浣，中顺大夫湖广永州府知府、前户部福建清吏司郎中、川西蜀山刘养仕书。刘养仕，据《永州府志》（历代官属姓氏表）载：嘉靖知府刘养仕，内江人，三十六年（1557）在任。

六月九日，安徽休宁刻《御制齐云山玄天太素宫之碑》。《齐云山志》载，安徽休宁县城西15公里处齐云山，素有“江南第一名山”之称。在齐云岩下始建于宋代宝庆二年（1226）的玄天太素宫第一进殿内，立有明代嘉靖皇帝因在此求嗣得子，为感谢玄帝而御制之《御制齐云山玄天太素宫之碑》。碑高300厘米、宽120厘米、厚20厘米，以黟西青石琢成，碑额雕双龙戏珠，边刻云龙翔凤瑞草花纹，下置龟趺。碑文楷书，字体洒逸。此碑后毁于“文革”中（1967年）。

是年，甘肃庆阳刻《云亭宴集》诗碑。唐晓军载：碑原存于庆阳考院，1954年移置鹅池，1985年藏入庆阳县博物馆。本年，分守河西道、陕西布政司左参议、南都陈凤摹仿黄庭坚手迹刻成。碑高225厘米、宽77厘米、厚21厘米。两面刻，各5行，每行14字，行书五言绝句，其中的一面残损严重。庆阳县博物馆存有早期拓片，比较完整。

同年，山西建云冈堡于佛窟附近。雍正《朔平府志》（武备）载：云冈堡建于前明嘉靖三十七年，万历甲戌改建于冈上，周一里四分零，高连女墙三丈五尺。地近腹里，无分管边墙，止设火路墩八座，今裁并。光绪《左云县志》亦载：云冈堡东至大同，西至高山，各三十里；南北俱村。接火墩八座。新旧二堡：旧设崖下，嘉靖之戊午也。因北面受敌，议移冈上，万历之甲戌也。旧者仍留，以便行旅；新者尚土筑，女墙系包砖，共高三丈五尺，周围一里五分。下有寒泉，皆佛窟，亦灵境也。石佛，考佛坐像，体高五丈一尺五寸。

关于本年之重庆合川涞滩造像。《中国石窟雕塑全集》：徐氏及子何恺、何悌等，在重庆合川涞滩南岩，出资命匠金装乐师佛并罗汉圣僧像。

［文献］ 清刘铭传《朔平府志》卷八，清李翼圣《光绪左云县志》卷三，刘刚《湖湘碑刻》，安徽齐云山志编纂委员会编纂《齐云山志》，唐晓军《甘肃古代石

刻艺术》，王朝闻等主编《中国石窟雕塑全集》(四川重庆卷)。

公元1559年 嘉靖三十八年

[提示] 十月，甘肃麦积山石窟《甄敬诗碑》。是年，碑刻书家文徵明卒。

[叙录] 十月，甘肃麦积山石窟刻《甄敬诗碑》。唐晓军载，此碑现存麦积山瑞应寺寺院大殿前廊。碑螭首方座，楷书13行，高386厘米、宽108厘米、厚27厘米。刻五言《登麦积岩三首》、《麦积山遇雪》一首。嘉靖己未十月三晋龙庄山人甄敬题。

是年，碑刻书家文徵明卒。文徵明在《明史》中有传，初名璧，更字徵仲，号衡山。长洲(今江苏苏州)人，官至翰林待诏。明何良俊在《四友斋丛说》中称：自赵集贤后，集书家之大成者衡山也。传世碑刻有《辞金记》、《两桥记》等。其于寒山寺，曾书张继《枫桥夜泊》诗碑。《寒山寺志》载：文徵明书张继残石，无年月，四行，行字不等。大草书，张继诗第二石也。今泐存不及十字。《枫桥夜泊》诗碑仍嵌于寒山寺普明塔院碑廊内，碑上尚有“落”、“啼”、“姑　牛苏”、“徵明”等字依稀可辨。

[文献] 清张廷玉《明史》卷二八七，清叶昌炽《寒山寺志》，唐晓军《甘肃古代石刻艺术》。

公元1560年 嘉靖三十九年

[提示] 孟冬，甘肃麦积山石窟《冯惟讷诗碑》。是年，刻成《停云馆帖》。

[叙录] 是年孟冬，甘肃麦积山石窟刻《冯惟讷诗碑》。唐晓军载：本年冯惟讷游麦积山，刻五言律诗四首。诗碑刊于石窟东崖门崖石上，草书18行、行12字。碑呈长方形，长87厘米、高59厘米。冯惟讷字汝言，山东临朐人，明嘉靖戊戌进士，曾任陕西布政使，擅长诗文，著有《光禄集》10卷。

是年，刻成《停云馆帖》。此帖由名手章简甫、温恕、吴鼒同刻，始于嘉靖十六年(1537)。据明人赵宧光和清人倪涛的记载，此帖为文徵明选集，子文彭、文嘉摹勒。嘉靖十六年刻第一卷，逐次加刻，至本年始刻成。初为木刻，后改为石刻，故宫博物院有石刻原本传世。其中卷一为晋唐小楷；卷二为唐摹晋帖；卷三为孙过庭《书谱》；卷四为唐名人书；卷五、六、七为宋名人书；卷八、九为元名人书；卷十、十一为明名人书；卷十二为文徵明书。《停云馆帖》选择严谨，多以墨迹上石。镌刻者又是铁笔名手，堪与《真赏斋帖》相比肩。

[文献] 明赵宧光《寒山金石林》附载《寒山帚谈》(拾遗)，清倪涛《六艺之一录》卷一六六，唐晓军《甘肃古代石刻艺术》。

公元1561年 嘉靖四十年

[提示] 江苏镇江《赵孟頫书画〈赤壁赋〉及东坡小像刻石》。

[叙录] 是年，江苏镇江刻《赵孟頫书画〈赤壁赋〉及东坡小像刻石》。王同顺载，在江苏镇江焦山碑林中，藏有本年所刻的《赵孟頫书画〈赤壁赋〉及坡小像刻石》，共二石：一石高29厘米、宽71厘米；另一石高33厘米、宽88厘米。石上镌刻元代书画大家赵孟頫用小楷书写的苏轼的《赤壁赋》全文和赵孟頫所画的苏东坡小像。

[文献] 王同顺《镇江古代石刻及焦山碑林书法研究》。

公元1562年 嘉靖四十一年

[提示] 八月下吉，山西《重修九天圣母祠记》。

[叙录] 冯俊杰载：嘉靖四十一年八月下吉，山西刻《重修九天圣母祠记》，为原太(三池南里南舍村石匠)所刻，碑在山西平顺县东河村九天圣母庙。程章灿按：此碑于本年撰文书丹，文中有补刻“天启六

年大赛社首"一行，碑首又插有"买钉车一辆"等内容，立碑之时更迟至崇祯五年(1632)，离碑文之撰书已70年。此碑刻成时间有两种可能：其一，刻于嘉靖四十一年，而碑文中补刻"天启"字样及崇祯时立碑之跋语，皆后来刻工之所为；其二，刻成于崇祯五年，补刻及跋语并出原太之手。补刻诸行位置或厕身于碑首，或不按年代先后，不合常规，似是后人所为，今暂置于嘉靖四十一年。

［文献］ 冯俊杰《山西戏曲碑刻辑考》，程章灿《石刻刻工研究》。

公元1564年　嘉靖四十三年

［提示］ 七月，山西《重修云冈堡记》。是年，甘肃麦积山石窟《甘茹诗碑》、《胡安诗碑》。地图学者罗洪先卒，曾题书《游白鹿洞歌》诗碑。

［叙录］ 七月，山西刻《重修云冈堡记》。日人水野清一等著录此记，位于第七洞前室。据张焯讲，此碑今藏云冈石窟文物研究所，为"云冈"得名的最早记载。嘉靖三十七年夏秋，重修石佛寺堡，同时改名云冈堡；既称"云冈堡"，说明石佛寺此前必定已有"云冈"之称。另，第七窟外，现有《新作云冈石佛刹记》青石碑头，亦见《云冈金石录》中，不知造于何时，也不知何年何代曾建塔、打刹。

是年，甘肃麦积山石窟刻《甘茹诗碑》、《胡安诗碑》。唐晓军载：甘茹碑位于石窟东崖门口崖壁上。碑呈长方形，四周刻双边栏和卷草纹，草书28行、行15字。刻作者和胡安游历麦积山的唱和诗五律六首、《小有洞》一首(该诗前有序文一篇)。甘茹字征甫，号泰溪，四川富顺人，明嘉靖进士，除御史，迁山东按察副使。能诗文、善书法。胡安碑刊于石窟东门口崖壁，碑呈横长方形，四周双边栏刻云纹。碑文行草20行，首行刻诗题。满行16字，字迹刻画较浅。碑文刻与甘茹唱和诗五律六首。胡安字仁夫，余姚人，嘉靖甲辰进士，累官苑马寺卿，有《趋庭集》。

是年，地图学者罗洪先卒。罗洪先在《明史》中有传，字达夫，号念庵，江西吉水人。一生考图观史，以计里画方法，创立地图符号图例，绘成《广舆图》。堪称与荷兰墨卡托(G. Mercator)同时代的东方最杰出的地图学家。在江西白鹿洞书院历代碑刻中，藏有罗洪先游访白鹿洞时所题书的《游白鹿洞歌》诗碑。

［文献］ 清张廷玉《明史》卷二八三，［日］水野清一等《云冈金石录》(明清以来金石文)，张焯《云冈石窟编年史》，唐晓军《甘肃古代石刻艺术》。

公元1565年　嘉靖四十四年

［提示］ 河南少林寺《混元三教九流图》。

［叙录］ 是年，河南少林寺刻《混元三教九流图》。温玉成载：少林寺中刻于本年的石刻《混元三教九流图》，乃"酒仙狂客"、"三教九流中人"所作，此人即是郑恭王世子朱载堉。据《明史》(仁宗诸子)载：他因父亲无罪下狱不满，独居王宫外土屋中19年，钻研数学、乐律、书法。著有《乐律全书》、《律吕精义》，首创十二平均律。其父死后，载堉不承王位，成为一代高士。他与小山宗书友善，并为之写碑文。朱载堉主张"三教一体，九流一源。百家一理，万法一门"。温玉成认为，这是对理学和正统儒学的挑战。戴念祖称，朱载堉是明代杰出的科学与艺术巨星。

［文献］ 清张廷玉《明史》卷一一九，温玉成《中国佛教与考古》，戴念祖《朱载堉——明代的科学和艺术巨星》。

公元1566年　嘉靖四十五年

［提示］ 孟秋朔旦，山东《舞雩坛碑》。嘉靖年间，重庆万州《诗谜碑》、重庆大足《林俊像》。四川金堂造像、昆明西山龙门开凿道教石窟。

［叙录］ 是年孟秋朔旦，东平州判官、莆田陈文

信立石《舞雩坛碑》。骆承烈载：此碑现位于孔庙奎文阁前东碑亭内，西起第二石。碑高约200厘米、宽40厘米、厚15厘米。正书。正文一行二字。此碑原在曲阜城南一公里之舞雩坛(后世称舞雩台)上，坛上原有另一碑，上书大字“圣贤乐趣”。碑阴为：孔子游舞雩，樊迟从而问学，夫子喜之，□□学贤乐趣固在山水之间也，今□□坛尔有崇德、修慝、辨惑，想□是乎。

嘉靖年间(1522—1566)，重庆万州刻《诗谜碑》。据金其祯载，此碑在重庆万州城区太白公园太白岩。太白岩为释道胜地，其地刻自晋至清石刻上千块，《诗谜碑》即其中之一。碑高200厘米、宽100厘米，碑上刻八字谜面：竹、岩、亭、开、夜、事、有、来。其中“竹”字极小，“岩”字反写横卧，“亭”(繁体)字上半字中间二横空缺，“开”(繁体)字只有半边，“夜”字特别长，“事”字无上面一横，“有”字偏斜，“来”(繁)字少个人。此碑在历代所修《万县志》中均有记载，刻于嘉靖年间，后湮没。1987年，又于太白岩平安洞附近掘出。其时碑已裂成二块，拼在一起仅剩“岩”、“开”、“有”三个完整字和“事”、“来”二字的一部分残笔。在民国《万县志》中，关于《诗谜碑》记载说：竹岩亭题记：不审何在。据旧本录入，八字横两列，正书，无题者姓名，文曰：竹岩亭开，夜事有来。据说，此碑谜底为一首五言绝句：小竹栽横岩，空亭门半开，夜长无一事，偏有一人来。

重庆大足《林俊像》。《大足石刻内容总录》载：此像位于北山佛湾第288号龛。其窟顶部为平顶，窟内水平面成半圆形。窟高234厘米、宽206厘米、深155厘米。主像为明正德四年(1509年)始住蜀总制林俊，位于窟正壁中部，面西端坐。林俊面瘦长须，头戴乌纱，身着圆领朝服，足蹬高靴，双手于胸前捧笏。窟右壁上有题记二则，均为楷书竖刻。其一为：戊午春初，李季升、李德举来，岩像一新，知主僧之用心也。其二为北宋大观元年丁亥(1107)时所造千手千眼观音菩萨记事碑，现碑已残破。窟外门楣上方横刻“大明蜀总制林公之像”九字。本号原为千手观音洞，初建于北宋大观元年，明嘉靖时毁洞内观音像，改建为林俊生祠。窟内除林俊及新开二龛内之二坐像外，菩萨、乐器等均为原窟旧刻。

《中国石窟雕塑全集》载：嘉靖年间，四川金堂造像，具体在四川金堂县城厢镇明教寺石刻老君、玄武像。同一时期，在云南昆明西山龙门开凿道教石窟。

［文献］ 骆承烈《石头上的家文献——曲阜碑文录》，金其祯《中国碑文化》，四川省社会科学院等编《大足石刻内容总录》，王朝闻等主编《中国石窟雕塑全集》(四川重庆卷、云南贵州广西西藏卷)。

公元1567年　隆庆元年

［提示］ 三月，世宗朱厚熜入葬永陵。四月望月，甘肃李筵《隆庆元年四月望日登麦积岩小憩二绝》诗碑。

［叙录］ 三月，世宗朱厚熜入葬永陵。世宗朱厚熜卒后，其第三子朱载垕继位，是为明穆宗，明朝第12帝，次年改元隆庆。明永陵位于阳翠岭南麓，为世宗朱厚熜及陈氏、方氏、杜氏三位皇后合葬陵寝。《明穆宗实录》载：明世宗朱厚熜于嘉靖四十五年(1566)十二月十四日逝于乾清宫，次年三月十七日葬永陵。胡汉生载永陵神道，从长陵神道七空桥北向东北分出，长约1 500米。途中建单孔石桥一座，近陵处建有神功圣德碑亭，亭前建并列单孔石桥三座。

四月望日，甘肃刻李筵《隆庆元年四月望日登麦积岩小憩二绝》诗碑。唐晓军载，此碑现存麦积山石窟东部外崖壁。长方形碑，高52厘米、宽84厘米，四周线刻双边栏，内刻卷草、云纹。楷书七言绝句二首。共9行、行10字，郿郡西墅李筵题。

［文献］《明穆宗实录》卷六，胡汉生《明十三陵研究》，唐晓军《甘肃古代石刻艺术》。

公元1568年　隆庆二年

［提示］ 河南少林寺《匾囤和尚碑》。

［叙录］　是年，河南少林寺刻《匾囤和尚碑》。匾囤和尚为少林寺明代高僧，塔在少林寺塔林。其事迹在明万历傅梅《嵩书》、清乾隆焦茹衡《少林寺志》等书中皆有载。温玉成等认为，从碑中所记可知：匾囤和尚无空二十岁时入少林寺，礼梵僧喇嘛为师，师授以《心经》。

［文献］　温玉成《中国佛教与考古》，杨焕成《世界文化遗产少林寺塔林研究》（《黄河科技大学学报》2013 年第 1 期）

公元 1569 年　隆庆三年

［提示］　十二月，俞大猷重建泉州濠溪桥碑。

［叙录］　俞大猷在《明史》中有传，明代抗倭名将。泉州市北郊河市乡的河市桥（濠溪桥），由僧宗爽创建于北宋大观年间，俞大猷于本年重建，原为木桥。现桥头仍竖有俞大猷重建时所立石碑，记述重修此桥的缘由和经过：予年九岁时，先大人携往叔祖家，经涉此水。予问桥何以圮？先大人曰：遭樵夫火焚而圮。予曰：俟我长大来，当再造之，俾人不病涉。曰：小子志之，他日宜实是言。予应唯唯。今思先大人之命凡六十年，犹俨然在耳，乃捐俸资令堂弟良猷督造。阅月竣工，庶先大夫地下之心慰也。隆庆三年己巳冬十二月，大都督俞大猷谨识。

［文献］　清张廷玉《明史》卷二一二，蒋夏雨主编《俞大猷研究》。

公元 1570 年　隆庆四年

［提示］　海瑞作《题宪副洞阳顾夫子祠堂诗》、重庆合川刻《将北上登钓鱼城》、重庆大足《善功记》碑。

［叙录］　是年，海瑞作《题宪副洞阳顾夫子祠堂诗》。金其祯载：在江苏无锡市博物馆中，藏有一块海瑞所写之《题宪副洞阳顾夫子祠堂诗》碑，诗系海瑞为悼念以“骨鲠臣”而著称的顾可久而作。本年，海瑞来无锡参加顾可久祠堂落成典礼时写下此诗，后由顾可久八世孙、甘肃凉庄道署理四川按使顾成光重新书镌刻。诗云：两朝崇祀庙谟新，抗疏名传骨鲠臣。志矢回天曾叩马，功同浴日再批鳞。三生不改冰霜操，万死仍留社稷身。世德尚余清白在，承家还见有麒麟。

是年，重庆合川刻《将北上登钓鱼城》。高文载：此摩崖题字在合川县钓鱼城千佛岩附近。题字高 137 厘米、宽 92 厘米。行草书，每字大 15—20 厘米，直行。笔姿宕逸，使转有致。内容为：四十无闻尚远游，天门从此二杰秋。风霜独重黄华笑，今古谁轻白发愁。山属大明蠲宋愤，水仍巴字叹川流。登逢已拟归来赋，青管何能为国谋！隆庆庚午郡人李尚德书。

是年，重庆大足刻《善功记》碑。《大足石刻内容总录》：此碑位于宝顶山大佛湾第七号毗卢庵。为摩崖造像，顶部为平顶，顶高 820 厘米、像宽 270 厘米。刻像正面向北，全图可分为三层，下层为邛州（邛崃县）魏了翁所书的“毗卢庵”三字碑，高 72 厘米、宽 210 厘米，篆书横刻。左侧为“隆庆四年秋本寺住持悟朝”所立的《善功记》碑，高 82 厘米、宽 68 厘米。

［文献］　金其祯《中国碑文化》，高文等《四川历代碑刻》，四川省社会科学院等编《大足石刻内容总录》。

公元 1572 年　隆庆六年

［提示］　九月十六日，明穆宗朱载垕入葬昭陵。是年，陕西耀县《千金宝要碑》、《海上仙方碑》。隆庆年间，河南《汉高祖斩蛇处碑》。

［叙录］　九月十六日，明穆宗朱载垕入葬昭陵。明昭陵位于大峪山东麓，为明朝第 12 位皇帝穆宗朱载垕及其三位皇后合葬陵寝，也是目前十三陵中第一座大规模复原修葺的陵园。《明神宗实录》载：明穆宗朱载垕，隆庆六年五月二十六日于乾清宫病故，

享年36岁，九月十九日葬昭陵。胡汉生载，昭陵神道从长陵神道七空桥北向西分出，长约2 000米。途中建五孔、单孔石桥各一座，近陵处建神功圣德碑亭，亭后建并列单孔石桥三座。

是年，陕西耀县药王山刻《千金宝要碑》、《海上仙方碑》。据石璋如等载，《千金宝要碑》共四块大石，每石均两面刻字，所刻内容为孙思邈所著“千金方”摘录，共分六卷。《海上仙方碑》为一块大石碑，两面刻字。其内容分三部分，均为孙思邈所著医书：第一部分为《枕上记》，第二部分为《养生铭》，第三部分是各种病症单方。上述两碑五石共镌刻药方数万余字，成为世所罕见的大规模药方石刻。

隆庆年间（1567—1572）河南刻《汉高祖斩蛇处碑》。汉高祖斩蛇之事，见载于《史记》（高祖本纪）中。据金其祯、陈晔等载，在河南永城县芒砀山镇鲁庄西两百米处，尚存有《汉高祖斩蛇处碑》。原碑年久残泐，1977年曾将残碑修复，后移置芒山文化分馆内，1984年又按原碑复制石碑一块立于原处，并建六角六楼碑亭一座，碑座长200厘米、宽160厘米，碑身高240厘米、宽120厘米，碑上篆刻“汉高祖斩蛇之处”，碑阴为阴刻小楷，碑文约500字。

［文献］《史记》卷八，《明神宗实录》卷五，胡汉生《明十三陵研究》，石璋如《陕西耀县的碑林与石窟》，金其祯《中国碑文化》，陈晔《“刘邦斩蛇”与“斩蛇剑”的文化史考察》（《福建师范大学学报》哲社版2012年第5期）。

公元1573年　万历元年

［提示］ 北京《篆书三十二体金刚经刻石》。

［叙录］ 万历初年，北京刻《篆书三十二体金刚经刻石》。此刻刊于北京海淀区八里庄摩诃庵后殿东院汉白玉壁上。所刻32体篆书，系宋僧道肯自五代高僧梦英所集篆书籀18体扩展而来，全经32章，每章作一体。其原本宋后久失，明万历初年被黄梅人氏汪中丞访得，重新摹刻于枣木板上。后汪中丞被起用进京，翰林陈万言求取到木刻版，令人摹勒于60块白玉石上，并请文贞公跋尾。据杨之峰考证，其刻书者李福善，即明英宗时极有权势的太监李童。

［文献］ 杨之峰《明正统刻本〈篆书金刚经〉研究》（《图书馆工作与研究》2011年第8期）。

公元1574年　万历二年

［提示］ 河南等地《五岳真形图碑》。

［叙录］ 是年，河南等地刻《五岳真形图碑》。此碑最早出现于西汉武帝时，据载，汉武帝从名臣兼方士东方朔手中获得此图。在《海内十洲记》（托名东方朔撰）及《汉武帝内传》（《太平广记》引）等典籍中有记载。其后道教徒奉此图为至宝，成为道士入山护身符，佩此图入五岳不迷路，且得安吉。今在嵩山、西安碑林、西岳华山、东岳岱庙、开封等地均有历代翻刻之《五岳真形图碑》。嵩山此图碑，存中岳庙内峻极门东侧，共两块：一刻于本年，一刻于万历三十二年（1604）。存于西安碑林之《五岳真形图》碑，圆顶方座，其图形与嵩山之碑相同，为康熙二十一年（1682）邓霖翻刻。1998年初，在西岳华山城南村发现一呈长方体之《五岳真形图》残石，两侧刻有白虎、朱雀图形，一面还凿有石卯，形式不同于西安碑林。

关于《五岳真形图》碑所刻图形含义，较为普遍的说法是，其所刻图形为显示五岳形状特征者：东岳“泰山如坐”；西岳“华山如立”；北岳“恒山如行”；南岳“衡山如飞”；中岳“嵩山如卧”。也有认为《五岳真形图》由五行演化而来，代表五方及五种物化：西岳图表“金”；东岳图表“木”；北岳图表“水”；南岳图表“火”；中岳图表“土”。此外还有五行、四象加土神等诸多说法。20世纪初叶，日本学者小川琢治将《五岳真形图》中东岳泰山图形与现代测绘的泰山图形对照研究发现：《五岳真图》上所刻泰山图形，是一幅中国古人用一种特殊方法标画的泰山地形图。这一说法，得到李约瑟的肯定：小川琢治曾注意到一幅很值得注意的泰山图，这幅图见于《五岳真形图》（作者姓名不详，现存有17世纪的版本）。从图中可以看出，这幅图中所用勾画山形的方法完全不逊于近代所用的方法。

自然科学史研究者曹婉如和郑锡煌亦对《五岳真形图》进行过系统的研究，并提出：现存的古本五岳真形图，就其表现形式和内容来看，可以称之为具体山岳的平面示意图。“圆山”是山区的一种行路方法。古代道士凭借这样的实地圆山经验，在绘制五岳进山地图时，就将同一高度的山峰位置用相同的墨迹标明，便于道士在山中绕山行走。《五岳真形图》之所以能在人类地图学史上占有一席之地，也是因为其蕴涵有先进的地图绘制科学思想。

［文献］ 汉东方朔《海内十洲记》，宋李昉等《太平广记》卷三，［日］小川琢治《近世西洋交通以前の支那地图に就て》（《地学杂志》第22年0258号），［英］李约瑟《中国科学技术发展史》，曹婉如等《试论道教的五岳真形图》（《自然科学史研究》1987年第1期），金其祯《中国碑文化》，耿直《五岳真形图碑》（《中国道教》1994年第4期）。

公元1575年　万历三年

［提示］ 正月上旬，湖南《大明中兴颂有序》。是年，湖南《桃源佳致》碑。

［叙录］ 正月上旬，湖南刻《大明中兴颂有序》。刘刚载，此刻位于浯溪峿台北崖区。内容中有：若稽古帝王之兴，皆不繇楚，我世宗肃皇帝始以兴国，入继大统。祁阳县知县许公望、典史张应文刻石。丁懋儒为聊城人，进士，万历永州知府。又：在峿台北崖区还刻有丁懋儒（三观主人）《与邓郡伯来溪李太尹诚斋游浯溪》。同年所刻《桃源佳致》碑，现藏常德桃花源廊。碑原为唐人刘禹锡所题，原碑字迹已被时光剥蚀无存。现碑为本年湖广巡抚赵贤补，隶书三行，正文“桃源佳致”，字径47厘米，上款为“唐刘禹锡题，明赵贤书”，下为“光绪二十年余良栋重修”。碑高240厘米、宽115厘米、厚26厘米。

［文献］ 刘刚《湖湘碑刻》。

公元1578年　万历六年

［提示］ 十二月八日，河南嵩山少林寺《无穷禅师碑》。

［叙录］ 十二月八日，河南嵩山少林寺刻《无穷禅师碑》。温玉成考证说：周义号无穷，人称无穷禅师，卒于本年。师为郾师县安家滩人，俗姓张，出家于少林寺初祖庵（1515）。十余年后隐居于南召县马鞍山丹霞寺，跪诵《观音》、《圆觉》二经。又行头陀法，一衲自娱，略无所蓄。忽有一日，自彻自悟，乃云：吃的实，用的实，万物皆是实。27岁（1525）后，居无恒处，言行叵测。曾远游至云南，在大理洱海东北鸡足山创立放光寺。旅行家徐霞客在崇祯十一年至十二年间游历云南丽江时，应木土府之请撰修《鸡足山志》，印证了此段历史。在此书《诸寺原始》中记述放光寺：放光寺，嘉靖间古德无穷禅师（河南人）创建。护法檀越李中溪（元阳）先生。无穷后嗣有归空禅师，建藏经阁。阁成而神宗赐藏。无穷禅师小传及肖像刊于一块石碑，今存少林寺西塔院内。《无穷禅师碑》高110厘米、宽53厘米，圆首方碑。分三部分，上部有界格，无穷禅师小像赞，隶书。中部，禅师小传，行书。下部大圆圈内阴刻无穷禅师胸像。

［文献］ 温玉成《中国佛教与考古》。

公元1579年　万历七年

［提示］ 正月，张居正反对聚众讲学，毁天下书院。是年，甘肃刻郑国仕撰书《题祁山武侯祠》诗碑。

［叙录］ 正月，张居正反对聚众讲学，毁天下书院。据清人夏燮、龙文彬载：是时张居正请废书院，全国凡毁64处。其时，士大夫竞讲学，张恶之，尽改天下书院为公廨衙门。张居正撰有《请申旧章饬学政以振兴人才疏》：圣贤以经术善训，国家以经术作人，若能体认经书，便是讲明学问。教官生儒务将平

时所习经书义理着实讲求，躬行实践，以需他日之用，不许别创书院，群聚徒党及号召他方游食无行之徒，空谈废业，因而启奔竞之门，开请托之路。通常书院中多有历代碑刻，此次毁书院行动，必有相当数量的石刻被毁坏。

是年，甘肃刻郑国仕撰书《题祁山武侯祠》诗碑。此碑存于诸葛亮六出祁山所在地甘肃陇南山区礼县祁山武侯祠，由浙江道监察御史天雄（天水秦安县北）人郑国仕撰书。碑高135厘米、宽60厘米、厚21厘米，灰褐色花岗岩石质。半圆碑首阴刻双凤对舞云纹，碑周围刻香草连续图纹，无题额文字。碑文正楷，碑文共计238字。立碑者为礼县知县李瑁。碑原立于祁山武侯祠碑廊，清同治三年（1863）祠焚于兵火。光绪初年重建祠庙时，此碑镶嵌在阁楼式山门内墙上。1997年祁山武侯祠重建山门（此次改建为牌坊门），诗碑移于山门外古柏之下。郑国仕史书无传，北京图书馆所藏康熙二十六年（1687）手抄本《西和县志》载有赐进士第、中顺大夫、知巩昌府、前翰林院庶吉士、浙江道监察御史郑国仕撰《武侯碑记》、《吊陈公忠节》诗二首、《吊贾推节》诗一首。

［文献］ 明张居正《张文忠公全集》卷四，清夏燮《明通鉴》卷六七，清龙文彬《明会要》卷二二六，西和县志办公室校点《西和县志》（康熙、乾隆、民国三志合一）。

公元1581年　万历九年

［提示］ 四川仪陇《禁止童婚碑》。

［叙录］ 是年，四川仪陇刻《禁止童婚碑》。高文载：此碑在四川仪陇县双盘乡高石坎村大碗湾大路旁。碑高120厘米、宽58厘米。三行，正楷。内容为：□□军民人等知悉：今后男婚应在一十五六岁以上，方许迎娶，违者父母重责枷号，地方不呈官者，一同枷责，万历九年十一月十日分巡道刻石。

此外，在四川剑阁县龙源镇一心村和汉阳镇七里村、由剑阁通往长安和保宁府的“张飞柏”古驿道两旁，遗存有两块明万历十年（1582）镌刻的《禁止早婚告示》摩崖石刻。两碑均刻于道旁巨石上，高200厘米、宽90厘米，碑文内容相同，字迹亦相似，正楷阴刻。据白彬载：他于1988年10月参观四川省文物普查成果展览，得见在南充地区广安县大良乡和黔江地区彭水县善感乡两地发现的两通明代万历九年禁止早婚石刻。

［文献］ 高文等《四川历代碑刻》，白彬《四川明代万历年间禁止早婚碑初探》（《四川大学学报》哲社版1990年第4期）。

公元1582年　万历十年

［提示］ 甘肃舟曲县《丈地均粮碑记》。

［叙录］ 是年，甘肃舟曲县刻《丈地均粮碑记》。李振翼载：舟曲县文化馆藏有本年所刻《丈地均粮碑记》，上面记述巩昌府阶州监牧西固同知欧阳策在西固境内实施丈量土地、核定纳粮数额的重大措施，对研究明代后期的土地制度和田亩赋税变化有非常重要的参考价值。唐晓军说，其碑高170厘米、宽76厘米、厚17厘米，系青白色大理石质，碑额呈拱形，下有榫头，碑座已失。碑身正面周边饰阴线波浪状卷叶忍冬纹，碑额中部篆刻“丈地均粮碑记”两行，两边各饰阴线龙纹。碑文瘦楷体，20行，每行约36字。碑阴额刻有“碑阴之记”两行四个篆书大字，碑文29行，每行约48字，书体同前。

［文献］ 李振翼《〈丈地均粮碑记〉与“一条鞭法”在甘南藏区的推行》（《天水师范学院学报》2002年第4期），唐晓军《甘肃古代石刻艺术》。

公元1583年　万历十一年

［提示］ 中秋，江苏《朱贞吉等题名》。

［叙录］ 是年中秋，江苏刻《朱贞吉等题名》。此刻内容为：万历癸未中秋，南州朱贞吉与贡州李伯

茂、叔茂、新安吴康虞、云从闵寿卿赤脚来游；山僧明逸从海虞陆华甫、老衲明阳，扶筇后至。王同顺载：雷轰石崖体凹凸不平，字依势而书，分两处镌刻。此刻书法循石而书，章法疏展，用笔轻松流畅而不逾规矩，体现了晚明浪漫主义的书法风格。

［文献］　王同顺《镇江古代石刻及焦山碑林书法研究》。

公元1584年　万历十二年

［提示］　万历十一年至十二年间，江苏唐栖刻《准提菩萨像》。

［叙录］　清人王同载：万历十一年至十二年间(1583—1584年)，江苏唐栖刻《准提菩萨像》，刻工为张甫。准提菩萨的记载见于《准提陀罗尼经》、《佛说七俱胝佛母准提大明陀罗尼经》等经典中。汉译有准胝观音、准提佛母、七俱胝佛母等名称。准提菩萨为显密大菩萨，汉地禅宗称之为天人丈夫观音。其图像则有二臂、四臂至八十四臂等多种，以十八臂三目者为常见。

［文献］　清王同《唐栖碑碣附志》。

公元1586年　万历十四年

［提示］　山西云冈下堡夹墙东门上所嵌碑题。

［叙录］　是年，山西云冈下堡夹墙东门上所嵌碑题。此题共有两处，据日人水野清一著录，一在镇城东门，一在西门。张焯载：此为云冈下堡夹墙东门上所嵌碑题。白志谦《大同云冈石窟寺记》：云冈堡门以西，尚有大小石窟数个。堡门前后门顶上，嵌“迎熏”、“怀远”二额，为万历十四年所立。张焯按：“迎光”，恐为“迎熏”。今第七窟前室东侧放有长方形砂岩石碑，横右书大字“□远”，左上角竖书小字“钦历饬大同左”字样。据原云冈石窟文物保管所所长员海瑞回忆，系云冈下堡夹墙西门上题字，20世纪50年代末拆毁门楼，搬移所内。

［文献］　［日］水野清一等《云冈金石录》，张焯《云冈石窟编年史》。

公元1587年　万历十五年

［提示］　山东济州《萌山草亩诗》。

［叙录］　是年，山东济州刻《萌山草亩诗》石刻。此刻载于清人徐宗乾的《济州金石志》中。原题有“嘉祥令朱应遇镌石”，程章灿认为，此实即“命工镌石”。明清以降，官员甚少亲力刊镌，所以，《济州金石志》著录明天启元年《宗圣曾子像赞碑》时也说：嘉祥知县涂可成、世袭博士裔孙曾承业同镌。显然亦非真正刻工，而是主持立石之事。同卷“明宗圣书院诗石刻”明署“博士曾承业立石”，则得其实。

［文献］　清徐宗乾《济州金石志》卷七，程章灿《石刻刻工研究》。

公元1588年　万历十六年

［提示］　江苏常熟《税粮会计由票长单式样碑》。

［叙录］　是年，江苏常熟刻《税粮会计由票长单式样碑》。此碑现藏常熟碑刻博物馆中。随着手工业、商业、交通运输业等的发展和资本主义萌芽的出现，明代有关漕运、赋税、工商活动等方面的碑刻数量日渐增多，特别是东南沿海经济发达地区，此类碑刻尤多。《税粮会计由票长单式样碑》即属此类碑刻。碑文内容分为三部分：一是会计税粮，载常熟全县纳税粮钱米数；二是派征长单，验明均派后分发各区粮长大户明细；三是征粮由票，载斗则银米数及散发粮户期限等。碑原立于常熟县署内，系政府为推行其有关赋税政策、规定而刻立者。从碑文规定可知，其时常熟农民除要交纳田亩税外，还有内派米、起运兑军民运正米、岁用耗脚夫船米、解扛银、存留军储学俸米、练兵贴役银、坍荒粮折银等许多负担，

图 274 殷福造佛坐像 明万历十九年(1591) 美国旧金山亚洲艺术馆藏

名目繁多，且官府对农户完税极为严厉和苛刻。碑文内容从一个侧面印证了明末顾炎武等人所说的苏州府粮额比天下为多，但因赋重而流离失所者亦多之情况。

［文献］ 金其祯《中国碑文化》，常熟市碑刻博物馆编《常熟碑刻集》。

公元 1589 年　万历十七年

［提示］ 约于万历十七年，山东刻董其昌《题孟庙古桧一首》。

［叙录］ 约于万历十七年，山东刻董其昌《题孟庙古桧一首》。刘培桂载：此石在孟庙致严门外东侧北，刻工为朱时修（金陵上元）。程章灿按：此石未题书刻年月，但题“翰林庶吉士董其昌书”。考《明史》（董其昌传），董其昌万历十七年（1589）进士，庶吉士在馆三年期满，此石应在万历二十年（1592）之前，今姑系于万历十七年。金陵刻工朱时修，万历三十四年（1606）刻有《修造栖霞寺记》，亦可证此石刻于万历中。

［文献］ 清张廷玉《明史》卷二二八，刘培桂编《孟子林庙历代题咏集》，程章灿《石刻刻工研究》。

公元 1590 年　万历十八年

［提示］ 夏，甘肃麦积山马应梦《麦积山侯杨藩伯不至》诗碑。七月，江苏镇江汪中尼等《寻瘗鹤铭题壁诗》。

［叙录］ 是年夏，甘肃麦积山马应梦《麦积山侯杨藩伯不至》诗碑。唐晓军载：此碑位于麦积山瑞应寺天王殿前廊山墙。碑呈竖长方形，高 125 厘米、宽 75 厘米，圆额，落款为“分巡陇右道佥宪前山西道监察御史”，未具名。冯国瑞《麦积山石窟志》（宋明清人石刻）书“马应梦”。碑文楷书 10 行，满行 20 字，字迹多漫漶。刻七言律诗二首。

七月，江苏镇江刻汪中尼等《寻瘗鹤铭题壁诗》。王同顺载，刻石高 42 厘米、宽 68 厘米。隶书：万历庚寅秋，七月，彰郡汪中尼、载秦淮女郎马凤笙来游焦山，无何陈扬产、程应衢、茅溱继至，相与披草莱、涉泥滓寻瘗鹤苍铭，据石痛饮，各赋一诗，题壁而去。茅溱字平仲，丹徒人，少负奇任侠，不拘绳检，性嗜学，肆意古文诗歌，与邬佐卿唱和，酒人剑客，屡相切磋。挟吴姬走塞上二十年，击筑酣饮，为出塞、入塞曲。归来营别墅，自称日损居士，著有《四友草》。在摩崖题诗中，《寻瘗鹤铭题壁诗》颇有玩味处，它有序有诗，有男有女（且为秦淮河畔烟花巷中之女），每人限韵作诗一首，刻于一石。秦淮女郎马凤笙亦能领会得“千年迹”之风韵，“睹此烟霞迹”而赋诗（漠漠江上去，累累水际石。何章金粉姿，睹此烟声迹。秦淮马凤笙），令人感叹。这些诗文，不仅宣扬了《瘗鹤铭》，而且为焦山摩崖石刻增添一景，展示出明代文人之情趣和风貌。

［文献］ 冯国瑞《麦积山石窟志》（宋明清人石刻），唐晓军《甘肃古代石刻艺术》，王同顺《镇江古代石刻及焦山碑林书法研究》。

公元 1591 年　万历十九年

［提示］ 正月五日，高僧紫柏命丁云鹏书经刻石。是年，《殷福造佛坐像》。

［叙录］ 正月五日，高僧紫柏命丁云鹏书经刻石。明末画家丁云鹏的生平事迹在清人赵吉士和徐沁的著述中有记载：云鹏字南羽，号圣华居士，工白描，善写佛像。高僧紫柏（达观、真可）对丁云鹏佛画颇为推崇，托其制作佛画，并为之延誉。真可在《跋石刻八大人觉经》记载：魏塘光德庵如谷东公，临终之夕以手写此经授其徒某，且嘱曰：惟此经累汝刻石施人，则我死犹生也。其万历辛卯正月初五日，王氏墨香庵向余言涕俱出，曰：此先师命也，某闻彰山丁氏南羽者，龙眠再来也，不揣暗短，欲仗慈光，乞一佛影，并此施行，不知可否？余哀其诚，命丁生成褫之，

且为记其岁月云。真可还写有《紫柏书十八罗汉像赞》，自注：俱丁云鹏写。

同年所刻之《殷福造佛坐像》（图274），据金申著录，造像为石灰岩加彩，高45.7厘米，现藏于美国旧金山亚洲艺术馆。

［文献］ 明真可《紫柏尊者别集》卷一，清赵吉士《寄园寄所寄》卷一一，清徐沁《明画录》卷一，金申《海外及港台藏历代佛像珍品纪年图鉴》。

公元1592年 万历二十年

［提示］ 山东线刻连环图画碑孔子《圣迹图》。江苏常熟《铜官山石船诗》碑。

［叙录］ 是年，山东线刻连环图画碑孔子《圣迹图》。此图为反映孔子生平事迹的长篇线刻连环图画碑。现嵌在曲阜孔庙圣迹殿正殿壁上，其线刻画幅过百，是我国古代最长的碑石线刻连环画。据骆承烈载：《圣迹图》共120幅（文字9石、画幅110石），每幅宽38厘米、长60厘米，记述孔子一生重要言行，如"宋人伐木"、"韦编三绝"、"子见南子"、"苛政猛于虎"等。其绘画优美，刀工精湛，刻工为明代著名的章草（章简甫子）。自汉代始，或受到佛教艺术的影响，孔子造像始流行。《后汉书》载：灵帝光和元年（178年），京师置鸿都门学，画孔子及七十二弟子像。但摹仿佛本生或佛传故事而形成的"圣迹图"，则出现得较为晚近。据乾隆《御制文二集》著录《大禹治水图题语》说，内府藏有南唐画家周文矩所作《圣迹图》。以此，知圣迹图之作，当始于晚唐五代（清人黄崇惺《草心楼读画记》则云其外舅家藏有唐阎立本画《孔子事迹二十四图》）。至元明时代，绘圣迹者渐多。可考者如元大德年间，孔子第五十三代孙孔津编有《孔圣图》（清黄虞稷《千顷堂书目》著录）。尚存于世者，当以明正统九年（1444）张楷序刊之《孔子圣迹图》为最早。

是年，江苏常熟刻《铜官山石船诗》碑。此碑帖为明代常熟书法家严澂撰书，其父严讷在《明史》中有传。此碑具体位于常熟福山镇江滨铜官山南麓一块巨石上，其石状如石船，诗中描述"石船"之状，甚为生动：闻道岩阿有石船，登临始信不虚传。帆凭老树风前挂，缆藉闲藤雨后牵。亘古未经江面浪，至今犹宿岭头烟。缘何不泛桃花渡，停泊山溪几百年。

［文献］ 清张廷玉《明史》卷一九三，骆承烈《石头上的家文献——曲阜碑文录》，程章灿《石刻刻工研究》。

公元1593年 万历二十一年

［提示］ 春，甘肃《读白水路记诗》。

［叙录］ 是年春，甘肃刻《读白水路记诗》。此刻在《汉中碑石》中有著录。唐晓军载：在甘肃徽县大河乡瓦泉村徽白公路北侧山崖《新修白水路记》摩崖的右下侧，有明代张应登《过白水峡读磨（摩）崖碑》诗一首，高109厘米、宽76厘米。是为明人途经白水路、钟公路时目睹道路今昔变迁而写刻：开路磨（摩）碑纪至和，于今险易较如何？水来陇坂寻常见，峰比巫山十二多。一线天光依峡落，悬崖鸟道侧身过。蜀门秦塞元辛苦，何故行人日似梭？万历二十一年春，陕西布政司分守陇右道按察副使、兼右参议，前吏、兵、工三科左右给事中内江梦夔张应登书。属下徽州知州宋洛刊石、签房吏周布利监刊、石工秦文刊。

［文献］ 陈显远《汉中碑石》，唐晓军《甘肃古代石刻艺术》。

公元1594年 万历二十二年

［提示］ 冬，湖南《捕蛇歌》题刻。十一月长至日，山东《孔林神道碑》。

［叙录］ 是年冬，湖南刻《捕蛇歌》题刻。刘刚载：此碑现存零陵柳子庙后碑廊，山阴（浙江绍兴）王泮撰书。碑高193厘米、宽89厘米，行书。王泮对

当时的苛政、赋役深恶痛绝，感叹“蛮烟瘴雾毒于蛇，驱之戚若鱼游釜”，“谁知今□从军愁，不减当年捕蛇苦”。同年十一月长至日，山东所刻《孔林神道碑》，据骆承烈载：其碑位于孔林前神道中万古长春坊前东碑亭内。碑高达520厘米。郑汝璧、连标立石，孔贞教刻石。龙边，正书。

［文献］ 刘刚《湖湘碑刻》，骆承烈《石头上的家文献——曲阜碑文录》。

公元1596年 万历二十四年

［提示］ 六月十六日，刻《药王庙碑》。是年，开采石料建乾清、坤宁二宫。

［叙录］ 六月十六日，靳世魁（抚宁）刻《药王庙碑》。此碑在《拓本汇编》有著录，为靳世魁刻。并在刻工署名前，另署有：工部文思院副使姑苏松麓甫王才寀熏沐谨识并书。程章灿考证说，明代官家刻石事宜，盖由工部文思院管理。据《明史》（职官志一），工部下设文思院大使一人，正九品；副使二人，从九品。据同书（职官志四）载，嘉靖三十七年（1558）革文思院大使。文思院副使是否亦同时革去，史无明言。仅就所见石刻文献来看，似乎副使并未同时裁撤。《拓本汇编》录有万历二十四年（1596）靳世魁所刻《药王庙碑》，在刻工署名之前，另有署题“工部文思院副使”，则王才寀万历中任文思院副使。又据《明史》载，文思院副使一职例由工人担任。阎杰、王用、顾聪等人都是由刻工出身而担任文思院副使的。而从王才寀的个案来看，任职文思院副使者可能还要求在镌刻之外，兼通文墨与书写等。

是年，开采石料建乾清、坤宁二宫。胡汉生引明人贺仲轼《冬宫纪事》记载万历二十四年修建乾清、坤宁二宫开采石料的情况说：照得大石料，二大者折方八九十丈，次者亦不下四五十丈。翻交出搪（塘）上车非万人不可。这些石料的运输多采用“旱船拽运”的方法。旱船均以木制造，运输前先要通垫道路，沿途每里挖井一口，以井水浇路，乘严冬结冰时，载石船中，然后挽行至陵区。用这种方法运石，虽因冰面光滑，减小了石块运行中的阻力，但毕竟石料巨大，所用人力仍十分惊人。明代石料折方方法见《工部厂库须知》石料折方规则：今有石一块，长丈，阔二尺，厚二尺，折方四丈。折方以长一丈为主，以阔二尺乘之，得积二丈，又以二丈为主，以厚二尺乘之，其得折方四丈矣。余可类推。由此可知，当时折方四丈约合今一点五立方米。

［文献］ 清张廷玉《明史》卷七二、卷三〇七，《拓本汇编》第58册，程章灿《石刻刻工研究》，胡汉生《明十三陵研究》。

公元1597年 万历二十五年

［提示］ 是年夏月，山西《河东盐池之图》刻石。

［叙录］ 是年夏月，山西刻《河东盐池之图》刻石。据柴继光讲，此碑存山西运城南盐池北畔卧云岗上池神庙内，由巡抚御史吴楷题书。河东盐池（运城盐池）位于中条山北麓，长约30公里，宽约4公里，为我国最大的内陆盐池之一。此刻石高103厘米、宽170厘米，图中描绘本年时任巡抚御史的曹州人吴楷巡视河东盐池情景：盐池上微风轻拂，盐丁赤身跣足正在劳作，或汲卤浇畦，或修整盐畦，或刮剥盐晶，或堆砌盐堆。北崖有盐场官员正在倾听属下汇报，南岸的巡抚御史则乘舆过河。池岸上巡逻的官员正扬鞭催马行巡。画面之中，盐场内各种设施建筑井然陈列，繁而不乱，显示了高超的绘画功底。刻石左侧刻有《南岸采盐图记》碑文。此刻图及碑文，为研究我国盐业史提供了宝贵生动的实物文献。

［文献］ 柴继光《明代〈河东盐池之图〉析》（《盐业史研究》1990年第4期）。

公元1600年 万历二十八年

［提示］ 十月，湖南张乔松《镜石》。

［叙录］　十月，湖南刻张乔松《镜石》。刘刚载，此刻位于浯溪东崖区，为咏物哲理诗。内容为：浯溪溪上石，似镜隐岩阿。制出天工巧，明由水力磨。精光今日月，虚影照山河。世态妍媸别，沧桑阅历多。人心皆类比，物欲自迷何！我愿灵台内，惺惺解伐柯。万历庚子冬十月，新俞张乔松书。

［文献］　刘刚《湖湘碑刻》。

公元 1602 年　万历三十年

［提示］　正月，四川西昌泸山《鱼篮观音碑》。

［叙录］　正月，四川西昌泸山刻《鱼篮观音碑》。据刘世旭、张正定等载，在西昌泸山寺，线刻《鱼篮观音》画像碑即存于其半山腰观音阁木亭内。此碑由碑额、碑身和碑座三部分构成。通高 250 厘米。碑阳额顶上，篆刻有"御制"两大字，碑身则是一幅阴线刻制的鱼篮观音像，观音头像的上端两侧，分别刻有万历神宗皇帝的"赞词"和皇帝生母慈圣皇太后的印鉴款识等，碑阴则通刻《重修大悲观音碑阴记》，末行年款为：万历壬寅岁正月初九日。此观音为一青年女性，美发高髻，纤眉细口，前胸微露，颈系围巾，腰束长带，身着袈裟。右手执四系竹篮，篮底垫置柳叶，叶上置一活鲜鲤鱼。观音身后为一莲池，池中荷花露放，观音跣足信步于莲池畔。观音右足下方有一童子，侧望观音，双手合十，作礼拜状。在落款下方附一边款：原任云南沾益州臣马中良重刻石。据周秋良研究，元末明初的学者和画家宋濂曾创作出我国第一幅鱼篮观音图。至明代中后期，鱼篮观音的故事在全国各地广为流传。西昌籍回族文士马中良，明万历时曾任云南沾益州（今云南宣威）知州，后返乡定居。明万历壬寅年（1602），马中良进京办事，正逢朝廷在蓟镇盘山（河北蓟县）向公众传布鱼篮观音墨刻图，马辗转获其拓片。带回西昌之后，立即着手进行翻刻，并筹集资金建造精舍。刻制中，马中良并未严格按原稿重刻，致使重刻图略逊于原稿，但仍然极为珍贵。

［文献］　周秋良编著《观音故事与观音信仰研究——以俗文学为中心》，刘世旭等《西昌泸山"鱼篮观音"画像碑考略》（《四川文物》1992 年第 3 期），张正宁《对西昌泸山〈鱼篮观音图〉的再研究》（《四川文物》1997 年第 3 期）。

公元 1603 年　万历三十一年

［提示］　九月，四川峨眉山《大峨山永明华藏寺新建铜殿记》。是年，刻董其昌《戏鸿堂帖》16 卷。

［叙录］　九月，四川峨眉山刻《大峨山永明华藏寺新建铜殿记》。此碑《拓本汇编》有著录。高文载：此碑为铜质，碑高 228 厘米，碑身高 140 厘米，碑额高 50 厘米，碑座高 38 厘米。碑额饰有二龙戏珠浮雕图案。现存峨眉山金顶，字迹完好。碑文集晋人王右军书。碑阴刻《峨眉山普贤金殿记》，集唐人褚遂良书，为云中朱廷雄（维）所刻。程章灿按：前碑释文作"云中朱廷维镌"，后碑释文作"云中朱廷雄刻"，盖为一人。右军书"雄"，其形类"维"，疑"朱廷维"即"朱廷雄"之误。

是年，刻董其昌《戏鸿堂帖》16 卷。《戏鸿堂帖》，由董其昌选辑晋唐宋元名家书迹及旧刻本镌成。帖名取自南朝梁袁昂《古今书评》之"钟繇书意气密丽，若飞鸿戏海，舞鹤游天"之语义。初为木刻，后毁于火，重摹刻石。故所传拓本有两种。《戏鸿堂帖》帖名隶书"戏鸿堂法书"，首开有"翰林院国史编修制诰讲读官董其昌审定"隶书一行，尾款署"万历三十一年岁在癸卯人日华亭董氏勒成"二行。程章灿认为明代刻帖风气更盛于宋，然而刻手技艺高下不等，刻帖质量也不免有很大差距。董其昌《戏鸿堂帖》16 卷，因为"刻手粗恶，字字失真"，被贬为"古今刻帖中第一恶札"（清王澍语）。

［文献］　清王澍《淳化秘阁法帖考正》卷一一，《拓本汇编》第 58 册，高文等《四川历代碑刻》，程章灿《石刻刻工研究》。

公元 1604 年　万历三十二年

［提示］　台湾奉谕刻制澎湖《沈有容谕退红毛碑》。

［叙录］　是年，台湾奉谕刻制澎湖《沈有容谕退红毛碑》。此碑被称为台湾第一古碑。万历三十二年，荷兰派提督韦麻郎率领舰队侵略隶属于台湾之澎湖岛，适逢明朝派驻当地汉兵撤走，韦麻郎得以于农历七月二十二日占领澎湖。

同年十月十八日，明朝派遣总兵施德和政令都司沈有容率领战舰 50 艘前往收复台湾澎湖岛。沈有容将重兵部署于金门科罗湾，堵住荷兰人的海上交通和补给通道，然后亲自登澎湖岛与韦麻郎等人谈判交涉。沈有容严正警告对方如不撤兵，将作火攻。韦麻郎权衡形势，被迫于同年农历十月二十五日撤离澎湖。为纪颂沈有容之功，军方奉谕于本年刻制《沈有容谕退红毛碑》，碑立于澎湖大山屿，高 198 厘米。1919 年重建天后宫时嵌入公善楼东壁上。

［文献］　［日］中村孝著、许贤瑶译《关于沈有容谕退红毛番碑》（澎湖县政府文化局《咾咕石季刊》第 9 期），陈信雄《岛屿、岛港考古与历史重建——以西沙、东沙与澎湖马公为例》（《福建文博》2010 年第 12 期）。

公元 1605 年　万历三十三年

［提示］　安徽歙县《修坝记事碑》。

［叙录］　是年，安徽歙县刻练江渔梁坝《修坝记事碑》。渔梁坝位于安徽歙县城南新安江支流练江上，是我国现存最为著名的古代滚水坝。其坝初建于隋末唐初，南宋绍定年间，明代弘治、正德、万历、崇祯年间，清代顺治、乾隆、光绪年间曾屡加重修和维修。渔梁坝制度精坚，结构巧妙。坝长 138 米、底宽 27 米、顶宽 6 米、高约 4 米。据明弘治《徽州府志》、清康熙《徽州府志》、清乾隆《歙县志》等地方史志的记载，渔梁坝建成后，发挥缓水势、制水患、便舟楫、利灌溉、拦洪蓄水、截挡泥沙、控制河床下切、保护上游两岸河堤安全和太平桥脚的稳定等功用，可谓造福一方百姓。在坝南山坡上，至今仍遗存有一本年所刻立的修坝记事碑，为我们研究渔梁古坝和当地的农田水利建设情况，提供了重要历史科学资料。

［文献］　金其祯《中国碑文化》，周魁一《中国科学技术史》水利卷，朱玮林《徽州地区历史城市人居环境营建智慧研究》（《西安建筑科技大学》2013 年第 6 期）。

公元 1608 年　万历三十六年

［提示］　冬，山东《集王羲之书邹县重修孟庙碑记》。

［叙录］　是年冬，山东刻《集王羲之书邹县重修孟庙碑记》。据金其祯、邵泽水等载，唐代怀仁《集王羲之书圣教序》首开集王字成碑先河，至明代时此风流行。其中较著名如四川之《大峨山永明华藏寺新建铜殿记碑》（集字碑中唯一铜碑）和本碑。本碑全称《明吴尚端晋右将军王羲之书重修孟庙碑记》，系山东邹县知县、四川人继先在邹县重修孟庙后，延请其乡人翰林院庶吉士潼川戴章甫撰写碑文、吴郡文士吴尚端集王羲之行书并镌刻，碑立于邹县孟庙之中。石碑通高 320 厘米、宽 92 厘米、厚 30 厘米。螭首龟趺，碑额篆题“邹县重修孟庙碑记”2 行 8 字。碑阳镌刻集王羲之行书碑文 15 行、行 11 至 75 字不等，计 922 字。碑文左右刻有题记五行，每行字数不等，计 89 字，碑阴共刻王羲之行书 1 009 字。此碑残泐磨损较为严重。现该碑断裂处已用水泥黏合，碑侧用铁钉固定璧合，竖立于东邹县孟庙致严堂院前西侧。纵观全碑，所摹王书形神兼备，颇得王羲之书法之神韵。碑文中共有 30 个“之”字、12 个“不”字、10 个“以”字，然无一雷同，字字风流，灿若群星分布于全碑。

［文献］ 金其祯《中国碑文化》，邵泽水《孟府孟庙碑文楹联集萃》。

公元 1610 年　万历三十八年

［提示］ 利玛窦卒，为其立碑。河南龙门最晚造像。万历三十年至三十八年，章藻刻《墨池堂选帖》。

［叙录］ 是年，利玛窦卒，为其立碑。据林华、余三乐等载，在北京西城区马尾沟北京行政学院校园一隅，矗立着由 63 块高低错落的墓碑构成的纪念碑林。其中有一小部分为中国教士墓碑外，大部分系西方传教士墓碑。清人方浚师载：神宗诏以陪臣礼葬阜城门外(二里嘉兴观之右)。其墓碑多为螭首方趺，利玛窦墓碑为其中较为高大者。每块石碑上分别用中文、拉丁文等不同文字镌刻墓志铭，或详或略，长短不一，记载墓中传教士所属团体、姓名、国籍、在会时间、来华年代、官职、卒地、亡期、年龄等个人资料。利玛窦墓碑正中刻有："耶稣会利公之墓"八个大字，右边镌刻碑文为：利先生讳玛窦，号西泰，大西洋意大利国人，自幼入会真修，明万历壬午年航海首入中华衍教，万历庚子年来都，万历庚戌年卒。在世 59 年，在会 42 年。

是年，河南龙门最晚造像。李文生载，此造像位于龙门潜溪寺南，为山西平阳府绛州张一川妻造地藏王像一尊。

万历三十年至三十八年(1602—1610)，明代著名刻工章藻(长洲)刻《墨池堂选帖》。此刻帖为清人欧阳辅和近人容庚、张彦生等著录。据尹一梅研究，章藻自其家藏和外借的书帖中择出佳作摹勒上石，取名《墨池堂选帖》。此历代(晋、唐、宋、元)丛帖自万历三十年(1602)正月始刻，至本年刻毕，共成五卷。现故宫所藏明拓残本，出于原石，可惜不全。此本双钩补缺笔若游丝，为张受所钩补。帖中还存有张延济、张伯英题跋批语共 60 段，弥足珍贵。

［文献］ 清方浚师《蕉轩随录》卷一，清欧阳辅《集古求真补正》，容庚《丛帖目》，张彦生《善本碑帖录》，尹一梅《〈墨池堂选帖〉杂识——谈故宫藏三种版本》(《故宫博物院院刊》2001 年第 5 期)，林华等《历史遗痕——利玛窦及明清西方传教士墓地》，李文生主编《龙门石窟志》，曾毅公《石刻考工录》。

公元 1611 年　万历三十九年

［提示］ 八月，山东《董其昌跋吴尔成诗碑》。是年，江苏刻《郁冈斋墨妙帖》。

［叙录］ 八月，山东刻《董其昌跋吴尔成诗碑》。骆承烈载，此石现镶于孔庙十三碑亭院西北墙下层，东起第一石。石高 64 厘米、宽 210 厘米。正文 34 行，行 10 字，吴尔成正书；跋 18 行、行 8 字，董其昌草书。董其昌，明松江华亭人。字符宰，号思白，著有《画禅室随笔》等。

是年，江苏刻《郁冈斋墨妙帖》。据王连起载，此帖为江苏金坛王肯堂所集魏晋以来历代书家墨迹，由名手管驷卿刻制。此刻帖为明代精刻之帖，现存世拓本为初拓本，曾为翁方纲等收藏，有多处记载和题跋。每卷还有清代文人书画家观赏后之题跋，中有张照、姜宸英、王原祁、瑛宝、刘墉、姚鼐、姚元之等人留有墨宝及印章。清人杨守敬在《书学迩言》曾评价说：《郁冈斋帖》六册，明王肯堂所辑。王氏收藏颇富，故所刻有不常见者，今原拓亦希矣。清代王澍也认为：此刻帖苍深不及《停云》而秀润过之，故当远出《戏鸿》之上。

［文献］ 骆承烈《石头上的家文献——曲阜碑文录》，王连起《谈谈郁冈斋墨妙帖》(启功等《中国法帖全集》卷一四)。

公元 1612 年　万历四十年

［提示］ 春，浙江杭州《葛仙庵碑》。六月，甘肃《嘉峪关漫记》诗碑。是年，浙江刻《玉烟堂帖》。陕西药王山明代《修佛记》。

［叙录］ 是年春，浙江杭州刻《葛仙庵碑》。杭

州市西湖边宝石山以西葛岭上抱朴道院，当年为葛洪修道炼丹之地。现道院存有刻立于本年春天、由资政大夫刑部尚书姚沈应撰文、中宪大夫凤阳知府王国桢篆书的《葛仙庵碑》，碑文记述葛洪生平及在此结庐炼丹之经过，以及历代修葺抱朴道院情况及祀典之事。此碑在《光绪杭州府志》（碑记）中有著录，并援引《武林访碑录》说：万历四十年二月，沈应文撰，王国祯书。朱越利载：碑文已漫漶不清，但大部尚可辨读。

六月，甘肃刻《嘉峪关漫记》诗碑。唐晓军载：是年，御史徐养量巡边至嘉峪关，登上城楼，写下《嘉峪关漫记》五言诗。后刻为卧碑，高 59 厘米、长 176 厘米、厚 16 厘米，现藏于嘉峪关城楼。

是年，浙江刻《玉烟堂帖》。程章灿按：此帖为浙江海宁陈元瑞汇集汉魏至宋元各家名迹及石刻佳本，编次为 40 卷。董其昌书长序，末刻“万历四十年岁次壬子玉烟堂模勒上石”篆书。此帖又称《大玉烟堂帖》，由名家吴之骥镌刻。《玉烟堂帖》拓本有上海博物馆藏明拓本、台湾图书馆藏明崇祯三年（1630年）四月刻墨拓本等。从帖中可知，其中大多应为陈氏收藏的董其昌手稿。如《西园雅集图记》，落款明确为“为增城书”。增城即陈瓛，戏曲家陈与郊次子，是陈家第一位刻帖名家，原名祖夔，字元瑞，又字季常，号增城。他十分倾慕董其昌书法。陈瓛继子陈之伸，有斋名“鹤舞轩”，取自其所藏董其昌《鹤舞赋》手迹之意。

是年，陕西药王山明代刻《修佛记》。李凇载：此记中有“明万历肆拾年富平县流曲里指挥佥事孙丕振、室人乔氏、见有太玄洞左”等字样。

［文献］《光绪杭州府志》卷九七，朱越利《释杭州〈重建葛仙庵碑记〉》（《浙江大学学刊》1990 年第 1 期），唐晓军《甘肃古代石刻艺术》，程章灿《石刻刻工研究》，李凇《陕西古代佛教美术》。

公元 1613 年　万历四十一年

［提示］吴尚端集隋《龙藏寺碑》字，刻成《孙玮表平倭功略碑》。

［叙录］是年，吴郡礼部儒士吴尚端集隋《龙藏寺碑》字，刻成《孙玮表平倭功略碑》，清人端方曾著录。程章灿说，明清以来，碑志多有作帖式刻者，其他石刻亦有作帖式刻者，表现出一种书法化、艺术化日益加强的倾向。本年吴郡刻工吴尚端集隋《龙藏寺碑》字，刻成《孙玮表平倭功略碑》，其刻式如法帖。吴尚端曾是万历三十八年（1610）《澄清堂法帖》刻工，不难看出刻帖对碑志刻作帖式的直接影响。此碑末刻“集隋《空王碑》法帖上石，吴郡吴尚端集书并刻”。端方跋道：《空王碑》即指隋《龙藏寺碑》，既谓之碑，复曰法帖，亦其陋也。

［文献］清端方《匋斋藏石记》卷四四，程章灿《石刻刻工研究》。

公元 1614 年　万历四十二年

［提示］河南新乡潞简王墓雕刻。

［叙录］是年，河南新乡潞简王墓雕刻。刘兴珍、杨宝顺等载，潞简王墓位于河南新乡凤凰山南麓。潞简王朱翊镠，明穆宗朱载垕第四子，葬于万历四十二年。其墓包括东西两部分：西墓区为潞简王次妃赵氏墓地；东墓区为潞简王墓地，规模宏大，基本上是仿照明皇陵建制。神道石刻有石牌坊，三间四柱，刻二龙戏珠纹饰，两侧各有一座浮雕云龙。牌坊之后的道路两侧相对排列石兽 14 对，有狮子、獬豸、麒麟、骆驼、象、羊、马及其他神异怪兽，或蹲，或立，或卧，姿态各异。另有一对牵马小吏和一对文吏。马形体高大，鞍辔齐全，昂首作伫立状。牵马小吏紧贴马侧而立，头戴小冠，穿圆领窄袖长袍，身躯魁梧。右手抚马，左手执鞭，分腿而立，平目作远眺状。文吏头戴小冠，穿广袖长袍，腰束宽带，双手执笏，端首伫立，神态恭谨虔诚。雕像用整块青石琢成，最高者 277 厘米，最矮 155 厘米。刻工清圆秀朗，块面起伏屈伸舒展自如，刀法流畅，技艺娴熟。诸像形质虽佳，但缺少生气，神态偏于拘谨。

［文献］ 杨宝顺等《新乡明潞简王墓调查简报》(《中原文物》,1978 年第 10 期),刘兴珍等主编《中国古代雕塑图典》。

公元 1615 年　万历四十一年

［提示］ 甘肃始刻《肃邸淳化阁帖》。

［叙录］ 是年,甘肃始刻《肃邸淳化阁帖》。此刻原石藏于甘肃省博物馆。宋淳化三年(992),宋太宗出秘阁所藏历代书法,命翰林侍书学士王著编次,摹刻于枣木板上,拓赐大臣,此即《淳化秘阁法帖》,因板存"淳化阁"而得名。明太祖赐十四子肃王一部宋拓本《淳化阁帖》,万历四十三年,肃宪王朱绅尧又命温如玉、张应召摹帖上石,天启元年(1621)始告完成,共刻石 144 块,称《肃邸淳化阁帖刻石》。明末刻石残损,清顺治十一年(1654),陈卓又补刻成完整版,后又残损,现存帖石 141 块。清倪苏门《书法论》说:淳化帖在明朝,惟肃王府翻刻石最妙,谓之肃本。王靖宪认为,由《淳化阁法帖》刊印而形成的重帖学轻碑刻之风,不仅影响了整个宋代,而且对此后各朝代、特别是明代产生了深远影响。明代皇帝,自明太祖起,至明成祖朱棣、明宣宗朱瞻基、明世宗朱厚熜、明神宗朱翊钧,直至明朝末帝明思宗朱由俭及皇室宗族,无不热衷于帖学。朱元璋在皇室宗族中大倡帖学,特将宋拓本《淳化秘阁法帖》赐给十四子肃王朱模,朱模视之为珍宝,传诸子孙观赏摹学。至第八代肃王朱绅尧时,为使《淳化秘阁法帖》不致因年代久远而遭毁失,特命工书法、尤擅"双钩"的吴中名士姑苏人温如玉及被称为"玉臂"的南康人张应召二人,将《淳化秘阁法帖》摹刻于上石。刻工未完,朱绅尧即卒,朱绅尧之子朱识鋐嗣为肃王后继续摹刻以完成父志。前后历时七年,共刻石 148 块,是为著名的肃本淳化阁帖。

［文献］ 王靖宪《中国历代法帖叙录》,秦明智《肃本淳化阁帖考》(《兰州大学学刊》,1984 年第 5 期)。

公元 1616 年　万历四十四年

［提示］ 江苏江阴《新建督学察院碑记》、重庆修葺忠县丁房阙。

［叙录］ 是年,江苏江阴刻《新建督学察院碑记》。此刻民国缪荃孙曾著录。明人谢肇淛记载说:他在吴兴得姑苏马生,取古帖双钩廓填上石而自镌之,毫厘不失笔意。程章灿结合谢肇淛的生活年代,认为这位"姑苏马生"有可能指自称"长洲县民"的刻工马士鲤。马士鲤曾于万历四十四年刻江阴《新建督学察院碑记》。

是年,重庆修葺忠县丁房阙。据高文载,忠县丁房阙在忠县城东门外土主庙前,为汉代双阙。高约 700 厘米,重檐顶,檐下有斗拱。阙上有浮雕人物、车马及兽类等。《忠州直隶州志》载:丁房双阙,碑目考:在临江县巴王庙有二阙对峙。阙高二丈,为层观,飞檐衮哀,四方多刻人物,皆极巧妙。诸刻漫灭,仅有汉丁房等字尚可辨也。丁房其人,已不可考。以阙形制及雕刻观之,当为东汉所建。今右阙下,可见刻有明万历丙辰(1616)贺国桢、清康熙甲戌(1694 年)武烈和及道光年间吴有篪等祠铭。阙在明、清均曾修葺。

［文献］ 明谢肇淛《五杂俎》卷七,缪荃孙《江阴石刻记》卷三,程章灿《石刻刻工研究》,高文《中国汉阙》。

公元 1618 年　万历四十六年

［提示］ 广东《重修塔上佛像报本碑记》。

［叙录］ 是年,广东刻《重修塔上佛像报本碑记》。此记清人邓士宪曾著录。原署刻:"万历戊午仲春之吉,前平南令番禺赵公性撰文,弟子关梦熊施刻,番禺弟子员林穆书丹篆额,募缘绍祖立石。"程章灿载,关梦熊自称"弟子",可见是信佛者,"施刻"应即是施与钱财资助刻石,故列名紧跟在撰者之后,基本可以肯定不是刻工。

［文献］ 清邓士宪《南海金石略》卷四，程章灿《石刻刻工研究》。

公元1620年 万历四十八年 泰昌元年

［提示］ 万历四十八年，山西《游石佛寺》、《石佛寺回途中即事》。泰昌元年，明神宗朱翊钧入葬定陵。是年，刻《崇兰馆法帖》。

［叙录］ 是年八月中秋，山西刻《游石佛寺》、《石佛寺回途中即事》。张焯载，此长方形横碑旧在云冈第六窟佛阁内，现立第八窟前室西侧。清人黎中辅《道光大同县志》中录有吴伯与《游石佛寺并引》，唯后文《石佛寺回途中即事》无收。日人《云冈金石录》录有第六洞佛阁内《游石佛寺记》。吴伯与，字福生(见《礼观音堂》碑)。《明史》(艺文志二)录有吴伯与《内阁名臣事略》16卷。胡文烨在《云中郡志》谓：伯与为南直宣城人，癸未进士，天启元年任。吴伯与赴云冈酒会在万历己未(1619年)冬初；书碑则在庚申(1620)八月中秋日，天启元年离任。

泰昌元年，明神宗朱翊钧入葬定陵。明神宗朱翊钧于万历四十八年七月二十一日驾崩，享年58岁。十月三日葬定陵，庙号“神宗”。《明神宗实录》载：万历十八年六月庚辰(十日)，定陵成。《明熹宗实录》卷五载：泰昌元年，神宗卒后由其长子朱常洛继位，是为明光宗，改元泰昌，十月丙午初三，神宗朱翊钧、孝端皇后王氏葬定陵，孝靖后王氏迁葬。癸丑(十日)，择皇山二岭为光宗陵地。明定陵地面建筑总布局呈前方后圆形，含有天圆地方之意。定陵营建始于万历十二年(1584)，历时六年方成，耗银八百万两。时神宗28岁。胡汉生载：定陵神道，从昭陵神道五孔桥西向北分出，长约1 500米。途中建三孔石桥一座，近陵处建有神功圣德碑亭，亭前建并列单孔石桥三座。

是年，刻《崇兰馆法帖》。明代私刻帖盛行，崇兰馆帖即是其中之一，为莫如忠、莫是龙父子作品，刻工为顾功彦。陈继儒《跋崇兰馆法帖》时说：吾乡工书遇主知者，前有沈学士度、沈大理粲，后有张大司空骏，张少宗伯电，张南安东海之草，陆学士俨山之行楷。及莫方伯父子出，声实烜赫掩其上，观崇兰馆帖，名不虚得。又若任子明仁发、王伯静默、朱孟辨芾、陈文东壁、卫立中德辰、章拱辰弼、曾心传遇、顾谨中禄，均名在书史，而流传绝少。若有贤子孙如君全(莫是龙子)兄弟，岂至尽为泰山没字碑哉！近人张伯英也在《法帖提要》中说：崇兰馆帖十一卷，明莫如忠及其子云卿之书，从孙后昌汇刻为十卷，续一卷，皆云卿也。如忠字子良，号中江。云卿原名是龙，得米海岳石有云卿二字，因以字行，更名廷韩，号秋水。后昌字君全，汇诸家所藏中江父子遗迹以成此帖。是本谨存秋水书，而中江佚矣。明代书家，云间最盛。眉公(陈继儒)于诸贤书迹之湮没，深致感慨。然诣力如廷韩自有不待刻帖而后传者。董玄宰(其昌)题其续帖云：秋水少时即嗜古帖，笔花飞洒，得者如百斛珠千金裘也。此册所谓剑头屈玉，鼎足垂金，尽楷法之妙，观之不胜人琴之感。戏鸿堂所摹颜帖有出莫氏旧藏者。今拓本已不易得，此虽残帙，亦可珍矣。

［文献］ 《明神宗实录》卷二二四，《明熹宗实录》卷五，清张廷玉《明史》卷九七，清黎中辅《道光大同县志》卷二〇，清胡文烨《云中郡志》卷五，［日］水野清一等《云冈金石录》，张伯英《法帖提要》，张焯《云冈石窟编年史》，胡汉生《明十三陵研究》。

公元1621年 天启元年

［提示］ 九月三日，四川安岳三仙洞造像碑文。九月四日，光宗朱常洛入葬庆陵。是年，四川安岳造像。

［叙录］ 泰昌元年(1620)，明光宗暴毙，皇长子朱由校即位，是为明熹宗，次年改元天启。天启元年九月三日，四川安岳三仙洞造像碑文。胡文和说，三仙洞又名龙门观、太白山、明月寺，位于安岳县城东南38公里处高升乡洞库村彭家坡大成山腰。据载：

唐代曾在这里建观造像，名“龙门观”。明代陆续在这里开凿新洞，雕刻孔子、老君和释迦牟尼像，所以后世称名为“三仙洞”。三仙洞倚岩凿洞造像，岩壁上呈一字形开凿石窟六个，颇具规模。窟中分别雕刻儒释道三教合一像，三清像，元始天尊像以及佛教三身像等。岩壁底层雕凿十龛十殿阎王的地狱变相图。共计25个龛窟，大小造像252尊。在第六号窟左壁有一明天启元年的造像碑《龙门观增建胜境记》碑，是年九月三日刊刻。

九月四日，光宗朱常洛入葬庆陵。《明熹宗实录》卷七：天启元年九月壬寅（四日），光宗朱常洛、孝和后王氏葬庆陵，孝元皇后郭氏迁葬。庆陵原为明代宗景泰帝朱祁钰为自己所建陵墓，景泰皇帝朱祁钰系明宣宗儿子、明英宗之弟。土木之变后，英宗被俘，朱祁钰监国后被立为皇帝，年号景泰。尊英宗为太上皇，一年之后，英宗被放回，闲居南宫。

景泰八年，景泰皇帝大病。武清侯石亨等人趁机发动夺门之变，软禁景泰帝于西内，重立英宗为帝。不久，景泰帝卒。英宗废朱祁钰为王，同时废弃景泰帝在天寿山施建的陵寝，以亲王之礼葬景泰帝于西山，未列入十三陵中。百多年之后，在其遗址上，又建立明光宗朱常洛庆陵。明光宗朱常洛在位只有29天即暴卒，其父神宗尚未下葬，无暇建陵，只得仓促在景泰帝寿陵陵址上改建为庆陵。

关于是年四川安岳造像，《中国石窟雕塑全集》载：道士李焕宗在四川安岳高升乡三仙洞复凿儒、释、道三教合奉一堂。

［文献］《明熹宗实录》卷七，胡文和《中国道教石刻艺术史》，王朝闻等主编《中国石窟雕塑全集》（四川重庆卷）。

公元1623年　天启三年

［提示］ 北京刻《前国子监存明刻古文孝经》。

［叙录］ 《钦定国子监志》载：天启三年，北京刻《前国子监存明刻古文孝经》石刻。程章灿按，刻工署：礼部儒士吴郡吴尚端集镌。

［文献］ 《钦定国子监志》卷四九，程章灿《石刻刻工研究》。

公元1624年　天启四年

［提示］ 江苏镇江焦山楷书“宛在水中央”。

［叙录］ 是年，江苏镇江焦山刻楷书“宛在水中央”。王同顺载：1995年在浮玉崖中部壁间剔除苔藓得“天下太平”四楷字，每字长宽皆18厘米。与浮玉崖中宋刻“万年永康”遥相对应，从内容、书体、字势、精神上看，都近似宋人。后又在三诏洞顶寻见五字楷书“宛在水中央”，横列，其中“水”字已为焦公洞屋脊所遮。此刻为“明天启四年墨侧卢大章镌”。

［文献］ 王同顺《镇江古代石刻及焦山碑林书法研究》。

公元1625年　天启五年

［提示］ 八月，毁天下书院。是年，山西刻任澄清《云岗洞观石佛》、陕西《大秦景教流行中国碑》出土、四川泸州玉蟾山造道像。

［叙录］ 八月，毁天下书院。据陈国庆在《中国学术思想编年》中载，明代曾四毁书院：第一次在嘉靖十六年（1537），御史游居敬上疏，指斥湛若水“倡其邪说，广收无赖，私创书院”；第二次在嘉靖十七年（1538）吏部尚书许赞以“官学不修，别起书院，耗财扰民”为借口，“申毁天下书院”；第三次在万历七年（1579），张居正为整顿吏治与教育，遂以书院多无实学，且“科敛民财”为由，封闭全国书院；本次为第四次。天启年间，太监魏忠贤专权，以顾宪成、高攀龙为首的东林士人“讽议朝政，裁量人物”，据《明史》载，是年八月，阉党张讷上奏请拆毁天下书院，得到明熹宗的准许，于是，东林、关中、江左、徽州等书院俱被拆毁。崇祯帝即位后，被毁书院才相继得以

恢复。

是年，山西刻任澄清《云岗洞观石佛》。清人刘铭传载：任澄清，陕西篮屋县人，举人，天启五年任。韩府在《历代咏云冈石窟诗萃》说：此诗选自明《万历马邑县志》，作者任澄清，陕西人，天启五年任马邑知县。诗为：巍巍古洞倚云开，斧斫神工亦异哉。千佛灵光归净土，诸天法象傍岩隈。石龛不惹风幡动，兰若惟看夜月来。空寂然俨西域界，喜逢僧话共追陪。

本年最重要的石刻事件是：陕西《大秦景教流行中国碑》出土。此碑为最先来华的基督教聂斯脱利派传教士所立，建于唐德宗建中二年(781)，碑文概述基督教义、教仪和流传情况。碑于此年在西安附近发掘出土后，引起较大反响。当时天主教会士阳玛诺曾撰《唐景教碑颂正诠》，李之藻作《读景教碑书后》，徐光启作《铁十字箸》及《景教室碑记》。清初钱谦益作《景教考》说：万历间，长安民锄地，得唐建中二年《景教碑》，士大夫习西学者，相矜谓有唐之世，其教已流行中国，问何以为景教而不知也。徐光启在《铁十字箸》中则明确记载为：近天启乙丑(1625)长安掘地得碑，题曰大秦景教流行中国碑，碑首冠以十字。清人洪钧在《元史译文证补》中也说：又西国古书，在中国东晋时有聂斯托尔(拉丁文音译作聂斯托鲁期)为东罗马教士，著书立说，名盛一时，教王以其贤，擢为唐思坦丁诺白尔以主教。其人创议耶稣为主教之圣人，非即上天之子，不立附会穿凿，一时攻之者蜂起，教王乃集众主教焚其书，流之于亚美尼亚，忧愤而死。当时附其说者皆遭屏逐。散居东方，自称聂斯托尔教，浸淫东来以至中土。西人据此以考景教碑下东西两行及西里亚文字，必是聂斯托尔教人久居其地，用其文字著之于碑，其说甚确。至云大秦则假旧名以为焜耀也。

关于《大秦景教流行中国碑》的出土时间，说法不一：有说天启三年(1623)者(阳玛诺)；有说天启五年者(鲁德照、徐光启、徐宗泽)。鲁德照在《基督教远征中国史》(《利玛窦中国札记》)中记载：1625 年，在陕西省城西安府城近段，为建筑房屋，工人锄地，掘得一石碑，长九尺强，阔四尺，厚一尺强，头端为金字塔形，面上镌有十字。周围绕以丽斯花，形似在梅丽亚包城(Meliapor)中之圣多默宗徒墓上之十字，十字四周又环以彤云，下有华文“大秦景教流行中国碑”九字，排列三行，碑之全面，皆刻有类似之华字，并有少许外国字，一时不能辨认。还有一种说法，认为在天启三年至五年之间(冯承钧)。其中，较为通行的说法是天启五年。

据韩国李宽淑《中国基督教史略》引述，西方一些学者对此碑的真实性提出过质疑(如美国耶鲁大学教授斯伯里等)。朱谦之在《中国景教》中引用耶稣会士卜弥格在清顺治十年(1653)11 月 4 日的通信说：碑至长安，西安守是日适丧长子，深以为异，为作碑赞，又仿此碑，别刻一碑，皆置之西安城外一里道观中。纵观相关记载，此碑为真碑无疑。宋人王溥说：玄宗天宝四载九月诏曰：波斯教经，出自大秦，传习而来，久行中国，爰初建寺，因以为名，将欲示人，必修其本。《册府元龟》亦载：开元二十年九月，波斯王遣首领潘那密与大德僧及烈朝贡。同书卷九七五载：开元二十年八月，庚戌，波斯王遣首领潘那密与大德僧及烈来朝，授首领为果毅，赐僧紫袈裟一副及帛五十匹，放还。宋敏求《长安志》说：义宁坊有波斯寺(原注本名熙光坊，义宁元年改)。唐贞观十二年，太宗为大秦国胡僧阿罗斯立。1908 年法人伯希和在敦煌鸣沙山石室中，曾发现《三威蒙度赞》、《尊经》等唐写本，所记资料与景教碑文相合。

《中国石窟雕塑全集》载：天启五年，在四川泸州玉蟾山造道像。

［文献］ 宋王溥《唐会要》卷四九，宋王钦若等《册府元龟》卷九七一、卷九七五，宋宋敏求《长安志》卷一〇，清刘铭传《朔平府志》卷五，清张廷玉《明史》卷二五四，清钱谦益《牧斋有学集》卷四四，清洪钧《元史译文证补》卷二九，徐宗泽《中国天主教传教史概论》，［韩］李宽淑《中国基督教史略》，朱谦之《中国景教》，张岂之主编《中国学术思想编年》(明清卷)，韩府《历代咏云冈石窟诗萃》，王朝闻等主编《中国石窟雕塑全集》(四川重庆卷)。

公元1627年　天启七年

［提示］　江苏苏州《五人墓碑记》碑。甘肃麦积山第25龛坐佛。

［叙录］　是年，江苏苏州刻《五人墓碑记》碑。此碑立于苏州虎丘附近之山塘街。五人墓中埋葬着天启七年反对魏忠贤阉党而死去的五义士：颜佩韦、马杰、沈扬、杨念如和周文元。熹宗天启六年（1626年）三月，阉党魏忠贤令苏州巡抚毛一鹭逮捕东林党人周顺昌，数万名苏州市民包围捕差缇骑，以颜佩韦等为首，殴死捕人捕差。魏忠贤震怒，下令屠城苏州。颜佩韦等五人挺身而出，英勇不屈，慷慨就义。不久魏党垮台，魏忠贤畏罪自杀。苏州人在毛一鹭为魏忠贤建造的生祠"普惠生祠"废基上，安葬五位义士尸骨，并建墓立碑，碑题"五人之墓"，碑上刻有复社领袖张溥所撰《五人墓碑记》。晚清恽毓鼎在《澄斋日记》中说：灯下偶检张天如（溥）《五人墓碑记》读之，曲折顿宕，忽起忽落，无一平笔钝笔，是善学史公之文。

是年，由木匠僧人本羊、妆贴匠人侯尽兄弟等七人刻制麦积山第25龛坐佛。刘兴珍载：隋代以后，麦积山崖面已布满窟龛，地震崩塌亦严重。唐末以后无新洞窟开凿，多利用旧窟重妆或改塑。第165窟原为北朝窟，宋代重塑观音及胁侍，形象更加世俗化，与内地同时期造像具有相同的程序化特点。第91、90窟亦均是北朝窟，宋代改造，弟子等形象亦真实感人。明清亦多重妆旧塑，但原型皆失，惟第25龛高大的坐佛，是明天启七年（1627）木匠僧人本羊、妆贴匠人侯尽兄弟等七人所制作，代表了这时期麦积山匠师的较高水平。

［文献］　清恽毓鼎《澄斋日记》，刘兴珍等《中国古代雕塑图典》。

公元1628年　崇祯元年

［提示］　三月八日，熹宗朱由校入葬德陵。是年，须弥山石窟题记。

［叙录］　三月八日，熹宗朱由校入葬德陵。明德陵位于潭峪岭西麓，为明朝第15位皇帝熹宗朱由校和皇后张氏合葬陵寝。熹宗朱由校为光宗长子，泰昌元年（1620）九月六日即皇位，次年改元天启。据清邓凯《崇祯长编》载：熹宗于天启七年（1627）八月二十二日去世，崇祯元年三月八日葬德陵。但据清谈迁《国榷》载德陵直至崇祯五年二月庚午（初二）才建成，也就是说，熹宗入葬时，陵墓工程并未全部完成。胡汉生载：德陵神道从永陵神道碑亭前向东北分出，长约500米。途中建五孔石桥一座，近陵处建有神功圣德碑亭。

是年，刻宁夏须弥山石窟题记。《须弥山石窟内容总录》载，此题记位于第45窟。内容为：有施主见此门户洞开，佛像被风吹埋，诚许做门。

［文献］　清邓凯《崇祯长编》卷一，清谈迁《国榷》卷九二，宁夏回族自治区长安志文物管理委员会等《须弥山石窟内容总录》，胡汉生《明十三陵研究》。

公元1629年　崇祯二年

［提示］　四月，山西《妙明墓塔记》。

［叙录］　四月，山西刻《妙明墓塔记》。此刻在《云冈金石录》中曾著录。张焯载：此塔铭，今云冈石窟文研所仅存右上角，细灰砂岩，似乎是由一矩形捶板石改刻，面上仅余"阿弥"二字。

［文献］　［日］水野清一等《云冈金石录》，张焯《云冈石窟编年史》。

公元1630年　崇祯三年

［提示］　八月二十五日，四川巴中南龛第22龛清代装彩题记。

［叙录］　《巴中石窟内容总录》载：巴中第22龛位于神仙坡南段老君洞侧。外龛右壁阴刻清代装彩

图 275 后金石虎 后金(1616—1636) 辽宁沈阳东陵公园

题记：崇祯三年八月二十五日秦西泾阳县，商人杨棋秀重复装彩金身佛阁全完。

［文献］ 成都文物考古研究所等《巴中石窟内容总录》。

公元1632年　崇祯五年

［提示］ 陕西刻《董仲舒像并赞》。令神道佛像曾全部移宫外安放。

［叙录］ 是年，陕西刻《董仲舒像并赞》。《北京图书馆藏画像拓本汇编》著录频阳高君殿所刻《董仲舒像并赞》，刻工署为高君殿，系于"明壬申秋日"，因具体年份不详，附于明代最后。程章灿按，《新中国出土墓志》（陕西卷）收有万历四十七年（1619）富邑高君魁所刻《少轩张公配萧氏合葬墓志》。考富邑、频阳均指今陕西富平县，二人里籍相同，名字相近，"魁"、"殿"字形颇为类似，兼之《董仲舒像赞》刻工题署不是很清楚，"高君殿"疑当作"高君魁"，本来就是同一人；若非同一人，至少也应该是兄弟，年辈相近。高君魁既然活跃于万历四十七年（1619）前后，则高君殿刻《董仲舒像赞》应在崇祯五年（1632）。

是年，令神道佛像曾全部移宫外安放。金申说，元明清三代皇室都崇奉藏传佛教，从忽必烈迎请西藏高僧八思巴来内地传教并赐封国师起，明清两朝仍承其绪，番僧与皇室关系密切，出入禁中，讲经说法。宫内都专门辟有佛堂，供奉藏传佛像。据刘若愚《酌中志》等记载，崇祯五年秋，宫内还发生过一次撤除偶像的风波，乾清宫、隆德殿、英华殿等处神道佛像曾全部移出于宫外朝天宫、大隆善寺等处安放。这次事件的背景尚可深考，这些佛像的内容可见方以智《物理小识》十二"异像"条：崇祯辛巳，曾同姜如须过后湖，入一庵，后殿封锸，具施乃开，皆裸佛交媾形，凡数百尊。守者曰，天地父母前年大内发出者。其像皆女坐男身，有三头六臂者，足下皆踏裸男女，累人背而叠之。牟润孙认为，此处说崇祯辛巳（1641）作者过后湖，所说的前年，应是泛指数年前发生之撤毁佛像事件，或者系崇祯十二年（1639）又再次发生过从宫内外撤佛像之事，亦未可知。

［文献］ 《拓本汇编》第1册，程章灿《石刻刻工研究》，陕西省古籍整理办公室《新中国出土墓志》（陕西卷），金申《佛教美术丛考》，牟润孙《崇祯之撤像及信仰》（《明代宗教》）。

公元1633年　崇祯六年

［提示］ 湖南刻《重建三闾大夫祠碑记》。

［叙录］ 是年，湖南刻余自怡《重建三闾大夫祠碑记》。刘刚载：此碑现存于汨罗市屈子祠。高155厘米、宽80厘米，碑文共19行，行字数不等，楷书。碑文记述重修汨罗三闾祠过程：自嘉靖二十年（1541）戴嘉猷修葺后，至今缺然，崇祯二年（1629）余自怡知湘，与士民捐金百两进行修葺，本年始成，并立碑。此处湖南还刻有戴嘉猷《重修独醒亭记》碑。其碑在汨罗市屈子祠。由福建松溪范爽篆额、广东南海陈时恩楷书碑文。

［文献］ 刘刚《湖湘碑刻》。

公元1636年　崇祯九年

［提示］ 三月二十一日，河南宝山灵泉寺昊天阁。碑刻名家董其昌卒。后金政权至此结束，沈阳东陵石刻。

［叙录］ 三月二十一日，河南宝山灵泉寺昊天阁。《宝山灵泉寺》载，昊天阁坐落在灵泉寺附近西北隅的幺壁山顶最高一层。全阁用汉白玉石雕刻而成。该阁建在分上下两层的高台之上，上用十字脊顶覆盖。台壁镌"遗名山，护此邦"等颂玉皇大帝功德之词共8行101字。高台之上为阁，阁通高3米，正中辟一门。其阁身前壁刻有如下诗句："乾坤覆载，烟消烽息；日月光辉，□伏灾藏；皇图永固，民安物阜；

□□遐昌，悠久无疆，只有天在上，更无天与齐。”门额已不存。其内为一室，后壁刻一牌位，上书“昊天金阁玉皇大帝”八字，两侧云龙缠绕，门与下檐间雕出腰檐一层，其后壁外部刻有“大明崇祯九年三月二十一日南平村会众叩”等共47个字。其上四周出檐，第二层为实心，四角雕有角柱四根，上刻大额枋，无平板枋。正面中部雕出一牌匾，中刻“昊天阁”三字。匾两侧及顶部雕出二龙戏珠纹饰，屋顶形式为十字歇山，其脊部交接处雕有一吞脊兽，作四面吞脊状。

是年，碑刻名家董其昌卒。董其昌在《明史》中有传，字玄宰，号思白、香光居士。是明代后期大书画家、华亭（今上海闵行区马桥）派代表人物。董其昌少负重名，初学米芾、颜真卿，后学虞世南，转学钟繇、王羲之，汲取各家精粹，终于自成一家。《明史》本传说：其书法超越诸家，始以宋米芾为宗，后自成一家，名闻外国，造请无虚日，尺素短札，流布人间，争购宝之，精于品题，收藏家得片纸只字为重。传世碑刻中有《重修云龙山放鹤亭记》、《通军山新建普陀别院记》、《秣陵旅舍送章生诗》、《题孟厢古桧一首》、《徐翼所公家训》等。

后金政权至此结束，沈阳东陵石刻（图275、图276、图277）。后金（1616—1636）又称后金汗国，为建州女真努尔哈赤所立政权。至本年，努尔哈赤之子皇太极改国号为“大清”，年号崇德，大金国结束，清朝于此正式成立。位于沈阳的东陵（福陵），系太祖努尔哈赤和孝慈高皇后叶赫那拉氏之合陵。其地于民国十八年（1929），奉天政府辟福陵为公园（东陵），这儿亦存有不少石刻，虽处关外，却颇具中原之风。可见其时，后金对汉文化的熟悉，而吞并天下的雄心，早已露出端倪。

［文献］ 清张廷玉《明史》卷二八八，河南省古代建筑保护研究所《宝山灵泉寺》，王佩环《福陵与明清皇陵的比较研究》（《清史研究》1995年第2期）。

公元1637年　崇祯十年

［提示］ 《天工开物》首刊。

［叙录］ 是年，《天工开物》首刊。明代科学家宋应星巨著《开工开物》，为作者友人涂绍瞳（字伯聚）资助刊刻行世。宋应星字长庚，江西南昌府奉新县北乡人。早年会试不第，后以小官养家，闲暇时著成此书。全书分为乃粒、乃服、彰施、粹精、作咸、甘嗜、陶埏、冶铸、舟车、锤锻、燔石、膏液、杀青、五金、佳兵、丹青、曲蘖、珠玉等共18章，中有插图123幅。其内容涉及农业、手工业各个方面，堪称中国古代农业手工业百科全书。英国学者李约瑟称宋应星是“中国的阿格里科拉（Agricola）”和“中国的狄德罗（Diderot）”。

［文献］ 宋应星《天工开物》卷序，［英］李约瑟《中国科学技术发展史》。

公元1638年　崇祯十一年

［提示］ 江苏镇江刻阮大铖撰书《游焦山诗并识》诗碑。

［叙录］ 是年，江苏镇江刻阮大铖撰书《游焦山诗并识》诗碑。此碑由阮大铖书、邵应魁摹勒，行书。碑高35厘米、宽88厘米，原置宝墨轩，现在江苏镇江焦山碑林南廊。

［文献］ 袁道俊《焦山石刻研究》。

公元1639年　崇祯十二年

［提示］ 仲夏，四川巴中南龛第78龛下方嵌诗碑。

［叙录］ 是年仲夏，四川巴中南龛第78龛下方嵌诗碑。《巴中石窟内容总录》载：巴中南龛第78龛，位于神仙坡北段下层，为盛唐双层龛。其龛下方嵌一碑，碑上阴刻明崇祯十二年诗一首《避暑南龛用张三丰仙人游巴岳回文二首韵》，文字漫漶难辨。其诗作者无考，其七律二首回文诗，可顺读，亦可反读。张三丰，据《明史》（张三丰传）说他名全一，又名君宝，三丰是号。辽东懿州（今辽宁锦州市黑山县）人，

图 276 后金石狮 后金(1616—1636) 辽宁沈阳东陵公园

图 277　后金石驼　后金(1616—1636)　辽宁沈阳东陵公园

有仙术。常居武当山，后居甘肃金台观，曾漫游四川，生卒不详，洪武、永乐间尚在世。

［文献］　清张廷玉《明史》卷二九九，成都文物考古研究所等《巴中石窟内容总录》。

公元 1640 年　崇祯十三年

［提示］　八月二十二日，四川巴中南龛第 23 龛装彩记。仲秋，巴中南龛第 24 龛装彩记。十二月十五日，巴中南龛第 112 龛装彩记。是年，重庆合川造像。江苏镇江重刻米芾"城市山林"匾额。

［叙录］　本年，四川境内有几处造像装彩题记，均在巴中。《巴中石窟内容总录》载：第 23 龛位于神仙坡南段，其内龛中为唐造一佛二弟子二菩萨五尊像。内龛右侧壁阴刻明崇祯十三年装彩记，竖刻二行，占壁面高 46 厘米、宽 12 厘米；崇祯十三年八月

二十二日秦(泾)阳县商人刘汝兴装彩。仲秋,巴中南龛第24龛装彩记,其龛位于神仙坡南段,为盛唐双层龛。内龛中造一佛一菩萨二尊像,龛口外雕刻二天王二力士。外龛右壁有明崇祯十三年阴刻装彩记,竖刻3行、行14字,占壁面高55厘米、宽16厘米:陕西泾阳冬京客蒙谦,发心装贴此龛菩萨金刚天王一洞,圆满永藏。十三载□月□□□仲秋吉旦谨题。同年十二月十五日,巴中南龛第112龛装彩记,此龛位于神仙坡北段上层,为初唐外方内两层檐佛帐形双层龛。内龛三壁原各造一佛二菩萨三尊像,二力士立于龛口两侧,外龛左右壁各雕饰一飞天。内龛龛口上部墨书:明崇祯十三年十二月十五日王鸣启等装彩记。

是年,重庆合川造像。《中国石窟雕塑全集》载:合州宋坝里刘芳先、姚氏三娘捐一百七十两银,在重庆合川涞滩北岩金装二佛(即释迦佛,时称该像为蜀中第二大佛,其实远不及荣县和潼南、彭山大佛)一尊。

同年,江苏镇江重刻米芾"城市山林"匾额。米芾原为山西太原人,幼年随父徙居湖北襄阳,后长期定居镇江。米芾一生中大部分时期生活于江南,故《宋史》称其为吴人。王同顺载,米芾在镇江有三处居所,苏东坡曾戏称米芾是"狡兔三窟":一在南山鹤林寺筑精舍;二在城中千秋桥旁建一亩居;三在北固山麓得海岳庵。海岳庵是米芾用一方珍藏多年的研山砚与苏仲恭换得的宅所。王士祯为吟咏说:前辈风流地,为庵易研山。至今,焦山碑林宝墨轩墙壁上还镶嵌着米芾"城市山林"石刻匾额,是为米芾迁居镇江后在南郊鹤林寺建造"精舍"之门匾。原刻早佚,崇祯十三年鹤林寺僧重刻,置鹤林寺古墨林内,1960年移置焦山碑林。

[文献]　成都文物考古研究所等《巴中石窟内容总录》,王朝闻等主编《中国石窟雕塑全集》(四川重庆卷),王同顺《镇江古代石刻及焦山碑林书法研究》。

公元1641年　崇祯十四年

[提示]　河北刻《快雪堂法书》。

[叙录]　是年前后,河北刻《快雪堂法书》。此刻原石存北京北海公园松坡图书馆快雪堂两廊。程章灿按:此帖为涿州冯铨汇集晋王羲之至元赵孟頫等历代书法家墨迹编成,共五卷。因得到王羲之《快雪时晴帖》,并以此帖冠其首,因名其帖。此刻刻工为宛陵(安徽宣城)刘光旸(雨若),刘氏乃镌刻名手,刻法秀润,有"天画神镂"之誉。此刻没有标示具体刻石年月。在王献之《洛神赋》十三行后刻有崇祯十四年冯铨跋,摹刻时间或开始于此后不久。冯铨字振鹭,一字伯衡,号鹿庵,涿州人。明万历癸丑(1613年)进士,天启中宫文渊阁大学士,兼户部尚书。入清,官至弘文院大学士、礼部尚书。冯氏明清两朝都曾官居高位,家中收藏颇富。刻手刘光旸,清初曾为鸿胪寺序班,为明末清初最杰出的刻帖名家。曾自刻《翰香馆帖》12卷,又曾为卞永誉刻《式古堂帖》10卷。《快雪堂法帖》之所以名重艺林,有相当部分原因是缘于他的传神铁笔。此帖冯氏刻于涿州,后因子孙不能守,质于州库,州牧福建人黄可润购之运回福建。乾隆己亥(1779),福建总督杨景素又将帖石购得,进奉内府。乾隆皇帝为之建快雪堂于北海北岸,将石嵌于两廊。又将原刻中的三块木板改刻于石,并作《快雪堂记》以记之。此帖的拓本有三种:涿拓、建拓和内拓。涿拓因早于建拓和内拓,所以最为名贵。建拓较少,亦不易得。内拓拓工亦精,用御制墨,乌黑光亮,但因有的帖石已经漫漶,字口有不少损伤,又经易石重刻三版,所以远逊于涿拓。故宫藏有涿拓本,为清内府乾隆皇帝乐善堂旧藏。

[文献]　紫禁城出版社《涿拓快雪堂帖》,程章灿《石刻刻工研究》。

公元1644年　崇祯十七年　顺治元年

[提示]　崇祯十七年三月十六日,李自成焚定陵祾恩门等处。五月,山西云冈寺院建筑焚毁。崇祯十七年,河南淇县《扯淡再不来了》碑。崇祯年间,江苏吴县刻《楞严经刻石》。和尚风颠书绘《达摩面

壁像》、《达摩东渡像》碑。重庆大足石刻。顺治元年五月，以帝礼葬崇祯于思陵。清初，呼和浩特刻《蒙古文天文图》。

［叙录］ 这一年是明朝覆亡的时刻。

崇祯十七年三月十六日，李自成焚定陵祾恩门等处。据清人顾炎武、朱孔阳载：是日，李自成农民起义军陷昌平，焚定陵祾恩门、祾恩殿、两庑配殿及康、昭二陵明楼。同年，五月，山西云冈寺院建筑焚毁。《云冈石窟》载：本年二月，农民军进驻大同。三月，留部将张天琳守云冈。五月，云冈寺院建筑焚毁。

崇祯十七年，河南淇县刻《扯淡再不来了》碑。金其祯、高水然载，此碑存于淇县摘星台公园，碑高不过两米，宽不过三尺。其碑头上从右至左横刻“再不来了”四字，下刻“扯淡”二字，中间则刻有“泰极仙翁脱骨处”一行七字。右边刻有此仙翁简介：翁，燕人，水木氏，明末甲申访道云梦修行，事迹不详载，甲申记天事等不敢再赘；左边为：翁不言寿，莫考其纪。或曰一十有二纪卒，曰然。四空门人清琴棋书画抱疾老人立。背面下中横书四大字“为善最乐”。右边竖写一联：“不负三光不负人，不欺鬼神不欺贫”；左边一联为：“有人问我修行法，只在虚灵自然间”。相传明朝有位沐怀古者，生于官宦之家。一日偶见一年轻人，在街头以写诗卖字为生。沐怀古甚为怜惜，收之于门下。此人叫汤勤，却迷上沐夫人雪艳的美貌。夫人将此事告诉沐怀古，沐怀古将之逐出家门。汤勤离开沐府后，投靠至严嵩门下。汤勤对严嵩儿子严世藩说，沐家有件名叫“一捧雪”白玉酒杯：酒进杯中，满杯向外翻花，白如冰雪。即使普通的酒，倒进此杯，立刻成为美酒。严世藩立刻派人到沐府索要，沐怀古知道是汤勤使坏，谎称玉杯暂不在家中，三日内派人送到严府。然后沐怀古做了一个假玉杯，送至严府。沐怀古则带着家人和玉杯，连夜走人。严世藩下令北京知府戚继光捉拿沐怀古，找到一捧雪！戚和沐原是同窗，但迫于压力，只好通报缉拿。沐怀古在冀州被抓获，一捧雪被夺走。沐怀古下到南监，夫人雪艳被汤勤弄到严府后，在洞房中，雪艳刺死汤勤后自杀。戚继光为了救老朋友动了不少脑筋。沐怀古家人沐成和沐怀古长相十分相近，便假扮主人，在戚继光的帮助下，沐怀古得以逃生。怀古后来改名换姓，四海为家。云游至淇县，隐居云梦山。沐怀古活到 144 岁，但始终也没有找到雪恨的机会。临终时始觉一切皆空，都是扯淡。所以他说：扯淡，再不来了！沐怀古死后，其后人按照其生前遗愿，安葬在八角楼西南方，并刻立《扯淡碑》。扯淡为明清口语，在明清小说戏曲中常见，如清吴趼人在《劫余灰》中就这样写道：次日绝早，李氏即使人请了九如来。嘱其到朱小翁处，订定行聘日期。九如应命自去。不一会，回来说道“朱小翁也十分欢喜，听凭这边择日送聘，他都遵命”，李氏便拿了时宪书，立逼着公孺拣日子。公孺笑道“已经说定了，何必这样忙”。李氏道“人家高兴的事，你总欢喜扯淡”。

江苏吴县之《楞严经刻石》。此刻现存江苏苏州，刻于明末崇祯年间。由张炳樊、张鲁唯、侯峒曾、归昌世、顾锡涛、王时敏等 11 人书写，苏州刻石名手章懋德勒石，原刻石共 84 块，每块长 87—92 厘米，高 22—31 厘米，共刻《楞严经》10 卷，现存刻石 83 块，仅缺最后一块捐助者姓名刻石，是一部保存得非常完整的明代石刻佛经。刻石原在吴县光福狮林寺中，1976 年迁至司徒庙碑廊。

是年，和尚风颠书绘《达摩面壁像》、《达摩东渡像》碑。据陈忠凯等说，碑存于西安碑林，以楷体及行草书书写并绘画此二碑，碑上所绘达摩络腮胡子，大眼圆瞪，肩头荷杖挑履，脚踏一杆五叶芦苇正浮于波涛之上，从碑上的形象可以看出，达摩是一个印度僧人。

崇祯年间，重庆大足石刻。《蜀中广记》首记：（大足）北山沿岩里许皆刻佛像；宝顶山环岩数里凿浮图像；昌州惠因院有石恪作维摩问疾图。

顺治元年五月，以帝礼葬崇祯于思陵。崇祯十七年三月，明朝被李自成领导的农民起义军推翻，其亡国之君崇祯帝朱由检和皇后周氏于同年四月葬于天寿山陵域内，其葬所却是崇祯帝生前的宠妃皇贵妃田氏之墓，田妃墓坐落在陵区西南隅鹿马山（锦屏山)前。胡汉生载,崇祯帝生前鉴于天寿山陵区已无理想吉地,曾有建陵马兰峪(清东陵所在地)的设想,但国事纷争,未能付诸实施。所以,崇祯帝后在皇宫自缢身亡后,农民军下令将他们葬入田妃墓中,但当时田妃墓玄宫建筑虽已建好,地面建筑却尚未建造。清入中原后,于顺治元年(1644)五月,下令以帝后礼重新为崇祯帝后举行安葬仪式,同时命改田妃墓为思陵,并着手营建地上园寝建筑。于是,田妃墓在清初升格为帝陵,成为十三陵的最后一陵。

清初,呼和浩特刻《蒙古文天文图》。据潘鼐等载,此天文图石刻位于内蒙古呼和浩特玉泉区五塔寺金刚座舍利宝塔后面的影壁上,为汉白玉石浅浮雕和线雕。直径 144.5 厘米,天球圆面以天北极为圆心,画出二十八宿赤经位置的经线,还有五个同心圆。由里向外为天北极圈、夏至因、天赤道圈、冬至因、天南极圈。与天赤道相交的另一个双线圈,表示黄道。全图刻恒星约 270 座,星数 1 570 余颗。天球外面有四层注字的同心圆;最外层刻十二宫和十二生肖名称;第二层刻二十四节气名称;第三层外侧为黄道周天度数,内侧为赤道周天度数;最里层刻二十八宿名称。图下侧偏左有一长方形署名栏,刻星等图例,并注明“钦天监绘制天文图”字样。这是我国现存唯一用蒙古文标注的天文图石刻,反映了清代初年天文学的水平,制图极为精确,与现代的天文图相比,只差 4.5 度。此图刻于清初,姑系于此。

［文献］ 明曹学佺《蜀中广记》卷一,清顾炎武《昌平山水记》,清朱孔阳《历代陵寝备考》卷四九,清吴趼人《劫余灰》卷二回,山西省文物工作委员会等《云冈石窟》,金其祯《中国碑文化》,胡汉生《明十三陵研究》,高水然《“扯淡碑”碑文试释》(《寻根》2000 年第 4 期),陈忠凯等《西安碑林博物馆藏碑刻总目提要》,潘鼐《中国古天文图录》。

公元 1645 年 顺治二年 大顺二年 南明弘光元年

［提示］ 顺治二年八月望日,山西《重修云冈堡昊天庙碑记》。大顺二年二月十三日,四川广汉《圣谕碑》。三月一日,四川《大西骁骑营都督府刘禁约碑》。南明弘光元年,《张溥墓志铭》。

［叙录］ 顺治二年八月望日,山西刻《重修云冈堡昊天庙碑记》。日人水野清一等在《云冈金石录》载:时顺治二年秋八月望日记。北海道人周廷俊,沐浴稽首撰文;大同府学生邓光□,顿首篆额;玄门弟子、住持赵常□。张焯说:昊天庙即今所谓“玉皇阁”,在云冈第 20 窟山顶。此碑今不知所在。王逊在《云冈一带勘察记》讲:冈顶中央部分有玉皇庙,已残破不堪,有残碑,可知是明代故物。

大顺二年二月十三日,四川广汉刻《圣谕碑》。高文载:明末农民起义领袖张献忠在攻克成都、宣布建立大西国时曾颁降“一道圣谕”,诏令各州县刊碑。现藏四川广汉县房湖公园内的《圣谕碑》,即刻立于明末大顺(张献忠国号)二年,碑高 210 厘米、宽 101 厘米、厚 185 厘米,是研究农民起义的重要历史文献。碑文内容为:天有万物与人,人无一物与(天),神明明,自思自量。大顺二年二月十三日。

大顺二年三月一日,四川刻《大西骁骑营都督府刘禁约碑》。此碑为明末张献忠农民起义军所刻立。“大西”是张献忠建立的农民政权,清人杨鸿基在《蜀难纪实》中载骁骑营都督刘进忠,据此可知该碑系张献忠起义军之骁骑营都督刘进忠于大顺二年三月一日所立,碑高 129 厘米、宽 73 厘米,原碑已佚,但碑拓仍存。从碑拓文字看,此碑系大西骁骑营都督刘进忠向大西军队及官员发布的禁约文告碑,文告规定:大西军队及官员不许擅自招兵,扰害地方;不得擅动铺递马匹兵夫;坐守武职不得擅受民众讼词;不许假借天兵名色扰害地方;不许无赖之徒投入军营,诬告良民;不许擅娶本地妇女为妻妾。若有违反以上各条纪律者,许民锁解军前正法。可以看出,其时张献忠农民起义军中的纪律,还是相当严明的。

南明弘光元年,刻《张溥墓志铭》。南明政权是明王朝的流亡政府。李自成农民军攻破北京后,明思宗朱由检煤山自缢,明朝灭亡。清军入主中原后,明朝宗室先后在南方建立弘光政权、隆武政权、鲁王监国、绍武政权及永历政权等抗清政权，前后历时18年。《张溥墓志铭》为明代书法家黄道周所书。现故宫博物院存纸本，乌丝栏，小楷，共1 033字。前有清何绍基题署“石斋先生撰书张天如墓志铭”，纵28.7厘米、横193.8厘米。后有周永年、梁章巨、何绍基等跋语，刊于《故宫博物院藏历代法书选集》中。清梁章巨跋：黄忠端公自书所撰张天如墓志铭长卷，精楷无一笔苟简。清何绍基跋此铭云：书意于古劲中复有错落之妙，信为先生杰迹。

［文献］ 清杨鸿基《蜀难纪实》，［日］水野清一等《云冈金石录》，王逊《云冈一带勘察记》（裴文中等《雁北文物勘察团报告》），张焯《云冈石窟编年史》，高文等《四川历代碑刻》、《故宫博物院藏历代法书选集》（三）。

公元1646年 顺治三年

［提示］ 五月，山西《重修云冈石佛寺碑记》。是年，山西刻《监察御史朱廷翰题诗》。

［叙录］ 五月，山西刻《重修云冈石佛寺碑记》。此记在清人李翼圣的《左云县志》中曾著录。张焯说此碑今无存；作者《县志》未载，事必有因。疑其为姜瓖党羽，可能是驻守左卫城的大同协镇副将林世昌。姜瓖兵变，史称“戊子之变”。其时，清廷调各路兵马征讨，摄政王多尔衮二度亲征。最后，城中粮食告罄，姜瓖麾下总兵杨振威等斩瓖首级，开门献城。随后，清军屠城；事后，大同府东迁阳和卫（阳高县），更名阳和府；大同县徙西安堡，九年复归。顺治八年佟养量修云冈、观音堂的原因，盖安慰亡魂也。

是年，山西刻《监察御史朱廷翰题诗》。此刻日人《云冈金石录》中载，在第一洞外壁上部。张焯说该草书石刻题诗，为唱和石碣韵《石佛寺》而作，在今第一窟东外壁，风雨侵蚀已近漫灭。

［文献］ 清李翼圣《左云县志》卷一〇，［日］水野清一等《云冈金石录》，张焯《云冈石窟编年史》。

公元1647年 顺治四年

［提示］ 山西云冈刻《丁亥年游人题记》、江苏刻《江南织造局图碑》。

［叙录］ 是年，山西刻《丁亥年游人题记》。日人《云冈金石录》载，此刻在第二洞外壁上部。张焯说，此行草书石刻题记，在第三窟以西30余米处崖壁。记中的“西台”为负责巡察西部省区御史别称；“备员西台，承乏宣大”，所指唯总督或巡按宣大的都御史或监察御史；“龙飞首科”，指大清开国后的第一批进士，即顺治二年考试、三年发榜的进士。查有关史志，知是顺治三年进士（丙戌科）、十一月由湖广道监察御史巡按宣大，四年离任的北直隶人高景。景，后任至刑部、工部尚书。

是年，江苏苏州刻《江南织造局图碑》。彭泽益研究认为，清代官营丝织工业，不论从地区分布和织造单位来说，都远比明代的经营范围缩小。它只在江宁、苏州、杭州和北京四处设局：在京有内织染局；在外，江宁、苏州、杭州有织造局，岁织内用缎匹，并祭祀制帛、诰敕等件，各有定式。江南三局在17世纪40年代最先恢复重建，北京内织染局约在17世纪60年代左右建立，1843年裁撤。故清代织造如同明代一样，仍以江宁、苏州、杭州三处为重点。

1963年，在苏州葑门内带城桥下塘原织造署旧址，发现了刻于顺治四年（1647）的《江南织造局图碑》。图碑长140厘米、宽80厘米，四边镶刻二龙抢珠，碑上部刻题记，下部刻图。图呈平面，从图案上可看到，当时的江南制造局分为前后二所，以“孔夫子巷”为界。前所有大门、大堂、后堂、楼房、机房、祖师堂。右侧为机房，左侧为绣缎厅、机房。顶端有更楼。过夫子巷后为后所，共有机房169处，织机800张，工匠2 330名，专为皇家织造名贵的锦缎等丝织品。此碑为勘定清代江南织造局提供了重要的实物证据。

［文献］ ［日］水野清一等《云冈金石录》，张焯《云冈石窟编年史》，彭泽益《清代前期江南织造的研

究》(《历史研究》1963年第4期)。

公元1650年 顺治七年

［提示］ 瞿式耜、张同敞就义,曾书《浩气吟》刻石。

［叙录］ 是年,瞿式耜、张同敞就义,曾书《浩气吟》刻石。瞿式耜在《明史》中有传,字起田,号稼轩、耘野,又号伯略,江苏常熟人,明末诗人。在崇祯朝官至户科给事中。晚年抗清,拥立桂王朱由榔。顺治四年(1647)城破被捕,与张同敞同在桂林风洞山仙鹤岭下就义。张同敞字别山,湖北江陵人,明代政治家张居正的曾孙,以荫补中书舍人。在广西桂林叠彩山的仰止堂壁上,镶有抗清将领瞿式耜、张同敞《浩气吟》刻石。瞿式耜诗云:已拼薄命付危疆,生死关头岂待商。二祖江山人尽掷,四年精血我偏伤。羞将颜面寻吾主,剩取忠魂落异乡。不有江陵真铁汉,腐儒谁为剖心肠。张同敞应和瞿诗云:异国凋零非故疆,首阳一死尚留商。舌存不信乾坤去,臂断宁同儿女伤。胡语可怜原汉语,帝乡无路是愁乡。幽魂应交天边月,照见孤臣铁石肠。二诗均写于瞿张就义之前,慷慨悲歌,令人动容。

［文献］ 清张廷玉《明史》卷二八○,杜海军《桂林石刻总集辑校》。

公元1651年 顺治八年

［提示］ 孟夏,山西《重修云岗大石佛阁碑记》。仲夏,山西《重修观音堂大殿碑》。是年,山西刻刘国钦《再入云中》。河南洛宁刻《琅华馆法帖》。

［叙录］ 是年孟夏,山西刻《重修云岗大石佛阁碑记》。张焯载,此碑为钦命总督宣大、山西等处军务,兼理粮饷,兵部左侍郎、兼都察院右副都御史佟养量所撰。碑文在日人《云冈金石录》中有载(第五洞佛阁内西侧)。碑阴署名顺序,并非如水野氏所记由右往左,而是如序昭穆,居中为首,然后右、左交替。《光绪山西通志》载:佟养量,辽东人。顺治六年,任宣、大总督,驻阳和。时姜逆初平,骸骨遍野,为殓而葬之。又建报忠祠,祀一时死事者。会部议卫所屯田,照内地民田例起科,抗疏言:边地种迟霜早,沙碛相望。加以岁盗频仍,荒残愈甚;若复援例起科,势必闻风俱溃。疏上,获允。大同人至今感之。

是年仲夏,山西云冈观音堂门廊镶嵌《重修观音堂大殿碑》。此碑仍钦命总督宣大、山西,兵部左侍郎佟养量谨撰。佟养量谓观音堂创自北魏,依据的应该是大殿内的石像,而这些石像,今天看来早不过辽代。本年,山西云冈刻刘国钦《再入云中》。此诗在清人胡文烨《云中郡志》中有载。张焯说:刘国钦为江南金坛人,进士,顺治八年任督粮户部主事。《再入云中》题下,《郡志》有"时镇署移阳和镇"7字。此诗内容,记述当时大同城的战后惨状。

是年,河南洛宁刻《琅华馆法帖》。此帖为王铎和张鼎延、张璇等人所书,于本年由张翱镌刻。1958年在洛宁县新寨村出土。据任博文介绍,帖石系用白玉石雕成,共12方。长62—98厘米、宽30厘米、厚约12厘米。其中四方为一面刻字,余皆两面刻,共约6 130字,草行楷兼有。帖分一、二两册,每方石面右边刻有册页编号。有的还刻有"长定飞卿张翱镌刻"字样。帖尾有王铎跋语,末行署"辛卯三月十四夜王铎书"。根据王铎生卒年推算,辛卯当为顺治八年,即王铎去世的前一年。据帖中内容并结合乾隆十二年《永宁县志》卷五等有关史料所记,知张氏是明清时居于洛宁县德里村的大官僚地主。张论字建白,号葆一,明万历进士。万历崇祯时,曾两次任四川巡抚。其子鼎延字玉调,与王铎是明天启二年(1622)同榜进士,官至兵刑二部侍郎。鼎延子璇,字天政,为王铎女婿。由于王张两家关系密切,其书信往来、诗酒赓和,互相唱酬不少。此帖制作之时,张鼎延谪居于家,便将家藏岳父王铎墨迹以及自家一些人的墨迹刻于石,并请王铎为之题跋。帖石出土的新寨村距张氏居住的德里村仅有一公里许,可见其石原为张家刻藏无疑。还有一种《琅华馆真迹》刻帖，共二卷，明崇祯末年张翱父子刻，为王铎一人所书，帖石今藏沁阳县柏香镇。

［文献］ 清胡文烨《云中郡志》卷一四，清曾国荃等《山西通志》卷一〇四，［日］水野清一等《云冈金石录》，张焯《云冈石窟编年史》，任博文《王铎〈琅华馆帖〉简介》（《中原文物》1981年第1期）。

公元1652年 顺治九年

［提示］ 王铎卒。

［叙录］ 是年，王铎卒。王铎生平事迹见于清人于敏中、李斗等相关著述中。他是明末清初的大臣，也是著名的书画大家，《法华馆帖》即出自王铎之手。王铎字觉斯，一字觉之，号十樵、嵩樵，河南孟津人。天启二年（1622）进士，累擢礼部尚书，后为东阁大学士。入清后授礼部尚书、官弘文院学士，于顺治九年（1652年）病卒，葬巩义洛河边。

［文献］ 清于敏中等《天禄琳琅书目》卷五，清李斗《扬州画舫录》卷一三。

公元1654年 顺治十一年

［提示］ 宋琬主持刊刻甘肃《二妙轩诗碑》。

［叙录］ 唐晓军载：顺治十一年，驻节秦州的分巡陇右道宋琬主持刊刻《二妙轩诗碑》。此刻为杜诗石刻，对研校杜诗版本具有重要价值。是年，山东莱阳人宋琬出任分巡陇右道兵备佥事，驻节秦州（今甘肃天水市），杜甫的《秦州杂诗》在其地广为流传。诗人宋琬去城北玉泉观李杜祠堂欣赏杜甫诗刻，并新建李杜祠堂、重刻杜诗。在新建的李杜祠堂中，宋琬专辟一轩，选杜甫《秦州杂诗》60首，又构求二王笔法，延请兰州摹勒书法名家张正言、张正心兄弟摹刻上碑（宋琬《杜甫石刻题后》）。康熙十三年（1674），吴三桂叛乱，秦州落入吴手，玉泉观被毁，诗碑亦散失。至乾隆四十八年（1783），秦州知州王宽离任闲居，偶然在秦城西关一所僧房发现杜诗残碑，仅存4首诗。据陈冠英等载，宋琬集书圣王羲之、王献之书法刊刻诗圣杜甫之诗，成为《二妙轩诗碑》，诗为诗圣之诗，字为书圣之字，诗妙字妙，故称“二妙”。王宽之后，《二妙轩诗碑》下落不明。乾隆二十九年（1764）的《秦州志》只提一句“今拓本犹有藏者”。民国二十三年（1934），陇上学者冯国瑞奉亲归里，从周西山先生处得观《二妙轩诗碑》拓本，作《秦州杜诗石刻记》，详尽地考释了《二妙轩诗碑》的来龙去脉。周西山之后，拓本由其子周恒收藏，1985年捐献给当地政府。拓本为纸本长卷，卷首是杜甫半身线刻像，之后是宋琬的《杜甫像赞》，正文辑录杜甫秦州杂诗60首共计3 241字，卷尾有党崇雅、东荫商、王一经、郭充、聂玢、邓旭等六人的跋和宋琬的总跋《杜甫石刻题后》。1998年，根据拓本制作的《二妙轩诗碑》复原在天水南郭寺东院。

［文献］ 唐晓军《甘肃古代石刻艺术》，陈冠英等《冯国瑞先生与〈二妙轩诗碑帖〉》（《天水行政学院学报》2002年第1期）。

公元1655年 顺治十二年

［提示］ 五月，内蒙古《追封忠亲王暨忠亲王妃碑》。是年，广州华林寺造像。

［叙录］ 五月，内蒙古刻《追封忠亲王暨忠亲王妃碑》。据盖山林等载，此碑俗称《满蒙联姻记铭碑》，现藏内蒙古前郭县新丰乡库里屯，系按照顺治皇帝旨意而刻立。碑用火成岩镌刻，通高582厘米、宽130厘米、厚40厘米。正背两面刻有盘绕的蟠龙，碑身刻满蒙对译碑文。从碑文及相关史载可知：被敕封的碑主忠亲王为清初蒙古科尔沁部贝勒济吉特民，名寨桑，系顺治皇帝母亲孝庄文皇后的父亲。可以看出，清初统治者十分重视与蒙古贵族之间的关系，并竭力笼络蒙古贵族，通过封爵和联姻使清皇室与蒙古族之间建立起亲密关系，以提高和坚定蒙古贵族对清王朝的政治向心力，这对于有效地维护

多民族国家的统一和巩固，是极其有利的。

同年的广州华林寺造像，位于广州茂林新街、毓桂坊及关帝庙一带。寺传为梁武帝时达摩禅师自西竺国航海至粤所建，时称西来庵。后寺废，清顺治十二年(1655)重建，易名华林寺。寺院建筑现仅存石塔、五百罗汉堂、龙天常住各一座，余皆毁圮。石塔为星岩石制造，质白且坚，今露出地面高约780厘米。塔基满雕花纹，繁复精巧。塔身七层，各层六面均开火焰式门，并置佛像一尊，共计42尊。罗汉堂内宽30米，深40米，回廊建制，置五百罗汉像，各具情态，变化生动。北面正中置三宝佛。龙天常住内存十六尊者及一佛、二菩萨像，佛为释迦牟尼坐像，左为文殊菩萨像，右为普贤菩萨像。刘兴珍认为，其塑造技艺精到，人物比例适度，随物赋形，极自然之妙，风神毕具，为寺中最好的雕刻作品。

［文献］ 盖山林《蒙古族文物与考古研究》，刘兴珍等主编《中国古代雕塑图典》。

公元1656年 顺治十三年

［提示］ 正月二十日，长安卜栋刻《准提像》。孟春二十日，长安卜栋刻《白衣大悲心五印心陀罗尼经并观音像》。孟夏，山西云冈《重修大同镇城碑记》。

［叙录］ 曾毅公著录，顺治十三年，长安卜栋刻有两件造像。一为是年正月二十日所刻的《准提像》，一为是年孟春二十日所刻的《白衣大悲心五印心陀罗尼经并观音像》。

是年孟夏，山西云冈刻《重修大同镇城碑记》。此记为进士第、户部河南清吏司郎中郡人解元才撰文。张焯载，该碑为青色玄武岩石质，碑首龟趺无存，碑身石榫部断缺。碑高180厘米、宽80厘米、厚21厘米。碑文楷书，竖写20行，满行54字，其中八行有余字，补在行末左侧字缝间。碑原镶嵌在大同城清远街(西街)钟楼墙上。20世纪50年代初拆毁钟楼时，运至大同公园，架为石桌。1980年，文管会主任王民选派人收归市博物馆，并请许殿玺、赵一德、唐云俊等学者辨识碑文。该碑字迹漫漶不清，辨识工作倍加困难，经涂白、擦拭，反复辨认，差可卒读。其时，由许殿玺誊出第一稿。后来，赵一德继续辨识，写出第二稿。

［文献］ 曾毅公《石刻考工录》，张焯《云冈石窟编年史》。

公元1658年 顺治十五年

［提示］ 陕西刻王铎《千字箴碑》。始建天津大悲院，朱彝尊撰《大悲院记》碑。

［叙录］ 是年，陕西刻王铎书《千字箴碑》。据陈忠凯等载，此碑现存西安碑林。石为长方形，长171厘米、宽45厘米，碑文分上下七段镌刻，每段刻12行、行12字。王铎博学好古，工于诗文书画，《千字箴碑》即是其行草代表作之一。傅山论王铎书法说：王铎四十年字极力造作，四十年后无意合拍，遂能大家。

是年，始建天津大悲院，朱彝尊撰《大悲院记》碑。此院为天津市规模最大的佛教寺庙，由清初大文人朱彝尊撰写《大悲院记》碑，碑文记述释世高募捐化缘创建大悲院经过。据朱彝尊所作《大悲院记》(见《天津县志》)载：禅人世高，结茅天津之衢，夏以水，冬以茗果，施往来行人。而予友曹君(曹斌)，实司武备兹土，捐俸钱继之。程工庀材，筑室三楹，题曰大悲禅院。

［文献］ 清朱奎扬等《天津县志》卷二一，陈忠凯等《西安碑林博物馆藏碑刻总目提要》。

公元1659年 顺治十六年

［提示］ 三月十五日，立思陵碑。五月，河南刻《拟山园法帖》。

［叙录］ 三月十五日，立思陵碑。《清世祖实

录》载：三月丙午（十五日），立思陵碑，由大学士金之俊奉敕撰文。

五月，河南刻《拟山园法帖》。曾毅公、马保国等载，此帖由张翱刻。张翱为明末人，早在天启年间已做镌刻工作。《拟山园法帖》共10卷，为清代个人丛帖。于顺治八年至十六年间（1651—1659），由王铎之子无咎撰集，古燕吕昌摹，张翱镌。帖名行书。全刻王铎一家之书，共103种，大多为临古书法。帖后有张缙彦、龚鼎孳及王无咎题跋。张缙彦跋：文安公书法妙天下，毛泰史括所藏书及墨苑家所流传汇集此本，有缺略模糊必求别本正字补之，备极龙跃虎卧猊攫象搏之致，文安（铎）四十年精力尽在此矣。昔卫夫人见右军书叹：此子必掩我名。此本出，惜两公（董其昌、邢侗）不及见也。

［文献］《清世祖实录》卷一二四，曾毅公《石刻考工录》，马保国《王铎〈拟山园法帖〉书风研究》（河南师范大学美术学院2013年硕士论文）。

公元1660年　南明永历十四年

［提示］四川洪雅《蜀王睿制天生城碑记》。

［叙录］是年，四川洪雅刻《蜀王睿制天生城碑记》。高文、晨曲等载：天生城在距洪雅县城15公里青衣江和花溪河汇合处，当地人称皇城山，地势险要，为一军事重镇。碑记简称《蜀王碑》，碑高一丈、宽五尺，碑座高五尺，通高一丈五尺。碑于20世纪50年代被毁为若干块，后修复。立碑者刘耀即刘文秀，为张献忠部下名将，刘在碑文中阐述了自己的政治主张和宏大抱负，具有很重要的史料价值。

［文献］高文等《四川历代碑刻》，晨曲《〈天生城碑记〉辨》（《四川大学学报》哲社版1998年第3期）。

公元1661年　顺治十八年

［提示］始建东陵、清世祖孝陵。范道生应隐元禅师召，东赴日本造宇治黄檗山万福寺像。

［叙录］是年，始建东陵、清世祖孝陵。清东陵位于今河北省遵化市马兰峪，始建于本年，直至光绪末年，其大规模的陵寝兴建工程始结束。晏子有统计说，清东陵陵区范围内，埋葬着皇帝5位、皇后15位、妃嫔、阿哥（皇子）137位。在陵区的东侧和西侧，还建有皇族其他成员及近臣、保姆园寝。清东陵最早建造的是世祖福临的孝陵，孝陵基址，为清世祖到京东打猎之时亲自选定。据清人昭梿在《啸亭杂录》中载：章皇帝（世祖）尝校猎遵化，至今孝陵处，停辔四顾曰：此山王气葱郁非常，可以为朕寿宫。因自取佩韘掷之，谕侍臣曰：韘落处定为佳穴，即可因以起工。赵尔巽等《清史稿》（志六一）中的记载，与此略同。孝陵始建年代，在历史上有几种说法。于善浦认为清孝陵始建于本年，而在清朝守陵总兵官布兰泰所著的《昌瑞山万年统志》一书中，则记载为始建于清康熙二年（1663）。在《清世祖实录》中，顺治十八年山陵称为“世祖章皇帝山陵”。至康熙元年（1662）三月一日，始尊世祖陵为“孝陵”。清孝陵建造，工程巨大。《清圣祖实录》载：康熙二十二年（1683）四月初四日，工部题：修孝陵五孔桥甬道。此后，又修建有石像生和其他一些建筑物。清孝陵的修建工作，前后历时达数十年之久。清孝陵石像生，在影壁山之北，保存比较完好。晏子有说，其雕刻与明十三陵长陵石像生一样，南端立有石柱二根，柱为正六棱形，周身浮雕祥云。北石像生18对，由南往北依次为卧狮、立狮（图278）、卧狻猊、立狻猊、卧骆驼、立骆驼、卧象、立象（图279）、卧麒麟、立麒麟、卧马、立马各一对，武将、文臣各三对。孝陵的石像生，着重突出明末清初在石雕上的写意风格，技法上讲究神似，而不刻意追求形似。其手法具有明代遗风，技法古朴，线条粗犷。以简单的线条勾勒出其精神风貌，但确能充分显示出当时工匠精湛的艺术技巧。刘兴珍则指出，孝陵的石坊，其上有仿木构屋顶，飞檐走兽，气势雄伟。夹杆石上，浮雕动物卧像，形象逼真。神道两旁有望柱和狮子、狻猊、骆驼、象、麒麟、马及文臣

和武将等18对石刻，形体粗壮，雕饰繁缛。

是年，范道生应隐元禅师召，东赴日本造宇治黄檗山万福寺像。范道生字石萠，福建泉州人。本年应隐元禅师之召，东赴日本，造宇治黄檗山万福寺像。明末佛像式样，由此流播东邻，产生元禄期雕刻。归国途经长崎，卒于圣寿山。刘兴珍引据中野弥吾《黄檗山艺术案内》记，现黄檗山佛像相传为范道生所作者，有大雄宝殿木造释迦坐像、迦叶尊者、阿难尊者各一躯，又十八罗汉像，法堂、祇堂观音大士坐像一躯，木造善才龙女立像二躯，祖师堂木造达摩大师坐像一躯，天王殿木造弥勒菩萨坐像一躯，木造韦驮天尊立像一躯，伽蓝堂木造华光大士坐像一躯，斋堂木造紧那罗王立像一躯。此外，天王殿之四天王像、法堂之毗卢那佛坐像等佛像，皆谓为范道生作，亦无不可。所有佛像均为极细密的彩色雕塑，系明末清初之式样。

［文献］ 清昭梿《啸亭杂录》卷一，赵尔巽等《清史稿》卷八六，清布兰泰《昌瑞山万年统志》、《清圣祖实录》卷一〇九，晏子有《清东西陵》，于善浦《清东陵大观》，刘兴珍等《中国古代雕塑图典》，徐静波《京都黄檗山万福寺踏访记》(《书城》2011年第1期)。

公元1662年　康熙元年

［提示］ 旧金门城《鲁王圹志》。

［叙录］ 是年，旧金门城《鲁王圹志》。玄烨是顺治帝福临第三子，其母孝康章皇后佟佳氏时为庶妃。顺治十八年(1661)，顺治接受汤若望之议，以玄烨患过天花具有免疫力而选为继承人，并以遗诏形式册立玄烨为皇太子。顺治十八年正月，六岁(虚八岁)的玄烨即位，次年改元康熙。

图278　清东陵之景陵立狮头部　顺治十八年(1661)　河北遵化

图 279 清东陵之景陵立象 顺治十八年(1661) 河北遵化

据明人陈子龙及《明史》(诸王传)载,清军入关京师陷落以后,朱元璋第九子朱松九世孙朱以海于崇祯十七年(1644)嗣王位,居绍兴,称鲁王监国,后为清军所攻克,遁海至金门岛依郑成功:成功初以礼待之,后渐懈,以海不能平,将往南澳,成功使人沉之海。按照这个记载,鲁王是被郑成功从金门放逐到南澳,投入海中害死的。然而,1959 年 8 月 22 日,台湾当局军方在旧金门城东炸山采石时,发现了鲁王真圹,从圹中出土详细记载鲁王病卒经过的圹志。志文记载,鲁王朱以海患哮喘病,因痰堵塞呼吸而死,卒年为康熙元年十一月十三日。鲁王圹志的发现,澄清了历史真相。现圹志作为珍贵的历史资料,保存于台北历史博物馆中。

[文献] 明陈子龙《陈忠裕公全集》卷一二,清

张廷玉《明史》卷一一六。

公元1663年　康熙二年

［提示］　四月，河南开封《重建清真寺记》。八月十五日，陕西刻《兴善寺碑》。

［叙录］　陈垣著录：康熙二年四月，河南开封镌《重建清真寺记》。此记由武安石匠王建玉刻制，其寺在河南开封。此刻拓本见录于管宜穆（Jerome Tobar）《开封府犹太石刻》（Inscriptions Juives de K'ai-Fong-Fou，Varietes Sinologioques）。

八月十五日，陕西刻《兴善寺碑》，刻工为长安卜升。此碑在《拓本汇编》中载录。程章灿按：《石刻考工录》录卜升刻《太乙真人六字经》，无纪年，故列全书最后。冯岁平、唐玮撰《纪赞贾汉复修栈道石刻综论》认为，此刻在万历二十七年（1599），与下文所录卜升刻《文庙记》相去七十三年，不合常理，系年恐有误，附此待考。

［文献］　陈垣《开封一赐乐业教考》（《陈垣学术论文集》第一集），管宜穆（Jerome Tobar）《开封府犹太石刻》，《拓本汇编》第62册，程章灿《石刻刻工研究》，冯岁平等《纪赞贾汉复修栈道石刻综论》（《碑林集刊》第十二辑）。

公元1664年　康熙三年

［提示］　曹溶《云冈寺燕集》。

［叙录］　是年，曹溶《云冈寺燕集》。曹溶的生平事迹在《清史稿》（吴伟业传附）中有载：曹溶字鉴躬，嘉兴人。明崇祯十年进士，官御史。清定京师，仍原职。寻授顺天学政。试竣，擢太仆寺少卿，坐前学政任内失察，降二级。久之，稍迁左通政，擢左副都御史。擢户部侍郎，出为广东布政使，降山西阳和道。康熙初，裁缺归里。十八年，举鸿博，丁忧未赴，学士徐元文荐修《明史》。又数年，卒，有《倦圃诗集》。清人刘铭传在《朔平府志》中录有《大同守道曹秋岳侍郎去思碑记》：康熙元年，使出守大同三道于云中。康熙六年夏，先生候调入京师。张焯按：曹溶为清初诗人和藏书家，溶降任阳和兵备道，在康熙元年，六年职废。黎中辅《大同县志》载有曹溶《甲辰（1664）冬月朱十访我塞上赋〈对月诗〉奉答三首》，朱十即朱彝尊。姑置该诗于是年。

［文献］　《清史稿》卷四八四，清刘铭传《朔平府志》卷一二，清黎中辅《大同县志》卷二〇，张焯《云冈石窟编年史》。

公元1665年　康熙四年

［提示］　朱彝尊《云冈石佛记》。江苏镇江朱士松镌刻宋张即之书《金刚经》刻帖。

［叙录］　是年，朱彝尊《云冈石佛记》。《清史稿》有朱彝尊传：朱彝尊字锡鬯，号竹垞、小长芦钓鱼师、金风亭长。秀水人，明大学士国祚曾孙。生有异秉，书经目不遗。家贫客游，南逾岭，北出云朔，东泛沧海，登之罘，经瓯越。所至丛祠荒冢、破炉残碣之文，莫不搜剔考证，与史传参校同异。归里，约李良年、周贫、缪泳辈为诗课，文名益噪。康熙十八年，试鸿博，除检讨。时富平李因笃、吴江潘耒、无锡严绳孙及彝尊皆以布衣入选，同修《明史》。朱彝尊曾两入山西大同，两游云冈，约在康熙三年冬至四年春，撰有《云冈石佛记》（见《曝书亭集》），分析北魏开凿云冈石窟之原因十分透彻，并对其石窟建设给予了客观公允的评价。知县黎中辅在《大同县志》中附记：竹垞先生此文，康熙初年间作。自乾隆二十六年，云冈割归左云。今《志》中所登诗文，自属左云以后者不录，明疆域也。

是年，江苏镇江朱士松镌刻宋张即之书《金刚经》刻帖。王同顺载，张即之所书《金刚经》刻帖共24石，石高37厘米、宽79厘米，镶嵌于焦山碑林宝墨轩后院廊墙上。张即之为宋代历阳（安徽和县）人，字温夫，号樗寮。工书，特善大字，风格古雅遒劲。《宋史》本传说：以能书闻天下，金人尤宝其翰墨。此经为即之69岁时所书，结构严谨，苍秀古雅。张即之前后写《金刚经》多遍，这次是为资汤氏七娘子忌日冥福而书。清康熙乙巳（1665）昆陵朱士松镌刻。石后有清代名士笪重光跋语：樗寮书法宋四家外，自为标语，其运腕结体一以遒练为宗，此书金刚一经用率更写圣教，点画之间，多有异趣，非深入八法者不得其旨也。人知张师海岳，而不知其出入欧（阳询）、褚（遂良）。

［文献］ 元脱脱《宋史》卷四四五，清朱彝尊《曝书亭集》卷六四，《清史稿》卷四八四，王同顺《镇江古代石刻及焦山碑林书法研究》。

公元1667年　康熙六年

［提示］ 冀应熊书四川成都“薛涛井”三大字。

［叙录］ 是年，冀应熊书四川成都“薛涛井”三大字。四川成都望江公园中薛涛井，相传为唐代女诗人薛涛当年汲水制笺之所。经陈友冰考证，薛涛生前并未在此生活过，此说来自明人讹传。明人何宇度在《益部谈资》中载：薛涛井旧名玉女津，在锦江南岸，水极清冽。久属蜀藩，为制笺处，有堂室数楹，令卒守之，每年定期命匠制纸，用以为入贡表疏，市无贸者。清人陶澍《蜀輶日记》中亦载：井旧名玉女津，其水宜作酒，又宜造纸。明代蜀王府每年三月三日，汲水造笺二十四幅，以十六幅进御，颜色鲜丽，谓之浣花笺。由此可知，所谓“薛涛井”，只是朱元璋第十一子、蜀献王朱椿命工匠在井内取水仿薛涛法制笺的玉女津，并非薛涛本人汲水制笺之井。薛涛创制薛涛笺是在城西南郊万里桥边浣花溪畔。对此，明末人曹学佺、清人王士祯都有辨误。明人包汝楫在《南中纪闻》中则说民间亦用此水制笺：薛涛井在成都府，每年三月初三日，井水泛滥。郡人携佳纸向水面拂过，辄作娇红色，鲜灼可爱。但止得十二纸。岁闰，则十三纸。以后遂绝无颜色矣。清代康熙六年（1667年），成都知府河南人冀应熊巡行到此，特地书写“薛涛井”三个大字，刻石立碑于井水之畔。

［文献］ 明何宇度《益部谈资》，明曹学佺《蜀中广记》卷二，清王士祯《池北偶谈》卷一五，清陶澍《蜀輶日记》，陈友冰《薛涛故居现地考》（《古典诗文现地考述》）。

公元1669年　康熙八年

［提示］ 北京刻立德国传教士汤若望碑。

［叙录］ 是年，北京刻立德国传教士汤若望碑。汤若望原名亚当·沙尔（Johann Adam Schall von Bell），德国科隆人。意大利的耶稣会传教士，他在中国生活47年，历经明、闯王、清三朝。雍正朝封为光禄大夫。康熙五年（1666）七月，汤若望病死于寓所，卒后安葬于北京利玛窦墓旁。碑上刻有康熙所撰祭文：皇帝谕祭原任通政使司通政使，加二级又加一级，掌钦天监印务事，故汤若望之灵曰：鞠躬尽瘁，臣子之芳踪。恤死报勤，国家之盛典。尔汤若望，来自西域，晓习天文，特畀象历之司，爰锡通微教师之号。遽尔长逝，朕用悼焉。特加因恤，遣官致祭。呜呼，聿垂不朽之荣，庶享匪躬之报。尔有所知，尚克歆享。汤若望碑存北京西城区马尾沟北京行政学院园林式的校园一隅。墓碑上刻有中、西、满三种文字。

［文献］ 李兰琴《汤若望传》，王渝生《残首断腰背向而立的汤若望墓碑》（《民主与科学》2000年第2期）。

公元1670年　康熙九年

［提示］ 三月十六日，陕西《送子观音像》。

［叙录］ 三月十六日，陕西西安刻《送子观音像》。据《画像汇编》及陈忠凯载，此像现藏西安碑林，由卜兴、卜升二人同刻。程章灿载说，卜升是康熙时人，《拓本汇编》中收录其自康熙二年（1663）至康熙十一年（1672）所刻碑凡四件。与卜升同刻《送子观音像》的卜兴，亦当是康熙时人。《拓本汇编》第

62册有卜兴、卜升二人同刻《大塔寺遇仙桥碑》,时在康熙十年(1671)可以为证。

［文献］ 陈忠凯等《西安碑林博物馆藏碑刻总目提要》、《画像汇编》第7册,程章灿《石刻刻工研究》。

公元1673年　康熙十二年

［提示］ 开凿辽宁阜新海棠山摩崖造像。

［叙录］《中国石窟雕塑全集》载:康熙十二年,开凿辽宁阜新海棠山摩崖造像。据吕振奎、包曙光等调查,阜新海棠山摩崖造像,位于普安寺遗址,其地为藏传佛教黄教东方中心现存代表。现存有260余尊摩崖造像,最高者达500厘米,最小者仅30厘米。部分佛像龛上下左右刻有蒙、满、藏、梵和汉文字,许多彩绘犹鲜。所刻佛像以释迦、观音、弥勒、红绿度母、金刚力士、欢喜佛、千手千眼观音、阿修罗等为代表。藏传黄教创始人宗喀巴造像,则雕刻在一块高大凸起的岩石上,甚为醒目。

［文献］ 王朝闻等主编《中国石窟雕塑全集》(北方六省卷),吕振奎《阜新海棠山摩崖造像考察报告》(《辽海文物学刊》1995年第2期),包曙光等《海棠山普安寺摩崖造像的调查报告》(李品清等主编《阜新蒙古史研究》)。

公元1674年　康熙十三年

［提示］ 江苏镇江澄鉴堂石刻《苏轼墨竹跋》。

［叙录］ 是年,江苏镇江澄鉴堂石刻《苏轼墨竹跋》。王同顺载:此刻有清人侯方域题(朱文印"朝宗")。石高33厘米、宽71厘米,共一石。侯方域字朝宗,河南商丘人,才名四溢。入清后中顺治副榜,与桐城方以智、如皋冒襄、宜兴陈贞慧等诗文齐名,时称四公子。据《清史稿》载:侯方域生于明万历四十六年(1618),卒于清顺治十一年(1654)。本年侯已离世二十年,显然,此刻为后来所刻,并非侯氏生前所刻。

［文献］《清史稿》卷四八四,王同顺《镇江古代石刻及焦山碑林书法研究》。

公元1676年　康熙十五年

［提示］ 始建清圣祖景陵。

［叙录］ 是年,始建清圣祖景陵。清圣祖景陵基址约选定于康熙十三年(1674)五月初三日之后。其时圣祖元配仁孝皇后赫舍里氏卒,需为其建造陵寝以备入葬,圣祖便派人在世祖孝陵附近选定陵址。景陵工程始建于本年,初建时,因仁孝皇后先葬入陵寝地宫,遂称其陵寝为仁孝皇后陵。《清世宗实录》载:雍正五年(1727)闰三月二十一日,清世宗循圣祖为世祖孝陵建造神功圣德碑亭旧例,恭建圣祖仁皇帝圣德神功碑于景陵。至此,清圣祖景陵工程全面竣工。晏子有说,与孝陵相比,景陵的建筑物数量要少得多:比孝陵减少了石牌坊、大红门、具服殿等建筑物,石像生也由孝陵的18对减少到5对。但其圣德神功碑亭内,则由孝陵的一通石碑增加为两通石碑。且景陵还将孝陵龙凤门改为六柱五门的冲天牌楼。景陵改变了明十三陵只在主陵长陵设石像生、神功圣德碑亭的建筑形式,在主陵之外的皇帝陵也建立了以上建筑物。此种作法,为圣祖以后的裕陵等皇帝陵寝所采用,确立了以后各皇帝陵的基本规模。景陵石双生排列于弯弯曲曲的神道两侧,石人石兽共5对,南端矗立望柱2根。与孝陵石像生不同,景陵石狮佩戴笼头,大象背驮宝瓶,上搭鞍鞯,寓太平有象之意。与孝陵相比,石马体量要小得多。文臣、武将的体量,也比孝陵石像生要小。景陵下马牌,东侧一座在神厨库之南,西侧一座在松林之中,与东侧相对,形式与孝陵同。

［文献］《清世宗实录》卷五五,晏子有《清东西陵》。

公元 1677 年 康熙十六年

［提示］ 甘肃炳灵寺造像和壁画。陕西《金妆神像并理观音洞碑记》。

［叙录］《中国石窟雕塑全集》载：康熙十六年，甘肃炳灵寺造像和壁画。杨法台率众开炳灵寺上寺卓玛洞门，在洞内开始塑绘藏传佛教造像和壁画。关于陕西《金妆神像并理观音洞碑记》，据李凇载：在韩城市昝村乡吴村南有普照寺，距城 12 公里处，现存有元代大殿一座，1957 年，发现殿内西首五架梁下有墨笔题记一行“维大元国奉元路韩城”，以下字不清。大殿曾多次维修，遗有康熙十六年《金妆神像并理观音洞碑记》，还有道光三年(1823)、五年(1825)重修时捐资人姓名碑。其中道光三年《重修普照寺大佛殿碑记》称：其庙不传创建之人，而重修于康熙年间。

［文献］ 王朝闻等主编《中国石窟雕塑全集》(甘肃卷)，李凇《陕西古代佛教美术》。

公元 1679 年 康熙十八年

［提示］ 陕西《紫竹观音像》碑。金石学家叶奕苞举试，为忌者匿卷罢归，曾撰《金石录补》。

［叙录］ 是年，陕西刻《紫竹观音像》碑。据陈忠凯载，此碑现存西安碑林，拓片高 97 厘米、宽 63 厘米，王自英记并摹，杨玉璞、杨玉振刻。跋文 8 行、行 46 字，楷书。

是年，金石学家叶奕苞举试，为忌者匿卷罢归。叶奕苞字九来，江苏昆山人，叶方蔼从弟，约清圣祖康熙初前后在世。康熙十八年举试博学鸿儒科，为忌者匿卷罢归。其为人儡珂善使气，目光若电，酒间谈说，声如洪钟，颇有狂名。家有茧园，与名流觞咏其中。奕苞著述甚富，著有《金石录补》。其《金石录补》列《凡例》八则，其中有专讲刻工之事者：镌字人尤重，如元省己、伏灵芝、黄仙鹤之类，皆李北海手剜而托之也。颜鲁公书必使家僮模刻，而米元章犹谓颜碑多失真，故予并录镌字人姓名。

［文献］ 清叶奕苞《金石录补》(自序)，陈忠凯等《西安碑林博物馆藏碑刻总目提要》。

公元 1680 年 康熙十九年

［提示］ 历史地理学家顾祖禹卒。陕西线刻《关中八景图》碑。

［叙录］ 是年，历史地理学家顾祖禹卒。顾祖禹字复初，一字景范，在《清史稿》中有传，江苏无锡人，居常熟，顾柔谦之子。祖禹上承父志，撰写《读史方舆纪要》130 卷，其中对各地石刻碑志亦多有涉及。耗费 30 余年始成书，被清初著名学者魏禧称为“数千百年绝无仅有之书”，认为堪与梅文鼎《勿庵历算全书》、李清《南北史合钞》并称三大奇书。梁启超也认为顾祖禹有此书，已足可令他永远不朽。

同年，陕西线刻《关中八景图》碑。据陈忠凯载，此线刻诗文图碑存西安碑林。长安古都明时即有“长安八景”或“关中八景”，清代则开始出现描绘其景色的诗画，此线刻《关中八景图》碑即是其中最著名者。此碑为圆首方座，高 227 厘米、宽 84 厘米，自上至下分为十截镌刻。碑额刻冯绣篆书的“关中八景”四个大字；碑末刻周王褒楷书题跋 28 行，每行 12 字。中间八截又分为左右 16 块横方格，每一截两方格中，左右交叉，一格刻“关中八景”图画，一刻相应配写的序文和七言赞诗。“八景”图画分别为“华岳仙掌”、“骊山晚照”、“灞柳风雪”、“曲江流饮”、“咸阳古渡”、“雁塔晨钟”、“草堂烟雾”、“太白积雪”。序文和赞诗每格竖刻 10 行，每行三至九字不等。图画及序文和诗均出自朱集义之手，由周在丰钩朱，高君诏刻字，杨玉璞刻画，碑阴刻松鹤图。其画构图精巧，格调高雅，周王褒在题跋中写道：读其诗而烟云万状，展其图而曲尽幽人，韵士之致。

［文献］《清史稿》卷二八八，梁启超《中国近三百年学术史》，陈忠凯等《西安碑林博物馆藏碑刻总目提要》。

公元 1682 年　康熙二十一年

［提示］　三月初四，山东《重修普云寺碑记》。是年，江苏《白茆水利碑》。

［叙录］　三月初四，山东淄川刻《重修普云寺碑记》。此碑由蒲松龄撰文，青龙山下河洼庄石工王养福刻制。据程章灿《石刻刻工研究》载：此碑在山东淄川区冶头乡地铺村西普云寺旧址，1981 年被发现。

是年，江苏常熟刻《白茆水利碑》。白茆位于常熟东境，向为水利重港，吴中河流均从此汇入江海。由于濒临海口，受潮汐影响，易于淤塞。常熟地区又是重要粮区，亦为当时国家税赋重要来源，故自宋元以来，人们均极重视白茆河港之整治，尤其是明清两朝，国家曾屡派户部尚书夏元吉、侍郎徐贯、巡抚海瑞等亲临督浚，并留下不少记事碑刻。《白茆水利碑》即其中之一，由苏松常镇督粮道兼按察使司副使刘鼎撰文。碑原在常熟东张镇，现藏常熟碑刻博物馆。碑文记载康熙二十年(1681)兵部尚书慕天颜组织常熟、太仓、长洲、无锡、江阴等数县民众合力疏浚白茆河港之事。此次整治共疏浚支塘至海口全长 43 里河道，用民夫 996 000 余工，可以想见其工程的浩大。

［文献］　盛伟编《蒲松龄全集》第二册(《聊斋文集》)，张晓峰《〈重修普云寺碑记〉考》(《蒲松龄研究》1993 年第 1、2 期合刊)，常熟市碑刻博物馆编《常熟碑刻集》。

公元 1684 年　康熙二十三年

［提示］　十一月八日，山东刻康熙帝《甲子冬至过阙里碑》。是年，台南大天后宫《施琅纪功碑》。

［叙录］　十一月八日，山东刻康熙帝《甲子冬至过阙里碑》。为表达对孔子的尊敬及对儒学的推崇，康熙皇帝亲至曲阜祭祀孔子。据孔尚任《出山异数记》载，康熙此次祭孔“行三献礼，三跪九叩头，为旷代所无。牲用太牢，祭品十笾豆，乐舞六佾”。在历代帝王中，康熙是第一个在曲阜孔庙叩头的帝王。并亲笔撰书《康熙甲子冬至过阙里》诗，刻立了两块同样的碑：一碑立于孔庙圣迹殿内，一碑立于孔庙东路御书楼遗址上。诗碑均为行书，碑额浮雕云龙山水。骆承烈载，在孔庙圣迹殿内东侧北起第一石之碑，高 237 厘米、宽 84 厘米、厚 25 厘米。位于孔府东院御碑楼旧址东排南石者，碑高 268 厘米、宽 88 厘米、厚 29 厘米，雕龙边。

是年，台南大天后宫刻《施琅纪功碑》。据罗哲文载，此碑当为台湾统一归入祖国版图的重大历史事件的见证。施琅在《清史稿》中有传，字尊侯，号琢公，福建晋江龙湖衙口人，自小随父施大宣航海经商，熟悉水域，具有丰富的航海经验，后又师习战阵、击刺诸技，精通兵法。明朝末年，他曾在总兵郑芝龙麾下效力，后随郑芝龙归清，授靖海将军兼福建水师提督。在康熙六、七年，施琅两次向康熙帝密陈征讨台湾的方略，康熙帝极为赞赏。康熙二十二年(1683)，康熙令施琅率军攻取台湾，施琅不负厚望，一举征服占据台湾的郑氏集团，完成台湾与大陆统一大业。此碑即纪念施琅之功而刻立，碑为长方形，顶部平顶抹角，碑头正中刻龙头，两旁刻有升降龙戏珠图案，其艺术造型反映出明清交替时期的艺术风格。

［文献］　《清史稿》卷二六〇，骆承烈《石头上的家文献——曲阜碑文录》，罗哲文《施琅纪功碑——统一台湾的重要历史见证》(《科技文萃》1995 年第 10 期)。

公元 1685 年　康熙二十四年

［提示］　冬，刻立《旷观碑记》。是年，重庆白鹤梁石鱼《涪州牧题记》。

［叙录］　是年冬，南京刻立《旷观碑记》。南朝刘宋时，曾在南京鸡笼山顶建造日观台。元代将日观台改建成观象台，郭守敬曾在此观察天象。明清

时在元代观象台基础上设立钦天台。康熙皇帝精通数学、天文和历法。据金其祯载，是年为康熙第二次南巡，至南京后便与群臣登上鸡笼山观象台。康熙一边观看天象，一边询问臣子中有谁懂得天文。康熙听说学士李光地懂得天文历算，便询问李光地，李光地曾撰写过《历象本要》等著作。康熙边看天象，边打开星图作勘，指出南方近地的一颗大星，说那是老人星。李光地接口道：老人星见，天下太平。康熙听了立即批评道：人星和天下太平有什么相干？老人星在南，各地因为地理纬度不同，北京纬度高看不见，南京纬度低就看得见。如果到了你们闽广（李光地是福建安溪人），连南极星也看得见。康熙皇帝站在观象台上，仰观苍穹，俯瞰玄武湖，不禁心旷神怡，便欣然命笔，写下了“旷观”二字。在康熙南巡当年冬天，两江总督王新命和安徽巡抚薛柱斗等官员，在鸡笼山建造北极阁，并在阁前树立了《旷观碑记》碑，将康熙此年巡视南京和登临鸡笼山日观台的经过记载下来，刊刻于碑。

是年，重庆白鹤梁石鱼刻《涪州牧题记》。重庆白鹤梁石鱼计有九组13尾，此记位于第一组，为石鱼水标。据长江流域规划办公室等在20世纪70年代调查，为涪州萧星拱等人请工翻刻的石鱼水标。其记内容为：“涪江石鱼，镌于波底，现则岁丰。数千百年来，传为盛事。康熙乙丑春望水落，而鱼复出。望前二日，偕同人往观之，仿佛双鱼蓂莲隐跃。盖因岁久剥落，形质模糊，几不可问。遂命石工刻而新之。”武仙竹等说，此段题刻文字除表明镌刻时间及缘由外，同时也说明康熙年代此处唐代早期的石鱼水标仍然隐约可见，并且唐代早期石鱼水标也是双鱼，一尾含莲花，一尾含蓂草。萧星拱等人只是请工匠仿照前人作品“刻而新之”。石鱼题记内容也说明康熙年翻刻的石鱼水标，与唐代石鱼水标均属于鲤鱼。

［文献］ 金其祯《中国碑文化》，长江流域规划办公室等《长江上游宜渝段历史枯水调查——水文考古专题之一》，（《文物》，1974年第8期），武仙竹等《白鹤梁石鱼考》（《中国国家博物馆馆刊》，2012年第10期）。

公元1686年 康熙二十五年

［提示］ 广西桂林《香田碑》。

［叙录］ 是年，广西桂林刻《香田碑》。此碑位于桂林叠彩山风洞左侧“康有为讲学处遗址”旁，碑高145厘米、宽65厘米，系云贵总督范氏施财为寺院置香田，寺僧启正为之刻立此碑。碑阳刻佛像九幅及《十二月礼佛灭罪文》。较为奇特之处在于：所刻碑文除右侧“广西护卫前各户所武略将军张穆”一行之外，其余文字均为左书反刻。唐人张彦远在《书法录要》（梁庾元威论书）中说：反左书者，大同中东宫学士孔敬通所创，余见而达之，于是座上酬答诸君，无有识者，遂呼为众中清闲法。今学者稍多，解益寡。元代郑杓《衍极》（书要篇）也说：反书，梁东宫学士孔敬通作。反左书是如何书写的，有认为是用右手以一种特殊方法书写者，也有认为是以左手反写字。历史上较早的反左手，有南朝时的《梁故侍中中抚将军开府仪同三司吴平忠侯公之神道》左书反刻碑，石在江苏南京尧化门外东神巷村西，西阙佚，仅存东阙。正书反刻，书法整齐谨严，赵绍祖跋此碑说：字皆反书、结体遒劲。桂林《香田碑》左书反刻，当是由此发展而来。

［文献］ 唐张彦远《书法录要》卷二，元郑杓《衍极》卷二，杜海军《桂林石刻总集辑校》。

公元1687年 康熙二十六年

［提示］ 江苏镇江刻康熙《江天一览》碑。

［叙录］ 是年，江苏镇江刻康熙《江天一览》碑。此碑现存江苏镇江金顶留云亭。江苏镇江市区西北金山，古称浮玉山，为京口三山之首，高仅40多米，周长500余米，原为扬子江中一岛屿，后由于长江易道，至清同治年间，始与南岸陆地相连，变成陆上胜

景。金山顶上慈寿塔北原有一亭，始建于晋代，原名“妙高台”，后荒毁。康熙二十六年，康熙皇帝南巡时，陪同母亲登临金山顶妙高台旧址，并题书“江天一览”四个颜筋柳骨大字。当地官员便在妙高台遗址重建一亭，刻康熙手书此四大字于碑石之上，立于亭中，亭名为“江天一览亭”，亦名“留云亭”或“告海亭”。

［文献］　金其祯《中国碑文化》，成大均《“江天一览”话金山》（《广东园林》1987年第4期）。

公元1690年　康熙二十九年

［提示］　俞森临定武本《兰亭序》。

［叙录］　是年，俞森临定武本《兰亭序》。王同顺等载：此碑高33厘米、宽82厘米。由湖广布政司参议俞森书。俞森号存齐，临定武兰亭本，书刻于焦山宝墨轩，今列焦山碑林廊中。

［文献］　王同顺《镇江古代石刻及焦山碑林书法研究》，陈忠康《〈兰亭序〉版本流变与影响》（中央美术学院美术学2008年博士论文）。

公元1691年　康熙三十年

［提示］　二月，俞森临《曹娥碑》。四川成都刻康熙敕赐《空林》、《海月诗》碑。

［叙录］　二月，俞森临《曹娥碑》。王同顺载：此碑高31厘米、宽70厘米。俞森楷书，今置镇江焦山碑林宝墨轩前院东廊。

是年，四川成都刻康熙敕赐《空林》、《海月诗》碑。据田尚、王珂歆等载，此二刻现存成都文殊院说法堂正中壁间，为康熙皇帝敕赐的“空林”匾额和御笔临摹宋米芾《海月诗》碑刻。相传，清代文殊院重建者慈笃海月和尚，为文殊菩萨的化身。

［文献］　王同顺《镇江古代石刻及焦山碑林书法研究》，田尚主编《中国的寺庙》，王珂歆《四川寺庙园林景观结构及其发展研究》（四川农业大学风景园林2013年硕士论文）。

公元1692年　康熙三十一年

［提示］　陕西西安刻《董仲舒像》。

［叙录］　是年，陕西西安刻《董仲舒像》。据陈忠凯载，此碑现存西安碑林。刻高130厘米、宽48厘米、厚10厘米。由吴攀贵撰赞文，赵希献书，赵曙绘图，董文昌、董承绪立石，高君殿刻石。

［文献］　陈忠凯等《西安碑林博物馆藏碑刻总目提要》。

公元1693年　康熙三十二年

［提示］　河北刻曹雪芹祖父《曹鼎望墓志》。

［叙录］　是年，河北刻曹雪芹祖父《曹鼎望墓志》。曹鼎望字冠五，号澹斋，生于明万历四十六年（1618）二月初九日，卒于本年正月初三日，配常氏，葬于丰润城西20里尚古庄曹氏墓地，子三人，长钊、次鈖、次鋡。据姜德辉等撰文说，1993年，河北丰润县政协文史办在该县高丽铺管理区小尚古庄村，发现两年前秋天在该村西曹家坟地制砖取土时所掘得的《曹鼎望墓志》和《曹鋡墓碑》。《曹鼎望墓志》志盖上篆刻“皇清诰授中宪大夫陕西凤翔知府加三级澹斋曹鼎望墓志铭”25字；其楷书志文共3 000余字，记述曹鼎望生平经历、荣受诰封、先世沿徙、子孙情况及葬地等。《曹鋡墓碑》断为两截，碑阳镌刻“皇清待赠休职佐郎曹四公讳鋡冲谷府君孺高张太君之墓”24字，从碑上署款看，其碑系“□室朱门女立”。清史学者杨向奎、刘世德等据以研究认定，曹鼎望为曹雪芹祖父，曹鋡为曹雪芹父亲。曹寅之父先过继曹鼎望之子曹鋡，后来他又生了曹寅，故而曹寅称曹鋡为兄。而曹鋡后人皆以水旁字命名，所以曹雪芹（霑）当为曹鋡之子。曹寅曾在《栋亭诗抄》中提到他的两个亡兄，以前对曹寅所说的“两个亡兄”究竟是谁一直弄不清楚。《曹鼎望墓志》提供了曹钊、曹鈖

是曹鋡兄长这一情况，从而使曹寅的“两个亡兄”究竟是谁这一问题得以明确，因为曹鋡与曹寅兄弟相称，曹鋡的兄长当然也就是曹寅的兄长，曹寅所说的“两个亡兄”即指先其父曹鼎望去世的曹钊和曹鈖。

［文献］　姜德辉《曹鼎望墓志铭、曹鋡墓碑读后》(《红楼梦学刊》1996 年第 1 期)、刘世德《曹鼎望墓志铭、曹鋡墓碑释疑》(《红楼梦学刊》1997 年第 2 期)，王洪启《论丰润尚古庄清代曹氏墓地的墓主身份及其家族兴衰》(《文物春秋》1998 年第 3 期)。

公元 1695 年　康熙三十四年

［提示］　四川内江丈雪禅师卒，刻《丈雪禅师行实碑》。

［叙录］　是年，四川内江丈雪禅师卒，刻《丈雪禅师行实碑》。丈雪禅师为四川内江人，号通醉，清初成都昭觉寺方丈，破山法嗣。俗姓李，生于明万历三十八年(1610 年)十月十五日。父李梅，母姚氏。五岁时即被父母送往江安古字山诸古寺，法名通醉。先时，其家优裕，自丈雪生后渐衰败，父母以耕织为业。丈雪衣食、纸笔之费，咸由居士易修吉施舍。22 岁首游峨眉山，甚为倾慕浙江天童山密云圆悟大师(破山之师)。次岁往西山白云洞，在鉴随和尚门下受具足戒。康熙三十四年，丈雪已 86 岁，时四川按察使赵良壁(海岸)在成都创建二仙庵道观，屡发肩舆请丈雪往观，丈雪辞之。赵遂请文武官员合至昭觉，再请丈雪，丈雪推辞不掉乃往。事毕回昭觉，乃示微疾。十二月二十七日夜半，索笔书偈，即唤澡浴，毕，大喝一声，奄然而逝。停留七日，火化于万松岭，得舍利子无数，僧众建塔于昭觉寺之西隅百步许。丈雪禅师是明末清初四川禅宗双桂禅系祖师破山海明最杰出的弟子，是诗僧和书画家，著有《锦江禅灯录》、《青松诗集》等。1995 年初，在四川内江市东兴区高桥镇般若寺山寨大佛崖侧，发现刻于乾隆年间的《丈雪禅师行实碑》，碑末镌刻由《佛冤彻纲》中选录的丈雪禅师所写的四首诗作。

［文献］　清释彻闻等《昭觉丈雪通醉禅师纪年录》，杨曾文《明末清初丈雪通醉禅师及其禅法略论》(《西南民族大学学报》人社版 2010 年第 12 期)。

公元 1696 年　康熙三十五年

［提示］　十月，圣祖西征巡幸云冈寺。

［叙录］　十月，圣祖西征巡幸云冈寺。现存云冈第五窟康熙三十七年(1698)所刻之《重修云冈寺记》载：圣祖西征噶尔丹，冬十月十二日，车驾幸大同，巡幸云冈寺，并题写“庄严法相”匾额，悬于第六窟门拱上方。

［文献］　《重修云冈寺记》。

公元 1697 年　康熙三十六年

［提示］　降旨中正殿供奉佛像。

［叙录］　是年，降旨中正殿供奉佛像。据王子林考证，北京故宫中正殿位于内廷西北，自明代以来即为藏传佛教最重要的活动中心。中正殿原名无极宝殿，明隆庆元年(1567)更名为隆德殿，撤去嘉靖时三清玄武神像，改供佛像。万历四十四年(1616)十一月发生火灾，天启七年(1627)三月重修，崇祯六年(1633)四月更名为中正殿，殿内所供佛像尽移至朝天宫大隆善寺，佛堂废弃，后因皇子病故，崇祯将佛像请回中正殿。自清入关后，中正殿一直保持着明代的原状，到康熙三十六年时，康熙降旨中正殿供奉佛像，让喇嘛念经，交与扎萨克达喇嘛管理。扎萨克达喇嘛是驻京的最高喇嘛，掌在京宗教事务，中正殿即由他管理，其地位得到提高。据《钦定大清会典事例》(内务府官制)载：雍正元年(1723)成立“中正殿念经处”，宫内佛教事务改由内务府司官管理，其职能是办造佛像和管理宫中念经事务。王家鹏认为，中正殿念经处是清帝首次在宫廷中设立的专管藏传佛教事务的官方机构，标志着中正殿自此成为清宫藏传佛教的活动中心。李玉珉则认为，雍正、乾隆时

期，在清朝的扶植下，格鲁派掌握西藏的政教大权，黄教寺院势力鼎盛，因此清朝宫廷的藏式造像也以黄教的佛、菩萨、护法、大成就者、高僧等为主。乾隆对西藏佛教的兴趣极浓，曾在宫内兴建佛堂，大造佛像。据说，中正殿画佛、喇嘛和造像时，必须依照乾隆皇帝的旨意画纸样；而拨好蜡样后，还要经过皇帝审订，始能交给造办处工匠铸造。整体而言，清代的藏式佛像在元明造像的基础上继续发展，梵汉融合的倾向更加明显。造像日趋程序化，身体结构处理僵化，匠师喜追求外在的装饰性，而忽视了作品内在的张力，以至于作品失去了早期作品中的勃勃生气。

［文献］《钦定大清会典事例》卷一一七三，王子林《乾隆于中正殿灌顶考》(《法源》2006 年 10 月总第 24 期)，王家鹏《中正殿与清宫藏传佛教》(《故宫博物院院刊》1991 年第 3 期)，李玉珉《中国佛教美术史》。

公元 1700 年　康熙三十九年

［提示］八月十五日，陕西西安刻《太白山全图并跋》。

［叙录］八月十五日，陕西西安刻《太白山全图并跋》。此刻《画像汇编》有著录，现藏于西安碑林博物馆。据陈忠凯载，本年共刻有两幅太白山全图，均为贾铉绘图并题识，李士龙、卜世刻。其一通高 256 厘米、宽 88 厘米、厚 27 厘米。其二通高 180 厘米、宽 76 厘米、厚 17 厘米。

［文献］《画像汇编》第 10 册，陈忠凯等《西安碑林博物馆藏碑刻总目提要》。

公元 1701 年　康熙四十年

［提示］重庆綦江古剑山刻西方三圣龛。

［叙录］本年石刻艺术乏善可书。南方的重庆，于綦江古剑山刻西方三圣龛，但技法粗疏，神韵全失(图 280)。

［文献］李量《古剑山神韵》(《环球人文地理》2013 年第 24 期)。

公元 1703 年　康熙四十二年

［提示］康熙御制《平定噶尔丹纪功碑》两块。

［叙录］是年，康熙御制《平定噶尔丹纪功碑》两块。平定噶尔丹是康熙的一大功绩，清人何秋涛和昭梿等均有记载。此碑共刻有两块，分别藏于内蒙古呼和浩特市旧城石头巷的席力图召和崇福寺(小召)内，系康熙皇帝平定厄鲁特蒙古准噶尔部噶尔丹叛乱之后所立。厄鲁特为蒙古族的一支，准噶尔部则是厄鲁特蒙古族之一部。17 世纪初期，在准噶尔部首领巴图尔浑台吉统治时期，准噶尔势力日渐强大。清顺治十年(1653)，巴图尔浑台吉死去，巴图尔浑台吉第六子噶尔丹自西藏返回准噶尔部，并于康熙十年(1671)杀死其兄僧格，篡夺准噶尔部统治权。噶尔丹窃取汗位后，向厄鲁特蒙古和硕特部、杜尔伯特部、土尔扈特部发动战争，其大军深入至漠南乌珠穆沁一带，距北京仅几百里之遥，直接对清朝构成威胁。噶尔丹集团在国内得到西藏第桑巴结秘密支持，在国外得到沙皇俄国支持，势力日炽。康熙皇帝曾多次劝阻，要求噶尔丹“罢兵歇战”，但噶尔丹不断扩大叛乱范围。康熙意识到：此贼一日不灭，则边陲一日不宁。为了维护国家统一，康熙先后于康熙二十九年(1690)六月、康熙三十五年(1696)二月、康熙三十六年(1697)二月三次亲率大军远征，实行分化瓦解政策，将噶尔丹叛乱集团同百姓区分开来，终使噶尔丹进退无地，仰药而死。为纪念平定噶尔丹叛乱的胜利，康熙帝于本年御制《平定噶尔丹纪功碑》两块。两碑均为长方形立柱体，用满、蒙、藏、汉四种文字镌刻四面，每面分刻一种文字，并建有八角攒尖项式碑亭，立于大殿前侧。碑文记述康熙平叛经过、功绩和意义。今席力图召的《平定噶尔丹纪功碑》仍在原处，小召纪功碑移存内蒙古博物馆内。

［文献］　清何秋涛《征乌梁海述略》，清昭梿《啸亭续录》卷二，金其祯《中国碑文化》，王思治等《18世纪前夜西北边疆局势述论》（《清史研究》1995年第1期）。

公元1704年　康熙四十三年

［提示］　孟夏，江苏镇江刻《蒋元鼐画观音像》。秋，湖南刻《不舍昼夜》题刻。

［叙录］　是年孟夏，江苏镇江刻《蒋元鼐画观音像》。王同顺载：此石高133厘米、宽66厘米。京口蒋元鼐沐手敬识，现藏于焦山碑林西廊。同年秋，湖南刻《不舍昼夜》题刻。刘刚载：此摩崖石刻位于衡山县南岳水帘洞瀑布石壁处。题刻高80厘米、宽200厘米，字高70厘米、宽50厘米，楷书。款署：康熙甲申秋月，衡山姜立广题。

［文献］　王同顺《镇江古代石刻及焦山碑林书法研究》、刘刚《湖湘碑刻》。

公元1705年　康熙四十四年

［提示］　四川眉州《眉州三苏祠柳州碑》。

［叙录］　高文载：康熙四十四年，四川眉州刻《眉州三苏祠柳州碑》。眉山三苏祠内有柳州碑二石，一为本年由眉州州牧金一凤勒石，并组织镌刻者。一为民国五年（1916）邑人郭庆琮等刻。碑文为韩愈纪念柳宗元《柳州罗池庙碑》（原碑立于广西柳州柳宗元祠内）最后一段。眉山二碑均为翻刻。程章灿按：此清碑仅称“勒石”，疑非亲自镌刻。

［文献］　高文等《四川历代碑刻》，程章灿《石刻刻工研究》。

公元1707年　康熙四十六年

［提示］　四月，张伊等修葺龙门东山上旧寺。是年，刻《御田胭脂米御书碑》。

［叙录］　四月，张伊等修葺龙门东山上旧寺。《中国石窟雕塑全集》载：学政汤右曾、知府张伊等修葺龙门东山上旧寺，称香山寺。

同年刻《御田胭脂米御书碑》。据清人刘廷玑等载，康熙皇帝东巡时，有进贡红米，煮熟后色红如胭脂，回锅三次米质不变，色香犹存，且每次回锅米都会长大，人称“三伸腰”。康熙遂赐名“御田胭脂米”，并御书立碑，圈定御田，敕令精心种植。康熙十分重视农业，对农作物曾亲自考察和种植。他在北京西苑丰泽园辟有水田，并培育出优良御稻。所种稻米颗粒细长，颜色微红，香甜宜人。康熙四十六年南石槽行宫建成，是年九月，在木兰围场秋狝大典后，康熙召见顺义县令杨棠，并询问顺义县狐奴山前三伸腰水稻生产情况。杨知县说，狐奴山前的三伸腰清水稻始于东汉时期，为渔阳太守张堪驻军屯田时自南方引种而来。这种稻米雪白光亮、油性大，但煮饭时不浑汤，剩米饭再蒸再煮亦不变形，故称三伸腰大米。康熙吃后觉得其米确实不同凡响，便要求杨棠传授技术，在京师地区推广种植，由顺义供给种子，免税三年。同时选地，康熙亲自研究种植。

［文献］　清刘廷玑《在园杂志》卷一，金其祯《中国碑文化》，王朝闻等主编《中国石窟雕塑全集》（龙门卷）。

公元1708年　康熙四十七年

［提示］　汤右曾重建香山寺。

［叙录］　是年，汤右曾重建香山寺。李文生载：唐朝香山寺，原址在东山南麓，金元之际倾圮。今之香山寺，位于香山半腰，为清朝学政汤右曾等人于康熙四十七年（1708）重新创建。寺内建筑依山势建造，拾级而上，依次为九老堂、大佛殿、白文公祠（内原有白乐天读书图）、观音堂、乾隆御碑亭等。寺内南侧有衣钵塔，为清香山寺开山祖师主持僧履公

图280　西方三圣龛　清康熙四十年(1701)　重庆綦江古剑山

寿塔。

［文献］　李文生主编《龙门石窟志》。

公元1709年　康熙四十八年

［提示］　三月十三日，修封佚名旧冢，称为白居易墓。

［叙录］　三月十三日，修封佚名旧冢，称为白居易墓。吴郡汪士铉题："唐少傅白公墓"。李文生载：白居易墓前碑，高273厘米、宽85厘米。小字6行，每行14字。大字1行，每行6字。正书。后题：奉祀不绝，士铉适过洛阳，因书大字揭诸墓道。康熙四十八年，岁次己丑三月十三日。内廷侍直□日讲官左春坊左中允吴郡汪士铉题，守祠生白壁、白锦立石。

［文献］　李文生主编《龙门石窟志》。

公元1710年　康熙四十九年

［提示］　孟夏，山东《张鹏翮和康熙帝幸阙里碑》。夏，山东《张鹏翮诗碑》。

［叙录］　是年孟夏，山东刻《张鹏翮和康熙帝幸阙里碑》。张鹏翮字运青，号宽宇，祖籍湖广行省麻城县孝感乡，出生于四川遂宁黑柏沟。清代清官、治河专家。据骆承烈载，此碑现位于孔庙十三碑亭南面西起第一亭内，西南石。碑高205厘米、宽73厘米、厚18厘米。张鹏翮正书共6行、行16字。残，已修复。同年夏天所刻《张鹏翮诗碑》，现位于孔林洙水桥后东侧，北起第二石。碑高216厘米、宽73厘米、厚20厘米，张鹏翮正书共9行、行24字。残为两块，已修复。

［文献］ 骆承烈《石头上的家文献——曲阜碑文录》，胡传淮编选《张鹏翮诗选》（后记）。

公元 1713 年 康熙五十二年

［提示］ 俞益谟卒，曾撰《重修牛首山正顶说法台并制藏经碑记》。陈鹏年募工捞出江中《瘗鹤铭》残石五方。

［叙录］ 是年，俞益谟卒。清朝将领俞益谟字嘉言，号澹庵，别号青铜。祖籍明代北直隶河间府（今河北沧州河间市），其先辈参军至陕西。曾祖父时迁居宁夏西路中卫广武营（青铜峡广武）。据田富军考证，俞益谟官至湖广提督，有文武之才，康熙十二年（1673）武科进士，人称“一代名将，千古文人”。田氏通过俞益谟的《康熙朔方广武志》俞益谟作品《青铜自考》、《办苗纪略》以及《振武将军陕甘提督孙公思克行述》等著述，考证出俞益谟一生的主要经历。牛首山寺位于宁夏吴忠市西南 20 公里，现寺内存有俞益谟撰写的《重修牛首正顶说法台并制藏经碑记》。

是年，陈鹏年募工捞出江中《瘗鹤铭》残石五方。王同顺载：本年，苏州知府陈鹏年募工捞出江中《瘗鹤铭》残石五方，计 80 余字。移置焦山西南观音庵。有清一代再次掀起观访、研究、学习《瘗鹤铭》的热潮。研究此铭者有清张招《瘗鹤铭辨》、吴东发《瘗鹤铭考》、顾炎武《金石文字记》、翁方纲《考辨》等多篇专著。同时焦山碑林又增加了与《瘗鹤铭》有关的石刻：《陈鹏年重立瘗鹤铭碑记》、《林企忠重摩宋人拓本瘗鹤铭》、《重刻瘗鹤铭碑记》、《吴伟业为重摩瘗鹤铭题记碑》、《乾隆帝临瘗鹤铭碑》等。《瘗鹤铭》原刻于焦山西麓崖石上，后石裂崩入江中，石铭或仰、或俯、或侧、或两石相挟，常没于水中，不为人知。北宋初，冬季水落石露，经人辨识，始知其为《瘗鹤铭》，自此游客纷至沓来，寻幽访古，时有人凿石取字而去。据清人王昶《金石萃编》载：《瘗鹤铭》石高八尺，宽七尺四寸，文共十二行，行二十三至二十五字不等，全文约三百字左右。因史无全文记载，诸家对铭文考证补佚，各执一见。铭书自左而右，字体大小，错落疏宕均以崖势而定，与碑相异。铭文书法艺术为南朝风格，是隶书向楷书过渡的代表作。《瘗鹤铭》究为谁所书，有谓晋王羲之或梁陶弘景，或谓唐王瓒、颜真卿、顾况、皮日休等，因铭文仅载甲子，未列朝代，只书别号，不具姓名，聚讼千余年。当今书法界、学术界大多认定为梁陶弘景所书。新中国成立后铭刻置于宝墨轩，后嵌壁建亭护之，列入碑林。

［文献］ 田富军《清代宁夏籍湖广提督俞益谟生平考》（《宁夏大学学报》人文社科版 2005 年第 6 期），王同顺《镇江古代石刻及焦山碑林书法研究》。

公元 1714 年 康熙五十三年

［提示］ 江苏镇江《林企忠重摹宋人拓本瘗鹤铭》。山西梁锡珩撰《登云岗寺大石佛阁》、《又二绝句》。

［叙录］ 是年，江苏镇江刻《林企忠重摹宋人拓本瘗鹤铭》。王同顺载：此碑高 36 厘米、宽 172 厘米。由丹徒祝庆瑞、吴雒如刻石，真书，分四石镌刻计 83 字，现分置碑林瘗鹤铭馆西廊壁。同年，山西梁锡珩撰《登云岗寺大石佛阁》、《又二绝句》。张焯载：梁锡珩字楚白，号深山，山西介休人。《皇清待赠奉改大夫候选郎中加二级深山梁君墓志铭》云：甲午后寓居阳和。王佑《非水舟遗稿跋》：康熙戊戌，佑奉先君之命，走谒先生于白登山下，时先生方葺非水舟书屋成，炉香茗碗，日夕吟啸其中。

［文献］ 王同顺《镇江古代石刻及焦山碑林书法研究》，张焯《云冈石窟编年史》。

公元 1718 年 康熙五十七年

［提示］ 孔尚任卒，立碑于孔林。

［叙录］ 是年，孔尚任卒，立碑于孔林。孔尚任(1648—1718)生平在《词余丛话》等典籍中有相关记载。尚任字聘之，又字季重，号东塘，别号岸堂，自称云亭山人。山东曲阜人，孔子64代孙，清初诗人、戏曲作家。时人将他与《长生殿》作者洪昇并论，有“南洪北孔”之称。孔尚任卒后立碑于孔林，并刻《奉直大夫户部清吏司员外郎东塘先生墓碑》。

［文献］ 清杨恩寿《词余丛话》卷二，袁世硕《孔尚任年谱》。

公元1720年 康熙五十九年

［提示］ 七月，江苏《长吴二县踹匠条约碑》。

［叙录］ 七月，江苏刻《长吴二县踹匠条约碑》。踹为染布的最后一道工序，在石桥上踹平滑。完成此一工序的作坊叫踹坊，从事此工作的工匠叫踹匠。此碑记载：苏城内外踹匠，不下万余，均非土著，悉系外来。商店给发工价，每两外加五厘，名曰捐助。凡有踹匠投坊佣趁，必须坊长认识来历，方许容留。显然，这是具有行业约束的行为，是商业发展至相当成熟时的一种规范行为。

［文献］ 江苏省博物馆编《江苏省明清以来碑刻资料选集》。

公元1722年 康熙六十一年

［提示］ 安徽曹寅撰《尊胜院碑记》。

［叙录］ 是年，安徽曹寅撰《尊胜院碑记》。据卢茂春载，此碑在安徽来安县城北发现，是黄教南传的一件重要文物。温玉成说，《大金喇嘛法帅宝记》碑阴题名的教官曹振彦、《尊胜院碑记》的撰者曹寅，他们都是曹雪芹之祖，曹家与喇嘛教之关系当十分密切。

十二月，在位六十一年的康熙大帝驾崩，入葬景陵。康熙卒后，由第四子爱新觉罗·胤禛继位，是为清世宗，次年改元雍正。

［文献］ 卢茂春《曹寅“尊胜院碑记”》(《文物》1984年第7期)，温玉成《中国佛教与考古》。

公元1725年 雍正三年

［提示］ 苏州《再来人》碑。

［叙录］ 是年，苏州刻《再来人》碑。此碑刻于苏州香山溪，碑为清初诗人张永夫墓碑。张永夫名锡祚，江苏吴县人，康熙年间吴中诗人，早年学诗叶燮，曾住苏州南园，后定居吴县木渎镇下沙塘。张永夫富有文才，与黄子云、盛锦、沈盘同称“灵岩四诗人”，其诗集名为《锄茅集》。一生不仕，贫病而死。相传在其死后十余年，又再来找寻生前旧友，出金百两，还清旧日所欠之账乃去。为此，其旧友特出资在江苏苏州香山溪百步小浜石桥之东，为其修墓。墓前立碑两块，均刻于清雍正三年，一碑镌《诗人张永夫之墓》，另一碑即是根据他死后再来人间还清旧日欠账这一民间传说所刻的《再来人》碑，以颂其为人清白、守志、讲气节。

［文献］ 金其祯《中国碑文化》，王炜《〈清诗别裁集〉研究》(武汉大学中国古代文学2006年博士论文)。

公元1726年 雍正四年

［提示］ 季春，江苏镇江《千字文碑》。康熙二十九年至雍正四年，重庆大足《重开宝顶石碑记》、《重开宝顶山维摩寺碑记》。

［叙录］ 是年季春，江苏镇江刻《千字文碑》。王同顺载：此刻共二石，碑高25厘米、宽44厘米。石禅楷书，残存240字，今置焦山碑林廊中。

康熙二十九年至雍正四年(1690—1726)，重庆大足刻《重开宝顶石碑记》、《重开宝顶山维摩寺碑记》。《大足石刻内容总录》载：宝顶山第27号龛，宋

图 281 清西陵石宝象 雍正八年(1730) 河北易县

刻明修补。龛顶为平顶。内刻毗卢舍那佛半身像，面北。在毗卢佛像龛外左侧，立有三块石碑。康熙二十九年(1690)，史彰撰《重开宝顶碑记》，刻石大佛湾。碑记：自遭明末兵燹后，康熙二十三年僧性超祝发入寺，重开宝顶始末。雍正四年，宝顶圣寿寺大雄殿新塑毗卢大佛像。《重开宝顶山维摩寺碑记》，中有：大清康熙岁次庚午(1690)畅月谷旦，勅封文林郎知荣昌县事兼摄大足县史彰撰记。镌匠陶君培刻。碑高 205 厘米、宽 107 厘米。

［文献］ 王同顺《镇江古代石刻及焦山碑林书法研究》，四川省社会科学院等编《大足石刻内容总录》。

公元 1727 年　雍正五年

［提示］ 十月，张汉来拜谒洛阳关林，题刻《关壮缪陵》诗。

［叙录］ 十月，张汉来拜谒洛阳关林，题刻《关壮缪陵》诗。清魏襄等在《洛阳县志》载：是时，御史知河南府事张汉来拜谒关林，题刻《关壮缪陵》于关林。景耀三年(260)，蜀汉后主刘禅追谥关羽为“壮缪侯”。郭挺彩分析说，此诗碑从武功和圣德两个方面歌颂关羽一生，将关羽陵墓与春秋时吴国伍子胥、周敬王卿士大夫苌弘、商纣王时比干和南宋时岳飞陵墓并立，称为“五岳”，认为关陵虽然并不高大，不过是“一抔土”，但是它却“峥嵘终古今”，上承古贤，下启后世，光照人间。

［文献］ 清魏襄等《洛阳县志》卷一九，郭挺彩《洛阳关林志》。

公元 1728 年　雍正六年

［提示］ 春，湖南《看山一半》题刻。十月望五日，四川名山《西蒙山序》。

［叙录］ 是年春，湖南刻《看山一半》题刻。刘刚载：此摩崖石刻，位于衡山县南岳景区半云庵遗址前(斜平石上)。题刻高 100 厘米、宽 135 厘米，字高 34 厘米、宽 24 厘米，楷书。款署“雍正六年戊申春，寄广源楼释源□题。未写峰顶胜，山色恰平分，欲上南天路，还须出半云”。

同年十月望五日，四川名山刻《西蒙山序》。高文载：此序在四川名山县蒙顶山天盖寺内。碑额刻“天下大蒙山”五字，碑文 27 行，行书。此碑记载蒙山栽茶历史，是研究四川种茶史的重要资料。末署：时大清雍正六年岁次戊申十月望五日之吉，雅安生员马伟平六氏熏沐敬书。

［文献］ 刘刚《湖湘碑刻》，高文等《四川历代碑刻》。

公元 1730 年　雍正八年

［提示］ 始建西陵、清世宗泰陵。

［叙录］ 是年，始建西陵、清世宗泰陵。清西陵位于河北易县境内永宁山(泰宁山)下，始建于本年，其最后一座陵寝工程则完成于民国四年(1915)，前后共历时达 185 年。据晏子有统计，西陵陵区内建有皇帝陵 4 座、皇后陵 3 座、妃园寝 3 座，另有公主、亲王、阿哥园寝 4 座。这里埋葬着 4 位皇帝、9 位皇后、57 位妃嫔，其他公主、亲王、阿哥 6 人。合计整个清西陵，共埋葬着 76 人。清世宗泰陵亦始建于雍正八年，至乾隆元年(1736)九月始告结束，历时七年。据《雍正朝起居注》载：世宗登位后，初欲在东陵选择吉地，并于雍正五年(1727)派总兵官李楠、钦天监监正明圆等带领堪舆人员前往孝陵景陵附近踏看龙脉，确定以遵化州东北九凤朝阳山为吉地。后几经曲折才在易县泰宁山太平峪选定。《清世宗实录》载，基址选定之后，世宗下旨：一应工料等项，俱着动用内库银两办理，规模制度，务从俭朴。其石象等件需用石工浩繁，颇劳人力，不必建设，着该部遵行。雍正八年八月十九日，世宗泰陵工程开工。十二年(1734)八月二十日，又以礼部侍郎留保总理太平峪

万年吉地工程。据《清高宗实录》载：直至乾隆元年(1736)九月二十六日，办理泰陵事务和硕恒亲王弘晊等奏泰陵工程告竣。其实此时泰陵的主体工程才基本完成，泰陵地宫、圣德神功碑亭和石像生等，均于以后续建完成。

泰陵石像生原建时按世宗谕旨未建石像生。清高宗即位即于乾隆元年降旨，命王大臣等人就增设泰陵石像生一事议奏。至乾隆二年(1737)二月，原相度风水的巡抚高其倬、户部员外郎洪文澜遵旨具奏：大红门正在龙盘虎踞之间，护北面随龙旺生之气，纳南面特朝环抱之水，前朝后拱，天心十道，实天造地设门户，不便展拓向外。况石像生之设，古制未详，无大关典礼之处，似可毋庸添设。高宗便在奏议上批了"知道了"三字。后由于高宗坚持，又在泰陵五孔桥之北，蜘蛛山之南增建石像生。晏子有载，泰陵石像生共五对，最南端一对望柱为起点。望柱的形式与孝陵、景陵同。从南往北为狮、象(图 281)、马、武将和文臣。泰陵石像生形态与景陵略同。只是其文臣武将基座上，均雕刻着海水江崖和"卐"字、绶带图案，其寓意"江山万代"。是为孝陵和景陵及以后各帝陵的石像生中，均不曾有者。

［文献］　中国第一历史档案馆编《雍正朝起居注》第二册，《清世宗实录》卷八九、卷一四六，《清高宗实录》卷二七，晏子有《清东西陵》。

公元 1731 年　雍正九年

［提示］　刘士铭主持修完山西《朔平府志》，载录石佛十寺。

［叙录］　是年，刘士铭主持修完山西《朔平府志》，载录石佛十寺。张焯载：刘士铭顺天宛平人，举人，雍正七年任朔平知府。八年，主持修《朔平府志》，九年完成。此志中载有石佛十寺。《朔平府志》(方舆)：左云县石佛寺，在县东九十里云冈堡，又名佛窑山。传自后魏拓拔氏时，始于神瑞，终于正光，凡七帝，历百十余年，规制甚宏。原寺十所：一曰同升，二曰灵光，三曰镇国，四曰护国，五曰崇福，六曰童子，七曰能仁，八曰华严，九曰天宫，十曰兜率。其中有元载所造石佛二十龛。石窑千孔，佛像万尊。由隋唐历宋元，楼阁层凌，树木蓊郁，俨然为一方胜概。迤东数武，有石窦喷水，清洌可饮，行道多藉焉，题名"石窟寒泉"，即四景之"寒泉灵境"也。康熙三十五年冬，圣祖仁皇帝西征回銮，幸寺，御书匾额"庄严法相"四字。陈垣在《记大同武州山石窟寺》中说：武州石佛寺，唐以前均称石窟寺，今《山西通志》亦称石窟十寺。石窟寒泉，或作石窑寒泉。窟、窑，形近易混。今犹有水涌出，亦在道旁一巨窟中也。经焯按：此泉在今俗称"寒泉洞"，在第二窟后壁下，四季不竭，日出水数吨。

［文献］　清刘士铭等《朔平府志》卷三，张焯《云冈石窟编年史》。

公元 1734 年　雍正十二年

［提示］　陕西西安刻《孔子像》。制定《工部工程作法则例》。

［叙录］　是年，陕西西安刻《孔子像》。据陈忠凯载，此刻现藏于西安碑林第四室西侧，由和硕果亲王(允礼)绘并篆额。刻石高 292 厘米、宽 114 厘米。像为线刻画像，人物栩栩如生，碑额篆书"至圣先师像"，是果亲王于本年送达赖喇嘛回西藏途经西安时，在碑林所立。据说，此像是临摹画圣吴道子孔子像而成。

是年，制定《工部工程作法则例》。据晏子有载，清朝帝后陵在建造之前，均要制定出严格的施工顺序。雍正十二年清朝廷制定出《工部工程作法则例》，对皇帝、皇后陵的营造，作出了严格的规定。此后，各帝后陵基本上都是依照此种做法进行建造。《工部工程作法则例》和宋代李诫《营造法式》，是中国古代由官方颁布的关于建筑标准的仅有的两部古籍，在中国古代建筑史上有重要地位。建筑学家梁思成将此二部建筑典籍称为"中国建筑的两部文法课本”。梁思成在20世纪30年代对《工部工程作法则例》进行深入研究，著成《清式营造则例》、《清工部工程作法则例图解》。

［文献］ 梁思成《清工部工程作法则例图解》，陈忠凯等《西安碑林博物馆藏碑刻总目提要》，晏子有《清东西陵》。

公元1735年 雍正十三年

［提示］ 碑学家王澍卒。重立《孔子行教像》刻石。

［叙录］ 是年，碑学家王澍卒。清代书法家兼碑学家王澍，《清史稿》有传，为江苏常州人，字若霖，篛林，若林，号虚舟，亦自署二泉寓居，别号竹云。官至吏部员外郎。虽然清代碑学盛兴于清中期，但早在清初即有郑簠和朱彝尊倡导恢复隶书古朴雄浑的风貌，首开碑学复兴之先声。后在金农、邓石如、伊秉绶等以艺术实践示范的同时，尊碑崇碑之风日益为人们所接受。碑学的主要启蒙者之一王澍即提出“江南足拓，不如河北断碑”的极端观点，并著有著名的《淳化秘阁法帖考正》等石刻学专著。

是年，山东重立《孔子行教像》刻石。骆承烈载，此像刻有：德配天地，道冠古今。删述六经，垂宪万世。孔子行教像，唐吴道子手笔。现存孔庙崇圣祠内。石高110厘米、宽65厘米、厚40厘米。边雕龙纹。正文2行、行8字。上部残。其形象古朴。

［文献］ 《清史稿》卷五〇三，骆承烈《石头上的家文献——曲阜碑文录》。

公元1736年 乾隆元年

［提示］ 工布查布掌工部管辖造像事。

［叙录］ 是年，工布查布掌工部管辖造像事。工布查布全名奇渥温工布查布，内蒙古乌珠穆沁部落人。《清史稿》(藩部传二)作“衮布札侦”，曾袭父爵为辅国公，通藏语，康熙时授以仪宾。雍正时为西番学总理，兼管翻译。乾隆元年掌工部，管辖造像事。对于佛、菩萨造像、梵塔、罗荼罗等比例、颜色、布局均有精深研究，曾译藏文《造像量度经》。此经得自洮州(今甘肃临潭县)禅定寺崇梵静觉国师。刘兴珍认为，藏像在当时盛行，或与其有关。

［文献］ 《清史稿》卷五一九，刘兴珍等《中国古代雕塑图典》。

公元1737年 乾隆二年

［提示］ 四月一日，山西高平《定林寺创建舞楼记》。

［叙录］ 冯俊杰载：乾隆二年四月一日，李桂(玉工)刻《定林寺创建舞楼记》，碑在山西高平米山定林寺。

［文献］ 冯俊杰《山西戏曲碑刻辑考》。

公元1738年 乾隆三年

［提示］ 陕西西安《西都赋》刻石。

［叙录］ 是年，陕西西安刻《西都赋》刻石。此碑存西安碑林，由杨建章行书。《西都赋》为东汉前期著名史学家、辞赋家班固所著《两都赋》之一。刻石共三块，每块37厘米、宽78厘米。

［文献］ 陈忠凯等《西安碑林博物馆藏碑刻总目提要》。

公元1740年 乾隆五年

［提示］ 陕西西安《赤壁赋》、《喜雨亭记》刻石。

［叙录］ 此二石均存于西安碑林。乾隆五年所刻之《赤壁赋》刻石，为横长方形，共二石，均高44

厘米，宽 115 厘米。苏轼撰、鄂弥达草书。同年所刻之《喜雨亭记》，亦为横长方形，共二石，高宽与前者同。苏轼撰、鄂弥达草（帅念祖跋楷书），卜兆梦刻。

［文献］ 陈忠凯等《西安碑林博物馆藏碑刻总目提要》。

公元 1742 年　乾隆七年

［提示］ 工布查布译述《造像量度经》。

［叙录］ 是年，工布查布译述《造像量度经》。《造像量度经》为藏传佛教造像经典，全称《佛说造像量度仪经》，亦称《舍利弗造像经》（《舍利弗问造像度量经》），此著对藏传佛教造像产生重大影响。张焯载：是年，大清内阁掌译番蒙诸文西番学总管仪宾工布查布译并解述此经。

［文献］ 《清史稿》卷五一九，张焯《云冈石窟编年史》。

公元 1743 年　乾隆八年

［提示］ 二月，始建清高宗裕陵。是年，贵州赤水县葫市滩造佛像。

［叙录］ 二月，始建清高宗裕陵。乾隆七年（1742 年）三月，在清东陵境内胜水峪选定清高宗万年吉地。据清人布兰泰记载：乾隆七年九月，高宗乘谒东陵之便，到胜水峪亲自相看，遂将此地定为自己的万年吉地。乾隆八年二月初十日丑时，开始兴工营造。晏子有认为，至乾隆十七年（1752），至少裕陵地宫已经完成，因为这一年的十月二十七日，裕陵地宫葬入孝贤皇后、慧贤皇贵妃、哲悯皇贵妃。乾隆三十五年（1770），裕陵工程出现质量问题，罚承办官员赔修。《清高宗实录》载：至乾隆三十八年（1773）陵寝主体工程基本完竣。同年十一月，清廷准备建立高宗纯皇帝圣德神功碑亭。嘉庆六年（1801），动工为高宗陵寝修建圣德神功碑亭，至嘉庆八年（1803）圣德神功碑亭最后建成。至此，清裕陵才全部完工。裕陵的修造，前后历时达 50 余年，耗银二百零三万两。其物料采自全国各地。承祖辈和父辈数十年之经营，到乾隆年间清王朝已经达到鼎盛时期。这时候所兴建的裕陵，无论从材料上还是在工艺上，均精益求精。裕陵石像生，体量与景陵石像生基本相同。望柱形式与孝陵、景陵相同。在已发掘的清朝皇帝陵中，裕陵地宫中的雕刻是最为精美的。刘兴珍也说，乾隆皇帝弘历陵墓，其地宫全部为石结构，进深 54 米，面积 372 平方米，无梁柱拱券式，由明堂券、穿堂券和金券组成。有石门四道，计八扇，均浮雕有一尊菩萨像，立于莲花座上，高约 150 厘米。第一道石门内门洞两壁，浮雕四大天王坐像，各持法器，与真人大小等同。明堂券顶刻五方佛像，精致工谨。穿堂券顶雕 24 尊佛像，形貌端庄，神态各有变化。金券顶部刻三大朵佛花，花蕊由梵文和佛像组成，周边有花瓣 24 片。东西壁上各雕一尊佛像，并有八宝图案。整个地宫满布雕刻，富丽繁华，但雕琢过于谨细而稍失风神。

《中国石窟雕塑全集》载：是年，在贵州赤水县葫市滩造佛像。

［文献］ 清布兰泰《昌瑞山万年统志》（裕陵图考），《清高宗实录》卷九四二，晏子有《清东西陵》，刘兴珍等《中国古代雕塑图典》，王朝闻等主编《中国石窟雕塑全集》（云南贵州广西西藏卷）。

公元 1745 年　乾隆十年

［提示］ 甘肃《麦积山记》。

［叙录］ 是年，甘肃刻《麦积山记》。唐晓军载：此刻高 52 厘米、宽 35 厘米。圆额，上有浮雕展翅凤鸟一只。与其一卧鹿风格相同，大小相近。立碑时间亦应在乾隆十年（1745）前后，铭文最后残缺。

［文献］ 唐晓军《甘肃古代石刻艺术》。

公元1746年　乾隆十一年

［提示］　山东《亚圣庙重修天震井诗以代记》。

［叙录］　是年，张鸣远刻王尔鉴《亚圣庙重修天震井诗以代记》。《孟子林庙历代题咏集》中著录此刻。石在孟庙亚圣殿院天震井东侧，西向。程章灿按：原石未署年月，王尔鉴自署"赐进士出身、直奉大夫、知山东兖州府济宁州事、壬子丙辰戊午三科同考官、前知邹县事河南卢氏后学王尔鉴"，刘培桂注称王尔鉴约于雍正九年(1731)升济宁州知州。此石当在壬子(1732)、丙辰(1736)、戊午(1738)之后。王尔鉴诗云"圣祖龙飞十一岁，殿前声震皆惊忙。平地天开井一坎，醴泉味美如琼浆"，"于是命名为天震"，"今索一言记颠末"，可知此是乾隆十一年(1746年)事。

［文献］　刘培桂编《孟子林庙历代题咏集》，程章灿《石刻刻工研究》。

公元1747年　乾隆十二年

［提示］　始刻《三希堂法帖》、四川蓬溪造像。

［叙录］　是年，始刻《三希堂法帖》。据王靖宪、赵超等载：在清代皇家园林北海西岸阅古楼内，存有一批精雕细刻的古代书法石刻，共有495方。其刻汇集魏晋以来历代书法名家墨迹而成，是为乾隆年间由宫中编集刻成的大型丛帖《三希堂法帖》。三希堂原位于故宫养心殿内，为乾隆皇帝所命名。乾隆酷爱书法，视晋代书圣王羲之《快雪时晴帖》、王献之《中秋帖》、王珣《伯远帖》三件墨迹称为"三希"，这三件罕见的珍品，均收藏在三希堂中。乾隆十二年，乾隆令朝臣梁诗正、汪由敦等人从内府所藏书法名品中挑选出魏晋至明末的135位书法家的340件作品，由宋璋等人镌刻上石，至乾隆十八年(1753)始完成全套《三希堂法帖》。

在中国文化史上，刻帖的风气在宋代就已经形成。刻帖通常是选择一些著名书法家的作品，勾勒上石，组成一套丛帖。由于古代没有影印技术，只能依靠拓本来广泛传播名人墨迹，再加上石刻较持久，又能比较逼真地反映出原作的风韵气势，所以人们利用它创造了这一新的艺术石刻门类——帖。很多古代的丛帖由于摹刻精细，其价值与原作相差无几，至于原来墨迹早已佚失的刻帖，当然就更为珍贵。

是年的四川蓬溪造像，据《中国石窟雕塑全集》载：募化众姓善男信女等舍财，在四川蓬溪县旌忠乡新开寺重装菩萨金像一堂。

［文献］　王靖宪《中国历代法帖叙录》，赵超《石刻史话》，王朝闻等主编《中国石窟雕塑全集》(四川重庆卷)。

公元1748年　乾隆十三年

［提示］　重庆大足《遥播千古》碑。

［叙录］　是年，重庆大足刻《遥播千古》碑。《大足石刻内容总录》载：宝顶山大佛湾第七号毗卢庵，善功碑西侧有清乾隆十三年刻立的《遥播千古》碑，高84厘米、宽46厘米。

［文献］　四川省社会科学院等编《大足石刻内容总录》。

公元1750年　乾隆十五年

［提示］　九月，乾隆游龙门。

［叙录］　九月，乾隆游龙门。《中国石窟雕塑全集》载：是时，乾隆帝幸龙门及香山寺，题诗以纪胜。

［文献］　王朝闻等主编《中国石窟雕塑全集》(龙门卷)。

公元1751年　乾隆十六年

［提示］　春，四川成都《汉平襄侯姜公碑记》。

［叙录］ 是年春，四川成都刻《汉平襄侯姜公碑记》。李景焉等载：成都武侯祠刘备殿外西侧壁上，嵌有一通《汉平襄侯姜公碑记》，本由清人宋鉴于雍正十年（1732）撰写，后由其子孙于乾隆十六年春刻成石碑，赠予武侯祠，存留迄今。该碑保存基本完好，字迹清晰，仅有少数字有漶漫残缺，但亦可以辨识补正。碑文与旁侧武将廊姜维塑像相得益彰，为姜维塑像增添了辅助性的文字说明。此碑盛赞姜维忠贞报国之行事，兼及驳斥历代史论于姜维评价之不公，行文感情丰富，慷慨跌宕，表达出作者对蜀汉英雄的仰慕之情。

［文献］ 李景焉等《〈汉平襄侯姜公碑记〉与姜公祠》（《四川文物》2004年第5期）。

公元1752年　乾隆十七年

［提示］ 五月二十日，山西《重修云冈大路碑记》。九月，河北围场立《虎神枪记》碑、刻猎虎处摩崖。

［叙录］ 五月二十日，山西刻《重修云冈大路碑记》。此记为朔平府左云县增广生员范承基敬撰。张焯对碑文有校读，系以《云冈金石录》石佛寺山门《重修云冈人路碑记》为底本，核对原碑，有所更正。

九月，河北围场立《虎神枪记》碑、刻猎虎处摩崖。康熙二十年（1681）清廷开设皇家猎苑木兰围场（今河北省承德市围场县），定期在此举行"木兰秋弥"盛典，名为狩猎，实上旨在"习武绥远"，训练、提高军队将士的素质。其事在清魏源、陈康祺等人书中均有记载。尽管木兰围场中鹿数量最多，但康熙和乾隆均更重视猎虎。康熙众子中，十四阿哥以上都有猎虎记录。乾隆即位后，几乎每年都会来木兰围场狩猎，曾先后两次亲自猎虎，至今在其当年猎虎处，还留存有数块乾隆御碑。据清人郭嵩焘载：乾隆十七年，乾隆帝到木兰围场七十二围之一的岳乐围去行猎，发现有虎匿于隔谷山洞间，与他相距仅三百步。为引虎出洞，乾隆朝山洞放枪，没想到正中虎身，猛虎咆哮着窜出山洞，然后又回到山洞。乾隆再射一枪，虎应声而倒。乾隆帝射虎所用枪为康熙生前所赠，乾隆视为珍宝。此次他两枪毙命猛虎，算是"奇中之奇，其称为神"。于是乾隆将此枪称为"虎神枪"，并于当年九月，在其射虎之所（今河北承德市围场县骆驼头村月亮沟西沟），刻立《虎神枪记》碑一座。其碑通高450厘米，以满、汉、蒙、藏四种文字书刻，碑阳汉文为乾隆御书《虎神枪记》碑文。内容为记述乾隆帝与蒙古各部王公贵族在岳乐围场猎虎之事。并在碑文中告诫大臣和将士们"国家肇兴东土，累洽重熙，惟是诘戎扬烈之则，守而弗失"，强调要重视武备，以巩固政权，保卫国家。同时还在藏虎的山洞旁坐北向西的峭壁上，用满、汉、蒙、藏四种不同文字镌刻摩崖碑文，乾隆御书的汉文为"乾隆十七年秋弥上用虎神枪殪伏虎于此洞"，整个摩崖石刻文字，高441厘米，宽275厘米，其字迹迄今仍然清晰可识。

［文献］ 清魏源《圣武记》卷一〇，清陈康祺《郎潜纪闻二笔》卷三，清郭嵩焘《伦敦与巴黎日记》卷一九，张焯《云冈石窟编年史》，金其祯《中国碑文化》，罗星明等《木兰围场碑文辑解（1）》（《承德师专学报》社科版1992年第4期）。

公元1753年　乾隆十八年

［提示］ 郑燮书《新修城隍庙碑记》。

［叙录］ 是年，郑燮书《新修城隍庙碑记》。扬州八怪之一的郑燮，其生平在《清史稿》及《扬州画舫录》等典籍中均有记载，字克柔，号板桥，江苏兴化人，乾隆元年（1736）进士，入翰林院，曾任山东花县、潍县知县，因为民请赈，得罪大吏，遂弃官不复出，居扬州以卖字画为生，落拓不羁，有狂名。所书具篆隶章草的意趣，参以兰竹笔意，自成一体。他是"漫书"先驱者，其书法分行布白，疏朗清新，世人称之"乱石铺街"。此碑为郑板桥后期作品，从中仍可看出"作字如写兰"、"波磔奇古形翩翩"（清蒋宝龄语）的痕迹。

［文献］ 《清史稿》卷五四，清李斗《扬州画舫录》卷一〇，清蒋宝龄《墨林今话》。

公元1754年 乾隆十九年

［提示］ 湖南《六有箴》碑。

［叙录］ 是年，湖南刻《六有箴》碑。刘刚载：此碑现嵌于长沙市岳麓书院讲堂右壁。碑高37厘米、宽114厘米，共427字。碑文内容为劝学诗歌，由乾隆十九年至二十二年掌教岳麓书院山长旷敏本撰文、刘元华镌成。

［文献］ 刘刚《湖湘碑刻》。

公元1755年 乾隆二十年

［提示］ 五月，山东《平定准噶尔告成碑》。是年，江苏《云台二十四图》。

［叙录］ 清人孔继汾著录：乾隆二十年五月，山东刻《平定准噶尔告成碑》。骆承烈载：此碑现位于孔庙十三碑亭南面东起第一亭内，后石。碑高330厘米，乾隆帝御笔正书。同年，江苏连云港刻《云台二十四图》。据清代谢元淮等载，此图刻工为江宁黄申瑾。

［文献］ 清孔继汾《阙里文献考》卷三二，清谢元淮等《云台新志》卷一四，骆承烈《石头上的家文献——曲阜碑文录》。

公元1756年 乾隆二十一年

［提示］ 山东刻乾隆《杏坛诗碑》。

［叙录］ 孔继汾《阙里文献考》载：乾隆二十一年，山东刻乾隆《杏坛诗碑》。骆承烈载：此碑现位于孔庙杏坛内，北石。碑高112厘米，龙边。乾隆帝御笔行书，碑阴亦为乾隆帝手书赞。此碑立于杏坛之内，颇为醒目。因杏坛坐北朝南，故此碑南面为正。但未署题诗时间，依其后诗“丙子”推断，此前乾隆帝只在戊辰（乾隆十三年）来过，故正面之诗当定于乾隆十三年（1748）。乾隆皇帝一生喜好书法，精于“馆阁体”。此碑是乾隆第二次到曲阜祭孔时所作并书。清代自康熙起，即在科举中大力倡行“墨乌黑，字方整，笔光润”之“馆阁体”，乾隆楷书的这块《杏坛诗碑》即是典型的“馆阁体”代表作。

［文献］ 清孔继汾《阙里文献考》卷三二，骆承烈《石头上的家文献——曲阜碑文录》。

公元1757年 乾隆二十二年

［提示］ 北京刻乾隆御笔《耕织图碑》。

［叙录］ 是年，北京刻乾隆御笔《耕织图碑》。北京颐和园昆明湖西北角墙外野地中，立有一状如碣石的昆仑石碑。下宽上窄，椭圆顶。碑阳刻有“耕织图”三个大字，为清乾隆皇帝手书，字旁刻着“乾隆御笔”方形钤印。这块《耕织图碑》是作为织女象征，与被象征为“牛郎”的“铜牛”一起，原为颐和园内人文景观。据说当年乾隆皇帝在修建颐和园的前身清漪园时，排云殿为全园中心建筑，上有佛香阁耸立，下有云辉玉宇。乾隆视昆明湖为“天河”（显然他自己便是玉皇大帝了），便在河岸各建造象征“牛郎”和“织女”的建筑，即安放于昆明湖东堤上的“铜牛”和在昆明湖主河道畔的《耕织图碑》。

［文献］ 金其祯《中国碑文化》，刘潞《清漪园“耕织图”景观与石刻绘画》（《故宫博物院院刊》2000年第2期）。

公元1758年 乾隆二十三年

［提示］ 八月，河南《水利图碑》。

［叙录］ 八月，河南刻《水利图碑》。据刘正良、陈昌远等载，此图碑原立于河南永城西关三里道口村东头山西会馆内，现藏商丘博物馆，碑为青石质，

高88厘米、宽162厘米、厚20厘米，碑身保存基本完好。镌刻内容分左右两部分：右侧为河渠图，约占整个碑刻的三分之二面积，绘制开封、归德、陈州、汝阳四府所属州28县治理水利的河渠综合图，包括北起黄河，南达新蔡，西起密县，东至永城五万平方公里范围内的主要河道和沟渠，并各注明其发源、流向及工程长宽深度；左侧为碑记，为时任河南抚巡胡宝瑔撰写，概述镌刻此碑的原因及目的。此碑为记述乾隆二十二年、二十三年开挖河渠，兴修豫东水利这一盛事，目的在于“凡有守土之贵者，按此而岁治之”。碑文还详细记录了此次兴修水利开挖河渠的工程情况。除在每条干河、支河、沟、渠旁标明名称外，还有几十字注文，注文竖行，楷书，内容包括河流名称、发源及流向、本次施工工程长宽、河道宽、深等。胡宝瑔字泰舒，在《清史稿》中有传，安徽歙县人，雍正元年举人。自乾隆十七年到二十六年，先后任山西、江西和河南巡抚，多次主持水利工程，其中以领导乾隆二十二年至二十三年豫东大规模的治水活动成绩最为显著。乾隆二十二年黄河屡决，山东、河南、安徽诸州县多积水。“豫兖之境，则被水之地较广，人户田庐待抚恤者不下数十州县。”严重的水灾，不仅使广大地区的田赋不能收缴，而且出现了数千万嗷嗷待救的灾民。乾隆皇帝深知长此下去，不但会给他的封建王朝带来经济上的危机，还可能造成严重的政治后果，遂下决心治理水患，便调任有治水经验的胡宝瑔由江西移任河南巡抚，胡终不辱使命，造福数千万生灵。

［文献］ 赵尔巽等《清史稿》卷三〇八，刘正良《胡宝瑔与〈水利图碑〉》(《治淮》1992年第1期)，陈昌远等《乾隆二十二至二十三年豫东治水述略——开、归、陈、汝〈水利图碑〉跋》(《中原文物》1983年第7期)。

公元1760年　乾隆二十五年

［提示］ 孟冬月，重庆合川《重建忠义祠记》。是年，重庆大足宝顶山圆觉洞题字。

［叙录］ 高文载：乾隆二十五年孟冬月(十月上浣)，周持章(石工)刻重庆合川《重建忠义祠记》。此碑现藏于钓鱼城历史文物陈列馆，碑高200厘米、宽90厘米，碑额篆刻“重建忠义祠记”六字，碑文22行、行56字，正楷。程章灿按：此石上又刻有“董工绅士”9人姓名。

是年，重庆大足宝顶山圆觉洞题字。《大足石刻内容总录》载：此题字位于宝顶山第29号圆觉洞。其龛为宋窟，顶部为平顶，窟内平面成长方形。在洞门甬道内左(西北)壁上方，横刻有“报恩圆觉道场”六字，落款为“朝散大夫知昌州军州事借紫覃怀孝书”。在洞门甬道内右(东南)壁上方，横刻隶书“宝岩”二字，字径150厘米，署款仅存“朝散郎”三字。此碑两侧及下方，另有五块摩崖碑刻。中有清乾隆二十五年“荣县装修匠张可则，男黄昌宁，徒吕大和、刘光汉、张永清”修妆圆觉洞的记事碑。

［文献］ 高文等《四川历代碑刻》，程章灿《石刻刻工研究》，四川省社会科学院等编《大足石刻内容总录》。

公元1761年　乾隆二十六年

［提示］ 三月十日，四川巴中南龛第84龛墨书装彩记。

［叙录］ 三月十日，四川巴中南龛第84龛墨书装彩记。成都文物考古研究所等载：巴中南龛第84龛位于神仙坡北段下层，为盛唐外方内双层檐佛帐形龛。内龛中造一佛二弟子二菩萨五尊像，二天王二力士立于龛口内外侧。外龛右壁有清乾隆二十六年三月十日本城明山乡信善王泽墨书装彩记。

［文献］ 成都文物考古研究所等《巴中石窟内容总录》。

公元1762年　乾隆二十七年

［提示］ 三月，浙江海宁刻乾隆《御制阅海

塘记》。

［叙录］　三月，浙江海宁刻乾隆《御制阅海塘记》。据姜林长等载，乾隆《御制阅海塘记》镌刻于其父雍正的《御制浙江海神庙碑文》背面，这块罕有的父子碑现藏于盐官海神庙内。此碑身高500厘米、宽160厘米，以汉白玉雕成。钱塘江因山水顺流而下，海潮逆江而上，形成钱江潮奇观。海宁（盐官）一带为钱江潮主要冲击地，为防止海患，自唐代开元元年（713）即开始修筑捍海塘坝。但塘堤常被冲毁，淹没周围农田房舍。五代时吴越王钱镠曾征发民工重修，亦屡修屡坏，未能根治海患。至乾隆年间，海潮趋北，江流改道，海患更为严重。乾隆多次下诏改筑和修建海宁塘坝，并在六次南巡时，先后四次赴海宁踏勘海塘，为治理海潮河患"巡方问俗"，"展义制宜"。乾隆二十七年三月，乾隆亲撰《阅海塘记》，记述自己数次亲临巡视海宁海塘时的见闻、咨度与作为，命浙江巡抚庄有恭亲自书写后，刊刻于雍正七年（1729）六月初一建立的雍正皇帝《御制海神庙碑》碑阴。

［文献］　姜林长《乾隆〈御制阅海塘记〉注译》（《海宁日报》2008年10月24日）。

公元1763年　乾隆二十八年

［提示］　四川雅安《修戏楼碑记》、四川邛崃《火井碑》。

［叙录］　是年，四川雅安刻《修戏楼碑记》。赵婕妤、高文等载：此碑为雅安市文物管理所20世纪80年代末发现于雅安市合江乡杨上村。碑长121厘米、宽80厘米、厚10厘米。同年，四川邛崃刻《火井碑》，其碑原立在邛崃县油榨乡，碑高112厘米、宽57厘米，后将碑迁至邛崃县文物管理所收藏。碑文为：自唐时古火井处。住持僧智越述，大清乾隆廿八年癸未冬月立。

［文献］　赵婕妤《雅安市发现三通地方戏曲史石刻碑》（《四川文物》1995年第1期），高文等《四川历代碑刻》。

公元1764年　乾隆二十九年

［提示］　三月，北京刻《羊行老会碑记》。是年，四川蓬溪造像。

［叙录］　《拓本汇编》著录：乾隆二十九年三月，刘杰（直隶深州武强县石匠）刻《羊行老会碑记》。北京东岳庙为泰山东岳香火的分香。自秦汉以降，泰山即成为历代帝王封禅圣地。但是在民间，则视泰山为治鬼之所，泰山神灵东岳大帝成为主司阴间、掌十八地狱的冥府之神，因此东岳庙凝聚了各种香会、行会组织（如鲁班会、马王会、羊行老会、猪市庆司老会等行会等），并且留下大量相关碑刻。《羊行老会碑记》便是其中较著名的一块行会碑刻。

《中国石窟雕塑全集》载：在四川蓬溪县东新乡鹤鸣村，造有佛像五尊龛。

［文献］　《拓本汇编》第72册，叶郭立诚《北京东岳庙调查》（北京大学《民俗丛书》第46卷），［日］仁井田升《北京工商行会资料集》（四），王朝闻等主编《中国石窟雕塑全集》（四川重庆卷）。

公元1765年　乾隆三十年

［提示］　河北刻《棉花图》刻石。

［叙录］　是年，河北刻《棉花图》刻石。此刻石现藏于河北省博物馆。清代以直隶（河北省）为中心的华北一带，已发展成为重要的产棉区。自乾隆十四年起前后担任直隶总督达二十年的方观承（《清史稿》有传），在深入民间考察时，对棉花生产从选种、种植直至染色、织布全过程，均进行过深入研究和系统总结。方观承主持绘制成一套《棉花图》系列图谱。乾隆三十年春夏之际，乾隆皇帝开始他一生第四次江南之行。途经保定行宫时，直隶总督方观承作为地方最高长官，当然要前往迎驾了。通常，地方

官吏迎驾是要携带各种金银财宝、地方特贡或娈童美女的。但是方观承这次却没有,他向这位万岁爷呈上的是一部精美手工绘制的兼有白描及界画韵味的画册:十六幅棉花图。方观承对自己的这套农事作品十分自信,他知道乾隆皇帝精于书画鉴赏,眼力不俗,一般的东西难入法眼。又知道乾隆曾为宋人楼璹的《耕织图》亲题诗章,于农桑之事极为重视与了解。这年四月十一日,乾隆皇帝看到了《棉花图》,极为喜欢,御览之后,便在方观承呈上的画册上欣然逐一题诗。获此殊荣的方观承,已赫然成了一名棉花学者,一位成功的棉花总督。乾隆皇帝亲笔御题之后,方观承于本年镌勒成一整套《棉花图》刻石。刻石以端石刻制,共12块,其中11块长118.5厘米、宽87.4厘米、厚14.2厘米;另一块长98厘米、宽41.5厘米、厚13.5厘米。石上刻有棉花种植、生产、加工等图16幅:《布种》、《灌溉》、《耘畦》、《摘尖》、《采棉》、《拣晒》、《收贩》、《轧核》、《弹花》、《拘节》、《纺线》、《挽经》、《布浆》、《织布》(附榨油)、《染练》(图282)。每图除附有方观承所写文字说明及七言诗外,还有乾隆皇帝亲题七言诗一首。图外还刻有清圣祖康熙皇帝所作的《木棉赋》和方观承两个奏折及为《棉花图》所作《跋》。这套《棉花图》刻石,翔实准确地总结了我国18世纪中期以前棉花栽培和加工利用经验,是我国最早且较为系统完备的棉作学图谱。

[文献] 清赵尔巽等《清史稿》卷三二四,汪若海《中国棉文化》。

公元1766年 乾隆三十一年

[提示] 亲王罗布藏多尔济贡敬"如来圣像"匾额于云冈大佛阁。

[叙录] 是年,亲王罗布藏多尔济贡敬"如来圣像"匾额于云冈大佛阁。白志谦在《大同云冈石窟寺记》中载:大佛阁,在正殿之东院,即大佛殿也。洞门之上,有乾隆丙戌亲王罗布藏多尔济贡敬"如来圣像"匾额。《清史稿》(高宗本纪三)载:乾隆三十年五月乙亥,晋封喀尔喀郡王罗布藏多尔济为亲王。

[文献] 清赵尔巽等《清史稿》卷一二,白志谦《大同云冈石窟寺记》。

公元1768年 乾隆三十三年

[提示] 湖北天门掘出《文学泉》古碑。

[叙录] 是年,湖北天门市官池之滨掘出《文学泉》古碑。茶圣陆羽的生平事迹,见载于唐人封演、宋人宋祈及元人辛文房等相关著述中。陆羽为湖北天门人,在其故乡市官池之滨,存有一处以陆羽封号"太子文学"命名的"文学泉"胜迹。传说陆羽少时常于此汲泉烹茶。陆羽离世后,人们在文学泉台为其刻石立碑,供人来此凭吊。晚唐诗僧齐己凭吊,写下《过陆鸿渐旧居》一诗:楚客西来过旧居,读碑寻传见终初。佯狂未必轻儒业,高尚何妨诵佛书。种竹岸香连菡萏,煮茶泉影落蟾蜍。如今若更生来此,知有何人赠白驴。

后来此碑陷入荷池失踪,据《天门县志》载:至乾隆三十三年,天旱挖荷池取水时,始掘出这件古碑。时任天门县知县的马士伟特地为此建造"陆羽亭"。不久湖北安襄陈人文又在亭中立碑,碑阳题刻"文学泉"三字,碑阴题刻"品茶真迹"四字。此亭此碑后毁于战火,1957年天门县政府又重新修建。

[文献] 唐封演《封氏闻见记》卷六,宋宋祁等《新唐书》卷一九六,元辛文房《唐才子传》卷三,清彭定求等《全唐诗》卷八四六。

公元1769年 乾隆三十四年

[提示] 菊月,山西《重修云冈石佛寺碑记》。

[叙录] 是年菊月,山西刻《重修云冈石佛寺碑记》。此碑全称《云冈堡石佛寺历年续修工程并历年施舍银两养赡地亩碑记》,由大同府大同县儒学增广

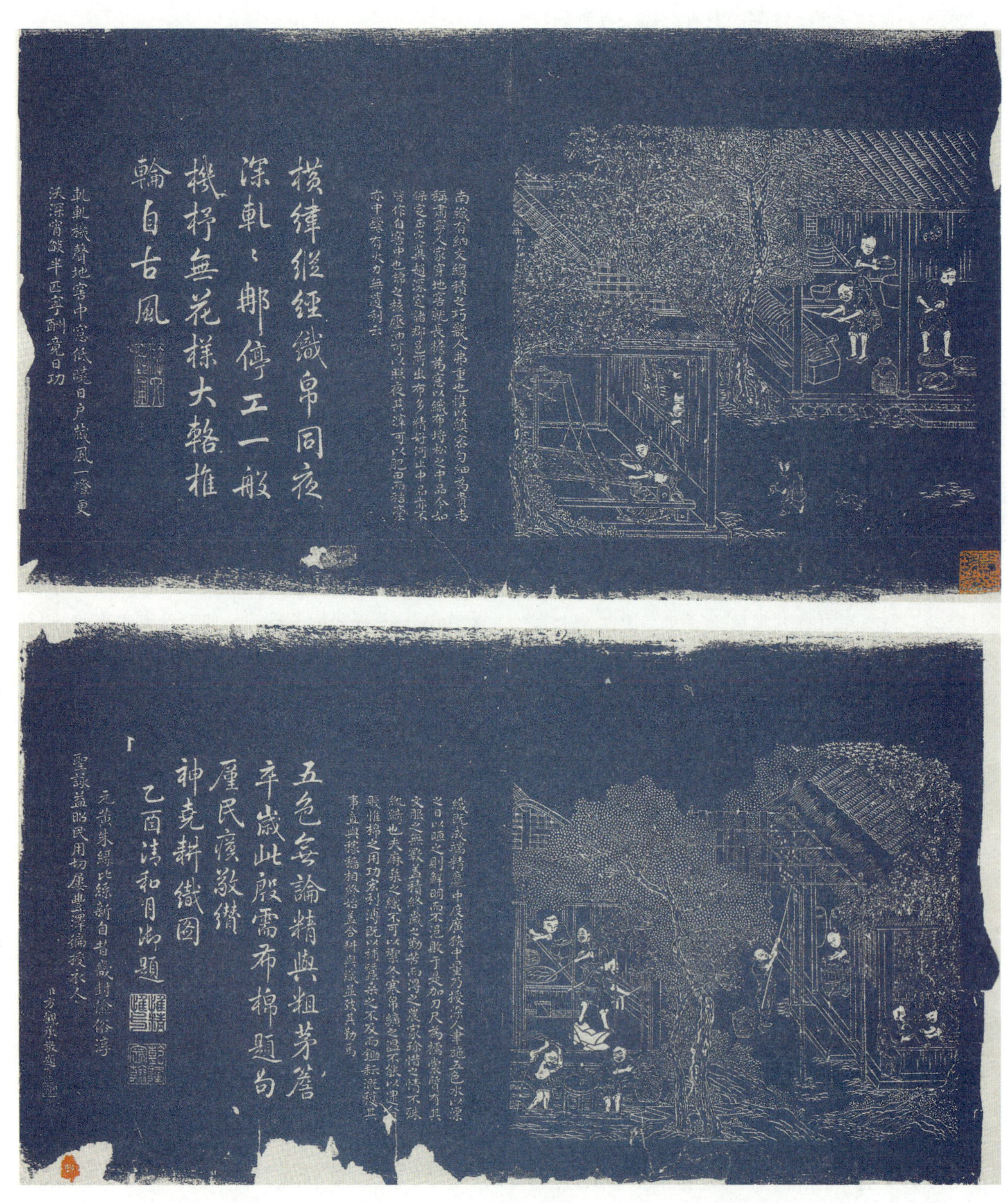

图 282 棉花图(织布染练) 乾隆三十年(1765) 河北省博物馆藏

生员刘学礼撰并书。系青石大碑，位于云冈第六洞佛阁外西侧。

［文献］ 张焯《云冈石窟编年史》。

公元 1771 年 乾隆三十六年

［提示］ 七月，河南龙门白居易墓南侧碑。

［叙录］ 七月，河南龙门白居易墓南侧碑。李文生载：白居易墓南侧碑为张公捐修碑。碑高 165 厘米、宽 59 厘米。小字 1 行，行 26 字。大字 1 行，行 16 字。正书。后题：白少傅后裔生员白长呈白家责白庚星白家胜白镔白太鹏合族立石，乾隆三十六年七月。

［文献］ 李文生主编《龙门石窟志》。

公元 1772 年 乾隆三十七年

［提示］ 江苏常熟刻米芾书常建《题破山寺后禅院》手迹。

［叙录］ 是年，江苏常熟刻米芾书常建《题破山寺后禅院》手迹。唐代开元十五年（727 年），常建与王昌龄同登进士。后来虽然仕途不得志，但他的诗在当时名气很大，殷璠在编选《河岳英灵集》时，就选了常建 15 首诗作。宋代诗论家魏庆之说：丹阳殷璠，撰《河岳英灵集》，首列常建诗，爱其"山光悦鸟性，潭影空人心"之句，以为警策。欧公又爱建"竹径通幽处，禅房花木深"，欲效建作数语，竟不能得，以为恨。予谓建此诗全篇皆工，不独此两联而已。常建曾往江苏常熟虞山北麓古刹兴福寺（又名破山寺）游览，并写下著名的《题破山寺后禅院》一诗："清晨入古寺，初日照高林。竹径通幽处，禅房花木深。山光悦鸟性，潭影空人心。万籁此俱寂，但余钟磬音。"乾隆年间，常熟人言如泗在米芾家乡襄阳任郡守，获得米芾当年所书常建《题破山寺后禅院》一诗手迹，遂带回原籍常熟建亭勒石，立碑于兴福寺大雄宝殿东院内。言如泗为常熟人，字素园，言子的第 75 代孙，清人钱泳等有零星记载。言如泗在碑上附识：余守襄阳郡日，得元章书，因勒石破山或以补斯寺之阙也。乾隆三十七年中秋日，素园言如泗附识。

［文献］ 宋魏庆之《诗人玉屑》卷一五，清钱泳《履园丛话》十九。

公元 1774 年 乾隆三十九年

［提示］ 四川巴中南龛第 86 龛墨书题记。

［叙录］ 是年，四川巴中南龛第 86 龛墨书题记。《巴中石窟内容总录》载：巴中南龛第 86 龛位于神仙坡北段下层，为中晚唐外方内圆拱形双层龛。内龛中造一佛二胁侍菩萨二天王五尊像。外龛右壁有清乾隆三十九年杨世兴等墨书装彩记。

［文献］ 成都文物考古研究所等《巴中石窟内容总录》。

公元 1775 年 乾隆四十年

［提示］ 春，贵阳凤岗夜郎岩《曲水流觞》石刻。

［叙录］ 1990 年，在贵阳凤岗夜郎岩发现《曲水流觞》石刻。清人鄂尔泰等《贵州通志》中载：龙泉夜郎岩，在城西十里，上刻"夜郎古甸"四字。相传，唐李白经此，后人纪焉。夜郎摩崖的古道，是李白流放夜郎所经之处。"曲水流觞"四字则发现于夜郎岩左侧石壁上。刻长 120 厘米、宽 84 厘米，除刻主体四大字之外，还有十数小楷，风雨泐蚀，文字大多模糊不清。可识读出："我与卢公同共此山水也"、"林情枕山，水幸东来"、"池沼参差，泉水长流"、"樵叟齐歌"等。末署款："乾隆四十年乙未春花朔，龙泉张鹏，谨书丹"。由此可知，此刻作者为张鹏。

［文献］ 清鄂尔泰等《贵州通志》卷五，周必素《凤冈县何坝乡"夜郎古甸"摩崖考释》（《贵州文史丛

刊》2008 年第 2 期)。

公元 1776 年　乾隆四十一年

［提示］ 仲春,四川小金县《御制平定金川勒铭勒乌围之碑》。秋,四川巴中南龛第 87 龛装彩记。云冈石窟寺壁上多前代石刻,字漫灭不可读。

［叙录］ 是年仲春,四川小金县刻《御制平定金川勒铭勒乌围之碑》。高文载:勒乌围在四川小金县美兴镇西北,一作勒歪。清乾隆时为索诺木土司官寨,是小金川土司重要守地。官寨碉坚墙厚,西临大河,迤南有转经楼,与官寨相犄角,木栅石卡长里许;其东面,山麓有高磡层层,础上有卡栅碉座,地势十分险要,索诺木土司聚兵于此死守。乾隆为彻底惩创大小金川,于乾隆十二年(1747)进行首次讨伐;乾隆三十六年(1771)进行第二次讨伐。此次抽调官兵万余名,兵分三路,终于在乾隆四十年八月十六日将勒乌围官寨攻占。两次平定金川,用兵五年,耗库银七千万两,损兵折将,而所平定之地不过数百里,人口数万。在第二次平定金川后,立勒铭勒乌围之碑,以记其事。此碑原用满、汉、蒙、藏四种文字刻写,龟趺长方碑,半圆首。首额上浮雕二龙戏珠图案,中刻"御制"二大字。碑身的上、左、右三边部阴线刻兼施铲地浅浮雕二龙戏珠图案。"文革"期间被毁为若干块,其中汉字碑文部分分为五块,幸碑文得以保存,但原碑大小已无法知晓。1985 年三月,金川县文化馆及县志办公室将该残碑运回。

同年秋,四川巴中南龛第 87 龛装彩记。《巴中石窟内容总录》载:巴中南龛第 87 龛位于神仙坡北段下层,为唐乾元二年(759)双层方形龛,内龛顶部抹角。外龛左壁内侧有清乾隆四十一年秋汪发岩方氏装颜圣像阴刻题记。

是年,云冈石窟寺壁上多前代石刻,字漫灭不可读。清人吴辅宏载:石窟寺在府城西三十里左云界。北魏时建,始神瑞,终正光,历百年而工竣。其寺:一同升,二灵光,三镇国,四护国,五崇福,六童子,七能仁,八华严,九天宫,十兜率。内有元载所修石佛二十龛,壁立千仞,面面如来,今大半废圮。壁上多前代石刻,字漫灭,不可读。张焯说,今云冈第一至三窟间仍有摩崖石刻遗迹多处,除"山水□清□"、"云深处"、"碧霞洞"三处大字题额外,唯清代朱廷翰等三处小字题记尚依稀可辨,余皆风化。这里的清初石刻,三百年后的抗战时期已漫漶不清,现在近乎消失;而《乾隆大同府志》作者吴辅宏所见,字迹漫灭的前代石刻,应是明朝前期甚至更早的遗迹。云冈东部摩崖石刻,反映了石窟寺的一段历史与文化。

［文献］ 清吴辅宏《大同府志》卷一五,高文等《四川历代碑刻》,成都文物考古研究所等《巴中石窟内容总录》,张焯《云冈石窟编年史》。

公元 1778 年　乾隆四十三年

［提示］ 山东单县百狮坊、百寿坊。

［叙录］ 是年,山东单县百狮坊、百寿坊。百狮坊俗称张家牌坊,位于单县城内张牌坊街东头,系朝廷为文林郎张朴妻朱氏而建。牌坊高达 14 米、宽 9 米、四柱三间五楼,歇山坊顶,中间通道为车马道,两侧则为人行道。王子云说,单县百狮坊以狮雕见长,前后透雕群狮八组:大者狞猛峥嵘,小者环绕耍戏;狮座周围,雕为狮子滚绣球和戏狮图等精美浮雕,形态不一,栩栩如生。石坊建于清乾隆四十三年。离此不远,还有一建于同年为翰林朱某建的"百寿坊"。后者的结构形制和装饰雕刻基本上与前者类似,仅仅没有百狮雕刻物,但在横额上却雕有书体不同的寿字百个。

［文献］ 王子云《中国雕塑艺术史》,苗红磊《单县石牌坊及其石雕艺术略考》(《设计艺术研究》2011 年第 6 期)。

公元 1779 年　乾隆四十四年

［提示］ 三月上浣,甘肃平凉《汪皋鹤诗画碑》。

是年，重庆合川《钓鱼城功德祠》。

［叙录］ 是年三月上浣，甘肃平凉崆峒山刻《汪皋鹤诗画碑》。据唐晓军载，此石碑为两块，刻有诗文画。碑之内容与崆峒山玄鹤洞有关，文为记述汪皋鹤亲见玄鹤之经过，诗为赞美玄鹤之神奇，画为描绘玄鹤之形态。诗画一碑，文为一碑。后来，据流萤说，兰州碑林翻刻了该碑。是年，重庆合川刻《钓鱼城功德祠》。高文载：该碑为郡守陈大文所刻，碑高315厘米、宽118厘米，18行、行47字，正楷。现藏于钓鱼城历史文物陈列馆，是研究宋元战争的重要历史资料。

［文献］ 唐晓军《甘肃古代石刻艺术》，流萤《塔影河声——兰州碑林纪事》，高文等《四川历代碑刻》。

公元1780年　乾隆四十五年

［提示］ 仲春，江苏镇江刻乾隆第五次游焦山七言诗。

［叙录］ 王同顺载，此诗碑高241厘米、宽312厘米。是年仲春，乾隆五游焦山时所作，御碑置玉峰庵，今在焦山碑林御碑亭，该碑硕大庄重，下设碑座，四周镌饰九龙云纹深浮雕，碑阳碑阴皆刻有诗文，行书。

［文献］ 王同顺《镇江古代石刻及焦山碑林书法研究》。

公元1781年　乾隆四十六年

［提示］ 乾隆四十六年，湖南刻《棉花规例》碑。

［叙录］ 乾隆四十六年，湖南刻《棉花规例》碑。刘刚载，该碑现藏于湘潭市平正路关帝庙。碑为汉白石制成，高175厘米、宽55厘米，因年久风雨剥蚀，字迹约有四分之一难辨认。此碑为河北、山东、河南、陕西、山西五省旅潭棉商公议之行规，上面详细地开列棉花行情、脚力等级、买卖规矩等条款，对研究清初尤其是湘潭地区的经济状况有较高的研究价值。

［文献］ 刘刚《湖湘碑刻》。

公元1782年　乾隆四十七年

［提示］ 仲夏，河南龙门《修斋祓堂记》。

［叙录］ 是年仲夏，河南龙门刻《修斋祓堂记》。李文生载，此碑碑额30厘米、碑高137厘米、碑宽59厘米。碑文7行，行53字。楷书。岁进士王命甲沐手撰文并书丹。

［文献］ 李文生主编《龙门石窟志》。

公元1783年　乾隆四十八年

［提示］ 湖南《我心非石》碑。

［叙录］ 是年，湖南刻《我心非石》碑。刘刚载，此碑现藏东安紫溪市镇渌埠头尖峰岭沉香庵，碑高240厘米、宽75厘米，楷书。沉香庵始建于唐，重修于清乾隆四十八年。“我心非（匪）石”典出《诗经》：“我心匪石，不可转也。我心匪席，不可卷也。威仪棣棣，不可选也。”

［文献］ 刘刚《湖湘碑刻》。

公元1785年　乾隆五十年

［提示］ 重庆大足石门山阿弥陀佛龛题记。

［叙录］《大足石刻内容总录》载：石门山第五号阿弥陀佛龛，龛顶部为半圆形。龛外右侧壁上有一则题记：雕塑南无西方接引阿弥陀佛，大清乾隆五十年。余字已风化剥蚀。

［文献］ 四川省社会科学院等编《大足石刻内容总录》。

公元 1786 年 乾隆五十一年

［提示］ 四月，江苏扬州刻王文治书《重修甘泉县城隍庙记》。冬，钱塘黄易得《孔子见老子画像石》。

［叙录］ 四月，江苏扬州刻王文治书《重修甘泉县城隍庙记》。此碑现存江苏扬州。由王文治书。王文治在《清史稿》中有传，字禹卿，号梦楼，丹徒（今江苏镇江）人。清乾隆二十五年（1760）探花，官翰林院侍读，曾出任云南姚安府知府，故亦人称梦楼太守。

王文治工诗文书画，为乾隆年间四大书家之一，与北方的翁方纲、刘墉和南方的梁同书一起，并称“翁刘梁王”，其时民间还有“天下三梁不及江南一王”之说。曾随周煌奉使日本，日人争传其书迹。包世臣在《艺舟双楫》将其方寸真书列为“能品下”。梁绍壬在《两般秋雨盦随笔》称：“国朝书家，刘石庵相国专讲魄力，王梦楼太守专取风神，时有浓墨宰相，淡墨探花之目。”《重修甘泉县城隍庙记》是王文治晚年的代表作之一，行书，13 行、行 34 字。曾毅公考：此记为刘御李（旌德）所刻。

是年冬，钱塘黄易得《孔子见老子画像石》。此刻为东汉武梁祠石刻之一。宽 190 厘米、高 37 厘米。据刘兴珍等载，清乾隆五十一年冬，钱塘黄易得，移至济宁州学（山东济宁铁塔寺东院东屋南墙）。画面为长横幅，刻孔子见老子故事。二人均戴高冠着长袍，躬身相见。左者手执雉，榜题“孔子也”。右者拄曲足杖，榜题“老子也”。孔子身后一人捧简册。一马车左向而驰，上有一御者。老子身后亦有一轺车。一骏马立于车前，形体壮硕。车上坐一御者，车后三人皆捧简册。画面为减地阴线刻。全幅布局匀称，疏密有致，刻工简洁明快，线刻尤为精妙。左有隶书题“孔子见老子画像”，以及“钱塘黄易得此石于嘉祥武宅山，敬移济宁州学”等。

［文献］ 清赵尔巽等《清史稿》卷五〇三，曾毅公《石刻考工录》，刘兴珍等《中国古代雕塑图典》，赵莎莎《汉画像石〈孔子见老子〉图像学研究》（《杭州师范大学学报》2013 年第 5 期）。

公元 1787 年 乾隆五十二年

［提示］ 十月，翁方纲《重立武氏祠石记》。

［叙录］ 十月，翁方纲书《重立武氏祠石记》。此刻石为翁方纲所书，现藏于山东济宁嘉祥城南武氏墓群石刻石室，立于室内西侧。《石记》共六石，每石高 39 厘米、宽 95 厘米、厚 15 厘米，自东向西排列：第一石为翁方纲篆书“重立武氏石记”七字；第二至五石为翁方纲隶书石记正文；第六石为翁方纲题名。翁方纲（1733—1818）在《清史稿》中有传，字正三，号覃溪，晚号苏斋，北京大兴县人，乾隆十七年进士，历官山东、江南学政等，官至内阁大学士。翁方纲博研金石，撰有《两汉金石记》、《汉石经残字考》、《焦山鼎铭考》等著作，擅长辞章书法，与刘墉、梁同书、王文治被并称为乾嘉四大家。《重立武氏祠石记》是乾隆五十一年（1786）济宁运河同知黄易主持发掘嘉祥城南武氏墓石刻，时任江南学政的翁方纲前去协助筹措时所撰写。碑文记述武氏墓群石刻发现的历史及研究著录发现保管经过。曾毅公考，此记为济州郑支宗所刻。

［文献］ 清赵尔巽等《清史稿》卷四八五，曾毅公《石刻考工录》，秦明《黄易的访碑图与碑刻鉴藏（之四）——武氏祠》（《紫禁城》2010 年第 7 期）。

公元 1790 年 乾隆五十五年

［提示］ 正月，河南登封《金装佛像碑》。十二月二十一日，四川德阳《罗真观》碑。

［叙录］ 正月，河南登封刻《金装佛像碑》。据 1996 年《中国历史学年鉴》载：1995 年初，在河南登封市西北嵩山南麓的永泰寺中出土了一批记载该寺历史的重要碑刻。其中有刻于本年正月的《金装佛像碑》。

十二月二十一日，四川德阳刻《罗真观》碑。碑高200厘米、宽100厘米。碑文中末刻：大清乾隆五十五年岁次庚戌十二月二十一日，赐进士出身诰授中宪大夫钦命提督广东学政、部员外郎兼翰林院编修分巡直隶通永道，本州岛人李调元题。高文、刘期文等载：此碑在四川德阳市区北20公里的罗真观中，其寺为唐代敕建的佛寺。民间称此寺院为大霍山寺院，此地为罗江八景之一。李调元罢官归家后，常来此游玩。

［文献］《中国历史学年鉴》(1996年)，高文等《四川历代碑刻》，刘期文《罗真观发现李调元亲笔诗碑》(《四川文物》1987年第6期)。

公元1791年　乾隆五十六年

［提示］湖南长沙《毕沅诗碑》。

［叙录］是年，湖南长沙刻《毕沅诗碑》。刘刚载，此碑现嵌在长沙岳麓书院讲堂后壁。诗序为隶书，跋文楷书。诗碑系在毕沅湖南总督任上撰书，由罗典嵌立。毕沅在《清史稿》中有传，清代著名金石学家，字纕蘅、号秋帆，先后在陕西、湖南等地任职。乾隆五十四年(1789)冬，毕沅邀学使张忍斋等访问罗典，遍游岳麓名胜，尽兴而归，作诗二首以记其事。诗写好两年后，书寄罗典，刻石保存至今。

［文献］清赵尔巽等《清史稿》卷一一九，刘刚《湖湘碑刻》。

公元1792年　乾隆五十七年

［提示］正月十六日，四川巴中南龛第85龛墨书装彩记。八月二十二日，龚自珍生，曾撰《说石刻》。

［叙录］《巴中石窟内容总录》载：巴中南龛第85龛位于神仙坡北段下层，为盛唐外方内双层檐佛帐形龛。内龛中造一佛二弟子二菩萨五尊像，二天王二力士立于龛口内外两侧，香炉两侧跪二供养人。外龛右壁有清乾隆五十七年正月十六日巴州下在城弟子杨世清等墨书装彩记。

八月二十二日，龚自珍生。龚自珍是清代思想家、文学家及改良主义的先驱。同时，龚自珍还是一位著名的收藏家和金石学者。其收藏涉及古书、铜彝、印鉴、碑拓、字画等。在《龚自珍全集》中记载的藏品约有：秦天禽四首镜、商尊、孝成庙鼎、召伯虎敦、姬大母鬲、有孔之大圭、赤蛟大砚、汉双鱼列泉洗、有丹砂翡翠色之古瓦、汉三十六字镜、高句丽花瓶、碧玉版蒙古牌、佛纽六朝印以及宋拓欧阳询皇甫诞碑、罗池庙碑、曹娥碑、汉敦煌太守裴岑纪功碑、宋拓洛神赋十三行、宋拓兰亭定武本以及明拓石鼓文、唐人双钩卫夫人残字卷、虞集隶书卷、管道山水卷、薛素素兰花卷等等。并撰有《说宗彝》、《说刻石》、《说碑》、《说印》等专文，金石学家吴昌绶评其所论“精博绝特”。其中尤以《说刻石》一文，广为世人所称道：古者刻石之事者有九：帝王有巡狩则纪，因颂功德，一也。有畋猎游幸则纪，因颂功德，二也。有大讨伐则记，主于言劳，三也。有大宪令则纪，主于言禁，四也。有大约剂大诅则纪，主于言信，五也。所战、所守、所输粮、所了敌则纪，主于言要害，六也。决大川、浚大泽、筑大防则纪，主于形方，七也。大治城郭宫室则纪，主于考工，八也。遭经籍溃丧，学术歧出则刻石，主于改文，九也。九者国之大政也，史之大支也。或纪于金，或纪于石。石在天地之间，寿非金匹也，其材巨形丰，其徙也难，则寿侔于金者有之，古人所以舍金而刻石也欤？

［文献］成都文物考古研究所等《巴中石窟内容总录》，王佩诤编《龚自珍全集》卷六，吴民贵《龚自珍与文物收藏》(《历史教学问题》1999年第8期)。

公元1793年　乾隆五十八年

［提示］江苏苏州刻《议定纸坊条议章程碑》、江苏淮阴刻古琉球国使臣《郑文英碑》。

［叙录］ 是年，江苏苏州刻《议定纸坊条议章程碑》。这也是一种行业约束碑刻，据江苏省博物馆载，此碑刻立于苏州。碑中记载，当时元、长、吴三县有36家纸坊，共雇用工匠800余名，每个工匠每月工价银一两二钱。当时作坊主和纸坊工人的对立矛盾日益形成，故作坊主在碑文中制定了禁止“停歇”、“怠玩”等规章。

是年，江苏淮阴刻古琉球国使臣《郑文英碑》。郑文英（大岭亲云上）为古琉球国使臣，于本年受古琉球国政府委派至我国。郑文英于乾隆五十八年冬十一月十四日，前往北京朝贡途中病逝于淮阴，葬于当地。此后途经淮阴的琉球使臣，大都会来此祭拜郑文英，琉球使臣蔡大鼎（伊计亲云上）著有诗集《北燕游草》，中即有祭拜郑文英之作。据牧英、王瑞来等讲，郑文英墓现在淮阴县图书馆内，墓前立有两块墓碑。一块久埋土中、于1979年掘出，刻于清乾隆五十八年，碑高37厘米、宽12厘米，上刻“琉球国北京大通事大岭亲云上郑文英之墓”。还有一块碑，系1936年重立时刻造，碑高114厘米、宽58厘米，碑阳周边刻有花纹，正中刻碑文“琉球国朝京都通事讳文英郑公之墓”，上款为“公于乾隆五十八年奉使来，十一月十四日道卒葬”，下款为“此石原半块，民国二十五年里人重立，兴化金应元书”。

［文献］ 江苏省博物馆编《江苏省明清以来碑刻资料选集》，牧英《淮阴王营的“琉球国使臣郑文英墓”》（《东南文化》1991年第10期），王瑞来《琉球国京都通事郑文英墓说明文字指瑕》（《中国文物报》2011年7月13日）。

公元1794年　乾隆五十九年

［提示］ 刻成《清石经》、西藏拉萨大昭寺《劝人种痘碑》。

［叙录］ 是年，刻成《清石经》。据李思敬、何广棪等考证，《清石经》亦称《乾隆石经》，刻成于清乾隆五十九年，历时三年，碑石立在北京国子监。所刻内容为《周易》、《尚书》、《毛诗》、《周礼》、《仪礼》、《礼记》、《春秋左氏传》、《公羊传》、《谷梁传》、《孝经》、《论语》、《尔雅》、《孟子》等13种儒家经典，是历代所刻七部“石经”中规模最宏大的一部。《清石经》为书法家蒋衡一人以楷书书写，殊为艰难珍罕。蒋衡为江苏金坛人，康熙时贡生，工书法，与王澍同里。据《清史稿》载，蒋衡祖父辈均喜书法。其“早岁好游，足迹半海内，观碑关中”，看见西安碑林中唐代《开成石经》“众手杂书，文多舛错”，于是下决心一人重书“十三经”。自雍正四年（1726）至乾隆二年（1737），历时12载，楷书63万多字，重书“十三经”。乾隆五年（1740），江南河道总督高斌将其手书“十三经”抄本呈献于乾隆皇帝，乾隆皇帝甚为激赏，收藏于大成懋勤殿，授予蒋衡国子监学正，蒋衡辞不就。乾隆五十六年（1791），乾隆敕命以蒋书“十三经”为底本，和坤、王杰为总裁，彭元瑞、刘墉为副，负责考订蒋书“十三经”并刻石。彭元瑞以宋元善本“十三经”仔细校订蒋衡手书经稿，将其所书俗体字改为古体，并考证经文异同，至乾隆五十九年石经始全部刻成。“十三经”碑石共189块，连同《康熙御书大学碑》共190块。石经刻成后，乾隆下令将其作为国子监监生标准范本立于国子监东西六堂内，再以墨拓本颁行全国各省，使《清石经》成为全国学子学习儒家经典的标准范本。1956年修缮国子监时，《清石经》移置于孔庙和国子监之间夹道内，按“十三经”依次排列，妥善保存于今。

是年，西藏拉萨大昭寺刻《劝人种痘碑》。据噶特才让（韩腾）载，此碑是本年钦命总理西藏事务大臣和琳所撰署，位于大昭寺前的石围栏里。18世纪末期，西藏尚不知运用以种痘来防止天花病的发生。碑文上说：唐古忒（西藏）遇有出痘之人，视恶疮毒痈为尤甚，即逐至旷野岩洞，虽亲如父子、兄弟、夫妇亦不暇顾，竟致百不一生者。来藏办理事务的驻藏大臣和琳见其情景“深感悯恻”，便在藏北捐资修建房屋，让出痘的民众去那里居住调养，发给口粮，并教给接种牛痘的方法，使大多数患者幸存下来。于是“立石为记”。痘碑通高330厘米、宽120厘米。龙首碑额，碑身竖刻汉字。由于迷信所致，人们常用卵石砸击，现碑身形成许多臼形窝坑，文字大多漫漶难识。

［文献］ 清赵尔巽等《清史稿》卷五〇三，李思敬《五经四书说略》，何广棪《〈乾隆石经〉考述》(《古籍整理研究学刊》2008年第1期)，噶特才让(韩腾)《雪域梵宫布达拉宫和大昭寺》。

公元1795年　乾隆六十年

［提示］ 四川成都《寄蜀中薛涛校书》诗碑。乾隆四十六年至六十年，云南昆明西山龙门造像。乾隆年间，仲孙和刻《蒋衡写经图》、山东《玉虹楼刻石》。

［叙录］ 是年，四川成都刻周厚辕书王建《寄蜀中薛涛校书》诗碑。是年，翰林院编修江西人周厚辕出任四川学政，闲暇游览薛涛井时，手书唐人王建所写《寄蜀中薛涛校书》诗：万里桥边女校书，枇杷花里闭门居。扫眉才子知多少，管领春风总不如。此诗见载于明人《益部谈资》、《全唐诗》中。周厚辕又让人连同他自己所写《薛涛井》诗一起，刻石附立于明代冀应熊《薛涛井碑》两旁，至今仍存。

关于云南昆明西山龙门造像，据《中国石窟雕塑全集》载：乾隆四十六年至六十年(1781—1795)，道士吴来清主持开凿云南昆明西山龙门慈云洞，造送子娘娘等像。

乾隆年间(1736—1795)，仲孙和刻《蒋衡写经图》，此刻《拓本汇编》及《画像汇编》均有著录。程章灿按：此石原署"仲孙和镌石"，疑是蒋衡之仲孙名和者，若然，则此人亦未必是刻工。

《玉虹楼刻石》亦刻于乾隆年间。据骆承烈载，分置于孔庙东、西庑之北部数间内。石共584块，大小长宽不等，书体亦各不同。由孔继涑集云间大司寇张文敏公照各体法书，附以己书，以次立石，藏于玉虹楼。民国孙永汉著录此刻。玉虹楼为曲阜城内十二府之建筑。因碑原存该府，故名。后因战乱，碑石散失。新中国成立后四处搜寻，1980年镶嵌于孔庙东、西庑内。玉虹楼法帖刻石的内容，约分为续鉴真、摹古、国朝(清朝)名人、瀛海仙班、金人铭、隐墨斋、黄涪州、米海岳、祝京兆、临中兴、张文敏小楷、张文敏书诗等。孔继涑为孔子第69代孙，字体实，号谷园，别号葭谷居士。继涑住于孔府之外，因其排行十二，故其居地称十二府。其人才学渊博，乾隆三十三年(1768年)中举，官至内阁中书。著有《谷园论书》一卷，《玉虹楼诗词》四卷，最著名者则是《玉虹楼百一帖》。

［文献］ 明何宇度《益部谈资》卷中，清彭定求等《全唐诗》卷三〇一，孙永汉《续修曲阜县志》卷八，刘玉珊等《"枇杷门巷"何从来　王建薛涛并蒙冤——读王建〈寄蜀中薛涛校书〉诗辩讹》(《文史杂志》2001年第4期)，王朝闻等主编《中国石窟雕塑全集》(云南贵州广西西藏卷)，《拓本汇编》第76册，《画像汇编》第1册，程章灿《石刻刻工研究》，骆承烈《石头上的家文献——曲阜碑文录》。

公元1796年　嘉庆元年

［提示］ 始建清仁宗昌陵。嘉庆初，四川洪雅《陈察院禁酗酒示碑》。

［叙录］ 乾隆皇帝25岁登基，在位60年，退位之后，又当了三年太上皇，实际执掌大权长达63年。清仁宗爱新觉罗·颙琰，原名永琰，乾隆第15子。乾隆退位之后，由颙琰继位，次年改元嘉庆。

嘉庆元年，始建清仁宗昌陵。昌陵位于泰陵西边的太平峪。清仁宗陵址，按照太上皇帝弘历(乾隆)的旨意，建于西陵界内，并由太上皇帝钦选。据清李鸿章等在《畿辅通志》中载，开工于嘉庆元年，完工时间，又据《清仁宗实录》载，完工于嘉庆八年(1803)。晏子有统计，昌陵地宫雕刻用工料银数如下：雕刻五方佛、天王佛、八大菩萨等图像，以及八宝香几、宝盆、海螺、铃、杵等各种花纹，用银6 725两4分8厘。水墙、券顶周围，以及券脸门对等处，镌刻番字和梵字经文，用银4 192两5钱1分2厘。通共昌陵地宫用银9 861两5钱5分，而裕陵地宫雕刻用银却达10 917两5钱5分。昌陵地宫由喇嘛书写经文并雕刻，用工不足一年，而裕陵地宫却用工三年多。昌陵的建筑物，也是仿照祖制而建，与景陵、裕陵基本上无大的差异。唯其牌楼门未按照景陵、裕陵建造，而是依照孝陵和泰陵，在石像生之后建造了琉璃制式龙凤门。根据档案记载，仁宗昌陵地宫中的雕刻，与已开放的裕陵地宫完全相同。九券四门的券顶、墙壁、门对等处，刻有梵文经咒647字，藏文经29 464字。两种文字的佛经共30 111字。这些文字雕刻得端庄整齐，刀法遒劲有力，疏密得体。整座地宫中，刻有近40尊佛像。金券两壁月光石上雕刻着佛像和八宝图案。每座佛像身后，都饰有形似龛座的"光背"，以花卉为装饰，图案丰富细腻。除佛像外，各券及石门还雕刻有佛教题材的其他图案。在头道石门的门洞券东西两壁，有东方持国天王、南方增长天王、北方多闻天王和西方广目天王雕像。二道石门之北的穿堂券，东西石壁各有五只精雕细刻的花瓶，瓶内各插着一朵莲花。花朵托起明镜、琵琶、香料、菠萝、衣服五种物件（五欲供），东西石壁各有一组。八扇石门上，各雕刻有一位姿态优美的菩萨。这些菩萨，高约150厘米，宛若真人。仁宗昌陵在圣德神功碑亭之南，以一条神道与泰陵相接，是清西陵唯一的一座有神道与主陵相接的皇帝陵。神道上建圣德神功碑亭一座，其建筑形式与孝、景、泰、裕各陵均同。昌陵有清朝建立的最后一座圣德神功碑亭，自清宣宗之后，清朝皇帝各陵均不建圣德神功碑亭。昌陵圣德神功碑亭之北神道两侧，立有石像生五对，其南端立有一对石望柱。由南往北依次为狮、象、马、武将、文臣各一对。石像生北头，东西横向建有一座龙凤门，其建筑形式与孝陵、泰陵龙凤门相同。

嘉庆初，四川洪雅刻《陈察院禁酗酒示碑》。高文载，此碑位于洪雅县汉王乡满仓寺旧址。这里与雅安县水口乡、丹棱县仁兴乡接壤，清乾隆时，寺庙香火鼎盛，春秋社日及诸神赛日，三乡士氏汇集，醮天演戏、设宴饮酒，常有借酒寻衅打死人命的。嘉庆初，陈察院竖此禁碑。

［文献］ 清李鸿章等《畿辅通志》卷一一，《清仁宗实录》卷一二二，晏子有《清东西陵》，高文等《四川历代碑刻》。

公元1797年 嘉庆二年

［提示］ 八月四日，四川巴中南龛第83龛装彩记。九月十日，巴中南龛第24龛装彩记。

［叙录］《巴中石窟内容总录》载：巴中南龛第83龛位于神仙坡北段中层，盛唐外方内二层檐佛帐龛。外龛右壁有两次墨书题记，第一次已漫漶，第二次清嘉庆二年秋八月念四日吉旦在街弟子口渊装彩记墨书。九月十日的巴中南龛第24龛装彩记，其龛位于神仙坡南段，为盛唐双层龛。外龛右壁墨书清嘉庆二年装彩记，竖刻四行，占壁面高22厘米、宽15厘米。内容为：在街信士朱彦发心装彩佛像一洞，乞保清泰。嘉庆二年九月初十立。

［文献］ 成都文物考古研究所等《巴中石窟内容总录》。

公元1798年 嘉庆三年

［提示］ 冬月初十，四川巴中南龛第70龛题记。

［叙录］《巴中石窟内容总录》载：巴中南龛第70龛位于神仙坡北段中部下层，盛唐外方内双层檐佛帐形龛。内龛中造一佛二弟子二菩萨五尊像，二天王二力士立于龛口内外两侧，龛壁浮雕八尊天龙八部像和二听法人。外龛右壁刻一碑，上刻清嘉庆三年九月初十日信士弟子张福装彩记。

［文献］ 成都文物考古研究所等《巴中石窟内容总录》。

公元 1799 年 嘉庆四年

[提示] 乾隆卒,生前留下众多诗碑。

[叙录] 是年,乾隆卒。清高宗纯皇帝(乾隆)姓爱新觉罗,讳弘历,雍正第四子。生于康熙五十年八月十三,卒于嘉庆四年正月初三,享年 88 岁,葬于河北裕陵(今河北遵化市西北)。乾隆雅好书文翰墨,一生留下诗碑极多,在历代帝王中,当数第一。著名者如:北京戒台寺的《戏题活动松》诗碑、北京白龙潭的《御制龙泉寺二十韵》诗碑、北京北海公园的《琼岛春阴》诗碑、北京颐和园昆明湖堤上的《西堤诗碑》、北京房山区良乡大南关村的《郊劳台永成记事诗碑》、南京朝天宫飞霞阁御碑亭方碑上所刻的四首乾隆四游朝天宫御诗碑、江苏无锡惠山公园莲池御碑亭四方碑上所刻的四首乾隆四游惠山寺御诗碑、西藏拉萨布达拉宫后山龙潭内的《御制十全诗碑》(即《御制十全武功碑》)、河北围城县永安湃围场的《永安湃围场殪虎诗碑》、山东曲阜孔庙的《杏坛诗碑》、山东泰山"万丈碑"摩崖的《咏阳洞》诗碑等。

[文献] 清赵尔巽等《清史稿》卷一五。

公元 1800 年 嘉庆五年

[提示] 湖南造道像。广西得唐桂州善兴寺《舍利函记》石刻。19 世纪初,著名刻字店翰茂斋诞生。

[叙录] 是年,湖南造道像。据王朝闻等主编的《中国石窟雕塑全集》载:是年,开凿湖南大庸玉皇洞道教摩崖造像。

同年,广西得唐桂州善兴寺《舍利函记》石刻。此记镌于唐显庆四年(659 年)四月八日。此刻至清嘉庆年间,胡虔访出于临桂万寿寺,其后屡为人攫去,经五六十年间,卒莫知其所终。据清嘉庆《广西通志》(金石略一)记:舍利函高七寸八分,横九寸八分,中空以盛舍利者。外四面,一刻记,其三刻佛像,在临桂县万寿寺。清人洪颐煊《平津读碑记再续》亦有著录此记。据林京海考证,《舍利函记》石刻未闻于清嘉庆之前,所见最早记载,出自清钱楷《绿天书舍存草》书中,钱氏撰有《题唐显庆四年善兴寺舍利石函墨拓后》一文。

19 世纪初,著名刻字店翰茂斋诞生。程章灿载:位于北京琉璃厂口西路北的著名刻字店翰茂斋,从 19 世纪初延续到 20 世纪中叶,长达 100 多年,并且出现了张锡龄、吕春林、刘锡臣、李月庭(李月亭)等镌石高手,堪称行业之盛事、艺林之佳话。

[文献] 清胡虔等《广西通志》卷二一五,清人洪颐煊《平津读碑记再续》,清钱楷《绿天书舍存草》卷五,王朝闻等主编《中国石窟雕塑全集》(南方八省),林京海《唐善兴寺〈舍利函记〉石刻流传摭闻》(广西博物馆编《广西博物馆文集》2005 年第 2 辑),程章灿《石刻刻工研究》。

公元 1801 年 嘉庆六年

[提示] 六月,云南西双版纳《傣文石刻天文图》碑。

[叙录] 六月,云南西双版纳刻《傣文石刻天文图》碑。此碑存于云南西双版纳自治州景洪县大孟笼,刻于傣历 1162 年,即清嘉庆六年重建大孟笼佛寺时所立,碑高 100 厘米、宽 45 厘米,碑首刻有九曜所在位置,是我国现存的唯一傣文石天文图。

[文献] 潘鼐《中国古天文图录》。

公元 1802 年 嘉庆七年

[提示] 孙星衍完成碑学巨著《寰宇访碑录》。

[叙录] 是年,孙星衍完成碑学巨著《寰宇访碑录》。孙星衍在《清史稿》中有传,字伯渊,一字渊如,又字秀逑,号芳茂山人。江苏阳湖人,乾隆五十二年(1787)榜眼,授编修,官山东督粮道,通文字音训、金石碑版和六书籀篆之学,著述甚富。《寰宇访碑录》,

乃孙星衍曾得邵晋涵集录海内石刻名目副本，益以游学四方目见手摹的金石碑刻为之增补，足迹未到之处，乃请同时期著名金石学家如王昶、钱大昕、翁方纲、冯敏昌、阮元、黄易、武亿、赵魏、何元锡等邮寄见示，最后由邢澍补其不足、删其重复，历时二十年，于嘉庆七年撰成。全书收列自周朝至元朝的碑刻约8 000种，并有若干瓦当，全部碑刻均按时代先后排列，每一个碑目下，均注明体、撰书人姓名、刻碑年月、碑刻所在地等。所收列的碑刻中有些原物已亡失而仅存拓本者，保留了我国古代许多刻石文字材料。在历代碑刻、金石书籍中，收入清嘉庆以前碑刻目录之详备，当推该书。清人钱泳在《履园丛话》中谈及老友孙星衍时说：尤好山水之游，金石之学，错综经义，泛览百家，以及释道诸书，莫不赅贯，原始要终。

［文献］ 清赵尔巽等《清史稿》卷四八一，清钱泳《履园丛话》六，王元黎《孙星衍的金石学成就》（《新乡学院学报》社科版2009年第6期）

公元1804年　嘉庆九年

［提示］ 十二月，重庆大足宝顶山佛祖寺题记。是年，张澍发现西夏文《重修护国寺感通塔碑》。

［叙录］ 十二月，重庆大足宝顶山佛祖寺题记。《大足石刻内容总录》载：宝顶山佛祖寺，圆雕弥勒佛面南，随意坐于莲台上。佛像身后壁上，有题记一则：大清嘉庆九年甲子十二月初五日，幸持僧庆云、徒恒山立。

是年，张澍发现西夏文《重修护国寺感通塔碑》。张澍在《清史稿》中有传，字百瀹、寿谷、时霖。号介侯，又号介白、鸠民。甘肃武威人。嘉庆四年至十八年（1799—1813），任四川屏山、兴文、大足、铜梁、南汉等县知县。据张澍《养素堂诗集》载：嘉庆九年（1804）因病归故里，偕友游览时发现西夏《重修护国寺感通塔碑》，并认为是西夏文，他发现此碑后，曾作诗《偕同人游至清应寺观西夏碑》四首，文《书西夏天佑民安碑后》一篇，叙述此事经过。唐晓军说，对西夏碑发现经过，与张澍同时的人知者不多，如严可均说西夏碑是“刘孝廉师陆始访得之”（严可均《铁桥漫稿》）。罗福成录释此碑时移录严可均之文，也未提及张澍发现此碑之事。此后，清人陆耀遹、罗振玉、严可均、陆增祥等都载录此碑并有跋尾。

［文献］ 清赵尔巽等《清史稿》卷四八六，清张澍《养素堂诗集》卷一〇、卷一九，清陆耀遹《金石续编》卷二〇，清罗振玉《西陲石刻录》卷二，清严可均《铁桥金石跋尾》卷四，清陆增祥《八琼室金石补正》卷一二〇，罗福成《重修护国寺感应塔碑释文》（《北平图书馆馆刊》第4卷第3号），四川省社会科学院等编《大足石刻内容总录》，唐晓军《甘肃古代石刻艺术》。

公元1805年　嘉庆十年

［提示］ 王昶完成碑学巨著《金石萃编》。四川蒲江造像。

［叙录］ 是年，王昶完成碑学巨著《金石萃编》。王昶在《清史稿》中有传，字德甫，一字琴德，号兰泉，又号述庵，江苏青浦（今上海青浦区）人，乾隆进士，官至都察院左都副御史、刑部左侍郎。深谙经学，精考证，善属文，诗宗杜韩苏陆，词拟姜夔张炎，文宗昌黎眉山，笃嗜金石，又工书，文章、金石、书法均擅名当时。王昶著述甚富，有《春龙堂诗文集》、《青浦诗话》、《明诗综》、《清词综》等书传世。其最著名者当数《金石萃编》，是书广收金石文字，汇各家之精华，集三代迄辽金之大成，前后历时50载，至嘉庆十年始完成计160卷、1 500余种，取而甄录，以建碑年月为序；无年月者，则附于每代之末；对漫漶剥蚀所缺而不可辨识者，参照其文有间见于其他书中所载，均作旁注，以记其全。但经传之文、释道之书，以及千字文之类，皆不收录。凡六朝以前篆隶之书，则摹其点画，加以训释。对唐以后隶体无奇者，仍以楷书为准。每一碑目下列碑石形制、长短广狭尺寸、各行字数、碑额题字、碑阴题字、两侧题识和所在地等，并列

碑志全文、历代论著及题跋语摘，至于题跋见于金石诸书及文集所载者，则援引故籍，删去繁复，还在后面加上按语，抒以己见。内容繁富翔实，审核精慎，为前代撰者所未及，颇为世之学者所重视。

关于是年的四川蒲江造像，《中国石窟雕塑全集》载：在四川蒲江县霖雨乡白岩造佛像。

［文献］ 清赵尔巽等《清史稿》卷三〇五，宋凯《〈金石萃编〉研究》（《山东大学》2013年硕士论文），王朝闻等主编《中国石窟雕塑全集》（四川重庆卷）。

公元1806年　嘉庆十一年

［提示］ 福建石狮蚶江镇《对渡碑》。

［叙录］ 据曾清泉、吴娜莉等载，《对渡碑》又名《蚶江海防官署碑》，置于福建省石狮市蚶江镇前埯村清代海防官署遗址内。碑高292厘米、宽86厘米、厚18厘米。碑额阴刻篆书“新建蚶江海防官署碑记”一行大字。碑文竖排楷书14行566字，为泉州府蚶江海防通判郑奎所撰，候选教谕许温其书丹。该碑记载清代海防设置及蚶江与台湾鹿港对渡一事，是研究清代海防及闽台关系十分珍贵之实物文献。《台湾开发大事记》中载，乾隆四十九年（1784）、五十七年（1792），先后开放台湾鹿港、八里岔与蚶江对渡通商。清政府在蚶江设立泉州府蚶江海防官署，下设“海关”、“营盘”、“厘金（税务）”等，统管一府五县（泉州府、晋江县、南安县、惠安县、同安县、安溪县）的对台贸易。从蚶江启航，出日湖，指南针坐“乙辛”字，“水程八庚，一昼夜可直达鹿港。”百余年来，来往蚶江、鹿港之间船只近300艘，单蚶江一地就有20多家“行郊”，如泉胜、泉泰、谦恭、谦益、晋丰等。嘉庆十年（1805），蚶江海防通判郑奎建造蚶江海防官署，十一年竣工。郑奎撰《蚶江海防官署碑记》，刻碑于官署内。

［文献］ 曾清泉《谈〈新建蚶江海防官署碑记〉》（《厦门日报》2000年1月27日），吴娜莉《蚶江鹿港对渡碑浅析》（《神州》2012年第2期）。

公元1807年　嘉庆十二年

［提示］ 福建泉州《施琅像》。

［叙录］ 是年，福建泉州刻《施琅像》。施琅字尊候，号琢公，明末清初著名军事家，长于海战，在《清史稿》中有传。1982年在福建泉州东岳山出土施琅石像，雕像刻造于嘉庆十二年，花岗岩质，高176厘米，现藏施琅纪念馆。施琅是福建晋江衙口人。明末为总兵郑芝龙部将，在1683年收复台湾中建有奇功。刘兴珍描述说，此像身着铠甲，头戴战盔，足蹬战靴，双手抚胯坐于石台上。面相丰圆，身躯健壮，神态威武沉鸷。整体造型圆实敦厚，雕刻风格粗犷质朴。施琅在我国海洋文化中，占有不可替代的重要地位。

［文献］ 清赵尔巽等《清史稿》卷二六〇，刘兴珍等《中国古代雕塑图典》，连心豪等《再论施琅与清初开放海禁》（《中国社会经济史研究》2002年第12期）。

公元1808年　嘉庆十三年

［提示］ 四月二日，江苏镇江《额勒布观瘗鹤铭题记》。仲冬，湖南《瞿中溶题名》。

［叙录］ 四月二日，江苏镇江刻《额勒布观瘗鹤铭题记》。据王同顺载，此石高68厘米、宽52厘米。题记内容为：嘉庆十三年四月二日，大理寺卿巡按、两淮盐漕察院长白额勒布，同长沙张显明、会稽张驭先游焦山观瘗鹤铭，三宿松寥阁。寺僧觉灯刻石。额勒布姓索佳氏，字履中，号约齐。满洲正红旗人。嘉庆时，由大理寺巡按两盐漕察院，累擢户部左侍郎。

同年仲冬，湖南刻《瞿中溶题名》。高刚载，此刻位于浯溪右堂区。内容为：嘉庆戊辰仲冬，江南瞿中溶两游浯溪，三宿中宫寺，搜拓唐、宋、元人诸石刻并题名于此而去。瞿中溶字苌生，号木夫，上海人，乾隆三十四年（1769）生。援例捐湖南布政司理问。瞿氏工书,又善画,晚年随手涂抹,弥见天趣。著有《古泉山馆金石文编残稿》、《金石文录》等金石学著作。

［文献］ 王同顺《镇江古代石刻及焦山碑林书法研究》,刘刚《湖湘碑刻》。

公元 1809 年 嘉庆十四年

［提示］ 四川广安《大良城避白莲乱纪事》。

［叙录］ 是年,四川广安刻《大良城避白莲乱纪事》。高文等载：大良城在四川广安县大良乡大良坪,此摩崖纪事题刻,高 252 厘米、宽 384 厘米。大良城是四川军民为抗击元军而修筑的城池。此碑风化剥蚀严重,是研究白莲教的重要资料。

［文献］ 高文等《四川历代碑刻》,马恒建《蒙军铁骑勒马大良城》(《龙门阵》2011 年第 5 期)。

公元 1811 年 嘉庆十六年

［提示］ 四川安岳《老君岩碑记》。

［叙录］ 是年,四川安岳刻《老君岩碑记》。胡文和载,老君岩又名狮子岩,位于安岳县城东南 45 公里瑞云乡圆门村瑞云山上。此处靠近"张公寨",山势险峻。在岩壁上有嘉庆十六年的碑记,记叙该寨为明末张任学(安岳人,明天启年间进士,崇祯时以御史出任河南总兵)筑寨以抵抗张献忠部队之地。由于此处岩石雄踞如坐狮,由此又得名"狮子岩"。实际上该处在宋代即得名为"老君岩"。其地原有规模宏大的道观,虽经近、现代拆毁,但遗址规模仍然可见。

［文献］ 胡文和《中国道教石刻艺术史》。

公元 1813 年 嘉庆十八年

［提示］ 八月,江苏镇江刻《张问陶等访诗老题记》。

［叙录］ 八月,江苏镇江刻《张问陶等访诗老题记》。王同顺载：此刻高 50 厘米、宽 80 厘米。隶书。内容为：嘉庆癸酉秋八月,潼川张问陶、钱唐际冯寿、吴兴郑祖琛、郡人杨铸,人山诗僧借庵、琴僧问樵,信宿鹤寿堂中,韩榛书石。张问陶字仲冶、号船山,四川遂宁人。

［文献］ 王同顺《镇江古代石刻及焦山碑林书法研究》。

公元 1814 年 嘉庆十九年

［提示］ 阮元完成碑学名著《南北书派论》、《北碑南帖论》。四川剑阁《摩崖碑亭小记》。

［叙录］ 阮元在《清史稿》中有传,字伯元,号芸台、雷塘庵主,晚号怡性老人,江苏仪征人。乾隆五十四年(1789 年)进士,历官湖广、两广、云贵总督。平生提倡学术,精研金石,工书画,著述编纂极为宏富。其所撰《南北书派论》、《北碑南帖论》,见于载《揅经室三集》之中。"宋以后,学者昧于书有南北两派之分,而以唐初书家举而尽属羲献",以为北碑体格猥拙狞恶而鄙弃之,阮元对此深感忧虑。阮元预见到北魏书法将会盛行于世,为此特撰写《南北书派说》和《北碑南帖论》等论著,倡导"尊碑"主张。嘉庆十九年三月,书学家钱泳至淮阴拜见阮元,阮元示以二论。阮元详举正史、金石书等所载传记碑刻,对历代书家源流正变进行了精湛辩述。阮元认为中国的书学,自钟卫以后,分为南北两派,南派长于尺牍,北派长于碑版：由隶字变为正书、行草,其转移皆在汉末、魏晋之间;而正书行草之分南、北两派者,则东晋、宋齐梁陈为南派,赵燕魏齐周隋为北派也。南派由钟繇、卫瓘及王羲之、献之、僧虔等,以至智永、虞世南;北派由钟繇、卫瑶、索靖及崔悦、卢湛、高遵、沈馥、姚文标、赵文深、丁道护等,以至欧阳询、褚遂良。南派不显于隋,至贞观始大显。然欧、褚诸贤,本出北派,洎唐永徽以后,直至开成,碑版石经尚沿北派余风焉。南派乃江左风流,疏放妍妙,长于启牍,减

笔至不可识。而篆隶遗法，东晋已多改变，无论宋齐矣。北派则是中原古法，拘谨拙陋，长于碑榜。而蔡邕、韦诞、邯郸淳、卫觊、张芝、杜度篆隶、八分、草书遗法，至隋末唐初（贞观永徽金石可考）犹有存者，两派判若江河，南北世族不相通习。至唐初，太宗独善王羲之书，虞世南最为亲近，始令王氏一家兼掩南北矣。然此时王派虽显，缣褚无多，世间所习犹为北派。赵宋《阁帖》盛行，不重中原碑版，于是北派愈微矣。唐时南派字迹，但寄缣褚，北派字迹，多寄碑版。在阮元看来，唐代以前，南帖书派无势，自宋代阁帖盛行，才致使北碑书派式微。阮元提出：南派乃江左风流，疏放妍妙，长于启牍；北派则中原古法，拘谨拙陋，长于碑榜。短笺长卷，意态挥洒，则帖擅其长；界格方严，法书深刻，则碑据其胜。阮元还进一步指出：南派的尺牍由后人临摹上石，历代以来屡经翻刻，早已失真；而当时大量出土的北派碑版，由书法家亲自书丹，又未经翻刻，所以保持原貌较好。阮元所介"尊碑"、"南北书派"、"北碑南帖"之观点，虽有指其"妄以碑帖为界，强分南北书派"者，但是响应者亦云起。阮元首开碑学先河，为清代碑学崛起奠定了坚实的理论基础，包世臣所著《艺舟双楫》则将碑学之复兴推向新的高潮。

是年，四川剑阁刻《摩崖碑亭小记》。高文载：碑在四川剑阁县鹤鸣山。碑高 130 厘米、宽 90 厘米。内容有：署剑州事潼川府乐至县知县弋阳陈瑞图撰并书，大清嘉庆十九年岁次甲戌孟冬谷旦。

［文献］　清赵尔巽等《清史稿》卷三六四，清阮元《揅经室三集》卷一，金丹《阮元与〈南北书派论〉〈北碑南帖论〉》（《南京艺术学院学报》2002 年第 2 期），高文等《四川历代碑刻》。

公元 1815 年　嘉庆二十年

［提示］　广东南海刻《友石斋法帖》。

［叙录］　是年，广东南海刻《友石斋法帖》。清代中期和后期刻帖之风盛行，容庚著录：是年，南海（今广东省佛山市）叶梦龙即刻有《友石斋法帖》、《风满楼法帖》等。曾毅公考，《友石斋法帖》刻工为南海谢云生。

［文献］　容庚《丛帖目》卷七，曾毅公《石刻考工录》。

公元 1816 年　嘉庆二十一年

［提示］　四川剑阁刻《登丰阁记》。

［叙录］　是年，四川剑阁刻《登丰阁记》。高文等载：该碑为是年功臣馆协修旌德吕兆麟撰并书。碑高 150 厘米、宽 90 厘米，阴刻楷书于"登高览胜"崖刻和道教造像之间空隙处。字迹工丽，镌刻精美。末署：赐进士出身、奉直大夫四川剑州知州、奏署叙永军粮同知、直隶酉阳州事、前翰林院庶吉士、词林曲故总校官兼充功臣馆协修旌德吕兆麟撰并书。嘉庆二十一年岁次丙子正月日立石。

［文献］　高文等《四川历代碑刻》，黄邦红《剑阁鹤鸣山道教造像》（《四川文物》1987 年第 6 期）。

公元 1817 年　嘉庆二十二年

［提示］　四川都江堰《何先德夫妇合冢墓碑》。

［叙录］　是年，四川都江堰刻《何先德夫妇合冢墓碑》。高文载：此碑 1982 年 2 月在灌县大观乡园林村四组收集，现藏于都江堰市伏龙观内，碑高176厘米、宽 86 厘米。正面中行刻"耆老登仕郎何先德、杨氏合冢墓"；左侧为"清朝嘉庆二十二年二月十九日敬竖"；右侧刻何先德之子孙末和族兄弟、胞侄及门婿等的名字；碑阴为楷书 13 行，行 26 字（下缺字）。此碑曾被人搬走垫猪牛圈舍，致使字迹大部模糊不清。何先德倡修索桥的故事，众说纷纭。这通碑的发现，为弄清事实提供了有力的佐证。何先德具呈禀请修桥，桥成报授，老死桑梓，并无被冤杀和妻承夫志、继续修桥为夫雪冤等事。

［文献］ 高文等《四川历代碑刻》。

公元1818年 嘉庆二十三年

［提示］ 腊月二十四日，重庆大足《张澍南山诗碑》。是年，金石学家孙星衍卒。

［叙录］ 是年腊月二十四日，重庆大足刻《张澍南山诗碑》。《大足石刻内容总录》载，大足南山第二号碑洞，其窟顶部为平顶，窟内平面成长方形。正壁上有摩崖碑刻一块，碑面西南，字隶书直行：睢歌吹笙，考之六律，八音克谐，荡耶反正，奉爵称寿，相乐终日，作穆肃雍，上下蒙福，长高利贞，与天无极。光绪元年(1875)乙亥夏日城固王德嘉临。窟左壁上有张澍摩崖诗碑一块，字行书直行："春云雪后澹如消，斗觉霜蹄踏磴骄。柳色青来莺色滑，菜花黄处酒旗飘。刑清无事官疏懒，僧俗何知佛家寥。半载昌州惭抚字，怀音试听泮林鸮。摩崖薜字又来寻，乾道淳熙岁月深。毁党籍碑青史泣，小朝廷币白头吟。仅多避暑消闲客，谁抱忧时治国心。读罢张何唱和句，晴天一鹤响瑶音。岁行尽矣，余将卸篆，官舍清寂，重游追兴，摩挲宋刻，倍增感吁，口占二诗，以志踪迹，嗜古君子，或有取诸。时嘉庆二十三年腊月二十四日西凉介侯张澍题。"窟壁上有张澍摩崖游记碑一块，碑名《重九日偕幕友胡梓川宋树亭少尉蔡峻峰内弟何晴霞游南禅寺遂至玉皇观登高记》，落款为"嘉庆戊寅岁(公元1818)嘉平三月　赐进士出身前翰林院庶吉士知屏山县署大足县事　张澍呵冻书"，石质：灰砂岩。附注：据陈习删《大足石刻志略》，本号原俗名药王洞，现洞内已无像存。

是年，金石学家孙星衍卒。孙星衍在《清史稿》中有传，是有清一代著名的金石学家、音韵学家、藏书家、书法家和经学家。字渊如，号伯渊，别署芳茂山人、微隐。阳湖(江苏武进)人，后迁居金陵。乾隆五十二年中进士，授翰林院编修，历官刑部主事、郎中，山东督粮道。曾应阮元之聘主讲于诂经精舍。嘉庆十六年(1811)因病去职，后主讲于钟山书院。本年卒。少工诗文，后深究经史、文字、音韵之学，旁及诸子百家、金石碑版。其学宗汉儒，著述论文不引宋儒之说。金石学方面的著述，以其《寰宇访碑录》、《平津馆金石萃编》等最为知名。

［文献］ 清赵尔巽等《清史稿》卷四八一，四川省社会科学院等编《大足石刻内容总录》。

公元1819年 嘉庆二十四年

［提示］ 四月，江苏苏州刻石名店穆大展局刻《上海药业重修药皇庙碑》。

［叙录］ 四月，江苏苏州刻石名店穆大展局刻《上海药业重修药皇庙碑》。《上海碑刻资料选辑》载，刻于清嘉庆二十四年的《上海药业重修药皇庙碑》，其刻工署为"吴郡穆大展局"。程章灿按：碑原在南市区药局弄91号，显然是作坊，而非人名。《石刻考工录》著录穆大展乾隆五年(1740年)所刻帖一种，可见穆氏至迟乾隆五年已能刻石，距嘉庆二十四年已79年，穆氏当已谢世，但穆大展局仍可能存在，因此，《上海药业重修药皇庙碑》当是由以其命名的作坊所刻(即其后人所刻石之局)。吴郡穆大展局，在南京亦设有分号，兼刻书。乾隆三十二年(1767)经钮堂刻本清蒋重光辑《昭代词选》，共38卷，各卷卷末镌"金陵穆大展刻字"(美国柏克莱加州大学东亚图书馆藏)。程章灿说，自南宋以来，苏州刻工即在全国享有盛名。清初苏州的穆大展局，从乾隆初年延续到至少嘉庆二十四年，前后约八十年，足见其影响之广远。

［文献］ 上海博物馆图书资料室编《上海碑刻资料选辑》，程章灿《石刻刻工研究》，美国柏克莱加州大学东亚图书馆编《柏克莱加州大学东亚图书馆中文古籍善本书志》。

公元1820年 嘉庆二十五年

［提示］ 徐松拓录莫高窟碑刻，刘墉《心画初机

刻石》。嘉庆末年，冯云鹏等辑《金石索》。嘉庆年间，青海刻成《和日石经》。

［叙录］ 是年，徐松拓录莫高窟碑刻。徐松，字星伯，清代著名地理学家，在《清史稿》中有传。其所著《西域水道记》中，广著碑刻，保存资料，其中收集了不少徐松亲手拓录的碑碣。据方立军、陈亚洲等说，徐松性好碑碣钟鼎文字，谓足资考证。在西域披榛荆莽，手拓汉裴岑碑、唐姜行本碑以归，复于敦煌搜得唐索勋及李氏修功德两碑，皆此前著录家所无者。唐晓军载，其中，《李君莫高窟旧龛碑》、《大唐陇西李府君修功德碑》、《唐宗子陇西李氏再修功德记》等，均是徐松于嘉庆二十四年东归时亲手拓录者。《李君莫高窟佛龛记》全文1 600字，后毁于俄国人之手，因此，徐松的录文极具价值。陈万里在《西行日记》记载《李克让修莫高窟佛龛碑》：于民国十年(1921)时为居留俄人所断，一折为二。

是年，刘墉《心画初机刻石》。刘墉在《清史稿》中有传，即著名的刘罗锅，字崇如，号石庵，另有青原、香岩、日观峰道人等字号，清代书画家和政治家。山东省高密（原属诸城）人，祖籍江苏徐州丰县。刘墉为乾嘉两朝重臣，官至体仁阁大学士，以廉洁、峭直敢谏知名于世。与翁方纲、梁同书、王文治并称翁刘梁王。作书喜用浓墨，世人有"浓墨宰相"之称。《心画初机刻石》为刘墉所书，刻于嘉庆二十五年，现藏于西安陕西省博物馆。此刻石是刘墉晚年作品，刻于刘墉去世后16年。据陈忠凯载，共刻有六石，每石高30厘米、长101厘米，内有行书《自遣诗》、《复愁十二首》等，真书小楷有《伽阿多罗宝经序》和《中隐堂诗并序》。

嘉庆末年，冯云鹏等辑《金石索》。是书为清代金石名著，系综合性古器物图谱，由冯云鹏（晏海）、冯云（集轩）兄弟同辑，成书于嘉庆末年。清人俞扬在《泰州旧事摭拾》中载：南通州冯君云鹏与其弟云鹓，合纂《金石索》12卷，搜罗富，考订核，摹勒精，剞劂工，四美毕具，为耆金石家必不可不见之书。民国《晚晴簃诗汇》载：冯云鹏，字晏海，江苏通州人，有《扫红亭诗集》。此书之金索，收商周至汉及宋元时的钟鼎、兵器、权量杂器及历代钱币、玺印和铜镜等；石索收历代石刻以及带字的砖和瓦当。所录器物大多有器形图和铭文拓片，后面录有冯氏考订或释文。所录材料或为作者藏品，或采自黄易、桂馥等名家。亦有采自宋元明清各家钟鼎款识或专著者。

嘉庆年间(1796—1820)，青海刻成《和日石经》。据林森等载，《和日石经》现藏青海黄南藏族自治州泽库县西南72公里和日寺。《和日石经》共有经板刻石三万余块，堆放于和日寺院背后山梁上，因其堆放形状犹如城墙，故称"石经墙"。经墙全长近300米，平均宽度约250厘米、高度约300厘米。其主体石经墙位于和日寺大经堂左面，长1 650厘米、宽200厘米、高210厘米，经板所刻经文为佛教丛书《甘珠尔》大藏经，近4 000万字。其余三堵石经墙经板所刻经文为《丹珠尔》、《塔日多》等。除石刻藏文佛经外，还有近2 000块石刻佛像、佛寺图案、民族风情和人物速写图画。石经墙上的石经堆放井然有序，保持着纸质经书的式样和风格。每函石经之间用刻有书名和花纹的石板隔开，整个外壁全用绘有花边的木板作为书箱，将石书封闭保存。每一段石经墙还建有一佛堂，里面供有一尊石刻释迦牟尼像。《和日石经》刻于何时没有确切文字记载，据僧众传说，约始于清嘉庆年间，即18世纪末19世纪初。和日寺第三世寺主德尔顿久美桑俄合丹增为弘扬佛法，决意以毕生精力凿刻三部佛教石经，并从果洛草原请来刻石名僧阿乃核多造主持刻经工程，十余年后始刻成《普化经》等石经。德尔顿去世后，洛加仓活佛继承德尔顿未竟事业，聘请和日西合刻经工匠恰洛和民卜丹为刻经师，继续进行刻经，前后历时40年，方全部完成《甘珠尔》、《丹珠尔》、《塔日多》三部藏文佛教石经的镌刻。

［文献］ 清赵尔巽等《清史稿》卷三〇二、四八六，陈万里《西行日记·北京大学研究所国学门实地调查报告》，方立军《徐松与西北边疆史地研究》(《喀什师范学院学报》2002年第5期)，陈亚洲《徐松及其

〈西域水道记〉探析》(《塔里木大学学报》2007年第3期),唐晓军《甘肃古代石刻艺术》。徐世昌等《晚晴簃诗汇》卷一二三,清俞扬《泰州旧事摭拾》卷七,陈忠凯等《西安碑林博物馆藏碑刻总目提要》,林森《镌刻在石头上的经文——瞻访和日石经胜迹》(《旅游纵览》2008年第11期),林子《石书之最和日石经》(《佛教文化》2005年第6期)。

公元1821年 道光元年

［提示］ 仲夏,甘肃天水麦积山《麦积崖图铭诗》。十月十八日,始建清宣宗慕陵。

［叙录］ 清仁宗嘉庆皇帝于嘉庆二十五年(1820)七月二十五日驾崩,入葬清昌陵。由其次子爱新觉罗·旻宁继位,是为清宣宗,次年改元道光。

是年仲夏,甘肃天水麦积山刻《麦积崖图铭诗》。据张锦秀载,此刻位于麦积山瑞应寺内大殿前廊。碑呈竖长方形,高193厘米、宽78厘米、厚20厘米。四周线刻双边栏及卷草、莲花及流云纹饰。圆额上竖排篆体碑题两行(麦积崖图铭诗),字大七厘米见方。由于刻纹较浅,且风化磨损,内容多已漫漶。碑身自上至下分为相等的三栏,各栏有刻线边框,分别镌刻图、铭、诗。其图系用阴线雕刻的麦积山石窟立面示意图,纵44厘米、横65厘米。其山顶之舍利砖塔、上七佛阁、牛儿堂、千佛廊等东崖的主要洞窟均依稀可见,并刻有林木、沟渠和道路等。其铭即《麦积崖佛龛铭》,落款为"庾信子山撰",为庾信撰《秦州天水郡麦积崖佛龛铭并序》。其内容与《庾子山集》中铭序基本一致。楷书21行,满行20字。刻七言律诗五首,即大荔淡士、吴江潘照、刘腾蛟、陈殿纶、牟照□等人题咏麦积山的唱和之作。楷书21行,满行20字。

十月十八日,始建清宣宗慕陵。清宣宗慕陵,位于清西陵龙泉峪。晏子有载,宣宗即位之初,曾在全国各地为自己选择陵址。后来选定清东陵境内的宝华峪,并于道光元年十月十八日卯时,宣宗万年吉地绕斗峪破土兴工。二年(1822)三月五日,在谒东陵期间,宣宗命改绕斗峪为宝华峪。七月十七日,宣宗又特召戴均元、英和及军机大臣入见,面谕宝华峪万年吉地的规制。后又因工程质量出现问题,反复选择之后,于道光十一年(1831)二月禧恩等人最终在西陵界内选定吉地。宣宗遂置清高宗昭穆相间制度于不顾,亲临阅视,更名为"龙泉峪"。《清宣宗实录》载:经钦天监择定,龙泉峪万年吉地于道光十一年(1831)十一月初八日酉时,于丁壬二方动土开工。龙泉峪建造过程中,使用了宝华峪万年吉地拆卸下来的木料。道光十六年(1836年)龙泉峪万年吉地竣工。

［文献］ 《清宣宗实录》卷二一九,张锦秀编《麦积山石窟志》,晏子有《清东西陵》。

公元1824年 道光四年

［提示］ 江苏苏州刻《周忠介公端孝先生札合刻》。

［叙录］ 是年,江苏苏州顾沅刻《周忠介公端孝先生札合刻》。此周忠介公即明代著名东林党人周顺昌(1584—1626),在《明史》中有传:字景文,号蓼洲,南直隶苏州吴县(江苏苏州)人。万历四十一年(1613)进士。历官福州推官、文选员外郎,为魏忠贤党迫害,死于狱中。崇祯元年(1628)昭雪,谥忠介。此合刻在《苏州金石志》中有著录。

［文献］ 清张廷玉《明史》卷二四五,清石韫玉《苏州金石志》卷二。

公元1825年 道光五年

［提示］ 十月二十日,四川巴中西龛第67龛题记。

［叙录］ 《巴中石窟内容总录》载:巴中西龛第67龛为盛唐外方内二层檐佛帐龛。内龛中雕一坐佛

二弟子二菩萨二天王七尊像，二天王足踏地鬼，二力士立于龛口。主尊有内圆外桃形头光，结跏趺坐，风化严重。龛右下侧一圆拱形龛中阴刻道光五年十月二十日住持僧广贤碑记，竖刻。

［文献］ 成都文物考古研究所等《巴中石窟内容总录》。

公元 1826 年 道光六年

［提示］ 是年夏月望九日，重庆大足舒成岩淑明皇后像龛。十二月十三日，重庆大足舒成岩玉皇大帝龛道光碑。黄锡蕃辑著《刻碑姓名录》。

［叙录］ 是年夏月望九日，重庆大足舒成岩淑明皇后像龛。《大足石刻内容总录》载：舒成岩第一号淑明皇后像龛，其龛外左门柱上有一摩崖碑刻，字为楷书竖刻：是庙也，昔名舒胜，今号半边，洞宇开自先朝，绘彩重新今日（后略）。维大清丙戌道光六年季夏月望九日甲子黄道开光。信善黄宝礼同缘杨氏、彭宏典同缘曾氏，敬为本身疾愈，妆彩祈保星辰康泰，禄马扶持。同年十二月十三日所刻重庆大足舒成岩玉皇大帝龛道光碑，位于舒成岩第五号玉皇大帝龛。左侧碑文为：信士□忠，现发心□书玉皇大帝神圣一堂，祈俟人清吉，六畜兴旺。大清道光六年丙戌十二月十三日立。

是年，海盐金石学者黄锡蕃辑著《刻碑姓名录》，这是已知最早的专辑石刻刻工的著作，黄书辑录汉至元刻工 425 人。曾毅公说，道光二十八年（1848），黄锡蕃把稿本送给当时金石学家刘喜海审阅，刘补充了 189 人。这个稿本，刘氏并没有刊刻成书，后辗转递藏于翁同龢、费寅二氏之手。翁又补入 15 人，费亦补 10 人，总得 639 人，现藏北京图书馆善本部。1959 年，北京中国书店根据上海图书馆所藏黄氏另一稿本，将黄书出版。

［文献］ 四川省社会科学院等编《大足石刻内容总录》，曾毅公《石刻考工录》。

公元 1828 年 道光八年

［提示］ 张井嘱钱泳双钩勒石，建《澄鉴堂石刻》。

［叙录］ 是年，张井嘱钱泳双钩勒石，建“澄鉴堂”石刻。据王同顺考证，宋熙宁五年（1072 年），时任杭州通判的苏轼与湖州知府孙觉相晤，孙将四川名士文同所画风竹给苏轼观看，并请苏轼画一幅同样大小的风竹。苏画就后挥毫题写 13 行 300 余字跋文，并在文同画上作 100 余字题记。文同和苏轼墨竹图上，先后有范纯仁、米芾、韩琦、文彦博等人题跋。至元代时入藏奎章阁，天历三年（1330），柯九思、虞集奉旨审定，藏入秘府。明嘉靖、万历间为项子京收藏。清代经宋荦、张玉书、万廉山，最后转入张井收藏。

钱泳亦记载：道光八年，张井为使两幅珍品传之于世，嘱无锡书法家钱泳双钩勒石。因画幅过大，不易上石，仅将 74 位名人对两幅风竹的题识分刻在 42 块石上。每石高 32 厘米，宽 44 厘米至 89 厘米不等。“澄鉴堂”为张井书斋名，故此刻名《澄鉴堂石刻》，现藏于焦山碑林宝墨轩。《澄鉴堂石刻》分为两部分，文同墨竹部分有 35 人题记，分刻 20 石；苏轼墨竹部分有 39 人题跋，分镌 22 石。此一组石刻，集宋、元、明、清四个朝代的 74 位书画家、文学家的题诗、评赞于一堂，文辞精美雅致，寓意隽永；书法高古俊逸，瑰丽多姿。

［文献］ 清钱泳《履园丛话》九，王同顺《镇江古代石刻及焦山碑林书法研究》。

公元 1829 年 道光九年

［提示］ 江苏扬州刻成《安素轩法帖》。

［叙录］ 是年，江苏扬州刻成《安素轩法帖》。此法帖为晚清名帖，在清人钱泳、恽毓鼎等人著述中均有著录。嘉庆四年（1799），侨居扬州之著名徽商歙县富商鲍漱芳从家藏历代名家书迹中精选评跋，汇为《安素轩法帖》12 卷（安素轩为鲍氏书斋名），聘

请扬州名匠党锡龄钩摹上石，于本年始刻成。《安素轩法帖》包括唐人8册、宋人22册、元人23册、明代8册，以小楷部分最为精妙，被书界视为集小楷大成的丛帖。《安素轩法帖》刻石今藏扬州市博物馆。曾毅公考，具体刻石者则是吴门张鲈香。

［文献］　清钱泳《履园丛话》九，清恽毓鼎《澄斋日记》，曾毅公《石刻考工录》，余立《钱泳碑帖摹刻活动研究》（南京艺术学院艺术学2012年硕士论文）。

公元1830年　道光十年

［提示］　上巳后七日，四川巴中南龛第78龛龛前诗碑。

［叙录］　《巴中石窟内容总录》载：巴中南龛第78龛位于神仙坡北段下层，盛唐双层龛。龛前嵌一碑，字已看不清，此碑正下方又刻一方碑，字迹清晰，保存完好。碑上阴刻道光庚寅上巳后七日次山陆机题诗三首。

［文献］　成都文物考古研究所等《巴中石窟内容总录》。

公元1831年　道光十一年

［提示］　孟夏，四川巴中南龛第六龛阴刻朱锡谷题铭。是年，重庆合川造像。

［叙录］　是年孟夏，四川巴中南龛第六龛阴刻朱锡谷题铭。《巴中石窟内容总录》载：此龛位于南龛山云屏石中部。龛外右侧壁阴刻道光十一年朱锡谷题铭。竖刻由左至右共15行、行16字，占壁面高190厘米、宽180厘米。是年之重庆合川造像，据《中国石窟雕塑全集》载：重庆合川涞江本寨信士范文昭及妻翁氏准云，在重庆合川涞滩南岩重妆准提观音金身一尊。

［文献］　成都文物考古研究所等《巴中石窟内容总录》，王朝闻等主编《中国石窟雕塑全集》（四川重庆卷）。

公元1833年　道光十三年

［提示］　三月，重庆大足石篆山《天灯碑》。

［叙录］　三月，重庆大足石篆山刻立《天灯碑》。据《大足石刻内容总录》载：石篆山千佛崖第六号龛，其顶部为平顶。龛中有四像，面南而坐。龛外左侧立一碑，碑名为《天灯碑》，为道光十三年癸巳三月立。

［文献］　四川省社会科学院等编《大足石刻内容总录》。

公元1834年　道光十四年

［提示］　江苏常熟《桐华仙馆法帖》。

［叙录］　是年，江苏常熟刻《桐华仙馆法帖》。清人丁绍仪载：常熟王蓉洲观察宪成，著《桐华仙馆词》。王宪成字仲文，号蓉洲。道光二十五年（1845）进士。分刑曹，屡办秋审。擢河南京畿道御史，转户科给事中，著有《桐华仙馆词》等。曾上书抨击李鸿章，外擢福建汀漳龙道，未抵任，中途疾卒。此法帖当为王氏藏帖的刻帖，曾毅公考，此帖刻工为元和朱安山。

［文献］　清丁绍仪《听秋声馆词话》卷一，曾毅公《石刻考工录》。

公元1835年　道光十五年

［提示］　六月十八日，四川巴中北龛第12龛装彩记。是年，江苏镇江刻《印心石屋》碑。

［叙录］　六月十八日，四川巴中北龛第12龛装彩记。《巴中石窟内容总录》载：巴中北龛第12龛为初唐外方内圆拱形龛。内龛坛上雕一坐佛二弟子二菩萨五尊像，二力士立于龛口两侧。外龛左侧浅浮雕供养人一身。左壁天王头顶侧阴刻清道光十五年六月十八日清倿女郎也藏王前穿衣□题记。

是年，江苏镇江刻《印心石屋》碑。王同顺载，此套刻石现藏于焦山碑林，原刻共有72石，历经劫火毁坏散失，现仅存29石。其中有道光十五年御书横匾、陶澍奏折及恭摹御书墨宝、南北崖之图说、金焦山图说及赞记叙诗跋等。御碑横匾高63厘米、宽150厘米。余各石均高40厘米、宽50厘米。

［文献］ 成都文物考古研究所等《巴中石窟内容总录》，王同顺《镇江古代石刻及焦山碑林书法研究》。

公元1836年 道光十六年

［提示］ 清末书家白遇道生，曾撰《墨夫人圹记》。

［叙录］ 是年，清末书家白遇道生。据张征考证，白遇道字心悟，后改字五斋，早年号慎旃，晚年后号完古山人，陕西高陵县人。曾求学于三原宏道书院，同治十三年(1874)进士，授翰林院编修。一生著述颇丰，有《高陵县续志》、《课馆诗赋偶存》、《养正山房文稿》等传世。《高陵碑石》中收录清末书家白遇道所书《墨夫人圹记》与自撰墓志两种，程章灿说，由于刻工技艺高下悬殊，造成同一书家的书迹形神大不相同。正如董国柱所说：白遇道的小楷秀美俊逸，尤以《墨夫人圹记》为最。而此自撰墓志却大失其书法姿韵，这恐为刻工水平所致。《墨夫人圹记》为杨家麟刻，杨家麟还刻有贺瑞麟的《三字铭》，都神形兼备，而此志刻工为樊作翰，不仅失去了白氏书法的神，而且在形上也走了样。

［文献］ 张征《三原书院》，董国柱《高陵碑石》，程章灿《石刻刻工研究》。

公元1838年 道光十八年

［提示］ 正月，重庆大足《天灯碑记》。白明义重刻河南《汝帖》。

［叙录］ 正月，重庆大足刻《天灯碑记》。《大足石刻内容总录》载：石篆山千佛崖第六号龛，其顶部为平顶，龛外右侧立一碑，碑名《天灯碑记》为道光十八年戊戌正月立。

是年，白明义重刻河南《汝帖》。赵超说，宋代好古成风，刻的各种帖也很多，但真正把原来的丛帖刻石完整保存下来的只有一种，这就是保存在河南临汝县文化馆内的《汝帖》刻石。《汝帖》共有12件刻石，内容包括商周金文、石鼓文，李斯、蔡邕、诸葛亮等秦汉三国字体，六朝帝王书迹，魏晋的锺繇、阮咸、山涛等人书法和王羲之、王献之作品，南北朝书迹，以及唐代帝后和著名书法家的作品等。每种字数虽不太多，但真草隶篆面面俱到，反映了中国书法的主要变化过程。张海也认为《汝帖》堪称古代碑帖之珍品，与《泉帖》、《绛帖》、《潭帖》并称四大名帖。《汝帖》为北宋大观三年(1109)由汝州知州王寀萃取自夏至五代的金文及名家书法镌刻而成的丛帖。但也有人认为《汝帖》刻得不精，选择也不妥当，所以不大受人重视，才能保留至今。《汝帖》原刻石经历年代绵远，字迹已漫漶不清。清代道光十八年，汝州太守白明义又依据《汝帖》的原拓本再次刻成一套刻石，现也藏临汝县文化馆。

［文献］ 四川省社会科学院等编《大足石刻内容总录》，赵超《石刻史话》，张海《汝帖》(《中国书画》2009年第12期)，佘彦焱《〈汝帖〉评价及相关诸问题》(《文博》2001年第3期)。

公元1840年 道光二十年

［提示］ 金石学者钱大昕卒。四川蒲江造像。

［叙录］ 是年，金石学者钱大昕卒。清代大学者钱大昕在《清史稿》中有传，字晓征，一字及之，号辛楣，又号竹汀居士，江苏嘉定人。乾隆时进士，曾仕内阁中书、翰林院侍讲学士、提督广东学政。对经史之学有很高造诣，精于训诂、音韵、地理、民族、金石文字。所撰《潜研堂金石文跋尾》为清代金石学名著，博采众长，上起三代，下迄宋元金石文字，并收入其家藏拓本2 000余种，著跋尾800余篇，共四集25

卷，有光绪十年（1884）刻本存世。

同年之四川蒲江造像，据《中国石窟雕塑全集》载：在四川蒲江县长秋乡石马沟造佛像、土地像。也是在本年，云南昆明西山龙门石窟刻成第三号魁星窟（图283）。

［文献］　清赵尔巽等《清史稿》卷四八一，王朝闻等主编《中国石窟雕塑全集》（四川重庆卷），王嘉杰《石雕艺术的杰作——昆明西山龙门》（《石材》2009年第4期）。

公元1841年　道光二十一年

［提示］　刻《见远山房帖》。

［叙录］　曾毅公著录，道光二十一年，谢思敬刻《见远山房帖》，此帖专刻一人之书，由徐鸿占书丹。

［文献］　曾毅公《石刻考工录》，陈尔俊《历代汇帖述略》（《中国文物报》2004年8月25日）。

公元1842年　道光二十二年

［提示］　十月，四川广元千佛崖藏佛洞四世章嘉呼图克图造像。

［叙录］　十月，四川广元千佛崖藏佛洞四世章嘉呼图克图造像。温玉成载，在千佛崖石窟中段底层紧临川陕公路，有一俗称“藏佛洞”（编号为223号）的洞窟，洞方形平顶，宽208厘米、深204厘米、高217厘米。窟底距公路地面高仅130厘米左右。窟内正壁雕造坐像一尊，左右壁无雕刻，坐像高120厘米。像座分上中下三层：下层为隐出的八角束腰座；中层须弥座，束腰部分刻二龙戏珠、二狮子滚绣球及二夜叉；上层为仰覆莲花座。坐像左侧有长方形黑地榜额，竖刻汉文三行：钦差赴藏灌顶普善广慈大国师章嘉呼图克图敬谨镌供，道光二十二年十月吉立。在右侧相对位置，竖刻满文三行，义同汉文。据吴丰培考，四世章嘉呼图克图伊希丹毕坚赞曾于道光二十二年四月十六日，当第十一世达赖喇嘛克主嘉措在拉萨布达拉宫“坐床”时，奉旨遣章嘉呼图克图赴藏照料，并送金册。温玉成由此推断，坐像为四世章嘉呼图克图伊希丹毕坚赞自西藏回京途中在广元所作。既然坐像是四世章嘉呼图克图伊希丹毕坚赞“敬谨镌供”，则可进一步推断该像应是三世章嘉呼图克图若必多吉之像。造像时三世章嘉呼图克图若必多吉已去世56年，后世乃作为佛像供养。此像已按佛像规格制作，有头光和身光，坐于须弥莲花宝座之上。有两点旁证：一是坐像为一老者，而三世

图283　魁星窟　开窟于清道光二十年（1840）　云南昆明西山龙门石窟第三号

章嘉呼图克图若必多吉活了71岁；二是坐像头光内绘有大雁，而据《清史稿》(舆服志)，文官四品“补服前后绣雁”，与章嘉呼图克图官阶相同。据检索，藏佛洞中的三世章嘉呼图克图若必多吉像，是中国石窟中唯一可确认的三世章嘉呼图克图像，甚为珍贵。

［文献］　温玉成《中国佛教与考古》，雷玉华等《广元千佛崖藏佛洞》(《西藏研究》2004年第4期)，吴丰培《番僧源流考》。

公元1843年　道光二十三年

［提示］　发现三国魏《曹真碑》。重庆合川钓鱼城造像。

［叙录］　是年，发现三国魏《曹真碑》。此碑为三国时魏国隶书碑刻，据蒋光煦、朱绪曾等载，最先为此碑定名者是徐松，碑于本年出土于陕西西安南门外，出土时已残断。碑阳刻碑文，阴刻立碑者姓名，侧面阴刻龙纹。曹真为三国曹魏政权宗室显贵，官至大司马，封邵陵侯，谥元侯，多次率军对蜀汉军作战。卒后旧属官吏为其立碑记功。此碑现藏故宫博物院。

本年之重庆合川钓鱼城造像，据《中国石窟雕塑全集》载：在重庆合川钓鱼城雕刻彩像西方三圣龛。

［文献］　清蒋光煦《东湖丛记》卷四，清朱绪曾《开有益斋金石文字记》，王朝闻等主编《中国石窟雕塑全集》(四川重庆卷)。

公元1844年　道光二十四年

［提示］　七月，四川《重修重阳亭记》。碑刻名家钱泳卒。

［叙录］　七月，四川剑阁刻《重修重阳亭记》。高文载：该碑在四川剑阁县鹤鸣山，为天津静川郭永泰刻。记中有：重阳亭者，唐大中八年州牧蒋侯所建也(后略)时大清道光二十四年，岁次甲辰七月谷旦。赐进士出身、直隶静海县知县、营山白睿铣撰。邑庠生、执蒲温如璧书。直隶天津府静海县精三李锐监修。天津静川郭永泰勒石。

是年，碑刻名家钱泳卒。钱泳生平在清人所著《广印人传》、《墨林今话》、《砚田斋笔记》等典籍中均有记载。近年来钱泳广为人知，则在于新近发现钱氏所著《记事珠》手稿中，言及钓鱼岛史实，为钓鱼岛归属中国提供又一历史铁证。钱泳原名钱鹤，字立群，号台仙，一号梅溪，江苏金匮(属无锡)人。工诗词、篆、隶，精镌碑版，善于书画。有缩临小汉碑，集各种小唐碑石刻行世。其后扬州江人骥，得其残石数十种，俞樾言之梅小岩中丞，出白金百两，嵌之杭州诂经精舍之壁。惟诸碑中讹字甚多，泳未能一一正之。画山水小景，疏古澹远。有仿赵大年《柳塘花坞图》，现藏于故宫博物院。著有《履园丛话》、《履园谭诗》等。其所刻《汉碑大观》对后世影响较大。

［文献］　高文等《四川历代碑刻》，张胜利《钱泳〈书学〉研究》(吉林大学2009年硕士论文)，李路平《钱泳〈记事珠〉手稿研究》(《书法》2010年第12期)。

公元1845年　道光二十五年

［提示］　刻林则徐《游华山诗》。

［叙录］　是年，刻林则徐《游华山诗》。此刻现藏于西安碑林博物馆。石呈长方形，高30厘米、宽102厘米，35行、行14字，林则徐行书。林则徐力主禁烟，鸦片战争爆发后被革职查办，于道光二十一年(1841)派往浙江筹划海防，旋即充军新疆。此诗即林则徐流放新疆伊犁路过陕西华山时所作。谪戍伊犁后，林醉心书法，不数月间，伊犁缣纸为之一空。

［文献］　陈忠凯等《西安碑林博物馆藏碑刻总目提要》，史树青《林则徐游华山诗手迹跋》(《故宫博物院院刊》1981年第4期)。

公元1846年　道光二十六年

［提示］　孟秋，甘肃漳县《游贵清山放歌行》诗

文碑。

［叙录］　是年孟秋，漳县贵清山刻《游贵清山放歌行》诗文碑。唐晓军载，漳县贵清山群山环绕，现保存有一块清代王宪《游贵清山放歌行》诗碑。王宪字青崖，号章之，漳县盐井人。自幼家贫好学，深受乡邻、当时邑令苏履吉器重。道光五年（1825）考取拔贡。在河南任过知县、知府、按察使、布政使等职。他好诗文、书法，还十分关心家乡建设。兰州碑林也翻刻了《游贵清山放歌行》诗文碑，题记有道光丙午孟秋之吉，钦加知府衔河南祥河同知王宪初稿并书。

［文献］　唐晓军《甘肃古代石刻艺术》。

公元 1847 年　道光二十七年

［提示］　元旦，四川巴中南龛第 53 龛墨书题记。重庆大足宝顶山对面佛题字。

［叙录］　是年元旦，四川巴中南龛第 53 龛墨书题记。《巴中石窟内容总录》载：巴中南龛第 53 龛位于神仙坡北段下层，为盛唐外方内二层檐佛帐龛。龛楣内侧墨书道光二十七年题记：学陶清道光二十七年丁未元旦邑人罗大兴书始。同年，重庆大足宝顶山对面佛题字，据《大足石刻内容总录》载，宝顶山对面佛为阿弥陀佛龛，为宋龛，顶部为半圆形。龛外贴壁嵌有门形石柱门廊，系后人所加。龛内为阿弥陀佛，面东，结跏趺坐于垫上。龛外下部右侧南壁上刻“古迹无忧石”五字，隶书兼带魏体。左侧刻有“天理良心”四字（楷书），为道光丁未（1847）时所刻。

［文献］　成都文物考古研究所等《巴中石窟内容总录》，四川省社会科学院等编《大足石刻内容总录》。

公元 1848 年　道光二十八年

［提示］　四月六日，四川巴中三江龙门山第一龛装彩记。九月，四川巴中南龛第 103 龛装彩记。

［叙录］　四月六日，四川巴中三江龙门山第一龛装彩记。《巴中石窟内容总录》载，巴中三江龙门山摩崖石刻造像，俗称一石三座庙，地处三江乡龙门村五社巴河西岸，从三江乡沿巴河而下四公里，旧时是南江、巴中到重庆的水路交通必经之地。现存造像八龛，位于河边一崖石上，崖石南、西、北三面均开龛。第一龛位于崖石南面，中晚唐外方内圆拱形龛，内龛坛基上雕三尊结跏趺坐像于坛上。在第一龛对面约 10 米的一块巨石壁上刻有道光二十八年本邑增生李开阳撰的培修石佛碑序。同年九月，四川巴中南龛第 103 龛装彩记，此龛位于神仙坡北段上层，唐乾符四年（877）外方内双层檐佛帐龛。内龛右壁内侧下方阴刻清道光七年秋九月朱彦芳等装彩记。

［文献］　成都文物考古研究所等《巴中石窟内容总录》。

公元 1849 年　道光二十九年

［提示］　金石学家阮元卒。约于此年，杜思白刻《兰亭序》。道光二十年至二十九年，云南昆明西山龙门造像。

［叙录］　是年，金石学家阮元卒。清代碑学崛起理论奠基者阮元卒于本年。阮元在《清史稿》中有传，字伯元，号芸台、雷塘庵主、怡性老人，江苏仪征人，乾隆进士，官湖广、两广、云贵总督，至体仁阁大学士、加太傅，谥文达，精通天文、历算、地理、金石、书画等。曾于杭州创立诂经精舍、广州创立学海堂，提倡朴学，主编《经籍籑诂》，校刻《十三经注疏》，汇刻《皇清经解》等。由经籍训诂求证于吉金石刻，多有超迈前人之处。阮元说：二十年来留心南北碑石，证以正史，其间踪迹流派，朗然可迭见。近年魏、齐、周、隋旧碑，新出甚多，但下真迹一等，更可摩辨而得之。著有《积古斋钟鼎彝器款识》、《皇清碑版录》、《山左金石志》、《两浙金石志》、《仪礼石刻经校勘

记》、《华山碑考》、《擎经室集》、《石渠宝笈二编》、《渠随笔》等。

约于此年，杜思白刻《兰亭序》。程章灿说《咸宁长安金石续考》卷一著录有杜思白刻《兰亭序》，并称此刻“无年月”。考《石刻考工录》有富平刻工杜思白，道光二十九年(1849)八月刻《张氏巾箱帖阁帖考》，又考《拓本汇编》第81册有杜思白于道光二十三年(1843)所刻《陕西道光二十三年乡试题名碑》。前一刻可证明杜思白有刻帖之经验，后一刻证明杜思白活跃于长安一带，综合二刻而推考之，杜思白刻《兰亭序》当在道光年间，尤以近于道光二十九年(1849)为是。

道光二十年至二十九年(1840—1849)，云南昆明西山龙门造像。《中国石窟雕塑全集》载：由杨汝兰主持开凿云南昆明西山龙门魁星窟，后由杨际泰继续完成。

［文献］ 清赵尔巽等《清史稿》卷三六四，王新宇《阮元与金石学》(首都师范大学美术学2002年硕士论文)，程章灿《石刻刻工研究》，王朝闻等主编《中国石窟雕塑全集》(云南贵州广西西藏卷)。

公元1850年　道光三十年

［提示］ 秋，四川巴中南龛第82龛陆机诗。道光末年，始创吴玉田刻坊。道光年间，陕人李宝台伪刻金铜造像。

［叙录］ 是年秋，四川巴中南龛第82龛陆机诗。《巴中石窟内容总录》载：巴中南龛第82龛位于神仙坡北段下层，盛唐内外两层龛。龛下方阴刻清道光庚戌秋陆机诗一首，竖刻。

道光末年，始创吴玉田刻坊。官桂铨考证：福州南后街宫巷口著名的吴玉田刻坊，始创于道光末年，兼营刻书刻石，名扬遐迩，延续长达近百年。官桂铨曾辑录此店所刻石36件，年代上起1863年，下迄1935年，其时间跨度长达72年。

道光年间(1821—1850)，陕人李宝台伪刻金铜造像。叶昌炽载：道光中，陕人李宝台取旧铜像无字者，割其背以炫售，好古者争购之。又载：造像伪作者，如齐天保七年《尼如静》一石，王廉生知刻者姓名，乃人家柱角下物也。叶氏平安馆所收天保五年司马治平、开皇元年张佐清、二年吴文得、大业元年朱建忠、长庆元年姜永锡及姜长年诸拓，皆李宝台所伪。《大梁丹阳民白僧祐》原注：取永徽年无字造像添刻。天复元年苏检诸拓，皆朱贾所伪。附著以告后之嗜古者。盖自刘燕庭、文宦秦，晓以“古器虽破烂，无伤，以款识为重”。因之，寸许铜造像亦率遭镌刻。

［文献］ 清叶昌炽《语石》卷十，成都文物考古研究所等《巴中石窟内容总录》，官桂铨《石刻考工录补正》(《文献》1990年第1期)。

公元1851年　咸丰元年

［提示］ 二月三日，四川巴中三江龙门山第五龛造像记。冬月初七，四川巴中西龛第70龛造像及装彩记。

［叙录］ 清文宗奕詝为道光帝第四子，道光十一年(1831)生于北京圆明园。道光二十六年(1846)，秘密立为储君。道光帝于道光三十年(1850)正月病卒，文宗于同月继位，次年改年号为咸丰。

二月三日，四川巴中三江龙门山第五龛造像记。《巴中石窟内容总录》载，巴中三江龙门山摩崖石刻造像，俗称一石三座庙。清咸丰元年方形平顶素面龛，内左侧雕文昌右侧关帝二圣并坐像，二像身后有圆形靠背，戴冠，着袍，束腰带，倚坐。龛外右壁阴刻清代咸丰元年张氏造像记。冬月初七，巴中西龛第70龛造像及装彩记。西龛第70龛为清道光三十年圆拱形龛。龛中雕结跏趺坐观音一尊，左立龙女，右立善财。龛外左侧刻大清咸丰元年冬月初七高思才造像及装彩记：装塑送子观音碑记。

［文献］ 成都文物考古研究所等《巴中石窟内容总录》。

公元1852年　咸丰二年

［提示］ 刻陈适园藏画。

［叙录］ 曾毅公载，咸丰二年，张莘山刻陈适园藏画。陈适园即陈式金，江苏江阴人，字以和、以龢，号寄舫，有别业曰适园。幼耽金石、书、画，家多收藏，颇具真赏。张莘山为清代名手，暨阳（今江苏江阴）人，刻陈适园宋元明画册。其子张屿字玉斧，工铁线篆，刻印宗顾云美（岑）一派，摹拓金石碑版尤精。

［文献］ 曾毅公《石刻考工录》，刘庭风《江阴名园适园》（《中国园林》，2008年第11期）。

公元1853年　咸丰三年

［提示］ 三月，太平军毁寺庙改科举。

［叙录］ 三月，太平军毁寺庙改科举。是时，太平军攻克南京，毁寺庙，改革考试制度，科举弃孔教经书，代之以新旧约圣经为基础。《太平天国杂记》载：直薄南京，于咸丰三年三月十九日攻克之。他们将金山之华丽伟大的寺庙完全毁坏，并将偶像投之江中。洪秀全雇用80个刻字者专为刊印新约圣经及宗教文诰以分派于全军。他又谕令太平天国以新旧约圣经为全国宗教经典，考试科举均以此为基本，而不得再用孔教经书。

据王同顺《镇江古代石刻及焦山碑林书法研究》载：咸丰三年，太平军占领镇江，定慧寺了禅禅师竭力周旋，山寺殿宇得以保存，但佛像、法器、碑版及部分文物遭毁。僧了禅《守山事略》曾记：廿六日，有□谢国嘉率众把火而入。焚观音崖，一火而尽。同时松寥阁亦火起，经老僧法齐扑灭。又据德峻《焦山沦陷记》回忆：民国二十六年农历十一月初六日，丹阳失守，日本侵略军先锋部队且已攻入镇江南门。是晚，我守军拒敌于象山村，焦山守军亦同时发炮助战。敌突然开始猛攻，自午至晚，连续向我发二百余炮，并加派飞机轰炸。本山海西庵首中燃烧弹起火，因敌方炮火猛烈，无法抢救，故鹤寿堂、枕江阁、三层楼、伊楼、米仓等相继毁于炮火。敌即在法堂放火，由是方丈楼、石肯堂、库房等均被波及，付之一炬。而碧山庵敌军，夜间以天寒烤火取暖，至天明竟纵火而焚之，由是松寥阁、水晶庵等亦遭焚如。在战火浩劫中，焦山文物损失惨重。尤以1937年日寇轰炸侵占焦山为甚。寺藏珍宝焚毁殆尽，宝墨轩碑碣亦多遭破坏。

［文献］ 简又文《太平天国杂记》，王同顺《镇江古代石刻及焦山碑林书法研究》，德峻《焦山沦陷记》（茗山《焦山志》）。

公元1855年　咸丰五年

［提示］ 十一月三日，四川成都《大朗禅师塔铭》。十二月二十六日，四川巴中北龛第11龛造像记。是年，金石学家包世臣卒。

［叙录］ 十一月三日，四川成都刻《大朗禅师塔铭》。据高文、薛遂良考证，大朗本姓杨，名今玺，重庆人，为新繁龙藏寺开山祖师，曾住持于什邡慧剑堂、大邑兴化寺、成都圆通寺、双流三圣寺等。清顺治年间，大朗住双流三圣寺，亲睹温江至新津一带高田无水灌溉，经常荒芜。他亲自察勘，在杨柳江南、金马江东另开一渠，可溉温江、双流、新津三县荒田，大朗持钵劝募，遂集资购得渠首田地，凿渠开堰，灌溉五六万亩。后愈开愈广，灌至数十万亩，故取名“大朗堰”，又名“和尚堰”，大朗故后，当地人在三圣寺内立木主供奉，筹款维修庙宇。至光绪四年（1878）四川总督丁宝桢向清廷奏折请赐封号，于光绪七年赐进士出身、翰林院庶吉士山东王懿荣书丹为大朗请封奏折碑，王为中国甲骨文的发现者、著名金石学家。咸丰六年（1856），双流刘沅（止唐）撰文，新繁邓光瑜书《大朗堰记》。咸丰年间由汉安刘景伯撰，中州程祖润书《大朗禅师塔铭》。以上三碑均记大朗建堰的功绩。

十二月二十六日，四川巴中北龛第11龛造像记。《巴中石窟内容总录》载：巴中北龛第11龛为圆拱形龛，龛中雕达摩祖师立于芦苇上，左手提念珠于胸侧，右手举一物扛肩上，龛外左壁阴刻咸丰五年十二月十六日李广有等造像记。

是年，金石学家包世臣卒。包世臣在《清史稿》中有传，字慎伯，号倦翁、白门外史等，安徽泾县人。包世臣书学邓石如，得其真传。何绍基称包世臣“从学者相矜以包派”。包世臣于嘉庆二十四年(1819)客次济南，以“表新碑，宣笔法”为宗旨，撰写《历下笔谭》，随后又撰写对碑学理论形成重大影响的《艺舟双楫》。在书中首创给书法家划定品级的做法，分书家为神品、妙品、能品、逸品、佳品等五个品级。康有为在此基础上，最终完成碑学理论专著《广艺舟双楫》。在包世臣的倡碑实践活动推动下，于咸丰同治之际形成天下“莫不言北碑写魏体”的局面。康有为在《广艺舟双楫》(尊碑第二)中指出：泾县包氏以精敏之资，当金石之盛，传完白之法，独得蕴奥，大启秘藏，著为《安吴论书》，表新碑，宣笔法，于是此学如日中天。

［文献］ 清赵尔巽等《清史稿》卷四八六，何绍基《跋张黑女墓志拓本》(《何绍基诗文集》文钞卷九)，清康有为《广艺舟双楫》卷一，成都文物考古研究所等《巴中石窟内容总录》，高文等《四川历代碑刻》，薛遂良《大朗禅师导众开渠》(《法音》1984年第2期)。

公元1858年　咸丰八年

［提示］ 四川雅安《重修台阁碑记》。

［叙录］ 是年，四川雅安刻《重修台阁碑记》。据赵婕好载，20世纪80年代末以来，雅安市文物管理所先后在该市境内乡村连续发现了三块记载雅安地方戏曲活动的石碑。其中一碑发现于雅安市南郊乡昝村娘娘庙旧址，系原文昌宫、惠泽宫之于清咸丰八年刻立的《重修台阁碑记》。碑长154厘米、宽79厘米、厚8厘米，碑文楷书竖刻15行，满行20字，其文记载了募捐修建文昌宫、惠泽宫戏台之事。

［文献］ 赵婕妤《雅安市发现三通地方戏曲史石刻碑》(《四川文物》1995年第1期)。

公元1859年　咸丰九年

［提示］ 四月十三日，始建清文宗定陵。梅月，四川巴中北龛第21龛造像记。是年，胡鼻山题款龙门四品之“始平公”拓本。

［叙录］ 四月十三日，始建清文宗定陵。清文宗定陵位于清东陵的平安峪。平安峪万年吉地在咸丰九年(1859)四月十三日申时破土兴工。《清文宗实录》载，这年的七月十七日，文宗降谕旨给内阁：前经选定万年吉地于平安峪地方，为时已久，自应择吉兴工。晏子有说，期间由于太平天国农民起义和英法联军的入侵，朝廷的财政十分困难，工程数次停工，直至同治四年(1865)八月工程最后完成。当年九月二十二日辰时，清文宗才得以入葬定陵。此后经过一年多的零星整修过程，到同治五年(1866)十二月，定陵终于全部完工，前后历时七年半之久。定陵建筑，熔清朝文宗以前各帝陵规制于一炉，既遵守祖宗成宪，又部分采取了慕陵的做法，如裁去了圣德神功碑亭、撤掉了二柱门，再加上自己的创新，从而形成了独特的建筑布局，为文宗以后各帝开创了新的陵寝修建规制。定陵石像生南有五孔拱桥一座，路面宽为11路条石。每侧有栏板21块，望柱22根，抱鼓石2块。整座桥用青白石造成。桥下拱券有吸水兽。石像生五对。正南端是一对望柱。五对石像生由南往北依次为石狮、石象、石马、武将、文臣各一对。

是年梅月(四月)，四川巴中北龛第21龛造像记。《巴中石窟内容总录》载，巴中北龛原为唐代所造，现存像为清咸丰己未年改作。外方内圆拱形素面龛，现存三尊像头光残痕，身躯原状不清楚。现存三尊坐像为清代雕造。龛外右壁阴刻咸丰己未梅月李卓然造像记。

光绪二十一年，胡鼻山题款龙门四品之“始平公”拓本。龙门四品均为北魏题记，包括：比丘慧成为亡父始平公造像题记、杨大眼为孝文皇帝造像题记、孙秋生刘起祖三百人等造像题记、魏灵藏薛法绍造像题记。自清末学者黄易首拓龙门四品后，“龙门四品”之名目即定。清代学者杨守敬《学书迩言》、方若《校碑随笔》中已有记述。其传拓最迟不晚于清代乾嘉时期。至民国二年(1913)七月，关百益集龙门四品拓本成书《龙门四品》。1978年8月，北京图书馆、龙门文物保管所将北京图书馆所藏清乾隆、嘉庆时的四品佳拓编成《龙门四品》一书，次年6月由文物出版社影印出版。所用“始平公”一品曾为清人胡鼻山所藏，拓本上有咸丰九年(1859年)题款，其余三品曾先后被清代著名校勘家顾广圻和著名藏书家瞿镛收藏。

［文献］《清文宗实录》卷二五九，晏子有《清东西陵》，成都文物考古研究所等《巴中石窟内容总录》，文物出版社《龙门四品》。

公元1861年　咸丰十一年

［提示］三月十五日，甘肃兰州禹王庙《禹碑》。孟秋，山西云冈《重修大佛寺碑记》。

［叙录］三月十五日，甘肃兰州禹王庙刻《禹碑》。据唐晓军、吕子玉载，明清两代，大江南北之地，凡与大禹传说有关的风景名胜之地多翻刻了《禹碑》，达数十处。清代翻刻更多。兰州《岣嵝碑》，由酒泉部侯建功(升庵)摹刻。原竖在金城关金山寺北峰禹王庙内，后移藏白塔公园内。1980年又移置在白塔下之禅院东侧。张思温记述：碑高约六尺，宽约二尺六寸，厚约四寸，碑头刻蟠龙，约为碑之二分之一，刻古篆6行，行14字，共77字，有释文刻于第6行下段，字有残阙。

同年孟秋，山西云冈刻《重修大佛寺碑记》。张焯以日本《云冈金石录》第五洞佛阁外东侧《重修大佛寺碑记》为底本，核对原碑，对碑文略有改正。另有蒙文《重修大佛寺碑记》碑一幢，立于第五洞佛阁外西侧，今仍存。

［文献］唐晓军《甘肃古代石刻艺术》，吕子玉《兰州白塔山“禹王碑”考补并试析》(《兰州学刊》1987年第2期)，石宗源主编《张思温文集》，张焯《云冈石窟编年史》。

公元1862年　同治元年

［提示］正月二十三日，湖南刻何绍基无题诗。

［叙录］正月二十三日，湖南刻何绍基无题诗。刘刚载：何绍基无题诗位于浯溪摩崖区，县志未收。刻有：归舟十次经浯溪，两番手拓中兴碑(后略)，同治壬戌正月二十三日于桐轩大令陪游浯溪，知杨海琴太守方议重修。二十五日至海琴郡斋谈中兴碑作此。何绍基。何绍基在《清史稿》中有传，字子贞，号东洲，晚号蝯叟，湖南道县人。工古文辞，为晚清诗人和大书法家。此浯溪诗碑世推颜后第一。

［文献］清赵尔巽等《清史稿》卷四八六，刘刚《湖湘碑刻》。

公元1863年　同治二年

［提示］孟夏，四川高县《勒愧燕然及跋文》。是年，重庆大足《重修大佛寺记碑》。沈树镛获宋拓《熹平石经》。

［叙录］是年孟夏，四川高县刻《勒愧燕然及跋文》。高文载：“勒愧燕然”四个大字在四川高县石门(又称石门关)，字后有题跋一段。每字径为25厘米。据有关史志记载，太平天国翼王石达开，于同治元年(1862)率部由黔入川，其部在高县、宜宾县横江一带活动，遭到刘岳昭的征剿。碑文为：蜀乱纷纭，石逆来而益剧。予统兵自楚赴援，先后攻克长宁、高县及沙河驿、双龙场等贼巢，转战于叙南为多，留戍亦于叙南为久。今幸边患稍息，部将数请记其事，予

勉从之，非示功也，亦以寄鸿爪云尔！同治二年癸亥岁孟夏月，总翼长、统领楚蜀水陆兵勇布政使司鼓勇巴图鲁刘岳昭书并跋。

是年，重庆大足刻《重修大佛寺记碑》。《大足石刻内容总录》载，宝顶山佛祖岩、宋华严三圣像。龛内右（北）壁下端有一摩崖碑刻，高 233 厘米，碑名《大藏佛说护守大方大千国土经》，字已漫漶。龛外右侧下方立有《重修大佛寺记碑》，高 137 厘米，为同治二年岁次癸亥流火月立。

是年，金石学家沈树镛获宋拓《熹平石经》。沈树镛字均初，一字韵初，号郑斋，川沙城厢（今上海浦东新区川沙镇）人。咸丰九年（1859）中举，官至内阁中书。生平收藏书画、秘籍、金石甚丰。尤对碑帖，考订精辟。同治二年（1863）获得宋拓《熹平石经》，有尚书盘庚篇五行，论语为政篇八行，尧日篇四行共 127 字。名流翁方纲、毕秋帆、王念孙等均有跋语。据李玉安等载，沈树镛得后不久，又获孙承泽研山斋藏《熹平石刻》残字，遂将其书斋命名曰“汉石经室”（即今黄炎培故居）。沈树镛著有《汉石经室丛刻目录》、《汉石经室跋尾》，与赵之谦合编《续寰宇访碑记》。同治十二年病逝，生前所藏文物，陆续散失。《熹平石经》残字，于光绪二十三年（1897）为汉阳万氏购得。后三箱碑版又为《老残游记》作者、甲骨文专家刘鹗所得。在刘氏日记中，记述沈树镛所藏碑刻拓本，有汉碑 50 余种，六朝造纸 70 余种，唐碑 100 余种，宋碑 300 余种，是东南著名的碑本收藏家。

［文献］　高文等《四川历代碑刻》，四川省社会科学院等编《大足石刻内容总录》，李玉安等《中国藏书家通典》，程仲霖《晚清金石文化研究》（中国艺术研究院美术学 2013 年博士论文）。

公元 1865 年　同治四年

［提示］　湖南《中堡护林》碑。

［叙录］　是年，湖南刻《中堡护林》碑。刘刚载：此碑在绥宁县城南一公里的界溪中堡路旁石崖脚下。高 120 厘米、宽 80 厘米、厚 5 厘米，青石质，楷书，保存完好。碑文为清同治四年宝庆府为解决绥靖、绥怀两堡疆界争端，禁止砍伐该处树木的告示，虽有护林“以利风水”的迷信说法，但可说明当时地方政府已认识到对林木必须倡栽培、禁砍伐的重要性。

［文献］　刘刚《湖湘碑刻》。

公元 1866 年　同治五年

［提示］　五月八日，重庆黔江《两河口义渡碑》。

［叙录］　五月八日，重庆黔江刻《两河口义渡碑》。高文载：是时黔江地震，山崩堵溪，潴为大泽，交通堵塞，来往不便。同治五年（1866）建两河口义渡，邑人罗华芳刻立《两河口义渡碑》于石，以记其事。原碑现藏于黔江小南海水库工程指挥部管理所。

［文献］　高文等《四川历代碑刻》。

公元 1867 年　同治六年

［提示］　重庆大足石篆山孔子及十哲像石碑。

［叙录］　是年，重庆大足石篆山孔子及十哲像石碑。《大足石刻内容总录》载：石篆山第六号孔子及十哲像龛门外左侧、右侧，各立有一块石碑。二碑皆为同治六年季望时立，碑文为加封文宣王事，右继左。

［文献］　四川省社会科学院等编《大足石刻内容总录》。

公元 1868 年　同治七年

［提示］　三月，四川会理《禁止赌博》碑。夏，河南龙门《陈抟十字卷碑》。秋，四川巴中南龛第 13 龛阴刻清同治题记。

［叙录］　三月，四川会理刻《禁止赌博》碑。高文

载：此碑原在四川会理县彰冠乡张古凉桥蔡家祠内，1987年4月，文物普查时发现，现移至会理县文物管理所收藏。碑为粗红砂石，高125厘米、宽60厘米、厚15厘米，碑头刻“禁止赌博”四字，碑文正书。

是年夏，河南龙门刻《陈抟十字卷碑》。李文生载，此碑现藏龙门石窟研究所。高74厘米、横长204厘米(碑藏西山潜溪洞侧)，款题：同治七年岁次戊辰仲夏武进陈肇镛谨识。陈抟系中国道教史上具有传奇色彩的著名人物，字图南，号扶摇子。生于唐末，亳州人(一说普州人)。后唐长兴年间举进士不第，遂隐居武当山，后移华山。宋太宗时被赐号“希夷先生”。著有《无极图》、《先天图》及《指玄篇》(言导养和还丹之事)等。宋太宗端拱二年(989)卒于华山，寿百余岁。

是年秋，四川巴中南龛第13龛阴刻清同治题记。《巴中石窟内容总录》载：巴中第13龛位于神仙坡南段下层。内龛右壁阴刻清同治戊辰(同治七年)秋题记，竖刻三行。占壁面高25厘米、宽25厘米。中有：渔溪寺僧林之桂宝生成就佛位前(后略)，同治戊辰秋立。

［文献］　高文等《四川历代碑刻》，李文生主编《龙门石窟志》，成都文物考古研究所等《巴中石窟内容总录》。

公元1869年　同治八年

［提示］　湖南《重修汨罗庙记》碑。

［叙录］　是年，湖南刻《重修汨罗庙记》碑。刘刚载，此碑现在汨罗玉笥山屈子祠左廊壁上，高105厘米、宽70厘米，楷书。与刘行荣《重建忠洁清烈公庙记》等二碑共一石。碑文15行，每行字数不等，现保存完好。原碑刻立于嘉靖二十年(1541)，已毁。现碑为同治八年(1869)湘阴虞绍南重书，黄世崇跋，延龄氏刻。同年，还重刻萧振《楚三闾大夫昭灵侯庙记》碑。

［文献］　刘刚《湖湘碑刻》。

公元1870年　同治九年

［提示］　路朝霖撰《洛阳龙门志》。河南太守德林集拓龙门十品。四川蒲江造像。四川巴塘《德政碑》。

［叙录］　据《洛阳县志》载，同治九年，路朝霖撰《洛阳龙门志》。此志材料主要来源于《太平御览》、《水经注》、《河南府志》、《文苑英华》及其他个人文集，内容涉及汉魏至明清与龙门有关的人物、碑刻题记、佛龛等，并著录了一些游赏龙门的诗文。同年，河南太守德砚香斋主德林集拓龙门十品。龙门十品是继龙门四品之后选拓的另十种书法珍品，在古阳洞南壁有拓碑题记：大清同治九年二月，燕山德林，祭告山川洞佛，立大木，起云架，拓老君洞(即古阳洞)魏造像，选最上乘者，标名曰龙门十品。同事人释了亮、拓手释海南、布衣俞凤鸣。孙保(高太妃)、侯太妃(景明四年)、贺兰汗(侯太妃，景明三年)、慈香(老龙窝崖壁上方的慈香窟内)、大觉(道匠)、牛橛(尉迟)、高树、元详、云阳伯(郑长猷)。德砚香集拓是最早提出“十品”的名目。德林系满洲人，字砚香，工篆隶，曾任河南太守。

关于是年四川蒲江造像，据王朝闻等主编的《中国石窟雕塑全集》载：在四川蒲江县朝阳乡关子门造佛像。是年之四川巴塘《德政碑》，据高文说，碑在四川巴塘，碑高120厘米、宽130厘米。在《德政碑》侧，有一“去思碑”正中书“恩宪施老大爷德政”，上款“同治辛未年桂月中浣”，下款“沐恩治下官□□载□□王琳立”，其高、宽与《德政碑》同。《德政碑》记载了同治九年地震的情况，是研究康巴地区地震的重要实物资料。

［文献］　李文生主编《龙门石窟志》，王朝闻等主编《中国石窟雕塑全集》(四川重庆卷)，高文等《四川历代碑刻》。

公元1871年　同治十年

［提示］　福建厦门刻立《示禁碑》。

［叙录］ 汪毅夫载，同治十年，福建厦门海沧镇龙山宫，奉宪刻立严禁丐帮勒索的《示禁碑》。清朝末年，各种社会恶势力肆意横行，时海沧地痞无赖结成丐帮，公然划分地界非法掠夺财产。婚庆之时，轿夫吹鼓手须由丐帮包揽，要价要高出正常价格十数倍。无轿可坐的穷新娘步行去夫家，也会受到丐帮途中阻拦强行勒索。同治十年，在外谋生且已入籍荷兰的李康杰回乡娶妻，遭丐帮勒索。其兄将此事上书荷兰外交部，请求荷兰政府出面保护“国民”合法权益。荷兰外交部即通过驻厦门领事向漳州府衙发出外交照会，要求漳州府严禁丐帮勒索，保护李康杰婚事，漳州知府接到照会后，知丐帮勒索已引起国际纠纷，便立即行文海澄县令，县令发布告示，勒石立碑，禁止丐帮“把持地界，勒索轿价，临门吵索酒食”，违者严惩。

［文献］ 汪毅夫《闽南碑刻札记》(《福建论坛》人社版2005年第1期)。

公元1872年　同治十一年

［提示］ 湖南长沙李佐兴刻《烈妃庙记》。

［叙录］ 是年，湖南长沙李佐兴刻《烈妃庙记》。程章灿考证说，《拓本汇编》上录有同治十一年(1872)《烈妃庙记》，署刻“长沙李佐兴入石”。“入石”一词，有时意为摹勒，有时则指镌刻，孤证难断。但是同一册还收有光绪元年(1875)吴昌硕书《安西颂石屏》，上署“长沙李佐兴刻石”。两者互证，前石所刻“入石”应即是刻石之意，而李佐兴是刻工亦可无疑。

［文献］ 程章灿《石刻刻工研究》，《拓本汇编》第84册。

公元1873年　同治十二年

［提示］ 三月，重庆大足王德嘉“寿”字碑。夏四月，重庆大足于鲁班仓刻“宝顶”二字。十二月二十二日，金石学者黄裔生。十二月，甘肃兰州金天观《碧血碑》。同治十二年，重庆大足石南山王德嘉诗碑。

［叙录］ 《大足石刻内容总录》载，同治十二年，重庆大足有数处石刻印迹。三月，王德嘉“寿”字碑，南山第11号石刻为摩崖碑，其石质为黄砂岩。碑面东南，中楷书一大“寿”字，碑左右端署款为：“同治癸酉春三月”；“城固王德嘉书”，末钤二方小印：“王德嘉印”、“大足县令”。夏四月，于鲁班仓刻“宝顶”二字。此刻编号为宝顶山第26号：鲁班仓(亦称碑塔)。摩崖，为一方平整光滑的岩石，北壁与西壁在外，另两壁与山相连，全壁高600厘米，宽500厘米，远看俨如粮仓，其右壁有一洞口为传说中的鲁班所造，故名“鲁班仓”。又因两壁上刻满题字，故又名“碑塔”。西壁上方刻有一碑，高240厘米、宽440厘米，碑中横刻“宝顶”二字，字为楷书，字径188厘米，署款为“大清同治癸酉夏四月八日”，“知大足县事城固王德嘉敬书”。南山第九号还有王德嘉诗碑，亦为摩崖碑，面东南，行书竖刻：同治十二年岁次癸酉，春游南山寺，步吕、张二公留题原韵。末落款：城固王德嘉并书。

十二月二十二日，金石学者黄裔生。黄裔字麓僧，笔名红豆渔翁，湖南祁阳县城关镇人，世居城内孝子里。一生任教岳麓书院等多处院校，捐祖居四合院筹集资金，义务授学，倡办教育公益。著有《泰古春秋》、《瓷史》、《孝经注》、《大同新论》、《寥天一阁诗词初集》、《礼运发微》、《山居溪录》等。黄裔痴迷浯溪石刻，尝著《浯溪尚友录》二卷，补充唐宋后已失传碑刻。曾参加南社，与柳亚子诗词唱和。六十寿诞，祝寿者云集，蒋介石赠亲笔匾题：衡湘一老。于右任等赠楹联贺幛祝寿。黄裔于1951年病逝，葬于浯溪。刘刚载，在浯溪屏区存有黄裔《溪园铭》、右堂区存有《右堂铭》、曲屏区存有《石冢铭并序》、摩崖区存有《东崖铭有序》及《臧辛伯诗》等。

十二月，甘肃兰州金天观刻《碧血碑》。唐晓军、王鹏辉等载，《碧血碑》原竖于明代肃王府北城墙拂云楼西侧。《重修皋兰县志》记载，同治十二年，陕甘总督左宗棠在督署后园建烈妃庙，并为文记之：一日上北城，过肃王碑，见烈妃所自碎首处，血痕喷洒，团渍缕注。军士告余，天阴雨湿，其痕视常日加明。精诚所至，金石亦开，曷足异也。碧血典出《庄子·外物》：苌弘死于蜀，藏其血，三年而化为碧。后来多指为正义事业而流血者。崇祯十六年（1643）十月，闯王李自成率部攻取西安以后，派贺锦西进甘肃，攻陷兰州。末代肃王土崩瓦解，肃王妃颜氏、赵氏、顾氏，嫔田氏、杨氏，仓促领宫人二百余，由邸园奔上北城墙，欲投河自尽，由于闯王部队追逼，颜氏当即以头触此碑而死，其余妃嫔、宫人均自杀。肃王识鋐没有来得及逃走，被生擒后，一说当即在肃王府凝熙园（即今山字石）被处决，一说被押解到西安后处死。据左宗棠《烈妃庙记》记述，“执肃王识鋐东，不屈被害”。《碧血碑》高 230 厘米、宽 130 厘米，碑原刻七律一首，由于脱落，读不成文。1980 年前后，此碑与左宗棠书写的《正气歌碑》一同移至兰州市工人文化宫南部。在民国邵元冲主编的《西北览胜》一书中，存有《碧血碑》照片。

［文献］ 四川省社会科学院等编《大足石刻内容总录》，刘刚《湖湘碑刻》，邵元冲主编《西北览胜》，唐晓军《甘肃古代石刻艺术》，王鹏辉《兰州碑刻所见清代新疆史事》（《西域研究》2012 年第 1 期）。

公元 1874 年　同治十三年

［提示］ 八月十五日，张炳离刻《龙门全图并诗》。秋，重庆大足《王洁王名临阴长生诗碑》。同治年间，云南维西造像。

［叙录］ 《画像汇编》著录：同治十三年八月十五日，张炳离刻《龙门全图并诗》。同年秋之重庆大足《王洁王名临阴长生诗碑》，《大足石刻内容总录》载，在南山第 10 号龛，摩崖碑，黄砂岩石质，面东南，行书竖刻：同治十三年甲戌秋，临山谷道人书后汉天得道阴长生诗三篇，于川东大足官署之怡心亭。末落款：兰汀王洁王名，年七十二，下钤二方小印。在本碑上方另有一碑，上刻一大“福”字，无署款。

同治年间（1862—1874）的云南维西造像，《中国石窟雕塑全集》载：在云南维西傈僳族自治县咱尼生生洞造弥勒佛像。

［文献］ 《画像汇编》第 10 册，四川省社会科学院等编《大足石刻内容总录》，王朝闻等主编《中国石窟雕塑全集》（云南贵州广西西藏卷）。

公元 1875 年　光绪元年

［提示］ 三月十二日，始建清穆宗惠陵。光绪初年，重庆合川《重修忠义祠记》。

［叙录］ 三月十二日，始建清穆宗惠陵。清穆宗惠陵位于清东陵境内景陵东南三公里处的双山峪。穆宗在位期间，处在两宫皇太后尤其是慈禧太后的专权之下，连自己身后万年吉地也未曾选定。惠陵及惠陵妃园寝于光绪元年三月十二日午时同时举行破土大礼，八月初三日午时正式兴工。至光绪四年（1878 年）九月，惠陵及惠陵妃园寝，礼部、工部、内务府衙署营房等工一律告成。历时三年零一个月，惠陵耗银 4 359 110 两余。

晏子有载，穆宗惠陵五孔拱桥位于陵寝最南端，为青白石构造。桥身保存基本完好。桥北不建石像生，只在距桥约 50 米处，东西各有一根望柱，柱身刻祥云图案。柱顶刻成圆柱形，周身云纹。西侧望柱，柱顶早年出现裂缝，以两个铁把锯固定。柱身下为须弥座。望柱以石栏加以围护，四角各有狮子望柱一根，每面有栏板一块。

光绪初年，重庆合川《重修忠义祠记》。高文载，南宋淳祐二年（1242）四川制置使兼知重庆府事余玠，为抗击元兵，采纳冉琎、冉璞兄弟之谋而筑。四川抗元名将王坚、张珏等与川中其他据点相呼应，坚守该城 36 年之久。1259 年元宪宗蒙哥亲率 10 万大军进攻，王坚固守力战，并以土炮毙蒙军前锋王德臣，蒙哥也受重伤，死于军中（一说在城下病死）。后元军北撤，钓鱼城解围，欧洲人誉为“东方的麦加城”。该城距嘉陵江400米，城周围20公里，现仍保存内城、外城、一字城城墙和7个城门、水师码头、演武场、皇城、敌楼、炮台等遗址。忠义祠和护国寺内有宋、元、明、清各代石碑16通。《重修忠义祠记》碑，是其中之一。

［文献］ 晏子有《清东西陵》，高文等《四川历代碑刻》。

公元1877年 光绪三年

［提示］ 六月十五日，重庆大足舒成岩三清像龛同治碑。

［叙录］ 六月十五日，重庆大足舒成岩三清像龛同治碑。《大足石刻内容总录》载：舒成岩第四号南宋三清像龛，龛右壁上有碑一块，为光绪三年六月十五日立，碑名《大足县正堂晓喻示禁事》(同治十二年六月十七日)。

［文献］ 四川省社会科学院等编《大足石刻内容总录》。

公元1878年 光绪四年

［提示］ 甘肃平凉市《武威军各营频年种树记碑》。

［叙录］ 是年，甘肃平凉市《武威军各营频年种树记碑》。唐晓军、马瑞等载，平凉市博物馆存此碑，为魏光焘撰文，碑高129厘米、宽60厘米，碑文楷书707字，记载清同治十二年(1873)以来，陕甘总督左宗棠命武威军统领魏光焘指挥各军营历时六年造林种树的艰辛历程，“维时搜采枝干，越山度壑，负运艰苦。树艺伊始，每为游民窃拔，牲畜践履，暵干枯朽，乃培其根柢，柞其杈，谕禁之，守护之，灌溉之，补栽之。”其规模自泾州到会宁600里驿道上种树约20万株，现在闻名西北各地的“左公柳”就是当年他们绿化西北、造福百姓的证明。

［文献］ 唐晓军《甘肃古代石刻艺术》，马瑞《谁引春风度玉关——左宗棠与西北“左公柳”的种植》(《档案》2007年第5期)。

公元1879年 光绪五年

［提示］ 洛阳县令曾炳章督工精拓魏造像记五十品。

［叙录］ 李文生载：洛阳县令曾炳章督工精拓魏造像记五十品，名曰《龙门五十品》。

［文献］ 李文生主编《龙门石窟志》，赵振华等《洛阳存古阁及其藏石》(《考古与文物》1997年第4期)。

公元1880年 光绪六年

［提示］ 冬月，四川巴中南龛第53龛墨书吴灿纶等装彩记。是年，龙门造像统计。四川新繁《五瘴说碑》。

［叙录］ 是年冬月，四川巴中南龛第53龛墨书吴灿纶等装彩记。《巴中石窟内容总录》载，此龛位于神仙坡北段下层，盛唐外方内二层檐佛帐龛。内龛龛楣内侧墨书光绪六年装彩记。在南龛第78龛内龛顶部、第82龛外龛左壁上端有同时墨书吴灿纶装彩记。第84龛内龛顶壁前侧有吴灿纶装彩记。

是年之龙门造像统计，据李文生说，洛阳知县曾炳章督工统计龙门全山造像凡十四万二千二百八十九尊，造像题记三千六百八十品(恐有脱漏或重复，未可知也)。

是年，四川新繁刻《五瘴说碑》。高文载：宋人梅挚字公仪，四川新繁(属新都)人，进士，官大理评事、殿中侍御史、天章阁待制、陕西转运使、龙图阁学士，任昭州(广西平乐县)知府，梅为官清廉，敢于直谏，博学多闻。有《奏议》40余篇传于世，在昭州所作《五瘴说》，于南宋绍熙元年(1190)由广西经略安抚使朱晞颜跋文，刻于桂林龙隐崖口。清光绪六年(1880)由新繁县龙藏寺僧含澈重刻于寺内(含澈跋：爰命小徒融天双钩并勒，俾共传焉)，现迁至新都县桂湖碑林内。碑高197厘米、宽92厘米，隶书，由石倪书丹。此碑宋人吴曾曾著录：龙图梅公挚，景祐初以殿中臣谪知昭州尝著瘴说云。其后邹道乡志完，元符中谪昭州，因其说以为诗曰：五瘴作时虽不染，一篇留诫指其然。谓是也。徐师川建炎避地至昭州，感二公遗迹，作诗云：正言邹子独留名，法从梅公尚有亭。药是苦言能治瘴，竹生屈曲坐看经。

［文献］ 宋吴曾《能致斋漫录》卷一四，成都文物考古研究所等《巴中石窟内容总录》，李文生主编《龙门石窟志》，赵振华等《洛阳存古阁及其藏石》(《考古与文物》1997年第4期)，高文等《四川历代碑刻》。

公元1881年 光绪七年

［提示］ 春，四川巴中南龛第61龛刻孙清士诗二首。十一月十九日，四川新繁《为大朗请封奏折碑文》。光绪七年，重庆大足石篆山《题岩窝古楼诗》碑。

［叙录］ 是年春，四川巴中南龛第61龛刻孙清士诗二首。《巴中石窟内容总录》载，南龛第61龛位于神仙坡北段下层，中晚唐双层龛，外方内双层檐佛帐龛。内龛中造地藏菩萨像一尊。龛下方阴刻清辛巳年(光绪七年)孙清士诗二首。高文载，同年十一月十九日，四川新繁县龙藏寺第九世孙含澈暨弟子融琢《为大朗请封奏折碑文》。

是年，重庆大足石篆山刻《题岩窝古楼诗》碑。《大足石刻内容总录》载，石篆山第一号附一号《题岩窝古楼诗》碑，为摩崖碑，诗碑分两块平排，均面南镌于岩壁之上。左碑字行书竖刻，为七律一首，末钤两方图章，诗《题岩窝古楼》：下峰合抱一楼台，树耸椽高云口徊。忆昔都从平地起，抚今遥想海天来。灯传佛火三更烂，花笑僧颜二月开，宋偈无存唐句杳，依然林下又敲推。清比丘僧都纲、圣质并书。右碑左部横刻楷书“白石青山”四大字。碑右落款：大清光绪辛巳年(1881)春良旦，住持石篆山比丘圣质书。

［文献］ 成都文物考古研究所等《巴中石窟内容总录》，四川省社会科学院等编《大足石刻内容总录》，高文等《四川历代碑刻》。

公元1882年 光绪八年

［提示］ 三月，河南龙门五言律诗一首。季春，四川巴中南龛第91龛修缮记。光绪八年，金石学家陆增祥卒、刻石高手周容生、成都万佛寺石刻首次被发现。

［叙录］ 三月，河南龙门五言律诗一首。李文生载，此刻存龙门石窟研究所，楷书：自传高风歇，香山乐共跻。但凭游兴健，直觉古今齐。伊水流如此，龙门月叹低。微茫疏树外，别意满招提。款题：济南少兰袁启芬。右下方楷书后记曰：游为光绪七年十二月，明年三月勒诸石，封邱何家琪记。

是年季春，四川巴中南龛第91龛修缮记。《巴中石窟内容总录》载，南龛第91龛位于神仙坡北段下层，为盛唐外方内二层檐佛帐龛。内龛中造一佛二弟子二菩萨五尊像，二天王二力士分别立于龛口内外两侧，龛壁浮雕八身天龙八部像。龛下壁阴刻清光绪八年季春，住持僧如戒、如玉、性聪出钱拾千文丹青谢文寿岳泽元刊修缮记，竖刻26行。

是年，金石学家陆增祥卒。陆增祥在《清史稿》中有传，江苏太仓人，官翰林修撰。近人马宗霍《书林纪事》中记载说，陆氏性好金石文字，搜罗遍天下，积录既多，踵王氏(昶)《金石萃编》成《八琼室金石补正》百余卷。此书系继王昶《金石萃编》而作，凡《金石萃编》已载不再复列，所录碑版文字有完缺隐现，则援引《经典释文》而详加注释，故此书是对《金石萃编》的重要补正。共收录王昶《金石萃编》原书补入后新出土的各代碑刻 2 000 余种，具有极高的文献价值。

光绪八年，刻石高手周容生。据程章灿、冯兰瑞载，近代江南最著名的刻石高手周容字梅谷，曾是著名书法篆刻家吴昌硕的入室弟子，对书法也有相当高的造诣。

据文献资料可知，万佛寺佛碑为本年首次发掘时所发现。刘廷璧称这次发现在王廉生（王懿荣）《天壤阁杂记》中有记载，并提到雕刻品中有三件带有铭文。王静芬描述说，清光绪壬午年(1882)的一天，成都西门外半里万佛桥，有个农民在地里劳作，突然，锄头碰到一个硬物。挖出来一看，原来是个残破的佛头。这天，农民总共挖出了百余尊佛像，这件事很快就在成都城中炸开了锅，官吏、文人、洋人、古董商、看热闹的百姓蜂拥而至。时任四川成绵龙茂兵备道并署四川按察使司按察使的王廉生在《天壤阁杂记》一书中，记录了整件事的原委：乡人掘土，出残石佛像，大者如屋，小者卷石，皆无首或有首无身，无一完者。凡百余，乃捡得有字像三：一元嘉，一开皇，一无纪元。有字的三件，元嘉那件雕的是经变图以及太子诞生、乘象入城等佛本行故事，开凿于刘宋元嘉二年(425)，是四川迄今发现的最早有纪年的南朝佛像，后来便不知去向，若干年后才得知已漂洋过海出现在法国一家博物馆展厅中；开皇是隋文帝杨坚年号，这件隋代佛像被王廉生收藏，后来也下落不明。而当年出土的百余件佛像，丢的丢，散的散，大多杳无音讯。民国二十六年(1937)，乡民在万佛桥又挖出佛像 12 尊、佛头 26 个。20 世纪 40 年代中期，前四川理学院在万佛桥修校舍，据传挖出佛像甚众，可惜大多被砸毁，又埋入地下当地基。自首次发现至民国三十五年(1946)的六十余年间，万佛桥时有佛像出土，那些深埋地下、肢体残破的佛像，似乎想向世人讲述一座寺庙的兴衰、一个个梵音缭绕的故事，却每每欲言又止。新中国成立后的 1953—1954 年，在一次基础建设中，万佛桥又出土了 200 余件佛像，一件经幢上刻有“大唐大中元年三月七日癸卯，再兴寺大德，镇静军和衙官，试太常寺协律郎杨公□，妻赵氏，男弘度于净众寺建立尊胜幢一所”的题记犹清晰可见。而民国二十六年出土的释迦像上，也有“中大通元年(529)，太岁乙酉(后略)于安浦寺敬造释迦像”的题记。中大通是梁武帝萧衍年号，这座湮没在地下的寺庙，南朝叫“安浦寺”，唐代称为“净众寺”。据《四川通志》、《益州名画录》记载，我们最终串联起了这座寺庙的历史：古寺相传汉延熹年间就已立寺，梁时为安浦寺，唐名净众寺。唐末会昌法难中，净众寺被毁，时至唐宣宗年间才再次复兴。宋代更名为净因寺，明代又称竹林寺、万佛寺、万福寺，最终在明末清初毁于战火，此后再不复见于史料记载。万福桥出土佛像，后来定名为万佛寺石刻造像。

［文献］ 清赵尔巽等《清史稿》卷四八七，清王懿荣《天壤阁杂记》，李文生主编《龙门石窟志》，成都文物考古研究所等《巴中石窟内容总录》，马宗霍《书林纪事》，程章灿《石刻刻工研究》，冯兰瑞《厚德彭寿的谢孝思先生——敬贺恩师一〇三华诞》(《文汇报》2007 年 10 月 6 日)，刘廷璧《成都万佛寺石刻造像》(《成都文物》1987 年第 1 期)，［美］王静芬《中国石碑：一种象征形式在佛教传入之前与之后的运用》。

公元 1883 年 光绪九年

［提示］ 秋，四川富顺《保障东南题刻》。是年，黎广修应昆明筇竹寺住持梦佛大和尚之请，率徒塑造五百罗汉彩塑。四川蒲江造像。

［叙录］ 是年秋，四川富顺刻《保障东南题刻》。高文载，“保障东南”题刻在四川富顺县城东南约 35 公里赵化镇普安寨北门的岩壁上，面临沱江，离地面高约 10 米。石刻匾额为清王朝和富顺县地方武装萧云笙在石灰溪镇压李永和、蓝朝鼎农民起义军后，当地士绅为之歌功颂德而凿刻者。四个大字字径 1.5 米，末有跋语，为书法家包汝谐(包弼臣)所书。

是年，黎广修应昆明筇竹寺住持梦佛大和尚之请，率徒塑造五百罗汉彩塑。黎广修字德生，重庆合川人，《合川县志》中有记载。黎为居士，能书善画，尤精彩塑。现存云南昆明筇竹寺五百罗汉彩塑像，系黎氏于清光绪九年应筇竹寺住持梦佛大和尚之请，率徒塑造，至光绪十七年(1891)历时七年始完成。据刘兴珍统计，作品分列于大雄宝殿两壁(68尊)，天台莱阁(216尊)，楚音阁(216尊)。分上、中、下三层，中层为立像，余均为坐像。罗汉造型突破佛教的规矩，世俗化成分较浓，表现出人物性格及生活特点，体现忧、乐、爱、憎情绪，形象生动，场面宏伟，为清代雕塑佳品。罗汉造像基本上沿袭四川新都宝光寺格局，新都宝光寺罗汉堂，为康熙九年(1670)以后建筑物。陈清香认为，其堂内五百罗汉之配置和北京碧云寺相类似，只是在入口处的佛像，易以骑坐展翅孔雀的孔雀明王，一头四臂、呈菩萨形，是为四川、西南一带的地方色彩，例如大足石窟就有孔雀明王的雕像、昆明筇竹寺黎广修所绘制彩色五百罗汉像。其中天台莱阁的入口处，和宝光寺一般，供奉着孔雀明王像。这些罗汉像也各具名号。筇竹寺的罗汉，有坐姿也有立姿，衣服的花色丰富，彩绘鲜艳，镶边的领口袖口，尤其耀眼。罗汉的姿态变化尤多，有静态动态，有弯腰驼背、敞胸露肚，骑着仙禽灵兽者，有举手吆喝、弓身读卷轴者。比之碧云寺罗汉，活泼、生动多了。尤其在大殿须弥坛左右两侧的壁间，罗汉在万顷波涛间，伫立、飞腾、跳跃，他们的衣袍掀起、两臂张开、拳头舞动。创作者将罗汉的自在神通，随心所欲，活络跃动的特性，发挥到了极致。

是年之四川蒲江造像，《中国石窟雕塑全集》载，在四川蒲江县霖雨乡坛子岩造山王龛。

［文献］ 高文等《四川历代碑刻》，刘兴珍等《中国古代雕塑图典》，高介华《中国历代名匠志》，陈清香《“五百罗汉图像”研究》(《华岗佛学学报》1981年第5期)，王朝闻等主编《中国石窟雕塑全集》(四川重庆卷)。

公元1885年 光绪十一年

［提示］ 八月五日，刘安澜卒，后周容生为之刻墓志。孟夏中浣，重庆合川《石达开略蜀崖刻》。是年，丁善宝建十笏园，后被辟为潍坊市博物馆，有碑廊碑院。

［叙录］ 八月五日，刘安澜卒，后周容生为之刻墓志。曾毅公载：光绪十一年八月五日，周容生(吴县周梅谷)刻《刘安澜墓志》。但是程章灿考证说，根据所掌握的材料，周梅谷出生于1882年(一说1881年)，1885年时年方四五岁，不可能奏刀刻石。实则1885年只是刘安澜之卒年，其墓志撰刻已在其卒后多年。细读此篇墓志，作者王先谦在一开头即引述刘安澜嗣子刘承干言，有“今距吾父殁久”之语，可以为证。又，刘安澜为南浔富商刘镛之长子，墓志文又有“祔父之右”之言，则其时刘镛已卒。考刘镛葬于光绪二十七年(1901)八月，其墓志见《拓本汇编》，则此《刘安澜墓志》应刻于1901年之后，按《拓本汇编》载有光绪二十七年八月长洲陈伯玉所刻《刘安澜墓志》，与周梅谷所刻不同，盖别是一方墓志。可能陈刻在前，周刻在后。

是年孟夏中浣，重庆合川《石达开略蜀崖刻》。高文载，此崖刻在重庆合江县西九支区锁口乡文昌宫村放牛坪上寨悬崖中。该寨高110米，为清同治元年(1862)九月本地刘姓避石达开军所修，次年四月告成。光绪十一年重修时摘邑人赵天明所录石达开军过境情况。崖刻高约103厘米、宽105厘米，1050字。石达开入蜀一事，长期以来，由于资料缺乏，很少提及，此崖刻较详细记载了石达开及其军队在合江及其附近地区活动情况，可填补史料空白。

是年，丁善宝重建十笏园。十笏园为中国北方园林袖珍式建筑代表。始建于明朝，光绪十一年被山东潍县首富丁善宝重金购得，并在砚香楼基础上重建整座园林，为清人昭梿等所称颂。新中国成立后，十笏园被辟为潍坊市博物馆，经修葺、改造，建成了碑廊、碑院，成为历代碑刻荟萃之地。中有刻于东汉章帝章和元年(87)的《汉故北海将军剧城令耿君神道碑》，刻于北魏孝明帝元诩正光六年(525)三月的《曹望憘造像碑》，刻于宋政和四年(1107)的《论古堂记碑》，刻于金元时代的象形草书《龟蛇碑》，刻于明代的《文徵明大字书法碑》等碑。

［文献］ 清昭梿《啸亭杂录》卷九，曾毅公《石刻考工录》，程章灿《石刻刻工研究》，《拓本汇编》第88册，高文等《四川历代碑刻》，贾祥云等《小巧简约之典型南北过渡园林之范例——十笏园园林艺术风格研究》(《中国园林》2007年第6期)。

公元1886年 光绪十二年

［提示］ 张裕钊撰书《重修南宫县学记碑》。

［叙录］ 张裕钊在《清史稿》中有传，字廉卿，号濂亭，湖北武昌鄂州市梁子湖畔东沟镇龙塘张村人。为晚清著名散文家、书法家，其书法熔北碑南帖于一炉，独创张体，为清人刘声木等所称赞，康有为更誉之为千年以来无与比者。其所撰书之《重修南宫县学记碑》又称"南宫碑"，通高240厘米、宽89厘米、厚25厘米。楷书13行，共650字。碑现立于河北南宫中学院内，保存完好。南宫古时有县学，原建于北城根，冀州学宫附近。史载明成化十四年(1478)卫漳河洪水淹没城池，县学被毁。明成化十七年春学宫迁于飞凤岗新城东街中段路北，名文庙。后从明弘治十六年至清嘉庆十五年间多次重修。至光绪十一年为第13次重修，由同知衔署南宫县知县李傅棣督修，五品衔南宫县学教谕张凤翔、四品封员都司衔孙长泰、县学训导丘信、五品封员陈爽、侯学训导谢锦、知州侯补知县南宫县县丞杜友仁、五品封员万锡年协修，于次年文庙落成。知县李傅棣延邀张裕钊来南宫撰书碑文，并镌刻成碑。

［文献］ 清刘声木《苌楚斋四笔》卷一，清赵尔巽等《清史稿》卷四八六，李杰《高古浑穆，文书俱老——张裕钊〈重修南宫县学记〉的双重解读》(《名作欣赏》2011年第14期)。

公元1887年 光绪十三年

［提示］ 春正月，甘肃《登嘉峪关并序》碑。

［叙录］ 是年春正月，甘肃刻《登嘉峪关并序》碑。唐晓军载，此碑存嘉峪关长城博物馆，由清代书法家黄自元书写。兰州碑林翻刻该诗碑。按：诗作于光绪十二年夏四月，此诗后有光绪十三年春正月跋，跋文为湘阴郭嵩焘谨记。

［文献］ 唐晓军《甘肃古代石刻艺术》。

公元1889年 光绪十五年

［提示］ 康有为撰成碑学名著《广艺舟双楫》。重庆大足《求神庇佑》碑。重庆大足杨顺祀《福寿碑》。四川新都《读碑图》。

［叙录］ 是年，康有为撰成碑学名著《广艺舟双楫》。康有为在《清史稿》中有传，原名祖诒，字广厦(一作广夏)，又字长素，别署西樵山人，晚号天游化人，广东南海人，世称南海先生。其书法受包世臣《艺舟双楫》影响，习北碑，师承《石门铭》，融各家之长，独具一格，人称为"康体"。《广艺舟双楫》成书于光绪十五年，共六卷，前有《叙目》，分《原节》、《尊碑》、《购碑》等，凡27篇，体系宏大。自言书名袭自包世臣《艺舟双楫》，欲擎之衍之，为晚清书学理论另辟天地。康有为之碑学内涵可分为两部分，即碑刻考古学和碑刻书法学。《广艺舟双楫》脱稿于木年，刊印于戊戌变法前夕的光绪辛卯年(1891)，至光绪戊戌年(1898)，短短七年中即先后重印18次，足见其之影响。康有为还在此书中首载龙门二十品，并极力赞扬和倡导龙门碑刻。

是年，重庆大足刻《求神庇佑》碑。《大足石刻内容总录》载，宝顶山大佛湾第四号三仙人图，为摩崖造像，顶部为平顶，顶高780厘米、像宽370厘米。主像为三尊仙人像，面西而坐，坐身高140厘米。三仙人一名宝髻，二名金髻，三名金刚髻。主像之下有宋杜孝严书"宝顶山"三字碑，高330厘米，其左下方为浮雕山石。该碑右下方有清光绪十五年戴光升室人张氏等人所立的《求神庇佑》碑，高95厘米、宽137厘米。同年，重庆大足杨顺祀《福寿碑》，为南山第七号摩崖碑，黄砂岩石质，碑面向南，中部楷书横刻“福寿”二字，两端上下款直行：大清光绪十五年；七十岁杨顺祀书。

是年，四川新都刻《读碑图》。高文、刘铭伟等载，此碑原嵌于王稚子坟前，20 世纪 50 年代散失，碑被打碎，不知去向。现四川新都县文物管理所、四川省文物商店各存拓片一张。新都《读碑图》，中下部刻一汉阙，上书“汉故兖州刺史洛阳令王君稚子之阙”，阙前站立三人，右为雪堂和尚，左为邓质，中为王懿荣。阙后刻树木、山水等景物。阙和山水树木之上方左右刻题跋七。清末爱国学者王懿荣之父王祖源署成绵龙茂道，邓质为其幕僚，邓又与王懿荣同年，与新繁龙藏寺方丈雪堂同乡，故懿荣入蜀省父，邓质、雪堂邀其同游读碑，故刻此读碑图。

［文献］　清赵尔巽等《清史稿》卷四七三，李文生主编《龙门石窟志》，四川省社会科学院等编《大足石刻内容总录》，高文《中国汉阙》，刘铭伟等《清代著名金石学家王懿荣四川纪行并首先发现汉代画像》（《鲁东大学学报》哲社版 2006 年第 3 期）。

公元 1890 年　光绪十六年

［提示］　季春月，四川洪雅《沙溪寺田公祠碑记》。八月十六日，陕西西安《平安富贵图》。是年，补刻江苏常州天宁寺大雄宝殿《五百罗汉画像刻石》。

［叙录］　是年季春月，四川洪雅刻《沙溪寺田公祠碑记》。高文载，田公祠始建于宋，屡废屡建。到明代，洪雅祀田公祠有三处，还有为纪念田公而建的“遗直书院”和修文塔。此碑是现存祀田公碑的八块之一。田公在宋王偁《东都事略》和元脱脱《宋史》中均有传，名锡，字表圣，洪雅罗坝人，太平兴国三年进士，官右谏议大夫，议事直言不讳。佐太宗、真宗两朝，所上章疏五十三，直言时政得失。死时遗奏真宗：“以慈俭守位，以清净化人，居安思危，在治思乱。”真宗深为感怀，对宰相李沆说：“田锡直臣也”。追赠兵部尚书。田卒后，范仲淹为其写《赠兵部尚书田公墓志铭》，司马光作《书谏议大夫田公神道碑阴》，苏东坡亦有《田表圣奏议序》。今田公祠祠毁像湮，仅存此碑，碑高 220 厘米、宽 100 厘米、厚 12 厘米，碑为书法家吴金柱正书。

八月十六日，陕西西安刻《平安富贵图》。此图现藏陕西西安碑林。据陈忠凯载，石高 106 厘米、宽 44 厘米。刻石画面下部为一花瓶，花瓶中插着一束枝叶繁茂的牡丹花，花瓶底部一侧放着一个如意，在花瓶如意牡丹上方（碑上部），镌刻着慈禧太后楷书“慈禧皇太后御笔”、“平安富贵”11 字。“平安富贵”四字上方镌刻着“慈禧皇太后御笔之宝”印玺，“平安富贵”四个字下方镌刻着“万古长春”等三方印鉴。刻石左侧自上至下镌刻着刻石时间“光绪十六年八月十六日”和两方印鉴。刻石右下侧镌刻着潘祖荫吟咏牡丹诗：一番好雨净尘沙，春色归来上名花。此是沉香亭畔种，莫教移到野人家。以“花瓶”之“瓶”字谐音“平安”之“平”，用“按插”之“按”字谐“平安”之“安”，以牡丹作为“富贵”代称，再配上一首咏牡丹之诗，系集诗书画于一体之碑刻佳作。

是年，补刻江苏常州天宁寺大雄宝殿《五百罗汉画像刻石》。江苏常州天宁寺大雄宝殿前廊两侧壁上，镶嵌有始刻于清嘉庆三年（1798）四月、光绪十六年采太湖石重行补刻的《五百罗汉画像刻石》，此五百罗汉画像以杭州净慈寺罗汉像为模本绘刻，并按宋时江阴军干明院五百罗汉名号碑排列名次。

［文献］　宋王称《东都事略》卷三九，元脱脱《宋史》卷二九三，清纪晓岚《阅微草堂笔记》卷二〇，高文等《四川历代碑刻》，陈忠凯等《西安碑林博物馆藏碑刻总目提要》，陈清香《“五百罗汉图像”研究》（《华岗佛学学报》1981 年第 5 期）。

公元 1891 年　光绪十七年

［提示］　山西云冈王永昌金装大佛全身。

［叙录］　是年，山西云冈王永昌金装大佛全身。厉寿田考：五华洞第一洞内，有民国九年寺僧广玉延

请大同举人厉时中先生记"光绪十七年,兴和县王永昌氏出赀购买民院地址,装采五华洞,并修饰东西两楼,金装大佛全身"一碑,特为完好。王氏甚有功德。然而,诸佛被饰彩绘,大失本真,王氏不能辞其咎。白志谦也记载说:经后世修理,有户牖而无楼观,名五佛洞,俗所称五花洞者是也。在佛籁洞之西院,五窟并列。后来郑振铎写道:登上了大佛寺的三层高楼,这洞内几乎全部是彩画过的,有的原来未毁坏的,其真容也被掩却。想来装修不止一次。最后的一次是光绪十七年兴和王氏所修的。他购买民院地点,装彩五佛洞,并修饰东西两楼,金装大佛全身。不能不说与云冈有功,特别是购买民地,保存佛窟一事。

［文献］ 厉寿田《云岗石窟寺源流考》,白志谦《大同云冈石窟寺记》,郑振铎《郑振铎文博文集》(云冈)。

公元 1892 年　光绪十八年

［提示］ 湖南刻吴大澄《浯溪铭》。

［叙录］ 是年,湖南刻吴大澄《浯溪铭》。吴大澄在《清史稿》中有传,原名大淳,避清穆宗讳改名大澄,字清卿,号恒轩,江苏吴县人,后客居上海。此铭为摩崖刻石,现存湖南祁阳浯溪碑林。同治七年(1868)吴大澄考中进士,官至湖南巡抚。吴大澄幼时即从陈英习篆书,后随莫友芝研究金石,工稳严谨,其篆书酷似李阳冰,与杨沂孙齐名。此碑系本年吴氏出任湖南巡抚后所书,甲午战前,吴氏至永州阅兵,拟出师抗日时所作。同时还写有行楷《雨中游浯溪》摩崖诗碑等。

［文献］ 清赵尔巽等《清史稿》卷四五〇,刘刚《湖湘碑刻》。

公元 1893 年　光绪十九年

［提示］ 重庆大足北山北塔嵌壁碑。

［叙录］ 是年,重庆大足北山北塔嵌壁碑。《大足石刻内容总录》载:北山北塔第 71 号嵌壁碑;碑高 26 厘米、宽 49 厘米。碑字楷书直刻,由左到右:督修知县桂天培、训导魏鼎、千总刘联芳、典史游于艺;监修武举欧阳仁、训导周道宣、通判刘炳烛、文生令狐臻贤;住持僧崇书;匠司文锡三、谭长兴、令狐玉堂、龚林盛。大清光绪十九年秋谨。北山北塔第 78 号也是嵌壁碑,碑高、宽 53 厘米。碑字楷书直刻,末署:大清光绪十九年癸巳十月谷旦。

［文献］ 四川省社会科学院等编《大足石刻内容总录》。

公元 1894 年　光绪二十年

［提示］ 马师传为云冈第十一洞施彩绘。

［叙录］ 光绪二十年,马师传为云冈第十一洞施彩绘。周一良在《云冈石佛小记》中载:后世补修题记之可考者,止能溯及清朝。中部第七洞有:"大清光绪二十年重修,挥画工人天镇县马师传孟秋六月谷旦敬"之文,盖以此洞所施彩画为最晚也。张焯解释说:中部第七洞,即今第 11 窟。云冈石窟的明清补塑与彩画,极为粗俗、低劣。原因盖如《乾隆大同府志》卷七《风俗》所云:其工,皆朴拙,不能为雕华镂刻,故奇技淫巧不鬻于市,木石金锡之属无擅长者。陶埴合沙土为之,制极粗陋,惟画工较多,其他宫室、衣服、器皿才足备而已。

［文献］ 周一良《云冈石佛小记》(《考古社刊》1936 年第 4 期),张焯《云冈石窟编年史》。

公元 1895 年　光绪二十一年

［提示］ 四川灌县《重修安澜桥碑》。

［叙录］ 是年,四川灌县刻《重修安澜桥碑》。安澜桥为著名的索桥,据蓝勇研究,西南地区是世界索桥的主要发源地之一。高文说此碑已失。碑高

264 厘米、宽 104 厘米，共 14 行，行 45 字，字径 6 厘米，楷书。碑漫沥撰者只留一范姓，查灌县志职官志，为范万选，光绪十九年知事。书者吴芝英，四川名山人，光绪时为灌县训导。

［文献］ 高文等《四川历代碑刻》，蓝勇《中国西南古代索桥的形制及分布》（《中国科技史料》1994 年第 1 期）。

公元 1899 年　光绪二十五年

［提示］ 法国矿山工程师鲁普兰斯·兰格参观龙门石窟。

［叙录］ 是年，法国矿山工程师鲁普兰斯·兰格参观龙门石窟，三年后（1902 年）公布了他旅行龙门的简报，引起欧洲学者对龙门石窟的重视，法国人沙畹根据文献资料编著龙门石窟概要。光绪三十三年（1907）沙畹考察龙门，著《北支那考古图谱》。

［文献］ 李文生主编《龙门石窟志》。

公元 1900 年　光绪二十六年

［提示］ 敦煌藏经洞被发现，叶昌炽积极收集保存敦煌石刻文献。

［叙录］ 是年，敦煌藏经洞被发现，叶昌炽积极收集保存敦煌石刻文献。唐晓军说，是年，敦煌藏经洞被发现之时，叶昌炽积极收集、保存敦煌石刻文献，功不可没。时任敦煌县令的汪宗瀚（字栗庵）因与道士王圆箓同乡，交情深厚，他从王圆箓处获得文物后，将这些佛经、绢画及石碑拓片转送于叶昌炽，叶昌炽也托付汪宗翰为他收集有关敦煌的石刻文字及拓本，他收集的敦煌文献资料主要是当时敦煌县令汪宗瀚提供的，在《缘督庐日记》有详细记载。《语石》中也说：敦煌县千佛洞，即古之莫高窟也。洞扉封以一丸泥。十余年前，土壁倾移，豁然开朗，始显于世。中藏碑殿经象甚多。楚北汪栗庵大令宗瀚，以名进士，作宰此邦，助余搜讨。

［文献］ 清叶昌炽《语石》卷一、《缘督庐日记》卷一一，唐晓军《甘肃古代石刻艺术》。

公元 1901 年　光绪二十七年

［提示］ 秋，河南《龙门胜概图》碑。九月十九日，慈禧龙门拜佛。叶昌炽撰成石刻通论《语石》。

［叙录］ 是年秋，河南刻《龙门胜概图》碑。李文生载，此碑存龙门石窟研究所。高 74 厘米、长 140 厘米。标题“龙门胜概”四字，系辛丑年（1901 年）秋陆宗伯凤石过此所题。该碑所题文字皆楷书。正中刻《龙门胜概图》一幅。该图将峥嵘、壮丽的伊阙风光尽收眼底。同年九月十九日，慈禧龙门拜佛。是日，慈禧太后及光绪帝从西安回銮过洛阳，至龙门拜佛。

是年，叶昌炽撰成石刻通论《语石》。《语石》是我国第一部通论古代石刻专著，书成于本年，宣统元年（1909）刊行于世。全书以碑版为中心，阐述有关制作的名称，标题发凡，书学兴替，考藏源流，以及摹拓之轶闻琐事，共计载列碑刻 486 通，分为 10 卷。在该书中，作者将石刻文字研究范围由碑志扩大到桥柱、井栏及石人、石狮之题字，并且不仅仅局限于碑志所刻文字，并对石刻造像等均有广泛涉及，对其年代、撰造刻写者及其流传等情况也均有叙述，对于研究碑版及造像之学，均极具参考价值。

［文献］ 清叶昌炽撰柯昌泗评《语石·语石异同评》，李文生主编《龙门石窟志》，卢芳玉《〈语石〉研究》（山东大学 2005 年硕士论文）。

公元 1902 年　光绪二十八年

［提示］ 六月，日人伊东忠太途次山西大同府城西之云冈。

［叙录］　六月，日人伊东忠太途次山西大同府城西之云冈。云冈石窟的考古调查工作始于 20 世纪初。是年六月，日本东京帝国大学建筑学家伊东忠太在调查大同辽金建筑之时，偶然发现云冈石窟，并撰写《云冈旅行记》一文，引起人们对云冈石窟的关注。四年后（1906 年）又发表云冈石窟研究考察报告《北清建筑调查报告》，并将云冈之行的考察汇集为《支那山西云冈石窟寺》刊行（伊东忠太《支那山西云冈石窟寺》，后由黄孝可译出，与陈垣《大同武周山石窟寺》合出一书）。伊东忠太首次运用比较学原理对云冈石窟进行系统研究，堪称是近代云冈石窟学术研究的拓荒者。伊东忠太在《支那山西云冈石窟寺》中说：明治三十五年（1902）六月中，余旅行支那，途次山西大同府城西之云冈。观后魏营造之石窟寺，惊其形式与构筑之奇异，诚余旅行亚细亚中之最壮观。其窟内之状态，今日犹历历在余眼底。当时余之行程，发轫北京而进入山西。窃以为山西大同之地，即后魏之平城，又为辽金之西京，其后魏遗迹，想必湮灭无存，而辽金遗物，或尚有多少可见，足为研究之资。迨行至大同府附近，不图于城西三十里之云冈，望见一丛之石窟寺，就而抚视之，则实为后魏营造之古刹，而一千五百年前之壮观依然保存于今日。其形式结构，与日本之推古式若合符节，且多参以泰西之古色拉结构，一见而知为西域艺术之直系。岩崎继生在《大同风土记》（侯振彤译）也说：最早发现此佛教美术一大圣境之石窟寺的专家，是日本建筑界的权威伊东忠太博士。博士从明治三十五年三月至明治三十八年（1905）前往中国、印度、欧洲进行了研究性的旅行。于明治三十五年六月下旬，偕同横川省三、宇都宫五郎诸氏，从张家口前往大同，沿武周川行三十华里，到达云冈石佛寺。对博士来说，大同石佛寺的发现，完全出于偶然；博士做梦也没有想到，在此地还保存有北魏拓跋氏的遗迹。重版的《大同石佛寺》（附录三，王雁卿译）中载：云冈的石窟寺被支那的儒者文人遗忘的时候，明治三十五年六月伊东博士偶尔发现，并引起学术界的注意。其最初发表于《建筑杂志》第一百八十九号（明治三十五年九月发行）。

［文献］　［日］伊东忠太《云冈旅行记》（《建筑杂志》189 号）、《支那山西云冈石窟寺》（东京《国华》1906 年 10 月、11 月号），岩崎继生《大同风土记》（侯振彤译编《山西历史辑览》），文莉莉《1938—1944：日本学者实测云冈》（《中国文化遗产》2007 年第 5 期）。

公元 1904 年　光绪三十年

［提示］　九月初二日，甘肃敦煌县令汪宗瀚寄叶昌炽莫高窟碑十通。

［叙录］　九月初二日，甘肃敦煌县令汪宗瀚寄叶昌炽莫高窟碑十通。叶昌炽在《缘督庐日记》中载：九月初二日，得敦煌汪栗庵（宗瀚）大令书，寄赠莫高窟碑十通，口墨稍精，前得模糊之本可以补释。圣历李氏旧龛碑两面并拓，据云视徐星伯《西域水道记》所录缺字无几，可无遗憾矣。又新得两通，一为元碑之阴，皆蒙古色目名氏，其正面当有文字而已泐。一残石仅存十一行，行多者不过十三四字，年月姓氏并佚，又无事实可考，唯文中有“圣神赞普”四字。赞普，吐蕃酋长之号，犹匈奴之称单于，突厥之称可汗，冠以圣神二字，犹中国皇帝上加以徽号，以是知为吐蕃碑毫无疑义。艺风（缪荃孙）不在，无与赏析。微老夫无能知者矣。

［文献］　清叶昌炽《缘督庐日记》卷一一，吴琦幸《叶昌炽与敦煌研究》（《兰州大学学刊》1985 年第 2 期）。

公元 1906 年　光绪三十二年

［提示］　七月二十四日，法人沙畹来龙门石窟。是年，日人伊东忠太论云冈石窟艺术来源于犍陀罗。日人关野贞等来龙门石窟、巩县石窟等地调查。

［叙录］　七月二十四日，法人沙畹来龙门石窟。李文生载：是年 7 月 24 日至 8 月 4 日，法国人沙畹

(E·Chavannes)来龙门石窟考察,回国后于1909年至1915年发表了《北支那考古图谱》,该书第二卷主要介绍了龙门石窟,并将五百五十处碑刻译成法文,同时作了考证。这是外国学者第一次公布和研究龙门石窟资料,也是国内外学者首次公布龙门石窟照片。首次用图片形式向世人披露了云冈石窟的风貌,并引起欧洲学者对云冈石窟的极大关注。

是年,日人伊东忠太论云冈石窟艺术来源于犍陀罗。伊东忠太在《支那山西云冈石窟寺》中论述说:明元帝嗣位,帝始创建石窟寺于云冈。西历四百二十三年,太武帝即位,先灭夏,平北燕,并北凉,逐吐谷浑,破柔然,威震西域。于是乌孙、疏勒、龟兹、悦般、渴盘陀、鄯善、焉耆、车师、粟特、破落那、者舌、契丹、高句丽等国皆入贡。盖当时西域诸国悉为佛教国,而其佛教艺术之性质,与大月氏之犍陀罗式同,或属于其系统,是当然之理,无足疑也。此佛教诸国争来贡于北魏,可证其以犍陀罗式艺术,输入后魏。但太武帝太平真君七年,诏破坏佛像,坑杀沙门,则石窟寺之营造,亦一时蒙毁坏。西历四百五十三年,文成帝即位,隆兴佛教,石窟寺之工程,亦当再继续。是时,波斯、嚈哒、于阗等来贡,足征萨珊艺术之东渐。献文帝嗣位,屡幸石窟寺。至孝文帝太和元年,有西天竺之舍卫国来贡,是为印度艺术之输入。在重版《大同石佛寺》(附录三,王雁卿译)中载:关于大同石佛的雕刻样式与传统,现在诸家的见解很难一致。继伊东博士的犍陀罗起源说之后,又有笈多起源说,目前尚未定论。所以,在博士最初论断的基础上,今天的研究者仍然需要作进一步的考究。

是年,日人关野贞等来龙门石窟、巩县石窟等地调查。李文生载,是年日本关野贞等来龙门石窟、巩县石窟等调查。伊东忠太、冢本靖、平子铎岭来龙门调查四十天,但以后大部资料失存。长广敏雄《云冈日记》(王雁卿译)说:东大建筑学教研室的伊东忠太、关野贞等教授,大约在明治三十五年后,在采访中国的旅途中,对云冈和龙门的大石窟群进行摄影照相和测量,并在学术界作了介绍,特别是伊东教授在明治三十五年去云冈探访,发出感叹:那种形式方法和我们所谓的推古式完全一致。水野、长广在研究所把大先辈们摄影的大多数照片收藏起来作为基础重新讨论,但东大的大先辈们的调查是简略的,总觉得没有抓住本质。

［文献］　伊东忠太《支那山西云冈石窟寺》(东京《国华》1906年10月、11月号),李文生主编《龙门石窟志》。

公元1907年　光绪三十三年

［提示］　四月,端方将《开元十四年杨真造天尊像》赠美国费尔德博物馆。是年,法国学者沙畹调查云冈石窟。

［叙录］　四月,端方将《开元十四年杨真造天尊像》赠美国费尔德博物馆。据李凇载,《开元十四年杨真造天尊像》,现藏于美国芝加哥费尔德博物馆。其正面为造像铭文,左右侧及背后无图像,但背后另刻有铭文:"大唐开元十四年三月杨真为亡女绫空及七代父母、现存家眷、世界苍生敬造元始天尊像一石。法像庄严,字迹道整,致不易得。余考政赴美,过锡加哥(芝加哥),时方葺博物馆,特寄赠此石,以志不忘。大清光绪三十三年四月,南洋大臣两江总督端方记。"此段文字为清朝使臣端方于公元1907年撰。端方字午桥,满洲正白旗人,由工部主事官至陆军部尚书,直隶总督。曾赴东西各国考政治,回国后历任南北洋大臣。宣统元年十月(1909)坐违制夺职,三年(1911)遇害。端方"笃嗜金石书画",富于收藏。著有《匋斋吉金录》、《藏石记》。端方在考察美国政治体制的同时也还留心博物馆设置,此件造像是端方作为礼物赠送给费尔德博物馆的。李淞推测说:是否可以推想,正是这件清朝政府作为文化交流的礼品,使芝加哥人认识到中国古代雕刻的价值,从而招致几年后劳福尔收集品在芝加哥落户?

是年,法国学者沙畹调查云冈石窟。巴黎大学教授沙畹调查云冈石窟后,于1909年至1915年发表《北支那考古图谱》。法国学者夏凡诺在云冈石窟拍摄大量照片,并于1909年至1915年陆续在《华北考古学志》上发表。岩崎继生《大同风土记》载:继伊东博士之后,1907年法国著名的研究东方的学者夏文努氏,收集云岗石佛寺及龙门石佛寺的建筑与雕刻的照片和图录,著成《华北考古学使命记》一书,大同云冈石佛寺于是开始成为国内外学者及美术家的一大巡礼地。丁明夷也讲:法国沙畹在《北中国考古图录》卷二中,最早发表一批云冈照片,向世人披露了云冈风貌。

[文献] 岩崎继生《大同风土记》(侯振彤译编《山西历史辑览》),李凇《长安艺术与宗教文明》,《美国收藏的中国早期道教雕塑——中国道教雕塑述略之三》(《雕塑》2009年第4期),丁明夷《云冈石窟研究五十年》(《中国石窟·云冈石窟》)。

公元1908年 光绪三十四年

[提示] 日人木下杢太郎考察云冈石窟。

[叙录] 是年,日人木下杢太郎考察云冈石窟。木下杢太郎是日本明治末年南蛮文学的创始人,他在重版的《大同石佛寺》中引冢本靖《清国内地旅行谈》及《续清国内地旅行谈》说:石窟寺东方洞窟中,最应该看的是抄纸场里的一大洞内的巨大端严微妙的本尊、胁侍三体像,洞前对立着两座石塔原雕。在此东方,还有中央残雕塔形的两个大洞,相当有意思。又在西方有颇多的洞窟,其一半露出崖头,一半被民家占据。这里有各种有趣的大像、建筑造型等,仔细研究其诸洞诸佛,可以明了日本本邦艺术的渊源,实在是有无限的趣味。即使不是专家,只是出门到大同的人,一定要用一天的时间看看这座绝好的大遗物,肯定会有收获。在我滞留此地时,前往蒙古探险的理学士出口雄三君、理科大学学生丰原信一郎,以及上海同文书院的学生六人也顺道来访,不时发出赞叹的声音。张焯说:木下杢太郎讲:冢本博士明治四十一年曾住在云冈,而在他旅行开始时,与关野贞博士同行。

[文献] [日]木下杢太郎《大同石佛寺》(附录三),张焯《云冈石窟编年史》,傅玉娟《木下杢太郎与克鲁特·格拉扎》(《外国问题研究》2013年第2期)。

公元1909年 宣统元年

[提示] 闰二月十七日,始建清德宗崇陵。

[叙录] 是年闰二月十七日,始建清德宗崇陵。宣统皇帝即爱新觉罗·溥仪,字耀之,号浩然。他是清朝最后一位皇帝,亦是中国封建帝制历史上的最后一位皇帝,世称“末代皇帝”。1911年辛亥革命爆发,次年溥仪退位,中国的王朝时代就此画上句号。

清德宗光绪皇帝的崇陵,位于清西陵梁格庄行宫西之金龙峪。据《宣统政纪》载,崇陵选定于德宗驾崩之后,光绪生前未建陵寝。崇陵工程择于宣统元年闰二月十七日。崇陵动土之日,由承办工程事务处将开挖出来的吉土,以及确定基址时所用的志桩、金星宝盖等敬谨收藏。晏子有说,宣统二年九月,因时近冬季,经奏报朝廷之后,崇陵工程暂时停工。但是,此次停工之后,并没有如往年那样,按时于次年春季开工。由于武昌起义胜利,清帝被迫退位,崇陵工程搁置了一年多。清帝下诏退位之时,与中华民国曾订立有《中华民国优待皇室八条》。其中除规定“存清帝尊号,以待各外国君主之礼相待遇”、“保护清宗庙及陵寝”外,还在第四条中允诺由民国政府出资“修德宗崇陵”。晏子有认为,清崇陵的地宫,虽没有高宗裕陵雕刻之精美,但其制作所耗费的工作量,仍十分可观。其八扇石门上所雕之八尊菩萨,风格与清中期不同,不再是全部雕成女身形象,而是分别雕成男身和女身。其地宫内设有龙须沟和金钱形的下水沟漏,则是明显地吸取了清宣宗宝华峪地宫渗水的教训。

[文献] 《清实录·宣统政纪》卷一、卷八、卷一〇,晏子有《清东西陵》。

公元1910年　宣统二年

［提示］　始建溥仪陵寝。

［叙录］　是年，始建溥仪陵寝。清朝末帝溥仪即位后，曾按皇帝登基选择陵址的祖制，在西陵境内旺隆村选好"万年吉地"。从宣统二年起，施工一年多时间，进行了地宫开槽奠基、修建明楼、宝城等工程。辛亥革命爆发以后，清帝被迫逊位，工程随即停止。自此，溥仪陵寝工程遂宣告半途而废。1994年，溥仪的骨灰被埋葬在西陵境内的"华龙皇家陵园"之内。

［文献］　晏子有《清东西陵》，溥仪《我的前半生》，喻大华《末代皇帝溥仪》。

公元1911年　宣统三年

［提示］　重修宋少帝陵，树碑。

［叙录］　是年，重修宋少帝陵，树碑。景炎四年(1279年)二月，元将张弘范率兵袭击崖山，在珠江口外零丁洋，元宋两军展开激烈海战。张世杰率水师抗击，寡不敌众，宋军败溃。张世杰率一部战舰突围，后遇台风覆船溺亡。宋少帝因座船较大，突围不出。左丞相陆秀夫见大势已去，哭拜少帝道：国事至此，陛下当殉国。德祐皇帝(宋恭帝)被俘，受辱已甚，陛下不可再辱，随即背负少帝蹈海而死。宋少帝投海赴难后，据说尸体漂到深圳宝安赤湾，搁于沙滩上。当地百姓见沙滩上童尸身着黄袍龙衣，知是宋帝，便将其葬于赤湾天后庙西北山脚下，称为少帝陵。清末辛亥年(1911)，赵氏三派后裔重修宋少帝陵。陵墓位于赤湾山脚缓坡上，方向正南，面向零丁洋，长9.4米，宽9米，墓前树碑，碑阳正中镌刻"宋祥庆少帝之陵"七个大字("祥庆"系少帝年号"祥兴"之误，粤语"庆"、"兴"谐音)，碑阳左边刻着"辛亥岁赵氏三派裔孙重修"一行小字。20世纪70年代末改革开放后，香港赵氏宗祀和蛇口工业区旅游公司捐款扩建修葺宋少帝陵，在墓东侧新立石碑，碑文为篆体阴文，由著名古文字学家和书法家商承祚所书。碑阴镌刻着"崖海潜龙，赤湾延帝"八个苍劲大字，为书家秦萼生所手书。

宣统三年这一年，实际上也是中国王朝的最后一年。一个垂死帝国的最后关于石刻的事件，竟然是为另一个末帝的荒塚树立石碑，以期传之久远——这实在是一个吊诡又心酸的石刻谶言啊！

［文献］　陈朝云《南北宋陵》，王尧《南宋少帝赵昺遗事考辨》(《西藏研究》1981年)。

我与石刻的故事(后记)

石刻、故乡或童年

故乡作为一个独特的地理空间概念(有时也可能与行政空间相交织),不仅比家园要更为宽广一些,同时也是一个优美而感伤的时间概念,它存留于我们的怀想中,存留于遥远的山川风物中,甚至存留于我们胃部的痉挛之中。差不多在十年前,我曾写过一篇叫作《怀乡的胃》的随笔,说的是一个晋代江南文人张翰(季鹰),在北方洛阳当官当得好好的,有一天,他的老乡顾荣(彦先)来访。张翰抬头向南望去,只见天空一片渺茫之色,飒飒的秋风吹了过来,张翰心中一动,对顾荣说道:秋天来了,故乡吴中的菰菜、莼菜和鲈鱼早该成熟和肥美了吧?用它们来烹饪的菰米饭、莼菜羹和鲈鱼脍,该是多么鲜美啊!张翰似乎突然领悟到了某种人生真谛,感叹地说道:人生最重要的是要适志、自由地生活,怎么能为了区区功名而远离故乡呢?于是张翰当机立断:回家。在秋风渐起的张翰心中,那几种江南菜肴为何如此强烈地出现在他的胃部幻觉中?这种幻觉又为何会对后代的人产生强烈的共鸣?一个人的胃部渴望会对人生的决定产生如此深远的影响吗?是的,故乡正是这样,有时于我们而言,缥缈如云烟,具象如佳肴。

故乡就是我们的出发点,也是我们最终要回去的地方。故乡对于一个人的影响是一生的,且别无选择。故乡是我们的回忆之母,是我们向心灵回溯的温暖之源。我们知道美国作家福克纳(William Cuthbert Faulkner)在小说中,曾构建了一个名叫"约克纳帕塔法"(Yoknapatawpha)的世界,实际上,这个令世人着迷的地方就是以作家故乡密西西比州奥克斯福(Oxford)为原型而创造出来的。正是这片如"邮票般大小"宁静而僻远的南方小城,孕育出福克纳超凡入圣的想象力。故乡对于任何时代、任何人群而言,都是极为重要的精神财富,尤其是在当下,在人们几近丧失故乡之时,我们重提故乡,显得尤为重要甚至迫切:没有故乡或没有故乡感的人,将是无根之木、无源之水。没有故乡的人,其飘荡的灵魂将无处安放。

德国18世纪后期的天才诗人诺瓦利斯(Novalis)曾这样回答关于哲学的提问:哲学就是一种乡愁,是一种在任何地方都要想回家的冲动。当然,这儿所说的乡愁,是一种更为形而上的比喻性说法。按照匈牙利学者卢卡奇(Ceorg Lukacs)的说法,这个故乡的核心是古希腊史诗时代。那时的生活与本质是同一的,人们更加真实地为实体所充盈,人们与原型家园有着更贴近的关联,内心流淌着抒情的河流,没有断崖,也没有深渊。人与物,人与天地自然完美地融合在一起。卢卡奇诗意地描述:星光与火焰虽然彼此不同,但不会永远形同路人。因为:火焰是所有星光的心灵,而所有的火焰都披上星光的霓裳。后来,这样的物我同一的境界被割断,甚至被对立和仇恨起来。因此,哲学家们的乡愁,就越来越浓重和悲伤。要怎样才能回去呢?另外一位差不多与诺瓦利斯同时的德国哲学家荷尔德林(Hlderlin)认为:要回到故乡,重新实现原初的统一性,并不能指望哲学,而应该依靠美学、艺术和诗歌。

我的故乡在川东大巴山腹地一个叫曾家乡聂家岩的地方，十六岁以前我一直生活在那儿：偏僻但美得惊人的小山村，孤单地隐匿于一片悬崖之下，一棵巨大的香樟树冠，将村子的木构四合院轻轻遮蔽，四季浓荫匝地，百鸟啁啾。曾家乡的历史可以远溯至公元六世纪前后，聂家岩也至少在明代以前即已人丁兴旺。我现在还记得，在那棵树围达十余米的香樟树下，卧伏着几座雕工精美绝伦、彩绘斑驳陆离的石刻古墓，那是聂家祖上的坟茔，每座墓前均有宽敞的石享堂，是我和儿时玩伴夏日纳凉的好去处。幼时的我常常怀着几分恐惧几分好奇，伸出稚嫩的手掌，去抚触那些令人眼花缭乱的石雕，有时为了捕捉一只蟋蟀或壁虎，会胆怯地把手伸进朱砂犹存的石龛中或镂空的雕满缠枝花纹的窗棂里。事实上，这样的游戏与亲近，让我骨子里对石刻产生了一种莫名的热爱之心。现在回想起来，从那些石刻纹饰及形制分析，应该是清代中晚期的石刻艺术珍品，石质多为红砂岩，也有白砂岩的。另外还有几座已严重塌毁的古墓，估计应该是明代的遗存——听老人们说：聂家岩以前不叫聂家岩，而是叫喻家湾——那些古墓或许就是喻家留下的。从喻家到聂家，其间的家族风云，角色变幻，以及石刻的兴废，应该是一段颇堪玩味的乡村秘史吧。那些琳琅璀璨的石刻，早已在我童年的记忆中投下抹不去的炫影。关于童年，比利时作家弗朗兹·海仑曾有过这样一段精彩的论述："童年并不是在完成它的周期后即在我们身心中死去并干枯的东西。它不是回忆，而是最具活力的宝藏，它在不知不觉中滋养丰满我们。不能回忆童年的人，不能在自我身心中重新体会童年的人是痛苦的，童年就像他身体中的身体，是在陈腐的血液中的新鲜血液：童年一旦离开他，他就会死去。"

有时候，故乡可能并不一定特指某个地域。对于那些终年漂泊的人儿来说，心安处即是故乡。或者再进一步说，凡能让你的灵魂安静下来、驻足下来的地方，就已经接近了故乡的边缘。有几天，我突然被唐诗的光芒照耀，整个身心寂静而又寥廓，于是我写下了一组向唐诗致敬的诗作《唐诗弥撒曲》，就像题记所说的那样：我们的灵魂无处安放，就让它安放于唐诗吧。在这样的时刻，唐诗就成了我的故乡，一个永恒的可以纵情徜徉的精神之乡。而此刻，当我沉缅于伟大的石刻艺术之时，石刻就是我的故乡。

石刻、动物及诗歌

1987年夏天，我将自1983年以来所写的二十多首诗作，集结成一个册子，取名为《石头动物园》。这是我的第一次诗歌小集，之所以取这个名字，缘于两层理由：一是所选诗作的对象，均为动物，包括真实的动物，如《老虎》、《狐面蝴蝶》，或传说中的动物，如《无色之马》、《独角兽》，或幻想的动物，如《虚无动物独白》等。第二层理由则是，虽然这些诗作写于不同的时间、不同的地域（从重庆到天津再到成都），所欲表达的诗意也各有其旨，但其间却有一个惊人的固执的意象反复出现：石头。这真是一件十分奇妙的诗歌事件，令我百思不得其解——当然后来我渐渐明白，这看似偶然的相遇，其实早已埋下我与石头剪不断的伏笔。《石头动物园》组诗的部分作品，后来在我与同乡诗人凸凹、徐永三人出版的诗歌合集《诗：三人行》中可以看到。

实际上，石头一直深植于我的诗歌心灵之底层。即使是少年时代，怀着好奇之心去数十里开外的镇上看火车时，也有这样的体验："我用力把嫩叶般的耳朵压平/把耳朵嵌进石头里/好让耳膜更加接近火车的幻影"。很多年过去了，我依然割舍不下石头。就在这个秋天，出于对石刻艺术之爱，我写下了《石中养狮》一诗，在这首诗中，我表达了我与石刻的内在生命关联：

我想饲养两头狮子
一头放逐到非洲大陆
那儿是狮子传统的天堂
只有悲欣无常的残酷草原
才是猛兽想要的

对于一个生性贪婪的人

仅有这样的狮子远远不够
纵横披靡的神明
乃缘于雨露、河流及羚羊所赐
与我似乎并无太多关系

这就意味着还得另辟蹊径
饲养真正属于我的
随时可以敌视或抚摸的狮子
秋色如烈酒,古代的弹铗者
突然想到了石头

我决定将另一头狮子
饲养在女娲的石头里
很多来自高峡以至天上的石头
本来就与狮子十分相近
在幽闭中蓄势,于寂静中伏击

要是实在憋慌了
就用刀尖拨开青苔中的利齿
引来清泉冲刷崎岖的傲骨
迎风而运斤,凿燃鬃须
再让闪电打亮苏醒的双眸

回首仔细想一想
这头蜷伏于石头深处的狮子
也不可能完全为我所有
同那颗放浪形骸的狮心相较
本质上彼此并无二致

倒也无妨,狮子养在哪儿
都不会丢掉代代相传的光荣
一只狮子总要梦见另一只狮子
当英雄们惺惺相惜
只岩片石也是别裁天地

石刻与鹿野苑

十四年前,也就是2000年,各种因缘巧合,我再次与石头相遇。很久没有见面的诗人赵野告诉我,钟鸣正在筹建一个石刻艺术博物馆。赵野的无心之语竟在我心底激起波澜:石头,石头,我已与你阔别多年。

传说释迦牟尼在二十九岁时离开王宫出家修道,先在摩揭陀国尼连禅河畔的树林中修习苦行长达六年之久,日食一麻一米,但是仍然不能得到智慧达到解脱。一日释迦来到一棵毕波罗树(菩提树)下结跏趺坐,静默思索人生道理,终于觉悟成佛。释迦觉悟之后便独自走到圣城波罗奈斯城北边一个叫鹿野苑的地方(在印度现在的萨尔纳特),找到跟他一起出家修行的五位侍者,向他们宣说自己悟出来的人生真谛,这是佛、法、僧的首次聚集,佛典中把此次说法称为初转法轮。因此,鹿野苑就是释迦牟尼最早说法的地方。

这个远在天竺的佛法圣地,在21世纪的初元,因为种种因缘,而与天府福地的成都发生了奇妙联系:在我与钟鸣及一位颇具人文情怀的金融家努力下,鹿野苑石刻艺术博物馆应运而生。之所以用“鹿野苑”来命名博物馆,即是希望承袭释迦牟尼积极上进、勇于探索人生真谛的精神,用佛教艺术所蕴藏的美感和博大精深的内涵去感悟世人,并藉以表达我们对生命、自然与艺术的一种平等与博爱的观照。鹿野苑博物馆地处古西南丝绸之路的起始地四川盆地西部的成都平原,馆址栖息在古蜀文化起源之地的郫县境内新民场镇云桥村的一段古河道徐堰河畔,上有古旧石桥,下为清流河湾,野生乔木,河滩卵石,其间优美的自然景色与现代建筑同馆内传奇性的石刻艺术收藏相映成趣。

鹿野苑的石刻艺术藏品,在今天看来虽然说不上完美(其间的汉代及宋代石刻仍堪称精致),但作为中国当代早期的民间专题博物馆,其筚路蓝缕之功,以及绝美的建筑与环境,仍然使其迥立于世,独步一方。

石刻之树的年轮

2009年,与艺术史学者吕澎教授一同主持一个石刻艺术主题公园，缘于此，我开始了《中国石刻艺术编年史》的写作工作，这是一项艰辛而有价值的学术研究——为中国古代石刻之树刻画出一道道清晰迷人的年轮。为了完成这个浩繁而激动人心的劳作，我的足迹遍及大江南北，游石窟，攀摩崖，抚残碑，拓断碣，俨然成了一个石刻艺术史考古学者。

按照黑格尔在《美学》(第三卷)中的表述，一切艺术中的发展脉络，都可以简略地划分为三个阶段：严峻、理想和愉悦。中国古代的建筑与雕塑(尤其是石刻，此处所说的石刻包括传统意义的石雕)的发展史，也同样可以用这三个大的段落来进行划分，其典型时代则为：秦汉(严峻)、隋唐(理想)、明清(愉悦)。

人类对石头的精神依托，主要表现在宗教和艺术方面。人类精神领域似乎与生俱来就拥有一片广阔的宗教领地。早期的人类对自然界诸如天火、洪水、地震、山崩、海啸等等灾难性的威胁和凶禽猛兽等等的致命性攻击，充满了神秘的恐惧。宗教于恐惧与祈求中产生，比人或动物的肉体生命更坚硬也更长久的石头，自然而然地成为人们寄予宗教情感的对象。因此，在所有遗存下来的宗教场所，几乎都是用石头雕刻建筑而成。在众多的古代艺术作品中，我们很难将宗教、石头分离开来，它们完美地融合在一起，形成壮丽夺目的人文景观。这些宗教石刻艺术或建筑艺术，光滑坚固，易于雕镂的白色大理石或我们所说的汉白玉，永远是其中最夺目的主角。

法国诗人瓦雷里在其著名的诗章《海滨墓园》中，这样描述大理石的美丽与哲思：

充满了无形的火焰，紧闭，圣洁，
这是献给光明的一片土地，
高架起一柱柱火炬，我喜欢这地点，
这里是金石交织，树影憧憧，
多少块大理石颤抖……

石头和石刻艺术，它们与人类共谱的交响诗，如一丛丛圣洁的火焰，照耀着我们，从蛮荒走向文明，从黑暗走向光明，从短暂走向永恒，从脆弱走向坚定。

我与石刻的故事，也还没有结束，还将延续下去。

石不语斋
2014年秋天

参考文献书目

说明：

一、参考文献书目，只列正文所涉及著作，单篇论文不列入。

二、以文献时代先后为序，划分为先唐（含五代）、宋（金）、元、明、清和近现代；同一朝代者，则以著作者姓名汉语拼音为序；外国著述单列最后。

三、所列文献书目以经过整理的单行本为主，以易于查找或检索的丛书为辅。

四、文献书目各条包括：时代＋著者＋书名＋出版社＋出版社所在地＋出版时间。

一、先唐（含五代）

北齐魏收：《魏书》，中华书局，北京，1974。

北魏崔鸿：《十六国春秋》，商务印书馆，上海，1937。

北魏郦道元：《水经注》，中华书局，北京，2009。

北魏杨炫之著、范祥雍校注：《洛阳伽蓝记校注》，上海古籍出版社，上海，1978。

北周庾信著、清倪璠批注：《庾子山集》，中华书局，北京，1980。

春秋鲁左丘明著、汉杜预注：《春秋左氏传》，上海古籍出版社，上海，1990。

汉班固：《汉书》，中华书局，北京，1962。

汉东方朔：《海内十洲记》（《说郛》本），上海古籍出版社，上海，1986。

汉迦叶摩腾等：《四十二章经》，中华书局，北京，2010。

汉孔安国传、唐孔颖达正义《尚书正义》，上海古籍出版社，1990。

汉刘安：《淮南子》，中华书局，北京，2009。

汉刘向：《说苑》，中华书局，北京，1991。

汉刘珍著、吴树平校注：《观汉记校注》，中州古籍出版社，郑州，1987。

汉陆贾：《新语》，上海古籍出版社，上海，1990。

汉司马迁：《史记》，中华书局，北京，1975。

汉王逸章句、黄灵庚疏证：《楚辞章句疏证》，中华书局，北京，2007。

汉许慎：《说文解字》，中华书局，北京，1963。

汉袁康著、乐祖谋点校：《越绝书》，上海古籍出版社，上海，1985。

汉郑玄注、唐孔颖达等正义：《礼记正义》，上海古籍出版社，上海，1990。

后晋刘昫等：《旧唐书》，中华书局，北京，1975。

晋常璩撰、刘琳校注：《华阳国志校注》，巴蜀书社，成都，1984。

晋陈寿：《三国志》，中华书局，北京，2006。

晋葛洪：《西京杂记》，中华书局，北京，1985。

晋郭璞注：《尔雅》，商务印书馆，上海，1937。

晋郭璞注：《穆天子传》，广文书局，台湾，1981。

晋司马彪：《后汉书志》，中华书局，北京，1965。

晋王羲之：《集王羲之书金刚经》，上海书画出版社，上海，2010。

晋佚名：《莲社高贤传》，中华书局，1991。

晋袁宏：《后汉记》，商务印书馆，上海，1936。

晋张华:《博物志》,商务印书馆,北京,1960。
南朝梁慧皎撰、汤用彤校注:《高僧传》,中华书局,北京,1992。
南朝梁刘勰著、范文斓注:《文心雕龙》,人民文学出版社,北京,1958。
南朝梁任昉:《述异记》,吉林大学出版社,长春,1992。
南朝梁僧祐:《出三藏记集》,中华书局,北京,2008。
南朝梁沈约:《宋书》,中华书局,北京,1974。
南朝梁释宝亮:《名僧传钞》(《卍续藏经》134 册),河北省佛教协会,石家庄,2006。
南朝梁陶弘景:《华阳陶隐居集》,上海书店,上海,1994。
南朝梁萧统编、唐李善注:《文选》,中华书局,北京,1977。
南朝梁萧子显:《南齐书》,中华书局,北京,1972。
南朝梁宗懔:《荆楚岁时记》,山西人民出版社,太原,1987。
南朝宋范晔:《后汉书》,中华书局,北京,1965。
南朝宋刘义庆:《世说新语》,上海古籍出版社,上海,2007。
南朝宋山谦之:《丹阳记》(清王谟《汉唐地理书抄》辑本),中华书局,北京,1961。
前蜀昙域编:《禅月集》,商务印书馆,上海,1937。
前蜀杜光庭:《道教灵验记》,(《正统道藏》洞玄部记传类),白云观翻印,北京,1991。
秦孔鲋等:《孔丛子》,中华书局,北京,2009。
秦吕不韦:《吕氏春秋》,上海古籍出版社,上海,1989。
三国蜀谯周撰、清章宗源辑:《古史考》,中华书局,北京,1991。
三国吴韦昭注:《国语》,上海古籍出版社,上海,2008。
隋法经:《开皇录》,(《大正藏》第 49 册),河北省佛教协会,石家庄,2005。
隋费长房:《历代三宝记》,上海古籍出版社,上海,1994。
唐白居易等:《白孔六帖》,上海古籍出版社,上海,1992。
唐白居易:《白氏长庆集》,上海古籍出版社,上海,1994。
唐长孙无忌等:《唐律疏议》,中华书局,北京,1989。
唐窦臮著、赵华伟校笺:《述书赋校笺》,吉林文史出版社,长春,2008。
唐杜牧:《樊川文集》,上海古籍出版社,上海,1978。
唐杜佑:《通典》,中华书局,北京,1988。
唐段成式:《京洛寺塔记》(《寺塔记》),人民美术出版社,北京,1964。
唐段成式:《酉阳杂俎》,中华书局,北京,1981。
唐法藏:《华严经传记》(《大正藏》第 51 册),河北省佛教协会,石家庄,2005。
唐法琳:《破邪论》(《大正藏》第 52 册),河北省佛教协会,石家庄,2005。
唐房玄龄等:《晋书》,中华书局,北京,1974。
唐封演撰、赵贞信校注:《封氏闻见记》,中华书局,北京,2005。
唐高适撰、孙钦善校注:《高适集校注》,上海古籍出版社,上海,1984。
唐高仲武:《中兴间气集》,商务印书馆,北京,2013。
唐韩愈:《昌黎集》,商务印书馆,上海,1930。
唐韩愈:《昌黎先生集》,明徐氏东雅堂刻本。
唐韩愈:《韩愈集》,山西古籍出版社,太原,2005。
唐韩愈:《顺宗实录》,商务印书馆,上海,1936。
唐黄滔:《莆阳黄御史集》,商务印书馆,上海,1936。
唐靖迈:《古今译经图纪》,线装书局,北京,2005。
唐李白撰、清王琦注:《李太白集注》,上海古籍出版社,上海,1992。
唐李百药:《北齐书》,中华书局,北京,1972。

唐李绰:《尚书故实》,商务印书馆,上海,1936。
唐李吉甫:《元和郡县图志》,中华书局,北京,1983。
唐李隆基撰、李林甫注:《大唐六典》,三秦出版社,西安,1991。
唐李延寿:《北史》,中华书局,北京,1974。
唐李延寿:《南史》,中华书局,北京,1975。
唐李肇:《国史补》,商务印书馆,上海,1939。
唐林宝:《元和姓纂》,中华书局,北京,1994。
唐令狐德棻:《周书》,中华书局,北京,1971。
唐刘肃:《大唐新语》,中华书局,北京,1984。
唐刘餗:《隋唐嘉话》,中华书局,北京,2005。
唐柳公权:《柳公权书大唐回元观钟楼铭并序》,三秦出版社,西安,1989。
唐柳公权:《神策军碑》,光明日报出版社,北京,2008。
唐陆德明:《经典释文》,中华书局,北京,1983。
唐罗隐撰、雍文华校辑:《罗隐集》,中华书局,北京,1983。
唐孟安排:《道教义枢》(《正统道藏》第41册),白云观翻印,北京,1991。
唐欧阳询:《艺文类聚》,上海古籍出版社,上海,1985。
唐裴孝源:《贞观公私画录》(《画品丛书》本),上海人民美术出版社,上海,1982。
唐释道世:《法苑珠林》,上海古籍出版社,上海,1991。
唐释道世:《诸经要集》(《大正藏》第54册),河北省佛教协会,石家庄,2005。
唐释道宣:《大唐内典录》(《大正藏》第55册),河北省佛教协会,石家庄,2005。
唐释道宣:《道宣律师感通录》(《大正藏》第52册),河北省佛教协会,石家庄,2005。
唐释道宣:《广弘明集》,中华书局,北京,1912。
唐释道宣:《集古今佛道论衡》(《大正藏》第52册),河北省佛教协会,石家庄,2005。
唐释道宣:《集神州三宝感通录》(《大正藏》第52册),河北省佛教协会,石家庄,2005。
唐释道宣:《释迦方志》,中华书局,北京,1983。
唐释道宣:《四分律删繁补阙行事钞》(《大正藏》第40册),河北省佛教协会,石家庄,2005。
唐释道宣:《续高僧传》(《大正藏》第50册),河北省佛教协会,石家庄,2005。
唐释法琳:《辨正论》(《大正藏》第52册),河北省佛教协会,石家庄,2005。
唐释惠祥:《弘赞法华传》(《大正藏》第51册),河北省佛教协会,石家庄,2005。
唐释慧立:《大慈恩寺三藏法师传》,中华书局,北京,1983。
唐释慧祥:《古清凉传》,山西人民出版社,太原,1989。
唐释神会:《神会和尚禅话录》(神会语录),中华书局,北京,1996。
唐释神清:《北山录》,文史哲出版社,台北,1974。
唐释彦悰:《集沙门不应拜俗等事》(《大正藏》第52册),河北省佛教协会,石家庄,2005。
唐释彦琮:《法琳别传》(《大正藏》第50册),河北省佛教协会,石家庄,2005。
唐释圆照:《贞元新定释教目录》(《大正藏》第55册),河北省佛教协会,石家庄,2005。
唐释智升:《开元释教录》(文渊阁四库全书本),上海古籍出版社,上海,2003。
唐释智升:《续集古今佛道论衡》(《大正藏》第52册),河北省佛教协会,石家庄,2005。
唐释宗密:《圆觉经大疏抄》,(《续藏经》第14册),涵芬楼,上海,1925。
唐司空图:《司空表圣文集》,上海古籍出版社,上海,1994。
唐司马贞:《史记索隐》,中华书局,北京,1991。
唐孙樵:《孙可之文集》,上海古籍出版社,上海,1979。
唐王维著、清赵殿成笺注:《王右丞集笺注》,上海古籍出版社,上海,1984。
唐韦绚:《刘宾客嘉话录》,商务印书馆,上海,1936。

唐韦应物:《韦苏州集》,上海古籍出版社,上海,1993。
唐魏徵等:《隋书》,中华书局,北京,1973。
唐吴兢:《贞观政要》,上海古籍出版社,上海,1978。
唐许嵩:《建康实录》,中华书局,北京,1986。
唐玄奘撰、季羡林校注:《大唐西域记校注》,中华书局,北京,1985。
唐颜真卿:《颜鲁公文集》,商务印书馆,北京,2013。
唐姚思廉:《梁书》,中华书局,北京,1973。
唐义净著、王邦维校注:《大唐西域求法高僧传》,中华书局,北京,1988。
唐元稹:《元氏长庆集》,吉林出版集团有限责任公司,长春,2005。
唐张怀瓘:《书断》,浙江人民美术出版社,杭州,2012。
唐张九龄:《曲江集》(文渊阁四库全书本),上海古籍出版社,上海,2003。
唐张守节:《史记正义》(文渊阁四库全书本),上海古籍出版社,上海,2003。
唐张彦远:《法书录要》,中华书局,北京,1985。
唐张彦远:《历代名画记》,人民美术出版社,北京,1983。
唐郑綮:《开天传信记》,商务印书馆,北京,1959。
魏王弼等:《周易正义》,上海古籍出版社,上海,1990。
五代孙光宪:《北梦琐言》,上海古籍出版社,上海,1981。
五代王定保:《唐摭言》,上海古籍出版社,上海,1978。
五代徐铉:《稽神录》,上海古籍出版社,上海,2012。
五代徐铉:《徐公文集》,商务印务馆,上海,1936。
战国公孙龙:《公孙龙子》,中华书局,北京,2012。
战国公羊高:《春秋公羊经传解诂》,黄山书社,合肥,2012。
战国韩非著、陈奇猷释:《韩非子集释》,上海人民出版社,上海,1974。
战国荀况著、清王先谦集解:《荀子集解》,中华书局,北京,1988。

二、宋(金)

百岁寓翁:《枫窗小牍》,上海古籍出版社,上海,2012。
曹勋:《北狩见闻录》,商务印书馆,上海,1935。
曹勋:《松隐集》(文渊阁四库全书本),上海古籍出版社,上海,2003。
晁公武:《郡斋读书志》(文渊阁四库全书本),上海古籍出版社,上海,2003。
陈淳:《北溪先生全集》(文渊阁四库全书本),上海古籍出版社,上海,2003。
陈舜俞:《庐山记》,广文书局,台北,1958。
陈思:《宝刻丛编》(文渊阁四库全书本),上海古籍出版社,上海,2003。
陈思:《书小史》(美术丛书本),神州国光社,福州,1947。
陈田夫:《南岳总胜集》,国家图书馆出版社,2003。
陈槱:《负暄野录》(美术丛书),神州国光社,福州,1936。
陈振孙:《直斋书录解题》,上海古籍出版社,上海,1987。
程大昌:《雍录》,中华书局,北京,2002。
程俱:《麟台故事》,中华书局,北京,2000。
邓椿:《画继》,湖南美术出版社,长沙,2000。
董更:《书录》(文渊阁四库全书本),上海古籍出版社,上海,2003。
董逌:《广川书跋》,中华书局,北京,1985。
范成大:《吴郡志》,江苏古籍出版社,南京,1999。
范祖禹:《范太史集》,商务印务馆,上海,1934。

非浊:《三宝感应要略录》(《大正藏》第51册),河北省佛教协会,石家庄,2005。
郭茂倩:《乐府诗集》,中华书局,北京,1979。
郭若虚:《图画见闻志》,人民美术出版社,北京,1963。
何薳:《春渚纪闻》,中华书局,北京,1983。
洪迈:《容斋续笔》,北京图书馆出版社,北京,2003。
洪迈:《夷坚志》(甲乙丙丁志),商务印书馆,北京,1981。
洪适:《隶释隶续》,中华书局,北京,1985。
胡仔:《苕溪渔隐丛话》,人民文学出版社,北京,1962。
黄伯思:《东观余论》,中华书局,北京,1986。
黄榦:《黄勉斋先生文集》,中华书局,北京,1985。
黄鹤:《集注草堂杜工部诗外集》,中华书局,北京,1985。
黄庭坚:《山谷题跋》,上海书画出版社,上海,2000。
黄休复:《益州名画录》,四川人民出版社,成都,1982。
龚明之:《中吴纪闻》,国家图书馆出版社,北京,2011。
计有功:《唐诗纪事》,中华书局,北京,1965。
江少虞:《宋朝事实类苑》,上海古籍出版社,上海,1981。
孔延之:《会稽掇英总集》,人民出版社,北京,2006。
金孔元措:《祖庭广记》,商务印书馆,上海,1936。
乐史:《太平寰宇记》,商务印务馆,上海,1936。
李焘:《续资治通鉴长编》,中华书局,北京,1979。
李昉等:《太平广记》,中华书局,北京,1961。
李昉等:《文苑英华》,中华书局,北京,1966。
李心传:《道命录》,商务印书馆,上海,1937。
刘道醇:《宋朝名画评》,商务印书馆,北京,2013。
刘道醇:《五代名画补遗》,中华书局,北京,1985。
金刘祁:《归潜志》,中华书局,北京,1983。
娄机:《汉隶字原》,吉林出版集团有限责任公司,长春,2005。
陆九渊:《象山先生全集》,商务印书馆,上海,1935。
陆游:《老学庵笔记》,中华书局,北京,1979。
陆游:《南唐书》,中华书局,北京,1985。
吕大防等:《韩愈年谱》,中华书局,北京,2006。
罗大经:《鹤林玉露》,中华书局,北京,1985。
马端临:《文献通考》,中华书局,北京,1996。
梅尧臣:《宛陵先生集》(四部丛刊本),商务印书馆,上海,1936。
米芾:《海岳名言》,中华书局,北京,1985。
睦庵:《祖庭事苑》(《卍续藏经》第113册),河北省佛教协会,石家庄,2006。
欧阳棐:《集古录目》(石刻史料新编本),新文丰出版公司,台北,1977。
欧阳修:《集古录跋尾》,人民美术出版社,2010。
欧阳修:《欧阳文忠公集》(四部丛刊集部),商务印书馆,上海,1926。
欧阳修:《欧阳修集》,中州古籍出版社,郑州,2010。
欧阳修:《新五代史》,中华书局,北京,1974。
普济:《五灯会元》,中华书局,北京,1984。
契嵩:《传法正宗记》(《大正藏》第51册),河北省佛教协会,石家庄,2005。
潜说友:《咸淳临安志》,上海古籍出版社,上海,1987。

秦观撰、徐培均笺注：《淮海集笺注》，上海古籍出版社，上海，2000。
邵伯温：《邵氏闻见录》，中华书局，北京，1983。
沈括：《长兴集》（文渊阁四库全书本），上海古籍出版社，上海，2003。
孙绍远《声画集》（文渊阁四库全书本），上海古籍出版社，上海，2003。
施宿等：《嘉泰会稽志》，商务印书馆，北京，2013。
释道诚：《释氏要览》（《大正藏》第54册），河北省佛教协会，石家庄，2005。
释道原：《景德传灯录》，上海书店，上海，2010。
释居简：《北涧集》（文渊阁四库全书本），上海古籍出版社，上海，2003。
释文莹：《玉壶清话》，中华书局，北京，1991。
释志磐：《佛祖统纪》（《大正藏》第49册），河北省佛教协会，石家庄，2005。
司马光：《涑水纪闻》，上海书店，上海，1990。
司马光：《资治通鉴》，中华书局，北京，1992。
宋敏求：《长安志》，中华书局，北京，1991。
宋敏求：《唐大诏令集》，中华书局，北京，2008。
宋祁等：《新唐书》，中华书局，北京，1977。
苏轼：《东坡七集》，中华书局，北京，1927。
苏轼：《东坡题跋》，人民美术出版社，北京，2008。
苏轼：《苏轼集》，凤凰出版社，南京，2012。
苏辙：《栾城集》，上海古籍出版社，上海，1987。
苏辙：《苏辙集补遗》（四部丛刊本），商务印书馆，上海，1936。
孙奕：《示儿编》（文渊阁四库全书本），上海古籍出版社，上海，2003。
王安石：《临川先生文集》，中华书局，北京，1959。
王辟之：《渑水燕谈录》，中华书局，北京，1981。
王采：《汝帖》，文物出版社，北京，2008。
王称：《东都事略》，齐鲁书社，济南，2007。
王珪：《华阳集》（文渊阁四库全书本），上海古籍出版社，上海，2003。
王谠：《唐语林》，古典文学出版社，北京，1957。
王明清：《挥麈录》，上海书店，上海，2001。
王溥：《唐会要》，中华书局，北京，1995。
王溥：《五代会要》，中华书局，北京，1998。
王钦若等：《册府元龟》，中华书局，北京，1960。
王象之：《舆地纪胜》，中华书局，北京，2009。
王尧臣等：《崇文总目》，商务印书馆，北京，1978。
王禹偁：《小畜集》，商务印书馆，上海，1937。
王禹偁：《五代史阙文》（文渊阁四库全书本），上海古籍出版社，上海，2003。
王应麟：《玉海》，广陵书社，扬州，2007。
魏庆之：《诗人玉屑》，古典文学出版社，北京，1958。
文天祥：《文天祥集》，山西古籍出版社，太原，2010。
吴处厚：《青箱杂记》（文渊阁四库全书本），上海古籍出版社，上海，2003。
吴淑：《江淮异人录》，上海古籍出版社，上海，2012。
吴曾：《能改斋漫录》，上海古籍出版社，上海，1979。
吴自牧：《梦粱录》，浙江人民出版社，杭州，1980。
谢守灏：《混元圣记》（道藏·洞神部·谱录类），上海书店，上海，2011。
徐梦莘：《三朝北盟会编》，上海古籍出版社，上海，1987。

薛居正等：《旧五代史》，中华书局，北京，1976。
杨潜等：《绍熙云间志》，上海古籍出版社，上海，1995。
杨亿等：《杨文公谈苑》，上海古籍出版社，上海，2012。
佚名：《宝刻类编》，商务印书馆，上海，1936。
佚名：《宋宝祐四年登科录》（文渊阁四库全书本），上海古籍出版社，上海，2003。
金元好问：《遗山集》，吉林出版集团有限责任公司，长春，2005。
金元好问：《元好问集》（文渊阁四库全书本），上海古籍出版社，上海，2003。
金元好问：《中州集》，学苑出版社，北京，2000。
岳珂：《愧郯录》，商务印书馆，台湾，1981。
岳珂：《桯史》，中华书局，北京，1981。
赞宁：《大宋僧史略》（《大正藏》第 54 册），河北省佛教协会，石家庄，2005。
赞宁：《宋高僧传》（《大正藏》第 50 册），河北省佛教协会，石家庄，2005。
曾巩：《隆平集》（文渊阁四库全书本），上海古籍出版社，上海，2003。
曾巩：《曾巩集》，中华书局，北京，1984。
张邦基：《墨庄漫录》，上海古籍出版社，上海，1992。
张淏：《云谷杂记》（文渊阁四库全书本），上海古籍出版社，上海，2003。
张君房：《云笈七签》，齐鲁书社，济南，1988。
张世南：《游宦纪闻》，商务印书馆，上海，1936。
张唐英撰、王文才等笺《蜀梼杌校笺》，巴蜀书社，成都，1999。
章颖：《宋朝南渡十将传》（碧琳琅馆丛书本），巴陵方氏刊印，广州，1909。
金赵秉文：《闲闲老人滏水文集》，商务印书馆，上海，1936。
赵佶等：《宣和画谱》，上海书画出版社，上海，1984。
赵佶等：《宣和书谱》，浙江人民美术出版社，杭州，2012。
赵明诚：《金石录》，上海书画出版社，上海，1985。
赵希鹄：《洞天清录》（文渊阁四库全书本），上海古籍出版社，上海，2003。
赵彦卫：《云麓漫钞》，中华书局，北京，1996。
赵与时：《宾退录》，上海古籍出版社，上海，1983。
郑居中等：《政和五礼新仪》（文渊阁四库全书本），上海古籍出版社，上海，2003。
郑樵：《通志略》，上海古籍出版社，上海，1990。
周密：《癸辛杂识》，中华书局，北京，1988。
周密：《武林旧事》，中华书局，北京，2007。
朱长文：《墨池编》，浙江人民美术出版社，杭州，2012。
朱长文：《续书断》，江苏美术出版社，南京，2009。
朱文长著、何立民校：《墨池编》，浙江人民美术出版社，杭州，2012。
朱熹：《韩文考异》，中国书店，北京，2014。
朱熹：《朱文公文集》（文渊阁四库全书本），上海古籍出版社，上海，2003。
祖琇：《隆兴佛教编年通论》（《卍续藏经》第 130 册），河北省佛教协会，石家庄，2006。
祝穆：《方舆览胜》（文渊阁四库全书本），上海古籍出版社，上海，2003。
遵式述等：《天竺别集》，慈云佛学院，浙江海宁，2013。

三、元代

陈基：《夷白斋稿》，上海书店，上海，1986。
程矩夫：《雪楼集》（文渊阁四库全书本），上海古籍出版社，上海，2003。
戴表元：《剡源文集》，上海古籍出版社，上海，1987。

顾瑛:《玉山璞稿》(文化渊阁四库全本),上海古籍出版社,上海,2003。
胡祇遹:《紫山大全集》(文渊阁四库全书本),上海古籍出版社,上海,2003。
廓诺·迅鲁伯:《青史》,西藏人民出版社,拉萨,1985。
赖良:《大雅集》,上海古籍出版社,上海,1987。
李道谦:《甘水仙源录》(道藏第19册),上海书店,上海,2011。
李京著、云南省民族研究所辑校:《云南志略辑校》,云南民族出版社,昆明,1986。
李种:《日闻录》(文渊阁四库全书本),上海古籍出版社,上海,2003。
刘大彬:《茅山志》,国家图书馆出版社,北京,2005。
刘谧:《三教平心论》,商务印书馆,上海,1937。
陆友仁:《砚北杂志》(笔记小说大观),广陵古籍,扬州,1983。
纳新:《河朔访古记》,中华书局,北京,1991。
念常:《佛祖历代通载》,北京图书馆出版社,北京,1997。
潘昂霄:《金石例》(文渊阁四库全书本),上海古籍出版社,上海,2003。
释觉岸《释氏稽古略》(《大正藏》第49册),河北省佛教协会,石家庄,2005。
苏天爵:《元文类》,商务印书馆,上海,1936。
苏天爵:《滋溪文稿》,中华书局,北京,1997。
陶宗仪:《古刻丛钞》,商务印书馆,上海,1936。
陶宗仪:《南村辍耕录》(文渊阁四库全书本),上海古籍出版社,上海,2003。
陶宗仪:《书史会要》,上海书店,上海,1984。
脱脱:《宋史》,中华书局,北京,1977。
脱脱等:《金史》,中华书局,北京,1975。
脱脱等:《辽史》,中华书局,北京,1974。
王士点等:《秘书监志》(文渊阁四库全书本),上海古籍出版社,上海,2003。
王恽:《秋涧集》(文渊阁四库全书本),上海古籍出版社,上海,2003。
吴师道:《吴礼部诗集》(文渊阁四库全书本),上海古籍出版社,上海,2003。
祥迈:《大元至元辩伪录》,上海古籍出版社,上海,1995。
谢应芳:《龟巢稿》,上海古籍出版社,上海,1987。
辛文房:《唐才子传》,古典文学出版社,北京,1957。
熊梦祥:《析津志辑佚》,北京古籍出版社,北京,1983。
徐一夔著、徐永恩校注:《始丰稿校注》,浙江古籍出版社,杭州,2008。
许有壬:《至正集》(文渊阁四库全书本),上海古籍出版社,上海,2003。
姚燧:《牧庵集》(文渊阁四库全书本),上海古籍出版社,上海,2003。
俞希鲁:《至顺镇江志》,江苏古籍出版社,南京,1999。
虞集:《道园学古录》(文渊阁四库全书本),上海古籍出版社,上海,2003。
袁桷:《清容居士集》,中华书局,北京,1985。
札马剌丁等:《元大一统志》,中华书局,北京,1966。
张宪:《玉笥集》,商务印书馆,上海,1935。
赵道一:《历世真仙体道通鉴》,广陵古籍,扬州,1997。
赵世延等:《画塑记》(中国美术论著丛刊),人民美术出版社,北京,1964。
郑杓:《衍极》,中华书局,北京,1991。

四、明代

曹学佺:《蜀中广记》,上海古籍出版社,上海,1993。
曹学佺:《蜀中名胜记》,重庆出版社,重庆,1984。

陈邦瞻:《宋史纪事本末》,中华书局,北京,1955。
陈镐:《阙里志》,山东友谊书社,济南,1989。
陈洪谟著、梁颂成等校注:《清嘉庆常德府志校注》,湖南人民出版社,长沙,2001。
陈继儒:《陈眉公全集》,中央书店,上海,1936。
陈继儒:《太平清话》,进步书局,上海,1912。
陈霆:《仙潭志》,明正德十一年(1516)刻本
陈子龙:《陈忠裕公全集》,清嘉庆八年(1803)刻本
陈子龙等:《皇明经世文编》,中华书局,北京,1962。
程敏政:《新安文献志》(文渊阁四库全书本),上海古籍出版社,上海,2003。
崔溥:《漂海录》,社会科学文献出版社,北京,1995。
戴光:《邹县地理志》,嘉靖四年(1525)刊印
董伦等:《明实录》,北京大学出版社,北京,1990。
都穆:《金薤琳琅》(石刻史料新编本),新文丰出版公司,台北,1977。
都穆:《吴下冢墓遗文续》(文渊阁四库全书本),上海古籍出版社,上海,2003。
丰坊:《书诀》,商务印书馆,北京,2013。
高儒:《百川书志》,古典文学出版社,北京,1957。
顾起元:《客座赘语》,上海古籍出版社,上海,2012。
郭宗昌:《金石史》(文渊阁四库全书本),上海古籍出版社,上海,2003。
何良俊:《四友斋丛说》,中华书局,北京,1959。
何乔远:《闽书》(文渊阁四库全书本),上海古籍出版社,上海,2003。
何宇度:《益部谈资》,商务印书馆,上海,1936。
胡温:《成化山西通志》(文渊阁四库全书本),上海古籍出版社,上海,2003。
黄濬:《素王记事》(文渊阁四库全书本),上海古籍出版社,上海,2003。
黄省曾:《兽经》,中华书局,北京,1985。
黄一正:《事物绀珠》(文渊阁四库全书本),上海古籍出版社,上海,2003。
姜允清:《威县碑刻志》(石刻史料新编本),新文丰出版公司,台北,1977。
蒋一葵:《尧山堂外纪》,齐鲁书社,济南,1997。
焦竑:《国朝献征录》,上海书店,上海,1987。
净柱:《五灯会元续略》,巴蜀书社,成都,1993。
郎瑛:《七修类稿》,上海书店,上海,2001。
李东阳:《怀麓堂集》,上海古籍出版社,上海,1991。
李贤等:《大明一统志》,三秦出版社,西安,1990。
李元阳:《嘉靖大理志》,大理白族自治州文化局,大理,1983。
李之藻:《天学初函》,学生书局,台北,1965。
凌迪知:《万姓统谱》,天津人民出版社,天津,1993。
凌濛初:《二刻拍案惊奇》,上海古籍出版社,上海,1983。
刘侗等:《帝京景物略》,北京古籍出版社,北京,1980。
陆容:《菽园杂记》,上海古籍出版社,上海,2012。
罗贯中:《三国演义》,中华书局,北京,2005。
罗颀撰:《物原》,商务印书馆,上海,1937。
明河:《补续高僧传》,新文丰出版公司,台北,1975。
钱谷:《吴都文粹续集》,商务印书馆,上海,1934。
邵宝:《容春堂集》(文渊阁四库全书本),上海古籍出版社,上海,2003。
沈德符:《万历野获编》,中华书局,北京,1959。

沈节甫:《纪录汇编》,商务印书馆,上海,1938。
盛时泰:《苍润轩碑跋》(石刻史料新编本),新文丰出版公司,台北,1977。
宋濂:《芝园集》(四部丛刊本),商务印书馆,上海,1936。
宋应星:《天工开物》,中华书局,北京,1978。
孙金广:《书画跋》(文渊阁四库全书本),上海古籍出版社,上海,2003。
田琯:《万历新昌县志》,上海古籍出版社,上海,2010。
田汝成:《西湖游览志余》,上海古籍出版社,上海,1998。
王世贞:《弇州山人四部稿》(文渊阁四库全书本),上海古籍出版社,上海,2003。
王世贞:《弇州山人题跋》,浙江人民美术出版社,杭州,2012。
王世贞:《艺苑卮言》,凤凰出版社,南京,2009。
王在晋:《历代山陵考》,中华书局,北京,1991。
王志坚:《四六法海》(文渊阁四库全书本),上海古籍出版社,上海,2003。
文琇:《增集续传灯录》(《续藏经》第121册),涵芬楼,上海,1925。
文徵明:《文徵明集》,上海古籍出版社,上海,1987。
萧洵:《故宫遗录》(文渊阁四库全书本),上海古籍出版社,上海,2003。
谢肇淛:《五杂俎》,辽宁教育出版社,沈阳,2001。
邢址:《嘉靖邵武府志》,上海古籍出版,上海,1964。
徐霞客:《徐霞客游记》,中华书局,北京,2009。
杨慎:《丹铅录》,商务印书馆,北京,2013。
杨慎:《丹铅余录》(文渊阁四库全书本),上海古籍出版社,上海,2003。
杨慎:《法帖神品目》,商务印书馆,上海,1936。
杨慎:《墨池琐录》,上海古籍出版社,上海,1991。
杨慎:《南诏野史》(文渊阁四库全书本),上海古籍出版社,上海,2003。
杨慎:《升庵全集》,商务印书馆,上海,1937。
杨慎著、王大厚笺证:《升庵诗话新笺证》,中华书局,北京,2008。
杨士奇:《东里集》,上海古籍出版社,上海,1987。
叶盛:《菉竹堂碑目》,中华书局,北京,1985。
叶盛:《水东日记》,中华书局,北京,1980。
于慎行:《谷山笔尘》,中华书局,北京,1994。
于慎行:《陋巷志》,齐鲁书社,济南,2002。
张昶:《吴中人物传》,古吴轩出版社,苏州,2013。
张岱:《西湖梦寻》,中华书局,北京,2011。
张国维:《吴中水利全书》(文渊阁四库全书本),上海古籍出版社,上海,2003。
张居正:《张文忠公全集》,商务印书馆,上海,1935。
张溥:《汉魏六朝百三家集》,吉林出版集团,长春,2011。
张钦:《大同府志》,大同市地方志办公室,大同,1987。
赵崡:《石墨镌华》,商务印书馆,上海,1937。
赵宧光:《寒山金石林》(文渊阁四库全书本),上海古籍出版社,上海,2003。
赵均:《金石林时地考》(文渊阁四库全书本),上海古籍出版社,上海,2003。
周弘祖:《古今书刻》,古典文学出版社,北京,1957。
周晖:《金陵琐事》,南京出版社,南京,2007。
邹德中:《绘事指蒙》,中国书店,北京,1959。
朱棣:《神僧传》,广陵古籍,扬州,1993。
朱珪:《名迹录》(文渊阁四库全书本),上海古籍出版社,上海,2003。

朱国祯：《涌幢小品》，中华书局，北京，1959。
朱鹤龄：《杜工部诗集辑注》，河北大学出版社，石家庄，2009。
朱孟震：《西南夷风土记》，商务印书馆，上海，1936。

五、清代

包世臣：《艺舟双楫》，商务印书馆，上海，1935。
毕沅等：《山左金石志》（石刻史料新编本），新文丰出版公司，台北，1977。
毕沅：《关中金石记》，商务印务馆，上海，1936。
毕沅：《关中胜迹图志》，三秦出版社，西安，2004。
毕沅：《续资治通鉴》，上海古籍出版社，上海，1988。
毕沅：《中州金石记》，商务印书馆，上海，1936。
卞宝弟等：《湖南通志》，上海古籍出版社，上海，1990。
常恩等：《安顺府志》，咸丰元年（1851）刻本。
常明等：《四川通志》，巴蜀书社，成都，1984。
陈开虞：《江宁府志》，南京出版社，南京，2011。
陈康祺：《郎潜纪闻二笔》，中华书局，北京，1984。
陈梦雷等：《古今图书集成》，中国戏剧出版社，北京，2008。
陈铭珪：《长春道教源流》，上海古籍出版社，上海，1996。
陈棨仁：《闽中金石略》（石刻史料新编本），新文丰出版公司，台北，1977。
陈诗：《湖北金石通志》（石刻史料新编本），新文丰出版公司，台北，1977。
仇兆鳌：《杜诗详注》，中华书局，北京，1979。
褚人获：《坚瓠集》，浙江人民出版社，杭州，2006。
崔应阶：《云台山志》，连云港日报社，连云港，1991。
邓凯：《崇祯长编》，北京古籍出版社，北京，2002。
邓士宪：《南海金石略》（石刻史料新编本），新文丰出版公司，台北，1977。
丁敬：《武林金石记》（石刻史料新编本），新文丰出版公司，台北，1977。
丁绍仪：《听秋声馆词话》（词话丛编），中华书局，北京，2001。
丁治棠：《仕隐斋涉笔》，四川人民出版社，成都，1985。
董诰等：《全唐文》，中华书局，北京，1983。
董沛：《鄞县金石志》（石刻史料新编本），新文丰出版公司，台北，1977。
董涛：《曲阳金石录》（石刻史料新编本），新文丰出版公司，台北，1977。
杜春生：《越中金石记》（石刻史料新编本），新文丰出版公司，台北，1977。
端方：《匋斋藏石记》（石刻史料新编本），新文丰出版公司，台北，1977。
端方：《陶斋吉金录》（续修四库全书本），上海古籍出版社，上海，2002。
鄂尔泰等：《贵州通志》，上海古籍出版社，上海，1987。
范寿铭：《循园金石文字跋尾》（石刻史料新编本），新文丰出版公司，台北，1977。
法纬堂：《益都金石志》（石刻史料新编本），新文丰出版公司，台北，1977。
方苞：《方望溪先生全集》，商务印务馆，上海，1935。
方浚师：《蕉轩随录、续录》，中华书局，北京，1995。
方履钱：《金石萃编补正》（石刻史料新编本），新文丰出版公司，台北，1977。
方履籛：《河内金石志》（石刻史料新编本），新文丰出版公司，台北，1977。
方若著、王壮弘校补：《增补校碑随笔》，上海书画出版社，上海，1981。
方朔：《枕经堂金石书画题跋》（石刻史料新编本），新文丰出版公司，台北，1977。
冯邦玉：《汉碑录文》（石刻史料新编本），新文丰出版公司，台北，1977。

冯登府:《闽中金石志》(石刻史料新编本),新文丰出版公司,台北,1977。
冯敏昌:《孟县金石志》(石刻史料新编本),新文丰出版公司,台北,1977。
冯敏昌:《乾隆孟县志》,乾隆五十三年(1788)刻本。
冯云鹏等:《金石索》,商务印书馆,上海,1929。
冯云鹓:《济南金石志》(石刻史料新编本),新文丰出版公司,台北,1977。
高士奇:《金鳌退食笔记》,北京古籍出版社,北京,1980。
高廷法等:《咸宁县志》,江苏古籍出版社,南京,2007。
高宗弘历等:《御选唐宋文醇》,吉林出版社,长春,2005。
戈守智:《汉溪书法通解》,天津市古籍书店,天津,1986。
格尔泰等:《契丹小字研究》,中国社会科学出版社,北京,1985。
顾蔼吉:《隶辨》,中华书局,北京,1986。
顾广圻:《顾千里集》,中华书局,北京,2008。
顾禄:《清嘉录》,江苏古籍出版社,南京,1986。
顾炎武:《昌平山水记、京东考古录》,北京出版社,北京,1962。
顾炎武:《金石文字记》,中华书局,北京,1991。
顾炎武:《日知录、日知录之余》,上海古籍出版社,上海,2012。
顾震宇:《仙居县志》,万历三十七年(1609)刻本
顾祖禹:《读史方舆纪要》,中华书局,北京,2005。
贵泰等:《安阳县志》,成文出版社,台北,1968。
郭尚先:《芳坚馆题跋》,上海书店,上海,1994。
郭嵩焘:《伦敦与巴黎日记》,岳麓书社,长沙,1984。
韩文焜:《利津县新志》,康熙十二年(1673)刻本。
何乐善:《福山县志》,乾隆二十八年(1763)刻本。
何秋涛:《征乌梁海述略》(小方壶斋舆地丛钞本),着易堂,上海,光绪十七年(1891)。
何绍基:《东洲草堂金石跋》,浙江人民美术出版社,杭州,2012。
何绍基:《何绍基诗文集》,岳麓书社,长沙,1992。
洪钧:《元史译文证补》,上海古籍出版社,上海,1995。
洪颐煊:《平津馆读碑记》,上海书画出版社,上海,1994。
洪颐煊:《平津读碑记再续》,上海书画出版社,上海,1994。
胡景桂等:《广平府志》,光绪十九年(1893)刻本。
胡聘之:《山右石刻丛编》(石刻史料新编本),新文丰出版公司,台北,1977。
胡虔等:《广西通志》,广西人民出版社,南宁,1988。
胡文烨:《云中郡志》,大同市地方志办公室,大同,1988。
胡书云等:《续增乐至县志》,清光绪九年(1883)刻本。
黄培芳:《新会县志》,上海古籍出版社,上海,2010。
黄瑞:《台州金石录》(石刻史料新编本),新文丰出版公司,台北,1977。
黄文炜等:《重修肃州新志》,中华书局,北京,2008。
黄象曦:《吴江水考增辑》,光绪二十年(1894)刊本。
黄小松:《嵩洛访碑日记》,中华书局,北京,1985。
黄虞稷:《千顷堂书目》,上海古籍出版社,上海,2001。
惠栋:《后汉书补注》,商务印书馆,上海,1936。
嵇曾筠等:《浙江通志》,中华书局,北京,2001。
纪昀:《阅微草堂笔记》,上海古籍出版社,上海,1995。
蒋超伯:《南漘楛语》,新文化书社,上海,1934。

蒋光煦：《东湖丛记》，辽宁教育出版社，沈阳，2001。
蒋衡：《拙存堂题跋》（石刻史料新编本），新文丰出版公司，台北，1977。
蒋清翊：《王子安集注》，上海古籍出版社，上海，1995。
景日昣：《说嵩》，中州古籍出版社，郑州，2003。
瞿中溶：《古泉山馆金石文编残稿》（石刻史料新编本），新文丰出版公司，台北，1977。
康有为：《广艺舟双楫》，中国书店，北京，1983。
柯昌泗：《汉晋石刻略录》，民国十四年（1925）双钩石印本。
柯劭忞：《新元史》，中华书局，北京，2010。
孔继汾：《阙里文献考》，山东友谊书社，济南，1989。
况周颐：《万邑西南山石刻记》（石刻史料新编本），新文丰出版公司，台北，1977。
劳格等：《唐郎官石柱题名考》，中华书局，北京，1992。
劳格：《读书杂识》，东北师大出版社，长春，1990。
黎中辅：《道光大同县志》，山西人民出版社，太原，1991。
李葆恂：《三邕翠墨簃题跋》，民国十一年（1922）刻本。
李调元：《南越笔记》，商务印书馆，上海，1936。
李调元：《蜀碑记》，中华书局，北京，1985。
李斗：《扬州画舫录》，中华书局，北京，2007。
李光地：《榕村语录、续语录》，中华书局，北京，1995。
李鸿章等：《畿辅通志》，河北人民出版社，石家庄，1985。
李敬修：《费县志》，光绪二十四年（1898）刻本。
李图：《陵县金石志》（石刻史料新编本），新文丰出版公司，台北，1977。
李因培：《唐诗观澜集》，乾隆二十四年（1759）刊本。
梁绍壬：《两般秋雨盦随笔》，上海古籍出版，上海，1982。
梁玉绳：《史记志疑》，中华书局，北京，1981。
梁章钜：《楹联丛话》，商务印书馆，上海，1935。
林侗：《来斋金石刻考略》，上海古籍出版社，上海，1995。
刘承干：《希古楼金石萃编》（石刻史料新编本），新文丰出版公司，台北，1977。
刘大观：《河内县志》，道光五年（1826）刻本。
刘铭传等：《朔平府志》，雍正十一年（1733）刊本。
刘青藜：《金石续录》（文渊阁四库全书本），上海古籍出版社，上海，2003。
刘声木：《苌楚斋四笔》，中华书局，北京，1998。
刘廷玑：《在园杂志》，中华书局，北京，2005。
刘位坦：《叠书龛遗稿》（北京师范大学图书馆藏稀见清人别集丛刊），广西师范大学出版社，南宁，2007。
刘熙载：《艺概》，上海古籍出版社，上海，1978。
刘喜海：《海东金石苑》，文物出版社，北京，1982。
刘喜海：《三巴金石苑》（石刻史料新编本），新文丰出版公司，台北，1977。
龙文彬：《明会要》，中华书局，北京，1956。
陆心源：《唐文拾遗》、《唐文续拾》、上海古籍出版社，上海，1990。
陆心源：《吴兴金石记》（石刻史料新编本），新文丰出版公司，台北，1977。
陆耀遹：《金石续编》（石刻史料新编本），新文丰出版公司，台北，1977。
陆以湉：《冷庐杂识》，中华书局，北京，1997。
陆增祥：《八琼室金石补正》（石刻史料新编本），新文丰出版公司，台北，1977。
罗振玉：《补唐书张义潮传》（中国敦煌学百年文库历史卷），甘肃文化出版社，兰州，1999。
罗振玉：《海外贞珉录》，上海书店，上海，1994。

罗振玉：《汉熹平石经残字集录》，(罗振玉学术论著集第二集)，上海古籍出版社，上海，2010。
罗振玉：《六朝墓志菁英》初编二编(罗雪堂先生全集)，文华出版公司，台北，1968。
罗振玉：《芒洛冢墓遗文四编》(罗雪堂先生全集)，文华出版公司，台北，1968。
罗振玉：《罗雪堂先生全集》，文华出版公司，台北，1968。
罗振玉：《石交录》(罗振玉学术论著集第三集)，上海古籍出版社，上海，2010。
罗振玉：《西陲石刻录》(石刻史料新编本)，新文丰出版公司，台北，1977。
罗振玉：《雪堂金石文字跋尾》(罗雪堂先生全集)，文华出版公司，台北，1968。
毛凤岐：《关中金石文字存逸考》(石刻史料新编本)，新文丰出版公司，台北，1977。
廖氏：《兴邑衣锦三僚廖氏族谱》，廖焕楼家藏光绪二十七年(1901)重刊本。
毛凤岐：《关中石刻文字新编》(石刻史料新编本)，新文丰出版公司，台北，1977。
缪荃孙：《江苏金石志》(石刻史料新编本)，新文丰出版公司，台北，1977。
缪荃孙：《艺风堂金石文字目》(石刻史料新编本)，新文丰出版公司，台北，1977。
缪荃孙等：《江苏省通志稿》，江苏古籍出版社，南京，1993。
莫友芝：《宋元旧本经眼录附录》(书目题跋丛书)，中华书局，北京，2008。
穆彰阿等：《嘉庆重修一统志》，上海古籍出版社，上海，2008。
纳兰性德：《通志堂集》，上海古籍出版社，上海，1979。
倪涛：《六艺之一录》(文渊阁四库全书本)，上海古籍出版社，上海，2003。
倪涛：《武林石刻记》(石刻史料新编本)，新文丰出版公司，台北，1977。
聂鈫：《泰山道里记》，商务印书馆，上海，1937。
欧阳辅：《集古求真》(石刻史料新编本)，新文丰出版公司，台北，1977。
欧阳辅：《集古求真续编》(石刻史料新编本)，新文丰出版公司，台北，1977。
潘永因：《宋稗类钞》(文渊阁四库全书本)，上海古籍出版社，上海，2003。
裴显忠等：《乐至县志》(道光本)，巴蜀书社，成都，1990。
彭定求等：《全唐诗》，中华书局，北京，1960。
蒲松龄：《蒲松龄全集》，学林出版社，上海，1998。
钱大昕：《潜研堂金石文跋尾》，江苏古籍出版社，南京，1997。
钱大昕：《嘉定钱大昕全集》，江苏古籍出版社，南京，1997。
钱单士厘：《归潜记》，湖南人民出版社，长沙，1981。
钱楷：《绿天书舍存草》，上海古籍出版社，上海，1995。
钱谦益：《牧斋有学集》，上海古籍出版社，上海，1996。
钱谦益：《投笔集》，文史哲出版社，台北，1973。
钱谦益：《列朝诗集》，中华书局，北京，2007。
钱泳：《履园丛话》，中华书局，北京，1990。
钱泳：《汉碑大观》，中国书店，北京，1993。
阮福：《滇南古金石录》，商务印书馆，上海，1936。
阮元：《汉延熹西岳华山碑考》，商务印书馆，上海，1936。
阮元：《两浙金石志》(石刻史料新编本)，新文丰出版公司，台北，1977。
阮元：《揅经室集》，商务印书馆，上海，1937。
阮元修等：《道光广东通志》，上海古籍出版社，上海，2003。
萨英额：《吉林外记》，成文出版社，台北，1974。
桑瑜：《常熟县志》，齐鲁书社，济南，1997。
邵启贤：《赣石录》(石刻史料新编本)，新文丰出版公司，台北，1977。
沈葆祯等：《重修安徽通志》，凤凰出版社，南京，2011。
沈涛：《常山贞石志》(石刻史料新编本)，新文丰出版公司，台北，1977。

沈锡荣:《鄘县金石遗文》(石刻史料新编本),新文丰出版公司,台北,1977。
石韫玉:《苏州金石志》(石刻史料新编本),新文丰出版公司,台北,1977。
释御闻等:《昭觉丈雪醉禅师纪年录》,康熙三十二年(1693)刊本。
孙葆田等:《山东金石志》(石刻史料新编本),新文丰出版公司,台北,1977。
孙承泽:《庚子销夏记》,中国大百科全书出版社,北京,1997。
孙承泽:《天府广记》,北京古籍出版社,北京,1982。
孙冯翼辑:《皇览》,商务印书馆,上海,1937。
孙星衍:《寰宇访碑录》,商务印务馆,上海,1935。
孙星衍:《京畿金石考》,商务印务馆,北京,1960。
孙诒让:《周礼正义》,中华书局,北京,1987。
谈迁:《北游录》,中华书局,北京,2006。
谈迁:《国榷》,中华书局,北京,2005。
唐仲冕:《海州直隶州志》,南京大学出版社,南京,1993。
陶澍:《蜀輶日记》(陶澍集),岳麓书社,长沙,1998。
田士懿:《山左汉魏六朝贞石目》,国家图书馆出版社,北京,2011。
汪森:《粤西文载》,上海古籍出版社,上海,1987。
汪鋆:《十二砚斋金石过眼录》(石刻史料新编本),新文丰出版公司,台北,1977。
王昶:《金石萃编》,陕西人民美术出版社,西安,1990。
王昶著、罗振玉编《金石萃编未刻稿》(石刻史料新本),新文丰出版公司,台北,1977。
王道亨等:《德州志》,乾隆五十三年(1788)刊本。
王萗:《台学统》,商务印书馆,台北,1968。
王杰修等:《钦定大清会典事例》,新文丰出公司,台北,1977。
王蒲园等:《滑县金石录》(石刻史料新编本),新文丰出版公司,台北,1977。
王芑孙:《碑版文广例》(石刻史料新编本),新文丰出版公司,台北,1977。
王士祯:《池北偶谈》,齐鲁书社,济南,2007。
王士禛:《居易录》(文渊阁四库全书本),上海古籍出版社,上海,2003。
王士禛:《香祖笔记》,上海古籍出版社,上海,1982。
王澍:《淳化秘阁法帖考正》(文渊阁四库全书本),上海古籍出版社,上海,2003。
王澍:《虚舟题跋》(石刻史料新编本),新文丰出版公司,台北,1977。
王嗣奭:《杜臆》,上海古籍出版社,上海,1983。
王颂蔚:《写礼庼读碑记》(石刻史料新编本),新文丰出版公司,台北,1977。
王同:《唐栖碑碣附志》(石刻史料新编本),新文丰出版公司,台北,1977。
王錫元:《盱眙金石志稿》(石刻史料新编本),新文丰出版公司,台北,1977。
王先谦:《后汉书集解》,中华书局,北京,1984。
王象之:《蜀碑记补》,商务印书馆,北京,1960。
王言:《金石萃编补略》(石刻史料新编本),新文丰出版公司,台北,1977。
王懿荣:《天壤阁杂记》,商务印书馆,上海,1937。
王元臣等:《会稽县志》,上海古籍出版社,上海,2010。
王原祁等:《御定佩文斋书画谱》,上海古籍出版社,上海,1987。
魏锡曾:《绩语堂碑录》(石刻史料新编本),新文丰出版公司,台北,1977。
魏襄等:《洛阳县志》,嘉庆十八年(1813)刻本。
魏源:《圣武记》,中华书局,北京,1984。
文庆等:《钦定国子监志》,北京古籍出版社,北京,2000。
翁方纲:《两汉金石记》(石刻史料新编本),新文丰出版公司,台北,1977。

翁方纲:《苏斋唐碑选》,中华书局,北京,1985。
翁方纲:《粤东金石略》(石刻史料新编本),新文丰出版公司,台北,1977。
吴辅宏:《大同府志》,大同市地方志办公室,大同,2007。
吴趼人:《劫馀灰》,广东省中山市图书馆,广州,1958。
吴任臣:《十国春秋》,吉林出集团有限责任公司,长春,2005。
吴汝纶:《深州风土记》(辽金元石刻文献全编),北京图书馆出版社,北京,2003。
吴士鉴:《九钟精舍金石跋尾乙编》,宣统二年(1910)刻本。
吴玉搢:《金石存》,嘉庆二十四年(1819)刊本。
武亿:《授堂金石跋》(石刻史料新编本),新文丰出版公司,台北,1977。
武亿等:《安阳县金石录》(石刻史料新编本),新文丰出版公司,台北,1977。
夏燮:《明通鉴》,线装书局,北京,2009。
夏曾德:《历城金石续考》(石刻史料新编本),新文丰出版公司,台北,1977。
谢启昆:《粤西金石略》(石刻史料新编本),新文丰出版公司,台北,1977。
谢元淮等:《云台新志》,方志出版社,北京,2010。
徐沁:《明画录》,华东师范大学出版社,上海,1970。
徐世昌等:《晚晴簃诗汇》,中国书店,北京,1989。
徐松:《宋会要辑稿》,中华书局,北京,1957。
徐松:《唐两京城坊考》,中华书局,北京,1985。
徐松:《西域水道记》,中华书局,北京,2005。
徐宗干:《济州金石志》(石刻史料新编本),新文丰出版公司,台北,1977。
许源等:《荣县志》,嘉庆十七年(1812)刻本。
薛熙:《明文在》,商务印书馆,北京,1968。
雅尔哈善等:《苏州府志》,乾隆十三年(1748)刻本。
严观:《江宁金石记》(石刻史料新编本),新文丰出版公司,台北,1977。
严可均:《平津馆金石萃编》(石刻史料新编本),新文丰出版公司,台北,1977。
严可均:《全后汉文》,商务印书馆,北京,1999。
严可均:《全三国文》,商务印书馆,北京,1999。
严可均:《全齐文全陈文》,商务印书馆,北京,1999。
严可均:《铁桥漫稿·金石跋尾》,世界书局,上海,1984。
杨宾:《大瓢偶笔》,浙江人民美术出版社,杭州,2012。
杨宾:《柳边纪略》,商务印书馆,上海,1936。
杨笃:《蔚州金石志》(石刻史料新编本),新文丰出版公司,台北,1977。
杨恩寿:《词余丛话》,中国戏剧出版社,北京,1959。
杨伦:《杜诗镜铨》,上海古籍出版社,上海,1980。
杨世沅:《句容金石记》(石刻史料新编本),新文丰出版公司,台北,1977。
杨守敬:《丁戊金石跋》(杨守敬集第八册),湖北人民湖北教育出版社,武汉,1997。
杨守敬:《环宇贞石图》,上海书画出版,上海,1986。
杨守敬:《激素飞清阁评碑记》(石刻史料新编本),新文丰出版公司,台北,1977。
杨守敬:《壬癸金石跋》(杨守敬集第八册),湖北人民湖北教育出版社,武汉,1997。
杨守敬:《望堂金石初集》(石刻史料新编本),新文丰出版公司,台北,1977。
杨守敬:《学书迩言》,文物出版,北京,1982。
杨守敬注疏:《水经注疏》,江苏古籍出版社,南京,1989。
杨泰享:《慈溪金石志》(石刻史料新编本),新文丰出版公司,台北,1977。
杨震方:《碑帖叙录》,上海古籍出版社,上海,1982。

姚觐元等:《涪州石鱼文字所见录》,上海书店,上海,1994。
姚鼐:《古文辞类纂》,上海古籍出版社,上海,1998。
姚学甲:《凤台县志》,乾隆四十八年(1748)刻本。
叶昌炽:《邠州石室录》(石刻史料新编本),新文丰出版公司,台北,1977。
叶昌炽:《寒山寺志》,江苏古籍出版社,南京,1986。
叶昌炽:《缘督庐日记》,江苏古籍出版社,南京,2002。
叶昌炽撰、柯昌泗评:《语石・语石异同评》,中华书局,北京,1994。
叶恩沛等:《阶州直隶州续志》,光绪十二年(1886)刻本。
叶封:《嵩阳石刻集记》(文渊阁四库全书本),上海古籍出版社,上海,2003。
叶奕苞:《金石录补》(石刻史料新编本),新文丰出版公司,台北,1977。
永珞等:《四库全书总目》,中华书局,北京,1965。
永瑢等:《四库全书总目提要》,河北人民出版社,石家庄,2000。
由云龙:《定庵题跋》(石刻史料新编本),新文丰出版公司,台北,1977。
于敏中等:《天禄琳琅书目》,上海古籍出版社,上海,2007。
俞扬:《泰州旧事摭拾》,江苏古籍出版社,南京,1999。
俞樾:《茶香室丛钞、续钞、三钞》,中华书局,北京,1970。
俞正燮:《癸巳类稿》,商务印书馆,北京,1957。
袁栋:《书隐丛说》(文渊阁四库全书本),上海古籍出版社,上海,2003。
恽毓鼎:《澄斋日记》,浙江古籍出版社,杭州,2004。
曾国藩:《求阙斋日记类钞》,渤海大学出版社,锦州,1990。
曾国荃等:《山西通志》,光绪十八年(1892)刻本。
曾朴:《补后汉书艺文志并考》(二十五史艺文经籍志考补萃编第八卷),清华大学出版社,北京,2011。
翟灏:《湖山便览》,上海古籍出版社,上海,1998。
张承燮等:《益都县图志》,中国文史出版社,北京,2006。
张德容:《二铭草堂金石聚》(石刻史料新编本),新文丰出版公司,台北,1977。
张泓:《滇南新语》,中华书局,北京,1985。
张联元:《台州府志》,嘉庆十三年(1808)刻本。
张澍:《凉州府志备考》,三秦出版社,西安,1988。
张澍:《养素堂诗集》(续修四库全书本),九州出版社,北京,2013。
张澍:《养素堂文集》(续修四库全书本),九州出版社,北京,2013。
张廷济:《清仪阁金石题识》(石刻史料新编本),新文丰出版公司,台北,1977。
张廷玉:《明史》,中华书局,北京,1974。
张仲炘:《湖北金石志》(石刻史料新编本),新文丰出版公司,台北,1977。
丈雪通醉禅师:《锦江禅灯录》,四川大学出版社,成都,1998。
昭裢:《啸亭杂录、续录》,上海古籍出版社,上海,2012。
赵尔巽等:《清史稿》,中华书局,北京,2008。
赵吉士:《寄园寄所寄》,黄山出版社,合肥,2008。
赵均:《寒山堂金石林时地考》,中华书局,北京,1985。
赵绍祖:《金石文钞》(石刻史料新编本),新文丰出版公司,台北,1977。
赵翼:《陔余丛考》,河北人民出版社,石家庄,1990。
清张彦笃等:《洮州厅志》,上海古籍出版社,上海,2010。
赵之谦:《补寰宇访碑录》,上海书画出版社,上海,1984。
震钧:《石鼓文集注》,北京古籍出版社,北京,1982。
郑孝胥:《郑孝胥日记》,中华书局,北京,1993。

周学浚:《湖州金石略》(石刻史料新编本),新文丰出版公司,台北,1977。
周悦让:《登州金石志》(石刻史料新编本),新文丰出版公司,台北,1977。
朱枫:《雍州金石记》(石刻史料新编本),新文丰出版公司,台北,1977。
朱孔阳:《历代陵寝备考》,广陵古籍,扬州,1990。
朱奎扬等:《天津县志》,乾隆四年(1739)刻本。
朱履贞:《书学捷要》,天津市古籍书店,天津,1991。
朱士端:《宜禄堂收藏金石记》(石刻史料新编本),新文丰出版公司,台北,1977。
朱绪曾:《开有益斋金石文字记》(石刻史料新编本),新文丰出版公司,台北,1977。
朱彝尊:《经义考》(文渊阁四库全书本),上海古籍出版社,上海,2003。
朱彝尊:《金石文字跋尾》(石刻史料新编本),新文丰出版公司,台北,1977。
朱彝尊:《曝书亭集》,商务印书馆,上海,1929。
朱彝尊:《曝书亭金石文字跋尾》(石刻史料新编本),新文丰出版公司,台北,1977。
朱彝尊等:《钦字日下旧闻考》,北京古籍出版社,北京,1987。
邹安:《古石抱守录》(石刻史料新编本),新文丰出版公司,台北,1977。
邹柏森:《括苍金石志补遗》(石刻史料新编本),新文丰出版公司,台北,1977。

六、近现代

安徽齐云山志编纂委员会:《齐云山志》,黄山书社,合肥,1988。
白化文等:《行历抄校注》,花山文艺出版社,石家庄,2004。
白化文:《佛光的折射》,中华书局,香港,1988。
白寿彝:《白寿彝文集:伊斯兰史存稿》,河南大学出版社,郑州,2008。
白志谦:《大同云冈石窟寺记》,中华书局,上海,1936。
柏杨:《中国历史年表》,海南出版社,海口,2006。
班班多杰:《藏传佛教思想史纲》,三联书店,上海,1992。
北大古文献研究所:《全宋诗》,北京大学出版社,北京,1998。
北大考古专业等:《慈善寺与麟溪桥:佛教造像窟龛调查研究报告》,北京科学出版社,北京,2002。
北京大学:《民俗丛书》第46卷,中国民俗联合会,台北,1970。
北京市文物局:《北京辽金史迹图志》,北京燕山出版社,北京,2003。
北京图书馆藏金石组:《北京图书馆藏中国历代拓本汇编》,中州古籍出版,郑州,1989。
北京图书馆金石组:《北京图书馆藏画像拓本汇编》,书目文献出版社,北京,1993。
北京文物局:《北京文物博物馆事业纪事》,北京市文物事业管理局,北京,1994。
卞孝萱:《刘禹锡年谱》,中华书局,北京,1963。
蔡美彪:《八思巴字碑刻文物集释》,中国社会科学出版社,北京,2011。
蔡美彪:《元代白话碑集录》,科学出版社,北京,1955。
曹丹:《四川省文物简目提要》,四川省文管会,成都,1955。
曹剑:《公刘豳国考》,三秦出版社,西安,1993。
曹锦炎:《鸟虫书通考》,上海书画出版社,上海,1999。
曹永斌:《药王山石刻重勘纪略》,药王山文管所,西安,1982。
岑其:《赵孟頫研究》,西泠印社,杭州,2006。
岑仲勉:《金石论丛》,上海古籍出版社,上海,1981。
岑仲勉:《郎官石柱题名新考订》,中华书局,北京,2004。
岑仲勉:《隋唐史》,中华书局,北京,1982。
岑仲勉:《唐史余沈》,上海古籍出版社,上海,1979。
常青:《中国古塔的艺术历程》,陕西人民美术出版社,西安,1998。

常任侠:《海上丝路与文化交流》,海洋出版社,北京,1985。
常熟市碑刻博物馆:《常熟碑刻集》,上海辞书出版社,上海,2007。
陈安利:《唐十八陵》,中国青年出版社,北京,2001。
陈柏泉:《江西出土墓志选编》,江西教育出版社,南昌,1991。
陈昌源:《满城金石志》(石刻史料新编本),新文丰出版公司,台北,1977。
陈长安:《隋唐五代墓志汇编》,天津古籍出版社,天津,2009。
陈朝云:《南北宋陵》,中国青年出版社,北京,2004。
陈汉章:《缀学堂河朔碑刻跋尾》(石刻史料新编本),新文丰出版公司,台北,1977。
陈景富:《中韩佛教关系一千年》,宗教文化出版社,北京,1999。
陈景云等:《乾县文物志》,乾县文物志编辑委员会,乾县,1983。
陈美东:《中国古星图》,辽宁教育出版社,沈阳,1996。
陈尚君:《全唐诗补编》,中华书局,北京,1992。
陈尚君:《全唐文补编》,中华书局,北京,2005。
陈万里:《瓷器与浙江》,中华书局,上海,1946。
陈万里:《西行日记·北京大学研究所国学门实地调查报告》,北京朴社,北京,1926。
陈文新:《中国文学编提史》,湖南人民出出版社,长沙,2006。
陈习删著、刘长久等校注:《大足石刻志略校注》(收录于《大足石刻研究》),四川省社会科学院出版社,成都,1985。
陈显远:《汉中碑石》,三秦出版社,西安,1996。
陈寅恪:《金明馆丛稿初编》,上海古籍出版社,上海,1980。
陈友冰:《古典诗文现地考述》,中国国学出版社,北京,2013。
陈垣:《陈垣集》,中国社会科学出版社,北京,2000。
陈垣:《陈垣史学论著选》,上海人民出版社,上海,1981。
陈垣:《道家金石略》,文物出版社,北京,1988。
陈垣:《二十四史朔闰表》,中华书局,北京,1978。
陈垣:《基督教入华史略》(《陈垣学术论文集》),中华书局,北京,1980。
陈垣:《中国佛教史籍概论》,中华书局,北京,1962。
陈志平:《陈献章书迹研究》,文物出版社,北京,2009。
陈忠凯等:《西安碑林博物馆藏碑刻总目提要》,线装书局,北京,2006。
陈祖言:《张说年谱》,香港中文大学出版社,香港,1984。
成都王建博物馆:《前后蜀的历史与文化》,巴蜀书社,成都,1994。
成都文物考古研究所等:《广元石窟内容总录》(皇泽寺卷),巴蜀书社,成都,2006。
成都文物考古研究所:《成都考古发现》(2004年),科学出版社,北京,2006。
成都文物考古研究所:《成都考古研究》,科学出版社,北京,2009。
成都文物考古研究所等:《巴中石窟内容总录》,巴蜀书社,成都,2006。
程廷恒:《大名县志》,大名县志编委会,河北大名,1990。
程瞻庐:《唐祝文周四杰传》,三秦出版社,西安,1998。
程章灿:《石刻刻工研究》,上海世纪出股份有限公司,上海,2008。
崇善等:《秦汉石刻的篆书》人民美术出版社,北京,1982。
褚斌杰:《中国古代文体概论》,北京大学出版社,北京,1984。
丛佩远等:《曹廷杰集》,中华书局,北京,1985。
崔尔平:《明清书法论文选》,上海书店出版社,上海,1994。
戴念祖:《朱载堉——明代的科学和艺术巨星》,人民出版社,北京,2011。
戴前锋等:《龙门石窟》,重庆出版社,重庆,1996。
戴锡章:《西夏纪》,宁夏人民出版社,银川,1988。

党勇：《宁夏历代碑刻集》，宁夏人民出版社，银川，2007。
邓安生：《蔡邕集编年校注》，河北教育出版社，石家庄，2002。
邓广铭等：《宋史研究论文集》，河南大学出版社，郑州，1993。
邓广铭：《韩世忠年谱》，三联书店，北京，2007。
邓广铭：《辛弃疾传·辛稼轩年谱》，三联书店，北京，2007。
邓少琴：《益部汉隶集录》，国立四川大学历史学系，成都，1949。
邓实等：《神州国光集》，神州国光社，福州，1908。
邓之诚：《骨董琐记》，中国书店，北京，1996。
丁福保：《佛学大辞典》，文物出版社，北京，1984。
丁天魁：《国清寺志》，华东师范大学出版社，上海，1995。
董国柱：《高陵碑石》，三秦出版社，西安，1993。
杜斗城：《炳灵寺石窟内容总录》，兰州大学出版社，兰州，2006。
杜海军：《桂林石刻总集辑校》，中华书局，北京，2013。
敦煌文物研究所：《中国石窟·敦煌莫高窟》，中国文物出版社，北京，1982。
敦煌研究院：《段文杰敦煌研究五十年纪念文集》，世界图书出版公司，北京，1996。
樊军：《吴挺碑校注》，兰州大学出版社，兰州，1993。
樊文礼：《李克用评传》，山东大学出版社，济南，2005。
范文澜：《中国通史简编》，人民出版社，北京，1978。
方立天：《魏晋南北朝佛教论丛》，中华书局，北京，1982。
斐文中等：《雁北文物勘察团报告》，中央人民政府文化部文物局，北京，1951。
费泳：《汉唐佛教造像艺术史》，湖北美术出版社，武汉，2009。
冯承钧：《景教碑考》，商务印书馆，上海，1935。
冯承钧译：《西域南海史地考证译丛九编》，中华书局，北京，1958。
冯国定等：《四川邛崃唐代龙兴寺石刻》，中国古典艺术出版社，北京，1958。
冯国瑞：《麦积山石窟志》，天水报社，甘肃天水，1992。
冯汉骥：《川大史学·冯汉骥卷》，四川大学出版社，成都，2006。
冯贺军：《故宫博物院藏品大系》(雕塑编)，紫禁城出版社，北京，2011。
冯今源：《中国伊斯兰教碑文选注》，宗教文化出版社，北京，2002。
冯俊杰：《山西戏曲碑刻辑考》，中华书局，北京，2002。
冯至：《杜甫传》，人民文学出版社，北京，1955。
傅朗云：《曹廷杰与永宁寺碑》，辽宁人民出版社，沈阳，1988。
傅璇琮：《唐代诗人丛考》，中华书局，北京，1980。
噶特才让(韩腾)：《雪域梵宫布达拉宫和大昭寺》，大象出版社，郑州，2013。
盖山林：《蒙古族文物与考古研究》，辽宁民族出版社，沈阳，1999。
甘肃岷县志编纂委员会：《〈岷州志〉校注》，甘肃省岷县志编纂委员会，岷县，1988。
甘肃省文物工作队：《庆阳北石窟寺》，文物出版社，北京，1985。
高介华：《中国历代名匠志》，湖北教育出版社，武汉，2006。
高天佑：《西狭摩崖石刻群研究》，兰州大学出版社，兰州，1999。
高廷法：《咸宁县志》，民国二十五年(1936)刊本。
高文：《汉碑集释》，河南大学出版社，郑州，1985。
高文：《中国汉阙》，文物出版社，北京，1994。
高文等：《四川历代碑刻》，四川大学出版社，成都，1990。
高星：《水洞沟——2003—2007年度考古发掘与研究报告》，科学出版社，北京，2013。
葛慕森等：《唐代碑刻正书选粹》，北京出版社，北京，1992。

公输翰:《张旭草书千字文》,黄山书社,合肥,2008。
宫大中:《龙门石窟艺术》,上海人民出版社,上海,1981。
宫衍兴:《济宁全汉碑》,齐鲁书社,济南,1990。
龚延明:《宋代官制辞典》,中华书局,北京,1997。
古吴轩:《中国经典碑帖释文本之张旭古诗四帖:肚痛帖》,古吴轩出版社,苏州,2009。
谷跃娟:《南诏史概要》,云南大学出版社,昆明,2007。
故宫博物院:《故宫博物院藏历代法书选集》,文物出版社,北京,1963。
顾长声:《传教士与近代中国》,上海人民出版社,上海,1981。
顾燮光:《顾氏金石舆地丛书》,云记石印局,上海,1919。
顾燮光:《河朔新碑目》,云记石印局,上海,1919。
顾燮光:《梦碧簃石言》,辽宁教育出版,沈阳,2001。
关百益:《河南金石志图正编》,河南通志馆,郑州,1933。
关百益:《龙门石刻图录》,汲古书院,日本东京,1978。
广文书局:《龙门石刻百品》,广文书局,台北,1980。
贵体健:《善卷帝者师》,中国文史出版社,北京,2010。
桂林市文管会:《桂林石刻》,桂林市文管会,1983。
郭鸿厚等:《民国重修大足县志》,中国学典馆,重庆,民国三十四年(1945)。
郭沫若:《李白与杜甫》,人民文学出版社,北京,1972。
郭沫若:《石鼓文研究　诅楚文考释》,科学出版社,北京,1982。
郭沫若等:《兰亭论辨》,文物出版社,北京,1977。
郭鹏:《〈褒谷古迹辑略〉校注》,西安美术出版社,西安,1997。
郭挺彩:《洛阳关林志》,三秦出版社,西安,2009。
国家图书馆善本金石组:《古代石刻文献断代分编》,国家图书馆出版社,北京,2003。
国家图书馆善本金石组:《辽金元石刻文献全编》,北京图书馆出版社,北京,2003。
国家文物局:《陕西文物地图集》,地图出版社,西安,1998。
韩成武等:《北岳庙碑刻选注》,中国文联出版社,北京,2003。
韩府:《历代咏云冈石窟诗萃》,中国文史出版社,北京,2002。
韩理洲:《陈子昂研究》,上海古籍出版社,上海,1988。
韩理洲:《全隋文补遗》,三秦出版社,西安,2003。
杭州市地方志编纂委员会:《杭州市志》,中华书局,北京,1995。
毫洒:《北魏皇家墓志选编》,天津人民美术出版社,天津,2004。
何介钧:《试论大溪文化》,湖南省博物馆,长沙,1980。
河北省文物管理处:《河北省平山县战国中山王墓出土文物展览简介》,河北省文物管理处,石家庄,1979。
河北省文物研究所等:《五代王处直墓》,文物出版社,北京,1998。
河南省古代建筑保护研究所:《宝山灵泉寺》,河南人民出版社,郑州,1991。
河南省文物考古学会:《河南文物考古论集》,河南人民出版社,郑州,1996。
河南省文物研究所:《北宋皇陵》,中州古籍出版社,郑州,1997。
弘学:《佛教图像说》,巴蜀书社,成都,2009。
侯旭东:《五、六世纪北方民众佛教信仰》,中国社会科学出版社,北京,1998。
侯振彤:《山西历史辑览》,山西省地方志编纂委员会办公室,太原,1987。
胡昌健:《恭州集》,重庆出版社,重庆,2008。
胡传淮:《张鹏翮诗选》,银河出版社,香港,2006。
胡国强:《故事收藏:你应该知道的200件曲阳造像》,紫禁城出版社,北京,2009。
胡海:《秦汉石刻题跋辑录》,上海古籍出版社,上海,2009。

胡汉生:《明十三陵研究》,燕山出版社,北京,2013。
胡人朝等:《新中国出土墓志・重庆卷》,文物出版社,北京,2002。
胡守为等:《中国历史大辞典》(魏晋南北朝史卷),上海辞书出版社,上海,2000。
胡文和:《四川道教、佛教石窟艺术》,四川人民出版社,成都,1994。
胡文和:《中国道教石刻艺术史》,高等教育出版社,北京,2004。
华人德:《六朝书法》,上海书画出版社,上海,2003。
黄惇:《元代印风》,重庆出版社,重庆,1999。
黄濬:《花随人圣庵摭忆》,中华书局,北京,2013。
黄敏枝:《宋代佛教社会经济史论集》,学生书局,台北,1989。
黄启臣:《广东海上丝绸之路史》,广东经济出版社,广州,2003。
黄适远:《西域史话——丝绸古道哈密》,中国文史出版社,北京,2005。
黄威廉等:《九日山石刻注释》,中国文史出版社,北京,2008。
黄威廉:《九日山摩崖石刻诠释》,本书编委印刷,福建南安,2002。
黄文弼:《吐鲁番考古记》,中国科学社,北京,1954。
黄锡珪:《李白年谱》,作家出版社,北京,1953。
黄镇伟:《沧浪亭五百名贤像赞》,古吴轩出版社,苏州,2005。
黄竹三等:《洪洞介休水利碑刻辑录》,中华书局,北京,2003。
济南市考古研究所:《济南考古》,科学出版社,北京,2013。
济宁市地方志编纂委员会:《济宁市志》,中华书局,北京,2002。
济群:《僧伽礼仪及塔像制造——〈僧像致敬篇〉解读》,戒幢佛学研究所,苏州,2008。
简又文:《太平天国杂记》,商务印书馆,上海,1946。
翦伯赞:《秦汉史》,北京大学出版社,北京,1983。
翦伯赞:《中国史纲要》,北京大学出版社,北京,2006。
江苏省博物馆:《江苏省明清以来碑刻资料选集》,三联书店,北京,1959。
江苏省沛县地方志编纂委员会:《沛县志》,中华书局,北京,1995。
江苏省文史研究馆:《馆员文存:江苏省文史研究馆建馆五十周年纪念文集》,凤凰出版社,南京,2003。
姜伯勤:《敦煌艺术宗教与礼乐文明》,中国社会科学出版社,北京,1996。
姜亮夫:《莫高窟年表》,上海古籍出版,上海,1985。
姜振利:《隆化文物志》,中国文史出版社,北京,2007。
蒋伯潜:《诸子通考》,浙江古籍出版社,杭州,1985。
蒋廷瑜:《桂岭考古论文集》,科学出版社,北京,2009。
蒋夏雨:《俞大猷研究》,厦门大学出版社,厦门,1998。
蒋维乔:《中国佛教史》,吉林人民出版社,长春,2013。
焦山志编纂委员会:《焦山志》,方志出版社,北京,1999。
解守涛等:《雁塔题名作品集》,陕西人民出版社,西安,1999。
金伯东:《温州历代碑刻集》(温州文献丛书),上海社科出版,上海,2002。
金其祯:《中国碑文化》,重庆人民出版社,重庆,2002。
金申:《佛教美术丛考》,科学出版社,北京,2005。
金申:《佛教美术丛考续编》,华龄出版社,北京,2010。
金申:《佛像真赝辨别》,上海古籍出版社,上海,2004。
金申:《海外及港台藏历代佛像珍品纪。图鉴》,山西人民出版社,太原,2007。
金申:《金申趣谈古代佛像》,紫禁城出版社,北京,2009。
金申:《中国历代纪年佛像图典》,文物出版社,北京,1994。
金维诺:《中国古代佛雕:佛造像样式与风格》,文物出版社,北京,2002。

金毓黻：《辽陵石刻集录》，奉天图书馆刊，沈阳，1934。
靳之林：《延安石窟艺术》，人民美术出版社，北京，1982。
荆州博物馆：《石家河文化玉器》，文物出版社，北京，2008。
昆明市佛教协会：《昆明佛教史》，云南民族出版社，昆明，2001。
赖非：《齐鲁碑刻墓志研究》，齐鲁书社，济南，2004。
赖非：《山东北朝佛教摩崖刻经调查与研究》，科学出版社，北京，2011。
黎方银：《大足石窟艺术》，重庆出版社，重庆，1990。
黎方银：《2005年重庆大足石刻国际学术研讨会论文集》，文物出版社，北京，2007。
李才栋：《白鹿洞书院碑记集》，江西教育出版社，南昌，1995。
李崇峰：《中印佛教石窟寺比较研究——以塔庙窟为中心》，北京大学出版社，北京，2003。
李聪明：《岣嵝碑的书法艺术》，大千出版社，台北，1984。
李发良：《法门寺志》，陕西人民出版社，西安，1995。
李根源：《新编曲石文录》，云南人民出版社，1980。
李贵龙、王建勤主编：《陕西古代美术经典：绥德汉代画像石》，陕西人民美术出版社，西安，2011。
李慧等：《咸阳碑刻》，三秦出版社，2003。
李见荃：《林县金石志》(石刻史料新编本)，新文丰出版公司，台北，1977。
李剑国：《唐五代志怪传奇叙录》，南开大学出版社，天津，1993。
李静杰：《石佛选萃》，中国世界语出版社，北京，1995。
李兰琴：《汤若望传》，东方出版社，北京，1995。
李零：《入山与出塞》，文物出版社，北京，2004。
李品清等：《阜新蒙古史研究》，辽宁民族出版社，沈阳，1998。
李仁清：《中国北朝石刻拓片精品集》，大象出版社，郑州，2008。
李思敬：《五经四书说略》，商务印书馆，北京，2007。
李淞：《长安艺术与宗教文明》，中华书局，北京，2002。
李淞：《陕西古代佛教美术》，陕西人民教育出版社，西安，2000。
李淞：《中国美术图典·菩萨画》，岭南美术出版社，广州，2000。
李文生：《龙门石窟与洛阳历史文化》，上海人民美术出版社，上海，1993。
李文生：《龙门石窟门装饰雕刻》，上海人民美术出版社，上海，1991。
李文生：《龙门石窟志》，中国大百科全书出版社，北京，1996。
李向民：《中国艺术市场趣话》上海书画出版社，上海，2001。
李兴华等：《中国伊斯兰教史》，中国社会科学出版社，北京，1998。
李修生：《全元文》，凤凰出版社，南京，2001。
李学勤：《中华姓氏谱》，华艺出版社，北京，2002。
李玉安等：《中国藏书家通典》，中国国际文化出版社，北京，2005。
李玉昆：《龙门石窟碑刻题记汇录》，中国大百科出版社，北京，1998。
李玉珉：《中国佛教美术史》，东大出版公司，台北，2009。
李域峥：《陕西古代石刻艺术》，三秦出版社，西安，1995。
李振刚：《2004龙门石窟国际学术研讨会文集》，河南人民出版社，郑州，2006。
李之亮：《欧阳修集编年笺注》，巴蜀书社，成都，2007。
梁春胜：《楷书部件演变研究》，线装书局，北京，2012。
梁披云：《中国书法大辞典》，广东人民出版社，广州，1987。
梁启超：《饮冰室文集》，中华书局，北京，1978。
梁思成：《清工部工程做法则例图解》，清华大学出版社，北京，2006。
梁思成：《清式营造则例》，清华大学出版社，北京，2006。

梁思成:《中国雕塑史》,三联书店,北京,2011。
梁思成:《中国建筑史》,三联书店,北京,2011。
梁思成:《中国建筑艺术二十讲》,线装书局,北京,2006。
梁思永等:《中国考古报告集:侯家庄》,中央研究院历史语言研究所,台北,1968。
辽宁省文物考古研究所:《朝阳北塔:考古发掘与维修工程报告》,文物出版社,北京,2007。
林保尧:《法华造像研究——嘉登博物馆藏东魏武定元。石造释迦像考》,艺术家出版社,台北,1993。
林河:《中国巫傩史》,花城出版社,广州,2001。
林华等:《历史遗痕——利玛窦及明清西方传教士墓地》,中国人民大学出版社,北京,1994。
林荣华:《石刻史料新编》,新文丰出有限公司,台北,1977。
林悟殊:《摩尼教及其东渐》(外国历史小丛书),商务印书馆,北京,1983。
林语堂:《苏东坡传》,陕西师范大学出版社,西安,2009。
麟游县地方志编纂委员会:《在麟游县志》,陕西人民出版社,西安,1993。
刘长久:《安岳石窟艺术》,四川人民出版社,成都,1997。
刘长久:《南诏和大理国宗教艺术》,四川人民出版社,成都,2001。
刘长久:《中国西南石窟艺术》,四川人民出版社,成都,1998。
刘长久等:《大足石刻研究》,四川省社会科学院出版社,成都,1985。
刘德祯等:《庆阳文物》,兰州大学出版社,兰州,1995。
刘刚:《湖湘碑刻》,湖南美术出版社,长沙,2009。
刘国桢:《古今同姓名大辞典》,上海书店出版社,上海,1983。
刘鸿书:《定兴金石志》(石刻史料新编本),新文丰出版公司,台北,1977。
刘建国:《镇江城市考古》,江苏古籍出版社,南京,1995。
刘谨胜等:《江苏碑刻》,中国世界语出版社,北京,1994。
刘景龙等:《龙门石窟碑刻题记汇录》,中国大百科全书出版社,北京,1998。
刘景龙等:《龙门石窟总录》,中国大百科全书出版社,北京,2003。
刘景龙等:《偃师水泉石窟》,文物出版社,北京,2006。
刘景龙:《龙门二十品北魏碑刻造像聚珍》,中国大百科全书出版社,北京,1997。
刘莲青等:《巩县志》,民国二十六年(1937)刊本。
刘培桂:《孟子林庙历代石刻集》,齐鲁书社,济南,2005。
刘培桂:《孟子林庙历代题咏集》,齐鲁书社,济南,2001。
刘汝霖:《汉晋学术编年》,中华书局,北京,1987。
刘体恕:《吕洞宾全集》,华夏出版社,北京,2009。
刘兴珍等:《中国古代雕塑图典》,文物出版社,北京,2006。
刘学锴等:《李商隐诗歌集解》,中华书局,北京,1988。
刘学锴等:《李商隐文编年校注》,中华书局,北京,2002。
刘艳霞:《中华文化传承图谱》,北京工艺美术出版社,北京,2011。
刘永生:《黄河蒲津渡遗址》,科学出版社,北京,2013。
刘勇先:《江汉拾贝》,暨南大学出版社,广州,2012。
刘元春:《隋唐石刻与唐代字样》,南方日报出版社,广州,2010。
刘跃进:《永明文学研究》,文津出版,台北,1982。
刘泽民等:《三晋石刻大全》,三晋出版社,太原,2010。
刘兆英:《楼观千古道刻》,陕西师范大学出版社,西安,2011。
刘正成:《中国书法鉴赏大辞典》,中国人民大学出版社,北京,2006。
刘志远等:《成都万佛寺石刻艺术》,中国古典艺术出版社,上海,1958。
流萤:《塔影河声》,敦煌文艺出版社,兰州,2002。

柳德成等:《富平县志》,三秦出版社,西安,1994。
龙门石窟研究所:《龙门流散雕像集》,上海人民美术出版社,上海,1993。
龙门石窟研究所等:《龙门石窟》两卷,文物出版社,北京,1988—1992。
龙门石窟研究院:《龙门石窟研究院论文选》,中州古籍出版社,郑州,2004。
龙门文物保管所:《龙门四品》,文物出版社,北京,1979。
鲁迅:《鲁迅全集》,人民文学出版社,北京,1981。
鲁迅:《鲁迅日记》,人民文学出版社,北京,1959。
鲁迅:《门外文谈》(《集外集拾遗补编》),人民文学出版社,北京,2006。
路工:《访书见闻录》,上海古籍出版社,上海,1985。
吕澂:《吕澂佛学论着选集》,齐鲁书社,济南,1991。
吕建福:《中国密教史》,中国社会科学出版社,北京,1995。
吕思勉:《隋唐五代史》,上海古籍出版社,上海,1959。
吕振端:《魏三体石经残字集征》,学海出版社,台北,1981。
罗尔纲:《金石萃编校补》,中华书局,北京,2003。
罗丰:《固原南郊隋唐墓地》,文物出版社,北京,1996。
罗福颐:《满洲金石志》(石刻史料新编本),新文丰出版公司,台北,1977。
罗福颐:《满洲金石志别录》(石刻史料新编本),新文丰出版公司,台北,1977。
罗宏才:《中国佛道造像碑研究——以关中地区为考察中心》,上海大学出版社,上海,2008。
罗香林:《唐代桂林摩崖佛像考》,商务印书馆,上海,1935。
罗香林:《唐代文化史研究》,商务印书馆,上海,1935。
罗哲文:《中国古塔》,中国青年出版社,北京,1985。
罗哲文等:《中国名窟》,百花文艺出版社,天津,2005。
罗争鸣:《杜光庭道教小说研究》,巴蜀书社,成都,2005。
罗宗勇:《广元石窟艺术》,四川美术出版社,成都,2007。
罗宗真:《魏晋南北朝文化》,学林出版社,上海,2000。
洛阳市文物工作队:《洛阳出土历代墓志辑绳》,中国社会科学出版社,北京,1991。
洛阳市新安县千唐志斋管理所:《千唐志斋藏志》,文物出版社,北京,1989。
骆承烈:《石头上的家文献——曲阜碑文录》,齐鲁书社,济南,2001。
连云港市重点文物保护研究所:《石上墨韵一连云港石刻拓片精选》,上海古籍出版社,上海,2013。
马长寿:《碑铭所见前秦至隋初的关中部族》,中华书局,北京,1985。
马衡:《凡将斋金石丛稿》,中华书局,北京,1977。
马衡:《汉石经集存》,科学出版社,北京,1957。
马世长:《中国佛教石窟考古概要》,文物出版社,北京,2009。
马书田:《华夏诸神》,燕山出版社,北京,1990。
马兆祥:《碑铭撷英——鄞州碑碣精品集》,人民美术出版社,北京,2003。
马子云等:《碑帖鉴定》,广西师范大学出版社,南宁,1993。
马子云:《碑帖鉴定浅说》,紫禁城出版社,北京,1986。
马宗霍:《书林纪事》,商务印书馆,上海,1936。
毛汉光等:《唐代墓志铭汇编附考》,中央研究院历史语言研究所,台北,1984。
毛远明:《汉魏六朝碑刻校注》,线装书局,北京,2008。
米文平:《鲜卑石室寻访记》山东画报出版社,济南,1997。
绵阳市志编纂委员会:《绵阳市志》,四川人民出版社,成都,2007。
茗山等:《焦山志》,方志出版社,北京,1999。
牟润孙:《明代宗教》,学生书局,台北,1968。

牟钟鉴等:《全真七子与齐鲁文化》,齐鲁书社,济南,2004。
南平市文物管理委员会:《南平名胜古迹》,南平市文物管理委员会,南平,1986。
内蒙古自治区文物工作队:《内蒙古出土文物选集》,文物出版社,北京,1963。
宁夏回族自治长安志区文物管理委员会等:《须弥山石窟内容总录》,文物出版社,北京,1997。
牛诚修:《定襄金石考》(石刻史料新编本),新文丰出版公司,台北,1977。
欧广勇等:《中国历代书艺概览》,科学普及出版社广州分社,广州,1980。
潘光:《犹太人在中国》,五洲传播出版社,北京,2005。
潘光旦:《中国境内犹太人的若干历史问题》,北京大学出版社,北京,1983。
潘景郑:《著砚楼书跋》,古典文学出版社,北京,1957。
潘鸣凤:《昆山见存石刻录》(石刻史料新编本),新文丰出版公司,台北,1977。
潘鼐:《中国古天文图录》,上海科技教育出版社,上海,2009。
彭庆生:《陈子昂诗注》,四川人民出版社,成都,1982。
蒲殿钦等:《绵阳县志》(中国地方志集成),巴蜀书社,成都,1992。
溥仪:《我的前半生》,群众出版社,北京,1964。
齐文榜:《贾岛研究》,人民文学出版社,北京,2007。
启功:《古代字体论稿》,文物出版社,北京,1964。
启功:《启功丛稿》,中华书局,北京,1981。
启功等:《中国法帖全集》,湖北美术出版社,武汉,2002。
乔志强等:《山西风物志》,山西教育出版社,太原,1992。
秦子卿:《秦淮海年谱考订笺证》,广西人民出版社,南宁,1991。
青州市博物馆:《青州龙兴寺佛教造像艺术》,山东美术出版社,济南,2003。
庆阳地区博物馆:《庆阳地区文物概况》,甘肃省庆阳地区博物馆,庆阳,1979。
丘光明:《中国历代度量衡考》,科学出版社,北京,1992。
邱德修:《魏石经古文释形考述》,学生书局,台北,1977。
任继愈:《中国佛教史》,中国社会科学出版社,北京,1981。
任乃宏等:《何弘敬墓志铭点注暨有关资料荟集》,中国文史出版社,北京,2006。
荣宝斋:《中国书法全集》,荣宝斋出版社,北京,1993。
荣新江:《隋唐长安:性别、记忆及其他》,复旦大学出版社,上海,2010。
荣新江:《唐研究》(第六卷),北京大学出版社,北京,2000。
荣新江等:《从撒马尔干到长安——粟特人在中国的文化遗迹》,北京图书馆出版社,北京,2004。
容庚:《丛帖目》,中华书局,北京,1984。
容庚:《古石刻零拾》,中华书局,北京,2012。
沙孟海:《沙孟海论书丛稿》,上海书画出版社,上海,1987。
山东临朐山旺古生物化石博物馆:《临朐佛教造像艺术》,科学出版社,北京,2010。
山东石刻艺术博物馆:《山东石刻艺术选粹》,浙江文艺出版社,杭州,1996。
山西省博物馆:《山西石雕艺术》,朝花美术出版社,北京,1962。
山西省考古研究所:《山西碑碣》,三晋出版社,太原,2011。
山西省文物工作委员会等:《云冈石窟》,文物出版社,北京,1977。
陕西省博物馆:《西安碑林书法艺术》,陕西人民美术出版社,西安,1983。
陕西省地方志编纂委员会:《陕西省志文物志》,三秦出版社,西安,1995。
陕西省古籍整理办公室:《新中国出土墓志·陕西卷》,文物出版社,北京,2000。
陕西省考古研究所:《西安北周安伽墓》,文物出版社,北京,2003。
陕西省考古研究所:《远望集:陕西省考古研究所华诞40周年纪念文集》,陕西人民美术出版社,西安,1998。
陕西省文物事业管理局:《唐华清宫》,文物出版社,北京,1998。

陕西省文物志编纂委员会等:《扶风县文物志》,陕西人民教育出版社,西安,1993。
陕西省耀县博物馆等:《北朝佛道造像碑精选》,天津古籍出版社,天津,1996。
陕县史志编纂委员会:《陕县志》,河南人民出版社,郑州,1988。
上海博物馆图书资料室:《上海碑刻资料选辑》,上海人民出版社,上海,1980。
上海书画出版社:《秦刻石三种》,上海书画出版社,上海,2013。
上海书画社:《秦铭刻文字选》,上海书画出版社,上海,1976。
邵元冲:《西北览胜》,正中书局,广州,1939。
邵泽水:《孟府孟庙碑文楹联集萃》,中国社会科学出版社,北京,2011。
沈瑜庆等:《福建金石志》(石刻史料新编本),新文丰出版公司,台北,1977。
沈曾植:《海日楼札丛》,中华书局,北京,1962。
施蜇存:《唐碑百选》,上海教育出版社,上海,2001。
施子瑜:《柳宗元年谱》,湖北人民出版社,武汉,1958。
石璋如:《陕西耀县的碑林与石窟》(《历史语言研究所集刊》第 24 本),中央研究院,台北,1953。
石宗源:《张思温文集》,甘肃民族出版社,兰州,1999。
时经训等:《伊阙魏刻百品》,广文书局,台北,1969。
史金波:《西夏佛教史略》,宁夏人民出版社,银川,1988。
束景南:《朱熹年谱长编》,华东师范大学出版社,上海,2001。
水赉佑:《宋代帖学研究》,上海人民美术出版社,上海,2001。
四川美术学院雕塑系:《大足石刻》,朝花美术出版社,北京,1962。
四川省社会科学院等:《大足石刻内容总录》,四川省社会科学院出版社,成都,1985。
四川省文化厅文物处:《都江堰文物志》,四川师范大学出版社,成都,1986。
四川省文物管理局:《四川文物志》,巴蜀书社,成都,2005。
宋伯鲁等:《续修陕西通志》,启新印书局,西安,1934。
宋伯胤:《剑川石窟》,文物出版社,北京,1958。
宋联奎:《苏庵杂志》,京师撷华书局,北京,1918。
宋宪章等:《牟平县志》,上海古籍出版社,上海,2010。
苏宝谦:《鄢陵县志》,成文出版社,台北,1976。
苏雪林:《屈赋论丛》,武汉大学出版社,武汉,2007。
宿白:《中国石窟寺研究》,文物出版社,北京,1996。
宿白先生八秩华诞纪念文集编委会:《宿白先生八秩华诞纪念文集》,文物出版社,北京,2002。
隋唐佛教学术讨论会:《隋唐佛教研究论文集》,三秦出版社,西安,1990。
孙迪:《天龙山石窟:流失海外石刻造像研究》,外文出版社,北京,2004。
孙海波:《魏三字石经集录》,北平虎坊桥大业印刷局,北京,1937。
孙亦平:《杜光庭评传》,南京大学出版社,南京,2005。
孙永汉:《续修曲阜县志》,铅印本,民国二十三年(1934)。
孙玉良:《渤海史料全编》,吉林文史出版社,长春,1992。
孙振华:《中国美术史图像手册·雕塑卷》,中国美术学院出版社,北京,2003。
太原市文物考古研究所:《晋阳古城》,文物出版社,北京,2005。
太原市文物考古研究所:《隋代虞弘墓》,文物出版社,北京,2005。
泰安市文物局:《泰山石刻大全》,齐鲁书社,济南,1993。
谭其骧:《中国历史地图集》,中国地图出版社,北京,1996。
谭文熙:《中国物价史》,湖北人民出版社,武汉,1994。
汤开建等:《中国古代史论集》,上海古籍出版社,上海,2006。
汤用彤:《汉魏两晋南北朝佛教史》,中华书局,北京,1983。

唐晓军：《甘肃古代石刻艺术》，民族出版社，北京，2007。
陶勇清：《庐山历代石刻》，江西美术出版社，南昌，2010。
田尚：《中国的寺庙》，中国青年出版社，北京，1991。
潼南县政协文史资料工作委员会：《潼南文史资料》，潼南县人民印刷出版，潼南，1986。
图力古尔：《〈忻都王碑〉蒙古语文研究》，内蒙古文化出版社，呼和浩特，1992。
万源县志编纂委员会：《万源县志》，四川人民出版社，成都，1996。
汪若海：《中国棉文化》，中国农业科学技术出版社，北京，2007。
王伯祥：《增订李太白年谱》，四川人民出版社，成都，1981。
王朝闻等：《中国石窟雕塑全集》，重庆出版社，重庆，2000。
王纯五：《青城山志》，四川人民出版社，成都，1989。
王国平：《明清以来苏州社会史碑刻集》，苏州大学出版社，苏州，1998。
王国维：《观堂集林》，上海书店，上海，1983。
王国维：《王国维遗书》，上海书店，上海，1983。
王国维：《魏石经考》（广仓学窘丛书），本溪师范出版，1987。
王景荃：《河南佛教石刻造像》，大象出版社，郑州，2008。
王竞：《黑龙江碑刻考录》，黑龙江教育出版社，哈尔滨，1996。
王靖宪：《东汉碑刻的隶书》，人民美术出版社，北京，1980。
王靖宪：《中国历代法帖叙录》，湖北美术出版社，武汉，2002。
王佩诤：《龚自珍全集》，中华书局，北京，1959。
王其祎：《唐代楷书墓志两种》，陕西人民出版社，西安，2008。
王其祎：《仙游寺隋唐塔铭两种》，陕西人民出版社，西安，2005。
王荣玉等：《灵岩寺》，文物出版社，北京，1999。
王守本：《蕲县镇志》，黄山书社，合肥，2009。
王颋：《西域南海史地研究》，上海古籍出版社，上海，2005。
王同顺：《镇江古代石刻及焦山碑林书法研究》，天津人民美术出版社，天津，2005。
王文才：《杨慎学谱》，上海古籍出版社，上海，1988。
王献唐：《双行精舍书跋辑存》，齐鲁书社，济南，1983。
王逊：《中国美术史》，上海人民美术出版社，上海，1997。
王尧：《吐蕃金石录》，文物出版社，北京，1982。
王瑛：《前后蜀的历史与文化》，巴蜀书社，成都，1994。
王颖：《针灸经络穴位图解》，辽宁科学技术出版社，沈阳，2007。
王幼平：《石器研究：旧石器时代考古方法初探》，北京大学出版社，北京，2006。
王玉池：《中国书法篆刻鉴赏辞典》，农村读物出版社，北京，1989。
王元林：《国家祭祀与海上丝路遗迹——广州南海神庙研究》，中华书局，北京，2006。
王振川：《老子庄子故里考》，宗教文化出版社，北京，2010。
王振国：《龙门石窟与洛阳佛教文化》，中州古籍出版社，郑州，2006。
王志平：《中国学术史》，江西教育出版社，南昌，2001。
王子云：《陕西古代石雕刻》，陕西人民美术出版社，西安，1985。
王子云：《中国雕塑艺术史》，岳麓书社，长沙，2005。
温玉成：《少林文化研究论文集》，宗教文化出版社，北京，2001。
温玉成：《中国佛教与考古》，宗教文化出版社，北京，2009。
温玉成：《中国石窟与文化艺术》，上海人民美术出版社，上海，1983。
文史资料编委会：《宁波文史资料》（第20辑），宁波出版社，宁波，2000。
文史资料研究委员会：《岷县文史资料选辑》（第1辑），文史资料研究委员会，1988。

闻一多:《唐诗杂论》,中华书局,北京,2009。
汶上县政协文史资料委员会:《汶上文史资料》第6辑,汶上县政协文史委,汶上,1993;
翁绍军:《汉语景教文典诠释》,三联书店,北京,1996。
巫鸿:《汉唐之间的宗教艺术与考古》,文物出版社,北京,2000。
巫鸿:《礼仪中的美术——巫鸿中国古代美术史文编》,三联书店,北京,2005。
巫鸿:《武梁祠——中国古代画像艺术的思想性》,三联书店,北京,2006。
巫鸿:《中国古代艺术和建筑中的纪念性》,上海人民出版社,上海,2009。
吴丰培:《番僧源流考》,西藏人民出版社,拉萨,1982。
吴钢:《全唐文补遗》,三秦出版社,西安,1994。
吴国雄:《泉州宗教文化》,福建人民出版社,福州,1993。
吴晗:《朱元璋传》,陕西师范大学出版社,西安,2008。
吴景敖:《西陲史地研究》,中华书局,北京,1948。
吴景山:《西北民族碑文》,甘肃人民出版社,兰州,2001。
吴闿生:《古文范》,中国书店,北京,2010。
吴梦麟:《房山石经述略》(《房山石经之研究》),中国佛教协会,北京,1987。
吴绳祖等:《九嶷山志二种》,岳麓书社,长沙,2008。
吴时茂:《锦绣赞皇》,河北赞皇县委,赞皇,2009。
吴廷燮:《唐方镇年表》,中华书局,北京,1980。
吴文良:《泉州宗教石刻》(增订本),科学出版社,北京,2005。
吴雪俦:《州红岩碑初考》,贵州民族出版社,贵阳,1997。
吴钰:《天水族史略》,甘肃人民出版社,兰州,2000。
吴元真:《北京图书馆藏龙门石窟造像题记拓本全编》,广西师范大学出版社,南宁,2000。
吴在庆:《杜牧论稿》,厦门大学出版社,厦门,1991。
伍新福:《湖南通史·古代卷》,湖南出版社,长沙,1994。
武汉大学三至九世纪研究所:《魏晋南北朝隋唐史资料》(第5辑),武汉大学文科学报编辑部,武汉,1983。
武树善:《陕西金石志》,石油工业出版社,北京,1976。
西安碑林博物馆:《碑林集刊》(三),陕西人民美术出版社,西安,1995。
西安碑林博物馆:《碑林集刊》,陕西人民美术出版社,西安,2000。
西安碑林博物馆:《纪念西安碑林920周年华诞国际学术研讨会论文集》,文物出版社,北京,2008。
西安碑林博物馆《西安碑林博物馆》,陕西人民出版社,西安,2000。
西和县志办公室:《西和县志》(康熙乾隆民国三志合一),陕西人民出版社,西安,1997。
西藏研究所编辑部:《明实录藏族史料》,西藏人民出版社,拉萨,1982。
夏承焘:《唐宋词人年谱》,上海古籍出版社,上海,1979。
夏玉润:《朱元璋与凤阳》,黄山书社,合肥,2003。
向楚:《巴县志》,重庆出版社,重庆,1989。
向达:《罗叔言〈补唐书张义潮传〉补正》,三联书店,北京,1957。
向达:《唐代长安与西域文明》,三联书店,北京,1979。
向南:《辽代石刻文编》河北教育出版社,石家庄,1995。
向以鲜:《超越江湖的诗人》,巴蜀书社,成都,1995。
向以鲜等:《中国文化探秘·宋元篇》,少年儿童出版社,上海,2010。
谢思炜:《白居易集综论》,中国社会科学出版社,北京,1997。
谢巍:《中国历代人物年谱考录》,中华书局,北京,1992。
信立祥:《汉代画像石综合研究》,文物出版社,北京,2000。
徐湖平:《南朝陵墓雕刻艺术》,文物出版社,北京,2006。

徐敏:《季札:孔子推崇的圣人》,重庆出版社,重庆,2009。
徐森玉:《汉石经斋文存》,海豚出版社,青岛,2010。
徐文彬等:《四川汉代石阙》,文物出版社,北京,1992。
徐旭生:《南北响堂寺及其附近石刻目录》,国立北平研究院史学研究会考古组,北京,1936。
徐玉立:《汉碑全集》,河南美术出版社,郑州,2006。
徐自强:《北京图书馆藏北京石刻拓片目录》,书目文献出版社,北京,1994。
徐自强等:《古代石刻通论》,紫禁城出版社,北京,2003。
徐宗泽:《明清间耶稣会士译著提要》,中华书局,北京,1989。
徐宗泽:《中国天主教传教史概论》,上海书店,上海,2010。
许辉等:《六朝文化》,江苏古籍出版社,南京,2001。
薛秀武:《汾阴二圣配飨之碑铭》,山西人民出版社,太原,2012。
薛仰敬:《兰州古今碑刻》,兰州大学出版社,兰州,2002。
延安地区群众艺术馆:《延安宋代石窟艺术》,陕西人民美术出版社,西安,1983。
严耕望:《唐仆尚丞郎表》,中华书局,北京,1986。
严世芸:《中国医籍通考》(第二卷),上海中医学院出版社,上海,1991。
阎文儒:《中国雕塑艺术纲要》,广西师范大学出版社,南宁,2003。
阎文儒:《中国石窟主艺术总论》,广西师大出版社,南宁,2003。
阎文儒等:《龙门石窟研究》,书目文献出版社,北京,1995。
阎文儒等:《向达先生纪念论文集》,新疆人民出版社,乌鲁木齐,1986。
晏子有:《清东西陵》,中国青年出版社,北京,2000。
杨伯达:《杨伯达说玉器》,辞书出版社,上海,2011。
杨伯达:《瘗理石佛的研究》,东京美术,东京,1985。
杨超杰:《洛阳周围小石窟全录》,外文出版社,北京,2010。
杨得馨:《保定金石志》(石刻史料新编本),新文丰出版公司,台北,1977。
杨殿珣:《石刻题跋索引》,商务印书馆,北京,1995。
杨泓:《汉唐美术考古和佛教艺术》,科学出版社,北京,2000。
杨俊光:《公孙龙子蠡测》,齐鲁书社,济南,1986。
杨明珠:《司马光茔祠碑志:图录与校释》,文物出版社,北京,2004。
杨卫东:《古涿州佛教刻石》,河北教育出版社,石家庄,2007。
姚名达:《中国目录学史》,商务印书馆,北京,1998。
叶燿才:《四山摩崖》,岭南美术出版社,广州,1999。
易敏:《云居寺明刻石经文字构形研究》,上海教育出版社,上海,2005。
殷光明:《北凉石塔研究》,觉风佛教艺术文化基金会,台北,2000。
于春等:《绵阳龛窟—四川绵阳古代造像调查研究报告集》,文物出版社,北京,2010。
于春等:《四川夹江千佛岩古代摩崖造像考古调查报告》,文物出版社,北京,2012。
于善浦:《清东陵大观》,河北人民出版社,石家庄,1985。
余嘉锡:《余嘉锡论学杂著》,中华书局,北京,1963。
余振贵等:《中国回族金石录》,宁夏人民出版社,银川,2001。
俞剑华等:《顾恺之研究资料》,人民美术出版社,北京,1962。
俞剑华:《中国美术家人名辞典》,上海人民美术出版社,上海,2012。
俞明:《御制弘仁普济天妃宫之碑帖》,南京出版社,南京,1999。
郁贤浩:《唐刺史考》,江苏古籍出版社,南京,1987。
喻大华:《末代皇帝溥仪》,中国民主法制出版社,北京,2011。
袁道俊:《焦山石刻研究》,江苏美术出版社,南京,1996。

袁世硕：《孔尚任年谱》，山东人民出版社，济南，1962。
云冈石窟文物保管所：《中国石窟·云冈石窟》，文物出版社，北京，1991。
曾宪通：《容庚文集》，中山大学出版社，广州，2004。
曾毅公：《石刻考工录》，书目文献出版社，北京，1987。
曾枣庄等：《全宋文》，辞书出版社，上海，2006。
张宝玺：《甘肃佛教石刻造像》，甘肃美术出版社，兰州，2001。
张宝玺：《陇东石窟》，文物出版社，北京，1987。
张伯英：《法帖提要》(张伯英碑论稿)，河北教育出版社，石家庄，2006。
张伯英：《黑龙江金石附稿》(石刻史料新编本)，新文丰出版公司，台北，1977。
张焯：《云冈石窟编年史》，文物出版社，北京，2006。
张成渝：《洛阳龙门石窟水与振动环境的影响与评价》，北京大学2000年理学硕士论文。
张富民：《大伾山名胜石刻选》，中州古籍出版社，郑州，2001。
张光宾：《中华书法史》，商务印书馆，北京，1983。
张纪成等：《京杭运河〈江苏〉史料选编》，人民交通出版社，北京，1997。
张锦秀：《麦积山石窟志》，甘肃人民出版社，兰州，2002。
张军等：《琼结县志》，中国藏学出版社，北京，2010。
张可礼：《东晋文艺系年》，山东教育出版社，济南，1992。
张林堂等：《响堂山石窟碑刻题记总录》，外文出版社，北京，2007。
张明远：《山西石刻造像艺术集萃》，山西科学技术出版社，太原，2005。
张乃翥：《龙门佛教造像》，艺术家出版社，台北，1998。
张乃翥：《龙门区系石刻文萃》，国家图书馆出版社，北京，2011。
张沛：《昭陵碑石》，三秦出版社，西安，1993。
张岂之：《中国学术思想编年》，陕西师范大学出版社，西安，2006。
张淑芳等：《大理丛书·金石篇》，云南民族出版社，昆明，2010。
张舜徽：《中国史学名著题解》，中国青年出版社，北京，1984。
张维：《陇右金石录》(石刻史料新编本)，新文丰出版公司，台北，1977。
张晓旭：《苏州碑刻》，苏州大学出版社，苏州，2000。
张星烺：《中西交通史料汇编》，中华书局，北京，1977。
张秀生等：《中国古代建筑——正定隆兴寺》，文物出版社，北京，2000。
张秀生等：《中国河北正定文物精华》，文化艺术出版社，北京，1998。
张勋燎：《中国道教考古》，线装书局，北京，2005。
张彦生：《善本碑帖录》，中华书局，北京，1984。
张涌泉等：《常书鸿先生诞辰一百周年纪念文集》，浙江古籍出版社，杭州，2004。
张征：《三原书院》，三秦出版社，西安，2012。
张志烈：《初唐四杰年谱》，巴蜀书社，成都，1993。
章孔畅：《南朝陵墓石刻渊源与传统研究》，东南大学出版社，南京，2011。
章培恒等：《中国文学史》，复旦大学出版社，上海，1996。
章太炎：《章太炎全集》，上海人民出版社，上海，1999。
章巽校注：《法显传校注》，上海古籍出版社，上海，1985。
赵超：《汉魏南北朝墓志汇编》，天津古籍出版社，天津，2008。
赵超：《石刻史话》，社会科学文献出版社，北京，2011。
赵君平等：《河洛墓刻拾零》，北京图书馆出版社，北京，2007。
赵万里：《汉魏南北朝墓志集释》，科学出版社，北京，1956。
赵文琴：《昌乐金石续志》(石刻史料新编本)，新文丰出版公司，台北，1977。

赵翼等：《第十二届明史国际学术研讨会论文集》，辽宁师范大学出版社，沈阳，2009。
浙江省文管会：《西湖石窟艺术》，浙江人民出版社，杭州，1958。
浙江省文物局：《意匠生辉——浙江历史遗产的文化品读》，浙江人民美术出版社，杭州，2004。
郑炳林等：《天水麦积山石窟研究文集》，甘肃文化出版社，兰州，2008。
郑振铎：《郑振铎文博文集》，文物出版社，北京，1998。
郑振铎等：《麦积山石窟》，文物出版社，北京，1954。
中国大百科全书编委会：《中国大百科全书》（考古卷），中国大百科全书出版社，北京，1986。
中国第一历史档案馆：《雍正朝起居注》，中华书局，北京，1993。
中国佛教协会：《中国佛教》（第一辑），知识出版社，北京，1980。
中国航海史研究会：《郑和史迹文物选》，人民交通出版社，北京，1985。
中国历史学年鉴编辑部：《中国历史学年鉴》（1996），三联书店，北京，2000。
中国美术全集编辑委员会：《中国美术全集》，人民美术出版社，北京，1989。
中国社科院考古研究所：《隋唐洛阳城发掘报告》，文物出版社，北京，2009。
中国书店：《龙门二十品》，中国书店，北京，1991。
中山陵园管理局：《明孝陵志新编》，黑龙江人民出版社，哈尔滨，2002。
周阿根：《五代墓志汇考》，黄山书社，合肥，2012。
周道振：《文徵明书画简表》，人民美术出版社，北京，1985。
周建山：《豫东碑刻集萃：宋先天太后之赞（并序）碑》，中州古籍出版社，郑州，2013。
周魁一：《中国科学技术史》（水利卷），科学出版社，北京，2002。
周秋良：《观音故事与观音信仰研究——以俗文学为中心》，广东高等教育出版社，广州，2009。
周绍良：《唐代墓志汇编》，上海古籍出版社，上海，1992。
周绍良：《唐代墓志汇编续集》，上海古籍出版社，上海，2001。
周伟洲：《西北民族史研究》，中州古籍出版社，郑州，1994。
周相录：《元稹年谱新编》，上海古籍出版社，上海，2004。
周勋初：《唐人笔记小说考索》，江苏古籍出版社，南京，1996。
周一良：《魏晋南北朝史札记》，中华书局，北京，1985。
周应中等：《真定县志》，山西人民出版社，太原，1992。
朱东润：《杜甫叙论》，人民文学出版社，北京，1981。
朱剑心：《金石学》，文物出版社，北京，1981。
朱金城：《白居易年谱》，上海古籍出版社，上海，1982。
朱谦之：《中国景教》，人民出版社，北京，1998。
朱文钧：《欧斋石墨题跋》，紫禁城出版社，北京，2006。
祝嘉：《书学论集》，金陵书画社，南京，1982。
庄为玑：《古刺桐港》，厦门大学出版社，厦门，1989。
紫禁城出版社：《涿拓快雪堂帖》，紫禁城出版社，北京，2002。
左慧元：《黄河金石录》，黄河水利出版社，郑州，2011。
庄新兴等：《董美人墓志》，上海书画出版社，上海，2001。

七、外国著述

［日］圆仁：《入唐求法巡禮行記》，广西师范大学出版社，南宁，2007。
［日］大村西崖：《支那美術史》（雕塑篇），国书刊行会，1980。
［日］长广敏雄：《六朝時代美術の研究》，朋友书店，2010。
［日］长广敏雄：《中国文化史迹》，世界文化社，1976。
［日］水野清一：《中国彫刻》，日本经济新闻社，1960。

[日] 水野清一等:《云冈金石录》,朝日新闻社,1944。
[日] 水野清一:《中国の仏教美術》,东京平凡社,1968。
[日] 水野清一:《河南洛陽龍門石窟研究》,京都同朋舍,1980。
[日] 松原三郎:《中国仏教彫刻史論》,吉川弘文馆,1995。
[日] 中野勇次郎:《龍門造像题記》,中央公论社,1974。
[日] 关卫:《西方美术东渐史》,上海书店,上海,2007。
[日] 伊东忠太:《中国建筑史》,上海书店,上海,1984。
[日] 安藤更生:《鑒真大和尚传の研究》,东京平凡社,1960。
[日] 下中弥三郎:《世界美術全集》,东京平凡社,1952。
[日] 东京龙泉堂:《龍泉集芳》,兰山龙泉堂,1976。
[日] 高楠顺次郎:《大日本仏教全書》,东京共同印刷株式会社,1931。
[日] 肥田路美等:《中国四川唐代摩崖造像(蒲江邛崃地区调查研究报告)》,重庆出版社,重庆,2006。
[日] 岩崎继生:《大同风土记》(《山西历史辑览》)山西省地方志编纂委员会办公室,太原,1987。
[日] 平凡社:《書道全集》(中国系列),东京平凡社,1974。
[日] 日本大藏经学术用语研究会:《大正新修大藏经》,日本大正新修大藏经刊行会,1975。
[日] 马场春吉:《孔孟圣迹图鉴》,山东文化研究所,济南,1940。
[日] 仁井田升:《北京工商ギルド资料集》(四),东京大学东洋文化研究所附属东洋文献中心刊行委员会,1975。
[日] 木下杢太郎:《大同石仏寺》,座右宝刊行会,1938。
[日] 永田英正:《漢代石刻集成》,京都同朋舍,1994。
[日] 久野健等:《龍門巩县石窟》,东京六兴,1982。
[日] 曾布川宽:《龍門石窟石刻集成》,京都大学人文科学研究所附属东洋学文献,2000。
[日] 曾布川宽:《六朝帝陵——以石兽和砖画为中心》,南京出版社,南京,2004。
[日] 冢本善隆:《龙门石窟:北魏佛教研究》,觉风佛教艺术文化基金会,台北,2005。
[日] 吉村怜:《天人诞生图研究》,上海世纪出版股份有限公司,上海,2009。
[韩] 李宽淑:《中国基督教史略》,社会科学文献出版社,北京,1998。
[法] 色伽兰著、冯承钧节译:《中国西部考古记》,商务印书馆,上海,1930。
[法] 勒内·格鲁塞:《草原帝国》,商务印书馆,北京,1998。
[法] 伯希和:《伯希和敦煌石窟笔记》,甘肃人民出版社,兰州,1993。
[法] 沙畹:《宋云行纪笺注》,中华书局,北京,1956。
[法] 荣振华等:《中国的犹太人》,中州古籍出版社,郑州,1992。
[美] 陈哲敬:《中国古佛雕》,艺术家出版社,台北,1989。
[美] 王静芬:《中国石碑:一种象征形式在佛教传入之前与之后的运用》,商务印书馆,北京,2011。
[美] 李方桂:《古代西藏碑文研究》,西藏人民出版社,拉萨,2006。
[美] 卡德:《中国印刷术源流》,商务印书馆,上海,1938。
[美] 柏克莱加州大学东亚图书馆:《柏克莱加州大学东亚图书馆中文古籍善本书志》,上海古籍出版社,上海,2005。
[英] 约翰·马歇尔:《犍陀罗佛教艺术》,甘肃教育出版社,兰州,1989。
[英] 李约瑟:《中国科学技术史》,科学出版社,北京,1975。
[荷兰] 许理和:《佛教征服中国——佛教在中国中古早期的传播与适应》,江苏人民出版社,南京,2000。
[意] 马可·波罗:《马可·波罗行纪》,上海世纪出版集团,上海,2006。
[澳] 安东篱:《说扬州》,中华书局,北京,2007。
[德] 阿尔伯特·冯·勒柯克:《新疆地下文化宝藏》,新疆人民出版社,乌鲁木齐,2013。
[瑞典] Osvald Sirén: *Chinese Sculpture from the Fifth to the Fourteenth Century*, London: Ernest Benn, Ltd. 1925.

图录索引

说明：按编号、图名、页码排列。

严峻卷(先秦两汉魏晋南北朝)

理想卷(隋唐五代)

愉悦卷(两宋辽金西夏元明清)

内容索引

说明：

一、本索引系全书主要内容索引。索引主题按汉语拼音字母顺序排列。

二、索引主题之后的阿拉伯数字是主题内容所在的页码，数字之后的小写拉丁字母表示索引内容所在的版面区域。本书正文的版面区域划分如右图所示：

a	d
b	e
c	f

C

D

G

H

J

K

L

M

R

S

T

W

X

Y

Z